Texte détérioré — reliure défectueuse

NF Z 43-120-11

Contraste insuffisant

NF Z 43-120-14

Z
9665(35)

LETTRES
ÉDIFIANTES ET CURIEUSES.

IV.

Imprimerie de Hennuyer et Turpin, rue Lemercier, 24, Batignolles.

LETTRES
ÉDIFIANTES ET CURIEUSES

CONCERNANT

L'ASIE, L'AFRIQUE ET L'AMÉRIQUE,

AVEC

QUELQUES RELATIONS NOUVELLES DES MISSIONS,
ET DES NOTES GÉOGRAPHIQUES ET HISTORIQUES.

PUBLIÉES SOUS LA DIRECTION

DE M. L. AIMÉ-MARTIN.

TOME QUATRIÈME

CHINE. — INDO-CHINE. — OCÉANIE.

PARIS,
SOCIÉTÉ DU PANTHÉON LITTÉRAIRE,
40, RUE LAFFITTE.

M DCCC XLIII.

MISSIONS DE LA CHINE.

SECONDE PARTIE.

PRÉFACE.

Les Lettres et Mémoires sur les Missions de la Chine sont, dans le *Panthéon littéraire*, distribués en deux parties.

La première forme le tome III tout entier.

La deuxième partie forme plus de la moitié du tome IV.

Le tome III se termine par une Lettre du père Prémare, qui n'étoit point dans l'ancienne édition.

Le tome IV renferme une suite de Lettres du père Gaubil, qui n'étoient point non plus dans l'ancienne édition, et que nous avons tirées du *Journal asiatique*.

Ces Lettres nouvelles sont très-curieuses, très-importantes. Elles donnent des explications sur l'histoire, la géographie, l'astronomie et la chronologie de la Chine et des pays voisins ou tributaires. Elles contiennent des observations très-intéressantes sur l'opinion émise par M. Deguignes relativement à la marche des Chinois vers la Californie. Enfin, elles font connoître le mode de travail des jésuites en général, et du père Gaubil en particulier; travail consciencieux, opiniâtre, et dont à Paris on tenoit souvent trop peu de compte.

Une partie des manuscrits du père Gaubil s'est égarée et n'a pu voir le jour. On ne connoît qu'une partie de ce qu'il avoit rassemblé de notions sur la Chine par lui si longtemps explorée, et l'on éprouve ici le même regret que pour la perte du grand travail sur l'Égypte, qu'avoit exécuté avec tant de soin le père Sicard, et qui, expédié en France, a été égaré sur la route.

G.

DE
L'ÉTAT ACTUEL DE L'EMPIRE CHINOIS.

L'empire chinois, dans l'étendue que lui ont donnée les plus récentes conquêtes de ses monarques, est borné au nord par la Sibérie ; à l'est et au sud-est par la mer ; à l'ouest par les Kirghis, la grande Buckarie et le Kandahar ; au sud et au sud-ouest par l'Inde, les Birmans, le Laos et le Tonquin.

La superficie de cet empire est évaluée à 700 mille lieues carrées, c'est-à-dire au 10e de la terre habitable.

Ce vaste territoire se divise en trois sections :
I. La Chine proprement dite.
II. Les États tributaires.
III. Les colonies.

Nous donnerons un aperçu de ces pays divers qui confinent à ceux de deux puissances formidables : l'Angleterre et la Russie.

La plus grande variété règne dans les climats et les productions de l'empire chinois.

Sur tous les points on remarque et l'on signale les contrastes les plus frappans ; comme s'il y avoit toujours deux peuples en présence, l'ancien et le nouveau ; l'homme du sol, l'homme de la conquête ; l'homme du repos, l'homme de l'action. Mais ici l'amour de l'indépendance se réveille par intervalles ; il se forme dans les provinces des sociétés redoutables qui aspirent à secouer le joug de l'*étranger*. L'étranger, aujourd'hui, c'est le Mandchou. Les Chinois sont las des Tartares, et deux siècles n'ont pas suffi pour user les aspérités de leur chaîne. L'une de ces sociétés se nomme la *Triade*, l'autre le *Nénufar*, une troisième l'*Éléphant*. La police est aux aguets ; elle s'exerce dans les villes et les campagnes avec une exactitude rigoureuse, et toujours elle parvient à calmer les esprits, apaiser les rumeurs, empêcher les explosions. Ces inquiétudes, quoique passagères, mettent en danger les missionnaires ; car ceux-ci, que le pouvoir ne veut plus avouer et qu'il ne protège plus, qu'il abandonne au contraire, se voient forcés d'avoir des assemblées nocturnes, que les magistrats sévères et prévenus sont tentés de confondre avec les réunions politiques.

C'est dans les pays montueux et boisés que se retirent et se tiennent les mécontens. Ils s'attroupent, s'arment, pillent les caisses publiques, font main-basse sur les convois et transports de l'impôt impérial, et organisent enfin en Chine de petites *Vendées* contre lesquelles le gouvernement finit par faire marcher des régimens et du canon.

Les montagnes les plus élevées du globe se trouvent, avec leurs neiges éternelles, dans le centre ou aux limites de quelques provinces. Des fleuves majestueux y prennent de toutes parts leur source. C'est de leurs réservoirs inépuisables que descendent l'Indus, le Gange, le Tramapontre, l'Iraouaddy, le Meinam, le Cambodje, le Saog-koï, le Tchu-kiang, le fleuve Bleu, le fleuve Jaune, l'Amour, l'Irtisch, l'Obi même, le Jenissei, le Léna et tant d'autres cours d'eau qui vont au sud, au nord, à l'est et dans toutes les directions porter la fécondité et la richesse.

Les animaux et les plantes abondent dans toutes les parties de l'empire, et les races d'hommes, en plusieurs régions privilégiées, ont une vigueur singulière, une activité puissante, une imagination aventureuse qui déjà plus d'une fois a servi à repeupler et à régénérer l'univers.

Le trône de la Chine a paru jusqu'ici d'une stabilité inébranlable. En dépit de quelques symptômes de révolte, il est tellement établi selon les mœurs et les opinions générales, que depuis quarante siècles il n'a point, dans son principe et son essence, souffert de sensible altération.

Les hommes du Nord sont venus, ils ont vaincu les hommes du Midi ; la couronne a passé d'une tête sur une autre, le sceptre a changé de main ; mais les institutions, profondément enracinées, sont restées les mêmes, et la famille victorieuse, la dynastie nouvelle s'est pliée aux usages et aux lois du peuple sur lequel le sort des armes établissoit sa domination.

La Chine est une monarchie absolue, mais non despotique. La volonté suprême du chef y est tempérée par les remontrances des magistrats et des lettrés. La force est modérée par la science ; le caprice est bridé par la morale ; la hiérarchie est mise partout en travers de la précipitation et du désordre. On a trouvé moyen, par l'étiquette et les formalités, de mettre un frein aux envahissemens et au tumulte, et là, par des combinaisons réfléchies, l'esprit d'invention et de progrès se range, s'attiédit et s'abaisse sous le joug indomptable de la justice et de la raison.

Tout, en Chine, se fait avec gravité et mesure. Tout est précepte et déduction, plaidoyer et sentence, académie et tribunal :

Tribunal des Princes.
— des mandarins.
— des finances.
— des fêtes et cérémonies.
— des mathématiques.
— de l'astronomie.
— de l'histoire et des arts.
— des bâtimens.
— de la guerre.
— des crimes.
— des censeurs.
— des médecins.
— de la police.

Ne reconnoît-on pas sous d'autres noms tous nos établissemens d'administration publique ?

Ces établissemens se résument et se centralisent dans six conseils ou ministères principaux :

1° Conseil des emplois.
2° Conseil des revenus.
3° Conseil des rits.
4° Conseil des peines.
5° Conseil des travaux.
6° Conseil militaire.

A la tête de chaque conseil il y a deux ministres, l'un qu'on peut nommer l'homme politique, l'autre qui est chargé du mouvement administratif ; l'un qui propose, discute, fait adopter les édits et les règlemens ; l'autre qui les exécute et qui signe les lettres d'expédition.

Chaque province de la Chine a son intendant ; deux provinces forment une vice-royauté. Les emplois secondaires, ceux de finance, de douane, ne manquent ni d'officiers ni d'agens de tout grade dont les noms à tous figurent dans l'Almanach impérial. Ce *livre des places* s'imprime et se renouvelle tous les trois mois. Il y a de grandes et rapides mutations dans les dignités, les rangs, les fortunes, et jamais la commission donnée, le brevet délivré, ne dure plus de trois ans. L'intelligence est excitée, le zèle est tenu en haleine. Le code et l'empire sont fixes, la commission varie. L'action est toujours ranimée ; le contrôle, l'examen, les rapports du pouvoir dans les plus hautes comme dans les plus minces fonctions, rien n'est épargné pour éclairer et surveiller la marche des affaires.

Les *gazettes de la cour* existoient il y a deux siècles et bien auparavant, lorsque nous n'avions que des nouvelles à la main. Elles n'ont pas cessé de paroître : elles servent de guides aux magistrats et aux sujets. L'abonnement est de 12 fr. par an. Les articles principaux et tous les actes officiels sont reproduits par les gazettes particulières des provinces.

La Chine est tolérante pour les cultes. Il y a trois religions principales : celle de Confucius ou des lettrés, qui comprend la vénération pour les ancêtres ; et celle des esprits, des génies, des êtres intermédiaires, qui engendre le polythéisme et l'idolâtrie ; celle de Bouddah, qu'on nomme *fo-tho*, et qui a pour ministres les bonzes.

Toutes ces religions ont leurs partisans pleins de ferveur, et de plus il y a des juifs qui remontent fort loin, des parsis, des mahométans, et enfin des chrétiens, soit des anciennes familles converties par les jésuites, soit des nouveaux appelés à la foi romaine par les missionnaires de ces derniers temps.

Les protestans et les *bibliques* ont fait des tentatives qui ont eu peu de succès. Leur trafic de livres ne s'est pas fait avantageusement, et le Chinois, peuple rusé, s'est défié des prédicans qui tendoient la main et ne vouloient régénérer les âmes qu'autant qu'il y auroit profit pour eux.

Citons un trait du culte des bonzes : de chaque côté de l'autel de leurs idoles ils dressent des tables où les croyans prennent le repas du matin : on prie en déjeunant, et il n'est pas rare de voir en Chine, dans un temple, des gens de bonnes mœurs prendre le thé et des rafraîchissemens tandis que l'encens fume aux pieds et à la face du dieu.

Les spectacles ne nous auroient pas paru, il y a vingt-cinq ans, moins extraordinaires que le culte. La musique et les paroles, les tableaux, la danse, les évolutions et les figures font du théâtre quelque chose qui ressemble aujourd'hui à nos scènes du cirque Olympique et du boulevard. Le mal même gagne plus haut. Dans une même représentation on voit les héros se marier, avoir des enfans, courir les aventures, périr dans leur course, et être enterrés au son des cloches : c'est la vie entière depuis le berceau jusqu'au tombeau. Les animaux de toute espèce, les tigres, les oiseaux, les serpens se mêlent aux hommes par l'invention du poëte et du machiniste, et il n'y a point de belle et bonne intrigue si elle ne se dénoue par le merveilleux et la féerie.

Mais ce théâtre, à vrai dire, n'est plus dans sa splendeur. Jadis il a été plus simple, c'est-à-dire plus naïf à la fois et plus élevé. Avant de parler aux yeux et aux sens et de ne s'attacher qu'à des formes grossières, il commença par s'adresser à l'esprit et à l'âme, et l'on cite d'anciens ouvrages pleins de sentiment et de grâce.

Entre les hommes d'État qui se sont succédé au pouvoir depuis le règne de Louis XIV, Turgot est peut-être celui qui s'occupa le plus sérieusement de la Chine et des études à faire sur ce pays. Il en reste des traditions dans sa famille et des traces aussi dans ses œuvres. Il rassembla des livres en grand nombre, et, aidé de l'illustre Malesherbes, il enrichit nos bibliothèques nationales d'*imprimés* achetés à grands frais, et qu'il fit venir d'Émoui et de Canton ou de Macao.

Ce n'est pas tout : il se mit en relation avec des mandarins pour avoir des notions justes sur une infinité de points capitaux dans l'économie politique et la morale. Il avoit lu avec attention les Mémoires des missionnaires, et, frappé de ce qu'ils avoient d'utile, il vouloit en éclaircir ce qui étoit douteux et compléter ce qui étoit imparfait. Les questions qu'il adressa aux lettrés Ko et Kiung sont des gages du prix qu'il mettoit à rassembler des connoissances positives sur une contrée où, malgré de nombreuses révélations, tant de mystères étoient encore impénétrables.

La révolution suspendit ces travaux. Mais sous Louis XVIII on reprit la suite de ces projets : l'abbé de Montesquiou créa une chaire et un dépôt spécial pour tout ce qui concernoit la Chine, et ce double établissement, quoiqu'il jette aujourd'hui peu d'éclat, n'a pourtant pas été sans fruit. La science ne peut tout faire à elle seule : pour qu'elle avance, il lui faut de l'appui et des encouragemens. Il n'y a guère que les lazaristes qui poursuivent leur œuvre avec persévérance ; mais, au milieu de tant de cruels embarras, ils n'obtiennent, il faut l'avouer, que des résultats bien foibles auprès de ce que jadis on vit faire, dans cet empire, par les missionnaires dont nous réimprimons les lettres.

C'est donc encore et toujours à ces *Lettres curieuses et édifiantes* qu'il faut recourir pour avoir des détails piquans sur la langue, les mœurs, les coutumes, sur les parcs, les jardins, l'architecture et les arts, la culture, les irrigations, canalisations, dessèchemens, sur les puits artésiens, les ballons, la poudre de guerre, l'imprimerie, et sur toutes les observations et créations chinoises dont nous n'avons eu la connoissance que plus tard.

Les voyageurs modernes n'ont rien ou presque rien vu et enseigné au delà. Ils n'ont rien fourni de mieux que les jésuites. Ils n'ont rien donné même qui ait eu un tel caractère de certitude et d'authenticité.

On n'est plus admis à l'intérieur ; on reste dans les ports et au bas des rivières ; les barrières plus que jamais sont fermées : il faut juger la Chine par l'échantillon de Canton et de Macao, villes *métisse* et décolorées, comme on jugeroit l'Europe par Gênes, Livourne, Marseille ou Liverpool.

Quelques ambassades anglaises et russes et quelques traversées furtives n'ont, de bonne foi, permis de recueillir que des notions vagues, hasardées. Le plus souvent, à l'heure qu'il est, ce que les écrivains nous donnent comme des faits incontestables n'est de leur part que suppositions et conjectures.

Ce qu'on sait et ce qu'on a reconnu dès longtemps, c'est que les Chinois libres se partagent en quatre classes : les lettrés, les laboureurs, les artisans, les marchands.

Dans chaque classe il y a des degrés où l'on ne monte que par des épreuves. Les lettrés ou mandarins sont, par exemple, divisés en neuf catégories, et l'on ne passe de l'une à l'autre que par des succès obtenus, des services constatés. Rien n'est ici héréditaire, perpétuel, gratuit. Tout se donne au concours et au mérite. Le fils ne succède au père dans les emplois publics qu'autant qu'il s'en est rendu digne. Ce qui existoit à cet égard il y a deux siècles est plus en vigueur que jamais, et c'est une des causes immédiates de la prospérité de l'empire.

Les délégations du pouvoir sont pleines, entières et sans réserve. Mais cette confiance a pour contrepoids la responsabilité qui l'accompagne. L'officier du prince est libre et absolu dans son action ; mais s'il dévie de la route d'équité, la punition ne se fait pas attendre. Il n'y a point de limite pour le bien, point d'excuse pour la prévarication. Le grand mandarin est traité comme l'esclave dès qu'il est au-dessous de sa charge par l'abus qu'il en a fait. Il n'y a de privilège que pour la vertu ; quant au vice, il est toujours soumis au dogme inflexible de la volonté du prince, qui, en Chine, équivaut à l'égalité devant la loi.

Dans cette antique monarchie, le code primitif est rectifié par la jurisprudence. La tradition dicte les arrêts ; l'expérience modifie dans une infinité de cas l'application des vieux édits. On n'en suit pas la lettre, mais l'esprit, et l'une des garanties de bonne justice est l'usage constant de rappeler, en tête des déclarations et des sentences, tous les antécédens de la matière, et de fortifier ainsi le *prononcé* par des exemples. Chaque arrêt a son préambule qu'on a soin de mettre d'accord avec le dispositif.

Nul n'ignore quel est l'habillement des Chinois. Il consiste en une longue robe avec des manches larges et une ceinture flottante, la chemise et les caleçons varient selon la saison, et sont en fil, en laine, en coton ou en soie. L'hiver on ne voit que fourrures, depuis la peau de mouton jusqu'à l'hermine. Les Chinois se couvrent la tête d'un petit chapeau en forme d'entonnoir, qui change suivant les dignités, et qui est surmonté d'un large bouton de corail, de cristal ou d'or. La substance ou la couleur du bouton indique le rang. En général, l'habit est simple et uniforme. L'empereur n'est ordinairement distingué de ses courtisans que par une grosse perle dont il orne son bonnet.

L'excès de la population est le fléau de l'empire. Cette population pour la Chine proprement dite est portée à 300 millions d'habitans : ce chiffre ne nous paroit point exagéré [1].

Les *Etats tributaires* renferment 28 millions d'habitans ; les colonies en comptent 12 millions ; voilà donc une masse de 340 millions d'âmes qui vit sous la puissance d'un seul maître. C'est le quart de la population du globe.

[1] Les Chinois mangent beaucoup de poisson, et l'expérience a démontré que les ichthyophages peuplent singulièrement plus que les autres.

La difficulté est de nourrir cette multitude, dont la majeure partie, contrairement aux desseins de la Providence, vit resserrée et entassée sur un coin de la terre.

Les plus grandes précautions sont prises pour atteindre à ce but ; ce qui n'empêche pas qu'il n'y ait trop souvent en Chine des disettes abominables.

Dans toutes les provinces il existe des greniers de réserve où l'on amasse annuellement 6 milliards pesant de blé et de riz ; mais il arrive des temps extraordinaires où ces provisions ne suffisent pas, et où les pauvres, décharnés et haletans, après avoir dévoré les insectes, vécu de racines et d'écorce d'arbre, mangé la terre elle-même, finissent par mourir de faim.

L'impôt va toujours : s'il est fait des remises d'un côté, il faut qu'elles se retrouvent de l'autre. Les taxes se payent en argent et en nature. On les évalue en total à 2 milliards de francs.

L'armée de terre et de mer est, sur les cadres, de 15 à 1800 mille hommes ; mais l'effectif n'est que de 1 million, dont moitié seulement de troupes régulières.

Deux cent mille hommes sont concentrés dans Pékin et dans la province de la Cour. Le reste est réparti dans les ports, dans l'intérieur et dans les États tributaires.

La marine chinoise présente un aspect tout particulier. Le nombre des bâtimens est considérable ; il y a des écrivains qui le portent à 10 mille. Les vaisseaux de l'État sont énormes, et ceux du commerce ont eux-mêmes souvent de très-grandes dimensions. Il y en a très-fréquemment de 1,000 à 1,200 tonneaux, et dès le temps de Marc-Paul ils étoient dans les plus fortes proportions ; mais la grandeur ne fait pas la bonté et la vitesse. Au dire de nos navigateurs, les navires de la Chine ont des défauts graves, et dont le moindre n'est pas d'avoir les deux extrémités très-élevées et de présenter aux vents trop de surface. Dans les gros temps et quand ils sont une fois jetés à la côte, il en périt plus de moitié, pour ne pouvoir se relever et se remettre à flot. Leurs ancres sont de bois, et il est inconcevable qu'ils ne veuillent pas adopter le système et la forme des nôtres. Ils affectent de ne pas se servir des instrumens avec lesquels les Européens prennent hauteur. Le gouvernement n'encourage nullement les voyages lointains ; il s'y opposeroit au contraire ; sa politique et sa puissance se fondent sur ses forces de terre et non sur sa marine.

On a dit avec raison qu'un de nos simples mousses vaudroit mieux pour conduire un vaisseau que le meilleur pilote chinois. Les navires de Canton ou de Liampo qui vont à Manille ou à Nangazaki, au Japon ou aux Philippines, ne se dirigent que par les astres, comme les sauvages dans leurs pirogues. Les Chinois savent l'usage de l'aiguille aimantée, ils lui font marquer le sud, comme nous le nord, et ils la suspendent même avec une délicatesse qui la rend extrêmement sensible ; mais le plus souvent ils ne s'en servent point. Dans leur navigation et quand ils vont à Batavia, à Siam, à Malacca, ils font en sorte de ne jamais perdre la terre de vue. Répétons-le, ce n'est pas ignorance, mais système et préjugé. Ils ne manquent pas d'intelligence et de génie, mais de cet esprit d'innovation et d'entreprise qui a mené l'Europe si loin dans le vaste champs des découvertes.

Les sampanes ou gondoles couvrent les fleuves et les lacs. Plus de 3 ou 4 millions d'habitans y fixent leur séjour. Avec ces bateaux peints et vernis on transporte de tous côtés les voyageurs et les blés, le riz, les fruits, les denrées de toute espèce. Les voiles sont lourdes, parce qu'elles sont faites de jonc ou d'écorce en nattes ; mais leur aspect a quelque chose d'agréable et de pittoresque à cause des dessins qu'elles représentent et des couleurs qu'elles font reluire au soleil. On traîne ces sortes de yachts (quand il ne fait pas de vent) avec des cordes de bambou ; mais on se sert aussi de cordes de lin et de chanvre, qui en Chine, par parenthèse, sont excellentes.

Toute cette navigation est fort élégante ; les barques de toute grandeur se croisent dans tous les sens, et l'on peut ainsi traverser l'empire moins rapidement peut-être, mais plus commodément qu'en litière ou en palanquin.

Sur les côtes de la Chine et dans tout leur développement depuis le Tonquin jusqu'à la Sibérie, il y a un grand nombre de tours à feu, à fumée, à pavillons pour la sûreté des navires, et aussi pour établir des communications directes et promptes entre les ports et les villes principales de l'empire ; car ces signaux se retrouvent, se prolongent, correspondent à l'intérieur, et ces signes télégraphiques, qui ont devancé les nôtres, servent au commerce comme au gouvernement : ce point valoit la peine d'être constaté.

Le règne des Tartares a amené quelques formes rêches dans le régime d'administration de l'empire chinois, mais au fond de ce gouvernement et de son absolutisme, les antiques maximes se maintiennent, se redressent, se propagent ; et dans le principe des ordres comme dans leur exécution, il y a toujours quelque chose de calme, de bienveillant et de patriarcal.

PREMIÈRE SECTION.

LA CHINE PROPREMENT DITE.

La Chine proprement dite est séparée de la Mongolie et de la Mandchourie par une grande et célèbre muraille, qui n'a pas empêché dix invasions. Cette muraille est au nord ; à l'est sont les mers Jaune, de Liéou-keou, de la Chine ; à l'ouest le Thibet et les Birmans ; au sud le Laos, le Tonquin et la mer encore.

La superficie particulière de cette partie principale de l'empire est de cent quatre-vingt quinze mille lieues carrées.

Le territoire se divise en dix-huit provinces, savoir : Tchy-li, Chan-si, Chen-si, Chan-toung, Kan-sou, Kiang-sou, An-hoeï, Ho-nan, Kiang-si, Szu-tchouan, Tche-kiang, Hou-nan, Hou-pe, Fou-kian, Kouëi-tcheou, Youn-nan, Kouang-si, Kouang-toung.

I. La province de Tchy-li, au nord-est, touche la grande muraille et la dépasse même, puisqu'on y a joint une portion de la Mandchourie. Le chef-lieu est Pékin, qui est aussi la capitale de l'empire.

Le nom de Tchy-li indique la province de *la cour*. On disait autrefois *pé Tché-li*, province de la cour septentrionale, lorsque l'empereur n'y résidoit qu'une partie de l'année et passoit le reste du temps à Nankin, plus dans le midi.

Cette province se divise en onze départemens, savoir : Chun-thian, Pao-ting, Young-phing, Ho-kian, Thian-tsin, Chun-te, Kouang-phing, Taï-ming, Siouan-hoa, Tching-te, Tching-ting.

L'air en ce pays est froid et sain. Le bois y est rare. On y brûle du charbon de terre qu'on tire des montagnes voisines de Pékin. Cette ville, située dans une plaine fertile, à vingt lieues de la grande muraille, est divisée en deux : la ville *impériale* ou *tartare*, King-tching, et la ville *chinoise*, Vaï-lo-tching. Chaque partie de ville a sa muraille, et le palais lui-même de l'empereur est comme une ville forte, qui a une lieue de tour.

Les deux villes sont carrées, et baignées par les eaux de plusieurs petites rivières qui se réunissent au-dessous de Pékin et se joignent à la rivière de Peho, à six lieues à l'est de la capitale.

Les murs cachent la ville. Les portes, au nombre de seize, sont d'une hauteur qui en fait toute la beauté. L'arcade en est en marbre ; les pieds-droits sont en briques bien cimentées.

Pékin fut fondé en 1267, par l'empereur Koublay (Koubilaï), sur les ruines de l'ancienne Cambalou. Son nom veut dire *cour du nord*, et celui de *King-tching* signifie *résidence du prince*.

La circonférence, en dehors des faubourgs, est de neuf à dix lieues ; en dedans des murs, de cinq à six lieues. Les murs, qui ont quarante pieds de haut et vingt-cinq de large, servent de promenade, comme ceux de nos villes fortes, en temps de paix.

Les portes de ville sont défendues par des tours et des canons. Tous les environs sont dessinés en jardins, bosquets, vergers, et aussi en cimetières ; le tout couvert d'arbres et d'arbustes, et traversé par des canaux et des cours d'eau à l'infini.

Les rues sont généralement étroites, et point pavées. Souvent il y a de la boue, souvent de la poussière. La foule y circule embarrassée qu'elle est par des puits qui sont d'espace en espace et incommodée par les odeurs infectes d'immondices qu'on ne prend pas assez le soin d'enlever.

Au milieu de ce vaste labyrinthe, on remarque quelques rues spacieuses, une entre autres, celle qu'on nomme du *Repos perpétuel* par antiphrase, et qui n'a pas moins de cent quatre-vingts pieds de large.

On rencontre partout des arcs de triomphe peints en rouge. Les maisons des riches, les palais, les temples, les boutiques, tout est orné, doré, décoré de figures et de teintes diverses : teintes jaunes, pour Dieu et l'empereur ; vertes, pour les mandarins et les grands ; grises ou roses, pour les simples particuliers. Cela produit une bigarrure qui n'est pas sans grâce et qui donne à Pékin une physionomie dont en Europe il est malaisé de se faire une idée juste.

Les fenêtres, les portes sont, chez les riches, de bois précieux et odorant. Les tables, les chaises, les meubles, en général, brillent par le vernis dont on a soin de les revêtir.

L'appartement des femmes est surtout embelli de tout ce que le luxe oriental peut fournir de plus raffiné. Les dames, qui dès l'enfance s'emmaillotent les pieds et qui mettent à honneur de ne marcher qu'en chancelant, veulent du moins chez elles se dédommager de la promenade, et il n'y a point de recherche dont elles ne se piquent pour les ameublemens et pour la toilette.

La religion du prince est celle de Confucius. Celle de Fo ou de Bouddah a de nombreux partisans. Les juifs, les mohométans, les chrétiens, marquent à peine dans la Chine, et les derniers surtout y sont l'objet d'un constant espionnage.

Parmi les temples, il y en a un, le *Ti-vang-miao*, où l'on conserve les tablettes des empereurs illustres et des hommes distingués. Il n'est permis à personne d'y arriver à cheval ou en voiture, et tout le monde, à son approche, met pied à terre.

Les tribunaux sont dans la ville tartare ; les théâtres sont dans la ville chinoise : il y en a quinze principaux où tous les jours on joue des tragédies, des comédies et des ouvrages mêlés de chants et de danses. Tous nos genres sont là représentés, et l'opéra comique, que Saint-Foix croyoit d'origine françoise, pourroit bien, comme la porcelaine, nous être venu de Pékin.

Cette ville a un observatoire qui correspond à notre Bureau des longitudes, une imprimerie impériale d'où sortent les deux gazettes d'État, une bibliothèque impériale qui compte la valeur de cinq cent mille volumes, une galerie immense d'histoire naturelle ; des écoles publiques, des hospices de maternité et d'orphelins, des maisons d'inoculation et de vaccine, et, enfin, pour compléter la ressemblance avec nos villes, des bureaux de prêt et des monts-de-piété où le pauvre trouve de l'argent à gros intérêts sur ses nippes.

La population est estimée tantôt à 1500 mille âmes, tantôt à 2 et à 3 millions. C'est selon qu'on se borne à la ville uniquement, ou bien qu'on y comprend sa banlieue.

La ville n'a point de réverbères ; mais chaque habitant est tenu d'avoir une lanterne quand il sort la nuit. La police arrête tout ce qui va sans lumière, et, du *fouet tartare* dont il est armé, le garde ou sergent frappe à coups redoublés tous ceux qui s'avisent de troubler la paix et l'ordre.

A une lieue de Pékin, au sud, est le temple des dix mille âges, habité par des ho-chang ou prêtres de Fo.

A six lieues à l'est de la ville est *Haïtian*, bourg que nomment souvent les missionnaires et qui est célèbre par la résidence impériale d'été, nommée *Yuan-ming-yuen*, c'est-à-dire jardin rond et resplendissant. Le père Attiret a fait la description de ce qui existoit de son temps ; ce lieu a été depuis agrandi et embelli.

Dans la province de Tchy-li on remarque encore *Thian-cheou*, où sont enterrés les empereurs de la dynastie des Ming, actuellement régnante ; *Pao-ting-fou*, où réside le vice-roi de la province, et qui prend rang immédiatement après la capitale ; on s'y rend par une route bordée d'arbres et admirable ; *Khalgan*, ville qui est la clef du commerce entre la Chine et la Russie par la Mongolie ; *Jeho*, au delà de la grande muraille et dans le pays où l'empereur va tous les ans prendre le plaisir de la chasse aux bêtes féroces ; et de plus *Pay-ho*, *Ho-kian-fou*, *Thianyin-fou*, *Tching-ting-fou*, villes chefs-lieux de départemens ou d'arrondissemens, et qui toutes sont importantes par leur étendue, leur population ou leur commerce.

II. La province de *Chan-si* est au nord-ouest de la Chine. Elle est petite et fut la première peuplée. Le pays est agréable. On y trouve des marbres, des mines de fer, des lacs salés ; le sol est fertile. La capitale est *Thaï-youan-fou*, qui fut jadis la résidence de la famille impériale ,Thaï-ming-tchao. Les deux autres villes principales sont *Fen-tcheou*, où il y a des eaux minérales, et *Taï-thoung-fou*, située au milieu des montagnes près de la grande muraille.

Cette province a neuf départemens, savoir : Thaï-youan, Phing-yang, Phou-tcheou, Lou-an, Feu-tcheou, Thse-tcheou, Ning-wou, Taï-thoung, Sou-phing.

III. La province de Chen-si est la plus grande de la Chine. Elle est à l'ouest, et touche le Thibet et les Kalmoucks. Les empereurs longtemps y résidèrent. Les habitans sont les plus grands, les plus beaux, les plus braves de l'empire. La capitale est Si-ngan-fou, dont l'enceinte a quatre lieues. Les monumens antiques y abondent. En 1685, des ouvriers, qui fouilloient pour la construction d'une maison, trouvèrent une table de marbre portant une inscription chinoise, avec des mots syriaques, et une croix au haut. L'inscription rappelle les principaux articles de la foi chrétienne et plusieurs points de la discipline ecclésiastique. Elle porte les noms des souverains qui favorisèrent la prédication des missionnaires nestoriens venus par la Syrie et la Perse, et qui avoient en Chine plusieurs églises encore au treizième siècle. La date du marbre est de l'an 635 de l'ère du Christ.

La seconde ville de cette province est Hantchoung-fou, où aboutit la route magnifique qui part de Pékin et qui, faite par une armée de cent mille hommes, a nécessité l'aplanissement de plusieurs montagnes et la construction de ponts hardis sur de profonds abîmes.

Le Chen-si a sept départemens, savoir : Si'an, Yan'an, Foung-tsiang, Han-tchong, Iu-sin, Hing'an, Toung-tcheou.

IV. La province de Chang-toung a dix départemens, savoir : Tsi-nan, Yan-tcheou, Toung-tchang, Thsing-tcheou, Teng-tcheou, Laï-tcheou, Wou-ting, Yi-tcheou, Thaï'an, Tsao-tcheou.

Cette province est au sud de celle du Tchy-li. Le grand canal impérial, qui n'a pas moins de 600 lieues de long, la traverse. Il fut fait pour faciliter le transport des blés et des riz de l'impôt. Le commerce et l'agriculture en profitent.

Le sol n'est ici productif qu'à force d'irrigations. Dans les campagnes, on voit des vers ou chenilles dont les fils s'attachent aux buissons, et dont on fait des étoffes grossières, mais fortes, serrées, et d'un grand usage dans le peuple.

Tsi-nan-fou, capitale de cette province, est renommée par la blancheur de la soie que produisent ses environs. Les tombeaux d'une nombreuse suite de rois sont sur les montagnes voisines et attirent la vénération des Chinois.

Tseou-y, ou Kin-fou-hien, est dans le Chan-toung et dans le district de Yan-tcheou. Confucius y vit le jour.

V. La province de Kan-sou a neuf départemens, savoir : Lan-tcheou, Koung-tchang, Phin-liang, Khing-yang, Ning-hia, Kan-tcheou, Liang-tcheou, Si-ning, Tchin-si.

Cette province est démembrée du Chen-si. Son chef-lieu est Lan-tcheou, sur la rive droite du Hoangho. Cette ville commerce avec la Mongolie.

Le tombeau de Fo est à Kouang-tchang, où arrivent les pèlerins, en grand nombre, sur une montagne élevée.

VI. La province de Kiang-sou est prise dans la partie occidentale de l'ancienne province de Kiangnan. Elle a huit départemens, savoir : Kiang-ning, Sou-tcheou, Soung-kiang, Tchang-tcheou, Tchinkiang, Haeï-an, Yang-tcheou, Siu-tcheou.

Le Kiang-sou est bordé par le golfe de Nankin, qui est un enfoncement de la mer Jaune. Les habitans sont les plus civilisés des Chinois. Leurs étoffes de soie et de coton, leur papier, leur vernis, jouissent d'une grande réputation. Le thé vert est la principale production du sol. On trouve, dans les montagnes, du grès, du fer magnétique, du cuivre, et même de l'argent.

Nankin, chef-lieu de cette province, fut la résidence des empereurs jusqu'au temps où la politique leur fit juger nécessaire de se tenir plus près de la Tartarie. Cette ville est sur le Kiang, à soixante lieues de son embouchure. Elle n'est pas beaucoup moins grande que Pékin, mais elle n'est pas, à beaucoup près, aussi peuplée. On lui donne 500,000 âmes. Le palais impérial fut brûlé par les Mandchoux en 1645. Elle a des temples qu'on cite et des portes d'une colossale architecture. C'est au Pao-nyen-tsé, temple de la Reconnoissance, qu'existe la fameuse tour de porcelaine à neuf étages, de 40 pieds de diamètre et de 200 pieds de haut. Une pomme de pin d'or massif la surmonte. A chaque étage, une galerie règne en dehors; aux angles de chaque galerie sont des cloches qui rendent un son argentin quand le vent les agite. C'est une des grandes curiosités du pays.

Nankin est la ville savante par excellence. Les bibliothèques et les écoles y sont nombreuses.

Sou-tcheou est ensuite la ville la plus fréquentée de la province, et celle qui donne le ton à toute la Chine pour les habillemens et les plaisirs.

Il faut signaler encore le port de Tchin-kiang-fou, puis Tchang-tcheou, sur les bords d'un fleuve, que l'on passe sur un pont de trente-six arches, garni de boutiques des deux côtés; Yang-tcheou, qui a deux lieues de tour, 200,000 âmes, et où l'on fait un grand débit de sel; Hoeï-an-fou, ceinte d'une triple muraille, et qui a deux faubourgs sur le canal impérial.

Chin-chan, ou la montagne d'or, est une île charmante, aux bords escarpés, mais remplie de jardins et de maisons de plaisance. Cette île, située au bas du Yang-tseu-kiang, appartient à l'empereur. On y trouve l'arbuste précieux qui donne le coton avec lequel on fait le vrai nankin, en lui conservant la couleur naturelle qu'il a dans ce seul endroit.

VII. La province d'An-hoeï forme la seconde moitié ou la partie occidentale de l'ancienne province de Kiang-nam. Elle a huit départemens. Sa capitale est Ngan-king-fou, sur la rive gauche du Yang-tseu-kiang.

Weï-tcheou, seconde ville de la province, passe pour avoir dans son sein les plus fins commerçans de tout l'empire. Ils trompent les Chinois, qui trompent tout le monde. L'encre qu'on fait dans le pays a une renommée universelle. On admire aussi ses gravures sur cuivre et son vernis.

Foung-yang-fou vit naître le fondateur de la dynastie des Ming, l'empereur Hong-vou, qui voulut aussi que son tombeau y fût placé.

Ning-koue-fou a de belles fabriques de papier de soie. Cette province a huit départemens, savoir : An-king, Hoeï-tcheou, Ning-koue, Tchi-tcheou, Thaï-phing, Liu-tcheou, Foung-yang, Ying-tcheou.

VIII. La province de Ho-nan a neuf départemens, savoir : Khaï-foung, Kouei-te, Tchang-te, Weï-hoeï, Hoaï-king, Ho-nan, Nan-yang, You-ning, Tchin-tcheou.

Le Ho-nan a des champs fertiles, d'épaisses forêts, d'immenses pâturages. Sa capitale est Khaï-foung-fou, sur le Hoang-ho, dans une plaine plus basse que le fleuve. Des digues la préservent des inondations. Mais un jour, pour prendre un prince rebelle, on fit rompre les chaussées, et 300,000 habitans furent noyés. Le prince se sauva.

Teng-foung-hien est citée pour la tour où le fameux Tchou-kong observoit les astres. Il vivoit dix siècles avant Jésus-Christ. On le dit inventeur de la boussole.

Tchin-tcheou et Weï-hoeï-fou sont deux autres villes très-commerçantes du Ho-nan.

IX. La province de Kiang-si est séparée au sud de celle de Kouang-toung par une montagne nommée Mi-lin, à travers laquelle est pratiqué un chemin d'une lieue, bordé d'affreux précipices. Un temple est consacré à la mémoire du mandarin qui a fait exécuter ce travail.

Le Kiang-si est divisé en treize départemens, savoir : Nan-tchang, Jao-tcheou, Kouang-sin, Nan-khang, Kieou-kiang, Kian-tchang, Fou-tcheou, Lin-kiang, Ki'an, Choui-tcheou, Youan-tcheou, Kan-tcheou, Nan'an.

Le pays, tout fertile qu'il est, ne donne pas plus de riz qu'il n'en faut pour ses nombreux habitans; aussi en sont-ils fort avares.

Les montagnes renferment des mines d'or, d'argent, de plomb, de fer, d'étain, et sont couvertes de plantes médicinales. On fabrique dans cette province de belles étoffes, et l'on y fait du vin délicieux, au goût des Chinois.

Nan-tchang-fou est le chef-lieu, on lui donne 400 mille âmes; mais on compte 1 million d'habitans à King-te-tching qui n'est pourtant réputé que bourg et qui renferme plus de 500 fourneaux où l'on cuit la plus fine porcelaine de tout l'empire.

Les autres villes dignes d'être nommées sont Kouang-sin-fou sur le Yang-tseu-kiang; Ki-an-fou qui renferme de beaux édifices publics; Kan-tcheou où il se fait un grand commerce d'encre et de vernis.

X. La province de Szu-tchouan est au sud-ouest; elle ne le cède à aucune autre pour la beauté et la production.

Elle a onze départemens, savoir: Tching-tou, Tchoung-khing, Pao-ning, Chun-khing, Siu-tcheou, Khoueï-tcheou, Loung'an, Ning-youan, Ta-tcheou, Kia-ting, Thoung-tchouan.

Le grand fleuve Yang-tseu-kiang la traverse : elle est riche en blé, vin, soie, sucre, fruits de toute espèce, et aussi en marbre, lapis-lazuli ; elle a des mines de plomb, d'étain, de fer, de mercure.

Le père Lamiot, missionnaire lazariste, en a donné une description dans ses lettres encore peu connues, mais fort dignes de l'être.

Tching-tou-fou est le chef-lieu ; elle est dans une position charmante, dans une ile que forment plusieurs rivières.

Loung'an-fou est sur les frontières, et pour cela fort importante, toujours bien entretenue et bien gardée.

XI. La province de Tche-kiang est riche à la fois par sa culture et ses fabriques. C'est là qu'on récolte la plus belle soie et qu'on fait les plus belles étoffes. Le pays est pittoresque, et le cours sinueux du Thsian-tang-kiang rend les campagnes délicieuses.

Cette province a onze départemens, savoir : Hang-tcheou, Kia-king, Hou-tcheou, Ning-pho, Chao-hing, Tai-tcheou, Kin-hoa, Khin-tcheou, Yon-tcheou, Wen-tcheou, Tchou-tcheou.

Hang-tcheou est le chef-lieu ; Marc Paul la nomme *Quinzaï*. Elle étoit la capitale de l'empire des Song ou de la Chine méridionale. Sa population est de 8 à 900 mille âmes ; elle a d'un côté l'embouchure du canal impérial, de l'autre le Thsian-tang-kiang, et cette situation lui donne les moyens de faire un commerce considérable.

Ning-pho-fou ou Liam-po est un port très-fréquenté par les Chinois de Siam et de Batavia. Cette place est aussi en grande relation d'affaires avec Nangazaki, capitale du Japon, qui n'est qu'à deux journées. Les habitans sont les plus grands chicaneurs de la Chine, et leur esprit délié fait qu'il n'y a pas de grand mandarin qui n'en veuille avoir un pour siang-cong ou secrétaire.

Kin-hoa-fou est célèbre par ses jambons. On sait que les cochons de la Chine ont une chair fort délicate. Ceux du Tche-kiang sont particulièrement renommés.

Khin-tcheou a 10 mille âmes et fait un grand commerce en soie, sucre, drogues.

Un archipel composé de quatre cents îlots, au sud des bouches du fleuve Jaune, dépend de cette province. Ces îlots sont pour la plupart habités et cultivés. Les principaux sont Kintam et Tcheou-chan.

XII. La province de Hou-nan comprend la partie méridionale de l'ancienne province de Hou-kouang. Hou-nan veut dire *au sud du lac*, parce qu'en effet ce pays est au sud du lac Thoung-thing qui a vingt-sept lieues de long sur dix de large.

Cette province est ravissante pour le climat ; on l'appelle le *jardin de l'empire* ; elle a neuf départemens, savoir : Tchang-cha, Pao-khing, Yo-tcheou, Tchang-te, Keng-tcheou, Young-tcheou, Tchin-tcheou, Youan-tcheou, Young-chun.

Tout ici est plaine et vallée, excepté vers l'ouest, où il y a des montagnes couvertes de belles forêts.

Le chef-lieu est Tchhang-cha-fou, qui n'a rien de remarquable. Yo-tcheou a 200 mille âmes et fait un grand commerce de transit. La ville d'Hing-tcheou a dans ses environs des mines d'argent dont l'empereur n'a pas permis l'exploitation.

XIII. La province de Hou-pe, c'est-à-dire au nord du lac, formoit la partie septentrionale de l'ancienne province de Hou-kouang.

Elle a onze départemens, savoir : Wou-tchhang, Han-yang, Hoang-tcheou, An-lou, Te-'an, King-tcheou, Siang-yang, Yun-yang, Yi-tchang, King-men, Chi-nan.

Cette province est regardée comme le grenier de l'empire.

Wou-tchhang-fou est le chef-lieu. C'est une ville grande comme Paris, où il se fait un immense débit de papier.

On écrit beaucoup en Chine, et comme les caractères sont grands, et que toujours on fait ses lettres sur de grandes feuilles ou même sur des cahiers entiers pour les plus simples correspondances, il s'ensuit qu'on fait une dépense énorme de rames de papier, et que ce genre de commerce est un des plus importans et des plus actifs.

Hang-yang-fou n'est séparé du chef-lieu que par le Kiang ; elle n'est pas moins belle et moins commerçante.

King-tcheou, au pied des montagnes à l'ouest, est une des clefs de l'empire.

XIV. La province de Fou-kian est petite, mais riche pourtant. Sa situation sur les côtes de l'est favorise pour ses habitans le développement de leurs pêches, de leurs navigations et de leur commerce. Le riz et le thé noir sont les productions principales. On trouve aussi du musc, des pierres précieuses, des mines d'or, d'argent, de fer, d'étain, de mercure. On y fabrique des étoffes de coton, de chanvre, de soie, et de l'acier en barres et travaillé. La culture s'élève en ce pays jusqu'au sommet des montagnes par le moyen des terrasses. Entre une infinité d'excellens fruits, on distingue l'orange qui a le goût du raisin muscat.

Le chef-lieu est Fou-tcheou, qui est citée pour ses lettrés, ses rivières chargées de barques, son port extrêmement commerçant et son magnifique pont de cent arches, en pierres blanches, qui traverse le golfe dans lequel se jette le Si-ho.

Les autres villes sont Yan-phing-fou, Tchang-tcheou, Chao-vou-fou et Teng-tcheou. La première est sur la pente d'une montagne au pied de laquelle coule le Min-ho ; la seconde est en face de l'île d'Hia-men ; la troisième fait un grand commerce de toiles ; la quatrième est environnée de montagnes remplies de mines d'argent qu'on n'a pas mises en exploitation.

L'île d'Hiamen ou d'Emouy est célèbre par un vaste temple consacré à Fo. Son port est fréquenté par les Chinois des colonies et aussi un peu par les

Espagnols de Manille. Tous les navires européens en sont exclus.

L'île Thaï-ouan ou Formose est vis-à-vis le Foukian à l'est. Ce n'est que sous le règne de Kang-hi que les Chinois y ont pénétré; mais ils la connoissoient auparavant. Elle leur appartient depuis qu'ils en ont chassé les Hollandois, qui eux-mêmes en avoient expulsé les Portugais.

La ville de Thaï-ouan est riche et peuplée; le gouverneur chinois y est soutenu par dix mille hommes de garnison; mais au reste sa domination ne s'étend guère que sur la côte occidentale.

Le port est vaste et profond, mais difficile d'accès.

La partie orientale de l'île est peuplée d'hommes qui ressemblent aux Malais et qui ne veulent se soumettre à aucun joug.

Les Pescadores ou Iles des Pêcheurs dépendent de Formose. Il y a encore d'autres îlots habités ou déserts qui entrent dans la province de Fou-kian, où l'on compte dix départemens, savoir : Fou-tcheou, Hing-hoa, Tsiouan-tcheou, Tchang-tcheou, Yanphing, Kian-ning, Chao-wou, Ting-tcheou, Founing, Thaï-ouan (Formose).

XV. La province de Kouei-tcheou est remplie de montagnes qui ont longtemps servi de retraite aux peuplades indépendantes connues sous le nom de *Miao-tse*.

Kouei-yang-fou est le chef-lieu. Elle est en terre et en briques et a une lieue de circuit.

Les autres villes sont Sze-tchou-fou, Phing-youeifou, Tchin-youan-fou. Dans cette province, on ne cultive pas les sciences. Les peuples sont grossiers. Dans plusieurs villes, on laisse tomber en ruine les anciens édifices pour ne pas exciter la cupidité des Tartares. Dans les campagnes, les hommes et même les femmes vont pieds nus, les jours ouvriers, comme dans nos provinces de l'Ouest.

XVI. La province de Youn-nan a seize départemens , savoir : Youn-nan, Kio-Ising, Lin-an, Tchhing-kiang, Kouang-nan, Khaï-hoa, Toungtchhouan, Phou-lul, Tu-li, Thsou-hioung, Youngtchang, Chun-ning, Li-kiang, Young-pe, Tchaothoung, Tsou-li.

Cette province est belle et riche. Elle avait pour maîtres les Lo-los, qui ne reconnurent l'empereur chinois qu'à la condition de conserver leurs droits et privilèges. Il y a un vice-roi qui vient de Pékin ; mais tous les seigneurs Lo-los sont mandarins , et, de plus, contrairement au reste de la Chine, les titres et dignités sont ici héréditaires.

Le pays confine au Thibet, aux Birmans, au Laos, au Tonquin. Il est arrosé de belles rivières; très-abondant en pâturages, en bestiaux, en chevaux, ainsi qu'en mines de toute espèce de minéraux et en carrières de pierre et de marbre.

Youn-nan-fou, chef-lieu, a des fabriques de satin, de tapis, et des ateliers où les métaux sont mis en

œuvre. Elle est située sur un lac, ainsi que Tchingkiang-fou. Wouting-fou est un des boulevards de l'empire, à l'est. Kouang-nan-fou a des habitans fort querelleurs, et qui se nourrissent de lézards, de rats, d'insectes. Young-tchang-fou, plus heureuse, est dans un département peuplé, cultivé, produisant beaucoup de soie, d'ambre et d'or.

XVII. La province de Kouang-si a sa partie nord couverte de landes et de forêts; le sud est cultivé en riz, et il produit en abondance.

Le gouvernement ne permet pas que les particuliers exploitent les mines d'or et d'argent qui existent dans les montagnes. Il y a dans les bois des éléphans, des rhinocéros, des tapirs.

Au nord de cette province sont des Miao-tse qui, comme dans le Kouei-tcheou, se maintiennent tant qu'ils peuvent indépendans et ne reconnoissent à l'empereur que le droit d'approbation sur les chefs qu'ils se donnent.

Le Kouang-si a onze départemens, savoir : Koueilin, Lieou-tcheou, King-youan, Sze-en, Sze-tching, Phin-lo, Ou-tcheou, Thsin-tcheou, Nan-ping, Thaïphing, Tchin-an.

Kouei-lin-fou est le chef-lieu, sur le Kouei-kiang, au pied d'une montagne couverte de fleurs que les Chinois appellent *Kouei*, et qui ont donné leur nom à la montagne, à la rivière et à la ville.

Ou-tcheou fait un grand commerce.

Thaï-phing-fou a une bonne citadelle, et dans le département dont elle est le chef-lieu il y a une grande quantité de redoutes et de forts.

C'est dans cette province que les Chinois trouvent les meilleures pierres pour faire de l'encre. On y voit aussi le casoar dont Marc Paul parle comme de poules qui, au lieu de plumes, avoient des poils.

Les œufs du casoar sont un excellent manger.

XVIII. La province de Kouang-toung, au sud, abonde en grains et en fruits. Elle a des mines d'or et d'étain, des pierres précieuses, des perles, des éléphans qui donnent un bel ivoire, et des forêts où l'on trouve entre autres le bois de fer, si dur, si pesant, qu'il ne flotte pas sur l'eau.

Kouang-tcheou est le chef-lieu. Nous l'appelons Canton.

Cette ville, située entre le Tchu-kiang, qu'on nomme *Tigre* aussi, et le Tching-kiang, se compose de deux sections également spacieuses; l'une fermée, l'autre ouverte; celle-ci servant de faubourg à celle-là.

La ville fermée est l'ancienne ville, toute chinoise ; la ville ouverte, presque entièrement consumée par un incendie, a été rebâtie à neuf.

C'est dans cette ville neuve et sans murailles que sont admis les étrangers.

Dans cette partie de Canton, les formes, les costumes, les mœurs de tous les pays du monde se trouvent confondus. Il y a des rues qui ont des noms anglois; d'autres des noms indiens ou portugais.

Chaque nation, chaque profession, pour ainsi dire, a son quartier. Les rues, les boutiques, les quais, tout est bien en ordre et bien tenu. Les marchandises descendent là de toutes les parties de l'empire ; il y en a d'autres qui viennent des Indes, d'Europe et d'Amérique, et le commerce y est immense ; mais il n'est ni sans embarras ni sans mécomptes.

Canton est à seize ou dix-sept lieues de la mer, par 23° 7' de latitude nord, et par 110° 53' de longitude orientale. Les marées sont très-irrégulières à l'embouchure et dans la rivière de Canton. Il y a deux ou trois barres, entre autres celle de l'île Lanskreet et celle de l'île Wempou.

Les navires étrangers ne montent pas jusqu'à Canton même ; ils s'arrêtent à six lieues plus bas, au port de Houang-pou, où sont les douanes. C'est là qu'ils sont chargés et déchargés par le moyen d'embarcations du pays qui vont à la ville et en reviennent avec les marchandises.

Voici les principaux objets d'exportation et d'importation.

Exportation : Bambou, papier, vernis, jujubes, anis, cannelle, rhubarbe, ginseng, soie, nankin, nacre, écailles, zinc, porcelaine, encre, thé vert et noir. Ce dernier objet est le plus considérable ; il en sort jusqu'à cinq à six mille quintaux tous les ans. Il y a des années où l'Angleterre en a tiré trente millions de livres pesant, c'est-à-dire la moitié de la sortie totale.

Importation : Riz, draps et lainages, fils d'or et d'argent, cannetilles et paillettes, glaces et verres, plomb, corail, cochenille, bleu de Prusse, cobalt, vin de Champagne, horlogerie et pelleterie. De l'Inde, on apporte de l'ébène, du poivre, du calambac, du santal, de l'ivoire ; de Malacca : de l'étain et des ailerons de requin ; des holothuries de la Cochinchine ; des nids d'alcyons, du benjoin, de l'encens, du tabac des îles de la Sonde, et surtout de l'opium qui, quoique prohibé en Chine, y est reçu avec le plus grand empressement.

Le mouvement du commerce de Canton est évalué à trois cents millions de francs.

Même en limitant les lieux où les négocians européens et américains peuvent être admis, et le temps du séjour qu'ils y peuvent faire, le gouvernement chinois ne leur a pas laissé la faculté de choisir les marchands de Canton avec lesquels ils peuvent traiter. Il a confié le monopole du commerce étranger à des négocians chinois privilégiés, au nombre de dix-huit, que les Anglois nomment *hangs*, et les François *hanistes*. Ces négocians sont les intermédiaires obligés dans toutes les opérations de vente, d'achat, de payement. Ils fournissent des garanties, des cautionnemens et des répondans, et leurs fonctions s'étendent souvent à une sorte de médiation politique dans toutes les difficultés qui surviennent entre les étrangers et les autorités locales.

C'est au milieu de toutes ces entraves qu'il faut se mouvoir.

La population, pour les deux quartiers et les faubourgs de Canton, est portée à 1 million d'âmes. Il y a des familles qui vivent dans les bateaux ou sampanes, et n'en sortent, pour ainsi dire, jamais. Cela se voit, au reste, dans tout l'empire, sur les lacs et rivières, et l'on élève à 3 millions le nombre des habitans qui forment ainsi la population flottante.

Les autres villes de la province sont Chao-tcheou, Nang-hiang-fou, Tchao-khing-fou ; près de la première est un couvent qui attire de nombreux pèlerins ; la seconde a un temple fameux dédié à Confucius ; la troisième est fortifiée et bien bâtie.

La province a dix départemens, savoir : Kouang-tcheou, Chao-tcheou, Nan-kioung, Hoeï-tcheou, Tchao-tcheou, Tcheou-khing, Kao-tcheou, Lian-tcheou, Louï-tcheou, Khioung-tcheou.

Kioung-tcheou est le chef-lieu du département et de l'île que nous nommons *Hainan*. Cette île a mille huit cents lieues carrées de superficie. Plate et unie au nord, elle est montueuse au midi. L'air y est malsain, et l'eau y seroit pernicieuse si on n'avoit le soin de la faire bouillir avant de la boire.

Nous arrivons à Macao, le seul établissement européen qui existe dans tout l'empire chinois. Les missionnaires ont donné le détail de sa fondation ; c'est encore un missionnaire à qui nous empruntons la description de l'état actuel de la ville. Nous la trouvons dans une lettre de M. Mouly, lazariste, à M. Légo, secrétaire de la Congrégation. Cette lettre est datée de Macao même, le 15 novembre 1834 ; c'est la dernière qu'on ait reçue, et elle ne laisse rien à désirer sur une colonie qui, au reste, n'est plus aujourd'hui que l'ombre de ce qu'elle étoit jadis. Laissons parler notre jeune missionnaire.

« La ville de Macao est bâtie à la pointe d'une des îles situées à l'embouchure de la rivière ou plutôt des rivières de la province de Quang-tong ; sa position sur un terrain qui ne tient à l'île que par une petite langue de terre, la fait appeler par quelques-uns la presqu'île de Macao. Les maisons sont en pierres et en briques, et bâties à l'européenne ; mais elles n'ont ordinairement qu'un étage. On en remarque un grand nombre de très-commodes et de très-élégantes, entre autres celle du sénat, qu'habitoit autrefois la Compagnie angloise de l'Inde. Les appartemens sont ornés de fort beaux meubles d'Europe, tels que glaces, tableaux, pendules, etc. Les rues sont tracées sans aucune symétrie, mal pavées avec de grosses pierres qui ne sont pas jointes, ce qui oblige à n'y marcher qu'avec précaution : ces rues sont d'ailleurs fort étroites ; il y en a même dans lesquelles trois hommes ont de la peine à passer de front ; du reste, elles sont assez propres. Les maisons se trouvant bâties sur un terrain en pente, beaucoup ont des jardins formés en plate-forme, ce qui les rend fort agréables et leur donne un aspect très-pittoresque.

» Il n'y a guère près de la ville que deux endroits où l'on puisse jouir du plaisir de la promenade. Le plus beau est un bosquet appartenant à un particulier, qui renferme, dit-on, la grotte dans laquelle le Camoëns composa jadis son poëme : les Portugais montrent cette grotte avec orgueil. Les personnes riches, et surtout les Anglois, se font porter comme les mandarins dans de superbes palanquins. Les Anglois voudroient bien se promener en cabriolet, comme à Manille; mais la chose est ici impossible, les chemins et les rues ne le permettent pas. Un mur, gardé par des soldats chinois, partage la langue de terre qui semble faire de Macao une presqu'île, et empêche de pénétrer dans l'intérieur. On se dédommage de cette privation en allant dans d'autres petites îles voisines.

» Autrefois les jésuites possédoient une petite île presque dans le port : elle étoit alors très-boisée, ce qui la fit nommer Ile-Verte, par comparaison avec les autres qui sont désertes. Ces bons Pères y avoient bâti une chapelle et une maison. Dans ce séjour, que l'ombre et la fraîcheur rendoient agréable, les uns rétablissoient en peu de temps leur santé épuisée dans les pénibles fonctions du ministère apostolique; les autres alloient s'y ranimer, par une retraite spirituelle, dans l'esprit de leur vocation : tous, après y avoir puisé de nouvelles forces, revenoient travailler avec plus d'ardeur à la conversion des infidèles.

» Lorsque l'on força ces religieux de quitter Macao, un riche négociant, leur mortel ennemi, acheta l'île, et fit démolir la chapelle et la maison. Cette petite île n'étant plus entretenue, les Chinois en enlevèrent tout ce qu'ils purent; les arbres disparurent, et l'on n'aperçut bientôt plus que des ruines et comme un terrain abandonné. Maintenant cette île est aride comme les autres : elle est, du reste, fort peu étendue; un quart d'heure suffit pour en faire le tour. Elle a pourtant encore ses agrémens pour des gens à qui il n'est pas permis de faire sur terre une promenade de trois quarts d'heure. Nos confrères portugais l'ont achetée il y a quelques années; ils y ont placé des Chinois pour la cultiver et la garder. Un terrible typhon (1) renversa, il y a trois ans, une petite maison qu'ils y avoient fait construire. Ils viennent d'en élever une autre; les grosses pierres dont elle est bâtie, et les fortes digues qu'on y a pratiquées, paroissent devoir la préserver du malheur de la première. On y trouve aussi une jolie petite chapelle dédiée à saint Vincent de Paul : un grand tableau représente notre bienheureux Père, auquel une fille de la Charité demande, à genoux, la bénédiction pour un enfant trouvé qu'elle tient en ses bras. Nous y allons quel-

quefois avec les messieurs du séminaire des Missions étrangères. Le 27 septembre, jour de la mort de saint Vincent de Paul, M. le supérieur y alla avec MM. Danicourt et Baldus; M. Barantin, sous-procureur des missions étrangères, s'y trouva avec deux de ses confrères, MM. Vial et Favent. On chanta une messe en musique avec accompagnement d'une basse et de deux violons, et un jeune séminariste prêcha en portugais un petit panégyrique.

» Les chaleurs de la zone torride se font vivement sentir à Macao pendant l'été. L'automne est la saison de l'année la plus agréable : le temps est ordinairement sec, et il ne fait pas trop chaud. Il y a quelques momens assez froids pendant l'hiver; les mois de février, mars et avril sont les plus désagréables; la pluie est presque continuelle alors, et elle produit une humidité très-malsaine; aussi les rez-de-chaussées sont-ils très-incommodes; ils ne sont habités d'ordinaire que par les pauvres.

» Le typhon vient faire d'importunes visites aux habitans de Macao, et leur cause de grands dégâts; nous avons été témoins d'un qui a duré plus de vingt-quatre heures. Un vent furieux souffloit continuellement et changeoit souvent de direction, quoiqu'il semblât régner avec plus de violence d'un côté. La pluie tomboit avec une abondance incroyable; elle ne s'apaisoit par momens que pour redoubler avec plus de force qu'auparavant. Plusieurs arbres furent déracinés, et tout fut mis en désordre dans les jardins : les tuiles voloient de tous les côtés, des parties de toit furent emportées, et le quai abîmé devant le palais du gouverneur. Ce typhon nous parut effroyable; il ne fut cependant que fort peu de chose en comparaison de celui qu'on éprouva il y a trois ans : ce dernier abattoit les murailles, enfonçoit les portes et les fenêtres, et souleveoit les toits en entier. Avec quelle fureur ce terrible ouragan ne doit-il pas souffler sur mer ! les navires et les barques qui sont près des côtes en ces momens, sont perdus s'ils ne peuvent fuir au large. Autrefois, les typhons n'avoient lieu à Macao que tous les quatre ou cinq ans, maintenant ils se font sentir plus ou moins toutes les années.

» Macao n'a guère de charmes, comme vous le voyez. Le seul amour de Dieu et le zèle des âmes, ou la soif de l'or et de l'argent, y attirent et y retiennent des hommes de toutes les parties du monde. Les négocians anglois, portugais, espagnols, etc., s'efforcent d'y faire leur fortune, en commerçant avec les Chinois; et les missionnaires italiens, portugais, espagnols et françois y travaillent avec ardeur à la prospérité des églises de la Chine, du Tonkin et de la Cochinchine, qu'ils alimentent de prêtres et de secours pécuniaires. Aucun étranger, quel qu'il soit, ne peut toutefois s'y établir, encore moins y devenir propriétaire, sans une autorisation du roi de Portugal.

» Voici comment les Portugais sont devenus pos-

---

[1] On appelle de ce nom un ouragan aussi violent que subit, dans les mers des Indes et de la Chine; c'est un vent qui tourbillonne comme celui qui accompagne ou cause les trombes.

sesseurs de Macao. Ayant chassé des pirates qui infestoient les avenues de Canton, l'empereur de la Chine leur donna, par reconnoissance, le terrain sur lequel ils bâtirent la ville de Macao. Ils en étoient les maîtres, et par conséquent ils pouvoient en disposer jusqu'au mur de séparation ; mais soit foiblesse de caractère dans les gouverneurs portugais, soit manque de forces réelles, ils ont laissé les Chinois empiéter sur ce terrain. Ces derniers y ont bâti grand nombre de maisons ; de telle sorte qu'aujourd'hui ils occupent une grande partie de la ville, et que les Portugais qui veulent bâtir ne le peuvent guère qu'en achetant la permission du mandarin ; sans cela, les ouvriers chinois n'oseroient travailler pour eux. Les bonzes ont construit hors de la ville trois pagodes. L'empereur nomme un petit mandarin pour gouverner les Chinois, qui ne dépendent en aucune manière du gouverneur portugais. Ce mandarin exige des impôts pour les laisser commercer avec les Européens, et il les protège quand ils ont à se plaindre de ceux-ci : un certain nombre de satellites sont à sa disposition. Les Chinois de Macao sont généralement pauvres, ils vivent du travail de leurs mains ; ils composent la grande majorité de la population de la ville, où l'on compte 15,000 Européens et environ 40,000 Chinois. Avec le gouverneur nommé par le vice-roi de Goa, les Portugais ont un sénat, et un ministre chargé de la police de la ville et des affaires civiles. Presque tous ceux qui portent le nom de Portugais sont nés dans l'Inde : ils ont beaucoup perdu du génie et de l'activité des Européens, il est très-rare de les voir s'occuper sérieusement d'études ; les chaleurs empêchent d'ailleurs une longue application, elles causent de grands maux de tête et de fréquens étourdissemens. La plupart des Portugais sont peu fortunés ; peu s'occupent du commerce avec les Chinois, il est presque tout entre les mains des Américains et des Anglois.

» Trois fortifications bâties avantageusement sur trois montagnes, dont l'une est à l'entrée du port, et les deux autres derrière la ville, de manière à former un triangle oblong, rendent cette place assez forte : ces ouvrages sont garnis d'artillerie de gros calibre ; mais les soldats qui composent la garnison étant nés dans l'Inde, sont, dans le vrai, peu propres à faire une vigoureuse défense : ils n'ont guère d'européen que l'habit et les armes. Les esclaves nègres, qui aiment les Portugais, leurs maîtres, leur seroient d'un grand secours en cas de besoin : les Chinois les redoutent beaucoup. La musique militaire est composée de musiciens indiens de Manille, qui n'exécutent pas mal les airs européens. Il y a à Macao un cabinet d'histoire naturelle assez bien assorti.

» C'est le roi de Portugal qui nomme à l'évêché de cette ville : cet évêché renferme Macao et les deux provinces voisines, Quang-Tong et Quang-Si. Vacant depuis plusieurs années, il est administré par un vicaire-général. Outre l'église cathédrale, qui est en même temps paroisse, on trouve encore à Macao les églises paroissiales de Saint-Laurent et de Saint-Antoine. Les Pères dominicains, augustins et franciscains y ont aussi leur église et leur couvent ; mais ils renferment peu de religieux. On y voit enfin un couvent de Clarisses, dirigé par deux Pères franciscains. La confrérie de la Miséricorde, que saint François-Xavier eut soin d'établir dans les colonies portugaises, existe ici ; elle a une petite église, aussi bien que l'un des hospices situés hors des murs. Deux des forteresses, dont l'une domine l'entrée du port, ont chacune une chapelle dédiée à la Sainte Vierge. Les navires portugais saluent en arrivant la Reine du ciel, que l'on honore dans l'une de ces deux chapelles comme l'Étoile de la mer et la Protectrice des navigateurs.

» Les Pères jésuites avoient autrefois à Macao deux couvens et deux églises ; la garnison occupe aujourd'hui un de ces couvens bâti derrière la ville, sur le flanc de la montagne au haut de laquelle se trouve la forteresse ; tous les dimanches, les soldats vont de bon matin, au son du tambour et de la musique, entendre la sainte Messe dans l'église qui y est attenante. Nos confrères portugais occupent l'autre couvent, ils sont au nombre de six ; ils y ont établi un collège où ils élèvent de jeunes Portugais, et un séminaire où ils forment des prêtres chinois pour les provinces de Quang-Tong, Nankin et Pékin : on compte encore dans la ville vingt prêtres indigènes, occupés soit à aider les chanoines dans les offices de la cathédrale, soit à faire les fonctions de vicaires, de chapelains, etc.

» Les Chinois de Macao sembleroient devoir se convertir par milliers, vu les nombreux moyens qu'ils ont de connoître la vraie religion ; on est étonné d'abord que sur une population de 40,000 âmes, 5,000 environ seulement soient chrétiens ; mais hélas ! on rencontre à Macao, plus que partout ailleurs, les obstacles qui, dans les ports de mer, nuisoient aux travaux de saint François-Xavier, excitoient les plaintes de son zèle et remplissoient son âme d'amertume. Il est bien douloureux pour les missionnaires d'être obligés d'avouer que ce sont des chrétiens qui servent d'obstacles à la conversion des infidèles. L'apôtre des Indes se plaignoit de la conduite des Portugais de son temps : que diroit-il s'il voyoit aujourd'hui les désordres dont nous sommes les tristes témoins ! Presque tous les Européens que le commerce attire à Macao sont hérétiques ou incrédules ; les mauvais principes sont professés et débités avec une entière et bien funeste liberté, et leur conduite, qui n'est rien moins qu'édifiante, est de nature à les autoriser. Comment tout cela n'éloigneroit-il pas de la vraie religion des hommes qui ne jugent que par les sens, et qui, tout entichés de leur supériorité prétendue sur toutes les autres nations, n'estiment que leur pays et font peu de cas des autres peuples? Aussi ce n'est jamais dans les ports de la Chine que les missionnaires font beaucoup de bien.

» Maintenant je veux vous parler de notre maison. Elle se compose de quatre prêtres, dont deux européens, MM. Torrette et Danicourt, et deux chinois, MM. Ly et Tchiou, que vous avez connus à Paris. M. Danicourt partage avec M. le supérieur le soin de former nos jeunes novices chinois, et se consacre tout entier à leur éducation. Il fait trois classes par jour, deux de latin et une d'Ecriture-Sainte. C'est M. le supérieur qui donne les leçons de philosophie et de théologie; MM. Ly et Tchiou enseignent tout ce qui regarde la langue chinoise; ils s'occupent aussi d'entendre les confessions d'un bon nombre de Chinois et de Chinoises. Notre noviciat va très-bien; nos jeunes gens sont en ce moment au nombre de treize, et nous en attendons plusieurs autres de l'intérieur : ils sont d'une grande édification, d'une piété angélique et d'une docilité admirable. Vous seriez touché de voir quelle sainte ardeur ils ont pour l'oraison et les exercices de piété, et quel goût ils trouvent dans toutes les choses de Dieu : ils joignent à cette piété une gaieté douce et aimable, et beaucoup de zèle pour se former à la science. Nous sommes familiers avec eux à peu près comme avec des Européens, et cette familiarité, qu'ils regardent comme un témoignage d'amitié et d'intérêt, nous obtient leur confiance; ils ont pour nous une affection toute filiale, toujours jointe à un grand respect qui va presque jusqu'à la vénération. Quelquefois on leur fait rendre compte de leurs sentimens dans l'oraison, de leurs réflexions sur une lecture ou une instruction : ils le font avec une simplicité qui ravit, et l'on voit que l'esprit de Dieu verse bien abondamment ses dons dans leurs cœurs : c'est une naïveté de pensées et une élévation de sentimens que l'on ne peut s'empêcher d'admirer; vous diriez des anges quand ils servent la sainte messe. Pendant les récréations, ils s'occupent de différens petits travaux utiles : ils font beaucoup de chapelets pour envoyer à leurs compatriotes dans les missions; ils relient même assez proprement des livres à la manière des Européens, ils cultivent des fleurs du pays et de France pour orner l'autel du vrai Dieu. A peine leur ai-je eu montré la manière d'imprimer les images en taille-douce, qu'ils en ont su, pour ainsi dire, plus que moi; je n'ai plus besoin de m'en occuper. Ils ont déjà imprimé plus de quinze cents scapulaires ou images sur soie, sur coton ou sur papier, en rouge, en bleu et en noir. Je crois que cette petite famille est bien agréable à notre bon maître : ce sera, je n'en doute pas, un petit cénacle d'où il sortira bien des missionnaires zélés.

» Je me prépare à partir pour les missions de l'intérieur. Depuis longtemps déjà je mange avec de petits bâtons, à la façon des Chinois; je m'y suis habitué assez facilement. Il n'y a à Macao que les Chinois qui mangent ainsi; tous les Européens conservent l'usage de leurs nations respectives, et se nourrissent à peu près comme en Europe. Mais, devant vivre au milieu de la Chine de manière à n'être pas reconnu, il faut que je prenne les manières et l'extérieur des Chinois. Je porte la moustache, et mes cheveux sont déjà assez longs pour y attacher une fausse queue. Il y a plus d'un mois que j'ai endossé l'habit chinois; je suis chaussé des souliers à la triple semelle, de carton, de laine et de cuir; je porte une ample et longue robe à larges manches, qui laisse tout mon cou à découvert, et est retenue à droite par cinq boutons ronds d'un cuivre luisant. Quand il fera froid, ou que je voudrai me mettre en habit de cérémonie, je prendrai une ceinture, une ou plusieurs demi-robes, un collet, une calotte et une casquette en entonnoir, ou d'une autre forme selon la saison. Je suis tellement déguisé avec ma tête rasée et mon costume chinois, que notre confrère M. Baldus, en arrivant ici, ne me reconnut pas, quoiqu'il m'eût cependant bien connu en France. Malgré cela, mes traits, mon teint, mon nez, mes cheveux conservent toujours un certain air européen que reconnoissent assez facilement les Chinois, et si Dieu ne me prend sous sa garde, toutes les précautions imaginables ne m'empêcheront pas d'être arrêté. Ne connoissant pas suffisamment la langue ni les usages, je serai bien plus exposé; ensuite, ajoutez que je dois traverser toute la Chine dans sa longueur, et qu'avec le circuit que nécessite mon passage par la province du Fo-kien, ce trajet sera au moins de six cents lieues. Je le ferai au milieu de l'empire, sous les yeux de gens soupçonneux, à chaque instant en danger d'être reconnu, arrêté, mis à mort, et d'exciter peut-être une persécution. Mais celui que Dieu garde est bien gardé : c'est en son nom, c'est pour sa gloire que je vais entreprendre ce voyage; c'est à lui d'exécuter ses desseins sur moi. Marie aime les missionnaires, Joseph et tous les autres patrons de la Chine les protégent; l'ange du Seigneur les conduit : après cela, que dois-je craindre, et comment ne mettrais-je pas en Dieu toute ma confiance? Rien ne m'arrivera que par sa sainte et adorable volonté : s'il demande, après tout, de moi des souffrances, même le sacrifice de ma vie, n'aurai-je pas lieu de me regarder comme heureux, et puis-je désirer une mort plus belle et plus consolante que le martyre?

» Nous avons ici un jardin qui ne laisse rien à désirer pour le pays. Il a cinq étages ou terrasses; on n'arrive à la dernière qu'après avoir monté soixante-dix degrés. Macao étant bâti sur une colline, on n'a pu se procurer des jardins que par le moyen des plates-formes. En sortant du premier et unique étage de notre maison, nous entrons de plain-pied dans deux carrés dont nos jeunes séminaristes se sont partagé le soin. Quelques degrés conduisent à la plate-forme, qui forme la plus grande partie du jardin potager : il nous fournit notre provision de légumes, françois et chinois. Les arbres fruitiers du pays, le bananier[1], le papayer, le manguier, etc., s'y trouvent agréablement mêlés avec le poirier, le pêcher et le figuier d'Europe. Nous y avons aussi un bassin d'eau, dont les bords sont ornés de fleurs françoises et étrangères. Trente degrés plus haut est la terrasse, où nous prenons tous ensemble la récréation du soir ; les ardeurs du soleil nous l'interdisent à midi. On y respire un air pur et serein, et l'on y jouit de la belle perspective que présentent l'entrée de la rade et la moitié de la ville. Le port se trouve à deux cents pas devant nous. Les grand navires restent en dehors ; mais on voit circuler sans cesse et dans tous les sens des navires espagnols de Manille, des vaisseaux portugais, des jonques chinoises et cochinchinoises, et une multitude de barques de toutes les dimensions : c'est un fort beau coup d'œil ; en revanche, on est étourdi par le vacarme que font continuellement les Chinois dans leurs jonques et dans leurs barques, en frappant à coups redoublés des tambours, des timbales, des timbres ; en jouant d'une espèce de flûte criarde, en tirant de petits coups de canon, ou en mettant le feu à une infinité de pétards. Tout ce bruit est occasionné par l'arrivée ou par le départ des barques, par le passage ou par la visite des mandarins, par des réjouissances et par des honneurs superstitieux qu'ils rendent à leurs idoles.

» C'est M. Sué, lazariste chinois, qui est en ce moment supérieur de la mission de Pékin, à laquelle je suis envoyé. Ce missionnaire est d'un rare mérite, il est surtout d'une humilité extraordinaire ; tous nos chrétiens ont pour lui une grande vénération, et le regardent comme un saint. La destruction de la maison et de l'église de notre mission à Pékin l'ayant obligé de quitter la ville, il se retira dans un lieu sûr pour soigner la mission le mieux possible. Il choisit, à cet effet, un petit village nommé *Siouangtze*, qui compte environ 1,000 habitants, sur lesquels il y a six cents chrétiens. Ce village est situé dans la Mongolie, pays qui fait partie de ce qu'on appelle la *Tartarie chinoise*, dix lieues environ au delà de la grande muraille, au nord-ouest de la province de Pékin, vis-à-vis Suen-hoa-fou. On jouit là d'un peu plus de liberté qu'à Pékin. Il ne s'y trouve pas de mandarin ; et le mandarin voisin, de qui ce village dépend, laisse les chrétiens tranquilles, quoiqu'il les connoisse. M. Sué y a acheté une maison, où il a établi un séminaire destiné particulièrement à alimenter le noviciat de Macao ; il dirige cet intéressant établissement avec beaucoup de sagesse et de prudence. Il y a dans ce village une ancienne petite église, où, ce qui est bien extraordinaire en Chine, on chante la messe aux principales fêtes de l'année, et quelquefois même en musique. Les chantres et les musiciens ne connoissent point le chant ni la musique d'Europe ; mais on sait imiter avec les caractères chinois le son et la prononciation des paroles du *Kyrie eleison*, du *Gloria in excelsis*, etc.

» M. Sué a avec lui quatre confrères chinois, qui sont sans cesse occupés à la visite des chrétiens sur tous les points ; mais il leur est impossible, étant en si petit nombre, de suffire aux besoins de cette chrétienté. M. Sué vient d'envoyer une note des fruits spirituels recueillis dans cette mission dans le cours de l'année 1833. Il ne parle pas de la partie septentrionale, sur laquelle il n'avoit pas encore de renseignemens exacts : je pense que je vous ferai plaisir en vous en disant un mot. Le nombre des confessions a été de 5,477 ; celui des communions de 2,999. Le nombre des baptêmes d'adultes a été de 56, et celui des enfans, tant des fidèles que des infidèles, de 724.

» Enfin il est temps de terminer ma lettre. J'ajouterai que je me porte très-bien, et que je n'ai pas éprouvé jusqu'ici le moindre regret d'avoir quitté la France. Je me sens au contraire tout pénétré de reconnoissance pour les grands et nombreux bienfaits dont le Seigneur a bien voulu me combler, et pour la vocation à laquelle il a daigné m'appeler malgré mon extrême misère et indignité. Si je n'avois pas fait mon sacrifice, je serois tout prêt à le faire, et de grand cœur. Je suis très-tranquille, très-content, mon âme jouit d'une paix profonde : c'est une grâce de la bonté divine, dont je sens tout le prix. Aussi je suis prêt à tout, mon unique désir est de me consumer au service d'un si bon maître, et de le faire connoître et aimer ; il peut disposer de moi selon qu'il voudra ; je m'abandonne entièrement entre ses mains.

» Je me recommande, avec la pauvre mission de Pékin, à votre souvenir, et je vous prie de me croire, dans les sacrés cœurs de Jésus et de Marie, etc.

» Mouly, *miss. apost.* »

---

[1] Nous ferons connoître le bananier en parlant des missions de l'Océanie. Le papayer est assez semblable au palmier : c'est un arbre qui s'élève à la hauteur de quinze à vingt pieds, et produit pendant toute l'année des fruits qui ressemblent assez au melon pour la figure et la grosseur. Ces fruits sont recouverts d'une écorce verdâtre, laquelle jaunit ensuite, marquée et divisée en plusieurs côtes ; leur goût est assez fade quand ils sont mangés crus ; mais on les fait cuire avec de la viande, ou confire dans le sucre. Le manguier est très-gros et toujours vert ; il a jusqu'à quarante pieds de hauteur, étend de grandes branches, et porte deux fois par année des fruits qui approchent assez de la forme d'un cœur ; ils pèsent quelquefois jusqu'à deux livres ; leur chair, jaunâtre comme celle de l'abricot, est imprégnée d'un certain goût de térébenthine ; au dedans est un noyau aplati et large, dans lequel se trouve une amande assez amère.

DEUXIÈME SECTION.

ÉTATS TRIBUTAIRES.

Les états tributaires de la cour de Pékin sont au nombre de sept, savoir : le Turkestan chinois, la Kalmoukie, la Mongolie, la Mandchourie, la Corée, Lieou-kieou, le Thibet.
Nous allons successivement les passer en revue.

Turkestan chinois.

La géographie est sur tous ces États d'une incertitude extrême; pas un livre, pas une carte ne se ressemblent. Chaque auteur a ses noms, ses limites, ses chiffres. Il faut choisir entre les plus raisonnables pour atteindre à la vérité.
Le Turkestan chinois est souvent appelé Turkestan oriental et petite Buckarie. On le nomme aussi le pays de Tourfan, du nom d'une de ses principales villes. Enfin, les Chinois donnent à cette contrée le nom de *Thian-chan-nan-eou*, qui signifie province au sud des montagnes célestes.
Le Turkestan a au nord la Kalmoukie, à l'est la Mongolie, à l'ouest les monts Bolor, au sud le Thibet.
On y comprend le désert de Cobi, et l'on a une longueur de 450 lieues de l'est à l'ouest, sur une largeur de 200 lieues du nord au sud; une superficie de 80,000 lieues carrées.
La petite Buckarie forme un plateau entouré de hautes montagnes. Elle renferme de vastes plaines sablonneuses, et beaucoup de rivières qui vont se perdre dans de grands lacs sans communication connue avec la mer.
Le lac de Lop est un des principaux. Il reçoit, entre autres cours d'eau, le Tarim, qui d'abord a le nom de Yarkand, et qui a pour affluens le Khotan et le Kachgar.
Le Khotan vient des monts de glace, au nord. Il commence par trois sources, trois branches qu'on nomme Yu blanc, Yu noir, Yu vert, du nom du minéral qu'on trouve en ces régions, et que les Chinois nomment yu : c'est le jade, si précieux pour tous les peuples asiatiques.
La terre y est susceptible d'une belle culture. Le blé, le riz, le coton y abondent. On y fait du vin et de l'eau-de-vie de grain. Un produit animal très-recherché est le bezoard, concrétion solide qu'on trouve dans le corps et les intestins des vaches, des chevaux, des cochons et de quelques autres animaux. Les Buckares y attachent toutes sortes d'idées superstitieuses : veulent-ils de la pluie, du vent, du soleil? ils mettent le bezoard au bout d'une perche de saule, à la queue d'un mulet, à la patte d'un oiseau, et ils ne doutent point que ce moyen ne leur procure tout ce qu'ils désirent. On ne part pour aucun voyage que muni de ce talisman merveilleux.

La conquête de la petite Buckarie fut faite en 1758 par l'empereur Kien-long; souvent depuis il y a eu des révoltes. Les Buckares étoient accoutumés à l'indépendance. Il y en a d'origine turque, d'autres d'origine persane ; tous descendent des anciens Onigours.
Leurs chefs prenoient le titre de khodja, ou maîtres. Mais tout obéit maintenant à la cour de Pékin, qui a divisé le territoire en dix principautés et qui a mis, à la tête, des mandarins soumis à un vice-roi chargé de rendre compte de l'administration générale.
Les principautés portent le nom de leur chef-lieu : Ak-son, Ouchi, Kachgar, Yarkand, Khotan, Koutché, Kharachar, Tourfan, Saïram, Khamil.
Le Khamil avoit jadis le nom de Hamil et Chamul. Le père Duhalde en parle ainsi : « Le climat y est assez chaud en été ; le terrain n'y produit guère que des melons et des raisins ; les premiers, surtout, d'excellente qualité, sont servis sur la table de l'empereur. » Marc Paul dit que les habitans poussent l'hospitalité jusqu'à abandonner au voyageur qu'ils veulent fêter leur maison tout entière, leur femme et leurs filles.
Akson est la résidence du vice-roi. On y compte 60,000 âmes. C'est le rendez-vous des marchands thibétains, kirghis, hindous, chinois, kachemyriens, et il s'y fait un commerce considérable.
Ouchi n'a que 5 à 6,000 âmes.
Kachgar en a 30,000. Ses habitans sont habiles à tailler le jade et à fabriquer des étoffes d'or.
Yarkand étoit autrefois la capitale de la petite Buckarie. On évalue sa population à 120,000 âmes. On y travaille le jade, et l'on y fait de magnifiques tapis, ainsi que des toiles de coton et des étoffes de soie.
Khotan, Khou-stana, mamelle de la terre, est une ville très-agréable et dont les habitans ont une douceur charmante. On la nomme aussi Hotaën et Hitchi ; elle est célèbre par son musc, ses jardins, et la beauté de ses femmes.
Koutché ou Koutcha a 5 à 6,000 âmes. Elle est en forme de carré long, et son enceinte fortifiée est d'environ une lieue. On la regarde comme la clef du Turkestan chinois.
Kharachar est une petite ville détestable où les hommes sont abrutis, les femmes sans pudeur, et où ces misérables portent l'absence de tout sentiment naturel jusqu'à vendre leurs enfans aux Tartares, qui les revendent aux Turcs, et en font des esclaves et des eunuques.
Tourfan se nommoit Tarfo, Tarfe. Elle fut la capitale du royaume des Iogours, qui avoit trois provinces et des villes telles que Pidchan, Lentsim, Seghim, Toksoun, Khara-kodjo. Toutes sont peuplées.
Saïram est petite, et située dans une vallée fertile, quoique froide. On trouve aux environs du salpêtre, du fer, du cuivre dont l'exploitation produit beaucoup.

La population totale de la petite Buckarie est estimée être de 2 millions d'habitants qui, en général, parlent la langue turque et professent la religion mahométane. Le mariage est permis à tous les degrés de parenté. Les hommes rasent leurs cheveux et laissent croître leur barbe ; les femmes ont de grandes boucles d'oreilles ; elles laissent flotter leurs cheveux sur leurs épaules en longues tresses qu'elles ornent, quand elles sont riches et qu'elles le peuvent, de pierres précieuses et de perles fines.

Hommes et femmes ont des pantalons larges, et par-dessus des robes et camisoles. Ils ont des chapeaux pointus, à bords retroussés, de cuir ou de velours, selon la saison, et toujours avec des houppes d'or. Les hommes ont des bottes rouges, les femmes, des pantoufles, ou en été, les pieds nus. Les prêtres seuls sont coiffés de hauts turbans en mousseline blanche.

Les maisons sont en terre, les toits sont de roseaux et plats, en terrasse ; mais on a peu de fenêtres sur la rue, à cause des voleurs, contre lesquels il faut ici toujours bien se défendre.

Kalmoukie.

La Kalmoukie est nommée par les Chinois *Thianchan-pe-lou*, province au nord des monts Thianchan.

Elle a au nord la Sibérie ; à l'est les monts Altaï et la Mongolie ; à l'ouest, la rivière Talas et les Boroux et Kirghiz de la grande horde ; au sud la petite Buckarie.

Ce pays fut disputé et ravagé par les Tartares-Mongols et Turcs, Ou-sun, Hioung-nou, Onigours.

Elle resta, au treizième siècle, aux Éleuthes, Mogols *rancuniers* qui s'étoient séparés du grand corps de leur nation et qui se divisèrent eux-mêmes en quatre branches, savoir : les Dzoungars, les Khochot, les Tchoros, les Torgouts.

Les Turcs les appellent tous Khalimab, d'où la corruption a fait Kalmouk.

Les Dzoungars, divisés des autres tribus, les battirent et régnèrent sur elles. Alors ils se jetèrent sur les peuples de Khalka à l'est ; mais ceux-ci appelèrent les Chinois à leur secours.

Les Chinois vainquirent les Dzoungars. Ces derniers, ayant à leur tête Amourzana, se révoltèrent ; mais ils en furent cruellement punis. Plus d'un million des leurs, de tout sexe et de tout âge, fut massacré. Cela se passoit en 1754, par les ordres de l'empereur Kien-long.

Amourzana se retira en Russie, où il mourut. Depuis ce temps, la Chine possède sans trouble la Dzoungarie ou Kalmoukie, dont l'administration est confiée à un vice-roi, général en chef d'un corps de troupes d'occupation.

Il y a trois divisions militaires qui portent le nom de leur chef-lieu : Gouldja, Kourkhara-oussou, Tarbagataï.

La première division a deux sections : l'orientale et l'occidentale. Elle est arrosée de beaucoup de lacs et de rivières. Près d'un de ces lacs est l'Araltoubé, volcan depuis longtemps éteint. Entre les rivières on cite l'*Ili*, sur les bords de laquelle il y a des pâturages qui nourrissent des chevaux, très-renommés dans l'empire.

La ville chef-lieu se nomme indifféremment *Ili* et *Gouldja* : Ili, du nom de la rivière sur laquelle elle est située ; ce nom en kalmouk veut dire *éclatant*.

Gouldja ou Gouldja-koure veut dire *chèvre des montagnes*, parce qu'en effet il y avoit beaucoup de ces animaux dans les environs de la ville.

Cette ville est à douze cents lieues de Pékin. Elle a 70,000 habitans, moitié Chinois, moitié Tougeans ou originaires du pays, et qui se regardent comme les descendans des compagnons de Temir-Absak ou *Timour*, ou encore *Tamerlan*.

La première moitié est de la religion de Confucius ; la seconde est scrupuleuse observatrice des préceptes du Coran.

Tous du reste ont le langage et le costume chinois.

A une lieue de la ville on passe l'Ili sur un pont orné de statues colossales.

La seconde division a bien moins d'étendue et d'importance que l'autre. Son chef-lieu, Kour-kharaoussou, que les Chinois nomment *Soui-tching-phou*, n'est à vrai dire qu'une forteresse dont la construction ne remonte pas à plus de soixante ans.

La troisième division tire son nom des monts Tarbagataï-oola, montagnes des Marmottes, qui la bornent à l'ouest.

L'Irtych prend sa source dans ce pays, et coule au nord vers la Sibérie pour aller se jeter dans la mer Glaciale.

L'Emil est une autre rivière qui en reçoit plusieurs petites et qui se perd dans le lac Kourghi.

La ville chef-lieu, Tarbagataï (en chinois Souï-tsing-tching), est ceinte de murailles que flanquent des tours, le tout construit en briques crues.

La frontière n'est pas loin. La population ordinaire est foible ; il y a là beaucoup de Chinois exilés et mal famés. Le commerce est assez bon avec les Kirghiz, et aux jours de marchés l'affluence est grande.

Aux environs, plusieurs lacs fixent l'attention, entre autres, l'Ala-goul, lac Bigarré, nommé ainsi à cause de trois roches de diverses couleurs qui en occupent le centre et qui se réfléchissent dans ses eaux.

Plus loin est l'Ouybé, caverne profonde qui vomit des tempêtes, comme celle qu'Empédocle *estoupa*, au rapport de Plutarque. Celle d'Ouybé est d'origine volcanique, et toute la terre aux environs est sujette aux secousses et aux tremblemens.

La Kalmoukie a une population de 2 millions d'âmes. Son règne animal est très-varié : ours, sangliers,

Mongolie.

La Mongolie a au nord les monts Kentaï qui la séparent de la Sibérie; à l'est la Mandchourie; au sud la grande muraille et la Chine; à l'ouest la Kalmoukie.

Cette province est en grande partie couverte par le grand désert de Shamo. Sa partie septentrionale est arrosée par des lacs et des cours d'eau, notamment l'Orkhon, sur les bords duquel naquit Gengiskan, dans la ville d'Holin ou Kara-kouroum, qui fut depuis la capitale de son vaste empire, et qui aujourd'hui est détruite, obscure et oubliée.

Au nord-ouest est le pays des Kalkas, qui prend son nom d'une rivière qui le traverse, et qui, indépendamment de ses mélèzes, de ses pins, de ses bouleaux, de ses trembles, de ses peupliers blancs, fournit une grande quantité de rhubarbe, et nourrit un animal qui tient le milieu entre l'âne et le cheval, et dont on tire un aussi bon parti que du mulet.

La Mongolie a des chiens de chasse qui sont très-recherchés à Pékin.

Les montagnes du nord sont granitiques et renferment des mines de tous les riches et utiles métaux.

Dans le désert de Shamo ou mer de sable, il y a, comme en Égypte, des oasis, dont la principale est celle de Kami.

Tous nos animaux domestiques se retrouvent dans la partie de la Mongolie qui est habitée et cultivée. Les Chinois les élèvent tous; mais les Mongols en exceptent le cochon, dont ils évitent soigneusement de manger la chair.

Sur le mont Gountou, qui sépare le pays des Kalkas du reste de la province, est un monument colossal en pierre que les peuples ont érigé au Khou-tou-khtou, qui est leur pontife-dieu.

Ce monument se nomme un *obo*, et il y en a partout ainsi sur les hauteurs, les uns en bois, les autres en pierre, en terre, en sable. Quand un Mogol arrive devant cette espèce de pyramide ou d'autel, il lui tourne le dos, se prosterne la face vers le nord, fait une prière à sa divinité, et ne passe outre qu'après avoir déposé quelque offrande au pied du monument.

Ourga est la ville chef-lieu des Kalkas. Elle est située sur la Tula, et se divise en trois quartiers : celui du pontife, celui du vang ou gouverneur-général, celui des marchands.

Dans le premier il y a des temples, dans le second un palais et des édifices publics, dans le troisième des magasins et des marchés.

On évalue la population à 20,000 habitants. Dans ce nombre il y a 5,000 lamas, consacrés au service de la divinité.

Maï-mat-chin est une autre ville du même pays. Située près des frontières de la Sibérie, elle sert d'entrepôt pour le commerce de la Russie et de la Chine.

Entre le désert de Shamo et la grande muraille est la Charra Mongolie, que parcourent des tribus nomades, celle entre autres des Ou-hiot, qui se signalent par leur adresse et leur agilité. Ils n'ont garde de se fixer dans des villes de pierres; ils ont en haine le long séjour sur la même terre : leur bonheur est d'errer dans les bois et les plaines, transportant tous les quinze jours leurs iourtes ou tentes d'un lieu à l'autre, quand vient à manquer le gibier pour les hommes, l'herbe pour les bêtes.

Les tentes, en été, sont ouvertes; en hiver, on les garnit de feutre en dehors, et c'est de là que nous vient à nous-mêmes le mot calfeutrer. Nos ancêtres vivoient comme les Tartares, les Mongols, les Éleuthes, qui sortent des Huns et qui peuplèrent nos contrées occidentales.

Les femmes, dans ces tribus mongoles, tissent les étoffes et préparent tous les ustensiles de ménage. Les hommes font leurs armes, et leur grande occupation à tous est de camper et de décamper, mettant leur plaisir dans ces embarras et dans ces courses, et leur dignité dans une indépendance absolue, que toute la cour de Pékin n'a pu les déterminer à échanger contre sa civilisation.

Le Kortchin est, de toute la Mongolie, le pays le mieux cultivé. Il a des plaines couvertes de moissons, et, de plus, des pâturages et des haras magnifiques. L'empereur y a de vastes domaines où il va tous les ans prendre, en été, le divertissement de la chasse.

Les peuplades de ces contrées sont distribuées par bannières.

Chez les Toumet et dans leur ville principale nommée *Kou-kou-koto*, réside un grand-prêtre boudhiste qui, à ce titre, passe pour une incarnation divine. Quand ce personnage meurt, il est aussitôt remplacé par un enfant choisi exprès et qui, recevant son pouvoir et son âme, au dire des Mongols, devient à son tour l'objet de la confiance et de la vénération.

Au sud de la Mongolie, du désert de Shamo et de la province de Kan-sou, sont les pays de Khokonor et de Katchi.

Dans le premier il y a de grands lacs, entre autres le lac Bleu, près des rives duquel Gengis fut proclamé kan des Mongols.

De ces lacs sortent des fleuves, parmi lesquels figure le Hoang-ho.

Le pays de Khokonor n'a point de villes. Son peuple est errant et pasteur, et se divise en trente bannières, dont une est celle du grand lama.

Les chefs bannerets forment une diète. Ils ont divers rangs : d'abord il y a trois princes ayant le titre de vang ou roi; deux ensuite avec le titre de beylé, équivalant à celui de duc; deux beyssé ou marquis; quatre koung ou comtes, et dix-neuf taïdzi ou nobles de première classe.

La diète règle les affaires intérieures; mais elle a près d'elle un commissaire ou lieutenant de l'empereur, auquel elle en réfère pour les intérêts généraux et du dehors.

Le pays de Khar-katchi, au nord du Thibet, a les mêmes règles que le Khokonor. Ses peuples ont les mêmes mœurs, et ils sont grands observateurs du culte de Mahomet.

La Mongolie n'a pas changé. L'Asie n'a point suivi la marche inconstante et mobile de l'Europe; nos perfectionnements ne la tentent point. Ses institutions sont enracinées dans le sol jusque là que rien ne peut les en arracher. Lisez les récits des voyageurs, les plus récents, et vous croyez ouvrir les chroniques de nos plus anciens monastères. Entre les formes de l'administration nomade et les capitulaires de Charlemagne, il y a des points de ressemblance frappans.

La Mongolie proprement dite, les Kalkas, le Khokonor, le Katchi, n'ont pas plus de 4 millions d'habitans.

L'habit des Mongols ressemble à celui des Polonais, à l'exception des manches, qui sont étroites et fermées au poignet. Nous voulons parler des chefs, car le peuple se couvre à l'aventure de peaux de mouton et de feutre. En été, les jeunes filles se découvrent la gorge jusqu'à la ceinture. Les hommes se rasent la tête, ne conservant qu'une petite touffe sur le sommet; les femmes, au contraire, comme celles des Kalmouks, portent leurs cheveux épars jusqu'à l'âge de douze ans, époque de leur nubilité; alors elles les réunissent en tresses autour de leur tête; puis quand elles sont mariées, elles les partagent en deux tresses qui pendent sur leurs épaules.

Le lait de jument est préféré, par presque tous les peuples de l'Asie, au lait de vache. Le lait de brebis sert à faire du fromage et du beurre.

Le koumis est une liqueur fort spiritueuse qu'ils obtiennent par la fermentation du lait de jument.

Le lait se retrouve partout dans leur nourriture; ils y joignent le gibier; mais rarement ils tuent, pour les manger, leurs animaux domestiques.

Les troupeaux font leur richesse; un chef opulent a souvent mille chevaux. Les chameaux portent le bagage, et s'il y en a un de couleur blanche, on lui met sur le dos les livres religieux, les idoles et tout ce qui tient au culte.

La langue est poétique, et les chants de guerre et d'amour rappellent ceux de Fingal et d'Ossian. Les dchangartchi ou bardes vont sans cesse dans les caravanes, récitant des poëmes héroïques, et enivrant de joie le peuple attentif.

Les Mongols se divisent par classes : il y a la noblesse, le peuple, le clergé.

Les individus de la noblesse se qualifient d'*os blancs*; les hommes du peuple sont les *os noirs*; le clergé participe des deux couleurs.

Les femmes aussi sont ou de chair blanche ou de chair noire, et tous les priviléges du rang sont entre elles soigneusement observés.

Toutes les familles sont partagées entre plusieurs petits princes qui les régissent et les commandent, et qui eux-mêmes sont soumis à un khanthaïdcha ou grand khan, prince en chef, qui traite avec l'empereur, paye le tribut général et répond de la Mongolie.

Les armes sont l'arc, la lance, le sabre, et, depuis ces derniers temps, le fusil et le pistolet. Le guerrier riche a une cottes de maille, comme celle de nos anciens chevaliers.

La religion est celle de Bouddha, dont le chef visible est le dalaï lama, qui réside au Thibet, mais qui est représenté par des djelloungs, dont l'influence est de tous les instans. Hommes et femmes n'entreprennent rien de considérable sans consulter le djelloung; et, pour les frapper davantage, il ne leur parle jamais qu'en termes mystérieux, accompagnant ses visites et ses conseils de mille jongleries et sortiléges.

Le célibat est prescrit à ces ministres; seulement, quand ils sont en route, ils ont le droit de partager le lit de leur hôtesse, et ils voyagent souvent.

Les djelloungs sont soumis à des pontifes qui ont de longues robes jaunes ou rouges, et qui sont assistés par des gadzoul ou espèces de diacres. Tout ce clergé est chargé de l'éducation des enfans.

Les chamans sont d'autres prêtres, ou plutôt des magiciens, qui n'exercent qu'en secret et qui sont en horreur aux lamaïtes et fervens sectateurs de Bouddha.

La polygamie, quoique permise, est peu commune. Les Mongols se marient très-jeunes, et les femmes apportent en dot des chevaux ou des moutons. Les cérémonies de fiançailles et de mariage ne se font pas sans que les djelloungs en tirent grand profit : le culte est ici la première affaire. Dans les campemens, il y a toujours de petits temples érigés fort somptueusement, quoiqu'à la hâte; les prêtres placent leurs cabanes autour et habituellement devant la tente du chef de la tribu; on élève pour lui et sa famille une chapelle, qui renferme des idoles en bronze et en or, et à la porte de laquelle brûle incessamment une lampe sacrée, qu'on alimente avec du beurre, ou avec une sorte d'encens qui vient en bâtons du Thibet.

Mandchourie.

La Mandchourie confine au nord à la Sibérie, à l'ouest à la Mongolie, au sud à la Chine et à la Corée; elle est baignée à l'est par la mer du Japon.

Du nord au sud elle a cinq cents lieues; de l'est à l'ouest trois cent cinquante lieues, et de superficie cent mille lieues carrées.

Elle a beaucoup de montagnes couvertes de

forêts, et de larges cours d'eau qui creusent de profondes et fertiles vallées.

Parmi ces cours d'eau, le plus considérable est l'Amour, qui, sorti du mont Kentaï, en Mongolie, coule du sud-ouest au nord-est, et va se jeter dans la Manche de Tartarie, en face de l'île Seghalien.

Profond, tranquille, il ne présente aucun obstacle à la navigation; il ne renferme ni rochers, ni bas fonds; ses rives sont chargées de forêts magnifiques. C'est un des plus beaux fleuves de l'univers; il a près de 700 lieues de cours. Les Russes s'étoient emparés de sa partie inférieure, fort utile, en effet, à leurs établissemens sibériques, et le Cosaque avait déjà arboré son pavillon sur la pointe, à l'embouchure de ce grand chemin naturel du commerce des minéraux et des pelleteries; mais l'adresse des Chinois a fait échouer ces projets, reculer ces limites.

La Mandchourie est divisée en trois départemens considérables, savoir : Le Ching-king, le Ghirin-oula, le Sakhalien-oula.

L'empereur Kien-long a fait un poème descriptif sur le Ching-king, qui est le Liao-toung des missionnaires. Le chef-lieu est Moukden, dont on raconte des merveilles.

Le pays est excellent; il produit de tout en abondance : fruits, céréales, bois, pierres, métaux. Le ginseng, dont le nom signifie *reine des plantes*, croît de tous les côtés. Les Chinois y ont une confiance telle qu'ils s'écrient en la cueillant : « Elle rendroit l'homme immortel s'il pouvoit l'être. »

On trouve là le tigre bénin, le léopard, le djigtai ou cheval sauvage, l'once, la civette, la zibeline ; puis des faisans, des esturgeons. La nacre de perle est ici admirable : tous les dons de la nature ont été prodigués à ce pays.

Les Anglois auroient bien voulu y pénétrer : ils rôdent dans ces mers. Ils ont parcouru le golfe de Liao-toung, et ils ont donné à une longue et étroite presqu'île qui le borde à l'est le nom d'*Épée du régent*; mais le nom ne fait pas la possession, et les Chinois ne sont pas d'humeur à les y laisser prendre pied.

Malgré les investigations angloises, on ignoroit à Londres l'existence d'un vaste archipel sur la côte sud-est du Ching-king; c'est M. Klaproth qui l'a deviné, révélé et marqué sur les nouvelles cartes. Il faut l'ajouter à celles de nos missionnaires. Ils parlent beaucoup dans leurs lettres des travaux géographiques dont ils furent chargés par l'empereur Kang-hi. Ces travaux, en effet, furent prodigieux, et leur exécution fut un des plus grands services qui eussent été rendus à la science et aux jésuites françois.

L'archipel de Liao-toung se compose d'une vingtaine d'îles qui, jusqu'à ces derniers temps, quoique peuplées, boisées, fertiles, étoient restées complétement ignorées de nos géographes et de nos académies.

Ces îles servent d'entrepôt au commerce entre la Chine et la Corée.

Le département de Ghirin est au nord, et plus froid que le Ching-king. C'est le lieu de déportation pour les criminels Chinois. Son chef-lieu est Khirin-oula, sur la rive gauche du Soungari.

Une autre ville du même département, Ning-gouta, est le berceau de la famille régnante. Elle est entourée d'un double rang de palissades, hautes de vingt pieds. Son commerce est assez considérable.

Bedouné et Tondon sont des villes remplies d'exilés : factieux, mécontents, dont l'empire chinois se débarrasse.

Le département de Sakhalien-oula comprend toute la partie septentrionale de la Mandchourie. Il borde la Sibérie ; il est le plus grand, et non pas le plus peuplé. La Daourie, au nord-ouest, est un de ses districts.

Le chef-lieu du département que nous parcourons est Sakhalien-oula-khoton. Cette ville est sur le fleuve Seghalien, ou Amour, ou du Serpent noir, au milieu d'une plaine richement cultivée et parsemée de villages. C'est une place forte qui sert de boulevard contre la Russie.

L'île Séghalien a deux cents lieues de long, quinze de large. Le nord est à la Chine, et le sud au Japon.

La Pérouse visita les côtes orientales de la Mandchourie. A plusieurs caps il donna des noms de savans françois : Lamanon, Monge, La Martinière. Il admiroit la végétation et les beautés du sol ; mais sa surprise fut grande de trouver ce pays presque désert, à côté de la Chine qui regorgeoit de population. Les exils tendent, mais lentement, à rétablir l'équilibre.

Le nombre actuel des habitans n'est pas plus de 3,000,000. Qu'on juge du peu que cela paroît sur une aussi grande étendue.

Ce peuple, quoique peu nombreux, est fort remuant. De tout temps il fit la guerre avec ses voisins. Deux ou trois fois il avoit essayé de s'emparer de la Chine, lorsqu'enfin, en 1640, il y établit sa domination.

Corée.

La Corée est une presqu'île située entre la mer Jaune et la mer du Japon. Elle a deux cents lieues du nord au sud, et soixante à quatre-vingts lieues de l'est à l'ouest. Elle forme un royaume absolu, héréditaire, dont le monarque, à son avénement, reçoit à genoux, et par deux mandarins, l'investiture de l'empereur. Du reste, cette cérémonie faite, et le tribut envoyé à la Chine, il règne despotiquement et militairement. C'est un gouvernement pareil à celui de Mohammed-Ali, en Égypte. Le roi de Corée est maître de toutes les terres; nul n'en jouit qu'en lui payant la dîme de tous les produits.

Le royaume a huit provinces ; chaque province a pour chef un général. Les départemens et districts de cette province ont à leur tête des colonels et autres officiers.

La population est de 9,000,000 d'habitans ; et les arts, l'industrie, l'agriculture, sont en ce pays fort avancés.

Les huit provinces sont celles de King-ki, Tchou-sin, Thsuen-lo, Kiang-yuan, King-chan, Hoang-haï, Pingi-an, Hiang-khing.

Le chef-lieu de la province de King-ki est Hang-yang ; c'est aussi la capitale du royaume et la résidence du souverain. Elle a 50,000 habitans, un palais somptueux, et de beaux établissemens d'instruction publique, entre autres une bibliothèque considérable.

Les autres villes importantes sont Tchoung-tcheou, Thsiuan-tcheou, Kiang-ling-fou, King-tcheou, Hoang-tcheou, Phing-jang, Hian-bing.

Beaucoup de Coréens, surtout des provinces du midi, cultivent avec succès la poésie et la littérature. Dans les ports, on fait un grand commerce avec la Chine et le Japon.

On parle chinois en Corée. La religion des riches est celle de Confucius ; mais celle de Fo a de nombreux partisans dans les classes inférieures.

La polygamie est admise dans ce royaume ; mais le mari ne peut recevoir dans sa maison que sa première femme ; il loge les autres dans des bâtimens séparés, et cela entraîne à des dépenses qui font que les riches seuls usent des permissions de la loi.

Les femmes ne sont point ici enfermées comme en Chine ; elles ne se piquent point non plus d'avoir de si petits pieds qu'elles ne puissent marcher.

Le respect des morts est grand en Corée, et bien malheureux est celui qui ne peut placer sur le tombeau des parens ou amis qu'il regrette le buste ou la statue de la personne chérie.

Les côtes du royaume sont bordées d'îles qui dépendent du monarque et lui procurent de gros revenus. La pêche y est active et le commerce très-lucratif. Les principales sont Ping-chang-po et Quelpart ; la première renferme le port d'An-haï, et la seconde celui de Mog-gan. Il y a aussi un archipel de cent vingt îlots, auquel les Anglois ont donné le nom d'*Amherst*, et dans lequel ils auroient bien voulu s'établir ; mais là comme dans tout l'empire chinois, ils ont éprouvé et éprouvent encore d'insurmontables difficultés.

Jadis, au nord de la Corée, on bâtit, comme en Chine, une muraille pour se défendre des Mandchoux ; mais cette muraille tombe en ruine.

Lieou-kieou.

Les îles Lieou-kieou, situées à l'est de la Chine, au sud du Japon et au nord-est de Formose, forment un royaume qui paye tribut à la cour de Pékin.

Ces îles furent découvertes au septième siècle par les Chinois. Nous en dirons ici peu de chose. La description qu'en donne le père Gaubil est encore la meilleure qui soit connue. Les Anglois ont navigué dans cet archipel, et les récits qu'ils ont faits de leurs voyages ont bien peu ajouté aux notes qu'avoient fournies les missionnaires.

Ils ont prétendu que la grande île de Lieou-kieou étoit moins grande que ne l'avoit dit le père Gaubil. Celui-ci lui donne quarante-quatre lieues de long, tandis que les Anglois veulent qu'elle n'ait que trente-cinq lieues ou même que vingt-quatre.

Mais ces deux mesures de vingt-quatre et de trente-cinq prouvent déjà que tous les explorateurs modernes ne s'entendent pas sur le chiffre, et c'est ce qui fait que, jusqu'à plus ample information, nous croyons qu'il faut s'en tenir aux premières indications, celles des missionnaires.

Les Chinois donnent quelquefois à ces îles le nom de *Loung-kieou*, qui signifie *dragon cornu*; mais leur nom indigène est *Oghii*, dont les Japonais font *Voki*, que l'on peut traduire par *mauvais diables*.

Les habitans exagèrent fort l'antiquité de leur origine, puisqu'ils la font remonter à dix-huit mille ans.

Le Japon ne prétend pas moins que la Chine à recevoir le tribut du roi de Lieou-kieou, et ce monarque, pour avoir la paix, est forcé d'envoyer des ambassades aux deux empereurs.

Ces îles sont, en général, tellement fertiles, que tout le monde y vit aisé et heureux. La mendicité est là inconnue, et le plus léger travail assure aux familles une douce et honorable existence.

Le poivre est ici meilleur qu'en Chine ; le tabac est excellent, et le bois de teinture, dit du Japon, y est l'objet d'un grand commerce.

Jamais dans cet archipel on ne voit, ni gelée ni neige, et l'on y jouit d'un printemps perpétuel.

La noblesse se distingue au Lieou-kieou par une moralité grande et une instruction très-variée. Elle se divise en neuf classes, et se partage tous les emplois publics.

La première classe, dans laquelle seulement le roi prend ses conseillers, se subdivise en trois branches, savoir : celle des mandarins du ciel, celle des mandarins de la terre, celle des mandarins des hommes.

Les premiers veillent aux intérêts de la religion et des mœurs ; les seconds, aux affaires de l'agriculture et des arts ; les troisièmes, à la police et à la bonne administration des affaires de l'armée et des tribunaux.

On voit peu de crimes dans ces îles, peu de vols, peu d'adultères. L'instruction est répandue dans toutes les classes ; tout le monde a du riz et du travail, et il n'y a point là de misère et de paresse qui puissent engendrer la corruption et l'infamie.

Thibet.

Le Thibet ou Tubet, ou Si-dzang, comme le nomment les Chinois, s'étend de l'est à l'ouest sur un espace de sept cents lieues, et, du nord au sud, de deux cents lieues.

Il a au nord la petite Buckarie, la Kalmoukie ; à l'est, la Mongolie ; au sud, les Birmans et l'Inde ; à l'est, la grande Buckarie et la Tartarie indépendante.

On l'a, suivant le temps, divisé en deux, trois ou quatre sections. C'est là qu'il faut chercher le Panir de Marc-Paul ; le Parpanisus ou Paropamysus des anciens, pays des Vouvens ; le Padæi d'Hérodote, les Pariani de Mela ; le Baltistan, Byltæ de Ptolémée. Tout ce pays appartient à l'Inde connue des Persans et des Grecs. Plus tard, il fut compris dans la Sérique.

En se rapprochant de nos jours, on trouve les divisions de grand et de petit Thibet ; puis on y a ajouté le Boutan. Mais plus récemment nos géographes ont réparti tout ce vaste pays en quatre provinces, savoir : celle de Ngari, celle de Tbsang, celle de Oueï, celle de Kham-kam.

La province de Ngari comprend le Thibet occidental, petit Thibet ou pays de Ladak. Elle a deux cent cinquante lieues de l'est à l'ouest, cent du nord au sud, et elle est enfermée entre les monts Koulkoum, Bolor, Himalaya.

Au centre coule le Sanpo, source principale du fleuve auquel, après qu'il a quitté le sol chinois, on donne le nom de *Sind* ou *Indus*.

Leï ou Ladak est le chef-lieu de cette province. C'est une ville construite en pierres et en briques, à maisons de deux et trois étages, peuplée de 60 à 80,000 âmes, faisant un immense commerce en laine de brebis et duvet de chèvre pour le Kachmire, où, de temps immémorial, se fabriquent des châles et tapis renommés par tout l'univers.

Le bouddhisme et l'islamisme se partagent la population.

Le pays donne du blé, de l'orge, des légumes. L'eau y est mauvaise, et on lui attribue les goitres qui affligent les habitans.

Ladak est la résidence du rajah qui gouverne la province, sauf à payer tribut à l'empereur de la Chine et à envoyer des présens au dalaï-lama.

Les autres villes remarquables sont Gortop, poste militaire chinois ; Toling, résidence d'un grand lama ; Bourang-dakla-gazoung, la ville au loup ; Daba, située dans une vallée étroite, et abritée de hautes montagnes. Cette ville se divise en trois parties : ville sainte, ville noble, ville marchande. Dans la première est un temple de Vichnou et un grand lama ; dans la seconde est le gouverneur et les casernes ; dans la troisième, les magasins et les bazars.

Daba est au centre de l'Oundès, canton célèbre par l'excellence du duvet des chèvres qu'il nourrit.

Les monts Bolor, qui sont à l'ouest, frappés d'un hiver éternel, donnent asile à des tribus demi-sauvages, et dans les vallées qui les coupent il y a des troupes de chevaux et d'antilopes dont la chasse donne de grands produits.

La province de Thsang a pour principales villes :

Jika-dzé, chef-lieu ; Baldhi, Nialum-dzoung, Tchakakoti, Pharidzoung.

Jika-dzé a une garnison chinoise. Sa fondation remonte au quinzième siècle. On lui donne 25,000 habitans. A ses portes est le temple de Sera-Siar, où réside le bandjin-lama, incarnation divine, pontife-dieu, au milieu des vallées délicieuses et parfumées. Le couvent des lamas, près du temple, est vaste et majestueux. Bouddha y est représenté sous toutes ses formes diverses : l'éléphant blanc, le cheval vert, le guerrier bleu et jaune, la Vierge blanche, le lonbo ou l'ambassadeur, le norbou ou le fruit précieux, le kurdæ ou la roue de domination.

Le couvent et le temple ont 3 à 4,000 lamas ou moines bouddhistes dans autant de chambres; partout, dans les cours et jardins sont des obélisques, des statues, des colonnes et des idoles de bois, de marbre, de métaux précieux ; partout on voit l'encens fumer et l'on entend les chants et les prières.

Le bandjin-lama est pour le haut Thibet ce que le dalaï-lama est pour le bas Thibet. Ces deux pontifes s'entendent l'un l'autre, et quand ils meurent ils expliquent réciproquement le mystère de leur renaissance, afin de ne pas perdre la tradition, règle suprême qui est la base de la croyance bouddhique.

La province d'Oueï est vers l'ouest ; elle a, comme celle de Ngari, deux cent cinquante lieues de long sur cent de large. Elle est montagneuse, et traversée par la partie supérieure de l'Iraouaddy, qu'on nomme *Yarou-dzangbo-tchou*. Ses vallées sont fertiles, et celle de leurs productions dont on fait le plus grand commerce, c'est la rhubarbe.

Ses villes principales sont : Hlassa, chef-lieu ; Jigagoungar, Tsiou-choul-dzong.

Hlassa ou Lhassa veut dire ville sainte, ville de Bouddha. Elle est dans une riche vallée entourée de hautes montagnes. Ses palais, ses tours, ses marchés, tout y est superbe. Les missionnaires lui donnent 80,000 âmes. Elle a des écoles, des imprimeries, et son commerce est considérable. Le vice-roi chinois y réside.

Le dalaï-lama a deux résidences dans ces lieux ; résidence d'hiver, résidence d'été. La première est dans la ville même, au milieu d'un bazar, le plus vaste du Thibet. La seconde est sur le mont Botola, au milieu de quatre couvens, qui ne renferment pas moins de dix mille chambres et autant de lamas. Ces fondations remontent au septième siècle de notre ère, et la description qu'en font les Chinois rappelle tous les contes des *Mille et une Nuits*. La vérité est que le plus grand luxe règne dans ces demeures sacrées, et que les images de Bouddha s'y reproduisent sous mille formes, en bronze, en argent, en marbre et en or.

Près du temple de Lhasseï-tsio-khang est le dzoun-dzio-katsi ou palais des étrangers. Le dalaï-lama y va dans ses momens de relâche : les pêchers et les saules en ombragent au printemps les jardins; en hiver, ces lieux sont embellis par le feuillage toujours vert des cyprès et des cèdres.

La ville de Jiga-Gouergar est de 100,000 âmes.

Tchiou-choul-dzong n'en a que 20,000; mais elle est célèbre par sa caverne dite *des Scorpions*, où l'on jette les criminels après les avoir garrottés, et où ils périssent de la piqûre de ces insectes.

La province de Kham-kam a deux cents lieues du nord au sud, et cent cinquante de l'est à l'ouest. Elle a de hautes montagnes entrecoupées de profondes vallées qu'arrosent des rivières qui roulent de l'or.

Son chef-lieu est Bathang, où réside un khambou, espèce de vicaire du dalaï-lama, et qui reçoit de lui ses pouvoirs et sa mission.

Li-thang est une autre ville petite, mais bien fournie; poste militaire des Chinois et lieu de repos des voyageurs.

Les autres villes sont : Siao-ba-tchoung, Pang-mou, Tsiamdo, Phoula, Djaya.

A Phoula, les habitans vivent comme les Troglodytes, dans des grottes. A Djaya il y a un temple qui attire les pèlerins.

C'est dans cette province que sont les monts Waho et Tanda, sur lesquels sont des temples, où il se fait des miracles que se plaisent à rapporter les Thibétains.

La licorne, animal qu'on disoit fabuleux, se trouve dans les montagnes de ce pays. On l'y a vue. Les Mongols la nomment *kéré*, les Chinois, *tou-kio-chéou*; les indigènes, *serou*. C'est l'antilope unicorne, dont la forme est légère, gracieuse, et dont le résident anglois au Neypal, sir Hodgson, a envoyé la peau à la société de Calcutta.

A l'orient du Thibet est le Sifan, qui fut jadis un puissant royaume, et qui aujourd'hui même encore est habité par des tribus qui ne veulent point porter le joug chinois; elles sont nomades, leurs troupeaux sont nombreux; parmi elles on distingue celle qu'on nomme *Tschaba*, et celle qu'on appelle *Tchamtan*. Ce sont elles qui nourrissent les chèvres dont le duvet est le plus recherché par les fabricans du Kachmire.

Les ponts du Thibet sont de trois espèces. Il y en a en pierre, en bois, en fer. Ces derniers ont été imités par les Anglois, puis adoptés par nous.

TROISIÈME SECTION.

COLONIES.

Les colonies chinoises ne sont point, comme celles d'Europe, éparses sur tout le globe, dans toutes les mers, à toutes les latitudes. Elles sont moins éloignées du centre, et se trouvent, dans le nord, mêlées aux peuples tributaires, et dans le midi, jetées sur les côtes du Tonquin, de la Cochinchine, du Tsiampa, du Camboidje du royaume de Siam et de la presqu'île de Malacca, ou répandues dans les îles de la Sonde, les Moluques, les Philippines et jusqu'aux Marianes, aux Carolines et à la Nouvelle-Guinée.

Les établissemens coloniaux sont de deux natures : les uns sont stables, les autres temporaires; ceux-ci sont entretenus par des trafiquans voyageurs, qui vont sans cesse d'un lieu à l'autre, d'un port à l'autre, sans jamais s'arrêter nulle part plus d'une saison; ceux-là sont fondés par des familles déportées ou exilées; familles qui pour diverses causes, politiques ou religieuses, éloignées des provinces directes, chassées du continent sinéral et mises hors de la loi commune, ont cherché un refuge et un abri dans la Malaisie, ou l'Indo-Chine, ou chez les nations mongoles et thibétaines, et y demeurent à poste fixe, sans rien attendre et désormais (surtout celles qui ont pris la route du midi) sans rien craindre du gouvernement de Pékin.

Les colons chinois font sur les frontières et surtout le littoral un commerce très-lucratif.

Ils ont, notamment dans le monde maritime, inspiré une grande confiance, et ce sont eux qui se font les intermédiaires et les courtiers entre les Malais et les Européens. Il y a de ces marchands chinois qui sont fort riches; tous sont fort industrieux, et en général, dans ces parages, ils ont pris le rôle qu'on voit jouer ailleurs par les Juifs.

La race est bonne, active, ingénieuse et même assez bien moralisée pour qu'on n'ait que rarement à lui adresser de sérieux reproches; mais il y a pourtant des exceptions; quelques individus poussent l'adresse un peu loin, et quand on arrive en ces régions avec des chargemens et des valeurs, il faut se tenir sur ses gardes, si l'on ne veut pas être pris pour dupe et se trouver lésé cruellement dans les échanges, les retours et les transactions de toute espèce que l'on est dans le cas d'opérer.

La population coloniale est évaluée à 12 millions d'âmes, et c'est pour ce chiffre qu'elle est comprise dans les statistiques impériales le plus récemment publiées. On feroit une nation de ces familles dispersées, et pour combien de monarques ce seroit un principal imposant que ce qui n'est ici qu'un accessoire!

Les Anglois, qui se sont étendus et fortifiés dans l'Inde et qui même ont enlevé des provinces entières aux Birmans et aux Siamois, se trouvent à présent et sur plusieurs points en face de la Chine, et qui peut prévoir ce qu'avant un demi-siècle leur ambition et leur génie auront pu faire pour entamer ce grand empire, dont le chef se pare des titres de maître de la terre et de fils du ciel?

Quand on considère l'Asie dans son ensemble, on la voit livrée, selon l'instinct de ses races primitives, à des influences rivales au nombre de quatre, et entraînée au nord vers la Sibérie et la Perse, dans l'atmosphère caucasienne et le tourbillon de la Russie.

L'Arabie et la Palestine subissent le joug de l'Égypte et rayonnent au sud-ouest dans l'orbite africaine.

L'Inde, au midi, se débat sous la pression anglaise, et retrouve dans les racines de ses langues des traces de migrations antiques vers la Grèce et la Germanie, et moins des sympathies que des liens avec les enfans des Celtes et les descendans des Saxons; tandis que le centre et l'orient, plus séparés des autres peuples par l'esprit, le caractère, les mœurs, que par les fleuves encore et les montagnes, vivent dans la sphère mongole-chinoise, tout à fait en dehors de nos idées et de nos intérêts. Là, c'est le type de la société reculée, demi-barbare, demi-civilisée; c'est l'Asie pure et isolée qui se maintient debout avec sa grande figure, ses vieilles images et toutes ces institutions qui rappellent le verset de la Genèse où il est dit que Caïn, l'aîné des laboureurs, souillé du meurtre d'un frère, fuit devant la colère du Seigneur et s'en va habiter la terre à l'orient de l'Eden.

Qui rompra cet équilibre? qui ébranlera ce colosse? qui franchira l'Altaï et l'Imaüs? qui dépassera encore une fois la grande muraille? qui peuplera d'étrangers les rivages où ils sont proscrits? qui pénétrera sans péril dans le cœur des provinces? qui brisera les idoles et renversera les temples? qui donnera aux arts et aux peuples une impulsion nouvelle et haute? qui mettra la Chine enfin en commerce avec l'univers, et qui, opérant et achevant la transfiguration longtemps promise, unira cet empire au corps des nations, et d'une frontière à l'autre, d'un pôle à l'autre, fera régner la même loi et le même Dieu?

NOTES PARTICULIÈRES.

De la culture et du commerce de la soie transportés en Europe par suite des guerres de la Perse et de la Turquie.

Les hostilités ouvertes et fréquentes entre les empereurs de Constantinople et les monarques de Perse, et la rivalité toujours croissante de leurs sujets dans le commerce de l'Inde et des régions plus au levant, donnèrent lieu à un événement qui produisit un changement considérable dans la nature de ces transactions.

Comme l'usage de la soie dans les habits et dans les ameublemens devenoit de plus en plus général à la cour des empereurs grecs, qui imitoient et qui surpassoient les souverains de l'Asie en splendeur et en magnificence, et comme la Chine, où, suivant le témoignage unanime des écrivains orientaux, la culture de la soie commença à être connue, continuoit à être le seul pays qui produisît cette marchandise précieuse, les Perses profitèrent des avantages que leur donnoit leur situation sur les marchands du golfe arabique, et les supplantèrent dans tous les marchés de l'Inde, où la soie étoit transportée par mer des contrées de l'Orient.

Comme il leur étoit également facile de molester ou d'écarter les caravanes qui, pour approvisionner l'empire grec, faisoient par terre le voyage de la Chine à travers les provinces septentrionales de l'empire, ils attirèrent entièrement à eux cette branche de commerce. Constantinople étoit obligée d'attendre d'une puissance rivale un article que le luxe faisoit regarder et désirer comme essentiel à l'élégance. Les Perses, avec l'avidité ordinaire des monopoleurs, portèrent la soie à un prix si exorbitant que Justinien, non-seulement désireux de s'assurer une provision suffisante d'une marchandise dont l'usage étoit devenu indispensable, mais encore jaloux d'affranchir le commerce de ses sujets des exactions de ses ennemis, s'efforça, par le moyen de son allié, le roi chrétien d'Abyssinie, d'enlever aux Perses une partie du commerce de la soie. Il ne réussit pas dans cette entreprise; mais au moment où il s'y attendoit le moins, une aventure singulière lui procura, jusqu'à un certain point, la satisfaction qu'il désiroit.

Deux moines perses ayant été employés en qualité de missionnaires dans quelques-unes des églises chrétiennes établies en différens endroits de la côte en deçà et au delà du Gange, s'étoient frayé un chemin dans le pays des Sères, ou la Chine. Là ils observèrent le travail du ver à soie, et s'instruisirent de tous les procédés par lesquels on parvenoit à faire de ses productions cette quantité d'étoffes brillantes auxquelles on attachoit un si haut prix. La perspective du gain, ou plutôt une sainte indignation de voir des nations infidèles seules en possession d'une branche de commerce aussi lucrative, leur fit prendre sur-le-champ la route de Constantinople. Là ils expliquèrent à l'empereur l'origine de la soie et les différentes manières de la préparer et de la manufacturer, mystères jusqu'alors inconnus ou dont on n'avoit qu'une idée très-imparfaite en Europe. Encouragés par ses promesses, ils se chargèrent d'apporter dans la capitale un nombre suffisant de ces étonnans insectes aux travaux desquels l'homme est si redevable. En conséquence, ils remplirent d'œufs de ver des cannes exprès creusées; ces œufs, on les fit éclore par la chaleur du fumier; on les nourrit des feuilles d'un mûrier sauvage, et ils multiplièrent et travaillèrent comme dans les climats où ils avoient, pour la première fois, attiré l'attention.

Bientôt on éleva une quantité considérable de ces insectes dans les différentes parties de la Grèce, et surtout dans le Péloponèse; par la suite, et avec le même succès, la Sicile essaya d'élever des vers à soie et fut imitée, de loin en loin, par différentes villes d'Italie.

Dans tous ces endroits, il s'établit des manufactures dont les ouvrages se faisoient avec la nouvelle soie du pays. On ne tira plus de l'Orient la même quantité de soie; les sujets des empereurs grecs ne furent plus obligés d'avoir recours aux Perses pour leur provision, et il s'opéra de cette manière une des plus grandes révolutions dans la nature des rapports commerciaux de l'Europe avec l'Asie méridionale.

Rapports des Arabes avec les Chinois.

Environ quatre-vingts ans après la mort de Justinien, il vint au monde un homme qui bouleversa toutes les idées et transforma tous les États dans les vastes contrées du Levant.

Mahomet parut, et en publiant une religion nouvelle, il sembla avoir animé les Arabes d'un nouvel esprit. Il appelle sur la scène des passions et des talens qui ne s'étoient pas encore montrés.

La plus grande partie de ces peuples, dès les temps les plus reculés, contens de jouir de l'indépendance et de la liberté individuelle, soignoient tranquillement leurs chameaux et cultivoient leurs palmiers dans l'enceinte même de leur péninsule, entre le golfe Persique et la mer Rouge. Ils ne se faisoient guère connoître au reste des hommes que lorsqu'ils se jetoient sur une caravane pour la piller, ou sur un voyageur pour le dépouiller. Dans quelques districts cependant ils avoient commencé à joindre les travaux de l'agriculture et les affaires du commerce aux occupations de la vie pastorale. Toutes ces classes d'hommes, une fois échauffés de l'ardeur enthousiaste dont les avoient remplis les exhortations et l'exemple de Mahomet, déployèrent tout à la fois le zèle des missionnaires et l'ambition des conquérans. Ils répandirent la doctrine de leur prophète et étendirent la domination de ses successeurs des rivages de l'Océan Atlantique aux frontières de la Chine, avec une rapidité de succès dont rien n'approche dans l'histoire du genre humain.

L'Égypte fut une de leurs premières conquêtes, et comme ils s'étendirent dans ce pays attrayant et en prirent possession, les Grecs furent exclus de toute communication avec Alexandrie où ils s'étoient portés pendant longtemps comme au principal marché des productions de l'Inde et des contrées plus éloignées encore.

Ce n'est pas là que se borna l'effet du progrès des armes mahométanes. Avant de s'être emparés de l'Égypte, les Arabes avoient subjugué la grande monarchie de Perse, qu'ils avoient ajoutée à l'empire de leurs califes. Ils trouvèrent leurs nouveaux sujets occupés du grand commerce avec l'Inde et avec le pays situé à l'orient de cette péninsule, et ils furent si frappés des avantages qui en résultoient, qu'ils désirèrent d'y avoir part.

Comme l'instant où l'on réveille puissamment les facultés actives de l'esprit humain dans un genre est celui où elles sont capables d'agir avec le plus de force dans un autre genre, de guerriers impétueux, les Arabes devinrent bientôt des marchands entreprenans. Ils continuèrent le commerce avec l'Inde et toutes les terres au delà, en lui laissant suivre sa première direction du golfe Persique; mais ce fut avec cette ardeur qui caractérisa tous les premiers efforts des sectateurs de Mahomet. En peu de temps ils s'avancèrent bien au-delà des bornes de l'ancienne navigation, et apportèrent directement des pays qui les produisoient plusieurs des marchandises les plus précieuses de l'Orient. Pour s'assurer exclusivement tout le produit de la vente, le calife Omar, quelques années après la conquête de la Perse, fonda la ville de Bassora, sur la rive occidentale du Tigre et de l'Euphrate, du sein de laquelle il devoit dominer ces deux fleuves par lesquels les productions arrivées de l'Inde se répandoient dans toutes les parties de l'Asie. Le choix qu'il avoit fait de cet emplacement étoit si bien entendu, qu'en peu de temps Bassora devint une place de commerce qui ne cédoit à peine à Alexandrie.

Ces connoissances générales sur le commerce des Arabes avec l'Asie méridionale et orientale, les seules que nous aient laissées les écrivains de ce temps, se confirment et s'étendent par le récit d'un voyage du golfe Persique vers les contrées de l'Orient, écrit par un marchand arabe, l'an 851 de l'ère chrétienne, environ deux siècles après que la Perse eut été soumise aux califes, et expliqué par le commentaire d'un autre Arabe qui avoit aussi visité les parties orientales de l'Asie. Cette relation curieuse, qui supplée à ce qui nous manque dans l'histoire des rapports commerciaux avec l'Inde et la Chine, nous met à même de décrire plus en détail l'étendue des découvertes des Arabes dans l'Orient et la manière dont elles furent faites.

L'étonnante propriété de l'aimant, dont le frottement communique à une aiguille ou à une légère verge de fer la faculté de tourner vers les pôles de la terre, n'étoit point connue anciennement des Arabes. Ce guide fidèle leur manquoit entièrement, et le mode de leur navigation n'avoit rien de plus hardi que celui des Grecs et des Romains. Ils s'attachoient servilement à la côte, qu'ils n'osoient presque jamais perdre de vue, et, dans cette marche timide et tortueuse, leurs estimations ne pouvoient être que fautives et sujettes aux plus graves erreurs.

Malgré ces désavantages, les Arabes allèrent vers l'Orient bien au delà du golfe de Siam, qui étoit le terme de la navigation européenne. Ils eurent des liaisons avec Sumatra et les autres îles de la Malaisie, et ils s'avancèrent jusqu'à la ville de Quang-tong, en Chine. Ces découvertes ne doivent point être regardées comme l'effet de l'inquiète curiosité des individus; on les devoit au commerce régulier qui se faisoit du golfe Persique avec la Chine et dans les pays intermédiaires. Plusieurs mahométans, à l'exemple des Perses, s'établirent dans l'Inde et dans les pays au delà. Ils étoient en si grand nombre dans la ville de Quang-tong que l'empereur de la Chine leur permit d'avoir un grand cadi ou juge de leur secte pour décider de leurs querelles d'après leurs propres lois et pour présider à toutes les cérémonies de la religion.

Dans beaucoup d'autres endroits, on fit des prosélytes à la foi mahométane, et la langue arabe fut entendue et parlée dans presque tous les ports de quelque conséquence.

Des vaisseaux de la Chine et de l'Inde alloient trafiquer dans le golfe Persique, et toutes ces nations, à force de trafiquer entre elles, parvinrent à se mieux connoître et finirent par s'entendre et par se lier au moins d'intérêts, sinon de mœurs.

On en voit la preuve dans les auteurs arabes les plus anciens; ils indiquent la situation de Quang-tong avec un degré d'exactitude extrême. Ils parlent du grand usage qu'on faisoit de la soie en Chine; ils parlent de la fameuse fabrique de porcelaine, et ce produit de l'industrie de l'Orient, ils le comparent au verre à cause de sa délicatesse et de sa transparence. Ils décrivent l'arbrisseau qui porte le thé, et la manière d'employer ses feuilles, et ce qu'ils nous rapportent du grand revenu fondé sur sa consommation, fait voir qu'au neuvième siècle le thé n'étoit pas moins qu'aujourd'hui la boisson favorite des Chinois.

LETTRES
CURIEUSES ET ÉDIFIANTES

ÉCRITES PAR LES MISSIONNAIRES.

EXTRAIT

DES LETTRES DE QUELQUES MISSIONNAIRES
SUR L'UTILITÉ DES LIVRES CHINOIS QUI TRAITENT
DE LA RELIGION CHRÉTIENNE,
ET SUR L'IMPORTANCE DE LES RÉPANDRE A LA CHINE
LE PLUS POSSIBLE.

Vous êtes surpris, monsieur, qu'aux dépenses que nous faisons pour entretenir des catéchistes nous ajoutions celle qui est nécessaire pour répandre tant de livres chinois qui traitent de la religion chrétienne. Vous ignorez sans doute le bien incroyable que ces différens livres ont procuré et procurent encore tous les jours. Ce fut un de ces livre, trouvé par hasard, qui introduisit la religion chrétienne dans cette famille de princes tartares où elle a fait de si grands progrès, et où elle s'est maintenue si constamment malgré tout ce qu'elle a eu à souffrir pendant plus de trente années.

C'est en effet à ce moyen de salut que la plupart des chrétiens qui ont été baptisés dans un âge avancé doivent leur conversion. Je m'en rappelle trois exemples qui m'ont frappé, et qui peut-être feront sur vous la même impression.

Le premier est un lettré fort habile, nommé François Ly, venu de la province de Honan à Pékin, et qui avoit été baptisé par un jésuite chinois, nommé Jean-Etienne Kao. Je me trouvai un jour chez ce missionnaire lorsque le lettré chrétien vint le voir.

J'eus bientôt occasion de reconnoître et d'admirer sa ferveur par la manière dont il énonçoit les sentimens de son cœur en parlant sur la religion, et toujours de façon à se faire écouter avec plaisir; car c'est un des plus beaux parleurs que j'aie vus à la Chine, et je vous avoue que j'enviai le rare talent qu'il avoit de s'exprimer avec grâce et d'une manière forte, précise et persuasive en rendant compte de sa foi; ce qu'il faisoit librement devant ses parens idolâtres qui sont à Pékin, tous distingués par leurs emplois. Son père avoit été pou-tchinse, dignité qui répond à peu près à celle d'intendant de province parmi nous; mais quelques officiers ayant malversé dans le maniement des impôts de sa province, il avoit été entrepris pour n'avoir pas veillé sur leur conduite, et étoit retenu prisonnier jusqu'à ce qu'il eût remplacé ce qui manquoit aux deniers du prince : c'est cette affaire qui avoit obligé son fils de venir à la cour solliciter quelque grâce pour lui. Comme je sus qu'il n'y étoit que pour deux mois, je le vis le plus souvent que je pus; et ayant appris qu'il n'étoit chrétien que depuis peu, je le priai un jour de me dire ce qui avoit donné occasion à sa conversion. Sur quoi il me satisfit à peu près en ces termes :

« Il n'y a que trois ans que j'ai eu le bonheur d'embrasser la religion. Je demeurois alors chez mon père. Un jour, ayant besoin de me faire raser la tête, je fis appeler un barbier qui passoit dans la rue, et que je reconnus au son de l'instrument de fer avec lequel vous savez que ces gens s'annoncent pour trouver de la pratique. Je fus bien surpris de voir que ce barbier, étant entré dans la salle où j'étois et attendant que tout fût prêt, arrêtât ses yeux sur quelques sentences de morale suspendues aux murailles, selon l'usage, pour l'ornement de cette salle. Ne pouvant croire qu'un homme d'une telle profession, qui ne fournit guère les moyens et ne laisse pas le temps d'étudier, fût assez habile dans la connoissance de nos caractères pour lire ces sentences écrites dans un style sublime et dont le sens est souvent métaphorique, je lui demandai s'il les entendoit. Quoiqu'il m'en assurât, il me restoit un tel doute là-dessus, que je le priai de m'expliquer celle qu'il lisoit actuellement. Il le fit tout d'abord; de celle-ci il passa à une autre, et enfin les parcourut toutes, les expliquant d'une manière qui me surprit d'autant plus, que tout ce qu'il me disoit me paroissoit d'un côté conforme à la raison, et de l'autre absolument différent de toutes les explications que j'en avois vu faire. Je voulus donc savoir où il avoit puisé ce sens qu'il leur donnoit : à quoi il répondit que c'étoit la religion chrétienne qu'il professoit qui l'en avoit instruit.

» Il n'en fallut pas davantage pour me donner envie de connoître cette religion, qui fournissoit à nos sentences un sens si juste et si relevé, et qui m'étoit pourtant inconnu, quoique, me piquant de littérature, j'eusse cru savoir tous ceux dont elles sont susceptibles. Je suis chrétien, me dit-il fort simplement : si vous voulez avoir seulement quelque idée de la religion chrétienne, je puis vous satisfaire; mais si vous avez dessein de la connoître à fond, c'est à un tel qu'il faut vous adresser; et il me nomma celui qui étoit le chef des chrétiens de cette ville. Je lui fis quelques questions, auxquelles il me répondit d'une manière à me contenter; mais comme il m'assura que ses connoissances étoient fort bornées là-dessus, qu'il ne savoit guère que l'essentiel de sa religion, et que celui qu'il m'avoit nommé étoit tout autrement que lui en état d'éclaircir mes doutes, j'eus un tel empressement d'avoir un entretien avec celui qu'il m'indiquoit, qu'au premier temps libre je l'envoyai prier de me venir voir.

» Soit que le barbier l'eût prévenu des dispositions dans lesquelles il m'avoit laissé, soit qu'étant chargé particulièrement de cette chrétienté, il fût toujours préparé à expliquer les principaux points de la religion, tout ce qu'il m'en dit me frappa plus vivement que je ne puis vous exprimer. Il me parla d'abord de cet Être suprême et invisible, créateur du ciel et de la terre, duquel seul nous tenons la vie; des vues qu'il s'est proposées dans tous ses ouvrages; du péché de nos premiers parents; des ravages que ce péché a faits dans la nature humaine; du remède que Dieu lui-même a bien voulu y apporter en se faisant homme et mourant sur une croix ; de la loi qu'il est venu établir sur la terre, dans laquelle seule nous pouvons lui rendre tout l'honneur qui lui est dû, et mériter ce bonheur éternel qu'il nous a préparé dans le ciel.

» Tandis qu'il m'expliquoit tous ces différens points, je m'imaginois sortir d'une profonde nuit et apercevoir comme de loin une lumière qui commençoit à m'éclairer. Je vous avoue que le premier sentiment qui s'éleva dans mon cœur fut d'avoir honte de m'être jusque-là cru habile, tandis que j'avois ignoré toutes ces vérités qui me parurent dès lors essentielles. Ce qu'une étude assidue de plus de vingt ans m'avoit appris se réduisoit presque tout à une morale spécieuse, mais qui dans le fond laisse l'homme tel qu'il est, ne réglant que l'extérieur sans toucher à l'intérieur. Je ne puis vous dire toutes les réflexions que je fis alors. Quelque longue qu'eût été ma conférence avec ce chrétien, elle me parut trop courte. Me voyant ébranlé, en me quittant il me donna un livre qu'il m'assura devoir suppléer à tout ce qu'il n'avoit pas eu le temps de me dire, et me pria de le lire avec attention. Je le lus en effet avec un empressement que je ne pouvois modérer, et avec d'autant plus de plaisir que j'y voyois expliquées d'une manière juste et fort naturelle des choses que j'avois lues cent fois dans nos livres sur la nécessité de rapporter toutes choses à leur fin, sur cette droiture imprimée au fond de nos cœurs pour nous faire distinguer le bien du mal, et d'autres maximes dont j'admirois la beauté sans remonter jusqu'à leur vrai principe, ni en faire à ma propre conduite toute l'application que j'aurois dû. Je relus ce livre bien des fois, me trouvant chaque fois plus persuadé des vérités qu'il expliquoit, et je puis dire que cette lecture fut le commencement de ma conversion, car la grâce dont Dieu l'accompagnoit étoit si pressante que je sentis que j'avois tort de lui résister, et que je résolus de vaincre enfin tous les obstacles qui s'opposoient à mon changement.

» Ma résolution étoit sincère, et peu de mois après, sachant qu'un missionnaire étoit à quelques lieues de là, j'allai le trouver : c'étoit le père Kao, que vous voyez présent. Il peut rendre témoignage à l'empressement que je lui marquai d'être régénéré en Jésus-Christ, comme je le rends avec plaisir de mon côté à la bonté avec laquelle il me reçut et m'accorda la grâce que je lui demandois, et aux sages conseils qu'il me donna et que je n'oublierai jamais. Je ne fus pas longtemps sans expérimenter ce que j'avois lu des épreuves que Dieu envoie à ceux qui le servent ; car à peine avois-je eu le bonheur d'être baptisé, qu'avant même d'être de retour en ma famille, j'appris la mort d'un fils qui m'étoit bien cher. Ce qui m'affligeoit le plus en cette fâcheuse nouvelle, c'est qu'il n'étoit point encore chrétien. J'étois bien déterminé à lui procurer cet avantage ; mais Dieu n'ayant pas jugé à propos de m'en laisser le temps, je ne puis qu'adorer avec respect sa souveraine volonté.

» Ce sacrifice qu'il a demandé de moi n'a point ébranlé ma croyance, et je n'en suis pas moins déterminé à persévérer jusqu'à la mort, avec le secours de la grâce, dans tous les exercices de notre sainte religion. Je sens par expérience que notre bonheur ne consiste point dans les biens de ce monde, puisque depuis mon baptême, malgré le dérangement de nos affaires, je goûte une paix et une satisfaction intérieure que je n'avois point éprouvée dans les jours de notre plus grande prospérité. Tout ce que je souhaite maintenant est de faire connoître et embrasser la religion chrétienne à toute ma famille, et surtout à un père dont je déplore l'aveuglement. Le renversement de sa fortune semble être un moyen de salut que Dieu lui fournit, en éloignant de lui cette foule d'affaires qui absorboient toute son attention, et lui donnant par là sujet de faire bien des réflexions sur la vanité des honneurs de ce monde : mais j'appréhende fort qu'il n'en tire pas tout le fruit qu'il devroit ; au moins y a-t-il déjà trois ans que je travaille assez inutilement à le faire entrer dans les sentimens qui m'ont touché moi-même.

» Son insensibilité là-dessus, et dont je ne puis comprendre la raison, est pour moi un nouveau motif de bénir la grande bonté dont Dieu a usé envers moi en ne permettant pas que je restasse plus longtemps dans un pareil aveuglement, et me faisant éprouver la force de la grâce qui a bien voulu seconder mes foibles efforts. Je ne doute nullement qu'elle ne puisse également triompher de son cœur ; mais Dieu veut sans doute que ce miracle de sa bonté soit en partie le fruit de nos prières. Joignez donc les vôtres aux miennes, afin d'obtenir de lui cette faveur, qui est le principal objet de mes vœux. Outre les autres motifs que je pourrois vous apporter pour intéresser votre charité, que la complaisance que j'ai eue de vous raconter ainsi ma conversion y entre pour quelque chose.»

Si des sentimens si chrétiens, puisés dans un livre de religion, vous font souhaiter, monsieur, que ces livres se multiplient, et vous font regarder comme bien employée la dépense que nous faisons pour cela, l'exemple suivant vous en convaincra d'autant plus encore, que vous y trouverez la pratique des plus héroïques vertus constamment soutenue pendant une longue suite d'années. Je suis d'ailleurs charmé d'avoir cette occasion de vous faire connoître un des plus fervens chrétiens que la Chine ait eus, et dont je ne crois pas que vous ayez encore entendu parler. Il étoit licencié, et un des plus habiles de Pékin, sa patrie. Il se nommoit Jean-Baptiste Lou. Dieu le retira de ce monde, il y a sept ou huit ans. Je l'ai connu bien particulièrement, l'ayant eu environ deux ans pour maître dans la langue chinoise.

Un jour, expliquant avec lui un livre chinois sur la religion chrétienne à l'occasion des différens motifs qu'on apporte ordinairement aux idolâtres pour leur faire reconnoître leurs erreurs et les attirer à la connoissance de la vérité, je lui demandai ce qui l'avoit déterminé à se faire chrétien. Le principal motif de ma curiosité fut que, le connoissant pour un homme extrêmement versé dans la littérature chinoise, j'étois bien persuadé que puisqu'il ne s'étoit fait chrétien que dans un âge avancé, ce ne pouvoit être qu'avec une entière connoissance de cause, et par de puissans motifs, dont la connoissance pourroit m'être utile par la suite ; ne pouvant douter qu'ayant fait impression sur lui, ils ne dussent avoir la même force sur tout esprit raisonnable. Voici ce que j'appris de lui, et dont le souvenir est bien présent à mon esprit.

Il étoit âgé de quarante ans, dont il en avoit passé plus de trente dans la lecture des livres chinois, lorsqu'ayant un petit voyage à faire à quelques lieues de Pékin, il rencontra en route par hasard, ou plutôt par une providence toute particulière de Dieu sur lui, un chrétien qui alloit au même endroit que lui. C'étoit un lettré de la province de Fou-kien, et qui demeuroit pour lors à la cour. S'étant reconnus l'un l'autre pour lettrés aux premières paroles de politesse qu'ils se dirent en passant, ils se joignirent volontiers pour marcher de compagnie. La conversation tomba bientôt sur la religion chrétienne, dont celui de Pékin, uniquement occupé jusqu'alors de ses études, n'avoit jamais eu occasion d'être bien instruit. Ce que l'autre lui en dit fit une telle impression sur lui, qu'au retour du voyage, qui n'avoit pas été assez long pour avoir le temps de proposer tous ses doutes, après avoir pris congé de son compagnon, il ne put rester un moment tranquille chez lui. Étant déjà plus d'à moitié convaincu, et la lumière qui commençoit à l'éclairer étant trop vive pour qu'il pût y fermer les yeux, il sentoit une telle inquiétude au fond du cœur, qu'il retourna chercher celui qu'il venoit de quitter, le priant de lui expliquer ce qu'il ne comprenoit pas encore bien sur quelques articles, et en particulier sur le jugement général. Le chrétien, ayant éclairci ses doutes, lui donna les livres les plus propres à l'instruire et à calmer son esprit.

Il les lut avec toute l'avidité d'un homme qui veut absolument découvrir la vérité qu'il ne fait encore qu'entrevoir, et cette lecture, qu'il accompagnoit de la prière, lui inspira de si grands sentimens de religion, qu'ayant été baptisé dès qu'il fut pleinement instruit, il forma et garda toute sa vie avec une fidélité inviolable les résolutions suivantes :

1° De ne jamais manger de viande. Il savoit qu'il y a en Chine une secte d'idolâtres, nommée *Lao-tao*, dont le plus essentiel article est de manger toujours maigre sans jamais se démentir là-dessus, même dans les jours des plus grandes réjouissances, pendant lesquelles les plus pauvres ne manquent guère de se procurer quelque viande, qu'ils apprêtent comme ils peuvent. L'idée qu'il s'étoit formée du grand maître au service duquel il venoit de s'engager étoit accompagnée de tant de ferveur et de courage de sa part, qu'il auroit eu honte de ne pas faire, pour l'honorer, ce qu'il voyoit que tant d'autres, dévoués au culte du démon, observoient si fidèlement.

Sa seconde résolution fut de ne se chauffer jamais. Il n'ignoroit pas ce qu'il devoit lui en coûter pour cela dans un pays où l'hiver est terrible. J'en juge moins par l'expérience que j'en ai faite pendant six ans que par celle du père Parennin, qui, après avoir demeuré 40 ans à Pékin et avoir fait plusieurs années bien des expériences sur la glace et la qualité du froid particulier à cet endroit, assuroit, ainsi que je le lui ai entendu dire, que d'ordinaire l'hiver est aussi rude à Pékin qu'il le fut en 1709 en France.

On en sera sans doute surpris, vu la position de cette ville, qui n'est située qu'au quarantième degré de latitude septentrionale; aussi en faut-il chercher ailleurs la vraie cause. Outre qu'à deux lieues de là il y a d'assez hautes montagnes, toujours couvertes de neige, le pays est si plein de nitre que quelquefois au plus fort de l'été on voit, vers les quatre heures du matin, les campagnes chargées de ce nitre, qui s'est exhalé pendant la nuit, de sorte qu'on les croiroit couvertes d'une gelée blanche. Toute cette rigueur du froid ne fut pas capable d'obliger ce chrétien, même à l'âge de 80 ans, d'approcher du feu.

Il ne fut pas moins invincible sur un troisième article, qui fut de garder une continence perpétuelle, quoiqu'il n'eût pas encore d'autres enfans que des filles. Comme elles n'ont d'autre part à l'héritage de leur maison que les avantages particuliers que leurs pères et mères leur font manuellement de leur vivant, et que les biens passent toujours aux garçons de la ligne collatérale quand ceux de la ligne directe viennent à manquer, le désir que les Chinois ont de voir perpétuer leur nom par les garçons qu'ils laissent après eux est tel, qu'à leur défaut ils ne manquent guère d'en adopter quelqu'un.

Les gens riches le prennent d'ordinaire dans leur propre famille; quoique les aînés aient pour cela un droit incontestable sur les enfans de leurs cadets, dont ils sont toujours les supérieurs, ainsi que les oncles sur ceux des neveux et des nièces, il est pourtant rare qu'ils agissent en cela d'autorité. On s'assemble de part et d'autre, et l'on passe un contrat sous seing privé, par lequel le père d'un tel enfant déclare qu'il transporte tous les droits qu'il avoit sur lui à un tel, que l'enfant regardera désormais comme son père et qu'on lui fait saluer en cette qualité. Il est rare qu'on cède ainsi des enfans qui auroient plus de huit ou dix ans, peut-être ne croit-on pas que dans un âge plus avancé ils fussent assez susceptibles d'une tendresse ainsi commandée. La révérence que le fils adoptif fait à son nouveau père est le sceau d'un tel contrat, dont la force est telle que, quelque sujet de plainte qu'on eût après cela de l'enfant, il ne peut être renvoyé.

Si celui qui l'a ainsi adopté vient dans la suite à avoir des garçons, celui-ci partagera également le bien avec eux.

Cette adoption, dont le nom particulier signifie qu'un enfant passe pour succéder, est entièrement différente de celle qui est plus en usage parmi le peuple, et se nomme *payo-yang*, qui veut dire prendre pour entretenir. Elle consiste à acheter le fils de quelque pauvre, que la misère et le nombre de ceux qu'il aura déjà obligent de vendre ainsi ses enfans. On voit des pères qui les cèdent gratis, afin de leur procurer par cette générosité plus d'agrément dans la famille qui les adopte. D'autres, à Pékin, pour avoir plus de liberté de choisir à leur gré un enfant qui puisse avoir leur tendresse, vont dans l'endroit où l'on transporte ceux qui ont été exposés la nuit sur les rues, et que l'empereur fait tous les jours recueillir. Là, remarquant celui dont la physionomie leur plaît davantage, ils donnent quelque chose à celui qui est chargé de ces enfans, et ont ainsi la permission de l'emporter.

Ils lui donnent leur nom et le font élever comme leur propre enfant. Il est cependant rare qu'après leur mort il obtienne leur héritage en entier, car les plus proches parens, qui sont les héritiers naturels, ne lui en laissent d'ordinaire qu'une partie. Il est encore plus à plaindre si celui qui l'a adopté a dans la suite des garçons, qui ne font à ce fils adoptif que quelque léger avantage; encore même faut-il qu'il se comporte avec beaucoup de sagesse, car si l'on étoit mécontent de lui, il seroit chassé de la famille qui l'a élevé, et renvoyé à ses parens s'ils sont connus. Telles sont les lois de différentes espèces d'adoptions usitées à la Chine pour perpétuer le nom des familles.

Notre fervent chrétien n'ignoroit pas tous ces usages, mais sa ferveur le mettant au-dessus de tous les sentimens de la nature, il ne pensa point à suppléer par l'adoption à ce qu'elle lui avoit jusque-là refusé, croyant que cette attention à se procurer ainsi des héritiers de son nom diminueroit devant Dieu le prix de son sacrifice. Un de ses premiers soins, quand il fut instruit des vérités de la foi, fut de faire part à son épouse du trésor qu'il venoit de découvrir. Il y employa tout ce que le zèle qu'il avoit pour son salut et celui de son épouse purent lui inspirer, et il y réussit de manière non-seulement à l'engager à se faire chrétienne, mais encore à lui persuader la pratique de cette héroïque vertu, pour laquelle il n'attendoit que son consentement.

Une telle vertu n'auroit pu se soutenir sans une fréquente participation des sacremens et bien de l'assiduité à la prière ; aussi eut-il recours à ces puissans moyens de salut, et n'attendit-il que de là sa persévérance. Ainsi sa quatrième résolution fut de communier tous les dimanches et fêtes, et d'entendre tous les jours la messe. Jusqu'à sa dernière maladie, qui le retint au lit environ deux mois, il n'a manqué qu'une seule fois à l'entendre, encore ne fut-ce pas sa faute. Tous les missionnaires de Pékin ayant assez tard reçu ordre du palais de s'y rendre le lendemain de grand matin, ils furent obligés de dire la messe à trois heures, et notre chrétien, étant venu à son ordinaire vers cinq heures à l'église, y trouva toutes les messes dites. S'il eût été instruit plus tôt de ce contre-temps, il n'eût pas manqué d'y venir assez matin pour satisfaire sa dévotion. On le voyoit, au plus fort de l'hiver, venir le premier, et quelquefois malgré le froid attendre assez longtemps que la porte fût ouverte, lorsqu'il étoit venu plus tôt qu'à l'ordinaire.

C'est pour n'être pas privé d'un pareil bonheur qu'il ne voulut point accepter un emploi considérable et des plus lucratifs qu'il y ait à la Chine, mais qui l'eût obligé de sortir de Pékin. Son rang étant venu pour être mandarin de lettres, dès qu'il se vit nommé à cette dignité, il la refusa. Les grands mandarins du Li-pou, tribunal où ressortit la littérature, vouloient absolument qu'il l'acceptât, parce qu'il étoit un des plus habiles parmi les licenciés de Pékin, il employa auprès d'eux toutes les intercessions qu'il put trouver et qu'il crut devoir être efficaces pour les fléchir. Il alla jusqu'à donner de l'argent aux bas officiers de ce tribunal pour faire nommer un autre en sa place, ce qu'il obtint enfin avec bien de la peine. Sur quoi le président du Li-pou, surpris d'un tel désintéressement dont il ignoroit la vraie raison, dit qu'il avoit vu bien des gens mettre en œuvre toute sorte de moyens pour obtenir cet emploi, mais que notre chrétien étoit le premier qu'il eût vu faire de pareilles démarches pour l'éviter.

Une si grande attache à la participation des sacremens étoit d'ailleurs accompagnée de toutes les autres vertus inséparables de la vraie ferveur. Je ne puis vous dire quelle étoit son humilité et sa modestie. Sa présence m'inspiroit de la vénération pour lui. S'étant borné à l'emploi de catéchiste de notre Église françoise, il se contentoit, pour son entretien et celui de son épouse, des appointemens assez légers qui y sont attachés, et qui lui suffisoient, parce qu'il ne mangeoit guère que du riz et des herbes salées. Son détachement de toutes les choses d'ici-bas le rendoit, envers tous les missionnaires, d'une discrétion et d'une réserve qui n'est pas commune à tous les chrétiens chinois, dont quelques-uns leur demandent assez librement les choses dont ils ont envie. Connoissant le prix du temps, il le ménageoit avec beaucoup de soin pour n'en pas perdre un moment. Lorsqu'il marchoit seul dans les rues, il récitoit toujours quelque prière, et surtout l'*Ave Maria*, qu'il avoit presque sans cesse à la bouche. Quand le devoir de son emploi ou quelque motif de charité ne l'occupoit pas au dehors pour le service du prochain, il se retiroit chez lui, s'y adonnant à la prière et à la lecture des livres de religion. Bien détrompé des idées fastueuses dont la plupart des lettrés chinois encore gentils sont prévenus, il étoit d'une simplicité admirable, saluant dans les rues jusqu'aux moindres enfans qui faisoient à lui une attention qu'il ne croyoit pas mériter.

Je pourrois vous en dire bien d'autres choses singulières, si je voulois vous faire connoître toute l'étendue de sa vertu. La plus juste idée que je puisse vous en donner, est de vous assurer que les plus austères et les plus fervens anachorètes n'ont guère pu mener une vie plus rude et plus admirable que n'a été la sienne pendant quarante ans qu'il a vécu depuis son baptême. « Il est vrai, me disoit-il quelque temps avant sa mort, que j'ai eu le malheur d'être quarante ans sans connoître la vérité, mais j'ai la consolation d'avoir été chrétien un pareil nombre d'années ; comme si Dieu, par son infinie bonté, eût voulu que le temps de mon bonheur sur la terre répondît à celui de mon infidélité, et servît ainsi à l'expier. »

C'est sans doute une vertu si solide de sa part qui attira sur lui une protection singulière de Dieu pendant le fameux tremblement de terre arrivé à Pékin en 1730, et qui, dans une minute de temps, écrasa environ cent mille personnes, lorsqu'au fort de ce terrible fléau la maison où il étoit logé avec son épouse étant tombée sur eux, ils se trouvèrent entièrement ensevelis sous les ruines, et y demeurèrent sans pouvoir ni s'échapper ni demander du secours, jusqu'à ce que le lendemain on leur ouvrît un passage au travers des débris pour les retirer. On s'attendoit à les trouver écrasés, et l'on pensoit déjà à leurs funérailles, lorsqu'on fut agréablement surpris de les voir l'un et l'autre pleins de vie, fort tranquilles, et sans avoir reçu la moindre blessure. C'est de lui-même que j'ai su ce fait, bien connu d'ailleurs dans tout le quartier où il arriva, et de tous les chrétiens de Pékin, qui en rendirent grâces à Dieu.

Vous me pardonnerez, monsieur, de m'être ainsi étendu sur cet article, que mon cœur semble m'avoir dicté, vu les sentimens d'estime et de respect dont il est pénétré pour la mémoire d'un si admirable chrétien. Les louanges du maître dans la bouche du disciple sont toujours bien reçues, lorsque la vérité se trouve d'accord avec sa reconnoissance, et fournit la matière de cet éloge. D'ailleurs la grâce que Dieu m'a faite de connoître particulièrement un homme si accompli, et d'avoir un tel rapport avec lui, ne me permettoit pas, pour l'intérêt de sa gloire, de vous laisser ignorer plus longtemps ce rare modèle de toutes les vertus dont la chrétienté de Pékin a été édifiée pendant tant d'années, et dont elle conservera longtemps le souvenir.

Je m'étendrai moins sur le troisième exemple que je vous ai promis pour vous faire voir combien nos livres de religion contribuent à la conversion des Chinois. Celui dont il s'agit ici se nomme Pierre Chin. Il est aujourd'hui jésuite et prêtre. Avant que d'être chrétien il exerçoit la profession de médecin, dans laquelle il étoit habile. Voici ce que j'ai appris de lui sur sa conversion.

Sachant qu'un de ses amis, avec lequel il logeoit à Pékin, étoit chrétien, et ignorant encore le fond et les pratiques de la religion, il résolut d'examiner avec attention toute sa conduite. Il avoit remarqué qu'il se couchoit assez longtemps après lui. Pour en savoir la cause, il fit une fois semblant de dormir, de façon pourtant que de son lit il pouvoit le voir. Peu après il l'aperçut se mettre à genoux, et prier pendant un espace de temps assez considérable. Quoiqu'il ignorât le motif et le but de cette cérémonie, il ne lui en dit rien, pour ne lui pas faire voir qu'il l'eût observé. Mais peu de jours après, cet ami lui ayant dit qu'il devoit se lever de grand matin pour se rendre en quelque endroit où il avoit affaire, et celui-ci se doutant qu'il s'agissoit de quelque chose qui avoit rapport à sa religion, résolut de l'y suivre. Ainsi le lendemain, l'entendant se lever, il s'habilla de son côté le plus secrètement qu'il lui fut possible, et sortit après lui. Il le suivit, mais seulement d'aussi loin qu'il falloit pour ne le point perdre de vue et n'en être point aperçu. L'ayant vu entrer dans une des deux églises des jésuites portugais, il y entra aussi sans savoir quel lieu c'étoit.

Comme ce jour-là on y célébroit une fête solennelle, grand nombre de chrétiens étoient déjà assemblés, et récitoient en commun et à haute voix les prières ordinaires avant la messe. Il fut fort surpris de voir, pour la première fois de sa vie, un autel bien paré, un crucifix au milieu, grand nombre de cierges allumés, et tant de gens à genoux. Ce qui le frappa surtout, fut le signe de la croix qu'il leur voyoit faire. Il ne comprenoit rien à tout cet appareil, bien différent de ce qui se pratique dans les pagodes, où presque tout le culte se réduit à brûler des odeurs, faire des prosternations devant les idoles, dont, pour toute prière, on prononce plusieurs fois le nom, et enfin donner de l'argent aux bonzes.

Sa surprise fut si grande, qu'elle parut visiblement sur son visage : regardant de côté et d'autre, et paroissant fort embarrassé, il fut bientôt reconnu pour infidèle par les chrétiens, dont plusieurs le regardoient attentivement. Il n'en fallut pas davantage pour le déconcerter tout à fait. Il sortit donc brusquement, le visage couvert de honte, et résolu au fond du cœur d'approfondir tous ces mystères. Il attendit impatiemment chez lui le retour de son camarade pour lui en demander l'explication. Dès qu'il l'aperçut, il fut le premier à lui dire ce qui s'étoit passé, se doutant bien même qu'il seroit un de ceux qui l'auroient remarqué dans l'église, et le pria de l'instruire sur tout ce qu'il avoit vu. Le chrétien, profitant de cette heureuse circonstance, lui donna quelque idée de la religion chrétienne, et le trouvant moins éloigné du royaume de Dieu qu'il ne s'étoit imaginé, il le renvoya à un excellent livre qu'il lui nomma, pour en être pleinement instruit. A peine l'eut-il lu qu'il fut chrétien ; c'est l'expression dont il se servit pour me faire comprendre qu'il fut si convaincu de toutes les vérités qu'il y vit expliquées, qu'il résolut dès lors de se faire chrétien.

Cependant sa profession de médecin l'ayant obligé sur ces entrefaites d'aller à trente-six lieues loin de là, où on le demandoit, il se trouva dans une de nos chrétientés. Le chef des chrétiens de cet endroit l'ayant trouvé ainsi disposé, acheva de l'instruire, et l'envoya à notre maison de Pékin pour être baptisé. Il y fit connoissance avec trois novices chinois que nous destinions à la prêtrise, à laquelle ils furent admis quelque temps après. Le genre de vie qu'ils menoient dans notre maison lui parut si beau, il fut si frappé surtout des motifs de charité pour le salut de leurs compatriotes qui les avoient engagés à l'embrasser, que n'étant point établi, et n'ayant aucun obstacle qui le retînt dans le monde, il s'offrit de se joindre à eux.

Il s'en faut bien qu'on écoutât la première proposition qu'il en fit ; mais ce refus ne le découragea point : étant détrompé de la vanité du monde qu'il connoissoit par une longue expérience, et le désir qu'il avoit de travailler plus efficacement à son salut et à celui du prochain étant sincère, il fit des instances si vives et si constantes pour être reçu parmi nous, qu'on s'y rendit enfin après une longue épreuve. Il est vrai qu'ayant déjà quarante-six ans, un âge si avancé formoit un grand obstacle à son dessein : mais sa piété bien reconnue, son talent pour parler de Dieu, son zèle et son beau caractère, joints au besoin que l'on avoit de missionnaires, l'emportèrent sur cette difficulté. Six années après, il fut envoyé à Macao pour recevoir la prêtrise, et aujourd'hui il est un bon missionnaire dans la province du Kiangsi, environ à cent vingt lieues de Canton. A mon retour de la capitale, passant par l'endroit où il est, j'eus le plaisir de le voir, et ce fut pour moi une consolation d'autant plus grande, qu'outre les sentiments d'amitié, qu'un intime commerce de cinq ans a formés entre nous, je ne rencontrai aucun autre missionnaire dans un si long voyage. Il conserve toujours sa qualité de médecin, et en fait même usage au besoin pour s'introduire auprès de bien des gens qui, ne le connoissant point, ne l'admettroient pas dans leurs maisons sans ce titre, qui lui donne occasion de travailler à la santé de leur âme en procurant celle de leurs corps.

Par ces exemples, qui ne sont pas les seuls que je pourrois vous citer, vous voyez, monsieur, si la dépense que nous faisons pour répandre le plus qu'il nous est possible les livres chinois qui traitent de la religion, est bien employée, et si nous avons sujet de l'épargner. J'ai l'honneur d'être, etc.

LETTRE
D'UN MISSIONNAIRE DE PÉKIN EN 1750
A M. ***.

Réponse à des attaques faites contre les jésuites et leurs missions en Chine.

A Pékin, en 1750.

J'ai reçu, monsieur, la lettre que vous m'avez fait l'honneur de m'écrire. J'y réponds, comme vous le souhaitez, article par article. Vous m'assurez d'abord que vous voudriez être en état de pulvériser les objections que vous avez entendu faire contre la conduite des missionnaires de Pékin, et que c'est à cet effet que vous vous adressez à moi. Vous me faites ensuite le détail de tous les propos qui vous ont embarrassé. Vous avez sans doute trop d'esprit pour ne pas sentir combien ces difficultés sont foibles et frivoles, et pour ne pas voir les solides raisons qu'on peut y opposer. Mais puisque vous voulez les tenir de moi, ces raisons, je vais vous satisfaire. Je réduis à deux articles tout ce qu'on vous a objecté.

Premièrement, vous disoit-on : « Est-ce la peine de traverser les mers, pour aller peindre un prince infidèle, pour donner des leçons de physique, de mathématiques, d'astronomie, etc.? » Il n'y a, monsieur, qu'à demander à ces critiques, si, en lisant S. Paul[1], ils n'ont pas vu « qu'il se faisoit tout à tous pour les sauver tous » ; et s'ils n'ont pas tiré de ce texte remarquable toutes les conséquences qui en suivent naturellement. Car enfin, le dessein de sauver les âmes étant un dessein digne de ce grand apôtre, si, pour les sauver, on cherche, par des moyens licites et honnêtes à se rendre favorables ceux qui peuvent procurer un si grand avantage ; si, pour réussir dans ce pieux projet, on parvient à exercer publiquement dans la capitale d'un vaste empire, et dans le palais même de l'empereur, les saintes fonctions et les cérémonies sacrées de l'Église ; si par là on augmente, on étend la multitude des chrétiens ; si cet établissement dans la capitale occasionne le passage d'autres missionnaires dans les provinces, où, sans être autorisés par le gouvernement, ils forment néanmoins des chrétientés assez nombreuses et très-ferventes : croira-t-on que saint Paul refusât de « se faire tout à tous » pour obtenir un si grand bien, lui qui, pour procurer la subsistance de ses coopérateurs, travailloit de ses propres mains à faire des tentes[1]? Craindroit-il d'employer la peinture, les mathématiques pour parvenir à des objets si supérieurs? Ne diroit-il pas encore, et ne pouvons-nous pas dire comme lui : « Je me suis fait tout à tous pour les sauver tous » ; et ajouter avec lui : « Et tout ce que je fais, c'est pour l'Évangile, afin d'avoir part à ce qu'il promet. *Omnia autem facio propter Evangelium, ut particeps ejus efficiar.* » Un prédicateur apostolique ne doit-il pas faire servir tout, ne doit-il pas rapporter tout au succès de la parole de Dieu qu'il annonce?

Vous voyez, monsieur, que cette première objection est mince, et qu'elle ne mérite guère qu'on s'y arrête.

Je viens à la seconde, qui est plus éblouissante, parce qu'elle est teinte des vives couleurs du zèle et de la piété. « N'est-il pas, vous ont-ils dit en gémissant, n'est-il pas bien triste et bien humiliant pour la haute dignité du sacré ministère, que ceux qui voient l'empereur, ne le voient qu'à titre d'arts et de sciences? Le zèle apostolique, qui est leur première et principale profession, ne devroit-il pas animer leur courage, et leur faire prendre hautement la défense de la religion, pour obtenir non-seulement la révocation des édits qui lui sont contraires, mais encore la publication d'un autre édit qui lui soit favorable? »

Voici, monsieur, la réponse que je vous fais à vous-même sur cet objet, pour la rendre à ceux qui l'ont occasionnée.

---

[1] Cor., c. ix, v. 22.

[1] Act. des Ap., c. xx, v. 34.

Je sais qu'à votre retour en Europe vous êtes allé en Angleterre, et que vous avez reçu un bon accueil du roi et de ses ministres. Vous n'ignorez pas qu'il y a dans ce royaume des prêtres catholiques, qui, quoique déguisés, sont des missionnaires pour entretenir les fidèles attachés à la religion catholique, apostolique et romaine. Dans le temps que vous étiez à Londres, auriez-vous conseillé à quelqu'un de ces missionnaires d'y faire ce que vos messieurs voudroient que l'on fît à Pékin? et si l'un d'eux vous avoit consulté pour attaquer hautement, devant le roi et ses ministres, tous les actes qui ont été faits contre la religion catholique, et demander qu'on les cassât, et qu'on permît à tout Anglois de professer cette même religion, comme étant la seule véritable, que lui auriez-vous répondu? Ne lui auriez-vous pas représenté que cette démarche seroit téméraire; qu'elle feroit beaucoup plus de mal que de bien; et que l'indiscrétion n'est pas une vertu? Cependant, quelle différence entre la liberté qu'on a en Europe de parler aux souverains, et la difficulté qu'il y a dans l'Orient de parler aux maîtres de ces vastes régions! En Europe, on risqueroit d'être chassé de la cour ou de la ville; à la Chine, résister à l'empereur est un crime capital, digne de mort, et qui seroit capable de faire abolir à jamais le christianisme dans ce grand empire, comme il l'est dans le Japon.

Mais pour vous contenter, monsieur, et ceux dont vous êtes l'interprète, je ne dois pas vous laisser ignorer que, quelque difficile que soit ce qu'ils souhaitent, on l'a fait à la Chine, et qu'on est allé peut-être un peu plus loin. Au commencement du règne du présent empereur, comme la persécution excitée sous Yong-tching, son prédécesseur, continuoit, les missionnaires remirent un écrit au frère Castiglioni, peintre de l'empereur, pour être offert à ce prince, en faveur de la religion persécutée alors à Pékin. L'empereur reçut la supplique. Quel en fut l'effet? Un renouvellement de persécution; la colère des tribunaux contre les chrétiens; des arrêts de proscription contre la religion chrétienne, affichés dans les carrefours, jusqu'aux portes de nos églises; défense ensuite très-sévère à Castiglioni de s'aviser jamais de présenter pareil écrit. Et depuis ce temps, une autre persécution étant survenue, on fouilla exactement Castiglioni au palais, pour voir s'il n'avoit point sur lui quelque écrit semblable pour le présenter à l'empereur.

Vous voyez, monsieur, combien ces démarches étoient hasardeuses. Cependant les missionnaires ne s'en contentèrent pas. Dans le fort de la persécution, le même frère Castiglioni se jeta aux pieds de l'empereur pour implorer sa protection. Ce prince, le visage plein de fureur, lui tourna le dos, et demeura quelques jours sans venir à l'endroit où il prenoit plaisir à le voir peindre. En un mot, les missionnaires n'ont jamais prêché plus hautement notre religion sainte, et dans le palais et hors du palais, que dans le temps même que le feu de la persécution étoit le plus allumé. En particulier devant deux ministres qui vinrent, l'an 1746, le 22 novembre, dans l'église des jésuites françois, par ordre secret de l'empereur. Tous les Européens, prêtres et laïques, MM. de la Propagande et les jésuites convoqués par ces ministres, se trouvèrent à cette entrevue. On parla hardiment pour la religion de Jésus-Christ en présence de ces deux grands, et l'on protesta que les missionnaires n'étant à la Chine que pour la prêcher, ils ne pourroient plus y rester si le gouvernement leur fermoit la bouche. Ils remirent en même temps aux deux ministres un mémorial en forme d'apologie pour être présenté à l'empereur.

Ce fut le père Gaubil qui entreprit, dans cette circonstance, de prouver la nécessité d'embrasser le christianisme, et qui fit, sur un si beau sujet, un long et pathétique discours. L'un de ces ministres, fier et hautain, ennemi déclaré des chrétiens, et que ni prince ni grand n'osoit contredire, demeura, dans cette occasion, humilié et interdit. C'est celui qui a fait depuis une fin tragique, comme la plupart des persécuteurs de la foi. Car celui qui avoit fait obtenir la palme du martyre à monseigneur Sans, évêque de Mauricastre, et aux pères dominicains ses compagnons, eut ordre, en 1749, de se donner la mort: celui qui, dans le Yunam, avoit procuré un aussi glorieux sort aux deux jésuites, Antoine Henriquez et Tristan de Athemis, a été réduit à l'état le plus vil et le plus méprisable; mais celui dont je parle ici a été le plus sévèrement traité. Un an après cette visite faite dans notre maison, il fut décapité sur un échafaud, à la tête de l'armée. Après la mort de ce ministre universellement haï, le gouverneur de Pékin, qui l'avoit accompagné lorsqu'il vint à notre église, dit au père Gaubil : « Je vous ai trouvé, dans cette entrevue, un peu trop courageux. — Monseigneur, répondit le missionnaire, je m'offre à en dire autant à Sa Majesté; et tous tant que nous sommes, nous serions ravis de plaider et de mourir pour la religion de Jésus-Christ, en présence de l'empereur et de sa cour. »

Enfin, monsieur, l'esprit de l'Église n'est pas que, pour procurer un bien particulier et peu assuré, l'on fasse un mal général, presque sûr, et probablement irréparable. Aussi les papes ont-ils défendu à ceux qui se trouvent dans les terres du grand-seigneur, de travailler par eux-mêmes à la conversion des mahométans, dans la juste crainte que cette bonne œuvre n'attirât l'anéantissement entier de la religion chrétienne dans la Grèce et dans toutes les autres possessions du prince ottoman.

Que conclure de tout ce que je viens de rapporter? C'est qu'il faut attendre les momens du Seigneur : c'est qu'au lieu de blâmer témérairement les ministres de l'Évangile de ce qu'ils n'ont pas tous les succès qu'on souhaiteroit, il faut louer Dieu de ce qu'ils se sont maintenus à Pékin ; de ce qu'au milieu des tempêtes qui s'élèvent de temps en temps, ils y conservent tranquillement les débris de la religion, à la faveur de quelques services qu'ils rendent au prince, et que par là ils nourrissent la foible espérance qui reste de rétablir un jour la même liberté de prêcher dans les provinces, qui étoit sous le règne de Cang-hi.

Au reste, monsieur, je suis bien persuadé que ce n'est que le zèle qui vous a dicté ce que vous m'avez fait l'honneur de m'écrire; et j'espère que le même zèle vous fera goûter mes raisons, et vous en fera trouver encore d'autres pour nous défendre auprès de nos ennemis. J'ai l'honneur d'être, etc.

LETTRE

Écrite de Macao le 14 de septembre 1754.

Épreuves que les missionnaires ont à souffrir.

Dans l'état d'incertitude où se trouve la chrétienté de la Chine, nous avons encore cette légère consolation, que les missionnaires sont soufferts dans cet empire, où malgré la contrainte qui les retient, leur présence ne laisse pas d'être infiniment utile au troupeau qui leur est confié. Vous pourrez en juger par le détail que je vais vous faire de ce qui s'est passé sous nos yeux.

Vous n'ignorez point que les missionnaires, pour n'être point connus, sont obligés de se vêtir à la mode du pays. Mais, eussent-ils le talent de prendre l'air, les manières, la démarche, et tout ce qui est propre des Chinois, on les distinguera toujours ; et ç'a été sans doute jusqu'ici un très-grand obstacle à la conversion des infidèles. Pour parer aux inconvéniens qu'entraînent ces sortes de reconnoissances, on fait, autant qu'on peut, des prêtres du pays. Les missionnaires les élèvent dès l'âge le plus tendre ; leur apprennent la langue latine, et les instruisent peu à peu dans le ministère. Quand ils ont atteint un certain âge, on en fait des catéchistes, qu'on éprouve jusqu'à quarante ans, temps auquel on les ordonne prêtres. La maison des Missions étrangères de Paris entretient un séminaire dans la capitale du royaume de Siam, et c'est là particulièrement qu'on envoie les enfans chinois pour y faire leurs études et s'y former au ministère évangélique. On en fait ordinairement de très-bons sujets. Ces prêtres de la nation, n'étant point connus pour tels, peuvent faire beaucoup plus de fruits que les Européens. Mais malgré tous nos soins, l'idolâtrie perd infiniment plus d'âmes que nous ne pouvons en sauver ; car, outre que le nombre des ouvriers apostoliques n'est rien en comparaison du peuple immense de la Chine, les persécutions presque continuelles arrêtent beaucoup les progrès de la prédication. Cependant le nombre des chrétiens est considérable, et plus que suffisant pour occuper les missionnaires qui travaillent maintenant dans l'empire. Les mandarins, tout furieux qu'ils sont contre notre sainte religion, n'empêchent pas de simples particuliers, et même des familles entières, de venir nous demander le baptême. A la vérité, quand on peut prendre des évêques, on leur tranche la tête, parce qu'on les regarde comme des chefs de révolte. C'est ainsi que celui de Mauricastre a couronné, ces années passées, une mission de trente ans. C'étoit un saint prélat ; je viens d'apprendre qu'on travailloit à Rome à sa canonisation.

Aussitôt qu'il fut condamné, les chrétiens de l'endroit, qui vouloient avoir des reliques du martyr, convinrent avec un gentil, moyennant une somme d'argent, qu'il iroit répandre des cendres sur le lieu où l'apôtre devoit être décollé, afin de pouvoir recueillir son sang. Cet idolâtre étoit un homme intéressé qui ne demandoit pas mieux que de gagner quelque argent, et qui s'acquitta parfaitement de sa commission. Mais au moment où il ramassoit la cendre teinte du sang du martyr, il s'opéra dans son cœur un miracle de grâce qui le convertit subitement à la foi. Aussitôt cet infidèle courut à sa maison, pénétré de vénération pour le sacré dépôt qu'il portoit, répandit de cette cendre ensanglantée sur la tête de sa femme et sur celle de ses enfans, et les exhorta, par le discours le plus pathétique, à croire en Jésus-Christ. Ses exhortations ne furent pas sans succès; car à peine fut-il baptisé, qu'il procura la même grâce à toute sa famille. Quelque temps après, ayant appris qu'un missionnaire de sa nation avoit été saisi et jeté dans un cachot à quelques lieues de là, il se rendit incontinent à la porte de la prison, et dit aux gardes qui vouloient l'écarter: « Pourquoi voulez-vous m'empêcher de voir le Père? Je vous déclare que je suis chrétien, et, reconnoissant des services sans nombre que j'ai reçus des missionnaires, je voudrois pouvoir le leur témoigner en soulageant ceux qui se trouvent dans la misère, et c'est ce que j'ai intention de faire aujourd'hui. » Ce trait de franchise et de simplicité toucha tellement les soldats, qu'ils l'introduisirent dans la prison du confesseur, à qui il donna du linge et des habits, dont il savoit qu'il manquoit.

C'est ici le lieu de vous dire un mot de ce missionnaire; c'étoit un prêtre chinois, que ses vertus et son zèle avoient rendu respectable à toute la chrétienté. Un jour il étoit allé dans une petite île pour y confesser les chrétiens. Le mandarin ou gouverneur de l'endroit n'en fut pas plutôt averti, qu'il fit investir la maison où il demeuroit par des soldats, qui menacèrent d'y mettre le feu si on ne leur livroit le missionnaire entre les mains. Les chrétiens du domicile, qui n'avoient rien entendu de distinct, ouvrirent la porte pour savoir ce dont il s'agissoit. Aussitôt ils virent fondre sur eux une troupe de soldats en fureur, qui se saisirent de toutes les personnes de la maison, et pillèrent la chapelle du missionnaire. Comme ce dernier étoit de la nation, ils ne purent le reconnoître d'abord. Les chrétiens, interrogés sur ce qu'il étoit devenu, ne voulurent rien répondre; mais le confesseur, craignant qu'on ne les maltraitât pour les forcer à faire leur déclaration, se déclara lui-même. En conséquence il fut lié et garrotté comme un scélérat, et emprisonné jusqu'au lendemain. Le jour étant venu, il comparut devant le mandarin, qui lui demanda s'il n'étoit pas chef de la religion chrétienne; combien de personnes il avoit séduites; quel étoit le nombre des chrétiens de l'île, et comment ils s'appeloient; à quoi servoient tous ces ornemens et ces livres européens qu'il avoit avec lui; et enfin si une bouteille d'huile, qu'on avoit trouvée parmi ses effets, n'étoit point ce dont il se servoit pour la magie. (C'est ainsi qu'il appeloit les fonctions du saint ministère). Le missionnaire répondit à ces différentes questions avec autant de fermeté que de sagesse et de précision. « Je ne suis point, dit-il, chef de la religion chrétienne, je n'ai ni assez de vertu ni assez de mérite pour occuper ce haut rang; mais je fais profession de cette sainte religion, et je l'enseigne. Je n'ai jamais séduit personne. Je sais les noms de plusieurs chrétiens de cette île; j'en sais aussi le nombre; mais je ne vous dirai ni l'un ni l'autre, parce que ce seroit trahir mes frères. Quant à ces ornemens et à ces livres que vous voyez, ils servent dans les sacrifices que j'offre au seul vrai Dieu, qui est le créateur du ciel et de la terre, et que tout l'univers doit adorer. Pour cette huile, ajouta-t-il en lui montrant la bouteille où elle étoit renfermée, elle ne sert point à la magie, parce que la magie est une chose dont les chrétiens ont horreur. » Le mandarin, confondu par les réponses du confesseur, parut quelque temps interdit; ensuite, comme s'il eût voulu déguiser sa surprise, il ouvrit un livre qui étoit écrit en sa langue, et qui traitoit des commandemens de Dieu. Il tomba sur celui qui défend l'adultère. « Pourquoi, dit-il, les chrétiens abhorrent-ils l'adultère? » Il n'attendit pas la réponse du missionnaire; il fit mettre par écrit l'interrogatoire avec les réponses du prétendu coupable; après quoi il le fit reconduire en prison. Le lendemain il l'envoya, escorté de soldats, au mandarin supérieur, qui lui fit donner cent quarante soufflets et quatre-vingts coups de bâton. Ces deux supplices ayant été employés en vain, ont eu recours à un troisième ; on mit le confesseur à la question. On prit deux bois assez gros attachés ensemble par un bout, et après lui avoir mis entre deux la cheville du pied, on les serra par l'autre bout avec tant de violence, que le patient s'évanouit. Mais bientôt on le fit revenir par le moyen d'une liqueur qu'on lui fit boire à plusieur reprises. Cette question dura plus de trois heures. Enfin le mandarin, piqué de la constance du généreux confesseur, le renvoya en prison, résolu de le pousser à bout. Le jour suivant il le fit revenir et on le mit encore à la question. Ce supplice dura depuis le matin jusqu'au coucher du soleil. Mais tout fut inutile, le missionnaire soutint la torture avec un courage qui déconcerta le tyran. Enfin voyant qu'on ne pouvoit venir à bout de vaincre sa patience par les tourmens, on lui proposa le choix de trois choses : la première étoit de déclarer les noms, le nombre et la demeure des chrétiens de l'île ; la seconde, d'embrasser l'état de bonze ; la troisième, d'être mis à mort. « Vous n'aurez jamais, dit le missionnaire, la déclaration que vous exigez de moi ; pour être bonze, la probité, l'honneur même me le défend. Je ne crains point la mort ; ainsi dévouez-moi aux supplices. Je serai trop heureux de répandre mon sang pour la cause du Dieu que je prêche. » Le mandarin, furieux de la fermeté du confesseur, prononça l'arrêt de mort, et le prisonnier fut reconduit au cachot. Quatre jours après on le mena à Pékin pour faire confirmer et exécuter la sentence. Mais l'empereur, qui se piqua de clémence et de générosité, crut devoir commuer la peine, et le condamna à l'exil. Heureusement pour lui, il fut exilé dans un coin de province où il y avoit une nombreuse chrétienté ; il y est encore actuellement, et nous espérons que le Seigneur, qui lui a conservé les jours dans les tortures, les lui prolongera pour le bien et l'édification de son nouveau troupeau.

Vous concevez aisément que ces exemples de vertu ne contribuent pas peu à nous consoler des persécutions cruelles que nous avons à essuyer. Voici un autre miracle de la grâce, qui ne vous touchera pas moins.

Vous savez que les Japonois font fouler aux pieds le crucifix à tous ceux qui veulent entrer dans leur île. Un Chinois y ayant abordé, on lui en fit la proposition ; l'idolâtre, surpris, demanda sur-le-champ de qui étoit le portrait sur lequel on lui ordonnoit de marcher ? On lui répondit que c'étoit celui de *l'homme de Manille*[1]. C'est ainsi que les Japonois appellent Jésus-Christ, parce que l'opinion commune parmi eux est que le premier missionnaire qui est entré dans leur pays étoit de Manille. Le Chinois, indigné du mépris qu'on avoit pour cet *homme de Manille*, ne put s'empêcher d'en témoigner son mécontentement : « Mais cet homme, dont vous voulez que je foule aux pieds l'image, ne m'a jamais rien fait. Pourquoi voulez-vous que je l'outrage ? C'est une injustice que je ne puis commettre. » Il ne voulut jamais consentir à ce qu'on exigeoit de lui.

De retour en Chine, le gentil raconta par hasard à quelques chrétiens ce qui lui étoit arrivé. Ceux-ci, charmés de ses dispositions, lui expliquèrent ce que c'étoit que cet *homme de Manille*, dont on avoit voulu lui faire fouler aux pieds le portrait. Ce fut une occasion pour eux de l'instruire des principaux points de la religion chrétienne. L'idolâtre fut si touché de l'exposé qu'ils lui en firent, que bientôt après il alla trouver un missionnaire, et lui demanda le baptême. Actuellement c'est un des plus fervens chrétiens que nous ayons. La chrétienté du royaume de Cochinchine est encore moins tranquille que celle de l'empire ; la religion y étoit assez libre depuis vingt-cinq ans ; on y comptoit environ soixante églises où l'on célébroit l'office divin aussi publiquement que dans les États les plus catholiques. Mais depuis quelque temps la religion y est défendue. Le roi, conduit soit par les conseils de ses ministres, qui sont tous ennemis jurés de la foi, soit par sa propre avarice, s'est laissé persuader que les chrétiens possédoient des biens immenses. Dans le dessein de s'en emparer, il a ordonné à tous les missionnaires de se rendre à la cour, et à tous les mandarins de faire comparoître devant eux les peuples de leurs districts, afin de leur faire fouler aux pieds l'image de Jésus-Christ en croix. Il est bon de remarquer que ce dernier ordre n'a été donné, dit-on, qu'à l'instigation des Hollandois, qui, sachant l'effet d'un pareil commandement au Japon, sont accusés de l'avoir conseillé au roi de

[1] C'est la capitale de l'île Luçon, appartenant aux Espagnols.

Cochinchine comme un moyen efficace de chasser les missionnaires, qu'ils croient avoir traversé un dessein qu'on leur attribue sur ce royaume. Le roi, trompé par ce stratagème, a fait publier l'édit, et les missionnaires se sont rendus à la cour. On leur a proposé de marcher sur le crucifix; mais comme ils ont refusé de le faire, on s'est emparé de leurs biens, et on les a renvoyés à Macao après deux mois de la plus dure prison. Les mandarins des villes ont également cité à leurs tribunaux ceux qui leur étoient soumis, tant chrétiens qu'idolâtres, pour leur faire fouler l'image de l'Homme-Dieu. Vous comprenez que les gentils ne doivent pas avoir balancé. Pour les chrétiens, ils se sont montrés, la plupart, dignes du nom qu'ils portoient. Plusieurs d'entre eux, craignant de mollir, se sont enfuis dans les montagnes pour ne pas s'exposer à commettre une lâcheté. De ce nombre ont été vingt ou trente vierges, qui vivoient en communauté, et dont les fonctions étoient à peu près les mêmes que celles des sœurs grises de France. Les autres ont comparu devant les mandarins; les uns ont rejeté avec horreur l'affreuse proposition qu'on leur a faite, et c'est heureusement le plus grand nombre; les autres ont succombé à la tentation et sont devenus apostats. Les premiers ont été condamnés aux éléphans, punition qui consiste à couper tous les jours, quelque temps qu'il fasse, de l'herbe pour ces animaux; voilà la peine des hommes; pour les femmes, on leur a donné à chacune un certain nombre de coups de bâton sur le dos, après quoi on les a renvoyées libres.

Parmi ces confesseurs se trouvoit un homme fort riche du royaume; avant sa conversion, on le regardoit comme l'homme le plus avare qui fût dans sa nation. Comme il étoit en commerce avec des chrétiens, il remarqua dans leur conduite tant de désintéressement et de générosité, qu'il fut curieux de savoir en quoi consistoit une religion qui élève l'homme au-dessus de lui-même; en conséquence il se fit instruire: la pureté, la sagesse et la sublimité de nos préceptes le touchèrent, et les discours des missionnaires, secondés par la force de la grâce, le convertirent; de sorte qu'il est devenu un véritable modèle de vertu. Lorsqu'on lui ordonna de fouler le crucifix sous peine de perdre tous ses biens : « Prenez-les, dit-il à ses juges : ils sont fragiles et périssables; mais j'en attends d'autres qui seront éternels et que personne ne m'enlèvera. » Ses biens furent en effet confisqués au profit du roi, et lui chargé de chaînes, et condamné à couper de l'herbe pour les éléphans.

Je pourrois ici faire mention de plusieurs autres généreux confesseurs, dont la patience et le courage nous ont touché jusqu'aux larmes; mais comme le nombre en est trop grand, je me borne aux traits que je viens de rapporter.

Je vous ai dit que nous avions eu la douleur de voir apostasier quelques chrétiens. Parmi ces lâches déserteurs, il y eut un mandarin qui, à la première proposition, marcha sur le crucifix. Le roi, étonné de sa prompte obéissance, conçut dès lors de lui l'idée la plus désavantageuse. Ce prince même lui dit d'un air menaçant : « Vous êtes un méchant, et vous méritez doublement ma colère. Si je vous regarde comme chrétien, vous êtes un infidèle qui outragez bassement le Dieu que vous adorez, et je ne trouverois point de supplices assez longs pour vous, si vous traitiez ainsi les dieux de mon royaume. Si je vous regarde comme sujet, vous avez désobéi à votre prince, en embrassant une religion qu'il a proscrite. Ainsi, de quelque côté que je vous envisage, vous ne méritez que châtimens. Retirez-vous donc de moi, et allez subir la peine à laquelle je vous condamne. » Aussitôt que le roi eut parlé, ce lâche mandarin fut chargé de fers, et tous ses biens confisqués. Tel fut le fruit de son apostasie. Je n'ai pas cru devoir vous laisser ignorer cette triste anecdote, parce qu'elle m'a paru propre à vous donner une idée du roi de Cochinchine, qui n'est pas aussi persuadé qu'on le croit de l'existence de ses dieux; si la soif de l'or ne le dominoit point, notre sainte religion fleuriroit encore dans le royaume.

Dans le dénombrement des habitans de leurs districts, les mandarins avoient oublié quelques familles de pêcheurs qui n'avoient pour tout bien que leurs barques et leurs filets. Toutes ces familles étoient chrétiennes. Les idolâtres les dénoncèrent aux gouverneurs, qui les firent venir pour les interroger sur leur croyance. Ils répondirent qu'ils croyoient en un seul Dieu, créateur et conservateur du monde. On leur proposa ou de fouler aux pieds l'image de Jésus-Christ, ou de se faire soldats.

Il est à remarquer que c'est la plus vile et la plus misérable profession du royaume. « Nous nous ferons soldats, s'écrièrent-ils tous ensemble, nous mourrons même s'il le faut. » Les mandarins, surpris d'une réponse à laquelle ils ne s'attendoient pas, furent quelque temps indécis. Ils ne vouloient ni les condamner aux éléphans, parce qu'on n'auroit pu les occuper, vu déjà le grand nombre de ceux qui subissoient la même peine, ni en faire des soldats, parce qu'on n'en avoit aucun besoin, ni les retenir dans les cachots, parce qu'on n'avoit pas d'ordre. Ainsi le parti qu'ils prirent fut de les renvoyer libres.

Les traverses, les peines, les persécutions, rien n'est capable de ralentir le zèle que Dieu inspire à ses apôtres. Quelque temps après le bannissement des missionnaires, un religieux et un prêtre du séminaire de Paris tâchèrent de rentrer dans leur chère mission : s'étant donc embarqués dans un petit vaisseau chinois qui alloit à Cambodje, royaume limitrophe de la Cochinchine, ils arrivèrent sains et saufs dans ce pays, où ils furent très-bien reçus ; mais dans l'intervalle, la guerre s'étant allumée entre ces deux États, il ne leur fut pas possible de pénétrer dans le second ; ainsi ils prirent le parti de retourner à Macao. Le même vaisseau qui les avoit amenés s'offrit à les reconduire ; mais à peine furent-ils en mer qu'ils se virent attaqués par sept barques cochinchinoises. Ces pirates, armés de fusils, tuèrent vingt-quatre hommes de l'équipage, qui soutint cependant avec beaucoup de courage un combat de deux heures. Enfin les ennemis, voyant qu'ils ne pouvoient le soumettre par les armes, tâchèrent d'y mettre le feu, et ils y réussirent ; alors ceux qui le montoient furent obligés de se partager, les uns pour combattre, les autres pour éteindre la flamme, de sorte qu'ils furent bientôt réduits à la dernière extrémité. Dans ces fâcheuses circonstances, ils jetèrent à l'eau deux petits bateaux qu'ils avoient, et chacun chercha son salut dans la fuite, excepté les deux missionnaires.

Les Cochinchinois, qui n'en vouloient pas tant aux hommes qu'à l'argent qu'ils pouvoient avoir, laissèrent aller les bateaux et s'emparèrent du navire. Aussitôt que les missionnaires aperçurent les pirates, ils sortirent de la chambre pour aller au-devant d'eux. Le religieux dont je ne sais encore ni le nom ni l'ordre, fut le premier qui s'offrit à leur vue, et qui fut massacré par ces barbares. Le prêtre du séminaire des Missions étrangères, voyant son cher compagnon égorgé, s'étendit sur le tillac pour recevoir le coup de la mort. Les barbares accoururent en effet pour l'immoler ; mais un des chefs du brigantin fut si touché de compassion en le voyant, qu'il défendit de lui faire aucun mal. Mais il abandonna son coffre au pillage, et on ne lui laissa que quelques livres de piété, meubles inutiles pour des écumeurs de mer. Dès que les pirates se furent emparés de ce qu'ils avoient trouvé dans le vaisseau, ils se retirèrent à la hâte dans la crainte d'être enveloppés dans l'incendie, et laissèrent le missionnaire au milieu des flammes. Le Seigneur a toujours soin de ses élus. Les Cochinchinois ne furent pas plutôt en mer qu'ils rebroussèrent chemin, et prirent avec eux le missionnaire pour le mettre à terre. Ils le conduisirent effectivement sur le rivage, mais ils l'abandonnèrent sur une terre inconnue, où, accablé de douleur et de foiblesse, il fut obligé de rester plusieurs heures sans savoir quelle route il tiendroit. Tandis qu'il déploroit son sort, deux petites barques s'offrirent de loin à sa vue ; c'étoient les deux barques chinoises qui portoient ses compagnons de voyage et d'infortune. Dès qu'il les aperçut, il ramassa ce qui lui restoit de forces pour les appeler et leur tendre les bras. Ceux-ci n'eurent pas de peine à reconnoître le missionnaire. Ils s'approchèrent à force de rames, le prirent dans un de leurs bateaux, et se remirent en mer. La Providence voulut que peu de temps après ils rencontrassent une somme chinoise qui les reçut à bord, leur donna tous les soulagemens dont ils avoient besoin, et les conduisit à Cambodje. Le missionnaire ne fut pas plutôt débarqué qu'il se rendit dans un bourg où il y avoit un assez grand nombre de chrétiens, résolu d'y rester jusqu'à ce que la guerre dont j'ai parlé fût terminée. Mais son séjour n'y fut pas de longue durée. Les Cochinchinois ayant fait une irruption sur la bourgade, le missionnaire et son troupeau, qui ne s'attendoient à rien moins, s'enfuirent dans les montagnes, où ils restèrent cachés pendant un mois, au bout duquel étant revenus à leur habitation, ils n'en trouvèrent plus que l'emplacement. Tout avoit été renversé ou brûlé. Nous avons su ces différentes nouvelles de lui-même, par une lettre qu'il nous a écrite depuis ces affligeantes catastrophes. Cette pièce, que nous conservons précieusement comme un monument des souffrances de ce confesseur, contient le récit de ses peines, et je vous assure qu'elle nous arrache des larmes toutes les fois que nous y jetons les yeux. Ce saint missionnaire termine sa lettre par le regret le plus vif qu'il a de n'avoir pas mérité, comme le religieux qui l'avoit accompagné, la couronne du martyre, qui est, dit-il, le seul objet de ses désirs et de son ambition.

Vous allez croire que la chrétienté du Tonquin n'a pas moins à souffrir que celle des deux États dont je viens de vous entretenir. Mais je vous dirai pour votre consolation et pour la nôtre, qu'elle est infiniment plus tranquille; car, excepté quelques coins du royaume où deux ou trois mandarins feignent de vouloir traverser les missionnaires, la tolérance est partout la même; partout on célèbre l'office divin avec beaucoup de magnificence et de solennité; les jours de fête y sont gardés avec autant et peut-être plus d'exactitude qu'en France; enfin toutes les cérémonies de l'Église s'y font aussi librement que nous pouvons le désirer.

LETTRE DU PÈRE AMIOT

AU PÈRE DE LA TOUR.

Courage et patience des jésuites dans l'accomplissement de la tâche qu'ils se sont imposée. — État des provinces du nord-ouest. — Nouvelles possessions de l'empereur. — Cérémonies dont le père Attiret est obligé de faire le dessin.

À Pékin, le 17 d'octobre 1754.

Mon révérend père,

P. C.

La part singulière que vous voulez bien prendre à tout ce qui regarde notre mission et nos personnes m'engage à vous faire un récit circonstancié de ce qui nous est arrivé, dans le courant de cette année, de bien et de mal, de triste et de consolant. C'est ici le pays des vicissitudes. On passe rapidement du sein des plus terribles alarmes aux espérances les plus flatteuses, et du profond abîme des disgrâces au faîte des prospérités. Quelques jours d'intervalle suffisent souvent pour nous faire sentir ces différens effets ou pour nous en rendre témoins. La lecture des événemens que je vais vous décrire vous convaincra de cette vérité.

Il y a près de deux ans que le révérend père Dugad, supérieur général de notre mission françoise, écrivit quelques lettres aux missionnaires qui sont sous son obéissance, pour remplir à leur égard les devoirs de la charge dont il venoit d'être revêtu. Ces lettres furent malheureusement interceptées; son exprès fut arrêté et conduit au tribunal de la ville la plus voisine; quantité de chrétiens furent maltraités à cette occasion, et le nom chinois du père Dugad retentit plus d'une fois dans les différens lieux où l'on prit connoissance de cette affaire. Ce révérend Père fut obligé de prendre la fuite et d'errer de rivage en rivage sans pouvoir rencontrer de retraite assurée, trouvant à peine des conducteurs et des guides parmi les chrétiens les plus fidèles. Dieu a montré visiblement qu'il veilloit particulièrement à la conservation de ce vertueux et saint missionnaire.

Un jour que quantité d'infidèles, attroupés aux environs de la petite embarcation du père Dugad, demandoient à grands cris qu'on leur livrât le missionnaire, ses gens, découragés et consternés, ne savoient plus quel parti prendre; voyant qu'il ne leur étoit pas possible de fuir, ils étoient sur le point de céder à la force, lorsque le père Dugad, comme par inspiration divine, sort tout à coup du coin de la barque où il se tenoit caché, et d'un air plein d'assurance et de fermeté, il dit à ceux qui vouloient se saisir de sa personne : « Il faut avouer que vous êtes bien hardis d'assurer comme vous le faites qu'on recèle ici un étranger; quelle preuve en avez-vous? me voici, regardez-moi bien, et jugez vous-mêmes si je suis Européen. » À ces paroles, les infidèles, qui n'avoient pas voulu se désister jusqu'alors et qui avoient cru tenir déjà leur proie, de furieux qu'ils étoient, devenus doux comme des agneaux, se retirent d'eux-mêmes, et laissent au missionnaire le loisir de se transporter paisiblement ailleurs.

Une autre fois qu'on faisoit les perquisitions les plus exactes, trois barques, au nombre desquelles se trouvoit celle du père Dugad, furent arrêtées en même temps, et environnées de toutes parts par des gens de guerre, qui se disposoient à tout bouleverser, pour pouvoir trouver ce qu'ils cherchoient avec tant d'empressement et d'ardeur. En effet, ils mettent la main à l'œuvre ; deux barques sont renversées de fond en comble ; mais comme s'ils avoient été menacés par quelque puissance céleste, ou que la barque du père Dugad fût tout à coup devenue invisible à leurs yeux, ils ne tentent pas même d'en faire la visite, et la seule qui auroit pu les mettre en possession du trésor pour lequel ils s'étoient donné tant de mouvemens et de peines, échappe ainsi à leur brutale avidité, lorsque tout sembloit concourir à les en rendre maîtres.

J'aurois, mon révérend Père, quantité de traits semblables à vous raconter, si je ne craignois de passer les bornes que je me suis prescrites. Je finis l'article qui concerne le père Dugad en vous disant, en deux mots, que ce Père a mené, depuis deux ans en particulier, la vie la plus laborieuse, la plus pénible, et la plus remplie de craintes, d'inquiétudes et de perplexités. Ce fervent missionnaire auroit bien voulu recevoir au bout la couronne du martyre, mais le Seigneur le réserve peut-être pour des travaux plus grands encore. On peut juger des sentimens de son cœur par ce qu'il écrit peu de temps après avoir échappé aux poursuites les plus vives : « Je ne vous oublie aucun jour à l'autel... ; heureux si l'adorable victime, lorsque je la tiens entre mes mains, m'apprenoit enfin à me sacrifier, ou plutôt à me laisser sacrifier entièrement au bon plaisir divin. »

Toutes les lettres de ce révérend Père ne respirent que les mêmes sentimens, c'est-à-dire qu'amour de Dieu, que zèle ardent pour faire connoître son saint nom, que désir de répandre jusqu'à la dernière goutte de son sang pour la gloire du souverain maître. Je suis persuadé que l'obligation où il s'est trouvé, comme chef de notre mission, de prendre toutes les précautions que la prudence peut suggérer, afin de se conserver à une chrétienté désolée et à des compagnons de ses travaux apostoliques dont il est le modèle, le conseil, le soutien, la consolation et la joie, n'a pas été la moindre de ses peines.

Quoique cet excellent missionnaire n'ait pas encore eu le bonheur de répandre son sang pour Jésus-Christ, ce qu'il est obligé chaque jour de faire et de souffrir est un martyre continuel beaucoup plus pénible que ne pourroit l'être celui qui lui arracheroit la vie après

quelques tourmens. « Je vous remercie, dit-il en écrivant au frère Attiret, je vous remercie de la double peinture des SS. Cœurs, qui par bonheur a échappé au feu, à l'eau et à la cupidité qui nous ont enlevé presque tout ce que nous avions, etc. » Et dans une lettre que j'ai reçue de lui il y a quelques mois, il dit : « C'est peu que d'avoir perdu une somme d'argent, de n'avoir plus de ressource pour nous loger et pour nos commissions ; le grand mal est que dans la plupart de nos chrétientés il y a eu des recherches, des emprisonnemens, des bastonnades, des affiches scandaleuses contre la religion, et des apostasies..... Mais cette adorable et aimable Providence a tellement ménagé et disposé les choses, que toutes nos actions de grâces ne doivent s'adresser qu'à elle pour la consommation moins malheureuse de cette affaire. »

En effet, mon révérend Père, il a fallu des miracles de protection divine pour que cette tempête, qui sévissoit avec tant de fureur, ait été ainsi apaisée, lorsqu'on avoit le plus lieu de croire qu'elle alloit tout submerger dans la province où le révérend père Dugad fait ses excursions apostoliques. Dans le temps qu'on étoit dans les plus grandes alarmes, et que tout sembloit désespéré, le calme s'annonce tout à coup par l'élargissement du porteur des lettres et des autres chrétiens emprisonnés : mais cet orage n'a fait que menacer la province du Houkoang, en comparaison des terribles ravages qu'il est allé faire dans la province du Kiangnan, une des plus florissantes missions qu'eussent les jésuites portugais. Jugez-en, mon révérend Père, par le récit suivant :

La seconde quatrième lune ou lune intercalaire de la dix-neuvième année de Kien-long, c'est-à-dire vers la fin du mois de mai de cette année 1754, vint un exprès au révérend père Félix de Rocha, vice-provincial de la mission portugaise de Chine, avec une lettre d'un jésuite chinois qui faisoit part à son supérieur des plus tristes nouvelles. Il lui apprenoit que le père d'Araujo, jésuite portugais, qui faisoit la mission dans le Kiang-nan, avoit été pris et mis à la torture par le mandarin au tribunal duquel il avoit été traîné. Il ajoutoit que quantité de chrétiens avoient eu le même sort, et qu'on avoit donné le signalement de tous les missionnaires européens qui travailloient dans cette province.

Le jésuite chinois n'entroit dans aucun détail, mais le porteur de sa lettre ajouta bien des circonstances auxquelles on ne crut pas devoir donner une entière créance, les Chinois étant très-sujets à exagérer quand il s'agit surtout d'annoncer des malheurs. On ne soupçonna cependant qu'avec trop de fondement que cette mission, qui avoit donné lieu aux plus grandes espérances, tant par le nombre que par la ferveur des chrétiens qui la composent, étoit sur le penchant de sa ruine, et que tous les missionnaires qui y étoient occupés des saints exercices de leur ministère ne tarderoient pas d'être pris. On étoit dans ces perplexités, lorsqu'il arriva un second député : c'étoit un chrétien qui avoit demeuré autrefois à Pékin, et qui avoit servi dans le collége de nos révérends Pères portugais en qualité de domestique. Il apporta l'accablante nouvelle de la prise de cinq jésuites européens, et de la dénonciation d'environ huit cents familles chrétiennes qui avoient été citées, et qui se rendoient chaque jour au tribunal du mandarin qui avoit pris connoissance de cette affaire. Il raconta tant ce qu'il avoit vu lui-même, que ce qu'il avoit appris sur les lieux par des témoins oculaires. Le père d'Araujo a eu le bonheur de confesser Jésus-Christ, au milieu des plus violentes tortures, qui l'ont estropié, dit-on, pour le reste de ses jours. On ne dit rien encore de ce que les autres missionnaires ont souffert : c'est d'eux-mêmes qu'il faut apprendre tout le détail de cette affaire; car à vous dire naturellement, il y a toujours à se défier des relations chinoises pour le bien comme pour le mal : ce qu'il y a de sûr, c'est que les cinq jésuites portugais ont été arrêtés; que le père d'Araujo a été appliqué à la question plusieurs fois; que quantité de chrétiens ont eu le même sort; que quelques-uns ont apostasié; que d'autres ont soutenu avec fermeté les apprêts des supplices, les questions, les tortures, et ont confessé généreusement Jésus-Christ.

Je vais à présent vous entretenir de ce qui regarde personnellement le frère Attiret. J'ai à vous parler de son voyage en Tartarie à la suite de l'empereur, de sa nomination au mandarinat, et de son généreux refus d'une dignité qui, en lui donnant un rang dans l'empire, auroit pu lui faire oublier, en certains momens, l'état d'humilité auquel, pour l'amour du souverain Maître, il s'est consacré, et pour lequel il avoit de bon cœur sacrifié tous ses talens, en se faisant simple Frère de notre Compagnie.

La raison pourquoi l'empereur voulut avoir le frère Attiret en Tartarie, et le récompenser ensuite en le faisant mandarin d'un des tribunaux de sa maison, demande quelques éclaircissemens. Je vais vous les donner, en leur ajoutant les préliminaires nécessaires, et en les accompagnant de toutes les circonstances qui ont quelque rapport à ce sujet.

Il y a eu en dernier lieu une révolution dans le pays du tchong-kar[1], celui des souverains Tartares dont les États sont bornés au midi par le Thibet, à l'est par les Tartares tributaires de la Chine, par les Kalkas et les Mongols, à l'ouest par d'autres Tartares mahométans et vagabonds, et au nord par une partie de la Sibérie. Après la mort du dernier tchong-kar, un lama du sang royal se mit à la tête d'un puissant parti, et vint à bout de se faire reconnoître, au préjudice de ses concurrens, et de celui en particulier qui devoit naturellement occuper le trône.

Ce nouveau souverain, homme inquiet et turbulent, hardi d'ailleurs, et enflé de ses premiers succès, voulut en tenter de nouveaux, se confiant en son habileté et en sa bonne fortune. Il trouva mauvais que les Kalkas, ses voisins, fussent tributaires de la Chine, et se mit en tête de se les assujetir. Il fit faire à l'empereur la ridicule proposition de les lui céder; alléguant que c'étoit un droit dévolu à sa couronne; que les anciens tchong-kar en avoient joui, et qu'il étoit bien résolu d'employer toutes ses forces pour en jouir à son tour.

L'empereur ne répondit à ses prétentions qu'en l'invitant à devenir lui-même tributaire de l'empire, lui offrant pour l'y engager de le créer régulo du premier ordre, et de le maintenir sur le trône.

Le lama, devenu tchong-kar, sentit son orgueil offensé d'une semblable proposition. Il fit répondre qu'il étoit dans ses États aussi souverain que l'étoit l'empereur lui-même dans les siens; qu'il ne vouloit point de son

[1] Dans la ville de Tchang-kia-kieou, ville que les Mongols nomment *Khalgan*, du mot *khalga*, qui signifie *porte* ou barrière, et qui est la clef du commerce de la Chine avec la Russie par la Mongolie, il y a une école spéciale pour l'instruction des enfans de la tribu de Tchong-bar, ou Tchakhar, dont les troupeaux de chèvres donnent un magnifique duvet.

régulat, qu'il lui déclaroit la guerre, et que les armes décideroient lequel des deux, c'est-à-dire de l'empereur ou de lui tchong-kar, devoit recevoir les hommages et le tribut des Kalkas.

Comme il n'étoit guère possible qu'il n'y eût bien des mécontens de la part des sujets de l'usurpateur, et que leur mécontentement n'attendoit qu'une occasion favorable pour éclater, les plus éclairés d'entre eux conclurent qu'il falloit profiter de la bonne volonté qu'ils supposoient dans l'empereur en faveur de tous ceux qui se déclaroient les ennemis du tyran. Ils forment sourdement leur complot; ils se sauvent de leur patrie au nombre de dix mille, et viennent avec leurs familles et tous leurs bagages se donner à l'empereur et le reconnoître pour leur souverain et leur maître.

L'empereur les reçut à bras ouverts: il leur donna un emplacement dans la Tartarie chinoise, où il leur permit de s'établir. Il nomma des mandarins pour veiller à ce que rien ne leur manquât, ou plus vraisemblablement pour veiller sur leur conduite. Il leur envoya de grosses sommes d'argent, des provisions de toutes sortes et en grande quantité; en un mot il les mit en état de mener dans leur nouveau domicile une vie beaucoup plus commode qu'ils ne l'auroient fait dans leur propre pays. Il y avoit parmi les transfuges quantité de gens de considération. L'empereur leur ordonna de se rendre à Gé-hol, lieu de la Tartarie chinoise où il va chaque année pour prendre le divertissement de la chasse, et où il a des palais presque aussi beaux que ceux qui sont aux environs de Pékin. L'intention de Sa Majesté étoit de les recevoir en cérémonie au nombre de ses sujets, de leur donner le grand repas déterminé par les rits pour ces sortes d'occasions, et de les décorer des mêmes dignités dont, suivant leur naissance et le rang qu'ils occupoient, ils auroient pu espérer d'être revêtus dans leur patrie, s'ils avoient été en faveur.

Les nouveaux domiciliés se rendirent sans délai, avec un nombre de gens déterminé par l'empereur, au lieu où ils avoient ordre de se transporter, et lorsque tout fut en état, l'empereur partit lui-même de Yuen-ming-yuen, et s'achemina vers Gé-hol, accompagné de toute sa cour, des régulos, des comtes et de tous les grands, à l'exception d'un petit nombre, qu'il laissa à Pékin pour avoir soin des affaires pendant son absence.

C'est uniquement lorsque l'empereur est absent que les personnes qui travaillent sous ses yeux ont un peu de liberté. Le frère Attiret voulut profiter des commencemens de la sienne pour se renouveler dans la ferveur, et reprendre, dans les exercices de la retraite que nous faisons chaque année l'espace de huit ou dix jours, les forces spirituelles dont on a autant et même plus de besoin ici que partout ailleurs. Il se mit en retraite le soir du sixième jour de la cinquième lune, fort éloigné de penser à ce qui devoit arriver. Le lendemain, vers les 4 heures du matin, le comte Tè, grand échanson de l'empereur, arriva en poste à Hai-tien, avec ordre de Sa Majesté d'emmener le frère Attiret en Tartarie. Ce cher Frère, comme je l'ai déjà dit, s'étoit rendu à Pékin pour y faire sa retraite; ainsi il fallut qu'on vînt ici lui intimer l'ordre qu'on avoit de le faire partir. Deux mandarins furent députés pour cela, et le comte Tè attendit dans son hôtel de Hai-tien, où il voulut rester pour prendre un peu de repos. Il fallut que le frère Attiret, qui s'étoit flatté d'avoir huit jours entiers à passer uniquement avec son Dieu, s'arrachât à sa solitude le lendemain même du jour qu'il y étoit entré, et partit sur-le-champ pour aller auprès du comte savoir au juste les intentions de Sa Majesté. Dès que le comte l'aperçut, il lui dit qu'il n'avoit d'autres ordres à lui intimer que celui de partir sans délai; que l'empereur vouloit que dans trois jours au plus tard il fût auprès de sa personne; que du reste il ignoroit ce qu'on vouloit faire de lui, mais qu'il étoit probable que Sa Majesté vouloit l'occuper à tirer les portraits de quelques-uns des principaux étrangers qu'elle alloit recevoir en cérémonie au nombre de ses sujets. Ne vous embarrassez de rien, ajouta le comte, voilà cinquante taels que l'empereur m'a ordonné de vous compter; ne songez qu'à partir le plus promptement qu'il se pourra. Si nous pouvions nous mettre en marche aujourd'hui même, la chose n'en seroit que mieux. J'ai ordre de fournir tout ce qui sera nécessaire pour vous et pour vos domestiques. Je vous donnerai mon propre cheval, et parmi mes habits vous choisirez ceux qui vous iront le mieux, et vous vous en servirez.

Il faut remarquer, mon révérend Père, qu'il y a ici des habits de ville et des habits de voyage, déterminés pour la longueur, pour la forme et pour tout l'assortiment, et qu'il seroit de la dernière indécence de se montrer à la cour sous d'autres habillemens que ceux des circonstances, des lieux et de la saison.

Quant au cheval, le frère Attiret en remercia le comte, en lui disant que la mule qu'il montoit chaque jour pour aller au palais pouvoit lui servir également pour le voyage ; mais il accepta les habits, parce qu'il lui étoit impossible, aussi bien qu'à nous, d'en faire faire ce qu'il lui en falloit dans un espace de temps aussi court. Ainsi ce cher Frère ne pensa plus qu'aux préparatifs ordinaires. Il resta dans notre maison de Hai-tien, où il employa le reste de la journée à préparer des couleurs et les autres choses de l'art, pour se prémunir en cas de besoin. Bien lui en valut, comme on le verra après, d'avoir pris ainsi ses précautions. Il nous écrivit ici deux mots pour nous dire que le lendemain il se mettroit en chemin. J'allai avec le père Benoît pour lui dire adieu, et le 8e de la cinquième lune, ou autrement le 26e juin, nous l'accompagnâmes, avant trois heures du matin, jusqu'à l'hôtel du comte, où ce seigneur l'attendoit pour monter à cheval.

Le 28e du même mois nos voyageurs passèrent Nan-ting-men, qui est la première bouche des montagnes, et à midi ils traversèrent la grande muraille. « Ce titre est trop simple, m'écrivit le frère Attiret, pour une si belle chose. Je suis étonné que tant d'Européens qui l'ont vue nous aient laissé ignorer l'ouvrage immense qui la compose. C'est un des plus beaux ouvrages qu'il y ait au monde, eu égard au temps où elle a été faite et à la nation qui l'a imaginée et exécutée. Je suis bien résolu d'en faire le dessin à mon retour. »

Quoique bien des missionnaires aient parlé fort au long de la grande muraille, tout ce qu'ils en disent est infiniment au-dessous de l'idée que s'en est formée le frère Attiret. Les artistes voient les choses d'un tout autre œil que les voyageurs ordinaires. Il seroit à souhaiter que ce cher Frère voulût bien, à ses momens de loisir, nous peindre lui-même un ouvrage dont il a été si vivement frappé. Mais il n'y a pas apparence qu'il puisse le faire de sitôt, étant surchargé d'autres occupations plus importantes et indispensables pour lui.

Le même jour ils arrivèrent à Leang-kien-fang, où la cour avoit fait halte pour prendre quelques jours de repos. Le Tê-kong alla rendre compte de sa commission, et il lui fut ordonné de la part de l'empereur de remettre le frère Attiret entre les mains du comte ministre, ce qu'il exécuta sans délai. Le ministre reçut notre cher Frère avec toutes les démonstrations de politesse et de bienveillance que ces messieurs savent si bien donner lorsqu'ils croient se conformer aux intentions de leur maître ; mais il ne lui dit point pour quelle raison on l'avoit mandé ; il lui fit même entendre qu'il n'en savoit rien. Il lui fit dresser sur-le-champ une tente au voisinage de la sienne ; car le long de la route il n'y a ni hôtel ni maison pour qui que ce soit ; les palais qui se trouvent de distance en distance sont seulement pour l'empereur et ses femmes. Comme la nuit commençoit à tomber, et qu'on fit les choses précipitamment, on ne leur donna point cette solidité qui est nécessaire pour prévenir les différens accidens qui peuvent arriver en cas d'orage. En effet, à peine le frère Attiret fut-il logé, que le temps, qui étoit déjà couvert, se déchargea par un déluge d'eau qui inonda tout le quartier. L'homme d'affaire du ministre, qui étoit venu pour voir par lui-même si rien ne manquoit, rassura le pauvre cher Frère, qui, peu accoutumé à camper à la tartare, commençoit à craindre que la double toile de la tente ne vînt enfin à succomber sous le poids énorme qui commençoit déjà à la faire baisser. Il lui dit qu'il pouvoit être tranquille, qu'il ne falloit toucher à rien, et que l'eau s'écouleroit d'elle-même ; après quoi il se retira. Cependant la pluie grossissoit d'un moment à l'autre, et bientôt la tente chancela. Le deux domestiques de notre voyageur, aussi neufs que leur maître, et non moins embarrassés que lui pour se tirer d'affaire en pareil cas, commencèrent à crier qu'on alloit être accablé. Le frère Attiret vit en effet que les colonnes ou les pieux qui étoient fichés en terre pour tenir la tente en respect sortoient peu à peu de leurs trous. Il court en retenir une, ordonne à un de ses domestiques de soutenir l'autre, tandis que celui qui restoit iroit demander du secours. Ils ne furent pas longtemps dans l'embarras, un des gens du ministre arriva tout à propos à la tête d'une douzaine d'esclaves, et dans quelques momens tout fut mis en bon état. Ainsi le pauvre cher Frère en fut quitte pour la peur.

Il ne lui arriva rien de particulier le reste du voyage, qu'il continua un peu plus doucement qu'il n'avoit fait les premières journées. Il étoit à la suite de l'empereur, et il n'alloit pas plus vite que Sa Majesté. La marche du prince, telle qu'il l'envisagea alors, réveilla ses idées pittoresques, et il a avoué que s'il avoit eu à peindre une armée en déroute, il s'en seroit tenu à l'excellent modèle qu'il avoit sous les yeux. Il ne distingua en aucune façon cette majesté, cette économie, cet ordre qui caractérise toutes les cérémonies chinoises. Il ne vit qu'un amas confus de gens de tous les étages qui alloient et venoient, qui se pressoient à l'envi, qui se heurtoient, qui couroient, les uns pour porter des ordres, les autres pour les exécuter; ceux-ci pour chercher leurs maîtres, qu'ils ne distinguoient pas dans la foule; ceux-là pour trouver leur quartier ou pour aller joindre celui de l'empereur dont ils s'étoient écartés. Tout ce qu'il vit lui parut tumulte, confusion, embarras; ce n'étoit partout qu'objets piteux, lamentables et tragiques, qui lui inspirèrent la crainte, l'horreur et la compassion : c'étoit des chariots renversés qu'on tentoit vainement de redresser, des chameaux étendus avec leurs charges, qui poussoient des cris aigus à chaque coup qu'on leur donnoit pour les faire relever; des ponts abattus, des chevaux crevés, des hommes morts, mourans ou estropiés, foulés aux pieds des chevaux ou écrasés sous le poids des charrettes qui leur passoient sur le corps, des cavaliers embarrassés dans tout ce tracas, cherchant à se tirer de presse; telles sont les images qui, sorties de son pinceau, auroient fait un tout qu'il n'auroit jamais osé intituler : *Marche de l'empereur de Chine*.

Il ne faut pas croire cependant que tous les voyages de l'empereur soient dans le même goût; c'est ici un extraordinaire, et jamais peut-être ce prince n'avoit eu tant de monde à sa suite. Il vouloit donner aux étrangers qui s'étoient livrés à lui pour être admis au nombre de ses sujets, une idée de sa puissance et de sa grandeur, et faire en sorte que si quelques-uns d'entre eux prenoient fantaisie de se sauver, ils pussent, en racontant à leurs compatriotes ce qu'ils avoient vu, leur inspirer une juste crainte de l'irriter, ou les attirer sous son obéissance, artifice qui lui a parfaitement réussi, car depuis peu dix mille hommes sont encore venus se ranger sous ses étendards.

Dès que le frère Attiret fut arrivé à Gé-hol, le ministre le logea dans son propre hôtel, où il lui donna un appartement des plus honorables. Il lui fit l'honneur de le visiter le soir, et il n'est sorte d'offres obligeantes qu'il ne lui fît; il lui promit, entre autres choses, qu'il lui feroit servir du maigre les jours que notre religion ne nous permet pas de manger du gras. Ce qu'il y a en cela d'infiniment gracieux de sa part, c'est que, malgré toutes les affaires dont il devoit avoir la tête remplie, il voulut bien de lui-même descendre dans ce détail. Il ajouta, avant que de terminer sa visite, que l'empereur vouloit probablement faire tirer le dessin de la fête qui alloit se passer, mais il ne l'en assura pas; c'étoit alors le deuxième jour du mois de juillet, le frère Attiret eut à se reposer jusqu'au quatrième, sans savoir à quoi on vouloit l'occuper.

Tout ce qu'après son retour il a pu me dire de Gé-hol, c'est que c'est une ville à peu près du troisième ordre, qui n'a proprement de beau que le palais de l'empereur. Elle est située au bas d'une montagne, et arrosée d'une rivière assez petite d'elle-même, mais qui grossit de temps en temps d'une manière terrible, ou par la fonte des neiges, ou par l'abondance des pluies; elle devient alors un torrent furieux qu'aucune digue ne sauroit arrêter. Il y a quelques années qu'une partie du palais fut emportée, et que le dommage alla à des sommes immenses, par la quantité et la qualité des meubles qui furent perdus ou gâtés.

Gé-hol commença à être quelque chose sous Kang-hi; depuis lors elle est toujours allée en augmentant, et est devenue considérable sous cet empereur, qui y va chaque année passer quelques mois avec sa cour, et qui y a fait faire quantité de bâtimens et d'autres ouvrages qui l'embellissent et en font un séjour fort agréable pendant les trois mois que nous avons ici de grande chaleur.

Le 4 juillet on vint, à onze heures du soir, intimer au frère Attiret un ordre de l'empereur; cet ordre portoit que ce cher Frère devoit se rendre le lendemain au palais, et que le Té-kong lui diroit là ce qu'il y avoit à faire pour lui. Il obéit au temps marqué, et il apprit enfin que l'intention de Sa Majesté étoit qu'il peignît ou du moins qu'il dessinât tout ce qui se passeroit dans la cérémonie qu'on alloit faire. On lui recommanda fort de se mettre à portée de bien voir tout, afin que rien ne manquât à son dessin, et que l'empereur pût être content.

Un habile peintre ne seroit point embarrassé d'un pareil ordre qu'on lui donneroit en Europe, où il est permis d'aider à la lettre, et où, en gardant le vrai, il pourroit se livrer au génie, moins en peine d'être désavoué, que sûr d'être applaudi. Mais il n'en est pas ici de même : il ne faut faire que ce qu'on vous dit, et faire de point en point tout ce qu'on vous dit. Il n'y a génie qui tienne. Les plus belles lueurs doivent être étouffées dès qu'elles se montrent, si elles tendent à quelque chose qu'on ne vous a pas positivement demandé.

Toutes ces pensées dans l'esprit, et muni d'une grande provision de bonne volonté, le frère Attiret ayant tendu toutes ses fibres, se rendit au lieu de la cérémonie, y assista jusqu'à la fin, y regarda de tous ses yeux, et, malgré tout cela, il ne sut au bout à quoi se fixer. Il n'y avoit que confusion dans ses idées et qu'embarras pour le choix qu'il devoit en faire. Il voyoit tout et il ne voyoit rien. L'ordre d'aller travailler sur-le-champ lui fut donné, aussitôt que la cérémonie venoit d'être achevée. On lui dit, de la part de l'empereur, que le dessin devoit être livré le soir même au Tê-kong, pour que celui-ci le portât à Sa Majesté, qui vouloit le voir.

Il n'y avoit point à reculer, et le frère Attiret ne le sentoit que trop. Il prit le chemin de l'hôtel du ministre, se retira sans bruit dans l'appartement qu'on lui avoit cédé, et voulut se mettre en devoir d'exécuter ses ordres. Il tailla plusieurs crayons en homme qui cherche à gagner du temps, et rien ne lui venoit encore. Enfin il saisit son point. Ce fut le moment de l'entrée de l'empereur au lieu de la cérémonie, point flatteur pour ce prince, qu'on y voit du premier coup d'œil dans tout l'appareil de sa grandeur. Il crayonne rapidement tout ce qui s'offre, et quelques centaines de figures, sans compter les assortimens, se trouvent ébauchées. Le temps s'écouloit plus vite qu'il ne l'auroit voulu, et le Tê-kong étoit à sa porte. Il fallut lui livrer son ouvrage avant la nuit, ce qui ne lui coûta pas peu. Il se rendit lui-même au palais pour savoir la réponse de Sa Majesté. Elle fut des plus flatteuses. L'empereur lui fit dire par le comte, que tout étoit *hen-hao*, c'est-à-dire très-bien.

Ce seroit ici, mon révérend Père, le lieu de vous décrire cette cérémonie, ou tout au moins de vous en tracer une légère ébauche. Je le ferois avec bien du plaisir, si, après avoir vu le dessin qui a été fait pour l'empereur, et en avoir entendu l'explication de la bouche du frère Attiret, je n'avois compris qu'à peu de chose près la cérémonie dont il est question est la même que celle qui se fit sous Kang-hi, en l'année 1691, et dont le père Gerbillon a fait le détail dans son troisième voyage en Tartarie, que vous trouverez tout au long dans le quatrième tome de l'ouvrage du père Duhalde. Ainsi, mon révérend Père, c'est à cette relation que je prends la liberté de vous renvoyer. Je ne pourrois vous rien dire de mieux ni de plus circonstancié que ce que vous y lirez. Le lendemain, le frère Attiret s'étant mis en disposition de retoucher son dessin, fut interrompu tout à coup par un envoyé de l'empereur, qui lui intima l'ordre de se transporter au palais, où Sa Majesté venoit de décorer du titre de régulos, comtes et grands seigneurs, onze des principaux étrangers transfuges, lesquels, ainsi que tous ceux de leur suite, furent censés dès lors membres de l'État et sujets du prince qui le gouverne. C'est pour faire les portraits de ces onze seigneurs qui venoient d'être constitués en dignité, qu'on avoit mandé le peintre. Un de ces portraits fut achevé ce jour-là même et montré tout de suite à l'empereur. Il fut trouvé à merveille. Sa Majesté fit dire au frère Attiret que la fête devant être terminée dans l'espace de six jours, il falloit que tous les autres portraits fussent finis pour ce temps-là.

Le pauvre cher Frère auroit bien voulu avoir un peu de temps à lui pour pouvoir respirer, et pour laisser à une maladie qu'il venoit de contracter par le changement de climat et de nourriture, le loisir de se dissiper entièrement, ou tout au moins de s'adoucir un peu. Il étoit attaqué d'un rhume de poitrine, accompagné d'un cours de ventre et d'une fièvre assez violente. Il lui fallut, malgré cette triple incommodité, qui dura quelque temps, aller chaque jour au palais, y travailler du matin au soir, dans un lieu qui étoit comme public, puisque c'étoit la salle où les courtisans s'assembloient pour attendre que la comédie et autres exercices auxquels ils devoient assister commençassent. Ce qui augmentoit infiniment mon mal, dit le frère Attiret, c'est qu'ils étoient tout le jour sur mes épaules, à me faire mille interrogations, toutes disparates, auxquelles il me falloit répondre, et faire mon ouvrage en même temps. Un seul mot l'auroit délivré de tous ces importuns; mais il n'osa le dire, car il n'y avoit là que régulos, comtes, et les plus grands seigneurs de l'empire. Il sentoit de plus que ces seigneurs n'en agissoient ainsi que pour lui faire honneur, la plupart de leurs demandes roulant sur la France, ou sur des choses qu'ils croyoient devoir lui faire plaisir. Cet état de contrainte, joint à un travail forcé et à ses trois maladies, eut bientôt épuisé ses forces. Le mandarin qui faisoit à son égard l'office d'introducteur avertit sérieusement le Tê-kong de présenter une supplique à l'empereur pour l'informer de l'état où se trouvoit le frère Attiret. Le Tê-kong vit lui-même qu'il n'y avoit pas à différer, et se hâta d'agir en conséquence.

L'empereur ordonna que son peintre se reposeroit, et lui envoya un de ses médecins pour avoir soin de lui. Après un jour de repos, le malade se crut assez fort pour continuer son ouvrage. Il retourna au palais, où il finit pour le temps marqué les onze portraits dont il étoit chargé.

On dit que ces Tartares, peu accoutumés à se voir reproduire ainsi, étoient émerveillés de se reconnoître sur une toile, et de se retrouver avec tous leurs agrémens. Ils rioient les uns des autres, lorsqu'après quelques coups de pinceau ils apercevoient un peu de ressemblance; mais quand elle étoit entière, ils étoient comme extasiés. Ils ne pouvoient guère comprendre comment cela pouvoit se faire: ils ne se lassoient point de regarder la palette et le pinceau; aucune des actions du peintre ne leur échappoit. Les seigneurs chinois et mantcheoux qui étoient présens rioient aussi de tout leur cœur, non pas des copies, mais des originaux eux-mêmes, dont la figure, la contenance, et toutes les façons avoient si peu de rapport avec la politesse et les manières chinoises. Il est vraisemblable que de tous ceux qui étoient là il n'y avoit que le peintre qui ne fût pas bien aise. Il avoit à répondre à plusieurs personnes à la fois; il vouloit que l'empereur pût être content de son ouvrage, et il lui falloit saisir comme à la volée chaque trait qu'il vouloit peindre. Eût-il même joui de toute sa santé, je ne crois pas qu'il eût été tenté de rire.

Cependant, à mesure que quelque portrait étoit achevé, on le portoit à l'empereur, qui l'examinoit à loisir, et sur lequel il portoit son jugement que des eunuques de la présence venoient tout de suite annoncer au frère Attiret, en lui rendant son tableau. Comme tous ces jugemens furent flatteurs et honorables pour le peintre, auquel on disoit à chaque fois, *hen-hao, hen-hao*, c'est-à-dire très-bien, très-bien, ils lui attirèrent toutes sortes de complimens et de caresses affectées de la part de tous les grands qui s'amusoient à le voir peindre. Ce qui augmenta encore leur espèce de considération pour sa personne, c'est que chaque jour un mandarin, en habit de cérémonie, lui apportoit des mets de la table de Sa Majesté, et les lui livroit devant tout ce monde, dont la plupart se seroient estimés fort heureux, s'ils avoient eu le même honneur. La chose alla si loin à cet égard, que le Tê-kong en conçut de la jalousie. Il ne put la dissimuler; et comme s'il eût voulu se venger de quelque tort qu'on lui eût fait, ou qu'il eût prétendu rabattre la joie qu'il s'imaginoit être dans le cœur du frère Attiret, il lui disoit souvent d'un air moqueur: « Monsieur, ce n'est point ici comme à Pékin ou à Hai-tien, on ne voit pas si aisément l'empereur: je suis fâché que Sa Majesté ne vienne pas s'amuser à vous voir peindre. »

Si ce courtisan avoit su les véritables sentimens de celui qu'il vouloit agacer, il ne lui auroit certainement pas tenu de semblables discours; car, dans le temps même que ce cher Frère étoit comblé de politesses et d'honneurs de la part des grands et de l'empereur lui-même, il m'écrivoit à cœur ouvert: « Il me tarde bien que cet acte de comédie finisse: car, loin de la maison de Dieu, et privé des secours spirituels, j'ai de la peine à me persuader que ce soit ici la gloire de Dieu. »

Après que les onze portraits eurent été achevés et approuvés de l'empereur, le frère Attiret reçut ordre de mettre en grand le dessin de la cérémonie, qu'il n'avoit fait d'abord qu'en petit. On lui assigna dans le palais un autre appartement que celui où il avoit peint jusqu'alors, et c'étoit le Tê-kong qui devoit l'y conduire et l'y établir. Il paroît que ce comte ne soupçonnoit en aucune façon que l'empereur dût s'y rendre, puisqu'en entrant, il dit malignement, en s'adressant au Frère : « Encore aujourd'hui vous ne le verrez pas. Ce n'est point ici un endroit où Sa Majesté vienne. » Le frère Attiret ne répondit rien ; mais il se disposa à faire son ouvrage. Il l'avoit à peine commencé, qu'un mandarin de la présence vint en cérémonie lui donner deux pièces de soie de la part de l'empereur. Un moment après l'empereur entra lui-même, et d'un air plein de bonté, il demanda au Frère s'il étoit bien remis de sa maladie, le vit travailler un moment, lui fit quelques questions obligeantes, après quoi il se retira ; mais en sortant, il dit au tê-kong que le frère Attiret n'étoit pas bien là, et qu'il falloit le placer sur-le-champ dans le *ta-tien*, c'est-à-dire dans la salle du trône.

Il fallut obéir. Le comte prit lui-même une partie de l'attirail du peintre, et l'aida à la transmigration pour qu'elle se fît plus promptement. Arrivés à la salle du trône, le frère Attiret vit venir à lui un mandarin portant des deux mains, qu'il tenoit élevées au niveau des yeux, un papier d'une espèce particulière, et dont l'empereur se sert quelquefois pour peindre. Le mandarin dit au frère Attiret, en lui remettant le papier, que l'intention de Sa Majesté étoit qu'il dessinât un seigneur tartare qu'il lui nomma, à cheval, courant après un tigre, l'arc bandé, et sur le point de décocher la flèche ; ajoutant que l'empereur vouloit lui-même en faire la peinture. Le frère Attiret fit ce qu'on exigeoit de lui. Le lendemain il reçut ordre de préparer quatre pièces de cette soie fine et gomée dont les Chinois se servent pour peindre à l'eau, et de se transporter ensuite au jardin pour prendre les sites et les lieux qui devoient servir de fond aux peintures qu'il alloit faire pour représenter les jeux et les divertissemens de la fête présente. A l'exception de la comédie et des feux d'artifice qui étoient des plus brillans, la plupart de ces jeux n'étoient que tours d'adresse, que courses de chevaux, et exercices militaires. La lecture du troisième voyage du père Gerbillon en Tartarie, dont je vous ai déjà parlé, vous en donnera une idée.

Le frère Attiret fit de point en point tout ce qu'on lui ordonna. Arrivé au jardin avec le tê-kong, qui ne le quittoit plus, il jeta sur le papier quelques-unes de ses idées, et crayonna tout ce qu'il crut pouvoir servir à son dessin.

L'empereur l'aperçut de loin, vint à lui, examina ce qu'il venoit de faire, lui fit corriger ce qui n'étoit pas de son goût, et fit ajouter ce qu'il jugea à propos. Il lui fit l'honneur de lui demander s'il n'étoit point fatigué, et lui recommanda surtout de marcher doucement.

Après avoir fini ce pourquoi il étoit allé dans ce jardin, le frère Attiret retourna au palais, pour y travailler à exécuter ses dessins. Il fut deux jours entiers sans voir Sa Majesté et sans être détourné. Il les mit à profit pour avancer son ouvrage.

Le matin du troisième jour l'empereur l'honora d'une visite. Il voulut voir tout ce qui étoit fait, et trouva que sa personne, qui avoit été dessinée à cheval dans un endroit, et portée en chaise dans un autre, étoit dans l'une et l'autre position un peu trop renversée de l'arrière. Il voulut qu'on corrigeât sur-le-champ ce défaut, et pour cela il s'assit sur son trône qui étoit dans le lieu même, s'y composa à sa fantaisie, et se fit dessiner dans l'attitude où il étoit actuellement. Comme il faisoit fort chaud, il eut la bonté d'ordonner au frère Attiret d'ôter son bonnet et de s'asseoir, faveur singulière qu'il ne fait à aucun de ses sujet, qui ne doivent jamais être en sa présence qu'à genoux ou debout, lors même qu'ils sont obligés de travailler.

Le lendemain l'empereur revint au même lieu. Un eunuque tenoit entre ses mains la peinture que Sa Majesté avoit faite elle-même sur le dessin du Tartare à cheval dont j'ai parlé plus haut. Il la déploya devant le frère Attiret, auquel l'empereur ordonna de retoucher quelque chose sur l'attitude du cavalier qui est sur le point de décocher son dard. Après cette légère correction, la peinture fut remise au cabinet de Sa Majesté, qui vouloit y donner encore quelques coups de pinceau. Mais le soir du même jour elle fut envoyée au frère Attiret, avec ordre de l'achever. Il n'y restoit à faire que le carquois, la queue du cheval et la botte du cavalier.

J'oubliois de dire que l'empereur avoit envoyé de grand matin demander au frère Attiret s'il avoit encore du papier de Corée, huilé et prêt à recevoir les couleurs, sans dire néanmoins ce qu'il prétendoit qu'on en fît. Le frère lui ayant répondu qu'il ne lui en restoit plus, le tê-kong reçut ordre de dépêcher sur-le-champ un courrier à Haï-tien, pour en aller demander une feuille au frère Castiglione qui en avoit de tout prêt.

Pendant que le courrier étoit en chemin, le frère Attiret ne perdoit pas son temps. Outre les dessins dont j'ai parlé, il avoit encore à faire tous les portraits des principaux seigneurs qui devoient figurer dans la représentation de la cérémonie, et il falloit que tous ces portraits eussent l'approbation de Sa Majesté, ce qui n'en augmentoit pas peu la difficulté. Il y en eut deux auxquels on revint plusieurs fois, l'empereur ne les trouvant pas à son goût; celui du comte-ministre fut entièrement manqué par le trop d'envie qu'on avoit qu'il ressemblât. L'empereur vouloit qu'il eût les yeux d'une certaine façon, celle apparemment qui lui plaisoit le plus dans son favori, qu'il eût la tête plus ou moins avancée, qu'il fût dans telle attitude, et tout cela n'étoit pas l'idée du peintre, qui faisoit tous ses efforts pour se conformer à celle du prince; aussi fut-il tellement dérouté par toutes ces difficultés, qu'il ne put plus saisir son modèle, quelque soin qu'il se donnât pour en venir à bout. Le ministre lui en fit des reproches badins, en lui faisant entendre néanmoins qu'il étoit persuadé qu'il n'y avoit pas de sa faute. Tous les autres portraits furent trouvés à merveille, Sa Majesté les loua beaucoup; et par conséquent toute la cour leur prodigua des éloges.

Cependant ce n'étoit encore là, pour ainsi dire, que le coup d'essai du peintre. Le courrier revenoit avec la toile, ou pour parler plus vrai, avec le papier préparé qu'il avoit été chercher à Hai-tien. Dès que l'empereur eut appris son retour, il se transporta à la salle où le frère Attiret faisoit son ouvrage, s'assit sur son trône, et lui ordonna de le peindre en grand. Le frère Attiret n'avoit pas encore eu cet honneur. Les autres portraits avoient été trouvés bons par l'empereur et par toute sa cour, il falloit que celui-ci fût trouvé excellent. Aussi le peintre se surpassa-t-il. Comme il fut pris à l'improviste, l'imagination n'en eut que plus de jeu. Il n'y eut aucun coup de pinceau qui ne portât, et la première ébauche en fut à peine finie que l'empereur s'écria, en se levant : « Cela est très-bien, cela est très-bien. Il y a deux heures que je suis ici, c'en est assez pour aujourd'hui. » Ce que ce prince trouva de plus flatteur pour lui dans ce portrait, c'est de s'y voir avec une grosse tête et avec l'apparence d'une taille au-dessus de l'ordinaire. Il avoit insinué plus d'une fois qu'il vouloit être ainsi peint; car dans tous ses portraits il avoit toujours trouvé qu'on lui avoit fait la tête trop petite. On ne l'avoit pas entendu à demi-mot, et on n'avoit pas pris son idée. On s'étoit contenté d'augmenter de quelques lignes sa véritable grosseur naturelle, et on crut en avoir trop fait. Sa Majesté ne jugea pas à propos de s'expliquer alors plus clairement. Il n'en a pas fait de même dans cette dernière occasion. Dans le temps même que le frère Attiret prenoit la palette et les pinceaux, un eunuque qui étoit vis-à-vis, portant les deux mains sur sa tête, les écarta considérablement l'une de l'autre, et montra ensuite du doigt l'empereur dont il n'étoit pas vu, comme s'il eût voulu dire au Frère que l'intention de Sa Majesté étoit qu'il lui peignît la tête fort grosse; un autre eunuque le lui déclara en propres termes, d'un ton de voix assez haut pour que l'empereur pût l'entendre, et Sa Majesté confirma, par un signe d'approbation, ce que celui-ci venoit d'avancer. Le peintre n'en voulut pas davantage; il se tint la chose pour dite, se conduisit en conséquence, et réussit à merveille dans tous les sens.

Dès que l'empereur se fut retiré, le frère Attiret se remit après le portrait, y ajouta tous les coups de pinceau qu'il crut nécessaires pour la parfaite ressemblance, et employa tout son art pour le relever. Quelques jours après, Sa Majesté l'ayant vu, le trouva beaucoup plus à son goût que la première fois, en fit des complimens au peintre, et le combla de caresses. L'envie d'être reproduit par les couleurs augmentoit en lui à mesure qu'elles lui représentoient sa personne telle qu'il le souhaitoit. Il ordonna au Frère d'aller au jardin pour y prendre l'idée du fond d'un tableau où il vouloit être peint tirant de la flèche. Après que le frère Attiret eut crayonné son site et tout ce qu'il crut devoir servir à l'ornement de son tableau, le mandarin qui a inspection sur ces sortes d'ouvrages porta celui-ci à Sa Majesté, qui l'approuva avec éloge. Le tê-kong venoit d'être chargé d'une autre commission. Il devoit porter au loin les ordres de Sa Majesté. Il partit le 11 de la sixième lune; mais avant son départ il se rendit à l'hôtel du ministre pour prendre congé de lui. Comme il sortoit, le frère Attiret l'entendit et courut au-devant de lui pour lui souhaiter un bon voyage. On ne répondit à ses souhaits que par des complimens réitérés de félicitation. Le Frère ne douta en aucune façon que tous ces complimens ne tombassent sur ce qu'il avoit bien réussi dans les portraits de l'empereur. Il ne répliqua à son tour que par les réponses ordinaires ; mais quelques momens après un mandarin inférieur l'ayant félicité à peu près dans les mêmes termes, et d'une manière qui lui parut avoir quelque chose de singulier, il eut la curiosité de lui demander quel étoit l'objet en particulier sur quoi tomboient ses félicitations. Le complimenteur, fort étonné, lui dit tout simplement qu'il se réjouissoit avec lui de ce que l'empereur l'avoit fait mandarin. « Moi, mandarin ! » reprit le frère Attiret. « Oui, vous mandarin, lui répliqua-t-on froidement. Eh quoi ! toute la cour le sait, et vous n'en êtes pas encore instruit ? » etc. Le pauvre Frère fut un peu consterné à cette nouvelle ; mais comme il s'y étoit préparé de longue main, il ne pensa plus qu'aux moyens de parer le coup sans offenser l'empereur.

Depuis quelques années plusieurs eunuques de la présence et quelques mandarins, qui étoient témoins des manières gracieuses de l'empereur à son égard, lui avoient dit fort sérieusement plus d'une fois que l'intention de Sa Majesté étoit de l'élever au mandarinat ; qu'ils ne se trompoient point dans leurs conjectures sur ces sortes de choses, et que l'expérience les en avoit convaincus. Le frère Attiret leur répondoit alors que lui, ainsi que tous les autres Européens qui étoient à la cour, n'y étoient point venus pour ces sortes de récompenses temporelles, qu'ils avoient eu des motifs plus purs et plus relevés ; et prenant de là occasion de leur parler de notre sainte loi, il leur expliquoit, suivant les occurrences, comme quoi nous renoncions aux honneurs pour l'amour du souverain Maître, qui avoit bien voulu renoncer lui-même à tout l'éclat de sa grandeur, en se faisant homme pour nous procurer, au prix de son sang, un bonheur qui ne finira point.

Quand il étoit de retour à la maison, le frère Attiret nous rapportoit tous les discours qu'il avoit ouïs, ceux par lesquels il avoit répondu, et demandoit des règles de conduite pour le cas où l'empereur voudroit le décorer, ainsi qu'on l'en menaçoit, du titre de mandarin. Il n'est aucun de nous qui ne lui conseillât de refuser constamment et avec force, sans toutefois donner occasion à un mécontentement qui pût avoir des suites fâcheuses, une grâce qui ne doit pas être regardée comme telle par des personnes de notre caractère et de notre état. Persuadés et pleinement convaincus, dans les malheureux temps où nous sommes, que l'empereur croit avoir tout fait pour nous quand il a donné des récompenses de cette nature, nous ne saurions éviter avec trop de soin de les accepter, si nous voulons nous maintenir dans le droit d'avoir recours à lui et de lui parler avec liberté dans les occasions pressantes. « De quoi vous plaignez-vous ? nous disent froidement les gens en place, lorsque nous recourons à eux pour quelque chose qui intéresse notre sainte religion. L'empereur ne vous traite-t-il pas bien ? Il vous souffre dans sa cour, il vous considère, il vous donne des mandarinats. Que voulez-vous de plus ? » Que n'auroient-ils pas droit d'ajouter, ou que n'ajouteroient-ils pas en effet, si nous ne tâchions de leur prouver par notre conduite que ce n'est rien de tout cela que nous voulons !

Le frère Attiret, excellent religieux comme il l'est, fut ravi que la façon de penser de tous tant que nous sommes ici de jésuites françois s'accordât avec la sienne sur cet article. Il ne se fit pas illusion ; non plus que nous, il ne crut pas trouver la gloire de Dieu où il n'y auroit eu peut-être que de l'amour-propre, et ne courut pas le risque de laisser un bien actuellement réel pour des espérances d'un plus grand bien qui n'existera peut-être jamais. Il faut être estimé et considéré des Chinois pour pouvoir leur annoncer la parole de Dieu avec quelque espoir de succès, cela est vrai ; mais il est vrai aussi qu'il faut les édifier et les convaincre, toutes les fois que l'occasion s'en présente, de notre parfait désintéressement, c'est-à-dire d'une vertu si rare parmi eux, qu'à peine ils en connoissent le nom, et qu'ils la regardent presque comme une chose impossible.

Imbu de toutes ces maximes et convaincu de leur solidité, le frère Attiret attendoit en paix que l'ordre de l'empereur lui fût signifié juridiquement pour pouvoir se conduire en conséquence. Il travailla toute la journée à l'ordinaire comme s'il n'eût rien su de tout ce qui le concernoit. Cependant on avoit déjà dépêché un courrier au seizième régulo, qui étoit à Pékin, pour lui intimer d'avoir à inscrire le frère Attiret sur le tableau des mandarins qui sont sous sa direction. Le régulo divulgua sur-le-champ cette nouvelle, et c'est par son canal qu'on en fut d'abord instruit ici. C'est par la même voie qu'une nouvelle contraire, je veux dire celle qui nous apprit le refus absolu de notre cher Frère, se répandit également dans tout Pékin.

Il semble que la Providence disposa ainsi toutes choses, afin que la ville ainsi que la cour, instruites de la bonne volonté de l'empereur à l'égard des Européens, ne pussent qu'estimer ces derniers, sans leur porter envie et sans pouvoir les accuser de leur enlever des postes et des emplois qui ne sont jamais vus sur la tête des étrangers qu'avec jalousie, amertume et chagrin, tant de la part des Tartares que de celle des Chinois. Je dis plus ; la conduite du frère Attiret fut un véritable sujet d'édification, non moins glorieux pour nous auprès des infidèles qu'utile pour l'exercice de notre ministère auprès des chrétiens. Les premiers lui prodiguèrent mille éloges, éloges flatteurs et qui n'ont rien de suspect, étant donnés la plupart par des gens en place, par des mandarins tant du dehors que de l'intérieur du palais, et en l'absence de celui qui en étoit le sujet. Les derniers, je veux dire les chrétiens, furent si charmés de cet acte de générosité, comme ils l'appellent, qu'ils conçurent dès lors la plus brillante idée de la vertu de celui qui avoit été capable de le faire. Peu s'en faut qu'ils ne lui attribuassent le don des miracles. Il se répandit un bruit parmi eux, après le retour du frère Attiret, que ce cher Frère avoit vu dans les airs plusieurs croix tout éclatantes de lumière, et qu'ayant appelé du monde pour faire voir à d'autres un spectacle qu'il ne croyoit pas être pour lui seul, ces croix disparurent tout à coup. Faveur singulière qu'ils attribuoient à la satisfaction que le Maître du ciel avoit eue de son serviteur, auquel, par cette vision, il vouloit donner une récompense anticipée de ses mérites.

Cette pieuse fable ne trouva pas crédit dans l'esprit du peuple seulement ; nos lettrés chrétiens étoient presque persuadés eux-mêmes que ce seroit une témérité que de la mettre au nombre des choses douteuses. Un des catéchistes de l'Église orientale de nos révérends Pères portugais vint à notre maison et pria sérieusement notre révérend Père supérieur de vouloir bien lui attester la vérité de ce fait.

Vous ne serez pas surpris, mon révérend Père, que les Chinois aient fait tant de cas d'une action qui ne passeroit en Europe que comme une chose fort ordinaire aux personnes même du siècle, qui l'est ou qui doit l'être en effet pour des personnes de notre état, si vous faites attention que le désintéressement, comme je l'ai remarqué plus haut, est regardé ici comme l'apogée de la perfection.

Quelque chose de plus sérieux et de plus solide en même temps est ce que nous dit publiquement un missionnaire respectable de la Propagande. C'est M. Kou, prêtre chinois qui a été élevé en Italie, et qui, depuis bien des années, remplit ici les devoirs du ministère qui lui a été confié, à la satisfaction et avec les applaudissemens de tous ceux qui ont l'avantage de le connoître. Ce grave personnage nous fit l'honneur de venir à notre maison françoise le jour que nous célébrions la fête du roi, et après les complimens ordinaires, il nous félicita du meilleur de son cœur, disoit-il, de la gloire que le frère Attiret venoit de rendre à Dieu et à la religion en refusant le mandarinat. Vous ne sauriez vous persuader, ajouta-t-il, tout le bien qui en résultera. Je connois le cœur de mes compatriotes, et je puis vous assurer que rien n'est plus propre à faire impression sur eux que la conduite qu'a tenue votre frère Attiret. Je compte en tirer un excellent parti dans toutes mes prédications, etc. Mais retournons à Gé-hol pour continuer à voir ce qui s'y passe.

Ce ne fut que vers les neuf heures du soir que le comte-ministre sortit du palais ; de retour à son hôtel, il fit appeler le frère Attiret, et dès qu'il l'aperçut, il alla au-devant, lui tendit les deux mains à la manière tartare, et le félicita de la manière la plus obligeante. Il lui dit ensuite, de la part de l'empereur, que Sa Majesté étant satisfaite de ses services, et en particulier ayant été charmée de son portrait en grand, avoit voulu lui donner des marques de sa bienveillance et de son affection ; qu'elle l'avoit créé mandarin du quatrième ordre, et lui avoit accordé toutes les prérogatives attachées à ce grade ; qu'ainsi lui, frère Attiret, porteroit désormais toutes les marques de son degré de mandarinat, et jouiroit des revenus qui y sont attachés.

Après que le ministre eut ainsi parlé, le frère Attiret se jeta à ses pieds et le conjura, la larme à l'œil, de vouloir bien être son protecteur auprès de Sa Majesté. « Je suis religieux, lui dit-il, et, comme tel, j'ai renoncé à tous les honneurs de ce monde ; ainsi je ne saurois accepter le bienfait de l'empereur, sans manquer aux devoirs les plus essentiels de mon état. Je vous prie de vouloir le représenter à Sa Majesté, et je vous conjure d'employer tout votre crédit pour qu'elle ne me force point à accepter un emploi qui me feroit passer le reste de mes jours dans l'amertume. — Mais, reprit le ministre, le frère Castiglione et les autres Européens qui sont mandarins du tribunal d'astronomie, sont bien religieux comme vous ? — Oui, répliqua le frère Attiret, ils sont religieux, et s'ils sont mandarins, ce n'est que par force qu'ils le sont. — Eh bien, répondit le ministre, vous le serez aussi par force. » Le Frère le conjura de nouveau de vouloir bien intercéder pour lui. « Cela suffit, interrompit le ministre, nous en parlerons encore demain, et si vous vous obstinez à ne vouloir pas absolument des marques d'honneur attachées au mandarinat, on vous dispensera de les porter, mais cela n'empêchera pas que vous ne jouissiez des revenus ; de cette sorte, l'empereur sera content et vous aussi : je me charge de le faire trouver bon à Sa Majesté. — Non, seigneur, reprit le frère Attiret, je ne puis pas plus accepter les revenus que les honneurs, et je vous supplie d'empêcher, autant que vous le pourrez, que je ne sois contraint ni aux uns ni aux autres. — A demain, à demain, dit le ministre en s'en allant. »

Le frère Attiret se retira dans son appartement, où il s'en faut bien qu'il prit le repos dont il avoit besoin ; il passa la plus grande partie de la nuit en prières, pour obtenir du Seigneur, par l'intercession de la très-sainte Vierge et de saint Ignace, son protecteur, dont on devoit célébrer la fête le lendemain, une grâce qu'il n'osoit presque pas espérer des hommes. Un peu avant la pointe du jour, il entendit que le ministre alloit partir pour le palais : il alla l'attendre à sa porte, se mit à genoux devant lui, et lui réitéra avec les mêmes instances les sollicitations qu'il lui avoit faites la veille ; le ministre comprit que ce seroit lui rendre un véritable service que de le délivrer d'une chose à laquelle il voyoit bien qu'il ne se soumettroit qu'avec une extrême répugnance ; il lui promit de parler efficacement à l'empereur, et d'employer toute l'autorité qu'il pouvoit avoir sur son esprit pour lui obtenir ce qu'il paroissoit souhaiter avec tant d'ardeur.

A l'heure ordinaire le frère Attiret se rendit au palais pour y travailler à ses dessins ou à ses peintures. Il y fut à peine arrivé, qu'il reçut ordre d'aller au jardin, où l'empereur devoit faire lui-même l'exercice de la flèche. Sa Majesté l'y ayant aperçu, lui dit d'un air ouvert et extrêmement gracieux : « Viens, viens, approche-toi ; viens-moi voir tirer de la flèche, et reste ici pour tout voir. » Ses fils, toute la cour et tous les grands étoient présents à cette cérémonie. Après avoir tiré quelques flèches, l'empereur jeta par hasard les yeux sur le frère Attiret, et ne lui ayant point vu sur le haut du bonnet le petit globe de verre bleu qui est la distinction du degré de mandarinat dont il l'avoit honoré, il s'adressa au comte-ministre, et lui demanda s'il avoit exécuté ses ordres. Le ministre, fléchissant les genoux, lui répondit que oui, mais que le frère Attiret n'étoit pas bien aise d'être décoré d'aucun titre d'honneur. Il lui fit valoir ensuite, en homme qui veut rendre service, toutes les raisons que le Frère lui avoit alléguées pour refuser le mandarinat. L'empereur ne répliqua pas un seul mot. L'exercice fini, le frère Attiret alla se remettre au travail. Sa Majesté ne fut pas longtemps sans aller voir elle-même des peintures qu'elle paroissoit avoir si fort à cœur. Elle examina tout avec la dernière attention, et loua le peintre sur un de ses portraits en petit qu'elle trouva fort ressemblant. Elle voulut néanmoins qu'il retouchât quelque chose, et demanda si cela pouvoit se faire actuellement. Le Frère lui répondit que cela se pouvoit. Alors l'empereur s'étant assis sur son trône, lui ordonna de se mettre à son aise, de s'asseoir et d'ôter son bonnet, parce qu'il faisoit fort chaud. Il lui fit plusieurs questions qui avoient rapport à la peinture, et descendant ensuite dans une espèce d'entretien familier, il lui dit : « J'ai appris que tu ne voulois point être mandarin : pourquoi cela ? — Votre Majesté en sait la raison, lui répondit le frère Attiret ; je suis religieux, et comme tel je ne puis pas jouir de ces sortes d'honneurs, qui ne s'accordent pas avec mon état. — Mais le frère Castiglione est bien mandarin, il est cependant religieux comme toi. — Il est vrai, dit le frère Attiret, mais Votre Majesté sait qu'il avoit plusieurs fois refusé cet honneur, et qu'il ne l'a accepté enfin que par les ordres absolus de Votre Majesté. (En effet, l'empereur avoit voulu en différentes occasions élever ce cher Frère au mandarinat, et ce ne fut qu'à l'instigation de l'impératrice mère qu'il le lui fit accepter de pleine autorité.) « Et le père Hallerstein n'est-il pas religieux ? reprit l'empereur. — Oui, il l'est, répondit le frère Attiret, et ce n'est que malgré lui qu'il porte les marques du degré de mandarinat auquel Votre Majesté l'a élevé; il est à la tête du tribunal des mathématiques, il faut qu'il fasse les fonctions de sa charge. — Eh bien, interrompit l'empereur, tu serois aussi dans un tribunal pour y faire les fonctions de la tienne. — Je ne sais pas parler, ni n'entends assez bien le chinois », reprit le frère Attiret. L'empereur parut satisfait de ces réponses, et parla d'autres choses.

Le soir du même jour, dès que le comte-ministre fut de retour à son hôtel, le frère Attiret alla lui faire ses très-humbles remercîmens du service qu'il lui avoit rendu auprès de Sa Majesté. Le ministre le reçut très-bien, et lui fit mille reproches obligeans sur ce qu'il n'avoit pas voulu accepter le bienfait de l'empereur. Après une courte conversation, le frère Attiret se retira. Il fut à peine arrivé dans sa chambre, que le ministre vint lui-même l'y visiter. Il lui fit l'honneur de l'entretenir près de trois quarts d'heure, avec beaucoup de familiarité, sur l'état religieux, et sur tous les Européens qui étoient à la cour. Il lui parla du royaume de France, et lui fit connoître toute l'estime qu'il en faisoit; il affecta en particulier de lui faire l'éloge de tous ceux qui avoient été au service de l'empereur jusqu'ici, répétant plusieurs fois que tous les Européens qui venoient à la cour étoient tous gens choisis, honnêtes gens, gens d'honneur et de mérite, auxquels il se feroit toujours un vrai plaisir de rendre service quand il en trouveroit les occasions. Il lui fit mille autres complimens, auxquels le Frère répondit de son mieux. En le remerciant de ses offres obligeantes, le frère Attiret lui rappela que dans son illustre famille on avoit toujours aimé et protégé les François en particulier, et le pria de vouloir bien continuer lui-même à nous honorer de sa protection. Le ministre le lui promit dans les termes les plus gracieux. Il lui parla encore de la France, et lui demanda si le roi seroit instruit que l'empereur avoit voulu faire mandarin un de ses sujets, si nous recevions quelquefois de ses nouvelles, et s'il nous faisoit des présens. Le frère Attiret satisfit à toutes ses questions, et n'oublia pas de lui dire que c'étoit à la libéralité de nos rois que nous étions redevables de notre établissement à Pékin. Pour nous gagner encore plus la considération de ce seigneur, il auroit pu lui faire valoir la bienveillance particulière dont notre glorieux monarque et toute la famille royale daignent honorer notre Compagnie, et il l'auroit fait sans doute s'il ne fût survenu une visite qui mit fin à la conversation.

Au reste, mon révérend Père, ce seigneur n'est pas le seul qui, dans ces pays lointains, soit plein d'estime pour la France, et la mette fort au-dessus des autres royaumes de l'Europe; la plupart des grands qui sont initiés aux mystères de la cour pensent comme lui sur cet article, et les lettrés semblent renchérir sur tous, lorsqu'ils ont occasion d'en parler. « Votre précieux royaume, nous disent-ils quelquefois, est la Chine de l'Europe. Tous les autres États se font un devoir et un plaisir de suivre vos usages, vos maximes et vos rits. » Je ne sais en vérité où ils ont puisé tout ce qu'ils en disent, et en particulier ce qu'ils en ont écrit dans une espèce de dictionnaire historique et géographique, commencé sous Kanghi, et mis au jour par les ordres de l'empereur régnant; livre par conséquent qui est authentique dans l'empire. Voici mot à mot ce que j'y ai lu à l'article France. Vous ne trouverez pas mauvais, mon révérend Père, que je vous rapporte ce trait. Il est infiniment flatteur pour la France, de la part d'une nation superbe, qui daigne à peine mettre les autres peuples au rang des hommes civilisés.

« La France, dit le livre que j'ai cité, est au nord-est de l'Espagne. Elle a de circuit onze mille deux cents li »; c'est-à-dire environ mille cent vingt lieues, car dix li chinois équivalent à peu près à une de nos lieues communes. « Elle est divisée en seize provinces. La capitale de ce royaume s'appelle Paris. Cette ville est remarquable, surtout par un collége, où il y a habituellement plus de quatre ouan d'étudians », c'est-à-dire plus de quarante mille, car un ouan est dix mille. « Il y a sept autres colléges (c'est toujours de Paris qu'il parle), sans compter ceux où l'on élève gratis les pauvres écoliers. Tous ces colléges sont sous la dépendance du roi... Le roi de France a le pouvoir merveilleux de guérir des écrouelles ceux qui en sont attaqués, en les touchant seulement de la main. Il peut opérer ce prodige une fois chaque année, après avoir jeûné trois jours. La France a cinquante royaumes sous sa dépendance. » Je ne sais ce qu'il faut entendre là par royaumes. Peut-être veut-on parler des principautés, marquisats, duchés, comtés et autres seigneuries, qui étoient anciennement comme de petites souverainetés. Quoi qu'il en soit, je pense que ce qui contribue le plus à leur donner une si grande idée de notre royaume, c'est que la plupart des machines, des instrumens, des bijoux et des autres choses curieuses qui sont dans les magasins de l'empereur, ou qui embellissent ses appartemens, sont aux armes de France, ou marquées au nom de quelque ouvrier françois. « Ceci est encore de votre royaume », disoit naïvement un des élèves du frère Attiret, en regardant le couteau de parade de l'empereur, que ce cher Frère avoit ordre de peindre dans son état réel et avec toutes ses dimensions. Ce Chinois connut que la lame de ce couteau avoit été faite en France, à l'empreinte de plusieurs fleurs de lis qu'il y remarqua. Les fleurs de lis sont ici connues de tout le monde, elles brillent partout. On les voit dans l'enceinte de notre église, sur nos calices, sur nos chasubles, sur nos croix, et sur tous nos ornemens d'autel. Elles sont dans notre maison sur la plupart de nos livres et de nos instrumens, sur nos horloges, sur nos girouettes, et presque à tous les coins de nos bâtimens. Elles se trouvent au dehors, chez les grands, dans la plupart des choses curieuses dont ils sont possesseurs. Elles sont chez le prince, et en si grande quantité, que je crois pouvoir dire sans exagération que les armes de France se trouvent aussi multipliées dans le palais de l'empereur de Chine qu'elles peuvent l'être au Louvre ou à Versailles. Pardonnez-moi, mon révérend Père, cette petite digression; je reviens à mon sujet.

Après le dénoûment de l'affaire du mandarinat, le frère Attiret fut un peu plus tranquille qu'il ne l'avoit été jusqu'alors. Il continua à peindre ou à dessiner, suivant les ordres qu'il recevoit de l'empereur, qu'il voyoit presque tous les jours. Le ministre, qui étoit devenu comme son mentor depuis l'absence du tê-kong, trouva qu'il n'étoit pas assez décemment vêtu pour paroître ainsi devant Sa Majesté; il lui fit présent de deux de ses propres habits, en lui faisant des excuses sur ce qu'ils n'étoient pas neufs. « Je sais, lui dit-il, que vous êtes parti précipitamment, et que vous n'avez pas eu le loisir de vous équiper comme il convenoit; il est de la décence néanmoins que vous soyez un peu plus proprement. Les habits que vous portez paroissent un peu trop usés. Du reste, n'ayez point de répugnance à porter ceux que je vous offre, je ne les ai mis que peu de jours, et personne autre que moi ne s'en est servi. » L'attention de ce seigneur pour le frère Attiret est en partie l'effet de sa bonne éducation, et des sentimens que tous ceux de sa famille, comme je l'ai déjà remarqué, ont eus de tous temps pour les François, depuis notre établissement à Pékin.

Quoique le frère Attiret ne jouît pas alors d'une fort bonne santé, il étoit obligé néanmoins de peindre du matin au soir, sans se procurer d'autre repos que celui des repas et de la nuit; encore étoit-il obligé de prendre souvent sur son sommeil pour combiner à part soi les différens arrangemens de ses dessins et de ses peintures. Il ne fut en Tartarie qu'une cinquantaine de jours, parmi lesquels quarante seulement furent employés à l'ouvrage, et durant ce court espace de temps, il fit vingt-deux portraits à l'huile, quatre grands dessins, tant de la cérémonie que des autres exercices, et quantité d'autres choses, dont chacune en particulier auroit, dans des circonstances plus favorables, demandé un ou plusieurs jours de travail. Aussi ce pauvre cher Frère fut-il si accablé et si abattu, qu'il étoit méconnoissable à son retour. Nous le vîmes venir maigre, pâle, le dos courbé, et ne marchant qu'avec beaucoup de difficulté et de peine. Il avoit contracté, tant par la fatigue de Gé-hol que par celle du voyage, une espèce de sciatique, qui l'obligea de garder la chambre plus de quinze jours après son arrivée ici; mais, grâce au Seigneur, le repos lui rendit ses forces, et il se porte fort bien aujourd'hui. Il doit faire dans peu le même voyage, parce que l'empereur fera la même cérémonie à l'égard des nouveaux transfuges, qui sont à peu près au nombre de dix mille, comme je l'ai dit plus haut. Il y a apparence qu'il fera les choses plus à l'aise que la première fois, parce que le père Siguelbart et le frère Castiglione, peintres comme lui, doivent l'accompagner; d'ailleurs il est très-probable que les trois peintres n'ont été appelés que pour tirer les portraits des principaux d'entre les nouveaux venus, tout le reste ayant déjà été peint par le frère Attiret.

Il faut être en Chine, et y être pour la gloire de Dieu, pour venir à bout d'exécuter tout ce qu'on y fait. Ceux, parmi nos habiles artistes d'Europe, qui ont des fantaisies, et qui ne veulent travailler qu'à leur manière, et dans le temps qu'il leur plaît, devroient venir ici passer quelque temps. Ils seroient, à coup sûr, guéris radicalement de tous leurs caprices, après quelques mois de noviciat à la cour de Pékin.

Depuis que les missionnaires sont établis ici, il n'y a eu aucun empereur qui ait plus profité de leurs services que l'empereur régnant; et il n'y en a eu aucun qui les ait plus maltraités, et qui ait porté de plus foudroyans arrêts contre la sainte religion qu'ils professent. C'est pour lui complaire, néanmoins, que le feu père Chalier inventa la fameuse horloge des veilles, ouvrage qui, en Europe même, passeroit pour une merveille, ou tout au moins pour un chef-d'œuvre de l'art: que le père Benoît exécuta, il y a quelques années, la célèbre machine du val de Saint-Pierre, pour fournir aux plus variés et aux plus agréables jets d'eau, qui embellissent les environs de la maison européenne, bâtie sur le dessin et sous la direction du frère Castiglione: que le frère de Brossard a fait, en genre de verrerie, les ouvrages du meilleur goût et de la plus difficile exécution, ouvrages qui brillent aujourd'hui dans la salle du trône avec ce qui est venu de plus beau de France et d'Angleterre : c'est pour lui complaire encore, et pour obéir à ses ordres, que le frère Thibaut vient de finir heureusement un lion automate, qui fait une centaine de pas comme les bêtes ordinaires, et qui cache dans son sein tous les ressorts qui le font mouvoir. Il est étonnant qu'avec les seuls principes de l'horlogerie la plus commune, ce cher Frère ait pu, de lui-même, inventer et combiner tout l'artifice d'une machine qui renferme tout ce qu'il y a de plus relevé dans la mécanique. J'en parle pour l'avoir vue, et pour l'avoir fait marcher dans le palais même, avant qu'elle eût reçu sa dernière perfection. C'est également pour capter sa bienveillance, que le révérend père Sigismond, missionnaire de la Propagande, a entrepris un autre automate, qui doit être de figure humaine, et qui doit marcher à la manière ordinaire des hommes. Si ce révérend Père réussit, comme il y a lieu de l'espérer de son génie et de son talent pour ces sortes de choses, il est très-probable que l'empereur lui ordonnera de douer son automate des autres facultés animales : « Tu l'as fait marcher, lui dira-t-il, tu peux bien le faire parler. » Dès qu'il a donné ses ordres, il faut que tout se fasse, et rien ne doit être impossible. A force de s'entendre donner le titre pompeux de fils du ciel, il se persuade qu'il en est quelque chose ; et donnant à ce beau nom une signification plus étendue que celle qu'on lui attribue ordinairement, il n'est pas éloigné de croire qu'il doit participer à la puissance céleste. Il n'est sorte de proposition à laquelle on ne doive s'attendre de sa part. Aucun talent n'est à négliger de la part de ceux qui sont à son service ; parce que, lorsqu'on s'y attend le moins, on est appelé ou pour une chose ou pour l'autre. Les goûts de ce prince varient, pour ainsi dire, comme les saisons. Il a été pour la musique et pour les jets d'eau, il est aujourd'hui pour les machines et pour les bâtimens. Il n'est guère que la peinture pour laquelle son inclination n'ait pas encore changé. Les mêmes goûts peuvent lui revenir, et nous devons toujours nous tenir sur nos gardes pour n'être pas pris au dépourvu.

Les Européens qui sont à la cour ne doivent ignorer de rien, à en juger par la conduite qu'on tient à leur égard. S'il se trouve dans les magasins de l'empereur quelques machines, quelques instrumens, quelque minéral, ou quelque drogue dont on ne connoisse ni l'usage, ni le nom, c'est à nous qu'on s'adresse pour être instruit. Si, de quelque pays du monde, on a apporté quelque chose de rare, de précieux, et d'inconnu jusqu'alors, c'est nous encore qui devons les mettre au fait, comme si le titre de François ou d'Européen au service de Sa Majesté étoit une enseigne de la connoissance universelle de tout ce qui est des pays étrangers.

Sans compter les services réels que les missionnaires rendent à l'État, en y faisant fleurir l'astronomie, qui est le premier objet de la politique des Chinois et le point capital de leur gouvernement, car, selon leur idée, sans le calendrier et sans le calcul exact des éclipses, la grandeur de leur empire s'éclipseroit bientôt; sans compter, dis-je, ces services, nous avons fait et nous faisons chaque jour, chacun suivant nos foibles talents, ce qui nous auroit paru bien au-dessus de nos forces, si nous n'avions été animés par des motifs surnaturels, et dont certainement nous ne serions jamais venus à bout sans un secours spécial de la divine bonté. Cependant ce même prince, pour lequel nous faisons humainement plus que nous ne pouvons, est celui qui a massacré nos frères dans les provinces, qui a proscrit notre sainte religion avec le plus de rigueur, et qui nous a restreints nous-mêmes à n'exercer les fonctions de notre ministère qu'avec les dernières précautions. Malgré toutes nos peines, nos inquiétudes et nos perplexités, Dieu n'a pas laissé que de nous donner quelques sujets de consolation. Nous avons eu le bonheur, dans l'enceinte même de Pékin, de procurer la grâce du saint baptême, ou par nous-mêmes, ou par nos catéchistes, à plus de trois mille enfans, tant exposés que malades ou moribonds, à trente enfans de chrétiens, et à trente-cinq adultes. Hors de la ville, dans nos missions françoises dépendantes de notre maison, la récolte a été un peu plus abondante. Le seul père Kao, jésuite chinois, a baptisé cent trente-trois adultes, et cent quatre-vingt-dix-sept enfans. Je ne parle point des confessions et des communions que nous avons eues pendant le cours de l'année; leur nombre est tous les ans à peu près le même. Nos églises sont remplies ici, les jours de fêtes ou de dimanches, comme elles le sont en France. En France, ce sont les dévotes qui les fréquentent; ici, ce sont les dévots : voilà toute la différence. Du reste, mon révérend Père, la plupart des chrétiens que nous avons ici sont gens de la lie du peuple. Les grands sont trop attachés aux honneurs et aux biens de ce monde, pour risquer à les perdre entièrement en embrassant une religion qui en ordonne le détachement le plus sincère. Au travers de toutes les difficultés que nous rencontrons, et qui semblent se multiplier toujours de plus en plus sous les pas des ouvriers évangéliques, nous ne laissons pas que de nous aheurter, pour ainsi dire, à vouloir fournir notre carrière. Nous nous flattons encore de la douce espérance que les temps deviendront meilleurs, et que les esprits indociles et orgueilleux fléchiront peut-être un jour sous le joug de la foi.

Pour accélérer cet heureux changement, je sens, mon révérend Père, qu'il nous faudroit, à tous tant que nous sommes ici, l'art de manier les esprits et de gagner les cœurs, au point que vous le possédez vous-même.

Ne pouvant pas nous communiquer vos talens, j'espère que vous ne nous refuserez pas vos lumières, ni aucun des secours que vous pourrez nous procurer. Le fardeau dont vous avez bien voulu vous charger, en vous soumettant à être le procureur-général de notre mission, nous est une preuve convaincante du zèle que vous avez pour nos intérêts, et pour ceux de tant de pauvres idolâtres auxquels nous sommes à même d'ouvrir le chemin du ciel. C'est ainsi que, sans passer les mers, vous aurez part à tous les mérites de notre apostolat. Je compte, en mon particulier, que vous voudrez bien m'honorer de votre bienveillance, et que vous me donnerez quelque part à vos saints sacrifices, en l'union desquels je suis avec respect, etc.

LETTRES DU PÈRE GAUBIL

ADRESSÉES A PLUSIEURS SAVANS DE PARIS.

I.

Projets de travaux scientifiques. — Notice sur les voyages des Romains à la Chine. — Indication du chemin qu'ils prirent.

Pékin, ce 12 août 1752.

C'est depuis peu de jours que j'ai reçu votre lettre du 22 novembre 1750; elle auroit dû arriver l'an passé. Avec cette lettre, j'ai reçu celle de MM. Deshautrayes et Deguignes; je leur réponds par votre voie. Mes réponses sont à cachet volant : si vous voulez les lire, lisez, et ensuite ayez la bonté de les cacheter. J'ai voulu commencer par répondre à ces messieurs; ensuite j'attendrai les lettres du mousson, et je vous répondrai, de même qu'à la lettre de M. du Maïran du 23 novembre 1750, que j'ai reçue en même temps que la vôtre. Bien des remerciemens pour les patentes que vous m'envoyez; ce que j'y trouve de plus agréable pour moi, c'est l'honnêteté, le bon cœur, qui ont porté vous et M. de Maïran à me donner des marques, si flatteuses pour moi, de votre bonté. Vous voyez assez que je suis hors d'état, ici, de faire ce que, naturellement, vous devez souhaiter que je fasse; mais je ferai de mon mieux pour vous satisfaire. Je suis, etc.

P. S. Examinez, je vous prie, le projet que je propose à M. Deguignes; du moins pour l'histoire et la géographie, ce projet peut s'exécuter aisément, et si on le goûte, je crois que dans peu de temps on pourra l'exécuter; et certainement on auroit alors quelque chose de bon sur toutes les matières qui composent le grand recueil *Nian-y-szu*, sur lequel MM. Deshautrayes et Deguignes sont au fait. Tout consiste à avoir l'argent nécessaire, et un, ou, s'il se pouvoit, deux jeunes gens propres à cela; car pour les lettrés chinois, avec quelque argent et du soin pour veiller sur leur travail, on en trouvera aisément. Pour le reste de quelque dépense, je crois que je pourrai y pourvoir; cependant, sur ce point je peux aussi me tromper, car ici nous ne comptons que bien faiblement sur quelques secours de France; on s'y intéresse bien peu pour nous, tandis que les Portugais, Italiens et Allemands reçoivent tous les ans de puissans secours.

Il y a longtemps qu'on auroit pu exécuter le le projet que je propose; mais je ne sais par quelle fatalité on se vit obligé de penser à d'autres objets, et qui n'ont pas eu le succès qu'on avoit lieu d'attendre.

Dans ma réponse à M. Deguignes, vous verrez que, sous la dynastie des Han orientaux, les gens de Ta-thsin, ou l'empire romain de l'Orient, vinrent pour la première fois en Chine par le pays d'Arakan et d'Ava. Je me souviens que nos Pères des Indes m'écrivirent ici qu'on avoit trouvé dans le Maduré ou Mayssour, dans des ruines d'un bâtiment, des médailles de Marc-Antoine; si je ne me trompe, les premiers Romains qui vinrent en Chine, et que les Parthes avoient empêchés de passer par leur pays, allèrent chez les Indiens, et, par leur moyen ou direction, ils vinrent en Chine par le pays d'Arakan et d'Ava. Il paroît que nos Pères ont envoyé à Paris ces médailles romaines; MM. Deguignes et Deshautrayes les ont peut-être vues.

Après avoir bien examiné le projet que je vous propose, à vous et à M. Deguignes, je crois devoir vous éloigner du dessein que vous pourriez avoir d'envoyer ici quelque somme d'argent pour l'exécution; il ne faut pas y penser. L'argent venu, il pourroit arriver qu'on ne pût faire ce que l'on souhaite, ni de la manière qu'on le souhaite; et ce seroit un inconvénient. Je tâcherai de faire ce qui se pourra; il ne faut pas s'engager mal à propos.

II.

A M. DE L'ISLE.

Découverte d'un manuscrit en caractères estranghelo. — Respect des Chinois et des Tartares pour les papiers de famille. — Esprit de fausseté qu'on remarque dans les lettrés.

Il y a bien des années que le père de Mailla et moi nous eûmes ici d'un mahométan, dont la famille, originaire d'Occident, a été autrefois chrétienne ou juive, un manuscrit conservé par elle. Il est écrit en caractères presque semblables à ceux du monument de la religion chrétienne du Chen-si. Ces caractères sont, la plupart, estranghelo. La couverture de cet ancien manuscrit est de bois; le papier est épais et étranger, l'encre de même. Nous le fîmes exactement copier: je ne pus deviner la langue de ce manuscrit; j'y reconnus des mots chaldaïques, syriaques, et des noms juifs. La langue est peut-être de quelque pays entre la Chine et la Perse, mais les caractères sont estranghelo. Le père E. Souciet n'y put rien deviner ni déchiffrer. Il y avoit à la marge quelques mots écrits en grec, mais qui ne donnent aucun éclaircissement. Je n'ai jamais su si le père Souciet a communiqué ce manuscrit aux savans de Paris. Tâchez de le retrouver; j'ai écrit là-dessus à Paris, mais je n'ai reçu nulle réponse. Si vous le retrouvez chez nos Pères, peut-être MM. Deguignes, Deshautrayes et autres le déchiffreront[1]. Il y a des Chinois et Tartares qui

---

[1] M. le baron Silvestre de Sacy a acquis la copie de ce manuscrit, envoyé en Europe par les missionnaires de Pékin, des héritiers de l'abbé Brottier, et en a donné une notice dans le XII⁰ volume des *Notices et extraits de la Bibliothèque du Roi*, pages 277 et suiv. Ce manuscrit, en caractères estranghelo, contient une portion de la version syriaque de l'Ancien Testament, des cantiques et diverses prières. Sur le dernier feuillet de la copie envoyée en France, on lit les deux notes suivantes:

» Ce livre est une copie, fidèle en tout, d'un ancien
» manuscrit sur du parchemin, qu'un mahométan,
» âgé à peu près de quarante-cinq ans, appelé en chi-
» nois *Lieou-yu-si*, mandarin dans le tribunal des
» mathématiques sous le titre de *Tong-koan-tching*,
» qui est le troisième rang du mandarinat, m'a fait
» connoître; il m'a dit que c'étoit un manuscrit que
» ses ancêtres avoient apporté de leur pays en Chine,
» lorsque Tsingiskan, fondateur de la dynastie des
» Yuen, les y amena, environ l'an de l'ère chrétienne

habitent ici et ailleurs qui ont des papiers laissés par leurs ancêtres ; ils se croiroient perdus d'honneur s'ils se défaisoient de ces papiers, qu'ils croient devoir, tôt ou tard, leur porter bonheur. On auroit pu les rechercher, mais on n'y a pas pensé jusqu'ici.

J'attends cette année quelques piastres ; si je les reçois, je tâcherai d'avoir quelques manuscrits de cette espèce et autres, qu'on dit être dans quelques familles mahométanes ou juives ou chrétiennes, dont les ancêtres sont venus de l'étranger. Ils sont à Pékin au moins depuis le temps de la dynastie mongole, et apparemment d'un temps encore plus ancien. Je ne saurois répondre du succès de mon dessein ; ici on ne peut faire que peu de chose.

MM. Deguignes et Deshautrayes peuvent aisément nous procurer quelques livres qui nous manquent ; par exemple, Rubriquis, Carpin, Ammien Marcellin, les Voyages de Bergeron, etc.

Nous avons l'ouvrage de M. d'Herbelot, l'*Abdalla* de Muller, les *Époques* de Gravius ; je voudrois bien avoir Abulfeda, Edrissi, Ben chouna, Albategnius, l'*Almageste* et la *Géographie* de Ptolémée, ou, du moins, quelques livres contenant l'essentiel de ces auteurs. Voyez ce qui se peut faire, mais je ne souhaite nullement que vous fassiez la moindre dépense. Vos savans de Paris ont quelquefois de doubles et triples exemplaires de ces livres. Il importeroit d'avoir, en général, ceux qui parlent des peuples anciens et des barbares qu'on sait être venus des pays connus des Chinois.

» 1220. Les lieux qui manquent dans cette copie man-
» quent aussi dans le manuscrit.
» A Pékin, le 23 juin 1727.
» Jos. Mar., An. de Moyria de Mailla,
» Miss. de la Comp. de Jésus en Chine. »

« L'an 1725, j'envoyai au révérend père E. Souciet
» quelques textes écrits en caractères rouges et noirs,
» avec des notes marginales et des instructions sur un
» manuscrit dont j'avois tiré ces notes et ces textes.
» Ce manuscrit est l'original dont le livre qu'envoie le
» révérend père de Mailla est la copie.
» J'ai lu plusieurs pages de la fin, du milieu et du
» commencement de l'original, et les ai confrontées
» avec la copie : je l'ai trouvée fidèle. J'ai de même
» confronté une ou deux lignes de chaque page de
» l'original avec la page correspondante de la copie,
» et je l'ai trouvée fidèle.
» A Pékin, ce 23 juin 1727.
» Ant. Gaubil,
» Miss. de la Comp. de Jésus. »

Nous n'avons rien de Purbachius, Regiomontanus, Appianus ; je voudrois avoir le *Liber organicus* de Riccioli, et semblables. Si l'on souhaite des livres de ce pays, marquez le nom, on les enverra.

Si j'avois reçu l'année passée les lettres de MM. Deguignes, Deshautrayes et la vôtre, j'aurois pu vous envoyer cette année ce que je leur dis ; cela ne peut être que l'an prochain : je pourrai encore ranger pour vous quelque mémoire. Ici nous n'avons pas les commodités que vous avez à Paris, et je suppose bien que vous le savez. Jusqu'ici j'ai eu assez pour avoir un copiste ; mais avec de l'argent même, on a bien de la peine à trouver des gens qui procurent des livres et expliquent ce qu'il y a pour nous de difficile. Ceux qu'on appelle *habiles lettrés chinois* sont ordinairement des hommes qui n'ont nulle critique, peu d'érudition ; ils sont sans principes de nos sciences, et pleins intérieurement d'un mépris ridicule pour tout ce qui n'est pas chinois. Du reste, ils comptent pour rien de nous tromper, disant, selon leurs intérêts, le blanc et le noir. Il faut se mettre en état de bien vérifier ce qu'ils avancent, sans cela on est sujet à des erreurs de tout genre ; cela a déjà fait bien du mal et a été cause de bien des bévues, qui sont presque risibles [1].

A l'occasion des patentes que vous avez envoyées, je suis peut-être obligé à quelque remerciement à faire à votre illustre Corps ; si cela est, je ne suis nullement au fait sur la manière de m'y prendre ; je ne sais pas là-dessus quels sont les usages, ni quelles sont les règles. Cela étant, je prends la liberté de vous supplier de faire à ma place ce que je dois faire. Vous êtes au fait et sur les lieux ; ici je ne sais rien sur ces matières, et ne puis prendre conseil de personne : mes collègues sont aussi peu instruits que moi-même sur ce point.

III.

Explications sur les cartes de la Chine, de la Corée et du Thibet. — Sur les lamas, et sur les renseignements que les Russes peuvent fournir à leur sujet.

Pékin, ce 13 août 1752.

Je ne prétends nullement avoir gratis les livres que je vous marque ; je suis fort éloigné d'une telle importunité, j'en sais les inconvéniens. Je payerai exactement l'argent que les

[1] Avis à MM. les Anglois à Canton.

livres auront coûté, si l'on peut les envoyer : si l'on veut, au prorata, des livres chinois et tartares d'ici, je les enverrai.

Vous souhaitez savoir en détail ce qui s'est fait pour la carte de Chine et Tartarie; le père Patouillet doit avoir tous ces mémoires dans les écrits du feu père du Halde. Quand on fit cette carte, j'étois jeune régent de classes en France ; étant arrivé ici, nos Pères me dirent que tous leurs mémoires, opérations, observations avoient été envoyés en France. J'ai quelques mémoires, tous mutilés et épars, du feu père Jartoux sur cette carte ; c'est lui qui l'a rédigée et envoyée. Ces manuscrits mutilés du père Jartoux en supposent d'autres que je n'ai pu trouver.

Dans un mémoire sur les îles de Lieou-khieou, que j'ai envoyé l'année passée, j'ai dit quelque chose de la carte de Corée ; je vous ai écrit pour tâcher de rectifier la carte du Thibet par quelques mémoires exacts que vous pourriez avoir sur les pays entre le Gange, Dehli et Agra, et sur le cours du Gange dans ces pays, en remontant vers sa source. Je n'ai pu encore avoir des mémoires bien clairs sur les pays entre le Bengale et les provinces chinoises de Yunnan et Szu-tch'huan.

Bien des gens souhaitent être instruits exactement sur les lamas du Thibet du temps de l'empereur Khang-hi. Les Européens qui étoient à Pékin auroient pu aisément s'instruire là-dessus ; on n'en eut pas la pensée. Depuis que je suis ici, nous ne pouvons prudemment avoir grande communication avec les lamas. Du temps de l'empereur Young-tching, un Hollandais, nommé M. Van de Put, après avoir couru bien des pays, alla au Thibet par les Indes. Il fut en considération chez les lamas ; quelques-uns de ceux-ci, puissans à Pékin, le menèrent dans leurs principaux temples en Tartarie, et le conduisirent à Pékin, où il vit ce qu'il y a à voir : il savoit, dit-on, la langue des lamas. Ce M. Van de Put aura donc pu avoir bien des connoissances sur ces lamas.

On rapporte qu'à Lassa il y a des capucins depuis bien du temps ; ils auront sans doute eu des connoissances du pays et des lamas. Je suis persuadé que si les Russes le veulent bien, ils peuvent donner à l'Europe les meilleures connoissances sur le Thibet et les lamas. Dans les familles de princes mongols ou kalkas, voisins des Russes du Selenga, il y a des lamas qui ont été élevés au Thibet et qui sont instruits. Les Russes peuvent avoir avec les Kalkas toute la communication qu'ils voudront. Je dis le même des lamas qui sont dans les pays des Tourgouts, tributaires des Russes. D'ailleurs les lamas des Kalkas et des Tourgouts, aussi bien que les taidzi de ces pays, envoient souvent à Lassa : seroit-il fort difficile aux Russes d'envoyer à Lassa des gens instruits de leur pays pour se mettre au fait par eux-mêmes ? On m'a assuré que dans les temples des lamas kalkas et mongols, dans ceux de Lassa et autres, il y a des livres en langues étrangères ; les Russes pourroient peut-être avoir ces livres.

IV.

A M. DESHAUTRAYES.

Éclaircissemens sur la chronologie chinoise. — Collection des antiquités. — Histoire de la dynastie des Ming.

Pékin, ce 10 août 1752.

Monsieur,

Avant-hier je reçus de Macao votre lettre du 21 novembre 1750 ; elle auroit dû arriver l'an passé, mais le vaisseau a perdu la mousson, et, après avoir hiverné à Malacca, il n'est arrivé à Macao que le 13 juin 1752.

Aux félicitations à vous faire avec justice sur vos progrès dans la littérature chinoise, je joins de bon cœur mes remerciemens pour l'honneur que vous me faites de me faire part de vos vues et de vos projets ; et si vous croyez que je puisse ici en quelque sorte vous aider pour le chinois, comptez que je ne m'épargnerai pas. Il est très-juste de s'intéresser à l'honneur de ceux qui, comme vous, travaillent si bien au bien commun de la république des lettres dans le poste honorable où vous vous trouvez.

Vous me paroissez raisonner juste sur le Tchu-chou. M. Fréret m'ayant prié de lui dire mon sentiment sur ce livre, soit sur son système de chronologie, je le lui dis avec franchise. M. de Bougainville m'écrivoit l'an passé que cet illustre savant avoit achevé un ouvrage complet de chronologie chinoise, où il avoit épuisé la matière. Il ajoutoit que ce livre alloit être imprimé et mis à la suite des mémoires de son académie. Il y a trois ans que j'ai mis enfin en ordre ce que j'avois sur la chronologie, et je l'ai envoyé en trois parties. M. de l'Isle m'écrit que cet ouvrage est arrivé, et qu'il consultera avec plusieurs personnes, pour savoir ce qu'on en peut faire. Il n'aura pas manqué de vous en parler ; je souhaite qu'il puisse être de quelque utilité. Dans cet ouvrge, je tâche de donner des notions exactes et critiques de l'histoire chinoise et des historiens chinois anciens et modernes. De même, je donne des notices des *King*, et autres livres qui peuvent répandre des lumières sur l'antiquité chinoise, et je voudrois bien qu'on pût fixer juste ce qu'il y a de faux, d'incertain ; mais comment déterminer avec exactitude l'époque du premier roi, ou empereur, ou chef des Chinois ?

L'étude du texte de *Tchhun - thsieou* de Confucius et de son commentateur Tso-chi ne peut que vous être bien utile ; mais il y a dans cette étude bien de l'ennui et du dégoût à dévorer. J'espère que votre exemple animera plusieurs autres à cultiver en France le chinois, malgré les désagrémens de cette étude.

Ce que j'ai vu ici des traductions du livre *Y-king* me fait penser qu'on n'a pas envoyé en Europe une partie essentielle ; c'est le commentaire de Confucius sur les textes de Wenwang et de son fils Tcheou-koung. Ce commentaire est essentiel ; si on l'a à Paris traduit, je ne sais de qui est la traduction ; si on ne l'a pas, je l'ai de ma façon, de même que le reste du livre *Y-king*.

M. de l'Isle m'a écrit qu'on avoit retrouvé ma traduction du livre *Chou-king* avec des notes ; je crois qu'on peut compter sur la fidélité de cette traduction. Je ne savois pas que M. de Visdelou eût traduit le *Chou-king* ; un de nos Pères traduisit ici, ces années passées, le *Li-ki* ; mais il y a bien de la critique à employer et bien des précautions à prendre pour pouvoir rendre utile cette traduction. J'en ai parlé au traducteur, il paroît être peu disposé à envoyer sa traduction. Je l'ai examinée ; elle est aussi bien faite qu'on le puisse désirer, mais l'auteur en juge comme moi. Malgré cela, nous prendrons le parti de la revoir et d'envoyer ces matériaux : ce sera l'an prochain. J'ai aussi traduit ce livre, mais ma traduction n'est pas aussi correcte : j'ajouterai ce qui nous paroîtra nécessaire pour pouvoir rendre utile cette version. Dans ce livre, il y a des morceaux de la première beauté et de la plus haute antiquité ; mais des auteurs postérieurs ont ajouté des choses absurdes ; et c'est cette critique qui est aussi ennuyante que difficile.

Il est vrai que j'avois entrepris une collection des antiquités qu'on peut trouver ici et dans les provinces ; mais jusqu'ici je ne suis pas trop content ; j'ai écrit quelque chose sur ces antiquités à M. de Maïran ; je ne sais s'il a reçu ma lettre. Je pense toujours à continuer ma collection ; mais je trouve toujours des difficultés pour le choix de quelque chose sûre et utile.

L'empereur régnant a fait enfin publier, depuis quelques années, l'histoire de la dynastie Ming en plus de cent pen, ou volumes. Cette collection est dans la forme de Nian-eul-zu, et en fait la suite : on en a fait un abrégé dans la forme du Tong-kien-kang-mou ; mais cet abrégé ne vaut pas ceux du Tong-kien-kang-mou. L'histoire de la dynastie Ming a des morceaux très-curieux et intéressans : sur la ruine de l'empire des Yuen, sur les guerres des empereurs Ming avec les Tartares descendans des Yuen, et ceux qu'on appelle aujourd'hui *Éleuthes*. On y voit une déclaration de Houng-wou envoyée à l'empereur grec pour lui notifier son avénement au trône. Cette pièce a quelques passages curieux ; Houng-wou parle en maître. On ne dit pas le nom de l'emreur grec, qu'on suppose roi de Fou-lin ou Ta-thsin. Il est question de Tamerlan, sa mort, ses préparatifs à la guerre contre la Chine ; on parle de la guerre de Taïko-sama, roi du Japon, en Corée, des pirateries des Japonois, du Thibet, de l'Inde, de l'introduction de la religion chrétienne, de la puissance des Hollandois et Portugais dans les Indes, des mathématiques des Européens et des musulmans, des Tartares appelés *Mantcheoux*, et de la manière dont ils sont entrés en Chine. Tout ce que vous pouvez avoir vu sur l'histoire des Ming, dans quelques relations, dans les pères Couplet, Martini et autres, ne donne que des connoissances vagues, et c'est tout autre chose dans l'histoire des Ming. Sous le règne de Young-lo, on voit que ce grand prince entretint pendant plus de douze ans une flotte montée par plus de 30,000 hommes ; cette flotte alla en divers temps à Manille, les Molucques, Bornéo, Java, Sumatra, Tonkin, Cochinchine, Camboge, Siam, Malacca, Bengale, Ceylan. On y parle du Pic d'Adam et des vestiges de ses pieds (les Chinois, au lieu d'Adam, mettent *P'han-kou*, de Calcut, Surate, Ormus, Aden, dans la mer de Médine et de la Mecque. Elle procura à la Chine des richesses immenses, et tous les princes de ces divers pays envoyoient des ambassadeurs à Young-lo. Le règne de ce prince est des plus brillans. J'ai envoyé en France l'abrégé de cette histoire des Ming; et si on souhaite avoir tout l'ouvrage, on pourra l'envoyer; il figureroit bien dans la bibliothèque de Sa Majesté.

Sur ce que m'avoit mandé le père Foureau, j'envoyai l'an passé à M. l'abbé Sallier une belle histoire chinoise que je crois manquer à la Bibliothèque du roi; dans mon mémoire sur la chronologie, j'ai donné la notice de ce beau livre.

Depuis la fondation de la dynastie régnante, on a publié quelques morceaux sur les guerres civiles, sur la guerre des Éleuthes; mais sur cela il n'y a pas encore d'ouvrage bien suivi. Ce n'est qu'après la destruction d'une dynastie qu'on publie les actes authentiques de l'histoire de cette dynastie. Les actes pour l'histoire de Chun-tchi, Khang-hi, Young-tching, sont déjà rangés par les historiens de l'empire; mais il est très-difficile de pouvoir obtenir des mandarins de ce tribunal l'inspection des morceaux qu'on souhaiteroit; mais je crois qu'avec quelque argent et quelques présens dans les occasions, on pourroit obtenir lecture, et même copie des pièces. Vous finissez, monsieur, votre lettre par des excuses sur la liberté que vous dites prendre de m'écrire, et je la finis par vous renouveler mes remerciemens de votre lettre, et vous faire des excuses sur le peu d'ordre qui règne dans la mienne; j'ose espérer que vous continuerez à me donner vos instructions et vos ordres sur ce que je pourrai vous envoyer qui puisse être de votre goût. Je suis, etc.

P. S. Dans ma réponse à M. Deguignes, j'ai oublié deux articles:

1° Au temps des Han orientaux, on appela *Ta-thsin* ou *Grand-Thsin* l'empire romain en Orient. La Chine pouvoit alors se désigner et se désignoit par le caractère de Tahsin; on ajoute que les gens de ce pays ont bien du rapport avec les Chinois, et que c'est pour cela qu'on nomme le pays *Ta-tshin*, ou *Grande Chine*. (Hist. des Han orientaux.)

2° L'histoire chinoise, vers l'an 300 ou 340 avant Jésus-Christ, parle bien des Hioung-nou, comme étant au nord de la Chine, et le long du pays où est la grande muraille; mais avant l'an 204 avant Jésus-Christ on n'a pas en Chine, je veux dire dans l'histoire chinoise, des mémoires sur les Tartares et peuples de l'Ouest: ce qu'on a est trop vague. Dans les traditions confuses de la secte de Tao, on aperçoit ou conclut une communication des Chinois avec les royaumes situés à l'occident de la Chine au temps entre Thsin-chi-houang-ti et le Tchhun-thsieou. Tout ceci sera éclairci; il le mérite. On voit des vestiges certains de l'entrée des juifs en Chine sur la fin de la dynastie Tcheou, avant Jésus-Christ.

V.

A M. DE L'ISLE.

Plaintes sur le mauvais usage qu'on fait à Paris des ouvrages envoyés par les missionnaires. — Les Russes en Chine. — Les Chinois au Japon, au Kamtschatka, et peut-être même en Amérique.

Pékin, 28 août 1752.

Je vous ai déjà écrit par deux voies, pour vous avertir que le 7 août 1752 j'avois reçu votre lettre du 22 novembre 1750; j'ai répondu par deux voies à MM. Deguignes et Deshautrayes. Je vous ai adressé, ouvertes, les réponses; je n'entends parler d'aucune lettre venue à Canton cette année en droiture: elles pourroient bien manquer comme l'an passé. D'ailleurs je ne me porte pas trop bien; je crois devoir achever de répondre à votre lettre du 22 novembre 1750.

Étant arrivé à Pékin en 1723, j'eus soin d'examiner les fondemens de l'histoire et de l'antiquité chinoise, et je pensai efficacement à trouver les livres nécessaires pour cela. Je fis plusieurs petits essais envoyés au feu père Souciet et autres. J'eus ordre, en 1729, d'envoyer un mémoire là-dessus à Rome, au révérend Père général. Ce mémoire trouva mort le révérend Père général; le père Souciet se saisit de mon mémoire; je lui écrivis de le conserver, de ne pas le publier, parce que je voulois mieux examiner. M. Fréret ayant su que je travaillois sur l'antiquité chinoise, me fit l'honneur de me proposer ses doutes, difficultés, vues, etc. Je répondis à tous ses articles, et ce commerce continua plusieurs années. Je lui ai procuré bien des mémoires, et lui dis avec franchise ce que je pensois de quelques dissertations manuscrites de sa façon; je les ai vues depuis dans les *Mémoires de l'Académie*, que M. Fréret m'a envoyés. Il y en avoit une fort longue, que je lui conseillai de supprimer; il m'écrivit qu'il le feroit, puisqu'elle étoit basée sur de faux exposés; ce monsieur ajoutoit qu'il préparoit un ouvrage complet de chronologie chinoise; il m'en faisoit le plan, et m'assuroit qu'il ne publieroit rien avant d'avoir mon avis. Ma chronologie en trois parties a trouvé mort M. Fréret; je ne sais quel usage en pourra faire son successeur. Vous dites qu'un exemplaire est entre les mains du père Bertier. Si ce Père est le même qui a fait l'extrait contenu dans l'article onze de 1750, mois de janvier, ma chronologie est, comme vous voyez, en grand danger d'être abandonnée comme inutile. Peut-être vous et autres jugez autrement que l'auteur de l'extrait. Je ne compte pas trop sur quelque usage réel de ma traduction du *Chou-king*; on l'a laissée en repos pendant bien des années, et il y a apparence qu'il en sera de même encore; on voudra attendre une traduction complète des *King*, et avant cela il y aura bien du temps à passer, et, si je ne me trompe, bien des accidens. Quant aux étoiles, comètes, anciennes observations, vous êtes mieux en état que quiconque de voir l'usage qu'on en peut faire. Je vois qu'en France, surtout, on ne veut pas de Chine des choses si abstraites et si sèches; on veut quelques descriptions, quelques relations; on veut surtout de quoi s'amuser agréablement.

J'envoyai en son temps la carte nécessaire à l'histoire des Mongou, et j'y ajoutai une dissertation sur le fondement des positions des lieux de la carte. Le père Souciet n'eut pas sans doute de quoi faire graver la carte; il se contenta de me dire que la position que je donnois à la mer Caspienne devoit être réformée. Il lui auroit été bien facile de la réformer et garder l'essentiel du reste. On n'en fit rien; on défigura l'histoire des Mongols, parce que plusieurs morceaux, dit-on, pouvoient être pris pour des critiques malignes du système de Law sur les billets, et de quelques autres articles. Or, je n'avois fait que mettre en françois ce qui est bien clairement en tartare ou en chinois; on omit tout ce que je disois sur l'origine des Mongols, et quelques autres points essentiels. J'envoyai le tout par deux voies; je ne gardai ici que quelques mauvais brouillons qui se sont dispersés; et s'il falloit refaire, je serois obligé de travailler comme si je n'avois rien envoyé : cela ne se pourroit faire qu'avec peine, désagrément et dépenses. J'avois déjà vu quelque chose de ce que le père Slavisek avoit fait sur la libration de la lune; j'en ai parlé au père Hallerstein; il n'y a rien qui mérite de vous être envoyé. Tout se réduit à quelques projets et espérance d'avoir, en ce genre, quelque chose de nouveau; mais rien de bien positif.

Après que vous aurez vu ce que M. Fréret avoit ramassé, ce que le père Souciet a laissé, ce que le père Patouillet a recueilli, etc., vous conclurez que la plupart de nos Pères ont bien perdu leur temps et leur peine en envoyant à Paris quantité de mémoires et écrits, dont quelques-uns ont été rejetés comme ridicules, d'autres mis en lambeaux par-ci et par-là, sans en faire un tout; d'autres abandonnés : voilà à quoi aboutit tant de peine prise; et l'exemple du passé instruit pour l'avenir.

La *Notice des King*, du père Régis, est un ouvrage entièrement différent de ce que vous appelez la traduction du livre *Y-king*, par le père Régis. Cette notice des *King* étoit chez le père Duhalde quand il rédigea sa collection; c'est de là qu'il auroit dû prendre les matériaux pour donner la notice des *King*; ce que le père Duhalde dit des *King* est trop superficiel, et je ne saurois comprendre pourquoi il a laissé là l'ouvrage du père Régis, et pourquoi il a négligé la *Notice des King*, matière qui, après la partie géographique, devoit tenir le premier rang dans son recueil. J'ai entendu parler de M. de Martillac, et un lettré du Hou-koang ou du Szu-tchhuan, qui a été ici, m'a fort loué son habileté en chinois. Si, en France, il conserve ce goût, il pourra bien être utile à MM. Deguignes et Deshautrayes.

J'ai toujours été surpris que les missionnaires n'aient pas d'abord commencé par s'assurer de la traduction fidèle des *King* et de l'histoire; je crois que cela auroit coupé court à bien des disputes inutiles. C'est autre chose de voir quelques morceaux tronqués des *King* et de l'histoire, et de voir le tout dans son ensemble.

Si le temps et ma santé me le permettent, je mettrai la dernière main à l'*Astronomie chinoise*, et à un extrait complet de l'histoire, qui contiendra tout ce que les Européens puissent savoir d'essentiel, d'intéressant et d'utile pour eux. Ce dernier morceau pourroit se faire aisément, si j'avois quelqu'un qui pût m'aider un peu. La traduction françoise du *Tong-kien-kong-mou*, du père de Mailla, mériteroit d'être remaniée par un homme bien au fait sur la Chine et d'un grand travail, et zélé pour la Chine. Or, cela me paroît bien difficile; il y a dans cette version du père de Mailla bien des articles à retoucher, et plusieurs qui demandent de la critique. Cet ouvrage a été fait un peu trop vite, et il auroit dû être mieux examiné en Chine; on se pressa un peu trop de l'envoyer à Lyon. Il contient d'excellents matériaux pour l'histoire; mais, pour bien s'en servir, il faut être au fait sur les affaires de la Chine, et en état de voir ce qu'il y a à y retrancher ou à y ajouter.

Je suis charmé d'apprendre que vous pensez à donner un Traité sur l'astronomie chinoise; c'est ce qu'on aura de mieux en ce genre. Je verrai avec satisfaction ce que vous m'apprendrez là-dessus; ici nous ne pouvons que fournir des mémoires, mais il n'y a que des gens de métier, de goût, et zélés comme vous qui puissent faire, sur ces matières abstraites, quelque chose qui en vaille la peine.

J'ai déjà écrit que depuis bien des années nous ne savons ici rien de Russie; le secrétaire de l'Académie de ce pays auroit bien pu nous faire ou faire faire un mot de réponse par les voies de Suède, Danemarck, Angleterre, France. Je ne sais où en sont les affaires des prêtres et disciples russes laissés ici; on dit qu'ils ne s'accordent guère ensemble. Il y a deux ans que je vous écrivis sur une somme d'argent que ces Russes me doivent, et dont je ne puis me faire payer depuis tant d'années. Si on en étoit instruit à Pétersbourg, on y auroit pourvu, et je crois cet argent perdu pour moi.

Je vous suis bien obligé du détail que vous me faites sur Kamtschatka et la route vers la Californie; mais je suis encore à savoir les positions exactes d'Astrakhan, de Kazan, de Tobolsk, Ieniseïsk, Argounskoï, Selenga, Niptchou, Nertchinsk, Yakoutskoi. Vous avez toujours supposé que je le savois aussi : je n'en sais rien.

Tout ce que vous dites avoir été traduit par M. Deguignes du *Wen-hian-thoung-khao*, sur des peuples Wen-chin, Ta-han, etc., au nord-est du Japon avec de grandes distances, peut vous porter à croire qu'au temps des Liang (vous pourriez dire plus de trois cents ans avant), les Chinois ont connu l'Amérique. Tous ces textes ne prouvent rien, quand on les a examinés et corrigés par les textes plus clairs et écrits par de meilleurs et plus anciens auteurs. Avec des textes aussi vagues, et des distances marquées par plusieurs auteurs, on pourrait conclure qu'au moins, du temps de Jésus-Christ, les Chinois aient connu, vers l'ouest, l'Europe, comme l'Italie, la France, la Pologne, etc. Or, ce n'est certainement pas le cas. Tout cela sera examiné, et la chose n'est pas difficile. Avant M. Deguignes, quelques missionnaires ont envoyé en Europe des textes traduits dans le goût de ceux de M. Deguignes; mais il y a eu du malentendu dans ces textes, et surtout un défaut de critique qui auroit aisément obvié aux petites illusions. Je ne laisse pas d'approuver votre idée que l'Amérique, au moins septentrionale, du côté de la Californie, a pu être peuplée par les peuples du nord-est de la Tartarie chinoise. Les Chinois anciens et récens s'accordent assez à dire 1° que, sous la dynastie Tcheou, avant Jésus-Christ, les Chinois du sud ont peuplé le Japon; 2° que le dernier empereur de la dynastie Hia, après avoir été détrôné par par Tching-thang son fils, s'enfuit avec un grand nombre de Chinois dans la Tartarie, et y fonda les diverses puissances tartares du nord et du nord-est de la Chine. Il est certain qu'au temps que les Russes cachoient leurs établissemens au Kamtschatka, la cour de Pékin étoit instruite sur ce pays; et il paroît encore certain que longtemps avant la dynastie régnante les Chinois ont connu le Yeso et, en général, des pays au nord-est, et c'est indubitablement Kamtschatka; mais on ne sait rien de bien exact et détaillé là-dessus.

Soyez convaincu qu'à l'occasion des entreprises des Russes au nord-est, la cour de Pékin a fait faire des recherches sur le Japon, l'est et le nord de la Corée, et la mer entre le Yeso et la Tartarie, et même ailleurs; mais tout cela est encore ici assez inconnu pour nous : j'en ai indiqué quelque chose dans ce que j'envoyai l'an passé sur les îles de Lieou-khieou et la Corée, etc. J'ai prié et recommandé fort de vous remettre le tout pour être examiné.

Le père Kegler a introduit dans le tribunal pour la lune et le soleil l'usage des tables du père Grammatici, dont vous parlez; à mesure qu'il travailloit avec les Chinois, il me faisoit part de son travail. Le père Hallerstein a les tables de M. Halley. Je ne sais s'il se résoudra à prendre, en faveur des Chinois, pour ces tables, la peine que prit le père Kegler. Celui-ci travaille encore avec bien du zèle à un nouveau catalogue général d'étoiles en chinois, à l'usage du tribunal. Cet ouvrage est achevé; mais le père Hallerstein ne sait pas encore quand l'empereur en ordonnera la publication. Depuis la mort du treizième régulo, dont j'ai parlé autrefois à M. du Maïran, j'ai toujours évité avec soin d'avoir affaire avec les grands et le régulo que l'empereur a nommés commissaires et surintendant du tribunal des mathématiques. Ces Chinois et Tartares ont causé bien des embarras aux pères Kegler et Hallerstein; ils songent à s'approprier tout pour se faire valoir, et se contentent de quelques honnêtetés extérieures. Si on n'avoit pas fermé toutes les avenues pour parler dans les occasions, à loisir, à l'empereur, ce seroit autre chose; tôt ou tard ce temps viendra; mais, selon toute apparence, je ne le verrai pas. Je ne doute pas du succès du voyage de M. de La Caille pour des observations si délicates; je doute que les Chinois puissent être d'une grande utilité : le père Hallerstein tâche d'en faire et en fera; il a bien le temps et l'ardeur pour cela; je souhaite qu'il y réussisse; vous en jugerez. On pourra vous procurer les livres chinois que vous indiquerez; et, sans que vous les indiquiez, on aura soin de vous en fournir quand il y aura occasion de vous envoyer. Comptez là-dessus.

Il est bien bon de faire des projets, mais exécutez-les le plus tôt que vous le pourrez et ce que vous pourrez, et ne vous attendez pas à avoir beaucoup d'imitateurs de votre zèle pour le progrès des sciences chinoises. Je souhaite bien que vous puissiez inspirer ce zèle à nos Pères de France, qui paroissent, pour la plupart, un peu trop indifférens pour cet objet.

Je chercherai et ferai chercher l'observation du 16 janvier 1665 avec les autres; nos prédécesseurs n'ont pas été plus exacts en fait de recueils d'observations; et ceux qui ont fait quelques petits recueils l'ont fait trop succinctement et sans aucune critique, pour l'ordinaire. Je ne sais si, parmi les papiers du père Souciet, vous aurez trouvé des commencemens de Han; non que les éclipses soient fausses, mais pour n'avoir pas assez bien fait connoître les rubriques du calendrier de ce temps-là pour le commencement de l'an civil, le calcul ordinaire trouveroit ces éclipses à un temps différent du marqué. D'ailleurs, dans la plupart des éclipses, je n'avois pas marqué les caractères cycliques du jour : or, en fait d'observations ou calculs chinois, ces notes cycliques pour le jour sont un point fondamental, comme vous l'aurez vu, pour peu que vous ayez examiné ce que je dis sur l'usage de ces notes cycliques du jour.

Je lis avec bien du plaisir ce que vous dites du globe lunaire. Vous avez les cartes chinoises de Poulian-ko que je vous ai envoyées, celles que j'ai fait copier avec des explications, celles du père Grimaldi et celles que le père Kegler a fait graver. Je crois que cela suffit pour votre dessein; si on en publioit de nouvelles, je vous les enverrois : celles des pères Adam Schall et Verbiest ne vous seroient pas d'un grand usage; le père Hallerstein pourra aisément vous les envoyer.

Les Chinois n'ont, sur les pays étrangers, des remarques astronomiques que ce que je vous ai envoyé, et c'est bien peu de chose; ils ont eu des cours entiers d'astronomie et de géométrie des Indes, mais tout cela s'est perdu. Ils ont encore des tables persanes ou arabes en chinois, des mahométans du temps des Yuen ou Mongols. Ils ont grand soin de les cacher, et ils n'y entendent rien. Dans la nouvelle histoire des Ming, on a inséré la meilleure partie de ces tables mahométanes. Cette histoire est un peu chère; je l'ai eue d'emprunt pour en tirer bien des choses : je l'achèterai bientôt, et je verrai si on peut aisément et intelligiblement traduire les tables mahométanes. J'en conférerai avec les pères Gogails et Hallerstein; je leur ai lu en latin votre lettre, et ils en sont charmés. Le père Hallerstein ne sait pas bien parler ni écrire en françois, mais il l'entend très-bien dans les écrits et les livres. Il est certain que l'*Astronomie de Ptolémée*, la *Géographie*, les *Elémens d'Euclide*, et autres pareils livres, ont été traduits en chinois avant la dynastie des Thang, apparemment du temps des premiers Liang, ou au moins des Soui et Weï tartares; mais cela s'est perdu.

Les bonzes de Foë, que M. Deguignes croit avoir été chrétiens, comme Pou-kong, par exemple, étoient certainement des idolâtres de l'Inde, et non chrétiens. Les bonzes ou religieux chrétiens, au moins au temps des Thang, sont bien distingués des Indiens ; avant et après on peut avoir souvent confondu les bonzes de Foë avec les prêtres ou religieux chrétiens ; cela mérite examen, et c'est ce que j'ai tâché de faire à l'occasion des Hoeï-hou ou Ighours, ainsi que de quelques anciens vestiges de quelques villes des Kiang-si. Je vous envoie l'ouvrage du père Duchamp ; si vous n'avez pas reçu la deuxième voie de cette élucubration, je n'en ai point d'autre. Dans la suite de l'histoire de l'astronomie, que j'ai envoyée à M. de Maïran, j'ai parlé des mahométans dans l'histoire des Ming ; est-ce qu'on a de leurs tables? Le reste de ce que dit le père Trigaud est fort inutile pour nous, et si ce qu'il dit avoir été gardé dans le palais de l'empereur est vrai, c'est comme s'il n'y étoit pas pour nous, et on ne pensera pas à l'en tirer. Je ne sais si je pourrai bien fournir des matériaux propres à enrichir vos recueils de l'Académie ; ici, nous ne nous piquons pas d'être auteurs, et auteurs originaux. On tâchera de vous fournir quelques mémoires, et vous aurez bien souvent de la peine à les déchiffrer. Ces mémoires ne sauroient être entre les mains d'un genre de mathématiciens qui ont soin de nous faire remarquer qu'ils ne font cas que des ouvrages d'invention et de génie, et ils paroissent bien souhaiter que les leurs soient mis dans ce rang : je vois pourtant qu'ils s'abaissent quelquefois à prendre la peine de donner quelques collections. Je sais encore moins que vous le sort de l'astronomie que le père Kegler et moi envoyâmes au père Souciet ; un jésuite m'écrivit ensuite que cela avoit été remis à MM. Cassini et Maraldi, selon notre destination. L'astronomie chinoise de la bibliothèque du roi est sans doute celle que nos premiers missionnaires traduisirent pour le tribunal. Les pères Couplet, Grimaldi, Bouvet, Fontaney, apportèrent en France plusieurs exemplaires ; il doit y en avoir à Berlin, à Rome, à Lisbonne ; le père Noël en porta en Flandre. Celle que le père Kegler et moi envoyâmes au père E. Souciet est cette même astronomie, mais rangée en meilleur ordre par l'ordre de Khang-hi, que les éditeurs chinois font auteur de cette astronomie, à cause de plusieurs observations faites de son temps, et, comme on y dit, par lui-même, et qui sont les fondemens, dit-on, du système qu'on y suit. On y compare ces observations avec les anciennes dont nos pères parloient ; on ne laisse pas d'avouer que cette astronomie vient des Européens, mais on a soin de dire que les Européens l'ont prise des empereurs Yao et Chun, dont l'astronomie périt au temps de l'incendie de Thsin-chi-houang-ti, mais qu'elle fut toujours cultivée et conservée par les Occidentaux, qui l'ont rendue à la Chine, et que Khang-hi l'a mise dans un ordre admirable : voilà ce que disent les Chinois.

J'espère dans peu recevoir votre lettre imprimée sur les tables de Halley. Votre paquet étant arrivé à Macao, on l'a ouvert, parce qu'on ne pouvoit l'envoyer par la poste. Tout le contenu de ce paquet n'est pas encore arrivé, mais il ne sauroit tarder à venir. Je suis, etc.

VI.

Cartes géographiques. — Points de critique et d'érudition. — Le Russe Nicétas. — Ambassade et mission portugaise. — Désir de l'empereur chinois d'avoir une ambassade de France.

Pékin, 25 octobre 1753.

MONSIEUR,

J'ai reçu, il y a peu de jours, votre lettre du 17 octobre 1752 ; nos lettres d'ici à Canton y arrivent présentement plus tard qu'à l'ordinaire ; c'est ce qui me force à vous écrire vite ce qui me vient à l'esprit en lisant votre lettre, qui est bien remplie et pleine de bons documens, dont je vous suis très-redevable.

J'ai reçu cette année les seizième et dix-septième volumes des *Mémoires de l'Académie des inscriptions et belles-lettres*, avec les feuilles imprimées de la dernière dissertation de M. Fréret. J'envoie à M. de Bougainville mes remarques sur cette dissertation ; il vous les communiquera. J'envoie aussi à cette académie ce que j'ai fait sur l'histoire chinoise de la dynastie nommée *Thang* ; on vous en fera part.

Je ne sais qui a remis à M. l'abbé Sallier un mémoire sur une difficulté des cartes chinoises et tartares qui sont dans le recueil du père Duhalde ; on me prie de répondre au mémoire. J'envoie ma réponse au mémoire de M. l'abbé Sallier, parce qu'il m'a fait l'honneur de m'écrire, en m'envoyant le mémoire. Comme c'est sans doute un membre de votre académie qui l'a écrit, vous l'aurez déjà vu et vous verrez ma réponse. J'ai reçu votre atlas russe ; mille remerciemens. Vous avez raison de dire que le détail manque, vous y suppléerez sans doute. Bien des remercîmens encore pour ce que vous m'envoyez; ce n'est que l'an prochain que je pourrai le recevoir. Je dois aussi vous bien remercier des soins que vous vous êtes donnés pour la dette du Russe Nicétas; c'était un jeune homme d'esprit, je ne sais comment il n'était pas en bonne réputation : il est mort cette année. Un courrier de Russie est venu ici cette année. La lettre du sénat qu'il a apportée pour le tribunal tartare annonce une caravane; elle arrivera sans doute l'an prochain. Ce courrier n'a rien apporté pour nous, ni lettres, ni paquets, ni manuscrits; il n'est venu dans aucune de nos églises. J'ai traduit en tartare la lettre du sénat, et en latin la réponse tartare du tribunal : vous savez que j'ai soin de ces sortes de versions. Comme l'empereur a voulu une version tartare de la lettre du roi de Portugal à l'empereur, j'ai été chargé par les ministres de cette version. La réponse de l'empereur a été en tartare; j'ai eu ordre d'en dire le sens au père Hallerstein, qui, selon les intentions expresses du roi de Portugal, a été interprète de l'ambassadeur portugais et compagnon du mandarin chinois que l'empereur a nommé pour conduire de Macao ici l'ambassadeur, et le reconduire d'ici à Macao. Le père Hallerstein s'est trouvé à Macao à l'arrivée des vaisseaux; avant de partir de là pour Pékin il vous aura écrit : nous l'attendons vers le 15 décembre. Il ne sait pas le tartare; il a mis en portugais ma version du tartare, les Chinois l'ont traduite de tartare en chinois. Le père Lacharme, qui sait tartare, est toujours mon compagnon pour les versions. Le père Hallerstein est connu personnellement de la reine-mère de Portugal; lui et les autres jésuites allemands et italiens sont dans la mission des Portugais, et cette mission portugaise est chargée, à Pékin, du tribunal d'astronomie, c'est-à-dire qu'elle en a la direction depuis la dynastie chinoise Ming.

A l'occasion des versions de la lettre du roi de Portugal et de la réponse de l'empereur, les ministres ont fort parlé d'Europe, et surtout de la France, d'abord aux pères Hallerstein, Lacharme et à moi, ensuite le premier ministre a voulu me parler en particulier sur l'état de l'Europe et de la France; il m'a fallu répondre à bien des questions. Il parle bien de ce qui regarde en particulier les Russes; lui et l'empereur paroissent fort souhaiter une ambassade de France; mais je ne crois pas que la cour de France, instruite sur la cour de Chine, veuille jamais envoyer ici un ambassadeur.

Le quart de cercle sera ici un monument qui fera souvenir de vous. Il arrivera l'année prochaine, et on mettra à profit, avec reconnoissance, les instructions que vous donnez pour s'en servir.

J'ai encore reçu cette année une lettre de M. Deguignes : je lui répondrai à mesure que je mettrai en ordre mes mémoires géographiques, que je ne manquerai pas de vous envoyer. Il croit avoir trouvé dans ses livres chinois la mention d'un pays qui lui paroît être le même que le Kamtschatka ou Kamtchiat. Je crois avoir reconnu ce pays dans les mémoires de la dynastie Thang, qui commença à régner l'an de J.-C. 618, mais ce n'est pas le nom que rapporte M. Deguignes dans la lettre qu'il m'écrit. Celui que j'ai trouvé s'appelle *Lieou-kouei*; je ne l'ai pas assez fait connoître dans l'histoire de Thang, que j'ai envoyée il y a près de cinq mois : j'y suppléerai dans mes mémoires de géographie; vous y verrez bien clairement marqués la péninsule et le golfe. Mais il n'y a nulle mention, dans les livres chinois, des pays plus à l'est; c'est vers l'an 640 qu'on voit les Chinois avoir connu pour la première fois Kamtschatka sous le nom de *Lieou-kouei*, pays dès lors assez peuplé.

Je suis bien aise d'apprendre que vous avez enfin reçu le manuscrit du père Duchamp, de même le mémoire sur Lieou-khieou. Je verrai toujours avec bien du plaisir vos réflexions sur la géographie : M. l'abbé Sallier me parle d'une carte d'Asie qu'un habile géographe, dont il ne me dit pas le nom, va publier; est-ce M. Buache, est-ce M. Danville? Serinagar est certainement sur le Gange. Je souhaite bien connoître au juste la position du pays entre Dehly et Serinagar, et entre Serinagar et les provinces occidentales du Thibet. Les Russes peuvent, ce me semble, bien facilement envoyer des géographes pour donner une description exacte du pays des Kalmuks ou Éleuthes, et des pays entre le Thibet, les Éleuthes et la mer Caspienne. Vous me ferez un sensible plaisir de me faire savoir ce que vous saurez sur ces pays. Si nous étions au temps de Kang-hi, je pourrois là-dessus avoir d'assez bonnes connoissances, soit pour l'est et nord-est, soit pour l'ouest.

Quand la caravane sera ici, nous verrons en quoi consiste la communication qu'on peut avoir avec l'Académie de Pétersbourg. Les pays que les Russes occupent, et ceux qui leur sont limitrophes, peuvent leur faire découvrir bien des choses : il paraît qu'aujourd'hui ils ne pensent guère à Pékin.

J'ai reçu la *Connoissance des Temps* pour 1752, le tome de l'Académie de 1746, quelques tomes des prix remportés, le premier tome des pièces présentées à l'Académie, la dissertation sur la glace, tout cela de M. de Mairan. Je l'en remercie en lui écrivant. Ce qu'il a ajouté à sa dissertation sur la glace est très-bien, et cet ouvrage a dû lui faire bien de l'honneur, de même que le reste de ce qu'il a fait, et je vois que partout on en fait grand cas : je l'en félicite bien. Le père Vaissette, bénédictin, auteur de l'*Histoire du Languedoc*, m'écrit qu'il a l'honneur de vous connoître ; c'est un de mes compatriotes, nous avons été ensemble en pension à Toulouse ; il y étoit en droit et moi en rhétorique. M. Godin, au retour du Pérou, m'a fait l'honneur de m'écrire ; je lui réponds à Cadix, où il dit aller. Voilà bien des félicitations à faire à M. de La Caille sur ce qu'il a fait au cap de Bonne-Espérance ; mais comment ici pourrons-nous venir à bout de pouvoir faire des observations sur l'exactitude des siennes, de celles d'Angleterre, de l'Académie de Paris, et surtout des vôtres ? Les pères Hallerstein et Gogails ont très-bonne volonté ; ils reçoivent cette année un quart de cercle de l'Allemagne, qui paroît être le même que celui que vous avez fait faire pour nous. Trois jeunes Portugais jésuites sont en dispositions de bien aider les pères Gogails et Hallerstein. Dans cette maison françoise, je commence à être bien vieux ; le père Lacharme a renoncé aux observations ; le père Amiot paroît avoir plus d'inclination pour examiner l'ancienne musique chinoise que pour l'astronomie et les observations ; le père Benoît est tout occupé au palais pour l'empereur ; il pourroit très-bien observer, s'il avoit le temps ; le père Champeaux est en mission, et il n'a pu être appelé à Pékin. Je ne sais pas quand quelque autre jeune jésuite sera envoyé ici de France. Je tâcherai d'avoir pour vous ce que feront les pères Hallerstein et Gogails ; ils sont pour vous pleins d'estime et de bonne volonté. Ils sont bien invités par leurs Pères d'Allemagne et par d'autres à leur envoyer ce qu'ils feront ; ces Portugais qui doivent les aider sont portés à me faire plaisir, et si je vois qu'ils fassent quelque chose d'utile en aidant les deux Pères allemands, je tâcherai d'avoir ce qu'ils feront et je vous en ferai part.

Je ne sais si les jésuites de Macao continuent à mettre en ordre une infinité de beaux mémoires qu'ils ont sur le Japon dans leur collège ; je ne sais pas non plus s'ils ont envoyé déjà en Portugal ce qu'ils avoient commencé à ramasser. Je n'ai jamais été à Macao ; ceux qui y ont été me disent tous que, sans de grandes précautions, l'humidité, les fourmis blanches et les vers détruisent tout, et que la bibliothèque du collège, qui étoit très-curieuse, est à demi perdue : si cela est, c'est grand dommage. Les jésuites portugais d'ici m'assurent qu'en Portugal on prend des mesures efficaces pour y faire fleurir l'étude des mathématiques et renouveler l'ancien goût de la nation pour toutes sortes de sciences et d'arts ; vous savez que les Portugais ont, en général, de l'esprit ; mais la plupart ont besoin d'être un peu pressés pour bien s'appliquer.

Quand j'aurai reçu la *Dissertation sur le Tangout et le Thibet*, je l'examinerai avec soin ; je suis un peu au fait là-dessus, je vous ferai part de mes remarques. Je ferai la même chose sur ce que je verrai du travail de M. Deguignes, qu'il entreprend sur les pays hors de Chine, d'après ce qu'il peut lire en chinois ou savoir d'ailleurs. Voici un principe de critique dont vous êtes déjà instruit, sans doute : chaque dynastie a son histoire ; dans cette histoire il y a toujours un article sur les pays hors de Chine à l'ouest, nord, est, sud, etc. Il faut, dans ces différens articles, pour les temps où ils ont été faits, s'assurer des caractères chinois qui désignent quelques points fixes à l'ouest, nord, sud, nord-est, etc. ; par exemple, la Corée et quelques pays au nord de la Corée ; le Japon, la mer de la Tartarie orientale, les rivières de Sounggari, Amour, etc. ; les sources des rivières Orkhon, Keruloun, Amour ou Sahalien-oula, le Selenga, le lac Baïkal ; les pays de Hami, Tourphan, la rivière d'Ili, Lassa, dans le Thibet, le pays de Kachgar ; de Kachemir, le nord des Indes vers le Gange, Samarkand, Bokhara, la mer Caspienne, les rivières Gihon, Sihoun, le sud de l'Inde, les pays de Siam, Cochinchine, Tonkin, etc., et en général les îles de Bornéo, Sumatra, Java, la péninsule de Malacca, la Perse, l'Arabie, le pays des Grecs. Tous ces pays, avec quelque attention, se reconnoissent; quand on a ces points fixes, les autres pays se reconnoissent, quelque nom qu'ils aient, à cause de leurs rapports avec d'autres points fixes.

Si on prend dans quelques recueils chinois des notices de divers pays, il est bon de savoir si les auteurs de ces recueils ont été capables de bien traiter leur sujet; car plusieurs de ces ouvrages chinois sur les pays étrangers confondent tout pour les temps et les lieux, et font d'un lieu trois ou quatre ou même cinq, parce que, selon le temps des dynasties, ce lieu a eu plusieurs noms : tout cela a besoin d'examen et de critique. Les Chinois ont de bonnes cartes des Européens sur les quatre parties du monde; néanmoins nous voyons des cartes et des descriptions chinoises faites de nos jours, où l'Amérique se trouve voisine du Japon et du Yeso, où les pays des Tartares et Russes sont tous confondus, où l'Inde est défigurée, les Hollandois et Anglois placés près des Russes, le cap de Bonne-Espérance transporté aux Indes, etc. Mais voici un fait assez récent : un missionnaire avoit ramassé dans des recueils chinois bien des choses curieuses sur les pays étrangers. Son mémoire me tomba entre les mains; je vis d'abord que ce missionnaire n'avoit rien lu bien exactement dans les mémoires originaux des histoires des dynasties, et d'ailleurs assez neuf sur la géographie même de son pays et des pays voisins. Je fus bien surpris de voir les pays de Samarkand et de Bokhara transportés vers l'île de Formose; l'Arabie, la Perse et la Grèce vers Cochin; des pays entre Tourphan et la mer Caspienne placés en Pologne, en Prusse, en Allemagne et en Hongrie. D'ailleurs les temps étoient aussi confondus pour l'histoire chinoise, comme si vous voyiez Charles V et François Ier contemporains de Charlemagne; Clovis, Dagobert, etc., contemporains de Phryné et d'Alexandre le Grand, etc. Supposons qu'un habile et curieux Européen eût en main ce mémoire du missionnaire, et que, sans examiner s'il étoit en état de bien parler sur ces matières, il eût donné au public ces recherches. Voyez les inconvéniens et tirez-en les conséquences.

Par le peu que M. Deguignes m'a envoyé, je vois qu'il s'y prend assez bien et qu'il a de bons principes; mais ce qu'il dira doit être bien examiné selon la règle dont je vous ai parlé, et il doit bien rapporter les caractères chinois, les livres dont il a pris les faits, et, dans ces livres, bien remarquer la liaison de certaines phrases sur les pays étrangers.

J'ai reçu les éphémérides de M. Zanotti et les traités sur la mesure du degré sous l'équateur, par MM. Bouguer et de La Condamine; beaucoup d'actions de grâces. Le père Hallerstein a reçu la pendule que vous avez fait faire pour lui; il vous aura dû écrire de Macao pour vous en remercier.

Les éclaircissemens que je vous demandois pour les types des éclipses du soleil étoient surtout : 1° pour diviser exactement les parties de l'éclipse, vers le lever et le coucher du soleil; 2° pour représenter dans une carte quand l'éclipse est non-seulement au nord de l'équateur, mais encore bien au sud de l'équateur. Vous ne me dites rien sur l'aberration des étoiles; je suppose qu'on fera des catalogues sur l'aberration de ces étoiles. J'écris à notre procureur pour avoir les globes de M. Baradell : je ne sais s'il y en a de meilleurs. Au tremblement de terre, en 1730, nous perdîmes ceux que nous avions : ils étoient médiocres. Depuis, nous en avons demandé inutilement; ou nos Pères n'ont pas reçu nos lettres, ou ils n'ont pas cru que cela étoit nécessaire : nulle réponse. Votre instruction sur le globe me plaît beaucoup, et nous en ferons usage quand nous aurons un globe. L'ambassadeur de Portugal en a procuré aux Pères de sa nation; ils sont d'Angleterre. Cet ambassadeur a promis, au nom de son roi, de bien fournir le collège portugais de Pékin. Voilà, monsieur, ce que j'ai cru devoir ajouter à ce que je vous ai écrit assez au long, avant que j'eusse reçu votre lettre du 17 octobre 1752. Je suis, etc.

VII.

A M. DE L'ISLE.

Astronomie chinoise. — Géographie du Thibet.

Pékin, 13 octobre 1754.

MONSIEUR,

Votre lettre du 11 novembre 1753 m'est parvenue. Vous aurez sans doute déjà reçu ce que je pus observer de Mercure dans le soleil, en 1753 ; vous n'y aurez pas trouvé ce que vous attendiez; divers incidens m'empêchèrent de faire une observation avec l'exactitude et la précision requises : je vous ai dit en détail ces incidens.

Je vous envoie en deux voies les mémoires sur l'ancienne astronomie. Vous ne me dites rien sur le calcul des éclipses du soleil des années avant Jésus-Christ 2153 et 2128, fait sur les tables de M. Halley, de M. Lemonnier et sur celles du tribunal des mathématiques de Pékin, construites par le père Kegler sur ce qu'il avoit reçu du feu père Grammatici. Je vous priois d'examiner ces calculs, et j'aurois été bien aise de savoir au juste votre avis pour les conclusions que je croyois pouvoir en tirer. Je rapporte encore ces divers calculs dans l'astronomie ancienne, que je vous prie de bien examiner et faire examiner, et de m'en dire en même temps votre avis. Si les deux voies arrivent à bon port entre vos mains, je vous prie d'en remettre une à M. de Fouché, comme secrétaire de votre académie.

Quand nous voulons, dans notre Compagnie, que les lettres qu'on écrit ne soient pas communiquées à qui que ce soit, nous mettons, au haut de la lettre, *soli*; voici un *soli* pour vous.

On me répète encore cette année un point qu'on m'avoit déjà écrit; c'est qu'on me conseille de ne pas travailler sur l'astronomie chinoise, et de ne pas écouter les conseils que vous me donnez là-dessus. L'occasion et l'origine de cet avis sont dans les recueils imprimés du père E. Souciet, c'est-à-dire dans les fautes qui s'y sont glissées. Je vous ai écrit là-dessus : j'en dis quelque chose dans l'astronomie ancienne, ou mémoires sur l'astronomie que je vous envoie. Malgré ce conseil, dont je sais l'origine un peu suspecte, j'ai enfin rangé ce qu'il y a de plus essentiel sur l'astronomie chinoise, depuis l'an 206 avant Jésus-Christ jusqu'à l'entrée des jésuites au tribunal des mathématiques. Le principal est la méthode sur les éclipses du soleil et de la lune, dont vous verrez plusieurs exemples de calcul; vous y verrez aussi les corrections et éclaircissemens sur ce que le père Souciet en rapporte. J'ai fait ces calculs avec soin; mais comme il pourroit y avoir encore quelques erreurs, vous les examinerez, et cela vous coûtera peu. Je joindrai à ce mémoire ce que j'ai recueilli sur le Thibet. La Compagnie des Indes et celle d'Angleterre ont gens qui peuvent aisément examiner deux points essentiels à la géographie du Thibet.

Premier point. Selon une lettre que m'écrivit le père Boudier, il y a plusieurs années, le Gange est plus près de Dehly qu'on ne croyoit; et j'ai vu qu'il y a tout au plus vingt-cinq lieues vers le nord de cette ville jusqu'à la jonction du Gange avec la rivière Ma-tchéou, sur laquelle sont les bourgs Tacla, Giti, etc. Il est clair que la carte du père Duhalde conduit trop loin à l'ouest le Gange [1]; de combien, je n'en sais rien de bien juste, mais de Dehly on peut aller aisément vérifier ce point et fixer la situation de Sirinagar, qui est sûrement sur le bord du Gange. Il y a là une chute d'eau d'une rapidité et hauteur extraordinaires dans le Gange, avant qu'il arrive à Sirinagar. J'ai vu ici plusieurs bonzes indiens qui m'ont parlé de cette chute ou saut extraordinaire ; mais comme ces bonzes parlent mal chinois et sont peu instruits, je n'ai pu savoir d'eux la distance de Dehly à Sirinagar, ou au nord, ou nord-ouest; mais je ne crois pas qu'elle passe quarante lieues. Si ceux qui arrivent à Dehly avoient observé la hauteur du terrain sur le niveau de la mer, on pourroit savoir aisément la hauteur du mont Cantisse au-dessus de la mer ; car de la jonction de la rivière Ma-tchéou avec le Gange, on doit voir la montagne Cantisse et les voisines. On les dit les plus hautes du Thibet; il y a des monceaux de neige qui ne fondent jamais, et l'on peut les nommer *Montagnes de neige*, de même que celles d'où sort le grand fleuve Houang-ho, qui a sa source dans la montagne Bayan-kara du Thibet, et le fleuve Mourou-oussou, appelé en Chine *Kin-cha-kiang*; c'est le grand Kiang qui se décharge à la mer à l'orient de Nankin. Ces montagnes Bayan-kara ou Riches-noires, à cause des mines d'or qu'elles contiennent, sont, je crois, plus hautes que le Cantisse, au sud duquel le Gange prend sa source dans deux grands lacs.

Deuxième point. Le père Boudier a bien, ce me semble, fixé la latitude et la longitude de

---

[1] Cette partie du Gange et le mont Cantisse sont marqués trop au sud. M. d'Anville a fait quelques corrections aux cartes du Thibet du père Duhalde; plusieurs de ces corrections sont assez bien, mais ne suffisent pas; d'autres sont fautives : vous verrez le tout dans mon Mémoire. (*Note du père Gaubil.*)

Patna, sur le Gange. Ne pourroit-on pas aisément savoir la distance de Patna à Gorrochepour, vers l'est et nord-est? Or, ce Gorrochepour doit être bien près de la ville ou bourg Paritsong, la plus méridionale du Thibet. Je suis presque sûr que Paritsong est tout au plus 2° 50' au sud de Lassa, et presque autant au sud-ouest.

J'ai parlé à un Tartare habile, bien instruit sur les méthodes de géographie, et qui a fait le chemin en observant les rumbs et mesurant le chemin. Comme le père Boudier a fixé la latitude et longitude de Dehly et Patna, on sauroit, par là, la latitude et longitude de Paritsong et de Lassa, celle de Sirinagar, de l'embouchure de la rivière Ma-tcheou et du mont Cantisse. La distance du Cantisse à la ville de Giti et à l'embouchure du Ma-tcheou a été bien prise, aussi bien que le rumb de vent; je vous ajoute que la grande rivière qui prend sa source assez près de celle du Gange et traverse le Thibet sous le nom de *Yaroutsampou*, après être entrée dans le pays d'Assam, va au pays de Tchha-chan et de Lima, et de là au pays d'Ava, de là à la mer. C'est la plus grande rivière que les Chinois connoissent; elle a le nom de *Grand Kin-cha-kiang*; elle est beaucoup plus grande que le Hoang-ho et le Grand Kiang. Vous verrez tout cela en détail dans mon mémoire. Je suis, etc.

VIII.

A M. DEGUIGNES.

Sur la marche des Chinois et des Japonois vers la Californie. — Réfutations et explications. — Histoire des dynasties chinoises.

Pékin, le 31 octobre 1755.

MONSIEUR,

J'ai reçu votre lettre du 3 septembre 1754, avec la carte de Kæmpfer et celle où vous marquez les routes des Chinois vers Ta-han, Kamtschatka et la Californie.

La carte de Kæmpfer est d'après des mémoires des Chinois récens, de quelque Européen, ou du moins des mémoires fournis par les Européens récens. Il peut se faire qu'il ait quelques connoissances véritablement japonoises, et cela demande quelque critique assez difficile à employer avec sécurité: il y a plusieurs années que j'écrivis à M. de l'Isle sur cette carte, qu'il m'avoit envoyée.

Une route des Chinois pour un voyage de Chine en Californie, au temps marqué sur la carte, me paroît n'avoir aucun fondement. Supposez que les Japonois ayant eu connoissance de l'Amérique avant l'arrivée des missionnaires au Japon, les Chinois ont pu avoir à cette époque des connoissances de l'Amérique; mais celles que vous avez conclues de la relation des bonzes sont au moins fort douteuses; les examens que vous aurez faits des distances marquées dans les mémoires chinois de géographie au temps de chaque dynastie, vous auront aisément fait voir la nécessité d'une bonne critique sur le résultat qu'on peut tirer de ces distances chinoises. Sans cet examen et sans critique, on s'exposera à bien des erreurs, et erreurs les plus grossières. Dans divers mémoires que j'ai envoyés, j'ai parlé des Yue-chi, des Turcs, Huns, Igours ou Hoeï-ho et Hoeï-hou.

M. le secrétaire de votre Académie a mon écrit en trois parties sur la chronologie, et les mémoires sur la dynastie de Thang. On a imprimé la plupart de ce que j'ai envoyé sur l'histoire des Yuen; je dis la plupart, car on a supprimé plusieurs articles assez curieux et intéressans par des raisons de politique; les réviseurs appréhendèrent que je ne fusse accusé d'avoir fait quelques allusions exprès et par malice, pour rendre odieuses certaines personnes; c'est ce dont je suis incapable, et je n'envoie que ce que je trouve dans les textes chinois et tartares[1]. Quand j'aurai reçu une réponse positive sur ce qu'on pense de ce que j'ai envoyé sur l'histoire de Thang, je ne manquerai pas de le faire suivre de ce que j'ai ramassé sur les dynasties des Han[2], Tsin, les cinq premières dynasties, les divers règnes de plusieurs princes tartares, Sien-pi, Huns, Topa, etc., surtout, et des cinq petites dynasties après les Thang. Les princes de trois de ces petites dynasties étoient Turcs; ajoutez les mémoires sur les princes tartares Kithan et Niutche, sur la dynastie des Soung, sur celle des Taï-ming, et les premiers princes Mantcheoux; tous ces divers mémoires sont enfin mis en ordre. J'ai eu soin de faire connoître les di-

---

[1] Voyez plus haut, à la page 63.
[2] Dans ce que j'ai envoyé sur la chronologie, j'ai mis un abrégé de ce qu'on dit de l'histoire, depuis les commencemens de la monarchie jusqu'au fondateur de la dynastie Han.

vers pays et peuples étrangers dont il est fait mention dans les diverses histoires [1].

Je vous laisse entièrement libre sur l'usage que vous voudrez faire, soit de ce que vous avez déjà vu de moi, soit de ce que vous verrez; soyez sûr que je ne me formaliserai de rien. Je suppose que vous ne trouverez pas mauvais si je trouve quelquefois des raisons pour n'être pas de votre avis dans ce que je lirai de vos écrits sur la Chine ou pays voisins.

Je n'ai pu encore avoir une suite exacte des successeurs des princes Yuen en Tartarie; dans ce que j'ai vu d'imprimé dans l'histoire de la dynastie Taï-ming, il y a des vides ou des incertitudes pour les successions de ces princes. Les Russes pourroient peut-être, à Selenghinsk, avoir cette succession; ils y sont en grand rapport avec le Touchetou-khan, le principal prince des Kalka. Les princes kalka sont tous des descendans des princes de Yuen.

J'oubliois de vous dire que j'ai vu des cartes chinoises du Japon dressées avant l'entrée des missionnaires à la Chine et au Japon. Ces cartes [2] ont été faites après les japonoises données par divers envoyés des rois du Japon à la Chine. Or, dans ces cartes, on ne voit pas de vestiges des connoissances de l'Amérique; on n'y voit pas le terme boréal des pays du Yeso; on y voit quelques îles à l'est, voisines de Yeso et du Japon. Je suis, etc.

P. S. Les premiers Européens ou missionnaires qui entrèrent au Japon furent bientôt suivis par d'autres Espagnols, venus de Manille par cette voie. La cour du Japon et les Japonois eurent aisément de ce qu'on connoissoit de l'Amérique, et apparemment plusieurs cartes manuscrites qui n'ont pas été publiées en Europe. Les Japonais, en conséquence, purent envoyer des vaisseaux à l'est de leurs îles, pour tâcher de reconnoître divers pays marqués dans ces cartes. Tout ce qui est dans la carte de Kæmpfer, et tout ce qu'il dit des connoissances japonoises est bien postérieur à l'an de Jésus-Christ 458, et je ne vois pas ce que cela peut prouver pour la réalité d'un voyage de Chinois, de la Chine à la Californie, à cette époque.

Si la Californie avoit été connue à la Chine l'an 459, 460, etc., après Jésus-Christ, les Chinois qui, depuis ce temps-là, ont écrit sur les pays étrangers, en auroient dit quelque chose. Je ne parle pas des historiens de l'empire, je parle encore des autres écrivains; on a bien parlé de l'Amérique dans le temps que les Européens l'ont fait connoître à la Chine; on a des recueils géographiques, faits par des particuliers chinois au temps des dynasties postérieures à la petite dynastie Liang, d'où le *Wen-hian-thoung-khao* a pris ce qu'il dit de Fou-sang, c'est-à-dire, de ce que dit le *Nien-y-szu* de Fou-sang, dans le recueil des mémoires de l'histoire de Liang. Aucun de ces recueils que je viens de citer ne parle des pays de l'Amérique; ce qu'on fait dire aux bonzes n'indique nullement un voyage des Chinois; et le voyage même de ces bonzes de Ki-pin, en 458, souffre bien des difficultés quand on examine bien l'état des divers États de la Chine dans ce temps-là. Je crois que le bonze Hoëi-ching, ignorant en géographie, a tout confondu; il n'aura fait qu'un continent contigu du Japon, Wen-chin ou Yeso, du Ta-han, du Fou-sang, du Pays des Femmes, etc.

IX.

A M. DE L'ISLE.

Astronomie. — Caravane russe. — Réflexions sur les voyages que, d'après M. Deguignes, les Chinois auroient faits en Californie. — Rectifications sur les idées qu'en Chine on avoit du Japon. — Remarque sur la carte de d'Anville.

Pékin, 3 novembre 1755.

MONSIEUR,

J'ai reçu depuis peu votre lettre du 27 octobre. Je me donnai bien de la peine pour observer le Mercure dans le soleil pendant son dernier passage; mes yeux étoient bien fatigués, je m'y pris trop tard, je ne fis pas assez attention au moment où le Mercure fut au limbe, au commencement de son entrée; le mauvais temps m'empêcha de voir la sortie. Entre l'entrée et la sortie je fis beaucoup d'ob-

---

[1] Dans les Mémoires sur la dynastie de Liang; je trouve que j'y ai parlé du voyage des bonzes à Fou-sang.

[2] Elles sont avec des descriptions des pays étrangers. Dans ces cartes, on voit un pays Fou-sang plus à l'est que Licou-kicou. Au nord des parties orientales du Japon, on y voit un pays des *Femmes*, près du Japon. Au nord-est des parties orientales, on y voit un pays Ta-han, plus ouest et plus nord que Licou-kicou. Tous ces pays sont marqués îlots.

ervations; et pour vouloir trop faire, je ne fis rien qui méritât de vous être envoyé : je m'en aperçus sans peine quand, après avoir été bien fatigué, je voulus à l'aise examiner ce que j'avois fait. Voici ce que je fis d'un peu mieux, en cas que vous n'eussiez pas reçu ce peu d'observations ; les voici, telles que je les trouve dans un brouillon assez mal écrit.

Horloge bien corrigée : matin, 10 heures 9 minutes 3 secondes, tout Mercure dans le soleil ; soir, 5 heures 52 minutes 55 secondes, Mercure au bord du soleil ; petits nuages, vent, empêchant de voir la sortie entière. Matin, 10 heures 6 minutes 10 secondes, je crus voir Mercure toucher le limbe du soleil, mais je n'y fis pas assez d'attention. J'avois une bonne et grande lunette. Dans mon brouillon, je vis avoir marqué quelque autre chose pour vous, mais je ne le vis pas assez bien rangé et clair. Vous voyez que j'ai fait bien peu de chose de réel ; mais ce peu me paroît bien confirmer votre prédiction sur l'entrée et sortie à Pékin.

Le 22 octobre au soir les nuages empêchent d'observer les phases de l'éclipse de 1753 ; 22 septembre 1755, soir, 7 heures 42 minutes 22 secondes, tout le *mare crisium* hors de l'ombre ; 52 minutes, fin de l'éclipse : les autres phases observées sont douteuses.

Divers incidens et diverses distractions et occupations m'ont empêché d'observer autre chose qui en vaille la peine. Je trouve, par votre grand quart de cercle, que, tout bien examiné, la hauteur du pôle de cette maison est de 35 degrés 55 minutes ; je le verrai encore mieux ensuite, parce qu'après ce mois de novembre je serai assez libre pour faire quelques observations. En attendant que le père Benoît vous fasse parvenir ce qu'il a fait, je lui ai conseillé de ne vous envoyer que les élémens sans se mettre en peine du résultat, que vous tirerez bien mieux que lui.

La caravane russe a été ici cette année ; je me suis fait payer l'argent que le sieur Nicétas me devoit. Cette caravane nous a apporté la suite des Mémoires de l'Académie, mais non le tome où sont les observations faites en divers lieux de Kamtschatka, en Sibérie et en Russie. Quelques membres de l'Académie et M. Razoumovski ont écrit ici en commun aux jésuites de Pékin. Outre les tomes de l'Académie pour nos trois églises d'ici, il y a eu pour chacune l'atlas russe, le couronnement et le portrait de la czarine. Je suppose que les différends que je vois que vous avez eus avec M. de Razoumovski sont finis ; ce comte m'a écrit en particulier des lettres assez récentes et d'autres de vieille date. Un chirurgien hongrois étoit chargé de quelques emplettes à faire ici pour le cabinet et la bibliothèque de l'Académie.

J'attendois que vous me disiez votre sentiment sur les calculs de l'éclipse solaire de l'an 2155 avant Jésus-Christ. Selon les tables de Halley, Lemonnier et les nouvelles du tribunal d'ici, faites d'après les calculs du père Grammatici, les trouveriez-vous fautifs ou insuffisans ? Quand cela seroit, vous m'auriez fait plaisir de me le mander. Ce n'est que par vous que j'ai su que ce que j'avois envoyé sur les îles de Lieou-khieou étoit arrivé à Paris ; aucun de nos Pères de Paris ne m'en a parlé. Je vois que la chronologie que j'avois envoyée, et dont vous dites avoir tiré une copie, est rejetée comme inutile ; voilà bien de la peine que j'ai prise inutilement : le père Bertier, qui m'avoit d'abord dit qu'il en donneroit une notice, ne m'en dit rien. Je reçus, l'an passé, une lettre de M. Deshautrayes qui me conseilloit de la faire imprimer moi-même : or, c'est ce qui m'est impossible ici ; il en sera de cette chronologie et de ses accompagnemens comme de la traduction du *Chou-king*, c'est-à-dire qu'elle sera mise au rebut. J'envoyai l'an passé, comme vous savez, rangés en ordre, tous les mémoires anciens d'astronomie chinoise, jusqu'à la dynastie de Han, avant Jésus-Christ ; si je vois que cela puisse être de quelque utilité, je ferai part de la suite jusqu'à l'entrée des jésuites au tribunal ; j'ai cela en ordre, et je supplée à ce qui manque dans ce qu'en a publié le père E. Souciet, et je corrige les fautes qui s'y sont glissées de la manière dont je vois les choses : je crois que ce que j'ai envoyé sur l'histoire de la dynastie Thang sera rejeté comme inutile ; j'ai des mémoires tout prêts dans ce goût, pour toutes les autres dynasties chinoises jusqu'à la régnante, depuis celle de Han. Dans la chronologie chinoise, vous avez vu que j'ai mis un abrégé de l'histoire, depuis le commencement de la monarchie jusqu'à la dynastie de Han.

Outre ce que je vous dis en vous répondant sur la traduction du passage de *Wen-hian-thoung-khao*, d'où M. Deguignes concluoit un voyage des Chinois jusqu'en Californie, voici encore quelques remarques.

I. M. Deguignes suppose que le Ta-han est le Kamtschatka; or, par des textes chinois, on peut conclure qu'au temps de la dynastie des Thang, des gens du Kamtschatka vinrent pour la première fois en Chine; qu'ils vinrent par mer jusqu'aux côtes orientales de la Tartarie, et de là, par terre, à Si-ngan-fou, capitale de l'empire. Ce pays s'appeloit *Lieou-kouëi*; on ne sait pas ses bornes au nord, à l'est, sud, ouest; il est entouré de la mer : il étoit à 15,000 li de la cour. Des textes postérieurs à ceux du temps de Thang disent que ce pays de Lieou-kouëi a, au nord, le pays de Yetcha. Les textes du temps de la dynastie Thang disent que Ta-han est au nord du Sakhalien-oula, ou fleuve Amour, vers le pays de Niptchou (Nertchinsk) et voisins. M. Deguignes m'écrit qu'il y a un second Ta-han, et que c'est le Kamtschatka; je crois qu'il se trompe.

II. Le texte de *Wen-kian-thoung-khao* est pris dans les mémoires de la dynastie de Liang; or, les mémoires sur Fou-sang sont faits sur la relation d'un bonze appelé *Hoeï-chin*, qui vint de ce pays-là au Hou-koang. Rien de plus mal conçu que cette relation, et elle a tout l'air d'une fable. Ces mémoires disent que Wen-chin ou Yeso est éloigné du Japon de plus de 7,000 li au nord-est; autre erreur grossière : que Ta-han, à l'est de Wen-chin, à 5,000 li, etc.; erreur encore selon moi, qui ne mets d'autre Ta-han que vers le pays des Niptchou, et je ne vois pas ce nom pour d'autres pays dans les descriptions chinoises de divers pays.

III. Dans les anciennes cartes chinoises, faites avant la venue des missionnaires à la Chine et au Japon, on voit le pays de Fou-sang représenté comme île ou îles, à l'est des îles Lieou-khieou, au sud du pays du Japon, ou à l'est de Yeso. Le royaume des Femmes y est dit être au sud-est de cette partie du Japon où est Yeso. M. Deguignes pourra dire que ce Fou-sang n'est pas celui dont il s'agit, mais ce sera sans fondement, et seulement pour ajuster la distance de 20,000 li de Ta-han, comme étant Kamtschatka, ce qui n'est pas.

IV. Un voyage de cinq bonzes de Samarcand[1] au pays de Fou-sang, l'an de Jésus-Christ 458, paroît une folie si l'on fait bien attention aux divers États d'alors, en Chine et en Tartarie. Tout ce qui se dit des connoissances des Japonois sur l'Amérique est bien postérieur à l'an 458, et ne date que depuis l'entrée des Européens au Japon. Or, les Japonois ont pu très-bien connoître l'Amérique par les cartes des Européens, ils ont pu, en conséquence, envoyer des vaisseaux pour examiner le chemin à l'Amérique : les Chinois peuvent avoir eu ces connoissances par les Japonois.

V. Toutes les descriptions qui nous restent des Chinois avant la venue des Européens, sur les pays étrangers, ne contiennent nuls vestiges de l'Amérique; tout s'y borne au pays de Kamtschatka, comme on peut le voir par des textes du temps de Thang, et à quelques îles à l'est du Japon et de Lieou-khieou. Concluez de tout cela : 1° que la carte de M. Deguignes est fort inutile pour faire voir un voyage de Chinois en Californie, l'an 458; 2° que ce que dit le bonze Hoeï-chin est une folie inventée à plaisir, pareille à la plupart de celles faites par des bonzes chinois et d'autres, sur les pays étrangers. Ce bonze étoit sans doute un ignorant en fait de géographie. Par les descriptions originales avant la venue des missionnaires, il est constant que les Chinois ont exagéré extraordinairement l'étendue du Japon. Selon ces descriptions, le Japon seroit plus grand que la Chine et la Tartarie prises ensemble. On voit qu'ils ne connoissoient au plus que quelques petites îles à l'est du Japon; qu'ils ne savoient pas où aboutissoit le pays de Yeso. Le bonze Hoeï-chin ayant su, en général, qu'il y avoit un Ta-han fort au nord, et un pays de Fou-sang, c'est-à-dire pays où le soleil se lève, quoique ce ne soit pas la signification des mots Fou-sang : c'est un terme pour exprimer le pays où le soleil se lève. Les mots Jy-pen (Japon) signifient également pays où le soleil se lève. Il aura aussi entendu parler d'un pays appelé *Pays oriental des Femmes*, vers Fou-sang et le nord-est du Japon, et avec ces notions il aura fabriqué sa fable et rapporté ses distances. Aussi les mémoires des dynasties chinoises postérieures n'ont fait nulle mention de ce que dit le bonze Hoeï-chin. Ce bonze auroit dû détailler le voyage ou par eau ou par terre; il ne l'a fait que d'une manière vague,

---

[1] Le père Gaubil se trompe ici; le pays de Ki-pin des Chinois n'est pas Samarcand, mais bien la Cophène, pays situé à l'ouest de l'Indus. (Klaproth.)

prenant sans doute le pays de Wen-chin, de Ta-han, de Fou-sang, le royaume des Femmes, pour un grand continent joint à Yeso et au Japon. Je vous dis tout ceci parce que je vois que vous êtes fort pour un Fou-sang en Amérique, conforme aux découvertes des Russes, etc. Vous n'avez nullement besoin des textes chinois expliqués à la façon de M. Deguignes; sa traduction est bonne, mais elle a besoin de critique pour la conclusion qu'il en tire.

Je ne manquerai pas d'examiner la carte de M. d'Anville que vous m'annoncez : je l'aurai l'année prochaine. La partie de l'Asie que j'ai reçue de vous place certainement mal Serinagar; je vois qu'il met la situation d'Ava bien différente des autres, et c'est, ce me semble, une grande erreur. En attendant, je suppose Ava à 2° de latitude plus au nord, et 2° et demi, ou 3° ou 4° au plus à l'est de la ville de Siam. Cette position me paroît assez bonne. M. d'Anville a raison de faire passer par Ava la grande rivière Yalou-tsang-pou, qui vient des pays à l'ouest de la source du Gange, et passe ensuite par le Thibet : cela est certain. J'espère avoir quelques mémoires géographiques sur ce que vous souhaitez; j'en ai déjà quelques-uns, et tout cela sera bientôt mis en ordre, et j'aurai soin qu'on vous les remette. De votre côté, fournissez-moi de ce que vous croirez utile ici; mais pour cela ne prenez pas trop de peine; et si vous faites quelque dépense pour ces envois, je vous prie de m'en avertir sans façon : j'aurai soin de vous faire rembourser le tout. Faute de quelques secours, je ne saurois faire plusieurs choses que je voudrois : il faut prendre patience, et vivre selon ses facultés.

L'ouvrage de M. Deguignes sur les divers peuples turcs et tartares, etc., est bien vaste, et il est d'une nature à devoir être bien examiné, surtout pour la Chine et la Tartarie chinoise : si je puis le voir, je ne manquerai pas de faire mes notes. Je vois qu'en France on n'aime guère ces sortes d'ouvrages abstraits et de sens assez sec; je pense que dans les pays du Nord et en Angleterre des travaux de ce genre sont mieux reçus. J'ai eu assez d'occasions de savoir quelque chose de tous ces Tartares et Turcs; j'en parle dans l'histoire de Thang, et dans celle des autres dynasties. Vous voyez dans celle des Thang une grande puissance des Thibétains; je n'ai pu bien savoir la vraie origine des princes de cette dynastie thibétaine, dont plusieurs ont été illustres, et qui a eu des généraux et ministres très-fameux ici : c'est dommage qu'on ne sait aujourd'hui que par l'histoire chinoise ce qu'a fait cette dynastie. Si je reçois à temps l'ouvrage de M. Deguignes, ou en tout ou en partie, je ferai, comme je vous ai dit, quelques remarques, et je vous les communiquerai. Je n'ai reçu qu'une lettre du père Bertier; je n'ai nulle nouvelle de MM. Guerin, de Bougainville et de Maïran. M. l'abbé Sallier m'écrit pour me remercier de la réponse que j'avois faite à ce qu'il me demandoit sur le pied chinois : je vous avois envoyé cette lettre-réponse; vous ne m'en dites rien. Cet abbé m'apprend que le mémoire qu'il m'avoit envoyé étoit de M. d'Anville. M. Deguignes m'a écrit; il paroît homme d'un vrai mérite et fort poli. Le père Joseph Vaissette, bénédictin, mon compatriote, m'écrit qu'il vous a vu; si vous avez occasion de le voir, exhortez-le bien à m'envoyer ce qu'il pourra de ses travaux littéraires. Je suis, etc.

P. S. Pardon de ma mauvaise écriture; je m'empresse de vous faire réponse, de crainte de manquer les vaisseaux.

Les descriptions chinoises de la province de Yun-nan, faites sous cette dynastie et la précédente, placent clairement Ava bien au sud de l'Ava de M. d'Anville, et selon les descriptions jointes aux cartes des missionnaires, Ava ne sauroit être guère au-dessus de 21 degrés de latitude. Elle est sur cette grande rivière qui, venant du Thibet, n'entre pas dans le Yun-nan[1] et passe 200 li à l'ouest de la place appelée *San-tha* dans le Yun-nan. Cette grande rivière est appelée *Ta-kin-cha-kiang*. Selon les descriptions, Ava est près de 800 li au sud d'une ancienne ville appelée *Meng-yang*, autrefois dépendante du Yun-nan. Cette ville est à 600 li à l'ouest de San-tha. Le fleuve Ta-kin-cha-kiang, du pays à l'ouest de San-tha, coule au sud-ouest ou sud avec quelques détours jusqu'à Ava.

---

[1] Elle traverse la pointe la plus occidentale du Yun-nan, sous le nom de *Ping-liang-kiang*. (Klaproth.)

X.

A M. DE L'ISLE.

Observations sur divers points de géographie, et particulièrement sur la position d'Ava.

Pékin, 6 novembre 1755.

Monsieur,

Je vous ai déjà écrit sur le Fou-sang de M. Deguignes; j'ai oublié de vous dire que dans la carte chinoise dont je vous ai parlé, outre le Fou-sang, on voit encore un Ta-han, qui forme une île ou plusieurs à l'ouest de Lieou-khieou et plus au nord. Cela confirme ce que je pense, savoir que la relation du bonze Hoeï-chin est fabuleuse, et que ce bonze a tout confondu, ce qui n'est pas rare dans bien des relations chinoises sur les pays étrangers.

Je vous ai dit que dans la partie de l'Asie de M. d'Anville que vous m'avez envoyée, Ava me paroît très-mal situé; je vous en ai dit la raison. Dans cette carte, le fleuve Loung-tchhouan-kiang, qui vient du Thibet, entre les fleuves Ta-kin-cha-kiang et Nou-kiang, entre dans le Yun-nan et sort à la forteresse Loung-han-kouan, et va ensuite se jeter dans le Ta-kin-cha-kiang; ce fleuve Loung-tchhouan-kiang, dis-je, est très-mal dessiné dans cette carte, et on ne le voit pas dans son juste cours. La même carte représente aussi fort mal le cours du Lang-tsang-kiang : il va au Tonkin, c'est ce qu'on ne voit pas dans la carte. Je vous marquerai tout cela plus en détail quand j'aurai vu la carte en entier.

Dans ce que j'envoyai l'an passé sur le Thibet, j'ai placé les sources du Ta (grand) Kin-cha-kiang, du Loung-tchhouan-kiang, Nou-kiang, Lang-tsang-kiang, le Grand-Kiang de Chine, ou Siao (petit) Kin-cha-kiang, dans le Thibet, et j'ai détaillé leur cours[1]. J'y ai aussi indiqué la vraie source du fleuve Houang-ho sur la frontière du Thibet; elle est certaine.

Voyez dans le Yun-nan, la situation de Teng-yue-tcheou. A 200 li à peu près ou 250 li au nord-nord-ouest est l'ancienne forteresse Tchaï-chan, que les Chinois ont depuis longtemps abandonnée; elle est près du bord oriental du fleuve Loung-tchouan-kiang. Ce fleuve quitte le Thibet par 26 degrés 50 minutes de latitude, et 20 degrés 20 minutes ouest de Pékin. Ce lieu est assez près de celui où le Ta-kin-cha-kiang quitte le Thibet.

Le Ta-kin-cha-kiang ne passe pas bien loin du pays où est l'ancienne forteresse Tchaï-chan; c'est un pays aride, très-élevé et qui passe pour fort sauvage. Le Ta-kin-cha-kiang coule à près de 209 li à l'ouest de San-tha-fou, du Yun-nan. De ce lieu du Ta-kin-cha-kiang à l'an-

---

[1] Voici ce que le père Gaubil dit dans cette description du Thibet, sur les sources et le cours de l'Irawaddy d'Ava, lequel est le Ta-kin-cha-kiang des Chinois, et le Yæro-zzang-bo-tchou des Thibétains. Je rectifie ici les noms propres qui, dans le manuscrit original du père Gaubil, étoient défigurés à la chinoise.

Le fleuve Yærou-zzang-bou-tchou. Lat. bor. 29° 30'. Long. ouest de Pékin, 35° 30'. (Je crois la latitude plus nord au moins d'un degré.) Le fleuve Yærou quitte le Thibet, lat. bor. 27° 31', long. 20° 40' ouest de Pékin.

Dans l'article des montagnes on a parlé de celle de Oouk-la-ri, où sont les rochers à travers lesquels le Yærou passe avec un fracas terrible; c'est au sortir de cette montagne que ce fleuve quitte le Thibet. La gorge par laquelle il sort s'appelle *Sing-hian-khial*, dix ou douze lieues au sud de la pagode Seng-tawa, qui est près de la montagne. Après avoir quitté le Thibet, le Yærou entre dans le pays de D'ho-kaha-pha, de là il va au pays de Lima et Tchhachan; le terrain y est élevé, le pays peu fertile, les peuples rudes et grossiers.

Lima est à l'ouest de Tchhachan, et Tchhachan, c'est-à-dire le lieu principal de ces peuplades, est trente-cinq à quarante lieues au nord-ouest de la ville de Tchia-yue-tcheou (lat. un peu moins de 25°, long. ouest de Pékin, 17° 45'), du Yun-nan. Depuis ce pays de Tchhachan et de Lima, le fleuve Yærou est connu en Chine sous le nom de *Ta-kin-cha-kiang*, ou *Grand fleuve de sable d'or*, à cause du grand nombre de paillettes d'or de son sable.

Il faut bien distinguer le Ta-kin-cha-kiang du Kin-cha-kiang dont j'ai parlé, et dont on parlera encore. Le Yærou, ou Ta-kin-cha-kiang, est, dans le Thibet, une grande, large et profonde rivière; elle l'est encore bien plus ensuite, à cause des eaux qu'elle reçoit dans son cours; elle est plus large et plus profonde que les fleuves Houang-ho, le Kin-cha-kiang, Lang-thsang-kiang, Nou-kiang, et autres fleuves de la Chine. Après avoir passé les pays de Lima et Tchhachan, elle coule avec rapidité au royaume d'Ava, reçoit bien des rivières et entre dans la mer du Midi.

Nota. C'est cette grande rivière, Ta-kin-cha-kiang, que les troupes tartares, sorties de la province du Yun-nan, passèrent au temps du règne de l'empereur Chitsou, ou Khoubilaï-khan, de la dynastie Yuen, quand il attaqua les rois d'Ava, d'Arracan et de Bengale.

Au temps de l'empereur Ou-an-ly, qui monta sur le trône en 1573, des armées chinoises sortirent aussi du Yun-nan pour mettre à la raison des princes d'Ava et d'Arracan tributaires; les généraux chinois traversèrent la grande rivière Ta-kin-cha-kiang, au grand étonnement des Indiens, qui croyoient ce passage impossible pour une armée.

cienne ville de Meng-yang[1], il y a 400 li à peu près; de Meng-yang, environ 55 lieues au sud[2], est la ville d'Ava sur le Ta-kin-cha-kiang. Par conséquent ce fleuve, pour se rendre du pays à l'ouest de San-tha-fou, dans le Yun-nan, à Ava, prend le cours du sud-sud-ouest ou du sud-ouest, etc. Ainsi Ava se trouveroit plus à l'occident qu'il n'est marqué dans le recueil du père Gouyé, qui a donné le voyage du père Duchats à Ava. Voilà Ava bien différent de ce que marque M. d'Anville. Comme il ne faut condamner personne sans entendre ses raisons, je voudrois savoir sur quels fondemens M. d'Anville s'appuie. Je sais bien pourquoi il se trompe sur le Loung-tchhouan-kiang, le Lang-tsang-kiang, et sur la distance du Ta-kin-cha-kiang au Yun-nan et au pays de San-tha. Quant à la distance d'Ava à Men-yang et le rumb de vent, et la distance et le rumb de vent de Men-yang à San-tha-fou, la distance et le rumb de vent de Teng-yun-tcheou à Tchaï-chan, cela est pris exactement des routes et itinéraires des armées chinoises qui sortirent, l'an 1449, du Yun-nan pour aller à Men-yang, et des cartes du Yun-nan et des pays voisins, faites d'après des mesures par ordre des empereurs de la dynastie Taï-ming. Mais quand même ces mesures et rumbs erreroient de quelque chose, Ava se trouveroit toujours bien différent de la position que M. d'Anville lui assigne.

Je suis, etc.

P. S. Il faut vous dire qu'on ne peut pas faire de difficultés sur les positions de San-tha-fou et de Teng-yen-tcheou. Dans la carte du Yun-nan, faite par les missionnaires du temps de l'empereur Kang-hi, la latitude de Teng-yen-tcheou est par observation dont j'ai les élémens; l'erreur ne sauroit aller à 2 ou 3 minutes. San-tha-fou n'y est pas placé par observation; mais cette place est si près de Teng-yue-tcheou, que la mesure vers l'ouest et le sud ne sauroit causer une erreur sensible. Quant à la longitude, elle est, comme les autres cartes chinoises, sur la résolution de beaucoup de triangles, où l'on a eu d'assez bonnes mesures et des latitudes observées, avec des rumbs de vent observés et corrigés par la déclinaison observée de l'aimant. Cette longitude, en particulier pour Teng-yue-tcheou et San-tha-fou, a été assez bien confirmée par plusieurs phases d'une éclipse de lune, observée près de Teng-yue-tcheou, et qui a l'observation correspondante faite à Pékin. Je crois vous avoir parlé de cette éclipse; en tous cas, je vous ferai part de cette observation quand j'aurai vu en entier la carte de M. d'Anville. Je vous ai dit que je m'attends encore à avoir quelque mémoire de géographie, et je vous le communiquerai.

Dans la carte des missionnaires, San-tha-fou marqué ainsi pourroit vous faire croire que c'est un *fou*, ou ville du premier ordre de la province du Yun-nan. La terminaison de *fou* ne désigne pas ici une ville du premier ordre; elle désigne, dans le Yun-nan, une place qui appartient à un seigneur du pays, qui l'a eue en héritage pour sa famille, mais comme fief de l'empereur de Chine. San-tha est une petite place qui a un petit territoire; c'est un poste important contre les courses des Indiens voisins, soumis à des princes particuliers.

Je vous envoie une copie que j'ai fait faire de ma réponse à la dernière lettre de M. Deguignes sur Fou-sang. Je crois que vous avez un peu trop compté sur la sûreté des conclusions de M. Deguignes; vous n'avez nul besoin d'une confirmation si douteuse pour bien constater vos découvertes et les positions de vos cartes, sur les nouvelles découvertes des Russes.

XI.

A M. DE L'ISLE.

Astronomie chinoise. — Géographie de la Tartarie et du Thibet.

Monsieur,

Je suppose que vers la fin de 1755, et en 1756, vous m'avez fait l'honneur de m'écrire. Jusqu'ici je n'ai rien reçu. Je vous écrivis en 1755 et en 1756, et assez au long. Je vous ai dit, entre autres choses, que nous n'avons pas encore reçu le tome de l'Académie des sciences de 1748; si on l'a envoyé, il s'est égaré en chemin; en leur temps, nous avons reçu les tomes de 1749 et 1750; ni l'an passé ni cette année, je n'ai reçu aucune lettre de Paris.

Un courrier envoyé par la cour de Russie arriva ici le 8 septembre; il y a vingt-huit jours qu'il est reparti. A cause des circonstances du temps, nous ne sommes pas allés

---

[1] C'est le nom chinois.
[2] Cette distance et le rumb ne sont pas bien sûrs; mais l'erreur ne sauroit aller loin.

dans la maison du Russe pour lui parler, et il n'est pas venu aux églises. Il nous a apporté le troisième tome des *Nouveaux mémoires de Pétersbourg;* dans ce tome sont plusieurs observations des satellites, faites en Kamtschatka et en Sibérie.

Il y a eu ici des observations correspondantes, je ne vous les envoie pas; vous avez les observations faites ici, vous y pourrez voir les observations correspondantes que le père Hallerstein et moi avons faites. Le père Hallerstein a eu le temps de faire bien des observations, il vous les envoie sans doute; je n'en ai fait que peu, je vous les envoie.

J'ai observé quantité de hauteurs méridionales d'étoiles et du soleil; quoique je l'aie fait assez exactement et que l'instrument de trois pieds et demi ait été bien vérifié, il y en a beaucoup qui ne s'accordent pas ensemble. Outre l'incertitude qui peut venir de la justesse des déclinaisons, aberrations, mutations marquées, je me défie de la variété des réfractions, selon le temps froid, chaud, etc. Pour chaque lieu où l'on observe il faudroit avoir un catalogue particulier pour les réfractions de ce climat; mais comment régler ce qui arrive irrégulièrement? Le père Benoît commençoit à examiner ce point pour Pékin; il l'a discontinué, étant tout occupé de plusieurs ouvrages pour l'empereur, à sa maison de campagne, à deux lieues d'ici. Le père Amiot me dit que, quand il aura le temps, il veut examiner les réfractions de Pékin; je ne sais s'il le fera; je suis un peu trop vieux pour y travailler.

Vous avez vu ce qui résulte des observations des étoiles polaires pour la hauteur du pôle d'ici; ce résultat me paroît préférable à celui qu'on peut faire des observations des hauteurs solsticiales du soleil et autres, et des observations méridiennes des étoiles.

Je vous avois mandé que deux jésuites portugais, les pères Espinha et d'Arocha, avoient été envoyés dans le pays des Kalmuks Tchongkar, nommés en Russie *Khoung-taichi.* Ils en sont revenus; ils ont été à Hami, Barkoul, Tourphan, Manas, Borotala, Ili, etc.; ils ont observé les latitudes et ont déduit les longitudes, par les routes, les rumbs et les distances; pour cela ils n'ont pas eu tout ce qu'ils auroient souhaité, et ils auroient bien voulu faire, à l'aise, quelques observations d'occultation d'étoiles, de satellites, etc., pour la longitude. La carte qu'ils ont faite de ce pays-là est au palais, et elle n'est pas ici publique; ces deux Pères ne manqueront pas de l'envoyer en Portugal, et elle est bien meilleure que celle qu'on avoit. A Lisbonne on la publiera sans doute, et vous en serez instruit. Il auroit été bien à souhaiter que les Pères eussent pu aller à Yerkend, Kachgar, Aksou et le pays près du lac Saissan, par lequel passe le fleuve Irtyche. Il y a quelques années que des Russes allèrent sur la rivière Ili, avec la permission des princes kalmuks, qui y étoient alors; ils y ont observé sans doute dans le pays entre l'Irtyche et Ili : ici, nous n'avons eu aucune connoissance de ces observations.

Pourriez-vous nous procurer une connoissance assez exacte de la distance de la ville de Samarcande à la mer Caspienne?

J'espère avoir de vous quelque réponse à ce que je vous avois proposé, en particulier, sur la rectification à faire des cartes du Thibet, du côté du Gange et de l'Inde.

J'attendois aussi quelque réponse sur ce que j'ai envoyé sur l'ancienne astronomie chinoise. J'ai achevé depuis quelque temps ce que je vous avois dit que je faisois, pour avoir la suite jusqu'à l'arrivée des missionnaires de notre Compagnie : ce que j'avois envoyé en dessus avoit un peu besoin d'être discuté et éclairci. J'enverrai tout cela d'abord que j'aurai reçu des réponses que j'attends; je verrai alors aisément si ce que j'ai mis en ordre peut être de quelque utilité.

Quelque soin qu'on puisse se donner ici pour vous procurer des observations astronomiques, je ne vois pas comment on pourroit venir à bout d'en avoir qui approchent de celles qui se font en Europe; je ne crois pas que vous en attendiez de pareilles. Le père Hallerstein est fort attentif à faire des observations; pour cela, il a le temps et l'inclination, et examine bien la manière dont les habiles astronomes comme vous s'y prennent pour faire de bonnes et utiles observations. Je vous ai dit que le père Pezenas a écrit au père Amiot pour lui proposer de faire ici des observations que lui et d'autres vouloient faire à Marseille : je souhaite que ce projet réussisse. Je suppose que le père Amiot vous fait part de ce qu'il pourroit faire; il seroit à souhaiter qu'il eût les forces des pères Hallerstein et Gogails. La puissance des Kalmuks Khoungtaichi, dont le principal campement étoit sur la rivière Ili, est comme détruite. Les princes éleuths de ce pays se sont fait la guerre; les princes mahométans de Yerkend, de Kachgar et d'Aksou se sont rendus indépendans chez eux ; le prince de Tourphan s'est donné à l'empereur avec quelques autres. Plusieurs ont péri; d'autres se sont soumis à la Chine, d'autres se sont retirés chez les Russes. L'empereur de la Chine s'est rendu maître du pays des Kalmuks Tchongkar; il a un corps d'armée sur les rivières d'Ili et de Borotala. Je suis, etc.

P. S. Je n'ai jusqu'ici aucune nouvelle de ce qu'on a fait à Paris de ce que j'ai envoyé sur la chronologie. On nous a dit l'an passé que M. de Bougainville n'étoit pas secrétaire de l'Académie des inscriptions et belles-lettres. En écrivant à M. Deguignes, j'ai oublié de le prier de nous procurer la suite des mémoires de cette académie. MM. Fréret et Bougainville me les promirent, et j'en ai vingt tomes. Si vous voyez M. Deguignes, vous me ferez plaisir de lui dire ce que j'ai oublié de lui écrire.

J'attendois quelque réponse de M. Guérin; quand vous le verrez, je vous prie de le bien saluer. Je vous ai mandé ce que M. de Razoumovski m'avait écrit par la caravane; je conclus que vous aviez eu quelques différends avec lui. Ce seigneur m'a écrit deux lettres par le dernier courrier; il ne me dit mot sur ce qui me regarde.

EXTRAIT
DE QUELQUES LETTRES DU PÈRE ROY,
MISSIONNAIRE DE CHINE, DÉCÉDÉ LE 8 JANVIER 1769.

AU PÈRE DE BRASSAUD.
Mort du père Masson.

Sur la fin de 1754.

Voici ce que j'ai appris de la mort du père Masson. Le père Motta, jésuite portugais, qui est ici (à Macao), et qui a passé au Mozambique sur le même vaisseau que le père Masson, m'a dit ce qui suit : « Le père Masson étant arrivé à Lisbonne eut pour ange gardien le père Motta jusqu'à son départ de cette ville; il ne témoigna d'autre curiosité que celles qui pouvoient contenter sa dévotion. Il a passé la meilleure partie de son temps devant le saint-sacrement. Il partit de là avec seize jésuites portugais qui alloient ou au Mozambique ou à Goa. Pendant toute la route, il édifia tous nos Pères d'une manière particulière : toutes les fois qu'il ne pouvoit pas dire la messe, il communioit; il étoit presque toujours en oraison. Tous les gens de l'équipage le regardèrent comme un saint; il ne put faire aucun exercice de zèle, parce qu'il ne savoit pas le portugais. Le dernier mois il fut obligé de déclarer un mal qu'il avoit caché jusqu'alors; c'étoit une chaleur d'intestins dans l'endroit du fondement qui lui échauffa tellement cette partie, que les chairs s'étant pourries, l'ouverture étoit six fois plus large qu'elle ne doit être; lorsqu'il déclara son mal, il n'étoit plus temps d'y remédier. Pendant les derniers jours de sa maladie, il perdit la connoissance; dans le délire, il ne parloit que de Dieu et de la sainte Vierge. Lorsqu'on mouilla l'ancre au Mozambique, il étoit à l'extrémité. Les Pères n'osoient pas le toucher pour le transporter, dans la crainte d'avancer sa mort. Dès que les chirurgiens se mirent en devoir de le faire, il expira entre leurs bras. On trouva derrière son chevet des cilices et des chaînes horribles. On le transporta tout de suite au collège, où il fut enterré tout en descendant, parce que plusieurs mois avant sa mort son corps étoit tout corrompu. Voilà tout ce que j'ai pu savoir de votre ami.

Nota. Le père Toussaint Masson, peintre, venoit en Chine : il mourut le 5 juillet 1749.

AU PÈRE LAMATTHE.
Conduite à tenir par les missionnaires.

Du 18 novembre 1754.

Vous apprendrez ma situation par le père B...... Cette situation ne s'accommode guère avec l'activité d'un zèle impétueux ; mais dans cette situation, nous pouvons glorifier Dieu, en faisant sa sainte volonté ; c'est ce qui doit nous suffire à l'un et à l'autre. Devenez homme d'oraison, vous en aurez un très-grand besoin. Vous aurez à souffrir dans ces pays-ci : je m'y attendois, je le savois ; cela ne m'a pas dégoûté. Je crois aussi que vous n'en serez pas moins disposé à vous laisser conduire par la Providence. Que cette divine

Providence nous présente de moment en moment de choses gracieuses ou des occasions de croix, de mort, etc. Si nous sommes tels que nous devons être, tout doit nous être égal.

Prenez pour le temps du voyage des principes moins durs, un peu moins de littéralité. Il faut, avec des officiers et des matelots, pour pouvoir faire du bien, savoir, sans lâche et indigne complaisance, user d'une certaine épikie. On entend à table, surtout dans les commencemens avant qu'on les ait gagnés, bien des choses qui vous effaroucheront; il y a, à ce que je crois, un certain milieu entre un sérieux imposant qui montre une désapprobation manifeste, et un air trop ouvert qui soit un indice de notre approbation de ce qui se dit. Les avis sur les paroles sales, les juremens, les médisances, ne sont pas de saison, qu'après avoir gagné la confiance. Un air trop austère, lorsqu'on entend des choses qui, pour ne valoir rien dans la bouche d'une personne consacrée à Dieu, ne sont pourtant pas aussi criminelles pour des gens qu'une éducation de vaisseau rend presque tous excessivement libres dans leurs paroles, ne sert qu'à inspirer de l'éloignement : on ne peut les corriger que par le cœur qu'il faut gagner. Qui peut donner ce juste milieu par lequel on n'excède ni d'un côté ni d'un autre ? Je crois qu'il n'y a guère que l'esprit d'oraison et d'une oraison habituelle. Devenons saints, cher ami, nous en aurons grand besoin.

AU PÈRE DE BRASSAUD.

Abnégation d'un prêtre de la foi évangélique.

Du 23 octobre 1757.

Je ne suis pas horloger de Sa Majesté impériale. Sur l'exposé que j'ai fait de mon peu de science, on m'a jugé indigne de cet honneur : je suis encore plus indigne d'être missionnaire, et cependant je le suis ; priez pour que j'en devienne plus digne. Si vous devez jamais être des nôtres, mourez à tout avant que d'y venir : les tracas de toute espèce font bien revivre une âme à demi-morte ; il faut que cette sainte mort ait bien porté les derniers coups, le coup de grâce à une âme destinée à ce ministère-ci ; puissé-je un jour remplir, dans toute son étendue, l'idée que j'en ai ! Si Dieu veut faire quelque chose sur les misères et sur le néant, il n'a qu'à m'employer, je suis bien son homme. Adieu, mon très-cher ; unissons-nous en Dieu, en Marie, et commençons notre éternité, du moins en faisant la volonté de Dieu ici-bas, comme on la fait là-haut. Un mot de Dieu de ma part à N..... s'il est à La Flèche. Je vous le recommande, je sais que cette recommandation est assez inutile : les plus grandes infidélités ne rebutent pas notre cher maître, rebuteroient-elles ses ministres ?

LETTRE DU PÈRE LAMATTHE

AU PÈRE DE BRASSAUD.

Misères à supporter par les chrétiens.

Ce 6 janvier 1756.

Mon Révérend Père,

Je crois que vous savez à peu près tout ce qui regarde mon voyage. Je suis arrivé ici en fort bonne santé le 23 août, après une traversée bien longue, comme vous voyez ; mais aussi elle a été bien douce, car Dieu ne nous a pas jugés dignes de souffrir pour lui que les peines inséparables de toute navigation. J'ai trouvé ici tout le monde en assez bonne santé : le Père supérieur même étoit alors fort bien ; mais depuis ce temps-là, il n'a presque pas eu de bon intervalle ; environ trois semaines de fièvre tierce, et des attaques d'asthme presque continuelles, et qui l'obligent à passer la plus grande partie de la nuit sur une chaise, le font bien souffrir ; j'espère cependant que nous le conserverons longtemps ; et nous en avons besoin ici, car il n'y a nulle apparence que le révérend Père supérieur général vienne ici pendant sa supériorité, il est trop occupé et trop nécessaire là où il est.

Il a bien peu de secours, vu le travail indispensable dans ces temps de persécution. Nous avons perdu le père Chanseaume dans le mois d'avril ; ainsi voilà le Kiang-si sans missionnaire. Le père Forgeot est d'une foible santé, et le père de La Roche est confiné dans ses montagnes : à la vérité nos jésuites Chinois sont partis dès le commencement de cette année ; mais vous savez ce qu'ils peuvent faire à présent ; ainsi tout le poids du travail tombe sur le révérend père Dugad : aussi l'épuisement, joint avec des coliques de quatre ou cinq jours de suite, ont pensé nous l'enlever deux fois cette année. Le père Roy et moi pourrions aller partager ses fatigues (je dis le père Roy, parce que le révérend Père supérieur général vient de changer sa destination, s'il n'a pas encore été proposé à la cour, le jugeant plus nécessaire aux provinces) : aussi sommes-nous demandés et attendus ; et si les circonstances permettent de faire quelques tentatives, on me fera partir en peu de temps. Ce qui arrête, c'est l'emprisonnement des cinq Pères pris dans le Nankin ; parce que, s'il m'arrivoit quelque malheur, on craindroit de leur attirer à eux-mêmes de mauvais traitemens ; mais je crois même que cela n'arrêtera pas. Vu les nouvelles reçues de Pékin, ils devroient être déjà délivrés ou sur le point de l'être. Il y a déjà quatre ou cinq mois que le père d'Arocha, vice-provincial de la Chine, étant allé voir le premier ministre, qu'on a sollicité plusieurs fois de parler en faveur des prisonniers, celui-ci lui dit de lui-même, et sans être prévenu sur cette matière, qu'il étoit actuellement chargé de l'affaire de nos Pères, que certainement elle se termineroit cette année, et qu'on les renverroit chez eux, c'est-à-dire à Macao ; puis, se tournant vers les autres ministres qui étoient présens, il ajouta : « Il faut bien leur donner cette consolation (aux jésuites de Pékin), car ils ont bien de la peine de les voir ainsi dans les prisons, parce qu'ils sont Européens comme eux : d'ailleurs l'empereur ayant reçu de son armée des nouvelles plus avantageuses, qui lui apprenoient que le royaume du tchong-kar, où il fait la guerre pour en chasser l'usurpateur, étoit soumis, et que l'usurpateur même étoit pris, avoit donné une espèce d'amnistie par laquelle il commuoit les peines des criminels ou de ceux qui passoient pour tels, et contre qui la sentence n'avoit pas encore été portée. Par cette amnistie, tous ceux qui devoient être décollés seroient étranglés ; ceux qu'on devoit condamner à être étranglés seroient en exil perpétuel ; l'exil perpétuel devoit être changé en exil de trois ans, etc., et on pouvoit se rédimer de celui-ci. » Tout cela nous avoit donné les plus belles espérances ; et on comptoit si bien sur la délivrance des prisonniers, que le Père provincial avoit déjà fait des dispositions sur leur demeure et emploi : rien cependant n'est encore exécuté, et je ne sais quand cela le sera. Les dernières nouvelles de l'armée sont moins favorables, et le temps n'est guère propre à faire de nouvelles démarches auprès de l'empereur. Les choses ont changé de face en Tartarie : plusieurs des princes du tchongkar, qui s'étoient donnés à lui et qui y avoient introduit son armée, s'en sont retirés ; et après l'avoir engagée dans des gorges de montagnes et dans des pays déserts, ils ont été s'emparer des passages pour lui couper les vivres. Elle se trouve renfermée et en danger de mourir de faim ; vous jugez de l'impression que cela a faite à la cour, et combien l'empereur doit être disposé à accorder des grâces. Il a fait donner en sa présence même cent coups de fouet et de bâton à son propre gendre, traitement dont il doit mourir, parce qu'il avoit dissipé les soupçons qu'on donnoit de la fidélité des princes tartares ; et, après cela, il a ordonné qu'on le traduisît au tribunal des crimes pour le faire juger. N'êtes-vous pas étonné qu'on cherche à priver les prisonniers de la précieuse couronne du martyre ? Vous changeriez bien de sentiment si vous étiez ici : nous serions presque sans espérance de trouver aucun chrétien qui voulût nous cacher chez lui, si les Pères étoient mis à mort, parce qu'ici on punit tous ceux qui ont eu des rapports avec les missionnaires, si ceux-ci sont condamnés.

Le père de La Roche, à qui il vient d'arriver une mauvaise affaire, est errant de tous côtés, sans pouvoir trouver personne qui veuille de lui. Voici ce qui a donné occasion à la persécution qu'il souffre dans ses montagnes.

Quelques chrétiens avoient acheté un terrain où il y avoit une petite pagode environnée d'arbres. Les chrétiens étant allés les couper, ces arbres, soit par hasard ou de dessein prémédité, tombèrent sur la pagode et brisèrent ces dieux de pierre ou de bois. Sur cela grand tapage de la part des idolâtres, qui veulent en avoir raison. Dans un autre quartier du même district, un chrétien enlève sa promise qu'il avoit demandée inutilement par trois fois. Cette femme, ainsi introduite de force chez son mari, crie tout haut à l'Européen, et dit que c'est son beau-père qui le recèle. Les chefs du village, craignant les suites de ce bruit, vont donner avis au mandarin.

Celui-ci fait d'abord arrêter cent chrétiens, et leur fait souffrir les soufflets, la bastonnade, etc. Ils confessent généreusement d'abord, mais à la fin ils se laissent vaincre, et donnent malheureusement un billet apostatique. On en fait arrêter cinquante autres qui souffrent avec courage les tourmens ordinaires, la bastonnade, etc. Pour les faire succomber, les gens du tribunal à qui le mandarin les livre, s'avisent d'un nouveau supplice qui avoit été en usage au Japon. Après leur avoir lié les mains derrière le dos, ils leur attachent le pouce l'un contre l'autre, avec une corde par laquelle ils les suspendent à une poutre, et les laissent dans cette situation jusqu'à ce qu'ils aient triomphé de leur foi. Le mandarin a fait conduire les fidèles dans le lieu d'où ils sont originaires, pour les faire juger par celui qui les gouverne : ils en sont revenus avec leurs glorieuses palmes, et tout est à présent un peu plus tranquille à la montagne. Comme cependant tout Européen passe pour être complice du fameux Ma-chao-chu, révolté du Hou-quang, il y a trois ou quatre ans, en cherchant celui-ci, on chercha en même temps les Européens, et c'est pour cela que le père de La Roche est en fuite : mais on juge ici que ces mouvemens ne tarderont pas à tomber.

Dans les autres provinces, les choses sont assez tranquilles. On fait toujours cependant des perquisitions pour arrêter Ma-chao-chu qui ne sera jamais pris, et qui sans doute fera prendre bien des missionnaires. Tout entre les mains de Dieu, qui ôtera, quand il lui plaira, cette occasion de persécution pour nous.

A l'égard de la religion, un nouvel accident pourra lui nuire. Le voici. Le gouverneur de Manille en a chassé tous les Chinois infidèles. Ceux-ci, désespérés de leur exil, n'ont pas été plutôt à Emouï, où les vaisseaux font ordinairement leur commerce, qu'ils ont été rapporter aux mandarins que les Espagnols ne venoient que pour faire entrer des missionnaires en Chine ; que c'étoit là le dessein de celui de cette année ; qu'il avoit porté plus d'argent qu'il n'en falloit pour sa cargaison pour le distribuer aux Chinois et les gagner. La visite a été faite par les mandarins : on a trouvé l'excédant, qui étoit pour un commerçant d'ici. Ils ont obligé les Espagnols à descendre le tout.

Il est gardé dans une maison, et on ne peut en tirer une piastre qu'en leur présence et pour payer les marchandises.

Ce 6 janvier 1756.

Avant-hier un jésuite allemand, sacré depuis peu évêque de Nankin, se mit sur une barque pour tâcher de gagner son diocèse : s'il réussit, comme nous l'espérons, on ne tardera pas à le suivre : Portugais et François, séculiers et réguliers, n'attendent que le moment de pouvoir entrer. Le même jour M. Le Fèvre, du séminaire des Missions étrangères, évêque de Nolène, et vicaire apostolique de Cochinchine, dont il fut chassé il y a cinq ans avec les autres missionnaires, s'embarqua sur un vaisseau françois pour se rendre à Malaque, et de là retourner, s'il le peut, par Camboge, dans son vicariat : la persécution continue toujours en Cochinchine avec la même vigueur. Les jésuites portugais n'y ont plus que deux missionnaires, dont l'un, le père Loureyro, est à la cour en qualité de médecin et de mathématicien ; l'autre, qui est Chinois, travaille librement dans les terres, parce qu'il n'est pas aisé de le reconnoître. On n'espère pas plus de liberté du vivant du roi, monstre horrible par ses excès et ses débordemens.

Il y a un grand nombre de chrétiens et de missionnaires au Tonquin ; les Européens cependant sont obligés de s'y tenir cachés, parce que la religion n'y est point autorisée. J'ai l'honneur d'être, etc.

LETTRE DU PÈRE LAMATTHE

AU PÈRE DE BRASSAUD.

Congrégations et catéchistes.

Ce 20 août 1759.

MON RÉVÉREND PÈRE,

P. C.

Il seroit difficile d'exprimer avec quel plaisir j'ai reçu votre lettre de la fin de l'année de 1757 ; si elle fût venue plus tôt ou qu'elle eût été plus longue, elle en auroit encore été mieux reçue : la matière peut-elle manquer à deux amis qui ne se sont pas vus depuis plusieurs années ? Mille et mille actions de grâces de ce que vous me mandez de nos amis communs. L'an passé je vins remplacer le révérend père de La Roche dans ces montagnes, qui faisoient quelquefois en France le sujet de nos entretiens, et j'y ai pour collègue le père Maur. Quelque idée qu'on puisse avoir de ce séjour, nous nous y trouvons fort bien l'un et l'autre. Je crois que vous n'attribuerez pas notre contentement à la situation avantageuse du poste: nos montagnes escarpées et nos profondes ravines n'ont guère de quoi plaire, quoique presque partout cultivées jusqu'au sommet. Mais la ferveur et le nombre des chrétiens nous y adoucissent les fatigues inséparables des voyages fréquens que nous y avons à faire. Mon collègue, qui y est venu deux ans avant moi, en est déjà presque entièrement épuisé, et a craché le sang cette année pendant deux jours; peu à peu il s'est rétabli, et s'est cru en état de continuer son ouvrage. Aussi est-il chargé de ce qu'il y a de plus difficile, c'est-à-dire des quartiers éloignés de plusieurs journées de notre résidence ordinaire, parce qu'il peut sans danger loger chez des infidèles sur la route. Jusqu'à présent je n'ai parcouru que les chrétientés de notre voisinage; elles sont nombreuses : il y a de quoi occuper près de quatre mois à confesser tous les jours, sans chômer. Les congrégations du Saint-Sacrement et des Saints-Anges y font un bien qu'on ne sauroit exprimer. On y instruit les enfans avec soin, et ils viennent tous les mois régulièrement se faire examiner. A l'examen général, qui se fait à la fin de l'année, ils étoient l'an passé environ trois cent cinquante des deux sexes, et nous n'y laissons venir que ceux qui sont à une lieue de distance ou à peu près; les autres sont examinés ailleurs. Les persécutions presque continuelles, et la timidité de quelques chrétiens avoient un peu fait négliger ces examens quelques années; mon collègue s'est donné bien des mouvemens pour les faire rétablir, et il en est venu à bout; et depuis mon arrivée je n'ai eu autre chose à faire qu'à tenir les choses sur le pied où je les ai trouvées. La congrégation de la Bonne-Mort fait au moins autant de bien auprès des moribonds. Que je voudrois, si c'est la volonté de Dieu, que vous pussiez en être témoin vous-même! Quelle consolation de les voir aller par troupes assister le malade, veiller plusieurs nuits de suite pour l'aider à bien mourir, et ne l'abandonner qu'après qu'il est rétabli ou enterré, et, s'il est trop pauvre, fournir aux frais de ses funérailles! Leur charité sur cet article fait même impression sur les idolâtres, et il y en a qui ont été attirés par là à la religion chrétienne. Malgré la persécution qui continue toujours, et plus ici que dans les autres missions, nous avons tous les ans la consolation de baptiser bon nombre d'adultes et d'enfans; et j'ai bien changé de sentiment sur la Chine depuis que j'y suis. Avant mon départ, je croyois que c'étoit la mission où l'on faisoit moins de bien, et je crois à présent que c'est une de celles où l'on travaille avec plus de succès, surtout dans les campagnes. Ici nous avons affaire à des hommes qui sont en état d'entendre les instructions qu'on leur fait, et qui ont assez de droiture pour reconnoître la vérité lorsqu'on la leur présente, quoique la crainte les empêche souvent de la suivre. Mais en Canada et aux Indes, on ne trouve pour la plupart que des gens qu'il faut faire hommes avant de les faire chrétiens, si ce que j'en ai ouï dire est vrai. Dans nos montagnes surtout la religion fait des progrès, et elle en feroit bien davantage si nous avions à la main de bons catéchistes ambulans; mais il est rare de trouver des gens qui réunissent les qualités nécessaires pour cet important emploi, et nous en sommes en fort grande disette. C'est cependant par les catéchistes que le royaume de Dieu s'étend, et nous n'avons guère d'autre moyen de le faire, parce que vous n'ignorez pas que depuis long-temps les circonstances ne permettent pas aux missionnaires d'aller par eux-mêmes prêcher aux infidèles; nous ne voyons ordinairement que ceux qu'on nous présente pour être admis dans la religion, après qu'ils ont été bien instruits. Le préjugé de bien des gens en France, c'est que nous les admettons fort facilement pour faire nombre, et que par là nous n'avons guère que des chrétiens de nom. Les épreuves que je trouve établies à notre montagne ne sont pas d'accord avec ces préjugés. On ne les admet ordinairement qu'après deux ou trois ans d'exercice, même ceux qui paroissent les plus fervens parmi les catéchumènes; et quatre ou cinq ans même ne suffisent pas lorsqu'on croit avoir lieu de douter de la sincérité et de la solidité de leur conversion; c'est-à-dire que ces préjugés n'ont d'autre fondement que la jalousie, qui ne nous épargne pas plus ici qu'en Europe. Remercions-en la divine Providence; mon cher collègue, profitons de tout cela pour en valoir encore mieux. Quant à la constance des Chinois, quoiqu'il soit vrai que c'est là leur foible, nous avons cependant la consolation d'avoir tous les ans quelques confesseurs de la foi, et, depuis plusieurs années, il n'y en a aucun à la montagne qui n'ait fait son devoir lorsqu'il a été appelé aux tribunaux et maltraité; et ceux qui se laissèrent vaincre, il y a quatre ou cinq ans, demandèrent aussitôt à être admis à pénitence, et, quelque rude qu'elle soit, tous, ou presque tous l'ont embrassée. Ils ont été privés trois ans de confession, dix ans de communion, et ont été condamnés à jeûner et à faire d'autres pénitences pendant trois ans, tous les vendredis, pendant la récitation du chapelet, une fois le mois en public, à réciter le rosaire tous les samedis, et à faire des aumônes proportionnées à leurs facultés. Les trois ans expirés, on leur a donné le choix de continuer ces pénitences encore deux ans, à condition de les admettre ensuite à la communion, ou d'attendre encore sept ans cette grâce. Tous ont préféré la pénitence à ce long retardement. Je suis entré dans ce petit détail, mon révérend Père et très-cher collègue, persuadé que vous prenez quelque intérêt à notre chère mission, et pour adoucir la plaie que je fis sans doute à votre cœur, lorsque je vous annonçai la chute de quelques chrétiens. Si la divine Providence ne vous ouvre pas la voie pour venir les aider par vos instructions, aidez-les par vos prières, et surtout n'oubliez pas au pied de l'autel celui que Dieu leur a envoyé, quoiqu'il soit bien peu en état de porter le fardeau de la mission, et qui a l'honneur d'être, avec tous les sentimens d'estime, de dévouement et de respect, dans l'union de vos saints sacrifices, etc.

EXTRAIT
D'UNE LETTRE DU PÈRE DUGAD
AU PÈRE DE BRASSAUD.

Mort de plusieurs missionnaires.

A Macao, ce 13 décembre 1757.

Monseigneur l'évêque de Pékin est mort en mai dernier. En juin, nous avons perdu le révérend père d'Incarville, âgé de cinquante et un ans : c'est une fièvre maligne qui nous l'a enlevé. L'empereur a contribué pour les frais de ses funérailles. Ce Père s'étoit insinué au palais, il y a trois ans, par le moyen de ses graines de fleurs et de légumes. A cette occasion, l'empereur faisoit agrandir ses jardins, qu'il embellissoit de fontaines et de cascades d'eau. L'ouvrage n'est pas encore achevé. Le père Benoît y est occupé. Ce prince fait encore élever un palais à l'européenne, plus grand que celui qu'il a déjà fait bâtir il y a sept à huit ans. Il paroît content des services mécaniques des Européens; il les récompense par des dignités, et voilà tout. Notre sainte religion n'en est guère accréditée. A Pékin on la laisse tranquille; mais dans les provinces c'est toujours le même système de ne la pas souffrir, et d'en chasser tous les missionnaires qu'on peut attraper. Cinq de nos Pères portugais ont été ainsi renvoyés après deux ans de prison, de même qu'un évêque franciscain de la Propagande. On ne se rebute pas. Trois autres missionnaires, deux Espagnols et un François, viennent d'entrer, et deux autres partiront dans peu. Dans le Tonkin, les affaires de la religion paroissent en bon état; il y a beaucoup de missionnaires, quoique cachés, qui travaillent avec succès. Les Tonkinois sont d'un caractère bien plus ferme et plus constant que les Chinois. Dans la Cochinchine, les missionnaires continuent d'être proscrits. Quelques-uns y sont rentrés secrètement. Nous avons auprès du roi un jésuite portugais qui, à la faveur de sa médecine, fait beaucoup de bien. Je suis, etc.

LETTRE DU PÈRE AMIOT
A M. DE L'ISLE,
DE L'ACADÉMIE DES SCIENCES.

Mort du père Gaubil.

A Pékin, ce 4 septembre 1759.

Monsieur,

J'attendois, pour avoir l'honneur de vous écrire, que je fusse en état de joindre à ma lettre quelque chose qui eût rapport aux sciences que vous cultivez avec tant de succès. Une nouvelle affligeante, que j'ai à vous annoncer, me met aujourd'hui la plume à la main : c'est la mort de votre ancien ami, le père Antoine

Gaubil. Vous perdez, monsieur, un correspondant fidèle, que vos instructions avoient rendu capable, depuis bien des années, de rendre quelques services aux amateurs des sciences. Pour nous, qu'une même profession et un même genre de vie lioient plus étroitement avec le père Gaubil, nous regrettons dans sa personne un savant de premier ordre, un bon missionnaire, un excellent religieux, un homme doué de ces qualités précieuses qui font les délices de la société.

En effet, il étoit difficile de le connoître sans se sentir porté d'inclination à l'aimer. Un visage toujours serein, des mœurs extrêmement douces, une conversation agréable, des manières aisées, tout cela prévenoit en sa faveur. L'estime ne tardoit pas à se joindre à l'amitié. Il ne falloit pour cela que quelques conversations avec lui, n'importe sur quelle matière; car il n'en est aucune sur laquelle il ne pût parler. C'étoit un de ces hommes qui savent de tout, et qui sont propres à tout. Il avoit beaucoup lu, et il avoit présent tout ce qu'il avoit lu, sa prodigieuse mémoire ne le laissant jamais hésiter sur rien. Théologie, physique, astronomie, géographie, histoire sacrée, profane, ancienne, moderne, sciences, littérature, tout l'occupoit alternativement, et remplissoit tous les momens qu'il ne donnoit pas à la prière ou aux fonctions de son ministère; aussi étoit-il comme une espèce de bibliothèque vivante, qu'on pouvoit consulter sûrement, et qu'on ne consultoit jamais sans fruit.

Les docteurs chinois eux-mêmes trouvoient en lui de quoi s'instruire. Ils ont admiré plus d'une fois comment un étranger avoit pu se mettre si bien au fait de leurs sciences, et les posséder au point de pouvoir les leur expliquer. Ils étoient surtout dans l'étonnement lorsqu'ils entendoient cet homme, venu de l'extrémité du monde, leur développer les endroits les plus difficiles de leurs *King*; leur faire le parallèle de la doctrine de leurs anciens avec celle des temps postérieurs; leur citer leur histoire, et leur indiquer à propos tout ce qu'il y avoit eu de remarquable sous chaque dynastie, les grands hommes qu'elles avoient produits, les belles actions en différens genres qui s'étoient faites dans tous les temps, l'origine des divers usages qui s'étoient établis; et cela avec une clarté, une aisance et une volubilité que ces graves et orgueilleux lettrés avoient peine à comprendre, et qui les contraignoient d'avouer, malgré leurs préjugés, que la science chinoise de ce docteur européen surpassoit de beaucoup la leur. Je ne vous dis rien ici, monsieur, dont je n'aie été moi-même le témoin, et vous ne m'accuserez pas d'exagérer, si vous voulez bien faire attention aux talens du père Gaubil, à sa mémoire surtout, et à son application constante.

L'étude, et une étude suivie et méthodique, avoit fait presque toute son application dès sa plus tendre enfance. Admis dans notre Compagnie, à Toulouse, à l'âge de quinze ans, après avoir réussi dans les différens emplois qu'on lui avoit confiés dans sa première jeunesse; après avoir puisé le vrai goût de la bonne littérature dans les auteurs d'Athènes et de Rome, il fut appliqué à l'étude des hautes sciences, et il s'y livra tout entier. Ce fut alors qu'il apprit l'hébreu, afin de pouvoir lire les livres saints dans leurs sources primitives. On fondoit sur lui les plus belles espérances; mais le père Gaubil ne pensoit à rien moins qu'à se faire un nom du côté des sciences ou de la littérature.

Des succès d'un tout autre genre excitoient ses désirs. Les travaux de ses confrères dans le Nouveau-Monde pour la propagation de la foi enflammèrent son zèle, et lui inspirèrent de consacrer tous ses talens au service des missions. Comme il avoit beaucoup de connoissances dans les mathématiques, et en particulier dans l'astronomie, il tourna toutes ses vues du côté de la Chine, où ces sciences sont en honneur, parce qu'il espéra qu'elles lui pourroient être utiles pour la conversion des Chinois. Il partit de France en 1721, et arriva à Pékin en 1723.

Les choses avoient bien changé de face dans cette capitale, de même que dans tout l'empire. L'empereur Cang-hi, protecteur des missionnaires et de la sainte religion qu'ils prêchoient, le grand Cang-hi, n'étoit plus. Son fils, Yong-Tching, qui venoit de monter sur le trône, n'étoit nullement porté à favoriser le christianisme. Il voyoit au contraire avec peine tous les progrès qu'il avoit faits dans ses États sous le règne de son prédécesseur, et s'il l'avoit pu sans déshonorer la mémoire de son père, il eût voulu extirper jusqu'au nom même de chrétien.

C'est dans ces circonstances que le père

Gaubil fit sa première entrée dans cette portion de la vigne du Seigneur qu'il devoit cultiver. Il ne perdit point courage; mais il attendit patiemment que la Providence lui fournît les moyens de montrer son zèle. L'étude des langues chinoise et tartare absorba d'abord tout son loisir. Il en eut à peine dévoré les principales difficultés, qu'il s'appliqua avec une ardeur incroyable à approfondir, à développer tout ce qu'il put trouver de livres authentiques dont on pouvoit faire usage pour la perfection des sciences. Un traité historique et critique de l'astronomie chinoise fut le fruit de son premier travail. Il s'appliqua ensuite à une traduction complète du *Chou-king*, c'est-à-dire du livre le plus sûr, le plus authentique et le plus curieux en fait d'histoire ancienne qui soit peut-être dans le monde, si vous en exceptez nos livres sacrés. Car, vous le savez, monsieur, le *Chou-king* est, chez les Chinois, un livre classique qui rapporte en abrégé l'histoire ancienne de leur nation, depuis Yao jusqu'à la race des Tcheou, comme qui diroit, suivant notre manière de compter, depuis les temps voisins du déluge, jusqu'environ l'an 937 avant Jésus-Christ.

Je ne vous dirai rien de son histoire de Gengis-kan, tirée des livres chinois. Cet ouvrage est imprimé; il est entre vos mains, et vous êtes plus en état que moi d'en juger. Mais souffrez que je vous indique l'histoire de la dynastie des Yuen, je veux dire de ces Tartares Mongous qui s'emparèrent de la Chine vers l'an de Jésus-Christ 1280, et dont la puissance formidable s'étendoit jusque dans la partie boréale de l'Europe et dans presque toute l'Asie. Cette histoire, ainsi que celle de la dynastie Tang et de quelques autres dynasties particulières, ont été envoyées en Europe; mais je ne vois pas qu'on en ait fait jusqu'à présent aucun usage.

Au reste, quelque estimables que soient ces traductions ou compilations, ce n'étoit pas là l'objet de ses principales études, ni son goût dominant. L'érudition profonde et épineuse, qui semble n'avoir rien que de rebutant, avoit pour lui des attraits auxquels il se laissoit aller comme vers son centre. Il est peu de livres d'un certain ordre, tant européens que chinois, qui n'aient passé par ses mains. Il s'attachoit surtout à ceux qui pouvoient lui faire connoître les sciences, les arts, les coutumes et les mœurs des anciens habitans de cette portion de la terre, qui semble seule nous avoir conservé les monumens précieux des premiers temps : aussi, à l'entendre parler de ce qui s'étoit passé depuis le déluge jusqu'à nos jours, on eût presque cru qu'il avoit vécu dans tous les âges, et qu'il avoit été contemporain de tous les hommes.

Outre quantité de lettres, de mémoires et de dissertations, qu'il avoit adressés à M. Fréret, lorsque ce célèbre académicien travailloit à constater la vérité et la certitude de la chronologie chinoise, nous avons du père Gaubil un ouvrage complet sur cette même chronologie. On y voit les preuves les plus concluantes qu'on puisse apporter sur une matière qui, par elle-même, ne peut être que fort incertaine. A l'évidence près, on trouve, dans le traité du savant missionnaire, toutes les autres raisons qui peuvent entraîner. Et quelque lumineux que soient les mémoires de M. Fréret pour fixer la chronologie chinoise, ce que le père Gaubil a fait sur la même matière est encore plus décisif. On y trouve des choses, des raisons, des preuves qui avoient échappé au docte académicien, et que le missionnaire a fait voir avec toute la clarté, la méthode et la force qu'on peut désirer dans des ouvrages de cette nature.

Je ne vous parlerai pas, monsieur, des observations astronomiques du père Gaubil. Dépositaire annuel de tout ce qu'il faisoit en ce genre, vous pouvez mieux que personne en savoir le mérite et en apercevoir la juste valeur. Je ne vous parlerai pas non plus de ses laborieuses recherches pour la perfection de cette partie de la géographie qui concerne ces pays orientaux. C'est encore à vous qu'il a adressé le fruit de son travail et de ses connoissances. Peu de jours même avant sa dernière maladie, il avoit fini un ouvrage sur ce qui regarde la Cochinchine et le Tonkin, auquel il avoit joint les cartes de ces royaumes. Le tout fut inscrit à votre adresse, avec prière de le communiquer au père Patouillet, qui ne manquera pas sans doute de le rendre public.

Aux occupations littéraires, le père Gaubil joignit toujours les exercices de zèle et les travaux apostoliques; ou, pour mieux dire, il n'oublia jamais que son principal objet, en quittant sa patrie, avoit été de se consacrer au salut des âmes, et d'annoncer les vérités de la foi aux dépens de sa vie lorsque l'occasion le demanderoit. Aussi fit-il tous ses efforts pour remplir un devoir qu'il regarda toujours comme indispensable.

Quoique la religion chrétienne soit proscrite en général dans tout l'empire de la Chine, on nous laisse encore, dans la capitale, sous les yeux mêmes de l'empereur, la liberté d'exercer les fonctions de notre ministère. Nos églises sont ouvertes à tous ceux qui veulent y venir. Nous y prêchons; nous y entendons les confessions; nous y administrons les sacremens; nous allons même au dehors lorsque nous le pouvons sans risquer de tout perdre, pour procurer aux femmes chrétiennes et aux malades les secours spirituels dont ils peuvent avoir besoin.

Le père Gaubil n'a pas été un des moins exacts à faire toutes ces actions de zèle, sans lesquelles on n'auroit du missionnaire que le nom. Ses études abstraites, ses fréquentes veilles, ses différentes occupations, ses emplois extérieurs ne l'empêchèrent jamais de faire une bonne œuvre. Ainsi on le vit souvent, après avoir été les nuits entières à contempler les astres, passer de l'observatoire au confessionnal, du confessionnal à la chaire, de la chaire à l'autel, sans mettre entre ces différens exercices aucun intervalle de repos. Il est vrai qu'un tempérament robuste et une santé qui sembloit être à l'épreuve de tout, le mettoient en état d'agir ainsi, sans qu'il en parût incommodé.

S'il vaquoit avec tant d'assiduité aux fonctions journalières inséparablement attachées aux personnes de notre état, il ne s'attachoit pas avec moins d'ardeur aux occupations que sa capacité lui avoit procurées au dehors. Il avoit été nommé par l'empereur interprète de ceux des missionnaires qui, nouvellement arrivés dans cette cour, et n'en sachant point encore ni la langue ni les usages, sont néanmoins obligés d'exercer leurs talens, ou devant les officiers de Sa Majesté, ou en présence de l'empereur lui-même; emploi difficile, où le père Gaubil s'est fait aimer, estimer, admirer même, toutes les fois qu'il en a exercé la fonction.

Il étoit de plus interprète impérial des langues latine et tartare-mantchoou, pour tout ce qui va de la Chine en Russie et pour tout ce qui vient de Russie à la Chine, c'est-à-dire qu'il étoit chargé de traduire en tartare-mantcheou toutes les lettres latines qui venoient de la part du sénat de la grande Russie, et en latin, l'original mantcheou des lettres que le tribunal chinois envoyoit en Russie pour les affaires mutuelles des deux nations.

Ne croyez pas, au reste, qu'il en soit ici comme dans les cours de l'Europe, où la connoissance des deux langues suffise pour un emploi de cette nature. A la cour de Pékin, il faut encore beaucoup de présence d'esprit, une patience sans bornes, et une connoissance exacte des lieux, des hordes et des noms particuliers des petits régulos tartares qui font leur séjour entre les États de la Chine et ceux de la Russie; sans cela on seroit souvent exposé à confondre le nom d'un pays entier avec celui d'une montagne ou d'une rivière, le nom d'une montagne ou d'une rivière avec celui d'un homme ou d'une horde, le nom d'une horde avec celui de quelque particulier fugitif, qui sera peut-être le seul dont on se plaindra ou qu'on réclamera. D'ailleurs, ce n'est point à loisir, ni dans la solitude du cabinet et au milieu de ses livres ou de ses cartes géographiques, qu'il est permis de traduire; il faut le faire dans le palais même, ou dans le lieu où se tient le tribunal; il faut le faire rapidement, quelque épineuse que puisse être l'affaire dont il s'agit; il faut le faire en présence d'une foule de mandarins qui, n'étant là que pour attendre que la traduction soit faite, s'entretiennent, et d'un ton fort élevé, de leurs affaires particulières, ou interrompent sans cesse le missionnaire par mille questions différentes, et pour le moins inutiles; souvent même c'est pendant la nuit qu'on est appelé, et il faut que le matin tout soit fait et en état d'être présenté à l'empereur.

Rien de tout cela n'étoit capable de déconcerter et d'embarrasser le père Gaubil. Il n'en perdoit pas un moment de son travail ni de sa gaieté; il traduisoit et discouroit en même temps avec ceux qui venoient l'interrompre; il satisfaisoit à toutes leurs demandes, et il les interrogeoit lui-même à son tour, lorsque la bienséance du pays le lui permettoit.

Cet emploi, extrêmement onéreux par la manière dont on est obligé de le remplir, n'est confié à des Européens que par une espèce de nécessité presque indispensable. Le collège impérial, qui fut établi par le prédécesseur de l'empereur régnant pour y enseigner la langue latine à un certain nombre de jeunes gens choisis parmi les Mantcheoux de qualité, n'ayant subsisté qu'une quinzaine d'années, n'a produit aucun sujet sur lequel on pût se décharger du soin des versions tartares et latines. C'est encore le père Gaubil qui, après le père Parennin, a eu l'honneur d'être à la tête de ce collège et d'en être le premier professeur.

La cour, toujours contente de ses services, lui a donné, dans plus d'une occasion, des marques publiques de sa satisfaction, soit par des éloges donnés à son mérite, soit par quelques petits présens. Elle eût bien voulu pouvoir le récompenser par des marques extérieures d'honneur; mais le mépris qu'on savoit qu'il en faisoit a toujours empêché qu'on ne le chagrinât de ce côté-là. Peu s'en est fallu néanmoins qu'il n'ait été contraint d'accepter un mandarinat dans le tribunal d'astronomie; mais un heureux accident le délivra de cette crainte, contre toutes les intentions du treizième régulo qui faisoit alors les fonctions de premier ministre.

Pardon, monsieur, si je me suis un peu trop étendu dans le récit que je vous ai fait de tout ce qui a eu quelque rapport à votre ancien ami. Vous ne l'avez connu que du côté des sciences; j'ai voulu vous le faire connoître par tout ce qu'il avoit d'estimable, et entrer pour cela avec vous dans les principales circonstances d'une vie qui a été une suite continuelle de mérites et de travaux dans tous les genres, mais en particulier du côté de la religion, qu'il a tâché de propager autant qu'il l'a pu dans les temps peu favorables où il s'est trouvé, qu'il a eu l'honneur de défendre devant les juges de la terre dans deux occasions différentes, et pour laquelle il a procuré en particulier le salut à plusieurs milliers d'enfans, qui auroient peut-être été privés de la grâce du baptême, si le père Gaubil n'avoit consacré à l'entretien de quelques catéchistes le peu d'argent qu'il recevoit d'Europe chaque année pour de bonnes œuvres. Car quoiqu'il n'en négligeât aucune, il s'attachoit surtout à celle qui procure le baptême aux enfans exposés ou moribonds; et il avoit coutume de dire qu'il n'en connoissoit point de plus sûre, ni qui fût moins sujette à caution de la part des Chinois.

L'Académie impériale de Pétersbourg, pleinement convaincue du savoir et des talens du père Gaubil, lui fit l'honneur, en 1747, de le mettre au nombre de ceux qui composent son illustre corps. Permettez-moi, monsieur, de vous en rappeler le souvenir; c'est vous qui le fîtes agréer à l'Académie royale des sciences pour être un de vos correspondans. Peu après, le célèbre M. de Mortimer, qui étoit pour lors secrétaire de la Société royale de Londres, lui proposa de le faire admettre dans cette savante Compagnie, l'assurant qu'on lui accorderoit très-volontiers cet honneur s'il ne trouvoit lui-même aucun inconvénient à le demander. L'Académie royale des Inscriptions et Belles-Lettres, pour lui marquer son estime, lui faisoit présent de ses mémoires à mesure qu'ils paroissoient; et les citations fréquentes et toujours honorables que M. Fréret et d'autres savans du premier ordre, membres de cette même académie, ont faites de ses lettres, de ses mémoires et de ses autres ouvrages, sont une preuve sensible de la considération qu'il s'étoit acquise dans cette illustre Compagnie.

Cet homme laborieux, toujours infatigable dans ses travaux, le père Gaubil, n'avoit été attaqué d'aucune infirmité pendant les trente-six années de son séjour dans cette capitale. Sa première maladie est celle qui l'a conduit au tombeau. Une dyssenterie violente, dont il sentit les premières atteintes le 7 juillet, et qui alla toujours en augmentant, nous l'a enlevé après quinze jours, malgré tous nos soins, dans le commencement de la soixante-onzième année de son âge.

Il étoit né à Gaillac, ville du haut Languedoc dans l'Albigeois, le 4 juillet 1689 : il est mort à Pékin le 24 juillet de cette année 1759. Il reçut les derniers sacremens de l'Église, et il vit venir son dernier moment avec cette résignation et cette tranquillité d'esprit qui sont le vrai caractère du chrétien qui a toujours vécu suivant les plus pures maximes de la religion. J'ai l'honneur d'être, etc.

LETTRE DU PÈRE ROY

A MONSEIGNEUR L'ÉVÊQUE COMTE DE NOYON,

PAIR DE FRANCE.

Prédications et conversions dans les provinces.

En Chine, le 12 septembre 1759.

Monseigneur,

J'ai reçu cette année seulement la lettre de 1755 que Votre Grandeur m'a fait l'honneur de m'écrire. Elle en a peut-être écrit d'autres qui parviendront en leur temps. Les guerres ont dérangé tout le commerce de nos vaisseaux. Je suis pénétré de la plus vive reconnoissance pour les sentimens que Votre Grandeur daigne me témoigner. Je lui demande toujours la même part dans son cher souvenir. Si mes vœux pour elle et pour tout ce qui lui appartient peuvent lui être de quelque utilité, je vous assure, monseigneur, que je n'ai pas encore manqué et ne manquerai jamais à ce que le devoir et l'inclination me dictent là-dessus.

Votre Grandeur voudroit avoir des nouvelles un peu détaillées : quoique pour l'ordinaire je ne sois guère dans une situation assez tranquille pour écrire de pareilles lettres, je le ferai cependant comme je pourrai pour lui obéir, et je ne lui manderai que ce que j'ai de plus présent à l'esprit.

Entré dans la province de Hou-quang depuis environ trois ans, pendant lesquels, soit par occasion, soit par suppléance, j'en ai parcouru à peu près toutes les chrétientés, je vois que, grâce à Dieu, l'œuvre du Seigneur se fait, bien des âmes se gagnent, et le divin Maître regarde encore cette portion de son héritage avec des yeux de miséricorde. Quelques personnes en France croient que, depuis la cessation de cette publicité de la religion qui régnoit sous l'empereur Cang-hi, et depuis le renvoi de tous les missionnaires des provinces à Macao, la mission de Chine est entièrement ruinée, ou tend bien rapidement à son entière décadence, et qu'il n'y a plus guère que dans la capitale de l'empire qu'à la faveur des arts elle se soutient et est même protégée par l'empereur. A force de l'entendre dire lorsque j'étois encore en France, je le croyois presque, et adorant en cela les desseins du Seigneur, qui n'a pas besoin de nous pour son œuvre, et qui bénit ou laisse infructueux notre ministère selon qu'il le juge à propos, je ne laissai pas de partir, croyant que Dieu vouloit cela de moi, content, si telle étoit sa volonté, de suivre toutes les révolutions de cette mission, et d'être, s'il le falloit, témoin de son entière destruction.

Notre sainte foi, qui, pendant tant de siècles, s'est soutenue en Europe, et s'est même prodigieusement répandue sans aucun appui des grandeurs humaines, et même malgré tout ce qu'elles faisoient pour la détruire, ne doit pas avoir plus de peine à s'entretenir et à se répandre de la même façon dans ces contrées. Nous espérons que telles seront les vues de miséricorde du Seigneur sur ce florissant empire.

Après que l'empereur Yong-tching, successeur de Cang-hi, eut déclaré ouvertement la guerre à notre sainte religion, et qu'il eut chassé tous ceux qui la prêchoient dans les provinces, les missionnaires réfugiés à Macao revinrent bientôt de la consternation générale qu'avoit causée un pareil éclat. Un de nos Pères voulut le premier tenter si, malgré des défenses si expresses, l'on ne pourroit pas entrer furtivement, se maintenir avec précaution, et faire en secret ce qu'on faisoit auparavant publiquement.

Le Seigneur ayant béni son entreprise, il retourna sur ses pas pour chercher du secours; beaucoup d'autres ensuite de différens corps suivirent la même route, et peu à peu l'on est rentré dans presque toutes les chrétientés dont on avoit été chassé. Seulement les églises assez décentes pour nos mystères, qu'on possédoit, usurpées pendant l'exil, ou abandonnées à des usages profanes, n'ont point été rendues. La maison du premier chrétien qui nous invite devient notre temple. Il est à souhaiter sans doute, et nous formons tous des vœux pour que l'empereur et tous les grands de l'empire ouvrent les yeux à la lumière et se convertissent enfin à la foi, parce que bien des sujets, tous peut-être, suivroient l'exemple du prince. Mais d'ici à ce que Dieu daigne opérer un si grand miracle, je ne sais pas trop si la situation présente ne vaut pas bien celle qui a précédé; elle vaut mieux sans doute pour nous. Par là notre ministère et nos fonctions deviennent plus apostoliques, et nous avons une meilleure part aux croix que le Seigneur a promises pour récompense à ceux qui travailleroient à son œuvre. Sans feu ni lieu, presque toujours errans et vagabonds, comme des proscrits qui n'osent se fixer nulle part, et que ceux qui leur sont les plus attachés n'osent retenir, nous avons vu depuis quelques années, dans différens lieux et en différens temps, l'orage tomber sur nos confrères, les religieux de saint Dominique et de notre Compagnie mis à mort pour la foi, d'autres emprisonnés et tourmentés par les tortures les plus affreuses. Ils sont entrés les premiers dans cette belle carrière, et nous ont appris ce que nous avions à craindre, ou plutôt à espérer, si nous étions jamais jugés dignes du même sort. Quand nous passons quelquefois devant les hôtels des gouverneurs de ville ou de province, nous ne pouvons voir sans un certain frémissement tous ces satellites et soldats qui fourmillent devant les portes : il n'y a pas de jour presque où nous ne courions quelque risque de tomber entre leurs mains. Lorsque la religion étoit publique, nous entrions sans crainte dans ces tribunaux ; les mandarins qui y résidoient, nous admettant à leur table, nous faisoient respecter, et à présent nous ne pouvons plus paroître devant eux que lorsque nous y serons conduits comme criminels. Voilà, monseigneur, la situation que j'ose préférer en bien des occasions à celle qui a précédé.

Quant à l'Église dont nous cherchons à étendre l'empire, a-t-elle beaucoup perdu de ses véritables richesses ? Plusieurs de ceux qui étoient entrés et qui restoient dans la religion par des vues trop humaines, dans le cœur de qui la foi n'avoit pas jeté de profondes racines, n'ont pas tenu ; et les différentes persécutions en divers lieux, soit sous l'empereur précédent, soit sous celui-ci, ont peut-être achevé de séparer la zizanie d'avec le bon grain. Les grands surtout et les riches, trop attachés à une fortune et à des honneurs qu'ils sont tous les jours en risque de perdre, ont été les plus foibles ; et quoiqu'il y en ait encore quelques-uns dans les différentes provinces, on peut dire que le nombre en est très-petit. Que nous est-il donc resté des anciens chrétiens ? Et quels sont ceux qui depuis sont entrés dans la religion ? Grand nombre de confesseurs de Jésus-Christ, qui ont donné des preuves de leur foi en souffrant pour la défendre tout ce que les juges plus ou moins envenimés contre elle ont voulu leur faire souffrir : ces confesseurs, grâce à Dieu, ne sont pas rares en Chine ; et il y a peu de chrétientés où nous n'en rencontrions quelques-uns. Ceux qui n'ont pas encore confessé savent tous à quoi ils s'exposent en restant chrétiens, ou en demandant le baptême, s'ils ne l'ont pas encore reçu.

Je ne connois guère que cette partie des provinces qui nous est confiée à quatre jésuites françois, aidés de trois jésuites chinois. Je n'ai pas les catalogues des autres Pères ; mais à en juger par le nombre des calendriers pour les fêtes de l'année que nous faisons imprimer tous les ans, tant sur les barques qu'à terre, nous avons entre deux et trois mille familles chrétiennes ; je ne comprends là-dedans que ce que nous avons dans le Hou-quang, quelque chose dans le Ho-nan et dans le Kiang-si.

Les Pères portugais de notre Compagnie et des missionnaires d'autres corps ont aussi beaucoup de chrétientés dans les mêmes provinces de Nankin et de The-kiang : ce sont nos Pères françois de Pékin qui en ont soin. A Pékin surtout, vu la liberté qui y règne, le nombre doit être assez considérable : il y a outre cela dans toutes les autres provinces de l'empire plusieurs missionnaires de différens corps qui tous, selon l'esprit de leur vocation, travaillant avec zèle à la vigne du Seigneur, ne peuvent manquer de faire bien des conquêtes. Dans le petit district qui m'a été confié, j'ai eu pour ma part, depuis le mois de septembre dernier jusqu'à présent, mille trois à quatre cents confessions, cent cinquante baptêmes, dont il y a vingt-sept adultes. Pour ramasser cette petite moisson, j'ai fait bien des voyages, et grâce à Dieu essuyé bien des fatigues. Dans ce pays-ci, où les confessions sont pour l'ordinaire annuelles, et quelquefois de deux et de plusieurs années, surtout dans une langue étrangère que nous entendons difficilement, dix ou vingt confessions occupent une nuit entière ; et après avoir fait ce nombre, il est temps pour l'ordinaire de célébrer le saint sacrifice. Je marque ceci à Votre Grandeur pour qu'elle puisse juger à peu près du fruit de notre ministère, encore n'en peut-elle juger qu'imparfaitement : d'autres sans doute plus anciens dans la mission, avec plus d'expérience, de talent et de zèle, peuvent recueillir de plus abondantes récoltes ; d'autres aussi, par la situation de leurs chrétientés plus ramassées, peuvent à moins de frais en secourir un plus grand nombre et les secourir plus souvent.

Je suis placé dans le milieu du Hou-quang ;

j'ai été par occasion, il y a trois ou quatre mois, dans la partie supérieure, confiée aux soins du père Lamathe, aidé par le père Tsao, jésuite chinois. Il y a bien des années que cette chrétienté, placée au milieu des montagnes, représente la ferveur de la primitive Église. Je fus bien consolé de faire plusieurs lieues de chemin sans rencontrer un seul idolâtre. Les chrétiens de cet endroit, tous ramassés sans mélange d'infidèles, ne savent que prier Dieu et labourer la terre. La persécution qu'il y eut, il y a quatre ans, dans ces montagnes, fut si violente, que plusieurs, après avoir résisté à bien de mauvais traitemens, cédèrent enfin, lorsque la violence fut poussée à un excès qui est contre les usages de Chine. Ces pauvres gens n'ont été apostats que d'un moment, et ils ne le furent jamais dans le cœur. J'ai été témoin, et j'admirois la ferveur avec laquelle ils faisoient publiquement, pour pouvoir rentrer en grâce, des pénitences presque semblables à celles de la primitive Église. Grand nombre d'entre eux, désirant avec plus d'ardeur cette grâce, et ne pouvant l'attendre longtemps, ont fait ce que saint Cyprien indiquoit aux apostats de son temps, sans oser le leur conseiller de crainte d'une nouvelle rechute. Ils ont reparu devant les juges, détesté leur foiblesse, et n'ont eu dans les supplices autre chose à répondre si ce n'est qu'ils étoient chrétiens et qu'ils le seroient jusqu'à la mort.

Une des choses que nous admirons tous, c'est la fermeté de tant de jeunes femmes qui, auprès d'un mari infidèle, d'un beau-père et d'une belle-mère qui leur font endurer le long martyre d'une persécution de tous les jours de la vie, sans aucun secours de leur famille, souvent fort éloignée, ne se démentent point de leur ferveur et conservent leur foi comme leur plus riche trésor. L'usage est en Chine de promettre les enfans dès l'âge le plus tendre. Bien des parens infidèles alors, et chrétiens depuis, ont promis leur filles à des idolâtres : l'alliance contractée avec toutes les formalités de Chine, il n'y a plus moyen d'en revenir. Il y a ici très-grand nombre de ces héroïnes qui, sans avoir la gloire extérieure du martyre, en ont tout le mérite et au delà ; quelques-unes obtiennent enfin ce qu'elles demandent tous les jours avec larmes au Seigneur, et ont la consolation de voir toute chrétienne la famille qu'elles ont trouvée tout idolâtre ; d'autres du moins, par leur docilité sur tout le reste, viennent à bout de rendre leurs maris assez traitables pour qu'ils ne se mêlent plus de leur religion. Il en mourut une l'an passé, après avoir passé sept ou huit ans dans un mariage de cette sorte, et avoir donné plusieurs enfans à l'Église. Il est vrai que pour celle-là la persécution n'avoit pas duré longtemps. Après qu'elle eut, en entrant dans la maison de son mari, rejeté avec horreur les propositions qu'on lui fit d'honorer les idoles qui étoient dans la maison, elle alla dans sa chambre arborer ses images qui furent bientôt enlevées ; elle dit avec fermeté qu'elle ne resteroit jamais dans cette maison sans ses images. Elle fut trois jours de suite sans boire ni manger ; enfin, voyant qu'elle étoit résolue à tout, et qu'elle ne paroissoit pas de caractère à plier sur l'article de la religion, on lui rendit ses images, et on la laissa depuis assez tranquille.

J'en confessai une, il y a trois ou quatre mois, qui, après sa confession, me dit d'un sang-froid admirable, qu'elle seroit assommée par son mari dès qu'il sauroit que c'étoit pour voir le missionnaire qu'elle avoit été dans sa famille, mais que le bonheur de se confesser et de communier méritoit bien d'être acheté. Effectivement, j'appris le surlendemain que le mauvais traitement avoit été au point de la rendre impotente pour plus de deux mois. Je suis bien sûr que l'an qui vient elle sera une des premières à venir demander à participer aux saints mystères.

Parmi les baptêmes d'adultes que j'ai eus depuis le mois de septembre dernier, j'en ai eu quelques-uns qui m'ont donné bien de la consolation. Il y en a deux surtout dont Votre Grandeur apprendra les circonstances avec plaisir. Un négociant passa, il y a environ deux ans, dans la maison d'un de nos chrétiens qui étoit assez bon catéchiste et très-zélé, appelé Paul *Hoang*. Ce négociant demeuroit à sept ou huit lieues de chez lui, et il ne venoit que par occasion. Le catéchiste causant avec lui, et voyant quelques dispositions favorables à la réception de l'Évangile, l'instruisit des choses essentielles, et lui donna un petit livre de prières et un petit catéchisme. Comme il ne put le retenir que peu de jours, et qu'il ne le connoissoit point assez, il ne lui parla ni des missionnaires ni de baptême. Il y a quatre ou cinq mois que le négociant est reparu, et est revenu chez la veuve de Paul Hoang, mort depuis plusieurs mois ; j'étois tout juste ce jour-là même sorti de chez cette veuve pour aller à huit lieues dans la chrétienté suivante. Cette femme le reconnut, et lui demanda s'il avoit oublié la doctrine que son mari lui avoit prêchée autrefois. Il lui répondit que non-seulement lui, mais son père, sa mère, sa femme et ses enfans étoient tous chrétiens ; et qu'en retournant chez lui, il les avoit, avec la grâce de Dieu, tous convertis à la foi. Cette femme, charmée de sa simplicité et de sa foi, lui parla des missionnaires, du baptême et des autres mystères qu'on cache aux catéchumènes. Il vint en grande hâte me trouver dans l'endroit où l'on lui dit que j'étois. Ne pouvant absolument retourner sur mes pas, j'envoyai, après l'avoir baptisé, un catéchiste dans la famille pour ondoyer les enfans et disposer au baptême les grandes personnes, les réservant à ma première visite. Par la ferveur de ce bon négociant, et par ce qu'il m'a dit, je juge que sa famille est très-fervente.

A peu de distance de l'endroit où je suis maintenant, il y a quelque temps qu'un jeune enfant orphelin fut obligé de passer quelques jours chez des infidèles dans un endroit où il n'y a jamais eu de chrétiens. Un jour la Providence amena chez cet infidèle une femme voisine, de cinquante ans et plus. Elle aperçut cet enfant retiré dans un coin qui récitoit ses prières, et en entendit quelques mots. Après qu'il eut fini, elle lui dit qu'elle savoit les mêmes prières que lui, et qu'elle étoit chrétienne. L'enfant, fort surpris, lui demanda son nom de baptême, et quel missionnaire l'avoit baptisée. Langage étranger pour cette femme qui ne savoit ce que l'enfant vouloit dire ; les infidèles survenant les empêchèrent de pousser plus loin. Sur ces entrefaites j'arrivai dans la famille de cet enfant ; on lui en donna aussitôt nouvelle. Après sa confession, il me parla de cette femme, et me dit son nom chinois. J'eus beau chercher dans mes catalogues, je n'y trouvai rien. Je dis à cet enfant de m'amener cette femme : il m'en représenta la difficulté. La plus grande étoit qu'il n'y avoit aucun chrétien dans cet endroit assez éloigné, et que je n'avois qu'un enfant pour faire cette commission. Comme il me persécutoit pour avoir quelque béatille, je lui dis qu'il auroit de moi tout ce qu'il voudroit, s'il m'amenoit cette femme.

Le surlendemain elle vint en effet, conduite par cet enfant, dans un endroit où elle ne connoissoit personne et où personne ne la connoissoit. Les chrétiens s'assemblèrent dans ma chambre pour savoir ce qu'elle étoit, et ils furent bien édifiés d'apprendre son histoire. Elle me dit qu'à l'âge de quatorze ans, étant encore chez son père, elle avoit rencontré un chrétien qui, pendant quelques jours qu'il demeura à la maison, lui avoit appris à connoître Dieu et à l'adorer. Pendant ce peu de jours elle avoit appris les prières et le petit catéchisme qu'on donne aux catéchumènes ; que peu de temps après elle avoit passé dans la famille de son mari, et n'avoit jamais manqué depuis à réciter soir et matin ses prières ; qu'elle pensoit sans cesse à son créateur et l'adoroit dans le cœur. Ce chrétien lui avoit parlé de l'abstinence du vendredi et du samedi ; se croyant déjà chrétienne, elle avoit regardé cela comme une obligation pour elle, aussi n'y avoit-elle jamais manqué ; seulement, après le départ de ce chrétien, elle s'étoit trompée dans son calcul des jours de la semaine, mais elle gardoit deux jours d'abstinence dans l'espace de sept jours : peut-être qu'à sa supputation son vendredi ou son samedi tomboit le dimanche ; mais je crois que Dieu étoit bien autant honoré de sa simplicité que de nos jeûnes les plus réguliers. Dans la crainte d'oublier son petit catéchisme, elle l'avoit depuis quarante ans récité tous les jours, et n'avoit jamais manqué pendant tout ce temps-là à observer de la loi de Dieu le peu qu'elle en savoit. Charmé de son récit, je la fis disposer au baptême, et lui conférai, avec grande consolation, un sacrement auquel elle avoit apporté une disposition si sainte.

Pendant ces dernières années il n'y a point eu de persécution d'éclat. Quelques mandarins subalternes ont bien fait quelques vexations dans différens endroits, mais, grâce à Dieu, cela n'a pas eu de suite. L'espèce de paix dans laquelle nous vivons est telle que nous pouvons à petit bruit remplir nos ministères ; mais la Providence ne nous laisse cependant pas manquer de petites occasions critiques, propres à animer notre foi, et notre abandon aux soins de cette même Providence, qui seule peut être notre sauvegarde. Ces occasions ne sont pas rares, et il n'y a aucun missionnaire qui ne s'y trouve souvent. Dieu ne nous manque pas au besoin, mais il veut quelquefois nous réduire dans la nécessité de ne devoir et de n'attribuer qu'à lui seul les secours visibles et invisibles qui nous tirent du danger.

Au mois de novembre dernier, je consentis, pour la consolation d'un chrétien, d'aller dire une messe chez lui, et confesser le peu de personnes qui n'avoient pu se rendre dans un autre endroit qui leur étoit assigné. Comme il a servi et connu beaucoup d'Européens, il voulut me servir à souper un peu à l'européenne, et je me servois de fourchette et de couteau, ce qui est contraire à l'usage de Chine. Tandis que je soupois seul dans ma chambre, vint un idolâtre de la secte de Chine la plus envenimée contre la religion chrétienne. Il entra dans ma chambre d'un air assez libre : je crus d'abord que c'étoit quelque catéchumène ; je lui fis politesse et amitié ; mais je ne me levai pas pour le recevoir, parce qu'il n'est pas ici d'usage d'en user autrement avec les chrétiens. Il vit ma façon de manger, et sur un coin de la table livres, bréviaire, écritoire, et autres meubles européens ; comme il cherchoit à faire une histoire, il sortit en criant à pleine tête que je l'avois insulté, que je mangeois de la viande crue pour laquelle il me falloit servir de couteau, enfin que j'étois un *fan-qin*, c'est-à-dire un malheureux, un scélérat. Il ameute la populace, presque tous gens de sa secte, qui sont en très-grand nombre dans cet endroit. Entendant le vacarme, je ramasse vite tous les meubles européens ; je prends du papier et un pinceau, et je me mets à écrire en chinois. Il revient l'instant d'après avec deux autres, le reste de la troupe étoit au dehors. Il s'avance comme un furieux, disant que si l'on ne me livre pour être écorché, ils vont mettre tout à feu et à sang. Les chrétiens consternés se jettent contre la porte de ma chambre. Les idolâtres, après avoir vomi toutes les injures et les blasphèmes qui leur vinrent à la bouche, se mettent en devoir d'enfoncer la porte. Les chrétiens étoient les plus forts dans la maison, mais l'agresseur savoit que la troupe étoit à la porte. Cette lutte dura environ une demi-heure, la porte fut enfoncée deux ou trois fois, et il ressortoit de temps en temps pour animer sa troupe. Ne sachant trop ce que tout cela deviendroit, je pliai tout doucement mon petit bagage, en invoquant le secours d'en haut. Lorsque les idolâtres furent sortis pour un moment pour aller encore sonner le tocsin, j'envoyai voir s'il n'y avoit point de voie pour m'évader ; on me répondit que tout étoit investi : alors m'abandonnant à la Providence, je changeai d'habit et voulus sortir, parce que je voyois assez qu'en restant je ne pouvois m'attendre qu'aux dernières violences, et de plus, qu'on ne mettroit la main sur moi qu'après avoir mis en pièces tous les chrétiens. Quant à être pris, j'aimois mieux être pris seul que de causer un si grand dégât. Le Seigneur me secourut, et je passai heureusement toutes les sentinelles sans être reconnu. Les chrétiens, débarrassés d'une partie de leur frayeur, furent assez heureux pour cacher ou enlever tout ce qui m'appartenoit. Il étoit temps, et la Providence ne leur avoit donné que ce moment, après lequel la troupe, formée au nombre de plus de cent, se jeta dans la maison. Ils furetèrent partout, enragés d'avoir laissé échapper leur proie ; ils enlevèrent ce qu'ils trouvèrent chez le chrétien, et cassèrent tout ce qu'ils ne purent enlever. Dieu ne permit pas que la pensée de brûler la maison leur vînt ; car ils l'eussent exécutée, ne trouvant alors aucune résistance de la part des chrétiens, qui, n'ayant plus rien à défendre, avoient pris la fuite. On vint le lendemain me chercher dans mon asile, où la sûreté de ma personne ne diminuoit guère mes inquiétudes sur le coffre de chapelle, et les livres européens que je croyois abandonnés au pillage.

Il y a trois mois que la Providence me fit trouver tout juste dans le moment du danger un parapet de fossé pour mettre à l'abri ma chapelle et mes livres, dans le temps que l'on faisoit une visite très-rigoureuse à une douane, jusqu'à laquelle des chrétiens imprudens m'avoient conduit.

Les vives recherches que l'on fait dans tout l'empire, d'un fameux révolté qui a paru il y a quelques années, et qui peut-être n'existe plus, ont causé depuis bien des années, et causent encore tous les jours bien du trouble. Bien des innocens, sur les moindres indices, ont été arrêtés, emprisonnés et mis à la question. Dès qu'on est peu connu dans l'endroit, un air, des façons, un langage tant soit peu étranger, rendent suspect. Le seul nom de *Matchao-tchu* (c'est le nom du chef de cette révolte), prononcé d'une certaine façon, met tous les esprits en mouvement, et répand l'alarme dans les environs : l'avoir vu sans l'avoir déclaré ; l'avoir logé, lui ou quelqu'un de ses complices, même sans le connoître, seroit un crime d'État, capable d'abîmer des familles entières. Dans deux ou trois occasions, sur mon air étranger, j'ai été pris pour être un des siens. Ceux qui m'accompagnoient furent effrayés, mais heureusement cela n'a pas eu de suite. Ces recherches nous ont, dans bien des occasions, causé bien des alarmes.

Voilà, monseigneur, à peu près ce que j'ai de plus présent à l'esprit : quoique nous n'ayons pas cette prodigieuse rapidité de succès, ni de ces miracles éclatans que les âmes dévotes souhaiteroient entendre raconter d'une chrétienté naissante, je ne laisse pas de bénir le Seigneur du fruit qu'il veut bien donner à nos travaux et des petites peines qui les accompagnent. Puissent nos vœux et ceux de tant d'âmes saintes, et ceux que Votre Grandeur, en particulier, forme tous les jours pour que la moisson devienne de jour en jour plus abondante, toucher la miséricordieuse bonté du Seigneur !

Mes confrères, qui travaillent dans la même vigne, ont sans doute bien des traits capables d'édifier et de consoler les personnes à qui ils écrivent ; le père Lamathe surtout, qui, aidé par le père Tsao, excellent ouvrier et digne coopérateur de son zèle, a soin de la chrétienté la plus belle et, si l'on en excepte celle de Pékin, la plus nombreuse de toute la Chine. Tout ce que je sais, par le voyage que j'ai fait, c'est que ces Pères voient avec consolation continuer la ferveur et les saints usages qu'établirent autrefois et qu'ont entretenus successivement les pères Labbe, de Neuvialle et La Roche. Grande quantité d'idolâtres attirés par leurs exemples entrent tous les jours dans la religion.

Le Père chinois qui a reçu l'Esprit-Saint par l'imposition des mains de Votre Grandeur, eut dernièrement une affaire qui s'est terminée heureusement. Les chrétiens chez qui il étoit, vexés par les idolâtres pour contribuer à quelque fête superstitieuse, furent accusés d'être d'une fausse religion. Le père Lan fut nommément dénoncé, et l'affaire fut portée devant le mandarin d'une des principales villes du Hou-quang. Le Père comparut, et comme il put, ce que nous Européens ne pouvons pas, nommer ses parens et sa patrie, on ne le prit que pour un chrétien, et non pas pour un missionnaire. Le jugement fut favorable aux chrétiens, et le mandarin défendit aux infidèles de les inquiéter désormais : il ajouta que si la religion chrétienne étoit une fausse secte, l'empereur ne souffriroit pas quatre églises au milieu de Pékin, et sous ses yeux, et ne combleroit pas de tant d'honneur les présidens du tribunal des mathématiques, qui sont des chrétiens. Le père Lan n'eut que la peur de voir étaler tous les instrumens de différens supplices, ce qui se fait ordinairement avant toute sorte de jugement. Nous avons bien remercié Dieu de ce qu'il étoit tombé entre des mains si favorables. Comme les jugemens dépendent de l'équité ou des passions d'un seul homme, on n'est pas plus surpris de voir perdre la meilleure cause que de voir gagner la plus mauvaise. Si ce cher Père savoit que j'ai l'honneur de vous écrire, il ne manqueroit pas de vous présenter ses très-humbles respects. Permettez, monseigneur, que M. et Mme de Boursac trouvent ici les assurances des miens. Les personnes qui vous touchent de près me sont et me seront toujours présentes à l'esprit devant le Seigneur. Conservez toujours, je vous prie, quelque part dans votre cher souvenir, et surtout à l'autel, pour celui qui a l'honneur d'être avec le plus profond respect, etc.

EXTRAIT
D'UNE LETTRE DU PÈRE LAMATTHE
AU PÈRE DE BRASSAUD.

Récit de quelques persécutions.

Juillet 1664.

Vous n'avez donc plus besoin de passer les mers pour venir chercher des épreuves. Je ne puis qu'entrer dans vos sentimens et vous féliciter d'avoir part à la croix de Notre-Seigneur.

La religion est toujours ici sur le même pied. Ainsi, si je n'avois de temps en temps des persécutions, je n'aurois rien de nouveau à vous écrire. En 1762 un soldat intenta procès à sa belle-sœur, chrétienne, pour lui enlever son bien, et y compliqua cinq ou six chrétiens. Dans l'accusation il ne manqua pas l'article de la religion, sur laquelle il répandit bien des calomnies, espérant que ces reproches pourroient donner de la force à son droit et affoiblir sa partie adverse. Le mandarin ne prit pas le change, et donna gain de cause aux chrétiens. Mais après le jugement, il ordonna de leur faire écrire un billet apostatique. Deux ou trois s'étoient déjà retirés. Le billet fut écrit en présence des autres, qui ne témoignèrent pas assez d'opposition ; c'est ce qui m'obligea à leur imposer la pénitence publique en usage dans cette mission. Deux des absens ayant appris qu'on avoit écrit leur nom dans le criminel billet, prirent aussitôt la résolution d'aller détromper le mandarin, et demander ce papier. Le premier qui se présenta fut un vieillard de près de soixante-dix ans, nommé Pierre *Li*. Il alla demander audience. N'ayant pu l'obtenir d'abord, il déclara qu'il ne s'en retourneroit pas qu'il n'eût été admis. Les gens du tribunal, vaincus par son importunité, le laissèrent entrer. Il va aussitôt se jeter aux pieds du mandarin, et lui déclare qu'il n'a eu aucune part au billet apostatique, qu'il est chrétien et ne cessera jamais de l'être ; qu'il demande ou qu'on lui rende l'écrit, ou qu'on en efface son nom. Le mandarin, surpris de cette hardiesse, lui fait les menaces les plus terribles pour l'intimider, mais sans succès. On en vint aux coups ; il est toujours inflexible, et après avoir été battu, il revient demander l'écrit. Le mandarin ne pouvant se débarrasser de lui, ses gens le traînent à la porte, en lui disant d'un ton de colère, qu'il n'a qu'à aller adorer son Dieu tant qu'il voudra, mais que le billet ne sortira point des archives. Le second alla faire les mêmes protestations, mais à moins de frais : le mandarin, homme modéré, se contenta de lui tourner les talons, sans faire aucun cas de ses instances.

En 1763 j'ai été moins tranquille. De faux frères, même dès les premiers jours de l'année, me déférèrent aux infidèles qui sont comme les capitaines de quartier, moins pour me nuire que pour perdre les chrétiens chez qui j'étois. L'affaire n'eut point de suites. Mais sur la fin de l'année il en survint une autre qui sembloit d'abord devoir anéantir la religion dans les montagnes dont je suis chargé. Le mandarin ordinaire et celui de guerre avoient déjà déterminé le jour auquel ils devoient venir en personne, et accompagnés d'une bonne escorte, donner le dernier coup à mes pauvres chrétiens. Jugez de mes alarmes. Je cherchois de tous côtés quelque chrétien qui eût le courage d'aller au tribunal faire quelques démarches pour tâcher de rompre le voyage : aucun n'osoit l'entreprendre. Mais au défaut des hommes la divine miséricorde ne nous a pas abandonnés. D'abord elle envoya au mandarin de guerre une maladie dont il guérit avant le terme ; mais son médecin lui déclara que s'il faisoit ce voyage dans le temps froid, il avoit à craindre une rechute. D'ailleurs un de ses soldats infidèles prit la liberté de lui représenter qu'il alloit se donner une peine bien inutile ; que les chrétiens n'étoient pas gens à résister, qu'il ne falloit pas tant de préparatifs contre eux ; que si l'on vouloit tous les massacrer jusqu'au dernier, il suffisoit de l'envoyer avec un autre, et qu'il répondoit de leur couper la tête sans opposition ; que si l'on souhaitoit les faire venir à la ville, il ne falloit ni chaînes ni cordes, et que c'étoit assez d'envoyer un satellite avec la liste de ceux qu'on vouloit. Quelque peine que le mandarin eût d'abord à s'en rapporter à ce témoignage de la douceur et de la docilité des chrétiens, l'avis prévalut, et l'on envoya quelques gens du tribunal ordinaire, avec défenses d'enchaîner les chrétiens qu'on demandoit. Quelques-uns se défiant de leur foiblesse et de leurs craintes, qui sont en Chine plus grandes que vous ne sauriez imaginer, jugèrent à propos de ne pas se trouver à la maison ; les autres se mirent aussitôt en route. Dès le second ou le troisième jour de leur arrivée, les mandarins les firent comparoître pour les engager ou à apostasier, ou du moins à dissimuler leur foi pour un moment. Quelques-uns donnèrent dans ce dernier piège ; il y en eut qui se relevèrent dès le lendemain en se rétractant devant les mandarins : leur rétractation leur coûta une rude bastonnade, après quoi on les renvoya.

Mais celui qui s'est le plus distingué dans cette persécution, c'est un certain Augustin Ouan : aussi s'étoit-il bien disposé au combat par le jeûne et la prière, et surtout par beaucoup d'humilité. Lorsque les tribunalistes vinrent, le père et le fils se disputoient à qui partiroit. Le père se défioit de la jeunesse et de l'inexpérience de son fils, et le fils representoit à son père que son corps affoibli par l'âge ne pourroit pas résister à la violence des tourmens. Le fils l'emporta et suivit les autres. Arrivé au tribunal, il passoit en prières les nuits qui précédoient le jugement, et ne prenoit presque point d'alimens,

Présenté aux juges, il montra un courage au-dessus d'un Chinois. Promesses, menaces, artifices, châtimens, tout fut inutile, et l'on ne put jamais l'engager à répondre une parole apostatique. Malgré cette résistance, les gens qui environnoient les mandarins écrivirent en son nom un billet, dans lequel on lui faisoit dire que la religion chrétienne étoit fausse. Aussitôt qu'il entendit ces deux mots, il se leva saisi d'horreur, alla leur arracher le billet et le mit en pièces en présence des juges. On en écrit un second; il se lève aussitôt qu'il s'en aperçoit, et le traite de la même manière. Alors le mandarin transporté de colère ordonne qu'on lui mette les fers aux mains et aux pieds, et le condamne à porter trois mois une lourde cangue de près de cent livres. La cangue est une espèce de table carrée composée de deux planches qui ont une échancrure au milieu, afin d'y emboîter le cou du patient qui porte ce lourd fardeau sur ses épaules: ces deux planches se montent et se démontent quand on veut. Augustin, chargé de cet instrument bien au-dessus de ses forces, fut envoyé à un miao ou temple d'idoles pour y être exposé aux insultes de la vile populace. Il n'y fut pas épargné. On dit que les outrages allèrent jusqu'à l'excès, sans qu'on pût venir à bout de lasser sa patience. Il souffroit tout avec un air angélique. Ses tourmens n'ont pas duré longtemps. Dès le second ou troisième jour, il fut attaqué d'un mal de cœur si violent, qu'on crut qu'il alloit mourir. La nouvelle en ayant été portée aux mandarins, ils en furent étrangement alarmés; car ils craignent plus de faire mourir un chrétien que l'homme le plus timide ne peut appréhender de périr, parce qu'ils savent bien que servir Dieu n'est pas un crime. Aussitôt on envoya des subalternes le veiller et le soulager. Le mandarin de guerre vint en personne le visiter, et faire une nouvelle tentative pour le fléchir, et l'engager à dire un seul mot, lui représentant que cela ne tirera pas à conséquence, et qu'il pourra également, de retour chez lui, honorer Dieu, faire ses prières, et célébrer ses fêtes. Tout est inutile: on parle de lui ôter sa cangue, il s'y oppose; il espère le martyre, et se plaint qu'au lieu de trois mois dont on l'avoit menacé, on ne lui laisse pas même achever trois jours. Le mandarin reprend, que puisqu'il aime tant sa cangue on le contentera, et qu'on lui en donnera une autre moins lourde et plus proportionnée à ses forces. Le confesseur réplique qu'il est content de la sienne, qu'il l'aime, et qu'il ne changera pas. Mais quoi qu'il pût dire, on la lui ôta de force, et on craignoit si fort quelque autre accident, qu'on se pressa de le renvoyer chez lui. Cependant les gens du tribunal, enragés de se voir vaincus par un homme d'une santé si foible, voulurent encore faire un dernier effort pour lui faire faire une révérence profonde devant l'idole; mais ils ne réussirent pas mieux qu'ils n'avoient fait en présence des mandarins dans le temps du jugement. On dit que dans cette première audience d'abord deux, ensuite quatre ou cinq tribunalistes ne purent jamais lui faire courber le dos devant la statue, quoiqu'il fût à genoux aux pieds des juges, et que le jeune homme, voyant qu'il en venoit un plus grand nombre, s'étendit à terre tout de son long pour éviter la violence. Sa vigoureuse résistance déconcerta les mandarins, qui n'envoyèrent plus chercher personne. Mais ils chargèrent un officier subalterne qui retournoit au lieu de sa résidence, peu éloignée de nos quartiers, d'y venir faire une visite, afin d'en engager les chrétiens à l'apostasie, et voir la maison où ils s'assemblent. Il étoit déjà arrivé à une bourgade qui n'est qu'à une lieue de notre domicile; il y passa la nuit, et le lendemain les infidèles le déterminèrent à prendre une autre route moins difficile pour retourner chez lui. Ce bon conseil que Dieu leur suggéra pour nous sauver, nous épargna une visite qui auroit pu avoir de fâcheuses suites. Arrivé chez lui, il envoya chercher quelques autres chrétiens, dont, grâce au ciel, aucun ne céda ni à ses exhortations ni à ses menaces. Il devoit encore en envoyer chercher d'autres; mais comme la nouvelle année survint (c'est ici un temps de fêtes, de réjouissances et de vacances de près d'un mois), les perquisitions cessèrent, et l'on n'en a pas fait depuis. Daigne le Seigneur nous procurer une longue paix!

EXTRAIT
D'UNE LETTRE DU PÈRE CIBOT
AU PÈRE DERVILLÉ.

Les missions détruites dans les provinces. — Résistance à Pékin.

De Pékin, le 7 novembre 1764.

Vous êtes un brave d'avoir songé à nous : ne nous oubliez pas à l'avenir. Puisque Dieu nous afflige, il est juste que nous sachions comment et jusqu'où. Il est père, adorons et baisons la main qui nous frappe, elle ne frappe que pour guérir. L'orage dont on se plaint dans les provinces n'est pas encore venu jusqu'à Pékin ; mais du soir au matin il peut crever, et tout renverser d'une manière bien lamentable. Je ne crains que mes péchés. La perte de la mission à part, il me semble que je trouverois bien doux de devenir le jouet de la Providence. J'ai baptisé cette année un jeune prince, d'une autre branche que celle qui est connue par ses martyrs. C'est le premier de sa maison : il a déjà gagné ses deux frères, qui se préparent au baptême. Il est si changé en bien depuis son baptême, que son père n'ose rien dire. Dieu le conserve ! Il promet beaucoup. J'ai aussi baptisé un jeune eunuque du palais, qui prend bien, et une veuve de distinction, que Dieu a conduite comme par la main du royaume de Ha-mi. Sa fille est promise au grand général de l'empereur. On travaille à la gagner. Chaque baptême est accompagné de circonstances qui sont des miracles de providence. En octobre on hâta le baptême à un prosélyte, parce qu'il étoit bien malade. Il revint à l'église guéri quelques jours après. Son camarade en a été si frappé, qu'il se dispose au baptême. Nos néophytes ne sont pas tous des saints ; mais en général ils nous donnent bien de la consolation. Je me crois transporté dans les premiers siècles de l'Église. Il y a bien des endroits des épîtres de saint Paul que ce que je vois m'explique. On ne peut concevoir en Europe ce que c'est que d'être chrétien au milieu d'une nation idolâtre. Je suis charmé de la ferveur des serveurs de messes. Vous seriez enchanté de la manière dont les jeunes néophytes nous aident à faire l'office. Quelle modestie ! quelle attention aux rubriques ! ne le dites pas à nos beaux esprits. L'usage des pénitences est commun. Très-peu de familles où l'on ne fasse l'abstinence du mercredi en l'honneur de la très-sainte Vierge. Aucun néophyte qui n'ait pour elle la dévotion la plus tendre. Je ne doute pas qu'ils n'en reçoivent la grâce au baptême. Ce que vous voyez en Europe d'indifférence pour la religion vous perce le cœur. Imaginez où nous en sommes, nous qui habitons la plus grande et la plus idolâtre ville du monde. Que d'âmes périssent à nos côtés ! tout ce que nous voyons dans la ville et au palais nous désole. Oh ! quand viendra le temps des miséricordes sur cette infortunée nation ! pour comble de désolation, nous ne sommes plus qu'une poignée de missionnaires.

J'ai travaillé pendant quatre ans au palais à une grande horloge d'eau, avec jets d'eau, chants d'oiseaux, figures mouvantes. J'ai vu souvent l'empereur. Croyez-moi, il n'a fait des martyrs que comme malgré lui. S'il ne nous protégeoit ouvertement, nous ne serions bientôt plus. Priez pour sa conversion et pour celle de toute sa famille, qui nous est bien affectionnée... Pour les images, au nom de Jésus-Christ, ne nous envoyez que des Sauveurs, des Vierges et des saints Joseph, Ignace, Xavier, ange gardien, mais qui n'aient rien de nu que le visage et les mains ; sans cela, elles nous sont inutiles. Pour la grandeur, je l'abandonne à votre choix ; envoyez moins, mais envoyez du bon. Songez qu'elles sont exposées à la censure des idolâtres. Elles ne sauroient être trop belles et trop décentes. Marquez-nous en détail des nouvelles de nos confrères. C'est la chose qui nous intéresse le plus. Soit que nous vivions, soit que nous mourions, nous sommes à Dieu, et unis en lui pour jamais. Je suis, etc.

LETTRE DU R. PÈRE B***
A MADAME LA COMTESSE DE FORBEN.

Ames des aïeux. — Cérémonies du mariage. — Divorce. — Deuil.

A Pékin, le 9 septembre 1765.

MADAME,

Vous exigeâtes de moi, il y a deux ans, que je vous envoyasse des observations détaillées sur certains usages qui ne vous ont paru qu'indiqués dans les relations précédentes. J'ignore encore si vous avez été satisfaite de la manière dont j'ai traité les articles que j'ai eu l'honneur de vous envoyer; mais j'ai du moins la consolation de m'être acquitté d'un devoir qui m'est cher, de celui de la reconnoissance, unie au plus parfait dévouement; c'est dans ces sentimens, madame, que je vais vous répondre, dans cette lettre, sur le dernier objet de la vôtre.

Vous me demandiez quelles étoient parmi les Chinois les cérémonies du mariage. Mais avant d'entrer dans cette matière, je dois vous faire observer premièrement que les pères et les mères, ou à leur défaut les aïeux et les aïeules, ou enfin les plus proches parens, ont une autorité entièrement arbitraire sur les enfans lorsqu'il s'agit de les marier. J'entends, par les plus proches parens, ceux qui sont du côté paternel; car les parens du côté maternel n'ont de l'autorité qu'au défaut des premiers.

Les enfans ne peuvent se soustraire à l'autorité paternelle que dans deux cas : le premier, s'ils se marient avec une étrangère, par exemple avec une mahométane ou une juive, parceque la manière de vivre des étrangers étant fort différente de celle des Chinois, il est juste, dit la loi, que celui qui contracte une pareille alliance jouisse d'une entière liberté; le second, si un jeune homme, en voyageant, se marie dans une province éloignée, sans savoir les engagemens que ses parens peuvent avoir pris en son absence, son mariage est valide et il n'est point obligé de se conformer aux premières vues de son père. Mais cependant, s'il n'y avoit encore que des promesses réciproques, le jeune homme est tenu, sous peine de quatre-vingts coups de bâton, de rompre ses engagemens, et de recevoir la femme que ses parens lui destinent.

Il faut observer secondement que les mariages des Chinois diffèrent des nôtres en ce que non-seulement la fille n'apporte aucune dot, mais encore en ce que l'époux est, pour ainsi dire, obligé d'acheter la fille et de donner à ses parens une somme d'argent dont on convient de part et d'autre. Ce sont des espèces d'arrhes dont on paye une partie après que le contrat est signé, et l'autre partie quelques jours avant la célébration du mariage.

Outre ces arrhes, l'époux fait aux parens de l'épouse un présent d'étoffes de soie, de riz, de fruits, etc. Si les parens reçoivent les arrhes et le présent, le contrat est censé parfait, et il ne leur est plus permis de se dédire.

Quoique l'épouse ne soit point dotée, cependant l'usage est que les parens qui n'ont pas d'enfans mâles lui donnent, par pure libéralité, des habillemens et une espèce de trousseau. Il arrive même quelquefois, en pareil cas, que le beau-père fait venir son gendre dans sa maison et le constitue héritier d'une partie de ses biens; mais il ne peut se dispenser de léguer l'autre partie à quelqu'un de sa famille et de son nom, pour vaquer aux sacrifices domestiques qu'on fait aux esprits des aïeux; et s'il meurt avant d'avoir fixé son choix, les lois obligent ses plus proches parens à s'assembler et à procéder à l'élection d'un sujet capable de vaquer à cette fonction. On regarde ici ces sacrifices comme quelque chose de si essentiel, que celui qui se marie ne peut aller habiter la maison de son beau-père s'il est fils unique; et, en cas qu'il le fasse, il ne peut y rester que jusqu'à la mort de son père.

Cette piété superstitieuse des Chinois envers les âmes de leurs aïeux a donné lieu aux adoptions. Ceux qui n'ont point d'enfans mâles adoptent très-souvent l'enfant d'un autre, et cette adoption se fait de deux manières : premièrement, en constituant héritier l'enfant d'un étranger; secondement, en choisissant un de ses parens pour succéder à ses biens.

Dans le premier cas, les Chinois payent une somme d'argent au père de l'enfant qu'ils adoptent, et cet enfant ne reconnoît plus d'autre père que le père adoptif; c'est-à-dire qu'il en prend le nom et qu'il en porte le deuil après sa mort. S'il arrive ensuite que le père adoptif se marie et qu'il ait des enfans, l'adoption subsiste toujours, parce qu'elle a précédé son mariage, et l'enfant adopté a droit à une portion de bien égale à celle des autres enfans.

Dans le second cas, un Chinois qui n'a point de successeurs mâles peut adopter le fils aîné de son frère cadet, et ce frère cadet, au contraire, n'ayant point d'enfans, peut adopter le second fils de son frère aîné, en cas que celui-ci ait deux enfans mâles. En un mot, si dans une famille composée de trois frères il n'y en a qu'un par exemple qui ait trois enfans mâles, celui-ci n'en garde qu'un, et ses deux frères adoptent les deux autres. Ces enfans adoptés s'appellent *successeurs substitués*.

Les Chinois reconnoissent deux fins dans le mariage. La première est celle de perpétuer les sacrifices dans le temple de leurs aïeux, la seconde est la multiplication de l'espèce. Les philosophes, qui ont fait le recueil contenu dans le livre des *Rits*, parlent de l'âge propre au mariage, et divisent tous les âges en général, en leur prescrivant à tous leurs emplois.

Les hommes, disent-ils, à l'âge de dix ans ont le cerveau aussi foible que le corps, et peuvent tout au plus s'appliquer aux premiers élémens des sciences. Les hommes de vingt ans n'ont point encore toute leur force; ils aperçoivent à peine les premiers rayons de la raison; cependant comme ils commencent à devenir hommes, on doit leur donner le chapeau viril. A trente ans l'homme est vraiment homme; il est robuste, vigoureux, et cet âge convient au mariage. On peut confier à un homme de quarante ans les magistratures médiocres, et à un homme de cinquante ans les emplois les plus difficiles et les plus étendus. A soixante ans, on vieillit, et il ne reste plus qu'une prudence sans vigueur, de sorte que ceux de cet âge ne doivent rien faire par eux-mêmes, mais prescrire seulement ce qu'ils veulent que l'on fasse. Il convient à un septuagénaire, dont les forces du corps et de l'esprit sont désormais atténuées et impuissantes, d'abandonner aux enfans le soin des affaires domestiques. L'âge décrépit est celui de quatre-vingts et quatre-vingt-dix ans. Les hommes de cet âge, semblables aux enfans, ne sont pas sujets des lois; et, s'ils arrivent jusqu'à cent ans, ils ne doivent plus s'occuper que du soin d'entretenir le souffle de vie qui leur reste.

On voit, par cette division des âges, que les Chinois croyoient autrefois que l'âge de trente ans étoit le plus propre au mariage. Mais aujourd'hui, la nature leur paroît moins tardive, et les lois cèdent à l'usage et aux circonstances des temps.

Rien n'est plus ordinaire, parmi les Chinois, que de convenir des articles d'un mariage longtemps avant que les parties soient en âge de le contracter; souvent même on en convient avant que les futurs époux soient nés. Deux amis se promettent très-sérieusement, et d'une manière solennelle, d'unir par le mariage les enfans qui naîtront du leur, s'ils sont de sexe différent, et la solennité de cette promesse consiste à déchirer sa tunique et à s'en donner réciproquement une partie.

Cependant ceux qui professent la morale chinoise dans toute sa pureté ne cessent point d'exhorter les peuples à fuir ces sortes d'engagemens téméraires. Il arrive fréquemment, dit le livre des *Rits*, que ces enfans sont, ou d'un mauvais naturel, ou sujets à des maladies qui les rendent inhabiles au mariage. Un revers de fortune peut réduire l'une des deux familles à une extrême pauvreté. Un deuil inespéré, pour la mort de leurs pères ou de leurs mères, peut différer longtemps la célébration des noces, empêcher même le mariage. Enfin, ce livre allègue plusieurs inconvéniens qui résultent de la coutume qui me paroît en effet être très-bizarre; mais on ne viendra jamais à bout de la détruire, parce que les personnes les plus distinguées, ou par leur naissance, ou par leur fortune, la mettent tous les jours en pratique.

Rien n'est plus sage que les conseils qui sont répandus dans le livre des *Rits*. Il exhorte les pères et les mères à être plus attentifs à la sympathie, qui est le nœud de toutes les unions, qu'aux richesses et à l'opulence de ceux qu'ils unissent par le mariage. Un homme sage, dit ce livre, peut amasser des richesses; un insensé ne sait que les dissiper. Si l'épouse que vous recherchez pour votre fils est d'une famille plus riche ou plus distinguée que la vôtre, elle sera aussi plus superbe, plus indocile et plus arrogante. Ces injustes parens, ajoute le livre des *Rits*, qui sacrifient leurs filles à l'intérêt, sont des barbares qui les vendent comme des esclaves au plus cher enchérisseur.

Tous les mariages se font par des entremetteurs ou par des entremetteuses, tant du côté de l'homme que du côté de la femme. Il n'est peut-être point d'emploi plus délicat et plus périlleux que celui-là; car si malheureusement on commet quelque irrégularité dans la négociation, on est très-sévèrement puni. Outre l'entremetteur, il y a communément une personne qui préside au mariage de part et d'autre; c'est ordinairement le père ou le plus proche parent des futurs époux. On punit aussi ces présidents s'ils font quelque supercherie ou quelque fraude notable, et le degré des peines qu'on leur fait subir est prescrit dans le livre des *Rits*; mais je supprime ici le genre et le détail de ces punitions. Il suffit, madame, que vous sachiez qu'en fait de mariage on ne commet point de fraudes impunément, et que les lois veulent de la franchise et de la probité dans une affaire qui est de la plus grande conséquence, puisque c'est un état des plus importans.

Dans toutes les familles il y a un chef qu'on doit informer de toutes les affaires, surtout des mariages et des alliances qu'on a dessein de contracter. Les pères des époux jeûnent et font un sacrifice domestique aux esprits de leurs aïeux, pour les instruire de ce qu'ils traitent sur la terre. Ils donnent aussi un grand repas à leurs parens et amis, et leur exposent le dessein qu'ils ont de marier tel ou tel de leurs enfans.

Il n'est pas permis à aucun Chinois d'avoir plus d'une femme légitime, et cette loi est presque aussi ancienne que leur empire. Il y a cette différence entre la femme légitime et la concubine, que celle-là est la compagne du mari, qu'elle est la maîtresse des autres femmes, et que celle-ci est entièrement subordonnée à l'autre. Les Chinois recherchent dans leurs mariages l'égalité d'âge et de condition; mais pour ce qui regarde les concubines, chacun suit son caprice, et les achète selon ses facultés. Tous les enfans qui naissent des concubines reconnoissent pour leur mère la femme légitime de leur père; ils ne portent point le deuil de leur mère naturelle, et c'est à la première qu'ils prodiguent les témoignages de leur tendresse, de leur obéissance et de leur respect.

L'empereur n'a qu'une femme légitime qu'on appelle reine, titre qui signifie qu'elle partage avec son mari la majesté du trône. Outre la reine, ce prince a plusieurs concubines ou femmes, qui sont divisées en six classes en comprenant la reine, femme unique de la première. Il y en a trois de la seconde classe, neuf de la troisième, vingt-sept de la quatrième, dix-huit de la cinquième. Pour le nombre de la sixième, il n'est point limité. Quoique la plupart des concubines soient des femmes qui aient commis quelque crime, qu'elles aient été en conséquence confisquées au profit du prince et exposées en vente, cependant leur nom n'est point odieux dans ce pays, malgré la tache qu'il imprime, et c'est sans doute un malheur que les ténèbres de l'idolâtrie perpétuent. Ces femmes sont esclaves et soumises à toutes les volontés de leurs maîtres. Les honnêtes gens, c'est-à-dire ceux qui passent pour tels dans le pays, n'achètent leurs concubines qu'avec la permission de leur femme légitime, et sous prétexte de la servir, quoique ces prétendues servantes soient souvent préférées à leur maîtresse.

La polygamie n'est, en un sens, pas plus permise ici que dans la plupart des États de l'Europe. On punit au moins de quatre-vingt-dix coups de bâton celui qui, pendant la vie de sa femme légitime, oseroit en épouser une autre, et ce second mariage est déclaré nul. On fait subir le même supplice à celui qui élève une de ses concubines au rang de femme légitime, ou qui abaisse sa femme légitime au rang de concubine, et on le force à remettre les choses dans leur premier état.

Autrefois il n'étoit permis qu'aux mandarins, et aux hommes de quarante ans qui n'avoient pas d'enfant, de prendre des concubines. Le livre des *Rits* prescrit même les punitions qu'on doit attacher à la transgression de cette loi. Un concubinaire, dit-il, ne sera point obligé de renvoyer sa concubine, mais il sera puni de son incontinence par cent coups de verge sur les épaules. Ces lois ne subsistent plus que dans le livre, et actuellement chacun peut avoir autant de concubines qu'il juge à propos, ce qui est un grand obstacle à la conversion des infidèles.

La concubine est si dépendante et si inférieure à la femme légitime, qu'elle obéit exactement à tout ce qui lui est ordonné de sa part, et qu'elle n'appelle jamais le chef de la maison que du simple nom de *père de famille*. Ce n'est pas, au reste, qu'on ne pratique aussi avec cette femme quelques cérémonies de bienséance. On passe un écrit avec ses parens; on leur donne une somme d'argent; on promet de bien traiter la femme, et on la reçoit avec quelque solennité.

Ne doutez pas, madame, que lorsque les Chinois se marient, ils ne soient convaincus qu'ils se lient d'un lien indissoluble; on le voit clairement par les lois écrites de cet empire, qui décernent des châtimens sévères contre les personnes mariées qui s'écartent ouvertement des devoirs de leur état. Ces mêmes lois cependant permettent le divorce en certains cas, dont voici les principaux. Si entre le mari et la femme il y a une antipathie notable, en sorte qu'ils ne puissent vivre en paix, il leur est permis de se séparer, pourvu que les deux parties consentent au divorce. Secondement, si une femme est convaincue d'adultère, crime très-rare parmi les Chinois, elle est répudiée sur-le-champ, sans qu'elle puisse se prévaloir des lois qui pourroient lui être favorables dans des cas moins graves.

Il y a encore sept autres causes de divorce marquées par la loi, sans lesquelles un mari ne peut répudier sa femme, et s'expose, s'il l'entreprend, à recevoir quatre-vingts coups de bâton et à vivre encore avec sa femme malgré lui. Ces cas sont : premièrement si la femme est stérile ; secondement, si elle se conduit d'une manière peu décente ; troisièmement, si elle a contracté une habitude de désobéir aux ordres du beau-père ou de la belle-mère ; quatrièmement, si elle est indiscrète et peu prudente dans ses paroles ; cinquièmement, si elle détourne, à son profit ou à celui de quelque autre, les biens de la maison ; sixièmement, si elle manifeste des vices contraires au bon ordre et au repos de la famille ; septièmement enfin, si elle est attaquée de quelque maladie dégoûtante, comme la lèpre, qui est un mal assez commun à la Chine. Telles sont, madame, dans ce pays, les causes légitimes de divorce. Il faut néanmoins que tous ces cas soient accompagnés de ces circonstances aggravantes, que la femme ait quelqu'un de ces défauts dont je parle, dans un degré éminent. Mais voici d'autres lois. Si une femme s'enfuit contre la volonté et à l'insu de son époux, on lui donne cent coups de verge, et le mari peut la vendre à l'encan. Si elle se marie après s'être enfuie, on l'étrangle. Si son époux la laisse et s'absente pendant trois ans sans donner de ses nouvelles, elle ne peut prendre aucun parti sans en avoir auparavant averti les magistrats ; et si par imprudence ou par supercherie elle omet cette précaution, on lui donne quatrevingts coups de verges si elle abandonne la maison de son mari, et cent coups si elle se remarie : au lieu que quand elle a présenté une requête aux mandarins, et qu'elle leur a exposé la situation où elle se trouve, elle peut obtenir la liberté de se remarier ou d'embrasser l'état de concubine.

Dans le cas dont je viens de parler, la concubine est punie de deux degrés moins sévèrement que la femme légitime. Mais la concubine esclave est sujette au contraire au même châtiment. Il faut encore remarquer que les complices, par exemple celui qui épouse une femme dont le mari est absent, les entremetteurs de ce mariage, celui qui donne asile à la femme fugitive, etc., sont châtiés avec la même sévérité.

Quoiqu'il ne soit pas permis aux concubines d'abandonner leurs maris, il n'y a cependant aucune loi qui défende aux hommes de répudier leurs concubines, ou qui les oblige à les reprendre quand ils les ont chassées. Si quelqu'un, dit la loi, chasse sa femme légitime sans raison, on l'obligera de la reprendre, et il recevra quatre-vingts coups de bâton. La loi ne dit rien de la concubine, et ce silence autorise les Chinois à n'avoir aucun égard aux causes légitimes de divorce dont j'ai parlé, lorsqu'ils veulent se défaire de leurs concubines.

Les Chinois peuvent convoler à de secondes noces, et les femmes jouissent du même privilège. Les uns et les autres restent maîtres d'eux-mêmes quand la mort a brisé les liens qui les unissoient. Au reste, il est glorieux parmi eux de fuir de seconds engagemens, et on loue beaucoup les jeunes personnes qui, pour ne pas survivre à ceux à qui on les avoit destinées, se donnent volontairement la mort, soit en s'étranglant, soit en prenant du poison ; mais ces exemples sont beaucoup moins communs aujourd'hui qu'autrefois.

Je viens aux cas particuliers qui annulent le mariage, ou qui en empêchent la conclusion. Parmi les empêchemens, on compte la stérilité, l'engagement antérieur, la supposition des personnes, la parenté, l'alliance, l'inégalité des conditions, et enfin la violence ou le rapt. La stérilité est regardée comme une espèce de crime, parce que la femme stérile ne peut donner aux aïeux de nouveaux sacrificateurs, et qu'elle les frustre d'un tribut sacré chez cette nation. Les engagemens antérieurs sont les promesses qui se font entre les parens de deux familles, et qui consistent dans l'envoi des présens. Une fille ainsi promise ne peut ni s'engager, ni se marier avec un autre, autrement le mariage seroit déclaré nul, et les contractans et les entremetteurs seroient sévèrement punis. La supposition des personnes est la substitution d'une personne à une autre. Pour ce qui regarde la parenté, la loi interdit le mariage entre les personnes d'un même nom, ne fussent-elles parentes qu'au vingtième degré. Cette loi est très-ancienne, et l'empereur Fohi en est le premier instituteur. Il faut donc, pour qu'un mariage soit valide, qu'il n'y ait non-seulement aucun degré de parenté, mais encore aucune alliance de quelque nature qu'elle soit.

A proprement parler, il n'y a parmi les Chinois d'autre noblesse que celle qui s'acquiert par l'industrie ou par les richesses. Voilà pourquoi il y a des familles plus illustres les unes que les autres. Un mandarin ne contracte point d'alliance avec un homme du commun, à moins que ce ne soit en secondes noces ; car alors on n'a pas d'égard au rang, et les Chinois ne font aucune difficulté d'épouser solennellement une concubine en pareil cas. Mais ce n'est pas cette inégalité de condition qui peut annuler un mariage : c'est celle qui distingue une personne libre d'une personne esclave. Voici à ce sujet quelques lois chinoises que j'ai trouvées dans le livre des *Rits*.

Celui qui donnera pour femme, à son esclave, la fille d'un homme libre, sera puni de quatre-vingts coups de bâton, et le mariage sera nul. L'entremetteur et celui qui aura présidé aux noces recevront dix coups de moins.

Si un esclave épouse une fille libre, il recevra quatre-vingts coups de bâton, et si son maître a traité cette fille en esclave, il sera condamné à cent coups : un maître qui marie son esclave avec une fille libre, en persuadant aux parens que le mari qu'il offre est son fils ou son parent, sera puni de quatre-vingts coups de bâton. L'esclave est également puni s'il est complice de la supercherie de son maître. Dans tous les cas que je viens d'indiquer, le mariage est nul, et la femme rentre dans tous ses droits; les arrhes et les présens qu'elle a reçus lui restent. Il en est de même des filles esclaves qui épousent par fraude des hommes libres, et la loi est égale pour l'un et pour l'autre sexe.

Enfin, la loi dit que quiconque sera convaincu d'avoir enlevé et violenté une femme, sera puni de mort. Mais si la femme consent au rapt, le ravisseur et la femme seront séparés, et recevront chacun cent coups de bâton.

Voici un autre article qui concerne les mandarins. Il y a deux lois dans cet empire, qu'on ne peut assez admirer : la première défend d'exercer aucune magistrature dans la ville et dans la province où l'on est né. Rien ne peut dispenser de cette loi ; et il n'en est peut-être aucune qui soit plus constamment et plus régulièrement observée. La seconde interdit toutes sortes d'alliances dans la province où l'on exerce quelque emploi public.

Si un mandarin de justice (car les mandarins de guerre ne sont point sujets à ces deux lois) ; si, dis-je, un mandarin de justice se marie, ou prend une concubine dans le territoire où il est magistrat, la loi, qui n'épargne personne, le condamne à quatre-vingts coups de bâton, et son mariage est déclaré nul. Si ce mandarin épouse la fille d'un plaideur dont il doit juger le procès, on augmente la punition, et, dans ces deux cas, les entremetteurs sont punis de la même manière : la femme retourne chez ses parens, et les présens nuptiaux sont confisqués au profit du prince, comme dans tous les autres cas que j'ai rapportés.

Les Chinois ne peuvent se marier dans le temps qu'ils portent le deuil de leur père ou de leur mère. Comme on ne connoît rien de plus recommandable parmi eux que la piété envers les parens, ils ont réglé la durée des deuils selon les degrés de parenté, et ils l'observent avec une exactitude poussée jusqu'au scrupule.

Si un deuil imprévu survient, il rompt toutes sortes d'engagemens et de promesses ; de sorte qu'un homme fiancé ne peut épouser la fille à laquelle ses parens l'ont promis solennellement, si la mort de son père, de sa mère, ou de quelque autre proche parent arrive dans le temps qui a été arrêté pour les noces. C'est pourquoi, lorsque le corps du défunt est inhumé, ses parens donnent à la fille une entière liberté de se marier avec un autre, par un écrit qu'ils lui envoient, et qui est conçu en ces termes :

« Ty, par exemple, est en deuil pour la mort de son père, et ne peut plus accomplir la promesse de mariage faite à Kia. C'est pourquoi on lui donne cette nouvelle, afin qu'elle soit libre de ses obligations. » Les parens de la fille reçoivent ce billet ; mais ils ne se croient pas pour cela entièrement dégagés. Ils ne prennent point d'autres engagemens avant que le temps du deuil soit expiré. Alors ils écrivent à leur tour au jeune homme, qu'ils invitent à reprendre ses premières chaînes. Si ce jeune homme ne juge point à propos d'acquiescer à la proposition, la fille reste libre, et ses parens la donnent à un autre. Cette loi oblige également les deux sexes.

Ce n'est pas seulement dans les temps de deuil que les mariages sont défendus ; la loi en interdit encore la célébration lorsque le père ou la mère, ou quelque proche parent de l'une des parties contractantes est emprisonné. Celui qui oseroit se marier dans ces temps d'affliction seroit puni de la même manière qu'on punit les enfans dénaturés et rebelles aux volontés de leur père. S'il prend seulement une concubine, on diminue le châtiment de deux degrés. Cependant, comme cette loi a paru un peu dure, on y a apporté quelque tempérament, et le mariage peut se faire, pourvu que le parent prisonnier donne son consentement par écrit. Mais en ce cas on ne doit pas faire le festin nuptial. On doit, au contraire, supprimer généralement tous les témoignages d'allégresse usités dans ces sortes d'occasions.

Lorsque deux familles sont convenues d'un mariage par le moyen des entremetteurs, et que le contrat est signé, on commence les cérémonies qui sont en usage dans le pays, et qui se réduisent à six chefs. La première consiste à convenir du mariage ; la seconde, à demander le nom de la fille, le mois et le jour de sa naissance ; la troisième, à consulter les devins sur le mariage futur, et à en porter l'heureux augure aux parens de la fille ; la quatrième, à offrir des étoffes de soie et d'autres présens, comme des gages de l'intention où l'on est d'effectuer le mariage ; la cinquième, à proposer le jour des noces ; et enfin, la sixième, à aller au-devant de l'épouse pour la conduire ensuite dans la maison de l'époux.

Il faut observer, madame, que ces cérémonies ne se pratiquent qu'entre les familles considérables, et que les gens du commun ne sont pas dans le cas de garder ces formalités. D'ailleurs, comme elles sont fort longues, le peuple joint ordinairement les cinq premières ensemble.

On commence par faire part du mariage qu'on médite au chef de la famille, et l'on prépare les présens qu'on doit faire aux parens de l'épouse. Autrefois on lui envoyoit un canard ; mais aujourd'hui on lui envoie des étoffes de soie, des toiles de coton, un pourceau, une chèvre, du vin, des fruits, etc. Et la médiocrité est surtout recommandée dans ces occasions.

Le père de l'époux écrit ensuite au père de la fille, en ces termes : « J'ai reçu avec beaucoup de respect les marques de votre affection. Vous ne dédaignez point un homme inférieur à vous en mérite et en richesse, et j'apprends avec beaucoup de reconnoissance que vous avez agréé les propositions que je vous ai faites par mon entremetteur, et que vous avez promis votre fille à mon fils. Pour observer les coutumes instituées par nos ancêtres, je vous envoie les présens ordinaires par un député, afin de convenir avec vous des conditions du mariage, et pour savoir le nom de votre fille. Je vous prie d'informer ce député de quelle famille elle est ; du mois et du jour de sa naissance, afin que je consulte le sort sur l'heureux succès des noces. J'estime infiniment votre amitié, et je vous en demande la continuation. » Il met son nom et la date au bas du cahier ; car, comme vous savez, les Chinois n'écrivent point sur des feuilles volantes. Comme les hommes ont plusieurs noms, les femmes en ont aussi deux, outre celui de leur famille : un que les pères leur donnent dans leur bas âge ; l'autre qu'on leur impose lorsqu'elles sont parvenues à l'adolescence ; c'est de ce dernier qu'on les nomme jusqu'à ce qu'elles soient mariées. Ce nom, et celui de la famille de la mère, sont ceux dont l'époux veut être informé ; car il est censé connoître déjà celui de la famille paternelle. D'ailleurs c'est une rubrique, et il faut absolument que la fille paroisse être inconnue à l'époux auquel on la destine. Après toutes ces formalités, on donne avis le jour suivant, aux aïeux défunts, du mariage qu'on a dessein de conclure. On orne le temple domestique avec autant de magnificence qu'il est possible. Les hommes et les femmes s'y assemblent, celles-ci à la droite, et ceux-là à la gauche, qui est la place d'honneur. Après avoir lavé leurs mains, ils découvrent les tablettes sur lesquelles sont écrits les noms de leurs aïeux et de leurs aïeules, jusqu'à la quatrième génération ; ensuite ils évoquent leurs esprits. Le père de famille prend des parfums, qui sont sur une table dressée en forme d'autel, et, fléchissant le genou, il les jette dans une urne pleine de charbons enflammés. Alors toute l'assemblée se prosterne pour saluer les âmes qu'on suppose voltiger autour des tablettes. Après quoi le chef de famille lit un discours écrit en lettres d'or, par lequel il instruit ces âmes du mariage qui a été concerté. « L'an, etc., de l'empereur tel, le mois de, etc., tel jour. Yung, par exemple, votre petit-fils, voulant vous témoigner sa piété et sa vénération, vous fait savoir que son fils, par exemple, Lin, n'ayant point de femme, et étant en âge d'en prendre une, délibère avec ses parens sur son mariage futur avec la fille de Tai-knun. Nous vous regrettons infiniment, et nous vous offrons ces parfums et ces vins, afin que vous soyez informés de ce qui se passe dans votre famille. » Quand le chef a lu son discours, il le brûle, et l'assemblée prend congé des aïeux, en remettant le voile sur leurs tablettes.

Le même jour on envoie un député de la famille au père de l'épouse pour lui porter les présens dont j'ai parlé. Ce député, que l'entremetteur et plusieurs domestiques accompagnent, est reçu à la porte de la maison de l'épouse avec toutes les formalités qui s'observent dans les visites les plus solennelles. Le père de l'épouse, après avoir reçu les présens et la lettre des mains du député, le prie d'attendre un moment pour la réponse, et porte sur-le-champ cette lettre dans le temple domestique de ses aïeux, où sa famille est déjà assemblée. Là il fait les mêmes cérémonies qui ont été pratiquées dans le temple de l'autre famille. Lorsqu'il est de valeur, il fait des excuses au député, et celui-ci y répond selon le style usité; car, dans ces occasions, le nombre des paroles et des révérences est réglé; il lui donne ensuite plusieurs corbeilles pleines de viandes et de fruits pour la famille de son gendre, et ils se séparent avec les complimens ordinaires. La réponse est conçue en ces termes : « Tai-knun, par exemple, à Lin : J'ai reçu avec respect les marques de bonté que vous avez pour moi. Le choix que vous daignez faire de ma fille pour votre fils me fait connoître que vous estimez ma *pauvre et froide famille* plus qu'elle ne mérite. Ma fille est *grossière et sans esprit*, et je n'ai pas eu le talent de la bien élever. Cependant je me fais gloire de vous *obéir* dans cette occasion. Vous trouverez écrit dans un cahier séparé le nom de ma fille et celui de sa mère, avec le jour de sa naissance. Je vous remercie de l'amitié que vous me témoignez, et je vous prie de vous souvenir toujours de moi. »

Le père de l'époux reçoit le député et la réponse avec les mêmes formalités, parce qu'alors le député est censé envoyé de la part du père de l'épouse. Cette première cérémonie est un engagement réciproque ; on attache dès lors les cheveux de l'épouse autour de son cou, et on lui met un collier qui marque la perte de sa liberté. Passons aux autres cérémonies.

Le jour dont on est convenu, la famille de l'époux envoie aux parens de l'épouse des étoffes de soie et d'autres présens pour les engager à hâter la conclusion. Le nombre des pièces de soie est limité. On ne peut en envoyer plus de dix ni moins de deux. Elles sont de différentes couleurs ; mais on a soin de ne rien y mêler de blanc, parce que cette couleur est celle du deuil. On y joint un présent d'aiguilles, de brasselets, de poinçons d'or ou d'argent. Le même jour, les parens de l'époux annoncent par un écrit qu'ils ont consulté le sort, et qu'ils en ont reçu un augure favorable; en même temps ils fixent le jour de la célébration des noces. Ils choisissent ce jour dans un calendrier qui marque les jours heureux ou malheureux, comme nos almanachs marquent la pluie et le beau temps. Ensuite ils envoient au père de l'épouse un nouveau cahier ou lettre écrite en ces termes : « Culchi, par exemple, à son allié. J'ai reçu avec beaucoup de respect votre résolution touchant le mariage de votre fille avec mon fils. J'ai consulté le sort, et j'en ai reçu un augure qui me répond du succès de cette union. Mais, maintenant, selon l'usage de nos ancêtres, je vous envoie une personne de confiance, qui vous porte les présens ordinaires comme des gages du désir de conclure promptement ce mariage. J'ai aussi choisi un jour heureux pour la célébration des noces. J'attends vos ordres et je vous salue. » J'ai oublié de vous dire qu'avant d'envoyer cette lettre on la porte dans le temple domestique des augures, où le chef de la famille leur adresse ces paroles. « Ly-U, par exemple, votre petit-fils, et fils de Tong, étant convenu de son mariage avec Ta-Kia, fille de Liu-Pan, vous annonce qu'il a consulté le sort, etc. C'est pourquoi il vous offre les présens qu'il lui a destinés, et vous fait savoir qu'un tel jour a été proposé et élu pour la célébration du mariage. » Le député, accompagné de l'entremetteur et des domestiques qui portent ces seconds présens, se rend à la maison de l'épouse où il est reçu avec les cérémonies accoutumées. Cette seconde visite est absolument semblable à la première. Le chef de cette famille porte aussi la lettre et les présens dans le temple des aïeux, et leur fait part de ce qui a été résolu.

Le député revient avec la réponse dont voici les termes : « Eulchi à Kiun, son allié. J'ai reçu votre dernière résolution. Vous voulez que les noces se fassent ; je suis seulement fâché que ma fille ait si peu de mérite, et qu'elle n'ait pas eu toute l'éducation qu'elle pouvoit avoir. Je crains qu'elle ne soit bonne à rien. Cependant puisque l'augure est favorable, je n'ose vous désobéir. J'accepte votre présent. Je vous salue, et je consens au jour marqué pour les noces. J'aurai soin de préparer tout ce qu'il faudra. »

Le député porte la réponse aux parens de l'époux ; on observe les mêmes cérémonies tant envers lui qu'envers les aïeux, auxquels ils communiquent la réponse du père de l'épouse.

Quelque longues que soient les cérémonies que je viens de rapporter, elles ne sont pas néanmoins comparables à celles qui suivent ; mais j'abrégerai mon récit. Pendant les trois nuits qui précèdent le jour destiné aux noces, on illumine tout l'intérieur de la maison de l'épouse, moins en signe de réjouissance que de tristesse, comme si l'on vouloit faire entendre qu'il n'est pas permis aux parens de dormir dans le temps qu'ils sont sur le point de perdre leur fille. On s'abstient aussi de toute sorte de musique dans la maison de l'époux, et la tristesse y reste au lieu de la gaieté.

On prétend que le mariage du fils est comme une image de la mort du père, parce que le fils semble en quelque manière lui succéder. Ses amis ne les congratulent point ; et si quelqu'un dans cette occasion lui envoie un présent, c'est, lui écrit-on, pour régaler le nouvel hôte qu'il a fait venir dans sa maison ; on ne fait mention ni de la femme, ni des noces.

Au jour marqué pour la célébration du mariage, l'époux s'habille le plus magnifiquement qu'il lui est possible, et tandis que ses parens sont assemblés dans le temple domestique des aïeux, qu'ils instruisent de ce qu'ils vont faire, il se met à genoux sur les degrés du temple, et se prosternant la face contre terre, il ne se lève que quand le sacrifice est achevé.

Après cette cérémonie, on prépare deux tables, l'une vers l'orient pour le père de l'épouse, l'autre vers l'occident pour l'époux lui-même. J'ignore la raison mystérieuse de cette disposition. Le maître des cérémonies, qui est ordinairement un des parens, invite le père à prendre sa place, et aussitôt qu'il est assis, l'époux s'approche du siége qui lui est préparé. Le maître des cérémonies lui présente alors une coupe pleine de vin, et l'ayant reçue à genoux, il en répand un peu sur la terre en forme de libation, et fait, avant de boire, quatre génuflexions devant son père, s'avance ensuite vers sa table, reçoit ses ordres à genoux. « Allez, mon fils, lui dit le père, allez chercher votre épouse ; amenez dans cette maison une fidèle compagne qui puisse vaquer avec vous aux soins des affaires domestiques. Comportez-vous en toutes choses avec prudence et avec sagesse. »

Le fils, se prosternant quatre fois devant son père, lui répond qu'il obéira. Incontinent après il sort, il entre dans une chaise qu'on tient prête à la porte de la maison ; plusieurs domestiques marchent devant lui avec des lanternes, usage qu'on a conservé, parce qu'autrefois tous les mariages se faisoient de nuit, et lorsqu'il est arrivé à la maison de l'épouse, il s'arrête à la porte de la seconde cour, et attend que son beau-père vienne le prendre pour l'introduire.

On observe à peu près les mêmes formalités dans la maison de l'épouse que celles qu'on pratique auparavant. Le père et la mère sont assis, l'un à la partie orientale, l'autre à la partie occidentale de la cour du portique intérieur, et les parens forment un cercle autour d'eux. L'épouse, que sa mère a parée elle-même de ses plus riches vêtemens, se tient debout sur les degrés du portique, accompagnée de sa nourrice, qui dans cette circonstance, est comme sa paranymphe, et d'une autre femme qui fait l'office de maîtresse des cérémonies. Elle s'approche ensuite de son père et de sa mère, et les salue l'un et l'autre quatre fois. Elle salue également tous ses parens et leur dit le dernier adieu. Alors la maîtresse des cérémonies lui présente une coupe de vin qu'elle reçoit à genoux ; elle fait la libation ordinaire et boit le reste du vin ; après quoi elle se met à genoux devant la table de son père qui l'exhorte à se conduire avec beaucoup de sagesse, et à obéir ponctuellement aux ordres de son beau-père et de sa belle-mère. Après l'exhortation, sa paranymphe la conduit hors la porte de la cour, et sa mère lui met une guirlande sur la tête, d'où pend un grand voile qui lui couvre tout le visage. « Ayez bon courage, ma fille, lui dit-elle, soyez toujours soumise aux volontés de votre époux, et observez avec exactitude les usages que les femmes doivent pratiquer dans l'intérieur de leur maison, etc. » Les concubines de son père, les femmes de ses frères, de ses oncles et de ses sœurs l'accompagnent jusqu'à la porte de la première cour, en lui recommandant de se souvenir des bons conseils qu'elle a reçus.

C'est toujours la femme légitime de son père qui fait le personnage de mère dans cette cérémonie. Pour sa mère naturelle, elle n'a d'autre rang que celui de maîtresse des cérémonies, ou tout au plus de paranymphe.

Cependant le père de l'épouse va recevoir l'époux selon l'usage ordinaire, avec cette différence que le gendre donne la main au beau-père. Lorsqu'ils sont arrivés au milieu de la seconde cour, l'époux se met à genoux et offre à son beau-père un canard sauvage que les domestiques de ce dernier portent à l'épouse comme un nouveau gage de son attachement. Enfin les deux époux se rencontrent pour la première fois, ils se saluent l'un et l'autre, et adorent à genoux le ciel, la terre et les esprits qui y président. La paranymphe conduit ensuite l'épouse au palanquin qui lui est préparé et qui est couvert d'étoffe couleur de rose. L'époux lui donne la main et entre lui-même dans un autre palanquin, ou bien monte à cheval. Mais il est à remarquer qu'il marche entouré d'une foule de domestiques qui, outre les lanternes dont j'ai parlé, portent tout ce qui sert à un ménage, comme lits, tables, chaises, etc.

Quand l'époux est arrivé à la porte de sa maison, il descend de cheval ou sort de sa chaise, et invite son épouse à entrer. Il marche devant elle, et entre dans la cour intérieure, où le repas nuptial est préparé ; alors l'épouse lève son voile et salue son mari, l'époux la salue à son tour, et l'un et l'autre lave ses mains ; l'époux à la partie septentrionale, et l'épouse à la partie méridionale du portique. Avant de se mettre à table, l'épouse fait quatre génuflexions devant son mari, qui en fait à son tour deux devant elle ; ensuite ils se mettent à table tête-à-tête ; mais avant de boire et de manger, ils répandent un peu de vin en forme de libation, et mettent à part des viandes pour les offrir aux esprits, coutume qui se pratique dans tous les repas de cérémonie.

Après avoir un peu mangé et gardé un profond silence, l'époux se lève, invite son épouse à boire, et se remet incontinent à table. L'épouse pratique aussitôt la même cérémonie à l'égard de son mari, et en même temps on apporte deux tasses pleines de vin ; ils en boivent une partie et mêlent ce qui reste dans une seule tasse pour se le partager ensuite et achever de boire.

Cependant le père de l'époux donne un grand repas à ses parents dans un appartement voisin ; la mère de l'épouse en donne un autre dans le même temps à ses parents et aux femmes des amis de son mari, de sorte que la journée se passe en festins. Le lendemain, la nouvelle mariée, vêtue de ses habits nuptiaux et accompagnée de son époux et de la paranymphe qui porte deux pièces d'étoffe de soie, se rend dans la seconde cour de la maison, où le beau-père et la belle-mère, assis chacun à une table particulière, attendent sa visite. Les deux époux les saluent en faisant quatre génuflexions devant eux, après quoi le mari se retire dans une chambre voisine ; l'épouse met sur les deux tables les étoffes de soie et s'incline profondément ; elle prie son beau-père et sa belle-mère d'agréer son présent ; elle se met ensuite à table avec sa belle-mère ; les uns et les autres font les libéralités ordinaires, mais on ne sert aucun mets sur la table, ce n'est qu'une pure cérémonie par laquelle la belle-mère reçoit sa bru comme sa commensale.

Après cette visite, l'épouse va saluer tous les parents de son mari, et fait quatre génuflexions devant eux ; mais elle ne leur rend visite qu'après qu'elle a été introduite dans le temple domestique des aïeux, de la manière que je vais le dire.

On fait d'abord un sacrifice aux aïeux pour les instruire de la visite que la nouvelle mariée va leur rendre. Pendant ce temps-là les deux époux se prosternent sur les degrés du temple et ne se relèvent que quand on a tiré le voile sur les tablettes où sont écrits les noms des aïeux ; ensuite on introduit les mariés dans le temple, où, après plusieurs génuflexions, ils adressent à voix basse des prières aux esprits pour les engager à leur être propices. Cette cérémonie est comme le complément et la perfection des autres.

Tel est le mariage des Chinois. Les gens

d'une condition médiocre ne pratiquent pas toutes ces formalités à la lettre; néanmoins ils en observent une partie, surtout celles qui sont essentielles.

LETTRE D'UN MISSIONNAIRE

A UN DE SES AMIS,

Sur les fatigues de son état.

Du 28 août 1766.

Quoique je n'aie pas eu part, comme vous, aux grandes révolutions et aux grands renversemens, il arrive cependant qu'une foule et une continuité de petites vexations, de petits troubles qui se succèdent les uns aux autres, me mettent habituellement dans une situation extérieure moins tranquille que vous; quant à l'intérieur, puisse-t-il chez nous tous être si bien fiché à l'ancre de l'abandon, que rien ne puisse l'ébranler.

Vous voudriez quelque détail de la mission, quelque chose d'édifiant : ne soyez pas choqué, mon intime, si vous n'êtes pas mieux servi que la sacrée congrégation de la Propagande, lorsqu'en différentes occasions on nous a demandé des lettres édifiantes. Le collègue qui a soin de la montagne a la mission la plus brillante de toute la Chine, et pourroit vous servir mieux que moi. Il est vrai que Dieu, qui a ses desseins sur ce pasteur, permet depuis plusieurs années que son troupeau, qui étoit réuni autour de lui, se disperse, lui occasionne bien des voyages; et plusieurs même, faute de trouver de quoi vivre dans leurs stériles montagnes, passent dans d'autres provinces, ce qui fait saigner le cœur du collègue; mais la saignée est peut-être nécessaire pour avancer la mort. Pour moi qui, dans cinquante ou soixante lieues d'étendue, puis compter environ deux mille chrétiens, qui pour aller chercher mes brebis dispersées, et faire par an douze à quinze cents confessions, suis toujours par voie et par chemin, que voulez-vous que je vous mande ? Il n'y a rien d'assez calaminé pour écrire; il y a abondamment cependant pour répandre son cœur *os ad os* dans celui d'un ami qui est dans les mêmes sentimens. Dans de pareilles conversations, tout en se plaignant doucement devant Dieu de ce qu'il ne suscite pas quelque Xavier, quelque ressusciteur de morts pour faire aller la besogne plus vite, on ne laisseroit pas de bénir le Seigneur d'une quantité prodigieuse de bienfaits qui, sans avoir rien d'éclatant, font cependant par leur totalité, leur contraste, un complexe bien admirable. Que de traits marqués de Providence sur le missionnaire, pour cacher sa route pendant le jour et l'éclairer pendant la nuit, pour le préserver de mille dangers ou l'en tirer lorsque, pour exercer sa foi, le maître l'y a laissé tomber ! que de choses prises dans les mœurs, les coutumes, le caractère de la nation, choses si anti-françoises et qui font mourir ! Que de marques de protection visible pour conduire au baptême certains prédestinés ! Que de circonstances miraculeuses dans la vocation de tel et de tel ! Quel courage n'inspire-t-il pas à l'Asiatique si mou pour le rendre constant dans une persécution continuelle ! Elle ne vient pas, ou du moins rarement de la part des puissances ; mais vivre sans parens, sans amis, environné d'ennemis, étranger dans sa propre patrie; renoncer, dans la crainte d'offenser Dieu, ou de l'occasion de l'offenser, dans la crainte de désobéir à Rome, ou paroître même y désobéir, renoncer, dis-je, à toutes les coutumes que l'usage, la bienséance fait passer pour lois indispensables dans l'esprit des infidèles, voilà leur position. Que d'héroïnes chrétiennes, malheureusement tombées entre les mains de maris infidèles, font, pour conserver leur foi, ce que l'on a admiré dans les martyrs de la primitive Église ! Quelle simplicité de foi! quelle innocence dans le plus grand nombre de ceux qui exercent (car il n'y a aucun missionnaire qui n'ait certain nombre de familles anciennes, qui, quoique sans exercice de religion, n'apostasient pas et présentent encore leurs enfans au baptême) ! Si je vous voyois je vous dirois bien des choses qui nous feroient bénir Dieu, et je n'en trouverois qu'avec peine pour un certain public, pour que je puisse me déterminer à écrire ce qu'on appelle une lettre édifiante.

AU MÊME.

Difficultés à vaincre pour maintenir les chrétientés.

8 septembre 1768.

Il y a bien des années que j'ai cessé de vous désirer ici : lo divin Maître vous retient là pour sa gloire. Cette vue, qui doit être notre devise, absorbe et doit absorber tous les autres désirs. Nous pouvons attendre patiemment, pour nous voir *os ad os*, le temps auquel le Maître fera éclater sa miséricorde et nous réunira dans la patrie.

Si nous étions ensemble, je pourrois édifier votre piété, et vous faire bénir Dieu qui dédommage son Église par les moissons qu'on recueille dans les pays étrangers de la stérilité de vos champs jadis si féconds, et où l'ennemi a semé tant de zizanie; mais tout cela, pour l'ordinaire, se fait par des voies trop simples et trop naturelles en apparence, pour frapper ceux qui semblent attendre quelque chose de plus merveilleux. Une continuité de petits miracles et de coups marqués de la divine Providence me saisit d'admiration, me pénètre de reconnoissance; un seul, plus marqué et avec des traits plus lumineux, frapperoit plus chez vous. Or, c'est de ces prodiges éclatans que Dieu n'a pas encore jugé à propos de faire; s'ils sont nécessaires pour faire entrer cette nation dans toutes les vues de miséricorde que le grand Maître peut avoir sur elle, prions-le de les opérer et d'envoyer un ou plusieurs ouvriers assez morts, assez anéantis pour être dans sa main l'instrument de cette heureuse révolution : *mitte quos missurus es*.

J'admire, par exemple, comment nous pouvons nous maintenir ici et y maintenir ces chrétientés formées par nos prédécesseurs, les augmenter, en former de nouvelles, malgré tant d'obstacles; proscrits que nous sommes par les lois, incapables de changer notre figure et notre accent, nous sommes ici des vingt, trente et quarante années environnés de tous les dangers dont parle saint Paul, et parmi lesquels, sans un soin marqué de la Providence, nous ne pouvons rester des semaines ou des mois. Je mets au hasard quelques traits qui me viennent.

Je suis investi dans une fort petite cabane par un peuple d'infidèles furieux, et qui ne veulent rien moins que m'écorcher tout vif. Muni du signe de la croix, je sors et passe au milieu de la troupe par le plus beau clair de lune, sans être reconnu. L'instant d'après l'ange du Seigneur préside à la sortie de ma chapelle qui passe encore sous les yeux de ces mêmes furies sans être aperçue. Après cela on enfonce les portes, on brise, on casse tout pour parvenir à ma chambre; et dans la rage où ils sont de voir que la proie leur est échappée, ils n'aperçoivent pas un sac portatif pendu dans la chambre, où étoit mon bréviaire et autres meubles d'usage, qui dans le désordre de ma fuite avoit été oublié. Le chef de ces malheureux voit mourir ses trois fils dans l'année (punition terrible en Chine), et reconnoît que c'est une punition du Maître du ciel dont il a insulté le ministre. Une autre fois je me trouve dans un endroit où la famine avoit rassemblé jusqu'à un millier de brigands et de gens sans aveu, qui mettoient le pays à contribution; on ne pouvoit se rédimer du pillage qu'en donnant, à un jour marqué, ou la somme d'argent ou la quantité de grains qu'ils envoyoient demander par leurs députés. Huit de leurs émissaires arrivent dans la maison du chrétien chez qui j'étois, au moment que je sortois de la chambre où j'avois dit la sainte messe. Un instant plus tôt, ils me prenoient à l'autel; ils prennent et soulèvent à diverses reprises le coffre de chapelle, Dieu ne permet pas qu'ils l'ouvrent; ils demandent trente boisseaux de riz qu'on doit venir prendre le lendemain à la même heure, puis ils se retirent. Mon hôte, mort de peur, vient vite me faire part de cette triste nouvelle. Après l'avoir exhorté à la résignation pour tout événement, je lui dis que je croyois qu'en donnant à Dieu une partie, il pourroit peut-être attirer sa protection sur le reste. Je lui conseillai de faire sur-le-champ une aumône de quelques boisseaux à quelques pauvres chrétiens du voisinage, ce qui est exécuté. Le divin Maître voulut bien dégager l'espèce de promesse que j'avois faite en son nom. Le lendemain matin, dans le temps qu'on les attendoit, arrivent divers corps de soldats que le gouverneur de la ville, dont dépendoit cet endroit, avoit ramassés de toutes les villes voisines; plusieurs des chefs sont pris, le reste des maraudeurs se dissipe, et un brigandage qui duroit depuis une quinzaine de jours est arrêté dès qu'on en est venu aux chrétiens.

Ici l'on me cherche pour me nuire, on ne me trouve pas; la mauvaise volonté cesse. Une femme infidèle veut se venger d'avoir été repoussée à l'entrée d'une chambre où j'étois occupé à confesser. Elle va dans la rue crier à pleine tête : *A l'Européen!* personne ne bouge; elle va à un grand marché, à un quart de lieue, pour ameuter la populace; et comme si un Européen n'étoit pas un homme proscrit, aucun, pas même les commissaires de quartier, ne prennent fait et cause. Tantôt de mauvais chrétiens, des apostats, veulent imiter Judas ; je tremble sur eux aussitôt que j'en vois, ils font presque toujours une fin tragique ; et celui qui a permis leur révolte pour exercer notre abandon, arrête l'effet de leur mauvaise volonté. Ici un malheureux, sur qui la vengeance divine a déjà éclaté par bien des coups redoublés, veut me trahir. Les infidèles sont convoqués pour me venir enlever : un d'eux, ami du chrétien chez qui j'étois, se trouve là et détourne le coup. Là un autre perfide, à qui je refuse les sacremens pour sa désobéissance aux décrets, amène des infidèles pour me prendre ; avec cette escorte, il entre, fait grand fracas ; les chrétiens saisissent le traître pour que je puisse sortir. Je passe devant les infidèles, qui me saluent, sans qu'aucun pense à mettre la main sur moi. Devenu odieux aux uns et aux autres, le perfide est forcé d'aller ailleurs cacher sa honte et son crime.

Je serois infini si je voulois tout dire en ce genre ; peut-être même que sans y penser je vous dis des choses que j'ai déjà dites, mais je veux faire cesser vos plaintes. Une fois je me trouve sur la barque avec tout mon bagage apostolique, et chargé même des provisions de Canton pour deux autres de mes confrères ; lorsque je me disposois à dire la messe, je vois une barque arrêtée ; un mandarin veut aller à la capitale, il lui faut des barques pour lui et pour sa suite ; où aller, que devenir ? où porter tout mon butin, et dans un endroit où il n'y a pas de chrétiens ? Arrive fort à propos une barque chrétienne qui, à cause de sa structure, ne couroit pas risque d'être arrêtée ; premier coup de la Providence ; je me sauve dessus avec le plus pressé et le plus nécessaire de mes effets. Je m'écarte un peu, le secrétaire du mandarin vient voir les barques arrêtées ; il monte à diverses reprises sur la mienne et la trouve à son gré ; et enfin, après bien des délibérations, il se fixe, par je ne sais quelle force secrète, à trois ou quatre autres barques beaucoup moins convenables que la mienne, laquelle, dégagée de ce mauvais pas, vient à toutes voiles me trouver dans l'endroit où j'étois caché, en attendant l'événement.

Le père Desrobert, d'heureuse mémoire, disoit quelquefois que son principal catéchiste étoit l'esprit de ténèbres. Il m'a rendu le même service. Quelques infidèles, en divers lieux et en différens temps, ont été violemment molestés, soit par des spectres horribles, soit par divers mauvais traitemens, soit par des incendies extraordinaires et fréquens qui épouvantent tous les voisins. En pareil cas les ministres de Satan, les prêtres des idoles sont invités ; lorsqu'ils ont en vain épuisé tout leur art, ou les infidèles, ou le démon lui-même leur suggèrent d'avoir recours aux chrétiens : on porte de l'eau bénite, on arbore les images de la religion ; les vexations cessent, ou du moins diminuent. Ils se font instruire, ils reçoivent le baptême, on n'entend plus parler de rien. Si le séducteur qui, malgré lui, les a fait entrer dans la religion cherche quelquefois à les faire retourner en arrière, et a même réussi pour quelques-uns, ce n'est qu'après avoir fait éclater la toute-puissance de Dieu et sa propre foiblesse. Un homme horriblement vexé par le démon étoit en conséquence tombé dans diverses maladies compliquées. Après avoir essayé en vain tous les remèdes et les superstitions, il a recours à Dieu. Il se fait instruire, je le baptise et presque toute sa famille. Il persévère quelque temps avec ferveur ; mais comme Dieu n'avoit pas jugé à propos de faire le miracle de guérir ses maladies corporelles, il s'emporte jusqu'à des blasphèmes, et en vient jusqu'à arracher et déchirer ses images en signe d'apostasie. Il meurt le même jour. Se sentant frappé, il exhorte ses enfans à persévérer, et reconnoît sa faute, mais, selon toutes les apparences, à peu près de la manière d'Antiochus. Dieu en est le juge. J'ai beaucoup de traits semblables de punition pour apostasie.

Un chrétien qui ouvroit boutique avoit quelque marchandise superstitieuse, comme des monnoies de papier destinées à être jetées sur les tombeaux des morts, des bâtons odoriférans pour brûler devant les idoles. (Les chrétiens ne peuvent vendre de ces choses-là.) Je visite cet endroit. Après une longue exhortation, je ne pus obtenir de lui que la promesse de ne plus rien acheter de semblable, mais il refuse absolument de sacrifier ce qui lui reste de pareille marchandise, et veut renvoyer sa confession à la visite de l'année suivante. J'ai beau lui représenter qu'il n'y aura peut-être plus de visite pour lui, tout est inutile. Je pars. A peine arrivé dans la chrétienté suivante, je trouve des billets de mort. J'ouvre, et je lis avec horreur le nom de ce malheureux. Un autre, qui faisoit de ces sortes de bâtons odoriférans, se rend à mes exhortations. Le tentateur lui apparoît souvent, et le menace de le tuer s'il ne continue ce commerce. Il succombe. Je reviens à la charge, il m'obéit, et cela à diverses reprises. Enfin le démon, pour n'essuyer plus tant de contradictions de ma part, le fait apostasier. Il meurt peu après, et fait dans ces derniers momens des efforts inutiles pour avoir les secours spirituels. Celui dont il avoit mieux aimé porter le joug que celui de Jésus-Christ, gardoit trop bien sa place. Sa femme, qui étoit sa complice, meurt la même année, en mettant au monde un enfant conçu par un crime, et sa fille est en même temps tuée par son mari. Ces trois morts tragiques frappèrent les chrétiens, mais moi plus que personne, parce que j'avois vu de plus près toute cette trame diabolique.

Quant à certains traits marqués de la Providence pour sauver telle ou telle personne, telle famille, etc., ils sont si multipliés, que je ne puis en dire que peu.

Une fille de seize ans apprend les prières et les obligations de certaines abstinences avant d'avoir appris la nécessité du baptême, et de savoir qu'il y a un missionnaire qui le confère; elle est mariée à l'infidèle à qui elle étoit promise dès l'enfance. Passée dans cette famille assez éloignée, elle n'est pas infidèle à cette première grâce. Elle se conserve intacte de toute superstition. Elle prie soir et matin; et de sept jours, elle garde deux jours d'abstinence. (Elle n'en savoit pas davantage.) Elle passe ainsi trente ans sans secours. Dieu bénit ces saintes dispositions. Un enfant chrétien ne pouvant, à cause de la nuit, gagner son village, va lui demander l'hospitalité. Avant de se coucher, il se retire dans un coin pour prier. Cette femme l'épie, et entend quelques mots. Elle lui dit qu'elle est chrétienne. Là-dessus, il lui fait des questions; par ses réponses il voit qu'elle n'est pas baptisée, et l'instruit sur la nécessité du baptême. Je n'étois pas loin. On me l'amène. Je l'instruis encore, et je lui confère avec grande consolation ce sacrement auquel elle étoit si bien disposée; et depuis sept à huit ans qu'elle l'a reçu, elle vit avec grande édification.

Un autre n'a survécu que de peu de jours à la grâce du baptême, à laquelle il avoit apporté les mêmes dispositions que cette femme. Cet homme croyoit en savoir assez dès qu'il eut appris à honorer et adorer Dieu. Il récitoit depuis vingt ans avec grande ferveur ses prières. Au bout de vingt ans, la Providence le fait passer chez la veuve de celui qui lui avoit donné les premières instructions. Le voyant bien disposé, elle lui dit qu'il y a un homme qui lui en apprendra davantage, et que cet homme étoit ce jour-là même sorti de chez elle pour aller six lieues plus loin. Il fait ces six lieues avec grande joie, vient me demander le saint baptême, et meurt peu après. On ne parle ici du baptême, et surtout de celui qui le confère, que quand on est moralement sûr que le catéchumène ne retournera pas en arrière.

J'arrive dans un endroit où il y avoit plusieurs barques chrétiennes. Je dis à un homme qui étoit alors sur la mienne, et qui s'y trouvoit par pure providence, de voir si la barque de sa sœur ne seroit pas dans cet endroit-là. Il part pour l'aller chercher. A peine a-t-il fait deux pas que je le rappelle, et je ne sais par quel mouvement je lui dis, que s'il trouve sa sœur, il la laisse venir le jour même, parce que, ajoutai-je, on ne sait pas ce qui peut arriver demain. Il la trouve le même jour : je la confesse peu après la messe; elle s'en retourne; elle se trouve mal : avant midi on vient m'apprendre sa mort.

Une fois, faute d'un endroit plus tranquille, je faisois ma retraite sur ma barque; passant par un certain endroit où il y avoit des chrétiens, j'en remets la visite pour mon retour, qui ne devoit pas tarder, et j'ordonne au barquier de passer son chemin sans donner nouvelle à personne. Après avoir passé plus de la moitié de ce gros marché, il me vint une pensée qu'à mon retour il seroit peut-être trop tard pour distribuer le calendrier de l'année suivante. Je fais aller un homme à terre pour le porter dans la première maison chrétienne. Il revient toujours courant me dire que le catéchiste de l'endroit étoit à l'extrémité. Je reviens sur mes pas, et il ne survit que d'un jour à la grâce des derniers sacremens.

Je serois infini si je voulois tout dire, et cependant il faut finir. Je crois que cette lettre, du moins par sa longueur, fera cesser vos plaintes sur ma brièveté. N'exigez pas que je vous en écrive autant tous les ans; je ne pourrois, ou que me répéter, ou dire des choses à peu près semblables, à moins cependant que par vous et par vos amis vous ne forciez le Ciel à nous accorder des succès plus rapides, et des faveurs en genre d'apostolat assez singulières pour frapper ceux qui attendent quelque chose d'extraordinaire dans des lettres qui viennent de si loin. Vous savez ce que je vous suis en Dieu.

LETTRE DU PÈRE F. BOURGEOIS

AU PÈRE ANCEMOT.

Traversée. — Java. — Royaume de Bantam. — Vampou et Canton. — Voyage de Pékin. — Particularités sur les mœurs, caractères et usages. — Divinités chinoises.

A Canton, le 1er septembre 1767.

MON RÉVÉREND PÈRE,
P. C.

Il faut que vous ayez toujours bien de l'ascendant sur mon esprit; je vous avois écrit une longue lettre, et je n'ai pu prendre sur moi de m'en tenir là. Est-ce crainte? non; je suis à six bonnes mille lieues de vous; d'ailleurs je ne sache pas que j'aie rien à craindre maintenant ou à espérer sur la terre. C'est attachement, considération, envie de vous faire plaisir.

Je suis en Chine, mon cher ami; enfin je suis en Chine, Dieu en soit béni mille fois! Je ne m'attendois plus qu'il voudroit bien jeter un coup d'œil sur un pauvre ouvrier, et l'envoyer à sa vigne à la onzième heure. Il l'a fait cependant, ne consultant que sa miséricorde. Il a comblé mes vœux; encore une fois qu'il en soit béni à jamais!

Nous sommes arrivés à Vampou, à trois lieues de Canton, le 13 d'août 1767; ainsi nous n'avons été en route que cinq mois moins deux jours. C'est une traversée fort heureuse. Il semble que la Providence ait voulu nous dédommager des malheurs de notre première sortie.

Au milieu d'une foule de malades, je me suis toujours porté à merveille; ce n'est pas que je n'aie eu de temps en temps de petites croix à porter; on en trouve partout, mais elles sont bien douces quand c'est le Seigneur qui les envoie.

Dans la solitude d'un vaisseau, sans connoissance, sans amis, sans fonctions, sans aucune distraction nécessaire, n'ayant pour tout objet que le ciel et l'eau, combien de fois j'ai pensé à vous! Je me rappelois, avec un plaisir bien sensible, toutes les occasions où j'ai été si content de votre piété, de votre zèle, de votre bon cœur, et des autres qualités qui m'attachent pour jamais à vous; ces pensées donnent une consolation qu'on ne rend pas.

Nous partîmes de Lorient le 15 de mars. Je crus presque, en sortant, que nous serions obligés de rentrer dans le port. Le vent, qui nous avoit si malmenés la première fois, s'éleva tout à coup. Il étoit violent, mais il ne dura pas. Après deux ou trois jours il changea, et nous doublâmes enfin le fameux cap, appelé communément *finis terræ*, parce qu'on croyoit autrefois que c'étoit le bout du monde.

Quelques jours après notre sortie du port, nous nous trouvâmes à la hauteur du Portugal. Je vous laise à juger combien je roulois alors de tristes pensées dans mon esprit.

La nuit du premier au second d'avril, nous nous approchâmes de Madère. C'est une île qui appartient aux Portugais. Nous y avions une belle maison. Les insulaires nous aimoient; mais, en 1760, ils manquèrent de faire une grande faute ou plutôt un grand crime. Il n'étoit question de rien moins que de se révolter pour nous conserver. Les jésuites eurent horreur d'une pareille pensée, et agissant selon les principes de notre sainte religion, ils furent assez heureux pour engager ces peuples à consentir à leur départ.

Bientôt nous arrivâmes à la hauteur de Salé; le vent nous y poussoit bien malgré nous, car les Saletins ne sont rien moins que favorables aux Européens; depuis l'entreprise de la France, qui finit si malheureusement, ces peuples sont plus audacieux que jamais. On dit que les Anglois, pour troubler notre commerce, les favorisent sous main, et je le croirois assez, parce que l'intérêt est maintenant le grand mobile de presque toutes les nations comme de presque tous les particuliers. L'honneur et la décence ne gênent plus beaucoup. Les Saletins ont, à ce qu'on dit, une frégate de trente canons et une autre de vingt-quatre. C'est plus qu'il n'en faut pour prendre un vaisseau, comme le *Beaumont* [1], qui au lieu de soixante-quatre canons qu'il pourroit porter, n'en compte que vingt-deux, encore assez mal servis. Ajoutez à cela que nous n'avions que cent quatre-vingts hommes d'équipage, et que les Salétins sont jusqu'à cinq cents sur un seul bâtiment ; pour l'ordinaire ils attendent le calme, et ils en viennent aussitôt à l'abordage à force de rames, et c'est alors qu'on voit jusqu'à quel point peut se porter leur fureur. Cependant le vent changea, et nous nous éloignâmes de ces parages, dont nous étions bien fâchés, je vous assure, d'être si près.

Peu de temps après je vis l'appareil d'un combat ; nous n'étions pas si loin des Salétins qu'ils ne pussent encore nous atteindre. Il arriva qu'un vaisseau qui nous côtoyoit depuis deux jours, paroissant faire la même route que nous, s'avança comme pour nous présenter le combat ; on l'aperçut en sortant de table. Je le vis, il étoit tout près. A l'instant on prépara les batteries ; on apporta sur le gaillard des fusils, des pistolets, des haches et des sabres pour armer tout l'équipage, et chacun prit son poste. Mais le vaisseau qu'on croyoit ennemi s'éloigna ; nos officiers ont cru que c'étoit un Anglois qui vouloit s'amuser.

Le 12 d'avril le soleil passa perpendiculairement sur nos têtes pour s'approcher de nous, et dès lors nous le rapportâmes au septentrion, jusqu'à ce qu'ayant passé et repassé la ligne, nous l'eûmes une seconde fois sur nos têtes. Depuis ce temps-là, il nous paroît au midi à l'ordinaire, et, Dieu aidant, il me paroîtra ainsi le reste de mes jours.

Le 3 de mai, sur les trois heures du soir, on cria terre : c'étoit une île de l'Amérique qu'on voyoit ; elle s'appelle la *Trinité* ; de là à *Riogenero* [2], dans le Brésil, il n'y a guère pour un vaisseau que trois ou quatre jours de marche.

Nous passâmes le tropique du Capricorne le 8 mai. Ce jour-là même nous eûmes un spectacle qui nous amusa. Sur les dix heures du soir, notre vaisseau, qui alloit avec la rapidité de la flèche, heurta une baleine monstrueuse ; l'animal crut apparemment qu'il avoit affaire à un ennemi qu'il falloit combattre ; il s'escrima longtemps autour du navire. On estima que cette baleine avoit en longueur

[1] Nom du vaisseau où étoit le père Bourgeois.
[2] Rio-Janeiro.

plus de la moitié du *Beaumont*, qui est de cent quarante-cinq pieds de roi. Elle étoit grosse à proportion, et tandis qu'elle nous jetoit au nez des torrens d'eau salée par deux trous qu'elle a sur le dos, je répétois ces belles paroles du cantique des trois Enfans dans la fournaise de Babylone : *Benedicite, cete,* etc.

Le 24 mai, à neuf heures du matin, j'étois allé sur le passe-avant pour y dire mes petites heures. Il me vint alors, je ne sais comment, en pensée, que je serois mieux dans la galerie. A peine y fus-je entré, que j'entendis un grand bruit ; c'étoit une grosse poutre de trente-deux pieds de long, qui étoit tombée du grand mât sur le passe-avant, et l'avoit fracassé. Je sentis alors, avec reconnoissance, d'où m'étoit venue la pensée de ne pas rester dans cet endroit.

Voilà un trait où la Providence est bien marquée. En voici encore un autre plus touchant. Les courans nous avoient portés à la Nouvelle-Hollande. Nos officiers, du moins ceux qui commandoient, n'en vouloient rien croire ; nous étions sur le point de toucher et de périr sans ressource, qu'ils s'en croyoient encore éloignés de cent cinquante lieues. Je sentis le danger sans le craindre. Je ne savois cependant pas comment la Providence nous en tireroit ; mais j'avois une pleine confiance qu'elle ne nous manqueroit pas dans l'occasion.

On ne souffre point que les passagers disent un mot sur la manœuvre du vaisseau. Cela est sage ; je crus néanmoins, dans une occasion si pressante, devoir parler au pilote sur qui le capitaine se remettoit de la conduite du navire. C'est un fort honnête homme, mais un routier qui a fait huit fois le chemin de la Chine, c'est-à-dire quatre-vingt mille lieues ; il n'en crut qu'à son expérience, quoique dans tout autre cas il déférât volontiers à ce que je lui disois. Cependant la mer se chargeoit d'herbes qui ne pouvoient venir que du rivage. Le 29 de juin, un oiseau de terre vint se reposer sur notre vaisseau, comme pour nous dire que nous n'en étions pas loin, et qu'il falloit prendre garde. Malgré tout cela, on n'ouvroit pas les yeux. Enfin je m'amusai à pêcher dans un seau de ces herbes qui flottoient sur la mer. Je vis un poisson rouge, je le dis, et à l'instant le bruit s'en répandit dans tout le vaisseau. Le lieutenant vint demander si la chose étoit vraie; je le lui assurai; aussitôt on jeta la sonde, et on trouva le fond. Encore une heure ou deux, et nous étions perdus.

Il fallut donc corriger son thème et changer bien vite de route; mais une chose étoit à craindre, c'étoit le calme qui règne pour l'ordinaire sur cette mer. Il est redoutable pour deux raisons. La première, parce que les courans peuvent alors vous jeter impunément sur le rivage, sans qu'on puisse s'en défendre. La seconde, parce qu'il décourage l'équipage et qu'il le rend malade.

Le trajet de la Chine est la plus grande traversée qu'on puisse faire sans relâcher quelque part pour se reposer. Déjà le scorbut avoit gagné notre vaisseau, cinquante matelots étoient hors de combat, leurs gencives tomboient en pièces, leurs jambes étoient enflées et livides. Cinquante autres, pour être moins malades, n'étoient cependant pas à leur aise. L'espérance de la terre les soutenoit. Une contradiction d'un mois en eût fait périr plus de la moitié, et nous eût peut-être mis dans la nécessité de manquer notre voyage cette année, faute de matelots pour les manœuvres du détroit, qui veulent un équipage fort et complet. Le beau temps remédie à tout. C'étoit le 30 de juin que nous avions manqué de périr, et dès le 10 de juillet nous devions voir les premières terres de l'Asie. Mon dessein étoit de ne dire ce jour-là la sainte messe qu'après avoir vu cette terre promise et si longtemps désirée. Vers les huit heures et demie, on m'engagea à ne pas différer davantage; mais je n'étois pas au milieu du saint sacrifice, qu'on cria : Terre. C'étoit Java par son milieu.

Après mon action de grâce, je montai sur le gaillard; je vis des îles, des montagnes toutes couvertes de forêts et des pays immenses qui paroissoient tous déserts. J'étois au comble de mes vœux; je me mis à genoux en présence de tout le monde, sans trop penser à ce qui étoit autour de moi. Je priai; mais je ne sais pas trop ce que je dis alors.

Une situation si touchante ne laisse guère que le sentiment d'elle-même. Cependant la joie que j'avois en voyant des contrées après lesquelles j'avois tant soupiré, fut bien tempérée par la peine que j'éprouvois en songeant que depuis tant de siècles elles étoient le règne du démon de l'idolâtrie.

Enfin, le 12 juillet, après avoir côtoyé l'île de Java deux jours et deux nuits, nous nous présentâmes à la porte[1] de l'Asie. Elle a environ deux lieues de large. D'un côté, il y a un rocher détaché de la grande île de Java, sur lequel on voit d'assez loin un arbre qui se replie en forme de capuce; c'est pour cela qu'on appelle ce rocher le *Capucin*. De l'autre côté, à l'extrémité de Sumatra, on voit les Charpentiers. Ce sont des rochers qui mettent en pièces les vaisseaux que les courans y portent, quand par malheur le vent vient à manquer au moment du passage; les flots se brisent en les frappant avec un bruit effroyable, et s'élèvent à plus de trente pieds de haut, pour retomber en écume blanche comme le lait. Ma prière en passant cet endroit fut celle du Prophète : *Attollite portas, principes, vestras*.

Le soir, nous mouillâmes auprès d'une petite île qu'on nomme *Cantaye*, entre Java et Sumatra, à l'entrée du détroit de la Sonde. Je descendis le premier à terre, porté sur les épaules de deux matelots nerveux et robustes, et aussitôt je m'enfonçai seul dans un bois. Dans la grande terre, qui n'est séparée de la petite île que par un bras de mer large comme la Moselle; il y a des tigres en quantité, des lions, des rhinocéros et d'autres animaux très-dangereux. On y marche toujours armé, et souvent encore on est surpris, quoiqu'on ne puisse pas avancer dans la grande île au delà d'une portée de fusil.

Parmi les peuples de Java et de Sumatra, les Malais furent les premiers et les plus chers objets du zèle de saint François-Xavier. Cette nation est répandue dans toutes les Indes, comme à peu près les Juifs en Europe. Il est étonnant que nos géographes leur aient donné un pays particulier. Aussitôt que nous fûmes arrivés, on tira le canon pour nous annoncer. Je m'attendois que les pauvres insulaires viendroient à bord; je m'en réjouissois d'avance. Je leur avois préparé mes présens, tout étoit arrangé; mais ils ne vinrent pas. Les Hollandois, qui par le moyen de Batavia tiennent en respect tout le pays, leur ont défendu, sous peine de la vie, de porter aucuns rafraîchissemens aux vaisseaux qui passent. On prétend que le motif de cette défense est la

---

[1] Ces îles maintenant sont comprises dans l'Océanie. L'Asie ne commence qu'à la sortie du détroit.

crainte qu'ont les Hollandois qu'on ne vende des armes aux Malais[1].

Après avoir fait de l'eau et du bois, nous levâmes l'ancre le 17, et le 19 nous mouillâmes à Serigny, qui appartient au roi de Bantam. Sur le soir nous vîmes approcher de notre bord un bateau malais. C'étoit un soldat hollandois qui venoit prendre le nom de notre vaisseau et celui du capitaine, selon l'ordre qu'il en avoit reçu de Batavia.

Tandis que nos officiers parloient au soldat hollandois qui étoit monté sur notre bord, je descendis dans la petite barque de nos chers Indiens. C'étoient les premiers que je voyois; je les vis avec attendrissement, je leur fis mille caresses. Cependant ils avoient peur, mon air les rassura; enfin l'un d'eux me tendit la main, que je serrai, je vous assure, très-affectueusement. Après leur avoir distribué mes petits présens, parmi lesquels se trouvoient une soutane d'hiver que je ne devois plus porter, je leur annonçai par des gestes notre sainte religion; je leur montrai le ciel, ils en paroissoient touchés et ils faisoient tout comme moi. Mais, à vous dire vrai, je ne sais pas trop si nous nous entendions. Ils voulurent à leur tour me faire quelque don. Le seul que j'acceptai fut une feuille aromatique appelée *bétel*, sur laquelle ils avoient mis un peu de chaux. J'allois la manger, lorsque je m'aperçus que quelques gens du vaisseau prenoient ombrage de mon séjour dans la barque. Mais le lendemain ils eurent beau faire, je voulus descendre à Serigny. La fermeté est quelquefois de saison; elle coûte peu à un homme qui n'espère et ne craint plus rien sur la terre.

Serigny est un village malais dans la grande île de Java, pays montagneux et couvert partout de superbes forêts. Les arbres viennent jusqu'au bord de la mer; ils sont toujours verts, et bien nouveaux pour un Européen. On en voit un, entre autres, auquel les Portugais ont donné le nom de *figuier*, parce que son fruit est aussi farineux et aussi sucré que nos meilleures figues de Provence. Les arbres qui le portent ressemblent assez à nos noyers; leurs feuilles sont larges et d'un beau vert, et sur l'arrière-saison elles deviennent d'un rouge clair et fort agréable à la vue. Les fruits en sont aussi gros que des pommes, et à mesure qu'ils mûrissent, ils prennent une couleur aurore. Le père Duhalde fait mention d'un arbre semblable dans sa description de l'empire de la Chine.

On y trouve aussi un arbre dont j'ai toujours ignoré le nom; tout ce que je sais, c'est qu'il produit une espèce de datte. La chair de ce fruit est molle et d'un goût exquis; l'écorce qui la renferme est semblable à du chagrin, et d'une figure presque ovale. On prétend que ce fruit est dangereux quand il est nouvellement cueilli, c'est pourquoi on le fait sécher. Il devient noir et ridé comme nos prunes ordinaires, et alors on peut le manger sans courir aucun risque.

L'endroit où je mis pied à terre ressemble à un jardin immense, semé d'arbres et de plantes étrangères, dont les Portugais font un très-grand usage dans leur médecine; alors les eaux de la mer s'étoient retirées, et avoient laissé à leur place une allée de sable longue à perte de vue, et large d'environ quarante pieds.

Je vis d'abord des troupes d'enfans et quelques hommes qui venoient sur le sable, les uns d'un côté et les autres de l'autre. Ils étoient comme on les représente dans les images de saint François-Xavier, de couleur de brique bien cuite. Un mouchoir entrelacé leur serre la tête sans la couvrir. Ils ont des espèces de caleçon qui des reins leur tombe presque jusqu'aux genoux. Les gens d'un peu de considération portent à la ceinture du caleçon un poignard empoisonné, long d'un pied seulement, et ce poignard s'appelle *cric*. Les femmes ne paroissent point en public. Un de nos officiers s'étant avancé dans le village, en aperçut cependant une ou deux qui alloient à l'eau; on ne les distingue des hommes que par une espèce d'écharpe qu'elles attachent au côté droit de leur ceinture, et qu'elles jettent sur l'épaule gauche pour couvrir la poitrine.

Plus loin, j'aperçus un Indien de marque, assis sur un fauteuil de paille; il étoit entouré d'autres Indiens, dont les uns étoient droits, et les autres assis par terre comme des singes, ou bien comme des tailleurs d'Europe. Vous les eussiez pris, à leur couleur et à leur attitude, pour des statues de bronze.

Je m'avançai: un bon vieillard, qui étoit mi-

---

[1] Cette défense est levée ou bravée aujourd'hui; les pirogues des Javanois entourent les vaisseaux européens et leur apportent toutes sortes de rafraîchissemens.

nistre du roi de Bantam, me serra la main. Je lui rendis la pareille ; je le fis de la manière du monde la plus affectueuse. Il ne savoit point alors tout ce qui se passoit dans mon cœur ; la crainte des Hollandois l'empêcha de donner des vivres à notre pauvre équipage, qui mouroit de faim. En conséquence, nous prîmes le parti de descendre à Kerita, comptoir hollandois. Nous y trouvâmes trois soldats de cette nation ; il fallut les intimider. Nous parlâmes fort haut, le caporal eut peur et il satisfit en partie nos officiers.

Tandis qu'on vendoit et qu'on achetoit, je distribuai gratis aux enfans de petits chapelets de verre, dont ils me paroissoient très-curieux ; mais comme je savois qu'ils étoient mahométans, j'en ôtai les croix, dans la crainte de quelque profanation. Je me retirai ensuite dans une cour intérieure des Hollandois, pour y vaquer à quelques exercices de dévotion.

Cependant on eut beau faire à Serigny et à Kerita, on ne put en tirer qu'une très-petite partie des rafraîchissemens qu'on s'étoit promis. Le seul parti qu'il restoit à prendre, et qu'on prit en effet, fut de se rendre le plus tôt possible à Macao, dont nous n'étions plus éloignés que de sept ou huit cents lieues. Mais Dieu, qui avoit des vues de miséricorde sur nous, arrêta tout à coup notre vaisseau par un vent qui n'est pas ordinaire dans le détroit. A peine avions-nous mouillé, qu'il nous vint d'un endroit appelé *Anières*, un bateau tout chargé de tortues, et aussitôt que nous eûmes fait nos provisions, le vent devint favorable. Ce trait de Providence toucha tellement nos marins, qui de leur propre aveu ne sont pas trop tendres, qu'un d'entre eux, qui la veille avoit disputé sur les miracles, dit hautement que pour le coup il se rendoit. Les larmes en vinrent aux yeux d'un chirurgien, et depuis ce temps-là, toutes les fois que je voulois exciter la confiance et la reconnoissance de nos malades, je leur disois : « Souvenez-vous d'Anières. » La tortue les guérit tous. Je n'ai jamais vu un remède si prompt et si efficace contre le scorbut. Je ne sais si nos tortues d'Europe auroient le même effet, et si nos médecins l'ont jamais éprouvé.

Je soupirois après Sancian. Plus j'en approchois, plus mes désirs croissoient. Le jour où selon nos hauteurs, je devois apercevoir cette île si désirée, je me levai deux ou trois heures avant le jour ; puis, le visage et les yeux tournés du côté où l'on devoit l'apercevoir d'abord, je regardai, je priai, et je ne vis rien ; enfin, à six heures et demie on cria du haut des mâts : « Sancian. » A ce mot je ne fis qu'un saut du gaillard d'arrière au gaillard de devant, et je vis Sancian. Sa vue me saisit et me tint quelque temps immobile. On vint cependant m'avertir qu'il étoit temps de dire la sainte messe ; mais après mon action de grâce, je remontai bien vite pour considérer Sancian à mon aise [1].

Déjà nous n'étions plus qu'à vingt lieues de Macao ; on avoit à cœur d'y mouiller ce jour-là même, qui étoit le onzième d'août 1767, jour pour moi à jamais mémorable. Pour cela, on marchoit grand train au milieu d'une infinité d'îles et de rochers secs et couverts d'une mousse aride et jaunâtre. Comme la lune nous favorisoit, nous arrivâmes vers les dix heures du soir à une lieue et demie de la ville, où l'on mouilla. L'ancre jetée, on mit le canot à la mer pour transporter M. Serrard, prêtre des Missions étrangères, et le père Niem, dominicain.

J'avois si bien joué mon rôle depuis cinq mois, que pendant tout ce temps-là personne, sans même en excepter le capitaine, ne me soupçonnoit d'être jésuite. Tous me prenoient pour le confrère de M. Serrard, que j'avois eu soin d'imiter en tout.

Ne pas descendre avec lui à Macao, pour y voir mes prétendus confrères, c'étoit me trahir, et je voulois garder l'incognito jusqu'à Canton :

---

[1] On sait que c'est à Sancian que mourut saint François-Xavier ; son corps resta plusieurs mois dans la terre sous de la chaux vive, sans rien perdre de sa fraîcheur ; il a été transporté à Goa, où depuis deux siècles le ciel le préserve encore de toute corruption. En 1744, M. d'Almeida, marquis de Castel-Nuovo, vice-roi des Indes, et M. l'archevêque de Goa, tous les deux nouvellement arrivés de Lisbonne, vinrent par ordre du roi de Portugal dans la maison des jésuites de Goa, et demandèrent qu'il leur fût permis de baiser les pieds de l'apôtre des Indes et du Japon, au nom et de la part du roi leur maître. On fit donc l'ouverture du tombeau, et l'on vit avec une joie inexprimable le vénérable corps parfaitement conservé, n'exhalant aucune mauvaise odeur, etc. La tête du saint a encore ses cheveux. On examina son visage, ses mains, sa poitrine, ses pieds, et l'on n'y remarqua aucune altération.

Après avoir considéré avec respect et admiration ce saint dépôt, on le mit dans un nouveau cercueil plus décent et plus digne de ce riche trésor.

d'un autre côté, il y avoit beaucoup à craindre de la part des Portugais. Dans cette perplexité, après m'être consulté moi-même, je pris mon parti, et malgré les frayeurs de M. Serrard, je m'équipai de pied en cap pour n'être point connu.

Je commençai d'abord par changer de décoration ; je mis bas la soutane ecclésiastique, pour m'habiller tout à fait en séculier, et je la remplaçai par un volant bleu. Je pris ensuite une bourse à cheveux, et je partis, le coutelas au côté, et un jonc de malac à la main.

J'arrivai à onze heures du soir, et il fallut aller chez le gouverneur portugais. Je m'y attendois bien, mais je fis semblant d'être un des officiers du *Beaumont* ; je lui dis que je voulois savoir de lui combien il feroit tirer de coups de canon, si le lendemain à la pointe du jour je saluois Macao. Nous convînmes qu'on rendroit coup pour coup.

A minuit sonnant, je me trouvai devant la belle église de Saint-Paul, et je me rabattis ensuite chez MM. des Missions étrangères, qui m'apprirent de très-mauvaises nouvelles ; je sus d'eux que le royaume de Siam venoit d'être détruit par les Bramans[1], qu'il n'étoit plus qu'un vaste désert ; que presque tous les chrétiens avoient péri malheureusement, et que l'église et le collège des Missions étrangères avoient été rasés.

J'appris aussi que les affaires étoient terriblement brouillées en Chine ; qu'une grande province nommée *Yunnam*, et l'île d'Hainan, avoient pris les armes contre l'empereur, et que les provinces voisines paroissoient vouloir s'ébranler ; ce qui pouvoit avoir des suites considérables. On m'ajouta qu'il n'y avoit qu'un mois que deux Pères franciscains allemands avoient été arrêtés dans la province de Canton, et qu'actuellement ils étoient en prison dans la capitale qui porte le même nom, et d'où je vous écris ; qu'à quatre ou cinq cents lieues de là, les missionnaires étoient obligés de prendre la fuite ou de se cacher, pour se dérober aux recherches qui se font à coup sûr dans ces sortes d'occasions ; que le vice-roi de Canton avoit envoyé un mandarin à Macao pour savoir qui avoit introduit de nouveaux étrangers dans l'empire, et qu'il avoit menacé le sénat portugais de toute sa colère, s'il n'étoit pas plus attentif désormais à fermer l'entrée de la Chine aux missionnaires européens.

A ces tristes nouvelles, on me pressa tant, qu'à trois heures après minuit je fus contraint de regagner le vaisseau. Le lendemain 13 d'août, à la pointe du jour, nous nous trouvâmes à la bouche du Kiang[1], c'est l'entrée de la Chine. Le bras de la rivière par lequel on remonte n'a dans cet endroit qu'un quart de lieue de large. Il est défendu par deux forts si petits et si misérables, qu'ils ne méritent pas un si beau nom. Un moment après, nous vîmes à découvert une de ces fameuses tours, qui sont disposées de façon qu'en vingt-quatre heures l'empereur peut avoir des nouvelles de Canton, quoiqu'il en soit éloigné de plus de six cents lieues. Cette tour est de huit étages ; les dehors, qui sont de porcelaine, sont ornés de diverses figures ; au dedans, elle est revêtue de marbres très-polis, de différentes couleurs : on a pratiqué dans l'épaisseur du mur un escalier par lequel on monte à tous les étages, et de là sur de belles galeries de marbre, ornées de grilles de fer doré, qui embellissent les saillies dont la tour est environnée. On voit au coin de chaque galerie de petites cloches suspendues, qui, agitées par le vent, rendent un son assez agréable.

Le même jour 13 d'août, après midi, nous arrivâmes à la vue de la rade, marchant majestueusement au milieu des vaisseaux de toutes les nations, et au bruit de leurs canons qui nous saluoient en passant. A cinq heures, nous mouillâmes à Vampou, comme j'ai dit au commencement de cette lettre.

Quoique, à vous dire vrai, le vaisseau ne soit pas un séjour fort agréable par lui-même, comme il est aisé de se l'imaginer, le temps ne m'y a pas duré. J'avois pour compagnon de voyage, un prêtre des Missions étrangères, jeune homme plein de piété et de zèle, connoissant les voies de Dieu, retiré et recueilli, dur à lui-même, aimable quand il croyoit devoir l'être, et toujours édifiant. Son exemple m'a beaucoup servi.

Les premiers objets que je vis le 13 d'août, en arrivant à Vampou, furent les pères Collas et Beguin ; au premier coup de canon, ils s'étoient jetés dans une barque pour venir au-devant de moi. Ils m'apprirent que notre Père

---

[1] Les Birmans : ils avoient dévasté Siam, mais ce royaume s'est, depuis, bien relevé.

[1] C'est le Tchu-kiang, que souvent les Européens nomment *Tigre*.

supérieur étoit à Canton, et qu'il ne manqueroit pas de venir quand il me sauroit arrivé.

Quoique Vampou soit éloigné de Canton d'environ trois bonnes lieues, il y étoit le lendemain de bon matin. Je l'embrassai de tout mon cœur, comme un ancien missionnaire qui travailloit depuis trente ans, avec un zèle infatigable, à la conversion des infidèles. J'appris ensuite du père Lefebvre que le père Lamiral ayant voulu pénétrer dans les terres il y a dix ou onze mois, il avoit été pris à une demi-lieue de Canton, et que pour le racheter il en avoit coûté plus de vingt mille livres ; il me raconta aussi que lui-même ayant tenté, au commencement de cette année 1767, de pénétrer dans les terres pour y exercer son ministère en attendant le retour des vaisseaux françois, il avoit été découvert, et qu'il n'avoit échappé à la fureur des infidèles que par une espèce de miracle. Il me confirma encore tout ce qu'on m'avoit dit de la guerre allumée entre l'empereur et la province de Yunnan, et de l'emprisonnement des Pères franciscains, à qui, sous nos yeux, on fait aujourd'hui le procès avec toute la rigueur possible.

Nous ne pouvions arriver dans de plus tristes circonstances ; aussi dès que nos amis nous surent arrivés à Vampou, ils jetèrent les hauts cris ; il n'étoit question de rien moins que de nous renvoyer d'où nous venions. Le père Lefebvre laissoit dire. Cependant, pour donner quelque chose aux circonstances, il nous laissa sur notre vaisseau, nous recommandant de ne point nous montrer aux Chinois qui étoient chargés d'y porter des vivres ; mais, malgré toutes nos précautions, le 15 d'août, je fus reconnu deux fois avant dix heures du matin. Un vieux Chinois, qui avoit pénétré dans la grande chambre où je vivois en reclus, m'ayant envisagé, dit à un de nos officiers, en portugais : « Voilà un *Padre* » ; une heure après, un autre Chinois m'apostrophant, me dit : « *Padre, Padre....* » Je me mis à rire en lui montrant ma bourse à cheveux ; on fit venir l'aumônier, mais il soutint toujours que j'étois un *Padre*. Le père Lefebvre ayant appris cette nouvelle, me fit dire de m'habiller tout en soie et en satin ; j'obéis à l'instant. Je crus pouvoir alors aller tête levée dans tout le vaisseau : je me trompois ; un Chinois, attaché depuis vingt-cinq ans au service des navires françois, vint à moi, et me serrant la main fort affectueusement, il m'appela *Padre*. J'étois sur le gaillard où il y avoit beaucoup de monde ; on s'assembla aussitôt autour d'Alam (c'étoit le nom du Chinois), on lui dit tout ce qu'on put pour le désabuser, mais tout fut inutile, et il ne m'appela jamais autrement que *Padre*.

Cependant le Père supérieur consultoit Dieu, pour savoir sa sainte volonté touchant notre destination. Je lui avois dit souvent, dans toute la sincérité de mon cœur, que j'étois prêt à tout, qu'il pouvoit disposer de moi ; mais que la seule chose qui pourroit me coûter, seroit de m'en retourner ; que si cependant il le falloit, Dieu étoit le maître. J'avois une confiance secrète que tout iroit bien, et que le Seigneur ne me mettroit pas à une si terrible épreuve.

Le Père supérieur revint à bord le 28 août, et nous dit qu'il ne falloit point penser à pénétrer dans les terres, et que la chose étoit absolument impossible ; mais que nous irions à Pékin. Comme cet arrangement nous mettoit sous la protection de l'empereur, nous descendîmes hardiment à Canton, et nous nous présentâmes au chef des marchands de la Compagnie chinoise. Celui-ci nous promit qu'aussitôt que le vice-roi seroit de retour d'un voyage occasionné par la guerre, il feroit notre affaire ; il tint parole moyennant de bons présens qu'on lui fit secrètement. Le jour de Saint-François, le vice-roi nous fit dire qu'il avoit écrit à l'empereur. Cet homme, qui déteste les Européens et les chrétiens, ne pouvoit me donner un bouquet plus agréable pour le jour de ma fête.

Voilà deux mois que je suis à Canton, j'ai déjà entendu et vu bien des choses dont je puis vous parler savamment.

Les Chinois, tels que je les vois ici, sont à peu près ce qu'on s'en figure en Europe. On peut cependant dire d'eux ce qu'on dit des particuliers, qu'ils perdent à être vus de trop près. On exagère dans les tableaux la petitesse de leurs yeux et la façon dont ils sont taillés : sur cent vous en trouverez au moins une vingtaine qu'on déguiseroit fort bien en Européens ; et il le faut bien, sans quoi il seroit impossible aux missionnaires d'entrer dans les terres, parce qu'à tous momens, pour passer, ils sont obligés de se présenter à des douaniers qui ont bonne vue. Ce qui trahit ici le plus un Européen, ce sont des yeux bleus.

Le père Duhalde flatte beaucoup les Chinois dans le portrait qu'il en fait [1]. Ces peuples ont tous les grands vices, et l'orgueil principalement. Je suis étonné qu'ils ne soient pas cruels, mais je ne le suis pas que la foi ne trouve place que difficilement dans des cœurs comme les leurs.

Ils sont grands imitateurs, mais ils n'ont pas un certain génie. A Canton, les trois quarts et demi ne portent pour tout habit, pour tout vêtement, que des caleçons; il faut avouer aussi que les chaleurs y sont excessives : elles ne m'y incommodent pas. Je me porte à merveille : il n'y a rien de tel que la vocation, elle rend tout facile.

On n'exagère pas quand on dit que la Chine est prodigieusement peuplée : dans Canton et sur la rivière, il y a un million d'âmes. Il y en a autant dans un village qu'on peut dire voisin, puisqu'il n'est éloigné que de cinq ou six lieues; il s'appelle *Fonkan*. Pour être une très-grande ville, il ne lui manque que des murs.

Ah! mon cher ami, qu'on souffre de ne voir que du bois sec dans tant de millions d'hommes semblables à nous! Je vous conjure d'intéresser le ciel pour tant de malheureux assis dans les ténèbres et à l'ombre de la mort. La triste pensée pour un missionnaire : voilà sous mes yeux des milliers d'idolâtres, et qu'il s'en faut que je voie un Xavier! qu'il s'en faut!

Poussa est la grande divinité des Chinois; ils l'adorent sans savoir ce que c'est: Ils l'adorent, comme ils le disent eux-mêmes, parce que leurs pères l'ont adorée. Ils le représentent sous mille formes différentes, et presque toutes avec un ventre monstrueux. J'en envoie un au père Munier, pour exciter de plus en plus son zèle pour nos pauvres missions de la Chine. Il y a aussi des femmes Poussa. Je ne sais pas quelle vertu on leur prête. Le nombre de ces idoles augmente tous les jours, l'empereur changeant en Poussa les hommes et les femmes qu'il veut distinguer après leur mort.

Chaque Chinois a dans sa maison deux ou trois oratoires; dans les endroits les plus apparens, Poussa y est en peinture ou en statue; quelquefois on n'y voit que son éloge sur une pancarte qu'on nomme tablette. Au coucher du soleil on allume une lampe devant la statue, ou l'image de la fausse divinité. Les vaisseaux chinois qui sont à la rade battent aux champs à la même heure sur un grand couvercle de marmite. En même temps ils jettent dans la rivière un peu de papier doré qu'ils brûlent à l'honneur de Poussa.

Comme il y a un Poussa pour le port et un Poussa pour la traversée, quand un vaisseau est de retour de quelque voyage, on vient chercher en pompe le Poussa qui a couru les mers : c'est une cérémonie où la piété n'entre pour rien, quoique le démon dans Poussa se fasse rendre à l'extérieur les mêmes honneurs qu'on ne doit qu'au vrai Dieu.

D'abord le dieu Poussa paroît dans l'endroit du vaisseau le plus élevé, dans un pavillon entouré d'étendards. On vient de la ville avec des instrumens de musique, et une chaise à porteurs percée à jour de tous côtés. Quand tout le cortège est arrivé, Poussa part sur une chaloupe bien ornée; à son passage on bat aux champs sur tous les vaisseaux de la rade. De la barque il passe dans la chaise à porteurs; sur le devant il y a deux cierges allumés, en dedans on brûle des parfums; les dons des infidèles sont suspendus par derrière en forme de reliquaires ou de petites pelotes. Il y en a sans fin au pied de la chaise à porteurs; on brûle encore du papier doré au bruit de la musique et des couvercles de chaudrons qu'on frappe plus fort qu'à l'ordinaire.

C'est le distributeur des vivres du vaisseau qui fait les honneurs. Habillé comme un démon, il tourne à droite et à gauche un grand bâton noir qu'il a en main; il s'accroupit, puis, pour toute prière, il hurle à mi-voix. Au moment que Poussa s'ébranle, on tire une certaine quantité de pétards. La bannière, portée par deux enfans, marche la première : elle est suivie de six lanternes, de soi-disant musiciens, et de la chaise à porteurs où est Poussa. Je n'ai pu soutenir ce spectacle que deux ou trois fois. Il en coûte trop pour voir triompher ainsi le démon, sans que nous puissions rien faire ici, sinon d'élever les yeux au ciel et de conjurer le Seigneur de détruire enfin le détestable empire de l'erreur.

Ces jours passés j'entrai dans une pagode; il y avoit deux Chinois d'une figure intéressante. Ils étoient à genoux sur un tapis, tenant

---

[1] Les Chinois des frontières sont moins réservés et plus vicieux que ceux de l'intérieur de ce vaste empire.

en main chacun une bougie. Ils s'inclinoient sans cesse devant l'idole, tandis que six ou sept bonzes psalmodioient maussadement, et s'inclinoient successivement et presque sans interruption jusqu'à terre. Leurs offices ne sont pas longs, ils ne durent que cinq ou six minutes.

Je crois que je suis un prophète de malheur. Il s'est élevé une furieuse persécution dans le royaume de la Cochinchine au mois d'avril dernier : la religion a été proscrite par un édit, les missionnaires décrétés de prise de corps, et les chrétiens condamnés à couper des herbes pour les chameaux du roi. Les pères Louroyon et Petroni ont été conservés à la cour, en considération des services que depuis plus de cent ans les jésuites ne cessent de rendre à la Cochinchine.

Le père Horta, jésuite italien, vient d'être arrêté dans le royaume du Tonkin. Ce Père étoit passé à l'Ile-de-France l'année dernière pour retourner dans son pays ; mais, ayant changé de résolution sur les nouvelles qu'il apprit d'Europe, il prit le parti de rentrer dans sa mission : c'est dans les fonctions du saint ministère qu'il a été saisi. Le gouverneur de la province et les grands mandarins de la ville royale en ont pris connoissance. Il n'y a plus guère d'espérance qu'il puisse échapper. Il est détenu dans la prison du gouverneur de la province : un soldat chrétien l'a rencontré dans la route, escorté de deux cents soldats, et d'un grand nombre d'infidèles armés de bâtons. Le missionnaire alloit à pied, son catéchiste marchoit après lui, suivi de deux cages pour y renfermer les prisonniers pendant la nuit. Notre Père supérieur, qui l'a vu ici fort longtemps, dit que c'est un saint religieux, et qu'il ne doute pas que Dieu ne veuille lui accorder la couronne du martyre.

Octobre a été pour nous ce qu'est pour la Lorraine la fin de juin et de juillet ; mais vous n'avez rien de ce que nous avons éprouvé en septembre et en août. La chaleur étoit prodigieuse, on ne savoit où se mettre ici ni le jour ni la nuit, pour gagner un peu de sommeil : il n'étoit pas question de matelas, une natte épaisse comme de la toile d'emballage en tient lieu. On s'étendoit sur le plancher. J'en ai vu qui, sans nattes, couchoient sur le pavé, dans l'espérance de souffrir un peu moins de la chaleur. Le sang trop raréfié se jette en dehors et cause de grandes démangeaisons, jusqu'à ce que la chaleur se relâchant un peu, les rougeurs s'éteignent, et la peau s'en va en farine.

Une chose singulière, et qui sans doute nuit aux santés foibles, c'est qu'on passe tout d'un coup d'un chaud excessif à un froid qui, sans être violent, ne laisse pas d'être sensible.

Nous attendons la réponse de l'empereur, elle viendra probablement pour Noël. A l'instant nous préparons tout pour notre voyage. Déjà on a mandé à un jésuite chinois, qui est à trois cents lieues, de venir nous joindre pour nous servir d'interprète pendant la route.

Nous partons sur une barque couverte, et qui a plusieurs chambrettes. Le tsong-tou ou vice-roi nous donne un mandarin pour nous accompagner : on dit que c'est par honneur, mais c'est bien pour nous observer et pour nous empêcher d'aller à droite et à gauche. Le mandarin a sa barque et sa famille avec lui : la route est de six cents lieues.

Nous remontons d'abord la rivière de Canton l'espace de cent cinquante lieues : dans les crues d'eau, qui en hiver sont subites, considérables et très-dangereuses, il faut quarante hommes pour tirer le bateau. Ils attachent toutes leurs cordes à une seule et même corde qui tient au bateau ; si celle-ci manque, le petit équipage est perdu. A cent cinquante lieues d'ici on trouve une montagne et des gens qui vous mettent au delà, c'est l'affaire d'un jour : puis on descend une belle rivière qui coule vers Pékin, mais qui n'en est qu'à trois cents lieues ; alors il faut des mulets. Vous avez beau dire que vous aimeriez mieux aller à pied, on vous répond qu'il faut vous ressouvenir que vous êtes officiers de l'empereur ; et de quel empereur ! Encore si ce grand empereur fournissoit à la dépense ! mais non, il ne donne que le tiers de ce qu'il faut pour aller à lui, comme il veut qu'on y aille : la Providence fait le reste.

Pourquoi Pékin, étant au quarantième degré de latitude à peu près, y fait-il si froid en hiver, qu'on est obligé de coucher sur un four qu'on chauffe toute la nuit ? Et pourquoi y fait-il si chaud en été, que ces années dernières il y mourut, en moins de deux mois, huit mille hommes, brûlés par les ardeurs du soleil ? C'est un problème qu'on a proposé il y a longtemps, et dont j'espère que le père Collas donnera la solution fort au long ; il aura du moins le temps d'y penser pendant la route, qui sera de près de trois mois.

Je n'ai plus qu'une nouvelle à vous apprendre. Le 8 de décembre, je fus cité devant le lieutenant de police chinois, avec le père Collas: ce fut une scène comique. Nous étions sans interprète; jugez ce que c'est que des gens qui ne s'entendent pas et qui veulent se parler. Les deux Pères franciscains, dont je vous ai parlé, viennent d'être condamnés ici à trois ans de prison, et leur principal conducteur à être étranglé: une autre fois je vous instruirai plus au long de ce qui les regarde. J'étois sur le point de finir ma lettre, lorsqu'il m'est tombé entre les mains un mémoire concernant l'établissement d'une mission dans les royaumes de Loango et de Kahongo en Afrique. Je ne vous l'envoie point, parce que je le crois imprimé en Europe.

LETTRE DU PÈRE BENOIST
A M. PAPILLON D'AUTEROCHE.

Sur les jardins, les palais, les occupations de l'empereur.

A Pékin, le 16 novembre 1767.

MONSIEUR,

Je ne puis vous exprimer la joie vraiment douce et touchante que m'a donnée votre lettre datée de Lorient, le 15 novembre 1766. Quoi! vous daignez vous souvenir de moi, et dans quelle circonstance! C'est une bonté à laquelle je suis d'autant plus sensible, que je ne devois pas m'y attendre. Je ne vous ai certainement pas oublié, monsieur; vos excellentes qualités, la bonté de votre caractère, votre application au travail, toutes vos heureuses dispositions m'avoient trop intéressé lorsque je vous ai vu dans le collége que nous avions à Reims. Je demandai même de vos nouvelles ces années dernières à un missionnaire qui arrivoit de France, et qui étoit à Reims lorsque vous y faisiez vos études. Il ne put me satisfaire qu'imparfaitement, et je fus bien tenté dès lors de vous écrire; je vous avoue que par discrétion je n'osai pas en prendre la liberté. Mais puisque vous avez eu la bonté de me prévenir, et que vous souhaitez que je vous parle de l'empire de la Chine, des mœurs, de la culture, etc., et qu'en particulier vous voulez savoir où je suis, quelles sont mes occupations, etc., vos souhaits sont des ordres pour moi. Je tâcherai de vous satisfaire dans la suite. Cette année je ne le puis pas; il est trop tard. C'est aujourd'hui le 15 novembre; et comme d'ici à Canton il y a six cents lieues, il faut que je me presse d'envoyer ma lettre à la poste, afin qu'elle puisse arriver à temps pour partir sur les vaisseaux françois qui doivent faire voile sur la fin de décembre ou au commencement de janvier. Je ne vous parlerai donc cette année que de ce qui me regarde, et du désir que j'aurois de vous être de quelque utilité.

C'est dans l'année 1745 que, par ordre de l'empereur, je suis arrivé à Pékin sous le titre de mathématicien. Deux ans après, je fus appelé par Sa Majesté pour diriger des ouvrages hydrauliques. A deux lieues de la capitale, l'empereur a une maison de plaisance où il passe la plus grande partie de l'année, et il travaille de jour en jour à l'embellir. Pour vous en donner une idée, si nous n'en avions pas une petite description dans nos *Lettres édifiantes et curieuses*, je vous rappellerois ces jardins enchantés, dont l'imagination brillante de quelques auteurs a fait une si agréable description qui se réalise dans les jardins de l'empereur. Les Chinois, dans l'ornement de leurs jardins, emploient l'art à perfectionner la nature avec tant de succès, qu'un artiste ne mérite les éloges qu'autant que son art ne paroît point et qu'il a mieux imité la nature. Ce ne sont pas, comme en Europe, des allées à perte de vue, des terrasses d'où l'on découvre dans le lointain une infinité de magnifiques objets, dont la multitude ne permet pas à l'imagination de se fixer sur quelques-uns en particulier. Dans les jardins de Chine la vue n'est point fatiguée, parce qu'elle est presque toujours bornée dans un espace proportionné à l'étendue des regards. Vous voyez une espèce de tout dont la beauté vous frappe et vous enchante, et après quelques centaines de pas, de nouveaux objets se présentent à vous, et vous causent une nouvelle admiration.

Tous ces jardins sont entrecoupés de différens canaux serpentant entre des montagnes factices, dans quelques endroits passant par-dessus des roches et y formant des cascades, quelquefois s'accumulant dans des vallons et y formant des pièces d'eau qui prennent le nom de lac ou de mer, suivant leurs différentes grandeurs. Les bords irréguliers de ces canaux et de ces pièces d'eau sont revêtus de parapets; mais, bien différens des nôtres formés avec des pierres travaillées avec art, et qui font disparoître le naturel, ces parapets sont formés de pierres qui paroissent brutes, solidement posées sur pilotis. Si l'ouvrier emploie quelquefois beaucoup de temps à les travailler, ce n'est que pour en augmenter les inégalités et leur donner une forme encore plus champêtre.

Sur les bords des canaux ces pierres, dans différens endroits, sont tellement situées, qu'elles forment des escaliers très-commodes pour pouvoir entrer dans les barques sur lesquelles on souhaite se promener. Sur les montagnes on a poli ces pierres en forme de roches quelquefois à perte de vue; d'autres fois, malgré la solidité avec laquelle elles sont posées, elles paroissent menacer de tomber et d'écraser ceux qui s'en approchent. D'autres fois elles forment des grottes qui, serpentant par-dessous des montagnes, vous conduisent à des palais délicieux. Dans les entre-deux des rochers, tant sur le bord des eaux que sur les montagnes, on a ménagé des cavités qui paroissent naturelles. De ces cavités sortent ici de grands arbres, dans quelques autres endroits des arbrisseaux, qui, dans la saison, sont couverts de différentes fleurs. Dans d'autres, on voit différentes espèces de plantes et de fleurs qu'on a soin de renouveler suivant les saisons.

Le palais destiné au logement de l'empereur et de toute sa cour, est d'une étendue immense, et réunit dans son intérieur tout ce que les quatre parties du monde ont de plus recherché et de plus curieux. Outre ce palais, il y en a beaucoup d'autres, dans les jardins, situés les uns autour d'une vaste pièce d'eau, ou dans des îles ménagées au milieu de ces lacs; les autres sur le penchant de quelques montagnes ou d'agréables vallons. On trouve quelques endroits destinés à tenir du blé, du riz et d'autres espèces de grains. Pour labourer et cultiver ces terres, il y a des villages dont ceux qui les composent ne sortent jamais de leurs enclos. On y voit aussi des espèces de rues formées par des boutiques qui servent, dans différens temps de l'année, à réunir, comme dans une foire, ce que la Chine, le Japon, et même les royaumes d'Europe ont de plus précieux.

Mais je m'aperçois, monsieur, que je passe les bornes que je me suis prescrites cette année. Je pourrai dans la suite vous parler de ces lieux enchantés, qui ne sont uniquement que pour l'empereur et sa cour; car il n'en est pas ici comme en France, où les palais et les jardins des grands sont ouverts et presque publics. Ici les princes du sang, ministres d'État, mandarins, personne n'y entre, sinon ceux qui forment la maison de l'empereur. Quelquefois ou pour la comédie, ou pour quelque autre spectacle, l'empereur y invite les princes du sang, les rois tributaires, etc.; mais ils sont conduits uniquement à l'endroit auquel ils sont invités, sans qu'on leur permette de s'écarter et d'aller voir d'autres endroits du jardin.

C'est dans ces jardins que l'empereur ayant voulu faire construire un palais européen, il pensa à en orner tant l'intérieur que le dehors, d'ouvrage d'hydraulique, dont il me donna la direction malgré toutes mes représentations sur mon incapacité.

Outre ces ouvrages, j'ai été encore chargé de beaucoup d'autres sur la géographie, l'astronomie et la physique; et voyant que Sa Majesté y prenoit goût, j'ai profité de quelques momens de loisir pour lui tracer une mappemonde de douze pieds et demi de longueur sur six et demi de hauteur. J'y avois joint une explication, tant du globe terrestre que du céleste, des nouveaux systèmes sur le mouvement de la terre et des autres planètes, des mouvemens des comètes dont on espère parvenir à prédire sûrement le retour. J'avois fait un précis des grandes entreprises ordonnées par notre monarque pour la perfection des arts et des sciences, et surtout pour celle de la géographie et de l'astronomie, qui étoient l'objet de mes écrits. J'y racontois les voyages ordonnés dans différentes parties du monde pour y observer différens phénomènes d'astronomie, mesurer exactement les degrés de longitude et de latitude de notre globe, les gens de mérite qu'il avoit envoyés pour ces observations, l'accueil qu'on leur avoit fait dans différens royaumes..... Je citois MM. Cassini, La Caille, Le Monnier, etc., dans les savans écrits desquels j'avois puisé tout ce que je disois dans les miens.

L'empereur reçut avec bonté la carte et les

écrits, me faisant pendant fort longtemps plusieurs questions, tant sur l'astronomie que sur la géographie.

De propos délibéré, je n'avois pas joint aux figures les écrits qui servoient à en donner l'explication. L'empereur ordonna aussitôt qu'on les y joignit, en les faisant transcrire par ses écrivains; mais ayant représenté à Sa Majesté qu'étant étranger j'avois lieu de craindre qu'il ne s'y fût glissé quelques erreurs de langage, que je le priois instamment qu'avant que mes ouvrages fussent exposés dans son palais, elle eût la bonté de les faire examiner et corriger, l'empereur me dit avec bonté que s'il s'y trouvoit quelques fautes de style, cela ne me regardoit point, que je devois être tranquille, et qu'il pourvoiroit à ce que je fusse satisfait.

Il chargea aussitôt le prince son oncle, habile dans les mathématiques, du tribunal desquelles il est protecteur, de faire examiner ma carte, revoir mes écrits et corriger les fautes de style, sans rien changer au sens. Le tout fut porté au tribunal intérieur où s'assemblent les lettrés, occupés à la composition des ouvrages de littérature qui se font par ordre de Sa Majesté. On y appela les mathématiciens du tribunal, qui me furent d'abord presque tous contraires.

Dans ma carte, j'avois tracé les pays nouvellement découverts, retranché ceux que nos nouveaux géographes ont retranchés, et placé quelques-uns des anciens dans les situations qu'ont constatées les nouvelles observations. Nos mathématiciens chinois n'agréoient pas tous ces changemens. Ils ont souvent ouï parler du mouvement de la terre; les tables que nos missionnaires leur ont données, et dont ils se servent pour leurs calculs, sont fondées sur ce système; mais quoiqu'ils fassent usage des conséquences, ils n'ont pas encore admis le principe. Peut-être craignoient-ils que cette hypothèse étant une fois favorablement reçue par l'empereur, ils ne fussent dans la suite obligés de l'embrasser eux-mêmes. Enfin, après bien des séances, le prince protecteur, qui avoit toujours pris ma défense, présenta un mémorial à l'empereur, dans lequel il justifioit les changemens que j'avois faits dans ma nouvelle carte, et appuyoit de fortes raisons la solidité de ce qui faisoit l'objet de mes écrits. En conséquence, Sa Majesté ordonna : 1° qu'on traçât un second exemplaire de ma carte, que l'un de ces deux exemplaires se mettroit dans son palais, et l'autre dans le lieu où sont en dépôt les cartes de l'empire; 2° qu'on nommeroit entre les lettrés qui sont occupés au palais aux ouvrages de littérature, deux ou trois qui corrigeroient ce qu'il pouvoit y avoir de défectueux dans le style de mes écrits, mais sans rien changer au sens, et que pour cela ils ne changeroient rien que de concert avec moi; 3° que dans les différens globes qui sont dans les palais de Sa Majesté, on ajouteroit les nouvelles découvertes telles que je les avois tracées dans ma carte.

Il a fallu pour cela tenir bien des séances pendant près de deux ans, tantôt au palais, tantôt dans notre maison, où nous étions plus tranquilles et moins interrompus que dans le palais.

De pareils succès s'achètent cher, comme vous voyez, et ne donnent point de vanité à un missionnaire, toujours peiné et presque humilié de se voir obligé de travailler à autre chose qu'à instruire et à prêcher.

Voilà cependant, monsieur, une partie de mes occupations au service de l'empereur. Il y a encore d'autres missionnaires occupés à la peinture, à l'horlogerie, mais nos fonctions et le soin des chrétiens n'en sont pas négligés pour cela; outre que dans nos maisons nous avons des collègues qui en sortent rarement, ceux qui vont au palais s'en abstiennent tous les jours de dimanches et de fêtes, ou du moins si la nécessité les oblige d'y aller, ils ne s'y rendent qu'après les offices divins qui s'achèvent dans la matinée. Nous avons à Pékin, comme vous l'aurez vu dans les relations de nos missionnaires, quatre maisons ou églises, comme on les appelle ici. Les missionnaires de la sacrée Congrégation en ont une; les Portugais en ont deux; et la nôtre, dans laquelle il n'y a que des François, est située dans l'enceinte extérieure du palais. Les exercices de la religion continuent de s'y faire avec autant de tranquillité et de solennité qu'on pourroit le souhaiter dans le centre du christianisme. Nous sommes néanmoins tous les jours à la veille de quelque persécution : un rien peut en Chine en être l'occasion. Ici même, accusé par rapport à la religion, j'ai comparu devant un tribunal avec quelques-uns de mes confrères; mais comme on savoit que Sa Majesté nous protège, cela n'eut point de suite pour nous;

il n'en fut malheureusement pas de même pour les Chinois chrétiens, dont quelques-uns furent battus et quelques autres exilés. Dans les provinces il s'élève plus souvent de ces persécutions; mais, grâce à Dieu, depuis quelques années il n'y en a pas eu de considérables. Les mandarins des provinces, sachant qu'à la cour il y a des églises de chrétiens, et que l'empereur honore de ses bontés les Européens qui prêchent la religion en s'occupant à son service, ferment souvent les yeux sur les accusations, dans la crainte de déplaire à l'empereur.

Dès les premières années que j'ai été ici, on m'avoit confié le soin d'instruire de jeunes Chinois, pour les disposer à nous aider dans nos fonctions de missionnaires. En 1751, deux furent envoyés en France pour y faire leurs études. M. Bertin, dans les circonstances où se trouvèrent les jésuites, en 1762, les prit sous sa protection, les mit dans un séminaire pour y achever leur théologie, et après qu'ils eurent été promus aux ordres sacrés, les fit voyager dans différentes villes du royaume pour y prendre quelques idées de nos manufactures, de la perfection où les arts sont portés en France, et les mettre en état, quand ils seroient de retour dans leur pays, d'envoyer en Europe des mémoires utiles peut-être à la perfection des arts et des sciences. Arrivés dans leur patrie, comblés de bienfaits, ils sont venus chercher un asile dans notre maison françoise, ils y ont porté les dons et les présens dont ils étoient chargés, et j'ai rendu compte à ce zélé ministre de la manière dont nous avons cru devoir en disposer pour le bien de la religion, et pour l'honneur et la gloire de la France.

Je n'entre pas aujourd'hui dans un plus grand détail, je me réserve pour une autre année, si je suis encore en vie. D'ailleurs, nos domestiques, à qui nous avons confié différens mémoires, sont partis pour Canton il y a plus d'un mois, et je n'ai actuellement d'autre commodité que la poste, par laquelle il seroit difficile d'envoyer quelque chose de volumineux. Permettez à un missionnaire, monsieur, de vous recommander de conserver et de suivre toujours les principes de la religion dans lesquels vous avez été élevé. Ils feront votre sûreté, votre consolation et votre bonheur dans le temps et dans l'éternité. Je vous remercie de nouveau de la bonté que vous avez eue de vous souvenir de moi; j'en suis plus reconnoissant que je ne puis vous l'exprimer; je prierai Dieu qu'il vous récompense d'un sentiment qu'il a pu seul vous inspirer, et qu'il vous rende au centuple tout le bien et la consolation que votre lettre m'a causés. J'ai l'honneur, etc.

LETTRE DU PÈRE LAMATTHE
AU PÈRE DE BRASSAUD.

Persécutions.

En Chine, le 17 juillet 1769.

Monsieur,

Quoique éloigné de la Chine, vous voulez tenir un rang parmi ses missionnaires; votre zèle à enrichir la mission de bons sujets, l'intérêt que vous prenez à tout ce qui la regarde, ne permettent pas de vous le refuser. Ajoutez à tout cela le soin de me fournir d'images pour récompenser les jeunes gens qui forment ce qu'on appelle la Congrégation des Anges, qui au reste ne se contentent pas d'une image de quatre ou cinq pouces. Vous avez donc un moyen sûr pour être célèbre dans ma montagne... Vous voulez toujours des nouvelles; mais pourquoi nous refusez-vous celles qui doivent nous intéresser autant que les nôtres peuvent vous toucher, je veux dire celles qui regardent l'Église et notre patrie? Nous ne recevons de votre main que de petits billets qui demandent moins d'une heure de temps, et même cette année vous gardez un si profond silence, que j'écris cette lettre sans savoir si vous êtes encore au nombre des vivans. Si vous êtes en affaire au départ des vaisseaux, prenez la plume un mois plus tôt, les nouvelles que vous marquerez seront assez fraîches pour nous. Vous imagineriez-vous que parce que nous sommes si loin de la France nous cessions d'être bons citoyens? Jusqu'au bout du monde la nature conserve ses droits... *Moriens reminiscitur Argos*. Désormais vous en aurez une de moins à écrire, votre intime collègue Nicolas Roy ne vit plus depuis six mois; la divine Providence l'enleva à cette mission le 8 de janvier 1769, et cela dans le temps d'une des plus vives persécutions que nous ayons essuyées depuis bien des années, et dans des circonstances si critiques, qu'on n'a pas osé entreprendre de faire part à cette mission des trésors dont vous avez fait présent à la mission françoise en général, dans la personne de ces missionnaires d'élite arrivés successivement à Canton ces dernières années. Vous avez beaucoup envoyé, et nous sommes toujours au nombre de trois missionnaires françois, dont le supérieur, le révérend père de La Roche, est presque septuagénaire. Le révérend père Lamiral a pris la place du cher défunt que nous pleurons encore, et que nous pleurerons longtemps. Il venoit de monter sur sa barque après avoir terminé ses courses apostoliques, lorsqu'il fut tout d'un coup attaqué de la maladie qui nous l'a enlevé. Le révérend père de La Roche se rendit à temps pour lui fermer les yeux. Quoique dans la même province, je n'ai pu être instruit plus en détail des circonstances de sa maladie, parce que je suis à sept ou huit journées du lieu de sa mort, qui est à peu près au centre de la province. Jugez de sa grandeur.

La persécution que je n'ai fait que vous indiquer plus haut s'est fait sentir dans presque tous les quartiers de cette province et de la voisine, appelée *Ho-kang*, et c'est dans cette dernière qu'elle a commencé, dans un endroit qui est de ma dépendance. Une énorme accusation d'un bonze irrité de ne pouvoir vendre chez nos chrétiens ses superstitieuses charlataneries y a donné lieu. Leur innocence sur le sujet dont il les accusoit a été bien aisée à reconnoître; mais on les a pris sur leur religion, qui souffre toujours de violens soupçons, parce qu'elle vient d'Europe. On en avoit arrêté trente ou trente-deux, enlevant en même temps leurs images, livres, heures, chapelets. Vingt-cinq ou vingt-six furent relâchés en peu de jours; mais on en retint cinq, dont deux étoient catéchistes, et on les fit conduire à la capitale de la province, pour être présentés au chef du tribunal des crimes, parce que c'en est un d'être chrétien, et surtout d'aider les autres à l'être. Ils y ont été retenus jusqu'en mars de cette année, c'est-à-dire environ cinq mois, sans donner aucune marque de foiblesse. Deux y sont morts dans les fers, quoiqu'ils n'y aient pas été extrêmement maltraités. J'ai cette confiance que Dieu, qui sonde les cœurs, aura eu égard à leur bonne volonté, et les aura mis au nombre de ses martyrs, quoique le glaive n'ait pas tranché le fil de leurs jours... De là l'orage s'étendit en peu de temps dans ces quartiers, parce qu'on avoit trouvé dans leurs papiers des billets de mort, où étoient marqués les noms de trois villes de ces montagnes. C'est ici l'usage que, lorsque quelqu'un est mort, on envoie de tous côtés des billets pour l'annoncer aux autres chrétiens, afin que tous ensemble unissent leurs prières pour obtenir plus tôt la délivrance de l'âme du défunt; communication qui n'est point du goût de la politique chinoise, qui craint les révoltes, et qui voudroit qu'on n'eût de rapport qu'avec son voisin : aussi n'y a-t-il point de poste en Chine, et la circulation des lettres y est si difficile, qu'à peine puis-je en recevoir une fois l'an de la capitale de l'empire, à moins d'envoyer moi-même des exprès plus souvent, et ces envois ne se font pas sans danger. L'affaire de la persécution s'entama dans mon district vers le 10 de novembre, et j'en appris la première nouvelle le jour de Saint-Stanislas. Quoique je n'en susse rien, Dieu m'avoit inspiré d'entretenir mes chrétiens deux dimanches de suite de cette béatitude : *Beati qui persecutionem patiuntur*, etc. Je leur avois parlé le matin, et à midi j'appris que tout étoit à feu et à sang au dehors de la montagne...; qu'il me falloit vite déloger si je ne voulois être surpris chez moi par notre mandarin, qui venoit en personne avec une bonne troupe de trente à quarante estafiers...; qu'il falloit faire maison vide, parce qu'on fouilloit dans tous les coins, et qu'on enlevoit tout ce qui tomboit sous la main de livres, croix, images, etc. ; que tout ce qu'on pouvoit arrêter étoit traité et interrogé comme des criminels d'État. En effet, deux jours après le mandarin paroît à la montagne, après avoir tout renversé au dehors. Il n'étoit plus qu'à une lieue de la maison, dont il vouloit surtout venir faire la visite, y fixer sa demeure quelques jours, parce qu'elle est au centre d'un grand nombre de chrétientés, afin d'y ensevelir la religion sous ses ruines. Mais la Providence, qui veille sur nous et sur la mission, l'arrête sur ses pas, l'oblige à rebrousser chemin et à aller se loger chez une infidèle, parce qu'il auroit trouvé chez nous deux ou trois lettres européennes, qui avoient échappé aux yeux de nos gens, quoiqu'ils eussent transporté ailleurs des choses qui ne couroient aucun risque. Mais ces lettres étant entre ses mains, qui auroit pu lui persuader que ce n'étoit pas ici la retraite d'un Européen? Et de là quelle suite de maux! Et comment a-t-il été arrêté? Il avoit monté une centaine de pas pour entrer chez un chrétien qui étoit sur la route, ce qui l'avoit fatigué; d'ailleurs assis à la porte, il ne se présentoit à ses yeux que des rochers escarpés. Il s'imagina qu'il falloit les franchir pour venir à la maison. Il interrogea les gens sur la difficulté des chemins, et ceux-ci, comme s'ils avoient concerté avec nous pour écarter l'orage, entrèrent dans son idée et lui répondirent qu'il y avoit quelques pas si difficiles, qu'on ne pouvoit même les passer à cheval, quoique dans la vérité on pût même venir en chaise jusqu'à la porte : *Salutem ex inimicis nostris...* Ainsi voilà notre maison hors de danger, et par conséquent moins de troubles à craindre pour les missions du voisinage... Le mandarin s'étant fixé chez l'infidèle, à deux grandes lieues d'ici, envoie de tous côtés ses satellites pour fouiller le même jour, afin que rien ne pût lui échapper, tous les quartiers des environs; enlever tout ce qui regarde la religion, lui emmener une partie des chrétiens, et conduire les autres à la ville, après avoir répandu les menaces les plus terribles et jeté un effroi qu'on ne sauroit s'imaginer dans les cœurs de nos timides Chinois. Ainsi la plupart étoient vaincus avant d'avoir vu l'ennemi. En effet, presque tout ce qui a comparu les premiers jours a honteusement plié, les uns plus tôt, les autres plus tard. Enfin on emmena d'un autre quartier une troupe de braves qui avoient leur catéchiste à leur tête. Le mandarin a beau faire des menaces et user de ses autres artifices, on fait son devoir; la face des affaires change, et ce bon exemple fait reprendre cœur aux autres qui n'avoient pas encore été visités, et dont la plupart étoient des environs d'ici. Sur cela, ordre de prendre le chemin de la ville. La troupe étoit d'environ vingt ou vingt-deux. Sur la route on les interroge, et pas un ne plie; on les soufflette, et tel reçoit jusqu'à trente coups. Mais c'est en vain qu'on frappe, les coups ne font que ranimer leur courage.

Arrivés à la ville, nouvel interrogatoire, après avoir eu soin de faire étaler à leurs yeux divers instrumens de supplice; mais ils n'en sont pas plus ébranlés. Le mandarin, irrité de leur résistance, se modère cependant assez pour se contenter de menaces, et il prend une autre voie pour arriver à son but. Sachant qu'ils étoient pauvres pour la plupart, que la saison commençoit à être rude, il ordonne de les retenir, espérant que la crainte de faire de la dépense (ici la plupart des prisonniers sont obligés de se nourrir), de perdre leur temps, de souffrir le froid, etc., pourroit faire quelque impression. Malheureusement quatre ou cinq ont donné dans le piège, et ont feint une apostasie; car on ne leur demande souvent rien de plus, et on leur dit même qu'on s'embarrasse peu que, de retour chez eux, ils prient à l'ordinaire. Dix-sept ont rejeté la proposition avec horreur, aimant mieux souffrir et perdre leur temps que de perdre leur foi. Sur ces entrefaites, six, qui avoient apostasié à la montagne, ne pouvant soutenir les remords de leur conscience, prennent la généreuse résolution d'aller à la ville chercher le mandarin, et lui déclarer publiquement qu'ils l'ont trompé, et qu'ils ne prient pas moins Dieu qu'auparavant. Mais quelques démarches qu'ils puissent faire, ils ne peuvent être admis à l'audience; on les rejette partout, et on les traite comme des extravagans : «Pourquoi, leur dit-on, venir faire un pareil aveu et chercher des coups? N'est-ce pas assez que Dieu sache leurs sentimens?» Lassés d'attendre, cinq reviennent enfin, résolus de mériter, par la pénitence publique, qui dure ici au moins trois ans, le pardon qu'ils ne peuvent mériter par une autre voie. Le sixième, Jacques Ouei, plus constant et plus hardi, ne se rebute pas; il offre de l'argent pour gagner quelqu'un au tribunal, et obtenir que son nom soit joint à ceux des confesseurs qui avoient toujours persévéré. On lui promet enfin de le faire appeler avec eux, lorsqu'on les fera comparoître. Mais, lassé de voir qu'on les laissoit languir trop longtemps, il épie le moment que le mandarin venoit de juger un procès, entre avec précipitation, perce la foule, va se jeter à ses pieds, et lui déclare à haute voix qu'il est un tel qui avoit apostasié dans un tel endroit; mais que c'étoit un mensonge sacrilège de sa part; qu'il est encore chrétien, et qu'il ne cessera jamais de l'être. Jugez de la fureur du mandarin, qu'une telle audace interdit d'abord. Revenu de sa surprise, il lui fait les reproches les plus forts; et les paroles ne faisant point effet, il lui fait donner une vingtaine de coups bien assénés, dans l'espérance de le rendre plus sage dans son idée. Mais les coups sont aussi inefficaces que ses exhortations. Il le fait attacher par le cou à un poteau, de manière qu'il ne pouvoit ni s'asseoir ni se tenir debout : il a été dans cette posture si gênante deux jours et deux nuits, et les satellites ont eu la cruauté de ne lui rien donner à manger. Cette scène se passa le jour de Saint-Etienne, premier martyr. Sa constance les a lassés, et il a été détaché après deux jours. Le jour de sa délivrance fut aussi celui du triomphe des dix-sept qui s'étoient conservés intacts jusqu'à ce moment. On les fait comparoître ; et parce qu'aucun ne veut se rendre, on les frappe tous, et quelques-uns si cruellement, qu'ils ont été près de deux mois sans pouvoir marcher. Le mandarin en avoit fait assez pour faire connoître à son supérieur de notre métropole son zèle pour ses ordres d'exterminer la religion, car ici on ne pousse jamais la cruauté jusqu'à la mort, pour fait de religion simplement ; mais son honneur souffroit de se voir vaincu ; ainsi il ajoute à ces mauvais traitemens les menaces les plus terribles de confisquer leurs biens, et de les exiler avec toutes leurs familles ; ainsi ordre de les retenir encore. Cependant nos gens délibèrent, et s'accordent à présenter un placet pour obtenir un peu de délai, afin de pouvoir mettre ordre à leurs affaires domestiques, satisfaire leurs créanciers, etc., en attendant une saison un peu moins rude ; le mandarin n'y fait point d'attention. On en présente un second, accompagné d'une promesse de boursiller un peu selon leurs petites facultés ; il a été mieux reçu que le premier, et l'on ne s'est plus opposé à leur retour : j'ai eu le plaisir de les voir revenir chargés de leurs lauriers le 15 ou 16 de janvier, c'est-à-dire environ vingt jours après l'exécution sanglante dont j'ai parlé plus haut, et depuis on ne nous a plus inquiétés. Daigne le Seigneur faire durer la paix, parce que la crainte de la persécution fait avorter bien des désirs d'embrasser la foi, ou fait sortir de l'Eglise pour quelque temps ceux qui paroissoient s'être mis au-dessus de la crainte. O pusillanimité chinoise ! recommandez-les à Dieu, surtout dans vos saints sacrifices, dans l'union desquels j'ai l'honneur d'être avec le respect, l'estime et le dévouement que vous savez, etc.

LETTRE DU PÈRE VENTAVON

AU PÈRE DE BRASSAUD.

Persécutions. — Animosité des mandarins.

En Chine, 1769.

Mon Révérend Père,

P. C.

Il ne falloit pas s'attendre que l'ennemi du salut, qui met tout en œuvre dans les autres parties de l'univers pour renverser la religion, épargnât totalement notre chrétienté de Chine ; elle a eu, dans la capitale même de l'empire, une assez rude persécution à soutenir. Cette persécution a commencé en novembre 1768, et n'a fini qu'au commencement de la nouvelle année chinoise, ce qui répond au 7 février de l'année courante 1769. S'il y a eu des lâches, nous avons eu la consolation aussi de voir des exemples de fermeté dignes de notre admiration. Quelques-uns de nos Pères ont eu soin de recueillir exactement tout ce qui s'est passé, et ne manqueront pas d'en envoyer des relations détaillées en Europe. Excusez-moi, si je me contente de faire ici un précis de ce qu'il y a eu de plus essentiel ; ce n'est qu'en ménageant bien mon temps que je puis en trouver assez pour écrire les lettres dont je ne puis me dispenser. Dans le milieu de l'année 1768, il s'étoit répandu dans diverses provinces des bruits qui ne laissoient pas d'inquiéter le gouvernement, surtout dans les circonstances de la guerre présente entre la Chine et le Pegou, temps auquel tout devient suspect. Plusieurs se plaignoient qu'on leur avoit coupé furtivement leur piendse, espèce de queue en cadenette que portent les Tartares et les Chinois qui ont pris leur habillement ; la coupure de ce piendse étoit suivie, à ce qu'on disoit, de défaillances, d'évanouissemens, et de la mort même, si on n'y apportoit un prompt remède ; pour quelques-uns à qui cela pouvoit être arrivé, on en supposoit des milliers, et le beau, c'est que malgré toute la diligence possible et les récompenses promises par l'empereur, on n'a pu attraper sur le fait aucun de ces coupeurs de piendse, soit que pour mieux jouer leur rôle les auteurs de cette forfanterie fussent d'accord avec ceux même qui se plaignoient d'avoir eu le piendse coupé, soit pour quelque raison qu'on n'est jamais venu à bout de tirer au clair. Le soupçon assez généralement est retombé sur les bonzes ou faux prêtres des idoles, en sorte qu'il y a eu des ordres de rechercher toutes les différentes sectes tolérées dans l'empire, et, comme il arrive ordinairement dans ces sortes de perquisitions, quelques chrétiens furent surpris et arrêtés dans une des provinces : parmi leurs effets, on trouva des calendriers chrétiens, des crucifix, chapelets, médailles, images, etc.; interrogés quel étoit celui qui les leur avoit donnés, ils répondirent (et c'est assez l'ordinaire que les chrétiens des provinces cherchent à mettre en cause les Européens de Pékin, dans l'espérance de pouvoir, moyennant leur protection, se tirer plus aisément d'affaire), ils répondirent, dis-je, que tous ces effets leur avoient été donnés par un nommé *Guen-houdse*, envoyé autrefois par le père Kegler, président, avant le père Hallerstin, du tribunal des mathématiques, avec des instructions pour les chrétiens, que ledit Guen-houdse avoit en quelque sorte rétabli la religion chrétienne dans ces cantons; le tsong-tou fit part de tout cela à l'empereur; j'ai vu son tse-ou ou sa requête, dans laquelle il ne dit rien d'injurieux à la religion. L'empereur, à son retour de la chasse, ordonna qu'on cherchât ce Guen-houdse que les chrétiens détenus avoient dit devoir être actuellement à Pékin; mais il eut l'attention de prescrire qu'en faisant ces recherches on ne molestât point les Européens dans leurs maisons, qu'on se contentât seulement d'épier ledit Guen-houdse: on ne le trouva point; en effet, il n'étoit point à Pékin, et depuis longtemps il n'y avoit été. Cet homme étoit domestique de M. l'évêque de Nankin, auparavant jésuite, qui, pendant tout le temps de cette persécution, a été tranquille dans son diocèse, où il n'y a presque point eu de recherches. La chose eût été bientôt terminée, si le président tartare du tribunal des mathématiques, que quelques-uns disent n'avoir, en ce que je vais rapporter, que suivi les ordres secrets de l'empereur, mais qui, selon les connoissances particulières que j'ai eues, quoique je n'aie pas cherché à tirer le fait bien au clair, n'a agi que pour se venger de quelques mécontentemens personnels qu'il croyoit avoir reçus de quelques Européens; tout eût été, dis-je, fini à ces recherches, si le Ki-ta-gin, c'est le nom du président tartare, n'eût présenté à l'empereur une requête dans laquelle il vomissoit mille blasphèmes contre notre sainte religion, à laquelle il donnoit les qualifications les plus odieuses, et qu'il faisoit regarder comme une peste des plus dangereuses pour l'État; il dénonçoit en même temps plus de vingt mandarins inférieurs de son tribunal, comme chrétiens, pour qu'ils fussent jugés selon la rigueur des lois. L'empereur se contenta de mettre au bas de la requête : Que le tribunal à qui il appartient examine l'affaire, et après m'en fasse son rapport (kai pou y tieou). Ce fut au hing-pou ou tribunal des crimes qu'elle fut portée : on en agit avec les accusés de la manière la plus douce; on se contenta de les interroger à différentes reprises, et on ne les retint pas même en prison; cependant, comme la religion est proscrite par les lois, il falloit nécessairement les condamner à quelque peine. La sentence porta qu'ils seroient privés de leurs mandarinats; qu'ils auroient quelques coups de pendse ou de bâton, dont ils se sont au reste délivrés pour de l'argent, n'y ayant été condamnés que pour la formalité; que la religion chrétienne ayant été si souvent défendue, le seroit par cette raison de nouveau, quoiqu'elle ne renfermât rien d'ailleurs de superstitieux ni de mauvais, et que ceux qui l'auroient embrassée seroient tenus de venir se déclarer eux-mêmes; faute de quoi faire, s'ils étoient dénoncés, ils seroient punis dans la suite avec rigueur, expression ambiguë qui a eu, comme vous verrez après, des suites considérables. L'empereur confirma cette sentence, qui, quelques jours après, fut affichée dans la ville et les faubourgs de Pékin. Aucun chrétien ne pensoit à aller se dénoncer, parce que ces termes de tchou-cheou, joints au contexte de la sentence, paroissoient signifier que la dénonciation seroit regardée comme une marque d'apostasie, et cela étoit vrai. Presque d'abord après, un mandarin considérable chrétien fut menacé par un de ses collègues, que s'il ne prenoit le parti d'aller se dénoncer lui-même, il l'accuseroit à l'empereur. Ce chrétien, nommé *Ma*, consulta sur le parti qu'il avoit à prendre; on jugea que, puisqu'il ne pouvoit éviter d'être accusé, il valoit mieux qu'il se déclarât lui-même; mais qu'en se déclarant, il devoit ajouter qu'il ne prétendoit point renoncer sa religion. Cette démarche fit le plus grand éclat : les ministres lui dirent d'abord que, puisqu'il vouloit toujours être chrétien, il n'avoit que faire de venir se déclarer pour tel : il répondit qu'il y avoit été forcé par un autre mandarin. Sur cela on avertit l'empereur, qui, selon sa maxime de ne point autoriser ouvertement la religion, dit : « Qu'il change, et qu'on le laisse tranquille. » Cet ordre fut signifié au Ma, qui demeura ferme, et donna des réponses dignes d'un héros chrétien et de l'admiration même des infidèles, s'ils reconnoissoient vraiment un être au-dessus de leur empereur, qui est ici proprement leur dieu.

Les choses n'en demeurèrent pas encore là : les officiers subalternes de quelques bannières, quoique sans ordre exprès de l'empereur ni du ministre, qui, dans une occasion, avoit dit de vive voix qu'il n'étoit pas besoin de faire des recherches, poussés ou par leur haine contre la religion, ou par les émissaires du Ki-ta-gin, ou enfin par quelque ordre secret, ce que je ne crois cependant pas, firent appeler les chrétiens de leurs bannières (ces bannières sont les légions de l'empire, et forment autant de corps de troupes considérables) pour qu'ils eussent à renoncer la religion. Plusieurs ont cédé aux coups de fouet ; d'autres, par la crainte de ce traitement, qui est fort rude lorsque la passion anime ceux qui le font souffrir, ont eu la lâcheté de renoncer ; mais quelques-uns aussi ont été inébranlables. Un jeune homme entre autres, nommé *Tcheou-Jean*, âgé de vingt-quatre à vingt-cinq ans, a donné l'exemple d'une constance héroïque : tout meurtri de coups et forcé de demeurer à genoux sur des têts de pots cassés pendant longtemps, il a tenu ferme jusqu'au bout contre la rage de ceux qui l'ont frappé, presque jusqu'à la mort, à laquelle il étoit tout résolu ; en sorte que, transporté chez lui dans un état pitoyable, il a été bien longtemps avant que de pouvoir se relever du lit. Il est bien portant aujourd'hui, et continue, par son exemple, à être pour les autres chrétiens un sujet d'édification : Dieu le conserve ! Ses premiers supérieurs même ont loué sa constance et blâmé la brutalité du mandarin subalterne qui, sans ordre, l'avoit si cruellement fait frapper. Il en est encore quelques autres qui ont témoigné le même courage : cependant les recherches n'ont pas été générales ;

il est des bannières où l'on n'en a fait aucunes ; on n'a rien dit au peuple et même à plusieurs mandarins ; nos églises ont toujours été ouvertes, et on n'a point empêché les chrétiens d'y venir ; ce qu'ils ont fait la plupart comme à l'ordinaire ; enfin au commencement de l'année chinoise tout s'est apaisé à Pékin et dans les provinces, où l'on est assez généralement tranquille aujourd'hui. Vers le temps de Pâques il y a eu encore une vingtaine de chrétiens arrêtés dans une de nos chrétientés, peu éloignée de Pékin, où ils ont été traduits, emprisonnés, et quelques-uns cruellement battus, parce qu'ils sont demeurés fermes. L'occasion de cette persécution est une dispute que les chrétiens ont eue avec quelques infidèles ; leurs accusateurs ont fait leur possible pour pousser les choses à bout, mais au moyen de quelque argent, notre révérend Père supérieur, le père Benoît, de la province de Champagne, est venu à bout de l'assoupir, et la chose n'est point allée jusqu'à l'empereur ; les accusateurs mêmes, pour avoir voulu la rallumer de nouveau, ont été punis par les mandarins, de façon à n'avoir pas envie de recommencer. Nous ne nous occupons plus aujourd'hui qu'à réparer les brèches de la persécution ; les brebis égarées viennent se soumettre à la pénitence publique qui a été imposée aux apostats, et dans peu les choses seront sur le même pied qu'auparavant ; quelques infidèles même n'ont pas laissé de se faire instruire et de demander le baptême qu'on leur a conféré, entre autres à deux jeunes gens, ceintures jaunes, gagnés par leur frère puîné, chrétien depuis cinq à six ans, quoique son père et l'aîné de la famille soient encore infidèles. Il n'est pas besoin de vous dire que les ceintures jaunes sont de la famille de l'empereur ; ne concluez cependant pas, mon révérend Père, que ce soit là une chose bien extraordinaire et qui promette de grandes suites. Quoique ceintures jaunes, ils sont, en quelque sorte, au rang du peuple ; il y en a à Pékin grande quantité sans emploi et sans autre distinction que le droit de porter une ceinture jaune ou rouge, preuve de leur illustre origine, voilà tout. La noblesse ici va toujours en diminuant, et après quatre ou cinq générations, ceux des enfans qui ne sont pas choisis pour empereurs ou pour régulos, sont réduits à faire une bien petite figure.

Sur la fin de septembre 1768, arrivèrent

heureusement à Canton les pères Dugad, de Grammont et de La Beaume; cette nouvelle nous a fait à tous, et à moi en particulier, un grand plaisir, dans l'espérance de voir un jour le révérend père Dugad à Pékin, où sa présence seroit non-seulement utile, mais très-nécessaire, vu sa haute vertu, bien plus estimable que tous les talens imaginables. Arrivé à Canton, il a vu lui-même qu'il ne lui restoit guère d'autre parti à prendre, à cause de la difficulté qu'il y a de pénétrer dans les terres, depuis que le Ki-ta-gin gouverne cette province en qualité de vice-roi. Un jésuite, nommé Beguin, de la province de Champagne, qui étoit venu en 1767, et une seconde fois en 1768, a été obligé de repasser encore la mer pour attendre des circonstances plus favorables. Les trois Pères ont été proposés pour le service de l'empereur au tsong-tou ou vice-roi, qui a fait d'abord des difficultés par rapport au père Dugad, à cause de son âge; ensuite il avoit paru consentir afin de mieux jouer son jeu. En effet, après un délai de six à sept mois, il a averti l'empereur, et n'a proposé pour Pékin que les deux pères de Grammont et de La Beaume, qui ont été acceptés, et que nous attendons ici vers le milieu du mois d'octobre 1769. Le mal est que nous n'avons pu avoir connoissance de l'affaire que quatre ou cinq jours avant le départ de l'empereur pour la Tartarie, dont il ne reviendra que vers la fin d'octobre; dans ce court intervalle nous n'avons pu prendre les mesures nécessaires pour ménager la venue du père Dugad, qui sera très-probablement accepté de l'empereur, si nous pouvons le lui faire proposer; nous n'oublierons rien pour qu'il le soit. Le bon Dieu veuille, pour sa gloire et l'avantage de notre pauvre mission, bénir nos démarches! Au reste, si notre mission a fait une acquisition considérable dans ces trois nouveaux missionnaires, elle a perdu beaucoup par la mort du père Roy, de la province de Champagne, décédé au commencement de cette année 1769, à la fleur de son âge, dans la province de Houkouang, qu'il a cultivée pendant plusieurs années avec un zèle infatigable. C'étoit un homme d'une haute piété, et en état de gouverner la mission. L'intention du révérend père Lefebvre, supérieur général avant l'arrivée du père Dugad, étoit de l'envoyer à Pékin pour y être supérieur de notre maison. Nous avons encore perdu en décembre 1768 le cher frère Attiret, de notre province, après une longue maladie, accompagnée de circonstances bien capables d'exercer la patience, et qu'il a soufferte avec une grande résignation. On a toujours remarqué dans lui une foi vive et une piété tendre. Il a travaillé en qualité de peintre plus de vingt-cinq ans au palais. Cette dernière perte fait bien souhaiter l'arrivée de quelque nouveau peintre. L'empereur ne laisse pas ignorer qu'il en veut. J'observerai, puisque l'occasion se présente ici, qu'un peintre européen est au commencement bien embarrassé: il faut qu'il renonce à son goût et à ses idées sur bien des points, pour s'accommoder à celles du pays, et il n'y a pas moyen de faire autrement. Il faut même, tout habile qu'il peut être, qu'il devienne apprenti à certains égards. Ici, dans les tableaux on ne trouve point d'ombres, ou si peu que rien; c'est à l'eau que se font presque toutes les peintures; très-peu sont à l'huile. Les premières en ce genre qu'on présenta à l'empereur furent faites, dit-on, sur des toiles et avec des couleurs mal préparées. Peu de temps après elles noircirent de façon à déplaire à l'empereur, qui n'en veut presque plus. Enfin il faut que les couleurs soient unies, et les traits délicats comme dans une miniature. Je n'ajoute pas mille autres circonstances qui ne laissent pas d'exercer la patience d'un nouveau venu; mais le zèle doit faire passer par-dessus tout. L'arrivée d'un peintre seroit d'autant plus nécessaire, qu'il n'en reste plus ici que deux, dont l'un et celui que l'empereur goûte le plus, le père Sikelbarn, jésuite allemand, a eu cette année une attaque d'apoplexie qui ne lui a pas ôté, il est vrai, la faculté de travailler, mais qui l'a laissé dans un état à faire craindre tous les jours pour sa vie. A l'arrivée de nos deux nouveaux, notre maison sera composée de dix personnes, neuf prêtres et un frère chirurgien; si la Providence nous procure encore le père Dugad, j'espère que notre mission produira de grands fruits; nous avons encore pour cultiver les missions des environs trois Pères chinois. Il ne nous reste rien à souhaiter, sinon que la Providence ménage quelque circonstance pour faire entrer quelques missionnaires dans les provinces; deux ou trois ouvriers de bonne volonté pourroient suffire. Les pères Baron et Lamiral, mes deux chers compagnons de voyage, jouissent, aussi bien que moi, d'une parfaite santé; je me recommande et recommande toute notre mission à vos prières et à celles de tous nos amis. Nous n'avons point encore reçu cette année de nouvelles de la Cochinchine et du Tonkin, dont l'année dernière la plupart des missionnaires avoient été chassés. Je sais seulement que le père de Horta, jésuite, est toujours détenu prisonnier. Je suis, etc.

LETTRE DU PÈRE F. BOURGEOIS
A MADAME DE ***.

Suite des persécutions.

A Pékin, le 15 octobre 1769.

MADAME,
P. C.

Voici la troisième lettre que j'ai l'honneur de vous écrire. Votre piété, votre attachement pour mes meilleurs amis, votre zèle pour les missions étrangères, tout me persuade que la liberté que je prends ne vous déplaît pas.

Je vous disois l'an passé qu'il s'étoit élevé ici une persécution contre notre sainte religion. Je ne pus vous en mander que les commencemens, parce que les vaisseaux se disposoient alors à leur départ pour l'Europe. En voici la suite.

Le jour que nous faisions la fête de saint Stanislas Kostka, un grand de l'empire du tribunal des ministres vint à notre maison en habit de cérémonie, sans cependant être accompagné. Il se contenta de demander un missionnaire qui est un peu de sa connoissance. Quoique autrefois il eût déjà vu notre église, il voulut encore y aller, sous prétexte qu'on l'avoit ornée depuis. Le missionnaire sentit d'abord qu'il étoit question d'un honnête interrogatoire. Il se tint sur ses gardes. On ouvrit la grande porte de l'église. Le mandarin parut frappé de sa beauté. S'étant avancé, il aperçut le saint tabernacle. Il dit au missionnaire : « Mais pourquoi ne montrez-vous jamais ce qui est renfermé dans cet endroit » ? Le missionnaire lui fit entendre, comme il put, que c'étoit un lieu sacré, où le Dieu du ciel daigne habiter.

Le mandarin n'insista pas ; il demanda à voir la sainte Vierge. On le mena à l'autel de l'immaculée Conception : il admira le tableau de la sainte Mère, comme il l'appela lui-même,

et puis il parla de choses indifférentes. Un moment après, sans faire semblant de rien, il dit au missionnaire : « Les Pères des deux autres églises et les Russes sont-ils de votre religion ? » Le missionnaire répondit que les Pères du Nang-tang et du Tang-tang en étoient, mais que les Russes n'en étoient pas. Le mandarin reprit : « Comment cela se fait-il ? Les Russes adorent le Dieu du ciel comme vous ? — Oui, dit le missionnaire, mais ils ne l'adorent pas comme il veut être adoré. »

Comme les idolâtres sont fort superstitieux, le mandarin pria le missionnaire de lui apprendre comment nous cherchions le vrai bonheur. Le missionnaire lui répondit que nous ne courions pas après le bonheur de la terre, et que, pour obtenir le vrai bonheur, nous prions le Dieu du ciel de nous l'accorder. On sortit de l'église ; on prit du thé ; on fit un présent au mandarin, qui s'en alla fort content, à ce qu'il parut.

Cependant le bruit se répandit qu'on alloit rechercher les chrétiens dans tout l'empire. La peur saisit la ville et les environs ; tranquilles sur notre sort, nous ne l'étions pas sur celui de tant d'âmes qui nous sont si chères, et qui alloient être exposées à des tentations plus délicates qu'on ne pense quand on est loin du danger.

L'alarme augmenta quand on apprit que le chef commissaire du tribunal des mathématiques étoit allé au palais présenter à l'empereur une accusation pleine d'invectives contre notre sainte religion. On craignit, avec quelque fondement, qu'il n'y eût dans toute cette affaire quelque manœuvre secrète de la cour, qui, par un reste de ménagement pour les missionnaires de Pékin, ne vouloit pas se montrer à découvert, tandis que peut-être elle donnoit le branle à tout. Voici en abrégé cette fameuse accusation.

« Tsi-tching-go (c'est le nom de l'accusateur) offre avec respect à Votre Majesté ce placet, pour lui demander ses ordres touchant l'affaire suivante. J'ai examiné les différentes religions qui sont défendues dans l'empire, parce qu'elles pervertissent les peuples ; et je me suis convaincu qu'à ce titre la religion chrétienne, plus qu'aucune autre, méritoit d'être entièrement et à jamais proscrite : elle ne reconnoît ni divinité, ni esprits, ni ancêtres ; elle n'est que tromperie, superstition et mensonge. J'ai souvent ouï parler des recherches qu'on en a faites dans les provinces, et des sentences qu'on a portées contre elle; mais je ne vois pas que la capitale ait encore rien fait pour l'éteindre dans son sein. Cependant cette religion perverse s'étend; le peuple ignorant et grossier l'embrasse, et y tient avec une constance qui ne sait pas se démentir.

» Dans la crainte que les Européens, qui depuis longtemps sont dans le tribunal des mathématiques, n'eussent séduit quelques membres de ce tribunal, j'ai fait faire sous main et sans éclat des recherches exactes, et il s'est trouvé vingt-deux mandarins, qui, au lieu d'être sensibles à l'honneur qu'ils ont de porter le bonnet, la robe et les autres ornemens qui décorent leur dignité, se sont oubliés au point qu'ils ne rougissent pas de professer cette religion superstitieuse. Lorsque le cœur de l'homme n'a aucun frein qui le contienne, bientôt il devient le jouet de l'erreur; les vices y prennent racine, et portent partout la désolation. Les autres tribunaux sont sans doute infectés comme le mien; le reste de la capitale et les provinces se pervertissent. Il est temps, il est de la dernière importance d'y mettre ordre; il faut séparer le bon du mauvais.

» C'est dans cette vue que moi, votre sujet, je prie Votre Majesté qu'elle donne ordre que les vingt-deux mandarins de mon tribunal soient traduits aux tribunaux compétens, pour y être jugés selon les lois; qu'en outre on délibère sur les moyens, les recherches, les défenses et les punitions qui doivent couper court au mal. J'attends respectueusement les ordres de Votre Majesté. Le 4 de la dixième lune, c'est-à-dire le 12 novembre, de Kien-long 33, c'est-à-dire l'an 1768. »

La réponse de l'empereur fut : « Kai pou y tieou. » Que les tribunaux compétens délibèrent et me fassent leur rapport.

Ce placet ne nous parvint que le 15 novembre. Sa lecture nous pénétra de la plus vive douleur; il y avoit longtemps qu'un particulier n'avoit osé traiter notre sainte religion avec tant d'indignité. Il fut conclu sur-le-champ qu'on vengeroit son honneur dans une requête qu'on feroit passer à l'empereur par le comte-ministre, qui est nommément chargé de nos affaires dans cette cour. La requête fut bientôt faite. Le père Harestain, président du tribunal des mathématiques, et ses deux collègues furent chargés de la présenter. Ils se rendirent pour cela au palais; mais le comte ne leur donna que de belles paroles. Il leur dit que nous nous inquiétions pour rien; que cette affaire n'auroit pas de mauvaises suites; qu'il se chargeoit de parler lui-même à l'empereur; que nous devions savoir qu'il étoit notre ami, et que le meilleur avis qu'il avoit à nous donner en cette qualité, c'étoit de bien prendre garde de remuer. Le comte nous trompoit peut-être, mais que faire? On achevoit de tout perdre, si, contre le gré d'un homme aussi puissant que lui, on se fût adressé directement à l'empereur. D'ailleurs, c'étoit une chose moralement impossible. On ne voit pas ici l'empereur quand on veut.

Il fallut donc attendre les événemens. Nous eûmes tous recours à la ressource ordinaire des personnes affligées. On redoubla la prière dans nos maisons, et tous les jours on y offrit le saint sacrifice de la messe pour conjurer l'orage.

Cependant, la nuit du 18 au 19 novembre 1768, les vingt-deux mandarins accusés furent cités au tribunal des crimes, qui, ne voulant pas juger cette affaire tout seul, avoit appelé des membres du tribunal des rits et du tribunal des mandarins, pour juger conjointement avec lui. L'interrogatoire fut long, et ce ne fut que bien avant dans la nuit que les accusés furent renvoyés jusqu'à un plus ample informé.

On présenta au comte les dépositions. Il dit : « Pourquoi, dans une affaire qui n'est pas de conséquence, envelopper tant de personnes? » Ce mot fit son effet : le tribunal des crimes rappela les accusés, et les divisant en sept familles, il ne fit subir un nouvel interrogatoire qu'aux chefs de chacune de ces familles. Les autres accusés ne comparurent plus. Ignace Pao, chef de la famille des Pao, qui la première se fit chrétienne à Pékin, il y a près de deux siècles, et qui, dans des temps très-difficiles, avoit logé le fameux père Ricci, fondateur de cette mission, Ignace Pao répondit comme un ange. Ses juges, étonnés de la beauté de la morale chrétienne, convinrent de bonne foi que même sur le sixième commandement, que les païens gardent si mal, « c'étoit la bonne et la véritable doctrine. » Survint l'arrêt du Sin-pou; il est assez modéré; il ne dit rien contre notre sainte religion : on y lit même qu'elle n'a rien de mauvais. Cependant, comme elle est défendue par les lois, il la défend de nouveau, et il oblige les chrétiens à aller se déclarer, s'ils veulent obtenir le pardon du passé. Voici ses termes.

« Les mandarins accusés nous ont répondu d'une manière suffisante. Toute leur faute se réduit à avoir embrassé une religion défendue dans l'empire. Nous avons consulté les lois ; il y en a une qui porte, « Que ceux qui auront violé une loi seront condamnés à cent coups de pantze » (c'est un grand bâton de cinq pieds, plat par le bout). Selon le dispositif d'une autre loi, « Si toute une famille se trouve coupable, le chef seul sera puni » ; une troisième dit : « Si quelqu'un du tribunal des mathématiques est coupable, on le privera de ses titres, et il sera réduit au rang du peuple. » Pour se conformer à ces lois, dans le cas présent, il faut casser de leurs mandarinats les sept chefs de famille qui, contre les lois, ont professé la religion chrétienne. Quant aux quinze autres accusés, comme, suivant les lois, on a jugé responsables de leur faute leurs pères ou leurs frères aînés, ils doivent, selon les lois, être mis hors de cour et de procès. Il faudra défendre aux uns et aux autres de professer la religion chrétienne, et les punir sévèrement s'ils ne se corrigent pas. Outre cela, dans les cinq villes qui composent Pékin et dans tout le district, il faudra afficher des placards pour avertir que, désormais, on usera des voies de rigueur contre les chrétiens qui n'iront pas se dénoncer eux-mêmes. Ces placards seront affichés partout où il est de coutume. Telle est la sentence que nous avons portée ; nous la proposons respectueusement à Votre Majesté. Aujourd'hui le 5 de la 11e lune, de Kien-long 33, le 13 décembre 1768. »

L'empereur répondit par ces deux mots : « Y, y », j'approuve cette sentence, respectez cet ordre.

Le comte, par égard pour les missionnaires de Pékin, et le président tartare, qu'on avoit su gagner, avoient fait adoucir cet arrêt tant qu'ils avoient pu : cependant, en le lisant, nous eûmes le cœur percé de la douleur la plus amère. Nous vîmes que des sept chefs de famille interrogés, tous n'avoient pas répondu également bien ; plusieurs avoient cherché des détours pour se tirer d'affaire, et, sans renoncer à leur foi, ils ne l'avoient pas honorée comme ils devoient ; d'ailleurs, notre sainte religion se trouvoit défendue de nouveau, et il étoit enjoint aux particuliers d'aller se dénoncer eux-mêmes s'ils vouloient obtenir le pardon du passé. Cette clause étoit bien dangereuse ; elle causa effectivement de grands maux, comme nous ne l'avions que trop prévu.

Les mandarins des provinces, attentifs aux démarches de la capitale, se tenoient prêts à agir ; un rien pouvoit allumer le feu de la persécution dans tout l'empire.

Le père Lamathe, missionnaire françois dans la province de Hou-quang, ne fut manqué que d'un quart d'heure ; les archers étoient presque à sa porte, qu'il n'en savoit encore rien. Il se sauva précipitamment dans des montagnes, où il resta trois jours et trois nuits caché dans un fossé, et pouvant être à tout moment dévoré par les tigres, qui sont en grand nombre dans toute la Chine.

La chrétienté qui est auprès de la grande muraille nous envoya un exprès, disant que le bruit se répandoit que nous étions tous arrêtés, et qu'on nous avoit conduits au tribunal des crimes, chargés de neuf chaînes, comme le sont les criminels de lèse-majesté. Nous ne méritions pas une si grande grâce, la Providence nous réservoit à un autre genre de peine.

Les placards s'affichèrent le saint jour de Noël. Cela ne nous empêcha pas de célébrer cette fête avec un certain éclat. Comme il ne faut pas braver l'autorité, il ne faut pas non plus que les ministres du Seigneur craignent trop. Le soir, avant que les barrières des rues fussent fermées, une foule de chrétiens se rendit à petit bruit dans notre maison. Il y en avoit déjà d'autres, venus de la campagne. Je vis parmi eux un bon vieillard de 72 ans, qui, pour avoir la consolation d'assister à la fête, n'avoit pas craint un voyage de quatre-vingts lieues dans une saison très-rigoureuse.

A minuit notre église étoit plus éclairée qu'en plein jour. La messe commença au son des instrumens et d'une musique vocale, qui est fort au goût des Chinois, et qui a quelquefois de quoi plaire aux Européens. Il n'y eut que vingt musiciens ; on retrancha le gros tambour et les instrumens qui font trop de bruit, et qui, dans les circonstances, auroient paru réveiller la haine des idolâtres. Les soldats des rues battoient les veilles de tout côté, et ils entendoient à peu près comme s'ils eussent été dans l'église. Cependant il n'y eut rien. Quand le jour fut venu, les chrétiens sortirent de notre maison peu à peu, et s'en retournèrent bien contens chez eux.

Pékin a deux villes, la ville tartare et la ville chinoise. La première a quatre lieues de tour, et contient un million d'habitans ; la seconde, quoique moins grande, n'en compte pas moins. Elle a deux lieutenans de police, qui, pour l'ordinaire, sont mandarins d'un ordre supérieur, et membres d'un des six grands tribunaux de l'empire. Le mandarin Ma occupoit un de ces postes, et s'y distinguoit par sa probité, son désintéressement, et son exactitude à maintenir l'ordre. Tout le monde savoit qu'il étoit chrétien, et personne ne pensoit à l'inquiéter, tant il étoit aimé et estimé. Son collègue, nommé *Ly*, ne pouvant lui ressembler, chercha à le perdre. Il lui signifia qu'il eût à obéir à l'arrêt du Sin-pou, et à se dénoncer lui-même comme chrétien, ou bien qu'il lui en épargneroit la peine ; qu'il ne lui donnoit que trois jours pour délibérer. Ma fut fort embarrassé, il consulta ; enfin, tout bien considéré, il prit son parti. Le 31 décembre il présenta au tribunal du gouverneur, dont il étoit membre, un écrit conçu en ces termes :

« Pour obéir à l'arrêt du tribunal des crimes, je déclare que ma famille et moi nous sommes chrétiens depuis trois générations. Nos ancêtres embrassèrent la religion dans le Leaotong, leur pays. Nous connoissons, comme eux, que c'est la vraie religion qu'il faut suivre, nous y sommes tous fermes et constans. »

Les mandarins du tribunal du gouverneur aimoient Ma. Ayant lu sa déclaration, ils lui dirent : « A quoi pensez-vous ? Vous courez vous-même à votre perte : attendez qu'on vous recherche, il sera alors temps de vous déclarer. » C'est malgré moi, dit Ma, que je fais cette démarche ; on m'y a forcé. Là-dessus on le conduisit au comte-ministre, comme au chef du tribunal. Le comte connoissoit Ma, il le reçut avec beaucoup d'amitié ; mais le voyant ferme, il donna commission aux mandarins de son tribunal de l'examiner. Pour le sauver, on ne vouloit tirer de lui qu'une parole un tant soit peu équivoque : on eut beau le tourner et le retourner, Ma, toujours constant et attentif à ses réponses, ne dit rien que de bien.

Sa fermeté irrita insensiblement ses juges, qui ne conçoivent pas comment on peut être si attaché à une religion. Le fils du comte, qui est gouverneur de Pékin, et qui est encore jeune, s'échauffa plus que les autres ; il demanda brusquement à Ma : « Si l'empereur vous ordonne de changer, que ferez-vous ? » Ma répondit : « J'obéirai à Dieu. » Le jeune gouverneur, qui ne voit rien au-dessus de son empereur, fut frappé de cette réponse ; il pâlit et ne dit plus mot. Il alla sur-le-champ faire son rapport au comte son père, et le comte présenta un placet à l'empereur en son nom et au nom de son fils. Il y raconta tout ce qui s'étoit passé la veille, et il finit en priant l'empereur de livrer Ma au tribunal des crimes, pour y être jugé selon la rigueur des lois. L'empereur aima mieux qu'il fût conduit au tribunal des ministres et des grands de l'empire, pour y être derechef examiné et interrogé. L'empereur comptoit que la majesté de ce tribunal en imposeroit à l'accusé, et que difficilement il pourroit résister aux instances de tout ce que l'empire a de plus grand. Mais Ma se soutint avec un courage qui étonna ses juges, et qui leur ôta l'espérance de le vaincre. Dès le lendemain, ils présentèrent à l'empereur le placet suivant :

« Vos sujets, nous premier ministre, et autres, présentons respectueusement ce placet à Votre Majesté.

» Pour obéir aux ordres qu'elle nous a donnés, nous avons fait venir en notre présence *Sching-te* (nom tartare de Ma), et nous lui avons dit : « Si vous consentez à sortir de votre religion, l'empereur vous accorde le grand bienfait de vous exempter de toute poursuite, et de vous maintenir dans vos emplois. » Ma a répondu : « Je n'avois que dix-neuf ans, lorsqu'étant encore dans mon pays au delà de la grande muraille, un nommé *Na-tunggo* persuada à mon aïeul d'embrasser la religion chrétienne. Mon père suivit son exemple, et moi celui de mon père. En recevant le saint baptême, je fis vœu de mourir plutôt que de renoncer au Dieu du ciel, à l'empereur et à mes pères et mères. Depuis dix-huit ans que je suis dans Pékin, occupé dans différens mandarinats, j'ai été de temps en temps aux églises du Dieu du ciel. J'ai lu, dans ces églises, trois inscriptions exposées à la vue du public, et toutes trois écrites du propre pinceau de l'empereur Cang-hi. L'inscription du milieu contient ces quatre lettres : *Au véritable principe de tous les êtres*. Les inscriptions latérales sont : *Après avoir tiré du néant tout ce qui tombe sous nos sens, il le conserve, et il y préside souverainement; il est la source de toute justice et de toutes les autres vertus; il a la souveraine puissance de nous éclairer et de nous secourir...,* etc. Tel est le Dieu des chrétiens; tels sont nos engagemens; je ne puis y renoncer.

» Nous, vos sujets, nous nous y sommes pris de toutes les manières pour convertir et gagner ce mandarin, mais il persiste aveuglément dans son opiniâtreté; absolument il ne veut pas ouvrir les yeux; c'est quelque chose d'incompréhensible : Votre Majesté s'en convaincra par le détail de nos interrogations et de ses réponses dont nous offrons respectueusement le manuscrit à Votre Majesté avec ce placet. Le 27 de la onzième lune, de Kienlong 33, le 11 janvier 1769. » L'empereur répondit : « Que Ma soit cassé et traduit au Sinpou. »

En conséquence de cet ordre, on arracha à Ma les marques de sa dignité; on le chargea de chaînes, et, dans cet état, on le conduisit du palais au tribunal des crimes, sur une charrette découverte. Ainsi Ma, lieutenant de police de la capitale, membre d'un des six grands tribunaux de l'empire, ayant grade de colonel dans une des huit bannières, fut donné en spectacle de terreur uniquement pour la religion. Menaces, sollicitations, insultes, promesses, tout fut employé successivement pour l'ébranler; mais ce fut en vain; Ma ne se démentit pas un moment.

Sa constance commença à intriguer les ministres. Il y alloit au moins de leur fortune s'ils ne venoient pas à bout de faire respecter l'ordre de l'empereur, qui jamais ne doit être sans effet. Ils se rendoient de temps en temps au Sin-pou. Un jour le ministre chinois menaça de le faire mettre à une question cruelle. « Nous verrons, dit-il, si les tourmens ne seront pas plus efficaces que nos paroles. — Vous n'y entendez rien, reprit le comte, il est inutile de le presser de renoncer à sa religion; il n'y renoncera pas. Laissez-moi faire. » Puis, s'adressant à Ma, il lui dit : « Vous avez offensé l'empereur, ne vous en repentez-vous pas? et n'êtes-vous pas dans la résolution de vous corriger de vos fautes passées ? — Oui, répondit Ma, mais je ne puis sortir de la religion chrétienne, ni renoncer à Dieu. » Ce mot tira d'affaire le comte; mais il ternit, du moins devant les hommes, la gloire que Ma s'étoit si justement acquise jusqu'alors. Le comte, s'attachant à la première partie de la réponse, dit d'un ton badin, qui lui est très-familier : « Je sais mieux ce que pense Ma que lui-même. Il respecte les ordres de l'empereur; il veut se corriger; tout est dit; que faut-il de plus? » Ma cut beau protester qu'il étoit toujours chrétien et qu'il le seroit jusqu'à la mort; le comte fit la sourde oreille; et, sans tarder davantage, il alla faire son rapport à l'empereur, qui, quelques jours après, fit publier dans les bannières l'ordre suivant :

« La résistance que Ma a faite à mes volontés méritoit une punition exemplaire; il convenoit de le traiter en criminel; mais comme la crainte lui a enfin ouvert les yeux et l'a fait sortir de la religion chrétienne, je lui fais grâce : je veux même qu'il soit mandarin du titre de cheon-pei. Qu'on respecte cet ordre. »

Il y a dans l'empire huit bannières. C'est toute la force de l'État. Chaque bannière peut avoir trente à quarante mille hommes exercés dans le métier de la guerre, et toujours prêts à partir au moindre signal. Quoique les Tartares fassent le fonds de ces troupes, on y compte cependant beaucoup de Chinois, dont les familles s'attachèrent à la dynastie présente lorsqu'elle conquit la Chine.

L'affaire de Ma excita dans quelques-unes de ces bannières une vive persécution contre notre sainte religion. Les premiers coups tombèrent sur la famille des Tcheon. Son chef, nommé Laurent, est un homme de soixante-deux ans, qui s'étoit signalé dans une pareille occasion, trente ans auparavant; il comptoit bien qu'il en seroit de même cette fois-ci, mais il ne savoit pas à quelle épreuve on devoit mettre sa constance. Il avoit un fils nommé Jean; c'est un jeune homme extrêmement aimable, et peut-être trop aimé du vieux Laurent. Ce fut par cet endroit qu'on l'attaqua.

Jean fut mandé le 7 janvier 1769, avec son père et quelques-uns de ses parens. Les mandarins, en voyant Laurent, dirent : « Nous connoissons cet homme-là, il ne demanderoit pas mieux que de mourir. » Puis ils vinrent au fils, et ils lui dirent : « Il y a ordre de l'empereur que vous renonciez à votre religion. Y renoncez-vous, ou bien n'y renoncez-vous pas? — Je n'y renonce pas, répondit Jean. » A l'instant on se jeta sur lui, et on l'étendit par terre; un homme se mit sur ses épaules, un autre sur ses jambes, et un troisième, armé d'un fouet tartare, long de cinq pieds, et gros comme le petit doigt par l'une de ses extrémités, lui donna vingt-sept coups. Les trois premiers lui firent une douleur si vive, qu'il craignit de ne pouvoir pas soutenir longtemps un combat si rude; mais ayant prié Dieu dans le fond de son cœur, il sentit croître ses forces et son courage. Le lendemain il vint nous voir. Il avoit un air content. Nous nous jetâmes à son cou pour l'embrasser; il s'attendrit et pleura. « Ah! que je crains, nous dit-il, de n'avoir pas la force de soutenir les tourmens! » Nous le rassurâmes de notre mieux, et nous lui promîmes tous les secours de nos prières. Le 9, il communia à notre église; et après avoir demandé instamment notre bénédiction, il se rendit pour la seconde fois au lieu du combat. Le vieux Laurent reçut d'abord cinquante-quatre coups en deux temps. On n'en donna que trois à Jean, puis on s'arrêta. Jean, qui auparavant craignoit de n'avoir pas le courage de souffrir, craignit, dans ce moment, de ne souffrir pas assez. Il reçut encore vingt-sept coups.

Le 11 janvier, il fut rappelé pour la troisième fois. Ce fut le jour de ses grandes souffrances et de son triomphe. Voici comment il raconte la chose dans une lettre qu'il nous écrivit le lendemain :

« Hier, dès que je fus arrivé, le mandarin me demanda si je renonçois ou non. Je répondis à l'ordinaire : Je ne renonce point. Aussitôt on m'ôta mes habits, et on me donna vingt-sept coups de fouet; après quoi on me demanda une seconde fois : Renoncez-vous, ou non? Je répondis une seconde fois : Je ne renonce pas. On me donna encore vingt-sept coups. On me fit quatre fois la même demande; je fis quatre fois la même réponse, qui fut toujours suivie de vingt-sept coups. A toutes les reprises on changeoit de bourreau. »

Jean, dans sa lettre, ne parle pas de son père. Nous sûmes qu'il avoit été battu plusieurs fois, sans avoir donné la moindre marque de foiblesse. Mais il ne tint pas aux traitemens cruels que l'on faisoit subir à son fils. Chaque coup qui le frappoit perçoit son cœur. Vaincu enfin par une fausse tendresse, il succomba malheureusement, ne prenant pas garde que sa chute alloit être le plus cruel supplice de son fils.

Jean continue ainsi : « Voyant que les coups de fouet n'ébranloient pas la constance que le Seigneur m'inspiroit, mon mandarin me mit à genoux une demi-heure sur des fragmens de porcelaine cassée, et il me dit : « Si tu remues, « ou si tu laisses échapper quelque plainte, tu « seras censé avoir apostasié. » Je le laissois dire, et je m'unissois à Dieu; les mains jointes, j'invoquois tout bas les saints noms de Jésus et de Marie. On vouloit encore m'ôter cette consolation. On séparoit mes mains, et on parloit de me cadenacer la bouche; mais on eut beau faire, ce supplice n'eut pas l'effet qu'on s'en étoit promis; on en revint aux coups. On me frappa encore à quatre reprises différentes. Alors mes forces s'épuisèrent, une sueur froide me prit, et je tombai en foiblesse. Ceux qui étoient autour de moi profitèrent de ce moment; ils saisirent ma main, et formèrent mon nom sur un billet apostatique. Je m'aperçus bien de la violence qu'on me faisoit; mais alors j'étois même hors d'état de pouvoir m'en plaindre. Dès que j'eus assez de force pour pouvoir parler, je protestai que je n'avois aucune part à cette signature; que je la détestois; que j'étois chrétien, et que je le serois jusqu'à la mort. On me remit une seconde fois sur les fragmens de porcelaine cassée; mais je n'y restai pas longtemps. Mon officier s'aperçut que je m'affoiblissois sérieusement. Il donna ordre de me traîner hors de la cour. Je crus devoir renouveler en ce moment ma profession de foi. Je dis hautement que j'étois chrétien, et que je le serois toujours. Mon père et mon oncle m'emportèrent dans une maison voisine, pour y passer le reste de la nuit. »

Nous avons su d'ailleurs que Jean étoit dans un état si pitoyable, que les païens eux-mêmes ne purent s'empêcher, en le voyant, de verser des larmes, et le fils de son mandarin alla lui-même lui chercher un remède qui lui fit du bien. On ne pouvoit plus revenir à la charge sans le tuer. Le froid lui avoit causé une si violente contraction de nerfs, que ses genoux touchoient sa poitrine : ses reins étoient courbés et ses chairs monstrueusement enflées. Il ne vouloit pas que ses parens et ses amis le plaignissent. Il étoit tranquille, gai, content. Les chirurgiens comptoient que, s'il en réchappoit, il en avoit au moins pour trois mois; mais, grâce à

Dieu, en moins d'un mois il guérit assez bien pour venir à notre église, à l'aide de deux personnes qui le soutenoient : il fit ses dévotions. Après son action de grâces, il vint nous voir. Je lui demandai si dans les tourmens la pensée ne lui étoit pas venue qu'il pourroit bien y rester ; il me répondit qu'il croyoit bien être à sa dernière heure quand il sentit la sueur froide se répandre sur tout son corps. Cependant, ajouta-t-il avec beaucoup de simplicité, si j'étois mort je n'aurois plus eu le bonheur de communier ; et en disant ces paroles, les larmes lui vinrent aux yeux.

On n'entendit plus parler que de chrétiens battus et maltraités de toutes les façons pour la religion. Un jeune soldat, nommé *Ouang* Michel, d'une autre bannière que Jean, eut à souffrir les mêmes combats que lui. Tchon Joseph fut attaché à une colonne, la tête en bas, et la moitié du corps sur la glace. Ly Mathias fut battu sans interruption, jusqu'à ce qu'il perdît connoissance, etc. Ce détail me mèneroit trop loin.

Je ne vous dirai pas ce que nous souffrions en voyant le troupeau de Jésus-Christ ainsi livré à la fureur de l'idolâtrie : votre cœur vous le dira assez. Nous essayâmes tous les moyens humains pour faire cesser cette malheureuse persécution ; ils furent sans effet : le ciel même parut insensible à nos cris. Nous nous étions arrangés de façon que pendant tout le jour il y avoit un missionnaire devant le saint-sacrement. On fit d'autres bonnes œuvres, et la persécution alla son train. Ce qu'il y eut de plus affligeant pour nous, c'est qu'elle fit des apostats. Il est vrai que très-peu renoncèrent formellement à la religion, mais il y en eut plusieurs qui furent surpris par les idolâtres, et qui donnèrent dans les pièges qu'ils leur tendoient.

Il arriva une chose qui nous fit frémir. Deux jeunes gens, extrêmement aimables et bons chrétiens, furent cités devant leur mandarin. Ils répondirent modestement qu'ils respectoient l'ordre de l'empereur ; qu'ils mourroient contens s'il l'ordonnoit ; mais que pour renoncer à la foi, ils ne le pouvoient. Le mandarin, qui les aimoit, et qui d'ailleurs n'étoit pas d'un caractère violent, les renvoya sans les maltraiter. Ils s'en retournoient le cœur plein de cette douce joie qu'on goûte ordinairement quand on a conservé sa foi au milieu des plus grands dangers : ils rentrent à la maison, ils la trouvent pleine de monde. Leur mère vient à eux le couteau à la main, et leur dit : « Je vois bien, mes enfans, ce que vous avez dans la tête ; vous voulez être martyrs et aller tout de suite au ciel ; et moi, je veux aller en enfer. » Elle approche le couteau de sa gorge et menace de se la couper à l'instant, s'ils ne signent tous deux un écrit que les idolâtres venoient de dresser : les enfans, dans le trouble, signèrent. Désolés ensuite, ils pleurèrent leur faute et furent inconsolables, jusqu'à ce que par une pénitence publique ils méritèrent de rentrer dans le sein de l'Église.

Dans les montagnes qui sont au couchant de Pékin, nous avons une chrétienté : un seul village, nommé *Sang-yu*, compte trente-huit familles chrétiennes. Au commencement du mois de mars 1769, elles furent toutes accusées devant le lieutenant de police de la ville tartare. On envoya du monde pour les saisir. Les archers n'emmenèrent que vingt-une personnes, parce qu'ils ne prirent que les chefs de famille, ou ceux qui les représentoient. Il n'est pas concevable combien ils ont eu à souffrir dans leur prison, qui a duré près de quatre mois. La faim, la soif, les coups, tout fut employé pour vaincre leur constance. Il y en eut d'abord qui cédèrent à la violence des coups ; mais quand il fut question de sortir, ils confessèrent généreusement la foi ; tous furent battus les uns plus, les autres moins. Ils vinrent aussitôt nous voir. Ils étoient pâles, défigurés, sans habits. Je les conduisis à la porte de l'église ; ils se prosternèrent la face contre terre, et rendirent à Jésus-Christ, qui les avoit soutenus, de solennelles actions de grâces. On les retint dans la maison pendant quelques jours. J'en avois habillé huit avec un demi-louis, qu'un bon ecclésiastique m'avoit donné pour de bonnes œuvres, lors de mon départ. Ils parurent à la belle procession du saint-sacrement, que nous faisons ici avec le plus de solennité qu'il est possible. Ils en firent un des ornemens les plus touchans. Je sais bien que je ne pouvois pas les regarder sans être attendri jusqu'au fond de l'âme.

La persécution s'apaisa insensiblement, et actuellement nous sommes tranquilles, comme on peut l'être dans le centre de l'idolâtrie. Dieu sait combien de temps durera cette espèce de tranquillité. Sa sainte vo-

…nté soit faite ; nous nous attendons à tout.

Voici l'abrégé d'une lettre au sujet du père Nuntius de Horta, dont j'eus l'honneur de vous parler l'an passé.

Le père de Horta pensoit à s'en retourner en Europe en 1766 ; mais ayant appris sur sa route ce qui se passoit en Europe, il craignit, et il rebroussa chemin. A peine fut-il arrivé à la mission du Tonkin, qu'il fut pris dans l'exercice du saint ministère et mené en prison. C'est de là qu'il nous écrit une grande lettre fort édifiante d'où je tirerai ce que j'ai à vous dire de lui.

La prison du père de Horta est une espèce de loge formée par des pieux profondément enfoncés en terre ; elle n'a guère que quatre pieds de long sur deux et demi de large. Il est éternellement assis ou à demi couché ; exposé à la pluie, au soleil d'un climat brûlant et à toutes les injures de l'air. Ses pieds sortent de la prison, à travers les pieux, et sont enclavés dans deux gros morceaux de bois joints par les deux bouts.

Les piqûres des insectes, dont il ne peut pas se défendre ; les ulcères, dont tout son corps est couvert, et dont il sort une puanteur insupportable ; le bruit des batteurs de veilles et des soldats qui jour et nuit sont de garde autour de lui ; les égouts qui l'environnent ; l'opération de la pierre qu'il a soufferte, tout cela et je ne sais combien d'autres maux présentent dans la lettre du père de Horta un tableau de douleur qui fait frémir.

Son courage croît avec ses souffrances : ce n'est plus cet homme, tel qu'on le vit à l'Ile-de-France, timide, indécis, ne sachant pas prendre son parti : aujourd'hui rien ne l'ébranle ; il parle de ses souffrances, de leur excès et de leur durée, comme il parleroit de celles d'un étranger qui ne le touche pas.

Interrogé par ses juges idolâtres pourquoi le Dieu des chrétiens n'avoit pas fait annoncer plus tôt aux Tonkinois sa religion, il répondit qu'il est très-probable qu'autrefois la religion du vrai Dieu avoit été annoncée à leurs ancêtres, qui, aussi infidèles qu'eux, avoient persécuté et fait mourir ses envoyés ; que si depuis un temps ils paroissoient avoir été oubliés dans la distribution des trésors de la miséricorde divine, ils ne devoient s'en prendre qu'à leurs grands péchés ; que le Seigneur seroit revenu plus tôt à eux s'ils n'avoient pas violé la loi naturelle qu'il a gravée dans tous les cœurs.

La liberté du père de Horta n'a point offensé ses juges, cependant il est dans la position la plus critique ; il ne sait pas encore quel sera son sort, mais il s'attend à tout.

Il s'encourage par l'exemple des martyrs du Japon, qui sont de la province ; par l'exemple plus récent encore des missionnaires qui, en 1722 et en 1737, versèrent leur sang pour la foi dans le Tonkin. Il se recommande aux prières de tous les missionnaires ; il signe NUNTIUS DE HORTA, *indignissimus Christi confessor, pro Christo catenis ligatus.* Sa lettre est datée de Tonkin, le 28 juin 1768.

Nous perdîmes l'an passé le frère Attiret : c'est à tous égards une des plus grandes pertes que pût faire la mission de Chine. Le frère Attiret avoit du feu, de la vivacité, beaucoup d'esprit, une solide piété, et un caractère charmant ; ce qui, dans une communauté de sept ou huit personnes isolées de tout l'univers, doit être regardé comme quelque chose de bien précieux. Son rare talent pour la peinture est connu en Europe ; et si des vues supérieures de religion ne l'eussent pas amené ici, il n'est pas douteux qu'il n'eût égalé les plus grands peintres de Paris et de Rome. L'empereur l'aimoit : il estimoit ses peintures au-dessus de tout. Un jour, pour lui témoigner sa satisfaction, il voulut le faire mandarin : le frère Attiret mit tout en œuvre pour éviter cette distinction, qu'il avoit toujours crainte ; et quoique, pour l'ordinaire, il y aille de la tête pour quiconque n'accepte pas sur-le-champ ces sortes de grâces, le frère Attiret fut assez heureux pour obtenir ce que sa modestie souhaitoit, et pour ne pas irriter le monarque.

Ses belles peintures sont dans des palais où il n'est permis à personne d'entrer. Je n'en ai vu qu'une de lui, c'est le tableau de l'ange gardien, qui est dans la chapelle des jeunes néophytes. Non, on ne se lasse pas de le regarder, et si je m'en croyois, j'en ferois ici la description ; mais votre complaisance pourroit se lasser de tous ces détails. Il faut cependant que je dise encore un mot du frère Attiret. Dans sa dernière maladie, je lui faisois souvent compagnie ; il me dit un jour : « Savez-vous ce qui m'occupe quand je passe dans ces grandes rues de Pékin, à travers ce peuple immense qu'on peut à peine percer ? Je vous avouerai ingénument que cette pensée ne peut pas sortir de ma tête: Tu es presque le seul ici qui connoisses le vrai Dieu ; combien dans tout ce monde n'ont pas le même bonheur ! qu'as-tu fait pour attirer sur toi les bontés du Seigneur ? » Ensuite il se livroit aux sentimens de la plus vive et de la plus tendre reconnoissance.

Sur le point de mourir, il s'écria tout à coup, avec un saint transport : « Ah ! la belle dévotion, et qu'on l'enseignoit bien dans les noviciats de la Compagnie ! » Il parloit de la dévotion à la sainte Vierge : il eut le bonheur de mourir le jour de son immaculée conception, le 8 décembre 1768.

J'ai prêché la fête du Sacré-Cœur, dix mois après mon arrivée. Dieu sait ce que ce premier sermon chinois m'a coûté. Il a fallu pour cela braver les chaleurs excessives de Pékin, et charger par force une mémoire qui se croyoit en droit de se reposer. On ne sait pas ce que c'est que de meubler une vieille tête de seize pages de monosyllabes décousus.

Le chinois est bien difficile. Je puis vous assurer qu'il ne ressemble en rien à aucune langue connue. Le même mot n'a jamais qu'une terminaison ; on n'y trouve point tout ce qui dans nos déclinaisons distingue le genre et le nombre des choses dont on parle ; dans les verbes, rien ne nous aide à faire entendre quelle est la personne qui agit, comment et en quel temps elle agit, si elle agit seule ou avec d'autres. En un mot, chez les Chinois, le même mot est substantif, adjectif, verbe, adverbe, singulier, pluriel, masculin, féminin, etc. C'est à vous, qui écoutez, à épier les circonstances et à deviner.

Ajoutez à tout cela que tous les mots de la langue se réduisent à trois cent et quelques-uns ; qu'ils se prononcent de tant de façons qu'ils signifient quatre-vingt mille choses différentes qu'on exprime par autant de caractères.

Ce n'est pas tout. L'arrangement de tous ces monosyllabes paroît n'être soumis à aucune règle générale, en sorte que pour savoir la langue, après avoir appris tous les mots, il faut apprendre chaque phrase en particulier ; la moindre inversion feroit que vous ne seriez pas entendu des trois quarts des Chinois.

Je reviens aux mots. On m'avoit dit, *chou* signifie livre. Je comptois que toutes les fois que reviendroit le mot *chou*, je pourrois conclure qu'il s'agit d'un livre. Point du tout ; *chou* revient, il signifie un arbre. Me voilà partagé entre *chou* livre, et *chou* arbre. Ce n'est rien que cela ; il y a *chou* grandes chaleurs, *chou* raconter, *chou* aurore, *chou* pluie, *chou* charité, *chou* accoutumés, *chou* perdre une gageure, etc. Je ne finirois pas si je voulois rapporter toutes les significations du même mot.

Encore, si l'on pouvoit s'aider par la lecture des livres. Mais non, leur langage est tout différent de celui d'une simple conversation.

Ce qui sera surtout et éternellement un écueil pour tout Européen, c'est la prononciation. Elle est d'une difficulté insurmontable. D'abord chaque mot peut se prononcer sur cinq tons différens, et il ne faut pas croire que chaque ton soit si marqué, que l'oreille le distingue aisément. Ces monosyllabes passent d'une vitesse étonnante ; et de peur qu'il ne soit trop aisé de les saisir à la volée, les Chinois font encore je ne sais combien d'élisions qui ne laissent presque rien de deux monosyllabes. D'un ton aspiré, il faut passer de suite à un ton uni ; d'un sifflement à un ton rentrant ; tantôt il faut parler du gosier, tantôt du palais, presque toujours du nez. J'ai récité au moins cinquante fois mon sermon devant mon domestique, avant que de le dire en public. Je lui donnois plein pouvoir de me reprendre, et je ne me lassois pas de répéter. Il est tels de mes auditeurs Chinois, qui, de dix parties, comme ils disent, n'en ont entendu que trois. Heureusement que les Chinois sont patiens, et qu'ils sont toujours étonnés qu'un pauvre étranger puisse apprendre deux mots de leur langue.

Aujourd'hui je suis un peu plus à l'aise. J'entends assez ceux qui viennent se confesser. On a même cru que je pouvois me charger de la congrégation des jeunes néophytes. Le père Dollière me l'a remit ces jours passés. J'ai l'honneur d'être, avec beaucoup de respect, madame, etc.

« Souffrez que votre respectable communauté trouve ici mes assurances de respect. Je me recommande, moi et notre chère mission, à ses saintes ferveurs. Un petit mot pour nous, surtout après une bonne communion. Nous ne cesserons de notre côté de prier le Seigneur qu'il maintienne parmi vous cet esprit de piété qui vous a rendues si recommandables parmi les communautés édifiantes. »

LETTRE DU PÈRE F. BOURGEOIS

AU PÈRE ANCEMOT.

Missions dans les montagnes du Nord.

Près de Pékin, le 1er novembre 1770.

MON RÉVÉREND PÈRE,
P. C.

A sept ou huit lieues de Pékin, il y a une longue suite de montagnes; on prétend qu'elles s'étendent bien avant dans l'Asie occidentale et qu'elles vont mourir assez près de l'Europe. C'est du sein de ces montagnes que je vous écris aujourd'hui. J'y suis venu pour seconder les vues de zèle du père Desrobert. Ce jésuite, d'heureuse et sainte mémoire, ayant appris que sur le bord des torrens qui se précipitent des montagnes il y avoit quelques habitations, conçut le dessein d'y former une Église, où, loin du bruit et des recherches, le bon Dieu fût connu et servi comme il mérite de l'être. Il n'eut pas la consolation qu'il se promettoit de ce nouvel établissement : lorsqu'il mourut, son projet n'étoit encore qu'ébauché.

Il s'agit de savoir si le temps de la miséricorde est venu pour ces pauvres montagnards, qui d'ailleurs sont d'assez honnêtes gens. Hier je n'avois rien à manger; un voisin, quoique idolâtre et bien pauvre, m'envoya une poignée de jujubes, deux pêches et deux ou trois pommes. J'en fus touché, et je ferai tout mon possible pour lui procurer quelque chose de mieux en lui faisant porter des paroles de salut. On vient ici par des chemins qu'il n'est pas aisé d'imaginer. Pour éviter les torrens qui coulent dans les fonds, il faut grimper sur des rochers escarpés; les sentiers qu'on y a pratiqués n'ont souvent que deux pieds ou deux pieds et demi de large. A votre droite, c'est une roche à pic, haute comme les tours de la primatiale[1]; à gauche, c'est un précipice plus profond encore et dont vous ne pouvez vous éloigner que de deux pieds : un faux pas vous y feroit tomber, et il est très-aisé de le faire sur des pierres et des roches posées de champ et plus élevées les unes que les autres. Ma monture s'est abattue trois fois des quatre pieds sans me froisser contre les rochers de la droite ni sans me jeter dans le précipice de la gauche. Dieu en soit béni! Je n'écris ces traits de Providence qu'en rougissant d'y répondre si mal.

Vous savez sans doute que le révérend père Dugad, supérieur général de cette mission, après avoir entrepris le voyage de la Chine à l'âge de soixante-deux ans, n'a pu entrer dans les terres ni obtenir une place parmi nous à Pékin. Il a été obligé de s'en retourner et de quitter un pays qui faisoit l'objet de tous ses vœux, et où il a consumé ses forces pendant près de trente ans d'une mission laborieuse. Voici comment il nous a fait ses adieux en partant de Canton, le 10 janvier 1770 :

« La Providence, qui m'avoit appelé ici, m'ordonne d'en sortir à présent. Vous sentez bien, mes révérends Pères, qu'après tant de tentatives pour me rejoindre à vous, je partirai d'ici sans vous quitter : mon cœur restera toujours dans cette mission, à laquelle je m'étois consacré. Je prie Notre-Seigneur de répandre sur tous ceux qui la composent les bénédictions célestes. Puissions-nous être tellement embrasés de son saint amour, que nous devenions de souples instrumens entre ses mains pour le salut et la perfection du prochain. Marchons avec ardeur nous-mêmes dans la carrière des devoirs étroits que demandent nos saintes fonctions. Que l'esprit d'oraison soit l'âme de toutes nos actions, etc. »

Il ne faut que quelques mots comme ceux-là pour faire connoître un homme. Il étoit revenu en partie pour avoir la consolation de revoir son saint ami le père Roi. Il apprit sa mort avec une si parfaite résignation qu'il ne parut rien sur son visage de ce qui se passoit dans son cœur. Comme il avoit vécu dans les missions avec lui bon nombre d'années, je le priai de mander ce qu'il en savoit.

Sans s'attacher à ce qui a pu arriver de singulier et d'extraordinaire au saint père Roi, le père Dugad s'attache à peindre son excellent intérieur : il étoit sans cesse occupé de Dieu, plein de zèle pour sa gloire, et un vrai modèle du détachement et de la patience que doit avoir un missionnaire.

---

[1] Principale église de Nancy, en Lorraine.

MÉMOIRE
SUR LES JUIFS ÉTABLIS EN CHINE.

La nouvelle d'une synagogue de juifs, établie à la Chine depuis plusieurs siècles, fut pour tous les savans de l'Europe une nouvelle des plus intéressantes. Ils se flattoient qu'ils pourroient y trouver un texte des divines Écritures, qui serviroit à éclaircir leurs difficultés et à terminer leurs disputes. Mais le père Ricci, qui fit cette heureuse découverte, ne put pas en tirer les avantages qu'il auroit désirés. Attaché à la ville de Pékin par les besoins de sa mission, il ne put se transporter à Cai-fong-fou, capitale du Honan, qui est éloignée de près de deux cents lieues. Il se contenta d'interroger un jeune juif de cette synagogue qu'il rencontra à Pékin. Il en apprit qu'à Cai-fong-fou il se trouvoit dix ou douze familles d'Israélites; qu'ils venoient d'y rétablir leur synagogue, et que depuis cinq ou six cents ans ils conservoient, avec le plus grand respect, un exemplaire très-ancien du *Pentateuque*. Le père Ricci lui montra aussitôt une Bible hébraïque. Le jeune juif reconnut le caractère, mais il ne put le lire, parce qu'il se livroit uniquement à l'étude des livres chinois depuis qu'il aspiroit au degré de lettré.

Les occupations pressantes du père Ricci ne lui permirent pas de pousser plus loin sa découverte. Ce ne fut que trois ou quatre ans après qu'il trouva la commodité d'y envoyer un jésuite chinois, avec d'amples instructions pour vérifier ce qu'il avoit appris du jeune juif. Il le chargea d'une lettre chinoise pour le chef de la synagogue. Il lui marquoit qu'outre les livres de l'ancien Testament, il avoit encore tous ceux du nouveau, qui montroient que le Messie qu'ils attendoient étoit venu. Dès que le chef de la synagogue lut ce qui regardoit la venue du Messie, il s'arrêta et dit que cela n'étoit pas, puisqu'ils ne l'attendoient que dans dix mille ans. Mais il fit prier le père Ricci, dont la renommée lui avoit appris les grands talens, de venir à Cai-fong-fou, qu'il seroit charmé de lui remettre le soin de la synagogue, pourvu qu'il voulût s'abstenir des viandes défendues aux Juifs. Le grand âge de ce chef, l'ignorance de celui qui devoit lui succéder, l'avoient déterminé à faire ces offres au père Ricci. La circonstance étoit favorable pour s'informer de leur Pentateuque. Le chef consentit volontiers à donner le commencement et la fin de toutes les sections. Ils se trouvèrent parfaitement conformes à la Bible hébraïque de Plantin, excepté qu'il n'y a point de points voyelles dans l'exemplaire chinois.

En 1613 le père Aleni, que sa profonde érudition et sa grande sagesse ont fait appeler par les Chinois mêmes le Confucius de l'Europe, reçut ordre de ses supérieurs de se transporter à Cai-fong-fou pour pousser plus loin cette découverte. C'étoit l'homme du monde le plus propre à y réussir. Il étoit fort habile en hébreu. Mais les temps étoient changés : l'ancien chef étoit mort. On montra bien au père Aleni la synagogue; mais il ne put jamais obtenir qu'on lui fît voir les livres : on ne voulut pas même tirer les rideaux qui les couvroient.

Tels furent les foibles commencemens de cette découverte, qui nous ont été transmis par les pères Trigaut et Sémédo [1], et par d'autres missionnaires. Les savans en ont souvent parlé, quelquefois avec peu d'exactitude [2], et désirant toujours des connoissances plus étendues.

La résidence que les jésuites établirent dans la suite à Cai-fong-fou donna de nouvelles espérances. Cependant les pères Rodriguez et Figueredo voulurent en vain profiter de l'avantage qu'ils avoient. Le père Gozani est le premier qui réussit. Ayant trouvé un accès facile, il tira une copie des inscriptions de la synagogue qui sont écrites sur de grandes tables de marbre, et il l'envoya à Rome. Ces juifs lui dirent qu'il y avoit à Pékin une Bible dans le temple où l'on garde les *King*, c'est-à-dire les livres canoniques des étrangers. Les jésuites françois et portugais obtinrent de l'empereur la permission d'entrer dans le temple et de visiter les livres. Le père Parennin étoit présent. On ne trouva rien. Le père Bouvet dit qu'on y aperçut quelques lettres syriaques, et qu'il y a tout lieu de croire que le maître de la pagode n'informa pas bien les jésuites. Il seroit aujourd'hui très-difficile d'obtenir l'entrée de cette bibliothèque; et toutes les tentatives que

---

[1] Trigaut, *de Expedit. Sinicâ*, lib. I, cap. II, p. 118; Semedo, *Relatione della China*, part. I, cap. xxx, p. 193.

[2] Walton, *Polyglott.*, prolegomen. III, sect. IV; Jablonski, *Bibl. hebr.*, praef., sect. xxxviii.

le père Gaubil a faites ont toujours été inutiles. Jamais il n'a pu savoir quels sont ces livres hébreux et syriaques. Cependant un Tartare chrétien, à qui il avoit prêté sa bible hébraïque, lui a encore assuré qu'il y avoit vu des livres écrits dans le même caractère; mais il ne put lui dire quels étoient ces livres, ni quelle étoit leur antiquité. Seulement il lui confirma qu'il y avoit vu un *Thora*, c'est-à-dire un livre de la l i.

Tandis que les jésuites faisoient à Pékin des perquisitions infructueuses, les juifs, moins mystérieux que les Chinois, instruisoient volontiers le père Gozani de leurs différens usages; et dès le commencement de ce siècle, il se trouva en état de publier une relation aussi circonstanciée qu'on pouvoit l'attendre d'une personne qui ne savoit pas l'hébreu.

Ces nouvelles connoissances réveillèrent l'attention des savans. Le père Étienne Souciet, qui pensoit alors à un grand ouvrage sur l'Écriture, pour répondre aux *Critici sacri*, fut le plus ardent à presser cette découverte. C'est des lettres que lui écrivirent à ce sujet les pères Gozani, Domenge et Gaubil, que je tirerai tout ce que je rapporterai dans ce mémoire. Ce détail sera d'autant plus curieux qu'il a été souvent demandé, et que le père Duhalde s'est contenté de le promettre dans sa grande description de la Chine [1].

Les Chinois appellent les juifs qui demeurent parmi eux *Hoai-hoai*. Ce surnom leur est commun avec les mahométans. Mais ces juifs se nomment entre eux *Tiao-kin-kiao*, c'est-à-dire la loi de ceux qui retranchent les nerfs, parce qu'ils se font une loi de n'en point manger, en mémoire du combat de Jacob avec l'ange. L'espèce de bonnet bleu qu'ils portent dans leur synagogue pendant la prière leur a encore fait prendre le nom de *Lan-maho-hoai-hoai*, pour se distinguer des mahométans qui portent un bonnet blanc, et qu'ils appellent à cause de cela *Pe-maho-hoai-hoai*.

Ces juifs disent qu'ils entrèrent en Chine sous la dynastie des Han pendant le règne de Han-ming-ti, et qu'ils venoient de Si-yu, c'est-à-dire du pays de l'Occident. Il paroît par tout ce qu'on a pu tirer d'eux que ce pays d'Occident est la Perse, et qu'ils vinrent par le Corassan et Samarkand. Ils ont encore dans leur langage plusieurs mots persans, et ils ont conservé pendant longtemps de grands rapports avec cet État. Ils croient être les seuls qui se soient établis dans ce vaste continent. Ils ne connoissent point d'autres juifs dans les Indes, dans le Thibet, dans la Tartarie occidentale.

Pendant longtemps ils ont été dans la Chine sur un grand pied. Plusieurs ont été gouverneurs de province, ministres d'État, bacheliers, docteurs. Il y en a eu qui ont possédé de grands biens en terres. Mais aujourd'hui il ne leur reste rien de cet ancien éclat. Leurs établissemens de Ham-tcheou, de Nimpo, de Pékin, de Ning-hia, ont même disparu. La plupart ont embrassé la secte mahométane. On ne connoît que ceux de Cai-fong-fou.

Ils comptoient plus de soixante et dix familles des différentes tribus de Benjamin, de Lévi, de Juda, etc., lorsqu'ils s'y établirent. Maintenant elles sont réduites à sept familles, qui font tout au plus mille personnes [1]. Les divers malheurs dont cette ville a été affligée dans les derniers temps ont beaucoup contribué à leur dépérissement.

Sous l'empire de Van-lie, un grand incendie réduisit leur synagogue en cendres. Tous leurs livres périrent, excepté un Pentateuque qu'autrefois, après un accident encore plus funeste, ils avoient eu d'un mahométan qu'ils rencontrèrent à Ning-hia, dans la province Chen-si. Un juif de Canton étant près de mourir le lui avoit confié comme un dépôt précieux. Ils rebâtirent leur synagogue. Elle fut encore ruinée en 1642 par une inondation du Hoang-ho ou fleuve Jaune, qui fit périr plus de trois cent mille hommes.

Tchao, mandarin juif, se chargea du rétablissement de la synagogue : c'est celle qu'on voit aujourd'hui. Ils l'appellent *li-pai-sé*, c'est-à-dire lieu des cérémonies. Ce li-pai-sé n'a que soixante pieds de long sur quarante de large. Mais tous les différens bâtimens qui en dépendent occupent un terrain de cent cinquante pieds de largeur sur trois à quatre cents de longueur. On en voit ici le plan tel que le père Domenge l'a dessiné sur les lieux.

L'entrée de cette synagogue est à l'orient. Elle est suivie d'un pai-leou, c'est-à-dire d'un arc de triomphe qui conduit à la grande cour. A la sortie de cette cour on trouve un nouvel

---

[1] Duhalde, *Description de la Chine*, t. III, p. 64.

[1] Ces familles se nomment *Sing-tchao-ti*, *Sing-cao-ti*, *Sing-nghai-ti*, *Sing-kin-ti*, *Sing-che-ti*, *Sing-themam-ti*, *Sing-li-ti*.

arc de triomphe, et aux côtés on voit deux monumens de pierre chargés d'inscriptions dont je parlerai à la fin de ce mémoire. En avançant davantage, on rencontre deux lions de marbre, posés sur des piédestaux, un grand vase de fonte pour brûler des odeurs, deux bassins de cuivre avec leur base, et deux grands vases de fleurs. Enfin on arrive au parvis du li-pai-sé, qui est tout entouré de balustrades. C'est-là qu'on dresse une grande tente pour la fête des Tabernacles.

Ce li-pai-sé a deux bas côtés. La nef se divise en trois parties : la première renferme la chaire de Moïse, le van-soui-pai, c'est-à-dire la tablette de l'empereur, et une grande table de parfums. Au-dessus de la table de l'empereur on voit cette inscription hébraïque en lettres d'or : « Ecoute, Israël : Jéhova, notre Dieu, est le Dieu seul. Béni soit son nom, gloire à son règne pendant l'éternité. » La seconde partie forme une espèce de tente carrée en dehors et ronde en dedans. C'est là le Saint des Saints des juifs de la Chine. Ils l'appellent *bethel*, et en langue chinoise *Tien-tang*, c'est-à-dire temple du Ciel. Sur le frontispice on lit cette inscription hébraïque, écrite en caractères d'or : « Sache que Jéhova est le Dieu des dieux, le Seigneur, Dieu grand, fort et terrible. » Ce lieu si respecté des juifs de la Chine renferme leurs *Takings*, c'est-à-dire leurs livres sacrés des divines Écritures. A côté du bethel il y a des armoires où sont des Takings et d'autres livres usuels. Derrière le bethel on voit les deux tables de la loi écrites en lettres d'or.

De tous ces monumens les Takings sont les plus intéressans pour les savans de l'Europe. Mais pour s'en former une juste idée, il faut savoir que les juifs Chinois ne donnent le nom de Taking ou de grande Écriture qu'au seul Pentateuque. Ils en ont treize copies dans leur bethel, posées sur treize tables, en mémoire des douze tribus et de Moïse le fondateur de la loi. Ils sont écrits non sur du parchemin, comme l'a dit le père Gozani, mais sur du papier dont on a collé plusieurs feuilles ensemble pour pouvoir les rouler sans craindre de les déchirer.

Chaque Taking du bethel est roulé sur un pivot et forme une espèce de tente couverte d'un rideau de soie. Les juifs ont pour tous ces livres la plus grande vénération. Il y en a cependant un qu'ils respectent plus que tous les autres. Ils prétendent qu'il a trois mille ans d'antiquité, et que c'est le seul monument qui leur reste. Leurs autres livres ayant péri dans les incendies ou dans les inondations, ils ont été restitués sur les livres des Persans.

Tous les Takings du bethel sont sans points. Ils sont divisés en cinquante-trois paragraphes ou sections. On en lit une section chaque jour de sabbat. Ainsi les juifs de la Chine, comme les juifs d'Europe, lisent toute la loi dans le cours de l'année. Celui qui fait la lecture met le Taking sur la chaire de Moïse. Il a le visage couvert d'un voile de coton fort délié. A côté de lui est un souffleur, et quelques pas plus bas un *moula* chargé lui-même de redresser le souffleur en cas qu'il se trompe.

Le père Domenge n'a vu dans ce li-pai-sé ni encensoir, ni instrument de musique, ni habit de cérémonies. Tout se réduit à y être sans pantoufles, et ils ont tous la tête couverte d'un bonnet bleu. Seulement à la fête des Tabernacles, où il vit faire la procession du Taking, celui qui le portoit avoit une écharpe de taffetas rouge qui lui passoit de dessus l'épaule droite au-dessous du bras gauche.

Pendant huit mois que le père Domenge passa à Cai-fong-fou, il employa en vain tous les moyens imaginables pour obtenir un de ces livres, ou pour avoir au moins la permission de collationner sa Bible avec un des exemplaires. Il ne put rien gagner sur des hommes trop ignorans pour ne pas être soupçonneux. L'unique grâce qu'ils lui firent fut de lui montrer leurs livres, et de lui permettre de consulter quelques endroits. Voici ce qu'il nous en apprend. Les Takings du bethel sont écrits en caractères ronds et sans points. La forme des lettres approche assez des anciennes éditions hébraïques d'Allemagne. On n'y voit ni *phéthura*, ni *séthuma*[1]. Tout y est de suite,

---

[1] Les *phéthura* et les *séthuma* sont les marques dont on se sert dans les Bibles hébraïques pour marquer la distinction des différentes sections. Le phéthura se marque avec la lettre *phé*, répétée trois fois ; le séthuma avec la lettre *samech*, répétée aussi trois fois. Il y a douze de ces sections dans la Genèse, onze dans l'Exode, dix dans le Lévitique, dix dans les Nombres, et onze dans le Deutéronome, ce qui fait les cinquante-quatre parties du Pentateuque. Ces grandes sections ont même des divisions subalternes, mais elles sont marquées par un seul phéthura ou par un seul séthuma.

excepté l'espace d'une ligne qui se trouve entre chacune des cinquante-trois sections. Quand on leur demande pourquoi les exemplaires ne sont point ponctués, ils répondent que Dieu dicta la loi de Moïse avec tant de rapidité qu'il n'eut pas le temps d'y mettre les points; mais que leurs docteurs d'Occident ont jugé à propos de les mettre pour en faciliter la lecture.

Le samedi dans l'octave de la fête des Tabernacles, le père Domenge étant allé à la synagogue, ils lui montrèrent leur ancien Taking. Il avoit environ deux pieds de haut, et un peu plus de diamètre quand il étoit roulé. Il a l'air fort antique, et a été fort gâté par l'eau. Il demanda quelle étoit la leçon du jour; ils lui montrèrent le cantique de Moïse, qui, chez les juifs, fait partie de la parasche *va jelec*, c'est-à-dire de la cinquante-deuxième section. Leur cinquante-troisième section est la même que la cinquante-quatrième de nos Bibles ordinaires. Il lut à haute voix le cantique de Moïse, qui étoit écrit sur deux colonnes, comme dans nos Bibles lorsqu'elles sont exactes; mais les lignes prenoient quelquefois l'une sur l'autre, ce qui pensa le brouiller. L'unique différence qu'il trouva dans tout ce cantique, c'est qu'au verset vingt-cinquième, au lieu de *thescacel*, qui est dans nos bibles ordinaires, le Taking a *thocel*[1]. Cette différence ne change rien au sens; c'est toujours le glaive destructeur ou dévorant qui venge le Seigneur des prévarications d'Israël.

Pour les Takings des armoires, ils ont tous des points voyelles. La forme des lettres ressemble fort à celle de la bible d'Athias, imprimée à Amsterdam en 1705; elles sont cependant plus belles, plus grandes, plus noires. Tout est écrit à la main avec des pinceaux de bambou taillés en pointe comme nos plumes, et de bonne encre, qu'ils font eux-mêmes, et qu'ils renouvellent tous les ans à la fête des Tabernacles; car ils se feroient un grand scrupule de se servir de pinceaux et d'encre de la Chine. Ils n'ont pas la même délicatesse sur le papier de la Chine: ils s'en servent, mais au lieu de le préparer avec une eau d'alun, afin de pouvoir écrire des deux côtés, ils aiment mieux coller plusieurs feuillets ensemble, pour en faire un qui ait l'épaisseur de trois ou quatre feuillets ordinaires.

[1] Deutéronome, xxxii, 25.

Ces Takings ont environ sept pouces de largeur sur quatre à cinq de hauteur; ils sont composés de cinquante-trois cahiers. Chaque cahier contient une des sections du Pentateuque: le premier mot de la section est écrit sans lettre initiale et sans point, un peu au-dessus du milieu de la marge de la première page, dans un petit carré long de soie verte ou bleue, ou de taffetas blanc, en cette forme: *Béreschith*[1], pour le premier cahier; *Noach*[2] pour le second, et ainsi des autres; car les sections sont les mêmes que dans la bible d'Amsterdam, excepté que de la cinquante-deuxième et de la cinquante-troisième ils n'en font qu'une. Ce premier mot écrit à la marge n'est point répété au commencement du cahier; chaque page y est marquée par un nom de nombre, et non pas par une lettre numérale; il est toujours placé dans l'intérieur du livre au-dessus du premier mot.

Comme chaque section forme un cahier séparé, ils ne marquent pas à la fin les phéthura ou les séthuma. Cependant ces divisions ne leur sont pas entièrement inconnues, quoiqu'elles soient bien plus rares dans leurs livres que dans les nôtres. Ils les mettent à la marge, et ils les joignent toujours ensemble. Il y en a quatre dans le cahier *Béreschith*, c'est-à-dire dans la première section de la Genèse. Le premier est dans le chapitre premier, avant le verset dixième, selon notre manière de compter. Le second est dans le même chapitre, avant le verset vingt-septième. Le troisième est dans le chapitre second, avant le verset vingt-unième. Le quatrième est dans le chapitre troisième, avant le verset quatorzième. A ces quatre endroits près, il n'y a, dans toute la première section de la Genèse, aucune note marginale, ni vides, ni séparations interlinéaires. Ils ne connoissent point les *kéri* et les *kétib*. Ils marquent exactement à la fin des phrases les *pésukim*, c'est-à-dire les deux points, qu'ils appellent *kela*. Pour le nombre des versets, ils ne le marquent qu'à la fin de la section ou du cahier, au-dessous de la dernière ligne, et en lettres numériques. Ils en comptent cent quarante-six dans *Béreschith* ou dans le premier cahier, et cent quarante-trois dans *Noach* ou dans le second cahier.

[1] C'est-à-dire, Au commencement.
[2] C'est-à-dire, Noé.

Ils ont de grandes et de petites lettres. Par exemple, le premier mot de la Genèse, *Béreschith*, a un grand *beth;* et dans le quatrième verset du second chapitre de la Genèse, le mot *Béhibaram* a un petit *hé*. Le père Domenge ne croit pas que les juifs aient connoissance de ces mots qui se partagent en deux, ou qui des deux n'en font qu'un, ou qui tiennent la place d'autres mots, ou enfin de ceux qui se lisent sans être écrits, ou qui s'écrivent et ne se lisent point. Cependant il n'ose prononcer, parce qu'il n'a pas eu le temps d'entrer dans un assez grand détail sur ce point de critique.

Quant au nom ineffable de Dieu, *Jéhova*, ils le prononcent *Hotoi*. Au lieu d'Adonaï, ils disent *Étunoi*. Ils ne diffèrent point de nous pour la prononciation du mot *Élohim*. Mais lorsqu'ils traduisent en chinois le nom de *Jéhova*, ils ne disent pas comme les missionnaires *Tien-tchu*, mais seulement *Tien*, comme font les lettrés de la Chine quand ils expliquent leurs caractères chang-ti.

La différence la plus sensible que le père Domenge ait remarquée entre ces Takings et la Bible d'Amsterdam, consiste dans le raphé ou la ligne horizontale, que ces juifs nomment *lofi*. Il est très-commun chez eux, et souvent il se trouve sur deux ou trois lettres d'un seul mot. La forme de leurs accens est aussi un peu différente pour la position et pour la figure ; ce qui fait conjecturer au père Domenge que leur bible seroit peut-être la bible orientale de Jacob Ben Nephthali, qui ouvrit ses écoles dans les terres de Babylone pendant que Ben Ascher tenoit les siennes dans la Palestine. Cependant ces juifs n'ont aucune idée de ce rabbin, et leur science sur la ponctuation est fort bornée. Ils ne connoissent point tout cet attirail de noms qu'on voit dans les livres européens. Ils n'ont que le mot général *siman*, pour exprimer les points et les accens.

Venons maintenant aux confrontations que le père Domenge fit de la Bible d'Amsterdam avec les plus anciens Takings de la Chine. On l'avoit prié de vérifier divers endroits de la *Genèse* qui occupent le plus les critiques. Il les vit, et il n'y trouva point de différence [1] :

[1] Les endroits que le père Domenge confronta sont les chap. ii, 17; iii, 17; vii, 11; viii, 4, 7; xi, tout entier; xiii, 3; xvii, 22; xxiii, 2; xxiv, 2; xxxiii, 4; xlvii, xlviii, xlix, tout entiers.

dans le chapitre vingt-troisième, verset second, il ne vit pas que le chaph du mot *libechotha* [1] fût sensiblement plus petit. Cependant le chef de la synagogue lui dit qu'il l'étoit. Au chapitre vingt-quatrième, verset second, ils parurent n'être pas au fait de cette ancienne manière de prêter serment ; elle n'est point en usage parmi eux ; ils dirent qu'ils se contentoient de ne pas aller faire serment aux temples des idoles. Sur le mot *vajiscakekou* du chapitre trente-troisième, verset quatrième, il y a six points : le premier paroît plus considérable qu'un point.

La douzième section de leurs Takings commence comme dans la Bible d'Amsterdam, au mot *vejchi*, du chapitre quarante-septième, verset vingt-huitième. Elle contient toutes les pophéties de Jacob à ses enfans. Elles y sont écrites tout de suite, sans séparations, sans phétura et sans séthuma.

Le père Domenge leur demanda ce qu'ils entendoient par le mot *Siloh* et par celui de *Jescuatheca*, qui est si souvent dans l'Écriture ; ils ne lui répondirent rien. Ces juifs sont maintenant d'une ignorance à ne pas entendre leur texte entier.

On avoit encore prié le père Domenge de voir quelle étoit la ponctuation du mot *hammitta*, chapitre quarante-sept, verset trente-un ; savoir s'ils écrivent *hammitta* ou *hammatté*. Il l'oublia ; mais il croit qu'ayant trouvé tant de conformité avec la Bible d'Amsterdam pour les autres endroits, il est fort probable qu'elle sera la même dans celui-ci.

Il ne me reste plus que deux observations à faire sur les découvertes du père Domenge. A la fin du *béreschith*, c'est-à-dire du premier cahier de ce Taking, il trouva une inscription qui est fort défigurée dans la copie qu'il a envoyée ; cependant on y reconnoissoit différens noms de rabbins. Il paroît que c'est un témoignage de reconnoissance pour ces docteurs, et en particulier pour un qui étoit venu de Médine, et qui peut-être leur avoit procuré ce Taking. Elle finit par ces mots : « Bénédiction sur toi qui viens. Bénédiction sur toi qui retournes. Gloire abondante dans la possession des richesses. Seigneur, j'ai attendu ton salut. »

Le père Domenge vit encore un tableau

[1] Nos Bibles marquent un *chaph* fort petit dans ce mot, qui exprime les larmes qu'Abraham répandit à la mort de son épouse Sara.

attaché à une des colonnes du li-pai-sé, où étoit marqué ce *mineaha*, c'est-à-dire l'ordre de la lecture des sections du *Pentateuque*. Aux deux extrémités il est fait mention de deux livres que je ne connois pas. Le premier se nomme *Noumaha*; il est divisé en douze parties, et il se lit le premier jour de chaque grand mois, et le second des petits mois. L'autre, nommé *Mouphtar*, est également divisé en douze parties; il se lit le quinze des grands mois, et le seize des petits mois. Le père Domenge voulut savoir ce que contenoient ces livres; mais la prononciation singulière de ces juifs ne lui permit pas de comprendre ce qu'ils disoient.

Sur tout ce que j'ai rapporté jusqu'ici, on croiroit peut-être que les juifs de la Chine n'ont point d'autres livres des divines Écritures que le *Pentateuque*, et on se tromperoit; ils en ont encore plusieurs; mais ils ne donnent le titre de canonique qu'au seul *Pentateuque*. Les autres livres se nomment *San-tso*, c'est-à-dire supplément, ou livres détachés. Sous ce titre sont compris *Josué* et les *Juges*, qui ne sont pas entiers; *Schemoueul*, ou *Samuel*, qui est entier; *Melachim*, ou les deux derniers livres des *Rois*, qui sont mutilés en quelques endroits; *David*, ou les *Psaumes*, dont on n'a pas examiné l'intégrité. Cette première partie de *San-tso* fait plus de trente volumes. La seconde partie renferme les *hafoutala*, c'est ainsi qu'ils nomment les *haphtaroth*, ou sections prophétiques; ils disent qu'ils en avoient autrefois plus de quatre-vingts volumes : on n'a pas de peine à le croire, parce que leurs livres ne contiennent pas un grand nombre de chapitres, et qu'ils joignent encore aux prophètes les Chroniques ou les *Paralipomènes*. *Isaïe*, qu'ils nomment *Iséhaha*, et *Jérémie*, qu'ils nomment *Jaméléiohum*, sont presque entiers. Ils les lisent aux jours de fêtes. Ils n'ont rien d'*Ézéchiel*. Ils n'ont de *Daniel* que quelques versets du premier chapitre.

Pour les petits prophètes, il leur reste *Juenaha*, ou *Jonas*; *Micaha*, ou *Michée*; *Nahouam*, ou *Nahum*; *Hapacouque*, ou *Habacuc*; *Sécaleio*, ou *Zacharie*. La plupart de ces petits prophètes ne sont pas entiers, et ils n'ont rien des autres. Le livre des Chroniques ou des *Paralipomènes*, qu'ils appellent *Tiveli-Haïamiim*, est aussi fort mutilé; il ne leur en reste que les quatre ou cinq premiers chapitres. Les livres de *Néhémie* et d'*Esther* sont un peu moins imparfaits. Les juifs de la Chine ont pour cette princesse la plus grande vénération; ils l'appellent toujours *Issetha Mama*, ou la grand' mère. Leur respect s'étend aussi à Mardochée, qu'ils nomment *Mottoghi*; ils les regardent comme les sauveurs d'Israël.

Deux de leurs livres, qui seroient le plus estimés en Europe, ce sont les deux premiers livres des *Machabées*. Il paroît qu'ils les nomment *Mantiiohum*, ou Mathatias, et qu'ils n'en ont qu'un exemplaire. Le père Domenge fit l'imaginable pour l'acheter, ou au moins pour en prendre une copie. Ils ne voulurent entendre à aucune proposition.

A tous ces livres du *San-tso*, ces juifs ajoutent encore leurs *Li-pai*, c'est-à-dire leurs rituels ou livres de prières. Chaque *Li-pai* contient cinquante ou cinquante-deux cahiers; ils sont écrits en gros caractères. Les volumes sont plus longs que larges, comme les livres d'Europe et de Chine, et de l'épaisseur d'un doigt. Ces prières sont presque toutes tirées de l'Écriture, et surtout des Psaumes. Enfin ils ont quatre livres de la *Mischna*, et divers interprètes assez mal en ordre, qu'ils appellent en chinois *Tiang-tchang*.

Malgré tous ces livres, le père Domenge trouva ces juifs dans une grande ignorance. Les plus habiles n'entendoient que quelques endroits du *Pentateuque* et des livres qu'ils lisent le plus souvent. Ils sentent très-bien leur foible sur ce point, et ils s'excusent sur ce qu'il y a plus d'un siècle qu'il ne leur est venu de docteur de *Si-yu*, c'est-à-dire de l'Occident, et qu'il y a longtemps qu'ils ont perdu leur *Tou-king-puen*, c'est-à-dire leur grammaire, ou leur livre pour entendre l'Écriture.

Le père Gozani ajoute qu'ils se servent de leurs livres sacrés lorsqu'ils veulent tirer les sorts. Ils observent la circoncision le septième jour après la naissance. Les jours de sabbat, ils ne voudroient pas même allumer du feu chez eux. Outre les jours de sabbat, ils ont la pâque et plusieurs autres solennités. Il y a un jour qu'ils passent tout entier dans la synagogue à pleurer et à gémir. Ils connoissent les anges, les chérubins et les séraphins. Le père Gozani n'a jamais rien pu tirer d'eux sur le Messie, quoiqu'il les ait souvent interrogés. Ils ne reçoivent point de prosélytes. Jamais ils ne se marient avec des étrangers. Ils n'ont imprimé en chinois qu'un fort petit livre sur leur religion. C'est celui qu'ils présentent aux mandarins lorsqu'ils sont menacés de quelque persécution.

Leurs lettrés et leurs docteurs honorent Confucius. Ils honorent tous leurs ancêtres morts, et ils ont leurs tablettes à la manière des Chinois. Dans l'enceinte de leur synagogue, ils ont une salle où ils conservent les tablettes de leurs bienfaiteurs défunts. A l'entrée de cette synagogue, il y a un ancien paifa, ou tableau, avec l'inscription King-Tien. Ce sont les mêmes caractères que l'empereur Cang-hi écrivit lui-même pour les faire mettre à l'église des missionnaires jésuites.

Dans leurs prières, il se tournent du côté de l'occident. Leur li-pai-sé ou leur synagogue est aussi dans la même direction. Ils font cela sans doute en mémoire de Jérusalem, qui est, par rapport à eux, à l'occident. Les riches se dispensent aisément d'aller à la synagogue. Il suffit d'avoir fait transcrire un taking et de l'avoir mis dans les armoires. Aussi ne voit-on souvent, les fêtes ordinaires, que quarante à cinquante personnes dans le li-pai-sé. Un taking qui a été mis dans les armoires ne peut plus sortir de la synagogue. Un juif étoit convenu de vendre le sien au père Domenge. Mais il fut surpris lorsqu'il l'emportoit. On le lui arracha, et on lui fit de grands reproches.

Telles étoient les connoissances qu'on avoit sur les juifs de la Chine, lorsque le père Gaubil, fort connu dans l'Europe par son zèle à lui transmettre tout ce qui peut l'intéresser sur les sciences de l'Asie, fit un voyage à Caifong-fou; il fut très-bien reçu, et il profita de la circonstance pour tirer de nouvelles lumières. C'est à lui que nous sommes redevables des inscriptions chinoises qui sont dans la synagogue.

La première y fut mise en 1444 par un juif lettré, nommé *Kin-tchong*. En voici le précis tel que le père Gaubil l'a envoyé :

« L'auteur de la loi d'Y-se-lo-ye, Israël, est Ha-you-lo-han, Abraham. Ce saint homme vivoit cent quarante-six ans après le commencement de Tcheou. Sa loi fut transmise par tradition à Niché, Moïse. Il reçut son livre sur le mont Sina. Il étoit toujours uni au ciel. Son livre a cinquante-trois sections. La doctrine qui y est contenue est à peu de chose près celle des Kings chinois. L'auteur fait ici le parallèle de la doctrine chinoise avec celle des juifs. Il rapporte plusieurs passages pour prouver en particulier que le culte qu'ils rendent au Ciel, que les cérémonies qu'ils observent, que leurs jeûnes, leurs prières, leur manière d'honorer les morts, sont presque les mêmes. Il prétend qu'on trouve dans le livre nommé *Y-king*, des vestiges de la sanctification du sabbat. Il ajoute que Moïse vivoit six cent treize ans après le commencement de Tcheou. Il parle de Gai-sse-la, Esdras. Il loue le zèle qu'il eut pour réparer les livres, pour instruire et pour corriger le peuple d'Israël. »

On a ajouté à cette inscription un détail de l'inondation qui détruisit cette synagogue en 1462; et on remarque que les juifs de Nimpo et de Ning-hia donnèrent des livres pour réparer les pertes qu'on venoit de faire.

Tso-tang, grand-mandarin et grand-trésorier de la province de Sé-tchuen, mit la seconde inscription en 1515, la dixième année de l'empereur Tching-té, nommé aussi *Vou-tsoung*.

Elle commence par ces mots : « La loi d'Israël. Ha-kau, Adam, est le premier homme. Il étoit de Tien-tcho, en occident. Les juifs ont une loi et des traditions. La loi est renfermée dans cinq livres et dans cinquante-trois sections. » Le mandarin fait un grand éloge de la loi; ensuite il ajoute : « Les juifs honorent le Ciel comme nous. Abraham est l'auteur de leur loi, c'est leur père. Moïse publia cette loi, c'est leur législateur. Du temps des Han, les juifs se fixèrent à la Chine; et la vingtième année du cycle 65[1], ils offrirent à l'empereur Hiao-tsong un tribut de toile des Indes. Il les reçut très-bien, et leur permit de demeurer à Cai-fong-fou, qui s'appeloit en ce temps-là *Pien-leang*. Ils formoient alors soixante-dix sins, ou familles. Ils bâtirent une synagogue où ils placèrent leurs Kings, c'est-à-dire leurs divines écritures. »

Le mandarin dit que ces Kings ne sont pas pour les seuls juifs de Cai-fong-fou; qu'ils regardent tous les hommes, les rois et les sujets, les pères et les enfans, les vieux et les jeunes; que chacun peut y apprendre ses devoirs.

Après cette réflexion, le mandarin fait voir que la loi des juifs est presque la même que celle des Chinois, puisque l'essentiel de l'une

---

[1] Cette année est la 1163e après Jésus-Christ, et la première du règne de Hiao-tsong.

et de l'autre est d'honorer le Ciel, de respecter les parens, et de rendre aux morts les honneurs qui leur sont dus.

Ce sont les termes mêmes du mandarin, qui ajoute un grand éloge des juifs. Il assure que, dans les campagnes, dans le commerce, dans la magistrature, dans les armées, ils se font généralement estimer par leur droiture, leur fidélité, leur exactitude à observer leurs cérémonies. Il finit en disant que cette loi passa d'Adam à Nuova, Noé, de Noé à Abraham, à Isaac, à Jacob, aux douze tribus, à Moïse, à Aaron, à Josué, à Esdras, qui a été un second législateur.

La seconde année de l'empereur Cang-hi[1], un grand mandarin, qui devint ministre de l'empire, mit la troisième inscription. Il y parle d'abord d'Adam, de Noé, d'Abraham et de Moïse. Il loue beaucoup la vertu d'Abraham : il dit qu'il adoroit le Ciel sans figure, sans image, auteur et conservateur de toutes choses, être éternel et sans principe, et que sa loi s'est conservée jusqu'à présent. Il veut ensuite comparer les temps d'Abraham et de Moïse avec ceux des empereurs chinois ; mais cet endroit est plein de fautes. Il ajoute que Moïse reçut la loi sur le mont Sinaï, qu'il jeûna quarante jours et quarante nuits, que son cœur étoit toujours élevé à Dieu, que sa loi a cinquante-trois sections, et que tout y est admirable. Il fait l'éloge d'Esdras le restaurateur de cette loi. Il loue les juifs, et il montre la conformité de leur doctrine avec celle des tukiao, c'est-à-dire des lettrés de Chine. Il s'appuie de l'autorité des Kings pour prouver qu'anciennement on sanctifioit dans la Chine le sabbat. Il va jusqu'à prétendre que les caractères hébreux ont beaucoup de rapport avec les anciens caractères chinois. Il entre dans un grand détail sur l'inondation qui détruisit la synagogue de Cai-fong-fou en 1462, la septième année de l'empereur Tien-tchun, qui s'appeloit auparavant *Ing-thong*. Les livres furent fort endommagés. Un juif de Nimpo, nommé *Yn*, apporta une bible entière sur laquelle on transcrivit tous les Kings. En 1490, la seconde année de Hong-tchi, on rebâtit le li-pai-sé. Yen-toula fit les frais de l'édifice.

Le mandarin finit par parler des trois différentes sectes de Chine. Il répète que la loi des juifs est fort conforme à celle des tukiao ou des lettrés, dans tout ce qui regarde le culte du Ciel, la soumission et le respect des enfans pour leurs pères, des sujets pour leurs princes, et dans les honneurs qu'on doit rendre aux morts en certains temps.

La quatrième et dernière inscription contient encore les éloges d'Abraham, le dix-neuvième descendant d'Adam; de Moïse, d'Esdras, de la loi qui prescrit d'adorer le Ciel, créateur de toutes choses, sans aucun mélange de fausses divinités de la part des juifs qui sont fort fidèles observateurs de leur loi. L'inondation de 1642 y est décrite fort au long. La synagogue fut détruite. Une multitude de juifs périt. Il y eut vingt-six cahiers des livres qui furent perdus. Le reste fut sauvé. De ces débris on fit, en 1654, un grand volume. On voit les noms de ceux qui revirent les livres et qui les transcrivirent. Tout fut revu encore par Tchan-kiao, c'est-à-dire par le chef de la synagogue, et l'inscription assure que tout se fit exactement. Elle finit par une description générale du nouveau li-pai-sé, de ses divers corps de logis, de ses salles, de ses cours et de ses portes. Les noms des ouvriers sont marqués, aussi bien que ceux des personnes qui firent les frais de la tablette de l'empereur et du Bethel. On y voit encore les noms de sept familles qui subsistent à Cai-fong-fou.

Le père Gaubil ne se contenta pas d'avoir tiré des copies exactes de ces monumens. Il lia avec ces juifs. Il s'informa de leur créance et de leurs usages. Il connut par leurs entretiens qu'ils croyoient le purgatoire, l'enfer, le jugement, le paradis, la résurrection des corps, les anges. Mais ils n'ont point de profession de foi particulière. Il leur expliqua le sens que nous attachons communément au mot Jéhova. Tous lui applaudirent, et l'assurèrent qu'ils avoient toujours reconnu dans ce mot l'éternité de Dieu; qu'il signifioit être, avoir été et devoir être.

Il crut que l'occasion étoit favorable pour savoir leur explication du mot *siloh*, si célèbre dans la prophétie de Jacob : il étoit d'autant plus curieux de savoir ce qu'ils pensoient de ce mot, qu'il lui étoit autrefois arrivé une aventure fort singulière à ce sujet. Étant un jour à Han-keou, port considérable de Honquam, où demeuroit le père Couteux, il apprit

---

[1] Cette seconde année de Cang-hi répond aux années 1662 et 1663.

que ce Père avoit chez lui un Chinois fort lettré, et qui avoit un talent unique pour déchiffrer les anciennes lettres. Dans la persuasion où il étoit que les lettres du mot *siloh* étoient anciennement des hiéroglyphes, il pria ce Chinois, qui ne savoit point du tout l'hébreu, de lui dire son sentiment sur *siloh*, qu'il écrivit à la manière de Chine, les lettres les unes au-dessous des autres. Dès que le Chinois vit ces caractères, il dit que le premier signifioit *très-haut*, le second, *Seigneur*, le troisième, *un*, le quatrième, *homme*. Il ajouta qu'en Chine on donnoit ce nom à celui qu'ils appellent *Ching-gin*, c'est-à-dire le saint homme. La surprise du père Couteux et du père Jacques, qui étoient présens avec le père Gaubil, fut extrême. L'explication des juifs ne fut pas moins surprenante, car le père Gaubil les ayant interrogés sur ce point, ils se turent d'abord tous. Il commença à leur expliquer ce que les pères et les docteurs entendent par ce terme. Un jeune juif demanda alors, avec beaucoup de politesse, la permission de parler, et il dit qu'un de ses grands-oncles, qui étoit mort depuis quelque temps, l'avoit assuré qu'il y avoit dans ce mot quelque chose de divin; que le schin signifioit *grand*, le jod *un*, le lamed *descendant*, le hé *homme* : c'étoit désigner d'une manière fort singulière le Dieu Sauveur, qui est descendu du ciel en terre. Le jeune juif ajouta qu'il ne savoit pas autre chose. Il se prit d'affection pour le père Gaubil, le suivit, lui demanda son nom, sa demeure, et l'assura qu'il s'informeroit souvent de ses nouvelles.

Mais avant que de sortir de la synagogue, le père Gaubil demanda à voir leurs livres : le tchan-kiao ou le chef de la synagogue y consentit. Outre les livres dont j'ai déjà parlé, ils lui en montrèrent un qu'ils avoient caché jusqu'alors aux missionnaires, et qui fixa toute l'attention du Père par sa singularité : c'étoit un reste de Pentateuque qui paroissoit avoir beaucoup souffert de l'eau : il étoit écrit sur des rouleaux, d'un papier extraordinaire; les caractères en étoient grands, nets, et d'une forme mitoyenne entre l'hébreu de la Bible d'Anvers et celui qui se voit dans la grammaire hébraïque et chaldaïque, imprimée à Virtemberg en 1531. Il n'y avoit rien au-dessous des lettres, mais au-dessus il y avoit des accens et des espèces de points, tels, dit le père Gaubil, que je n'en avois pas vu ailleurs. Il interrogea le tchang-kiao sur ce manuscrit, qui lui parut avoir tout l'air d'une pièce antique : voici ce qu'il en apprit. Du temps de l'empereur Van-lie, la synagogue fut brûlée : tous les livres périrent pour la seconde fois; mais des juifs de Si-yu étant arrivés dans ces circonstances, ils en obtinrent une bible avec d'autres livres. Ce Pentateuque est le seul de ces livres qu'ils aient conservé en original : ils n'ont que des copies des autres, qui se sont perdus par le laps du temps. Le père Gaubil offrit une somme considérable pour ce Pentateuque : il fut refusé. Il convint néanmoins du prix pour une copie qu'on lui promit.

Alors il pria les juifs qui étoient présens, de lui expliquer quelques endroits de leurs livres. Ils s'excusèrent sur ce qu'il y avoit longtemps qu'il ne leur étoit venu de maîtres d'Occident, et qu'ils avoient perdu leur Tou-king-puen; qu'excepté le Pentateuque qu'ils entendoient encore un peu, ils ne pouvoient pas expliquer leurs autres livres de l'Écriture, ni leurs interprètes, ni ce qui leur reste de la Mischna.

Ils prièrent à leur tour le père Gaubil de leur expliquer quelque chose. Il prit la prophétie de Jacob, les dix commandemens de Dieu, et le précepte de ne reconnoître qu'un seul Dieu. Il vouloit leur expliquer le passage d'Isaïe sur l'avènement du Messie, mais l'endroit se trouva déchiré dans le livre qu'ils lui avoient donné. Il leur en dit l'histoire, et ils parurent fort contens de ce qu'il leur disoit.

Alors un des juifs prit le livre et expliqua le verset, « Écoute, Israël; le Seigneur ton Dieu est un seul Dieu. » Il expliqua aussi le précepte de la circoncision ; mais la prononciation de ces juifs est si singulière, que ce Père n'eût pu deviner que ce juif lisoit de l'hébreu, s'il n'eût eu le livre sous les yeux.

On conçoit aisément que ces juifs ayant perdu depuis longtemps tout commerce avec les juifs occidentaux, et étant nés en Chine où l'on ne peut saisir plusieurs de nos sons, où on n'a pas même les lettres B, D, E, R, ils sont obligés de prononcer *P* pour *B*, *T* pour *D*, *ié* pour *E*, *L* pour *R*. Ils nasardent aussi plusieurs syllabes, surtout les *hu* ; ainsi, au lieu de prononcer comme nous *tohu va bohu*, ils prononcent *theohum va peohum*. Ils disent *thaulaha* ou *thaulatse* pour thora; *pielechitse* pour bereschith; *schemesse* pour schemoth; *piemitzpaul* pour bmidar; *teveliim* pour debarim.

Le père Gaubil, satisfait des connoissances qu'il venoit d'acquérir, et fort content de l'accueil qu'on lui avoit fait, partit de Cai-fong-fou pour se rendre à Pékin, avec l'espérance d'avoir bientôt une copie du Pentateuque singulier qu'il avoit vu, et projetant déjà un second voyage où il pourroit achever ce qu'il venoit de commencer si heureusement ; mais la révolution qui est survenue dans la religion a détruit la résidence de Cai-fong-fou, et rompu la communication qu'on avoit avec les juifs.

Après avoir réuni avec soin les différens objets que j'ai trouvés épars dans plusieurs lettres manuscrites des missionnaires, il ne me reste plus qu'à faire quelques réflexions sur divers points qui m'ont paru mériter quelque discussion ; je les ai réservées pour la fin de ce mémoire, afin que le détail des découvertes fût plus suivi, et que mes idées ou mes conjectures ne se trouvassent pas substituées aux observations.

Selon les monumens, Adam est né dans le Tien-tcho. Les Chinois donnent ce nom à cinq différens pays : les deux plus célèbres sont cette partie des Indes qui est vers le royaume de Bengale, où Fo est né, et la Syrie avec le pays de Médine ; c'est sans doute de la Syrie qu'il faut entendre ces inscriptions. Anciennement ils appeloient ce pays *Tien-tang*, c'est-à-dire le pays du ciel : ils le nomment encore aujourd'hui *Tien-fang*.

Ces juifs ne connoissent pas le jeune Caïnan, dont saint Luc et les Septante ont parlé, puisqu'ils disent qu'Abraham est le dix-neuvième descendant d'Adam.

Il se trouve plus de difficulté dans l'époque des temps d'Abraham qu'ils font correspondre avec la cent quarante-sixième année de Tcheou ; cette dynastie ne commença que l'an 1122 avant Jésus-Christ ; et la mort d'Abraham précède de plus de dix-huit siècles l'ère chrétienne. Je trouve dans un ouvrage du père Gaubil, sur la chronologie chinoise, une solution de cette difficulté, qui est fort plausible. Il remarque qu'avant que la dynastie des Tcheou montât sur le trône de la Chine, elle y occupoit un royaume ; que Heoutsi, chef de cette famille, et ses successeurs, sont qualifiés dans l'histoire du titre de rois. Or, les temps de Heoutsi remontent presque jusqu'à ceux d'Iao, qui commença à régner au moins 1226 ans avant Jésus-Christ. L'époque d'Abraham a donc pu concourir avec la cent quarante-sixième année de la famille des Tcheou, qui a eu pour chef Heoutsi.

Cette solution explique également ce qui regarde les temps de Moïse, que les monumens rapportent à l'an 613 de Tcheou. Il ne reste de difficulté que dans les 467 ans que les inscriptions supposent entre Abraham et Moïse ; car entre la naissance d'Abraham et de Moïse il n'y a que 425 ans ; il reste 42 ans. Je conjecturerois assez volontiers que c'est le temps que Moïse resta dans la maison de Pharaon, et qu'il se forma à toutes les sciences des Égyptiens ; les juifs de la Chine auront suivi quelques traditions ou quelques vraisemblances pour marquer le temps où ce grand homme commença à signaler son zèle pour la délivrance de son peuple.

Pour ce qui est de l'antiquité du Ta-king, que ces juifs dirent au père Domenge qu'ils possédoient depuis trois mille ans, il est évident qu'ils ne parloient pas d'un manuscrit qui eût trois mille ans d'antiquité, mais de la loi, qui avoit été donnée à Moïse il y a trois mille ans : et en effet, depuis la publication de la loi sur le mont Sinaï jusqu'au temps où ils parloient au père Domenge, il y a, selon le calcul ordinaire des juifs d'Europe, trois mille ans ; ce qui prouve que la chronologie des juifs de la Chine est la même que celle des juifs d'Europe.

Venons maintenant au temps où ces juifs entrèrent dans la Chine. Ils ont dit constamment à tous les missionnaires qu'ils y étoient entrés sous la famille des Han, et leurs monumens disent la même chose. La dynastie des Han commença l'an 206 avant Jésus-Christ ; c'est donc dans cet intervalle que les juifs pénétrèrent en Chine : ils purent y aller avant la ruine de leur empire ; mais il est plus naturel de croire que ce ne fut qu'après l'épouvantable catastrophe de Jérusalem, que, dispersés de toutes parts, ceux du Corassan et de la Transoxane se répandirent dans la Chine : cette conjecture approche même de la certitude, lorsque je me rappelle que plusieurs de ces juifs ont assuré qu'ils étoient arrivés sous le règne de Ming-ti. Ce prince monta sur le trône l'an 56 après Jésus-Christ, et ne mourut que l'an 78. Les temps ne peuvent mieux s'accorder avec la ruine de Jérusalem, qui est de l'année 70.

L'établissement de Cai-fong-fou est bien moins ancien : nous en avons l'époque dans la seconde inscription, c'est la vingtième année du cycle 65, où ils offrirent leur tribut de toile des Indes à l'empereur Hia-tsong. Tous ces caractères répondent à l'année 1163 après Jésus-Christ, et la première du règne de Hia-tsong. Hoa-tsong lui avoit résigné ses états sur la fin de l'année précédente. Il ne pouvoit choisir un prince plus actif, plus capable de résister aux armées formidables des Tartares, et de pousser les conquêtes que les Chinois venoient de faire à l'orient de Cai-fong-fou. Les calamités de cette synagogue sont marquées dans les inscriptions. En 1462 elle périt sous les eaux du Hoangho ou du fleuve Jaune; fleuve fameux par ses ravages, et qui domine cette ville: presque tous les livres furent perdus, et ceux qui restèrent furent fort endommagés par les eaux. En 1642 la ville fut assiégée par les Chinois mêmes, révoltés contre leur prince légitime ; mais elle fit une si forte résistance, que le cruel Li-tsee-tching fut obligé de lever deux fois le siège. Il vint une troisième fois pour en faire le blocus et la contraindre par famine à se rendre. Le gouverneur, se voyant sans ressources, fit rompre les digues du fleuve, et força l'ennemi à se retirer, en s'ensevelissant lui-même sous les eaux. La synagogue périt encore, et elle perdit plusieurs livres.

Entre ces deux inondations, elle avoit été réduite en cendres sur la fin du seizième siècle, pendant le règne de l'empereur Van-lie, qui monta sur le trône en 1572. Les livres périrent pour la seconde fois dans ce désastre.

Malgré tant de calamités, nous tirons encore de ces juifs des lumières précieuses sur leurs usages et sur leurs livres. L'accord de leur Pentateuque avec le nôtre donne une nouvelle force à la preuve qu'on a tirée jusqu'ici avec tant d'avantage des ouvrages de Moïse en faveur de la religion. Les missionnaires mettront le comble aux obligations que nous leur avons, s'ils peuvent procurer à l'Europe un des takings du Bethel, ou au moins un livre exactement collationné sur le plus ancien de ces manuscrits. Le Pentateuque que le père Gaubil a vu en dernier lieu demande un nouvel examen et fort ample. Un des takings ponctués des armoires auroit aussi son avantage, quoiqu'ils soient beaucoup moins curieux que ceux du Bethel. Les livres des Machabées pourroient être utiles et seroient très-bien reçus. Les fragmens mêmes de nos livres canoniques sont précieux ; on ne peut trop s'en procurer. Il seroit fort à propos de faire de nouvelles perquisitions sur les livres dont parle le père Domenge, et qui se lisent au commencement et au milieu des grands et des petits mois. Sur ce point, nous ne pouvons pas tirer de lumières des juifs d'Europe, qui n'ont pas ces usages. Il faut donc les attendre de la Chine, où l'on doit faire d'autant plus de diligence, qu'il est fort à craindre que cette synagogue, déjà si affoiblie, ne vienne à se réunir, comme les autres, à la secte mahométane, ou au moins ne tombe dans une ignorance qui la mettroit hors d'état de nous instruire.

Les missionnaires obligeroient encore les savans en leur envoyant une traduction du livre chinois que ces juifs présentent aux mandarins dans les temps de persécution.

LETTRE DU PÈRE VENTAVON
AU PÈRE DE BRASSAUD.

Traversée. — Aventure du père Bazin. — Persécution au Tonkin. — Séjour à Canton. — Voyage de Pékin. — Costume de l'empereur. — Jésuites et ouvriers au palais. — Respect des grands pour la religion chrétienne.

A Haï-tien, le 15 septembre 1769.

Mon Révérend Père,

Nous sommes arrivés à Canton en 1766, après une traversée d'environ huit mois. Nous avions rencontré à l'Ile-de-France le père Lefèvre, notre supérieur général, où les messieurs de Saint-Lazare nous reçurent, nous logèrent et nous nourrirent, avec le meilleur cœur et la meilleure grâce du monde, pendant près d'un mois. Le père Lefèvre avoit intention de m'envoyer à Pékin : une circonstance particulière rendit l'exécution de ce projet très-facile, malgré les obstacles insurmontables qui paroissoient devoir le faire échouer.

L'année précédente, il étoit venu à Canton un frère jésuite, nommé Bazin, apothicaire et chirurgien. C'est lui qui avoit été autrefois médecin de Thamas Kouli-kan, et qui a demeuré en Perse vingt-huit ou trente ans. Ce Frère vouloit se rendre à Pékin, mais le gouvernement de Canton ne voulut jamais lui en donner la permission. On ne put même le présenter au tsong-tou ou vice-roi de la province. Cependant on donna avis de son arrivée aux jésuites qui sont à la cour de Pékin. Dans ce même temps, comme le cinquième fils de l'empereur tomba malade, on demanda à ces Pères s'ils ne connoissoient point d'Européen qui fût versé dans la médecine. Ils répondirent qu'ils avoient lieu de croire qu'il en étoit arrivé un à Canton, nommé Bazin, assez expert dans cette science. A l'instant l'empereur dépêche un courrier extraordinaire pour le chercher; mais malgré toute sa diligence, le courrier trouva que le frère Bazin étoit déjà parti avec le père Lefèvre, n'ayant pu rester à Canton, parce qu'après le départ des vaisseaux européens, on n'y souffre aucun étranger connu. Ils ne purent pas non plus aller à Macao, parce que ce n'est plus un asile sûr pour nous. Ils prirent donc le parti d'aller passer l'année à l'île Maurice ou l'Ile-de-France.

Cependant le courrier de l'empereur étant arrivé, tout fut en rumeur à Canton. On envoya des exprès de tous côtés pour avoir des nouvelles du frère Bazin. Des mandarins allèrent à Macao le chercher, et voulurent le faire trouver aux Portugais, qui protestèrent n'avoir aucune connoissance du lieu où il pouvoit être. Le vice-roi ayant su enfin qu'il étoit allé à l'île Maurice, vouloit y envoyer des bâtimens chinois pour le ramener; et il l'eût fait, si on ne lui avoit représenté que ces sortes de vaisseaux étoient incapables de soutenir un pareil voyage. On écrivit aux Indes et même en Europe pour le faire revenir le plus tôt qu'il seroit possible. Enfin pendant toute l'année rien ne fut plus désiré, plus attendu que ce Frère, qui ne savoit rien de tout ce qui s'étoit fait à son occasion à Canton, et que nous prîmes à Maurice sur notre vaisseau, sans qu'il eût la moindre connoissance de l'embarras qu'il avoit causé.

En arrivant à Canton, nous fûmes bien agréablement surpris en apprenant un changement si heureux. Presque aussitôt le frère Bazin fut mandé par le vice-roi. Je lui fus présenté avec lui. Il nous reçut en grande cérémonie. Il nous demanda à l'un et à l'autre notre âge; si nous étions bien aises d'aller à Pékin. Nous répondîmes qu'oui. Si nous voulions y aller en habits chinois ou européens. Nous lui dîmes qu'il étoit sur cela maître de décider. Il dit ensuite au frère Bazin qu'il pouvoit partir quand il voudroit; que pour moi, il délibéreroit s'il pouvoit prendre sur lui de m'envoyer à Pékin, sans avoir auparavant averti l'empereur. Nous vîmes ensuite le mandarin qui tient la première place après le tsong-tou; et quelques jours après, le tsong-tou nous fit avertir que nous étions les maîtres de partir tous les deux ensemble; qu'il en étoit très-content, et que nous pouvions nous-mêmes déterminer le jour du départ; ce que nous fîmes pour le 15 de la lune, qui répondoit au 18 octobre 1768.

A peine étions-nous arrivés ici, que nous avions appris par des lettres venues du Tonkin, qu'il s'étoit élevé dans ce royaume et dans celui de la Cochinchine une nouvelle persécution contre la religion. La plupart des missionnaires ont été obligés de prendre la fuite [1]; le père Horta, jésuite italien, et un autre ont été mis en prison, et il y a apparence qu'ils auront le bonheur de sceller notre sainte foi de leur sang. Le père Loreiro, jésuite portugais, qui, malgré la persécution, est demeuré à la cour, écrit ici que ce qui a donné occasion à cette persécution, sont des lettres que des missionnaires non jésuites ont écrites au Tonkin, dans lesquelles ces messieurs, pour indiquer des ouvriers apostoliques qu'on attendoit, s'étoient servis des expressions figurées de troupes auxiliaires; que ces lettres ayant été interceptées et prises dans le sens littéral, avoient donné de l'ombrage au gouvernement.

Depuis cette terrible époque, notre supérieur général, le père Lefèvre, dont j'ai déjà parlé, s'est trouvé par là dans les tristes circonstances où je l'ai laissé. Il a été contraint d'essuyer une fois les dangers de la mer, et d'aller chercher une retraite aux îles de Bourbon ou de Maurice. Une autre année, il fut réduit à se tenir caché dans une barque, sur la rivière de Canton, au gré des flots. Il ne pouvoit ni aller secrètement à Macao, ni rentrer dans les terres comme il étoit sur le point de le faire, parce qu'on l'avoit trahi et dénoncé à la douane, ni enfin demeurer à Canton, par la raison que j'ai dite plus haut. Ce fut là cependant qu'il se retira quelque temps après, et qu'il resta caché chez le chef de tout le com-

---

[1] On a des nouvelles du père Nuncius de Horta; il est sorti de prison et a repris ses fonctions de missionnaire. (*Note de l'ancienne édition.*)

merce, dont il a su se ménager la protection depuis longtemps.

En effet, sa présence y étoit absolument nécessaire pour les affaires de la mission, soit pour ménager l'entrée des nouveaux missionnaires qui doivent, ou aller dans la capitale de l'empire, ou se répandre dans les terres, soit pour les mettre au fait des coutumes du pays et de la conduite qu'ils y doivent tenir. Le père Lefèvre, qui sentoit tous ces avantages, ou plutôt cette nécessité, ne cessoit de solliciter les jésuites de Pékin de lui obtenir la permission de demeurer à Canton. L'affaire étoit difficile et très-délicate : la prudence paroissoit s'opposer à cette demande. Mais enfin la nécessité étoit extrême, et l'état où se trouvoit notre supérieur général ne lui laissoit plus d'autre ressource. En conséquence, le père supérieur de notre maison françoise à Pékin et moi, nous nous déterminâmes à faire la démarche que souhaitoit le père Lefèvre. Nous présentâmes donc une requête à un grand de l'empire, chargé de nos affaires, dans laquelle nous le conjurions de demander ou de faire demander à l'empereur d'accorder la permission à celui qui prend soin de tout ce qui regarde les missionnaires, de demeurer à Canton, parce qu'il ne pouvoit aller à Macao, où il avoit des ennemis dont il avoit tout à craindre, ni se rembarquer à cause de son grand âge et de la foiblesse de sa santé.

Dieu a béni cette démarche au delà de nos espérances. A peine l'affaire a-t-elle été entamée, qu'elle a été heureusement décidée. Dix ou douze jours après, le grand auquel nous nous étions adressés nous fit savoir qu'il avoit averti de tout le comte, premier ministre, qui en avoit informé l'empereur, et que Sa Majesté avoit fait sur-le-champ expédier un ordre au vice-roi de Canton d'examiner cette affaire, et de la régler à notre satisfaction.

C'est bien ici le lieu d'admirer les ressources de la Providence. Les difficultés qui paroissoient insurmontables se sont aplanies dans un instant; ce que la prudence sembloit réprouver a produit, par la confiance en Dieu, le plus avantageux succès. C'est aussi ce que j'ai répondu à ceux qui blâmoient d'un peu d'indiscrétion la requête du supérieur. Je sais, leur disois-je, que l'on doit agir avec réserve et avec circonspection; mais il ne faut pas que cette prudence aille jusqu'à abandonner nos frères et nos supérieurs dans leurs pressans besoins. Nous sommes ici pour la cause de Dieu; c'est à lui d'écarter les malheurs que nous avons à craindre; et si nous ne savons pas tirer parti du foible crédit que nous avons à Pékin, en faveur des missionnaires des provinces, à quoi bon être ici en si grand nombre? Ne devons-nous pas tout remettre entre les mains de la Providence, qui n'abandonne jamais l'innocent qui se confie à ses soins?

Je dois vous faire remarquer que ce tsongtou ou vice-roi de Canton, auquel l'affaire a été renvoyée, n'est nullement favorable aux Européens. Il n'a point oublié les chagrins que lui causèrent les Anglois au commencement de son élévation au grade de gouverneur de cette province; pour se venger des Européens, il a exercé la plus grande rigueur à l'égard de deux missionnaires franciscains qu'il retenoit prisonniers à Canton, et qu'il a fait condamner depuis à une prison perpétuelle. Il use de précautions infinies pour empêcher qu'aucun missionnaire n'entre dans les terres; et il a différé avec affectation d'annoncer à l'empereur l'arrivée des pères Bourgeois et Collas.

Ce vice-roi ayant donc reçu l'ordre de l'empereur d'examiner l'affaire du père Lefèvre, eût mieux aimé que ce Père retournât à Macao, que de l'avoir sous ses yeux à Canton. Dans cette vue, il envoya des mandarins à Macao, qui sommèrent les Macaoniens de recevoir le père Lefèvre, et qui exécutèrent cette commission d'une manière très-mortifiante pour les Portugais; car ils les forcèrent, malgré toutes les raisons qu'ils purent alléguer, à promettre de recevoir ce Père, et à servir de caution pour lui, s'il lui arrivoit quelque chose de fâcheux. Les Portugais, pour justifier la résistance qu'ils avoient faite, firent un détail au vice-roi de toutes les calomnies les plus atroces, qui leur étoient venues d'Europe contre nous, et y ajoutèrent toutes celles qu'ils avoient inventées eux-mêmes. Le vice-roi ne manqua pas alors d'écrire à l'empereur, et de lui faire ce rapport calomnieux. Mais Dieu tient entre ses mains le cœur des rois. Non-seulement ces calomnies n'ont fait aucune impression sur l'esprit de l'empereur; car ce prince, non content de donner au père Lefèvre la permission de venir à Canton, et aux pères Bourgeois et Collas celle de venir à Pékin, a de plus ordonné, de son propre mouvement, que les deux franciscains condamnés par le tribunal à une prison perpétuelle fussent renvoyés sans aucun mauvais traitement, et a commué en peine d'exil celle de mort prononcée contre un des conducteurs de ces mêmes Pères. *A Domino factum est istud.* Que les choses prennent un heureux cours quand Dieu y met la main !

L'année révolue après mon arrivée à Pékin, j'ai été appelé près de l'empereur en qualité d'horloger, je ferois mieux de dire en qualité de machiniste ; car ce ne sont point en effet des horloges que l'empereur nous demande, mais des machines curieuses. Le frère Thébaut, qui est mort quelque temps avant que j'arrivasse, lui a fait un lion et un tigre qui marchent seuls, et font trente à quarante pas. Je suis chargé maintenant de faire deux hommes qui portent un vase de fleurs en marchant. Depuis huit mois j'y travaille, et il me faudra bien encore un an pour achever l'ouvrage. C'est ce qui m'a donné plusieurs fois l'occasion de voir l'empereur de près. C'est un prince grand et bien fait. Il a la physionomie très-gracieuse, mais capable en même temps d'inspirer le respect. S'il use, à l'égard de ses sujets, d'une grande sévérité, je crois que c'est moins par caractère, que parce qu'il ne pourroit autrement contenir dans les bornes de la dépendance et du devoir deux empires aussi vastes que la Chine et la Tartarie. Aussi les plus grands tremblent devant lui. Toutes les fois qu'il m'a fait l'honneur de me parler, ç'a été avec un air de bonté capable de m'inspirer la confiance de lui parler pour le bien de la religion ; et je le ferai sûrement, si jamais la Providence me fournit encore l'occasion d'avoir avec lui un entretien particulier. La première fois que je l'ai vu, il étoit à côté de moi, il m'interrogeoit sur mon ouvrage, et je lui répondois sans le connoître encore ; car il n'a d'autre marque distinctive qu'un petit bouton de soie rouge sur le bonnet, ne différant en rien des particuliers, quand il n'est pas en cérémonie. Je le prenois pour quelque grand, qui, avant l'arrivée de l'empereur, que je savois devoir venir, étoit envoyé pour s'informer auparavant en quel état étoient les choses. Je ne revins de mon erreur que lorsque je vis le mandarin se mettre à genoux pour répondre à une question que fit l'empereur. C'est un grand prince ; il voit tout et fait tout par lui-même. Dès la pointe du jour, en hiver comme en été, il monte sur son trône, et commence les affaires. Je ne comprends pas comment il peut entrer dans un si grand détail. Dieu veuille le conserver encore longtemps ! Plus il avance en âge, plus il devient favorable aux Européens. Si le père des miséricordes daignoit lui faire connoître l'Évangile, que la religion gagneroit bientôt à la Chine ce qu'elle perd peut-être tous les jours en Europe ! Du caractère dont il est, il est capable de tout entreprendre et de réussir en tout : il n'a témoigné de la crainte dans aucune occasion, et son esprit lui fournit des ressources dans les événemens les plus imprévus.

Quant à moi, je suis obligé de me rendre tous les jours au palais ; de sorte que je ne puis être à la ville avec mes frères, mon emploi me mettant dans la nécessité de demeurer à Haitien, où Sa Majesté fait sa résidence ordinaire. J'avois auparavant avec moi le frère Attiret, mais ce saint religieux, cet habile artiste est mort, comme vous savez, depuis quelque temps. Les autres missionnaires qui entrent au palais ne sont point François, et habitent d'autres maisons. Si je n'avois, au reste, que les ouvrages que nous donne l'empereur, j'aurois le temps de respirer ; mais les princes et les grands de l'empire s'adressent aux Européens pour avoir soin de leurs montres et des horloges qui sont ici en grand nombre, et nous ne sommes que deux en état de les raccommoder, un Père de la Propagande et moi. Nous nous trouvons par là je ne dis pas occupés, mais accablés de travail. Je n'ai pas même le temps d'apprendre les caractères chinois.

Il est vrai aussi que par ce moyen on se procure des connoissances qui peuvent être utiles à la mission. J'ai en particulier celle du frère de l'empereur, qui est régent de l'empire en son absence. J'ai été trois fois chez lui, et il n'a pas dédaigné de venir nous visiter, le frère Attiret et moi, dans nos petites chambres. J'ai encore celle du comte, premier ministre, le seul qui ait du crédit auprès de l'empereur. Il occupe cette place depuis vingt ans, et cela seul fait son éloge. Le mois passé, j'eus avec lui, dans son palais, un entretien assez long, où, assis à ses côtés, je lui dis clairement que nous n'avions d'autre dessein en venant ici que de prêcher l'Évangile, et ensuite de rendre nos petits services à l'empereur. J'ajoutai bien d'autres choses qui sûrement l'ont convaincu que nous n'avons aucune autre vue en venant à la Chine. Il pourroit bien résulter de cette conférence quelque avantage réel pour la religion. Et c'est cette seule espérance de lui être utile qui me fait travailler avec quelque plaisir aux instrumens dont je vous ai parlé ; tandis que si je suivois mon inclination, j'aimerois bien mieux être dans les terres occupé à l'instruction des néophytes et à la conversion des infidèles. La Providence a disposé des choses autrement, et j'espère qu'elle tirera sa gloire de tout.

Au reste, nous faisons au palais nos ouvrages tranquillement. Nous y avons des ouvriers qui travaillent sous notre direction : personne ne nous inquiète. J'y récite sans gêne, devant les mandarins infidèles, mon office et mes autres prières. Vous voyez par là combien nous y sommes libres pour l'exercice de notre religion, et combien l'empereur est discret à cet égard. On avoit une espèce de vase d'acier auquel on souhaitoit de faire donner une couleur bleue. On me demanda si je le pouvois ; ne sachant pas quel étoit l'usage de ce vase, je répondis d'abord que je pouvois du moins l'essayer. Mais sur ces entrefaites je fus averti que ce vase étoit destiné à des usages superstitieux : les mandarins qui le savoient bien vouloient m'en faire mystère. Alors j'allai les trouver, et je leur dis en souriant : « Quand vous m'avez proposé de préparer ce vase, vous n'avez pas ajouté que c'étoit pour tels ou tels usages, qui ne s'accordent point avec la sainteté de notre religion : ainsi je ne puis absolument m'en charger. » Les mandarins se mirent à rire, et ne me pressèrent pas davantage, témoignant assez par là le peu de cas qu'ils faisoient de leurs dieux ; ainsi le vase est resté tel qu'il étoit. L'empereur et les grands conviennent que notre religion est bonne. S'ils s'opposent à ce qu'on la prêche publiquement, et s'ils ne souffrent pas les missionnaires dans les terres, ce n'est que par des raisons de politique, et dans la crainte que, sous le prétexte de la religion, nous ne cachions quelque autre dessein. Ils savent en gros les conquêtes que les Européens ont faites dans les Indes : ils craignent à la Chine quelque chose de pareil. Si on pouvoit les rassurer sur ce point-là, bientôt on auroit toutes les permissions qu'on désire. Voilà, mon révérend Père, tout ce que j'ai à vous marquer qui mérite quelque attention. Je me recommande, avec toute notre mission, à vos saints sacrifices. J'ai l'honneur d'être, etc.

LETTRE DU RÉVÉREND PÈRE ***
A M. D'AUBERT,
PREMIER PRÉSIDENT DU PARLEMENT DE DOUAI.

Langue chinoise. — Études des mandarins.

De Canton, le 16 avril 17...

Monsieur,

J'ai reçu votre lettre, datée du 1er de septembre de l'année 1761. En vérité, monsieur, je ne sais comment vous marquer la reconnoissance que m'inspirent les bontés sans nombre dont vous daignez m'honorer. Pour toute récompense, vous me demandez de vous instruire de ce que j'ai remarqué de plus intéressant et de plus curieux au sujet de deux articles de votre lettre sur lesquels vous insistez le plus, qui sont la langue du pays et la manière dont s'y font les études. Ces deux objets, monsieur, demanderoient plusieurs volumes pour être développés comme il faut. Je vais cependant tâcher de vous satisfaire ; mais je vous prie de m'excuser si je n'entre pas dans tous les détails que vous pourriez désirer. Je me contenterai de vous envoyer un précis de ce qu'il y a de plus important à savoir.

Je m'étois d'abord imaginé que la langue chinoise étoit la plus féconde et la plus riche de l'univers ; mais à mesure que j'y fais des progrès, je m'aperçois qu'il n'y en a peut-être pas dans le monde de plus pauvre en expressions. Les Chinois ont plus de soixante mille caractères, et cependant ils ne peuvent rendre tout ce qu'on exprime dans les langues de l'Europe, souvent même ils se trouvent dans la nécessité de se servir de l'écriture pour se faire entendre. Chaque mot a son caractère particulier, ou son signe hiéroglyphique. Imaginez-vous, monsieur, dans quelle confusion tomberoit notre langue si quelqu'un s'avisoit de désigner chaque mot, chaque nom, chaque temps, par un caractère spécial ! Ce seroit bien pis si l'on marquoit ainsi les termes d'arts et de sciences, par exemple, ceux de peinture, d'architecture, de géométrie, de philosophie. Quel horrible embarras ne seroit-ce pas pour nous, s'il nous falloit étudier tous ces divers caractères ! Telle est la langue chinoise [1].

[1] La réponse à cette critique se trouve dans une des lettres mêmes qui précèdent.

Le son des caractères chinois ne varie que très-rarement, quoique la figure en soit fort différente, et qu'ils ne signifient pas la même chose. Cette langue est si pleine d'équivoques, qu'il est extrêmement difficile d'écrire ce qu'on entend prononcer, et de comprendre le sens d'un livre dont on fait la lecture si l'on n'a le livre sous les yeux. Il arrive de-là que souvent on n'entendra pas le discours d'un homme, parlât-il avec la plus grande exactitude; de sorte que la plupart du temps il est obligé, non-seulement de répéter ce qu'il a dit, mais encore de l'écrire. Chaque province a, pour ainsi dire, son langage ou jargon particulier ; cela n'est pas étonnant : il en est de même en France et chez tous les peuples du monde. Le langage de la province de Fokien me paroît beaucoup plus obscur que celui des autres. Jugez, monsieur, de la difficulté de s'entendre, lorsque les peuples de ces différentes provinces sont obligés de commercer ensemble ; mais cet embarras cesse lorsqu'ils prennent le temps et la peine d'écrire, car leurs caractères sont les mêmes dans toute l'étendue de cet empire.

On est persuadé en Europe que leur multiplicité est une preuve de la richesse de la langue chinoise ; mais avec plus de connoissance et de réflexion, on verroit que c'est plutôt une marque de sa stérilité. Les soixante mille caractères et plus, dont elle est composée, ne seroient pas comparables à la multiplicité des caractères dont la langue latine seroit enrichie si on en réduisoit tous les termes à un signe particulier. Notre langue même, qui est beaucoup plus bornée que la latine, l'emporteroit immanquablement sur la chinoise. Ajoutez à cela que les Européens expriment avec vingt-quatre lettres toutes les modifications de leur langue naturelle, au lieu que les Chinois, avec le nombre prodigieux de leurs hiéroglyphes, ne peuvent pas même fixer leur prononciation, encore moins le véritable sens des termes de leur langue.

Vous savez par les Lettres édifiantes, qui occupent si dignement une partie de vos loisirs, que nos missionnaires ne sachant comment expliquer aux Chinois les mystères de notre sainte religion, ont été obligés de leur faire un alphabet et de convenir avec eux du sens et de l'étendue des termes. La raison en est que la langue chinoise n'a pas un seul caractère pour expliquer les principes de notre philosophie et les mystères de notre foi. Telle est en général la pauvreté de leur langue.

Il est certain que l'usage des caractères et des lettres est fort ancien parmi eux ; leurs historiens en attribuent l'invention à Fo-hi, leur premier empereur ; mais alors le nombre n'en étoit pas si grand qu'aujourd'hui, et ils n'avoient point le degré de perfection où nous les voyons à présent.

Les uns sont simples, les autres composés de deux ou plusieurs lettres simples. Ordinairement les caractères composés sont hiéroglyphiques, ou ont quelque chose de l'hiéroglyphe; car il arrive très-fréquemment que les Chinois ajoutent à la plus grande lettre qui est comme le corps du caractère, et qui n'a souvent aucun rapport à la chose qu'ils veulent désigner, une autre petite lettre qui détermine le sens et la signification du caractère. Par exemple, à la lettre majuscule d'un caractère qui signifiera les passions de l'âme, ils ajouteront une autre lettre qui désignera le sujet de ces passions ; ces sortes de caractères ne sont pas tout à fait hiéroglyphiques, ils ont seulement quelque chose de l'hiéroglyphe. Lorsqu'au contraire les deux lettres, ou mots dont le caractère est composé, ont une relation directe à la chose signifiée, ils sont alors parfaitement hiéroglyphiques. Ainsi, pour exprimer par exemple la docilité d'un homme, le caractère est composé de deux lettres, dont l'une signifie un homme, et l'autre un chien, qui est le symbole de l'obéissance et de la docilité. Or, ces deux lettres étant significatives et relatives au même sujet, elles forment un hiéroglyphe parfait.

Parmi ce grand nombre de caractères, il y en a beaucoup dont les lettres n'ont qu'un rapport très-éloigné au sujet, ce qui les rend extrêmement obscurs, et quelquefois inintelligibles. Pour vous en donner une idée, reprenons ces deux mots, homme et chien, par lesquels on prétend signifier la docilité : ils peuvent avoir plusieurs autres significations prises de la nature même du chien ; car, outre un homme docile, cet hiéroglyphe peut encore désigner un homme fidèle, un homme hargneux, un glouton, tout cela convient au chien ; il en est de même d'une infinité d'autres caractères, dont je vous épargne ici la liste, qui ne pourroit que vous ennuyer beaucoup.

Quoique le nombre de ces caractères s'étende presque à l'infini, les Chinois n'ont cependant que trois cent soixante-cinq lettres, mais chaque lettre a cinq inflexions différentes, marquées dans leur dictionnaire, à peu près comme nous marquons dans les nôtres les syllabes longues et brèves; ainsi les trois cent soixante-cinq lettres montent, pour ainsi dire, jusqu'au nombre de huit cent vingt-cinq; de sorte que quoique le nombre des lettres ne puisse se comparer à celui des caractères, les Chinois font tant de combinaisons, qu'il n'est presque aucune parole qui n'ait son nom et son hiéroglyphe particulier, et c'est en cela précisément que consiste toute la langue chinoise.

Je sens, monsieur, combien doit être imparfaite l'idée que j'ai voulu vous donner de cette langue: je ne pourrois traiter cette matière plus au long sans m'engager dans des discussions interminables et aussi obscures que la langue même; j'abandonne aux plus savans que moi le soin d'en développer plus amplement le mécanisme et la marche. Venons maintenant à la manière dont se font les études en Chine.

Le temps qu'on y emploie n'est point fixé; il n'y a pas même d'école qui soit absolument publique. Ceux qui sont assez riches pour entretenir un maître, le gardent dans leurs maisons. Les autres se cotisent pour en avoir un, dont ils reçoivent les leçons dans un lieu dont ils conviennent avec lui; ces derniers forment ordinairement une société de dix, de douze, et quelquefois de quinze étudians, qui, outre l'argent qu'ils donnent à leur maître, sont encore obligés de le nourrir ou à frais communs ou tour à tour.

Un maître ne peut pas avoir un grand nombre d'écoliers, à cause de la quantité et de la difficulté des caractères. Ceux qui n'étudient que pour apprendre les lettres, sans prétendre aux degrés, peuvent excéder le nombre de vingt, mais ceux qui aspirent aux grands emplois ne sont pas plus de huit ou dix sous un même maître. On commence par l'étude de certains livres, où se trouvent les hiéroglyphes les plus communs; ensuite on vient à l'écriture, après quoi l'on s'exerce à faire de petites compositions qu'on appelle essais.

Les Chinois ont cinq livres classiques, que les étudians doivent apprendre pour être admis aux grades: ces livres s'appellent *King*, c'est-à-dire livres d'une doctrine immuable et constante. Le premier est le livre des variations. Le second contient l'histoire des empereurs Yao et Chun, successeurs de Fo-hi, et des trois premières races qui ont gouverné la Chine. Le troisième est un recueil de vers et d'odes, composés à la louange des anciens philosophes et des héros célèbres. Autrefois on étoit dans l'usage de faire des chansons et d'autres pièces de vers en l'honneur des empereurs, lorsqu'ils montoient sur le trône. Toutes ces poésies étoient précieusement conservées, et le peuple aimoit à les chanter; mais ce même peuple ayant glissé dans ces mêmes recueils plusieurs pièces apocryphes et d'une doctrine dangereuse, Confucius en fit la critique, et rejeta tout ce qui n'étoit point authentique et reconnu pour tel. Les Chinois font grand cas de ce livre, et leurs docteurs ne cessent d'en recommander la lecture. Le quatrième est celui des rits, il traite des cérémonies qu'on doit observer dans les sacrifices qu'on fait au Ciel, à la terre, aux esprits, aux ancêtres, dans les mariages, dans les funérailles, etc. Le cinquième enfin est intitulé *le Printemps et l'Automne*.

Outre ces cinq livres, qui sont les livres sacrés des Chinois, il y en a quatre autres, nommés simplement *les quatre livres*. On appelle les trois premiers, *livres de Confucius*, parce qu'ils contiennent un recueil des sentences de ce philosophe. Le quatrième est de Mencius, qui vivoit cent ans après, et renferme les conférences de ce philosophe avec les plus habiles maîtres de son temps.

Lorsque les étudians possèdent à fond la doctrine de ces livres, ils ont deux sortes d'examens à subir; le premier n'est qu'un exercice préparatoire; mais le second est un examen en règle, qui donne droit aux autres examens par où il faut passer pour arriver au grade de licencié.

Quand les gouverneurs ou les vice-rois veulent en faire un, ils convoquent une assemblée d'étudians, et leur donnent pour sujet de leurs compositions, des sentences tirées des livres classiques. Ces compositions étant finies, ils les examinent, et font ensuite afficher les noms de ceux qui les ont faites, selon le degré de bonté des ouvrages.

Outre cet examen, il y en a trois autres pour parvenir au degré de bachelier; ils se font en trois ans. Ceux qui se sont distingués au prenier sont admis au second, et si dans celui-ci ils ont satisfait leurs examinateurs, on les reçoit pour le troisième, qui est décisif. Ce dernier commence dès le matin : on lit d'abord la liste des aspirans; ensuite on leur distribue les sujets des compositions, tirés des livres classiques.

Les étudians sont tous enfermés dans la grande salle du palais du gouverneur de la province où se fait l'examen, ou s'ils sont en trop grand nombre, ils s'assemblent dans un lieu plus commode que choisit le même mandarin; quand ils y sont une fois, ils ne peuvent ni en sortir, ni avoir de conversation entre eux que leurs compositions ne soient finies; ils sont gardés par des soldats tartares, qui les examinent en entrant pour voir s'ils n'ont point avec eux des livres dont ils puissent se servir pour leur composition.

Lorsqu'elles sont achevées, le grand mandarin les lit, et les donne ensuite à examiner à des lettrés, qu'il tient exprès à ses gages, après quoi il choisit les meilleures, et nomme les bacheliers. Je ne vous dirai point quelles sont les cérémonies qui s'observent à cette nomination; outre que je les ignore en grande partie, on m'a dit qu'elles étoient aussi longues que le récit en seroit ennuyeux. Il suffira de remarquer que pour conserver leur grade, les bacheliers sont obligés de subir tous les trois ans un nouvel examen jusqu'à ce qu'ils soient émérites. Deux jours avant cet examen, les bacheliers s'assemblent comme je l'ai dit plus haut. Là, on tire au sort les noms de trois d'entre eux qui doivent expliquer trois passages des *quatre livres;* ensuite on lit les compositions sur les sujets qu'on a donnés, et on les fait examiner; puis on assigne les places selon la bonté des compositions. On partage les bacheliers en six classes : ceux de la première et de la seconde sont réputés habiles; ceux de la troisième, qui est toujours la plus nombreuse, sont censés du commun; c'est une espèce de déshonneur d'être mis dans la quatrième et la cinquième; mais il n'y a que ceux de la sixième qui perdent leur degré.

Après tous ces examens, ceux qui veulent être admis au rang des licenciés en ont encore trois à subir. Les deux premiers ne sont que préparatoires, mais le troisième est un examen rigoureux et solennel, qui se fait une fois en trois ans dans chaque métropole. L'empereur députe pour examinateurs deux grands mandarins, dont le premier, qui est le président de l'examen, est ordinairement tiré du collège royal; le second lui sert d'assesseur ou de lieutenant. Ces deux mandarins ne peuvent être originaires de la province pour laquelle ils sont députés, et c'est une règle qui s'observe exactement dans tout l'empire. Vous sentez, monsieur, la raison de cet usage; sans cela il y auroit des fraudes sans nombre, et la faveur y feroit tout. Cependant, malgré cette précaution et quantité d'autres dont on use, on vend ici comme ailleurs le degré de licencié; à la vérité, si l'empereur en est instruit, les mandarins sont punis de mort.

Le mois, le jour, l'heure, et généralement tout ce qui concerne l'examen des licenciés, est réglé; il se fait à trois jours différens. La première assemblée commence le 8 de la huitième lune, après midi, et dure jusque bien avant dans la nuit; on y lit le catalogue de ceux qui ont subi les examens préparatoires. Le 9, au point du jour, le premier mandarin propose les sentences sur lesquelles on doit s'exercer; elles sont gravées sur une planchette, et l'on en donne un exemplaire à chaque aspirant. Cette première assemblée finit le 10 au matin.

La seconde commence le 11, et l'on en sort le 13; la troisième commence le 14, et finit le 16.

Le lieu où se fait l'examen s'appelle *Kon-yven,* c'est-à-dire le lieu où l'on choisit ceux qu'on doit présenter à l'empereur. C'est un grand édifice, où sont quantité de petites cellules, qui ne peuvent contenir qu'un seul homme; chaque aspirant a la sienne; elles forment une longue galerie, au bout de laquelle est une grande salle où le vice-roi tient ses séances. Aux deux côtés de cette salle il y a dix chambres destinées à dix examinateurs.

Le vice-roi de la province préside à l'examen en ce qui regarde le bon ordre. Des soldats tartares conduisent les bacheliers dans leurs cellules; ensuite on en ferme les portes, et l'on y appose le sceau du vice-roi.

Tous ces préliminaires étant finis (j'en omets beaucoup d'autres pour éviter la longueur), on donne les sujets des compositions, qui sont tirés des livres dont j'ai fait mention plus haut; et lorsqu'elles sont achevées, on les fait transcrire par des écrivains destinés à cet office, afin que les examinateurs ne puissent reconnoître la main de leurs auteurs ; ensuite on les remet aux examinateurs qui, les ayant lues, en rendent compte aux mandarins, après quoi on détermine un jour pour déclarer les gradués. Dans l'intervalle on envoie leurs noms à l'empereur, comme pour lui présenter des gens capables de le servir dans le gouvernement de ses États ; et le jour auquel on affiche ces noms, le vice-roi donne un grand festin aux nouveaux gradués, et leur fait présent à chacun, de la part de l'empereur, d'une tasse d'argent et d'un bonnet surmonté d'une pomme de vermeil. Le lendemain ils reçoivent la visite de tous les mandarins de la métropole, qu'ils vont remercier le même jour en grande cérémonie. Ainsi finit l'examen des licenciés.

Celui qu'il faut subir pour le doctorat est le même à peu de chose près, et se fait à Pékin. On l'appelle examen de l'assemblée générale des licenciés de toutes les provinces de l'empire, et l'on y fait environ cent cinquante docteurs, que l'on divise en trois classes. La première n'en contient que trois, encore faut-il qu'ils aient été examinés par l'empereur lui-même. Le nombre de ceux qui composent la seconde n'est point déterminé, non plus que celui de la troisième, ce qui ne les empêche pas de parvenir aux plus grands mandarinats.

Vous conviendrez, monsieur, que l'institution de tous ces degrés n'a pu être dictée que par une sage politique ; car, outre l'affection que les Chinois ont naturellement pour leurs lettres, cet exercice continuel, ces fréquens examens les tiennent en haleine, leur donnent une noble émulation, les occupent pendant la meilleure partie de leur vie, et empêchent que l'inaction et l'oisiveté les poussent à exciter des brouilleries dans l'État.

Aussitôt que l'âge leur permet de s'appliquer à l'étude des lettres, ils aspirent au degré de bachelier ; souvent ils ne l'obtiennent qu'après bien du travail et de la peine ; et après l'avoir obtenu, ils sont occupés presque toute leur vie à le conserver par de nouveaux examens, ou à monter aux degrés supérieurs. Par ces grades ils s'avancent dans les charges, et jouissent de certains priviléges qui les distinguent du peuple, et leur donnent des titres de noblesse.

Si les enfans des mandarins ne suivent pas les traces de leurs pères, en s'appliquant comme eux à l'étude des lettres et des lois, ils retombent ordinairement dans l'état populaire à la première ou seconde génération. D'ailleurs, ces exercices fournissent à plusieurs les moyens de vivre. Ils se font maîtres d'école, et leur science les met à couvert des rigueurs de la pauvreté. Cependant, comme il se trouve des inconvéniens dans les meilleures choses, cette grande application aux lettres rend les Chinois moins propres à la guerre, éteint en eux cette humeur martiale qui naît avec les peuples les plus barbares, et leur fait négliger les arts, dont on prétend qu'ils avoient autrefois des connoissances plus étendues et plus parfaites.

Je vous ai dit, monsieur, que les Chinois n'avoient pas d'école qui fût absolument publique ; cependant dans chaque ville, grande ou petite, il y a des espèces d'académies où l'on s'exerce aux belles-lettres, et dont un ou deux mandarins licenciés sont les directeurs. Mais les études y sont si languissantes, ou plutôt si négligées, que ces colléges ne méritent pas le beau nom qu'on leur donne.

Les Chinois ont aussi des degrés militaires ; il y a des bacheliers et des docteurs d'armes. Les premiers égalent en nombre les bacheliers de lettres, mais ils sont presque tous Tartares ou fils de Tartares, et ne sont point divisés en plusieurs classes comme les seconds.

Le mandarin examinateur des bacheliers d'armes donne ces degrés après un examen dans lequel on exige plus d'adresse que de science de la part des candidats. Les bacheliers d'armes qui aspirent au grade de licencié subissent, pour l'obtenir, un examen qui se fait tous les trois ans dans la métropole, deux mois après celui des lettrés, c'est-à-dire au commencement de la dixième lune. Il y a trois assemblées, et c'est le vice-roi qui y préside. Dans la première, on fait tirer des flèches aux aspirans ; dans la seconde, on éprouve leur adresse à monter à cheval et à courir dans une plaine voisine de la métropole ; enfin, dans la troisième, on leur donne des sujets de composition sur quelques parties de l'art militaire. On affiche ensuite les noms de ceux qui ont le mieux réussi, de la même manière qu'on le pratique dans l'examen des licenciés des lettres.

L'examen des docteurs d'armes se fait à la cour la même année que celui des docteurs de lettres, et ceux qui emportent ce dernier grade ont droit à tous les emplois militaires qui répondent à ceux que les lettrés obtiennent en vertu de leurs degrés.

Je ne vous détaillerai point, monsieur, toutes les précautions dont on use pour obvier aux inconvéniens et aux abus que la faveur a coutume d'introduire dans ces sortes d'examens ; elles sont les mêmes que ceux des lettrés ; mais cela n'empêche pas qu'on ne trouve à la Chine au moins autant de capitaines inhabiles que d'ignorans mandarins. Quoique la peine de mort soit attachée à la vente des suffrages, il arrive cependant rarement qu'on l'inflige aux examinateurs qui prostituent les leurs. D'abord le nombre des coupables seroit trop grand, et bientôt l'empire n'auroit plus de mandarins ; d'ailleurs, les dénonciations sont rares, et l'on craint de se mettre à dos les gouverneurs des provinces qui, sous divers prétextes, ne manqueroient pas de venger l'honneur du mandarinat, soit par des exactions tyranniques, soit par des persécutions cruelles, soit par des emprisonnemens qu'ils motivent toujours assez bien, pourvu qu'ils aient à la cour des partisans de leur iniquité. Ici, comme partout ailleurs, ces derniers sont fort communs, et l'injustice est toujours facile à commettre, quand on a la faveur du prince ou l'amitié de ceux qui l'environnent.

Telles sont, monsieur, les observations que j'ai faites relativement aux deux objets principaux de la lettre dont vous m'avez honoré. Aussitôt que le temps me permettra de répondre à vos autres questions, je saisirai avec empressement l'occasion de le faire, et de vous donner des marques de la profonde estime avec laquelle j'ai l'honneur d'être, etc.

LETTRE DU R. PÈRE DOLLIERS
A MADAME ***.

Persécutions exercées contre les chrétiens. — Leur zèle.

A Pékin, le 8 octobre 1769.

MADAME,

Je doute que vous ayez reçu ma dernière lettre. J'y entrois dans d'assez longs détails sur les objets de notre zèle, et je m'étois proposé, en l'écrivant, de satisfaire amplement votre pieuse curiosité. Les reproches que vous me faites sur mon silence, le peu de connoissance que vous paroissez avoir de l'état actuel de notre sainte religion dans le pays d'où je vous écris, l'empressement avec lequel vous me demandez d'en être instruite, tout cela me fait croire, madame, que ma relation n'est point parvenue jusqu'à vous. N'attendez cependant pas que je vous informe de sitôt de la situation de nos affaires. Plusieurs raisons m'en empêchent. La première est le défaut de temps. Comme je commence à parler la langue chinoise avec un peu d'aisance (personne ne sait combien je l'achète cher), on vient de me charger des conférences, des méditations et des sermons qui doivent se prêcher pendant la retraite que nous comptons donner après la Conception. D'ailleurs je relève à peine de trois maladies mortelles qui m'ont mené successivement jusqu'aux portes du tombeau, et ma santé est tellement affoiblie, que je ne pourrois, sans imprudence, faire ce que vous exigez de moi. Enfin, si vous voulez que je vous en dise une autre raison, c'est que je n'ai guère à présent que des choses affligeantes à vous écrire. Je pourrois bien cependant vous montrer quelques héros qui durant la persécution, qui n'est que suspendue, se sont comportés d'une manière très-honorable à la religion, dans un pays où elle prend si peu : je vous dirai même que les infidèles ont été plus frappés de la constance de ce petit nombre, que satisfaits de la coupable facilité des autres à renoncer à leur foi. Ce n'est pas que ceux-ci aient formellement apostasié ; mais ils ont fléchi plus ou moins, selon les circonstances où ils se sont trouvés. A tout prendre, la religion a gagné dans l'esprit des infidèles, malgré la défection de plusieurs, qui, au sortir des prisons et des tribunaux, sont venus demander pénitence.

Rien ne décèle mieux le génie bizarre des Chinois que la manière dont les choses se sont passées pendant cette persécution. On faisoit venir les chrétiens devant les tribunaux ; là on les interrogeoit sur leur culte, sur leur doctrine, sur leurs usages et leurs cérémonies ; et sur leurs réponses les juges ne pouvoient s'empêcher d'approuver et de louer le culte, la doctrine, les usages et les cérémonies des chrétiens. Cependant ils ont employé la ruse, les promesses, les menaces, les tortures même, pour les obliger à dire quelque chose qui, sans être une abjuration formelle de leur religion, pût donner à croire qu'ils avoient changé,

« sauf à vous, leur disoit-on, de faire demain comme à votre ordinaire; nous ne nous embarrassons ni de vos pensées, ni de vos cœurs; croyez ce que vous voudrez; pensez comme il vous plaira, nous le trouvons bon; mais nous voulons entendre un mot de votre bouche; je m'observerai; je prendrai garde à moi; je vivrai mieux que je n'ai fait; ou telle autre expression semblable. La plupart, rapportant ces expressions aux défauts qu'ils croyoient avoir à se reprocher devant Dieu, et n'examinant point assez le sens que se proposoient les juges, ont d'abord donné dans le piège; à la vérité quelques-uns se sont aperçus de l'équivoque et de la subtilité des infidèles; ils ont même paru en avoir horreur, tant qu'on s'en est tenu vis-à-vis d'eux aux simples menaces; mais lorsqu'on est venu à leur parler de supplices, alors ces expressions qu'ils avoient rejetées comme des signes évidens d'apostasie, ont commencé à leur paroître tolérables; ensuite ils les ont trouvées justes; enfin ils les ont admises, les uns plus tôt, les autres plus tard; ceux-ci par eux-mêmes, ceux-là par l'organe de leurs amis ou de leurs parens. Ces derniers ont été le plus grand nombre, et si nous devons en croire les personnes les mieux instruites, c'est presque sans leur participation, et en quelque façon contre leur volonté, que leurs parens infidèles leur ont rendu ce prétendu bon office; et cependant cette forme, tout artificieuse qu'elle étoit, a passé pour valable aux yeux des juges. Quant à ceux qui ont tenu ferme à la vue des tourmens qu'on leur préparoit, comme on vouloit moins en faire des martyrs que des apostats, du moins en apparence, les juges eux-mêmes ont cherché parmi leurs parens ou leurs amis quelqu'un qui voulût répondre d'eux, seulement pour la forme, dans l'espérance que peut-être ils changeroient dans la suite. Cette ruse leur a réussi en partie; ils ont trouvé nombre de cautions. Les femmes, qui n'ont eu part à la persécution qu'autant que le zèle pour la fidélité de leurs enfans les y a engagées, sont les seules à qui l'on permette de confesser librement leur foi, sans entreprendre ni de les tenter par des promesses, ni de les effrayer par des menaces, ni de les éprouver par des supplices. Tout cela a fini par des affiches qui défendent de professer la religion chrétienne, sans autres raisons que celles-ci, qu'elle est étrangère dans l'empire; qu'elle ne reconnoît point les esprits ou dieux du pays; qu'elle est contraire à Foë et au culte qu'on rend à ses images; qu'elle n'offre point de sacrifices aux ancêtres, et qu'elle ne brûle en leur honneur ni odeurs, ni monnoies de papier. Je ne vous donne, madame, que le précis de cette défense; mais elle est conçue de manière à nous laisser douter si c'est un reproche qu'on fait aux chrétiens, ou un éloge qu'on leur donne, ou un trait de satire contre les superstitions ridicules qui règnent dans l'empire, et dont les athées de cœur plus que de conviction, qui sont en assez grand nombre, ne sont nullement partisans.

Quoi qu'il en soit, outre l'affliction que nous ont causée et l'infidélité de ceux qui ont molli devant les juges, et l'état pitoyable dans lequel nous avons vu revenir les braves confesseurs de Jésus-Christ, nous en avons eu un autre qui ne nous a pas été moins sensible, c'est qu'on n'a jamais voulu nous entendre, ni nous envelopper dans la proscription; je ne dis pas comme chrétiens seulement, parce que nous sommes étrangers, et qu'on ne veut pas nous gêner sur notre religion, mais comme pères et docteurs des chrétiens du pays. J'avois cru d'abord que le Seigneur m'auroit accordé cette grâce après laquelle je soupire; je comptois pouvoir répandre mon sang en témoignage de ma religion. Mais le Ciel, qui veut m'éprouver encore, me réserve pour d'autres travaux.

J'oubliois une circonstance remarquable, c'est qu'avant qu'on entreprît les chrétiens, on avoit fait les recherches les plus rigoureuses de plusieurs bandits idolâtres qui souffloient dans différentes provinces de l'empire le feu de la discorde et de la sédition, et qu'un grand nombre avoient été mis à mort pour des crimes dont ils avoient été convaincus. Comme on n'avoit alors aucun sujet de plainte contre les chrétiens, on les accusa d'être les premiers auteurs de cette révolte, et l'on crut pouvoir les intimider par la vue des tourmens qu'on fit endurer aux vrais coupables. Je vous laisse, madame, à chercher dans tout cela la sagesse et l'équité dont nos philosophes de France font tant d'honneur à la nation chinoise. Je plaindrois bien sincèrement le plus borné des chrétiens, s'il n'étoit pas plus sage et plus conséquent sur ce qui regarde la Divinité, l'homme, et les rapports de l'homme avec Dieu, que ces prétendus sages et leurs aveugles admirateurs.

Je vous parlois tout à l'heure de Foë et des superstitions qui règnent à la Chine. Il est bien étonnant, madame, que nos philosophes, qui prétendent n'admirer que le vrai ou les erreurs ingénieuses, prodiguent si facilement leurs éloges à une nation si grossière dans son culte. Vous allez en juger.

La Chine a eu deux imposteurs fameux dont les noms sont encore en vénération dans tout l'empire. Le premier s'appeloit *Lao-kium*. On raconte qu'il naquit auprès de la ville de Linpao, vers la fin de la dynastie des Tcheou. Son père, qui étoit un simple paysan, étoit obligé, pour subsister, de servir en qualité de manœuvre. A l'âge de soixante et dix ans, il lui prit envie de se marier ; il épousa une paysanne et vécut longtemps avec elle sans en avoir d'enfans ; enfin elle conçut, elle mit au monde un enfant qui avoit les cheveux et les sourcils tout blancs. Comme cette femme ignoroit le nom de la famille de son époux, elle donna à son fils le nom de *Prunier*, arbre sous lequel il étoit né, et parce qu'il avoit de fort longues oreilles, elle l'appela *Licul*, qui en chinois signifie *Prunier-l'Oreille*. Quand cet enfant fut parvenu à l'âge de vingt ans, un empereur de la dynastie des Tcheou, qui avoit ouï parler de sa naissance merveilleuse, le prit pour son bibliothécaire. Mais *Lao-kium* (c'étoit son propre nom), ayant lu dans l'avenir que la famille de son bienfaiteur alloit tomber en décadence, monta sur un bœuf noir, et se retira dans la vallée sombre, où il mourut quelque temps après, après avoir mis par écrit les dogmes qu'il avoit prêchés.

Un des grands principes de ce rêveur, est qu'on doit s'efforcer de ressembler au néant, et que les moyens d'y parvenir sont de rechercher autant qu'il est en nous l'état parfait d'inaction, de penser le moins qu'il est possible, de fuir toutes les affaires de quelque nature qu'elles soient, et enfin de vivre dans cette stupide indolence qui approche le plus du néant. Il prétendoit que le vide étoit le principe de toutes choses ; qu'il y avoit une foule de génies et d'esprits tutélaires, qui tenoient la chaîne des évènemens humains ; qu'ils présidoient à la marche des révolutions, et que par conséquent on ne devoit se mêler de rien. Et pour engager ses disciples à croire à sa doctrine, cet imposteur leur avoit promis de les rendre immortels comme lui ; car il leur avoit persuadé qu'il ne mourroit jamais.

Croiriez-vous, madame, que ces erreurs pitoyables trouvent encore en Chine des partisans zélés et des sectateurs en grand nombre ? Tel est l'aveuglement des hommes ; la doctrine la plus révoltante, dès là qu'elle est extraordinaire, a souvent plus d'empire sur leur esprit que les vérités les plus lumineuses.

Foë ne jouit pas d'une moindre considération parmi les Chinois. L'histoire de ce faux prophète, qui devroit ce semble les désabuser, ne fait au contraire qu'augmenter l'estime et le respect qu'ils ont pour lui. On raconte qu'il étoit fils d'un souverain d'une contrée de l'Inde, et que, quand sa mère le conçut, elle rêva qu'elle avaloit un éléphant, présage de la taille énorme de l'enfant qu'elle devoit mettre au monde. L'opinion commune est qu'il étoit en effet si gros, que pour lui procurer la naissance il fallut ouvrir le ventre de sa mère, qui mourut dans cette opération. A peine Foë eut-il vu le jour, qu'au lieu de pleurer comme les autres enfans, il fit sept pas, leva une main vers le ciel, baissa l'autre vers la terre, et s'écria d'un ton de voix redoutable : « Je suis celui qu'on doit honorer au ciel et sur la terre. » Parvenu à l'âge de dix-neuf ans, il se retira dans une solitude pour y vaquer à l'étude de la philosophie, et l'on assure qu'après s'y être fait un grand nombre de disciples, il fut tout à coup changé en divinité. Dans le fond, c'étoit un homme corrompu, qui n'avoit pris le parti de s'éloigner de ses semblables que pour dérober à leurs yeux les infâmes débauches auxquelles il s'abandonnoit. Il n'est pas étonnant qu'il ait eu pendant sa vie et qu'il ait encore après sa mort de si zélés sectateurs. Je ne sache pas que cet imposteur ait rien laissé par écrit : les bonzes, qui s'en disent inspirés, sont les dépositaires de sa doctrine, qui n'est pas moins insensée que celle de Prunier-l'Oreille. Ces prêtres du démon ont établi la métempsycose ; ils imposent des peines après la mort à ceux qui ont commis des crimes, et ces peines se réduisent à passer successivement du corps d'une vache ou d'une brebis, dans celui d'un serpent ou d'un cheval de poste, etc. Mais dès qu'on a soin de leur faire l'aumône, de leur bâtir des monastères, et d'enrichir leurs temples, on n'a plus rien à craindre ; on est sûr d'une transmutation honorable et avantageuse, selon qu'on s'est distingué pendant la vie par plus ou moins de largesse en faveur des bonzes. Ainsi un assassin, un incendiaire, le plus grand scélérat peut effacer tous ses crimes par des aumônes faites aux bonzes, et mériter que son âme passe un jour dans un corps qui lui procure toutes sortes de plaisirs et d'honneurs.

Les bonzes, en établissant la doctrine absurde de leur maître, n'ont eu en vue que leurs intérêts. Ils sont si avides de l'or, qu'il n'est point de personnages qu'ils ne fassent pour en amasser. Comme ils sont presque tous tirés de la lie du peuple, ils affectent auprès des grands une complaisance et une douceur qui leur donnent entrée dans les plus grandes maisons. Ils tranquillisent les âmes timides que trouble l'incertitude du sort qu'elles auront après le trépas; et pour les mieux rassurer, ils leur promettent, moyennant de bons présens, l'amitié constante et la protection de Foë. Quant aux femmes, ils leur donnent ordinairement l'image de ce dieu, et leur enjoignent de la porter suspendue à leur cou, comme un gage assuré de prospérité pendant cette vie, et de félicité dans l'autre.

Ce n'est pas là, madame, le seul moyen que les bonzes emploient pour se faire admirer du peuple; de temps en temps ils se donnent en spectacle par des pénitences extraordinaires, qu'ils font payer fort chèrement à leurs spectateurs. On en voit quelques-uns qui s'attachent au cou de grosses chaînes et les traînent dans les rues, allant de porte en porte demander l'aumône, et assurant toujours qu'on ne peut effacer ses péchés sans la leur faire souvent. D'autres se frappent la tête contre les pierres, ou se déchirent le corps à coups de fouet. J'en ai vu qui, à force de jeûnes et d'abstinences, paroissoient si décharnés, qu'on les eût pris pour des spectres ambulans. Mais tout cela n'est qu'ostentation et vanité; le plus sordide intérêt en est le mobile. Il n'y a guère que le peuple qui se laisse fasciner les yeux par ces hypocrites farceurs. Les lettrés, qui n'ignorent point leur fourberie, ont pour eux un souverain mépris. On a vu cependant des mandarins et des princes se laisser prévenir de leurs erreurs; l'empereur Cao-tsong même, pour s'y livrer entièrement, abandonna l'empire à son fils, et de protecteur des bonzes qu'il étoit, il devint leur ami, ensuite leur compagnon, et enfin leur esclave. Je pourrois entrer dans de bien plus long détails au sujet des deux sectes dont je viens de vous parler. Mais vous pourrez consulter là-dessus la description du père du Halde, qui fait mention de beaucoup d'autres systèmes aussi extravagans, et qui ont grand cours à la Chine. Tels sont par exemple ceux que les philosophes ont établis sur l'origine du monde, sur la formation des astres, sur la naissance de l'homme, et sur quantité d'autres objets dont les Chinois ont les connoissances les plus fausses, les plus ridicules, et en même temps les plus contraires au développement des sciences abstraites et profondes, pour lesquelles ils semblent n'avoir aucun génie. Voilà cependant, madame, ce peuple si instruit, si sage, si éclairé, si philosophe.

Notre sainte religion, qui me paroît aussi simple que sublime, ne pourra jamais, sans une grâce particulière du Ciel, devenir la religion dominante du pays. La bonne opinion que les Chinois ont d'eux-mêmes, la persuasion où ils sont que rien n'égale la pénétration de leur esprit, les chimères dont ils sont infatués, l'attachement extraordinaire qu'ils ont pour tout ce qui peut flatter leurs penchans, et enfin l'adresse surprenante des bonzes à tromper ce pauvre peuple, sont des obstacles trop puissans pour que nous osions espérer de les surmonter sans un miracle de la Providence.

Le frère Attiret, que vous devez connoître par les Lettres édifiantes, vient de mourir de la même maladie dont je relève. J'aurois beaucoup de choses à vous écrire de son zèle, de ses travaux et de sa tendre piété; mais je me contenterai de vous dire qu'il est mort comme il a vécu, c'est-à-dire en prédestiné. C'est une grande perte pour nous. Nous en pleurons une plus grande encore, c'est celle du père Roi, mon co-novice, et sans contredit l'un des plus saints missionnaires que j'aie connus. On le regrettera longtemps, et la douleur que nous a causée sa mort ne finira qu'avec nous.

Je me recommande à vos saintes prières, et vous prie de m'excuser si je ne vous écris rien de plus détaillé. Je ne suis véritablement pas en état d'en faire davantage à présent, et je n'ai voulu que vous renouveler les sentimens d'attachement et d'estime avec lesquels je serai toujours, etc.

LETTRE DU R. PÈRE BENOIST

AU PÈRE DUGAD.

Ardeur chrétienne d'une famille de mandarins.

De Pékin, le 26 août 1770.

MON RÉVÉREND PÈRE,

L'année dernière j'ai rendu compte à Votre Révérence de la générosité avec laquelle Ma Joseph, mandarin de police, avoit confessé notre sainte religion devant les tribunaux, les ministres d'État et les grands de l'empire, sans pouvoir être ébranlé par la crainte des supplices, de l'exil et de la mort même dont il étoit menacé. Ses réponses promulguées dans tout l'empire étoient une preuve sans réplique de sa fermeté; malheureusement la grâce que lui fit l'empereur de l'élever encore au mandarinat, quoique d'un degré inférieur à celui qu'il géroit avant d'être cité en justice, l'édit même de Sa Majesté, qui disoit le rétablir parce qu'il avoit renoncé à la religion chrétienne, tout concouroit à ternir la gloire qu'il s'étoit acquise auparavant, et à faire croire qu'il avoit enfin molli et fait ou promis quelque chose qui pût servir de prétexte pour dire qu'à l'extérieur au moins il avoit donné des marques de foiblesse dans la confession de la religion chrétienne. J'avois tâché de rassurer Votre Révérence en lui mandant que Ma Joseph avoit toujours réclamé contre ce que le premier ministre et les autres juges avoient dit pour le tirer d'affaire, et qu'il avoit constamment protesté qu'il seroit chrétien jusqu'à la mort. Mais si, malgré tout ce que j'ai marqué à Votre Révérence, elle a encore quelque inquiétude au sujet de Ma Joseph, la généreuse profession de foi qu'il vient de faire dissipera certainement ses soupçons; mais avant que d'entrer dans le détail de ce qui s'est passé cette année, je crois devoir vous donner un précis de ce qui s'est passé l'année dernière.

Outre que la famille de Ma Joseph est une des plus anciennes et des plus illustres de la Tartarie, elle fournit à l'empire un nombre considérable de mandarins de différens grades. Le mérite personnel de Ma Joseph ne pouvoit manquer de lui procurer quelque emploi important. Après avoir, suivant l'usage, commencé par exercer quelques petits mandarinats, il fut placé dans le tribunal du gouverneur de Pékin, et y fut bientôt élevé au mandarinat de cheou-pei, dont l'emploi consiste à veiller sur la police du district qui lui est confié. Le département qui fut assigné à Ma Joseph renfermoit ce qu'on appelle à Pékin la ville chinoise. Dans les différens quartiers de ce district, il y a toutes sortes d'artisans, quantité de gros et riches marchands pourvus de tout ce qu'il y a de plus précieux à la Chine et dont les présens auroient pu enrichir dans peu un mandarin moins intègre que Ma Joseph; outre cela, il y avoit quantité de mahométans venus des pays conquis il y a quelques années et très-peu au fait des coutumes de la Chine; c'étoient d'ailleurs des génies remuans, séditieux et difficiles à contenter, et par là même difficiles à contenir. Cependant Ma Joseph, dans le district duquel s'étoit établie une grande partie de ces étrangers, vint à bout de les gagner par ses bonnes manières et la douceur de son caractère. Ayant été promu à un mandarinat plus élevé, l'accueil que lui firent les artisans, les marchands, les mahométans et tout le peuple dans les rues qu'il traversa pour aller à son nouveau tribunal fut pour lui un éloge bien flatteur de sa probité et de ses talens; les regrets et la douleur que son départ leur causa ne furent adoucis que par l'espérance que le cheou-pei auroit pour eux tous les égards que Ma Joseph avoit eus lui-même.

Il y avoit déjà deux ou trois ans que Ma Joseph occupoit son nouveau poste, lorsqu'à l'occasion d'une persécution excitée contre notre sainte religion, vers la fin de 1768, il fut obligé par son propre collègue à aller se dénoncer comme chrétien. Il le fit, mais d'une manière bien différente de celle à laquelle on s'attendoit. Il protesta qu'il étoit chrétien et qu'il le seroit jusqu'à la mort. En effet, la perte de son mandarinat, les chaînes dont il fut chargé, les supplices, l'exil et la mort même dont il fut menacé, rien ne fut capable d'ébranler sa constance. Le comte, premier ministre, l'aimoit et l'estimoit singulièrement. Il étoit, avec d'autres ministres d'État, à la tête de ses juges, dont la plupart, quoique fort attachés au culte de l'empire, n'ignoroient cependant pas que notre religion n'enseigne rien de mauvais ni de dangereux pour le gouvernement. Ils accusèrent d'abord de fourberie et de mauvaise foi celui qui avoit suscité cette affaire ; ils lui firent même dire peu de temps après qu'il eût à se démettre de son mandarinat. Mais Ma Joseph étant une fois entre leurs mains, il s'agissoit de porter la sentence, de le condamner ou de l'absoudre. Malheureusement les mieux disposés de ses juges n'étoient dirigés que par une politique mondaine semblable à celle qui dirigea Pilate. D'un côté, Ma Joseph se disant constamment chrétien, ils ne vouloient pas, en le déclarant absous, donner atteinte aux lois qui excluent la religion chrétienne du nombre des religions permises dans l'empire. D'un autre côté, reconnoissant le mérite et l'innocence de Ma Joseph, ils vouloient, à quelque prix que ce fût, le soustraire aux punitions qu'il avoit encourues selon les lois : « L'ordre de l'empereur, disoient les juges à Ma Joseph, est que vous vous conformiez aux lois. Ces lois prescrivent des cérémonies de religion que non-seulement vous n'avez pas observées jusqu'ici, mais encore que vous avez condamnées en professant la religion chrétienne, prohibée par ces mêmes lois. Promettez donc que désormais vous vous y conformerez. On ne vous demande que ce seul aveu : « Je me corrigerai. » Si vous le faites, l'empereur vous rétablira dans vos dignités. Si vous le refusez, vous serez censé avoir désobéi à l'empereur, et puni comme rebelle à ses volontés. » Ma Joseph, dont les sentimens en matière de religion étoient bien opposés à ceux que dictent la politique et l'intérêt, n'avoit garde de laisser échapper la moindre parole qui parût démentir les sentimens de son cœur et son attachement inviolable à la religion chrétienne. Il protesta plusieurs fois qu'il étoit plein de soumission et de respect pour tous les ordres de Sa Majesté, et qu'il étoit prêt à le signer de son sang ; mais que ni les promesses, ni les menaces, ni même la crainte de la mort ne seroient jamais capables de lui faire violer, même en apparence, la foi que lui et toute sa famille avoient vouée au Dieu des chrétiens, qui étoit également le Dieu des Tartares et de tout l'univers ; que la fidélité qu'il témoignoit à son Dieu ne pouvoit passer pour une désobéissance ; qu'elle étoit au contraire une preuve de la soumission et du respect qu'il avoit pour les ordres du prince, puisqu'en désobéissant à l'empereur, il désobéissoit à Dieu même, dont les rois sont les images et les lieutenans sur la terre.

Tel est le précis des réponses de Ma Joseph. Les juges mêmes et tous les assistans ne purent s'empêcher d'en admirer la prudence et la fermeté.

De concert avec eux, le comte, premier ministre, vouloit à quelque prix que ce fût absoudre l'accusé ; l'empereur lui-même le souhaitoit. Quoique Sa Majesté, dans les réponses aux placets qui lui avoient été présentés, eût laissé entrevoir que si Ma Joseph ne renonçoit formellement à la religion chrétienne, il seroit traduit au tribunal des crimes pour y être jugé selon les lois, néanmoins le mécontentement qu'il témoignoit à ceux qui lui présentoient alors des accusations contre les chrétiens faisoit bien voir que Sa Majesté n'approuvoit pas de pareils procédés. Ma Joseph m'a assuré lui-même que quand il fut sorti de prison, il avoit su de bonne source que pendant sa détention l'empereur avoit fait dire aux juges de terminer promptement son affaire, et de ne point la porter au criminel. Cependant ce prince ayant, dans sa réponse aux placets présentés par les tribunaux, ordonné à Ma Joseph de se conformer aux lois, les juges auroient voulu être fondés en apparence à pouvoir dire qu'il obéiroit. Voilà pourquoi ils employèrent les promesses, les menaces, les sollicitations, les détours, en un mot tous les moyens imaginables pour en tirer quelque parole ou quelque écrit au moins équivoque ; mais cet illustre confesseur, voyant bien qu'on avoit envie de le surprendre, ne voulut jamais signer les formules de renonciation, pas même celles où l'on avoit pris la précaution de ne pas parler directement de la religion chrétienne. A toutes les interrogations qu'on lui fit : s'il se corrigeroit, s'il seroit fidèle à Sa Majesté, Ma Joseph, en répondant qu'il se corrigeroit, qu'il seroit fidèle à Sa Majesté, avoit toujours soin d'ajouter qu'il professeroit cependant la religion chrétienne jusqu'à la mort. Ainsi le comte, premier ministre, pour couper court à tout, se fit le répondant de Ma Joseph. Celui-ci eut beau réclamer, le comte, premier ministre, faisant semblant de ne pas entendre, lui fit ôter ses chaînes et fit son rapport à l'empereur, qui ordonna que Ma Joseph fût derechef élevé au mandarinat de cheou-pei, inférieur d'un degré à celui dont il avoit été dégradé.

Le comte, en installant Ma Joseph dans sa nouvelle dignité de cheou-pei, lui dit d'un ton badin : « Je suis votre répondant auprès de l'empereur ; j'espère que vous ne me démentirez pas, et que dans peu on vous élèvera à un grade plus important. » Ma Joseph répondit que quelque emploi qu'on lui donnât, il tâcheroit d'en remplir les devoirs, mais qu'il y professeroit la religion chrétienne, et qu'il étoit disposé à plutôt mourir que de l'abandonner.

Les placets qui furent présentés à l'empereur pour lui rendre compte des examens qui avoient été faits au sujet de Ma Joseph furent aussitôt, suivant l'usage, promulgués dans les bannières. Les chrétiens bénissoient Dieu de l'héroïque fermeté avec laquelle il s'étoit comporté, et les infidèles ne savoient ce qu'ils devoient le plus admirer, ou de la constance du confesseur, ou des délais du prince à le dévouer à la mort. Parut ensuite un ordre de l'empereur qui portoit en substance, qu'après avoir résisté longtemps, Ma Joseph avoit enfin obéi, et qu'en conséquence Sa Majesté lui pardonnoit et lui donnoit le grade de cheou-pei.

L'usage est que lorsqu'on promulgue dans les bannières les ordres de l'empereur, on y promulgue aussi les placets d'après lesquels ces ordres ont été donnés. Quant à l'ordre qui suppose l'apostasie de Ma Joseph, si cette apostasie eût été réelle, il auroit été d'autant plus convenable de publier le placet où il en étoit fait mention, que dans toutes les bannières on avoit promulgué ceux dans lesquels on rendoit compte à l'empereur de son inébranlable fermeté ; mais l'ordre en question n'avoit point été donné en conséquence d'aucun placet présenté par écrit : le premier ministre avoit rendu compte de vive voix à Sa Majesté de ce qui regardoit Ma Joseph, et l'empereur fut charmé de trouver l'occasion de sauver l'accusé sans paroître donner atteinte aux lois de l'empire. C'est ce que virent bien les chrétiens et les infidèles même, qui disoient ouvertement que ce n'étoit point Ma Joseph qui avoit apostasié, mais que le comte ministre avoit apostasié pour lui.

Quelque innocent que fût Ma Joseph de cette prétendue apostasie contre laquelle il avoit tant de fois réclamé en présence des juges, et en particulier du comte, premier ministre, l'imputation en étoit néanmoins bien fâcheuse pour l'honneur de notre sainte religion. Les circonstances qui servoient à constater l'innocence du confesseur, n'ayant été ni promulguées ni insérées dans les actes publics, devoient bientôt s'oublier, au lieu que les pièces où on le disoit apostat étoient un monument dont les chrétiens lâches et timides auroient pu abuser, et qui auroit donné aux ennemis de notre religion un motif de lui disputer la gloire d'avoir eu dans Ma Joseph un généreux confesseur de Jésus-Christ.

Ma Joseph sentoit bien ces conséquences, quoique depuis son rétablissement il continuât d'aller dans nos églises et de faire une profession publique de la religion chrétienne ; néanmoins son mandarinat l'inquiétoit et lui étoit tellement à charge qu'il avoit plusieurs fois pensé à s'en défaire pour vivre en simple particulier ; mais quelques missionnaires l'en avoient constamment détourné, en lui disant que puisqu'on le lui avoit donné malgré la résolution où il étoit d'être toujours chrétien, il devoit le conserver, et que s'il le quittoit, il donneroit par là occasion de soupçonner qu'il craignoit d'avoir dans la suite de nouveaux assauts à soutenir. Quoi qu'il en soit de ce conseil, Ma Joseph le suivit, et le bon Dieu en a tiré sa gloire.

Cependant l'empereur ayant élevé Ma Joseph au grade de cheou-pei, le comte ministre lui donna sur-le-champ cet emploi dans le district d'une maison de plaisance de Sa Majesté, à deux ou trois lieues d'ici ; mais peu de jours après il le rappela pour lui rendre le poste qu'il avoit occupé quelques années auparavant dans la ville chinoise de Pékin, afin de pacifier des troubles qui étoient survenus parmi les mahométans de ce district. Ma Joseph, qui avoit su autrefois les contenir dans les bornes du devoir, vint à bout par la douceur de les faire rentrer dans l'ordre ; et le comte en fut si charmé qu'il lui réitéra la promesse qu'il lui avoit faite de l'élever à un grade supérieur dès qu'il y auroit une place vacante au tribunal du gouverneur. Sur ces entrefaites, ayant été obligé de partir pour la guerre d'Yun-nan, il recommanda au guefou[1], son fils, qui étoit gouverneur de Pékin, d'exécuter en son absence les promesses qu'il avoit faites à Ma Joseph ; mais les dispositions du fils étoient bien différentes de celles du père.

Le comte, premier ministre, est d'une humeur enjouée et d'un caractère aimable. Depuis vingt-six ans qu'il est à la tête du ministère, il a toujours su se conserver les bonnes

---

[1] On appelle *guefou* les gendres de l'empereur.

grâces de l'empereur, l'affection des peuples, dont il est l'idole, l'estime des grands, dont il est le modèle et l'admiration. Consommé dans les affaires, il voit tout d'un coup d'œil ; génie vaste et profond, il embrasse tout, il anime tout, il vient à bout de tout. Comme il connoît mieux que personne les inclinations de son maître, il sait aussi mieux que personne la manière dont on doit lui proposer les affaires pour en espérer la réussite, et comme il réunit à une bonté d'âme peu commune beaucoup de générosité et de noblesse de sentimens, il a toujours soin de les proposer sous les jours les plus avantageux. Son fils au contraire est d'un caractère sombre, inflexible et violent ; c'est un jeune homme sans expérience, qui a plus d'ambition que de lumières, plus de fermeté que de talent. Il est toujours pour la rigueur de la loi, et jamais il n'épargne personne. Son père, avant de partir pour la guerre d'Yun-nan, alla se jeter un jour aux pieds de l'empereur pour lui demander en grâce de modérer les faveurs qu'il accordoit à son fils, qui étoit, disoit-il, encore trop jeune pour en user avec assez de discrétion ; mais l'empereur, qui croyoit que l'excessive rigueur de son gendre venoit d'un trop grand attachement à son service, répondit au père en souriant : « Tu crains apparemment qu'il ne t'accuse aussi, ou bien qu'il ne se fasse à lui-même de fâcheuses affaires. Mais sois tranquille, j'aurai soin de réprimer son ardeur ; le feu de l'âge se ralentira, et l'expérience viendra enfin au secours de la raison. »

Quant à l'affaire de Ma Joseph, le guefou ne pouvoit l'oublier. Accoutumé à voir tout plier sous ses volontés, quelle dut être sa surprise lorsque ayant dit à l'accusé que l'ordre de l'empereur étoit qu'il renonçât à la religion chrétienne, celui-ci lui répondit avec une respectueuse fermeté qu'il n'en feroit rien, et endureroit plutôt les tourmens, l'exil et la mort ! Des mandarins infidèles, qui étoient présens, m'ont raconté qu'à ce discours le visage du guefou s'alluma de colère, que ses yeux se troublèrent, et que s'il eût eu le pouvoir en main, Ma Joseph auroit été sur-le-champ puni du dernier supplice. Mais le comte ministre, son père, s'étant saisi de l'affaire et ayant obtenu de l'empereur que Ma Joseph fût rétabli dans son mandarinat, le guefou fut obligé de se désister de ses poursuites, se réservant à les reprendre quand dans la suite il en trouveroit l'occasion. En effet, aussitôt après le départ du comte, la place que Ma avoit occupée au tribunal du gouverneur étant venue à vaquer, le guefou, sans avoir égard aux ordres de son père, donna cette dignité à un autre, et ne cessa depuis de persécuter notre illustre confesseur, qui, au lieu de se plaindre d'une injustice si révoltante, remercia le Seigneur des humiliations qu'il lui envoyoit.

A quelque temps de là, le comte ministre, dont la santé s'affoiblissoit tous les jours, étant revenu d'Yun-nan, tomba dans un tel affaissement qu'il fut forcé d'interrompre toutes ses occupations. Cependant ayant appris la désobéissance du guefou, il lui en fit des reproches sanglans. Celui-ci, piqué au vif, jura dès lors la perte de Ma Joseph et lui suscita une nouvelle affaire par laquelle il vint à bout de son dessein.

Le dimanche de l'octave de l'Ascension de cette année 1770, et le troisième de la cinquième lune chinoise, après une revue de soldats, Ma Joseph ayant présenté au guefou les billets de ceux qui devoient être promus ou changer d'emploi, le guefou, nommant Ma Joseph par son nom, lui dit : « Apparemment, Tching-tè, que vous n'allez plus aux églises ? » Ma Joseph, qui ne s'attendoit pas à cette question, répondit, dans la première surprise, qu'il y avoit quelques églises qu'il ne fréquentoit pas, ce qui est effectivement vrai ; mais le guefou ayant insisté et lui ayant demandé s'il étoit encore chrétien, il répondit avec fermeté qu'il l'étoit. « Quoi ! reprit le gouverneur, après que l'année précédente tu as assuré l'empereur par écrit que tu avois abandonné la religion chrétienne, tu la professes encore ? — Je ne suis point, répliqua Ma Joseph, l'auteur de l'écrit dont vous me parlez ; jamais je n'ai quitté la religion chrétienne, et je la professerai jusqu'à la mort. » Cette fermeté piqua d'autant plus le guefou qu'un grand nombre de mandarins en avoient été témoins : « Quoi ! dit-il, un mandarin tromper ainsi l'empereur et lui désobéir ! Oui, je vais faire examiner cette affaire pour en faire ensuite le rapport à Sa Majesté. » Et en même temps il nomma deux mandarins pour examiner la conduite de Ma Joseph. Dès le soir même, je sus ce qui s'étoit passé, et le lendemain dès le matin, Ma Joseph m'envoya prier de le recommander aux prières des missionnaires, afin que Dieu lui accordât les lumières, la force et les autres secours qui lui seroient nécessaires.

Le mardi suivant, 29 mai, le comte ministre essuya une nouvelle crise qui fit craindre pour sa vie. L'empereur n'en fut pas plutôt instruit, qu'il lui envoya le guefou, son fils, pour l'assister. Celui-ci, qui vouloit perdre Ma, fit quelques difficultés; mais enfin il fallut obéir, et il partit pour Yuen-ming-yuen, où étoit son père[1]. L'empereur donna par intérim la charge de gouverneur au ing-ta-jin, chez qui on transféra tout de suite les sceaux. Cet incident nous fit espérer que l'affaire de Ma Joseph s'assoupiroit et n'iroit pas plus loin; mais le lendemain le comte ministre s'étant trouvé mieux, l'empereur donna ordre à son fils de reprendre l'emploi de gouverneur; il voulut même que les sceaux du gouvernement fussent portés à Hay-tien, ce qu'on n'avoit jamais vu auparavant; et afin de ne point gêner le guefou, à qui la qualité de gouverneur ne permettoit pas de coucher hors de Pékin, l'empereur nomma le ing-ta-jin pour y tenir sa place. Quoique le guefou eût repris le soin des affaires, néanmoins, comme pendant quelques jours on ne parla plus de rien, nous continuâmes d'être dans la persuasion que l'affaire de Ma Joseph n'auroit pas de suite.

Quoique ce mandarin n'ignorât pas qu'il y avoit des gens chargés d'éclairer ses démarches, il fréquentoit à son ordinaire les églises autant que son emploi pouvoit le lui permettre. Le 5 juin, seconde fête de la Pentecôte, à peine fut-il sorti de l'église du collége, où il étoit allé entendre la messe, que deux mandarins, envoyés par le guefou, allèrent à la porte du collége demander si Ma Joseph étoit venu ce jour-là à l'église. Celui qui suppléoit alors pour le portier répondit tout naturellement qu'il ne connoissoit pas celui dont on lui parloit; mais comme on le lui désigna par son degré de mandarinat, par sa figure, par la mule qu'il montoit et les domestiques qui le suivoient, il dit qu'effectivement il étoit venu, et qu'il n'y avoit qu'un moment qu'il s'en étoit retourné. Là-dessus les deux mandarins demandent à entrer, et sont conduits chez le catéchiste, à qui ils disent qu'ils viennent pour se faire instruire de la religion chrétienne, et dans la conversation ils demandent si Ma Joseph est venu le matin à l'église. Le catéchiste, qui ne soupçonnoit rien, répondit que ce jour-là il n'avoit pas vu Ma Joseph, mais qu'il y venoit habituellement. Les deux mandarins ayant su ce qu'ils souhaitoient savoir, allèrent du collége directement au tribunal, c'est-à-dire à la maison de Ma Joseph, où ils apprirent de lui-même qu'il alloit souvent à l'église pour prier, qu'il avoit ôté de chez lui les tablettes de ses ancêtres, qu'il honoroit les images des chrétiens, qu'il y invitoit de temps en temps les Européens, et que tout récemment encore le père Bernard y étoit allé pour donner la communion à toute sa famille. Ma Joseph ayant avoué naturellement tous ces différens points, les deux mandarins lui dirent qu'ils alloient sur-le-champ en faire le rapport au guefou, qui étoit dans la résolution d'en informer l'empereur; cependant les Européens espéroient que, dans les circonstances présentes, le gouverneur ralentiroit ses poursuites. La maladie du comte ministre son père, le mécontentement que l'empereur avoit fait paroître l'année dernière lorsqu'on lui présenta des accusations contre les chrétiens, l'embarras actuel des affaires de l'Yunnan, la réputation de mandarin habile et intègre dont jouissoit Ma Joseph, les services que son fils unique avoit rendus à l'État, pour la défense duquel il étoit mort les armes à la main; toutes ces raisons, jointes à beaucoup d'autres, leur paroissoient suffisantes pour rassurer les chrétiens: mais le dimanche suivant, 10 juin, le procès fut fait à Ma Joseph, et la sentence promptement exécutée. Voici ce qu'un de ses cousins germains m'a dit de la manière dont le guefou avoit obtenu l'arrêt de condamnation.

Le 9 de juin, le guefou dit de vive voix à l'empereur que Tching-te, à qui l'année dernière Sa Majesté avoit fait grâce, et qu'elle avoit même rétabli dans sa dignité en conséquence de la promesse qu'il avoit faite de renoncer à la religion chrétienne, professoit encore cette religion aussi publiquement qu'auparavant; qu'il alloit assidûment aux églises pour y prier, que dans sa maison on ne voyoit plus les tablettes de ses ancêtres, et qu'il leur avoit substitué les images et autres marques de la religion chrétienne, et qu'enfin il invitoit les Européens chez lui pour y faire, avec sa famille, les exercices de cette même religion. Après cet expos, dont je ne vous donne que le précis, il supplioit Sa Majesté de déterminer le

---

[1] Yuen-ming-yuen, maison de plaisance où l'empereur passe la plus grande partie de l'année.

genre de punition qu'on devoit faire subir au mandarin. L'empereur s'informa s'il n'y avoit rien autre chose contre Tching-te ; s'il s'acquittoit bien de son emploi, s'il ne se laissoit pas corrompre par argent ou par présens. Le guefou répondit qu'il n'avoit là-dessus aucune plainte contre Tching-te. Laisse-le donc tranquille, dit l'empereur au guefou; en continuant de professer la religion chrétienne, il n'est pas proprement rebelle à mes ordres; *Pou-ko-che-pou-chun-tchi, pou-ting-ngo-ty-hoa*, il a seulement manqué d'exactitude à observer ce que je lui avois dit ; pourquoi donner à une bagatelle l'importance d'une grande affaire ?

Le guefou n'insista pas davantage ; mais il fit préparer un placet que le lendemain matin, 10 juin, dimanche de la Trinité, il présenta lui-même à l'empereur, en lui disant que c'étoit bien malgré lui qu'il revenoit à la charge au sujet de Tching-te ; mais que s'il n'accusoit pas juridiquement ce mandarin, il seroit sûrement accusé lui-même par d'autres magistrats de manquer aux obligations de sa charge ; qu'il avoit déjà souvent entendu les plaintes que faisoient plusieurs de ces magistrats sur la désobéissance de Tching-te, qui après avoir si solennellement promis, l'année dernière, de quitter la religion chrétienne, avoit encore l'audace de la professer aussi ouvertement qu'auparavant ; que ces mêmes magistrats, indignés de voir l'autorité de l'empereur ainsi lésée par une désobéissance aussi formelle, ne manqueroient point de porter l'affaire aux tribunaux, qui ne pourroient s'empêcher de juger Tching-te suivant la rigueur des lois ; qu'il prioit Sa Majesté de prévenir, par son jugement, celui des magistrats ; et qu'enfin si, pour satisfaire sa clémence, elle vouloit lui faire grâce de la vie, il la prioit, pour venger l'honneur du trône et les lois violées, d'envoyer Tching-te en exil.

S'il est vrai qu'il y eût effectivement quelques magistrats qui voulussent agir contre Ma Joseph, ce ne pouvoit être que quelques créatures du guefou, qui voyoient bien que par là ils lui feroient leur cour, et gagneroient ses bonnes grâces. Quoi qu'il en soit, l'empereur, qui s'attendoit à recevoir les requêtes des tribunaux, accepta le placet, et prononça la sentence dont voici l'abrégé : « Tching-te m'ayant trompé en continuant de professer publiquement la religion chrétienne, à laquelle il m'avoit promis de renoncer, mériteroit d'être puni suivant la rigueur des lois ; mais comme ce mandarin a péché plutôt par simplicité que par malice, je lui fais grâce de la vie. Qu'il soit traduit aux grands qui sont à la tête du tribunal de la guerre, pour être battu de soixante coups de bâton, et ensuite envoyé à Ily, où il sera donné en esclavage à quelques-uns des seigneurs de ce pays. Cette sentence fut prononcée le matin du dimanche de la Trinité, 10 juin de cette année 1770.

Le lendemain 11 juin, à cinq heures du matin, comme je venois de célébrer la sainte messe, un chrétien vint me dire que la veille, à huit heures du soir, un commissionnaire du tribunal du gouverneur étoit venu chez lui pour le charger de m'avertir que Ma Joseph avoit été saisi dans son propre tribunal, et enchaîné, pour être envoyé en esclavage à Ily, après avoir été battu de soixante coups de pantse. Aussitôt j'envoyai chez Ma Joseph et ailleurs pour savoir au juste comment la chose se termineroit ; mais vers les huit heures du matin, le commissionnaire du tribunal du gouverneur vint me dire qu'en conséquence de la sentence portée contre Ma Joseph, ce mandarin avoit été saisi et conduit à Yen-ming-yuen, ce qui étoit contre l'ordre de l'empereur, puisque l'intention de ce prince étoit que le prétendu coupable fût traduit au tribunal de la guerre. Le commissionnaire ajouta qu'on avoit fait conduire avec lui les différens instrumens de supplice qu'on emploie pour tourmenter les criminels lorsqu'on les applique à la question. Cet appareil menaçant nous fit craindre que Ma Joseph ne fût pas le seul à qui on en voulût, et que ce ne fût là comme le prélude d'une persécution générale. Mais, grâce à Dieu, à midi, Ma Joseph étoit déjà de retour à Pékin, et tout étoit fini. Ce généreux confesseur a été la seule victime, ou plutôt le seul qui ait eu occasion de triompher, et qui ait réellement triomphé de la manière la plus glorieuse et la plus consolante pour notre sainte religion. Voici le détail de ce qui s'est passé à son occasion : je le tiens de ses frères, de ses parens, de ses amis, des personnes que j'avois chargées de m'instruire, des infidèles mêmes qui en ont été témoins oculaires.

Ma Joseph étant arrivé enchaîné à Yuen-ming-yuen, où l'empereur et sa cour passent l'été, fut conduit en présence du guefou, qui, de soixante coups de pantse auxquels la sentence le condamnoit, lui en fit d'abord donner trente, après quoi il lui demanda « s'il étoit encore chrétien ou non? » Ma Joseph répondit qu'il ne changeroit point, et qu'il professeroit la religion chrétienne jusqu'à la mort. Sur cette réponse, le guefou lui fit encore donner dix coups de pantse ; ensuite il fit à Ma Joseph les mêmes questions qu'auparavant, et Ma Joseph lui fit aussi les mêmes réponses. On continua de frapper ; et après que les soixante coups furent donnés sans que la constance du confesseur fût ébranlée, le guefou s'étant fait apporter un cahier assez épais qui contenoit l'interrogatoire de l'année précédente, il dit à Ma Joseph : « L'année dernière tu as promis à l'empereur que tu quitterois la religion chrétienne ; tes réponses, écrites dans ce cahier, en font foi : de quel front as-tu donc osé tromper ainsi l'empereur ? » Ma Joseph répondit modestement à ce reproche : « Guefou, permettez-moi de vous dire que mes réponses de l'année dernière ne peuvent remplir un si gros cahier : s'il est écrit que je promets d'abandonner la religion chrétienne, c'est par une main étrangère, et non par la mienne. Je n'ai jamais ni dit ni écrit que je voulois renoncer à la foi que j'ai embrassée. » Le guefou n'avoit garde de continuer un pareil interrogatoire, qui auroit évidemment démontré sa fourberie. D'ailleurs, comme il avoit lui-même fait exécuter la sentence contre Ma Joseph, et qu'il ne lui étoit plus libre de le faire souffrir davantage, il ordonna qu'on le conduisît au lieu de son exil.

Ma Joseph fut aussitôt mené à Pékin pour être présenté au ping-pou ou tribunal de la guerre, qui est chargé de toutes les expéditions concernant les exilés et les voyages qui se font par autorité publique. Quoique ses meurtrissures lui causassent de très-vives douleurs, la joie qu'il avoit d'avoir souffert pour une si bonne cause éclatoit sur son visage, et sembloit animer toutes ses paroles. Les mandarins du ping-pou, bien loin de le traiter en criminel, eurent pour lui toutes les considérations que la nature inspire envers un innocent persécuté. Ils voulurent qu'il allât chez lui faire les derniers adieux à son épouse et à sa famille, et lui dirent qu'il suffisoit qu'il partît le lendemain, afin que quand ils reverroient le guefou, ils pussent lui rendre compte de la procédure. Ma Joseph se transporta donc dans sa maison, où se trouvoient alors son épouse, sa bru et la plupart de ses parens et de ses amis, qui lui avoient fait préparer un festin. Aussitôt qu'il parut, chacun le félicita sur son bonheur. Son épouse surtout souhaitoit ardemment de partager son sort ; car lorsque Ma Joseph fut saisi pour être conduit devant le guefou, elle lui avoit instamment recommandé de dire que sa femme, sa bru et ses petites-filles étoient chrétiennes, et qu'elles méritoient le même sort que lui. Toutes lui faisoient de tendres reproches sur son oubli : elles vouloient aller au ping-pou pour obtenir, à quelque prix que ce fût, de pouvoir le suivre en son exil : mais Ma Joseph leur représenta vivement qu'en agissant de la sorte elles prévenoient la volonté de Dieu. « La volonté de Dieu, disoit-il, est que je parte, puisque c'est l'ordre de l'empereur. Si, dans mon interrogatoire, j'eusse eu occasion de parler de vous, je l'aurois certainement fait comme vous me l'aviez demandé ; mais Dieu ne l'a pas voulu : contentez-vous d'adorer ses desseins : si vous obtenez de me suivre, vous ferez votre volonté et non la sienne. Souvenez-vous donc que nous n'aurons, vous et moi, de consolation qu'en nous soumettant à ses décrets. » Son épouse se rendit à ses raisons, et se consola dans l'espérance de le revoir dans le ciel. Mais tandis que sa famille et ses amis se livroient aux transports de joie que leur inspiroit la généreuse constance du confesseur, celui-ci fit réflexion que si le guefou venoit à savoir ce qui se passoit chez eux, il étoit à craindre que les officiers de justice entre les mains desquels il avoit été remis ne fussent rigoureusement punis ; en conséquence il prit le parti d'aller, ce jour-là même, coucher hors de la ville. Ses parens et ses amis ayant approuvé son dessein, envoyèrent aussitôt préparer une auberge à quelque distance de Pékin, pour y aller eux-mêmes passer la nuit avec Ma Joseph.

Les officiers de justice à qui Ma Joseph avoit été consigné étoient ses inférieurs, et comme lui officiers de police et du tribunal du gouverneur. Lorsque Ma Joseph entra chez lui, on voulut lui ôter ses chaînes ; quand il se disposa à en sortir, aucun d'eux ne voulut les lui remettre. Ma Joseph eut beau insister sur la rigueur de la loi, à laquelle il vouloit obéir, et sur le danger qu'ils couroient eux-mêmes s'il paroissoit en public dégagé de ses fers ; tous répondirent que les chaînes n'étoient que pour s'assurer d'un prisonnier ; mais que connoissant sa probité comme ils la connoissoient, ils ne croyoient pas devoir s'en servir pour lui; cependant, comme il insista encore en disant que la loi en ordonnoit l'usage, non-seulement pour s'assurer des prisonniers, mais encore pour leur humiliation, qui est leur châtiment, ils le prièrent de consentir au moins à ce qu'on lui en donnât de plus légères. « A la bonne heure, dit Ma Joseph, des chaînes plus légères seront toujours des chaînes, et en les portant je serai toujours dans les termes de la loi ; c'est le Dieu que je sers et la religion que je professe qui veulent que j'obéisse à cette loi. » Lorsqu'on lui eut apporté les chaînes, comme personne ne vouloit les lui mettre, il les prit et se les mit lui-même au cou, en disant : « Ce sera là désormais mon sou-tchou (espèce de chapelet que les mandarins portent au cou en signe de leur dignité) : hier encore je portois celui de mandarin ; mais pendant trente ans que je l'ai porté, je n'ai jamais été ni si content ni si tranquille que je le suis avec mes fers ; c'est le Dieu que j'adore, et pour la défense duquel je les porte, qui me donne cette consolation. »

Outre les esclaves ordinaires que la plupart des familles tartares ont à leur service, les lois veulent qu'elles aient encore, et surtout les familles de mandarins, des esclaves qui, par leur condition, ne puissent quitter leur maître sans se rendre coupables d'un crime capital. Ma Joseph avoit des familles esclaves qu'il avoit rendues chrétiennes ; et comme la sentence portée contre lui ne regardoit uniquement que sa personne, et qu'il n'y avoit aucune confiscation de ce qui lui appartenoit, il auroit eu droit d'emmener au moins une partie de ses esclaves pour le servir dans son lieu d'exil, quoique lui-même y dût être en esclavage. C'est une chose ordinaire, ici, de voir des esclaves servis par d'autres esclaves, qui quelquefois sont plus riches que les maîtres dont ils dépendent ; mais Ma Joseph étoit bien éloigné d'en user ainsi avec les siens. Dès qu'il fut condamné et qu'il fut arrivé au ping-pou pour être de là envoyé en exil, son premier soin fut de donner la liberté à ses esclaves, et pour prévenir les difficultés qu'on auroit pu leur faire dans la suite, il fit un écrit qu'il signa et qu'il fit agréer par le tribunal qui l'avoit condamné. Par cet écrit, il les déclaroit libres et maîtres de disposer d'eux-mêmes ; le confesseur ne perdit rien à ce trait de générosité, car ses gens, qui l'aimoient comme leur père, auroient tous voulu le suivre : mais Ma Joseph ne le permit qu'à un seul qui le suivoit habituellement, et qui, n'étant point encore marié, pouvoit s'expatrier sans aucun inconvénient. Quelques-uns des soldats qu'il avoit faits chrétiens, quelques infidèles même demandèrent à le suivre : le tribunal l'auroit accordé volontiers. Ma Joseph s'y opposa, en disant que celui qu'il avoit choisi lui suffisoit, et qu'il ne l'emmenoit que pour le rendre dépositaire de ses dernières volontés, et le charger de le recommander aux prières des missionnaires, lorsque Dieu auroit disposé de ses jours.

Ily, terme de l'exil de Ma Joseph, étant éloigné de Pékin de mille quatre cents lieues, sa chère épouse avoit eu soin de lui faire préparer une charrette. Ma Joseph y monta comme dans un char de triomphe, et ce fut effectivement un vrai triomphe pour lui et en même temps un spectacle bien attendrissant pour les habitans des différentes rues qu'il traversa, pour aller de la maison où il logeoit jusqu'aux portes de la ville. Tous ces quartiers étoient de la juridiction de Ma Joseph, qui y étoit respecté, aimé et pour ainsi dire adoré des marchands et des artisans. Quelle fut leur surprise, lorsque celui qu'ils voyoient tous les jours et qu'ils avoient encore vu la veille parcourir leurs rues orné des marques de sa dignité, et escorté de soldats pour lui faire honneur, ils le virent passer chargé de chaînes, et accompagné de ces mêmes soldats qui le conduisoient en esclavage! Tous accoururent en foule, baignés de leurs larmes, et remplissant l'air de leurs cris et de leurs gémissemens. « Pourquoi donc, disoient les uns, nous enlève-t-on notre bon mandarin ? Quelle faute a-t-il faite ? On l'accuse d'être chrétien ; mais si tous les chrétiens lui ressemblent, il seroit à souhaiter que tous les mandarins le fussent. Si le guefou vouloit sévir contre quelqu'un, pourquoi a-t-il choisi celui-ci ? n'en connoît-il point d'autres qui méritent plus justement sa colère ? On n'entendoit que des éloges de son intégrité, de son affabilité, du talent qu'il avoit de gagner les cœurs, de terminer les différends et de faire régner le bon ordre. Quelques-uns se mettoient à genoux et lui faisoient leurs derniers adieux : les uns lui présentoient des rafraîchissemens ; les autres lui offroient, dans toute la sincérité de leur cœur, de quoi lui rendre la vie plus douce dans son lieu d'exil : mais Ma Joseph n'avoit garde d'emporter d'eux autre chose que leurs regrets. Les soldats qui conduisoient le confesseur, étant pénétrés des mêmes sentimens que cette multitude, ne pouvoient se déterminer à la faire retirer pour laisser le passage libre : mais Ma Joseph, qui depuis plusieurs années veilloit à la police et au bon ordre de ces quartiers, fit bientôt cesser cette émeute qui ne s'étoit élevée qu'à son occasion. En témoignant au peuple combien il étoit sensible aux marques d'amitié qu'il en recevoit, il lui dit que la religion chrétienne prescrivant une obéissance entière aux souverains et à ceux qui les représentent, et ordonnant de ne point vouloir de mal à ceux même qui nous en font, on ne pouvoit lui faire une plus grande peine que d'accuser d'injustice ceux qui avoient contribué à son sort ; que bien loin de s'en affliger, on devoit au contraire l'en féliciter, puisque lui-même en étoit très-content, et qu'il le regardoit comme le comble de son bonheur. Il ajouta plusieurs autres choses pour marquer au peuple sa reconnoissance, et finit par lui représenter que ces preuves d'attachement dont il l'honoroit avoient quelque apparence d'émeute populaire, et pouvoient par là même occasionner de nouveaux troubles ; il demanda donc pour dernière marque d'amitié que chacun se retirât chez soi. Après bien des instances cette multitude se rendit, mais en pleurant sur le sort du grand homme qu'elle perdoit ; mais à peine le mandarin eut-il fait cent pas que, dans le quartier suivant, recommença la même scène, et ainsi de quartier en quartier, jusqu'à ce que Ma Joseph, après tant de retardemens, sortît enfin de la ville et se rendit à l'auberge qui lui avoit été préparée à quelque distance de là.

Il y trouva grand nombre de parens et d'amis, et en particulier sa chère épouse qui l'y attendoit. Comme les plaies dont il étoit couvert lui causoient de très-vives douleurs, on s'efforça de les adoucir, et toute la nuit se passa à féliciter Ma Joseph sur son bonheur. Ses parens, ses amis mêmes lui promirent de le suivre dans peu, s'ils en trouvoient l'occasion. Le lendemain matin, 12 juin, suivant qu'on étoit convenu, un prêtre chinois vint entendre sa confession et lui donna la sainte communion ; après quoi, muni de ce saint viatique, Ma Joseph congédia tous ceux qui l'avoient accompagné, et se mit en chemin pour se rendre au lieu de son exil.

L'épouse de Ma Joseph auroit bien souhaité accompagner son époux pendant quelques journées ; mais Ma Joseph ne le voulut pas permettre, et elle fut obligée de revenir à Pékin avec tous ceux qui l'avoient suivi. Quoique pendant le peu de temps qu'elle eut pour faire les préparatifs du voyage de son époux, elle eût songé à le pourvoir de ce qu'elle pensoit devoir lui adoucir un peu ses souffrances, néanmoins elle fit réflexion qu'elle auroit dû lui donner certains habits pour le prémunir contre les froids rigoureux qu'il ne pouvoit manquer d'éprouver dans son lieu d'exil. D'ailleurs, elle avoit oublié de le consulter sur certaines affaires de famille sur lesquelles elle désiroit d'avoir son avis. Mais comme elle savoit que, selon l'usage, son époux ne devoit faire que de très-petites journées, elle conçut le dessein de partir le lendemain pour aller le joindre et lui faire encore ses derniers adieux. Après avoir délibéré quelque temps si cette démarche ne seroit pas trop humaine et ne déplairoit pas à Dieu, sa tendresse l'emporta enfin sur les autres considérations, et le 13 au matin étant partie avec un de ses parens, après nous avoir envoyé un domestique pour nous communiquer les doutes qu'elle avoit eus et dont elle n'attendit point la décision, elle atteignit son époux qui se reposoit au pied d'un arbre. Celui-ci ne l'eut pas plutôt aperçue, qu'il lui fit de tendres reproches sur ce qu'elle paroissoit avoir si peu de confiance en la divine Providence ; il ne voulut point accepter les habits qu'elle lui portoit. « Les gens du pays où je vais, lui dit-il, trouvent bien le moyen de se garantir du froid qu'ils y éprouvent ; je me ferai à leur manière. » En même temps il remit à son épouse une montre qu'il avoit, et une petite provision de tabac, de thériaque, et de différens remèdes qu'on lui avoit fait sans qu'il s'en aperçût, et ne se réserva que ce qui lui étoit absolument nécessaire pour panser ses plaies actuelles. Il se reposa du reste sur les soins paternels du Dieu qu'il avoit confessé. Une seule chose l'inquiétoit, c'étoit la crainte que beaucoup d'autres chrétiens ne fussent persécutés à son occasion ; mais comme on l'assura que tout étoit tranquille, il se prosterna pour en remercier le Seigneur, et après avoir exhorté son épouse à prendre soin de sa bru actuellement veuve, à veiller à ce que ses petites-filles fussent bien instruites de leur religion et dans la suite mariées à des chrétiens vertueux et exemplaires, il la congédia en lui disant qu'il ne convenoit pas qu'elle l'accompagnât davantage, vu que malgré la liberté qu'on lui laissoit, il comptoit aller passer la nuit en prison, parce qu'il vouloit, autant qu'il le pourroit, observer toutes les lois prescrites pour les criminels qu'on mène en esclavage.

Ma Joseph n'avoit plus d'espérance de revoir ses parens, à moins que quelqu'un d'eux ne fût envoyé au lieu de son exil; mais deux jours après il rencontra un de ses cousins germains, nommé Ma Jobe, qui revenoit de la guerre d'Yun-nan à la tête d'une troupe de soldats qui avoient échappé au carnage [1]; du nombre des morts étoit le fils unique de Ma Joseph, dont Ma Jobe rapportoit les tristes restes. Voici ce que ce dernier m'a raconté lui-même de son entrevue avec le confesseur.

Ma Jobe ayant aperçu de loin une charrette accompagnée de soldats, comprit bien que ce ne pouvoit être que la charrette de quelque prisonnier de conséquence; il ne put d'abord le distinguer; mais après avoir avancé quelques pas, la taille, l'air et le maintien du prisonnier lui firent soupçonner que c'étoit son frère Joseph [2]. A mesure que la charrette approchoit, les soupçons augmentoient. Enfin Ma Jobe reconnut le prisonnier; il descendit aussitôt et courut à lui en s'écriant les larmes aux yeux : « O mon cher frère, qui a pu vous réduire dans ce triste état où je vous vois ? — Remercions le bon Dieu, dit Ma Joseph d'un air content et tranquille : je suis chrétien, tel est le crime dont on m'accuse; je n'ai pas voulu renoncer à ma religion, voilà pourquoi je suis exilé. » Il lui raconta ensuite tout ce qui s'étoit passé. A ce récit Ma Jobe, transporté de joie, eut bientôt essuyé ses larmes et s'écria plusieurs fois : « Ta hi! mon cher frère, je vous félicite. » Comme les soldats qui conduisent un prisonnier en exil se relèvent à chaque poste par où il passe, ceux qui l'ont amené s'en retournant au poste d'où ils sont venus, tandis que d'autres soldats du poste où ils sont arrivés le conduisent au poste suivant, et ainsi de poste en poste jusqu'à ce qu'on soit arrivé au terme, les soldats qui étoient alors chargés de Ma Joseph et qui n'avoient point été témoins de ce qui s'étoit passé les jours précédens, furent, ainsi que les soldats tartares, à la tête desquels étoit Ma Jobe, étrangement surpris de voir un exilé si content de porter ses chaînes, et leur chef son frère le féliciter à ce sujet avec tant d'empressement et d'ardeur. Mais leur surprise dut bien plus augmenter lorsque Ma Joseph racontant en détail tout ce qui s'étoit passé dans son affaire, Ma Jobe lui fit de tendres reproches de ce qu'il l'avoit oublié et ne lui avoit pas procuré le même bonheur. « Ne suis-je pas votre frère, lui disoit-il, et puisqu'on vous exile parce que vous êtes chrétien, ne deviez-vous pas dire que vous aviez un frère chrétien comme vous, et qui par conséquent devoit subir le même sort ? » Ma Joseph l'assura que dans cette dernière affaire, en conséquence de laquelle il venoit d'être exilé, on lui avoit fait trop peu d'interrogations, et qu'il n'avoit pas eu l'occasion de parler de sa famille; mais que dans les interrogations qu'il avoit subies l'année dernière aux tribunaux, soit des ministres d'État, soit du gouvernement, soit des crimes, il avoit dit plusieurs fois que sa famille étoit chrétienne, mais qu'on n'y avoit eu aucun égard; que la volonté du bon Dieu n'avoit pas été que d'autres que lui fussent compris dans sa disgrâce. Sur quoi Ma Jobe lui dit, que si dans la suite la divine Providence en faisoit naître l'occasion, il ne manqueroit pas d'en profiter pour pouvoir le suivre. Après quelques autres entretiens semblables que les assistans entendoient avec admiration, les deux troupes se disposèrent à se séparer. Ma Jobe, tirant alors un rouleau de 30 onces d'argent qui lui restoit, pria son frère de l'accepter comme une marque de son souvenir. Ma Joseph refusa cette somme en disant qu'il n'avoit besoin que du secours de ses prières, et malgré les instances de son frère il jeta l'argent au milieu du chemin. Jobe le ramassant, dit à Joseph : « Quoi, mon frère, vous ne voulez donc pas que je vous suive et que nous nous revoyions dans le ciel ? — C'est pour cela même, lui dit Joseph, que je ne veux point de votre argent, qui mettroit peut-être quelque obstacle à ce que nous y arrivions. — Mais, lui dit Jobe, ce peu d'argent que je vous offre, je vous l'offre comme un gage des efforts que je me propose de faire pour par-

---

[1] L'empereur perdit plus de quarante mille hommes dans cette guerre.

[2] En Chine, les cousins germains sont dans l'usage de s'appeler frères.

...ager votre bonheur, un gage de résolution à défendre notre sainte religion au péril de ma liberté et même de ma vie. —A ce titre, répliqua le confesseur, je reçois votre argent; n'oubliez pas votre promesse, et tâchons l'un et l'autre de nous revoir dans le ciel. » Ce furent là les derniers adieux de ces deux respectables frères.

Je vous ai dit que Ma Jobe rapportoit les restes du fils unique de Ma Joseph, qui étoit mort à la guerre. L'usage est, parmi les Tartares, qu'on rapporte le cadavre de ceux qui restent sur le champ de bataille, ou bien, si cela ne se peut, quelque chose de ce qui leur appartenoit et dont ils se servoient lorsqu'ils ont péri, comme la tresse de leurs cheveux, l'anneau dont ils se servoient pour tirer de l'arc; ou en cas qu'on ne puisse rien avoir du mort, on met son nom par écrit dans une espèce de cercueil qui se porte à la famille aux frais de la bannière, qui même fournit un homme pour l'accompagner. La famille ayant reçu ce cercueil, que le cadavre y soit ou non, fait les obsèques avec les mêmes cérémonies que si le cadavre y étoit. L'empereur fournit une somme d'argent déterminée pour le convoi, et fait à la veuve une pension en riz et en argent, qui se paye exactement tous les mois. Comme on n'avoit pu rien avoir du fils de Ma Joseph, il n'y avoit précisément dans le cercueil qu'un billet sur lequel le nom du défunt étoit écrit. Il auroit été inutile au confesseur de faire ouvrir ce cercueil, même de le voir; cependant lorsqu'il fut porté à la famille, on le reçut avec respect et on lui rendit les devoirs accoutumés. On distribua des aumônes considérables, on pria Dieu pour le repos de son âme et on l'inhuma selon l'usage.

Le fils de Ma Joseph se nommoit André. Il y a vingt-cinq ans que, comme j'étois chargé de faire le catéchisme aux enfans du district de notre Église, André, quoique sa maison fût fort éloignée de la nôtre et même hors de notre district, se rendoit néanmoins exactement à toutes les assemblées, sans que les études de la langue tartare, de la littérature chinoise et des exercices militaires auxquels son père l'appliquoit, l'empêchassent de s'instruire de sa religion; c'étoit aussi l'intention de son père et de sa mère, qui avoient encore plus à cœur son avancement dans la vertu que son progrès dans les sciences du pays. Comme dans ce temps-là je fus appelé à la maison de plaisance où Sa Majesté passe l'été pour y faire construire différentes machines hydrauliques, et que je ne venois à Pékin que très-rarement, ce ne fut que cinq ou six ans après que je commençai à connoître le mérite du jeune André. Un jour, quelques-uns des mandarins avec qui mon emploi m'obligeoit de passer une partie de la journée faisoient l'éloge d'un jeune Tartare qu'ils disoient parler et écrire en cette langue avec beaucoup de délicatesse et de facilité, ce qui est d'autant plus à remarquer que les Tartares qui sont actuellement à la Chine ne parlent dans leur jeunesse que la langue chinoise, et ce ne sont guère que ceux qui veulent s'avancer dans les emplois qui dans la suite font une étude sérieuse de la langue de leur pays. Ils ajoutoient qu'il étoit chrétien, et qu'ils l'avoient ouï parler de la religion chrétienne d'une manière engageante et persuasive. Quoiqu'ils me dissent que ce jeune homme étoit de la famille des Ma, néanmoins, comme ils ne me le désignoient que par son nom tartare, que je ne connoissois André que par son nom de baptême, et que d'ailleurs je savois qu'il étoit fort jeune, j'avois peine à croire ce qu'on m'en racontoit. Quelques jours après, je me rendis à Pékin ; je m'adressai au feu père Desrobert, alors supérieur de notre maison, pour savoir ce qu'il en étoit. Le père Desrobert me répondit que suivant tout ce que je lui disois, il jugeoit qu'on avoit en vue Ma André, qui méritoit effectivement l'éloge que j'en avois entendu ; que ce jeune homme, ayant reçu de Dieu un esprit solide et droit, une mémoire des plus heureuses et un talent admirable de s'énoncer avec grâce, s'étoit tellement appliqué à connoître notre sainte religion, qu'il ne le cédoit à aucun de nos catéchistes les mieux instruits, et qu'il ne connoissoit personne qui eût le don d'en mieux parler. Lorsque dans la suite, mes ouvrages hydrauliques étant finis, je vins demeurer à Pékin, j'examinai de si près la conduite de Ma André que je me convainquis par moi-même de la vérité de ce qu'on m'en avoit dit.

Dès qu'André eut atteint l'âge requis, il fut placé dans un tribunal pour y travailler et s'y former aux affaires. Tout le temps que ses occupations au tribunal lui laissoient de libre, il l'employoit à s'instruire de plus en plus de sa religion, à exhorter les fidèles, à instruire les chrétiens ignorans, ou à les ramener à leur devoir, et à aider les pauvres de ses libéralités. Comme sa famille étoit à son aise, les revenus de son emploi, qu'on lui laissoit à sa disposition, bien loin de les employer à des divertissemens qu'on permet et qu'on approuve même dans les personnes de son âge, il ne s'en servoit que pour des bonnes œuvres. Il avoit acheté près de notre église une maison pour y retirer les pauvres chrétiens qui n'ont ni feu ni lieu, et à qui leurs infirmités ne permettent pas d'aller eux-mêmes demander l'aumône. Souvent je l'ai vu y en entretenir plusieurs qu'il trouvoit moyen de pourvoir de la nourriture corporelle et à qui il procuroit abondamment la nourriture spirituelle; allant souvent lui-même les instruire, les consoler, les exhorter et les disposer à recevoir avec fruit les sacremens de l'Église, qu'il avoit soin de leur faire administrer.

Comme dans notre église nous avons un endroit destiné à loger les chrétiens du dehors, nous y en avons presque toujours quelques-uns, soit des environs, soit des différentes provinces de l'empire, et dans certaines grandes fêtes de l'année, il arrive que le nombre de ces chrétiens étrangers monte souvent à près de deux cents. Nous ne leur permettons de loger chez nous qu'afin d'être plus à portée de pourvoir à leur nourriture spirituelle; et comme il arrive de temps en temps que quelques-uns d'entre eux ont passé plusieurs années sans rencontrer de missionnaires, nous avons alors plusieurs catéchistes occupés à les instruire de leurs obligations de chrétiens, et en particulier de la soumission entière qu'ils doivent aux décrets émanés de la cour de Rome, et à les disposer à s'approcher avec fruit des sacremens. Charmé du talent et du zèle de Ma André, je l'avois engagé à venir, avec les catéchistes de notre Église, partager le mérite de cette bonne œuvre; et par la manière dont il s'en acquitta, il fit bien voir ce que peut la force du zèle uni à l'amour de Dieu. Si les affaires de son tribunal ne lui permettoient pas de sortir, il prioit quelqu'un d'y suppléer pour lui, et venoit dans les momens qu'il pouvoit dérober à l'exercice de son emploi. Alors, pour ne pas nous être à charge, non-seulement il renvoyoit ses domestiques et sa monture, quoique sa maison fût éloignée de plus d'une lieue de la nôtre; mais il avoit encore soin de se faire acheter le peu qui suffisoit pour sa nourriture, et passoit une partie de la nuit à instruire et à exhorter les chrétiens, qui ne pouvoient se lasser de l'entendre. Après quoi il prenoit quelques heures de repos parmi nos chrétiens étrangers, n'ayant d'autre lit qu'une natte pendant l'été, et pendant l'hiver quelques mauvaises couvertures qu'il empruntoit. Nous l'aurions affligé si nous lui eussions procuré les commodités ordinaires de la vie; car il étoit de caractère à ne pouvoir souffrir qu'on eût pour lui les moindres égards et qu'on parût l'estimer plus que les autres. Il portoit encore plus loin la modestie : il vouloit que tout le monde lui fût préféré, et se regardoit comme le serviteur des chrétiens, tandis qu'il en étoit le père et l'appui.

André étoit un des préfets de la musique qui se fait dans notre église. Comme il possédoit éminemment la théorie et la pratique de cet art, il avoit noté quelques prières qui manquoient à celles que nous avions déjà. Toutes les semaines, et en particulier quelque temps avant les grandes fêtes, il avoit certains jours déterminés pour assembler les musiciens, qu'il exerçoit à faire chacun leur partie, non-seulement suivant les règles de l'art, mais encore avec la décence et le respect dus au souverain Maître qu'ils avoient intention d'honorer. Quoique les Chinois en général aient tous du goût et des dispositions pour la musique, cependant, comme la plupart de nos chrétiens ne peuvent avoir tous les secours dont ils ont besoin pour se former dans cet art, le feu père Desrobert avoit choisi autrefois une trentaine de jeunes gens qu'il avoit réunis sous le titre de *Congrégation de la musique*, et qu'il rassembloit ordinairement l'après-midi sous un maître habile qui leur a donné des leçons pendant deux ans, avec un succès qui a passé nos espérances. Tel est, mon révérend Père, l'origine de notre Congrégation de la musique. Ma André, qui avoit été un de nos principaux élèves, fit tant de progrès dans l'art, que bientôt après il fut jugé digne de remplacer son maître, que ses infirmités et sa vieillesse obligèrent d'abandonner son emploi. Son successeur ne tarda pas à justifier la haute idée qu'on avoit conçue de son talent. En effet, il forma en très-peu de temps d'excellens musiciens, qui en formèrent d'autres à leur tour; de sorte que la Congrégation se trouva insensiblement composée de sujets instruits. On craignoit que le jeune André ne succombât sous le poids des occupations ; car outre les soins infinis qu'il donnoit à l'instruction de ses élèves, il avoit, comme j'ai dit, une charge difficile et pénible au tribunal où il avoit été admis ; et les momens qui lui restoient, il les consacroit à visiter les malades, à raffermir les chrétiens chancelans dans la croyance du vrai Dieu, à soulager le pauvres et à gagner les infidèles à la loi de Jésus-Christ ; mais bientôt nos craintes se dissipèrent, et la Providence, qui destinoit André à être un jour l'instrument de ses adorables desseins, ne permit point que la multiplicité et l'étendue de ses emplois altérassent en rien sa santé pendant tout le temps que nous le possédâmes. Mais tandis que nous nous applaudissions des succès prodigieux de notre jeune apôtre, nous eûmes la douleur de nous le voir enlever par l'empereur.

Vers le milieu de 1768, on tira des bannières, des troupes pour l'Yun-nan, qui étoit alors le théâtre de la guerre, et Ma André fut nommé pour avoir part à cette expédition, quoiqu'il fût fils unique et qu'il n'eût point encore d'enfant mâle ; c'étoient deux raisons bien suffisantes pour le dispenser d'un voyage si long, et qu'on prévoyoit bien devoir lui être dangereux. Ses amis et tous ceux qui s'intéressoient pour lui firent les plus grands efforts pour l'engager à profiter des offres qu'on lui faisoit de rester ; mais son père et lui n'avoient garde d'apporter aucune excuse quand il s'agissoit du service du prince. Dès que l'ordre du départ lui fut signifié, il se disposa sur-le-champ à l'exécuter. Son premier soin fut de faire chez nous une retraite, après laquelle il pourvut à la continuation des bonnes œuvres qu'il avoit commencées, et employa en aumônes le reste de l'argent qu'il possédoit. Pour ce qui regardoit les préparatifs de son voyage, il en laissa le soin à sa famille. Le chef de sa troupe étoit son parent et intime ami de son père : il vouloit lui donner sa table et l'exempter de quelques petites corvées auxquelles il devoit s'attendre ; mais André ne voulut aucune distinction. Comme il avoit du talent pour composer en chinois et en tartare, on lui donna un emploi parmi ceux qui sont occupés à faire les placets, les relations et les autres écrits qui doivent être envoyés à l'empereur, ce qui l'obligeoit à être toujours à la suite des généraux et des premiers officiers de l'armée, et à préparer toujours de quoi fournir aux courriers, qu'on fait partir presque tous les jours pour rendre à la cour un compte exact de ce qui se passe.

Ces occupations au service de son prince ne lui faisoient pas négliger ses devoirs de piété. Des chrétiens, revenus de l'armée, nous ont raconté que lorsque André pouvoit en rassembler quelques-uns, principalement aux jours de fêtes, il récitoit des prières avec eux, et leur faisoit ensuite un discours, où il leur rappeloit leurs obligations, les précautionnoit contre les occasions qu'ils pouvoient avoir de satisfaire leurs penchans, et ranimoit leur ferveur par les exhortations les plus pathétiques et les plus touchantes. Et grâce à Dieu, ce que nous aurions eu peine à croire, si nous-mêmes n'en avions été les témoins, c'est que la plupart de ces chrétiens revenus de l'armée ont eu le bonheur de se conserver dans une innocence également exemplaire.

Les lettres que Ma André écrivoit de l'armée nous étoient communiquées par son père. Mais comme la cour est attentive à faire publier dans les gazettes tout ce qu'elle veut qu'on sache de ce qui se passe pendant la guerre, André avoit la prudence de n'en pas parler dans ses lettres particulières, qui ne respiroient que la piété, l'amour de Dieu et le désir de faire des prosélytes à la religion. Il y exhortoit ses parens à ne pas se ralentir dans le service du Seigneur, à continuer leurs bonnes œuvres ordinaires, et leur recommandoit en particulier la dévotion à la sainte Vierge, qu'il nommoit toujours sa bonne mère. Les plus intéressantes de ses lettres ont été celles qu'il écrivit au sujet de la persécution que son père avoit soufferte pour notre sainte religion. On la lui cacha pendant quelques jours ; mais comme il étoit du nombre de ceux entre les mains de qui passoient les nouvelles qu'on recevoit de la cour, on ne pouvoit la lui dérober longtemps. Lorsqu'il vit les réponses héroïques que son père avoit faites au tribunal des ministres et à celui du gouverneur, il fut au comble de sa joie. Il regrettoit seulement de n'avoir pas été à Pékin pour pouvoir participer à la gloire que son père s'étoit acquise en confessant si généreusement la foi. Ne sachant pas encore comment l'affaire s'étoit terminée, il espéroit que son père auroit le bonheur de répandre son sang pour la religion, ou tout au moins seroit envoyé en exil. Dans le désir d'obtenir lui-même cette grâce, il alla trouver les officiers dont il dépendoit, et leur dit qu'en conséquence de l'affaire qui venoit d'être suscitée à son père, il croyoit devoir les prévenir que lui-même étoit aussi chrétien, et dans la résolution de tout perdre et de tout souffrir plutôt que d'abandonner sa religion, même à l'extérieur. André saisit cette occasion pour parler de Jésus-Christ à ces officiers avec cette douce éloquence qui lui étoit naturelle, et à laquelle le zèle dont les circonstances présentes l'animoient, donnoit une force merveilleuse. Les officiers l'écoutèrent avec plaisir, lui faisant différentes questions, auxquelles André ayant satisfait, ils lui dirent que tous tant qu'ils étoient, ils étoient incapables de l'inquiéter; qu'il pouvoit être tranquille sur l'article de sa religion, et qu'il n'avoit qu'à continuer à être exact au service de l'empereur.

André, non content de s'être dénoncé aux officiers immédiats, alla se dénoncer au comte Alikouen, général de l'armée. Ce seigneur, qui avoit été autrefois tsong-tou de Canton, s'étoit déjà distingué dans la guerre que l'empire avoit eue avec les Eleuthes. Les troupes en étoient revenues victorieuses, Alikouen, qui avoit eu beaucoup de part à la victoire, avoit depuis son retour été constamment à la cour dans des emplois de confiance. Tour à tour ministre d'État, chef de plusieurs grands tribunaux et gouverneur de Pékin, il exerçoit encore cette dernière charge, lorsqu'au commencement de 1768 il partit pour se rendre dans l'Yun-nan, où il devoit commander les troupes que Sa Majesté y avoit envoyées pour en chasser une armée de brigands qui s'en étoit presque emparée.

Alikouen, qui connoissoit le père de Ma André, dont il étoit parent, n'avoit plus contre la religion chrétienne les préventions odieuses qui, au commencement de son élévation au grade de gouverneur de Pékin, en avoit fait un persécuteur qui auroit perdu Ma Joseph et ruiné notre mission, si le comte, premier ministre, ne l'en eût dissuadé; mais dans la suite il avoit tellement changé de dispositions à l'égard du confesseur, dont il connoissoit le rare mérite, qu'il lui avoit conseillé plusieurs fois en particulier de professer la religion chrétienne sans éclat, en lui disant qu'il n'ignoroit pas que cette religion n'avoit rien de mauvais; mais que comme elle n'étoit pas permise dans l'empire, il devoit éviter de fournir à ses ennemis des prétextes pour lui nuire auprès de l'empereur. André ayant exposé à son général le sujet qui l'amenoit, et ayant répondu aux différentes questions qu'il lui fit, ce seigneur lui ajouta qu'il admiroit depuis longtemps les grandes qualités de son père; que dans la dernière persécution qu'il venoit d'essuyer, il s'étoit montré en héros déterminé à tout perdre, plutôt que de renoncer en apparence à sa religion; que cependant il avoit poussé la fermeté trop loin ; que, se contentant de conserver dans le cœur la religion qu'il professoit, il auroit dû se prêter aux circonstances et se conformer à l'extérieur aux lois de l'empire ; qu'il arrivoit tous les jours que des personnes respectables, se trouvant avec des amis d'une religion différente de la leur, accompagnoient ces amis et faisoient avec eux les cérémonies de cette religion, sans cependant y croire ni renoncer à la leur, mais uniquement par politesse et par complaisance pour eux ; que son père auroit pu agir de même sans pour cela changer de croyance. André, à qui le général parloit avec bonté, et qui l'écoutoit avec plaisir, répondit que la fermeté que son père avoit fait paroître n'étoit point en lui opiniâtreté, mais que c'étoit pour tout chrétien une obligation indispensable ; que la religion chrétienne exigeoit une si grande droiture de ceux qui la professent, que c'étoit un crime de dire ou de faire la moindre chose qui lui fût opposée, quand même le cœur n'y consentiroit point; que le Dieu des chrétiens étant le seul Dieu du ciel, de la terre et de tout l'univers, c'étoit l'offenser que de faire quelque acte extérieur par lequel on parût en reconnoître d'autres ; qu'un chrétien devoit honorer son souverain, ses mandarins et tous ceux qui étoient au-dessus de lui, parce qu'ils lui tenoient la place de Dieu ; mais qu'il ne pouvoit honorer d'autres divinités... Le général, après s'être ainsi entretenu assez longtemps avec André, lui dit qu'à l'égard de son père, il pouvoit être tranquille ; que son affaire étoit finie, et que l'empereur l'avoit rétabli dans le mandarinat, d'un degré, il est vrai, inférieur à celui qu'il avoit auparavant : mais que comme l'empereur l'aimoit et connoissoit son mérite, il ne tarderoit pas à l'élever à d'autres dignités.

André fut très-surpris d'apprendre de son général que son père, en sortant du tribunal des crimes, où il avoit été traduit, avoit été de nouveau promu au mandarinat. Quoique le général ne dît point que Ma Joseph eût fait aucun acte de renonciation, et qu'au contraire il eût toujours traité d'opiniâtreté la constance de Ma Joseph à ne vouloir ni dire ni consentir à la moindre parole équivoque, cependant le fils ne pouvoit accorder la fermeté de son père avec son rétablissement dans le mandarinat.

André écrivit aussitôt à Ma Joseph une lettre dans laquelle il le félicite de sa généreuse résistance. Il lui témoigne combien il auroit souhaité comparoître devant les tribunaux avec lui, et participer au bonheur qu'il avoit eu de confesser si glorieusement notre sainte religion. Il lui détaille les démarches qu'il a faites auprès de ses officiers, et même du général de l'armée, pour tâcher d'obtenir cette faveur ; et, après avoir exposé ses sentimens sur le bonheur de confesser Jésus-Christ, il avoue ingénument à son père qu'il a appris avec peine qu'il avoit encore été élevé au mandarinat; qu'il n'osoit attribuer son élévation à quelques marques de foiblesse, mais qu'il auroit peut-être été plus avantageux pour la religion que l'empereur ne lui eût point accordé ce bienfait; que cependant il soumettoit son jugement à celui que les missionnaires auroient porté de sa conduite.

André, inquiet sur la manière dont son père avoit été tiré du tribunal des crimes et élevé au mandarinat, attendoit à ce sujet quelques éclaircissemens, lorsqu'il lui tomba entre les mains une copie de l'ordre de l'empereur, qui disoit que Tching-te, après avoir persisté opiniâtrement devant différens tribunaux à confesser la religion chrétienne, il avoit enfin ouvert les yeux, et qu'enfin on lui donnoit le mandarinat de chcou-pei. La lecture de cet écrit fut un coup de foudre pour André, qui, bien loin d'écouter les complimens que tout le monde lui faisoit sur ce que son père étoit rentré en grâce, se livroit aux sentimens de la plus vive douleur. Accablé du poids de son chagrin, il écrivit promptement à son père dans des termes respectueux, mais bien capables de l'engager à réparer sa faute, s'il en avoit à se reprocher. Il lui dit qu'à la lecture qu'il avoit faite de l'ordre par lequel l'empereur le rétablissoit dans son mandarinat, ordre qui supposoit qu'il avoit enfin renoncé à sa religion, il avoit été consterné et prêt à tomber en défaillance; que néanmoins revenant de son abattement, et faisant réflexion à la conduite édifiante qu'il avoit toujours vu tenir à son père, aux exhortations touchantes qu'il lui avoit si souvent entendu faire à ses parens, d'être prêts à tout perdre, même la vie, plutôt que de trahir la foi qu'ils avoient vouée au Dieu du ciel, il avoit soupçonné que ce qu'on publioit de son père ne pouvoit être vrai; qu'il espéroit sur cette affaire apprendre de lui-même des éclaircissemens favorables; que, quoiqu'il fût persuadé de la persévérance de son père à confesser Jésus-Christ, il lui sembloit qu'il auroit été plus glorieux pour lui s'il n'eût pas été rétabli dans le mandarinat ; et que, s'il osoit lui donner un conseil, ce seroit de renoncer entièrement à son emploi, pour ôter aux chrétiens et aux infidèles tout prétexte de pouvoir dire que cette dignité étoit le prix de son infidélité envers son Dieu.

André ne tarda pas à être informé des circonstances qui pouvoient innocenter son père, soit par les lettres qu'il reçut de ses parens et de ses amis, soit par les troupes qui accompagnèrent le comte ministre, qui, peu après l'élévation de Ma Joseph, avoit été envoyé par l'empereur en qualité de plénipotentiaire pour terminer les affaires de l'Yun-nan. Il sut des uns et des autres que la constance de son père n'avoit point été ébranlée; qu'il avoit toujours été ferme dans la profession du christianisme, et que ce qu'on avoit dit de son apostasie, on l'avoit dit malgré ses réclamations les plus authentiques; mais ce qui acheva de le convaincre de l'innocence de son père, ce fut le témoignage que lui rendit le comte, premier ministre, qui avoit été à la tête des juges. Dès qu'André parut en présence du comte, ce seigneur lui dit en riant : « Tu n'ignores pas apparemment la conduite de ton père. C'est un opiniâtre : les grands des tribunaux des crimes et du gouvernement n'ont rien pu gagner sur lui. Mon fils (*le guefou*) et moi, nous avons fait tout ce qui dépendoit de nous pour l'engager à plier et à se conformer aux lois; mais il nous a déconcertés par sa constance, et j'ai été obligé d'être son répondant : ne suis pas son pernicieux exemple. » André répondit au comte, « que puisque son père avoit été traité en criminel parce qu'il étoit chrétien, il croyoit devoir l'avertir qu'il l'étoit aussi, et qu'on pouvoit faire de lui ce qu'on jugeroit à propos. » Le comte ministre lui répliqua : « Ne te trouble point ; ici, personne ne t'inquiétera. Tu n'as qu'à me suivre, et si tu es fidèle au service de ton prince, j'aurai soin de t'avancer. Cesse de t'alarmer sur le sort de ton père ; c'est un homme dont l'empereur fait cas, et je ne négligerai rien pour l'obliger. » A ces mots, André transporté de joie écrivit à son père pour le féliciter ; mais comme la promulgation de l'ordre de l'empereur, qui supposoit une renonciation, ne pouvoit manquer de causer du scandale soit parmi les chrétiens, soit parmi les infidèles qui ne seroient point instruits du fond de l'affaire, il exhortoit encore Ma Joseph à se démettre de son mandarinat.

Par les dernières lettres qu'il avoit reçues, il avoit appris que le soir même que son père sortit de prison, et fut rétabli dans le mandarinat, son épouse étoit accouchée d'un fils. Mais ce fils tant désiré ne vécut pas longtemps. Ma Joseph, un mois avant son exil, eut la douleur de le voir expirer entre ses bras, et peu de jours après il apprit la mort d'André, son fils unique ; c'est ainsi que le Seigneur prépara Ma Joseph au grand sacrifice qu'il devoit bientôt exiger de lui.

André, profitant de l'occasion qui se présentoit d'envoyer sa lettre à son père, nous écrivit pour se recommander à nos prières et à celles de nos congréganistes, comme s'il eût pressenti sa mort prochaine ; après quoi il partit aussitôt à la suite du premier ministre, pour entrer dans les terres du pays ennemi.

L'Yun-nan est rempli de mines de différens métaux, dont on n'exploite que celles de cuivre et d'étain, dont l'empereur tire tous les ans une prodigieuse quantité. De ces mines s'exhalent des vapeurs sulfureuses et pestilentielles qui ont fait périr beaucoup de monde pendant le séjour que les troupes y ont fait. Le royaume de Mien-fei, dans lequel on alloit faire la guerre, est séparé de l'Yun-nan par des chaînes de montagnes qui ne laissent de passages que par des défilés sinueux et si étroits, qu'on est obligé d'employer des portefaix pour transporter toutes les provisions de l'armée. Après avoir traversé ces défilés, le pays qu'on rencontre est rempli de marais, semés de ces gros et durs roseaux qu'on nomme bambous. Pour traverser ce pays, l'armée s'é-
toit divisée en deux corps : l'un alloit par terre, conduit par Alikouen, l'autre alloit par eau, sous les ordres du comte ministre, qui avoit eu soin de faire construire dans le pays ennemi même un nombre de barques suffisant pour transporter les troupes. Mais les pluies furent si abondantes pendant plus d'un mois, que dans les deux corps d'armée les arcs, les carquois, les selles mêmes des chevaux furent hors d'état de servir, et les maladies que l'humidité jointe aux vapeurs pestilentielles des mines occasionnèrent, firent périr un quart de l'armée.

Après une marche longue et pénible, les deux corps s'étant enfin réunis, on se prépara à aller faire le siége de Lao-koan-tan, forteresse peu éloignée d'Ava, capitale du pays. Les déserts qu'il falloit traverser pour se rendre à Lao-koan-tan ne présentent que des roches escarpées, des marais et des fondrières de sable. Quand les troupes y furent engagées, la disette se mit dans l'armée, et il mourut une quantité prodigieuse d'hommes et de chevaux. André en avoit déjà perdu deux qu'on avoit remplacés : il perdit encore le dernier. Mais comme il étoit un des secrétaires du comte ministre, dont il ne pouvoit s'écarter à cause de son emploi, le chef de la troupe, qui l'aimoit comme son fils, lui procura une nouvelle monture qu'il ne garda pas longtemps, car voyant son domestique accablé et hors d'état d'avancer, il l'obligea de la prendre pour lui, et voulut le suivre à pied.

Cependant la difficulté et les dangers du chemin ne permettoient pas aux troupes de marcher en ordre. Chacun tâchoit de se rendre comme il pouvoit au lieu qui avoit été assigné pour le rendez-vous. La fatigue eut bientôt épuisé André. Le chef de sa troupe l'ayant rencontré à pied qui se traînoit avec peine, et ayant appris son excès de charité à l'égard de son domestique, il lui en fit de très-vifs reproches ; et lui dit que plusieurs des secrétaires étant déjà péris, on avoit un besoin essentiel de lui ; qu'il devoit faire tous ses efforts pour se rendre au lieu du rendez-vous ; qu'il y trouveroit les choses nécessaires pour se rétablir ; et en attendant il lui fit donner les secours que le temps et le lieu pouvoient lui fournir. Cependant André s'avançoit en rampant, lorsqu'il aperçut son cher néophyte, dont le cheval étoit enfoncé dans une fondrière de sable mouvant, et qui faisoit des efforts inutiles pour se débarrasser. A ce spectacle André, le cœur percé de douleur, voulut tenter de le délivrer. Sans faire attention que son entreprise n'avoit pas la moindre apparence de réussite, il court à lui, se précipite dans la fondrière, où enfonçant peu à peu l'un et l'autre, ils disparurent en un moment. Telle a été la fin de Ma André, que toute notre chrétienté de Pékin, et en particulier notre Église, regretteront longtemps. Je reviens actuellement aux suites de l'affaire de Ma Joseph.

Ce fut le 10 juin, jour de la sainte Trinité, que Ma Joseph fut saisi chez lui le soir. Le 11 il fut interrogé et battu, et partit pour l'exil. Le 12 dans toutes les bannières on promulgua le placet que le guefou avoit présenté à l'empereur contre Ma Joseph, et l'ordre que l'empereur avoit donné que Ma Joseph fût dégradé de son mandarinat, retranché du nombre des Tartares, battu de soixante coups de bâton, et envoyé à Ily pour y être esclave, parce qu'il persistoit opiniâtrément à professer la religion chrétienne : c'étoit là une réparation bien authentique de l'affront qu'on lui avoit fait douze mois auparavant, lorsqu'on publia, selon l'usage, que l'empereur l'élevoit au mandarinat, parce qu'après avoir longtemps confessé Jésus-Christ, il avoit quitté la religion chrétienne. Dès le jour même nous eûmes une copie du placet et de la sentence. Nous craignîmes alors qu'on ne se servît de cette occasion pour remuer contre les autres mandarins chrétiens, qui attendoient avec beaucoup de résignation ce que la divine Providence régleroit touchant leur sort. Dans ces circonstances nos mandarins se comportèrent d'une manière bien glorieuse pour la religion et bien consolante pour nous. Le 13 juin, lendemain de la publication de cette sentence, étoit la veille de la Fête-Dieu, qu'on célèbre ici dans notre église avec un concours prodigieux de chrétiens de tout âge et de toute condition. Comme notre église est située dans l'enceinte extérieure du palais, nous y avons plusieurs mandarins tartares de différens ordres qui, voyant qu'on punissoit Ma Joseph avec tant de sévérité, uniquement parce qu'il étoit chrétien, avoient lieu de soupçonner qu'on les persécuteroit aussi. Le bruit même couroit que les ordres étoient déjà donnés pour les recherches; mais ces raisons, que des chrétiens moins fervens auroient pu regarder comme des motifs légitimes de s'absenter quelque temps pour se mettre à l'abri de l'orage dont ils étoient menacés, ne les arrêtèrent point : ils assistèrent, comme à l'ordinaire, aux prières qu'on fait pour les premières vêpres, et le jour même de la fête ils se rendirent dès le matin à l'église pour y recevoir la sainte communion; ils se trouvèrent également à la prière, au sermon, à la grand'messe, à la procession et autres cérémonies de la fête, qui durèrent jusqu'après midi. Le lendemain des mandarins inférieurs voulurent les inquiéter; ils dressèrent même une dénonciation en forme, mais leurs démarches n'eurent aucun succès. Je vous ai dit dans ma dernière lettre qu'un jeune eunuque du palais avoit eu la foiblesse de signer un écrit apostatique; qu'il en avoit sur-le-champ témoigné le plus vif regret, et avoit réparé sa faute avec beaucoup d'édification. Dès que la sentence contre Ma Joseph eut été promulguée dans les bannières, ce jeune eunuque fut appelé par ses chefs, qui lui dirent que malgré les promesses que l'année précédente il avoit données par écrit d'abandonner la religion chrétienne, il ne laissoit pas de la professer encore; qu'il savoit bien ce qui venoit d'arriver à Tching-té; qu'il falloit qu'il renonçât entièrement à sa profession de foi; ou bien qu'ils le dénonceroient à l'empereur. L'eunuque répondit qu'il étoit vrai que l'année précédente, conséquemment aux menaces et aux sollicitations qu'on lui avoit faites, il avoit eu la foiblesse de signer un écrit, mais qu'il leur avouoit ingénument qu'en cela il les avoit trompés, parce que dans le cœur il étoit résolu à ne jamais quitter la religion; qu'effectivement malgré son écrit il s'étoit constamment acquitté de ses devoirs de chrétien; qu'il étoit si repentant d'avoir signé cet écrit, qu'il ne pouvoit se consoler de sa faute, et que lui, avec toute sa famille, en avoient souvent demandé pardon au Dieu du ciel; qu'actuellement il étoit déterminé à tout souffrir plutôt que de renoncer au christianisme, qu'il regardoit comme la seule religion véritable et la seule digne du Créateur de l'univers.

L'eunuque ne pouvoit réparer sa faute plus authentiquement. Indignés de son discours, les chefs éclatèrent contre lui en menaces dans le dessein de l'épouvanter; mais se rappelant ensuite que l'empereur n'approuvoit point de pareils débats, ils s'adoucirent insensiblement, et dirent au jeune chrétien que comme on faisoit des prières pour obtenir de la pluie, et qu'alors c'étoit l'usage de tempérer la rigueur des lois envers les coupables, ils lui donnoient encore quelques jours pour faire ses réflexions, et que si au bout de ce temps il persistoit encore dans son opiniâtreté, ils le dénonceroient à l'empereur, qui le puniroit sévèrement. L'intention de ces mandarins, comme on l'a vu par la suite, étoit seulement de se tenir prêts à répondre en cas que les tribunaux vinssent à leur demander compte de la situation des choses, et afin qu'on ne pût pas les accuser de n'avoir pas fait les recherches convenables sur la croyance de ceux qui sont de leur dépendance; mais personne n'ayant rien remué contre notre sainte religion, on a cessé d'inquiéter l'eunuque qui, après avoir eu la consolation de réparer publiquement sa foiblesse, a continué à s'acquitter de ses exercices de religion avec autant de liberté qu'auparavant.

J'espère, mon révérend Père, que cette relation vous consolera des détails peu favorables de celle que je vous envoyai l'année dernière; à la vérité nous vîmes alors plusieurs chrétiens se signaler par leur constance et leur fermeté, mais ce ne fut pas le grand nombre; il y en eut quantité qui signèrent honteusement des formules au moins équivoques, et par là même apostatiques. Grâce au Dieu des miséricordes, cette année les chrétiens se sont glorieusement comportés, et Ma Joseph sera dans la suite un exemple frappant à citer pour encourager les fidèles dans les temps de persécution. J'ai l'honneur d'être, etc.

LETTRE
SUR LA MORT DE MA JOSEPH.

Monsieur,

L'an passé le Seigneur appela à lui le brave confesseur de Jésus-Christ Ma Joseph ou Tching-te, ancien assistant de notre congrégation du Saint-Sacrement. Après le départ de la mousson de 1775, j'avois reçu de lui une lettre dans laquelle il me disoit ses peines de ce que depuis cinq ans qu'il étoit en exil il n'avoit pu se confesser; je lui avois fait là-dessus une longue lettre où je tâchois de réunir toutes les considérations capables de le consoler et de le fortifier. La lettre pour Ma étoit accompagnée d'une autre lettre pour un chrétien nommé *Lao Mathias*, qu'il avoit adopté en qualité de petit-fils, et à qui il avoit ordonné de partir de Pékin pour l'aller joindre, l'aider à bien mourir, recueillir ses cendres, les rapporter et les réunir, dans la sépulture de nos chrétiens, à celles de sa famille. Le jeune homme partit avec un domestique aussi chrétien, à la suite d'un mandarin à qui on l'avoit recommandé. Ma lettre les devança de quelques mois. Le confesseur de Jésus-Christ étoit déjà malade : ils arrivèrent à Ily le 24 juillet 1776. Ma, alité depuis longtemps, n'avoit pour le servir qu'un enfant mongol, qui pouvoit à peine lui donner à boire. À la vue de Mathias, le cher malade leva les mains et les yeux au ciel, et sa reconnoissance, car les âmes vraiment pieuses en sont aisément pénétrées, sa reconnoissance lui donnant des forces, il se mit à genoux sur son lit, adora le Seigneur, et rendit les plus vives actions de grâces au Dieu de toute bonté, de ce qu'il avoit daigné exaucer ses vœux. C'est en effet, disoit-il, un bienfait au-dessus de ce que je pouvois attendre, de me voir venir de plus de mille lieues, et à point nommé, le secours que je demandois.

La charité ne se cherche pas elle-même. Le premier usage que le confesseur de Jésus-Christ fit de ses secours, fut de faire travailler au soulagement d'un chrétien nommé *Léon Pé* qui depuis peu avoit été, pour la religion, relégué à Ily, et donné pour esclave à un Mongol qui le traitoit fort durement. Ma Joseph savoit ce que Léon Pé souffroit, et étoit lui-même désolé de ne pouvoir y remédier. À l'aide de Mathias, il entreprit cette bonne œuvre, et Dieu lui accorda la satisfaction de la voir réussir. Il obtint pour Léon Pé une situation autant douce qu'il pouvoit l'espérer dans son exil. Dès que celui-ci eut recouvré cette espèce de liberté, le patriotisme, les anciennes liaisons, plus que tout cela, la reconnoissance; bien plus encore, ce qu'un confesseur de Jésus-Christ doit sentir pour un autre confesseur de Jésus-Christ qui est sur le point d'aller recevoir le prix de sa confession; tous ces motifs réunis, dis-je, conduisirent d'abord Léon Pé chez Ma Joseph.

Eh! qui pourroit vous peindre la tendresse, la joie, la consolation de cette première entrevue! Quelles vives actions de grâces ils rendirent l'un et l'autre à l'auteur de tout bien et à notre sainte et puissante protectrice la sainte Vierge! Depuis lors Léon Pé donna à soigner son libérateur tout le temps que ses devoirs lui laissoient libre; c'est à lui que nous sommes redevables et du journal de la dernière maladie de Ma Joseph, et du récit de quelques-uns des beaux sentimens que cette grande âme laissa apercevoir aux approches de la mort. Voici la traduction fidèle et simple de ce que dit le journal que j'ai sous les yeux, tel qu'il est sorti du pinceau de Léon Pé, et dont la vérité est attestée par Mathias et son domestique, tous deux aussi témoins oculaires.

« Lorsqu'après ma délivrance, dit Léon Pé, nous fûmes tous réunis auprès du confesseur de Jésus-Christ, il nous dit: Vous devez savoir, et pour vous faire connoître que c'est aux prières de mes chers confrères les congréganistes du Saint-Sacrement de Pékin, que je suis redevable de toutes les grâces singulières que Dieu m'a faites par l'intercession de la très-sainte Vierge, je dois vous dire que c'est un mercredi qu'est arrivée dans ma famille la lettre par laquelle je mandois Mathias, mon petit-fils; que c'est aussi un mercredi qu'il est arrivé ici. O mon Dieu! c'est donc au moment où je me trouve alité, et sans secours, que vous m'envoyez quelqu'un pour m'aider, pour avoir soin de moi, pour me faire produire dans mes derniers momens les sentimens que je vous dois; lorsque j'aurai cessé de vivre dans cette terre infidèle, pour recueillir et conserver mes saintes images, mes livres et autres meubles de religion! N'est-ce pas là un bienfait spécial de la divine bonté, et une marque bien sensible de la protection de la sainte mère de notre divin Sauveur? Avant votre arrivée je gémissois, j'étois inconsolable, non pas de ce que le peu d'effets que j'ai ici restât à l'abandon après ma mort, car je vous avoue que tout cela et le reste ne m'est rien et ne m'occupe point du tout; mais sur ce que je deviendrois moi-même sans aucun secours sensible à ce passage formidable du temps à l'éternité, et sur ce que deviendroient les objets de mon culte que je laissois exposés à la profanation des mains infidèles.

Voilà, dis-je, ce qui m'affligeoit. Mais depuis que vous êtes arrivé, ma douleur et ma tristesse se sont changés en joie et en consolation. Je dois tout cela aux prières de mes chers confrères, et j'espère, je suis même persuadé intérieurement que ce sera aussi un mercredi que le Seigneur m'appellera à lui.»

Pour comprendre ce que signifie cette attention du confesseur de Jésus-Christ au mercredi, il faut savoir que Ma Joseph étoit depuis longtemps des deux associations du Saint-Sacrement et du Sacré-Cœur, établies dans notre Eglise de Pékin. Il étoit même un des assistans, lorsque j'en fus chargé en 1767, après la mort du père de La Charme; et lorsqu'en 1769 il fut envoyé en exil, je lui promis qu'outre les prières des assemblées générales de chaque mois, nous en ferions pour lui en commun tous les mercredis dans les assemblées particulières des quatre classes, et je l'invitai à se joindre à nous d'intention. Ses lettres m'ont constamment assuré qu'il étoit fidèle à cette pratique, et qu'il y avoit une grande confiance. Telle est la raison de la dévotion particulière que Ma Joseph avoit au mercredi.

Léon Pé continue ainsi son journal: «Après nous avoir fait cette déclaration, le confesseur de Jésus-Christ donna les images et les livres à Mathias, en lui disant: Ce sera vous qui serez chargé de tout. Pour moi, renonçant désormais aux soins domestiques, je ne veux plus m'occuper que de celui de mon âme et de l'éternité. Seulement que pendant le jour il y ait toujours à portée de moi un des deux domestiques, et qu'ils se succèdent tour à tour pour me rendre les services qu'exige l'état de foiblesse où je suis réduit. Ces arrangemens une fois pris, il commença vraiment dès lors à ne plus penser qu'à l'éternité. De temps en temps il se faisoit lire dans le livre des *Quatre Fins de l'homme*, ou dans ceux qui traitent de la purification du cœur et de l'acquisition des vertus. Les dimanches, c'étoit l'évangile du jour avec les points de méditation qui en sont tirés; les autres jours, c'étoit surtout la vie du saint du jour et les méditations qui sont à la suite dans l'*Année sainte*. Sur ce que quelquefois on lui proposoit d'user d'un peu plus de recherche soit dans la nourriture, soit dans ses habits, il fit défense de lui jamais proposer rien de pareil, et ordonna au contraire qu'on l'avertit sans cesse du soin de se mortifier et de satisfaire à Dieu pour ses péchés. Nous remarquâmes au surplus que dans ses conversations, qui étoient toujours des choses de Dieu, il nous répétoit souvent ces paroles : J'espère et je crois que Dieu m'appellera à lui un mercredi.

» La joie que lui avoit causée notre arrivée paroissoit avoir fait sur lui une heureuse révolution qui nous donna lieu, pendant quelque temps, d'espérer de le voir revenir en santé. Il étoit beaucoup mieux. Il fut même en état de se lever, et nous avions déjà eu le plaisir de le voir aller et venir, et sortir même de sa chambre sans le secours d'un bâton. » (J'interromps un moment pour remarquer que ce fut pendant ces jours de convalescence qu'il m'écrivit une courte lettre dans laquelle il m'annonçoit sa maladie commencée vers Pâques, et me remercioit de ma dernière lettre, dont j'ai parlé plus haut. Le reste du billet n'est que l'expression de ses sentimens de soumission, d'abandon, de défiance de lui-même, du désir de mourir et d'expier ses péchés par sa mort, et de tous les autres sentimens qui caractérisent les saints). Je reviens au journal : « Après l'octave de l'Assomption, le mal reprit le dessus ; son estomac, rejetant toute nourriture solide, ne supporta plus que le lait et l'eau de riz. Parmi les remèdes que nous tâchions d'apporter au mal, nous employâmes le gensing à petites doses pour le fortifier : tout fut inutile. Dès le 13 septembre, il ne gardoit plus ni la nourriture, ni les remèdes. Il en vint bientôt jusqu'à ne pouvoir plus recevoir que quelques cuillerées d'eau. Il continua ainsi jusqu'au 22, qu'il commença à rejeter le peu d'eau qu'on lui faisoit avaler. Sentant alors sa fin approcher, il se fit apporter son crucifix et placer à portée de sa vue, affoiblie par la violence du mal. Ses yeux ne pouvoient s'éloigner de cet objet, et les sentimens qu'il lui inspiroit lui faisoient répandre sans cesse des larmes qui achevoient d'épuiser et de purifier la victime.

» Pour nous conformer à ses désirs et aux ordres qu'il nous en avoit donnés, nous l'avertissions de temps en temps d'écarter loin de son esprit toutes pensées de sa maison et de sa famille, et nous lui suggérions ces courtes affections qu'il nous avoit lui-même dictées : Jésus, fils de Dieu, sauvez-moi, et pardonnez-moi mes péchés. Marie, mère de miséricorde, priez pour moi. Mon saint ange gardien, saint Joseph, mon saint patron, intercédez pour moi auprès du trône de Dieu : obtenez-moi une augmentation de grâces et de forces : défendez-moi des dangers et des tentations de la dernière heure.

» La situation du cher malade varia pendant huit jours, et son occupation fut toujours la même. Ce fut pendant ces jours-là qu'il se souvint de quelques marques d'inimitié que lui avoient données quelques personnes infidèles. Digne confesseur de Jésus-Christ, il voulut, à l'exemple de notre divin modèle, ne se souvenir des injures reçues et déjà pardonnées, que pour en ratifier le pardon, le rendre plus solennel et y joindre encore l'exemple d'une rare humilité. Il fit venir ceux qui l'avoient offensé, les assura qu'il leur avoit pardonné de tout son cœur. Ensuite il les conjura de lui accorder aussi le pardon de ses fautes.

» Le dimanche, 29 septembre, jour de Saint-Michel, le mal augmenta tout à coup, au point que nous crûmes qu'il alloit passer. Nous récitâmes les prières des agonisans. Le lundi 30, la journée fut meilleure, et les crises recommencèrent comme le 29. Le mardi, premier octobre, le malade, de lui-même, nous demanda le cierge bénit ; et sa foiblesse extrême ne lui permettant plus de porter le crucifix à sa bouche, il nous demanda de le lui donner à baiser. Les crises continuèrent jusqu'après minuit. Alors Mathias, le voyant un peu mieux, alla prendre du repos. Léon Pé resta auprès du malade pour lui suggérer différentes courtes prières qu'il termina vers le jour par les litanies de saint Joseph. Au lever de l'aurore, le malade voulut que Léon allât se reposer, et Mathias vint le remplacer et continuer à lui suggérer de bons sentimens. Le confesseur de Jésus-Christ, ramassant alors un peu de forces, se jeta au cou de Mathias, et l'embrassa avec cette démonstration de tendresse que lui inspiroit sa reconnoissance pour toutes les peines que ce jeune homme avoit souffertes en venant le joindre de si loin, et le servir avec tant d'affection dans une si longue maladie.

» A l'effort qu'il venoit de faire succéda une plus grande foiblesse qui l'avertit qu'il touchoit à sa fin. J'ai fait, dit-il à Mathias, mes prières avec Léon Pé ; j'ai besoin, à présent, de prendre du repos. Il fut tranquille, en effet, jusque vers huit heures, où il survint un redoublement critique. Léon Pé, averti, s'approcha du malade et lui cria de moment à autre : Jésus, ayez pitié de moi; Marie, priez pour moi, etc. Pendant ce temps-là, j'avois, dit Mathias, les yeux fixés sur le visage du cher malade, et j'y voyois peints, de la manière la plus vive, l'expression même de la douleur, de la contrition et d'une confiance amoureuse dans la bonté de Dieu. La crise passée, nous laissâmes près du malade son petit esclave Talikia (c'est le nom de l'esclave) pour chasser les mouches. Comme c'étoit la fête de l'Ange gardien, patron particulier de la première classe de la congrégation, et l'heure à laquelle les congréganistes assemblés la célébroient à Pékin, nous nous mîmes à faire à voix basse, dans la chambre du malade, les prières propres de la fête. A peine avions-nous fini les litanies de l'Ange gardien, que Talikia s'écria : Venez vite, mon maître va mal. Nous nous approchâmes et lui suggérions de nouveau les mêmes sentimens que dans les crises précédentes. Le cher malade ne pouvoit plus prononcer, mais il nous faisoit entendre, par un petit mouvement de tête, qu'il nous suivoit d'esprit et de cœur. Ce fut ainsi que, la paix et la sérénité peintes sur le visage, il rendit l'esprit à son Créateur le mercredi 2 octobre 1776, à neuf heures du matin, après sept ans quatre mois et quelques jours d'exil pour la foi de Jésus-Christ; et nous, Léon Pé et Mathias Lao, certifions, comme témoins oculaires, que tout ce que nous avons écrit dans ce journal est conforme à la vérité. Fait à Ily, le 20 de la 8e lune de la 41e année de Kien-long. » C'est la date chinoise de la mort en Jésus-Christ de Ma Joseph ou Tching-té.

Après la mort et les obsèques, on pensa à faire brûler son corps, comme il l'avoit lui-même ordonné; et comme il se pratique dans plusieurs endroits de la Chine. On s'aperçut bien qu'il s'agissoit d'emporter les cendres du défunt; et soit que la loi défende pour tous ceux qui meurent dans un exil perpétuel, soit qu'on ajoutât à la sévérité de la loi par haine particulière contre le christianisme, il fallut acheter bien cher la permission tant de brûler le corps que d'en emporter les cendres. Enfin Mathias et son domestique, chargés de ce cher et respectable dépôt, partirent d'Ily au milieu de l'hiver, et n'arrivèrent ici que le dimanche dans l'octave de l'Ascension, l'année 1777, le jour même que j'en étois parti pour aller à quinze lieues d'ici, au midi, visiter la nouvelle mission de Pat-chrou. Dès le lendemain, la famille de l'illustre mort m'en fit porter la nouvelle, tandis que sans bruit et sans concours, pour ne point occasionner de recherches, ils allèrent déposer les cendres du confesseur de Jésus-Christ avec celles de son père, de sa mère et de son fils, dans une de nos sépultures communes, à l'occident de la ville. Ce ne fut que cent jours après cette déposition que j'allai dire la messe et faire l'absoute dans la chapelle de la sépulture, toute sa famille s'y étant assemblée pour cela. Un mois après les cérémonies accoutumées qui furent faites, tandis que je célébrois la fête des Saints Anges avec mes congréganistes, parmi lesquels il y a sept frères, cousins ou neveux de Ma Joseph, le père Bourgeois alla pour le bout de l'an dire la messe dans la chapelle domestique de la veuve, où elle communia avec sa bru, ses filles, petites-filles et quelques autres de ses plus proches parentes. Tels furent les derniers devoirs que nous rendîmes sans pompe, mais avec vénération, à l'illustre confesseur de Jésus-Christ, Ma Joseph, ou Tching-té.

LETTRE DU R. PÈRE CIBOT
AU RÉVÉREND PÈRE D.....

État de la religion chrétienne en Chine.

A Pékin, le 3 novembre 1771.

MON RÉVÉREND PÈRE,

P. C.

Vous n'ignorez pas sans doute les persécutions que nous avons eu à essuyer ces années dernières, de la part des idolâtres. Vous ne sauriez croire, mon révérend Père, jusqu'à quel point on nous a noircis dans l'esprit des infidèles. Nous aurions tous été renvoyés, sans une protection spéciale de l'empereur, qui, connoissant mieux que personne la fausseté des accusations dont on nous charge ici, met toute sa gloire à nous défendre, et à nous conserver dans ses Etats. Dieu, qui tient dans ses mains le cœur des rois, l'a tellement disposé en notre faveur, que nous avons beaucoup à nous louer des bontés dont il nous honore. C'est un prince qui voit tout par lui-même; plein de droiture et d'équité, il ne souffre pas qu'on commette la moindre injustice. Doux et accessible, il écoute avec plaisir l'innocent qui se justifie; mais prompt et sévère, il humilie et punit l'oppresseur. Il ne paroît pas que l'adulation ait beaucoup d'empire sur son esprit; il a des courtisans comme tous les princes de la terre; mais sa modestie et son rare mérite le mettent au-dessus de leurs louanges intéressées et de leur fade encens. Ce seroit ici le lieu de vous rapporter une infinité de traits qui annoncent dans ce monarque l'âme la plus noble et la plus éclairée : je laisse à un de nos Pères, qui travaille à son histoire, le soin de les transmettre à la postérité.

Vous savez qu'on a commencé par attaquer les missionnaires du tribunal des mathématiques. L'empereur, qui les estime et qui les honore de son amitié, n'en a pas plutôt été informé qu'il a défendu de les inquiéter, sous quelque prétexte que ce fût. Vous me demanderez les raisons qui peuvent engager ce prince à nous protéger si puissamment; les voici : outre l'affection singulière que l'auguste famille qui occupe le trône nous a toujours accordée, l'empereur tient à nous, 1° par l'habitude de l'enfance. Son grand-père Cang-hi, qui l'aimoit éperdument, vouloit toujours l'avoir avec lui lorsqu'il daignoit admettre les Européens à sa cour, ou en recevoir des présents; 2° son gouverneur étoit plein de respect pour notre sainte religion, et il a si heureusement réussi à lui en inspirer une juste idée, que le premier ouvrage que Sa Majesté a publié n'est, pour ainsi dire, qu'un tissu de maximes et de principes qui supposent dans ce monarque la connoissance la plus vraie et la plus étendue de la religion naturelle; 3° comme il avoit un goût particulier pour la peinture, dès qu'il fut sur le trône il s'attacha au frère Castiglione, dont il aimoit à se dire le disciple, et passa peu de jours de son deuil[1] sans l'avoir auprès de lui plusieurs heures; 4° les Européens ont beaucoup plus fait pour lui, et sous son règne, qu'ils n'avoient fait sous Cang-hi, son grand-père; la raison en est que ce prince étant jeune encore, on a tant admiré ses belles qualités, que chacun s'est efforcé dans la suite de justifier la haute idée qu'on en avoit conçue;

5° ce prince a reconnu qu'il avoit été trompé par nos accusateurs; que Neoi-kong, son premier ministre, nous avoit calomniés; qu'on avoit persécuté et mis à mort plusieurs missionnaires injustement, et qu'enfin on étoit résolu à nous perdre, à quelque prix que ce fût. Cependant, comme s'il eût ajouté foi aux discours injurieux qu'on tenoit contre nous, il a fait examiner notre conduite; et après s'être bien assuré de notre innocence, il nous a fait dire que nous n'avions plus rien à craindre; et en effet, il est actuellement si prévenu en notre faveur, que les clameurs de nos ennemis de Pékin, de Macao et de Canton n'ont plus aucun pouvoir à la cour. Mais voici qui vous étonnera : croiriez-vous que nous craignons l'amitié de l'empereur? Ce prince loue trop les Européens; il dit hautement et à tout le monde, que ce sont les seuls qui entendent l'astronomie et la peinture, et que les Chinois « sont des enfans auprès d'eux. » Vous sentez combien cette préférence doit offenser une nation orgueilleuse, qui regarde comme barbare tout ce qui n'est point né dans son sein. L'année dernière, le tribunal des mathématiques fit une faute considérable : l'empereur n'en accusa que les Chinois, disant que les Européens en étoient incapables. J'aurois beaucoup d'autres choses semblables à vous marquer, si le temps me le permettoit : je me contenterai d'ajouter que l'empereur est plus attentif à nous obliger que nos ennemis ne sont ardens à nous nuire. Mais qui sait si tous ces témoignages d'attachement ne nous préparent point des afflictions pour la suite? l'empereur ne vivra pas toujours; ce prince a soixante ans révolus, et commence à sentir les atteintes des infirmités de la vieillesse. Il est vrai que les ago[1] sont des princes fort équitables et fort doux, et nous en recevons de temps en temps des marques d'estime et de bonté qui semblent devoir nous rassurer contre les manœuvres de nos ennemis. L'empereur a huit enfans; le huitième se trouvant en pénitence à Hai-tien[2], pendant que la cour étoit à la ville, venoit souvent voir nos ouvrages, et causer avec nous; il me fit une fois l'honneur de m'appeler dans son appartement, où il voulut que je prisse du thé, et m'accabla de caresses. Les Tartares sont naturellement affa-

[1] Les empereurs portent trois ans le deuil de leurs prédécesseurs. Les enfans en agissent de même à l'égard de leurs pères.

[1] On appelle *ago* les fils des empereurs.
[2] Hai-tien est comme le Versailles de la Chine.

bles, et aucun prince de l'Europe ne traiteroit des étrangers comme on nous traite ici. Le frère de l'empereur, qui aimoit le frère Attiret, venoit très-fréquemment à notre petite maison de Hai-tien, pour le voir peindre ; c'est cependant celui des princes du sang qui passe pour le moins prodigue d'égards et de démonstrations d'amitié. Un jour, ayant renvoyé ses gens, il entra seul dans ma chambre ; une image du Sauveur que j'avois à mon oratoire fut longtemps le sujet de notre entretien. Mais hélas ! que les grands sont éloignés du royaume du ciel ! après lui avoir exposé les preuves sur lesquelles est fondée notre sainte religion, il m'avoua qu'elle lui paroissoit belle et sublime ; puis, changeant tout à coup de discours, il me jeta sur d'autres matières, comme l'astronomie et la peinture, dont il a une connoissance très-étendue, et finit par m'assurer de son sincère attachement. Nous voyons aussi quelquefois un cousin germain de l'empereur, qui a une estime singulière pour les François ; il est aimable, sait beaucoup, parle avec grâce, et nous comble tous d'amitié, mais il souffre difficilement qu'on traite de religion devant lui. Ce n'est pas qu'il soit attaché aux superstitions de son pays, car il méprise souverainement et les idoles et leurs ministres ; mais la crainte de perdre des emplois, ou d'exposer des familles, a bien du pouvoir sur des cœurs qui ne sont pas absolument détachés des biens périssables de la terre. Quoique la religion catholique soit tolérée dans l'empire, les chrétiens ne laissent cependant pas d'y avoir beaucoup à souffrir, malgré la protection que l'empereur daigne nous accorder, et il arrive presque toujours que ceux qui se convertissent se trouvent dans le cas de perdre, ou leurs emplois, ou leur honneur, ou leur fortune.

Pendant la persécution de cette année, qui a duré près de six mois, il a paru un édit par lequel on condamne la religion comme contraire aux lois de l'empire, et en même temps on déclare qu'elle ne renferme rien de faux ni de mauvais. L'empereur, les ministres et les grands en sont si convaincus, qu'on n'a voulu condamner personne à mort ; on ne prétendoit qu'intimider les chrétiens, et en voici une preuve frappante.

Un jeune néophyte que je connois beaucoup alla, dans le fort de la persécution, se présenter à un mandarin, ennemi juré de notre religion, et demanda instamment qu'on le fît mourir, lui, sa femme et son fils, qui pouvoit alors avoir un an. Ce généreux confesseur fut renvoyé comme un insensé, et on lui dit, en le congédiant, qu'on n'avoit aucun ordre de faire mourir les chrétiens. Cependant l'arrêt de proscription étoit affiché dans tous les carrefours de la ville ; nos néophytes venoient à l'église à l'ordinaire, et l'on feignoit de n'en être pas instruit. Ce qu'il y a de plus surprenant encore, c'est que ceux qui avoient eu le malheur d'apostasier étoient mis publiquement en pénitence, et qu'on affectoit de l'ignorer. Un mandarin s'étant dénoncé lui-même, l'empereur se contenta d'envoyer chercher trois de ses ministres pour l'engager à renoncer à sa religion. On employa les promesses, les caresses et les menaces ; mais tout fut inutile. Il protesta constamment qu'il étoit chrétien, et qu'il obéiroit à l'empereur dans tout ce qui ne seroit pas contraire à sa conscience. Voyant donc qu'on ne pouvoit le faire gauchir, on le renvoya. On sait qu'il continue à venir à l'église et à vivre en bon chrétien, et on ne fait pas semblant de s'en apercevoir. La persécution finit par une assemblée générale des officiers de la police, qui fut convoquée par le gouverneur de la ville, et où il fut décidé qu'on n'avoit aucun reproche à faire aux chrétiens, et qu'on cesseroit les poursuites. Vous allez dire que ces faits, que je vous garantis vrais, et dont j'ai été le témoin, vous font trembler sur le sort d'une nation qui voit la lumière et lui tourne le dos. J'en dis autant que vous, et j'ajoute, pour expliquer bien des traits qu'on a peine à comprendre dans l'histoire de l'Église, qu'au temps même où la cour traitoit cette grande affaire, elle fermoit les yeux sur les cruautés que quelques chefs de bannières exerçoient sur leurs gens pour les forcer à renoncer à leur foi. Parmi ces malheureux, il y avoit un néophyte âgé d'environ vingt-quatre ans, qui reçut en un jour plus de quatre cents coups de fouet ; ensuite on le fit mettre à genoux sur des morceaux de porcelaine, et dans cette posture deux hommes vigoureux et robustes eurent ordre de le tenir debout sur ses jambes pendant un espace de temps si considérable, qu'il tomba enfin épuisé et presque sans mouvement : mais, grâce à Dieu, il est resté fidèle jusqu'au bout. D'autres ont été suspendus les pieds en l'air. Quelques-uns ont été couchés tout nus sur des quartiers de glace; plusieurs sont presque morts sous les coups de bâton. J'épargne à votre sensibilité le récit douloureux des cruautés inouïes qu'on a fait endurer aux paysans des environs de Pékin; c'est contre eux que les persécuteurs ont réuni tous leurs efforts; il n'y avoit cependant aucun ordre de faire mourir; aussi, lorsqu'on faisoit sortir les chrétiens de leurs cachots, on avoit grand soin d'exiger des billets de vie et de santé de ceux à qui on les remettoit; car s'il en fût mort quelqu'un dans les prisons, le mandarin qui en étoit chargé auroit été cassé et puni sur-le-champ.

Ici, mon révérend Père, il me semble que vous me demandez si, au milieu de tant de sujets de douleur, nous n'avons rien qui nous console. Oui, le Seigneur, en nous frappant d'une main, essuie nos pleurs de l'autre. Voici quelque chose qui vous édifiera. Une dame respectable par son âge et par sa vertu vient d'acheter une maison dans le voisinage de Pékin, et se propose d'en faire une communauté de femmes et de filles dévotes; elle a déjà chez elle une jeune personne qui s'est consacrée à Dieu par le vœu de chasteté. Nous espérons que dans peu elle aura des compagnes dignes d'elle et de la sainte maison qu'elle habite. L'illustre fondatrice de cette communauté naissante y a fait bâtir une petite chapelle, qu'elle a ornée fort proprement; nous y disons la messe tous les jours, et nous y exerçons les autres fonctions de notre ministère avec une paix et une tranquillité qui feroient croire volontiers que nous sommes dans le pays le plus catholique du monde.

Vous n'avez pas oublié que je baptisai un jeune prince il y a cinq ans; deux de ses frères viennent d'obtenir la même grâce; leur père même semble vouloir s'approcher de la lumière de l'Évangile. C'est un vieillard qui a toutes les vertus morales des sages de l'antiquité; mais j'ignore ce qui le retient encore dans le sein du paganisme. Un de nos Pères portugais, nouvellement arrivé ici en qualité de médecin, a profité de ce titre pour voir l'épouse d'un prince qui étoit à l'article de la mort, et lui administrer les derniers sacremens. Cette princesse étoit enfermée dans son palais depuis son mariage, et n'avoit pu recevoir qu'une seule fois la sainte communion. Son époux, qui l'aimoit et la respectoit, a consenti à tout, et elle est morte dans les sentimens de la plus tendre piété.

J'omets quantité d'autres traits plus ou moins intéressans, qu'il seroit trop long de vous raconter, pour me recommander à vos saints sacrifices, et vous assurer du profond respect avec lequel je suis, etc.

LETTRE DU R. PÈRE CIBOT

A MONSIEUR ***.

Fêtes et congrégations chrétiennes.

A Pékin, le 11 juin 17...

MONSIEUR,

Je voudrois bien que mes affaires me permissent de répondre à tous les articles de la lettre dont vous m'avez honoré; mais nous sommes ici à la veille d'une grande fête, dont les apprêts nous coûtent beaucoup de soins et de travail; c'est la fête du Sacré Cœur de Jésus, qui, comme vous savez, est établie à Pékin depuis plusieurs années. Permettez que je me borne à vous entretenir aujourd'hui de cette solennité, dont le récit vous édifiera. Mais avant d'entrer dans aucun détail, je crois devoir vous dire un mot du local et de ceux qui contribuent à la fête.

Le lieu où elle se célèbre est la chapelle de la congrégation du Saint-Sacrement; cette chapelle est à la droite de l'avant-cour du parterre[1], environnée d'une galerie couverte qui est devant notre église; la grande cour est à peu près comme celle des pensionnaires de La Flèche; on en sort par un portique qui fait face au frontispice de l'église : elle a trois grandes portes sur l'avant-cour où est la congrégation. Comme la congrégation seroit trop petite pour la célébration de la fête, on l'allonge de toute la cour par le moyen d'une grande tente de toile, au milieu de laquelle est un arc de triomphe de vingt ou vingt-quatre pieds; cet arc de triomphe est couvert de pièces de soie de différentes couleurs, entrelacées en différentes manières, et suspendues en forme de guirlandes et de festons; toute la tente est ornée de banderoles et d'autres ornemens chinois. Nos lettrés chrétiens n'ont pas manqué

[1] On appelle *parterre* la grande cour de l'église.

d'y semer des inscriptions à la louange du sacré cœur de Jésus ; comme elles sont écrites sur de longues pièces de satin blanc, et enfermées dans des cadres dorés, ou des bordures de soie de diverses couleurs, elles n'ajoutent pas peu à l'éclat et à la magnificence des décorations. Vous aimeriez l'amphithéâtre où se placent les musiciens ; il s'avance dans la cour de plusieurs pieds hors de la galerie du corps de logis qui lui sert de fond, et relève fort agréablement le frontispice de la chapelle par sa petite balustrade de soie, son tapis, ses vases à fleurs, et les pièces de satin dont il est orné. Tout le pavé de la cour est couvert de nattes fines, de toiles peintes et de tapis rares et précieux, sur lesquels on met de petits carreaux, qui sont les seules chaises des églises chinoises ; les degrés qui mènent à la chapelle sont absolument couverts de tapis, ainsi que le pavé ; et quoique l'église soit petite, sa galerie, ses deux rangs de colonnes, ses murailles même, tout est embelli de manière à plaire aux plus curieux amateurs d'Europe.

La congrégation du Sacré-Cœur, qui est unie avec celle du Saint-Sacrement, est à la tête de toutes les autres ; mais la congrégation des musiciens et celles des serveurs de messes se joignent à elle pour en augmenter la pompe. Vous trouverez dans les *Lettres édifiantes* le beau plan de la congrégation du Saint-Sacrement, dont les fonctions principales consistent à baptiser et à instruire les enfans, à avoir soin des pauvres et des malades, à exciter les âmes tièdes à la dévotion, et les chrétiens scandaleux à la pénitence, et enfin à prêcher aux idolâtres la loi de Jésus-Christ.

La congrégation des musiciens est chargée du chant et de la symphonie des grandes fêtes. Les pères y lèguent leurs places à leurs enfans ; les nouveaux néophytes qui ont du talent y sont admis, et quoiqu'elle se renouvelle sans cesse, elle se soutient à merveille. J'y connois actuellement trois princes, plusieurs mandarins, et un grand nombre de pauvres néophytes, qui dérobent au travail dont ils subsistent les momens qu'ils emploient à y chanter les louanges de Dieu ; le baptême y rend tout le monde égal. Pour la congrégation des serveurs de messes, elle est composée d'une quarantaine de jeunes néophytes choisis pour nous servir de clercs dans toutes les fonctions ecclésiastiques : imaginez-vous un petit séminaire ; grâce à la modestie, à la gravité et au zèle de ceux qui le composent, nous sommes en état de faire toutes les cérémonies de l'Église avec la solennité et la dignité que demande le culte divin. Vous ne sauriez croire, monsieur, avec quelle ardeur toute cette fervente jeunesse étudie et observe la manière dont nous célébrons les fêtes. Oh ! que la religion est aimable dans ses joies ! C'est un véritable triomphe dans les familles quand un enfant a été admis pour servir le prêtre à l'autel un jour de cérémonie ; la raison en est qu'on ne prend que les mieux instruits. Un vieillard préside à leur instruction ; c'est ordinairement un homme grave et sévère, qui ne leur fait pas grâce de la moindre rubrique, principalement les jours de grandes fêtes, comme celle du Sacré-Cœur de Jésus. Il est inutile d'ajouter que notre Église françoise étant la seule où on la célèbre, les néophytes de toutes les autres Églises y viennent en foule ; mais ce que l'Europe aura de la peine à croire, quand les travaux de la campagne le permettent, nous y voyons arriver des néophytes de cinquante à soixante lieues, quelquefois de plus loin. Pour moi, je ne suis pas encore fait à voir, sans verser des larmes, de bons paysans qui font de pareils voyages en se retranchant un mois d'avance sur leur petite dépense pour avoir de quoi faire celle-là ; les vieillards disent toujours que c'est pour la dernière fois, et l'appât d'une communion leur fait oublier leur foiblesse. Cette année même, où le démon souffle partout le feu de la persécution, ces bonnes gens sont venus à l'ordinaire, au risque d'être pris et jetés dans les cachots. Je viens à la fête. Vers les deux heures après midi du jeudi de l'octave du Saint-Sacrement, tout étant préparé, et les chrétiens assemblés, les missionnaires, après avoir fait leur prière dans la chapelle, viennent s'asseoir sous la tente pour entendre la répétition des motets, des cantiques et des différens morceaux de symphonie que la congrégation des musiciens a préparés pour le lendemain : cette répétition dure plus d'une heure ; elle a coûté bien des jours d'étude à ces bons néophytes. Il n'est jamais arrivé qu'on ait été obligé de rien changer à ce qu'ils proposent pour le lendemain. Les missionnaires n'ont que des éloges à donner au zèle des anciens et à l'application des nouveaux. Ces derniers ont réussi cette année au gré de tout le monde, et les anciens, qui sont leurs maîtres, en ont paru les plus enchantés; la répétition de la musique étant finie, les néophytes récitent, avec de petites reprises en chant, les prières chinoises qui leur servent de premières vêpres, mais qui sont souvent beaucoup plus longues. Pendant ce temps-là tout le monde est à genoux dans le silence le plus respectueux et le plus profond. Les plus petits enfans même, grâce à la bonne éducation qu'ils ont reçue, et à la gravité naturelle de leur nation, y sont d'une modestie admirable; aussi l'exercice préparatoire qui précède la procession est plutôt un simple usage qu'une précaution nécessaire. Chacun a vu d'avance, sur les catalogues affichés, la place qu'il doit tenir et ce qu'il doit y faire. On y voit de petits chantres de dix à douze ans, qui ne cèdent en rien pour la dévotion aux plus fervens novices. Tels sont aussi ceux qui sont destinés à jeter des fleurs devant le Saint-Sacrement.

Les néophytes qui n'ont point d'emploi particulier profitent de ce qui reste de temps jusqu'au souper des missionnaires pour se confesser. Les confessions recommencent après la prière du soir, qu'on chante à l'église à l'ordinaire, et durent jusqu'à dix heures, parce que les néophytes étrangers demeurent à l'église, et que tous ceux de la ville qui trouvent place dans les salles destinées à cet usage ne s'en retournent pas chez eux; outre cela, plusieurs passent la nuit sous la tente pour la défendre en cas d'accident, ou pour veiller sur les décorations; les confessions recommencent à trois heures et demie, et durent toute la matinée; à quatre heures se dit la première grand'messe, avec musique et symphonie. Il y a un motet à l'exposition du très-saint Sacrement; la symphonie qui est sous la tente remplit les intervalles des messes; celle qui est dans la chapelle a ses temps marqués dans chaque messe; les musiciens sont en surplis et à genoux sur deux lignes, au-dessous de la table de communion. Les messes étant finies, on chante solennellement les grandes prières; la tente est alors aussi pleine que la chapelle. Après les prières, vient le sermon, puis la troisième grand'messe. J'ai oublié de vous dire qu'on en chantoit une seconde vers les six heures; on ne la commence pas d'abord, afin de donner le temps à tout le monde de se préparer à l'entendre, et aux musiciens celui de prendre une tasse de thé. Ce petit vide est rempli par la grande symphonie de la tente, et par la réception des nouveaux congréganistes. Cette dernière grand'messe dure une heure et demie, et finit par la bénédiction du Saint-Sacrement, qui est précédée d'une amende honorable, pendant laquelle il y a bien des larmes répandues. On porte ensuite le très-saint Sacrement en procession, et voici l'ordre qu'on observe dans la marche.

Après la croix sont quatre petits chantres en longue robe de soie violette et en bonnet de cérémonie; suit la partie des musiciens qui sont en habits séculiers; vient ensuite la congrégation du Sacré-Cœur de Jésus, avec les musiciens en surplis, et quatre petits chantres en aubes, avec des ceintures de soie de diverses couleurs, des rubans et des crépines d'or. Immédiatement après sont deux porte-encensoirs, deux porte-navettes, et deux enfans en aubes et en rubans de soie; ceux-ci portent des corbeilles de fleurs et en sèment sans discontinuer devant le Saint-Sacrement; les thuriféraires et les fleuristes se succèdent et se relèvent tour à tour pour encenser ou jeter des fleurs, et ce changement se fait avec un ordre qui ne varie jamais; le maître des cérémonies suit en surplis, et il ne fait que présider; deux des principaux membres de la confrérie tiennent les cordons du dais sous lequel est le très-saint Sacrement; le prêtre qui le porte, revêtu des habits sacerdotaux, est environné de ses acolytes, et suivi des missionnaires, qui portent chacun un cierge à la main : j'ai oublié de vous dire que depuis le portique qui sépare l'avant-cour de l'église, il y a des enfans de chaque côté du chemin, tenant à hauteur d'appui de longues pièces de soie de diverses couleurs; les deux chœurs de musique chantent sans interruption et sans confusion, et leurs reprises sont le signal des évolutions des fleuristes et des thuriféraires.

Quand la croix entre dans l'église, les tambours et autres instrumens se font entendre, et continuent jusqu'à ce que le très-saint Sacrement soit sur l'autel; ce troisième corps de musiciens se trouve au jubé qui est dans le fond de l'église. Le Saint-Sacrement passe au milieu des congréganistes, qui sont à genoux un cierge à la main; le reste des néophytes est derrière eux et remplit l'église : tous ceux qui sont en surplis, et il y en a plus de cinquante.

vont se ranger au sanctuaire dans un fort bel ordre. Après les motets, les encensemens et les prières, il se fait un petit silence qui finit par une symphonie et une musique universelle, au moment que le prêtre se tourne pour donner la bénédiction. Si on pouvoit avoir l'âme assez dure pour voir, sans verser des larmes, une pareille cérémonie dans la ville du monde la plus idolâtre, et où le glaive de la persécution est sans cesse levé sur nos têtes, on ne résisteroit pas dans ce dernier moment, surtout si l'on étoit à portée d'entendre les soupirs et les sanglots que la musique étouffe par son bruit. Je finis cette lettre par un trait qui vous édifiera.

Un bon artisan, qui s'étoit fait instruire pendant un mois pour se préparer au baptême, a eu tout à coup un crachement de sang qui lui a fait garder le lit plus de trois semaines. Tout le monde étant infidèle dans sa famille, il s'est trouvé hier sans aucun secours spirituel. Dans cette extrémité, il m'a envoyé demander le baptême, parce que, disoit-il, il n'avoit plus que quelques jours à vivre : je compte le lui donner demain ; quoiqu'il ne sache pas encore toutes les prières que nous exigeons des néophytes, je ne balancerai point à le lui administrer, parce qu'il est d'ailleurs suffisamment instruit. Le médecin qui l'a vu, et qui a perdu toute espérance de lui rendre la santé, m'a dit de sa part que si je ne pouvois aller le trouver, il viendroit me trouver lui-même, au risque de mourir en chemin. Combien de fois n'ai-je pas craint que les malades qui venoient recevoir l'extrême-onction à l'église par la même raison, ne mourussent entre mes bras! Oui, j'ai vu des miracles de grâce plus étonnans que la résurrection des morts.

Nous sommes sous le couteau de la persécution ; on a voulu y comprendre les missionnaires, mais la cour s'y est opposée. J'attends le mois de novembre pour vous en donner des nouvelles. J'ai l'honneur d'être, etc.

LETTRE
SUR LA MORT D'UNE DAME CHINOISE
CONVERTIE A LA FOI CHRÉTIENNE.

A Pékin, le 10 juillet 1770.

La conversion et la mort bienheureuse d'une dame tartare, alliée à la maison impériale, ont quelque chose d'assez singulier pour que je vous en fasse le récit, et je me flatte qu'il ne vous sera pas désagréable.

Lorsque les Tartares Mantcheoux se rendirent maîtres de la Chine, le jeune conquérant, voulant gagner le cœur de ses nouveaux sujets, adopta un nom chinois, pour lui et pour toute la maison impériale. Il choisit pour cela le nom de Tchao, qui est à la tête du *Pekia-sing*, c'est-à-dire du catalogue des cent noms qui partagent toutes les familles de l'empire.

La dame dont j'ai à vous entretenir avoit épousé un seigneur du sang royal, qui, pour marque de sa haute extraction, portoit une ceinture rouge. Cette dame s'appeloit *Tchao-taïtaï*, du nom de son mari, et qui est commun à toute la famille de l'empereur.

Il y a quelques années qu'accablée de chagrin de voir son mari livré à des concubines, qu'il aimoit uniquement, elle prit la résolution d'attenter sur sa propre vie et de terminer ses ennuis par une prompte mort. C'est une coutume assez ordinaire pour les dames de la Chine qui se croient malheureuses.

Abandonnée à son désespoir, elle étoit sur le point de se donner le coup mortel, lorsqu'elle crut voir entrer dans sa chambre, ainsi qu'elle me l'a raconté elle-même, une dame qui sembloit descendue du ciel. Sa tête étoit couverte d'un voile qui traînoit jusqu'à terre, sa démarche étoit majestueuse et avoit je ne sais quoi au-dessus de l'humain ; elle étoit suivie de deux autres dames qui se tenoient dans la posture la plus respectueuse. Elle s'approcha de la dame Tchao, et la frappant doucement de la main : « Ne craignez rien, ma fille, lui dit-elle, je viens vous délivrer de ces pensées sombres qui vous perdroient sans ressource. » Et après ces mots elle se retira.

La dame Tchao reconduisit sa bienfaitrice jusqu'à la porte de son appartement, et à l'instant elle se trouva dans une assiette tranquille et dans un calme d'esprit qu'elle n'avoit point encore éprouvé. Elle appela sur-le-champ plusieurs de ses esclaves, qui avoient entendu confusément quelques-unes de ces paroles, et elle leur fit part de ce qui venoit d'arriver. Mais comme elle n'avoit encore nulle connoissance de la religion chrétienne, elle s'imagina que c'étoit une apparition de quelque divinité du paganisme, qui avoit veillé à sa conservation.

Elle ne se détrompa que cinq ans après, dans une visite qu'elle rendit à une de ses parentes, qui étoit chrétienne et d'une piété tout à fait exemplaire. Ayant aperçu à son oratoire une image de la sainte Vierge, et ayant reconnu dans cette image le portrait de sa libératrice, qu'elle avoit toujours présent à l'esprit, elle se prosterna sur-le-champ, et frappant la terre du front : « Voilà, s'écria-t-elle, voilà celle à qui je dois la vie. » Et dès lors elle prit le dessein d'embrasser le christianisme.

Elle eut bientôt appris les principaux articles de la foi et les prières ordinaires des chrétiens ; mais elle n'eut pas la force de surmonter le seul obstacle qui lui restoit à vaincre. Il s'agissoit non-seulement de renoncer aux idoles, mais encore d'en briser deux qui étoient regardées comme les divinités protectrices de sa maison : et c'est à quoi elle ne put se résoudre, craignant d'encourir par là l'indignation de sa famille.

Malgré cette infidélité à la grâce, Dieu lui inspira encore de nouveaux désirs de conversion, par le moyen de cette dame chrétienne, sa parente, dont je vous ai parlé. Une petite fille que la dame Tchao avoit adoptée, et qu'elle aimoit tendrement, tomba dangereusement malade. La dame qui étoit chrétienne lui procura le bonheur de recevoir le baptême ; l'enfant mourut peu de jours après avoir été baptisée, sans que la mort eût tant soit peu défiguré son visage. A cette vue, la dame Tchao sentit redoubler toute sa tendresse, et dans le premier transport de sa douleur : « Hélas ! dit-elle, je me consolerois, si j'avois quelque espérance de la revoir après ma mort. — Rien de plus aisé, répondit la fervente chrétienne : cette enfant a reçu le baptême, et son âme, purifiée par cette eau salutaire, est certainement montée au ciel. Il ne tient qu'à vous, madame, d'avoir le même avantage : dès lors la porte du ciel vous sera ouverte, et vous verrez éternellement celle qui fait aujourd'hui le sujet de votre affliction. »

Ces paroles, dites à propos, rappelèrent à l'esprit de la dame affligée le souvenir de la grâce qu'elle avoit reçue de la Mère de Dieu, et de la résolution qu'elle avoit prise de se faire chrétienne. Elle commença d'abord par renoncer au culte de son idole favorite, et pour ne l'avoir plus devant les yeux, elle l'envoya à une dame de ses amies.

Peu de temps après, se voyant dans un état de langueur que lui avoit causé une assez longue maladie, elle demanda avec instance le baptême, qu'on lui avoit différé pour de bonnes raisons. Elle s'y étoit disposée par une foi vive, et par un parfait renoncement à toutes les superstitions des idolâtres. Cependant le missionnaire lui fit dire que les catéchumènes, en renonçant aux idoles, ne pouvoient ni les garder ni les donner à d'autres ; elle envoya aussitôt chercher celle qu'elle avoit donnée, et la mit en pièces aussi bien que les deux autres, que des considérations humaines lui avoient fait retenir dans sa maison.

Comme ses forces diminuoient chaque jour, et qu'on commençoit à craindre pour sa vie, le missionnaire ne crut pas devoir éprouver plus longtemps sa constance. Il se transporta donc dans sa maison, et il lui conféra le baptême avec les cérémonies ordinaires de l'Église : il lui fit ensuite quelques présens de dévotion, qu'elle reçut avec joie : surtout, il lui donna une grande image de la sainte Vierge, qu'elle plaça aussitôt dans le lieu le plus honorable de son appartement. Elle promit même que si Dieu lui rendoit la santé, elle l'emploieroit uniquement à lire les livres de la religion, et à exhorter tous ceux qu'elle connoissoit, ou sur qui elle avoit quelque autorité, d'embrasser le christianisme.

Dieu se contenta des saints désirs de la néophyte. Elle tomba tout à coup dans un état qui fit désespérer de sa vie. Comme elle s'aperçut la première que sa fin approchoit, elle demanda les derniers sacremens, et elle reçut Notre-Seigneur avec de grands sentimens de piété. Le lendemain elle envoya prier le missionnaire de lui apporter l'extrême-onction ; mais quelque diligence qu'il fît, il apprit à son arrivée qu'elle venoit d'expirer, tenant un cierge bénit d'une main et son chapelet de l'autre, et invoquant les saints noms de Jésus et de Marie.

Quelque temps avant que de mourir, elle avoit appelé son fils et lui avoit recommandé deux choses : la première, d'avoir soin qu'on ne mêlât rien de superstitieux dans l'appareil de ses obsèques, et que le soin de cette cérémonie fût abandonné aux chrétiens. La seconde, de songer sérieusement à renvoyer au plus tôt ses concubines pour se disposer à recevoir le baptême. Elle mourut assistée de plusieurs fervens chrétiens qui récitoient les prières ordinaires pour les moribonds, et qui furent très-touchés des actes de foi, d'espérance et de charité qu'elle répéta sans cesse jusqu'au dernier soupir. Ils recueillirent avec soin les trois dernières paroles qu'elle prononça; les voici : « Sainte Mère de Dieu, secourez-moi; Jésus, mon Sauveur, pardonnez-moi; mon Dieu, mon Jésus, sauvez-moi. » En prononçant une quatrième parole qu'on ne put entendre, elle s'endormit doucement dans le Seigneur.

LETTRE DU PÈRE BOURGEOIS.

Persécution et accueil. — Vicissitudes des missionnaires.

À Pékin, le 18 septembre 1773.

L'année dernière (1772), il s'est élevé dans l'empire plusieurs persécutions. Les missionnaires des Missions Étrangères en ont essuyé une dans le Sutchuen, où ils travaillent avec succès. Le mandarin de ces cantons avoit arrêté quelques chrétiens ; il en donna avis à l'empereur, qui répondit ces mots : « Cela suffit ; je le sais. » Les choses, suivant la jurisprudence de l'empire, devoient en rester là ; cependant le vice-roi du Sutchuen, je ne sais par quel motif, entreprit de pousser l'affaire. Ce mandarin s'appelle *Koei-lin* : il étoit actuellement à la tête des troupes qui sont occupées à faire la guerre aux Miaotze de ce pays-là ; qui sont ce qu'étoient autrefois en France les révoltés des Cévènes. Ce vice-roi écrivit apparemment à l'empereur qu'il étoit probable qu'il y avoit des rebelles parmi les chrétiens, et que, dans les circonstances d'une guerre dangereuse, il étoit de la sagesse de les examiner sévèrement : c'étoit prendre l'empereur par l'endroit sensible ; car on craint toujours ici que les chrétiens ne soient pas des sujets fidèles, et je ne sais pourquoi deux cents ans d'expérience ne rassurent pas à cet égard. L'empereur donna sur-le-champ ordre aux grands mandarins des provinces du Koei-tcheou et du Sutchuen de s'assembler sur les frontières ; de faire subir aux chrétiens arrêtés le plus rigoureux interrogatoire, et de l'informer de tout exactement. Les mandarins s'assemblèrent vers le mois de mars : ils firent comparoître les chrétiens chargés de chaînes. On n'épargna pas les tortures pour tirer d'eux la vérité. Un nommé *Kiang*, qui étoit le catéchiste de ces cantons, avoit pris la fuite : on le cherche encore maintenant dans tout l'empire.

Les mandarins, après environ deux ou trois mois d'examen, firent leur rapport à l'empereur : ils convinrent de bonne foi que les chrétiens ne sont point comme ces sociétés que l'esprit de révolte forme si souvent dans l'empire ; qu'ils n'amassent point d'argent à mauvaise intention ; qu'ils ne cherchent pas à faire un parti ; qu'ils prient trois fois le jour, et tous les sept jours plus qu'à l'ordinaire ; qu'ils gardent des jeûnes pour se mortifier, etc.

Après un pareil début, on devoit s'attendre à des conclusions bien modérées ; jamais cependant on n'opina ici plus sévèrement contre les chrétiens. Les mandarins demandent à l'empereur que la religion chrétienne soit mise désormais au rang des mauvaises sectes de l'empire ; que les chrétiens soient arrêtés partout, et que, sans autre forme de procès, les chefs soient étranglés ; et le simple chrétien, après avoir reçu cent coups de pantze, envoyé en exil à trois cents lieues : qu'arrivé au lieu de son exil, il en reçoive encore trente ; que les mandarins subalternes qui n'ont pas recherché avec soin les chrétiens soient abaissés de deux degrés, et que les voisins qui n'ont pas dénoncé leurs voisins chrétiens soient condamnés irrévocablement à trente coups de pantze. L'empereur ayant reçu cette requête, l'envoya sur-le-champ au tribunal des crimes, selon l'usage.

Tandis que le hingpou l'examinoit, la justice divine poursuivoit déjà Koei-lin, vice-roi du Sutchuen. Il fut accusé auprès de l'empereur de n'avoir pas soin des troupes à la tête desquelles il se trouvoit ; qu'il les avoit envoyées contre l'ennemi, tandis qu'il étoit dans son palais uniquement occupé à s'amuser et à faire bonne chère. On lui reprochoit surtout qu'un jour, ayant appris que ses troupes étoient entourées d'ennemis, sans pouvoir avancer ni reculer, il avoit dit : « Laissez-les faire, quand elles auront faim elles reviendront. »

A ces nouvelles, l'empereur fut transporté de colère : il envoya sur-le-champ son premier ministre dans le Sutchuen pour juger Koei-lin selon la rigueur des lois. On s'attendoit qu'il seroit coupé en morceaux; mais le ministre, ami secret de Koei-lin, adoucit les choses, et ne le trouva pas si coupable. Il ne put néanmoins empêcher qu'il ne fût envoyé en exil à mille lieues, trois semaines après sa requête à l'empereur pour faire bannir à trois cents lieues les chrétiens du Sutchuen.

Cependant le tribunal des crimes se disposoit à répondre à l'empereur : il le fit le 25 août. Il mitigea le dispositif des grands mandarins ; il ne mit point la religion chrétienne au nombre des mauvaises sectes de l'empire ; il ne fit pas droit non plus à la demande qu'ils avoient faite qu'on punît les mandarins qui n'avoient pas été assez vigilans, et qui, dans la suite, ne le seroient pas assez à rechercher les chrétiens : il approuva tout le reste, excepté encore qu'il ne décerna point la peine de mort contre le nommé Kiang, qui avoit disparu. « Quand il sera pris, disent les juges, on l'examinera, puis on le jugera. »

L'empereur confirma, le même jour, la sentence du tribunal par ces deux mots courts mais efficaces : Y Y (qu'il soit fait ainsi). Cette affaire fut si secrète, que nous n'en sûmes rien que trois ou quatre jours après qu'elle fut finie, et que l'arrêt fut parti pour le Sutchuen : nous ignorons encore comment il a été exécuté. Ce qui nous inquiète le plus, c'est qu'il y étoit dit qu'on obligeroit les chrétiens exilés à renoncer à la foi avant leur départ : Dieu veuille qu'ils préfèrent la mort à l'infidélité ! Nous ne cessons d'élever nos cœurs à cette intention vers le Dieu fort, qui sait faire triompher la foiblesse même au milieu des tourmens les plus rigoureux.

Une chose nous étonne : nous savons que M. Glayot, prêtre des Missions Étrangères, fut arrêté dans le Sutchuen, il y a deux ans, et qu'il fut mis en prison. La distance des lieux ne nous a pas permis d'apprendre des nouvelles de ce généreux confesseur de Jésus-Christ. Nous comptions qu'il en seroit parlé dans cette occasion, mais on n'en dit mot. Peut-être que l'empereur, ayant quelques égards pour nous, qui sommes à Pékin à son service, ne veut pas qu'on parle d'un Européen dans ces procédures criminelles.

La persécution s'est approchée de nous. Une querelle survenue entre un jeune lettré chrétien et un idolâtre l'excita à Yutcheou, qui n'est qu'à vingt-cinq lieues d'ici. Le mandarin du lieu, soit dans l'espérance d'obtenir, sous main, une grosse somme d'argent, soit par haine pour notre sainte religion, ne garda aucun ménagement. Il fit prendre tous les chrétiens qu'il put découvrir ; il les fit battre à plusieurs reprises. Il répétoit souvent, dans les accès de sa colère, qu'il ne seroit pas mandarin de Yutcheou, s'il ne venoit point à bout de détruire la religion. Il auroit bien voulu que les grands mandarins entrassent dans ses vues de destruction : il alla les trouver, il les pressa ; mais la Providence, qui a le cœur des hommes dans sa main, les disposa favorablement. Ils reçurent froidement le mandarin ; ils ne voulurent point porter l'affaire ni à l'empereur, ni aux grands tribunaux. Tout ce que put faire le mandarin de Yutcheou, fut d'impliquer trois ou quatre chrétiens de Suenhoafou dans la persécution qu'il auroit voulu rendre universelle : il les accusa ; ils furent arrêtés et battus : l'affaire n'alla pas plus loin. C'est ainsi que le mot de persécution retentit tous les jours à nos oreilles ; heureux si celui d'apostasie n'y retentissoit jamais !

Au milieu de ces alarmes continuelles, le Seigneur ne nous laisse pas sans consolation. A soixante lieues de Nant-chang, capitale du Kiant-si, il se forme une nouvelle chrétienté. Le missionnaire y baptise près de cent adultes toutes les fois qu'il y va. Il me disoit dernièrement qu'il étoit enchanté de la foi et de la ferveur de ces nouveaux chrétiens ; il m'en raconta quelques traits : en voici un que j'entendis avec satisfaction. Une famille nouvellement convertie tomba malade tout à coup. De huit personnes dont elle étoit composée, il n'en resta pas une en état de servir les autres. Malheureusement, dans cet endroit ni dans les lieux circonvoisins il n'y avoit point de chrétiens. Les païens les laissèrent sans secours. Un bonze fameux dans le pays promit de les guérir tous pourvu qu'on lui permît de faire ses superstitions, et qu'on lui donnât de l'argent. Le chef de la famille, peu instruit et ne connoissant pas assez le mal qu'il alloit faire, consentit à tout. Le bonze se logea devant la chambre des malades, mit son idole sur une table, et fit pendant quelques jours toutes sortes de superstitions sans aucun effet, si ce n'est que le mal empira. Cette nouvelle se répandit; elle parvint aux chrétiens fervens dont je viens de parler, et qui étoient à vingt ou trente lieues de là. Au récit de ce qui se passoit, ils jetèrent de grands cris de douleur. Jeunes et vieux, tous partirent à l'instant pour aller délivrer leurs frères coupables et si dangereusement malades. Voyant le bonze à la porte, ils ne purent s'empêcher de lui témoigner le souverain mépris qu'ils avoient de son idole. Un d'eux la frappa d'une pipe qu'il tenoit à la main. Le bonze frémit, et en se retirant, il fit mille sortilèges sur le chemin par où les chrétiens devoient s'en retourner; cela n'aboutit à rien; mais ce bonze, en arrivant à sa maison, trouva son fils rendant le dernier soupir. Les chrétiens entrèrent dans la chambre des malades, et le plus ancien, vénérable vieillard, plein de cette foi qui fait les miracles, dit : « Mes frères, qu'avez-vous fait? Et qu'avons-nous aperçu à votre porte? Avant tout, frappez-vous la poitrine; demandez pardon à Dieu, et espérez tout de sa miséricorde.» En finissant ces paroles, ses yeux tombèrent sur un enfant qui alloit mourir. Il s'avança et fit sur lui le signe de la croix avec de l'eau bénite. Les autres chrétiens se mirent à genoux pour prier. L'enfant, au lieu de guérir, parut plus mal; on s'écria : Il se meurt! et l'on se mit à pleurer. Le bon vieillard ne perdit point confiance : il reprocha à ses frères leur peu de foi, et faisant le signe de la croix sur l'enfant une seconde fois, il le guérit sur l'heure. Les autres malades guérirent aussi, mais plus lentement.

Ce trait de charité m'en rappelle un qui est arrivé sous mes yeux à Pékin. Un eunuque avoit une maladie qui l'avoit fait chasser du palais. Ce misérable ne savoit où se retirer, et n'avoit aucune ressource. Deux bonnes veuves chrétiennes le recueillirent, quoiqu'elles eussent bien de la peine à vivre du travail de leurs mains. Jour et nuit elles en prenoient soin, et même elles retranchoient sur leur nourriture afin de pourvoir à ses besoins. Leur intention étoit de le convertir. Après trois mois d'attentions et de soins, elles s'enhardirent à lui dire un mot de la religion. L'eunuque infidèle, comme si le démon s'en fût emparé, entra en fureur. Il vomit contre ses bienfaitrices les injures les plus atroces, et sortit brusquement, en menaçant d'aller les accuser d'être chrétiennes. Elles ne répondirent pas un mot, et vécurent dans la crainte pendant plus d'un mois. Alors l'eunuque, ayant mangé le peu qui lui restoit, fut encore contraint de recourir à leur charité. Il revint : elles le reçurent avec la même bonté. L'eunuque ne put y résister; il leur dit : « Il n'y a que la vraie religion qui puisse vous inspirer les sentimens que je suis contraint d'admirer en vous depuis si longtemps. Instruisez-moi; je sens que je mourrai bientôt. Je veux être chrétien et mourir comme vous dans la grâce du Seigneur du ciel. » Elles l'instruisirent, il fut baptisé, et peu de temps après il mourut dans de grands sentimens de piété.

Pendant que je suis en train de vous raconter différens traits qui concernent la religion, et dont je suis touché, je vais vous entretenir de ce qui arriva ici à une jeune personne de la famille impériale. Cette jeune personne s'appeloit Marie, et descendoit directement de ces illustres confesseurs de Jésus-Christ qui, sous Yong-tching, moururent pour la foi. Le père Parennin a donné leur histoire dans les *Lettres édifiantes* de 1724.

Quelque temps avant la fête du Saint-Sacrement, la jeune Marie eut la dévotion de se confesser. Comme elle n'avoit encore que onze à douze ans, elle vint à l'église : passé cet âge, les personnes du sexe ne sortent plus. Après la confession, le père missionnaire lui dit : « Je crois que par la miséricorde de Dieu vous êtes bien avec lui; mais vous êtes jeune, ce pays-ci est plein de dangers pour la vertu; qui sait si vous vous soutiendrez, et si un jour vous n'offenserez pas le bon Dieu mortellement? Je vous avoue que cette pensée me fait trembler pour vous.

» — Ne craignez pas, reprit la jeune Marie, j'aimerois mieux mourir que d'offenser Dieu. — Si cela est, ajouta le missionnaire, je vous conseille de demander à la sainte Vierge qu'elle vous obtienne la grâce de mourir plutôt que d'offenser Dieu mortellement.» A l'instant, cette jeune personne, se tournant vers une image de la sainte Vierge, qui étoit à l'oratoire du Père, se mit à genoux, fit le ko-teou, c'est-à-dire qu'elle frappa la terre de son front pour honorer la sainte Vierge : elle pria un moment, puis elle dit au missionnaire : « Soyez tranquille, mon père, j'espère que la sainte Mère m'exaucera. » Elle sortit bien contente, et le Père très-édifié.

Quelques jours après, il lui vint une petite enflure à la joue; ce n'étoit rien en apparence : elle demanda à venir à l'église encore une fois. Quoique je fusse dans le secret, j'avois peine à me persuader que cette espèce de mal pût avoir des suites : je lui dis ce que j'en pensois. Elle ne répondit point ; à peine fut-elle de retour chez elle que cette enflure, qu'on ne craignoit pas, dégénéra tout à coup en un cancer malin qui en moins de vingt jours, malgré tous les soins qu'on put y apporter, lui mangea une joue tout entière, un œil, la moitié du nez, la moitié de la bouche et de la langue. Elle faisoit horreur à voir; et d'ailleurs, cette énorme plaie sentoit si mauvais qu'on ne pouvoit en approcher. Elle soutint cet état avec une constance angélique, et mourut pleine de joie et de consolation.

Peu de temps avant sa mort, sa tante, frappée d'une vertu si extraordinaire dans un âge si peu avancé, eut la pensée de se recommander à ses prières. « Ma fille, lui dit-elle, j'espère que le bon Dieu vous fera miséricorde ; ne m'oubliez pas auprès de lui ; priez-le de m'accorder la grâce de le bien servir. — Je ferai plus, reprit aussitôt la jeune fille : si, comme je l'espère, Dieu me met dans son saint paradis, je le conjurerai de vous joindre incessamment à moi. — Ce n'est pas là ce que je demande, répliqua la tante avec émotion, sans penser à ce qu'elle disoit : vous êtes jeune, et vous n'avez pas eu beaucoup d'occasions d'offenser Dieu ; vous pouvez mourir avec confiance : mais moi, j'ai vécu longtemps, j'ai bien des fautes à expier ; ce que je demande, c'est seulement le temps de faire pénitence. » La jeune Marie ne dit plus rien. Sa tante conçut qu'elle avoit obtenu plus qu'elle ne vouloit d'abord. Elle commença à mener une vie toute nouvelle. Quoiqu'elle fût d'un tempérament fort, elle mourut dans l'année.

Je ne puis vous exprimer, monsieur, toute la consolation que ressentent les missionnaires à la vue des exemples de vertu solide et de tendre piété que leur offrent souvent les nouveaux chrétiens de ces terres étrangères. En examinant la conduite admirable de la Providence sur ces nations, les prédicateurs de l'Évangile sentent redoubler leur zèle ; ils brûlent du désir de reculer les limites de leur mission, et d'aller au delà pour y faire connoître notre divin Sauveur. Nous sommes sur le point d'exécuter ce noble dessein et d'établir bientôt une nouvelle mission dans la Tartarie. En voici l'occasion.

J'appris, il y a quelques années, qu'une famille chrétienne de Chantong, persécutée par ses maîtres idolâtres, avoit pris le parti de passer dans la Tartarie, au delà de la grande muraille. Elle avoit si bien caché sa fuite, que depuis vingt ans et plus qu'elle avoit quitté la Chine, on n'avoit jamais pu savoir dans quelle contrée elle s'étoit fixée : on savoit seulement qu'elle s'étoit retirée en Tartarie.

L'état de cette pauvre famille, destituée de tout secours depuis si longtemps, touchoit vivement tous les missionnaires : mais comment l'assister dans ses besoins ? Un Européen ne peut pas passer la grande muraille[1]. Toutes les fois que le missionnaire chinois alloit de ces côtés-là, je lui recommandois de s'informer avec soin si l'on n'auroit pas ouï parler de cette famille abandonnée. Pendant plusieurs années nos soins et nos sollicitudes furent inutiles. Les chrétiens qui sont le long de la grande muraille n'en savoient pas plus que nous à cet égard.

L'an passé 1772, le missionnaire désespéroit déjà du succès de ses recherches, et il se disposoit à revenir à Pékin, lorsque la Providence, qui a ses momens, lui envoya de Jehol un chrétien nommé *Tsien-siman*. Il apprit de lui que

---

[1] La grande muraille de la Chine rappelle par sa construction les anciennes voies romaines. Elle se compose de deux murs parallèles, dont l'intervalle est rempli de terre et de gravier. Ces murs ont une base de pierres brutes, et ensuite ils sont continués en briques. Au pied, ils ont une toise de large, et allant toujours en diminuant, ils n'ont plus que douze pouces à leur extrémité supérieure. L'épaisseur totale de la muraille est de quinze pieds, et la hauteur de vingt-quatre. Des couronnemens de meurtrières et d'embrasures règnent dans toute la longueur; des tours garnies de canons en fonte sont de deux cent cinquante pieds en deux cent cinquante pieds, régulièrement. On fait remonter cette muraille tantôt à douze cents ans, tantôt à vingt-quatre siècles. Ce qui est certain, c'est qu'elle est encore aujourd'hui parfaitement entretenue et gardée. Les Mandchoux, quoiqu'ils l'aient franchie, la respectent, et le peu de secours qu'elle a prêté à l'ancienne dynastie ne l'a pas fait abandonner par la nouvelle. C'est ainsi qu'en Europe tant de places fortes, qui jamais n'ont empêché les invasions étrangères, n'en sont pas moins soigneusement et chèrement entretenues.

la famille en question s'appeloit *Tchao*, qu'elle s'étoit avancée près de cent lieues dans la Tartarie, qu'elle s'étoit fixée dans un canton de Ou-la-ha-ta, qu'elle s'étoit multipliée considérablement, qu'elle adoroit toujours le vrai Dieu, et qu'elle soupiroit sans cesse après l'arrivée de quelque missionnaire. Le père Paul Lie-ou écoutoit tout cela avec une joie qui paroissoit sur son visage. Siman s'en aperçut; il lui dit: « Mon Père, voudriez-vous aller si loin pour une seule famille? — Sans doute, j'y irai, lui dit le missionnaire, j'y irai. Mais il me faut un guide. » Alors Tsien-siman se souvint qu'il y avoit à Jehol un chrétien qui s'enfonçoit souvent dans la Tartarie pour y commercer. Il le proposa au Père. Il fut arrêté sur-le-champ qu'il iroit à Ou-la-ha-ta donner avis à la famille des Tchao que le missionnaire étoit arrivé sur les frontières, que le premier de la onzième lune il seroit à Jehol, que là il attendroit de leurs nouvelles. L'exprès partit; le père Paul continua ses missions : sur la fin de la dixième lune il approcha de Jehol, et le jour convenu, il attendoit avec impatience l'exprès qu'il avoit envoyé. Il arriva à point nommé, conduisant avec lui le frère aîné des Tchao. Il venoit au nom de toute la famille inviter le missionnaire. La première entrevue fut touchante. Ce chrétien, qui depuis si longtemps n'avoit point vu de missionnaire, fondit en larmes : il se jeta à ses pieds, lui serra les genoux, lui dit les choses les plus touchantes. On eut bien de la peine à le faire relever. Dès le lendemain on partit avec joie pour Ou-la-ha-ta.

Le chemin étoit long et difficile. Il falloit passer près de trente rivières, et grimper bien des montagnes, avant que d'arriver. Mais rien ne coûte à un missionnaire qui a connu le prix d'une âme.

Après deux ou trois jours de marche, le père Paul vit de loin un jeune homme bien monté, qui venoit à lui. En passant vis-à-vis l'un de l'autre, ils se considérèrent mutuellement; mais le jeune homme regardoit le Père avec un air d'intérêt; cependant il s'éloignoit, lorsque tout à coup il tourna bride. Ayant atteint le nommé Tchao, il lui demanda : « Où allez-vous? » Tchao répondit : « Nous allons dans le royaume de Gao-nicou. » Le jeune homme lui dit : « Ne seriez-vous pas de la famille des Tchao de Ou-la-ha-ta? — Oui, j'en suis, répondit Tchao. » Alors le jeune homme s'approchant plus près et baissant la voix, lui dit : « Celui qui vous précède ne seroit-il pas le Père spirituel ? » (C'est ainsi que les chrétiens appellent les missionnaires.) Tchao, qui ne connoissoit pas celui qui l'interrogeoit, ne voulut pas s'avancer; il lui demanda à son tour : « Et vous, qui êtes-vous? — Je suis chrétien, répondit le jeune homme, mon saint nom c'est Simon. Ho-se-te-ouang, qui demeure ici près à Tsi-kia-eul, m'envoie au-devant du Père pour le prier de descendre chez lui. » Tchao rassuré lui dit : « C'est lui-même. » Alors Simon mit pied à terre, s'avança promptement, et se prosterna selon l'usage du pays pour saluer le missionnaire, qui aussitôt lui tendit la main et le releva.

On arriva bientôt chez Ho-se-te-ouang. C'est un vieillard plein de feu. A la vue du missionnaire, il ne se possédoit pas de joie : il alloit, il venoit, il arrangeoit, il dérangeoit. Il ne savoit comment témoigner ce qu'il sentoit au fond de son cœur. Le père Paul appela toute la famille : il lui parla de Dieu. Ces pauvres chrétiens fondoient en larmes en l'écoutant. Après une instruction qui leur parut bien courte, le Père les examina. Il trouva en eux de la foi, de la droiture, mais beaucoup d'ignorance. Excepté un fils de Ho-se-te-ouang, les autres ne savoient presque rien. Il ne fut pas possible de les admettre aux sacremens; ce qui les toucha beaucoup. On prit des mesures pour les mettre en état de les recevoir au retour du Père, puis on continua sa route vers Ou-la-ha-ta.

En sortant de Tsi-kia-eul, il y a deux grandes chaînes de montagnes extrêmement élevées et presque à pic. Elles se resserrent insensiblement, et après cinq ou six lieues, elles aboutissent à la fameuse montagne de Mao-king-ta-pa, à laquelle on donne une lieue de hauteur perpendiculaire. Mais il semble impossible d'aller en avant. Mao-king-ta-pa étant en face, et les deux chaînes de montagnes venant se joindre à ses côtés. Heureusement la nature a laissé une pente entre Mao-king-ta-pa et une des montagnes des côtés. C'est par là qu'on peut s'échapper et continuer sa route : mais on ne le fait qu'avec beaucoup de peines et de dangers. La pente est rapide, et souvent si difficile, qu'on ne sait comment s'en tirer. Quelquefois elle est interrompue tout à coup; soit que ce soit un jeu de la nature, soit que les roches et les terres se soient précipitées dans les abîmes, le chemin manque, et l'on ne voit à ses pieds que des profondeurs effrayantes. Cependant comme ce passage est absolument nécessaire pour aller d'un royaume à l'autre, les gens du pays ont imaginé des ponts singuliers qui sont accolés à la montagne qui est alors à pic. Il y a un de ces ponts qui est si élevé qu'on lui a donné le nom de pont du ciel; en chinois, Tien-kiao.

Après plusieurs jours de marche, le missionnaire arriva à Tai-ping-tchoang. Là le Tchao a un assez bel établissement; mais il n'est pas commode pour y faire les exercices de notre sainte religion, parce qu'il est plein d'idolâtres. Aussi les femmes et les enfans chrétiens étoient partis pour Gang-pang-keou, qui est à dix lieues de là. Les hommes qui étoient restés, reçurent le Père avec toutes les démonstrations de la joie la plus vive. Après avoir entendu la sainte messe, ils se rendirent tous à Gang-pang-keou.

Le bon Tchao-se-te-ouang envoya son second frère au-devant du missionnaire. Lui-même suivit de près avec ses enfans et ses neveux : les femmes et les filles avoient fait quelques pas hors de la maison. L'entrée du missionnaire fut accompagnée de tant de circonstances qui attendrissoient, qu'il m'a dit lui-même que la consolation qu'il eut alors passoit de beaucoup les peines du voyage. La première chose qu'il fit, fut de leur parler de Dieu. On pleuroit de joie en l'écoutant. On auroit voulu qu'il parlât les jours et les nuits entiers. Les idolâtres amis de la famille des Tchao vinrent prendre part à leur joie. Ils se joignirent à eux pour écouter le missionnaire : on espère que plusieurs se convertiront. Dieu veuille donner sa bénédiction à cette mission naissante.

Les catéchumènes se présentèrent pour être baptisés. En peu de temps on en mit vingt-cinq en état de recevoir le saint baptême. Les anciens chrétiens passoient le jour et la nuit auprès du missionnaire et de son catéchiste pour apprendre ce qu'il faut savoir pour approcher avec fruit des sacremens de pénitence et d'Eucharistie. En huit jours on en prépara une trentaine; les autres seront remis à l'année suivante.

Le missionnaire, après avoir rempli toutes les fonctions de son ministère, pensa à son retour. Le Tchao-siman voulut l'accompagner jusqu'à Tchol. Trois ou quatre mois après, deux des Tchao vinrent à Pékin me remercier de ce que j'avois pensé à eux. Je fus enchanté de ce procédé et de leur reconnoissance. Je leur promis de ne les oublier jamais. En lisant ce récit, puissent les gens de bien s'intéresser auprès de Dieu pour la mission et les missionnaires de Pékin.

LETTRE DU PÈRE BENOIT

A MONSIEUR ***.

Détails sur l'empereur. — Sur la cour. — Sur les sciences.

Pékin, le 4 novembre 1773.

Vous savez, monsieur, que les nouveaux missionnaires qui viennent à Pékin par ordre de l'empereur doivent être présentés à Sa Majesté peu de temps après leur arrivée ; mais vous ignorez peut-être qu'en même temps qu'ils paroissent devant elle, l'usage exige qu'ils lui fassent quelques présens. Deux nouveaux missionnaires étant donc arrivés à notre maison le 12 janvier de cette année 1773, le père Méricourt, sous le titre d'horloger, et le frère Pansi, en qualité de peintre, notre Père supérieur me chargea de tout ce qui regardoit cette présentation. La lettre que j'ai aujourd'hui l'honneur de vous écrire aura pour objet le succès de cette commission assez embarrassante, et dont je me suis acquitté le mieux qu'il m'a été possible. Vous y verrez quelques détails, peu connus en Europe, de l'intérieur du palais, des mœurs de cette cour, et de la manière de vivre d'un si puissant empereur.

Parmi les divers présens que devoient offrir ces nouveaux venus, il y avoit un magnifique télescope de nouvelle invention, que M. Bertin nous avoit envoyé l'année précédente. Ce ministre d'État, dans les circonstances actuelles, où tant de personnes qui paroissoient autrefois attachées à nos intérêts semblent rougir d'avoir quelque commerce avec nous, daigne cependant nous ménager les bontés de notre glorieux et bien-aimé monarque. Il y avoit aussi un tableau peint par le frère Pansi, et une machine pneumatique que notre supérieur général (le père Le Fèvre) nous avoit envoyée de Canton. C'étoient là les plus distingués des présens destinés à l'empereur.

La question étoit de faire en sorte que Sa Majesté pût connoître le prix du télescope et l'usage de la machine pneumatique : car il arrive souvent que des pièces curieuses, présentées à l'empereur, ou en sont refusées, ou bien, s'il les reçoit, elles sont envoyées dans ses magasins, où elles restent sans usage et dans l'oubli. Quant à la machine pneumatique, j'avois travaillé depuis quelques mois à la mettre en état : j'avois fait en chinois une explication tant de sa théorie que de ses usages, entre lesquels j'en avois choisi un vingtaine des plus curieux, et j'avois fait dessiner à l'encre de la Chine des planches qui les expliquoient. Cette explication, qui forme un petit volume, devoit être présentée à l'empereur avant que la machine lui parvînt.

Nous étions déjà avancés dans la douzième lune chinoise : alors les sceaux sont fermés, et les tribunaux sont en vacance jusqu'au 21 de la première lune de l'année suivante. Pendant ce temps de vacance, on ne traite que des affaires qui doivent être promptement expédiées : ainsi l'empereur est moins accablé d'affaires que dans les autres temps de l'année; mais aussi il est plus occupé à des cérémonies de religion ou à des spectacles dans l'intérieur de son palais. Il falloit donc se presser de présenter les deux nouveaux missionnaires. Je pris langue avec les officiers du palais que ces sortes d'affaires regardent. Ils assignèrent le 18 janvier, 26 de la douzième lune. Dès la veille de ce jour, je fis porter les présens ; et comme le placet de présentation doit entrer dans l'intérieur bien avant le jour, dans la crainte que nous ne fussions pas à temps, je confiai ce placet, le catalogue des présens et l'explication de la machine pneumatique, à ceux qui sont chargés de faire parvenir ces sortes de choses à l'empereur. J'y avois joint un billet séparé, pour être aussi présenté à Sa Majesté, dans lequel j'avertissois que, quoique le frère Pansi fût au fait des différentes espèces de peintures, son talent particulier étoit pour les portraits.

J'avertissois aussi, par rapport à la machine pneumatique, que, pour en faire usage, il falloit qu'elle fût placée dans un lieu tempéré, et à l'abri du violent froid qu'il faisoit alors.

Le lendemain 18 janvier, notre Père supérieur avec quelques autres de notre église et moi, nous accompagnâmes les nouveaux venus. Le placet de présentation et les autres écrits étoient déjà entrés. Ici il faut, hiver et été, être très-diligent. Vers les neuf heures, on nous avertit que l'empereur avoit lu le billet de présentation, et l'on fit entrer les présens dans l'intérieur, afin que Sa Majesté pût les voir lorsqu'elle en auroit le loisir, et choisir ceux qui lui agréeroient. Après midi, on rapporta ceux des présens que l'empereur n'avoit pas reçus, et l'on nous signifia ses ordres, savoir, que les deux nouveaux entreroient tout de suite au palais pour y exercer chacun son art; que le frère Pansi partageroit, avec les pères Damascène et Poirol, l'ouvrage des six tableaux que Sa Majesté leur avoit donné à faire; que le père de Méricourt travailleroit à l'horlogerie avec les pères Archange et de Vantavon; que la machine pneumatique seroit portée à Jou-y-koan (c'est le lieu où travaillent les Européens artistes); et qu'au printemps, lorsque le temps seroit plus doux, le père Sighelbare et moi nous la ferions jouer devant Sa Majesté, et la lui expliquerions. Ce furent là les premiers ordres de l'empereur, dont la plupart furent changés dans la suite. Les présens dont l'empereur gratifia les nouveaux missionnaires furent, à l'ordinaire, six petites pièces de soie pour chacun.

L'empereur n'avoit pas encore positivement reçu le télescope. Il voulut auparavant savoir ce que c'étoit, et quel en étoit l'usage. Je fus appelé pour l'expliquer, et conduit aux appartemens où étoit alors l'empereur. Un des eunuques de sa présence étant sorti de la chambre où étoit Sa Majesté, je pointai le télescope sur le faîte d'un des toits du palais, le plus éloigné de tous ceux qu'on pouvoit apercevoir. Comme le temps étoit fort clair et sans vapeur sensible, l'eunuque aperçut le faîte de ce toit si distinctement et si rapproché, que, tout surpris, il alla aussitôt avertir l'empereur qui étoit alors à souper, quoiqu'il ne fût que deux heures après-midi, l'usage de Sa Majesté étant de souper à cette heure, de dîner à huit heures du matin, et de n'employer à ses repas jamais plus d'un quart d'heure. J'aurai occasion de parler plus amplement de ce qui regarde les repas de l'empereur.

Tous les eunuques de la présence et les autres officiers ayant été satisfaits du télescope, on apporta une table sous le portail de l'appartement de Sa Majesté, afin que je le disposasse moi-même, et le pointasse à quelque objet. Cela étant fait, comme l'empereur avoit déjà fini de souper, les eunuques l'invitèrent à venir l'éprouver. Sa Majesté sentit bientôt la supériorité de cet instrument sur tous ceux qu'elle avoit vus jusqu'alors. Elle commit deux eunuques pour le porter continuellement à sa suite partout où elle iroit, et me donna la commission de les instruire de la manière de s'en servir et de le gouverner. Et pour témoigner davantage sa satisfaction, outre les soies dont elle avoit déjà gratifié les nouveaux missionnaires, elle me fit donner pour eux et pour moi trois grandes pièces de soie, dont une seule valoit cinq ou six des précédentes. Je fis les remerciemens d'usage; et ensuite j'eus ordre de conduire, le lendemain, le frère Pansi au palais, pour y faire ce que Sa Majesté lui prescriroit. En conséquence, le 19 janvier je conduisis ce peintre au Ki-siang-kong (c'est le lieu dans l'intérieur du palais où travaillent les peintres chinois pendant les trois mois de l'année que l'empereur demeure à Pékin). Là, nous apprîmes que l'empereur vouloit que le frère Pansi fît un portrait. Tandis que j'attendois que tout fût prêt pour commencer ce travail, les eunuques chargés du télescope me l'apportèrent, afin que je continuasse à leur en montrer l'usage. Ils me dirent que l'empereur étoit monté sur une tour, au-dessus de laquelle il y a une plate-forme d'où on avoit pointé le télescope à des objets éloignés; mais qu'y ayant alors des vapeurs, on avoit eu peine à découvrir les objets. Je leur dis qu'il ne falloit pas en être surpris, parce que la lunette, en augmentant considérablement les objets, augmentoit aussi les vapeurs.

Le lendemain 20 janvier, nous étant rendus de grand matin au palais, on nous mena dans une chambre à côté de l'appartement où étoit alors l'empereur. Peu après, on fit venir un page de vingt-sept à vingt-huit ans, dont Sa Majesté vouloit faire faire le portrait. A peine le frère Pansi eut-il crayonné la première esquisse, que l'empereur se l'étant fait apporter, fit dire, en la renvoyant, qu'il reconnoissoit déjà les traits du jeune homme. Cette première ébauche étant finie, à mesure que le frère Pansi y appliquoit les couleurs, Sa Majesté l'envoyoit chercher, et en la renvoyant témoignoit toujours un nouveau contentement, et faisoit savoir ses intentions, surtout par rapport aux ombres, qu'on veut à la Chine plus claires qu'on ne les fait en Europe, parce qu'on ne les admet qu'autant qu'il faut pour relever les objets.

Cependant l'ouvrage avançoit, et de temps en temps il falloit par ordre de l'empereur le lui apporter; car ici, au moindre signal d'une volonté du prince, on observe rigoureusement la règle qui prescrit en Europe à la plupart des religieux de quitter tout ouvrage au moindre signal que leur donne l'obéissance. Le frère Pansi, qui n'étoit pas accoutumé à travailler d'une manière si interrompue, étoit très-inquiet; il craignoit que l'empereur, en voyant de temps en temps des traits qui n'étoient pas encore finis, ne regardât sa peinture comme un barbouillage. Je le rassurai, en lui disant que cela ne paroîtroit point tel à Sa Majesté, accoutumée qu'elle est à voir les progrès des tableaux qu'elle fait faire; qu'elle en agissoit ainsi à l'égard des frères Castiglione, Attiret et autres, dont plusieurs ouvrages ne seroient point désavoués des plus habiles peintres de l'Europe.

Nous revînmes au palais, selon nos ordres, le 26 janvier 1773; nous y trouvâmes les peintres chinois et les mandarins de peinture, avec lesquels on nous mena tous ensemble au Ki-siang-kong. Il faut observer que dans tout ce qui est de l'intérieur du palais, qui que ce soit, fût-il prince du sang, ministre d'État, etc., personne, en un mot, ne peut y pénétrer qu'il ne soit accompagné par des eunuques, et lorsqu'on est un certain nombre, comme nous étions alors, mandarins, peintres, domestiques, Européens, on les compte tous sans distinction, et un à un en entrant et en sortant.

Nous nous rendîmes ensuite au même lieu où le frère Pansi avoit commencé à peindre le jeune page. Il en continuoit le portrait, lorsque l'empereur, qui étoit de plus en plus content de son habileté, nous envoya dire qu'il falloit surseoir le portrait commencé, pour le venir peindre lui-même. Nous entrâmes aussitôt, le frère Pansi et moi, dans l'appartement de Sa Majesté, à qui nous fîmes d'abord notre cérémonie, qu'elle ne nous permit pas d'achever; mais nous faisant aussitôt relever, elle s'informa de l'âge et du pays du frère Pansi, de l'église où il demeuroit, etc. Elle expliqua ensuite comment elle vouloit être peinte. En effet, le goût de la Chine veut les portraits en face et non un peu de biais comme on les fait en Europe. Il faut que les parties semblables des deux côtés du visage paroissent également dans le portrait, et qu'il n'y ait entre elles d'autre différence que celle que forment les ombres, selon l'endroit d'où vient le jour, de sorte que le portrait doit toujours regarder le spectateur; d'où il arrive qu'il est ici plus difficile qu'ailleurs de réussir dans ce genre de peinture.

Cependant l'empereur ayant fait réflexion que par la multitude de ses occupations il lui seroit difficile de nous retenir en sa présence tout le temps qui seroit nécessaire pour l'exécution de son dessein, il dit que le frère Pansi n'auroit qu'à le peindre en particulier sur un de ses anciens portraits, et qu'ensuite il feroit en sa présence les changemens que le temps écoulé auroit apportés aux traits de son visage. J'en parlai au frère Pansi, et de concert avec lui, je dis au premier eunuque de la présence, que l'empereur, en faisant l'honneur au frère Pansi de lui faire faire son portrait, il s'attendoit qu'on le peignît tel qu'il est actuellement; que quelque ressemblans qu'on supposât les autres portraits, ils représentoient les traits de Sa Majesté tels qu'ils étoient alors; mais que l'âge et les circonstances occasionnent toujours quelque changement dans les traits du visage; et que si, en consultant un portrait déjà fait, on faisoit aujourd'hui le portrait de l'empereur, il ressembleroit à Sa Majesté telle qu'elle étoit dans ce temps-là, mais non pas telle qu'elle est actuellement. Que quelques corrections qu'on fît dans la suite en présence de l'empereur, et en consultant les traits actuels de son visage, malgré ces corrections, le portrait n'auroit pas une certaine perfection qui dépend de l'ébauche primitive, où l'on a eu soin de prévoir les différens traits d'où dépend cette perfection. Je priai l'eunuque de faire à Sa Majesté ces représentations que suggéroit au frère Pansi la crainte de ne pas réussir comme il le désiroit.

L'eunuque s'acquitta parfaitement de la commission, et l'empereur nous ayant fait entrer, il nous dit que les réflexions qu'on venoit de lui communiquer étoient justes. « Je suis, dit-il, actuellement tout différent de ce que j'étois lorsque tu es arrivé ici; combien y a-t-il de temps? — Sire, il y a, répondis-je, vingt-huit ans que je suis à Pékin, et vingt-six que j'ai eu l'honneur de parler pour la première fois à Votre Majesté lorsqu'elle me chargea de la direction des eaux dont elle vouloit décorer ses palais, soit ici, soit à Yuen-ming-yuen, sa maison de plaisance. — Eh bien, reprit l'empereur, tu dois te rappeler combien j'étois alors maigre et fluet; et n'est-il pas vrai que, si depuis ce temps-là tu ne m'avois point vu, tu ne pourrois me reconnoître, vu l'embonpoint où je suis? — C'est, lui dis-je, le fréquent exercice que se donne Votre Majesté, et le régime qu'elle observe qui contribuent à cet embonpoint. Ordinairement, à mesure qu'on approche de l'âge avancé, on sent ses forces et sa santé diminuer; au contraire, les forces et la santé de Votre Majesté semblent s'accroître avec son âge. C'est un bienfait de Dieu qui veut la conserver à ses peuples... — Quoique je me sente fort et robuste, reprit l'empereur, je m'aperçois que mes traits changent d'une année à l'autre, et que je suis tout différent de ce que j'étois lorsqu'on a fait mes anciens portraits. Ainsi Pan-ting-chang (nom chinois du F. Pansi) a raison. Qu'il me peigne donc ici, et se mette dans la situation qu'il croira la plus commode pour réussir. »

L'empereur ayant ensuite demandé combien à peu près il faudroit de temps pour le peindre, et s'il pourroit pendant ce temps-là s'occuper à la lecture, à écrire, etc. Après avoir interrogé le frère Pansi, je lui répondis que pour la première ébauche on emploieroit deux ou trois heures; qu'après quelques jours, lorsque les couleurs seroient sèches, le peintre poseroit une seconde couche de couleurs, à laquelle il emploieroit plus ou moins de temps, selon que la première ébauche auroit plus ou moins réussi. Au reste, que dès que Sa Majesté le souhaiteroit, elle n'auroit qu'à faire cesser l'ouvrage, qu'on reprendroit ensuite quand il lui plairoit, sans que cela portât aucun préjudice; et que tandis qu'on seroit occupé à la peindre, elle pourroit lire, écrire et faire ce qu'elle jugeroit à propos, pourvu que son visage fût toujours dans une telle situation que le peintre en pût découvrir les différens traits, et que lorsque l'ouvrage exigeroit une certaine situation, on prendroit la liberté d'en avertir Sa Majesté. « Ne manque donc pas, me dit l'empereur, de m'avertir lorsqu'il aura besoin que je change de situation.

L'appartement où étoit alors l'empereur est dans le goût de presque tous ses autres appartemens, ou plutôt dans le goût de tous ceux des personnes de Pékin qui sont un peu à leur aise, n'y ayant de différence que celle qui est du grand au petit, du commun au magnifique.

A cause des tremblemens de terre qui sont ici assez fréquens, les poutres et les toits des édifices chinois ne sont point appuyés sur les murailles, mais sur des colonnes de bois posées sur des bases de pierre : de sorte que souvent le toit d'un bâtiment est fini avant qu'on ait élevé les murailles. De là il arrive que dans les tremblemens de terre, les murailles sont quelquefois renversées, sans que le toit ou même l'intérieur des bâtimens en souffrent. Ces murailles sont ordinairement de briques travaillées en dehors très-proprement, quelquefois même ornées de différens dessins en sculpture, et recouvertes en dedans, ou d'un enduit, ou de planches dans les appartemens qu'on veut coller en papier; et dans d'autres appartemens, elles sont recouvertes de menuiserie.

L'appartement de l'empereur, qui est construit dans ce goût, est composé d'un grand corps de logis, est et ouest dans sa longueur, et dont la face, qui regarde le midi, est flanquée à ses deux extrémités de deux autres bâtimens parallèles. Ce corps de logis, qui a en dedans à peu près 90 pieds de long sur 25 à 26 de large, est divisé en trois parties, dont celle du milieu est une salle du trône. Au milieu de chacune des faces de cette salle qui regardent le nord et le sud, est une porte à deux battans de 10 pieds de haut. Dans le contour de ces battans règne un cadre de menuiserie dont le bas, à la hauteur d'environ 3 pieds, n'est point évidé. La boiserie qui remplit le reste du cadre est toute à jour, et forme des fleurs, des caractères et différens autres dessins. Elle est unie en dedans de la salle, et recouverte de papier pour éclairer la salle; elle est, en dehors, ornée de sculptures, dorures et vernis de différentes couleurs. Ces deux portes, à moins qu'il ne fasse un grand vent, restent presque toujours ouvertes, parce qu'en hiver on y suspend une couverture piquée de damas ou d'une autre étoffe; et en été, un treillis fait de bambous, fendus et réduits à la grosseur d'un gros fil d'archal. Ces fils de bambous, unis comme s'ils avoient passé à la filière, sont colorés en vernis et joints en forme de treillis par des fils de soie colorée, qui forment sur ce treillis des dessins agréables à la vue. Il garantit des mouches et autres insectes, et laisse à l'air un libre passage. Ce treillis en été, et la couverture en hiver, se roulent jusqu'au-dessus de la porte, quand on veut donner de l'air à la salle. Aux deux côtés de la porte, il y en a encore d'autres qui donnent du jour à la salle, et dont les battans n'ont ni couvertures en hiver, ni treillis en été. On les ouvre dans l'occasion, et c'est par ces portes de côté qu'entrent ceux qui ont continuellement affaire à la salle.

Dans toute la longueur de cette salle, il y a en dehors un perron couvert, de 15 pieds de profondeur, formé par deux rangs de colonnes. Les lambris, tant de la salle que du perron, sont ornés de différens ouvrages en sculpture, qui sont partie dorés, partie peints de différentes couleurs et couverts de vernis. Les colonnes sont toujours vernissées en rouge. Des escaliers de pierre règnent dans la longueur des deux perrons, élevés de 4 pieds au-dessus du niveau de la cour et de plain-pied avec le pavé de la salle, au milieu de laquelle est placé le trône de Sa Majesté, élevé de quelques degrés. Ce trône est accompagné de différens ornemens riches et de bon goût, dont la plupart ont été faits en Europe. Entre les ornemens qui y étoient alors, ceux qui me frappèrent le plus étoient deux horloges d'une moyenne grandeur, dont les supports, ou d'or ou d'argent doré, étoient travaillés en forme de branchages avec leurs feuilles entrelacées. Sur le support de l'une, un éléphant fait différens mouvemens avec sa trompe. Sur les branches de l'autre rampe est un dragon. Le tout est travaillé d'une manière si naturelle, qu'on croiroit ces animaux vivans. Au lambris des plafonds, suivant l'usage chinois, sont suspendues des lanternes de différentes espèces, et d'autres ornemens avec leurs pendeloques de soierie de différentes couleurs.

Cette salle et les autres salles du trône que l'empereur a dans la plupart de ses appartemens, ne servent que pour les audiences ordinaires. Il y a dans l'enceinte du palais, pour les audiences de cérémonie, une salle particulière, dont la grandeur et la magnificence annoncent la grandeur et la majesté du souverain à qui on y rend ses hommages.

Aux deux côtés est et ouest de la salle du trône sont deux chambres, dont les dimensions sont les mêmes que celles de la salle. La face de ces deux chambres qui regarde le midi, depuis la hauteur de trois pieds et demi au-dessus du pavé jusqu'à deux pieds au-dessous du plafond, est toute en fenêtres couvertes de papier. Quoique l'empereur ait des glaces de toute espèce et en quantité, il préfère pour l'usage ordinaire le papier, qui est presque toujours du papier de Corée. Dans quelques-uns de ses palais les fenêtres sont toutes en glace; mais ces palais sont uniquement pour s'y promener, et non pour y habiter.

Au dehors des deux chambres, du côté du midi, est une galerie couverte, qui forme un avant-toit souvent contigu avec le toit du corps de logis. L'usage de cet avant-toit est de garantir les fenêtres, soit des pluies, soit des ardeurs du soleil; la porte de chacune de ces chambres est située sur la salle du milieu. Outre cette porte et la face qui regarde le midi, laquelle, comme je l'ai dit, est toute en fenêtres, il n'y a, dans ces deux chambres, aucune autre ouverture; l'empereur est logé dans la chambre située à l'orient. Chez les particuliers, la chambre située à l'occident seroit destinée à l'épouse, aux femmes qui la servent et aux petits enfans; mais chez l'empereur, comme l'impératrice, les reines, les dames d'honneur et tout le sexe qui les sert ont leur appartement séparé, et que, suivant l'usage du pays, jamais pendant le jour on ne voit l'empereur avec aucune personne du sexe; cette chambre située à l'occident est une chambre ordinaire, qui n'a aucun usage déterminé.

Dans la chambre où est logé l'empereur, à la distance d'un quart de la chambre du côté du nord, est une alcôve fermée par différentes arcades de menuiserie. Ces arcades soutiennent un plafond élevé d'environ 8 à 9 pieds au-dessus du pavé de la chambre. Au-dessus de cette alcôve sont posés différens vases précieux et des pots de fleurs naturelles ou artificielles qu'on peut apercevoir du bas de la chambre. Sous l'alcôve sont disposées différentes tablettes par étages, en vernis du Japon, garnies de vases précieux et de toute sorte de bijoux. Il y a aussi, et sous l'alcôve et dans le reste de la chambre, des vases de différentes espèces de fleurs naturelles; car ici, pendant tout l'hiver, même pendant les froids les plus rigoureux, on a le secret de faire fleurir des plantes et des arbres de toutes les espèces avec beaucoup moins de frais qu'en France. J'ai vu des pêchers et des grenadiers nous donner des fleurs doubles en janvier, et de ces fleurs doubles se former ensuite des pêches et des grenades qui devenoient très-grosses; j'aurois eu de la peine à me persuader qu'elles vinssent de ces fleurs doubles, si plusieurs fois je n'avois vu de mes propres yeux les progrès de ces différens arbres dont on m'avoit fait présent.

Au fond de cette chambre à l'orient, il y a une estrade de deux pieds d'élévation, et d'environ six pieds de profondeur, qui occupe la largeur de la chambre jusqu'à la fenêtre. C'est sur cette estrade que s'assied l'empereur. Et l'estrade et le reste du pavé étoient alors couverts d'un tapis de soie à fond jaune, parsemé de différens dessins de couleur rouge. Quelquefois ces tapis sont d'écarlate ou d'autres draps fins, de velours ou d'autres étoffes d'Europe. Pour les garantir de l'humidité, on a l'usage de mettre entre le tapis et le pavé, de cette espèce de feutre qu'on place sur toutes les estrades sur lesquelles on s'assied. Le pavé de cette chambre et de tous les appartemens de l'empereur est fait de briques, qu'on appelle *kin-tchouen*, briques de métal, parce que lorsqu'on les travaille elles résonnent comme si elles étoient de cuivre ou autre métal sonore. Elles ont deux pieds en carré, et se font dans les provinces méridionales. L'espèce de sable qu'on emploie pour les faire se prépare comme l'émeri fin qu'on veut employer à polir des ouvrages de métal; c'est-à-dire qu'ayant délayé ce sable avec de l'eau dans quelque vase, on laisse reposer l'eau pendant quelque temps, afin qu'elle dépose au fond du vase les particules les plus grossières : on la verse ensuite dans d'autres vases, où on la laisse encore reposer assez longtemps, pour qu'elle y dépose les particules les plus fines dont elle est imprégnée. C'est ce dépôt dont est formée cette espèce de briques, dont le grain est si fin, qu'on en recherche les fragmens pour aiguiser les rasoirs et pour polir les différens ouvrages de métal. Chacune de ces briques revient à 40 onces d'argent, ce qui fait 100 écus de notre monnoie de France. En pavant, on unit les briques ensemble avec un mastic composé de vernis; et lorsqu'elles sont posées, on les enduit d'un vernis qui rend leur superficie brillante et si dure, qu'en marchant dessus elles ne s'usent pas plus que si c'étoit un pavé de marbre.

L'empereur étoit sur le milieu de son estrade, le dos tourné à l'orient, assis à la tartare, les jambes croisées, sur un coussin de damas à fond jaune ; un autre coussin de même étoffe étoit contre la muraille pour lui servir de dossier. A ses côtés il avoit de petites tables de 8 à 10 pouces de haut, sur lesquelles étoient des pinceaux, de l'encre rouge et de la noire, des écritoires, différens papiers écrits et quelques volumes de livres. Sa robe étoit doublée d'une fourrure précieuse, dont le prix surpasse neuf ou dix fois celui des plus belles zibelines. Comme on étoit dans les cérémonies de la nouvelle année, l'étoffe qui recouvroit cette fourrure étoit un damas à fond jaune chamarré de dragons à cinq ongles. Ces dragons à cinq ongles sont pour les empereurs de la Chine ce que les fleurs de lis sont pour nos rois. Si d'autres que l'empereur emploient quelquefois ces dragons en broderie, en peinture ou en relief, alors ces dragons ne doivent avoir que quatre ongles. L'habit de dessus étoit à fond violet, il descendoit tout autour du corps jusque sur l'estrade, et couvroit toute la robe. Le bonnet qu'il portoit étoit de fourrure noire, avec une perle au sommet. Cette perle, que j'ai vue de près et maniée, a de longueur 14 lignes. La base est un peu ovale, et forme au sommet deux espèces de pointes émoussées.

Une observation que nous avons faite avec quelque surprise, le frère Pansi et moi, à l'occasion de la situation où je viens de dire qu'étoit l'empereur, c'est que pendant les différentes séances, quelquefois fort longues, qu'on a employées à le peindre, il étoit à quelque distance du coussin qui lui servoit de dossier, et jamais nous ne l'avons vu s'appuyer ou s'accouder. Souvent, lorsqu'il s'animoit en parlant, ou bien lorsqu'il prenoit à côté de lui des choses dont il avoit besoin, il faisoit différens mouvemens de la tête, des bras et du buste ; mais jamais nous ne lui avons vu faire le moindre mouvement des jambes, ni changer tant soit peu de situation. Ce trait ne paroîtra et n'est en lui-même qu'une bagatelle : il peut néanmoins servir à confirmer ce que j'aurai peut-être occasion de dire dans la suite, combien l'empereur donne à ses Tartares l'exemple d'éviter tout ce qui ressent l'amour de ses aises. Cet exemple l'autorise à punir ou même à disgracier qui que ce soit qu'il sauroit vivre dans la mollesse et rechercher avec trop de soin ses commodités, quand même il auroit d'ailleurs quelque talent.

Dans les chambres de Sa Majesté, il n'y a jamais ni chaises ni tabourets, parce que si elle fait à quelqu'un la grâce de le faire asseoir, il ne s'assied jamais que sur le pavé qui est toujours couvert d'un tapis. Si quelquefois elle veut distinguer d'une manière particulière un prince du sang, un général d'armée, ou quelque autre personne en qui elle reconnoîtra un mérite éminent, alors elle la fait asseoir sur la même estrade où elle est assise.

Comme le froid étoit alors excessif, il y avoit au milieu de la chambre, sur un piédestal, un grand vase de bronze rempli de braise bien allumée, mais couverte de cendre, pour entretenir un air tempéré. Outre ces sortes de brasiers, on sait qu'à la Chine on fait usage d'une espèce d'étuve, formée par des canaux qui circulent par-dessous les pavés de la chambre, et y portent la chaleur d'un fourneau auquel ils aboutissent. Ce fourneau est enfoncé en terre hors de la chambre, ordinairement du côté opposé aux fenêtres. La chaleur de ce fourneau, lorsqu'il est allumé, en circulant dans les canaux, échauffe tout le pavé, et par conséquent la chambre d'une manière uniforme, sans y causer ni fumée, ni mauvaise odeur. Mais l'empereur qui ne craint point le froid, le fait rarement allumer [1].

Voici à peu près en quoi consistent les ornemens de la chambre de l'empereur. Plusieurs tables de vernis artistement ouvragées, et couvertes de toutes sortes de précieux bijoux, étoient disposées dans différens endroits de la chambre. Des lanternes et autres ornemens suspendus au plafond de même que dans la salle du trône. Quelques petits portraits des anciens sages du pays faits à l'encre et posés sur la boiserie de l'alcôve. Au lieu de tapisseries, un beau papier blanc collé sur les murailles et sur le plafond rend la chambre excessivement claire, sans fatiguer la vue. L'empereur a cependant des tapisseries dans plusieurs de

---

[1] Les personnes un peu à leur aise ont ordinairement dans leur chambre de ces sortes d'étuves. On en a envoyé en France une description exacte et détaillée qui a donné l'idée des calorifères.

ses palais, où il va de temps en temps se promener et se reposer. Ces mêmes palais sont aussi ornés de glaces, de peintures, de pendules, de lustres et de toutes sortes d'autres ornemens les plus précieux que nous ayons en Europe. Les mandarins des provinces lui en offrent de toutes les espèces; ce que le seul tsong-tou de Canton lui offrit l'année dernière à la 12ᵉ lune, revenoit à plus de 30 ouan, c'est-à-dire à trois cent vingt-cinq livres. Mais l'empereur fait peu d'usage de ces ornemens dans les lieux où il demeure habituellement.

La magnificence du toit de ce corps de logis annonce celui qui y loge. Les tuiles, qui sont vernissées en jaune, répandent un tel éclat, que lorsque le soleil y donne on les croiroit dorées. La crête et les arêtes de ce toit sont garnies de différens ouvrages en sculpture de la même matière que les tuiles, et vernissées comme elles. Au reste, on vernit ces tuiles en diverses couleurs, en bleu, en vert, en violet, en couleur de chair, etc., et la plupart de ces couleurs sont belles et très-vives : on ne s'en sert guère que chez l'empereur ou dans les temples : mais pour les appartemens où doit loger l'empereur, on emploie ordinairement le jaune.

Ce grand corps de logis, du côté du midi, est, comme je l'ai déjà dit, accompagné, est et ouest, de deux ailes de bâtimens beaucoup moins élevées que le corps de logis. Ces deux bâtimens servent de décharge pour les choses qui sont d'un usage continuel pour le service de l'empereur. Les eunuques qui gardent le quartier y sont logés, et ceux qui sont occupés auprès de l'empereur y mangent et s'y reposent.

Après cette digression qui, en donnant une idée de l'appartement d'un empereur de la Chine, donnera aussi idée de la situation dans laquelle étoit Sa Majesté lorsque le frère Pansi fit son portrait, je reviens à ce qui regarde ce même portrait.

L'empereur, avant que le frère Pansi mît la main à l'œuvre, nous fit approcher de très-près de lui, afin que ce peintre pût le considérer à son aise; et ayant fait lui-même remarquer quelques-uns de ses traits auxquels il souhaitoit que le Frère apportât une attention particulière, il me chargea de le lui recommander. Le frère Pansi, après avoir considéré à son aise les traits de Sa Majesté, plaça lui-même le chevalet à sept à huit pieds de distance d'elle. Je me mis à côté de lui, et il commença à crayonner la première esquisse.

Tandis qu'il la crayonnoit, l'empereur me fit plusieurs questions sur les noms et la distinction de nos églises ; pourquoi nous les nommions église d'orient, église d'occident, etc.; ce que nous faisions en Europe avant que de venir à la Chine; si tous les Européens qui étoient à Pékin étoient religieux; pourquoi il ne venoit guère ici que des religieux ; à quel âge on se faisoit religieux ; si c'étoit depuis que nous étions religieux que nous avions appris les sciences et les arts que nous exerçons ici.. Je tâchai de le satisfaire sur tous ces articles. Je lui dis que « les noms que portoient nos églises de méridionale, d'orientale, d'occidentale, étoient des noms qu'au palais même on leur avoit donnés, conséquemment à leur situation par rapport au palais ; que notre église, par exemple, étant à l'occident du palais, on la nommoit au palais l'église occidentale, quoique dans la ville on la nommât quelquefois l'église boréale, parce qu'elle étoit située dans la partie boréale de Pékin. J'ajoutai ensuite qu'en Europe, avant que de venir ici, nous étions religieux ; que c'est ordinairement à seize ou dix-huit ans qu'on se fait religieux, quelquefois même dans un âge plus avancé; que cet état proprement, comme le désigne le terme de si-ou-tao (c'est ainsi qu'on appelle ici les religieux), est de travailler à nous perfectionner et à perfectionner les autres. Pour y parvenir, nous enseignons en Europe à la jeunesse la grammaire, l'éloquence, la philosophie, les mathématiques ; mais, continuai-je, toutes ces sciences, Sire, comme il a été dit plusieurs fois à Votre Majesté, n'étoient que notre second objet. Le premier et le principal étoit d'enseigner la religion, de corriger les vices et de réformer les mœurs. Quant à la peinture, l'horlogerie et les autres arts de cette espèce, lorsqu'on en sait quelques-uns avant que de se faire religieux, on continue quelquefois de les exercer comme un simple amusement; mais on ne les apprend pas, excepté lorsqu'on pense à venir à Pékin. Comme on sait que Votre Majesté agrée ces différens arts, ceux qui pensent à venir ici les cultivent et même les apprennent s'ils s'y sentent de la disposition.

» — Pan-ting-tchang, dit l'empereur, a-t-il appris la peinture depuis qu'il est religieux?

— Il y a peu de temps, répondis-je, que Pan-ting-tchang est religieux. Il étoit peintre séculier et avoit déjà acquis de la réputation dans son art. Comme il ne vouloit point se marier et qu'il vivoit dans le monde presque comme un religieux, ceux qui, en Europe, s'intéressent pour nous, et à qui nous avions fait savoir que nous voudrions un ou deux bons peintres, lui ont proposé de se faire religieux pour pouvoir avec nous travailler au service de Votre Majesté, et il y a consenti. — Est-ce que, dit l'empereur, s'il ne se fût pas fait religieux, il n'auroit pu venir ici? — Il l'auroit pu, sire; mais n'étant pas de nos Frères, nous n'aurions pu nous intéresser d'une certaine façon pour lui, soit pour le faire embarquer, soit pour le faire proposer à Votre Majesté, soit pour avoir ici soin de lui. — Mais, dit Sa Majesté, si c'est un honnête homme que vous connoissiez, pourquoi feriez-vous difficulté de vous intéresser pour lui? — Sire, lui dis-je, du temps de Cang-hi, nous souhaitions d'avoir ici un peintre, et n'y en ayant point alors de religieux, nous invitâmes un séculier habile dans son art, et qui effectivement eut le bonheur de plaire à votre auguste aïeul pendant plusieurs années qu'il travailla à son service. Mais malgré tous les bienfaits dont Sa Majesté le combla, et malgré tous les efforts que nous fîmes pour le retenir, il voulut absolument s'en retourner dans le sein de sa famille. Comme nous le connoissions pour honnête homme et incapable de se comporter d'une manière qui pût faire déshonneur aux Européens, et que d'ailleurs c'étoit nous qui l'avions amené, nous le logions à notre église. Mais si malheureusement il se fût mal comporté, comme il n'étoit point religieux, et qu'il n'avoit ni ici ni en Europe aucun supérieur dont il dépendît pour les mœurs et la conduite, nous n'aurions pu venir à bout de le mettre à la raison et de le retenir dans les bornes de son devoir. Voilà pourquoi nous ne proposons plus à Votre Majesté que des sujets qui soient religieux. Ç'a été aussi pour ces raisons que le tsong-tou ayant envoyé ici un séculier pour travailler à la verrerie, votre auguste aïeul, à cause des inconvéniens qu'il savoit lui-même, ne nous proposa pas de le loger à notre église, et il le gratifia d'une maison particulière et d'un revenu suffisant pour s'entretenir. Mais ce verrier, après avoir travaillé pendant quelques années au service de Sa Majesté, fit comme le peintre, et s'en retourna en Europe. »

L'empereur m'avoit dit plusieurs fois de rassurer le frère Pansi, de peur qu'il ne fût trop timide en sa présence, « autrement, disoit-il, la crainte de ne pas réussir l'empêchera effectivement de réussir. Qu'il me peigne, ajoutoit-il, avec la même assurance avec laquelle il peindroit un homme ordinaire; qu'il prenne la posture qui lui sera la plus commode, et qu'il avertisse ingénument de ce qui pourroit nuire ou contribuer à la perfection de son ouvrage. » Cette attention que daignoit avoir Sa Majesté d'éloigner tout ce qui pourroit gêner ou détourner le frère Pansi, lui fit encore craindre que, si elle continuoit à parler, le Frère n'en fût distrait. « En causant comme nous faisons, me dit-elle familièrement, je crains que le peintre n'en soit troublé: ne vaudroit-il pas mieux que je me tusse? » — Je répondis à Sa Majesté que, tandis qu'elle conversoit, son visage avoit un air de bonté et de sérénité qui convient parfaitement à un portrait, et qui ne pouvoit être si bien marqué lorsqu'elle s'appliquoit. L'application, d'ailleurs, rend le visage moins ouvert, les traits bien moins marqués, et par conséquent plus difficiles à peindre. — Puisque cela est ainsi, dit l'empereur, en posant sur sa table l'écrit qu'il avoit en main, causons donc. » Et effectivement, pendant près de sept heures que le frère Pansi, dans différentes séances, a employées à peindre Sa Majesté, pendant tout ce temps-là elle m'a fait continuellement des questions sur toutes sortes de matières, me disant plusieurs fois de m'asseoir; que, vu ma santé foible et mon âge avancé, elle craignoit que je ne fusse incommodé de rester si longtemps debout, et s'abaissant à parler avec moi avec toute la bonté et la familiarité qu'un père pourroit avoir avec un de ses enfans. Je rapporterai quelques-unes de ses questions, et les réponses que j'y ai faites; réunissant ensemble celles qui regardent une même matière, quoique quelquefois elles aient été faites en différentes séances. Mais avant que de rapporter ces questions, je finirai ce qui regarde le portrait de Sa Majesté, et les autres que le Frère a faits dans les intervalles que ce portrait lui laissoit de libres.

Vers midi, l'empereur nous envoya dîner,

et nous dit de revenir à midi et demi. Nous allâmes au Ky-siang-kong, lieu de la peinture, où notre dîner nous attendoit. Avant midi et demi étant revenus à la chambre latérale où le frère Pansi avoit peint le matin, Sa Majesté nous envoya au Frère et à moi chacun une grande pièce de soie semblable à celles dont il nous avoit déjà gratifiés à l'occasion du télescope, et à chacun aussi trois paires de bourses, nous faisant dire en même temps de nous rendre sur-le-champ auprès d'elle, pour que le frère Pansi continuât à la peindre. Dès que nous fûmes en sa présence, nous commençâmes à lui faire la cérémonie de remerciement; mais nous ayant fait aussitôt relever, elle nous dit avec bonté qu'elle étoit très-contente. Le Frère se remit à l'atelier et moi à côté de lui. L'empereur recommença la conversation, qu'il interrompoit de temps en temps pour se faire apporter le portrait et voir en quel état il étoit.

Le sourcil gauche de l'empereur est un peu interrompu par un espace vide de la largeur environ d'une ligne, dont le poil qui devroit le remplir est placé sur la convexité du sourcil, au-dessus de l'espace vide. Comme le poil même des sourcils cache cette difformité, on n'y avoit point eu égard; mais l'empereur nous ayant fait approcher, nous fit voir cette séparation, et me dit de recommander au frère Pansi de la faire paroître. Je lui dis : « Si Votre Majesté ne nous eût pas prévenus, nous ne nous en serions pas aperçus. — Eh bien! dit l'empereur en souriant, avertis-le de peindre ce défaut de telle sorte qu'on ne s'en aperçoive point si on n'a pas été prévenu; mais que, lorsqu'on aura été prévenu, on puisse s'en apercevoir. C'est mon portrait qu'il peint; il ne faut pas qu'il me flatte. Si j'ai des défauts, il faut qu'il les représente; autrement ce ne seroit pas mon portrait. Il en est de même des rides de mon visage : il faut avertir le peintre de les faire paroître davantage. — Je dis qu'effectivement elles paroissoient très-peu, et que le peintre avoit de la peine à s'en apercevoir. — Elles paroissent peu, dit l'empereur; elles ne paroissent pas tant que les tiennes, quoique je sois plus âgé que toi. » Aussitôt il nous fit approcher, et s'étant fait apporter un petit miroir, il le tenoit d'une main, et de l'autre il indiquoit chacune de ses rides. « Qu'est-ce que cela, si ce ne sont pas des rides? Il les faut toutes représenter et ne pas me faire paroître plus jeune que je ne suis. A soixante ans passés, ne seroit-il pas extraordinaire que je fusse sans rides? » Il se fit quelque temps après apporter le portrait, et il en fut si content qu'il le crut fini. Lorsqu'on lui dit que ce n'étoit que la première ébauche, et qu'après quelques jours, lorsque les couleurs seroient sèches, il faudroit encore y remettre une seconde couche, « Quoi! dit-il, je trouve actuellement ce portrait si bien fait! que sera-ce quand on y aura encore travaillé! »

Quelques jours s'écoulèrent, pendant lesquels le frère Pansi retoucha dans notre maison son ouvrage. Lorsque nous rentrâmes dans le palais, on nous conduisit à côté de l'appartement de l'empereur. Ce prince n'étoit pas dans son appartement ordinaire; il étoit dans d'autres palais, où il assistoit à des spectacles d'usage dans le temps de la nouvelle année. On lui porta le portrait, et on lui dit qu'il étoit censé fini pour le présent. Il nous fit répondre que son premier dessein n'avoit d'abord été que de faire peindre un buste, mais qu'il falloit l'agrandir, en y collant en haut, en bas et aux deux côtés, du papier préparé, et détermina lui-même les dimensions du tableau. Il faut savoir qu'ici les tableaux ne se font point sur de la toile, mais sur du papier de Corée, aussi fort et plus uni que la toile. On prépare ce papier de même que nos peintres préparent la toile sur laquelle ils doivent peindre. En collant de ce papier préparé à un tableau, on peut l'agrandir autant qu'on veut, sans qu'il paroisse qu'on y ait rien ajouté.

Le 30 janvier, dernier jour de la première lune, étoit le jour assigné pour que le frère Pansi continuât le portrait de l'empereur et y ajoutât le bonnet et les habits; il falloit auparavant que le frère Pansi commençât le portrait d'un autre jeune homme, et que le tableau fût de la grandeur du précédent. Aussitôt on nous conduisit proche de l'appartement de l'empereur, qui n'étoit point dans son appartement ordinaire, mais au Thay-kong. Un jeune homme de vingt-quatre ou vingt-cinq ans se présenta alors, et le peintre en ébaucha sur-le-champ le portrait. Le page le porta lui-même à l'empereur, qui en fut très-content, et tant l'empereur que les eunuques disoient qu'il ne manquoit à ce portrait que la parole. Ce n'étoit cependant qu'une première ébauche. Je vais expliquer ce que c'est que le Thay-kong.

Aux deux solstices et à certains autres jours déterminés, l'empereur va lui-même sacrifier dans les temples du ciel, de la terre, des anciens empereurs, etc. Pour se préparer à ces grandes cérémonies, l'empereur, les grands mandarins du palais et des tribunaux, et tous les mandarins qui doivent assister ou être employés à ces sacrifices, passent les trois jours qui les précèdent dans une espèce de récollection qu'on appelle *tchay-kiay*, que nous nommons jeûne, mais qui, à la lettre, signifie abstinence et continence. Ceux qui doivent garder ce jeûne pendant les trois jours qu'il dure, portent à une boutonnière (à peu près comme on porte en France une croix de chevalier) une tablette de deux pouces de long, sur laquelle sont écrits les deux caractères chinois *tchay-kiay*. L'abstinence qui s'observe ici est rigoureuse si on la suit à la lettre. Non-seulement la viande, mais le poisson et tout ce qui a eu vie, les œufs, le laitage, sont interdits. On ne peut manger que du riz, de la pâte et des légumes ; ceux qui ont du haut goût, comme l'ail, l'oignon et une espèce de poireaux dont les Chinois sont fort friands, sont aussi défendus. Quelques-uns gardent effectivement ce jeûne lorsqu'il est indiqué ; mais ce n'est pas le plus grand nombre. Cependant ceux à qui on donne à manger aux frais de l'empereur ou des tribunaux, ne peuvent faire autrement que de le garder. L'empereur, par exemple, en ordonnant, dans quelque temple, des prières pour obtenir de la pluie, de la neige, ou pour quelque autre nécessité publique, envoie ordinairement un ou deux grands de son palais pour y maintenir le bon ordre. Ces grands ont leur appartement hors de l'enceinte du temple, et ils ne peuvent s'en éloigner sans une permission expresse de l'empereur. Je suis sûr de l'exactitude avec laquelle on leur fait observer le jeûne. Les mets qu'on leur sert paroissent appétissans à la vue. Le riz, les pâtes, les légumes, sont teints de différentes couleurs ; quelques-uns dorés ou argentés, tous arrangés par compartimens et représentant diverses figures ; mais n'y ayant ni jus, ni beurre, ni huile pour les assaisonner, l'éclat de la dorure et la vivacité des couleurs dont ils sont teints ne sont pas capables de satisfaire le goût.

Le caractère chinois *tchay*, qui exprime cette récollection, ne signifie pas seulement jeûne, mais, suivant le dictionnaire chinois, il signifie en général éloignement de toutes les choses extérieures qui peuvent ternir ou altérer la pureté du cœur. Les Chinois, même infidèles, n'ignorent pas combien la continence contribue à entretenir cette pureté ; c'est pour cela que tous les grands de l'empire et les mandarins qui doivent être employés au sacrifice, les trois jours qui le précèdent, ne peuvent coucher chez eux ; ils sont obligés d'aller coucher dans les tribunaux auxquels ils sont attachés. L'empereur même, quoiqu'il soit dans quelques-unes de ses maisons de plaisance autour de Pékin, est exact à se rendre à Pékin pour aller passer ces trois jours dans ce qu'on nomme le *tchay-kong*. C'est un palais qui, quoique dans la même enceinte que ce qu'on appelle l'intérieur du palais, est néanmoins fort éloigné de ses appartemens ordinaires, et encore plus des appartemens des femmes.

Le premier des trois jours qui précèdent le sacrifice, l'empereur va, le matin, se rendre dans le tchay-kong, et n'en sort que le troisième jour, pour se rendre au lieu du sacrifice. Pendant ces trois jours, les ministres vont à leur ordinaire, le matin, rendre compte à Sa Majesté des affaires d'État, et, pendant le reste du jour, on lui porte aussi les placets et les mémoires qui lui doivent être présentés. Le troisième jour, l'empereur, après avoir fait avec ses ministres les affaires de l'État, vers les neuf heures du matin, sort du tchay-kong en triomphe, dans une chaise de parade destinée à ces sortes de cérémonies et portée par un grand nombre de porteurs habillés de damas rouge à fleurs d'or, avec des bonnets de cérémonie ; ils marchent tous d'un pas très-grave et très-lent. Une infinité de gens habillés comme eux les précèdent et tiennent en main différens trophées ornés de banderoles, de houppes et de nœuds de soie de diverses couleurs. Précèdent aussi plusieurs chœurs de musique, chantant continuellement et jouant de différens instrumens, jusqu'à ce que l'empereur soit entré dans l'enclos du temple, où il y a un palais où il doit passer la nuit pour se rendre, de grand matin, au temple où se fait le sacrifice avant le lever du soleil. Le sacrifice fini, Sa Majesté s'en retourne dans le même ordre qu'elle étoit venue. On a envoyé en France une peinture et une explication du cortège de l'empereur et de sa marche lorsqu'il va au temple de la Terre pour y faire la cérémonie du labourage. Pour cette des sacrifices, le cortége et la marche sont les mêmes.

C'est donc à ce tchay-kong, où, comme je viens de le dire, l'empereur passe trois jours en solitude, qu'on devoit nous mener, afin que le frère Pansi continuât le portrait de Sa Majesté. Dès les huit heures du matin, nous nous étions rendus au ki-siang-kong avec une neige abondante qui ne cessa pas jusqu'au soir. On nous dit qu'il étoit survenu quelques affaires auxquelles l'empereur étoit actuellement occupé, qu'en conséquence il ne pouvoit nous admettre avant midi; mais à onze heures on nous vint chercher de la part de Sa Majesté. Il nous fallut sur-le-champ partir malgré la neige qui tomboit à gros flocons. Nous traversâmes des cours, des terrasses, des galeries, conduits par des eunuques, qui, lorsque nous passions par quelque endroit d'où l'on pouvoit avoir vue sur les appartemens où pouvoit se trouver quelque princesse ou autre personne du sexe, faisoient des signaux, tant pour avertir les eunuques qui sont en sentinelle de fermer les portes, les fenêtres des endroits dont on pourroit être aperçu, que pour savoir si quelque princesse ne seroit pas en chemin pour visiter une autre princesse ou pour quelque autre raison. Car quoique, dans l'intérieur même du palais, les princesses et toutes les personnes du sexe ne puissent aller d'un apppartement à l'autre, quelque proches que soient ces appartemens, que dans des chaises fermées, portées par des eunuques, et différentes suivant les différens degrés de dignité des dames qui y sont portées; néanmoins, quelque autre que ce soit que des eunuques, fût-ce même les fils ou frères de l'empereur, ne peuvent se rencontrer sur le chemin. Les eunuques ayant donné le signal, on se détourne aussitôt, ou, si les circonstances empêchent de se détourner, il faut tourner le dos à la chaise lorsqu'elle passe. Le frère Pansi étoit fort surpris de toutes ces cérémonies si éloignées des mœurs de l'Europe. Mais ce qui l'embarrassoit encore plus, c'étoit la neige fondue, qui rendoit le pavé si glissant que, peu accoutumé à tout l'attirail des habits chinois que la saison obligeoit de porter, il tomboit à tout moment.

Après un quart d'heure de marche, toute dans l'intérieur du palais, nous arrivâmes à une cour qui est immédiatement avant le tchay-kong. Cette cour est fermée par trois grands corps de logis qui la bornent de trois côtés. Le quatrième côté regarde le nord et la sépare du tchay-kong; il est borné par une galerie découverte ou terrasse de huit à neuf pieds de haut, ornée, dans toute sa longueur, de distance en distance, de vases et statues de bronze et de différens ornemens en pierre. Au delà de cette terrasse est situé le tchay-kong ou palais de retraite, dont le goût est précisément le même que celui de l'appartement de l'empereur, que j'ai déjà décrit. Les divisions des chambres y sont aussi à peu près les mêmes: néanmoins la structure des toits, les ornemens des lambris et tous les autres accompagnemens sont d'un goût si varié, si noble et si magnifique, qu'à chaque fois qu'on les voit, c'est toujours avec une nouvelle admiration.

Quoiqu'on fût encore dans le temps des fêtes de la nouvelle année, le cérémonial ne permet pas que, pendant ces trois jours de retraite, l'empereur porte ses habits de cérémonie; il doit porter les habits de petit deuil, c'est-à-dire la robe ordinaire d'une seule couleur, telle qu'on la met tous les jours qui ne sont pas de cérémonie, et l'habit de dessus de couleur noire.

Dès que nous fûmes entrés dans l'appartement de Sa Majesté, le frère Pansi continua de la peindre. Vers les deux heures, qu'on étoit prêt de servir son souper, elle nous envoya reposer, et ordonna à ses eunuques de nous servir une collation dans une chambre voisine. Pendant son souper, elle nous envoya du thé au lait de sa table. A deux heures un quart nous fûmes rappelés.

J'ai déjà dit que le goût chinois, et en particulier celui de l'empereur, ne veut dans les tableaux qu'autant d'ombre qu'il en est absolument nécessaire. Sa Majesté vouloit aussi que les poils de sa barbe et de ses sourcils fussent marqués un à un, de telle sorte qu'étant près du tableau, on pût les distinguer. Je me rappelle à cette occasion qu'un jour le frère Attiret, dont on connoit le talent éminent pour la peinture, les premières années qu'il étoit ici, avoit peint une fleur sur laquelle le frère Castiglione, qui étoit ici depuis bien des années, ayant par hasard jeté un coup d'œil, dit au frère Attiret: « Il y a trop d'une ou deux feuilles dans le contour de cette fleur. — Mais, dit Attiret, dans la quantité de feuilles qui composent ce contour, qui est-ce qui s'avisera de les compter? — Un bon peintre d'Europe, répondit Castiglione, trouveroit votre fleur parfaite ; mais il n'y a pas ici un apprenti peintre qui, au premier coup d'œil, ne vous dise aussitôt que votre fleur n'a pas, dans son contour, le nombre de feuilles qu'elle doit avoir » ; et sur-le-champ le frère Attiret s'en convainquit lui-même en faisant voir sa fleur aux peintres chinois. J'ai vu arriver la même chose par rapport au nombre d'écailles qui doivent se trouver dans chaque rang sur le corps d'un poisson. Quoique l'empereur n'entre pas dans ces sortes de minuties, il souhaitoit cependant, suivant le goût du pays, que sa barbe et ses sourcils fussent peints de telle sorte qu'au moins un grand nombre de poils fussent distingués les uns des autres par un trait fin du pinceau pour chacun ; mais comme ce travail exige un temps considérable, je lui dis que dans la suite le frère Pansi feroit cela à loisir dans son particulier, et qu'il n'étoit pas nécessaire que ce fût en présence de Sa Majesté.

« Il me vient une autre idée, dit alors l'empereur ; je l'ai déjà dit que mon premier dessein étoit de ne faire faire mon portrait qu'en buste ; mais il vaut mieux qu'il me peigne en grand. On collera du papier préparé tout autour de ce portrait, comme on a fait à l'autre, pour l'agrandir, de telle sorte qu'il ait sept pieds de haut sur quatre et demi de large. On me représentera assis comme je suis, une table devant moi, un pinceau à la main. Je serai en long-pao d'hiver. » (*Long-pao*, robe avec des dragons. C'est la robe de cérémonie à fond jaune, chamarrée de dragons, dont j'ai parlé ci-dessus.) Et pour que le frère Pansi pût travailler au dessin de la robe, l'empereur ne fit pas difficulté de permettre qu'un eunuque, à peu près de sa taille, vêtît sa robe de cérémonie. Pendant deux heures que le frère Pansi employa à ce dessin, l'eunuque ne changea pas plus la situation où on l'avoit mis que si c'eût été une statue. Les peintres chinois reconnurent dans la représentation de cette robe une main très-habile ; néanmoins ils s'aperçurent qu'il y manquoit beaucoup de ces minuties dont un habile peintre d'Europe ne fait aucun cas, mais qu'un peintre chinois se feroit un scrupule de ne pas marquer dans la plus grande exactitude : par exemple, de ne pas mettre un certain nombre déterminé d'écailles sur telle partie du corps du dragon, au lieu de s'appliquer à bien faire une draperie, etc. En conséquence, l'empereur faisant réflexion que le frère Pansi, étranger, et nouvellement venu, ne pouvoit pas savoir tout ce qui étoit nécessaire pour un habillement de cérémonie, et voulant lui faciliter une besogne qui devoit être si embarrassante pour lui, ordonna qu'un tel peintre chinois fît le dessin de tout le tableau ; que le frère Pansi n'auroit qu'à le calquer et y mettre ensuite les couleurs. Je fis goûter cette nouvelle disposition au frère Pansi, et je lui dis que, quelque estimé qu'il fût de Sa Majesté, il devoit s'attendre très-souvent à de pareils changemens, tels qu'en avoit éprouvé le feu frère Castiglione, que l'empereur estimoit beaucoup et qu'il aimoit bien plus qu'un prince n'aime ordinairement ; que, quelque habile qu'il fût, il se seroit probablement employé sans succès à faire un dessin qu'un peintre chinois fera comme en se jouant, parce qu'il le fait tout par cœur. Par exemple, ajoutai-je, vous ne pouvez pas savoir comment ici on doit tenir le pinceau pour le tenir avec grâce ; dans quelle situation doit être l'empereur pour être d'une manière décente ; la manière de tenir son bras, ses jambes, ou telle autre attitude qui seroit décente en Europe, paroîtra peut-être indécente ici. Par de pareilles réflexions, je fis agréer au frère Pansi le nouvel arrangement, qui auroit pu l'inquiéter ; car, quelque bon religieux qu'il soit, et quelque douceur de caractère dont il soit doué, un peintre a toujours de la peine à se désister du plan qu'il s'est formé, et qu'il croit bon.

Quelques jours après, toute la cour se rendit à la maison de plaisance, *Yuen-ming-yuen*. J'y accompagnai le frère Pansi pour lui servir d'interprète. D'ailleurs, j'avois eu ordre d'y aller, dès que le froid seroit un peu adouci, pour instruire quatre eunuques de la manière de se servir de la machine pneumatique que les deux nouveaux missionnaires avoient offerte, et en expliquer à l'empereur les effets et les différentes expériences, à mesure que les eunuques, qu'il avoit désignés, les feroient devant lui. Ainsi, c'est actuellement à Yuenming-yuen qu'est transportée la scène.

Je réserve, monsieur, pour une autre lettre qui suivra de près celle-ci, le détail de ce qui se passa dans cette maison de plaisance, et que je croirai pouvoir vous intéresser. Je suis, etc.

LETTRE DU PÈRE BENOIT.

Conversation de l'empereur. — Fêtes du palais.

Monsieur,

Avant de vous faire le récit de ce qui s'est passé à la maison de plaisance de l'empereur, je reprends les questions que me fit Sa Majesté dans les séances fréquentes que le frère Pansi employa à la peindre.

Lorsque j'ai interrompu ces questions, l'empereur venoit de me demander la manière dont nous venons ici.

Demande. Est-ce votre roi qui vous envoie, me dit-il, ou bien est-ce vous-mêmes qui, de votre propre mouvement, venez à la Chine?

Réponse. Sous le règne de Cang-hi, lorsque ce prince eut gratifié les François de l'église où nous habitons actuellement dans l'enceinte même du palais, notre roi, dès qu'il fut informé de ce bienfait, donna ordre aux supérieurs de notre Compagnie de choisir parmi nous des mathématiciens et différens artistes qu'il envoya ici, après les avoir fournis des instrumens et des autres choses qui pouvoient les mettre en état de remplir les objets pour lesquels ce grand empereur nous avoit fait don d'une église.

Depuis ce temps-là, nos supérieurs d'Europe, que nous avions soin, à toutes les moussons, d'informer des sujets qui nous manquent ici et de ceux dont nous aurions besoin, ont tâché d'y pourvoir et de nous les envoyer.

D. Lorsque vos supérieurs vous ont choisis pour vous envoyer ici, est-il besoin d'en avertir votre roi?

R. C'est toujours par ordre de notre roi et à ses frais que nous nous embarquons sur les vaisseaux françois qui viennent à Canton.

D. Vos vaisseaux viennent donc à Canton?

R. Ils y viennent, et ce sont eux qui ont apporté les estampes et les planches des victoires que Votre Majesté avoit donné ordre de graver.

D. Apparemment, c'est dans votre royaume que sont les plus habiles graveurs?

R. Il y a aussi dans quelques autres royaumes d'Europe des graveurs très-habiles; mais le tsong-tou de Canton nous a fait l'honneur de préférer notre royaume, et a confié aux chefs de nos vaisseaux l'exécution de cet ouvrage.

D. N'est-ce pas vous autres qui, d'ici, avez indiqué votre royaume et avez écrit pour cela?

R. Nous, qui sommes religieux, et qui n'avons dans le monde aucune autorité, n'aurions garde de prendre sur nous une affaire de si grande conséquence, qui regarde Votre Majesté. Il est vrai que, par son ordre, les Européens d'ici ont fait des mémoires qui ont été envoyés en même temps que les premiers dessins; mais, dans ces mémoires, les Européens avertissoient seulement le graveur, quel qu'il fût, de la conformité totale que Votre Majesté souhaitoit qu'eussent ces planches avec les dessins envoyés, de la quantité d'estampes que vous souhaitiez qu'on tirât, et des autres circonstances que Votre Majesté avoit elle-même indiquées. Ces mémoires ayant été envoyés au tsong-tou de Canton avec les ordres de Votre Majesté, le tsong-tou a donné aux chefs des François qui sont à Canton la commission de faire exécuter, dans notre royaume, les ordres de Votre Majesté par rapport à ces gravures.

D. N'y a-t-il pas plus de quatre ou cinq ans que les dessins de ces gravures ont été envoyés?

R. Il y a à peu près ce temps-là. Dès que les premiers dessins eurent été envoyés, notre cour en ayant été informée, le ministre qui a le département de ces sortes d'ouvrages voulut que ces gravures fussent exécutées d'une manière digne du grand prince qui les souhaitoit, et chargea de cette exécution le chef des graveurs du roi, lui recommandant de n'employer que ce qu'il y avoit de plus habile. Les premières planches ayant été exécutées, le ministre jugea que, quelque délicat que fût le burin, l'espèce de gravure qu'on avoit employée ne seroit peut-être pas du goût de la Chine; il aima mieux sacrifier ces premières planches, et les faire recommencer dans un goût qu'il désigna lui-même, parce qu'il jugea que ce goût plairoit davantage à Votre Majesté. Cet incident a été la cause que les planches n'ont pas été exécutées aussi promptement que nous aurions désiré.

D. Comme le sujet de ces estampes touche peu en Europe, on ne doit pas s'intéresser beaucoup à ce qui se passe dans des pays si éloignés.

R. On s'intéresse en Europe à toutes les

belles actions, dans quelque pays qu'elles se fassent. Avant même que les dessins des victoires y fussent parvenus, on admiroit déjà les glorieux exploits de Votre Majesté dans les vastes pays qu'elle a soumis à son empire ; et ces dessins n'ont fait que mettre sous les yeux la réalité et le détail de ce que la renommée y avoit déjà publié.

D. Parmi vos estampes d'Europe, il en est plusieurs qui représentent les victoires de vos souverains : contre qui remportent-ils ces victoires, et quels ennemis ont-ils à combattre ?

R. Ils ont à combattre, pour l'intérêt de leurs propres États, contre d'autres États qui y donnent atteinte.

D. Parmi vos souverains d'Europe, n'y en a-t-il pas un qui soit à la tête des autres, et qui par son autorité, termine tous les différends qui pourroient être entre eux, de même qu'autrefois lorsque cet empire de la Chine a été gouverné par plusieurs princes particuliers, il y en avoit un parmi eux qui étoit à leur tête, et qui conservoit le titre d'empereur ?

R. L'Allemagne est composée de plusieurs États, dont les souverains en ont un à leur tête, qui a le titre d'empereur ; mais malgré ce titre, il n'est souverain que de ses États particuliers, et il arrive quelquefois qu'il a à soutenir la guerre contre d'autres États qui la lui font.

D. Vos royaumes n'ayant pas tous une égale puissance et une égale force, n'arrive-t-il pas quelquefois qu'un royaume plus fort, après avoir envahi quelques-uns des plus foibles, et avoir par là augmenté ses forces, peu à peu envahisse d'autres plus grands États, et se rende insensiblement maître de toute l'Europe ?

R. Depuis que tous les royaumes d'Europe ont embrassé le christianisme, on ne doit pas s'attendre à une pareille révolution. La religion chrétienne recommande trop la soumission des sujets à leur prince, et le respect mutuel que les têtes couronnées doivent avoir les unes pour les autres. Un souverain perdra quelques villes, quelques pays, quelques provinces même ; mais s'il y avoit du danger qu'il perdît ses États, alors les autres souverains se joindroient à lui, et l'aideroient à les conserver.

D. Comment se fait la succession de vos rois ?

R. Dans notre royaume c'est le fils aîné qui succède, ou bien ses descendans, s'il en a.

S'il est mort sans postérité, c'est le second fils ou ses enfans.

D. En Moscovie, les femmes succèdent à la couronne : cela se fait-il aussi dans quelques-uns de vos royaumes ?

R. Il y a quelques-uns de nos royaumes où les femmes succèdent à la couronne ; mais dans le nôtre, il est une loi établie depuis le commencement de la monarchie qui les exclut du trône.

D. Si votre souverain mouroit sans enfans, qui est-ce qui succéderoit à la couronne ?

R. Depuis bien des siècles Dieu a favorisé notre souverain de descendans suffisans, non-seulement pour succéder à son trône, mais encore pour fournir des successeurs à d'autres trônes de l'Europe.

D. Ces souverains, qui sont d'une même famille, seront sans doute toujours unis entre eux, et ne se feront pas la guerre ?

R. Quoique des souverains soient d'une même famille, cela n'empêche pas qu'ils ne se fassent la guerre, s'il y en a quelque sujet, et ils n'en sont pas moins bons amis. Deux souverains, tandis même qu'ils se font la guerre, dans tout ce qui ne porte pas atteinte aux intérêts de leur couronne, se rendent mutuellement les services qu'on peut attendre des meilleurs amis.

L'empereur m'ayant fait différentes interrogations sur la guerre, je lui ai répondu que par rapport à cet objet, à la manière dont on combat, aux différens stratagèmes qu'on emploie, je ne pouvois, étant prêtre et consacré à Dieu, être bien au fait de ces articles. Mais lorsque je lui eus dit le respect que nous avions pour les têtes couronnées, même lorsqu'elles sont du parti ennemi, les respects qu'ont pour elles les vainqueurs, lorsqu'elles tombent entre leurs mains, les attentions qu'on a pour les prisonniers qu'on a faits, les secours qu'on rend, après une action, aux blessés, même du parti ennemi ; « Voilà, dit l'empereur, ce qui s'appelle faire la guerre en nation policée : notre histoire nous fournit aussi des traits de cette générosité », et il m'en cita quelques-uns. Sur quoi je dis à Sa Majesté qu'il y avoit encore de ces sortes de traits bien plus récens, et dont nous avions été témoins ; la manière, par exemple, dont elle avoit traité les Éleuthes, soit Ta-oua-tsi qui avoit été souverain d'une partie de ces pays, soit plusieurs autres princes, qu'elle avoit comblés d'honneurs et de bienfaits après les avoir soumis à sa domination.

L'empereur s'informa encore du nombre des différens États de l'Europe, des troupes que les différents souverains peuvent mettre sur pied. Elle s'informa si notre royaume avoit relation avec la Moscovie. Quels étoient les peuples avec qui les Moscovites pouvoient avoir des différends, outre les Mahométans avec lesquels ils étoient actuellement en guerre ; quels étoient les succès des armes ?... Je répondis que nous ne savions que fort superficiellement ce qui regarde les guerres et les différends que les souverains d'Europe peuvent avoir entre eux ; que d'autres royaumes étant situés entre celui de Moscovie et le nôtre, ces deux royaumes n'avoient rien à démêler ensemble[1] ; néanmoins, que les savans de notre royaume entretenoient des relations avec les savans de Moscovie, comme avec les savans des autres royaumes de l'Europe, pour se communiquer mutuellement les nouvelles découvertes qui peuvent contribuer au progrès des sciences et des arts ; mais que ces sortes de communications sont tellement isolées des affaires d'État, que même en temps de guerre elles n'étoient pas ordinairement interdites.... Sa Majesté demanda aussi comment depuis un certain nombre d'années les Moscovites avoient fait tant de progrès dans les sciences et les arts ; en quelle langue ils communiquoient avec les savans des autres royaumes ; « Nos missionnaires, ajouta l'empereur, qui traduisent ici les dépêches qui viennent de Moscovie, ou bien qu'on y envoie, entendent-ils la langue moscovite ?... » J'ai répondu à ces différens articles, que les Moscovites avoient attiré chez eux des savans et des artistes de différens royaumes ; avoient érigé des écoles et des académies pour faire fleurir les sciences et les arts, et avoient fait de grands avantages à ceux qui y faisoient quelques progrès ; que par rapport à la langue dans laquelle on communiquoit avec la Moscovie, les autres royaumes ne cultivoient guère la langue moscovite ; mais que les Moscovites cultivoient la langue françoise, qu'on parle même actuellement dans toutes les cours de l'Europe. Outre la langue françoise, dans laquelle on a écrit ou au moins

[1] Les temps sont changés. Les distances n'empêchent plus les guerres. La prise de Moscou par les François, et la prise de Paris par les Russes, en sont la preuve.

traduit tout ce qui a été dit jusqu'ici d'important par rapport à l'histoire, tant ancienne que nouvelle, et par rapport aux sciences et aux arts, il y a encore la langue latine, à laquelle on a donné ici le nom de langue mandarine d'Europe, parce que les anciens livres de sciences et d'histoire ont été la plupart écrits en cette langue. C'est en cette langue que sont écrites les prières publiques que font dans les églises des chrétiens les ministres de la religion chrétienne ; et les savans de Moscovie aussi bien que de tous les autres royaumes d'Europe la savent... La cour de Moscovie, lorsqu'elle envoie des dépêches à la cour de la Chine, les envoie écrites en langue moscovite, mongole, tartare et latine. C'est cet exemplaire en langue latine que nos traducteurs traduisent en tartare. Les dépêches que la cour d'ici envoie en Moscovie étant aussi écrites en différentes langues, nos mêmes missionnaires, traducteurs, en traduisent du tartare un exemplaire en latin, qu'on envoie avec les exemplaires traduits en d'autres langues.

Sa Majesté me demanda en tartare si je savois la langue tartare ; s'il y avoit ici plusieurs Européens qui la sussent ; si quelqu'un de nous savoit la langue moscovite... Je répondis en tartare à Sa Majesté que j'entendois un peu cette langue, soit lorsqu'on la parloit, soit lorsque j'en lisois les livres ; mais que, faute d'exercice, je ne pouvois la parler dans une conversation suivie. J'ajoutai que je ne connoissois dans les autres églises personne qui la sût, mais que dans la nôtre, outre quelques nouveaux qui apprenoient cette langue, nous avions les pères Amiot et Dollières que le tribunal des ministres faisoit appeler lorsqu'il s'agissoit de traductions par rapport à la Moscovie ; que cependant ni l'un ni l'autre, ni aucun Européen d'ici ne savoit la langue moscovite.

D. Avez-vous actuellement quelque savant de votre royaume à la cour de Moscovie ?

R. Je ne puis positivement savoir si nous y en avons actuellement, mais nous y en avons eu il y a peu d'années. Lorsqu'en 1760 je présentai une mappemonde à Votre Majesté, outre que je rendis compte, tant de vive voix que par écrit, de la position que je donnois au Kamtschatka, et de plusieurs nouvelles découvertes que j'avois ajoutées, je citai pour garant de cette position et pour auteur de ces découvertes M. de

Lisle et quelques autres François, que la cour de Moscovie, au service de laquelle ils étoient alors, avoit envoyés pour déterminer par des observations la position de différens pays à l'est de la Moscovie.

D. J'ai ouï dire qu'il y avoit des Européens dans les troupes de Moscovie, aussi bien que dans celles du roi d'Ava, contre lequel j'ai envoyé des troupes les années précédentes, et parmi ces Européens, savez-vous s'il y en a de votre royaume?

R. Parmi les troupes moscovites et celles du roi d'Ava, il se peut faire qu'il y ait des Européens et même des François; mais n'ayant nulle relation détaillée de ces troupes, nous ne pouvons savoir au juste ce qui en est.

D. N'avez-vous pas ouï dire que le roi d'Ava a fait plusieurs conquêtes; qu'il a subjugué plusieurs royaumes? quels royaumes a-t-il conquis [1]?

R. Effectivement nous avons ouï dire que le roi d'Ava avoit subjugué les royaumes de Siam, de Mien, de Pégou et quelques autres royaumes voisins, et qu'il n'y avoit eu que les armées de Votre Majesté, capables non-seulement de mettre des bornes à ses conquêtes, mais encore de l'obliger à demander la paix, à se réfugier dans ses États, et à payer à Votre Majesté le tribut.

L'empereur continua ses questions sur les différens pays de l'univers, sur les mœurs et leurs coutumes, sur la manière dont nous les connoissions et en faisions les cartes, sur les possessions des Européens et leurs établissemens dans des royaumes étrangers.

Par rapport à Batavia, Sa Majesté parut ne pas ignorer ce qui s'y étoit passé il y a trente ans, lorsque dans une seule nuit le gouverneur, sous prétexte de révolte, fit massacrer plus de soixante mille Chinois qui, dans des troubles de l'empire ou changemens de dynastie, s'y étoient réfugiés. Lorsque la nouvelle de ce massacre fut parvenue à Canton, où j'arrivai peu de temps après, on y disoit que le tsong-tou en avoit averti Sa Majesté, qui avoit répondu que ceux qui avoient été massacrés étoient des fugitifs, dont il ne convenoit pas qu'elle prît la cause en main.

Sa Majesté m'ayant demandé quels sont les Européens qui sont à Ka-la-pa (Batavia) et qui la gouvernent? Je répondis que c'étoient les Hollandois, et, conséquemment aux diverses questions qu'elle me fit, après avoir expliqué ce que c'est qu'un gouvernement républicain, dont ici l'on n'a point d'idée, je parlai du gouvernement de Hollande, dont les États, qui sont républicains, nommoient les gouverneurs des différentes provinces qui en dépendent, élevoient, abaissoient, récompensoient et punissoient avec la même autorité qu'un souverain dans ses États.

D. Dans un pays si éloigné d'Europe, tel qu'est Ka-la-pa, si celui qui est à la tête vient à abuser de son autorité, comment y apporter remède?

R. On y remédie malgré l'éloignement. Si un gouverneur se comporte mal et ne se rend pas aux remontrances de son conseil, on le rappelle en Europe, et on l'y juge. Lorsque je vins ici, il y a près de trente ans, j'appris que tout récemment un gouverneur ayant fait à Batavia quelques actes de cruauté, dès qu'en Europe les États de Hollande en avoient été informés, quoique ce gouverneur fît bien d'ailleurs son devoir, ils l'avoient rappelé en Europe, lui avoient fait son procès, et l'avoient jugé.

D. Comment un pays si éloigné est-il en la puissance des Hollandois?

R. Ka-la-pa est une île que les Européens nomment *Java*, et qu'ici on nomme quelquefois *Koua-oua*. Cette île n'a jamais été habitée que par des sauvages errans dans les bois, où ils n'ont que très-peu d'habitations. Les Hollandois, il y a plus de cent cinquante ans, étant descendus dans cette île, s'y sont établis et y ont bâti une ville qu'on nomme *Batavia*, qui actuellement ne le cède pas aux villes les plus florissantes de l'Europe, et qui est un entrepôt du commerce immense que font les Hollandois dans les quatre parties du monde. Dans cette île de Java, il n'y a que la ville de Batavia et les environs qui appartiennent aux Hollandois; les sauvages habitent le reste de l'île comme auparavant.

D. Ce sont aussi des Européens qui sont à Luçon (Manille). Apparemment qu'ils s'y sont établis de même que les Hollandois à Ka-la-pa?

R. Il y a environ deux cent cinquante ans que des Espagnols bâtirent une ville dans la plus considérable des îles auxquelles ils avoient

---

[1] Le roi d'Ava a conquis le Pégou. Ces deux pays et quelques autres forment aujourd'hui l'empire des Birmans.

abordé, et qui n'étoient alors peuplées que de sauvages. Cette ville sert d'entrepôt à leurs vaisseaux, lorsqu'ils font le voyage d'Amérique.

D. Effectivement, je vois sur vos cartes, dans des pays bien éloignés de l'Europe, Nouvelle-Espagne, Nouvelle-Hollande, Nouvelle-France : que signifient ces termes de nouveaux royaumes?

R. Les vaisseaux d'Europe ayant abordé dans quelques pays jusqu'alors inconnus, les Européens qui étoient sur les vaisseaux y sont descendus, et ayant trouvé le pays ou désert, ou habité par des sauvages, quoique pourvu de différentes choses utiles à la vie, et qui peuvent faire un objet de commerce, ils s'y sont établis, y ont fondé des habitations qui se sont peu à peu agrandies. Les sauvages qui habitoient ce pays se sont peu à peu civilisés, ont bientôt reconnu les avantages qu'ils pouvoient tirer de leurs nouveaux hôtes, ils se sont joints à eux et les ont aidés. Ces nouvelles habitations s'étant insensiblement accrues, lorsqu'elles ont eu une étendue considérable, on leur a donné le nom du royaume dont étoient ceux qui y ont fondé les premières habitations. Ce sont des Espagnols qui ont découvert et commencé des habitations dans ce qu'on appelle la Nouvelle-Espagne. Il en est ainsi de ce qu'on appelle la Nouvelle-France, la Nouvelle-Hollande.

D. Dans vos mappemondes, vous tracez tous les royaumes de l'univers; vous n'avez pas été dans tous ces pays : comment pouvez-vous en tracer la carte ?

R. Tous les souverains d'Europe ont chacun fait faire la carte de leur pays, et se la sont mutuellement communiquée. Les mathématiciens font des observations dans différens lieux de l'univers pour fixer la situation de ces lieux, et se communiquent mutuellement leurs observations. Quant aux pays qui sont hors de l'Europe, en leur communiquant les cartes de son propre pays et des pays dont on a déjà la description, ils ne font point difficulté de communiquer la carte de leur pays; ordinairement même, dès que ce sont des peuples policés et amateurs des sciences, ils sont bientôt convaincus de la sûreté et de la justesse des méthodes que les Européens emploient; alors ils imitent l'exemple de Votre Majesté et de son illustre aïeul, et emploient des Européens à faire la carte de leur pays.

D. On dit communément que l'univers renferme dix mille royaumes, c'est-à-dire une infinité. Il y a des pays par eux-mêmes inaccessibles, qui ne sont point habités, et par conséquent où vous n'avez pu pénétrer. Il y en a dans lesquels on ne permet pas que vous entriez, tel que le Japon, qui n'est pas éloigné d'ici. Il vous manquera au moins la carte de ces pays?

R. Depuis plusieurs siècles que les Européens voyagent, et que leurs vaisseaux parcourent l'univers, il est peu de pays où ils n'aient pénétré. S'il y en a dont ils n'aient pu avoir la carte, ils ont la carte des pays voisins; ils connoissent par conséquent les bornes, l'étendue, la vraie situation de ce pays; les lieux par où entrent et sortent telles et telles rivières, et cela suffit pour une carte générale. Ils peuvent même y marquer telles ou telles habitations qu'ils ont entendu dire à telle ou telle distance de tel endroit déjà connu. Si c'est un pays entouré de mers, et où les vaisseaux n'aient pu aborder, ou dont on ne connoisse qu'une petite partie du rivage qui la borne, on ne marque dans la carte que ce qu'on connoît du rivage, et on y trace, s'il y a moyen, les montagnes considérables et les embouchures de rivières qu'on y aura remarquées. D'autres vaisseaux qui y abordent ensuite, et y font de nouvelles découvertes, les ajoutent sur la carte, et ainsi peu à peu on parvient à une entière connoissance de ce pays. Dans la mappemonde que j'ai présentée à Votre Majesté, il y a des pays dont on ne connoît encore que les bornes, et dont je n'ai pu marquer l'intérieur; il y en a d'autres dont on ne connoît qu'une partie des bornes, et je n'ai marqué que ce qu'on connoissoit. Dans les mappemondes qu'on fera dans la suite, on pourra y ajouter des découvertes qui se seront faites depuis que j'ai tracé la mienne. Par rapport au Japon, nous en traçons la carte, parce que les Européens y ont autrefois pénétré, et en ont eu la carte.

D. Pourquoi n'avez-vous plus d'accès au Japon, et ne vous permet-on pas même d'y aborder?

R. Les souverains sont maîtres de leurs grâces. Lorsque les souverains du Japon nous ont admis, nous avons tâché de les servir de notre mieux. Lorsqu'ils refusent nos services, nous nous soumettons, mais nous ne sommes pas moins prêts à nous employer pour eux, lorsqu'ils nous feront l'honneur de nous admettre.

D. Ce n'est pas précisément que les Japonnois ne veulent point de vous, dit l'empereur en souriant, c'est qu'ils ne veulent point de votre religion.

Alors, sans me donner le temps de répondre, il passa tout de suite à d'autres questions sur les cartes hydrographiques, la manière de naviguer, de mesurer le chemin qu'on faisoit sur mer, de reconnoître la situation de l'endroit où l'on étoit; sur la grandeur de nos vaisseaux et le nombre de l'équipage; sur ce que nos vaisseaux apportoient à la Chine, et sur ce qu'ils en emportoient; sur la manière dont on faisoit les glaces (par bonheur j'avois vu en France la manufacture de Saint-Gobain), et une infinité d'autres questions auxquelles je tâchai de satisfaire.

L'empereur s'informa ensuite combien nous sommes ici d'Européens, et de combien de royaumes. Il ne put s'empêcher de témoigner sa surprise lorsque je lui dis que de vingt-cinq Européens, qui sont actuellement à sa cour, nous étions douze dans notre église, dont onze étoient François. En effet, depuis que la cour de la Chine a fait l'honneur aux Européens de les admettre, il y a toujours eu parmi eux un grand nombre de François : aussi Cang-hi voyant que les François pouvoient suffire pour faire eux seuls une résidence, leur fit donner du terrain, qui fait présentement l'église des François, située dans l'enceinte extérieure du palais.

Ayant rappelé à Sa Majesté cette époque de ses bienfaits, elle me dit :

D. Vous êtes tous François dans votre église?

R. Pan-ting-tchang (frère Pansi), qui a l'honneur de peindre Votre Majesté, est Italien. Tous les autres sont François.

D. L'Italie apparemment est alliée avec la France?

R. La France est en paix avec l'Italie; mais indépendamment de la paix qui règne entre ces deux royaumes, ceux à qui nous nous adressons en Europe pour avoir des sujets, sachant bien que lorsque quelque sujet peut agréer à Votre Majesté, nous ne nous soucions pas de quel royaume il soit, nous ont envoyé celui-ci, supposant qu'il pourroit lui plaire.

D. L'Italie a donc de la réputation pour les grands peintres?

R. De tout temps on a vu en Italie, et on y a encore des peintres fameux. Celui que nous amenâmes ici du temps de Cang-hi (M. Gherardini), qui eut le bonheur de lui plaire, ainsi que le frère Castiglione que Votre Majesté a comblé de tant de bienfaits, en étoient l'un et l'autre. Actuellement Ngan-tey (le père Damascène de la S. C.) qui travaille au Jou-ykoan sous les yeux de Votre Majesté, en est aussi.

D. De combien de royaumes y a-t-il ici des Européens?

R. Il y a ici actuellement des Portugais, des Italiens et des Allemands, qui sont partagés entre les autres églises.

D. Fou-tsolin (le père d'Arocha) n'est-il pas dans votre église?

R. Fou-tsolin est Portugais. Comme il est kien-fou (assesseur au tribunal des mathématiques), il demeure au Nan-tang (église méridionale) avec les deux autres qui y travaillent.

D. Sais-tu que Fou-tsolin revient?

R. Votre Majesté me l'apprend.

D. Combien y a-t-il de temps qu'il est parti?

R. Il est parti l'année dernière, vers la fin de la quatrième lune.

D. Il n'aura donc pas employé un an dans son voyage, car il est actuellement en chemin pour revenir.

R. Votre Majesté a mis un si bon ordre dans toute la route qui conduit à ses nouvelles conquêtes, qu'à présent on n'y reconnoît plus ces déserts affreux et inhabitables qu'il falloit autrefois traverser, et qu'on y voyage avec autant de sûreté et de commodité que dans le reste de l'empire.

D. Voilà déjà plusieurs fois que Fou-tsolin va dans les pays du nord-ouest pour en faire la carte : est-ce lui-même qui la trace sur le papier, ou bien se sert-il des gens d'ici, qu'il dirige, et à qui il la fait tracer?

R. Fou-tsolin a été une fois en Tartarie avec Lieou-song-lin (le père Hallerstein) pour y faire la carte du pays où Votre Majesté prend le plaisir de la chasse. Il a encore été deux fois avec Kao-tchin-sse (le père d'Espignha) au delà des anciennes bornes de l'empire, au nord-ouest d'ici, pour y faire la carte de ces vastes pays que Votre Majesté y a conquis. Dans ces trois commissions, j'ai vu les cartes qu'il en avoit tracées lui-même; à plus forte raison cette fois-ci, lui-même l'aura tracée. Cependant il se pourroit faire que, pour que l'exemplaire qu'il a présenté fût tracé plus proprement et d'une manière plus agréable à la vue, il l'eût fait tracer ou calquer sur l'original, que je suis sûr qu'il a fait lui-même.

L'empereur me fit ensuite plusieurs questions sur les méthodes qu'emploient les Européens pour faire la carte d'un pays, et sur la justesse qui en doit résulter pour la position des lieux.

Lieou-song-lin, me dit-il, a été aussi autrefois faire la carte de Mouran (lieu de la chasse). N'est-il pas vrai qu'il est habile dans les mathématiques ?

R. C'est un effet des bontés dont Votre Majesté nous honore, de daigner marquer de la satisfaction de nos foibles services. Il est vrai cependant que parmi les Européens qui sont ici, Votre Majesté ne pouvoit faire un plus digne choix que de Lieou-song-lin pour remplir la place de président du tribunal des mathématiques dont elle l'a honoré, et qu'il remplit depuis près de trente ans.

D. Pao-yeou-koan (le père Gogais, Allemand, assesseur au tribunal des mathématiques) entend bien aussi les mathématiques ? Il doit être âgé : quel âge a-t-il ?

R. Pao-yeou-koan est mort l'année passée, tandis que Votre Majesté étoit à Gehol ; il étoit alors âgé de soixante-dix ans.

D. Voilà donc une place vacante dans le Kin-tien-kin (tribunal des mathématiques).

R. La place est actuellement remplie par Kao-tchin-sse (le père d'Espignha).

D. Je ne me le rappelle pas.

R. C'est celui à qui Votre Majesté donna un bouton (mandarinat) du quatrième ordre, lorsqu'il alla, avec Fou-tsolin, faire la carte des pays nouvellement conquis. Au retour du second voyage qu'il y a fait, il s'adressa au ministre d'État, Fou-heng, qui avoit alors soin de nous, et lui ayant représenté que la besogne pour l'exécution de laquelle Votre Majesté lui avoit donné le bouton étant finie, il le prioit de faire agréer à Votre Majesté la démission de son mandarinat, qui n'étoit plus que *ad honores* ; mais Fou-heng refusa, et lui dit que puisqu'il étoit déjà mandarin, dès qu'il y auroit au tribunal une place vacante parmi celles qui sont assignées aux Européens, il y succéderoit ; et c'est en conséquence qu'il y a effectivement succédé, et a été présenté à Votre Majesté avec une foule d'autres mandarins qui lui furent présentés à son retour de Gehol.

D. Tu sais les mathématiques ; sais-tu aussi la philosophie ?

R. Je l'ai enseignée pendant deux ans avant que de quitter l'Europe.

D. Puisque tu sais la philosophie, comment répondrois-tu à une question que quelquefois on fait ici en badinant à nos philosophes : de l'œuf et de la poule, lequel a été créé le premier ?

R. Pour réponse, j'exposerai simplement ce que nos livres saints nous apprennent de la création du monde ; comment le cinquième jour Dieu créa les volatiles et les poissons, à qui il ordonna de se multiplier ; et par conséquent, quoique la poule n'ait pu pondre des œufs que lorsqu'elle existoit déjà, la faculté qu'a la poule de pondre des œufs est aussi ancienne que la poule même.

D. Ce que ces livres vous apprennent de la création du monde est-il bien sûr ?

R. Nos livres sont très-anciens ; on a toujours eu pour eux un respect infini, parce que toujours on les a crus inspirés de Dieu ; ils nous ont été transmis de générations en générations sans avoir souffert la moindre altération.

D. Comme dans nos livres canoniques il n'est point parlé de la création du monde, croira-t-on que ce qu'on en trouve dans d'autres livres soit digne de foi ?

R. Il est probable que les livres qui parloient de cette création ont été consumés dans l'incendie de Tsin-chi-houang. Ce n'a été que plusieurs années après cet incendie qu'on a recouvré quelques fragments des anciens livres, et qu'on s'est mis à écrire de nouveau ; il est donc arrivé que ceux qui ont écrit sur l'ancienne histoire, n'en sachant que ce que leur avoient raconté leurs pères (qui probablement eux-mêmes n'étoient nés qu'après cet incendie, et ne savoient que ce qu'ils avoient ouï raconter), ils ont inséré dans leurs écrits, parmi quelques traits vrais dont on se ressouvenoit encore, plusieurs autres, avec des circonstances, soit ajoutées, soit altérées, d'où il ne résulte que des fables, même aux yeux des lettrés. Mais parmi ces fables, nous reconnoissons des traits conformes à la vérité, et à ce que nous lisons dans nos livres d'histoires.

A l'occasion de la création des astres, l'empereur fit beaucoup d'interrogations sur le mouvement, la grandeur, l'éloignement et la multitude des astres; sur les éclipses de soleil et de lune; sur l'inégalité des jours et des nuits, suivant les différens temps de l'année et les différens pays. Je n'avois ni globe ni sphère qui pût m'aider à expliquer ces divers phénomènes. Mais comme dans les appartemens il y a des tables garnies de toutes sortes de bijoux, je prenois ceux qui étoient propres à représenter ce que j'avois à faire entendre. Malgré le peu de facilité à m'exprimer dans une langue aussi difficile que la chinoise, l'empereur est fait à mon jargon, et d'ailleurs les matières d'astronomie ne lui sont point étrangères.

Il y a douze ans, lorsque je lui présentai une mappemonde avec une explication chinoise où j'avois exposé le système du mouvement de la terre, Sa Majesté, après m'avoir fait différentes questions sur la manière dont nous établissions ce système, me dit en souriant : « Vous avez en Europe votre manière d'expliquer les phénomènes célestes; et nous, nous avons aussi la nôtre, sans faire tourner la terre. » Effectivement, le lendemain, après plusieurs questions sur le même sujet, il m'expliqua plusieurs des phénomènes célestes ordinaires, avec une netteté et une justesse qu'on n'auroit pas dû attendre d'un prince qui a tant d'occupations. En ayant témoigné ma surprise à un eunuque de l'intérieur, je lui demandai si Sa Majesté donnoit encore quelque temps à cette sorte d'étude. Où en trouveroit-elle le loisir, me répondit l'eunuque? Mais ou elle va se promener à la classe des princes ses fils, ou elle les fait venir dans son appartement, et par manière d'examen les interroge sur ces sortes de matières, pour voir s'ils ont profité.

Il faut savoir que près de l'appartement ordinaire de l'empereur, soit à Pékin, soit à sa maison de plaisance de Yuen-ming-yuen, il y a ce qu'on appelle *Chang-chou-fang*, c'est-à-dire classe supérieure, parce qu'elle est uniquement pour les fils de Sa Majesté. Dès qu'ils ont l'âge de profiter, il faut qu'ils soient en classe du matin jusqu'au soir. L'âge avancé et les emplois ne les en exemptent pas. Il y en a actuellement qui ont trente et plus d'années, et qui sont dans de grands emplois. Les jours même qu'ils vaquent à leur emploi, dès qu'ils ont fini ce qui le regarde, il faut qu'ils se rendent exactement à la classe; autrement, si l'empereur venoit à savoir qu'ils s'en sont exemptés sans raison, il les puniroit malgré leur âge avancé et leur dignité. Il y a dans cette classe des professeurs d'éloquence, d'histoire, de mathématiques; des maîtres pour apprendre à tirer de l'arc, etc. Et chacun de ces maîtres a son temps déterminé pour donner sa leçon. J'ai connu particulièrement un mandarin du tribunal des mathématiques, que l'empereur choisit pour enseigner les mathématiques aux fils et petits-fils de l'empereur. Il me racontoit qu'en le chargeant de cette commission, Sa Majesté lui avoit dit : « Aie soin de te faire obéir, et dans tout ce qui regarde ton emploi prends sur tes élèves la même autorité que tous les maîtres doivent avoir sur leurs écoliers. J'aurai soin de veiller à ce que tu sois obéi. C'est en effet à quoi l'empereur est extrêmement attentif, que ses enfans aient à l'égard de leur maître la même subordination que les gens ordinaires doivent avoir à l'égard du leur. Outre que dans ses momens de loisir il va quelquefois à la classe, assiste aux explications des maîtres qu'il fait répéter à ses enfans, il les fait même venir en particulier, et les examine pour voir s'ils profitent. J'ai été témoin qu'à certains jours de réjouissance, l'empereur, du lieu même du spectacle auquel il assistoit, faisoit venir un ou deux de ses fils, qui eux-mêmes avoient déjà les leurs en classe, leur donnoit le sujet d'une pièce d'éloquence qu'il leur faisoit composer dans une chambre voisine, et ne leur accordoit le plaisir de jouir du spectacle qu'après avoir été content de leur composition. C'est quelque chose d'étonnant que cette subordination des fils de l'empereur, quelque avancés qu'ils soient en âge. Il est vrai qu'ils ont en cela l'exemple de l'empereur leur père, qui à l'âge de soixante-trois ans, bien loin de se dispenser, à l'égard de l'impératrice sa mère, âgée de quatre-vingt-deux ans, d'aucune des cérémonies gênantes que le cérémonial chinois prescrit aux enfans envers leurs pères et mères, croiroit manquer au premier devoir de la nature, dont un prince doit donner l'exemple à ses sujets, s'il ne s'abaissoit pas autant devant sa mère que le dernier de ses sujets doit s'abaisser devant lui.

Je me rappelle encore plusieurs autres questions que me fit l'empereur; mais ce sera le sujet d'une troisième lettre. J'aurois bien souhaité que parmi tant de questions, il y en eût eu quelques-unes qui eussent trait à la religion, et qui m'eussent mis à portée de lui exposer les mystères et les saintes lois du christianisme; mais il paroissoit l'éluder. Et quand, à l'occasion du Japon, j'attendois qu'ils s'arrêtât un peu, il continua avec tant de rapidité une suite d'autres questions, auxquelles il fallut répondre, qu'il ne me fut pas possible de toucher cette matière importante, dans la crainte de perdre tout à coup la confiance pleine de bonté avec laquelle il me parloit, ce qui eût été nuire à la religion même, et perdre l'espérance de trouver un jour quelques momens plus favorables pour lui dire ce que j'avois dans le cœur, et ce qui étoit l'unique objet de mes désirs. Je suis, etc.

LETTRE DU PÈRE BENOIT.

Questions de l'empereur sur les phénomènes célestes. — Repas chinois.

En lisant ma seconde lettre, monsieur, vous avez dû être surpris qu'un empereur de la Chine, occupé des affaires d'un si grand et si vaste empire, qu'il gouverne par lui-même, ait les matières de mathématiques assez présentes à l'esprit pour en pouvoir raisonner aussi juste qu'il en raisonne. Sa curiosité à cet égard l'engagea à me faire une infinité de questions sur les phénomènes célestes. Après y avoir répondu, je lui dis que ces différens phénomènes s'expliquoient encore plus aisément, si, comme je l'avois autrefois exposé à Sa Majesté, au lieu de faire tourner le soleil, on le plaçoit au centre du monde, et on faisoit tourner autour de lui la terre et les planètes. Je lui fis la comparaison d'un vaisseau qui vogue sur une mer tranquille. Ceux qui sont dans ce vaisseau aperçoivent les montagnes, le rivage et les autres objets, qui leur paroissent s'éloigner, tandis qu'eux-mêmes s'imaginent être en repos. « J'ai fait moi-même cette remarque, dit l'empereur, surtout lorsque sur ma barque j'y suis ou dans une chambre, ou dans ma chaise à porteurs. Cela est encore bien plus sensible, si, après avoir été quelque temps appliqué, je jette un coup d'œil à la glace de ma portière, ou à la fenêtre ; alors il me semble que je suis immobile, et que ce sont les différens objets qui s'éloignent ou s'approchent de moi. » Il me fit cependant, d'une manière très-enjouée, plusieurs questions; et quand je lui dis qu'une flèche qu'on tireroit perpendiculairement dans un vaisseau qui vogue rapidement, retomberoit dans le vaisseau, il dit que lorsqu'il en auroit l'occasion, il en vouloit faire lui-même l'expérience.

Sa Majesté s'informa ensuite si en Europe tous les astronomes suivoient ce système du mouvement de la terre. Je lui répondis qu'en Europe presque tous les astronomes l'avoient embrassé.

Ce n'est pas, ajoutai-je, que nous assurions que l'univers soit effectivement arrangé comme nous le supposons ; nous proposons seulement cet arrangement comme celui qui paroît le plus propre et le plus facile pour rendre raison des différens mouvemens des astres et pour les calculer.

A l'occasion de la manière dont on observoit les astres, l'empereur me fit plusieurs questions, et me parla du nouveau télescope qui lui avoit été présenté par nos deux nouveaux missionnaires, et en demanda l'explication. Il objecta que le trou qui est dans le miroir du fond devoit diminuer la quantité de rayons que réfléchissoit ce miroir, et que l'autre petit miroir opposé au trou sembloit devoir cacher une partie de l'objet. « Ne pourroit-on pas, dit Sa Majesté, donner aux deux miroirs une situation qui levât ces deux inconvéniens?» Je répondis qu'effectivement Newton, un des plus habiles mathématiciens qu'ait eus l'Europe, avoit fait un télescope tel que le proposoit Sa Majesté, en y plaçant des miroirs de réflexion; mais que, outre qu'il étoit alors difficile de pointer le télescope à l'objet, il y avoit encore d'autres inconvéniens que j'exposai. L'empereur comprit aisément que très-peu de chose, ajouté à la circonférence du miroir du fond, suppléoit abondamment à ce que le vide du milieu du miroir pouvoit diminuer de la quantité des rayons qui sont réfléchis. J'expliquai aussi comment le petit miroir, quoique opposé à l'objet, ne pouvoit sensiblement cacher rien de l'objet ; moins encore qu'une tête d'épingle qui seroit à une certaine distance de l'œil n'en pourroit cacher d'une montagne qu'on regarderoit dans l'éloignement. Les rayons de lumière partis de l'objet, et réfléchis, par le miroir du fond, sur le petit miroir objectif, qui les réfléchit à son tour pour les porter jusqu'à l'œil, où ils ne parviennent qu'après avoir traversé des oculaires achromatiques, me donnèrent occasion d'expliquer cette nouvelle invention. Sa Majesté loua beaucoup le génie inventif des Européens, et en particulier l'invention de ce nouveau télescope et du mécanisme qui le fait mouvoir avec autant de facilité que de promptitude pour le pointer aux différens objets, et suivre celui auquel on l'aura pointé autant de temps qu'on voudra le considérer. Sa Majesté me demanda s'il avoit déjà paru quelques-uns de ces télescopes, et si l'on en avoit déjà apporté à la Chine. Je lui répondis que l'année précédente un de nos ministres d'État, qui a beaucoup de bonté pour nous, et qui voudroit nous aider un peu à donner à Sa Majesté quelques marques de notre reconnoissance pour tous les bienfaits dont elle nous comble, nous avoit annoncé cette nouvelle invention, et avoit ajouté qu'il n'avoit encore pu en obtenir un pour nous l'envoyer; mais que, vu les ordres qu'il avoit donnés, ce nouveau télescope seroit sûrement fini assez à temps pour que nous puissions le recevoir l'année suivante. Qu'ainsi il n'étoit pas probable que des particuliers eussent pu acquérir et apporter ici ce qu'un ministre n'avoit pu obtenir.

L'empereur s'étant aperçu qu'il falloit que j'expliquasse au frère Pansi tout ce qu'il disoit en chinois, qui avoit rapport à lui, me demanda s'il ne savoit pas au moins quelques mots de la langue chinoise : je lui répondis qu'il en savoit très-peu.

D. Ces nouveaux Européens qui viennent de Canton ici ne sachant pas encore la langue, doivent être bien embarrassés dans le voyage?

R. Ils ont un interprète qui les accompagne de Canton jusqu'ici.

D. Mais pour les choses dont ils peuvent avoir un besoin continuel, selon vos usages, comment peuvent-ils se faire entendre de ceux qui les servent?

R. Nous leur envoyons ordinairement des gens de notre Église, qui sont au fait de nos usages, pour les accompagner de Canton jusqu'ici.

D. Les gens de votre Église n'apprennent-ils pas votre langue?

R. Ils ne l'apprennent pas, et ce n'est que très-rarement qu'il y en a qui la savent un peu.

D. Mais ne savent-ils pas votre loi, et ne sont-ils pas de votre religion?

R. Ils professent notre religion sans qu'ils aient besoin de savoir notre langue. Tout ce qui regarde notre religion a été traduit en chinois et expliqué dans des livres, lesquels, la seconde année de Yong-tching, furent présentés à Sa Majesté, qui nous les fit rendre après les avoir donné à examiner.

D. Il est probable que vous n'admettriez pas dans vos églises des gens qui ne seroient pas de votre religion.

R. Un infidèle qui est honnête homme et qui passe pour tel, nous ne faisons aucune difficulté de l'admettre dans nos maisons. Mais cet infidèle, après avoir demeuré quelque temps à notre église et avoir connu ce que c'est que la religion chrétienne, ne manque pas de l'embrasser, et actuellement nous n'avons dans notre église aucun de nos gens qui ne soit chrétien.

D. Malgré cela, il vous sera difficile de les conduire, vu le caractère des gens de ce pays-ci, et ils ne manquent pas de vous causer bien des tracasseries?

R. Ils ne nous en causent aucunes, parce que nous ne les maltraitons ni d'injures, ni de coups. S'ils ne sont pas contens de nous, ils prennent leur congé; si nous ne sommes pas contens d'eux, nous les renvoyons.

D. Moyennant cela, vous devez avoir de bons sujets, puisque dès qu'ils ne font pas leur devoir, vous les renvoyez; ils ne sont donc pas vos esclaves?

R. Nous ne sommes pas dans l'usage de nous servir d'esclaves ou de gens achetés; nous n'avons que des gens loués, qui demeurent chez nous de leur plein gré, et que nous sommes libres de renvoyer.

D. Combien leur donnez-vous par mois?

R. Nous leur donnons par mois un tiao (c'est à peu près 4 livres 10 sous de la monnoie de France).

D. Comment peuvent-ils se tirer d'affaire avec un tiao? sans doute que vous y ajoutez des changs (des récompenses)?

R. Outre qu'ils sont nourris dans notre église, qu'ils y vivent retirés et qu'ils n'ont pas grande dépense à faire en habits, ils sont exempts d'une infinité de dépenses dont ils ne peuvent se dispenser quand ils servent chez les séculiers : d'ailleurs, nous leur donnons des récompenses proportionnées à leur travail et à leurs talens.

D. Ceux parmi vous qui sont tang-tchay (occupés au service de l'empereur) ont besoin de montures, de domestiques, etc. Quels arrangemens prenez-vous pour cela?

R. Parce que tous ceux de notre Église sont tang-tchay, sinon habituellement, au moins de temps en temps ils sont appelés pour des traductions, des opérations de chirurgie, etc., on fournit à chacun une monture ou charrette, suivant son besoin.

D. Qui est-ce qui les fournit?

R. C'est l'affaire du tang-kia[1] d'y pourvoir pour ceux qui doivent sortir.

D. Si quelqu'un veut avoir plusieurs domestiques, lui en donne-t-on autant qu'il en veut?

R. Comme ici l'usage et même l'éloignement des lieux où nous appelle Votre Majesté ne nous permettent pas de sortir à pied, on a soin de nous fournir ou une monture ou une charrette. L'usage exigeant aussi que nous ne sortions pas seuls, et que nous ayons quelqu'un qui nous accompagne, le tang-kia assigne à chacun un domestique qui l'accompagne lorsqu'il va dehors, et qui l'aide à la maison, par exemple, à broyer des couleurs, à préparer des remèdes, etc. Mais comme en qualité de missionnaires nous ne devons avoir que ce qu'il seroit indécent de n'avoir pas, on ne permet qu'un domestique à chacun, hors que dans certaines circonstances la nécessité exige qu'on lui ajoute des aides.

D. Mais les habits, apparemment chacun se les fera faire selon son goût?

R. C'est aussi le tang-kia qui les fournit à chacun selon le besoin. Il n'y a qu'à les lui demander.

D. Ceux qui ont des soieries ou autre chose en présent, qu'en font-ils donc, puisqu'on les fournit d'habits?

R. Tout ce que chacun reçoit en présent, soieries, montures, etc., quoi que ce soit, on le remet au tang-kia; excepté quelques menus effets, comme bourses, sachets d'odeur, pinceaux, etc., que l'usage permet à chacun de garder. Par exemple, les soieries dont Votre Majesté nous a dernièrement gratifiés, nous les avons aussitôt remises entre les mains du tang-kia, et nous n'avons gardé que les bourses dont Votre Majesté nous avoit aussi fait présent.

D. N'est-ce pas toi qui es tang-kia?

R. Je ne le suis plus depuis près d'un an. C'est Tchao-ching-si-eou (le père Bourgeois) qui l'est actuellement.

D. Il est donc plus ancien que toi?

R. Il n'y a que quatre ans qu'il est ici; mais il a, pour faire cet emploi, du talent, des forces et du loisir que je n'ai pas.

D. Il a du talent, des forces, à la bonne heure : mais depuis si peu de temps qu'il est ici, est-il assez au fait de la langue, des mœurs et des usages d'ici pour gouverner une maison?

R. Quant à la langue, comme il s'y est fort appliqué dès son séjour à Canton, à peine y avoit-il deux ans qu'il étoit ici que je le chargeai du détail de la maison, et il s'en acquitta fort bien. Un an après, il fut nommé tang-kia.

D. Tu dis que votre nouveau tang-kia sait déjà assez la langue : mais les mœurs et les usages d'ici, comment peut-il les savoir assez pour gouverner?

R. Comme il a de la prudence, lorsqu'il s'agit de quelque chose qui peut avoir rapport aux mœurs et aux usages de ce pays, avant que d'agir, il consulte sur ce qui convient.

D. Mais pour les affaires du dedans (c'est-à-dire ce qui a rapport au palais) ce sera apparemment toi qui les feras?

R. Le nouveau tang-kia m'a chargé de continuer à régler ce qui regarde le dedans, et c'est en conséquence que de concert avec lui j'ai arrangé tout ce qui regardait la présentation des deux nouveaux venus à Votre Majesté.

D. Est-ce toi qui n'as pas voulu continuer d'être tang-kia, ou bien est-ce qu'on n'a pas voulu que tu continuasses?

R. C'est l'un et l'autre. Je suis souvent appelé au palais, et l'emploi de tang-kia exige de l'assiduité et emporte du temps, si on le veut bien faire. Vu mon peu de santé, je ne puis m'appliquer à l'une de ces occupations sans négliger l'autre. Comme ce qui regarde le palais doit passer avant tout, mes obliga-

---

[1] Le supérieur et le procureur se nomment ici *tang-kia*, avec cette différence que quand on veut désigner le supérieur on dit *tching-tang-kia* (*tang-kia* en chef) et l'on nomme le procureur *fou-tang-kia*, aide *tang-kia*. Dans notre résidence d'ici, c'est le même qui est supérieur et procureur.

tions de tang-kia en souffroient; ainsi il convenoit de mettre à ma place quelqu'un qui pût bien s'acquitter de cet emploi.

D. Il est vrai que tu as toujours eu une santé foible, et que tu as eu de grandes maladies; mais ce n'étoit que de fatigue, et actuellement tu parois te bien porter?

R. Si j'ai été guéri de mes maladies, c'est un bienfait de Votre Majesté, qui a eu la bonté de m'envoyer son premier médecin. Depuis quelque temps que je parois souvent en présence de Votre Majesté, comment pourrois-je être malade?

D. Vous autres Européens, usez-vous du vin d'ici? un usage modéré peut contribuer à fortifier.

R. Dans mon voyage de Canton ici, on m'en a fait goûter de différentes espèces, que j'ai trouvées agréables au goût: mais comme nous avons tous éprouvé que notre estomac européen ne s'y faisoit point, nous n'en usons pas dans notre Église.

D. Vous faites donc venir du vin d'Europe?

R. Nous en faisons venir de Canton, dont nous usons à table certains jours de fête.

D. Et les jours ordinaires, qu'est-ce que vous buvez?

R. Nous buvons du vin que nous faisons faire ici.

D. De quoi faites-vous ce vin?

R. Nous le faisons de raisins. C'est de raisins que se font tous les vins d'Europe.

D. Le vin de raisins est donc meilleur pour la santé que le vin d'ici, qui est fait de grains?

R. Le vin de raisins, pour une personne qui n'y seroit pas accoutumée, ne seroit peut-être pas aussi sain qu'il l'est pour nous: mais comme en Europe on use dans tous les repas d'un peu de vin de raisins, et que notre estomac y a été accoutumé de bonne heure, quelque disgracieux que soit au goût le vin que nous faisons ici, nous nous trouvons bien d'un tchong-tse (petit gobelet à boire les liqueurs) qu'on nous donne à chacun à table, et que nous buvons, après y avoir mêlé une quantité d'eau plus ou moins grande, suivant que chacun le souhaite.

D. Quoi! vous mêlez de l'eau avec votre vin?

R. La nature des vins d'Europe est différente de celle des vins d'ici: le vin d'ici doit se boire chaud, et ne seroit pas potable si on y mettoit de l'eau; au lieu que le vin d'Europe se boit froid, et dans le royaume d'où je suis, on est dans l'usage de le boire avec de l'eau, que chacun, avant que de le boire, y met plus ou moins, selon son gré.

L'empereur me fit encore un grand nombre de questions dans le goût des précédentes, sur nos repas, nos jeûnes, nos prières, nos occupations à la maison lorsque nous n'allions pas au palais, et sur toute notre manière de vivre. Je lui détaillai comment nous faisions la prière; nous prenions ensemble nos repas à des heures réglées et au signal qu'on nous en donnoit. Il s'informa ce que c'étoit que l'heure d'oraison que nous faisions le matin; comment nous faisions l'examen de conscience avant le dîner et avant que de nous coucher; comment nous priions avant et après le repas; quel étoit l'objet de nos prières vocales.....

« Mais, me dit alors Sa Majesté, pour tous ces différens exercices qui vous sont prescrits à certains temps déterminés, comment faites-vous donc lorsque vous êtes supérieur, ou que vous êtes au palais? vous êtes alors obligé de les omettre? »

R. Le matin, nous nous acquittons à l'ordinaire de nos devoirs de religion, et, s'il est nécessaire, nous nous levons assez matin pour avoir, avant que de sortir, le temps d'y satisfaire. Lorsque pendant la journée, dans l'endroit où nous sommes occupés, nous pouvons nous mettre un peu à l'écart pour nous recueillir, nous le faisons; si nous ne le pouvons pas, nous pensons que Dieu, qui est partout, est témoin de ce que nous faisons; nous le prions de nous aider, et nous redoublons nos efforts pour réussir; persuadés que c'est lui plaire que de nous acquitter avec soin et de notre mieux des devoirs de notre emploi. En pensant ainsi à notre Dieu, nous suppléons aux prières que nous ne pouvons faire alors, et d'ailleurs nous y suppléons encore le soir lorsque nous sommes de retour à la maison.....

Ce détail, sur lequel nos prétendus esprits forts badineroient sans doute, pour ne rien dire de plus, étoit du goût de Sa Majesté. La multitude des questions qu'elle me faisoit sur ces différens objets, et l'air ouvert avec lequel elle parloit, faisoient voir qu'elle prenoit plaisir à entendre mes réponses.

Après le récit de ces entretiens, je vais vous informer de ce qui se passa à Yuen-ming-yuen, où l'empereur, avec toute sa suite, étoit allé demeurer.

Pendant tout le cours de l'année, l'empereur ne demeure à Pékin qu'environ trois mois. Il s'y rend ordinairement quelque temps avant le solstice d'hiver, qui doit toujours se trouver dans la onzième lune de l'année chinoise. L'équinoxe du printemps est toujours dans la seconde lune de l'année suivante. Le premier degré de *Pisces* se trouve dans la première lune, et avant le quinze de cette lune, l'empereur, avec toute sa suite, va demeurer à sa maison de plaisance de Yuen-ming-yuen, qui est située nord-ouest à deux lieues de Pékin. Pendant ces trois mois de l'année que l'empereur passe à Pékin, il y est occupé à une multitude de cérémonies qui y exigent sa présence. Tout le reste de l'année, excepté le temps qu'il est à la chasse en Tartarie, il le passe à Yuen-ming-yuen, d'où il se rend à Pékin toutes les fois que quelque cérémonie l'y appelle; la cérémonie finie, il retourne aussitôt à Yuen-ming-yuen. C'est cette maison de plaisance dont le frère Attiret envoya autrefois en France une description exacte et détaillée qu'on a lue avec plaisir, mais à laquelle on pourroit ajouter actuellement les embellissemens qu'on a faits aux anciens palais, et grand nombre d'autres palais, tous plus magnifiques les uns que les autres, que Sa Majesté y a fait construire, et dont elle a agrandi l'enceinte, qui aujourd'hui n'a pas moins de deux lieues de circuit.

On peut dire de cette maison de plaisance, que c'est un bourg ou plutôt un amas de bourgs entre lesquels elle est située, et qui contient plus d'un million d'âmes. Elle a différens noms; la partie de ce bourg dans laquelle notre maison françoise a une petite résidence, pour y loger ceux des nôtres qui sont occupés à travailler dans le palais de Sa Majesté, se nomme *Hai-tien*. La maison de plaisance de l'empereur se nomme *Yuen-ming-yuen* (jardin d'une clarté parfaite). La maison de plaisance de l'impératrice mère, tout proche celle de Sa Majesté, s'appelle *Tchang-tchun-yuen* (jardin où règne un agréable printemps). Une autre maison de plaisance, peu éloignée de celle-ci, se nomme *Ouan-cheou-chan* (montagne de longue vie). Une autre, à quelque distance de là, a nom *Tsing-ming-yuen* (jardin d'une brillante tranquillité). Au milieu de la maison de plaisance de l'empereur est une montagne appelée *Yu-tsiven-chan* (montagne d'une précieuse source). Effectivement cette source fournit de l'eau à toutes les maisons de plaisance dont je viens de parler, et cette eau forme ensuite un canal jusqu'à Pékin; mais depuis que l'empereur régnant a fait couvrir toute cette montagne de magnifiques édifices, cette source, quoique encore abondante, ne fournit pas la moitié de l'eau qu'elle fournissoit auparavant.

Dans cette maison de plaisance, à l'entrée des jardins, est placé le Jou-y-koan, qui est le lieu où travaillent les peintres chinois et européens, les horlogers européens, qui y sont occupés à faire des automates ou différentes autres machines, et des ouvriers en pierres précieuses et en ivoire. Outre ce laboratoire intérieur, où l'empereur va de temps en temps voir les différens ouvrages qu'on y fait, il y a autour du palais un grand nombre de laboratoires de toutes espèces, où beaucoup d'ouvriers sont continuellement occupés à toute sorte d'ouvrages pour l'ornement des palais de Sa Majesté.

Le 8 février, 17 de la première lune, étoit le jour auquel rentroient au Jou-y-koan les divers artistes qui y travaillent. Le frère Pansi s'y rendit, et, par ordre de l'empereur, il fut conduit dans un de ses palais pour y retoucher le portrait du second jeune homme qu'il avoit peint. Le père de Ventavon lui servit d'interprète en attendant que j'y arrivasse, ce que je fis bientôt après, par un ordre exprès de Sa Majesté; je n'y restai pas longtemps: il fallut retourner à Pékin.

Vers le commencement de la seconde lune, l'empereur devoit aller offrir lui-même un grand sacrifice dans le temple du Ciel. Il y vint donc pour y passer en retraite dans son tchay-kong les trois jours qui précédoient ce sacrifice. Pour moi, j'étois depuis quelques jours appelé au palais dès que je serois libre; c'étoit pour y diriger les épreuves des planches des victoires, qui, par ordre de l'empereur, avoient été gravées en France. Longtemps auparavant, Sa Majesté avoit fait faire de tout son empire et des pays contigus de nouvelles cartes et de différentes grandeurs; d'un pouce entre chaque degré de latitude, de deux pouces et de deux pouces et demi ; je fus chargé de diriger cet ouvrage. Dès qu'il fut fini, Sa Majesté fit graver en bois deux de ces exemplaires, et le plus grand, c'est-à-dire celui qui avoit deux pouces et demi de distance entre chaque degré de latitude, elle ordonna qu'il fût gravé en cuivre. Les Chinois gravent en bois très-délicatement, et, sur cette espèce de gravure, ils n'avoient pas besoin de consulter les Européens ; mais, par rapport à la gravure en cuivre, quoique autrefois y il eût eu ici des Européens qui eussent exercé et enseigné cette espèce de gravure, et la manière de l'imprimer, quoiqu'on eût, dans ce temps-là, gravé en cuivre et imprimé la carte générale que nos anciens missionnaires avoient faite de tout l'empire ; néanmoins, comme on n'avoit depuis fait aucun usage de cette espèce de gravure, on ne put trouver aucun Chinois qui en fût tant soit peu au fait, ni même aucun Européen ; on me pressa donc vivement d'en prendre la direction ; j'eus beau protester que je n'y entendois absolument rien, il fallut enfin consentir à communiquer, tant de vive voix que par écrit, ce que je trouverois sur ce sujet dans nos livres qui en traitent.

L'exemplaire qu'il s'agissoit de graver contenoit cent quatre planches, dont chacune devoit avoir deux pieds deux pouces en largeur, et, comme chaque carte comprenoit cinq degrés de latitude, cela donnoit pour la hauteur de chacune douze pouces et demi, c'est-à-dire un pied deux pouces et demi, mesure chinoise. On choisit ce qu'il y avoit de plus habiles graveurs pour graver ces cent quatre planches ; j'aurois souhaité qu'on ne leur donnât que l'épaisseur qu'on leur donne ordinairement en Europe, afin qu'elles pussent prêter un peu lorsqu'on les imprime ; mais ils voulurent, disoient-ils, faire un ouvrage solide, et l'on y employa bien cinq ou six fois autant de cuivre qu'on y en auroit employé en Europe ; au reste, elles étoient très-nettement gravées. Pour pouvoir les imprimer, je donnai le modèle de la presse dont nous nous servons, la manière de faire le vernis, de préparer le papier, et de tout ce qui est nécessaire pour opérer. Après plusieurs essais et quelque temps d'exercice, on parvint à en imprimer un exemplaire, c'est-à-dire cent quatre feuilles, qu'on présenta à Sa Majesté, qui fut satisfaite, et donna ordre d'en tirer cent exemplaires, c'est-à-dire dix mille quarante feuilles.

Ce fut tandis qu'on étoit occupé à tirer ces exemplaires que messieurs du conseil françois de Canton m'adressèrent un mémoire dans lequel M. Cochin exposoit les difficultés qu'on auroit à imprimer ici les planches des victoires, tant à cause de la délicatesse de la gravure, que pour les autres raisons qu'il détailloit. En conséquence, il proposoit d'en tirer en France un nombre d'exemplaires plus grand que celui que l'empereur avoit demandé ; qu'ensuite avec les planches et les estampes qu'on auroit tirées, on enverroit ici du papier d'Europe, les matériaux nécessaires pour la composition du vernis, et un mémoire détaillé de tout ce qui est nécessaire pour réussir dans l'impression de ces gravures. Sur-le-champ je traduisis en chinois ce mémoire et le portai au palais de Yuen-ming-yuen, pour le faire parvenir à Sa Majesté qui étoit arrivée de Tartarie, où, suivant sa coutume, elle avoit été jouir du plaisir de la chasse. Mais, comme je m'y étois bien attendu, les mandarins et les eunuques ne jugèrent point à propos de présenter le mémoire et le placet que j'y avois joint. Ils me dirent qu'il falloit que j'écrivisse à messieurs de Canton, de s'adresser au tsong-tou ou au directeur des douanes, parce que l'un et l'autre ayant reçu de l'empereur la commission de ces gravures, il n'y avoit qu'eux qui pussent proposer à Sa Majesté les raisons de M. Cochin. Et, effectivement, les François, sans attendre ma réponse, s'y étoient adressés ; c'est ce qui fit que le tribunal des ministres nous appela, le père Amiot et moi, pour traduire les dépêches arrivées de Canton. La réponse de l'empereur fut qu'on imprimât deux cents exemplaires de chacune de ces gravures, et qu'à mesure qu'elles seroient imprimées, on les envoyât promptement ici avec les planches ; qu'il n'étoit pas besoin d'envoyer d'Europe ni du papier, ni les ingrédiens dont est composé le vernis ; et ordre à nous de traduire en notre langue ces intentions de l'empereur.

Cette réponse de l'empereur, avec la traduction que nous avions faite, détaillée suivant ce qu'on nous avoit dit dans le tribunal des ministres, partirent aussitôt pour Canton par un courrier extraordinaire qui arriva en douze jours à Canton. Deux ans après, c'est-à-dire au commencement de décembre 1772, arrivèrent ici sept de ces planches, avec le nombre d'estampes demandé par Sa Majesté, qui, les ayant vues et en ayant été très-satisfaite, ordonna de tirer ici des épreuves de ces sept planches. Sur-le-champ on m'envoya signifier de la part de Sa Majesté de me rendre au palais pour y consulter sur les moyens qu'il convenoit de prendre pour tâcher de réussir dans un ouvrage si délicat et si difficile. L'impression des cartes avoit eu un heureux succès; mais le burin de cet ouvrage étoit bien grossier en comparaison de la délicatesse du burin des sept planches qu'avoit dirigé un artiste aussi habile que M. Cochin. Pour pouvoir espérer de réussir, il falloit prendre bien d'autres précautions que celles qu'on avoit prises pour imprimer les cartes. Je fis là-dessus un mémoire dans lequel j'exposois les difficultés qu'il y avoit d'imprimer des gravures aussi délicates que le sont celles des victoires ; les précautions qu'il falloit y apporter ; qu'autrement on s'exposeroit à les gâter et à les rendre inutiles; que la rigueur du froid qu'il faisoit empêchoit qu'on pût actuellement mettre la main à l'œuvre, qu'il falloit attendre que les froids fussent radoucis ; qu'en attendant on prépareroit la nouvelle presse et les autres choses qui devoient être employées. Dès que ce mémoire fut fini, les mandarins le firent sur-le-champ parvenir à Sa Majesté, qui consentit que tout ce qui y étoit contenu fût exécuté. L'empereur, aussitôt après la cérémonie du sacrifice, étant retourné à Yuen-ming-yuen, j'y retournai aussi à sa suite.

Les quatre eunuques que l'empereur avoit nommés pour apprendre l'usage de la machine pneumatique avoient déjà un peu appris la manière de la faire jouer. Les trois missionnaires qui travaillent à l'horlogerie, le père Archange, carme déchaussé, missionnaire de la sacrée Congrégation ; le père Ventavon, jésuite, et le père Méricourt, aussi jésuite, avoient étalé toutes les différentes pièces de cette machine. Les eunuques, qui m'attendoient avec quelques autres qu'ils avoient amenés pour les aider, me dirent que l'empereur, étant fort empressé de voir les différentes expériences, viendroit le 10 mars au Jou-y-koan. Je m'y rendis ce jour-là de bon matin, et je fis faire aux eunuques des expériences sur la compression, la dilatation et les autres propriétés de l'air. Sa Majesté y vint l'après-midi et me demanda l'explication de chacune. Elle voulut savoir le jeu intérieur de la machine : je tâchai de le lui expliquer par le moyen des planches que j'avois fait dessiner pour représenter toutes les pièces qu'on ne peut voir que la machine ne soit démontée. Elle ordonna de préparer encore le lendemain des expériences et de garder le même ordre que j'avois gardé dans l'écrit que je lui avois présenté. Dès que l'empereur fut de retour dans son appartement, il envoya ordre aux eunuques de lui apporter la machine pneumatique, et leur fit répéter toutes les expériences qu'on lui avoit faites au Jou-y-koan.

Le lendemain, 11 mars, lorsque j'arrivai au Jou-y-koan, les eunuques me racontèrent ce qui s'étoit passé la veille dans l'appartement de l'empereur, et me parlèrent de plusieurs questions que Sa Majesté leur avoit faites à ce sujet, auxquelles ils n'avoient pas été en état de répondre. Comme Sa Majesté avoit donné ordre de préparer de nouvelles expériences, je jugeai à propos, pour bien des raisons, de leur faire démonter la machine ; après quoi l'ayant fait remonter et l'ayant essayée, je vis qu'elle étoit en bon état. Effectivement lorsque Sa Majesté vint l'après-midi, je lui expliquai le jeu des différentes soupapes, des pistons, des robinets, etc., et elle comprit bientôt comment, en élevant le piston, la soupape supérieure pressoit contre le piston et empêchoit l'air extérieur d'entrer dans le corps de la pompe ; au contraire l'air qui étoit dans le récipient, en se dilatant pour en sortir, faisoit ouvrir la soupape inférieure et se dilatoit dans le vide que l'élévation du piston causoit dans le corps de la pompe ; de même, comment, en abaissant le piston, la soupape supérieure se soulevoit pour laisser sortir l'air qui, du récipient, étoit entré dans le corps de la pompe, et, au contraire, la soupape inférieure empêchoit que l'air ne pût rentrer dans le récipient. Après que l'empereur se fut informé de l'usage de toutes les pièces dont la machine est composée, il demanda si on pouvoit la mettre en état de faire des expériences. Je répondis qu'il n'y avoit qu'à placer la pompe, que j'avois fait détacher uniquement pour que Sa Majesté en pût voir tout l'intérieur ; que néanmoins il y avoit quelques précautions à prendre qui ne laisseroient pas d'emporter quelque temps. « N'importe, dit Sa Majesté, j'attendrai » ; et tandis qu'on mettoit la main à l'œuvre, elle se promena dans la salle, s'amusant à voir peindre, et faisant, à son ordinaire, mille questions.

Dès que la machine fut en état, on commença les expériences. Dans l'écrit que j'avois présenté à l'empereur, j'expliquai vingt-une expériences que j'avois choisies dans le grand nombre qu'on peut faire avec la machine pneumatique. Les six premières étoient pour prouver la pression de l'air : nous les fîmes toutes les unes après les autres ; et dès que Sa Majesté avoit entendu l'explication des premières, elle s'amusoit à expliquer les suivantes. J'avois apporté dans la salle un baromètre et un thermomètre. L'empereur me fit plusieurs demandes sur la manière dont le poids de l'air soutient le vif-argent dans le baromètre, fait élever l'eau dans les pompes aspirantes, et sur les causes du changement du poids de l'air, qu'on connoît dans le baromètre par les différentes hauteurs de la colonne du mercure. Je donnai les raisons qu'on donne ordinairement de ce changement : j'avouai pourtant que quoique l'expérience prouvât ce changement du poids de l'air, suivant le beau et le mauvais temps qu'il devoit faire, les raisons qu'on en donnoit n'étoient pas satisfaisantes. Nous vînmes ensuite aux expériences qui prouvent l'élasticité et la dilatation de l'air. Cette suite d'expériences plut beaucoup à l'empereur, qui, après une très-longue séance, pendant laquelle il fut toujours debout, tout proche de la machine, retourna dans son appartement, et donna ordre qu'on y portât la machine.

J'avois donné à cette machine le nom de *nien-ki-tung*, qui signifie mot à mot, pompe à faire des expériences sur l'air. Mais le lendemain, lorsque j'arrivai au Jou-y-koan, j'y trouvai un ordre par lequel Sa Majesté changeoit le nom que j'avois donné en celui de *heou-hy-tung*. L'empereur jugea que le caractère de *heou*, qu'il substituoit à celui de *nien* que j'avois employé, étoit plus noble, étant consacré par les anciens livres classiques à exprimer tant les observations célestes que les autres observations pour déterminer les différens ouvrages de l'agriculture, suivant la différence des saisons. Ainsi, actuellement la machine pneumatique a en chinois un nom sûr, puisque c'est Sa Majesté elle-même qui l'a donné.

L'empereur avoit fait la grâce aux reines et aux autres dames de sa cour de leur faire voir les expériences. Il fallut encore les recommencer, parce que Sa Majesté continuoit d'y prendre plaisir, m'en faisant toujours donner l'explication en détail. Enfin, m'ayant demandé s'il y avoit encore d'autres expériences à faire, je lui répondis qu'on en pouvoit faire beaucoup d'autres ; mais que, pour ne pas abuser de la patience de Sa Majesté, j'avois choisi celles que j'avois cru devoir lui faire plus de plaisir, et que les autres s'expliqueroient par les mêmes principes par lesquels on avoit expliqué celles qui avoient été faites. Sur quoi l'empereur fit encore porter la machine dans son appartement, et ensuite dans un des palais européens, pour l'y conserver avec quantité de curiosités d'Europe qui y sont rassemblées. Le lendemain, Sa Majesté, pour témoigner sa satisfaction de cette machine pneumatique, qui étoit la première qu'elle avoit vue, donna encore trois grandes pièces de soie pour le père Méricourt et le frère Pansi, sous le nom desquels elle avoit été présentée, à chacun une, et la troisième pour moi.

Je m'aperçois, monsieur, que je ne vous ai encore rien dit sur les repas de l'empereur, dont je vous ai promis dans ma première lettre que je vous parlerois. Sa Majesté mange toujours seule, et personne n'assiste jamais à ses repas que les eunuques qui l'y servent. L'heure de son dîner est réglée à huit heures du matin, et celle de son souper à deux heures après midi. Hors de ces deux repas, elle ne prend jamais rien pendant la journée, sinon quelques boissons dont elle fait usage, et vers le soir quelque léger rafraîchissement. Elle n'avoit jamais usé de vin ni d'autre liqueur qui puisse enivrer. Mais depuis quelques années, par le conseil des médecins, elle use d'une espèce de vin très-vieux, ou plutôt de bière, comme sont tous les vins chinois, dont elle prend chaud un verre vers le midi et un autre vers le soir. Sa boisson ordinaire, pendant ses repas, consiste en thé, ou simplement infusé avec de l'eau commune, ou bien mélangé avec du lait, ou composé de différentes espèces de thé pilées ensemble, fermentées et préparées de différentes façons. Ces boissons de thé préparé sont la plupart très-agréables au goût, et plusieurs sont nourrissantes, sans charger l'estomac.

Malgré la quantité et la magnificence des

mets qui sont servis à Sa Majesté, elle n'emploie jamais plus d'un quart d'heure à chacun de ses repas. C'est ce que j'aurois eu de la peine à croire, si je n'en avois moi-même été témoin une infinité de fois que j'ai été dans l'antichambre de l'appartement où elle faisoit ses repas, ou dans d'autres endroits où j'étois à portée de voir entrer et sortir tout ce qui lui étoit servi. Les mets qui doivent se manger chauds sont dans des vases d'or ou d'argent, de telle construction qu'ils servent en même temps de plats et de réchauds. Ces vases ont à peu près la forme de nos grandes écuelles d'argent, avec deux anneaux mobiles placés et tenant lieu de ce que nous appelons les oreilles de l'écuelle. Le fond de ces écuelles est double, et au fond supérieur est soudé un tuyau d'environ deux pouces de diamètre, et plus élevé d'un pouce que les bords du vase. C'est par ce tuyau qu'on introduit entre les deux fonds du charbon allumé, auquel ce tuyau sert de soupirail. Le tout a un couvercle proportionné par où passe le tuyau, et les mets s'y conservent chauds pendant un temps considérable ; de sorte que, lorsque Sa Majesté se promène dans ses palais ou dans ses jardins, elle prend ses repas dans l'endroit où elle se trouve, quand l'heure du repas est venue. Tous les différens mets qui lui doivent être servis sont portés par des eunuques dans de grandes boîtes de vernis, dont quelques-unes sont à différens étages. Par là ils n'ont rien à craindre du vent, de la pluie, ni des autres injures du temps.

Les grands du palais n'employoient non plus qu'un quart d'heure à chaque repas. Les mets, lorsqu'on les sert à table, sont déjà tout découpés en petits morceaux. On n'est pas ici dans l'usage de servir plusieurs services, ni du dessert. Les fruits, pâtisseries et autres mets de dessert se mangent ou le soir, avant que de se coucher, ou quelquefois pendant la journée, par manière de rafraîchissement. On n'use jamais de vin dans les repas qu'on fait au palais. Ceux à qui il est nécessaire en prennent le soir lorsqu'ils sont sortis du palais, et qu'il n'y a plus d'apparence qu'ils paroîtront encore ce jour-là en présence de l'empereur. J'ai l'honneur d'être, etc.

LETTRE
D'UN MISSIONNAIRE DE CHINE.

Mort du père Benoît.

A Pékin, année 1775.

Monsieur,

Nous venons de perdre un excellent missionnaire ; son zèle, ses talens, son caractère le rendoient bien cher à cette mission et à ses coopérateurs. Je vais soulager la douleur que j'en ai personnellement, en m'entretenant avec vous de tout ce qu'il a fait de bien à la Chine, et des exemples de vertus qu'il y a donnés.

Le père Michel Benoît naquit à Autun, le 8 octobre 1715. Dans le cours de son enfance, sa vivacité étoit extrême ; l'ardeur pour l'étude et une tendre piété modérèrent peu à peu cette impétuosité naturelle. Son père le mena à Dijon, où il s'occupa lui-même de son éducation. Le jeune homme se sentant intérieurement appelé aux missions étrangères, pensa à entrer dans une société dont les membres étoient dévoués par état à ce saint et pénible ministère. Ce n'étoit pas à beaucoup près ce que vouloit son père. Rien ne fut épargné pour lui en ôter la pensée. Il obtint d'aller commencer sa théologie à Paris, au séminaire de Saint-Sulpice ; il s'y lia avec les séminaristes les plus fervens, les plus studieux, et ne tarda pas à découvrir dans quelques-uns d'entre eux le désir d'aller travailler à la conversion des idolâtres. Un de ces jeunes condisciples s'étant échappé du séminaire pour se jeter dans le noviciat des jésuites de Paris, il en prit occasion de supplier son père de consentir qu'il en fît autant. Il n'en reçut pour toute réponse que des reproches d'ingratitude, et une menace terrible de réclamer les lois s'il tentoit la moindre démarche.

Quelque temps après, il demanda dispense d'âge pour obtenir le sous-diaconat, et, profitant des droits que cet ordre lui donnoit, il partit pour le noviciat de Nancy, où il entra le 18 mars 1737.

Quelque touchante, quelque respectueuse et soumise que fût la lettre qu'il écrivit à son père pour lui faire agréer ce qu'il avoit cru devoir à la grâce qui le pressoit de se donner à Jésus-

Christ, il ne reçut pas de réponse, et n'en a jamais depuis reçu aucune lettre; ce qui a été la grande croix de toute sa vie, et la seule pour laquelle il ait eu besoin de tout son courage.

Étant entré en religion avec des dispositions et des avances qui ne sont pas ordinaires, on ne fit que veiller sur sa santé, et mettre à profit ses vertus et ses talens. Ses supérieurs se déterminèrent à hâter la fin de sa théologie et à lui faire recevoir le sacerdoce.

C'étoit la mission de la Chine qui devoit en recueillir le fruit; plus la persécution y étoit allumée, plus il fut ardent à demander la permission de s'y consacrer pour le reste de ses jours; et il l'obtint après trois ans de prières et d'instances. Dès que le nouveau missionnaire fut arrivé à Paris pour y arranger son départ, il se vit dans un tourbillon de projets qu'on lui représentoit tous comme infiniment utiles pour accréditer son ministère dans un empire où les mathématiques sont, pour parler ainsi, une science d'état. MM. de Lisle, de La Caille et Lemonier voulurent bien se partager entre eux le soin de développer, d'exercer et de perfectionner ses connoissances astronomiques; et ce que ces savans académiciens se promettoient publiquement de la correspondance de leur élève, rend témoignage de la haute idée qu'ils en avoient.

Le père Benoît, parti de Paris, fut arrêté à Rennes par une maladie si violente, qu'on désespéra de sa vie; mais à peine fut-il un peu rétabli, que, sur la nouvelle du départ prochain des vaisseaux, il se rendit à Lorient, s'y trouva à temps pour s'y embarquer, et arriva heureusement à Macao en 1744. La rechute dont on l'avoit tant menacé en France, l'y attendoit, et fut encore plus terrible qu'on ne l'avoit prédit à Rennes pour l'empêcher de venir à la Chine; mais les remèdes, ou plutôt un nouveau miracle de la Providence le tira comme une seconde fois des portes de la mort.

A peine relevé, il demande à être envoyé dans les provinces de la Chine. Mais les ordres de l'empereur l'appelèrent à Pékin, et l'obligèrent à se désister de ses instantes supplications.

Tout est nouveau pour un Européen dans la capitale de la Chine, la plus grande ville, et peut-être la plus peuplée de l'univers.

Le père Benoît ne fit guère d'attention qu'à l'aveuglement, qu'à l'idolâtrie de ce grand peuple; il en fut pénétré, et se pressa de chercher des livres, d'étudier cette langue si difficile, afin de travailler plus tôt à dissiper tant d'épaisses ténèbres, et à faire luire la lumière de l'Évangile.

Son application ajoutoit à sa facilité. Avant la fin de l'année, il fut en état d'entendre les livres usuels, et de faire toutes les fonctions de missionnaire.

La bibliographie chinoise, dans laquelle il avoit commencé de s'initier, lui avoit révélé trop de choses sur les sciences de cette extrémité de l'Asie, pour se contenter de ces premières avances. Aussi se mit-il à étudier les anciens livres, à apprendre à écrire des caractères et à composer en chinois. La foiblesse de sa santé, le changement de climat et de nourriture, les chaleurs extrêmes de l'été, le froid de l'hiver qui est si long et si rigoureux, rien ne pouvoit ralentir son ardeur pour acquérir les connoissances qu'il croyoit nécessaires à son zèle. L'astronomie même, pour laquelle il avoit promis tant de choses, ne put rien obtenir. Ce fut une vraie providence, car il se trouva par là en état de remplir avec gloire la carrière difficile et laborieuse où il alloit entrer.

L'empereur régnant, prince de génie et avide de connoissances, ayant vu en 1747 la peinture d'un jet d'eau, en demanda l'explication au frère Castiglione, et s'il y avoit à la cour quelque Européen en état d'en faire exécuter un semblable. Ce missionnaire artiste, dont la modestie a tant illustré les talens, sentit toutes les suites d'une réponse positive, et se borna prudemment à dire à Sa Majesté qu'il iroit sur-le-champ s'en informer dans toutes les Églises. Mais l'empereur s'étoit à peine retiré, qu'un eunuque vint dire que si quelque Européen étoit en état d'entreprendre un jet d'eau, il eût à le conduire le lendemain au palais. Ces dernières paroles, dans le langage de la cour, étoient un ordre de trouver quelqu'un à quelque prix que ce fût. Nul missionnaire ne s'y méprit, et tous jetèrent les yeux sur le père Benoît.

Il se dévoua à cet ouvrage, et fut présenté tout de suite à Sa Majesté, comme pouvant conduire, avec le secours des livres, les ouvriers qu'on lui donneroit, et leur faire exécuter des choui-fa ou jets d'eau. L'empereur en fut ravi, lui parla avec bonté, et lui dit qu'il donneroit des ordres qui assureroient l'exécution de tout ce qu'il prescriroit aux ouvriers.

Un astronome fut donc transformé en fontainier; mais dès qu'il est missionnaire, que lui importe? La terre, les eaux, tout lui est égal, il doit se faire tout à tous, pourvu qu'il contribue au règne de Jésus-Christ. Ce fut l'unique pensée du père Benoît dans une entreprise qui le laissoit si loin de lui-même. Aussi la sagesse de sa conduite a-t-elle donné à la cour une bien haute idée de notre sainte religion. Lorsque le père Benoît étudioit la physique en Europe, soit pour éprouver sa pénétration, soit pour lui donner carrière et hâter ses progrès, il avoit démontré, imité et imaginé plusieurs machines hydrauliques. Qui auroit dit alors qu'il se donnoit de l'avance pour faire sur-le-champ à la Chine des modèles de jets-d'eau? Le premier qu'il présenta plut tellement à l'empereur, qu'il le fit transporter dans son appartement pour l'examiner à loisir. Il prit en conséquence la résolution de bâtir un palais européen, choisit lui-même l'emplacement dans ses jardins, et ordonna au frère Castiglione d'en tracer le plan, de concert avec le père Benoît.

Que les artistes qui ont porté nos arts chez les nations étrangères racontent jusqu'à quel point leur génie a eu besoin de toutes ses ressources pour ne pas échouer dans des détails de pratique, vis-à-vis des ouvriers qu'il falloit créer, et pour qui la langue de l'art n'existoit pas encore. Où en devoit donc être le père Benoît? Comment enseigner des arts qu'il n'avoit jamais exercés, ni presque étudiés? Comment faire exécuter des machines d'une combinaison aussi compliquée et aussi délicate que celles de la haute hydraulique? Comment diriger la fonte des tuyaux de pompe et des conduits de toutes les formes et proportions? Comment suppléer par ses prévoyances à des précisions qu'il ne pouvoit pas même persuader? Son application, son travail, sa facilité et ce coup d'œil de pénétration qui domine les objets, lui eussent suffi pour cela; mais il avoit à lutter contre un monde de préjugés, que la politique du ministre favorisoit pour dégoûter l'empereur d'une nouveauté dont on n'osoit pas le dissuader. Il falloit se donner une autorité, qui, sans passer les bornes de la modestie la plus timide, pût cependant faire ouvrir le trésor, hâter les travaux et surmonter toutes les difficultés. Il étoit essentiel de se plier au ton et aux manières, à l'étiquette scrupuleuse d'une cour plus ivre de vanité que de toute autre passion, plus adoratrice de la fortune que des idoles, plus divisée d'intérêts que de sentimens, et d'autant plus prodigue de politesses et d'éloges qu'elle est plus maligne dans ses censures et dans ses calomnies, cela dans des jours de crises continuelles, de manœuvres obliques et d'accusations insidieuses que le ministre avoit conduites à une persécution ouverte de notre sainte religion.

L'Europe ne sauroit bien sentir ce que dit et exige une pareille position; mais on est supérieur à tout quand on a mis en Dieu toute sa confiance, et qu'on ne cherche que lui. Le père Benoît commença par dire à l'empereur que plus Sa Majesté se reposoit sur lui de tout, moins il osoit rien hasarder sur ses propres lumières, dans une entreprise où tout lui étoit nouveau, et qu'avec son agrément il se borneroit à exécuter des plans, qui, ayant déjà été exécutés en Occident, ne pourroient manquer de réussir.

Ce début de franchise et de modestie étoit trop naïf pour ne pas plaire à un prince qui se connoît en hommes. Il eut la bonté d'en témoigner toute sa satisfaction, et dit à ses courtisans : « Je connois les Européens mieux que vous, ils ne me laisseroient pas entreprendre ce qu'ils ne sont pas en état d'exécuter. » Ces paroles dans sa bouche commandoient de faire l'impossible pour seconder le père Benoît. Le Père en profita pour faire mettre la main à l'œuvre; la bonne disposition où l'on étoit accrut de jour en jour quand on vit avec quelle complaisance il entroit dans toutes les explications qu'on lui demandoit, multiplioit ses plans et ses dessins autant qu'on vouloit, faisoit parler aux yeux de petits modèles qu'il avoit travaillés lui-même, et s'entretenoit aussi familièrement avec les ouvriers mêmes qu'avec les grands et les seigneurs chargés, sous sa direction, de toute l'entreprise. Il fit plus : pour prévenir des timidités ou des hardiesses qui auroient tout changé, obvier surtout à des méprises dont on ne se défioit pas assez, il se transportoit fréquemment dans les ateliers, suivoit de l'œil tout ce qui s'y faisoit, et obtint par sa sagesse et sa modestie qu'on n'osât rien décider sans son attache. L'ancienne étiquette subsistoit encore: quand il fut question de creuser des bassins, de bâtir des châteaux d'eau, quels que fussent les ordres de l'empereur, on n'entroit dans les jardins du palais qu'à certaines heures, on n'y alloit que conduit par une nombreuse escorte de mandarins, d'eunuques et de valets de pied, et on n'y restoit que le moins qu'il se pouvoit. Le père Benoît fut délivré, après quelques jours, de ces sujétions que les Chinois ont un art de rendre très-sérieuses, très-importantes et ennuyeuses à l'excès.

Comme l'empereur venoit voir tous les jours où en étoient les ouvrages, et faisoit souvent des questions auxquelles le père Benoît seul pouvoit répondre, des ordres absolus dérogèrent pour lui à tous les anciens usages. Les jardins du palais lui furent ouverts à toutes les heures, et il fut libre d'y aller seul comme il voudroit. Cette distinction a été étendue ensuite à tous les Européens. Nous en avons profité nous-mêmes dès notre arrivée. Si l'on ne voit pas en Europe tout ce que cela dit à la louange du père Benoît, on n'y comprendra peut-être pas mieux combien il falloit que les ministres et les grands eussent conçu une haute idée de sa sagesse pour ne pas empêcher qu'il parût ainsi journellement devant l'empereur, et fût à portée de dire à Sa Majesté tout ce qu'il voudroit.

Gloire en soit rendue à celui qui étoit sa lumière et son conseil! sa conduite ne lui a jamais attiré que des éloges, et a fait voir, pendant les douze années qu'il a été occupé dans les jardins intérieurs et extérieurs, qu'il étoit l'homme de la Providence pour son emploi.

Notre hospice de Haï-tien est à plus d'une demi-lieue du palais, et il y a encore trois quarts de lieue de la porte devant laquelle il descendoit de sa mule jusqu'à la maison européenne. Faire ce chemin, quoique dans de beaux jardins, n'est plus une promenade quand c'est tous les jours et plusieurs fois dans un jour. Or, c'est précisément le cas où se trouvoit le père Benoît. Dès qu'il avoit mis les ouvriers en train dans le jardin, il falloit qu'il allât tantôt dans un atelier, tantôt dans un autre à une demi-lieue et quelquefois à deux lieues du palais, puis qu'il revint encore en hâte au jardin pour y attendre l'empereur. La chaleur, la pluie, le vent et le soleil ardent de la canicule n'étoient pas des raisons pour rien retrancher de ses travaux. L'endroit même du palais où on lui servoit à manger étoit assez loin pour que y aller fût une vraie fatigue. Les jours de jeûne et les jours maigres, il étoit souvent réduit à du riz sec et à des herbes salées; et la cuisine chinoise, à laquelle son estomac ne pouvoit s'accoutumer, le dérangement de ses heures pour les repas qu'il lui étoit impossible de prendre à des heures fixes, l'excès même du travail dans la journée, l'épuisoient au point qu'il arrivoit le soir à la maison tellement harassé, que le peu de nourriture plus saine qu'il prenoit n'étoit pas capable de rétablir ses forces. Souvent encore il étoit obligé de se retirer dans sa chambre au sortir de table pour vérifier ses calculs, préparer des dessins et faire des essais sans lesquels il n'osoit rien risquer. En sorte que la nuit étoit déjà bien avancée lorsqu'il pouvoit enfin prendre un peu de repos.

Les jours de fête étoient les seuls où il pût respirer, parce qu'il n'entroit pas au palais. Mais, quelque temps qu'il fît, il venoit la veille à Pékin, qui est éloigné de deux grandes lieues de Haï-tien, et, après avoir passé la soirée et le lendemain matin à confesser et à prêcher, il s'en retournoit le soir, à moins qu'on ne l'eût invité pour le lundi à quelques assemblées de néophytes; car il mettoit les fonctions de missionnaire au-dessus de tout, et ne vouloit jamais s'en décharger sur les autres. Il prenoit aussi occasion de tout avec les grands, les mandarins, les eunuques et les ouvriers, pour relever les inconséquences de l'idolâtrie et leur prêcher l'Évangile. S'il n'a pas eu la joie de faire un grand nombre de conversions, il a eu du moins la consolation d'inspirer une grande estime pour notre religion sainte, de la faire connoître et de lui obtenir les témoignages glorieux que plusieurs lui ont rendus dans des circonstances décisives. C'étoit surtout en distribuant des livres et en les leur expliquant qu'il faisoit admirer aux plus prévenus la beauté et l'excellence de la morale chrétienne.

Pour attaquer encore avec plus d'avantage ceux qui se piquent de science, de philosophie et d'érudition, il donnoit à l'étude tous les momens qu'il pouvoit dérober à ses occupations, et avoit accoutumé tout le monde à le voir se retirer tantôt sous un arbre, tantôt dans un cabinet avec un livre, en quelque endroit des jardins ou du palais qu'il se trouvât; grâce à sa facilité, il s'étoit mis en état de raisonner avec les lettrés sur tous leurs systèmes, de leur démontrer la vanité et les erreurs de leur philosophie, et de tourner contre eux les grands et les petits *King* ou livres canoniques, dont l'autorité est si révérée.

Quoiqu'il eût lui-même copié les extraits qu'en ont donnés plusieurs savans néophytes et missionnaires, ceux en particulier que le prince Jean avoit revus et enrichis de ses notes, il en fit lui-même pour son usage, d'après ses propres lectures. Bien plus, il entreprit une traduction latine du *Chou-king*, et la fit avec tant de soin et d'exactitude, que le père Gaubil en ayant vu quelques morceaux, l'engagea à la mettre au net et à l'envoyer au Mécène de Moscovie, M. le comte de Rasumoski. Si jamais elle est donnée au public, les connoisseurs, et vous en avez en France, y admireront une science profonde de la langue chinoise, et une fidélité qui ne se dément jamais ; car, quoiqu'il ait comme déployé dans sa version les phrases algébriques de ce premier des *King*, pour en présenter tout le sens d'après les plus savans interprètes, il l'a fait avec tant d'art, qu'on peut voir la lettre toute nue du texte, parce que les mots qui y correspondent sont soulignés et forment seuls un sens. Ses notes et ses remarques sont un second ouvrage, singulièrement estimable par le choix, la clarté, l'exactitude et les détails. Il avoit commencé la traduction du *Mong-tsée* sur le même plan ; le dérangement de sa santé et le surcroît continuel de ses occupations ne lui permirent pas de la continuer, quoiqu'il se fût donné une facilité de plus en apprenant la langue tartare. Il lui en coûta peu pour l'entendre et la parler, car les seigneurs tartares, avec qui il étoit tous les jours, se firent un plaisir d'être ses maîtres et de le mettre en état de converser avec eux sans être entendu de leurs gens et des autres Chinois.

Comme les préjugés d'Europe pourroient empêcher de voir dans son vrai jour ce que nous avons dit, voici de quoi lever toutes les difficultés. Quant à la première, qui regarde l'appareil de majesté et de grandeur qui environne l'empereur, il faut bien distinguer entre la manière dont il se montre en public, dont on le voit quand il représente comme le fils du ciel, comme le père et la mère du peuple, comme le souverain du vaste et immense empire du milieu, selon qu'on parle ici ; et entre la façon dont il est dans son palais, lorsque, abandonné à son génie, à son caractère et à ses inclinations, il permet qu'on s'approche de son auguste personne. Dans le premier cas, il est plus gêné, à tous égards, que ceux qui sont prosternés à ses pieds. Tout en lui doit être mesuré sur sa grandeur et digne des louanges de l'histoire. Dans l'autre, c'est un sage, un ami, un homme de lettres, un père de famille, qui ne laisse entre lui et ceux qu'il admet en sa présence que l'espace qu'ils n'osent pas franchir. Une difficulté plus réelle est celle de concilier les soins du gouvernement avec les distractions et les amusemens dont nous parlons.

Cette difficulté cependant n'en est pas une. L'empereur se lève de très-grand matin ; et, dès que le soleil paroît sur l'horizon, il va siéger sur son trône et donner audience aux ministres, aux grands et aux députés des tribunaux. Quand les affaires sont expédiées, il rentre chez lui jusqu'au lendemain, mais il n'y est pas oisif. Il a chaque jour nombre de placets, requêtes, mémoires et représentations à lire et à appointer. Pour s'adoucir la contention que cela demande, il va en barque ou en chaise dans les différens palais qu'il a dans ses jardins, et se délasse à considérer les curiosités de toute espèce qu'il y a rassemblées, ou à voir les ouvrages et les réparations qu'il fait faire ; mais son travail le suit partout, jamais rien n'est remis au lendemain. S'il survient quelque affaire, il donne partout ses ordres. L'empereur a tant de cérémonies, séances et représentations publiques, que, malgré les soins qui le suivent dans ses jardins, ses promenades sont encore un vrai délassement. Du reste, comme il est censé alors dans sa maison, il n'a autour de lui que quelques eunuques, ne porte que des habits communs, et ne garde, pour ainsi dire, de sa grandeur que ce qu'il ne peut pas quitter. Aussi, quelque timide que fût naturellement le père Benoît, il paroissoit devant Sa Majesté avec confiance, lui répondoit avec facilité sur tout ce qu'elle lui faisoit l'honneur de lui demander, et l'avertissoit des nouveaux ordres dont on avoit besoin. Comme l'empereur porte partout toutes ses pensées, et cherche bien moins à s'amuser qu'à étendre ses connoissances pour la perfection des arts utiles à ses sujets, une question en faisoit souvent naître une autre, puis celle-ci une troisième. Tous les missionnaires qui ont eu l'honneur de le voir de près sont témoins qu'il ne faut pas lui répéter ce qu'on lui a dit. Cependant, pour s'assurer qu'il avoit bien pris les réponses du père Benoît, il les répétoit lui-même ; il les développoit à sa manière et en marquoit sa satisfaction.

Quelque soin que tout le monde se donnât pour hâter les ouvrages, tout y étoit si nouveau pour les ouvriers chinois, qu'ils n'avançoient que lentement. La machine hydraulique et le premier jet d'eau ne furent finis qu'à la fin de l'automne.

Sa Majesté en parut très-satisfaite, et le témoigna avec tant de bonté, qu'elle paroissoit se faire honneur devant les grands d'avoir prévu et assuré que le père Benoît n'auroit pas entrepris ce qu'il n'auroit pas été sûr d'exécuter. Puis elle leur expliqua la théorie des jets d'eau, qu'elle avoit très-bien comprise dès la première fois.

Le succès du choui-fa fut ce jour-là la grande nouvelle du palais et puis de toute la cour. Plus le père Benoît avoit été modeste et réservé dans ses promesses, plus tout le monde fut empressé à lui applaudir et à le féliciter. Il n'est cependant pas vrai, comme on l'a imprimé dans des remarques sur l'éloge historique du célèbre abbé de La Caille, que l'empereur fit remettre au père Benoît deux cents onces d'argent et plusieurs pièces de soie. Ce n'étoient point là les récompenses auxquelles il aspiroit ; l'unique qu'il demandât comme une grande grâce, ce fut d'aller dans les provinces travailler au salut des pauvres et de quitter la cour ; il en fit la demande et y revint coup sur coup par des prières et des instances si vives, si fortes, si pressantes, que, pour le dédommager de ce que la considération seule de sa santé ruinée lui auroit fait refuser, on le chargea d'élever les jeunes Chinois qui vouloient se faire prêtres et missionnaires. Il s'appliqua donc à former aux études et aux travaux apostoliques les pères Yanki et Ko. Il en fit deux missionnaires pleins de zèle, de lumières et de sagesse. On lui donna ensuite jusqu'à six néophytes à élever pour les travaux de la mission ; il en étoit bien capable ; mais comment trouver tout le loisir que demandoit un tel emploi ? car, contre son attente et celle de ceux qui l'en avoient chargé, le premier choui-fa fini, il fallut en commencer d'autres, d'abord dans les environs de la maison européenne, puis dans les jardins intérieurs du palais de la ville et de Yuen-ming-yuen qui est, pour ainsi dire, le Versailles de la Chine.

Il n'avoit plus sans doute à lutter contre les préjugés, l'ignorance et les craintes qui contrarièrent ses premiers travaux ; mais il falloit qu'il s'assurât, par une vigilance continuelle et par des soins assidus, qu'on suivoit tous ses plans et ses modèles, ce qui lui occasionnoit bien des allées et des venues, et ne lui laissoit que très-peu de temps. Il y suppléoit par l'ascendant de respect et d'estime qu'il avoit sur ses disciples. Il ne négligeoit rien d'ailleurs de tout ce qui pouvoit leur faciliter l'étude, et leur en faire une occupation attachante, agréable et vertueuse. Jamais il ne retrancha rien du temps qui leur étoit nécessaire, et celui qui lui restoit ne suffisant pas pour ses autres occupations, il le prenoit sur son sommeil ; il le falloit bien, car pour contenter le désir que l'empereur avoit de s'instruire, il lui expliquoit tout le mécanisme de l'hydraulique, et lui composoit lui-même des modèles de jets d'eau, de fontaines de commandement, et de nos autres curiosités de ce genre, afin que ce prince fût en état de choisir et de faire exécuter ce qui lui paroissoit le plus agréable et le plus utile.

C'étoit encore un travail immense pour le père Benoît surtout, qui étoit d'une exactitude si scrupuleuse, et qui auroit mieux aimé faire cent calculs superflus que de courir les risques d'une petite méprise.

Enfin l'empereur en vint jusqu'à former le projet d'un nouveau palais européen, d'une grandeur immense, et dont les jardins auroient rassemblé tout ce qu'on a imaginé de plus magnifique et de plus curieux en eaux jaillissantes. L'ordre d'en faire le plan fut donné, le terrain assigné, et l'on alloit mettre la main à l'œuvre, au grand regret de tous les missionnaires, lorsqu'un événement plus que singulier les délivra de leurs justes craintes. Il ne fut plus question que d'une maison à l'Italienne pour orner les jardins, où l'on feroit un nouveau choui-fa.

L'affoiblissement de la santé du père Benoît étoit un obstacle à de plus grandes entreprises ; l'empereur eut la bonté de le prévoir, et ordonna qu'on fît tout ce qu'on pourroit pour épargner sa peine. Comme ce qui a été dit ci-dessus explique de reste ce qui regarde ces derniers travaux, il suffira d'observer qu'on se hâta d'envoyer ses élèves en Europe, pour le soustraire aux soins qu'ils lui coûtoient, et qui alloient toujours en augmentant. D'un autre côté, les grands eurent l'attention de mettre un grand mandarin à la tête des ouvrages, pour qu'il fût mieux obéi. La plupart de ceux qui présidèrent à cette seconde entreprise étoient les mêmes seigneurs qui avoient été chargés de la première : leur ancienne amitié pour le père Benoît devint si franche et si tendre qu'ils n'avoient rien de caché pour lui, et qu'ils le mettoient au fait de tout ce qui se passoit à la cour, afin qu'il sût mieux ce qu'il devoit dire et répondre. De son côté, il eut toujours la discrétion de ne paroître savoir, même dans notre maison, que ce qui étoit public. Il n'avoit jamais aucune question à faire que sur ses ouvrages, et se retiroit dès qu'il en avoit le moindre prétexte. Ces seigneurs, pour l'arrêter, disoient alors quelques demi-mots sur la religion, et le missionnaire ne manquoit pas d'en faire les fonctions, et de leur reprocher la négligence où ils vivoient par rapport au salut, leur respect pour des idoles qu'ils méprisoient dans le fond de l'âme, leur crédulité sur l'influence des astres, sur les jours heureux ou malheureux.

Le père Benoît paroît en avoir désabusé l'empereur, et il ne réussit pas moins à désabuser tout le monde au palais de la crainte antique des éclipses. Un grand, petit-fils de Canghi, se mit à apprendre de lui à calculer les éclipses, et l'apprit assez pour en parler sur un ton qui montroit tout le ridicule des propos populaires.

La grâce du baptême nous a environnés de tant de lumières en Europe, que quand on est ici, on ne peut concevoir l'aveuglement qu'on y trouve; les sciences même n'y sont presque que ténèbres : c'étoit pour les dissiper que le père Benoît profitoit de toutes les clartés des nôtres, et tiroit parti de nos thermomètres, de nos baromètres, de nos prismes, et de tout ce qui parle le plus aux yeux dans notre physique expérimentale, pour décrier le galimatias philosophique de nos lettrés chinois.

Les longues séances qu'il faisoit au palais le mettoient à portée de revenir souvent sur les mêmes choses, et de leur donner un jour qui les rendoit sensibles. Sa réputation devint un fléau pour les lettrés qui ne savent que des mots, et le fit rechercher par les vrais savans. Les maîtres des fils de l'empereur, et quelques mandarins, hommes vraiment instruits, voulurent se lier avec lui : sa situation ne lui permettoit pas de recevoir ni de rendre beaucoup de visites; mais il y suppléoit en répondant par écrit à leurs questions, et surtout en leur envoyant des livres qui leur faisoient connoître la religion chrétienne ; car il n'avoit qu'elle en vue, dans les choses même en apparence les plus indifférentes. Que ne pouvons-nous raconter en détail combien il a fait tomber de préjugés contre elle, dissipé de fables qui l'avilissoient, changé de haine et de préventions en estime et en respect, étouffé de persécutions prêtes à s'allumer, rendu méprisables les calomnies dont on la chargeoit, au point que ses ennemis, dans l'arrêt même qui la défendoit, ont reconnu qu'elle n'enseigne que la vérité.

La seconde maison européenne des jardins de l'empereur est ornée de très-belles eaux. Il y a des pièces d'un fort bon goût, et la grande soutiendroit le parallèle de celles de Versailles et de Saint-Cloud. Quand l'empereur est sur son trône, il voit sur les deux côtés deux grandes pyramides d'eau avec leurs accompagnemens, et devant lui un ensemble de jets d'eau distribués avec art, et ayant un jeu qui représente l'espèce de guerre que sont censés se faire les poissons, les oiseaux et les animaux de toutes les espèces qui sont dans le bassin, sur ses bords et au haut des rochers, placés ce semble par le hasard, et formant un hémicycle d'autant plus agréable qu'il est plus rustique et plus sauvage. Mais ce qui donna plus de peine au père Benoît, fut le buffet d'eau qui est au bas de cette seconde maison, parce que les Chinois ayant personnifié leurs douze heures du jour en douze animaux, il imagina d'en faire une horloge d'eau continuelle, en ce sens que chaque figure vomit un jet d'eau pendant ses deux heures.

L'empereur, qui le voyoit foible et languissant, ne pressoit aucun ouvrage, lui envoyoit fréquemment des plats de sa table, et lui demandoit souvent des choses qui l'obligeoient de rester à la maison; mais, au lieu du repos qu'on croyoit lui procurer par là, il s'y livroit à un travail plus pénible que celui des jardins. Pour répondre aux questions de ce prince sur la géographie de la Chine, tant ancienne que nouvelle, le père Benoît se détermina à faire une carte qui la lui mettoit sous les yeux. Un grand, des amis du père Benoît, ayant vu cette carte, en fut charmé, et lui dit que la soixantième année de l'empereur étant prochaine, il fallait mettre au net son ouvrage, et le présenter à l'empereur. Pour le rendre plus agréable et plus utile à Sa Majesté, il entreprit une mappemonde, dont chaque hémisphère devoit être de cinq pieds de diamètre. On fut effrayé d'un projet qui, vu ses occupations, sa mauvaise santé, et surtout son exactitude, pourroit achever de l'épuiser. On lui donna un peintre pour copier sa carte, et un lettré pour y écrire les caractères chinois. Il succomba malgré cela, et fut réduit à l'extrémité. L'empereur en ayant été instruit, lui envoya plusieurs fois son premier médecin, vieillard octogénaire, et très-habile, qui promit de le tirer de cette crise ; mais n'osa lui faire espérer plus de six mois de vie, à condition encore qu'il seroit fidèle à un régime qui le réduisoit à du riz sec, à quelques herbages, et à un peu de bouillon.

Sa carte était heureusement finie : il la présenta à l'empereur, en laissant en blanc les pays nouvellement conquis et leurs limites, ne voulant rien prendre sur lui en cette matière, non plus que pour quelques autres endroits sur lesquels il exposoit ses doutes dans un mémoire. Sa Majesté accepta son présent ; et ce qui est ici un grand honneur, elle le loua publiquement, et lui donna plusieurs belles pièces de soie. Afin d'examiner cette carte à son aise, elle la fit porter dans son appartement, nomma des lettrés pour aider le père Benoît à perfectionner un projet si bien commencé, et chargea le prince son oncle de présider à ce grand ouvrage.

Bien en prit au père Benoît d'avoir tant d'avances en fait d'érudition et de géographie. Mis vis-à-vis de lettrés très-savans pour une chose à laquelle l'empereur prenoit intérêt, il fut obligé d'aller travailler au bureau des cartes, de leur faire ses objections, de répondre aux leurs, et de mettre dans tout ce qu'il disoit ou écrivoit une modestie qui laissoit à ses raisons toute leur force. Ces discussions honnêtes et paisibles plaisoient tellement au prince, oncle de Sa Majesté, qui étoit curieux et savant, qu'il faisoit rédiger tout ce qu'on avançoit de part et d'autre, assistoit pour l'ordinaire à toutes les conférences, et finissoit le plus souvent par être de l'avis du père Benoît.

Quand la carte fut finie, le prince, oncle de l'empereur, en avertit Sa Majesté par un placet public, sur lequel elle donna ordre de porter une des copies dans l'intérieur du palais, l'autre dans le tribunal des ministres, et de mettre l'original du Père dans le dépôt des cartes de l'empire ; et ce qui étoit encore plus honorable, mais très-fâcheux, vu l'état de sa santé, elle l'invita à examiner et à revoir la carte générale de l'empire qu'on alloit faire en cent feuilles.

Il seroit trop long de raconter combien l'empereur prit de plaisir aux expériences qu'il fit faire au père Benoît, en sa présence, avec la machine pneumatique, et combien Sa Majesté fut charmée de la description que ce Père lui présenta en chinois, d'un oiseau singulier d'Afrique, envoyé par le tsong-tou de Canton, dont aucun lettré n'avoit connoissance. Qu'on se souvienne des longs entretiens dont elle l'honora pendant qu'elle se faisoit peindre par le frère Pansi, nouvellement arrivé d'Europe. Si l'on en excepte un Henri IV et un Stanislas le Bienfaisant, jamais souverain n'a traité un étranger avec une bonté plus paternelle.

Le père Benoît ne s'en prévaloit pas : il étoit à la cour sans y être, pour ainsi dire ; rien ne l'y affectoit, rien ne l'y attachoit, rien n'y excitoit ses désirs ; il n'y paroissoit que pour remplir ses devoirs de reconnoissance pour l'empereur, et surtout de zèle pour la religion, qu'il faisoit estimer et respecter, et qu'il empêchoit surtout de persécuter.

Il fut chargé de la supériorité de notre maison ; et, forcé de recevoir cet emploi que son humilité lui rendoit si pénible, il en remplit les obligations avec un zèle et une prudence rares et admirables, dans des circonstances aussi difficiles. Les secours d'Europe étoient presque taris, et il falloit cependant pourvoir à l'entretien des missionnaires, des catéchistes, et au soulagement des néophytes pauvres et malades. La Providence, sur laquelle le père Benoît comptoit avec confiance, lui fournit d'abondantes ressources ; et dans ces momens d'espèce d'abandon et de disette, il trouva le moyen de multiplier les aumônes, de mettre dans notre maison un plus grand nombre de lettrés catéchistes, de donner des retraites où les néophytes étoient logés et nourris gratuitement, d'augmenter la distribution des livres : il prêchoit lui-même fort souvent, il alloit porter les sacremens aux moribonds, il distribuoit des remèdes, veilloit sur tous les besoins spirituels et temporels du dedans et du dehors ;

car notre mission françoise, et le district de Pékin nommément, s'étend fort au loin et jusqu'au delà de la grande muraille ; il n'épargnoit rien, en un mot, pour le soulagement de nos chrétiens, et le faisoit avec tant de modestie et de réserve, qu'il offroit en présent ce qu'il croyoit nécessaire et qu'il n'auroit pas été honnête de donner à titre d'aumône.

Enfin la vigilance, les soins, les instructions, la fermeté pour faire exécuter les décrets de Rome ; la douceur, la patience, la charité, toutes les vertus chrétiennes et apostoliques, il les pratiqua avec une nouvelle ardeur et vint à bout de maintenir tout dans l'ordre, et de pourvoir à tout jusqu'à l'arrivée de ses chers disciples les pères Yang et Ko, qu'il eut la joie d'embrasser et de recevoir dans notre maison. Ces jeunes Chinois remirent entre ses mains, comme des fils à leur père, tout ce qu'on leur avoit donné en France pour eux et pour les missions de leur patrie. O mon Dieu ! récompensez de leur charité les personnes augustes de la famille royale qui les chargèrent de tant de dons ! Quelle consolation pour nous de voir que leur piété prenoit un si généreux, un si tendre intérêt à nos chrétientés et à leurs missionnaires ! Quel événement presque miraculeux dans la position où nous étions, que les secours qui nous furent envoyés pour toutes les espèces d'œuvres de zèle et de charité ! Le souvenir en durera à la Chine autant que la religion.

Quand le père Benoît vit les instructions données aux pères Yang et Ko, par le ministre éclairé et bienfaisant qui, voyant la Chine en homme d'État, vouloit enrichir la France de toutes les connoissances de ce vaste empire, il n'épargna rien pour engager ceux de nous qui avoient quelques loisirs à entrer dans des vues si patriotiques : il nous y trouva tous disposés ; mais malgré le triste état de sa santé, qui avoit forcé à le décharger de la supériorité de notre maison françoise, il se mit à la tête de nos travaux, et fournit, avec une facilité étonnante, beaucoup de notices, de mémoires, de détails et de descriptions qu'on trouve avec les autres ouvrages que nous avons fait passer en Europe, et qui sont imprimés sous le nom de *Mémoires sur la Chine*.

Le père Benoît succomba enfin à tant de travaux ; et, sur le point de partir pour aller au-devant de l'empereur, il fut frappé d'un coup de sang qui lui laissa cependant le temps de recevoir les sacremens, et de nous édifier encore par sa résignation, sa patience, et par son amour pour Dieu. Il mourut le 23 octobre 1774.

Si jamais on écrit les annales de l'Eglise de la Chine, il suffira de rapporter ce que les infidèles mêmes disoient et pensoient du père Michel Benoît, pour apprendre à la postérité combien ses vertus étoient encore supérieures à ses talens. L'empereur, qui avoit donné cent onces d'argent pour ses funérailles, s'informa en détail de sa dernière maladie, et finit par dire que c'étoit « un homme de bien et très-zélé pour son service » ; paroles qui, étant un très-grand éloge dans la bouche de ce prince, auroient illustré une longue suite de générations, si elles avoient été dites d'un Tartare ou d'un Chinois.

Mais la louange de cet excellent missionnaire, c'est d'avoir toujours craint et fui celle des hommes, cherché avec ardeur à procurer la gloire de Dieu et le salut des âmes ; d'avoir vécu en homme qui s'étoit totalement oublié, et ne voyoit de bonheur dans la vie que celui de faire le bien. Le peu que nous avons raconté de sa vie suffit pour faire entrevoir jusqu'où il avoit poussé les vertus chrétiennes, religieuses et apostoliques. Nous ne disons rien de ses vertus sociales. Rien n'égaloit sa douceur, sa modestie, sa générosité, son empressement à obliger, qui lui faisoit trouver tout possible dès qu'il s'agissoit de rendre service.

Il portoit tous les missionnaires dans son cœur ; et, de quelque Etat qu'ils fussent, il les regardoit avec raison comme ses frères, s'intéressoit à leurs succès, et n'attendoit point qu'ils implorassent son secours pour les préserver des persécutions, et pour travailler à les délivrer des entraves et des obstacles que l'infidélité mettoit à leur zèle, et pour solliciter leur délivrance lorsqu'ils étoient emprisonnés. Je suis, etc.

LETTRE DU PÈRE VENTAVON.

Révoltes partielles. — Église brûlée et rebâtie.

A Pékin, ce 15 octobre 1775.

Monsieur,

P. C.

Vous m'avez souvent demandé des relations de Chine, vous n'en aurez de ma façon que de bien courtes ; mais aussi vous pouvez compter que je dis les choses comme elles sont, et que mon défaut ne sera jamais de les altérer. Voici les événemens les plus essentiels depuis l'année dernière. La révolte qu'il y a eu dans le Chang-tong, au mois d'octobre 1774, a été dans peu de temps apaisée ; la plupart de ceux qui y sont entrés sont morts en se défendant, les autres ont été pris, conduits à Pékin, et punis du dernier supplice. La guerre que l'empereur fait aux Miaodse du Kin-tchouen est aussi sur le point d'être finie ; on les a poussés jusque dans leur dernière retraite, où ils ne sont plus qu'en très-petit nombre, et on attend d'un jour à l'autre la nouvelle de leur entière défaite, après une guerre opiniâtre de cinq ou six ans. Tout autre empereur que celui-ci se fût probablement lassé, et eût abandonné une entreprise où tous ses prédécesseurs avoient échoué ; mais il est d'un caractère des plus fermes et des plus intrépides que je connoisse. Il nous a donné cette année-ci deux marques bien singulières de la satisfaction qu'il a de nos services. La grande église Nan-tang, la plus belle, sans contredit, qu'il y eût dans tout l'Orient, et la première bâtie dans cette capitale, a été, l'hiver dernier, entièrement consumée par les flammes, et cela en plein jour, sans qu'on ait pu savoir la cause d'un si fâcheux accident. On venoit de célébrer la dernière messe, on avoit senti quelque légère odeur, en conséquence cherché de tous les côtés ; aucun vestige de feu ni de fumée ne paroissant, on a cru que c'étoit quelque odeur venue du dehors ; on s'est rassuré, on a fermé l'église. A peine s'est-il passé une demi-heure, qu'elle a paru en feu de tous les côtés, et le mal sans remède. Ornemens, vases sacrés, sacristie, tout a été perdu ; on n'a pu faire autre chose que de garantir les bâtimens voisins. Dès le lendemain, l'empereur a été averti. (C'est l'usage de le faire lorsqu'il y a quelque incendie considérable.) Tout de suite, sans que nous ayons fait de notre part aucune démarche, il a donné la permission de rebâtir l'église, prêté aux missionnaires dix mille taels, qu'on rendra quand on pourra, pour contribuer au rétablissement ; et quand elle sera finie, il écrira de sa propre main une inscription pour y être placée. Ce n'est pas là une petite grâce ; mais en voici une autre plus considérable. Il y a dans ces contrées une espèce de secte appelée *Pey-ling-kiao*, accusée d'avoir part presque dans toutes les révoltes. Les mandarins font souvent des recherches pour découvrir ses sectateurs. On en a fait de plus vives à l'occasion de la dernière dont j'ai parlé. Quelques chrétiens ont été aussi arrêtés en Tartarie, dans le propre pays de l'empereur ou des Tartares Mantcheoux, où Cang-hi, tout favorable qu'il étoit à la religion, n'a jamais voulu permettre que les Européens missionnaires allassent l'y prêcher. Ces chrétiens, interrogés par le premier et principal gouverneur comment, dans un pays si éloigné de Pékin, il y avoit des chrétiens, ont répondu, avec autant de lâcheté que d'imprudence, que les Européens de Pékin envoyoient toutes les années des prêtres chinois pour les catéchiser et les instruire ; ils en ont nommé six par nom et surnom, qui tous réellement avoient été en Tartarie, et un d'eux qui se trouvoit précisément alors sur les lieux, et qui fut obligé, comme vous pensez, de se cacher bien vite. Le gouverneur, n'osant apparemment prendre sur lui une pareille affaire, avertit tout de suite l'empereur, qui depuis peu de jours seulement étoit parti de Pékin pour la Tartarie. L'empereur reçut le tseou ou la requête, et se contenta d'écrire à côté ce mot *lan*, qui veut dire *je l'ai vue*. La requête fut ensuite portée au Hing-pou ou tribunal des crimes, qui connut par ce mot que l'intention de l'empereur n'étoit pas qu'on fît de cette affaire une affaire sérieuse. Cependant des mandarins inférieurs et gens de justice se transportèrent dans deux de nos églises pour arrêter les missionnaires chinois nommés dans l'accusation. De six, il n'y en avoit qu'un seul alors dans la maison, on le fit évader tout de suite ; les mandarins arrêtèrent, seulement pour la forme, deux prosélytes et un domestique du même nom que les accusés, et les conduisirent en prison, où ils se contentèrent de leur faire des interrogations générales qui n'alloient point au but, et sans leur faire aucun mal. Les Européens, chargés de répondre à l'accusation, ont déclaré que les chrétiens de Tartarie, venant de temps en temps à Pékin, ils demandoient des gens qui voulussent bien aller chez eux leur apprendre la religion et les prières, qu'ils oublioient aisément; que les Européens ne pouvant y aller eux-mêmes, il y avoit des Chinois de bonne volonté qui s'étoient prêtés à cette bonne œuvre, mais qu'aucun des susnommés dans la requête n'étoit alors dans l'église. Le tribunal des crimes a fait un nouveau rapport de tout à l'empereur, qui a répondu ces mots : *mien kieou*, ils veulent dire : « Je fais grâce, et ne veux pas qu'on fasse d'autres recherches. » La réponse venue, les trois qu'on tenoit en prison ont été élargis sans aucun mal, et l'affaire a été entièrement finie. Les missionnaires chinois sont revenus, et les choses vont comme à l'ordinaire. Nous ne nous flattions pas, au commencement, qu'elle dût ainsi se terminer; et quand nous vîmes l'accusation, sans savoir comment l'empereur l'avoit prise, nous la regardâmes tous comme la plus terrible qu'il y ait eu de longtemps, et comme devant avoir les plus funestes suites. Béni soit Dieu qui tient entre ses mains le cœur des princes, et les tourne comme il lui plaît! Voilà les seules nouvelles qui peuvent vous intéresser. Priez pour cette pauvre mission, et soyez assuré du sincère et respectueux attachement avec lequel j'ai l'honneur d'être, etc.

LETTRE
D'UN MISSIONNAIRE DE CHINE
A MONSIEUR ***.

Détails sur les Mia-ot-sée. — La persécution est calmée.

A Pékin, année 1777.

Je commence, monsieur, ma lettre par l'état présent de notre chère mission, qui seule devroit occuper toutes nos pensées. Nos Pères chinois de l'Église du midi et de l'orient, qui avoient été poursuivis l'an passé par le tribunal des crimes, ont repris leurs fonctions. Un mot de l'empereur a tout calmé; les plus grands tribunaux sont bien petits devant lui.

Le père Paul Li-éou, qui est de notre Église, revint ces jours passés de Ou-la-ha-ta, sa mission favorite. A son retour, j'appris un trait qui fait voir que le bras de Dieu n'est point raccourci, et que la foi peut encore tout. La sécheresse désoloit les campagnes; encore quelques jours sans pluie, les moissons périssoient. Déjà depuis longtemps les païens invoquoient inutilement leurs idoles. Un bon chrétien du pays leur dit : « Vous perdez votre temps, vos dieux sont sourds; il n'y a que le vrai Dieu qui écoute les vœux de ses adorateurs : je le prierai, et j'attends de sa miséricorde qu'il m'exaucera. » Aussitôt il partit avec sa famille et se rendit sur une haute montagne; là ils se mirent à genoux à la vue de tout le monde; le bon vieillard, après une courte prière, se leva et fit de l'eau bénite à sa façon, c'est-à-dire qu'il fit le signe de la croix sur un vase d'eau; il prit de cette eau et en jeta à droite et à gauche en priant; il recommença trois fois cette pieuse cérémonie; à la troisième fois, la pluie tomba. Ce qu'il y a d'étonnant et ce qui marque bien la stupidité des idolâtres, c'est qu'au lieu de témoigner leur reconnoissance à leur bienfaiteur, ils vouloient qu'il se joignît à eux pour remercier leurs idoles de ce que la pluie étoit tombée, ou du moins qu'il donnât de l'argent pour leur faire des fêtes et des comédies. Le chrétien leur répondit en homme qui venoit d'éprouver visiblement la protection du Ciel.

L'an passé, l'aîné de la nombreuse famille de Tchar de Ou-la-ha-ta prit la résolution, malgré son grand âge et le froid, de venir à Pékin pour y passer en dévotion les fêtes de Noël : un de ses neveux, âgé seulement de vingt ans, se joignit à lui. Après quatre ou cinq jours de marche, ce jeune homme tomba dangereusement malade; une fièvre violente et continuelle ne lui donnoit aucun repos; il devint si foible qu'il falloit un homme de chaque côté pour le soutenir à cheval : on le pressa de s'en retourner; jamais il ne voulut; il disoit pour ses raisons que s'il devoit mourir de cette maladie, il seroit charmé de mourir à l'église; que ce seroit pour lui la plus douce consolation de recevoir les derniers sacremens, et en particulier la sainte communion, qu'il n'avoit pas encore eu le bonheur de recevoir. Son oncle se laissa toucher, et quoiqu'il sentît le danger, il permit à son neveu de continuer sa route. Ils arrivèrent après douze ou quinze jours de marche : j'envoyai aussitôt chercher le médecin de la maison, qui le condamna. Le jeune homme se prépara à la mort avec une ferveur admirable ; il reçut tous ses sacremens, et mourut trois jours après dans de grands sentimens de piété.

Je finirois volontiers une lettre que les chaleurs de la saison, qui permettent à peine d'écrire, m'invitent fort à abréger. Mais je dois vous dire du moins un mot d'un des plus grands événemens qui soient arrivés en Chine depuis bien des siècles ; je parle de l'extinction totale des Mia-ot-sée. Ces montagnards indépendans, se croyant invincibles parce qu'ils n'avoient jamais été vaincus, insultoient la majesté de l'empereur depuis près de deux mille ans. Souvent ils descendoient de leurs rochers par des espèces de fentes presque impraticables, tomboient rapidement et en force sur les troupes chinoises qui défendoient les frontières contre leurs invasions, et après avoir fait un butin considérable, ils se retiroient dans des gorges ou au haut de leurs rochers.

Je ne parle pas ici de ces Mia-ot-sée qui sont répandus en petit nombre dans plusieurs provinces de l'empire, comme au Fou-kien, au Koeit-cheou, à Yun-nam et au Kau-quan : l'État les laisse, parce qu'ils sont peu, sans chef, et soumis à des mandarins chinois.

Les Mia-ot-sée dont il s'agit ici formoient deux petits États sur les frontières de Setchuen et du Koeit-cheou, grands à peu près comme la Lorraine ou le Portugal ; l'un s'appeloit *Siao-kint-chuen*, l'autre *Ta-kint-chuen* ; l'un et l'autre avoient chacun leur roi ou prince souverain.

Il y a environ vingt-cinq ans qu'ils firent quelques dégâts sur les terres de l'empire ; on arma contre eux. Le premier général qui alla les attaquer ne méritoit pas de réussir ; c'étoit de plus un ennemi furieux de notre sainte religion ; l'empereur lui fit couper le cou. Un autre, plus adroit, composa avec eux ; il leur fit de beaux présens, avec lesquels ils rentrèrent dans leurs montagnes : on eut grand soin de dire à l'empereur qu'ils étoient soumis, et qu'ils le reconnoissoient pour leur maître.

Cependant les hostilités recommencèrent il y a cinq ou six ans ; l'empereur en fut extrêmement irrité, et probablement qu'il prit dès lors la résolution de les exterminer ; il fit envelopper leurs montagnes par trois armées dont chacune étoit composée environ de quarante mille combattans.

Le général Ou-en-fou eut ordre de grimper sur ces affreuses montagnes ; les Mia-ot-sée défendirent mollement le premier passage : ce passage franchi, Ou-en-fou et ses troupes se trouvèrent dans une gorge ayant en face d'autres rochers escarpés. Alors, les Mia-ot-sée parurent en force, fermèrent le retour et tous les autres passages, et quand les Chinois furent exténués par la faim, ils firent main-basse sur eux ; il n'en échappa pas un seul, et ce ne fut qu'après plusieurs années qu'on sut comment ils avoient traité le général Ou-en-fou.

Cependant deux autres généraux, pour n'avoir pas secouru Ou-en-fou, furent perdus : l'un fut étranglé, et l'autre envoyé en exil à Y-li[1]. Alors l'empereur fit Aquei généralissime de toutes ses troupes ; il ne pouvoit mieux choisir ; c'est un homme d'un sang-froid et d'une constance inébranlables, ne se rebutant de rien, et ne craignant pas même de mécontenter l'empereur, si le bien de son service y obligeoit quelquefois.

Il entra par la même route que Ou-en-fou, mais il eut soin de faire grimper des troupes sur les rochers voisins, et de tenir ses derrières libres ; les Mia-ot-sée, à ce début, sentirent à qui ils avoient affaire ; ils firent des prodiges de valeur ; les femmes combattoient comme les hommes : on ne dit pas combien il périt de Chinois dans ces premiers défilés. Aquei se maintint dans la première gorge, et se disposa à attaquer le second passage. Les Mia-ot-sée construisirent de nouveaux forts sur les hauteurs ; Aquei ne précipitoit rien ; il restoit deux ou trois mois autour d'un rocher, et si enfin il trouvoit un endroit tant soit peu accessible, il profitoit de la nuit ou d'un brouillard pour y faire grimper un nombre suffisant de soldats, et dès qu'ils y étoient en force, ils attaquoient les Mia-ot-sée qui, n'étant qu'une poignée de monde en comparaison des Chinois, ne pouvoient mettre qu'un très-petit nombre de soldats sur chaque montagne pour la défendre. Un pas fait étoit un pas. Aquei ne reculoit jamais. Moyennant cette manœuvre, en moins d'un an et demi, il avança de

---

[1] Ili, ou Gouldja, en Kalmoukie.

dix à douze lieues, et parvint à la capitale du Siao-kint-chuen, nommé *Maino*; il l'enleva. Le jeune roi Seng-ko-sang s'échappa à temps; son père, qui depuis plusieurs années avoit quitté le gouvernement et s'étoit fait lama, se croyoit en sûreté dans son espèce de monastère; il se trompa horriblement. Il fut pris et mené à Pékin, où il a mal passé son temps.

Aquei poussa lentement Seng-ko-sang de montagnes en montagnes, de gorges en gorges, jusqu'à l'extrémité de ses petits États. Là il y a un miao (temple d'idoles), bien fortifié à la façon du pays. Sen-ko-sang s'y défendit en désespéré, mais il fallut céder au nombre; il s'enfuit dans le Ta-kint-chuen par un défilé où il ne peut passer que deux hommes de front. Son pays tomba dès lors tout entier entre les mains des Chinois, mais la guerre n'est pas finie quand le roi n'est pas pris : il faut échec et mat. L'empereur donna ordre qu'on sommât le roi du Ta-kint-chuen de remettre à ses troupes son ennemi Sang-ko-sang. En cas de refus, Aquei devoit sur-le-champ porter la guerre dans ses États. Sonem ou Sononom, comme disent d'autres, roi du Ta-kint-chuen, fut fort embarrassé; il n'avoit alors que vingt et un ans; les succès des troupes chinoises l'étonnoient. Son oncle penchoit à contenter l'empereur; mais un lama, parent de Seng-ko-sang, le grand général du Ta-kint-chuen et un mandarin chinois qui avoit trahi l'empereur, l'emportèrent dans le conseil. On se flatta que les montagnes du Ta-kint-chuen étant encore plus escarpées et plus inaccessibles que celles du Siao-kint-chuen, on lasseroit les Chinois; on hérissa de forts tous les pays; on rendit les passages encore plus difficiles et les montagnes plus inaccessibles. Aquei ne s'étonna de rien; il entra dans le défilé sur les traces de Seng-ko-sang. Petit à petit il gagnoit du terrain et avançoit toujours, malgré tous les efforts des ennemis. Insensiblement il s'approcha de la capitale, nommée Leonci. Les autres armées chinoises s'avancèrent aussi de leur côté; cette malheureuse place parut être aux abois.

Alors l'empereur, regardant la guerre comme finie, envoya le père Félix Darocha, aujourd'hui président du tribunal des mathématiques, pour lever la carte du pays. Il partit le 20 août 1774, accompagné d'un comte de l'empire (le te-kong), qui devoit avoir soin de lui et répondre de sa personne sur la route. Ce cher et ancien confrère m'a confirmé plusieurs fois tout ce qu'on dit du Kint-chuen, de ses chemins impraticables, de ses précipices affreux, de ses chutes d'eau, de ses marais, de ses rochers réellement inaccessibles. En passant il en vit un fort élevé, sur lequel il y avoit un petit fort. On lui raconta comment on s'en étoit emparé par un heureux hasard, après avoir employé pendant plus de deux mois tout ce qu'on avoit pu de courage et d'adresse.

Quelques soldats qui étoient de garde ayant entendu de grand matin le bruit d'une personne qui s'observe en marchant, s'approchèrent doucement : ils s'aperçurent qu'il y avoit quelque chose qui remuoit. Deux ou trois des plus lestes, par le moyen des crampons attachés à leurs souliers, grimpèrent de ce côté-là; c'étoit une femme qui puisoit de l'eau. Ils l'arrêtèrent. Interrogée qui gardoit ce fort depuis si longtemps, elle dit : « C'est moi; je manquois d'eau, je suis venue ici en chercher avant le jour; je ne comptois pas vous y trouver. Elle les conduisit par un sentier caché dans ledit fort, et réellement elle étoit restée seule depuis longtemps, tantôt tirant quelques coups de fusil, tantôt détachant des morceaux de rochers, qu'elle précipitoit sur les troupes qui tâchoient inutilement de grimper.

Aquei et les autres reçurent le père d'Arocha avec la distinction qu'on doit ici à un homme envoyé immédiatement par l'empereur lui-même; mais la fatigue et le mauvais air le mirent hors d'état de faire ce pourquoi il étoit envoyé. Les généraux eux-mêmes, par amitié pour lui, prièrent l'empereur de le rappeler. Le père d'Arocha laissa Aquei sur une montagne qui dominoit Leonci, capitale du Ta-kint-chuen. Une autre armée étoit de l'autre côté au delà d'une rivière, elle se disposoit à la passer; et sous quatre ou cinq jours on comptoit enlever la place. Seng-ko-sang étoit mort. Sonom, resté seul, faisoit les derniers efforts pour conserver sa capitale, et ce ne fut qu'après huit ou neuf mois, qui durèrent bien à l'empereur, qu'il prit le parti de l'abandonner secrètement pour se retirer à Karai, son dernier fort et sa dernière ressource. Les Chinois, ne trouvant plus de résistance, s'avancèrent par un défilé fort étroit, ils entrèrent dans la ville, où il n'y avoit plus que des maisons vides de tout.

Pendant ce temps-là Sonom ayant tourné une montagne, vint prendre en flanc la colonne chinoise qui filoit vers la capitale, il la rompit; Aquei fit tout ce qu'il put pour forcer, mais il n'en vint à bout qu'après neuf ou dix jours d'efforts, pendant lesquels ses troupes, qui étoient déjà entrées dans la capitale, souffrirent prodigieusement de la faim. Après cette victoire, le général envoya le petit étendard rouge, c'est en Chine une marque que la guerre va finir.

L'empereur s'attendoit à recevoir le grand, qui annonce que la nation ennemie est totalement éteinte et le roi pris. Il pressa de nouveau et avec plus de force que jamais. De dix à douze mille hommes, à peu près, que les deux rois avoient en commençant la guerre, il n'en restoit plus que quatre ou cinq cents enfermés dans Karaï. Après s'être défendus quelques mois dans ce fort, les Mia-ot-sée virent bien qu'ils seroient enlevés; on tint un conseil général, où il fut résolu qu'on mineroit la place et qu'on périroit sous les ruines avec les troupes chinoises qui la forceroient. La reine mère fut effrayée de ce parti, elle parla de se rendre à discrétion, elle, son fils, frère du roi, et une jeune princesse de dix-huit ans. Aquei, qui savoit que l'empereur avoit une envie démesurée d'avoir toute cette famille entre ses mains, donna de belles paroles. Sonom et son grand général balancèrent longtemps. Toute autre ressource leur manquant, ils coururent enfin le sort de la reine mère. Karaï fut rendu, et Aquei devint maître de la personne du roi et de tout ce qui restoit de la nation des Mia-ot-sée, il ne pouvoit lui arriver rien de plus heureux. Le grand étendard partit aussitôt. Il étoit prodigieusement désiré. Il arriva à Pékin sur la fin du carême de 1776, l'empereur venoit alors de la sépulture de son père Yong-tching.

Il y eut ordre à tous les régulos, les comtes, les grands de l'empire d'aller au-devant de Sa Majesté pour la féliciter. Nous marchâmes à la suite des six fameux tribunaux. L'empereur passa monté sur son grand cheval blanc. Ses prospérités n'avoient point altéré cet air de bonté et d'affabilité qu'il sait si bien prendre quand il veut.

En attendant l'infortuné Sonom qui étoit en route, l'empereur visita la province du Chang-tong où le rebelle Ouang-lun avoit causé tant de désordres l'année précédente.

Sonom étoit arrivé; on l'amusoit, on le trompoit. Une ou deux fois il se défia des belles paroles qu'on lui avoit données. Il conçut tant de tristesse qu'il en tomba malade; on redoubla de soins, de caresses et d'égards; il se remit, et se flatta vainement de meilleures espérances.

L'empereur revint du Chang-tong le 11 juin 1776. Nous eûmes encore l'honneur de le voir à son passage à onze lieues de Pékin; il n'entra pas dans la ville, il s'arrêta dans une espèce de parc qui a seize lieues de tour, et qui n'est qu'à une lieue au midi de Pékin; il y resta le 12.

Le 13, accompagné de tout ce qu'il y a de plus grand dans l'empire, il alla au-devant de son général victorieux. Les quarante-huit souverains qui dépendent de l'empire devoient s'y trouver; mais n'ayant pu être avertis à temps, la plupart en seront quittes pour aller féliciter Sa Majesté à Gehol, où elle est allée prendre le plaisir de la chasse et exercer son monde.

La réception d'un général victorieux est en Chine une des plus belles cérémonies qu'on puisse imaginer. Il y a une vingtaine d'années que le père Amiot en donna la description en grand; je n'en dirai que deux mots.

Afin que le général Aquei parût à cette cérémonie avec plus de dignité, l'empereur le fit comte de l'empire et membre de la famille impériale, il le décora encore de plusieurs ornemens que les empereurs seuls peuvent porter. Un mois avant son arrivée, le tribunal des ministres avoit donné ordre qu'à soixante lieues de l'endroit assigné pour la réception, on préparât les chemins en terre jaune comme pour Sa Majesté elle-même.

L'endroit assigné par le tribunal des rits étoit à huit lieues de Pékin, à une assez petite distance d'un palais de campagne que l'empereur a bâti à Hoang-kin-tchong. Ses environs étoient ornés avec une magnificence surprenante. Il faudroit un volume entier pour faire la description des montagnes artificielles qu'on avoit élevées, des ruisseaux qu'on avoit conduits dans les vallons, des galeries, des salons, des bâtimens variés à l'infini qu'on y avoit bâtis. On y voyoit en grand ce qu'on admire au ouancheou de l'empereur et de l'impératrice, c'est-à-dire aux réjouissances de leur 50e, 60e, 70e et 80e années.

L'empereur sortit de son palais en habit de

cérémonie, il marcha entre deux haies de mandarins jusqu'à l'endroit destiné à la réception. Là étoient les princes du sang, les régulos, les comtes, les ministres et grands mandarins avec les six tribunaux de l'empire et un gros détachement de chacune des huit bannières. Aucun missionnaire ne s'y trouva, à cause de la première cérémonie qui devoit s'y faire.

Le général Aquei, à la tête de l'élite de ses troupes victorieuses, s'avançoit de l'autre côté ; dès qu'il fut auprès des deux piliers rouges, il descendit de cheval. Le président du lipou invita l'empereur à monter sur une plate-forme élevée, ayant à droite et à gauche une foule de drapeaux et d'étendards ; il se tint debout un moment. La grande musique de l'empire commença, et dans un intervalle de silence un mandarin du lipou cria : « Prosternez-vous. » Aussitôt l'empereur, le général et ses officiers, les princes, les régulos, les comtes, les tribunaux, les grands mandarins, tous se mirent à genoux, frappèrent neuf fois la terre de leur front pour adorer le Ciel et le remercier de la victoire.

Cela étant fait, le maître des cérémonies s'approcha de l'empereur, et le pria de descendre dans une grande salle, où on lui avoit dressé un trône; Aquei et ses officiers lui firent le keoutéou. L'empereur se leva, et, selon l'ancien usage, alla au général, et lui donna l'accolade; ce qu'il fit avec un sentiment qui toucha cette prodigieuse assemblée. Puis il dit à Aquei: «Tu es fatigué, viens, repose-toi » ; il le fit asseoir à côté de lui, faveur unique en Chine. Les officiers furent placés dans des tentes bleues; on servit du thé, puis cent eunuques, soutenus de la grande musique, entonnèrent le chant des victoires ; c'est une espèce d'hymne antique qui a près de quatre mille ans. On m'a dit qu'on en avoit fait une nouvelle pour cette occasion. Le président du tribunal des rits s'avança, et dit à l'empereur : «Tout est fini.» L'empereur remonta dans sa chaise à porteurs, et le jour même il se rendit à Pékin, pour y faire une autre cérémonie de grand éclat. On l'appelle *Chéofou*; elle consiste à recevoir les captifs faits en guerre, et à déterminer leur sort. L'empire rassemble encore en cette occasion tout ce qu'il a de grand et d'auguste; elle se fait dans la troisième cour du palais, terminée au nord par la porte qu'on appelle *Oumen*; l'empereur est sur un trône dressé dans une galerie élevée sur une terrasse de cinquante-deux pieds de haut, et surmontée d'un bâtiment qui peut en avoir cinquante. A côté de l'empereur il y a les grands officiers de la couronne. Au bas, sont les princes, les régulos, les comtes, les grands mandarins ; le long de cette cour immense, et qui est à perte de vue, sont sous deux lignes parallèles, à l'orient et à l'occident, tous les *insignia* de l'empire, drapeaux, étendards, masses, piques, massues, dragons, instrumens, figures symboliques, que sais-je ? cela ne finit pas. Les porteurs sont en habits de soie rouge, brodés d'or; vient un second rang, ce sont les tribunaux de l'empire. Le troisième est formé par les gardes de l'empereur, armés comme en guerre. Dans la cour avancée, il y a les éléphans de la couronne, chargés de leurs tours dorées, ayant à côté d'eux les chariots de guerre ; la grande musique et les instrumens sont sur les deux flancs de la galerie qui termine la grande cour au nord, et où l'empereur est assis sur son trône.

Le lipou, tribunal des rits, avoit fixé le commencement de la cérémonie à sept heures du matin ; l'empereur donna contre-ordre pendant la nuit, il voulut qu'elle commençât dès quatre heures et demie. Dès qu'on entendit la grosse cloche de Pékin, on se rendit de toutes parts au palais ; ce monde de princes, de grands, de tribunaux, les troupes, tout s'arrangea selon l'ordre prescrit par le lipou.

L'empereur parut sur son trône, au son de la musique et de tous les instrumens les plus bruyans. Il reçut d'abord les hommages et les félicitations de l'empire ; ensuite, un mandarin du tribunal des rits cria à haute voix : « Vous, officiers, qui avez amené les captifs, avancez, prosternez-vous, *keoutéou*. » La cérémonie faite au son des instrumens, les officiers victorieux se retirèrent ; aussitôt le même mandarin cria de nouveau : « Vous, mandarins du tribunal des soldats, et vous, officiers de guerre, venez, présentez les captifs. »

L'infortuné Sonom, son frère cadet, son grand général, le frère cadet de Seng-ko-sang, et trois autres grands du Kint-chuen, parurent de loin devant l'empereur et toute cette redoutable assemblée. Ils avoient tous une espèce de corde de soie blanche au cou, ils avancèrent quelques pas, puis ils eurent ordre de se mettre à genoux ; on déposa à terre, à côté d'eux, la tête de Seng-ko-sang enfermée dans une cage. Ils avoient derrière eux cent officiers venus de la guerre; à droite, cinquante tant mandarins que soldats du gouvernement de Pékin; à gauche, cinquante officiers du tribunal des princes. A cet appareil qui étoit tout de terreur, le général de Sonom ne put s'empêcher de faire un mouvement de dépit qui ne fut aperçu que de ceux qui étoient près de lui. Il frappa cependant la terre de son front comme Sonom et les autres; on les reconduisit tout de suite dans une salle collatérale; l'empereur reçut encore une fois les félicitations de tout ce qu'il y a de grands dans l'empire, puis il se retira au son de la musique et des instrumens, sans avoir rien décidé sur le sort de ses illustres captifs, mais on sut bientôt qu'ils étoient perdus.

L'empereur se transporta tout de suite à un grand palais qu'on appelle *Intai*, et qui touche presque à notre maison. Les instrumens des tortures étoient tous étalés dans une grande salle. L'empereur s'assit dans le fond sur un petit trône. Quelle fut la surprise de l'infortuné Sonom et des autres captifs! Le grand général dit: « Très-puissant empereur, le roi, père de Sonom, en mourant, le confia à mes soins. C'étoit un jeune prince incapable de résolution; c'est moi qui ai décidé la guerre; si en cela j'ai péché, j'ai péché seul, seul je mérite d'être puni. Je demande qu'on épargne ce jeune prince qui n'a pu être coupable. Nous pouvions encore vendre notre vie bien cher; nous ne nous sommes rendus que dans l'espérance qu'on nous a donnée de trouver grâce devant Votre Majesté. » Il parloit en vain, leur perte étoit assurée par la politique, et peut-être par le ressentiment. Un mot ou un signe de l'empereur les mit tous à la torture. Au milieu des supplices, ils avouèrent des choses qui les firent augmenter. Sonom, à ce qu'on dit, avoua qu'il avoit tourmenté Ou-en-fou pendant cent jours, et qu'ensuite il l'avoit tué lui-même d'un coup de flèche; d'autres disent qu'il déclara qu'il l'avoit fait envelopper de coton trempé dans l'huile, et qu'il y avoit mis le feu. Il convint encore que c'étoit lui qui avoit tué le gendre de l'empereur; on l'appeloit *Taquéfou*. L'empereur fut charmé de pouvoir immoler une victime de marque à la douleur de sa fille, qui paroissoit inconsolable de la perte de son mari. Le détail de cet interrogatoire n'est pas sûr comme le reste. Il y a même des choses qui paroissent ne pas s'accorder, j'ai eu des raisons pour ne pas questionner là-dessus.

Ce qu'il y a de certain, c'est que Sonom et les six autres, après avoir subi des questions très-rigoureuses, furent mis sur des tombereaux, un bâillon à la bouche, et conduits dans ce douloureux et humiliant état sur la place destinée aux exécutions, où ils furent attachés à des poteaux, et coupés en pièces comme rebelles, sur les onze heures du matin; on prit ensuite leurs têtes, et on les exposa dans des cages avec leurs noms au bas, Sonom et les autres. Les jours suivans, on fit des exécutions sanglantes des Mia-ot-sée d'un moindre rang. Il ne reste plus de cette infortunée nation que quelques gens du plus bas rang, qu'on a donnés pour esclaves aux officiers victorieux.

Ces scènes tragiques m'ont rappelé l'histoire de Canaam, il faut que les Mia-ot-sée les aient imités dans leurs criminels excès. La vengeance les a atteints; ils ont disparu de dessus la terre qu'ils souilloient depuis si longtemps.

Je tremble pour certaines contrées. Daigne le Seigneur qu'elles ont oublié, ne se souvenir d'elles que dans ses grandes miséricordes!

Quoique nous n'ayons pas reçu vos lettres l'an passé, nous n'avons pas tout à fait ignoré l'état de l'Europe. Nous avons su les malheurs de la Pologne, les victoires étonnantes des Russes, la mort de Louis XV et de Clément XIV, etc.

Du reste, cher monsieur, si vous avez vos croix, soyez persuadé qu'au delà des mers elles ne nous manquent pas. Quand elles commencent à peser, je relis les lettres de mes bons amis d'Europe; comme ce n'est qu'en Dieu et pour Dieu que nous nous aimons, j'y trouve ordinairement un goût qui m'adoucit bien des amertumes: plus mes besoins augmentent, plus je vous prie de ne pas m'oublier auprès de notre bon Maître. Je me recommande surtout à vos saints sacrifices, dans l'union desquels j'ai l'honneur d'être, etc.

EXTRAIT
DE PLUSIEURS LETTRES DE MISSIONNAIRES DE LA CHINE.

Paix dans l'empire. — Mort de l'impératrice-mère. — Jésuites bien en cour.

Le vaste empire de la Chine jouit actuellement d'une profonde paix. L'empereur, qui le gouverne avec autant de fermeté que de sagesse, quoique dans la soixante-septième année de son âge, jouit encore d'une santé parfaite. Il vient de perdre l'impératrice sa mère, âgée de quatre-vingt-six ans. Il faudroit un volume pour décrire toutes les cérémonies qui ont précédé et suivi son enterrement; mais comme la plupart sont mêlées de superstitions, aucun missionnaire n'a pu y assister; nous avons bien eu quelque crainte d'être molestés à cette occasion, aussi bien que nos mandarins chrétiens, mais il n'en a rien été, Dieu merci.

Dans les papiers publics répandus en Europe, et dont quelques-uns sont parvenus jusqu'à nous, on débite que l'empereur est refroidi à notre égard : c'est un bruit faux; il nous regarde toujours du même œil; ce prince est trop juste et trop éclairé pour se régler sur la conduite d'autrui; il mesurera la sienne sur celle que nous tiendrons nous-mêmes ici. En nous comportant bien, aucune puissance étrangère ne pourra nous nuire. Des gens malintentionnés ont fait tout ce qu'ils ont pu pour faire parvenir jusqu'à lui les plus horribles calomnies contre nous; mais avec cela ils n'ont rien avancé, et j'ai tout lieu de croire qu'ils ne réussiront jamais.

L'empereur, à ma prière, a permis au procureur de la sacrée Congrégation pour les missions de la Chine, de résider publiquement à Canton, où il avoit été obligé de chercher un asile contre les poursuites de certains Portugais qui ne se proposent rien moins que de fermer la porte de la Chine aux missionnaires de toutes les autres nations. Nous avons encore obtenu, dans le courant de cette année, la délivrance d'un autre missionnaire françois (M. Glayot des Missions Étrangères).

Vous savez sans doute que M. Glayot, ancien sulpicien, et depuis plusieurs années missionnaire à la Chine, est toujours en prison depuis 1769. Obligé d'être couché dans un lieu étroit et malsain, attaché par trois chaînes, l'une au cou, l'autre aux mains, et la troisième aux pieds. Malgré ses souffrances, il est content de son sort. Voici comme il s'exprime dans une lettre du 8 juin 1775, dont j'ai l'original sous les yeux.

« Ne soyez point inquiet de moi, si ce n'est de prier pour moi. Soyez sûr que Dieu, qui a assisté Loth dans Sodome et Daniel dans la fosse aux lions, est ici avec moi, son pauvre serviteur, et la protection de la sainte Vierge aussi. Je demande instamment que vous ne fassiez aucune démarche pour me tirer de prison; selon ce que je connois, cela seroit inutile.

» Abandonnez-moi à Notre-Seigneur Jésus-Christ et à sa très-sainte Mère : ils m'ont sauvé de la mort dont l'arrêt étoit venu, ne peuvent-ils pas me tirer de la prison, selon leur sainte gloire ? *Calicem quem dedit mihi pater, non bibam illum?*

Ses conjectures se sont vérifiées; un missionnaire a parlé de lui à l'empereur, et aussitôt les mandarins l'ont laissé retourner à sa mission.

Nous avons ici un autre exemple de vertus, c'est M. l'évêque de Nankin; tout en lui est distingué, naissance, érudition, zèle; il a tout. Le beau spectacle de voir un évêque, un Lambeckoven, âgé de soixante-dix ans, accablé d'infirmités, parcourir sans cesse un diocèse plus grand que toute l'Italie ensemble, comme un simple paysan, n'ayant qu'un chapeau de paille, une chemise de grosse toile; obligé de se cacher dans une petite barque de pêcheurs, par des chaleurs intolérables, courant un danger prochain, souhaitant de terminer sa carrière par le martyre ! Avec de pareils modèles, peut-on se ralentir et ne pas sentir redoubler ses forces?

J'ai perdu cette année deux bonnes protections, le fils aîné de l'empereur, âgé d'environ quarante ans, prince vraiment bon et affable, et dont j'ai reçu les plus grandes marques de bienveillance; le premier ministre, mon aide et mon conseil dans toutes les affaires un peu épineuses : ces deux pertes ne seront pas aisées à réparer; mais comptant sur le secours de Dieu, je suis parfaitement tranquille.

Nous espérons que les cours de Rome et de

Portugal donneront au plus tôt des ordres qui rétabliront la paix et la concorde, si nécessaires pour le progrès de ces missions, et détruiront cette division que la nationalité mal entendue entretient entre certains missionnaires.

LETTRE
D'UN MISSIONNAIRE DE LA CHINE.

Mélange de grandeur et de cruauté dans le gouvernement. — Respect pour les vieux livres et les anciens usages.

Pékin, le 31 juillet 1778.

Monsieur,

Nous avons eu une persécution tout récemment et pour ainsi dire à la porte de Pékin; c'est à Pa-tcheou, qui n'est éloigné d'ici que de douze à quinze lieues. Depuis quelques années cette chrétienté s'augmentoit sensiblement; la foi s'étendoit d'un endroit à l'autre et gagnoit partout. Dans le seul village de Ye-kia-tchouang, qui n'est pas bien considérable, trente familles venoient d'embrasser la religion chrétienne. Les nouveaux néophytes étoient fervens et instruits. Ils venoient en foule à Pékin aux grands jours de fêtes; leur concours en augmentoit la célébrité. Les choses se faisoient peut-être avec un peu trop d'éclat : le mandarin du lieu, frappé du progrès de la religion, voulut l'arrêter.

Pour avoir occasion de faire une mauvaise affaire aux chrétiens, il leur donna ordre de contribuer à la rebâtisse d'un miao (temple d'idoles). Les chrétiens répondirent qu'ils ne le pouvoient pas, mais qu'ils s'offroient volontiers à contribuer à d'autres charges publiques, comme à rebâtir des ponts et à raccommoder des chemins : le mandarin s'attendoit bien à cette réponse; au lieu de s'en contenter, comme tant d'autres mandarins, idolâtres comme lui, il les chargea de chaînes et les traîna en prison. Ils étoient en tout une vingtaine.

Trois jours après, c'est-à-dire le 5 mars 1778, il les cita à son tribunal. Là, il fit tout au monde pour les séduire. Il revenoit sans cesse aux lois de l'empire et à la honte dont il prétendoit que des Chinois se couvroient en suivant une religion étrangère et des Si-yang-gin (Européens).

Il y avoit parmi les prisonniers un nommé *Sou Mathias*, baptisé seulement depuis un mois. Il prit la parole et répondit si à propos et si raisonnablement, que le mandarin n'eut rien à répliquer. Il s'en irrita, et pour s'en venger, il lui fit donner sur-le-champ la question, qu'on appelle en chinois *kia-koen*; c'est un supplice violent. On met les pieds du patient entre des planches qui sont étroitement liées ensemble à une de leurs extrémités; à l'autre, il y a deux hommes puissans, qui, avec des cordes, serrent ces planches et les rapprochent par secousses; à la première secousse les plus robustes tombent en défaillance.

Sou Mathias soutint généreusement cette question à plusieurs reprises; le mandarin, rebuté et humilié de sa constance, le fit jeter à côté.

Il s'attaqua ensuite à un catéchumène. Il s'imagina que celui-ci n'étant point encore chrétien, il en viendroit plus aisément à bout. Il lui fit donner des soufflets sans nombre. Le catéchumène répondit constamment qu'ayant le bonheur de connoître le vrai Dieu, sa conscience ne lui permettoit pas de s'en écarter, et que très-sûrement il embrasseroit la religion chrétienne, la seule où l'homme puisse rendre à Dieu ce qu'il lui doit, et sauver son âme. Le mandarin en fit battre un troisième, et les renvoya tous en prison.

La Chine auroit ses martyrs comme ailleurs, si le premier interrogatoire décidoit du sort des chrétiens; mais il n'est pas croyable combien on fait jouer de machines pour les tromper et les ébranler. Les Chinois sont en cela d'une industrie qui passe tout ce qu'on peut dire. Il faut que le mandarin l'emporte, à quelque prix que ce soit; il y met son honneur; jamais il ne se rend.

Quand celui de Pa-tcheou sut que ses gens étoient venus à bout, à force de ruse, de tromper quelques-uns des néophytes, il les fit tous comparoître devant lui pour la seconde fois. Sou Mathias fut encore soufleté et battu avec le pantsé (bâton long de quatre ou cinq pieds, dont on se sert pour punir les coupables). Tous les autres chrétiens furent battus de même. Alors le mandarin dit : « Qu'on les reconduise en prison, et qu'ils signent l'écrit qu'on demande d'eux. » Les uns dirent : « Nous obéirons », d'autres se turent; et afin qu'on n'entendît pas ceux qui pourroient réclamer, les gens du tribunal firent beaucoup de bruit et les poussèrent hors de la salle.

La même chose arriva à peu près à Sintchang-hien, petit endroit qui n'est pas loin de Pa-tcheou, mais d'un autre district. Onze chrétiens y montrèrent beaucoup de constance dans les tourmens; et après ils cédèrent presque tous à de mauvaises raisons, et à une compassion déplacée.

Je ne suis point pour le merveilleux; il faut cependant dire le vrai, il est arrivé à Pa-tcheou deux faits singuliers.

Sou Mathias, après avoir reçu la question kia-kouen, fit un mouvement pour se lever; les gens du tribunal se mirent à rire; deux s'approchèrent de lui pour l'emporter. « Attends, lui dirent-ils; tu n'y penses pas, tu en as pour cent jours sans pouvoir te remuer. » Sou Mathias se sentoit, il les laissa dire, se leva seul, et sans douleur et sans aide il s'en retourna en prison, où tout de suite il prépara à manger aux autres prisonniers. Dix jours après, il vint de son pied à Pékin. Les chrétiens nous racontèrent ce qui lui étoit arrivé, et ce qu'ils avoient vu eux-mêmes de leurs yeux. Je cherchois à expliquer ce fait singulier. Il me vint en pensée que peut-être le mandarin n'avoit voulu que l'effrayer, et que les cordes qui unissoient les planches à une extrémité, se prêtoient à mesure qu'à l'autre extrémité on rapprochoit les planches pour écraser le pied et le bas de la jambe.

Le père Dolliers voulut en avoir le cœur net. Étant seul dans la chambre avec Sou Mathias, il lui dit d'ôter ses bas; alors il vit de ses yeux, au-dessus et au-dessous de la cheville du pied, de grosses taches noires formées par un sang extravasé; Sou Mathias y passa la main et les frotta, sans sentir aucune douleur. La cheville du pied n'étoit point entamée, parce que dans les planches on fait un trou dans l'endroit qui y correspond, sans quoi celui qui auroit reçu cette question seroit hors d'état de marcher le reste de ses jours.

Sou Mathias ne se démentit point; on n'osa pas même lui présenter le billet apostatique à signer.

Tcheou Mathieu ne fut pas si heureux ni si fidèle, quoique, de son propre aveu, Dieu l'ait favorisé d'une grâce qu'il ne connut pas assez. Voici comment je lui ai ouï raconter la chose à lui-même. Le père Dolliers étoit présent. « Le mandarin, dit-il, me demanda si j'é-tois chrétien. Je lui répondis : Je suis chrétien. Il me demanda mon saint nom, je répondis, je m'appelle Ma-teou (Mathieu). Il m'ordonna de changer, je lui dis : Cela ne se peut. Aussitôt il fit étendre devant moi des chaînes sur le pavé de la salle; on abaissa mes bas et on me mit à genoux. Dans le premier moment, je sentis une douleur excessive; je fis cette courte prière : Mon Dieu, ayez pitié de moi, soutenez-moi. A l'instant la douleur cessa. On me tint sur ces chaînes pendant près d'une heure. Je répondis à tout sans embarras et sans trouble. Le mandarin fit passer une planche sur mes jambes, et ordonna à deux hommes de monter dessus, afin de les presser davantage sur les chaînes; cela ne fit rien. On me fit ensuite étendre les bras en croix, et on les lia dans cet état à un gros bâton, long de cinq à six pieds, qui me passoit derrière le dos. Deux hommes eurent ordre de me presser en bas, moyennant ce bâton; on le fit avec violence. Tout fut inutile, je ne sentis rien, et après une heure passée dans cet état, je me relevai sans douleur. J'étois content d'avoir sauvé ma foi; mais en prison ils m'ont tourné la tête; j'ai eu le malheur de la renoncer, je viens me mettre en pénitence. »

Je ne pus m'empêcher de lui dire : « Malheureux, votre narré vous condamne. Quoi! celui qui vous avoit soutenu si puissamment dans votre premier combat, ne pouvoit-il pas encore vous soutenir dans les autres? Après avoir reçu de sa bonté une si grande grâce, deviez-vous l'oublier sitôt, et le renoncer? » Il me répondit : « Je ne l'ai pas renoncé dans le cœur. J'ai perdu la tête en prison. »

Tcheou Mathieu est un bon homme; je le connois depuis longtemps; il a eu le malheur de tomber; mais je ne crois pas qu'il ait voulu nous tromper sur le fait en question. D'ailleurs, en racontant ce qui lui étoit arrivé, il ne paroissoit pas s'apercevoir de la grâce spéciale que le Seigneur lui avoit faite. Il avoit la confusion peinte sur le visage, et l'air qu'on donne aux apostats dans les *Actes des Martyrs*, si différent de celui qu'avoient les généreux confesseurs de Jésus-Christ. Nous l'avons admis à la pénitence.

C'est toujours cette misérable secte des Pe-len-kiao, ou quelqu'une de ses branches, qui donne lieu à ces sortes de persécutions. Celle de Pa-tcheou est venue à la suite d'une histoire arrivée dans le Chen-si, à quelques journées de Si-ngan-fou, capitale de la province, c'est-à-dire à près de trois cents lieues d'ici. Elle a été mise dans les gazettes ; en voici l'extrait :

« Moi, Cul-kin, tsong-tou du Chen-si, présente avec respect ce mémorial à Votre Majesté. Je l'envoie par la poste de 600 li (c'est une poste qui fait 60 lieues par jour). Il s'agit d'une mauvaise secte qui est dans le Ho-tcheou. On me donna avis qu'elle faisoit des assemblées, et qu'elle récitoit certaines prières ; que le mandarin du lieu, ayant envoyé des archers pour arrêter ce désordre, ses gens avoient été maltraités. Je crus la chose assez importante pour me transporter moi-même à Ho-tcheou. Je donnai ordre aux mandarins d'armes de s'y rendre en même temps par différens chemins avec bon nombre de soldats. Cette précaution étoit nécessaire. Ces sectaires rebelles étoient plus de deux mille, et bien armés. Le 13 de la onzième lune (12 de décembre 1777), nous arrivâmes à la vue de Ho-tcheou ; les rebelles se rangèrent en bataille ; leur chef, Ouang-fou-ling, avoit à ses côtés deux femmes fanatiques, les cheveux épars, tenant d'une main une épée nue, et de l'autre, un étendard. Elles invoquoient les mauvais génies, et faisoient d'horribles imprécations. On fit sur ces rebelles plusieurs décharges de mousquet. Ils combattoient en furieux. Enfin, on tomba sur eux le sabre à la main. Le combat dura près de cinq heures, depuis trois heures du soir jusqu'à huit. On leur tua 1,500 hommes, le reste fut fait prisonnier. En visitant le champ de bataille, j'ai trouvé leur chef étendu par terre, et tué. Il étoit habillé d'une grande robe noire, et il avoit un miroir sur sa poitrine. Les deux femmes qui étoient à ses côtés ont pareillement été tuées dans le combat ; l'une avoit un étendard blanc, l'autre un noir. J'ai fait couper la tête à ces coupables, et, après les avoir mises dans des cages, je les ai exposées à la vue du public. Je traine avec moi 552 prisonniers. Le peuple est dans la joie. Il y a un officier, nommé Yang-hoa-lou, qui s'est distingué. Il avoit reçu un coup de sabre sur le front.

» J'attends les ordres de Votre Majesté, à laquelle je présente ce mémorial avec respect. »

L'empereur donna aussitôt son édit. Après avoir raconté en abrégé l'affaire comme elle est dans le mémorial de Cul-kin, Sa Majesté ajoute : « Le tsong-tou s'est montré en homme de tête, il est digne de louange ; les officiers aussi et les soldats ont combattu avec courage. Je veux que les tribunaux délibèrent comment il faut les récompenser. Pour Yang-hoa-lou, qui a reçu un coup de sabre sur le front en combattant généreusement, qu'on panse sa blessure avec soin, et quand il sera guéri, qu'on me l'envoie ; je veux le voir, et le récompenser moi-même. S'il mouroit de sa blessure, qu'on m'en avertisse : je lui ferai rendre les honneurs qu'on rend à ceux qui sont morts dans le combat. Pour les coupables pris les armes à la main, qu'on les juge et qu'on les punisse selon la rigueur des lois.

» Telle est ma volonté ; qu'on obéisse avec respect. »

Le vice-roi du Chen-si (fuen-fou ou fou-yven, c'est comme vous diriez, un commandant de province), en informant contre la secte qui s'étoit révoltée, apprit que l'année précédente un certain nombre de chrétiens s'étoient assemblés le jour de Noël, et qu'ils avoient prié ensemble une bonne partie de la nuit. Il sut que c'étoit une des grandes fêtes de la religion chrétienne ; qu'il étoit probable que les chrétiens se réuniroient encore pour la célébrer : la chose arriva. Sur le soir de la veille de Noël, les chrétiens, qui ne se doutoient de rien, se rendirent assez ouvertement chez un néophyte, logé au large. Dès que la nuit fut un peu avancée, ils commencèrent à prier, c'est-à-dire à chanter à peu près comme on chante les vêpres en Europe. Aussitôt toute la maison se trouva enveloppée de soldats. Les chrétiens, au nombre de vingt-huit, et même des infidèles, qui avoient eu la curiosité de voir comment on prioit dans la religion chrétienne, furent enlevés et conduits à Si-ngan-fou, dont ils n'étoient éloignés que de dix à douze lieues. Là, le fuen-fou se donna tout le temps de les examiner ; mais il eut beau faire, il ne trouva rien de mauvais ni dans leur doctrine, ni dans leur conduite. Dans le compte qu'il en rendit à l'empereur deux mois après, il convient que leurs prières ne ressemblent pas à celles des sectes rebelles, qu'ils ne cherchent que le vrai bonheur, et qu'ils tâchent de se le procurer en vivant bien. Il fait plusieurs aveux de cette nature ; cependant cela ne l'empêche pas de conclure, en bon païen, que comme la religion chrétienne est un chemin gauche, il faut condamner ceux qui l'ont embrassée au pantsé et à la cangue. Pour Tchao-kin-tcheng, qui en a attiré plusieurs à la religion, et un autre chrétien qu'il nomme, comme ils sont obstinés, et que rien ne peut les ramener, il faut qu'ils soient envoyés en exil.

Nous n'avons reçu cette accusation que vers la mi-mars 1778 : d'abord le président du tribunal des mathématiques, et ses collègues, ex-jésuites comme lui, s'aperçurent de quelque chose. Ceux des mandarins qui pour l'ordinaire leur faisoient plus d'amitiés, commencèrent à battre froid et à s'éloigner d'eux ; c'est ce qui les engagea à demander à leurs amis du tsing-pou (tribunal des crimes) s'il n'y avoit rien de nouveau contre la religion. Alors, c'est-à-dire le 20 mars, on leur remit le tseou du vice-roi (tseou, requête à l'empereur).

Toute accusation d'importance va d'abord à l'empereur. L'empereur dit en quatre lettres : « Que tel tribunal examine cette affaire, et m'en rende un compte exact (Kai-pou-y-tseou). » Le tribunal doit faire son rapport à l'empereur dans le mois. L'empereur mitige quelquefois la sentence ; plus souvent il la confirme purement et simplement par ces mots : « Je le sais, j'y consens. » Nous attendions la fin du mois avec impatience. Rien ne transpiroit. Les mandarins du tsing-pou, interrogés, faisoient la sourde oreille. Ce ne fut que deux mois après que je sus d'un eunuque chrétien, nommé Lie-ou, ce dont il s'agissoit. Cet eunuque étoit malade ; il avoit demandé la permission de se retirer dans sa famille pour se guérir. Quand il se trouva mieux, il retourna au palais pour y faire son emploi à l'ordinaire. Un eunuque d'un grade supérieur lui dit : « Vous avez eu peur pour l'affaire du Chen-si ; soyez tranquille, l'empereur a donné un tchi-y (réponse ou ordre) très-favorable. Je l'ai vu moi-même, on ne peut rien de mieux. » Cependant il n'articula pas en quoi la réponse de l'empereur étoit favorable, et l'eunuque chrétien n'osa le lui demander.

Apparemment que le tsing-pou, qui veut qu'on aille toujours par les grandes voies, n'en fut pas des plus contens. Quoi qu'il en soit, il n'en a rien dit, et de toute cette histoire, rien n'a paru dans les gazettes.

Il y eut ici, au commencement de cette année, un exemple terrible de sévérité. Il n'est pas tout à fait dans nos mœurs ; mais comme il fait connoître celles des Tartares et des Chinois, j'en dirai deux mots tirés des gazettes.

Un lettré du Kian-si, nommé *Ouang-si-heou*, vivoit dans sa patrie en philosophe, loin des emplois et de la cour ; il s'amusoit à penser et à écrire. Pour égayer ses ouvrages, et leur donner cours, surtout parmi certains lettrés, il les remplissoit d'idées répréhensibles. Il avoit soixante ans ; ses productions l'avoient enrichi, et lui avoient fait une espèce de nom. Il eut un ennemi, ou plutôt un jaloux, qui l'accusa. Aussitôt il fut arrêté, et conduit ici, sous bonne escorte, au tribunal des crimes. Il y arriva le 23 de la onzième lune (22 de décembre 1777). Les princes, les ministres et les mandarins du premier ordre, réunis aux neuf grands tribunaux de l'empire, l'attendoient, par ordre de l'empereur, pour le juger. Voici, en abrégé, quel fut le résultat de leurs procédures, et le compte qu'ils en rendirent à l'empereur :

« Nous, princes du sang, comtes, ministres et mandarins du premier ordre, réunis par édit de Votre Majesté aux neuf tribunaux de l'empire pour juger le lettré Ouang-si-heou, nous nous sommes d'abord fait représenter tous les livres qu'on a saisis dans la maison. Il y en a de dix espèces. Nous les avons examinés avec beaucoup de soin et d'exactitude.

» Nous avons remarqué, 1° qu'il a osé toucher au grand dictionnaire de Cang-hi. Il en a fait un abrégé, dans lequel il n'a pas craint de contredire quelques endroits de ce livre si respectable et si authentique.

» 2° Dans la préface qu'il a mise à la tête de son dictionnaire abrégé, nous avons vu avec horreur qu'il a eu l'audace d'écrire les petits noms de *Confucius*, de vos illustres ancêtres, et celui de Votre Majesté elle-même. C'est une témérité, un manque de respect qui nous a fait frémir.

» 3° Dans les registres de sa famille, il a écrit qu'il descendoit de Hoang-ti par les Tcheou.

» 4° Dans ses vers, il a encore insinué cette prétendue origine, en se servant d'expressions répréhensibles. Il paroît qu'en cela il a eu de mauvaises vues.

» Nous avons cité Ouang-si-heou pour répondre sur ces délits.

» Interrogé pourquoi il avoit osé toucher au grand dictionnaire de Cang-hi,

» Il a répondu : Ce dictionnaire a un grand nombre de volumes. Il n'est pas commode. J'en ai fait l'abrégé ; il coûte peu, et il est aisé à manier.

» Interrogé comment il avoit eu l'audace d'écrire dans la préface de ce dictionnaire les petits noms de Confucius, de vos illustres ancêtres et de Votre Majesté,

» Il a répondu que c'étoit afin que les jeunes gens qui le liroient connussent ces petits noms et ne fussent pas exposés à s'en servir par mégarde. D'ailleurs, j'ai reconnu moi-même ma faute ; j'ai fait réimprimer mon dictionnaire, et j'ai eu soin d'en ôter ce qui en étoit mal.

» Nous lui ayant répliqué que les petits noms des empereurs et de Confucius étoient connus de tout l'empire,

» Il a protesté qu'il les avoit ignorés longtemps ; qu'il ne les avoit sus lui-même qu'à l'âge d'environ trente ans, les ayant vus pour la première fois dans la salle où les lettrés vont composer pour obtenir des grades.

» Interrogé pourquoi il a osé écrire dans les registres de sa famille qu'il descendoit de Hoang-ti par les Tcheou,

» Il a répondu : C'est une vanité qui m'a passé par la tête ; j'étois bien aise qu'on crût que j'étois quelque chose.

» Enfin, interrogé pourquoi il s'étoit servi de certaines expressions pour insinuer dans ses vers sa prétendue origine,

» Il a répondu qu'emporté par le feu de la poésie, il n'avoit pas fait attention à ce que ces expressions pouvoient avoir de mauvais.

» Nous, vos fidèles sujets, avons remarqué que Ouang-si-heou étant lettré du second ordre (kiu-gin), instruit de nos lois et de nos coutumes, ne pouvoit être comparé à un homme du peuple, qui auroit péché par grossièreté et ignorance. Ce qu'il a fait et écrit offense la majesté impériale, tient à la rébellion. C'est un crime de lèse-majesté au premier chef.

» Nous avons examiné les lois de l'empire. Selon ces lois, ce crime doit être puni d'une mort rigoureuse. Le criminel doit être coupé en pièces, ses biens confisqués, ses parens au-dessus de seize ans mis à mort, ses femmes, ses concubines et ses enfans au-dessous de seize ans exilés et donnés pour esclaves à quelque grand de l'empire.

» Nous, vos fidèles sujets, présentons avec respect ce mémorial à Votre Majesté, en attendant ses derniers ordres. »

Édit de l'empereur.

« Je fais grâce à Ouang-si-heou sur le genre de son supplice ; il ne sera pas coupé en pièces ; qu'on lui tranche la tête. Je fais grâce à ses parens ; pour ses fils, qu'on les réserve pour la grande exécution de l'automne ; que la loi soit exécutée dans ses autres points. Telle est ma volonté ; qu'on respecte cet ordre. »

On a lieu d'espérer que l'empereur fera encore grâce, du moins de la vie, aux enfans de Ouang-si-heou.

Ici, un mot contre le gouvernement est puni de mort. Quelque chose de plus, avoir lu un livre qui en parle mal, c'est un crime capital. Cela n'empêche pas que les censeurs de l'empire ne puissent faire à l'empereur les représentations qu'ils jugent à propos ; mais il faut que leurs mémoires soient cachetés et respectueux. Pour l'ordinaire l'empereur les publie et y fait droit.

L'empereur est maintenant occupé à un grand projet. Il y a quelques années qu'il publia dans tout son empire qu'il vouloit faire une collection de tout ce que la Chine avoit de mieux en bons livres. Il ordonna que tous ceux qui avoient des manuscrits estimables, eussent à les envoyer à la cour, déclarant qu'après en avoir fait le choix, on les renverroit fidèlement.

L'empereur reçut des livres à l'infini. Il détermina que la collection seroit de six cents mille volumes. Il fit venir à Pékin les plus grands lettrés de l'empire, appelés *han-lin*, et les plus habiles imprimeurs. Il leur donna un nombre infini d'assesseurs, qu'il logea dans de grands palais. Il mit à la tête de l'entreprise des régulos et même son sixième fils. Ils répondent des moindres fautes. Un seul point manqué, dans les lettres les plus compliquées, leur coûteroit une partie de leurs revenus. Il faut que les livres qui sortent de l'imprimerie impériale soient sans faute. Ce qui nous intéresse surtout dans cette magnifique collection, c'est que l'empereur y a fait entrer trois livres de religion, composés autrefois par des missionnaires jésuites. Le premier est du fameux père Ricci, connu en Chine sous le nom de *Lymateou*. C'est un chef-d'œuvre. Il s'est trouvé des lettrés qui le lisoient sans cesse pour se former le style. Il a pour titre *Tien-tchou-che-y*, vraie notion de Dieu. On ne conçoit pas comment un homme qui n'avoit fait sa théologie qu'en voyageant, a pu mettre dans ce livre tant de force et de raisonnement, tant de clarté et tant d'élégance[1].

Le second livre qui entre dans la grande collection est le *Yang-mano*. Il a pour titre ces deux mots, *Tri-ké*. Il est aussi écrit supérieurement et plein de choses. Il traite de la victoire des sept passions dominantes dans l'homme.

Le troisième est du père Verbiest, qui vivoit du temps de Kang-hi. Il a pour titre *Kiao-yao-su-lun*, abrégé des vérités fondamentales de la religion. Il n'est pas écrit pour les lettrés. Il paroît que l'auteur vouloit se mettre à la portée de tout le monde. Cang-hi, l'ayant lu, badina sur son style: mais il est d'une analyse et d'une méthode qui l'ont fait juger digne d'être placé au rang des meilleurs livres. Voilà l'inconséquence de l'homme. Les Chinois mettent au nombre de leurs meilleurs livres ceux de notre sainte religion, et ils persécutent les chrétiens.

Sous le dernier empereur des Ming-tchao, les missionnaires jésuites eurent le courage de faire peindre l'embrasement de Sodome et de Gomorrhe, et de le présenter avec une explication à cet empereur, qui étoit souverainement débauché. Leur intention étoit de le frapper. Il trouva la peinture belle dans son genre; il la fit graver dans un recueil des monumens de son temps, et voilà tout ce qu'il en fut. Il y fit graver aussi l'image du Sauveur portant sa croix à la main. Je suis, etc.

LETTRE
D'UN MISSIONNAIRE DE CHINE.

Malheurs et fermeté de M. Glayot.

A Pékin, année 1778.

Monsieur,

J'eus l'honneur de vous écrire l'an passé une dernière lettre en date du 5 novembre, c'étoit surtout pour vous annoncer les espérances que nous avions de la prochaine délivrance de M. Glayot, ce digne missionnaire de la maison des Missions Étrangères. Nous nous flattions alors, et si la Providence n'eût remué d'autres ressorts, M. Glayot seroit encore en prison.

Le père Félix d'Arocha, président du tribunal des mathématiques, étoit lié depuis longtemps d'amitié avec le vice-roi du Su-tchuen[1]; il prit le parti de lui écrire franchement en faveur du missionnaire détenu dans sa province. Les Chinois, comme vous savez, donnent toujours de belles paroles. Le vice-roi répondit qu'il étoit charmé d'avoir cette petite occasion d'obliger son ami, qu'il alloit donner ses ordres, que M. Glayot seroit délivré à l'instant, qu'on pouvoit regarder la chose comme faite.

Cependant les gens du vice-roi vinrent à Pékin pour le commencement de l'année chinoise, la quarante-deuxième de Kien-long[2]: point de nouvelles. Il s'écoula encore bien du temps sans qu'on entendît parler de rien. Tout étoit manqué, lorsqu'il vint en pensée à l'empereur de renvoyer une seconde fois le père d'Arocha au Kin-chouen, pour en lever la carte. En voyant cette marche de la Providence, nous dîmes tous: M. Glayot sera délivré; l'empereur a ses vues, la Providence en a d'autres.

D'ici à Kin-chouen il y a six cents lieues. Le père d'Arocha, quoique âgé de 65 ans, les fit avec une promptitude étonnante. Plus de vingt lieues par jour ne lui faisoient pas peur. On l'attendoit à Tchen-tou-fou, capitale du Su-tchuen. Cette grande ville confine au Kin-chouen, pays des Miao-tsée[3].

Le vice-roi, son ami, vint au-devant de lui avec tous les grands mandarins du pays. Le père d'Arocha ne le marchanda pas; après les premiers complimens il le prit à part, et lui demanda si M. Glayot étoit délivré. Le vice-roi ne se déconcerta pas; il lui répondit qu'il le seroit depuis longtemps si la chose étoit possible; qu'il s'étoit informé de sa situation; qu'elle étoit telle, qu'il ne pouvoit pas sortir de prison.

Le père d'Arocha ne prit pas le change; il voulut savoir de quoi il tournoit. Le vice-roi pressé lui dit: « Il est fou. » Le père d'Arocha,

---

[1] Un missionnaire jacobin disoit que ce livre n'avoit pu être fait sans une assistance particulière de Dieu.

[1] Province de Chine.
[2] Nom de l'empereur.
[3] Montagnards indépendans et révoltés.

accoutumé depuis longtemps aux tournures chinoises, lui répondit sur-le-champ : « Il est fou tout comme vous et moi. Ce sont vos gens qui vous trompent, ne les croyez pas. Il est fort aisé de s'éclaircir du fait ; donnez vos ordres ; qu'il vienne ici, nous le verrons, nous lui parlerons. »

M. Glayot étoit à huit journées de la capitale, détenu en prison depuis neuf ans. Dès les premières années on voulut se défaire de lui par le poison ; mais le geôlier, soit par reste de conscience, ou plutôt par crainte des missionnaires de Pékin, refusa de se prêter à l'iniquité des mandarins.

Il n'est pas croyable combien ce généreux confesseur de Jésus-Christ a souffert dans sa prison. La faim, la soif, les chaleurs excessives, le défaut de sommeil, tout cela et bien d'autres incommodités n'étoient rien en comparaison de l'horreur que lui causoit l'infâme canaille qui étoit avec lui en prison. Ces idolâtres sans honte, sans pudeur quelconque, affectoient de commettre sous ses yeux les crimes les plus abominables. Pour se tirer de là, il n'en eût coûté à M. Glayot qu'un mensonge léger, ou même qu'une équivoque. Jamais on ne put ébranler sa constance ; les mandarins lui disoient : « Avouez que vous êtes Cantonien, et nous vous relâcherons. » M. Glayot répondoit toujours : « Je ne puis pas mentir. Je suis Européen ; je suis venu en Chine pour y prêcher notre sainte religion ; je suis missionnaire, et non pas Cantonien. » Le mandarin, irrité de sa fermeté, lui fit donner, il y a deux ans, vingt coups de pant-sé (grand bâton de quatre ou cinq pieds dont on frappe les coupables). A la nouvelle année, peu s'en fallut qu'on ne le traitât avec encore plus de rigueur.

Cependant l'ordre du vice-roi arriva. On ôta au missionnaire ses haillons ; le père d'Arocha avoit eu l'attention de lui envoyer des habits, afin qu'il pût paroître avec décence. Il le reçut dans un hôtel qu'il occupoit comme envoyé de l'empereur. L'entrevue fut touchante ; de part et d'autre on ne put retenir les larmes. On s'entretint longtemps cœur à cœur, et pour ne pas se séparer, le père d'Arocha logea M. Glayot dans un appartement qui touchoit au sien, d'où, sans être vu, il pouvoit voir et entendre le vice-roi et les grands mandarins, qui venoient souvent rendre visite à l'envoyé de l'empereur. On entama l'affaire de la délivrance ; le vice-roi ne voulut point y paroître : il donna ses ordres à un mandarin subalterne, à qui il enjoignit de se conformer à l'intention de M. d'Arocha.

L'affaire étoit plus délicate qu'on ne pensoit, et plusieurs fois il ne s'en manqua de rien qu'elle n'échouât. Il fut d'abord question de renvoyer M. Glayot à Macao sous la garde de deux soldats : c'est l'usage ; mais cette façon ne plut pas au père d'Arocha, elle avoit trop d'appareil et de danger. Les soldats sont obligés sur la route de présenter leur prisonnier aux mandarins des lieux où ils passent ; quelquefois il arrive que ces mandarins d'un autre district se mettent de mauvaise humeur et en agissent mal. On se souvient encore de Casabrauca, petite ville qui n'est qu'à une demi-lieue de Macao. Le père Beuth, que vous connoissez, étant arrivé là du Hou-quang[1], escorté de deux soldats, le mandarin du lieu, qui n'aimoit pas les chrétiens ni les Européens, le fit battre de façon que huit jours après il en mourut.

Après bien des contestations, le père d'Arocha avoit obtenu que M. Glayot s'en retourneroit à Canton avec un marchand chrétien, et que de là il gagneroit Macao.

M. Potier, évêque d'Agat et vicaire apostolique du Su-tchuen, étoit alors à Tcheng-toufou.

Le père d'Arocha, par le moyen de quelques chrétiens, vint à bout de déterrer où il logeoit : dès qu'il le sut, il lui envoya en cachette un de ses domestiques affidés ; on ne peut dire combien ce saint évêque fut touché de tout ce que le Père faisoit pour un de ses confrères. Dans les lettres qu'il lui écrivoit, et que j'ai eu la consolation de lire, il parloit avec un sentiment qui attendrit ; il approuva de tout son cœur le dernier arrangement qu'on avoit pris ; il ne s'agissoit plus que d'y faire consentir M. Glayot, mais on étoit bien loin de son compte ; il protesta toujours qu'il ne pouvoit se résoudre à retourner en Europe ; qu'il falloit de deux choses l'une, ou qu'on le rendît à la mission, ou qu'on le reconduisît à sa prison ; qu'il étoit encore missionnaire, et que, quand le reste de ses jours il ne convertiroit qu'un Chinois, il seroit content.

Cette réponse édifia beaucoup le père d'Aro-

---

[1] Ancienne province, aujourd'hui divisée en deux : Hou-nan et Hou-pe.

cha, mais elle l'embarrassa étrangement. Il ne perdit point courage. Il recommanda tout de nouveau à Dieu le succès de cette affaire, et mit les fers au feu pour la faire réussir. Les mandarins vouloient bien le contenter, mais ils n'osoient s'écarter trop de la forme ordinaire des jugemens, de peur d'être un jour recherchés eux-mêmes, ce qui ne manqueroit pas d'arriver si M. Glayot, ayant été relâché, il venoit à être pris une seconde fois dans le pays. Ils eurent beau faire, le père d'Arocha les amena où il vouloit : M. Glayot n'étoit plus obligé de retourner en Europe, seulement les mandarins exigeoient un répondant. La difficulté ne fut pas d'en trouver; pour le coup on crut l'affaire finie; mais l'inflexible M. Glayot déclara qu'il ne vouloit pas que quelqu'un fût exposé à son occasion; que son répondant seroit inquiet, et peut-être inquiétant; en un mot, qu'il vouloit être totalement libre, ou qu'il retourneroit dans sa prison.

Il fallut enfin céder à sa fermeté chrétienne; les mandarins consentirent à tout, et ils laissèrent le père d'Arocha maître d'en disposer comme il jugeroit à propos. Il prit son temps pour le faire arriver secrètement chez M. l'évêque, qui ne savoit plus qu'espérer.

On avoit arrêté depuis peu des chrétiens dans quelques endroits de la province; quand on apprit ce qui s'étoit passé dans la capitale, les mandarins d'eux-mêmes les délivrèrent sans aucune punition, et sans exiger d'eux qu'ils renonçassent à notre sainte religion. Il ne convient point, disoient-ils, de maltraiter des gens qui pensent comme M. d'Arocha; il y auroit contradiction à honorer le père et à punir les enfans.

Le père d'Arocha revint en parfaite santé sur la fin d'août 1777, plus content d'avoir délivré un missionnaire et de pauvres néophytes, que d'avoir plu à l'empereur en lui rapportant une très-belle carte de ses nouvelles conquêtes.

On doit ici une justice au père de Ventavon; c'est lui qui, à la sollicitation de M. le procureur des Missions Étrangères résidant à Macao, a intéressé si vivement le père d'Arocha, son ami, pour M. Glayot; il l'a fait avec un zèle qu'on ne peut assez louer.

Vers la fin du mois d'août 1777, il vint en pensée à l'empereur de faire aux missionnaires une grâce d'éclat. Il donna ordre à M. Ignace Sikelpart, ex-jésuite allemand, de se rendre tel jour dans l'intérieur du palais de sa maison de plaisance. Ce n'étoit en apparence que pour retoucher un tableau : à peine étoit-il arrivé, qu'on annonça l'empereur. Il entre, et prend cet air d'affabilité, qu'il prend mieux que personne quand il veut. Il va au père Sikelpart, qui peignoit. Il fit semblant de s'apercevoir pour la première fois que sa main trembloit. « Mais, lui dit-il, votre main tremble. — Cela ne fait rien, prince; je suis encore en état de peindre. — Quel âge avez-vous donc? dit l'empereur. » Le père Sikelpart répondit : « J'ai soixante-dix ans. — Et pourquoi ne me l'avez-vous pas dit? Ne savez-vous pas ce que j'ai fait pour Castiglione[1] à sa septantième année? Je veux faire la même chose pour vous. Quand tombe le jour de votre naissance? — Prince, répondit le père Sikelpart, c'est le 20 de la huitième lune » (21 septembre 1777). L'empereur se retira.

Aussitôt il y eut ordre à un mandarin d'aller au nan-tang (maison des ex-jésuites portugais) pour savoir comment les choses s'étoient passées du temps de Castiglione, et quels présens l'empereur lui avoit faits.

La grâce faite au père Sikelpart, dans le style du pays, regardoit tous les Européens : aussi le père d'Espinha, qui est à la tête du nan-tang, invita toutes les Églises dès le 18 septembre.

Le 21 au matin, le père So, missionnaire et procureur du nan-tang, se transporta au palais de Hai-tien[2]. Les présens et tout ce qui étoit nécessaire pour la cérémonie étoient préparés; en entrant dans le palais, il rencontra le prince fils aîné de l'empereur, qui lui parla et lui fit amitié. Ce sont de ces rencontres qui paroissent l'effet du hasard, mais qui sont souvent méditées. Le père So reçut les présens de l'empereur : ils consistoient en six pièces de soie du premier ordre, une robe de mandarin, un grand collier d'agate, et différentes choses; mais ce qu'il y avoit de vraiment considérable, c'étoient quatre caractères écrits de la main de l'empereur, qui contenoient l'éloge du père Sikelpart. Le missionnaire portoit ces présens dans le palais, les tenant élevés par respect. Le huitième fils de l'empereur passa;

---

[1] Frère italien fort aimé de l'empereur, mort il y a douze à treize ans.

[2] Gros bourg où est la maison de plaisance de l'empereur.

les mandarins qui accompagnoient le père So lui dirent qu'étant chargé des présens de l'empereur, il ne devoit point faire attention à l'ago (nom des fils de l'empereur); pour eux, ils lui firent les saluts accoutumés.

À la porte du palais, il y avoit un dais préparé; c'est une espèce de niche ouverte de tous côtés; on déposa avec respect les présens sur la table couverte de soie jaune. Il y avoit vingt-quatre musiciens d'une musique bruyante, et huit porteurs; ils étoient tous habillés d'une houppelande de soie avec des fleurs, tels qu'ils sont quand ils accompagnent ou qu'ils portent l'empereur.

On se mit en marche; les vingt-quatre musiciens précédoient; venoient ensuite quatre mandarins à cheval, puis le dais porté par huit porteurs. Il étoit suivi du mandarin chargé des ordres de l'empereur, le missionnaire étoit à côté de lui.

Il y a cinq quarts de lieues de Yuen-ming-yuen jusqu'à la porte occidentale de Pékin, par laquelle on entre en venant de Hai-tien. Dès qu'on put voir la livrée de l'empereur, le corps de garde se mit sous les armes, et détacha des soldats pour ouvrir la marche dans la ville, et pour faire du bruit; c'est ici une façon d'honorer.

La rue qui aboutit à Si-tche-men (porte de l'occident) est tirée au cordeau; sa largeur est singulière: on y dressa des tentes de côté et d'autre, et malgré l'espace qu'elles occupent, il reste encore assez de terrain pour faire comme trois rues. Elle va directement de l'occident à l'orient; et après un quart de lieue, elle aboutit à la grande rue qui, du mur septentrional de la ville, aboutit à la porte du midi, appelée *Tchun-chi-men*, à côté de laquelle le collège est situé; cette rue a une lieue de long, elle est tirée au cordeau comme la première, et a au moins autant de largeur.

Tandis que les présens de l'empereur faisoient cette route à travers une foule de peuple qui accouroit à ce spectacle, nous nous rendîmes au nan-tang de toutes les églises. J'y arrivai le premier, je vis à loisir, et je puis dire avec plaisir, les décorations qu'on avoit préparées: elles ne ressemblent pas à celles d'Europe, elles ne sont que jolies. On avoit dressé un parvis depuis le collège jusqu'à l'autre côté de la rue, les portes étoient ornées de festons. Dans la première cour on avoit dressé un petit appartement pour les gens de la suite.

Après être entrés dans la seconde cour, on voyoit une enfilade de quatre salons; le premier salon étoit pour les musiciens, on l'avoit fait avec des nattes, mais il étoit si bien revêtu de soie et de festons, qu'il faisoit un effet très-agréable. De ce salon on montoit dans un autre où étoit préparé un repas sur quatre tables.

On descendoit ensuite dans une autre espèce de salle; c'est une cour qui sépare deux grands corps de logis, on en avoit fait un appartement champêtre. On y voyoit de grands ifs à droite et à gauche, et des ornemens qui d'eux-mêmes ne sont rien, mais qu'on arrange de façon qu'ils plaisent. On montoit enfin dans la dernière et la plus belle salle du collège. Castiglione l'embellit autrefois de deux grandes et magnifiques peintures qui représentent le grand Constantin sur le point de vaincre, et Constantin vainqueur et triomphant. On y voit aussi sur les côtés deux perspectives qui trompent, le plafond est très-beau. Au milieu de cette salle il y avoit un dais, ou une espèce de niche dans laquelle on devoit déposer les présens.

À tout moment il arrivoit des courriers qui nous annonçoient à quelle distance étoit le convoi: vers les neuf heures on nous dit qu'il étoit temps de sortir. Nous étions en habit de palais, comme pour paroître devant l'empereur; les rues de traverse ont des barrières à leur entrée, on les ferme la nuit; on en compte douze mille dans la ville tartare. Depuis la barrière jusqu'au collège qui est à l'orient de la grande rue, il n'y a que deux ou trois cents pas. Nous nous plaçâmes sous le parvis sur une seule ligne, nous attendîmes là quelque temps; nous voyions arriver les soldats des rues, qui faisoient un bruit et un tapage qui ne disoit rien, sinon qu'ils vouloient faire du bruit; le peuple s'arrangeoit ou ne s'arrangeoit pas, c'étoit la même chose; vinrent ensuite des fusiliers sans ordre et sans uniforme, c'étoit pour faire escorte. Enfin, nous entendîmes les grosses trompettes et les tambourins; à la barrière il y avoit des gardes pour empêcher la foule, qui véritablement étoit grande; les soldats des rues précédoient et faisoient faire place. La musique bruyante passa la barrière, puis les quatre mandarins à cheval; venoit ensuite la musique que le collège avoit envoyée au-devant des présens, celle-là étoit assez agréable ; suivoit le dais ou la niche, puis le long, mandarin nommé par l'empereur pour présider à la cérémonie ; c'étoit un homme de soixante ans, bien monté, et se tenant de façon qu'on voyoit aisément qu'il représentoit un grand maître. Alors nous nous mîmes à genoux selon le cérémonial chinois ; les princes du sang et les rois étrangers s'y mettent quand l'empereur leur fait une pareille grâce. Je vis avec attendrissement que le dais étoit surmonté d'une croix. Lorsqu'il fut venu jusqu'à nous, nous nous levâmes pour le suivre, il s'avança jusqu'à la porte de la dernière salle : alors le mandarin tira doucement les présens de dessus la table, et les portant avec respect, les déposa dans la niche préparée pour cela.

Tous les Européens, c'est-à-dire tous les missionnaires, s'étant mis à genoux, frappèrent trois fois la terre de leur front ; s'étant ensuite relevés tout droits, ils se mirent à genoux de nouveau, et firent encore deux fois la même cérémonie, en tout neuf fois, ce qui est le plus grand cérémonial qu'il y ait ici ; ensuite on salua le mandarin les uns après les autres, en lui prenant les deux mains selon la coutume, et on le conduisit dans la salle à manger. Il demanda d'abord si on étoit venu de toutes les églises : on lui répondit que oui ; que les missionnaires de la Propagande n'étoient pas encore arrivés, parce que c'étoit un jour de prières, et qu'ils étoient peu ; qu'on savoit d'eux-mêmes qu'ils viendroient prendre part à la reconnoissance que nous devions tous à l'empereur.

Ils arrivèrent en effet au nombre de deux ; le mandarin parut bien content. Il nous fit ensuite les politesses ordinaires, qui consistent à demander le nom, l'âge, les emplois, le pays ; on prit du thé. Le long mandarin nous dit : « Il faut que je retourne incessamment avertir l'empereur de la manière dont les choses se sont passées ; il faut aussi que M. Sikelpart me suive pour faire son remerciement, il ne peut pas se différer au lendemain. » La coutume est de l'écrire : le mandarin voulut le voir, il le loua.

Nous nous retirâmes pour lui donner le temps de prendre quelque chose, il ne resta dans la salle que deux missionnaires pour l'entretenir. A la fin du repas, les Pères du nan-tang lui firent présent de plusieurs curiosités d'Europe, dont il parut fort content. L'empereur a su tout ; dès le lendemain matin il alla au Jou-y-koan (endroit du palais où travaillent les missionnaires) ; il étoit de bonne humeur, il demanda plusieurs fois au père Sikelpart s'il se portoit bien.

En même temps il vint chez moi un eunuque de la présence : je crois qu'il avoit ses vues. Il me dit que nous avions bien fait de nous trouver tous au nan-tang ; que la grâce que l'empereur nous avoit faite ne s'accordoit qu'aux grands, qu'on ne l'achèteroit pas pour un million.

Une circonstance nous la rend encore plus précieuse, c'est qu'actuellement il y a à Pékin dix mille lettrés qui sont venus de toutes les provinces pour être promus à un grade supérieur : ils sont destinés à être un jour mandarins dans les différentes villes de la Chine ; témoins des bontés de l'empereur pour nous, nous espérons qu'ils ne feront rien contre notre sainte religion et contre nos chers néophytes ; voilà en dernière analyse où aboutissent nos pensées et nos désirs, le reste n'est rien pour nous que dégoûts et ennuis. Je suis, etc.

EXTRAIT

DE LA RELATION DE LA PERSÉCUTION QU'A ESSUYÉE

M. GLAYOT,

MISSIONNAIRE APOSTOLIQUE DU SÉMINAIRE DES MISSIONS ÉTRANGÈRES, DANS LA PROVINCE DE SUT-CHUEN EN CHINE.

Cette persécution a duré depuis le 30 mai 1769 jusqu'au 29 juin 1777, et le récit en a été fait et écrit par lui-même après son élargissement.

Observations préliminaires.

1° Il y a en Chine des villes de trois ordres : celles du premier embrassent dans leur gouvernement plusieurs autres villes du second et du troisième ordre. Celles du second sont des villes dont le gouverneur a autorité et inspection sur trois ou quatre petites villes. Celles du troisième ordre n'ont qu'un district ou territoire d'environ quinze lieues de diamètre. Telle est celle de Yun-tchong, où j'ai été arrêté ; elle est située dans la partie orientale de la province dépendante de Tchon-kin-fou, ville du premier ordre.

2° Dans les villes du quatrième ordre, il

n'y a que quatre mandarins; le premier est le gouverneur appelé *tai-ye.* Le second, qui est à peu près comme un exempt de maréchaussée, s'appelle *pai-ye.* Le troisième, qui a inspection sur les lettrés et sur les nobles, se nomme *sam-ye.* Le quatrième, qu'on nomme *lao-ye,* est comme le lieutenant ou vice-gérant du gouverneur. Le gouverneur d'une ville du premier ordre s'appelle *tou-thai-ye.*

3° Chaque partie principale de la province a encore un autre gouverneur supérieur appelé *tao-ye* ; il a autorité sur toutes les villes et les gouverneurs de cette partie-là. Le taoye de la partie orientale, où j'ai été pris, étoit beau-père de l'empereur actuel. Il étoit exilé dans cette province, parce qu'on le trouvoit à la cour d'un caractère trop inquiet.

4° Les instrumens dont j'ai à parler sont : 1° le *kia-kouen*, qui est une machine composée de trois ais d'un bois fort dur, fortement liés par un bout, et qui s'ouvrent dans leur largeur. On y insère les chevilles des pieds pour les serrer. Il y a des cavités creusées dans le bois pour enclaver les chevilles des pieds. Dans un des côtés de celle où je fus serré, les cavités ne se correspondoient pas, ce qui augmenta mon tourment. 2° L'instrument pour les soufflets est composé de deux semelles de cuir de bœuf, semblables à celles de nos souliers d'Europe, cousues par le talon, et détachées dans le reste de la longueur : celui qui donne les soufflets le tient à la main par le talon. 3° Les bambous sont de gros roseaux d'environ deux pouces de diamètre ; on les fend dans la longueur de cinq à six pieds en trois ou quatre parties. Celui qui frappe prend une de ces parties, et avec le bout de la racine, qui est fort noueux, il frappe à grands coups sur le derrière des cuisses à nu. Quand on a frappé des coups de bâton sur les chevilles des pieds, ou les appuie d'un côté sur une pierre, et on frappe sur l'autre avec un bâton long d'environ un pied, et de l'épaisseur en carré d'un pouce et demi.

5° La capitale de cette province s'appelle *Tchen-tou.* Le gouverneur de toute la province, qu'on appelle *tsong-tou,* y fait sa résidence. Il a au-dessus de lui un grand mandarin qu'on appelle *ngan-tcha-ssou* (lieutenant-criminel). Les coupables de délits considérables sont conduits devant eux de toutes les parties de la province. Ensuite les procès-verbaux sont envoyés à Pékin, afin que les sentences de mort ou d'exil y soient confirmées, avant que d'être mises en exécution.

6° Ceux que j'appelle *satellites*, sont des hommes qui suivent le gouverneur, et font les fonctions à peu près de ceux qu'on appelle en Europe *sergens de justice.* Ils servent par quartier, et sont distribués en bandes ou brigades, dont j'appelle les chefs *brigadiers*, n'ayant pas d'autre terme.

7° Il y a dans cet empire une secte de rebelles, ennemis de la dynastie actuelle, qui fermente sourdement et éclate par intervalles en différens endroits. Il n'y a point de supplices dont on ne les punisse. Ils sont accusés d'horribles sortiléges : on les appelle *Pe-len-kiao.*

Relation de la persécution et de la délivrance de M. Glayot, missionnaire apostolique.

En 1769, première année de mon administration, étant dans le district de la ville Ngan-yao, je fus averti que, dans un village des environs, demeuroit un ouvrier en cuivre ; que de trois apprentis qu'il avoit, le plus jeune, âgé d'environ dix-sept ans, étoit très-disposé à embrasser la religion chrétienne, et avoit une maladie de langueur qui le menaçoit d'une mort prochaine. A cette nouvelle, je me rends le soir même chez le jeune homme. Je le fis apporter dans la chambre qu'on me donna, afin de lui parler plus à loisir, et dans la pensée que je n'avois à parler qu'à lui ; mais les deux autres apprentis voulurent aussi me venir entendre, et leur maître se joignit à eux. Je leur parlai environ une heure et demie pour leur montrer la vanité des idoles, leur faire connoître l'existence de Dieu, créateur de toutes choses et juge de tous les hommes, et la nécessité de l'adorer et de le servir pour parvenir au bonheur du ciel et éviter les tourmens éternels. Après que j'eus fini, je demandai au malade ce qu'il pensoit de ce que j'avois dit : il me répondit qu'il n'en avoit pas perdu un mot, et qu'il vouloit être absolument chrétien. Je restai auprès de ce cher enfant pour en prendre soin. Je l'ai assisté jusqu'à sa mort, et sa docilité, son empressement pour s'instruire, m'ont comblé de consolation. Quelques jours après avoir reçu le baptême, il mourut dans les sentimens les plus chrétiens.

L'ouvrier en cuivre et un des apprentis se

convertirent aussi. Il y en eut deux autres qui, l'ayant su, voulurent s'instruire de notre religion, et l'embrassèrent après les instructions et les épreuves accoutumées. Je partis ensuite de cet endroit pour aller visiter d'autres chrétiens plus éloignés.

Revenu à Ngan-yao, après trois mois d'absence, j'appris que l'ouvrier en cuivre n'y étoit plus, et qu'il s'étoit retiré dans sa famille qui demeuroit dans le district de la ville de Yun-tchang. J'envoyai chercher cet homme, dont j'avois la conversion fort à cœur. Il vint me trouver, et me dit qu'il ne s'agissoit pas de lui seul, mais de toute sa famille, qui consistoit en cinq grandes personnes et plusieurs petits enfans. Il les avoit instruits de son mieux, et m'assuroit que si je voulois aller chez lui, comme il m'en prioit avec les plus vives instances, ils se feroient tous chrétiens. Je désirois plus que lui d'aller à leur secours; mais pour ne point faire de démarches inutiles, je lui demandai quel étoit celui de qui il affermoit le terrain qu'il occupoit : il me répondit que c'étoit d'un de ses parens, instruit de sa conversion, et qu'il n'y avoit rien à craindre de ce côté-là, ni même du côté des voisins; qu'il avoit tout examiné, et que je pouvois le suivre. Il se trompoit en cela; mais sur sa parole, je me décidai à y aller avec lui.

J'avois avec moi un écolier, âgé de dix-sept ans, nommé *André Yang*, fils d'un chrétien qui m'avoit appris la langue du pays. J'emmenai aussi deux autres chrétiens, l'un nommé *Oang-tse-koui*, l'autre *Thang-pe-kouen*, pour servir de parrain à ceux que je devois baptiser. Deux autres voulurent aussi m'accompagner. Nous partîmes tous ensemble de la ville de Ngan-yao, et nous arrivâmes à la ville de cet ouvrier le 24 mai, la veille de la Fête-Dieu.

Peu après notre arrivée, le maître du terrain, dont on ne se méfioit pas, vint, sous prétexte de visite, pour savoir qui nous étions, et ce que c'étoit que notre religion. Les chrétiens lui répondirent ce qu'ils jugèrent à propos, car je m'abstins de paroître devant lui. Il demanda si nous n'avions point de livres de religion; on lui présenta un cahier imprimé en chinois contre le culte des idoles. Il le prit, l'emporta, en disant qu'il reviendroit bientôt, et que peut-être il embrasseroit aussi notre religion.

Il revint effectivement le mardi matin, 30 mai, avec quatre ou cinq païens qu'il avoit rassemblés. Ils nous prirent et nous lièrent, pour nous conduire à la ville d'Yun-tchang, disant qu'ils vouloient savoir du gouverneur si notre religion étoit bonne, ou si elle étoit superstitieuse. Ils arrêtèrent aussi avec nous l'ouvrier en cuivre, son frère et son beau-frère, tous trois prosélytes. Je baisai la corde qu'on me mit au cou; je voulus en même temps sauver mon crucifix, en le cachant dans un de mes bas (qui sont fort larges dans le pays); mais ils s'en aperçurent, me l'arrachèrent avec fureur, et le gardèrent pour servir de pièce d'accusation contre moi. Il ne me resta plus de choses saintes qu'une boîte de reliques et celle des saintes huiles, que je portois dans une bourse qu'ils n'aperçurent pas.

Étant arrivé à la ville sur le soir, notre affaire fut portée devant le lao-ye en l'absence du gouverneur. Pendant que nos accusateurs dressoient procès-verbal, nous fûmes gardés dans une auberge où nous eûmes à essuyer les importunités et les moqueries des païens qui s'assembloient en foule autour de nous. Environ deux heures après, on vint nous prendre pour nous mener devant le lao-ye. Alors le maître du terrain et un de ses parens se présentèrent, et firent leur déposition contre nous. Le lao-ye leur répondit qu'il leur savoit bon gré de leur zèle pour le bien public; qu'ils avoient fait très-sagement de lui déférer des gens comme nous; qu'assurément notre religion étoit la même que celle des Pelen-kiao. Il cita ensuite devant lui l'ouvrier en cuivre, et lui demanda compte de notre doctrine et de nos prières; il voulut enfin savoir qui l'avoit instruit. Pour m'épargner et ne pas me compromettre, l'ouvrier en cuivre lui répondit que c'étoit un Chinois appelé *Hoang-thien-sio*. On appela aussitôt ce Chinois, qui dit au lao-ye que l'ouvrier en cuivre demeurant chez lui, il lui avoit effectivement parlé de la religion chrétienne et expliqué notre doctrine. Alors le lao-ye fit frapper ce pauvre Chinois de vingt soufflets. Ensuite s'adressant à moi, il me demanda d'où j'étois; je lui répondis que j'étois Européen. « Qu'êtes-vous venu faire ici? m'ajouta-t-il. — Je suis venu, lui dis-je, prêcher la religion chrétienne, et ce n'est pas, comme vous le pensez, la secte des Pelen-kiao. Notre religion est connue de l'empereur; il y a jusque dans sa cour des Européens qui l'enseignent tout comme moi; ils ont dans Pékin des églises ouvertes, où l'on fait publiquement les exercices de notre sainte religion; l'empereur Cang-hi a été sur le point de l'embrasser; il y a des chrétiens dans toutes les provinces de l'empire, et ceux qui connoissent leur doctrine ne l'ont jamais confondue comme vous, seigneur, avec la secte infâme des Pelen-kiao. »

Le lao-ye me demanda pour lors de quelle utilité pouvoit donc être notre religion. Je lui répondis qu'elle préservoit ceux qui l'embrassoient et la pratiquoient, de la damnation éternelle, et qu'elle les conduisoit au bonheur du ciel. Il me demanda aussi si nous n'adorions pas des idoles : ayant répondu à cette question avec indignation et de manière qu'il n'eut pas un mot à me répliquer, il me dit : « Mais, à l'entendre, ta religion est bien nécessaire ? — Oui, lui dis-je, indispensablement nécessaire. — Quel intérêt as-tu, ajouta-t-il, pour venir de si loin pour prêcher ta religion dans cet empire ? — Point d'autre, lui répondis-je, que l'amour que je dois avoir pour Dieu, et pour les hommes à cause de Dieu. — As-tu ton père et ta mère ? — Ma mère seule vit encore. — Pourquoi n'es-tu pas resté pour l'assister ? Comment regarder comme bonne une religion qui autorise ceux qui l'embrassent à abandonner leurs parens ? — Ma mère, lui répondis-je, n'a pas besoin de mon secours; elle a été très-contente que je vinsse ici, pour faire connoître ma religion. » Alors, prenant mon crucifix, il me demanda l'explication de cette image. La lui ayant donnée le mieux qu'il me fut possible, il voulut savoir en combien de lieux j'avois été pour prêcher cette doctrine, et combien j'avois de disciples. Je nommai la famille Toan et quelques autres, mais d'une manière générale; j'aurois peut-être mieux fait de ne nommer personne; mais je crus qu'il convenoit de parler ainsi, pour n'avoir pas l'air de gens de rébellion, et qui refusent de nommer ceux qu'ils fréquentent et avec qui ils sont liés d'amitié ou d'intérêt. Nous devions, à ce qu'il me sembloit, montrer la simplicité qui convient à des personnes qui sont sûres de leur innocence, et qui ne craignent pas de se faire connoître. Je dis ceci pour déclarer ce que j'ai dans le cœur, et non pas pour me disculper. Si j'ai mal répondu en cette occasion, je prie ceux qui liront cette relation, de m'en obtenir de Dieu le pardon; déclarant au reste que mon dessein n'est pas moins de rapporter ici mes fautes, que les grâces dont Dieu m'a favorisé; voilà tout ce que je puis me rappeler de mon premier interrogatoire.

Après moi on cita le jeune André Yang, qui m'avoit suivi partout; et quoique je ne me souvienne pas de toutes ses réponses, je me rappelle qu'elles revenoient à ce que j'avois dit moi-même; après cela, le lao-ye ordonna de nous traîner en prison.

Le lendemain 31 mai, il alla avec ses satellites dans l'endroit où j'avois été pris, pour faire la recherche de mes effets. Il y trouva toute ma chapelle, à l'exception du calice, qu'on avoit eu soin de cacher. Quand il vit les ornemens sacerdotaux, il me crut plus que jamais de la secte des Pelen-kiao. La chasuble étoit mon manteau royal, le devant d'autel, l'ornement de mon trône, le fer à hostie, l'instrument pour battre monnoie, mes livres, des livres de sorcellerie. Le soir, quand il fut de retour, et qu'il eut raconté cela à ses gens, l'un d'eux étant venu à l'ordinaire pour nous renfermer, m'annonça la mort comme prochaine, et tout de suite on fit ajouter à ma chaîne un collier de fer, avec un bâton aussi de fer, long d'un pied et demi, attaché par un bout à mon collier, et de l'autre à mes menottes, pour m'empêcher de faire aucun usage de mes mains, parce que le lao-ye me croyant sorcier, vouloit m'ôter le pouvoir de faire des maléfices. Le même soir, il me fit appliquer son sceau dans le dedans de ma chemise; ensuite de quoi il ordonna qu'on me fouillât plus exactement. On m'enleva alors les reliques et la boîte des saintes huiles que j'avois conservées jusqu'à ce moment. Le lao-ye étoit si entêté à nous faire passer pour des Pelen-kiao, que sans plus ample information il dépêcha un courrier à la ville de Tchong-kiu, pour avertir le gouverneur de ce qui se passoit, et demander main-forte contre les Pelen-kiao qui commençoient à se montrer dans son district, ayant un Européen à leur tête.

Le lendemain jeudi, en attendant l'arrivée du gouverneur, il se mit à lire les livres de religion qu'il avoit trouvés parmi mes effets. Il tomba sur un volume où les commandemens de Dieu étoient expliqués assez en détail, avec quelques saintes histoires. Il fut fort étonné d'y trouver une aussi belle et si sainte doctrine; il connut alors sa bévue, et fut forcé d'avouer que notre religion enseignoit à faire le bien: mais il étoit trop tard. Son accusation devant le mandarin, son supérieur, étoit déjà faite, et voyant que l'affaire alloit tourner contre lui, il chercha le moyen de se justifier à nos dépens. Pour cela, il nous fit venir en sa présence, l'après-midi, pour voir s'il ne se trouveroit pas quelque chose de répréhensible dans nos réponses. Il cita d'abord Oang-thien-sio. Il ne tira de lui que la confession de la doctrine du décalogue et l'explication de quelques-uns de mes ornemens. Ensuite il fit venir André Yang; ne pouvant le faire convenir que nous avions des livres de sorcellerie, et voulant à toute force nous faire passer pour sectateurs d'une mauvaise religion, il s'acharna sur cet enfant, pour le forcer à avouer des horreurs qui ont fait tomber le feu du ciel sur Sodome. Pour le punir de sa fermeté à les nier, il le fit frapper à différentes fois de cinquante soufflets. Ce traitement si rude n'ayant point ébranlé sa constance, il lui fit donner en quatre fois vingt coups de bâton sur la cheville du pied droit. Cet enfant, dont les cris me perçoient le cœur, commença alors à perdre la voix et bientôt toutes ses forces, en sorte que le lao-ye fut obligé de s'arrêter et de le renvoyer. L'ayant fait mettre à l'écart, il m'envoya chercher. Il se contenta de me faire quelques questions sur mes ornemens sacerdotaux, auxquelles je répondis. Il me demanda encore le nombre de mes disciples; je lui dis que tant hommes que femmes il y en avoit environ cinquante. Il s'étonna qu'il y eût aussi des femmes; à quoi je répondis: «Les femmes aussi bien que les hommes, n'ont-elles pas une âme à sauver?» Mes réponses ne l'ayant pas satisfait, il s'adressa à un Chinois chrétien. Il lui demanda son nom de baptême, et pourquoi nous prenions de tels noms? On lui dit que nous étions dans cet usage, pour nous proposer un saint à imiter, afin d'arriver au ciel comme lui. Voilà ce qui se passa dans le second interrogatoire, après lequel on nous fit reconduire en prison. J'eus la douleur d'y trouver mon enfant André Yang le visage extrêmement enflé, le sang extravasé dans les yeux, et ne pouvant presque plus se soutenir à cause de la torture qu'il venoit de souffrir aux pieds. Malgré les douleurs que lui causoit son état, il revint, en me voyant, à l'aimable douceur et à la joie innocente qu'il a par caractère, et contre l'ordinaire en semblables occasions, le surlendemain il se trouva rétabli.

Le 2 juin, le gouverneur d'Yun-tchang arriva et prit connoissance de notre affaire avant l'arrivée des mandarins de T'chong-kiù. Il nous cita devant lui, et nous parla d'abord avec beaucoup de douceur, montrant qu'il désapprouvoit l'esclandre qu'avoit fait le lao-ye en son absence. Après quelques questions indifférentes pour savoir d'où j'étois, il me demanda si je n'adorois pas les idoles comme les autres. « Non, assurément », lui répondis-je. L'article sur lequel il insista le plus, fut comment j'instruisois les femmes. Il y revint à plusieurs reprises, afin de donner le temps à son secrétaire d'écrire mes dépositions. Je lui répondis toujours de la même manière, savoir: que quand j'étois dans une famille, je m'asseyois, aux heures d'instruction, tout au bout de la salle commune des hôtes; que les hommes se rangeoient d'un côté, et les femmes de l'autre, vers la porte qui conduit dans l'intérieur de la maison; que ceux qui croyoient à ma doctrine embrassoient la religion chrétienne, mais que je n'y forçois jamais ceux qui refusoient d'y croire. Après m'avoir tenu devant lui environ un quart d'heure et demi, on vint annoncer l'arrivée du lao-ye, et l'on me renvoya bien vite.

Ce prince, qui est beau-père de l'empereur actuel, parut avec beaucoup de pompe, et accompagné, selon l'usage, de plusieurs mandarins inférieurs, et suivi de 900 soldats, avec leur colonel et leurs chefs subalternes. Ce grand appareil causa beaucoup d'étonnement dans tout le voisinage. Tant de mandarins venus à la fois pour procéder et combattre contre les Pelen-kiao virent avec joie qu'ils avoient été trompés par l'imprudence du lao-ye. On lui en fit des reproches bien amers, et il fut condamné à des amendes pécuniaires, qui ne lui furent pas moins sensibles.

Le lendemain 4 juin, le toutai-ye, ou gouverneur du Tchong-kiu, ville du premier ordre, nous cita devant lui. Il nous interrogea peu, et seulement pour s'assurer que nous étions chrétiens et non des Pelen-kiao. Le soir, pendant la nuit, on nous mena devant le sous-gouverneur. Il interrogea le jeune André Yang, et moi ensuite. Il me fit subir un interrogatoire très-long et très-minutieux; il me demanda si j'étois venu seul Européen en cette province, question fort embarrassante, étant venu avec M. Mary. Je répondis qu'en même temps que j'étois à Canton, il y avoit aussi deux autres Européens; qu'ils étoient allés à Pékin, et que j'étois parti pour venir ici : cela étoit exactement vrai; car deux jésuites s'étoient rendus cette même année dans la capitale de l'empire. Je m'en tins toujours à cette réponse, et enfin il n'insista plus sur cet article. Il me demanda ensuite si le prince dont j'étois sujet savoit que j'étois venu ici, à quoi je répondis que non : il voulut que je lui déclarasse, en ma langue d'Europe, les noms de ceux de ma nation qui étoient à Pékin, et celui du royaume où j'avois pris naissance. Il fit tout cela pour s'assurer de plus en plus que j'étois Européen. Enfin, il me questionna sur le nom et le nombre des chrétiens. Je refusai de lui répondre, en le suppliant de ne pas l'exiger de moi : il ne me répliqua rien, et me renvoya en prison.

Le lendemain lundi, 5 juin, nous fûmes cités pour la seconde fois, dans la matinée, devant le toutai-ye, en présence d'un autre grand mandarin. André Yang reçut cinq soufflets; Hoang-thien-tsio en reçut dix pour avoir parlé en faveur de nos livres; Tcheou-yong-koui en reçut aussi dix pour avoir dit qu'il ne savoit pas lire, ce qui étoit très-vrai. Ensuite le toutai-ye, s'adressant à moi, entreprit de me faire dire que j'étois venu ici non pour prêcher ma religion, mais pour chercher à m'enrichir (il vouloit par là civiliser mon affaire); il ajouta que, si je m'obstinois à le nier, il alloit me faire trancher la tête. Je m'obstinai cependant, et alors il me fit donner quelques soufflets, disant : « Si ta religion peut quelque chose, qu'elle t'arrache d'entre mes mains. » Je lui répondis que notre religion n'étoit pas établie pour nous procurer un bonheur temporel, mais pour nous conduire au bonheur du ciel. Là-dessus il me fit frapper de nouveau, disant en colère : « Le lieu de la félicité céleste, n'est-ce pas la Chine? » Je crus qu'il étoit inutile de répondre à de pareilles extravagances. Je gardai donc le silence, me recommandant à Notre-Seigneur, qui, sur la croix, ne répondit pas autrement aux blasphèmes qu'on prononçoit contre lui. Je ne reçus en tout que seize soufflets.

Le toutai-ye, voyant qu'il ne pouvoit venir à bout de nous faire dire ce qu'il vouloit, employa un dernier moyen. Il fit apporter la machine kia-kouen, pour me faire donner la torture aux pieds. Pour lors, les soldats vinrent autour de moi, et, me laissant toujours à genoux, ils me poussèrent et me firent reculer jusqu'au bas de la salle. Là, ils m'ôtèrent mes souliers et mes bas, me mirent la machine aux pieds, et commencèrent à la serrer. En même temps, le toutai-ye crioit du haut de la salle : « Dis donc que tu es venu ici pour chercher des richesses. » Je lui répondis que je ne le dirois pas. — Pourquoi es-tu donc venu? — Pour prêcher la religion. — Quelle religion? — La religion chrétienne. » Voyant qu'il ne pouvoit pas m'arracher l'aveu qu'il désiroit, il se mit à dire aux bourreaux : « Écrasez-lui les os. » La violence de la douleur me fit évanouir; je ne voyois presque plus; je n'entendois plus que la voix des bourreaux qui me crioient à pleine tête : « Dis donc que tu es venu ici pour avoir du riz et de l'argent. » A la fin, j'entrevis le sous-gouverneur qui disoit au toutai-ye : « Monseigneur, cet homme ne reniera point sa religion; il est inutile de le tourmenter davantage. » Alors il ordonna de lâcher la machine, et tout de suite les soldats me prirent par-dessous les bras, et me portèrent hors de la salle. Après cette torture, on sent un violent mouvement dans les entrailles et un malaise dans tout le corps, qui dure assez longtemps. Lorsqu'on m'eut remis en prison, j'éprouvai ces accidens, et il s'y joignit une fièvre qui dura deux heures. Je crus que j'allois avoir une bonne maladie, et que mon heure désirable ne tarderoit pas d'arriver. Il n'en fut pas ainsi; ayant pris un peu de nourriture, à la sollicitation des chrétiens, mes douleurs se dissipèrent, et je me trouvai presque entièrement guéri.

L'après-midi, on nous appela encore pour nous conduire devant le grand mandarin, appelé tao-ye. Il nous fit peu de questions : s'adressant à moi, il me dit que si j'étois venu ici pour chercher de l'argent, mon affaire seroit peu de chose; mais que c'étoit un crime à moi de dire que j'étois venu pour cause de ma religion. Après cela, adressant la parole aux autres mandarins qui étoient tous présens, il leur dit tout haut : « Cette affaire n'en vaut pas la peine; c'est inutilement qu'on nous a fait venir; vous n'avez qu'à vous en retourner; j'irai moi-même à Tchen-ton arranger toutes choses avec le tsong-tou. » Sur cela, on nous ramena en prison. Le lendemain 6 juin, il partit pour Tchen-ton, et, trois jours après, on nous fit partir aussi pour y aller, accompagnés du toutai-ye de Tchong-kiu. Nous arrivâmes dans cette capitale de la province, le 21 du mois de juin.

En entrant dans la ville, nous fûmes conduits à la porte d'un grand mandarin, où on nous fit attendre environ deux heures. Après quoi on nous mena devant le toutai-ye de cette capitale. Aussitôt qu'il nous vit, il s'assit sur son tribunal, et il me fit comparoître tout de suite devant lui, ne voulant aucun témoin. Je trouvai un homme qui n'aimoit pas les persécutions; mais il ne vouloit pas m'entendre dire que j'étois Européen, soutenant que ma figure seule prouvoit que j'étois de Canton; c'étoit pour me suggérer de dire comme lui, ce qui auroit mis fin à tout. Je refusai d'entrer dans ses vues, et je dis toujours que j'étois Européen. A la fin, la grande envie que j'avois d'empêcher le progrès d'une telle persécution fit que je répondis qu'en un certain sens je pouvois me dire de Canton, y ayant une demeure; mais cette réponse ne le contenta pas: il insista pour me faire dire que j'étois originaire de Canton, ajoutant d'un ton de colère: « Tu ne l'embarrasses pas de faire mourir les autres avec ton nom d'Européen », et, là-dessus, il appela ses satellites, et me fit donner cinq soufflets. L'état de foiblesse où j'étois me fit tomber évanoui, ce qui l'obligea à me renvoyer vite en prison. J'y fus longtemps étendu par terre, sans pouvoir recouvrer mes forces. Douze jours après, il me cita pour la troisième fois. Dans tout le chemin, depuis la prison jusqu'à la salle, il avoit aposté des gens qui me pressoient, à chaque pas, de me dire de Canton. Alors voyant l'envie qu'il avoit d'élargir les chrétiens qui avoient été pris à mon occasion, et considérant le danger où il me disoit que je les exposois, je crus pouvoir lui dire qu'il pouvoit me traiter comme étant de Canton, puisque j'y avois une demeure dans le district de la ville Sin-xan : je me trompai de nom, c'étoit Hian-xan. Ce fut le dernier interrogatoire que je subis dans cette capitale où j'étois détenu prisonnier avec les chrétiens. La prison dans laquelle on nous renferma étoit le vrai séjour de la misère humaine. Des chaleurs excessives, une odeur insupportable, de la malpropreté, de la vermine, etc. Les prisonniers, logés tous ensemble, étoient ordinairement au nombre de plus de soixante, une grande partie dans une misère qui fait horreur. Outre cela, il y régnoit une maladie contagieuse qui en faisoit mourir un grand nombre; les malades étendus par terre dans un état que la décence ne permet pas de décrire, le tumulte, les criailleries, les vexations des geôliers, sans parler des abominations auxquelles se livroient plusieurs de ces malheureux.

André Yang y fut malade : son état me causa une vive affliction ; mais rien de plus édifiant que sa patience et sa douceur. Il me disoit qu'il mourroit content, parce que j'étois auprès de lui. Dieu, qui avoit d'autres desseins sur ce saint enfant, lui rendit la santé en peu de temps. Trois des chrétiens qui avoient été arrêtés avec moi furent atteints de la maladie contagieuse, et deux d'entre eux furent en danger pendant plusieurs jours. Il ne mourut dans cette prison qu'un seul chrétien, qui n'étoit point prisonnier pour cause de religion. Il avoit eu la foiblesse de déserter pendant la guerre du Yun-nan. Dès qu'il eut appris qui nous étions, il se joignit à nous; j'eus la consolation d'entendre sa confession, et de le voir mourir dans les plus grands sentimens de piété. J'entendis encore la confession de Tchangkouen, qui mourut aussi après qu'on l'eut changé de prison. Ce jeune Chinois étoit fort aimé des païens mêmes, qui le regrettèrent à cause de ses bonnes qualités. Il tomba malade, à ce que je pense, pour avoir exercé la charité envers l'autre chrétien dont j'ai parlé; il étoit trop assidu auprès de lui, et il lui parla de trop près pour l'exhorter à la mort. Combien les desseins de Dieu sont admirables ! Je penserois volontiers que la Providence nous avoit conduits dans cette prison pour l'âme de ce déserteur. Depuis plusieurs années, il avoit été privé des secours de la religion et de ses ministres, et il profita si bien de ceux que je lui donnai, qu'il mourut pénétré de crainte et d'amour pour Dieu.

Peu après sa mort, il vint un ordre de faire changer de prison aux chrétiens. Je demandai si mon nom étoit sur la liste, on me dit que non. Ainsi, André Yang, mon jeune écolier, et les trois autres Chinois furent séparés de moi, et je restai seul chrétien dans celle où j'avois été mis d'abord. Nous y avions été ensemble 21 jours. Leur séparation me fut fort amère, et j'avoue qu'elle me coûta bien des larmes. Je me vis privé désormais de toute consolation de la part des hommes, dans des détresses et des peines d'esprit de toutes espèces. J'étois habituellement réduit dans un tel état de foiblesse, que j'avois de la peine à tenir la tête droite, et à lever les mains liées de deux menottes fort serrées. J'offris à Dieu le sacrifice de mon cœur, et me soumis à demeurer dans cet état tant qu'il lui plairoit, et vraisemblablement jusqu'à la fin de la persécution.

Environ un mois après la séparation des chrétiens d'avec moi, ils furent élargis et renvoyés chez eux. André Yang, depuis son retour à King-tang où résidoient ses parens, fut encore détenu six mois en prison. Le mandarin de cet endroit voyant que l'affaire avoit été terminée à Tchen-ton, n'osa pas le frapper. Il employa seulement les menaces, et le retint si longtemps en prison, pour essayer d'ébranler sa conscience, et le faire apostasier. Cet enfant répondoit toujours qu'on lui couperoit plutôt la tête. Enfin, voyant qu'on perdoit son temps avec lui, on le renvoya dans sa famille.

Cet enfant avoit été dans la prison de Tchenton la consolation et l'appui des néophytes qui y étoient avec lui. Il leur répétoit mes instructions qu'il avoit retenues, et les fortifioit sans cesse par ses paroles et ses exemples. Il lui vint dans cette prison un ulcère cruel à la jambe; il en souffrit longtemps: il n'y avoit à cela ni secours ni remède, et le fer qu'il avoit à la jambe irritoit l'enflure et rendoit la plaie plus douloureuse et presque incurable. Enfin, à la recommandation d'un ancien prisonnier, celui qui gouvernoit la prison prit compassion de cet enfant, et fit ouvrir le fer qui lui lioit et serroit la jambe malade. Il souffrit dans ce moment et lorsque le sang reprit sa circulation, de très-grandes douleurs; mais cela fut court, et, sans doute par la protection de Dieu, il guérit si promptement de son ulcère, que tout le monde en fut surpris.

Je rapporterai ici un trait de sa générosité envers moi. En partant de Tchen-ton, il trouva le moyen de se procurer dix liards: il les donna au soldat qui m'apportoit mon riz, le priant de m'acheter un peu de viande. Le soldat en garda cinq pour lui, et des cinq autres il m'acheta un petit morceau de viande cuite; en me le présentant, il me dit que c'étoit de la part d'André Yang, en témoignage de son souvenir; qu'il me saluoit avec affection, et qu'il s'en retournoit chez ses parens. Ce trait, je l'avoue, m'arrache encore des larmes au moment même où je l'écris. Enfin, le lendemain que les chrétiens eurent été élargis, il y eut ordre de me faire changer de prison, et trois jours après on me fit partir pour retourner à Yun-tchang. En chemin je fus atteint de la maladie qui avoit fait mourir tant de prisonniers à Tchen-ton. Étant arrivé dans la prison de Yun-tchang, je demandai le secours des médecins. Le mandarin me le refusa, en disant que je ferois bien de mourir, puisque j'étois venu chez lui pour lui causer tant de tort et de chagrins. Dieu, qui ne vouloit pas encore ma mort, suppléa aux moyens humains, et dans peu de jours je me trouvai guéri; mais ce fut pour entrer en de nouveaux combats. Le quatorzième de la seconde lune de 1770 (car je ne me ressouvenois plus des époques solaires), arriva une lettre du tsong-tou, qui ordonnoit au mandarin d'Yun-tchang de me faire déclarer au vrai d'où j'étois. En conséquence le mandarin me cita devant lui: je répondis à sa question que j'étois Européen. « Pourquoi le dire? ajouta-t-il. Il t'en coûtera la vie. » Je lui répondis que je ne dirois jamais autrement, et que je n'avois jamais dit le contraire: après quoi je fus reconduit en prison.

Le 29 de la même lune, le mandarin n'ayant pas encore répondu à la lettre du tsong-tou, il en arriva une seconde fort sérieuse et fort pressante à mon sujet. Aussitôt le mandarin envoya dans la prison deux écrivains de causes criminelles, qui me pressèrent en toute manière de me dire né et élevé à Canton. Je leur répondis qu'ils perdoient leur temps, et que je ne consentirois jamais à faire un mensonge qui offenseroit le Dieu de vérité que j'avois le bonheur de servir. Le lendemain ils vinrent encore, et ils engagèrent un ancien prisonnier, homme intelligent, qui avoit soin de me préparer mon riz, de se joindre à eux pour me faire avouer ce qu'ils vouloient. Je dis à cet homme de ne point se mêler de cette affaire; que mon parti étoit pris sans retour. Il alla leur rapporter que j'étois un homme inflexible; qu'il avoit beau m'exhorter, que tout étoit inutile. Puisqu'il est si entêté, dirent les deux écrivains, le mandarin va l'appeler devant lui, et à force de kia-kouen et de coups de bâton il viendra à bout de son entêtement : c'étoit le vingt-cinquième ou le vingt-sixième jour du carême.

Pour me disposer à souffrir les tortures, à mes prières ordinaires j'ajoutai la récitation du rosaire. Je le commençai avec assez grande émotion et palpitation de cœur, que la crainte des tourmens me causoit ; à la moitié de mon rosaire, je sentis que je recouvrois la paix. Quand j'eus fini, j'ajoutai une dizaine pour invoquer Notre-Seigneur devant Pilate. Il daigna m'exaucer, me remplit de joie et de force, et il me sembloit qu'il me disoit intérieurement d'espérer en son nom tout-puissant de Jésus.

Le jeudi de la semaine de la Passion, je fus malade d'un vomissement qui m'affoiblit encore. Je ne voulus pas pour cela interrompre le jeûne, dans la pensée que la diète ne pourroit pas nuire à mon estomac. Le mercredi de la semaine-sainte, je me mis à gémir devant Dieu de ce que j'étois privé le lendemain du bonheur dont jouissent les prêtres dans la sainte Église, de recevoir Notre-Seigneur, pour satisfaire au devoir pascal. Il voulut bien m'en dédommager en me donnant la facilité de penser à lui, et de goûter, en le priant, une paix et une joie que je ne saurois bien exprimer.

Le lundi de Pâques, le prisonnier dont j'ai parlé vint à moi le visage pâle et les yeux mouillés de larmes : il me dit que le fils du mandarin venoit de lui lire la teneur de la seconde lettre du tsong-tou, dans laquelle il lui ordonnoit que, sans plus ample information, il trouvât le moyen de me faire mourir en prison, ajoutant qu'il prenoit sur lui les suites de cette affaire. Le prisonnier ajouta que le mandarin avoit différé de répondre sous divers prétextes; mais qu'il ne pouvoit pas retarder plus long-temps, et que voyant mon entêtement à refuser de me dire de Canton, il ne pouvoit plus répondre au tsong-tou qu'après ma mort. La nuit étant venue, je me jetai sur mon mauvais lit, tout habillé, attendant le moment où l'on viendroit m'en tirer pour me conduire à la mort. Je passai cette nuit et les deux jours suivans dans cette attente. Dans la troisième, mes craintes se dissipèrent, et il me sembla que Dieu lui-même me disoit intérieurement qu'il ne permettroit pas ma mort. Quoi qu'il en soit, le mandarin, qui m'avoit refusé si durement un médecin et qui paroissoit désirer que je mourusse en prison, ne put se résoudre à exécuter l'ordre cruel de son supérieur. Ce changement doit paroître merveilleux à quiconque connoît la Chine ; car enfin, les mandarins subalternes tremblent comme des esclaves devant le tsong-tou, de qui dépendent leur fortune, leur dignité et leur élévation. Il employa 20 jours à chercher les moyens de me soustraire à la cruauté de son supérieur, et lorsqu'il sembla résolu d'exécuter ses ordres, un seul mot du prisonnier dont j'ai parlé le déconcerta. « Ne craignez-vous pas, lui représenta ce prisonnier, que la mort de ce chrétien ne soit sue de trop de monde? » Ce pauvre homme, quelques jours après, voyant que le danger étoit passé, ne put s'empêcher de me dire, tout païen qu'il étoit : « Il faut véritablement que votre Dieu soit bien puissant et le seul vrai maître, puisqu'il vous protège d'une telle manière. »

Ce mandarin fut déposé cette même année. Un mois après, un autre lui succéda pour deux mois seulement. Il en arriva un second de Pékin, dans le courant de la douzième lune. Deux chrétiens s'avisèrent de lui présenter un placet en ma faveur. Jugeant par ce placet que j'étois dans l'indigence, il répondit froidement qu'il me feroit donner le viatique des prisonniers, qui consiste en une mesure d'environ un boisseau de riz et 150 liards par mois. Ce mandarin fut encore déposé l'année suivante 1771.

Le 26 de la sixième lune, arriva un autre mandarin, nommé *Tchang*, sous lequel j'eus beaucoup à souffrir. Le 28 il vint visiter la prison, et y adorer les idoles. Il appela ensuite les prisonniers pour prendre connoissance de leurs causes. Il m'appela exprès le dernier ; il me demanda si je n'avois pas à mon usage certains instrumens de sorcellerie. Je lui répondis que non, et que ma religion détestoit et défendoit la sorcellerie. Il me demanda si je savois écrire : je lui répondis que je l'ignorois en lettres chinoises ; mais, dit-il, écris-moi en tes lettres d'Europe le nom de Dieu. Je lui obéis, en écrivant ces deux mots : Tien-thou. Il dit ensuite aux geôliers de me serrer de près ; que j'étois un prisonnier de la plus grande importance ; qu'ils ne me connoissoient point; que j'étois un homme plus rusé qu'on ne le peut dire, puisque j'étois venu à bout de tromper tant de gens, et d'esquiver tant de mandarins depuis Canton jusqu'ici; qu'il savoit ce que c'étoit que les Européens, etc. Après cela, s'adressant à moi, il se mit à me dire : « Cependant tu es criminel. » A cela je répondis que je n'étois venu que pour une seule chose. Il me demanda pour quelle chose. « Pour prêcher la religion chrétienne. » Il ne sut plus que dire, et après avoir donné quelques ordres sévères contre moi, il s'en alla. Pendant plusieurs mois de suite, j'eus à soutenir des peines d'esprit bien fortes et presque continuelles. Dieu me soutint par des grâces bien marquées, et m'empêcha de succomber. Je me trouvai ensuite exposé à de terribles tentations contre l'espérance. Je suis naturellement pusillanime, porté à l'abattement, à ne me rien pardonner, à regarder comme grièves les moindres fautes que je commets, et toujours aux dépens de cette confiance que Dieu demande de nous. Il la ranima cependant par sa miséricorde; il me fit triompher de ces tentations, et répandit dans mon cœur une joie pure et une douce paix. Il me survint ensuite une croix que je n'envisageois qu'avec frayeur. J'eus pendant un mois de tels éblouissemens, que j'avois tout lieu de craindre de perdre la vue. La pensée d'un tel état, au milieu des compagnons auxquels j'allois être livré, m'étoit si amère, qu'il me sembloit que je n'avois d'autre ressource ni d'autre consolation que de désirer la mort, tant j'avois de répugnance pour une telle affliction. Enfin, un soir étant renfermé dans l'intérieur de la prison, je me mis à répandre mon cœur avec larmes en présence de mon Dieu; je m'abandonnai à sa miséricorde, et lui fis le sacrifice de ma vue. Aussitôt que j'eus fait cela, je me sentis tranquille. Il me sembla même que Dieu me promettoit intérieurement que je ne perdrois point la vue. Je crus à cette parole intérieure; je ne m'occupai plus de mon infirmité, et ma vue se rétablit peu à peu et assez promptement.

Enfin, dans les derniers jours de juillet 1772, le mandarin Tchang renouvela la persécution contre les chrétiens. Le premier jour de la nouvelle lune, après avoir été le matin visité la pagode, il entra brusquement dans la prison, et, après avoir rendu à l'idole qu'on y honoroit son culte superstitieux, il s'assit et cita tous les geôliers devant lui, et leur demanda s'il n'y avoit personne qui me vînt voir et prît soin de moi? Ils lui répondirent que non. Il leur dit que le tsong-tou, en l'envoyant à Yun-tchang, s'étoit plaint à lui que les mandarins précédens n'avoient pas su conduire mon affaire comme il falloit; qu'il lui en confioit le soin, et le chargeoit, à mon sujet, des ordres les plus sévères; qu'ainsi ils fissent d'exactes recherches sur cela; que lui, de son côté, en feroit, et s'il venoit à découvrir qu'ils l'eussent trompé, ils devoient s'attendre à avoir les os des jambes et des pieds écrasés à coups de kia-kouen et de bâton; qu'il reviendroit au premier de la lune suivante, et qu'il vouloit, pour ce jour-là, avoir une preuve claire. Après avoir dit cela, il s'en alla. Pour connoître combien le danger étoit grand, il faut remarquer que deux chrétiens qui m'avoient assisté les années précédentes étoient demeurés dans la ville où j'étois prisonnier, chez un nommé *Kieou*. C'étoit là qu'on mettoit l'argent destiné à m'assister, et l'un des enfans de cette famille venoit me servir avec beaucoup d'affection. Rien n'étoit plus facile que de découvrir tout cela. Je le sentois, et j'en avois une inquiétude bien amère. Celui-là seul qui pouvoit me secourir dans de telles peines, mon Dieu, mon père adorable, vint en effet me consoler et me fortifier. Il répandit tout à coup en moi une douce joie, une ferme confiance, une grande abondance de force et de lumière; il me promit intérieurement de n'abandonner ni moi ni mes chers disciples.

Le premier jour de la dixième lune, le mandarin vint, comme il l'avoit promis; il appela les geôliers pour leur demander réponse et compte des ordres qu'il leur avoit donnés. Il s'en présenta un qui étoit des plus rusés qu'il y eût dans le pays; il nia qu'il y eût quelqu'un qui m'assistât. Sa simplicité hypocrite jeta de la poussière aux yeux du mandarin, et il fut la dupe du geôlier.

Cependant le mandarin Tchang, toujours furieux contre moi et contre la religion chrétienne, résolut enfin de nous persécuter. Il commença par faire arrêter le père de la famille Kieou, et ses deux fils qui venoient souvent me visiter dans ma prison. Les ayant mandés, il les fit attendre tout le jour à sa porte : le soir, il les cita devant lui. Il interrogea le second fils sur la doctrine chrétienne, se servant d'un catéchisme qu'il avoit à la main. Celui-ci, qui le savoit très-bien, répondit à ses questions, après quoi il le renvoya; mais, en même temps, il fit chercher Tcheou-yang par des satellites. On ne le trouva pas chez lui, et on emmena à sa place son frère Tcheou-yong-tchang. Pour lors le mandarin fit rappeler le jeune chrétien Kieou. On donna 20 soufflets à Tcheou-yong-tchang, et on les mit tous deux à la cangue. Quelques jours après, ayant appelé ce dernier, il lui dit qu'il vouloit absolument son frère. Tcheou-yong-tchang, pour lui épargner les vexations des satellites, lui écrivit de venir sans les attendre. Il arriva le lendemain de Saint-Laurent, et se présenta de lui-même au mandarin. Je regrettois d'être seul épargné, et je désirois de partager leurs souffrances. Dieu, qui vouloit m'exaucer, m'y prépara pendant cinq ou six jours qu'il me fit passer dans un état d'assez grande paix et d'une douce consolation en lui. Le mandarin me fit bientôt appeler, et, après avoir expédié quelques autres affaires, il m'adressa la parole, et me demanda si c'étoit moi qui avois instruit Tcheou-yong-tchang. Je lui répondis que oui. Sur cela, il me fit donner quarante soufflets. J'eus la précaution de ne pas serrer la bouche, pour empêcher que la violence des coups, qui me tordoit la mâchoire inférieure, et me faisoit cracher le sang, ne me fît aussi partir toutes les dents. Aux coups qu'on me donnoit, le mandarin ajoutoit des malédictions et des injures. Puis il me disoit : « Pourquoi ne meurs-tu pas ? Tous les jours j'attends à être délivré de toi : pourquoi ne crèves-tu pas ? » Il me fit plusieurs fois cette question, à laquelle je ne répondois rien, prenant cela pour une malédiction. Alors les bourreaux qui m'avoient frappé me dirent : « Le mandarin t'ordonne de lui expliquer pourquoi tu ne meurs pas ? » Je répondis qu'il n'étoit pas au pouvoir de l'homme de déterminer le temps de sa mort. J'avois les lèvres si durcies, si enflées, que je ne pouvois presque pas articuler. Tcheou-yong-tchang, voyant qu'on ne m'entendoit pas, leur dit que le sens de ma réponse étoit : « Que la naissance et la mort ne dépendent point de l'homme »; ce qui étoit mieux pour l'élégance de la phrase.

Alors le mandarin ajouta : « N'as-tu pas pris une corde pour te pendre ? » (Il vouloit me suggérer de me défaire moi-même, et tâcher de me désespérer.) Je répondis que « je n'y avois pas pensé. —Je m'en vais t'aider à mourir », répliqua-t-il. Tout de suite les soldats me saisirent, et m'ayant étendu ventre à terre, un d'entre eux commença à me frapper à coups de bambou sur le milieu des cuisses nues. Le mandarin avoit ordonné de frapper trente coups. Après qu'on m'en eut donné vingt, je sentis que j'allois m'évanouir : dans ce moment, Dieu changea le cœur du mandarin, et il ordonna de cesser. Il faut convenir que ce genre de supplice est bien *pro nomine Jesu contumeliam pati*. J'avoue que j'en eus de la joie, et que je m'en retournai content dans ma prison. Avant que de me renvoyer, le mandarin me dit qu'il m'appelleroit encore le lendemain pour m'en faire donner autant, et m'aider à mourir. Tcheou-yong-tchang reçut vingt soufflets, et les deux autres chrétiens seize coups de bambou, et furent élargis.

Pour moi, de retour dans ma prison, je sentis dans tout mon corps un malaise si considérable, qu'il me sembloit que je ne pourrois pas supporter plusieurs tortures de cette espèce sans mourir. Je m'y préparai par la prière, et afin de moins sentir mon mal, et d'avoir l'esprit plus libre, je m'assis, pour prier, dans la cour de la prison. Je me mis à répandre mon cœur en présence de mon bon et divin Maître, pour lui recommander ce que je regardois comme mes derniers combats. Dieu écouta mes gémissemens; il remplit mon cœur de force et de courage, et il me reprocha intérieurement mon peu d'espérance en ses promesses, et je sortis de la prière avec l'assurance que le mandarin ne me feroit pas souffrir davantage; ce qui arriva en effet. Peu à peu mes douleurs diminuèrent; mon visage désenfla; il ne me vint point d'ulcères aux cuisses, et dans l'espace de quinze jours, je me trouvai guéri.

Aux vexations du mandarin contre moi, j'ajouterai encore ici que, cette année-là, il fit effacer par deux fois mon nom de dessus la liste des prisonniers qui recevoient une certaine mesure de riz et quelques pièces d'argent pour leur nourriture : cela alloit à me faire mourir de faim. Dieu cependant lui changea le cœur, et il continua à fournir ce qui étoit nécessaire à ma subsistance. Pendant que les hommes sembloient s'adoucir, Dieu m'éprouva, et me fit souffrir des peines d'autant plus amères, qu'elles étoient intérieures. Le mandarin fut envoyé à King-tchoan pour la guerre ; il n'en revint qu'au mois d'octobre 1773. Son séjour ne fut que de quatorze jours, au bout desquels il repartit pour Tchen-ton, où il resta jusqu'à l'année suivante. L'idée de son retour et de sa cruauté m'occupoit tristement, et me faisoit craindre pour ceux qui m'assistoient, et particulièrement pour cette pauvre famille Kieou. Je demandai à Dieu qu'ils ne fussent pas inquiétés à mon sujet, et il me l'a accordé dans sa miséricorde. Le mandarin les laissa tranquilles, malgré le désir qu'il montroit toujours de me tourmenter. Combien de fois, en effet, ne m'a-t-il pas harcelé par des menaces, des injures, des blasphèmes et des ordres cruels! Mais quand il faut souffrir, Dieu nous aide et nous donne une force surnaturelle : je l'ai souvent éprouvé ; et quand il n'y avoit rien à souffrir, il me laissoit le sentiment de mes misères et de ma foiblesse, afin que je ne doutasse jamais que mon courage ne venoit que de lui.

Au bout de trois mois, le mandarin repartit encore pour Tchen-ton, d'où il ne revint que le 7 du mois de novembre 1775. Il ne parut pas dans la prison tout le reste de cette année. Le 19 février 1776, il me cita devant lui, et il appela les geôliers. Le plus ancien se présenta. Il lui demanda ce que faisoit pour moi la famille Kieou. Ce vieillard répondit qu'il n'étoit question de rien, sinon que j'acceptois quelquefois un peu de vin de cette famille. Le mandarin demanda si c'étoit quelqu'un de la famille qui me l'apportoit. Le geôlier soutint que non, en s'offrant à la rigueur des tortures si l'on pouvoit le convaincre de contravention aux ordres qu'on lui avoit donnés. Cette réponse persuada le mandarin.

Quand le geôlier eut été renvoyé, le mandarin s'adressa à moi, et me dit toutes sortes d'injures et même d'infamies. Je restai les yeux baissés, sans rien répondre. Voyant que je ne disois rien, il me parla d'un ton un peu plus radouci, et, après m'avoir dit que j'avois l'air d'un assassin, il me demanda si je n'avois pas sur moi quelques poignards. Je lui répondis que non; puis, ne sachant que me dire, il ne m'adressa plus la parole, mais il continua de parler contre moi, assurant que j'étois un criminel digne de la mort; qu'il vouloit m'assommer; ce qu'il répéta plusieurs fois, en y ajoutant beaucoup de blasphèmes contre ma religion.

Cela ne suffisant pas au mandarin, il ordonna brusquement aux geôliers de lui apporter tout ce que je pouvois avoir à mon usage, pour en faire l'inspection : il demanda ensuite aux prisonniers s'ils n'avoient point à se plaindre de moi. Ils répondirent que non ; et le mandarin, ne sachant plus que dire, se mit, en élevant la voix et me nommant par mon nom, à faire des criailleries, et à me traiter de fou. Il exigea aussi des prisonniers qu'ils ne m'écouteroient jamais, et qu'ils ne croiroient point à ce que je pourrois leur dire de ma religion ; ce que ces gens perdus de crimes et de toutes sortes d'excès n'eurent point de peine à lui promettre.

Tant de menaces et de précautions contre moi me désolèrent, je l'avoue, et me firent penser que je n'avois plus rien à attendre qu'un abandon général et nécessaire de tout le monde. Je voyois les dangers et les obstacles humains ; je m'offusquois de tout cela, et je ne faisois pas attention que ces tristes et amères réflexions affoiblissoient en moi la foi et l'espérance. Mon bon ange, que j'invoquois souvent, m'en avertit sans doute. Je sentis quatre fois des reproches pressans et intérieurs; je rougis de ma foiblesse ; j'en demandai pardon à Dieu, et je me trouvai alors tout différent de ce que j'étois un moment auparavant. Ma confiance, ma soumission et mon abandon à la volonté de mon divin Maître se ranimèrent et se fortifièrent.

Vers la fin du mois d'octobre, j'eus à souffrir dans la prison une persécution domestique, pour ainsi dire, de la part des prisonniers révoltés contre moi. Je fus rassasié d'opprobres et accablé de menaces de m'assommer, de me hacher à coups de couteau. Ils disoient entre eux (ce qui, humainement parlant, étoit bien vrai), que, pour m'avoir tué, ils ne seroient pas réputés coupables d'un nouveau crime; qu'ils en recevroient plutôt récompense que punition. Au milieu de tous ces orages, je pris le parti de ne chercher d'autres armes que le silence, la patience et le secours du Ciel, lui recommandant sans cesse ma cause, et lui abandonnant ma défense.

Cependant n'osant pas me maltraiter, ces prisonniers prirent la résolution de m'accuser devant le mandarin, dans l'espérance qu'il me feroit assommer, comme il m'en avoit tant de fois menacé.

Le 11 octobre, le mandarin vint dans la prison; il demanda de nouveau aux prisonniers si quelqu'un me venoit voir. Ils répondirent encore que non. L'occasion étoit belle de m'accuser : chose admirable! personne ne le fit. Le mandarin renouvela ensuite aux geòliers ses ordres contre moi, et leur dit que, si je m'échappois, il y alloit pour lui de sa dignité, et pour eux de la vie, ou au moins de l'exil : il n'a jamais cessé de me croire sorcier.

La persécution domestique, que je croyois éteinte, se ralluma et devint plus forte que jamais. Quatre jours après, le mandarin cita devant lui mon principal ennemi. Les autres prisonniers le pressèrent de m'accuser; il le fit, et dit (ce qui étoit très-faux) que je lui cherchois querelle sur ce qu'il ne payoit pas ses dettes. Dieu changea le cœur du mandarin; car il lui répondit que peut-être n'entendoit-il pas bien ce que je lui disois. Après quoi, il demanda si je faisois des prières dans la prison. Mon accusateur répondit que oui, mais que c'étoit dans une langue étrangère.

Avant que de quitter l'article de ce mandarin Tchang, qui craignoit tant pour sa dignité, et prétendoit se faire un mérite de me persécuter, j'ajouterai que, cette année 1777, il a été déposé.

Pour mes autres persécuteurs, le mandarin qui m'a condamné à mort a été lui-même condamné par l'empereur pour d'autres affaires, et s'est pendu lui-même il y a trois ou quatre ans. Le mandarin de Tchen-ton, dans la prison duquel j'étois si exposé à mourir de misère, s'est aussi étranglé, au moins on me l'a assuré. Celui qui vomissoit de si horribles blasphèmes en me faisant donner la torture a été déposé ignominieusement, ainsi que le mandarin qui m'avoit refusé les secours d'un médecin dans ma maladie, et le mandarin subalterne qui a été le premier auteur de toute cette persécution.

Telle est l'histoire de tout ce que j'ai éprouvé dans ma longue prison; elle a duré huit ans, et je n'en suis sorti que par une espèce de prodige.

Nous avons donné la relation de la délivrance de M. Glayot. Ce zélé et fervent missionnaire, dès qu'il fut délivré, s'abandonna avec une nouvelle ardeur aux fonctions de son ministère. Dieu a béni ses travaux : il a découvert des pays jusqu'à présent ignorés, et où il espère que la semence de l'Évangile, qu'il a entrepris d'y répandre, fructifiera avec abondance. Aux extrémités de la Chine, du côté du midi, on a trouvé des contrées inconnues. M. Glayot, que Dieu paroît destiner à en être l'apôtre, y a envoyé des catéchistes pour se mettre au fait du local, et examiner les obstacles et les facilités qui pourroient s'y rencontrer à la prédication de l'Évangile. Voici ce qu'ils lui ont rapporté.

« Le pays des Lolo est situé au midi de la province du Yun-nan. Les habitans, dans quelques endroits, sont mêlés avec les Chinois; mais un peu plus loin, ils sont indépendans et gouvernés par une femme, qui, sans doute, est montée sur le trône par succession, après la mort du roi. Ils sacrifient des bœufs et des brebis à un certain dieu qu'ils n'ont pas voulu nommer aux catéchistes, à moins qu'ils ne promissent de sacrifier avec eux. Ils adorent aussi le ciel et la terre; ils enseignent qu'autrefois il y avoit douze soleils et douze lunes; qu'un dieu du ciel, voyant que ces soleils brûloient tout ce qui étoit sur la terre, en avoit gardé un seul, et détruit les autres.

» Ils gardent, en certains endroits, la tablette de l'âme, comme les Chinois. Au lieu d'enterrer les morts, ils les brûlent, en ramassant les cendres, et les suspendent en l'air, dans l'idée que l'âme du mort va loger dans ces cendres. Ils paroissent adonnés à l'astrologie judiciaire; ils ont des livres où est écrite leur religion. Leur écriture est différente de la chinoise, de même que l'arrangement de leurs lignes; car, au lieu de les écrire verticales, comme font les Chinois, ils écrivent horizontalement et de la gauche à la droite, comme les Européens et les Siamois. Les Lolo paroissent moins orgueilleux que les Chinois; ils aiment le vin : leurs femmes sont habillées aussi modestement qu'à la Chine.

» Nos catéchistes ont prêché à ces gentils un seul Dieu, créateur de toutes choses. Ils les ont écoutés avec attention; mais ils n'ont pas voulu leur promettre de quitter les divinités du pays, disant que, s'ils les abandonnoient, ils ne pourroient plus se marier. Les catéchistes, en les quittant pour venir faire leur rapport à M. Glayot, ont engagé deux familles chrétiennes du Yun-nan à aller s'établir dans le pays des Lolo, pour tâcher de les amener peu à peu à la connoissance du vrai Dieu. »

Ces renseignemens, quoiqu'assez superficiels, ont paru suffisans à M. Glayot pour l'autoriser à faire une tentative dans ce nouveau pays. Il est parti pour aller voir les choses par lui-même, et tâcher de faire connoître la véritable religion à ces idolâtres, dont le langage est sans doute le même que celui du Yun-nan.

M. Glayot a écrit, en partant, à M. d'Agathopolis qu'avant de se déterminer à faire cette démarche, il y avoit pensé longtemps devant Dieu, et qu'il entreprenoit ce voyage avec une grande confiance en sa protection. Après avoir marché dans des chemins très-difficiles, traversé des montagnes presque inaccessibles, parcouru de vastes pays arides et ingrats à l'excès, où l'eau et le bois manquent aussi bien que le blé et le riz, il est enfin parvenu, non sans bien des fatigues et beaucoup de dangers, au pays gouverné par les Lolo indépendans des Chinois, quoiqu'il y en ait plusieurs établis dans ces contrées peu éloignées de la Chine.

Avant que d'y arriver, on trouve de fort belles plaines et d'autres ensemencées de froment. La principale nourriture du pays est cependant du blé noir et une autre espèce de graine à peu près semblable, appelée *kon-kiao-ts*. Ils ont aussi des troupeaux de moutons, mais ils paroissent, en général, fort pauvres.

M. Glayot a prêché la religion dans cinq ou six familles; il a trouvé des gens simples et affables, sans fierté, pleins de sincérité dans leurs paroles et de fidélité dans leurs conventions. Les femmes, quoique moins timides que les Chinoises, y sont cependant modestes et réservées. Les Chinois qui sont mêlés parmi ce peuple ne sont pas méchans comme les infidèles de la province de Sseu-tchoan. Cet air sociable que M. Glayot a remarqué dans cette nation lui a fait juger que le meilleur moyen d'y établir la religion chrétienne seroit d'y transplanter quelques pieuses familles de la province de Sseu-tchoan, lesquelles, par la voie de la fréquentation, pourront, sans beaucoup d'obstacles, insinuer peu à peu et faire goûter à ces infidèles les vérités de la religion, sous la protection d'un grand mandarin chrétien, nommé *Sou-te-jen*, qui fait sa résidence aux environs du royaume pour garder le défilé qui a donné entrée à l'armée du roi d'Ava pendant la dernière guerre.

Pour tout faire dans l'ordre et avec plus de maturité, M. Glayot, de retour à Yun-nan, en a conféré avec M. l'évêque d'Agathopolis, et, par de bons avis, il a engagé deux familles chrétiennes à aller s'établir dans le pays des Lolo. Il est reparti pour les conduire lui-même, accompagné de deux ou trois prêtres chinois qu'il avoit déjà formés au ministère, et auxquels il avoit inspiré le zèle et la piété dont il est rempli, et surtout l'esprit de pauvreté, de mortification et d'humilité qu'il a puisé au séminaire de Saint-Sulpice, où il a reçu sa première éducation ecclésiastique.

Ce vrai missionnaire, écrit un de ses confrères (M. Duhamel), est parti dans un assez mauvais état pour son dernier voyage des Lolo, sa santé, depuis quelque temps, étant un peu altérée. Il n'a cependant emporté pour tout équipage qu'une seule chemise, un caleçon, une paire de bas et une couverture de lit des plus minces, dans une saison où le froid commençoit à se faire sentir, s'abandonnant ainsi à la divine Providence, qui ne lui a point manqué, car malgré la mauvaise nourriture, l'incommodité des logemens et les continuelles fatigues d'un long voyage fait à pied et dans des chemins très-difficiles, il est revenu mieux portant qu'il ne l'étoit le jour de son départ. Nous avons tout lieu d'espérer que le second voyage qu'il va faire aura encore plus de succès que le premier, si son zèle ne trouve point d'obstacles du côté des nouveaux troubles qui viennent de s'élever dans l'État, et dont les suites seroient très à craindre, si l'on ne trouve bientôt le moyen de les arrêter.

Le missionnaire qui rapporte le départ de M. Glayot pour cette nouvelle mission parle ensuite de ce qui regarde la sienne, et il fait mention d'une tribulation que son zèle pour le baptême des enfans des païens venoit de lui attirer. Comme je sortois, dit-il, de la ville de Yun-tchang pour aller à Soui-sou, ville du premier ordre, au sud-ouest de Tchou-khin, je rencontrai un païen qui portoit un enfant moribond, que je baptisai sans aucun obstacle. Je me félicitois de cette heureuse rencontre, lorsqu'un moment après j'en fis une autre qui n'eut pas tant de succès. Une famille païenne, qui déménageoit pour aller se loger ailleurs, passoit pour lors dans le même chemin. Comme elle marchoit à côté de moi, j'aperçus un jeune homme qui portoit entre ses bras un petit enfant enveloppé, selon la coutume du pays, pour le mettre à couvert des injures de l'air. Voulant m'assurer s'il étoit aussi dans le cas d'être baptisé, je m'approchai de celui qui le portoit, et je lui demandai si cet enfant ne seroit point malade. J'aurois dû me borner à lui faire cette question, et me contenter de sa réponse ; mais, suivant un peu trop mon zèle, et voulant connoître par moi-même l'état de l'enfant, j'avançai la main pour lui découvrir le visage. Il n'en fallut pas davantage pour me susciter une affaire qui manqua d'avoir les plus fâcheuses suites. Le jeune homme qui portoit l'enfant ne se fut pas plutôt aperçu du mouvement que je venois de faire, qu'il appela avec empressement le père qui conduisoit la famille, et l'avertit de ce qui venoit de se passer. Cet homme, s'imaginant que j'avois voulu faire un sortilège à cet enfant, courut sur moi comme un furieux, me poussa avec violence, et m'ayant jeté par terre, il se mit à me charger de malédictions et à me frapper. Mes compagnons de voyage étant venus à mon secours, il fut obligé de cesser ; mais, pour m'empêcher de fuir, il m'arracha mon bonnet et me força de le suivre jusqu'au corps-de-garde qui se trouvoit sur le chemin. Il vouloit y porter ses plaintes et me faire punir par le chef des soldats. Dans une autre circonstance, son accusation ne m'auroit pas inquiété, mais alors je portois avec moi les ornemens pour célébrer la sainte messe. On pouvoit visiter mes paquets, m'embarrasser par beaucoup de questions, et tirer de mes compagnons des réponses capables de mettre la religion en danger et d'exciter une persécution. Il fallut cependant marcher et suivre mon adversaire, qui vouloit absolument avoir raison de l'injure qu'il prétendoit avoir reçue de moi. Il étoit si impatient d'en tirer vengeance qu'il ne put se contenir et attendre notre arrivée auprès du petit mandarin. Le mouvement de sa colère, qui duroit encore, le mettoit hors de lui-même. Il courut de nouveau sur moi, m'arracha mes habits, me donna de grands coups de poing ; puis, redoublant ses malédictions, il leva de terre une grosse pierre avec les deux mains et la lança sur moi avec tant de violence, que si Dieu ne s'en fût mêlé, je devois rester sur la place, car de la force dont cette pesante pierre fut jetée, elle devoit m'enfoncer toutes les côtes. Je ne reçus cependant qu'une légère contusion au coude et à la main, que j'avois avancée pour tâcher de parer le coup. Enfin, nous arrivâmes au corps-de-garde ; le préfet des soldats s'étant présenté pour savoir de quoi il étoit question, le gentil se mit à genoux, selon l'usage du pays, pour faire son accusation. Il dit que j'avois attenté par sortilège à la vie de son enfant. Le préfet l'ayant écouté, se tourna vers moi pour entendre ma réponse : je lui dis que je n'avois pas touché son enfant ; que je m'étois contenté de m'informer s'il étoit malade, par l'intention de lui faire du bien, comme j'avois coutume d'en faire à beaucoup d'autres.

Mes compagnons ayant confirmé ma réponse, et ajouté que je savois un peu de médecine, l'accusation du gentil ne fut point reçue. Par un nouveau trait de la Providence, on ne visita point mes paquets ; mais on me fit beaucoup de questions, qui me jetèrent dans un grand embarras à cause du danger qu'il y avoit de compromettre la religion et les chrétiens, si je répondois à ce qu'on me demandoit, ou de blesser la vérité si je répondois d'une autre manière. Il s'étoit assemblé autour de moi beaucoup de monde qui vouloit savoir d'où j'étois, d'où je venois et où j'allois. A tout cela je ne répondis autre chose, sinon que je demeurois à Tchon-chien, aimant mieux passer pour imbécile dans leur esprit que de m'embarrasser dans des réponses qui auroient pu m'exposer, ou à faire connoître qui j'étois, ou à proférer quelques paroles peu conformes à la vérité. Cette conduite me réussit mieux qu'il n'y avoit lieu de l'espérer. On ne fit que rire de mes réponses, et l'on ne me demanda rien qui eût rapport à la religion. Bien plus, la Providence tourna si bien les esprits en ma faveur, que plusieurs de ces gentils, voyant que mon adversaire m'avoit enlevé mes habits, l'allèrent trouver, et les lui firent restituer.

L'affaire n'étoit cependant pas encore entièrement terminée. Le gentil qui m'avoit conduit devant le petit mandarin, voyant qu'il n'avoit pas réussi au gré de ses désirs, vouloit absolument porter l'affaire devant un autre, et me faire punir à quelque prix que ce fût. A peine commencions-nous à reprendre notre route, qu'on nous donna avis que cet homme avoit pris les devants, et qu'il nous attendoit sur le chemin, pour recommencer les mêmes poursuites. Afin d'éviter sa rencontre, et pour nous soustraire à de nouvelles vexations, nous prîmes un chemin détourné; mais ce fut inutilement: cet homme, ayant aussi enfilé un chemin de traverse, se présenta à nous bientôt après. Il recommença à me faire violence, persistant à vouloir me traîner devant le gouverneur de la ville prochaine; mais il ne trouva pas, de la part de mes compagnons de voyage, la même condescendance qu'auparavant. Un d'entre eux, homme vigoureux et plein de courage, ennuyé d'une vexation qui lui parut poussée beaucoup trop loin, s'approcha de ce gentil, et voulut essayer de le mettre à la raison. J'arrêtai ce chrétien, et l'empêchai de maltraiter mon ennemi; mais celui-ci, craignant d'être le plus foible, jugea qu'il feroit sagement de se retirer. Il prit vite son parti, et alla rejoindre sa troupe. Nous rentrâmes alors dans notre premier chemin, et nous continuâmes tranquillement notre voyage jusqu'à Soui-sou, où je restai environ douze jours pour administrer les chrétiens. La mission étant finie, j'en partis après les fêtes de Noël, 1779, pour m'en retourner à Tchon-kin.

A mon arrivée, je fus témoin d'une conversion qui paroît avoir quelque chose d'extraordinaire. Un païen d'un caractère violent, frère d'un petit mandarin rural, alloit souvent chez quelques chrétiens de sa connoissance, pour chercher occasion de les troubler dans leur religion. Ces néophytes, sachant par expérience que les païens ne combattent, pour l'ordinaire, la religion que parce qu'ils ignorent la beauté de sa morale, portèrent à celui-ci les livres qu'on a coutume de donner à ceux qu'on instruit pour le baptême, c'est-à-dire les livres où l'on explique dans le plus grand détail la doctrine de la religion par rapport aux mœurs. Ce païen les ayant reçus, les lut avec attention. Il en fut si ébranlé, qu'il commença à marquer un grand désir de se faire chrétien. Étant tombé malade quelque temps après, il demanda le baptême. Les chrétiens, le voyant à l'extrémité et le jugeant suffisamment disposé, le baptisèrent en mon absence. Étant arrivé quelques jours après, j'allai le voir pour le préparer à la mort, et lui administrer les autres sacremens, qu'il reçut avec de grands sentimens de religion, et deux jours après, il mourut en donnant les marques les plus satisfaisantes de la sincérité de sa foi.

Les chrétiens, enhardis par cette conquête qu'ils venoient de faire d'un de ses plus puissans adversaires, l'enterrèrent publiquement avec les cérémonies de l'Église, à la vue d'un grand nombre de païens et du mandarin son frère, qui ne manqua pas d'assister à son enterrement. Cette pompe funèbre, si nouvelle dans un pays idolâtre, fit tant d'impression sur ce peuple, qui a naturellement beaucoup de goût pour le cérémonial, que plusieurs d'entre eux demandèrent à s'instruire de notre religion. Huit jours après, il en vint sept ou huit demander à l'embrasser, et en particulier la famille du mort, qui a été la première à y entrer. J'ai déjà baptisé sa femme et ses deux fils mariés. Les deux brus se préparent à recevoir bientôt la même grâce.

Nous trouvons, pour l'ordinaire, la même disposition dans presque tous les païens que nous avons occasion d'instruire; de sorte que l'on peut assurer que, pour faire ici beaucoup de chrétiens, il ne manque que des missionnaires, soit pour instruire les infidèles qui se présentent tous les jours, soit pour les fortifier dans la foi après les avoir convertis; car, faute de prêtres qui puissent cultiver ces néophytes, ils sont exposés à laisser affoiblir leur foi au milieu des païens qui les environnent de toute part, et qui n'offrent à leurs yeux que les superstitions de l'idolâtrie et le dérèglement des mœurs qui en est la suite ordinaire.

Il y a eu cette année de grandes inondations; des villages entiers très-peuplés ont été submergés.

Au mois de juin 1780, il y a eu à Pékin un incendie qui a consumé dix mille maisons dans la ville tartare. Le feu a gagné jusqu'aux premières avenues du palais de l'empereur. Il n'a cependant duré qu'une nuit. Cet accident a causé la disgrâce de plusieurs mandarins accusés d'avoir manqué de vigilance pour le prévenir. C'est la garde de l'empereur qui a éteint le feu.

LETTRE DU PÈRE F. BOURGEOIS

A M. L'ABBÉ DE CHARVET,

PRÉVÔT DE L'INSIGNE COLLÉGIALE DE PONT-A-MOUSSON.

Douleurs et consolations.

Monsieur,

Je n'ose vous parler de nos malheurs, parce que je sais combien votre bon cœur et votre zèle vous y rendent sensible. Un mot de consolation de votre part seroit bienvenu cette année : jamais nous n'en eûmes un besoin plus marqué ; mais soit que vos lettres aient été interceptées, soit que vos affaires ne vous aient pas permis d'écrire, il ne nous est rien venu. Soumettons-nous et adorons, *Dominus est*. Je vous avoue cependant que, malgré la résignation la plus entière, mon cœur est blessé à ne guérir jamais : sa plaie durera autant que moi.

L'an passé, nous perdîmes trois missionnaires : le père Benoît, de notre province, est de ce nombre. Dans le même temps, il arriva ici un événement qui nous fit passer de bien mauvais momens.

Depuis trois ans un nommé *Ouang-lun*, habitant du Chan-tong, tramoit avec un bonze, nommé *Fan-ouei*, une horrible conspiration. Leurs menées avoient été si secrètes, que, malgré la vigilance du gouvernement, ils avoient déjà sous leurs ordres dix à douze mille rebelles prêts à tout. Le tchi-hien de la ville de Cheou-tchang fut le premier instruit de ce qui se passoit ; il prit des mesures pour arrêter Ouang-lun, qui n'avoit point encore rassemblé les conjurés. Malheureusement, parmi les soldats qu'il destina à cette expédition il y en avoit un qui étoit l'élève de Ouang-lun. Il lui donna aussitôt avis du danger où il étoit. A l'instant Ouang-lun prit son parti : suivi de quatre mille hommes, qu'il ramassa sur-le-champ, il alla se présenter aux portes de Cheou-tchang-hien. Le soldat qui l'avoit averti étoit justement de garde ce jour-là. Il trouva le moyen de lui ouvrir les portes de la ville. Ouang-lun entra sans bruit et sans aucune résistance ; il alla droit au gouvernement, tua le tchi-hien, et devint à l'instant maître de la place.

Ce n'étoit, si vous voulez, qu'une ville du troisième ordre ; mais c'étoit beaucoup. Un des commandans de la province accourut pour arrêter le mal. C'étoit un jeune homme qui n'avoit point encore vu d'ennemis. Il ne se donna pas le temps d'amasser assez de troupes. Ouang-lun le fit reculer. Cependant la nouvelle se répandit à Pékin que Ouang-lun s'étoit révolté, et qu'il avoit du succès. L'alarme y fut grande. L'empereur, qui est ce qu'on peut appeler un très-grand prince, ne s'étonna pas. Il fit partir deux mille hommes seulement, pour ne pas effrayer le peuple. En même temps il donna ordre au chou-tagin, qui alloit visiter une province du midi, de se rabattre sur le Chan-tong. On se rassura dès qu'on sut que le chou-tagin étoit à la tête des troupes impériales. Le Chou-tagin est un de ces hommes rares, qui a par devers lui des traits qui feroient honneur aux anciens Romains. Il est actuellement premier ministre de l'empire.

Cependant Ouang-lun se fit proclamer empereur à la tête de sa petite armée ; il créa des régulos, des comtes, des généraux ; ses femmes furent des impératrices et des reines. Il prit tous les ornemens de la dynastie précédente. Après avoir pillé l'arsenal et les greniers de Cheou-tchang, il s'avança vers Lieou-ling. Sur son passage il forçoit tous les hommes en état de porter les armes, de le suivre et de courir sa fortune. Il se présenta ensuite devant Ling-tsing-tcheou, ville du second ordre. La ville vieille étoit sans défense ; elle lui ouvrit ses portes. Les Man-tcheoux se retirèrent dans la ville neuve, bien déterminés à se battre en braves. Ouang-lun voulut l'emporter d'emblée ; il avança malgré le feu qu'on faisoit sur lui ; mais il fut blessé, et ses gens repoussés avec une perte de trois cents hommes.

Dès ce moment vous eussiez dit qu'un esprit de vertige s'était emparé de Ouang-lun, et au lieu de s'approcher de Pékin, et d'entraîner à sa suite un peuple immense que la misère des temps réduisoit au désespoir, il s'arrêta à Ling-tsing-tcheou. Ce ne furent plus que des fêtes et des repas. Deux bandes de comédiens jouoient sans interruption. Ouang-lun ne sortoit de comédie que pour se donner lui-même en spectacle. Il se promenoit dans les rues avec un appareil et une pompe qui ne lui convenoient pas. Il n'avoit qu'un pouce de terre, et il se croyoit déjà empereur. La comédie ne dura pas longtemps : le chou-tagin ayant reçu le renfort de Pékin, forma un cercle d'environ dix à douze lieues de diamètre, pour envelopper tous les rebelles. Puis, à la tête des Man-tcheoux, il alla droit à Ouang-lun. Dès que cet insensé en fut averti, il devint furieux ; il ne pensa plus qu'à tuer tout ce qu'il pouvoit atteindre ; vieillards, femmes, enfans, tout tomboit sous ses coups. Il commit en peu de jours tous les désordres possibles. Il fallut cependant penser à se défendre. Il fit construire à la hâte un pont de bateaux sur le canal Impérial ; il le passa avec toutes ses troupes. Le chou-tagin n'eut qu'à se montrer, elles fuirent devant lui comme un troupeau de moutons. Il y avoit ordre de l'empereur de prendre Ouang-lun vivant. On vouloit savoir de lui-même les vrais motifs de sa rébellion. Ses troupes s'étant débandées, lui second s'étoit sauvé dans une métairie ; le chou-tagin, qui le serroit de près, détacha huit braves pour l'enlever. Ils le garrottoient déjà, lorsque le fameux bonze Fan-ouei accourut et le délivra. Ce ne fut pas pour longtemps ; le chou-tagin arriva presque aussitôt que le bonze ; il l'arrêta. Ouang-lun n'eut que le temps de gagner une maison voisine, qui fut investie à l'instant par les troupes de l'empereur. On alloit le forcer dans sa retraite, lorsqu'il prit le parti de mettre lui-même le feu à la maison qui lui servoit d'asile, aimant mieux périr ainsi de ses mains, que de tomber dans celles de son empereur si cruellement offensé. On le reconnut à la forme de son sabre et à un bracelet d'argent que Fan-ouei, ce bonze imposteur, lui avoit donné, lui promettant que, moyennant ce bracelet, il se rendroit invisible. Pendant plusieurs jours on fit main-basse sur le reste des révoltés. Il s'en échappa peu ; les plus notables, au nombre de quarante-sept, furent envoyés à l'empereur, qui les interrogea tous plusieurs fois avant que de les livrer au tribunal des crimes.

Fan-ouei lui dit : « Prince, votre bonheur est grand ; mille hommes que j'avois à Gehol, devoient vous enlever lorsque vous étiez à la chasse ; votre bonheur est grand, *ni-ti-fou-ta*. » Tous ces misérables ont été coupés en pièces, selon les lois. Quoique cette révolte n'ait guère duré qu'un mois, on estime qu'elle a fait périr environ cent mille âmes.

J'ai dit que cette conspiration nous tint ici dans les plus vives alarmes : si Ouang-lun eût réussi, nous courions tous les risques des Man-tcheoux ; comme eux étrangers à la Chine, comme eux nous eussions été exposés à toutes les fureurs des rebelles. Je vous avouerai cependant que c'étoit là ce qui nous touchoit le moins. Des missionnaires jésuites ne quittent ordinairement l'Europe qu'après avoir fait le sacrifice de leur repos et de leur vie. Un intérêt plus pressant, celui de notre sainte religion, causoit nos alarmes. Nous savions qu'à Ling-tsing-tcheou et dans les environs il y avoit beaucoup de chrétiens. Si malheureusement quelques-uns, oubliant leur devoir ou entraînés par force, eussent suivi les rebelles, tout étoit perdu. Le bruit courut d'abord que trois familles chrétiennes s'étoient mises du côté de Ouang-lun. En même temps le chou-tagin écrivit à l'empereur que la conspiration ne venoit que des mauvaises religions qui avoient séduit les peuples. Il parloit, sans la nommer, d'une secte qu'on appelle *Pe-len-kiao*, secte détestable, répandue dans tout l'empire, toujours prête à se révolter, parce que son dogme principal est qu'elle donnera un empereur à la Chine. Ouang-lun étoit Pe-len-kiao, et c'est par le moyen de cette secte et des espérances qu'il donnoit qu'il s'étoit formé un parti dangereux.

La divine Providence, qui console les siens, nous rassura bientôt, et nous donna en même temps des preuves touchantes de la plus sensible protection. Les âmes fidèles y verront peut-être des espèces de miracles.

Dès qu'à Ling-tsing-tcheou Ouang-lun eut pris le parti de mettre tout à feu et à sang, il se répandit dans la ville avec tous ses gens. Ce fut un carnage horrible dans toutes les rues et dans les maisons. Ils n'épargnèrent que les hommes qui pouvoient porter les armes, et les femmes qui étoient d'âge à servir leurs passions brutales, ou à leur préparer du riz à manger : soixante-dix femmes chrétiennes, dans la consternation où elles étoient, fuyoient au hasard. Une jeune chrétienne, aveugle de naissance, leur dit : « Où allez-vous ? Avez-vous oublié que nous avons ici une chapelle dédiée à la sainte Vierge ? c'est là qu'il faut nous rendre. Notre bonne mère sera pour nous un refuge assuré. » Il n'en fallut pas davantage pour réveiller la confiance de cette troupe si justement alarmée. Elles entrèrent toutes dans la chapelle, et en fermèrent les portes. Là, prosternées jusqu'à terre elles conjuroient sans cesse la sainte Vierge d'avoir pitié d'elles. Plusieurs fois les conjurés approchèrent de la chapelle avec de grands cris, tuant à droite et à gauche tout ce qu'ils rencontroient; mais comme si une main invisible les eût repoussés, ils s'éloignèrent tout à coup, sans savoir pourquoi.

Une femme chrétienne ne fut pas assez heureuse pour se trouver avec les autres : elle fut enlevée avec sa belle-mère, qui étoit encore idolâtre. On les mit ensemble pour préparer du riz. La fille dit à sa mère : « O ma chère mère, où sommes-nous? Qu'allons-nous devenir? » Sa mère lui dit : « Ayez courage, ma fille, ceci ne durera pas. J'ai ouï dire que l'empereur envoyoit des braves pour nous délivrer; la scène changera bientôt de face. » Elle parla trop haut. Un soldat de Ouang-lun étoit à la porte; ayant entendu ce qui se disoit, il entra brusquement, et fendit la tête à cette femme d'un coup de sabre. La chrétienne se crut perdue : elle se jeta aux pieds du soldat, le conjurant d'avoir pitié d'elle. Le soldat se trouva changé tout à coup; il la traita honnêtement, et lui permit de se retirer.

Quand la révolte du Chan-tong fut totalement éteinte, un bon catéchiste de Ling-tsingtcheou même vint me voir, conduisant par la main un de ses petits-fils, d'environ huit à neuf ans. Quoiqu'il soit déjà d'un certain âge, il est encore plein de santé et de forces. Il s'appelle *Ouang-ko-so-me* (Côme). Je lui demandai comment lui et toute sa famille s'étoient tirés d'un danger si pressant. Il me raconta ingénument tout ce qui s'étoit passé par rapport à lui. « Dès que je sus, me dit-il, que les révoltés mettoient tout à feu et à sang, je cachai les femmes et les jeunes gens entre deux murailles, moi et mes fils nous montâmes sur le toit de la maison. Nous n'étions pas sans armes; mais que pouvions-nous contre tant de milliers d'hommes furieux? Nous mîmes toute notre confiance en Dieu. Je portai un crucifix sur le revers du toit. Là, prosternés aux pieds de notre divin Sauveur, nous le conjurions avec larmes de nous protéger. J'entendis tout à coup un bruit horrible; c'étoient des rebelles qui enfonçoient la porte de ma maison. A l'instant je sautai à bas du toit, le sabre à la main.

Je désarmai celui qui s'étoit avancé. La pensée me vint de le tuer; mais je me souvins que j'étois chrétien, et qu'il falloit pardonner. Je me contentai de le pousser rudement hors de la porte, que je fermai sur lui.

» Mon premier soin fut d'aller rassurer les femmes et les jeunes gens que j'avois cachés entre les deux murailles; mais je fus bien surpris de n'y trouver personne. La peur les avoit saisis, et ils avoient quitté brusquement leur retraite pour s'enfuir. Je me mis aussitôt à leur suite avec le reste de ma famille. Nous les atteignîmes à quelque distance de Ling-tsingtcheou, du côté de l'orient, où les rebelles n'avoient point encore pénétré. La peur donnoit des jambes aux plus foibles. En peu d'heures nous fûmes tous à six lieues de Ling-tsingtcheou. Nous nous arrêtâmes chez un bon chrétien qui nous reçut avec beaucoup de charité. Ce pauvre enfant, que vous voyez, n'avoit pas mangé depuis deux jours. Quand les troupes de l'empereur eurent rétabli l'ordre, nous revînmes tranquillement dans notre maison. Quoique tout fût ouvert, on n'avoit touché à rien, pas même à de l'argent qui sautoit aux yeux. Je visitai ensuite les chrétiens de Ling-tsing-tcheou et des lieux circonvoisins. Quelle Providence! il n'y en a pas un seul qui ait été enveloppé dans le malheur commun. »

Il me raconta encore d'autres particularités qui me consolèrent beaucoup.

Cependant l'empereur donna un édit terrible, portant ordre de rechercher avec la dernière rigueur les mauvaises sectes de l'empire. Son intention n'étoit sûrement pas d'y comprendre notre sainte religion; mais il étoit bien à craindre que plusieurs mandarins des provinces ne compromissent les chrétiens, et ne les arrêtassent, du moins pour en tirer de l'argent. Le Seigneur n'abandonna point encore les siens dans cette occasion : il inspira sans doute à l'empereur de dire deux mots qui montroient de la bonne volonté pour les missionnaires. C'en fut assez : aucun mandarin ne remua.

Tout ceci se passa aux mois de septembre et d'octobre 1774. Au mois de novembre, on avertit l'empereur de la mort du père Benoît. Il donna 100 taels pour son enterrement, ce qui revient à 750 livres de notre monnoie. Ce premier bienfait fut suivi d'un second bien plus considérable. L'empereur, pour se délasser un moment du tracas des affaires, va tous les deux ou trois jours voir les nôtres, qui sont occupés au palais. Alors il oublie presque qu'il est le plus grand prince du monde ; il leur parle d'un air de bonté qui charme. Il voulut qu'ils lui racontassent en détail comment le père Benoît étoit mort. Puis, en présence de quelques eunuques et de quelques mandarins, il ajouta ces paroles, que les Chinois achèteroient au poids de l'or : « Benoît étoit un brave homme, *hao-gin ;* il a été plein de zèle pour mon service, *tang-tchaye, kin-cheu.* »

Quelque temps après, dans la crainte peut-être que les affaires de Ouang-lun ne nous inquiétassent, et peut-être encore pour faire savoir aux grands sa façon de penser sur notre compte, il dit aux nôtres : « Vous priez pour les morts, je le sais ; votre intention est bonne. Vous ne vous assemblez que pour demander à Dieu qu'il leur donne un lieu de rafraîchissement. »

Ce mot ne paroît rien ; mais ce mot dit beaucoup : c'est que les Pe-len-kiao s'assemblent aussi pour leurs morts, et que c'est dans ces assemblées surtout qu'ils complotent contre l'État.

Croiriez-vous, cher ami, qu'on a fait tout l'imaginable pour prévenir ce grand prince contre notre chère et infortunée mission ? On est allé jusqu'à lui faire présenter un écrit dans lequel on accusoit hautement le père Benoît et le père Lefèvre d'avoir trempé dans le prétendu assassinat du roi de Portugal. Peut-être qu'un prince moins éclairé eût été frappé de tout ce qu'on osoit dire contre nous. Il n'y fit pas seulement attention. Un coup d'œil suffit à un grand homme pour voir le vrai. Il voulut que nous sussions qu'il ne s'étoit point laissé tromper ; il permit la lecture de cet écrit au père Benoît, sans demander ni éclaircissement ni justification.

Quelqu'un disoit : « Si l'empereur de Chine eût été empereur d'Occident, les missionnaires ne craindroient pas de manquer de successeurs. » Un autre Chinois disoit encore quelque chose de plus fort : je n'ose le répéter. Mais je l'ai dit ; je ne veux ni me plaindre ni être plaint. Il faut boire le calice jusqu'à la lie. Heureux si, nous élevant jusqu'aux sentiments généreux de l'apôtre des Indes et du Japon, notre grand saint Xavier, nous disons avec lui : *Ampliùs, Domine, ampliùs !*

Cependant, pour dire le vrai, il seroit difficile d'ajouter à nos malheurs. Au mois de février de cette année 1775, il nous en est arrivé un qui nous a percés jusqu'au vif. Peut-être est-il la suite et le pendant des autres. Je n'ose juger les hommes si méchans. Voici le fait.

Il y avoit au collège une magnifique église bâtie à l'européenne. Ce monument auguste de la piété et du zèle des princes chrétiens dominoit cette superbe ville, et annonçoit à sa façon la gloire du vrai Dieu. L'Orient n'avoit rien de si beau ni de si touchant. Le jour de la fête de sainte Catherine de Ricci, grand'tante du respectable et saint vieillard du même nom, qu'on dit être au château Saint-Ange, le père Sucro, Chinois, alla dire la dernière messe qui se dit à 7 heures, parce que l'usage des Chinois est de dîner à 8. Pendant la messe, il se trouva mal. Il sortoit de dessous l'autel une odeur forte qui l'incommoda au point qu'il eut bien de la peine à finir le saint sacrifice. Il en avertit le sacristain : on chercha de tout côté, et on n'aperçut rien. Le père Sucro alla déjeuner. A 8 heures et un quart, on vint le chercher pour baptiser un idolâtre converti. Il ne sentit plus l'odeur qui l'avoit incommodé, apparemment parce qu'il n'approcha pas de l'autel. A peine étoit-il rentré dans sa chambre, qu'on cria dans la cour : « Le feu est à l'église. » Il crut d'abord qu'on se trompoit d'endroit. Cependant il sortit, et à l'instant il vit des tourbillons de flammes qui s'élançoient de toutes les fenêtres de l'église. Le Père procureur de la maison voulut du moins sauver le Saint-Sacrement. Il s'avança vers les flammes ; mais il en fut repoussé. Comme il tomboit à la renverse, des domestiques qui le suivoient le retirèrent par les habits. Il tenta une autre voie, mais il ne fut pas plus heureux. Le feu étoit si violent, et il avoit pris en tant d'endroits à la fois, qu'en une heure de temps ce vaste édifice fut consumé.

Nous avons déjà parlé de cet incendie, mais avec beaucoup moins de détail.

Le sous-gouverneur de la ville se rendit aussitôt au collège avec huit mille hommes. On y accourut de toutes parts. La foule devint si grande, qu'on ne pouvoit plus en approcher, même de loin. Ce ne fut qu'à 10 heures et un quart que nous apprîmes confusément cette triste nouvelle. Nous étions au réfectoire : aussitôt toute la communauté se leva de table pour aller devant le Saint-Sacrement. Je me mis en route dès qu'il fut possible de percer la foule ; de loin je cherchois des yeux cette belle église que j'avois vue si souvent avec tant de plaisir. Je l'avoue, si mon cœur a jamais souffert, ce fut dans ce moment. N'apercevant qu'une fumée noire, je ne pus retenir mes larmes devant ce monde d'idolâtres : les forces me manquèrent, et tout ce que je pus faire, ce fut de gagner la chambre d'un de nos missionnaires, où, hors d'état de consoler les autres, j'eus moi-même besoin de consolation.

De retour à la maison, il nous vint bien des pensées : toute la nuit nous fîmes la garde autour de notre église ; mais nos soins étoient bien peu de chose. Notre résidence et celle du long-tang auroient probablement eu le sort du collège, si la Providence n'étoit encore venue cette fois à notre secours. Elle ne se fit point attendre : celui qui tient entre ses mains le cœur des rois toucha celui de l'empereur. Il parut sensible à nos malheurs, et il eut soin qu'on le sût dans tout l'empire.

Dès le lendemain il donna ordre au tribunal des ministres de s'informer de ce que son aïeul, l'empereur Kang-hi, avoit fait pour le collège, lorsqu'il donna à son église la forme qu'elle avoit ci-devant. Il se trouva qu'il avoit prêté à nos Pères un ouan, c'est-à-dire dix mille onces d'argent, ce qui revient ici à 75 mille livres de notre monnoie. En Chine, les anciens usages font loi. L'empereur en donna autant. Cette grâce n'étoit que le prélude d'une autre bien plus considérable.

Il y avoit dans l'église du nan-tang trois grandes et magnifiques inscriptions. Je crois vous en avoir parlé dans ma lettre de 1769, à l'occasion de Majoche, cet illustre confesseur de Jésus-Christ ; l'empereur Kang-hi les avoit écrites lui-même de son pinceau rouge. C'est un de ces présens rares dont on ne connoît bien le prix que lorsque l'on voit de ses yeux quel cas l'on en fait ici. Nous avons vu une de ces inscriptions impériales en trois caractères seulement. C'est un mot gracieux de Cang-hi au père Parennin. Elle est exposée dans l'endroit le plus honorable de la salle où nous recevons les grands. J'ai vu un prince du sang n'oser s'asseoir au-dessous : il se retira par respect dans un coin.

Selon les mœurs du pays, perdre de tels présens, c'est toujours une faute : il faut s'en accuser auprès de l'empereur. Nos Pères du collège le firent dans un écrit qu'ils présentèrent à Sa Majesté. L'empereur les reçut avec cet air de bonté qu'il sait si bien prendre quand il veut : il leur pardonna, comme on pardonne une faute qu'on sait bien être involontaire. Ensuite, pour réparer leur perte, il donna ordre à son ancien maître, qu'il a fait ministre de l'empire, de préparer de belles inscriptions pour la nouvelle église. Je veux les écrire moi-même, ajouta l'empereur ; je les écrirai de mon pinceau rouge.

Cette nouvelle se répandit aussitôt partout. On vint de tout côté au collège féliciter nos Pères du nan-tang. Il y eut même de nos chrétiens en place qui ne pouvoient presque s'empêcher de regarder comme une espèce de bonheur l'accident qui étoit arrivé.

Depuis ce temps-là, nous sommes tranquilles : on rebâtit l'église ; elle sera magnifique. Nos Pères du collège, ne voyant plus de successeurs après eux, ne craignent pas de se mettre à l'étroit. Ils veulent offrir à Dieu, en finissant, ce qu'ils ne gardoient que pour le faire connoître et aimer.

Quoique nous tâchions de ne rien laisser échapper au dehors de nos désastres, cependant nos néophytes savent tout. Ils sont désolés : ils sont quelque chose de plus. Par attention pour nous et pour l'honneur de la religion, ils évitent de parler de nos malheurs et des leurs. Les choses vont leur train. Il nous est encore venu des provinces près de deux cents chrétiens pour les fêtes de Pâques. Ils ont montré une ferveur qui nous a d'autant plus touchés, que nous ne pouvions nous empêcher de penser que dans la suite il n'en sera peut-être pas ainsi.

Par le moyen de deux catéchismes nouveaux, nous étions venus à bout de porter dans nos familles chrétiennes plus d'instruction qu'il n'y en avoit ci-devant. Nos néophytes se formoient : nous avions eu la consolation d'ouvrir une nouvelle mission dans la Tartarie, elle eût été bientôt florissante : nous comptions l'étendre jusqu'au Hai-long-kiang, qui sépare les domaines de l'empereur de ceux de la Russie. J'ai eu l'honneur de voir deux rois dans ces contrées. L'un est venu dans notre église : j'ai rendu visite à l'autre, avec l'ancien de notre maison. Ils sont tous deux d'une bonté qui permettoit d'espérer beaucoup. Vaine espérance! si l'on ne se presse de nous remplacer.

Quelles gens que les Loppin, les Roi, les Beuth, les Forgeot, et tant d'autres que notre province seule a fournis à la Chine! Nous les vîmes partir il y a de longues années : nous ne pouvions assez admirer leur piété, leur zèle, leur détachement, leur recueillement, cet esprit intérieur, cet esprit d'oraison qui les tenoit sans cesse dans la présence de Dieu, et qui les rendoit si souples sous sa main. J'ai eu le bonheur de les suivre, sans avoir leur vertu. J'ai su, depuis que je suis ici, que bien loin de se démentir, ils sont allés en croissant. Après avoir fourni une carrière méritoire et bien glorieuse à la religion, ils sont morts en saints.

Il y a sans doute de saintes gens et de bons missionnaires parmi les religieux et les prêtres qui ont voulu partager les travaux de la Compagnie : qu'on ne tarde donc pas d'en envoyer.

O Dieu! combien d'âmes vont se replonger dans les ténèbres de l'idolâtrie! combien n'en sortiront pas! Qui sait ce qui s'est passé au Paraguai, peut gémir par avance sur toutes les autres missions étrangères. Ici, Dieu aidant, les choses pourront encore se soutenir quelques années, parce que, vu les circonstances et le local, on ne voudra pas nous interdire; parce qu'il est plus difficile qu'on ne pense de nous remplacer; parce qu'il est moralement impossible de toucher à notre état, c'est-à-dire à notre façon de vivre et d'être au palais. Mais enfin, nous ne sommes pas immortels : Pékin tombera enfin, et suivra le malheureux sort des autres missions.

Je finis de bâtir une belle congrégation; j'en envoie le plan à Paris. Il est de six pieds de haut, quatre de large; il comprend encore l'église et tout le terrain que parcourt la procession du Saint-Sacrement, le jour de la Fête-Dieu : c'est un beau morceau.

Je salue de tout mon cœur nos chers amis : ils doivent à notre amitié de redoubler de prières pour nos pauvres missions. L'an passé, je n'eus pas la consolation de recevoir de leurs chères nouvelles : sans doute que leurs lettres ont été perdues ou interceptées : il faut nous accoutumer à ne vouloir que ce que le bon Dieu veut. Je me recommande à vos saints sacrifices et aux leurs. En attendant le grand jour où nous nous reverrons tous, je suis, dans l'union de vos prières et saints sacrifices, etc.

LETTRE DU PÈRE DUFRÊNE

A MONSIEUR ***.

Conversions nombreuses.

En Chine, dans la province de Ss-tchoun, le 12 octobre 1779.

Monsieur,

La lettre que vous m'avez écrite m'est heureusement parvenue; mais je ne sais combien d'années elle a employées à faire le voyage de France en Chine, car elle est sans date d'année, de mois et de jour. Vous êtes maintenant, dites-vous, en théologie, et vous balancez si vous ne prendrez point la charge de M. votre père. Lorsque ma lettre vous arrivera, vous aurez sans doute fait votre choix; ainsi je je n'ai rien à vous dire là-dessus. Je souhaite seulement que vous ayez fait celui que Dieu exige de vous. Vous me parlez de la belle maison que M. votre père a fait bâtir, de ses jardins qu'il a agrandis, en sorte qu'on ne s'y reconnoît plus; je ne vous conseille pas de mettre tout cela dans votre cœur : demeurez dans la maison, à la bonne heure; mais que la maison ne demeure pas dans vous; promenez-vous dans le jardin, mais que le jardin ne se promène pas dans vous. Vous entendez assez ce que je veux dire par ces tours de phrase, c'est-à-dire qu'il ne faut pas y mettre vos affections. Tournez-les vers la maison encore plus superbe du ciel, vers les jardins encore plus vastes de l'éternité. Votre maison sera un jour démolie, les fleurs de votre jardin se faneront, les arbres seront arrachés; mais les tabernacles du ciel subsisteront éternellement.

Il se convertit ici à la foi, chaque année, un assez grand nombre de gentils; il s'en convertiroit encore davantage s'il y avoit un plus grand nombre d'ouvriers. Il y a eu, cette année, des persécutions dans plusieurs parties de cette province. Dans les unes, elles ont été légères, et les chrétiens renvoyés sans avoir été beaucoup maltraités : dans les autres, elles ont été assez violentes, et les chrétiens ont éprouvé d'assez rudes tourmens. La famine a été extrême dans plusieurs provinces de cet empire. Nous n'en avons appris aucun détail; mais ce que nous avons eu sous les yeux nous fait assez sentir ce qui s'est passé ailleurs. Il est mort ici de faim un nombre prodigieux de personnes, soit enfans, soit hommes et femmes, surtout dans la partie orientale de la province, où la famine paroît avoir été extrême. Si ce fléau a enlevé d'un côté un grand nombre de citoyens à la terre, il en a donné, d'un autre, un grand nombre au ciel. On a baptisé beaucoup d'enfans d'infidèles : on envoyoit partout des néophytes, tant hommes que femmes, pour administrer ce sacrement à ceux qui étoient dans un vrai danger de mort. Dans la partie orientale, où la famine a fait les plus grands ravages, on en a baptisé vingt mille ; dans cette partie, où la famine étoit moins cruelle, on n'en a baptisé que dix mille.

Les chrétiens d'Europe qui font des aumônes pour contribuer à cette bonne œuvre, soit directement, en les déterminant formellement pour cela, soit indirectement, en les accordant pour la subsistance des missionnaires, ont maintenant autant d'intercesseurs dans le ciel auprès de Dieu. Ce doit être une grande consolation pour eux, et un motif pour les autres riches de consacrer à une si bonne œuvre au moins quelque chose de leur superflu.

Au retour de nos courriers de Canton, il est entré cette année un missionnaire européen. Il a été reconnu à une douane : on a aussitôt enchaîné le bateau pour ne pas le laisser passer outre. Alors le commis est entré en composition avec nos gens pour ne pas les conduire devant le mandarin. Ceux-ci, pour se tirer de cette mauvaise affaire, ont donné tout l'argent qu'ils avoient pour lors en espèces. Le commis a encore emporté une assez grande quantité d'effets, et, après cela, les a laissés partir. L'argent et la valeur des effets, c'est presque tout ce qui étoit destiné à l'entretien des missionnaires qui sont ici ; mais la Providence ne nous a pas abandonnés : nous avons trouvé à emprunter, et plusieurs riches chrétiens nous ont fait des aumônes.

La perte que nous avons faite ne se borne pas à l'argent : le missionnaire est arrivé attaqué d'une dangereuse maladie dont il est mort un mois et quelques jours après. *Sit nomen Domini benedictum.*

M. de Saint-Martin a manqué d'être pris cette année par les satellites. Ils sont arrivés au nombre de huit ou neuf dans une maison où il étoit allé visiter un malade, très-peu de temps après qu'il en étoit sorti.

Voilà, monsieur, les principales nouvelles de ce pays, ou du moins de ce canton. Il ne me reste plus qu'à vous dire que si vous vivez dans le monde, vous êtes exposé à bien des dangers. Vous avez besoin d'une grande vigilance sur vous-même, du secours de la prière et de la fréquentation des sacremens. *Vigilate et orate.* La vie est courte, monsieur, et passe comme l'ombre ; les biens, les honneurs et les plaisirs du monde passent avec la même rapidité. Tout n'est que vanité ici-bas : *Vanitas vanitatum.* Que notre cœur s'attache à Dieu seul ; qu'il ne soupire qu'après l'éternité, voilà le réel et le solide. Je recommande à vos prières et à celles des bonnes âmes que vous connoissez la conversion des infidèles, le maintien de la foi, le baptême des enfans : je m'y recommande aussi moi-même, ainsi que tous les autres missionnaires. Adieu, monsieur ; j'ai l'honneur d'être, dans les sentimens du plus sincère attachement, votre, etc.

LETTRE DU PÈRE LAMATTHE
AU PÈRE DUGAD.

Affaires de la religion.

Ce 12 juin 1780.

Monsieur,

Nous n'avons reçu par la dernière mousson aucune lettre de France : sans doute que le fléau de la guerre trouble notre chère patrie, et que c'est là la seule raison qui nous prive de vos chères et intéressantes nouvelles.

Malgré tout ce qui est arrivé de fâcheux depuis quelques années, nous allons toujours notre train, et nos missions se font avec autant de zèle que si nous jouissions de la paix la plus profonde, et que nous fussions dans l'état le plus florissant. Après tout, pourrions-nous, devrions-nous du moins changer de conduite? C'est pour Dieu que nous travaillons ; il vit et règne toujours : spectateur de nos travaux, il ne les laissera pas sans récompense. Les hommes peuvent pervertir les hommes ; mais ils ne peuvent rien sur le cœur de Dieu, et leurs jugemens dépravés ne le changeront pas. Voilà le grand motif de ma consolation, de ma joie dans nos tribulations, et de ma persévérance dans mes travaux. Ils seroient bien diminués si l'ennemi du salut nous laissoit tranquilles ; mais où ne s'étend pas sa rage? Un missionnaire, un chrétien effrayent le gouvernement politique ; on s'en défie comme de l'ennemi le plus dangereux de l'État, et avec qui il ne faut faire ni paix ni trêve : de là cette source intarissable de persécutions. Presque tous les ans j'aurois pu vous en marquer quelques-unes : je vous ai déjà parlé de celle qui s'étoit élevée sur la fameuse montagne de dix mille familles. Je vous ai mandé que les chrétiens en avoient été chassés avec la dernière inhumanité, dans le cours du mois de mai 1778, temps auquel il est trop tard pour aller défricher, ou même semer de nouvelles terres déjà défrichées ; qu'on leur avoit laissé le choix de l'apostasie ou de la transmigration, et que, fidèles à leur devoir, ils avoient presque tous mieux aimé perdre leurs biens que la précieuse qualité de chrétien.

Leurs tribulations auroient fini là si le chef, le plus soumis à la volonté de Dieu, n'avoit pas eu la témérité d'aller à l'empereur même demander la justice qu'on lui refusoit dans ses tribunaux, depuis plus de trente ans qu'il soutenoit le procès contre les infidèles qui vouloient usurper des montagnes qu'il avoit mises en valeur avec des soins et des travaux infinis.

Les tribunaux de la capitale ayant reçu l'ordre de faire justice, et ayant délégué des juges extraordinaires dans la province où nous sommes pour connoître de cette affaire, les plaideurs chrétiens n'ont gagné autre chose que des tribulations. Arrêtés de nouveau et conduits à la capitale, il a fallu y souffrir les rigueurs d'une étroite prison et de la plus affreuse indigence; car on ne leur fournissoit guère que la moitié de ce qui leur auroit été nécessaire pour l'entretien d'une vie misérable.

Renfermés dans ces cachots, on a essayé de les tenter par la cupidité, en leur faisant entendre que, s'ils vouloient être dociles aux ordres de leurs supérieurs, et abandonner cette nouvelle loi venue d'Europe, on leur feroit justice sur le temporel ; qu'on condamneroit leurs adversaires comme usurpateurs ; mais que, s'ils le refusoient, ils perdroient leurs montagnes et leur liberté. Dieu leur a fait la grâce de ne pas se laisser prendre à ce piège dangereux. Deux seulement, qui n'étoient guère fidèles aux lois et aux pratiques du christianisme, y ont été pris ; ils ont abjuré, et n'en ont pas été moins dépossédés. Les autres se sont montrés devant les grands mandarins de la capitale tels qu'ils avoient paru dans la ville de leur district, inébranlables dans leur foi. On dit même que leur chef Luc Tching-y a parlé avec une fermeté digne des chrétiens de la primitive Église. En conséquence, ils ont été condamnés, 1° comme usurpateurs des montagnes impériales, tandis qu'on innocente le vendeur, et qu'on le récompense même ; 2° comme attachés opiniâtrement à une loi européenne, proscrite par l'empereur. On a fait confirmer la sentence à Pékin, et on l'a mise en exécution vers le commencement de septembre 1779, qu'on les a fait partir pour les endroits respectifs de leur bannissement. Six sont morts en prison ou en chemin. Ceux qui restent pourront, après trois ans de bannissement, retourner dans leurs familles. Leur condamnation a été suivie d'un édit du chef du tribunal des crimes de notre capitale. Dans cet édit fort long et tout tissu de faussetés au sujet du procès, il fait de sévères défenses d'entrer, ou de persévérer dans notre sainte religion ; ordonne de faire de nouvelles recherches et plus exactes, surtout dans notre Cou-tching, où il apprend qu'il y a toujours des chrétiens, parce que ceux mêmes qui promettent de ne l'être plus, manquent à leurs promesses, etc. ; qu'à présent il faut les forcer à apostasier sincèrement et de bonne foi ; que s'ils refusent, il n'y a qu'à les lui envoyer, pour en faire justice, etc., etc.

Mais son édit n'a point eu de suites, on l'a affiché sans aller plus loin ; on l'a laissé tomber, et on lui a répondu comme auparavant qu'il n'y avoit plus de chrétiens : ce n'est pas qu'à notre petit tribunal on ignore qu'il y en a ; mais on les a arrêtés tant de fois sans jamais les trouver en faute, et on a pris tant de leurs livres dans la lecture desquels on a pu se convaincre pleinement de la sainteté de la loi chrétienne, que, bien loin de croire qu'il y ait à craindre de la conduite et des assemblées de nos néophytes, ils ont la bonne foi, au moins de temps en temps, de convenir qu'il seroit à souhaiter, pour la tranquillité de l'empire, que toute la Chine fût véritablement chrétienne. On dit qu'à notre ville un des principaux tribunalistes seroit en état de prêcher la doctrine si belle des dix commandemens, aussi bien qu'un catéchiste bien instruit. Ces connoissances le tranquillisent sur le compte des chrétiens dont il empêche, autant qu'il peut, les recherches inutiles. Que n'y a-t-il dans chaque tribunal un ou deux hommes de ce caractère! presque toutes les persécutions cesseroient, et la religion s'étendroit. Cette tranquillité dont on m'a laissé jouir m'a mis en état de faire mes visites à l'ordinaire, et de procurer aux chrétiens les secours spirituels qu'ils attendent de nous. Les baptêmes vont toujours leur train, et il n'y a pas d'année où je n'en aie plusieurs d'adultes, même dans les endroits où l'on voit de ses yeux les tracasseries qu'on fait aux chrétiens. Je ne puis cependant désavouer que la crainte en arrête un grand nombre qui embrasseroient volontiers notre sainte loi, s'ils le pouvoient sans danger. Que l'amour de la croix est difficile à persuader! ne l'éprouvons-nous pas nous-mêmes? C'est un don de Dieu : demandez-le-lui, je vous en conjure, et pour eux et pour moi. Je me recommande instamment à vos saints sacrifices, dans l'union desquels j'ai l'honneur d'être avec un très-profond respect, etc

Recevez-les assurances de respect de notre vénérable doyen et de mon collègue M. Ko, et permettez que M. Lefèvre trouve ici celles de ma respectueuse reconnoissance. Pressé d'aller à une grande journée secourir un malade, je n'ai pas le temps de lui écrire.

EXTRAIT
D'UNE LETTRE DU PÈRE DOLLIERS

A M. SON FRÈRE,
CURÉ DE LEXIE, PRÈS LONGWI.

Traversée. — Accidens du voyage.

Le 15 octobre 1780.

MON TRÈS-CHER FRÈRE,

J'ai reçu avec bien de la joie, le 4 novembre de l'an passé 1779, votre lettre datée du 29 décembre 1776, la première et la seule qui me soit parvenue de toutes celles que vous m'avez écrites. Je ne sais quel a été le sort de toutes celles que je vous ai adressées, tant de Rio-Janeiro et de l'Ile-de-France, que de Macao et de Pékin, soit à vous, soit à plusieurs personnes de Nancy. Le seul père Sauvage a assez constamment répondu. Des Annonciades une seule lettre m'est parvenue; rien de chez M. Platel, ni de vous. Un silence si constant et dont je ne pouvois deviner la cause, voyant surtout qu'on me répondoit exactement de Saint-Nicolas de Laon, de Paris, d'Orléans, de La Flèche, de Lorient et de Rome, me fit craindre qu'en effet mes lettres ne fussent à charge, et je cessai d'écrire en 1774. Cependant, en 1775, je fis une dernière tentative pour obtenir quelque nouvelle de ma famille, ou du moins quelque adresse par laquelle je pusse en avoir. Le peu que vous me dites de ces lettres est tout ce qu'elles ont produit. Je n'en ai jusqu'ici reçu aucune réponse : je vous avouerai que parmi bien des peines que la Providence m'a ménagées depuis ma sortie de France, cette privation longue et si universelle de tout rapport avec les personnes qui m'étoient à tous égards les plus chères, n'a pas été la moins dure pour moi. Enfin, après vingt-deux ans et plus, voilà le commerce rétabli entre nous, et le premier fruit qui m'en revient est encore, Dieu le voulant ainsi, un fruit de souffrances. Que de désastres, que de morts, et quelles morts vous m'apprenez! Tous ces coups, qui n'ont été portés que de loin en loin dans l'espace de vingt ans, sont venus m'accabler à la fois tous ensemble.

Mon cœur, depuis bien des années, me disoit que notre tendre mère n'étoit plus de ce monde, et je ne priois plus pour elle à l'autel que dans cette persuasion, que tant de chagrins et de maux dont sa vie a été tissue ne lui laisseroient pas pousser sa carrière au delà de soixante ans. Ce qu'elle a vécu de plus étoit au delà de ce que j'osois espérer. Nous devons sentir surtout ce qu'elle a fait et souffert, pour nous procurer une éducation que nous n'aurions jamais eue sans le courage que Dieu lui avoit donné, et qu'elle a tout employé pour cet objet. Notre tante, madame Henrion, a à cet égard les mêmes droits sur ma reconnoissance. C'est elle qui m'a élevé dans cette partie de la jeunesse où l'éducation est le plus dégoûtante pour ceux qui en sont chargés. Je vous prie, en lui présentant mes assurances de respect, de l'assurer aussi que je conserverai toujours le souvenir le plus vif de toutes les obligations que je lui ai. Je vous félicite de la bonne manière dont vous vous êtes arrangé dans votre paroisse, sans surcharger votre pauvre peuple. J'ai fait part à M. Colas de ce que vous me dites de sa famille. Il en étoit déjà instruit par des lettres de plus fraîche date que la vôtre. Je passe à présent à ce qui me regarde, et puisque aucune de mes lettres ne vous est parvenue, je commence par l'histoire très-abrégée de mon voyage.

Nous partîmes de Lorient le 7 mars 1758, M. Cibot, qui est mort cette année le 8 août, un jeune Chinois, mort deux ans après son retour, et moi, sur le *d'Argenson*, le second d'une escadre de neuf vaisseaux, tous armés de la batterie haute, le commandant et une frégate purement en guerre. Vers le cap Finistère, deux vaisseaux traîneurs nous avoient déjà quittés. L'un d'eux fut pris par les Anglois. Une tempête violente en sépara plusieurs autres. Nous prîmes un petit vaisseau anglois qu'on coula à fond, après en avoir tiré les hommes. Dès ce jour-là, nous commençâmes à faire route nous seuls. Vers les Canaries, nous vîmes une flotte de vingt à trente vaisseaux qui nous fit faire fausse route pour l'éviter. Peu de jours après, nous aperçûmes derrière nous, mais loin, deux vaisseaux; ensuite un troisième, de notre force, parut de l'avant et venant à nous. La crainte de nous trouver entre deux feux fit prendre la résolution de forcer de voiles et d'aller prêt au combat droit à ce dernier. Il se mit d'abord en travers, comme pour nous intimider, en nous montrant sa grandeur et sa force. Le nôtre le valoit, et nous continuâmes d'aller droit à lui; mais il jugea à propos de faire route à toute voile pour s'éloigner de notre gauche : nous le laissâmes aller. La navigation fut belle, tranquille jusqu'à la ligne, vers laquelle nous eûmes trois semaines de calme, et de temps en temps quelques grains qui nous donnoient de la pluie, et nous faisoient aller quelques quarts de lieue, tantôt en route et tantôt contre route.

Lorsque les vents revinrent, il nous resta de l'inquiétude sur la position où les courans nous avoient mis plus près ou plus loin des côtes d'Amérique, selon qu'ils nous avoient poussés vers l'est ou vers l'ouest. Dans cet embarras, nous aperçûmes un vaisseau qui paroissoit venir d'Amérique. On l'appela, en tirant des coups de canon à poudre : il fallut lui tirer un boulet pour le faire obéir. Il vint enfin; c'étoit un Portugais, qui nous dit à peu près à quelle distance nous étions de Rio-Janeiro, où nous devions aller relâcher. Depuis les Canaries, notre vaisseau avoit toujours été accompagné d'une multitude innombrable de thons, dont on pêcha une grande quantité tout le long de la route, ce qui fut un excellent préservatif contre le scorbut, dont personne ne fut attaqué sur notre bord, tandis que tous les autres en étoient infectés. Comme je passois une grande partie de la journée sur une galerie à lire du chinois, le samedi d'après la Fête-Dieu, je m'aperçus que ces poissons changeoient de leur couleur bleue en une espèce de violet. J'appelai le capitaine, et lui fis remarquer ce changement et celui qui paroissoit dans l'eau de la mer. Il dit que nous étions près de terre; effectivement, quelques heures après, nous vîmes la cime des montagnes, et trouvâmes fond à cent brasses. Le lendemain, nous vîmes Rio-Janeiro, et y descendîmes le lundi, pour y passer un mois de relâche. On avoit fait les pâques en mer; M. le capitaine et les officiers avoient donné l'exemple : tout l'équipage étoit bien rangé; et, pour occuper ceux des officiers ou passagers dont l'oisiveté auroit pu troubler le bon ordre, je les avois fait étudier, en leur donnant des leçons d'algèbre.

Tout en arrivant à Rio-Janeiro, nous apprîmes les ravages que l'armée combinée d'Espagnols et de Portugais avoit faits dans une partie du Paraguai, où ces belles chrétientés furent détruites, et dont les habitans redevinrent sauvages. Nous trouvâmes là un grand nombre de missionnaires de toutes les nations d'Europe, rappelés de leurs missions et attendant les vaisseaux qui devoient les porter à Lisbonne. Nous entrâmes dans ce port, le plus vaste qu'il y ait au monde, avec trois vaisseaux de roi, qui alloient joindre M. d'Ascher dans l'Inde. Les missionnaires crurent que nous étions les vaisseaux destinés à les enlever, et tous furent dans l'alarme.

Nous partîmes de là pour l'Ile-de-France, le jour de Saint-Jean. En même temps que nous sortions entroit, pour se faire remâter de misaine, le vaisseau l'*Éléphant*, parti de France pour aller droit en Chine avec le *Chameau*. Nous leur dîmes que nous allions les attendre à l'Ile-de-France, et qu'ils ne manquassent pas de venir nous y prendre. Nous ne pensions dire qu'un badinage, et cependant le temps qu'il fallut pour se remâter fut si long, qu'il n'en resta plus assez pour gagner la Chine. Ainsi, force fut à l'*Éléphant* de venir nous trouver à l'Ile-de-France, pour y passer l'été, qui est l'hiver ici et chez vous. Le *Chameau*, qui avoit continué sa route, manqua les détroits, et fut obligé de se retirer de même à l'Ile-de-France. Nous y arrivâmes les premiers, après une traversée assez heureuse, à l'exception d'une tempête, qui nous fit beaucoup souffrir pendant vingt-quatre heures aux environs du banc des Aiguilles, nous déchira quelques voiles, et gâta une partie des hautes mâtures. Nous débarquâmes cependant à l'Ile-de-France, le jour de Saint-Augustin : nous y fûmes reçus de la manière la plus cordiale par MM. de Saint-Lazare, avec lesquels nous travaillâmes pendant huit mois. Les trois vaisseaux de roi arrivèrent peu après nous. Faute de vivres, dont l'île étoit dépourvue, ni eux, ni un autre vaisseau que nous y trouvâmes, ne purent aller joindre et renforcer M. d'Ascher, lequel, deux mois après, revint lui-même, et fut forcé de laisser l'Inde à la discrétion des Anglois qu'il n'avoit pu battre. Il fallut envoyer une partie des vaisseaux au cap de Bonne-Espérance et ailleurs pour tirer des vivres. Ce fut nous qui partîmes les premiers : ce fut le 20 avril 1759. Nous passâmes quelques jours à l'île Bourbon, d'où nous fîmes voile pour la Chine, le 1er mai, montés tous les trois sur le vaisseau l'*Éléphant*, où nous avions, parmi les officiers et subrécargues, six ou sept de ces prétendus esprits forts, devenus, à ce que l'on dit, si communs en France. La peur des Anglois ne nous permettoit pas de passer par le détroit de la Sonde, qui est la route ordinaire. Nous cherchions celui de Bailly, et nous avions dû approcher beaucoup de la Nouvelle-Hollande. Ce détroit n'étoit connu de personne des deux vaisseaux, et l'on étoit fort en peine, lorsque nous vîmes terre à droite et à gauche du vaisseau. On courut aux cartes, et on reconnut avec la plus agréable surprise que c'étoit le détroit de Bailly dans lequel nous entrions. Il étoit de bonne heure ; le vent étoit à faire sept lieues par heure. On avança dans l'espérance de le passer ; mais avant que nous fussions au milieu, le courant vint si fort contre le vent, que bientôt nous commençâmes à reculer. Le canot qu'on avoit mis à la mer fut poussé par le courant avec tant de violence contre le flanc du vaisseau, qu'il s'y brisa et coula bas. On prit le parti de jeter l'ancre après le coucher du soleil. On avoit tellement perdu la tête, qu'au lieu de jeter une forte ancre, on n'en jeta qu'une petite, et faute de donner à notre compagnon le signal de jeter l'ancre, il faillit à s'aller jeter sur un des côtés du détroit. Il nous avertit de son danger par un coup de canon. Alors on se souvint de lui en tirer deux, signal convenu pour avertir de jeter l'ancre. On mesura la rapidité du courant ; elle étoit de sept à huit lieues par heure. Nous passâmes la nuit dans ce courant, sur notre petite ancre, non sans bien des transes. On s'aperçut le lendemain qu'on avoit eu raison de craindre, car au premier effort qu'on voulut faire pour lever l'ancre, le câble cassa. Comment avoit-il tenu toute la nuit contre l'effort d'un tel courant? Premier trait de Providence, et d'une Providence bienfaisante! En voici un autre. Au lieu d'appareiller de bonne heure, tandis que le courant étoit le plus foible, on tarda trop d'une heure ou deux, et cela fut cause que nous nous vîmes encore sur le point d'être obligés de jeter l'ancre comme la veille, sans pouvoir déboucher. Heureusement le courant devenoit moins rapide à mesure que le canal s'élargissoit. Dans le premier moment qu'on se vit hors de danger, on promit un *Te Deum* en actions de grâces, et la clique de nos mécréans, la plus poltronne de toutes, n'osa s'y opposer. Dès que le danger fut un peu loin, elle alla agir auprès du capitaine pour l'engager à rétracter le *Te Deum*, et il eut la foiblesse de le faire. Nous leur dîmes que Dieu les en puniroit ; on ne fit qu'en rire. Cependant, après quelques jours de marche, nous nous trouvâmes enfournés dans l'archipel des Unambas, ce qui nous tint en échec pendant plusieurs jours, et surtout pendant les nuits ; on n'osoit avancer, de peur de s'échouer sur quelqu'une de ces îles. Sortis de là, ce fut tous les jours, de nuit et de jour, nouveaux dangers. On auroit dit que nous cherchions exprès tous les rochers de ces parages, ou plutôt, c'étoit la Providence qui s'appliquoit à humilier devant elle l'orgueil de nos prétendus philosophes, pour les obliger à renoncer à leurs propos impies, à revenir, du moins par la crainte de la mort toujours présente, à des sentimens raisonnables et chrétiens; à réparer leurs scandales, et à s'acquitter, avec les dispositions nécessaires, du devoir pascal. Un jour, à neuf heures du soir, comme on vouloit remettre le vaisseau dans la route qu'on avoit été obligé de quitter pour éviter un écueil, on s'aperçut, en levant la grande voile de misaine, que le vaisseau alloit toucher à un brisant qui s'étendoit depuis nous en avant jusqu'à perte de vue. Les cris d'alarmes et presque de désespoir que jeta l'équipage interrompirent les propos *philosophistiques*. Je ne sais comment le vaisseau tourna assez promptement de la gauche à la droite, et fut à temps pour éviter de toucher : ce que je sais, c'est que je vis les brisans à moins de vingt pieds de distance du vaisseau : la mer qui les battoit paroissoit tout en feu.

Vous pouvez juger qu'il se fit alors un grand silence, et que peut-être nos jeunes mécréans commencèrent à se repentir d'avoir empêché le *Te Deum*. Ce silence dura une heure : à dix heures, on crut le danger fort loin; on voulut remettre en route; mais à peine y fut-on, qu'on se vit encore près des brisans. Il fallut de nouveau faire fausse route et quitter les propos anti-chrétiens qu'on avoit repris. Après deux ou trois autres jours, tous semés d'inquiétudes et de dangers qui nous obligeoient à revenir la nuit sur le chemin que nous avions fait pendant le jour, un matin, au soleil levant, nous nous aperçûmes que notre compagnon le *Chameau* avoit disparu. Nous avions grand vent de l'arrière, et nous allions bon train. Vers huit heures, on découvrit de l'avant des rochers fort étendus et contre lesquels la mer brisoit d'une manière effroyable. Nous ne pouvions pas reculer; on prit le parti de prendre vent largue et de courir vers le nord la bordée de bâbord. Après une demi-heure de marche, nous découvrîmes notre compagnon, qui eut la complaisance de venir vers nous, et de se mettre de moitié dans nos dangers. A peine l'eûmes-nous découvert, que nous vîmes devant nous deux autres brisans aussi très-étendus et tout couverts de l'écume de la mer en furie. Il fallut donc vite virer de bord et courir vers le midi la bordée de tribord. Après une heure et demie de cette bordée, nous vîmes encore de l'avant un troisième écueil aussi effrayant que les deux autres. On revira; mais ce n'étoit plus que pour différer la mort qui paroissoit inévitable, puis-

qu'en courant ainsi sur la droite et sur la gauche, nous trouvions toujours un naufrage certain, et que le vent qui venoit de l'ouest nous poussoit toujours, malgré nos reviremens, contre les rochers que nous avions à l'est. Ce fut alors que nous vîmes toute la foiblesse de nos esprits prétendus forts. Ces hommes, qui peu auparavant bravoient la Divinité, rioient de la religion, etc., parurent alors tels qu'ils étoient; gens sans courage, sans résolution, la foiblesse, la lâcheté même : un air morne, triste, avoit pris la place de ces airs insultans et dédaigneux qu'ils se donnoient, et le silence le plus stupide avoit succédé aux propos libres et impies qu'ils lâchoient sans cesse contre les mœurs et la religion. Vers midi on voulut prendre hauteur; mais on ne put le faire d'une manière assez précise, parce qu'à midi nous avions le soleil presque au zénith, et que tous les observateurs avoient perdu la tête. La mer étoit couverte d'oiseaux; cela me fournit un sujet de méditation pour nos philosophes à faces blêmes. « Voyez, leur dis-je, nos cadavres vont être la curée de ces oiseaux ; mais l'âme d'un chacun de nous où ira-t-elle? » Ils se retirèrent, et c'étoit ce que je voulois, et ce qu'on souhaitoit, parce que leur air effrayé faisoit perdre courage à l'équipage. A dîner, ces messieurs ne pensèrent seulement pas à desserrer les dents; il n'y eut que moi à la première table, et mon collègue à la seconde, qui dînâmes à l'ordinaire. Ces messieurs étoient les uns à pleurer, les autres à s'étourdir sur le danger qui nous menaçoit de si près. Lorsque j'eus dîné et dit mes grâces, je me retournai vers eux, et leur donnai encore ce sujet de méditation : « Messieurs, leur dis-je, voilà le premier repas que j'ai fait sur ce vaisseau sans entendre ni équivoque sale, ni impiété. » Ce mot dit, je partis et les laissai y penser. Bientôt je vis que plusieurs d'entre eux me suivoient avec un air contrit, et changeoient de place lorsque j'en changeois : je ne faisois pas semblant de m'en apercevoir. Je voulois d'eux quelque chose de plus chrétien. Quelques-uns, qui avoient fait leurs pâques presqu'en cachette de cette clique, pour éviter ses persécutions (car, quoi que disent ces messieurs en faveur de la tolérance, ils n'en ont point pour les chrétiens), me demandèrent à se réconcilier, et je descendis à fond de cale pour les entendre. Ceux-là confessés, ils furent suivis par plusieurs de messieurs les philosophistes, qui se souvinrent enfin qu'ils étoient chrétiens et pêcheurs. Je ne m'étois pas attendu à les voir sitôt, et je ne m'étois pas concerté avec mon collègue sur la façon douce, mais ferme, dont il faudroit se conduire avec eux. Je pris le parti de dire devant lui, et avant que d'entrer en matière, ce que j'aurois voulu lui dire à l'oreille. Les premiers qui me vinrent avoient à se reprocher des propos libres, des discours impies et des haines, le tout bien public, bien connu dans le vaisseau. Je les aidai à faire une bonne accusation de leurs iniquités; puis, pour unique satisfaction possible dans le moment, je leur ordonnai d'aller sur-le-champ se réconcilier publiquement, et faire une réparation publique aussi de deux espèces de scandale qu'ils avoient donné en genre de mœurs et en genre de religion. Je leur dis qu'à cette condition, leur accusation étant faite, dès que je verrois le rocher contre lequel il faudroit périr, je leur donnerois l'absolution; que cependant ils s'excitassent à la crainte de Dieu, à son amour, au vrai regret de leurs ingratitudes, et qu'ils ne crussent pas que la seule crainte d'une mort prochaine suffit pour les sauver. Dès que les deux premiers se furent acquittés de cette satisfaction publique, les autres s'ébranlèrent; mon collègue eut aussi de la besogne, et voyant que la méthode avoit bien fait, il l'employa. Entre trois et quatre heures, on vint de la part du capitaine me prier de monter sur le gaillard. J'obéis : on étoit encore à courir tantôt sur un bord, tantôt sur l'autre; mais on approchoit sensiblement des rochers que nous avions à l'est sous le vent. Je trouvai ces messieurs pleins de politesse, qui m'attendoient avec un air de confiance et de cordialité auquel je n'étois guère accoutumé. Le capitaine me dit que les deux vaisseaux s'approchoient pour se parler par le moyen des porte-voix, et qu'on souhaitoit que je fusse présent. Je demandai à quelle intention? Quelqu'un, qui n'avoit pas entièrement retrouvé sa tête, me dit que je passois pour avoir la vue supérieurement bonne (c'est-à-dire longue; d'où vient qu'à quarante ans j'ai eu besoin de lunettes). « A la bonne heure, dis-je; mais il s'agit de parler avec l'autre vaisseau, et pour cela, il faut bonne voix et bonnes oreilles; les yeux n'y font rien.

— Cela est vrai, reprit le capitaine; mais vous êtes tranquille et de sang-froid; vous entendrez mieux que nous, qui ne sommes pas disposés de même. Cela arrêté, comme les vaisseaux s'étoient assez approchés, le capitaine demanda à l'autre vaisseau où il croyoit que nous fussions. *Réponse.* Dans la queue du scorpion. Ce mot fut un coup de foudre qui fit tomber les bras à ces messieurs, parce que la queue du scorpion passe pour un endroit d'où on ne peut se sauver. Cependant le capitaine, après avoir repris ses esprits, demanda encore si on voyoit moyen de s'en tirer. *R.* Oui. Cette réponse que je rendis hautement, comme l'autre, trouva peu de créance. Néanmoins notre capitaine, comme commandant, dit à l'autre qu'il marchât devant, et que nous ferions comme il feroit. Sur-le-champ l'autre mit toutes ses voiles dehors, et avança droit vers les rochers que nous avions sous le vent. Pour moi, je descendis et allai reprendre mes confessions. A six heures, tout étant fini, je remontai sur le gaillard, où je vis notre position bien différente de ce qu'elle étoit deux heures auparavant. M. Homerat, meilleur marin et plus ferme dans la religion qu'on ne l'étoit chez nous, savoit qu'entre les rochers de l'est et ceux du nord il y avoit un passage, et il l'avoit pris. Ainsi, lorsque je montai, nous avions derrière nous les brisans du sud. Ceux de l'est étoient à tribord ou à droite, et ceux du nord à bâbord, et avant la nuit nous fûmes hors de danger.

Les quatre ou cinq jours que nous passâmes en mer avant que de voir les terres de Chine furent exempts de tout danger, mais non pas de bien des craintes. Tout faisoit peur à nos pauvres esprits forts : les plantes de goémon dont la terre étoit parfois couverte leur paroissoient des rochers découverts, et pendant la nuit ils prenoient pour des récifs cachés sous l'eau les bancs ou troupes de poissons qui, par leur mouvement, rendoient l'eau de la mer lumineuse, comme elle l'est sur les récifs. Ce fut du goémon qui nous fit manquer l'atterrage de Chine.

Près des îles de Lemme, nous vîmes une plage immense couverte de cette plante, à travers laquelle il auroit fallu passer. La peur persuada au capitaine que c'étoient des rochers, et que les îles de Lemme étoient les Ladrones, et on s'y enfourna. Cela nous jeta sous le vent de Macao. Comme je savois quelques mots chinois, je demandai à ceux qui vinrent apporter des vivres à vendre, comment s'appeloient ces îles : ils nous répondirent que c'étoient bien celles de Lemme ; on soutint que c'étoient les Ladrones. Ainsi il fallut prendre le parti de rester à l'ancre jusqu'à ce qu'il nous vînt et des pilotes côtiers, et un vent contraire à celui qui souffloit. Nous attendîmes cinq jours, et nous avions besoin de ce temps de repos pour finir les confessions. Ce fut le 25 juillet, jour de Saint-Jacques, que nous descendîmes à Macao. On donna d'abord avis de notre arrivée aux Pères de Pékin. La mission françoise y avoit perdu quatre sujets depuis deux ans, et le quatrième mouroit comme nous arrivions à Macao. On répondit de Pékin qu'il falloit nous y envoyer tous deux. Je représentai que je n'étois pas un homme fait pour la cour. L'obéissance fit taire mes représentations, et nous partîmes vers la mi-mars 1760, pour la capitale de la Chine. Après environ trois mois de voyage, tant par eau que par terre, nous arrivâmes le 6 juin. Le père Desrobert, supérieur, qui nous avait fait venir, étoit mort depuis un mois et demi. Ainsi nous ne trouvâmes plus à Pékin de missionnaires françois que trois prêtres et deux frères. Il reste un seul des premiers ; les deux autres sont morts, et avec eux mon collègue le père Cibot, deux autres prêtres et un frère qui étoient venus depuis nous. Voyant notre mission réduite à trois ouvriers, dont deux passoient cinquante, et le troisième soixante ans, je me sus bon gré des avances que j'avois prises pour le chinois, tant à La Flèche, qu'en voyage, dans les relâches et à Macao. Je me mis à l'étude, et surtout à l'exercice de la langue. Au bout de trois mois, je fis, à l'aide d'un homme qui parloit bien, des instructions sur la pénitence et l'eucharistie : je les travaillois avec lui pendant deux ou trois jours de la semaine ; j'en mettois autant pour les bien apprendre, et je les disois le dimanche aux écoliers de l'école domestique, dont on me chargea de faire les examens pour les confessions de chaque mois, et les instructions dominicales. Comme celles-ci étoient claires, méthodiques, bien analysées, et en bon chinois bien coulant, les enfans aimoient à en recueillir les morceaux, qu'ils me récitoient. Bientôt les chrétiens et même les catéchistes vinrent m'écouter, et copier entre eux mes instructions. Je les répétai l'année suivante, et celle d'après, vers la Fête-Dieu, pour préparer les enfans à la première communion, et les chrétiens les suivirent avec assiduité. Je ne vous mande pas cela pour que vous admiriez mon talent, mais pour que vous bénissiez Dieu de la bénédiction qu'il répandoit sur les travaux d'un si pauvre ouvrier. C'est lui qui fait tout, et il le fait par nous, quand nous n'y mettons pas d'obstacles, et que nous ne cherchons uniquement qu'à le faire servir, aimer et glorifier. Ces petits succès engagèrent les chrétiens à demander qu'on me fît prêcher à l'église, après un peu plus de deux ans de séjour ici. Quoique j'eusse pour le chinois plus de facilité que le commun des Européens, et que je me fusse accoutumé à ne plus écrire mes instructions de classe, cependant, pour l'honneur du ministère, je redoutois d'avoir à parler pendant une heure ou plus avec la mince provision de chinois que l'usage du tribunal et l'instruction des enfans avoient pu me mettre à la main. J'obéis ; je me fis de bonnes analyses que je ruminois en chinois d'abord pendant sept ou huit, et par la suite pendant deux ou trois jours, et j'allois prêcher avec cela ; mais il s'y mêla encore longtemps bien des défauts ; trop de longueur, parce que je ne pouvois pas savoir ce que mes analyses latines ou françoises devoient rendre dans le débit en chinois ; défaut d'expressions simples, qui m'obligeoient à des circonlocutions toujours languissantes ; défaut quelquefois de clarté, lorsque je voulois circonscrire l'expression pour éviter les longueurs. Les Européens qui venoient m'entendre trouvoient aussi le défaut d'une diction trop rapide ; mais cette volubilité n'étoit un défaut que pour eux et non pour les Chinois, à qui elle ne déplaisoit pas. Les autres défauts diminuèrent peu à peu ; mais je ne pus me renfermer dans l'espace d'une heure qu'en partageant et diminuant mes analyses, si l'on peut s'exprimer ainsi.

Trois ou quatre ans après, notre ancien, qui étoit chargé de la congrégation du Saint-Sacrement, qui fait ici la base de notre chrétienté, mourut. On me chargea de le remplacer. Cela me mit comme à la tête de toutes les opérations du saint ministère, et outre les instructions particulières et le sermon du second dimanche de chaque lune, dont j'étois déjà chargé, j'eus à prêcher celui du quatrième dimanche. Voilà, pour le ministère de la parole, le gros de mon emploi depuis quinze ans. J'ai donné des retraites en particulier à six, huit, dix personnes. Nous en avons fait deux publiques, où j'étois chargé des examens, des conférences, et d'une partie des sermons ou méditations. J'ai été dix ou douze fois dans les missions du dehors, dans le besoin. J'ai même passé au delà de la grande muraille; mais, pour éviter d'être reconnu, j'étois obligé de prendre des sentiers suspendus au-dessus de précipices effrayans, où j'aurois peine à passer aujourd'hui, si nous manquions encore de gens du pays qui peuvent aller par les grandes routes. Les confessions que j'entends montent chaque année au delà de trois, et ne vont pas à quatre mille; c'est à peu près le tiers de ce qui se fait en ce genre dans notre mission françoise de Pékin et dépendances, dont les confesssions vont par an, dans notre district, à dix ou douze mille, tant au dedans qu'au dehors. J'en ai plus que les autres, parce que je suis Européen, et que je parle passablement la langue. Les Chinois prennent peu de confiance aux prêtres de leur nation. Les baptêmes, tant de la ville que des missions dépendantes de notre Église, vont à six ou sept cents par an; mais cela n'a rien d'assez fixe, tant pour les adultes que pour les enfans, soit des fidèles, soit des infidèles que les parens présentent eux-mêmes au baptême: les extrêmes onctions et les mariages sont en petit nombre, proportionnellement à celui des chrétiens, parce que, excepté ceux qui sont dans la capitale ou aux environs, les autres ne peuvent point avoir facilement un prêtre qui leur administre ces sacremens. Les femmes ne viennent et ne peuvent venir à l'église. De temps en temps elles s'assemblent au nombre de quinze à vingt-cinq dans une maison où il y a une chapelle. Le missionnaire va les y confesser, dire la messe, et les communier. S'il y a des prosélytes, ou des enfans non baptisés, il les baptise. Celles qui sont de la congrégation s'assemblent tous les mois, un jour marqué, dans la maison de leur quartier où il y a un oratoire destiné à cet usage. Après leurs prières, qu'elles font, ainsi que les hommes, à l'église, en commun, toutes à genoux, à voix haute, et en un certain plain-chant fort gracieux et très-touchant, et qui n'est qu'une routine assez variée, mais facile à retenir et à suivre, un catéchiste envoyé pour cela leur donne à chacune la sentence du mois, qu'il leur explique en peu de mots. Cela fini, il se retire, après leur avoir donné les ordres ou avis dont il peut être chargé: comme, par exemple, les jours où elles peuvent faire leurs pâques, soit à la lune de mars, soit à celle de septembre, qui sont de règle. Lui retiré, la catéchiste, femme, examine sur le catéchisme celles qui en ont besoin, et en explique quelque chose. Voilà un plan assez grossier de la manière dont se fait notre mission françoise. Ci-devant nous n'avions de bien fait qu'un catéchisme sur le symbole, pour préparer au baptême. J'y en ai ajouté trois autres sur la confession, la communion, la messe, et la confirmation. Chaque dimanche, on en récite un après la prière commune, et avant le sermon qui suit la grand'messe.

A peine avions-nous mis notre chrétienté sur le pied où vous voyez à peu près qu'elle est, que les nouvelles que nous reçûmes d'Europe nous en firent craindre la prochaine ruine. Le Portugal n'envoyoit plus de sujets; la France en faisoit passer assez abondamment, mais ce n'étoit plus des sujets qui eussent reçu toute leur éducation, ni qui eussent passé eux et leur vocation par les épreuves si sagement établies. Celui-ci ne pouvoit se mettre à étudier les langues ni tartare, ni chinoise; celui-là ne pouvoit ni prêcher, ni catéchiser; un autre vouloit aller prier lorsque les chrétiens venoient pour se confesser. Ceux que quelques talens pour les arts avoient mis en emploi au palais, ne vouloient plus s'y conduire ni sur les erremens des anciens, ni sur la direction de l'obéissance; tel autre, sous différens prétextes, refusoit de donner au saint ministère les forces qu'il avoit, et aimoit mieux les dévouer à des objets scientifiques, curieux ou amusans. Nous avons grand besoin que Dieu nous regarde en pitié, et nous envoie des successeurs qui fassent mieux que nous. Il est impossible que la mission se soutienne longtemps dans l'état où nos désastres l'ont réduite. Nous sommes très-peu d'ouvriers; on ne peut plus désormais nous en envoyer qui aient été élevés comme nous; il faut donc recourir à quelques communautés où il règne beaucoup de piété, un grand zèle pour le salut des âmes, quelque goût pour les sciences, mais surtout beaucoup de douceur, de modération, de patience, d'abnégation et de charité. Je voulois vous dire beaucoup de choses; j'ai peu de temps à moi;

j'ai été à tire de plume, et elle se refuse à vous décrire tout ce qui m'alarme et me désole.

Je pense que vous me demanderez encore si j'ai aussi quelque chose à faire au palais ; car vous savez que je ne suis ni peintre, ni horloger, ni machiniste, qui sont les trois qualités principales qui nous y font employer. La facilité avec laquelle on a vu que j'avois appris à parler chinois a été cause que, dès la seconde année de mon arrivée ici, on me fit apprendre encore le tartare, qui est une très-belle langue. Je l'ai donc apprise, et en voici l'usage : lorsque nos voisins les Moscovites ont quelque affaire avec l'empire, ou l'empire avec eux, ils écrivent en latin. On nous appelle au palais chez les ministres, M. Amiot et moi, ou l'un des deux, selon l'ouvrage dont on veut nous charger. Nous traduisons ce latin en tartare, et on le présente à Sa Majesté. Les réponses de Sa Majesté, qui sont courtes et substantielles, et les explications du ministère, nous sont remises en tartare ; nous les mettons en latin, et elles sont envoyées en Moscovie. Il y a communément de l'ouvrage pour trois ou quatre jours ; cela arrive quelquefois cinq ou six fois l'an, quelquefois une ou deux fois, ou point du tout. Vous voyez que cela ne m'ôte pas beaucoup de mon temps et ne peut pas nuire aux soins que je dois à la mission. Du reste, l'astronomie et le besoin d'interprètes sûrs et instruits sont les deux seules choses pour lesquelles on tient ici aux Européens. L'empereur actuel aime la peinture ; elle sera indifférente à un autre de ses successeurs. L'Europe envoie de l'horlogerie et des machines plus qu'on n'en veut.

J'ai oublié de vous dire qu'il ne falloit pas croire que les Chinois prêtres fussent une ressource capable de soutenir la religion en Chine ; il est bien à craindre qu'elle ne se perde complètement si jamais elle est réduite à ses propres sujets.

Les prêtres de la nation peuvent servir utilement si on les force à travailler, s'ils sont tenus de court et surveillés de près : sans cela, ils détruisent plus qu'ils n'édifient. Il est bien temps de finir et de me recommander à votre tendre amitié et à vos saintes prières. Je suis, etc.

LETTRE DU PÈRE F. BOURGEOIS

A M. DOLLIERS.

Mort du père Dolliers, missionnaire. — Détresse des chrétiens en Chine.

Ce 17 novembre 1781.

Monsieur,

L'année dernière, pour la première fois depuis vingt ans, votre frère, M. Dolliers, reçut de vos nouvelles ; ce fut pour lui une grande consolation, et pour nous, ses amis, un sujet de joie. Il nous consulta pour savoir si, dans sa réponse, il pouvoit vous mettre au fait de l'état de cette infortunée mission ; nous lui dîmes qu'il le pouvoit, parce que vous n'useriez qu'avec sagesse et discrétion des connoissances qu'il vous donneroit, et que peut-être le tableau qu'il vous en feroit exciteroit le zèle de quelques saints ecclésiastiques, et les engageroit à venir partager des travaux auxquels nous ne pourrons bientôt plus suffire, tant notre nombre diminue, et tant nous avons peu d'espérance de nous voir remplacés aussitôt qu'il le faudroit et que nous le désirons.

Depuis ce temps-là, nos malheurs sont toujours allés en croissant ; les contradictions, les divisions, le défaut surtout d'ouvriers, le démon s'en sert pour traverser nos travaux et empêcher la récolte abondante que nous présentent des campagnes vastes et fertiles. Le cher M. Dolliers n'a pu y tenir ; il en a été la victime ou plutôt le martyr ; Il mourut le 24 décembre 1780. Le bref de 1773 lui fit une plaie qui ne s'est point fermée. Malgré sa résignation, qui étoit grande, on sentoit que son cœur étoit blessé. Peut-être eût-il cependant survécu plus longtemps à ce qu'il regardoit comme un grand malheur pour lui et pour la mission, s'il eût pu soutenir cette grande mission, dont il étoit une des principales colonnes par son zèle, ses vertus et ses talens : mais malgré ses soins et ses travaux, qui ne se sont point ralentis, il ne voyoit que des ruines dans le présent, et pour l'avenir un désastre total. Voilà ce qui l'a tué.

M. Dolliers avoit une âme grande, digne encore des ouvriers apostoliques qui ont fondé cette mission. Dès son entrée en religion, il fut éprouvé, comme vous le savez, par de longues et violentes douleurs. Il les soutint avec une résignation et un courage qui édifioient ceux qui en étoient témoins, et qui faisoient admirer sa vertu. Déjà, en Europe, sa sagesse, sa piété, ses lumières lui avoient gagné la confiance des personnes ferventes et vraiment chrétiennes, lorsque le Seigneur l'appela dans ces pays lointains pour y prêcher l'Évangile. M. Dolliers étoit alors dans un état de santé déplorable, et pour ainsi dire entre la vie et la mort; on le lui représenta, mais il n'écouta que la voix de Dieu. On eut beau lui dire qu'il ne passeroit pas quatre jours sur le vaisseau sans y succomber à ses infirmités; ces annonces ou ces menaces ne l'effrayèrent point. Il s'embarqua, pour obéir à cet attrait intérieur qu'il reconnoissoit pour un signe de la volonté de son divin Maître. Il partit, et, tout le long de la route, il oublia le soin de sa santé, et ne s'occupa que du salut des âmes. Arrivé ici, il se livra tellement à l'étude du chinois, qu'en cinq mois de temps il se mit en état d'exercer le saint ministère. Les ouvriers commençoient à manquer, et il est incroyable combien M. Dolliers travailla pour suppléer à leur disette. Missionnaire infatigable, il n'écoutoit que son zèle; il donnoit le jour aux bonnes œuvres et la nuit à l'étude. Il falloit, avec aussi peu de force de corps, une grâce particulière pour n'y pas succomber. Au chinois il joignit l'étude de la langue tartare et de l'astronomie. Il embrassoit tout ce qui pouvoit être de quelque utilité à la mission, et il réussissoit en tout. Dans une année, il prêchoit sans cesse, il catéchisoit, et entendoit plus de trois mille confessions. Ici, nous sommes censés de la famille de l'empereur, et nous ne pouvons nous éloigner de la ville sans permission. Le zèle de M. Dolliers souffroit beaucoup de cette loi; il trouvoit le moyen de faire dans les campagnes des excursions de quarante à cinquante lieues. Le gouvernement fermoit les yeux et le laissoit faire. Nos chers néophytes en étoient enchantés, et le prioient sans cesse d'aller dans leurs cantons; mais le respect pour la loi le forçoit à ménager ses courses et à se refuser, plus souvent qu'il n'auroit voulu, au saint empressement qu'ils avoient de l'entendre.

Dans ses momens libres, il mettoit en langue tartare nos livres de religion. Nous avons de lui un catéchisme en chinois qui a fait un bien infini. J'en ai fait imprimer plus de cinquante mille exemplaires qui ont été répandus dans presque tout l'empire. Les croix sont la récompense du vrai zèle : notre cher ami n'en a pas manqué. Plein des idées de la foi, il les recevoit de la main de Dieu, comme une grâce. Je l'ai vu, et je ne l'oublierai jamais : un jour il fut appelé par un misérable chrétien pour confesser sa femme qu'il disoit à la mort. M. Dolliers accourut avec son domestique, qui devoit lui servir d'acolyte; il en revint le visage en sang et ses habits tout déchirés : c'étoit de l'argent qu'on vouloit et non pas des sacremens. M. Dolliers n'en avoit pas, et par conséquent il en refusa : le mari et la femme se jetèrent alors sur lui, et, avec leurs grands ongles, lui mirent le visage en sang. Son domestique et son charretier eurent bien de la peine à le délivrer de leurs mains. Dès que je le vis dans cet état, les larmes me vinrent aux yeux; je ne pus cependant m'empêcher de le féliciter de ce qu'il avoit eu le bonheur de verser au moins un peu de sang en voulant remplir le saint ministère. Il reçut mon compliment avec un air de joie intérieure et pénétrante. Jamais, depuis, il ne s'est plaint; jamais il n'a parlé de cet indigne traitement, et on eût été très-mal reçu si on lui eût proposé d'en faire punir les auteurs.

Il eut à souffrir des croix encore plus sensibles, des contradictions plus amères à son cœur, parce qu'elles lui venoient de personnes de qui il devoit attendre du secours et des consolations. Il les supporta toutes avec douceur et avec fermeté. Il n'oublia, dans ces traverses, ni ce qu'il devoit à la charité, ni ce qu'il croyoit devoir à la règle et aux principes de conduite qu'il vouloit suivre; mais son courage ne lui ôtoit rien de sa sensibilité, et l'image d'une mission qui lui étoit chère, où les difficultés croissoient en même temps que le nombre des ouvriers diminuoit, étoit toujours présente à son esprit, et faisoit sur son cœur une impression si vive, qu'il y succomba enfin. Le 23 décembre, au matin, il fut frappé d'apoplexie. Dès que j'en fus averti, j'envoyai chercher le père Bernard, missionnaire portugais et médecin; il lui prodigua inutilement ses soins. Nous eûmes cependant le temps de profiter de quelques momens lucides pour lui administrer les sacremens. Peu de momens avant sa mort, je lui donnai encore une dernière absolution, et il expira entre mes bras, le 24, à 11 heures du matin. Dès que la nouvelle en devint publique, ce fut une consternation générale parmi nos chrétiens de la ville et ceux de la campagne, que la solennité de Noël avoit rassemblés dans notre église. M. Colas en fut si affligé, qu'il ne lui a guère survécu.

C'est, à ce que j'espère, un frère que vous avez dans le ciel; moi, un ami, et la mission, un protecteur. J'ai l'honneur d'être, etc.

EXTRAIT
DE QUELQUES LETTRES DE PÉKIN.

La mission vient de faire en très-peu de temps de très-grandes pertes. Trois de nos confrères nous ont été enlevés à assez peu de distance les uns des autres, et dans un âge, avec des talens et des vertus qui nous faisoient espérer qu'ils seroient ici longtemps et grandement utiles.

Le premier des trois que la mort a moissonné s'appeloit Pierre-Martial Cibot, né à Limoges en 1727. Il étoit entré fort jeune chez les jésuites, et, après y avoir professé les humanités avec succès, et fait son cours de théologie avec beaucoup d'application et de soins, il demanda à ses supérieurs la permission de suivre son attrait pour les missions de la Chine. Il l'obtint, et partit de Lorient en 1758. Il a passé vingt-deux ans dans cet empire, et en a demeuré plus de vingt à Pékin. Il avoit beaucoup d'esprit, de littérature, de dispositions pour toutes les sciences, et son zèle, encore plus que son application, le faisoit réussir dans tout ce qu'il entreprenoit : astronomie, mécanique, étude des langues et de l'histoire, il ne se refusoit à rien de ce qu'il croyoit pouvoir être utile et propre à ménager des protecteurs à la religion. Les infidèles même avec qui il avoit des rapports dans le palais de l'empereur ne pouvoient lui refuser ni leur estime ni leur amitié; ils conviennent qu'ils n'ont guère vu d'homme plus doux, plus modéré, plus honnête, plus empressé à obliger et à rendre service ; mais ce qu'il y avoit de plus estimable dans lui, c'étoit une piété tendre et solide, un renoncement parfait à lui-même ; une union intime avec Dieu, et une ardeur inexprimable pour le faire connoître et aimer. Il a laissé beaucoup de regrets, et tous ceux qui nous connoissent, nous plaignent d'avoir perdu un confrère d'une société si douce, si sûre, si agréable et si édifiante. Il a beaucoup travaillé pour les Mémoires que les missionnaires de Pékin ont fait passer en Europe, et qui y ont été imprimés par les soins et sous les auspices de M. Bertin, ministre d'État; mais jamais il n'a voulu que ses ouvrages parussent sous son nom. Content de marquer son respect pour les ordres qu'il recevoit de notre illustre bienfaiteur, sa modestie, ou plutôt son humilité se refusoit à tout ce qu'il auroit pu y gagner du côté de la réputation.

Quelque temps après, mourut Jacques-François-Dieudonné-Marie Dolliers ; il étoit né à Longuion, dans le Barrois, sur le Cher, entre Verdun et Longwi, diocèse de Trèves, le 30 novembre 1722, de Pierre Dolliers, substitut du procureur-général de Lorraine et de Bar, et de Thérèse Chevillard. Après ses études finies au collége de Luxembourg, il entra chez les jésuites l'an 1744, et partit, comme on l'a vu dans la lettre précédente, pour la Chine, en 1758. Nous n'ajouterons rien aux détails que donne M. Bourgeois sur son caractère, ses talens et ses vertus.

Sa mort fut suivie de celle de M. Colas, natif de Thionville; il étoit très-versé dans les mathématiques. On a de lui le type exact et fidèle de la comète de 1764, dont il avoit suivi la marche à l'observatoire de Pont-à-Mousson, et que peu d'astronomes ont bien observée : tout annonçoit alors un homme profond, qui porteroit fort loin la gloire des connoissances astronomiques. Il étoit mathématicien du palais, et missionnaire très-zélé et très-laborieux. Des hommes ainsi formés aux sciences, aux vertus et aux travaux apostoliques, se remplacent bien difficilement. Priez le Seigneur d'avoir pitié de cette mission et de tant d'autres menacées d'une prochaine ruine si l'on ne s'empresse pas de venir les cultiver. *Rogate Dominum messis, ut mittat operarios in messem suam.*

LETTRE
DE MONSEIGNEUR FRANÇOIS POTTIER,
ÉVÊQUE D'AGATHOPOLIS ET VICAIRE APOSTOLIQUE EN CHINE, DANS LA PROVINCE DU SU-TCHUEN,

A M. TESSIER DE SAINTE-MARIE,
CURÉ DE GENILLÉ, PRÈS DE LOCHES.

18 octobre 1782.

Monsieur,

Je ne puis qu'être très-édifié du zèle et de la charité que vous témoignez pour les missions ; et, bien loin de trouver mauvaise la sainte avidité avec laquelle vous désirez en savoir des nouvelles, j'y applaudis au contraire, ne voyant dans vos motifs que des vues très-pieuses et très-dignes de la charge de pasteur qui vous honore, et que vous honorez si bien. Ainsi, je consens bien volontiers à entrer avec vous dans quelques détails au sujet des missions, et particulièrement à exposer les différens avantages qu'elles peuvent tirer des aumônes que la charité de plusieurs personnes ferventes leur ont déjà fait ou pensent à leur faire.

1° Pour ce qui me regarde, je me trouve chargé de l'administration de trois provinces, dont la plus petite a autant d'étendue que la France. Les différentes chrétientés se trouvent extrêmement séparées les unes des autres ; souvent il faut faire plusieurs journées de chemin, quelquefois jusqu'à dix, pour parvenir à une. Les plus considérables, où les chrétiens sont à peu près réunis, ne passent guère trois ou quatre cents personnes. Le plus ordinairement elles sont de soixante ou quatre-vingts personnes : le nombre de ces dernières est très-grand. Il n'y a actuellement que treize missionnaires en exercice dans les trois provinces, dont sept Européens, tirés du séminaire des Missions Étrangères de Paris, et six autres chinois, dont quatre ont été ordonnés prêtres par moi-même. Il est absolument impossible, vu la dispersion des chrétiens et le petit nombre des missionnaires, de faire de fréquentes visites dans chaque endroit, d'instruire suffisamment à l'aide de la prédication ; c'est beaucoup lorsqu'un missionnaire peut visiter deux fois ses chrétiens dans un an. Il y en a même grand nombre qui, à peine, peuvent l'être une fois dans l'année, et d'autres qui ne peuvent être administrés que tous les deux ans ; il est aisé d'apercevoir l'inconvénient de cette pratique ; car si, malgré les instructions fréquentes que les chrétiens reçoivent dans votre monde et la facilité qu'ils ont de s'approcher souvent des sacremens, vivant d'ailleurs dans un pays où c'est un crime de n'être pas chrétien, cependant il y en a si peu de bons, que doit-il en être dans un pays où les instructions sont si rares, les sacremens si peu fréquentés, les mœurs, les exemples de la part des païens, si séduisans, et où non-seulement on n'est point libre d'être chrétien, mais encore c'est un crime de l'être, et où ce prétendu crime est souvent puni par des chaînes et d'autres tourmens forts cruels, quelquefois même par la mort ? Il a fallu pourvoir à un inconvénient aussi considérable, et voici les moyens qu'on a jugés être les plus propres, et qui sont fort dispendieux. Le premier est d'ériger des écoles, autant qu'il est possible, dans les différens districts. Les hommes sont chargés d'instruire les jeunes garçons ; plusieurs femmes pieuses, vierges pour la plupart, et qui en ont fait le vœu, ou au moins veuves et éprouvées, se sont consacrées à cette bonne œuvre en faveur des jeunes filles. On recommande, et on presse beaucoup les grandes personnes d'en profiter dans les temps qui leur sont libres. Dans ces écoles, on enseigne les prières, le catéchisme et d'autres livres de religion et de piété, composés exprès pour les Chinois, et qui leur apprennent la manière de mener une vie chrétienne. On fait cotiser les chrétiens pour l'entretien et la nourriture de ces maîtres ou maîtresses ; car communément on n'exige point autre chose : mais il arrive que ces maîtres, tous chrétiens, et fort en état d'enseigner, ont des familles à nourrir. Il faut donc suppléer à leur défaut, et mettre, pour le bien commun, leur famille en état de se passer d'eux. D'autres fois, les chrétientés sont si pauvres, qu'à peine elles ont de quoi se nourrir fort petitement. Pour lors la mission se charge de la nourriture et de l'entretien des maîtres. D'autres fois, surtout quand les enfans sont un peu grands, les parens comptent sur leur travail en partie, et la crainte de manquer les empêche de les envoyer aux écoles. Quand ce n'est point mauvaise volonté, il est encore clair qu'il faut les aider. Ce seul objet coûtera quelquefois à la mission plus de cent pistoles par an.

Le second objet de dépense absolument nécessaire pour instruire les chrétiens et propager la religion, ce sont les livres. On ne peut enseigner dans les écoles presque aucun livre de païen, la plupart ne sont qu'un assemblage monstrueux d'absurdités, de superstitions, de fables et de quelques principes de la loi naturelle, qui se trouvent parfois bien mal accompagnés; les auteurs ont passé pour des dieux, et sont honorés comme tels. Ce sont de pareils ouvrages qui servent de règles pour les mœurs à la plupart des mandarins qui gouvernent le peuple; aussi leurs mœurs se ressentent-elles bien de principes aussi monstrueux. Partout ils s'engraissent de la substance du peuple; dans les procès, c'est celui qui donne le plus qui a gain de cause. Il nous a donc fallu composer des livres, et en multiplier les exemplaires. L'art de l'imprimerie, en vogue chez les Chinois depuis plusieurs siècles, nous a été d'un grand secours, je puis même dire nécessaire; autrement il auroit fallu s'en rapporter à la fidélité des copistes dans une langue où la formation des caractères est fort compliquée, où il est facile de changer le sens et d'introduire des erreurs, et même des hérésies que la rareté des instructions des missionnaires dans chaque endroit auroit pu laisser longtemps sans correction. Nous avons donc fait imprimer un assez bon nombre de livres de religion, tant à l'usage des chrétiens qu'à l'usage des païens qui voudroient s'en instruire, lesquels livres nous distribuons gratis, par la crainte que l'avarice, qui est un vice dominant des Chinois, ne mît obstacle à leur instruction; comme, dans ces dernières années particulièrement, Dieu a répandu sur cette mission des bénédictions bien abondantes, que le nombre des prosélytes s'est beaucoup accru, la dépense des livres a été beaucoup plus considérable, et, suivant les apparences, s'augmentera encore plus. Depuis cinq à six ans environ, cette dépense s'est montée à plus de cinq mille livres. Dieu merci, nous n'avons pas à regretter l'emploi d'une pareille somme. Ce que nous regrettons, c'est de n'avoir pu fournir en ce genre à près de la moitié des besoins.

Un troisième moyen très-propre à instruire et à soutenir la foi parmi les chrétiens, comme aussi à l'étendre parmi les infidèles, c'est la mission des catéchistes. Or, ces catéchistes sont de deux sortes. Il y en a qui sont fixés constamment dans chaque chrétienté; ce sont communément des chefs de famille zélés, instruits, et d'un âge un peu avancé. C'est chez eux que se tient, les dimanches et fêtes, l'assemblée des chrétiens, ainsi que lors de la visite du missionnaire. Ces sortes de catéchistes sont chargés d'instruire, autant qu'ils peuvent le faire, et surtout de veiller à ce que le bon ordre et la discipline de l'Église s'observe parmi les chrétiens. C'est chez eux que se rendent les nouveaux convertis pour s'instruire des préceptes de la religion, des prières, du catéchisme, et des vertus du christianisme. Les plus éloignés demeurent quelquefois fort longtemps chez eux, vivent à leurs dépens, s'ils sont pauvres, ce qui constitue ces catéchistes dans des dépenses considérables, surtout quand le nombre des prosélytes est grand. Il faut que la mission les aide, autrement ces nouveaux prosélytes, ne trouvant personne pour les instruire, oublient bientôt les premières impressions de foi qu'ils ont reçues, et retournent à leurs superstitions, ainsi que nous le voyons tous les ans, sans pouvoir, faute de secours, prévenir ce malheur.

Il est une autre espèce de catéchistes qu'on peut appeler ambulans, destinés principalement à la conversion des infidèles : ce sont assez communément des chrétiens qui se donnent à la mission ; chaque missionnaire en a un certain nombre. Quand il y a quelque espérance de conversion dans un endroit, soit que les païens demandent à entendre parler de religion, soit que leurs parens ou amis déjà chrétiens servent d'introducteurs, pour lors on y envoie ces sortes de catéchistes ambulans, qui leur réfutent en détail les superstitions du pays, et leur prêchent la vérité de notre sainte religion. Ordinairement ce sont eux qui risquent le plus. Il ne seroit pas communément prudent aux missionnaires, et surtout aux Européens, qui ont la couleur, la figure et l'accent si différens des Chinois, de paroître ainsi devant les païens, et de leur prêcher la religion. Suivant les lois du pays, ils ont deux crimes capitaux contre eux : l'un, d'être étranger; et l'autre, de venir prêcher le christianisme. Il suffiroit de rencontrer un seul homme de mauvaise volonté, pour exposer la mission aux dernières extrémités, en traduisant le missionnaire, comme il est arrivé plusieurs fois, et en particulier à moi, qui autrefois ai eu le secret de me faire prendre ; mais Dieu m'a délivré de tous ces dangers. Ce sont donc nos catéchistes ambulans qui paroissent ordinairement devant eux, qui éclaircissent leurs premiers doutes, et qui jettent dans leur esprit les premières semences de la foi. Quelquefois, à cette occasion, il s'excite beaucoup de troubles ; les païens mécontens s'ameutent, et font violence pour prendre le catéchiste, et l'assommment de coups ; ce qui est arrivé plusieurs fois. Le plus souvent les assemblées sont assez paisibles ; mais comme les chrétiens, surtout les nouveaux, ne se cachent guère, quand ils savent un catéchiste dans le canton, ils assemblent tous les païens de leur connoissance ; ceux-ci appellent tous leurs amis, lesquels, attirés par la nouveauté du spectacle, y viennent en très-grand nombre ; souvent, dans une seule séance, il s'en trouve plus de deux cents. Le catéchiste les prêche ; il y a toujours une partie qui se rend ; les autres qui restent dans leur aveuglement ne peuvent pas se plaindre qu'ils ont manqué de moyen ; la divine Providence est justifiée ; ainsi le tout retourne toujours à la gloire de Dieu. Quand les païens se sont rendus, et qu'ils ont adoré Dieu, détruit leurs idoles, et qu'on trouve dans leur conduite des preuves de sincérité, pour lors le missionnaire va les visiter et les instruire plus particulièrement, en les disposant peu à peu au baptême : telle est la fonction de nos catéchistes. Pour fournir à tout, comme les districts sont fort multipliés, il en faut un assez bon nombre. La mission se charge de leur entretien et nourriture, comme aussi de les défrayer des dépenses qu'ils sont obligés de faire dans les longs voyages qu'ils entreprennent pour la cause de la religion. Puissions-nous doubler et tripler leur nombre ! nous aurions bientôt des milliers de chrétiens de plus.

Un quatrième objet de dépenses propres à entretenir la piété parmi les chrétiens, en leur en rappelant souvent les objets, c'est de les fournir, autant qu'il est possible, de chapelets, de crucifix, médailles et autres images de religion, et particulièrement des mystères. Le saint-siège a regardé cette pratique comme si utile, qu'il a accordé un nombre considérable d'indulgences aux néophytes qui, en récitant quelques prières, ou s'attachant à d'autres bonnes œuvres indiquées, se trouveroient munis de chapelets, ou de médailles, ou de crucifix bénits à cette fin par les missionnaires qui en ont reçu la faculté ; et je puis assurer, par des faits constans, que Dieu a opéré parmi nous plusieurs miracles pour autoriser cette pratique. J'avoue qu'on peut facilement en abuser, en y bornant, par exemple, toute sa religion ; mais aussi il est facile de faire éviter ces abus, en ne les distribuant qu'à ceux qu'on peut juger moralement capables d'en profiter, et en les instruisant particulièrement et à plusieurs reprises sur l'usage saint qu'ils en peuvent faire. Aussi est-ce une obligation que nous tâchons de remplir. D'ailleurs cette pratique est d'autant plus importante dans ce pays, qu'elle éloigne davantage les chrétiens des coutumes superstitieuses des païens qui portent sur eux beaucoup de signes de la religion de leurs dieux, et qui en affichent, pour ainsi dire, à chaque coin de leur maison. Nous faisons donc en sorte de procurer aux chrétiens ces sortes d'effets de religion ; nous ne plaignons point la dépense à cet égard ; nous en faisons venir tous les ans de Canton, première ville de Chine, voisine de Macao, habitée en grande partie par les Portugais ; mais malheureusement nous ne pouvons faire que très-peu en ce genre. Ce seroit encore un service essentiel à rendre à notre mission de lui procurer, autant que la chose seroit possible, quelques moules de crucifix de grandeur passable. Nous avons tenté, en Chine, toutes sortes de moyens pour réussir ; les Chinois ne peuvent en venir à bout ; il me semble qu'il seroit aisé, en France, d'en faire de fonte, ou autre matière, où l'on pourroit couler des crucifix, au moins d'étain ou de plomb qui ne manque pas ici ; par ce moyen, chaque famille en seroit pourvue. Ce seroit un objet bien édifiant et bien utile pour tous, qui ne contribueroit pas peu à exciter leur foi et à les animer dans les prières communes très-fréquentes ici ; car, outre les prières des dimanches et fêtes qui partagent le temps et aussi longuement qu'il s'observe dans la plupart des paroisses de France, les prières journalières, celles du matin et du soir, l'*Angelus* et d'autres prières annexées, en tout quatre fois dans la journée, se font toutes en commun dans chaque famille.

2° Le nombre des chrétiens s'augmentant, il étoit naturel de chercher des moyens pour augmenter le nombre des missionnaires. Nous trouvons, il est vrai, des ressources dans le séminaire des Missions Étrangères ; mais, outre que le zèle de la gloire de Dieu et du salut des âmes se trouve bien refroidi dans notre pays, et qu'en conséquence on ne peut en espérer qu'un assez petit nombre de missionnaires, notre séminaire de Paris, à raison de ses grandes charges, est dans l'impossibilité absolue d'y suffire en tout : les frais pour le départ des missionnaires sont extrêmement dispendieux ; une bonne partie des voyages, jusqu'à la mission, est aux charges du corps ; il faut fournir chaque missionnaire d'un viatique annuel, ordinairement de cinq cents livres. Il faut le munir d'une chapelle complète ; il faut entretenir des bureaux de correspondance, particulièrement dans les Indes, à l'effet d'introduire les missionnaires dans leurs missions respectives ; il faut supporter quelquefois des pertes qu'on ne peut réparer que par la voie des emprunts ; par la suite des temps, ces dettes s'accumulent, le séminaire se voit forcé de retrancher le nombre des missionnaires, en envoyant un plus petit nombre, afin de satisfaire aux dettes les plus pressées. Il est clair qu'aujourd'hui, si nous avions des moyens pour acquitter tout, nous aurions au moins vingt missionnaires de plus. Ainsi nous ne pouvons compter sur le séminaire pour satisfaire entièrement à tous nos besoins. En conséquence, nous tâchons de suppléer à ce défaut par la formation d'un clergé national. Nous choisissons parmi les enfans des chrétiens ceux qui marquent le plus de dispositions, tant pour la piété que pour l'étude. Nous les réunissons dans un petit collège, sous la conduite d'un missionnaire européen, principalement occupé de cet objet, qui les instruit dans la langue latine. Ils sont nourris et entretenus à nos frais. Ceux qui sont encore jeunes, et qui donnent de très-belles espérances, sont envoyés, au bout d'un an ou deux d'épreuve, au collège général du corps, situé maintenant à la côte Coromandel. Chaque mission en fait autant. C'est pour lors le séminaire qui se charge de leur nourriture et entretien jusqu'à ce qu'ils soient en état d'être ordonnés prêtres. Les plus âgés restent au petit collège, y apprennent ce qu'il y a d'essentiel dans la théologie positive et morale, comme aussi simplement à lire le latin sans l'entendre ; ensuite, quand ils ont atteint le degré suffisant pour être légitimement ordonnés, ils le sont en vertu d'une dispense du saint-siége. Ceux-ci sont ordinairement des catéchistes qui se sont distingués dans le ministère. Parmi les six prêtres chinois que j'ai dans ma mission, il y en a trois qui ont souffert généreusement les tortures dans les prétoires pour cause de la religion. Un de ces trois, après avoir fini un exil de trois ans, auquel il avoit été condamné pour la même cause, en est revenu avec plus de courage qu'auparavant, et a mérité, l'an passé, d'être élevé à l'honneur du sacerdoce. Nous nous attachons d'autant plus à cette partie, qu'elle fait l'objet principal des missions : c'est, en premier lieu, pour cela qu'elles ont été instituées. Le saint-siége insiste avec beaucoup de force pour soutenir ces sortes d'établissemens ; c'est, sans contredit, le moyen le plus propre à perpétuer la religion en Chine. Si tous les Européens étoient pris ou dispersés, ce qui est déjà arrivé, les chrétiens se trouveroient sans ressource. Les malheurs du Japon ont fait ouvrir les yeux sur l'importance de cette œuvre : quand on en eut chassé ou mis à mort les Européens qui s'y trouvoient, et qu'on leur eut fermé efficacement la porte de ce pays, cette chrétienté si florissante, et qui compte tant de martyrs, est tombée faute d'un clergé national ; et depuis deux cents ans, elle n'a pu encore se relever. Notre malheur, ici, c'est que nos fonds ne nous permettent d'en élever qu'un très-petit nombre ; et quoique leur vie soit très-dure, les dépenses en total sont considérables, surtout dans ce pays-ci où les denrées sont plus chères qu'ailleurs. Cependant, en vivotant et ménageant beaucoup, la somme de cent vingt livres suffit à peu près pour la vie et l'entretien d'un écolier. Lorsque les prêtres du pays sont formés, ils visitent les chrétiens comme missionnaires ; ils ne reçoivent point, comme les Européens, des subsides du séminaire de Paris ; ce sont les chrétiens qui sont obligés de les nourrir ; il arrive souvent que ces chrétiens, à raison de pauvreté, peuvent à peine fournir à la moitié des dépenses, tant pour les voyages, l'entretien et quelquefois la nourriture ; pour lors, nous leur divisons une partie de nos viatiques, car ils sont ordonnés sous le titre de la mission.

3° L'évêque est obligé, en vertu de l'ordre du saint-siége, de se choisir un lieu fixe de résidence ; non pas qu'il soit tenu d'y demeurer habituellement, les besoins de la mission et le petit nombre de missionnaires exigent de lui des courses et des visites presque aussi longues et aussi multipliées que celles des autres prêtres ; mais cette résidence est nécessaire pour donner la facilité aux missionnaires de recourir à l'évêque quand il en est besoin, ainsi qu'aux chrétiens de la mission, quand ils ont des affaires où son autorité doit intervenir. Cette maison est située ordinairement au centre de toute la mission, et dans un endroit où la chrétienté est assez nombreuse. L'évêque y demeure quelques mois de l'année. En son absence, il y laisse un ou deux domestiques instruits des différens endroits où il peut être, et qui y conduisent ou y adressent ceux qui ont des affaires. Or, cette maison qui, en grande partie, est l'auberge des chrétiens des différentes provinces, entraîne des dépenses exorbitantes. L'hospitalité est ici nécessaire plus qu'ailleurs ; mais je vous avoue que c'est une vertu entièrement difficile pour un évêque missionnaire. Cependant nous ne pouvons faire autrement. Si nos chrétiens étoient à leur aise, ce seroit, sans doute, à eux à fournir à de pareilles dépenses ; mais les riches sont assez rares parmi eux. La malédiction que l'Écriture prononce contre les riches se vérifie ici plus qu'ailleurs, où l'avarice et l'amour de l'argent est porté à son comble. Il faut que le foible subside que nous tirons du séminaire supplée à tout ; il est facile de concevoir combien ces dépenses, absolument nécessaires, empêchent d'autres grands biens qui sauveroient bien des âmes, que nous ne pouvons faire que très-petitement, faute d'argent. Certes, je puis le dire avec vérité, nous n'employons pas notre revenu à nous adoucir beaucoup la vie, ni à entretenir aucun luxe. Nous vivons comme des gens du commun, de riz, herbes, quelquefois de la viande de cochon, de la volaille, quand on nous en donne, du vin de riz, quand il y en a ; cela suffit, et parfois il y a de l'abondance. La nourriture d'un missionnaire, comme vous savez mieux que moi, n'admet pas souvent de pareilles recherches. Nos habits sont tels, que le dernier des Chinois, qui les porteroit, ne se feroit point remarquer. Leur nombre ne nous charge pas beaucoup. Je vous avoue, en grande simplicité, que je n'ai que trois chemises à mon usage, encore ont-elles bien près de deux ans chacune. Mon lit consiste dans une couverture et une natte, avec une botte de paille qu'on met par-dessous ; de sorte qu'en mettant mon lit, avec une garde-robe d'été et d'hiver, sur les épaules d'un homme, il est très à son aise, et se trouve en état de faire quatre-vingts lieues avec moi le suivant. Or, mes missionnaires ne sont ni plus riches ni mieux meublés que moi : s'il y en a qui enchérissent sur leur évêque, je puis le dire en toute vérité, ils enchérissent en mortifications et en pauvreté. Notre maison épiscopale, ou résidence, n'est point un palais. Il n'y a ni dorures, ni tapisseries, ni glaces. Les murailles sont de boue enduite de chaux. Nous avons un corps de logis passable, couvert en tuiles, qui sert de chapelle ; vis-à-vis est une autre maison construite avec des roseaux du pays, et couverte de paille ; le reste ne vaut pas la peine d'en parler. On a peine à s'y mettre à couvert de la pluie. Nous n'avons ni chevaux ni équipage pour faire route ; sauf maladie, nous faisons tous nos voyages à pied. La seule monture que j'ai été obligé d'acheter a été, il y a douze ans, lors de ma consécration ; j'avois au moins deux cent cinquante lieues à faire pour aller chercher l'évêque consécrateur, un missionnaire avec moi et deux ou trois autres chrétiens, faisant tous ce voyage à pied : il eût été trop dur de porter chacun son bagage ; j'ai acheté un âne qui a porté le tout, et, à mon retour, l'animal a été vendu. Il faudroit être de bien mauvaise humeur pour se plaindre d'une pareille dépense. Un pareil détail paroîtra minutieux à bien des gens du monde ; d'autres, effrayés de la vie dure et pauvre des missionnaires, étoufferont peut-être une première étincelle de vocation qui les appeloit à cet état. Je dirai aux premiers : Quand on demande l'aumône, il faut détailler sa misère, et ne pas faire le glorieux ; d'ailleurs, ces prétendues minuties contribuent à la gloire de Dieu et au salut des hommes : or, en pareille matière, il n'y a rien de petit. Je dirai aux derniers : Vous voyez les croix, venez en goûter les consolations. Cette vie dure ne m'a moralement jamais rendu malade, et cette pauvreté ne m'a laissé manquer de rien : faisons-nous le moins de besoins qu'il sera possible, et nous serons toujours riches : il n'y a que le premier pas qui coûte. La vie et l'habit mis à part, que peut-on désirer de plus qui soit raisonnable ?

La joie, les plaisirs, nous n'en manquons pas ici. Quelle plus grande joie, pour un bon cœur, que de faire régner Dieu dans les cœurs, et d'arracher à la mort des milliers de malheureux ? Mais il faut avoir des oreilles pour entendre ce langage ; ceux que Dieu appelle à l'état de missionnaire, pour peu qu'ils le veuillent, l'entendront aisément. Ce que j'ai écrit ne peut donc pas leur nuire, mais au contraire doit enflammer leur zèle, en épurant leur intention.

4° Jusqu'à présent j'ai eu l'honneur de vous entretenir de l'influence que peuvent avoir les aumônes sur le bien général de ma mission. Outre cela, il y a encore plusieurs objets particuliers de dépenses, bien dignes du zèle et de la charité des personnes qui s'intéressent à notre œuvre, où malheureusement nous pouvons faire très-peu, et dont le détail ne me paroît pas inutile. Un des premiers, c'est le salut des enfans des païens. Quoiqu'il ne soit pas permis de les baptiser indifféremment, il est certainement du devoir des missionnaires de contribuer, autant qu'ils le peuvent, toujours avec prudence, au salut des moribonds ; et pour cela, il faut nécessairement les chercher. En conséquence, nous envoyons de tous côtés des chrétiens fidèles, assez entendus dans la médecine, pour les trouver et leur administrer le baptême, sous prétexte de leur donner des remèdes. Il y a jusqu'à des femmes pieuses qui ont parcouru dix journées de chemin pour accomplir cette bonne œuvre. Elles s'introduisent dans les maisons des particuliers, et surtout des pauvres, se donnent pour médecins qui exercent la médecine *gratis*, comme il y en a quelques-uns parmi les païens qui le font par ostentation ; et c'est ainsi qu'elles baptisent les enfans, suivant l'exigence des cas. Il faut munir ces espèces de médecins d'une certaine quantité de remèdes, dont on leur a fait connoître la vertu et l'usage, et leur donner de quoi vivre. Depuis trois ans que cette bonne œuvre a été poussée avec plus de zèle, à l'occasion d'une grande famine que nous avons éprouvée dans une des trois provinces, et de la peste qui s'en est suivie, nous comptons près de cent mille enfans d'infidèles baptisés. Il a fallu tout sacrifier pour cela. Dans les circonstances, c'étoit l'œuvre la plus pressée. Plusieurs missionnaires ont vendu leurs habits ; nous avons emprunté des sommes considérables ; on nous a fait des aumônes. Aujourd'hui le tout est restitué ; mais peu de ressources pour l'avenir, ne pouvant envoyer pour baptiser qu'un très-petit nombre, faute d'argent. Cependant, quoique nous ne soyons plus frappés d'aucun fléau, il est indubitable que dans les trois provinces il meurt tous les ans plus de cent mille de ces enfans qui n'aimeront et ne verront jamais Dieu. Au moins, si on pouvoit en sauver un dixième ! avec quatre ou cinq cents livres par an de plus, on feroit merveille dans cette partie.

Un second objet, qui mérite beaucoup d'attention, c'est le soin que nous devons prendre des confesseurs qui souffrent persécution, et sont emprisonnés pour la foi : l'usage de Chine, en pareil cas, est extrêmement odieux. Lorsqu'une famille est accusée d'être chrétienne, si le mandarin, ou juge du lieu, est ennemi de la religion, aussitôt il envoie une troupe de satellites sans frein, et pour l'ordinaire sans humanité, enchaîner les accusés et les conduire à son prétoire. Il n'est point d'excès auxquels ces malheureux ne se livrent, sous prétexte d'examiner la maison et d'y chercher des effets de religion ; ils y volent tout ce qui leur convient ; argent, riz, habits, tout est à leur discrétion. Quand ils ont ainsi appauvri la maison, ils conduisent les accusés aux prétoires pour y être jugés. Assez souvent il faut attendre dix à vingt jours avant de paroître devant le mandarin. Pendant cet intervalle, ils tiennent les chrétiens attachés dans des auberges attenantes aux prétoires, vivent avec eux, se font servir comme ils veulent, et les forcent, par mille mauvais traitemens, à payer pour eux. Quand les chrétiens ont subi leur interrogatoire, et qu'on a employé contre eux toutes sortes de tortures pour les faire renoncer à la religion et en déclarer les chefs, on les charge d'une cangue fort pesante, assez ordinairement de cent ou deux cents livres. Cette cangue, en Chine, forme une table d'un bois épais, carrée, large de quatre à cinq pieds, au milieu de laquelle est un trou propre à y insérer le cou. Cette table est divisée en deux parties par le milieu. Lorsqu'on veut mettre un homme à la cangue, on appuie les deux parties sur ses deux épaules, et on la réunit par les deux extrémités, à l'aide de cordes ou de fer, de manière que le cou se trouve pris au milieu. Ordinairement ils ne peuvent, en cet état, se servir de leurs mains pour boire ni pour manger ; il faut qu'ils gagent quelqu'un pour les servir : cette cangue leur reste jour et nuit. Les uns les font suspendre, par le moyen de cordes, aux poutres de la prison, pour n'en être pas écrasés, et dorment assis. D'autres font appuyer l'extrémité supérieure contre la muraille, posent l'inférieure à terre, et dorment ainsi à genoux, et cela l'espace de trois ou quatre mois : j'en ai vu un la porter jusqu'à onze. Ce supplice seroit en quelque sorte tolérable, s'il n'avoit été précédé de beaucoup d'autres tourmens qui affoiblissent considérablement les patiens. Il leur a fallu, pour l'ordinaire, être frappés de beaucoup de soufflets appliqués avec une espèce de férule de cuir de bœuf assez épaisse, qui leur meurtrit les joues et leur ébranle toutes les dents, de sorte qu'à peine peuvent-ils manger. D'autres ont les épaules déchirées de verges, et le corps moulu de coups de bâton. D'autres sont obligés d'être, plusieurs jours de suite (j'en ai vu jusqu'à douze jours), depuis le matin jusqu'au soir, à genoux nus sur la pierre. Quelquefois de plus, ils ont les gras de jambe foulés à l'aide d'un long cylindre, sur les deux extrémités duquel il y a deux hommes qui pressent avec toute leur pesanteur. D'autres ont une cheville du pied fortement appuyée contre une grosse pierre, et dans cet état sont fortement frappés de coups de bâton sur la cheville opposée. Nous avons actuellement un prêtre chinois qui, dans le temps qu'il servoit de catéchiste, fut pris avec un missionnaire européen, et reçut cinquante coups sur les chevilles. Enfin la question la plus douloureuse, qui est la dernière épreuve, c'est un supplice qui répond à la question des brodequins dont on se sert en France contre les plus grands criminels. Voilà les tortures ordinaires. Il dépend du mandarin particulier d'inventer de nouveaux genres de supplices, et de les faire subir aux criminels. Nous avons vu des chrétiens suspendus en l'air, le corps à demi nu, et frappés avec des orties. Lorsqu'après des supplices de cette espèce les chrétiens sont encore soumis à la cangue, cette situation devient extrêmement dure, et il faut une foi et un courage bien peu communs pour ne pas être ébranlé. Cependant, grâce à Dieu, j'ai vu peu de chrétiens renier leur foi, ou trahir les chefs de la religion. Or, ces sortes de persécutions ne sont pas rares. Je puis dire, en toute vérité, que, depuis vingt-sept ans que je suis en Chine, il ne s'est passé aucune année où il n'y ait eu, soit d'un côté, soit d'un autre, dans la partie confiée à mes soins, plusieurs persécutions de cette espèce. Cette année, où j'écris, est remarquable entre beaucoup d'autres. Une famille a été accusée d'être chrétienne, on en a enchaîné quatre, dont trois étoient frères et un autre qui étoit leur beau-frère. On leur a fait endurer des tourmens fort cruels pour les obliger à apostasier. Le juge, voyant qu'il n'y gagnoit rien, après les avoir fait déchirer de coups, les a condamnés à la cangue, en leur promettant de les élargir aussitôt qu'ils apostasieroient. Ils n'y ont pas été longtemps sans se trouver à la dernière extrémité. Au bout de dix jours, le plus âgé des trois frères est mort sous sa cangue, dans de grands sentimens de foi. Une dizaine de jours après, son dernier frère a fourni la même carrière, assisté par sa mère et une de ses sœurs, vierge, qui l'exhortaient au martyre. Il ne restoit plus que le beau-frère et le second des trois frères. Des païens de leur famille vinrent en corps les exhorter à apostasier. Le beau-frère ébranlé commençoit à y donner les mains ; mais le second frère l'a exhorté de son mieux à n'en rien faire, et y a réussi. Quelques jours après, ce beau-frère est mort, aussi sous sa cangue, dans de très-bons sentimens. Il ne restoit plus que le troisième frère qui, un peu plus vigoureux que les autres, tenoit encore bon. Cependant peu à peu il est tombé malade de la maladie dont les autres étoient morts. Pour lors le mandarin, craignant d'être accusé auprès de ses supérieurs, et peut-être aussi d'éteindre une famille entière pour une cause où, suivant les lois, il ne pouvoit agir avec tant de rigueur, a fait élargir le chrétien, qui a déclaré en termes formels devant son mandarin, quoiqu'il ne lui eût fait aucune interrogation, que si on le délivroit à condition qu'il ne seroit plus chrétien, il n'y consentiroit pas, et qu'il aimoit mieux mourir sous la cangue comme ses frères. Aujourd'hui il est à peu près remis de sa maladie ; il continue, comme auparavant, à exercer les fonctions de catéchiste dans le lieu de sa demeure, et a converti depuis plusieurs gentils à la foi. Il soutient le reste de sa famille, qui est fort pauvre.

Je ne suis entré dans ces différens détails

que pour exciter la pitié de ceux qui les liront, et les attendrir sur les besoins de ces confesseurs, que très-souvent nous ne pouvons satisfaire entièrement. En Chine, il est d'usage que ces sortes de criminels se nourrissent eux-mêmes dans la prison ; s'ils sont hors d'état de le faire, et que personne ne les soutienne, on les laisse volontiers mourir de faim. Or, il arrive souvent que la persécution tombe sur les pauvres qui ne vivent que de leur travail, lequel manquant, ils se trouvent sans ressource, ainsi que leurs familles, qui comptoient sur leur secours. Il faut y suppléer nécessairement, et avec d'autant plus de zèle, que j'ai constamment remarqué que la tentation la plus forte qu'ils ont à soutenir au milieu de leurs tribulations, c'est la crainte de manquer du nécessaire, tant pour eux que pour leurs familles. Nous mettons, dans ces circonstances, tous les chrétiens du lieu à contribution ; nous leur donnons les premiers l'exemple ; mais il arrive surtout, quand les persécutés sont en grand nombre, que si ce n'est pas eux, c'est au moins leurs familles qui souffrent de la faim. Quoique les persécutions se bornent ordinairement à la cangue, cependant lorsque l'affaire est portée aux tribunaux supérieurs, et que ceux-ci sont ennemis de la religion, le jugement devient pour lors plus sévère ; les chrétiens sont quelquefois punis d'exil. Il y a actuellement un prêtre chinois de nos missions de Chine, dont l'exil dure depuis vingt ans, et deux autres simples chrétiens condamnés à la même peine. D'autres ont souffert un exil moins long, et sont revenus. Ces sortes d'exilés pauvres sont en quelque sorte moins à plaindre en Chine que partout ailleurs, parce que c'est en grande partie le public qui se charge de leur nourriture ; mais il faut qu'ils la demandent et qu'ils vivent en espèce de mendians, portant toujours sur eux des marques publiques de leur exil ; ce qui est une vie bien dure et bien humiliante pour des chrétiens honnêtes qui, de leur vie, n'ont jamais fait le métier de mendiant ; aussi on tâche de leur adoucir la vie et de rendre leur exil moins ignominieux.

Un troisième objet, où la charité trouve beaucoup à s'étendre, c'est de pourvoir aux filles des pauvres pour empêcher qu'elles ne soient livrées aux gentils. C'est un abus commun en Chine, autorisé par les lois, de faire alliance avec des familles, en fiançant leurs enfans dès le plus bas âge, et quelquefois dès l'âge d'un an. Ces prétendues fiançailles ne peuvent presque plus se rompre, et l'autorité civile les maintient avec beaucoup de fermeté. Il y a de plus une coutume fort générale dans l'empire, qui est de faire passer ces sortes de fiancées, aussi dès la plus tendre enfance, chez les familles avec lesquelles elles sont alliées. Elles habitent sous le même toit que le futur époux ; elles sont nourries et élevées de la même manière jusqu'au temps du mariage. L'indigence fait quelquefois commettre aux chrétiens bien des fautes à ces deux égards, qui ont les suites les plus fâcheuses. Il arrive donc, surtout dans les chrétientés moins nombreuses, qu'une famille chrétienne, chargée d'enfans qu'elle a peine à soutenir, ne trouvant point d'autres familles chrétiennes avec lesquelles elle puisse s'unir, contracte alliance avec des païens, et leur livre ainsi leur fille dès l'enfance, pour en faire leur bru. Dans de pareilles circonstances, l'enfant est absolument perdu. Elle est nourrie et instruite par des païens ; et le premier usage qu'elle fait de sa raison, et qu'elle continue ordinairement jusqu'à la mort, c'est de profaner son baptême en adorant les idoles, et en se livrant à toutes sortes de superstitions elle et ses descendans. Une charité bien ordonnée empêcheroit de si grands malheurs. De simples exhortations font ordinairement peu sur des pauvres qui souffrent, quand l'aumône ne les accompagne point : mais comment pouvoir tout faire, si nous ne sommes aidés ? Il y a encore un autre bien à faire dans le même genre. Quoique nous défendions aux chrétiens de contracter ainsi des alliances pour leurs enfans en bas âge, cependant il y a beaucoup de nouveaux chrétiens qui en ont contracté de pareilles dans le temps du paganisme, et qui, peu après, embrassent la religion, sans avoir pu auparavant, à raison de pauvreté, recevoir chez eux lesdites brus pour les élever ; comme aussi, par la même raison, sans être en état, pour le présent, de les recevoir. Ces brus sont donc élevées par des païens jusqu'au temps de leur mariage, qu'il est extrêmement difficile d'empêcher, à cause des lois de l'empire ; de là il arrive que les chrétiens qui persévèrent se trouvent comme forcés, lors du mariage, d'accepter des païennes pour brus, et de se marier quelquefois sans pouvoir obtenir dispense de l'empêchement de différence de religion, qui rend le mariage nul, quand on le contracte sans dispense. Ce seroit une aumône bien méritoire, que de mettre ces nouveaux chrétiens en état de recevoir lesdites brus chez eux longtemps avant le mariage, afin de les instruire dans la foi, de les faire baptiser, et d'assurer la validité du mariage futur. Quoiqu'il y ait du danger dans cette pratique, parce que les deux époux demeurent sous le même toit avant la célébration du mariage, ce qui est contraire aux lois de l'Église; cependant le saint-siège consulté sur pareils cas, vu les circonstances, a approuvé cette disposition, en laissant la chasteté desdites personnes sous la garde de la charité.

Un quatrième objet, qui nous constitue quelquefois dans des dépenses considérables, c'est le besoin où nous sommes de suppléer et de multiplier les chapelles des missionnaires. La Chine, au moins dans les provinces où nous sommes, est partout infestée de brigands, qui marchent en troupes bien armées, et s'emparent de tout ce qu'ils rencontrent : heureux quand ils ne tuent point ceux dont ils volent les effets ! Plus d'une chapelle de missionnaires a déjà passé dans leurs mains. Outre ce danger, il en est un autre plus fréquent, et dont les suites sont plus à craindre pour la religion; c'est celui des douanes. Il en est un grand nombre de fixées, que souvent il est impossible d'éviter. Il arrive aussi, au moment où l'on s'y attend le moins, qu'on en établit pour une quinzaine de jours seulement, plus ou moins, dans certains endroits de passages détournés, lorsque, par exemple, il y a eu quelques vols considérables aux environs, ou que les bandes de voleurs se multiplient. Un missionnaire qui vient de loin n'est point instruit de ces précautions. Il seroit dangereux de s'en informer quand on est à proximité. On passe donc devant les douanes, où, le plus ordinairement, les paquets sont ouverts, pour savoir si les effets volés ne s'y trouvent point, ou si on ne porte pas d'armes. Dans ces circonstances, une chapelle mise en évidence donne à ces douaniers de terribles préjugés. Ce sont des habits inconnus, des livres, au moins un missel et un rituel écrits en caractères étrangers ; ils veulent en savoir l'usage : j'ai vu des missionnaires au milieu de ces dangers, et sauvés de leurs mains comme par miracle. Nous tâchons donc de diminuer ces dangers, en multipliant les chapelles, et les plaçant à distance convenable dans les différentes chrétientés, de manière que le missionnaire les porte le moins qu'il est possible avec lui, si ce n'est dans les chrétientés qui ne sont pas beaucoup éloignées les unes des autres, comme d'un demi-jour ou d'un jour de chemin. Pour lors, s'il y a quelques nouveautés en fait de douanes ou autrement, on en est instruit à temps. Mais nous ne pouvons faire en ce genre que la moitié des choses. Il y a encore des missionnaires qui sont obligés de faire plus de cent lieues avec une seule chapelle. Au reste, en fait de chapelles de cette espèce, nous nous bornons au simple nécessaire : un calice d'argent à pied de cuivre, ou, à son défaut, un d'étain, une aube, un amict, une ceinture, une pierre sacrée, deux nappes d'autel, dont une se plie en deux, un devant d'autel de toile des quatre couleurs, et le reste de l'ornement de la même étoffe, doublé de noir pour la messe des morts, avec la bourse et ce qu'elle doit contenir; enfin un petit rituel et un petit missel in-12. Le missionnaire porte sur lui une custode ou petit ciboire en cas de besoin, avec la boîte aux saintes huiles. Ces deux objets ne sont point doublés.

Tels sont, monsieur, en général et en particulier, les différens besoins qui regardent spécialement ma mission, et l'usage que nous pouvons faire des aumônes que la charité des fidèles lui prépare. Vous voyez, par le détail que j'ai l'honneur de vous exposer, que ces aumônes contribuent toutes à la gloire de Dieu et au salut des âmes, et cela dans une partie trop peu connue et presque abandonnée. Nous ne demandons pas qu'on enrichisse les missionnaires, ce seroit perdre les missions : qu'on nous laisse dans notre pauvreté; mais aussi qu'on nous mette en état de sauver un plus grand nombre d'âmes. La peine et les dangers en seront, sans doute, plus grands pour nous. A cela ne tienne, pourvu que Dieu soit glorifié. Après tout, il faut mourir ; tâchons de le faire en gens de cœur. La pauvreté ni la peine ne peuvent rebuter un missionnaire qui se conduit par des vues de foi. Un simple soldat risque plus que nous. Il a souvent plus de fatigues à essuyer, et cependant sa paye est moins forte que la nôtre. S'il a de l'honneur, il ne s'en plaindra pas; le bien de la patrie exige de lui de pareils sacrifices. Or, il s'agit ici du bien de Dieu : aurions-nous bonne grâce de nous plaindre? Ferons-nous moins pour lui qu'un simple citoyen ne fait pour son prince?

Je sais qu'il est des personnes à qui les aumônes faites aux missions sont odieuses. Les uns raisonnent en politiques : A quoi bon, disent-ils, faire sortir tant d'argent du royaume? Mais je leur dirai : Le prince ne l'ignore pas; il protége l'œuvre; il l'entretient en partie par ses libéralités; il juge donc qu'une pareille exportation ne nuit point à ses États; et sans doute que lui et ses ministres, qui sont instruits de tout, voient mieux que ces prétendus politiques, qui se trouvent à tant de distance des affaires publiques. D'autres diront : Nous ne pouvons pas suffire à nos pauvres, qu'est-il besoin de s'embarrasser d'étrangers? Mais je leur demanderai, à mon tour, si la cause de Dieu peut être étrangère à qui que ce soit? Et d'ailleurs, voit-on les gens de cette espèce beaucoup s'empresser à soulager ceux qu'ils appellent leurs pauvres? On dira peut-être encore que les chrétiens de Chine contribuent à la bonne œuvre : après tout, c'est leur affaire. Mais je prierai ceux-ci d'observer qu'ils le font; il y en a même qui s'y sont appauvris, et cependant il s'en faut bien qu'il y ait la suffisance. La plupart des chrétiens n'ont que le simple nécessaire, et beaucoup en manquent. Nous en recevons peu d'aumônes. En fait d'honoraires pour les messes, par exemple, le plus haut degré où j'ai été n'a pas passé cent francs, et ceci est rare. Cette année j'ai reçu un peu plus de soixante francs. Le reste des aumônes ne vaut pas la peine d'être compté. De plus, nous avons affaire, pour la plupart du temps, à de nouveaux prosélytes; il est prudent de ménager leur foiblesse; si on les mettoit si rigoureusement à contribution, ils soupçonneroient facilement que nous cherchons leur argent plutôt que leurs âmes, et il est important qu'ils soient persuadés du contraire, afin que nous puissions leur dire en toute assurance, et sans qu'ils puissent nous reprocher la moindre apparence de mal en ce genre : Vous savez que c'est vous que nous cherchons, et non pas vos biens. Dans la suite, ainsi que nous avons tout lieu d'espérer, l'Église de Chine se soutiendra par ses propres fonds; mais pour cela il faut un bien plus grand nombre de chrétiens, et qu'ils soient fortement affermis dans la foi : qu'on nous mette donc en état de contribuer à l'un et l'autre bien. D'autres enfin, pour couvrir leur avarice, s'en prendront même à l'état des missionnaires. Ils les accuseront d'avoir quitté leur pays où ils pourroient être si utiles, et cela en faveur de barbares qui ne leur sont rien; et ils ne s'apercevront pas qu'en raisonnant ainsi ils condamnent ouvertement l'Église, qui approuve l'état de missionnaire; ils ne verront pas qu'ils manquent de reconnoissance envers Dieu, qui leur a procuré le bien de la foi par les mêmes moyens qu'ils condamnent en nous. Ils ignoreront ou feront semblant de ne pas voir qu'il y a en France autant de prêtres qu'il en faut pour fournir aux besoins de tous. Les instructions n'y manquent point, les livres de piété y sont en abondance, les sacremens sont présentés à quiconque voudra les recevoir dignement; les bons exemples, quoique assez rares, sont cependant assez sensibles pour montrer au grand nombre le chemin tout frayé; il ne manque que des gens assez courageux pour le suivre. C'est du fond de la Chine que nous voyons bien clairement les richesses et l'abondance de notre patrie en fait de secours propres au salut des âmes. Faudroit-il donc, pour augmenter ces secours dont les chrétiens de notre pays ne profitent pas mieux, en priver entièrement des peuples rachetés aussi bien qu'eux par le sang de Jésus-Christ, et qui en profitent si bien?

Ce n'est point ainsi que vous en jugez, vous, monsieur, non plus que les personnes respectables dont vous me faites l'honneur de me parler dans votre lettre. Je suis pénétré de la plus vive reconnoissance pour les secours que vous avez eu la charité de procurer aux missions. Par ce moyen vous vous trouvez uni, ainsi que tous ceux qui imitent votre exemple, aux travaux et aux sueurs des missionnaires. Vous voyagez avec eux, vous prêchez et convertissez avec eux. S'ils souffrent, c'est aussi à votre avantage; et s'il s'en trouve quelques-uns qui soient honorés un jour de la gloire du martyre, comme il y a lieu de l'attendre, d'après plusieurs révélations non suspectes, c'est à cet heureux moment qu'ils se rappelleront leurs bienfaiteurs avec plus d'amour et de reconnoissance, puisque après Dieu, c'est en grande partie à eux qu'ils devront une mort si glorieuse; ainsi votre zèle si pur sera bien satisfait. Dieu, à la vérité, ne vous aura point choisi pour venir en personne partager nos tribulations ; mais il vous a choisi, ainsi que bien d'autres, pour en partager le mérite.

J'ai eu l'honneur de vous exposer nos différens besoins. Peut-être que, dans les autres missions du corps distinguées de la mienne, ils sont encore plus grands, et demandent des secours plus prompts ; je n'en sais rien ; ce que je sais, c'est que je verrai sans envie les bienfaits des âmes charitables se répandre en d'autres mains. Il faut aller au plus pressé. Après tout, la terre est au Seigneur : qu'importe de quel côté on se tourne, pourvu que Jésus-Christ soit annoncé ? Cependant, en tout cas, je crois pouvoir me permettre une réflexion : il est certain nombre d'âmes pieuses, qui veulent le bien des missions, et tâchent de le procurer par le secours des aumônes. Les uns consacreront une somme spécialement destinée par la mission des catéchistes ; les autres, pour l'entretien du collége ; d'autres, pour procurer le baptême aux enfans moribonds nés des païens ; ainsi du reste, chacun suivant l'impression qu'il a reçue, et l'idée qu'il s'est faite des besoins respectifs. Or, cette conduite a ses inconvéniens. Moralement parlant, il peut arriver que l'application soit impraticable dans les circonstances ; par exemple, si nous recevions une somme pour le collége dans le temps où la persécution l'auroit dispersé. Il peut encore arriver de même que l'intention déterminée arrête un plus grand bien dans certaines circonstances ; comme si, il y a trois ans, dans le temps de cette grande famine dont la province du Su-tchoan a été affligée, on nous eût bornés à envoyer des catéchistes prêcher l'Évangile. Ce n'est pas évidemment le temps ; ne pouvant faire le tout, il falloit tourner tous ses soins au salut des petits enfans dévorés de la faim, et tâcher d'en sauver le plus grand nombre possible. Cette année de famine, il y en eut trente mille baptisés, qui sont presque tous morts. Les catéchistes, en si peu de temps, auroient-ils converti trente mille adultes ? Cela n'est pas vraisemblable. On a essayé de prêcher ceux en particulier qu'on jugeoit devoir mourir ; ils répondoient presque tous : Donnez-moi à manger, et je me ferai chrétien. Ainsi, pour le mieux, que chacun des bienfaiteurs applique son intention particulière ; rien de plus juste ; dans le cas, à peu près, d'égalité de bien, leur intention sera préféré ; mais s'il y a un bien certainement plus important à faire, et qui, faute de secours, ne se feroit pas, on supplie les personnes charitables de s'en rapporter à la discrétion des missionnaires, et de ne pas les exposer à cette triste alternative, ou d'agir contre l'intention déterminée des bienfaiteurs, ou d'omettre le plus grand bien.

J'assure de mes respects les saintes religieuses chanoinesses de Beaulieu, ainsi que les saintes carmélites de Blois ; je me recommande très-instamment à leurs prières. Je m'unis à leurs bonnes œuvres, comme je les unis aussi à celles qui se font dans ma mission. C'est une grande consolation pour nous d'apprendre qu'elles lèvent les mains au ciel, tandis que nous combattons ici.

J'embrasse tendrement mon neveu, ma nièce et leur enfant. Je me réjouis de les savoir sous la conduite et sous les yeux d'un pasteur aussi pieux et aussi zélé. Je les invite de tout mon cœur à écouter vos leçons, et à suivre vos exemples. Vous portez toutes vos ouailles dans votre cœur, ce seroit faire injure à votre tendresse de vous recommander ceux-ci.

J'ai l'honneur d'être, avec l'attachement le plus respectueux, en union de vos saints sacrifices, etc.

LETTRES
sur
L'ÉTAT DES CHRÉTIENTÉS EN 1783.

Suivant une lettre de M. Descourvières, procureur des missions françoises à Macao, deux missionnaires italiens, envoyés par la Propagande comme artistes, qui étoient partis de Canton au mois d'octobre 1782, sont heureusement arrivés à Pékin, et ont été accueillis favorablement de l'empereur, qui leur a fait des présens plus considérables qu'à l'ordinaire. Le fils aîné de l'empereur, qui est fort affectionné aux Européens, a voulu aussi leur donner des témoignages de sa bienveillance par quelques petits présens.

Pour ce qui est des missions qui sont à la charge des missionnaires françois, dans les provinces de Su-tchuen, Yun-nam et Koueit-cheou, il y a eu en cette année 1783, comme à l'ordinaire, plusieurs persécutions locales ; mais elles n'ont point empêché les progrès de la religion. Le Seigneur a confondu la sagesse humaine; il a tiré des persécutions mêmes sa plus grande gloire, et son saint nom a été annoncé à un grand nombre de personnes ensevelies jusqu'alors dans les ténèbres de l'idolâtrie. On en pourra juger par les relations et les lettres que nous allons rapporter.

Relation de la persécution excitée dans la partie orientale du Su-tchuen, au mois de septembre 1782, et terminée vers les fêtes de Pâques en 1783.

Dans les lettres écrites de Chine en 1782, et reçues à Paris en janvier 1784, on a fait mention des commencemens de cette persécution; mais n'en ayant alors qu'une connoissance imparfaite, on n'a pu en donner une relation entière. On va tâcher d'y suppléer, en réunissant ce que monseigneur l'évêque d'Agathopolis, M. Moye, et quelques autres missionnaires, qui étoient sur les lieux, en ont écrit en 1783.

Le 8 septembre 1782, le mandarin de la ville de Tchong-kin arriva subitement à Taopa, qui est un village de sa juridiction, pour arrêter les missionnaires et les chrétiens qu'il y trouveroit. M. Moye y étoit pour lors, avec M. Tsiang, prêtre chinois, et trois ou quatre écoliers; mais heureusement ils trouvèrent tous le moyen de s'évader, de sorte qu'aucun d'eux ne fut pris, quoique la maison où ils étoient fût d'abord environnée par les gens du mandarin, qui étoient en grand nombre. Cependant ceux-ci se saisirent d'une trentaine de chrétiens qu'ils chargèrent de fers, et qu'ils conduisirent dans les prisons de Tchong-kin; parmi ces captifs se trouvèrent une veuve chrétienne, avec sa fille aînée et une autre femme de ses parentes; ce qui est contre l'usage des Chinois, qui n'emprisonnent les femmes que dans des cas extraordinaires.

Pendant que ces chrétiens étoient dans les prisons de Tchong-kin, un mandarin ordonna aux femmes de réciter quelques-unes de leurs prières. Elles firent aussitôt la prière suivante : « Seigneur, qui nous ordonnez d'honorer nos pères et mères, accordez à nos parens, à nos supérieurs, à nos bienfaiteurs, les forces et la santé du corps et de l'âme en ce monde, et la vie éternelle dans l'autre. » Le mandarin applaudit à cette prière; mais il ne laissa pas de poursuivre l'affaire. Il envoya tous les prisonniers, hommes et femmes, à Tchin-tou, capitale de la province, éloignée de Tchong-kin d'environ cent lieues : ce voyage fit beaucoup d'éclat dans la province. Les chrétiens de la capitale montrèrent, en cette occasion, un grand courage et une grande charité envers leurs frères captifs. A la première nouvelle de leur arrivée, ils allèrent en grand nombre au-devant d'eux les recevoir et les assister. Ils les ont visités pendant tout le temps de leur prison, et ont fourni abondamment à tous leurs besoins. Un de ces chrétiens leur a donné, lui seul, la valeur de cent cinquante écus de notre monnoie.

Cette persécution, qui paroissoit d'abord fort vive, n'a pas eu de suites fâcheuses; au contraire, le mal qu'on vouloit faire aux chrétiens est retombé sur leurs persécuteurs. Le mandarin de Tchong-kin, l'auteur de cette persécution, se trouva fort embarrassé de l'éclat qu'elle fit, et ne tarda pas à se repentir; il en parla à un de ses confrères, qui refusa de s'en mêler. Un autre blâma sa conduite; le gouverneur-général de la province, à qui l'affaire fut rapportée, renvoya les chrétiens absous vers Pâques 1783, déposa le mandarin persécuteur, et lui fit payer tous les frais de cette affaire, ce qui lui a coûté quinze ou vingt mille livres.

Les païens de la partie orientale essayèrent, peu de temps après, de renouveler cette persécution, en portant de nouvelles plaintes contre les chrétiens. Le nouveau mandarin de Tchong-kin fit défense à ceux-ci de professer la religion chrétienne; il fit même mettre en prison une douzaine de ceux qui en étoient sortis vers les fêtes de Pâques. Ce mandarin les ayant cités devant lui, leur dit : « Vous autres, stupides gens de la campagne, pourquoi voulez-vous professer la religion chrétienne, qui n'est que pour les gens de ville ? Ignorez-vous qu'elle vient d'Europe, et qu'après votre mort on vous arrachera les yeux ? car si les Européens savent faire de si beaux tableaux, c'est qu'ils se servent pour cela de l'humeur qui est dans les yeux. » Peu après, ce nouveau mandarin fut déposé et les chrétiens mis en liberté.

Ainsi cette persécution, qui s'annonçoit d'abord d'une manière effrayante, a tourné à la gloire de Dieu et au bien de la religion. Les chrétiens, comme il arrive ordinairement, sont devenus plus fervens et plus fermes dans la foi ; les conversions se sont multipliées, de sorte qu'on compte cette année, dans cette mission, environ quinze cents personnes qui ont embrassé le christianisme. Un prétorien, entre autres, s'est converti, et nonobstant les efforts de ses amis, il a affiché les marques de la religion chrétienne dans sa maison, et même jusque dans le prétoire. Ce sont des tablettes où est écrit en gros caractères : *La religion du Seigneur du ciel*. Un couvent de bonzesses s'est aussi converti, et celles qui le composoient s'adonnent avec ardeur au culte du vrai Dieu. L'ancienne supérieure de ce couvent, qui étoit déjà chrétienne depuis un an, étant retournée dans son ancienne pagode (ou temple d'idoles) un jour de solennité, lorsque les femmes étoient assemblées pour pratiquer leurs superstitions, leur parla sur la vanité des idoles, convertit ses anciennes compagnes, et força plusieurs autres personnes de convenir de la sainteté de notre religion. Deux marchands, qui ont aussi embrassé la religion, avec leurs femmes et leurs enfans, travaillent à la conversion de leurs familles. Deux autres familles se sont dévouées au culte du vrai Dieu, etc. On peut regarder toutes ces conversions comme l'heureux fruit de la persécution.

Parmi les femmes qui ont souffert dans le cours de cette persécution, on en remarque une qui s'est signalée par la grandeur de son courage. C'est une veuve que l'apostasie de son mari avoit fait tomber dans l'abandon entier des exercices de la religion ; tourmentée par les remords de sa conscience, elle revint à Dieu, et exhorta son mari à se convertir. Cet apostat lui répondit qu'il falloit attendre ; mais ses délais lui furent funestes : revenant quelque temps après d'un festin, il tomba dans un marais d'eau bourbeuse et s'y noya. Sa veuve, qu'un si triste accident tourna entièrement vers Dieu, s'est mise à le servir de tout son cœur ; elle a converti une grande partie de sa famille, composée de plus de cent personnes ; mais elle n'a pu se livrer à son zèle, sans éprouver de grandes contradictions : les plus fâcheuses et les plus amères venoient de son fils, qui, après avoir pratiqué les exercices de la religion, en étoit devenu l'ennemi déclaré. Il avoit porté la haine de la religion jusqu'à faire des menaces à sa mère pour la pervertir, elle et plusieurs autres chrétiens ; mais la persécution dont nous parlons, au lieu de favoriser le zèle insensé de ce jeune homme, a été l'époque de sa conversion. Voyant sa mère arrêtée et envoyée à la capitale de la province avec les autres prisonniers, il voulut, par un sentiment de piété filiale, l'accompagner pour l'assister dans ses besoins. Pendant ce voyage, Dieu lui toucha le cœur à la vue de la résignation, de la charité et de l'union qui régnoient parmi ces chrétiens prisonniers ; il eut le bonheur de reconnoître que la seule religion vraie pouvoit inspirer des sentimens si nobles et si saints.

La persécution s'est aussi étendue dans le même temps dans quelques autres districts, spécialement à Fong-tcheou, et y a aussi fait éclater des vertus dignes des premiers siècles du christianisme. On y arrêta vingt à trente chrétiens, qui furent si cruellement frappés, qu'il y en eut un qui mourut peu de jours après son retour chez lui ; les autres pouvoient à peine marcher six mois après ; malgré tous ces tourmens, aucun n'apostasia. Entre ces généreux soldats de Jésus-Christ qui souffrirent en cette occasion, il y en a eu un qui, étant encore païen, avoit délivré M. Moye des mains des idolâtres. Il s'est distingué par son courage, ainsi qu'une femme qui reçut, dans cette occasion, une cinquantaine de coups de bâton.

Un an auparavant, M. Moye avoit envoyé cette même femme dans la ville de Koui-fou, à l'extrémité de Su-tchuen, près le Hou-kouang, pour y annoncer la foi aux personnes de son sexe. Elle en avoit déjà désabusé une vingtaine des superstitions de l'idolâtrie, lorsqu'il s'éleva une persécution contre elle. On la fit saisir et conduire au prétoire, où elle reçu une centaine de coups, qu'elle souffrit avec un courage héroïque. Un soldat lui ayant enlevé son chapelet, elle disputa beaucoup avec le mandarin pour se le faire rendre ; mais il ne lui répondit qu'en la menaçant de lui faire trancher la tête, qu'elle présenta hardiment, en disant : « Tranchez-la vite. » Le mandarin, déconcerté, la fit reconduire en chaise à porteurs, à Fong-tcheou, lieu de sa résidence, où elle fut enveloppée dans la persécution qui s'y excita quelques mois après, et dont on vient de parler. Elle a regardé les coups qu'elle y a reçus comme une nouvelle faveur que Dieu lui accordoit, pour satisfaire le désir qu'elle avoit de souffrir pour Jésus-Christ ; « car, écrivoit-elle, ce que j'ai souffert à Koui-fou est bien peu de chose. »

Pour continuer de si pénibles travaux, elle alla, après les fêtes de Pâques 1783, dans une ville du troisième ordre, où elle convertit plusieurs païennes et édifia beaucoup les chrétiens. Elle partit au mois de juillet de la même année pour se rendre à la capitale de la province de Kouei-tcheou, où elle a travaillé jusqu'à présent avec beaucoup de fruit. Une autre femme, qui étoit allée avec elle dans la même province, a beaucoup contribué à former la nouvelle chrétienté de Tong-leang, où on a déjà baptisé une vingtaine d'adultes.

La persécution s'est étendue dans l'endroit où trois chrétiens moururent pour la foi l'année dernière. On y a pris six chrétiens, à qui, outre plusieurs mauvais traitemens, on a fait porter la cangue pendant cent jours.

Dans un autre endroit, un vieillard et son neveu, tous deux néophytes, ont été accusés devant le mandarin. Le vieillard lui a dit d'un ton ferme : « Mettez-moi à la cangue, frappez-moi, tuez-moi si vous voulez, j'en suis content, mais je ne renoncerai jamais à la religion chrétienne. » Le mandarin irrité les a condamnés à porter la cangue pendant un mois. Celle du vieillard pesoit quatre-vingts livres, et celle de son neveu cent. On les a renvoyés chez eux au bout du mois. De retour à la maison, ils ont donné un repas où ils ont invité leurs accusateurs, pour leur montrer comment les chrétiens se vengent du mal qu'on leur fait.

Quoique plusieurs mandarins aient persécuté les chrétiens dans cette province du Sutchuen, il s'en trouve beaucoup d'autres qui paroissent très-bien disposés en leur faveur. Outre ceux de la capitale de Tching-tou, où les chrétiens ont été absous et les persécuteurs condamnés, un mandarin du district de M. Devaut ayant lu des livres qui traitent de notre sainte religion, les préconise partout, même en présence des autres mandarins. M. Devaut, pour profiter de ses bonnes dispositions, a envoyé prêcher dans la ville dont il étoit gouverneur.

Suivant une lettre de M. Glayot, du 4 juin 1783, les mandarins de Soui-fou paroissent aussi bien disposés en faveur de la religion. Des païens leur ayant porté des accusations contre les chrétiens, ils en ont renvoyé la connoissance au tribunal d'un mandarin subalterne, qui, loin de recevoir ces accusations, a fait donner la bastonnade aux accusateurs. Il a défendu, dans une autre circonstance, à ses officiers, de faire aucune recherche. Enfin, vers le commencement de l'année 1783, des païens de la ville de Homi ayant traîné au prétoire un chrétien nommé Li, le mandarin a pris sa défense, ordonnant aux accusateurs de lui rendre certains effets qu'ils lui avoient enlevés. Ces païens sont venus d'eux-mêmes se réconcilier avec ce chrétien, lui promettant de ne lui plus susciter aucune affaire.

Extrait de deux lettres de M. de Saint-Martin, présentement évêque de Caradre, et coadjuteur de monseigneur l'évêque d'Agathopolis, vicaire apostolique en Chine, en date des 1er avril et 29 mai 1783, à M. Moye.

La chrétienté confiée à mes soins augmente tous les jours. J'ai reçu au nombre des catéchumènes plus de cinq cents adultes, et j'en ai baptisé plus de deux cents. J'ai aussi donné le baptême à cinq ou six cents enfans d'infidèles en danger de mort. Je suis obligé de prêcher deux fois par jour, quelquefois trois; les catéchistes prêchent aussi de leur côté. J'ai entendu les confessions de mille quatre cents personnes; j'ai fini ce ministère, tout accablé des grandes chaleurs que j'ai bien de la peine à supporter; il faut cependant employer le peu de force qui me reste à l'administration des chrétiens de la ville de Tchin-tou, dont monseigneur d'Agathopolis m'a confié le soin, afin de m'y retenir; mais comment pouvoir suffire aux besoins spirituels de tant de néophytes?

Vous m'avez demandé de vous entretenir des âmes spécialement favorisées de Dieu qui se trouvent dans la partie de cette mission qui m'est confiée. Il y a actuellement dans ce canton un homme, nommé Tcheou, qui a embrassé la religion depuis deux ans, et qui jusqu'à présent fait merveille. Il a certainement converti plus de trois cents personnes. C'est un homme d'un caractère droit, ferme, soumis comme un enfant, point attaché à son degré de maître ès arts, plein de respect pour la religion, qu'il observe avec une ardeur singulière, d'un zèle étonnant pour le salut des âmes. Rien ne l'arrête. Il va partout prêcher aux infidèles jusqu'au milieu des marchés, et toujours avec fruit. Il a déjà été dénoncé au prétoire de Pi-hien, dont il relève. Le mandarin a toujours répondu que la religion du Seigneur du ciel étoit bonne.

Ayant été appelé pour l'enterrement d'un chrétien, où il alla avec un grand concours de néophytes, il fut accusé auprès du maître de la maréchaussée, par un chef de quartier. Ce maître s'y transporta avec ses soldats; le nouveau chrétien ne se déconcerta pas; il prêcha avec le même zèle, et fit parler un autre chrétien, nommé Étienne, et cela pendant l'espace de deux heures. Pendant tout ce temps, le chef de la maréchaussée demeura à la porte sans entrer, ne voulant pas se compromettre. Enfin il s'en alla, en disant du bien de la religion, et les chrétiens continuèrent leurs cérémonies sans aucun trouble.

Ce même néophyte a fait paroître, depuis peu, toute l'ardeur de son zèle à Poen-hien, district de M. Dufresse. Une de ses parentes, d'un état fort commun, étant morte, il vint me demander des catéchistes et des ornemens pour les funérailles. Je balançai d'abord, craignant le grand éclat au milieu d'une ville où il n'y avoit que son parent de chrétien, et qui étoit encore persécuté. Il me répondit, avec beaucoup de confiance, que Dieu avoit permis la mort de sa parente pour manifester sa gloire dans un pays où il étoit inconnu, et que, si on négligeoit cette occasion, un grand nombre d'âmes n'entendroient jamais parler de la religion. Sa foi me décida. Je lui accordai tout ce que je pus, et il partit pour l'exécution de son projet. La nouvelle avoit précédé son arrivée à la ville. Plus de cent satellites, avec des chaînes, étoient dans la maison où les chrétiens devoient s'assembler; leur présence ne le déconcerta pas. Il portoit sur son bonnet le bouton doré, qui est la marque distinctive des maîtres ès arts, de sorte que personne n'osoit mettre la main sur lui. Il prêcha à qui voulut l'entendre, il convertit quelques chefs des satellites et environ une dizaine de personnes : trois ou quatre mille païens, que la nouveauté du spectacle y attira, entendirent parler de la religion. Tous les prétoires étoient avertis, il vint des satellites de toutes parts. Il s'en trouva enfin au moins deux cents, et pas plus de cent chrétiens. On le menaça qu'un chef des satellites alloit venir, ainsi que le frère du mandarin, qui n'étoit pas pour lors à la ville. Il répondit que s'ils venoient il les prêcheroit volontiers. Ce chef des satellites arriva en effet, et il passa deux fois vis-à-vis de la porte, mais sans oser entrer. Les chrétiens firent donc publiquement leurs prières pour la défunte. Le cercueil fut porté hors de la ville, suivi d'une foule immense de peuple, lui à la tête, et il n'y eut absolument aucun trouble. Tous ceux qui entendoient parler de la religion en disoient du bien. Tcheou s'est montré avec le même éclat en plusieurs autres rencontres; aujourd'hui on l'arrête partout pour l'entendre prêcher.

Les païens se sont ameutés deux fois contre ce zélé et fervent chrétien. La première fois, ils étoient au nombre de quarante, et ils l'ont maltraité assez cruellement. La cause de ces violences venoit de ce qu'il vouloit faire rompre les fiançailles d'une fille chrétienne avec un païen. L'autre fois, il a été attaqué, pour cause de religion, par une troupe de voleurs, dont trois étoient de petits officiers militaires. Ayant été grièvement blessé, il a porté ses plaintes au mandarin, qui l'a écouté d'abord assez favorablement, disant que la religion chrétienne n'étoit pas mauvaise. Ces trois officiers ont été arrêtés; mais comme ils étoient fort riches, ils ont donné, dit-on, une somme d'argent du poids de trois cents taels (le tael est une once de Chine, qui pèse près d'une once et quart de France, et vaut environ sept livres dix sous). Le mandarin changeant alors de sentiment, a jugé que le chrétien Tcheou avoit tort, et que sa religion étoit perverse. Il ne lui a plus permis de dire un mot, ni pour sa justification, ni en faveur de la religion. Il l'a même fait mettre aux fers, parce qu'il continuoit à parler pour sa défense. Mais ce chrétien ayant trouvé le moyen de présenter une requête à un mandarin subalterne, celui-ci a si bien plaidé sa cause auprès du gouverneur qui l'avoit fait mettre aux fers, que l'affaire a changé entièrement de face. Le gouverneur a fait élargir Tcheou; a déclaré de nouveau que sa religion n'a rien de mauvais, et il a condamné les trois officiers à recevoir un certain nombre de coups de bambou; ce qui auroit été exécuté, si on n'avoit agi auprès du mandarin pour obtenir leur grâce.

L'exemple de ce zélé chrétien a été suivi par une femme, nommée *Tai*, âgée de soixante ans : elle a baptisé trois ou quatre mille enfans en danger de mort; elle est remplie de zèle et d'amour de Dieu; elle sèche de douleur à la vue des désordres qui se commettent.

Il vient de se former, dans cette partie occidentale de la province de Su-tchuen, une chrétienté assez considérable, et qui augmentera avec le temps. Cinquante ou soixante familles chrétiennes ont acheté une chaîne de montagnes dans le district de Tien-tsuen, ville du second ordre. Ce terrain peut avoir une journée de chemin en longueur et la moitié en largeur. Il y a déjà deux cents chrétiens qui le cultivent. Ce qu'il y a de singulier, c'est qu'on a trouvé, sur ces montagnes, des plaines, dont l'une s'appelle la plaine de Saint-Joseph ; une autre, la plaine d'Europe ; une troisième, la plaine de la Sainte-Mère, qui est le nom qu'on a donné ici à la sainte Vierge. Les plus anciens habitans du pays ignorent l'origine de ces noms. Il est certain qu'il y a eu autrefois des chrétiens dans ce district, qui n'appartient aux Chinois que depuis le règne du père de l'empereur actuel. Le nombre des chrétiens qui venoient s'établir dans ces montagnes a fait beaucoup de sensation à plusieurs lieues aux environs, ce qui a fourni l'occasion d'annoncer la religion, et beaucoup d'infidèles l'ont embrassée.

Le gouverneur de cet endroit est lui-même chrétien, il jouit d'une grande autorité : ce qui n'a pas empêché les païens d'accuser la religion chrétienne au prétoire de Tien-tsuen, mais le gouverneur n'a point eu d'égard à leurs poursuites, quoique réitérées ; il s'est contenté de défendre deux sectes, celle des rebelles et celle des magiciens, sans dire un seul mot contre la religion chrétienne, ajoutant « que l'intention du gouverneur n'étoit pas de défendre les bonnes choses. » Cette déclaration a fait cesser les troubles, et aujourd'hui tout est tranquille. J'espère que Dieu bénira cet établissement. Il s'y est rassemblé un assez grand nombre de chrétiens fervens, et, à proprement parler, il n'y en a pas de mauvais. Comme j'allois les visiter, on m'a dénoncé au gouverneur de la ville, qui a répondu à l'accusateur qu'il n'ajoutoit aucune foi à ce qu'il lui disoit.

Extrait d'une lettre de monseigneur l'évêque d'Agathopolis du 20 septembre 1784, sur l'état du Su-tchuen.

Le saint-siége m'a donné pour coadjuteur M. de Saint-Martin, qui a reçu ses bulles d'évêque sous le titre de Caradre, accompagnées d'un ordre formel de la sacrée congrégation, d'accepter. L'obéissance l'a emporté sur beaucoup de considérations qui, à son jugement, devoient lui faire refuser l'épiscopat. Il a été consacré cette année, le dimanche dans l'octave de la Fête-Dieu, et se console du nouveau fardeau qui lui a été imposé, par l'espérance plus certaine qu'il lui donne de vivre constamment dans cette mission, et d'y mourir sans jamais la quitter.

Les mahométans qui s'étoient révoltés, il y a quatre ans, dans la province de Kan-siu [1], après avoir été défaits et entièrement dissipés par la mort de leur chef tué dans une affaire, se sont ralliés cette année en beaucoup plus grand nombre, et infestent la province de Chen-si, limitrophe au Su-tchuen. Ils ont augmenté leur milice de tous les bandits et des gens exilés dans le pays, qui sont en grand nombre, et parmi lesquels il y a plusieurs mandarins ; ils se sont emparés de beaucoup de districts civils, et ont forcé la jeunesse des districts conquis à prendre les armes pour eux ; de sorte qu'ils forment une armée assez considérable. Il y a déjà eu plusieurs batailles, où on dit que les Chinois ont eu le dessus, mais qu'ils y ont perdu beaucoup de monde, et des officiers de la première distinction. L'affaire n'est point encore finie à présent [2].

Il y a eu plusieurs persécutions dans l'étendue de cette province. Celle qui nous a le plus inquiétés a été dans la ville de Tchintou, capitale du Su-tchuen. Plusieurs nouveaux chrétiens, ayant plus de zèle que de prudence, s'assemblèrent, la nuit de Noël dernier (1783), dans une maison fort étroite, dont la partie principale donnoit sur une grande rue : il y avoit au moins cent personnes. Le bruit qu'ils faisoient en chantant leurs prières attira beaucoup de païens qui venoient les voir et les entendre. Quelques soldats païens, chargés de veiller sur le quartier, s'y rendirent. Ils furent mal reçus par les chrétiens. Ils s'emparèrent donc par violence de quelques effets de religion, qu'ils portèrent au prétoire, et présentèrent en même temps un libelle d'accusation calomnieux, où ils disoient, entre autres choses, que les chrétiens étoient assemblés de nuit, au nombre de cinq cents. Un mandarin fut député pour aller vérifier les faits : les chrétiens s'étoient presque tous

---

[1] Kiang-sou.
[2] On a su, par d'autres voies, que les révoltes avoient été entièrement dissipées peu de temps après.

retirés. On en prit dix, tant de la maison que du voisinage, et deux païens, à qui la maison appartenoit. L'interrogatoire ne fut pas sérieux. Le mandarin reconnut qu'on avoit calomnié sur le nombre, la maison où ils étoient n'étant pas capable d'en contenir tant. Ils furent retenus en prison en attendant un plus ample informé. Ils y restèrent pendant quatre mois sans qu'il parût qu'on pensât à eux. Enfin, ils furent interrogés de nouveau sur la religion; et, parce qu'ils la confessoient hardiment, un d'eux reçut cinq soufflets, et, peu de temps après, ils furent renvoyés les uns après les autres, sous prétexte de maladie. Le mandarin leur avoit lui-même suggéré ce moyen, et les chrétiens surent en profiter avec avantage. Cependant un d'eux, qui avoit été la principale cause de cette persécution, mourut en prison, d'une maladie qu'il y contracta et qui l'emporta en très-peu de jours. Il eut le bonheur d'être baptisé en mourant. Environ un mois après leur sortie, un premier secrétaire d'un grand mandarin, ennemi de la religion, donna ordre, en l'absence de son maître, d'examiner de nouveau les chrétiens, et en particulier de les interroger sur les maîtres de la religion, et de pousser cette affaire à toute rigueur; les chrétiens furent donc rappelés. On en interrogea deux sur les maîtres de la religion. Ils répondirent hardiment qu'ils étoient chrétiens par leurs ancêtres : le mandarin n'en voulut pas entendre davantage; il les renvoya tous, sans que depuis il y ait eu aucune affaire.

Dans d'autres endroits, les chrétiens ont été bien moins ménagés; mais ces persécutions n'ont pas été de longue durée. Il y a des chrétiens qui ont beaucoup souffert; un surtout qui, à raison de sa fermeté dans la foi, a reçu quarante coups de houpade de la première espèce; les chairs ont été emportées, et, sans quelque médecine que les gentils même du prétoire lui ont donnée à prendre immédiatement après les coups, il seroit mort. Ses plaies se sont changées en ulcères, et il a été quatre mois sans pouvoir marcher ni travailler. Les autres ont été frappés plus légèrement, eu égard à leur jeunesse. De huit qu'ils étoient, il y en a eu trois qui, effrayés de la rigueur du traitement, ont apostasié. Plaise à Dieu qu'ils se repentent et qu'ils pleurent amèrement leur foiblesse et leur apostasie! Parmi les persécutés, tant de la ville que d'ailleurs, il y en avoit de pauvres qu'il a fallu nourrir dans la prison. On a fait des quêtes pour eux, et il nous en a coûté à nous-mêmes une somme considérable.

Un incendie a entièrement consumé la nouvelle résidence que nous avions fait bâtir, l'année passée, à Tchin-tou. Ce malheur nous a été commun avec la moitié des habitans, dont les maisons ont péri, ainsi que la nôtre, par un accident dont on ne connoît point l'origine, et qui est arrivé la veille de l'Ascension. Nous avons sauvé la meilleure partie des effets de religion avec nos habits; le reste a été brûlé. Nous avons fait rebâtir un corps de logis pour faire la visite des chrétiens de la ville, en attendant que nos facultés nous permettent de bâtir la maison en entier, et de payer les dettes que nous avons contractées pour cet objet, etc.

Extrait d'une lettre que messeigneurs les évêques d'Agathopolis et de Caradre ont adressée en commun à M. Descourvières, au sujet des catéchistes de leurs missions, datée du 8 juillet 1784.

Nous n'avons guère plus d'une douzaine de catéchistes attachés aux missionnaires, parce que nous ne pouvons pas fournir à l'entretien d'un plus grand nombre. Parmi les chrétiens, il y en a peut-être une douzaine qu'on aide un peu pour les mettre en état de prêcher aux fidèles; et nous nous trouvons, cette année, près de sept cents adultes baptisés, outre douze cents catéchumènes. Nous ne parlerons pas des catéchistes à demeure, qui reçoivent les chrétiens chez eux pour la visite des prêtres, qui tiennent les assemblées les dimanches et les fêtes, qui confirment, souvent aux dépens de leur riz, les néophytes, et qu'il nous faut aussi assez souvent aider. Si nous avions des fonds plus abondans, nous pourrions trouver un plus grand nombre de prédicateurs, et étendre davantage la religion. Or, nous n'avons rien que ce que nous recevons de Macao, si vous en exceptez une métairie, qui fournit à peine la moitié du viatique d'un missionnaire, etc.

Extrait d'une lettre de monseigneur de Saint-Martin, évêque de Caradre et coadjuteur du Su-tchuen. (La lettre est sans date, mais elle a été écrite du Su-tchuen en 1784, vers le mois de juillet.)

Me voilà donc intronisé sans pouvoir m'en dédire ; je ne sais si le cœur étoit bien sincère, mais il me semble que si ce n'eût été l'ordre de la sacrée congrégation, j'aurois refusé sans balancer, et le cœur assez tranquille. Le bon Dieu ne l'a pas voulu : est-ce pour me punir de mes péchés ? est-ce aussi pour punir ceux de cette province ? Je n'en sais rien : priez pour que cela tourne à sa plus grande gloire ; mais je suis fait pour être évêque, comme pour être général d'armée..... Il s'en faut de beaucoup que ma chapelle soit complète ; pour nous autres évêques *in partibus*, une partie de la chapelle doit suffire... J'ai une crosse de bois qui seroit admirée en France ; elle me coûte au moins deux piastres, encore est-elle dorée. J'ai une mitre toute brodée, qui m'assomme : il y a bien pour quinze à seize sous de diamans. J'ai deux anneaux d'argent dorés, enrichis d'une pierre précieuse qu'on appelle *pi-ya-che*, qui ressemble, dit-on, à l'agate, et qui me coûte bien dix sous la pièce, mais qui est très-brute... J'ai trouvé deux croix pectorales, dont une passablement bien dorée et sans reliques. M. Delpont, qui en est tout chargé, ainsi que de mérites, a bien voulu m'en céder une partie, en attendant qu'il en vienne d'autres. Peut-être que, dans la suite, il en fournira de sa propre substance aux évêques futurs, car M. Glayot m'a dit qu'il croyoit l'avoir vu en vision dans une assemblée de dix à douze personnes condamnées à mort pour la foi, qui se disposoient, avec grande joie, au martyre, et qui étoit au moment de sortir de prison pour être exécuté[1]. Il n'est pas à propos de lui en parler, cela pourroit être le sujet d'une grande tentation pour lui. D'ailleurs, M. Glayot n'assure pas...

Il faut un miracle pour le rétablissement de la santé de M. Glayot. Il a l'estomac entièrement délabré, vomit très-fréquemment ce qu'il prend, et se trouve, depuis un an, dans un état de foiblesse qui ne lui permet presque plus l'exercice du ministère. Le mal empire de plus en plus, et il est condamné par les médecins[1].

Nous perdons de tous côtés ; ici, c'est sur les deniers ; là, c'est sur les piastres. Cette année, un tael rend cent deniers de moins que les années précédentes ; avec cela tout est hors de prix. Je suis obligé de rogner sur les viatiques, afin de ne pas trop rogner sur les catéchistes ; et, pour comble de malheur, voilà une guerre qui commence ; probablement elle sera sérieuse et fera encore tout renchérir. On en cache au peuple le sujet comme le lieu. Toutes les nuits on fait défiler des troupes de cette ville ; on dit qu'elles vont contre les mahométans, qui s'étoient révoltés il y a trois ou quatre ans, et qui recommencent de plus belle... Cela ne m'a pas empêché de baptiser trois soldats qui partent pour l'expédition : je leur ai dit que la religion ne souffroit pas de lâches. Les Chinois sont des poltrons ; ils désertent, et après ils font bande pour voler et saccager tout. Je réponds bien que si mon sermon est cité au prétoire, il ne fera pas de tort à la religion. Je me recommande à vos prières, et suis, etc.

Extrait d'une lettre de M. Dufresse, missionnaire apostolique dans la province de Su-tchuen, achevée d'écrire du Su-tchuen le 21 de septembre 1784.

La religion continue à faire ici des progrès ; partout un grand nombre de païens l'embrassent : néanmoins c'est encore bien peu de chose en comparaison d'une infinité d'autres, ou qui ne la connoissent point, ou qui, la connoissant, refusent de l'embrasser. Les uns ont des habitudes criminelles et invétérées qu'ils ne veulent pas quitter ; les autres craignent la peine qu'on a d'être chrétien, parce qu'il faut prier, jeûner, etc. La plupart ont peur d'être méprisés dans le monde, d'être accusés et cités aux prétoires, et de perdre leur rang ou leur fortune ; mais la grâce peut vaincre tous ces obstacles, et nous en voyons tous les jours des exemples frappans. Il faudroit plus de prêtres et de catéchistes qu'il n'y en a ici ; un petit nombre ne peut que prêcher et désabuser un petit nombre. On ne prêche point dans les places publiques, la prudence ne le permettant pas ; les catéchistes se contentent d'aller

---

[1] M. Delpont est effectivement mort dans les prisons de Pékin, le 8 juillet 1785.

[1] M. Hamel écrit, en septembre 1785, que M. Glayot va toujours en dépérissant, et ne peut écrire, etc.

dans les familles particulières, où ils sont introduits par des chrétiens, parens ou amis ; et s'il arrive qu'ils prêchent dans de nombreuses assemblées, telles que sont celles des funérailles, ils ne peuvent le faire qu'assez légèrement, faute de temps ; car, le jour même, chacun se retire chez soi.

Qu'il vienne donc beaucoup de prêtres, et que les personnes vertueuses d'Europe, qui prennent quelque intérêt à la gloire de Dieu et au salut des âmes, nous procurent ou nous fassent procurer de quoi entretenir un grand nombre de catéchistes ; par ce moyen, la religion s'étendra, les prédications devenant plus fréquentes et plus multipliées.

Il y a eu, en plusieurs villes, des persécutions où les chrétiens ont été maltraités de soufflets et de coups de houpade, et ont demeuré en prison des quatre, cinq et six mois, et plus ; mais, comme ces persécutions n'ont rien eu d'ailleurs de bien remarquable, je ne vous en fais aucun détail.

Au commencement de cette année, un nouveau chrétien ayant exhorté à la religion un païen chez lequel il travailloit, et celui-ci ayant arraché toutes les marques de superstition qui étoient affichées dans sa maison, ses frères et ses oncles, qui demeuroient dans la même enceinte, sont entrés en grande fureur contre lui et contre le chrétien qui l'avoit exhorté ; ils ont affiché de nouveau, par force, les marques de superstition, et cherchoient partout le chrétien pour le maltraiter, menaçant même de le tuer. Les choses étant un peu adoucies, ce chrétien est venu me chercher, le 28 février, pour administrer sa famille et les autres fidèles des environs ; mais à peine fûmes-nous entrés, que six ou sept païens arrivèrent en poussant de grands cris, voulant tuer le chrétien, un d'entre eux entra dans la maison pour le chercher. J'étois alors, avec mon catéchiste et quelques chrétiens, à me chauffer dans une chambre à côté, dont nous avions fermé la porte : ce païen, tout furieux, a enfoncé cette porte d'un grand coup de pied ; et, ayant vu que nous étions des étrangers, et que le chrétien qu'il cherchoit n'étoit point là (il s'étoit éloigné), il sortit sans rien dire ; mais, au milieu de la cour, il recommença à tempêter. Alors l'oncle du chrétien qu'ils cherchoient, et qui est chrétien lui-même, sortit pour les apaiser ; mais, sans vouloir entendre raison, ils l'entraînèrent chez eux, menaçant d'assouvir leur fureur sur lui. Cependant il sut leur donner de bonnes raisons et les apaiser, et revint quelques momens après, sans avoir reçu aucun mal. Malgré la résolution que j'avois prise de déloger dès le grand matin, je me suis déterminé à administrer les chrétiens de ce lieu-là, et je l'ai fait sans avoir été davantage molesté ; mais, dans le cours du mois de mars, leur fureur s'est encore déchaînée contre leur parent qui avoit embrassé la religion ; ils l'ont maltraité de coups, et lui ont fait tant d'autres avanies, que ce pauvre homme est tombé dans la démence, et cet état a duré longtemps sans aucun bon intervalle. Quand ils le virent dans cette triste situation, ils en furent fâchés, mais ils n'ont pas cessé pour cela de molester la famille en faisant grand fracas dans la maison, et voulant absolument avoir le chrétien qui avoit exhorté leur parent ; par bonheur il s'étoit évadé.

Sur ces entrefaites, arriva un catéchiste que ces païens prirent pour un maître de la religion ; ils l'emmenèrent chez eux, lui prirent son livre de prières. Comme ce catéchiste étoit d'un caractère fort doux, il leur parla raison ; il est venu à bout de les apaiser, d'autant plus facilement qu'étant médecin, il offrit de traiter leur parent malade. En effet, lui ayant donné quelques remèdes, il s'est trouvé soulagé.

Dans le feu de leur colère, ils disoient aux chrétiens : Nous nous vengerons par nous-mêmes en vous maltraitant, car nous savons que vous ne craignez point nos accusations chez le mandarin. En effet, ces chrétiens, peu de temps après leur conversion, avoient montré la plus grande fermeté dans une persécution qu'ils avoient essuyée ; et celui qui a exhorté le païen avoit porté la cangue pendant un mois, ainsi que son oncle. Presque tous les chrétiens de cet endroit que j'avois admis, l'année dernière, au nombre des catéchumènes, ont reçu le baptême dans cette dernière administration.

Le mardi de Pâques dernier, deux officiers ruraux, accompagnés de cinq satellites, sont venus chez une riche famille chrétienne (où j'avois passé la fête de Pâques les deux années précédentes), portant un ordre par écrit du mandarin, qui étoit le fils aîné de la famille, et demandoit un chrétien qu'on disoit être venu de la capitale à une assemblée qui se tient chaque année dans sa maison, dans la troisième lune (en mars ou avril), où il se rend (ajoutoit-on) un ou deux mille chrétiens, et où il y a un maître de la religion. Les satellites, arrivés, n'ont trouvé à la maison que le père, qui est un vieillard, deux femmes et quelques petits enfans; tout le reste de la famille étoit venu dans une chrétienté, à cinq lieues de là, où se passoit la fête. Quant au chrétien qu'ils cherchoient, il étoit encore en prison à la capitale. Néanmoins ils ont voulu qu'on fît avertir le fils aîné d'aller comparoître devant le mandarin, qui l'appeloit, et ils se sont saisis d'un grand nombre de livres de religion, soit imprimés, soit manuscrits, qui leur sont tombés sous les mains, et les ont portés au mandarin. Le fils aîné de la famille s'est rendu sans difficulté à l'ordre du mandarin. Celui-ci, après quelques questions, a voulu avoir de lui deux cents taels (1,600 livres); mais le chrétien ayant répondu qu'il n'avoit pas deux deniers à donner, il n'a plus insisté. Voyant donc ses espérances frustrées de ce côté-là, il lui a demandé combien il y avoit de chrétiens dans le district de cette ville : celui-ci ayant répondu qu'il y en avoit un très-grand nombre, mais qu'il ne pouvoit point les déclarer, le mandarin lui a demandé combien il y avoit de fermiers qui professoient cette religion; le chrétien a nommé quatre familles, dont le mandarin a aussitôt fait appeler les chefs. Mais ayant découvert par leurs réponses qu'ils étoient de véritables chrétiens, et qu'il n'y avoit rien à condamner en eux, il a eu peur pour lui-même s'il poussoit l'affaire trop loin. Enfin il s'est contenté de se faire apporter leurs tablettes de religion [1]. On lui en a présenté cinq; mais les ayant vues toutes conformes, sans avoir rien de condamnable, il les a tous renvoyés en leur disant de ne point faire d'éclat, mais d'être chrétiens dans le secret.

Nous venons d'acheter une maison bâtie environ à une lieue de la ville, qu'on va transporter sur le même terrain où étoit située celle qui a été brûlée. Le corps de ces maisons est une charpente qu'on démonte et qu'on transporte où on veut. On a dû commencer aujourd'hui, 14 juin, à mettre la main à l'œuvre, et le charpentier chrétien qui est à la tête de l'entreprise nous fait espérer que, dans quinze jours, la maison sera reconstruite. Tel est le palais épiscopal dans ce pays-ci.

Je vous ai parlé, l'année dernière, d'un certain pays éloigné, soumis à l'empereur de Chine, dont quelques habitans avoient embrassé la religion, et où je me proposois d'envoyer mon catéchiste. Mon dessein n'a pu avoir alors son exécution. Au commencement de cette année, deux autres païens de cette même nation ayant encore embrassé la religion dans ce pays-ci, où ils étoient venus faire leur commerce, et étant retournés chez eux après avoir appris quelques prières, j'ai cru ne devoir pas différer à y envoyer. Le lundi de Pâques, mon catéchiste est donc parti avec un autre chrétien, qui est aussi catéchiste, accompagnés d'un troisième chrétien qui leur servoit de conducteur, parce qu'il a voyagé dans ce pays-là. Ils ont fait dix ou douze journées de chemin pour s'y rendre, et, étant sur le point d'y entrer, il a fallu avoir un passe-port des Chinois, sur lequel étoit fixé le temps qu'ils devoient y rester. A leur arrivée, ils ont trouvé des gens qui écoutoient assez volontiers ce qu'on leur disoit de la religion par interprète (leur langue et leur écriture étant entièrement différentes de la chinoise); mais aucun ne l'a embrassée, soit parce qu'ils ne comprenoient pas bien ce qu'on leur disoit, soit pour d'autres raisons cachées. Quoiqu'ils n'aient pas beaucoup de divinités, ils sont fort attachés à celles qu'ils honorent. Leur principale est celle que les Chinois appellent Fou (ou Foë), mais ils n'adorent ni le ciel, ni la terre, ni aucune autre des divinités chinoises. Chacun a, sur la plate-forme de sa maison, une espèce de drapeau, plus ou moins grand suivant la qualité des personnes, sur lequel est écrite une certaine forme de prière qu'ils sont censés réciter toutes les fois que le vent agite le drapeau; et, comme il est agité à chaque instant, ils sont censés prier continuellement et sans interruption. Leurs maisons sont bâties de briques ou de terre, et à plusieurs étages. Ils ont des prêtres qu'on appelle *lama*. Il n'y a que six hommes chrétiens dans ce pays-là, en trois familles différentes. Pour y étendre la religion, il faudroit un ou plusieurs catéchistes ou chrétiens zélés qui apprissent leur langue, et fissent dans leur pays un long séjour. N'ayant pas, pour le présent, les moyens nécessaires

---

[1] La tablette de religion est un écrit placé dans l'endroit le plus apparent de la maison, qui indique la religion dont on fait profession.

à une pareille entreprise, je la laisse entre les mains de la Providence. J'ai ouï dire que le chrétien, conducteur des deux catéchistes, pense y aller faire le commerce à cette intention; mais il ne peut pas se passer d'un catéchiste, et je ne puis pas fournir à l'entretien de celui-ci.

Les deux catéchistes ne sont revenus ici, à la capitale de la province, que le vendredi après la Pentecôte; et, si leur voyage n'a point eu de succès bien marqué pour la conversion de ce peuple, il a au moins servi à confirmer les nouveaux chrétiens, et à convertir un païen lettré chinois qu'ils ont rencontré dans une auberge, qui s'en retournoit dans sa patrie, et a fait voyage avec eux jusqu'à la capitale, d'où il s'est rendu chez lui. On rend un bon témoignage de sa foi.

Il nous est arrivé ici, cette année, un nouveau missionnaire européen; mais nous n'y avons encore rien gagné, étant obligés d'en député un ancien pour les affaires des missions à Paris.

Que deviendront les chrétiens de cette province que nous avons tant de peine à administrer une fois chaque année, si les prêtres vertueux et zélés d'Europe ne s'empressent à leur porter du secours? Que deviendrons-nous nous-mêmes, missionnaires, si on ne vient nous décharger d'une partie du fardeau? Les âmes se perdront, et les missionnaires succomberont. Monseigneur l'évêque d'Agathopolis est cassé de vieillesse et de travaux; M. Glayot, dont huit ans de prison et de tourmens avoient déjà ruiné la santé, est maintenant si infirme qu'il ne peut presque plus travailler, et un autre prêtre chinois est décrépit, et ne travaille plus. Les autres missionnaires se ruinent insensiblement le tempérament, n'étant aidés de personne. Mais, outre ce motif de soulager les missionnaires et de leur prolonger la vie, les ecclésiastiques zélés pour la gloire de Dieu et le salut des âmes n'en ont-ils pas de bien puissans pour venir ici? Confirmer des chrétiens dans la foi, ramener des pécheurs dans la voie du salut, perfectionner des âmes justes, détruire l'idolâtrie, renverser l'empire du démon, faire connoître Dieu et Jésus-Christ, étendre sa religion, baptiser des enfans, sauver des âmes dans un empire où il y en a un si grand nombre ensevelies dans les ombres de la mort!... mener la vie de Jésus-Christ sur la terre et de ses apôtres, ne sont-ce pas des motifs bien capables d'émouvoir des prêtres remplis de foi? Ajoutez à cela les consolations qui accompagnent un tel ministère, et la ferme confiance d'y faire son salut, suivant ces paroles de Notre-Seigneur : « Il n'y a personne qui, ayant quitté sa maison, ou ses frères, ou ses sœurs, ou son père, ou sa mère, ou ses terres pour l'amour de moi et pour l'Évangile, ne reçoive au centuple dans le temps présent, et la vie éternelle dans le siècle à venir. » Craint-on que Jésus-Christ ne tienne pas sa promesse?

Un jeune homme d'un excellent caractère, qui m'accompagne depuis un an dans mes courses, doit partir bientôt, avec un autre, pour aller au collège que nous avons dans cette mission. Ces deux sujets y étant arrivés, le collège sera composé de dix écoliers, dont plusieurs, qui étudient la langue latine depuis quatre ans, commencent à s'appliquer à la théologie.

Quelques nouveaux chrétiens, qui demeurent dans un endroit où on tient un marché, à deux lieues environ de la capitale, étant venus dernièrement prier un catéchiste d'y aller prêcher la religion aux païens, celui-ci, sans savoir que ces nouveaux chrétiens vouloient rassembler un grand nombre de païens pour écouter la prédication, s'y est rendu le 4 de ce mois de juillet, accompagné de quelques autres fidèles. Arrivés là, ils ont vu accourir à la maison jusqu'à trois cents païens, dont le plus grand nombre n'étoient que des bandits. Après avoir entendu quelque temps la prédication, ils ont excité un grand tumulte, et ont voulu frapper le catéchiste et les chrétiens. Mais un chef de soldats, qui se trouvoit pour lors dans le marché, chargé d'y veiller au bon ordre, est aussitôt venu. Il s'est fait rendre compte de ce dont il s'agissoit; les païens blasphémant contre la religion, et les chrétiens la défendant, les soldats ont répondu : « Puisque vous prétendez que la religion chrétienne est bonne, il n'y a qu'à aller à la ville en rendre raison au mandarin. » Alors ils ont fait partir le catéchiste et les chrétiens; mais les païens, au lieu de les suivre, se sont dispersés. Cependant les soldats, près de la ville, comme ils savoient, par ce qui étoit arrivé dans les persécutions de l'année dernière et de la présente, que les mandarins n'aiment point à se compromettre avec les chrétiens, de peur de s'attirer des affaires, ils n'ont pas osé conduire les chrétiens au prétoire, mais ils les ont introduits dans leur poste, qui est tout près de la ville. Alors le chef de ces soldats leur a dit qu'il savoit que la religion chrétienne est une bonne religion, et qu'ainsi il ne les conduiroit point au mandarin, mais qu'il falloit écrire leurs noms, et trouver quelques personnes dans la ville qui se rendissent caution pour eux. Ils ont donc donné leurs noms; et, quelques soldats chrétiens étant aussitôt venus se rendre leur caution, on les a laissés aller. Voilà à quoi on est exposé par l'imprudence des nouveaux chrétiens qui ne savent rien prévoir. Sans une Providence spéciale, cet événement pouvoit avoir des suites fâcheuses.

Il y a eu ici, le 30 août 1784, à dix heures du soir, une éclipse de lune; elle étoit centrale, et a été accompagnée, suivant l'usage, de toutes sortes de superstitions de la part des païens. Lorsqu'il arrive quelque éclipse, ces aveugles s'imaginent que c'est un chien (ou un dragon) qui mange et dévore la lune. Or, pour la défendre et la délivrer, on fait partout un tintamarre d'instrumens; on tire des pétards, on fait retentir le bruit des chaudrons, etc.; mandarins, peuples, bonzes, tous s'empressent à délivrer la lune, et cette cacophonie dure jusqu'à la fin de l'éclipse.

Il s'est fait sentir, au mois de février de cette année, un froid très-violent, accompagné de neiges et de glaces, non-seulement sur les montagnes, mais encore dans les plaines; il a duré environ quinze jours, et sa rigueur a fait périr quantité de pauvres gens, surtout de mendians qui n'ont ni feu ni lieu; les païens ne veulent point les retirer chez eux, parce que s'ils viennent à mourir, il y a des procédures à faire, et il en coûte d'autant plus à celui sur le terrain duquel le pauvre est mort, que le mandarin le croit plus riche. Telle est la dureté des païens et l'injustice des mandarins envers des hommes qui sont leurs semblables.

Je termine en vous priant de ne concevoir aucune inquiétude sur mon sort. Tout ce qui arrive dans le monde, prospérités et adversités, santé et maladie, paix et persécutions, vie et mort, tout est l'effet de la volonté de Dieu, excepté le péché; ainsi, il ne m'arrivera jamais rien que ce que Dieu voudra bien; et, de quelque manière qu'il dispose de moi, il en disposera toujours pour mon bien et pour sa gloire. Vous devriez même désirer et prier qu'il m'arrivât ce qui est arrivé autrefois aux apôtres et à un grand nombre de ceux qui, marchant sur leurs traces, ont continué leurs fonctions, je veux dire les persécutions, les emprisonnemens, les tourmens et la mort pour le nom de Jésus-Christ et la gloire de la religion; car ce seroit sans doute le plus grand bonheur qui pourroit m'arriver ici-bas, et la plus grande grâce que Dieu pourroit me faire; mais je n'ose y aspirer, parce que je sens bien que mes péchés et mes foiblesses m'en rendent indigne. J'ai l'honneur d'être, etc.

Extrait d'une lettre de M. de Ventavon, missionnaire à Pékin, en date du 25 novembre 1784, sur la conversion du fils d'un seigneur de la Corée.

Vous apprendrez, sans doute, avec consolation la conversion d'une personne dont Dieu se servira peut-être pour éclairer des lumières de l'Évangile un royaume où l'on ne sache pas qu'aucun missionnaire ait jamais pénétré; c'est la Corée, presqu'île située à l'orient de la Chine. Le roi de cette contrée envoie tous les ans des ambassadeurs à l'empereur de la Chine, dont il se regarde comme vassal. Il n'y perd rien; car s'il fait des présens considérables à l'empereur, l'empereur lui en fait de plus considérables encore. Ces ambassadeurs coréens vinrent, sur la fin de l'année dernière, eux et leur suite, visiter notre église; nous leur donnâmes des livres de religion. Le fils d'un de ces deux seigneurs, âgé de vingt-sept ans, et très-bon lettré, les lut avec empressement; il y vit la vérité, et, la grâce agissant sur son cœur, il résolut d'embrasser la religion après s'en être instruit à fond. Avant de l'admettre au baptême, nous lui fîmes plusieurs questions auxquelles il satisfit parfaitement. Nous lui demandâmes, entre autre choses, ce qu'il étoit résolu de faire dans le cas où le roi désapprouveroit sa démarche, et voudroit le forcer à renoncer à la foi : il répondit, sans hésiter, qu'il souffriroit tous les tourmens et la mort, plutôt que d'abandonner une religion dont il avoit clairement connu la vérité. Nous ne manquâmes pas de l'avertir que la pureté de la loi évangélique ne souffroit point la pluralité des femmes. Il répliqua :« Je n'ai que mon épouse légitime, et je n'en aurai jamais d'autres.» Enfin, avant son départ pour retourner en Corée, du consentement de son père, il fut admis au baptême, que M. de Grammont lui administra, lui donnant le nom de Pierre; son nom de famille est Ly. On le dit allié de la maison royale; il déclara qu'à son retour il vouloit renoncer aux grandeurs humaines, et se retirer, avec sa famille, dans une campagne, pour vaquer uniquement à son salut. Il nous promit de nous donner chaque année de ses nouvelles. Les ambassadeurs promirent aussi de proposer à leur souverain d'appeler des Européens dans ses États. De Pékin jusqu'à la capitale de Corée, le chemin de terre est d'environ trois mois.

Au reste, nous ne pouvons nous entretenir que par écrit avec les Coréens. Leurs caractères et les caractères chinois sont les mêmes quant à la figure et la signification; s'il y a quelque différence, elle est légère; mais leur prononciation est tout à fait différente. Les Coréens mettoient par écrit ce qu'ils vouloient dire : en voyant les caractères, nous en comprenions le sens, et ils comprenoient aussi tout de suite le sens de ceux que nous leur écrivions en réponse.

Le fils aîné de l'empereur de Chine paroît tout à fait bien disposé en faveur des Européens, qu'il estime. Il est dans la quarante-unième année de son âge, et gouverne l'empire lorsque l'empereur est absent de la capitale (il en est souvent absent trois ou quatre mois.) Les Chinois pensent assez généralement qu'il est destiné par son père à lui succéder; mais c'est là un secret qu'il seroit dangereux de vouloir sonder, et dont on ne doit parler qu'à l'oreille. Le mois passé, ce prince est venu, avec tout son train, dans notre maison; il a visité l'église, a voulu voir les ornemens sacerdotaux, la congrégation du Saint-Sacrement, l'observatoire, enfin les chambres de quelques particuliers. Il s'en est allé fort satisfait. S'il est un jour maître, nous espérons qu'il sera favorable à la religion, sur laquelle il a fait, à différentes fois, bien des questions.

Dans plusieurs provinces de Chine, il y a grand nombre de mahométans; ils se sont révoltés dans celle de Kansou le printemps dernier, au nombre de cent mille. D'abord ils ont pris quelques villes, et battu les soldats du pays, mal aguerris. A la première nouvelle, l'empereur a fait marcher contre eux, avec diligence, ses troupes, tant tartares que chinoises et autres; les mahométans, resserrés de toutes parts dans les lieux arides, forcés par la soif d'en venir aux mains, ont été dans deux ou trois combats entièrement défaits : eux, leurs familles et leurs adhérens, à la réserve de ceux qui n'avoient pas atteint l'âge de quinze ans, tous ont péri par le fer des victorieux.

Cependant on laisse tranquilles les mahométans qui n'ont pas remué.

Tout est aujourd'hui en paix, et l'on se prépare à célébrer d'une manière magnifique la cinquantième année du règne de Kien-long [1], qui, à l'âge de soixante-quatorze ans, gouverne encore ses États avec la même force et la même application que dans un âge moins avancé. Il doit, à cette occasion, donner un repas solennel aux gens distingués qui ont atteint soixante ans.

Les Européens missionnaires parvenus à cet âge y assisteront aussi. Ce repas sera suivi de présens que l'empereur fera distribuer à tous les convives.

La cour de Russie est en correspondance avec celle de la Chine. Ce sont les missionnaires qui traduisent les lettres du sénat de Pétersbourg, et qui mettent en latin celles de l'empereur. Les Moscovites ont à Pékin une église et quelques chrétiens de leur rit. Elle est desservie par un archimandrite et trois ou quatre moines, auxquels on joint cinq ou six jeunes gens pour apprendre ici les langues tartare et chinoise. On les relève de dix en dix ans : au reste, ils reçoivent assez rarement des nouvelles de la Moscovie européenne, à cause de la distance des lieux. De Pétersbourg à Pékin, il ne faut guère moins d'un an pour faire le voyage par terre, et je pense que les froids et les autres incommodités qu'on essuie dans cette route sont plus insupportables que les chaleurs de la ligne. Nous vivons fort bien ici avec MM. les Moscovites; cependant nous sommes obligés d'user, à l'extérieur, de réserve, pour ne pas donner ombrage à la cour de Pékin, qui, par des craintes politiques, plus que pour toute autre raison, met des obstacles aux progrès du christianisme.

Comme la religion chrétienne n'est autorisée en Chine par aucun édit de l'empereur, les néophytes, dans les provinces, sont recherchés

---

[1] Petit-fils de Kang-hi.

de temps en temps ; l'avidité des mandarins et la malice des infidèles y donnent souvent lieu ; mais c'est plus souvent le prétexte des perquisitions qu'on fait de certaines sectes prohibées, et qu'on sait, par expérience, être portées à la révolte. Quand les mandarins des lieux où la persécution est allumée ont des relations à Pékin, les missionnaires de cette ville, par le moyen de leurs connoissances, trouvent le moyen de les apaiser sans bruit ; et quelques-unes ont été ainsi apaisées cette année. Le temps ne me permet pas d'entrer dans le détail. Je vous dirai seulement quelque chose de la plus considérable, qui a été dans la province de Chan-si, dans le district de Lou-gan, ville du premier ordre. Elle a eu son principe dans la méchanceté d'une belle-mère infidèle, qui vouloit absolument forcer sa bru chrétienne à des actes de superstition. Ne pouvant en venir à bout par les plus mauvais traitemens, elle la déféra comme chrétienne au mandarin inférieur. La bru fut arrêtée, elle et ses parens, ensuite nombre d'autres chrétiens, non-seulement de la ville où l'affaire avait commencé, mais de la ville et du district de Lou-gan, où le mandarin supérieur en prit connoissance. Ce dernier sévit contre les chrétiens d'une manière barbare. Il voulut les forcer à fouler aux pieds le crucifix qu'il fit briser. Il y en eut qui eurent la lâcheté d'apostasier ; les autres tinrent ferme, et la pieuse belle-fille en particulier. Aussi furent-ils détenus en prison chargés de fers. Le mandarin alla plus loin ; il fit afficher dans cinq ou six villes de sa dépendance qu'on eût à lui livrer tous les chrétiens. A ceux qui voulurent représenter qu'à Pékin on les toléroit, et que les Européens y avoient des églises ouvertes, où l'on pouvoit aller librement, il répondit, en insultant, qu'il savoit tout cela ; mais qu'il savoit aussi qu'il n'étoit point permis aux Européens de prêcher leur religion dans les provinces. Plusieurs chrétiens, justement alarmés, coururent à Pékin donner avis de tout aux missionnaires. En recherchant qui étoit le mandarin ou gouverneur de la ville de Lou-gan, et d'où il étoit, il se trouva précisément que, sous deux jours, devoit partir le neveu d'un des mandarins généraux de la province de Chan-si[1] ; il étoit à deux journées de Pékin.

[1] Kiang-si.

On lui envoya sur-le-champ quelques petites curiosités d'Europe, le priant instamment de parler à son oncle en faveur des chrétiens persécutés : il le promit, et tint parole. A peine arrivé, il en parla à son oncle ; celui-ci, à sa demande, fit écrire au mandarin de Lou-gan, lui reprochant les rigueurs qu'il avoit exercées. Ce dernier répondit fort modestement, et promit d'élargir au plus tôt les prisonniers. Il n'en eut ni le mérite ni la gloire. Presque aussitôt accusé je ne sais de quelle faute, il fut cassé par l'empereur et dépouillé de ses emplois. Les chrétiens apostats, pour réparer leur crime, eurent le courage de présenter au mandarin commis pour régir en attendant, une requête dans laquelle ils se déclaroient repentans de leur apostasie, et faisoient leur profession de foi. Le mandarin dit d'abord que pour répondre à leur requête et terminer l'affaire il falloit attendre l'arrivée du mandarin en titre ; mais quelque temps après, soit de son propre mouvement, soit à l'occasion de quelque recommandation, il dit qu'il ne vouloit plus se mêler de ces sortes d'affaires, et renvoya tous les prisonniers. Quant à la belle-fille, dont le mari étoit aussi infidèle, elle retourna à la maison paternelle. Je ne dois pas vous laisser ignorer son nom, elle s'appelle Marthe *Ma*.

Voilà à peu près, monsieur, tout ce que j'ai d'intéressant à vous marquer.

Je vous prie de communiquer ma lettre à tous vos messieurs, auxquels je renouvelle ma protestation du plus sincère attachement et de la plus vive reconnoissance ; avec ces sentimens, j'ai l'honneur d'être, en union de vos saints sacrifices, etc.

Une relation écrite en chinois, et envoyée de Pékin, entre dans un plus grand détail de tout ce qu'a eu à souffrir cette femme forte dont parle M. de Ventavon dans la lettre ci-dessus, et de toutes les vertus qu'elle a pratiquées dans ses souffrances. Voici un précis de cette relation.

La belle-mère de Marthe Ma ne cessoit de la maudire et de la persécuter. Le mari, pour l'obliger à renoncer à la religion chrétienne et à adorer les idoles, la frappa si cruellement, qu'elle avoit le corps tout meurtri. Mais comme elle ne se rendoit point, ils la conduisirent à la maison paternelle, déclarant qu'ils n'en vouloient plus. Le mari, à la sollicitation d'un de ses parens, la reprit ensuite chez lui; mais la paix ne fut pas de longue durée. La belle-mère, à l'insu de tout le monde, conduisit Marthe au mandarin et l'accusa. Le mandarin la fit saisir et ses deux frères, et les interrogea. Mais ils répondirent constamment qu'ils étoient chrétiens, et qu'ils n'adoroient point les idoles. Le mandarin, après différentes interrogations, commande à trois satellites de conduire Marthe Ma dans la maison de sa belle-mère, et de l'obliger à adorer l'idole. Marthe, entendant l'ordre que le mandarin venoit de donner, s'écria à haute voix, dans le prétoire : « Je n'adore pas les idoles, et je ne veux pas retourner à la maison de mon mari; dites-le au mandarin. » Les satellites, néanmoins, la conduisirent à la maison de sa belle-mère. Arrivés, ils prirent du papier superstitieux, et voulurent la forcer à le brûler devant l'idole. « A présent, leur dit-elle, je le ferai moins que jamais. » Les satellites, irrités, lui dirent : « Si tu ne brûles pas ce papier, nous allons te conduire au mandarin, et nous te tourmenterons. » Marthe Ma, leur faisant une inclination de tête, répondit : « Oui, dès l'instant, retournons au prétoire, allons devant le mandarin. — Comment, dirent les satellites, pourroit-on ne pas se mettre en colère, en voyant une telle opiniâtreté?» Aussitôt ils brûlèrent du papier à sa place, et mirent entre ses mains de petites baguettes enduites d'encens, pour les faire aussi brûler devant l'idole. Marthe les jeta aussitôt par terre, et se prosternant devant sa belle-mère, lui dit : « Ce qu'ils font ne doit pas m'être imputé. » Comme les satellites s'écrioient : « Elle a brûlé de l'encens, cela suffit », Marthe Ma répliquoit : « C'est vous qui l'avez brûlé, ce n'est pas moi; vous ne devez pas me l'attribuer. » La belle-mère, mécontente de sa conduite, lui dit : « Tu as beau me faire des protestations et des démonstrations de respect; tout cela ne servira de rien : tant que tu n'adoreras pas nos dieux, je t'accuserai de nouveau devant le mandarin. » Les satellites, se fâchant contre la belle-mère, lui dirent des injures ; et, retournés au prétoire, rapportèrent au mandarin que la bru avoit obéi. Mais, dès le jour suivant, la belle-mère reconduisit Marthe Ma au prétoire, et la dénonça au mandarin comme incorrigible, disant qu'elle ne vouloit ni brûler d'encens, ni s'incliner devant l'idole. Celui-ci répondit :

« Tranquillisez-vous, retournez chez vous ; votre bru ne se rend pas actuellement, parce qu'elle est en colère : elle changera peu à peu. »

Pour ce qui est des frères de Marthe Ma, le mandarin, après leur avoir fait subir un long interrogatoire et tenté inutilement de les faire renoncer à la religion, les voyant inébranlables, leur dit : « Je sais qu'il y a encore parmi vous plus de dix chrétiens; puisque vous ne voulez pas changer de religion, retournez chez vous, et soyez sur vos gardes au sujet de cette religion : elle n'est pas mauvaise; seulement l'empereur ne veut pas qu'on en fasse une profession publique. D'ailleurs, il est à craindre que la religion appelée *Pélen-kiao* ne procure des troubles à la vôtre. » Le mandarin ayant ainsi parlé, tout le monde le remercia et se retira du prétoire.

Mais la belle-mère de Marthe Ma, voyant qu'elle n'avoit pas réussi, n'en devint que plus furieuse contre sa bru ; elle engagea son fils à la battre. Celui-ci la frappa en effet à coups de bâton et de corde, si cruellement, qu'elle en eut le corps tout meurtri, et en demeura couchée par terre. Marthe Ma souffrit si patiemment, qu'on ne l'entendoit pas proférer une seule parole de plainte. Elle s'acquittoit de tous ses devoirs envers sa belle-mère et son mari avec la même exactitude et la même affection que si elle en eût reçu toutes les satisfactions possibles. Elle disoit à ses frères et à ses parens chrétiens, qu'elle souffroit sans aucun ressentiment de colère ni de vengeance, et même avec une grande joie : « Priez seulement Dieu, ajoutoit-elle, de me donner la force de plutôt mourir que d'apostasier; c'est tout ce que je demande. » Lorsque les païens l'exhortoient ou à prendre patience, ou à renoncer à sa religion, « Je souffre volontiers, leur répondoit-elle ; je ressens même de la joie de souffrir pour Dieu. On peut blesser mon corps, mais on ne peut porter aucune atteinte à mon âme. »

La belle-mère ne cessoit de l'accabler d'injures et de la maltraiter. Elle l'accusa de nouveau elle et ses deux frères, de ne pas adorer le dieu Foë, et de maudire les ancêtres ; et, de plus, elle accusa Marthe d'avoir volé trois vêtemens : le mandarin ayant découvert que l'accusation de vol étoit fausse, réprimanda sévèrement la belle-mère, la chargea de malédictions. Il ordonna ensuite au chef du quartier de les réconcilier, et fit défense d'intenter désormais aucune accusation à ce sujet, en protestant que quiconque en feroit seroit sévèrement puni ; ainsi se termina cette affaire. Priez le Seigneur qu'il nous protége, et nous donne la paix.

HISTOIRE ABRÉGÉE
DE LA PERSÉCUTION EXCITÉE EN CHINE
CONTRE LA RELIGION CHRÉTIENNE,
EN 1784 ET 1785.

La disette des missionnaires étoit très-grande depuis plusieurs années dans les provinces de Chine confiées aux soins de la Propagande. Cette congrégation y envoya, en 1782, plusieurs ouvriers évangéliques. De ce nombre étoient quatre franciscains italiens, qui, après quelque séjour à Macao et à Canton, partirent de cette dernière ville, dans le mois de mai 1784, pour se rendre dans la province de Chensi. Ils étoient conduits par des chrétiens affidés qui connoissoient le pays. Déjà ils avoient passé sans accident les endroits les plus dangereux, à travers les provinces de Canton, Kouang-si, Hou-kouang. Sur les confins de cette dernière province, et sur le point d'entrer dans celle de Chen-si, ils furent reconnus pour Européens, arrêtés et livrés aux mandarins, et ce fut là l'origine de la dernière persécution, qui a fait de si grands ravages dans l'Église de Chine. Voici comment la chose arriva :

Un apostat, fils adoptif d'un de leurs conducteurs, ayant eu connoissance de leur arrivée, voulut profiter de cette circonstance pour satisfaire sa cupidité. Comme l'entrée des Européens dans la Chine est strictement défendue, il savoit qu'en menaçant de les dénoncer aux mandarins, on en pouvoit extorquer une grosse somme d'argent. Ce perfide alla donc trouver quelques serviteurs des mandarins (que nous appelons satellites), leur fit part de son dessein, et les conduisit aux bateaux qui portoient les missionnaires. Les satellites n'y furent pas plutôt arrivés, qu'ils se saisirent d'un des guides, le lièrent avec une chaîne de fer, et le frappèrent à coups de sabre, ajoutant à ces mauvais traitemens des injures et des menaces. Comme ils n'avoient d'autre but que d'en extorquer de l'argent, ayant reçu une somme d'environ douze cents livres, ils délièrent cet homme, et s'en allèrent.

Mais les allées et les venues, l'éclat des démarches qui furent faites, réveillèrent l'attention d'un mandarin militaire, qui étoit dans le voisinage. Il se transporta aux bateaux avec des soldats, fit arrêter les quatre missionnaires, et les envoya au gouverneur du district. Celui-ci, trouvant l'affaire grave, ne voulut point la prendre sur son compte ; il fit conduire les prisonniers au gouverneur général de la province du Hou-kouang, qui chargea quelques mandarins d'interroger les Européens. Dès qu'ils apprirent qu'ils faisoient route pour le Chensi, où les mahométans révoltés faisoient la guerre aux Chinois, ils les soupçonnèrent d'aller à leur secours. Ils ne pouvoient s'imaginer que des étrangers, qui, comme les mahométans, venoient de l'Occident, et qui, comme eux, adoroient un seul Dieu, créateur du ciel, eussent d'autres motifs de passer à cette province, l'une des plus reculées de la Chine, malgré la défense expresse faite à tout étranger de s'introduire dans cet empire. Ils furent donc d'avis, conjointement avec le gouverneur général, d'informer l'empereur de cet événement. Ce prince conçut les mêmes soupçons, lorsqu'on lui rapporta les détails de cette aventure. Il ordonna que les quatre missionnaires fussent conduits sur-le-champ à Pékin, et que les interprètes que les mandarins avoient déjà fait venir de Canton les accompagnassent ; que l'on fît à Canton les perquisitions les plus exactes contre tous ceux qui avoient introduit dans l'empire les quatre Européens, en particulier contre Pierre Tsai, prêtre chinois de la Propagande, Pierre Sié, et Barthélemi Sié.

Les mandarins de Canton, dont la vigilance étoit en défaut par l'entrée de ces étrangers, mirent le zèle le plus ardent dans l'exécution des ordres de l'empereur. Ils découvrirent d'abord Pierre Sié, l'un des guides, le firent arrêter et conduire à Pékin. Mais celui qu'ils cherchèrent avec le plus d'ardeur, c'étoit M. Pierre Tsai, qu'ils regardoient comme le principal introducteur, et ayant le secret de l'intelligence présumée avec les mahométans. Ils firent arrêter une infinité de chrétiens, et même plusieurs païens, dans l'espérance de tirer d'eux des lumières pour connoître la retraite de M. Tsai ; mais ce fut en vain. M. Simonelli, ex-jésuite chinois, faisoit alors la fonction de procureur des missionnaires portugais à Canton. C'étoit un vieillard respectable, qui dans la persécution de 1746 avoit été emprisonné pour la foi qu'il avoit confessée glorieusement. Les mandarins, en ayant eu connoissance, pensèrent qu'il ne devoit pas ignorer le secret qu'ils cherchoient à découvrir. Ils lui envoyèrent une chaise à porteurs, et le firent comparoître devant eux le 26 septembre 1784; mais ils ne purent rien tirer de lui. Ils le retinrent alors en prison, et prirent depuis le parti de l'envoyer à l'empereur. Les tortures qu'on lui avoit fait subir, jointes aux fatigues du voyage et aux misères de la captivité, lui firent trouver dans les prisons de Pékin le terme de ses travaux et une couronne pour le ciel.

Le lendemain 27, ils firent arrêter pendant la nuit beaucoup de chrétiens, parmi lesquels quatre domestiques chinois de M. de La Tour, procureur de la congrégation de la Propagande, à Canton. La résidence de M. Tsai, où il ne se trouva pas, fut mise au pillage; la maison où il étoit véritablement fut bientôt visitée par des soldats. M. Tsai, qui dormoit tranquillement, fut réveillé par les cris que poussoient ses hôtes. Ces cris étoient arrachés par les coups et les tortures que leur faisoient endurer ces satellites, en les enchaînant. Il s'évade, presque nu, par une porte de derrière, et va se réfugier chez un pauvre chrétien du voisinage, qui lui donna quelques haillons; mais cet asile n'étoit rien moins que sûr. Un moment après, un soldat chinois y entre, une lanterne à la main; M. Tsai, qui étoit caché derrière la porte, ne fut point aperçu; et, par un trait particulier de la Providence, la contenance du maître de la maison, qui trembloit de peur, ne fit naître aucun soupçon.

M. Tsai chercha, à la pointe du jour, une autre retraite; mais trouvant la maison qu'il avoit choisie scellée du sceau public, il jugea que ceux qui l'habitoient avoient été emprisonnés. Il forma alors la résolution de quitter une ville où il ne pouvoit plus être à couvert, et de se rendre à Macao. A cet effet, il loua un bateau, et pour cacher sa marche, il fit d'abord remonter un peu la rivière; ensuite, changeant de route, il arriva à un village où il y a quelques chrétiens. Là, il congédia ses conducteurs, prit un autre bateau, descendit la rivière, et arriva sans accident à Macao.

Les franciscains ont un couvent dans cette ville, dont une petite porte de derrière donne sur la mer. M. Tsai, qui la connoissoit, débarqua à cette porte, y demanda un guide qui le conduisit, le 30 septembre 1784, dans la maison de procure des missionnaires françois. M. Descourvières remplissoit la place de procureur depuis six années. Il accueillit avec empressement un homme si précieux aux yeux de la foi; mais, pour ne rien faire sans conseil dans une circonstance aussi délicate, il alla trouver M. l'évêque de Pékin, qui étoit alors à Macao, le grand-vicaire, et quelques autres personnes, sur les lumières desquelles on pouvoit autant compter que sur leur prudence. Tous décidèrent qu'il devoit recevoir et garder M. Tsai caché dans sa maison, jusqu'à ce qu'on pût lui trouver une retraite plus sûre. Le gouverneur et quelques sénateurs, qui ne tardèrent pas à être informés de cette résolution, la louèrent et promirent de protéger, de leur côté, le nouvel hôte.

On faisoit à Canton les perquisitions les plus exactes contre M. Tsai. Leur inutilité persuada qu'il avoit quitté cette ville, et fit soupçonner qu'il avoit gagné Macao. Deux mandarins furent aussitôt députés pour l'y suivre. La première démarche qu'ils firent fut de s'adresser au procureur du sénat, et de lui demander Pierre Tsai, qu'ils supposoient réfugié à Macao. Le procureur, qui ne savoit rien des aventures de M. Tsai, assura aux mandarins qu'il n'étoit point à Macao. On fit aussitôt avertir les chrétiens chinois qui n'étoient point habillés à la portugaise (et c'est le petit nombre, la plupart de ceux qui se convertissent adoptant l'habillement et le nom de Portugais) de se tenir cachés, ou de prendre les habits de la nation, pour être soustraits à la juridiction des mandarins. Ils prirent presque tous ce dernier parti, de façon qu'à peine y eut-il dans Macao, en 1785, deux ou trois chrétiens chinois habillés comme on l'est dans leur nation.

La retraite de M. Tsai dans la maison de procure françoise ne parut point assez secrète dans un temps si critique. On jugea qu'il seroit plus en sûreté chez les augustins, et un ancien missionnaire espagnol offrit de partager son logement avec lui. Il y reçut aussi dans la suite Barthélemi Sié, et quelques autres chrétiens qui s'y réfugièrent. Ce fut le 3 octobre 1784, que M. Tsai, couvert d'une soutane à l'européenne, se rendit dans ce couvent. On vit presque aussitôt arriver à Macao de nouveaux mandarins envoyés de Canton, non plus sur des soupçons, mais avec la certitude que M. Tsai y étoit ; certitude que leur avoit donnée le batelier qui l'avoit conduit, et qui les instruisit du temps de son passage et du lieu de son débarquement. Les magistrats chinois demandèrent au sénat le prétendu criminel. Pour engager les Portugais à le livrer, ils promirent de ne lui faire aucun mal, et assurèrent que cette condescendance arrêteroit aussitôt la persécution. Ils ajoutèrent, en même temps, qu'ils feroient périr Macao de faim si on s'obstinoit à ne point le livrer. Une longue expérience avoit appris qu'on ne pouvoit ajouter foi à de telles promesses; aussi ne firent-elles point illusion; mais ce que nous avons dit plus haut du peu de ressource de cette ville pour se procurer des vivres d'ailleurs, rendoit cette menace formidable aux Portugais. On convoqua aussitôt l'assemblée du sénat pour aviser aux moyens de concilier des intérêts si graves et si opposés entre eux.

Il y avoit alors à Macao un officier portugais de distinction, arrivé de Goa avec d'amples pouvoirs pour régler quelques affaires importantes. Celle-ci intéressa vivement son zèle pour la religion et pour l'honneur de sa patrie. Guidé par ces deux sentimens, il représenta aux sénateurs qu'un ministre de la religion persécuté pour la bonne cause étoit sous la sauve-garde des lois, et que ce seroit une injustice criminelle que de le livrer à ses ennemis. Il ajouta que l'honneur de la nation dans le sein de laquelle il venoit chercher un asile élevoit sa voix en sa faveur, et que l'abandonner, ce seroit se couvrir d'un opprobre éternel, et termina enfin sa harangue pathétique par un raisonnement qui acheva d'écarter les ressources de la timidité. « Les Chinois, dit-il, nous étudient ; leur audace prend dans notre pusillanimité son aliment, et plus nous leur accordons, plus ils exigent. Mais leur caractère, qui est naturellement foible, ne sauroit se roidir contre notre contenance, si elle est résolue et déterminée. Parlons hautement, prenons les armes s'il le faut, et ne laissons pas violer l'hospitalité chrétienne sur une terre dont la garde nous est confiée. » A ces paroles, l'assemblée s'émeut, et tous les membres qui la composent s'écrient de concert qu'il faut accueillir tous les chrétiens persécutés, et protéger en particulier M. Tsai. Mais, pour ne rien omettre, dans une circonstance aussi délicate, de ce qui pouvoit calmer les Chinois, il fut arrêté qu'on leur représenteroit qu'il y avoit de l'injustice à réclamer un homme qui n'étoit retenu par aucun lien dans une ville sans murailles, ouverte de toutes parts, dans une ville peuplée aux deux tiers par des Chinois soumis à leur gouvernement. On ajouta que si des raisons aussi fortes ne persuadoient pas, on étoit résolu à repousser la violence par les armes, et à défendre une aussi bonne cause, fallût-il s'ensevelir sous les ruines de Macao ; mais que si ce malheur arrivoit, une telle injustice ne demeureroit pas longtemps impunie. Après cette réponse vigoureuse, on doubla les sentinelles, on multiplia les patrouilles, et l'on fit mine de chercher les prétendus criminels, pour donner quelque satisfaction aux Chinois.

Les mandarins de Canton avoient fait venir à Macao un des prisonniers, domestique de M. de La Tour, pour prendre de lui les notions propres à diriger leur marche. C'est lui qui, par la crainte des tortures, leur avoit déclaré les noms et la destination des missionnaires nouvellement entrés en Chine, M. Delpon au Su-tchuen, M. Ferreti au Chensi, un franciscain espagnol au Kiang-si, deux franciscains italiens au Chan-tong, deux augustins à Pékin, et les quatre destinés au Chensi, nouvellement arrêtés dans le Hou-kouang. Ce perfide, après les avoir si bien servis à Canton, ne leur montra pas moins de zèle à Macao. Il fit partout, seul, et suivi de loin d'un soldat, les perquisitions les plus exactes : il alla même dans le monastère où étoit M. Tsai ; mais la Providence ne permit pas qu'il fît aucune découverte, il ne pensa point à la maison de procure des missionnaires françois. Il n'ignoroit cependant pas les rapports qu'avoit avec elle M. Tsai, et qu'elle étoit l'asile des chrétiens. Les chefs de Canton, impatiens de n'avoir rien de satisfaisant à mander à l'empereur, envoyèrent coup sur coup des mandarins à Macao ; ils menacèrent encore de ruiner la ville, et pour donner à leurs menaces plus d'énergie, ils firent partir quatre ou cinq grandes barques remplies de troupes, qui vinrent se poster dans le port de Macao. Sur ces bâtimens étoient quelques chrétiens prisonniers qu'on y avoit mis pour servir d'indicateurs, et dans ce nombre, M. Kou, prêtre, élève du collége de Siam. Ce missionnaire, dont les Chinois ignoroient la qualité, étoit bien éloigné de donner aucune lumière sur les chrétiens de Macao, qu'il connoissoit parfaitement. Il profita de l'occasion qui s'offroit à lui, pour aller auprès du P. de Villeneuve, augustin espagnol, et ancien supérieur des missions de son pays, recevoir, par la participation des sacremens, les forces et les consolations nécessaires dans son état. Il se conduisit avec tant de prudence, qu'il ne fit rien connoître aux Chinois. La liberté lui fut rendue dans la suite, mais il n'en jouit pas longtemps : reconnu comme prêtre, il fut arrêté de nouveau au mois de janvier 1785. Les rigueurs les plus dures accompagnèrent sa captivité. On employa même des tortures cruelles qui le réduisirent à un état de foiblesse si grand, qu'on appréhendoit pour ses jours, lorsque après avoir subi son dernier jugement, il partit le 15 septembre 1785 pour l'exil, où il a été condamné à un esclavage perpétuel.

Les Chinois, désespérés de ne trouver ni M. Pierre Tsai, ni les autres chrétiens qu'ils cherchoient, commencèrent à réaliser les menaces qu'ils avoient faites d'affamer la ville de Macao. Ils défendirent d'y porter des vivres, et firent arrêter quelques domestiques chinois qui étoient au service des Portugais. Le riz, principale nourriture du pays, haussa considérablement de prix ; et la famine alloit bientôt faire sentir ses rigueurs. Les Chinois, intimidés, ne vouloient rendre aucun service aux Portugais, pas même aux vaisseaux qui étoient dans le port. Un grand nombre d'eux prenoient la fuite, et quittoient une ville dont ils pensoient que la ruine étoit tout à la fois inévitable et prochaine; enfin la consternation fut générale.

Dans une crise si fâcheuse, le gouverneur montra la plus grande fermeté et une prudence consommée. Il donna des ordres pour que les Chinois qui abandonnoient la ville n'emportassent avec eux aucune provision de riz. Il plaça des sentinelles de distance en distance, au port et aux entrées de la ville, pour empêcher qu'elle ne fût dégarnie. Par ces précautions, il maintint l'ordre, mais il n'arrêta pas l'acharnement des Chinois à poursuivre Pierre Tsai. Ils publièrent des écrits, annoncèrent des récompenses, firent afficher son signalement, renouvelèrent à plusieurs reprises leurs placards, augmentèrent les promesses, qu'ils portèrent enfin à la somme de plus de vingt-quatre mille livres, à quiconque donneroit des indices de la retraite de l'homme qu'ils cherchoient avec tant d'ardeur. Mais tout fut inutile, menaces, promesses, ruses ; personne ne dit mot, et tout ce que purent recueillir les mandarins, ce fut quelques soupçons sur le couvent de Saint-François. Ils résolurent aussitôt de le visiter, et pour ne pas trouver d'obstacles, ils en demandèrent au gouverneur la permission. Le gouverneur, qui ne pouvoit prudemment la refuser, fit donner avis sous main au monastère, de la visite qu'on alloit y recevoir; on en fit sortir tous les Chinois chrétiens, excepté un vieillard malade.

Le frère Martin, procureur des missionnaires espagnols, qui fait sa résidence dans cette maison, fut interrogé à différentes reprises, et d'abord, s'il n'étoit pas chargé de la correspondance des quatre Européens arrêtés dans le Hou-kouang. Il répondit que non. On lui demanda si M. Tsai n'étoit pas véritablement entré dans ce couvent par la petite porte qui donne sur la mer ; s'il y étoit encore, ou s'il en étoit sorti. Le religieux, se possédant parfaitement, répondit, sans blesser la vérité, qu'il ne l'avoit vu ni entrer, ni sortir du couvent, et qu'il pouvoit assurer qu'il n'y étoit pas. Il répondit avec la même sagesse à plusieurs autres questions insidieuses, également sans mentir et sans rien déceler. On interrogea aussi ce vieux Chinois chrétien, qui, à cause de ses infirmités, n'avoit pas pu prendre la fuite, et que l'on avoit laissé comme un homme sans conséquence. Le bonhomme, qui ne savoit rien, ne put leur donner aucune lumière. Lassés de le tourner et retourner sans succès, pour apprendre de lui quelque chose touchant M. Tsai, ils lui firent ressentir les effets de leur mauvaise humeur, en le retenant captif pendant quelque temps, après lequel ils ne voulurent pas lui permettre de rentrer à Macao, où il trouvoit des secours abondans ; mais ils l'envoyèrent dans sa patrie, où il étoit exposé à manquer de tout.

Le conseil de Canton, qui venoit d'employer des moyens si vigoureux contre Pierre Tsai, se flattoit chaque jour de voir arriver cette victime, et de l'envoyer à l'empereur comme une preuve de son zèle. Trompé dans son espérance, et ne sachant plus comment se tirer de ce pas, il imagina de députer à Macao le chef de la justice criminelle de la province. C'est un mandarin de grande importance, et dont la dignité est fort respectée. On espéra que sa présence en imposeroit, et que tout plieroit devant lui dans cette ville, où l'on croyoit opiniâtrément que le prétendu criminel étoit caché. Ce fier mandarin y vint effectivement avec une suite nombreuse. Mais pour ne pas compromettre sa dignité, dont il avoit la plus haute opinion, il fit annoncer ses prétentions au sénat ; savoir, qu'il présideroit seul à l'assemblée du sénat, étant assis, et qu'il seroit environné des sénateurs portugais debout. Les Portugais répondirent qu'un tribunal souverain seroit avili s'ils souscrivoient à une pareille proposition. Ils lui firent même sentir combien elle étoit exorbitante. Le mandarin, qui le comprit, se rapprocha un peu. Il consentit à voir assis à ses côtés le gouverneur et le commissaire, pourvu qu'ils fussent un peu plus bas, et que les sénateurs restassent debout. Les Portugais ne l'accueillirent pas mieux cette seconde fois ; ils continuèrent à lui dire qu'ils ne consentiroient jamais que la dignité du sénat fût ainsi compromise. Le mandarin, qui avoit pris son logement dans une pagode, à un quart de lieue de la ville, renonça à venir au sénat. Il envoya à sa place des officiers chargés de renouveler en son nom les demandes qui avoient tant de fois été faites, de livrer Pierre Tsai. Ils les conclurent d'un ton impérieux, en exigeant une réponse positive dans les vingt-quatre heures.

Le sénat convoqua aussitôt une assemblée extraordinaire des notables de Macao. Les prêtres et les religieux y furent invités. Le courageux commissaire y parla comme il avoit déjà fait, avec un zèle religieux et une prudence parfaite. Il conclut qu'il falloit, même au péril de la vie, protéger les respectables persécutés ; qu'une contenance courageuse étoit nécessaire dans le moment, mais qu'il falloit aussi donner à un officier de l'importance du grand mandarin, une marque de condescendance, en faisant visiter publiquement les maisons portugaises de Macao. Toute l'assemblée loua et approuva l'avis du commissaire : elle fit répondre aux Chinois que rien n'étoit plus injuste que de rendre le sénat responsable d'une chose qui n'étoit pas en son pouvoir ; que pour lui marquer sa bonne volonté, le sénat avoit ordonné une visite générale qui alloit être exécutée ; mais que si on vouloit pousser les choses plus loin, on se défendroit vigoureusement. Le mandarin resta dans le temple d'idoles pendant que se faisoit la visite, et en attendit le succès, qui ne fut pas tel qu'il l'espéroit. On ne trouva et on ne voulut trouver aucun des dénoncés. Sa fierté chinoise fut un peu choquée à cette nouvelle, mais elle fut tout à fait déconcertée lorsqu'on lui apprit une hostilité que les Portugais avoient crue nécessaire dans la circonstance. Ils arrêtèrent un bateau chinois chargé de riz qui sortoit du port, constituèrent prisonniers, dans une frégate du roi, quelques soldats chinois qui se trouvoient dans ce bateau. D'un autre côté, la garde de la citadelle fit feu de son canon sur une barque qui sortoit aussi du port, et que l'on soupçonna pareillement chargée de riz. L'alarme se mit aussitôt parmi les Chinois. Elle fut si vive, qu'elle obligea le grand mandarin à précipiter son retour à Canton. Il y a apparence qu'elle l'y accompagna, puisque peu de jours après, le 28 octobre 1784, arrivèrent à Macao des ordres aux habitans chinois de ne point quitter la ville, et à ceux qui l'avoient désertée d'y retourner, liberté d'y porter des vivres, et même invitation à le faire. Les Portugais se félicitèrent de la conduite noble et ferme qu'ils avoient tenue, et dans peu de jours l'abondance et la tranquillité régnèrent parmi eux.

Le conseil de Canton, après avoir employé l'autorité et la force, et toujours sans succès, contre Tsai, n'avoit plus de ressource que dans la ruse. Elle fut effectivement employée. Trois chrétiens prisonniers furent envoyés pour chercher furtivement dans Macao Pierre Tsai, Barthélemy Sié et d'autres. On leur avoit promis la liberté s'ils les découvroient, et on les assuroit qu'on ne vouloit que les interroger, et qu'on ne leur feroit aucun mal. L'un d'eux, ami intime de Barthélemi Sié, que le désir de recouvrer sa liberté avoit rendu trop crédule, fit tout ce qu'il put pour satisfaire les mandarins. Il alla au couvent des Augustins, où il soupçonnoit fort qu'il s'étoit réfugié, et il ne se trompoit pas. Le Père espagnol, qui le vit venir, avant de le recevoir recommanda à Barthélemi de se cacher ; mais celui-ci, ignorant que son ami étoit captif, et comptant sur sa fidélité, ne tarda pas à se produire, et lui demanda avec empressement des nouvelles de son pays. Le prisonnier ayant exposé les circonstances où il se trouvoit, et la fin pour laquelle il étoit venu, le Père augustin lui déclara que c'étoit un crime que de servir les persécuteurs de la religion, et que l'obéissance due aux maîtres temporels ne s'étendoit pas jusqu'à être l'instrument de leur injustice. Le chrétien parut en convenir et promit de garder un secret impénétrable; mais il ne tint point parole. Le missionnaire espagnol, qui l'avoit bien prévu, fit sortir secrètement Barthélemi du couvent, et l'envoya à la maison de procure des missionnaires françois, où étoit M. Pierre Tsai depuis une quinzaine de jours.

Nous avons dit plus haut que la ville de Macao étoit peuplée d'environ quinze mille hommes, dont les deux tiers sont Chinois. Un mandarin qui fait sa résidence à Casa-Branca, dans le voisinage, gouverne cette portion d'habitans. Le rôle qu'il avoit joué depuis un mois dans les excursions des magistrats de Canton l'avoit tout à la fois couvert de confusion et livré au chagrin. Sa mort subite, qui arriva à la fin d'octobre 1784, fit soupçonner qu'il n'avoit pas voulu survivre à la honte d'avoir si peu réussi dans la recherche des chrétiens. Son successeur prit possession de sa place le 21 novembre suivant. Voulant signaler son avénement par un acte de zèle, il usa de ruse pour trouver Barthélemi Sié, qu'il croyoit encore caché dans le couvent des augustins. Il est d'usage que les mandarins de Caza-Branca, après leur installation, viennent visiter quelques-uns des principaux édifices de Macao. Celui-ci les visita, accompagné de ses officiers et satellites en grand nombre. Ensuite il se présenta avec la même escorte à la porte du monastère des augustins, feignant d'être curieux d'en voir les édifices. Le portier, qui pénétroit sa véritable intention, craignant pour deux chrétiens chinois qui se trouvoient dans la maison, refusa de lui ouvrir, et dit que le supérieur étoit absent. Le mandarin n'insista pas; mais les jours suivans, six ou sept autres envoyés de Canton firent avec lui de nouveaux efforts pour découvrir les prétendus criminels, et en particulier Barthélemi Sié. Le Père espagnol, cité devant eux, et interrogé sur ce qu'étoient devenus les chrétiens que l'on avoit vus chez lui, répondit avec fermeté qu'ils n'y étoient plus, et qu'ils n'étoient en aucune manière à sa disposition. Réponse pleine de vérité; car, dès la veille, il avoit fait sortir du couvent tous les chrétiens chinois qui y étoient encore, et ils s'étoient rendus pendant la nuit à la procure des missionnaires françois. Les mandarins, qui l'avoient d'abord traité avec beaucoup d'égards, voyant qu'ils n'en pouvoient rien obtenir, le chargèrent d'injures. Ils sommèrent aussi le gouverneur, le commissaire et le sénat de livrer Barthélemi, répétant leurs menaces en cas de refus. Les marchands chinois, dont les alarmes se renouveloient, voyant l'acharnement de leurs chefs, firent les plus vives instances; mais tout fut inutile. Les Portugais, plus fermes que jamais, résistèrent courageusement aux uns et aux autres. Les mandarins furent forcés de prendre le chemin de Canton, en y portant leur honte et leur dépit. Ils fulminèrent contre la ville, en la quittant, des menaces terribles, et lui annoncèrent la vengeance prochaine de l'empereur, qu'ils alloient instruire.

Les chefs du gouvernement portugais, voyant le danger extrême que couroient ces deux chrétiens poursuivis, prirent la résolution de les faire embarquer pour Goa. Il y avoit dans le port une frégate qui devoit appareiller au premier jour. On profita de l'occasion. M. Pierre Tsai et Barthélemi Sié se rendirent, pendant la nuit du 30 novembre, dans un bateau avancé pour cela. L'officier qui vint les prendre étoit le seul instruit de la qualité de ces passagers. Ils sortirent du port le 1er décembre 1784.

Tout ce mois de décembre et une partie de celui de janvier 1785 furent pour la ville de Macao un temps d'alarmes et de troubles. On y recevoit continuellement des nouvelles des préparatifs de guerre qui se faisoient dans l'empire contre elle. On nommoit le général de l'armée qui marchoit, le nombre des soldats qu'il commandoit, la route qu'il prenoit et le plan des opérations qu'il méditoit contre la place. Ces nouvelles étoient fondées; mais la peur grossit les objets : on les avoit enflées considérablement. Les mandarins de Canton, déterminés à employer la violence, avoient fait marcher des troupes vers Macao; mais un contre-ordre les arrêta au milieu de la route, et les fit retourner sur leurs pas. Voici la cause de ce changement : parmi les Européens qui étoient à Canton, il y en avoit deux fort connus des Chinois, et qui parloient leur langue; savoir, M. Galbert, François, et M. Mourié, Danois. Inquiets sur le succès de leur armée, les mandarins voulurent sonder ces messieurs, et connoître par leurs réponses le degré de résistance qu'on pouvoit craindre de la part des Portugais. Deux d'entre eux se rendirent à un repas ménagé pour cette entrevue avec nos deux Européens. Lorsque les domestiques furent sortis, les mandarins, supposant que M. Tsai et Barthélemi Sié étoient cachés à Macao, leur demandèrent si le sénat auroit la hardiesse de les refuser lorsqu'on les lui demanderoit à la tête d'une armée, et quelle contenance une poignée de Portugais feroit dans pareille détresse. Les deux Européens répondirent que très-assurément les Portugais prendroient les armes; que pourvus d'une bonne artillerie, ils s'en serviroient pour repousser les premières hostilités qu'on se permettroit contre eux. Ils ajoutèrent que les principes d'honneur et les lois qui guident un gouverneur de ville sont tels, qu'il mériteroit de perdre la tête s'il abandonnoit lâchement sa place, ou s'il venoit à trahir la religion en livrant ses ministres; qu'ainsi, mort pour mort, il préféreroit une fin glorieuse en combattant, à une mort flétrissante qui l'attendoit dans sa patrie. Les Chinois parurent fort étonnés de ces principes vigoureux. Ils ne manquèrent pas d'en faire part à leurs confrères, et il y a lieu de croire que le contre-ordre donné aux troupes fut l'effet de leur crainte des canons portugais.

Si tant de troubles affligèrent l'Eglise de Chine pendant l'année 1784, la Providence la consola par l'arrivée de plusieurs saints missionnaires. A la tête de ces secours si nécessaires, étoit le nouvel évêque de Pékin, M. Alexandre de Govea, portugais. Il étoit arrivé à Macao le 5 juillet 1784, et il y fut reçu avec les plus grands honneurs. Quoique jeune, il a montré tant de maturité et de si belles qualités dans les circonstances délicates où il s'est trouvé, qu'il semble avoir été envoyé par une Providence particulière à l'Eglise de la Chine dans ces temps orageux. Ce digne prélat, ainsi que les autres missionnaires françois et italiens qui sont arrivés en Chine dans le cours de 1784, ont été annoncés à l'empereur comme des mathématiciens et des artistes qui y venoient exercer leurs talens, et Sa Majesté les a admis avec empressement sous cette qualité.

M. l'évêque de Pékin quitta Macao le 14 octobre 1784, séjourna quelque temps à Canton, d'où il partit le 6 novembre suivant. Deux augustins italiens en étoient partis deux mois plus tôt. MM. Raux et Ghislain, et un Frère horloger, de la congrégation de la mission, dite de Saint-Lazare, envoyés en Chine par le souverain pontife et par la cour de France pour y perpétuer l'établissement des missionnaires françois dans le palais de l'empereur, étoient arrivés à Canton à la fin du mois d'août 1784, et ils en partirent le 7 février 1785, avec M. Conforti, missionnaire italien.

Tous arrivèrent heureusement à Pékin; les augustins, au mois de novembre 1784; M. l'évêque et sa suite, au mois de janvier 1785; M. Raux et ses compagnons, au mois d'avril suivant. Tous furent bien accueillis de l'empereur, et en reçurent les présens ordinaires comme s'il n'y avoit point eu de persécution. Les vertus et les qualités personnelles du prélat lui ont, en peu de temps, gagné tous les cœurs, et il s'est concilié l'estime et la vénération des missionnaires de toutes les nations. Il fit son entrée solennelle dans sa cathédrale, au milieu d'une chrétienté nombreuse accourue pour célébrer l'arrivée de son pasteur. M. Raux, revêtu par les deux puissances de la qualité de supérieur de la mission françoise de Pékin, y fut très-bien accueilli par les ex-jésuites françois qu'il y trouva, et ils vivent ensemble en bonne intelligence.

L'empereur voyoit avec plaisir le nombre des missionnaires européens se multiplier dans sa ville impériale, tandis qu'il persécutoit ceux qui se trouvoient répandus dans les différentes provinces de l'empire. Il faut admirer en cela les soins de la divine Providence sur cette Eglise affligée. Cette providence s'étendit aussi à protéger la marche du père d'Oxevar, franciscain espagnol, et de M. de Chaumont, missionnaire françois, qui, appelés par leurs supérieurs, se rendirent sans aucun accident à Canton, le premier du Kiang-si, et le second du Fo-kien, l'un et l'autre par des routes très-longues, à travers des périls sans nombre, auxquels il n'étoit pas, humainement parlant, possible d'échapper. Ils arrivèrent, l'un le 7, l'autre le 12 novembre.

Le père Galiana, missionnaire espagnol de l'ordre de Saint-Augustin, exerçoit son ministère à Chaokin, dans la province de Canton; mais l'orage y devint si violent et les recherches si sévères, qu'il seroit infailliblement tombé entre les mains des soldats, si le mandarin du district, homme très-humain, n'eût secrètement averti les chrétiens de le faire disparoître et de cacher les effets de religion. Les émissaires chinois s'étant transportés peu de temps après dans le lieu de sa résidence, le visitèrent; mais ils n'y trouvèrent rien de suspect. Pour tromper leur vigilance, le missionnaire s'étoit déguisé en mendiant; et s'étant associé à deux pauvres lépreux, il fuyoit de côté et d'autre. Dans ces courses, il étoit exposé à la faim, aux injures de l'air, à des fatigues extrêmes, et à des dangers continuels d'être arrêté. Il le fut même, pour quelques momens, par un soldat; mais il sut s'arracher de ses mains. Voyant ensuite qu'il ne pouvoit rester dans sa mission sans danger d'être pris, et sans exposer les chrétiens à bien des tortures, il se retira à la ville de Canton. Pendant trois jours que dura ce voyage, il ne prit point de nourriture. Il se tint caché au fond d'un bateau où il jouissoit à peine d'un peu d'air, parce que, pour se dérober à la vue des soldats qui pouvoient à chaque moment venir faire la visite, on l'avoit couvert de planches et d'un matelas. Il arriva à Canton le 18 décembre 1784.

Vers la fin du même mois de décembre, on publia à Canton un édit de l'empereur concernant les quatre missionnaires italiens et leurs introducteurs. En voici la teneur:

« La quarante-neuvième année de Kien-long, le 7 de la neuvième lune (20 octobre 1784), après midi, moi empereur, je donne ces instructions. J'ai appris qu'on a arrêté des Européens transgresseurs, sur qui on a trouvé une lettre; qu'ils ont été envoyés, pour prêcher la religion, par le procureur de Rome demeurant à Canton; que ce même procureur a chargé Pierre Tsai de les accompagner jusqu'à Siangtan, dans la province de Hounam, d'y séjourner un peu pour chercher d'autres personnes qui les accompagnassent jusqu'à Fant-ching, d'où ils devoient aller droit à Sigan, conduits par des gens de la famille Ly; que maintenant les mandarins lettrés et militaires de Hounam et de Houpé cherchent secrètement Pierre Tsai qui a envoyé des lettres, Lita, Lieul, Liwan et les interprètes qui ont fui; que l'on a donné avis avec la plus grande célérité au vice-roi de Canton, d'examiner quelle sorte d'homme c'est que ce procureur de Rome; que l'on a aussi mandé aux vice-rois de Chensi et de Kansou de faire ensemble des recherches secrètes et rigoureuses, et de surveiller cette affaire, etc. Il n'est point défendu aux Européens de se rendre à Pékin pour y exercer les arts, comme le fait voir l'ordre que j'ai donné à des officiers d'y conduire Tetien-Szu et ses compagnons, dès que Chu[1] m'a fait connoître qu'ils désiroient y venir. Cependant, les Européens ne doivent point partir pour Pékin sans en avoir prévenu les mandarins des lieux, afin qu'ils m'en donnent avis. Dans le cas présent, le procureur de Rome, sans avoir averti les chefs de la province, a envoyé furtivement des Européens dans l'intérieur de l'empire pour y porter des lettres et pour y prêcher la religion. Cette conduite est assurément contraire aux lois.

» J'ordonne à Chu et Sun[2] de faire venir le procureur de Rome à la capitale de la province, de lui faire de sévères réprimandes et de lui dire : « Vous autres qui faites profession « d'observer exactement les lois, ne saviez- « vous pas que de tout temps, quand quelques- « uns ont voulu aller à Pékin, ils ont averti les « gouverneurs des lieux de les y envoyer? « Convenoit-il donc d'envoyer secrètement des « gens dans les provinces les plus reculées « pour y prêcher la religion? Assurément cette « conduite est irrégulière. J'ordonne qu'il se « juge lui-même. »

» Quant à Chu et Sun chargés du gouvernement de la province, pourquoi ont-ils laissé au procureur de Rome la liberté d'envoyer, de son chef, plusieurs personnes portant des livres de prières et autres choses semblables pour s'introduire furtivement dans l'intérieur de l'empire et y prêcher la religion? Pourquoi ne l'ont-ils pas surveillé, instruit de ma volonté, et réprimandé? Comment n'a-t-on pas reconnu ces Européens, dont les visages sont

---

[1] Chu est le nom du vice-roi de Canton.
[2] Chu et Sun sont les noms des deux principaux chefs de la province de Canton.

si différens des nôtres ? Pourquoi sur toute leur route, depuis Canton jusqu'au Hou-Kouang, ne s'est-il trouvé aucun mandarin qui les ait examinés ? Pourquoi n'ont-ils été arrêtés qu'à Siang-Yang ? Qu'on interroge les Européens sur la route qu'ils ont tenue depuis Canton jusqu'au Hou-Kouang, qu'on examine les mandarins de ces lieux, qui ont manqué de vigilance, et que les procédures me soient envoyées.

» Puisqu'il est reconnu que Pierre Tsai, qui a porté des lettres et accompagné les Européens jusqu'à Siang-Yan, ville du Hounam, y a demeuré quelque temps, il doit encore s'y trouver. J'ordonne donc qu'on recherche promptement et avec toute la diligence possible ce transgresseur dans toute la dépendance de cette province du Hounam. Qu'on arrête aussi les autres porteurs de lettres et les interprètes, et que tous soient examinés avec soin.

» Dans la lettre qui m'a été adressée, il est dit que ces Européens alloient droit à Sigan, et que des gens de la famille Ly devoient les conduire, etc. Qu'on recherche dans tous ces lieux, et qu'on arrête ces gens appelés Ly, soit qu'ils soient chez eux, soit que de Sigan ils aient passé à Foupie. Il faut aussi examiner soigneusement à quels hommes ces Européens, envoyés au Chensi par le procureur de Rome, vouloient prêcher la religion. Qu'on les arrête, et qu'ils soient jugés. Les Européens sont de la même religion que les mahométans. Peut-être ont-ils déjà reçu des nouvelles de la rébellion [1], et ont-ils envoyé des gens au Chen-si, pour y porter furtivement des lettres ; c'est ce qu'on ne peut déterminer. Il faut donc examiner et veiller. Que cet édit soit publié, afin que tout le monde en ait connoissance. Qu'il soit transcrit et envoyé à Chu et autres, et qu'on le respecte. »

Le procureur de Rome, dont il est fait mention dans cet édit, étoit M. François-Joseph de La Tour, prêtre italien de la congrégation des Baptistains. Il remplissoit depuis plus de trois ans à Canton les fonctions de procureur de la Propagande. Il étoit secondé dans cet emploi par M. Jean-Baptiste Marchini, aussi prêtre baptistain, et l'un et l'autre étoient à Canton par la permission de l'empereur. Le conseil de Canton n'avoit osé d'abord rien entreprendre de violent contre leurs personnes.

[1] Les mahométans étaient alors révoltés contre les Chinois dans les provinces de Kiang-si et Kiang-sou.

M. de La Tour fut cependant interrogé plusieurs fois, mais avec tous les égards et la politesse dus à son caractère. On lui fournit des chaises à porteurs pour aller et venir. Ceci se passa dans le mois d'octobre 1784. Trois mois après, dans janvier 1785, on n'eut pas les mêmes égards.

Le vice-roi, porteur des ordres de l'empereur qu'il avoit été prendre lui-même à Pékin, cita M. de La Tour à son tribunal, le retint prisonnier dans la maison d'un des principaux mandarins de Canton. Là, M. de La Tour, souvent interrogé, fut toujours impénétrable, et ne voulut rien dire qui pût compromettre personne. Mais il apprit avec une profonde douleur, que tout le secret des missions étoit dévoilé au gouvernement chinois, qu'il savoit comment plusieurs missionnaires avoient été nouvellement introduits en Chine, leurs noms, leur destination, leur correspondance soit à Macao, soit dans l'intérieur de l'empire. Ces renseignemens détaillés et généraux avoient été fournis par un des domestiques de M. de La Tour, et par plusieurs lettres interceptées. Quant à M. Marchini, il fut mandé, détenu pendant deux jours, et interrogé. Ses réponses furent, qu'il n'avoit été envoyé à Canton que pour remplacer M. de La Tour en cas de mort, qu'il n'étoit chargé d'aucune affaire. Les mandarins se contentèrent de cette réponse, mais avant que de renvoyer M. Marchini, ils firent enlever les papiers qui étoient dans la maison de procure de la Propagande. C'étoit pour des Chinois un livre fermé ; il fallut avoir recours à des interprètes, et la Providence permit que le consul de France et M. Raux fussent appelés. Ils servirent à merveille M. de La Tour, en écartant adroitement les pièces dangereuses, et en interprétant favorablement celles qui furent lues. Lorsque les premières procédures furent terminées sur les lieux contre M. de La Tour, on le fit partir pour être jugé à Pékin au tribunal des causes criminelles. Il quitta Canton le 23 janvier 1785, et arriva à la capitale le 8 avril suivant, en bonne santé ; mais il fut enfermé dans une prison si fâcheuse, il y éprouva tant de misères dans tous les genres, qu'au bout de quelques semaines il mourut. Sa mort fut digne de la cause qu'il défendoit : il mourut comme un saint.

Un riche marchand chinois, propriétaire de

la maison qu'occupoit M. de La Tour à Canton, étoit, suivant les lois du pays, sa caution. N'ayant pas surveillé la conduite de son locataire, qui avoit introduit dans l'empire des missionnaires, il se trouvoit coupable, et avoit mérité un châtiment grave. Il prévit l'orage, et offrit de lui-même cent vingt mille taels, qui valent environ neuf cent soixante mille livres de notre monnoie, pour se soustraire à une plus grande peine. L'empereur accepta cette amende par un rescrit qui fut publié à Canton au mois de janvier 1785.

La tranquillité ne régna dans Macao que pendant les mois de février et mars 1785. A cette époque, les mandarins voulurent savoir le nombre des chrétiens chinois qui y étoient, leurs noms et leurs demeures. Des émissaires se répandirent de tous les côtés, mais leurs recherches furent infructueuses. Les chrétiens poursuivis se cachèrent, ou se mirent sous la protection des Portugais, en prenant les habits de cette nation. Un seul, nommé Paul, pauvre mendiant âgé de cinquante ans, homme d'une simplicité qui le faisoit passer pour un imbécile, ne prit aucune précaution. Dans sa jeunesse il avoit fait le métier de sorcier. Mais aussitôt qu'il eut entendu parler de la religion chrétienne, il voulut se faire instruire. Les premières leçons qui lui furent données le convainquirent pleinement. Transporté de joie dès qu'il connut la vérité, il renonça courageusement à ses pratiques superstitieuses, et embrassa le christianisme avec une ferveur qui ne s'est point démentie. Sa vie étoit une vie de prières; il passoit une bonne partie du jour dans les églises, et entendoit autant de messes qu'il le pouvoit. Le mandarin qui le fit arrêter l'interrogea sur sa religion; Paul répondit, sans hésiter, qu'il étoit chrétien, et qu'il vouloit toujours l'être. Il fut ensuite questionné sur la demeure de quelques chrétiens. Il répondit qu'il n'avoit d'autre occupation que de prier Dieu, et qu'il ne savoit rien de tout ce qu'on lui demandoit. Le mandarin, le prenant pour un imbécile, lui accorda sa liberté, qu'il ne demanda que pour pouvoir vaquer à ses exercices ordinaires de prières, mais il le fit arrêter de nouveau peu de jours après, et conduire en prison. Le bon Paul, trouvant Dieu partout, y continua ses prières publiquement et sans respect humain. Le mandarin lui ayant demandé pourquoi il ne prioit pas Dieu de le délivrer de la prison et des souffrances, « Je me mets peu en peine de mon corps, répondit-il, je l'abandonne aux soins de la Providence; mais pour mon âme, je travaille à la sauver en mettant toute ma confiance en Dieu. » Le mandarin s'aigrit à des réponses si capables de l'attendrir. Il ordonne à Paul d'apostasier, il le menace et le fait même suspendre par les pieds un temps considérable. Paul souffre avec patience, et ne répond que ces paroles: « J'aime mieux mourir que de renoncer à ma religion.» On ignore comment s'est terminé ce combat. Paul n'a point reparu à Macao; il est à présumer qu'il aura été renvoyé dans son pays natal, espèce d'exil usité en pareil cas.

Deux Chinois chrétiens, domiciliés à Macao, rendoient depuis longtemps aux missionnaires européens le service de les conduire dans les diverses missions de l'empire auxquelles ils étoient destinés. L'un s'appeloit Joachim, et le second Thomas. L'un et l'autre furent dénoncés aux mandarins par les dépositions des prisonniers, qui leur donnèrent des connoissances détaillées sur leurs divers voyages faits pour introduire des missionnaires. Les mandarins sommèrent le sénat de les leur livrer. Joachim étoit absent depuis le mois d'octobre 1784; il s'étoit mis à la suite de l'évêque de Pékin pour l'accompagner jusqu'en cette capitale. On put donc répondre qu'il n'étoit point à Macao; mais, quelques jours après, il arriva sur le midi à Macao, ignorant ce qui se passoit contre lui; il vit ses amis, et se produisit en public sans précaution. Le mandarin en fut instruit sur-le-champ. Il fit marcher quelques bas officiers avec des soldats pour l'arrêter; ceux-ci allèrent droit à sa maison, sans avoir prévenu le gouverneur portugais. La femme de Joachim ne leur permit pas d'y entrer, et, interrogée, elle ne se fit pas de scrupule de soutenir que son mari n'y étoit pas. Celui-ci, accoutumé aux aventures, s'étoit retiré dans l'intérieur. Le gouverneur mit autant de zèle que de vivacité à réprimer l'entreprise des Chinois sur une maison qui étoit portugaise par la femme de Joachim. Il envoya quelques soldats vers les portes de la ville, avec ordre de ne laisser entrer ni sortir aucun Chinois. Il en envoya d'autres à la maison de Joachim, pour chasser les soldats chinois qui y étoient allés sans permission. Ceux-ci s'excusèrent, disant que, regardant cette maison comme une maison chinoise, ils n'avoient pas cru qu'il leur fallût une permission pour la visiter. Le mandarin vint ensuite lui-même ; il demanda et obtint les permissions nécessaires, qu'on ne pouvoit prudemment lui refuser. Il alla aussitôt à la maison de Joachim, rencontra sa femme à l'entrée, et l'interrogea ; elle fit la même réponse qu'elle avoit faite aux soldats, que son mari n'y étoit pas. Le mandarin, soit crainte, soit politique, parut s'en contenter, et n'osa entrer pour s'assurer de la vérité ; mais il resta plusieurs heures à la porte de la maison, dans l'espérance peut-être que le chrétien se produiroit. Il dressa son procès-verbal, où il fit entrer la comparution d'un fils de Joachim, qu'on lui déclara âgé de douze ans. Il le fit écrire âgé de huit ans seulement, par un sentiment de pitié ou de politique, pour le soustraire à la prison à laquelle les mandarins supérieurs auroient pu l'envoyer jusqu'à la comparution du père. Il déclara aussi, dans ce procès-verbal, que la femme de Joachim étoit malade. Cette tricherie fut découverte quelques semaines après par une lettre des premiers mandarins de la province, qui demandèrent au sénat si la santé de cette femme étoit rétablie. Le sénat, soutenant toujours sa dignité, répondit que la santé de cette femme ne devoit aucunement les intéresser. Les Chinois ne laissèrent pas de faire de nouveaux efforts pendant plusieurs mois pour découvrir Joachim, mais ce fut sans succès.

Quant à Thomas, qui avoit aussi conduit deux missionnaires italiens à Pékin, dans les mois de septembre et octobre 1784, il se trouva à son retour exposé à un danger si évident, qu'il ne put y échapper que par une protection spéciale de la Providence. Il apprit, en passant à Canton, qu'il étoit dénoncé aux mandarins, et qu'on le cherchoit vivement. Il résolut de s'en aller secrètement à Macao ; mais dans la barque où il s'étoit mis pour faire ce trajet (qui est de trente lieues), se trouvoit un détachement de satellites envoyés à Macao pour le prendre lui et les autres chrétiens chinois qu'ils pourroient y découvrir. Il se mit à converser avec eux comme un homme qui n'a rien à craindre. Son air de sécurité leur en imposa ; ils ne soupçonnèrent rien, et ne s'avisèrent pas même de s'informer qui il étoit, où il alloit, s'il étoit chrétien, etc. Arrivé à Macao, le procureur des missionnaires françois, de qui il avoit été domestique, le reçut secrètement chez lui sans en rien dire à sa femme ; de sorte qu'elle répondit avec vérité, lorsqu'elle fut interrogée, qu'elle ne savoit pas où il étoit.

Les Chinois, persuadés qu'il étoit à Macao, eurent recours à une ruse pour le rendre odieux aux Portugais. Ils avancèrent que Thomas étoit un fripon, qu'il avoit pris une montre chez un marchand de Canton. La réputation de Thomas étoit bien établie, et l'imposture, loin de le perdre, lui procura de nouveaux soins. Deux ou trois émissaires qu'envoya le mandarin pour le découvrir, et pour obliger le procureur de la ville à le produire, s'en retournèrent comme ils étoient venus, mais ils reçurent un triste salaire de leurs courses. Le mandarin, irrité, les jugeant coupables de négligence ou de lâcheté, leur fit donner la bastonnade et les renvoya de nouveau à Macao, où ils ne réussirent pas mieux que la première fois. L'inutilité de ces démarches ne rebuta pas les mandarins : ils ne cessèrent de demander et de chercher Thomas pendant plus de neuf mois. On crut que, pour se soustraire à leurs poursuites, il devoit quitter Macao. Il s'embarqua donc, en janvier 1786, pour se rendre à Manille.

Macao et Canton n'étoient pas seules le théâtre de la persécution. On faisoit, dans toutes les provinces de l'empire, des recherches très-vives pour arrêter les missionnaires et leurs fauteurs, et ce fut avec plus de succès qu'à Macao. Les courriers de Chensi et de Chansi furent interceptés. Ceux du Su-tchuen furent plus avisés, ils retournèrent sur leurs pas et cachèrent leurs dépêches chez une famille chrétienne. D'autres, craignant de ne pouvoir soustraire les lettres des missionnaires aux recherches des mandarins, les brûlèrent ; de sorte qu'on ne savoit à Macao que ce que les gazettes ou la renommée publioient des affaires de la religion. C'est par ces voies qu'on apprit d'abord, d'une manière vague, qu'on avoit arrêté nombre de missionnaires en différentes provinces.

Mais ce qui manifesta d'une manière plus détaillée les funestes effets de la persécution, ce fut la publication du fameux arrêt prononcé par le tribunal des causes criminelles de Pékin, contre onze missionnaires, européens et chinois, et un grand nombre de chrétiens arrêtés dans les provinces de Hou-kouang, Chensi, Chansi, etc., et conduits dans les prisons de Pékin. Cet arrêt, qui avoit été précédé de toutes les informations et formalités possibles, fut présenté à l'empereur, et approuvé par lui, le vingt-septième de la première lune de la cinquantième année du règne de Kien-long, qui répond au 7 mars 1785; et peu de temps après, il fut publié dans tous les lieux un peu notables de l'empire chinois, à Canton le 8 mai 1785, à Macao le 15 du même mois.

Cette pièce, quoique longue, pleine de répétitions et de noms chinois, est trop intéressante pour ne pas trouver ici sa place. Nous la rapporterons à la fin dans son intégrité, mais nous nous faisons un devoir de nommer en cet endroit les généreux missionnaires qui y sont proscrits pour la cause de la religion.

D'abord, les quatre franciscains italiens, missionnaires de la Propagande, arrêtés les premiers dans le Hou-kouang, sont les pères Jean de Sassary, de Sardaigne; Joseph de Bientina, de Toscane; Louis-Antoine de Signa, aussi de Toscane; et Jean-Baptiste de Mandello, Milanois.

Deux autres prêtres de la Propagande, M. Gonzalvez, de Macao, et M. Ferreti, Italien, avoient été pris dans la province de Chensi. Ces six missionnaires sont condamnés, par l'édit, à une prison perpétuelle.

On avoit aussi emprisonné dans la même province M. l'évêque de Miletopolis (François Magi, franciscain milanois), ancien vicaire apostolique de Chensi et Chansi.

Son successeur dans le vicariat apostolique de ces deux provinces, M. Antoine Saconi, franciscain italien, évêque de Domitiopolis, étoit caché dans celle de Chansi. Touché des tortures que l'on faisoit essuyer à plusieurs de ses ouailles pour les contraindre à dénoncer leur pasteur, il eut la générosité de se livrer lui-même pour les délivrer, ce qui lui attira les éloges et l'admiration du vice-roi.

Ces deux évêques, ainsi que M. Simonelli dont on a déjà parlé, et sept autres chrétiens chinois terminèrent leur sainte carrière dans les prisons de Pékin avant ce fameux édit. Leur mort y est rapportée comme naturelle, mais on n'en a pas été d'abord bien convaincu à Pékin, où l'on sait que l'usage secret du poison et de la corde n'est pas rare dans les prisons de la Chine, et que l'on cache ces morts violentes sous le voile d'une maladie naturelle. Cependant ces soupçons se sont dissipés dans la suite, et on a attribué la mort de ces prisonniers aux maladies et au dépérissement causés par les cruelles tortures que plusieurs ont souffertes dans un âge très-avancé, et par les misères de tout genre qu'ils ont éprouvées dans ces prisons infectes, où ils manquoient des choses les plus nécessaires à la vie.

MM. Philippe Lieou, et Cajétan Siu, prêtres chinois; arrêtés l'un dans le Hou-kouang, l'autre dans le Chansi, sont condamnés à une dure captivité, jointe à l'exil perpétuel à Yli, en Tartarie, avec une marque imprimée sur la chair; onze chrétiens à la même peine, pour avoir introduit ou caché chez eux les missionnaires; trois autres chrétiens jugés moins coupables, seulement à trois années d'exil, précédé de cent coups de houpade; huit autres à deux mois de cangue, précédés de cent coups et suivis de quarante coups de houpade; enfin, douze simplement à cent coups de houpade.

MM. Pie Lieou le jeune, et Simon Lieou, prêtres chinois de la Propagande, sont nommés dans la procédure, mais ils n'y sont pas jugés. Arrêtés dans le Chensi, peu de temps avant l'édit, ils étoient encore en chemin lorsqu'il fut rendu. On a su, depuis, qu'ils ont été condamnés à un esclavage perpétuel, mais M. Pie Lieou est mort en se rendant au lieu de son exil.

L'édit prononce la destruction des églises chrétiennes dans toute l'étendue de l'empire, ordonne que les missionnaires européens et chinois, dont une douzaine, tant des premiers que des seconds, sont nommés, seront arrêtés, et que les mandarins qui, par leur négligence, les ont laissés pénétrer dans la Chine pour y exercer leur ministère, seront sévèrement punis.

Mais la plus fatale disposition de cet édit, celle qui montre le plus l'esprit de ténèbres qui l'a inspiré, et sa haine implacable contre la religion chrétienne qu'il voudroit anéantir dans la Chine, c'est l'ordre prescrit aux mandarins, qu'après avoir fait exécuter les peines respectives portées contre les chrétiens, ils aient encore à les forcer par de nouveaux tourmens à apostasier notre sainte religion. Plusieurs mandarins, sensibles à la voix de la nature qui se faisoit entendre en faveur de tant d'innocens, ont éludé la loi en rendant la liberté à leurs prisonniers sans leur parler de rien ; mais d'autres, plus politiques, en ont pressé l'exécution. Quantité de chrétiens, qui n'ont pas eu le courage de résister à tant d'attaques, ont apostasié, mais aussi plusieurs ont préféré les chaînes et les tourmens pour le nom de Jésus-Christ, à une liberté qu'ils n'auroient pu se procurer qu'en le renonçant.

Une tempête aussi violente porta l'effroi dans tous les cœurs. A Macao, le grand-vicaire de cette ville fit faire aussitôt des prières publiques, et ordonna à tous les prêtres de dire une oraison particulière, à la messe, pour demander à Dieu la fin de la persécution, et lui recommander les chrétiens persécutés; ce qui fut continué pendant plusieurs mois. On lut et relut l'édit avec l'attention la plus profonde ; plusieurs personnes pieuses et éclairées trouvèrent quelques points d'appui pour la religion, dans cette pièce qui paroissoit sortie de l'enfer pour la renverser en Chine : et d'abord, au lieu de marcher sur les traces des anciennes lois publiées contre les chrétiens, qui les représentent comme sectateurs d'une religion perverse, et livrés à toutes sortes d'infamies, on y dit expressément que la religion chrétienne, qu'on a examinée avec la plus grande rigueur, ne doit point être regardée comme une mauvaise religion, qu'au contraire elle porte les hommes à la pratique de la vertu. On ne lui reproche rien autre chose que de n'être pas autorisée en Chine par le souverain, et d'être annoncée par des étrangers qui se sont introduits furtivement dans l'empire. Voilà l'unique fondement des peines qu'on ordonne contre les ministres qui la prêchent et les chrétiens qui la professent. Cet édit est une loi de l'empereur, publiée avec le plus grand éclat dans toutes les parties de l'empire. Voilà une publication bien authentique d'une religion qui ne peut que gagner à être connue, et un hommage bien extraordinaire rendu à sa pureté. La plupart des païens, et même des mandarins qui ont persécuté autrefois les chrétiens en Chine, ne connoissoient notre sainte religion que par les peintures noires et odieuses qu'en ont faites les anciens édits; et voilà ce qui animoit leur fanatisme. Détrompés par celui qu'on vient de publier, il y a tout lieu d'espérer qu'il s'en trouvera fort peu qui sévissent dans la suite contre les chrétiens. L'expérience leur a appris, plus d'une fois, que leur disgrâce personnelle suivoit de près, par un jugement de Dieu, les violences qu'ils avoient exercées sur ceux qui enseignoient ou professoient cette religion.

Peu après qu'on eut prononcé l'arrêt de proscription contre les missionnaires et les chrétiens dont on vient de parler, on en envoya plusieurs autres de diverses provinces à Pékin, pour y être jugés à leur tour. De ce nombre furent monseigneur de Saint-Martin, évêque de Caradre, et coadjuteur du vicaire apostolique du Su-tchuen; MM. Dufresse, Devaut et Delpon, tous missionnaires françois des Missions Étrangères, dont les deux derniers ont terminé saintement leur carrière dans les prisons de cette capitale. Nous ne rapporterons pas ici leur histoire, nous renvoyons aux relations détaillées qu'en ont données monseigneur l'évêque de Caradre et M. Dufresse, qui seront rapportées au long ci-après.

Leur arrivée à Pékin fut suivie de près de celle des pères Atho et Crescentien, franciscains italiens, arrêtés dans la province de Chang-tong ; du père Emmanuel, franciscain espagnol, dans celle de Kiangsi, et de M. Cassius Tai, prêtre chinois de la Propagande, dans celle de Canton. On apprit à Macao leur détention, par les perquisitions que le gouvernement chinois y fit faire pour découvrir leurs introducteurs. Ces missionnaires, ainsi que tous ceux qu'on a découverts dans la suite et envoyés à Pékin, ont été condamnés, les Européens à une prison perpétuelle, et les Chinois à l'exil et l'esclavage perpétuel, comme ceux que l'édit avoit proscrits.

Au commencement de juin de 1785, on reçut à Macao les lettres si désirées de Pékin ; et ce fut M. de Grammont, ex-jésuite françois, missionnaire de Pékin, qui les porta lui-même jusqu'à Canton, où l'empereur lui avoit permis de passer quelque temps pour rétablir sa santé. On apprit par ces lettres que la persécution ne s'étoit point fait ressentir dans les Églises de la ville impériale ; que les missionnaires y exerçoient librement leurs fonctions, même à l'égard des Chinois ; que des gens malintentionnés contre la religion chrétienne, profitant de la circonstance, s'étoient avisés d'afficher dans un faubourg de cette grande ville un édit qui en proscrivoit l'exercice, mais que cette entreprise avoit été bientôt réprimée, sur la réclamation des missionnaires de la cour.

On apprit que, dès que ces missionnaires virent arriver des diverses provinces de l'empire les évêques, prêtres et chrétiens qui y avoient été arrêtés, ils présentèrent une requête à l'empereur à l'effet de pouvoir les visiter et les assister dans leurs prisons; mais que le prince, loin de les écouter, avoit rejeté avec dureté et menaces leur supplication, et ordonné une plus grande vigilance pour leur ôter toute communication avec les prisonniers.

Ces premières dépêches furent, peu de temps après, suivies de nouvelles lettres qui célèbrent la charité vraiment héroïque du vénérable père Mariano, franciscain italien, qui, pour soustraire la maison des missionnaires italiens de Pékin aux rigueurs des recherches, s'étoit livré lui-même. Voici son histoire. Il exerçoit depuis vingt-trois ans les fonctions de l'apostolat dans la province de Chang-tong, lorsque l'orage qui vint gronder de toute part sur sa tête lui fit connoître qu'il lui étoit impossible de rester caché dans sa mission. Il prit le parti d'aller se réfugier dans la ville de Pékin, mais le guide qui l'y conduisit fut arrêté à son retour, et déclara, dans les tortures, que le père Mariano étoit caché dans la maison des missionnaires italiens. La loi du pays, qui rend les hôtes responsables des personnes qu'ils reçoivent chez eux, exposoit tous les Pères de cette maison à la sévérité des poursuites. Le généreux Mariano voulut être la seule victime; il alla recevoir lui-même la captivité et les chaînes de la main des mandarins, et leur apprit, par cette démarche, de quoi est capable un cœur enflammé de l'amour de Jésus-Christ et de charité pour le prochain. Les mandarins lui ayant demandé les noms et la demeure des prosélytes qu'il avoit formés, il répondit courageusement qu'il aimoit mieux souffrir les plus cruelles tortures, et la mort même, que de rien déclarer qui pût nuire à tant de braves gens qu'il chérissoit comme ses enfans.

On apprend aussi par ces lettres que M. Adrien Tchou, prêtre chinois, avoit été pris dans la province de Chang-tong, et conduit à Pékin. Ce digne missionnaire a été élevé dans le séminaire ou collège que les missionnaires françois ont eu autrefois à Siam. Honoré du sacerdoce vers 1749, il fut envoyé au Fokien, sa patrie, pour y exercer le saint ministère. Il s'en acquitta avec zèle pendant quelques années. Jeté dans les fers en 1753, il souffrit avec constance les tortures et la captivité. Ses combats finirent alors par l'exil à perpétuité. Ce fut dans la province de Chang-tong qu'on l'envoya. Son zèle l'y accompagna; il l'y a exercé jusqu'au moment qu'il vient d'être enlevé au milieu d'un troupeau qu'il avoit formé ou entretenu dans le lieu de son exil.

On y fait mention d'une famille entière de bons chrétiens de la province de Kiang-si, qui a été arrêtée pour avoir procuré annuellement du vin à M. Tchou et à d'autres missionnaires pour les saints mystères.

On y apprend enfin que M. Dominique Licou, missionnaire chinois de la Propagande, a été arrêté dans le Chansi, conduit à Pékin et condamné, conjointement avec M. Adrien Tchou, à un exil perpétuel à Yli.

D'autres dépêches, arrivées depuis, donnent quelques détails de la persécution dans le Hou-kouang. M. de La Roche, ex-jésuite françois, octogénaire et même aveugle, y travailloit depuis longtemps. Il fut arrêté et envoyé à Pékin. Il ne put résister à la fatigue d'un aussi long voyage, et mourut en chemin. M. Lamiral, son confrère, y termina sa carrière au milieu de son troupeau, l'an 1784.

Quant à M. de Lamatthe, aussi ex-jésuite françois, missionnaire dans la même province, on ignore absolument ce qu'il est devenu; on n'a point reçu de ses nouvelles depuis longtemps.

La chrétienté du Fokien a été fort agitée dans les premiers mois de 1785. Le père François de Saint-Michel, franciscain espagnol, ne pouvant plus rester en sûreté dans le Kiang-si, où il étoit dénoncé et poursuivi, s'étoit réfugié dans le Fokien, accompagné d'un chrétien. A peine y eut-il mis le pied, qu'il fut arrêté avec son guide. Ils furent dépouillés et maltraités l'un et l'autre, et jetés dans une prison, d'où ils ne sortirent que pour être envoyés à Pékin subir leurs jugemens.

Les mandarins de cette province, persuadés qu'ils feroient leur cour à l'empereur s'ils pouvoient faire croire qu'ils avoient aboli la religion chrétienne dans une province où l'on savoit qu'elle avoit beaucoup de prosélytes, ne pensèrent qu'à se procurer une grande quantité de billets d'apostasie. Pour y réussir, quelques-uns obligèrent un grand nombre de bonzes et de païens à certifier par écrit qu'ils n'étoient pas chrétiens; d'autres, sachant qu'il y avoit des chrétiens qui aimeroient mieux mourir que de renoncer à leur religion, recommandèrent à leurs satellites de ne citer à leur tribunal que les lâches et les timides. Ils furent obéis : on n'en cita presque que de cette dernière espèce, et surtout des riches, dont on espéroit extorquer de l'argent. Plusieurs de ces chrétiens, qui ne l'étoient que de nom, signèrent sans difficulté des billets d'apostasie; quelques-uns ne le firent qu'après avoir d'abord courageusement confessé Jésus-Christ au milieu des tourmens; d'autres donnèrent de l'argent pour se rédimer. Les soldats, plus avides d'argent que de faire apostasier les chrétiens, le reçurent volontiers. Ils en employèrent une partie à payer des païens pour comparoître devant les mandarins au lieu des chrétiens qui l'avoient donné, et pour signer en leur nom des billets d'apostasie. Deux néophytes, à l'insu desquels on avoit donné de l'argent aux soldats qui étoient venus pour les prendre, ayant appris que deux infidèles avoient signé des billets d'apostasie en leur nom, firent hautement éclater leur douleur.

Non contens de désapprouver ce qui s'étoit fait, ils voulurent retirer, à quelque prix que ce fût, les billets supposés. Ils y réussirent au moyen d'une somme de cinq cents livres environ. Il y eut plusieurs autres chrétiens qui aimèrent mieux endurer les tortures et les rigueurs de la prison que de renoncer Jésus-Christ. Les mandarins, satisfaits sans doute du nombre de billets d'apostasie qu'on leur avoit présentés, accordèrent, quelques mois après, la liberté à ces généreux confesseurs de la foi.

Il y avoit alors dans cette province quatre dominicains espagnols et plusieurs prêtres chinois. Un seul de ces derniers tomba dans les mains des persécuteurs; mais, après quelques mois de prison, il fut relâché par la politique des mandarins, qui, ne voulant pas faire la dépense de l'envoyer à Pékin, feignirent ignorer qu'il étoit prêtre. La crainte d'être réprimandés eux-mêmes et de perdre leur place a été la meilleure sauvegarde des quatre missionnaires espagnols dont ils connoissoient la demeure. Une procédure dirigée contre ces missionnaires eût nécessairement fait mention du temps de leur entrée dans la province et des travaux qu'ils y avoient longtemps exercés; et dès lors les mandarins, coupables de négligence aux yeux de la loi, eussent mérité d'être déposés et punis. Celui qui commandoit un district où plusieurs étoient réunis fit tous ses efforts pour empêcher qu'ils ne fussent pris ; il donna même trois mille piastres pour n'être point inquiété à leur sujet.

M. Ly, prêtre chinois, qui est actuellement chargé du district des missionnaires françois dans cette province, y a continué tranquillement ses fonctions. Plusieurs accusations intentées contre lui n'ont point eu de suite. Il s'est trouvé quelques mandarins si bien disposés en faveur des chrétiens, qu'ils ont sévèrement puni la méchanceté de leurs ennemis, lorsqu'ils sont venus les dénoncer dans leurs tribunaux.

On n'étoit pas sans inquiétude sur le sort des chrétientés de Nankin et de Honan qui se touchent; elles forment un troupeau d'environ trente mille âmes. Un évêque accablé d'années et un seul prêtre portugais de Macao les gouvernent et les administrent. On n'en avoit reçu aucune nouvelle depuis le commencement de la persécution. Enfin, au mois de novembre 1785, arrivèrent à Canton les dépêches du vénérable prélat. C'est un ex-jésuite autrichien, nommé Godefroy de Lambec-Koven. Il est le plus ancien de tous les missionnaires qui sont dans la Chine, où il est entré en 1738. Il a célébré, au saint jour de Pâques, sa cinquantième année de prêtrise. Il écrit que la persécution n'a pas été rigoureuse dans les lieux soumis à sa juridiction; mais que, l'orage n'étant pas encore passé, il est obligé de se tenir sur ses gardes en supprimant ses courses ordinaires pour l'administration des chrétiens, et se bornant aux malades.

Après avoir rapporté les ravages que la persécution a faits dans les différentes provinces de l'empire, nous reprenons la suite de ce qui est arrivé à Macao. On craignit que les Chinois ne voulussent obliger le sénat de leur livrer le procureur des missionnaires françois. Voici le fondement de cette crainte : des émissaires, envoyés secrètement à Macao, s'informèrent du *comprador* ou maître-d'hôtel chinois de M. le consul de France, combien on dépensoit, par jour, de pain, de viande, et autres provisions dans la maison du prêtre françois. Un Chinois, son boulanger, fut aussi interrogé, et il fut si intimidé qu'il ne voulut plus retourner dans la maison du procureur, pas même pour répéter un peu d'argent qui lui étoit dû.

Ces recherches secrètes n'ayant pas procuré les éclaircissemens qu'on désiroit, le mandarin de Casa Branca fit arrêter le maître-d'hôtel chinois du gouverneur portugais, et celui du consul de France; il les interrogea, et retint ce dernier en prison.

Bientôt après, il cita à son tribunal les principaux artisans chinois qui étoient à Macao, leur fit subir un interrogatoire, et n'étant pas satisfait de leurs réponses, il fit donner la bastonnade à un grand nombre. Il leur défendit ensuite, et à tous les autres ouvriers chinois, de travailler pour les Portugais, et, en conséquence, la plupart des artisans et des portefaix qui peuploient Macao prirent le parti de s'en aller. Cette défense fit beaucoup de tort à un grand nombre de personnes; le sénat lui-même, qui faisoit bâtir un édifice considérable, se vit obligé de le laisser imparfait et à découvert pendant un mois, parce qu'il ne se trouvoit pas un seul ouvrier qui osât y mettre la main.

Les mandarins supérieurs avoient aussi ordonné d'empêcher qu'on introduisît des vivres dans Macao. Cette ville eût été réduite aux abois en peu de jours si on avoit exécuté cet ordre; mais le mandarin de Casa Branca, prévoyant les troubles qui pourroient s'ensuivre, et qui ne manqueroient pas de retomber sur lui, obtint, par ses représentations, la révocation de cet ordre.

On ne savoit à quoi attribuer cette conduite des Chinois, lorsqu'on vit arriver à Macao, le 21 juin 1785, un grand nombre de mandarins qui avoient à leur tête le juge criminel de la province de Canton. Ce magistrat, homme considérable dans le pays, étoit fort délicat sur les honneurs dus à sa dignité. Avant que d'entrer dans la ville, il fit part au sénat de ses prétentions, qui n'étoient pas médiocres. Il demandoit que lorsqu'il s'approcheroit de la ville, à cheval ou en palanquin, le sénat en corps et le gouverneur vinssent au-devant de lui à pied hors de la porte. On lui répondit très-négativement, et il fut obligé de se contenter de son cortège chinois et de deux députés que le sénat voulut bien envoyer à sa rencontre. Ce fier mandarin déclara au sénat que l'empereur étoit instruit, par la confession des chrétiens captifs à Pékin, que Pierre Tsai étoit caché dans la ville, et qu'il réclamoit de sa part ce sujet rebelle. Le sénat répondit qu'il n'étoit pas à Macao:

« Sachez, ajouta le mandarin, que si vous vous obstinez maintenant à le tenir caché, il sera infailliblement découvert tôt ou tard, et alors on l'obligera à tout révéler; s'il déclare que la ville de Macao l'avoit tenu caché, le vice-roi de Canton en portera ses plaintes au gouverneur général de Goa, ou même l'empereur les siennes au roi de Portugal. » La fierté chinoise ne s'étoit jamais rabaissée à ce point. Jusqu'ici les Chinois avoient souvent menacé de tirer vengeance par eux-mêmes de la ville de Macao, mais jamais ils n'avoient parlé de recourir pour cela à Lisbonne ou à Goa. L'on vit, dans cette rencontre, que la bonne contenance des Portugais leur avoit imposé, et que s'ils mirent tant d'appareil dans leurs perquisitions, ce fut pour faire valoir à la cour leur zèle. Ils terminèrent leur opération par faire afficher une seconde fois l'édit du 5 mars 1785, et se retirèrent sans faire mention de M. Descourvières, procureur des missionnaires françois. Cependant les mandarins de Canton étoient instruits qu'il avoit envoyé plusieurs missionnaires européens dans la province du Su-tchuen, et qu'il entretenoit encore avec eux une correspondance continuelle. Ils avoient forcé quelques chrétiens, détenus dans leurs prisons, de leur déclarer son nom et la maison où il demeuroit. Ils ont eu de forts soupçons; il est même probable qu'ils ont su positivement qu'il avoit donné retraite au fameux Pierre Tsai et à d'autres chrétiens recherchés par ordre de l'empereur.

Non moins criminel à leurs yeux que le procureur de la Propagande, qu'ils avoient envoyé prisonnier à Pékin, ils l'eussent vraisemblablement traité de même, s'ils l'avoient eu en leur disposition. Leur embarras étoit de le tirer hors de Macao. Pour y réussir, ils crurent devoir d'abord s'assurer par l'aveu même du sénat, que M. Descourvières y étoit encore. Ils donnèrent donc ordre au mandarin de Casa Branca de se transporter à Macao, de faire comparoître Pierre Tching, interprète du sénat, et Descourvières, Européen, procureur, demeurant à la maison Brûlée (c'est le nom que les Chinois donnent à la maison de procure des missionnaires françois), et de s'assurer par leur témoignage si Paul Tching (ancien domestique de cette maison) est véritablement mort de maladie, et si Jean Steiner (prédécesseur de M. Descourvières) étoit retourné en

Europe. Ils lui ordonnèrent, en outre, de s'informer secrètement si Étienne Tang et Louis Lieou (chrétiens chinois de la mission du Sutchuen) n'étoient pas cachés dans Macao. Ils ajoutoient qu'après que cet ordre auroit été exécuté, l'affaire seroit examinée de nouveau par les mandarins supérieurs. Ces dernières paroles ont fait croire qu'ils se proposoient de faire venir ensuite à Canton ceux qu'ils avoient ordonné d'interroger à Macao.

Le mandarin donna avis de ces ordres au procureur de la ville, et il ajouta qu'il se rendroit à Macao le lendemain 27 juin, pour les exécuter. Le procureur de la ville, qui avoit pris les ordres du gouverneur, envoya l'interprète du sénat à M. Descourvières, pour l'avertir de ne point se produire devant le mandarin, et pour lui faire part de la lettre qu'il en avoit reçue.

On y avoit écrit, en langue mandarine, *Less-cou-vi*, au lieu de *Descourvières*, le défaut des lettres *d* et *r* dans cette langue ne permettant pas de l'écrire exactement ; mais l'interprète prononça ces termes suivant le patois de la province de Canton, ce qui défigura tellement ce nom, qu'il n'étoit plus possible de le reconnoître. En conséquence, M. Descourvières lui dit, comme il le pensoit alors, que ce n'étoit pas là son nom.

Aussitôt que le mandarin fut arrivé à Macao, le procureur de la ville, instruit par l'interprète, lui déclara que l'Européen qui demeuroit actuellement à la maison Brûlée n'étoit pas celui qu'il avoit nommé dans sa lettre d'avis, et que ce nom lui étoit même tout à fait inconnu. Il ajouta que les Européens résidant à Macao étoient sous la protection du gouverneur, et que s'il vouloit en interroger quelqu'un, il falloit lui en demander la permission. Le mandarin, qui étoit brouillé avec le gouverneur, n'avoit garde de se soumettre à lui demander des permissions. Il aima mieux dresser son procès-verbal de manière à persuader aux mandarins supérieurs que le procureur françois étoit repassé en Europe. Il porta lui-même ce verbal à Canton, et là il fut élevé à un grade supérieur, de sorte qu'il ne revint plus à Macao.

Cependant les habitans de cette ville n'étoient pas fort tranquilles, surtout lorsque après une interprétation plus exacte de la lettre du mandarin, on y eut reconnu le nom de M. Descourvières tel qu'il pouvoit être écrit en lettres chinoises. Le nouveau mandarin de Casa Branca pouvoit aisément s'assurer de la fausseté de ce que son prédécesseur avoit avancé, et en avertir ses supérieurs pour leur faire sa cour. Il n'avoit qu'à interroger cette multitude de païens qui peuplent Macao ; la plupart connoissoient le procureur françois et savoient que celui qui habitoit dans la maison désignée étoit encore le même que les années précédentes. La terreur étoit si grande à Macao, que s'il y avoit eu quelques moyens d'en sortir, on auroit engagé le procureur françois à se réfugier ailleurs ; on voulut même faire repartir sur-le-champ pour Manille une barque de cette colonie espagnole, que la tempête avoit obligée de se réfugier à Macao, et y faire embarquer M. Descourvières ; mais la chose ne fut pas possible, et il fallut attendre la saison ordinaire du départ des vaisseaux pour l'Europe. Au mois de novembre suivant, les mandarins de Canton ordonnèrent de nouveau de rechercher et d'emprisonner tous les chrétiens. Ils firent afficher plusieurs placards qui en désignoient particulièrement onze, introducteurs des Européens en Chine, et promettoient des récompenses à ceux qui découvriroient le lieu de leur retraite. Comme M. Descourvières avoit donné asile chez lui à cinq de ces chrétiens qu'on recherchoit avec tant d'opiniâtreté, la terreur ne fit qu'augmenter à Macao, et on se persuada de plus en plus qu'il n'y avoit d'autre moyen d'assurer la tranquillité de la ville que d'en éloigner le procureur françois et les chrétiens persécutés. Le vicaire général, le gouverneur et les sénateurs de Macao, et même le consul de France le pressèrent de profiter des vaisseaux qui alloient partir. La nouvelle qu'on a apprise dans la suite que l'empereur avoit fait sortir les missionnaires européens des prisons n'a pas fait changer cette résolution, parce que la grâce accordée à ces prisonniers ne diminuoit rien de la rigueur à poursuivre leurs introducteurs. D'ailleurs, comme on croyoit que ces prisonniers européens seroient renvoyés à Macao, il y avoit lieu de craindre qu'on ne les obligeât à déclarer la correspondance qu'ils y avoient, et la maison où ils y avoient logé autrefois. Pour la même raison, M. l'évêque de Caradre, écrivant de Pékin, après sa délivrance, à M. Descourvières, lui marquoit qu'il étoit nécessaire qu'il sortît de Macao. Il quitta donc cette ville à la fin de janvier 1786, et laissa en sa place un missionnaire qui changea de maison, et ne devoit paroître qu'en habit de laïque.

M. Pierre Tsai, Barthélemi Sié et Thomas Tsieou, dont on a parlé plus haut, étoient du nombre de ces cinq chrétiens réfugiés chez M. Descourvières, dont les noms se voyoient en gros caractères dans les placards affichés à Canton. Les deux autres étoient Étienne Tang et Louis Lieou.

Étienne Tang, acolyte et catéchiste du Su-tchuen, dénoncé comme introducteur de M. Devaut, missionnaire françois, et comme ayant prêté son nom pour l'achat de la maison des missionnaires, courut plusieurs dangers dans sa patrie, auxquels il échappa heureusement. S'y voyant continuellement poursuivi, il jugea qu'il ne pouvoit y rester sans s'exposer au danger évident d'être pris. Il en sortit donc, parcourut plusieurs provinces, et arriva enfin à Canton accablé de fatigues et de misères. Il y demeura plusieurs jours sans savoir à qui s'adresser; mais la Providence lui ménagea la rencontre d'un officier françois. Il lui fit entendre comme il put, par quelques mots latins ou portugais, qu'il fuyoit la persécution, et qu'il y avoit plusieurs missionnaires françois arrêtés dans la province du Su-tchuen. Le François, qui ne le comprenoit qu'à demi, l'adressa à M. de Grammont, qui l'accueillit avec charité, et lui fournit ce qui lui étoit nécessaire. On jugea qu'il seroit téméraire de le garder à Canton, ou de l'envoyer à Macao, parce qu'il y étoit recherché. Ainsi, lorsqu'il fut remis de ses fatigues, et qu'on l'eut pourvu des habits et de l'argent nécessaires, il partit pour se rapprocher du Su-tchuen, espérant trouver un asile dans les confins de cette province, jusqu'à ce qu'il pût y rentrer; mais il n'étoit pas sorti de celle de Canton, que le bateau qui le portoit fit naufrage. Il ne put sauver que sa personne : dénué de toutes choses, il revint sur ses pas. Il trouva auprès de messieurs de Grammont et Marchini les secours et les consolations nécessaires. Après quelque temps de repos, il hasarda le voyage de Macao, qui lui réussit très-bien. Il se rendit dans la maison du procureur françois, où il demeura caché depuis le commencement d'octobre jusqu'à Noël. Il se rendit alors à Canton, d'où il partit au mois de janvier 1786, avec Louis Lieou, l'un des courriers de la maison du Su-tchuen.

Ce chrétien, quoique nommément dénoncé et avec signalement dans sa patrie et sur les routes qu'il devoit tenir, n'a pas interrompu ses voyages ordinaires. Il avoit porté, au commencement de 1785, des secours d'argent au Su-tchuen. Il revint à Canton le 8 décembre de la même année, de Canton passa à Macao, qu'il quitta en janvier 1786. Une providence bien marquée a pu seule le dérober aux dangers sans nombre semés sur ses pas. En arrivant à Canton, il porta ses dépêches chez M. Marchini. Il ignoroit que ses domestiques étoient des espions placés par les mandarins ; par bonheur ils étoient absens. Il déposa les gros paquets dont il étoit chargé, et se retira sans avoir été aperçu. Peu de jours après, il se rencontra à Canton dans la même auberge avec les espions qui le cherchoient. Un d'eux le questionne et lui présente la liste des chrétiens qu'il poursuit. Lieou y lit son nom sans se déconcerter ; il affecte un air d'indifférence qui donne le change aux satellites. « Ce ne sont pas mes affaires, dit-il, comment voulez-vous que je connoisse ces gens-là? » L'espion se retire sans concevoir le moindre soupçon.

La divine Providence assista pareillement un écolier du Su-tchuen qui venoit de Canton chez M. Descourvières, au mois de janvier 1786. En arrivant à Macao, il rencontre le mandarin, qui lui demande où il va. Je connois quelqu'un dans la ville, répond-il ; je ne puis indiquer sa demeure, je vais le chercher. Le mandarin oblige le batelier qui l'avoit amené à le suivre partout avec un soldat. L'écolier parcourt la ville pendant une demi-journée, sans vouloir approcher la maison du procureur françois. Voyant qu'il ne peut se débarrasser de ses espions, il se détermine à retourner à Canton. Il va donc trouver le mandarin, et lui dit qu'il n'a pas rencontré la personne qu'il cherche, et qu'il va repasser à Canton sur le bateau qui l'a amené. Le mandarin, qui avoit déjà arrêté ce bateau, lui laisse la liberté d'aller où il voudra dans Macao, sans le faire suivre. L'écolier dépose son paquet dans un autre bateau, et s'en va seul à la maison du procureur françois, et à la nuit, il conduit un chrétien chinois pour aller chercher son paquet. Par ce moyen il évita le danger qu'il couroit d'être arrêté, si le mandarin s'étoit aperçu qu'il alloit chez M. Descourvières.

L'expérience apprend que la main de Dieu s'appesantit ordinairement d'une manière sensible sur les persécuteurs de la religion chrétienne. Plusieurs mandarins, qui trouveroient quelque avantage à la persécuter, sont souvent arrêtés par cette considération. La vengeance divine vient d'éclater encore dans cette dernière persécution. La famine a dévasté sept à huit provinces de la Chine, et précisément celles où la persécution a été plus allumée : à savoir le Hou-kouang, où les quatre missionnaires italiens, et deux autres, l'un François, l'autre Chinois, ont été arrêtés avec quantité de chrétiens, dont plusieurs, vaincus par la violence des tourmens, ont apostasié. Le Chensi et le Chansi, où deux évêques et deux missionnaires européens, quatre prêtres chinois, ont été pris et cruellement tourmentés ; Changtong, où trois missionnaires européens, un prêtre chinois et beaucoup de chrétiens ont été chargés de chaînes ; le Fokien, où l'on a exigé par toutes sortes de voies des billets d'apostasie. La famine n'est pas seulement dans l'empire chinois le fléau du peuple, qui n'a pas de ressources pour subsister ; elle est ordinairement funeste aux mandarins ; les émeutes populaires causées par la disette des vivres sont mises sur leur compte, et ils perdent leurs charges.

Mais c'est sur le tribunal qui a prononcé l'arrêt du 7 mars 1785, qu'il semble que la vengeance divine a éclaté d'une manière particulière. Peu de temps après l'arrêt rendu, la cause d'un mandarin qui avoit tué sa femme fut portée à ce tribunal suprême. Le jugement déchargea l'époux homicide ; mais, quelque voilée que fût l'intrigue, le frère de la femme assassinée trouva moyen de faire parvenir la vérité des faits au pied du trône. Elle produisit une indignation si vive dans le cœur de Kien-long, que tous les individus de ce conseil en ressentirent les effets.

Le président, qui est un des premiers ministres de l'empire fut disgracié et privé de tous ses appointemens pendant dix années. Tous les conseillers en furent privés jusqu'à nouvel ordre, déchus de trois degrés de leur dignité, et six d'entre eux condamnés à un exil et un esclavage perpétuels, dans le même pays où, peu de temps auparavant, ils avoient envoyé les prêtres chinois et les chrétiens qui avoient introduit ou caché chez eux les missionnaires européens. Cette nouvelle a été publiée à Canton, au mois d'août 1785, dans la gazette de Pékin.

Cette même gazette fait mention d'un édit que l'empereur a donné contre une certaine secte appelée *Ma-la*. Il traite les fauteurs de cette secte de brigands et de vils esclaves, et dit : « Si la religion chrétienne des Européens a été poursuivie avec tant de sévérité, combien moins ces vils esclaves, ces brigands, doivent-ils être épargnés ! Mais, ajoute le monarque, les mandarins, exécuteurs de mes ordonnances, n'en saisissent point l'esprit : les uns les excèdent par une sévérité outrée, les autres ne font pas même ce qu'elles prescrivent. » Par ces paroles, au jugement de ceux qui connoissent le style de la cour, l'empereur sembloit désapprouver la sévérité excessive avec laquelle plusieurs mandarins avoient poursuivi les chrétiens.

Cependant on a appris ensuite que les nouvelles instances qu'osèrent se permettre auprès de lui M. de Ventavon et deux autres missionnaires, l'aigrirent si fort, qu'il fit des menaces et défendit qu'on lui parlât davantage de ces prisonniers. Mais la charité industrieuse de ces messieurs trouva le moyen, à force d'argent, de pénétrer dans les prisons où étoient détenus les missionnaires, et, par des chrétiens affidés, elle leur procura les vêtemens, la nourriture, et toutes les consolations dont leur état les rendoit susceptibles. On vit alors se renouveler dans les prisons de Pékin le touchant spectacle des premiers siècles du christianisme ; la paix et la joie dans le séjour de la tristesse et du désespoir, la liberté dans les fers, les persécuteurs chéris, et les chaînes portées pour le nom de Jésus-Christ, baisées et respectées. Les lettres du père Adéodat et de M. Raux, écrites de Pékin, vont prouver que nous n'exagérons rien.

EXTRAIT
D'UNE LETTRE DU PÈRE ADÉODAT,
AUGUSTIN ITALIEN, MISSIONNAIRE RÉSIDANT A PÉKIN,

A M. MARCHINI,

PROCUREUR DE LA PROPAGANDE A CANTON.

11 juillet 1785.

A présent, nous pouvons écrire à nos confrères prisonniers, et nous recevons de leurs lettres, qui respirent en tout la plus parfaite conformité de cœur à la volonté de Dieu, et un courage toujours prêt à souffrir de plus en plus pour notre sainte religion ; de sorte qu'ils nous inspirent bien plus les sentimens d'une sainte envie que ceux de la compassion. Une seule chose les afflige, c'est de se voir privés de la sainte eucharistie, qu'ils désirent avec ardeur ; mais il est absolument impossible de les satisfaire à présent en ce point : nous ne pouvons approcher d'eux, et les prêtres chinois, pénétrés de crainte, sont cachés en différens lieux. Si dans la suite Dieu dispose autrement les choses, on leur procurera cette consolation, pourvu qu'ils ne meurent pas auparavant ; car, excepté le père Mariano et le père François de Saint-Michel, tous se portent fort mal, surtout le père Atho[*] et M. Ferreti. Ils ont tous les jambes enflées, ils sont foibles, pâles, mais cependant joyeux et tranquilles, etc.

LETTRE DE M. RAUX,
LAZARISTE,
SUPÉRIEUR DES MISSIONS FRANÇOISES DE PÉKIN,

AU PROCUREUR DES MISSIONS ÉTRANGÈRES
A MACAO.

Le 22 juillet 1785.

Monsieur,

Je sais quelle doit être votre peine ; si c'est la soulager que de la partager, je dois la diminuer de beaucoup. Prier Dieu, adoucir le sort des vénérables confesseurs de Jésus-Christ, c'est tout ce que nous pouvons faire ici. Les apologies et les représentations, tout a été sans succès. Douze missionnaires, huit Italiens, deux François et deux Espagnols annoncent, par leur patience et par une certaine joie au milieu des fers, la sainteté et la force de Jésus-Christ et de son Évangile. Les deux François sont monseigneur de Caradre et M. Dufresse. M. Devaut est mort le 3 juillet, vers les quatre heures du matin. Le cher M. Delpon est allé aussi en paradis, le 8 du même mois, vers les cinq heures du soir. Leur mort, disent ceux qui en ont été témoins, nous a inspiré de l'envie et non de la tristesse. *Eorum mors non mœstitiæ, sed invidiæ ansam præbuit.* Quant à nous, tout va bien. Nous sommes arrivés à Pékin le 29 avril, sans accident. La paix règne dans cette Église. Nos affaires avec MM. les ex-jésuites vont aussi bien que nous aurions pu le désirer. Notre présentation à l'empereur s'est faite à l'ordinaire, et ce prince nous a fait les présens d'usage. La liberté des églises de cette ville n'est point du tout troublée. Nous sommes tous en bonne santé, Dieu merci. Priez pour nous, et croyez que personne n'est plus que moi, avec respect et sincère attachement, *in visceribus Christi,* etc.

Après les menaces de l'empereur, les missionnaires des églises de Pékin n'osoient plus espérer la délivrance des Européens prisonniers ; cependant, au moment qu'on y pensoit le moins, le 10 novembre 1785, on vit paroître à Pékin un décret que l'empereur avoit prononcé la veille, par lequel il rend la liberté aux missionnaires européens et leur permet de rester dans les églises de Pékin, ou de retourner à Canton. Mais les missionnaires et les chrétiens chinois envoyés en exil ne reçurent aucune grâce.

Nos généreux confesseurs de la foi écrivirent de Pékin des relations détaillées qu'ils envoyèrent à Macao, et que nous rapporterons ci-après. Ils arrivèrent eux-mêmes à Canton le 11 février 1786. Nous mettrons aussi le peu qu'ils ont écrit de cette dernière ville.

---

[*] On a appris dans la suite la mort de ce père Atho, arrivée le 28 octobre 1785.

RELATION

DE LA PERSÉCUTION EXCITÉE CONTRE LA RELIGION CHRÉTIENNE DANS LA PROVINCE DE SU-TCHUEN, EN CHINE, EN 1784 ET 1785,

PAR MONSEIGNEUR POTTIER,

ÉVÊQUE D'AGATHOPOLIS,
VICAIRE APOSTOLIQUE EN LADITE PROVINCE,

ADRESSÉE AU PROCUREUR DES MISSIONNAIRES FRANÇOIS A MACAO.

Du 30 août 1785.

Comme on a dénoncé à Canton l'entrée de M. Delpon au Su-tchuen, et que nous ne vous avons pas écrit l'an passé, vous avez pu en conclure qu'il y avoit ici persécution, ainsi que dans toutes les autres provinces de Chine : vous deviez d'ailleurs en être déjà instruit par l'affaire que le gouvernement chinois vous aura sans doute suscitée au sujet de notre mission ; cependant, parce qu'il y a plusieurs circonstances que vous ne pouvez connoître que de notre part, j'ai cru devoir vous exposer les principaux faits qui se sont passés ici, depuis le commencement de la persécution.

Dans le courant d'octobre 1784, étant occupé à l'administration de mes chrétiens, j'appris qu'il y avoit persécution à la capitale de la province ; que l'origine de cette persécution venoit de la prise de quatre missionnaires italiens, et que les mandarins avoient reçu ordre de l'empereur de rechercher s'il y avoit des Européens dans la province, et d'arrêter quelques Chinois dénoncés.

J'étois dans un lieu où les chrétiens ont réputation au prétoire ; c'est pourquoi je pris le parti de suspendre pour un temps l'administration commencée, et de me retirer dans un endroit plus désert, où je pourrois être plus à couvert des recherches ; car il falloit se précautionner davantage contre l'imprudence des chrétiens, dont plusieurs parlent à tort et à travers, que contre les gentils, qui ne nous connoissent guère, surtout comme étrangers.

Je partis avec mon catéchiste ; et, après deux jours de chemin, j'arrivai secrètement et de nuit dans une petite chrétienté. A peine fus-je entré, qu'on m'annonça que, le jour précédent, le père de famille et plusieurs autres chrétiens avoient été appelés à la ville de ce district. Ayant su néanmoins que ces chrétiens, contre l'usage ordinaire, n'avoient point été enchaînés, et que les satellites n'étoient pas même entrés dans les maisons, je jugeai qu'il n'y avoit rien à craindre pour le moment, et que je pouvois m'y tenir caché jusqu'à ce que je fusse instruit du tour que prendroit cette affaire. En effet, quelques jours après, ces chrétiens furent mis en liberté ; ils avoient souffert cependant vingt coups de houpade pour le saint nom de Dieu. Comme je voyois qu'ils n'avoient plus d'inquiétude, j'entrepris l'administration des chrétiens de cet endroit ; et, mon ouvrage fini, je me rendis ensuite sur de grandes montagnes, à trois journées de chemin, pour visiter dix à douze familles qui y exercent l'agriculture. Là, on me dit que M. Benoît, l'un de nos prêtres chinois, avoit été, dans le cours de son administration, trahi et dénoncé, dans un prétoire de la partie du nord, par un misérable qui feignoit vouloir embrasser la religion ; qu'il avoit souffert une cruelle torture, reçu beaucoup de soufflets et d'autres coups, et qu'ensuite il avoit été jeté dans la prison, avec d'autres nouveaux chrétiens, dont quelques-uns avoient enduré les mêmes tourmens. Peu après cet événement, la persécution présente est arrivée ; ce qui a engagé le gouverneur à ne pas l'élargir. Jusqu'à ce temps-ci, voilà un an accompli. On lui a bien proposé de le renvoyer, mais à condition qu'il donneroit un écrit d'apostasie ; et, sur son refus constant, on le retient toujours dans le même état, jusqu'à ce que le jugement de l'empereur ait été donné définitivement.

J'appris que la persécution se ralentissoit à la capitale, qu'elle étoit même sur le point de cesser entièrement, et que, bien loin de tourmenter les chrétiens, les gouverneurs les traitoient avec humanité : cette bonne nouvelle calma un peu mes inquiétudes, et m'inspira la confiance de revenir dans le district d'où je m'étois retiré. J'y arrivai après trois jours de chemin, et y repris l'administration. J'appris alors que le voyage des courriers, partis d'ici au commencement d'octobre 1784, pour Canton, avoit manqué, et qu'ils étoient de retour à la capitale de cette province ; car, étant arrivés au Hou-kouang, ils virent que la persécution y étoit vive : on leur dit encore qu'elle n'étoit pas moins vive à Canton, que tout y étoit en feu, ce qui les obligea de retourner au Su-tchuen. L'un d'eux, nommé Jean, et frère d'un ancien courrier, nommé Baptiste, ayant su qu'il étoit compromis dans la persécution actuelle, alla rejoindre M. de Caradre, sur notre montagne, où ce prélat attendoit de jour en jour la fin des affaires, pour se rendre dans une autre partie de la chrétienté. En effet, le terme n'en paroissoit pas éloigné, et je me flattois moi-même d'une paix prochaine : j'estimois ma mission plus heureuse que celle du Chensi, où l'on a pris, dit-on, huit ou neuf missionnaires, au nombre desquels est l'évêque mon consécrateur; on ajoute que la petite église où se fit la consécration a été détruite de fond en comble par le gouvernement.

C'est dans cette douce espérance que je vaquois tranquillement à mon ministère, lorsque Dieu, voulant nous éprouver et nous faire souffrir avec Jésus-Christ, changea les choses, d'une manière que personne n'avoit prévue.

Le second jour de février 1785, un chrétien arriva de la montagne, et me remit une lettre que m'écrivoit M. de Caradre : elle étoit datée du 1er, et me faisoit savoir que le gouverneur avoit envoyé de petits mandarins et des soldats espions, pour découvrir et prendre les Européens; que ces espions, à sept ou huit lieues de la capitale, avoient rencontré un chrétien, qu'ils connoissoient apparemment pour tel par le témoignage d'un gentil; que, le fouet à la main, ils lui avoient demandé s'il connoissoit quelque Européen; que ce chrétien, homme fort simple et timide, avoit déclaré qu'il y en avoit un, nommé Fong (nom chinois de M. de Caradre), et son catéchiste, nommé Étienne Tang; qu'il les avoit entendus prêcher dans les grandes fêtes célébrées chez trois familles qu'il nomma, et que cet Européen étoit actuellement sur la montagne qu'il avoit achetée : il ajouta que la sœur du catéchiste Tang et d'autres tenoient des écoles de filles, et beaucoup d'autres choses qu'on ne lui demandoit pas : il dit encore que le catéchiste étoit pour lors chez cette famille. J'ai su ensuite que l'on enchaîna ce chrétien, et qu'il fut livré aux mandarins. Les espions se divisèrent en deux bandes, et appelèrent à leur secours un bon nombre de satellites. L'une de ces bandes devoit prendre le catéchiste Tang, et l'autre M. de Caradre. Les premiers se transportèrent chez la famille dénoncée, et entrèrent dans la maison, les armes à la main. Le catéchiste y étoit; mais il se glissa si adroitement dans l'étable des buffles, et s'y tint si bien caché, que les soldats ne l'aperçurent point : ils sortirent de la maison pour le chercher ailleurs, et, à la faveur de la nuit, le catéchiste s'évada[1].

La seconde bande, composée de cinquante à soixante personnes, y compris trois ou quatre mandarins, se transporta successivement chez les trois familles désignées : ils fouillèrent partout, sans trouver celui qu'ils cherchoient; car il étoit pour lors sur la montagne, à trois bonnes journées de distance. Ils enchaînèrent seulement deux chefs de famille, et les envoyèrent à la capitale; mais chez le chef d'une de ces trois familles, qui s'étoit enfui, ils trouvèrent un calice d'argent et une boîte à hosties. Ces deux objets furent envoyés à la capitale, ce qui força le maître de la famille à se produire devant le juge, pour lui rendre compte d'où venoit et à qui appartenoit ce qu'on avoit pris chez lui. Il sut trouver moyen de ne point dénoncer le missionnaire à qui cela appartenoit; mais il reçut vingt soufflets bien appliqués, et fut obligé de demeurer pendant un certain temps, les genoux nus, sur une chaîne de fer. Le calice appartenoit à M. Florens, qui étoit caché chez cette même famille, dans un trou qu'on avoit creusé en terre, où il resta une nuit et un jour. Les chrétiens avoient ménagé ce trou dans la chambre même du missionnaire; et, pour le mieux cacher aux prétoriens, on avoit allumé du feu sur l'entrée.

Il y a quelques faits qui regardent M. Florens, et que j'ai appris de lui-même. Au commencement de la persécution, et avant que M. de Caradre fût dénoncé, ce cher confrère, ayant su que les satellites alloient se répandre partout où il y avoit des chrétiens, pour rechercher M. Paul Sou et quelques conducteurs des missionnaires, pris au Hou-kouang, craignit, et les chrétiens chez qui il étoit, qu'on ne vînt à le découvrir. C'est pourquoi il se mit dans un bateau, et chaque jour il descendoit et remontoit la rivière, travesti en marchand,

---

[1] Ce même catéchiste a raconté à Macao la manière dont il a encore échappé une autre fois à un danger semblable. La maison où il étoit étant toute environnée de satellites ou soldats qui venoient pour le prendre, et n'y ayant aucun endroit où il pût demeurer caché, il sortit d'un air tranquille, comme s'il n'avoit rien à craindre, et passa à travers des satellites qui ne pensèrent pas même à l'arrêter, ne soupçonnant pas que ce fût celui qu'ils cherchoient.

(*Note de l'ancienne édition.*)

avec un chrétien qui fait le commerce : il couchoit la nuit sur le rivage, sous une tente construite de bambous. Dix jours s'étant ainsi passés, il se réfugia, pendant un mois, chez une famille chrétienne ; puis il changea encore de demeure, et fut, à l'insu des chrétiens, chez la famille où le calice avoit été pris quelque temps auparavant ; mais, parce qu'il ne pouvoit y rester longtemps sans témérité, on le conduisit chez un païen, auprès duquel il demeura trois jours caché, sans être connu de personne pour Européen, pas même du maître de la maison, qui le regardoit comme un simple chrétien. Un autre chrétien, jugeant que cet asile n'étoit point assez sûr, lui en chercha un autre plus point sûr. M. Florens et lui partirent à minuit, le 5 février, pour se rendre à deux lieues de là, chez un gentil, parent de ce chrétien. Quoique la nuit fût fort obscure, ils ne voulurent pas se servir de lanternes, de peur d'être découverts par les satellites, qui rôdoient jour et nuit. Après avoir fait environ une demi-lieue, s'étant égarés, ils errèrent de côté et d'autre ; ils se retirèrent dans un moulin, où M. Florens se coucha, en attendant l'aurore. Enfin ils arrivèrent chez le gentil, qui les reçut fort bien, regardant le missionnaire toujours comme un homme du Fokien. Dix jours après, il revint chez une famille chrétienne, qui, pour prévenir tout danger, creusa un grand trou sous le fourneau de la cuisine. En effet, arrivèrent bientôt six satellites, qui cherchoient le catéchiste Tang : M. Florens descendit dans le trou, dont l'entrée étoit ménagée sous une grande marmite, et y demeura un jour et jusqu'au milieu de la nuit suivante. C'est là qu'il prit ses repas, et dit son office, à la faveur d'une lampe.

Je reviens à M. de Caradre. La seconde bande de soldats ne pouvant le prendre chez les trois familles, se transporta sur la montagne : il falloit faire trois ou quatre journées de chemin, et c'est sur ces entrefaites que je reçus la lettre de M. de Caradre : il ajoutoit, à la fin de cette lettre, que l'affaire devenoit très-sérieuse ; qu'il craignoit beaucoup pour moi ; que, ne me croyant pas en sûreté où j'étois, il m'invitoit à aller le joindre ; que là on ne manqueroit pas d'endroits pour se cacher, et qu'il alloit d'avance me préparer une demeure. Je me rendis à l'invitation ; cependant je retardai d'un jour, pour achever l'administration de la famille où j'étois. Je n'ai donc pu partir que le quatrième jour de février, avec le chrétien porteur de la lettre, qui étoit venu pour me conduire et m'accompagner. Nous arrivâmes le 5 février chez une famille qui se trouvoit sur le chemin, et dont une partie étoit chrétienne : nous comptions poursuivre la route dès le lendemain ; mais Dieu, dont les desseins sont toujours adorables, en disposa autrement ; il plut toute la nuit et la moitié du jour suivant : je présumai que la montagne où étoit M. de Caradre, et celles que je devois franchir pour y arriver, étoient couvertes de neige ; cela m'empêcha de continuer ma route, car je me sentois foible et peu en état d'entreprendre un voyage si difficile. Je demandai donc à mon hôte de me loger encore quelque temps ; il me refusa d'abord, parce que, disoit-il, la maison étoit trop étroite, et c'étoit vrai ; mais, réflexion faite, il y consentit. Aussitôt on me prépara dans un coin de la maison un petit endroit où je restai seul, près d'un mois, tellement resserré, qu'à peine pouvois-je faire quelques pas, n'osant d'ailleurs paroître au dehors, ni tousser, ni cracher, de peur d'être entendu des voisins, ou des parens gentils, qui ne cessoient d'entrer et de sortir les uns après les autres, car c'étoit la nouvelle année chinoise. Le 6 février, je renvoyai mon conducteur, avec une réponse à la lettre de M. de Caradre, qui étoit encore dans la montagne.

Le septième jour, dès le matin, je fus fort étonné de revoir ce même chrétien ; il s'aperçut de mon étonnement, et me dit que, chemin faisant, on l'avoit assuré que, la veille 6 février, il étoit arrivé, à trois lieues de la montagne, huit mandarins tant civils que militaires, avec quatre ou cinq cents hommes : les espions avoient appelé à leur secours plusieurs mandarins des villes voisines, qui se joignirent à eux avec toute leur suite, soldats et satellites, et cela, parce qu'ils craignoient une résistance de la part des chrétiens qu'on leur avoit dit être en grand nombre. Le 7, j'envoyai un autre chrétien reconnoître l'état des choses : il revint le 19, et m'apprit que la nuit du 6 au 7 cette petite armée s'étoit approchée de la montagne, avec des lanternes, des flambeaux et des armes ; qu'elle en occupoit l'issue ; que plusieurs chrétiens avoient été mis à une cruelle question, pour déclarer où étoit l'homme qu'on vouloit avoir, c'est-à-dire M. de Caradre; que plusieurs parmi eux, et surtout un jeune homme de seize à dix-sept ans, avoient refusé constamment de le déclarer; mais que d'autres plus foibles, et ne pouvant soutenir les tortures, avoient tout avoué; et c'est ainsi que le 8 de février 1785, veille du mercredi des cendres, M. de Caradre, avec Jean Tchang, l'un de nos courriers, tombèrent au pouvoir des soldats. Le chrétien ajouta que les soldats et satellites, vrais brigands, avoient volé et pillé quantité de choses chez les chrétiens, et nommément qu'ils avoient pris chez une famille les contrats d'achat de la montagne, et plusieurs autres pièces qui y sont relatives, et qu'ils les avoient livrés aux mandarins. Ce ne sont pas les hommes seulement qui souffrirent dans cette révolution, on frappa jusqu'aux femmes chrétiennes, et on les frappa d'une manière atroce.

Le chef mandarin ayant connu, par ces papiers, que trois chrétiens étoient chargés des affaires qui regardent ce terrain, voulut les avoir. Un étoit déjà pris, l'autre absent; le troisième, étendu sur un grabat, étoit sur le point de mourir d'une maladie de consomption. Les persécuteurs, après la prise de M. l'évêque de Caradre, s'étoient retirés au bas de la montagne, à trois lieues de distance. C'est là que le mandarin ordonna d'apporter le malade. Il envoya, à cet effet, un de ses inférieurs pour faire faire ce transport. La femme du moribond, à qui on avoit donné la veille trente soufflets pour lui faire avouer où étoit le catéchiste Tang, ne put l'empêcher, malgré tous ses efforts; on transporta donc le malade sur une litière. Le chemin étoit rude; c'est une descente continuelle durant l'espace de trois lieues. Cependant, tout agité qu'il étoit, ce pauvre homme eut encore la force de parler de la religion au mandarin qui le conduisoit. On le fit reposer dans une petite auberge qui se trouvoit sur la route; mais lorsque, arrivé au camp, il aperçut M. de Caradre entre les mains de la troupe, il en ressentit une si grande peine, qu'un instant après il expira, se félicitant, au reste, de mourir pour le saint nom de Dieu. Le jour suivant, on fit monter un cheval et partir pour la capitale M. l'évêque de Caradre, et avec lui le courrier Jean et une vingtaine de chrétiens, bien enchaînés, que le chef mandarin, qui les avoit pris, et une troupe de soldats accompagnoient.

Les circonstances de la prise de monseigneur de Caradre me font admirer la Providence divine à mon égard. Lorsque le chrétien, envoyé pour me conduire sur la montagne, arriva, je ne pus partir le lendemain, parce que je n'avois pas encore fini mon administration : sans cet obstacle, j'arrivois à la montagne le même jour que la cohorte, ou peut-être un peu avant elle; il m'eût été impossible de détourner ni à gauche, ni à droite. Toute la montagne étoit couverte de neige, qui étoit tombée pendant deux jours et deux nuits, ce qui ne permettoit pas de pénétrer dans les bois, sans imprimer sur la neige la route qu'on avoit tenue : d'un autre côté, les soldats gardoient tellement l'embouchure de la montagne, que personne ne pouvoit y entrer ni en sortir : et comment se renfermer chez les chrétiens? les maisons sont des cabanes fort petites, et il n'est pas une seule famille où l'on n'ait fait des perquisitions. Je ne pouvois donc, ainsi que M. de Caradre, me tenir caché que sur quelque rocher ou autre endroit à découvert; et par conséquent, le sort qu'a subi ce prélat m'attendoit infailliblement.

Quoique les principaux gouverneurs ne négligeassent rien pour prendre l'Européen dénoncé, cependant ils ont assez fait paroître qu'ils ne souhaitoient rien moins que de le voir entre leurs mains. Le gouverneur en chef ayant su que parmi les soldats il y en avoit un qui étoit chrétien, il le fit venir, et lui demanda s'il connoissoit le maître Fong; il répondit qu'il en connoissoit un, occupé pour lors à pratiquer un canal pour arroser les champs de tel endroit. Il ordonna aussitôt qu'on l'appelât : l'oncle du soldat envoya bien vite quérir ce chrétien Fong, natif de Canton et lettré, espérant le faire passer pour celui qu'on cherchoit, et sauver M. de Caradre, qu'on ne savoit pas encore avoir été pris. Le chrétien arrive, et comme on l'introduisoit devant le gouverneur, voilà un exprès qui entre aussi, et qui annonce que l'Européen est pris, et qu'il est en chemin pour se rendre à la capitale : cette nouvelle affligea les principaux mandarins; car ils avoient écrit précédemment à l'empereur que, selon toutes les apparences, il n'y avoit point d'Européens au Su-tchuen.

C'est dans ma petite cellule qu'on m'annonça tous ces détails. La prise de mon conducteur m'affecta profondément : cette croix cependant, quelque pesante que je la trouvasse, étoit trop légère ; il me falloit quelque chose de plus dur, en expiation de mes péchés. Dix jours à peine s'étoient écoulés depuis ce funeste événement, lorsqu'on me remit une lettre de M. Dufresse, datée du 30 janvier, où il m'annonçoit ce qui lui étoit arrivé jusqu'alors. (On trouvera ces détails dans la relation que M. Dufresse a donnée lui-même de sa captivité.)

Dans la suite, ce missionnaire ayant reçu une lettre de M. de Caradre, qui l'exhortoit à se produire, se rendit au prétoire. Jusqu'au temps de la prise de ces deux confrères, nos deux courriers, Baptiste et Jean, et plusieurs autres chrétiens arrêtés, avoient été traités humainement : on les laissoit habiter dans des auberges, avec pleine liberté de se promener dans la ville. Les mandarins les prenoient par la douceur, et les flattoient même, pour leur faire avouer s'il n'existoit point d'Européens dans la province, ce qu'ils avoient nié constamment ; et c'est en conséquence de leur déclaration qu'on répondit à l'empereur qu'il paroissoit certain qu'il n'y avoit point d'Européens. Peut-être les mandarins se proposoient-ils de les faire sortir secrètement, s'il s'en fût trouvé qui n'eussent point fait d'éclat, afin de pouvoir dire à l'empereur que réellement il n'y en avoit point. Mais trompés par les chrétiens, ils s'aigrirent ; et après les flatteries on en vint aux coups. On resserra étroitement ces chrétiens ; on les soumit à plusieurs interrogatoires, dans lesquels ils eurent beaucoup à souffrir : on inventa même une espèce de torture, qui n'est pas en usage. La voici : on place le patient les genoux nus sur une chaîne de fer, et sur le jarret ou le gras de la jambe on met un bâton de grosseur moyenne, aux extrémités duquel deux hommes se tiennent debout, et foulent ainsi les nerfs : si le patient n'avoue pas, on ajoute deux hommes de plus, de sorte que souvent la peau du gras de jambe se fend et s'entr'ouvre ; pendant ce temps-là, deux hommes lui tirent les oreilles, et les autres lui appliquent des soufflets : c'est ainsi que furent traités plusieurs chrétiens. C'étoit pour les mandarins un moyen infaillible de connoître la vérité. Un de ces chrétiens, je ne sais pas lequel, dénonça MM. Devaut et Delpont : les juges savoient déjà, par l'écrit venu de Canton, que le dernier étoit au Su-tchuen depuis un an ; quant au premier, ils l'ignoroient.

Monseigneur de Caradre, prévoyant qu'ils ne pourroient éviter d'être pris, et que s'ils ne se livroient pas eux-mêmes, les chrétiens seroient extrêmement molestés, leur écrivit successivement pour les inviter à se rendre. Deux chrétiens furent chargés de ces lettres, et partirent, avec chacun un ou deux prétoriens, les uns vers M. Delpont, et les autres vers M. Devaut. Pendant qu'un de ces chrétiens cherchoit M. Delpont, pour lui remettre la lettre de monseigneur de Caradre, les prétoriens qui l'accompagnoient donnèrent avis de leur députation au mandarin du lieu : aussitôt ce petit gouverneur arrêta deux ou trois chrétiens, à qui il donna la torture aux pieds ; et ceux-ci ayant soutenu qu'ils ne connoissoient pas le missionnaire, on les fit partir tout de suite pour la capitale. Dès qu'ils y furent arrivés, le gouverneur en chef, qui tenoit la place de vice-roi, soumit l'un d'eux à la torture du bâton, dont j'ai parlé ci-dessus ; et ce chrétien soutenant toujours qu'il ne connoissoit pas le missionnaire, un autre chrétien lui dit d'avouer ; mais le patient, indigné, lui dit : « Vous êtes un traître, un Judas. » Peu après arriva M. Delpont, à qui le chrétien avoit remis la lettre de M. de Caradre.

Le district de M. Devaut étoit éloigné de la capitale, d'environ douze jours de chemin : on ne put le trouver qu'après vingt jours ; et pour aller et revenir, il s'en passa bien quarante. Interrogés par celui qui étoit chargé de la lettre de M. de Caradre, quelques chrétiens du même district répondirent que M. Devaut étoit monté à Souifou, ville du premier ordre, dans le district de M. Glayot. Les envoyés de la capitale s'y transportèrent, et le gouverneur fit fermer les quatre portes de la ville, fouiller dans toutes les maisons chrétiennes ; mais ce fut en vain : M. Devaut n'y étoit plus ; il se tenoit caché chez une famille de son district même. Ces émissaires furent donc obligés de retourner d'où ils étoient venus. Après plusieurs informations, le chrétien ayant découvert où étoit ce missionnaire, fut le trouver, et lui remit la lettre de M. de Caradre. M. Devaut se rendit avec lui auprès du petit mandarin, qui le traita fort poliment, et lui donna une chaise à porteurs, et ils se rendirent à la capitale.

Un chrétien, compromis dans cette affaire, fut aussi appelé à la capitale (de la province). Le lieutenant-criminel chargea quatre ou cinq autres mandarins inférieurs de le juger, lui et trois autres de différens endroits. Après plusieurs interrogatoires, le juge leur ordonna d'apostasier; ils protestèrent tous qu'ils aimoient mieux perdre la vie que de renoncer à Dieu et à leur conscience : il leur demanda ensuite pourquoi ils n'adoroient ni les idoles, ni le ciel, ni la terre. Ils répondirent, mais d'un ton hardi, que c'étoit perdre son temps que d'adorer ces idoles, qui n'étoient faites que de bois, de pierre, de fer, de terre, etc.; que tout cela, et même le ciel et la terre, n'étoient que des choses inanimées, mortes et insensibles, et qu'il n'y avoit que des gens sans intellect qui pussent croire à de pareilles futilités. Le juge se fâcha, et adressant la parole aux autres mandarins : « Voyez, dit-il, messieurs, la hardiesse de ces chrétiens; nous, mandarins et leurs juges, ils nous traitent de gens sans intellect : qu'on les jette en prison. » Mais les autres répliquèrent : « Pourquoi? ils ne l'ont pas mérité : il suffit de les retenir dans une auberge. » Et on les retint dans une auberge.

Voilà donc quatre missionnaires françois pris au Su-tchuen. Les premiers gouverneurs en furent tellement effrayés, qu'ils n'osèrent plus insister pour en découvrir d'autres : sans cela, aucun de nous n'auroit échappé. Tous ont subi l'interrogatoire; mais que leur a-t-on demandé? qu'ont-ils répondu? je n'en sais rien : je laisse à ces messieurs eux-mêmes d'exposer, dans les relations qu'ils feront, sans doute, les faits qui les concernent en particulier. Ce qu'il y a de certain, c'est qu'ils ont tous été envoyés à Pékin. Monseigneur de Caradre et M. Dufresse sont partis ensemble, le 22 mars, et MM. Devaut et Delpont, le 22 avril.

Après le départ de ces chers confrères, les mandarins ont infligé les peines que doivent subir les chrétiens compromis; un exil perpétuel aux introducteurs des missionnaires dans la province; un exil de trois ans aux chrétiens qui les ont reçus chez eux, soit pour célébrer les grandes fêtes, soit pour l'administration des sacremens : ils ont confisqué aussi notre nouvelle maison au profit du trésor royal; et la sentence a été envoyée à l'empereur, sauf à lui d'augmenter, diminuer ou changer. En attendant la réponse, les chrétiens, qui étoient tous réunis à la capitale, ont été renvoyés aux petits gouverneurs des différentes villes dans le ressort desquelles ils ont leurs habitations, où on les retient dans les prisons. Nous voilà parvenus à la huitième lune chinoise, et au mois de septembre 1785; il n'y a encore nulle apparence de réponse. Dieu daigne donner à ces pauvres captifs le courage, la patience et la consolation de souffrir pour son saint nom! Nos deux courriers, Baptiste et Jean, sont de ce nombre, comme introducteurs des missionnaires au Su-tchuen. Si l'empereur confirme la sentence, il faudra que la mission leur donne de l'argent pour les soutenir dans leur exil : nous avons fait faire des quêtes pour l'entretien des chrétiens emprisonnés. Celui qui dénonça M. de Caradre, et qui, à parler humainement, est la cause de tous ces maux, n'a jamais voulu apostasier, ni recevoir cinq cents deniers que le mandarin lui offroit pour avoir trahi M. de Caradre : il est resté à la capitale six mois, sans garder la prison; et ne se voyant point inquiété, il s'en est retourné chez lui, où il est actuellement bien plus tranquille et bien plus à son aise que les missionnaires pris, et que tant de chrétiens qui, à son occasion, souffrent encore aujourd'hui dans les prisons : Dieu lui fasse miséricorde!

Quelque occupés que les principaux mandarins fussent de nos messieurs, ils n'ont rien négligé pour que le catéchiste Étienne Tang tombât entre leurs mains, et la première bande de soldats, dont j'ai parlé, le chercha constamment. J'ai dit comment il leur échappa une fois, d'où il est arrivé que plusieurs familles, chez qui il s'étoit reposé en passant, ont souffert à son occasion. Enfin, se voyant toujours poursuivi, ce catéchiste s'est évadé, de manière que personne de nous ne sait où il est [1]. Un petit gouverneur, chargé de le prendre dans son district, envoya des satellites à cet effet; quelques-uns d'entre eux furent secrètement chez une famille où ils le soupçonnoient caché : ils y arrêtèrent son quatrième frère, nommé Michel, écolier de Pondichéry; il avoit un livre latin à son usage, que M. Florens, vu le danger, lui avoit bien recommandé de ne pas porter avec lui. On l'envoya le lendemain à la capitale; là, on l'interrogea « S'il entendoit ce livre? qui le lui avoit donné? » Il répondit « qu'il le comprenoit, et qu'il l'avoit reçu de M. de Caradre. » Le mandarin n'osa plus insister, craignant sans doute de se jeter dans

---

[1] Il avoit fui jusqu'à Canton, et de là à Macao.

de nouveaux embarras : il gronda même le petit gouverneur de lui avoir envoyé ce jeune homme ; il dit que ce n'étoit pas lui qu'il demandoit, mais son frère. Michel fut donc retenu dans une auberge, d'où, par la suite, n'ayant été fait aucune mention de lui au prétoire, il s'est retiré de lui-même, et est allé retrouver M. Florens.

Le lieutenant-criminel, furieux de n'avoir pu arrêter le catéchiste Étienne, qu'il savoit être le maître de notre maison et l'introducteur de M. Devaut dans la province, s'informa où étoit sa famille : on lui dit qu'elle habitoit les confins de la province de Yunnam, à douze jours de chemin. Il expédia sur-le-champ un ordre fort sévère au gouverneur de la ville de Soui-fou, district de M. Glayot, pour qu'il allât prendre et enchaîner le père du catéchiste, et, à son défaut, ses frères, et, ceux-ci absens, la mère, les brus, etc. L'ordre reçu, trois mandarins, chacun avec sa suite, se transportèrent d'abord chez les chrétiens de Loyang-keou, où M. André, prêtre chinois, fut pris, comme il est rapporté dans les lettres de M. Hamel et de M. Glayot. Peu de jours après, les satellites allèrent dans la famille du catéchiste Étienne Tang : le père n'y étant pas, ils enchaînèrent ses trois fils et sa dernière fille, vierge, et les envoyèrent à la capitale, avec M. André : celui-ci fut chargé de fers au cou, aux mains et aux pieds, comme on fait aux grands criminels : on avoit pris sur lui plusieurs livres latins et chinois. Quand il fut à la capitale, on lui ôta ses fers, et on le retint dans une auberge ; et, peu de jours après, ses gardes se retirèrent, ce qui lui permit d'aller visiter les malades jusque dans la campagne, secourir les prisonniers, et arranger leurs affaires. On ne l'a point cité au prétoire, et on n'a pas fait plus d'attention à lui que s'il n'en avoit jamais été question. Environ six mois après, je l'ai renvoyé à Soui-fou, rejoindre M. Glayot, et le soulager dans le ministère.

Le père du catéchiste, de retour à sa maison, se hâta de suivre ses enfans ; il vouloit les faire relâcher, en se substituant à leur place. Sa marche fut si précipitée, qu'il fit, en peu de jours, une route qu'on ne fait ordinairement qu'en douze ; aussi lui en a-t-il coûté cher. Trois jours après son arrivée dans la capitale, il eut un vomissement de sang, et mourut dans notre maison, où le mandarin l'avoit fait transporter. Il ne restoit plus chez lui que sa femme, une bru et quelques petits enfans ; immédiatement après son départ, le mandarin du lieu fit venir ces deux femmes au prétoire, les interrogea, et leur enjoignit de rester dans l'auberge jusqu'à nouvel ordre. Pendant leur absence, les voleurs entrèrent et emportèrent tout ce qui leur convenoit, comme grains, habits, vaisselle, couvertures de lits, rideaux, etc. Les trois fils et leur sœur, détenus au prétoire de cette capitale, ont présenté un placet au mandarin qui les avoit fait prendre, par lequel ils exposent qu'ils sont pauvres, et n'ont, pour faire vivre la famille, que le peu de grains qu'ils peuvent retirer de leurs terres, dont une partie est engagée à leurs créanciers : ils supplient que l'on permette à deux d'entre eux de s'en retourner pour cultiver leurs terres, et ajoutent que, s'ils n'obtiennent la grâce qu'ils sollicitent, ils sont tous réduits à la mendicité. Le mandarin répondit que quand leur frère le catéchiste auroit paru, il leur permettroit de s'en retourner. Je ne sais combien de fois ce mandarin (qui est le lieutenant-criminel de la province) a réitéré ses ordres de prendre et le catéchiste et le courrier Louis, qu'il savoit être descendus à Canton pour apporter nos viatiques : il a donné jusqu'à leur signalement ; mais tous ses efforts ont été inutiles : le courrier est revenu à bon port. Le catéchiste se tient caché, sans qu'on puisse le découvrir. *Si Deus pro nobis, quis contra nos ?* etc.

EXTRAIT
D'UNE AUTRE LETTRE DE Mgr D'AGATHOPOLIS
AU PROCUREUR DES MISSIONS ÉTRANGÈRES A MACAO.

Du 10 décembre 1785.

Monsieur,

Vos lettres m'ont été remises le 5 de juin ; j'étois alors dans une petite cabane, où je me cachois contre les bêtes féroces, qui, pendant huit mois, ont tenté de nous dévorer. Nous avions perdu l'espérance de revoir le courrier Louis ; nous le croyions entre les mains des païens, ou renfermé, avec vous, dans les prisons de Canton : aussi avons-nous regardé son retour comme une grâce de la divine Providence, d'autant plus spéciale pour la mission, que, pendant tout le temps de la persécution, on n'a rien négligé pour le prendre : on a donné jusqu'à son signalement à toutes les douanes de cette province, par lesquelles il doit nécessairement passer : nonobstant cela, il est arrivé sain et sauf : *Angelis suis mandavit de te*, etc. Il m'a remis fidèlement l'argent que vous lui aviez confié : grâce à Dieu, cet argent est venu bien à propos ; car nous étions pour lors dans la dernière indigence : il est vrai que M. Devaut, à son départ pour Pékin, nous avoit laissé cent quarante taels ; mais qu'étoit-ce que cela pour de si grands besoins ? La mission chargée de plus de cent taels de dettes, le collége dans un besoin pressant, il falloit fournir aux besoins de quatre de nos gens, prisonniers, et de quelques autres attachés à la mission, dont un, qui est Grégoire Vang, est mort. M. Florens et moi, qui étions fort près de la capitale où étoit le feu de la guerre, forcés de fuir çà et là, avons été obligés de nous nourrir à nos dépens, parce que nous ne pouvions nous cacher que chez des familles pauvres, où les gens du prétoire ne viennent pas volontiers : enfin nous nous sommes trouvés engagés à mille autres dépenses nécessaires, dont il seroit trop long de faire l'énumération. Vous avez su que notre maison de la ville ayant été consumée l'année dernière, nous en avons rebâti une autre après sur ses débris : cela nous a coûté trois cents taels (c'est-à-dire environ cent louis). Si nous avions su prévoir ce qui est arrivé, nous n'aurions pas dépensé tant d'argent pour rebâtir une maison qui probablement sera bientôt confisquée.

Votre lettre commune est du 4 février 1785, et monseigneur de Caradre, le premier des missionnaires françois qu'on a arrêtés dans cette province, a été pris le 8 du même mois : je ne m'étonne pas si pour lors vous étiez fort tranquille ; mais j'ai peine à croire qu'après la prise de nos messieurs on ne vous ait pas suscité quelques affaires ; et cela nous donne beaucoup d'inquiétude. On nous a rapporté que M. de Turry, procureur de la sacrée congrégation de la Propagande, a subi un interrogatoire à Canton, et qu'on l'a envoyé à Pékin, où il sera certainement en bonne compagnie. Que savons-nous si vous n'aurez pas subi le même sort, vous et les écoliers qui étoient à la procure ? Nous serons inquiets jusqu'au retour des courriers que je fais partir dans peu. Consolons-nous ; on dit que la consolation des malheureux est d'avoir des semblables : n'en avons-nous pas dans la personne de Jésus-Christ même, dans celle de ses apôtres, et de tous les vrais prédicateurs de l'Évangile ? Le serviteur n'est pas meilleur que son maître, etc. De plus, cette tribulation ne nous est pas particulière : on dit que par tout l'empire on a fait recherche des missionnaires européens, et qu'on en a pris plus de vingt.

Quant au Su-tchuen, on y a molesté fort peu de chrétiens, en comparaison du nombre ; mais on a porté à cette mission le coup le plus violent, en lui enlevant ses missionnaires. L'absence de ces quatre confrères, et surtout de monseigneur de Caradre, mon coadjuteur, laisse un grand vide dans tout le vicariat ; et, lorsque je pense à l'état actuel de ma mission, je ne puis retenir mes larmes : cependant, plus la barque périclite, plus on doit ramer. Que le Seigneur ne permette pas qu'il arrive en Chine ce qui est arrivé au Japon : qu'on ne ferme pas totalement les portes de l'empire aux ministres de l'Évangile, de manière qu'aucun n'y puisse pénétrer ; et ces persécutions seront peu de chose ; elles serviront même à discerner et séparer le bon grain d'avec l'ivraie. L'Église primitive soutint des secousses bien plus terribles, et la religion triompha : ce qu'il y a à craindre, c'est que les Chinois n'abusent des grâces que Dieu leur fait.

Il est probable que l'empereur renverra à Canton quelqu'un de nos confrères conduits du Su-tchuen à Pékin, et j'espère que ce sera dans le cours de cette année : fasse le Ciel que M. de Caradre soit du nombre, afin qu'il puisse rentrer dans cette mission, où il est bien nécessaire ! Ce prélat, M. Dufresse et M. Delpont m'ont fait savoir qu'ils étoient bien décidés à revenir ici, si Dieu daigne leur en ouvrir la porte.

Il y a plusieurs années que M. Mathon, ancien procureur des missionnaires à Pondichéry, nous proposa presque le même dessein dont vous parlez (d'introduire des missionnaires au Su-tchuen par le royaume d'Ava, qui touche la Chine du côté de l'occident) ; mais, après un examen réfléchi, l'on convint que la chose n'étoit pas praticable. La plus grande difficulté, c'est de franchir les frontières de la province de Yunnan, du côté du royaume d'Ava. La dynastie présente est d'une timidité inconcevable; elle craint jusqu'à son ombre, et prend tout en mauvaise part: cette timidité et ces soupçons lui font prendre des précautions que ne prennent pas des nations plus hardies. On ne défend pas aux Européens d'entrer en Chine parce qu'ils prêchent une mauvaise religion, puisqu'au contraire on convient ordinairement qu'elle est bonne; mais on craint qu'ils ne s'emparent de l'empire, et qu'ils n'excitent les chrétiens à se révolter, comme ont fait les mahométans. Jugez de là quelles précautions doit prendre le gouvernement contre le royaume d'Ava, qui lui donna tant de fil à retordre, il n'y a pas vingt ans! c'est ce qui me fait penser que les frontières du Yunnan, du côté d'Ava, sont gardées strictement, et qu'il est très-difficile aux étrangers d'entrer de ce côté-là. La politique du gouvernement chinois ne permet pas aux gens d'Ava, ni à d'autres étrangers, encore moins aux Européens, qu'elle craint comme la foudre, de pénétrer dans ses Etats. Les Chinois qui vont jusqu'à Ava pour commercer, habitent sur les confins du Yunnan avec ledit royaume: au moins je n'ai jamais ouï dire que les habitans du Su-tchuen y allassent pour commercer. Il y a d'ailleurs une distance énorme du Su-tchuen au royaume d'Ava: la province du Yunnan est immense, et se trouve entre deux; il faut deux mois pour aller de la capitale de notre province jusqu'à celle de Yunnan, et encore plus pour aller de la capitale de Yunnan jusqu'au royaume d'Ava. Il n'y a point de rivière qui vienne de ce pays-là au Su-tchuen: la route est toute par terre. Or, comment un missionnaire, qui ne sait point parler, qui d'ailleurs, par sa blancheur, par les traits de son visage, par ses manières empruntées, et souvent par ses yeux, annonce qu'il est étranger, comment pourroit-il faire une route de cinq à six mois, sans être reconnu, surtout étant obligé de reposer dans les auberges de païens? car il n'y a aucune famille chrétienne.

Nonobstant ces difficultés, j'ai écrit à M. Glayot, qui demeure sur les confins du Yunnan et du Su-tchuen, de s'informer de la distance du Su-tchuen jusqu'au royaume d'Ava; s'il est facile, sortant de là, de pénétrer dans le Yunnan: je n'ai pu encore recevoir sa réponse. En un mot, je crois que la route proposée est plus difficile, plus longue, plus coûteuse et plus dangereuse que celle que vous avez fait prendre à M. Florens, par la province de Fokien; ce qui me feroit pencher à conserver et à soutenir la chrétienté de Hinhoa dans ladite province, et à y placer un missionnaire, tel que M. de Chaumont, si vous pouvez en trouver, afin que ceux qu'on enverroit ici par cette voie pussent avoir un lieu de repos, en attendant que les gens du Su-tchuen allassent les chercher. L'entrée de Macao au Fokien paroît bien plus facile et plus sûre que celle par Canton. Mais quelque désir que j'aie que vous nous envoyiez quelque brave confrère, je n'ose vous presser: il faut attendre quelques années, jusqu'à ce qu'on ait oublié ce qui vient d'arriver; car les événemens s'oublient fort vite en Chine. En attendant, nous ferons comme nous pourrons, avec l'aide de nos prêtres chinois: j'en ai récemment ordonné deux; j'avois dessein d'en ordonner deux autres; mais l'un (peut-être le meilleur de tous, quoiqu'il ne sache pas le latin) vient de mourir: M. Florens est allé l'administrer. L'autre, qui est le catéchiste Etienne Tang, que les mandarins vouloient avoir à toutes forces, a pris la fuite, et je ne sais quand il reviendra.

Nous ne restons donc plus ici que quatre Européens. M. Glayot est très-infirme; M. Hamel tient le collége; et moi, je suis vieux, et dans ma soixante-unième année: il n'y a plus que M. Florens qui soit bien en état de travailler. Dieu soit béni, nos confrères des autres missions n'auront plus à se plaindre de long-temps que, pour si peu d'ouvrage qu'il y a au Su-tchuen, il y fallût tant d'ouvriers; ils pourront profiter de nos dépouilles; j'en bénis Dieu.

On est bien embarrassé pour trouver un lieu propre à rétablir notre collége général, et partout où on le placera, il y aura des inconvéniens considérables. Il faut donc que chaque mission qui a besoin de sujets les forme par elle-même, et qu'elle établisse des colléges sur son propre terrain. Le Tonquin en a plusieurs, ainsi que la Cochinchine: ma mission n'en a qu'un, composé de dix écoliers; encore est-ce avec bien de la peine qu'on a pu le conserver jusqu'à présent; et l'on ignore s'il pourra subsister, vu la malice des païens, auxquels on ne peut guère le cacher longtemps; quoi qu'il en soit, il faut chaque année plus de cent taels pour la nourriture des écoliers. Ces dernières années, les pensions de huit missionnaires ont pu fournir à la dépense; mais aujourd'hui que nous ne sommes plus que quatre, il sera difficile d'y tenir; j'aurois besoin pour cela de deux cent vingt piastres chaque année.

Il n'y a pas encore deux mois qu'on a imprimé ici, et affiché partout, un long édit contre la religion; il n'a été publié seulement que pour la forme; cependant il est si mauvais, qu'il a fait reculer beaucoup de catéchumènes; quant aux chrétiens baptisés, presque tous ont tenu ferme. Toute la chrétienté subsiste : des familles entières païennes se convertissent même jusque dans le sein de la capitale. Puissions-nous voir bientôt de bons ouvriers pour les fortifier dans la foi! il est vrai que nous avons huit prêtres chinois; mais il y en a trois qui sont vieux ou infirmes; ils ne peuvent pas nous être d'un grand secours. Je me recommande à vos saintes prières; j'y recommande nos confrères, principalement les prisonniers; j'y recommande toute ma mission, etc.

P. S. du 18 septembre 1785. J'ai fait partir le courrier Louis, le 11 septembre, pour Canton. Le lendemain, après midi, est arrivé de la ville un exprès en apporter copie d'un écrit du gouvernement de Pékin. Cet écrit annonce, 1° que les missionnaires européens, conduits des provinces à Pékin, sont condamnés à une prison perpétuelle; 2° que MM. Devaut et Delpont y sont morts de maladie; 3° qu'il y a ordre de rechercher le catéchiste Étienne Tang et le courrier Louis, et de les envoyer à Pékin. J'ai, sur-le-champ, expédié un exprès pour rappeler Louis; je lui ai signifié ce qui le regardoit personnellement; il m'a paru désirer qu'on pût envoyer quelqu'autre en sa place à Canton, parce qu'il y est connu de plusieurs; cependant, voyant qu'il n'y avoit personne qui pût le suppléer, si ce n'est un prêtre chinois actuellement occupé au ministère, et qui a environ mille chrétiens à confesser, Louis a préféré de descendre, mais toujours en tremblant, plutôt que de priver tant de fidèles du secours de leur missionnaire. Ce qui l'enhardit un peu, c'est que, depuis un mois que l'édit est parvenu en cette province, les mandarins paroissent l'avoir oublié, et qu'ils n'ont fait prendre personne. Louis part demain sous la protection de la sainte Vierge et de son bon ange. Priez Dieu, mon cher confrère, que notre tribulation ne croisse pas au point que nous ne puissions plus obtenir ni missionnaires, ni vin pour la messe : au reste, *Dominus est : quod bonum est in oculis suis, faciat.*

COPIE

D'UNE PETITE LETTRE SANS DATE,

ÉCRITE SECRÈTEMENT

PAR MONSEIGNEUR L'ÉVÊQUE DE CARADRE

AU PRÉTOIRE DU LIEUTENANT-CRIMINEL A TCHIN-TOU,
ET REÇUE PAR MONSEIGNEUR D'AGATHOPOLIS,
LE 21 MARS 1785.

MONSEIGNEUR,

Le besoin du Su-tchuen nous paroît, à moi et M. Dufresse, exiger qu'on ordonne des prêtres. On sait au prétoire que notre usage est de recevoir les viatiques dans la quatrième lune (c'est-à-dire vers le mois de mai) : il faut donc le changer, et que les courriers partent dans la cinquième lune, et ils seront de retour dans la dernière. Il est incertain si notre maison de Tchin-tou ne sera pas confisquée; si elle ne l'est pas, il faudra la vendre. M. Dufresse et moi partons ensemble pour Pékin, ignorant ce qui arrivera : priez pour nous, qui sommes fort contens et résignés; ne sortez pas sitôt.

Si je puis rentrer au Su-tchuen, il est certain que j'y rentrerai, fallût-il y mourir. MM. Dufresse et Delpont pensent de même. *Osculor in Domino.* Je suis environné d'espions : vous aurez de nos nouvelles à la fin de cette année chinoise et au commencement de la suivante, etc.

COPIE
D'UN BILLET ÉCRIT PAR M. DEVAUT,
DÉTENU PRISONNIER,
A MONSEIGNEUR D'AGATHOPOLIS.

Le 22 avril 1785.

Je ne puis vous écrire tout ce que je voudrois : vous en avez sans doute appris une bonne partie. Il paroît que les grands mandarins n'ont pas été fort contens de mon retardement à me rendre à la capitale ; ils m'ont fait un peu la moue, excepté le vice-roi, qui nous a fait en quelque sorte l'éloge de la religion chrétienne et de nos fonctions ici. Son interrogatoire s'est borné à des questions curieuses sur la navigation et les coutumes de la France. Prenez garde à vous, ainsi que MM. nos confrères ; le bon Dieu nous conservera sans doute. J'ai fait pour votre grandeur un vœu spécial et formel. Nous partons, je crois, après midi ; M. Delpont vous présente ses respects. Excusez-nous ; nous avons bien de la peine à vous écrire ce petit billet, etc.

EXTRAIT
D'UNE LETTRE DE M. DEVAUT
A MONSEIGNEUR L'ÉVÊQUE D'AGATHOPOLIS,
ÉCRITE AU COMMENCEMENT DE LA PERSÉCUTION,
LE 23 DÉCEMBRE 1784.

Je ne puis vous dissimuler, monseigneur, que je désire d'être pris, quoique je ne veuille pas m'exposer imprudemment ; si la chose arrive, ce ne sera pas une perte pour la mission, et je me verrai avec un grand plaisir déchargé du poids du ministère, dont votre grandeur ne voudroit pas peut-être me débarrasser : je n'y fais que du mal, sans aucun bien, etc.

LETTRE DE M. HAMEL,
MISSIONNAIRE APOSTOLIQUE ET SUPÉRIEUR DU COLLÉGE DU SU-TCHUEN, EN CHINE,
A
MESSEIGNEURS D'AGATHOPOLIS ET DE CARADRE.
(Il ignoroit la prise de ce dernier.)

Du 6 mars 1785.

Messeigneurs,

Le mandarin de Soui-fou ayant été nommé pour un autre gouvernement, a voulu, je crois, avant son départ, faire un acte de clémence ; il a renvoyé les chrétiens de Lojang-keou, avec le père du catéchiste Étienne Tang, sans autre forme de procès. Nous crûmes que tout étoit fini, et les chrétiens du Lojang-keou m'invitèrent à reconduire le collége chez eux ; mais les troubles qui régnoient dans le Su-tchuen, et la maladie contagieuse qui faisoit des ravages dans Lojang-keou, me firent différer pour lors de me rendre à leurs invitations. La Providence, qui veille sur nous, ne l'a pas permis ; car si nous y fussions allés, je ne sais ce qu'il en seroit maintenant de moi et de nos élèves. Le 22 février, lorsqu'on ne s'attendoit à rien moins, le nouveau mandarin de Soui-fou, accompagné d'un capitaine et de ses soldats, avec un grand nombre de satellites, arriva pour prendre les chrétiens de Lojang-keou, et, disoit-on, les Européens. M. André Yang (prêtre chinois), que le soin des malades retenoit depuis longtemps en ce lieu-là, fut arrêté le premier, dans une maison des chrétiens : on lui prit son missel, son diurnal et quatre crucifix, plusieurs livres chinois et une bouteille de vin d'Europe. Les ornemens, qui étoient dans une chambre, sur un lit, furent sauvés par une femme qui s'assit dessus. Les satellites et les soldats visitèrent les principales maisons ; mais ils ne prirent personne : les chrétiens, avertis à temps, s'étoient évadés, à la réserve d'un catéchumène et d'un médecin païen, que les chrétiens avoient appelé. Ce qui paroît bien extraordinaire, ils prirent et enchaînèrent, dans différentes maisons, cinq filles et une jeune femme, qui jamais n'auroient eu la pensée de fuir ; ils prirent généralement tout ce qu'ils rencontrèrent de jeunes filles qui avoient la tête enveloppée d'un voile noir ; c'étoit la marque qu'on leur avoit donnée pour reconnoître celles qui font profession de garder la virginité. « Livrez-nous, leur dirent-ils, Lieou-yé, Yang-yé et Tchou-yé » (ce sont les noms chinois de M. Hamel et de deux prêtres chinois, dont l'un étoit déjà entre leurs mains, sans qu'ils le connussent). Une femme chrétienne croyant peut-être bien faire, répondit que Lieou-yé (c'est-à-dire M. Hamel) n'étoit plus à Lojang-keou, qu'il étoit passé à la province de Yunnam, et demeuroit à Lung-ki. Les satellites et soldats n'ayant pu prendre d'autres personnes, conduisirent leur proie au mandarin, qui les attendoit dans un lieu de marché voisin, d'où ils partirent le lendemain pour se rendre à Soui-fou.

Le lendemain, quelques chrétiens vinrent m'avertir de ce qui s'étoit passé. Comme il paroissoit qu'on en vouloit principalement aux Européens, et que ma retraite étoit connue, je pris le parti d'abandonner encore notre collège de Lung-ki, et d'aller, avec ses élèves, nous cacher de çà et de là dans les cabanes des pauvres chrétiens. On vint effectivement, quelques jours après, me dire qu'il étoit parti de Soui-fou une dizaine de soldats pour le Yunnam, dans le dessein de se joindre à ceux de Yunnam pour venir me prendre à Lung-ki. Je ne sais si cette nouvelle étoit bien certaine ; toutefois, suivant l'avis des chrétiens, je changeai de retraite, et fus au sommet d'une montagne dans une maison jointe aux forêts. Il y a apparence que de là je pourrois voir venir les chasseurs, et trouver une retraite dans l'ancien gîte de quelque tigre, ou autre bête sauvage.

Tous les troubles sont, sans doute, une suite des discours qu'a tenus l'impie Tang-tchin-suen lors de son procès avec ses frères dans ses accès de fureur ; cet apostat n'a pas craint de clabauder, en présence des gens du prétoire, contre l'évêque et les autres prêtres, contre les vierges, les maîtresses d'école, etc., et ses discours impies pourroient bien compromettre vos grandeurs elles-mêmes ; je ne sais quelles sont ses intentions actuelles, mais les satellites l'ont obligé d'aller à Soui-fou avec les autres chrétiens qu'on a pris, sans doute pour vérifier les propos qu'il a tenus. Que dira-t-il ? Que fera-t-il ? Je prie Dieu sincèrement de lui pardonner.

Quel parti prendront vos grandeurs relativement à notre pauvre collège ? Ce seroit bien dommage de le détruire dans les circonstances présentes, où la porte de la Chine paroît fermée, pour un temps, aux missionnaires européens ; la plupart de nos élèves donnent assez d'espérance ; si on les renvoie, ce sera bien du temps perdu. D'un autre côté, tant que l'impie Tang-tchin-suen vivra et demeurera à Lo-jang-keou, il ne faut pas penser à cet endroit-là. Pour l'établissement de Lung-ki, il ne paroît pas y avoir beaucoup plus d'espérance. D'ailleurs nos fonds sont épuisés ; il ne nous reste plus que huit taels (qui valent environ soixante-quatre livres), quelques centaines de deniers et plusieurs charges de riz, etc. Voilà toute notre fortune, et nous sommes encore douze personnes, et même quatorze, quand ces deux messieurs prêtres chinois sont à la maison avec moi, sans compter un homme que nous avons été obligés de louer pour faire bouillir la marmite. Il faut encore souvent dépenser quelque chose pour payer des ouvriers ou commissionnaires, outre qu'on ne vit pas à si bon compte à Lung-ki qu'à Lo-jang-keou, etc.

EXTRAIT
D'UNE LETTRE DE M. CLAYOT,
MISSIONNAIRE APOSTOLIQUE,
A MONSEIGNEUR L'ÉVÊQUE D'AGATHOPOLIS.

Du 27 mai 1787.

MONSEIGNEUR,

La persécution éclate ici : le second lundi de carême, le gouverneur de Soui-fou est parti subitement avec une foule de satellites, et est allé de jour et de nuit en toute diligence à Lo-jang-keou pour prendre les chrétiens (comme il est rapporté dans la lettre ci-dessus).

J'étois alors à Soui-fou, où j'attendois M. Devaut qui vouloit se confesser à moi, et j'avois envoyé le chrétien qui me sert pour le prier de venir. Le bon Dieu permit que le mandarin, en partant de Soui-fou, défendit à ses gens d'inquiéter les chrétiens de la ville : ainsi je pus sortir hors de la ville. S'il leur avoit été libre d'aller chez les chrétiens, j'étois infailliblement pris. Je me trouvai bien embarrassé.

J'aurois voulu passer au Yunnam, mais la route n'étoit plus praticable. Je m'en fus à Lou-tcheou avec quelques chrétiens, dont un marchand de toile, et je logeai cinq jours avec eux dans une espèce de magasin. Cependant M. Devaut arriva à Soui-fou; j'avois commis quelques personnes pour l'avertir de tout; il repartit tout de suite et vint à Lou-tcheou avec mon chrétien, par le moyen duquel il découvrit notre auberge, et y vint. Nous apprîmes alors les affaires de Soui-fou. On avoit traîné à cette ville jusqu'à des femmes et des filles, et l'on recherchoit mon chrétien, son frère aîné, et un catéchiste nommé *Yang*, qui avoit fui avec moi; il n'y eut plus à délibérer : nous louâmes un bateau pour aller à Chi-ma-lan, où la persécution n'étoit pas moins vive. Le lendemain, nous eûmes nouvelle que M. Devaut étoit dénoncé aux mandarins; qu'on avoit envoyé faire recherche à Tao-pa, où l'on avoit déclaré qu'il étoit parti avec mon chrétien, et un autre, nommé *Yun*, pour se rendre à Soui-fou. On fit partir le dénonciateur et des satellites : ils marchèrent nuit et jour afin de le prendre à Soui-fou; nous nous séparâmes alors M. Devaut et moi, pour, peut-être, ne nous revoir jamais. Cela nous coûta ; mais, où aller? Je craignois plus les chrétiens que les païens. Ainsi, cachant ma route à tout le monde, je suivis le conseil du chrétien qui me sert, et m'en allai avec lui et le jeune homme Yun dans le district de Hokiang, chez des païens, où nous sommes restés jusqu'au premier jour de mai. J'ai passé en revenant par Chi-ma-lan, j'y arrivai exprès pendant la nuit, me cachant à tous les chrétiens de ce lieu-là, excepté à la famille qui m'invitoit, et y passai la fête de l'Ascension. De là je suis venu à Soui-fou, après bien des anicroches que le diable m'a suscitées en chemin, dont une fort dangereuse. Je n'ai pu y arriver que le dimanche de la Pentecôte. Le catéchiste Yang a été cité au prétoire pendant ces deux jours : on l'a fort interrogé, pour savoir s'il y a des Européens, mais il n'a pas été frappé ; il reste dans la ville sous caution. Ensuite, je suis sorti de la ville, pour aller à trois lieues de là, où le courrier Louis, de retour de Canton, est venu me trouver. Je me suis transporté, tantôt ci, tantôt là, ne marchant et n'arrivant que la nuit.

Que j'ai reçu de consolation à Soui-fou, en apprenant que M. Hamel n'étoit point pris, ni aucun des écoliers! mais cette consolation fut bientôt tempérée d'amertume. Un homme, que j'avois envoyé donner de mes nouvelles à M. Hamel, me rapporta que le mandarin de Yunnam avoit envoyé ordre à un chrétien, chef de village, de faire recherche de quelques chrétiens, dont un est Étienne Tang, un autre Lieou Jovaug (qui n'est autre que moi). M. Tang (prêtre chinois), m'a dit qu'il avoit vu à Kien-oei-hien des satellites qui avoient aussi sur leur liste un nommé Lieou. Je m'en vais, ces deux ou trois jours-ci, chercher passage au Yunnam, le plus secrètement que je pourrai. Que fera-t-on à Pékin de monseigneur de Caradre et de nos chers messieurs? Il y a eu persécution partout au bord du Yunnam. Les chrétiens se sont délivrés moyennant des deniers donnés aux satellites, etc.

RELATION
DE MONSEIGNEUR DE SAINT-MARTIN,
ÉVÊQUE DE CARADRE,
COADJUTEUR DU VICAIRE APOSTOLIQUE DU SU-TCHUEN
SORTI DE PRISON LE 10 NOVEMBRE 1785,

ADRESSÉE

AU SÉMINAIRE DES MISSIONS ÉTRANGÈRES.

Pékin, 21 novembre 1785.

MESSIEURS ET TRÈS-CHERS CONFRÈRES,

Le peu de temps qui m'est accordé ne me permet pas d'entrer dans tous les détails touchant cette malheureuse persécution qui désole la Chine, et dont j'ai été en bonne partie le témoin et la victime. Je ferai un simple sommaire des faits les plus intéressants, et je me réserve d'y suppléer par une autre relation, lorsque le temps et les circonstances me le permettront.

Vous avez su la prise des quatre Européens, missionnaires de la congrégation de la Propagande, trahis par un apostat. Plusieurs de leurs conducteurs ayant pris la fuite, on en fit les recherches les plus sévères. Un d'entre eux, nommé Tchang, qui s'étoit converti à la foi à Tchin-tou (capitale du Su-tchuen), que j'avois baptisé, et qui s'étoit ensuite fixé dans la province du Hou-kouang, sa patrie, emporta quelques billets d'invitation qu'une famille chrétienne lui remit pour les distribuer aux chrétiens de son pays, et en obtenir des prières pour le repos de l'âme d'un défunt. Le nom de cette famille, le lieu de sa demeure, qui étoit près de la ville capitale de notre province, y étoient clairement exprimés. Les mandarins respectifs eurent ordre de faire une descente dans la maison de ce chrétien, déjà dénoncé et fugitif, et ils y trouvèrent le billet d'invitation. Un autre chrétien, interrogé d'où il tenoit des images et un livre de prières, déclara les avoir reçus de M. Sou, ancien prêtre chinois de la Propagande, qui a travaillé longtemps au Su-tchuen, sous monseigneur Mullener, et est mort à Canton depuis douze à quinze ans. Il traduisit ce missionnaire comme demeurant au Su-tchuen, dans un endroit qu'il détermina. Aussitôt le gouverneur du Hou-kouang écrivit à celui du Su-tchuen, pour faire prendre M. Sou, ainsi que le chrétien fugitif dans la maison duquel on avoit trouvé l'écrit dont je viens de parler. Peu de temps après parut un édit de l'empereur qui ordonnoit la même chose, et enjoignoit, outre cela, d'examiner s'il n'y avoit pas de prédicateurs de la religion; il ajoutoit néanmoins qu'on ne devoit pas confondre cette religion avec les mauvaises, qu'ils appellent *sié-kiao*, quoiqu'elle semble avoir affinité avec celle des mahométans (ceux-ci étoient pour lors révoltés dans la province de Kansue ou Kansou, limitrophe de celle de Chansi¹). Au reçu de ces ordres, notre maison de Tchin-tou fut investie. Sur la nouvelle des persécutions excitées dans la province, on avoit déjà mis en sûreté nos effets de religion. Il n'y avoit, pour garder la maison, qu'un seul catéchiste. Il fut pris avec plusieurs autres chrétiens que l'avidité de savoir des nouvelles y avoit amenés. Les satellites se transportèrent dans d'autres maisons de la ville; ils enchaînèrent les chrétiens qu'ils purent trouver, prirent leurs livres de religion et le calendrier nouvellement imprimé. Il y eut en tout vingt-deux chrétiens conduits au prétoire. Le gouverneur nomma un des premiers mandarins de la province pour les juger. Celui-ci, qui connoît parfaitement notre sainte religion, et qui l'estime, donna, dès ce premier interrogatoire, des preuves de sa bonne volonté. Il renvoya sans interroger quatre jeunes gens de quinze à vingt ans, sous prétexte qu'il falloit du monde pour garder les maisons où ils avoient été pris. C'étoit un coup de Providence, car des gens de cet âge mis à la question auroient déclaré tout ce qu'on auroit voulu. Les autres chrétiens furent interrogés touchant les prédicateurs de la religion, et les autres objets mentionnés dans l'édit de l'empereur. La plupart déclarèrent qu'ils tenoient la religion de leurs ancêtres; quelques-uns nommèrent quelques particuliers qui les avoient instruits, et qui se trouvoient pris avec eux. On prouva que M. Sou étoit mort: on expliqua le billet d'invitation d'une manière qui ne déplut point. Les livres chinois furent mis sur le compte d'un de nos courriers parti pour Macao, où il avoit été envoyé extraordinairement au sujet de la députation de M. Chaumont. L'affaire du calendrier fut plus sérieuse, parce que, lors de sa prise, celui des Chinois n'avoit pas encore été rendu public; ce qui fit soupçonner, ou qu'il y avoit des Européens dans la province, ou que du moins les chrétiens étoient en relation avec eux dans quelque endroit de l'empire. Ils nièrent constamment ces deux faits; ils dirent qu'ils n'avoient ni vu ni connu d'Européens; que l'imprimeur du calendrier avoit tiré du prétoire la distribution des mois lunaires et des saisons, et que l'ayant communiquée au catéchiste de notre maison, celui-ci avoit marqué, suivant les temps, les fêtes et les jeûnes que notre religion prescrit; l'imprimeur païen confirma cette déposition. Après deux mois d'examen, où les dogmes et la morale de la religion furent pleinement justifiés par le catéchiste, le gouverneur ordonna des peines fort légères, dont les chrétiens furent ensuite exemptés. Il publia un édit pour défendre la religion, accordant un répit de six mois, et écrivit à l'empereur des choses très-favorables à la religion, ajoutant qu'il n'y avoit absolument aucun Européen dans la province, ni autres prédicateurs. Les chrétiens furent tous élargis, et la paix nous fut rendue; mais ce ne fut pas pour longtemps.

Les recherches qu'on faisoit dans les autres provinces nous devinrent funestes. Un prêtre chinois, missionnaire du Chensi, originaire du Su-tchuen¹, où il avoit encore sa famille, fut dénoncé par les chrétiens (du Chensi). On ajouta qu'il y avoit deux Européens à Tchin-tou, logés près de la porte méridionale. Le

---

¹ Povinces de Kiang-si et de Kiang-sou.

¹ M. Pie Licou le jeune.

gouverneur du Chensi écrivit au Su-tchuen. Les courriers qui apportèrent sa lettre devoient faire quatre-vingts lieues par jour. Il demanda fortement le prêtre dénoncé, et qui avoit pris la fuite. Dans le même temps, un nouvel édit de l'empereur pressa encore plus vivement la recherche des Européens, et ordonnoit de conduire à Pékin tous ceux qu'on trouveroit. Aussitôt les espions se dispersent par toute la province. On député un mandarin pour faire la recherche du missionnaire du Chensi. Les recherches furent inutiles; le prêtre n'étoit point au Su-tchuen. Quelques chrétiens furent foibles; M. Luc Ly, un de nos prêtres chinois, fut dénoncé; c'étoit lui qui avoit soin de ce district-là. On le poursuivit sans pouvoir le prendre, ce qui aigrit encore plus les mandarins. Notre maison, située près de la porte méridionale de Tchin-tou, fut encore visitée, et le même catéchiste qui la gardoit arrêté une seconde fois avec un chrétien dont la maison couvroit notre habitation. Ce dernier fut mis à la question : on dit qu'il nomma mon catéchiste (Étienne Tang), sous le nom duquel nous avions acheté notre maison, et qu'il étoit en tel endroit (dans mon district), à la suite d'un évêque. On envoya plusieurs mandarins et des soldats pour prendre mon catéchiste ; on mit les chrétiens à la torture : un d'eux me nomma comme Européen, et déclara que j'étois à Tien-tsuen, nouvelle chrétienté dans les grandes montagnes, à quatre ou cinq journées de Tchin-tou. J'y étois en effet depuis trois mois pour la visite des chrétiens, qui y sont au moins cinq cents. J'appris cette nouvelle trop tard, et j'étois incommodé d'un gros rhume et d'une toux continuelle, causés par les grandes neiges dont ces montagnes sont couvertes pendant l'hiver, de sorte que je ne pouvois manger. Malgré cela je pensois à me retirer; mais les chrétiens s'y opposèrent de toutes leurs forces, et me représentèrent qu'en cas de recherches, je pouvois m'enfoncer dans les forêts de ces montagnes, en friches pour la plupart, et qui ont au moins deux journées d'étendue; au lieu qu'en sortant, il n'étoit pas moralement possible, vu la sévérité des recherches, d'échapper. Je m'abandonnai à la divine Providence, et je consentis à rester. Deux ou trois jours après, on m'annonça, sur les six heures du soir, que les soldats avoient paru avec plusieurs mandarins, et qu'ils prenoient le chemin de nos montagnes.

J'exhortai les chrétiens de mon mieux à avoir bon courage. A peine un des chefs de quartier, qui étoit venu avec les autres me donner cette nouvelle, fut-il rendu à sa maison (il y avoit tout au plus un quart d'heure de chemin), que les soldats tombent chez lui, l'enchaînent, et lui demandent quatre personnes qu'il avoit dans son district : savoir, moi, mon catéchiste Étienne, sa sœur, chargée d'une école de filles, et un autre chrétien à l'extrémité, à qui j'avois administré depuis peu les derniers sacremens, et chez qui on supposoit que j'étois logé. Le chef de quartier répondit que des quatre que l'on cherchoit il n'y en avoit qu'un dans les montagnes, savoir celui qui étoit à l'extrémité; et que si on y trouvoit un Européen, il consentoit à avoir la tête coupée. On le conduisit donc chez le malade, environ à une demi-lieue de l'endroit où j'étois.

Les chrétiens ne tardèrent pas à me donner nouvelles de ce qui se passoit, et je ne balançai plus à me retirer. Cinq à six d'entre eux me conduisirent dans la forêt voisine, où il y a bien des tigres ; mais c'étoit là le moindre de mes embarras. Je pouvois à peine me traîner dans l'obscurité de la nuit, j'étois déchiré par une toux violente, et obligé de grimper des montagnes escarpées. Je fis environ une demi-lieue, et ne me sentant plus de force, je dis aux chrétiens qu'il falloit s'arrêter ; nous nous arrêtâmes auprès d'un rocher : j'avois eu, grâce à Dieu, la précaution de porter un briquet et de quoi allumer du feu, et nous attendîmes ainsi la lumière du jour. Quand elle parut nous nous mîmes en chemin pour nous enfoncer plus avant dans la forêt; ma toux devenoit plus violente, et il m'étoit physiquement impossible de marcher. Les chrétiens s'étoient munis de quelques pains faits de blé de Turquie, ils m'invitèrent à manger. J'en mangeai quelques bouchées, et je pris un reste de bouteille de vin de messe que j'avois avec moi. Ce repas me donna de la force, j'en profitai pour escalader de nouvelles montagnes encore plus âpres que les premières, et toutes couvertes de neige, en sorte que nous en avions jusqu'à la moitié des jambes. Les chrétiens vouloient me porter; mais, outre qu'eux-mêmes avoient beaucoup de peine à marcher, je ne voulois pas les exposer non plus que moi à tomber dans les précipices fort multipliés dans ces endroits. Je me traînai comme je pus jusqu'à la nuit, et pendant une journée entière je fis environ une lieue : je n'en pus faire qu'un quart le jour suivant, et je résolus de ne pas aller plus loin, voyant surtout l'inutilité d'un pareil éloignement, puisque nous ne pouvions pas effacer les traces de la route que nous prenions. De là, j'envoyai quelqu'un s'informer de l'état des affaires. J'appris que beaucoup de mandarins tant civils que militaires étoient venus accompagnés d'un grand nombre de soldats ; qu'on me cherchoit partout, et qu'on vouloit m'avoir à quelque prix que ce fût.

Le lendemain, 8 février 1785, jour du mardi-gras, et le dernier jour de l'année chinoise, on m'annonça de grand matin que ma retraite étoit connue ; que deux enfans de huit ans, soumis à une question très-dure pour leur âge, avoient déclaré que j'étois dans les montagnes ; qu'on savoit la maison d'où j'étois parti pour me cacher, et que le chef de quartier, tourmenté cruellement, avoit tout avoué. Aussitôt, je dis aux chrétiens de se retirer bien vite et de me laisser seul, que j'attendrois les soldats : ils ne le vouloient pas. J'avois beau leur représenter qu'il étoit dangereux qu'ils fussent pris avec moi ; qu'en restant ils s'exposoient sans m'être utiles : ils voulurent rester absolument ; un nouveau catéchumène offrit de me conduire chez lui, par un chemin de la forêt impraticable à tout autre qu'à lui. Je le suivis pour n'avoir rien à me reprocher, mais sans aucune espérance. A peine avois-je fait quarante pas, que les soldats arrivèrent en jetant de grands cris. Ils se saisirent d'un jeune homme qu'ils dépouillèrent jusqu'à la ceinture, et voulurent le forcer à dire où j'étois. Il dit que j'étois enfoncé dans la forêt, et que j'avois des souliers à pointes de fer. Ils reconnurent aussitôt les traces du chemin par où j'avois passé, et vinrent à moi. Je m'étois arrêté près d'un arbre : quand je les vis tout près, je leur dis : « C'est moi que vous cherchez, vous n'avez qu'à me prendre » ; et ils me mirent la chaîne au cou, me fouillèrent et prirent ma boîte aux saintes huiles, un livre de l'Imitation, un diurnal et mon chapelet. Ils ne s'aperçurent pas de quelques morceaux d'argent et autres petits effets, qu'ils me laissèrent. (Les circonstances me firent oublier que je portois ma boîte aux saintes huiles ; car j'aurois pu l'ensevelir avant leur arrivée). Je leur parlai ensuite d'une manière honnête, les assurant que mon intention n'étoit pas de les fatiguer à courir par les neiges, mais qu'ils sauroient la raison de ma conduite quand je verrois le mandarin. Ils étoient au nombre de huit ou dix. Ils reçurent assez bien ce que je leur dis ; ma prise leur valoit trente taels (c'est-à-dire deux cent quarante livres), le mandarin ayant promis cette somme à ceux qui me prendroient.

Entre leurs mains, je me sentis une force bien extraordinaire ; ma toux devint moins violente ; je mangeai devant eux un reste de pain de blé de Turquie que les chrétiens m'avoient donné, et je me mis en route. Comme ils ignoroient les chemins pour s'en retourner, ils suivirent une route frayée dans les neiges par les pas d'un seul homme ; nous nous égarâmes, et ils commençoient à être de mauvaise humeur, lorsqu'ils rencontrèrent l'homme qui avoit frayé la route ; c'étoit précisément le domestique de monseigneur d'Agathopolis, revenu du Hou-kouang, parce qu'il ne put se résoudre à descendre jusqu'à Canton, où on l'avoit envoyé ; il étoit venu me rapporter les nouvelles qu'il avoit apprises en chemin. Ils l'attachèrent à la même chaîne que moi, et nous conduisirent à deux lieues de là, dans une auberge de chrétiens. Arrivés-là, ils proposoient de me mettre à la torture pour savoir mes complices et autres crimes, car ils disoient tout rondement que j'avois l'air d'un coquin. Ils en jugeoient par ma longue barbe négligée, par mon vieux bonnet de laine, et par la boue dont j'étois couvert, et que j'avois ramassée en me traînant sur les montagnes. Mais les sergens s'y opposèrent et me donnèrent un verre de vin qui me fit grand bien. Pour leur exprimer ma reconnoissance, je leur dis qu'ils m'avoient laissé plusieurs choses qui leur occasionneroient de la peine, si le mandarin le savoit. C'étoit un couteau d'Europe, un canif, ma montre, etc., et je les leur montrai en disant qu'ils prissent garde à eux, parce que je n'étois pas un homme ordinaire, et qu'ils rendroient compte de tout. Ils furent contens, et dirent que les chrétiens étoient gens de conscience. Cependant on alla avertir les mandarins que j'étois pris. Ils étoient près de là au nombre de six, et environ deux cents soldats. Ils vinrent aussitôt : j'éprouvai un courage que je ne m'étois pas encore senti. Ils prirent leurs places et on me fit mettre à genoux devant eux. Celui qui présidoit me dit de me relever et de m'asseoir. Il me fit servir à manger, et déclara devant tout le monde qu'il ne falloit pas me regarder comme un coquin, que j'étois un honnête homme, et que la religion chrétienne étoit bonne ; qu'on me prenoit parce que j'étois étranger, et que l'empereur avoit donné ordre de me conduire à Pékin. Il ordonna ensuite que l'on m'ôtât ma chaîne. Je répondis, pour la consolation des chrétiens présens, que l'on avoit pris en bon nombre, et à qui on n'offroit pas la même grâce, que je tenois à honneur de porter cette chaîne pour la cause de la religion ; que je rougirois beaucoup si je la portois pour cause de crime, mais que je n'en avois pas à me reprocher, n'étant venu que pour faire du bien aux hommes, en leur prêchant une religion sans laquelle il est impossible qu'ils soient sauvés ; que cette chaîne étoit pour moi un collier de perles plus précieux que celui qu'il portoit à son cou, et qui fait la marque distinctive des mandarins. Je m'étendis assez longtemps là-dessus avec bien de la chaleur. Il me parut fort étonné, me laissa tout dire et me répondit : « Comme vous voudrez. » Puis il me demanda pourquoi la religion chrétienne étant si bonne, et n'ayant rien à craindre de la sévérité des lois, j'allois cependant m'enfoncer dans les bois durant trois jours, au lieu de me produire. Je répondis que mon intention étoit de prêcher la religion le plus longtemps qu'il me seroit possible, et je n'ignorois pas qu'étant pris, je ne pourrois plus la prêcher ; il étoit tout naturel de me cacher pour m'empêcher de l'être. Il voulut faire le catalogue de mes effets. Or, j'avois appris par les discours que les soldats faisoient entre eux, qu'on avoit trouvé mon ornement d'autel, et autres meubles et livres que j'avois cachés sous des feuilles d'arbres, et je supposois que le tout avoit été livré aux mandarins. Je déclarai donc ma chapelle, mon calice, mes livres et autres objets. Il me demanda si je n'avois pas un bonnet de cérémonie, dont il fit la description ; j'en convins, et j'ajoutai que ce bonnet étoit dans le paquet qui renfermoit ma chapelle. Les soldats lui avoient présenté ce bonnet et rien de plus, ils s'étoient emparés du reste. Alors il entra en grande colère contre eux, et exigea qu'on lui apportât les effets volés. Il étoit trop tard, les voleurs s'étoient enfuis. Les mandarins me prirent donc à part, et m'exhortèrent à ne pas réclamer ces effets devant le lieutenant-criminel, parce qu'un pareil procédé leur nuiroit beaucoup à eux et à mes chrétiens. Je répondis que je n'étois pas venu en Chine pour faire de la peine à personne, ni pour sauver les biens que je pouvois avoir, mais pour sauver les âmes, et je leur donnai parole que je ne demanderois rien. Cette réponse les satisfit ; ils redoublèrent de politesse, me firent donner un cheval pour aller à deux lieues de là reposer dans une auberge avec eux, et je mangeai avec les mandarins militaires.

Là, on me questionna beaucoup sur les endroits où j'avois été, sur le nombre des Européens qui étoient dans la province, le tout par manière de conversation ; je répondis que, depuis onze ans, j'avois parcouru une grande partie du Su-tchuen, que je ne pouvois les déclarer sans faire tort aux chrétiens, qui, après tout, ne faisoient mal à personne ; et j'ajoutai, en appuyant sur cette raison, que les mandarins de tous les districts civils, par où j'avois passé, couroient risque d'être déposés si l'empereur venoit à le savoir, parce qu'il les accuseroit de n'avoir pas veillé suffisamment à l'exécution d'une loi qu'il regarde comme essentielle, et qui défend de laisser les étrangers s'introduire et rester dans l'empire. A la seconde question, qui étoit la plus importante, je répondis que j'étois venu seul ; et parce qu'ils insistoient que peut-être il en étoit entré d'autres après moi, je crus pouvoir répondre que je n'en connoissois point dans le Su-tchuen, attendu qu'ils pouvoient s'être réfugiés dans les autres provinces, pour éviter la persécution qui s'allumoit dans celle-ci. Comme les gens qui m'interrogeoient alors n'étoient que des espions sans autre pouvoir, je les mis de côté facilement ; je leur prêchai la religion tant qu'ils voulurent l'entendre, et ils la trouvoient fort raisonnable. Il fallut partir pour être jugé en premier ressort à quatre journées de l'endroit, savoir, à Yat-cheou : on me fabriqua une chaise à porteurs pour traverser la montagne, et on obligea les paysans à me porter. Je fus toujours bien traité dans la route, mangeant à la table des mandarins. C'étoit le carême : je leur déclarai que ma religion ne me permettoit pas de manger aucune viande ; je leur donnai quelques raisons qui me parurent à leur portée, sur la nature de nos jeûnes, et tout le temps ils me firent servir en maigre.

Arrivés à Yat-tcheou, on me conduisit presque aussitôt au premier tribunal de la ville, où il y avoit six ou sept mandarins assemblés : j'y fus interrogé en règle et à genoux. Le président étoit un petit homme fort pédant; il avoit le titre de *yentao* (ou intendant général du sel et du thé). Je déclarai que j'étois Européen, et depuis onze ans dans la province pour y prêcher la religion chrétienne, religion seule véritable, religion absolument nécessaire pour obtenir un bonheur et éviter des maux éternels ; qu'ayant parcouru cette province, j'y avois formé environ deux ou trois mille prosélytes, et que tous ainsi que moi, suivant les maximes de notre religion, étions très-fidèles à l'empereur, et obéissans aux lois. « Tu mens, me dit le mandarin, tu mens : l'empereur défend de prêcher ta religion; tu la prêches ici contre ses ordres : comment oses-tu dire que tu es obéissant aux lois de l'empire ? » Je sentis la réponse que je devois faire ; mais j'éprouvai un mouvement de crainte et de terreur que Dieu me fit la grâce de surmonter. Je répondis : « Dieu est plus grand que l'empereur; c'est lui qui est le roi des rois, l'empereur n'est qu'un homme : ainsi, quand je dis que nous sommes très-obéissans à l'empereur, c'est par rapport aux lois qui ne sont pas contraires à celles de Dieu ; s'il y a opposition, pour lors c'est à Dieu que j'obéis, et non pas à l'empereur. » Ils insistèrent : « Est-ce Dieu qui t'a dit de venir en Chine ? l'as-tu vu ? as-tu entendu ses paroles ? — Dieu, répondis-je, me l'a dit par sa loi, qui commande de l'aimer par-dessus toute chose, et d'aimer les hommes comme nous-mêmes ; or, c'est ce que j'ai fait en venant publier ici ses grandeurs et ses miséricordes, et vous ouvrir le vrai chemin du bonheur que je connois, et que vous ne connoissez pas. — Mais n'est-ce pas plutôt le roi de ton pays qui t'envoie ici ? — Non, assurément non; le roi de mon pays gouverne ses États sans prétendre vouloir gouverner ceux des autres souverains. — Ne sait-il pas du moins que tu es ici ? — Il ne me connoît point. — Tu es donc sorti sans sa permission ; tu es coupable. — Ce n'est pas une conséquence ; j'ai obtenu, du mandarin chargé de ces sortes d'affaires, la permission de sortir du royaume : ce mandarin savoit bien que mon intention étoit de prêcher la religion ; mais il ignoroit, ainsi que moi, le pays où je devois la prêcher. — Mais pourquoi venir en Chine plutôt qu'ailleurs ? — Par toute la terre il y a des missionnaires qui prêchent la religion ; ayant vu la langue chinoise, je sentis plus de goût et de facilité pour l'apprendre que d'autres langues; en conséquence, je me déterminai à entrer en Chine. — Eh ! pourquoi plutôt au Su-tchuen que dans les autres provinces ? — Pour deux raisons : les vivres y sont moins chers; et les histoires m'ayant appris que cette province, y a plus de cent ans, fut dévastée par les *Patay-ouang*, et le peuple renouvelé depuis, je jugeois qu'il y avoit moins d'abus et de malice, et par conséquent moins d'obstacles à la vérité. — Qui t'y a amené ? — Des païens que je ne connois pas ; j'entendois quelque chose de la langue, et moyennant cent cinquante taels ils ont consenti à tout. — Comment as-tu pu apprendre la langue ? — Nous avons dans notre pays des livres qui l'enseignent, et j'en ai vu un, fait par un nommé Fromont, qui a bien cinquante ans de date. — Mais les livres n'apprennent pas les tons ; il faut une voix pour les faire sonner ? » Je fis quelques observations sur les notes de musique, qu'on écrit sur le papier sans qu'il soit besoin de les articuler ou sonner. Je dis que « la seule pensée suffisoit pour les écrire », et autres choses semblables où ils n'entendoient rien, ni moi non plus. Un d'eux, ennuyé de ma dissertation, m'interrompit en disant : « La réponse est toute simple. Vous avez dans votre pays des Chinois qui y sont allés pour y apprendre vos livres, et qui rentrent ensuite en Chine pour y prêcher votre religion; ce sont précisément ceux-là qui vous ont appris les tons. — Il n'en est rien, répondis-je; les Chinois ne peuvent sortir de l'empire, et les vaisseaux européens qui vont à Canton craindroient de les recevoir ; mais il est vrai que dans mon pays il y a des commerçans européens qui viennent à Canton faire le commerce; ils savent le chinois, et j'en ai vu plusieurs avec qui je m'en suis entretenu. — Comment vis-tu ici ? — A mes frais : j'ai apporté environ cinq cents taels; je n'en ai plus que dix, et ils sont entre vos mains. — Mais si tu n'avois pas été pris, n'ayant plus d'argent, comment aurois-tu vécu ? — Les chrétiens ne s'embarrassent pas du lendemain : au reste, il étoit naturel de supposer que des gens pour le salut desquels j'ai tout sacrifié, ne me laisseroient pas mourir de faim. » On voulut savoir ensuite les lieux que j'avois parcourus, les chrétiens que j'avois prêchés, les maisons où j'avois demeuré, et s'il y avoit des Européens dans la province; je répondis à cette dernière question que je n'en connoissois point. Par rapport aux autres questions, « je vous déclare, leur dis-je, que, suivant ma religion, je suis venu ici, non pas pour me sauver en nuisant aux autres, mais bien pour sauver les autres, même à mon préjudice. » Le président me dit en propres termes : « Tu es un sot qui ne sais pas penser : en quoi nuiras-tu à ces chrétiens que tu nommeras? la religion chrétienne est bonne; quel mal y a-t-il de suivre une bonne religion? » Je ne répondis rien. Un autre me demanda : « As-tu demeuré chez tel et tel (qu'il nomma). » Je dis : « Je ne reconnois pas cela. — Mais tu n'es pas descendu du ciel en volant; certainement il y a des endroits où tu as demeuré. — Oui, il y en a, et beaucoup; mais ma religion me défend d'en nommer aucun. — Les chrétiens l'ont déclaré eux-mêmes; tel et tel l'ont avoué. — S'ils le déclarent, ce sont leurs affaires; ce n'est pas moi qui leur nuis : au reste, je demande confrontation; et, s'ils l'avouent devant moi, je le reconnoîtrai. » Je fus renvoyé à une autre audience, et rappelé peu de temps après. On avoit mis, devant l'endroit où je devois me mettre à genoux, une férule dont ils se servent pour donner des soufflets. On me demanda combien de temps j'avois demeuré dans l'endroit où j'avois été pris; d'où j'étois parti pour y venir; qui est-ce qui m'y avoit conduit; par où j'avois passé. Je fixai un temps; je dis que j'avois loué, sur la route, des gens que je ne connoissois pas pour porter mes effets, et qu'ils s'en étoient retournés. J'assignai aussi plusieurs endroits de marché par où j'avois passé, où il n'y avoit pas de chrétiens. Je fus interrompu sur l'époque du temps, qui ne s'accordoit pas avec ce que les chrétiens avoient déclaré. Je dis : « Qu'on les fasse venir. » En effet, ils furent appelés, et le mandarin leur dit : « N'est-il pas vrai que vous avez déclaré avoir été chercher votre maître dans tel endroit; que vous l'avez conduit vous-mêmes chez vous, et qu'il y étoit depuis tel temps? » Les chrétiens le reconnurent. Je dis : « Passe; ce sont leurs affaires. » La séance finit par là. Il y eut ordre de me mettre en prison; je fus mis aux fers, et on me donna des menottes fort serrées. On me fit coucher au milieu d'une troupe de bandits, avec un satellite pour avoir soin de moi. Dieu me fit la grâce d'y être fort content. Je leur parlai de la religion une partie de la nuit; je sommeillai un peu. Le lendemain, mon satellite m'ôta mes menottes; le mandarin m'envoya à dîner et à souper très-honnêtement; et, le surlendemain, je partis en chaise, portée par quatre hommes, avec une grande troupe de satellites et de mandarins qui m'accompagnoient pour me conduire à Tchin-tou. A moitié chemin, celui qui tenoit la place de gouverneur de la province ordonna d'accélérer le voyage; on me fit faire dix-sept lieues en un jour. Je puis bien dire avoir été en spectacle aux hommes; on venoit de tous côtés pour me voir; partout on m'interrogeoit, et je prêchai la religion sans que les mandarins conducteurs s'en missent en peine, excepté une fois qu'on me conduisit dans une pagode (ou temple d'idoles) pour reposer : le peuple accourut en foule; il y vint même un bonze de la pagode. Je l'entrepris devant tout le monde. Il y avoit une grande idole à la porte; je lui demandai : « De quelle matière est faite cette idole? — Elle est de pierre. — Mais ses yeux, ses oreilles et son nez sont-ils aussi de pierre? — Oui. — Des yeux de pierre peuvent-ils voir? un nez de pierre peut-il flairer les odeurs? une oreille de pierre entendre les sons? — Non. — Ton idole ne voit rien; quand tu lui fais mille prosternations, elle n'en sait donc rien, tu lui brûles des odeurs, elle n'en flaire point; tu lui fais des prières, elle ne t'entend point; n'est-ce pas manifestement se tromper soi-même en trompant les autres? — Je n'entends rien à tout cela, repondit le bonze. » Le mandarin du lieu vint nous interrompre, et dit que ce n'étoit point là le lieu pour prêcher. Je lui dis que la vérité pouvoit se dire partout. Il me fit entrer dans l'intérieur, et ne permit plus à personne d'y venir. Les mandarins des lieux par où je passois venoient et me faisoient beaucoup de politesse. Je pense qu'ils avoient peur que je ne dénonçasse leurs districts.

Enfin j'arrivai à Tchin-tou, environ dix jours après ma prise. Je fus conduit chez le lieutenant-criminel; il me fit renfermer dans la prison destinée aux mandarins. Le lendemain, je parus devant lui : presque tous les mandarins de la ville étoient assemblés; il me demanda si j'avois quelques degrés relatifs aux études en mon pays? Je déclarai que j'étois docteur en théologie. Les questions par rapport à mon entrée en Chine furent les mêmes que dans mon autre interrogatoire, ainsi que les réponses ; mais celles des chrétiens qu'on avoit pris en grand nombre ne s'accordoient pas avec les miennes. Pour lors, je dis : « Ce que j'ai déclaré jusqu'à présent est la vérité, mais il ne m'est pas permis de tout dire, parce que ma religion me défend de nuire à qui que ce soit. Si les chrétiens s'accusent eux-mêmes, ce sont leurs affaires ; je puis acquiescer à ce qu'ils diront de vrai, seulement je demande confrontation. » Il me demanda là-dessus si ce n'étoit pas le nommé Tchang qui m'avoit conduit au Su-tchuen, ajoutant que je pouvois bien l'avouer, puisqu'il le reconnoissoit lui-même. Je répondis que je ne le reconnoissois pas comme mon introducteur ; qu'au reste, s'il l'avouoit, on le fît venir. Les mandarins dirent en riant : « Il ne nous croit pas sur notre parole. » Le chrétien fut appelé. Je l'interrogeai moi-même : « Est-il vrai que tu as déclaré que c'est toi qui m'as introduit, et m'as conduit dans la maison d'un tel ? » (mon catéchiste, sous le nom duquel est achetée la maison où nous demeurions, et qui avoit été dénoncé aux mandarins). Il dit que oui. Je lui répliquai : « Souviens-toi que c'est toi qui t'accuses, et non pas moi : tu dis vrai. » Il y eut quatre autres familles prises, qui s'étoient déclarées de même pour m'avoir reçu chez elles. Notre courrier Louis fut ensuite dénoncé, comme allant tous les ans à Canton, depuis plusieurs années, chercher mon viatique, que les chrétiens avoient dit se monter à six ou sept cents piastres. Je reconnus le tout. Il fut donc arrêté que, onze ans auparavant, le nommé Baptiste Tchang, muni d'une lettre de M. André Ly, ancien missionnaire chinois, avoit été à Canton pour y chercher un missionnaire ; qu'ayant lié amitié avec un nommé Paul Tching, ancien cuisinier de la procure des missionnaires françois, à Macao, avec lequel je demeurois, celui-ci avoit procuré une entrevue avec moi, que j'étois convenu de le suivre au Su-tchuen ; qu'arrivé à Tchin-tou, dans la maison d'Étienne Tang (c'est le catéchiste dont on a déjà parlé), j'avois commencé à prêcher la religion à tous ceux qui avoient voulu l'entendre ; que de là je m'étois rendu à Ouen-kiang chez telle famille, à Tsong-kin-tcheou chez telle autre, à Py-hien et Tien-tsuen chez deux autres, (lesquelles s'étoient toutes dénoncées elles-mêmes), où j'avois pareillement prêché ; ce que j'avois toujours continué de faire jusqu'à présent. On ne voulut pas de mes trois mille chrétiens, on dit qu'il falloit écrire qu'il y en avoit beaucoup, et que je ne pouvois m'en rappeler le nombre, parce qu'autrement l'empereur ne seroit pas content.

Après cette première séance, il me fit ôter mes chaînes ; je le laissai faire, parce que je me trouvois très-foible. Il ordonna que je fusse bien traité. Il m'envoya des œufs, du poisson et autres choses à manger. Le lendemain je fus appelé en jugement : il me demanda s'il y avoit des Européens : je dis que je n'en connoissois pas. Il répliqua : Mais il y a le nommé Li-to-lin, que le frère de Baptiste Tchang a conduit à Tching-tou, il y a huit ans. Je fus extraordinairement surpris d'entendre ce nom, qui étoit celui de M. Dufresse. Je répondis que cet homme ne devoit pas être au Su-tchuen ; qu'à la vérité je l'avois connu, mais que la persécution devoit l'avoir fait sortir de la province, ne pouvant plus s'y tenir caché, et que je n'en avois pas entendu parler depuis cinq mois. Ils supposèrent que s'il en étoit ainsi, il devoit être au Chensi. Après cela, on me fit sortir de l'audience, et on m'introduisit, en attendant, dans une salle où les mandarins et les officiers du prétoire s'assembloient pour se reposer. Là, j'entendis dire qu'il y avoit un ordre exprès du gouverneur de se saisir de M. Dufresse, quoi qu'il en coûtât ; qu'on avoit envoyé partout des espions, et un ordre qui devoit faire cinquante lieues par jour pour le chercher dans certains endroits de sa chrétienté, et ailleurs ; on me dit qu'on n'ignoroit pas qu'il y avoit deux Européens dans la province, et que, celui-ci une fois pris, l'affaire finiroit. On m'envoya dans ma prison, où j'avois beaucoup de liberté. Pensant en moi-même à cet événement, et craignant que les recherches si sévères et si étendues qu'on faisoit de M. Dufresse ne fissent découvrir d'autres confrères, comme il étoit arrivé à Kin-tang, je conçus le projet de lui écrire, et de l'engager à se produire. Je le fis au bout de deux jours, et cela d'autant plus volontiers, que je voyois à la manière honnête dont j'étois traité, aux louanges qu'on donnoit partout à la religion, et aux promesses que les mandarins faisoient que l'empereur feroit grâce, qu'il n'avoit craint que la rébellion, et que certainement il n'y en avoit pas. Ce cher confrère reçut ma lettre, et arriva douze jours après. Pendant cet intervalle, il vint un ordre d'arrêter M. Delpont. Il avoit été dénoncé à Canton par les domestiques du procureur de la Propagande, ainsi que tous les autres missionnaires de cette congrégation; et on avoit déclaré que M. Delpont étoit passé au Su-tchuen. Je laisse à penser dans quel embarras je me trouvai alors. Je fus interrogé, ainsi que les chrétiens. D'abord, je refusai de le reconnoître: le lieutenant-criminel me fit lire les dépositions qu'il venoit de recevoir. On y avoit mis clairement le jour où il étoit parti de Canton. Les chrétiens le reconnurent, et déclarèrent l'endroit où il étoit. Les mandarins dirent que si cet homme n'étoit pas pris, c'en étoit fait de tous les mandarins de la province, parce qu'il étoit dénoncé à l'empereur, et qu'il le demandoit. Je le reconnus, je dis que je l'avois vu sept à huit mois auparavant, mais que, depuis, je n'en avois pas reçu de nouvelles. On alla chercher dans l'endroit dénoncé, et il ne s'y trouva point. C'étoit la chrétienté de Ngan-yo. Les chrétiens furent extraordinairement persécutés à son occasion. Un d'eux eut trois fois la torture aux jambes, force soufflets, etc., au point que les mandarins désespérèrent de sa vie; cependant il en est revenu. Les chrétiens épouvantés me prièrent de lui écrire pour l'engager à se rendre. Je crus bien faire dans les circonstances en lui écrivant. Il se rendit; mais les mandarins eurent de violens soupçons qu'il y avoit encore d'autres Européens, surtout dans la partie orientale, qui est si grande, et où il y a tant de chrétiens. Je dis que je répondois qu'il n'y en avoit point, croyant M. Devaut dans la province de Kouei-tcheou, où je savois qu'il étoit allé; que M. Delpont étant venu pour remplacer M. Moïe, qu'un apostat de Tchin-ton avoit déclaré être retourné l'année précédente à Canton, il étoit tout naturel de penser qu'il seroit pour cette partie quand il sauroit la langue. Ces raisons ne les convainquirent pas; ils mirent tous les chrétiens à la question, et M. Devaut fut dénoncé comme étant chez la famille Ly, à Tchong-kin-fou. Je dis que c'étoit en vain qu'on iroit le chercher, parce que je pouvois répondre qu'il n'étoit pas dans la province. On ne me crut point. Un mandarin fut député avec des satellites; il se rendit chez la famille Ly, qui déclara qu'il étoit allé à Kouitcheou, et qu'ensuite, revenu de là, il avoit passé quelque temps chez elle, et que, pour le présent, il étoit allé on ne savoit où. Les recherches furent donc les plus sévères dans cette partie. Les chrétiens, hommes et femmes, furent dans la plus grande désolation. Ensuite, il courut un bruit qu'il s'étoit retiré du côté de Soui-fou. On y alla, et cette partie fut aussi désolée que l'autre. Il y eut des vierges conduites au prétoire; M. André Yang, prêtre chinois, fut pris; M. Glayot fut au moment de l'être avec M. Devaut; ils échappèrent je ne sais comment. Au bout d'un mois et plus, on conduisit à Tchin-tou beaucoup de chrétiens des districts de ces deux chers confrères. Plusieurs de la famille Ly furent mis à la question. On donna à cette famille un mois de répit, en lui déclarant que si dans un mois l'Européen ne paroissoit pas, toute la famille seroit emprisonnée sans aucune miséricorde, parce que, disoit-on, le gouverneur de la province, qui avoit écrit à l'empereur qu'il n'y avoit pas d'Européens dans la province, sachant maintenant que M. Devaut y étoit, vouloit absolument l'avoir, outre les trois autres déjà pris: les mandarins ajoutoient que, sa dignité y étant intéressée, il sacrifieroit tout pour cela.

M. André Yang, ayant été conduit à Tchintou, me fit prier d'écrire à M. Devaut. Je n'en voulus rien faire; plusieurs autres chrétiens me presssèrent de même, je refusai; la famille Ly me fit de fortes instances: c'est une des bienfaitrices de la mission: pour lors, je pris conseil avec M. Delpont, que j'eus la liberté de voir, et il jugea qu'il étoit expédient de le faire. J'écrivis donc, et je partis le même jour pour Pékin avec M. Dufresse. Les deux autres missionnaires étant censés avoir été pris par le propre gouverneur, tandis que nous deux avions été pris par le lieutenant-général d'armée, qui tenoit la place du gouverneur en son absence, on jugea qu'il falloit attendre le retour du gouverneur, et ne pas donner aussitôt à Pékin la nouvelle de la découverte de MM. Delpont et Devaut.

On nous conduisit trop honorablement: nous avions chacun une chaise à quatre porteurs, et deux mandarins qui nous faisoient manger à leur table aux frais du public ou de l'empereur. Ce voyage dura trente-huit jours ; nous arrivâmes à Pékin le 28 d'avril. Présentés le lendemain au tribunal appelé *hing-pou*, où se décident les affaires des grands criminels, on nous y chargea de chaînes fort pesantes, avec les fers aux pieds et aux mains, et l'on nous mit dans la prison destinée aux mandarins. C'étoit une grâce bien particulière : on nous l'accorda, je ne sais pourquoi ; mais ce fut un grand coup de Providence, car autrement, il est vraisemblable que nous serions morts. Dans cette prison, nous fûmes réduits à vivre d'un riz fort bis, que l'empereur donne aux prisonniers. On nous avoit laissé quelque argent par miséricorde ; nous en achetions une espèce de fromage mou chinois, fait du lait de certaines fèves écrasées, qui se coagule. C'est une nourriture fort insipide ; il falloit s'en contenter, et les autres missionnaires emprisonnés étoient encore plus mal que nous. Quatre ou cinq jours après notre arrivée, les satellites, qui espéroient de l'argent, nous ôtèrent nos fers, et cela en cachette. Nous ne les portions qu'à l'audience, et lorsque les mandarins visitoient les prisons. Au reste, nous avons été exposés tout le temps aux mépris et aux injures, et rongés de toutes sortes de vermines.

Les différens jugemens auxquels nous fûmes cités n'eurent rien de bien particulier. Seulement, on s'informoit exactement de qui nous tenions notre viatique. Je déclarai qu'il m'étoit envoyé partie par nos familles, partie par nos amis, partie par les chrétiens ; qu'on embarquoit cette somme sur les vaisseaux d'Europe qui venoient en Chine, que cet argent étoit déposé, en arrivant à Canton, dans les maisons habitées par les Européens, et que sur une lettre que j'envoyois par le courrier Louis, celui-ci me l'apportoit, et que je le distribuois entre nous, suivant nos besoins. On s'informoit aussi si nous avions communication avec les Églises de Pékin. C'étoit un point qu'on paroissoit fort avide de savoir. Nous l'avons toujours nié, ce qui étoit vrai. On me demanda si je savois quelques arts. Je répondis que non, et que je ne savois autre chose sinon prêcher l'Évangile. (Cela est vrai, si toutefois on peut dire que je sais prêcher l'Évangile) ; mais j'appuyois fortement là-dessus, parce que je savois que le gouverneur par intérim du Su-tchuen avoit exposé son avis à l'empereur, qui étoit de me garder à Pékin comme artiste ou mathématicien. On me demanda quel bien la religion apportoit. Je répondis que c'étoit un bien éternel, et que le chrétien n'ambitionne sur la terre ni dignité, ni richesses. Tout cela, et autres choses semblables, furent reçues froidement.

Enfin, notre jugement fut porté par le tribunal supérieur, et ratifié par l'empereur. Les Européens pris dans les provinces furent condamnés à une prison perpétuelle. Les courriers qui les avoient introduits, à un exil perpétuel, en un lieu appelé Yli, et à être marqués sur le visage. Les prêtres chinois ont été condamnés à la même peine, au nombre de six, entre lesquels se trouve M. Adrien Tchou, exilé autrefois dans la province de Chang-tong, près avoir travaillé quelque temps dans nos missions du Fo-kien.

J'ignore quel a été le sort de nos courriers du Su-tchuen. Ils n'ont point été envoyés à Pékin comme les courriers des autres provinces. Les mandarins ont dit que leur affaire n'étoit rien ; nos prêtres chinois qui avoient été pris ont été relâchés. On n'a point inquiété les autres, quoique dénoncés. M. Thomas Nien l'avoit été au Su-tchuen, en ma présence, par un chrétien qui perdit la tête, et je vis le moment où il alloit nommer monseigneur d'Agathopolis. On lui demanda s'il me connoissoit. Il répondit oui, ajoutant que j'étois le nouvel évêque. Il étoit assez naturel de conclure qu'il y en avoit donc un ancien. Je repris aussitôt la parole en riant, et dis : «Tu as raison, c'est moi qui suis l'évêque.» Les mandarins n'y firent pas attention. Nous avions ignoré, en prison, le décret de l'empereur qui nous condamnoit à une prison perpétuelle, mais nous nous attendions à plusieurs années, et tous, grâce à Dieu, étions bien résignés. Cependant, plusieurs des missionnaires emprisonnés ne pouvoient vivre avec le riz de l'empereur, il leur étoit impossible de l'avaler ; les païens ne s'en embarrassoient guère. Sept d'entre eux, accablés d'inanition et de misère, moururent dans la prison. Il y avoit parmi eux deux évêques, celui de Miletopolis et celui de Domitiopolis, vicaires apostoliques du Chensi et Chansi. Nos deux confrères, MM. Devaut et Delpont, moururent comme des saints ; ils purent se confesser. Le zèle ne les abandonna point, même au temps de leur agonie ; ils vouloient que quelques missionnaires présens prêchassent les païens pour empêcher des désordres dont ils gémissoient, et qu'ils avoient sous les yeux. Ils s'excitoient à mourir en disant : «Quel bonheur de mourir ici ! » Ce sont les propres paroles de M. Devaut, qui m'ont été rapportées par un missionnaire présent à ses derniers momens. Cette nouvelle, que j'appris quelque temps après, fut pour moi un coup de foudre. Je me suis reproché de leur avoir écrit, et me le reproche encore. Puissé-je faire que Dieu ne me le reproche point !

Quant à moi, après trois mois de captivité, je tombois en consomption, et m'attendois à mourir. Cette pensée me consoloit ; mais je n'étois pas digne de terminer ma carrière dans le champ d'honneur. M. Dufresse se portoit assez bien, et m'étonnoit, car il est d'une santé foible.

Enfin, MM. les missionnaires des Églises de Pékin parvinrent, à force d'argent, à nous faire passer des secours abondans qui nous rétablirent ; nous pouvons bien dire qu'après Dieu nous leur devons la vie. Nous avons su, dès le commencement de notre prison, les efforts multipliés qu'ils ont faits pour soutenir l'honneur de la religion calomniée, et rompre les chaînes des confesseurs ; mais ils n'avoient pas assez d'autorité et de crédit à la cour pour y réussir ; il paroît qu'on cherche à les humilier en tout. L'orgueil chinois voit avec peine que les grands talens se trouvent chez des Européens. Ces messieurs ont présenté des apologies auxquelles on ne répondoit rien ; ils ont demandé notre liberté de quelque manière que ce fût, soit pour nous reléguer dans les églises, soit pour nous renvoyer à Macao. L'empereur leur a répondu, avec indignation et mépris, que nous méritions la mort, et que c'étoit nous faire grâce que de nous condamner à une prison perpétuelle, et le ministre leur a défendu de présenter dorénavant aucune requête à ce sujet. Ils ont tâché de nous faire passer des secours en gagnant les chefs des satellites, qui sont les geôliers des prisons ; on a exigé des sommes énormes ; ils ont tout sacrifié, et ces geôliers, quelque avides qu'ils soient, n'ont osé accepter les offres qu'on leur faisoit, qu'après que la sentence a été portée à l'égard de tous les Européens ; encore trembloient-ils beaucoup. Un d'eux vint me dire, quelques jours avant notre sortie de prison : « Peut-être que dans peu vous serez interrogés. Prenez bien garde que le mandarin ne sache que les Européens vous aident ; dites que vous vivez du riz de l'empereur ; sans cela nous sommes perdus. »

Depuis, rien ne nous a manqué ; nous avions tout : habits, vivres, douceurs, etc., avec profusion. J'ai prié ces messieurs de vouloir bien mettre des bornes à leurs largesses excessives.

Nous pouvions nous écrire, et je le faisois avec un crayon qu'ils m'avoient envoyé pour que nous leur exposassions tous nos besoins. Ce n'étoit pas encore assez pour leur bienfaisance ; ils ont cherché les moyens de nous procurer une prison plus douce ; ils espéroient nous réunir en un même endroit, de manière que nous aurions pu célébrer la sainte messe. Déjà ils avoient obtenu du ministre la permission de nous secourir ouvertement. On n'avoit excepté que la communication des lettres. La vérité, la justice et la reconnoissance nous prescrivent de publier le zèle et la charité de tous ces messieurs, mais en particulier de M. de Ventavon, qui s'est sacrifié pour nous. Nous avons été singulièrement édifiés et consolés des lettres de monseigneur l'évêque de Pékin, qui nous a écrit en véritable apôtre ; c'en est un effectivement ; sa piété, son attachement aux décisions de l'Église, son zèle pour le salut des âmes, tout nous prouve d'une manière bien consolante que Dieu a regardé l'Église de Pékin dans sa miséricorde, et lui a donné un pasteur selon son cœur. MM. de Saint-Lazare nous ont donné aussi des marques bien particulières de tendresse et de charité. J'ai reçu plusieurs lettres en prison de M. Raux, supérieur de l'Église françoise, qui justifie amplement le choix que la cour a fait de ces messieurs pour occuper cette place. Nous avons aussi été singulièrement édifiés du zèle de MM. les ex-jésuites en faveur des prisonniers. Ils ont fait cause commune avec tous les autres. J'ai reçu, en prison, plusieurs lettres de M. Bourgeois ; je puis rendre témoignage qu'il a secondé de son mieux le zèle de M. de Ventavon ; il a droit à toute notre reconnoissance, et je ne doute pas que les missionnaires de la Propagande ne lui rendent cette justice.

Les corps des confesseurs morts en prison ont eu tous une sépulture honorable dans les cimetières appartenant aux églises respectives ; mais cette grâce n'a été accordée qu'à force d'argent pour plusieurs, et de vives et longues sollicitations pour les autres. L'empereur s'est adouci enfin à cet égard : il a permis, par un édit particulier, que les corps des confesseurs, portés, pour la plupart, à la sépulture des criminels, fussent livrés aux églises. J'ai vu les sépulcres où ils reposent : on y a élevé des monumens, bien dignes de la piété et de la générosité des missionnaires de Pékin. J'ai remercié, au nom du corps des Missions Étrangères, les missionnaires françois qui se sont chargés en particulier des précieux restes de MM. Devaut et Delpont.

Enfin, le temps marqué par la divine Providence arriva. Dieu, qui tient entre ses mains le cœur des rois, toucha celui de l'empereur. Au moment qu'on ne s'y attendoit pas, et contre toute espérance, ce prince donna un édit qui mettoit les Européens en liberté. Le 10 novembre 1785, nous sortîmes de prison. L'édit n'exprime rien de déshonorant pour la religion : on déclare formellement qu'il n'y a rien de répréhensible dans la conduite des missionnaires qui sont venus la prêcher, si ce n'est qu'ils se sont introduits furtivement dans l'empire contre les lois ; mais que l'empereur, considérant que les Européens ignorent les lois de l'empire, et voulant user de clémence, déroge à la sévérité des lois, et remet les missionnaires en liberté, leur laissant le choix, ou de retourner à Macao, ou de rester dans les églises de Pékin : cette nouvelle nous fut annoncée par les domestiques des églises de Pékin, que ces messieurs nous envoyèrent.

Nous sortîmes peu de temps après : ces messieurs, pour la plupart, nous attendoient à la porte de la prison ; ils soutinrent notre cause contre un mandarin, exécuteur de l'édit, qui paroissoit exiger des conditions odieuses ; et nous fûmes remis en liberté, sans aucune condition. Notre premier soin fut d'aller à l'église principale, où monseigneur l'évêque de Pékin nous attendoit : ce prélat fit les choses avec une foi et une dignité qui nous toucha beaucoup : après avoir rendu grâces à Dieu, il nous traita magnifiquement, et ensuite nous nous partageâmes dans les différentes églises ; nous choisîmes, comme il étoit naturel, celle des François, où nous nous édifions par les bons exemples de ces messieurs ; et nous y resterons jusqu'à ce qu'il nous soit libre de retourner à Macao, ce qui ne peut pas tarder.

Nous sommes confus de la charité et de la générosité avec laquelle ils nous traitent : ils font tout ce qu'ils peuvent pour nous consoler : nous sommes dans l'abondance de tout, et il leur semble que nous n'avons jamais assez. Monseigneur de Pékin a voulu qu'on rendît à Dieu des actions de grâces solennelles pour un si grand bienfait : il y a eu une messe pontificale, exposition du Saint-Sacrement, procession, musique, etc. ; le tout s'est exécuté avec un ordre et une majesté qui fait infiniment honneur à la piété et au goût de ce prélat. J'ai eu la consolation de prêcher ce jour-là devant une grande multitude de chrétiens, que la nouveauté de la cérémonie avoit rassemblés. Ce jour-là a été vraiment le triomphe de la religion.

Je pense, messieurs et très-chers confrères, qu'il est inutile de vous faire part de nos résolutions au sujet de la mission à laquelle nous avons été arrachés. Dieu merci : *Non facio animam meam pretiosiorem quàm me, dummodo consummem cursum meum et ministerium verbi*, etc. Il nous faut mourir en braves : l'Europe n'est pas un champ d'honneur pour un missionnaire, dans les circonstances où nous nous trouvons ; aussi sommes-nous décidés, M. Dufresse et moi, à tenter toutes les voies pour rentrer ; et nous le ferons, s'il plaît à Dieu, quoi qu'il en coûte : nous tâcherons de ne point faire d'imprudence. Je vous prie d'excuser le désordre de cette relation ; à peine ai-je eu deux jours pour la faire : si je me rappelle, dans la suite, quelques circonstances intéressantes que j'aurai omises, j'y suppléerai de mon mieux.

Le sort du Su-tchuen n'est pas désespéré. Les mandarins supérieurs de Tchin-tou, qui ont eu tant de bonté pour nous, m'ont assuré que notre maison ne seroit point confisquée, non plus que le terrain de Tien-tsuen, où j'ai été pris. Sur le point de mon départ pour Pékin, je les avois très-instamment suppliés de ne point exiger des chrétiens un écrit d'apostasie ; je leur ai dit : « Si vous les forcez à cela, outre qu'ils doivent plutôt mourir que de le faire, il s'ensuivra que vous les rendrez infidèles à Dieu ; et, s'ils sont infidèles à Dieu, comment pourront-ils être fidèles au prince ? Aussi, ajoutai-je, ai-je remarqué que les apostats sont encore pires que les mauvais païens ; perdant l'espérance d'un bonheur après cette vie, ils tâchent de se dédommager, en jouissant, par toutes sortes de crimes, des faux biens de celle-ci. » Ces raisons me parurent faire impression sur eux ; et, à l'arrivée de M. Devaut et de M. Delpont, j'eus la consolation d'apprendre que nos chrétiens avoient été renvoyés sans aucun écrit.

Ce qui est bien certain, c'est que j'avois la liberté de tout dire devant eux, et qu'ils ne s'en fâchoient pas : Dieu leur avoit touché le cœur. Ils me demandèrent un jour, étant en jugement, à genoux devant eux, si eux, mandarins, qui ne savoient pas la religion chrétienne, seroient aussi damnés comme les autres. Je leur répondis que la religion chrétienne ne flattoit point, et que certainement il en seroit ainsi. Ils se mirent à rire : ils me demandèrent si nous regardions Confucius comme un saint. Je répondis : « Si vous entendez par saint, comme quelques-uns le disent, un homme d'un génie au-dessus de l'ordinaire, il est certain que Confucius en avoit un de cette nature ; mais si, comme vos livres le disent, il faut entendre par saint un homme dont la conduite est intègre, et la vertu à son comble, je dis que certainement Confucius ne l'est pas, parce qu'il n'a pas connu le vrai Dieu, ni la spiritualité de l'âme, non plus que son immortalité. Il détruit le grand principe de la différence du bien et du mal moral, en admettant un fatum ou ordre du ciel, qui fait que personne ne se repentira de ses fautes. » Le président me dit : « Et toi, es-tu un saint ? » Je répondis : « J'en suis malheureusement bien éloigné ; mais je fais effort pour le devenir : au reste, les saints ne sont déclarés tels qu'après leur mort. »

J'oubliois les grandes difficultés qu'on m'a faites au sujet de ma boîte aux saintes huiles, et des pains pour la messe, qu'ils avoient pris ; je dis que la boîte contenoit de l'huile d'olive, que l'huile d'olive servoit à guérir plusieurs maladies ; qu'au reste, celle-ci étoit bénite, c'est-à-dire, consacrée à Dieu, et qu'on s'en servoit pour communiquer ses grâces aux hommes qui étoient disposés, par de bonnes œuvres, à les recevoir ; je dis que les pains étoient matière pour un sacrifice que nous offrions à Dieu, par lequel nous reconnoissions son souverain domaine sur tout.

Au reste, la plupart de ces mandarins savoient tout ce qui concerne la religion, comme le baptême, la confession, la communion, etc. ;

seulement ils s'imaginoient que l'image du crucifix étoit l'exposition d'un supplice qui menaçoit les apostats ; et que, par de pareilles images, nous les intimidions. J'ai été interrogé juridiquement là-dessus. Ils me demandèrent : « Celui qui est cloué sur cette image, l'est-il pour avoir renoncé à votre religion ? » Je dis : « Non : il l'est pour l'avoir prêchée ; c'est parce qu'il étoit opposé aux crimes des hommes, que les hommes criminels l'ont crucifié. » J'ai eu à résoudre bien des objections sur ce sujet, où j'ai exposé la divinité de Jésus-Christ, son humanité et son amour pour les hommes. Un mandarin me dit avec mépris : « Il n'a pu se sauver du supplice de la croix, et comment vous sauvera-t-il, vous autres ? » Je répondis qu'il étoit mort parce qu'il l'avoit bien voulu ; que les mêmes écrits qui racontent ses douleurs racontoient aussi sa gloire. Je citai quelques miracles qui s'étoient opérés ; le renversement des soldats par une seule parole, sa résurrection, etc.

On m'a dit plusieurs fois dans les prétoires : « Si l'empereur envoyoit des Chinois dans votre pays prêcher les religions de Chine, comment les recevroit-on ? quelles peines leur feroit-on subir ? » Je répondis : « On leur demanderoit des preuves de leur doctrine, et on leur prouveroit encore de plus qu'elle est fausse et superstitieuse : ici, je vous donne des preuves raisonnables de la mienne, et je réponds à tous les doutes que vous lui opposez. Quelle comparaison pouvez-vous faire ? pour les lois de notre pays, il n'y en a point contre eux, parce qu'on ne suppose pas qu'il y ait des gens assez fous pour faire plusieurs mille lieues à l'effet de prêcher une religion fausse et superstitieuse.

Dieu a permis cette persécution pour faire connoître les vérités de la foi aux grands de l'empire : ils ont tout vu, tout examiné ; et on sait, de science certaine, que l'empereur a dit : « Les chrétiens ont raison. » Puisse-t-il en profiter, et ouvrir ses vastes États à l'Évangile ! On espère que ce terme n'est pas éloigné ; mais il paraît qu'il faut encore des martyrs. Puissé-je être du nombre ! en attendant, je me mettrai sur la voie.

Cette persécution générale a enlevé à la Chine dix-huit missionnaires européens, parmi lesquels il y avoit trois évêques. Outre cela, il y a eu huit prêtres chinois (sans y comprendre

M. Matthieu Kou, qui n'étoit pas encore arrivé à Pékin, ni les prêtres chinois du Su-tchuen et du Fokien, qui n'y ont pas été envoyés) : deux sont morts en prison; les six autres ont été conduits en exil à Yli, à huit ou neuf cents lieues de Pékin, marqués de deux lettres sur la joue, qui signifient hors les limites, et condamnés à servir d'esclaves aux grands mandarins qui gouvernent pour l'empereur dans ces endroits éloignés. Beaucoup d'autres chrétiens, qui avoient servi d'introducteurs aux Européens, ont été pareillement exilés : ceux qui les ont reçus dans leurs maisons, ont été condamnés à un exil de trois ans dans les provinces de l'empire. Nous ignorons si, outre les missionnaires conduits à Pékin, il n'y en a point eu d'autres qui aient été, dans les provinces, les victimes de cette persécution, soit pour être morts dans les prisons sans que l'empereur en ait été averti, soit pour être morts autrement, faute de secours. Il y a des bruits qui font craindre que plusieurs n'aient eu un pareil sort [1].

Je me recommande très-instamment à vos prières; je m'unis à vos saints sacrifices, et je suis, avec respect et beaucoup de confiance, etc.

COPIE
D'UNE LETTRE DU MÊME ÉVÊQUE,
ET DE MÊME DATE,
ADRESSÉE A M. DESCOURVIÈRES,
PROCUREUR DES MISSIONS ÉTRANGÈRES A MACAO.

Hommage rendu aux missionnaires de Pékin.

MONSIEUR ET TRÈS-CHER CONFRÈRE,

Vous trouverez ci-jointe une espèce de relation que j'envoie à notre séminaire de Paris, touchant la persécution : elle contient plusieurs détails sur la conduite que messieurs de Pékin ont tenue à notre égard, et qu'il est nécessaire de rendre publics à Canton et ailleurs, autant pour l'honneur de la religion, que pour repousser la calomnie de certaines gens qui veulent juger de tout, et qui n'examinent rien. J'aurois pu y insérer beaucoup d'autres traits qui justifient amplement le zèle et la charité de tous; le temps ne me l'a pas permis : j'y suppléerai quand j'aurai la consolation d'être auprès de vous.

En conséquence de la liberté du choix que l'empereur nous laisse, nous n'avons pas balancé, M. Dufresse et moi, à demander notre retour à Macao. Des douze missionnaires européens sortis de prison, il y en a huit, et peut-être un neuvième, qui doivent aussi s'y rendre. Nous temporiserons ici autant qu'il nous sera possible, afin d'arriver après le départ des vaisseaux européens, vous en sentez la raison. Nous ne craignons pas qu'on nous fasse des difficultés à Macao : outre que monseigneur l'évêque de Pékin nous assure qu'il y a ordre du roi de Portugal d'y recevoir les missionnaires fugitifs, ce prélat plein de zèle, et revêtu de la plus grande autorité à cet égard, nous promet d'écrire de manière que les Portugais nous favoriseront. Nous ne savons ce que les Chinois feront, mais Dieu est par-dessus tout : *Et ipse perficiet consummabitque.* Seulement il paroît nécessaire de n'y point faire d'éclat, ni qu'à force de bons traitemens, on nous donne trop en spectacle aux Chinois.

La fermentation commence à s'apaiser. On pense très-bien à la cour de la religion : on y condamne généralement et publiquement les excès qui ont été commis dans les provinces, au sujet de cette malheureuse affaire.

On paroît craindre, ou du moins on a craint que si on nous remettoit en liberté, nous ne rentrassions dans nos provinces. C'est la raison que le premier ministre apportoit pour nous faire condamner à une prison perpétuelle. Cependant l'édit qui nous met en liberté est sans aucune restriction. Les missionnaires de Pékin ont fait ces derniers jours une tentative auprès d'un grand favori de l'empereur, et d'un de ses premiers ministres, pour savoir si on pouvoit proposer à Sa Majesté de permettre aux missionnaires délivrés de rentrer dans leurs provinces, de sorte qu'il n'y en auroit que deux dans chacune, avec l'obligation de se rendre à Pékin sitôt que l'empereur les manderoit. On a conseillé de n'en rien faire, sous prétexte que l'empereur ayant détruit toutes les églises, il n'étoit pas probable qu'il voulût ainsi favoriser la religion.

On pense à un autre projet, qui présente moins d'inconvéniens, qui réussira mieux,

---

[1] En effet, un ex-jésuite françois, M. de La Roche, est mort dans les fers hors de Pékin.

mais qui reculera l'exécution ou le succès de cette grande affaire.

J'ignore absolument l'état de notre mission du Su-tchuen. J'ai écrit, en partant pour Pékin, à monseigneur d'Agathopolis, et je lui ai conseillé d'ordonner au plus tôt trois prêtres de plus, qui peuvent certainement l'être dans un cas de si grande nécessité. Il paroît qu'ils sont maintenant tranquilles. C'est précisément dans le temps de la huitième lune qu'ils ont dû recevoir la nouvelle de l'exil de nos courriers, si cependant ils y ont été envoyés, car les mandarins du Su-tchuen, qui étoient très-bons, les ont chargés le moins qu'ils ont pu; et un d'eux me disoit : « Nous n'écrivons pas telle chose, car en l'écrivant, il seroit à craindre que tel courrier ne fût exilé. »

Comme M. Dufresse et moi n'avons pas envie de faire grande figure à Macao, ni de manger des ortolans, je vous prie d'envoyer, pour le Su-tchuen, au moins la moitié de notre viatique. La prison nous a appris à nous contenter de peu. Vous sentez qu'outre que, dans cette mission, il y a très-peu à espérer des chrétiens, pauvres pour la plupart, il seroit très-difficile, dans les circonstances actuelles, d'exiger d'eux des contributions; cependant il faut que les prêtres chinois vivent. J'aurai l'honneur de vous en dire plus long quand j'aurai celui de vous voir. Mais je prie Dieu que ce soit le moins longtemps possible : vous m'entendez. Je pense à la route par le Fokien; celle de l'Yunnam, par le Pégou, paroît impraticable. Voyez, préparez les voies, priez pour nous. Respects, amitié, confiance : *Totus in Domino*, etc.

RELATION DE M. DUFRESSE,

MISSIONNAIRE APOSTOLIQUE EN CHINE,
SORTI DES PRISONS DE PÉKIN LE 10 NOVEMBRE 1785,

ADRESSÉE

A MESSIEURS LES DIRECTEURS DU SÉMINAIRE
DES MISSIONS ÉTRANGÈRES.

Messieurs et très-chers confrères,

Quoique vous ayez déjà appris la nouvelle de la persécution générale qui s'est élevée depuis un an dans tout l'empire, je vais cependant vous écrire quelques circonstances de celle de la province du Su-tchuen, qui pourroient avoir été omises dans les relations que vous avez lues.

Dans le courant de novembre 1784, je reçus une lettre d'un chrétien, où il me donnoit les détails de la persécution qui se renouveloit à Tchin-tou, capitale du Su-tchuen. Il m'exhortoit à prendre mes précautions, parce qu'on recherchoit les Européens dans toute la province. Je n'en fus pas intimidé; et malgré ces bruits, je ne laissai pas de continuer l'administration des chrétiens du district où je me trouvois : la persécution n'y étoit point encore déclarée. Comme j'avois appris, au commencement de décembre, que les grands mandarins de la capitale ne maltraitoient point les chrétiens qu'ils avoient arrêtés; que d'ailleurs la persécution ne s'étendoit pas dans beaucoup de lieux, je me persuadai que le danger n'étoit pas grand; je me déterminai donc à partir pour Kouang-yuen, chrétienté éloignée de dix journées de chemin, et que je n'avois point visitée depuis deux ans.

Arrivé au milieu de ce troupeau, je me livrai, avec assurance et une pleine liberté, aux exercices du saint ministère, et je continuai jusqu'à la fête de Noël; mais ce jour-là même, la persécution s'y déclara vivement : l'ordre du mandarin n'étoit d'abord que de faire des perquisitions, dans toute la province, de la personne de M. Pie Lieou, prêtre chinois, missionnaire au Chensi, originaire du Su-tchuen; mais, à l'abri de cet ordre, les satellites vexoient beaucoup les chrétiens, pour en tirer de l'argent. Peu de temps après, il y eut ordre d'enchaîner les chrétiens et de les conduire à la ville. Quoique je me trouvasse alors dans l'endroit d'où l'on en avoit déjà conduit plusieurs à la ville, néanmoins, comme le mandarin ne parloit point d'Européens, et qu'il ne les maltraitoit point, je continuois l'administration; mais je faisois peu de besogne, à cause du trouble et de la crainte où étoient les chrétiens. Au mois de janvier de cette année 1785, un exprès m'apporta une lettre du catéchiste qui m'avoit accompagné dans mes voyages précédens, et qui n'avoit pu me suivre dans celui-ci : il m'écrivoit de la capitale, et il me mandoit que les perquisitions, qu'on faisoit partout, étoient si sévères, que messeigneurs d'Agathopolis et de Caradre, et les autres missionnaires avoient été obligés d'interrompre l'administration des chrétiens, et se tenoient cachés;

il m'exhortoit, à leur exemple, à me retirer en lieu de sûreté. Le commissionnaire qui m'apportoit la lettre étoit aussi envoyé par mes chrétiens qui demeurent dans la plaine, pour me conduire chez eux, me faisant dire qu'ils avoient un lieu sûr pour me placer. Cet exprès me fit beaucoup d'instance pour le suivre; quant à moi, considérant la timidité des chrétiens de Kouang-yuen, leur grand éloignement des autres chrétientés, la privation des sacremens, où je les laisserois encore pour très-longtemps, si je partois, je répondis que je ne pouvois me résoudre à les abandonner dans des circonstances si critiques; j'ajoutai que j'étois chez eux en aussi grande sûreté qu'ailleurs, mais que si dans la suite il survenoit quelque danger considérable, je profiterois de l'offre des chrétiens de la plaine, et je me ferois conduire chez eux; et je lui donnai mes lettres pour monseigneur et pour mon catéchiste. Il se mit en route pour regagner la plaine. Fidèle à mon troupeau, qui est très-nombreux, j'y continuai, mais sans bruit, l'administration, craignant à chaque moment de me voir forcé d'abandonner ces pauvres chrétiens sans sacremens. Un jour, le bruit courut que les satellites arrivoient avec le mandarin dans la famille où j'étois : je fus obligé de me cacher toute une journée sur le sommet d'une montagne voisine, dans une épaisse forêt. Le lendemain, je restai dans un ruisseau très-profond et rempli de grosses pierres. Les perquisitions cependant devenoient de plus en plus exactes, et chaque jour on arrêtoit des chrétiens, que l'on conduisoit au prétoire de Tchin-tou, éloigné de huit lieues. Enfin, le 23 janvier 1785, sur les huit ou neuf heures du soir, on vint m'annoncer que j'étois dénoncé au prétoire, qu'on savoit où j'étois; qu'un mandarin, avec une troupe de soldats, étoient en route pour me prendre, et qu'ils arriveroient peut-être la nuit même : je pensai qu'il n'y avoit plus à balancer, et que c'étoit le cas où je devois observer ce que dit Notre-Seigneur : « Quand on vous poursuivra dans une ville, fuyez dans une autre. » Je fis aussitôt recueillir mes effets, et ayant pris trois chrétiens pour les porter, nous allâmes coucher cette même nuit dans la forêt dont je viens de parler. J'avois, avec ces trois chrétiens, mes compagnons de voyage, un jeune homme de trente ans, qui étoit venu l'année dernière du collége, et que j'avois mené pour me servir à l'autel, et faire de temps en temps aux chrétiens de petites instructions.

Le 24 du même mois, nous partîmes de grand matin, et j'eus soin auparavant de mettre sous une même enveloppe tous les effets qui sont ici de contrebande, savoir : ma bible, mon bréviaire, les lettres de saint François Xavier, une custode d'argent, quarante ou cinquante exemplaires de calendriers chinois, deux livres chinois de prières, etc.; et je donnai cette enveloppe à mon jeune homme pour la porter dans la route, afin que, s'il arrivoit quelque accident, il fût facile de soustraire ces objets à la vue des païens. Ma chapelle, et les autres livres chinois de religion qui me restoient, je les laissai, suivant mon usage, chez les chrétiens, leur recommandant de bien cacher le tout. Je fus obligé, à mon grand regret, de quitter ces chrétiens, sans savoir si je pourrois dans la suite revenir les visiter. J'avois déjà administré cent et quelques personnes, et j'en laissai environ cent quarante autres sans sacremens. Il faut se ressouvenir de ce que nous avons dit, qu'elles n'avoient point eu occasion de se confesser depuis deux ans. Lorsque je partis, douze à quinze chrétiens avoient été arrêtés et conduits au prétoire.

Après avoir voyagé tranquillement deux journées, nous arrivâmes le 25, fête de la conversion de saint Paul, sur les huit heures du soir, dans un lieu de marché : nous étions à peine entrés dans l'auberge où nous voulions passer la nuit, lorsqu'un espion y vint, accompagné de soldats : ils étoient envoyés par un mandarin venu avec eux dans ce marché, pour examiner les allans et venans, et pour observer s'il ne s'y passoit rien contre le gouvernement. On demande qui nous sommes, d'où nous venons, et où nous allons. On se met en devoir de visiter nos effets : je fais ouvrir nos couvertures de lit, où je savois qu'il n'y avoit rien de suspect ; et, pendant que d'une main j'aidois les soldats à faire la visite, de l'autre je fis tomber l'enveloppe qui renfermoit les effets dangereux, et avec mon pied je la poussai sous le lit. Réfléchissant ensuite que je ne leur échapperois point, surtout ayant trouvé dans la couverture d'un de mes chrétiens un calendrier et un chapelet, je m'occupai sérieusement des moyens de m'évader. Les soldats continuant toujours leur visite, je leur montrai une enveloppe d'environ douze taels d'argent ; je leur dis que c'étoit de l'argent ; mais ils me répondirent, d'un air désintéressé : « Qui est-ce qui a envie de ton argent ? » Je l'escamotai dans ma manche ; et comme je ne pouvois voyager sans avoir des deniers, je trouvai aussi le moyen d'en retirer deux cents, que je mis aussi dans ma manche sans qu'ils s'en aperçussent. J'avançai ensuite vis-à-vis de la porte, comme pour y boire du thé qui étoit sur une table : je vis comment on dépouilloit mes gens pour les fouiller ; je jugeai que bientôt on m'en feroit autant. M'apercevant que le soldat qui se tenoit à la porte de l'auberge, afin qu'aucun de nous ne s'évadât, s'étoit un peu écarté pour voir fouiller les chrétiens, je sortis tout doucement de l'auberge, et dès que je fus dehors, je me mis à courir de toutes mes forces. Il y avoit, sur la pente d'une montagne voisine, un bois épais ; je cherchois à m'y cacher ; mais la pente en étoit si rapide, que je ne pouvois y grimper ; à chaque effort que je faisois, je retombois en bas, et le bruit des arbres, et les aboiemens du chien d'une maison qui étoit près de là, me trahissoient. J'abandonne le bois, et ayant fait trente ou quarante pas, je tombe dans un ruisseau, où étoit une grotte fort commode. J'y entre ; mon premier soin est de cacher ma boîte aux saintes huiles et mon chapelet, et j'attends là les ordres de la divine Providence.

Après avoir fini leur visite, les espions et les soldats conduisirent mes gens au mandarin, qui étoit dans une autre auberge : quelques-uns se détachèrent pour me poursuivre ; ils prirent un cheval, et au sortir du marché, ils s'arrêtèrent précisément vis-à-vis de mon antre : ils n'en étoient qu'à douze à quinze pas ; je les entendois parler. L'espion faisoit des reproches au soldat posté pour garder la porte. Enfin, ils prirent le chemin qui conduit à la ville, éloignée de six lieues, et laissèrent deux de leur troupe pour continuer leur recherche. J'étois assis dans mon antre sur la pierre, où j'éprouvois un froid très-piquant : je n'osois cependant en sortir, de peur de tomber entre leurs mains. Vers le milieu de la nuit, persuadé que le mauvais temps avoit fait retirer les deux soldats, je pris ma boîte aux saintes huiles et mon chapelet, je sortis tout doucement ; mais comme je ne voulois pas traverser la ville, je pris un chemin qui conduit sur une très-haute montagne, et qui, suivant la manière dont je m'orientois, devoit aboutir à la grande route qui mène à la capitale. Après avoir marché le reste de la nuit par des sentiers inconnus, parmi des rochers escarpés, des terres labourées, et franchi plusieurs montagnes, je me retrouvai, au point du jour, sur un grand chemin qui conduit à la ville. J'avois bien faim. Je préférai de prendre cette route, où j'étois sûr de trouver des auberges, plutôt que de suivre des sentiers où je serois mort d'inanition. A neuf heures du matin, j'aperçus une auberge, où je pris mon repas, et des forces pour continuer ma route ; ce fut le seul repas que je pus prendre jusqu'au lendemain. Le soir, j'aperçus un soldat posté au sommet d'une montagne, près d'une tour qui domine la ville ; je crus qu'il m'observoit avec attention : pour l'éviter, je pris à travers les montagnes voisines ; mais tout à coup voilà quatre soldats qui me poursuivent. Je cherchois de tous côtés une nouvelle retraite, et j'étois près de tomber entre leurs mains, lorsque je rencontrai sur le chemin, près d'une maison, un petit bois : à peine y fus-je entré, que je tombai dans une citerne assez profonde et bien couverte de broussailles. Je m'assis là, en attendant une nouvelle disposition de la Providence. Les soldats ne tardèrent pas à arriver à l'endroit où j'étois ; ils s'y arrêtent, ayant sans doute quelques indices que je n'étois pas allé plus loin ; ils me cherchent, et ne pouvant me trouver, ils se mettent en devoir de m'attendre sortir. Mais comme il faisoit froid, et que la nuit s'approchoit, ils ramassèrent du bois, et firent du feu. Je les voyois, du fond de ma citerne, aller et venir, sans qu'aucun d'eux pût m'apercevoir. Je récitai mon rosaire, et le cachai de nouveau dans la terre avec ma boîte aux saintes huiles. Bientôt j'entendis arriver successivement deux hommes à cheval, qui s'arrêtèrent aussi ; n'ayant pu m'atteindre à pied, ils vouloient sans doute me poursuivre à cheval. La nuit venue, je pensai que la faim, le froid et l'humidité me feroient mourir, si je ne sortois : il me paroissoit plus doux d'être en prison et chargé de chaînes, que de demeurer une nuit dans cette citerne. D'ailleurs, je ne pouvois leur échapper ; c'est pourquoi je pris le parti de me livrer moi-même. Je me lève, et regardant en haut de côté et d'autre, je crois voir deux soldats appuyés sur un arbre ; je leur dis deux ou trois fois de m'ouvrir un passage (je voulois sortir de leur côté, et je ne trouvois point d'issue) : personne ne me répond. Je sors d'un autre côté, je vois devant moi un feu qui n'étoit pas éloigné, et j'entends la voix des soldats qui se chauffoient : j'en vois un autre plus éloigné dans des rochers, et marchant doucement; j'entre dans un sentier qui me conduit sur une grande route, que je croyois être celle de la capitale. J'étois si persuadé que je serois pris, que je laissai dans la citerne ma boîte aux saintes huiles et mon chapelet, de peur qu'ils ne fussent profanés par les infidèles. Quelque temps après, je me trouvai à la porte méridionale de la ville : je croyois que c'étoit la porte occidentale, et pensant être sur la route de Tchin-tou, je marchai jusqu'à minuit. Alors, accablé de fatigues, de faim et de sommeil, je me couchai par terre : le grand froid ne me permit pas de dormir longtemps. Je me levai; croyant continuer mon chemin, je revins sur mes pas sans m'en apercevoir, et à la pointe du jour, je me retrouvai à la vue de la ville. J'étois si fatigué et si pressé de la faim, que je désirois en quelque façon d'être pris : j'étois d'ailleurs à trois ou quatre journées de la chrétienté la plus voisine. M'abandonnant entièrement en Dieu, dont j'attendois les forces nécessaires pour soutenir un si dur voyage, je traversai la ville, dans le dessein d'y prendre une chaise à porteurs, mais je n'en trouvai point. Enfin, j'arrivai à la grande route qui conduit à la capitale. Les auberges y sont fréquentes : j'eus des vivres, mais la fatigue étoit extrême, et le froid très-rigoureux. Après deux jours et trois nuits de marche, j'arrivai, le 29 janvier, chez une famille chrétienne, où je fus très-bien reçu. Pendant les nuits que dura le voyage, je couchois tantôt par terre, accablé de sommeil, tantôt dans un antre ou sur les herbes desséchées le long du chemin, ou sur les montagnes. Je demandai à passer la nuit dans une auberge, mais on ne voulut pas m'y recevoir, parce que je ne portois point avec moi une couverture de lit, comme c'est l'usage des voyageurs. Couché à terre, je ne pouvois presque point dormir, à cause du vent et du froid. Malgré tout cela, je n'ai pas eu la moindre incommodité, pas la plus légère toux. La nuit, j'éprouvois un sentiment qui me faisoit croire que je n'étois pas seul, mais accompagné de je ne sais qui; et ce sentiment étoit si bien imprimé dans mon âme, qu'une fois, après avoir un peu dormi sous un arbre près du chemin, je demandai en me levant à deux passans, s'ils n'avoient point vu deux ou trois personnes que je croyois être de ma compagnie. Je me persuade que c'étoit mon ange gardien qui m'inspiroit ce sentiment pour écarter de moi la peur des hommes ou des tigres : *Non timebis à timore nocturno.*

Lorsque je fus arrivé chez la famille chrétienne, j'envoyai un exprès dans une autre chrétienté à deux journées de là, par laquelle j'avois passé en allant à Kouang-yuen, pour y prendre une chapelle que j'y avois laissée. La persécution y étoit déjà déclarée; l'on avoit envoyé prendre le chrétien chez lequel j'avois logé en passant, et les fidèles du lieu n'osèrent donner ma chapelle; ainsi, plus de messe ni de bréviaire depuis le 23 janvier jusqu'au 10 novembre 1785, où nous sortîmes des prisons de Pékin; mais celui qui est la bonté même ne nous laissoit pas sans la nourriture de sa grâce.

Après avoir demeuré quatre jours chez cette famille chrétienne, je fus à une journée de là dans une autre chrétienté, qui, ayant appris mon évasion, m'envoyoit chercher le même jour pour m'offrir un asile plus sûr. C'est un lieu de marché; je m'y rendis chez un chrétien commerçant et déterminé à tout événement. Mon évasion avoit fait grand bruit dans la ville du district où j'avois été arrêté. Le mandarin avoit envoyé partout un grand nombre de satellites donner mon signalement, et promis à ceux qui m'arrêteroient une somme de quarante mille deniers. Outre cela, il avoit envoyé un mandarin et des soldats à Kouang-yuen, chrétienté d'où je venois, pour y prendre des fidèles et les amener à son prétoire. On y arrêta deux vieillards qui furent conduits dans la même prison où étoient déjà mes conducteurs.

En même temps, je reçus des nouvelles de la capitale, dont les chrétiens n'avoient point encore été renvoyés. Je sus qu'on faisoit partout de sévères perquisitions. On ajoutoit que monseigneur de Caradre étoit dénoncé comme Européen et chef de la religion, et qu'on avoit envoyé des mandarins et des satellites pour le prendre.

Enfin, le 19 février 1785, pendant la nuit, arriva de la capitale un exprès, de la part de mon catéchiste qui s'y tenoit encore caché ; il me donnoit avis qu'il n'y avoit plus de sûreté pour moi dans l'endroit où j'étois, étant connu d'un grand nombre de chrétiens ; que monseigneur de Caradre avoit été pris, conduit à la capitale, et mis en prison ; que j'étois aussi dénoncé aux grands mandarins, et qu'on vouloit absolument m'avoir. Je partis le soir même, et ayant voyagé un jour et deux nuits accompagné de deux chrétiens, j'arrivai pendant la nuit, à l'insu de tous les chrétiens, dans la famille d'un de ceux qui m'accompagnoient.

Le 24, fête de saint Mathias, comme j'étois à dîner, il vint de la capitale un chrétien envoyé par monseigneur de Caradre, avec une lettre par laquelle il m'exhortoit à me produire moi-même, parce que j'avois été dénoncé, et que les chrétiens n'avoient pu s'empêcher de me reconnoître, et que par là je délivrerois les autres missionnaires du danger où ils étoient d'être découverts par les perquisitions que l'on feroit dans toute la province pour me prendre. Je partis donc avec le chrétien porteur de la lettre, et j'allai trouver un mandarin qui étoit près de là. Il me conduisit avec honneur jusqu'à la capitale de la province. Nous passâmes par plusieurs villes et lieux de marchés, où j'étois visité de tous les mandarins, et d'une multitude innombrable de peuple qui venoient me voir, les uns par curiosité, les autres pour entendre parler de la religion chrétienne, d'autres pour faire des objections, d'autres, enfin, pour faire des questions sur l'Europe, et il falloit satisfaire à tout. J'étois quelquefois si fatigué de parler, que je me dérobois à leur empressement, et me retirois dans une chambre pour me reposer. Chaque ville députoit des mandarins et des satellites qui m'accompagnoient ; de sorte que le 27 février 1785, au matin, j'entrai dans la capitale, escorté d'environ cent personnes tant mandarins que satellites. On me conduisit au prétoire du lieutenant-criminel, et le même jour, ayant comparu devant lui accompagné de plusieurs autres juges, je subis mon premier interrogatoire. On me demanda mon nom, mon âge, le nom de mes parens, si j'avois d'autres frères, ce que j'avois fait en Europe, si j'avois quelques degrés, comment je m'étois déterminé à venir en Chine, comment je m'étois embarqué, si j'avois eu un passe-port, en quelle année, quel mois j'étois parti d'Europe, dans quel mois j'étois arrivé à Macao, chez qui j'avois demeuré, comment j'avois fait la connoissance avec le Chinois qui m'a conduit au Su-tchuen, dans quel mois j'étois parti de Macao, dans quel mois j'étois arrivé à la capitale du Su-tchuen, combien j'avois apporté d'argent, comment je m'étois introduit chez les chrétiens pour y prêcher la religion, dans quelles villes et dans quelles familles j'avois été, d'où je tirois l'argent dont je vivois, etc., et plusieurs autres questions de cette espèce. Je répondis à tout, excepté que je ne voulus jamais nommer aucun chrétien : je dis que je n'étois point venu pour nuire à personne ; mais *pour les sauver*. Lorsqu'on me demanda si j'avois eu un passe-port, je répondis que non, pour ne point faire soupçonner que nous sommes envoyés ici par le roi, pour des fins politiques. Alors celui qui m'interrogeoit me maudit, en se servant de quelques sales paroles ; il me menaça de me faire frapper, disant : « Quoi ! un tel (monseigneur de Caradre) a déclaré qu'il avoit eu un passe-port, et toi, tu dis que tu n'en as point eu ? » Aussitôt, pour m'épouvanter, il fit mettre à côté de moi la semelle de cuir avec laquelle on donne des soufflets, comme pour me faire entendre qu'il étoit sur le point de m'en faire frapper. Il n'osa néanmoins le faire, et ayant dit qu'il falloit encore m'interroger, il me renvoya.

De ce prétoire je fus conduit, pendant la nuit, dans celui d'un autre grand mandarin, qu'on nomme *fou-tai-ye* (ainsi sont appelés les gouverneurs des villes du premier ordre) ; il me fit lire la déposition de monseigneur de Caradre (les mandarins avoient sans doute concerté cela entre eux, afin que nos dépositions fussent uniformes) : après quoi il me dit qu'il falloit absolument nommer les chrétiens chez lesquels j'avois demeuré ; que monseigneur de Caradre les avoit bien nommés ; que si je ne le faisois pas, je m'exposois à être maltraité, et à souffrir des tortures. Je lui répondis que je ne nommerois absolument personne ; que si, dans la déposition de monseigneur de Caradre, il se trouvoit quelques chrétiens dénommés, ce n'étoit pas lui qui les avoit déclarés, mais, sans doute, ou ces chrétiens eux-mêmes, ou bien d'autres ; je dis enfin, pour répondre aux menaces qu'il me faisoit des tortures, qu'étant venu au Su-tchuen, je n'avois pensé ni à m'en retourner, ni à aller à Pékin, mais à mourir au Su-tchuen, lui laissant à conclure que j'étois prêt à souffrir tous les tourmens plutôt que de déclarer aucun chrétien. Il prit alors un ton doux, un air tranquille; il me fit quelques questions sur l'Europe, me demanda la manière de faire du tabac en poudre, et me renvoya. Je fus conduit dans une prison de mandarin, où j'étois seul, mais gardé par quatre ou cinq prétoriens. J'y trouvai deux mandarins qui me reçurent poliment, et devant lesquels les prétoriens me fouillèrent, suivant l'usage ordinaire des prisons. Le lendemain, trois mandarins députés me firent appeler pour écrire ma déposition; et comme monseigneur avoit déclaré qu'il avoit obtenu un passe-port pour partir, je déclarai pour lors que j'en avois aussi eu un, non pas du roi, qui ne me connoissoit point, mais d'un de ses ministres.

Quelques jours après, je fus ramené au prétoire du fou-tai-ye; j'y trouvai monseigneur de Caradre, qui y avoit été aussi appelé. On y parla de bien des choses que non-seulement le temps ne me permet pas d'écrire, mais encore qui n'en valent pas la peine. Après cette séance, le fou-tai-ye nous fit servir, ainsi qu'aux autres mandarins présens, une collation en sucreries.

Les chrétiens qui furent pris avec moi le 25 janvier 1785, les deux autres arrêtés à Kouang-yuen, et celui chez lequel j'avois logé en y allant, arrivèrent tous alors à la capitale, après avoir beaucoup souffert dans plusieurs villes où ils avoient été conduits. En les voyant, je croyois voir des spectres plutôt que des hommes. L'un d'entre eux avoit contracté une maladie si dangereuse, que je lui donnai l'absolution dans le prétoire même. Je ne parlerai pas de plusieurs autres interrogatoires que j'ai subis, et qui rouloient tous sur des choses peu intéressantes. Quant à la religion chrétienne, les mandarins convenoient qu'elle étoit bonne; l'édit de l'empereur portoit qu'il ne falloit pas la traiter comme une religion perverse; c'est pourquoi ils ne l'examinoient pas juridiquement.

Cependant M. Delpont, qui avoit été dénoncé l'année dernière dans la persécution de Canton, et que l'empereur demandoit aux mandarins du Su-tchuen, ayant appris qu'on vouloit absolument l'avoir, se livra lui-même, dans la crainte qu'à son occasion les autres Européens ne fussent pris; peu après, M. Devaut, qui avoit été dénoncé dans notre province, fut recherché pendant plus d'un mois. Voyant qu'à son occasion les chrétiens souffroient beaucoup, il crut devoir imiter M. Delpont. Nous eûmes la consolation de voir plusieurs fois ce dernier missionnaire au prétoire, avant notre départ pour Pékin. Pour M. Devaut, il n'étoit point encore arrivé à la capitale, lorsque nous en partîmes.

Quelques jours avant notre départ, nos dépositions étant toutes rédigées et ayant été présentées au tsiang-kiun (c'est le général d'armée de la province, qui étoit vice-régent du gouverneur, lequel n'étoit point encore de retour de Pékin), nous comparûmes devant ce premier mandarin pour répéter, suivant l'usage, nos dépositions, qui devoient être envoyées à Pékin. Après qu'il eut fait l'éloge du génie des Européens, avouant ingénument que les Chinois n'y pouvoient atteindre, il répéta ce qu'on nous avoit déjà dit bien des fois, que nous serions relégués dans les églises de Pékin. Le 22 du même mois de mars 1785, nous partîmes, monseigneur et moi, pour Pékin, chacun dans une chaise à quatre porteurs, accompagnés de deux mandarins, l'un civil et l'autre militaire: celui-ci menoit avec lui un soldat, et celui-là trois prétoriens et quatre satellites. Le lieutenant criminel nous donna à chacun deux mille deniers; mais nous n'eûmes absolument aucune dépense à faire dans tout le voyage: les deux mandarins étoient chargés de nous défrayer, et durant tout le voyage, nous logions avec eux dans les appartemens destinés aux mandarins. Nous mangions avec eux; ils nous plaçoient toujours au haut de la table et se mettoient aux deux côtés. Le gouverneur de la province, ou le vice-roi, étoit sur le point d'arriver dans la capitale. Le second jour de notre voyage, nous couchâmes dans la ville où il devoit passer la nuit. Le 24, avant qu'il montât dans sa chaise, nous comparûmes devant lui. Il nous fit plusieurs questions indifférentes, et nous ayant dit que s'il n'y avoit des églises à Pékin, l'empereur nous traiteroit comme des gens d'une mauvaise religion, il recommanda aux deux mandarins conducteurs d'avoir bien soin de nous.

Nous arrivâmes le 28 d'avril 1785 à Pékin, après avoir traversé les deux provinces de Chensi et Chansi. Nos mandarins nous conduisirent à l'auberge, où ils nous traitèrent à leurs dépens; et le lendemain matin, nous ayant mis les fers aux mains et au cou, ils nous conduisirent au tribunal des causes criminelles. Pour s'excuser du traitement qu'ils nous faisoient essuyer, ils nous dirent que les lois l'exigeoient. Nous leur répondîmes que, bien loin d'en être fâchés, nous nous glorifiions de nos liens. Les mandarins du tribunal, auxquels nous fûmes présentés, ne nous firent aucune question, mais ordonnèrent seulement de nous fouiller. On prit à monseigneur son chapelet et un exemplaire de l'*Imitation de Jésus-Christ*, qui lui avoit été rendu au Su-tchuen par le lieutenant criminel. (On lui avoit aussi rendu sa boîte aux saintes huiles; mais il l'avoit laissée en sûreté entre les mains d'un catéchiste.) J'avois si bien caché mon chapelet, qui m'avoit été rendu par le lieutenant criminel, qu'on ne put le découvrir en me fouillant. On nous mit une grosse chaîne au cou, et on nous fit conduire en prison. On vouloit nous séparer l'un de l'autre; mais chemin faisant, nous rencontrâmes un des mandarins qui a autorité dans ces prisons, qui dit aux satellites qu'il ne falloit point nous séparer, que le grand mandarin ne l'avoit point ordonné. On nous mit donc ensemble dans une prison de mandarins, où il y avoit sept ou huit criminels.

On donne à chaque prisonnier deux grandes écuelles de riz par jour; point de thé, mais de l'eau froide à discrétion. Dans chaque prison, on nomme un criminel chef des autres, qui peut faire faire la cuisine pour lui et pour les autres qui sont en état de donner de l'argent. Il vient chaque jour des marchands de pain, de fruits, et on y vend du vin; mais le peu d'argent que nous avions ne nous permettoit pas de faire bonne chère. Nous mangions cependant avec beaucoup d'appétit, et je me suis mieux porté qu'au Su-tchuen. J'étois sujet ci-devant à une maladie qu'on appelle *cardialgie*, qui fait sentir des douleurs aiguës à l'orifice de l'estomac, et chaque année je les éprouvois, surtout dans l'été: je n'en ai pas eu la moindre atteinte dans la prison. Grâce soit rendue à Dieu, qui nous soulage d'un côté quand nous avons à souffrir de l'autre, et qui, ayant égard à notre foiblesse, ne nous envoie des souffrances qu'autant que nous en pouvons porter.

Le 8 de mai, monseigneur et moi nous fûmes appelés en jugement pour la première fois. On nous remit toutes nos chaînes, que l'on nous ôta lorsque nous fûmes de retour (tel est l'usage lorsqu'on doit comparoître devant les mandarins). On ne me fit pas d'autres questions que celles qui étoient contenues dans ma déposition envoyée du Su-tchuen; et quoiqu'on eût aussi reçu une grande caisse remplie de livres européens, de livres chinois de religion et d'autres effets, on ne nous a jamais dit un mot sur tout cela. Du tribunal, nous fûmes reconduits en prison.

Le 3 de juin, ayant encore été appelés en jugement, nous trouvâmes dans la cour du prétoire MM. Devaut et Delpont, chargés de chaînes. Ils étoient arrivés à Pékin depuis peu de jours. Nous fûmes tous interrogés l'un après l'autre. On me demanda si j'avois connu au Su-tchuen ces deux messieurs, et on me fit plusieurs autres questions de cette nature, peu importantes. Après cela, nous fûmes renvoyés, MM. Devaut et Delpont dans leur prison septentrionale, et nous dans la nôtre méridionale. Nous n'eûmes la consolation de les voir et de leur parler que très-peu de temps. Ils nous dirent qu'ils avoient beaucoup souffert dans la route, que tous nos chrétiens persécutés avoient été renvoyés, mais que pour les leurs, ils étoient encore détenus lorsqu'ils partirent du Su-tchuen. Ces deux chers confrères étoient dans deux prisons différentes, où il y avoit quarante ou cinquante prisonniers. On leur avoit ôté le peu d'argent qu'ils avoient apporté, de façon qu'ils sont morts de faim et de misère, de même que les autres, qui ont terminé leur carrière dans ces prisons.

Quelque temps après arriva le père Emmanuel, franciscain espagnol, missionnaire de la province de Kiangsi, avec plusieurs chrétiens de ladite province. Nous le vîmes entrer dans notre prison méridionale, revêtu d'un habit rouge, tel qu'on en couvre les plus grands criminels qui doivent être condamnés à la mort ou à l'exil. Il est le seul des Européens qui ait été ainsi revêtu; il étoit séparé de nous, et dans un appartement où il y avoit une quarantaine de prisonniers.

Le 5 de juillet, nous fûmes appelés en jugement pour la troisième fois; et le père Emmanuel et deux autres missionnaires de la province de Chang-tong furent aussi appelés. On nous confronta tous pour savoir si nous entendions les langues les uns des autres.

Le 11 juillet, les mandarins nous firent appeler pour signer nos dépositions, et le 19, les chrétiens députés par les missionnaires des quatre Églises de Pékin vinrent nous visiter secrètement et à l'insu des grands mandarins. Depuis ce temps-là jusqu'à notre sortie, ils venoient deux ou trois fois par mois nous voir, nous apporter, avec une espèce de profusion, tout ce que la charité la plus industrieuse leur suggéroit.

M. Raux, supérieur des missionnaires françois, écrivoit au nom de tous, qu'on ne nous laisseroit manquer de rien, fallût-il vendre les vases sacrés. Nous pouvons bien dire qu'après Dieu nous leur devons la vie.

Le père Emmanuel, arrivé depuis peu, étoit si infirme, que nous désespérions qu'il pût se rétablir; mais les aumônes des Églises nous étant parvenues, il reprit insensiblement ses forces, et sa santé s'est rétablie. Ces messieurs ont encore obtenu des geôliers, que nous puissions communiquer et nous voir les uns les autres; nous étions cinq Européens dans notre prison méridionale, distribués en trois prisons particulières. Depuis ce temps-là, il ne s'est passé aucun jour que nous n'ayons eu la consolation de nous voir et de nous entretenir mutuellement.

Messieurs les missionnaires des quatre Églises de Pékin continuèrent à solliciter les grands mandarins, et obtinrent enfin la liberté de nous assister publiquement et de nous réunir tous ensemble dans le même lieu. Ce fut le 9 de novembre 1785 que nous en reçûmes la nouvelle. Un mandarin subalterne avoit aussi été député pour venir nous voir en prison de la part du grand mandarin, qui est à la tête du tribunal des causes criminelles, et nous apporter les secours que nous envoyoient les Églises. Mais, le jour même, l'empereur donna, de son propre mouvement, un édit par lequel il nous rend à tous la liberté. L'édit porte que nous avions tous été condamnés par le tribunal des causes criminelles à une prison perpétuelle, mais que l'empereur, dérogeant à la loi, et voulant manifester sa bonté, nous renvoie, et laisse à chacun la liberté de rester à Pékin dans les églises, ou de s'en retourner à Macao, où l'on fera conduire ceux qui voudront y aller.

Un événement si inopiné, et où le doigt de Dieu paroit si manifestement, combla de joie les missionnaires de Pékin; ils nous le firent annoncer aussitôt, et le 10 au matin, on nous fit sortir de prison; on nous ôta nos chaînes, et l'on nous conduisit au prétoire, où nous trouvâmes plusieurs missionnaires de chaque Église, qui étoient venus nous recevoir. Les mandarins nous remirent entre leurs mains, et ces messieurs, dans les témoignages de la plus grande joie, nous firent conduire à l'église méridionale des missionnaires portugais, qui est la cathédrale de Pékin. Nous trouvâmes monseigneur l'évêque de Pékin à la porte, qui nous attendoit, à la tête de son clergé. Il donna à monseigneur de Caradre la croix pectorale et l'anneau, il lui présenta de l'eau bénite, nous nous mîmes à genoux. Monseigneur de Caradre fit l'aspersion; après quoi, étant tous entrés dans l'église, et ayant adoré le saint-sacrement, on chanta le *Te Deum*. De l'église, nous nous rendîmes à la maison, où nous saluâmes monseigneur l'évêque de Pékin et tous les autres messieurs. Cependant monseigneur nous ayant fait la lecture de l'édit de l'empereur, nous dit d'examiner sérieusement devant Dieu notre vocation pour rester ici, ou pour retourner à Macao, et de lui rendre réponse au plus tôt, la cour voulant une réponse prompte. Nous dînâmes là, et après dîner nous fûmes distribués dans les quatre églises. Monseigneur de Caradre, le père Emmanuel et moi, nous nous rendîmes à l'église des François, où nous fûmes reçus avec les témoignages de la plus sincère amitié, et nous sommes confus chaque jour de nous voir si bien traités. Le 11, nous célébrâmes notre première messe à Pékin. Le 15 de novembre, tous les missionnaires et les chrétiens de la ville se rendirent à la cathédrale pour y rendre de solennelles actions de grâces à Dieu. Pendant la cérémonie, monseigneur de Caradre, revêtu d'une chape, étoit assis sur le trône épiscopal, à la droite de monseigneur de Pékin. Après la messe et le *Te Deum*, il fit aux chrétiens un sermon analogue à la circonstance. La cérémonie avoit commencé à neuf heures, et ne finit qu'à une heure après midi. Le 16, nous fûmes au cimetière des missionnaires françois, à deux lieues de Pékin, et où ces messieurs ont une petite maison de campagne avec une chapelle. Monseigneur de Caradre y étoit venu la veille; il célébra la messe de *Requiem*, après laquelle nous allâmes processionnellement, et les cierges à la main, au cimetière (il n'y avoit que les missionnaires françois). Monseigneur fit d'abord une absoute générale, puis une particulière sur les tombeaux de MM. Devaut et Delpont. Ils sont placés l'un à côté de l'autre, dans deux caveaux construits en briques, et une même tombe de briques les couvre tous les deux; leur épitaphe est gravée sur la même pierre. Ce pieux monument honore également et la foi des confesseurs et la religion profonde de ceux qui l'ont érigé.

Monseigneur de Pékin nous invita, le même jour, le père Emmanuel et moi, à une assemblée des missionnaires sortis de prison, qui devoit se faire à deux heures après midi, dans l'église occidentale, qui est celle de la Propagande; il vouloit connoître les intentions de chacun sur le parti qu'il avoit à prendre, ou de rester à Pékin, ou de retourner à Macao. Nous nous y rendîmes après dîner. Monseigneur de Caradre voulut s'y trouver aussi. Monseigneur de Pékin prononça un discours bien capable de nous éclairer et de nous faire éviter toute illusion relativement à notre vocation particulière. Il recueillit ensuite les avis. Les missionnaires de la Propagande, qui sont le plus grand nombre, les donnèrent par écrit avec leurs motifs, monseigneur voulant les envoyer à la sacrée congrégation. Les autres les donnèrent de vive voix. De douze, il y en eut quatre qui se déterminèrent à rester (à Pékin); deux de la province de Chang-tong furent retenus par monseigneur lui-même, parce qu'ils étoient ses diocésains: ce sont les pères Mariano et Crescentiano, franciscains italiens. Les deux autres restèrent à cause de leur santé, c'est M. Ferreti, prêtre de la congrégation des baptistains, et le père Joseph, franciscain. Ainsi, monseigneur et moi nous retournerons à Macao, dans le dessein d'imiter MM. Coudé et Garnault. *Intelligenti pauca.* Nous n'avons jamais eu la moindre tentation de rester ici.

Le 17 novembre, monseigneur de Pékin vint dans la maison des missionnaires françois; nous l'accompagnâmes au cimetière des missionnaires portugais, qui est hors de la ville, et où ils ont une petite maison de campagne avec une chapelle; nous y priâmes pour tous les défunts qui y reposent, et en particulier pour les confesseurs morts durant cette dernière persécution, qui y ont été transportés, savoir: monseigneur l'évêque de Domitiopolis et M. Simonelli. Nous priâmes enfin pour M. d'Atrocha, ex-jésuite portugais, qui a délivré de prison M. Glayot. Nous allâmes ensuite au cimetière des missionnaires de la Propagande, qui est voisin, et nous fîmes les mêmes cérémonies.

J'ai omis dans cette relation bien des choses que le temps ne m'a pas permis d'écrire, mais que monseigneur de Caradre n'aura pas oubliées dans la sienne. Je ne puis omettre cependant la constance de trois chrétiens de Chang-Tong, qui, ayant refusé de fouler aux pieds la croix, ont été si cruellement maltraités, qu'ils en sont morts. Je ne puis omettre non plus ce qui regarde le père Crescentien, religieux franciscain de la même province. Ce bon Père fut trahi par un chrétien qui, sous prétexte de le conduire dans sa famille, le mena chez un païen qu'il avoit prévenu. Un mandarin vint aussitôt, avec quantité de satellites qui se jetèrent sur le missionnaire. Les uns lui crachoient au visage, les autres lui donnoient des soufflets. On le jeta par terre, on lui mit les pieds sur la gorge, et on lui frotta les oreilles et le visage de sang de chien; on le prenoit sans doute pour un sorcier (suivant eux, le sang de chien rompt les sortilèges). On lui lia les mains derrière le dos. Le mandarin, qui lui avoit pris un livre de l'*Imitation de Jésus-Christ* lui dit d'interpréter ce qui y étoit contenu, et l'ayant ouvert lui-même au chapitre *de Regiâ viâ sanctæ crucis*, il lui en demanda l'interprétation. Un chapitre si analogue à son état actuel lui inspira de nouvelles forces. Il m'a dit qu'il regardoit cela comme un avertissement que Dieu lui donnoit. On lui avoit pris aussi quelques feuilles de plain-chant, il en expliqua l'usage; on lui dit de chanter, et il le fit à pleine voix. Ensuite, on le conduisit au prétoire; quoiqu'il soit missionnaire de la Propagande, monseigneur de Pékin, touché de son mérite, l'a voulu retenir dans son église. Cette persécution a fait briller quantité d'actions honorables à la religion, et de traits édifians pour la piété. Le temps ne permet pas d'écrire tout ce que je sais, et nos mémoires ne sont pas encore tous recueillis.

Voilà, messieurs et très-chers confrères, ce que j'ai cru devoir vous écrire pour votre consolation, et pour vous témoigner ma confiance. Je ne doute point que vous ne rendiez aussi à Dieu de vives actions de grâces de tout ce qui est arrivé dans l'Église de Chine. Quoique les persécutions fassent ordinairement beaucoup de mal, le bien que Dieu en retire pour sa gloire et le salut des âmes est toujours et a toujours été plus grand. Plusieurs provinces sont maintenant privées de missionnaires. C'est un grand motif pour exciter le zèle des ecclésiastiques et des âmes vertueuses. J'espère que les secours seront plus abondans, et les prières plus multipliées et plus ferventes. Prions Dieu pour la conversion de l'empereur, de laquelle dépend en grande partie celle de ses peuples. Tous les membres de l'Église de Pékin vivent en bonne intelligence sous leur chef infiniment respectable; c'est un prélat d'une piété, d'un zèle et d'une prudence peu commune.

J'ai l'honneur d'être, dans les sentimens d'un profond respect et d'un parfait attachement, en union à vos saints sacrifices et bonnes œuvres, etc.

EXTRAIT D'UNE LETTRE
DE MONSEIGNEUR DE SAINT-MARTIN,
ÉVÊQUE DE CARADRE.

Canton, 25 février 1786.

Je m'attendois, chaque année, à recevoir des nouvelles de la mort de M. Garrel; je n'oublierai jamais les services qu'il m'a rendus. Vous m'avez beaucoup consolé en m'apprenant que le séminaire de Saint-Louis étoit sous la conduite de M. l'abbé Villiers; je sais son attachement pour notre œuvre. Oh! que je verrois avec plaisir quelques-uns de ses braves élèves! Je vais tâcher de leur préparer les voies, m'en dût-il coûter la tête. Il faut que je rentre au Su-tchuen. Ici Chinois, Européens, tout s'oppose à ce projet. Mais leur résistance me prouve que Dieu veut que nous y rentrions. Puissent mes péchés n'y pas mettre un plus grand obstacle! Je m'unis à vos saints sacrifices, et j'ai l'honneur d'être, avec confiance et respect, etc.

EXTRAIT
D'UNE LETTRE DE M. DUFRESSE.

Voyage de Pékin à Canton, sous la conduite de mandarins et de soldats.

Canton, 24 février 1786.

Nous sommes partis de Pékin le 11 décembre, accompagnés de deux mandarins et leur suite, qui sont venus jusqu'à Canton. De plus, dix-huit soldats et un mandarin militaire nous accompagnoient de ville en ville. Nous avons eu à souffrir dans ce voyage. Vous en saurez les circonstances l'année prochaine. Enfin, le 11 février, nous sommes arrivés à Canton. Le 12, on nous a conduits chez M. de Grammont, missionnaire françois, revenu de Pékin avec la permission de l'empereur, pour rétablir sa santé. Quelques jours après, le gouverneur ayant décidé de nous faire partir par deux vaisseaux espagnols de Manille, nous sommes venus demeurer dans la maison des Européens commerçans, et vivons avec les Espagnols en attendant qu'ils mettent à la voile pour Manille, ce qui n'aura lieu que dans un mois. Ces messieurs, qui sont maintenant les seuls catholiques qui soient à Canton, les autres étant déjà tous partis, se font un plaisir de nous recevoir sur leurs vaisseaux, et nous traitent d'une manière que je ne saurois vous exprimer. Le gouverneur avoit d'abord pensé à nous embarquer sur les vaisseaux anglois. Mais Dieu ne l'a pas permis. Je pense que les sommes énormes d'argent que ce gouverneur auroit dû payer pour notre passage ont été la principale raison qui l'a fait changer d'avis. Les Anglois demandoient huit cents piastres [1] par tête. Nous partirons donc pour Manille, et là, nous aviserons aux moyens de rentrer dans nos missions; et, si Dieu nous fait la grâce d'y mourir pour la foi, nous la regarderons comme la plus grande que nous puissions attendre en ce monde. Je me recommande instamment à vos prières, etc.

[1] La piastre vaut à peu près 5 livres 10 sous de notre monnoie.

EXTRAIT
D'UNE LETTRE DE M. LETONDAL,
MISSIONNAIRE APOSTOLIQUE,
FAISANT LES FONCTIONS DE PROCUREUR A MACAO.

Le 26 février 1786.

Lorsque vous recevrez celle-ci, M. Descourvières sera vraisemblablement à Paris, car il s'est embarqué le 31 janvier. Il paroît, par tout ce qui se passe ici, qu'il a fait très-sagement de partir, et s'il étoit ici, peut-être seroit-il obligé de passer à Manille avec monseigneur de Saint-Martin et M. Dufresse. Monseigneur m'écrit qu'on a dit aux mandarins que les deux missionnaires françois pensoient à rentrer. Il est aisé de concevoir combien de semblables propos ont dû exciter le zèle des mandarins à prendre toutes leurs mesures pour empêcher qu'un dessein si saint et si héroïque n'ait lieu, vu qu'ils craignent pour leurs places; combien, d'un autre côté, les commerçans chinois doivent faire d'efforts auprès des mandarins afin qu'ils prennent les mesures les plus sûres, ces commerçans ayant été obligés de payer cent vingt mille taels [1] à cause de ces tracasseries. Malgré tous ces efforts de l'esprit de ténèbres, il semble, à la manière dont les choses s'arrangent, que toutes ces précautions serviront comme de planche à ces messieurs pour passer le torrent à pied sec... Monseigneur, dans une lettre du 22, m'écrit dans un post-scriptum: « Mes lettres achevées, un interprète du prétoire m'annonce que nous devons descendre à Macao pour y attendre le vaisseau espagnol de Manille. C'est dans peu, je ne sais quel jour. Si cela a lieu, nous aurons le temps et la facilité de tout combiner, car ils resteront ici plus d'un mois. Tout paroît se disposer assez bien... Monseigneur m'écrit aussi de préparer beaucoup de choses pour un prélat, savoir : six chemises, quelques vieilles soutanes des missionnaires venus d'Europe, et six mouchoirs. Si j'avois osé, j'aurois répondu à Sa Grandeur, que j'avois bien ce qu'il me demandoit en fait de soutane ; car celle que je portois avoit, à mon arrivée, plus de pièces rapportées que du premier échantillon, et plus de goudron que le navire...

[1] Le tael vaut environ 7 livres 10 sous de notre monnoie.

Monseigneur de Saint-Martin et M. Dufresse pensent à rentrer dans leur mission par le Fokien, et c'est en effet la seule voie qui paroisse possible. Il y aura en fait d'hommes tout ce qu'il demande : s'il plaît à Dieu, tout ira bien. Les Espagnols les comblent de politesses, si bien que le capitaine a voulu donner sa chambre à monseigneur, et que les officiers ont, dit-on, suivi son exemple à l'égard des autres missionnaires...

Excusez mes barbouillages. Je vous salue avec le plus profond respect, me recommande à vos prières et saints sacrifices, et suis, etc.

TRADUCTION
D'UN DÉCRET DE L'EMPEREUR DE LA CHINE,
DU 9 NOVEMBRE 1785,
QUI REND LA LIBERTÉ A DOUZE MISSIONNAIRES EUROPÉENS CONDAMNÉS A UNE PRISON PERPÉTUELLE.

La cinquantième année de Kien-long, le huitième jour de la dixième lune (9 novembre 1785), les conseillers du conseil privé publient ce décret impérial.

Comme le père Jean et d'autres Européens étoient entrés ci-devant dans les terres, de leur propre chef, pour y prêcher la religion, en passant par la province du Hou-kouang, ils ont été reconnus et arrêtés; et par le moyen des recherches qu'on a faites ensuite, on a découvert dans les provinces de Pékin, Chang-tong, Chan-si, Chensi, Su-tchuen et autres, d'autres criminels qui y prêchoient également la religion de leur propre chef. Il a fallu que la cause de chacun d'eux fût déférée de ces différentes provinces au tribunal souverain des causes criminelles, qui a été chargé de les examiner et de les juger. On les a condamnés seulement à une prison perpétuelle, parce qu'on a reconnu que ces criminels n'avoient point eu d'autres intentions que de prêcher la religion, et qu'ils n'étoient d'ailleurs coupables d'aucun crime.

S'ils avoient averti les mandarins des lieux et qu'ils se fussent disposés pour aller à Pékin, ils seroient exempts de tout crime ; mais, ils ont dû nécessairement être traités en criminels, en ce qu'ils n'ont point averti les mandarins, qu'ils sont entrés de leur chef et en secret, et qu'ils se sont tenus cachés, et ont parcouru tout le pays en prêchant et attirant les autres à eux, imitant les ruses de l'insecte diabolique, appelé *you* (c'est le nom d'un insecte fabuleux), ce qui, certainement, étoit propre à séduire et à susciter de mauvaises affaires. C'est pourquoi nous n'avons pu nous dispenser de sévir contre eux, et de les réprimer. Quoique, suivant les lois, ils eussent mérité les peines des criminels, cependant, moi empereur, ayant compassion de leur ignorance, j'ai voulu les réprimer par la prison.

Maintenant, voyant tous ces criminels, qu'on a reconnus être étrangers et ignorant nos lois, assujettis à l'arrêt d'une prison perpétuelle, je me sens touché de compassion. C'est pourquoi, accordant une nouvelle grâce au père Jean et aux autres criminels, ses confrères, au nombre de douze, j'ordonne qu'ils soient mis en liberté; si quelques-uns d'eux veulent rester à Pékin, je permets qu'on les conduise incessamment dans les églises, et qu'ils y exercent tranquillement leurs fonctions. S'ils veulent retourner en Europe, il faut le notifier au tribunal, qui désignera un mandarin pour les conduire dans la province de Canton. Je veux bien accorder cette grâce qui est au-dessus des lois, pour manifester ma clémence envers les étrangers des pays éloignés.

Qu'on respecte ces ordres.

TRADUCTION

D'UN ÉCRIT CHINOIS AFFICHÉ A MACAO,

LE 15 MAI 1785,

CONTENANT

DES ARRÊTS DU TRIBUNAL DES CAUSES CRIMINELLES DE PÉKIN, CONTRE LES MISSIONNAIRES ET LES CHRÉTIENS,

QUI ONT ÉTÉ APPROUVÉS DE L'EMPEREUR LE 7 MARS 1785.

Copie affichée par ordre de Chou, gouverneur général [1] des deux provinces de Canton et de Kouan-si, et de Sun, intendant [2] de la province de Canton, pour informer le public que l'an cinquantième de l'empire de Kien-long [1], le quinzième jour de la troisième lune [2], ils ont reçu un édit émané du tribunal des causes criminelles, conformément aux ordres de l'empereur, touchant les causes détaillées ci-après.

[3] Le juge criminel de la province de Hou-kouang a présenté un mémoire au grand docteur et ministre d'État, nommé O, et à ses collègues (les conseillers dudit tribunal), qui ont donné avis à l'empereur de ce qui étoit arrivé. Ils ont aussi écrit au gouverneur général [4], le priant d'écrire lui-même à l'intendant de la province de Canton, pour l'engager à faire, de son côté, de concert avec eux, les poursuites nécessaires.

Dans l'expédition dûment scellée (de l'édit en question), on lit ce qui suit :

[5] Le grand docteur et ministre d'État O, et ses collègues, donnent avis respectueusement à l'empereur, que, pour obtenir ses ordres, ils ont examiné avec soin et déterminé leurs avis au sujet des causes qui lui ont été déférées.

Voici quelle est l'origine de ces causes. Le gouverneur général du Hou-kouang a donné avis à l'empereur qu'on avoit pris des Européens, gens étrangers, savoir, le père Jean et ses compagnons, qui vouloient aller à Si-gan [6] pour y prêcher la religion. Il conste, par les perquisitions qu'on a faites, qu'ils ont été amenés de Canton par Tsin, Tsiao et Pierre Tsaï [7], à la prière de Tou et de Pie Lieou [8].

On a aussi annoncé que, par le moyen des perquisitions qu'on a faites dans la province de Chensi, on y a découvert et arrêté François, Emmanuel et Jacques, tous Européens et étrangers qui y prêchoient la religion. On a reconnu, par les examens qu'on a faits, qu'ils y ont été conduits successivement par le défunt prêtre Kouo, par Dominique Tchang et par Tsin; mais ils ont été cachés et accompagnés dans leurs courses par Tou et d'autres.

---

[1] J'appelle gouverneur-général, ou vice-roi, celui qui préside en chef à une ou deux provinces, qu'on appelle en chinois *tsong-tou*.

[2] J'appelle intendant, le second officier de l'empereur dans chaque province, qu'on appelle, en chinois, le *fouyen*.

[1] Kieng-long est le nom de l'empereur régnant.

[2] C'est-à-dire le 23 avril 1785.

[3] Remarque préliminaire.

[4] Le gouverneur-général de Canton étoit alors à Pékin, et l'intendant étoit seul à Canton.

[5] Commencement de l'édit.

[6] Si-gan est le nom de la capitale du Chensi.

[7] Prêtre chinois, missionnaire de la Propagande.

[8] Pour rendre cette traduction moins rebutante, on a supprimé les surnoms des Chinois, et on distingue ceux qui ont le même nom par les numéros I, II, III, etc.

Enfin, on a donné avis qu'on avoit arrêté, dans la province de Chansi, un étranger européen, nommé Antoine, qui y prêchoit la religion. Il y a été introduit et caché par Limeou et Fan.

Tous les gouverneurs généraux et intendans de ces provinces ayant donné successivement avis à l'empereur de toutes ces choses, tous ces prisonniers ont été envoyés à Pékin pour y comparoître devant ce tribunal et y recevoir leurs sentences.

[1] L'an quarante-neuvième de l'empire de Kien-long, le dix-huitième jour de la onzième lune (c'est-à-dire le 27 décembre 1784), étant instruits des intentions de l'empereur, nous déclarons que les étrangers européens qui prêchent une religion pour séduire tout le monde, sont très-préjudiciables aux cœurs des hommes, et contraires à nos mœurs (ou usages).

De plus, en prononçant cette sentence contre le père Jean et les autres étrangers européens qu'on a pris et envoyés à Pékin, nous donnons en même temps, au nom de l'empereur, une autre ordonnance qui doit être publiée en tout lieu : savoir, qu'outre ces Européens, tous ceux qui se trouvent dans toutes les provinces et qu'on appelle *chin-fou* [2], doivent être réprimés très-sévèrement, et tous les naturels de ce pays-ci qui sont aussi appelés *chin-fou*, et qui sont honorés (par les chrétiens) comme s'ils étoient des officiers ou magistrats, doivent être punis grièvement, et d'une manière proportionnée à leur crime.

Quant aux gens ignorans qui se sont laissé séduire par l'appât des richesses, de l'argent ou des secours (qu'ils espéroient recevoir des prédicateurs), nous jugeons qu'ils doivent être condamnés à l'exil, dans le pays appelé *Yli*, où ils seront donnés pour esclaves aux mandarins [3] qui y président ; et si quelques-uns de ces malfaiteurs ont reçu de l'argent des prédicateurs, leurs maisons et leurs biens doivent leur être ôtés et confisqués.

Pareillement, on doit condamner au même exil et esclavage, dans le pays de Yli, ceux qui ont amené ou introduit les prédicateurs de la religion, et ces défenses, ainsi que ces châtimens doivent être manifestés au public.

Quant aux gens du peuple de ce pays-ci, qui sont attachés à cette religion défendue, parce qu'ils l'ont reçue de leurs parens et ancêtres, il faut leur ordonner sévèrement d'y renoncer, et d'apporter, sans délai, leurs livres, recueils de prières, et choses semblables, pour être brûlés sur-le-champ. Toutes ces choses sont déterminées conformément aux lois ; on doit les respecter et les mettre en pratique.

De plus, tous les gouverneurs généraux et intendans des provinces de Hou-kouang, Chansi, Chensi et Canton, nous ont envoyé ici tous les criminels qui ont été arrêtés, avec toutes les procédures faites à leur égard, et les interprètes Hoang et Yang. En examinant la liste des malfaiteurs, nous avons remarqué que parmi eux il y en avoit encore plusieurs, savoir : Pierre Tsai [1], Barthélemi Sié, Jean Yao et d'autres, qui ont introduit et accompagné les Européens, lesquels sont du nombre des principaux criminels, et néanmoins jusqu'à présent ils n'ont point encore subi de jugement. C'est pourquoi vous tous, gouverneurs généraux et intendans des provinces, faites-les rechercher avec soin, et quand vous les aurez arrêtés, envoyez-les en cette capitale.

Enfin, comme le nombre des criminels est très-considérable, et qu'il n'est pas à propos de les retenir longtemps dans les prisons, nous les jugerons incessamment par une sentence décisive.

[2] Par les examens qu'on a faits jusqu'ici, on a découvert que, dans les pays d'Europe, ceux qui suivent la religion du Seigneur du ciel [3], reconnoissent le souverain pontife, qui est chargé du gouvernement de toute la religion ; au-dessous de lui sont les archevêques, et, après ceux-ci, les évêques, et en dernier lieu les pères spirituels (ou prêtres). Tous ceux qui professent cette religion ont pour règle de faire abstinence une fois tous les sept jours. Ils honorent et révèrent la croix et les médailles ; ils exhortent les hommes à la vertu ; ils récitent des prières en langue européenne. On donne à

---

[1] Première sentence, qui est préliminaire.
[2] *Chin-fou*, comme l'écrivent les chrétiens, signifie père spirituel, ou prêtre.
[3] C'est-à-dire, gouverneurs, ou officiers, ou magistrats.

[1] Pierre Tsai, prêtre, et Barthélemi Sié, s'étoient cachés à Macao, d'où ils ont passé à Goa.
[2] Tout ce qui suit contient des éclaircissemens sur lesquels est fondée la deuxième sentence.
[3] Le vrai Dieu est appelé en Chine, *le Seigneur du ciel*, et la religion chrétienne, *la religion du Seigneur du ciel*.

tous ceux qui gardent la religion, des rosaires, des images, des calendriers, etc. S'il s'en trouve parmi eux qui gardent le célibat dès l'enfance, et qui sachent la langue et les lettres européennes, ils peuvent être admis à aider les prédicateurs de la religion; on leur envoie alors une permission du souverain pontife pour être faits prêtres, ensuite on leur envoie tous les ans quatre-vingt-cinq piastres[1].

Voici les noms des Européens inscrits dans la liste des criminels. Ceux qu'on a pris dans le Hou-kouang sont : 1° le père Louis (ou Antoine-Louis); 2° le père Joseph, tous deux natifs de la Toscane, royaume d'Europe ; 3° le père Jean de Sassary, qui, ainsi que le père Jacques (pris dans le Chensi), est du royaume de Turin ; 4° le père Jean-Baptiste de Mandello, qui, aussi bien qu'Antoine, arrêté au Chensi, et François, autrement l'évêque Fan, arrêté au Chensi, sont du royaume d'Italie; François est arrivé à Canton la vingt-troisième année de l'empire Kien-long, c'est-à-dire en 1759, et le défunt prêtre Kouo, natif de Sigan, l'a amené de Canton à la ville de Sigan. Antoine est arrivé à Canton la quarante-sixième année de Kien-long[2], d'où il a été conduit jusqu'au Chansi par l'Iméou, originaire de cette dernière province.

Quant à ce qui regarde les nouveaux prédicateurs Jacques, Jean, et ses compagnons, il faut remarquer qu'il aborde à Canton des marchands de toutes les nations. Quelques-uns de ces marchands, de retour en leurs pays, ont rapporté qu'en Chine il y avoit un grand nombre de personnes qui suivoient la religion du Seigneur du ciel, ce que tous ces criminels ayant appris, se confiant sur ces dispositions si favorables à leurs desseins, ils se sont mis en route sur-le-champ, et avec joie, pour se rendre à Canton, où ils sont arrivés successivement vers l'an 47 ou 48 de Kien-long, dans le dessein d'entrer plus avant pour promulguer la religion. Mais pendant qu'ils alloient vers le Chensi, conduits par Tsin, Pierre Tsai et d'autres, ils ont été pris à Siang-yang.

Nous avons examiné nous-mêmes successivement tous ceux dont les noms sont écrits dans la liste des criminels, et qui sont arrivés en cette ville. Voici le résultat de ces examens :

On lit dans les registres publics (ou annales) que, sous l'empire de Cang-hi, il y avoit un Européen à Sigan, nommé *Moei-kong*, qui y avoit bâti une église dédiée au Seigneur du ciel, et en outre des maisons pour y habiter, et qui y a annoncé la religion jusqu'au commencement de l'empire de Yong-tching ; lequel ayant défendu de prêcher la religion, cet Européen fut relégué à Macao, et obligé de laisser là son église et ses maisons : mais comme il avoit emprunté de l'argent d'un Chinois, nommé *Tou*, il lui laissa ces bâtimens en en payement. Tou en vendit la moitié, savoir : la partie du milieu pour servir de logement aux officiers ou magistrats. Quant aux petites maisons collatérales, qui étoient au nombre de vingt-deux, il les vendit aux deux frères Tang, à charge de rachat ; ensuite Tang l'aîné les a louées à Tsin, Lieou et Loui, qui professent la même religion.

L'an 27 de Kien-long, c'est-à-dire en 1762, le défunt prêtre Kouo, agissant de concert avec Tou, a conduit jusqu'à Sigan François[1], pour y gouverner la religion. Il y a demeuré caché pendant plus de vingt ans, tantôt dans la maison que Tsin avoit louée de Tang, tantôt dans celle de Tou, d'autres fois chez Siu, qui professent tous la même religion. Pendant ce temps-là, il a fait les prosélytes ci-nommés : Ouang, Tchang et d'autres, jusqu'au nombre de dix-huit, de la ville de Goei-nan, Li I, de Pou-tching ; Ouang II et Pouon, de la ville de Pe-choui ; Lan, de la ville de Fou-pin ; Long, Yu et Pe, de la ville de Hoei-tchang, et d'autres.

Depuis l'arrivée de François au Chensi, comme Tsin alloit tous les ans à Canton pour y acheter des marchandises d'Europe, il lui confioit ses lettres, pour qu'il les remît à Canton au procureur de Rome, et que celui-ci les envoyât en Europe. Depuis la trente-unième année de Kien-long[2], le procureur de Rome a confié à Tsin chaque année, lorsqu'il partoit de Canton pour retourner au Chensi, 250 pias-

---

[1] 85 piastres valent environ 450 livres ; c'est la pension ordinaire que la sacrée congrégation de la Propagande donne à ses missionnaires, soit italiens ou chinois.

[2] En 1781. Il est faux que ce missionnaire ne soit entré qu'alors en Chine. Il y étoit depuis huit à neuf ans plus tôt, dans une autre province.

[1] Monseigneur François Magi, de l'ordre de Saint-François, évêque de Miletopolis.

[2] C'est-à-dire en 1766. C'est l'année où ce père François a été sacré évêque.

tres, qu'on envoyoit d'Europe pour François. De plus, il avoit coutume de donner 85 piastres pour Tou. François fournissoit chaque année à Tsin les vivres, le vêtement et l'argent dont il avoit besoin, parce qu'il alloit et venoit pour porter l'argent et les lettres. Le procureur de Rome lui a aussi donné 80 piastres pour faire son commerce.

Vers la troisième lune de la trente-sixième année de Kien-long (en 1771), Pie Lieou, qui est chrétien [1], engagea, pour une somme d'argent, Dominique Tchang à aller chercher à Canton le père Emmanuel, Européen d'origine, domicilié à Macao, et le père Barnabé, Européen [2], qui ont été amenés, en effet, à Sigan pour y aider leurs confrères les prédicateurs de la religion. Barnabé, après avoir demeuré un mois et plus à Sigan, s'en est allé de là au Chansi, dans le district de Fong-tcheou. Mais Emmanuel s'est fixé dans les maisons des deux familles de Tou et de Han. Chaque année il recevoit 85 piastres. En ce même temps, Pie Lieou, Simon Lieou et Tsin, parce qu'ils étoient également prêtres et prédicateurs de la religion, recevoient pareillement tous les ans 85 piastres, qui, toutes, étoient apportées de Canton par Tsin.

L'an 46 de Kien-long (en 1781), François étant accablé de vieillesse, cherchoit à se décharger du soin de gouverner la religion. C'est pourquoi, ayant appris qu'Antoine étoit dans la ville de Tai-yuen, province de Chansi, où il annonçoit la religion, il lui écrivit sur-le-champ pour le charger du gouvernement des chrétiens de Chensi; Antoine se rendit, à la vérité, à la ville de Sigan, se logea chez Tou, et se chargea de gouverner la religion; mais, peu de jours après, il s'en retourna à Tai-yuen.

Il y avoit alors un certain Cajetan Siu, natif de la province de Kan-sou, qui étoit connu familièrement d'Antoine et de plusieurs autres. Il savoit la langue et les lettres européennes. C'est pourquoi Antoine pria, par lettres, celui qui gouverne la religion en Europe, de permettre qu'il fût fait prêtre, et qu'il pût prêcher la religion avec lui dans le Chansi. En conséquence, depuis l'an 47 (1782), on envoyoit chaque année d'Europe, 85 piastres pour Antoine, et 85 pour Cajetan, lesquelles étoient apportées de Canton par Tsin.

En tirant des conséquences de tout cela, on voit quelles ont été les actions de François et d'Antoine, qui ont prêché la religion dans le Chensi et le Chansi, de Tou, de Fan et autres semblables, qui les ont introduits et cachés, et de Tsin, qui leur servoit de courrier pour porter les lettres, l'argent, etc.

L'an 48, dans la huitième lune, comme François étoi cassé de vieillesse, et qu'Antoine, qui étoit chargé du gouvernement de la religion, demeuroit fort loin dans le Chansi, et que les chrétiens de Chensi n'ayant point d'évêque propre, désiroient faire venir d'autres Européens prédicateurs de la religion, Tou et Pie Lieou en ayant conféré ensemble, crurent devoir seconder leurs désirs. Il arriva, par hasard, qu'en ce même temps-là Tsin et Tsiao avoient acheté des pelleteries ou cuirs, qu'ils se proposoient d'aller vendre à Canton. Tou et Pie Lieou leur confièrent des lettres adressées au procureur de Rome, par lesquelles ils le pressoient d'engager de nouveau quelques Européens à aller dans le Chensi pour y prêcher la religion. Alors Tsin prit vingt taels d'argent, qu'il confia à Lieou II, pour réparer et orner les appartemens qui devoient être le domicile de ces Européens.

Tsin et Tsiao étant arrivés à Canton dans la onzième lune, et s'étant joints à Pierre Tsai, ils entrèrent dans la maison de To-lo (M. de La Tour), procureur de Rome, et ils lui donnèrent à lire les lettres de Tou et de Pie Lieou. Alors les quatre Européens, le père Jean et ses confrères, étoient déjà arrivés à Canton. Le procureur de Rome leur annonça sur-le-champ cette nouvelle, et leur dit de se disposer à aller prêcher la religion au Chensi.

La première lune de l'année 49e [1], comme Tsin et Tsiao étoient sur leur départ pour retourner au Chensi, le procureur de Rome donna avis à Pierre Tsai, que les quatre Européens qu'on avoit demandés étoient tout prêts, et qu'ils ne tarderoient pas à se mettre en chemin. Pierre Tsai écrivit donc une lettre, qu'il remit à Tsin, pour la porter à Siang-Tang au père (Philippe) Lieou. Dans cette lettre, il lui recommandoit de chercher et de louer des

---

[1] Il étoit même prêtre. Il est mort en 1785, dans les fers, pour Jésus-Christ.

[2] Ce M. Barnabé Chang est Chinois, et non Européen.

[1] Cette première lune a commencé le 22 janvier 1784.

barques de chrétiens pour venir à Canton, et porter de là quatre Européens jusque dans le territoire de Fan-tching, où, étant arrivés, ils seroient allés, par le moyen de la barque du chrétien Lieou III, se loger dans un village, jusqu'à ce que vers la cinquième lune on envoyât, comme on en étoit convenu, des gens de la capitale du Chensi, pour venir chercher des Européens à Fan-tching, et les conduire à leurs destinations. Tout étant ainsi disposé, Tsin et son compagnon se sont mis en route.

Dans cette même première lune, Siusin, qui étoit de la même religion, se trouvoit à Canton avec sa barque, dans le dessein de porter de là au Hou-kouang Jacques [1], Européen, pour y prêcher la religion; mais, en faisant ce trajet, Siusin mourut de maladie. Sa veuve conduisit donc Jacques dans la maison de Philippe Lieou, lui donnant avis qu'il étoit venu dans le Hou-kouang pour y prêcher la religion. Celui-ci conduisit Jacques sur-le-champ en la ville de Siang-tan, dans la maison d'un chrétien nommé Tcheou, qui le fit passer à son tour dans celle d'un autre chrétien, nommé Lieou IV.

Tsin faisant sa route en bateau, arriva à Siang-tan au commencement de la troisième lune, et remit à Philippe Lieou les lettres qui lui étoient adressées par Pierre Tsai. Philippe Lieou ayant lu ces lettres, sut que Jacques étoit actuellement dans la maison de Lieou IV. Or, Tsin, Tou, et d'autres avoient engagé ce Lieou à faire le voyage de Canton, pour en amener ceux qu'on attendoit pour gouverner la religion; car les quatre Européens que le procureur de Rome avoit engagés à cela, ne s'étoient point encore mis en route. Cela fait, Tsin, accompagné de Tcheou, s'en alla à la maison du susdit Lieou IV, d'où il tira Jacques (Européen), pour le conduire avec soi jusqu'au Chensi. Il se servit, pour cela, de la barque de Lieou III, jusqu'à ce qu'ils eussent passé l'endroit appelé *Fan-tching*. Alors Tsin s'étant assuré de la capacité de Lieou III, lui confia et lui recommanda toute l'affaire qui devoit s'exécuter dans la cinquième lune, concernant les quatre Européens que le procureur de Rome devoit envoyer au Chensi pour y gouverner la religion; à quoi celui-ci consentit. Tsin continua donc son chemin jusqu'à Sigan, où il fit part à Tou de tout ce qu'on avoit fait. Or, Tou et Han reçurent Jacques, et le cachèrent en leurs maisons.

Cependant Pierre Tsai, après le départ de Tsin et de son compagnon pour le Chensi, auroit bien voulu que le père Jean et ses confrères se fussent mis en route vers ladite province; mais ne sachant pas si les barques étoient prêtes, et les voies préparées, il prit avec soi les chrétiens Tchang et Pierre Sié, et partit dans le cours de la deuxième lune pour aller à Siang-tan, où, étant arrivé, il rencontra Philippe Lieou, qui avoit déjà loué les deux barques des chrétiens Long, père et fils, pour le prix de vingt taels d'argent. Il avoit, en outre, loué la barque du chrétien Lieou V, pour le prix de dix taels. On étoit convenu, en outre, que Lieou IV et Lieou VI iroient en même temps à Canton, pour recevoir et accompagner les Européens. Les choses étant ainsi arrangées, ils sont retournés vers Canton, où ils sont arrivés le dix-huitième jour de la lune intercalaire [1] (ou de la deuxième-troisième lune).

Alors Pierre Tsai fit prendre des habits chinois aux quatre Européens, savoir, le père Jean et ses confrères; et, avant que de les conduire aux bateaux, il fit venir Jean Yao et Barthélemi Sié, pour les associer à Tchang et à Pierre Sié, afin d'accompagner les Européens. Pour lui, il ne partit point, mais il écrivit une lettre qu'il remit à Tchang, pour être remise aux frères Li I et II, dans la ville d'Ouling, dans laquelle il les prioit d'envoyer leur neveu Li III, pour accompagner les Européens jusqu'à Fan-tching. Enfin Tchang avec ses compagnons, et le père Jean avec ses confrères, s'embarquèrent et partirent de Canton, et ils arrivèrent dans le district de la ville de Hen-tcheou, dans la partie méridionale du Hou-kouang.

Là, étant arrêté par les vents contraires, Tchang s'en alla promptement par terre à Ouling, dans la maison Li I, pour le prier de faire venir son neveu Li III, et de le lui associer, pour accompagner les Européens; à quoi Li I ayant consenti, Tchang s'en alla à Siang-tan.

Pendant ce temps-là, le père Jean et ses confrères étoient logés dans les maisons de

[1] M. Ferretti, baptistain, qui est entré avec M. Delpont.

[1] Cette lune intercalaire est une treizième lune qu'on ajoute tous les deux ou trois ans aux douze lunes ordinaires; celle-ci étoit placée entre la troisième et la quatrième lune.

Licou VII, et de quelques autres. Après y avoir demeuré un peu plus de dix jours, Pierre Sié, Barthélemi Sié et Jean Yao s'en étoient tous retournés à Canton. Pour ce qui est de Lieou IV, ne pouvant aller plus loin, parce qu'il étoit attaqué d'une forte paralysie, il engagea un autre chrétien, nommé Lieou VIII, à aider et accompagner Lieou VI et Tchang, pour aller au Chensi ; ils se partagèrent dans les deux barques des deux Long, père et fils. Étant donc partis de là, ils arrivèrent à Fan-tching le dixième jour de la septième lune. Lieou III s'étant informé en ce lieu-là si Tsin et Tsiao n'étoient point encore venus à la rencontre des Européens, et ayant su qu'ils n'avoient point paru, rentra dans son bateau, et ils continuèrent leur route. Alors Tchang donna à Lieou VI et à Lieou VIII, à chacun quatre taels d'argent et la cinquième partie d'un tael en les renvoyant chez eux.

Le douzième de la même lune, vers les dix heures du matin, étant arrivés en un lieu appelé *Pekia*, et ayant jeté l'ancre, ils virent paroître le fils adoptif de Lieou III, nommé *Lieou-hi*; lequel, étant accompagné de Lieou-cui-piao, et d'autres satellites du gouverneur de Siang-yang, venoit à eux en courant et en criant : Voici les satellites qui viennent pour prendre les sectaires d'une mauvaise religion. Le père Jean et ses confrères descendirent sur-le-champ à terre pour prendre la fuite. Alors les satellites susdits entrèrent dans une des barques, et lièrent Tchang d'une chaîne de fer, le frappèrent du dos de leurs sabres, et s'efforcèrent de l'intimider, en disant qu'il étoit un grand criminel, afin de lui extorquer de l'argent. Lieou-hi faisant le médiateur, proposa de faire une composition, et dit aux satellites que Tchang leur offroit soixante taels d'argent. Les satellites, dédaignant cette somme comme trop modique, voulurent qu'on ouvrît les coffres pour y prendre de quoi les satisfaire. Alors Tchang et Long le père ouvrirent eux-mêmes un coffre, et ayant tiré deux rouleaux de pièces d'argent, qui contenoient cent cinquante taels, ils les donnèrent aux satellites, qui, après les avoir reçus, délièrent Tchang sur-le-champ, et s'en allèrent, laissant tout le monde en liberté.

Un sergent, chargé de veiller sur la rivière, nommé *Sze*, ayant ouï parler de cette affaire des susdits satellites, de leurs concussion et connivence, s'en alla aussi sur les barques, et fouillant partout, il trouva dans une poche de vêtemens une montre et un couteau d'Europe, et d'autres choses. Il prit la montre, la cacha, et s'en alla.

Chou, qui commandoit les troupes de la ville de Siang-yang, entendit aussi parler de cette aventure, et il accourut sur-le-champ pour voir ce que c'étoit. Alors Tchang, et Long père et fils, avoient tous pris la fuite. Il prit donc les quatre Européens, le père Jean et ses confrères, et les amena au gouverneur de Siang-yang, lequel, examinant et faisant l'inventaire des ustensiles, images, etc., de ces Européens, s'aperçut qu'il y manquoit une montre. Voulant punir ce vol, il ordonna au sergent Sze de la chercher et de la restituer. Celui-ci se voyant donc exposé au danger d'être traité en criminel, se jeta à l'eau, et en marchant sous l'eau, il s'évada et se cacha.

Alors le gouverneur de Siang-yang donna avis de cette prise au gouverneur-général de la province du Hou-kouang, qui cita les criminels à son tribunal, et envoya en toute diligence des lettres aux gouverneurs des provinces de Canton et de Chensi, afin qu'on y cherche et qu'on arrête tous les criminels qui avoient pris la fuite en différens temps, et qu'après les avoir pris, on les fasse comparoître au tribunal.

On prit aussi à Siang-tan les deux criminels Tsin et Tsiao. En fouillant Tsin, on lui trouva dix lettres qu'il apportoit de Pékin, qui lui avoient été confiées par Na et Vang, gens des églises du Seigneur du ciel. Elles étoient adressées au procureur de Rome. De plus, il y avoit trois lettres en caractères européens, que Pie Licou, demeurant à Sigan, envoyoit à Tsen, à Philippe Lieou et à Pierre Tsai (ce sont trois prêtres chinois), lesquelles lettres ont été envoyées au Chensi pour être examinées.

Vers ce même temps, l'intendant de la province de Chensi ayant fait des recherches, a arrêté François, Emmanuel et Jacques, Européens, et en même temps Siu et Han, qui les tenoient cachés, et en outre Goci, Tien, Ko et Han II, et d'autres, qui avoient conduit Jacques de côté et d'autre pour le cacher. On a aussi pris dans le Chansi Antoine, Européen, et en même temps Fan, qui l'avoit caché, et on les a tous cités au tribunal.

Ayant interrogé tous ces criminels sur chacun des articles rapportés ci-dessus, nous avons reconnu qu'ils avouoient le tout sans en rien nier.

Nous avons examiné la religion (ou la doctrine) européenne du Seigneur du ciel : quoiqu'on ne doive point la comparer avec différentes autres sectes qui sont mauvaises, cependant (voici ce qu'on lui reproche), elle a eu l'audace de s'introduire, se promulguer et s'établir en secret ; il n'y a aucune permission accordée au peuple de ce pays-ci de l'embrasser : cela est même défendu depuis longtemps par les lois ; et maintenant tous ces criminels ont eu la hardiesse de s'introduire subitement dans le pays, d'y établir des évêques et des prêtres, afin de séduire subitement le peuple ; c'est pourquoi il faut éteindre peu à peu cette religion, et ne pas souffrir qu'elle se multiplie.

Que si tous les Européens qui fréquentent Canton et Macao n'ont d'autres vues que de prêcher leur doctrine, pourquoi ne se dispersent-ils pas dans la province de Canton, où ils abordent? pourquoi pénétrer dans les provinces de Chensi et Chansi? Par le moyen des recherches, on a découvert qu'Emmanuel, François et Antoine demeuroient depuis bien des années et prêchoient depuis longtemps la religion dans les provinces de Chensi et Chansi. Il est à craindre qu'il n'y ait peut-être aussi de ces sortes de malfaiteurs dans les autres provinces, occupés à faire des assemblées, et à bâtir des églises pour séduire le peuple. D'ailleurs, suivant la déclaration de François[1], il y a dix prêtres européens dispersés dans le Chensi, le Chansi, Sigan, Hou-kouang, Chang-tong, Pékin, et autres provinces ; par où il conste que, outre le père Jean et ses compagnons, il y a encore d'autres Européens et d'autres provinces. Comme il est nécessaire de rechercher exactement et de pénétrer radicalement toutes ces choses, nous avons tout de suite formé des questions et composé un examen, et nous avons ordonné derechef à Hoang et aux autres interprètes d'expliquer nos paroles au père Jean et à ses confrères. Or, tous ces criminels ont répondu en ces termes :

« Notre patrie est éloignée de l'empire de Chine de plusieurs mille lieues. Rien autre chose ne nous a fait penser à venir ici, si ce n'est le désir d'y prêcher la religion, et d'exhorter les hommes à la pratique de la vertu. Nous ignorions absolument qu'il y eût en Chine des lois qui défendissent au peuple d'embrasser la religion[1]. Comme nous ne faisions que d'arriver à Canton pour la première fois, nous ignorions les chemins qui conduisent aux différentes provinces de cet empire ; mais ayant ouï dire au procureur de Rome qu'il y avoit des gens du Chensi qui demandoient quelqu'un pour y gouverner la religion, nous nous sommes déterminés à partir avec eux ; mais du reste nous n'avions pas de dessein prémédité d'aller au Chensi. »

Quant à Emmanuel, François et les autres ils ont dit qu'ils avoient, à la vérité, passé plusieurs années dans le Chensi, et que cependant ils n'avoient pas osé assembler publiquement la multitude, ni bâtir aucune église ; mais qu'ils avoient reçu et enseigné, en particulier, tous ceux qui avoient voulu, de plein gré, entrer dans la religion ; que le père Jean et ses confrères, ainsi que Jacques, qui sont actuellement pris, étoient du nombre des dix prêtres qui sont venus en Chine ; mais qu'ils ignoroient absolument où étoient actuellement les cinq autres, etc.

Pour ce qui est de Tsin et de ses semblables, qui sont tous gens de ce pays-ci, ils ont déjà violé les lois en embrassant la religion ; et de plus, ils ont eu l'audace d'introduire secrètement des Européens dans ce pays-ci, pour y promulguer la religion, d'aller et venir pour porter leurs lettres, de les cacher et les conduire de côté et d'autre. Quelle a pu être leur intention? vu que tous ces criminels n'étoient point prêtres, et ne recevoient pas d'argent des Européens. C'est pourquoi nous avons ordonné sur-le-champ un nouvel examen, et des questions rigoureuses. Alors Tsin a dit ce qui suit :

« Nous professons, Tsiao et moi, la religion du Seigneur du ciel, que nous avons apprise de nos pères. La raison pour laquelle j'ai connu le procureur de Rome, c'est que j'allois tous

---

[1] Si monseigneur François Magi a fait une telle déclaration, certainement il ne l'a faite que lorsqu'il n'a plus été possible de céler ce qui avoit été déclaré par plusieurs autres, car l'intendant de Chensi a écrit à l'empereur que dans les commencemens ce prélat n'avoit voulu rien déclarer. (*Note de l'ancienne édition.*)

[1] Il est vrai que ces nouveaux missionnaires sont venus en Chine dans la fausse persuasion qu'on permettoit d'y prêcher publiquement la religion chrétienne. (*Note de l'ancienne édition.*)

les ans à Canton pour faire le commerce de marchandises d'Europe. Ces dernières années, Tou voyant que François étoit fort âgé, nous avoit recommandé de prier, de sa part, le procureur de Rome d'engager d'autres Européens à entrer au Chensi pour y gouverner la religion; et moi, considérant que la religion du Seigneur du ciel n'a d'autre fin, par son institution, que de porter les hommes à faire du bien, j'ai promis que j'irois à Canton pour appeler, en son nom, des Européens; et en même temps, j'ai amené Jacques, de Siang-tan au Chensi. Je ne savois certainement pas que cela fût défendu par les lois. Quoique je fréquentasse Macao pour porter des lettres et de l'argent, cependant je n'ai point appris les langues d'Europe, et je ne suis point prêtre. Outre quatre-vingts piastres que j'ai reçues, une fois seulement, du procureur de Rome, je n'en ai jamais reçu aucun autre argent. » Tsiao ayant été aussi interrogé, a répondu les mêmes choses.

Tchang, et les autres qui avoient coutume d'accompagner les Européens, de même que Siu, et les autres qui les ont cachés dans leurs maisons, ont tous répondu de la sorte :

« Nous n'avons jamais eu d'autres motifs, pour accompagner et cacher les Européens, si ce n'est que nous croyons et faisons profession de suivre la doctrine du Seigneur du ciel. »

(Jean) Gai[1] étant parvenu de Canton à Pékin, et ayant été cité au tribunal, a confessé ce qui suit :

« J'ai appris à Macao, dans la province de Canton, la langue, les lettres et les prières des Européens. Les Européens qui demeurent dans les hôtels destinés pour les étrangers, m'ont prié de me charger d'envoyer et de recevoir les lettres européennes. On m'appelle *Père spirituel*. Tous les ans je reçois cent taels d'argent d'Europe. Je ne m'occupe pas (à présent) à prêcher la religion[2]. J'ai entièrement ignoré ce qu'ont fait Tsin et les autres qui ont appelé des Européens pour aller prêcher la religion au Chensi. C'est un usage ancien dans la religion chrétienne, que les Européens fournissent de l'argent à tous ceux qui sont destinés pour aider les prédicateurs de la religion, et leur être associés; mais on ne donne point d'argent à ceux qui se font chrétiens. »

Au moment de prononcer la sentence contre tous ces criminels, nous avons encore réitéré les mêmes interrogations, et ils ont tous confessé les mêmes choses.

' Nous avons reconnu par tous ces examens, que les quatre criminels, le père Jean et ses confrères, tous étrangers Européens, ignorant les défenses faites par les lois, n'ont pas craint d'obéir au procureur de Rome, à Tsin et autres qui les invitoient à aller secrètement à Sigan pour y prêcher leur doctrine; que François et Antoine sont entrés secrètement au Chensi et au Chansi, et y ont présidé à la religion chrétienne pendant plusieurs années, pour séduire le peuple de ce pays-ci; que Jacques, qui est allé d'abord à Siang-tan, dans la partie méridionale du Hou-koang, où il a parcouru plusieurs endroits, et qui ensuite est allé avec Tsin jusqu'à Sigan, est aussi transgresseur des lois, quoiqu'il n'eût pas encore prêché la religion.

Pour ces raisons, passant sous silence François et Antoine[2], qui sont morts de maladie en prison, après avoir subi les examens et fait leur confession, nous jugeons que si les cinq criminels, le père Jean et les autres[3], étoient reconduits à Macao, pour être renvoyés de là dans leurs propres royaumes, le public ne verroit point du tout en cela des châtimens propres à imprimer de la terreur. C'est pourquoi nous prions Sa Majesté d'ordonner que les quatre criminels, le père Jean et ses confrères, ainsi que Jacques, soient tous rigoureusement détenus en prison, et de défendre qu'on ne leur accorde jamais la grâce d'en sortir. Nous attendons humblement sur ce sujet les ordres de l'empereur, auxquels nous nous conformerons.

Quoique Emmanuel[4] soit de Macao, dans la province de Canton, néanmoins, comme il tire son origine d'Europe et qu'il a séduit le public en prêchant la religion au Chensi, il ne convient pas de lui faire grâce; mais nous prions qu'il soit condamné à une prison perpé-

---

[1] Appelé par les Européens le père *Simonelli*, prêtre chinois, procureur des missionnaires portugais.

[2] Il l'a prêchée autrefois, mais son grand âge ne lui permettoit pas de le faire; il continuoit cependant à confesser, surtout les malades.

[1] Sentence.

[2] Les évêques de Mélitopolis et de Domitiopolis, Italiens, vicaires apostoliques du Chensi et du Chansi.

[3] Les pères Jean, Joseph, Louis et Jean-Baptiste, cordeliers italiens, et M. Ferretti, baptistain italien.

[4] M. Emmanuel Gonzalvez, prêtre missionnaire de la Propagande.

tuelle, comme le père Jean et ses confrères.

Tou professoit secrètement la religion du Seigneur du ciel; il a gardé plusieurs années, dans sa maison, l'Européen François; il reçoit chaque année de l'argent d'Europe; voyant François cassé de vieillesse, il a recommandé à Tsin d'aller à Canton, pour inviter d'autres Européens à venir au Chensi, pour y présider à la religion; enfin, il a reçu et caché chez lui le nommé *Jacques*, d'où il suit que Tou est véritablement le principal criminel et le transgresseur général des lois, en appelant et conduisant les Européens dans la province de Chensi pour y prêcher la religion; mais parce qu'il est déjà mort de maladie en prison, après avoir subi l'examen et fait sa confession, il ne reste rien à déterminer à son égard.

Tsin, en premier lieu, a caché François chez lui, ensuite il a cru à sa doctrine, et en a fait profession. De plus, par l'appât des richesses et des secours qu'il en espéroit, il s'est fait son courrier pour porter et rapporter des lettres et de l'argent. En outre, pour obéir à à Tou, il est allé à Canton, pour appeler les quatre pères, Jean et ses confrères. Enfin, il a introduit Jacques au Chensi.

Tsiao, non-seulement a embrassé secrètement la religion chrétienne, et il a su que François et les autres Européens demeuroient cachés dans la province de Chensi, mais il a encore accompagné Tsin pour aller inviter les Européens à venir prêcher la religion.

Tchang, Pierre Sié, Lieou IV et Lieou VI, qui tous professent la religion chrétienne qu'ils ont reçue de leurs pères, obéissant à Pierre Tsai, qui les envoyoit et les dirigeoit, ont conduit et accompagné, en son nom, les Européens.

Tcheou, non-seulement suit la même doctrine, mais de plus il a caché Jacques dans sa maison, aussi bien que les deux Lieou IV et VI, tous ceux-là sont transgresseurs des lois.

Siu, Han et Fan, ont tous caché, pendant plusieurs années, François, Antoine et Emmanuel, tous étrangers.

Ko, non-seulement n'a pas accusé Jacques, Européen, sachant bien qu'on faisoit de sérieuses recherches pour le prendre; mais au contraire, il l'a caché dans sa maison.

Goei a été complice de l'introduction des Européens. Les crimes de tous ceux-là doivent être réputés de la même espèce, et punis également comme ceux de Tsin et des autres qui ont conduit et accompagné les Européens, afin de faire voir au public des châtimens propres à inspirer de la terreur.

Passant donc sous silence Lieou IV, qui est mort de maladie en prison, après avoir subi l'examen; Tsin, Tsiao, Pierre Sié, Lieou VI, Tcheou, Siu, Han, Fan, Ko et Goei, qui sont tous également coupables, doivent tous pareillement être exilés à Yli pour y être esclaves des mandarins (c'est-à-dire, gouverneurs, officiers ou magistrats) de ce pays-là.

Quant au criminel Tchang, qui ayant su la prise des Européens, s'est offert de lui-même, il s'est rendu, à la vérité, très-coupable, en accompagnant les étrangers depuis Canton jusqu'au Hou-kouang: cependant comme il s'est offert lui-même, il convient de diminuer un peu du châtiment. En conséquence, nous jugeons qu'il doit être envoyé à Ou-lou-motchai, où il restera toute sa vie en exil, faisant les fonctions pénibles de satellite (ou valet de mandarin).

Philippe Lieou [1], non-seulement a consenti à porter le nom de Père spirituel, pour prêcher au peuple de ce pays-ci une religion étrangère de laquelle il recevoit des richesses et des secours; mais encore, à la prière de Pierre Tsai, il a loué des barques pour servir à introduire les Européens.

Cajetan Siu [2], qui est aussi naturel de ce pays-ci, pratique secrètement la religion du Seigneur du ciel, avec Antoine dans le Chensi.

Quoiqu'on ait reconnu que Jean Gai [3] n'avoit point participé à l'introduction des Européens, pour aller prêcher la religion dans le Chensi, néanmoins parce qu'il étoit prêtre, qu'il étoit chargé du soin des lettres des Européens qui logent dans les hôtels destinés aux étrangers, et qu'il recevoit tous les ans de l'argent, il est également coupable. Mais, comme il est mort de maladie, nous n'en parlons point ici.

Quant à Philippe Lieou et Cajetan Siu, ils doivent être également tous deux envoyés en exil à Yli, pour y être esclaves des mandarins de ce pays-là, et suivant les lois, ils doivent

---

[1] Prêtre chinois, missionnaire de la Propagande.
[2] Autre prêtre chinois, aussi missionnaire de la Propagande.
[3] Prêtre chinois, ex-jésuite, autrement appelé le père *Simonelli*.

être marqués par des caractères imprimés sur la peau.

Quoique les bateliers Long, le père, et Licou V, après avoir été examinés, soient reconnus n'avoir pas été du complot touchant l'introduction des Européens, prédicateurs de la religion; cependant, non-seulement ils professent la même religion qu'eux, mais ils se sont loués pour les porter dans leurs bateaux. Tang a loué sa maison à Tsin, pour y demeurer; et quoiqu'il sût bien que Tsin y tenoit François caché, il n'en a point fait de rapport aux juges. Les trois nommés ci-dessus sont réputés également avoir tenu cachés les Européens; cependant, si on compare les crimes de Tang, de Long le père et de Licou V, avec ceux de Tsin et de ses semblables, ils paroissent un peu moins griefs. Nous jugeons donc que chacun d'eux recevra cent coups de houpade, et sera ensuite envoyé en exil pour trois ans, et après cela leurs propres mandarins auront soin de les obliger à changer de religion.

Licou III, s'étant laissé gagner par les sollicitations réitérées de Tsin, a pris soin des Européens pour lui complaire. Vang a caché chez lui Philippe Licou, lorsqu'il fuyoit, ayant su qu'on le cherchoit pour le prendre. Licou IX et Licou X, frères aînés de Philippe Licou, ont souvent porté dans leurs barques Pierre Tsai, lorsqu'il alloit ou venoit. Long, le fils, a porté les Européens dans sa barque, pour ne pas désobliger son père. Tsiao II, fils du susdit Tsiao, Jean Tsai, domestique du procureur de Rome, et Louis à qui Tang avoit loué sa maison pour y demeurer, ont été reconnus tous trois, par les examens, complices du crime de Tsin et des autres, quand ils ont appelé des Européens pour aller prêcher la religion au Chensi.

Les huit criminels ci-dessus nommés, qui tous ont embrassé secrètement la religion du Seigneur du ciel, et ont su qu'on cachoit les Européens, si on veut consulter les lois et inspirer de la terreur, ne seroient pas punis suffisamment si on se contentoit de faire donner à chacun cent coups de houpade. Il faut donc ajouter à cela, qu'ils seront tous condamnés à la cangue pour deux mois, et qu'après ce temps écoulé, ils recevront de nouveau quarante coups de houpade.

Long III, cousin du susdit Long (le père),

Tsin I et Tsin II, l'un frère aîné, et l'autre neveu de François Tsen[1], Tchang II, frère aîné de Dominique Tchang, Tchang III et IV, Tsai II, Pe, Li I, Li II, Li III, Tou II, neveu d'un autre Tou mort en prison, ayant été examinés, on a reconnu qu'ils faisoient profession de la religion du Seigneur du ciel, qu'ils ont reçue de leurs pères, mais qu'ils n'ont point introduit ni caché les Européens; en conséquence, on doit condamner ces transgresseurs à recevoir chacun cent coups de houpade, conformément aux lois portées contre les rebelles, et ensuite les renvoyer en leurs pays, où leurs propres mandarins veilleront à les faire amender.

A toutes les peines portées contre les criminels qui professent la religion chrétienne, il convient d'ajouter un ordre à tous les mandarins des lieux où ils se trouvent, de les obliger à renoncer à leur religion.

Quoique les délits de Tsin et des autres criminels de cette espèce aient précédé la concession des grâces ou pardons faits par l'empereur la cinquantième année de son règne, le premier jour de la première lune, on ne doit cependant rien diminuer de tout ce qui est contenu dans ces sentences, portées contre des gens qui divulguent une religion capable de séduire les hommes.

On doit renvoyer libre Licou XI, qui n'a jeûné que pour se guérir d'une maladie dont il étoit travaillé, vu que d'ailleurs il conste que le calendrier de la religion chrétienne, qui prescrit les jeûnes, n'étoit point à lui, mais que la grand'mère de Licou VI, nommée Tchang, le lui avoit prêté, et, de plus, qu'il n'est pas chrétien. Mais il reste encore quelque chose à statuer par rapport à ceux qui sont réellement coupables.

Il ne reste rien à déterminer touchant Licou VIII, Licou II, Long IV, Tien et Han II, qui étoient tous pareillement coupables d'avoir introduit ou caché les Européens, parce qu'ils sont déjà tous décédés.

Quant à Philippe Licou, Jean Gai et Cajetan Siu, qui tous portoient le nom de Pères spirituels, et recevoient annuellement quatre-vingt-cinq piastres, et quant à Tou et Tsiu, qui, quoiqu'ils ne fussent pas Pères spirituels, ont néanmoins reçu de l'argent des Européens, et,

---

[1] Prêtre chinois qu'on n'a pas pu prendre.

de plus, les ont introduits et cachés, ou leur ont servi de courriers pour porter leurs lettres, il convient d'ordonner aux gouverneurs généraux et intendans des provinces de faire faire l'inventaire de tous les biens de ces cinq criminels, et de les en priver en les confisquant. Pour ce qui est des biens de Siu et autres semblables qui ont caché chez eux les Européens, ils ne doivent pas être confisqués, parce qu'il est reconnu qu'ils n'ont pas reçu d'argent.

On doit aussi confisquer dix taels d'argent que Pierre Sié a reçus de Pierre Tsai pour salaire de son voyage, ainsi que l'argent qu'ont reçu Lieou VIII et Lieou VI, autant précisément qu'ils ont reçu, et, enfin, le produit de la vente des habits, piastres et autres choses qui appartenoient aux Européens qu'on a pris, savoir, au père Jean et ses confrères. Quant à leurs livres, images et choses semblables, ils doivent être entièrement consumés par le feu.

Pie Lieou[1] du Chensi, qui a voulu faire venir des Européens pour prêcher la religion, Dominique Tchang, qui a amené Emmanuel au Chensi, Simon Lieou[2], prêtre et prédicateur de la religion, et Sie-lin, qui avoit caché Jacques, ont été pris dans le Chensi, suivant l'avis qu'en a donné à l'empereur, en différens temps, l'intendant de cette province.

Le gouverneur général de Canton a aussi donné avis à l'empereur de la capture de To-lo (M. de La Tour), qu'il a envoyé à Pékin; mais ces criminels ne sont pas encore parvenus à cette capitale. Il en est de même du satellite Lieou et de ses camarades qui ont usé de violence pour extorquer l'argent des Européens dans leurs barques, du sergent Sze, qui, après avoir caché une montre des Européens, s'étoit jeté à l'eau pour s'enfuir, et de tous les autres qu'on sait être pris dans le Ho-nam, le Houkouang et autres provinces. Aussitôt qu'on les aura envoyés ici, et qu'ils seront parvenus, on prononcera sur ce qui les regarde spécialement, de même que sur ce qui regarde Thomas Lieou, pris dans la province de Pékin.

Outre les cinq criminels déjà pris et jugés, savoir: le père Jean, et les autres qui sont du nombre des dix prêtres européens que François a déclarés être entrés dans différentes provinces, et outre les quatre Européens Anselme, Adéodat, Nicolas et Eusèbe[1], que nous avons examinés, et reconnus n'être pas entrés secrètement dans cet empire pour y prêcher la religion, mais qui ont été envoyés à Pékin par le gouverneur général de Canton, accompagnés de mandarins, pour servir et se rendre utiles à l'empereur, et desquels, par conséquent, nous n'avons aucun jugement à porter, il en reste encore d'autres à arrêter, savoir: Crescentiano, Atho[2], Li-sin[3] et O-malo[4], de même que ceux qui sont déjà entrés dans la province de Chang-tong, savoir: le père Yato et le père Kiliti[5], ainsi que Li-sin, autrement dit Barthélemi, leur conducteur, originaire de Chang-tong. Il faut ordonner à tous les gouverneurs généraux et intendans des provinces de les rechercher avec soin, de les prendre, et, quand on les aura arrêtés, on leur fera leur procès.

Quant à ce qui regarde Yang et les autres de Goei-nan, dans le Chensi, qui, obéissant à François, ont embrassé la religion, et tous les autres qui ont été pris dans les provinces de Chensi, Hou-kouang et autres, lesquels ont été reconnus professer secrètement la religion du Seigneur du ciel, il convient d'ordonner aux gouverneurs généraux et intendans d'examiner et de juger au plus tôt, tant ceux qu'on vient de désigner, que tous les autres dont il n'est point ici fait mention, et d'envoyer ensuite à l'empereur les actes de leurs procès, afin de finir leur cause.

On a déjà examiné la cause de Hoang du Su-tchuen; il est reconnu qu'il n'a point introduit de prédicateurs étrangers. Il faut ordonner au gouverneur général de la province de l'obliger à changer, suivant ce qui a été déterminé ci-dessus.

En voici d'autres qui ne sont pas encore pris, et qui, fuyant en différentes provinces, sont cause que plusieurs autres s'embarrassent avec eux dans leurs malheurs, savoir: Pierre

---

[1] Ce Pie Lieou, surnommé *le jeune*, étoit prêtre. Il a été condamné à l'exil perpétuel, mais il est mort en y allant.

[2] M. Simon Lieou a été envoyé en exil.

[1] Ce sont quatre missionnaires italiens de Pékin, dont deux augustins et deux franciscains.

[2] Les pères Crescentiano et Atho ont été pris ensuite, et le père Atho est mort en prison.

[3] Li-sin est le père Mathias, Espagnol, très-âgé; on ne sait ce qu'il est devenu.

[4] On ne sait qui est cet O-Malo.

[5] Ce sont les pères Atho et Crescentiano, prononcés différemment.

Tsaï[1], François Tsen[2], Barnabé[3], qui prêche la religion dans le Chansi, Cajétan Siu[4]; de plus, le père Jean Ko[5] de Longan, et le père Chang[6] de Hong-tong, que François a déclaré. En outre, le père Moei[7], Européen, qui prêche la religion dans le Chang-tong; le père Ma ou Matthieu[8], et O-la-mie-te[9], Européen, qui prêchent la religion dans le Hou-kouang; Lieou XII, et Li-pe, de Canton; Tchao, du Hou-kouang, Pie Lieou le vieux, du Su-tchuen[10]; Li-meou, du Chansi, qui y a conduit Antoine pour y prêcher la religion; Li IV, de Canton, et Li V, du Chensi, qui y a caché Jacques; il convient d'ordonner à tous les gouverneurs généraux et intendants des provinces de les prendre incessamment, et de les envoyer ensuite au tribunal des causes criminelles, afin qu'on leur prononce leur sentence.

Il conste, par une relation instructive que le gouverneur général et l'intendant du Chensi ont envoyée à l'empereur, qu'il y a depuis longtemps, au Chensi, une église dédiée au Seigneur du ciel; il faut la changer en une maison ordinaire, qui puisse servir au menu peuple, et ensuite la vendre et en confisquer le prix. Peut-être qu'il se trouve aussi, dans les autres provinces, des gens qui bâtissent des églises en secret; il convient d'ordonner aux gouverneurs généraux et intendans de chercher s'il y a de ces églises, et, s'ils en trouvent, qu'ils en changent la forme, et qu'ils les vendent et en confisquent le prix.

Quant aux Européens qui demeurent dans les églises du Seigneur du ciel qui sont à Pékin, l'empereur sait parfaitement qu'ils sont venus à Pékin pour y exercer des arts, et chacun d'eux y a son office propre; lorsqu'ils ont des lettres à envoyer, ils doivent, par ordre de l'empereur, les remettre aux mandarins qui les enverront à leur destination. Il faut leur ordonner expressément de se conformer à cet ordre, afin qu'on ne se trouve pas obligé de les assujettir à un nouvel examen, et de porter un jugement contre eux.

Il y a déjà longtemps que les Européens ont commencé à divulguer la religion, pour séduire insensiblement le peuple; et ce même peuple, grossier et ignorant, croit et suit cette religion avec d'autant plus de fermeté et d'attachement, qu'il l'a reçue successivement de ses ancêtres. Il y a donc sujet de craindre que cela ne devienne préjudiciable à nos mœurs et aux cœurs des hommes.

Outre les provinces dans lesquelles on fait actuellement des recherches, il y a encore d'autres provinces que peut-être on ne peut pas purger entièrement de cette secte. C'est pourquoi il convient d'ordonner aux gouverneurs généraux et intendans des provinces de faire transcrire, de conserver avec soin, d'enseigner et publier le décret qui suit.

On accorde un an[1] de délai à tous ceux qui suivent la religion du Seigneur du ciel, qu'ils ont reçue de leurs pères, pendant lequel espace ils pourront d'eux-mêmes s'exempter des châtimens; mais il faut leur ordonner de profiter de cet intervalle pour s'amender, de livrer leurs livres, recueils de prières, et autres choses semblables, pour être brûlés sur-le-champ, afin d'arracher les racines avec le tronc. Que si, après que ce temps sera passé, il s'en trouve qui n'aient point obéi, ils seront punis plus rigoureusement.

Quant aux gouverneurs, officiers ou magistrats, tant militaires que lettrés, qui président dans les différens lieux, où, faute de vigilance de leur part, les Européens se sont introduits ou cachés, et y ont prêché la religion, il convient d'ordonner à tous les gouverneurs généraux et intendants des provinces d'en faire la recherche, de faire une note de leurs noms et de leurs offices ou dignités, et de l'envoyer au tribunal des causes criminelles, qui les examinera et portera leur sentence.

[2]Nous ministres assemblés, les conseillers du tribunal des causes criminelles, avons discuté les raisons et les causes qui concernent les affaires ci-dessus détaillées dont on a informé l'empereur, et, attendant humblement ses or-

---

[1] M. Pierre Tsaï est allé à Goa.
[2] M. François Tsen reste caché au Chensi.
[3] M. Barnabé Chang s'est caché à Pékin.
[4] M. Cajétan Siu est déjà jugé plus haut.
[5] M. Jean Ko s'est caché à Pékin.
[6] Ce père Chang est M. Barnabé, nommé ci-dessus.
[7] Le père Mariano, franciscain italien, qui s'est ensuite livré lui-même.
[8] On ne sait qui est le père Ma.
[9] M. Lamatthe, ex-jésuite françois.
[10] Prêtre chinois caché à Pékin.

[1] Dans d'autres provinces on a accordé deux ans, dans d'autres seulement six mois; mais tout cela paroît n'être que des menaces sans effet, pour intimider.
[2] Conclusions.

dres, nous offrons cet écrit à Sa Majesté, la cinquantième année de Kien-long, le vingt-septième jour de la première lune (le 7 mars 1785.)

[1] Le même jour que cet écrit a été présenté à l'empereur, Sa Majesté a fait parvenir ses ordres à ce tribunal, par lesquels il consent tout ce qui a été déterminé ci-dessus.

[2] Le gouverneur général et l'intendant de la province de Canton ont reçu cet édit; et non-seulement ils s'y sont soumis eux-mêmes, et l'ont mis en pratique, mais ils ont donné aussitôt les instructions suivantes, qui regardent également ceux qui sont constitués en dignité tout comme le menu peuple.

Vous ne devez nullement douter, vous que cet édit regarde, qu'il ne soit pour vous de la dernière conséquence de vous corriger de vos transgressions précédentes, et de vous amender. Vous donc qui avez reçu de vos ancêtres la religion du Seigneur du ciel, produisez-vous vous-mêmes, et livrez vos livres de prières pour être brûlés. Si, après que le temps fixé se sera écoulé, il s'en trouve quelques-uns, soit par le moyen des perquisitions, soit par des accusations, qui soient reconnus avoir refusé d'obéir, on enverra aussitôt des satellites pour les prendre, et ensuite ils seront punis très-rigoureusement. Prenez garde, ne différez point témérairement votre changement à un autre temps, et ne méprisez point notre avertissement. Donné la cinquantième année de Kien-long, le vingt-quatrième jour de la troisième lune (le 2 mai 1785).

TRADUCTION
D'UNE LETTRE CHINOISE
ÉCRITE LE 26 JUIN 1785,

PAR LE MANDARIN OU GOUVERNEUR CHINOIS,

QUI DEMEURE A CASA-BRANCA, PRÈS DE MACAO,

ADRESSÉE AU PROCUREUR DE LA VILLE

OU DU SÉNAT DE MACAO.

Je donne avis, moi Tching, gouverneur de Casa-Branca, à Goei-li-to [3] étranger, de Macao, et lui fais savoir que je viens de recevoir un ordre de la part de Sun, intendant de la province de Canton, et faisant actuellement les fonctions de gouverneur général de la même province et de celle de Kouan-si, qui me marque qu'aussitôt que j'aurai reçu et lu avec respect la lettre qui contient ses ordres, je fasse venir l'interprète Pierre Tching, exilé à Macao [1], et Lesscouvi [2], Européen, procureur, demeurant à l'hôtel Brûlé, et que je les cite à mon tribunal, pour m'assurer clairement, par leurs réponses, s'il est vrai que Paul Tching [3] soit véritablement mort de maladie, et que Sstenajuan [4] soit véritablement retourné dans sa patrie. Il m'est aussi ordonné de faire secrètement des perquisitions pour savoir si Tang-pe-lun [5] et Licou-Nuiss [6] ne sont point encore actuellement cachés dans Macao, et qu'après avoir reconnu la vérité par les recherches et les examens convenables, j'en instruise les supérieurs qui doivent discuter de nouveau cette affaire.

Obéissant à ces ordres, je fais, sur-le-champ, cette lettre d'avertissement, pour faire savoir ce que j'ai rapporté ci-dessus; laquelle lettre étant parvenue entre les mains du susdit étranger (le procureur du sénat), il doit sur-le-champ, en y obéissant, faire appeler Pierre Tchin, interprète, et Lesscouvi, Européen, procureur, demeurant à l'hôtel Brûlé, pour qu'ils se rendent ensemble à l'audience publique, où ils attendront jusqu'au jour de demain, vingt-quatrième de la lune, auquel jour je ne dédaignerai pas de m'y rendre, moi gouver-

---

[1] Approbation de l'empereur.
[2] Avertissement ajouté par les chefs de la province de Canton.
[3] Goei-li-to est un nom commun que les Chinois donnent à tous les procureurs du sénat de Macao, quoiqu'ils changent tous les ans.
[1] Ce Pierre Tching est fils d'un Chinois qui étoit cuisinier de la procure des missionnaires françois, mort en 1777. Son fils est habillé à l'européenne, et est réputé portugais. Il est interprète du sénat de Macao, mais il est faux qu'il soit exilé en cette ville.
[2] Le-ss-cou-vi est mis pour désigner M. Descourvières, procureur des missions françoises à Macao.
[3] Paul Tching étoit le père du susdit Pierre Tching. Il étoit sans doute accusé d'avoir contribué à l'introduction des missionnaires françois dans le Su-tchuen.
[4] Ss-te-na-juan, désigne M. Jean Steiner, ancien procureur des missionnaires françois.
[5] Étienne Tang, catéchiste du Su-tchuen, sous le nom duquel les missionnaires y avoient acheté une maison et un terrain, etc.
[6] Louis Licou, courrier du Su-tchuen. Ces deux chrétiens, qu'on a recherchés vivement partout, n'étoient pas alors à Macao, mais ils y sont venus ensuite, e sont retournés au Su-tchuen en janvier 1786.

neur, pour faire cet examen. Je donne cet avertissement sur-le-champ, de peur que par leurs retardemens ou leur désobéissance ils ne tombent dans le feu (c'est-à-dire, qu'ils n'encourent des châtimens, etc.).

ENTRETIENS
D'UN LETTRÉ CHINOIS ET D'UN DOCTEUR
EUROPÉEN,

SUR LA VRAIE IDÉE DE DIEU.

PREMIER ENTRETIEN.
Dieu a créé l'univers, et il gouverne tout par sa providence.

LE LETTRÉ CHINOIS. Le premier devoir de l'homme est d'apprendre à se régler soi-même. C'est par là sûrement qu'il peut se distinguer des animaux. Le nom de sage n'est dû qu'à celui qui est venu à bout de se rendre parfait. Tout autre talent, quelque brillant qu'il soit, ne doit pas nous tirer de la foule. La vertu fait le vrai bonheur, et toute fortune qui n'est pas fondée sur la vertu, c'est à tort qu'on l'appelle fortune, c'est vraiment un état de malheur. L'homme est sur la terre comme dans un chemin où il marche; tout chemin a un terme, et ce que l'on fait pour aplanir une voie n'est pas pour la voie elle-même, c'est pour le terme où la voie conduit. Or, tout ce que nous faisons pour régler nos mœurs et notre conduite, où nous mène-t-il? Je comprends assez à quoi tout aboutit dans cette vie; mais après la mort, qu'arrive-t-il? Voilà ce que je ne comprends pas. J'ai appris, monsieur, que vous parcouriez la Chine pour y prêcher la loi du Seigneur du ciel, et que par là vous engagiez à la vertu ceux qui vous écoutent; je souhaiterois bien vous entendre.

LE DOCTEUR EUROPÉEN. Je suis ravi, monsieur, d'avoir l'honneur de vous entretenir: vous voulez m'entendre parler du Seigneur du ciel. Souhaitez-vous que j'explique ses perfections, et que je dise ce qu'il est?

LE LETTRÉ CHINOIS. J'ai ouï dire que votre doctrine étoit profonde et étendue, peu de paroles ne suffisent pas pour en voir le fond; mais ce n'est que dans votre pays que l'on adore véritablement le Seigneur du ciel. Vous dites qu'il a créé les cieux, la terre, l'homme et toutes choses; qu'il gouverne tout et maintient tout dans le bel ordre où nous le voyons. Je n'ai jamais rien ouï de semblable, et nos plus grands philosophes des temps passés n'en ont jamais rien dit. Je serois bien aise d'être instruit là-dessus.

LE DOCTEUR EUROPÉEN. Ma doctrine touchant le Seigneur du ciel n'est pas une doctrine particulière à un seul homme, à une seule famille, à un seul pays. De l'orient à l'occident, tous les empires l'ont reçue depuis un grand nombre de siècles, et ce que les anciens sages ont enseigné sur la création de l'univers par la toute-puissance du Seigneur du ciel, nos livres sacrés nous l'apprennent encore aujourd'hui, de manière qu'il n'y a point le moindre doute à former là-dessus. Jusqu'ici les savans de la Chine n'ont eu aucune communication avec les autres royaumes; ainsi, ne connoissant pas les caractères, ne sachant point les langues des nations étrangères, ils ont ignoré leurs mœurs et leur créance.

Pour moi, je n'ai qu'à vous exposer simplement la loi universelle du Seigneur du ciel, pour vous faire juger aussitôt que c'est la véritable loi. Mais, avant que d'entrer dans le détail de cette sublime doctrine, avant que de vous rapporter les divins enseignemens que la sage antiquité nous a laissés dans nos livres saints, il est à propos d'établir un principe sur lequel tout est fondé.

Ce qui distingue singulièrement l'homme de la bête, c'est l'âme raisonnable; cet esprit peut juger de ce qui est et de ce qui n'est pas, et discerner le vrai du faux. Il n'est pas possible de lui faire approuver ce qu'il conçoit être contre la raison. L'animal, au contraire, ne discerne rien. Il a du sentiment, du mouvement, de certaines connoissances, mais tout cela ne le rend que bien peu semblable à l'homme. L'animal ne raisonne point, il ne peut pénétrer le fond des choses, ni d'un principe tirer des conséquences. Ainsi, presque tout se réduit pour lui à boire, à manger, à perpétuer son espèce. L'homme est bien au-dessus. Doué d'une âme spirituelle, il distingue la manière d'être de chaque chose, il examine leurs propriétés, et par là il connoît leur nature, il en voit les différens effets, et il remonte à la cause. Toutes ces connoissances le conduisent à embrasser le parti de la vertu, et à se livrer au travail dans cette vie, pour jouir après la mort d'un repos et d'une félicité éternelle. L'esprit humain ne peut point forcer ses propres lumières. Si la raison nous présente quelque chose comme bon ou mauvais, nous le regardons comme bon ou mauvais, nous le regardons nécessairement comme tel. Cette raison est dans l'homme ce que le soleil est dans l'univers. Ainsi, abandonner les lumières de la raison pour suivre à l'aveugle les enseignemens d'un autre homme, c'est comme si l'on prenoit une lanterne en plein jour pour chercher une chose perdue.

Ce point une fois établi, si vous souhaitez, monsieur, m'entendre parler de la loi du Seigneur du ciel, je suis prêt à vous mettre devant les yeux toute cette doctrine, mais à une condition, je vous prie, c'est que si, en m'écoutant, il vous survient quelque chose à m'objecter, vous le proposiez sans façon. De mon côté, je ne cherche pas de vains complimens, et du vôtre la matière est de trop grande importance, pour qu'une politesse mal entendue vous fasse perdre le fruit de notre entretien.

LE LETTRÉ CHINOIS. Proposer ses difficultés, qu'y a-t-il en soi de mauvais? L'oiseau a des ailes pour parcourir, en volant, les forêts et les montagnes. L'homme a reçu la raison pour examiner et approfondir les choses. Les disputes des gens sages n'ont d'autre effet que de mettre la vérité dans tout son jour. Les objets de nos connoissances sont infinis, et on peut être savant sans savoir tout. Un homme ignore un point, dans tout un royaume on peut trouver un autre homme qui le saura, et quand tout un royaume seroit là-dessus dans l'ignorance, l'univers peut fournir quelqu'un qui en sera instruit. Le sage prend la raison pour guide; là où il voit la raison, il s'y porte; où il ne la voit pas, il change de route. Quel homme se conduit autrement?

LE DOCTEUR EUROPÉEN. Commençons, monsieur, puisque vous le souhaitez, par cet article fondamental, qu'il y a un Seigneur suprême qui a créé et qui gouverne le ciel, la terre et toutes choses. Pour moi, je ne vois rien de si clair que cette vérité. Quel est l'homme qui ne lève quelquefois les yeux au ciel? A la vue d'un tel objet, peut-on ne pas s'écrier avec admiration : il y a là-haut un maître! C'est à ce maître que je donne le nom du Seigneur du ciel, et qu'en langue européenne on appelle *Dieu*. Deux ou trois réflexions vont pleinement vous convaincre sur cela.

En premier lieu, nous avons naturellement des connoissances qui nous viennent sans le secours d'aucune étude. Tous les peuples de la terre, sans autre maître que la nature, ont l'idée d'un Être souverain. Tous adorent une divinité. Qu'un homme éprouve quelque malheur, c'est à cet Être qu'il a recours aussitôt, comme à un père plein de bonté. Qu'un autre se soit rendu coupable de quelque crime, la crainte s'empare de son esprit. Son cœur est tourmenté de mille remords, et il lui semble qu'un cruel ennemi le poursuit partout. N'est-ce pas là une preuve bien sensible que ce grand Maître existe en effet, qu'il gouverne le monde et surtout le cœur de l'homme qu'il force à reconnoître si bien ce qu'il est?

En second lieu, les choses inanimées, placées dans leur centre, sont absolument incapables de se mouvoir d'elles-mêmes, beaucoup moins peuvent-elles se donner un mouvement régulier et uniforme. Elles ont nécessairement besoin pour cela du secours de quelque intelligence qui les fasse agir. Suspendez une pierre en l'air, ou mettez-la sur l'eau, elle tombera d'abord à terre, elle s'y arrêtera et ne pourra plus se mouvoir. D'où vient cela? c'est que la pierre tend naturellement en bas, et que ni l'air, ni l'eau ne sont pas son centre. Ce que nous remarquons dans le vent qui s'élève de la terre avec fracas, n'est point contraire à ce principe. Nous voyons assez que ce n'est là qu'un effet d'une impulsion tumultueuse qui n'a rien de réglé dans son mouvement. Mais à examiner le soleil, la lune, les autres planètes et toutes les constellations, il faut bien raisonner autrement. Ces corps merveilleux sont dans le ciel comme dans leur centre : ils sont inanimés. Cependant ils se meuvent, et d'une manière tout opposée au mouvement général du ciel; car tandis que le ciel se meut d'orient en occident, ces globes marchent d'occident en orient; leur mouvement est parfaitement réglé; chacun suit la route qui lui est propre, et parcourt chaque signe céleste à sa manière, sans qu'il y ait jamais eu le moindre dérangement. Un ordre si bien gardé ne prouve-t-il pas qu'il y a un maître qui y préside? Si vous voyez en pleine mer un vaisseau, battu d'une rude tempête, se soutenir malgré les vents et les flots et continuer sa route, quoique vous n'aperceviez personne, ne jugeriez-vous pas qu'il y a sur le vaisseau un pilote habile qui le conduit?

En troisième lieu, les créatures en qui l'on remarque certaines connoissances et du sentiment n'ont pas pour cela des âmes spirituelles comme les nôtres, et si nous les voyons faire des choses qui semblent n'appartenir qu'à l'esprit raisonnable, n'en devons-nous pas conclure qu'une intelligence supérieure les conduit? Or, jetez les yeux sur les divers animaux de l'air et de la terre; ils sont purement animaux, nullement spirituels comme nous; cependant, on les voit chercher à boire et à manger dans leurs besoins, choisir des lieux écartés, dans la crainte des traits du chasseur et des filets de l'oiseleur. Ils savent écarter tout ce qui pourroit leur nuire, et prendre des précautions pour conserver leur vie. Ils ont tous leur manière de nourrir et d'allaiter leurs petits. Quel amour ne leur marquent-ils pas! Toutes ces choses, si semblables à ce que pourroit faire une créature douée de raison, ne démontrent-elles pas qu'il y a un maître qui instruit ces animaux, et qui leur donne tous ces instincts? Si vous voyiez voler une quantité de flèches qui toutes donnassent droit au but, quoique vous n'aperçussiez aucun archer, douteriez-vous qu'une main adroite ne les eût lancées et dirigées?

LE LETTRÉ CHINOIS. Les cieux, la terre, le nombre et la beauté des choses qu'ils renferment, me font croire qu'il y a un Dieu; mais que ce Dieu ait tout créé et qu'il gouverne tout, comment le prouve-t-on?

LE DOCTEUR EUROPÉEN. En considérant cette prodigieuse quantité de créatures qui composent l'univers, on peut remarquer deux choses également admirables, leur production, leur disposition. Quant à l'auteur de l'une et de l'autre, ce ne peut être que Dieu seul. Les réflexions suivantes développeront ma pensée.

1° Rien ne peut se produire soi-même, et tout ce qui est produit a besoin d'une cause extérieure qui le produise. Un édifice, un palais ne s'élève pas de lui-même; il faut des ouvriers pour le bâtir. Sur ce principe, ce n'est pas d'eux-mêmes que les cieux et la terre se sont formés. Ils ont donc été créés par quelque cause. C'est cette cause que nous appelons Dieu. A la vue d'un petit globe où l'on voit les planètes et les constellations, où l'on distingue les terres, les mers, les rivières et les montagnes, où tout enfin est marqué par ordre et avec exactitude, on conclut aussitôt que c'est là le travail d'un ouvrier entendu, et personne ne s'avise de penser que ce globe se soit fait de lui-même. Que doit-on dire quand on fait attention à l'étendue immense de la terre et des cieux, à cette alternative perpétuelle de jours et de nuits, à cette brillante lumière du soleil et de la lune, à ce merveilleux arrangement des astres? Quand on voit la terre produire tant d'arbres et de plantes, les eaux nourrir tant de poissons, la mer s'enfler et décroître si régulièrement; mais surtout quand on examine l'homme, qui surpasse si fort tout le reste, laquelle de toutes ces choses a pu se donner l'être? Mais supposons un moment qu'une chose puisse se créer elle-même, il faut, pour agir, qu'elle soit déjà, et dès lors, puisqu'elle est, qu'est-il nécessaire qu'elle se crée? Que si elle n'est pas encore, ce qui agit pour la créer n'est pas elle. Concluons donc que rien ne peut se produire soi-même.

2° Lorsque des choses purement matérielles, et d'elles-mêmes incapables de s'arranger, paroissent toutes placées en bel ordre, chacun juge d'abord qu'un artiste a pris soin de les ordonner. Par exemple, qu'on voie une maison bien disposée dans toutes ses parties, ce qui compose la porte est placé à l'entrée; dans le fond, se trouve un jardin planté d'arbres et de fleurs; au milieu s'élève une salle à recevoir les hôtes; sur les ailes sont des corps de logis propres à habiter. Dans la structure de tous ces édifices, les pieds et les colonnes sont en bas pour soutenir les poutres de traverse; les toits sont en haut pour mettre à l'abri des vents et de la pluie; tout enfin est mis à sa place, et si bien ordonné, que le maître peut y loger avec sûreté et avec agrément. Qu'on voie, dis-je, une telle maison; ne dira-t-on pas aussitôt qu'un architecte en a conçu l'idée et l'a fait bâtir? Voyez encore un amas de caractères propres à l'imprimerie: chacun de ces caractères a sa signification; en les assemblant, on peut composer un membre de période, une période entière, et enfin un discours suivi et élégant; mais si un homme de lettres ne range ces caractères, pensez-vous sérieusement que d'eux-mêmes, ou par hasard, ils puissent s'assembler et produire ainsi une pièce d'éloquence? Or, jetez les yeux sur la terre, les cieux et toutes les créatures, quel ordre merveilleux! quelle admirable disposition! La matière, la figure, l'intérieur, l'extérieur des choses, y a-t-il rien à ajouter ou à retrancher? Le ciel est élevé, pur, brillant, et couvre tout. La terre est basse, épaisse, matérielle, et soutient tout. Pris séparément, ils forment deux opposés; étant réunis, ils s'allient parfaitement dans la composition de l'univers. Les étoiles fixes sont au-dessus du soleil et de la lune; le soleil et la lune embrassent la région du feu; le feu enveloppe l'air, l'air s'étend sur les terres, et les mers, les eaux se répandent et coulent autour de la terre : la terre, immobile au centre de l'univers, reçoit les influences de tous les élémens, et par là fait sortir de son sein les insectes, les plantes et les arbres. Les eaux entretiennent des poissons de toute espèce : l'air est l'élément des oiseaux; la terre la demeure des quadrupèdes; le feu échauffe et met tout en mouvement. Au milieu de tant de créatures, l'homme est ce qu'il y a de plus admirable. La noblesse de son âme l'élève au-dessus de tout; doué des plus belles qualités, il règne sur tout. Cent parties différentes composent son corps; il a des yeux pour voir les couleurs, des oreilles pour entendre les sons, des narines pour sentir les odeurs, des mains pour toucher, des pieds pour marcher, du sang, des veines, un cœur, un foie, des poumons pour entretenir la vie, de l'intelligence pour comparer, observer, juger, se déterminer.

Passons aux animaux de l'air, des eaux et de la terre. Ils n'ont pas la raison en partage, et ils ne peuvent par eux-mêmes se procurer tous leurs besoins; ils ne sèment point, etc. C'est en tout cela qu'ils sont fort inférieurs à l'homme; mais presque tous, en naissant, se trouvent couverts de poils, de plumes et d'écailles qui leur tiennent lieu de vêtemens pour envelopper et préserver leurs corps. Ils sont pourvus d'armes défensives pour résister à quiconque les attaque; les uns ont des griffes ou des cornes; les autres, le pied et la dent; ceux-ci, le bec, ceux-là, le venin. La nature leur enseigne à connoître, parmi les autres animaux ceux qui peuvent leur nuire : la poule redoute l'épervier, le paon ne lui cause pas la moindre crainte; la brebis fuit devant le loup et le tigre : elle se mêle avec le bœuf et le cheval. Est-ce donc que le tigre, le loup et l'épervier sont d'une extrême grosseur, et que le paon, le bœuf et le cheval sont fort petits? Non, mais la brebis et la poule savent que ceux-là sont ses ennemis, et que ceux-ci ne le sont pas.

Descendons jusqu'aux arbres et aux plantes. Leur espèce de vie est absolument sans connoissances et sans sentimens. Comment se conserver eux-mêmes? Comment conduire à maturité leurs fruits et leurs graines? Comment éviter les coups de toute sorte d'animaux? Les uns sont hérissés d'épines, les autres revêtus d'une forte écorce. Ils entourent leurs fruits et leurs semences de diverses sortes d'enveloppes et même de coques fort dures. Ils étendent de tous côtés leurs branches, et les couvrent de feuilles pour se faire un rempart et se préserver. Raisonnons à présent à la vue de cet ordre admirable qui règne partout, qui se perpétue, et que rien n'est capable d'altérer. Si, dès le commencement, une suprême intelligence, en créant le monde, n'avoit pas rangé et disposé toutes les créatures, comment est-ce que l'univers se trouveroit si parfaitement ordonné? Comment chaque chose seroit-elle si bien à sa place?

3° Tout ce que l'on voit naître et prendre un corps doit se former dans le sein de sa mère, ou sortir d'un œuf, ou venir d'une graine. Rien ne se fait de soi-même. Mais cette mère, cet œuf, cette graine sont aussi des choses qui ont dû recevoir la naissance avant que de pouvoir la donner à d'autres. Le noyau qui produit l'arbre, d'où est-il venu? Il est nécessaire de remonter jusqu'aux premiers individus de chaque espèce. Ces individus primordiaux ne sont pas sortis de l'espèce même. Il faut donc reconnoître un premier principe bien au-dessus de tout le reste, qui a donné l'être à tout. C'est ce premier principe que nous appelons *Dieu*.

LE LETTRÉ CHINOIS. Puisque l'univers a un créateur que vous appelez *Dieu*, je souhaiterois apprendre quelle est l'origine de Dieu.

LE DOCTEUR EUROPÉEN. Dieu est l'origine de toutes choses, et tout ce qui a une origine n'est point Dieu. Parmi les créatures, les unes ont un commencement et une fin, comme les animaux, les arbres et les plantes; les autres ont un commencement et n'ont point de fin, c'est-à-dire ne meurent point, comme les esprits, l'âme de l'homme. Dieu n'a ni fin ni commencement. Il est le principe et l'origine de tout. Si Dieu n'étoit point, il n'y auroit rien. Tout vient de Dieu, et il ne vient d'aucun autre.

LE LETTRÉ CHINOIS. Que le monde, au commencement, ait été créé par un Dieu incréé lui-même, j'en sens la nécessité, et je n'ai plus rien à objecter là-dessus. Mais à présent nous voyons qu'un père a pour père un autre homme; qu'un animal vient d'un autre animal; que tout prend naissance de cette manière, et il semble, par conséquent, que les choses se propagent ainsi d'elles-mêmes, sans qu'il soit besoin de recourir à Dieu pour cela.

LE DOCTEUR EUROPÉEN. Dieu donna d'abord l'être aux premières créatures de toutes les espèces, lesquelles en ont produit d'autres. Mais remarquez qu'une chose pour en produire une autre, qu'un homme pour être le père d'un autre homme, a nécessairement besoin du concours de Dieu; c'est Dieu qui se sert de l'homme comme il se sert de toutes ses créatures, et chaque homme en particulier a toujours Dieu pour cause principale et pour origine. Une scie, un ciseau, sont des instrumens propres à faire un ouvrage; mais il faut que l'ouvrier les mette en œuvre, et c'est à l'ouvrier que l'ouvrage est attribué, et non point aux instrumens. Pour éclaircir davantage cette matière, je vais expliquer les différentes causes des choses. Il y a quatre sortes de causes: l'efficiente, la matérielle, la formelle et la finale. La cause efficiente produit la chose et fait qu'elle soit quelque chose; la cause formelle constitue la chose telle et la distingue de toute autre; la cause matérielle est la matière qu'on emploie à faire la chose et qui reçoit la forme qu'on lui donne; la cause finale est ce pourquoi la chose est faite et qui en détermine l'usage. On peut voir tout cela dans un ouvrage de mains. Dans un chariot, par exemple, c'est un charpentier qui l'a fait, voilà sa cause efficiente; il a des roues, un timon, une certaine figure, voilà sa cause formelle; on s'est servi de bois pour le construire, voilà sa cause matérielle; il est fait pour voiturer, voilà sa cause finale. Les mêmes causes peuvent encore se remarquer dans toutes sortes de productions. Dans le feu, par exemple, ce qui le produit est un autre feu; la forme est cette flamme, cette chaleur qui agit sans cesse; sa matière est l'aliment qu'on lui fournit, et sa fin est d'échauffer. Tout, ici-bas, a ces quatre espèces de causes. Parmi ces causes, la matérielle et la formelle sont intrinsèques à la chose et la font ce qu'elle est. L'efficiente, aussi bien que la finale, lui sont extrinsèques. Elles existent avant elles et ne peuvent point composer son essence; et quand je dis que Dieu est la cause et l'origine de toutes choses, j'entends la cause efficiente et finale, et nullement la matérielle ni la formelle. Dieu renferme toutes les perfections dans une simplicité merveilleuse, comment pourroit-on dire qu'il fait partie de quelque chose?

Ne parlant donc ici que des deux causes efficiente et formelle, il faut encore distinguer la cause prochaine et la cause éloignée, l'universelle et la particulière. L'éloignée et l'universelle est la principale; la prochaine et la particulière est la moindre. Dieu est la cause éloignée et universelle; les créatures ne sont que les causes particulières et par là les moindres. Toutes les causes inférieures dépendent nécessairement de la générale. Un père et une mère sont dits être la cause de leurs fils; mais ce n'est là qu'une cause inférieure et particulière. S'il n'y avoit pas un ciel et une terre dont l'homme reçoit à tous momens les bienfaits, comment donneroit-il naissance à un autre homme? et s'il n'y avoit pas un Dieu qui soutient et gouverne le ciel et la terre, qui est-ce qui pourroit prendre vie et subsister dans l'univers? Dieu est donc la souveraine cause, la source et l'origine primitive de toutes choses. C'est pour cela que les anciens sages nomment Dieu la cause des causes, l'origine des origines.

LE LETTRÉ CHINOIS. Dans l'univers il y a des choses absolument différentes les unes des autres; ne seroit-ce pas là une raison de penser qu'elles ont aussi des causes différentes? Nous voyons que chaque rivière, chaque ruisseau a sa source propre; vous dites cependant, monsieur, que Dieu seul est l'origine de tout; permettez-moi de vous proposer encore ce doute.

LE DOCTEUR EUROPÉEN. Les causes particulières font nombre, mais la cause universelle, le souverain principe est unique. Comment cela? La première cause, qui a donné l'être à tout, renferme en soi les perfections de tout ce qu'elle a créé; elle surpasse infiniment toutes les créatures, et sa nature est si parfaite qu'on ne peut rien y ajouter. Or, si dans l'univers il y avoit deux créateurs, deux dieux, seroient-ils égaux, ou non? S'ils ne sont pas égaux, le moindre ne seroit pas souverainement parfait, et le plus grand, quelque grand qu'il fût, pourroit encore recevoir les perfections du moindre. S'ils sont égaux en tout, pourquoi y en a-t-il deux? un seul suffiroit. Mais encore, ces deux dieux pourroient-ils s'attaquer et se détruire l'un l'autre, ou non? S'ils ne le pouvoient pas, ce défaut de puissance marqueroit en eux des bornes, de l'imperfection, et l'on ne pourroit dire d'aucun des deux qu'il est le maître souverain. Que s'ils le pouvoient, celui qui seroit capable d'être vaincu ne seroit point Dieu.

Le monde, composé d'une si prodigieuse quantité de choses si bien ordonnées, ne doit avoir qu'une suprême intelligence qui le gouverne, autrement, tout ce bel ordre pourroit-il subsister? Si, dans une nombreuse troupe de musiciens, il n'y a pas un premier maître qui règle tout, l'harmonie manque et tombe. Nous voyons que dans une famille il n'y a qu'un chef, qu'un roi dans un royaume; et, s'il s'en élevoit deux, le royaume, la famille seroient aussitôt dans le trouble. Nous voyons qu'un homme n'a qu'un corps; que ce corps n'a qu'une tête; et s'il paroissoit un homme à deux têtes ou à deux corps, on le regarderoit comme un monstre. Ne devons-nous pas juger de là que dans l'univers, quoiqu'il y ait différentes sortes d'esprits, il n'y a qu'un seul Dieu qui a tout créé et qui gouverne tout? Avez-vous encore, monsieur, quelques doutes là-dessus?

LE LETTRÉ CHINOIS. Je suis pleinement convaincu, monsieur, qu'il y a un Dieu, maître souverain de toutes choses, et qu'il n'y en a qu'un, vous me l'avez démontré; mais voudriez-vous m'expliquer en détail ce que c'est que Dieu?

LE DOCTEUR EUROPÉEN. L'homme ne peut pas comprendre la nature d'un petit insecte, d'une fourmi, par exemple, comment pourroit-il pénétrer dans la profondeur de la nature divine? Et si l'homme étoit capable de comprendre parfaitement ce que c'est que Dieu, dès lors même Dieu ne seroit pas Dieu.

Autrefois un grand prince voulut s'instruire de la nature de Dieu; il interrogea là-dessus un des sages de sa cour. Le philosophe pria le roi de lui donner trois jours pour penser à ce qu'il devoit répondre. Ce temps étant passé, le roi fit venir le philosophe en sa présence: le sage, pour toute réponse, lui demanda six jours, après quoi il pourroit parler. Les six jours expirés, il en demanda douze. Alors le prince en colère lui reprocha qu'il vouloit se moquer de lui. Le sage répondit humblement qu'il ne porteroit jamais l'audace jusque-là; mais que la nature de Dieu étant sans bornes, plus il méditoit, moins il comprenoit cette nature; comme un homme qui voudroit, à l'œil simple, examiner le soleil, plus il le regarderoit, moins il seroit en état de le voir; que c'étoit là l'unique raison de son silence.

L'ancienne histoire nous apprend qu'un saint et savant homme d'Occident, appelé Augustin, résolut d'approfondir la Divinité, et d'écrire sur ce sujet. Un jour que se promenant sur le bord de la mer il rêvoit à cette matière avec toute l'application de son grand génie, il aperçut un enfant qui, après avoir fait un petit creux en terre, prit une coquille, et, puisant de l'eau à la mer, en remplissoit ce creux. Mon fils, lui demanda le docteur, que prétendez-vous faire? L'enfant répondit qu'il vouloit avec sa coquille épuiser toutes les eaux de la mer, et les faire entrer dans le creux qu'il avoit fait. Vous n'êtes encore qu'un enfant, lui dit Augustin en souriant, votre instrument est trop petit, la mer est immense, et que peut-il entrer d'eau dans l'espace que vous avez creusé? Mais vous, reprit l'enfant, qui savez si bien qu'un si petit vase ne peut pas épuiser les eaux de la mer, et qu'un si petit creux n'est pas capable de les contenir, comment est-ce que vous vous tourmentez l'esprit à vouloir, par les seules forces humaines, pénétrer dans l'abîme des grandeurs de la Divinité, et renfermer dans un écrit cette sublime doctrine? Après quoi il disparut. Le docteur, humilié et éclairé tout ensemble, comprit que Dieu lui avoit envoyé un ange pour l'instruire et l'empêcher de porter plus loin ses inutiles recherches.

Nous pouvons bien raisonner des choses matérielles; elles se réduisent toutes à certaines espèces, à certains genres. Connoissant ces genres, ces espèces, nous examinons en quoi elles conviennent et en quoi elles diffèrent. Par là nous jugeons de leur nature: elles ont une configuration de parties; elles résonnent en se rencontrant, en se choquant; l'œil voit leurs couleurs; l'oreille entend leurs sons; tout cela fait connoître leurs qualités; en les mesurant d'un bout à l'autre, nous savons leur étendue.

Mais que pouvons-nous dire de Dieu? Sous quelle espèce de choses peut-il être placé? Il est infiniment au-dessus de tout; rien ne lui est comparable. Dieu n'a ni corps, ni parties; comment juger de ce qu'il est? Il n'est point renfermé dans des bornes, l'univers entier ne peut pas le contenir ; quelle idée pouvons-nous avoir de son immensité ? L'unique parti à prendre pour s'expliquer d'une manière encore imparfaite sur la nature de Dieu, c'est d'user de termes négatifs et de dire ce qu'il n'est pas : vouloir dire ce qu'il est complètement, c'est entreprendre plus que ne peut l'intelligence humaine.

LE LETTRÉ CHINOIS. Mais quoi ! l'Être par essence et par excellence, comment peut-il être connu sous des termes négatifs ?

LE DOCTEUR EUROPÉEN. La foiblesse de notre esprit n'est pas capable de soutenir l'éclat des perfections divines. Par quelle voie pourrions-nous nous élever jusqu'à connoître la noblesse, la grandeur et tous les attributs de Dieu ? Ainsi, pour parler de ce Maître souverain, contentons-nous de dire : Dieu n'est point le ciel ; Dieu n'est point ce qu'on appelle ordinairement un esprit ; sa nature est d'une spiritualité plus excellente que celle de toutes les autres substances spirituelles. Dieu n'est point l'homme ; qu'est-ce que toute la sagesse et la sainteté humaine comparée à la divine ? Dieu n'est point précisément ce que nous entendons par la vertu et la raison : c'est la source de toute vertu et de toute raison. Par rapport à Dieu, il n'y a ni temps passé ni temps à venir ; et si nous voulons lui attribuer l'avenir ou le passé, nous devons dire qu'il n'a point eu de commencement, et qu'il n'aura point de fin. Pour nous former quelque idée de son immensité, nous disons qu'il n'y a aucun lieu où il ne soit, et qu'aucun lieu ne peut le contenir. Dieu est sans mouvement, et c'est lui qui donne le mouvement à tout. Rien ne peut arrêter ni affoiblir sa puissance : le néant même lui obéit et devient fécond sous sa main. Rien ne peut se dérober à sa connoissance, ni la tromper ; dans les milliers d'années déjà écoulées, dans les milliers d'années encore à venir, tout est présent à ses yeux. Sa bonté est sans aucun mélange ; le mal le plus léger lui est entièrement opposé, il est le centre de tout bien ; sa libéralité est sans bornes, sans partialité : elle s'étend à tout, jusqu'à un vermisseau, un insecte. Tout ce qu'il y a de bien dans l'univers moral ou physique vient de Dieu ; et tout ce bien, comparé à sa source, n'est pas encore ce qu'est une goutte d'eau comparée à la mer.

Dieu, en un mot, est infiniment parfait et souverainement heureux. Rien ne lui manque, et il n'a rien de trop. On peut absolument épuiser toutes les eaux des fleuves et des mers ; on peut compter tous les grains de sable qui sont sur leurs bords ; on peut remplir le grand vide que nous voyons entre la terre et les cieux ; mais il n'est pas possible de connoître entièrement Dieu, et, moins encore, d'expliquer entièrement ce qu'il est.

LE LETTRÉ CHINOIS. Ah ! monsieur, quelle abondance de choses merveilleuses ! Vous connoissez ce qui est au-dessus de toute connoissance ; vous pénétrez dans ce qu'il y a de plus impénétrable. Après avoir reçu vos instructions, je commence à comprendre cette admirable doctrine qui conduit au grand principe. Je désire d'y entrer plus avant, et d'en voir le fond ; mais pour aujourd'hui je ne vous ai que trop fatigué, j'aurai l'honneur de vous voir demain.

LE DOCTEUR EUROPÉEN. Quelle fatigue, monsieur ? Peu de paroles suffisent à un homme d'esprit pour comprendre beaucoup. Soyez persuadé que la connoissance de ce premier article aplanit toutes les difficultés. Le fondement une fois posé, le reste de l'édifice s'élève sans peine.

DEUXIÈME ENTRETIEN.

Les hommes ont de fausses idées sur la Divinité.

LE LETTRÉ CHINOIS. La sublime doctrine, monsieur, dont vous m'entreteniez hier, a charmé mon esprit. J'y ai pensé toute la nuit, et j'en ai oublié le sommeil. Je reviens aujourd'hui vous prier de me continuer vos leçons, et d'achever enfin de résoudre toutes mes difficultés. Nous avons en Chine trois différentes sortes de religions ; chacune a son école. Les disciples de Lao prétendent que tout est venu de rien, et le rien est tout le fondement de leur doctrine. Ceux qui suivent Fo assurent que toutes les choses visibles sont sorties du vide, et le vide est tout le but de leurs méditations. Les lettrés, au contraire, disent que notre grand livre classique parlant expressément de Tai-ki, ce doit être là le premier Être, l'origine de toutes choses, et la solide vertu fait toute leur étude. Je ne sais, monsieur, quelle est sur cela votre pensée ?

LE DOCTEUR EUROPÉEN. Ces deux sectes, fondées l'une sur le rien, l'autre sur le vide, sont absolument opposées à la raison et à la loi sainte du vrai Dieu. Ainsi, c'est une chose claire qu'on ne peut pas s'y attacher. Pour ceux qui reconnoissent un premier Être, et qui s'attachent à la solide vertu, quoique je n'aie pas tout à fait approfondi leur doctrine, il me paroît qu'elle approche de la vérité.

LE LETTRÉ CHINOIS. Nos sages attaquent aussi ces deux sortes de sectaires, et ils témoignent en avoir beaucoup d'horreur.

LE DOCTEUR EUROPÉEN. Pourquoi les haïr? il faut les plaindre, les réfuter, et plutôt par des raisons que par des reproches. Ils ont Dieu pour père aussi bien que nous : ils sont nos frères. Si quelqu'un de nous voyoit son frère tomber en démence, le haïroit-il? le poursuivroit-il en ennemi? Ne lui rendroit-il pas, au contraire, tous les bons offices qu'exige le devoir d'un frère? Il faut instruire ces pauvres errans, c'est notre devoir. J'ai là grand nombre d'écrits chinois où l'on ne cesse de maltraiter les deux sectes. Partout on leur dit des injures ; mais je n'ai point encore trouvé d'auteur qui ait entrepris de les combattre par de bonnes raisons. Nous disons qu'ils se trompent ; eux, à leur tour, disent que nous nous trompons ; voilà une guerre ; aucun parti ne veut céder à l'autre, et, depuis plus de quinze siècles, point d'accord. Si chacun proposoit ses raisons, alors, sans disputes, sans clameurs, on jugeroit du faux et du vrai, et l'on se réuniroit peut-être. On dit en Europe qu'une bonne corde peut arrêter la corne d'un bœuf, et qu'une solide raison est capable de convaincre l'esprit de l'homme. Autrefois, dans un pays fort voisin du mien, les sectes ne se bornoient point à trois. Elles y étoient multipliées à centaines et à milliers. Peu à peu nos sages et nos savans, soit par leurs instructions, soit par leurs bons exemples, en ont beaucoup ramenés à la bonne voie, et l'on n'y pratique presque plus aujourd'hui que la loi du vrai Dieu.

LE LETTRÉ CHINOIS. La véritable doctrine est une ; cependant Fo et Lao ne parlent pas sans quelque fondement. D'abord il n'y avoit que du vide, ensuite a paru le solide. Auparavant il n'y avoit rien, après il y a eu des choses : voilà ce qui fait dire que le rien et le vide sont l'origine de tout.

LE DOCTEUR EUROPÉEN. Des choses les plus basses on peut remonter à la connoissance des plus relevées. Qu'estiment les hommes? ce qui est quelque chose, ce qui est solide. Que méprisent-ils? ce qui est vide, ce qui n'est rien. Or, le grand principe de tous les êtres étant infiniment parfait, souverainement estimable, comment peut-on prétendre que ce soit le vide, que ce soit le rien? De plus, ce qui de soi n'est rien ne peut rien produire, cela est constant. Que sont d'eux-mêmes le vide et le rien? Comment donc ont-ils tout produit? Quand une chose est réellement, on dit qu'elle est quelque chose. Ce qui n'est pas réel n'est rien, et l'on doit compter pour rien tout ce qu'on attribue à une cause sans réalité. L'homme le plus sage et le plus habile ne peut pas de rien faire quelque chose. Le rien lui-même et le vide travaillant sur le vide et le rien ont-ils pu donner l'être à tout? Rappelez-vous ce que j'ai dit des différentes causes. Puisque le vide est vide, que le rien n'est rien, ils ne peuvent pas être ni cause matérielle, ni cause formelle des choses, ni cause efficiente ou finale. En quel autre sens peut-on dire que l'être soit l'effet ou le produit du vide ou du rien?

LE LETTRÉ CHINOIS. Ce que vous dites, monsieur, me paroît très-solide : néanmoins avant tous les êtres, étoit le rien; ensuite les êtres ont été. N'y auroit-il pas là quelque petit sujet de douter?

LE DOCTEUR EUROPÉEN. De tout ce qui a commencé, on peut dire qu'auparavant il n'étoit rien, et qu'ensuite il a été quelque chose. Mais on ne peut pas s'exprimer ainsi de ce qui n'a jamais eu de commencement. Un être sans commencement, il n'y a aucun temps où il n'ait été. En quel temps seroit-il vrai qu'auparavant il ne fût pas? Après avoir fait cette différence, on peut dire de certains êtres : auparavant ils n'étoient pas, ensuite ils ont été. Parler ainsi de tous sans exception, c'est se tromper. Un homme, avant d'être produit, n'est pas encore un homme, puisqu'il est produit, et qu'ensuite il est, il faut qu'avant la production, les causes qui le produisent existent pour pouvoir le produire. Dans l'univers entier tout suit cette règle, et si l'on remonte jusqu'à la première origine, on trouve que c'est Dieu, le créateur de toutes choses.

LE LETTRÉ CHINOIS. Tout homme doit discerner le vrai du faux. Quiconque ne se rend pas aux bonnes raisons que vous venez de dire, n'est plus un homme, et il ne mérite pas qu'on l'écoute. Quoi! un vide, un rien, qui n'est point un homme, qui n'est point un esprit, qui est sans propriété, sans nature, qui n'a ni connoissance, ni sentiment, ni bonté, ni justice, qui n'est en un mot estimable par aucun endroit, et qui ne peut pas même être comparé à la chose la plus vile, telle qu'est un grain de moutarde, seroit la cause et le principe de tout ce qui compose l'univers? Cette doctrine est extravagante; mais j'ai ouï dire que le rien n'est pas un pur rien, ni le vide un pur vide. Que c'est quelque chose de fort subtil et tout à fait dégagé de la matière; en ce cas, quelle différence y auroit-il entre le vide, le rien et Dieu?

LE DOCTEUR EUROPEEN. Ah! monsieur, cette comparaison est injurieuse à Dieu. Dieu peut-il être ainsi confondu, dégradé? Une substance spirituelle a sa nature, des connoissances, des perfections. Elle est pure, et d'un rang fort supérieur à la nature même de l'homme corporel. Elle existe véritablement et en toute réalité; mais parce qu'elle n'a ni corps, ni figure, doit-on pour cela la confondre avec le vide, avec le rien? Le rien et l'immatériel sont autant éloignés que le ciel l'est de la terre; et prendre pour principe de religion que c'est la même chose, non-seulement ce n'est pas éclairer le monde, c'est le remplir de doutes et de ténèbres.

LE LETTRÉ CHINOIS. Ce que nous autres gens de lettres disons du Tai-ki, monsieur, vous paroît-il solide?

LE DOCTEUR EUROPEEN. Quoique je ne sois pas arrivé jeune à la Chine, je n'ai pas laissé d'étudier avec application et avec assiduité les livres classiques. Il y est rapporté que les anciens sages adoroient le Chang-ti, maître souverain du ciel et de la terre; mais je n'y ai point lu qu'ils eussent aucune vénération pour le Tai-ki. Que si l'on prétend que le Tai-ki soit la même chose que le Chang-ti, créateur de l'univers, comment est-ce que les anciens n'en ont rien dit?

LE LETTRÉ CHINOIS. Les anciens n'avoient pas ce terme; mais ils avoient l'idée qui y répond. Il est vrai que l'explication du symbole hiéroglyphique du Tai-ki est plus récente.

LE DOCTEUR EUROPEEN. Tout discours bien raisonné n'est point contredit par un homme sage; mais je doute que l'explication du Tai-ki soit trouvée conforme à la raison. Lorsque j'examine le symbole et tout ce qu'on en dit, je ne vois qu'un hiéroglyphe informe, composé d'une ligne entière et d'une brisée, de blanc et de noir, du pair et de l'impair, du simple et du composé, ou, comme on veut l'expliquer, du haut et du bas, du noble et du vil, du fort et du foible, du parfait et de l'imparfait. Mais le réel, dont cet hiéroglyphe est l'image, où est-il? ce n'est point assurément le créateur du ciel et de la terre. La vraie doctrine sur la Divinité s'est transmise dans toute sa pureté depuis les premiers temps jusqu'à nous. Elle est complète, rien n'y manque, comme vous le verrez, et lorsque nous voulons la mettre par écrit et la prêcher aux peuples qui ne la connoissent pas, nous n'avons garde de rien omettre qui soit capable de l'établir clairement et solidement; mais comment oserions-nous nous appuyer d'un vain symbole qui n'a rien de réel?

LE LETTRÉ CHINOIS. Le Tai-ki, monsieur, n'est autre chose que la raison. Or, si dans la raison même vous ne trouvez point de raison, où faut-il la chercher?

LE DOCTEUR EUROPEEN. Eh! monsieur, quand une chose n'est pas dans la justesse, on emploie la raison pour la rectifier. Mais si ce qu'on prend pour la raison n'est pas soi-même juste, à qui aura-t-on recours? Distinguons d'abord les différentes classes auxquelles toutes les choses se réduisent, et plaçons la raison dans celle qui lui convient. Il nous sera ensuite aisé de conclure que si la raison est la même chose que le Tai-ki, le Tai-ki ne peut pas être le grand principe et la cause de l'univers.

Tous les êtres se divisent en deux genres, substance et accident. Ce qui n'a pas besoin d'un sujet qui le soutienne, et qui subsiste par lui-même, comme le ciel, la terre, les esprits, l'homme, les animaux, les plantes, les métaux, les pierres, les élémens, est dans le genre de substances. Ce qui ne subsiste pas par lui-même, et qui a besoin d'un sujet qui le soutienne, comme les qualités de l'homme, les couleurs, les sons, les goûts, est dans le genre d'accident. Prenons pour exemple de l'un et de l'autre un cheval blanc. Cheval blanc dit blancheur et dit cheval. Le cheval peut être sans la blancheur, ainsi c'est une substance. La blancheur ne peut pas être sans le cheval; ainsi c'est un accident. En les comparant ensemble, la substance est appelée le noble, le principal; et l'accident n'est regardé que comme le vil et l'accessoire. Dans une chose où il n'y a qu'une substance, les accidens peuvent être sans nombre. Dans un seul corps humain, qui est une substance, combien de diverses sortes de qualités! La figure, la couleur, les différentes relations : ce sont là autant d'accidens ; et qui pourroit en compter toutes les espèces ?

Cela supposé, si le Taï-ki n'est que ce qu'on appelle raison, ce ne peut point être l'origine de toutes choses. Car enfin la raison n'est que dans le genre d'accident, de qualité. Elle ne subsiste point par elle-même, comment pourroit-elle faire subsister l'univers ? Les docteurs chinois parlant de la raison, en distinguent de deux sortes ; celle qui est dans l'homme, celle qui est dans le reste des choses, ont leur manière d'être. Une chose passe pour bonne et pour vraie, lorsque sa manière d'être est conforme à la raison de l'homme. L'homme seul est capable de creuser le fond des choses, et la connoissance parfaite qu'il acquiert par l'étude des secrets de la nature, s'appelle philosophie. Or, l'une et l'autre de ces deux raisons sont de pures qualités. Comment seroient-elles l'origine de tous les êtres ? l'une et l'autre n'est qu'après le sujet dans lequel elle subsiste ; et ce qui vient après peut-il être la cause de ce qui est auparavant ?

Si l'on dit qu'avant toute autre chose a dû être la raison, je demande : cette raison, où étoit-elle ? en quoi subsistoit-elle ? Une qualité ne subsiste que dans le sujet qui la soutient, et dès lors qu'il n'y a point de sujet pour la soutenir, il n'y a pas non plus de qualité. Si l'on répond qu'elle étoit dans le vide, n'y auroit-il point eu à craindre qu'un tel sujet ne suffisant pas pour la soutenir, la raison ne se fût perdue dans le vide ? Supposons-le cependant pour un moment... Puisque avant même Pan-kou[1], le premier homme, la raison étoit déjà, pourquoi demeuroit-elle oisive au milieu du vide ? Que ne produisoit-elle ? Qui l'a mise ensuite en mouvement ? Mais la raison est incapable de mouvement et de repos ; beaucoup moins peut-elle se mouvoir elle-même. Que si l'on dit encore qu'auparavant la raison ne faisoit rien, et qu'après elle voulut tout produire ; mais la raison, qui n'est qu'un accident, qu'une qualité,

[1] Pan-kou est un homme fabuleux, auteur du genre humain, suivant une certaine secte des Chinois.
(*Note de l'éditeur.*)

prend-elle seule des desseins ? Est-elle capable d'abord de ne vouloir pas, et de vouloir ensuite ?

LE LETTRÉ CHINOIS. S'il n'y avoit pas une raison, une manière d'être des choses, les choses ne seroient pas : voilà ce qui a fait croire au docteur Tcherou que cette raison étoit l'origine de tout.

LE DOCTEUR EUROPÉEN. S'il n'y avoit point de fils, il n'y auroit point de père ; qui pensera jamais que le père tire son origine du fils ? Les choses relatives ont toutes cette propriété, que l'une suit nécessairement de l'autre, soit pour le positif, soit pour le négatif. Il y a un roi, donc il y a des sujets. Il n'y a point de sujets, donc il n'y a point de roi. Telle chose existe, sa raison, sa manière d'être existe aussi. Telle chose n'est point réelle, sa raison ne l'est pas non plus. Prendre une raison imaginaire pour la cause du monde, c'est ne différer en rien de Fo et de Lao ; c'est attaquer une erreur par une autre erreur ; c'est apaiser un trouble par un autre trouble. La raison des choses d'à présent, toute réelle qu'elle est, ne peut rien produire. Comment est-ce qu'autrefois une raison vide et sans réalité a tout produit ? Voyez un charpentier, il a très-bien dans l'esprit l'idée d'un chariot, sa raison et la manière dont il doit être construit. Pourquoi ce chariot n'est-il pas fait tout à coup ? Pourquoi, pour le construire, faut-il des matériaux, des instrumens, le travail d'un ouvrier ? Quoi donc, ce qui autrefois a eu assez de force et d'habileté pour orner le ciel et la terre, est aujourd'hui devenu si lourd et si foible, qu'il ne peut pas faire une chose de rien, tel qu'est un chariot ?

LE LETTRÉ CHINOIS. J'ai lu que la raison produisit d'abord le noble et le vil avec les cinq élémens, et qu'ensuite elle forma le ciel et la terre. Ainsi, vous voyez, monsieur, qu'il y a un ordre, une suite dans la production des choses. Quant à ce que vous proposez de la construction subite de ce chariot, cela ne peut pas être apporté en exemple.

LE DOCTEUR EUROPÉEN. Permettez, monsieur, que je vous demande : si la raison du vil et du noble et des cinq élémens, soit par le mouvement, soit par le repos, a pu sur-le-champ produire le noble, le vil et les élémens, d'où vient que la raison du chariot, aujourd'hui très-réelle, n'agit point, et ne fait point ce chariot ? De plus, la raison est dans tous les lieux possibles; elle est incapable de dessein, n'a point, à proprement parler, une nature; elle est sans liberté. Une fois déterminée à agir, elle agit nécessairement, et ne peut pas d'elle-même s'arrêter: pourquoi donc à présent ne produit-elle pas un nouveau noble, de nouveaux élémens? Qui est-ce qui y met obstacle?

Remarquez, monsieur, que le terme d'être est un terme universel. Qu'y a-t-il qu'on ne puisse et qu'on ne doive appeler être? On trouve cependant dans l'explication du symbole du Tai-ki que la raison n'est pas un être. Quoi! l'être se divise en tant d'espèces différentes, qui toutes retiennent le nom d'être: substances, accident, esprit, matière, figuré, non figuré. Puisque la raison n'est pas du nombre des êtres qui ont un corps et une figure, pourquoi ne peut-on pas la mettre dans le rang de ceux qui n'en ont point? Souffrez que je vous demande encore: La raison est-elle spirituelle, éclairée, pénétrante, judicieuse, ou non? Si vous répondez qu'oui, la voilà dans le genre des esprits. Pourquoi l'appelez-vous *Tai-ki?* Pourquoi l'appelez-vous raison? Si vous dites que non, quelle sera donc l'origine du Chang-ti, des esprits, de l'âme, de l'homme? La raison n'a pas pu leur communiquer ce qu'elle n'a pas. N'étant pas spirituelle, comment auroit-elle produit le spirituel? Cela seul qui a des connoissances produit ce qui a des connoissances. On voit bien le spirituel produire des choses qui ne le sont pas. Mais on n'a jamais vu que ce qui n'est pas spirituel produisît une chose qui le fût: l'effet ne peut pas être plus noble que la cause.

LE LETTRÉ CHINOIS. Qu'une chose spirituelle en produise une autre spirituelle, la raison des choses n'a en cela aucune part, j'en conviens; mais la raison, par son mouvement, produit le noble. Or, le noble de soi-même est spirituel: qu'en pensez-vous?

LE DOCTEUR EUROPÉEN. Vous revenez toujours à cette raison, il vous fâche de l'abandonner. Mais, monsieur, ce noble, d'où lui vient d'être spirituel? Dire qu'il le soit de lui-même, cela répugne.

LE LETTRÉ CHINOIS. Vous dites, monsieur, que Dieu n'a ni corps ni figure, et que cependant il a créé toutes choses corporelles; pourquoi le Tai-ki, sans être spirituel, ne peut-il pas avoir produit des choses spirituelles?

LE DOCTEUR EUROPÉEN. La réponse est aisée: le spirituel est le pur, l'élevé; le corporel est le bas, le grossier. Dire que le pur, l'élevé puisse produire le bas, le grossier, il n'y a rien là que dans l'ordre; mais prétendre que le bas, le grossier puisse former le pur, l'élevé, cela blesse toutes les règles. Il faut remarquer qu'une chose peut en contenir une autre en trois manières; ou formellement, comme un pied contient dix pouces; ou équivalemment, comme les perfections de l'homme contiennent celles des bêtes; ou éminemment, comme Dieu contient la nature et les perfections de toutes les créatures. La nature de Dieu est infiniment parfaite; l'homme n'est pas capable de la comprendre, et rien ne peut lui être comparé. Cependant je me sers de la comparaison suivante, toute défectueuse qu'elle est. Une monnaie d'or en vaut dix d'argent, et mille de cuivre. Pourquoi cela? c'est que l'or étant un métal beaucoup plus pur et plus beau que le cuivre et l'argent, on ne peut égaler son prix qu'en multipliant les autres métaux. De même, quoique la nature de Dieu soit parfaitement simple, elle renferme la nature, les qualités et les perfections de tous les êtres. Sa puissance est sans bornes, et tout immense, tout immatériel qu'il est, quelle difficulté y a-t-il qu'il ait créé tout ce qui est matière? La raison est d'un genre bien différent. Ce n'est qu'une simple qualité qui ne subsiste point par elle-même, comment pourroit-elle contenir en soi les substances et surtout les spirituelles? La raison est pour les choses, les choses ne sont pas pour la raison. La raison est moins noble que l'homme: c'est pour cela que Kong-foutzé a dit que l'homme pouvoit donner de l'étendue à la raison, mais que la raison ne pouvoit rien faire de semblable à l'égard de l'homme. Que si vous entendez par le mot raison, un être, un principe qui renferme en soi tout ce qu'il y a de perfections dans l'univers, et qui a créé toutes choses, je dirai alors que c'est Dieu. Mais pourquoi l'appelez-vous raison? Pourquoi l'appelez-vous Tai-ki?

LE LETTRÉ CHINOIS. Si cela est, quelle idée a donc eu Kong-tzé en parlant du Tai-ki?

LE DOCTEUR EUROPÉEN. Dans la merveilleuse construction du monde, Dieu a employé la matière première qu'il avoit créée; mais l'origine de tout, sans origine elle-même, ne fut jamais ni le Tai-ki, ni la raison. Je sais que Kong-tzé a parlé du Taï-ki. J'ai lu ce qu'il en dit; mais je n'ose pas, sans une méditation suffisante, m'expliquer là-dessus. Je pourrai peut-être, dans la suite, en dire ma pensée dans un écrit.

LE LETTRÉ CHINOIS. Depuis les premiers temps jusqu'aujourd'hui, les empereurs et les mandarins, en Chine, n'ont eu d'autres objets de leur culte que le ciel et la terre qu'ils ont toujours regardés comme les auteurs et les conservateurs de leurs vies. C'est pour cela qu'on a établi les cérémonies des deux solstices, et que dans ce temps-là on leur fait des oblations. Or, si le ciel et la terre étoient des productions du Taï-ki, dès lors le Taï-ki seroit la première origine de toute chose; et les anciens sages, empereurs et autres auroient commencé par lui décerner des honneurs et des sacrifices; mais cela ne s'est jamais fait, et ne se fait point encore. Ainsi tout ce que l'on dit du Taï-ki est sans doute faux. Vous avez réfuté cette doctrine, monsieur, avec toute la solidité possible, vous pensez sur cela comme les anciens.

LE DOCTEUR EUROPÉEN. Vous convenez, monsieur, de ce point; mais il me paroît difficile d'expliquer ce que vous venez de dire du culte que l'on rend en Chine au ciel et à la terre. Voilà deux êtres, et il n'y a qu'un Dieu. Le Dieu que nous adorons en Europe, c'est ce qu'en Chine on appelle *Chang-ti*, mais absolument différent de cette idole que les taossé révèrent sous le nom de *Yu-koang*, et qu'ils disent être le maître souverain. Yu-koang n'étoit qu'un bonze qui a passé ses jours dans la montagne Vou-tang. Il n'avoit rien au-dessus de l'homme; et comment un homme peut-il être le souverain Seigneur du ciel? Nous entendons, par ce nom Dieu, ce que l'on entend, dans les anciens livres classiques de Chine, par celui de Chang-ti.

Dans le livre qui a pour titre, *Tchong-yong*, on fait ainsi parler Kong-tzé : « Les cérémonies et les oblations des deux solstices sont établies pour honorer le Chang-ti. » Sur ce passage, le docteur Tchou dit que si Kong-tzé ne nommoit point la terre, ce n'a été que pour abréger la phrase. Pour moi, je pense que, Kong-tzé s'expliquant clairement d'une seule chose, on ne doit pas lui attribuer d'avoir voulu parler de deux choses, et que ce que Tchéou avance de la phrase abrégée n'est nullement recevable. Dans le chapitre Tcheoutong du livre *Chi*, on lit ces mots : « Ouang étoit attentif et diligent. Quels mérites n'a-t-il pas acquis par son application! son fils Tcheng-ouang, et Kan-ouang, son petit-fils, n'ont-ils pas régné glorieusement? Ils révéroient le Chang-ti. » On voit dans le même chapitre : « La terre produit des richesses sans fin; l'homme, sur le point d'en recueillir les fruits, peut-il ne pas reconnoître les bienfaits de Chang-ti? » Il est écrit dans le chapitre Changsong du même livre : « Le sage Tang-ouang s'est avancé de jour en jour dans la piété. Dans peu il est parvenu au véritable bonheur. Le Chang-ti recevoit ses hommages. » Le chapitre Yu dit encore : « Ouan-Ouang avoit une grande attention à tous ses devoirs. Il étoit extrêmement pieux; il vouloit plaire au Changti. » On lit dans le livre *Y* : « Le Ti est venu de l'Orient. » Or, le Ti n'est point ce que nous appelons le ciel. Ce ciel que nous voyons renferme toutes les parties du monde, comment pourroit-il être venu d'une de ces parties? Le livre l'*Y* s'exprime en ces termes : « Si la victime est sans défaut, le Chang-ti l'a pour agréable. » Il est encore dit : « L'empereur cultive la terre de ses propres mains, les fruits qu'elle donne sont pour être offerts au Changti. » Dans le chapitre Tang-chi du livre *Chu*, on fait ainsi parler Tang-ouang : « Kie-ouang de la dynastie des Kia étoit un mauvais prince; la crainte du Chang-ti m'a obligé à le punir. » Il est dit dans le même chapitre : « Le Changti est l'unique maître. C'est lui qui est l'auteur des biens de tous les hommes; mais au milieu de cette multitude innombrable qui jouit de ses bienfaits, l'empereur seul est capable de porter la vertu à son plus haut point. » Le chapitre King-teng du même livre rapporte ces paroles du Tchou-kong : « C'est par un ordre exprès émané du trône du Ti que Ou-ouang a gouverné le monde. Le Chang-ti a un trône. » Ne devons-nous pas juger de là que le ciel visible n'est pas le Chang-ti? Mais quiconque lira les anciens livres jugera par leur lecture, si je ne me trompe, qu'il n'y a de différence entre le Chang-ti et Dieu que celle du nom.

LE LETTRÉ CHINOIS. On voit plusieurs personnes qui aiment l'antiquité, mais cela se réduit communément à la curiosité de voir d'anciens monumens ou de lire d'anciennes écritures. Où en trouvera-t-on qui, comme vous, monsieur, s'attachent à l'ancienne doctrine, se fassent un plaisir de l'enseigner aux autres, et tâchent de les y ramener? Quelque satisfait que je sois de vos instructions, je ne laisse pas d'avoir encore des difficultés. En beaucoup d'endroits de nos anciens livres, on marque un grand respect pour le ciel. C'est pour cela que le docteur Tcheou nomme le Ti ciel, et le ciel, raison. Le docteur Tching entre dans un plus grand détail : Pour exprimer, dit-il, ce qu'il y a de visible et de matériel, on l'appelle *Tien*, ciel; pour marquer son souverain domaine, on l'appelle *Ti*, seigneur; pour distinguer sa nature et ses propriétés, on le nomme *Kien*, vertu du ciel; voilà ce qui fait dire : Honorez le ciel et la terre. Je ne sais point si cette explication est selon la vérité.

LE DOCTEUR EUROPÉEN. Faites-y bien attention, monsieur, on peut donner au Chang-ti le nom de ciel, en ce sens que Tien, ciel, suivant l'analyse de ce caractère, signifie Yé-sa, seul grand; mais pour ce qu'on appelle raison, on ne peut pas dire que ce soit le souverain maître de toutes choses. Je l'ai prouvé fort au long : le terme Chang-ti est très-clair : il n'a pas besoin d'explication ; beaucoup moins doit-on l'expliquer dans un mauvais sens. Le ciel matériel a neuf assises différentes ; comment peut-on dire qu'il est unique et seul maître? Le Chang-ti est sans figure, comment peut-on le confondre avec une chose corporelle? Prétendre que le ciel matériel, d'une figure ronde, et divisé comme il est, tournant sans cesse de l'orient à l'occident, n'ayant ni tête, ni ventre, ni pieds, ni mains, soit animé par le Chang-ti, de manière qu'ils fassent ensemble un tout vivant, quoi de plus risible? Les démons mêmes sont sans figures et sans corps; comment s'imagine-t-on que l'esprit supérieur à tous les esprits, le maître de l'univers, soit corporel et figuré? Donner dans un si monstrueux système, c'est non-seulement ignorer la grande doctrine qui regarde l'homme et son origine, c'est encore n'avoir pas les premiers principes de l'astronomie et de la physique.

Le ciel que nous voyons sur nos têtes n'étant pas digne de nos respects, en quoi la terre que nous foulons aux pieds pourroit-elle nous paroître si respectable? La doctrine essentielle est qu'il n'y a qu'un Dieu qui a créé le ciel, la terre et toutes choses, pour la conservation et l'avantage de l'homme. Dans tout l'univers il n'y a pas une seule créature qui ne soit pour notre usage. Quelles actions de grâces ne devons-nous pas rendre à notre insigne bienfaiteur! Quel motif de redoubler nos hommages et d'obéir à ses lois! Mais abandonner le Dieu suprême, la source de tous les biens, et prodiguer l'encens à des créatures qui ne sont formées que pour nous servir, quel renversement!

LE LETTRÉ CHINOIS. Cela étant ainsi, nous autres Chinois, nous sommes, hélas! dans de bien épaisses ténèbres : le plus grand nombre, à la vue du ciel, ne fait autre chose que lui rendre ses respects, et voilà tout.

LE DOCTEUR EUROPÉEN. Le monde est composé de gens instruits et d'ignorans. La Chine étant un grand empire, les personnes éclairées n'y manquent pas. On peut dire aussi qu'il y en a sans instruction, dont toutes les connoissances se bornent à ce qui tombe sous les sens. Ainsi, le ciel et la terre leur sont connus, mais le souverain Seigneur du ciel et de la terre passe toutes leurs idées. Qu'un sujet d'une province éloignée de la cour se trouve tout à coup transporté à l'entrée du palais impérial : frappé de la grandeur et des beautés de ce superbe édifice, il se prosterne aussitôt en s'écriant : Je rends hommage à mon prince. Or, ce que l'on dit : Honorez le ciel et la terre, la multitude ignorante le prend à la lettre, et se contente d'honorer le palais du prince, sans penser au prince lui-même. Mais ce qu'il y a de gens instruits et qui raisonnent, en voyant l'étendue de la terre et la hauteur du ciel, concluent d'abord que le monde a un maître qui le gouverne, et ils se déterminent à adorer cet être immatériel et incréé qui, du haut des cieux, règne sur tout l'univers. Quel est l'homme sage qui regarde ce ciel visible comme son Dieu? Si quelquefois on donne à Dieu le nom de ciel, ce n'est là qu'une façon de parler, comme lorsqu'on prend une ville pour le mandarin qui la gouverne, et qu'au lieu de dire : le gouverneur de Nan-tchang a ordonné telle chose, on dit simplement : la ville de Nan-tchang a publié telle ordonnance. Suivant cette comparaison, on peut donner à Dieu le nom du ciel; mais cela ne signifie nullement que ni le ciel ni la terre fassent un même tout avec Dieu. En un mot, il y a un maître souverain, créateur de l'univers, et dans la crainte où j'ai été qu'on n'en eût pris une fausse idée, je l'ai appelé *Seigneur du ciel*.

LE LETTRÉ CHINOIS. Vous agissez, monsieur, en maître sage et éclairé. Ayant à enseigner la véritable doctrine, vous employez dès les commencemens les véritables expressions. Par là, vous ferez connoître clairement la religion que vous nous avez apportée d'Europe, et il ne sera pas à craindre que dans la suite il s'introduise du trouble et de la confusion [1]. Vous avez entièrement dissipé les ténèbres de mon esprit. Il ne me reste plus aucun doute : la doctrine touchant un seul Dieu est profonde et solide. Quelle honte pour nos savans de la Chine de ne pas s'y appliquer ! Ils négligent l'essentiel et s'attachent avec ardeur à des bagatelles ; ils ne savent pas remonter à la source. Nous recevons de nos parens nos corps, cela nous engage à tous les devoirs de fils ; nous recevons du prince des terres, des possessions pour nourrir nos pères, nos mères, nos enfans, cela nous oblige à tous les devoirs de sujets. Dieu est le premier père, le premier prince ; c'est le chef de tous les ancêtres, le maître de tous les rois ; c'est lui qui a tout créé et qui gouverne tout : comment le méconnoître ? comment ne pas le servir ? Mais il n'est pas possible de tout dire en un jour : souffrez, monsieur, que je revienne une autre fois.

LE DOCTEUR EUROPÉEN. Ce que vous me demandez, monsieur, ne me coûte rien à accorder : vous ne cherchez qu'à connoître la vérité. C'est un double bienfait de Dieu, qui me donne à moi la force de vous instruire, et à vous l'occasion d'être instruit. Toutes les fois que vous me ferez l'honneur de vous adresser à moi, vous me trouverez disposé à vous satisfaire.

[1] Cela est cependant arrivé au sujet même de l'expression dont se servoient les missionnaires pour désigner le maître de l'univers ; et tout le monde sait les querelles qu'on a suscitées aux successeurs du père Ricci, les reproches qu'on leur a faits, les imputations de fauteurs d'idolâtrie dont on les a accablés ; et tout le monde sait aussi qu'ils n'ont guère répondu que par leur soumission à l'autorité, et leur constance à obliger même, autant qu'ils le pouvoient, ceux qui les attaquoient. (*Note de l'éditeur.*)

TROISIÈME ENTRETIEN.

L'homme a une âme immortelle. En quoi il diffère essentiellement des autres animaux.

LE LETTRÉ CHINOIS. Parmi toutes les créatures visibles, l'homme est la plus noble : les autres animaux ne peuvent pas lui être comparés ; c'est pour cela qu'on dit que l'homme contient en soi tout ce que le ciel et la terre ont de beau, et qu'on l'appelle le petit monde. Cependant, si l'on examine de plus près les animaux, et qu'on les rapproche de l'homme, on trouve qu'ils mènent une vie bien plus aisée et bien plus libre. Comment cela ? A peine sont-ils nés qu'ils ont assez de force pour se mouvoir et pour agir, qu'ils savent prendre les alimens qui leur conviennent et éviter ce qui peut leur nuire. Leurs corps se trouvent couverts de poils ou de plumes, sans qu'il soit nécessaire qu'ils se pourvoient de vêtemens : les ailes et les griffes leur viennent d'elles-mêmes. Ils ne labourent ni ne sèment ; ils n'ont aucun besoin de ramasser des provisions dans des greniers : ils ne connoissent point les assaisonnemens ; ils mangent quand il leur plaît, et ce qui est capable de les nourrir ; ils se reposent et dorment à leur fantaisie ; ils ont le monde entier pour courir et pour voler. Libres de toute affaire, ils jouissent d'un plein loisir : parmi eux il n'y a ni mien ni tien, nulle distinction de pauvre et de riche, de noble et de roturier. Point d'efforts, point de mouvemens pour des conseils, des délibérations, pour mériter des récompenses, pour acquérir un grand nom : tout est libre, tout est tranquille ; chacun, chaque jour, fait ce qui lui plaît et vit sans inquiétude.

Mais l'homme ? la mère ne l'enfante qu'avec douleur : il naît tout nu ; il ne commence à ouvrir la bouche que pour crier, et semble par là déjà connoître qu'il ne vient au monde que pour souffrir. Durant sa première enfance, il est si foible qu'il ne peut se soutenir, et ce n'est qu'après trois ou quatre ans entiers qu'il est bien capable de marcher. Devenu plus grand, d'abord on lui assigne une profession toujours laborieuse : le laboureur travaille durant les quatre saisons ; le marchand passe sa vie dans de pénibles voyages sur mer et sur terre ; l'artisan fatigue incessamment ses bras ; l'homme de lettres, jour et nuit, s'échauffe la tête ; en un mot, les grands tourmentent leur esprit, et les petits tourmentent leur corps : cinquante ans de vie sont cinquante ans de misère et de maux. Notre corps est sujet à mille sortes d'infirmités : les livres de médecine comptent trois cents maladies de l'œil seul. Combien n'y en a-t-il pas pour chaque autre partie! Qui pourroit en dire le nombre? Que si l'on entreprend de se faire traiter d'une seule, ce n'est jamais qu'avec des remèdes durs, amers et dégoûtans.

La terre est remplie d'animaux qui tous, sans distinction de grosseur ou de petitesse, semblent avoir conjuré contre la nature humaine, tous sont en état de l'attaquer et de lui nuire. Il ne faut qu'un petit insecte pour désoler le plus grand et le plus robuste des hommes. Les hommes eux-mêmes ne se font-ils pas des guerres cruelles? Ils fabriquent cent espèces d'armes pour se mutiler et s'entretuer. Pour combien la loi générale de mourir n'est-elle pas en quelque sorte inutilement portée! Ceux qui aujourd'hui rejettent les anciennes armes comme trop foibles, en inventent tous les jours de beaucoup plus meurtrières, et après avoir couvert les campagnes de cadavres, rempli les villes de sang et de carnage, ils ne sont pas encore satisfaits. Si la paix se montre enfin pour quelques momens, quelle est la famille, quelle est la personne qui n'ait pas quelque sujet de tristesse? Un homme a des richesses, il n'a point d'enfans; un autre a des enfans, ils sont sans talens; celui-ci a de l'habileté, il ne peut se fixer au travail; celui-là est adroit, appliqué, on force son génie, il n'est pas le maître d'en suivre l'impulsion. Chacun a sa peine; et tandis que de tous les autres endroits tout rit à un homme, une seule amertume lui rend tout désagréable : cela n'est-il pas général?

Tant d'infortunes dont notre vie est tissue se terminent enfin à la plus grande de toutes, à la mort. Il faut rentrer en terre, et qui en est exempt? C'est ce qui faisoit dire à un ancien sage, en instruisant son fils : « Mon fils, ne vous trompez pas vous-même, ne vous aveuglez pas vous-même; toutes les démarches de l'homme sont autant de pas qui le mènent au tombeau. » Malheureux mortels! peut-on dire que nous vivions? Nous ne faisons que mourir continuellement. En naissant nous commençons notre mort, et ce n'est qu'après la mort que nous cessons de mourir. Un jour est-il passé, notre vie est accrue d'un jour, et nous sommes d'autant rapprochés du tombeau.

Ce ne sont là que des maux extérieurs, les intérieurs sont bien plus insupportables : nos peines en ce monde sont de véritables peines. Notre joie, nos plaisirs, ne sont que de faux plaisirs, une fausse joie : nos peines sont presque continuelles; nos plaisirs ne durent que quelques instans. Le cœur de l'homme est sans cesse tyrannisé par de cruelles passions d'amour ou de haine, de colère ou de crainte; semblable à un arbre planté sur le haut d'une montagne, exposé à tous les vents. Quand peut-il être tranquille? Tantôt c'est la gourmandise ou la luxure, tantôt c'est l'ambition ou l'avarice qui le possède : ne sont-ce pas là comme autant de tempêtes qui l'agitent. Où est l'homme content de son sort, qui ne cherche pas à s'en procurer un meilleur? Un prince, fût-il maître de l'univers, vît-il tous les peuples à ses pieds, encore ne seroit-il pas satisfait.

L'homme, si peu capable de se connoître et de se régler soi-même, que peut-il savoir en matière de religion? Cependant on dogmatise de toute part : les uns sont pour Lao, les autres pour Fo; un troisième parti suit Kong-tzé. Par là notre Chine se trouve divisée en trois différentes lois. Et comme si cela ne suffisoit pas, il s'élève de nouveaux chefs, ils tiennent école, ils prêchent; et dans peu, au lieu de trois lois, nous en aurons trois mille, encore ne s'en tiendra-t-on pas là; chacun de son côté crie : Vraie doctrine! vraie doctrine! et le désordre ne fait qu'augmenter. Les grands oppriment les petits, les petits n'ont aucun respect pour les grands. Les pères sont colères, emportés; les enfans sont revêches, désobéissans : le prince et ses officiers vivent en mutuelle défiance; les frères nourrissent entre eux de cruelles inimitiés; point d'union dans les mariages, point de sincérité parmi les amis. Tout n'est que dissimulation, tromperie, et l'on ne voit aucun jour à de meilleurs temps. Je me représente les hommes de ce siècle comme autant d'infortunés qui, après un triste naufrage, ont vu briser leur vaisseau; ils se trouvent en pleine mer, au milieu des vagues, et le jouet des flots; tantôt ensevelis sous les ondes, et tantôt reparoissant sur les eaux, ils sont jetés çà et là, au gré des vents. Chacun pense à son propre malheur, et aucun ne pense à sauver les autres. On s'attache à tout ce qui tombe sous la main, planches, voiles, cordages, débris de navire, on le saisit; on l'embrasse, et on ne le quitte qu'avec la vie. Quel désastre ! Je ne vois pas quel motif a eu Dieu de mettre l'homme dans un état si malheureux ; il nous aime sans doute; mais il paroît qu'il traite beaucoup mieux les animaux irraisonnables.

LE DOCTEUR EUROPÉEN. Ce monde n'est que misère, et nous y attachons tellement nos cœurs que nous ne pouvons nous en séparer. Que seroit-ce donc si nous y vivions dans la joie? Les maux et les amertumes de cette vie montent à un si haut point, et les mortels sont si stupides qu'ils ne pensent qu'à s'y établir solidement. Il faut découvrir et défricher de nouvelles terres ; il faut acquérir un grand nom ; il faut se procurer une longue vie, il faut même assurer la fortune de ses enfans et de toute sa postérité. Trahison, révolte, guerre, massacre, rien n'est épargné : que n'entreprend-on pas ? Comment ainsi ne pas vivre dans le trouble et dans la confusion ?

Autrefois, dans un royaume d'Occident, il y avoit deux philosophes célèbres, l'un desquels, nommé *Héraclite*, rioit toujours, et l'autre, appelé *Démocrite*, pleuroit sans cesse. La cause d'une conduite si différente étoit la même : c'est qu'ils voyoient les hommes de leur temps courir après les faux biens de ce monde. Héraclite, par ses ris, se moquoit de ces insensés ; et Démocrite, par ses pleurs, leur portoit compassion. On raconte encore qu'un certain peuple, qui n'est pas de l'antiquité la plus reculée, avoit une coutume singulière ; je ne sais s'il l'a conservée jusqu'à présent : aussitôt qu'il étoit né un enfant dans une famille, les parens et les amis ne manquoient point d'aller faire des complimens de condoléance sur ce que cet enfant n'étoit venu au monde que pour souffrir. Au contraire, lorsque quelqu'un mouroit, ils faisoient des félicitations et des réjouissances sur ce que la personne morte étoit délivrée des maux de cette vie. Dans l'idée de cette nation, vivre étoit un mal, et mourir passoit pour un bien. Quelque extraordinaire que fût cette coutume, elle fait bien voir que ce peuple avoit bien compris la vanité et les misères de ce monde.

La vie présente n'est point la vraie vie de l'homme. Les animaux sont sur la terre comme dans leur patrie; ils y vivent tranquilles et dans l'abondance. L'homme n'est ici-bas que comme un étranger qui passe ; il n'y trouve point son repos ; beaucoup de choses lui manquent. Vous êtes, monsieur, homme de lettres ; permettez que je fasse cette comparaison tirée de votre état. Qu'on ait ordonné un examen général, le jour de la détermination des grades étant venu, les gens de lettres, docteurs, bacheliers, paroissent mornes et pensifs. Au contraire, les officiers inférieurs, les gens de service, sont dans la joie ; c'est pour eux une fête. Est-ce donc que ces domestiques ont reçu des récompenses du grand examinateur, et que les gens de lettres en ont été maltraités ? ce n'est que l'affaire d'un jour où il s'agit d'assigner le degré d'un chacun : la détermination faite, le docteur est honoré, et le valet n'est qu'un valet.

Dieu ne fait naître l'homme en ce monde que pour éprouver son cœur, et lui faire pratiquer la vertu. Ainsi cette vie n'est pour nous qu'un lieu de passage : nous n'y sommes pas pour toujours ; le terme où nous allons n'est point ici-bas ; ce n'est qu'après la mort que nous y arriverons : notre véritable patrie n'est point la terre, c'est le ciel ; voilà où nous devons tourner toutes nos vues. Le temps présent fait tout le bonheur des animaux ; c'est pour cela qu'ils sont formés de manière qu'ils regardent la terre. L'homme est créé pour le ciel ; il a la tête et les yeux élevés pour voir sans cesse le terme où il doit aspirer. Mettre sa félicité dans les choses terrestres, c'est descendre à la condition des bêtes. Est-il donc surprenant que Dieu ne nous donne pas en ce monde l'accomplissement de tous nos souhaits, qu'il nous laisse même souffrir quelque chose ?

LE LETTRÉ CHINOIS. Voulez-vous parler, monsieur, d'un paradis et d'un enfer préparés aux hommes après cette vie ? C'est la doctrine de Fo : les gens de lettres n'admettent rien de tout cela.

LE DOCTEUR EUROPÉEN. Quelle raison ! la loi de Fo défend l'homicide ; celle des lettrés le défend de même. Doit-on pour cela confondre les lettrés avec les fodistes ? L'aigle vole, la chauve-souris vole aussi, et quelle comparaison y a-t-il de l'un à l'autre ? Deux choses ont quelquefois de petits traits de ressemblance, mais dans le fond elles diffèrent entièrement. La loi du vrai Dieu est une loi ancienne. Fo, né dans l'Orient, en a par hasard ouï parler. Tout chef de parti qui veut dogmatiser, doit couvrir ses mensonges de quelques vérités ; autrement, qui le suivroit ? Fo a emprunté de la véritable religion le paradis et l'enfer pour faire passer sa fausse secte, ses propres rêveries. Pour moi, qui prêche cette véritable loi, dois-je omettre ce point, parce que Fo l'a dit ? Avant que Fo parût dans le monde, les docteurs de la loi de Dieu ont enseigné que les gens de bien, après la mort, monteroient au ciel, pour jouir d'un bonheur éternel, et qu'ils éviteroient de tomber dans l'enfer, où les méchans souffriront éternellement ; d'où il est aisé de conclure que l'âme de l'homme ne périt point et qu'elle est immortelle.

LE LETTRÉ CHINOIS. Immortalité, bonheur éternel ! L'homme ne peut rien désirer de plus grand ; mais j'avoue que je ne suis pas bien au fait de cette matière.

LE DOCTEUR EUROPEEN. L'homme est un composé d'âme et de corps : l'union de ces deux parties fait l'homme vivant. Par la mort le corps périt, il retourne en cendres ; mais l'âme subsiste toujours, elle ne se détruit point. J'ai appris, en entrant en Chine, que quelques personnes y étoient dans l'opinion que nos âmes périssent avec nos corps, et qu'en cela nous ne différons point des bêtes. Dans tout le reste de l'univers, il n'y a aucune loi connue qui n'enseigne, aucun peuple de quelque nom qui ne pense que l'âme de l'homme est immortelle, et qu'en cela même il y a une différence essentielle entre l'homme et la bête. Je vais, monsieur, vous expliquer cette doctrine ; écoutez-moi, je vous prie, sans préventions.

Parmi les choses vivantes, on distingue trois sortes d'âmes ; la moins noble est l'âme végétative ; l'âme des arbres et des plantes ; elle les fait vivre, végéter et croître ; la plante sèche et meurt, cette âme meurt aussi ; l'âme sensitive est au-dessus de celle-là ; c'est l'âme des bêtes ; elle leur sert à vivre et se nourrir, à prendre de l'accroissement ; elle a de plus la force d'animer leurs sens, leurs oreilles pour entendre, leurs yeux pour voir, leur palais pour goûter, leurs narines pour odorer, toutes les parties de leur corps pour les rendre capables de sentimens ; mais elle ne peut point raisonner ; l'animal meurt, nous croyons que son âme meurt avec lui. La plus noble de toutes et d'un genre tout à fait différent des autres, est l'âme raisonnable, l'âme de l'homme. Elle a les qualités des âmes végétatives et sensitives. Elle fait vivre et grandir l'homme, elle lui donne le sentiment et la connoissance ; mais outre cela elle le rend capable de raisonnement, d'examiner et d'approfondir les choses, d'unir et de séparer des idées ; quoique l'homme meure et que son corps se détruise, l'âme ne périt point, elle est immortelle.

Quelque capable que soit une chose de connoissance et de sentiment, si elle dépend de la matière, cette matière se détruisant, la chose doit aussi se détruire. C'est pour cela que les âmes des plantes et des bêtes, étant dépendantes des corps qu'elles animent, suivent leur sort et périssent avec elles. Mais une substance qui raisonne, un esprit, quelle dépendance a-t-il de la matière ? Il est par lui-même ce qu'il est. Ainsi, que le corps de l'homme périsse, l'âme reste, elle a toujours ses opérations qui lui sont propres. Voilà par où l'homme diffère essentiellement des bêtes et des plantes.

LE LETTRÉ CHINOIS. Qu'appelez-vous, monsieur, dépendre de la matière, ou n'en dépendre pas ?

LE DOCTEUR EUROPEEN. Ce qui nourrit et fait croître un corps, n'a plus rien à faire croître ni à nourrir quand ce corps vient à manquer. L'œil est l'organe de la vue, et l'oreille de l'ouïe, la bouche l'est du goût, et les narines de l'odorat, tous nos membres le sont du toucher. Mais s'il n'y a point d'objet devant l'œil, l'œil ne voit point d'objet ; si le son n'est pas à portée de l'ouïe, l'oreille n'entend point le son : lorsque l'odeur est à une distance proportionnée des narines, on peut juger de l'odeur, on n'en juge point lorsqu'elle est très-éloignée ; lorsqu'on mange une viande, on en distingue le goût ; ne la mangeant pas, comment le distinguera-t-on ? Enfin, si mon corps est exposé au froid, au chaud, si je touche quelque chose de dur ou de mou, alors je le sens : éloigné de tout cela, que puis-je sentir ? De plus, que le son soit à portée de l'oreille d'un sourd, il ne l'entend pas ; que l'objet soit proche de l'œil d'un aveugle, il ne le voit pas. Voilà ce qui fait dire que l'âme sensitive dépend du corps, et que le corps périssant, cette âme périt aussi. Pour l'âme raisonnable, elle a des opérations particulières, en quoi elle ne dépend en rien de la matière. Une âme qui nécessairement a besoin du corps pour subsister, n'est que pour l'utilité du corps ; comment seroit-elle capable de discernement? Ainsi l'animal, à la vue d'une chose mangeable, s'y porte sans réflexion et sans liberté; par où peut-il juger de ce qui convient ou ne convient pas? L'homme, au contraire, quelque pressé qu'il soit de la faim, peut s'arrêter, si la raison lui montre qu'il ne doit pas manger, et ne mange point, quand il auroit devant lui les mets les plus exquis. Qu'une personne soit allée faire un voyage hors de sa patrie, ne pense-t-elle pas à sa famille absente? N'a-t-elle pas toujours un désir secret d'y retourner? Une âme capable de se conduire ainsi, en quoi dépend-elle du corps dans ses propres opérations?

Mais voulez-vous savoir la véritable raison pourquoi l'âme de l'homme est immortelle? faites attention que tout ce que nous voyons se corrompre et se détruire, a en soi un principe de destruction et de corruption. Ce principe n'est autre chose que le combat mutuel des différentes parties de la matière; ce qui n'est point sujet à ce combat, ne se détruit point. Les corps sont tous composés d'eau, de feu, d'air et de terre; des quatre élémens, le feu est chaud et sec, tout opposé à l'eau qui est froide et humide; l'air est humide et chaud, tout opposé à la terre qui est sèche et froide : voilà les ennemis les uns des autres. Une chose qui les contient en soi, et qui en est pétrie, comment peut-elle se conserver longtemps? Le combat est continuel; d'abord qu'une des parties vient à vaincre l'autre, le tout doit s'altérer et périr; c'est pour cela que ce qui est composé ne peut éviter sa destruction. Mais l'âme raisonnable est spirituelle; ce n'est point un tout dont les quatre élémens soient les parties; d'où viendroit le combat, d'où viendroit la destruction?

LE LETTRÉ CHINOIS. L'esprit, sans doute, est incorruptible; mais, comment sait-on que l'âme de l'homme est spirituelle, et que l'âme des bêtes ne l'est pas?

LE DOCTEUR EUROPÉEN. Cette doctrine est sûre : plusieurs raisons la démontrent, et l'homme de lui-même, en raisonnant, peut s'en convaincre.

1° L'âme des bêtes ne peut point être dite maîtresse du corps, elle en est plutôt l'esclave; elle est obligée de le servir en tout. C'est de là que les animaux ne suivent que leurs appétits brutaux, et n'ont rien qui les retienne. L'âme seule de l'homme est en état de gouverner le corps; elle le fait agir et l'arrête selon ses desseins. Que cette âme prenne une résolution, qu'elle ordonne quelque chose, d'abord le corps l'exécute, et quelque répugnance qui survienne, rien n'est capable de forcer la raison qui le domine. L'âme exerçant sur le corps une telle autorité, ne doit-elle pas être au-dessus de la matière, et du rang des esprits?

2° Une chose simple et animée n'a qu'une seule volonté; et si nous voyons dans l'homme deux volontés, l'une qui lui est propre, l'autre qui lui est commune avec les bêtes, nous devons en conclure que l'homme est un composé de deux natures, l'une matérielle, et l'autre spirituelle : des affections si différentes et si opposées font voir que les sources d'où elles coulent sont aussi fort différentes entre elles. L'homme, sur un même sujet, ne sent-il pas en soi deux désirs qui se combattent? Qu'il s'agisse, par exemple, de satisfaire une passion : d'une part, il s'empresse violemment, d'autre part, il a de la peine à faire une chose contraire à la raison : voilà tout ensemble et une volonté animale semblable à celle des bêtes, et une volonté digne de l'homme, qui ne diffère point des esprits célestes. Si l'homme n'avoit qu'une seule volonté, il ne pourroit pas sur la même chose avoir tout à la fois des désirs opposés. Il ne peut pas en même temps voir et ne pas voir un même objet : l'oreille ne peut pas tout ensemble entendre et n'entendre pas un même son. Jugeons donc que deux désirs qui se combattent, marquent deux volontés contraires, et que deux volontés contraires prouvent deux natures différentes. Que l'on goûte de l'eau de deux rivières, l'une douce et l'autre salée, est-il nécessaire d'avoir vu les sources pour assurer qu'elles ne sont pas la même?

3° Tout objet d'amour ou de haine doit être proportionné à la puissance qui aime ou qui hait : ainsi une puissance matérielle ne peut avoir pour objet que la matière seule; et ce qui est au-dessus de la matière devient nécessairement l'esprit. Or, examinons les affections différentes de l'homme et des animaux : que désire l'animal? de boire, de manger, de vivre, d'avoir le corps sain et d'être tranquille. Que craint-il? la faim, la soif, la lassitude, la maladie, la mort, et rien de plus. On peut donc dire, avec assez de vraisemblance, que l'animal n'est point d'une nature spirituelle, et qu'il n'a rien au-dessus de la matière. Mais l'homme, dans ses craintes, ses désirs, dans ce qu'il estime et ce qu'il méprise, quoique les choses matérielles y aient quelque part, cependant la vertu et le vice, le bien et le mal, tous objets immatériels, tiennent la première place : on doit donc assurer que l'homme a deux puissances, l'une corporelle et l'autre qui ne l'est pas; celle-ci est l'âme toute spirituelle.

4° Tout contenant communique sa figure à ce qu'il contient : qu'on verse de l'eau dans un vase, si le vase est rond, elle prendra sa figure ronde; s'il est carré, elle aura sa figure carrée; ce principe est reçu partout : or, voyez comment notre âme forme ses idées; de quelle manière elle contient ses objets, et vous n'aurez aucun doute qu'elle ne soit spirituelle. Quelque matériel que soit l'objet qu'elle envisage, elle sait le dépouiller de la matière; elle le spiritualise et en prend une juste idée. Par exemple, si je veux, à la vue d'un bœuf, connoître sa nature; en voyant sa couleur, je dis ce n'est pas là le bœuf, ce n'est que sa couleur; en entendant son mugissement, je dis encore ce n'est point là le bœuf, ce n'est que son mugissement : si je goûte sa chair, je sens bien le goût du bœuf, mais ce n'est pas là la nature du bœuf : je connois donc dans le bœuf quelque chose que je puis séparer de toutes ces qualités matérielles, et que je rends spirituel par la connoissance que j'en ai. Qu'un homme voie une muraille de cent toises de long, il en peut former l'idée entière dans sa tête; mais cet homme pourroit-il renfermer dans un si petit espace une chose de si grande étendue, s'il n'étoit pas spirituel? En un mot, si le contenant qui spiritualise ce qu'il contient n'est pas un esprit, il n'y a rien de spirituel.

5° Tout ce qui est subordonné à un autre, ne peut être d'une nature supérieure à ce qui le gouverne. De là les objets de nos sens leur étant subordonnés, nos sens ne sont pas d'un rang inférieur à leurs objets. Ainsi, puisque les yeux, les oreilles, les narines et la bouche ne sont que de la matière, il est nécessaire que les couleurs, les sons, les odeurs et les goûts soient purement matériels. Mais Dieu, en créant l'homme, lui a donné l'intendance sur les deux puissances de son âme, l'entendement et la volonté. L'objet de l'entendement est le vrai, celui de la volonté est le bon : le bon et le vrai sont des choses immatérielles. Il faut donc que les puissances auxquelles ces objets sont subordonnés soient au-dessus de la matière, c'est-à-dire, spirituelles. L'immatériel peut comprendre le matériel; mais le matériel ne comprendra jamais l'immatériel. Or, l'homme raisonne sur les esprits; il pénètre dans la nature de l'immatériel; il faut donc que lui-même soit spirituel.

LE LETTRÉ CHINOIS. Si l'on vous dit, monsieur, qu'il n'y a point d'esprit, et par là rien d'immatériel, comment s'éclaircir là-dessus? Et dès lors cependant votre raisonnement tombe.

LE DOCTEUR EUROPÉEN. Pour qu'un homme dise qu'il n'y a point d'esprit, qu'il n'y a rien d'immatériel; il faut qu'auparavant il ait l'idée de l'immatériel et de l'esprit; car s'il n'en a aucune idée, comment peut-il prononcer là-dessus? Quand on dit la neige est blanche, elle n'est pas noire, c'est qu'on connoît le blanc et le noir; et l'on peut alors attribuer l'un à la neige, et ne pas lui attribuer l'autre. Mais si l'homme a l'idée de l'immatériel, s'il pénètre dans la nature de l'esprit, il est donc spirituel lui-même.

6° L'âme des bêtes est tout à fait bornée dans ses connoissances; ce n'est qu'un foible instrument, d'un usage fort peu étendu. On peut le comparer à un petit oiseau attaché par un filet à un arbre, il ne peut voler que jusqu'à la longueur de son filet. Les connoissances des animaux se terminent toutes aux objets extérieurs, ils ne sont point capables de réfléchir sur eux-mêmes, ni de connoître leur propre intérieur. Mais l'âme de l'homme porte ses idées et ses vues à ce qu'il y a de plus élevé; sa sphère est sans limites, rien ne l'arrête; c'est un aigle libre et en plein air, elle s'élève jusqu'au ciel; qui peut l'en empêcher? L'âme de l'homme ne s'en tient pas à connoître les dehors, elle pénètre le fond des choses et en approfondit les secrets; elle sait réfléchir sur elle-même, examiner sa manière d'être, et comprendre sa propre nature : n'est-il donc pas manifeste qu'elle ne dépend point de la matière?

Mais dire que nos âmes sont spirituelles, c'est dire en même temps qu'elles ne meurent point; et ce principe posé, il s'ensuit que nous devons pratiquer la vertu. Voici encore quelques raisons qui confirment ce dernier article.

En premier lieu, l'homme est naturellement passionné pour la gloire, et il ne craint rien tant que de laisser après lui un mauvais nom : dans quel animal voit-on cette qualité? De là, que ne fait-on pas pour mériter les applaudissemens publics, et pour passer pour un grand homme? On entreprend d'immenses travaux; on se détermine à composer de longs ouvrages; on s'applique sans cesse à porter toujours plus loin les sciences et à raffiner sur tous les arts; on va jusqu'à exposer sa vie, et tout cela pour acquérir de la réputation. Cette passion est commune à presque tous les hommes; il faut être grossier pour n'en être pas piqué, et ne la connoître pas, c'est être imbécile. Quoi donc! l'homme après la mort est-il informé de ce qu'on dit de lui, ou ne l'est-il pas? Le corps sans doute n'a en tout cela aucune part, il est réduit en cendres. C'est donc l'âme qui subsiste toujours et qui n'oublie jamais que le nom qu'elle s'est fait, bon ou mauvais, la rappelle encore, malgré la mort, dans l'idée des hommes, telle qu'elle étoit durant sa vie. Si l'on prétend au contraire que l'âme meurt avec le corps, travailler à perpétuer sa mémoire, n'est pas une chose moins ridicule que d'exposer un tableau aux yeux d'un aveugle, ou de chanter une agréable musique aux oreilles d'un sourd. A quoi bon cette renommée après la mort, et pourquoi l'homme la poursuit-il avec tant d'ardeur?

C'est une coutume ancienne et superstitieuse en Chine, qu'aux quatre saisons, tous les enfans bien nés préparent des logemens à leurs ancêtres morts, leur tiennent les habits prêts, leur présentent des viandes, pour marquer par là leur amour et leur respect filial; mais si les âmes se détruisent aussi bien que les corps, les ancêtres morts ne peuvent donc point être témoins des respects que leurs enfans leur rendent, ni entendre ce qu'ils ont à leur dire, ni connoître qu'ils ont pour eux encore autant d'attachement que s'ils étoient en vie; et dès lors tout ce qu'on voit faire aux Chinois, depuis le prince jusqu'au peuple, bien loin d'être une des plus importantes cérémonies de la nation, n'est qu'un badinage d'enfans.

En second lieu, Dieu, en créant le monde, n'a rien fait sans raison, rien d'inutile; il a donné à ses créatures les inclinations qui leur conviennent : chacune cherche ce qui lui est bon, et aucune ne se porte à ce qu'il ne lui est pas possible d'obtenir. Le poisson se plaît à se renfermer dans les eaux; il ne désire point d'habiter les forêts et les montagnes : le cerf et le lièvre au contraire aiment les montagnes et les forêts, ils ne se plaisent point dans les eaux. Tous les animaux sans raison ne sont point touchés du désir de l'immortalité; ils ne connoissent point de nouvelle vie après la mort; leurs souhaits se terminent tous aux choses présentes. L'homme seul, quelque accoutumé qu'il puisse être à entendre dire que l'âme meurt avec le corps, n'est pas libre sur le désir de vivre toujours, d'habiter un lieu de délices et de jouir d'un bonheur éternel. Or, s'il étoit impossible à l'homme de voir un tel désir accompli, pourquoi Dieu l'auroit-il si fort gravé dans son cœur? Combien le monde n'a-t-il point vu de sages qui, renonçant à tous les biens terrestres et abandonnant en quelque sorte le soin de leur propre corps, se sont ensevelis tout vivans dans des cavernes pour ne penser plus qu'à leur âme, et pratiquer uniquement la vertu! Ils méprisoient tous les avantages de la vie présente, et ils n'avoient en vue que la félicité future : mais si l'âme est mortelle, et que tout finisse avec cette vie, tous ces illustres personnages ne sont plus qu'une troupe d'insensés.

En troisième lieu, le cœur de l'homme est plus grand que le monde; tous les biens de la terre ne sont pas capables de le remplir; d'où l'on doit conclure que son véritable bonheur n'est qu'après la mort. Le Créateur, infiniment sage et souverainement bon, n'a rien fait de défectueux, ni qui puisse être une juste occasion de plainte : lorsqu'une chose se porte naturellement à une fin raisonnable, il faut qu'elle soit destinée à cette fin. Ainsi les animaux n'étant créés que pour la terre, ils n'ont reçu que des inclinations terrestres, et les avantages du corps leur suffisent; mais si Dieu a créé l'homme pour le ciel et pour vivre éternellement, il est nécessaire que le peu de temps qu'il est ici-bas ne le satisfasse pas, et qu'il ne puisse trouver dans tous les biens de cette vie l'accomplissement de ses désirs. Or, jetez les yeux sur les différentes conditions des mortels : un homme de commerce s'est enrichi; l'or, l'argent, les pierreries, tout abonde dans sa maison; c'est l'homme le plus opulent de toute la contrée : en a-t-il assez? Un mandarin, avide des honneurs, a fait à grands pas une fortune rapide; il a passé par les premières charges; il est orné des marques de la plus haute distinction; il est parvenu jusqu'à gagner l'oreille du prince : ne souhaite-t-il plus rien? Un roi possède un grand État, l'univers en paix fléchit les genoux devant lui ; son bonheur s'étend sur sa famille : est-il parfaitement content? L'homme a reçu de Dieu le désir d'une entière et éternelle félicité ; comment pourroit-il être satisfait d'une fortune fragile et de peu de jours? Un moucheron ne peut pas rassasier un éléphant, et un grain de blé ne suffit pas pour remplir un grand magasin. Le grand Augustin, ce célèbre docteur d'Occident, avoit bien compris cette vérité, lorsque, levant les yeux au ciel, il s'écrioit : Seigneur, Père universel, vous nous avez créés pour vous-même, il n'y a que vous qui puissiez suffire à nos cœurs, et ces cœurs ne trouveront jamais de véritable repos que quand ils reposeront en vous.

En quatrième lieu, un homme a naturellement peur d'un autre homme mort. Que le mort soit parent ou ami, on ne laisse pas de soutenir avec peine la présence de son cadavre ; au lieu que le cadavre d'un animal ne cause aucune crainte. C'est que l'homme, spirituel de sa nature, sait qu'après la mort de son semblable, il reste une âme qui l'effraie, et qu'au contraire l'animal mourant ne laisse rien qui puisse lui faire peur.

En cinquième lieu, Dieu est juste, il n'est point partial : le bien, il le récompense ; le mal, il le punit ; on voit néanmoins, en cette vie, le pécheur triompher dans la prospérité, tandis que le juste gémit dans les souffrances : c'est que Dieu attend, après la mort, à punir l'un et à récompenser l'autre ; mais si l'âme périssoit avec le corps, il ne resteroit plus aucun lieu ni aux récompenses ni aux punitions.

LE LETTRÉ CHINOIS. Le sage, durant sa vie, étant si différent de l'homme sans règle, il ne doit pas lui être semblable après sa mort : la mort a des rapports avec la vie ; cette différence, sans doute, regarde l'âme, et voici comme les gens de lettres l'expliquent : l'homme de bien sait, par une conduite réglée, conserver son âme dans tout son entier ; ainsi la mort n'a pour lui d'autre effet que de faire périr son corps ; mais le méchant, par ses crimes, détruisant son âme, à la mort tout périt pour lui. Cette doctrine est bien capable d'exciter les hommes à la vertu.

LE DOCTEUR EUROPÉEN. Nos âmes, vertueuses ou criminelles, ne meurent point avec nos corps : les sages et les savans de tous les pays pensent ainsi [1]. Les livres sacrés de la loi du vrai Dieu le disent clairement, et je viens de le prouver par un grand nombre de raisons. Cette différence entre l'homme de bien et le méchant, que vous venez, monsieur, de rapporter, ne se trouve point dans les livres classiques, elle n'a aucun fondement. Convient-il, dans une affaire de cette conséquence, de donner soi-même dans des nouveautés pernicieuses, et d'y engager les autres? Nous avons des motifs très-réels à proposer aux hommes pour les exciter au bien et pour les détourner du mal, les récompenses d'une part, les punitions de l'autre. Pourquoi abandonner une doctrine si solide, et s'attacher à de vaines imaginations?

L'âme de l'homme n'est point une poignée de sable ou un morceau de bois que l'on puisse diviser et dissiper : c'est un esprit, maître absolu du corps, et la cause de tous ses mouvemens. Qu'un esprit détruise un corps, cela se peut ; mais comment se pourroit-il qu'une chose corporelle en détruisît une spirituelle? Supposons néanmoins que par des actions criminelles on puisse dissiper une âme, dès lors, les méchans hommes ne peuvent pas vivre longtemps. Mais combien en voit-on qui, depuis le bas âge jusqu'à une extrême vieillesse, ne cessent d'entasser crime sur crime? Est-ce donc que leurs âmes étant détruites, ils ont encore la force de vivre? Pour qu'un corps vive, l'âme ne lui est-elle pas aussi nécessaire que le sang? Que le sang manque à un corps, il ne peut plus se soutenir ; l'âme manquant, peut-il encore se mouvoir? De plus, l'âme n'a-t-elle pas plus de force que le corps? des crimes accumulés ne détruisent point toujours le corps, comment pourroient-ils détruire l'âme? Enfin, si, durant la vie, l'âme se dissipe et se détruit, pourquoi cette destruction ne vient-elle qu'après la mort?

Le bien ou le mal ne font point que le Créateur change la nature des choses : les animaux ne sont créés que pour vivre sur la terre un certain temps ; ce qu'il peut y avoir de bon en eux ne leur obtiendra pas l'immortalité : les démons sont créés pour être immortels ; quelque mauvais qu'ils soient, ils ne mourront jamais : l'âme d'un méchant homme, parce

---

[1] Cela étoit vrai du temps de l'auteur, mais aujourd'hui, combien de sages et de savans prétendus donnent dans le matérialisme, et osent l'enseigner!

(*Note de l'éditeur.*)

qu'il est méchant, n'en mourra pas davantage. Si la destruction des âmes étoit toute la punition des hommes criminels, où seroit la justice? Les crimes ne sont pas tous égaux, pourquoi cette égalité de punition? Dieu ne punit pas ainsi. Cette manière de punir doit-elle même être appelée punition? Une âme détruite n'a plus rien à souffrir. C'est donc plutôt une abolition de tous les crimes. Une telle doctrine ne donne-t-elle pas occasion aux hommes de s'enhardir au mal, et de s'abandonner à tous les vices?

Ce que les anciens ont dit en parlant de perte d'esprit, de dissipation d'esprit, n'est qu'une pure métaphore : ne disons-nous pas encore aujourd'hui qu'un homme a l'esprit dissipé, lorsque nous le voyons se répandre trop au dehors, et vivre sans recueillement? Si un autre se livre à des choses extravagantes et contraires au bon sens, nous disons qu'il a perdu l'esprit. Prétendons-nous parler d'une perte réelle, d'une dissipation entière? ce qu'il y a de vrai, c'est que l'homme de bien embellit son âme, et l'orne de vertu, au lieu que le méchant la déshonore, et la noircit par ses vices.

Nous ne sommes les auteurs ni de nos corps ni de nos âmes, c'est Dieu même. Il ne dépend pas de nous de les détruire, cela dépend de Dieu seul. L'ordre établi de Dieu est que le corps, après quelques années, soit détruit. Nous ne le rendrons pas immortel. L'âme est créée pour l'immortalité, nous ne la détruirons pas. Ce qui nous regarde, c'est l'emploi que nous ferons de l'une et de l'autre. Si nous nous en servons pour le bien, voilà notre bonheur; si nous nous en servons pour le mal, voilà notre malheur. Nous avons reçu cette âme et ce corps, et ils sont à notre disposition, comme seroit un morceau d'or très-pur. Nous pouvons de cet or faire un vase sacré, propre au sacrifice, ou bien un vase profane, destiné aux plus vils usages; cela dépend de nous. Mais à quoi que nous employions cette matière, c'est toujours de l'or. Ceux qui, sur la terre, feront briller leurs âmes par les vertus, brilleront dans le ciel de la gloire de Dieu même; mais ceux qui vivront ici-bas dans l'aveuglement d'esprit, sans vouloir reconnoître la vérité, seront précipités dans les abîmes des ténèbres éternelles. Telle est la grande doctrine; qui peut aller contre?

LE LETTRÉ CHINOIS. Ah! je vois bien à présent quelle différence on doit mettre entre l'homme et la bête. Cette différence n'est pas peu de chose. L'âme de l'homme est immortelle, cela est vrai, cela est évident.

LE DOCTEUR EUROPÉEN. L'homme animal ne se met pas en peine de connoître en quoi il diffère de la bête, parce qu'il veut vivre en bête. Mais un docteur d'un rang supérieur, dont le but est de s'élever au-dessus du vulgaire, voudroit-il s'avilir si fort? Ah! monsieur, tout dépend de prendre une bonne résolution. L'exécution en devient bien plus facile. En un mot, puisque l'homme, dans sa nature, diffère tant de la bête, il ne doit point lui ressembler dans ses actions.

QUATRIÈME ENTRETIEN.

On raisonne mal sur les esprits et sur l'âme de l'homme.
L'univers n'est pas une seule substance.

LE LETTRÉ CHINOIS. Hier, de retour chez moi, je rappelai dans mon esprit la belle doctrine que vous veniez de m'apprendre, et je me persuadai toujours plus de sa vérité et de sa solidité. Je ne comprends pas comment certains lettrés de Chine portent l'incrédulité jusqu'à ne pas reconnoître qu'il y a des esprits.

LE DOCTEUR EUROPÉEN. En lisant les livres classiques de Chine, on y trouve partout que les anciens empereurs et leurs vassaux regardoient comme un de leurs principaux devoirs de faire des oblations aux esprits. Aussi, les révéroient-ils comme s'ils en avoient été environnés. S'il étoit vrai qu'il n'y eût point d'esprits, comment est-ce que ces premiers sages auroient donné dans de si grandes erreurs? Dans le livre *Chu* on fait ainsi parler l'empereur Pan-kong : « Si je gouverne mal, moi prince, toutes mes fautes sont marquées. Tching-tang, chef de ma dynastie, m'en punira, et me fera entendre ce reproche : Malheureux, est-ce ainsi que tu déshonores mon nom! » Ce prince ajoute : « Si mes officiers causent du trouble par leur mauvaise conduite, et qu'ils ne pensent qu'à entasser des richesses, leurs ancêtres les accuseront devant le Tching-tang : Punissez, diront-ils, nos descendans criminels. » Dans le chapitre Si-pi-kan, Tsong-y parle en ces termes à l'empereur Tcheou : « Seigneur, puisque le Ciel a résolu de détruire notre malheureuse famille, quel est l'homme sage, quel est même le devin qui ose vous annoncer et vous promettre du bonheur? Ce n'est pas que les empereurs, nos pères, nous aient refusé leur protection, c'est vous seul, prince, qui, par vos désordres, avez attiré notre malheur. » Pan-kong descendoit de Tching-tang. Il faisoit, depuis cet empereur, la neuvième génération, et, de l'un à l'autre, il s'étoit écoulé 400 ans. Cependant, il lui faisoit encore des oblations ; il craignoit encore. Il reconnoissoit en lui un pouvoir de le punir. Il s'excitoit lui-même, il exhortoit ses sujets, comme si Tching-tang eût encore régné sur la terre. Tson-y, plus récent que Pan-kong, dit que les anciens empereurs de sa famille peuvent, après leur mort, protéger leurs descendans. N'est-il donc pas visible qu'il croyoit leurs âmes immortelles ?

Dans le chapitre Kin-Teng, du même livre *Chu*, Tcheou-kong s'exprime ainsi : « Je suis bon, obéissant à mon père ; j'ai beaucoup d'habileté, je sais révérer les esprits. » Il dit encore : « Si je n'avois pas de la droiture, comment oserois-je me présenter devant les princes mes ancêtres ? » Dans le chapitre Chao-kao, il est dit : « Puisque le Ciel a détruit la dynastie des Yn, les empereurs de cette maison, qui sont en grand nombre dans le ciel, ont sans doute abandonné leur postérité. » Dans le livre *Chi*, on lit ces mots : « Ouen-ouang est dans le ciel, il y est glorieux et triomphant. » Tcheou-kong, Chao-kong, quels hommes ! Toute la Chine les regarde comme des sages[1]. Seroit-il permis de traiter leurs paroles de mensonges? Or, ils disent que Tching-tang et Ouen-ouang, après leur mort, sont dans le ciel ; qu'ils en descendent et qu'ils y montent ; qu'ils ont le pouvoir d'aider les vivans ; n'est-ce pas dire que l'âme de l'homme ne meurt point? Cependant l'erreur se répand ; on met tout en œuvre pour tromper le monde ; les reproches, les injures sont inutiles. Que feront donc les gens de lettres, amateurs de la vérité? Il faut employer la raison pour réfuter le mensonge : il faut mettre en évidence la nature des esprits ; par là on peut en venir à bout.

LE LETTRÉ CHINOIS. Tous ceux qui raisonnent sur les esprits ont chacun leur opinion particulière. Les uns prétendent qu'absolument il n'y en a point ; d'autres disent que, quand on croit qu'il y en a, il en existe, mais qu'il n'y en a point, quand on ne le croit pas. Certains parlent ainsi : Si vous dites qu'il y en a, vous vous trompez, si vous dites qu'il n'y en a point, vous vous trompez encore. Dire qu'il y en a, et qu'il n'y en a point, voilà le vrai.

LE DOCTEUR EUROPÉEN. Ces trois opinions vont également à rejeter les esprits. Ceux qui les suivent ne font pas attention au mauvais parti qu'ils prennent. Ils veulent attaquer les disciples de Fo et de Lao, et ils ne voient pas qu'ils renversent la doctrine des anciens sages. Les différens noms et les différens emplois des esprits qui président aux montagnes, aux rivières, aux salles des ancêtres, au ciel, à la terre, ne prouvent-ils pas qu'ils sont même distingués en différens ordres ? Ce qu'il plaît d'appeler force naturelle des deux matières premières, traces, vestiges de la production des choses, mouvement réciproque de la matière, ce ne sont point là les esprits dont les livres classiques font mention. Que je croie une chose, ou que je ne la croie pas, est-ce une conséquence que cette chose soit ou ne soit pas ? Quand on ne veut débiter que des rêveries qu'on s'exprime ainsi, à la bonne heure ; mais quand on raisonne sur ce qu'il y a de plus respectable dans le ciel et sur la terre, doit-on parler à l'aventure? Un homme instruit sait que dans les parties occidentales il y a des lions ; tel ignorant n'en veut rien croire. Le lion est cependant un animal très-réel. Est-ce donc que la sotte incrédulité de cet ignorant fera disparoître tous les lions de l'univers ?

L'idée de ces inventeurs de faux systèmes n'est autre que d'admettre uniquement ce qui peut se voir des yeux, et de rejeter tout ce qu'on ne voit pas. Mais est-ce ainsi que raisonnent des savans? N'est-ce pas plutôt le pitoyable langage d'un barbare? Prétendre avec les yeux du corps voir un objet sans figure et sans couleur, c'est vouloir goûter des viandes par l'oreille. Qui a jamais vu les propriétés de l'homme, qui a vu l'âme d'une chose vivante, qui a vu le vent? La raison fait juger plus sainement des choses, que si on les voyoit de ses propres yeux. Les yeux peuvent absolument être trompés ; rien ne trompe la raison. A voir

---

[1] L'auteur rapporte l'opinion des anciens Chinois sur les esprits, non pour approuver le culte qu'on leur rendoit, mais pour en tirer une preuve de leur existence.

la figure du soleil, un homme grossier, qui s'en fie à ses yeux, le juge de la grandeur du fond d'un seau ; au lieu qu'un homme d'étude, raisonnant sur son prodigieux éloignement, conclut qu'il est plus grand que toute la terre. Que l'on prenne un bâton bien droit, et qu'on l'enfonce à demi dans l'eau pure, alors il paroîtra courbé, mais la raison corrige cette fausse apparence, et fait toujours penser qu'il est droit. En voyant une ombre, on croiroit d'abord que c'est quelque chose qui marche, qui s'arrête; mais l'usage de notre raison nous apprend que l'ombre n'est qu'un défaut de lumière, et que n'étant rien en soi, elle n'est capable ni de mouvement, ni de repos.

C'est de là qu'est venu cet axiome reçu dans toutes les écoles d'Occident : Les connoissances qui nous viennent par les sens doivent être rapprochées de la raison. Si elles s'y trouvent conformes, elles sont vraies. Si elles lui sont opposées en quelque chose, c'est à elle à les rectifier. Pour connoître les secrets de la nature, quelle voie emploie-t-on ? Sur l'extérieur des choses on juge du fond, et par les effets on connoît les causes. La fumée qui paroît sur le toit d'une maison est un signe qu'il y a du feu au dedans. Dans nos précédens entretiens, je vous ai fait voir, monsieur, qu'à la vue du ciel, de la terre et de toutes les créatures, on doit conclure que l'univers a un maître. En examinant ce qui regarde l'homme en particulier, j'ai prouvé qu'il a une âme immortelle, et par là j'ai démontré qu'il y a des esprits. Voilà la véritable doctrine. Dire après cela qu'à la mort tout finit pour l'homme, et que l'âme périt aussi bien que le corps, ce ne peut être là que l'opinion de peu de gens sans raison. Quand on n'est appuyé sur aucun principe, comment peut-on raisonner sur les solides vérités que les anciens sages ont si bien établies ?

LE LETTRÉ CHINOIS. Un interprète du livre *Tchem-tsiou* rapporte que Tching-pé-yeou apparoissoit, après sa mort, sous une figure, et qu'il se rendoit redoutable. Quoi ! l'âme de l'homme, immatérielle, change-t-elle ainsi et devient-elle matière? Cela ne paroît pas croyable. De plus, nous voyons l'homme passer sa vie d'une manière assez uniforme. D'où lui vient après la mort ce pouvoir extraordinaire ? Enfin, si les morts conservent encore des connoissances, une mère tendre, qui ne fait que de mourir, ne devroit-elle pas chaque jour venir prendre soin de ses enfans ?

LE DOCTEUR EUROPÉEN. Puisqu'un interprète du livre *Tchem-tsiou* rapporte que Tchin-pé-yeou étoit redouté après sa mort, c'est une preuve qu'anciennement, lorsque le *Tchem-tsiou* a été écrit, on croyoit à l'immortalité de l'âme ; et ceux qui prennent à tâche de rejeter les esprits, détruisent une doctrine enseignée dans ce livre. Quand on dit qu'un homme n'est plus, on ne prétend point dire que son âme ait péri, mais seulement son corps. L'âme, durant la vie, est comme resserrée et embarrassée dans un corps grossier. Par la mort, l'âme sort de cette prison : libre de tous ses liens, elle est bien plus capable de pénétrer le fond des choses; ses connoissances sont plus pures, et son pouvoir plus grand. Que la lie du peuple l'ignore, cela n'est pas fort surprenant ; mais le sage en est parfaitement instruit. De là, dans son idée, la mort n'est point un mal à craindre ; il la regarde au contraire comme un moment heureux. C'est la voie pour retourner à sa véritable patrie.

Dieu, en créant le monde, a déterminé le lieu de chaque créature. Sans cela il y auroit eu du désordre. Les étoiles sont placées dans le ciel, elles ne peuvent point tomber sur la terre, pour se mêler avec les plantes et les arbres. Les arbres et les plantes croissent sur la terre : ils ne peuvent point s'élever au ciel, pour se placer parmi les étoiles. Mais si l'âme d'un mort restoit dans sa maison, pour en prendre soin, comment ce mort passeroit-il pour mort? Chaque chose a son lieu marqué, il ne dépend pas d'elle d'en choisir un autre. Qu'un poisson soit affamé dans l'eau, quand il y auroit sur le rivage de quoi le rassasier, quand il le verroit, ou le sentiroit, il ne lui est pas possible de se transporter là, pour prendre sa nourriture. Quoique l'âme d'un homme mort puisse penser à sa famille, il ne lui est plus libre de retourner et de demeurer parmi ses proches.

L'apparition de quelques esprits n'a été qu'en conséquence d'un ordre particulier de Dieu, qui a voulu par là instruire et animer les bons, ou punir et corriger les méchans, et donner à tous une preuve sensible que l'âme de l'homme ne périt point à la mort, bien différente en cela de l'âme des bêtes, qui se détruit, et dont on ne voit aucun retour.

Pour qu'une âme, immatérielle de sa nature,

puisse se faire voir aux hommes vivans, il est nécessaire qu'elle emprunte un fantôme sous lequel elle apparoît; en quoi il n'y a pas la moindre difficulté. Mais quoi! Dieu, pour convaincre entièrement l'homme que les âmes ne meurent point, va jusqu'à employer de tels prodiges, et néanmoins il y a encore des incrédules, qui, voulant enseigner aux autres ce qu'ils ne savent pas eux-mêmes, prétendent follement qu'à la mort tout finit pour l'homme. Il est aisé sans doute de leur fermer la bouche; mais qu'ils sachent qu'après cette vie leurs propres âmes n'éviteront pas le châtiment que mérite cette doctrine pestilente. C'est à eux à prendre leurs précautions.

LE LETTRÉ CHINOIS. Ceux qui disent que l'âme de l'homme, toute spirituelle qu'elle est, se détruit après la mort, ne regardent un esprit que comme une légère vapeur. La vapeur se dissipe quelquefois fort vite, d'autres fois ce n'est que peu à peu. Lorsqu'un homme meurt d'une mort violente, cette vapeur ne se dissipe point sur l'heure, ce n'est qu'après un certain temps que son âme est entièrement détruite. Telle fut l'âme de Tching-pé-yeou. On fait encore ce raisonnement: Les deux matières premières qu'on regarde comme les vrais esprits, sont le fond de toutes les choses. Ainsi, puisqu'il n'y a rien dans l'univers qui ne soit fait de ces deux matières premières, il ne doit rien avoir qui ne soit esprit. Pour moi, j'ai toujours ouï parler des esprits et de l'homme, à peu près comme vous m'en parlez.

LE DOCTEUR EUROPÉEN. Ce qui est vapeur l'appeler esprit, âme, c'est confondre absolument les noms des choses. Quand on veut donner des notions claires, il faut user des mots propres. Les livres classiques parlent de vapeur, ils parlent aussi d'esprits. Ces noms ne sont assurément point semblables. Les notions ne le sont pas non plus. De tout temps on a fait des oblations aux esprits, je n'ai pas ouï dire qu'on en ait fait à la vapeur. Pourquoi ces nouveaux raisonneurs brouillent-ils ainsi les termes? Ils prétendent que cette vapeur d'âme se dissipe peu à peu; ils montrent par là le ridicule de leur système, en disant une absurdité. Je leur demande en quel temps l'âme est-elle tout à fait détruite? quelle espèce de maladie cause cette entière destruction? Les âmes de tant d'animaux qui meurent d'une mort violente, se dissipent-elles tout à coup ou peu à peu? D'où vient qu'il n'en apparoît aucune? Ces ignorans décident sur ce qui se passe après la mort, chose où ils n'entendent rien: pourquoi donc en parler? Dans le livre *Téhong-yong*, Kong-tzé dit: « les esprits sont le fond des choses, et l'on ne doit point les en séparer. » On peut parler ainsi en ce sens, qui est celui de Kong-tzé, que la vertu des esprits se fait sentir aux choses. Mais ce philosophe n'a jamais prétendu que les esprits fussent les choses mêmes.

Au reste, les esprits qui sont attachés aux choses n'y sont point comme l'âme est dans l'homme. L'âme de l'homme fait partie de lui-même; et de son union avec le corps, il n'en résulte qu'une nature. C'est de là que l'homme est capable de raisonner, et du genre des êtres spirituels. Les esprits ne sont dans les choses que comme le pilote dans le vaisseau qu'il gouverne. Ce pilote ne fait point partie du vaisseau, il en est entièrement distingué. Chacun à son espèce particulière. Ainsi, c'est une erreur grossière de penser qu'un esprit rende spirituelle la chose où il se trouve. Pour parler juste, on doit dire que, quand Dieu donne aux esprits des êtres matériels à gouverner et à conduire, dès lors les esprits, comme dit Kong-tzé, font sentir leurs vertus aux êtres qui leur sont confiés. Lorsqu'un grand prince fait éclater sa sagesse dans tout son empire, conclut-on de là que tout ce qui est dans l'empire soit sage et éclairé? Prétendre qu'il n'y a rien dans l'univers qui n'ait un esprit, et par là rien qui ne soit spirituel, c'est spiritualiser les arbres, les plantes, les métaux, les pierres. Quoi de plus absurde! Du temps de l'empereur Ouen-ouang, les peuples donnoient aux palais et aux jardins de ce prince les noms de sage et de spirituel. Cela ne doit point surprendre. Chacun sait que ses sujets vouloient marquer par là leur vénération et leur reconnoissance pour leur souverain. Si quelqu'un s'avisoit aujourd'hui d'employer ces termes à l'égard du palais et des jardins de Kié-tcheou, qui étoit un mauvais prince, ne diroit-on pas que ce seroit un homme sans discernement?

Pour marquer les différens genres des choses, les docteurs chinois distinguent le *purement matériel*, comme les métaux, les pierres; le *vivant*, comme les arbres, les plantes; le *sensitif*, comme les animaux; enfin, le *spirituel*, tel qu'est l'homme. Les philosophes d'Europe vont encore à un plus grand détail, c'est ce que vous pouvez remarquer sur la carte suivante. Vous n'y verrez cependant pas toutes les espèces particulières de chaque chose : elles sont en trop grand nombre pour être marquées dans la dernière exactitude. On se contente de mettre par ordre les neuf genres principaux auxquels tout aboutit.

Toutes ces choses ainsi rangées ont chacune leur espèce propre. D'un côté est le spirituel, de l'autre le matériel. Que si un étranger comme moi écrivoit à ses amis d'Europe qu'en Chine certains lettrés prétendent que les oiseaux et les quadrupèdes, les arbres et les plantes, les métaux et les pierres, sont spirituels aussi bien que les hommes ; dans quel étonnement ne les jetterois-je pas !

LE LETTRÉ CHINOIS. Quoique certaines gens, en Chine, soutiennent que la nature de la bête et la nature de l'homme sont semblables, cependant ils mettent cette différence entre l'une et l'autre, que la nature de l'homme est droite, et celle de la bête oblique ; et quand ils disent que la bête est spirituelle aussi bien que l'homme, ils avouent aussi que la spiritualité de l'homme est grande, et que celle de la bête est fort petite : d'où ils concluent la diversité des deux espèces.

LE DOCTEUR EUROPÉEN. La droiture et l'obliquité, la grandeur ou la petitesse ne suffisent pas pour différencier les espèces. Ces sortes de qualités accidentelles ne peuvent que faire distinguer, dans une même espèce, différens individus. Qu'une montagne soit droite ou non, qu'elle soit grande ou petite, c'est toujours une montagne. Parmi les hommes, il y en a qui ont beaucoup d'intelligence, il y en a qui en ont peu. Les uns ont l'esprit juste et le cœur droit ; d'autres tout au contraire. Cela prouve-t-il une diversité d'espèces ? Que si, pour celle du petit au grand, ou de l'oblique au droit, l'espèce changeoit, combien n'y auroit-il pas d'espèces d'hommes ! La seule vue de cette carte fait comprendre que les différences spécifiques d'une chose emportent nécessairement une entière opposition entre elles. Parmi les substances, la corporelle fait une espèce, l'incorporelle en fait une autre. Parmi les corps, le vivant est une espèce, le non vivant en est une autre. L'homme, parmi les animaux, est spécifié par la puissance de raisonner : il n'y a donc aucun autre animal qui soit raisonnable.

Mais qu'il y ait des hommes qui raisonnent juste, et d'autres qui raisonnent de travers ; que certains poussent le raisonnement plus loin que d'autres ; cela ne fait pas qu'ils ne soient point tous hommes. Cette différence du plus ou du moins ne change point l'espèce. Ainsi, dire que tous les animaux sont spirituels, quelque petite ou quelque oblique qu'on fasse leur spiritualité, c'est dire qu'ils sont tous de la même espèce que l'homme. Convient-il, et n'est-ce pas se tromper grossièrement, de prendre une qualité extrinsèque pour le fond des choses ? En voyant une clepsydre qui marque exactement les heures, pense-t-on que la matière dont elle est composée soit spirituelle ? Qu'un général d'armée, habile dans l'art de conduire les troupes, ait vaincu l'ennemi, ses soldats, durant le combat, ont obéi à ses ordres, ils ont avancé, ils se sont retirés à propos, ils ont dressé des embuscades, ils ont attaqué de front, la bataille est gagnée : qui dira jamais que chaque soldat soit fort entendu dans l'art de la guerre ? N'est-ce pas là plutôt la gloire du chef qui a commandé ? Quand on sait distinguer les différentes espèces de choses, et que par un examen sérieux de leurs qualités naturelles, de leurs divers mouvemens, on connoît à quoi chaque chose se porte, de quoi chaque chose est capable, il est aisé de conclure que les animaux sont gouvernés par des intelligences qui les font servir aux desseins de Dieu. Nous voyons en effet des animaux faire des choses au-dessus de leur portée et qui passent toutes leurs connoissances. Ce n'est point d'eux que vient une conduite si réglée et si suivie. Au lieu que l'homme se gouverne par lui-même ; il prend son parti suivant les occasions et les circonstances ; il est entièrement libre, et il emploie sa liberté selon ses différens désirs.

LE LETTRÉ CHINOIS. Quoique l'on dise que le même air soit la forme universelle qui fait agir tous les êtres, cependant tous les êtres n'ont pas la même figure ; et c'est de là que vient la différence des espèces. Un corps, qu'est-ce autre chose qu'une écorce remplie et entourée d'air ? L'air fait les choses ce qu'elles sont, et les choses elles-mêmes déterminent leurs espèces. Un poisson dans la mer est environné et rempli de la même eau ; la même eau remplit une baleine et une sole : mais la baleine et la sole n'ont pas la même figure ; et par là elles ne sont pas de la même espèce. Ainsi, pour connoître les différentes espèces qui composent l'univers, il ne faut que regarder leurs figures.

LE DOCTEUR EUROPÉEN. Par la diversité des figures on peut bien distinguer les choses, mais non pas les différentes espèces des choses. Tout au plus peut-on par là différencier les espèces des figures; la figure d'une chose n'est point la chose même. Ne mettre la différence des choses que dans la figure, au lieu de la faire consister dans la nature, n'est-ce pas donner la même nature au bœuf et à l'homme? Ainsi parloit autrefois le docteur Kao; et parler aujourd'hui de même, ce n'est qu'être son écho. Deux statues d'argile, dont l'une représente un tigre et l'autre un homme, ne diffèrent assurément que par la figure; mais que la seule figure distingue un homme et un tigre vivans, cela se peut-il dire? On voit souvent des choses d'une figure différente et cependant de la même espèce : les deux statues dont je viens de parler en sont un exemple. Les figures d'homme et de tigre ne sont pas les mêmes; c'est néanmoins d'une même espèce d'argile qu'elles sont faites.

Quant à ce qui regarde l'air, si l'on prétend que c'est quelque chose de spirituel, et qu'il anime tout ce qui est vivant, il s'ensuit de là que rien ne sauroit mourir. La mort, selon cette opinion, ne peut être causée que par un manque d'air. En quel endroit l'air manque-t-il? Par où y a-t-il à craindre de manquer d'air? Une chose que nous disons être morte, n'est-elle pas remplie d'air en dedans? N'en est-elle pas environnée en dehors? Ce n'est donc pas précisément l'air qui anime ce qui est vivant. Qu'un homme assez ignorant pour ne savoir pas que l'air est un des quatre élémens, le confonde avec les esprits et avec l'âme de l'homme, je n'en suis pas fort surpris; mais pour peu qu'on soit instruit, ne sait-on pas que l'air est un corps dont il n'est pas si difficile d'assigner la nature et les propriétés? L'air mêlé avec l'eau, le feu et la terre, compose tout ce qui est matière. Notre âme, partie essentielle de nous-mêmes, et seule cause vivifiante de notre corps, suffit pour nous faire vivre de l'air que nous respirons à tous les instans. L'homme, les oiseaux, les quadrupèdes vivent au milieu de l'air, pour trouver toujours dans cet élément froid de quoi tempérer le feu qu'ils ont dans l'intérieur. De là vient que nous respirons sans cesse, pour pouvoir toujours, par un double mouvement, pousser au dehors l'air chaud, et en recevoir un plus frais au dedans. Le poisson n'a nul besoin de respirer l'air; il vit dans l'eau : cet élément est bien capable de le rafraîchir.

Pour les esprits, ils n'entrent point dans la composition des choses : ils font eux-mêmes une espèce particulière, qui est celle des substances immatérielles. Ils sont délégués par l'ordre du Créateur pour gouverner les autres créatures, sur lesquelles ils n'ont point une autorité absolue. C'est ce qui a fait dire à Kong-tzé : « Honorez les esprits, mais de loin. » Les esprits ne peuvent point nous donner du bonheur, des richesses, ni effacer nos péchés. Ce pouvoir est réservé à Dieu seul. Les ignorans de ce siècle, qui vont offrir leurs vœux et leurs prières aux esprits, ne prennent point la bonne voie pour être exaucés. Cette expression de Kong-tzé, *mais de loin*, porte la même idée que celle-ci : *Si vous offensez le Ciel, à qui vous adresserez-vous?* S'expliquer comme font certains lettrés, en disant qu'il n'y a point d'esprits, c'est réduire Kong-tzé au rang de ces docteurs qui ne savent qu'embrouiller.

LE LETTRÉ CHINOIS. Nos anciens philosophes, reconnoissant dans les merveilles que contient l'univers une raison suprême et invariable qui règne partout, ont cru que chaque créature y participoit à sa manière, et que toutes ensemble ne faisoient avec elle qu'une seule[1] substance : ils disoient donc que Chang-ti, Seigneur du ciel, se trouvoit dans chaque chose, et que de son union avec elles il ne résultoit qu'un même être. C'est par ce motif qu'ils exhortoient les hommes à ne pas s'abandonner au vice pour ne pas défigurer la beauté qui s'étoit communiquée à eux; à ne point violer l'équité, pour ne pas offenser la raison qui résidoit en eux; à ne nuire à aucune chose du monde, pour ne pas manquer de respect au Chang-ti, qui se trouvoit en tout. Ils disoient encore que la nature de l'homme et de toute autre chose ne périssoit point par la mort ou par la division des parties; mais qu'elle retournoit se transformer en Dieu, c'est-à-dire que l'âme de l'homme ne meurt point. Cependant je crains que cette doctrine ne s'accorde pas tout à fait avec ce que vous,

---

[1] La déraison est partout la même, et l'on voit qu'à la Chine il y avoit des spinosistes avant Spinosa, et que, quand on s'écarte de la vérité, on tombe dans les mêmes absurdités.

monsieur, enseignez touchant le Seigneur du ciel.

LE DOCTEUR EUROPEEN. Je n'ai jamais ouï parler d'une doctrine plus extraordinaire et moins suivie que celle-là. Comment s'accorderoit-elle avec la mienne ? n'est-ce pas dégrader la majesté du Chang-ti ? Il est rapporté, dans nos saintes Écritures, qu'au commencement des temps, lorsque Dieu donna l'être à toutes choses, il créa des anges de tous les ordres. Un des principaux d'entre eux, appelé Lucifer, ébloui de ses qualités naturelles, s'abandonna à l'orgueil et eut l'audace de penser qu'il pouvoit devenir semblable au Très-Haut. Dieu punit aussitôt le téméraire ; il le changea en démon avec tous les autres anges qui l'avoient suivi dans sa révolte, et il les précipita tous dans les enfers. C'est d'après cela que nous disons que depuis la création du monde il y a un enfer et des démons. Or, dire que les créatures sont tellement unies au Créateur qu'elles ne sont avec lui qu'une même chose, n'est-ce pas enchérir encore sur le langage impie de Lucifer ?

On ne s'aperçoit plus, en Chine, d'une opinion aussi pestilente, depuis qu'on y a laissé répandre les rêveries de la secte de Fo. Tcheou-kong, Kong-tzé se sont-ils jamais exprimés en ces termes en parlant du Chang-ti ? trouvera-t-on rien de pareil dans les livres classiques ? Si l'on voyoit un homme de la lie du peuple affecter les airs d'un roi et prétendre être traité en roi, qu'en diroit-on ? Quoi donc ! il n'est pas permis à un simple particulier de se comparer à un prince, et il pourroit se dire semblable au Chang-ti ! Un homme, parlant à un autre homme, lui dit : « Toi, tu es toi ; moi, je suis moi » ; et un ver de terre, s'adressant au Chang-ti, pourroit lui dire : « Vous êtes moi, et je suis vous ! Quoi de plus extravagant ?

LE LETTRÉ CHINOIS. Les disciples de Fo ne se mettent point au-dessous de Chang-ti. Ils vantent beaucoup les qualités de l'homme, la noblesse de son corps, les vertus de son âme ; en cela il y a du vrai. Les vertus du Chang-ti sont sans doute très-relevées ; mais celles de l'homme, jusqu'où ne vont-elles pas ! le Chang-ti a une puissance sans bornes ; et l'homme, de quoi n'est-il pas capable ! que peut-il y avoir de plus grand que les anciens sages, vraies origines des nations qu'ils ont su rassembler ? Parfaits législateurs, docteurs consommés, inventeurs de tant de beaux-arts, c'est d'eux que les peuples ont appris à labourer la terre, à creuser des puits, à se faire des vêtemens, à construire des chariots, à construire des vaisseaux ; de manière qu'ils peuvent non-seulement se nourrir et conserver leur vie, mais encore entretenir un commerce perpétuel qui les enrichit tous et qui les rend tous heureux. C'est par eux que les empires ont été solidement fondés, qu'ils se conservent et qu'ils sont à jamais inébranlables. Quel temps, pour reculé qu'il soit, peut faire oublier leur glorieuse mémoire ? Je n'ai point ouï dire, qu'au défaut de ces hommes illustres, le Chang-ti ait rien fait de pareil : voilà ce qui fait dire que le pouvoir de l'homme ne cède point à celui du Chang-ti, et l'on ne voit point pourquoi la puissance de créer le ciel et la terre est attribuée à Dieu seul.

L'homme ordinaire ne connoît point l'excellence de sa nature. On l'entend dire que l'esprit est resserré et comme emprisonné dans le corps ; mais un fotiste, qui comprend la grandeur de cet esprit, ne veut point se soumettre ni s'abaisser. Selon lui, l'homme contient en soi le ciel, la terre, l'univers entier. L'esprit humain est tel qu'il n'y a rien de si éloigné qu'il n'atteigne, rien de si sublime où il ne s'élève ; rien de si étendu qu'il ne comprenne; rien de si délié qu'il ne saisisse ; rien de si massif et de si dur qu'il ne pénètre. Quand on en est venu à connoître ainsi les perfections de l'homme, ne doit-on pas juger qu'il est intimement uni à Dieu, qu'il est Dieu lui-même ?

LE DOCTEUR EUROPEEN. Les fotistes ne se connoissent pas eux-mêmes, comment connoîtroient-ils Dieu ? Ils ont reçu des mains du Créateur, dans un corps très-vil, une âme digne de quelque estime, qui raisonne, qui les fait agir et mouvoir. D'abord ils s'enorgueillissent, et, d'un air de superbe, ils osent entrer en parallèle avec la majesté de Dieu même. Qu'a donc de si noble le corps de l'homme ? Qu'ont ses vertus de si respectable et de si grand ? Parler ainsi, c'est détruire la véritable vertu ; c'est se rendre soi-même entièrement méprisable. L'orgueil est l'ennemi de toutes les vertus, et ce vice seul est capable de corrompre toutes les actions de l'homme. C'est un axiome, parmi les sages d'Europe, qu'un grand nombre de vertus sans humilité n'est qu'un tas de sable exposé au vent. Les hommes les plus vertueux révèrent l'humilité et ils la pratiquent. Dieu, par sa nature, infiniment supérieur à tout, ne peut pas s'humilier ; mais si Dieu ne fait qu'une même chose avec l'homme, il faut que Dieu s'humilie. A voir, d'une part, les saints attentifs, exacts, respectueux, tremblans aux ordres du Ciel ; se regardant comme ce qu'il y a de plus abject sur la terre ; ne se croyant capables de rien ; et, d'autre part, les orgueilleux fotistes, quelle ressemblance ! Les saints n'osent pas penser qu'ils soient saints, et l'on veut nous faire accroire que le plus défectueux de tous les hommes n'est point au-dessous de Dieu même. L'homme fait un fonds de vertu pour se rendre parfait, et il se perfectionne pour mieux servir le Seigneur du ciel. La grande vertu de Tcheoukong consistoit à regarder comme son premier devoir de respecter et d'honorer le Chang-ti, et l'on prétend aujourd'hui nous mettre de niveau avec ce grand maître, digne et unique objet de nos adorations et de tout notre culte ! Quel renversement !

Les anciens sages se sont rendus recommandables ; ils ont donné des lois aux nations ; ils ont civilisé les peuples barbares ; mais ont-ils créé les hommes ? ils ont inventé les arts ; n'est-ce pas Dieu qui leur a fourni les matériaux ? sans cela, qu'auroient-ils pu faire ? Un ouvrier travaille en or et en bois ; mais auparavant il faut qu'il ait de l'or ou du bois. S'il n'avoit pas sa matière toute faite, la feroit-il ? Dieu, en produisant les choses, les a tirées du néant même ; il a parlé, et tout a été fait : voilà où l'on reconnoît une puissance sans bornes. Que peut l'homme, en comparaison ? Lorsqu'on imprime un sceau sur le papier ou sur la soie, on voit sur le papier et sur la soie la représentation du sceau ; mais ce n'est point là le sceau lui-même, et, en place du sceau, cette représentation n'est point capable d'en former de nouvelles. On peut dire quelque chose de semblable de la créature. La créature est l'image du Créateur ; elle n'est point le Créateur lui-même, et le pouvoir de créer passe toutes ses forces.

Un homme savant, qui a acquis des connoissances du ciel, de la terre, de quantité d'autres objets, a-t-il donc véritablement dans la tête le ciel et la terre et tout ces objets ? Il a regardé le ciel ; il a vu la terre ; il a examiné l'extérieur de différentes choses, d'où il a conclu leur nature, leurs qualités, leurs usages. Ne dit-on pas que l'esprit ne connoît d'objets que ceux qui lui viennent par les sens ? L'esprit est comme une eau pure et tranquille, comme un miroir bien poli, capable de recevoir les images de tout ce qu'on lui présente. Mais parce que cette eau et ce miroir peuvent représenter le ciel et la terre, ont-ils la puissance de créer l'un et l'autre ? Quand on se vante de pouvoir quelque chose, et qu'on se met en devoir de l'exécuter, on mérite alors d'être cru. Dieu a créé le ciel et la terre et tout ce que nous voyons ; ceux qui prétendent n'être pas différens de Dieu même doivent reconnoître en eux une égale puissance ; qu'ils tirent donc du néant une montagne, qu'ils créent même un bateau.

LE LETTRÉ CHINOIS. Ce que vous appelez Dieu, monsieur, et que vous dites avoir créé le monde, conserver et gouverner toute chose, c'est ce que les fotistes entendent par le mot moi : dans tous les temps comme dans tous les lieux, ce moi ne souffre jamais d'interruption : c'est toujours une seule et même substance. Mais parce que l'homme a un corps corruptible, son âme s'appesantit et s'obscurcit ; ses passions varient selon les occurrences ; ce qu'il y a de bon diminue chaque jour ; le germe de la vertu peu à peu se détruit ; sa divinité ne se soutient plus, et voilà pourquoi nous ne pouvons ni créer ni conserver les créatures. Ce défaut de puissance ne vient pas de notre âme considérée en elle-même ; c'est un effet de la corruptibilité de notre corps. Une escarboucle qui a perdu son éclat n'est plus une pierre précieuse. Mais si l'on examine l'âme de l'homme, telle qu'elle est véritablement en soi, c'est alors qu'on en connoît toute l'excellence.

LE DOCTEUR EUROPÉEN. Hélas ! il suffit de proposer une doctrine, quelque empoisonnée qu'elle soit, les hommes s'empressent à l'envi de s'en repaître. Quoi de plus triste ! il faut avoir l'âme bien appesantie et bien obscurcie pour oser avancer que le Créateur du ciel et de la terre, l'âme du monde que l'on prétend ne point différer de l'homme, est sujet à l'altération ! Une vertu solide, selon Kong-tzé, est à l'épreuve de tout : un instrument, une machine ne devient que plus propre à servir par l'usage qu'on en fait ; et le Grand par excellence, le redoutable Maître de l'univers, dans l'espace de la vie d'un homme, pourroit être abattu, renversé? Parler ainsi, n'est-ce pas mettre Dieu au-dessous de l'homme, rendre la passion maîtresse de la raison, faire l'esprit esclave du corps, donner une qualité accidentelle pour principe et pour fondement de la nature elle-même? Pour peu qu'un homme ait de lumières, il sent ce que je dis, sans qu'il soit besoin de m'étendre. Qu'on examine l'univers entier. Y a-t-il donc quelque créature qui surpasse le Créateur, qui le fasse dépendre d'elle, qui puisse l'appesantir et l'obscurcir?

Si Dieu et l'homme ne sont qu'une même chose, il n'y a plus à distinguer la paix et le bonheur de Dieu d'avec la misère et le trouble de l'homme. Notre âme sur cela est un exemple présent; c'est la même âme, soit dans la tête, soit dans les autres parties du corps. Qu'il lui arrive un malheur, quelque sujet de tristesse, elle est triste partout où elle est; elle ne peut pas tout ensemble être en trouble et en paix : or, puisque Dieu dans l'homme se trouve dans le chagrin et dans la peine, il s'ensuit que la souveraine félicité de Dieu en est troublée. Mais si Dieu est nécessairement heureux, suit-il de là que l'homme est à l'abri des atteintes de la tristesse et de la misère? N'est-il donc pas évident que Dieu et l'homme ne sont pas une seule et même substance? Prétend-on dire, ou que Dieu est identifié avec les choses, et que par là tout est Dieu, ou que Dieu fait partie intrinsèque des choses, et qu'il entre dans leur composition, ou que les choses sont, à l'égard de Dieu, ce qu'un pur instrument est dans les mains d'un ouvrier pour s'en servir? Ces trois manières de s'expliquer sont toutes opposées à la raison; je les reprends l'une après l'autre.

En premier lieu, Dieu n'est pas identifié avec les choses : si cela étoit, le nombre prodigieux des créatures se réduiroit à une seule nature. Mais s'il n'y avoit dans l'univers qu'une seule substance, on ne pourroit plus dire qu'il y a un nombre prodigieux de créatures. Les manières d'être de chaque chose seroient entièrement confondues; il n'y auroit plus d'instinct particulier, ni cette inclination naturelle à sa propre conservation. Nous voyons dans le monde beaucoup de choses ennemies les unes des autres, et qui se détruisent. L'eau éteint le feu, le feu consomme le bois. Parmi les animaux, les plus gros et les plus terribles mangent les plus petits et les plus foibles. Puisque Dieu est identifié avec toutes choses, Dieu se détruit donc lui-même; il ne sait point se conserver : est-ce là avoir une belle idée de Dieu? Suivant un tel système, Dieu n'est qu'une même chose avec l'homme, avec le bois, avec la pierre. L'homme sacrifie à Dieu, il doit donc obéir à Dieu. C'est donc à soi-même que l'homme sacrifie; il doit donc obéir à la pierre et au bois : ridicules, mais justes conséquences.

En second lieu, Dieu ne fait point partie intrinsèque des choses. Il s'ensuivroit que Dieu seroit moindre que la chose dont il feroit partie. La partie est moindre que le tout. Un tcon est plus grand qu'un ching qui n'en est que la dixième partie. Le contenant renferme le contenu. Si Dieu est dans les choses comme partie, il est contenu et par là plus petit que les choses qui le contiennent; mais qui pensera jamais que la créature puisse ainsi renfermer le Créateur dont elle a reçu l'être? Dieu faisant partie de l'homme, est-il dans l'homme comme un maître qui commande, ou comme un esclave qui obéit? Dieu ne peut point être soumis à l'homme en esclave; mais si l'homme a en lui-même Dieu qui règle, en maître absolu, toutes ses actions, il ne doit y avoir aucun méchant homme dans le monde. Pourquoi donc le nombre en est-il si grand? Dieu est la source de tous les biens, la vertu sans mélange. S'il gouverne absolument l'homme, comment le laisse-t-il aveugler par les passions? Comment l'homme donne-t-il dans tant de travers? Est-ce donc que la vertu de Dieu l'abandonne? Au temps de la création, Dieu établit partout un ordre admirable : aujourd'hui qu'il règle toutes les démarches de l'homme, selon les lotistes, d'où vient un si affreux désordre? C'est Dieu qui a porté toutes les lois que la raison impose à l'homme; l'homme, que Dieu dirige en tout, viole cependant ces lois. Est-ce que Dieu les ignore, ou qu'il n'y fait pas attention? Est-ce qu'il ne peut pas les garder, ou qu'il ne le veut pas? Laquelle de ces réponses peut-on recevoir?

En troisième lieu, les choses ne sont pas à l'égard de Dieu ce qu'un pur instrument est entre les mains de l'ouvrier pour s'en servir; car d'abord il seroit évidemment faux que Dieu, comme on le prétend, ne fît avec les choses qu'une seule et même substance. Un tailleur de pierre n'est point une même substance avec le ciseau dont il se sert, un pêcheur est très-distingué de ses filets et de sa barque : de plus, il suit d'une telle opinion que tout ce que font les créatures ne doit point leur être attribué, mais à Dieu ; de même qu'on attribue à l'ouvrier tout ce qu'il fait en se servant de ses instrumens. On dit que c'est le laboureur qui laboure, le bûcheron qui coupe le bois, le charpentier qui scie une planche ; et toutes ces actions ne sont point attribuées à la charrue, à la hache, à la scie : ce n'est donc plus le feu qui brûle, l'eau qui coule, l'oiseau qui chante, le quadrupède qui marche, l'homme qui monte à cheval, qui s'asseoit sur un char ; c'est Dieu qui fait tout cela. On ne doit plus punir les voleurs, les assassins, ils ne sont point en faute ; les gens de bien n'ont aucun mérite, il ne faut plus les récompenser. Y a-t-il rien de plus capable de mettre la confusion dans l'univers qu'une pareille doctrine? Dieu n'entre point dans la composition des choses, et par là même les choses, en se détruisant, ne retournent point à Dieu : elles se résolvent dans les mêmes parties dont elles avoient été formées. Que si les créatures, par la mort et par la destruction, se trouvoient changées en Dieu, on ne devroit plus dire qu'une chose est détruite, qu'elle est morte, mais, au contraire, qu'elle vit de la vie la plus parfaite. Quel est l'homme qui ne souhaitât pas de mourir sur-le-champ pour être transformé en dieu? Un fils bien né pleure la mort de son père, il se donne de grands mouvemens pour lui préparer un magnifique tombeau. A quoi pense-t-il ? son père est devenu dieu.

J'ai déjà fait voir que Dieu est l'origine de toutes choses, le Créateur de l'univers, le comble de toutes les perfections : la créature est incapable de comprendre sa grandeur, comment pourroit-on l'égaler à Dieu ? Quand on considère ce que les créatures ont de beau et de parfait, on reconnoît en elles les traits de la puissance de Dieu ; mais prétendre qu'elles soient Dieu lui-même, cela révolte. Si l'on voyoit de grands pas marqués dans un chemin, on diroit qu'un homme de grande taille auroit passé par là ; mais on ne s'aviseroit pas de confondre ces vestiges avec le voyageur. A la vue d'un beau tableau, un connoisseur admire l'habileté du peintre, mais il ne prend pas le tableau pour le peintre lui-même.

Dieu a formé des créatures de toutes les sortes et sans nombre, pour que l'homme avec le secours de sa raison, remonte à la première origine, et que parvenu à la connoissance du Créateur, il admire ses perfections infinies, il l'adore, il l'aime. Ce devroit être là notre unique occupation : mais l'homme grossier se repaissant de rêveries et de fables, a bientôt perdu de vue le premier principe, et dans quels travers ne donne-t-il pas! La source de ses erreurs n'est autre chose que l'ignorance où il est de ce qui regarde les différentes causes. Il y a des causes intrinsèques aux choses comme la matérielle et la formelle, il y en a qui sont extrinsèques, comme les causes efficientes : Dieu est cause efficiente et universelle, et par conséquent cause extrinsèque des créatures.

Il est à remarquer qu'une chose peut être dans une autre de plus d'une manière : un homme est dans une maison, dans une salle, comme dans un lieu. La matière et la forme sont dans l'homme, le pied et la main sont dans le corps, comme les parties dans le tout. La blancheur est dans le cheval qu'elle dénomine blanc ; la froidure dans la glace qu'elle dénomine froide, comme tout accident, toute qualité est dans une substance. La lumière du soleil est dans le cristal qu'elle fait briller ; la chaleur est dans le fer qu'elle échauffe, comme les causes extrinsèques sont dans les sujets où elles agissent. Des choses les plus basses, remontons aux plus hautes : on peut dire dans le sens de ce dernier exemple, que Dieu est dans les choses. Quoique la lumière soit dans le cristal et la chaleur dans le fer, ce sont néanmoins des choses bien distinguées, des natures toutes différentes. Ainsi, l'on n'erre point en disant que Dieu est de cette manière dans les créatures, avec cette différence que la lumière peut n'être pas dans le cristal, au lieu que Dieu, essentiellement immense, se trouve nécessairement dans toutes les créatures, et que Dieu, étant immatériel, n'a point de parties. D'où il suit qu'il est tout dans le tout, et tout dans chaque partie du tout.

LE LETTRÉ CHINOIS. Vous vous expliquez, monsieur, si clairement, que voilà tous mes doutes dissipés. Mais que pensez-vous de ceux qui prétendent que l'homme et toutes les autres créatures, ne font qu'une même chose?

LE DOCTEUR EUROPÉEN. Tantôt élever l'homme jusqu'à l'égaler à Dieu, tantôt l'avilir jusqu'à le confondre avec un vermisseau, il y a excès de part et d'autre. Un orgueilleux, persuadé, prévenu qu'il est semblable à Dieu, voudra-t-il être mis en parallèle avec le plus vil animal? et quelque effort qu'on fasse, j'ai bien de la peine à croire qu'on persuade jamais à personne qu'il ne diffère en rien d'un serpent venimeux. Vous, monsieur, qu'en pensez-vous vous-même? Il est aisé de réfuter ce qui n'est nullement digne de foi. Distinguons les diverses sortes d'identités qui se trouvent parmi les créatures. Il y a des identités simplement de noms entre des choses qui sont très-différentes, comme lieu céleste, lieu terrestre. Il y a des identités de réunion, par lesquelles plusieurs choses rassemblées n'en font qu'une; comme plusieurs brebis ne font qu'un troupeau; grand nombre de soldats ne fait qu'une armée. Il y a des identités de propriétés. Par exemple, entre une racine, une source et le cœur. Le propre de la racine est de fournir du suc à toute la plante : le propre de la source est de donner de l'eau à tout le ruisseau ; le propre du cœur est de distribuer le sang par tout le corps. Ces trois premières sortes d'identités sont fort imparfaites, et se rencontrent entre des choses de nature tout opposée. Il y a des identités de genres qui font que les espèces différentes conviennent dans un même principe générique; comme les oiseaux et les quadrupèdes conviennent dans les genres de cognoscitif et de sensitif. Il y a des identités d'espèces par où les individus participent à une même nature spécifique; comme le cheval A et le cheval B sont l'un et l'autre cheval, Pierre et Paul sont tous deux hommes. Ces deux sortes de nouvelles identités rapprochent les choses de beaucoup plus près que les trois premières. Enfin, il y a des identités de substances, par lesquelles une chose, soit qu'on la regarde sous différens rapports, soit qu'on lui donne divers noms, reste toujours en soi la même. Par exemple, Ex-tang-hium et Ti-yao sont un même homme. Toutes les parties d'un tout n'ont rien de différent, et sont substances du tout lui-même. Cette dernière sorte d'identités est la parfaite et la vraie. Ceux qui prétendent que toutes les créatures ne sont qu'une même chose, dans lequel de ces trois ordres d'identités veulent-ils mettre celle qu'ils leur attribuent?

LE LETTRÉ CHINOIS. Ils la mettent dans l'ordre des identités des substances, et voici comme ils s'expliquent : le sage ne fait véritablement qu'une même chose avec le monde entier. Le vulgaire seul divise cette substance, en employant ces termes de toi et de moi. Ce n'est pas à dire que cette identité vienne de l'idée que se forme le sage. Elle a son origine dans la bonté du cœur humain, laquelle n'est point réservée au sage seul, et que le vulgaire ne peut jamais détruire.

LE DOCTEUR EUROPÉEN. Lorsque les anciens philosophes ont dit que nous ne faisions tous qu'un, ils vouloient seulement par là réunir les peuples, et les exciter à une mutuelle charité. On ne peut point dire que toutes les créatures soient une même chose, si ce n'est en ce sens seul, qu'elles ont toutes un même créateur; mais la justice qu'on se rend l'un à l'autre, la charité qu'on se doit, supposent deux personnes distinctes. Si toutes les créatures ne sont qu'une même substance, où sera le nombre de deux? On ne trouvera de la distinction tout au plus qu'entre de vaines images incapables de s'aimer et de se respecter mutuellement. Ne dit-on pas que la charité consiste à traiter son prochain comme soi-même ; que la justice exige de rendre à autrui ce qui lui appartient? voilà donc un autrui, un prochain; voilà un soi-même. Si l'on ôte cette différence, ne détruit-on pas ces deux vertus? Supposons pour un moment que toutes les créatures sont en effet identifiées avec un homme, cet homme en s'aimant uniquement soi-même, en se procurant toute sorte de satisfactions, exerceroit une pleine charité, une parfaite justice ; mais peut-on croire qu'un scélérat qui ne pense qu'à soi, qui ne fait pas la moindre attention à tout le reste du genre humain, mérite les noms de juste et de charitable? Les anciens livres, en se servant des termes d'autrui, de soi-même, désignent-ils simplement deux corps? Ne marquent-ils pas au contraire très-clairement une vraie distinction de nature et de personnes?

La perfection de la charité consiste dans son étendue. Plus elle est restreinte, moins elle est parfaite. L'amour de soi-même est commun, même aux choses inanimées ; l'eau cherche toujours un lieu bas et humide, pour pouvoir par là se réunir et se conserver. Le feu veut un lieu sec, et s'élève sans cesse, pour trouver sa sphère et s'entretenir dans tout son entier. L'amour pour ceux à qui on a donné la vie est très-vif dans les animaux ; que ne font-ils pas pour nourrir leurs petits ? Aimer sa famille, le dernier des homme en est capable. Combien de fatigues, quels dangers, quels crimes même quelquefois, pour lui procurer le nécessaire ! Aimer sa patrie, le vulgaire même s'en pique. Ne voit-on pas chaque jour des armées entières prodiguer leur vie, pour repousser l'ennemi ? Mais une charité que rien ne borne, qui embrasse l'univers entier, c'est là la vertu du sage. Comment est-ce que le sage distingue autrui de soi-même, de sa famille particulière, d'une autre famille, son propre pays d'un pays étranger ? c'est que regardant tous les hommes comme ayant un même Créateur, un même père qui est Dieu, il se croit obligé de les aimer tous. Pourquoi n'imite-t-il pas l'homme sans règle, dont toute l'attention ne va qu'à s'aimer et se satisfaire soi-même ?

LE LETTRÉ CHINOIS. Si l'opinion de ceux qui disent que toutes les créatures ne sont qu'une même chose, détruit la charité et la justice, comment est-ce qu'on lit dans le livre *Tchong-yong* qu'un des devoirs du prince est de se regarder soi-même dans ses bas officiers et de ne point se distinguer d'eux ?

LE DOCTEUR EUROPÉEN. C'est là une façon de parler qui, bien comprise, n'a rien de mauvais. Que si l'on veut prendre cette expression à la lettre, on choque absolument le bon sens. Le livre *Tchong-yong* enjoint au prince de se regarder lui-même dans ses officiers, et de ne point se distinguer d'eux, parce que les officiers, même les plus bas, sont hommes aussi bien que le prince ; mais comment peut-on confondre un prince et ses officiers avec les plantes, les arbres, la terre, les pierres, et de tout cela ne faire qu'une même chose ? J'ai vu dans *Mong-tzé*, qu'un homme, pour aimer et faire du bien à un chien ou à un cheval, ne doit point pour cela passer pour charitable. Mais si le cheval, le chien et toutes les autres créatures ne sont qu'une même chose avec l'homme, tout attachement, à quoi que ce soit, devient dès lors une véritable charité. Autrefois le docteur Tsé-ti enseignoit que l'homme devoit aimer son prochain comme soi-même, et il trouva bien des contradictions. Aujourd'hui l'on prétend que l'argile et la boue sont des sujets dignes de notre charité, et cette doctrine trouve des partisans : quelle bizarrerie ! Dieu a créé l'univers, il l'a rempli d'un nombre presque infini de créatures, qui toutes ont entre elles des rapports et des différences. Les unes conviennent en genres et diffèrent en espèces ; les autres conviennent dans l'espèce et ne diffèrent que par leur propre entité. Une même chose a encore de vraies différences. L'on prétend aujourd'hui réduire toutes les créatures à n'en faire qu'une. N'est-ce pas renverser l'ordre établi par le Créateur ? La multiplicité et la diversité des choses en fait la beauté. Un curieux qui cherche des pierres précieuses ne se contente pas d'un fort petit nombre. Un antiquaire ramasse des antiquités le plus qu'il peut. Un festin, pour être exquis, doit présenter toutes sortes de mets. Si tout à coup les couleurs se réduisoient toutes à la rouge, nos yeux en seroient offusqués, au lieu que la diversité du rouge, du vert, du bleu, du blanc, du noir, soulage et récrée la vue. Une musique qui se réduiroit à un seul ton répété sans cesse, seroit insupportable, au lieu que le mélange des différens tons rangés avec art, compose une harmonie qu'on entend toujours avec un nouveau plaisir.

L'ordre étant tel pour tout ce qui tombe sous les sens, ce qui n'y tombe pas n'en suit pas un autre. J'ai déjà montré qu'il y avoit parmi les créatures une diversité d'espèces et de natures, et qu'on ne devoit point distinguer les objets seulement par la figure extérieure. Un lion de marbre et un lion vivant ont la même figure, ils ne sont pas de la même espèce. Un homme et un lion, tous deux de marbre, sont de la même espèce ; ils sont faits du même marbre, mais ils n'ont pas la même figure. Les maîtres dont j'ai pris autrefois les leçons, en expliquant les diverses propriétés des espèces et des entités particulières, disoient que dans le rang des composés substantiels, tout ce qui fait une même entité, fait aussi une même espèce ; mais que plusieurs choses d'une même espèce ne font point une même entité. Ils disoient encore que les actions d'une des parties d'un tout physique étoient attribuées au tout lui-même, et désignoient en même temps la partie qui les a faites. Que la main droite, par exemple, fasse l'aumône, exerce la charité, c'est l'homme qu'on appelle *charitable*. Que la main gauche fasse un vol, on n'en charge pas seulement la main gauche, mais encore la droite, le corps tout entier, et tout l'homme est appelé *voleur*. Sur ce principe, si toutes les créatures ne sont qu'une seule et même chose, les actions de chaque homme en particulier sont communes à tous. Ainsi, lorsqu'un scélérat fait un crime, l'homme de bien devient criminel, et parce que Ou-ouang étoit un prince plein de bonté, on doit aussi regarder Tcheou comme un bon prince; l'homme vertueux n'est pas distingué du scélérat; Tcheou n'est point autre que Ou-ouang, tout leur est donc commun. N'est-ce pas là renverser entièrement l'ordre établi dans le monde, où nous voyons que chaque chose agit à sa manière?

Les philosophes, en raisonnant sur la diversité des choses, ont toujours distingué celles qui concourent à faire une même entité, d'avec celles qui en font une différente. Pourquoi s'avise-t-on aujourd'hui de prétendre que toutes les créatures ensemble ne font qu'une seule et même substance? Les choses qui ont du rapport entre elles, se trouvant réunies, ne font qu'un même tout; celles qui n'ont aucun rapport, font des touts différens. Tandis que les eaux d'une rivière sont dans la rivière, elles ne font qu'un tout; mais si l'on en puise dans un vase, l'eau qui se trouve dans le vase ne fait plus un même tout avec les eaux de la rivière, elle reste seulement de la même espèce. Une doctrine qui fait ainsi un mélange informe du ciel, de la terre, de toutes les créatures, en les réduisant toutes à une seule substance, est injurieuse au Chang-ti. Elle renverse les règles établies pour les récompenses et pour les punitions; elle confond toutes les espèces; elle détruit les vertus de charité et de justice; et quelque respectables d'ailleurs que soient ses partisans, je ne puis m'empêcher de la combattre de toutes mes forces.

LE LETTRÉ CHINOIS. Vous m'avez, monsieur, pleinement instruit: voilà mes difficultés aplanies et l'erreur abattue. Votre doctrine est la véritable doctrine. L'âme de l'homme est immortelle; elle ne se transforme point en d'autres natures. J'ai ouï dire aussi que la religion chrétienne n'admet point ce que les fotistes disent de la métempsycose, non plus que la défense qu'ils font de tuer les animaux. J'ai encore besoin, monsieur, de vos instructions là-dessus. Ce sera, s'il vous plaît, pour demain.

LE DOCTEUR EUROPÉEN. Quand on a aplani les montagnes, il est aisé de venir à bout des petits tertres. Mon dessein étoit de vous entretenir sur la matière que vous proposez. Vous souhaitez, monsieur, m'entendre sur la métempsycose; de mon côté, je souhaite de vous en parler.

CINQUIÈME ENTRETIEN.

La métempsycose est une rêverie, et la crainte de tuer les animaux, une puérilité. Quels sont les vrais motifs de jeûner?

LE LETTRÉ CHINOIS. Il y a trois opinions touchant le sort de l'homme. Les uns disent que, tout commençant pour lui à sa naissance, tout doit aussi finir pour lui à sa mort. Les autres, raisonnant sur le passé, le présent et l'avenir, prétendent que tout ce que nous recevons de biens et de maux dans la vie présente est une suite de ce que nous avons fait dans la vie passée, et que dans la vie future nous serons traités suivant ce que nous faisons dans la vie présente. Pour vous, monsieur, vous dites que cette vie n'est pour l'homme qu'un court passage qui le conduit à une vie future d'une éternelle durée; d'où vous concluez que nous devons à présent nous appliquer de toutes nos forces à la vertu, pour nous procurer dans l'avenir une heureuse éternité. Ainsi, l'avenir est le terme, le présent est la voie. Ce que l'on dit d'une vie future me paroît solide, mais ce qu'on ajoute d'une vie passée, d'où tire-t-il son origine?

LE DOCTEUR EUROPÉEN. Il parut autrefois dans l'Occident un célèbre philosophe, nommé Pythagore. C'étoit un très-grand génie, mais dont la sincérité n'est pas bien assurée. Ce philosophe, chagrin de voir les peuples de son temps donner dans le désordre sans crainte et sans pudeur, se servit de l'estime qu'on avoit pour lui, et inventa un système extraordinaire pour ramener les méchans. Il se mit donc à prêcher que les hommes qui s'abandonnoient aux vices durant cette vie ne manqueroient pas, après leur mort, d'expier dans une vie nouvelle leurs crimes passés; qu'ainsi, ou ils renaîtroient pauvres et misérables, ou ils seroient changés en diverses sortes d'animaux; que les hommes cruels et féroces seroient changés en tigres, en léopards, les orgueilleux en lions, les impudiques en chiens, en pourceaux, les gourmands en bœufs, en ânes, les voleurs en renards, en loups, en éperviers; enfin, que chaque homme vicieux reprendroit une forme d'animal, convenable à son vice. Des gens sages ont excusé Pythagore, en disant que son intention étoit bonne, mais qu'il s'étoit mal exprimé. On ne manque pas de solides raisons pour ramener les méchans : pourquoi laisser la vérité, et employer le mensonge ?

Le philosophe étant mort, quelques-uns de ses disciples retinrent cette opinion. L'erreur peu à peu passa dans les royaumes étrangers, et parvint dans l'Inde jusqu'au Ching-ton. Fo, né dans ce pays-là, et pensant alors à faire une secte, emprunta de Pythagore la métempsycose, à quoi il ajouta les six articles de sa doctrine, et toute cette suite de rêveries qu'on donne aujourd'hui pour des livres sacrés. Peu d'années après, quelques Chinois étant allés au Ching-ton rapportèrent en Chine le fotisme. Voilà l'origine et le progrès de la métempsycose qui, n'étant appuyée sur aucun fondement, n'est pas digne de la moindre croyance. Le Ching-ton n'est qu'un petit pays, nullement comparable à la Chine. On n'y trouve aujourd'hui ni science, ni politesse; la vertu n'y est point en recommandation. Est-ce donc sur les fables qui en viennent que doit se régler le monde entier ?

LE LETTRÉ CHINOIS. En voyant la carte générale de tous les royaumes du monde, que vous avez mise au jour, où tout correspond si exactement aux degrés célestes, et plus encore en faisant attention au long voyage que vous avez fait en venant d'Europe, on doit juger que vous êtes parfaitement instruit de ce qui regarde la patrie de Fo. Sa nation est sans doute, comme vous le dites, vile et méprisable. Les fotistes de Chine sont trompés par la lecture des livres de leur secte; ils s'imaginent que le royaume de Fo est un pays admirable; certains même vont jusqu'à souhaiter la mort pour aller, par une heureuse métempsycose, commencer une nouvelle vie dans ces régions fortunées : cela est risible. Nous autres Chinois, nous voyageons peu dans les pays éloignés; comment pourrions-nous les bien connoître? Mais, enfin, que la patrie de Fo soit un pays de peu d'étendue, que sa nation soit abjecte, pourvu que sa doctrine soit raisonnable, on peut la suivre; tout le reste n'apporte à cela aucun empêchement.

LE DOCTEUR EUROPÉEN. Les absurdités qui suivent de l'opinion de la métempsycose sont sans nombre; je n'en rapporte que quelques-unes des principales.

En premier lieu, l'âme d'un homme, qui, par la métempsycose, auroit passé dans un autre corps, ou d'homme, ou de bête, n'auroit pas perdu sa nature d'âme, et elle devroit se ressouvenir de ce qu'elle a fait dans son premier corps. Cependant nous ne nous souvenons de rien, et je n'ai point ouï dire que personne ait jamais eu de pareil souvenir. N'est-ce pas là une preuve qu'un homme aujourd'hui vivant n'a point eu de vie précédente ?

LE LETTRÉ CHINOIS. Les livres de Fo et de Lao rapportent plusieurs exemples de ces sortes de souvenirs. Il faut donc qu'il y en ait eu.

LE DOCTEUR EUROPÉEN. Que le démon, dans le dessein de tromper les mortels, et de les attirer à son parti, ait possédé quelque homme ou quelque bête, et lui ait fait dire : Je suis un tel, du temps passé; telle chose arriva autrefois de cette manière, etc., pour autoriser par là le mensonge : cela peut être; mais pourquoi les exemples qu'on rapporte de gens qui se sont souvenus d'une vie précédente sont tous de quelques fotistes, ou depuis que la secte de Fo est entrée en Chine? Dans tous les pays du monde, il naît et il meurt une quantité innombrable d'hommes et d'animaux. Autrefois c'étoit comme aujourd'hui. Pourquoi n'est-ce que depuis Fo, et parmi ses disciples, que l'on trouve de ces sortes de souvenirs, tandis que, dans un si grand nombre de royaumes, en tant d'écoles différentes, où il a paru de si célèbres docteurs, des savans d'une mémoire si prodigieuse, il n'y a jamais eu un seul homme qui se soit souvenu de la moindre chose d'une vie passée? Quoi ! tout le reste du monde oublie jusqu'à son père et sa mère, jusqu'à son propre nom, et les seuls fotistes, avec quelques animaux, se souviennent de tout, et sont en état de le raconter ! Ces sortes de rêveries peuvent bien amuser la vile populace; mais des docteurs, des gens qui font usage de leur raison ne peuvent les entendre sans mépris et sans indignation.

LE LETTRÉ CHINOIS. Les fotistes disent que quand l'âme d'un homme a passé dans le corps d'une bête, ce corps est bien animé par cette âme; mais, comme ils n'ont aucun rapport entre eux, l'âme se trouve embarrassée, et ne peut point agir librement.

LE DOCTEUR EUROPÉEN. Mais quand l'âme d'un homme a passé dans un autre corps d'homme, ce corps et cette âme ont du rapport entre eux : pourquoi l'âme ne se souvient-elle pas de la vie précédente ? Je vous ai déjà fait voir, monsieur, que l'âme de l'homme est un esprit. L'esprit a des opérations qui lui sont propres, en quoi il ne dépend en rien du corps. Ainsi, quoique l'âme d'un homme soit dans un corps de bête, elle est toujours maîtresse de ses actes particuliers : qu'y a-t-il qui l'empêche de les produire en toute liberté ? Si Dieu avoit établi dans le monde ces diverses transmigrations, ç'auroit été, sans doute, pour animer les bons, et pour retenir les méchans. Mais puisque, dans cette vie, nous ne nous ressouvenons point de ce que nous avons fait de bien ou de mal dans une vie passée, par où pouvons-nous juger que ce qui nous arrive à présent de bonheur ou de malheur est une suite de nos actions antérieures ; et comment pouvons-nous, par là, être animés ou retenus ? Cette métempsycose n'est donc bonne à rien.

En second lieu, lorsque Dieu, au commencement du monde, créa les hommes et les bêtes, il ne détermina point assurément de changer en bêtes les hommes criminels ; au contraire, il donna à chaque espèce l'âme qui lui convenoit. Mais si les bêtes d'aujourd'hui sont animées par des âmes d'hommes, il y a donc une différence entière entre les âmes des bêtes d'autrefois et celles des bêtes d'à présent ; celles-ci sont spirituelles et celles-là étoient purement sensitives. Qui jamais a ouï parler d'une telle différence ? N'a-t-on pas toujours cru que les âmes, en tous les temps, étoient de la même espèce ?

En troisième lieu, les philosophes ont toujours distingué trois sortes d'âmes : la végétative, qui n'a d'autre vertu que de faire vivre et croître : c'est l'âme des plantes ; la sensitive, qui non-seulement fait vivre et croître, mais encore qui anime tous les sens, les yeux pour voir, les oreilles pour entendre, la bouche pour goûter, les narines pour odorer, et le corps tout entier pour sentir : c'est l'âme des bêtes ; enfin l'âme raisonnable, qui renferme les qualités des autres, et qui, outre cela, fait penser, distinguer, tirer des conséquences : c'est l'âme de l'homme. Que si l'on prétend que l'âme de la bête et l'âme de l'homme ne sont point différentes, il n'y a donc plus, dans l'univers, que deux sortes d'âmes : n'est-ce pas là renverser les idées communes ? La nature des choses ne se distingue pas seulement par la figure, mais principalement par l'âme. L'âme détermine la nature, la nature détermine l'espèce, l'espèce détermine la figure. Ainsi, la ressemblance ou la diversité d'espèces vient de la nature, et suivant que l'espèce est semblable ou différente, la figure l'est de même : or, la figure des bêtes est fort différente de celle de l'homme ; on doit donc conclure que leurs espèces, leurs natures, leurs âmes le sont aussi.

Toute la philosophie consiste à juger de l'intérieur par l'extérieur : ce qu'on voit fait connoître ce qu'on ne voit pas. Un homme veut connoître l'âme des plantes : il voit que les plantes vivent, croissent, et rien de plus ; qu'elles n'ont ni connoissances, ni sentiment ; il juge qu'elles n'ont qu'une âme végétative. Il veut savoir quelle est l'âme des bêtes : il voit dans les bêtes du sentiment et certaines connoissances, mais il ne remarque en elles aucun raisonnement réfléchi ; il conclut qu'elles n'ont qu'une âme sensitive. Il veut, enfin, avoir une idée de l'âme de l'homme : il reconnoît dans l'homme, et dans l'homme seul, une puissance de raisonner sur tout ; il sait dès lors que l'homme seul a une âme raisonnable : voilà ce que dicte le bon sens. Qu'après cela les fotistes viennent nous dire que les âmes des bêtes ne sont pas différentes de celles des hommes, n'est-ce pas une absurdité ? J'ai souvent ouï dire qu'en suivant Fo on s'égaroit ; mais qui dira jamais qu'on s'égare en suivant le bon sens ?

En quatrième lieu, la figure extérieure et les qualités de l'homme étant si différentes de celles de la bête, il faut aussi que leurs âmes ne soient point semblables. Un menuisier, pour faire une chaise ou une table, doit se servir de bois. Un coutelier, pour faire un couteau, doit employer le fer et l'acier. A choses d'espèces différentes, il faut des matériaux de différentes espèces. Mais si la figure extérieure et les âmes des bêtes n'ont aucune conformité avec celles des hommes, comment les fotistes prétendent-ils que les âmes des hommes entrent dans des corps de bêtes pour recommencer une nouvelle vie ? C'est là une pure rêverie. Sur quoi même avance-t-on que l'âme d'un homme passe dans un autre corps d'homme ? Tout homme a une âme qui ne convient qu'à son propre corps: le corps d'un autre homme n'est point fait pour elle, beaucoup moins le corps d'une bête. Une épée s'ajuste bien à son fourreau, un couteau s'enchâsse bien dans sa gaîne; mais comment pourroit-on faire convenir à un couteau le fourreau d'une épée?

En cinquième lieu, ce qui fait dire aux fotistes que les hommes criminels sont transformés en bêtes dans une nouvelle vie, c'est parce que dans une vie précédente, disent-ils, ils se sont souillés de mille crimes, et ont vécu en bêtes. Dieu, sans doute, poursuit les méchans, il ne les laisse pas impunis; mais si toute la vengeance qu'il en tire se réduit à les changer en bêtes, ce n'est pas là un châtiment, c'est plutôt favoriser leurs passions. Le débauché en cette vie éteint autant qu'il peut les lumières de sa raison, pour s'abandonner plus librement à ses penchans; la figure et le nom d'homme sont encore pour lui un frein qu'il ne souffre qu'avec peine. Dans une telle disposition, s'il entend prêcher qu'après la mort il sera transformé, et que rien alors n'arrêtera ses désirs, quel sujet de joie! Un homme féroce et cruel, qui se plaît au meurtre, au massacre, ne voudroit-il pas avoir des dents de loup, et des ongles de tigre, pour pouvoir jour et nuit se repaître de sang et de carnage? Un orgueilleux, enivré du plaisir de dominer, incapable de céder à personne, ne seroit-il pas charmé de devenir aussi redoutable qu'un lion, pour pouvoir tyranniser tous les autres animaux? Un homme de rapines, accoutumé au vol, à la tromperie, auroit-il du chagrin d'être transformé en renard, et d'avoir dans ce nouvel état toute occasion d'employer les ruses et les fourberies? Tous ces hommes indignes, non-seulement ne craindroient point ces transformations comme des châtimens, mais ils les recevroient au contraire comme des bienfaits. Dieu, infiniment juste, saura bien les punir, et ce n'est pas ainsi qu'il les punira. Dira-t-on que l'homme, d'une nature noble comme il est, en se voyant changé en bête, se regardera sans doute comme bien puni? Pour moi je dis, au contraire, qu'un scélérat qui n'a jamais eu aucune estime de la nature de l'homme, qui a toujours méprisé toutes les règles que la raison humaine prescrit, pour ne suivre que des inclinations de bête sous une figure extérieure d'homme, se voyant tout à coup délivré de cette figure incommode, et se trouvant mêlé avec les bêtes sans crainte et sans honte, se regarderoit comme parvenu au comble de ses souhaits. Ainsi le système ridicule de la métempsycose, bien loin de servir à animer les bons et à retenir les méchans, ne peut être que très-pernicieux au monde.

En sixième lieu, les métempsycosistes défendent expressément de tuer aucun animal, dans la crainte où ils sont que le cheval ou le bœuf qu'on tueroit ne se trouvât être par hasard ou son père ou sa mère. Mais, si leur crainte est bien fondée, si leur doute est raisonnable, comment ne défendent-ils pas aussi d'enharnacher un bœuf, et de lui faire labourer la terre, ou traîner un chariot? Comment permettent-ils de monter à cheval, et de voyager en cet équipage? Il me paroît que le crime n'est guère moins grand de tuer son père, ou de l'obliger à tirer la charrue, de lui mettre un bât sur le dos, et, le fouet à la main, de lui faire parcourir les rues et les carrefours. Mais il est d'une nécessité absolue de travailler la terre; on ne peut pas se passer de se servir des animaux. C'est donc une chose tout à fait frivole que la défense de tuer aucun animal, et la métempsycose d'un homme en bête n'est qu'une pure imagination.

LE LETTRÉ CHINOIS. Qu'un homme après sa mort soit changé en bête, cela me paroît en effet une pure rêverie, qui ne peut tromper que la populace: un homme sage sait juger autrement. Quoi! le cheval que je monte seroit peut-être mon père ou ma mère métempsycosés, ou quelques-uns de mes parens les plus proches; ce seroit peut-être mon ancien prince, ou l'un de mes meilleurs amis! Dans cette crainte, se servir des animaux, c'est renverser toutes sortes de devoirs; ne s'en servir pas, pourquoi les nourrir? et comment agir? Ainsi, cette manière de métempsycose ne peut pas se soutenir. Mais que l'âme d'un homme mort rentre dans un autre corps d'homme, c'est toujours la même espèce, et je ne vois en cela aucun inconvénient.

LE DOCTEUR EUROPÉEN. Prétendre que l'homme, après sa mort, puisse être changé en bête, c'est interdire tout l'usage des animaux; croire que l'âme d'un homme mort peut rentrer dans le corps d'un autre homme, c'est mettre des difficultés insurmontables aux mariages, c'est abolir la coutume d'avoir des domestiques. Comment cela? Vous recherchez une personne en mariage : qui sait si cette personne n'est pas votre mère qui reparoît dans un autre corps et sous un autre nom? Vous vous servez d'un valet, vous le querellez, vous lui dites des injures, vous le maltraitez : qui sait si ce valet n'est pas votre frère, un de vos parens, votre prince, votre maître, ou votre intime ami qui a repris une nouvelle vie? N'est-ce pas là renverser toute sorte de devoirs? Concluons donc que, si la métempsycose d'un homme en bête est opposée à la raison, celle d'un homme dans un autre homme ne l'est pas moins. Cela se sent, et paroît démontré.

LE LETTRÉ CHINOIS. Vous m'avez dit ci-devant, monsieur, que l'âme de l'homme est immortelle : ainsi, les âmes de tous les hommes morts subsistent encore; mais s'il n'y a point de métempsycose, comment le monde peut-il contenir une si prodigieuse multitude d'âmes?

LE DOCTEUR EUROPÉEN. Il faut bien ignorer l'étendue du ciel et de la terre, pour penser qu'ils puissent être si aisément remplis : et c'est ne pas connoître la nature des esprits que de croire qu'ils remplissent les lieux où ils sont. Les choses matérielles occupent un espace, et peuvent l'occuper tout entier; mais les esprits, dégagés de la matière, ne sont point ainsi dans les lieux; tous les esprits possibles pourroient être contenus dans un point. Jugez, monsieur, si les âmes du temps passé seront jamais capables d'embarrasser l'univers, et si c'est là une raison pour croire la nécessité de la métempsycose.

LE LETTRÉ CHINOIS. L'opinion de la métempsycose vient des fotistes. Parmi nos lettrés, peu la suivent. Après tout, cette défense de tuer les animaux marque de la bonté; Dieu, qui est la bonté même, devroit, ce semble, faire la même défense.

LE DOCTEUR EUROPÉEN. S'il étoit vrai que l'homme après sa mort fût changé en bête, ce seroit défendre le meurtre du plus petit animal, comme celui de l'homme lui-même, puisque la diversité de corps et de figure n'empêcheroit pas que l'un et l'autre ne fût homme. Cependant je vois une espèce de sectateurs de Fo, qui se contentent de ne point tuer les animaux le premier et le quinzième de la lune, et qui, ces deux jours-là seulement, mangent maigre; cela n'est pas conséquent. Que diriez-vous d'un scélérat qui chaque jour tueroit les passans qu'il pourroit surprendre, et se repaîtroit de leur chair, mais qui, par bonté, s'abstiendroit de ces crimes le premier et le quinzième jour de la lune? quelle bonté! Vingt-huit jours d'homicides et d'anthropophagie, deux jours seulement d'abstinence! Il n'y a pas là de quoi diminuer beaucoup sa méchanceté, et il ne l'augmenteroit pas beaucoup en ne s'en abstenant point. Pour nous, qui sommes très-persuadés que la métempsycose est une rêverie, nous traitons de même la défense de tuer les animaux.

Nous voyons que Dieu, en créant l'univers, a destiné toutes les créatures à l'utilité de l'homme; il a placé dans le ciel le soleil, la lune et les étoiles pour nous éclairer et nous donner le moyen de voir les objets. Il produit sur la terre une infinité de choses toutes à nos usages : les couleurs récréent notre vue, les sons divertissent nos oreilles, les goûts et les parfums repaissent notre bouche et notre odorat. Combien de sortes de commodités pour notre corps! combien d'espèces de remèdes contre nos maladies! combien de divers moyens de conserver notre vie et notre santé, et même de vivre content et dans une innocente joie! c'est là ce qui doit exciter notre continuelle reconnoissance envers Dieu, et nous engager à jouir de ses bienfaits avec d'éternelles actions de grâces.

Les animaux ont de la laine, du poil, des peaux dont l'homme se peut faire des vêtemens : ils ont des dents, des cornes, des écailles, qu'il peut employer à une infinité d'ouvrages. Ils contiennent en eux-mêmes d'excellens remèdes contre les maux différens; ils ont, dans la substance de leur chair, de quoi réparer nos forces et nous nourrir : pourquoi n'userions-nous pas de tous ces avantages? Si Dieu ne permettoit point à l'homme de tuer les animaux, ne seroit-ce pas en vain qu'il auroit rendu les animaux si utiles à l'homme? Ne seroit-ce pas donner occasion à l'homme d'enfreindre sa défense et de se souiller de crimes? Depuis les anciens temps jusqu'à aujourd'hui, dans tous les pays du monde, les sages et les gens de bien se sont nourris de la chair des animaux; ils n'ont jamais cru rien faire en cela contre l'ordre. Et qui les accuse d'avoir été prévaricateurs? Convient-il de faire criminels tant de grands hommes pour se réduire à canoniser quelques partisans de la métempsycose, sans nom et sans vertus, que l'on place au plus haut des cieux? Ce ne peut être là l'idée que de peu de gens sans discernement.

LE LETTRÉ CHINOIS. Il y a dans le monde quantité d'animaux inutiles à l'homme, et qui lui sont nuisibles; le tigre, le loup, le serpent et tant d'insectes venimeux. Comment dites-vous, monsieur, que Dieu a créé toute chose pour l'utilité de l'homme?

LE DOCTEUR EUROPÉEN. Les avantages qu'on peut tirer des créatures sont de plus d'une sorte à qui sait bien y faire attention. Le vulgaire, incapable de pénétrer le fond des choses, et ne jugeant que sur les apparences, regarde certaines créatures comme nuisibles à l'homme : c'est qu'on n'en connoît pas bien l'utilité. L'homme est un composé de matière et d'esprit, d'âme et de corps : l'âme est sans doute la plus noble partie. Le tigre, le loup, les animaux venimeux, peuvent nuire au corps, mais s'ils sont utiles à l'âme, ne doit-on pas dire qu'ils sont créés pour l'utilité de l'homme? Tout ce qui est capable de blesser et de détruire nos corps, tout ce que le vulgaire appelle choses nuisibles, choses mauvaises, nous apprend à redouter la colère du souverain Maître. Instruits que Dieu peut se servir du ciel, de l'eau, du feu, des animaux pour punir le coupable, nous sommes obligés à toujours vivre dans sa crainte, à implorer sans cesse son secours, et à mettre en lui toute notre confiance : n'est-ce pas là un grand avantage pour l'homme?

Dieu, plein de miséricorde envers les gens du siècle, qu'il voit tout occupés de la terre, uniquement attentifs aux choses de ce monde, sans jamais lever les yeux vers le ciel ni penser à la vie future, leur présente ces objets affreux pour leur donner occasion de rentrer en eux-mêmes, et de se tirer de l'état funeste où ils sont. Au commencement des temps, les choses étoient autrement réglées. Tout dans l'univers étoit soumis à l'homme ; tout servoit à son corps même, rien ne lui étoit contraire : l'homme s'est révolté contre Dieu, aussitôt les créatures se sont révoltées contre l'homme. Tel n'étoit point le premier dessein de Dieu, c'est l'homme qui s'est lui-même causé son malheur.

LE LETTRÉ CHINOIS. Dieu, en faisant naître les animaux, veut qu'ils vivent, et non pas qu'ils meurent : ainsi, défendre de les tuer, c'est entrer dans le dessein de Dieu même.

LE DOCTEUR EUROPÉEN. Les arbres et les plantes ont aussi reçu de Dieu une âme végétative, on les compte parmi les choses vivantes; cependant chaque jour vous détruisez leur vie en mangeant des herbages, en faisant couper du bois pour être brûlé. Vous dites qu'il n'y a rien en cela contre l'ordre, parce que Dieu fait croître le bois et les herbages pour le service de l'homme : je dis de même que Dieu fait naître les animaux pour mon usage, et que de m'en servir, de les tuer pour me nourrir, ce n'est rien faire de répréhensible. La règle de la charité, selon Kong-tzé, est celle-ci : *Ce que je ne voudrois pas qu'on me fît, je ne voudrois pas le faire à un autre homme.* Kong-tzé ne dit point : je ne dois pas le faire à une bête : les lois des empires proscrivent l'homicide, elles ne défendent pas de tuer les animaux. Les arbres et les plantes sont dans le rang des biens temporels ; on ne doit en faire qu'un usage raisonnable et modéré. C'est de là que Mong-tzé, instruisant les princes, leur dit qu'il ne faut point pêcher avec des filets trop serrés, et qu'on doit prendre son temps pour couper le bois ; ce n'est pas là dire qu'il ne faut ni couper les bois, ni pêcher le poisson.

LE LETTRÉ CHINOIS. Il est vrai que l'on compte les plantes et les arbres parmi les choses vivantes ; mais ils n'ont point de sang, ils sont sans connoissance et sans sentiment : ainsi, qu'on les coupe, qu'on les détruise, il n'y a là aucun lieu à la comparaison.

LE DOCTEUR EUROPÉEN. Dire que les arbres et les plantes n'ont point de sang, c'est uniquement savoir qu'il y a du sang rouge, et c'est ignorer absolument que la couleur blanche ou la verte peut aussi convenir au sang. Tout corps vivant dans l'univers ne vit que par la nourriture qu'il prend. La nourriture des plantes est la liqueur qu'elles tirent de la terre et qui les entretient : cette liqueur qui circule dans leur corps et qui les fait vivre, n'est-ce pas leur sang? qu'est-il besoin qu'il soit rouge? Combien d'animaux aquatiques qui n'ont pas le sang rouge ! cependant les fotistes ne les mangent point : combien d'herbages qui ont la liqueur rouge ! cependant les fotistes les mangent. D'où peut venir ce respect et cette bienveillance pour le sang des animaux, tandis qu'on en a si peu pour les plantes?

Si l'on dit qu'on s'abstient de tuer les animaux pour ne pas les faire souffrir, je réponds que ceux qui portent la compassion jusque-là ne doivent pas se contenter de ne les pas tuer; il ne faut pas aussi les faire servir ni les fatiguer. Un bœuf qui tire la charrue, un cheval qui traîne sans cesse un chariot, que ne souffrent-ils pas, et cela durant leur vie entière! La douleur que leur causeroit un coup mortel peut-elle être comparée à cette longue suite de travaux et de peines? Je dis plus, la défense de tuer les animaux leur seroit très-nuisible. L'homme ayant la liberté de se nourrir de leur chair, en prend soin, les élève, et par là les animaux se multiplient: si l'on ôte à l'homme cet avantage, pourquoi en prendroit-il soin? Un prince casse ses officiers quand ils ne lui sont plus nécessaires; un maître renvoie des domestiques devenus inutiles: que fera-t-on à l'égard des bêtes, si l'on ne peut plus en tirer les services ordinaires? Il y a dans l'Occident un certain peuple qui s'est fait une loi de ne point manger la chair de pourceau; aussi ne voit-on aucun pourceau dans leur pays. Si le monde entier vouloit imiter cette nation, en faudroit-il davantage pour détruire absolument cette sorte d'animal? Ainsi, cette ridicule bienveillance pour les bêtes n'aboutit qu'à une haine réelle; au lieu que d'en tuer quelques-unes, c'est l'occasion de propager toutes les espèces. Concluons donc que la défense de tuer aucun animal est la chose la plus nuisible qu'on puisse faire à tous les animaux.

LE LETTRÉ CHINOIS. Si cela est, à quoi bon garder le jeûne et l'abstinence?

LE DOCTEUR EUROPÉEN. S'abstenir et jeûner simplement pour ne pas vouloir tuer les animaux, c'est un trait de compassion fort mal entendu. Il ne manque pas de bons motifs pour jeûner, et qui jeûne par ces motifs fait une action utile et digne d'éloge: la véritable innocence est une chose bien rare. Où est l'homme qui ne pèche point et qui n'ait jamais péché? Dieu a gravé la raison dans l'âme de tous les mortels. Les sages, par son ordre, ont publié, dans leurs écrits, les lois qu'elle impose: tous ceux qui violent ces lois pèchent contre Dieu même, et plus celui qu'ils offensent est grand et respectable, plus leur crime est énorme. C'est pourquoi le pénitent, tout revenu qu'il est de ses égaremens passés, n'est pas toujours tranquille sur ses anciens désordres: il sait qu'il a péché; il ignore si ses péchés sont pardonnés: dans cette incertitude, ses fautes lui sont toujours présentes à l'esprit; il a sans cesse la honte sur le visage et le repentir dans le cœur. Dans le bien qu'il fait, il croit n'en jamais faire assez; l'œil toujours ouvert sur ses défauts est toujours fermé sur ses vertus: dans les retours qu'il fait sur lui-même, quel détail, quelle exactitude! Il trouve dans ses meilleures actions de quoi se faire des reproches amers; on a beau lui vanter ses perfections, il n'en reconnoît aucune en lui; il se croit fort imparfait; il n'en est que plus confus, plus circonspect, plus fervent. Se contentera-t-il d'une humilité en paroles? en est-ce assez pour lui d'une pénitence seulement intérieure? Il s'accable de honte et de confusion; il ne se donne pas le moindre relâche; ainsi, portant la mortification jusque sur la nourriture qu'il prend, il la réduit au pur nécessaire: point de délicatesse, point d'assaisonnemens, point de choses substantielles; l'insipide, le grossier, le moins bon le nourrissent; il ne donne à son corps que ce qu'il ne peut absolument lui refuser. Sans cesse en regrets, en pénitence pour réparer ses fautes anciennes et nouvelles, jour et nuit attentif et tremblant aux pieds de la Majesté divine, il n'omet rien pour toucher sa miséricorde; il se baigne de ses larmes pour laver ses péchés. Bien éloigné de s'ériger en saint, de se donner pour un homme parfait, de se permettre tout au risque d'essuyer un juste et sévère jugement, il se mortifie et afflige son corps; il ne se pardonne rien, dans la vue de fléchir la colère du Ciel et de se dérober à ses vengeances: voilà un bon motif de jeûner.

La pratique des vertus devroit faire l'occupation de tous les hommes. On entend le vertueux s'écrier sans cesse qu'il vit dans la paix: tous ses désirs ne vont qu'à avancer dans les voies de la justice. Mais quels ravages ne causent pas les passions humaines! Elles s'érigent en tyrans du cœur, et ne prétendent rien moins que de le dominer en maître absolu. Le combat est vif et continuel, la victoire difficile; aussi le commun des mortels n'est-il qu'une troupe de vils esclaves: dans toute leur conduite ce n'est plus la raison qui les dirige, c'est la passion qui commande. A voir leur extérieur, on les prend encore pour des hommes; mais à suivre leurs actions, ne les prendroit-on pas pour des bêtes? La passion est l'ennemie de la raison; elle offusque toutes ses lumières et bouche tous ses jours; plus d'entrée à la vertu : nulle peste n'est plus terrible que celle-là; les autres maladies ne nuisent qu'au corps, le venin des passions pénètre jusqu'à la moelle de l'âme; il atteint même les principes naturels. Qu'une passion se soit une fois emparée d'un cœur, il ne reste plus de lieu à la raison; la vertu est tout à fait bannie. Hélas! pour un plaisir d'un moment, se condamner à des regrets éternels! Pour un plaisir vil et méprisable, s'attirer des maux infinis; quelle folie!

La passion se fortifie suivant les forces du corps; elle se prévaut de son embonpoint; ainsi, ce n'est souvent qu'en affoiblissant le corps qu'on peut détruire la passion. Un novice dans la vertu, qui, désirant de réprimer ses passions, traite délicatement son corps, est semblable à un insensé qui, voulant éteindre le feu, y jette incessamment du bois : le sage ne pense à manger que pour entretenir sa vie; l'homme animal ne veut vivre que pour jouir du plaisir de manger. Le véritable vertueux ne regarde son corps que comme son ennemi; ce n'est que par nécessité qu'il en prend soin : on voit assez la raison de cette nécessité. Quoique nous ne vivions pas principalement pour notre corps, cependant, sans ce corps, nous ne pouvons pas vivre : ainsi, les alimens que nous lui fournissons sont des remèdes que nous employons pour guérir sa faim et sa soif. Où est le malade qui, ayant une médecine à prendre, ne se contente pas de la dose suffisante pour son mal? L'homme est satisfait quand il sait modérer ses appétits; mais lorsqu'on se livre à toute sorte de délices, on a peine à y suffire. Donner à la passion tout ce qu'elle demande, c'est ruiner sa santé. Ne dit-on pas que la gourmandise est plus meurtrière que le glaive? Mais, laissant à part les maux qu'elle fait au corps, je ne m'arrête qu'à ceux qu'elle cause à l'âme. Un esclave trop bien traité méconnoît son maître : un corps trop bien nourri se révolte contre l'esprit : la raison ne gouvernant plus, toutes les passions se donnent carrière; la cupidité est dominante. Qu'on pratique le jeûne, la cupidité est sans rces. La raison réprimant le corps, toutes les passions sont soumises à la raison : c'est encore là un vrai motif de jeûner.

Cette vie est une vie de peines, et non pas de frivoles amusemens. Dieu ne nous met pas sur la terre pour ne penser qu'au plaisir, mais pour nous perfectionner sans cesse et avancer toujours dans la vertu. L'homme ne peut pas vivre sans quelque espèce de satisfaction : celles de l'esprit lui manquant, il cherche celles du corps, et il abandonne bientôt celles du corps, quand il peut goûter celles de l'esprit. Le sage s'exerce continuellement dans la recherche du solide bonheur qu'on trouve à être vertueux, il tourne là tous les désirs de son cœur; il ne le laisse jamais languir; point de retour sur les objets extérieurs; il écarte tout ce qui ressent le plaisir animal, dans la juste crainte que, s'en voyant épris, il ne soit privé de son véritable contentement. La pratique de la vertu fait les vrais délices de l'âme; c'est par là que l'homme devient semblable aux anges. Plus nous avançons dans les voies de la perfection, plus nous approchons de la pureté des esprits célestes, et plus nous nous privons des plaisirs sensuels, plus nous nous éloignons de la grossièreté des animaux. Ne devons-nous donc pas être extrêmement sur nos gardes?

Les vertus ornent l'âme et la rendent recommandable; les mets les plus délicieux n'ont d'autre avantage que de flatter le goût; le comble de la perfection fait le bonheur de l'âme, et ne nuit en rien au corps. L'intempérance de la bouche est extrêmement nuisible et au corps et à l'âme. Un corps engraissé et livré à la débauche devient lourd et s'abrutit; il entraîne l'esprit et la raison. Une âme si mal assortie, comment peut-elle se dégager de la fange où elle est enfoncée? Comment peut-elle s'élever à des pensées dignes d'elle? L'homme déréglé, voyant les mondains au milieu des plaisirs, manquant lui-même de beaucoup de choses, envie leur sort. Le sage, au contraire, en a pitié, et à la vue de leur vie brutale, il se dit à lui-même : Hélas! ces malheureux courent sans cesse après des ombres de plaisirs. Ils les désirent avec passion, ils les recherchent avec empressement. Moi qui vise au souverain bonheur, et qui n'ai pu encore y atteindre, dois-je me relâcher? Ne dois-je pas plutôt redoubler tous mes efforts? Le malheur des gens du siècle est de ne pas connoître la doucœur de la vertu. S'ils l'avoient seulement goûtée, ils mépriseroient bientôt tous les plaisirs des sens, pleinement satisfaits d'avoir trouvé leur véritable félicité. Les délices de l'âme et celles du corps se disputent sans cesse le cœur de l'homme : elles ne peuvent y habiter ensemble : introduire les unes, c'est en chasser les autres.

Autrefois, en Europe, un vassal offrit à son souverain deux jeunes chiens de chasse d'une très-bonne espèce. Le prince en fit remettre un à un grand de sa cour, et fit envoyer l'autre fort loin chez un villageois, ordonnant à chacun d'eux d'élever l'animal qu'on lui confioit. Les chiens étant devenus grands, le roi voulut les éprouver et les mener à la chasse : celui du villageois étoit maigre, mais dispos ; il avoit le nez fin, le corps leste ; il prit du gibier en quantité : celui du courtisan étoit gras à pleine peau ; il avoit le poil luisant, l'apparence tout à fait belle ; mais pour avoir été nourri trop délicatement, il ne pouvoit point courir, il regardoit passer le gibier, et ne prenoit rien : il aperçut un os par hasard, il se jeta dessus, le rongea et se coucha. Les grands qui suivoient le roi dans cette chasse, instruits que ces deux chiens étoient d'une même race et d'une même ventrée, furent étonnés de les voir si peu semblables. Le prince alors leur dit : « Il n'y a rien en cela qui doive vous surprendre ; ce que vous voyez dans les animaux arrive aux hommes eux-mêmes : c'est une suite de la manière dont on est élevé et nourri ; si la *nourriture* est abondante et délicate, si l'on s'abandonne à la paresse et aux amusemens, il n'est pas possible de faire un pas vers le bien ; au lieu que si l'on est accoutumé au travail, si l'on sait se refuser au plaisir et se contenter de peu, l'on est alors un sujet de grande espérance. Cela veut dire qu'un homme livré à la bonne chair, et à la mollesse, lors même que son devoir se présente à son esprit, se refuse à tout, et ne peut et ne fait autre chose que boire et manger ; au contraire, celui que la raison dirige, réfléchit, suit la raison, et résiste aux attraits du plaisir le plus séduisant. Voilà un troisième motif très-propre à faire garder le jeûne.

La manière de jeûner n'est pas partout la même. J'ai parcouru beaucoup de différens pays, et j'ai vu par moi-même cette diversité : les uns n'ont égard qu'au temps de ne pas manger, et nullement à la quantité ni à la qualité des viandes ; ils s'abstiennent durant tout le jour, mais la nuit étant venue, ils ont toute liberté. Les autres font consister leur jeûne simplement à manger maigre ; ils ne se prescrivent rien, ni pour le temps, ni pour la quantité ; certains, en jeûnant, mangent de tout, et autant qu'ils veulent, mais seulement une fois le jour. La manière la plus ordinaire de jeûner renferme le temps, et la quantité, et la qualité : on ne mange qu'une fois le jour, environ midi ; les viandes grasses sont absolument interdites, tout le maigre est permis. Il y a un jeûne plus rigoureux, mais particulier aux solitaires retirés dans les forêts et sur les montagnes ; ils se contentent pour nourriture d'herbages et de racines.

La fin du jeûne est de faire pénitence et de se vaincre soi-même. On doit en cela avoir égard à la qualité des personnes et aux forces du corps. Un homme riche et accoutumé aux délices, qui se retranche volontairement et se réduit aux choses communes, est censé jeûner et s'abstenir, au lieu qu'on ne regarde point comme un jeûne la vie dure d'un paysan, ni l'état misérable d'un gueux qui mandie. Une personne âgée a besoin de soutenir sa vieillesse et un malade de réparer ses forces ; un domestique, un esclave accablé de fatigues, ne peut pas longtemps souffrir la faim. La loi chrétienne règle tout avec équité : selon les circonstances, elle dispense du jeûne les vieillards et les jeunes gens, les infirmes, les nourrices, et les personnes d'un travail très-pénible. Le véritable jeûne ne consiste pas précisément à régler la bouche : c'est le devoir de la tempérance. La fin principale du jeûne est de réprimer les passions ; on doit en faire une très-grande estime : on doit l'observer dans toute son étendue. Un jeûneur qui néglige ses devoirs essentiels, est semblable à un insensé qui, jetant ses perles, fait amas de coquilles.

LE LETTRÉ CHINOIS. Ah ! monsieur, voilà sans doute les motifs et la règle du véritable jeûne. Nos jeûneurs de Chine, s'ils ne sont pas forcés à ce genre de vie par la nécessité, c'est le désir de se faire un nom, c'est l'envie de tromper le monde qui les y engage : en public, ils paroissent jeûner ; dans le particulier, ils sont très-déréglés, ivrognes, débauchés, violens, trompeurs, voleurs, grands médisans et calomniateurs des plus honnêtes gens. Malheureux, ils ne peuvent pas même se cacher aux yeux des hommes; comment pourroient-ils se dérober à la connoissance de Chang-ti, le Dieu du ciel? Quel bonheur pour moi, monsieur, de recevoir vos instructions! Je vous prie de vouloir bien encore écouter mes demandes.

LE DOCTEUR EUROPEEN. La vraie doctrine est profonde et étendue; ce n'est qu'à force de demandes qu'on peut s'en instruire à fond. Ne craignez point, monsieur, de m'interroger en détail : votre empressement là-dessus est très-louable; c'est le bon moyen pour réussir.

SIXIÈME ENTRETIEN.

On ne doit point retrancher toute intention, c'est-à-dire tout motif de crainte et d'espérance pour l'avenir. — Il y a après la mort un paradis pour les bons et un enfer pour les méchans.

LE LETTRÉ CHINOIS. Je conviens, monsieur, suivant les instructions que j'ai reçues de vous, que l'homme doit honorer et révérer Dieu par-dessus toutes choses, et qu'après Dieu, l'homme est ce que nous voyons de plus noble dans l'univers. Mais ce que l'on dit du paradis et de l'enfer s'accorde-t-il bien avec la véritable doctrine? Il me paroît que, faire le bien ou éviter le mal dans la vue des récompenses ou dans la crainte des châtimens, c'est redouter des punitions, c'est chercher la récompense; ce n'est point haïr le mal, ce n'est point aimer le bien. Les anciens, dans les leçons qu'ils nous ont laissées, ne nous enseignent point ces sortes de retours sur nous-mêmes; ils nous disent simplement : soyez justes, soyez charitables. Le sage pratique la vertu sans aucune intention; d'où lui viendroient ces idées de gain à faire ou de dommage à éviter?

LE DOCTEUR EUROPEEN. Je réponds d'abord, monsieur, à ce que vous proposez en dernier lieu; je répondrai ensuite à ce que vous avez d'abord avancé. Retrancher toute intention, c'est une fausse maxime entièrement opposée à la doctrine même des sages chinois. Les sages ont toujours regardé la pure et droite intention comme la base et le principe de la direction du cœur, de la perfection de l'homme, du règlement des familles, du bon gouvernement des Etats, de la paix du monde entier. Comment peut-on dire qu'on ne doit avoir aucune intention? Un édifice élevé ne peut pas se soutenir sans de solides fondemens : un amateur de la sagesse n'avancera jamais sans droite intention. Si l'on retranche toute intention dans la conduite, quel examen reste-t-il à faire si nous l'avons bonne ou mauvaise? Un instrument de musique est en vente, je ne prétends en faire aucun usage : pourquoi donc l'acheter? pourquoi me mettre en peine s'il est ancien ou nouveau? L'intention n'est point elle-même une substance, ce n'est qu'une production de notre âme : notre âme l'ayant produite, elle est dès lors juste ou non juste. Mais si l'on veut que le sage n'en ait aucune, quand l'aura-t-il juste ou non? La grande doctrine, en enseignant à régler les familles, à gouverner les empires, à pacifier l'univers, assigne la droiture d'intention comme la chose la plus importante, et attribue à son défaut le renversement général. L'intention est à l'âme ce que la vision est à l'œil : l'œil bien disposé ne peut pas ne pas voir; l'âme, en agissant, a nécessairement une intention. Ce que l'on dit, que le sage agit sans intention, doit s'entendre d'une intention mauvaise et dépravée : l'expliquer aussi de sa bonne et droite intention, c'est prendre à faux la doctrine des livres chinois, c'est ne point connoître la source du bien et du mal : le bien et le mal ont leur source dans la bonté et dans la malice de l'intention. Si l'on retranche toute intention, il n'y a donc plus ni mal ni bien; il n'y a plus de différence à faire entre l'honnête homme et l'homme déréglé qui soulagent une jeune et pauvre fille, l'un pour la maintenir dans la sagesse, l'autre pour l'entraîner dans le vice.

LE LETTRÉ CHINOIS. Il ne faut ni intention, ni bien, ni mal : c'est ainsi que s'expriment aujourd'hui certains lettrés chinois.

LE DOCTEUR EUROPEEN. De telles maximes font l'homme une pièce de bois ou un morceau de pierre. Quelle doctrine! Hélas! ainsi parloient autrefois un Lao-tzi et un Tchouang-tzi : point d'actions, point d'intentions, point de raisonnement. Cependant avec de semblables principes, ces docteurs ont composé des livres, leurs disciples les ont commentés, et tout cela pour l'instruction du peuple. Quoi donc, composer un livre, n'est-ce pas une action? Vouloir instruire le public, n'est-ce pas une intention? Attaquer par des écrits une doctrine universellement reçue, n'est-ce pas employer le raisonnement? Ils ne veulent pas qu'on raisonne : pourquoi donc raisonnent-ils tant et si mal, pour prouver qu'il ne faut pas raisonner? Des gens si peu d'accord avec eux-mêmes ne sont point propres à donner des lois au monde.

Je regarde tous les hommes, sur la terre, comme autant d'archers, l'arc à la main. Ceux qui donnent au but, voilà les bons; ceux qui le manquent, voilà les méchans. Dieu va toujours essentiellement à sa fin : il est le comble de tout bien, sans mélange du moindre mal. Il est souverainement parfait : mais l'homme atteint quelquefois le but, quelquefois il ne l'atteint pas. Sa vertu est bornée, il l'éprouve bien en certaines rencontres; alors il manque et il tombe. Sa vie est mêlée de bien et de mal; pour éviter le mal et faire le bien, la meilleure intention ne suffit pas toujours. Que sera-ce donc quand on n'aura pas même cette intention? Les êtres incapables d'intention, le bois, les pierres, les métaux, sont dès lors incapables de vice et de vertu, de mal et de bien. Ainsi, prêcher à l'homme qu'il ne faut point d'intention, qu'il n'y a ni bien ni mal, c'est prendre l'homme pour une pierre, du bois, du métal, et l'instruire en cette qualité.

LE LETTRÉ CHINOIS. Les disciples de Lao-tzi et de Tchoang-tzi ne pensent qu'à passer leurs jours tranquillement : ils ne veulent ni intention, ni bien, ni mal, et c'est pour vivre sans inquiétude. Les deux empereurs Yao, Chum; les trois princes Yu-ouang, Tang-ouang, Ou-ouang; les sages Cheoukong, Kong-tzé, n'ont-ils pas agi et travaillé? Ils se sont rendus vertueux, et ils ont engagé les peuples à la vertu. Se sont-ils arrêtés qu'ils ne fussent parvenus au plus haut degré de la perfection? Quel est l'homme qui, n'ayant d'autre soin que de se délivrer de tous soins, et de couler son temps dans une entière tranquillité, puisse prolonger sa vie jusqu'à un siècle? Mais quand il en viendroit à bout, il n'ajouteroit à l'âge des hommes que vingt ou trente ans, et il ne parviendroit jamais à vivre autant que certains animaux, ni même autant qu'un arbre : est-ce donc là un si grand avantage? Les fotistes et les tao-ni ne méritent pas que l'on s'arrête à les réfuter là-dessus. Ce que vous dites, monsieur, que l'intention est la source du bien et du mal, du vice et de la vertu, demande quelque explication. On m'a appris que suivre la raison c'étoit faire le bien, c'étoit mériter le nom de vertueux : que s'opposer à la raison, c'étoit être vicieux. On ne doit donc regarder que les actions, l'intention n'entre en cela pour rien.

LE DOCTEUR EUROPÉEN. Ce point est facile à expliquer. Tout ce qui est capable d'intention, de dessein, est aussi capable de suivre ou de ne suivre pas ce dessein. De là naît le bien et le mal, le vice et la vertu. L'intention est une production de l'âme. Les pierres, les métaux, les bois n'ont point d'âme : ils ne peuvent donc point avoir d'intention. Qu'un couteau ait blessé un homme, cet homme ne se venge pas sur le couteau. Qu'une tuile soit tombée sur la tête d'un autre, cet autre ne brise pas la tuile. Le couteau, pour bien couper, n'est pas digne de louange, et la tuile, pour mettre à couvert du vent et de la pluie, ne mérite pas de remerciemens. Les choses sans âme et sans intention n'ont ni vice ni vertu, ne font ni bien ni mal, et ne donnent aucun lieu au châtiment ou à la récompense. Les animaux ont des âmes matérielles et des connoissances de même espèce, mais ils ne raisonnent point. Ils suivent leurs instincts naturels et agissent sans choix. Ils ne se conduisent point par la raison : la raison même leur est absolument inconnue. De quel bien et de quel mal seroient-ils capables? Aussi, nulle part au monde n'a-t-on établi des lois pour récompenser les vertus des animaux, ou pour punir leurs vices. L'homme seul est d'une tout autre nature : il agit au dehors, au dedans il raisonne, il discerne le vrai du faux, il connoît le bien et le mal, il est libre. Quoiqu'il ait des passions et des inclinations animales, il est doué d'une raison supérieure capable de les réprimer et de les dominer. Ainsi, quand avec une intention pure, il se conforme à la raison, voilà le sage, voilà l'homme vertueux chéri de Dieu. Lorsqu'au contraire il se livre de plein gré à sa passion, voilà l'homme déréglé que Dieu abhorre. Un enfant à la mamelle, qui bat sa mère, n'est point coupable, il est encore incapable d'intention, il ne sait pas encore se retenir. Devenu grand et raisonnable, non-seulement une telle action, mais une simple désobéissance est un crime. Un chasseur, dans un lieu écarté, voit parmi les arbres un animal accroupi qu'il prend pour un tigre, il lance sa flèche, et perce un homme. Un assassin dans un bois, à nuit demi-close, voit marcher un animal qu'il prend pour un homme, il tire son coup, et abat un cerf. Le chasseur ne voulant tuer qu'un tigre, a donné la mort à un homme, il est innocent. L'assassin, croyant donner la mort à un homme, n'a tué qu'un cerf, il est criminel. D'où vient le crime de l'un et l'innocence de l'autre? de la différence d'intention. L'intention est donc la source du bien et du mal.

LE LETTRÉ CHINOIS. Un fils qui, pour nourrir son père, se détermine à voler, a bonne intention, cependant on le fait pendre.

LE DOCTEUR EUROPEEN. C'est un axiome en Europe que le bien doit se conclure de la chose entière, et qu'un seul défaut rend le tout vicieux. Pourquoi cela? Un voleur, quelque bonne qualité qu'il ait d'ailleurs, est un voleur, et par là même un scélérat. L'appellera-t-on homme de bien? c'est ce que Mong-tzi entend, quand il dit qu'une femme, quelque belle qu'elle soit, si elle sent mauvais, personne n'en veut. Un vase dont les côtés sont épais et solides, mais qui, brisé par un endroit du fond, répand l'eau, est regardé comme inutile, on le jette. Tel est le funeste poison qu'entraîne le vice. Qu'un homme se dépouille de tous ses biens et les distribue en aumônes, mais par un principe d'orgueil, et pour se faire un nom; ce qu'il fait est en soi très-bon, son intention est perverse, l'action tout entière est jugée criminelle.

Une action, quoique bonne en elle-même, peut donc être corrompue par une mauvaise intention; mais quelle bonne intention peut-on avoir en faisant une action mauvaise? Le fils qui vole pour nourrir son père, connoît qu'il fait mal : comment peut-il avoir intention de faire bien? Quand je dis que l'intention droite est ce qui donne la bonté à nos actions, je ne parle que des actions bonnes, et non des mauvaises. Le larcin est mauvais de soi-même, la meilleure intention n'est pas capable de le rendre bon. Quand il s'agiroit de sauver le monde entier, il ne seroit pas permis de faire le plus petit mal : à combien plus forte raison, s'il ne s'agit que de faire vivre quelques personnes !

Puisque tout le bien qu'on fait tire sa source de la droiture d'intention, il suit de là que plus l'intention est relevée, plus le bien est grand, et que le bien n'est qu'ordinaire lorsque l'intention n'est que commune. D'où l'on doit conclure que, bien loin qu'il faille détruire toute intention, il faut au contraire la redoubler et la relever autant qu'il est possible.

LE LETTRÉ CHINOIS. Ceux qui suivent la loi du sage n'ont point pour principe de détruire toute intention ; mais leur intention ne s'étend pas aux avantages qu'il y a d'être vertueux. Elle s'arrête à la vertu elle-même. Ainsi, pour engager au bien, ils proposent la beauté de la vertu, ils ne parlent point de récompenses; et pour détourner du mal, ils proposent la laideur du vice, ils ne parlent point de châtiment.

LE DOCTEUR EUROPEEN. La loi du sage est contenue dans les livres classiques. Ouvrons les livres, et nous y trouverons en cent endroits que, pour engager au bien, il est parlé de récompenses, et pour détourner du mal, il est parlé de châtiment. Dans le chapitre Chun-tien du livre *Chin*, il est dit : « Le bon ordre exige que l'on punisse les fautes. » Il y est encore dit : « Tous les trois ans on examine : après trois examens, on reconnoît le vice et la vertu. La vertu est récompensée et le vice est puni. » Dans le chapitre Kao-yao-mo, on lit ces mots : « Le Ciel récompense les bons de cinq marques de dignité : le Ciel punit les méchans de cinq sortes de supplice. » Dans le chapitre Y-tsi-mo, on fait ainsi parler l'empereur Chun à ses grands : « Lorsque vous engagez votre prince à marcher dans la vertu, votre mérite est en cela même, et je me sers de vous avec joie. Toi-kao-yao, en tout si réservé, si attentif, souviens-toi de ne jamais châtier sans connoissance de cause. »

Dans le même livre *Chin*, on fait dire à l'empereur Poan-keng : « Il ne faut point avoir acception des personnes : où l'on trouve le vice, on doit le punir : où l'on voit la vertu, on doit la récompenser. Si le bon ordre règne dans l'empire, c'est à vous, mes officiers, à qui en est la gloire; si le trouble survient, la faute est de moi seul, c'est que j'excède dans les châtimens. »

On lui fait encore dire : « Si je retrouve jamais des gens vicieux, je les bannirai de mon service, je les punirai, je les ferai mourir. Je veux que tout soit renouvelé dans cette habitation nouvelle que j'ai choisie. » Dans le chapitre Tai-chi, Ou-ouang dit : « Vous, généraux de mes armées, si vous marquez de la bravoure dans les combats, je récompenserai largement vos services; si vous êtes lâches, attendez-vous à être punis sévèrement. » Il dit encore : « Vous répondrez sur vos têtes des fautes que vous ferez. »

Dans le chapitre Kang-kao, on lit ces mots : « Suivant les lois portées par Ouen-ouang, il n'y a point de pardon pour de tels crimes. » Le chapitre To-ché rapporte ces paroles d'un empereur à ses mandarins : « Si vous êtes gens de bien, le Ciel vous favorisera; si vous êtes mauvais, je ne me contenterai pas de ne vous donner aucune autorité, de vous dépouiller de vos biens, j'emprunterai les châtimens du ciel, pour les faire tomber sur vos propres personnes. » Le chapitre To-Fang ajoute : « Si, peu soigneux d'observer mes ordres, vous ne pensez qu'au plaisir, vous abandonnez la justice, ne tenterez-vous pas la juste colère du Ciel, et puis-je ne pas employer ses punitions pour vous perdre ? » Ce sont là les paroles de Yao, de Chun, et des autres princes des trois anciennes dynasties. N'est-ce pas là parler de récompenses et de châtimens ?

LE LETTRÉ CHINOIS. Dans le livre *Tchung-tsiou*, composé par le sage Kong-tzé lui-même, il est souvent parlé de bien et de mal, de vice et de vertu ; on n'y voit jamais les mots de gain et de perte, d'utilité et de dommage.

LE DOCTEUR EUROPÉEN. Les récompenses et les punitions de cette vie sont de trois sortes. Les unes regardent le corps : maladies, santé, longue vie, mort prématurée. Les autres regardent la fortune : richesses, pauvreté, perte de biens, abondance de toutes choses. Il y en a qui regardent l'honneur : louanges, blâme, réputation, infamie. Le livre *Tchung-tsiou* ne parle que de cette troisième espèce. Il laisse les deux autres, parce que les hommes préfèrent ordinairement l'honneur à tout le reste. C'est ce qui a fait dire que le *Tchung-tsiou* étoit la terreur des mauvais mandarins et des gens de révolte. Que craignent-ils donc ? un mauvais nom. N'est-ce pas là une perte, un dommage ? Le docteur Hong-tsi commence ses instructions au prince par exalter les vertus de bonté et de justice. Il continue en exhortant l'empereur à être bon ; il finit en lui promettant l'empire de l'univers. N'est-ce pas là un gain, une utilité ? Quel est l'homme qui ne souhaite pas le bien et l'avantage de ses amis, de ses parens ? Mais si nous ne devons avoir en vue rien de tout cela, comment pouvons-nous le souhaiter à nos parens, à nos amis ? Le sage Kong-tzé, en enseignant la pratique de la vertu de charité, dit : « Ne faites pas à un autre ce que vous ne voudriez pas qu'on vous fît à vous-même. » Mais si je n'ai aucun avantage à prétendre pour moi-même, qu'ai-je besoin de procurer celui des autres ? La vue d'utilité n'est point opposée à la vertu. Ce qui y est contraire et qu'on doit rejeter, c'est le bien et l'utile injustement acquis. Il est dit dans le livre *Y* : « La récompense marche à la suite de la justice. » Il y est encore dit : « La récompense réjouit l'homme, et l'anime à augmenter en vertu. »

Quant à la grandeur de la récompense, qu'un homme soit parvenu à être maître du monde entier, cela est peu de chose. Qu'est-ce donc que gagner un seul royaume ? Quelque parfait que soit un prince, peut-il commander à toute la terre ? Qu'il le puisse, toute la terre lui sera soumise, et voilà tout. Encore, pour en venir là, combien ne faut-il pas dépouiller d'anciens possesseurs ! Tels sont les biens de cette vie. Ceux que je propose après la mort, sont les vrais et solides biens. Leur acquisition ne cause aucun trouble, et tous les hommes, sans en excepter un seul, peuvent les posséder sans rien enlever les uns aux autres. En vue de cette admirable récompense, qu'un roi, pour la procurer à ses sujets, un seigneur, à toute sa famille, les gens de lettres et le peuple, pour se la procurer à eux-mêmes ; que tous s'efforcent à l'envi, l'univers sera dans une profonde paix. Estimer et rechercher les biens à venir, c'est mépriser les biens présens ; et un homme au-dessus de toutes les choses présentes, pense-t-il au larcin, au meurtre, à la révolte ? Si toute une nation étoit éprise du désir d'un bonheur futur, qu'il seroit aisé de la gouverner !

LE LETTRÉ CHINOIS. J'ai toujours ouï dire qu'il étoit inutile de se tourmenter l'esprit sur les choses futures, et que ce que nous avons devant les yeux suffit pour nous occuper. Cela paroit très-bien dit. A quoi bon s'embarrasser de l'avenir ?

LE DOCTEUR EUROPÉEN. Ah ! si les animaux irraisonnables pouvoient parler, s'exprimeroient-ils autrement ? Il y eut autrefois, en Occident, un chef de secte dont toute la doctrine se réduisoit à se livrer au plaisir, et à ne s'embarrasser de rien. Un si indigne maître ne laissa pas d'avoir des disciples ; il fit lui-même graver son épitaphe en ces mots : *Buvez, mangez, divertissez-vous en cette vie; après la mort, plus de joie.* Toutes les personnes raisonnables ont toujours regardé cette infâme école comme un troupeau de pourceaux. Seroit-il possible qu'en Chine il se trouvât de ces sortes de gens ? Kong-tzé dit : « Qui ne prévoit pas les choses de loin est proche de son malheur. » On lit dans le livre *Chi :* « Un génie de peu d'étendue donne matière à la satire. » Ne voyons-nous pas que plus un homme est habile, plus aussi portera-t-il loin ses vues, et que plus un autre est ignorant, plus ses vues sont courtes ?

Pourquoi les hommes, de tous les états, pensent-ils à l'avenir ? Pourquoi chacun prend-il ses mesures ? Le laboureur cultive et sème au printemps dans le dessein de recueillir en automne. L'arbre de pin ne porte des fruits qu'au bout de cent ans; cependant, il se trouve des gens qui plantent des pins. N'est-ce pas ce qui fait dire que les aïeux plantent, et que les neveux cueillent les fruits ? Le marchand court les mers, dans l'espérance de s'enrichir, et de revenir passer une heureuse vieillesse dans sa patrie; l'artisan travaille sans cesse pour gagner sa subsistance; l'homme de lettres étudie dès le bas âge, pour se rendre capable de servir l'État et son prince. Est-ce donc là ne s'occuper que des choses présentes, et de ce qu'on a devant les yeux ? Au contraire, si l'on a vu des enfans dissiper l'héritage de leurs pères, si Yu-kong désola son pays, si l'empereur Kie, de la dynastie des Hia, et Tchéou, de celle des Yn, perdirent l'empire, n'est-ce pas pour avoir été trop attachés au présent, et pour avoir négligé l'avenir ?

LE LETTRÉ CHINOIS. Vous raisonnez juste, monsieur; mais, dans la conduite que nous tenons en ce monde, quelque loin que nous portions nos vues, elles ne vont point au delà de cette vie, et s'embarrasser à présent de ce qui arrivera après la mort, cela paroît inutile.

LE DOCTEUR EUROPÉEN. Kong-tzé a écrit le *Tchun-tsiou;* Tché-tsé, son petit-fils, a écrit le *Tchong-yong.* Ces deux grands hommes ont porté leurs vues sur tous les siècles à venir : ils ont percé jusqu'à la postérité la plus reculée : et cela ne paroît blâmable à personne; et nous, que nous pensions à nous-mêmes, que nous portions nos vues seulement à ce qui arrivera après notre mort, cela, monsieur, vous paroît déraisonnable. Les jeunes gens prennent leurs mesures pour le temps de la vieillesse, ils ne savent point s'ils y parviendront jamais : on ne trouve point cela hors de propos; et nous, que nous prenions des mesures pour les suites de la mort, et peut-être demain serons-nous dans le cas, vous le trouvez mauvais. Vous êtes marié, monsieur, par quel motif voulez-vous avoir des enfans ?

LE LETTRÉ CHINOIS. Je veux que mes enfans prennent soin de mon tombeau, et qu'ils rendent aux cendres de leur père les honneurs qui leur sont dus.

LE DOCTEUR EUROPÉEN. Oui, monsieur, mais cela même n'est-ce pas penser à ce qui arrivera après votre mort? L'homme, en mourant, laisse deux parties de lui-même : son âme, qui est un esprit incorruptible; et son corps, qui est une matière sujette à la pourriture. Vous, monsieur, vous pourvoyez à ce qui regarde le corps; et moi, je crois devoir pourvoir à ce qui regarde l'âme : comment suis-je en cela répréhensible ?

LE LETTRÉ CHINOIS. Dans la pratique de la vertu, l'homme sage ne fait attention ni à ce qu'il peut gagner, ni à ce qu'il peut perdre en cette vie. Qu'est-il besoin de parler de gain et de perte après la mort ?

LE DOCTEUR EUROPÉEN. Ce que nous avons à espérer ou à craindre après la mort, est d'une extrême conséquence. Rien en cette vie ne peut lui être comparé. Les biens et les maux d'ici-bas ne sont que des ombres de biens et de maux : ils méritent à peine qu'on y fasse attention ou qu'on en parle. J'ai ouï autrefois comparer les hommes sur la terre à une troupe de comédiens sur un théâtre : les différentes conditions des hommes sont les différents rôles que jouent les comédiens. On voit sur la scène un roi, un esclave, un général d'armée, un docteur, une princesse, une suivante : tout cela n'est qu'une fiction de quelques heures; les habits dont ils sont revêtus ne sont qu'un jeu, les désavantages et les déplaisirs qui leur arrivent ne les touchent point; la pièce finie, chacun quitte le masque, et ce n'est plus rien de tout ce que c'étoit auparavant. Ainsi l'homme de théâtre ne regarde pas comme une fortune d'avoir un personnage relevé, ni comme un malheur d'en avoir un bas : il ne pense qu'à bien faire celui dont il est chargé. Ne parût-il que sous le nom du dernier valet, il s'applique à bien entrer dans l'idée du maître qui fait jouer la comédie : cela lui suffit.

Voyez les hommes sur la terre. Il ne dépend pas d'eux d'y choisir leurs conditions : les bien remplir, voilà ce qui les regarde. Quand notre vie s'étendroit à un siècle entier, qu'est-ce qu'un siècle, comparé à l'éternité future? Ce n'est pas un seul jour d'hiver. Les biens de ce monde ne sont proprement que des biens empruntés ; nous n'en sommes pas les véritables maîtres : pourquoi faire consister son bonheur à les accumuler? pourquoi se chagriner quand on les perd? Nous naissons tous, grands et petits, tout nus ; nous retournons tout nus au tombeau. Qu'un riche laisse ses coffres pleins d'or et d'argent, il n'emportera pas une obole. A quoi bon s'attacher à ce qu'on doit abandonner? Les fausses lueurs de cette vie une fois passées, le pur et vrai jour de l'éternité commencera, et tous alors paroîtront dans l'état d'humiliation ou de gloire convenable à chacun. Prendre les biens et les maux présens pour de vrais maux et de vrais biens, c'est imiter un homme grossier qui, voyant représenter une comédie, regarde un roi de théâtre comme un véritable roi, et comme un véritable esclave celui qui en fait le personnage.

Tous les hommes ne sont pas capables d'une égale pureté d'intention : il y a en cela du plus ou du moins parfait. Ceux qui ont à instruire le public proposent d'abord les premiers pas qu'il faut faire pour aller à la vertu ; ils détaillent ensuite les divers degrés de perfection: on commence par ébaucher, ensuite on polit. Les médecins ne sont que pour les malades : ceux qui se portent bien n'en ont pas besoin. Le sage de lui-même a des lumières ; certains enseignemens ne sont nécessaires qu'au peuple : on doit s'accommoder à sa foiblesse. Kong-tzé étant allé dans le royaume Ouei, à la vue d'une nombreuse populace, fit entendre qu'il falloit d'abord la rendre contente, et qu'ensuite on pourroit l'instruire. Ce grand philosophe ignoroit-il de quelle importance est l'instruction? Mais le peuple est tel, qu'on ne peut l'engager au bien qu'en lui proposant des avantages.

Il y a trois divers motifs de pratiquer la vertu : le premier et le plus bas, est l'espérance du paradis et la crainte de l'enfer ; le second, qui tient le milieu, est la reconnoissance envers Dieu pour tous ses bienfaits ; le troisième et le plus haut, est le désir de faire sa volonté et de lui plaire. Que prétend-on en prêchant? c'est de persuader. Il faut donc employer les motifs les plus persuasifs. Une populace accoutumée à n'agir que par intérêt, comment vivra-t-elle, si on ne lui propose pas des récompenses à espérer, et des châtimens à craindre? Quand on est une fois parvenu à épurer ses intentions, les motifs plus bas n'ont pas lieu. Un tailleur, pour coudre un habit, se sert de fil ; mais comment le fil pénétreroit-il dans l'étoffe, si l'on n'employoit pas l'aiguille? L'aiguille perce et passe ; le fil reste, et l'habit est cousu. Dans le dessein d'engager les hommes au bien, si je me contentois d'étaler la beauté de la vertu, le vulgaire, aveuglé par les diverses passions, n'y seroit nullement sensible : je parlerois en vain, on ne daigneroit pas même m'écouter. Mais que je tonne, que j'annonce les supplices de l'enfer ; que, d'un air plus doux, je décrive le bonheur du paradis, aussitôt on prête l'oreille, on se rend attentif, et peu à peu on se laisse persuader qu'il faut enfin quitter le vice et embrasser la vertu : cette résolution prise, on se corrige de ses défauts, on ne pense qu'à se perfectionner, et à persévérer jusqu'à la mort. N'est-ce pas là ce qui fait dire que les méchans abandonnent le vice par la crainte des châtimens, et que les bons ne s'y engagent point par amour pour la vertu?

On a vu autrefois, dans mon pays, un saint homme nommé François, qui fonda un ordre d'une règle fort austère, et dont le caractère est la pauvreté. Cet ordre est aujourd'hui très-étendu, et rempli de parfaits religieux. Un des premiers disciples de François, appelé *Junipère*, brilloit parmi les autres : c'étoit un homme d'une sagesse profonde, qui chaque jour avançoit dans la vertu. Le démon, chagrin et jaloux des progrès de ce religieux, résolut de les arrêter ; on raconte qu'il se transforma en ange de lumière, et que, durant une nuit, il parut tout éclatant de gloire dans la cellule de François, en lui disant : «C'est un ange qui te parle ; Junipère est véritablement vertueux, mais enfin il n'entrera jamais dans le ciel ; il sera damné : tel est le terrible et immuable jugement de Dieu.» Après ce peu de paroles, il disparut. François épouvanté, triste et morne, n'osoit s'ouvrir à personne sur cette vision ; il étoit inconsolable sur le funeste sort de son disciple, et toutes les fois qu'il le voyoit, il ne pouvoit retenir ses larmes. Junipère le remarqua, et soupçonna quelque chose. Après s'être préparé par le jeûne et par l'oraison, il interrogea son maître : «Je tâche, dit-il, mon père, de garder exactement la règle, je sers Dieu de mon mieux, c'est un effet du bonheur que j'ai d'être à votre école ; cependant je m'aperçois depuis quelque temps que vous ne me regardez plus du même œil. Pourquoi pleurez-vous aussitôt que vous me voyez?» François ne voulut pas d'abord parler. Junipère le pressa diverses fois. Enfin, il lui découvrit tout. Alors le saint religieux, d'un air tranquille dit : « Dieu est le grand maître, mais c'est aussi un bon père; jamais il ne nous abandonne, mais nous pouvons l'abandonner ; c'est à nous à implorer son secours, pour éviter cet enfer qui ne sera jamais pour ceux qui tâchent véritablement de l'aimer et de le servir.» Cette réponse, et l'air dont elle fut faite, portèrent tout à coup la lumière dans l'esprit de François; il s'écria : «Oh! j'ai été trompé! Quoi! tant de vertus, tant de sagesse aboutiroient à l'enfer! Non, le ciel en sera la récompense. »

Les personnes d'une haute spiritualité, en pensant au paradis ou à l'enfer, s'arrêtent peu aux peines de l'un, et aux joies de l'autre : elles n'ont, en cela même, communément en vue que la seule vertu. Comment cela? Qu'est-ce que le paradis? C'est un lieu brillant de gloire, où sont rassemblés tous les bons. Qu'est-ce que l'enfer ? C'est une sombre prison où sont renfermés tous les méchans. Ceux qui montent au ciel sont confirmés dans le bien ; ils ne peuvent plus devenir mauvais. Ceux qui tombent en enfer s'endurcissent dans le mal, et ils ne deviendront jamais bons. Que nous souhaitions d'être ainsi confirmés dans le bien, pour ne plus devenir mauvais ; que nous désirions d'être réunis pour toujours avec les gens de bien, et pour jamais séparés des méchans, qui peut dire que cette manière de gagner ou de perdre soit un motif peu conforme à la saine doctrine? Les gens de lettres qui rejettent le paradis et l'enfer n'ont pas fait là-dessus un examen suffisant.

LE LETTRÉ CHINOIS. Dire tout cela, ou prêcher la métempsycose, comme font les fo-tistes, quelle différence y a-t-il?

LE DOCTEUR EUROPÉEN. La différence est entière. Les fotistes ne débitent que de vaines imaginations : pour moi, je prêche la vraie et solide raison. Tous leurs discours sur la métempsycose n'aboutissent qu'à des paroles. Ce que je dis d'un paradis et d'un enfer, est un motif pressant de se donner au bien. N'y a-t-il là aucune différence? De plus, ceux qui sont solidement vertueux, quand il n'y auroit ni paradis ni enfer, quand ils n'y gagneroient que d'obéir et de plaire à Dieu, ne se relâcheroient point pour cela. L'un et l'autre étant très-réels, se relâcheront-ils?

LE LETTRÉ CHINOIS. La vertu sans doute a ses récompenses, et le vice ses châtimens. Mais tout cela, dit-on, n'est que pour cette vie; ou bien, si dans cette vie un homme n'est pas puni lui-même, ses descendans le sont pour lui. Pourquoi parler d'enfer et de paradis?

LE DOCTEUR EUROPÉEN. Les récompenses de cette vie sont trop peu de chose : elles ne suffisent pas pour remplir les désirs du cœur humain, elles ne répondent point au mérite des vrais sages, elles ne manifestent point assez la bonté du Chang-ti. Les plus hautes dignités d'un empire, l'empire lui-même du monde entier est-il un prix digne de la vertu? Le vertueux, sans agir uniquement en vue des récompenses, ne manquera pas d'être pleinement récompensé par la main du Chang-ti. Lorsqu'un prince a revêtu quelqu'un de ses sujets de certains titres d'honneur, il ne va pas plus loin ; son pouvoir a des bornes. Le Chang-ti, dans ses bienfaits, s'arrête-t-il ainsi?

Parmi les hommes bons et mauvais, il s'en trouve qui n'ont point de postérité. Qui donc recevra pour eux la récompense de leurs vertus et le châtiment de leurs vices? Un tel est un tel, et ses enfans sont ses enfans ; et sont-ce les enfans qu'il est juste de punir ou de récompenser pour le bien ou le mal qu'a fait leur père? Puisque Dieu a la puissance de récompenser la vertu et de punir le vice, pourquoi cette puissance ne s'étendroit-elle que sur les enfans, et qu'elle ne s'étendroit point sur leurs pères? Que si Dieu peut punir et récompenser les pères, pourquoi les laisseroit-il pour attendre les enfans? Les enfans eux-mêmes ont des vices ou des vertus : comment seront-ils récompensés ou punis? Faudra-t-il encore attendre pour cela les enfans des enfans? Vous, monsieur, vous aurez été un homme de bien, vos descendans seront des débauchés, et tout ce que vos vertus auront mérité de récompenses sera donné à cette indigne postérité! Y a-t-il là de la justice? Ou bien, vous aurez été un déréglé, votre postérité vivra dans la vertu, et tout ce que vos vices auront mérité de punitions tombera sur ces vertueux descendans! Où est l'équité? Non-seulement les bons princes, mais même les plus mauvais, ne portent pas toujours leur vengeance sur les enfans des pères criminels; et Dieu négligeroit les pères pour ne penser qu'aux enfans! Récompenser ou punir les hommes les uns pour les autres, c'est renverser tout l'ordre de l'univers, c'est donner à croire que la justice du Chang-ti n'est pas si bien réglée que celle des hommes. Chacun doit répondre pour soi-même.

LE LETTRÉ CHINOIS. Vous n'avez jamais vu, monsieur, ni le paradis ni l'enfer : comment pouvoir assurer qu'ils existent?

LE DOCTEUR EUROPÉEN. Et vous, monsieur, vous n'avez jamais vu qu'il n'y ait ni paradis ni enfer : comment pouvoir assurer qu'il n'y en a point? Avez-vous donc oublié ce que j'ai dit ci-devant? L'homme instruit, et qui raisonne, ne se règle point sur ses sens pour croire la vérité des choses. Ce que la raison lui présente a bien plus de force sur son esprit que ce qu'il voit de ses yeux. Nos sens sont toujours sujets à errer. La raison est un guide sûr.

LE LETTRÉ CHINOIS. Je souhaiterois, monsieur, vous entendre expliquer cet article plus en détail.

LE DOCTEUR EUROPÉEN. En premier lieu, tout ce qui est a une fin où il tend. Lorsqu'une chose est parvenue à sa fin, elle s'y arrête et ne se porte point au delà. L'homme, comme les autres créatures, a un terme qui doit le fixer. A voir l'étendue de ses désirs, on juge aisément que rien au monde n'est capable de les remplir. Sa fin n'est donc pas en cette vie; mais si elle n'est pas dans cette vie, il faut qu'elle soit dans la vie future. L'homme ne désire rien moins qu'une félicité parfaite. La parfaite félicité, voilà le paradis. Jusqu'à ce que nous soyons arrivés là, nous souhaitons toujours. Le souverain bonheur renferme en soi l'éternité. Notre vie, quand même on voudroit donner croyance à tout ce qu'on dit des trois empereurs, le ciel, la terre et l'homme; de ce fameux Lao-pong; du royaume Tchou; de tous ces anciens mortels qu'on appelle du nom de cette espèce d'arbre qui dure mille ans; notre vie, dis-je, n'est point éternelle. Tout ce que nous possédons est donc défectueux. N'est-ce pas ce qui fait dire : « En ce monde, point de bonheur parfait? » Il y a donc quelque chose de plus désirable. Dans le ciel, on ne désire rien : tous les vœux sont remplis, l'homme est entièrement satisfait.

En second lieu, les désirs de l'homme vont jusqu'à connoître une vérité sans bornes, et à aimer un bien infini. Le bien, le vrai ici-bas, tout est borné. Ce n'est donc point ici-bas que nos désirs peuvent être accomplis. Les inclinations naturelles, c'est Dieu qui les donne; seroit-ce en vain qu'il auroit donné celles-là à l'homme? Non sans doute. Il veut les satisfaire; c'est dans le ciel qu'il les satisfera.

En troisième lieu, la vertu n'a point en ce monde de récompense digne d'elle; l'univers entier ne peut pas en être le prix. S'il n'y a point de paradis, le vertueux restera sans être dignement récompensé. Le péché est un outrage fait au Chang-ti; sa grièveté est extrême. Tous les supplices de ce monde, rassemblés, ne répondent point à sa malice. S'il n'y a point d'enfer, le pécheur restera donc sans être justement puni. Dieu tient entre ses mains tous les mortels; il est parfaitement instruit de toutes leurs actions, et il ne sauroit pas punir le vice et récompenser la vertu comme il convient! Qui peut le penser?

En quatrième lieu, Dieu est impartial dans ses jugemens : il récompense sûrement la vertu, le vice sera sûrement puni. Cependant on voit dans ce monde le vicieux dans l'abondance, au milieu des plaisirs; on voit le vertueux languir dans la misère et dans les souffrances. Le juste juge attend donc après la mort. Alors il comblera de bonheur l'homme de bien dans le ciel; il accablera de maux le méchant dans les enfers. Si cela n'étoit pas, comment feroit-il connoître son équité?

LE LETTRÉ CHINOIS. On voit souvent dès cette vie la vertu récompensée et le vice puni.

LE DOCTEUR EUROPÉEN. Si Dieu réservoit absolument toutes les punitions et toutes les récompenses pour la vie future, l'homme grossier, peu instruit de cette vie future, pourroit peut-être douter si véritablement il y a un maître dans le ciel, et il n'en deviendroit que plus osé à se livrer au crime. Au lieu que le pécheur criminel, éprouvant une famine ou quelque autre calamité, se regarde comme puni pour le passé et comme averti pour l'avenir. Tandis que l'homme de bien, voyant dès ce monde sa vertu récompensée, se sait bon gré de ce qu'il a déjà fait, et s'anime à en faire encore davantage.

Dieu sans doute est infiniment juste ; il ne laissera aucun bien sans récompense, ni aucun mal sans châtiment. L'homme qui pratique la vertu, et qui y persévère, sera élevé dans le ciel pour y jouir d'un bonheur éternel. L'homme qui s'abandonne au vice, et qui meurt sans conversion, sera précipité dans les enfers pour y subir un éternel malheur. Que si l'on voit quelquefois le juste dans les souffrances, c'est que sa justice même n'est pas sans imperfection ; que Dieu le châtie en cette vie afin qu'après la mort, se trouvant parfaitement épuré, il entre dans la joie qui lui est préparée. Si l'on voit le vicieux prospérer, c'est qu'au milieu même de ses vices il laisse échapper quelques petits traits de vertu que Dieu récompense sur la terre, pour qu'en sortant de ce monde, n'ayant plus que ses crimes, il soit jeté dans l'abîme qu'il s'est creusé. Les biens, les maux, tant de cette vie que de la vie future, nous viennent tous de Dieu ; c'est Dieu qui gouverne tout, et nous dépendons absolument de lui.

LE LETTRÉ CHINOIS. Nos lettrés chinois s'en tiennent à ce que le sage a enseigné. Ce sage s'explique dans nos livres classiques. Nos livres, quelque attention qu'on y apporte, ne parlent ni d'enfer ni de paradis. Quoi donc ! le sage a-t-il ignoré cette doctrine, ou bien a-t-il voulu nous la cacher ?

LE DOCTEUR EUROPEEN. Le sage, dans ses documens, consultant la portée des gens du siècle, n'a peut-être pas tout dit. Peut-être a-t-il dit bien des choses qui n'ont pas été écrites et dont les monumens se sont perdus ; peut-être même les écrivains, peu fidèles, les ont-ils supprimés. De plus, les mêmes choses, en différens temps, ont des expressions différentes. Il n'y a pas telle expression, on ne doit pas conclure telle chose n'y est pas quant au sens. Les lettrés d'aujourd'hui s'en tiennent-ils bien à la doctrine des anciens livres ? Combien n'y en a-t-il pas qui la combattent ? La beauté des termes leur plaît, le sens qu'ils renferment ne les touche point. Ils composent des discours fort élégans ; mais quelle est leur conduite ?

On lit ces paroles dans le livre *Chi* : « Ouen-ouang est dans le ciel, il y est glorieux et triomphant. Ouen-ouang monte et descend ; il est placé à côté du Ti. » On y lit encore : « Chaque dynastie a un sage. Les trois sages sont dans le ciel. » Dans le chapitre Tchao-kao il est dit : « Le Ciel a ôté l'empire à la famille des Yn. Combien d'illustres empereurs de cette famille sont dans le ciel ! » Mais être dans le ciel, être placé à côté du Ti, n'est-ce pas ce que j'entends par le mot paradis ?

LE LETTRÉ CHINOIS. Sur ces paroles du livre *Chi*, nos anciens sages ont en effet reconnu qu'il y avoit un lieu de délices pour être après la mort la demeure des gens de bien ; mais pour l'enfer on n'en trouve aucun vestige dans nos écritures.

LE DOCTEUR EUROPÉEN. Il y a un paradis, il y a donc un enfer. L'un se conclut de l'autre, et la même raison vaut pour tous les deux. S'il est vrai que Ouen-ouang, Tcheou-kong et les illustres empereurs de la famille des Yn soient dans le ciel, il n'est pas moins vrai que Kie, Tcheou et Tao-tché sont dans les enfers. Leur conduite en cette vie ayant été si différente, ils doivent avoir été traités tout différemment en l'autre vie. Voilà ce que la raison dicte, et qui ne souffre aucun doute. N'est-ce pas pour cela qu'à la mort le vertueux est tranquille ? Il n'a pas le moindre sujet de trouble, tandis que le vicieux tremble ; quel repentir ! quelle amertume ! Ce moment est pour lui le comble de l'infortune.

S'autoriser du silence des livres classiques sur ce point pour le nier, c'est errer grossièrement. La maxime des écoles d'Europe, est celle-ci : ce qu'on trouve dans un auteur de marque, est une preuve ; mais ce n'est rien prouver que de dire qu'on ne l'y trouve pas. Il est écrit dans nos livres sacrés, que Dieu au commencement du monde créa un homme appelé Adam et une femme nommée Ève, pour être les premiers ancêtres du genre humain. On n'y parle point de vos deux empereurs Fo-hi et Ching-nong. Sur cela nous pouvons assurer qu'il y a eu un Adam et une Ève ; mais nous ne pouvons pas dire qu'il n'y ait jamais eu de Ching-nong ni de Fo-hi. De même, après avoir lu les livres chinois, on sait que Fo-hi et Ching-nong ont régné en Chine ; mais comment assurer qu'Adam et Ève ne sont pas nos premiers ancêtres ? L'histoire de l'empereur Yn ne dit pas un mot de l'Europe ; est-ce là une raison de croire qu'il n'y ait point d'Europe? Ainsi, quoique les livres de Chine n'expliquent pas clairement la doctrine du paradis et de l'enfer, on ne doit pas conclure qu'il faille rejeter cette doctrine.

LE LETTRÉ CHINOIS. Les bons auront donc le paradis pour récompense, et les méchans, l'enfer pour punition ; mais s'il se trouvoit un homme qui ne fût ni bon ni mauvais, que deviendroit-il après la mort?

LE DOCTEUR EUROPÉEN. Il n'y a point de milieu entre les bons et les mauvais. Un homme n'est pas bon, dès lors il est mauvais ; il n'est pas mauvais, dès lors il est bon. Tout le milieu qu'on pourroit y trouver, ne consiste que dans les différens degrés de bonté et de malice. La malice et la bonté peuvent être comparées à la vie et à la mort. Un homme n'est pas vivant, il est donc mort : il n'est pas mort, il est donc vivant. On ne peut pas dire qu'il ne soit ni vivant ni mort.

LE LETTRÉ CHINOIS. Qu'un homme ait d'abord été méchant et ensuite bon ; qu'un autre ait d'abord été bon et ensuite méchant, qu'arrivera-t-il après la mort à ces deux hommes ?

LE DOCTEUR EUROPÉEN. Dieu est le père de tous les mortels ; il met des bornes à notre vie, pour nous engager à la vertu : à la mort il arrête notre sort. Un homme a passé une partie de ses jours dans le bien, il change tout à coup, devient mauvais et meurt, c'est un rebelle digne de l'enfer ; ses mérites passés sont comptés pour rien. Un autre a longtemps vécu dans le mal, il se repent, devient bon, et meurt, Dieu en a pitié, il lui pardonne ses fautes, et le récompense d'un bonheur éternel.

LE LETTRÉ CHINOIS. Les crimes précédens de cet homme restent donc sans punition ?

LE DOCTEUR EUROPÉEN. Les saintes Écritures nous apprennent qu'un pécheur revenu de ses égaremens, si son repentir est bien vif, ou qu'il fasse sur la terre une sincère pénitence pour satisfaire la justice de Dieu, Dieu lui remet entièrement la peine due à ses péchés, et à la mort il est transporté dans le ciel ; mais si sa douleur, quoique vraie, n'est pas aussi vive qu'elle pourroit l'être, et que sa pénitence ne réponde pas au mal qu'il a fait, il y a dans l'autre vie un lieu séparé, où durant un certain temps il faut qu'il achève la mesure des châtimens qu'il n'a pas remplie durant sa vie : une âme, enfin épurée, est reçue dans le séjour de la gloire ; voilà la règle.

LE LETTRÉ CHINOIS. Cette règle me paroît fort juste ; mais nous trouvons dans les livres de nos anciens ces paroles : « A quoi bon croire un paradis, un enfer! S'il y a un enfer, c'est pour le déréglé ; s'il y a un paradis, c'est pour le sage. Soyons sages, cela suffit. » Ce raisonnement est assez bon.

LE DOCTEUR EUROPÉEN. Voilà un très-mauvais raisonnement. Pourquoi? Il y a sans doute un paradis, et ce paradis est pour le sage. Mais ne croire ni paradis ni enfer, c'est n'être point sage.

LE LETTRÉ CHINOIS. Comment donc?

LE DOCTEUR EUROPÉEN. Ne point croire qu'il y ait un Chang-ti, est-ce être sage, ou non?

LE LETTRÉ CHINOIS. Non sans doute. Ne lit-on pas dans le livre *Chi* : « Ouen-ouang avoit une grande attention à tous ses devoirs. Il étoit extrêmement pieux : il vouloit plaire au Chang-ti? » Qui peut donner le nom de sage à un homme qui ne croit point qu'il y a un Chang-ti?

LE DOCTEUR EUROPÉEN. Ne point croire que le Chang-ti soit infiniment bon et souverainement juste, est-ce être sage, ou non ?

LE LETTRÉ CHINOIS. Non assurément. Le Chang-ti est la source de toute bonté ; il est le souverain maître, le juste juge. Comment appeler sage un homme qui ne croit point que le Chang-ti soit infiniment bon et souverainement juste?

LE DOCTEUR EUROPÉEN. La véritable charité fait aimer les bons et tout ensemble haïr les méchans. Si Dieu n'a pas un paradis pour récompenser le bien, comment peut-on dire qu'il aime les bons ? S'il n'a pas un enfer pour punir le mal, comment peut-on dire qu'il hait les méchans? Les punitions et les récompenses de cette vie ne répondent point au vice et à la vertu. Si Dieu, après la mort, ne rendoit pas à chacun selon ses œuvres, en plaçant le vertueux dans le ciel, en précipitant le vicieux dans les enfers, seroit-il un juge souverainement équitable? Refuser de croire cet article, c'est refuser à Dieu les attributs de bon et de juste. Cette doctrine sur le paradis et sur l'enfer, est reçue en Chine dans les sectes de Fo et de Lao. Elle est suivie par les lettrés habiles, et tous les royaumes, depuis l'orient jusqu'à l'occident, la professent. Nos divines Écritures l'enseignent ; j'en ai prouvé fort clairement la vérité. Ne pas s'y rendre, c'est n'être point sage.

LE LETTRÉ CHINOIS. Je m'y rends, je la crois ; mais je voudrois bien que vous m'en donnassiez une explication détaillée.

LE DOCTEUR EUROPÉEN. Ce que vous me demandez n'est pas aisé. Nos saints livres ne parlent là-dessus qu'en termes généraux ; ils n'entrent dans aucun détail sur l'enfer. Peut-être pourroit-on en dire quelque chose par comparaison avec les maux de cette vie ; mais qui peut décrire le paradis ? Les maux de cette vie ont des intervalles : ils ont une fin ; les tourmens de l'enfer sont continuels, ils sont éternels. Les docteurs distinguent deux sortes de peines dans les enfers ; les extérieures, un chaud, un froid excessif, une puanteur insupportable, une faim, une soif extrême ; les intérieures, une horreur abominable à la vue des démons, une jalousie cruelle du bonheur des élus, une honte, un regret désespérant et inutile en rappelant le temps passé.

Parmi les supplices des damnés, le plus grand est leur chagrin sur la perte qu'ils ont faite. Dans cette accablante pensée, ils s'écrient sans cesse, les larmes aux yeux : « Ah ! malheureux, pour un plaisir d'un moment, nous avons perdu un bonheur éternel, et nous nous sommes précipités dans l'abîme de tous les malheurs ! » Ils voudroient bien à présent pouvoir effacer leurs crimes, pour en faire cesser la punition ; mais il n'est plus temps : ils souhaitent la mort pour finir leurs supplices, mais ils vivront malgré eux, et souffriront éternellement. Le temps de la pénitence est passé ; Dieu, par une juste vengeance, accable de douleur ces criminels, et les conserve toujours pour les faire toujours souffrir. Pour éviter, après la mort, des tourmens si terribles, il faut les méditer durant la vie : leur méditation est un frein contre le vice, et qui sait se défendre du vice n'a pas à craindre ces tourmens.

Si la vue des peines de l'enfer n'est pas capable d'émouvoir, il faut recourir au bonheur que nous avons à espérer dans le ciel. Les saintes Écritures, parlant du paradis, s'expriment ainsi : « L'œil n'a point vu, l'oreille n'a point entendu, l'homme ne peut pas comprendre ce que Dieu a préparé à ceux qui l'aiment. » D'où l'on doit conclure que le paradis est l'assemblage de tous les biens, et l'éloignement de tous les maux. Nous pouvons prendre quelque légère idée de ce beau séjour de la vie future en faisant attention à ce que nous avons dès cette vie sous les yeux ; le ciel, la terre, la beauté de tant de créatures ; combien d'objets dignes de notre admiration ! Raisonnons ensuite. Toutes ces choses sont sorties de la main de Dieu pour l'usage de tous les hommes, et même pour celui des animaux sans raison : les méchans, aussi bien que les bons, jouissent de tous ces bienfaits. Si Dieu a d'abord été si magnifique à l'égard de tous les mortels en ce monde, que fera-t-il en l'autre pour les gens de bien qu'il prétend combler de bonheur ! Dans le paradis, il règne un perpétuel printemps ; point de vicissitude d'été brûlant, d'hiver glacé ; la lumière brille constamment, point d'alternative de jour et de nuit ; la joie est continuelle, aucune occasion de tristesse ; la tranquillité est parfaite, aucun sujet de crainte ; la beauté ne passe point, la jeunesse dure toujours, la vie est éternelle ; on est éternellement en la présence de Dieu même. Les mortels ne peuvent point comprendre ce bonheur, encore moins peuvent-ils l'exprimer : les bienheureux sont à la source de tous les biens ; ils s'en rassasient sans cesse, sans cesse ils en sont altérés.

La mesure du bonheur des saints n'est pas la même pour tous : chacun est heureux suivant le bien qu'il a fait ; les mérites ont leurs degrés, les récompenses les ont aussi : il n'y a cependant aucun lieu à la jalousie. Comment cela ? c'est que chacun possède tout ce qu'il est capable de posséder. A un homme d'une grande taille, il faut un habit plus long ; à un autre d'une taille plus petite, un plus court suffit : le petit et le grand ont ce qu'ils veulent. D'où viendroit donc la jalousie ? Les saints sont tous collègues et parfaits amis : ils sont liés de la plus étroite union, ils s'entr'aiment en frères : quand ils abaissent les yeux sur les supplices de l'enfer, quel redoublement de joie pour eux ! Le blanc mis à côté du noir en paroît bien davantage ; la lumière comparée aux ténèbres en est bien plus brillante.

La religion chrétienne instruit parfaitement les hommes sur ces vérités ; mais les hommes ne comprennent bien que ce qu'ils ont devant les yeux : tout ce qu'ils ne voient pas leur paroît obscur. Qu'une femme enceinte soit mise en prison et qu'elle accouche dans un cachot, son fils, devenu grand, ne connoît ni le soleil ni la lune; il ignore ce que c'est qu'une montagne, une rivière, le genre humain, l'univers: une grosse chandelle est son soleil, la prison et le peu de gens qu'on y voit sont pour lui le genre humain, tout l'univers; il n'imagine rien au delà : ainsi, ne ressentant point la dureté d'une prison, il y demeure sans peine, il ne pense point à en sortir. Mais que sa mère vienne à lui parler de la splendeur des astres, de la pompe des grands du monde, de l'étendue et des merveilles de la terre, de la beauté et de l'élévation du ciel, il comprendra bientôt qu'il n'a encore vu que quelques sombres rayons de lumière, que sa prison est étroite, sale et puante; qu'il est dur d'être dans les fers: et dès lors ne souhaitera-t-il pas d'aller loger dans la maison paternelle? ne pensera-t-il pas jour et nuit à se rendre libre, et à obtenir de vivre dans la joie, au milieu de ses parens et de leurs amis? Hélas! les gens du siècle, au lieu de s'animer d'une foi vive sur le paradis et l'enfer, croupissent dans des doutes perpétuels, ou se moquent de tout ce que nous leur en disons! Cela n'est-il pas déplorable?

LE LETTRÉ CHINOIS. J'en conviens, et je vois que presque tous ceux qui ne s'attachent pas aux rêveries des sectes de Fo et de Lao, vivent, flottans et errans, comme un troupeau sans berger : cette vie, toute misérable qu'elle est, voilà leur paradis. Vos instructions, monsieur, sont les vraies instructions d'une bonne mère. Je comprends que nous avons une céleste patrie; je souhaite ardemment de prendre le chemin qui y conduit.

LE DOCTEUR EUROPEEN. Le chemin droit est étroit; les funestes routes sont larges et sans embarras : on ne manque pas de guides mal instruits qui conduisent tout de travers. Le vrai peut être regardé comme faux; le faux a quelquefois l'apparence du vrai : il est de la dernière importance de ne pas s'y tromper. En cherchant mal le souverain bonheur, on aboutit au malheur éternel. On doit être en cette vie extrêmement sur ses gardes.

SEPTIÈME ENTRETIEN.

La nature de l'homme est bonne en elle-même. Quelle est la vraie étude de l'homme chrétien?

LE LETTRÉ CHINOIS. Vous m'avez appris, monsieur, que Dieu est le père de tous les mortels, et je ne vois rien de plus juste que de l'aimer. Vous m'avez appris que l'âme de l'homme est immortelle, et je comprends que cette vie étant si courte, on ne doit pas en faire beaucoup de cas. Je sais à présent qu'il y a un paradis pour les bons, et que le vertueux confirmé dans le bien sera éternellement avec les saints en la présence de Dieu. Je sais qu'il y a un enfer pour les méchans, et que là, le vicieux endurci dans le mal sera puni d'une éternité de supplices. Tout cela me détermine à prendre les vrais moyens de servir Dieu. Nos lettrés de Chine ont pour maxime que, suivre la nature, c'est pratiquer la vertu. Si la nature n'a rien que de bon, on ne se trompe pas en la suivant; mais si elle a quelque chose de mauvais, ce n'est pas là un guide sûr : qu'en pensez-vous?

LE DOCTEUR EUROPEEN. En lisant les livres des lettrés chinois, on trouve souvent les termes de nature, de passions; mais on n'y voit rien de clair sur ces sujets. Dans une même école, il y a là-dessus cent opinions différentes. Avoir beaucoup de connoissances, et ne pas se connoître soi-même, c'est être vraiment ignorant avec toute la science qu'on a. Pour savoir ce qu'il y a de bon dans la nature de l'homme, il faut auparavant définir ce que c'est que nature, ce que c'est que bon et mauvais. La nature d'une chose n'est autre chose que les propriétés qui constituent l'espèce de cette chose; *propriétés*, donc tout ce qu'il y a d'étranger dans une chose n'est point sa nature; *qui constituent*, donc tout ce qui ne constitue pas intrinsèquement une chose, n'est point sa nature; *l'espèce*, donc où il y a même espèce il y a même nature, et où l'espèce est différente, la nature l'est aussi : les choses sont ou substances, et leur nature est substantielle; ou accidens, et leur nature est accidentelle. Ce qui est digne d'amour, voilà le bien; ce qui est digne de haine, voilà le mal. Après ces prémices, on peut établir ce qu'il y a de bon et de mauvais dans la nature de l'homme.

Les philosophes d'Europe définissent l'homme un être vivant, sensitif, capable de raisonner : *vivant*, par là il est distingué des pierres, des métaux; *sensitif*, par là il est distingué des plantes et des arbres; *capable de raisonner*, par là ils est distingué des oiseaux, des quadrupèdes, des poissons. En disant que l'homme est capable de raisonner, on ne dit pas qu'il soit clairvoyant, pénétrant, et par là il est distingué de l'ange; l'ange connoît tout d'un coup, et aussi promptement que va un rayon de lumière, ou que nous jetons un coup d'œil ; il n'a pas besoin d'employer le raisonnement. L'homme, d'un antécédent tire une conséquence ; de ce qui paroît, il conclut à ce qui ne paroît pas ; et de ce qu'il sait, il vient à être instruit de ce qu'il ne savoit pas : c'est pour cela qu'on dit qu'il est capable de raisonner. L'homme, réduit à son espèce propre, est distingué de toute autre chose. Voilà ce qu'on appelle la nature de l'homme.

Les qualités de l'homme, bonté, justice, politesse, science, suivent de ce qu'il est raisonnable ; la raison elle-même n'est que dans le genre de qualité ; ce ne peut point être là la nature de l'homme. On a disputé autrefois si la nature de l'homme étoit bonne ou mauvaise : qui a jamais douté qu'il n'y eût rien de mauvais dans la raison ? On lit dans le *Mong-tzé*, que la nature de l'homme est différente de celle du bœuf et du chien. Les commentateurs expliquent ainsi ces paroles : « La nature de l'homme, disent-ils, est droite ; celle des bêtes est oblique. » Or, il n'y a pas deux sortes de raisons ; la raison n'a rien d'oblique. On doit donc juger que les anciens philosophes n'ont point cru que la raison et la nature fussent la même chose. Après cette explication, je puis, monsieur, répondre à ce que vous souhaitez, savoir si la nature de l'homme est bonne ou non.

Ce qui compose la nature de l'homme, aussi bien que les passions qui l'accompagnent, tout cela vient de Dieu, qui a commis la raison pour gouverner ; ainsi toutes ces choses sont dignes d'amour et en soi-même bonnes. Quant à l'usage qu'on en peut faire, cela dépend de nous : nous pouvons aimer, nous pouvons haïr, voilà matière à des actes tout opposés ; en agissant, nous ne sommes déterminés forcément ni au mal, ni au bien ; voilà où paroissent nos passions. La nature, dans ce qu'elle fait, si elle n'est pas mal affectée, suit la raison, ne passe pas les bornes, et ne fait rien que de bien ; mais les passions sont le mobile de la nature, les passions sont toujours dangereuses, il ne faut point les suivre aveuglément, ni sans examiner si elles sont d'accord avec la raison. Un homme qui se porte bien a le goût réglé ; ce qui est doux, il le trouve doux ; ce qui est amer, il le trouve amer : s'il tombe malade, le doux il le trouve amer, et l'amer lui paroît doux. Une nature dépravée dans ses passions est frappée irrégulièrement par les objets et en reçoit des impressions mauvaises ; d'où il arrive que les actions sont pour la plupart déréglées. Cependant la nature de l'homme est bonne en soi, et rien ne doit empêcher de l'appeler bonne ; il peut toujours connoître ce qu'il y a de mauvais en lui et y remédier.

LE LETTRÉ CHINOIS. On définit en Europe, le bien, ce qui est digne d'amour ; et le mal, ce qui est digne de haine : c'est là donner la vraie idée du bien et du mal. En Chine, certains docteurs disent : ce qui produit le bien est bon, ce qui produit le mal est mauvais. Cela paroît revenir au même ; mais enfin, puisque la nature de l'homme est bonne en soi, d'où peut venir le mal qu'elle produit ?

LE DOCTEUR EUROPÉEN. La nature de l'homme est telle qu'il peut faire le bien et le mal. On ne doit pas conclure de là que sa nature soit mauvaise en soi ; le mal n'est pas un être réel, et n'est que la privation du bien, comme la mort n'est que la privation de la vie. Un juge peut condamner à mort un criminel, ce n'est pas à dire qu'il ait la mort entre ses mains. Un homme sur la terre, qui ne pourroit pas faire le bien, ne seroit pas digne d'être appelé bon, et l'on ne regarde point comme bon quiconque n'a pas l'intention de faire le bien. N'être pas contraint au bien et s'y déterminer soi-même, voilà le vrai sage, voilà le vertueux. Dieu nous a donné une nature libre, capable de se déterminer ; c'est pour nous un grand bienfait de sa part. Cette liberté ne nous est pas seulement utile à augmenter nos mérites, elle fait encore que nos mérites sont véritablement à nous ; c'est ce qui fait dire que Dieu qui nous a créés sans nous, ne nous fait pas saints sans nous. Le but n'est pas planté pour qu'on le manque ; les mauvaises inclinations ne sont pas pour qu'on les suive. Les créatures inanimées ou sans raison sont de leur nature incapables de bien et de mal. La nature de l'homme est différente, il est très-capable de l'un et de l'autre ; c'est pour cela qu'il peut mériter. Ses mérites ne sont point un nom vide ; ce sont des mérites réels, acquis par la pratique des vertus. Quoique la nature et les inclinations de l'homme soient bonnes en elles-mêmes, il ne s'ensuit pas que tous les hommes soient bons. Celui-là seul est bon, qui a de la vertu ; la vertu entée sur la nature, et la nature agissant par la vertu, voilà comme l'homme élève et perfectionne ce qu'il a de bon naturellement.

LE LETTRÉ CHINOIS. La nature de l'homme a sans doute d'elle-même la vertu. Si cela n'étoit pas, comment pourroit-on dire qu'elle est bonne? Le sage, n'est-ce pas celui qui rentre dans les voies de la nature?

LE DOCTEUR EUROPÉEN. Si toute la sagesse consistoit à reprendre les voies de la nature, tous les hommes naîtroient sages; où seroit donc la différence que Kong-tzé met entre ceux qui naissent vertueux, et ceux qui doivent apprendre à étudier la vertu? Si la vertu n'étoit pas une chose que l'homme dût apprendre à acquérir, mais une simple correspondance à ce qu'il a de sa nature, son grand crime seroit de ne pas suivre ses inclinations naturelles, et en les suivant, quel grand mérite pourroit-il avoir? Il faut donc reconnoître deux sortes de bontés; la bonté de la nature que nous recevons, et la bonté de la vertu que nous acquérons. Le bien naturel, c'est Dieu qui nous le donne, nous n'avons en cela aucun mérite; notre mérite est tout entier dans le bien qui résulte des vertus que nous pratiquons. Un enfant aime sa mère, une bête en fait autant. Tout homme, qu'il ait de la charité ou non, est d'abord alarmé s'il voit un petit enfant prêt à tomber dans un puits; ce sont là des effets de la bonté naturelle. Un homme sans charité et une bête sont néanmoins également destitués de vertu. La vertu consiste à faire ce qu'on connoît être bien; connoître le bien, et s'excuser de le faire sur ce qu'il est difficile ou qu'on n'en a pas le loisir, ce n'est pas être vertueux.

On compare le cœur d'un enfant nouvellement né à un papier très-blanc sur lequel on n'a encore rien écrit; on le compare aussi à une belle personne. Une belle personne est aimable pour sa beauté; elle l'a reçue de sa naissance, elle ne l'a point obtenue par son mérite: si l'on voit cette personne, sur un habit de drap d'or, en vêtir un autre fort modeste pour en couvrir le premier, on connoît alors, à ce trait de modestie qu'elle est vertueuse. La nature de l'homme, quelque bonne qu'elle soit en elle-même, si elle n'est pas ornée de vertus, quel éloge peut-elle mériter? On dit, dans les écoles d'Europe, que les vertus sont les ornemens de notre âme, lesquels se multiplient à mesure que notre âme s'exerce dans la vertu. Dire ornement, voilà le vertueux. Le vicieux prend la route opposée; les vices ou les vertus sont des choses immatérielles et qui ne conviennent qu'à l'esprit. Ainsi ce terme d'ornement doit s'entendre dans un sens spirituel.

LE LETTRÉ CHINOIS. Tous les anciens et les nouveaux, en parlant de nature, parlent de vertu; mais je n'avois pas encore entendu approfondir et éclaircir ainsi cette matière. L'homme, en faisant le mal, avilit et souille sa bonté naturelle; au lieu qu'en faisant le bien, il la relève et la pare de magnifiques ornemens. Ainsi, notre âme reçoit sa plus grande beauté des vertus que nous pratiquons, et la pratique de la vertu doit faire toute l'occupation du sage; mais combien de gens ne s'occupent qu'à des affaires extérieures, et ne pensent nullement à rentrer en eux-mêmes!

LE DOCTEUR EUROPÉEN. Hélas! les gens du siècle passent leurs jours à promener çà et là leurs désirs; ils mettent toute leur attention à entasser de faux biens dont ils repaissent incessamment les yeux du corps, sans vouloir jamais ouvrir un moment ceux de l'esprit pour apercevoir les solides et immenses richesses de l'éternité; le chagrin et les inquiétudes les rongent durant la vie, et à la mort ils sont accablés de tristesse et de crainte, semblables à des animaux qu'on traîne à la boucherie. Dieu, en nous créant, ne nous met sur la terre que pour vaquer à la vertu. Une fois arrivés au souverain bonheur, qu'aurons-nous à désirer? Mais nous négligeons une si belle destinée; nous nous faisons esclaves de toutes les créatures; nous nous livrons à mille sortes d'excès; de qui en est la faute?

L'homme ne désire pas précisément les richesses, les honneurs. Le véritable objet de ses désirs est sa propre satisfaction. Quel moyen d'être toujours satisfait? L'unique est de ne souhaiter jamais ce qu'il ne dépend pas de nous de posséder. Nous possédons quelque chose de bien réel qui est nous-mêmes, et nous nous perdons nous-mêmes. Perdre son âme, quelle perte! Il y a deux parties dans l'homme; l'âme et le corps. L'âme est sans doute la plus noble partie. Le sage regarde son âme comme étant véritablement lui-même. Le corps n'est que comme un vase qui sert à contenir l'âme. Autrefois un tyran faisoit tourmenter un de ses fidèles sujets, nommé Jean. Jean, d'un vi sage tranquille, lui dit : « Tu brises le vase dans lequel Jean est renfermé; mais tu n'as pas la puissance d'atteindre à Jean lui-même. » C'est là véritablement connoître ce que c'est que l'homme.

LE LETTRÉ CHINOIS. Qui ne sait pas que le vice est la source du malheur, et que le solide bonheur consiste dans la vertu? Le vertueux est le véritable heureux. Cependant combien peu de sages en chaque siècle! Est-ce donc que le chemin de la vertu est difficile à apprendre, ou qu'il est difficile à pratiquer?

LE DOCTEUR EUROPÉEN. L'un et l'autre est difficile; mais les plus grandes difficultés sont dans la pratique. Celui qui connoît le bien, et qui ne le fait pas, aggrave son crime, et obscurcit ses connoissances. Semblable à un homme qui mange, et qui ne digère pas, il se remplit, mais il ne se nourrit pas; au contraire il ruine sa santé. Celui qui fait le bien qu'il connoît, multiplie sans cesse ses mérites, et sa gloire devient toujours plus grande. Instruit de ses devoirs, il augmente de plus en plus les forces de son âme, pour achever ce qui lui reste encore à faire. Que l'on tente, que l'on essaye, et l'on éprouvera que la chose est ainsi.

LE LETTRÉ CHINOIS. Parmi nos docteurs chinois, ceux qui anciennement ont reçu les instructions du sage, l'ont tous été eux-mêmes; mais ceux d'aujourd'hui qui n'ont plus le sage devant les yeux, ne sont pas fort persuadés que la doctrine du temps présent soit véritablement la doctrine du sage. Je serois bien aise que vous voulussiez m'apprendre en détail comment on peut s'en bien instruire.

LE DOCTEUR EUROPÉEN. En lisant les livres de Chine, j'ai remarqué qu'en matière de doctrine, chacun suit ses idées particulières. Si vos docteurs s'en tenoient à ce qui est universellement reçu, je m'en tiendrois moi-même à eux sur certains articles, et il ne seroit nullement besoin que je vous rapportasse ce qu'on pense en Europe. C'est à vous, monsieur, à prendre votre parti. La vraie doctrine n'est pas toute dans les préceptes et dans les exemples des anciens. Nous pouvons de nous-mêmes apprendre beaucoup de choses. A la vue du ciel et de la terre, en considérant toutes les créatures, on peut tirer des conséquences sur ce qui regarde l'homme. C'est ce qui fait dire que, quand le sage n'auroit ni livre, ni maître, il trouveroit dans l'univers de quoi s'instruire et s'édifier.

Le terme de doctrine a beaucoup d'étendue; il y a une vraie et une fausse doctrine; une doctrine estimable et une de nulle importance; une doctrine relevée et une grossière. La fausse doctrine n'est pas, monsieur, ce que vous voulez savoir. Pour celle qui n'a que de vains dehors, sans aucun fond réel, le sage n'en fait point son étude. Ce que j'appelle vraie doctrine regarde l'intérieur, regarde l'homme en soi; en un mot, elle consiste à nous perfectionner nous-mêmes. Le mal des gens livrés au siècle présent n'est pas de ne vouloir rien apprendre, c'est de s'appliquer uniquement à des choses qu'il vaudroit mieux ne savoir pas. Cela peut-il être compté pour des occupations raisonnables?

Notre âme n'est pas seulement toute spirituelle; elle gouverne encore notre corps. Ainsi, l'âme étant bien réglée, le corps est dans la règle; l'âme se trouvant ornée de vertus, le corps y participe. C'est pour cela que le sage met sa principale application à ce qui regarde l'âme. Notre corps a des yeux, des oreilles, une bouche, les cinq sens. Par l'usage de ces sens, il atteint les objets. Notre âme a ses trois puissances par lesquelles elle agit; la mémoire, l'entendement et la volonté. Lorsque nous avons ouï, vu, goûté et senti quelque chose, l'image de cette chose est portée, par la voie des sens, jusqu'à l'âme. L'âme alors, par le moyen de la mémoire, reçoit cette image, la met comme en réserve, et en garde le souvenir: si nous voulons pénétrer le fond de cet objet, l'âme emploie l'entendement, et sur l'image que la mémoire lui présente, elle examine la nature de l'objet; elle raisonne sur ses propriétés, et parvient à connoître s'il est bon ou mauvais: s'il est bon, l'âme se sert de la volonté, elle l'aime, elle le désire; s'il est mauvais, elle le hait, elle le rejette. Ainsi, l'emploi de l'entendement est de connoître, de pénétrer; celui de la volonté est d'aimer ou de haïr.

Les trois puissances de l'âme étant perfectionnées, tout l'homme est parfait. La perfection de la mémoire suit celle de l'entendement et de la volonté; ainsi, tous les préceptes de doctrine ne regardent que ces deux dernières facultés. L'objet de l'entendement est le vrai; celui de la volonté est le bien. Plus le vrai que nous connoissons, a d'étendue, plus notre entendement est satisfait. Plus le bien que nous aimons est grand, plus notre volonté est contente. Que la volonté n'ait rien à aimer; que l'entendement n'ait rien à connoître, ces deux puissances manquant de leur aliment propre, se trouvent languissantes et comme affamées. Rien n'occupe plus noblement notre entendement que la justice; rien n'exerce plus dignement notre volonté que la charité. Charité, justice: voilà ce que le sage a toujours en vue; ces deux vertus marchent ensemble: l'une ne va pas sans l'autre. L'entendement connoît ce qu'il y a d'estimable dans la charité, et la volonté s'applique à la pratiquer. La volonté aime ce qu'il y a de bien dans la justice, et l'entendement s'étudie à le rechercher. La justice néanmoins le cède à la charité, et lorsque la charité est parfaite, l'entendement abonde en lumières. Aussi, le sage fait-il son principal de la charité. La charité est la plus noble de toutes les vertus; elle ne craint point d'être ravie de force; elle n'est point sujette à vieillir, ou à dépérir par le temps. Plus elle se répand au dehors, plus elle reçoit d'accroissement. C'est le plus précieux de tous les trésors: aussi, dit-on que la charité est de l'argent pour le peuple, de l'or pour ceux qui gouvernent, et pour le sage, un bijou inestimable.

J'ai toujours ouï dire que l'homme sage en tout ce qu'il fait, forme premièrement un dessein, et qu'ensuite il se sert des moyens propres pour arriver à sa fin. Un voyageur détermine d'abord où il veut aller; après il s'informe du chemin qu'il doit prendre. La fin est renfermée dans le dessein même. Quand on veut s'instruire de la véritable doctrine, il faut auparavant examiner quel motif on a. Personne n'étudie sans avoir un but. Si cela n'étoit pas, on marcheroit à l'aventure, sans savoir soi-même ce que l'on cherche. On peut étudier ou par amusement, uniquement pour savoir, et cela n'est qu'étudier; ou par intérêt, pour faire une espèce de commerce de ce que l'on sait, et ce n'est là qu'un petit gain; ou par vanité, pour faire parade de sa science, et cela est bien vide; ou par zèle, pour instruire les autres, et ce motif est louable; ou enfin, pour se perfectionner soi-même, et voilà la véritable science. C'est ce qui m'a fait dire ci-devant que la vraie doctrine regardoit l'intérieur et la propre perfection de l'homme. Par là l'homme entre dans les vues de Dieu, et prend la voie sûre pour retourner à son origine.

LE LETTRÉ CHINOIS. De cette manière l'homme se perfectionneroit soi-même pour Dieu, et non pour soi-même; une telle doctrine ne regarde-t-elle pas l'extérieur?

LE DOCTEUR EUROPÉEN. Comment l'homme peut-il se perfectionner soi-même, et que ce ne soit pas pour soi-même? Agir pour Dieu, c'est le vrai moyen de parvenir à la perfection. Kong-tsé dit que la vertu de charité consiste à aimer son prochain. Personne en Chine ne trouve qu'une telle doctrine regarde l'extérieur. Pour moi, je prétends que la vraie charité s'élève premièrement à Dieu, et descend ensuite au prochain. Sans abandonner le ruisseau, je lui préfère la source. En quoi ma doctrine regarderoit-elle l'extérieur? Parmi les hommes, ce qui nous touche de plus près, notre père même, comparé à Dieu, nous est étranger. Dieu nous étant donc si proche, comment nous seroit-il étranger? Plus le motif est relevé, plus l'action est noble. Si dans nos actions notre motif s'arrête à nous-mêmes, qu'y a-t-il en cela de relevé? Mais s'il remonte jusqu'à Dieu, c'est alors que nos actions ont atteint le plus haut degré de noblesse; qui oseroit les traiter de basses et d'abjectes?

La sainte et véritable doctrine nous est communiquée avec la naissance; Dieu la grave dans nos cœurs, et ses principes sont ineffaçables: c'est ce qu'on appelle, dans les livres classiques de Chine, la brillante raison, la loi claire. Mais cette clarté diminue extrêmement par le trouble que causent les passions. A moins que les gens du siècle ne soient instruits par les sages, ils vivent dans l'ignorance, et il est à craindre qu'aveuglés par leurs inclinations déréglées, ils ne distinguent pas même cette loi claire, et ne reconnoissent plus les principes naturels. Le point essentiel de la vraie doctrine est d'agir, et aujourd'hui on se contente de discourir, comme si la connoissance du bien ne devoit produire qu'une vertu en discours, et non pas plutôt une vertu en actions. Cependant il ne faut pas négliger la parole; en parlant de doctrine, on rappelle ce qu'on savoit déjà, et l'on s'instruit encore mieux de ce que l'on ne savoit pas si bien; on fait des découvertes, et l'on dissipe tous les doutes; on s'anime soi-même, et l'on excite les autres: la science en devient plus profonde, et la foi plus inébranlable; la science du bien est infinie, l'homme doit s'y appliquer jusqu'à la mort : toute la vie doit être employée à cette étude. Prétendre qu'on a vu la fin, c'est n'avoir pas commencé. Dire, c'est assez, et ne vouloir plus avancer dans la vertu, c'est reculer et retourner en arrière.

LE LETTRÉ CHINOIS. Voilà, sans doute, la véritable doctrine; mais, monsieur, par où faut-il commencer?

LE DOCTEUR EUROPÉEN. Je vous ai déjà dit, monsieur, que dans l'ouvrage de la perfection il faut imiter à peu près ce que fait un jardinier. Le jardinier commence à préparer les terres, il en arrache les mauvaises herbes, il en tire les pierres et les briques, il dispose de petits canaux pour pouvoir arroser, ensuite il sème. Celui qui veut devenir vertueux doit d'abord bannir le vice, ensuite il pourra acquérir la vertu. C'est ce que Mong-tzé a voulu dire par ces paroles : « Quand on n'est plus ce qu'il ne faut pas être, on peut devenir ce qu'il faut être. » Un homme qui, avant de recevoir aucune instruction, s'est laissé aller de longue main au gré de ses désirs, porte le vice profondément enraciné dans l'âme; il faut faire beaucoup d'efforts pour l'arracher : une telle victoire sur soi-même demande un grand courage; au lieu qu'un jeune enfant qui commence de bonne heure, et sans avoir encore contracté aucune mauvaise habitude, pour peu qu'il s'applique, avance beaucoup. Un philosophe de l'ancien temps avoit pour maxime d'interroger tous les disciples qui venoient se mettre sous sa conduite, s'ils n'avoient encore écouté aucun autre maître : ceux qu'il trouvoit avoir déjà reçu des leçons, et marché dans de fausses routes, il leur assignoit deux sortes de devoirs; le premier étoit de réformer leurs anciennes idées, et le second d'en prendre de toutes nouvelles. Un disciple, une fois instruit de l'étude qu'il doit faire, s'il se trouve épris de l'amour du plaisir, comment se roidir contre, et y résister? S'il est rempli d'orgueil, plein d'estime pour soi-même et de mépris pour les autres, comment entrer dans la voie étroite de l'humilité? S'il est possédé d'avarice, et chargé de biens injustement acquis, comment se réduire à la médiocrité? S'il est enivré d'ambition, et du désir de la gloire mondaine, comment se réprimer, et se remettre à la règle? S'il est dominé par la colère, que, dans ses emportemens, il s'en prenne à Dieu et aux hommes, comment pratiquer la justice et la charité? Un vase, une fois imbu de sel et de vinaigre, est-il propre à contenir une liqueur aromatique? Connoître ses vices, c'est commencer à apercevoir la vertu, et l'on n'est plus si éloigné du bon chemin. Parmi les moyens de déraciner le mal et d'avancer vers le bien, le meilleur, selon moi, est celui qu'on emploie dans la compagnie dont je suis membre : il consiste à s'examiner deux fois le jour ; une moitié du jour passée, on rappelle dans son esprit ce qu'on a pensé, ce qu'on a dit, ce qu'on a fait de bien ou de mal : ce qu'on trouve de bien, on s'anime à le continuer ; ce qu'on trouve de mal, on détermine de s'en corriger. Quiconque usera de ce moyen longtemps, manquât-il de toute autre direction, n'a pas à craindre de faire de grandes fautes. Mais, pour s'élever à quelque chose de plus parfait, il faut se faire une sainte coutume de toujours regarder Dieu avec les yeux de l'esprit, et de se tenir sans cesse en sa présence. Si Dieu ne sort point de notre cœur, les mauvais désirs n'y naîtront point : cette seule pratique, sans autre précepte, suffit pour régler tout l'homme, et pour l'empêcher de rien faire de répréhensible. Ainsi, pour se corriger de tous ses défauts, le point essentiel est de se repentir vivement des fautes que l'on fait : un vif repentir du passé, une résolution ferme pour l'avenir ; par là le cœur étant purifié des vices, on peut aisément l'orner des vertus.

Les vertus sont de plusieurs espèces, et en grand nombre. Il seroit difficile de vous entretenir de chacune en particulier. Je m'arrête à la principale, qui est la charité : posséder celle-là, c'est les avoir toutes. Il est dit dans le livre Y, que la charité est le principe de tout bien; l'homme de charité est l'homme parfait. Cette vertu s'explique en deux mots : elle consiste à aimer Dieu par-dessus toutes choses, et à aimer le prochain comme soi-même. Pratiquer ces deux points, c'est remplir toute la loi. Ces deux articles se réduisent même à un seul : quand on aime bien un ami, on aime en même temps tout ce que cet ami aime. Dieu aime l'homme : si nous aimons véritablement Dieu, pouvons-nous ne pas aimer l'homme? La noblesse de la vertu de charité vient de son objet, qui est Dieu. Si Dieu, en nous ordonnant de nous rendre parfaits, demandoit de nous quelque chose qui fût hors de nous, après tous nos efforts, peut-être ne pourrions-nous pas l'obtenir. Il n'exige de nous que ce qui dépend de nous, qui est en nous, notre amour : qui ose dire qu'il ne peut pas aimer Dieu, la source de tous les biens? C'est Dieu qui nous a créés, qui nous conserve, qui nous nourrit : il nous a faits hommes, et non pas animaux brutes ; il nous a donné une nature capable de la vertu. Aussitôt que nous marquons de l'amour pour Dieu, Dieu répond à notre amour par ses bienfaits : quoi de plus engageant?

Le cœur de l'homme se satisfait dans le bien : ainsi, plus le bien est grand, plus le cœur de l'homme en est satisfait. Dieu est un bien sans bornes ; nous ne devons mettre aucunes bornes à notre amour. Il n'y a donc que Dieu seul qui puisse satisfaire entièrement notre cœur. Le bien qu'on ne connoît pas, on ne peut pas l'aimer, et on l'aime d'autant plus qu'on le connoît mieux. Ce que l'on sait valoir cent, on le cherche comme cent ; ce qu'on sait valoir mille, on le recherche comme mille : ainsi, l'homme qui veut augmenter son amour envers Dieu doit auparavant bien méditer ce que c'est que Dieu. Voilà le vrai moyen d'apprendre à observer la loi.

LE LETTRÉ CHINOIS. Dieu ne peut pas être vu des yeux du corps, il faut en croire, sur ce qui le regarde, à ce que les hommes en ont dit, ou écrit. Tout ce que nous ne savons ainsi que sur la foi d'autrui, est toujours obscur et incertain ; comment pourroit-on bien diriger sa route?

LE DOCTEUR EUROPEEN. L'homme est corporel, et dans les choses qui le regardent lui-même, il est obligé d'en croire aux hommes ; à plus forte raison dans ce qui est au-dessus des sens. Pour moi, je ne prétends pas vous dire des choses extraordinaires. Un fils aime, respecte son père, et jusqu'où ne porte-t-il pas ce respect et cet amour! Mais, en pratiquant ces vertus filiales, que fait-il autre chose que d'en croire à la parole des hommes? Il sait qu'un tel est son père ; si personne ne le lui avoit dit, comment le sauroit-il? Un sujet est fort attaché à son prince, il lui est très-fidèle, il ne balanceroit pas à exposer sa vie pour son service ; mais cet attachement, cette fidélité, n'est-ce pas dans les livres classiques qu'il les a puisés? Quel est le sujet qui sache par lui-même qu'un tel homme est son roi? De là vous voyez que ce que l'on croit sur de solides raisons n'est point regardé comme peu clair, peu sûr, et qu'il suffit pour allumer une véritable charité. Que doit-ce donc être par rapport à Dieu! Ce n'est pas un seul homme qui en parle, c'est Dieu même qui se peint dans les merveilles de la nature, et dans nos divines Écritures ; ce sont tous les sages de tous les royaumes du monde qui nous le prêchent : les plus illustres et les plus rares personnages ont marché par cette route. S'égare-t-on en les suivant? Qu'y a-t-il donc en cela d'obscur et d'incertain?

LE LETTRÉ CHINOIS. Cela étant ainsi, il faut croire sans aucun doute ; mais les devoirs de la charité sont d'une étendue immense : cette vertu, plus élevée que le ciel, plus profonde que les abîmes de la mer, où n'atteint-elle pas! Cependant vous dites, monsieur, qu'un seul amour suffit : aimer, cela paroît bien peu de chose.

LE DOCTEUR EUROPEEN. Un amour de chair et de sang est bien capable de mettre en mouvement toutes les passions de l'homme, jugez de ce que peut un amour tout spirituel. Voyez un avare qui met son bonheur dans les richesses, et qui regarde la pauvreté comme son plus grand malheur : les biens de ce monde, voilà ce qu'il aime ; ce qu'il n'a pas, il le désire ; s'il est en état de l'obtenir, il l'espère ; s'il ne peut pas y atteindre, il l'abandonne, à son grand regret ; s'il l'obtient, il se réjouit ; qu'il se trouve dans le danger de perdre ce qu'il a, l'horreur le saisit, il tremble ; il fuit ceux qui peuvent le lui enlever ; s'il est attaqué, et qu'il se sente fort, il s'arme de courage ; s'il est foible, la peur l'accable ; qu'il vienne à perdre, par quelque accident, ce qu'il possédoit, il s'afflige, il se chagrine ; si l'on le lui ravit de force, il résiste autant qu'il peut ; il n'oublie rien pour se le faire rendre ; il s'enflamme de colère : voilà toutes les passions de l'homme, qui agissent par le seul amour des richesses.

A parler en général, aussitôt que l'homme aime quelque chose, son cœur est dans l'agitation ; il n'a point de repos ; il n'y a rien qu'il ne fasse. A quels voyages ne le porte pas l'amour du gain! A quelles dépenses ne le porte pas l'amour de la volupté! A combien de dangers ne le livre pas l'amour de la gloire! A combien d'études, d'exercices, de gênes ne l'assujettit pas l'amour des grandeurs! Quoi! pour toutes les choses d'ici-bas, l'amour du monde est le grand mobile, et l'amour de Dieu seroit sans force et sans action? Celui qui aime véritablement Dieu s'applique incessamment à le bien servir, à le glorifier, à faire connoître ses perfections et ses grandeurs, à étendre partout sa sainte loi, et à combattre tout ce qui y est opposé.

Mais le principal effet de l'amour de Dieu est l'amour du prochain. Kong-tsé l'a dit par ces paroles : « La charité consiste à aimer le prochain. » Qui n'aime pas son prochain, par où marque-t-il qu'il aime et qu'il respecte véritablement son Dieu? L'amour du prochain n'est point un amour vide et oisif : il se manifeste par les œuvres. Il consiste à nourrir les pauvres, à vêtir ceux qui sont nus, à loger les pèlerins, à consoler les affligés, à instruire les ignorans, à corriger les délinquans, à pardonner aux ennemis, à ensevelir les morts, et à prier pour eux. Enfin, morts et vivans, la charité embrasse tout. Un saint homme, autrefois en Afrique, étant interrogé sur ce qu'il falloit faire pour arriver à la perfection, répondit : « Aimez, et faites ce que vous voudrez. » La pensée du saint étoit qu'en prenant la charité pour guide, il n'étoit pas à craindre de s'égarer.

LE LETTRÉ CHINOIS. Les gens de bien sont dignes d'amour; mais tous les hommes ne sont pas gens de bien. Les méchans ne doivent point être aimés, encore moins, beaucoup aimés. Ceux qui ne nous touchent en rien, pourquoi s'en embarrasser? Pour ceux qui nous touchent par quelque endroit, quand même ils ne seroient pas fort gens de bien, en Chine nous les aimons. L'empereur Chun aimoit son père Kon-tiou, tout brutal qu'il étoit; et quelque orgueilleux que fût son frère Siang, il ne laissoit pas de l'aimer.

LE DOCTEUR EUROPÉEN. On confond ordinairement la charité avec l'amour; mais cela doit s'entendre de l'amour d'une chose capable de retour. Quand on aime un animal, ou même quelque chose d'inanimé, cela n'est point charité; et ce qu'on aime ainsi, quoiqu'il n'ait point de retour, on ne laisse pas de l'aimer. La charité consiste à se réjouir du bien qu'un autre possède, et non pas à être bien aise de posséder soi-même le bien qui est dans autrui. Lorsqu'un homme aime le vin, ce n'est pas pour le vin même, c'est pour l'usage qu'il en fait; aussi n'appelle-t-on pas cela charité. Mais un père a un vrai amour de charité pour son fils, lorsqu'il se réjouit du bien qu'il voit en lui, et se complaît en le voyant riche, content, savant, vertueux. Si ce père n'aime son fils qu'à cause des services qu'il en tire, ce n'est pas là aimer son fils, c'est uniquement s'aimer soi-même. Il n'y a là aucune charité. Les méchans, sans doute, ne sont pas dignes d'être aimés; cependant, parmi tout ce qu'ils ont de mauvais, on peut encore trouver quelque chose de bon : on ne doit pas absolument leur refuser tout amour. Celui qui est animé d'une véritable charité aime Dieu, et parce que Dieu aime l'homme, il sait qu'il doit aimer l'homme pour Dieu; il sait donc qu'il doit aimer tous les hommes. Comment restreindroit-il son amour aux seuls bons? Le motif qui nous fait aimer ce qu'il y a de bon dans l'homme, c'est la volonté de Dieu. Ainsi, quoique l'homme soit mauvais, nous pouvons toujours exercer envers lui notre amour. En cela, nous n'aimons pas ce que le méchant a de mauvais; mais nous aimons dans le méchant la puissance qui lui reste de se corriger, et de devenir bon. A combien plus forte raison devons-nous aimer nos parens, nos supérieurs! La reconnoissance et le devoir nous y engagent; le commandement de Dieu nous y oblige. Ils sont, parmi les hommes, ceux qui nous touchent de plus près. Ainsi, tout méchans qu'ils puissent être, nous ne devons point cesser de les aimer; mais il faut les aimer pour Dieu. L'amour purement naturel qu'un fils a pour son père et pour sa mère n'est point une vertu de charité. Les petits d'une tigresse, quelque sauvages qu'ils soient, aiment leur mère. Enfin, quiconque veut suivre les intentions de Dieu, et se conformer à ses ordres, doit aimer généralement tous les hommes. Il doit même renfermer dans son amour toutes les créatures. Il ne faut pourtant pas retomber de là dans l'erreur de ceux qui de toutes les créatures ne font qu'une substance.

LE LETTRÉ CHINOIS. En lisant nos anciens livres, on se contente ordinairement d'admirer la beauté des termes : on en pénètre peu le véritable sens. C'est ainsi que j'ai lu autrefois dans le livre *Chi* les paroles suivantes : « Ouen-ouang avoit une grande attention à tous ses devoirs;

il étoit extrêmement pieux; il vouloit plaire au Chang-ti. Il a été comblé de bonheur : sa vertu ne s'est jamais relâchée. » Mais aujourd'hui que je vous entends dire que la plus pure charité doit toujours se rapporter à Dieu, je commence à comprendre la pensée de celui qui a écrit le livre *Chi*, c'est-à-dire que, quand on est bien déterminé à plaire au Chang-ti, on est parvenu au point de perfection. Cependant puisque l'homme, en aimant Dieu, remplit tous les devoirs de la charité, Dieu sans doute dès lors aime l'homme. Qu'est-il donc besoin d'aller brûler de l'encens sur les autels, de pratiquer des cérémonies, de réciter des prières, de faire de longues méditations? Qu'un homme soit attentif à toutes ses démarches, de manière qu'il n'y ait rien en lui de déréglé, cela ne suffit-il pas?

LE DOCTEUR EUROPÉEN. Dieu nous a donné un corps et une âme, nous devons employer l'un et l'autre à le servir. De tant d'animaux que Dieu nourrit sur la terre, de tant de créatures inanimées qui font la beauté de l'univers, aucun n'est en état de reconnoître la bonté de son bienfaiteur : l'homme seul est capable d'élever à son Seigneur un temple, et par les cérémonies qu'il y pratique, par les prières qu'il y récite, par les sacrifices qu'il y offre, il lui marque son respect et sa reconnoissance. Mais qu'est-il besoin de tout cela, dites-vous? Dieu aime l'homme, et il l'aime beaucoup; c'est un père et un tendre père. Dans la crainte que l'homme distrait par les objets étrangers ne s'oubliât de l'amour qu'il lui doit, il a ordonné aux sages d'établir des cérémonies extérieures pour entretenir en nous les vertus du cœur, et nous rendre toujours attentifs. Il gouverne la terre, les cieux, toutes les créatures, avec plus de facilité que ce qu'un homme tient dans la main, qu'a-t-il besoin de subalterne? Il n'y a pas deux sortes de vérités. Si la loi de Dieu est vraie, les autres sont fausses, et si les autres sont bonnes, la loi de Dieu est mauvaise. L'empereur envoie ses officiers pour gouverner à sa place, mais tous les officiers reconnoissent le même empereur : il n'y a pas deux sortes de gouvernemens, deux sortes de coutumes.

Les sectes de Fo et de Lao ne s'accordent pas entre elles, comment seroient-elles d'accord avec la loi de Dieu? Ces deux espèces de sectaires n'ont aucun respect pour Dieu : ils n'ont d'estime que pour eux-mêmes. Ils ignorent absolument le grand, le vrai principe de toutes choses. Leur doctrine est entièrement opposée à celle du véritable Dieu. Selon eux, l'homme est de lui-même ce qu'il est : en quoi donc dépend-il de l'Être suprême? Il est dit dans nos saintes Écritures : « Soyez sur vos gardes, ils viendront à vous sous la peau de brebis, et au dedans ce sont des loups ravisseurs : vous les connoîtrez à leurs œuvres. Un bon arbre porte de bons fruits, un méchant en porte de mauvais. » Ces paroles dénotent les fotistes.

Tout livre où il se trouve la moindre fausseté n'est point un livre divin. Dieu ne trompe point les hommes en leur enseignant le mensonge. Or, les livres de Fo ne sont pleins que de rêveries, ils ne sont donc pas divins. On y lit, par exemple, que le soleil, durant la nuit, demeure caché derrière la montagne Su-mi; que la terre est divisée en quatre morceaux, qui sans cesse flottent au milieu des mers, et dont une moitié paroît au-dessus des eaux, et l'autre est submergée; que, quand le soleil et la lune sont éclipsés, c'est Ho-kie qui de sa main droite ou de sa main gauche couvre ces deux astres. Tout cela regarde l'astronomie et la géographie. Fo, non plus que ses compatriotes, n'entendoit rien à ces sciences. Nos Européens rient de ces ridicules imaginations, et ne daignent pas les réfuter.

Il est surtout important de vous faire voir combien ces pauvres ignorants errent sur ce qui regarde l'homme lui-même. Dans trois ou quatre articles seulement on voit un si grand nombre d'absurdités, qu'il n'est pas possible de les dire toutes. Que ne disent-ils pas des quatre sortes de générations, des six espèces de voies, de la métempsycose? ils avancent que, quiconque tue un animal, est à jamais exclu du paradis; qu'une âme autrefois entrée dans le paradis, peut en être chassée et renvoyée vivre parmi les mortels; que, quand les enfers sont remplis, les âmes peuvent en sortir et venir recommencer une nouvelle vie; qu'un corbeau ou un âne qui entend prêcher la loi de Fo peut être transformé en Fo lui-même : ne sont-ce pas là autant d'absurdes rêveries que j'ai clairement réfutées dans nos quatrième et cinquième entretiens? Ne prétendent-ils pas que le mariage est illicite? Il n'est donc plus vrai que Dieu créa au commencement un homme et une femme pour être nos premiers ancêtres. Mais si jamais il n'y avoit eu de mariages, comment Fo seroit-il né? Défendre aux hommes de se marier, et de tuer les bêtes, qu'est-ce autre chose que détruire le genre humain, et abandonner l'univers aux animaux irraisonnables?

Il y a dans la secte de Fo un certain livre intitulé : le grand et le merveilleux art d'être métempsycosé en fleur de nénufar, c'est-à-dire en Fo. A la fin de ce livre, on lit ces mots : « Quiconque récitera toute cette prière, est assuré de monter au ciel pour y être toujours heureux. » Raisonnons là-dessus : est-ce donc qu'un homme chargé de crimes, qui aura de l'argent pour acheter ce livre, et de la force pour réciter cette prière, est assuré de monter au ciel, tandis que l'homme de bien manquant d'argent pour l'acheter, ou de force pour la réciter, sera précipité dans les enfers? Dans l'idée de ces infidèles, dire un certain nombre de fois Namo O-mi To-fo, c'en est assez pour effacer tous les péchés, pour n'avoir pas la moindre chose à craindre après la mort, et pour mériter toute sorte de récompenses. Quelle facilité de fermer l'enfer, et d'ouvrir le paradis ! Comment une telle doctrine peut-elle être utile à la vertu? N'est-elle pas au contraire capable d'engager les gens du siècle à tous les vices ? Un scélérat qui en est imbu, ne se livrera-t-il pas à toutes ses passions? Ne se souillera-t-il pas de mille crimes? Ne méprisera-t-il pas Dieu? N'abandonnera-t-il pas tous ses devoirs dans la pensée, qu'en invoquant à la mort vingt ou trente fois le nom de Fo, il sera transformé en immortel, en Fo lui-même ?

Le vrai Dieu ne récompense et ne châtie point ainsi sans justice et sans équité. Qu'y a-t-il donc de si merveilleux dans ces paroles : « Namo O-mi To-fo, que pour cela seul on puisse éviter toute sorte de châtimens, et mériter les plus grandes récompenses? Comment peut-on pratiquer la vertu, et par où pourroit-on acquérir des mérites dans une secte où l'on ne parle point de louer Dieu, de demander son secours, de garder ses commandemens, de détester le péché? On se garde bien dans le monde de se fier à un homme qu'on a surpris une ou deux fois en mensonge. Les livres de Fo et de Lao ne sont que des tissus de faussetés, et on leur donne toute croyance.

LE LETTRÉ CHINOIS. Quelle est l'origine des idoles ?

LE DOCTEUR EUROPÉEN. Dans les anciens temps, les hommes étoient fort ignorans. Ils n'avoient que bien peu d'idée du vrai Dieu. Ainsi, leur respect pour certains hommes d'autorité, leur amour pour leurs parens, les portoit à leur élever des statues après leur mort, et à leur bâtir des temples. Dans la suite ils leur ont offert de l'encens et des monnoies de papier; ils leur ont demandé du bonheur et leur assistance. D'autre part, le monde a vu paroître des scélérats qui, par leurs enchantemens, se faisoient admirer. Ces impies, en pratiquant leur art magique, se donnoient le nom de Fo, d'immortels. Ils ont établi une doctrine à leur mode, ils ont promis une félicité imaginaire : ils ont ainsi séduit la populace grossière, et lui ont fait adorer des statues de bois et d'argile : voilà l'origine de l'idolâtrie.

LE LETTRÉ CHINOIS. Puisque ce ne sont là que de fausses divinités, pourquoi le vrai Dieu les souffre-t-il? Pourquoi ne les détruit-il pas? Mais enfin, si ceux qui brûlent des parfums, qui font des prières devant ces statues, obtiennent ce qu'ils demandent.

LE DOCTEUR EUROPÉEN. Parmi ces sortes de supplians, il y en a qui ont du bonheur; il y en a qui n'en ont pas : d'où l'on peut aisément juger que l'idole n'est point la source de ce bonheur. L'homme est naturellement éclairé, et lorsqu'il fait quelque chose contre la raison, il en a aussitôt le remords dans l'âme. Il se fait à soi-même intérieurement des reproches, sans qu'il soit nécessaire pour cela que sa faute éclate. Si, malgré ses connoissances, il s'abandonne au vice, Dieu l'abandonne lui-même, et lui refuse son secours. Alors le démon, sous la figure des idoles, a toute liberté d'éblouir l'homme et de l'envelopper dans d'épaisses ténèbres. L'homme se livrant à un culte diabolique, sera sans doute après la mort la proie de celui qu'il aura servi durant la vie, et voilà tout ce que veut le démon.

Cependant les hommes ne s'instruisent point, leur aveuglement ne fait que croître, ils prennent de ridicules idoles d'argile et de bois, et ils les placent sur des autels d'or, ils se prosternent devant elles, ils leur font des sacrifices : quoi de plus lamentable! Autrefois, en Chine, on distinguoit trois sortes de religions toutes séparées. On les a réunies, je ne sais pourquoi, et l'on n'en fait qu'un seul monstre à trois têtes, que l'on appelle la réunion des trois loix, monstre que le peuple devroit détester avec horreur, que les savans devroient combattre avec force; monstre néanmoins que l'on révère, et auquel on se dévoue. N'est-ce pas là pervertir entièrement le cœur de l'homme?

LE LETTRÉ CHINOIS. J'ai déjà ouï faire ce reproche, mais nos lettrés se défendent là-dessus : je voudrois voir clairement le mal qui revient de là.

LE DOCTEUR EUROPÉEN. Voici quatre ou cinq raisons qui sont démonstratives sur ce sujet.

En premier lieu, parmi ces trois loix, ou chacune en particulier est vraie, ou elle est fausse, ou bien il y en a deux de fausses, et une de vraie. Si chacune est vraie, il suffit d'en suivre une; qu'est-il besoin des deux autres? Si chacune est fausse, il faut les rejeter toutes; pourquoi s'enfoncer tout à la fois dans trois bourbiers? Un homme livré à une fausse religion est dans une erreur pitoyable; que doit-on penser de celui qui en professe tout ensemble trois également fausses? Que s'il n'y en a qu'une de vraie, et que les deux autres soient fausses, pourquoi s'embarrasser des fausses? C'est assez de suivre la vraie.

En second lieu, c'est un axiome que, pour avoir le nom de bon, il faut l'être tout à fait, et qu'un seul mauvais endroit donne le nom de mauvais. Une femme, quelque belle qu'elle soit d'ailleurs, si elle est sans nez, personne n'en veut. J'ai prouvé plus haut que les sectes de Fo et de Lao étoient défectueuses : si des deux on s'avise de n'en faire qu'une, c'est réunir les défauts, et par là les multiplier.

En troisième lieu, dans la véritable religion, on ne recommande rien tant aux néophytes que d'avoir une foi entière, et de ne point partager leurs cœurs à deux cultes différens. Mais un homme qui professe tout à la fois trois espèces de religions, comment peut-il n'avoir pas le cœur divisé? Sa foi n'est entière ni d'un côté ni d'un autre.

En quatrième lieu, les trois loix ont trois législateurs. Kong-tsé ne s'en est pas tenu à Lao; il a établi la loi des lettrés. Les foïstes ne se sont point contentés de ce qu'avoient fait et Lao, et Kong-tsé; ils ont établi le foïsme en Chine. Les auteurs de ces trois divers systèmes de religion ont posé des principes tout différens; et deux mille ans après, on examine, on pèse, on raisonne, on veut à toute force les faire accorder : quel dessein imaginaire!

En cinquième lieu, la religion de Fo est fondée sur le rien; celle de Lao sur le vide; et celle de Kong-tsé sur le réel. Qu'y a-t-il dans l'univers de plus opposé que ces fondemens entre eux? s'il est possible de réunir le réel avec le rien, le vide avec le solide, il doit l'être aussi de mettre ensemble l'eau et le feu, le rond et le carré, l'orient et l'occident, le ciel et la terre; et qu'y aura-t-il qui ne puisse se faire? Que ne fait-on attention encore que ces diverses loix font des préceptes tout contraires : l'une défend de tuer aucun animal, l'autre ordonne de sacrifier les animaux. Le malheureux homme qui est engagé dans ces deux loix, en voulant observer un de ces commandemens, viole nécessairement l'autre. Comment se tirer de cet embarras? Ne vaudroit-il pas mieux pour lui qu'il n'eût aucune religion que d'en avoir trois? S'il n'en avoit aucune, il pourroit chercher la véritable; en ayant trois, il croit en avoir de reste, et il n'a rien de bon : il n'étudie point la doctrine du Dieu du ciel, et il suit en aveugle les rêveries des hommes. La vérité est une; toute doctrine appuyée sur la vérité peut s'entendre et se soutenir; mais si la doctrine n'est pas une, les principes n'en sont pas solides, et les principes n'étant pas solides, les conséquences ne sont pas sûres; les conséquences n'étant point sûres, la foi n'est point ferme et entière. Or, sans unité de doctrine, sans solidité de principes, sans intégrité de foi, y a-t-il de la religion?

LE LETTRÉ CHINOIS. Hélas! qu'on entende crier au voleur, même au milieu de la nuit, on se lève. Il s'agit du salut, on demeure enseveli dans le sommeil. Vos paroles, monsieur, sont pour moi un coup de tonnerre; j'en suis ému, et je sors de mon assoupissement. Mais cela ne suffit pas; achevez, je vous en conjure, l'ouvrage commencé.

LE DOCTEUR EUROPÉEN. Vous sortez, monsieur, de votre assoupissement, vous avez les yeux ouverts. Voilà le vrai moment de vous adresser à Dieu, et de lui demander ses lumières.

HUITIÈME ENTRETIEN.

Quelle est la conduite de l'Europe par rapport à la religion? Pour quelle raison les missionnaires gardent-ils le célibat? Par quel motif Dieu s'est-il incarné?

LE LETTRÉ CHINOIS. Puisque la religion chrétienne est depuis longtemps établie en Europe, les peuples y sont, sans doute, bien réglés : les mœurs et les coutumes y sont parfaites. Je serois cependant bien aise d'apprendre ce qu'il y a de singulier en ce point.

LE DOCTEUR EUROPÉEN. Les chrétiens ne mènent pas tous une vie uniforme, quoique tous professent une même loi. Un devoir commun, et une occupation générale en Europe, c'est l'étude de la religion. Chaque prince, dans ses États, prend soin de la conserver dans tout son entier. Il y a un chef digne de toute sorte de respect, c'est le souverain Pontife, qui tient la place de Dieu dans l'ordre de la religion, qui instruit toutes les nations de leurs devoirs, et qui veille à ce qu'il ne s'introduise aucune erreur. Ce chef de toute l'Église possède un État en propre, il garde le célibat, il ne laisse point d'héritier. On choisit un sage pour remplir cette haute dignité : les grands du monde, les rois mêmes se regardent comme ses enfans, et ils le respectent comme leur père. Vivant sans famille particulière, il doit s'appliquer entièrement au bien public : étant sans postérité, tous les peuples sont ses enfans ; son unique soin est de faire fleurir partout la religion et les vertus.

Il est secondé dans un si bel emploi par un grand nombre de vertueux et savans hommes, qui, dans tous les royaumes, sont les pasteurs des âmes. Tous les peuples chrétiens, chaque semaine, consacrent un jour à Dieu : ils cessent alors tout travail ; sans exception de sexe et d'état, tous se rendent au temple du Seigneur pour lui faire leurs adorations et leurs prières, assister au sacrifice, et entendre expliquer les livres saints. Il y a, de plus, divers corps de religieux, dont les membres se répandent dans toutes les parties du monde pour prêcher la foi, et pour exhorter à bien vivre. Le corps où je suis entré s'appelle la Compagnie de Jésus : il n'est établi que depuis peu de temps. Mais quelques-uns des premiers jésuites ont mis leur compagnie en réputation, et dans beaucoup d'endroits on les demande pour prêcher, et pour instruire la jeunesse.

LE LETTRÉ CHINOIS. Élire un sage pour chef, placer partout des docteurs pour instruire, cette méthode est fort belle ; la vertu doit y gagner et fleurir.

J'ai ouï dire que les religieux de votre Compagnie ne possédoient rien en propre, mais qu'entre eux tous les biens étoient communs ; qu'ils se dépouilloient même de leur liberté, et qu'ils se soumettoient en tout à l'ordre d'un supérieur ; qu'ils passoient leur jeunesse à se perfectionner dans la vertu et les sciences, et que dans un âge mûr, devenus savans et vertueux, ils s'appliquoient à l'instruction du public, soit pour les sciences, soit pour les bonnes mœurs. Nos prédicateurs de Chine auroient peine à suivre ce modèle. Mais il y a un troisième article dont je ne vois pas bien la raison ; vous ne vous mariez point : quoi de plus naturel que d'avoir une postérité? Il doit être difficile de garder le célibat. Le Dieu du ciel se plaît à créer, à produire ; tous nos ancêtres, de siècle en siècle, se sont mariés : pourquoi changer aujourd'hui cette coutume?

LE DOCTEUR EUROPÉEN. Il est, sans doute, difficile à l'homme de garder le célibat, aussi Dieu ne lui en fait-il pas un commandement : il laisse cela à sa liberté. Dans les choses difficiles à la nature, la vertu est souvent mise à l'épreuve, et comment alors seroit-il aisé d'être toujours parfaitement exact? Mais lorsqu'un homme s'engage dans le chemin de la perfection, il prend son parti, il ne recule point. Le sage s'arrête-t-il pour des difficultés? Un grand courage surmonte tout avec la grâce de Dieu. Que si l'on regarde comme mauvais tout ce qui est difficile, il ne doit plus être permis de pratiquer la vertu. La vie nous vient de Dieu, mais d'où nous vient la mort? N'est-ce pas lui qui nous fait naître, et qui a déterminé le temps où nous devons cesser de vivre? Avant tous les siècles, Dieu ne créant rien, en quoi paroissoit sa complaisance à créer et à produire? L'esprit humain est foible et limité : il ne lui appartient pas de pénétrer dans les desseins de Dieu, beaucoup moins de les désapprouver.

Que l'on compare tous les hommes du monde à un seul corps, ce corps tout entier n'a qu'une fin, mais chaque membre a sa fonction particulière. Un corps qui seroit tout tête ou tout ventre, comment marcheroit-il? Qu'on raisonne sur cet exemple : convient-il que tous les sujets d'un empire fassent le même emploi? Que si quelqu'un dit : Mariez-vous, prenez aussi le soin de ce qui regarde la religion, offrez à Dieu des sacrifices, faites-lui des prières, tout est alors dans l'ordre ; je lui réponds que, malgré les difficultés, il n'y a qu'à vivre dans une parfaite continence : c'est une nécessité que les ministres du Seigneur soient purs et sans taches ; s'ils se trouvoient en même temps chargés de tant de soins, le service divin en souffriroit sans doute. Ceux qui servent les princes de la terre sont assujettis à mille gênes : convient-il donc moins de se gêner en servant Dieu ?

Dans les premiers temps, les hommes étoient en petit nombre, et d'une vertu éclatante : un saint patriarche pouvoit être prêtre du Seigneur. Le mal d'aujourd'hui n'est pas que la terre soit dépeuplée, la multitude des hommes va presque à l'infini : mais la vertu est rare ; on veut avoir un grand nombre d'enfans, et on ne sait pas les élever. Est-ce là propager le genre humain ? N'est-ce pas multiplier les vices, les vicieux, et par conséquent les malheureux ? Un saint homme rempli de zèle, gémissant sur les malheurs du monde, établit pour fondement de sa Compagnie, que ses disciples ne se marieroient point : il regarde comme peu de chose l'avantage d'avoir une postérité, et il pense uniquement à la nécessité de prêcher la religion ; son dessein est de retirer les mortels du désordre, et de les sauver : n'est-ce pas là un glorieux et important dessein ?

La prétendue obligation de se marier est égale pour les deux sexes. Cependant, qu'une vierge promise en mariage, voyant expirer son futur époux, prenne la résolution de n'en point épouser d'autre, la Chine lui applaudit, l'empereur lui-même la préconise, et lui fait élever un trophée. Mais cette fille vit dans le célibat, elle ne veut point avoir de postérité : le seul motif de garder une espèce de fidélité à un homme qui n'a jamais été son mari l'engage à ne se point marier, et cela lui attire de magnifiques éloges. Nous, que nous renoncions au mariage dans la vue de servir Dieu ; que, pour avoir plus de liberté de parcourir la terre, et de convertir les peuples, nous nous débarrassions des soins d'une famille, on nous blâme : cela est-il raisonnable ?

LE LETTRÉ CHINOIS. Est-ce donc qu'étant marié, on ne peut pas exhorter au bien, et prêcher la religion ?

LE DOCTEUR EUROPEEN. On le peut, mais le célibat est un état bien plus propre à se sanctifier soi-même, et où l'on a beaucoup plus de moyens de sanctifier les autres. Je vais, monsieur, vous rapporter quelques-uns des avantages de cet état ; je vous prie d'y faire attention, et vous jugerez vous-même si la règle établie sur ce point dans notre religion est sage ou non.

En premier lieu, on se marie pour avoir des enfans et pour établir une famille : un homme qui a des enfans doit les nourrir, et pour les nourrir il faut des moyens. Tout père de famille est obligé de penser à l'économie, d'entretenir ses biens, et même de les accroître. Aujourd'hui les pères de famille sont en grand nombre, ceux qui veulent amasser sont en grand nombre aussi ; mais où tant de gens cherchent à gagner, il est difficile que tous réussissent. Quand on s'engage dans les affaires et les embarras du monde, peut-on bien se défendre de s'en laisser dominer ? en sort-on toujours sans taches ? ne succombe-t-on jamais aux tentations d'injustice, de mauvaise foi ? Or, un tel homme est-il bien propre à retirer les autres du vice, à les exciter à la vertu ? Le sage a pour maxime de ne faire aucun cas de tous les biens de la terre ; mais si nous les estimons, si nous les recherchons, comment pourrions-nous en prêcher aux gens du siècle le détachement et le mépris ?

En second lieu, tout ce qui regarde la perfection chrétienne est d'un rang élevé, d'un genre sublime, et l'homme est sujet à bien du trouble, à beaucoup de ténèbres : l'amour de la volupté émousse, en quelque manière, son esprit ; si son cœur s'abandonne à cet amour, la raison n'est plus en lui que comme une foible lumière dans un fanal épais et grossier : comment pouvoir découvrir toutes les beautés de la vertu ? La continence, au contraire, épure les connoissances de l'âme ; elle fait briller en elle un merveilleux éclat, et la rend capable d'atteindre à ce qu'il y a de plus haut et de plus pur dans la perfection.

En troisième lieu, les grands désordres du monde viennent des deux passions de l'intérêt et du plaisir, et ceux qui travaillent au salut des âmes ne doivent rien avoir plus à cœur que de détruire ces deux passions. Les contraires se guérissent par les contraires ; une fièvre chaude veut des remèdes froids, et une maladie venue du froid demande des remèdes chauds. Embrasser la pauvreté par la crainte des richesses, par l'horreur du plaisir; vivre dans le célibat, c'est le plus sûr moyen d'écarter l'injustice et de bannir la volupté : voilà ce que nous tâchons de faire dans notre état. Nous abandonnons nos propres biens, pour apprendre aux gens du siècle à ne pas du moins ravir le bien d'autrui; nous renonçons au mariage légitime, pour les empêcher, par cet exemple, de se livrer aux plaisirs défendus.

En quatrième lieu, l'homme le plus habile, s'il s'applique à trop de choses, ne fait rien de parfait. Il est plus difficile de se vaincre soi-même que de vaincre l'univers. L'histoire de tous les siècles nous représente un grand nombre de conquérans qui se sont rendus maîtres du monde : combien nous en représente-t-elle qui se soient rendus maîtres d'eux-mêmes? Un homme qui forme la résolution de porter la foi par toute la terre, n'a pas seulement sa propre personne à sanctifier, il entreprend encore de sanctifier toutes les nations. Quel ouvrage, quel dessein! Pourra-t-il bien en venir à bout? Mais que seroit-ce donc s'il se trouvoit encore embarrassé d'une femme et d'une troupe d'enfans!

En cinquième lieu, parmi les animaux, ceux que l'on trouve les plus propres à des usages importans, sont tirés de la troupe, et élevés à part. Pourquoi ne feroit-on pas, pour la religion, quelque chose de semblable à l'égard de certains hommes vertueux, zélés, et capables de porter par tout l'univers le flambeau de l'Évangile, de détruire l'idolâtrie, de renverser l'erreur, de conserver à jamais la religion dans toute sa pureté? En Europe, on a bien plus à cœur d'étendre la foi que de perpétuer les familles. Un laboureur qui a recueilli cent mesures de grains, en choisit une partie pour payer le tribut au prince; il en laisse une autre pour semer son champ l'année suivante. Pourquoi faut-il que tout ce qu'il y a d'hommes, sans aucune exception, en quelque nombre qu'ils soient, se marient tous? Pourquoi ne peut-on pas en faire un choix pour des fonctions nécessaires et importantes?

En sixième lieu, tout ce que l'homme a de commun avec la bête ne mérite pas notre estime : agir et travailler pour avoir de quoi vivre, manger pour soutenir ses forces, éviter tout ce qui est nuisible pour conserver sa vie, ce sont là des choses d'un rang inférieur, et qui ne mettent aucune différence entre nous et les animaux; mais s'appliquer à la recherche du bien et du vrai, régler son cœur, travailler à sa perfection, marquer à Dieu sa reconnoissance et son amour, voilà l'importante affaire de l'homme sur la terre : c'est par là qu'il peut correspondre aux vues et aux intentions du Créateur. Sur ce principe, jugez lequel est de plus grande conséquence, ou penser à se marier, ou s'appliquer à faire fleurir la loi de Dieu. Il vaudroit mieux pour l'homme être sans pain que sans loi, et le monde seroit mieux sans habitans que sans religion. L'importance de la religion est donc, pour quelques hommes, une raison suffisante de négliger le mariage. Mais le mariage est-il assez important pour faire négliger la religion? La mort même ne doit pas nous arrêter, quand il s'agit de suivre la volonté divine : comment le renoncement au mariage nous arrêteroit-il?

En septième lieu, l'esprit de notre état est de prêcher la foi par toute la terre : si nous ne réussissons pas à l'occident, nous allons à l'orient, et si à l'orient on ne nous écoute pas, nous nous transportons au midi, au septentrion; nous ne sommes point attachés à un même lieu. Un médecin charitable ne reste pas toujours dans un même endroit, il va çà et là pour être utile à plus de personnes : c'est par là que sa charité paroît. Le mariage lie un homme, et l'attache à une famille; si le bien de l'État l'en sépare pour un temps, c'est tout ce qu'il peut faire. Aussi n'entend-on pas dire que les prédicateurs de Chine aillent enseigner les royaumes étrangers : les personnes mariées ne doivent plus se quitter. Mais que des religieux de ma Compagnie entendent parler d'une région nouvelle où l'on peut planter la foi, fût-elle éloignée de plusieurs milliers de lieues, ils sont prêts à partir; ils n'ont pas l'embarras de pourvoir à des familles; ils sont délivrés du soin de confier à personne des femmes, des enfans : ils ont Dieu pour père, tous les hommes pour frères, et le monde pour maison. Une vertu aussi élevée que le ciel, aussi vaste que les mers, n'est-elle donc pas au-dessus de la simple fidélité conjugale?

En huitième lieu, l'homme chaste est semblable à l'ange; il est sur la terre comme s'il étoit dans le ciel; il a un corps, et il vit à la manière des esprits. La chasteté n'est pas une vertu du commun : celui qui la fait fleurir en soi a un grand accès auprès de Dieu ; soit qu'il demande les influences du ciel pour fertiliser la terre, soit qu'il réclame le secours d'en haut contre la tyrannie du démon, soit qu'il s'entremette pour faire cesser des malheurs publics, sa prière est exaucée. Mais si Dieu n'avoit pour agréable la vertu de chasteté, comment seroit-il favorable à l'homme chaste? Voilà, monsieur, une partie des raisons que nous avons, nous autres missionnaires, de ne pas nous marier. Ce n'est pas que nous condamnions le mariage, ceux qui se marient ne pèchent point ; ce n'est pas non plus que nous prétendions que tous ceux qui gardent le célibat soient des saints; un homme qui garde le célibat, et qui n'écoute pas la droite raison, n'en est pas moins coupable. Il ne manque pas en Chine, non plus qu'ailleurs, de ces faux vertueux qui, renonçant au légitime mariage, s'abandonnent à des crimes abominables, qu'en Europe on n'ose nommer de peur de salir sa bouche. Les bêtes mêmes ne connoissent point ces infamies que la nature abhorre, et des hommes n'ont pas assez de pudeur pour s'en défendre! Vous doutez, monsieur, s'il est permis de vivre dans la continence : que devez-vous penser de ces sortes d'abominations?

LE LETTRÉ CHINOIS. La raison porte la conviction dans l'esprit, elle a plus de force que le tranchant d'une épée ; mais c'est un principe en Chine, que des trois péchés contre le respect et l'amour dus aux parens, celui de ne se point marier est le plus grand.

LE DOCTEUR EUROPÉEN. On peut répondre à cela, qu'il faut distinguer les temps; qu'autrefois les hommes étant en petit nombre, c'étoit une nécessité qu'ils se multipliassent ; mais qu'aujourd'hui, se trouvant fort multipliés, cette nécessité n'est plus. Pour moi, je dis que ce principe de Chine n'est point fondé sur aucune parole du sage, mais uniquement sur ce qu'a avancé Mong-tzé, lequel a pris à faux la tradition, ou bien a voulu, par ce moyen, excuser l'empereur Chun de s'être marié sans avoir averti son père ; et voilà sur quoi s'appuyent tous ceux qui sont venus par la suite. Le livre *Li-ki* contient bien des choses qui ne sont nullement des paroles des anciens ; les modernes, qui ont découvert et publié ce livre, y ont mêlé beaucoup du leur.

Kong-tsé est regardé en Chine comme le grand philosophe. Ses disciples et ses descendans, dans les trois livres *Ta-hio*, *Tchong-yong* et *Lun-yu*, font parler ce sage maître fort en détail sur le respect et l'amour des parens. Comment est-ce qu'ils ne lui font pas dire un seul mot du plus grand péché que l'on puisse commettre contre la vertu filiale? Étoit-il donc réservé au temps de Mong-tzé de connoître en quoi cet énorme péché consiste? Kong-tsé donne le nom de sage à Pe-y et à Cho-tsé. Il met Pi-kou au nombre des illustres de la dynastie des *Yn*. Puisqu'il vante ainsi ces trois hommes, il les regardoit comme vertueux, comme parfaits. Cependant aucun des trois n'a eu des enfans. Ainsi, selon Mong-tzé, ils ont manqué au point essentiel du respect et de l'amour dus aux parens, et selon Kong-tsé, c'étoient des sages : comment cela s'accorde-t-il? Voilà ce qui me fait conclure que, prendre le défaut de postérité pour un manque de respect et d'amour envers ses parens, ce n'est point là un principe des anciens Chinois.

Si ce principe avoit lieu, devroit-on rien oublier pour avoir une postérité? Quelles mesures ne seroit-on pas obligé de prendre pour cela! mais toutes ces conséquences ne vont-elles pas à exciter dans l'homme une passion déjà si dangereuse? Ne condamnent-elles pas l'empereur Chun, qui ne s'est marié qu'à trente ans? Vingt ans à un homme, sont un âge mûr pour avoir des enfans. Celui qui attend jusqu'à trente à se marier, ne manque-t-il pas, durant dix années, d'amour et de respect envers ses parens? Qu'un homme sans talens, sans vertus, sur ce beau principe, rassemble une troupe de concubines, et vieillisse dans l'oisiveté et la mollesse, il a grand nombre d'enfans, voilà tout son mérite: n'importe, il doit être vanté comme ayant toutes les vertus filiales. Qu'un autre, doué de mille belles qualités, ait passé sa vie dans le travail et la fatigue, servant l'État et son roi, instruisant les peuples et les maintenant dans leurs devoirs, mais sans se mettre en peine de laisser après soi une postérité; le public lui a les plus grandes obligations, tout l'empire lui donne le nom de sage, on se trompe : suivant cette nouvelle doctrine, c'est un fils indigne, qui n'a eu ni respect ni amour pour ses ancêtres.

Pratiquer ou ne pratiquer pas les vertus filiales, ce n'est pas une chose qui regarde uniquement l'extérieur, mais surtout l'intérieur : cela dépend de nous-mêmes; et non d'autrui. Avoir des enfans, ou n'en avoir pas, c'est Dieu qui le détermine. Combien de personnes souhaiteroient avoir des enfans, qui n'en ont cependant point! Où est celui qui, voulant être respectueux à l'égard de ses parens, ne puisse pas l'être ? Ne lit-on pas dans Mong-tzé lui-même ces paroles? « Ce qui regarde notre intérieur, lorsque nous le cherchons, nous l'avons; et nous ne l'avons pas, si nous ne le cherchons pas. Ainsi, sa possession dépend de nos soins ; mais pour les choses extérieures, il ne dépend pas de nous de les posséder; leur recherche est laborieuse, et il y a une Providence qui en dispose. Or, avoir des enfans, est dans le genre de ces choses qu'il ne dépend pas uniquement de l'homme d'obtenir. Comment seroit-ce là la marque d'une grande vertu? Les sages d'Europe, en parlant des principales fautes contre les vertus filiales, mettent pour la plus énorme d'induire ses parens au mal : les faire mourir est d'un rang presque inférieur, et c'en est une moindre de les dépouiller de leurs biens. Toutes les nations sont de ce sentiment. Ce n'est qu'en arrivant en Chine que j'ai ouï dire que le plus grand péché contre l'amour et le respect dus aux ancêtres étoit de n'avoir pas d'enfans.

Je vais, monsieur, vous expliquer en quoi consistent les devoirs d'un fils; mais auparavant, qu'est-ce que fils, qu'est-ce que père? Nous avons trois sortes de pères : le premier est Dieu, le second est le roi, et le troisième est notre chef de famille. Résister à la volonté de son père, c'est violer le devoir d'un fils. Lorsque tout est dans l'ordre, les volontés de tous ceux qui nous tiennent lieu de pères sont parfaitement d'accord. Le père du rang inférieur ordonne à son fils d'obéir au père du rang supérieur, et le fils en n'obéissant qu'à un, remplit alors les devoirs de fils à l'égard de tous. Si le désordre survient, et que les volontés de ces différens pères soient contraires, c'est que le père du rang inférieur ne se conforme pas à celui du rang supérieur. Il ne pense qu'à se faire servir lui seul par son fils, et il oublie que ce fils a un autre père au-dessus de lui. Alors un fils qui obéit au premier père, quoiqu'il désobéisse au second, remplit tous les devoirs d'un fils, au lieu qu'il les violeroit absolument si, suivant la volonté du second père, il méprisoit celle du premier. Celui qui gouverne l'Etat est mon roi, et je suis son sujet ; le chef de ma famille est mon père, et je suis son fils; mais sont-ils l'un et l'autre comparables à Dieu? Dieu est le père universel : tous les hommes, rois, sujets, pères et fils, sont frères par rapport à Dieu. Cette doctrine ne doit pas être ignorée.

Tous les peuples voisins de l'Europe, l'appellent la terre des saints. En effet, il y a eu dans tous les temps des saints en Europe. En rappelant l'histoire de ceux qui de siècle en siècle ont illustré mon pays, je trouve qu'ils ont presque tous vécu sans penser à laisser une postérité. Les saints sont les modèles du monde. Dieu, qui les propose pour exemple, les laisseroit-il vivre dans un état contraire au bon ordre et à la vertu? Pour ceux qui ne se marient point par principe d'avarice ou de paresse, pour s'assurer une fortune ou pour vivre sans embarras, ces sortes de gens n'entrent point en parallèle avec des personnes qui, par amour pour la vertu, par désir de plaire à Dieu, par zèle du salut du prochain, gardent le célibat. Une chose de pure fantaisie, et dont il ne résulte aucun bien, qu'a-t-elle de louable? Mais une pratique de la plus haute perfection, très-conforme à la doctrine des divines Écritures, suivie par tant de saints qui nous ont précédés, exaltée et admirée par tous les sages de l'univers, qu'y a-t-il à douter qu'on ne fasse bien de la suivre ?

Tous les grands zélateurs de la prétendue nécessité qu'ils croient y avoir que chacun laisse après soi des enfans, ignorent ce que c'est que le Dieu du ciel. Ils ne savent point le servir, ni se conformer à ses ordres; ils ne connoissent point la vie future; ils s'imaginent qu'à la mort tout meurt dans l'homme, et qu'il n'en reste rien. Pour nous, en cette vie, nous servons, nous aimons le Dieu du ciel ; nous espérons qu'après la mort nous aurons le bonheur de l'aimer et de le servir dans tous les siècles. Pourquoi nous mettrions-nous en peine de laisser sur la terre une postérité? L'homme meurt, l'âme ne meurt point ; elle acquiert au contraire une vie et une beauté toute nouvelle. Le corps reste sans force et sans mouvement. Que le corps soit inhumé par les enfans du mort, il pourrira; qu'il le soit par ses amis, il pourrira de même : lequel est le plus souhaitable ?

LE LETTRÉ CHINOIS. Vivre dans la continence par principe de vertu, cela est digne d'éloge. Le grand Yu, après la terrible inondation qui causa un désordre général, prit soin de faire écouler les eaux ; il parcourut toutes les provinces ; il fut l'espace de huit années entières hors de chez lui : il passa trois fois à la porte de sa maison sans y entrer. Mais aujourd'hui que la paix et le bon ordre règnent partout, quel inconvénient y a-t-il que chacun, même le docteur et le sage, ait sa famille particulière ?

LE DOCTEUR EUROPÉEN. Ah ! monsieur, croire que la paix et le bon ordre règnent partout, c'est se tromper. Un homme bien instruit voit dans le siècle présent un désordre bien plus déplorable et plus général que n'étoit celui du temps de l'empereur Yao et de son ministre Yu. Les hommes d'aujourd'hui sont aveugles ; ils ne connoissent pas leurs misères, qui par là même augmentent beaucoup. Les malheurs d'autrefois, dont vous parlez, n'étoient qu'extérieurs. Pertes de bien, désolation des campagnes, maladies du corps, on pouvoit aisément les voir, et y apporter aussitôt du remède. Les maux d'à présent, dont je parle, ont leur source fatale dans l'intérieur même. Plus impétueux que l'orage, plus terribles que les monstres, plus meurtriers que la foudre, ils n'attaquent point ce qui n'est qu'étranger à l'homme ; ils blessent son âme, ils corrompent son cœur. Les plus éclairés et les plus attentifs ressentent le funeste effet de leur poison, et ont peine à s'en défendre. Que penser du reste des mortels ? Le ravage sans doute est extrême.

Le créateur de toutes choses, Dieu : voilà le père commun qui conserve, maintient et gouverne en maître souverain tout ce qu'il a créé : que peut-il y avoir au-dessus de lui ? Les hommes aveugles, qui ne connoissent point, qui ne servent point Dieu, vivent comme s'ils étoient sans père et sans maître : ils n'ont ni la fidélité due au maître, ni l'amour et le respect dus au père. Ces grandes vertus manquant, quelle vertu peut subsister ? Ils prennent de l'or, du bois, de l'argile dont ils fabriquent des statues, sans savoir ce qu'elles représentent, et ils excitent la populace grossière à les adorer, à les prier, en leur disant : Voilà le dieu Fo, et ils infatuent leur esprit par des discours fabuleux et infâmes ; ils plongent leur cœur si avant dans le désordre, qu'il ne leur reste plus aucune voie pour retourner au bien.

Prendre le vide ou le rien pour principe de toutes choses, n'est-ce pas se faire un Dieu sans fond et sans réalité ? dire que Dieu et les hommes ne sont qu'une seule et même substance, n'est-ce pas confondre la majesté de Dieu avec le plus vil esclave ? Prêcher à sa fantaisie toute cette suite d'extravagantes imaginations, n'est-ce pas avilir la sagesse incréée, jusqu'à la réduire au rang des pierres, du bois, de la boue ? N'est-ce pas attaquer la providence bienfaisante de Dieu, et sur tout ce qui arrive de désagréable, chaud, froid, infortune, prodiges, en faire un sujet de murmures et de blasphèmes ? En un mot, n'est-ce pas mépriser le Père universel, et insulter au souverain Maître ? On en vient jusque-là, on abolit, on oublie tout culte du Dieu du ciel ; et si un homme de rien a l'adresse de gagner une populace, on lui dresse des temples, on lui érige des statues, l'idolâtrie règne presque partout, elle inonde les villes et les provinces ; on ne voit que temples élevés à Fo, aux esprits, aux prétendus immortels, et même à des hommes vivans. Les rues en sont bordées, les places publiques en sont entourées, les montagnes en sont couvertes, et le vrai Dieu, l'unique maître, n'a pas seulement un autel, pour recevoir des hommages qui ne sont dus qu'à lui seul.

Quoi ! des mortels trompeurs et superbes, avides non-seulement de l'estime des peuples, mais encore de leurs biens, après s'être donnés parmi les hommes pour docteurs, pour législateurs et pour pères, portent l'insolence et l'impiété jusqu'à prétendre déplacer le Dieu suprême, effacer entièrement son nom et sa mémoire, et s'ériger eux-mêmes en divinités ! quel énorme, quel affreux attentat ! Si le grand Yu vivoit dans un si malheureux siècle, se contenteroit-il de demeurer huit ans hors de sa maison ? Il renonceroit sans doute à tout établissement particulier, et passeroit ses jours à parcourir, à réformer le monde, sans plus penser à aucun retour. Et vous voudriez, monsieur, que les religieux de notre Compagnie, ardens comme il convient à des enfans bien nés, pour la gloire de Dieu leur père, zélés pour le salut des hommes qui sont tous leurs frères, fussent tranquilles à la vue de tout ce désordre !

LE LETTRÉ CHINOIS. A considérer cette espèce de désordre, je conviens qu'il est extrême. Les philosophes du temps présent ne parlent que de régler l'extérieur; ils négligent entièrement l'intérieur; et par là, intérieur et extérieur, tout est déréglé. A-t-on jamais vu qu'un méchant homme au dedans ne fît pas bientôt paraître sa méchanceté au dehors? J'ai ouï dire que certains lettrés de Chine, se livrant à leurs idées particulières, s'associoient aux fotistes, et raisonnoient à la manière de ces sectaires sur la vie future, semblables à des gueux qui vont mendier les restes d'autrui. Ils ont ainsi entièrement corrompu la saine doctrine. Les docteurs d'Europe tiennent une conduite plus sage, ils vont droit au grand principe: cette vérité une fois connue, un homme est éclairé. Après tout, on n'a qu'à faire attention à ce bel univers et à tout ce qu'il renferme, on juge bientôt que toutes les créatures ont un Créateur, et que ce Créateur est infiniment au-dessus de toutes les créatures. Kong-tsé, Fo, et les autres qu'on révère, étoient tous des hommes, fils d'autres hommes; aucun d'eux n'est donc le Créateur de toutes choses, aucun d'eux n'est donc le véritable Seigneur de l'univers. Comment ont-ils eu l'autorité d'établir des religions, et de donner des lois au monde? Dès qu'un homme est parvenu à la connoissance du grand principe, les règles de sa conduite lui sont tracées: s'il ne s'applique pas à servir Dieu, à quoi s'applique-t-il de digne de lui? Dans un même corps, chaque membre veut se conserver; mais si la tête est attaquée, la main, le pied, la défendent: dussent-ils eux-mêmes être blessés, ils ne l'abandonnent point. Vous êtes, monsieur, parfaitement instruit, et véritablement persuadé que Dieu est le grand maître: ainsi, tout ce que vous voyez, tout ce que vous entendez de mauvais, de contraire à la raison, d'opposé à la religion, vous le regardez comme une injure faite à Dieu, et vous vous empressez aussitôt de l'arrêter et d'y remédier. Votre zèle vous porte à renoncer au mariage et à toutes les fortunes de ce monde, vous prodiguez votre santé et votre vie: c'est bien là n'avoir en vue que le souverain Seigneur, et le préférer à tout. Pour nous, hélas! cœurs durs, esprits inflexibles, nous n'avons qu'une ombre d'espérance et de charité, notre foi est foible et languissante; comment serions-nous capables de ces grandes vertus? Nous avons peine à faire un pas vers Dieu, et dans la pratique du bien, une bagatelle nous arrête.

Mais enfin vous m'avez appris que Dieu connoissoit tout, et que Dieu pouvoit tout. Puisqu'il est le père commun de tous les mortels, comment nous a-t-il laissés si longtemps croupir dans les ténèbres, et marcher à l'aveugle, pour ainsi dire, sans savoir ni notre origine, ni notre fin? Si lui-même, descendant sur la terre, avoit bien voulu instruire les hommes, tous, à la vue de leur véritable maître, et de leur bon père, l'auroient écouté en enfans dociles, et lui auroient obéi en serviteurs fidèles. On ne verroit point cette monstrueuse diversité de cultes et de religions, et le monde seroit en paix.

LE DOCTEUR EUROPÉEN. Je souhaiterois, monsieur, que vous m'eussiez fait plus tôt cette demande. Si les amateurs de la vertu, en Chine, vouloient être instruits sur cette doctrine, on les satisferoit. Je vais, monsieur, vous expliquer quelle est la vraie source des misères de l'homme; je vous prie de vouloir bien m'écouter.

Lorsque Dieu créa le monde, pensez-vous que la nature humaine fût dans le désordre où nous la voyons? Non, sans doute. Dieu est infiniment sage, et souverainement bon: tirant du néant le ciel et la terre pour le service de l'homme, il n'a point fait l'homme d'une nature si imparfaite et si désordonnée. Au commencement des temps, l'homme n'étoit sujet ni aux maladies, ni à la mort; il étoit toujours plein de santé et de forces, toujours paisible et content: tous les animaux lui étoient soumis, aucun n'osoit lui nuire; son unique devoir étoit de servir le Dieu du ciel et de lui obéir: il a manqué à ce devoir, voilà la source de ses malheurs. L'homme s'est révolté contre Dieu, toutes les créatures se sont révoltées contre l'homme: ainsi, ses maux et ses misères ne viennent que de lui seul.

Le premier homme ayant blessé la nature humaine jusque dans sa racine, tous ses enfans héritent de l'infortune de leur père, et aucun ne reçoit cette nature dans son premier état d'intégrité. En naissant, nous portons tous une tache, et plus nous vivons les uns avec les autres, plus nous nous habituons au mal: c'est là ce qui fait douter si la nature de l'homme étoit bonne en elle-même; mais ce défaut ne vient point du Créateur, et il ne suffit pas pour faire condamner la nature; on a de la peine à distinguer si l'homme est tel ou par nature ou par habitude, parce que l'habitude peut être prise pour une seconde nature. Cependant la nature est en soi-même bonne, et le bien qui est en elle ne peut être détruit totalement par aucun mal. Ainsi, tout homme qui veut sincèrement se corriger le peut avec le secours de Dieu.

Il est vrai que, dans le commun des hommes, la bonté de la nature diminuant sans cesse, et la malice de l'habitude augmentant toujours, le penchant au vice est grand, et la difficulté de s'élever à la vertu est extrême. Ainsi Dieu, comme un père plein de tendresse, dans tous les temps, a fait paroître dans le monde des saints et des sages pour servir de maîtres et de modèles. Enfin, peu à peu le désordre ayant prévalu, les sages ayant disparu de la terre, la multitude des méchans croissant de jour en jour, et le nombre des bons se réduisant à presque rien, Dieu, déployant toute sa bonté et toute sa miséricorde, descendit en personne, et vint lui-même instruire et sauver le monde. Ce fut durant la dynastie de Han, sous l'empire de Ngai-ti, la seconde année de Yuen-cheou, dans le cycle appelé Ken-hin, trois jours après le solstice d'hiver, qu'il naquit d'une vierge: il prit pour nom, *Jésus*, c'est-à-dire sauveur. Il a établi lui-même la divine loi; il y fit entrer l'Occident, et, après avoir vécu trente-trois ans sur la terre, il remonta dans le ciel. Voilà, en abrégé, la véritable histoire du Dieu incarné.

LE LETTRÉ CHINOIS. Mais, monsieur, comment prouve-t-on ce fait? Les hommes de ce temps-là, par où se persuadèrent-ils que Jésus étoit Dieu, et non pas simplement un homme? S'ils n'eurent d'autre témoignage que sa parole, ce témoignage étoit-il suffisant?

LE DOCTEUR EUROPÉEN. Dans l'Occident, pour donner à un homme le nom de saint, on exige bien d'autres preuves que celles qui suffiroient en Chine: que doit-ce donc être quand il s'agit de le regarder comme Dieu? Qu'un petit prince de dix lieues de pays ait le talent de devenir le maître du monde, et qu'il en vienne là, s'il est possible, sans commettre la moindre injustice, sans faire souffrir un seul innocent, il n'aura pas pour cela, en Europe, le nom de saint. Que le plus puissant monarque de l'univers renonce à la pompe et aux grandeurs, qu'il abandonne ses richesses et ses États pour se retirer dans une solitude, et vaquer uniquement à la piété, on dira que c'est un homme détaché du monde; mais pour être appelé saint, il faut être consommé en vertus, se nourrir d'humiliations et de souffrances, parler et agir au-dessus de l'homme, être élevé à un état auquel toutes les forces humaines ne sauroient parvenir.

LE LETTRÉ CHINOIS. Qu'appelez-vous au-dessus de l'homme?

LE DOCTEUR EUROPÉEN. Savoir parler de ce qui regarde l'homme, être instruit des choses passées et des choses présentes, on le peut sans être saint; le désir de la réputation suffit pour faire étudier ces sortes de sciences. Mais expliquer les mystères divins, prédire les événemens futurs, convertir les peuples, et étendre partout la religion, cela est au-dessus de l'homme, il n'y a que Dieu qui le puisse. Guérir les maladies en se servant de remèdes, les médecins le font; gouverner les empires, et tenir le monde en paix, soit en punissant, soit en récompensant à propos, les grands génies en viennent à bout: l'homme est capable de tout cela, aussi tout cela ne suffit-il point pour mériter le nom de saint. Mais faire des miracles qui ne demandent pas une moindre puissance que celle de créer l'univers; guérir, sans employer aucun remède, des maux incurables; ressusciter les morts, ces sortes de merveilles sont au-dessus de l'homme, et Dieu seul peut en être l'auteur. Tel est le pouvoir que Dieu a communiqué à tous ceux que nous regardons, en Europe, comme saints. S'il arrivoit qu'un scélérat, par lui-même ou par ses émissaires, affectât la réputation de sainteté; que, sans crainte et sans respect pour Dieu, il eût recours aux arts magiques et aux faux prestiges pour tromper les peuples, et que s'abandonnant à sa superbe, il s'en prît à tout ce qu'il y a de sacré, bien loin de le traiter en saint, on le poursuivroit comme une peste publique.

Le Dieu incarné, tandis qu'il a été sur la terre, a opéré des prodiges sans nombre: sa vie est bien au-dessus de celle des grands saints. Les saints ne peuvent rien que par une puissance empruntée de Dieu; Dieu n'emprunte sa puissance d'aucun autre. Dans les anciens temps, l'Occident a vu des hommes d'une haute sainteté; avant plusieurs milliers d'années, ils avoient annoncé la venue du Rédempteur;

ils avoient écrit, en détail, l'histoire prophétique de sa vie future; ils en avoient marqué précisément le temps : ce temps étant venu, les hommes, qui attendoient avec empressement leur libérateur, le virent paroître; ils reconnurent que ses actions répondoient parfaitement à ce que les saints prophètes en avoient écrit. Ce divin Maître parcourut les villes et les provinces, instruisant les peuples, et multipliant partout les miracles : il rendoit l'ouïe aux sourds, la vue aux aveugles, la parole aux muets; il faisoit marcher les boiteux, il ressuscitoit les morts. Les esprits célestes le révéroient, les puissances infernales le craignoient et l'adoroient; tout lui obéissoit. Enfin, après avoir accompli toutes les prophéties, perfectionné la loi ancienne, et publié la nouvelle, il annonça lui-même le jour auquel il monteroit au ciel à la vue d'un grand nombre de ses disciples.

Quatre évangélistes écrivirent alors ce qu'a fait et ce qu'a dit le Sauveur : ils l'ont publié par tout l'univers. L'univers a reçu cette divine loi : depuis ce temps-là tous les royaumes de l'Europe ont changé de face, et la religion y fleurit partout. On trouve dans l'histoire de Chine que l'empereur Ming-ti, de la dynastie des Han, ayant ouï parler de ce grand changement, envoya dans les régions occidentales pour y chercher le saint Évangile. Les envoyés firent à peine la moitié du chemin; s'étant arrêtés mal à propos au royaume de Ching-tou, ils en rapportèrent les livres de Fo, et les répandirent en Chine. La Chine est restée jusqu'à présent infectée de ce poison; elle n'a point encore entendu parler de la véritable doctrine, et l'erreur y domine dans toutes les écoles. Cela est lamentable.

LE LETTRÉ CHINOIS. Les temps, en effet, se rapportent à ce que vous dites; vous êtes parfaitement instruit, et la doctrine que vous prêchez est, sans doute, la véritable. Je vois clairement que, hors la religion, en ce monde et en l'autre, point de vraie béatitude. J'ai dessein de retourner à ma maison pour me laver et me purifier, et de revenir, sans délais, y recevoir de votre main les divines Écritures, vous reconnoître pour mon maître, et entrer enfin dans la sainte loi. Voudrez-vous bien, monsieur, m'admettre au nombre de vos disciples?

LE DOCTEUR EUROPÉEN. C'est dans la seule vue d'étendre la religion, que mes compagnons et moi nous avons quitté notre patrie, fait un long voyage avec de grandes fatigues, et que nous vivons sans regret dans une terre étrangère. Ainsi, notre consolation et notre joie est de voir que l'on veuille sincèrement entrer dans notre sainte loi. Vous voulez, monsieur, vous laver; par là, vous ne purifierez que votre corps : les souillures de l'âme, voilà ce que Dieu a en horreur. La porte de la religion chrétienne est le baptême; celui qui veut y entrer doit auparavant concevoir un vif repentir de ses péchés passés, et former une ferme résolution de marcher dans le chemin de la vertu, et ensuite se faire baptiser; alors il reçoit la grâce et l'amitié de Dieu : tout le reste est oublié, et il devient aussi et plus pur qu'un enfant qui vient de naître.

Au reste, monsieur, nous ne prétendons point nous ériger en maîtres; touchés de voir les hommes s'égarer dans de fausses routes, nous tâchons de les remettre dans la bonne voie pour vivre tous ensemble en véritables frères, puisque nous sommes tous les enfans du père commun. Comment oserions-nous usurper ces titres d'honneur, et avilir le nom de maître en nous le donnant? Quant aux divines Écritures, le style en est fort différent du style chinois; je ne les ai point encore traduites d'un bout à l'autre, j'ai seulement choisi ce qu'il y a de plus important à savoir, et j'en ai rendu le vrai sens. Mais je voudrois, monsieur, que de tout ce que je vous ai dit jusqu'ici, vous vous en rappelassiez les points essentiels, vous les méditassiez à loisir, et lorsque vous n'aurez plus aucun doute sur tout cela, vous pourrez sans difficulté lire le saint Évangile, l'étudier, recevoir le baptême, et entrer dans la loi.

LE LETTRÉ CHINOIS. C'est Dieu qui m'a créé, et j'ai été si longtemps sans connoître Dieu! Quel bonheur pour moi, monsieur, que vous ayez bien voulu venir de si loin avec tant de fatigues et de dangers pour m'enseigner la véritable religion! Vous n'ignorez rien; vous avez eu la bonté de commencer à m'instruire, et je vois à découvert mes anciens égaremens. Vous m'avez fait connoître les volontés divines, et je m'y rends. A la vue de tant de faits, je ne puis exprimer ni ma douleur sur le passé, ni ma joie sur le présent; je vais retourner chez moi, je retracerai dans ma mémoire toutes vos instructions, je les mettrai par écrit pour ne les oublier jamais; ensuite je pourrai mieux m'instruire à fond de la sainte doctrine. Je prie le Seigneur du ciel, monsieur, qu'il soutienne votre zèle, qu'il bénisse vos travaux, qu'il vous fasse voir la Chine entière chrétienne, tous les peuples arrachés aux ténèbres, et marchant à la brillante lumière de l'Évangile.

HISTOIRE
DE L'ASTRONOMIE CHINOISE,

DEPUIS LE COMMENCEMENT DE LA MONARCHIE CHINOISE JUSQU'A L'AN 206 AVANT JÉSUS-CHRIST;

PAR LE PÈRE GAUBIL,

MISSIONNAIRE A PÉKIN.

Avertissement.

Les auteurs chinois qui ont écrit depuis l'an 206 avant Jésus-Christ, avouent que depuis cette époque jusqu'à aujourd'hui, on n'a pu savoir les méthodes des anciens astronomes chinois que d'une manière fort confuse. S'il y a eu une méthode réelle, ce n'est que dans ce qui reste d'anciens livres, ou fragmens des livres, qu'on peut trouver cette méthode, ou des vestiges de cette méthode. Les livres ou fragmens des livres faits avant l'incendie des livres chinois [1], sont en petit nombre; ce qu'il y a sur l'astronomie chinoise, se réduit à peu de chose. C'est dans ces livres et fragmens des livres, que j'ai examiné ce qui s'y voit sur l'ancienne astronomie. J'avois déjà envoyé en Europe en divers temps le fond de ce que j'envoie aujourd'hui; mais c'étoit sans ordre, et dans des mémoires détachés, et dont plusieurs avoient besoin d'être éclaircis; c'est ce qui m'a déterminé à examiner ces mémoires, et à les ranger selon l'ordre des temps, depuis la fondation de l'empire chinois jusqu'à l'an 206 avant Jésus-Christ. Le feu père Étienne Souciet a publié l'histoire de l'astronomie chinoise depuis l'an 206 avant Jésus-Christ, jusqu'à la fin [2] de la dynastie appelée *Yuen*. Il y a quelques années que j'adressai à M. de Mayran la suite de l'histoire de l'astronomie chinoise depuis la fin de la dynastie Yuen jusqu'à l'entrée des jésuites au tribunal d'astronomie. Ainsi, on a toute l'histoire de l'astronomie chinoise, depuis la fondation de la monarchie chinoise jusqu'au temps où les Chinois ont adopté l'astronomie européenne.

Dans le second et le troisième recueil du père Étienne Souciet sur l'astronomie chinoise, il y a quelques articles qui auroient besoin d'être mieux éclaircis, et le tout me paroît devoir être mis en meilleur ordre. J'ai écrit plusieurs fois là-dessus au père Souciet et à d'autres; j'espère que tout cela se fera selon les vues de plusieurs savans.

J'ai envoyé, en son temps, ce que j'ai pu trouver sur les étoiles chinoises; M. Fréret en a fait quelque usage dans sa nouvelle et savante dissertation sur la chronologie chinoise. J'ai envoyé aussi un recueil d'observations chinoises des planètes, des étoiles et des comètes. Ces recueils sont entre les mains de M. de l'Isle. J'ai refait et mis en meilleur ordre le recueil d'éclipses de soleil et de lune; je l'enverrai à la première occasion, avec quelques mémoires de géographie que je n'ai pas encore achevé de mettre en ordre. Ce que nous pouvons faire ici de mieux, est d'envoyer des mémoires tirés des livres chinois. Les savans d'Europe et surtout les membres de l'Académie voient bien mieux que nous ce qu'on en peut tirer d'utile au progrès des sciences; ils voient aussi mieux que nous ce qu'on doit penser des auteurs européens, dont les uns me paroissent trop louer la nation chinoise, et les autres me paroissent la trop mépriser; peu ont pris le juste milieu.

Sans divers obstacles et occupations, plusieurs missionnaires auroient déjà fait mieux que moi ce que j'ai entrepris; ceux qui viendront dans la suite pourront mieux faire, et achever ce que je n'ai pu, faute de certaines connoissances et de quelques secours qu'il est difficile d'avoir dans un pays si éloigné des savans d'Europe, surtout pour la matière que j'ai traitée.

Dans les points qui supposent la connoissance de la chronologie chinoise, je suppose qu'on est instruit des fondemens de cette chronologie, soit par ce que M. Fréret et d'autres ont dit, soit par le traité que j'ai envoyé sur cette matière, à l'Académie des inscriptions et belles-lettres, en cas qu'elle ait jugé à propos d'en faire usage.

---

[1] Année Ou-sté, trente-quatrième du cycle de 60, avant Jésus-Christ 213.

[2] De Jésus-Christ 1367.

Le prince appelé *Fou-hi*, ou *Pao-hi*, ou *Tay-hao*, fut, selon le témoignage de Confucius, le premier roi ou empereur chinois. Ce prince donna des règles pour l'astronomie; mais on n'a aucun détail.

Confucius dit que Yen-ti ou Chin-nong succéda à Fou-hi, et que Hoang-ti fut successeur de Chin-nong. L'empereur Hoang-ti eut des astronomes; il fit faire des instrumens de mathématique. On faisoit de son temps des calendriers : on avoit un cycle de 60' pour 60 jours et pour 60 années : on observoit les astres. On n'a point de détail des observations de ce temps-là.

NOTES.

1° On n'a aucun mémoire avant l'incendie des livres sur les années des règnes de Fou-hi et de Chin-nong.

2° On peut supposer que l'an 2677 avant Jésus-Christ, fut la première du règne de Hoang-ti : on peut aussi supposer que cette première année fut l'an 2593 avant Jésus-Christ. Nulle démonstration pour cette époque; mais il paroît démontré que la première année du règne de Hoang-ti est plus de 2400 avant Jésus-Christ.

Le gouvernement de Chao-hao, successeur de Hoang-ti, fut très-foible. Il y eut de grands désordres; des devins et des magiciens gâtèrent les mœurs : tout fut confondu dans les cultes religieux : les peuples étoient séduits par les devins qui se faisoient passer pour gens extraordinaires, qui avoient communication avec le ciel.

L'empereur Tchouen-hia[1] ayant succédé à l'empereur Chao-hao, entreprit de remédier aux désordres. Pour cela, il ordonna aux princes Tchong-ly d'avoir soin du calendrier et des affaires de religion, confondues avec les affaires civiles. Par ce moyen on sut à quoi s'en tenir pour les cultes religieux : tout fut en paix. Tchouen-hiu fit faire des instrumens pour observer les astres : par ses astronomes il fit déterminer les temps des solstices et des équinoxes : il assigna les parties du ciel qui répondent aux parties de l'année.

[1] Il régna soixante-dix-huit ans. Première année de son règne, 2493 avant Jésus-Christ. Sa cour fut au pays où est Tong-tchang-fou, ville de la province du Chantong. Latitude 36° 28' 6", longitude 0° 20' ouest de Pékin.

REMARQUE.

L'astrologie judiciaire étoit en grande partie la source des désordres au temps de Chao-hao. En conséquence de ce qu'on débitoit sur les phénomènes célestes, on faisoit craindre ou espérer les peuples, selon l'intérêt des devins. C'est par le moyen des astronomes que Tchouen-hiu remédia au mal. Le texte de l'ancien livre *Koue-yu*[1], dit que l'empereur Tchouen-hiu coupa la communication du ciel avec la terre. Le texte de ce livre sur les désordres introduits par les devins du temps de Chao-hao, et sur le remède employé par Tchouen-hiu, est un monument remarquable de l'antiquité de l'astronomie; car ce texte dit que les astronomes eurent ordre de bien exécuter les anciennes règles de leur emploi. On voit les astronomes chargés des affaires de religion et des cérémonies religieuses.

L'empereur Yao[2] étoit petit-fils de l'empereur Tchouen-hiu. Hi et Ho furent les astronomes de Yao. Selon l'ancien livre *Koue-yu*, les astronomes étoient descendans des princes Tchong, Ly. Les devins entreprirent de renouveler les désordres qu'ils avoient causés au temps de Tchouen-hiu. Yao, pour y remédier, prit les mêmes mesures que l'empereur son grand-père avoit prises. Yao ordonna aux astronomes Hi, Ho, de garder les règles prescrites aux astronomes Tchong, Ly, leurs ancêtres. Voici ce que le livre classique *Chou-king*[3] rapporte des ordres donnés par Yao.

Yao ordonne d'abord à Hi, Ho, de se ressouvenir dans leur poste du respect dû au respectable ciel. Ensuite il enjoint à Hi, Ho, de mettre par écrit une méthode pour calculer le mouvement du soleil, de la lune et des astres. Il leur ordonne de marquer les conjonctions du soleil et de la lune dans le ciel, et de se servir d'instrumens pour observer. Il dit de faire

[1] Dans la Chronologie, j'ai donné la notice de cet ancien livre, fait avant l'incendie des livres.

[2] Première année de son règne, l'an 2342 avant Jésus-Christ. Sa cour fut dans le pays de Ping-yang-fou, ville de la province du Chansi. Latitude 36° 6' 60", longitude 4° 56' ouest de Pékin.

[3] *Chou-king*, chapitre Yao-tien, il y a plusieurs années que j'ai envoyé la traduction du livre *Chou-king*. Elle est entre les mains de M. de l'Isle et de nos pères de Paris.

part avec attention aux peuples et des calculs et des observations.

Yao entre dans le détail pour reconnoître les solstices et les équinoxes.

Yao ordonne à un de ses astronomes d'aller à un lieu oriental voir le lever du soleil. L'équinoxe du printemps se reconnoît par l'égalité du jour et de la nuit, et par l'astre ou astérisme Niao [1].

Un autre astronome fut nommé pour aller à un lieu austral. Le solstice d'été se reconnoît par le jour le plus long, et par l'astre ou astérisme Ho [2].

Un troisième astronome se rendit par ordre de Yao à un lieu occidental, voir le coucher du soleil. L'équinoxe d'automne se reconnoît par l'égalité de la nuit et du jour, et par l'astre ou astérisme Hiu [3].

Un quatrième astronome fut mandé pour aller à un lieu boréal. Le solstice d'hiver se reconnoît par le jour le plus court et par l'astre ou astérisme Mao [4].

Yao dit enfin à ses astronomes qu'il y a une période de 360 jours, plus six jours, et que la lune intercalaire sert pour déterminer les quatre saisons et l'année.

NOTES.

1° Les quatre astronomes dont on parle, étoient des familles de Hi, Ho. Le respect pour le ciel ordonné par Yao, fait allusion aux désordres des devins et aux obligations des astronomes chargés des affaires de religion.

2° L'origine du respect des Chinois pour les astronomes, et du grand cas qu'ils ont toujours fait du tribunal d'astronomie, vient de ce que sous les anciens empereurs, les chefs du tribunal d'astronomie étoient des princes, et de ce qu'ils étoient chargés du soin des cérémonies, des cultes religieux, de la doctrine ; par là ces astronomes étoient sur un grand pied à la cour, et les empereurs avoient grand soin de s'instruire des principes de la science des astres.

3° Il faut prendre garde aux interprétations des auteurs postérieurs qui ont expliqué les anciens textes du chapitre Yao-tien que j'ai rapporté : il ne faut pas confondre ces interprétations avec les textes. Quelques Européens qui ont traduit des textes chinois sur les interprétations, n'ont pas fait assez d'attention à cela, et sans y penser, ont donné pour texte ancien, des interprétations postérieures.

[1] Niao, oiseau. Constellation Sing.
[2] Ho, feu. Constellation Fang.
[3] Constellation de ce nom.
[4] Constellation de ce nom. Voyez les constellations.

4° Il faut remarquer dans le texte le terme six jours mis après 360, et ensuite le terme de lune intercalaire pour régler les saisons et l'année.

5° L'empereur Tchouen-hiu eut pour successeur son fils Tyco. Il régna soixante-trois ans. Tyco eut pour successeur son fils Tchi. Tchi, après dix ans de règne, fut déposé ; on proclama empereur son frère Yao.

L'empereur Yao suppose la connoissance des 28 constellations dont on voit le nom dans le catalogue [1]. Remarquez que, divisant le nombre de 28 par 7, les constellations Mao, Sing, Fang, Hiu, se trouvent chacune au milieu de sept constellations. Le cercle chinois est divisé en $365°\ 1/4$. Divisant en 4 $365°\ 1/4$, on a pour chaque quart $91°\ 31'$ et quelques secondes chinoises [2]. L'année est aussi divisée en 365 jours $1/4$, et chaque quatrième année se trouve de 366 jours. Yao suppose clairement la connoissance de cette année julienne de 365 jours $1/4$: Yao veut dire que les solstices et équinoxes répondent aux quatre constellations Mao, Sing, Fang, Hiu. Chacune de ces constellations a une partie éloignée d'une partie de l'autre de $91°\ 31'$, etc. chinoises. Chacune des quatre saisons est éloignée de l'autre de 91 jours 7 heures et 30′. Cela étant du temps de Yao, le solstice d'hiver étant le 9⁰ janvier au lieu qu'habitoit la cour, on voit, par l'addition de 91 jours 7 heures 30′, les jours des équinoxes et du solstice d'été ; le solstice d'hiver étoit donc vers le $7°$ de Hiu, l'équinoxe du printemps vers le $4°$ de Mao, le solstice d'été vers le $5°$ de Sing, et l'équinoxe d'automne vers le premier degré de Fang. Dans le calcul, il faut avoir égard au mouvement en ascension droite. Jusqu'à l'entrée des jésuites au tribunal d'astronomie, les astronomes chinois ont divisé l'année civile et astronomique pour leur année lunisolaire, en quatre parties égales, donnant à chaque jour un degré chinois et une petite partie portionnelle qu'ils gardoient pour la quatrième année de 366 jours, et en degrés $366°$. Quand les Chinois connurent, bien long-temps avant la venue des jésuites, l'inégalité des espaces des saisons, ils marquoient bien les équinoxes vrais et moyens ; mais pour leur

[1] Les vingt-huit constellations rapportées à l'équateur, selon l'ancienne méthode chinoise, font le nombre de $365°\ 31'$, etc.

[2] Divisez le degré en cent parties ou minutes, et chaque minute en 100″.

lune intercalaire, ils calculoient les saisons comme étant égales entre elles.

Le catalogue des 28 constellations est très-ancien, de même que leur arrangement, et c'est sans doute un monument du temps d'Yao.

NOTE.

On voit que le cercle étant divisé en 365° 1/4, un degré chinois comparé à un degré du cercle divisé en 360°, est de 59′ 8″ 15‴ 18⁗ à peu près.

On ne spécifie pas dans le livre *Chou-king* l'année où Yao parla à ses astronomes ; on ne sait pas au juste le degré de précision que pouvoit avoir la méthode de Yao. On peut, dans le calcul, se tromper de 2 et 3° ; et pour fixer la première année de Yao, il faut avoir recours à d'autres méthodes ; c'est ce que j'ai tâché de faire dans la chronologie.

Le discours de Yao suppose une année solaire de 365 jours 1/4, et une année luni-solaire, où, par le moyen de l'intercalation, l'année lunaire de 354 jours puisse s'accorder avec l'année solaire ; et cela suppose dans Yao la connoissance d'une année lunaire, d'un mois lunaire, des épactes pour trouver l'année où il y a 13 lunes, qui font 384 jours : une de ces 13 lunes est intercalaire. C'est sans doute pour cela qu'Yao, supposant la connoissance de l'année et du mois lunaire, parle du nombre six à ajouter au nombre 360, pour apprendre ou faire remarquer à ses astronomes la différence de 12 mois de 30 jours avec le nombre 365 1/4 et 366 ; de même que la différence entre le nombre de 360 qui fait 12 mois de 30 jours, avec le nombre de 354 qui fait l'année lunaire, afin que ces deux différences servent à savoir l'année qui doit avoir 13 lunes, et le quantième de ces lunes doit être l'intercalaire, sachant la différence entre le mois lunaire et le mois de 30 jours.

On verra plus bas que c'étoit le soir avant le coucher du soleil qu'on examinoit les étoiles à leur passage par le méridien. Il falloit donc qu'Yao sût conclure le temps du passage par le méridien des étoiles, non-seulement au temps du solstice d'hiver, mais encore au temps des équinoxes et du solstice d'été. Yao devoit encore connoître la distance mutuelle des constellations, l'éloignement de chacune au soleil, et il devoit avoir une méthode pour réduire à l'équateur les constellations qui ont quelque latitude.

Toutes ces connoissances, qui me paroissent avoir dû être dans Yao, sont bien différentes de celles des bergers et des paysans, et je ne suis nullement du sentiment de quelques missionnaires et de quelques Européens, qui ont réduit les connoissances d'Yao à celles des bergers et des paysans. Ce que Yao indique sur la lune intercalaire et sur la période de 360 plus 6 jours, me paroît démontrer le contraire.

C'est sans doute par la longueur des ombres que Yao vouloit qu'on reconnût surtout le plus grand et le plus petit jour. Ayant ainsi connu à peu près le jour du solstice, il pouvoit savoir le jour des équinoxes en ajoutant 91 jours, et le temps qui répond à nos 7 heures 30 minutes.

On sait, par les anciens monumens, que dans le calendrier de Yao, l'équinoxe du printemps devoit être dans la seconde lune de l'année civile ; le solstice d'été devoit être dans la cinquième lune ; l'équinoxe d'automne devoit être dans la huitième lune, et le solstice d'hiver devoit être dans la onzième lune.

Le règne de Yao fut de cent ans.

REMARQUE.

L'empereur Yao avoit ordonné à des grands d'observer au pays de Tay-yuen-fou, capitale de la province du Chansi, les étoiles d'Orion, et d'observer les étoiles du Scorpion au pays de Kouey-te-fou, ville de la province du Honan : on n'a point le détail de ces observations.

Yao, à la soixante-treizième année [1] de son règne, associa Chun à l'empire. Cette cérémonie se fit avec éclat.

Chun fit faire un instrument pour observer les mouvemens des sept planètes. Il y avoit un tube sur un axe mobile. Cet instrument, selon le texte du *Chun-tien* [2], avoit des pierres précieuses. Il est inutile de rapporter des interprétations des auteurs qui, 2000 ans et plus après le temps de Chun, décrivirent l'instrument de Chun sur des sphères ou globes faits de leur temps, et qu'ils avoient sous les yeux. On n'a pas les observations que Chun fit ou fit faire avec son instrument. Le chapitre

---

[1] An 2270 avant Jésus-Christ.
[2] Chapitre du livre classique *Chou-king*.

Chun-tien dit que Chun, à la seconde lune, visitoit la partie orientale de l'empire; à la cinquième lune, la visite étoit pour la partie australe; à la huitième lune, la visite se faisoit à la partie occidentale, et à la onzième lune, la visite étoit dans la partie boréale. Le solstice d'hiver, comme on a vu, étoit à la onzième lune. Yao l'avoit fait observer au nord; le solstice d'été étoit à la cinquième lune : ce solstice s'observoit au sud : l'équinoxe du printemps s'observoit à l'orient; il étoit à la seconde lune : l'équinoxe d'automne s'observoit à l'occident; cet équinoxe étoit à la huitième lune. Le chapitre *Chun-tien* donne à la première lune le nom de *Tching-yue;* c'est encore le nom chinois de la première lune de l'année civile.

On fait encore tous les ans dans la ville impériale des cérémonies à la seconde lune; dans la partie orientale de la ville, c'est au jour de l'équinoxe du printemps; à la huitième lune, au jour de l'équinoxe d'automne, on fait des cérémonies à la partie occidentale de la ville; à la cinquième lune, au solstice d'été, on fait des cérémonies au nord de la ville; on en fait au sud de la ville, au jour du solstice d'hiver, dans la onzième lune. Il y a de beaux et vastes emplacemens pour ces cérémonies.

Après la mort de Yao, Chun régna seul. L'an 2242 avant Jésus-Christ fut la première année de son règne. L'an 2210 avant Jésus-Christ, il associa Yu à l'empire. L'an 2193 fut la dernière année du règne de Chun. Yu fut son successeur.

Le chapitre *Yu-kong*[1] contient le détail des grands ouvrages que fit le prince Yu par ordre de l'empereur Yao, pour réparer les dommages causés par l'inondation extraordinaire qu'on nomme le déluge de *Yao*. Ce chapitre est sans contredit un des plus sûrs et des plus curieux monumens de l'antiquité de la monarchie chinoise. On y reconnoît aisément la Chine, la partie de la Tartarie au nord et à l'ouest de la Chine, le cours de plusieurs rivières, comme le Hoang-ho, le Kiang, le Han, le Ouey, etc. On y reconnoît la situation de plusieurs montagnes et lacs remarquables.

Le fragment[2] d'un livre fait plus de 1111 ans avant Jésus-Christ, assure que le prince Yu, dans ses ouvrages, se servit de la connoissance des propriétés du triangle rectangle; quoiqu'on ne dise pas en détail les opérations de Yu. En conséquence de ce qu'il savoit sur les propriétés du triangle rectangle, on voit assez l'usage qu'il en dut faire pour connoître les distances, les hauteurs; pour niveler, pour observer divers angles, et autres opérations. Pour réparer les dommages de l'inondation, il fallut creuser bien des canaux, bien connoître le lit des rivières, etc.[1]

Yu fit fondre neuf grandes urnes, ou vases, ou tables de métal : on y voyoit la carte de l'empire et sa description. Ce beau monument se perdit durant les guerres de l'empire, bien des années avant Jésus-Christ. Dans le chapitre *Yu-kong*, on parle du li, mesure terrestre : on la suppose connue. Un ancien auteur qui a écrit avant l'incendie des livres, dit qu'un li comprend 1,800 pieds; que, selon les uns, 5 pieds font un pas, et selon d'autres, un pas comprend 6 pieds. Ainsi, ceux qui ont dit que 300 pas font un li, ont parlé d'un pas de 6 pieds; ceux qui ont dit que 350 pas font un li, parlent d'un pas de 5 pieds. Les li sont plus grands ou plus petits, selon que le pied est plus grand ou plus petit; mais de quelque grandeur que soit le pied, un li contient toujours 1,800 pieds.

Le père Martini, dans son atlas, dit que Yu fit répondre les divers pays de Chine à certaines étoiles, ou constellations qu'il rapporte. C'est une méprise du père Martini; les livres chinois dont ce missionnaire se servit pour faire son ouvrage, après avoir dit les noms que les pays de Chine avoient au temps de Yu, rapportent tout de suite les noms des constellations où répondent ces pays. Le père Martini a pris tout cela comme un arrangement fait par Yu; il falloit diviser les phrases. Cette application ou rapport des pays aux constellations, signes célestes, est fort postérieure au temps de Yu; c'est un des principaux points de l'astronomie chinoise. On l'appelle *Fen-ye*. Cet article a fait et fait encore perdre bien du temps aux astrologues et astronomes chinois, et a fait bien du tort au progrès de l'astronomie chinoise, où il a mis le trouble et la confusion.

---

[1] Nom d'un chapitre de l'ancien livre classique *Chou-king*.

[2] Je parlerai en son lieu de ce curieux et important fragment.

[1] Le prince Koen, père de Yu, fut le premier Chinois qui fit des murailles aux villes.

On a vu que la cour de l'empereur Yao fut dans le pays de Ping-yang-fou, ville du Chansi. Celle de Chun fut à Pont-cheou, ville[1] du Chansi. La cour de Yu fut aussi dans le Chansi, près de la ville de Gan-y-hien[2].

L'année 2192 avant Jésus-Christ fut la première année du règne de Yu. Il régna huit ans. Son fils Ki fut son héritier et successeur. Yu rendit héréditaire l'empire dans sa famille. Il fonda la dynastie Hia. Il suivit la forme du calendrier de Yao pour l'année civile. Le commencement du jour civil fut vers le lever du soleil, apparemment au lever équinoxial du soleil. Yu détermina la grandeur du pied; la figure s'en est conservée. Selon cette figure, le pied déterminé par Yu contient 9 pouces 4 lignes et demie du pied de roi françois.

L'année 2184 avant Jésus-Christ fut la première du règne de l'empereur Ki, fils de Yu. Ce prince leva une armée contre un prince dont l'État étoit vers le pays de Sigan-fou, capitale du Chansi. Un des crimes qu'on reprochoit au prince rebelle étoit de ne pas suivre le calendrier de la cour impériale. Depuis ce temps-là, on a vu à la Chine des guerres entreprises pour le même sujet.

Tay-kang, fils de l'empereur Ki, fut empereur après la mort de son père. Un rebelle s'empara de la cour impériale, et l'empereur Tay-kang fut obligé d'aller tenir sa cour au lieu appelé aujourd'hui Tay-kang-hien[3], ville du troisième ordre dans la province du Honan. Tay-kang eut pour successeur son frère Tchong-kang. Il tint aussi sa cour à Tay-kang-hien; les rebelles étoient maîtres dans la cour des empereurs Yu et Ki.

La première année du règne de Tchong-kang est l'année 2155 avant Jésus-Christ. Le chapitre Yu-tching[4] rapporte une éclipse de soleil au commencement du règne de Tchong-kang. Dans ce chapitre, il est dit que l'éclipse fut vue au premier jour de la troisième lune d'automne : le texte dit que l'éclipse fut dans Fang. Ce texte ajoute que les astronomes Hi, Ho, négligèrent l'observation de l'éclipse[5], et qu'au lieu de s'acquitter de leur devoir, ils ne pensoient qu'à boire. L'empereur Tchong-kang nomma un général pour mettre à la raison Hi, Ho[1], par la voie des armes.

Tchun veut dire printemps. Hia signifie été. Tsieou est l'automne. Tong est l'hiver.

Meng-tchun, première lune du printemps et de l'année.

Tchong-tun, seconde lune du printemps. Ki-tchun, troisième lune du printemps.

ÉTÉ. Meng-hia, première lune. Tchong-hia, seconde lune. Ki-hia, troisième lune.

AUTOMNE. Meng-tsieou, première lune. Tchong-tsieou, seconde lune. Ki-tsieou, troisième lune.

HIVER. Meng-tong, première lune. Tchong-tong, seconde lune. Ki-tong, troisième lune.

Voilà une expression chinoise des 12 lunes ou mois lunaires. Le texte rapporte l'éclipse du soleil au premier jour de Ki-tsieou, c'est-à-dire au premier jour de la neuvième lune[2].

On a vu que dans le calendrier des empereurs Yao, Yu, l'équinoxe du printemps doit être dans la seconde lune; celui d'automne, dans la huitième lune, c'est-à-dire que, dans la seconde et la huitième lune, le soleil doit entrer dans les signes *Aries* et *Libra*. Ainsi, dans la neuvième lune, le soleil devroit entrer dans le signe *Scorpius*.

NOTE.

Les caractères de l'éclipse de soleil dans la chronique *Tchou-chou*, ne conviennent qu'au 13 octobre de l'an 2128 avant Jésus-Christ. A la fin de ce traité, voyez un éclaircissement sur cette éclipse de la chronique *Tchou-chou*.

L'an 2154 avant Jésus-Christ, le solstice d'hiver fut à Paris vers 9 heures 43' 56", soir 7 janvier. Ce solstice fut donc à Tay-kang-hien, le 8 janvier au matin.

Pour savoir le jour de l'équinoxe chinois d'automne, comme on l'a expliqué dans l'astronomie de Yao, entre l'équinoxe d'automne chinoise de l'an 2155, et le solstice d'hiver de l'an 2154, il y a 91 jours 7 heures 30';

---

[1] Latitude 34° 56' 6", longitude 6° 12' ouest de Pékin.
[2] Latitude 35° 7' 60", longitude 5° ouest de Pékin.
[3] Latitude boréale 34° 7' ou 8'; longitude à l'est de Paris, 7 heures 30' 30" ou 40'.
[4] Nom d'un chapitre du livre classique *Chou-king*.
[5] Voyez à la fin le calcul de cette éclipse.

[1] Ces princes astronomes étoient de la même famille que les princes Hi, Ho, du temps de Yao, et que les princes Tchong, Ly, du temps de Tchouen-hiu.
[2] La chronique *Tchou-chou* marque une éclipse de soleil à la cinquième année du règne de Tchong-kang, neuvième lune, premier jour keng-su; l'année est marquée koucy-sse.

donc, à Tey-kang-hien, l'équinoxe fut le 8 octobre 2155, vers 9 heures 43' du soir.

On a dit qu'au temps de Yao, l'équinoxe chinois d'automne répondoit vers le premier degré de la constellation Fang. Cette constellation a une petite étendue, comme on voit dans le catalogue. En vertu du texte qui rapporte le lieu du soleil à la constellation Fang, on voit qu'au premier jour de la lune ki-tsieou, ou de la neuvième lune, le soleil avoit passé depuis peu de temps l'équinoxe d'automne.

La détermination que fit Yao pour les solstices et équinoxes suppose la connoissance de l'étendue de chaque constellation; le degré de la constellation Fang qui répondoit à l'équinoxe d'automne devoit être distant du degré de Hiu qui répondoit au solstice d'hiver, de 91° 31' et quelques secondes chinoises, et en temps, de 91 jours 7 heures et 30', ou temps qui répond à 7 heures 30' européennes. Ainsi, sachant le jour du solstice d'hiver, on pouvoit aisément savoir celui de l'équinoxe d'automne, en donnant par jour au soleil un degré chinois de mouvement en ascension droite, selon la méthode ancienne chinoise.

En supposant même que la détermination de Yao fût à la première année de son règne, l'espace entre cette première année et l'année de l'éclipse n'alloit pas à 200 ans, et supposant encore qu'au temps de Tchong-kang on n'avoit pas connoissance du mouvement propre des fixes, l'erreur du calcul pour le jour de l'équinoxe, et l'application du lieu du soleil aux constellations ne pouvoit pas être fort remarquable. Quoique, selon les apparences, on ne fût pas bien en état de déterminer le moment du solstice, même à peu près, on ne devoit guère se tromper au delà de deux ou trois jours. Il étoit plus facile de conclure le jour de l'équinoxe par le solstice que par l'observation immédiate du vrai équinoxe, et par là du moyen chinois.

Si on veut vérifier l'éclipse du livre classique *Chou-king*, il faut 1° trouver une éclipse visible au pays de Tay-kang-hien; il faut 2° que l'éclipse soit à la neuvième lune, dans la forme du calendrier de la dynastie de Hia, c'est-à-dire il faut que, dans le cours de cette lune, le soleil entre dans le signe chinois *Scorpius*; il faut 3° que cette éclipse représente le lieu du soleil, ou dans la constellation Fang, ou bien près, c'est-à-dire que le temps de l'é-

clipse doit être peu éloigné de l'équinoxe chinois d'automne, puisque la constellation Fang, de petite étendue, ou étoit encore, dans le temps de Tchong-kang, à l'équinoxe chinois, ou en étoit très-près. On doit comparer l'ascension droite du soleil à celle de la constellation Fang; pour vérifier l'éclipse, il faut 4° que l'éclipse soit dans un temps qui ne soit pas contraire à d'autres époques bien prouvées.

L'an 1111 avant Jésus-Christ fut la première année de la dynastie Tcheou; cette époque est certaine. La dynastie Chang, qui fut avant celle de Tcheou, régna au moins 600 ans. Selon les monumens historiques, la dynastie Hia, qui précéda la dynastie Chang, régna au moins 400 ans. Ainsi la première année de la dynastie Hia fut au moins l'an 2111 avant Jésus-Christ. Le plus petit intervalle qu'on puisse mettre entre la première année de la dynastie Hia et la première année du règne de Tchong-kang peut aller à 50 ans ou environ. C'est donc vers l'an 2060 environ avant Jésus-Christ qu'il faut placer la première année du règne de Tchong-kang. En admettant les espaces les plus petits dans la chronologie chinoise, dans les éclipses solaires, au-dessous de l'an 2060 avant Jésus-Christ, il n'y a point d'éclipse qui puisse être regardée comme celle dont parle le livre *Chou-king*. Yu fut le premier empereur de la dynastie Hia. Le *Chou-king* marque clairement 150 ans entre la première année du règne de Yu et la première année de Yao. Ainsi la première année de Yao est au moins l'an 2261 avant Jésus-Christ. Je mets ici les termes les plus courts.

D'un autre côté, les plus longues durées qu'on puisse raisonnablement donner aux deux dynasties Chang, Hia, vont à près de onze cents ans. Ainsi, l'époque de l'an 1111 avant Jésus-Christ étant supposée, l'an 2211 avant Jésus-Christ seroit la première année de la dynastie Hia; c'est le terme le plus long qu'on puisse assigner, selon les monumens de l'histoire; ajoutez le nombre de cent cinquante ans pour les deux règnes de Chun et Yao, on trouvera que l'an 2361 avant Jésus-Christ est la première année du règne de Yao; c'est le terme le plus long : on pourroit peut-être faire remonter la première année de Yao jusque vers l'an 2400 avant Jésus-Christ. Une éclipse de soleil qu'on calculeroit, et d'où il suivroit que Yao a régné avant l'an 2400 avant Jésus-Christ, seroit clairement différente de celle du *Chou-king*. On voit donc que la vérification de l'éclipse solaire dont parle le livre *Chou-king* est très-importante dans la chronologie chinoise.

M. Fréret me fit l'honneur, en son temps, de me communiquer un calcul d'éclipse solaire, d'où M. Fréret concluoit que l'an 2007 avant Jésus-Christ étoit une des années du règne de Tchong-kang. Il ajoutoit que cette éclipse de l'an 2007 est celle du *Chou-king*. Je répondis à M. Fréret que le calcul qu'il avoit eu de M. Cassini, quoique très-exact, ne me paroissoit pas donner l'éclipse dont le *Chou-king* fait mention; je rendois compte à M. Fréret des raisons que j'avois pour ne pas admettre l'éclipse de l'an 2007. Depuis ce temps-là M. Fréret a publié le calcul de M. Cassini dans sa nouvelle dissertation. Dans la chronologie, j'ai dit en détail ce que j'avois à objecter contre l'époque de 2007, établie par M. Fréret comme une des années du règne de Tchong-kang. Je suis toujours dans le sentiment qu'en vertu du texte du *Chou-king* sur l'éclipse, l'an 2155 avant Jésus-Christ est la première année du règne de Tchong-kang. Les nouveaux calculs de l'éclipse du soleil sur des tables nouvelles me paroissent bien prouver l'époque de l'an 2155 [1]. En Europe, on sera mieux en état qu'ici de bien examiner cette époque.

Le texte du livre *Chou-king* n'exige nullement une grande éclipse; une éclipse assez visible suffit. La frayeur, ou pour mieux dire, la confusion indiquée dans le texte ne vint pas de la quantité de l'éclipse; elle vint d'une cause clairement marquée. Les astronomes n'avoient pas annoncé l'éclipse. A la vue du soleil éclipsé, les mandarins, qui ne s'y attendoient pas, furent obligés de se préparer et d'aller au palais en désordre: cette confusion dut nécessairement alarmer le peuple qu'on n'avoit pas averti, selon la règle, d'une éclipse de soleil. Dans ces occasions, les mandarins devoient aller au palais avec l'arc et la flèche, comme pour être au secours de l'empereur qui passe pour l'image du soleil. Cette cérémonie est décrite dans les anciens livres des rits. L'intendant de la musique, qui étoit un aveugle, frappoit un tambour: les mandarins offroient des pièces de soie à l'honneur de l'*Esprit*; l'empereur et les grands gardoient un jeûne, et étoient simplement vêtus: on ne s'attendoit pas à faire ces cérémonies; elles ne purent être faites qu'en désordre; c'est ce qui dut causer quelque confusion. Cela indisposa l'empereur contre les astronomes. Les éclipses de soleil sont regardées en Chine comme de mauvais présages, et comme un avis donné par le Ciel à l'empereur pour examiner ses fautes et se corriger. De là vient qu'en Chine une éclipse de soleil a toujours été regardée comme une affaire de conséquence pour l'État. De là vient aussi qu'on a été toujours fort attentif au calcul et à l'observation des éclipses de soleil, et aux cérémonies à garder dans ces conjonctures.

Quelques missionnaires, peu instruits sur ces matières, ont dit que le texte du *Chou-king* ne fait aucune mention d'éclipse. Outre les circonstances du texte sur les cérémonies, et l'expression de la discorde entre le soleil et la lune, l'ancien livre *Tsot-chouen*, dont l'auteur vivoit plus de quatre cent quatre-vingts ans avant Jésus-Christ, cite le texte du *Chou-king* comme rapportant une éclipse de soleil, et cet ancien auteur se sert du terme formel d'éclipse de soleil. Je ne parle pas d'un ou deux autres missionnaires qui, par un trop grand désir de voir dans le texte une éclipse conforme à leurs souhaits, ont cru voir dans le texte une éclipse entre sept et neuf heures du matin. L'expression de la conjonction par un caractère qui est le même [1] que celui d'aujourd'hui pour le temps de sept à neuf heures du matin, trompa les missionnaires. Ils ne savoient pas que le caractère *tchin* est l'expression de la conjonction, selon ce que dit formellement le *Tsot-chouen* que j'ai cité [2]. Ils ne savoient pas aussi que l'usage de douze caractères du cycle de douze pour exprimer les heures du jour, est postérieur de bien des siècles au temps de Tchong-kang.

D'autres missionnaires, et d'après eux quelques Européens, ont fait une autre objection plus spécieuse, non pas aux yeux des Chinois et des missionnaires qui ont lu l'histoire de Chine, mais aux yeux des Européens qui ne sont pas à portée de vérifier les textes chinois.

---

[1] Éclipse de soleil, vérifiée au 12 octobre, l'an 2155 avant Jésus-Christ, à Tay-kang-hien.

[1] Tchin.

[2] Les interprètes s'accordent à suivre la définition donnée par le Tsot-chouen.

Ces missionnaires ont traité de fable les circonstances du texte chinois sur l'éclipse. Une armée commandée par un général pour punir des astronomes ou négligens, ou mauvais calculateurs, a paru à ces missionnaires un *roman*. C'est, disent-ils, comme si, à l'occasion d'une éclipse mal calculée, les cours de France, d'Angleterre, de Prusse, de Russie et autres levoient des troupes contres les astronomes des observatoires. De ce que la levée des troupes contre les astronomes seroit une fable, il ne s'ensuivroit pas que l'éclipse fût un trait fabuleux de l'histoire; d'ailleurs l'histoire chinoise détruit entièrement l'objection.

Les astronomes Hi, Ho, étoient princes. Ils avoient des terres et des vassaux; ils ne se trouvèrent pas à la cour au temps de l'éclipse. Ils se cantonnoient et se fortifioient dans leurs terres, liés secrètement avec les rebelles qui avoient pris la cour impériale du Chansi, et qui, soutenus de bonnes troupes, vouloient détruire la famille impériale.

Tchong-kang, instruit de la perfidie des princes Hi, Ho, ordonna à un général de les attaquer. Ce que le texte dit des lois portées par les anciens contre les calculateurs qui représentoient ou trop tôt, ou trop tard, les observations dans leurs calculs, fait voir une grande antiquité dans l'astronomie chinoise. Ces lois étoient pour obliger les astronomes à être attentifs. Quand, dans les astronomes chinois, il n'y a eu d'autre faute qu'une négligence, ou défaut dans les calculs, la peine a toujours été ou la privation des appointemens, ou la charge ôtée, ou une sévère réprimande, et choses pareilles. La peine de mort ou d'exil étoit pour d'autres crimes commis dans le poste de chef d'astronomie.

REMARQUE.

Sur l'autorité de quelques abrégés d'histoire, et des missionnaires, je croyois que la cour de Tchong-kang étoit la même que celle des empereurs Ki et Yu; mais ayant lu exactement l'histoire, j'ai vu que la cour de Tchong-kang étoit Tay-kang-hien, comme j'ai dit.

On voit aisément les connoissances astronomiques supposées dans Yao, ou du temps de Yao. La connoissance du triangle rectangle dans Yu n'est pas moins remarquable. Le texte du *Chou-king*, qui fait mention de l'éclipse de soleil au commencement de Tchong-kang, fait bien regretter la perte des méthodes si anciennes, que le *Chou-king* suppose pour un calcul d'éclipse de soleil, où le lieu du soleil est rapporté à une constellation. Les anciens législateurs étoient sages et éclairés, et puisque avant le temps de Tchong-kang ils avoient porté des lois pénales contre les astronomes du tribunal qui calculeroient mal, on devoit avoir une méthode assez sûre et bien détaillée; sans cela les lois auroient été très-injustes : cette injustice ne peut pas être attribuée à ces anciens législateurs.

Cette méthode pour le calcul des éclipses de soleil, dans un temps si ancien, et dans un pays si éloigné de celui où se fit la dispersion des nations après le déluge, est un point qui me semble bien digne de remarque et d'attention, et je crois que les fondateurs de l'empire avoient des premiers patriarches, ou même de Noë, bien des connoissances sur l'astronomie. J'ai bien de la peine à me persuader que les Chinois [1], sur leurs propres observations et réflexions, aient pu venir à bout d'avoir les connoissances supposées dans ce que dit l'empereur Yao, et dans ce que dit le *Chou-king* sur l'éclipse de soleil.

REMARQUES.

1° L'époque de l'empereur Tchong-kang, jointe au nombre d'années marquées dans l'ancienne chronique Tchou-chou, peut donner l'époque de la première année de l'empereur Yu, je veux dire de la première année de son règne. Cette époque connue donne celle de la première année du règne de Yao; car le livre *Chou-king* compte 150 ans depuis la première année du règne de Yao jusqu'à la première année du règne de Yu.

2° Il paroît que la connoissance d'une période de 19 ans pour les conjonctions et les oppositions, est en Chine au moins depuis le temps de Yao. On avoit peut-être une période pour les éclipses.

C'est du temps de l'empereur Yu, ou près de ce temps-là, que fut dressé un calendrier nommé *Hia-siao-tching*. Un fragment de ce calendrier s'est conservé; voici ce qu'on y lit:

---

[1] Dans les anciens temps.

Dans Tching-yue [1], l'année commence au commencement du crépuscule du soir. Tsan [2] passe au méridien; Teou-ping [3] est au-dessous. Seconde lune.

Troisième lune. Tsan est dans les rayons du soleil.

Quatrième lune. On voit Mao [4] au commencement du crépuscule du soir; Nan-men [5] est au méridien.

Cinquième lune. On voit Tsan. Dans cette lune sont les longs jours, c'est-à-dire que le solstice d'été est dans le cours de cette lune. Au commencement du crépuscule du soir Ta-ho [6] est au méridien.

Sixième lune. Au commencement du crépuscule du soir, Teou-ping est au méridien, au-dessus.

Septième lune. Teou-ping est au-dessous, près du crépuscule du matin.

Huitième lune. Tchin est dans les rayons du soleil.

NOTES.

1° Nan-men. Ces deux caractères chinois désignent un astérisme qui contient deux étoiles du Centaure. La plus orientale et australe de ces deux étoiles est au pied du Centaure. Cette grande étoile devoit être bien visible à la cour de l'empereur Yu. Latitude boréale 35" 7' 7.

2° Tchin qu'on voit à la huitième lune, désigne ici, selon les uns, l'épi de la Vierge [8], selon les autres, le cœur du Scorpion, ou en général, les constellations Fang, Sing, Ouy. Si le texte disoit le matin ou le soir, on verroit lequel des deux astérismes le texte indique. Par un texte suivant, il paroît qu'il s'agit du cœur du Scorpion, ou de la constellation Sing.

3° Dans le texte de la seconde lune, le fragment a deux caractères ting-hay. La vingt-quatrième place dans le cycle de soixante, a ces deux caractères ting-hay, et on ne voit pas à quel jour ou année ces deux caractères ont été rapportés.

Suite du texte du Hia-siao-tching.

A la neuvième lune, Ho [9] est sous l'horizon,

[1] Première lune, dans la forme du calendrier de l'empereur Yu.
[2] Constellation Tsan.
[3] Étoile de la grande Ourse.
[4] Constellation Mao.
[5] Porte du sud.
[6] Nom général des constellations Fang, Sing, Ouy.
[7] Ceci dénote une grande antiquité en général.
[8] Ou pour mieux dire, la constellation Kio, qui commence par l'épi de la Vierge.
[9] C'est Ta-ho.

c'est-à-dire que cet astérisme se couche avant le soleil, et ne se voit pas. Tchin est lié avec le soleil, c'est-à-dire qu'il est fort près du lieu du soleil. Il paroît donc qu'il s'agit ou de l'étoile Cor Scorpii, ou de la constellation Sing.

Dixième lune. Au commencement du crépuscule du soir, on voit Nan-men : les nuits longues sont dans cette lune. Tchi-nu [1] est au nord près du crépuscule du matin.

Onzième lune.

Douzième lune.

NOTES.

1° Le caractère tchin, qu'on voit ici à la neuvième lune, est le même que le tchin qu'on a vu à la huitième lune. Ainsi, on voit que ce tchin dénote le Scorpion, et apparemment l'étoile Cor Scorpii ou la constellation Sing.

2° Les interprètes croient qu'il y a eu quelque altération ou transposition dans le texte de la dixième lune. On y dit les nuits longues : cette expression dénote le solstice d'hiver. Or, ce solstice étoit certainement dans la onzième lune.

3° Dans la seconde, onzième, douzième lune, on ne voit rien, parce que le texte ne fait pas mention de quelque étoile.

4° M. Fréret [2] à qui j'avois fait communiquer ce que j'avois ramassé sur les divers catalogues chinois d'étoiles, et en particulier le fragment Hia-siao-tching, a dit que, dans ce fragment il s'agit du premier jour de la lune. Le texte ne dit rien du jour de la lune, ni de l'année où le calendrier fut fait. On peut supposer qu'il s'agit du premier jour de la lune; on peut supposer aussi qu'il s'agit du cours de la lune en général, ou du milieu de la lune.

5° Il me paroît qu'il faut faire une grande différence entre le Hia-siao-tching, et ce qu'on a vu du chapitre Yao-tien sur les étoiles. Ce que dit le Yao-tien n'est nullement pour le simple peuple et paysan.

Le Hia-siao-tching est un calendrier populaire.

6° Je n'ai mis que les textes qui regardent les étoiles; les autres n'ont point de rapport à l'astronomie.

M. Fréret, dans sa nouvelle dissertation sur la chronologie chinoise, a ajouté bien de bonnes notes et des réflexions sur ce que je lui avois envoyé sur les étoiles chinoises, et il donne en particulier un beau jour à ce que je lui avois indiqué sur les étoiles Nan-men, et les étoiles Tien-y et Tay-y. Je lui indiquois les

[1] Femme ou fille brodeuse, c'est l'étoile lucida Lyræ.
[2] Dans la nouvelle Dissertation sur la chronologie chinoise.

conséquences à tirer pour le texte sur Nan-men, et pour Tay-y et Tien-y, étoiles que je crois avoir été les étoiles polaires en Chine, et observées comme telles en Chine.

Par le fragment Hia-siao-tching et le *Chou-king* au chapitre Yao-tien, on voit que les Chinois avoient dans ce temps-là des noms pour les étoiles, et qu'il y avoit des astronomes qui observoient leur lever, coucher, passage par le méridien, et lieu dans le ciel : on voit encore surtout par le texte où est l'éclipse solaire au temps de Tchong-kang, que les Chinois rapportoient au lieu des étoiles le lieu du soleil. Il est hors de doute que ces Chinois astronomes observoient l'étoile polaire, et qu'ils lui donnoient un nom chinois. Dans le *Chou-king*, chapitre Hong-fan [1], l'empereur est désigné par le caractère de pôle. Cette idée de l'empereur sous le titre de pôle, est clairement marquée par Confucius. L'empereur est regardé en Chine de tout temps comme le fils du ciel, et comme le ciel même. Les caractères chinois *Tien-y*, unité du ciel, *Tay-y*, grande unité, ont à peu près le même sens et expriment le ciel. Confucius, en disant que le ciel est «un grand», fait clairement allusion au caractère du ciel, Tien, composé du caractère un — et du caractère *Ta* qui signifie grand. On peut aussi dire unité grande. Cela supposé, les étoiles Tay-y [2] et Tien-y [3] qu'on voit dans les plus anciens catalogues chinois, et qui sont dans la queue du Dragon, paroissent avoir été successivement les étoiles polaires ; selon ces catalogues, ces deux étoiles désignent le souverain.

NOTES.

1° L'an 2259 avant Jésus-Christ, l'étoile *Tay-y* fut plus près du pôle, et étoit l'étoile polaire, et l'an 2667 avant Jésus-Christ, l'étoile *Tien-y* étoit la polaire. L'étoile a [4] de la queue du Dragon fut avant ce temps-là la polaire [5]; mais son caractère chinois ne désigne pas une étoile polaire. Ainsi, c'est entre les ans 2259 et près de 2780 ans avant Jésus-Christ, qu'il faut fixer le commencement des observations chinoises de l'étoile polaire, et sans doute d'autres observations.

2° Dans ces anciens temps, les Chinois n'ont donc pas cru une étoile fixe et immobile au pôle, comme les Chinois le crurent dans la suite.

3° L'étoile *Tay-y* se voit à la vue simple. Je ne la vois pas dans les catalogues européens que nous avons ici.

Par ce qu'on vient de dire sur l'étoile polaire, on doit conclure que l'an 2851 avant Jésus-Christ, temps où l'étoile de la queue du Dragon étoit l'étoile polaire, il n'y avoit pas en Chine des astronomes observateurs des étoiles du pôle [1], car s'il y en avoit eu, on auroit donné un nom convenable à cette étoile comme la polaire ; le nom qu'elle a lui a été donné ensuite.

Après la mort de Tchong-kang, les rebelles devinrent plus formidables que jamais ; Siang, successeur et fils de Tchong-kang, fut assassiné par les intrigues des rebelles; la famille impériale fut à deux doigts de sa perte [2]. Chao-kang, fils de Siang, vint enfin à bout de réduire et d'exterminer les usurpateurs ; il reprit la cour impériale de l'empereur Yu. Je crois que c'est vers l'an 1997 avant Jésus-Christ qu'il faut placer le temps du prince Kong-lieou, un des ancêtres de l'empereur Ou-ouang [3], premier empereur de la dynastie Tcheou. Le prince Kong-lieou descendoit de Heoutsi, frère de Yao. Il étoit l'intendant général de l'agriculture. Les guerres civiles l'obligèrent de se retirer dans le pays où est aujourd'hui Sigan-fou, capitale du Chiensy ; Kong-lieou y fut prince d'un petit État; il fut toujours fidèle à la famille impériale ; par ce que rapporte le livre classique *Chi-king*, on voit que Kong-lieou observoit les ombres du soleil ; il faisoit sans doute d'autres observations, mais on ne les a pas.

La première année de la dynastie Hia fut l'an 2192 avant Jésus-Christ, la dernière année de cette dynastie fut l'an 1761 avant Jésus-Christ. Selon un système assez bien fondé, la dernière année de la dynastie Hia peut être placée à l'an 1738. La durée de la dynastie Hia devient par là douteuse, mais elle a les deux termes entre l'année 1738 et 2192 avant Jésus-Christ, et entre

---

[1] Grande règle.
[2] Au commencement de l'an de Jésus-Christ 1730. Longitude australe, 25° 24′ 20″; latitude boréale, 64° 13′ 00″.
[3] Longitude méridionale, 0° 4′ 25″; latitude boréale, 65° 21′ 38″.
[4] Longitude méridionale, 3° 37′ 40″; latitude boréale, 66° 21′ 40″.
[5] An 2851 avant Jésus-Christ.

---

[1] La Chine alors n'étoit vraisemblablement pas peuplée.
[2] Voyez la Chronologie.
[3] Première année de son règne, l'an 1111 avant Jésus-Christ.

l'année 1761 et 2192 avant Jésus-Christ. C'est du moins ce qui me paroît mieux que d'autres systèmes qu'on peut faire.

On a vu que l'étoile Tien-y [1] avoit été l'étoile polaire, et observée comme telle par les Chinois; c'est la première étoile polaire que les Chinois ont eue et observée. Le titre de Tien-y est celui du prince Tching-tang, qui détruisit la dynastie Hia. Tching-tang étoit prince d'un pays du Ho-nan, où est la ville de Kouey-te-fou [2]. C'est dans ce pays que fut sa cour. La première année de son règne fut l'an 1760 avant J.-C.

Tching-tang ordonna que la douzième lune du calendrier de Ya seroit la première lune de l'année, et que le jour seroit compté au moment de midi. Le pied dont se servit la cour de ce prince est, selon la figure qui s'en est conservée, au pied de roi françois, comme 1000 est à 1016, ou 125 à 127. C'est ce pied que l'empereur Kang-hi donna aux missionnaires pour la mesure de la carte qu'ils firent des États de Sa Majesté. L'an passé, je reçus une lettre de M. l'abbé Sallier, qui me faisoit l'honneur de me demander mon avis sur une difficulté proposée à l'occasion d'un pied chinois, le même dont on s'est servi pour la carte envoyée par le père Parennin, jésuite françois à Pékin, à M. de Mayran. J'ai vu quelque petite différence dans les pieds ou d'ivoire, ou de cuivre, faits au palais; celui que le père Parennin envoya a pu souffrir quelque altération dans le voyage de mer; je répondis à M. l'abbé Sallier; ma réponse étoit selon le pied que le père Benoît et moi avons, et qu'on assure être le même que celui de la carte; nous en prîmes exactement la dimension, et le comparâmes au pied de roi; c'est en conséquence de cette comparaison que je fis ma réponse à M. l'abbé Sallier, pour expliquer ce qu'on disoit de la juste mesure du li [3], dont 200 sont marqués pour un degré de latitude. M. l'abbé fera de ma réponse l'usage qu'il jugera à propos. On aura vu pourquoi, selon le pied envoyé par le père Parennin, un degré de latitude a moins de 200 li. C'est véritablement une difficulté qu'il falloit éclaircir.

[1] Unité du ciel.
[2] Latitude boréale, 34° 28' 40"; longitude ouest de Pékin, 0° 37' 30".
[3] Mesure chinoise terrestre. Un li contient 1,800 pieds.

REMARQUES.

1. Dans la forme du calendrier de l'empereur Tching-tang, la troisième lune devoit avoir l'équinoxe du printemps. Le solstice d'hiver étoit dans la sixième lune, l'équinoxe d'automne étoit dans la neuvième, et le solstice d'hiver étoit dans la douzième. l'ancien auteur du *Tsot-chouen*, dont j'ai parlé, a parlé expressément, et plusieurs fois, de cette forme d'année établie par l'empereur Tching-tang.

2. Dans la chronologie, j'ai rapporté ce qu'on dit de la famine qui fut au temps du règne de ce prince.

L'empereur Tching-tang régna treize ans; après lui, deux de ses fils régnèrent; les deux règnes furent en tout de six ans [1], c'est ce que dit formellement Meng-tse, dont l'ouvrage, fait avant l'incendie des livres, est classique en Chine.

Après les six ans de ces deux règnes, Tay-kia, petit-fils de Tching-tang, monta sur le trône. L'année 1741 avant Jésus-Christ fut la première année de son règne.

Le livre classique *Chou-king*, chapitre Y-hiun, dit qu'au jour Y-tcheou [2] de la douzième lune [3], Tay-kia fit une grande cérémonie, et ce fut comme une installation sur le trône. Cette douzième lune étoit la douzième lune de l'année qui avoit commencé dans l'année 1741. Le 20 janvier 1740 fut le jour de la conjonction, et le premier jour de l'an chinois, le solstice d'hiver étoit arrivé le soir du quatrième janvier 1740, et selon le calcul des jours chinois, le quatrième janvier eut les caractères Y-tcheou. Cela étant, le quatrième janvier fut dans la douzième lune de l'année marquée dans le texte première année de Tay-kia, et cette première année commença dans les commencemens de l'année Julienne 1741 avant Jésus-Christ. Cette année peut donc être marquée l'an 1741. Le jour du solstice a toujours été en Chine un grand jour de cérémonie [4], voilà pourquoi le quatrième janvier de l'an 1740 me paroît préférable aux

[1] Le père Couplet, d'après quelque abrégé chinois d'histoire, a omis ces deux règnes.
Le père Duhalde, dans sa Chronique, les a aussi omis; c'est une faute à corriger.
[2] Second jour du cycle de 60.
[3] De la première année.
[4] J'en parlerai ensuite en parlant de Confucius.

autres jours y-tcheou, qu'on ne sauroit trouver, dans les années de ce temps-là, être dans la douzième lune, et jour de cérémonie; il n'y a que le 4 janvier 1717 qui puisse le disputer au 4 janvier 1740. Le 4 janvier de l'an 1717 eut les caractères y-tcheou, ce fut jour de solstice[1]. Ce jour fut dans la douzième lune de l'année qui commença dans l'année 1718. La nouvelle lune se trouva quelques jours après le solstice. Voilà pourquoi j'ai dit que selon un système assez bien fondé on pourroit placer la dernière année de la dynastie Hia à l'an 1738 avant Jésus-Christ. Je préfère l'an 1761, à cause 1° que l'ancienne chronique du livre *Tchou-chou* marque 431 ou 432 ans pour la durée de la dynastie Hia, et 2° parce que je suppose la première année de Tchong-kang bien fixée à l'an 2155 avant Jésus-Christ.

NOTES.

1° Dans la *Chronologie chinoise* j'ai fait voir les erreurs de calcul dans les astronomes chinois postérieurs, qui ont examiné les caractères du jour y-tcheou de la douzième lune.

2° M. Fréret a fait bien des calculs, pour tâcher de fixer l'époque de Tay-kia par les caractères y-tcheou dans un jour de la douzième lune. Il dit très-bien que, quelque système qu'on suive, le jour y-tcheou doit être dans une douzième lune du calendrier de l'empereur Tching-tang.

On peut faire une objection contre le jour du solstice d'hiver. Le calcul des jours est fait dans la supposition du commencement du jour à minuit, ainsi tout notre 4 janvier julien fut y-tcheou. Dans le calendrier de Tching-tang, le jour y-tcheou commença à midi de notre 3 janvier julien, et le moment de midi du 4 janvier fut le commencement du jour ping-yn, troisième du cycle. Le solstice fut donc dans le jour ping-yn, et non dans le jour y-tcheou.

Je ne crois pas qu'il faille chercher dans les anciennes observations du solstice, ou plutôt dans les déterminations, la même exactitude que dans les tables d'aujourd'hui, pour le calcul des lieux du soleil, et on ne sauroit trouver, dans ces temps-là, d'autres solstices au jour y-tcheou qui soit en même temps dans la douzième lune.

[1] Le solstice fut à Paris le soir du 4 janvier; mais à la Chine, ce fut le 5 janvier au matin.

L'astronome Ou-hien vivoit vers l'an 1620 avant Jésus-Christ, sous le règne de l'empereur Tay-ou. Cet astronome fit un grand catalogue d'étoiles. Les Chinois qui, depuis l'an 206 avant Jésus-Christ, ont fait des catalogues d'étoiles et des recueils sur cette matière, disent tous que les étoiles de Ou-hien sont dans leurs catalogues; il seroit très-bon d'avoir l'original de ce que fit Ou-hien; les catalogues postérieurs ont marqué bien des étoiles qui n'étoient pas sans doute dans le catalogue de Ou-hien; des noms ont été changés, et on ne sauroit reconnoître au juste les étoiles de Ou-hien sous le nom et caractère de ce temps-là. L'antiquité de Ou-hien fait regretter la perte de son catalogue d'étoiles.

Par le livre classique *Chou-king*, il compte qu'il y a eu un catalogue des années des règnes des empereurs de la dynastie Chang. Le nombre des années de quelques règnes s'est conservé, le reste s'est perdu. La dynastie de Chang eut des astronomes et des observateurs: leurs méthodes se sont perdues.

Le dernier empereur de la dynastie Chang étoit Cheou ou Tcheou, prince vicieux, qui fut détrôné par le prince Ou-ouang. La dernière année de la dynastie Chang fut l'an 1112 avant Jésus-Christ.

Ou-ouang, fils du prince Ouen-ouang, fut le premier empereur de la dynastie Tcheou; la première année de son empire fut l'an 1111 avant Jésus-Christ[1].

Tcheou est le nom de la principauté de Ou-en-ouang et de sa famille, dans le pays de Sigan-fou, capitale du Chensi. Ou-ouang, étant empereur, donna ce nom à sa dynastie.

Un fragment[2] d'un livre fait au temps de la dynastie Tcheou dit qu'à la trente-cinquième année du règne de Ouen-ouang, prince de Tcheou, au jour pingtse[3] de la nouvelle lune, à la conjonction, il y eut éclipse de lune. Le fragment ajoute qu'à la vue de l'éclipse, le prince fit la cérémonie[4], et ne dit rien ni du temps ni des phases de l'éclipse. Ouen-ouang étoit tributaire de l'empire de Chang, il suivoit le calendrier de Chang. Selon ce calendrier, le jour commençoit au moment de midi, et la première lune étoit celle dans le cours de

[1] L'examen de la Chronologie fixe cette époque.
[2] Je parlerai de ce fragment.
[3] Treizième du cycle de 60.
[4] Le fragment suppose la cérémonie connue.

laquelle le soleil entroit dans le signe du Verseau.

Le 29 janvier[1] de l'an 1137 avant Jésus-Christ, au soir, fut la conjonction ; il y eut éclipse de lune totale *cum morâ*. La table des jours du cycle suppose le commencement du jour à minuit, et, selon cette supposition, le 30 janvier commença à minuit ; ce 30 janvier s'appeloit *pingtse*. La dynastie Chang régnoit alors ; le jour pingtse commença à midi du 29 janvier. Au temps de la conjonction, le soleil étoit dans les derniers degrés du signe du Taureau. Dans cette lune, le soleil entra donc dans le Verseau : c'étoit donc la première lune de ce temps-là. Dans les années avant et après l'an 1137, on ne trouvera pas, au moins dans l'espace de bien des années, une éclipse de lune au jour pingtse d'une première lune dans le calendrier de la dynastie. Le livre classique *Chou-king*[2] donne à Ouen-ouang cinquante ans de règne. L'an 1124 fut donc la cinquantième année du règne de Ou-ouang qui lui succéda dans la principauté.

Le livre *Chou-king* dit que Ou-ouang[3], à la première année de son empire, comptoit la treizième année de la principauté : dès l'année 1123, il commença donc à compter les années de la principauté, et l'année 1123 fut comptée la première.

NOTE.

Dans la chronique *Tchou-chou*, les caractères *kia-tse* sont à la trente-septième année du règne de Ouen-ouang. Ainsi, par là on corrige les nombres du fragment pour l'année ; au lieu de 35 il a dû dire 37 : ce n'est qu'à l'année kia-tse que l'éclipse de lune fut au jour ping-tse de la première lune. L'an avant Jésus-Christ 1124 fut donc la cinquantième et dernière année du règne de Ouen-ouang.

Le livre classique *Chou-king* dit qu'entre la première et la quatrième lune de la première année de l'empire de Ou-ouang, il y eut une lune intercalaire ; c'est au moins la conclusion qu'on tire en comptant l'espace entre les jours marqués dans la première et quatrième lune dans le livre. Ces jours marqués dans le *Chou-king* ne sauroient se vérifier[4] qu'à l'an 1111 avant Jésus-Christ, dans la forme du calen-

drier de Ou-ouang. Les historiens, après l'expédition de ce prince, marquèrent les lunes dans la forme du calendrier de Tcheou, en partant de l'expédition de Ou-ouang.

Par le calcul des jours marqués dans le *Chou-king*, on voit que le 29 novembre[1] fut le premier jour de la lune et le premier de l'année ; dans la forme du calendrier de Ou-ouang, que le 28 décembre de l'an 1112 avant Jésus-Christ fut le dernier jour de la première lune, et le jour du solstice d'hiver. Les astronomes de la dynastie Chang négligèrent, sans doute, les calculs et observations du solstice. Cette erreur du solstice, qui fut le premier jour de l'an 1111, ne doit pas être attribuée aux astronomes de Tcheou. Selon la règle de l'intercalation, on ne dut point dire première lune[2] intercalaire, à moins qu'on n'attendît la seconde lune ; car les astronomes postérieurs ont dit qu'anciennement on n'intercaloit pas la première lune.

NOTES.

1° L'examen et le calcul des jours marqués dans le livre *Chou-king* font voir que le 30 novembre de l'an 1112, Ou-ouang partit de sa cour du Chensi pour sa grande expédition ; que le 26 décembre 1112, il passa le fleuve Hoang-ho à Meng-tsin[3] ; que le 31 décembre, l'armée fut rangée en bataille dans la campagne de Mou-ye[4] ; que le 1er janvier de l'an 1111, il y eut bataille ; Ou-ouang fut vainqueur ; Cheou ou Tcheou, dernier empereur de la dynastie Chang, perdit l'empire ; il se brûla. On voit aussi qu'après le troisième jour de la quatrième lune dans l'année 1111, Ou-ouang repartit pour sa cour, et que le 14 avril 1111, il fut salué et reconnu empereur, avec grande pompe.

Le *Chou-king* marque que, lorsque Ou-ouang arriva à Meng-tsin, c'étoit tchun ; à la lettre, c'est printemps ; mais ici, cela veut dire première saison de l'année. On verra des expressions pareilles pour le temps du solstice d'hiver ; cela ne veut dire dans le livre, pour ce temps-là, que le commencement de l'année, ou première saison de l'année.

Le solstice d'hiver devoit être dans la première lune du calendrier de l'empereur Ou-

---

[1] Dans le cycle de 60, les caractères de cette année sont kia-tse, ceux de la première année du cycle.
[2] Chapitre Ou-y.
[3] 1111 ans avant Jésus-Christ.
[4] On le voit dans l'examen de la Chronologie.

[1] An 1112 avant Jésus-Christ.
[2] Cette première lune intercalaire auroit dû commencer le 29 octobre de l'an 1112.
[3] Ville de Honan ; latitude boréale, près de 35° 51' ; longitude, 3° 50' ouest de Pékin.
[4] Campagne dans le district de Ouey-hoey-fou, ville du Honan ; latitude boréale, 35° 27' 40" ; longitude, 2° 12' 0" ouest de Pékin.

ouang. Ce prince ordonna que le commencement du jour seroit à minuit [1].

L'empereur Ou-ouang détermina la mesure du pied. Selon la figure qu'on voit de ce pied, il contient 7 pouces et un peu plus de 5 lignes du pied de roi. C'est le plus petit pied qu'on ait employé en Chine.

On attribue à Tcheou-kong, frère cadet de Ou-ouang, de belles connoissances d'astronomie.

Tcheou-kong fixa le solstice d'hiver à la constellation Nu 2° [2]; il trouva que le signe céleste Hiuen-hiao commençoit par Nu 2°. Ainsi le signe Hiuen-hiao commençoit par le Capricorne 0° 0' 0''. Voici les douze signes célestes au temps de Tcheou-kong. On peut supposer au commencement de l'an 1111 avant Jésus-Christ.

1 Hiuen-hiao, ♒.
2 Tseou-ste, ♓.
3 Kiang-Jeou, ♈.
4 Ta-leang, ♉.
5 Che-chin, ♊.
6 Chun-cheou, ♋.
7 Chun-ho, ♌.
8 Chun-ouy, ♍.
9 Cheou-sing, ♏.
10 Ta-ho, ♎.
11 Simou, ♏.
12 Sing-ki, ♐.

Voilà une des expressions des douze signes chinois; cette expression est encore en usage pour les douze signes, mais d'une manière différente.

Ayant le commencement du signe Hiuen-hiao, on a le commencement des autres signes dans les constellations, par l'addition de la douzième partie du cercle chinois de 365° 1/4. On voit dans un catalogue l'étendue équatorienne de chaque constellation; on la peut supposer telle pour le temps de Tcheou-kong.

Les douze signes du temps de Tcheou-kong sont en ascension droite, ou selon l'équateur, suivent le mouvement propre des fixes, et supposent le cercle divisé en 365° 1/4. Le signe Hiuen-hiao, par exemple, doit toujours être, selon les idées de ce temps-là, à Nu 2° en ascension droite, comptant Nu 2° à la chinoise [3]. Il en est de même des autres signes.

A la fin de l'année de Jésus-Christ 1689, Nu 1° 58' 16" 30''', etc., en ascension droite répondoit, selon l'écliptique, à Verseau 9° 15 ou 20' à peu près : ainsi, depuis la détermination de Tcheou-kong, le mouvement est de 39° 15 ou 20'. Ce mouvement répond à 2826 ou 2832 ans. Entre la fin de l'an 1689 de Jésus-Christ et l'an 1111 avant Jésus-Christ, il y a 2800 ans. On voit donc que Tcheou-kong rapporta assez bien le solstice d'hiver à Nu 2° à la chinoise. L'examen de la chronique chinoise fixe bien mieux l'époque de l'an 1111 avant Jésus-Christ que la détermination de Tcheou-kong : outre qu'elle ne put pas se faire d'une manière bien exacte, je vois que dans les tables de MM. Halley, Cassini, Zanotti, etc., le mouvement des fixes pour un degré n'est pas le même; d'où il faut conclure que le mouvement propre des fixes pour un degré par exemple, n'est pas encore bien constaté. Le calcul que j'ai rapporté est dans l'hypothèse de soixante-douze ans pour un degré; il est sur une carte céleste, et non en vertu de la trigonométrie.

Le fragment qui rapporte l'éclipse de lune de l'an 1137 avant Jésus-Christ rapporte la manière d'intercaler la lune. Cette doctrine étoit du temps de Tcheou-kong, et apparemment du temps de l'empereur Yao. Le fragment est d'un livre fait sur les mémoires de la dynastie Tcheou, et au temps de cette dynastie avant l'incendie des livres. Le nom du livre est *Tcheou-chou*, livre de Tcheou. Voici ce que dit le fragment sur l'intercalation.

Il y a quatre saisons dans l'année; chaque saison a trois tchong-ki.

La saison tchun (printemps) a trois tchong-ki : yu-chou-y, tchun-fen [1], kou-y-u.

Il y a trois tchong-ki dans la saison hia (été) : siao-man, hia-tchi [2], tachou.

Il y a trois tchong-ki dans la saison tsiou (automne) : tchou-chou, tsicou-fen [3], choang-kiang.

La saison tong (hiver) a trois tchong-ki : siao-sue, tong-tchi [4], tahan.

Les douze tchong-ki des saisons ont encore le même nom et le même arrangement.

NOTE.

On voit donc que l'an 1111 avant Jésus-Christ Tcheou-kong supposoit que les douze signes célestes rapportés aux astres répondoient aux douze signes immobiles dont le commencement est un tchong-ki.

---

[1] Cet usage a duré jusqu'aujourd'hui.
[2] Cette constellation commence par l'étoile ε du ♒.
[3] Nu 2° à l'européenne est 1° 53' 16" 30''', etc. On peut négliger le reste.

[1] Équinoxe du printemps.
[2] Solstice d'été.
[3] Équinoxe d'automne.
[4] Solstice d'hiver.

Outre les douze tchong-ki, le fragment rapporte les noms de douze tsie-ki ; les voici :

1 Li-tchun.
2 King-tche.
3 Tsing-ming.
4 Li-hia.
5 Mant-tchong.
6 Siao-chou.
7 Li-tsieou.
8 Pelou.
9 Hanlou.
10 Li-tong.
11 Ta-sue.
12 Siao-han.

NOTES.

1° Le milieu de l'espace entre deux tchong-ki est appelé *tsie-ki*. Par exemple entre les tchong-ki, ta-han et yu-chou-y, le milieu de l'espace est un tsie-ki appelé *li-tchun*. Ta-han est le commencement du signe ♒ ; yu-chou-y est le commencement du signe ♓ ; le tsie-ki li-tchun commence le 16° de ♒ ; le tsie-ki king-tche commence le 16° des ♓ ; ainsi des autres.

2° L'espace entre deux tchong-ki est la douzième partie du cercle et en même temps la douzième partie de l'année solaire. L'espace entre le tsie-ki et le tchong-ki est la vingt-quatrième partie du cercle et en même temps la vingt-quatrième partie de l'année solaire. Tous ces espaces sont égaux entre eux. Si on réduit les lieux moyens du soleil au vrai lieu, les tchong-ki et tsie-ki moyens deviennent vrais tchong-ki et vrais tsie-ki. On ne voit dans l'astronomie, avant l'incendie des livres, aucun livre ni fragment qui parle de la méthode pour réduire les lieux moyens aux vrais lieux.

3° Les espaces entre les douze tsie-ki et douze tchong-ki sont les douze signes célestes fixes et immobiles, comme nos douze signes, et font l'année julienne et solaire. Dans l'ancienne astronomie, on ne voit pas marquée une année solaire différente de la julienne de 365 jours 1/4 ; mais je crois qu'on connoissoit, par la comparaison de plusieurs solstices d'hiver éloignés les uns des autres, une année solaire moindre que la julienne.

Dans le calendrier de la cour de l'empereur Ou-ouang, la première lune étoit celle dans les jours de laquelle le tchong-ki dit *tong-tchi* (solstice d'hiver) entroit à la seconde lune, le tchong-ki-ta-han, où le Lion, commencement du Verseau, devoit se trouver, ainsi des autres lunes ; c'est-à-dire à la première lune du calendrier de Ou-ouang, le soleil devoit entrer dans le signe Caper ; à la seconde lune, le soleil devoit entrer dans le signe Verseau ; ainsi de suite.

Le fragment du livre cité dit que la lune jun[1] n'a point un tchong-ki, c'est-à-dire le soleil n'entre dans aucun signe dans le cours de la lune intercalaire. La lune intercalaire ajoutée aux autres douze lunes fait treize lunes ; l'année qui a une lune intercalaire a treize lunes, et en tout 384 jours ; l'année ordinaire a douze lunes, qui font 354 jours.

Par exemple, dans le calendrier de l'année chinoise 1754 de Jésus-Christ, le jour sin-hay (23 janvier) est le premier jour de l'année ou de la première lune, le 10 février de l'an 1755 (jour kiasu) est le dernier jour de l'an ; l'année a donc 384 jours et treize lunes ; il y en a donc une intercalaire, ou une lune qui n'a pas un tchong-ki, selon la règle expliquée par Tcheou-kong. Dans le calendrier de l'an chinois 1754, la quatrième lune est marquée intercalaire ; c'est-à-dire après la quatrième lune, qui a son tchong-ki propre, vient une lune qui n'a point de tchong-ki, et elle a le nom de quatrième lune intercalaire.

Le trentième et dernier jour[1] de la quatrième lune, à une heure cinquante-huit minutes après midi, on marque l'entrée du soleil dans le signe Gémeaux, c'est le tchong-ki-siao-man. Le moment de minuit du 22 mai commence une lune, et le 22 mai est le premier jour de cette lune. Le 29 juin est marqué le dernier jour de cette lune. A minuit du 20 juin, on commence à compter le premier jour de la cinquième lune ; depuis minuit du 22 mai jusqu'à la fin du 19 juin, le soleil est toujours dans le signe Gémeaux. Dans cet espace de temps, cette lune n'a point un tchong-ki ; elle est donc intercalaire, et comme elle suit la quatrième lune, on l'appelle quatrième lune intercalaire, ou quatrième lune postérieure, ou seconde quatrième lune. Aujourd'hui on se sert des vrais tchong-ki ; anciennement c'étoient les moyens, mais la méthode est la même. Ceux qui ont soin du calendrier doivent savoir le lieu du soleil dans les conjonctions de l'année, afin d'être attentifs à la lunaison dans le cours de laquelle le soleil n'a pas un tchong-ki ; il falloit donc qu'au temps de Tcheou-kong on sût la quantité des mois solaires et lunaires, et leurs différences de mois et d'années, afin de savoir à laquelle des douze lunes ces différences accumulées faisoient l'espace d'une conjonction et devoient faire une lune intercalaire.

---

[1] Intercalaire.

[1] Jour ki-y-eou, 21 mai.

Tcheou-kong dit distinctement, comme on voit, en quoi consiste la méthode de placer la lune intercalaire : il paroît certain que dès le temps de Yao, cette méthode étoit connue dans le *Chou king*, chapitre Yao-tien ; Yao a voulu sans doute désigner cette méthode.

La méthode chinoise pour l'intercalation est certainement ingénieuse. Jusqu'à l'entrée des jésuites au tribunal d'astronomie, les Chinois, à l'exemple des anciens, ont constamment divisé les parties de l'année de même que le cercle, dans la supposition d'égalité entre les parties dites tchong-ki et tsie-ki. Le soleil étoit supposé faire par jour un degré chinois : c'est ainsi qu'ayant déterminé le solstice d'hiver, par exemple, et ayant divisé l'année en quatre parties égales, et ces quatre parties en d'autres égales, ils comptoient par l'addition des degrés diurnes du soleil relatifs aux jours l'entrée du soleil dans les signes, dans les tchong-ki et tsie-ki. C'est selon cette égalité des saisons et des parties des saisons que, jusqu'à la venue des jésuites, ou leur entrée au tribunal, les Chinois ont réglé leur année et leurs lunes pour trouver la lune intercalaire. Quand même ils ont su, bien des siècles avant la venue des jésuites, l'inégalité des saisons et des parties des saisons, et quand ils ont su en même temps la méthode, du moins à peu près, pour réduire au vrai le moyen mouvement, et les tchong-ki et tsie-ki moyens aux vrais tchong-ki et tsie-ki, ils se sont contentés d'être instruits sur ce point ; mais il conste que dans leurs calendriers et éphémérides ils ont constamment rangé les saisons et parties de saisons comme si elles étoient égales entre elles ; et cet usage constant, depuis l'an 206 avant Jésus-Christ jusqu'à l'entrée des jésuites au tribunal, paroît démontrer que c'étoit l'ancien usage, soit du temps de Tcheou-kong, soit du temps de Yu et Yao.

La méthode pour la lune intercalaire paroît bien supposer la connoissance du cycle de 19 ans, où il y a 235 conjonctions, dont 7 sont intercalaires. Cette connoissance du cycle de 19 ans, qui est clairement expliquée par les astronomes chinois, plus de 105 ans avant Jésus-Christ, venoit sans doute des anciens et des premiers astronomes chinois. Les Chinois attribuent cette connoissance à Yao ; d'autres la font remonter jusqu'au temps de Ho-ang-ti : elle est sans doute très-ancienne en Chine.

Chaque lune avoit son tchong-ki propre, et chaque tchong-ki étoit le commencement des signes célestes fixes. Au temps de Tcheoukong, les douze caractères *tchi*[1], ou les caractères du cycle de douze, désignoient les douze signes en cet ordre : *Tse* étoit le Capricorne, *Tcheou* le Verseau, *Yn* les Poissons, *Mao* le Bélier, *Tchin* le Taureau, *Sse* les Gémeaux, *Ou* l'Écrevisse, *Ou-ey* le Lion, *Chin* la Vierge, *Yeou* la Balance, *Su* le Scorpion, *Hay* le Sagittaire. Dans le cours de chaque lune, le soleil entroit dans le signe qui répondoit à la lune. Par exemple, dans le cours de la lune *Tse*, le soleil entroit dans le signe Caper ou *Tse*, nom de la lune où étoit le solstice d'hiver. Dans le cours de la lune *Yn*, le soleil entroit dans le signe des Poissons, ou *Hay*, nom de la lune *Yn*. Durant le cours de la lune *Mao*, le soleil entroit dans le signe du Bélier, nom de la lune *Mao* : l'équinoxe du printemps devoit être dans cette lune. Le solstice d'été devoit être dans la lune *Ou*, nom du signe Écrevisse et de la lune *Ou*. Dans la lune ou le cours de la lune *Yeou*, le soleil devoit entrer dans le signe *Yeou*, nom du signe de la Balance ; ainsi des autres. L'usage qui étoit au temps de Tcheou-kong étoit sans doute plus ancien. Le solstice d'hiver dénote le nord ; le solstice d'été dénote le sud ; les deux caractères *Tse*, *Ou*, joints ensemble, signifient nord et sud ; l'équinoxe du printemps dénote l'orient ; l'équinoxe d'automne dénote l'occident ; les deux caractères *Mao*, *Yeou*, désignent l'orient et l'occident. Jusqu'aujourd'hui, les lunes de l'année ont les caractères *Tse*, *Tcheou*, *Yn*, *Mao*, etc., et les signes célestes qui leur répondent sont ceux que j'ai marqués. Mais depuis la réforme ou renouvellement d'astronomie, l'an 105 avant Jésus-Christ, les signes célestes, quoique marqués par les douze caractères du cycle, n'ont pas les caractères dans l'ordre que j'ai marqué au temps de Tcheou-kong. Les douze signes marqués par les caractères du cycle de douze étoient des signes fixes. Aujourd'hui les douze caractères du cycle de douze désignent les douze signes fixes en cet ordre : *Tse* le Verseau, *Hay* les Poissons, *Su* le Bélier, *Yeou* le Taureau, *Chin* les Gémeaux, *Ou-ey* l'Écrevisse, *Ou* le Lion, *Sse* la Vierge, *Tchin* la Balance, *Mao* le Scorpion, *Yn* le Sagittaire, *Tcheou* le Capri-

---

[1] Voyez la table des douze tchi.

corne. Il est certain qu'au temps de Tcheou-kong, *Tse*, *Ou*, étoient les noms des signes du Capricorne et de l'Écrevisse. Cela, joint à la règle de faire répondre les signes à chaque lune, comme j'ai dit, me fait croire que les autres signes avoient les noms que j'ai rapportés. Je pourrois me tromper, il n'y a pas des textes, avant l'incendie des livres, sur tous les signes désignés chacun par les douze *tchi*.

Les deux mots chinois Pe-teou[1] désignent les étoiles de la grande Ourse. Au sud de l'équateur, il y a un astérisme nommé *Nan-teou*[2], parce que cet astérisme approche beaucoup de la figure de Pe-teou. Les caractères Pe-teou et Nan-teou sont fort anciens, de même que les caractères Teou-ping, qui désignent les étoiles de la queue de la grande Ourse.

Le nom de boisseau vient de ce que les anciens astronomes chinois se servoient des observations des étoiles de la grande Ourse pour examiner et régler le mouvement des astres[3] : on ne sait pas les méthodes des anciens en détail, mais on peut juger que, par les hauteurs méridiennes des étoiles de l'Ourse et par le temps de leur passage par le méridien, soit dans la partie supérieure, soit dans l'inférieure, et par leur comparaison avec le temps du passage par le méridien dans les autres étoiles et astres, les anciens régloient le mouvement des astres. Par les gnomons et autres méthodes, on cherchoit le temps du solstice ; par là on avoit le lieu du soleil dans le Capricorne et l'Écrevisse, et de là dans les autres signes ; on rapportoit aux étoiles les lieux du soleil, mais on examinoit toujours les étoiles de la grande Ourse, surtout celles de la queue appelée Teou-ping, ou manche du Teou. Dans le fragment de Hia-siao-tching, on a vu qu'on parle du Teou-ping.

Les anciens ont dit que les étoiles de la grande Ourse, surtout celles de Teou-ping, servoient à régler les temps et les saisons ; ils vouloient dire que par l'observation de ces étoiles on pouvoit régler le lieu des astres, et surtout celui du soleil dans toutes les saisons. Le passage de la constellation Kio[4] par le méridien n'est pas bien éloigné du temps du passage de Teou-ping par le méridien ; par cette raison, les anciens astronomes firent grande attention à la constellation Kio, et la mirent à la tête des constellations, et dirent aussi qu'elle régloit les temps et les saisons ; ils ont dit à peu près les mêmes choses d'Arcturus, qu'ils nommèrent le grand *Kio* à cause du rapport qu'on trouvoit entre Kio constellation et Arcturus.

Le fragment du livre *Tcheou*, déjà cité, dit que le solstice d'hiver est dans la première lune[1] ; que Teou-ping[2] érige ou établit Tse, c'est le nom de la lune où est le solstice d'hiver, c'est aussi le nom du signe du Capricorne[3] fixe et immobile. Le fragment ajoute qu'à la lune intercalaire, Teou-ping désigne et indique l'espace entre deux lignes célestes.

Le fragment veut dire que par les observations de Teou-ping on peut conclure l'entrée du soleil dans les signes célestes ; que par le calcul fait sur ces observations on sait le temps de la première lune, c'est-à-dire celui où le soleil entre dans le signe du Capricorne Tse ; que par le même calcul on sait le temps où dans le cours d'une lune le soleil n'entre dans aucun signe et parcourt un espace qui est tout dans le même signe, et que la fin de la lune précédente et le commencement de la suivante sont deux tchong-ki, et qu'ainsi cet espace, étant sans tchong-ki, est la lune intercalaire, selon la règle de Tcheou-kong rapportée en termes exprès par le fragment.

Les astronomes chinois postérieurs et surtout les astrologues ont débité bien des fables sur cette propriété attribuée à Teou-ping pour régler les temps et les saisons, et surtout pour faire déterminer la lune intercalaire.

Tcheou-kong observa l'étoile polaire ; on n'a pas les observations qu'il fit, mais il paroît certain que les Chinois, vers l'an 1111 avant Jésus-Christ, regardoient la Lucida-humeri de la petite Ourse comme la polaire. Cette étoile a le nom de *Ti*[4] ; on dit que c'est le siège de la grande unité, expressions qui désignent en Chine le pôle, ou l'étoile polaire, quand il s'agit des étoiles qui sont ou ont été près du pôle. L'an 1113 avant Jésus-Christ, cette étoile fut dans

---

[1] Boisseau du nord.

[2] Boisseau du sud : c'est le nom d'une constellation. Voyez la table des constellations.

[3] C'est comme si on disoit qu'avec le boisseau du nord on mesuroit les astres.

[4] Constellation ; l'épi de la Vierge en est le commencement.

[1] C'est la forme d'année dans le calendrier de l'empereur Ou-ouang.

[2] Étoiles de la queue de la grande Ourse.

[3] C'étoit le nom au temps de Tcheou-kong.

[4] Ti, souverain empereur.

l'Écrevisse 0° 0′ 0″; en supposant un degré de mouvement pour 72 ans, elle fut donc dans sa plus grande proximité du pôle. L'étoile X de la queue du Dragon pourroit être regardée comme la polaire chinoise vers ce temps-là; mais le nom chinois de l'étoile X ne désigne nullement une étoile polaire, ce qu'on dit de cette étoile ne dénote en nulle façon le pôle, ou l'étoile du pôle : c'est ce qui me fait juger que la Lucida-humeri de la petite Ourse étoit l'étoile polaire que Tcheou-kong observa.

REMARQUE.

1. Entre le temps de Tcheou-kong et celui où on a vu que l'étoile Tay-y étoit la polaire chinoise, il n'y a aucune autre étoile qui ait un nom chinois qui convienne à une étoile polaire; on ne dit rien aussi d'aucune autre étoile qui dénote le pôle, ou l'étoile polaire. Il paroît donc que l'étoile Tay-y fut longtemps la polaire chinoise, et qu'après que Tay-y cessa d'être polaire, la Lucida-humeri de la petite Ourse fut la polaire chinoise.

2. Dans les fragmens ou livres anciens, ni dans les catalogues chinois qui subsistent, on ne voit aucun fondement de croire que l'étoile X de la queue du Dragon ait eu le nom d'étoile polaire, ou que les Chinois ont changé le nom de polaire qu'a pu avoir l'étoile X. Peut-être dans ces temps anciens l'étoile X ne se voyoit pas bien, ou étant vue étoit regardée moins considérable que les étoiles Tay-y et la Lucida-humeri.

Tcheou-kong, de même que son père le prince Ouen-ouang et un de ses ancêtres le prince Kong-licou, dont on a parlé, aimoit à observer les ombres des gnomons. A la ville de Tching-tcheou[1], il traça une méridienne avec soin, il nivela le lieu de l'observation, il mesura l'ombre avant midi, après midi; la nuit, il observa l'étoile polaire. Ce prince fit faire aussi des observations à des lieux à l'ouest, à l'est, au nord, au sud de Tchin-tcheou.

A la ville Tching-tcheou, un gnomon de 8 pieds donnoit au midi du jour du solstice d'été une ombre d'un pied 5 pouces[2]. La déclinaison du soleil étant supposée de 23° 29′, l'observation de Tcheou-kong donne une latitude bornée de 34° 22′ 3″. Le centre de la ville de Honan-fou a été observé[1] à la hauteur de 34° 43′ 15″ avec un instrument de Chapoutot, par plusieurs hauteurs du soleil. Différence de l'observation des missionnaires avec celle de Tcheou-kong, 21′ 10″ dont Honan-fou seroit plus boréal que selon l'observation de Tcheou-kong. Quoiqu'on ne puisse pas savoir au juste l'emplacement de la ville Tchong-tcheou, il paroît certain que la différence avec Honan-fou ne sauroit donner une différence de 21′ 10″. Le défaut d'exactitude dans les observations, surtout du gnomon, pourroit produire une bonne partie de la différence. Les missionnaires supposoient une déclinaison de l'écliptique de 23° 29′; ils se servoient des réfractions, parallaxes, diamètre du soleil, selon les nouvelles tables de M. de La Hire, et ils se croyoient assurés de la vérification de l'instrument. La différence peut venir aussi de quelque changement dans l'obliquité de l'écliptique.

NOTES.

Le texte ancien chinois exprime la méridienne par *ti-tchong*; à la lettre, c'est *milieu de la terre*[2]; mais c'est sûrement dans le texte, méridienne. Sur cette idée de ti-tchong pour honan-fou, ils ont dit que ce lieu est le milieu du monde.

2° Tcheou-kong fit bâtir la ville Tching-tcheou; il y fit bâtir un beau palais impérial et de grands faubourgs. Selon l'ancien fragment cité du livre *Tcheou*, une des faces des murailles de la ville avoit 17,300 pieds; la ville étoit carrée dans la direction du nord au sud; elle avoit de circuit 69,200 pieds.

3° A Teng-fong[3], ville du Honan, on fait voir des vestiges anciens qu'on dit être des restes de l'observatoire de Tcheou-kong. Près de la ville de Jou-ning-fou[4] du Honan est la petite montagne Tien-tchong-chan; on dit que c'est un des lieux où Tcheou-kong avoit un observatoire.

Selon la tradition chinoise, Tcheou-kong connoissoit la propriété de l'aimant pour faire

[1] Honan-fou, du Honan, ou bien près de cette ville; latitude boréale, 34° 43′ 15″; longitude ouest de Pékin, 4° 0′ 50″.
[2] Le pied étoit divisé en 10 pouces, le pouce en 10 lignes, etc.

[1] Dans le mois de juin 1712, selon une observation, 34° 52′ 8″; selon une autre, 34° 43′ 15″. Celle de 34° 43′ 15″ est préférable.
[2] On peut aussi dire *milieu du terrain, lieu, emplacement*, etc.
[3] Latitude, 34° 30′ 10″; longitude, 30° 27′ 10″ ouest de Pékin.
[4] Latitude, 33° 1′ 0″; longitude, 2° 7′ 30″ ouest de Pékin.

connoître le nord, et on ajoute en particulier qu'il avoit l'usage de la boussole. On dit qu'il apprit ce secret à des envoyés d'un pays au sud de la province du Yun-nan. Ce pays devoit être entre Siam, Cambogo et la province de Yun-nan. Par le moyen de la boussole, les envoyés retournèrent facilement dans leur pays, et dans bien moins de temps qu'ils n'avoient employé pour aller de leur pays à la cour de l'empereur de Chine[1].

Selon une autre tradition, l'empereur Ho-ang-ti avoit l'usage de la boussole, et il s'en servit utilement à la poursuite du mauvais prince Tchi-y-eou. La guerre de l'empereur Ho-ang-ti contre Tchi-y-eou et la défaite de celui-ci est un fait attesté par l'ancien livre *Tso-tchouen* et le livre *Chou-king*[2]. Ce qu'on dit des envoyés d'un pays au sud du Yun-nan est un trait d'histoire qui n'a rien qui ne puisse être vrai; mais pour l'usage de la boussole au temps de Ho-ang-ti et de Tcheou-kong, je n'oserois pas assurer le fait; je le voudrois voir clairement marqué, ou au moins indiqué dans ce qui reste de livres faits avant l'incendie des livres. Tout se réduit peut-être à la connoissance des étoiles du nord, que Tcheou-kong apprit aux étrangers, ou à la méthode de connoître le nord et le sud par une ligne méridienne, ou par les étoiles, surtout les polaires de ce temps-là, et celles de la grande Ourse.

Une autre connoissance attribuée à Tcheou-kong est mieux prouvée, c'est celle de la propriété du triangle rectangle. On la voit dans ce fragment d'un ancien livre fait avant l'incendie des livres, et ce beau monument n'est pas révoqué en doute. Je donne ici la notice de ce fragment.

Textes du livre ou fragment du livre *Tcheou-pey*.

Premier texte. Anciennement Tcheou-kong interrogea Chang-kao[3] et dit : « J'ai ouï dire que le grand (Vous) est habile dans les nombres (dans le calcul); on dit que Pao-hi[4] donna des règles pour mesurer le ciel.

Second texte. « On ne peut pas monter au ciel, on ne peut pas avec le pied et le pouce mesurer la terre; je vous prie de me dire les fondemens de ces nombres (de ce calcul).»

Troisième texte. Chang-kao répondit : «Les fondemens des nombres (du calcul) ont leur source dans le yu-en[1] et le fang[2].

Quatrième texte. « Le yu-en (rond) vient du fang.

Cinquième texte. « Le fang vient du ku.

Sixième texte. « Le ku vient de la multiplication de 9 par 9; cela fait 81.

Septième texte. « Si on sépare[3] le ku en deux, on fait le keou large de trois, et un kou long de quatre. Une ligne king joint les deux côtés keou, kou fait des angles, le king est de cinq.»

NOTES.

1° Chang-kao fait clairement allusion dans le septième texte à l'ancienne figure d'un triangle rectangle dont un côté est 4, un autre 3, et la base 5. Cette figure s'appelle *keou-kou*. En Chine, ces deux noms sont fameux, à cause que par ces deux mots on désigne le triangle rectangle, et parce que ceux qui passent pour bien savoir le keou-kou ont la réputation de posséder une science sublime et profonde.

2° Ni dans ces sept textes, ni dans les suivans, on ne trouve pas la réponse de Chang-kao sur les connoissances d'astronomie dont Tcheou-kong avoit entendu parler, et qu'on attribuoit à l'empereur Fou-hi.

3° La propriété essentielle du triangle rectangle est dans le septième texte. Le nombre 5[4] attribué à la base du triangle rectangle est une conclusion tirée de deux côtés qui font un angle droit; 3, 4, 5, sont trois nombres qu'on prend pour rendre sensible la propriété. On veut donc dire que si un des côtés est 4 et l'autre 3, la base doit nécessairement être 5, c'est-à-dire que si on carre chaque côté, les deux carrés ensemble sont égaux au carré de la base $4 \times 4 = 16$, $3 \times 3 = 9$. Ces deux carrés $= 25$, dont la racine carrée est la base ou 5; or $5 \times 5 = 25$.

4° Le nombre 9 est le dernier et le plus grand des nombres célestes impairs d'un à dix. On prend son carré 81 pour exemple du carré.

Suite des textes du *Tcheou-pey*.

Huitième texte. «Voyez la moitié du fang.

Neuvième texte. « Le fang ou le plat[5] fait les nombres 3, 4, 5.

---

[1] Rond.
[2] Carré, ou figure dont les côtés sont en angle droit; c'est aussi un polygone régulier.
[3] On dit aussi : si on divise.
[4] Ce nombre 5 n'est pas un nombre mis arbitrairement.
[5] C'est la traduction du caractère chinois.

---

[1] Voyez la Chronologie au temps de Ho-ang-ti et Tcheou-kong.
[2] Chapitre Lu-hing. Il faut dire que ce chapitre indique le fait rapporté par Tso-tchouen.
[3] Nom d'un grand de la dynastie Chang.
[4] C'est l'empereur Fou-hi.

Dixième texte. « Les deux ku font un long fang de 25 ; c'est le tsin-ku, total des ku.

Onzième texte. « C'est par les connoissances des fondemens de ces calculs que Yu[1] mit l'empire en bon état. »

NOTES.

1° Le caractère ku[2] exprime une équerre, ou deux lignes des côtés, qui font un angle droit. Ce caractère veut aussi dire un nombre ou une ligne multipliée par elle-même. 4×4 est un ku de 4 ; 3×3 est le ku de 3 ; 5×5 est le ku de 5 ; le ku de 4 et de 3 est 25 ; le ku de 5 est aussi 25. Tous ces ku font le nombre 50, nombre de tout temps regardé en Chine comme un nombre qui indique de grandes connoissances.

2° 4×3 fait un parallélogramme qu'on peut appeler *fang* ; ce fang est de 12, dont la moitié est 6.

3° $3 \times 4 = 12$. Ce fang de $12 =$ aux 3 nombres du triangle rectangle 3, 4, 5 ; un côté multiplié par la moitié de l'autre égale $\frac{12}{2} = 6$; un côté multiplié par l'autre fait un parallélogramme de 12 ; le triangle rectangle fait par la diagonale est la moitié du parallélogramme.

Dans le onzième texte, on fait allusion aux grands travaux que Yu fit au temps du règne de l'empereur Yao pour réparer les dommages causés par la grande inondation qu'on a nommée *le déluge de Yao*. Il faut joindre à ce texte les suivans, qui comprennent des connoissances plus détaillées pour l'usage du triangle rectangle.

Suite des textes du *Tcheou-pey*.

Douzième texte. Tcheou-kong dit « Voilà qui est grand ; je souhaite savoir comment se servir du ku. » Chang-kao répondit : « Le ku aplani ou uni est pour niveler (on peut dire pour régler) le niveau.

Treizième texte. « Le yen-ku est pour voir le haut ou les hauteurs.

Quatorzième texte. « Le fou-ku est pour mesurer le profond.

Quinzième texte. « Le go-ku est pour savoir l'éloigné.

Seizième texte. « Le ou-an-ku[3] est pour le rond.

[1] C'est le prince Yu qui fut le premier empereur de la dynastie Hia.
[2] Ku exprime aussi un compas.
[3] On veut parler de la mesure des angles par la mesure des arcs de la circonférence du cercle, qu'on peut mesurer en faisant courir le compas, ou une branche

Dix-septième texte. « Le ho-ku[1] est pour le fang (figures de quatre côtés à angles droits).

Dix-huitième texte. « Le fang est du ressort de la terre ; le yu-en est du ressort du ciel. Le ciel est yu-en ; la terre est fang.

Dix-neuvième texte. « Le calcul du fang est tien. Du fang vient le yu-en. »

NOTES.

1° Les Chinois ont anciennement divisé les nombres en célestes et terrestres. Comptez d'un à dix, 1, 3, 5, 7, 9 sont les cinq nombres célestes : ils ne sauroient se diviser exactement en parties ou nombres égaux, non plus que leurs carrés ; 2, 4, 6, 8, 10 sont les cinq nombres terrestres : on peut les diviser en parties égales, de même que leurs carrés. Le caractère *tien* du dix-neuvième texte exprime une mesure divisible en deux parties égales. Dans le dix-neuvième texte, de même que dans le quatrième texte, on veut dire que la mesure d'une circonférence de cercle se doit chercher dans le carré. On prétend dire que le cercle n'est qu'un polygone qu'on peut connoître par le keou-kou, ou triangle rectangle, c'est-à-dire en carrant la base du triangle pour savoir les côtés.

2° Puisque par le triangle rectangle on peut connoître, selon les textes, le haut, l'éloigné, le profond, on indique et suppose la méthode de déduire dans un triangle rectangle ce qui n'est pas connu par ce qui est connu, et cela suppose que Chang-kao savoit que les trois angles d'un triangle rectangle sont égaux à deux droits ; cela suppose aussi que Chang-kao, par la propriété des triangles rectangles semblables de ce qu'on connoissoit dans le triangle, en déduisoit ce qui n'étoit pas connu. Sans ces deux connoissances, on n'auroit pas pu dire qu'on pouvoit connoître l'éloigné, le haut, etc. La seule connoissance que les carrés de deux côtés $=$ le carré de la base, n'auroit pas pu donner très-souvent le haut, le loin, etc.

Suite des textes du *Tcheou-pey*.

Vingtième texte. « La figure ly est pour représenter, décrire, observer le ciel. On désigne le ciel par une couleur brune et noire. La terre est désignée par une couleur mêlée de jaune et d'incarnat.

« Les nombres et le calcul pour le ciel sont dans la figure ly. Le ciel est comme une enveloppe ; la terre se trouve au-dessous de cette d'une équerre mobile, sur son centre, sur la circonférence du cercle.

[1] Le caractère *ho* désigne l'union : joignez deux équerres, ou deux ku semblables, on en fait par cette union un fang, ou figure de quatre côtés à angles droits. Fang veut aussi dire polygone régulier.

enveloppe, et cette figure ou instrument sert à connoître la vraie situation du ciel et de la terre.

Vingt-unième texte. Celui qui connoît la terre s'appelle *sage et habile.* Celui qui connoît le ciel s'appelle *ching*[1]. La connoissance du keou-kou donne la sagesse: on connoît par là la terre; par cette connoissance de la terre, on parvient à la connoissance du ciel, et on est fort sage et sans passions, on est ching. Les côtés keou et ku ont leurs nombres; la connoissance de ces nombres procure celle de toutes choses.»

Vingt-deuxième texte. Tcheou-kong dit: « Il n'est rien de mieux.»

NOTES.

1° Le caractère *ly* exprime la figure d'un demi-cercle, comme par exemple une calotte: c'est donc dans le texte la représentation du ciel visible sur l'horizon; il paroît qu'on parle d'un globe ou demi-globe sur lequel on représentoit le ciel, c'est-à-dire le cours des astres, et tout ce qui étoit décrit dans le ciel se rapportoit à la terre. Je laisse aux lecteurs à examiner les connoissances qu'indique le vingtième texte; je dis la même chose des autres textes: je ne dois que bien expliquer les textes chinois.

2° Ce que dit le vingt-unième texte doit se lier avec ce que d'autres textes ont dit, que le rond vient du carré. Ce qu'on voit dans les vingt-unièmes textes qui restent du *Tcheou-pey* fait bien regretter la perte des livres et méthodes qu'on avoit sans doute au temps de Chang-kao.

3° L'instrument *ly* est peut-être l'instrument dont on a parlé en parlant du livre *Chou-king*, chapitre *Chun-tien*.

4° Le premier nombre céleste ou impair est 1; le contour d'un cercle dont le diamètre est 1 est 3. Les anciens Chinois ont désigné le ciel par 1 et par 3. Le premier nombre terrestre[2] est 2; son carré est 4. C'est pour cela que le *Tcheou-pey* a pris pour les côtés du triangle les nombres 3, 4. La base est 5. Ce nombre 5 est nécessairement et par une conclusion nécessaire celui que doit avoir la base, si les côtés 4, 3 font un angle droit.

On voit encore une ancienne figure qui étoit du temps de Confucius, et dont il parle dans les appendices à son commentaire sur le livre classique *Y-king*. Dans cette figure, on voit les carrés des côtés keou-kou et de la base king joints ensemble; cela fait cinquante petits carrés. Au milieu de la figure, on voit un carré qu'on retranche du nombre de cinquante carrés; restent quarante-neuf carrés. Cette figure est avec celle du triangle rectangle, et toutes les deux étoient sans doute du temps de Tcheou-kong et de Chang-kao. Confucius donne de grands éloges à cette figure de cinquante carrés, dont, dit-il, on ôte un carré dans l'usage; il appelle le nombre de ces cinquante carrés, *le nombre de la grande expansion ou étendue*[1], à cause des grandes connoissances que donne celle du triangle rectangle.

NOTE.

Confucius me paroît indiquer ici une proposition que voici:

Soit le triangle $\triangle abc$ dont la différence des côtés soit d.

Le double du carré de chaque côté, moins le carré de d, = le carré de la somme de deux côtés, ab, bc.

Dans les Mémoires que j'avois envoyés sur l'astronomie, j'avois dit[2] que par l'ombre du gnomon les Chinois pouvoient connoître la hauteur du pôle, et savoir, tous les jours de l'année, la déclinaison du soleil. C'étoit en conséquence du triangle rectangle fait par le rayon du soleil, le gnomon et la longueur de l'ombre. Cela donne l'angle au zénith, et par conséquent l'éloignement du soleil au pôle et à l'équateur, car les Chinois, au temps dont je parlois, savoient que l'équateur est éloigné du pôle de la quatrième partie de 365° 1/4; ils savoient qu'aux solstices d'été et d'hiver ou ils supposoient qu'aux solstices d'hiver et d'été le soleil étoit éloigné, au sud et au nord de l'équateur, de 24° chinois. Puisque la connoissance du triangle rectangle, selon le texte du *Tcheou-pey*, connu des Chinois, dont je parlois, donne la connoissance du haut ou hauteur, du profond, du loin, etc., la hauteur du gnomon, l'angle droit, la longueur de l'ombre, trois élémens connus, devoient donner l'angle au zénith, et par là la distance du soleil au pôle et à l'équateur. Quelques personnes ont cru que ce que je disois étoit con-

---

[1] Fort sage, sans passions.
[2] C'est le nombre pair.

[1] Yen.
[2] Père Et. Souciet, dans ses recueils.

tradictoire à ce que j'assurois, que les Chinois, avant le temps de Co-cheou-king ¹, ne savoient pas la trigonométrie.

Je parlois de la trigonométrie sphérique, et non des fondemens de la trigonométrie des triangles rectangles ². D'ailleurs, dans le fait en question, on savoit que la route du soleil étoit du nord au sud, entre les espaces où le soleil a 24° chinois de déclinaison ; on avoit des cercles du méridien gradués ; on savoit que les degrés du cercle sont la mesure des angles ; on avoit des compas. On marque, pour ce temps-là, que ³ sur un terrain de niveau on attachoit un fil délié sur le terme de l'ombre, qui alloit au bout du gnomon ; par là on avoit un triangle rectangle, et indépendamment de la méthode du *Tcheou-pey*, pour connoître l'angle au zénith, on pouvoit machinalement mesurer cet angle, sans connoissance même des principes pour connoître un des angles obliques du triangle rectangle, dont on connoît l'angle droit et les deux côtés. Il est vrai que les Chinois qui faisoient ces observations au temps dont je parlois n'étoient pas bons observateurs ; mais ils pouvoient toujours savoir, quoique grossièrement, et la hauteur du pôle et la déclinaison du soleil. On savoit que le gnomon prolongé alloit au zénith ; que le rayon du soleil avec le gnomon faisoit l'angle du zénith au soleil.

Par l'éclipse de lune dont on a parlé, et par ce que dit le livre *Chou-king* des années des règnes de Ouen-ouang et Ou-ouang, comme princes du pays de Tche-ou, on a vu qu'on déterminoit assez sûrement la première année de l'empire de Ou-ouang, premier empereur de la dynastie Tcheou, à l'an 1111 avant Jésus-Christ. Ou-ouang régna sept ans. Ainsi, la première année de Tching-ouang, fils et successeur de Ou-ouang, fut l'an 1104 avant Jésus-Christ, et la septième année fut l'an 1098. On peut voir, dans la Chronologie, le calcul que j'ai fait de plusieurs jours du cycle, marqués dans des chapitres du *Chou-king* aux règnes de l'empereur Tching-ouang et de son fils Kang-ouang, pour démontrer que la septième année de Tching-ouang est l'an 1098 avant Jésus-Christ, et la dernière année est l'an 1068 avant Jésus-Christ ; de même, par la même voie, j'ai démontré que l'année 1056 est la douzième année du règne de l'empereur Kang-ouang.

NOTES.

1° M. Fréret, dans sa nouvelle et seconde dissertation, a adopté la conclusion que je tirois pour les époques des empereurs Kang-ouang, Tching-ouang. Il a confirmé cette conclusion par ses propres calculs sur les textes chinois du *Chou-king* que je lui avois envoyés. Il a vu la nécessité d'une correction de soixante ans à ajouter à la chronique du livre *Tchou-chou*, pour la dynastie *Tcheou*, correction à laquelle il ne pouvoit pas penser dans sa première dissertation, faute de mémoires détaillés.

2° Dans des pièces antiques qui étoient au palais à la mort de l'empereur Tching-ouang, on en trouve une qui a les caractères *tien-kieou*. Les interprètes se contentent de dire que c'étoit une belle ou ancienne pierre précieuse. Les deux caractères *tien-kieou* expriment un globe, une boule céleste, et le caractère latéral de *kieou* est celui de pierre précieuse. Il est très-probable que ce *tien-kieou* est un ancien instrument dans le genre du ly dont parlent les textes de l'ancien livre *Tcheou-pey*. Le caractère de pierre précieuse à côté du caractère *kieou* paroît désigner une sphère ou globe céleste, ou autre, semblable à l'instrument de l'empereur Chun dont on a parlé. Les plus anciens textes pour la latitude du lieu de la sphère marquent 36 degrés chinois. Ces textes ne remontent pas plus haut que les temps voisins de l'époque de Jésus-Christ. Il n'y a que le lieu de la cour de l'empereur Chun qui convienne à cette latitude chinoise, et ce qu'on dit de cette sphère, montée pour la latitude de 36° chinois, paroît être un vestige assez authentique d'une sphère au temps de l'empereur Chun.

L'histoire marque un météore de brillantes couleurs qui parut l'an 1002 ¹ avant Jésus-

---

¹ Vers 1277 après Jésus-Christ.
² Rectangles, rectilignes ; les Chinois ont toujours assez su ces fondemens depuis Tcheou-kong.
³ Indépendamment de cette pratique, la hauteur du gnomon et la longueur de l'ombre étant connues avec l'angle droit, on pouvoit carrer ces quantités connues ; on savoit que les carrés de ces deux quantités — le carré de la base, ou de l'espace entre l'extrémité de l'ombre et le bout du gnomon ; on savoit tirer la racine carrée ; on connoissoit donc en pieds et en pouces cet espace. Ensuite il étoit bien facile de faire sur le papier un triangle rectangle dont les deux côtés et la base eussent les mêmes quantités en pieds et en pouces, et on pouvoit sans peine, avec un cercle ou demi-cercle, savoir les deux angles obliques.

¹ Selon la Chronologie corrigée, c'est la quarantième et dernière année du règne de l'empereur Tchao-ouang ; le météore pourroit bien être une aurore boréale.

Christ dans la partie du ciel où les étoiles sont toujours sur l'horizon. La chronique du livre *Tchou-chou* dit que c'étoit une comète; elle la marque dans la même partie du ciel, et dit que c'étoit dans la saison du printemps; mais selon cette chronique non corrigée, ce fut l'an 963 avant Jésus-Christ, et selon la correction de 60 ans à ajouter à cette chronique pour ce temps-là, l'année 1023 avant Jésus-Christ.

Les astronomes et astrologues chinois ont désigné l'étoile delta de Céphée par les deux caractères tsao-fou. C'est le nom d'un prince de la cour de l'empereur Mou-ouang [1]. Tsao-fou avoit le secret de faire aller le char de l'empereur avec une vitesse incroyable. Du temps de Mou-ouang, l'astrologie judiciaire étoit en vogue à la Chine; à la cour, on commençoit à donner dans les idées de ce qui fut depuis appelé secte de *Tao*, qui cherchoit l'immortalité. Mou-ouang fit beaucoup de voyages dans diverses parties de l'empire, soit pour faire la guerre à des barbares, tributaires peu obéissans, soit pour la chasse. Le voyage qu'il fit dans les pays à l'ouest de la province du Chansi, entre le Thibet et le pays de Coconor, est fameux; il alla peut-être plus loin [2]. Ce voyage est le sujet d'une espèce de roman fait avant l'incendie des livres : on y voit les visites que l'empereur reçut d'un prince du pays d'Occident [3], les conférences qu'ils eurent ensemble, les repas qu'ils se donnèrent. Ce prince étranger est représenté comme un homme qui cherchoit l'immortalité et même comme un immortel. Des auteurs postérieurs ont placé son pays dans celui entre la mer Caspienne, la Méditerranée et autres voisins, comme la Judée, etc.

REMARQUES.

1. L'empereur Mou-ouang fit faire de beaux règlemens pour les procédures criminelles; c'est le sujet d'un chapitre [4] du livre *Chouking*.

2. Sous le règne de l'empereur Chi-tsou [1], de la dynastie Yu-en, il y avoit à la cour de Chine d'habiles Persans ; à la cour de Perse, il y avoit aussi d'habiles Chinois. Les Persans prétendoient que du temps de Mou-ouang, Tsao-fou fit un voyage en Perse.

L'année 827 [2] avant Jésus-Christ fut la première année du règne de l'empereur Su-enouang. Ce prince négligea la cérémonie chinoise de labourer la terre au printemps : là-dessus, un grand lui offrit un très-beau placet. L'ancien livre *Kou-eyen* a conservé le précis de cette remontrance : c'est un beau monument de l'antiquité. Le grand chinois dit dans son placet qu'anciennement on observoit soigneusement, le matin, le passage de la constellation Fang [3] par le méridien, et l'entrée du soleil et de la lune dans la constellation Ché. Par ces observations, on étoit instruit du temps où devoit être le printemps; on en avertissoit l'empereur dans une supplique. L'empereur faisoit alors tout disposer pour la cérémonie du labourage; il faisoit lui-même avec respect cette cérémonie, après avoir gardé le jeûne. Le mandarin disoit qu'un prince qui négligeoit cette cérémonie risquoit de perdre l'empire. Quelque temps après, l'armée impériale fut défaite près du champ que l'empereur auroit dû labourer au printemps. On regarda la perte de la bataille comme une punition du Ciel, parce que l'empereur avoit négligé la cérémonie du labourage.

NOTES.

1° Les anciennes observations chinoises de la constellation Fang, à son passage par le méridien au matin [4], ont donné occasion à l'opinion chinoise qui subsiste encore aujourd'hui, que la constellation Fang a du rapport à l'agriculture. Il conste que depuis environ 2,500 ans, cette constellation a le titre d'*étoile du labourage*. On est encore attentif au temps où la lune passe au milieu, ou au nord, ou au sud de cette constellation, et de ce passage on tire de bons ou de

[1] Première année de son règne, 1001 avant Jésus-Christ; il régna cinquante-cinq ans.
[2] Les connoissances astronomiques sur le soleil, les étoiles, le feu, pourroient bien être venues des pays occidentaux en Chine, sous le règne de l'empereur Mou-ouang.
[3] Nommé *Sy-ouang-mou*; j'en ai parlé dans la Chronologie.
[4] Le nom est Lu-hing. Ce chapitre indique le règne de Ho-ang-ti et la guerre contre le prince Tchi-y-cou.

[1] C'est l'empereur mogol Koublay-han; il mourut le 23 février 1294 de Jésus-Christ.
[2] C'est l'année kia-su, onzième du cycle de 60.
[3] Voyez la table des constellations.
[4] Du temps des empereurs Yao et Yu, on a vu qu'on observoit cette constellation au méridien, au crépuscule du soir. Elle indiquoit le temps de l'équinoxe d'automne. L'observation se faisoit dans le cours de la lune où étoit le solstice d'été.

mauvais augures pour la récolte. Les Mongous ou Tartares Mogols, voisins de la grande muraille de Chine, ont des terres qu'ils cultivent ou font cultiver par des Chinois. Ils ont soin de s'informer du tribunal chinois d'astronomie sur ces passages de la lune par la constellation Fang, au nord, au sud, pour savoir ce qu'ils ont à craindre ou à espérer pour la récolte.

2° Le prince Ki, frère de l'empereur Yao, avoit le titre de *neou-tsi*, parce qu'il fut nommé pour présider à l'agriculture. Ce prince neou-tsi est la tige des empereurs de la dynastie *Tcheou*; par cette raison, les princes de cette famille s'étoient toujours fait de l'agriculture une affaire d'État, et l'auteur de la remontrance insiste fort là-dessus.

Le livre classique *Chi-king*[1] dit dans une ode : Kiao de la dixième lune, conjonction du jour sin-mao[2], éclipse de soleil.

Cette ode est du temps de Yeou-ouang, empereur de la dynastie Tcheou; sa cour fut à Sigan-fou, capitale du Chensi[3].

La chronique de Tchou-chou rapporte cette éclipse à la sixième année de l'empereur Yeou-ouang, au jour sin-mao, premier de la dixième lune. Dans le livre *Y-tcheou*[4] sont les caractères de l'année.

Le caractère chinois kiao exprime les nœuds de la lune; selon la règle de l'ancienne astronomie chinoise, si, à la conjonction, la lune se trouve dans le kiao ou près du kiao, il y a éclipse de soleil. Le texte du *Chi-king* fait allusion à cette règle, et veut dire qu'il y a éclipse de soleil, parce qu'à la conjonction, la lune se trouve dans le kiao, ou fort près du kiao.

On a vu que dans le calendrier de la dynastie Tcheou, la dixième lune est la huitième lune du calendrier de la dynastie Hia; ainsi dans le cours de cette lune, le soleil devoit entrer dans le signe de la Balance, ou bien dans le cours de cette lune étoit le tchong-ki-tsicou-fen, ou équinoxe d'automne.

Les caractères du jour de la conjonction et de la lune ne conviennent, pour le temps de l'empereur Yeou-ouang, qu'au 6 septembre, l'an 776 avant Jésus-Christ. La conjonction fut le 6 septembre à Sigan-fou[1]; ce jour eut les caractères sin-mao, le soleil étoit vers le 5° de Virgo[2]. Tous ces caractères ne conviennent qu'au 6 septembre de l'an 776 avant Jésus-Christ. Dans la dissertation que je fis sur cette éclipse, il y a quelques années[3], j'avois marqué 47' de latitude boréale. J'ai averti de cette erreur; la latitude étoit au moins de 52' et peut-être 53'. Il y eut bien éclipse, mais très-petite, à Sigan-fou; elle fut ailleurs plus grande vers le nord. L'éclipse rapportée par le *Chi-king* n'est peut-être que le calcul des astronomes du tribunal, offert à l'empereur selon la coutume. Ce que le texte dit de ce qu'il y a de hideux et de mauvais présage dans l'éclipse a pu se dire par le poëte auteur de l'ode sur un calcul publié, comme sur une observation : quoi qu'il en soit, les seuls caractères de la conjonction du jour de la lune, étant des astronomes contemporains, pourroient fixer l'époque de l'an 776 pour la sixième année de l'empereur Yeou-ouang; on a d'ailleurs d'autres preuves et d'autres fondemens pour assurer cette époque.

Le livre *Chi-king* parle des constellations Nu, Teou, Pi, Ki, Che, des étoiles du Scorpion, de la voie lactée, de la Lyre. En parlant de la Lyre, le livre rapporte, en termes difficiles à bien expliquer, l'arc diurne qu'elle parcourt sur l'horizon. Il parle encore des ombres du gnomon; il parle aussi de l'observation de la constellation Che au méridien, pour la construction d'un palais. Cette constellation devoit être observée alors, ou du moins on croyoit utile de l'observer au méridien : quand on vouloit construire un palais, outre la méridienne qu'on traçoit, on observoit l'étoile polaire, et pour que tout fût dans l'ordre, on vouloit encore observer l'étoile Che du méridien.

Le règne de l'empereur Ly-ouang, père de Su-en-ouang, fut malheureux. Su-en-ouang avoit de grandes qualités; il sut se faire respecter des princes tributaires; son fils Yeou-ouang mit l'empereur et sa famille à deux doigts de leur perte. L'empereur fut tué dans une bataille; après sa mort, les princes tributaires ne le furent que de nom. L'empereur Ping-ouang, fils de Yeou-ouang, étoit un prince ti-

---

[1] Dans la Chronologie j'ai parlé de ce livre.
[2] Vingt-huitième jour du cycle de 60.
[3] Latitude boréale, 34° 16' ouest de Pékin; longitude, 7° 33' 40".
[4] Second du cycle de 60; c'est l'an 776 avant Jésus-Christ.

[1] Conjonction au matin, vers les neuf heures.
[2] Donc le soleil entra dans la Balance dans le courant de la lune.
[3] Père Ét. Souciet, second recueil, ou tome II.

mide et peu éclairé : il ne sut pas se faire respecter des princes feudataires; il se fit haïr de ses grands et de ses sujets, en abandonnant sa cour du Chensi, pour la transporter à la ville qu'on appelle aujourd'hui Honan-fou du Honan. C'est, selon les Chinois, l'époque de la ruine des sciences et surtout de l'astronomie : les bons astronomes se dispersèrent, plusieurs allèrent au pays des barbares, du nord et de l'ouest [1]; on négligea les observations et les calculs; les historiens n'étoient pas exacts à marquer les fastes, on négligeoit le calendrier, et l'étude de l'astronomie fut comme abandonnée.

REMARQUE.

Des Chinois astronomes ayant vu avec douleur les Chinois obligés de recourir aux Européens pour l'astronomie, dont ils avoient perdu la vraie méthode, ont cherché à diminuer la gloire qu'ils croyoient en revenir aux Européens. Ces Chinois ont dit que les Européens ont eu leur astronomie des Mahométans, ceux-ci de Ptolémée, et que Ptolémée l'a eue des anciens Chinois. On cite l'époque de la dispersion des astronomes chinois dans les pays occidentaux, vers le temps de l'empire de Ping-ouang. On dit que ces Chinois furent les maîtres de ceux dont Ptolémée eut les connoissances de la vraie astronomie. L'empereur Kang-hi a dit que l'empereur Yao apprit l'astronomie à tous les peuples chinois et étrangers; que c'est de ceux-ci que les Européens l'ont eue, et qu'ils ont été plus soigneux que les Chinois à cultiver ce qui venoit de Yao ; par là l'empereur Kang-hi a voulu instruire ses sujets, que l'astronomie européenne étoit la vraie ancienne astronomie chinoise, qui avoit passé de Chine aux pays occidentaux, et que les Européens n'ont fait que rendre aux Chinois ce qu'ils en avoient reçu. L'empereur Yong-tching, fils de Kang-hi, a dit que l'empereur son père a mis dans un ordre très-clair et très-méthodique ce que les Européens ont dit d'une manière qui n'étoit pas assez claire et intelligible.

L'empereur Ping-ouang mourut l'an 720 avant Jésus-Christ, le 4 d'avril, à la cinquante-unième année de son règne. C'étoit la troisième année du règne de Yn-kong, prince de Lou. Les princes de Lou étoient descendans du prince Tcheou-kong. La principauté de Lou étoit dans la province de Chan-tong, dans le pays où est la ville de Yen-tcheou-fou.

C'est par la première année [1] du règne du prince Yn-kong que Confucius commence son histoire du Tchun-tsieou. Cette histoire comprend les règnes de douze princes de Lou, depuis l'an 722 jusqu'à l'an 481, quatorzième année du règne de Gai-kong, douzième prince de Lou. Les historiens continuèrent cette histoire jusqu'à l'année 497, année de la mort de Confucius. Tso-kieou-min, historien public contemporain de Confucius, fit un commentaire sur le livre *Tchun-tsieou* : c'est ce qu'on appelle *Tso-tchouen*, ou tradition de *Tso*. L'éclipse solaire de l'an 481 n'est pas dans le livre de Confucius ; c'est dans le commentaire de Tso-kieou-min qu'on la voit.

Si on avoit marqué, même à peu près, le temps et les phases des éclipses du soleil, rapportées dans le *Tchun-tsieou*, elles seroient d'une grande utilité pour les astronomes; mais on se contente de dire qu'il y eut éclipse de soleil; il y en a de marquées totales, il y en a marquées observées, d'autres ne sont que des calculs du tribunal. Cette histoire du *Tchun-tsieou* apprend qu'on calculoit les éclipses de soleil : on avoit donc une méthode; mais on ne trouve rien de cette méthode dans ce qui reste des monumens astronomiques avant l'année 206 avant Jésus-Christ. Les éclipses du *Tchun-tsieou* fixent la chronologie de ce temps-là [2].

Confucius mit en ordre les livres classiques *Y-king, Chou-king, Chi-king, Ly-ki*. Il composa l'histoire du *Tchun-tsieou*, et fit un beau commentaire sur les textes du prince Ouen-ouang et de son fils Tcheou-kong. Ces textes concis, et souvent énigmatiques, expliquent les figures, ou koua, attribuées à l'empereur Fou-hi. Confucius dit encore quelque chose sur les figures ho-tou, lo-chou. Lo-chou a, dit-on, pour auteur l'empereur Yu, et l'empereur Fou-hi passe pour auteur du Ho-tou.

Confucius, en rangeant et mettant en ordre les livres classiques, rejeta beaucoup d'articles qui lui parurent suspects ou fabuleux, et par là fit sans doute beaucoup de tort à l'ancienne

---

[1] On a dit depuis ce temps-là que ces astronomes et savans chinois communiquèrent aux pays étrangers leurs méthodes et les sciences chinoises.

[1] Année 722 avant Jésus-Christ.
[2] Voyez la Chronologie.

histoire et à la vraie religion ; car les Chinois étant si près du temps du déluge, et ayant tant de connoissances, marquèrent sans doute ce qui regardoit la création du monde, les premiers patriarches, le déluge, la dispersion des nations ; il est certain qu'ils firent leur histoire, et qu'elle existoit au temps de Confucius : on attribue à l'incendie des livres la perte de beaucoup d'anciens monumens [1]. Une partie de la perte doit s'attribuer à la critique de Confucius ; une partie doit aussi s'attribuer à la grande négligence des historiens chinois, depuis le temps de l'empereur Ping-ouang jusqu'à celui de l'incendie des livres, et aux guerres de ce temps-là, qui troublèrent toute la Chine, éteignirent presque entièrement l'amour de l'étude et des sciences, et introduisirent ou affermirent les fausses sectes.

Confucius, dans ses commentaires sur les textes de Ouen-ouang et Tcheou-kong, a fait beaucoup d'attention à ce que disent ces deux princes d'une ancienne révolution de sept jours [2], dont le septième est pour penser à s'examiner et à se corriger. Confucius ajoute à ces textes qu'anciennement les jours de solstice étoient des jours d'une grande fête, qu'on n'exerçoit pas la justice, qu'on ne faisoit pas de commerce, et qu'un septième jour n'étoit employé qu'à examiner ses fautes, à s'en corriger, etc. Un habile juif chinois, au temps de l'empereur Kang-hi, offrit à ce prince un placet où il expliquoit les dogmes de sa religion, qu'il prétendoit être conforme à l'ancienne religion chinoise ; il assure que ce que Ouen-ouang, Tcheou-kong et Confucius disent de la révolution de sept jours est la sanctification du sabat. Les noms de soleil, lune, Mars, Mercure, Jupiter, Vénus, Saturne, pour les sept jours de la semaine, ne sont connus et introduits à la Chine que depuis Tai-tsong, deuxième empereur de la dynastie Tang [3].

Les princes de Lou avoient un tribunal chargé d'écrire l'histoire, et de ce qui regarde les calculs et les observations astronomiques ; ils avoient un observatoire. Les princes des autres États qui étoient tributaires de l'empire chinois avoient aussi dans leur cour un observatoire, un tribunal pour l'astronomie et pour écrire l'histoire. Les princes de Lou suivoient la forme du calendrier de l'empereur Ou-ouang, c'est-à-dire que le moment de minuit commençoit le jour, et que le solstice d'hiver devoit être dans la première lune de l'an civil. L'empereur est traité, dans le *Tchun-tsieou*, de fils du ciel, de roi céleste, et ordinairement de ouang ou roi. Confucius n'approuvoit pas la forme d'année de la dynastie Tcheou ; il auroit voulu que l'année fût dans la forme de la dynastie Hia : il croyoit cette forme d'année plus conforme au ciel. C'est pour cela qu'au commencement des années, il met ordinairement lune du roi, pour faire entendre que, selon le ciel, on auroit dû marquer autrement les lunes ; c'est pour cela aussi qu'il a affecté de mettre le caractère tchun, printemps, à la lune du solstice d'hiver, comme voulant dire que le printemps de la dynastie Tcheou n'est pas le printemps du ciel. C'est par cette raison qu'il a eu soin de dire dans le *Chou-king*, que lorsque Ou-ouang fut à Meng-tsin pour passer le fleuve Hoang-ho et attaquer l'empereur de la dynastie Chang, c'étoit tchun, ou printemps, quoique ce fût le fort de l'hiver. L'auteur du *Tso-tchouen* étoit dans les mêmes sentimens que Confucius sur la forme d'année.

On a vu la méthode chinoise de ranger les douze lunes de l'année civile et de déterminer la lune intercalaire ; il faut faire bien attention au jour que les Chinois ont marqué le solstice d'hiver, parce que c'est du jour de ce solstice qu'ils commençoient leurs calculs, et que pour déterminer les jours ou heures, ou momens de l'entrée du soleil dans les tchong-ki et tsie-ki, ayant divisé l'année en parties égales, ils commençoient par le moment du solstice d'hiver à compter ces parties égales. C'est la méthode qu'ils ont constamment tenue jusqu'à l'entrée des jésuites au tribunal d'astronomie, temps où l'on commença à marquer dans les éphémérides l'entrée du soleil dans les signes selon le mouvement vrai ; et par là les tchong-ki et tsie-ki qui, contenoient des espaces égaux de temps, devinrent des tchong-ki et tsie-ki qui contenoient des espaces inégaux de temps. Ce n'est pas selon les règles introduites par les

---

[1] La géographie, l'astronomie, l'histoire souffrirent un grand dommage ; on voit donc pourquoi tant d'anciens livres chinois se sont perdus.

[2] Les Chinois, surtout dans leurs cérémonies pour les morts, usent encore du caractère tsi, 7, pour désigner une semaine ; ils disent un tsi, deux tsi, trois tsi, quatre tsi, etc., pour dire une, deux, trois, quatre semaines, etc.

[3] Première année du règne de Tai-tsong, 627 après Jésus-Christ.

jésuites dans le calendrier qu'il faut examiner les lunes marquées dans l'histoire, et surtout dans le *Tchun-tsieou*, mais selon les règles de la méthode chinoise que j'ai expliquées. En suivant cette méthode, on voit clairement que dans les éclipses solaires du livre *Tchun-tsieou* il y a des lunes mal marquées. Cette erreur est venue quelquefois des astronomes qui, n'ayant pas fait attention aux règles pour le jour de l'entrée du soleil dans les signes, ont mal déterminé la première lune. Quand on lit le *Tchun-tsieou*, on voit que dans les cas de cette erreur, on la corrigeoit dans quelques lunes suivantes. L'erreur des lunes mal marquées est quelquefois la faute de ceux qui copièrent et publièrent le *Tchun-tsieou*; ils n'étoient pas en état de bien juger des fondemens du calendrier chinois [1].

A la troisième année du prince Yn-kong, on voit une éclipse marquée à la deuxième lune, au jour kisse. Le calcul des jours fait voir que c'est le 22 février de l'an 720 avant Jésus-Christ. Par le calcul du lieu du soleil, on voit qu'on auroit dû marquer, non deuxième lune, mais troisième lune, dans le calendrier qu'on suivoit. En lisant le *Tchun-tsieou*, on voit un jour keng-su à la troisième lune; à la quatrième lune, un jour sin-mao; à la huitième lune, un jour king-tchin; à la douzième lune, un jour kouey-ou-ey. Ces jours suivent l'erreur du jour kisse de la deuxième lune; mais à la quatrième année, on voit à la deuxième lune un jour king-su. Ce jour king-su n'a pu être marqué à la seconde lune de l'année quatrième que dans la supposition que la première lune de l'année quatrième fût bien marquée : on corrigea donc l'erreur de la deuxième lune marquée à la troisième année.

[1] Le père Étienne Souciet, dans ses recueils, t. III, a publié le catalogue des éclipses du *Tchun-tsieou*, avec quelques-unes de mes notes et mes calculs. Je n'avois pas fait ces calculs dans une exactitude rigoureuse, cela n'étoit pas nécessaire pour ce que je me proposois; savoir, si l'année marquée avant Jésus-Christ étoit bien marquée, et s'il y avoit eu éclipse. Cela suffisoit pour la Chronologie que j'examinois. J'avois prié le père E. Souciet de communiquer à MM. Maraldi et Cassini, et autres gens bien versés en ces matières, non-seulement le recueil des éclipses du *Tchun-tsieou*, mais encore tout ce que je lui adressois sur l'astronomie chinoise. Je priois le père de ne rien publier qu'après que ces messieurs auroient tout vu et corrigé. J'ai vu que le Père n'avoit pas fait tout ce dont je l'avois prié.

REMARQUE.

L'erreur de la deuxième lune de la troisième année n'infirme en rien l'époque de l'an 720, fixée en vertu de l'éclipse de soleil. Dans toutes les années avant et après l'an 720, il n'y a pas eu d'éclipse de soleil dans les premières lunes qui ait eu les caractères du jour kisse, et puisque le 22 février 720 fut kisse et jour d'éclipse, cette éclipse du 22 février 720 est certainement l'éclipse dont le livre parle. Les Chinois ont pu d'abord errer d'une lune, mais non de deux ou trois.

Riccioli marque une éclipse de soleil le 17 juillet de l'année 709 avant Jésus-Christ. Le 17 juillet eut en Chine les caractères gin-tchin (vingt-neuvième du cycle). Le livre *Tchuntsieou* marque une éclipse de soleil totale au jour gin-tchin, premier de la septième lune, à la troisième année du règne de Hoan-kong, prince de Lou, successeur du prince Yn-kong. Les caractères gin-tchin pour ce temps-là ne conviennent qu'au 17 juillet de l'an 709. Le prince Yn-kong, à la onzième année de son règne, au jour gin-tchin [1], mourut. L'an 720 étant le troisième du règne, l'an 712, fut le onzième. L'an 711 fut donc le premier du règne de son successeur, et l'an 709 fut le troisième. Le jour gin-tchin marqué premier de la septième lune, avec la septième lune à la troisième année de Hoan-kong, démontre cette époque de Hoan-kong. Au temps de la conjonction, le soleil étoit vers l'Écrevisse, 16° 2' ou 3' dans cette lune. Le soleil entra donc dans le signe Leo; ce fut donc la huitième lune et non la septième. C'est donc une erreur du livre pour les lunes; mais l'époque est toujours sûre. L'erreur des lunes peut bien être d'une lune, mais non de deux ou trois, et dans ce temps-là, le seul jour 17 de juillet a pu être réuni à la conjonction de la lune, et être jour d'éclipse de soleil, et avoir les caractères gin-tchin (vingt-neuvième du cycle).

A l'année avant Jésus-Christ qui répond à l'an 695, le *Tchun-tsieou* marque une éclipse de soleil à la dixième lune, premier jour. On ne marque pas les caractères chinois pour le jour, et l'auteur du *Tso-tchouen* reproche cette négligence aux astronomes du tribunal. Cette dixième lune est mal marquée encore dans le calendrier de *Lou*. L'équinoxe devoit être

[1] 18 octobre.

dans la dixième lune. Il y eut éclipse de soleil le 10 octobre[1]; au temps de la conjonction, le soleil étoit entre le neuvième et le dixième du signe Balance. En calculant à la chinoise, l'automne, l'équinoxe chinois d'automne étoit passé. Cette lune fut donc la onzième et non la dixième de l'année chinoise.

Au jour qui répond au 23 mars de l'an 687 avant Jésus-Christ, on rapporte que la nuit on ne vit pas les étoiles qu'on doit voir. Le *Tso-tchouen* ajoute que la nuit on voyoit clair. Confucius ajoute que les étoiles paroissoient tomber comme de la pluie au milieu de la nuit. Voilà tout ce qu'on rapporte de ce phénomène, qui paroît être quelque aurore boréale.

NOTE.

A la fin de ces mémoires on verra un éclaircissement sur l'éclipse de soleil marquée par Tchun-tsieou à la troisième lune de la dix-huitième année de Tchoang-kong, prince de Lou; c'est l'an 676 avant Jésus-Christ.

Le *Tchun-tsieou* marque une éclipse de soleil au jour *sin-ouey*, premier de la sixième lune, à la vingt-cinquième année de Tchoang-kong, prince de Lou. La suite des règnes, depuis celui du prince Yn-kong, fait voir que cette vingt-cinquième année est l'an 669 avant Jésus-Christ, et les caractères d'éclipse de soleil, et sin-ouey pour le jour, ne peuvent convenir qu'au 27 mai[2] de l'an 669. L'éclipse est marquée observée, et on fit les cérémonies dont j'ai parlé au règne de Tchong-kang, empereur de la dynastie Hia. Les astronomes postérieurs depuis la dynastie Han[3] ont supposé que le solstice d'été fut le vingt-cinquième juin. De là ils ont prétendu que le *Tchun-tsieou* auroit dû dire septième lune, parce que le solstice d'été doit se trouver dans la cinquième lune de la dynastie Hia et dans la septième de la dynastie Tcheou, dont le calendrier est celui du *Tchun-tsieou*. Du système faux de ces astronomes, il suit que la lune suivante auroit dû être la septième lune intercalaire. Puisque le *Tchun-tsieou* a marqué la sixième lune, le solstice d'été ne fut pas marqué dans cette lune, et il ne dut pas l'être. Le solstice ne fut pas même marqué le 26 juin[1], car si cela eût été, la sixième lune auroit été marquée sixième lune intercalaire; car, selon la règle, si un tchong-ki est au premier jour d'une lune, la lune précédente est intercalaire, et si le tchong-ki est au dernier jour de la lune, c'est la lune suivante qui est intercalaire.

Les mêmes astronomes chinois dont je viens de parler prétendent que l'équinoxe chinois d'automne fut le 25 septembre, l'an 664, trentième du prince Tchoang-kong. De là ils concluent que le *Tchun-tsieou*, à cette année-là, auroit dû marquer à la dixième lune et non à la neuvième lune, au jour ken-gou[2], l'éclipse du soleil. Au temps de la conjonction, le soleil étoit au 27° du Lion, puisqu'on marqua neuvième lune. Le 25 septembre ne fut pas l'équinoxe dans le calendrier. Cet équinoxe ne fut pas même marqué le 26 septembre; car s'il avoit été marqué le 26 septembre, ce jour-là étant l'équinoxe, la lune suivante auroit dû être marquée intercalaire. L'équinoxe d'automne devoit être dans la dixième lune du calendrier du *Tchun-tsieou*, et selon le système des astronomes cités, le 26 septembre on auroit dû dire: premier jour de la dixième intercalaire, puisque, selon eux, l'équinoxe devoit être marqué le 25 septembre, dernier de la lune. Il suit encore de là que le solstice d'hiver ne fut pas marqué cette année-là le 25 décembre, ce qu'il faut remarquer.

La cinquième année de Hi-kong, prince de Lou, commença vers la fin de décembre de l'an 656 avant Jésus-Christ. Selon le texte du *Tso-tchouen*, le premier jour de la première lune de cette cinquième année fut le jour sin-hay[3], et le solstice d'hiver est marqué dans ce livre ce même jour sin-hay, premier de la première lune. Le calcul des jours démontre que ce jour sin-hay fut le 25 décembre de l'an 656. On marque à cette cinquième année une éclipse de soleil au jour ou-chin, premier de la neuvième lune. Ce jour ou-chin fut le 19 août

---

[1] Le 10 octobre dut avoir les caractères du cycle Ken-gou.
[2] Premier de la sixième lune, le soleil au temps de la conjonction, vers le 27° du Taureau.
[3] L'an 206 avant Jésus-Christ fut le premier de cette dynastie.

[1] De là il s'ensuit que le solstice d'hiver chinois ne fut pas marqué le 25 décembre, ce qu'il faut remarquer.
[2] 28 août.
[3] Le solstice ne fut que le 28 décembre, la conjonction fut le 26 : ainsi voilà deux erreurs.
On parlera ensuite de ce solstice.

de l'an 655 avant Jésus-Christ. Ce que le *Tso-tchouen* marque encore dans cette cinquième année doit être examiné.

Le *Tso-tchouen*, à la cinquième année de Hi-kong, dit que le jour pin-tse[1] fut le premier de la douzième lune; que le prince de Tsin, assiégeant une ville à la huitième lune, voulut savoir d'un astronome et astrologue le succès du siége. L'astronome calcula le lieu du soleil et de la lune pour les deux lunes suivantes, de même que le passage du signe céleste Chun-ho par le méridien. Il trouva que le jour pin-tse seroit le premier de la dixième lune; que le soleil, dans cette conjonction, seroit dans la constellation Ou-y[2]; que la lune seroit à l'étoile Tche au crépuscule du jour pin-tse, et qu'alors le signe Chun-ho passeroit par le méridien.

La ville qu'on nomme présentement *Tay-yu-en-fou*[3], capitale du Chansi, étoit la cour du prince de Tsin dont on parle. Dans cet État, on suivoit la forme du calendrier de la dynastie Hia, selon ce que rapporte *Tso-tchouen*. Dans le temps qu'à la cour de l'empereur et à celle des princes de Lou on disoit douzième lune, à la cour de Tai-yu-en-fou on disoit dixième lune. Dans le calendrier de Hia, le temps vers les six heures du matin commençoit le jour civil. Ainsi le jour pin-tse commença à Tay-yu-en-fou le 15 novembre à six heures du matin et finit le 16 avant le temps de six heures du matin, et ce qu'on dit crépuscule étoit le temps du 16 novembre au matin. On peut dire aussi à l'aurore, à la première aurore, aussi bien que crépuscule. Le caractère chinois du texte exprime tout cela; même quelque peu de temps avant l'étoile Tche est l'étoile Fou-y-ue, nébuleuse dans le Scorpion. A la fin de l'an de Jésus-Christ 1620, le père Adam Schall plaçoit cette étoile dans le Sagittaire 22° 30', latitude australe 13° 15'. On a vu qu'au temps de Tcheou-kong, l'an 1111 avant Jésus-Christ, le signe Chun-ho étoit le signe de l'Écrevisse; au temps du prince Hi-kong, ce signe chinois mobile s'étoit, comme les étoiles, avancé à l'orient de quelques degrés.

La conjonction fut à Tay-yu-en-fou le matin du 16 novembre, vers trois heures 45 minutes, lieu du soleil et de la lune, vers le Scorpion, 17° 1' ou 2'; latitude australe de la lune, près de 4° 59'. Au lieu de la lune, ajoutez, si vous voulez, 32' 33" pour le mouvement horaire, afin d'avoir le temps chinois qui répond à l'aurore, ou première pointe du jour; savoir: quatre heures 45 minutes du matin, et la lune auroit près de 4° 59' 10"; latitude australe, ascension droite de la lune, 223° à peu près et quelques minutes. Le texte du *Tso-tchouen*, en disant que la lune seroit à l'étoile Tche entend l'ascension droite qui seroit la même dans la lune et dans l'étoile. Le texte ne rapporte qu'un calcul et n'en dit pas les circonstances. On ne dit pas le lieu du soleil par rapport aux tchong-ki. L'expression du lieu du soleil à la constellation Ou-y désigne un lieu trop vague, à cause de l'étendue de cette constellation. Le lieu de la lune, rapporté à l'étoile Tche, est plus précis; mais on ne dit rien du temps qu'on calculoit pour la conjonction, ni du lieu qu'on calculoit pour la lune, soit par rapport aux étoiles, soit par rapport aux tchong-ki. Si on croit un peu important le calcul de l'astronome chinois, 655 ans avant Jésus-Christ, on peut exactement, par observation, savoir la longitude et latitude de l'étoile Tche. Ce calcul fait toujours voir que dans ce temps-là on devoit avoir des catalogues d'étoiles, et qu'on avoit d'assez bonnes connoissances sur le mouvement de la lune : on ne devoit pas ignorer la latitude des étoiles; sans cette connoissance, comment rapporter son lieu à l'équateur, et assez bien pour ce temps-là?

L'étoile Tche est l'étoile Fou-y-ue[1], nom d'un célèbre ministre chinois de Ou-ting, empereur de la dynastie Chang. Ce ministre étoit natif du pays où est la ville de Pinglo-hien[2], dans le Chansi. C'est cette ville que le prince de Tsin assiégeoit; ainsi, dans le temps de ce prince, cette étoile devoit passer pour avoir quelque rapport avec le ministre Fou-y-ue, et apparemment, dès ce temps-là, l'étoile Tche en portoit le nom comme aujourd'hui.

NOTES.

1° Tcheou-kong marque distinctement le solstice

---

[1] 15 novembre.
[2] Voyez la Table des constellations.
[3] Latitude boréale, 37° 53' 30"; longitude, 3° 55' 30" ouest de Pékin.

[1] Dans ce que j'envoyai sur les étoiles, je marquois que l'étoile Fou-y-ue ne portoit pas le nom de l'ancien ministre; je me trompois.
[2] Latitude boréale, 34° 48'; longitude, 5° 25' ouest de Pékin.

d'hiver à la constellation Nu[1] ; 2° chinois, qu'on peut rapporter à l'équateur. Ici on ne dit pas clairement le temps de la conjonction de l'étoile Tche avec la lune en ascension droite ; mais on marque que c'étoit un temps qui répond ou au crépuscule du matin, ou au commencement de l'aurore. Dans les livres d'astronomie européenne, on n'a point de lieux d'étoiles de cette antiquité bien constatés. Si les lieux du soleil marqués au temps de Yao, et au temps du fragment *Siau-tching*, étoient rapportés clairement à un degré déterminé d'une constellation, on pourroit par là peut-être, à cause de l'antiquité, déterminer le mouvement annuel des fixes, et voir quel est celui qu'on doit choisir des Tables de MM. Cassini, Halley, Zanotti et autres astronomes célèbres.

2° Chun-ho, étant signe céleste, comprend une douzième partie du cercle. Ce signe chinois étoit l'Écrevisse au temps de Tcheou-kong. Il est facile de voir à quel degré de l'Écrevisse commençoit Chun-ho, l'an 655 avant Jésus-Christ, et par là le temps de son passage par le méridien. La constellation Ou-y, le signe Chun-ho, le temps de la dixième lune, etc., devoient avoir dans l'astrologie de ce temps-là bonne place pour les astrologues. Les lettres chinoises pour le jour étoient aussi examinées.

3° Il y a de fortes raisons pour soupçonner de quelque altération le texte du *Tso-tchouen* sur le solstice réuni à la conjonction ; c'est ce qu'on examinera ensuite.

4° Puisqu'au pays de Tsin on avoit su conserver la forme du calendrier de Yao et de l'empereur Yu pendant un si long espace de temps, le système de M. Fréret sur les changemens des commencemens de l'année chinoise souffre une grande difficulté. Quand il me communiqua ce système, je lui dis ma pensée, et je lui opposai la forme du calendrier du pays de Tsin. Le pays d'un autre Tsin[2] dans le Chensi, des princes dans le Hou-koang, dans le Honan et ailleurs avoient toujours conservé la forme du calendrier de l'empereur Yu ; aux cours de Lou, de l'empereur et quelques autres pays, on suivoit la forme du calendrier de Ou-ou-ang.

Il y avoit des cérémonies réglées pour les éclipses de soleil ; j'ai oublié la principale, qui étoit d'immoler un bœuf. Cette cérémonie étoit dans d'autres occasions pour l'honneur des ancêtres ; dans les éclipses de soleil, c'étoit pour honorer le ciel. Le caractère chinois *avertir*[3] est composé du caractère bœuf, *nieou*, et du caractère bouche, *keou*. Dans les cérémonies au ciel, aux ancêtres, on se servoit et on se sert encore du mot chinois *avertir*, et c'est par un bœuf égorgé et immolé que se faisoit cette cérémonie, ou cet avertissement au ciel et aux ancêtres. Tous les premiers jours de la lune, il y avoit aussi des cérémonies : c'est ce qu'on appeloit avertir du premier jour. Dans une grande salle pour les cérémonies, il y avoit douze places pour chaque lune. A la lune intercalaire, la cérémonie se faisoit à la porte : le caractère chinois *jun* intercalaire est composé du caractère *ou-ang*, roi, empereur, prince souverain, et du caractère *men*, porte. Le *Tso-tchouen*, à la cinquième année du prince Hikong, remarque qu'aux jours des solstices, des équinoxes, et autres parties de l'année ou saisons où il y avoit des cérémonies ou des fêtes, les princes montoient à l'observatoire, jetoient les yeux sur l'horizon, en examinoient tout, et l'on en tenoit un registre exact ; c'est-à-dire qu'à ces jours le prince examinoit tout lui-même, voyoit les registres des calculs et des observations, et faisoit mettre tout au net et en état. L'auteur du *Tso-tchouen* parle de ce qui auroit dû se faire selon ce qui étoit prescrit par les rits ; mais dans ce temps-là on négligeoit bien ces anciennes coutumes.

L'éclipse de soleil du 3 février 626 avant Jésus-Christ est marquée à la première année de Ouen-kong[1], avec les caractères du jour kouey-hay[2]. C'est une erreur pour la lune, car le soleil étant dans le Verseau, entre le 7° et 8°, dans cette lune il entra dans les Poissons ; c'étoit donc le premier jour de la troisième lune. Le 3 février on corrigea cette erreur par une lune intercalaire extraordinaire contre les règles de l'intercalation ordinaire. Dans la quatrième lune de cette première année Ouenkong, on voit un jour ting-sse[3]. En comptant les jours du cycle, l'espace entre le jour koueyhay et le jour ting-sse exige entre deux une lune intercalaire ; c'est ce qu'on dut faire pour réparer la faute faite.

Le *Tso-tchouen* nous apprend que ce fut la troisième lune qu'on intercala : c'étoit contre les règles de l'intercalation. Cet auteur se récrie contre la négligence ou ignorance des calculateurs. A cette occasion, le *Tso-tchouen*

---

[1] Nu est le nom de la constellation qui commence par l'étoile E du Verseau.
[2] Les caractères chinois sont différens.
[3] En chinois kao.

[1] Prince de Lou.
[2] Soixantième jour du cycle.
[3] Cinquante-quatrième du cycle de 60, 29 mars ; le premier de la cinquième lune fut sin-y-eou, cinquante-huitième du cycle, 2 avril.

parle des règles de l'intercalation, et on entend aisément ce qu'il veut dire après qu'on a su ce qui est dit dans le fragment du livre *Tcheou-chou*[1].

Il dit que sous les anciens princes, pour régler le temps, on calculoit bien un commencement, ou point fixe ; ensuite on déterminoit le tchong[2]. Les restes étoient réservés pour la fin. Puisque le *Tso-tchouen* se récrie contre l'intercalation faite contre les règles, il prétend donner les règles de la vraie intercalation, qui consistent à bien fixer le lieu du soleil et de la lune, au premier jour de la première lune de l'année ; ensuite bien marquer les tchong-ki propres de chaque lune ; en troisième lieu, retenir les différences entre les mois lunaires et solaires, et en faire une lune intercalaire lorsque ces différences sont égales à un mois lunaire. Dans la notice du fragment du livre *Tcheou-chou*, on a parlé de ces règles.

A la septième lune de l'an 613 avant Jésus-Christ, on vit une comète vers les étoiles de la grande Ourse. On peut entendre que la comète entra dans l'Ourse ; on peut aussi entendre que la comète cessa de paroître dans l'Ourse : c'est tout ce qu'on dit de cette comète. On ne dit pas le jour de la septième lune.

Les cérémonies observées au jour sin-tchoou[3], premier de la sixième lune, à la quinzième année du prince Ouen-kong, pour l'éclipse du soleil marquée à ce jour dans le *Tchun-tsieou*, font voir que l'éclipse fut observée. Le 27 avril fut le dernier jour de la cinquième lune ; en remontant vers le temps de la première lune, on trouve que le 2 décembre de l'an 613 avant Jésus-Christ fut le premier de la première lune : la seizième année de Ouen-kong dut donc avoir 13 lunes, car sans cela la première lune de cette seizième année n'auroit pas pu avoir le solstice d'hiver.

Le *Tso-tchouen*, à l'année 564[4] avant Jésus-Christ, indique les cérémonies où le président ou mandarin du feu[5] présidoit. Ce titre de mandarin étoit dès le temps de l'empereur Tchouen-hiu. Ce mandarin était aussi un des chefs du tribunal d'astronomie ; on l'appeloit aussi nan-tching, ou président du sud. Ce mandarin fut chargé, dans la suite des temps, des cérémonies aux étoiles du Scorpion, désignées par le nom de *Ta-ho*, grand feu ; il faisoit aussi des cérémonies aux étoiles du Lion : un des noms de ce signe étoit *Tchou*[1]. Le caractère tchou désigne la couleur rouge[2]. Au temps du règne du prince Siang-kong, et au temps de Tcheou-kong, les étoiles du Scorpion étoient ou dans les rayons du soleil, ou sous l'horizon à la neuvième lune du calendrier de Hia, ou onzième lune de celui de Tcheou, à la troisième lune du calendrier de Hia, ou cinquième de celui de Tcheou. Les étoiles du Lion passoient au méridien vers le soir. A cette troisième lune, le peuple faisoit des feux, comme des feux de joie ; à la neuvième lune, on défendoit ces feux. Yao ordonna à Y-pe, un de ses frères, d'observer, au pays de Koucy-te-fou du Honan, les étoiles du Scorpion, et à Che-ching, un autre de ses frères, d'observer les étoiles d'Orion, au pays de Tay-yu-en-fou, capitale du Chansi aujourd'hui. Dans la suite on fit ces cérémonies à ces étoiles du Scorpion et d'Orion. Le *Tso-tchouen*, qui instruit de ces usages, parle en général des mandarins qui gouvernoient le peuple, depuis les premiers jusqu'aux derniers, et il y en avoit un qui veilloit sur cinq familles, d'autres sur dix, cent, mille, etc. Par le nombre de ces familles, on distinguoit les hameaux, villages, bourgs, villes, pays, provinces, etc. Le mandarin qui présidoit au feu devoit avoir soin surtout de prévenir les incendies, ou d'y faire apporter un prompt remède, et on avoit soin de faire des visites partout. Le pays de Kou-ey-te-fou, qui étoit un État d'un prince tributaire, passoit dans le temps du prince Siang-kong et avant comme étant dépendant des étoiles du Scorpion ; celui de Tay-yu-en-fou passoit pour être comme de la juridiction des étoiles d'Orion. La cour et les cours des princes tributaires, et généralement tous les pays de Chine, avoient chacun des étoiles qui leur répondoient : ces étoiles, ou leur esprit, étoient censés présider à ces pays. Les Chinois, en conséquence de l'idée que le ciel est le lieu où il faut examiner la terre, transportèrent au ciel tout ce qui regarde leur pays[3], leur cour, leurs princes, leurs

---

[1] Livre *Tcheou-chou*.

[2] Milieu : c'est le tchong-ki.

[3] Trente-huitième du cycle de 60 : 28 avril, année 612 avant Jésus-Christ.

[4] C'est la neuvième année de Siang-kong, prince de Lou.

[5] Ho, feu ; tching, président.

---

[1] Ce caractère exprime le bec et le cri des oiseaux.

[2] Les étoiles du Lion étoient représentées sous la figure d'un oiseau rouge.

[3] Au temps dont il s'agit pour le règne de Siang-kong, et avant, on voit par le *Tso-tchouen* qu'on cher

tribunaux. C'est au ciel qu'ils cherchoient, par l'étoile polaire et autres étoiles qui passoient au méridien, la distance des pays nord et sud. Ils la cherchoient aussi par les gnomons, pour savoir la hauteur méridienne du soleil, et par là la hauteur du pôle. On ne voit pas dans l'ancienne astronomie chinoise des règles pour chercher les distances terrestres d'orient en occident ; mais les rhumbs de vent, et les termes pour exprimer le *n.-o.*, *s.-o.*, *n.-e.*, *s.-e.*, etc., en parlant des lieux, étoient très-familiers aux Chinois. Dans cette même année 564, *Tsotchouen* parle d'une révolution de Jupiter ; elle est marquée de douze ans.

Le *Tchun-tsieou* parle d'une éclipse totale du soleil, au jour kiasse [1], premier de la septième lune, à la vingt-quatrième année de la principauté de Siang-kong, prince de Lou ; ces caractères sont ceux du 19 juin de l'an 549 avant Jésus-Christ.

Il y a plus de cent ans que le fameux père Adam Schall vérifia cette époque ; il trouve une éclipse totale après midi à la Chine.

A la lune suivante, au jour kouesse [2], premier de la lune, le *Tchun-tsieou* marque encore une éclipse de soleil. Le *Tchun-tsieou* marque encore deux éclipses de soleil à deux lunes de suite, l'une au vingtième août de l'an 552, et l'autre au premier jour de la lune suivante.

Le même père Adam Schall trouve une éclipse de sept doigts chinois, ou 8° 24′ à l'européenne, à la Chine, vers les huit heures du matin, le 13 octobre de l'année 546 avant Jésus-Christ. C'est l'éclipse rapportée par le *Tso-tchouen* au jour y-hay, premier de la onzième lune [3], à la vingt-septième année du règne du prince Siang-kong.

Dans ce que dit le *Tso-tchouen*, cette année 546, on voit l'usage de marquer les signes célestes, ou les douze lunes [4], par les caractères du cycle de douze, et on voit dans les astronomes de ce temps-là beaucoup de négligence.

choit dans les figures ou koua du livre *Y-king*, dans l'apparition des comètes, dans toutes les parties du ciel, éclipses, lieux des astres, de quoi régler les peuples ; on cherchoit des présages ; les astrologues étoient fort consultés.

[1] Premier du cycle, 19 juin.
[2] Trentième du cycle de 60, 18 juillet.
[3] Le *Tchun-tsieou* marque douzième lune. Le *Tsotchouen* corrige cette erreur.
[4] Je n'oserois décider ; je crois pourtant que c'est et des signes et des lunes qu'il parle.

Le père Adam Schall, dont je viens de parler, est un jésuite, président du tribunal d'astronomie à Pékin. Dans les relations de Chine, on voit ce qu'il a fait et souffert pour la religion. L'astronomie complète qu'il a rangée en chinois, avec d'autres jésuites, et d'habiles Chinois, est un très-bel ouvrage [1]. Cet ouvrage dut coûter bien du temps et de la peine pour l'habiller à la chinoise, d'une manière claire et méthodique. Il y a quantité de belles recherches sur les différentes parties de l'astronomie européenne, et sur la chinoise, en usage dans ce temps-là. Ce n'est pas à moi à m'étendre beaucoup sur les éloges de la science astronomique du père Adam Schall et de ses compagnons ; mais ces missionnaires, respectables d'ailleurs par ce qu'ils ont souffert pour la religion, ne méritent nullement les termes méprisans dont plusieurs Européens se sont servis en parlant de ce que le père Adam et ses compagnons savoient en astronomie. L'illustre Kepler n'en jugeoit pas de même sur ce qu'il avoit su, quoiqu'en général, de ce qui se faisoit à Pékin.

NOTE.

On voit le calcul du père Adam Schall dans un livre chinois qu'il fit et dont le titre est : *Examen des éclipses anciennes et nouvelles*. Il examine et calcule dans ce livre les éclipses solaires rapportées dans les livres classiques *Chou-king*, *Chi-king*, les deux du *Tchun-tsieou* dont j'ai parlé, et plusieurs autres des dynasties Han et suivantes ; il y en a de la dynastie passée Tay-ming. Ce Père voulut donner aux Chinois des preuves sensibles de la bonté des Tables d'Europe, et le fait à son ordinaire d'une manière fort claire et très-intelligible. Outre ses livres d'astronomie, ce Père fit d'excellens livres en chinois sur la religion ; et ceux qui, en Europe, ont fait part au public des livres des jésuites en chinois sur les sciences, sans dire un seul mot de ceux qu'ils ont faits en chinois pour la religion, auroient bien pu parler de ces derniers livres ; mais ils avoient leurs raisons pour n'en rien dire. D'autres que des jésuites l'ont fait, et ont reconnu que les jésuites en Chine ont fait leur capital de tâcher de remplir les devoirs de l'état de missionnaire.

La lune dans le cours de laquelle arriva le solstice d'hiver en décembre de l'année 546 avant Jésus-Christ fut la première lune de la

[1] On a cet ouvrage en divers lieux d'Europe ; je suppose qu'on l'a à la Bibliothèque royale.

vingt-huitième année du règne de Siang-kong, prince du Lou. Cette lune fut la première de l'an chinois 545. Le *Tso-tchouen* dit qu'au commencement de cette vingt-huitième année de Siang-kong, Jupiter, qui devoit être dans le signe Sink-ki, passa tout à coup, et contre les règles qu'on supposoit pour le lieu de Jupiter, dans le signe Hiuen-hiao. Le *Tso - tchouen* ajoute que la constellation Hiu est au milieu du signe Hiuen-hiao.

NOTES.

1° Le *Tso-tchouen* suppose que douze ans sont la révolution de Jupiter, et il ne dit rien de fixe sur le lieu de cette planète. L'auteur de ce livre, en disant quelquefois le lieu de Jupiter, se contente de dire en général le signe, sans faire connoître comment il désigne ou détermine ce lieu en général. Les Chinois postérieurs qui assurent qu'avant l'incendie des livres il y avoit des méthodes pour les calculs astronomiques, avouent que dans ces anciens temps on ne savoit pas les fondemens des calculs pour les rétrogressions et stations des planètes de Saturne, Jupiter, Mars, Vénus et Mercure.

2° On a vu l'ordre et le nom de douze signes Sing-ki, Hiuen-hiao, etc. Des Chinois postérieurs, ayant voulu expliquer la raison du nom *Sing-ki* (chronique des étoiles, ou ciel), ont dit que ce signe portoit ce nom à cause du solstice d'hiver où est le commencement de ce signe; que tous les calculs commencent par le premier degré du Capricorne, ou par le solstice, et que tous les mouvemens des planètes se rapportent à ce commencement du Capricorne. Ces Chinois ont tenu ce langage dans un temps où le solstice d'hiver étoit vers les premiers degrés du signe Sing-ki ou du moins dans ce signe. Ils n'ont pas fait attention au mouvement propre des fixes que ce signe suit. Plusieurs d'entre eux n'ont pas été au fait sur ce mouvement, et ils n'ont pas pensé au temps de Tcheou-kong. Quand ce prince astronome vit que le solstice d'hiver étoit à la constellation Nu 2°, et que le solstice étoit le commencement du signe Hiuen-hiao, le signe Sing-ki étoit notre signe du Sagittaire. Ce n'est donc pas le solstice d'hiver qui a fait donner le nom de *Sing-ki*. Les astronomes antérieurs ne pouvoient tirer ce nom du solstice d'hiver, puisque le solstice n'étoit pas dans Sing-ki. Ceux qui les premiers donnèrent ce nom avoient donc un autre principe de cette dénomination.

3° Dans le catalogue des constellations, on voit l'étendue équatoriale de la constellation Hiu, et par quelle étoile elle commence, puisque le signe Hiuen-hiao commence par la constellation Nu 2°. Quand le *Tso-tchouen* dit que Hiu est au milieu du signe Hiuen-hiao, il parle de Hiu 5° et un peu plus de 31'

chinoises, dont 100 font un degré chinois. Voyez dans la Table l'étendue équatoriale des constellations Nu et Hiu.

4° On sait le temps entre Tcheou-kong et la vingt-huitième année du prince Siang-kong. On voit donc par où commençoit et finissoit le signe Hiuen-hiao au temps de Siang-kong.

L'an 543[1] avant Jésus-Christ, au jour kouey-ouey[2] de la troisième lune, on voulut savoir l'âge d'un vieillard du pays de Tay-yu-en-fou[3], dans le Chansi. Il se trouvoit alors dans le pays de Lou. Ce vieillard dit qu'il ne savoit pas compter comme on comptoit au pays de Lou; mais que le jour de sa naissance fut le jour kia-tse, premier de la lune; que depuis ce jour kia-tse jusqu'au jour kouey-ouey, il comptoit 444 cycles de soixante jours, et vingt jours du 445ᵉ cycle. Cette somme de jours fait soixante-treize ans juliens, moins cinq jours, en comptant le jour kouey-ouey. Ainsi le vieillard naquit le 11 février de l'an 616 avant Jésus-Christ. Le 11 février fut un jour kia-tse. Dans le pays de Tsin, le jour kia-tse commença le 11 février, vers les six heures du matin, et finit à la fin du temps qui répond à la fin de cinq heures du matin le jour suivant. Le jour kia-tse fut la conjonction. C'étoit sur la fin du jour kia-tse, au pays de Tsin; au pays de Lou, le jour suivant y-tcheou commença à minuit. Au pays de Tsin, on suivoit la forme d'année de la dynastie Hia. Au temps de la conjonction, le soleil étoit entre le 14 et le 15° du Verseau. Dans cette lune, le soleil entra dans le signe des Poissons; c'étoit donc la première lune du calendrier de Tsin et la troisième du calendrier de Lou.

Le vieillard voulut faire voir sans doute que quand on compte les années de son âge, et quand on veut savoir au juste son âge, il faut se servir de l'an solaire et non de l'année lunaire ou lunisolaire.

Supposons un Chinois né le 3 décembre 1715, c'est l'an 54[4] du règne de Kang-hi; c'étoit le huitième jour de la onzième lune. L'an 1754 a, dans le cycle de soixante, les caractères kia-su; c'est la dix-neuvième année du règne Kien-long. Le huitième de la on-

---

[1] Trentième année du prince Siang-kong Tso-tchouen.
[2] Vingtième du cycle, 7 février.
[3] C'est le pays qu'on appeloit *Tsin*.
[4] Dans le cycle de 60, c'est l'année y-ou-ey.

zième lune est le 21 décembre. Le Chinois né le 3 décembre 1715, fait le 21 décembre 1754 l'anniversaire de sa naissance. Il compte la cinquante-quatrième année de Kang-hi pour la première année de sa naissance, et la dix-neuvième année Kien-long pour la quarantième ; en sorte que dès la première lune de cette année dix-neuvième de Kien-long 1754, il dit qu'il a quarante ans ; il n'a cependant réellement que trente-neuf ans le 3 décembre 1754. Le vieillard de Chansi vouloit sans doute faire voir le défaut du compte ordinaire pour l'âge en Chine.

NOTE.

1° A cette année 543, le *Tso-tchouen*, après avoir parlé du jour kisse de la septième lune [1], dit que Jupiter étoit, selon un calcul, dans le signe Kiang-leou, et selon un autre, dans le signe Tseou-tse.

2° L'an 542, le *Tso-tchouen* dit que l'empereur Yao fit aller son frère Che-ching au pays Tay-yu-en-foue [2], pour y observer les étoiles d'Orion. Le signe céleste Che-ching est désigné par les mêmes caractères, Che-ching, que le frère de Yao. On peut dire que le nom du frère de Yao lui fut donné parce qu'il observoit le signe Che-ching. On peut aussi dire que le nom chinois du signe Che-ching vient du nom du frère de Yao. Les étoiles d'Orion sont fort remarquables, et sont les principales du signe céleste Che-ching.

Le prince qui régnoit au pays de Tay-yu-en-fou, du Chansi, voulut savoir, l'an 535 avant Jésus-Christ, l'explication du texte de l'éclipse solaire du Chi-king ; on lui répondit que les éclipses de soleil sont des malheurs ou indiquent des malheurs pour punir les princes qui gouvernent mal. Les questions du prince furent à l'occasion d'une éclipse de soleil, le 18 mars [3]. On voit que les dix caractères appelés *kan* dans le cycle étoient alors un cycle de dix jours.

A la onzième lune de l'an 534, on voit dans le *Tso-tchouen* une tradition qui portoit que la planète Jupiter étoit au signe céleste Chun-ho à la mort de l'ancien empereur Tchouen-hiu. A cette onzième lune de l'an 534, on place Jupiter dans le signe céleste Simou, au lieu appelé le *Gué de Simou*. C'est un lieu de la voie lactée, qu'on représente comme un grand fleuve.

On ne voit pas bien s'il s'agit d'une étoile nouvelle, ou d'une étoile, ou d'une comète qu'on aperçut à la première lune dans la constellation Nu. Plusieurs dirent que dans cette comète, ou étoile nouvelle, étoit l'esprit d'un ancien prince, et on en tira des présages. On dit que Jupiter étoit dans le signe Hiuen-hiao.

L'an 525, le calcul fait voir une éclipse de soleil le vingt-deuxième août, au temps de la conjonction, le soleil vers 21° 26' du Lion ; c'étoit donc la neuvième lune dans le calendrier de Tcheou, ou la septième dans celui Hia. Le 22 août a les caractères chinois kiasu dans le cycle, et il n'y eut pas dans ce temps-là, avant et après l'an 525, une éclipse de soleil à un jour kiasu. C'est donc l'éclipse de soleil marquée dans le *Tchun-tsieou* à la dix-septième année [1] du prince Tchao-kong. Au jour kiasu, premier de la sixième lune, il y a eu quelque dérangement ou faute des copistes dans le caractère de la lune. L'éclipse fut observée, et à l'occasion de l'éclipse, les savans citèrent le texte du livre *Chou-king*, où on parle des cérémonies en usage au temps des éclipses de soleil. Ces savans voyoient donc une éclipse de soleil dans le texte du *Chou-king*. Quelque temps après l'éclipse, on aperçut une comète à l'ouest du Scorpion, ou des étoiles du Scorpion. Le texte peut aussi bien s'expliquer en disant que la comète s'étendoit jusqu'à la voie lactée, qu'en disant qu'elle alla par son mouvement jusqu'à la voie lactée. *Tso-tchouen* dit que la constellation Hiu désigne de grandes eaux. Le signe céleste Hiuen-hiao a le nom de la constellation Hiu, et les deux caractères chinois Hiuen-hiao expriment des eaux très-profondes.

NOTE.

Dans l'éclipse de l'an 525, on voit l'utilité du cycle de 60 jours. Dans les textes qui rapportent les éclipses et les phénomènes sur les textes du père Couplet pour les éclipses de soleil, M. Cassini [2] a dit qu'on ne pouvoit faire aucun fond sur le calendrier chinois. Le père Couplet, en rapportant sans choix, sans cri-

---

[1] 23 juillet.
[2] Ce pays s'appeloit *Tahia* anciennement ; on l'appela depuis *Tsin*.
[3] Cette éclipse est dans le *Tchun-tsien*, septième année du règne de Tcheo-kong, prince de Lou, jour kia-tchin, premier de la quatrième lune.

[1] Année 525 avant Jésus-Christ.
[2] Règles de l'astronomie indienne.

tique et sans caractères, des jours pour les éclipses, a donné lieu à la remarque de M. Cassini. Si cet illustre astronome avoit vu les fondemens du calendrier chinois pour régler l'année et la lune intercalaire, il auroit porté un autre jugement.

Un savant, qui se disoit descendant de l'empereur Chao-hao, dit, l'an 526, que les empereurs Tay-hao[1], Y-enti[2], Hoang-ti avoient donné des titres à leurs mandarins. Il dit en particulier que l'empereur Tchouen-hiu avoit nommé un grand pour présider au calendrier; que d'autres grands ou mandarins calculoient les solstices, les équinoxes et les autres parties de l'année; d'autres mandarins avoient soin des mesures, etc.[3] Il rapporte le nom de ces mandarins. Le *Tso-tchouen*, qui instruit de ce détail, ajoute que Confucius fut charmé du discours du savant et en fit l'éloge.

Il y a eu du dérangement ou altération dans les textes pour le calendrier de l'an 522, vingtième année du règne du prince Tchao-kong.

On marque dans la seconde lune le jour ki-tcheou[4], jour du solstice d'hiver. Le solstice d'hiver étoit toujours dans la première lune. Le premier de la septième lune est marqué ou-ou, et dans la onzième lune on voit un jour sin-mao; ces jours font voir qu'entre les deux il y eut une lune intercalaire. Elle fut contre les règles ordinaires, et cette lune intercalaire fut nécessairement placée pour remettre les lunes dans l'ordre, selon les règles du calendrier. L'année suivante, on voit une éclipse de soleil au jour gin-ou, premier de la septième lune; ce jour gin-ou fut le 10 juin de l'an 521. Il y eut une éclipse au temps de la conjonction : le soleil fut entre le 11 et le 12° des Gémeaux; ce fut donc la septième lune, et le solstice d'été fut dans cette lune; les lunes furent donc bien marquées. Le 25 décembre ne fut pas le jour du solstice d'hiver de l'an 523. Ce solstice fut avant midi, le 27 décembre, au pays de Lou.

Outre l'altération qui paroît avoir été faite

[1] C'est un titre de l'empereur Fou-hi.
[2] C'est un titre de l'empereur Chin-nong.
[3] Cette année 526, le 5 novembre, on vit une comète; on n'en dit ni le lieu ni combien de temps elle fut vue.
[4] Le jour ki-tcheou fut nécessairement le 25 décembre 523. La seconde lune n'eut pas de jour ki-tcheou, vingt-sixième du cycle de 60.

au texte du *Tso-tchouen* pour l'expression des textes, pour l'ordre des lunes au commencement de la vingtième année de Tchao-kong, je crois en particulier que le texte original du livre n'a pas eu pour les solstices d'hiver des années 656 et 523 avant Jésus-Christ les caractères qui désignent le 25 décembre pour le jour du solstice. On a vu, par l'examen de quelques jours, que le *Tchun-tsieou* et le *Tso-tchouen* plaçoient le solstice d'hiver même au-dessus du 26 décembre[1]. D'ailleurs, si le 25 décembre de l'an 656 avant Jésus-Christ, premier jour de la première lune de la cinquième année de Hi-kong, avoit été jour de solstice et premier de la lune, la douzième lune précédente auroit été marquée intercalaire. Or, cette douzième lune ne fut pas marquée intercalaire; on trouve même un jour ou-chin marqué à la douzième lune de la quatrième année du prince Hi-kong. Or, ces caractères ou-chin[2] sont certainement ceux du 22 décembre de l'an 656 avant Jésus-Christ. Dans le temps, on retrouva l'ancien livre *Tso-tchouen*, au temps de l'empereur Outi, de la dynastie de Han avant Jésus-Christ. Ceux qui rangèrent ce livre dans la suite tenoient pour indubitable que le jour du solstice d'hiver étoit toujours au jour qui répond à notre 25 décembre julien. Ces Chinois étoient les astronomes et les historiens; en vertu de leur système de l'année julienne de 365 jours 1/4, qu'ils ne distinguoient pas de l'année solaire, ils placèrent, en remontant jusqu'au règne de Tay-kia, empereur de la dynastie Chang, les solstices d'hiver au 25 décembre, c'est-à-dire à un jour qu'on voit, par un calcul aisé, répondre au 25 décembre julien. Ayant cru voir vers leur temps un solstice d'hiver, à minuit du 25 décembre, réuni à la conjonction de la lune et du soleil, ils firent une suite de ces solstices réunis à la conjonction jusqu'au temps de l'empereur Tay-kia, de la dynastie Chang. On voit, dans leur recueil, les solstices marqués ainsi pour la vingtième année de Tchao-kong et la cinquième année de Hi-kong, princes de Lou. Ces solstices étoient, selon eux, les premières années d'un cycle de 19 ans. Je suis très-porté à croire que ces auteurs, voyant dans l'original de *Tso-tchouen* les caractères du jour du solstice qui ruinoient leur système, substi-

[1] On le verra encore dans la suite.
[2] Quarante-cinquième jour du cycle de 60.

tuèrent les caractères qui favorisent le leur. Ils ne pensèrent pas à changer les textes des autres années où sont les caractères des jours pour des éclipses et autres événements, et ils ne pensoient pas qu'en combinant ces caractères on pouvoit voir aisément que le *T'chun-tsieou* et son commentateur Tso-kieoumin, auteur de *Tso-tchouen*, mettoient et supposoient le solstice même au-dessus du 26 décembre.

NOTES.

1° Les solstices de la cinquième année de Hi-kong et vingtième année de Tchao-kong ont pour expression les deux mots chinois *nan*, *tchi*, dont les caractères signifient *terme de la route du sud*. Ce terme chinois désigne fort bien le solstice d'hiver; ce terme est ancien. Le solstice d'été devoit donc s'exprimer par le terme *pe-tchi* ou *terme de la route du nord*. C'étoient les termes de la route du soleil, et ils désignoient par là l'écliptique. La déclinaison du soleil de 24° chinois, que les astronomes chinois supposoient l'an 105 avant Jésus-Christ et avant, n'étoit pas l'effet de leurs observations et de leurs recherches. Ils supposoient fort ancienne cette déclinaison du soleil aux deux solstices, et la donnoient comme un vestige de l'ancienne astronomie, de même que la connoissance du triangle rectangle, et l'usage des cercles gradués d'est à l'ouest et du nord au sud, placés sur le méridien pour observer le passage des astres par le méridien et la différence de ces passages.

2° Plusieurs astronomes chinois, avant la venue des missionnaires, n'ont pas fait difficulté de traiter d'erreur les solstices d'hiver marqués au 25 décembre, aux années 543 et 656 avant Jésus-Christ. D'autres au contraire et des plus habiles, comme Cocheou-king[1] et autres, quoique bien instruits sur la quantité de l'année solaire et l'espace entre leur temps et celui des princes Hi-kong et Tchao-kong, regardant les textes de *Tso-tchouen* comme livres sacrés et n'osant les contredire, ont admis ces anciens solstices au 15 décembre julien, et pour cela ont déterminé seulement pour le cas des anciens solstices des équations bizarres et sans fondement pour l'année solaire, et en cela ils ne sont pas excusables. Ce n'est pas ici le lieu de parler de ces équations et de leur principe.

3° On a vu quelques raisons des erreurs dans l'arrangement des lunes; en voici une autre. Au temps du *T'chun-tsieou*, les astronomes du tribunal avoient des instrumens de laiton, soit anciens, soit faits de leur temps, qui faisoient voir l'ordre des lunes et l'année où il falloit intercaler. Ces sortes d'instrumens étoient souvent peu exacts; les astronomes, par négligence et pour s'épargner la peine du calcul et de bien ajuster leurs instrumens, faisoient trop vite les éphémérides pour l'année courante. Les jours des solstices faisoient bientôt voir l'erreur; c'est pour cela qu'on a vu, comme j'ai dit, l'erreur des lunes corrigée. D'autres fois les astronomes de Lou, sans penser d'abord à la différence des calendriers, se servoient, par exemple, de celui d'un État voisin appelé *Song*. La cour de ces princes Song, descendans de l'empereur Tching-tang, fondateur de la seconde dynastie impériale Chang, étoit à Kouey-téfou, ville du Honan. Le calendrier du pays de Song étoit celui de l'empereur Tching-tang. Dans ce calendrier, la première lune de la dynastie Tcheou étoit la douzième de l'année; la troisième lune étoit celle qui avoit l'équinoxe du printemps, etc. Ce que je dis ici sur ce dernier point, comme source de l'erreur des lunes dans le calendrier de Lou, n'est qu'une conjecture que je fais; je la mets ici, parce qu'elle me paroît bien fondée.

4° Dans ce que dit le *Tso-tchouen*[1] de plusieurs distances dans quelques pays, quelques savans chinois ont cru voir que ces distances donnoient pour un degré de latitude 445 li. Cette règle ne pouvoit pas être générale, parce que dans différens pays le pied étoit différent; le nombre des li devoit donc être différent. Comme 1,800 pieds font un li, on voit combien de li font un degré en se servant du pied[2] de l'empereur Ou-ouang. Cette recherche particulière me paroît inutile; on ne voit pas dans ces anciens temps des distances itinéraires marquées en vue d'examiner combien de li doivent être dans un degré.

Dans le mois de décembre 522 avant Jésus-Christ fut la première lune de la vingt-unième année du prince Tchao-kong. Le *Tso-tchouen* dit que c'est le temps où l'empereur Kin-ouang fit fondre des cloches. L'ancien livre *Koue-yu* rapporte[3] que l'empereur, avant la fonte des cloches destinées à l'usage de la musique de la cour impériale, interrogea un savant en musique, en astrologie et en astronomie. Ce savant fit un grand étalage de sa science dans cette occasion. Le *Koue-yu* fait quelque détail du discours de ce savant.

Ce savant rappelle à l'empereur le souvenir de l'expédition de l'empereur Ou-ouang, décrite dans le livre *Chou-king*. Il s'agit de l'année où Ou-ouang partit de sa cour dans le Chensi, passa le fleuve Hoang-ho dans le

---

[1] Je crois que ce qu'on attribue à Cocheou-king doit être attribué à ceux qui rangèrent ce qu'on trouva de son astronomie.

[1] *Tso-tchouen*, première année du règne de Tchao-kong, prince de Lou.
[2] J'ai dit la mesure de ce pied.
[3] Règne de Kin-ouang.

Honan, et après avoir remporté la victoire sur le dernier empereur de la dynastie Chang, fut déclaré et reconnu empereur de la Chine.

Le savant dit que dans cette expédition de Ou-ouang, la planète Jupiter étoit dans le signe céleste Chun-ho, le soleil dans la partie de la voie lactée qui est près du signe Sy-mou; que la lune fut dans la constellation Fang; que la conjonction de la lune et du soleil fut au manche de la constellation Teou[1], et que Mercure fut au signe Hiuen-hiao. Il fait remarquer l'espace depuis Hiuen-hiao jusqu'au signe Sy-mou, à la constellation Nieou et aux étoiles Kien-sin; que le signe Hiuen-hiao est la place du nord. Par l'astrologie judiciaire, l'astronome ou astrologue fait voir que ces lieux du soleil, de la lune, de Jupiter et de Mercure, conviennent au pays de la cour de Ou-ouang, à ses ancêtres, etc. Il veut dire que c'est l'image de la grandeur de la famille impériale Tcheou et de la perte de la famille de Chang.

NOTES.

1° On a vu que l'étoile Fang, ou constellation Fang, étoit la constellation Fang. Heou-tsi, tige de la famille impériale de Tcheou, étoit frère de l'empereur Yao, et il eut l'intendance de l'agriculture. J'ai fait remarquer l'attention des Chinois au passage de la lune par cette constellation. Le pays de Tcheou dans le Chansi étoit assigné aux étoiles du signe céleste Chun-ho. Les princes attendoient fort l'année où Jupiter devoit entrer dans le signe céleste où leur État étoit assigné.

2° L'auteur du *Koue-yu* suppose connu ce qu'il rapporte du signe Hiuen-hiao, comme ayant rapport à la famille impériale, de même que le lieu où fut la conjonction du soleil et de la lune. Il ne dit pas le temps où Mercure fut dans Hiuen-hiao, où la lune fut dans Fang, où se fit la conjonction. Les lieux de Jupiter et de Mercure assignés en général aux signes sont une expression bien vague. On avoit la connoissance du cycle de dix-neuf ans; on pouvoit ainsi calculer les conjonctions. On supposoit douze ans pour une révolution de Jupiter; on savoit le mouvement de la lune dans un jour; on avoit sans doute quelque révolution pour calculer les lieux de Mercure.

3° L'auteur du *Koue-yu* suppose un rapport des nombres des calculs astronomiques aux nombres des tons, sons, accords, aux nombres des parties pour toutes sortes d'instrumens de musique, et leurs diverses dimensions. Je ne suis pas en état de bien exprimer ce que les Chinois ont dit sur ces rapports.

On voit dans le *Tchun-tsieou* une éclipse de soleil au jour ping-yn de la onzième lune, à la douzième année du règne de Ting-kong, prince de Lou. C'est l'an 498 avant Jésus-Christ. Plusieurs années avant et après l'an 498, on ne trouve d'éclipse de soleil à un jour pyng-yn que l'éclipse de soleil qu'on trouve par le calcul le 22 septembre de l'an 498. Au temps de la conjonction, le soleil étoit dans Virgo 21° à peu près. C'étoit donc la dixième lune, c'est-à-dire celle qui avoit l'équinoxe d'automne. Cette éclipse du 22 septembre est nécessairement celle du *Tchun-tsieou*. Le caractère marqué de la onzième lune ne peut convenir à aucune des formes du calendrier chinois de ce temps-là. Dans plusieurs pays de Chine, on suivoit le calendrier de Hia; dans ce calendrier, l'éclipse seroit à la huitième lune. Dans d'autres pays, on suivoit le calendrier de la dynastie Chang; dans ce calendrier, l'éclipse seroit à la neuvième lune. La cour impériale et le pays de Lou avoient le calendrier de Ou-ouang; dans ce calendrier, l'éclipse est à la dixième lune. A la Chine, il n'y avoit pas de calendrier différent de ces trois. L'éclipse au jour pyng-yn, 22 décembre de l'an 498, est réelle; il faut conclure qu'il s'est glissé quelque erreur dans les caractères qui désignent la lune.

Le 14 novembre de l'an 511 avant Jésus-Christ, on trouve par le calcul une éclipse visible dans le pays de Lou. C'étoit la trente-unième année du règne de Tchao-kong, prince de Lou. Le jour a les caractères sin-hay. A la conjonction, le soleil étoit dans la Vierge, près de 16°; c'étoit donc la douzième lune chinoise. Le *Tchun-tsieou* marque une éclipse observée au jour sin-hay, premier de la douzième lune, à la trente-unième année du règne de Tchao-kong. C'est, comme on voit, l'éclipse du 14 novembre de l'an 511. Si on compte les jours et les lunes en remontant jusqu'à la première lune de cette année, on trouvera que le solstice d'hiver fut après le 26 décembre dans le *Tchun-tsieou*, et cela fait voir que dans ce temps-là on ne marquoit pas au 25 décembre le solstice, ce qui fortifie bien les soupçons

---

[1] Étoiles Lambda, Mu, dans le Sagittaire. On veut qu'on fasse attention aux sept signes, Hiuen-hiao, Sing-ki, Sy-mou, Taho, Cheou-sing, Chun-ouy, Chun-ho: on examine bien ce nombre sept, et on le compare à un nombre sept pour la musique.

que j'ai proposés en parlant des solstices d'hiver des années 523 et 656 avant Jésus-Christ. Ces soupçons sont encore bien confirmés par la vérification de l'éclipse marquée par le *Tchun-tsieou* au jour Keng-tchin [1], premier de la huitième lune, à la quinzième année de Ting-kong, prince de Lou. En comptant les jours des lunes en remontant, on trouve la conjonction à la première lune le 27 décembre [2] dans le Chan-tong. Le solstice d'hiver fut donc dans cette lune; donc il ne fut pas le 25 décembre. Le 27 décembre fut le jour du solstice dans le calendrier de Lou. La lune précédente fut donc la douzième lune intercalaire de la quatorzième année du règne du prince Ting-kong. Selon le calcul, l'an 495, le solstice fut après minuit du 27 décembre dans le Chan-tong, temps moyen, et en temps moyen, la conjonction fut dans le Chan-tong le 27 décembre, près de trois heures après. En Chine, depuis l'an 1111 avant Jésus-Christ, l'on a compté le premier jour de la lune, dès le moment de minuit qui commence le jour de la conjonction, quand même cette conjonction seroit à dix heures, à onze heures, à onze heures et demie du soir.

L'année 482 avant Jésus-Christ fut la treizième année du règne de Gai-kong, prince de Lou. Cette année on marque une comète vue vers l'orient. On ne dit rien sur le temps, ni le lieu, ni le cours de la comète.

Le père Riccioli rapporte une éclipse de soleil le 19 avril de l'an 481 avant Jésus-Christ. C'est l'éclipse rapportée par les historiens de la *cour de Lou* au jour keng-chin, premier de la cinquième lune, à la quatorzième année du prince Gai-kong, c'est-à-dire l'an 481 avant Jésus-Christ. Le calcul des jours fait voir que les caractères keng-chin sont ceux du 19 avril; et le soleil étant au temps de la conjonction, vers midi, dans le Bélier 22° et plus de 47', on voit que ce fut la cinquième lune chinoise de la cour de Lou. Le nœud ascendant de la lune étant alors la Balance 22° et près de 27', on voit qu'il y eut éclipse. Scaliger rapporte aussi une éclipse de soleil le 19 avril de l'an 481 avant Jésus-Christ.

[1] 22 juillet, vers onze heures du matin; conjonction dans l'Écrevisse, 21° 35' 25"; nœud ascendant de la lune dans l'Écrevisse, 22° 31' 2", l'an 494 avant Jésus-Christ.
[2] Année 495 avant Jésus-Christ.

NOTES.

1° Le *Tchun-tsieou* fait par Confucius finit à la quatorzième année [1] du règne de Gai-kong. Il commence à la première année [2] du règne de Yn-kong. Les historiens de *Lou* continuèrent le *Tchun-tsieou* jusqu'au temps de la mort de Confucius, arrivée l'an 479, le 14 avril [3]. Confucius naquit l'an 551 avant Jésus-Christ, le 4 octobre [4].

2° L'auteur du *Tso-tchouen* finit son livre à la vingt-septième année [5] du règne de Gai-kong. Il y parle d'un jour ki-hay [6] de la quatrième lune. Tso-kieoumin, auteur du *Tso-tchouen*, étoit historien publié; il étoit connu et estimé de Confucius.

3° Tso-kieoumin passe pour auteur du livre *Koue-yu*; ce livre *Koue-yu* est au moins d'un auteur de ce temps-là, et apparemment des historiens publics. Ce livre finit à l'an 453 avant Jésus-Christ, seizième année du règne de l'empereur Tching-ting-ouang. Supposé que Tso-kieoumin ait travaillé à ce livre, on le continua après sa mort jusqu'à l'an 453. Le *Koue-yu* est presque égal en autorité à *Tso-tchouen*, et tous les deux sont livres très-nécessaires à tous ceux qui veulent bien savoir les vraies antiquités chinoises. *Tso-tchouen* est généralement plus estimé que le *Koue-yu* et tient le premier rang après les livres classiques.

4° Dans les livres classiques appelés *Sse-chou*, on voit un passage où Confucius compare l'empereur au pôle ou à l'étoile polaire. Il parle d'un point immobile et fixe. S'il a eu en vue l'étoile polaire, il croyoit qu'une étoile est fixe et immobile au pôle. Il paroit que bien des Chinois ont eu cette idée. Ce que je dis du pôle d'après les *Sse-chou* fut dit par les disciples de Confucius.

La première année du règne de l'empereur Ling-ouang, fut l'an 571 avant Jésus-Christ. La dernière année fut l'an 545.

La première année de la principauté du prince Ouen-ouang, père de l'empereur Ouang, fut l'an 1173 avant Jésus-Christ, et la dernière fut l'année 1124.

Le fragment du livre de *T'cheou* passe pour contenir ce qui regarde cet intervalle de temps. Cependant celui qui a rédigé le livre dont on a le fragment doit avoir été plus récent par ce qu'il dit du solstice d'hiver. Dans ce fragment, on voit le solstice d'hiver au com-

[1] An 481 avant Jésus-Christ.
[2] An 722 avant Jésus-Christ.
[3] Quatrième lune, jour y-tcheou.
[4] Jour keng-tse, dans la onzième lune.
[5] An 479 avant Jésus-Christ.
[6] 16 mars.

mencement de la constellation Nieou [1]. Le commencement de cette constellation est l'étoile de Caper qui, au commencement de 1700 de Jésus-Christ, étoit dans le Capricorne 29° 51' 48", latitude boréale 4° 37' 2". En supposant 72 ans pour un degré de mouvement propre dans les fixes, l'auteur du livre seroit de l'an 450 avant Jésus-Christ à peu près. Il ne s'agit pas ici d'avoir une époque fixe, il suffit de voir en général l'antiquité du livre.

On ne sait pas si bien l'antiquité d'une espèce de dictionnaire chinois appelé *Enlya*; mais il est avant le temps de l'incendie des livres [2], et bien des Chinois croient que le prince Tcheou-kong en est l'auteur, ou du moins que ce qui y est rapporté est pris des Mémoires de Tcheou-kong.

On voit dans ce qui reste de ce livre qu'on avoit alors l'usage du cycle de 60 ans; on y voit que les dix caractères dits *kan* faisoient un cycle particulier de 10 jours.

Le pôle est appelé *Pe-ki* et *Pe-tchin*. On ne dit pas quelle étoile étoit la polaire.

Les constellations Kio, Kang, sont marquées dans le signe céleste Cheou-sing [3]. Les constellations Fang, Sin, Ouy, sont placées dans le signe Ta-ho, qu'on appelle aussi *Ta-tchin*.

Le signe Sy-mou est désigné par le caractère tsin [4], qui signifie un gué de rivière, et on place ce gué dans Han-tsin, qui désigne la voie lactée, et ce Han-tsin est mis entre les constellations Ki et Teou.

Les constellations Teou, Nieou sont dans le signe Sing-ki.

Par la constellation Hiu, on désigne le signe Hiuen-hiao. On donne aussi le nom de l'empereur Tchouen-hiu à la constellation Hiu. On dit que cette constellation désigne le pays du Nord, ou le Nord; on veut dire que c'est le lieu des anciens solstices d'hiver.

Les constellations Che et Tong-pi sont dans la bouche (keou, quadrilatère) du signe Tseou-tse. On désigne la figure des deux étoiles qui sont les commencemens de ces constellations, et dont la figure est une figure de quatre côtés.

Les constellations Kou-ey, Leou, sont dans le signe Kiang-leou.

Par la constellation Mao, on désigne le signe Ta-leang; et par la constellation Li-eou, on désigne le Chun-ho : on ne voit pas les signes Chun-ouy, Chun-cheou et Che-ching.

L'espace de temps entre la fin du *Tchun-tsieou* et l'an 249 avant Jésus-Christ est appelé *Tchen-koue*, deux caractères qui signifient guerres entre les royaumes, parce que tous les pays de Chine gouvernés par des princes tributaires de l'empereur de la dynastie Tcheou étoient désolés par les guerres de ces princes, qui n'étoient tributaires que de nom. L'empire fut dans le trouble; les sciences et les arts souffrirent beaucoup. L'ancienne doctrine des livres classiques fut presque anéantie; quelques lettrés la soutenoient encore : beaucoup de sectes contraires à cette doctrine se fortifièrent. C'est dans ces temps de troubles et de confusion que deux astronomes [1] firent chacun un catalogue d'étoiles. Les astronomes postérieurs disoient que leurs catalogues contenoient les étoiles de deux astronomes aussi bien que celles de Ou-hien dont on a parlé ; mais ces astronomes postérieurs n'ont pas fait le détail des noms anciens et nouveaux pour les étoiles [2]. L'astrologie judiciaire étoit en vogue, et on cherchoit encore des mystères et des présages dans les figures koua, attribuées à l'empereur Fou-hi.

C'est dans le temps du Tchen-koue que vivoit le philosophe Mong-tse, natif de la province du Chan-tong, grand zélateur pour la doctrine de Confucius et de ses disciples. Le livre de ce philosophe est réputé classique en Chine; il étoit fort estimé vers l'an 333 avant Jésus-Christ, et quelques années avant et après. Dans un endroit de son livre, Mong-tse dit : « Le ciel est bien élevé ; les étoiles, astres et lieux des conjonctions du soleil et de la lune sont fort éloignés de nous : cependant sans peine on peut savoir un solstice de mille ans. »

---

[1] Indépendamment du solstice, on sait certainement que ce qu'on voit dans le fragment est un monument avant le temps de l'incendie des livres.

[2] L'auteur du livre étoit sans doute instruit du solstice d'hiver, fixé par le prince Tcheou-kong à la constellation Nu 2°; on étoit donc alors instruit sur le mouvement propre des fixes.

[3] Voyez les constellations et les signes ; il paroit que *Enlya* met aussi la constellation Ti dans le signe Cheou-sing.

[4] Aux années 206 et 105 avant Jésus-Christ, et plusieurs années après, on voit les astronomes chinois supposer que le solstice d'hiver étoit à la fin de la constellation Teou.

[1] Un s'appeloit *Kan*, l'autre se nommoit *Ché*.

[2] Il y a longtemps que j'ai envoyé en France ces catalogues, avec quelques remarques et explications.

On voit que dans ce texte il ne s'agit nullement d'une ancienne observation de solstice réuni à la conjonction, à une année et un jour d'un règne d'un ancien empereur. On peut seulement conclure qu'au temps de Mong-tse, on avoit une méthode qu'on croyoit aisée pour calculer un ancien solstice quelconque, réuni à la conjonction et rapporté aux étoiles : par ce texte on ne sauroit fixer quelque ancienne époque[1]. M. Fréret, qui m'écrivoit fort sagement qu'il auroit grand soin de distinguer les interprétations postérieures des Chinois et les textes chinois des livres anciens, sans y penser a pris des interprétations postérieures pour le texte de Mong-tse que je viens de rapporter, et c'est de ces interprétations et non du texte de Mong-tse qu'il a tâché de conclure son époque de Hoang-ti, époque qu'on doit chercher par une autre voie si on peut bien établir quelque époque vers le temps de l'empereur Tchong-kang ou autre ancien; on peut assez bien établir celle de Hoang-ti en remontant par les années marquées pour Chun et Yao, que Tchou-chou met au-dessus du temps de Yao.

L'arrangement qu'on va voir ici est dans le livre du *Lu-pou-ouey*. Il ne marque pas l'année; il ne dit pas le jour de la lune; il n'assigne pas les degrés des constellations. Cet auteur écrivoit plus de 148 ans avant Jésus-Christ.

	LIEU du soleil dans les constellat.	PASSAGE des constellat. au méridien.	PASSAGE des constellat. au méridien.	
PRINTEMPS.	Constell.	Soir au crépusc.	Matin au crépusc.	
1re lune[2].	CHE.	TSAN. Etoile.	OUY. KIEN. SING.	Equinoxe du printemps dans cette lune.
2e lune.	KOU EY. 15e const.			
3e lune.	OU EY. 17e const.	SING.	NIEOU.	
ÉTÉ.				
1re lune.	PI. 19e const.	Y.	NU.	
2e lune.	TSING.	KANG.	OUEY. 12e const.	Solstice d'été dans cette lune
3e lune.	LIEOU.	SIN.	KOUEY. 15e const.	
AUTOMNE.				
1re lune.	Y.	TBOU.	PI. 19e const.	Equin. d'automne dans cette lune.
2e lune.	KIO.	NIEOU.	TSE.	
3e lune.	FANG.	HIU.	LIEOU.	
HIVER.				
1re lune.	OUY.	OUEY.	SING.	
2e lune.	TEOU.	PI.	TCHIN.	Solst. d'hiver dans cette lune
3e lune.	NU.	LEOU.	TI.	

[1] Voyez la nouvelle Dissertation de M. Fréret.
[2] Dans cette lune, le grand historien doit bien examiner l'état des livres, soit livres classiques, soit autres, soit ceux qui regardent l'astronomie.

La table des 28 constellations est prise du livre de Lu-pou-ouey. Dans la chronologie j'ai donné une notice du livre; son nom est *Luchi-tchun-tsieou*.

Dans chaque lune, on marque les cérémonies à observer, la musique dont on devoit se servir à chaque lune et les autres usages et coutumes, selon la saison.

Les lunes sont selon la forme du calendrier de la dynastie Hia. Lu-pou-ouey assure qu'on examinoit exactement la méthode pour trouver le premier et le dernier jour de la lune : on examinoit donc la quantité du mois lunaire. Lu-pou-ouey dit que sous l'équateur, à midi, le soleil ne donne pas d'ombre; qu'au pôle, il y a alternativement des temps sans nuit et sans jour.

Il dit encore qu'au jour y-mao de la seconde lune du printemps, au temps de l'empereur Hoang-ti, le soleil étoit dans la constellation Kou-ey; c'est la quinzième constellation. On voit bien qu'on ne peut faire aucun fond sur cette observation, ou calcul : on ne marque pas une année déterminée de règne; on ne dit pas le quantième de la lune étoit le jour y-mao. Quoiqu'on n'ait pas une époque précise pour une des années du règne de Hoang-ti, on sait qu'il a régné environ 3360 ans avant Jésus-Christ[1]. A la seconde lune est l'équinoxe du printemps, et au temps de Hoang-ti, le soleil n'a pu être dans aucun des degrés de la constellation Kou-ey. Pour faire usage du texte de Lu-pou-ouey, et le faire convenir au temps de Hoang-ti, il faudroit supposer une forme du calendrier qui représentât pour ce temps-là le lieu du soleil dans la constellation Kou-ey, à la seconde lune du printemps, et ce seroit sans nul fondement.

Lu-pou-ouey, de riche marchand qu'il étoit, s'éleva jusqu'à la dignité de prince et de ministre d'État. Il devint suspect à l'empereur Tsin-chi-hoang. Lu-pou-ouey fut exilé, et il s'empoisonna, allant au lieu de son exil. C'étoit un homme fort savant, fort attaché à la secte de Tao. Il fit de grandes dépenses pour avoir des Mémoires de savans et d'anciens livres et monumens. De ces vastes recueils il fit son livre, qui n'est pas aujourd'hui en entier. Ce sont des Mémoires sur quantité de sujets.

[1] C'est reculer ce règne au delà de toute vraisemblance, et calculer sans point fixe et d'après des données incertaines. (*Note de l'éditeur.*)

Un peu plus d'ordre et de critique rendroit ce livre bien plus utile ; mais tel qu'il est, il est très-utile pour connoître l'antiquité chinoise, les familles des princes, les lois du gouvernement, les cérémonies civiles et religieuses ; et dans tous les articles sur ces différens sujets, il y a des traits de l'ancienne histoire.

La dynastie de Tsin, dont la première année est marquée l'an 248 avant Jésus-Christ, faisoit à la dixième lune [1] du calendrier de Hia les cérémonies du premier jour de l'année ; mais le calendrier comptoit les lunes comme celui de Hia. Les princes de cette dynastie régnoient dans le *Chensi;* c'est là qu'étoit leur cour. Avant d'être maîtres de tout l'empire, ils suivoient le calendrier de la dynastie Hia.

Entre les années 436 avant Jésus-Christ et l'année 248 avant Jésus-Christ, on voit quelques éclipses de soleil et une de lune. Il n'y a point de temps marqué pour les phases ; les textes de ces éclipses ne donnent aucune lumière distincte qui puisse être de quelque utilité pour avoir connoissance de l'astronomie de ce temps-là. On peut en faire usage pour la chronologie de cet espace de temps ; mais on a cette chronologie d'une manière aussi sûre par la suite des années des règnes marqués par les historiens publics. Cette suite d'années se joint aux années du *T'chun-tsiou,* dont les époques sont démontrées soit pour la somme totale des années, soit pour chaque année en particulier.

L'an 219 avant Jésus-Christ, on marqua à Sigan-fou [2], capitale du Chensi, le solstice d'hiver au jour y-tcheou [3], premier de la onzième lune dans le calendrier de la dynastie Hia, qu'on suivoit ; mais on retint l'usage établi par Ou-ouang pour le commencement du jour à minuit. On ne dit pas le temps du solstice ni de la conjonction. Selon la règle, on dut intercaler la dixième lune. Le calcul fait bien voir le solstice d'hiver et la conjonction au 25 décembre [4], à Sigan-fou ; mais ce ne fut pas au moment de minuit, qui fut le commencement du 25 décembre, que le solstice se trouva réuni à la conjonction, comme l'ont prétendu les astronomes et historiens de la dynastie Han avant Jésus-Christ. Dans le recueil de leurs solstices réunis à la conjonction au moment de minuit, ils n'ont pas fait mention de celui-ci. On voit pourtant qu'ils s'en sont servis pour époque de ces solstices, qu'ils appellent *tsou-tan* : ce sont les commencemens des cycles de 19 ans.

M. Fréret, dans sa nouvelle Dissertation, parle du solstice et de la conjonction au 25 décembre de l'an 219, et relève fort bien l'ignorance des astronomes chinois sur leur système d'une période de 1520 ans, qui ramenoit la conjonction au même point du jour, au même lieu du soleil et au même jour du cycle de 60. De cette fausse supposition, ils conclurent un espace de 1520 ans entre l'an 219 et la première année de l'empereur Tay-kia de la dynastie Chang, parce qu'ils supposoient sans fondement : 1° qu'au moment de minuit du jour y-tcheou, l'an 219 fut le solstice d'hiver et la conjonction ; 2° que le *Chou-king,* au chapitre *Y-hiun,* marque le solstice d'hiver réuni à la conjonction au jour y-tcheou de la douzième lune de la première année de l'empereur Tay-kia. Cependant le *Chou-king* ne parle ni de solstice ni de conjonction ; il se contente de dire : jour y-tcheou de la douzième lune, première année de Tay-kia. Outre cela, au temps de Tay-kia, le solstice ne pouvoit pas être au 25 décembre.

L'an 213, Tsin-chi-hoang ordonna de brûler les livres. Dans l'histoire on voit les motifs qui portèrent ce prince à porter cet arrêt : dans la chronologie j'en ai parlé. Il faut faire attention aux livres qui furent brûlés, à ceux qui furent conservés, à ceux qu'on retrouva dans la suite, et la manière dont on s'y prit pour tâcher de réparer la perte des livres perdus. Les Chinois attribuent à cet incendie la perte de leurs anciennes méthodes d'astronomie. Il est certain que, supposé que les anciens livres eussent une bonne méthode pour l'astronomie, la perte fut très-grande et presque irréparable ; supposé que les anciens Chinois eussent tenu registre de leurs observations depuis qu'ils commencèrent à observer les astres, la perte des livres où étoient ces observations fut inestimable. Cette longue suite d'observations, quand même elles auroient été faites sans une grande exactitude, étoit capable de former de bons astronomes. On a vu que la négligence des astronomes fit beaucoup de tort à l'astronomie.

---

[1] Au premier jour.
[2] Cette ville étoit alors capitale de l'empire.
[3] 25 décembre.
[4] Le moment du solstice ne fut pas le temps de la conjonction ; il y eut quelque intervalle. M. Fréret rapporte le calcul qu'il a fait et du solstice et de la conjonction.

et les vestiges qui restent indiquent bien qu'on avoit quelque méthode; mais aussi ils font voir des astronomes peu habiles au temps du *Tchun-tsiou*. Ce que M. Fourmont a dit sur l'incendie a besoin de quelque réforme, et cela n'est pas surprenant; ceux même qui ont été longtemps en Chine, et qui ont étudié le chinois, font souvent des fautes en parlant des livres chinois et de ce qu'ils contiennent.

Par ce qui reste de l'ancienne astronomie, et par ce qui reste des livres sur d'autres sujets, on voit que l'étude de l'astrologie devoit nécessairement arrêter les progrès de la vraie astronomie. Outre cela il falloit joindre l'étude de l'astronomie à celle de la musique. On supposoit un grand rapport entre la musique et l'astronomie, et cela est évident par ce qui reste de l'ancienne musique. Les Chinois, surtout les astronomes, en cherchoient la théorie. Ils cherchoient les fondemens des nombres pour les instrumens, les tons, les sons, les accords. Chaque saison avoit sa musique, ses instrumens : on y trouvoit une intercalation, et on cherchoit ce rapport avec la lune intercalaire. Ces nombres pour la musique étoient supposés relatifs aux nombres de l'année solaire, de la lunaire, du mois lunaire, du mois solaire et de la différence entre les mois lunaires et solaires; on cherchoit ce même rapport des nombres de la musique avec les nombres de diverses périodes et cycles. La musique, de même que l'astronomie étoit une affaire importante, selon les Chinois, pour l'État, la religion, le gouvernement. Le père Amiot, jésuite françois, a bien étudié la musique ancienne des Chinois; il a tâché d'en découvrir la théorie. Il envoie ce qu'il a fait là-dessus, et cela me paroît digne d'être communiqué aux savans.

Un habile critique chinois du temps de l'empereur Cang-hi fit des remarques sur l'histoire, les anciens livres, les usages et dénominations chinoises, les anciens tombeaux des princes, et autres points; le tout est traité bien clairement, d'une manière concise et instructive [1]. Ce critique dit qu'on ne voit pas bien avant l'année 206 avant Jésus-Christ, l'usage des caractères pour les cinq veilles de la nuit (oukeng) et pour les douze heures (che-eultchi).

Il dit que cet usage des cinq veilles est venu d'Occident.

Ce savant prouve bien que le terme formel de *che-eultchi* pour les douze heures est nouveau; mais il ne démontre pas qu'avant l'année 206 avant Jésus-Christ, les Chinois n'avoient pas l'usage de 12 parties pour diviser le jour. Il paroît que les 12 tchi pour le cycle de 12 étoient les caractères qui expriment les 12 parties du jour, ou les 12 heures; on s'en servoit aussi pour exprimer les 12 signes célestes et les 12 lunes, ou mois lunaires.

On voit que, du moins depuis le temps de Tcheo-kong, on divisoit le jour en 100 parties [1]. Au moment de minuit on commençoit à compter. On avoit pour cela des clepsydres et des horloges de sable. Un mandarin étoit préposé pour marquer les 100 ke et leurs parties. Il y avoit pour cela des catalogues, et chacun pouvoit savoir la nuit et le jour le nombre de ke; depuis minuit, on en avertissoit le peuple.

On avoit des pièces de métal ou de bois qu'on frappoit de temps en temps. On disoit outre cela : le soleil se lève, se couche, passe au méridien; le soleil est entre le lever et le midi, entre le midi et le coucher; c'est le temps du repas du matin, du repas du soir, la pointe du jour, le crépuscule du matin, le crépuscule du soir, la moitié de la nuit, les divers chants du coq. On désignoit le temps de la nuit, selon les saisons, par les étoiles, à leur lever, leur coucher, leur passage par le méridien; on choisissoit surtout les étoiles de la grande Ourse, surtout la dernière de la queue, la Lyre, Arcturus, l'épi de la Vierge, les étoiles du Lion, Orion, celles du Scorpion, la constellation Che et autres étoiles remarquables. On avoit l'usage des méridiennes : un bout avoit le caractère ou pour le sud ou midi; l'autre avoit le caractère tse pour le nord ou minuit. Plusieurs Chinois, en disant que les 12 heures, ou pour mieux dire, l'usage des 12 heures est venu d'Occident, ont voulu sans doute parler de 12 heures divisées en 96 quarts, qu'on nomma *ke* en Chine. Chaque heure avoit huit ke. Cet usage pour 96 ke fut introduit en Chine par les Occidentaux, plus de 300 ans après Jésus-Christ; mais il ne fut guère suivi : quelques astronomes s'en servirent pour leurs calculs.

---

[1] Le nom du livre est *Getchi-lou*; il fut fait l'an 34 du règne de Cang-hi, de Jésus-Christ 1695.

[1] Ces parties s'appeloient *ke*.

On parle d'un auteur [1] qui vivoit au temps appelé temps du *Tchen-koue*. Cet auteur disoit que le soleil alloit d'orient en occident ; le commencement de son mouvement étoit à la constellation Nieou. Il disoit que la terre alloit d'occident en orient, et le commencement de son mouvement étoit aux constellations Pi, Mao.

L'auteur chinois [2] qui rapporte ce que je viens de dire ajoute que, selon un auteur qu'il cite, une des cérémonies de la secte de Tao étoit pour la terre, c'est-à-dire comme commençant son mouvement aux constellations Pi, Mao, c'est-à-dire entre les deux constellations.

On voit dans un fameux astronome chinois appelé *Tching-hiuen*, qui écrivoit quelque temps après Jésus-Christ, quelque vestige de connoissance ou tradition sur un mouvement de la terre ; mais cela est si confus, qu'on ne voit pas bien ce qu'il veut dire. Ce que dit l'auteur Chi-kia, du mouvement du soleil et de la terre, pourroit s'entendre de deux mouvemens, dont l'un est réel et l'autre apparent ; mais le détail manque dans ce qu'on fait dire à cet auteur.

Dans ce que j'ai vu de livres [3] ou fragmens de livres avant l'incendie des livres, je n'ai rien trouvé de particulier sur l'arithmétique. On suppose toujours connu l'art des nombres pour l'addition, la soustraction, la multiplication et la division, le tout selon un tout divisé en 10, en 100, en 1,00, en 10,000, etc. On savoit tirer les racines carrées et cubiques en nombres et en multipliant un nombre en 100, 1000, 10,000, etc. ; on avoit un nombre approchant de la racine des nombres qui ne sont pas carrés ou cubiques. On voit l'usage d'élever un nombre jusqu'à la cinquième, sixième et septième puissance, etc. Quand les anciens Chinois ont voulu chercher en nombres les proportions de leurs cinq tons, on verra tout cela dans ce que le père Amiot envoie sur l'ancienne musique. L'instrument chinois appelé *souan-pan* passe pour un monument de la première antiquité. Je ne crois pas devoir parler de cet instrument ; il est connu depuis long-temps en Europe. Avec cet instrument, les Chinois font, avec beaucoup de facilité, les calculs ordinaires, non-seulement pour le commerce et les règles de trois, mais aussi pour la mesure des terres, etc.

Avant de finir ces Mémoires sur l'ancienne astronomie chinoise, je crois devoir rapporter ce que dit Hoay-nantse sur une rétrogression ancienne du soleil. Il dit que du temps du *Tchun-tsieou*, un prince du Lou combattit avec un général du pays de Han ; le fort du combat fut vers le temps du coucher du soleil : alors le prince leva son sabre comme pour donner un signal au soleil ; le soleil rétrograda de trois che [1]. Che exprime le mouvement propre de la lune dans un jour. Ainsi la rétrogression du soleil fut de 39 à 40 degrés chinois.

Hoay-nantse vivoit du temps de Outi [2], empereur de la dynastie Han. Hoay-nantse étoit de la famille impériale. Il avoit dans son palais beaucoup de savans ; il étoit lui-même fort savant, et ramassoit toutes les anciennes traditions et traits historiques : il les faisoit chercher dans les anciens livres dont il fit des recherches avec de grandes dépenses. Du temps de Ho-aynantse, il y avoit beaucoup de juifs en Chine : ces juifs étoient entrés dans l'empire au temps de la dynastie Tcheou, et ce fut, selon les apparences, entre le temps de la fin du *Tchun-tsieou* [3], et l'an 248 avant Jésus-Christ. Les Chinois eurent des conférences avec ces juifs étrangers sur leurs coutumes et surtout sur leurs livres. Ces juifs et de savans Chinois comparèrent la chronologie [4] des deux nations. Il est hors de doute que les Chinois apprirent des juifs beaucoup de choses sur l'ancien temps, et il n'est pas surprenant que Hoay-nantse ait eu quelque connoissance des miracles que l'Écriture rapporte au temps de Josué et au temps du roi Ézéchias.

---

[1] Son nom étoit *Chi-kia* ; il étoit avant l'incendie des livres.

[2] C'est l'auteur du livre *Tien-yuen-lili* ; j'en ai parlé dans la Chronologie : il écrivoit sous le règne de Cang-hi.

[3] Sur l'arithmétique chinoise.

---

[1] Les vingt-huit constellations sont aussi dites les vingt-huit *che*.

Les Chinois ont divisé le mois lunaire en vingt-huit parties dites *che*, hospice, logement.

[2] Première année de son règne, l'an 134 avant Jésus-Christ ; dernière année, l'an 87.

[3] 479 ans avant Jésus-Christ.

[4] Dans la Chronologie, j'ai parlé du passage de Hoay-nantse ; les pères Bouvet et d'Entrecolles, anciens missionnaires jésuites françois en Chine, avoient depuis longtemps envoyé en France ce passage. Dans la Chronologie, j'ai rapporté ce qui reste de la comparaison que les juifs firent de leur chronologie avec la chinoise.

Hoay-nantse réduit à un seul événement les deux rapportés dans la sainte Bible.

NOTES.

1° Le *Tchun-tsieou* dont j'ai souvent parlé est celui que fit Confucius et que l'auteur du *Tso-tchouen* commenta. Les princes de cet État avoient une histoire appelée *Tchun-tsieou*; elle commençoit par le prince Tcheou-kong, premier prince de Lou. Cette histoire s'est perdue; ou par tradition, ou par fragment, on avoit un catalogue des noms et des années des princes de Lou, depuis Tcheou-kong. On les voit dans l'histoire chinoise. L'histoire du *Tchun-tsieou* qui s'est perdue est celle que Hoay-nantse indique.

2° Je ne sais pas au juste où étoit alors un pays appelé *Han*, il devoit être ou dans le Honan, ou dans le Chansi, sur les limites du Chan-tong.

3° Au temps de la dynastie Tcheou, les Juifs étant venus en Chine par terre, du pays de la Bactriane et voisins, il y avoit sans doute d'autres personnes qui vinrent de ce pays-là en Chine, et des uns et des autres, les Chinois purent avoir des connoissances sur l'astronomie et les temps anciens. Les savans chinois reconnoissent sans peine que leur origine vient du pays occidental. Dans les anciens caractères chinois, il y en a un qui m'a toujours paru remarquable, c'est le caractère *yn*. Ce caractère exprime le respect intérieur et la pureté de cœur requis dans les cérémonies religieuses; c'est ce qu'ont toujours dit les Chinois en expliquant cet ancien caractère. Il désigne la cérémonie faite au Ciel, et surtout aux ancêtres morts. Ce caractère composé en a trois : un est *chi*, il veut dire, *voir*, *regarder*; un est *sy*, il veut dire *occident*; un est *tou*, il veut dire, *terre*, *pays*, etc. C'est donc comme si on disoit dans les cérémonies religieuses : Ayez les yeux sur le pays occidental.

Il peut se faire que les anciens Chinois, auteurs de ce caractère, avoient en vue un pays de Chine où on honoroit la mémoire de quelque ancien prince ou sage, pays occidental par rapport à celui où on faisoit la cérémonie *yn*. Il peut se faire aussi que les anciens Chinois ont eu en vue le pays occidental d'où sont venus les premiers princes et législateurs chinois, comme si on avoit voulu laisser un monument de l'origine des Chinois.

On a reproché, avec quelque justice, à quelques missionnaires l'abus qu'ils ont fait de l'analyse de quelques anciens caractères; mais il est certain qu'il y a quelques caractères chinois anciens qu'on peut décomposer assez sûrement; les savans chinois l'ont fait de tout temps. Dans l'ancien temps, il n'y avoit pas tant de caractères qu'aujourd'hui. Les premiers inventeurs des caractères chinois ont voulu exprimer leurs idées simples et composées, et les caractères chinois ont été d'abord composés de signes d'institution, pour exprimer les idées; mais en voilà assez: il ne faut pas être ennuyeux. On peut, si on veut, retrancher tout ce que j'ai cru pouvoir dire sur le caractère *yn*, étranger à l'astronomie. Je ne l'ai fait qu'à l'occasion de mes conjectures sur ce que les Chinois ont pu anciennement savoir d'astronomie par le moyen des Juifs et autres, venus en Chine au temps de la dynastie Tcheou.

ADDITIONS ET ÉCLAIRCISSEMENS.

1° Sur le mouvement propre des fixes.

Quoique dans le *Yueling* Lu-pou-ouey ne marque point les degrés des constellations où étoit le soleil à la seconde, quatrième, huitième et onzième lune de l'année, ces lunes étant celles où étoient les équinoxes et les solstices, on voit qu'il a fixé les équinoxes et les solstices dans un des degrés des constellations Kou-ey, Teou, Kio, Tsing; et parce qu'il faut, dans le système de ce temps-là, que les espaces entre les équinoxes et les solstices soient égaux pour le temps et pour les degrés [1], Lu-pou-ouey dut fixer les solstices vers l'an 248 avant Jésus-Christ, vers Teou 24° et Tsing 29°, et les équinoxes vers Kio 8°, et vers la fin de la constellation Kou-ey.

Lu-pou-ouey pouvoit aisément savoir la fixation antérieure du solstice d'hiver au commencement de la constellation Nieou; la fixation du même solstice à la constellation Nu 2°. Par les étoiles du Yao-Tien, il pouvoit voir ce solstice dans la constellation Hiu. Ce savant, outre cela, étoit sans doute instruit de diverses étoiles qui avoient été successivement les polaires. De tout cela, il paroit qu'il faut conclure qu'au temps de Lu-pou-ouey on avoit des connoissances sur le mouvement propre des fixes. Ce que je dis pour le temps de Lu-pou-ouey, doit s'appliquer au temps où le solstice fut fixé au commencement de la constellation Nieou et au temps de Tcheou-kong, de même qu'au temps où on commença à prendre l'étoile Tay-y pour la polaire, après que l'étoile Tien-y cessa d'être polaire.

On peut objecter que, quoique tout cela fût

---

[1] Chaque espace de temps de 91 jours est le temps qui répond à 7 heures 30 minutes.
Chaque espace en degrés 91° 31' et quelques secondes chinoises; la somme de quatre espaces, 365 jours un quart, en temps, en degrés 365° un quart, à la chinoise.

connu ou pût être connu du temps de la dynastie des Han antérieurs à Jésus-Christ, les astronomes assuroient positivement que les étoiles fixes étoient sans mouvement propre, et qu'ils calculoient les lieux des étoiles fixes pour le temps, par exemple, de Tcheou-kong, comme pour leur temps, 900 et 1000 ans après Tcheou-kong. Je réponds à cela que ces astronomes de Han s'étoient fait des systèmes, sans presque nul principe bien réel[1] d'astronomie, et qu'on voit qu'ils n'examinoient pas trop exactement les choses. Quelques années après Jésus-Christ, les astronomes ayant mieux examiné, trouvèrent du mouvement propre dans les fixes; mais ils n'en surent pas encore bien les règles. Ce qui démontre l'ignorance et le peu d'attention des astronomes des Han antérieurs, c'est 1° qu'ils avoient devant les yeux des figures où le solstice d'hiver répondoit autrefois à la constellation Hiu; c'est 2° que les signes célestes qu'ils employoient étoient, selon leurs livres, avancés vers l'orient de la moitié d'un signe depuis le temps de Tcheou-kong.

2° Sur les caractères de 12 heures chinoises.

On a vu une éclipse de soleil le 13 octobre 546 avant Jésus-Christ : cette éclipse fut observée. L'auteur du *Tso-tchouen* reproche, dans cette éclipse, deux fautes au directeur du calendrier ou des éphémérides; la première, d'avoir marqué le Tchin[2] à Chin[3]; la seconde, de s'être trompé pour l'intercalation.

Le texte du *Tchun-tsieou* marquoit douzième lune; il falloit dire onzième lune, comme le marque Tso-tchouen, et cette erreur des éphémérides venoit clairement de n'avoir pas fait attention à la méthode prescrite pour l'entrée du soleil dans les signes, et par là savoir l'arrangement des lunes, et savoir quelle est celle qu'on doit intercaler. L'autre faute est d'avoir placé le tchin à chin ; or, il me paroît que le chin est ici l'heure de trois à cinq après midi.

Tous conviennent qu'au temps du *Tchuntsieou*, les douze tchin étoient les douze lunes de l'année, les douze signes célestes : le caractère *tchin* en particulier veut dire la conjonction du soleil et de la lune ; les douze conjonctions dans une année s'appeloient aussi les douze tchin : les douze tchin sont aussi les douze caractères *tchi* du cycle de soixante.

On a vu l'ordre et le nom des signes célestes, on ne peut pas expliquer le chin par le caractère *chin*, pour un signe céleste. On ne peut pas dire aussi que ce chin soit le caractère de la lune, puisque le *Tso-tchouen* marque expressément l'erreur dans l'intercalation ou dans l'ordre des lunes. On ne peut pas dire aussi que chin puisse s'expliquer par le caractère qui est dans le cycle de soixante jours ou soixante années. Il paroît donc qu'il s'agit de l'heure chinoise chin, de trois à cinq heures après midi. Au pays[1] où l'éclipse fut observée, la conjonction fut vers les neuf heures onze minutes ou douze minutes du matin; le fort de l'éclipse fut plus d'une heure avant le temps de la conjonction; c'étoit donc une grande erreur d'avoir assigné l'heure chin pour le temps de l'éclipse. Malgré ce que je dis sur l'heure chin, les interprètes ne disent rien de cette erreur pour chin. Ils n'ont pas cru que, dans le texte du *Tso-tchouen*, il s'agisse de chin, comme signifiant l'heure de trois à cinq heures après midi. Ces interprètes disent que le calendrier de Lou étoit si fautif, que la lune, qui auroit dû être su, se trouvoit chin, et qu'ainsi le calendrier avoit une erreur de deux lunes. Cette interprétation me paroît fausse : cette année 546, le calendrier marquoit douzième lune, au lieu de onzième lune. Selon d'autres, l'erreur de deux lunes n'étoit pas véritablement dans les éphémérides de l'an 546 ; elle étoit dans un instrument du tribunal d'Astronomie à la cour de Lou. Cet instrument étoit destiné à marquer l'ordre des lunaisons dans le calendrier de Lou, et cet instrument marquoit pour l'an 546, non la onzième lune, mais la neuvième du calendrier, à cause de l'interprétation des Chinois, contraire à celle que je propose sur le caractère chin. Je n'oserois assurer que mon explication est la vraie, et qu'en conséquence il faille regarder comme sûr que l'an 546 avant Jésus-Christ les douze caractères *tchi* servoient pour les douze heures. Un autre passage chinois me paroît faire voir cet usage.

---

[1] Ils faisoient de mauvaises observations; ils n'étoient sûrs sur presque aucun fondement de calcul : on peut bien accuser les astronomes de négligence avant l'incendie des livres, mais non de telle ignorance.

[2] Signe céleste, ou conjonction d'une lune.

[3] Neuvième tchi dans les douze tchi.

[1] Yuen-tcheou-fou, dans le Chan-tong; latitude boréale, 35° 41'; à l'orient de Pékin, 0° 30'.

L'an 522 avant Jésus-Christ, on a vu le passage du livre *Koue-yu* sur l'expédition de Ou-ouang. Dans ce passage, on voit que le jour que le prince Ou-ouang rangea son armée, ou fit disposer tout pour donner bataille, étoit kouey-hay[1] de la seconde lune. On voit encore que c'étoit la nuit, et que le tchin étoit sur su. Su ici ne peut avoir que le sens de sept à neuf heures du soir, temps désigné par le caractère su[2]. Ce su exprime la onzième lune du calendrier de Tcheou : ici il ne sauroit avoir ce sens. Su exprime un des signes du zodiaque ; Ou, le signe du Sagittaire, selon l'ancienne méthode, au temps du *Tchun-tsieou* et de *Tcheou-kong*, comme je le crois, selon la méthode depuis la dynastie de Han jusqu'à aujourd'hui ; su exprime le signe Aries. Ainsi, dans le passage, le caractère su ne peut pas s'exprimer par un des douze signes célestes ; il ne peut donc s'entendre que du temps su, dont le caractère dénote l'heure de sept à neuf heures du soir. On voit dans la chronologie, et dans ce que j'ai dit au temps du règne de Ou-ouang, que le 31 décembre de l'an 1112 avant Jésus-Christ eut les caractères kouey-hay, et que c'étoit dans la seconde lune. Pour ce qui regarde le passage cité de *Koue-yu*, on doit prendre garde 1° que ce qu'il dit du lieu de la conjonction de la lune et du soleil, des lieux de Jupiter, de la Lune, du Soleil et de Mercure, est le calcul particulier d'un astronome de l'an 522 avant Jésus-Christ ; 2° que ce qu'il dit du jour kouey-hay de la seconde lune, est pris ou conclu clairement du texte du *Chou-king*, qui rapporte l'expédition de Ou-ouang.

En parlant de l'éclipse solaire du *Chou-king*, l'an 2155 avant Jésus-Christ, j'ai dit qu'en ce temps-là on n'avait pas l'usage des douze tchi pour exprimer les douze heures[3], je le croyois ainsi sur l'autorité du critique chinois que j'ai cité ; mais ayant examiné ce qui est dit aux années 522, par le *Koue-yu*, et 546, par le *Tso-tchouen*, je crois voir qu'en ce temps-là

[1] Soixantième jour du cycle de 60.
[2] Voyez les Tables. Dans ce que j'ai rapporté à l'an 522, j'avois omis ces circonstances du passage de *Koue-yu*.
[3] Si, dans le passage du *Chou-king*, tchin exprimoit le temps de 7 à 9 heures, la phrase auroit les caractères rangés autrement.

les douze tchi marquoient les douze heures : étoit-ce de même l'an 2155 avant Jésus-Christ ? Cela me paroît douteux. Quoi qu'il en soit, il est certain que le caractère tchin du passage du *Chou-king* qui rapporte l'éclipse n'est pas le tchin de sept à neuf heures du matin, et que là il exprime la conjonction du soleil et de la lune.

3° Sur l'année de l'éclipse de lune de l'an 1137 avant Jésus-Christ.

L'éclipse de lune, marquée à un jour du cycle ping-tse, n'a pu être dans ce temps-là qu'à l'an 1137, et c'est certainement l'année de l'éclipse dont le livre *Tcheou-chou* parle. Ce livre n'a pas de caractères cycliques pour les années. On voit que les caractères cycliques sont très-utiles et importans pour la détermination des années et des jours pour les époques.

Les caractères kia-tse conviennent à l'an 1137 ; ces caractères de l'année ne peuvent convenir que soixante ans devant ou après, et ainsi de suite, avant et après, pour toutes les années.

Le livre marque l'éclipse de lune à la trente-cinquième année de la principauté de Ouen-ouang. Si le livre avoit désigné cette trente-cinquième année ou une année de celles de Ouen-ouang, ce seroit bien mieux pour assurer cette époque. La chronique du *Tchou-chou* a mis les années du règne de Ouen-ouang avec les caractères du cycle. Ce livre fait régner Ouen-ouang cinquante-deux ans. Le *Chou-king* marque ce règne de cinquante ans ; et comme l'autorité du *Tchou-chou* est moindre que celle du *Chou-king*, la critique chinoise exige qu'on s'en tienne au *Chou-king*, livre classique. La chronique du *Tchou-chou* marque la trente-septième année du règne de Ouen-ouang par les caractères du cycle kia-tse. Ainsi, il est mieux de dire que l'année 1137 est l'année trente-septième du règne de Ouen-ouang : par conséquent, le *Chou-king* lui donnant cinquante ans de règne, l'an 1124 sera la cinquantième année de son règne, et l'année 1123 sera la première année de la principauté de Ou-ouang ; l'an 1111 avant Jésus-Christ sera donc la treizième année de la principauté de Ou-ouang, et la première de son empire. Le *Chou-king* dit que la première année de l'empire de Ou-ouang étoit la treizième année, c'est-à-dire la treizième année de sa principauté.

4° Sur la lune intercalaire.

Dans ce que j'ai dit à l'an 1112 et 1111 avant Jésus-Christ, j'ai marqué que le calcul des jours faisoit voir que le 28 décembre de l'an 1112 fut marqué dans le calendrier, jour du solstice d'hiver; c'étoit le dernier jour de la première lune. Ainsi, selon la règle, on auroit dû dire première lune intercalaire, au lieu de dire seconde lune, comme il conste qu'on dit le 29, 30, 31 décembre de l'an 1112 avant Jésus-Christ, 1er janvier et suivans de l'an 1111: la raison de cela vient, comme je l'ai indiqué, d'une exception à la règle de l'intercalation, quand cela regardoit la première lune. On ne disoit pas première lune intercalaire; quand le cas arrivoit, on intercaloit la seconde lune. Je croyois que ce qu'on disoit de cette exception pour l'intercalation de la première lune n'étoit pas assez bien fondé. J'ai vu depuis que cela est bien fondé, et j'en ai vu nouvellement des exemples dans des lunes, depuis le temps de Jésus-Christ.

5° Sur une observation de la planète de Mars.

Lu-pou-ouey, dont j'ai parlé, dit dans son ouvrage qu'au temps du règne de Kin-kong, prince de Song, la planète de Mars se trouva à Sin, c'est le nom chinois de l'étoile Antares: c'est aussi le nom d'une constellation appelée Sin [1]. Lu-pou-ouey ne dit pas s'il s'agit de l'étoile Sin, ou de la constellation du nom Sin.

On a vu que les princes de l'Etat de Song étoient descendans de l'empereur Tching-tang, premier empereur de la dynastie Chang. La cour des princes de Song étoit dans le Honan, au pays où est Kouey-te-fou, ville de cette province.

Dans les annales de ce temps-là, on voit que le prince Kin-kong régna trente-sept ans, et que la trente-septième année de son règne répond à la quinzième année du règne de Gai-kong, prince de Lou. L'examen des éclipses du *Tchun-tsieou* fait voir que la quatorzième année de Gai-kong est l'an 481 avant Jésus-Christ; c'est une époque démontrée. La trente-septième année de Kin-kong, prince de Song, est donc l'an 480 avant Jésus-Christ, et la première année de son règne est l'an 516. C'est à la trente-septième année du règne de Kin-kong, c'est-à-dire à l'an 480 avant Jésus-Christ, que Sse-matsien [1], dans ses *Annales*, rapporte l'observation de Mars à l'étoile ou constellation Sin; car il ne fait pas la distinction. Il ajoute que Mars fut vu stationnaire, et de même que Lu-pou-ouey, il ne rapporte ni le mois, ni le jour. Cette apparition de Mars, qui désigne le feu, de même que l'étoile et la constellation Sin, fit peur au prince Kin-kong. Les étoiles du Scorpion, étoient comme j'ai dit, dans le département du pays de Song [2]; le prince en étoit instruit, et il y fit grande attention; dans la crainte où il étoit, il consulta un de ses mathématiciens ou astrologues. Celui-ci suggéra au prince plusieurs expédiens pour éviter le malheur dont il se croyoit menacé. Le prince, dans cette occasion, fit trois réflexions qui dénotoient un prince qui aimoit son peuple et qui avoit beaucoup de probité. L'astronome, ou astrologue [3], assura le prince que ses trois sages réflexions étoient un présage certain de bonheur pour son règne, et à cette occasion, il indiqua une révolution de la planète de Mars, qui se fait dans vingt-un ans selon lui, et dans vingt-un ans on devoit revoir Mars au même lieu. Si on juge cette observation de Mars de quelque utilité, quoique exprimée en termes si vagues, on peut l'examiner dans l'espace de temps entre les années 516 et 480 avant Jésus-Christ.

Lu-pou-ouey, dans ce qu'il dit de l'observation, rapporte une fable; c'est que le soir même du discours de l'astronome, Mars quitta le lieu de Sin, et s'en éloigna de près de quarante degrés chinois. Il l'avoit, dit Lu-pou-ouey, assuré au prince, et s'offroit à mourir si cela n'arrivoit pas. L'historien Ssema-tsien n'a pas cru devoir mettre dans ses *Annales* cette fable de Lu-pou-ouey. Au reste, Lu-pou-ouey fait dire à l'astronome que le Ciel avoit entendu le discours du prince, et que le Ciel le récompenseroit bien.

Les Chinois avoient soin d'observer les re-

---

[1] Voyez le Catalogue des constellations.

[1] Historien fameux; il vivoit l'an 105 avant Jésus-Christ. Ses *Annales* sont fort estimées.
[2] Voyez ce que j'en ai dit dans l'histoire de l'astronomie pour le temps de Tchun-tsieou.
[3] L'astronome chinois ne prétendoit pas parler d'une révolution exacte.

tours de la lune et des planètes aux mêmes étoiles. Ces observations les dirigeoient pour déterminer les mouvemens et les révolutions de la lune et des planètes. On tenoit registre de tout, et on ne sauroit trop regretter tant de catalogues perdus, d'une si longue suite d'anciennes observations chinoises.

6° Sur une éclipse de soleil marquée dans le *Tchun-tsieou* à la troisième lune de la dix-huitième année du règne de Tchoang-kong, prince de Lou; c'est l'an 676 avant Jésus-Christ.

Le *Tchun-tsieou* ne marque pas les caractères du jour; il ne marque pas non plus le caractère chinois qui exprime la conjonction et le premier jour de la lune. Ni ce livre, ni le commentaire *Tso-tchouen* ne donnent aucune lumière sur cette éclipse. Dans le troisième Recueil du père E. Souciet il est fait mention de cette éclipse, et on y voit qu'il paroît que le texte de l'éclipse rapporte un faux calcul, ce qui a besoin d'explication.

Le 15 avril[1] de l'an 676 fut jour de conjonction, et la conjonction fut écliptique. Le soleil étoit dans le dix-huitième degré du signe *Aries*; c'étoit donc la cinquième lune du calendrier de la cour de Lou[2]. J'ai fait plusieurs calculs pour cette éclipse, et quoique ces calculs représentent une éclipse considérable, mais de peu de durée, avant le coucher du soleil à la cour de Lou, je n'oserois assurer qu'avant le coucher du soleil, qui fut après six heures vingt minutes, on pût voir l'éclipse : selon un de ces calculs, on put voir presque toute l'éclipse, et elle fut de huit minutes et demie; mais je n'ose l'assurer.

L'auteur d'un commentaire du *Tchun-tsieou*, nommé *Kouleang-tchouen* ou *Tradition-Kouleang*, vivoit du temps des disciples de Confucius. Cet auteur parle[3] de l'éclipse de soleil marquée à la troisième lune, et il dit que la nuit il y eut éclipse, et que le prince en fit la cérémonie au soleil[4]. Il traite cette éclipse d'éclipse de nuit, c'est-à-dire d'éclipse qui ne fut pas vue, et qui arriva après le coucher du soleil. Cet auteur n'a pas l'autorité de celui du commentaire *Tso-tchouen*; mais il n'étoit pas éloigné du temps de Confucius, et il pouvoit savoir le trait d'histoire de l'éclipse. S'il étoit bien constaté que l'éclipse ne fut pas vue à Yuen-tcheou-fou, on pourroit juger sûrement des calculs sur le temps de la conjonction du 15 avril. La lune étant si près du nœud, on ne peut pas douter s'il y eut éclipse de soleil; mais fut-elle visible, cela dépend de la vraie conjonction. Il paroît encore certain que, supposé qu'à Yuen-tcheou-fou l'éclipse ne fut pas vue au coucher du soleil, il s'en falloit de bien peu. J'ai déjà dit que si les éclipses de soleil étoient marquées dans le *Tchun-tsieou* avec plus de détail pour le temps et les phases, elles seroient bien utiles pour examiner les fondemens des tables astronomiques. J'ai mis cette addition, parce que peut-être quelque habile calculateur se donnera la peine d'examiner le temps de la conjonction le 15 avril julien, et pourra nous assurer ici si l'éclipse fut visible ou non à Yuen-tcheou-fou.

Quoique la lune ne soit pas marquée dans la forme du calendrier de Lou, il paroît hors de doute que l'éclipse du 15 avril est celle que rapporte le *Tchun-tsieou*. Dans la copie du livre, on aura mis le caractère de trois, au lieu du caractère cinq pour la lune. On peut encore avoir pris cette éclipse d'un calendrier de la forme de la dynastie Hia. Ce calendrier de Hia étoit suivi dans les États des princes des pays où sont les provinces du Chensi et Chansi, etc. Dans ces États, il y avoit des astronomes et des observatoires, au moins dans le Chansi.

L'astronome Kocheou-king, qui a tant écrit sur l'astronomie et a fait beaucoup d'observations dans le temps du règne Yuen-chitsou[1], assure qu'il y eut éclipse le 15 avril, et que la conjonction fut à chin[2]. Au contraire, d'autres calculateurs chinois assurent qu'il n'y eut pas d'éclipse.

7° Sur des observations célestes rapportées par quelques auteurs ou astronomes postérieurs au temps de quelques anciens empereurs chinois.

Quelques abrégés d'histoire et quelques astronomes, depuis l'an 206 avant Jésus-Christ,

---

[1] Les caractères chinois de ce jour sont gin-tse, quarante-neuvième jour du cycle.
[2] Cette cour étoit dans le pays où est aujourd'hui Yuen-tcheou-fou, ville de la province du Chan-tong. Latitude boréale, 35° 41' 30" à l'orient de Pékin; ainsi, c'est à l'orient de Paris, en temps, 7 heures 38 minutes.
[3] Kouleang-tchouen, dix-huitième année du prince Tchoang-kong.
[4] Cette cérémonie dut se faire au lever du soleil, le 16 avril; c'est ce que disent les interprètes.

[1] C'est l'empereur mogol Koublay. Il mourut à Pékin, l'an de Jésus-Christ 1294, le 23 février.
[2] Temps de 3 heures à 5 heures après midi.

ont rapporté une ancienne conjonction du soleil, de la lune et de cinq planètes dans la constellation Che, au temps de l'empereur Tchouen-hiu, au jour du lit-chun [1].

Cette conjonction ne se trouve ni dans aucun monument avant l'incendie des livres, ni dans les premiers historiens chinois de la dynastie Han. Cette conjonction est l'époque feinte de plusieurs millions d'années, ou au moins d'un grand nombre de siècles avant le temps de Tchouen-hiu, selon la méthode d'un calendrier qui portoit le nom de *Tchouen-hiu*, et qui fut fait ou peu de temps avant l'an 206 avant Jésus-Christ, ou quelque temps devant [2]. Au temps de Tchouen-hiu, quelque système de chronologie probable qu'on suive, on ne sauroit trouver une conjonction des planètes de Saturne, de Jupiter, de Mars, de Vénus et de Mercure dans la constellation Che, et il implique que dans ce temps-là le soleil et la lune fussent en conjonction au temps du litchun, dans la constellation Che, puisque le lieu de cette constellation étoit bien éloigné du lieu du litchun. Les historiens et astronomes ne sont pas d'accord dans ce qu'ils disent de cette conjonction, et elle a été regardée par les vrais astronomes chinois comme une conjonction systématique d'un temps très-éloigné, et non comme une conjonction historique au temps de Tchouen-hiu.

Plusieurs astronomes chinois, en conséquence de leurs systèmes sur le mouvement propre des fixes et du temps où ils ont fait vivre Yao avant l'an 2300 avant Jésus-Christ, ont dit qu'au temps de Yao le solstice d'hiver étoit au premier degré de la constellation Hiu, au septième degré, au dernier degré, ou à une autre constellation. Ce qu'ils disent est le résultat de leurs calculs, et non une observation qu'ils rapportent. Il est inutile d'indiquer d'autres calculs de quelques astronomes ou astrologues postérieurs, donnés pour d'anciennes observations; il est aussi inutile de faire mention de ce que des auteurs postérieurs à l'an 206 avant Jésus-Christ ont dit de l'astronomie aux temps fabuleux avant l'empereur Fouhi : ce n'est qu'un tissu de fables dont l'astronomie ne peut tirer aucun avantage. Après le temps de Tchun-tsieou, plusieurs Chinois mettoient entre leur temps et celui de Fouhi des cent mille, et deux cent mille ans et davantage; cela donna, dans la suite, occasion à faire des époques qui remontoient à des millions d'années, pour placer les conjonctions de toutes les sept planètes, au litchun, au solstice d'hiver, à une certaine année et jour du cycle de 60.

8° Sur la division des parties de l'année solaire chinoise.

J'ai dit que les Chinois ont toujours, dans leur calendrier, divisé l'année solaire en parties égales jusqu'au temps de l'entrée des jésuites au tribunal d'astronomie.

Dans le fragment de l'ancien livre *Tcheou-chou* que j'ai cité, on voit les douze tchong-ki et les douze tsie-ki, qui font vingt-quatre parties de l'année solaire de trois cent soixante-cinq jours un quart. On y voit ces vingt-quatre parties divisées également, en sorte que chacune d'elles est de quinze jours, cinq heures quinze minutes.

Dans les éclipses du livre *Tchun-tsieou*, en examinant les jours, on peut conclure que, dans l'arrangement des douze lunes de l'année tantôt de trois cent cinquante-quatre jours, tantôt de trois cent quatre-vingt-quatre jours, les espaces entre les solstices et les équinoxes étoient comptés égaux.

Dans les calendriers des années de la dynastie Han [1], avant qu'on eût connu quelque inégalité entre les intervalles des quatre saisons de l'année, les douze lunes sont clairement marquées dans la supposition de cette égalité. Ensuite, après que les astronomes chinois eurent connu l'inégalité des espaces, ils distinguèrent les équinoxes vrais et moyens. Ils commençoient toujours par le moment du solstice d'hiver, et rapportoient, comme les anciens, le lieu du soleil aux constellations. On avoit des catalogues des degrés de chaque constellation, et la somme de ces degrés étoit de 365° un quart. Dans l'arrangement de douze lunes, malgré la connoissance de l'inégalité des espaces, on comptoit les jours de l'année comme étant divisée en parties égales, et sans employer aucune équation, on donnoit par

---

[1] C'est au milieu du signe du Verseau.
[2] Il me paroît que le père E. Souciet n'auroit pas dû mettre dans ses fastes, aux années 2112 et 1852 avant Jésus-Christ, les deux époques chinoises qu'on y voit; la fausseté de ces deux époques est démontrée. (*Dissertation du père E. Souciet;* Paris, 1726.)

[1] Première année de cette dynastie, 206 avant Jésus-Christ.

jour au soleil un degré chinois, et on commençoit par le moment du solstice : comme l'année solaire fut connue moindre que la julienne, la division pour chacune des vingt-quatre parties se trouve dans ces calendriers d'un peu moins de quinze jours cinq heures quinze minutes. Je pourrois rapporter beaucoup d'exemples, je me contente de quelques-uns.

L'an de Jésus-Christ 637, à Sigan-fou, capitale du Chensi, le solstice d'hiver étoit supposé arriver le 19 décembre, entre quatre heures et cinq ou six heures du matin. Il ne s'agit pas ici de voir si ce calcul est juste ou faux; il suffit de savoir cette supposition.

L'année 638, on marque [1] le vingt-unième mars, premier jour de la seconde lune intercalaire; donc, selon la règle, le 20 mars, dernier de la seconde lune, fut l'équinoxe. L'intervalle entre le solstice d'hiver est clairement supposé de quatre-vingt-onze jours au moins. On ne marque pas l'heure du 20 mars où fut l'équinoxe : on savoit alors que le vrai équinoxe étoit au moins deux jours avant cet équinoxe du 20 mars dans le calendrier.

L'astronomie chinoise rapporte une éclipse de soleil le 21 mars de l'année 638 : M. Cassini, dans ses *Élémens de l'astronomie indienne* rapporte une éclipse de soleil au 21 mars; il parle d'un équinoxe moyen au 20 mars.

NOTE.

L'astronomie chinoise marque l'éclipse au jour keng-tchin (dix-septième du cycle de 60); par les règles de calcul des jours chinois, ce jour keng-tchin fut le 21 mars. Le calcul de l'éclipse fait par M. Cassini au 21 mars, fait voir que la méthode pour rapporter les jours chinois aux jours juliens est bonne et sûre; on peut la vérifier par beaucoup d'autres exemples.

L'an de Jésus-Christ 1049, les astronomes chinois supposoient le solstice d'hiver arriver à Caifong-fou [2] peu de temps après minuit, le 16 décembre. Ces astronomes marquèrent dans le calendrier l'équinoxe du printemps au jour kimao [3] de la seconde lune [4] : on ne trouve pas l'heure de l'équinoxe. Les jours du solstice et de cet équinoxe font voir un espace de quatre-vingt-onze jours au moins entre le solstice d'hiver et l'équinoxe du printemps. On

[1] Astronomie chinoise.
[2] Capitale du Honan.
[3] 17 mars.
[4] De l'an 1050.

avoit des règles pour réduire cet équinoxe du 12 mars dans le calendrier au vrai équinoxe, qu'on savoit arriver plus de deux jours avant l'équinoxe du calendrier.

On a encore des éphémérides chinoises depuis l'an 1576 de Jésus-Christ jusqu'à l'entrée des jésuites au tribunal d'astronomie [1] : ces éphémérides, publiées à Pékin dans ce temps-là, sont faites pour le méridien de Pékin. Elles démontrent ce que j'ai dit, comme on va le voir; cela achèvera d'éclaircir ce que j'ai dit à l'occasion de l'éclipse de soleil de l'an 2155 avant Jésus-Christ, année quatrième du règne de Ouanly [2]. Le vingt-deuxième jour de la onzième lune, jour keng-su [3], solstice d'hiver à huit heures du soir. Le soleil dans le 4° de la constellation Ki [4].

Douzième lune, grande (de 30 jours), premier jour ki-ouey (20 décembre), conjonction vraie après midi, 1 heure 28' 48"; c'est par le moment de minuit qu'on commence à compter le lieu du soleil.

Année cinquième du règne de Ouan-ly (1577), première lune grande, premier jour ki-tcheou [5], vraie conjonction, matin, 7 heures 43' 12".

Deuxième lune, petite (de 29 jours), premier jour ki-ouey (18 février), conjonction vraie après minuit, 2 heures 28' 48"; au jour ginou (13 mars), équinoxe du printemps, après minuit, 3 heures 28' 48".

Troisième lune, grande, premier jour ou-tse (19 mars), vraie conjonction, soir 8 heures 28' 48".

Quatrième lune, grande, premier jour ou-ou (18 avril), vraie conjonction, matin 11 heures 43' 12".

Cinquième lune, petite, premier jour ou-tse (18 mai), vraie conjonction après minuit, 43' 12".

Au jour gin-tse [6] (11 juin), vingt-cinquième de la cinquième lune; solstice d'été à 11 heures du matin.

[1] Le commencement du jour, au moment de minuit; depuis l'an 1111 avant Jésus-Christ jusqu'aujourd'hui, on a gardé ce commencement.
[2] Ping-tse, treizième du cycle de 60, année de Jésus-Christ 1576.
[3] Quarante-septième du cycle de 60. 11 décembre.
[4] Voyez les constellations.
[5] 19 janvier.
[6] C'est une erreur du livre; on la corrige dans la suite : le jour est kouey-tcheou, 12 juin.

Sixième lune, petite, premier jour Ting-sse (16 juin), vraie conjonction, matin 10 heures 43′ 12″.

Septième lune, grande, premier jour, ping-su (15 juillet), vraie conjonction, soir 7 heures 28′ 48″.

Huitième lune, petite, premier jour ping-tchin (14 août), vraie conjonction, matin 4 heures.

Au jour kia-chin (11 septembre), vingt-neuvième de la huitième lune, équinoxe d'automne, soir 6 heures 28′ 48″.

Huitième lune intercalaire, petite, premier jour y-yeou (12 septembre), vraie conjonction, 14′ 24″ après midi.

NOTE.

Les calculateurs des éphémérides avoient pour époque du lieu du soleil le solstice d'hiver déterminé l'an de Jésus-Christ 1280, à Pékin, après minuit, 1 heure 26′ 24″, le 14 décembre. Ce solstice fut déterminé à Pékin par beaucoup d'observations faites avant et après le solstice, avec beaucoup de soin, par un gnomon de 40 pieds chinois. On marque qu'on avoit soin de prendre le centre de l'image du soleil, qu'on prenoit le niveau, et qu'on mesuroit exactement.

Suite des Éphémérides de la cinquième année du règne de Ouan-ly, de Jésus-Christ 1577.

Neuvième lune, grande, premier jour kia-yn (11 octobre), vraie conjonction, soir 9 heures 14′ 24″.

Dixième lune, petite, premier jour kia-chin (10 novembre), vraie conjonction, matin 7 heures 43′ 12″.

Onzième lune, grande, premier jour kouey-tcheou (9 décembre), vraie conjonction, soir 8 heures 28′ 48″.

Au jour ping-tchin (12 décembre), quatrième de la onzième lune, solstice d'hiver, matin 1 heure 57′ 36″.

Douzième lune, grande, premier jour kouey-ouey (8 janvier de l'an 1578), vraie conjonction, matin 11 heures 14′ 24″.

Trentième jour de la douzième lune, gin-tse (février de l'an 1578)[1].

NOTES.

1° J'ai réduit au temps européen le temps exprimé

[1] Les premiers missionnaires jésuites n'entrèrent en Chine qu'aux années 1581 et 1583.

en caractères chinois, pour les heures et les parties d'heure.

2° On a vu le lieu du soleil marqué l'an 1576 au solstice d'hiver rapporté au quatrième degré de la constellation Ki. Ensuite, jour par jour, on ajoute un degré chinois dans les constellations, jusqu'au solstice d'hiver de l'an 1577. On avoit alors des règles pour les équations qui réduisoient au lieu vrai les lieux moyens; on n'en parle pas dans les *Éphémérides*; les lieux moyens suffisoient pour l'arrangement de douze lunes, et pour savoir la lune qui devoit être intercalaire. Cette méthode est clairement énoncée dans les astronomies chinoises, depuis le temps de Ouan-ly jusqu'à l'an 206 avant Jésus-Christ; on la donne comme celle qui étoit en usage avant l'incendie des livres. Les conjonctions vraies de la lune et du soleil sont marquées telles depuis qu'on savoit la méthode de réduire au lieu vrai les lieux moyens de la lune et du soleil; car aux années 206, 105 avant Jésus-Christ, et plusieurs années après, on marquoit les conjonctions moyennes. Les Tartares kitan, dits *Leao*, ont été longtemps maîtres de la Tartarie occidentale et orientale et de quelques provinces boréales de Chine. Leur cour fut à Pékin. Ils ont une histoire et astronomie chinoise; leurs astronomes chinois ont marqué les lettres cycliques du premier jour de la lune intercalaire, depuis l'an de Jésus-Christ 913 jusqu'à l'an 1125 de Jésus-Christ. On voit que ces astronomes rangeoient aussi leurs douze lunes dans la supposition des intervalles égaux entre les solstices et équinoxes; ils avoient des règles pour réduire les équinoxes moyens aux vrais.

3° Selon la méthode du calendrier des *Éphémérides*, du temps de Ouan-ly, l'année solaire étoit de 365 jours 5 heures 49′ 12″. Par des équations fautives, introduites pour le calcul des solstices, on faisoit cette année tantôt plus courte, tantôt plus longue; mais on gardoit toujours à peu de chose près l'égalité des intervalles.

4° Outre le lieu du soleil au moment de minuit dans les *Éphémérides*, on y marque le lieu de la lune et celui des planètes de Saturne, de Jupiter, de Mars, de Vénus et de Mercure; celui des nœuds de la lune, et celui de la progression de la lune. Il seroit à souhaiter qu'on eût en détail des *Éphémérides* plus anciennes, on n'en trouve pas de telles.

9° Sur une éclipse de soleil, au mois d'octobre, l'an 2128 avant Jésus-Christ.

La chronique Tchou-chou marque les caractères cycliques ki-tcheou[1] à la première année du règne de Thoug-kang, quatrième empereur de la dynastie Hia.

Cette chronique dit: « A la cinquième an-

[1] Vingt-sixième du cycle de 60.

née du règne de Tchong-kang, en automne, à la neuvième lune [1], au premier jour keng-su [2], éclipse de soleil. L'empereur ordonna au prince Yn de se mettre à la tête d'une armée pour punir Hi, Ho. »

La première année de Tchong-kang ayant les caractères ki-tcheou du cycle, la cinquième année doit nécessairement avoir les caractères cycliques kouey-sse [3]. Les caractères pour le jour keng-su, premier jour de la neuvième lune, et les caractères kouey-sse pour l'année, joints ensemble, ne conviennent qu'à l'année 2128 avant Jésus-Christ, 13 octobre. Dans nulle autre année, bien des siècles avant ou après l'an 2128, on ne sauroit trouver une année kouey-sse qui ait un jour keng-su premier de la neuvième lune et jour d'éclipse.

L'année kouey-sse étant l'an 2128, l'année ki-tcheou est nécessairement l'an 2132 avant Jésus-Christ.

NOTES.

1° Selon la chronique, Tchoug-kang succéda à Tay-kang. Tay-kang mourut à la quatrième année de son règne. La première année de ce règne a les caractères cycliques kouey-ouey [4], c'est donc l'an 2148 avant Jésus-Christ.

Tay-kang succéda à Ki. Ki mourut à la seizième année de son règne, et la première année de ce règne a les caractères kouey-bay [5]; c'est donc l'an 2158 avant Jésus-Christ.

Ki succéda à Yu, premier empereur de la dynastie Hia. Yu mourut à la huitième année de son empire. La première année de cet empire a dans la chronique les caractères gin-tse [6]; c'est donc l'an 2169 avant Jésus-Christ que fut la première année de l'empire de Yu et de la dynastie Hia. Selon la chronique Tchou-chou, c'est par les caractères cycliques [7] de l'année qu'il faut voir à quelle année julienne avant Jésus-Christ répondent les premières années des règnes des empereurs Tchong-kang, Tay-kang, Ki, Yu.

2° La chronique met la cour de Tchong-kang et de Tay-kang au lieu où est aujourd'hui la ville de Tay-kang-hien dans le Honan.

3° Le texte de la chronique pour la cinquième an-née de Tchong-kang fait manifestement allusion à ce bue le livre classique rapporte au temps de Tchong-kang [1] d'une éclipse de soleil, vue le premier jour de la neuvième lune. Le texte de la chronique ne met pas, comme le *Chou-king*, le caractère fang, nom de la constellation où le lieu du soleil est rapporté dans le *Chou-king* au temps de la conjonction.

Par les tables de M. Monnier, on voit au 13 décembre de l'an 2128, une éclipse visible à Tay-kang-hien, d'un peu plus de quatre doigts; par celles du père Grammatici,[2] l'éclipse fut de trois doigts, et bien visible. Selon les tables de M. Halley, l'éclipse fut visible à Tay-kang-hien, mais seulement d'un doigt 1/3 ou 1/2 [3].

On nous a avertis ici d'une équation à ajouter au mouvement du soleil pour les temps antérieurs; et selon ce qu'on en a dit, les calculs des éclipses de l'an 2155 et de l'an 2128 feroient voir des éclipses considérables; mais je ne sais si cette équation, proposée par M. Euler dans un nouveau livre, est bien constatée; mais quand même il faudroit la diminuer, elle seroit toujours très-favorable pour l'éclipse chinoise de l'an 2155, et apparemment aussi pour l'éclipse chinoise de l'an 2128.

Le livre classique *Chou-king* ne parle que d'une éclipse de soleil au temps de Tchong-kang. Si l'éclipse de l'an 2155 est celle dont le *Chou-king* parle, celle de l'an 2128 ne sauroit être celle du *Chou-king*. S'il conste bien que l'éclipse de l'an 2128 est réelle, elle seroit préférable à celle de l'an de 2155; car outre qu'elle répond bien aux circonstances et caractères marqués dans le *Chou-king* comme l'éclipse de l'an 2155, elle a l'avantage de désigner nettement et le jour et l'année de l'éclipse. J'attends la réponse de M. de l'Isle sur ce que je pensois de cette éclipse de l'an 2128, en cas qu'elle fût bien constatée, et je lui proposois un système, selon lequel on pouvoit très-bien se servir des éclipses de l'an 2155 et de l'an 2128. L'autorité des tables de M. Halley me

---

[1] Il s'agit de la forme du calendrier de la dynastie Hia; on en a parlé.
[2] Quarante-septième du cycle de 60.
[3] Trentième du cycle de 60.
[4] Vingtième du cycle de 60.
[5] Soixantième du cycle de 60.
[6] Quarante-neuvième du cycle de 60.
[7] Le *Tchou-chou* met un intervalle de temps entre la mort des empereurs Yu, Ki, Tay-kang, et la première année de leurs successeurs, pour le deuil.

[1] Voyez ce qui est dit de cette éclipse à l'an 2155 avant Jésus-Christ.
[2] Je parle ici des Tables de ce Père, rédigées à Pékin par le père Kœgler, pour l'usage du tribunal chinois d'astronomie. Le père Kœgler eut des éclaircissemens du père Grammatici et de quelques jésuites d'Ingolstad qui étoient en possession des écrits du père Grammatici.
[3] A la fin, voyez les calculs et le type de l'éclipse.

paroît d'un grand poids pour rejeter l'éclipse de l'an 2128, ou du moins pour faire voir qu'on doit s'en tenir à l'éclipse de l'an 2155; comme celle du *Chou-king*, on peut admettre celle de l'an 2128; mais avant de prendre mon parti, je crois devoir attendre les éclaircissemens que j'ai demandés à M. de l'Isle.

C'est l'an de Jésus-Christ 279 [1] qu'on trouva dans un tombeau d'un prince de Ou-ey, dans la province du Honan, la chronique *Tchou-chou* et le livre *Tcheou-cheou* dont j'ai parlé dans ce que j'ai dit de l'astronomie au temps de la dynastie Tcheou. Dans les livres trouvés il y avoit des endroits avec des lacunes et des caractères ou effacés, ou difficiles à reconnoître; c'étoient d'anciens caractères.

Chin-yo [2], historien de la petite dynastie Leang, fit une édition de la chronique *Tchou-chou*. Il y joignit une courte explication, qu'on distingue du texte du *Tchou-chou*. Yu-ko, astronome estimé, étoit contemporain de Chin-yo. Il prétendit que l'année de l'éclipse de soleil, conformément au texte du *Chou-king*, devoit être marquée non à la cinquième année, mais à la première année du règne de Tchong-kang. Lieou-hiuen [3], fort savant dans la littérature chinoise, assure que quelque temps avant lui des astronomes trouvoient une éclipse de soleil [4] au jour keng-su, premier de la neuvième lune de l'année kouey-sse, cinquième année du règne de Tchong-kang. Lieou-hiuen ne parle pas là de ces caractères comme étant du livre *Tchou-chou*, mais comme le résultat des astronomes pour une éclipse solaire au temps qui répond au 13 d'octobre de l'an 2128 avant Jésus-Christ.

Les astronomes dont parle Lieou-hiuen pour l'éclipse de l'an 2128 ne peuvent pas être bien au-dessus de l'an 463 avant Jésus-Christ, car ce n'est que depuis cette année 463 qu'on voit dans les astronomes chinois un mois synodique et un mois draconitique très-approchans de ceux des meilleures tables d'aujourd'hui. Ainsi, ces astronomes pouvoient trouver pour le 13 octobre de l'an 2128 une conjonction moyenne et en général écliptique; mais ces astronomes n'étoient nullement en état d'assigner, pour des temps si anciens, en détail, la quantité et le temps des phases d'une éclipse de soleil pour un lieu assigné. Aussi, tout ce qu'on peut conclure de ce que dit Lieou-hiuen, c'est que les astronomes trouvoient par leur calcul une conjonction moyenne, et en général une éclipse le 13 octobre de l'an 2128. Dans ce qui reste des astronomes avant le temps de Lieou-hiuen jusqu'à l'an de Jésus-Christ 463, il y a bien des articles qu'on ne sauroit bien déchiffrer; mais on voit clairement qu'on n'étoit pas assez au fait sur les parallaxes et sur les équations, pour réduire juste aux vrais les lieux moyens de la lune et du soleil. Du temps de Lieou-hiuen et quelque temps devant, plusieurs astronomes connoissoient assez bien le mouvement propre des fixes; ils pouvoient trouver au temps de l'éclipse de l'an 2128, le soleil à deux degrés chinois, nord de la constellation Fang. Cela ne sauroit regarder ni l'astronome Tsou-tchong [1] en 463, ni l'astronome Yu-ko [2]; cela regarde apparemment quelques astronomes peu avant Lieou-hiuen, parce qu'ils admettoient un mouvement propre des fixes qui pouvoit décrire le lieu du soleil, rapporté aux fixes.

Dans les premiers examens que je fis des éclipses solaires des années 2155 et 2128 avant Jésus-Christ, je rejetois comme fausse l'éclipse de l'an 2128. Les tables que nous avions ici donnoient bien une éclipse en général le 13 octobre; mais elle n'étoit visible qu'aux pays plus boréaux que la cour de l'empereur Tchong-kang. Cela me fit penser que dans le *Tchou-chou* on auroit bien pu après coup mettre les caractères cycliques de l'an et du jour, conformes au calcul pour le 13 octobre de l'an 2128. Ce que dit Lieou-hiuen fortifioit ce soupçon, mais il paroît sans fondement; car depuis l'édition du livre publiée par Chin-yo, les astronomes chinois, même ceux qui rejettent l'éclipse de l'an 2128, regardent les caractères cycliques keng-su pour le jour, et les caractères kouey-sse pour la cinquième année de Tchong-kang, de même que les caractères d'automne et de premier jour de la neuvième

---

[1] Il y en a qui placent le temps de cette découverte peu d'années après.

[2] Il étoit en grande réputation peu de temps après l'an 504 de Jésus-Christ.

[3] Il vivoit et écrivoit vers l'an 600 de Jésus-Christ.

[4] Lieou-Hiuen ajoute que ces astronomes trouvoient au temps de la conjonction le soleil à deux degrés chinois au nord de la constellation Fang.

[1] Il mettoit moins de 50 ans pour le mouvement d'un degré des fixes.

[2] Il assignoit plus de 100 ans pour un degré des fixes.

lune, comme caractères du livre *Tchou-chou*, et non comme un calcul fait après coup : d'ailleurs, si l'astronome Tsou-tchong, l'astronome Yu-ko ou autres astronomes, ou historiens, avoient, pour confirmer leur calcul, ajouté ces caractères, à ce que dit le *Tchou-chou*, à la cinquième année de tchong-kang, ils auroient corrigé les autres dates du livre, et qui y ont été laissées avec leur défaut manifeste. Comme il y avoit, dans le livre trouvé, bien des caractères ou qui manquoient, ou qui étoient effacés, ou peu lisibles, il y eut nécessairement des années ou mal exprimées, ou mal mises dans les années des règnes. Ces défauts peuvent se corriger par les caractères cycliques qui restent pour les jours et pour les années. Dans la chronique, par exemple, en comptant à la rigueur le nombre des années du livre, on trouve que l'année kouey-sse pour la cinquième année de tchong-kang, jointe aux caractères keng-su pour le premier jour de la neuvième lune, désignent le 28 octobre de l'an 1948 avant Jésus-Christ; mais comme on marque le jour keng-su premier de la neuvième lune, on trouve que cela ne peut convenir qu'au 13 octobre de l'an 2128. De là il est évident que, depuis le temps de Tchong-kang, en descendant, les caractères qui manquent, ou qui étoient effacés, contenoient 180 ans de plus. L'addition de 60 ans, en conséquence des caractères cycliques marqués dans la chronique pour la dynastie Tcheou, est évidente, comme je l'ai dit dans la chronologie. Il n'y a pas d'addition à faire pour la dynastie Hia : les autres 120 ans à ajouter sont donc démonstrativement à ajouter aux années de la chronique pour la dynastie Chang, dont Tching-tang fut premier empereur. On voit tout cela expliqué dans la chronologie que j'ai envoyée.

NOTE.

Ce que je dis ici sur le temps de l'empereur Tchong-kang et de l'éclipse du soleil, selon le *Tchou-chou*, dérange bien le système de M. Fréret, développé dans sa nouvelle *Dissertation sur la chronologie chinoise*; mais ce que je dis ne diminue en rien la gloire qu'il s'est acquise. En développant d'une manière si précise et si claire son système dans cette nouvelle dissertation et dans les précédentes, si un savant de ce caractère avoit fait quelque séjour en Chine, et vu par lui-même les livres chinois, il auroit infailliblement fait les plus intéressantes et utiles découvertes dans l'antiquité chinoise.

CYCLE DE 60 ANNÉES AVANT JÉSUS-CHRIST.

	Années avant Jésus-Christ.			Années avant Jésus-Christ.	
1	777	Kia-tse.	31	747	Kia-ou.
2	776	Y-tcheou.	32	746	Y-ouey.
3	775	Ping-yn.	33	745	Ping-chin.
4	774	Ting-mao.	34	744	Ting-yeou.
5	773	Ou-tchin.	35	743	Ou-su.
6	772	Ki-sse.	36	742	Ki-hay.
7	771	Keng-ou.	37	741	Keng-tse.
8	770	Sin-ouey.	38	740	Sin-tcheou.
9	769	Gin-chin.	39	739	Gin-yn.
10	768	Kouey-yeou.	40	738	Kouey-mao.
11	767	Kia-su.	41	737	Kia-tchin.
12	766	Y-hay.	42	736	Y-sse.
13	765	Ping-tse.	43	735	Ping-ou.
14	764	Ting-tcheou.	44	734	Ting-ouey.
15	763	Ou-yn.	45	733	Ou-chin.
16	762	Ki-mao.	46	732	Ki-yeou.
17	761	Keng-tchin.	47	731	Keng-su.
18	760	Sin-sse.	48	730	Sin-hay.
19	759	Gin-ou.	49	729	Gin-tse.
20	758	Koue-youey.	50	728	Kouey-tcheou.
21	757	Kia-chin.	51	727	Kia-yn.
22	756	Y-yeou.	52	726	Y-mao.
23	755	Ping-su.	53	725	Ping-tchin.
24	754	Ting-hay.	54	724	Ting-sse.
25	753	Ou-tse.	55	723	Ou-ou.
26	752	Ki-tcheou.	56	722	Ki-ouey.
27	751	Keng-yn.	57	721	Keng-chin.
28	750	Sin-mao.	58	720	Sin-yeou.
29	749	Gin-tchin.	59	719	Gin-su.
30	748	Kouey-sse.	60	718	Kouey-hay.

NOMS DU JOUR CHINOIS DU 1er JANVIER JULIEN, DANS UNE PÉRIODE DE 80 ANS JULIENS AVANT JÉSUS-CHRIST.

Années.		Noms du 1er janv.	Années.		Noms du 1er janv.
1 *b.*	721	Sin-ouey.	26	696	Kouey-ouey.
2	720	Ting-tcheou.	27	695	Ou-tse.
3	719	Gin-ou.	28	694	Kouey-sse.
4	718	Ting-hay.	29 *b.*	693	Ou-su.
5 *b.*	717	Gin-tchin.	30	692	Kia-tchin.
6	716	Ou-su.	31	691	Ki-yeou.
7	715	Kouey-mao.	32	690	Kia-yn.
8	714	Ou-chin.	33 *b.*	689	Ki-ouey.
9 *b.*	713	Kouey-tcheou.	34	688	Y-tcheou.
10	712	Ki-ouey.	35	687	Keng-ou.
11	711	Kia-tse.	36	686	Y-hay.
12	710	Ki-sse.	37 *b.*	685	Keng-tchin.
13 *b.*	709	Kia-su.	38	684	Ping-su.
14	708	Keng-tchin.	39	683	Sin-mao.
15	707	Y-yeou.	40	682	Ping-chin.
16	706	Keng-yn.	41 *b.*	681	Sin-tcheou.
17 *b.*	705	Y-ouey.	42	680	Ting-ouey.
18	704	Sin-tcheou.	43	679	Gin-tse.
19	703	Ping-ou.	44	678	Ting-sse.
20	702	Sin-hay.	45 *b.*	677	Gin-su.
21 *b.*	701	Ping-chin.	46	676	Ou-tchin.
22	700	Gin-su.	47	675	Kouey-yeou.
23	699	Ting-mao.	48	674	Ou-yn.
24	698	Gin-chin.	49 *b.*	673	Kouey-ouey.
25 *b.*	697	Ting-tcheou.	50	672	Ki-tcheou.

Années.	Noms du 1er janv.	Années.	Noms du 1er janv.
51	671 Kia-ou.	66	656 Koucy-tcheou.
52	670 Ki-hay.	67	655 Ou-ou.
53 b.	669 Kia-tchin.	68	654 Koucy-hay.
54	668 Keng-su.	69 b.	653 Ou-tchin.
55	667 Y-mao.	70	652 Kia-su.
56	666 Keng-chin.	71	651 Ki-mao.
57 b.	665 Y-tcheou.	72	650 Kia-chin.
58	664 Sin-ouey.	73 b.	649 Ki-tcheou.
59	663 Ping-tse.	74	648 Y-ouey.
60	662 Sin-sse.	75	647 Keng-tse.
61 b.	661 Ping-su.	76	646 Y-sse.
62	660 Gin-tchin.	77 b.	645 Keng-su.
63	659 Ting-ycou.	78	644 Ping-tchin.
64	658 Gin-yn.	79	643 Sin-ycou.
65 b.	657 Ting-ouey.	80	642 Ping-yn.

Commencement des périodes de 80 ans avant Jésus-Christ.		Commencement des périodes de 80 ans après Jésus-Christ.	
1	961 1921	80	1040
81	1041 2001	160	1120
161	1121 2081	240	1200
241	1201 2161	320	1280
321	1281 2241	400	1360
401	1361 2321	480	1440
481	1441 2401	560	1520
561	1521 2481	640	1600 11 janv. *grég.*
641	1601 2561	720	1680 11 janv. *grég.*
721	1681 2641	800	1760 11 janv. *grég.*
801	1761 2721	880	
881	1841	960	

Dans toutes ces années juliennes, le 1er janvier julien a les caractères sin-ouey; dans les années communes, les caractères chinois du 1er janvier reviennent les 2 mars, 1er mai, 30 juin, 29 août, 28 octobre, 27 décembre.

Aux années bissextiles, les caractères chinois du 1er janvier se retrouvent un jour plus tôt, les 1er mars, 30 avril, 29 juin, 28 août, 27 octobre, 26 décembre.

DE L'USAGE DE LA PÉRIODE DE 80 ANS JULIENS, POUR RAPPORTER LES JOURS CHINOIS.

Du cycle de 60 jours juliens de l'année julienne de 365 jours un quart.

Après avoir divisé les jours juliens de 4 ans juliens par 60, il reste 21 jours.

Après 12 ans, il reste donc 3 jours; après 16 ans, il reste 24 jours; après 20 ans, il reste 45 jours; 80 ans juliens donnent donc, après toutes les divisions par 60 jours, le nombre de 180 jours : ce reste se divise exactement par 60. Ainsi, divisant le nombre des jours de 80 ans juliens par 60, il ne reste rien : donc les caractères chinois des jours du cycle de 60 re-

viennent les mêmes aux mêmes jours de l'année julienne après 80 ans juliens.

Si on a donc les caractères chinois du 1er janvier de chaque année julienne dans la période de 80 ans, on a tous les jours de 12 mois juliens dans la période de 80 ans. On voit, dans la table, tous les jours de l'année julienne qui ont les caractères chinois du 1er janvier julien.

Dans quelque année que ce soit, avant ou après Jésus-Christ, on veut savoir les caractères du jour chinois qui répondent au jour julien assigné : il faut voir la place de l'année proposée dans la période de 80 ans ; à côté on trouve les caractères chinois du 1er janvier, et par là on a tous les caractères chinois des jours chinois qui répondent aux jours juliens.

Premier exemple.

Scaliger rapporte une éclipse de soleil le 19 avril de l'an 481 avant Jésus-Christ; on veut savoir les caractères chinois de ce 19 avril.

L'an 481 commence une des périodes de 80 ans ; tous les commencemens de ces périodes de 80 ans ont les caractères chinois sin-ouey[1]. L'année est bissextile; les caractères du 1er janvier se retrouvent au 1er mars, 30 avril, etc. En suivant les jours du cycle de 60, dans la table du cycle de 60, on trouve les caractères keng-chin[2] pour le 19 avril. Le livre *Tchun-tsicou* rapporte une éclipse de soleil, l'an 481 avant Jésus-Christ, au jour keng-chin, premier de la cinquième lune du calendrier chinois de ce temps-là : c'est la même éclipse dont parle Scaliger : et quand même il y auroit de l'erreur dans le calendrier chinois pour l'ordre des lunes, Keng-chin désigneroit toujours le 19 avril dans l'année 481 avant Jésus-Christ. Devant et après, il n'y a pu avoir d'autre éclipse de soleil au jour keng-chin.

Second exemple.

On veut savoir les caractères chinois qui répondent au 1er janvier de l'an 1111 avant Jésus-Christ : cette année 1111 est la onzième année de la période de 80 ans, dont le commencement fut le 1er janvier de l'an 1121 avant Jésus-Christ. A côté de cette onzième année, on voit dans la table les caractères kia-tse[3] : ce

---

[1] Huitième jour du cycle de 60.
[2] Cinquante-septième jour du cycle de 60.
[3] Premier jour du cycle de 60.

sont les caractères du 1er janvier de l'an 1111 avant Jésus-Christ. Je crois inutile de donner d'autres exemples ; on voit la méthode. Dans l'*Histoire de l'astronomie*, je parle souvent des jours du cycle de 60, et j'y suppose la méthode pour calculer ces jours [1].

NOTES.

1° L'an 1111 avant Jésus-Christ, l'empereur Ou-ouang ordonna que le commencement du jour civil seroit au moment de minuit ; cela s'est observé depuis ce temps-là jusqu'aujourd'hui. La table pour les jours de la période de 80 ans est faite dans la supposition du commencement du jour à minuit. Dans les occasions, je parle dans l'histoire des commencemens du jour à midi, et au lever du soleil, dans la forme des calendriers avant l'an 1111 avant Jésus-Christ.

2° Les astronomes chinois qui ont écrit vers l'an 105 avant Jésus-Christ ont eu connoissance de la période de 80 ans juliens, et faisoient usage de cette période pour calculer les jours des années antérieures ; ils ne s'attribuent pas cette connoissance ni cet usage, et les Chinois antérieurs avoient sans doute cette connoissance et cet usage : ils employoient l'année julienne.

RÉPONSE A DES ATTAQUES

FAITES

PAR M. DE SONNERAT

CONTRE LES MISSIONNAIRES DE LA CHINE.

Les *Lettres édifiantes* ne sont pas seulement un recueil utile à la religion ; elles ont de l'importance pour l'histoire, les arts, la science, et rien de ce qui tendroit à en atténuer l'autorité ne doit nous demeurer indifférent. Nous croyons donc devoir répondre par quelques observations aux attaques portées contre les missionnaires dans le *Voyage* de M. de Sonnerat en Chine ; *Voyage* qui fit beaucoup plus de bruit à son apparition qu'il n'en peut faire aujourd'hui sans doute, mais qui ne laisse pas de contenir des assertions étranges, qu'il est toujours bon de signaler et de relever. Nous ne refusons à l'auteur ni de l'esprit, ni des

[1] M. Alphonse de Vignoles, en examinant les jours chinois, avec leurs caractères et quelques dates, a trouvé la période de 80 ans et son usage pour le calcul des jours chinois. (*Miscell. Berol.*, t. IV. Berol., ann. 1734.)

talens ; mais il nous paroît qu'il se trompe quelquefois ou qu'il s'est laissé tromper ; qu'il décide, qu'il tranche assez légèrement, et qu'il veut détruire sans preuves ce que nous avions déjà appris de la Chine par les Relations et les Voyages imprimés des Anglois, des François, des Italiens, de tous les auteurs enfin qui ont écrit sur les mœurs, les arts et le gouvernement des Chinois.

Nous n'insisterons point sur l'idée peu avantageuse que cet auteur veut nous donner des missionnaires. Il insinue, il paroît même persuadé qu'il n'y a dans cette classe d'Européens que des ignorans fanatiques, ou des imposteurs pleins d'adresse et de vanité ; les uns sont des gens inquiets, qui bornent toutes leurs connoissances à des subtilités scolastiques ; les autres, des politiques méchans, profonds et cependant assez aimables, qui n'agissoient, qui ne respiroient que pour donner des fers à l'univers.

Après ce début philosophique, dit-on, et cependant si peu décent, si peu raisonnable, l'auteur entre en matière. Nous y entrons avec lui, en observant que M. de Sonnerat n'a point vu la Chine, qu'il ne l'a point parcourue, qu'il paroît même qu'il en ignore la langue, et que tout ce qu'il rapporte n'est que le résultat ou de ce qu'il a imaginé lui-même, ou de ce qu'il a recueilli par les interprètes peut-être infidèles de quelques marchands chinois peu instruits et aussi peu curieux d'instruire un étranger.

Que penserions-nous d'un voyageur qui, ayant abordé dans une ville sur les confins de l'Europe, voudroit, d'après quelques conversations avec un Européen sans esprit, sans lumières, et dont il n'entend pas le langage, nous parler de tous nos usages, juger nos académies, nos tribunaux, notre administration, et contredire sans preuves, sans citer aucune autorité, tout ce qui en a été écrit et publié ?

Voilà cependant ce qui arrive à M. de Sonnerat. Il a été à Canton, ville à une des extrémités de la Chine, à près de six cents lieues de la capitale ; il n'y a point vu, il n'y a pas du moins entretenu les mandarins et les lettrés ; on lui a à peine permis de sortir du quartier assigné pour les Européens ; il ne sait point cette langue si difficile à parler et à entendre ; et cependant il prononce en homme qui auroit voyagé dans toutes les provinces de la Chine, lu les principaux ouvrages, visité les palais, les tribunaux, les académies, entretenu les gouverneurs, les magistrats, les lettrés; il décide sur la population de ce vaste pays qu'il ne connoît pas, sur l'agriculture, sur le gouvernement, sur les auteurs et leurs productions, sur les arts et leurs usages. Il parle enfin de tout, et avec autant et plus d'assurance que ceux qui y ont passé vingt, quarante ans de leur vie; qui l'ont parcourue tout entière, qui en ont levé la carte, qui ont suivi l'empereur dans ses voyages, qui ont siégé dans les tribunaux, conversé habituellement avec les mandarins et les lettrés, étudié la langue, les mœurs, le caractère d'une nation qu'ils avoient tant d'intérêt de bien connoître, obtenu la communication des archives, pénétré dans les palais : c'est à eux que M. de Sonnerat donne sans cesse le démenti, avec un dédain ou une légèreté qui n'est rien moins que persuasive.

C'étoient des missionnaires, dès lors ils ne sont pas dignes de foi. Ce n'est pas ainsi que pensoient, il n'y a pas si longtemps, les personnages les plus savans de l'Europe; ils daignoient les consulter, leur envoyer leurs ouvrages, et mettre quelque prix, quelque honneur même, à leur correspondance.

Il est cependant très-permis à M. de Sonnerat de les contredire; mais ne seroit-il pas alors convenable de prouver qu'ils ont tort, et peut-on le croire lui-même quand il avance que l'*Histoire générale de la Chine*, traduite sur les annales originales, est toute controuvée; que c'est une ruse des missionnaires; que c'est par une suite de leur profonde et étonnante politique, qu'ils ont composé cette histoire ? Si le fait est vrai, il n'est guère vraisemblable. Un point de cette importance méritoit d'autant plus d'être prouvé, que personne ne s'étoit avisé, avant M. de Sonnerat, de l'insinuer, ni de le soutenir. Ce n'est pas que les missionnaires qu'il en accuse aient manqué à la Chine, comme ailleurs, d'observateurs attentifs à relever tout ce qu'ils disoient, tout ce qu'ils faisoient, tout ce qu'ils écrivoient. Est-il même possible qu'on ait imaginé cet enchaînement de faits, cette suite de dynasties, ces guerres, ces révolutions, ce grand et vaste tableau de l'empire le plus ancien et le plus étendu, et que M. de Sonnerat ait été le seul à s'apercevoir que tout cela étoit le fruit d'une politique qui se joue de la vérité et se plaît à tromper, à surprendre la crédulité de l'univers entier ?

Parmi tant d'autres missionnaires zélés, savans, mais quelquefois prévenus, souvent même ennemis, nous osons le dire, de ceux qu'attaque M. de Sonnerat, aucun, ni à Pékin, ni dans les provinces de la Chine, ni même en Europe, aucun n'auroit-il eu le courage de se récrier contre une pareille et si monstrueuse imposture ?

Je dis la même chose et fais la même réponse au sujet des œuvres de Confucius; ce qui est de lui, assure M. de Sonnerat, n'est qu'un recueil de maximes triviales, de pitoyables rapsodies. Ce que nous en connoissons en Europe n'est pas de ce philosophe, et tous les manuscrits que les missionnaires nous ont envoyés pour être des traductions de ses ouvrages ont été faits par eux. Cette assertion est bien positive; mais quelque respect qu'on doive avoir pour l'autorité de M. de Sonnerat, doit-on, peut-on le croire uniquement sur sa parole ? A-t-il lu les originaux du philosophe chinois ? Les a-t-il comparés avec ce que nous en avons ici ? S'il est fondé à soutenir ce qu'il avance si affirmativement, il ne lui est pas bien difficile de nous en expliquer les raisons : devoit-il donc se contenter de dire que Confucius est une espèce de radoteur, et que ces maximes si sages, si raisonnables, que vous admirez, partent d'une autre main que de la sienne. Ce point de critique étoit digne de sa sagacité, et il devoit non pas dire, mais démontrer un fait de cette nature, surtout après nous avoir annoncé qu'il ne seroit point partial, et que la Chine méritoit plus qu'aucune nation l'attention de l'observateur et l'examen du philosophe; mais comment a-t-il pu espérer que ses lecteurs s'en rapporteroient à un observateur qui n'a rien vu, et à un philosophe qui ne prouve rien ?

M. de Sonnerat prête aussi aux auteurs des relations un enthousiasme qu'ils n'ont pas pour les Chinois. Il leur fait parler un langage qu'ils n'ont pas tenu; c'est une occasion de les réfuter, de les décréditer. Il n'y a que lui qui connoisse la Chine, qui en juge sans partialité, qui l'ait assez bien vue, sans cependant la voir, pour apprécier cette nation et déterminer nos opinions sur ses mœurs, son gouvernement, ses manufactures et ses connoissances.

Les missionnaires, dit-il, ont fait passer les Chinois pour de grands astronomes, et néanmoins il n'y en a pas un seul qui nous en ait donné cette idée. Ils ont mandé en Europe, il est vrai, qu'ils ont trouvé à la Chine des observatoires, des instrumens d'astronomie, quelques méthodes, quelques connoissances de cette science, un tribunal chargé de spéculer le ciel, et de rendre compte à l'empereur et au public de ses observations: mais ils ont ajouté que cette science, ainsi que la géographie, y étoit encore dans l'enfance; que ceux qui s'y adonnoient n'en avoient que des connoissances élémentaires; qu'ils ne suivoient qu'une routine et n'avoient point de règles sûres, ni de système fixe.

Le père Parennin, dans une de ses lettres à M. de Mairan, rend compte du peu de progrès que les Chinois avoient fait dans l'astronomie, même depuis l'arrivée des missionnaires, et du peu d'espérance qu'il avoit qu'on réussît jamais à leur inspirer cette persévérance, cette ardeur si nécessaires pour conduire cette science à une certaine perfection: est-ce là faire passer les Chinois pour de grands astronomes?

M. de Sonnerat a bien plus raison quand il nous parle de leur goût pour l'astrologie; mais, bien loin de favoriser cette fantaisie bizarre et cependant assez commune partout, les missionnaires ont travaillé à leur en faire sentir la vanité, la folie et l'inutilité. Nous ne craignons pas d'assurer qu'il est impossible à M. de Sonnerat de citer l'endroit des ouvrages du père Duhalde où on lui fait dire que les Européens ne manquoient jamais de remplir les almanachs qu'ils composoient, de prédictions astrologiques, adaptées au goût des princes et de la nation. Une pareille imputation ne paroît point grave à M. de Sonnerat, et c'est sans doute pour cela qu'il se dispense d'en apporter la preuve et de citer la page et le tome où il prétend avoir lu ce qu'il avance d'après lui-même, et non certainement d'après le père Duhalde.

Les missionnaires nous ont dit aussi que les Chinois connoissoient les arts utiles et même quelques-uns des arts d'agrément; qu'ils ont trouvé chez eux des manufactures de porcelaines et d'étoffes, des imprimeries, des fonderies, des canaux, des navigateurs, des vernis, de l'industrie, de l'adresse, mais toujours lente, routinière et aussi peu susceptible d'émulation que d'invention; que ce peuple avoit un gouvernement, une police, un grand respect pour les bienséances, beaucoup d'attachement à ses anciens usages, de l'estime pour les sciences et surtout pour la morale, dont il faisoit sa principale étude; que les talens, l'étude, l'instruction y étoient nécessaires pour parvenir aux dignités, et que les grandes fortunes y étoient ordinairement la récompense des grands services rendus à l'État; qu'enfin, il ne falloit pas confondre cet empire avec ceux de l'Asie, et que bien que le pouvoir du souverain y fût absolu, il n'étoit cependant pas tout à fait arbitraire; que le prince n'y étoit pas despote, ni les sujets esclaves. C'en est assez pour fâcher M. de Sonnerat. Tout est condamnable dans cette nation; elle a tort d'obéir à un monarque qui peut abuser de son autorité; de lui payer des impôts; de souffrir qu'il ait des gardes, des palais, une grande représentation; elle a tort de se défier des étrangers, et de ne pas voler au-devant d'un joug qu'ils pourroient aisément lui imposer; mais ce qu'on ne doit pas surtout lui pardonner, c'est de n'avoir pas fait un meilleur accueil à M. de Sonnerat; de ne l'avoir pas traité avec les égards et la distinction que méritoient sans doute ses talens et son zèle pour les sciences.

Nous n'étendrons pas plus loin nos réflexions sur ce *Voyage*; nous pourrions y relever encore beaucoup d'erreurs et d'anachronismes, par exemple sur la population, dont il est impossible que M. de Sonnerat puisse nous donner une idée sûre et juste. Il voit tout avec les yeux d'un Européen, et il n'a pas même tout vu; il n'est point entré dans ces maisons dont il parle cependant; parce que les maisons à la Chine n'ont point d'étages, il en conclut qu'elles contiennent peu de monde. Mais à la Chine, toutes les maisons, les palais exceptés, ne sont composées que de très-peu de pièces; le vestibule, la salle d'hôtes, d'un côté l'appartement des hommes, de l'autre celui des femmes, qui consistent chacun en une seule pièce; en sorte que cette maison si petite, si basse, renferme souvent, comme celle de nos paysans, plus de personnes que nos hôtels les plus vastes et les plus imposans.

Il ajoute qu'à l'occasion des disputes qui s'élevèrent entre les missionnaires sur le nom chinois qu'on devoit donner à Dieu, ils furent tous renvoyés à Macao, comme des brouillons dangereux, et que peu de temps après on en fit venir quelques-uns, à raison de leurs connoissances astronomiques. M. de Sonnerat se trompe encore. L'empereur Cang-hi continua toute sa vie d'aimer et de protéger les missionnaires; ce fut son successeur, fort entêté de sa religion et très-prévenu contre la nôtre, qui la proscrivit, chassa les missionnaires et s'empara de leurs églises. Il conserva cependant ceux qui résidoient à Pékin, continua de les employer dans son palais, et leur laissa le libre exercice de leur culte. Nous ne dirons rien de ces bourreaux qui précèdent les mandarins : ce sont des gardes qui les escortent, et qu'il paroît plaisant d'appeler bourreaux. En voilà bien assez sur cet ouvrage; quelque estimable qu'en puisse être l'auteur, nous n'avons pu nous dispenser, pour l'honneur de la vérité, d'avertir le public de lire ce *Voyage* avec une sorte de précaution, et de ne croire ce qu'on y avance qu'après un mûr examen.

M. de Sonnerat, au reste, n'est pas le seul qui ne s'en rapporte point au rapport des missionnaires, quoique ayant longtemps séjourné dans ces régions, ils doivent naturellement en mieux connoître les mœurs, les lois et les usages. C'est assez le ton dominant, depuis quelque temps, d'infirmer leur témoignage, et de préférer celui des voyageurs même qui n'ont point parcouru les pays dont ils parlent, qui n'en ont vu que les confins, et n'ont pu s'entretenir avec les nationaux que par signes ou par interprètes.

Pour fixer ses idées sur ce que dit M. de Sonnerat de la Chine, et sur ce que l'on doit penser de cet empire, nous renvoyons au tome LIII de l'*Histoire universelle*, traduite de l'anglois par une société de gens de lettres, *imprimée à Paris, chez Moutard, rue des Mathurins*. On y trouvera un excellent morceau sur la Chine. Les auteurs ont lu tous les ouvrages qui ont paru sur cette contrée; ils pèsent, ils discutent, ils examinent; et, entraînés par la raison et la vérité, ils donnent presque toujours la préférence au témoignage de ceux qui y ont demeuré longtemps et ont parcouru les différentes provinces de ce vaste empire. On verra aussi, en même temps, que ces auteurs n'ont rien moins que de la partialité pour les missionnaires, dont cependant ils ne dédaignent pas l'autorité dans les points où ils paroissent avoir la vérité pour eux.

LETTRE DE M. LAMIOT,

MISSIONNAIRE LAZARISTE EN CHINE.

Dernières nouvelles des Missions de la Chine.

Ou-tchang-fou, à l'hôtel près de la prison, 19 février 1820.

M. François Chen, prêtre chinois de notre congrégation, fut arrêté l'année dernière avec dix chrétiens, ce qui donna lieu d'exercer contre les autres tous les genres de vexation : biens, femmes, tout devint la proie d'une classe de brigands qui finirent cependant par être recherchés et poursuivis par les tribunaux.

M. Clet, seul confrère françois qui me restât, septuagénaire vénérable, qui avoit déterminé ma vocation pour la Chine, ne voyant plus le moyen de se rendre utile, crut devoir céder à l'orage, et se retirer dans une province voisine, où il espéroit pouvoir attendre un temps plus calme sans courir aucun danger. Malheureusement un chrétien infidèle le livra, et par suite de cet événement, je me trouvai compromis : on m'accusa d'être en correspondance avec lui, et de lui avoir envoyé des secours et des missionnaires pour prêcher la religion.

Le gouvernement me l'ayant présenté sous un nom qui m'étoit inconnu, je me crus en droit de répondre que je ne connoissois personne de ce nom. Cette réponse me tira d'affaire pendant deux mois. Vers septembre dernier, le gouverneur de Houpé revint à la charge.

L'empereur donna ordre au tribunal de police de m'examiner, de me traduire au tribunal criminel si je continuois de répandre la religion chrétienne, et de me faire conduire à Ou-tchang-fou si je niois la correspondance avec l'homme dont je ne connoissois pas le nom, pour être confronté avec lui.

Sur cette dernière question, le nom travesti qu'on me présentoit offroit quelques moyens évasifs; mais sur la première, il falloit opter entre abjurer la prédication de l'Évangile et une déclaration franche et précise. Je pris le dernier parti comme le seul digne de mon caractère, et je déclarai que notre religion étant la seule vraie, je la prêcherois à tous ceux qui s'adresseroient à moi.

On me présenta diverses formules plus ou moins insidieuses pour persuader à l'empereur que je ne prêchois plus. N'ayant voulu en souscrire aucune, on me mit en prison, et on me fit garder par un mandarin, avec deux soldats qui jour et nuit avoient l'œil sur moi.

L'empereur, instruit de tout, me fit traduire à la justice criminelle. J'y fus conduit à la nuit tombante. Cinq mandarins m'y attendoient; dès que je parus, ils me firent mettre à genoux et m'y tinrent une partie de la nuit.

Dans le rapport qu'ils firent à l'empereur, ils dirent que j'y avois été dix heures; mais je pense qu'ils ont exagéré de quelques heures. Malgré cela, l'épreuve ne fut pas peu fatigante pour moi. C'étoit le jeûne des quatre-temps; on me faisoit lever par intervalles, et vers la fin il me falloit deux hommes pour m'aider. Je ne pouvois plus me soutenir; je ne marchois plus qu'avec peine et en chancelant, ce qui prêtoit aux juges matière à rire; ils finissoient par imiter ma démarche. Si quelquefois je bâillois de lassitude : « Dormez », me disoient-ils.

Toutes ces dérisions, loin de m'abattre, me fortifioient en me rappelant la scène du Sauveur au tribunal d'Hérode. Je les regardois comme autant de manœuvres qui ne tendoient qu'à me faire abjurer la prédication de l'Évangile, pour laquelle seule j'avois quitté ma patrie et fait six mille lieues.

J'oubliois de vous dire qu'au premier tribunal on m'avoit fait rendre compte de ma doctrine, et qu'à mon insu on avoit persuadé à l'empereur que je prêchois celle du ciel et de la terre, ce qui me rapprochoit des lettrés et tendoit à finir mon affaire, car pour ma correspondance avec M. Clet, on s'en occupoit peu.

Le tribunal criminel s'empara de ma déclaration supposée, et mit tout en œuvre pour me la faire adopter; mais je déclarai hautement que je professois la doctrine du Seigneur du ciel et de la terre; que les mouvemens des corps célestes dans le ciel, les merveilles de la nature sur la terre, l'harmonie de tout l'univers, prouvoient l'existence de ce Maître souverain, qu'il falloit adorer et servir. J'avois entrepris d'entrer dans quelques détails; mais personne n'ayant voulu m'entendre, je me réduisis à requérir qu'on transmît à l'empereur ma réponse telle qu'elle étoit.

Mon affaire ne finit pas avec le premier interrogatoire. Pendant mes dix jours de prison, j'en subis plusieurs autres qui, sous des formes diverses, tendoient au même but. Le dernier se fit avec plus d'éclat, devant un auditoire public et nombreux. Les uns paroissoient applaudir à ma franchise, tandis que d'autres s'en étonnoient. Après bien des pourparlers, les plus anciens juges quittèrent la séance, et me laissèrent avec leur plus jeune collègue, qui me dit : « Vous êtes manifestement réfractaire à l'autorité du pays. — Ce n'est pas ainsi, répliquai-je, qu'en jugea le tribunal de l'empereur quand j'y comparus pour le même objet, il y a quatorze ans : j'en fus renvoyé libre. Je finirai par en appeler au même tribunal pour réclamer l'exécution de sa décision. Si on me le refuse, j'offrirai de servir Sa Majesté toute ma vie dans une prison, ou de souffrir la mort, plutôt que de renoncer à la prédication de ma religion. — Vous ne mourrez point, répondit le jeune mandarin; mais cela vous coûtera cher. »

Tout pour un moment paroissoit fini, lorsque l'ordre me vint de partir pour Ou-tchang-fou, où je devois être confronté avec M. Clet. La route étoit longue; il s'agissoit de trois cents lieues.

Une grande charrette, attelée de trois bœufs et deux chevaux, conduite par deux charretiers, deux domestiques et une mule de selle qui devoit me servir quand je serois fatigué de la charrette, n'étoit qu'une partie de mon équipage. Le gouvernement me donnoit en outre un soldat, un satellite et une seconde charrette dans laquelle je devois mettre une partie de mon bagage. Tant de suite et d'attirail vous étonneront, mon Frère, dans un missionnaire, qui doit être simple en tout; mais que penseriez-vous si je vous disois qu'à Pékin, le gouvernement m'accorde trente-trois domestiques? Je serois bien malheureux si l'esprit de ma vocation m'abandonnoit à plus de quatre mille lieues de ma patrie; si pour me faire tout à tous, comme saint Paul, dans un pays où les formes de convenance sont de rigueur, je ne pouvois résister à des sentimens de pure vanité.

Ces trente-trois domestiques sont autant de chrétiens méritans, qui, loin d'être mes serviteurs, sont pour moi des frères précieux, dignes de toute ma sollicitude et de mon respect, et dont le gouvernement tolère la religion.

Tous les hommes en état de prévention, comme j'étois, sont conduits la chaîne au cou et ne logent qu'en prison; les mandarins en sont exempts quand ils ne sont pas accusés de grands crimes. On me traita partout avec les égards qu'on accorde aux mandarins; partout je ne connus ni chaîne ni prison jusqu'à ma destination. Je logeois dans toutes les auberges comme un simple voyageur. Par les détours qu'on me fit faire, on tripla mes trois cents lieues. Je commençai mes contre-marches à la première ville du Honan. Le gouverneur qui y commandoit étoit un Tartare d'une famille très-distinguée; il me reçut très-honorablement, me dit que je ne pouvois passer le fleuve de Hoang-ho, qui étoit débordé, et qu'il avoit ordre de me faire rétrograder vers Pékin. Je crus à quelque changement: l'accueil du gouverneur me portoit particulièrement à cette illusion; mais elle fut bientôt dissipée quand je vis qu'on me faisoit prendre une route directement opposée à mes espérances pour traverser des montagnes inaccessibles, où je rencontrai des précipices et des abîmes qui surpassent l'imagination des poëtes.

Ce trajet ne fut rien en comparaison du pays fangeux que nous rencontrâmes à l'issue des montagnes. Il ne fut plus question de charrette ni de mule de selle. On m'offrit d'aller en litière; mais le sort des porteurs me fit frémir, et je voulus payer de ma personne. Dans la boue jusqu'aux genoux, souvent j'y laissois ma chaussure; tantôt je glissois, tantôt je tombois de mon long. Mon débile soldat s'empressoit de venir à mon secours, et souvent tomboit lui-même, ce qui me donnoit la peine de le relever. Cependant, à force de fatigues et de constance, nous arrivâmes vers Noël à deux journées d'Ou-tchang-fou.

Là j'écrivis à M. Clet pour lui faire part de mon arrivée et concerter avec lui mes réponses. J'en reçus la lettre la plus touchante. Il me demandoit pardon de m'avoir compromis, et me déclaroit qu'il prendroit tout sur lui, parce que si je ne parvenois à sauver l'établissement de Pékin, tout y étoit perdu pour la religion; il y joignoit une série de questions supposées et de réponses que j'aurois dû y faire.

Je ne conçus pas comment il avoit pu me compromettre. Son humanité lui exagéroit des torts qu'il n'avoit pas. Je concevois encore moins comment il pouvoit se charger de tout: la suite me le fit comprendre. Ses mérites seuls auprès de Dieu m'ont sauvé! Vertu magnanime qui, dans les plus grands dangers, ne peut oublier les intérêts de la religion! Un tel dévouement me pénétroit jusqu'aux larmes, et me faisoit dire comme un saint diacre jadis: « *Quo progrederis sine filio pater?* » car il n'avoit cessé d'être pour moi un vrai père.

Dès que je fus arrivé, on me logea dans une chambre de la prison avec deux criminels, sans cependant me mettre la chaîne, comme c'est l'usage. Le lendemain on permit à mes domestiques l'entrée de la prison. Ils y fournirent à tous mes besoins, et me firent dîner de bonne heure pour être prêt à comparaître devant les mandarins. Vers midi, on me conduisit au tribunal, où se trouvoient déjà MM. Clet et Chen. Après nous avoir fait mettre à genoux tous les trois, on me demanda si je connoissois M. Clet. Je répondis le connoître, quoique sa figure fût si décomposée que je ne reconnoissois plus aucun de ses traits; mais j'étois si convaincu que c'étoit lui qu'il ne m'étoit pas permis de le méconnoître.

Au sortir du tribunal, un mandarin tartare vint me saluer. J'avois été en rapport avec lui pour affaire de traduction auprès du gouvernement. Il me demanda ce qui m'amenoit ici; il le savoit: où en étoit mon affaire; il le savoit probablement mieux que moi. Notre conversation se prolongea, et comme elle se faisoit en tartare mantchou, les mandarins et le peuple s'en étonnoient singulièrement; ils ne comprenoient pas comment un Européen parloit si facilement une langue qu'ils ne pouvoient eux-mêmes atteindre que très-imparfaitement. Il me demanda où j'étois logé. Je lui répondis que mes domestiques étoient dans un hôtel à côté de la prison. Pendant ce temps-là j'aperçus à côté de moi MM. Clet et Chen. Je dis au premier: « Bon courage; je me recommande à vos prières; comment vous portez-vous? » Il me répondit en riant: « Je ne sais plus parler ni françois, ni latin, ni chinois. » M. Chen rioit aussi. On s'en aperçut, et sur-le-champ nous fûmes séparés. Ce sont les derniers mots que nous pûmes nous dire.....

Je croyois retourner à la prison, lorsqu'on me dirigea vers l'hôtel où résidoient mes domestiques, avec un garde qui ne me perdoit pas de vue. C'étoit un logement garni, dont le loyer, joint aux frais de ma route, me fit comprendre le *coûter cher* que m'avoit prédit le jeune mandarin de Pékin.

Nous subîmes d'autres interrogatoires assez insignifians qui n'aboutirent qu'à nous faire figurer tantôt à genoux, tantôt assis. Cependant le plaisir indicible que nous avions de nous voir compensoit bien ces petites tracasseries.

M. Clet, qui avoit beaucoup souffert dans sa première prison, me paroissoit reprendre son ancienne physionomie, quoiqu'il ne s'abusât pas sur le sort qui lui étoit réservé.

Nous n'avions encore satisfait néanmoins qu'aux formes préparatoires, et nous devions comparoître devant le gouverneur, qui seul avoit droit de nous juger. Il nous cita deux fois devant lui. La première ne me parut avoir pour but que de satisfaire sa curiosité. Vous en allez juger par les questions qu'il me fit.

« Quelle est votre religion ? Que vous sert de la prêcher ? Les livres chinois sont-ils connus en France ? Pourquoi les chrétiens refusent-ils de marcher sur la croix, au point de préférer un exil perpétuel ? Fait-on subir en France des examens comme en Chine ? — C'est, lui dis-je, la religion de l'univers. » Et pour fortifier ma réponse, je me servis de plusieurs *Kings*, ou livres canoniques chinois, rédigés par Confucius et Mencius, ses compatriotes, qui s'accordoient parfaitement avec certains passages de la Genèse. Il me parut très-satisfait et même tout émerveillé. Il me demanda si les idoles de la Chine étoient aussi révérées en Europe ? Je lui dis qu'anciennement c'étoit à peu près la même chose qu'en Chine ; mais qu'après la prédication de la religion chrétienne, tous les Européens l'avoient embrassée, quoique beaucoup ne l'aient point observée rigoureusement.

Sur le refus que les chrétiens font de fouler la croix, je lui dis qu'elle étoit le signe de notre rédemption, et lui offris de lui en donner une explication claire s'il me le permettoit. Quant à la prédication de notre religion, je lui répondis que nous la prêchions pour pratiquer le bien en cette vie et obtenir d'être heureux en l'autre. « Quel bonheur pour vous en ce monde ? me dit-il ; voyez en quel état il est réduit ? » en montrant M. Clet à genoux, chargé de grosses chaînes. « Et vous, que de fatigues ne venez-vous pas d'essuyer ! Vous avez fait trois cents lieues ? » Il savoit bien que j'en avois fait le double et au delà. Le bon gouverneur ne comprenoit pas que la pratique du bien sur la terre est la plus précieuse jouissance d'un chrétien. Sur les livres chinois connus en Europe, je lui dis ceux qui avoient été traduits en françois ; et sur les examens, je lui dis qu'on interrogeoit les militaires sur les matières militaires, et les magistrats sur les matières civiles. Il parut si satisfait de toutes mes réponses, qu'il dit publiquement : « A la bonne heure pour vous ! » et me délivra de mon incommode gardien.

Depuis que ce gouverneur a commencé les affaires de la religion, il a perdu son épouse et son fils, qu'il aimoit tendrement ; son frère, qui lui restoit pour consolation, vient de mourir. On dit que son désespoir retarde notre affaire, et qu'il ne veut plus être mandarin.

La seconde citation fut plus solennelle et plus sérieuse. Quatre-vingts accusés, tant chrétiens que gentils, y figuroient. Vingt-trois chrétiens, pour avoir refusé d'abjurer, furent condamnés à l'exil perpétuel ; les autres furent mis en liberté.

M. Clet fut condamné à mort, pour avoir troublé beaucoup de monde, disoit l'arrêt. En attendant l'exécution, qui ne pouvoit avoir lieu qu'après la confirmation de l'empereur, M. Clet assembla dans sa prison huit grands chefs de chrétienté et leur donna ses derniers avis dans un repas frugal, qui rappeloit les agapes des premiers temps. Le 18 fevrier, il fut étranglé pendant la nuit.

Ainsi, vous voyez, mon Frère, que si l'Église de Chine a, comme la primitive Église, des pertes à déplorer, elle a aussi ses confesseurs, ses patrons, ses protecteurs dans le ciel ; et si Tertullien trouvoit dans le sang des martyrs la semence des chrétiens, nous avons lieu d'en espérer ici les mêmes résultats.

Depuis Pékin jusqu'ici, je n'ai trouvé ni mandarin, ni soldat, ni satellite, qui m'ait parlé contre notre religion. Les uns la regardoient comme bonne, les autres comme innocente.

Mon voyage d'Ou-tchang-fou offre peu d'intérêt jusqu'à la première ville du Honan ; mais tous les circuits qu'on me fit faire me procurèrent la facilité de visiter en détail certaines provinces où jamais Européen n'a pénétré, et qui fournissent à l'esprit observateur des choses dignes d'attention, tant sur le caractère et les habitudes des habitans que sur les productions plus ou moins rares qu'on y rencontre.

Avant mes voyages, j'avois une certaine affection ou prédilection pour les Chansinois, ou habitans du Chansi, répandus dans toute la Chine. L'abord de leur pays est effrayant. L'intérêt que m'avoit inspiré un bon nombre de ses habitans que j'avois connus ailleurs, le désir de voir leur patrie et leurs compatriotes, me fit accepter avec joie les dangers et les fatigues de ces chemins affreux. Tout ce que je vis ne servit qu'à confirmer ce que j'avois entendu et dont je doutois quelquefois. Une immense population habite ce pays de montagnes si peu fertiles, et il est cultivé avec un si grand soin qu'on y tire parti du plus petit espace de terrain, et que les grands chemins ne suffisent pas pour deux charrettes de front. Quand elles se rencontrent, il faut ordinairement qu'une des deux attende dans des lieux moins étroits, et sans cette précaution, il faut qu'une des deux recule ou qu'on bêche la terre pour les faire passer. Il y a quelques plaines assez vastes où l'on introduit l'eau des rivières par des travaux immenses et avec un art merveilleux. J'ai traversé ce pays du nord-est au sud-ouest. Partout c'est une argile très-dure; les chemins, qui probablement n'ont pas changé de place depuis que le grand Yu a rendu la Chine habitable, sont creusés dans cette terre, qui se soutient perpendiculairement et des deux côtés à la hauteur de dix, vingt et trente pieds et plus. Ailleurs cette terre renferme des rochers, et résiste au temps comme la pierre. Les cultivateurs grimpent sur ces rochers, en aplanissent la pointe, et alors sèment pour y recueillir une demi-gerbe ou deux ou trois poignées si l'année est favorable. La plupart des montagnes sont de cette terre très-dure, et toutes coupées en amphithéâtres et le sommet aplani. Les terres se soutiennent d'elles-mêmes en cet état sans le secours des pierres ou de la maçonnerie, comme dans d'autres provinces. Il y a de ces montagnes en amphithéâtre qui ont dix, vingt étages et plus, ce qui fait un coup d'œil admirable, surtout quand il y a une certaine quantité d'arbres, comme dans la partie méridionale, qui paroît très-fertile; car au nord, cette terre si dure, faiblement échauf-

fée, y produit difficilement. Je n'y ai vu aucun arbre de belle venue, et dans bien des endroits il n'y en a que de la grosseur de la cuisse ou un peu plus. Les arbustes et les herbes n'y font que languir; cependant pas un pied de ce terrain n'est abandonné. En automne, on donne un fort labour à ces terres si dures et si compactes. On conçoit qu'exposées en cet état aux plus grands froids et aux neiges de l'hiver, elles se divisent et sont préparées à la végétation pour le printemps, époque où elles sont ensemencées.

Malgré tant de soins et de travaux, dans le nord du Chansi, où je passai en automne, je vis, à la paille petite et maigre, que la terre est ingrate à son infatigable cultivateur. Dans la partie méridionale, la même terre est beaucoup plus fertile, surtout en blé. Là est cette argile, d'un beau jaune, très-dure, très-friable, dont la poussière très-fine remplit et colore le Hoang-ho (ou fleuve Jaune), qui en est tout chargé. Cette poussière est portée par les vents ou par les débordemens du Hoang-ho, qui s'étend quelquefois à trente et quarante lieues de son lit, dans les merveilleuses plaines du Honan, et les fertilise avec des sucs végétatifs qui sont en repos depuis la création du monde. J'ai vu aussi des terres qu'on avoit semées sans labourer: on s'étoit contenté de recouvrir la semence; le blé en étoit très-beau. C'est ainsi qu'on s'y prend sur le bord du fleuve lorsque les eaux se sont retirées un peu tard. J'ai même vu des endroits où on s'étoit contenté de jeter la semence dans les crevasses. En automne, ce blé avoit mieux crû et étoit plus vigoureux que ceux du Pe-tchy-ly ou de la province de Pékin. Vers la fin du printemps, la paille de ce blé est d'un jaune clair et luisant, et le pain un peu jaune qu'on en retire est le plus léger, le plus savoureux, le plus succulent que j'aie mangé de ma vie. Sur les bords du Hoang-ho, d'où les eaux s'étoient retirées depuis peu, cette terre jaune étoit tellement durcie qu'on apercevoit à peine la trace de nos chevaux. On dit que le gouvernement dépense prodigieusement pour arrêter ou diminuer les ravages du fleuve Hoang-ho, qui n'en sont pas moins effrayans. Quand je m'y présentai pour la première fois, ce fleuve venoit d'enlever une ville tout entière avec ses habitans. On a dit, pour expliquer ces inondations si extraordinaires, qu'il se faisoit des éruptions d'eaux souterraines; mais on conçoit facilement que les eaux de plusieurs centaines de lieues, se réunissant en masse, peuvent produire tous ces effets, contre lesquels les efforts du génie ne peuvent rien quand toutes ces eaux se sont répandues dans la vaste plaine du Honan.

On travailleroit peut-être plus efficacement si on essayoit de diviser le cours de ces eaux dans les montagnes mêmes. Près du Hoang-ho, je vis la moitié d'une ville emportée par une inondation que je crus causée par le fleuve; mais on me dit que c'étoit une irruption des eaux tout à coup descendues des montagnes. Il seroit bien à désirer pour le Chansi que cette province eût un fleuve navigable, pour communiquer avec le midi, comme le Chan-tong et le Pe-tchy-ly. Mais le Hoang-ho est si rapide en certains endroits, que les barques ne peuvent pas le remonter; et celles qu'on fabrique dans le Chansi et le Chensi, excepté les barques de passage, vont dans le midi et ne reviennent plus.

Les Chansinois m'ont toujours plu singulièrement: ils sont bons amis, zélés pour leurs bienfaiteurs, actifs, laborieux, infatigables. Harassés de fatigues, ils chantent pour se délasser, se soulagent de leurs peines par un bon mot, se vengent de leurs ennemis par une plaisanterie. C'est là que, pour la première fois depuis que j'ai quitté nos compatriotes, je retrouvai les saillies de la gaieté française. En Chine, les pays de montagnes sont beaucoup plus peuplés que les plaines. J'ai vu par moi-même les merveilleuses plaines du Honan. Les habitans y mangent tous à discrétion de ce blé délicieux; ils ont tous une mine *rubiconde*, un air de prospérité, sont vêtus chaudement; car tel est le bienfait du Hoang-ho. Et pourtant la population y est bien moins considérable qu'en France, même dans les provinces les moins peuplées, comme dans la Bretagne. Dans les montagnes, le Chinois patient, laborieux, accoutumé à une vie dure, se contentant de peu, trouve facilement le moyen de se loger, de se chauffer, surtout dans le Chansi, où la plupart se contentent de percer un trou dans leurs montagnes d'argile: là ils n'ont ni froid ni chaud, et sont à l'abri de la pluie et du vent. Ils se marient tous et ont beaucoup d'enfans. Il leur suffit de chercher à manger; et, pour cela, ils vont et courent de tous côtés. Jour et nuit ces chemins si étroits dont j'ai parlé, sont couverts de monde et même dans les routes les plus désertes, il y a jour et nuit bien plus de monde que dans la rue Saint-Honoré à Paris; mais on n'y voit pas de femmes: ce ne sont que des hommes, en culottes et vestes de toile bleue, portant, charriant, brouettant..... Si les Chansinois avoient de l'or et de l'argent, leur caractère et leur nombre les rendroit facilement maîtres de toute la Chine. Les Chansinois passent pour guerriers parmi leurs compatriotes. J'y fus témoin d'une bataille, mais bataille chinoise, c'est-à-dire qu'on cria beaucoup, on fit voler de tous côtés les injures les plus grossières et les malédictions; on se frappoit beaucoup sans se faire grand mal, car tous savent que si le blessé alloit se présenter devant le mandarin, l'auteur de la blessure le payeroit cher, *in ære aut in cute*. Aussi, quand ils se battent, prennent-ils des précautions pour ne pas laisser sur leurs adversaires aucune trace de leurs coups.....

La ville de Houpé, séparée par les fleuves de Han-kéou et de Han-yang, est souvent confondue avec eux sous le nom général de Han-kéou (embouchures du Han), embouchures qui auront donné leur nom à cette place importante, ce qui est assez ordinaire dans l'histoire de Chine. Tous les grands fleuves de ce vaste empire viennent aboutir à Han-kéou, et communiquent avec l'Océan par une infinité de rivières et de canaux qui, circulant de tous côtés sur une surface de sept à huit cents lieues de diamètre, apportent ici toutes les productions de la Chine et du monde. Dans toutes les rues, on voit en abondance et à bas prix les légumes et les fruits de tous les climats, les articles de commerce de Canton à côté de ceux du Thibet et de la Tartarie. On y mange surtout d'excellens poissons, et de beaucoup d'espèces. Toutes les rues en sont couvertes; il y a même de l'esturgeon et une espèce de petite morue semblable à celle qui vient à Pékin par terre dans l'hiver, et qui est pêchée dans les mers de la Tartarie, à trois ou quatre cents lieues de cette capitale. A Han-kéou, ces poissons qui, dit-on, viennent de la mer et ont vécu plus ou moins dans l'eau douce, y sont beaucoup plus délicats. A l'occident de Han-kéou sont toutes les montagnes du Hou-pé. On conçoit toute l'importance d'une telle place, et c'est peut-être ce qui a donné tant de prépondérance à cette province dans les guerres et les révolutions, car les habitans ne paroissent pas faits pour jouer un grand rôle. Au reste, comme ils quittent rarement leur pays et qu'on en voit très-peu à Pékin, je ne les ai pas assez fréquentés pour les connoître à fond. D'ailleurs, cette province est très-pauvre. Un mandarin de la trésorerie générale du Houpé me disoit hier que ce que l'empereur retire de cette province ne suffisoit pas aux frais de l'administration, et qu'il faut y ajouter tous les ans. Il semble que toutes les faveurs et les richesses ont été réservées pour Han-kéou; mais la Providence, toujours juste, toujours admirable dans la distribution de ses dons, lui a refusé le plus précieux de tous, la salubrité de l'air. J'ai été près de dix jours sans voir le soleil. Comme on n'y va qu'à pied ou en chaise, et qu'il n'y a point de voitures, le terrain y étant très-précieux et la population énorme, tous les bâtimens se touchent et ne sont séparés que par de très-petites cours; les rues sont on ne peut pas plus étroites. Toute la ville est environnée d'eau, et cet air déjà si humide n'y circule que très-difficilement. Parmi tant d'hommes qui se serrent dans toutes les rues, il est assez rare d'en voir qui aient bonne mine. Les Chansinois, ces Hollandois de la Chine, que la soif de l'or attire et retient partout, y sont en bon nombre. Il semble que leur activité, qui les tient continuellement en mouvement pour acquérir des richesses, ou du moins pour se substanter, devroit les préserver des funestes effets du climat; mais à peine, sur leur figure pâle et livide, reconnoît-on quelques traits de leur vigueur primitive. Les incendies font ici des ravages incroyables: ces maisons, qui se touchent, sont presque toutes en bois et en nattes. Depuis que je suis ici, j'en ai vu un qui n'a consumé qu'environ cent maisons. Mais il y en eut un quelques années auparavant qui dura trois jours sans qu'on pût l'éteindre.

A peu de journées de Han-kéou est Lo-yang, situé dans un lieu élevé, au milieu de cette merveilleuse plaine si fertile en blé excellent. Lo-yang recueille toutes les faveurs du Hoang-ho, sans craindre ses dégâts. Cette ville, autrefois très-fameuse, a été la capitale de la célèbre dynastie des Han, dont les Chinois se glorifient encore de porter le nom, en s'appelant eux-mêmes les Han. On voit par l'histoire que le génie, les mœurs et le caractère de chaque dynastie sont propres à la province où elles ont fixé leur cour. L'illustre dynastie des Tang, qui se fixa dans les montagnes du Chansi, est sans doute redevable de sa gloire au génie et au caractère des Chansinois; mais Lo-yang, si célèbre par la dynastie des Han, a peut-être, par sa position, son climat, la fertilité de son territoire, concouru plus qu'aucune autre cause à la gloire des Han eux-mêmes. Lo-yang, près de Han-kéou, en tiroit, par ses grands fleuves et leurs ramifications infinies, les tributs et les richesses de toute la Chine et des pays voisins, ses tributaires. Par la même voie, elle dispersoit ses armées dans tous les lieux soumis à sa domination. Elle les tiroit du Chansi, du Chantong, du Pe-tchy-ly, les trois provinces guerrières de la Chine qui sont limitrophes à son territoire. Lo-yang, dans un climat tempéré, également à l'abri du froid excessif, qui engourdit et paralyse tout, et du chaud humide, qui énerve et amollit, située sous un beau ciel où circule un air excellent, Lo-Yang, dis-je, réunissoit tout ce qui peut perfectionner la nature humaine et concourir à son bonheur.

Sous les Tcheou, la Chine, divisée en plusieurs principautés, fut presque toujours agitée de grands troubles (si on en excepte les premiers temps). Les lettrés les attribuent à la décadence des mœurs, à l'oubli des lois et de la doctrine des anciens. Mais une autre cause, bien connue par la lecture de l'histoire, c'est que les Chinois, par leur grand nombre, ont été bien souvent réduits, comme les rats de certains greniers, à se dévorer entre eux ou à mourir de faim, car ils vivent assez en paix quand ils ont suffisamment à manger. Les lettrés, par leurs intrigues, leurs sarcasmes, leurs critiques outrées, troubloient l'esprit des peuples; les souverains, divisés entre eux, et par là toujours foibles, devenoient méprisables et souvent odieux aux yeux de tous, et peu d'entre eux finissoient leur vie dans les honneurs et la paix.

Tsing-chi-ouang, les ayant tous vaincus, devint maître de la Chine et des pays voisins. Pour consolider la paix, il brûla tous les livres, fit mourir un bon nombre des auteurs et envoya travailler les autres à la grande muraille qui sépare la Chine de la Tartarie. Ce remède trop violent ne guérit pas la plaie, il l'aigrit. Sa dynastie, qu'il croyoit pouvoir perpétuer dans tous les âges du monde, finit presque avec lui. Alors parut la célèbre dynastie des Han, dont le fondateur, originaire de la province de Nankin, fixa sa cour à Lo-yang. C'est lui qui arbora le nom de Confucius, mort depuis plusieurs siècles et dont la mémoire avoit été ensevelie dans le tombeau. Sous cet étendard se réunissent tous les lettrés de la Chine et des pays voisins, qui se font gloire de l'imiter. A Lo-yang sont gravés sur la pierre les *Kings*, qu'on prétend conservés par Confucius, quelques petits ouvrages ou recueils de ses disciples qu'on dit contenir sa doctrine, et un seul de ses ouvrages, intitulé *Tchun-tsieou* (printemps, automne). Les esprits inquiets et turbulents ont un aliment. Tous prêchent le bon ordre en expliquant *Confucius*. Il n'y a pas bien longtemps que le roi de la Corée, écrivant à l'empereur de la Chine et voulant louer sa nation, croyoit avoir tout dit en assurant qu'elle n'avoit jamais eu d'autre doctrine que celle de Lo-yang, dont je viens de parler. Jamais mortel n'a été si fêté, si célébré que Confucius. Mais quel est donc ce Confucius ? L'histoire de son temps n'en dit presque rien ; on ignore même l'année de sa naissance. Or, Confucius pose en principe qu'un fils doit absolument savoir l'âge de son père, sans quoi il manque à la piété filiale. C'est sans doute ce qui mit tous ses disciples à la torture pour déterrer l'année de sa naissance. On lit dans l'histoire tartare qu'un d'eux, réfléchissant sur cette intéressante question, découvrit que parmi les années contestées, il s'en trouvoit une où il n'y avoit point eu d'éclipse, et que c'étoit la seule qui eût pu voir naître le sage par excellence. Il paroît que cette ingénieuse pensée a réuni tous les suffrages. Parmi ses livres qui, traduits littéralement, feroient à peine un in-douze françois, les *Kings* sont tout au plus recueillis et rédigés par ce philosophe, d'autres sont les recueils de sa doctrine, faits par ses disciples. Reste le *Tchun-tsieou*, le seul qui soit reconnu pour être de lui. Il ordonna qu'on le jugeât d'après ce livre. C'est sans doute ce qui l'a fait tant prôner par les lettrés.

Confucius ne doit sa célébrité ni à ses belles actions ni à ses écrits ; toute sa gloire est d'avoir prêté son nom à des livres qui ne renferment en morale et en politique presque rien au delà de ce que sait tout homme de bon sens, mais que diverses causes ont concouru à rendre fameux. 1° Le défaut de meilleurs livres. 2° La politique, qui n'accordoit les honneurs et les dignités qu'à ceux qui le révéroient, s'est servie de cette doctrine pour réunir tant d'hommes qui, sous les Tcheou, par la divergence de leurs opinions, troubloient et bouleversoient tout, au point que Tsing-chi-ouang se crut obligé de brûler les livres et leurs auteurs. 3° Un style antique, dont l'obscurité, jointe à l'enthousiasme qu'on a pour ces livres, contribue à augmenter l'admiration, parce qu'on y trouve tout ce qu'on veut, et que le plus merveilleux est toujours adopté. Ce style a quelque chose de singulier et de pittoresque qu'on ne peut pas rendre dans nos langues ; tellement que ces livres, traduits à la lettre, ne disent rien que de très-commun, et paraphrasés comme *le Juste milieu* (*Tchong-yong*) et *la Grande science* (*Ta-hio*) l'ont été dans les *Mémoires de Pékin*, ils ne sont pas reconnoissables. Une autre cause qui, peut-être plus que toute autre, a contribué à la réputation de ces livres, c'est que leur jargon fait briller dans la société, et surtout aux bonnes tables...

Adieu, mon Frère ; je vous embrasse. *Oremus pro invicem.*

Nous terminerons ces extraits par un passage intéressant d'une lettre écrite en 1829 par M. Lamiot à M. de Paravey, qui lui avoit adressé plusieurs questions sur les traditions et la religion primitive de la Chine.

Me trouvant absolument dépourvu de livres, je ne sais que dire sur les savantes questions que vous agitez ; je garde votre lettre, et je verrai si je puis rencontrer quelque chose qui vous convienne..... Si on imprime tous mes manuscrits, peut-être y trouverez-vous un peu de ce vous cherchez avec un zèle si ardent et si louable.

Au reste, nos prédécesseurs ont dit constamment, et je pense de même, qu'en Chine le culte des idoles étoit absolument nul dans l'antiquité, et ne remonte pas bien haut. Je doute qu'en étudiant l'idolâtrie, on puisse obtenir quelques résultats un peu sûrs relativement à l'histoire ancienne. Sans doute on trouve en Chine des traces de la plus haute antiquité : tous en conviennent ; mais il faut les chercher dans les *Kings* et leurs commentaires. Les livres de religion, c'est-à-dire ceux qui ont rapport aux idoles, sont méprisés généralement ; je n'ai jamais connu aucun Chinois qui en fît cas. Dans le midi surtout de la Chine, continuellement on brûle de l'encens devant les idoles, on se prosterne, on allume des chandelles : ce n'est pas qu'on y croie ; mais c'est uniquement une crainte vague, une terreur qui s'empare des esprits, un pressentiment de la Divinité. Aucune nation n'est plus religieuse que les Chinois. Je suis tenté de croire que leur respect pour les idoles est plutôt une disposition qu'un obstacle à leur conversion : les dévots aux idoles embrassent le christianisme plus facilement que les autres.

Je ne crois pas que nos Chinois puissent vous aider en rien dans nos savantes recherches ; ce n'est pas leur domaine : je n'ai jamais connu de Chinois qui y fût propre, pas même les lettrés. Ils donnent le sens d'un caractère, vous citent des faits ; les plus instruits connoissent l'histoire, savent les noms, les dates, etc.; mais faut-il raisonner, discourir, ce n'est plus de leur sphère. J'ai toujours admiré leur mémoire, et surtout comment les meilleurs d'entre eux savoient tirer parti d'une langue si singulière pour se rendre intelligibles, clairs, pour toucher, émouvoir même. Le reste se réduit à peu de chose. Agréez, etc.[1].

[1] Peu de temps après avoir reçu cette lettre, les Missions ont eu la douleur de perdre le père Lamiot. Il est mort en Chine.

FIN DES MISSIONS DE LA CHINE.

MISSIONS DE L'INDO-CHINE.

PRÉFACE.

Les missions de l'Indo-Chine, intermédiaires entre celles de Canton et celles du Malabar et du Bengale, n'offrent pas assurément un moins vif intérêt. Deux fois, à Siam et au Tonking, elles ont été les auxiliaires du gouvernement françois pour des conquêtes qu'il comptoit y faire, et si les espérances que l'on avoit conçues s'évanouirent, il ne fallut pas l'attribuer au ralentissement du zèle des ministres catholiques, car leur courage se maintint haut et ferme, et ce fut eux, comme on le verra plus loin, qui, même après le départ de nos troupes, demeurèrent sur le théâtre du combat, non plus pour seconder des entreprises humaines, mais pour accomplir leur promesse de mourir en propageant les préceptes de la vraie religion.

L'origine des missions dans ces contrées remonte bien au delà de ce qu'on a pensé communément. Dès le temps des croisades, et quand les rois de l'Occident, Louis IX à leur tête, luttoient en Égypte et en Syrie contre les Arabes, ils sentirent le besoin d'une diversion puissante qui occupât, à revers et par derrière, et affoiblît leurs ennemis.

Il y avoit trois peuples dans l'Ancien-Monde qui s'en disputoient l'empire : les Francs, les Tartares, les Arabes.

Les Arabes régnoient depuis le Sénégal jusqu'au Gange, et même ils poussoient leurs colonies et leurs navires jusqu'aux îles de la Sonde et des Moluques.

Les Tartares, descendans des Scythes, se divisoient en deux branches principales, ceux d'Orient et ceux d'Occident : les Mogols et les Turcs, qui étendoient leur domination depuis le Japon jusqu'à la Vistule.

Les Francs étoient (aux yeux des Tartares et des Arabes) tous les peuples qui habitoient au delà du Bosphore, sur le Danube, le Pô et la Loire, dans tous les États du couchant.

De grandes commotions ont eu lieu, de grandes migrations se sont opérées ; mais le fond des races est resté le même, et les types primitifs se retrouvent partout dans les limites que nous venons d'assigner.

Cependant les guerres des Mogols, leurs succès, leur faste et leur puissance, tout ce bruit de leurs pas et de leurs fêtes retentissoit jusqu'en Europe, et c'étoit leur empereur que nos princes chrétiens et croisés vouloient mettre dans leurs intérêts pour contrebalancer la fortune des califes.

Ces Mogols et leurs chefs, incertains dans leur culte, flottant entre l'idolâtrie et l'islamisme, pouvoient être attirés par l'Évangile, et s'ils s'unissoient de cœur et d'âme aux vues et aux desseins du saint-siége, régulateur du mouvement européen, il étoit aisé de comprendre quelle révolution devoit s'en suivre et quel ascendant Rome, comme représentant la chrétienté, alloit prendre sur tous les empires de l'univers.

De si hauts motifs furent le principe des négociations entamées entre l'Occident et l'Orient par l'action vive et audacieuse des nobles enfans de la famille *Polo*.

Il faut lire dans les ouvrages que Marc-Paul, l'un d'eux, a laissés, le récit des voyages et des ambassades, des efforts et des aventures qui amenèrent enfin la découverte d'un chemin plus direct et plus court pour communiquer avec ces peuples dont on invoquoit le secours.

Le plan d'alliance entre l'Europe et l'Asie étoit admirable. Il manqua par le morcellement de nos États, par les rivalités de nos princes, par le trouble qui se mit dans les esprits, le désordre qui régna dans les conseils et l'oubli qui survint, comme un nuage, pour cacher et faire abandonner le but que saint Louis s'étoit proposé.

Quand on reprit par la route nouvelle, par la pointe d'Afrique et la mer des Indes, l'affaire essentielle des missions, il y eut encore moins que par le passé d'ensemble dans les projets des couronnes. Chaque nation d'Europe fit son expédition à part, à l'exclusion des autres, et de là, le peu d'importance, la mauvaise issue et même les désastres de ces opérations mal combinées, qui, s'allant heurter contre de grandes puissances et ne venant jamais qu'en suppliantes, n'obtinrent dès lors, et n'ont depuis jamais su mériter que le mépris.

En attendant que la politique organise mieux ses tentatives, nos missionnaires soutiennent leur réputation, et se font distinguer et vénérer par leur inébranlable caractère. Malgré les périls et les écueils, ils vont toujours ; malgré le relâchement et l'indifférence, privés d'appuis, à court d'argent, ils poursuivent leur tâche : ils catéchisent, communient et confessent, et, par cette ardeur indomptable, ils ouvrent et préparent le sol sur lequel un jour de grandes institutions seront semées.

Malacca, Siam, Cambodje et le Tonking, et la Cochinchine, furent des premiers visités par les Portugais quand cette puissance, très-secondaire en Europe, mais au loin, sur les mers, agrandie et illustrée par ses conquêtes, fit partir de Goa des vaisseaux qui durent se porter vers les îles et les terres du Levant.

Sur la flotte il y avoit des prêtres. Moitié de leur sainte cohorte resta dans l'*Indo-Chine*, sur les côtes, dans les golfes et les ports des deux presqu'îles du Malais et du Cambodje ; l'autre moitié gagna Macao.

Les difficultés furent grandes pour s'établir au Pégou, aux bouches de l'Ava et du Meinam, et dans les murs de Hué-fou et de Kescho. Les *Lettres* que nous réimprimons font connaître en détail les essais, les réussites, les calomnies et les persécutions.

Ces vicissitudes n'ont point cessé : l'histoire des premières missions est aussi l'histoire des dernières; elles ne diffèrent que par les noms et les dates.

En étudiant dans ces Mémoires la situation de l'Asie Méridionale, on est frappé d'un étonnant spectacle. L'Europe, avide de toutes les nouveautés et jalouse de posséder tant d'objets de luxe que fournit la plage étrangère, va chercher dans l'Orient de l'or et des épices, des pierreries et des parfums ; mais que trouve-t-elle sur cette terre féconde et qui devoit être l'asile de la gloire? Elle y trouve un peuple courbé sous le plus avilissant despotisme, décimé par la famine et par la guerre, livré aux plus grossières superstitions, aux excès les plus honteux, aux maladies les plus terribles, aux misères enfin, de toute façon, les plus intolérables.

Tristes effets de l'anarchie et de l'erreur ! Est-il une loi qui les puisse réparer? « Oui, s'écrient les missionnaires. Témoins de tant d'infortunes, nous brûlons de les faire cesser. Le christianisme, dans les lieux où déjà il règne, publiquement ou en secret, a adouci la condition des hommes, non pas encore par leur affranchissement, mais par la force qu'il leur a donnée de supporter leur condition sans trop d'aigreur et d'amertume. C'est un premier pas qu'il a fait faire. Dieu sait quand se fera le second. Mais ce qu'il faut assurer dès aujourd'hui, sans crainte, c'est que les moins malheureux, dans ces royaumes, sont ceux qui embrassent avec conviction la doctrine évangélique, en suivent les saintes maximes avec confiance : leur âme s'enivre d'une joie pure, et s'élève du sein de l'esclavage jusqu'au trône de la vérité. »

G.

LETTRE DU PÈRE LE ROYER,

SUPÉRIEUR DES MISSIONNAIRES DE LA COMPAGNIE DE JÉSUS DANS LE TONKING,

A M. LE ROYER DES ARSIX,

SON FRÈRE.

Au Tonking, 10 juin 1700.

MON TRÈS-CHER FRÈRE,
P. C.

Ce m'est, je vous assure, une grande consolation, dans l'éloignement où nous sommes, d'apprendre de vos nouvelles et de trouver l'occasion de vous faire savoir des miennes. J'avois été plusieurs années sans recevoir de vos lettres, quand les dernières me furent rendues. Je ne sais si toutes celles que je vous ai écrites seront parvenues jusqu'à vous, et c'est pour cela qu'il ne faut pas que vous soyez surpris de trouver souvent les mêmes choses répétées dans diverses lettres qui viennent l'une après l'autre. Nous aimons mieux avoir la peine d'écrire plus d'une fois ce qui peut faire plaisir à nos amis que d'être dans le doute s'ils auront appris ce que nous désirons leur faire savoir. Ne vous lassez donc pas de nous écrire et plus d'une fois, et par plusieurs vaisseaux différens. De cette sorte, ce qui peut s'égarer ou se perdre par une voie ne manque point de se retrouver par une autre.

Il y a huit ans que je suis dans le Tonking. C'est un royaume placé entre la Chine et la Cochinchine, comme vous pourrez le voir sur toutes les cartes. J'y arrivai avec le père Paregaud, mon compagnon, le 22 de juin de l'année 1692, après une navigation très-longue et très-difficile. Puisque vous souhaitez savoir, mon cher Frère, quelque chose de plus particulier de mes travaux et de l'état de la religion en ce pays-ci, je veux bien contenter un désir si digne de votre piété et de l'affection avec laquelle vous vous intéressez à tout ce qui me regarde.

Le Tonking a été longtemps une de nos plus florissantes missions de l'Orient. Les pères Alexandre de Rhodes et Antoine Marqués, de notre Compagnie, furent les premiers qui la fondèrent, en 1627. Dieu répandit de grandes bénédictions sur les travaux de ces deux hommes apostoliques; car en moins de trois ans ils baptisèrent près de six mille personnes. Trois bonzes, qui avoient beaucoup de crédit parmi ces peuples, furent de ce nombre, et après qu'on les eut instruits parfaitement de tous les mystères de notre sainte religion, ils devinrent trois excellens catéchistes, qui rendirent des services infinis aux missionnaires dans la prédication de l'Évangile.

Les prêtres des idoles, alarmés de voir que leurs disciples embrassoient comme à l'envi la religion chrétienne, firent tous leurs efforts pour la décréditer et pour rendre les missionnaires suspects au roi. Ils y réussirent, on ne sait pas comment; mais enfin les Pères furent chassés du royaume, après y avoir demeuré trois ans. Les trois bonzes convertis eurent soin de la nouvelle chrétienté, et ils la cultivèrent avec tant de zèle, que les Pères étant revenus l'année suivante au Tonking, ils trouvèrent leur troupeau augmenté de quatre mille néophytes. Dieu ne permit pas que l'éloignement des missionnaires durât plus longtemps. Le roi, qui reconnut presque d'abord l'imposture des prêtres des idoles, vit revenir le père Alexandre de Rhodes et ses compagnons avec plaisir, et leur accorda la permission de prêcher l'Évangile dans tous ses États. Ils le firent avec un si grand succès, qu'on compta dans le Tonking jusqu'à deux cent mille chrétiens. Les grands du royaume les plus attachés au culte des idoles, ouvrant les yeux alors et s'étant joints aux faux prêtres, qui les en sollicitoient depuis longtemps, contre les prédicateurs de l'Évangile, se plaignirent au roi des progrès que faisoit la nouvelle religion, et lui remontrèrent avec tant de force les maux inévitables qu'ils prétendoient que pouvoit causer l'établissement de ces étrangers dans son royaume, qu'il se vit comme obligé de proscrire le christianisme et de chasser les missionnaires une seconde fois. Depuis ce temps-là on a persécuté les chrétiens, et les prédicateurs de l'Évangile ont été obligés de se tenir cachés; mais la religion s'est maintenue, et, grâce à Dieu, le nombre des néophytes n'est pas diminué.

Comme donc on ne souffre point les missionnaires dans le Tonking, notre premier soin fut de nous cacher, mon compagnon et moi, en y arrivant. Nous en vîmes à bout par une assistance toute particulière de Dieu. Après avoir traversé avec beaucoup de peine et de dangers la province de Tanhhoa, nous entrâmes dans celle de Nhean[1] et de Bochoin[2], qui sont sur les frontières de la Cochinchine. Nous les trouvâmes dans un extrême abandon, y ayant un très-grand nombre de chrétiens qui n'avoient pas approché des sacremens depuis dix ou douze ans. Je ne puis vous exprimer la joie qu'eurent ces bonnes gens de nous voir. Ils nous marquèrent beaucoup d'empressement à participer aux saints mystères, et on les voyoit venir de fort loin pour assister au sacrifice de la messe et recevoir les sacremens. Nous ne demeurâmes que quatre mois dans ces provinces, quelque envie que nous eussions d'y rester davantage pour la consolation des pauvres chrétiens; mais on nous rappela, et l'on nous fit passer dans la province de l'est, où nous trouvâmes à peu près les mêmes besoins. Depuis ces premières années jusqu'à maintenant, nous avons parcouru presque toutes les provinces du royaume, où nous avons eu l'avantage de baptiser plusieurs infidèles et d'administrer les sacremens à un grand nombre de chrétiens. Comme je garde un mémoire exact du nombre des baptêmes, des confessions et des communions, je vous en ferai le dénombrement à la fin de cette lettre.

Les peuples du Tonking ont de l'esprit, de la politesse et de la docilité. Il n'est pas difficile de les gagner à Jésus-Christ, parce qu'ils ont peu d'attachement pour leurs pagodes et moins encore d'estime pour les prêtres des faux dieux. Leurs mœurs sont d'ailleurs assez innocentes, et ils ne connoissent point les vices grossiers auxquels les autres nations de l'Orient se livrent avec fureur. Il n'y a parmi eux que la pluralité des femmes, le droit qu'on a de répudier celles dont on n'est pas content, et la barbare coutume d'y faire des eunuques, qui soient des obstacles à l'établissement de la religion chrétienne. La pluralité des femmes et la coutume de faire des eunuques ne regardent guère que les personnes de qualité, qui ne se trouvent pas embarrassées d'avoir beaucoup d'enfans et qui veulent les élever aux premières charges du royaume. Il n'en est pas ainsi du droit qu'on a de répudier sa femme, et d'en prendre une autre, quand on n'en a

---

[1] Ou He-an.
[2] District de Boan-sima.

pas d'enfans ou qu'on la trouve d'une humeur fâcheuse. C'est un usage établi même parmi le peuple et le plus grand obstacle que la loi de Jésus-Christ ait à surmonter.

Quoiqu'il ne soit pas permis, comme je vous l'ai dit, de prêcher ici publiquement l'Évangile, la religion chrétienne ne laisse pas d'y être très-florissante. La plupart des grands l'estiment, et plusieurs l'embrasseroient si la crainte de perdre leurs charges et leurs biens ne les retenoit. On a la consolation de trouver dans les campagnes, et au milieu des bois, des bourgades de mille et deux mille personnes qui font toutes profession du christianisme. Je ne doute point que si les troubles qui ont affligé dans ces derniers temps cette florissante mission venoient à cesser tout à fait, et si les ouvriers évangéliques vivant ensemble dans une bonne intelligence et dans une paix parfaite, il venoit ici autant de missionnaires qu'il seroit nécessaire pour la grandeur de l'ouvrage, le christianisme n'y fût en peu d'années la religion dominante.

Pour la manière dont je vis et dont je travaille ici au salut des âmes? Puisque vous êtes encore curieux de l'apprendre, je vous l'écrirai tout simplement et comme parlant à un frère. Pour peu que nous parussions librement en public, il seroit aisé de nous reconnoître à l'air et à la couleur du visage; ainsi, pour ne point susciter de persécution plus grande à la religion, il faut se résoudre à demeurer caché le plus qu'on peut. Je passe les jours entiers ou enfermé dans un bateau, d'où je ne sors que la nuit pour visiter les villages qui sont proches les rivières, ou retiré dans quelque maison éloignée.

Lorsque je visite les chrétiens, qui demeurent en très-grand nombre sur les montagnes et au milieu des forêts, j'ai ordinairement avec moi huit ou dix catéchistes qu'il faut que je nourrisse et que j'entretienne de tout. Ils apprennent aussi bien que moi à se contenter de peu de choses. Voici l'ordre que nous gardons dans le partage de notre temps. Je travaille toute la nuit, et il y en a, je vous assure, bien peu de vide. Le temps que je ne donne point à entendre les confessions, ou à communier ceux que j'ai confessés, se passe à accommoder des différends, à faire des règlemens, à résoudre des difficultés où n'ont pu réussir mes catéchistes. Après la messe, que je dis un peu avant le jour, je rentre dans mon bateau ou dans la maison qui me sert alors de retraite. Les catéchistes, qui se sont reposés durant la nuit, travaillent le jour pendant que je prie, que j'étudie ou que je repose. Leur travail est de prêcher aux infidèles, d'exhorter les anciens chrétiens, et de les préparer à recevoir les sacremens de Pénitence et de l'Eucharistie, de catéchiser les enfans, de disposer les catéchumènes au saint baptême, de visiter les malades, enfin de faire tout ce qui ne demande point absolument le caractère sacré de la prêtrise. Après avoir visité un village, on va dans l'autre, où l'on recommence les mêmes exercices. Ainsi nous sommes toujours dans l'action.

Votre bon cœur et votre tendre affection vous font croire peut-être, mon cher Frère, qu'on est bien à plaindre de passer ainsi la vie tout entière dans un travail pénible, avec des paysans et des hommes ordinairement du petit peuple, ou dans une retraite plus pénible encore et plus mortifiante que le travail. Mais si nous pouvons vous exprimer quelque chose de nos peines, il n'y a que Dieu qui sache quelles sont nos consolations : elles paroîtroient dignes d'envie aux personnes les plus attachées au monde si l'on pouvoit leur en donner quelque expérience. Pour moi, je puis vous assurer que je n'ai jamais été si content en France que je le suis au Tonking. A la vérité, on n'a ici que Dieu, et il faut bien se garder d'attendre ou de désirer autre chose; mais quel plaisir aussi de pouvoir dire avec une effusion de cœur que nulle attache ne sauroit démentir : « *Deus meus et omnia*, mon Dieu et mon tout »; d'entendre au fond de l'âme ce que Dieu répond à cette protestation sincère et généreuse! On ne fait nulles démarches qu'on n'aperçoive des traces de sa protection singulière et comme des preuves sensibles de sa présence. Dieu se donne en quelque sorte tout à nous, comme nous voulons être tout à lui, et le centuple qu'on reçoit dans la vie présente égale ou surpasse la généralité du sacrifice qu'on a fait pour son amour. C'est le témoignage que je suis obligé de rendre à ce bon maître, malgré tant d'infidélités dont je me trouve coupable.

Il y a quatre ans qu'il s'éleva ici une nouvelle persécution contre les chrétiens; ce fut au mois d'août de l'année 1696. Le roi fit un édit par lequel il défendoit à ses sujets d'embrasser la religion des Portugais (c'est le nom qu'on donne au Tonking à la religion chrétienne), et ordonna à tous ceux qui en faisoient profession de ne plus s'assembler pour prier, et de ne plus porter d'images ni de médailles. Il voulut aussi qu'on arrêtât les étrangers partout où l'on pourroit les trouver. Le chef de nos catéchistes fut emprisonné et chargé de fers; les pères Vidal et Séguéyra de notre Compagnie, auxquels, quelque temps auparavant, le roi avoit donné une permission particulière de demeurer dans le Tonking, eurent ordre, comme tous les autres, d'en sortir incessamment. Ils furent même en quelque sorte traités avec plus de rigueur; car quoique le père Séguéyra fût malade à l'extrémité quand l'ordre du roi lui fut signifié, on l'obligea de partir sans aucun délai. Mais Dieu ne tarda pas à le récompenser : il mourut au bout de deux ou trois jours dans le bateau où on l'avoit jeté tout moribond, et acheva ainsi la course glorieuse de son apostolat.

L'édit du roi alarma d'abord tous les chrétiens, et jeta les missionnaires dans une terrible consternation, parce que dans le cours de leurs voyages ils ne trouvoient presque personne qui osât les recevoir chez soi ou les y tenir cachés. J'étois alors à visiter la province de l'est, où je demeurai enfermé près de deux mois dans un lieu fort obscur, sans que qui que ce soit en eût connoissance, excepté ceux de la maison qui m'avoient donné cet asile. On abattit presque toutes les églises et les maisons des catéchistes dans la province du nord, et l'on maltraita même les chrétiens en quelques endroits; mais dans la plupart des autres provinces, les gouverneurs furent beaucoup plus modérés : ils se contentèrent d'envoyer l'édit du roi aux chefs des villages, afin que les chrétiens se tinssent sur leurs gardes, et qu'ils n'irritassent pas le prince par une conduite d'éclat contraire à ses intentions.

On m'a assuré que le gouverneur de la province de Nhean[1], où il y a beaucoup de chrétiens, ayant reçu ordre comme les autres de publier cet édit, osa représenter au roi que depuis longtemps qu'il connoissoit les chrétiens, jamais il n'avoit rien remarqué en eux qui fût contraire à son service; qu'il avoit dans ses troupes plus de trois mille soldats qui faisoient profession de cette religion : qu'il n'en connoissoit point de plus braves ni de plus affectionnés à sa personne. On dit que le roi lui répondit simplement qu'il ne pouvoit pas révoquer l'édit qu'il avoit porté; mais que c'étoit aux gouverneurs à voir ce qui convenoit au bien de l'État, et à en user dans les rencontres particulières selon qu'ils le jugeroient à propos. Ainsi cette persécution n'a pas eu les suites fâcheuses qu'on avoit sujet d'appréhender.

Un an avant ces troubles, j'avois perdu mon cher compagnon le père Paregaud. Il étoit chargé d'une des plus nombreuses Églises du Tonking. Ayant appris qu'à deux journées du lieu où il résidoit, il y avoit sur des montagnes un grand nombre de chrétiens qui depuis plusieurs années n'avoient point vu de missionnaires, il résolut d'aller les visiter. On tâcha de l'en détourner sur ce que c'étoit alors le temps des chaleurs, et que d'ailleurs l'air et les eaux y sont si mauvaises, qu'il n'y a presque que les habitans de ces montagnes qui y puissent vivre. Le Père n'écouta que son zèle et les besoins pressans de ces pauvres abandonnés. Il parcourut quelques villages; ses catéchistes tombèrent malades, et bientôt il se sentit lui-même frappé. Il ne laissa pas de continuer les exercices de la mission et de passer les nuits à entendre les confessions; mais le mal devint si violent, qu'il fut obligé de se faire reporter à son Église. J'étois alors à trois journées de chemin du lieu de sa demeure; il m'envoya quérir pour lui administrer les derniers sacremens. J'arrivai la veille de sa mort : je le trouvai dans une grande foiblesse, mais dans une tranquillité admirable, et dans une continuelle union avec Dieu. Il me pria de lui donner au plus tôt les sacremens, qu'il reçut avec des sentimens d'amour et de reconnoissance envers Dieu, dont tous ceux qui étoient présens furent comme moi très-vivement touchés. Après avoir passé le reste du jour dans une profonde paix et dans un désir ardent de s'unir à son Créateur, sur le soir il lui prit un redoublement qui l'enleva vers les deux heures après minuit, le 5 juillet de l'année 1695. C'étoit un missionnaire d'une mortification extrême et d'un travail infatigable. Son zèle étoit si grand, qu'il ne trouvoit jamais assez d'occupation à son gré, lors même qu'il

[1] He-an.

en paroissoit comme accablé. Rien ne lui coûtoit quand il s'agissoit de faire connoître ou aimer Dieu. Le désir de le glorifier de plus en plus l'avoit engagé à promettre, par vœu, de faire en toutes choses ce qu'il croiroit être de plus parfait et de plus propre à lui procurer de la gloire. Tous les chrétiens, dont il avoit un soin admirable, l'ont regretté et le regrettent encore présentement. C'est une perte infinie pour cette mission, où il n'y a qu'un très-petit nombre d'ouvriers.

Je suis présentement le seul jésuite françois qui soit au Tonking. Je demeure avec nos Pères portugais, qui ont pour moi une bonté et une charité que je ne puis vous exprimer. Vous en serez pleinement convaincu quand vous saurez qu'après la mort du révérend père Féréira, supérieur de tous les jésuites du Tonking, ils m'ont chargé en sa place du soin de cette mission, quelques efforts que j'aie pu faire pour ne pas accepter un emploi dont je me sens si incapable.

Il me reste à vous transcrire, comme je vous l'ai promis, l'extrait de ce que j'ai fait de principal dans mes courses diverses depuis que je suis entré en ce royaume. Nous commençâmes, mon compagnon et moi, à faire l'office de missionnaires, avec la permission de messeigneurs les évêques, le 4 octobre 1692; depuis ce jour-là jusqu'au 14 décembre 1693, nous avons baptisé dix-sept cent trente-cinq personnes, dont il y avoit onze cent dix-sept adultes, et six cent dix-huit enfans; nous avons confessé douze mille six cent quatre-vingt-treize personnes, et donné la communion à douze mille cent vingt-deux.

En 1694, je baptisai quatre cent soixante-sept adultes et deux cent quatre-vingt-sept enfans; je confessai sept mille neuf cent quatre-vingt-dix-neuf personnes, et j'en communiai six mille six cent cinquante-deux.

En 1695, je batipsai quatre cent trente-cinq adultes et quatre cent sept enfans; je confessai huit mille sept cent quarante-sept personnes, et j'en communiai sept mille trois cent trente-sept.

En 1696, malgré la persécution où nous fûmes obligés de vivre plus cachés qu'à l'ordinaire, je baptisai deux cent dix-huit adultes et cent soixante-dix enfans; je confessai cinq mille six cent soixante-onze personnes, et j'en communiai trois mille huit cent quatre-vingt-cinq.

En 1697, la persécution continua; je baptisai deux cent quarante-sept adultes et deux cent quatre-vingt-dix-sept enfans; je confessai cinq mille sept cent soixante-trois personnes, et j'en communiai quatre mille cinq cent quatre-vingt-treize.

En 1698, je baptisai trois cent dix adultes et quatre cent vingt-cinq enfans; je confessai huit mille six cent soixante-deux personnes, et j'en communiai six mille six cent quatre-vingt-quinze.

En 1699, je baptisai deux cent quatre-vingt deux adultes et trois cent trente et un enfans; je confessai huit mille six cent quarante-neuf personnes, et j'en communiai sept mille quatre cent vingt-trois.

Plusieurs de nos Pères ont eu un plus grand nombre de baptêmes et de confessions que moi.

C'est ainsi, mon cher Frère, que nous employons le temps à cultiver l'héritage de Jésus-Christ et à lui former chaque jour de nouveaux serviteurs.

Vous, qu'il n'a point destiné à travailler comme nous à la conversion des infidèles, il faut que vous priez souvent pour eux, que vous nous secouriez de toutes les manières qui sont en votre pouvoir, et surtout que vous n'oubliez pas de donner à votre propre sanctification toute l'attention que nous tâchons d'avoir pour le salut des âmes.

Hélas! qu'il y a de différence entre les secours qu'ont ici les pauvres chrétiens, avec tout ce que nous avons de bonne volonté pour eux, et les secours que vous trouvez en Europe, pour peu que vous le vouliez, pour vous avancer dans les voies de Dieu. Il ne faut pas douter que le compte que Dieu vous en demandera ne doive être aussi incomparablement plus sévère.

Dans l'éloignement où nous sommes et à l'âge que j'ai, avec une santé assez foible et souvent attaquée, je ne crois pas que nous puissions nous revoir en ce monde. Mais que je serois désolé, mon cher Frère, si je ne pensois que Dieu nous fera miséricorde, et que, fidèles aux attraits de sa sainte grâce, chacun dans notre vocation nous aurons le bonheur de nous retrouver éternellement ensemble avec lui.

Pour cela, souffrez que je vous fasse souvenir de ce que je me souviens de vous avoir mandé tant de fois, étant plus près de vous.

1° Jamais ne mettez de comparaison entre ce qui regarde le salut éternel, et tous les autres intérêts de quelque nature qu'ils puissent être. Que sert à l'homme, selon la parole de notre Maître, de tout gagner, s'il perd son âme ou s'il risque seulement à la perdre pour toute l'éternité. Craignez beaucoup Dieu et ne consentez jamais à lui déplaire. Accoutumez-vous à le voir des yeux de la foi, comme témoin de toutes vos paroles et de toute votre conduite. Offrez-lui vos actions, faites-les dans le dessein de lui plaire; consultez-le dans toutes vos entreprises; jetez-vous avec confiance entre les bras d'un si bon Père; demandez-lui souvent la grâce de l'aimer, et soumettez-vous en tout à ses adorables volontés.

2° Pour l'établissement de votre maison et de votre famille, n'oubliez jamais que Dieu est la source de tous les biens; que la probité, la sincérité, la droiture, l'attachement inviolable aux lois saintes de la religion, sont les véritables moyens qu'on doit prendre pour bâtir solidement et pour conserver sa fortune; que l'injustice au contraire n'aboutit qu'à se perdre d'honneur et souvent même de biens. Persuadez-vous fortement que la prudence d'un homme est bien courte, quelque génie qu'il prétende avoir, quand Dieu le livre à lui-même et qu'il l'abandonne à sa propre conduite, et que l'esprit ne sert à un homme ainsi abandonné qu'à lui faire faire de plus grandes fautes. Si Dieu permet quelquefois qu'un homme injuste réussisse, il ne permettra pas qu'il jouisse longtemps d'un bien injustement acquis. Une famille sera bientôt accablée et les biens en seront bientôt dissipés si Dieu ne veille pas à sa conservation.

3° Faites au prochain tout le bien que vous pourrez, et ne faites jamais de mal à personne. Évitez les procès comme le plus grand malheur qui vous puisse arriver, et conservez la paix autant qu'il sera en vous. Comme cette paix est un don de Dieu, demandez-la-lui souvent, parce que vous n'en jouirez qu'autant qu'il vous la conservera. S'il vous survient quelque affaire, mettez-y le meilleur ordre que vous pourrez; mais n'employez jamais ni fourbe ni fausseté pour soutenir un bon droit, car alors Dieu vous laisseroit seul, et malgré votre bon droit, vous succomberiez et vous vous trouveriez accablé.

Voilà, mon cher Frère, ce que vous prie de méditer souvent et de mettre en pratique l'homme du monde qui vous doit être le plus attaché, et qui n'a pas, comme vous pouvez penser, moins de zèle pour votre salut que pour celui des idolâtres qu'il est allé chercher si loin. Je suis, etc.

LETTRE DU PÈRE LE ROYER.

Au Tonking, en l'année 1714.

Cette chrétienté jouissoit d'une paix profonde; mais un édit du roi, publié le 10 mai de l'année 1712, l'a mise dans une agitation extrême. Les missionnaires ont été obligés de se tenir cachés, sans pouvoir visiter leurs néophytes. Un Frère, coadjuteur de notre Compagnie, nommé Pie-Xavier, Tonkinois, un de nos catéchistes et trois autres catéchistes de M. l'évêque d'Auren[1], furent arrêtés quelques jours avant la publication de l'édit. Ils ont été bâtonnés plusieurs fois, et ils ont reçu de grands coups de massue sur les genoux; ils sont encore en prison, et il y a bien de l'apparence qu'on les y laissera jusqu'à leur mort. On assure que le roi a été engagé à porter cet édit par les pressantes sollicitations de sa mère, qui est dévouée aux pagodes, et d'un mandarin lettré qui a beaucoup de crédit.

Le plus grand éclat qu'ait produit ce nouvel édit a été la sortie de MM. les évêques d'Auren et de Basilée, et de M. Guizain, qui passa au Tonking avec moi. Ces messieurs demeuroient ici publiquement en qualité de facteurs de la Compagnie du commerce de France. On savoit qu'ils étoient chefs des chrétiens, et l'on n'avoit jamais parlé d'eux dans les édits précédens; mais dans celui-ci on les a désignés nommément, et il y a eu ordre au gouverneur de la province du midi de les faire sortir du royaume, sans qu'il leur soit jamais permis d'y rentrer. Ils ont fait de grands présens à des personnes considérables qui leur promettoient de les servir, mais inutilement. Le gouverneur devoit à ces prélats sept cents taels, qu'il leur avoit empruntés dans un besoin. Cette dette, qu'il étoit ravi de ne pas

[1] D'Adran.

payer, l'aura sans doute porté à exécuter promptement les ordres de la cour. Nous nous persuadions qu'on ne voudroit pas exposer aux vents et aux tempêtes de la mer M. l'évêque d'Auren, qui a plus de quatre-vingts ans, et qu'on le laisseroit finir ici tranquillement ses jours ; mais on n'a eu nul égard à son âge. On a construit deux barques pour les transporter : l'embarras étoit de leur fournir des matelots et un capitaine. Un navire anglois, venu de Madras, qui avoit échoué au port du Tonking, a levé cette difficulté. Comme les officiers anglois cherchoient à s'en retourner, ils ont été ravis de trouver cette occasion. Les prélats s'embarquèrent à Hien[1] et de là ils ont dû être conduits à Siam.

On a saisi quantité de terres qu'ils avoient en différens endroits, avec les contrats d'achat, et ce qui se trouva dans leur maison. Leur séminaire de Hien, avec leurs jardins, étangs, etc., ont été donnés au gouverneur de Hien, qui étoit chargé de les chasser du royaume. Une belle maison qu'ils avoient à la cour, et qu'ils avoient achetée trente barres d'argent, a été sauvée par les soins d'une dame chrétienne, qui a déclaré qu'elle avoit loué cette maison. On avoit transporté à la cour leurs papiers, leurs livres et d'autres meubles semblables, qu'on leur a rendus dans la suite. Ces messieurs passoient ici pour être riches, et ils ne cachoient pas les sommes d'argent qu'ils recevoient, afin qu'on fût convaincu qu'ils ne venoient pas au Tonking pour y chercher de quoi vivre. Un des articles de l'édit qui fait le plus de peine, c'est que les chrétiens qui seront découverts seront condamnés à payer 60 taels au profit de l'accusateur. Cette récompense rendra les païens très-attentifs à surprendre les chrétiens et les missionnaires. Chacun se cache où il peut. Pour moi, je demeure dans des forêts de mon district avec quelques catéchistes, en attendant un temps plus favorable. Les chrétiens viennent m'y trouver. J'ai eu jusqu'à présent la consolation de dire la messe tous les jours, ce qui n'a pas été possible à quelques autres missionnaires.

Une famine générale, qui est arrivée dans le royaume, a fait dire aux païens mêmes que c'étoit un châtiment du Dieu du ciel, qui a puni ce royaume toutes les fois qu'on a persécuté les chrétiens. Cette pensée a procuré du repos à nos néophytes dans plusieurs villages.

Comme le dernier édit, aussi bien que les édits précédens, n'ont jamais nommé la loi chrétienne, loi du Dieu ou du maître du ciel, mais qu'ils l'ont défendue sous le nom de loi *hoalang*, c'est-à-dire loi portugaise, les mandarins ont fait la distinction de ces deux lois quand ils ont voulu favoriser quelque chrétien. En voici un exemple tout récent. Une dame fort riche ayant assemblé plus de deux cents chrétiens pour accompagner le corps de sa mère au lieu de sa sépulture, le chef du village alla aussitôt trouver le gouverneur de la province, et l'accusa de suivre la loi hoalang que le roi venoit de défendre. Cette dame, étant citée au tribunal, répondit qu'on ne prouveroit jamais qu'elle eût suivi d'autre loi que celle du Dieu du ciel. Le gouverneur se contenta de cette réponse, et il fit fustiger l'accusateur, qui ne pouvoit donner aucune preuve qu'elle eût embrassé la loi hoalang. Mais la plupart des ministres païens ne recevoient pas cette distinction, qu'ils regardoient comme une subtilité dont on se sert pour éluder l'édit du roi. Tel est l'état présent de cette mission affligée. Je la recommande à vos saintes prières.

P. S. Depuis ma lettre écrite, nous avons appris que M. l'évêque d'Auren est allé seul à Siam, et que M. l'évêque de Basilée, avec M. Guizain, avoient relâché dans une province nommée *Ngean*[1], et s'étoient retirés dans un village chrétien, où des prêtres et des catéchistes leur avoient ménagé une retraite.

RELATION ABRÉGÉE

DE

LA PERSÉCUTION ÉLEVÉE DANS LE TONKING,

ET DE LA MORT QUE DEUX MISSIONNAIRES JÉSUITES
ET NEUF TONKINOIS CHRÉTIENS Y ONT ENDURÉ POUR LA FOI;

TIRÉE DE DEUX MÉMOIRES,
L'UN ITALIEN ET L'AUTRE PORTUGAIS.

La persécution qui s'alluma dans le Tonking, en l'année 1721, est une des plus cruel-

---

[1] He-an est aujourd'hui nommée *Hun-nam*. Elle est au-dessous de Kescho, la capitale. Au temps de cette lettre, les Hollandois y avoient un comptoir.

[1] He-an.

les que le christianisme ait eu à souffrir dans ce royaume. On en jugera par la suite de cette relation, où l'on verra la religion proscrite, les missionnaires et les chrétiens recherchés, emprisonnés, mis à la torture, expirans sous le fer des bourreaux, et cela uniquement par le refus qu'ils font de renoncer à leur foi et de fouler aux pieds l'image adorable de Jésus crucifié.

Tel est le spectacle qui a attiré, ces dernières années, toute l'attention d'un grand peuple, et qui a procuré à de généreux confesseurs de Jésus-Christ une couronne immortelle due à leur constance et à leur fidélité.

On ne rapportera ici que ce qu'on a pu apprendre par la voix publique, et dont des personnes dignes de foi ont été témoins oculaires. On omet plusieurs circonstances édifiantes de la mort de ces illustres néophytes, parce que les missionnaires, obligés de se cacher, pour se dérober aux recherches des soldats, n'ont pas eu la liberté de s'en instruire avec assez de certitude.

La mission de Tonking, l'une des plus florissantes de l'Orient, a été jusqu'ici, et est encore la plus persécutée. Cependant elle paroissoit assez paisible depuis quelques années; les ouvriers évangéliques trouvoient moins de contradiction dans leurs travaux, et le fruit qu'ils en retiroient répondoit à l'ardeur de leur zèle. Une infinité d'âmes étoient enlevées au démon et entroient en foule dans le bercail de Jésus-Christ. Ce calme ne dura pas longtemps; l'esprit de ténèbres ne put voir d'un œil tranquille tant de conquêtes arrachées à l'enfer.

L'instrument dont il se servit fut une chrétienne dont la foi étoit déjà bien altérée par la corruption de son cœur. Elle demeuroit dans une bourgade nommée *Kesat*, où il y avoit une chrétienté nombreuse et fervente. Son libertinage outré, le déréglement de sa vie y causoient un énorme scandale. Les avis, les reproches, les menaces, dont on usa tour à tour pour la faire rentrer dans la voie du salut, furent inutiles. Enfin, ses désordres montèrent à un tel excès, que les chrétiens ne voulurent plus avoir de communication avec elle, et que les missionnaires la privèrent de l'usage des sacremens jusqu'à ce qu'elle eût repris un train de vie plus édifiante. Cette malheureuse, tournant en poison le remède qui devoit la guérir, mit le comble à ses crimes par l'apostasie et par la résolution qu'elle prit de tout entreprendre pour détruire absolument le christianisme.

Elle communiqua son dessein à un apostat et à un autre de ses amis infidèle qui détestoit le nom chrétien. L'un et l'autre n'eurent pas de peine à seconder sa passion; ils convinrent de présenter une requête au régent du royaume, nommé *Chua*, qui contenoit les accusations suivantes :

1° Qu'Emmanuel Phuoc, chrétien, et ses parens, contre l'obéissance due à l'édit du roi, qui proscrit la loi des Portugais (c'est ainsi qu'ils appellent la loi chrétienne), étoient les protecteurs déclarés de deux Européens qui enseignent cette loi, et qu'ils les tenoient cachés dans leurs maisons et dans leur village.

2° Que ces Européens avoient érigé dans leur village une église où ils enseignent leur loi aux peuples.

3° Que les peuples accouroient par milliers de tout le royaume à cette église.

4° Que les Européens avoient des églises dans plusieurs autres bourgades, et que quand les mandarins y faisoient leur visite ils fermoient les yeux sur ce désordre.

Cette requête fut suivie d'une seconde dont on n'a pu avoir de copie. Tout ce qu'on sait, c'est qu'elle étoit pleine d'invectives contre la religion chrétienne et de calomnies contre les missionnaires et leurs néophytes.

Les chrétiens de Kesat eurent un secret pressentiment des accusations calomnieuses qu'on avoit portées contre eux à la cour; c'est pourquoi, à tout événement, ils songèrent à mettre en sûreté les vases sacrés, les ornemens de l'église, et les meubles les plus précieux qu'ils avoient dans leurs maisons. Emmanuel Phuoc, qui prévoyoit que ce seroit sur lui d'abord que tomberoit la foudre qui commençoit à gronder, ne perdit point de temps, et mit à couvert une bonne partie de ce qui pouvoit être profané ou enlevé par les infidèles. Les autres chrétiens, qui ne croyoient pas que l'orage fût si près d'éclater, usèrent de plus de lenteur et se trouvèrent surpris.

Le père Buccharelli résidoit à Kesat : ayant appris que la cour avoit fait partir trois mandarins et une centaine de soldats pour s'assurer de cette bourgade, il en donna avis aux chrétiens. A cette nouvelle, la consternation fut générale. L'approche de leurs persécuteurs, et la frayeur dont ils furent saisis, ne leur laissèrent guère la liberté de prendre les mesures convenables dans de pareilles conjonctures. Les uns quittèrent leurs maisons, d'autres y restèrent, ne sachant quel parti prendre.

Le père Buccharelli et ses catéchistes n'eurent que le temps de sortir de la bourgade; ils n'en étoient pas éloignés, que les soldats arrivèrent et l'investirent. En même temps les mandarins firent publier de tous côtés, à haute voix, une défense, sous peine de mort, de sortir du village. Ainsi les chrétiens se trouvèrent assiégés toute la nuit.

Le jour ne commençoit qu'à paroître lorsque les mandarins entrèrent dans la bourgade et s'assemblèrent dans la maison où se tient le conseil. Ils ordonnèrent à tous les habitans de s'y rendre. On appela ceux qui avoient été dénoncés comme chrétiens. On commença par Emmanuel, qui avoit disparu. On nomma ensuite les six néophytes ses parens ; et à mesure qu'ils paroissoient, ils étoient liés et garrottés par les soldats. On leur donna d'abord pour prison la chambre même du conseil, et on congédia les autres. Après cette expédition, les mandarins, suivis de leur soldatesque, allèrent tout saccager dans l'église et dans les maisons des chrétiens.

La première maison où ils entrèrent fut celle d'Emmanuel. Comme il avoit la réputation d'être riche, ils se flattèrent d'y trouver de quoi contenter leur avarice. Mais la précaution qu'il avoit prise trompa leur espérance, et ils en sortirent les mains vides.

De là ils allèrent dans notre église, où ils trouvèrent encore des ornemens et des images qu'on n'avoit pas eu le loisir de mettre à couvert. Ils les transportèrent dans la maison voisine d'un bon chrétien nommé Luc Thu, qui eut le bonheur dans la suite de donner sa vie pour Jésus-Christ. Comme on le prit pour un des prédicateurs de la loi chrétienne, on le maltraita cruellement et on l'enferma dans une rude prison. Ils continuèrent leur pillage dans l'église des révérends pères dominicains et dans les autres maisons des chrétiens qu'ils avoient emprisonnés.

Étant retournés à la chambre du conseil où l'on avoit arrêté les six chrétiens, ils leur mirent les fers aux pieds et les firent traîner dans les prisons. Trois jours après ils se retirèrent de Kesat, et conduisirent à la cour les six prisonniers. On laisse à juger quelle fut la désolation des chrétiens de voir la profanation de leurs églises, le saccagement de leurs maisons et les cruels traitemens qu'on venoit d'exercer sur une troupe de néophytes qui n'avoient d'autre crime que leur attachement à la foi.

Dès qu'ils furent arrivés à la cour, les prisonniers furent présentés au tribunal. On étala à leurs yeux des chaînes d'une pesanteur énorme, et tous les instrumens de leur supplice. Le mandarin jeta par terre un crucifix et leur déclara que le seul moyen de sauver leur vie et leur liberté étoit de le fouler aux pieds. Trois néophytes, effrayés par ce spectacle de terreur, rachetèrent leur vie par une lâche et criminelle obéissance aux ordres du mandarin. Les autres, plus fermes dans la foi, frémirent à cette proposition impie, et s'offrirent généreusement aux tortures et à la mort. Aussitôt on leur attacha des chaînes de fer au cou, aux pieds et aux mains, et on les emprisonna. De là, les mandarins allèrent faire leur rapport au régent de l'expédition de Kesat, et lui présentèrent tout ce qu'ils y avoient trouvé qui servoit au culte divin.

A cette vue, le régent entra en une espèce de rage, et dans ce premier accès de fureur il ordonna à un de ses eunuques et à un mandarin de confiance d'aller à Kesat, et d'y faire de nouvelles recherches de tous les meubles consacrés au service des autels.

Ces deux officiers exécutèrent ponctuellement les ordres du régent, mais ils ne trouvèrent presque rien dans les églises, ni dans les maisons, parce qu'on avoit eu le loisir de cacher sûrement tout ce qui avoit échappé à l'avidité du soldat. Ils se contentèrent de mener prisonnier à la cour un néophyte qui étoit au service des missionnaires.

En rendant compte de leur commission au régent, ils lui firent une description exacte de la forme et de la grandeur des églises où les fidèles s'assembloient. Ce barbare dépêcha sur l'heure d'autres mandarins à Kesat, pour y dresser le plan de ces églises et le lui apporter.

Ce fut à cette occasion que les soldats, se croyant autorisés, n'épargnèrent ni les insultes ni les violences, ni les mauvais traitemens. Ils se répandirent dans toutes les maisons comme des furies, et ils y pillèrent tout ce qui tomba sous leurs mains, frappant à droite et à gauche ceux qui se rencontroient sur leur passage.

Toute la bourgade fut consternée à un point, qu'une femme, saisie de frayeur, accoucha avant terme, et qu'une autre, de crainte et de désespoir, se donna la mort à elle-même. Tout le peuple en mouvement vint porter ses plaintes aux mandarins, en leur remettant devant les yeux ces deux tristes événemens. Ils en furent frappés, et leur autorité modéra à l'instant la fureur et l'avidité du soldat.

Cependant ils dressèrent le plan des deux églises, et ils le portèrent à la cour. Le tyran, après l'avoir considéré, envoya, pour la quatrième fois, des mandarins à Kesat, avec ordre d'abattre les églises et d'en faire transporter les matériaux à la cour, pour être employés à construire ou à réparer les pagodes [1]. Ces nouveaux mandarins, gagnés par une somme d'argent qu'on leur donna, usèrent de modération dans l'exécution de leurs ordres : cependant notre église fut entièrement démolie, et il n'y resta pas pierre sur pierre.

La désolation fut d'autant plus grande, que la bourgade de Kesat a toujours été tranquille dans le temps même des plus rudes persécutions; que d'ailleurs il n'y a que six familles idolâtres ; qu'elle renferme dans ses murs plus de deux mille chrétiens, dont dix-sept cents sont sous la conduite des missionnaires jésuites ; qu'aux grandes fêtes on voyoit dans notre église jusqu'à cinq à six mille néophytes, qui y accouroient de trente et quarante lieues, attirés par la dévotion et par la pompe des cérémonies avec lesquelles on solemnisoit ces saints jours ; qu'enfin c'est de Kesat que les missionnaires, qui y résidoient comme dans un asile assuré, partoient plusieurs fois, durant le cours de l'année, pour se répandre dans les diverses provinces du royaume et y cultiver cette Église naissante.

La persécution qui avoit pris naissance dans la bourgade de Kefat s'étendit bientôt dans les autres provinces. Presque au même temps, dans la province du sud, un apostat, cherchant à se venger d'un gentil qui favorisoit notre sainte religion, et dont la femme et les enfans étoient chrétiens, imita l'exemple que lui avoit donné le renégat de Kefat, et par une requête remplie d'invectives et de calomnies contre la loi chrétienne, il dénonça les néophytes aux mandarins de la cour.

A l'instant on dépêcha un mandarin avec quarante soldats pour entrer à l'improviste dans la bourgade appelée *Koumay*, où le père François de Chaves faisoit sa résidence. Le mandarin grossit sa troupe en chemin des soldats de plusieurs peuplades voisines, et une nuit qu'on ne s'attendoit à rien moins, la bourgade fut investie.

Le bruit des tambours et de la mousqueterie apprirent au missionnaire le péril où il se trouvoit. Il se sauva comme il put, et il passa dans une autre province. Mais on ne peut concevoir ce qu'il eut à souffrir en chemin : il étoit à demi-nu, sans nulle provision pour subsister, et souvent obligé de s'enfoncer jusqu'au cou dans les rivières ou dans la fange des marais pour n'être point aperçu des infidèles.

Cependant les soldats entrèrent dans la maison du missionnaire, et prirent quatre néophytes qui l'accompagnoient ordinairement dans ses courses apostoliques, et qui n'avoient pas eu le temps de s'évader. Ils y pillèrent tout ce qui n'avoit pu être caché, se saisirent de quelques autres chrétiens, et les conduisirent aux prisons de la cour.

La même exécution se fit dans la province du couchant : notre église fut pillée et les prisons furent remplies de chrétiens.

Dans la province de Nghehein [1] étoit un chrétien appelé *Thadée Tho* qui avoit eu quelques accès de démence, mais qui fit bien voir dans la suite, par le courage avec lequel il donna son sang pour Jésus-Christ, que cette aliénation n'étoit que passagère. Ce néophyte, poussé d'un zèle indiscret, entra dans la salle de Confucius, que ces peuples révèrent comme leur docteur, renversa sa statue et la foula aux pieds : quelques gentils se jetèrent à l'instant sur lui, l'accablèrent de coups et le traînèrent au tribunal du gouverneur, auquel ils demandèrent justice de l'outrage fait à leur maître. Ils accusèrent aussi les chrétiens d'avoir été les instigateurs de cette action, qui déshonoroit le premier de leurs sages. Le gouverneur écouta leurs plaintes et fit arrêter ceux qu'on lui déféroit comme coupables; mais après s'être fait informer de la vérité du fait, il ne punit que légèrement ce néophyte, qu'il regarda comme un esprit foible, et relâcha

---

[1] On donne au Tonking le nom de *pagode* et aux idoles et aux temples.

[1] Thuyen-kouang.

les chrétiens, dont il reconnut l'innocence.

Les infidèles, indignés de cette indulgence, en portèrent leurs plaintes au tribunal du régent. A la première lecture de la requête, le tyran entra dans ses accès ordinaires de fureur et ordonna que sans délai on amenât dans les prisons de la cour tous les chrétiens dont on lui avoit donné la liste. L'ordre s'exécuta avec une extrême diligence.

En même temps, il porta un nouvel édit qui proscrivoit la religion chrétienne dans tout le royaume, avec ordre de le publier incessamment dans l'étendue de chaque juridiction et de le faire exactement observer. Ce fut là comme le signal de la persécution générale: dans chaque province on renversa les églises; les chrétiens eux-mêmes en ruinèrent quelques-unes, pour ne les pas exposer à la profanation des infidèles. Les ministres de l'Evangile erroient de province en province, fuyant de tous côtés par des chemins détournés et impraticables, sans trouver nulle part ni repos ni sûreté. Les néophytes, consternés, étoient poursuivis de toutes parts, et s'ils échappoient aux recherches des mandarins, ils tomboient entre les mains des soldats et des gentils, qui entroient à main armée dans leurs maisons, et y mettoient tout au pillage. Grand nombre de chrétiens, chargés de chaînes, étoient envoyés aux prisons de la cour: enfin on n'épargnoit ni la réputation, ni les biens, ni la vie de ceux qui avoient embrassé la foi.

Quelques mois s'étant écoulés, on fit comparoître les prisonniers devant les juges, qui leur donnèrent le choix, ou de la mort, ou de renoncer à leur foi, et de fouler aux pieds le crucifix. La vue des tortures et des supplices ébranla la constance de quelques-uns; mais plusieurs autres, en qui la crainte et l'amour de Dieu prévalurent, considérèrent d'un œil intrépide ce formidable appareil, et protestèrent qu'ils préféreroient toujours leur foi à la conservation d'une vie fragile.

Un d'eux se distingua; c'étoit un bon vieillard appelé *Luc Thu*, bien plus vénérable encore par sa vertu exemplaire que par son grand âge. Lorsqu'on lui commanda de fouler aux pieds l'image du Sauveur, il se prosterna aussitôt devant elle, il la prit entre les mains, et l'élevant au-dessus de sa tête par respect, puis la serrant étroitement dans son sein, et élevant son cœur à Jésus-Christ: « Mon Seigneur et mon Dieu, dit-il d'un ton de voix ferme et affectueux, vous qui sondez les cœurs, vous connoissez les sentimens du mien; mais ce n'est pas assez, je veux les manifester à ceux qui croient m'épouvanter par leurs menaces; qu'ils sachent donc que ni les plus affreux tourmens, ni la mort la plus cruelle ne pourront jamais me séparer de votre amour. »

Il semble que la fermeté de ce vieillard eût fait passer dans l'âme des mandarins la frayeur qu'ils avoient voulu lui inspirer. Sans le questionner davantage, ils le renvoyèrent en prison avec les autres chrétiens. Là il mit par écrit sa confession de foi, mêlée de réflexions par lesquelles il prouvoit qu'il n'y avoit point de véritable loi que celle de Jésus-Christ, et qu'il falloit nécessairement la suivre pour sauver son âme et mériter la béatitude éternelle.

Cet écrit fut porté au tribunal des mandarins: ils le lurent, et ne purent s'empêcher d'avouer qu'il ne contenoit rien que de conforme à la droite raison; ils jugèrent même que ce bon vieillard devoit être traité avec moins de rigueur. En effet sa vertu et son zèle le rendoient respectable jusque dans les fers, et quoiqu'accablé du poids de ses infirmités et des incommodités d'une affreuse prison, se soutenant toujours par son courage, il ne cessoit de consoler ses compagnons et d'animer leur ferveur. A l'égard des autres chrétiens, qu'il n'étoit pas à portée d'entretenir, il leur écrivoit des lettres remplies de l'esprit de Dieu, pour les exhorter à la constance dans les tourmens et à la persévérance dans la foi.

Le tyran Chua n'étoit qu'à demi satisfait, parce que, nonobstant ses ordres, et la ponctualité avec laquelle on les exécutoit, on n'avoit pu encore, depuis un an que duroit la persécution, se saisir d'aucun missionnaire. Enfin il eut lieu d'être content, et ce fut pour lui un sujet de triomphe d'apprendre que le père François-Marie Buccharelli et le père Jean-Baptiste Messari étoient arrêtés. Voici comme la chose arriva.

Les fatigues et les travaux que ces deux hommes apostoliques avoient à souffrir leur causèrent une maladie lente qui les consumoit insensiblement. Le père Joseph Pires, provincial du Japon, qui fut informé du triste état où ils se trouvoient, leur ordonna de passer à la Chine. Ils étoient déjà arrivés sur les confins de cet empire, dans un lieu qu'on appelle *Lo-*

feu, qui est tributaire des deux couronnes [1].

Quelque soin qu'ils prissent de se cacher, les infidèles furent bientôt instruits de leur arrivée; c'est ce qui porta les missionnaires à se retirer ailleurs. Ils allèrent à trois lieues de là, où ils croyoient s'être dérobés à leurs recherches; on les y poursuivit encore. Enfin pour éviter plus sûrement des persécutions si acharnées, ils se réfugièrent dans un bois que d'épaisses broussailles rendoient presque impénétrable. Il sembloit qu'ils étoient là en sûreté, et qu'ils n'avoient d'autres ennemis à craindre que les bêtes féroces; mais les gentils apprirent qu'un chrétien avoit connoissance du lieu de leur retraite, ils le contraignirent à force de tourmens de le manifester, et aussitôt les mandarins s'y transportèrent avec une troupe de soldats; ils surent si bien se partager dans le bois, qu'ils n'y laissèrent aucune issue propre à s'évader. Ils saisirent donc les deux Pères, trois catéchistes qui les accompagnoient et un jeune enfant qui étoit à leur service, et ils les conduisirent en un lieu qu'on appelle *Anloam*.

Ils y furent détenus pendant quelques jours, et durant ce temps-là on mit leur patience à de continuelles épreuves. Quelques petits mandarins, cherchant à se divertir à leurs dépens, n'épargnèrent ni les termes méprisans, ni les insultes et les affronts. Les missionnaires n'opposèrent à ces outrages qu'un modeste silence, tant qu'il n'y eut que leurs personnes qui y furent intéressées; mais lorsque les mandarins portèrent l'insolence jusqu'à attaquer la loi de Jésus-Christ, et à vouloir contraindre les Pères et les catéchistes à se prosterner devant leurs idoles, ce fut alors que les missionnaires rompirent ce silence et que leur zèle s'enflamma.

Le père Messari prit la parole, et avec un air grave et plein de feu : « Osez-vous bien, leur dit-il, viles et méprisables créatures que vous êtes, insulter à l'auteur de votre être, et transporter aux démons un culte et des adorations qui ne sont dus qu'à Dieu seul? L'enfer qui est leur partage sera aussi le vôtre. Pour nous qui sommes les ministres du souverain Maître de l'univers, nous enseignons aux hommes le chemin du ciel, et nous espérons d'y arriver un jour, tandis que vous autres, si vous ne renoncez à vos idoles pour suivre la loi du vrai Dieu, vous serez en proie aux feux éternels. » Des vérités si salutaires auroient pu faire impression sur des cœurs dociles; mais les mandarins étoient engagés trop avant dans l'idolâtrie.

Pour causer un nouveau chagrin aux Pères, ils prirent le barbare dessein de faire donner en leur présence la bastonnade au jeune homme qui étoit à leur suite; mais le père Messari arrêta leur bras et les couvrit de confusion :

« Qu'a fait de mal cet enfant? leur dit-il. La foiblesse de son âge ne prouve-t-elle pas suffisamment son innocence? Si c'est un crime, selon vous, de pratiquer la loi de Jésus-Christ, c'est moi qui la lui ai enseignée, je suis le seul coupable. »

On persécutoit pendant ce temps-là les chrétiens de Lofeu, et on ne faisoit grâce qu'à ceux qui pouvoient par argent se délivrer des prisons.

Nous avions une église à Vannim, à deux lieues de distance de Lofeu : Chua lui-même nous en avoit accordé le terrain pour nous servir de sépulture; c'est là que reposent les cendres du père Jean de Seghiera et du père François de Noghiera. Cette église fut détruite. On se donna de grands mouvemens pour découvrir les catéchistes qui y résidoient; mais ils s'étoient réfugiés dans les bois, où ils souffrirent beaucoup, n'ayant pour nourriture que des fruits sauvages et étant dans un danger continuel d'être dévorés des tigres, qu'on trouve à foison dans cette contrée.

Cependant on traîna à la cour les prisonniers, chargés de fers; à leur arrivée ils comparurent devant les mandarins. On n'a rien appris de ce qui se passa dans cette audience; on sait seulement que du tribunal on les mena dans deux prisons séparées, qu'ils y furent gardés nuit et jour par des soldats, et qu'entre les durs traitemens qu'ils essuyèrent, on les laissa manquer des choses les plus nécessaires.

Tel fut le soulagement qu'on procura à ces deux confesseurs de Jésus-Christ, si fort affoiblis, et par les maladies précédentes dont ils n'avoient pu se rétablir, et par les fatigues d'un long et pénible voyage qu'on leur avoit fait faire sous un climat brûlant, et dans une saison où les chaleurs sont excessives.

Ces exécutions tyranniques et si peu mé-

[1] La-fou, en Chine.

ritées de la part des chrétiens émurent de compassion jusqu'aux infidèles mêmes. Un mandarin de lettres, président du second tribunal de la cour, traitant de quelque affaire d'État avec le régent, fit tomber adroitement le discours sur la persécution présente, et se servant à propos de la liberté qu'il paroissoit lui donner : « Seigneur, lui dit-il, l'édit que Votre Altesse a publié contre la loi chrétienne apporte un grand préjudice au royaume ; il sert de prétexte aux plus violentes extorsions : les petits comme les grands s'en prévalent pour opprimer un peuple nombreux. Je connois à fond ces chrétiens qu'on vexe d'une manière si étrange : ce sont des esprits doux, paisibles, ennemis de toute dissension, exacts à payer le tribut. Que leur demandez-vous davantage ? J'entrerois volontiers dans un accord avec Votre Altesse. Je lui donne trois ans pour faire la guerre à feu et à sang aux chrétiens, et je m'engage à perdre la tête sur un échafaud si, ce terme expiré, elle vient à bout de détruire le christianisme. D'un autre côté, je consens à subir la même peine si, les laissant vivre en paix et leur accordant le libre exercice de leur religion, elle entend dire qu'ils aient excité le moindre trouble et qu'on ait aperçu parmi eux la plus légère étincelle de révolte. » Ce raisonnement si plausible ne fit qu'effleurer l'esprit du tyran, et il n'y répondit que par un silence affecté.

Une autre fois, le même mandarin se trouvant au conseil avec les autres officiers de son tribunal, l'affaire des chrétiens fut mise sur le tapis. Un de ces officiers, ennemi capital du nom chrétien, s'avisa de dire que le régent s'y prenoit mal, et qu'il ne réussiroit jamais à proscrire cette loi étrangère qu'il n'eût fait sauter les têtes d'un bon nombre de ses sectateurs. Le mandarin, jetant sur lui un regard sévère : « Vous croyez donc, lui dit-il, que c'est un crime digne de mort que d'être chrétien ? » A ces mots l'officier rougit et changea de discours.

Le tyran eut à essuyer de pareilles remontrances d'un autre mandarin, son gendre et général des troupes dans la province du sud : « Je ne puis pas vous dissimuler, seigneur, lui dit ce mandarin, que tout est en confusion dans ma province, et qu'on trouve de l'embarras à percevoir les tributs. Les officiers de différens mandarins, d'autres qui prennent ce titre sans l'être, parcourent les maisons comme des furieux et mettent tout au pillage. La crainte de tomber en des mains si barbares disperse de tous côtés ce pauvre peuple. Vous m'avouerez que c'est un triste spectacle de voir des vieillards, des femmes, des enfans, errer comme des étrangers dans le sein même de leur patrie. Pour se soustraire à une si cruelle oppression, les uns se font des demeures souterraines, où ils s'enterrent tout vivans avec leurs effets ; les autres courent chercher un asile dans le fond des forêts, parmi les bêtes sauvages. Des familles entières, fugitives et dépouillées de tout ce qu'elles possédoient, sont réduites à périr de faim et de misère. Les prisons de la cour et des provinces sont remplies de chrétiens ; ceux qui ont pu échapper aux plus exactes perquisitions n'osent paroître dans les marchés publics, et le commerce dépérit insensiblement. Ah ! seigneur, laissez attendrir votre cœur à tant de calamités : un mot de votre bouche arrêtera le cours de ces injustices et rétablira le calme dans nos provinces. Après tout, ces chrétiens qu'on opprime sont irréprochables dans leur conduite ; ils sont fidèles au roi, zélés pour son service, et des plus ardens à fournir aux dépenses de l'État. »

Tel fut le discours du mandarin. Le régent lui répondit que ce n'étoit pas de son propre mouvement qu'il avoit entrepris d'abolir le christianisme et qu'il persécutoit les chrétiens ; qu'il y avoit été forcé par les plaintes des tribunaux, et que ces plaintes étoient de nature à ne pouvoir se dispenser, pour l'exemple et la manutention des lois, d'user de sévérité.

Il n'y eut pas jusqu'au menu peuple qui ne fût touché de l'oppression où étoient les chrétiens. Les gentils d'une bourgade convinrent ensemble de retirer chez eux quelqu'un des missionnaires, supposant que leurs maisons seroient pour lui l'asile le plus sûr, et qu'on n'auroit garde de le rechercher dans un village qu'on savoit n'être composé que d'infidèles. Ces offres furent reçues avec reconnoissance ; mais on ne crut pas que, dans des conjonctures si délicates, il fût prudent de les accepter.

Il y avoit déjà plus de six mois que les deux Pères languissoient dans les fers ; les incommodités du lieu, la disette et les autres misères inséparables de leurs prisons étoient devenues extrêmes. Les mandarins, qui les appeloient souvent à leur tribunal, où on les traînoit les fers aux pieds parmi les huées de la populace, ne pouvoient ignorer leurs souffrances : elles étoient peintes sur leur visage hâve et exténué ; mais ces juges barbares, qui regardoient les ministres de Jésus-Christ comme des victimes destinées à la mort, se mettoient peu en peine de leur procurer du soulagement. Cependant il s'en falloit bien que les forces du corps égalassent leur courage : à la fin ils succombèrent à tant de maux, et furent attaqués l'un et l'autre d'une maladie violente ; elle enleva le père Messari. L'heure étoit venue où il plut à Dieu de couronner son invincible patience et son zèle infatigable pour la conversion des infidèles.

Ce n'est pas ici le lieu de décrire en détail toutes les vertus de l'homme apostolique ; un volume entier n'y suffiroit pas : on pourra quelque jour donner l'histoire édifiante de sa vie et de ses travaux. Tout ce que je puis dire, pour me contenir dans les bornes d'une courte relation, c'est qu'il a poussé jusqu'à l'héroïsme la fermeté dans les plus grands périls et la patience dans l'accablement de toutes sortes de maux. Il essuya une infinité de dangers sur mer et sur terre pour porter le nom de Jésus-Christ aux différens peuples de cet Orient. Dans un de ces longs voyages, des voleurs le dépouillèrent et le laissèrent étendu à terre et à demi mort des coups dont ils le chargèrent. Quand il fut revenu à lui, il se trouva seul dans des lieux déserts et inhabités, sans vêtement, sans nourriture, couvert de blessures et destitué de tout secours humain. C'est dans de pareilles occasions que par son courage il s'élevoit au-dessus de lui-même, et il avoit coutume de dire que les hommes apostoliques sont nés pour souffrir et que les grands travaux sont leur aliment journalier.

Dans un autre voyage qu'il fit pour se rendre à la Cochinchine, il arriva à une bourgade nommée *Tum-ke*, qui confine avec ce royaume. Le gouverneur chinois avoit été autrefois chrétien ; mais depuis plusieurs années il n'étoit plus qu'un indigne apostat. A peine le Père parut-il dans cette bourgade, que les gentils conspirèrent contre sa vie. Ils allèrent en foule chez le gouverneur, et le dépeignirent avec les plus noires couleurs : « C'est un homme détestable, lui dirent-ils ; il prend les ossemens des morts, il en compose une certaine eau dont les effets sont pernicieux ; il la verse sur la tête des peuples. Ceux à qui ce malheur arrive ne sont plus maîtres d'eux-mêmes, et par la vertu de cette eau enchantée, ils sont forcés de se faire chrétiens. »

Cette ridicule accusation frappa l'esprit crédule du gouverneur ; il fit emprisonner le Père, et peu de jours après il le condamna à avoir la tête tranchée. La sentence étoit sur le point de s'exécuter, lorsqu'un bonze fit comprendre au gouverneur qu'il alloit s'attirer la plus fâcheuse affaire, et que le roi de la Cochinchine s'offenseroit vivement s'il faisoit mourir un des Frères du père Antoine Arnedo, que ce prince honoroit de son estime et de son amitié.

Cette remontrance eut son effet : le gouverneur suspendit l'exécution de sa sentence, et après y avoir fait des attentions sérieuses, il rendit la liberté au Père, en lui ordonnant de sortir au plus tôt des terres de son district. Le Père obéit aussitôt ; mais il fut doublement affligé, et d'être à la porte de sa mission, après laquelle il soupiroit depuis longtemps sans pouvoir y entrer, et encore plus de se voir arracher la couronne du martyre qu'il tenoit presque entre les mains.

Il lui fallut retourner pour la seconde fois à Macao ; mais il n'y demeura pas longtemps, et il fit tant d'instance auprès de ses supérieurs, qu'il obtint la permission d'entrer dans le royaume du Tonking. C'est là que des travaux immenses l'attendoient ; la conversion d'un grand nombre d'infidèles en fut le fruit, et une mort glorieuse en a été la récompense : elle arriva le 15 de juin de l'année 1723. Ce Père, qui étoit âgé de cinquante ans, laisse à sa Compagnie les plus grands exemples de toutes les vertus religieuses et apostoliques, et la gloire de voir augmenter le nombre de tant d'autres de ses enfans qui ont eu le bonheur de souffrir la mort pour la cause de Jésus-Christ.

Le régent, ayant appris la mort du père Messari, ordonna que son corps fût porté hors de la ville. Ce Père, le troisième jour de son décès, fut enterré avec les mêmes fers qu'on lui avoit mis aux pieds lorsqu'on l'arrêta prisonnier. Sept mois après, le père Stanislas Machado le fit transférer dans l'église de Ke-ne, qui avoit échappée aux profanations des infidèles, et c'est là qu'on conserve ce précieux dépôt.

Cependant la maladie du père Buccharelli devenoit de jour en jour plus dangereuse, et l'on commençoit à désespérer de sa vie. Le mandarin qui étoit préposé pour sa garde, soit par un mouvement de compassion naturelle, soit qu'il craignît de s'attirer des reproches du régent, le tira de sa prison pour le mettre dans une autre moins incommode, et fit venir un médecin pour le soigner, ou plutôt pour empêcher que la mort ne le dérobât au supplice qui lui étoit préparé.

Enfin après une année de la plus douloureuse détention, le Père et les néophytes prisonniers apprirent que le tribunal venoit de les juger et de les condamner à mort. Transportés de joie à cette nouvelle, et pour rendre publique leur réjouissance, ils se vêtirent tous d'habits neufs. Les chrétiens accoururent en foule aux prisons, et baisant respectueusement les pieds de ces illustres confesseurs de Jésus-Christ, les félicitèrent de leur bonheur, et leur dirent les derniers adieux avec ces tendres sentimens que la foi et la vraie charité inspirent. Tous se confessèrent et reçurent Notre-Seigneur de la main d'un prêtre tonkinois qui depuis plusieurs années étoit détenu dans la même prison en haine de la foi.

Le onzième jour d'octobre fut le jour de leur triomphe. Les prisons furent ouvertes et les prisonniers conduits dans une place vis-à-vis le palais du tyran. On les rangea sur une même ligne, le père Buccharelli à la tête: suivoient les chrétiens, puis les gentils accusés de divers crimes. Un officier de la cour sortit du palais et publia à haute voix que Son Altesse, par un effet de sa haute piété, faisoit grâce à ceux qui, étant fils uniques, pourroient racheter leur vie par une somme d'argent. Il écrivit ensuite les noms de ceux qui étoient en état de financer et en porta la liste au régent.

Un moment après il revint pour la seconde fois, tenant à la main la sentence de mort contre chacun de ceux qui composoient cette troupe. Il commença par le père Buccharelli, et s'approchant de lui: « Vous, étranger, lui dit-il, parce que vous avez prêché aux peuples la loi chrétienne, qui est proscrite dans ce royaume, Son Altesse vous condamne à avoir la tête tranchée. » Le Père baissa modestement la tête et dit d'un air content: « Dieu soit béni! »

L'officier adressa ensuite la parole à Thadée Tho: « Vous êtes condamné au même supplice, lui dit-il, parce que vous êtes disciple de cet étranger et que vous suivez la loi de Jésus-Christ, et, de plus, votre tête sera pendant trois jours exposée sur un pieu aux yeux du public. » Il continua de lire à tous les autres leur sentence, qui étoit conçue en mêmes termes et motivée de la même manière.

Après avoir lu aux gentils leur condamnation et les différens crimes pour lesquels ils devoient perdre la vie, il finit par la lecture de la sentence qui condamnoit plusieurs autres chrétiens à avoir soin des éléphans, les uns pendant toute leur vie, les autres pendant un certain nombre d'années, alléguant toujours pour cause de leur condamnation la profession qu'ils faisoient du christianisme.

Aussitôt que les sentences furent prononcées, on remena dans les prisons ceux qui s'étoient engagés à fournir de l'argent et les autres qu'on avoit condamnés à prendre soin des éléphans. Au regard de ceux qui étoient sentenciés à mort, on ne leur donna point de trève; sur-le-champ ils furent conduits par une nombreuse escorte de soldats au lieu du supplice, éloigné d'une grande lieue de la ville. Ils furent suivis d'une multitude innombrable de peuple que la curiosité attiroit à ce spectacle. Le père Buccharelli marchoit à la tête et ses néophytes le suivoient immédiatement.

A peine eurent-ils fait quelques pas, que l'un d'eux entonna les prières qui se chantent dans l'église et les litanies de la sainte Vierge; les autres lui répondirent sur le même ton et avec les mêmes sentimens de piété. Jusqu'au terme, ils ne cessèrent de chanter les louanges de Dieu. Elles n'étoient interrompues que par de courtes exhortations que leur faisoit de temps en temps leur cher pasteur pour soutenir et animer leur constance: « Encore quelques heures, leur disoit-il, nous serons délivrés de ce malheureux exil et nous posséderons Dieu dans le ciel. » C'est ainsi qu'ils sanctifioient cette marche pénible et ignominieuse.

Cependant le père Buccharelli, qui n'étoit pas rétabli de sa maladie, et qui marchoit à jeun et sous la pesanteur de ses chaînes, ne put résister à cette fatigue; il tomba en défaillance, et il fallut le soutenir le reste du voyage.

Dès qu'ils furent arrivés au lieu destiné à leur supplice, le père Buccharelli se prosterna plusieurs fois, baisant avec respect cette terre qui alloit être arrosée de son sang et offrant à Dieu sa vie en sacrifice. Les bourreaux se saisirent des prisonniers et les attachèrent chacun à un poteau, les mains liées derrière le dos.

Dans ce temps-là parut en l'air une sorte d'oiseaux tout blancs, qu'on n'avoit jamais vus dans le pays, et qui attirèrent les regards et causèrent la surprise de ce grand peuple assemblé. Ces oiseaux voltigeoient sans cesse sur la tête des chrétiens, et plus souvent sur celle du père Buccharelli, se jouant ensemble avec leurs ailes et faisant en l'air comme une espèce de fête. Les gentils eux-mêmes remarquèrent que ces animaux affectoient de ne point voltiger sur la tête des infidèles. Plusieurs d'entre eux furent frappés de la nouveauté du spectacle ; d'autres s'écrièrent en se moquant que si le Dieu des chrétiens étoit si puissant, il n'avoit qu'à ordonner à ces oiseaux d'élever en l'air ses adorateurs et de les arracher des mains de leurs bourreaux.

Enfin, tout étant disposé et les confesseurs de Jésus-Christ étant liés aux différens poteaux, on leur trancha la tête. Celle du père Buccharelli tomba la première, parce que c'est par lui que commença l'exécution. Il n'étoit âgé que de trente-sept ans ; il en avoit passé vingt-deux dans la Compagnie, dont il en employa sept dans les fonctions laborieuses de cette mission. Lorsqu'on le fit prisonnier, le mandarin chinois vouloit à force ouverte l'enlever à ses persécuteurs ; le Père, qui en fut informé, le conjura de n'en rien faire, et pour l'en détourner plus efficacement, il lui représenta que toute la mission ressentiroit le contre-coup de cette violence.

Quand on lui eut mis les fers aux mains et aux pieds, il les baisa avec respect, et loin de se plaindre de leur pesanteur, il les regardoit souvent avec complaisance et plutôt comme une marque de décoration que comme un symbole de captivité. Dans les différens interrogatoires qu'il eut à subir, il ne répondoit à ses juges qu'autant qu'il étoit nécessaire ; du reste, il gardoit un profond silence. Mais quand il leur arrivoit de parler avec mépris de la loi de Jésus-Christ, alors il prenoit un visage sévère et s'étendoit fort au long sur l'excellence et la sainteté de cette loi. Il montroit la nécessité de la suivre pour mériter les récompenses du ciel et éviter les peines de l'enfer. Il leur reprochoit hardiment l'injustice criante dont ils se rendoient coupables en traitant si cruellement une troupe d'innocens à qui on faisoit un crime de l'avoir embrassée. Dans une de ces occasions, un de ses juges lui demanda s'il faisoit réflexion qu'il parloit à des mandarins, qui étoient les maîtres de son sort et qui avoient sa vie entre leurs mains : « Je ne crains point la mort, leur répondit-il d'un ton ferme, je ne crains que Dieu. »

La nuit suivante, les chrétiens vinrent rendre les honneurs funèbres à leur cher Père en Jésus-Christ. Ils enfermèrent son corps dans un cercueil et l'inhumèrent au lieu même où il avoit répandu son sang pour la foi ; mais quelques mois après, le Frère Thomas Borgia le transféra dans notre église de Dam-gia, où il est maintenant en dépôt. On rapporte plusieurs guérisons miraculeuses qui se sont opérées par les mérites du serviteur de Dieu ; je n'en dirai rien, parce que jusqu'ici on n'a pas été en état d'en tirer des témoignages authentiques.

Pierre Frieu fut le second à qui on coupa la tête : c'étoit un zélé catéchiste. Il avoit fait vœu de pauvreté, de chasteté et d'obéissance entre les mains du Père supérieur de cette mission. C'est dans l'église d'Antap qu'il fut arrêté prisonnier. Le refus constant qu'il fit d'abjurer la foi et de marcher sur le crucifix, et la sainte liberté avec laquelle il annonçoit à ses juges les vérités de la religion, l'exposèrent à diverses tortures très-cruelles qu'on lui fit souffrir dans le cours de sa captivité.

On nomme le troisième Ambroise Dao. C'étoit un de ceux qui accompagnoient les deux Pères quand ils furent arrêtés sur les confins de la Chine. Comme il servoit de premier catéchiste au père Buccharelli, plusieurs fois, à force de tourmens, on voulut l'obliger à nommer les bourgades où les missionnaires alloient administrer les sacremens. Sous les coups redoublés et au milieu des plus vives douleurs, il ne fit point d'autre réponse que celle ci : « Je sais que mon maître est un grand homme de bien ; ce n'est que sa haute vertu qui m'a attaché à son service. Je n'ai rien autre chose à vous dire, et quand vous me tueriez, vous n'en saurez pas davantage. » Lorsque les chrétiens alloient le visiter dans sa prison, il les charmoit par ses discours édifians : « Tout pécheur que je suis, leur disoit-il, je sais que Dieu m'appelle à la gloire de verser mon sang pour son saint nom. »

Le quatrième et le cinquième auxquels on fit souffrir le même supplice s'appellent Emmanuel Dien et Philippe Mi, deux fervens catéchistes, dont la constance a été éprouvée par les rigueurs d'une longue prison, par les divers tourmens qu'on leur fit endurer, et enfin par la mort, qu'ils reçurent avec joie et dont Dieu couronna leur zèle.

Ce Luc Thu dont nous avons déjà parlé, et qui embrassa avec une dévotion si tendre le crucifix qu'on lui ordonnoit de fouler aux pieds, fut le sixième qui eut la tête tranchée. Dès les premiers commencemens de la persécution qui s'éleva dans la bourgade de Kesat, pressé de l'extrême désir de souffrir pour Jésus-Christ, il alla se présenter aux mandarins et leur déclarer qu'il étoit chrétien. Dans les prisons, dans les tribunaux, il ne cessa de confesser sa foi, et lorsque les juges, pour lui imposer silence, le menaçoient de la mort : « C'est l'unique objet de mes vœux, leur répondoit-il ; de grâce, prononcez au plus tôt ma sentence : donnez-la-moi, que je la baise. » Il fut mis deux fois à de violentes tortures ; il sembloit qu'il y prît de nouvelles forces : il en sortoit toujours avec un visage gai et content.

Sa gaieté ne l'abandonna pas pendant les deux ans qu'il fut détenu prisonnier ; mais elle augmenta beaucoup lorsqu'on lui apporta la nouvelle de sa condamnation. Sa femme étant venue le voir : « Prenez part à ma joie, lui dit-il en l'embrassant tendrement, je vais donner ma vie pour Jésus-Christ. Au reste, ne vous avisez pas de prendre le deuil après ma mort : des vêtemens lugubres ne conviennent point à un jour de triomphe. » Puis lui donnant une robe d'écarlate : « Voilà l'habit dont je vous ordonne de vous revêtir au moment que ma tête sera séparée de mon corps. » La pieuse chrétienne ne crut pas devoir se conformer à ses désirs, de peur d'aigrir sans raison les gentils et d'exciter de nouveaux murmures.

Comme on étoit près de lui couper la tête, un mandarin, touché de compassion, éleva la voix et dit que ce vieillard, n'ayant qu'un seul frère, étoit du nombre de ceux à qui le régent faisoit grâce moyennant une somme d'argent. Luc, prenant aussitôt la parole, et montrant des yeux et de la main les catéchistes : « Vous n'y pensez pas, lui dit-il ; tous ceux que voyez là sont mes frères. » Il finit ainsi glorieusement ses jours à l'âge de près de soixante ans.

Luc Mai est le nom du septième. Il étoit attaché au service de notre église de Keban, et il remplissoit cette fonction avec un grand zèle ; sa constance fut égale dans les tourmens : c'est lui qui, comme nous l'avons dit, entonna les litanies de la sainte Vierge et les autres prières, lorsque cette bienheureuse troupe de confesseurs marchoit au lieu du supplice.

Thadée Tho fut le huitième. On l'exécuta dans un lieu séparé, et en compagnie de quatre scélérats gentils dont les têtes, comme la sienne, devoient être suspendues à un pieu et exposées pendant trois jours à la vue publique. Ces trois jours écoulés, le catéchiste de la ville royale alla lui donner la sépulture. Il fut étrangement surpris de voir la tête auprès de son corps aussi fraîche que si elle eût été coupée tout récemment ; au lieu que les corps des gentils étoient noirs, défigurés, à demi pourris et répandoient au loin une odeur qui empestoit.

Paul Noi, catéchiste qui avoit imité ses compagnons dans leur constance au milieu des tourmens, eut part à leur couronne par une mort également glorieuse.

Enfin le dernier de tous fut François Kam, celui-là même qui, saisi de frayeur à la vue des tourmens qu'on lui préparoit, s'en délivra par une lâche apostasie. Son crime se présenta bientôt à ses yeux dans toute son énormité. Honteux de sa foiblesse, il en conçut un repentir amer ; il en demanda pardon avec larmes aux chrétiens, il s'en confessa avec de vifs sentimens de douleur, et pour en faire une réparation authentique, il alla trouver les juges. Il protesta en leur présence contre tout ce qu'il avoit fait, et il leur fit une profession publique de la foi chrétienne, dans laquelle il leur déclara qu'il vouloit vivre et mourir. La prison, les tourmens, et enfin la mort soufferte pour Jésus-Christ couronnèrent une pénitence si sincère et si généreuse.

La mort du pasteur et de ses disciples n'a pas mis fin à la persécution ; elle duroit encore en l'année 1725, quoique cependant elle s'étoit un peu ralentie. Mais de si grands exemples de fermeté chrétienne ont produit les plus admirables effets : on voit la ferveur des fidèles se ranimer, et rien n'est plus commun parmi eux que le désir de sceller de leur sang les saintes vérités qu'ils croient. Ceux qui avoient scandalisé l'Église par leur chute sont allés généreusement confesser leur foi devant les juges et sont entrés avec joie dans ces prisons dont la seule image les avoit effrayés ; de ce nombre on en compte déjà trente qui y sont morts de pure misère.

Les autres chrétiens, au nombre de cent cinquante-trois, condamnés à avoir soin des éléphans, à la vue du sang de leurs frères versé pour Jésus-Christ, se sentent un nouveau courage dans les fonctions humiliantes et pénibles auxquelles ils ont été dévoués en haine de la foi. Une multitude d'infidèles, qui ont vu ou qui ont appris par la voix publique la tranquillité et la joie que les néophytes ont fait éclater au milieu des tourmens et sous le fer des bourreaux, demandent avec empressement le baptême.

Quelque attention qu'on ait à observer les missionnaires, ils ne laissent pas de parcourir en cachette les bourgades, de fortifier les fidèles par le fréquent usage des sacremens, d'admettre au baptême ceux qu'ils en jugent dignes, et ce n'est pas pour eux une petite consolation de voir leur troupeau s'accroître de plus en plus par les mêmes moyens qu'on emploie à le détruire ; en sorte que la réflexion que faisoit Tertullien, au temps des persécutions de la primitive Église, se vérifie à la lettre dans la chrétienté de ce royaume : « Vous nous multipliez, disoit-il, à mesure que vous nous moissonnez ; le sang répandu des fidèles est une semence féconde qui produit au centuple. *Plures efficimur quoties metimur à vobis, semen est sanguis christianorum.* »

RELATION
DE
LA PERSÉCUTION ÉLEVÉE DANS LE TONKING,

ET DE LA MORT GLORIEUSE DE QUATRE MISSIONNAIRES QUI ONT EU LA TÊTE TRANCHÉE EN HAINE DE LA FOI, LE 12 JANVIER DE L'ANNÉE 1737 ;

TIRÉE DE QUELQUES MÉMOIRES PORTUGAIS.

Les royaumes de Tonking et de la Cochinchine étoient anciennement une des plus grandes provinces de la Chine, qu'on appeloit *Ngan-nan*, c'est-à-dire repos austral, et qui s'étendoit vers le septentrion depuis le douzième degré jusqu'au vingt-troisième. L'éloignement où cette province étoit de la cour ne permettoit point aux peuples d'y porter leurs plaintes contre le gouvernement tyrannique des vice-rois, qui y avoient une pleine et souveraine autorité. Les Tonkinois, las de porter un joug si odieux, s'en affranchirent tout à coup en tuant le vice-roi et en se choisissant un roi de leur nation qui les gouvernât avec plus de modération et d'équité.

Ce soulèvement ne manqua pas de leur attirer une guerre cruelle de la part des Chinois ; ils la soutinrent longtemps avec une valeur extraordinaire. Enfin la paix se conclut à l'avantage des Tonkinois, puisqu'ils furent délivrés de la domination chinoise, et que leur roi demeura paisible possesseur du trône, à cette condition néanmoins qu'il enverroit tous les trois ans une ambassade solennelle à l'empereur de la Chine avec des présens, auxquels les Chinois donnèrent le nom de tribut.

Cette guerre étant plus heureusement terminée que le roi de Ngan-nan n'avoit lieu de l'espérer, il ne songea plus qu'à se délasser de ses fatigues et à goûter les douceurs de la paix. Il se retira à la campagne dans ses maisons de plaisance, pour ne s'y occuper que de plaisirs et se livrer à toutes les délices d'une vie oisive et voluptueuse ; et même afin qu'on n'eût aucun prétexte de troubler son repos, il confia le gouvernement de son État à un des grands de sa cour.

Ce seigneur, également adroit et ambitieux, profita de l'indolence de son souverain pour s'emparer du trône. Il sut si bien, pendant son absence, manier les esprits et les tourner en sa faveur, qu'en peu de temps il se rendit maître des quatre principales provinces ; il en chassa le roi légitime, et l'obligea de se retirer dans les parties méridionales, où il le laissa tranquille.

Le prince fugitif, voyant l'autorité d'un sujet rebelle si bien affermie, et désespérant de le réduire, se contenta de cette portion de son État qui lui étoit abandonnée et y forma un royaume particulier, qu'on nomme maintenant la Cochinchine. Le Tonking, qui est renfermé entre le dix-septième et le vingt-troisième degré de latitude, fut dès lors entièrement soumis à l'usurpateur.

Il y a un siècle et davantage que ce royaume a été éclairé des lumières de l'Évangile. Le père Julien Baldinotti, jésuite de Pistoye en

Toscane, fut le premier qui y entra, en l'année 1626. Il trouva dans ces peuples des dispositions si favorables à embrasser la loi chrétienne, qu'il demanda au plus tôt du secours. L'année suivante, deux autres jésuites, savoir : le père Antoine Marquez, Portugais, et le père Alexandre de Rhodes, d'Avignon, allèrent le joindre. Ces Pères, qui avoient déjà quelque connoissance de la langue tonkinoise, ne purent suffire à l'empressement des peuples qui venoient entendre leurs instructions. La semence évangélique fructifia au centuple, et en moins de quatre ans, une grande multitude d'idolâtres convertis à la foi formèrent une chrétienté nombreuse.

Des progrès si rapides alarmèrent les prêtres des idoles. Ils se donnèrent tant de mouvemens auprès des grands et à la cour, et employèrent tant de calomnies contre la religion chrétienne et contre les missionnaires, qu'en l'année 1630 ils les firent chasser du Tonking et conduire à Macao.

Il fallut céder à ce premier orage, qui fut bientôt calmé par le départ des hommes apostoliques. Leur exil ne fit pas abandonner cette Eglise naissante. Le 18 de février de l'année 1631, trois autres missionnaires jésuites, savoir : le père Gaspard de Amaral, le père Antoine de Fontes et le père Antoine Cardin s'embarquèrent à Macao pour le Tonking, et y arrivèrent le 7 mars. Ils furent reçus des nouveaux fidèles avec des transports de joie extraordinaires. Mais ce qui consola infiniment ces Pères, ce fut de voir que pendant la courte absence des pasteurs, qui ne fut que de dix mois, le troupeau de Jésus-Christ s'étoit accru de deux mille trois cent quarante néophytes, que trois catéchistes avoient pris soin d'instruire et auxquels ils avoient conféré le saint baptême.

La moisson devint si abondante, que les missionnaires étoient occupés jour et nuit à la recueillir. En l'année 1639, on comptoit déjà quatre-vingt-deux mille cinq cents chrétiens, et dans la province de Ghean, soixante-douze bourgades où il ne restoit presque plus d'infidèles.

D'anciennes lettres du père Jean Cabral nous apprennent qu'en 1645 et 1646 le nombre des Tonkinois qui, pendant ces deux années, avoient reçu le baptême montoit à vingt-quatre mille ; et dans les quatre provinces, il se trouvoit déjà deux cents églises fort grandes et fort propres, que ces fervens néophytes avoient bâties à leurs frais.

Un si petit nombre d'ouvriers ne suffisoit pas dans un champ si fertile ; aussi virent-ils venir à leur secours différentes recrues d'hommes apostoliques, qui se succédèrent les uns aux autres, et qui remplacèrent ceux que la mort enlevoit ou dont les forces étoient affoiblies par le grand âge et par de continuelles fatigues.

Dans la suite, des missionnaires de différens ordres vinrent partager leurs travaux, et l'on y voit maintenant une chrétienté très-nombreuse et très-florissante. Il s'y est élevé de temps en temps de rudes persécutions ; mais elles n'ont servi qu'à éprouver la foi des nouveaux fidèles et à les y affermir de plus en plus.

Une des plus cruelles qui ait agité l'Église de Tonking arriva en l'année 1721. La religion fut proscrite par un édit public ; les missionnaires et les chrétiens furent recherchés, emprisonnés et mis à mort, uniquement pour avoir refusé de renoncer à leur foi et de fouler aux pieds l'image adorable de Jésus crucifié. Le père Messari, Italien, mourut de misère dans les prisons ; le père Buccharelli, pareillement Italien, et neuf chrétiens tonkinois souffrirent une mort glorieuse ; cent cinquante autres néophytes furent condamnés à prendre soin des éléphans, ce qui est à peu près la même peine au Tonking que celle d'être condamné aux galères en Europe. On en peut voir la relation, qui est très-touchante, dans ce volume.

Cette violente persécution s'est renouvelée dans ces derniers temps. De six missionnaires jésuites qui tout récemment ont pénétré avec bien de la peine dans le Tonking, quatre ont été arrêtés par les gentils, et après neuf mois de prison ont eu la tête tranchée en haine de la foi, le 12 janvier de l'année 1737. Ce sont les circonstances de leur prison et de leur mort que je vais décrire sur les Mémoires les plus fidèles. Ces Mémoires ont été dressés par des catéchistes intelligens et témoins oculaires, qui, selon l'ordre que leur en avoit donné le père François de Chaves, supérieur de cette mission, écrivoient jour par jour ce qui arrivoit aux confesseurs de Jésus-Christ. Leur journal a été traduit, de leur langue en portugais, par le père Joseph Dacosta.

Il y avoit du temps que les chrétiens du Tonking demandoient de nouveaux missionnaires pour le soulagement des anciens, qui étoient accablés d'années et de travaux. Plusieurs jésuites pleins de zèle étoient venus à Macao dans le dessein d'aller à leur secours; mais la difficulté étoit de les y transporter. On ne pouvoit plus, comme autrefois, traverser la province de Quang-tong, qui est limitrophe du Tonking. Depuis que les missionnaires de la Chine ont été exilés de Canton à Macao, cette voie, qui étoit la plus courte et la plus sûre, est absolument fermée. La voie de la mer étoit aussi peu praticable. Quoique des sommes chinoises partent assez souvent du port de Canton pour aller faire leur commerce au Tonking, il n'y en avoit aucune qui osât les admettre. En l'année 1734, le capitaine d'un de ces bâtimens s'engagea de les conduire, moyennant une grosse somme d'argent qu'il exigea et qu'il reçut; mais peu après, ayant fait ses réflexions, il rétracta sa parole et ne voulut point en courir les risques.

Enfin, après bien des mouvemens qu'on se donna, on trouva dans la petite ville d'Ançan un maître de barque qui s'offrit de mener les missionnaires au Tonking, mais à un prix excessif, à cause du péril auquel il s'exposoit s'il venoit à être découvert et déféré aux mandarins chinois. Il en fallut passer par où il voulut; mais lorsqu'il étoit sur le point de venir chercher les Pères à Macao, parut un décret impérial, qui défendoit à tout Chinois de se mettre en mer sans avoir un passeport des premiers mandarins de Canton. Ainsi il fut obligé de se rendre à la capitale.

Cet incident qu'on ignoroit à Macao, et qui retardoit le départ des missionnaires, y causa de nouvelles inquiétudes. On craignoit que le maître de barque, par timidité ou autrement, n'eût changé de résolution, ainsi qu'avoit fait le capitaine de la somme chinoise. On ne fut détrompé qu'au mois de mars de l'année 1735, qu'il vint de sa part un exprès à Macao pour avertir les missionnaires de se rendre dans un lieu écarté qu'il leur désignoit, afin de s'y embarquer hors de la vue du peuple. Cette agréable nouvelle transporta de joie les missionnaires: ils partirent aussitôt avec trois Tonkinois pour se rendre au lieu marqué, et ils s'embarquèrent le 18 d'avril de la même année.

Quoique les vents fussent contraires, le maître de la barque força tellement de voiles et de rames, qu'en assez peu de jours il arriva dans un parage qui n'étoit pas fort éloigné des terres du Tonking. Il y demeura quelque temps pour attendre un vent favorable, au moyen duquel il pût passer rapidement un petit détroit et tromper la vigilance des gardes qui y sont postés pour faire la visite des barques. Mais comme le temps étoit toujours le même, il se lassa d'attendre, se flattant que moyennant une petite somme qu'il donneroit aux soldats, ils ne feroient leur visite que superficiellement, et qu'ils le laisseroient continuer sa route. Malheureusement il se trompa: les soldats arrêtèrent la barque au passage, et sans égard aux offres qui leur furent faites, ils procédèrent à la visite avec tant d'exactitude, qu'ils eurent bientôt découvert les missionnaires, quoique placés à l'écart, afin de n'être pas si aisément aperçus. On les conduisit aux tribunaux des mandarins d'armes, qui gardoient cette plage. Ils y subirent un long interrogatoire, après lequel on les enferma dans un petit fort, jusqu'à ce qu'on eût pu savoir les intentions du principal mandarin de tout le pays, qui demeuroit à six lieues de là.

Ce mandarin les fit aussi comparoître à son tribunal, et après les avoir longtemps questionnés, il les renvoya à leur barque pour y être gardés jusqu'à nouvel ordre. Il informa aussitôt de cette affaire les premiers mandarins de la province qui résident à Canton, afin de savoir leurs résolutions et de s'y conformer. La réponse qui vint de la capitale fut un ordre de renvoyer sûrement à Macao les Européens et les Tonkinois, et pour cela, de les y faire conduire, de ville en ville, par des officiers des tribunaux; et au regard du maître de la barque, de le remettre à son mandarin, afin qu'il le fît châtier. Ainsi ces Pères, après bien des inquiétudes et des fatigues qu'ils eurent à essuyer, eurent la douleur d'arriver le 24 décembre au même lieu d'où ils étoient partis plus de six mois auparavant.

Un si mauvais succès, loin de ralentir leur zèle pour une mission après laquelle ils soupiroient depuis tant d'années, ne servit qu'à le rendre plus vif et plus animé. Ils songeoient continuellement aux moyens de vaincre les obstacles qui les écartoient d'une terre si ardemment désirée. Un jour qu'ils s'entretenoient avec plus d'ardeur et de vivacité que jamais en présence d'un Chinois de confiance, celui-ci leur fit part d'un projet qu'il avoit imaginé, et qu'ils agréèrent, bien qu'ils doutassent fort du succès. Il s'offrit d'aller à Canton, où il espéroit gagner quelques officiers des tribunaux, et employer leur adresse et leur crédit pour obtenir un passeport, en ajoutant que s'il l'obtenoit, il auroit plus de facilité à louer une barque à Ançan, et qu'il les conduiroit lui-même jusqu'à Lofeou, ville frontière du Tonking.

Quelque difficile que parût l'exécution de ce projet, le Chinois partit pour Canton, et il s'y conduisit avec tant de prudence et de dextérité, qu'en assez peu de temps on lui mit en main un écrit, signé des premiers mandarins, qui permettoit aux trois Tonkinois de traverser la province de Quang-tong pour retourner dans leur patrie avec les Européens qui les accompagnoient.

Le Chinois, muni de cette permission, se rendit à Ançan, où il eut bientôt loué une barque sur laquelle les missionnaires s'embarquèrent le 10 de mars de l'année 1736. Ils étoient au nombre de six, savoir : le père Jean Gaspard Crats, Allemand; le père Barthélemi Alvarez ; le père Emmanuel de Abreu ; le père Christophe de Sampayo; le père Emmanuel Carvalho et le père Vincent Dà Cunha, tous cinq Portugais.

Ils arrivèrent la première journée à un village nommé *Se-lie*, où ils passèrent la nuit. Le lendemain ils mirent à la voile de grand matin, avec un vent si favorable qu'il les porta en deux jours à un port nommé *Chanxa*, où les autres barques n'arrivent d'ordinaire qu'en cinq ou six jours. Là ils quittèrent leur grande barque et continuèrent leur route partie par eau et partie sur terre; ils passèrent par Yengpin, par Se-tan, par le territoire de Yong-tsongue, et après quatre jours d'un chemin très-rude au milieu des montagnes, ils arrivèrent enfin à Muy-loc.

Comme ils approchoient du district où ils avoient été arrêtés, et renvoyés à Macao, et où par conséquent tout étoit à craindre pour eux, leur guide eut recours à une ruse qui leur réussit. Il fit sonner bien haut sa qualité d'envoyé de la capitale et l'honneur que les grands mandarins lui avoient fait de lui confier la conduite des Européens. Aussi fut-il reçu dans toute cette contrée-là avec de grands égards et beaucoup de politesse. Le commis de la douane, qui est à Muy-loc, ne s'abstint pas seulement de visiter leurs ballots, mais encore il leur donna un billet qui les affranchissoit de tous les droits qui se payent aux autres petites douanes de son district. Il leur fallut demeurer un jour entier dans ce village, afin de faire reposer ceux qui portoient leurs bagages et de se pourvoir de vivres pour les sept jours de marche qui leur restoient à faire jusqu'à la ville de Lien-tcheou.

Le lendemain matin ils partirent de Muyloc, et arrivèrent sur les quatres heures à Tangchoui ; ils passèrent la nuit dans ce village, qui n'est qu'à trois lieues de la ville de Hui-ciuen, où on les avoit fait comparoître devant le mandarin, et d'où ils avoient été conduits à Macao.

Ce séjour dans un lieu si critique leur donna de l'inquiétude ; mais ils furent véritablement alarmés lorsqu'ils virent approcher d'eux un vieillard qui avoit l'air d'un petit officier du tribunal. Ils le furent bien davantage lorsque le vieillard, jetant sur eux un regard menaçant : « Quoi! s'écria-t-il, ces marauds d'étranger, qui furent chassés d'ici il y a peu de mois, et renvoyés ignominieusement à Macao, ont le front d'y revenir encore, et même d'y paroître avec honneur. Où est leur interprète ? »

Le guide de ces Pères ne fut pas moins alarmé qu'eux ; mais il prit sur-le-champ son parti et crut devoir payer de résolution. Ainsi prenant un ton d'autorité : « Misérable vieillard, lui dit-il, comment as-tu l'audace d'insulter d'honnêtes gens, dont je suis chargé par les plus grands mandarins de la province ? Si je n'avois pitié de ton grand âge, je te ferois châtier sur l'heure même comme tu le mérites. » Le vieillard, tout étonné de ce discours, rabattit beaucoup de ses hauteurs : « Seigneur, répondit-il, d'un air radouci, ne me sachez pas mauvais gré, si je fais le devoir de ma charge : je suis posté ici par le mandarin pour examiner ceux qui vont et qui viennent, et pour lui en rendre un compte exact ; j'y suis d'autant plus obligé, dans la conjoncture présente, qu'il n'y a que deux mois que ces étrangers ont passé par ce pays-ci, et qu'ils en ont été chassés par ordre des premiers mandarins de Canton, avec défense expresse d'y jamais reparoître. »

Quoique le guide chinois fût fort peiné de cette réponse, il dissimula son embarras et continua à répliquer sur le même ton : « Je m'embarrasse peu, lui dit-il, et des ordres que t'a donnés ton mandarin et du compte que tu as à lui rendre : ce que j'ai à te dire, c'est que pour un homme de ton âge, tu es fort mal instruit, et que je t'apprendrai à avoir des manières plus civiles et plus affables. » Le vieillard ne répondit rien ; mais s'adressant au maître de l'hôtellerie, il lui défendit de laisser partir ces étrangers sans un ordre exprès du mandarin, qu'il devoit informer le lendemain matin de leur arrivée.

Le guide, quoique plus inquiet que jamais, soutint toujours son caractère : « Fais ce qu'il te plaira ; mais je t'avertis que ces Européens me sont confiés par les grands mandarins de la province, et que je dois les conduire en toute diligence à Lien-tcheou. Tu as entrepris de retarder leur marche, c'est ton affaire : je me décharge sur toi de ce qui les regarde, et comme mes ordres pressent et qu'il me faut partir dès la pointe du jour, je veux qu'à l'heure même tu me donnes un écrit, signé de ta main, qui fasse foi que, par ordre de ton mandarin, tu as arrêté ces Européens à leur passage ; que c'est de son autorité que tu me forces de te remettre leurs personnes et leurs effets, et qu'en me déchargeant de ce soin, tu te rends responsable de tout ce qui en arrivera. Après quoi tu peux, si tu veux, aller rendre compte à ton mandarin, qui t'aura beaucoup d'obligation, car je ne doute point qu'il ne soit cassé de son mandarinat. »

Ces paroles intimidèrent le vieillard, et n'osant signer, de crainte de s'engager dans un mauvais pas, il demanda si ces Européens avoient un passeport, et si on vouloit bien le lui communiquer. Le guide le lui montra sans peine, en lui ajoutant qu'au regard des ordres particuliers qu'il avoit, il ne les feroit voir qu'à ceux qui devoient en être instruits.

La vue du passeport augmenta l'irrésolution où étoit le vieillard sur le parti qu'il avoit à prendre ; il demanda du temps pour y réfléchir, avec promesse d'apporter le lendemain matin sa réponse. Il passa cette nuit-là dans de cruelles agitations, ne sachant à quoi se déterminer ; enfin il prit sa résolution, et dès les trois heures du matin, il frappe à la porte de l'hôtellerie et demande à parler au Chinois qui étoit chargé de la conduite des Européens : « Je ne m'oppose plus, lui dit-il, au départ de ces étrangers ; vous en êtes le maître, et je suis très-fâché de les avoir traités avec si peu d'égards et de modération ; pardonnez-moi, je vous prie, des emportemens qui sont si peu séans à mon âge, et obligez-moi de m'assurer que vous les avez tout à fait oubliés. » Le Chinois loua le vieillard du sage parti qu'il venoit de prendre, et l'assura qu'en lui pardonnant, comme il faisoit, tout ce qui s'étoit passé, il n'avoit rien à craindre de sa part.

C'est ainsi que se termina une affaire qui tenoit les missionnaires dans des transes continuelles ; car si le mandarin de la ville voisine eût été informé de leur passage, ainsi qu'ils en étoient menacés, ils ne pouvoient douter qu'au moins ils ne fussent renvoyés encore une fois à Macao. Ils partirent donc avec beaucoup de joie, et après avoir fait quelques lieues, ils se trouvèrent à l'entrée des terres dépendantes de la ville de Lien-tcheou, où il y avoit une douane à passer.

Le chef de la douane leur fit toute sorte de caresses : il leur dit qu'il étoit de Pékin, où il avoit connu quelques-uns de nos Pères qui lui avoient rendu service, et qu'il saisissoit avec plaisir l'occasion qui s'offroit de leur en témoigner sa reconnoissance. Et en effet, non-seulement il ne voulut point faire la visite de leurs bagages ni percevoir aucun droit, mais il leur donna encore une lettre de recommandation pour le mandarin de Lien-tcheou, qui étoit son proche parent.

Cette lettre leur fut fort utile, car ils trouvèrent auprès du mandarin toutes les facilités qu'ils pouvoient souhaiter. Ils partirent de Lien-tcheou pour se rendre à une lieue et demie au delà, sur les bords de la mer, où une barque les attendoit. Il y avoit là une nouvelle douane, qui ne dépendoit que du mandarin de la province. Le premier abord du principal commis fut sévère et peu gracieux ; mais après quelques momens d'entretien, il s'humanisa et permit aux missionnaires de s'embarquer, sans exiger d'eux aucun droit.

Les Pères approchoient du Tonking, et ils n'avoient que peu de journées à faire pour se rendre à l'embouchure d'une rivière qui conduit à Lo-feou, frontière de ce royaume, après avoir essuyé une furieuse tempête, qui fut plusieurs fois sur le point de les submerger ;

enfin ils entrèrent dans la rivière à nuit close, pour n'être point aperçus des infidèles, et arrivèrent auprès de la maison d'un chrétien, où ils se devoient tenir cachés jusqu'à ce qu'ils pussent pénétrer dans l'intérieur du royaume. Un des deux catéchistes alla donner avis de leur arrivée, et aussitôt plusieurs chrétiens de l'un et de l'autre sexe vinrent avec empressement sur le rivage pour les recevoir et transporter leur bagage, ce qui se fit avec une promptitude admirable.

Les Pères, après avoir remercié leur guide, qui les avoit conduits avec tant d'affection et de zèle, le congédièrent, afin qu'il profitât de l'obscurité de la nuit pour s'en retourner plus sûrement, et qu'il portât plus tôt à Macao l'agréable nouvelle de leur entrée dans le Tonking.

Comme ils se disposoient à aller plus avant, le père Sampayo fut pris d'un mal violent qui l'obligea de rester à Lo-feou. On y laissa le père Carvalho avec un catéchiste pour prendre soin de lui. En peu de temps sa santé fut rétablie, et les deux Pères entrèrent heureusement dans le royaume, où ils remplissent maintenant les fonctions de leur ministère avec beaucoup de zèle et de consolation.

Les quatre autres missionnaires prirent les devants avec deux catéchistes Tonkinois, l'un nommé Marc et l'autre Vincent. Marc avoit un passeport pour la Chine d'un des grands mandarins de la cour, qui ne lui fut pourtant d'aucune utilité, comme nous le verrons dans la suite. Ils s'embarquèrent tous six dans une petite barque, qui les conduisit à une bourgade appelée *Batxa*. Là ils mirent pied à terre, et allèrent loger dans la maison d'un néophyte, qui est un des principaux du lieu, où ils se reposèrent pendant deux jours.

Cependant quelques Tonkinois vagabonds pressentirent, on ne sait comment, qu'il y avoit des étrangers dans la bourgade, et que leur dessein étoit d'avancer dans le royaume. L'espérance du butin qu'ils pourroient faire leur donna la pensée d'aller les attendre à l'autre bord d'une rivière par où il falloit absolument qu'ils passassent.

Ils ne se trompèrent point dans leurs conjectures. Le second de la troisième lune, c'est-à-dire le 12 avril, les Pères gagnèrent le rivage, sur les neuf heures du matin. Aussitôt ces vagabonds, s'étant joints à quelques soldats et feignant d'avoir un ordre des mandarins, sautèrent en furieux dans la barque, se saisirent des quatre missionnaires, des catéchistes et du batelier, qui étoit chrétien, les chargèrent chacun d'une cangue et pillèrent leur bagage.

Le chef de ces bandits y ayant trouvé un crucifix, l'éleva en l'air, et le montrant à une populace innombrable qui bordoit le rivage : « Je le savois bien, s'écria-t-il, que ces étrangers étoient des prédicateurs de la loi chrétienne ! » Le peuple lui répondit par des acclamations mêlées de huées continuelles et des plus sanglans outrages dont ils accablèrent les missionnaires : les uns leur arrachèrent la barbe, d'autres leur crachèrent au visage; enfin cette populace effrénée ne leur épargna ni les railleries les plus piquantes ni les injures les plus grossières.

Lorsque ces bandits ne trouvèrent plus rien à piller, ils firent sortir les prisonniers de la barque et les conduisirent à terre, sous un misérable appentis, pour y rester jusqu'à ce qu'ils eussent reçu réponse du gouverneur de la contrée, auquel ils avoient fait savoir la prise qu'ils venoient de faire. Ces Pères et leurs trois compagnons demeurèrent pendant quatre jours exposés aux ardeurs du soleil le plus brûlant et aux cruelles morsures des mosquites, environnés d'une foule d'infidèles qui se relevoient les uns les autres pour les garder, et qui nuit et jour ne leur laissèrent pas le moindre repos. Ils étoient observés avec tant de rigueur, qu'il ne fut pas possible aux chrétiens d'approcher d'eux pour leur procurer de légers secours, dont ils avoient pourtant un très-grand besoin, car ils n'eurent pour tout aliment qu'un peu de riz, si mal apprêté, que la faim leur étoit moins insupportable qu'un mets si insipide.

Le 18 avril, les soldats envoyés par le gouverneur pour amener les prisonniers arrivèrent. Ils les firent venir en leur présence chargés de leurs cangues; ils attachèrent ces cangues les unes aux autres, et les firent marcher la tête nue sous un ciel si ardent, que l'un d'eux en eut une violente inflammation sur les yeux, et qu'un autre fut attaqué d'une espèce de stupeur dont il eut la bouche toute tournée. Les soldats, armés de sabres et de lances, les escortoient, battant continuellement du tambour, ce qui rassembloit dans tout le chemin une foule innombrable de peuple qui leur faisoit toutes sortes d'insultes.

Cependant un mandarin chrétien, qu'on avoit averti promptement de la détention des missionnaires, alla trouver un des plus grands mandarins de la cour, protecteur du catéchiste Marc : « Seigneur, lui dit-il, votre serviteur Marc, à qui vous aviez donné un passeport pour la Chine, en revenoit avec quelques curiosités qu'il vous apportoit de ce pays-là ; ayant rencontré des Européens munis d'un passeport des mandarins de Canton, lesquels venoient dans ce royaume pour y visiter la sépulture de leurs frères qui y sont décédés, s'est joint à eux pour les accompagner jusqu'à Dim-dou, où un grand nombre de Chinois font leur séjour. Mais avant que d'y arriver, ils ont été arrêtés par une troupe de bandits qui ont pillé tout ce que ces Européens apportoient pour présenter au roi et ce que votre serviteur Marc vouloit vous offrir à vous-même. Ils les ont remis ensuite entre les mains du gouverneur de la province de l'est, qui les retient dans ses prisons. »

Le mandarin de la cour écrivit à l'instant une lettre au gouverneur par laquelle il lui ordonnoit de lui renvoyer les prisonniers avec tout leur bagage. Celui-ci, qui avoit eu part au butin, s'en excusa sous divers prétextes, et pour mieux se mettre à couvert du ressentiment d'un si puissant seigneur, il fit partir aussitôt les prisonniers pour la cour.

Le grand mandarin, outré d'un refus auquel il n'avoit pas lieu de s'attendre de la part d'un subalterne, lui envoya un second ordre bien plus fort que le premier ; mais il n'étoit plus temps : l'affaire étoit portée au tribunal de la cour, et les prisonniers étoient déjà en route pour s'y rendre. On les avoit mis dans des espèces de cages semblables à celles où l'on enferme les bêtes féroces quand on les transporte d'un lieu à un autre, et on les conduisoit non pas par le chemin ordinaire, mais par des routes détournées, afin de dérober leur marche au grand mandarin, dont on sentoit bien qu'ils étoient protégés. On ne peut guère exprimer ce qu'ils eurent à souffrir de la faim, de la soif, des ardeurs du climat brûlant et des mauvais traitemens que leur firent les soldats.

Enfin ils arrivèrent à la cour, et après avoir été quelque temps enfermés dans la maison d'un mandarin, on les conduisit au palais du roi. Dès qu'ils eurent passé la première porte, parut un eunuque de la présence qui ordonna qu'on ne laissât entrer personne et qu'on mît les prisonniers dans un endroit où il fussent garantis des rayons du soleil.

Peu après on les mena dans une salle intérieure, où l'on assure que le roi se tint caché derrière une espèce de rideau pour voir les prisonniers sans en être vu et écouter ce qu'ils répondroient aux questions qu'un eunuque du palais devoit leur faire par son ordre. Plusieurs mandarins se trouvèrent à cet interrogatoire. Il commença par le catéchiste Marc. L'eunuque lui demanda quelle raison il avoit eu d'amener ces Européens dans le royaume ? Il répondit qu'il étoit serviteur d'un mandarin de la cour, qui lui avoit donné un passeport pour aller acheter quelques curiosités à la Chine ; qu'il avoit rencontré ces Européens, lesquels avoient pareillement un passeport des mandarins de Canton pour venir visiter la sépulture de leurs frères morts dans le royaume et faire offre de leurs services au roi ; mais qu'avant que d'arriver à Dim-dou, où il devoit les conduire, ils avoient été arrêtés par des bandits, lesquels avoient pillé tout ce qu'ils portoient avec eux et les avoient remis entre les mains du gouverneur de la province de l'est, qui les envoyoit à la cour.

L'eunuque, interrogeant ensuite le catéchiste Vincent : « Par quel motif, lui dit-il, avez-vous fait un voyage à la Chine ? » Vincent répondit qu'étant des amis de Marc, il l'avoit accompagné pour l'aider à faire ses emplettes. Enfin l'eunuque, s'adressant au jeune batelier chrétien, il lui demanda quelle raison l'avoit fait sortir du royaume pour aller à la Chine. Sa réponse fut qu'il étoit natif de la frontière, et que n'ayant point d'autre métier pour gagner sa vie que celui de conduire une barque et d'y recevoir ceux qui se présentoient pour passer la rivière, il y avoit reçu Marc avec les étrangers de sa compagnie. Il ne questionna point les missionnaires ; mais un des mandarins fit apporter un crucifix, le posa à terre et leur ordonna de le fouler aux pieds.

Cet ordre les fit frémir d'horreur. Ils répondirent qu'on leur couperoit plutôt les pieds, les mains et la tête que de commettre une pareille impiété ; et comme on vouloit user de violence pour les forcer d'obéir, ils se mirent à genoux, se prosternèrent jusqu'à terre devant ce signe de notre rédemption, le prirent entre les mains, se le donnèrent les uns aux autres en le baisant avec respect et l'élevant au-dessus de leurs têtes, ce qui est, selon l'usage de ces peuples, la marque de la plus profonde vénération.

Le deux catéchistes firent paroître la même fermeté. Il n'y eut que le jeune batelier que les menaces des juges effrayèrent et qui témoigna de la foiblesse. Il fut puni sur-le-champ par les railleries amères de quelques eunuques : « Le scélérat ! s'écrièrent-ils, qui marche sur celui-là même qu'il regardoit il n'y a qu'un moment et qu'il respectoit comme son Dieu. »

C'est ainsi que se termina ce premier interrogatoire, après lequel on les renvoya dans les prisons; mais dès le lendemain on les rappela dans la même salle. Il n'y eut que le catéchiste Marc qui fut interrogé. On lui demanda si quelques-uns de ces Européens avoient leur demeure dans le royaume, et en quel lieu. Marc répondit qu'aucun d'eux n'y avoit jamais démeuré. « Comment cela se peut-il faire, reprirent les mandarins, puisqu'il y en a parmi eux qui parlent notre langue ? — C'est, dit le catéchiste, qu'en chemin faisant je leur en ai appris quelques mots, et qu'ayant plus de mémoire que les autres, ils les ont retenus plus aisément. » Ils demandèrent ensuite si ces étrangers avoient un passeport des mandarins de la Chine: « Sans doute », repartit le catéchiste, et en même temps les missionnaires le leur présentèrent. Ils le prirent, et après les avoir fait conduire dans leurs prisons, ils allèrent le porter au roi.

Peu de jours après vint un ordre de la cour qui commettoit au tribunal des lettrés l'instruction et le jugement de l'affaire des prisonniers. Ils furent donc traînés à ce tribunal, où l'on n'interrogea que les catéchistes. Comme ils ne firent point d'autres réponses que celles qu'ils avoient déjà faites, les juges en furent irrités et les condamnèrent à la martelade. C'est un supplice très-cruel : il consiste à recevoir de grands coups de marteau, que les bourreaux déchargent de toutes leurs forces sur les genoux des coupables. Le catéchiste Vincent demanda la permission de parler, et l'ayant obtenue : « Je suis chrétien, dit-il, depuis mon enfance, et je fais gloire de l'être ; puisque c'est là tout mon crime, je souffrirai avec joie pour une si bonne cause. » Les juges firent signe aux bourreaux, et ils exécutèrent aussitôt l'ordre qu'on leur donnoit de la manière la plus barbare.

Après cette exécution, on les congédia, avec menaces de les faire expirer le lendemain sous les coups s'ils persistoient dans les mêmes réponses. En effet, on les fit comparoître au tribunal le jour suivant, et on les tourmenta avec encore plus d'inhumanité. Mais comme leur confiance étoit à l'épreuve des plus vives douleurs, un des juges fit cesser les bourreaux, en disant qu'un plus long supplice seroit inutile, qu'il sembloit qu'on frappât sur la terre, et que c'étoit des opiniâtres dont on ne pourroit jamais rien tirer.

Un autre juge prenant la parole : « Mon sentiment, dit-il, est que Marc, qui a conduit dans le royaume des prédicateurs de la loi chrétienne, laquelle y est proscrite, mérite d'être écartelé; qu'il faut couper la tête à Vincent, qui a coopéré à son crime ; et pour les Européens, qui sont venus enseigner cette loi malgré les défenses du roi, ils méritent le même supplice. Au regard du batelier, il suffira de le châtier, après quoi on pourra le mettre en liberté. »

Aussitôt qu'il eut achevé de parler, tous les juges se retirèrent ensemble dans une salle plus intérieure, qu'on nomme la salle du secret, parce qu'il ne transpire jamais rien des résolutions qui s'y prennent, et que c'est là que se prononcent les arrêts de mort. L'ordre fut donné en même temps de transporter tous les prisonniers dans une prison plus éloignée de la cour, qu'on nomme *Ngue-dom*, c'est-à-dire *l'Enfer de l'est*. C'est dans cette prison qu'on renferme tous les malfaiteurs du royaume, et ils n'en sortent que pour être conduits au lieu du supplice.

On peut juger des horreurs et des incommodités de cette prison par le nom qu'on lui a donné. Les confesseurs de Jésus-Christ, accablés sous la pesanteur de leurs chaînes, se trouvèrent donc renfermés dans un lieu obscur, humide et infect, dénués de tout secours, exposés sans cesse aux insultes et aux outrages d'une troupe de scélérats, que la douceur et la patience de ces hommes apostoliques rendoient plus audacieux et plus insolens. Il est surprenant qu'ils aient pu s'y soutenir si longtemps. Le catéchiste Vincent Ngien y succomba bientôt. Déjà fort affoibli par les cruelles tortures qu'il venoit d'endurer avec tant de courage, il finit saintement sa vie le 31 juin.

Ce bon néophyte avoit été formé parmi les missionnaires aux emplois de zèle dès sa plus tendre jeunesse, qu'il avoit passée avec eux, et il ne respiroit que l'avancement de la gloire de Dieu et la conversion de ses chers compatriotes. Sa prudence et sa vertu ayant été éprouvées pendant plusieurs années, on se rendit à ses instantes prières, et on lui permit de se consacrer plus étroitement au service de Dieu par les vœux de pauvreté, de chasteté et d'obéissance. Dieu lui avoit donné le talent de gagner les cœurs : par ses instructions et par ses exemples, il inspiroit à ceux qui étoient sous sa conduite le plus ardent désir de la perfection chrétienne. Aussi les nouveaux fidèles se disputoient-ils l'avantage de l'avoir pour catéchiste, et ceux qui l'obtenoient croyoient recevoir une grande faveur. Le dessein étoit, s'il n'eût pas fini sitôt et si glorieusement sa course, de l'élever au sacerdoce et de le recevoir dans notre Compagnie pour le mettre en état de rendre de plus grands services à cette mission. Mais il a plu au seigneur de couronner de bonne heure l'innocence de sa vie et la fermeté héroïque avec laquelle il a souffert les plus cruels tourmens pour la défense de son saint nom.

L'unique consolation qu'avoient les confesseurs de Jésus-Christ, dans une demeure si affreuse, c'étoit de s'y trouver réunis ensemble (car auparavant ils étoient dans des prisons séparées) et de pouvoir être visités des chrétiens et en recevoir quelques secours. C'est pourtant ce qu'on leur refusa durant les premiers jours qu'ils y furent renfermés : deux sentinelles, qui gardoient la porte de la prison, arrêtoient impitoyablement ceux qui leur apportoient des vivres, et ils passèrent une fois deux jours sans rien prendre. Dans la suite il fallut acheter la permission de leur parler, et l'entrée de la prison étoit interdite à quiconque refusoit de payer aux soldats la somme qu'ils exigeoient.

Une dame chrétienne, qui avoit la charité de leur apporter chaque jour ce qui étoit nécessaire à leur subsistance, fatiguée de la dureté et des rebuffades qu'elle essuyoit de la part de ces soldats, eut recours à un expédient qui lui réussit. Dans une maison voisine de la prison demeuroit une bonzesse naturellement tendre et sensible aux afflictions des malheureux ; ces soldats avoient pour elle la plus profonde vénération, et ils lui laissoient la liberté d'entrer dans la prison toutes les fois qu'elle le désiroit. La dame chrétienne alla chez la bonzesse, et lui ayant exposé la déplorable situation où étoient les prisonniers auxquels elle s'intéressoit, elle la pria de vouloir bien leur remettre les petites provisions qu'elle lui apporteroit. La bonzesse y consentit volontiers. Dès la première fois qu'elle eut entretenu les confesseurs de Jésus-Christ, elle fut si frappée de leur modestie, de leur douceur et de leur patience, qu'elle en parloit avec admiration et en faisoit partout les plus grands éloges. Non-seulement elle continua de leur porter ce qui lui étoit confié par la dame chrétienne et par les autres fidèles, mais elle les aida encore de ses propres libéralités.

Un autre sujet de joie et de consolation pour ces illustres prisonniers, c'est que se voyant dans le lieu où l'on ne renferme que les criminels destinés au dernier supplice, ils se tenoient comme assurés de répandre bientôt leur sang pour la cause de Jésus-Christ. Cette pensée les soutenoit au milieu de tant de tribulations ; c'étoit là le sujet ordinaire de leurs entretiens, et leurs lettres, lorsqu'ils pouvoient en écrire quelqu'une à la dérobée, ne respiroient pareillement que le martyre.

Il y avoit déjà neuf mois qu'ils languissoient dans les fers et encore plus dans l'attente du bienheureux jour où ils devoient offrir au Seigneur le sacrifice de leur vie : la sentence de mort étoit portée ; mais il falloit qu'elle fût confirmée par l'autorité souveraine. Ce fut le 21 de décembre de l'année 1736 que la confirmation s'en fit dans le tribunal des crimes.

Le 7 de janvier de l'année 1737, un secrétaire de ce tribunal se transporta à la prison, et fit venir les prisonniers dans une chambre particulière pour les reconnoître et bien imprimer leur physionomie dans son idée. C'est un usage qui se pratique dans le Tonking à l'égard de ceux qui sont condamnés à mort, afin d'éviter toute supercherie et de s'assurer qu'on n'a pas substitué un innocent à la place du criminel. Le secrétaire les envisagea long-temps dans un grand silence ; après quoi s'étant approché de plus près de leurs personnes, il parut dans les diverses attitudes d'un homme qui prenoit la mesure de leur taille et qui traçoit les traits de leur visage. Ayant achevé ses opérations, il les fit rentrer dans la prison, et s'en alla rendre compte à la cour de sa commission.

Cette cérémonie fit juger aux missionnaires que l'heureux moment après lequel ils soupiroient n'étoit pas éloigné ; mais elle ne leur en donnoit pourtant pas de certitude. Ce ne fut que trois jours après, c'est-à-dire le neuvième du même mois, qu'ils en furent pleinement assurés. Un catéchiste, nommé Benoît, vint les trouver dans la prison, et se jetant à leurs pieds : « Quelle récompense me donnerez-vous, leur dit-il, pour l'agréable nouvelle que je viens vous apprendre ? Le 12 de ce mois sera certainement le jour de votre triomphe. Vous sortirez de cette prison, et vous irez rendre un témoignage éclatant aux saintes vérités de la foi. »

Ces paroles transportèrent d'abord les missionnaires d'une joie qui éclata jusque sur leur visage ; ensuite, après s'être recueillis pendant quelques momens, ils levèrent les mains et les yeux vers le ciel pour rendre grâces à la divine miséricorde d'un si grand bienfait ; puis se tournant vers le catéchiste, ils employèrent les expressions les plus tendres pour lui témoigner leur reconnoissance, et lui promirent que le jour qu'ils iroient consommer leur sacrifice, ils lui feroient présent de leur rosaire, le seul bien qu'ils possédoient.

La nouvelle de la sentence de mort portée contre les confesseurs de Jésus-Christ se répandit bientôt parmi les fidèles : elle partagea leurs esprits entre la joie et la tristesse. D'un côté, la perte de leurs pasteurs leur devenoit très-sensible, et ils craignoient que par la diminution de leur nombre, leurs secours spirituels ne devinssent moins abondans, et que, faute de ce secours, la ferveur de leur piété ne s'attiédit. D'un autre côté, ils voyoient avec joie le triomphe de la religion dans la constance héroïque de ses ministres, dont le sang, comme une semence féconde, alloit fertiliser ces terres infidèles et multiplier le nombre des vrais disciples de Jésus-Christ.

Plusieurs d'entre eux accoururent à la prison pour rendre leurs derniers devoirs à leurs pères en Jésus-Christ, et leur offrir quelques petits présens. Les uns leur apportèrent des fruits et divers rafraîchissemens ; d'autres leur présentèrent des bourses remplies de petites monnoies. Il y en eut qui les forcèrent à recevoir des habits neufs, à la place de ceux dont ils étoient vêtus et qu'ils emportèrent pour les conserver précieusement dans leurs maisons.

Les Pères ne crurent point devoir contrister ces généreux néophytes en se refusant à tant de témoignages de leur affection ; mais aussitôt qu'ils se furent retirés, ils remirent toutes les monnoies entre les mains du catéchiste Marc, avec ordre de les distribuer aux soldats qui les gardoient et aux autres prisonniers dont ils avoient reçu tant d'outrages.

Cet excès de charité étoit nouveau pour ces scélérats, et ils en furent frappés jusqu'à l'admiration. Leurs cœurs, tout impitoyables qu'ils étoient, s'attendrirent jusqu'aux larmes, et au lieu des cruelles insultes et des mauvais traitemens qu'ils leur faisoient auparavant, ils ne cessèrent de faire l'éloge de leur vertu, et de les combler de bénédictions.

Le 10, vint un mandarin de la cour, qui lut aux prisonniers leur sentence ; après quoi il fit entrer les bourreaux dans la prison, et assigna à chacun d'eux celui qu'il devoit exécuter. Ces bourreaux tiroient de temps en temps leur sabre du fourreau, et, par manière de récréation, ils s'exerçoient à leur fonction prochaine en présence des missionnaires. Le prélude de leur supplice, que ces Pères avoient si souvent devant les yeux, leur donnoit lieu de renouveler autant de fois le sacrifice de leur vie.

Comme après la lecture de la sentence, l'entrée de la prison devint libre, en peu de temps elle fut remplie de chrétiens de l'un et de l'autre sexe. Les Pères, qui ne pouvoient pas les entretenir, faute d'entendre la langue tonkinoise, instruisirent le catéchiste Marc de ce qu'ils auroient souhaité de leur dire, et le chargèrent de parler en leur nom à ces bons néophytes. Le catéchiste prenant donc la parole : « Écoutez, mes frères et chers enfans en Jésus-Christ, les dernières paroles de vos Pères, car c'est par ma bouche qu'ils vous parlent, et je suis le fidèle interprète de leurs sentimens. Nous avons appris l'extrême besoin que vous aviez de secours pour la sanctification de vos âmes ; le zèle de votre salut nous a fait aussitôt quitter notre patrie, nos parens et nos amis, et nous sommes venus vous chercher dans cette terre qui nous est étrangère. Que de peines et de travaux ne nous en a-t-il pas coûté pour nous rendre auprès de vous! Nous avons entrepris deux voyages pénibles et difficiles, sans nous effrayer des dangers auxquels nous nous exposions. Le premier a été infructueux, parce qu'à la vue de ce royaume nous avons été arrêtés par des mandarins de la Chine, qui, après nous avoir traînés à leurs tribunaux, nous ont renvoyés à Macao. Le second a été plus heureux, nous sommes enfin arrivés sur vos terres; mais à peine y avons-nous mis le pied, qu'on s'est saisi de nos personnes et qu'on nous a traités avec plus de barbarie et d'inhumanité qu'on ne traite des scélérats convaincus des plus grands crimes. Vous avez été témoins de ce que nous avons eu à souffrir dans cette affreuse prison; notre sang va bientôt couler pour rendre un témoignage public à la foi que vous avez eu le bonheur d'embrasser. Aidez-nous à remercier le Seigneur d'une si grande faveur; mais en même temps concevez bien quel est le prix de cette foi, à laquelle est attaché votre salut éternel: qu'elle vous soit plus chère que votre propre vie, et soyez toujours fidèles à remplir les obligations qu'elle vous impose. Si sur la terre nous avons été animés d'un si grand zèle pour votre sanctification, que sera-ce quand nous nous trouverons dans le ciel, et que Dieu, comme nous l'espérons, aura couronné nos souffrances et le sacrifice que nous lui faisons de notre vie. »

A ces paroles, ces fervens chrétiens ne répondirent que par leurs larmes et par des témoignages non équivoques de la vénération et de la reconnoissance dont ils étoient pénétrés pour les confesseurs de Jésus-Christ : ils se prosternèrent jusqu'à terre, ils embrassèrent leurs genoux et baisèrent plusieurs fois les chaînes dont ils étoient chargés. Enfin ils se retirèrent remplis d'une force toute divine et prêts à tout souffrir pour la conservation de leur foi.

A peine furent-ils sortis, que d'autres, en aussi grand nombre, prirent leur place, et ce fut ainsi tout le reste de la journée que ces bons néophytes se succédèrent les uns aux autres, de telle sorte que ces Pères trouvèrent à peine quelques momens pour s'entretenir avec Dieu et lui demander la force qui leur étoit nécessaire pour sortir victorieux du combat qu'ils alloient soutenir contre les ennemis de la foi.

Le 12 du même mois, dès la pointe du jour, le catéchiste Benoît, accompagné d'un chrétien d'une qualité distinguée, nommé Thomas, et de plusieurs autres néophytes, se rendirent à la prison pour prendre congé des quatre vénérables Pères. Ils les abordèrent en leur donnant le glorieux titre de martyrs de Jésus-Christ. Tout leur entretien roula sur le prix des souffrances et sur le bonheur de confesser hautement la foi en présence de ses persécuteurs, et de verser son sang pour sa défense.

Lorsqu'ils s'entretenoient de la sorte, quelques soldats entrèrent l'épée nue et chassèrent tous les chrétiens. Ensuite ils se firent apporter des chaînes de fer, qu'ils mirent aux bras de chacun des missionnaires, en sorte qu'après avoir attaché le bras droit par un bout de la chaîne, ils la conduisoient par derrière et attachoient l'autre bout au bras gauche; quelques-uns avoient les bras serrés si étroitement, qu'ils ne pouvoient pas appuyer leurs mains sur la poitrine.

Pendant ce temps-là le catéchiste Benoît et plusieurs autres chrétiens s'étoient retirés dans la maison voisine de la bonzesse dont j'ai parlé ci-devant. Cette femme, tout infidèle qu'elle étoit, ne put apprendre que les quatre Pères étoient condamnés à mort sans répandre un torrent de larmes, qui partoient d'un cœur véritablement touché. Elle étoit leur panégyriste perpétuelle, louant sans cesse les vertus qu'elle avoit tant de fois admirées, et blâmant hautement la cruauté du roi et de ses ministres, qui faisoient mourir des hommes d'une vie si innocente et si exemplaire.

Vers les dix heures du matin, on fit sortir de la prison les missionnaires avec le catéchiste Marc pour les conduire aux portes du palais, qui en étoit éloigné d'une lieue. On les fit marcher en cet ordre, pieds nus et traînant leurs fers avec bien de la peine : le père Alvarez étoit à la tête, ensuite le père d'Abreu, le père Cratz, le père d'Acunha et le catéchiste. Une gaieté modeste peinte sur leur visage marquoit assez la joie et la satisfaction qu'ils goûtoient intérieurement. Chacun d'eux étoit accompagné d'un soldat et d'un bourreau, celui-ci tenant son sabre nu, et celui-là portant la lance haute. Une troupe de soldats formant deux lignes les escortoient ; derrière et à quelque distance suivoient une grande multitude de chrétiens de l'un et de l'autre sexe, et un bien plus grand nombre encore de gentils.

Lorsqu'ils furent arrivés aux portes du palais, le capitaine qui commandoit l'escorte fit faire halte aux soldats, afin qu'ils prissent un peu de repos. Il fut pareillement permis aux prisonniers de s'asseoir et de se délasser pour se disposer aux fatigues d'une marche encore plus pénible. Mais pendant ce temps-là on ne les laissa guère tranquilles : ils devinrent le jouet de la populace, dont ils eurent à souffrir toutes sortes d'injures et d'opprobres.

Quelques eunuques du palais, s'approchant d'eux, mêlèrent leurs fades plaisanteries aux insultes du peuple. L'un d'eux leur marquoit, par des gestes ridicules et d'un ton railleur, que leurs têtes seroient bientôt séparées de leurs corps ; d'autres ramassoient à terre quelques brins de paille et les disposoient de telle manière, qu'ils représentoient la figure d'une croix, et les leur donnoient à baiser par dérision.

Ces outrages ne cessèrent qu'à l'arrivée d'un eunuque de l'intérieur du palais, accompagné d'un soldat chrétien qui lui servoit d'interprète. Il venoit de la part du roi demander aux missionnaires s'il étoit vrai qu'au moment qu'ils furent arrêtés, on avoit pris tout leur bagage. Un catéchiste nommé Sébastien, sachant que cet interprète étoit chrétien, lui parla à l'oreille pour le prier de leur faire des connoissances de sa part sur ce qu'ils alloient bientôt recevoir la palme du martyre. L'interprète s'acquitta de sa commission. Les Pères ne répondirent qu'en élevant les yeux au ciel, pour témoigner que c'étoit à Dieu seul qu'ils étoient redevables d'un si grand bonheur.

Peu après vint un secrétaire du tribunal suprême, qui fit passer devant les yeux des prisonniers leur sentence écrite en langue tonkinoise. Celle du catéchiste Marc le condamnoit simplement à l'exil. Après quoi il retourna au tribunal, où la sentence, pour être revêtue de la dernière formalité, devoit être signée de la main des premiers magistrats.

Pendant ce temps-là, le premier mandarin de la cour eut la curiosité de voir de près les quatre étrangers. Il arriva, ayant à sa suite plusieurs eunuques et mandarins subalternes, et les considéra attentivement l'un après l'autre. Un de ces eunuques, fort surpris de ne voir nulle altération sur leur visage, et d'y remarquer au contraire un certain air de gaieté et de contentement qui s'accordoit mal avec la situation où ils se trouvoient : « Il faut, s'écriat-il, que la loi chrétienne soit gravée bien avant dans le cœur de ces étrangers, puisque, pour l'enseigner aux autres, ils abandonnent leur patrie et tout ce qu'ils ont de plus cher ; qu'ils s'exposent aux rigueurs d'une longue prison, et qu'ils reçoivent la mort avec tant de joie. »

Le catéchiste Marc demanda alors la permission au mandarin de prendre congé de ces Pères, et de leur dire le dernier adieu, puisqu'il ne pourroit plus les revoir dans ce monde. Cette permission lui fut accordée, et aussitôt il sortit de sa place et alla se jeter aux pieds des missionnaires. Comme il leur parla à voix basse, on n'a pu rien apprendre de son entretien : mais on ne doute point qu'il ne leur ait témoigné son affliction de n'avoir pas été jugé digne de les accompagner au martyre : car on a su certainement qu'il avoit mis tout en usage, prières, supplications, instances mêmes, pour être enveloppé avec eux dans le même jugement, jusqu'à représenter aux magistrats que si ces étrangers méritoient la mort pour être venus prêcher la loi chrétienne dans le royaume, lui qui les y avoit introduits méritoit la même peine à plus juste titre. On n'écouta point ses remontrances, par considération pour le grand mandarin de la cour qui le protégeoit, et qui, comme nous l'avons dit, lui avoit donné un passeport pour la Chine.

A peine le catéchiste fut-il retourné à sa place, que le secrétaire du tribunal arriva avec la sentence, qui venoit d'être signée par les premiers magistrats, et qui avoit été traduite en langue portugaise, afin qu'elle fût entendue des quatre prisonniers, lorsqu'il leur en feroit la lecture. Elle étoit conçue en ces termes : « Pour vous quatre qui êtes étrangers, le roi ordonne que vous ayez la tête tranchée, parce que vous êtes venus prêcher la loi chrétienne, qu'il a proscrite dans son royaume. »

Après la lecture de la sentence, les deux premiers mandarins de la cour furent nommés pour présider à l'exécution, et aussitôt on fit partir les prisonniers pour le lieu du supplice, qui est éloigné de deux lieues du palais.

La marche se fit dans le même ordre qu'on étoit venu de la prison, à la réserve de l'escorte de soldats, qui étoit beaucoup plus nombreuse. Suivoient derrière, les deux mandarins, portés chacun dans sa chaise, et accompagnés d'un grand nombre d'eunuques et de mandarins subalternes. A une certaine distance, marchoit une multitude innombrable tant de chrétiens que d'infidèles, attirés, les uns par curiosité, ou par l'aversion qu'on leur avoit inspirée contre le christianisme, et les autres par leur attachement pour leurs pasteurs et par le regret qu'ils avoient de les perdre.

Quoique ces Pères fussent fort incommodés de la pesanteur de leurs chaînes, ils n'en marchoient pas avec un air moins gai et moins tranquille. Cette joie qu'ils goûtoient intérieurement paroissoit davantage sur le visage du père d'Acunha ; c'est ce qui étonna le premier mandarin, qui s'en aperçut. Il envoya lui demander s'il savoit bien où on le conduisoit. Le Père répondit qu'il n'ignoroit pas qu'on alloit lui trancher la tête en haine de la foi qu'il étoit venu prêcher dans le royaume ; mais qu'il savoit en même temps qu'aussitôt qu'on lui auroit arraché la vie pour une si juste cause, son âme s'envoleroit au ciel pour y jouir d'un bonheur éternel. Cette réponse ayant été rapportée au mandarin, il la reçut avec mépris : « Ce fou d'étranger, dit-il, ne comprend pas ce qu'on lui dit : il s'imagine qu'on le mène à Macao. »

Quand on eut fait une partie du chemin, le premier mandarin fit faire halte, afin qu'on se reposât un peu de temps ; puis il envoya par un soldat quelques rés[1], ou petites monnoies de cuivre, aux confesseurs de Jésus-Christ pour acheter de quoi se rafraîchir. Ils répondirent qu'ils étoient fort obligés au mandarin de son attention, mais qu'ils n'en avoient nul besoin ; et ils les refusèrent. Ils reçurent seulement quelques fruits de la main des chrétiens ; mais après y avoir simplement tâté, ils en firent présent à leurs bourreaux.

Enfin, après un peu de repos, on se remit en chemin. Les mandarins, craignant que la nuit ne les surprît avant la fin de l'exécution, ordonnèrent qu'on pressât la marche. Quelqu'affoiblis que fussent ces généreux soldats de Jésus-Christ, ils firent de nouveaux efforts, mais qui ne répondoient pas à l'activité des soldats ; c'est pourquoi ces barbares les hâtoient en les poussant rudement du bout de leurs lances et en les menaçant de leur en décharger de grands coups sur le corps s'ils n'avançoient pas plus vite. Les Pères firent, en quelque sorte, plus qu'ils ne pouvoient, et arrivèrent enfin bien harassés au terme de leur voyage.

Aussitôt qu'ils eurent mis le pied sur cette terre qui alloit être arrosée de leur sang, ils se jetèrent à genoux, levèrent les yeux au ciel, d'où ils attendoient leur force et leur secours, et demeurèrent en cette posture, unis à Dieu par la prière, environ une heure, qui fut le temps qu'on employa à disposer toutes choses dans la place pour leur supplice.

Au haut de la place, on avoit élevé une espèce de portique pour les deux grands mandarins de la cour, où ils se placèrent chacun dans sa chaise. Ils avoient à leurs côtés des mandarins inférieurs, mêlés indifféremment avec des eunuques ; un peu plus bas étoient d'autres mandarins et d'autres eunuques moins distingués. Au milieu, on dressa quatre poteaux, à égale distance les uns des autres. Les soldats armés environnèrent toute la place en forme de cercle, et derrière eux étoit une multitude innombrable de peuple qui étoit accourue à ce spectacle.

Tous les yeux étoient attachés sur les confesseurs de Jésus-Christ, et chacun raisonnoit à sa manière. Les uns, qui savoient que ces Pères n'étoient coupables d'aucun crime, étoient naturellement attendris et ne pouvoient retenir leurs larmes ; d'autres admiroient leur courage et leur intrépidité. La plupart se disoient les uns aux autres : « Avons-nous jamais rien vu de semblable ? Quelle différence entre ces étrangers et ceux de notre nation quand ils se trouvent dans une situation pareille ! On voit à ceux-ci un air sombre et mélancolique, la pâleur de la mort est peinte sur leur visage, au lieu que ceux-là ont un air joyeux et content : il semble que la mort fasse leurs délices. Quelle est donc cette loi qui enseigne à mépriser la vie et à recevoir la mort avec tant de joie et de satisfaction ? »

Tout étant disposé, on fit approcher les quatre missionnaires du lieu où ils devoient être exécutés : là ils se mirent à genoux, et

---

[1] Il faut 2,000 rés pour faire la valeur d'une moëde, et la moëde vaut en Portugal une pistole d'Espagne.

demandèrent en grâce aux bourreaux de les laisser dans cette posture, en les assurant que, sans faire le moindre mouvement, ils attendroient paisiblement le coup de la mort. Leur demande ayant été rejetée, ils s'approchèrent chacun du poteau qui leur étoit destiné; ils y firent, de la main, le signe de la croix; et l'ayant baisé avec beaucoup de respect, ils s'abandonnèrent aux bourreaux, qui les y attachèrent.

Ces bourreaux commencèrent par leur couper les cheveux qui leur couvroient la nuque du cou. Alors un catéchiste nommé Sébastien, ayant percé la foule, se glissa à travers les soldats, et s'étant approché des confesseurs de Jésus-Christ, il recueillit leurs cheveux et demanda leur bénédiction. Il ne put saluer que deux de ces Pères, parce qu'il fut promptement chassé par les soldats, qui l'obligèrent à aller se cacher dans la foule.

Cependant les bourreaux tenoient le sabre nu, les yeux tournés vers le premier mandarin, dont ils attendoient le signal. Il ne tarda pas à le donner, et au même instant ils frappèrent tous ensemble. Le père Alvarez et le père Cratz eurent la tête abattue d'un seul coup. Il en fut à peu près de même du père d'Abreu : sa tête fut séparée de ses épaules du premier coup; mais comme le sabre ne parvint pas jusqu'à la peau de la gorge, sa tête demeura suspendue sur sa poitrine jusqu'à ce que le bourreau l'eût coupée tout à fait. Enfin le père d'Acunha n'eut la tête tranchée qu'au troisième coup.

Aussitôt que l'exécution fut finie, les mandarins, la plupart des soldats et tout le peuple se retirèrent, à la réserve des chrétiens, qui ne pouvoient se lasser de considérer les corps morts de leurs maîtres et de leurs Pères en Jésus-Christ, et de baiser la terre arrosée de leur sang. Les soldats qui étoient restés se mettoient en devoir de les écarter; mais quelques chrétiens surent les gagner par une somme d'argent qu'ils leur offrirent, et dont ils furent si satisfaits, que non-seulement ils leur abandonnèrent ces précieux dépôts, mais même qu'ils les aidèrent à porter les cercueils de bois destinés à renfermer les vénérables restes de ces hommes apostoliques, après quoi ils laissèrent le champ libre et se retirèrent.

Aussitôt tous ces bons néophytes, de l'un et de l'autre sexe, n'étant plus retenus par la présence des soldats, firent éclater librement au dehors les sentimens qu'ils avoient été forcés de renfermer au dedans d'eux-mêmes, et baisèrent respectueusement les pieds de leurs Pères en Jésus-Christ, qu'ils honoroient déjà comme autant de martyrs. Ceux qui avoient apporté les cercueils dépouillèrent les corps de leurs vêtemens ensanglantés, qu'ils s'approprièrent; et, après les avoir revêtus d'habits neufs, ils les mirent chacun dans leur cercueil, et les transportèrent pendant la nuit dans des maisons chrétiennes, où ils leur donnèrent une sépulture honorable. Les corps des vénérables pères Alvarez et d'Abreu furent transportés à la cour dans la maison d'un chrétien nommé Pierre. Ceux du père d'Acunha et du père Cratz furent portés, le premier dans une bourgade nommée *Tamjo*, et le second dans une autre bourgade qui se nomme *Kabua*, où ils ont été inhumés dans des maisons de chrétiens. C'est là où ils sont en dépôt jusqu'à ce qu'on ait quelque occasion de les transporter dans notre église de Macao.

Trois de ces vénérables Pères étoient Portugais et nés de parens nobles, savoir le père Barthélemy Alvarez, le père Emmanuel d'Abreu et le père Vincent d'Acunha. Tous trois avoient eu dès leur plus tendre jeunesse un attrait particulier pour la vie apostolique; c'est ce qui les porta à solliciter leur entrée dans notre Compagnie, et, dans la suite, à prier instamment leurs supérieurs de les envoyer dans les missions de l'Orient. Le premier étoit né à Paramco, près de la ville de Bragance. Il fut admis à l'âge de dix-sept ans au noviciat de Coïmbre, le 30 d'août de l'année 1723. Le second étoit de la ville d'Arouca, dans la province de Beira, et il fut reçu au noviciat le 17 de février de l'année 1724, à l'âge de seize ans. Ce fut à la cour que naquit le troisième, et il étoit âgé de dix-huit ans quand il entra au noviciat de Lisbonne, le 25 mars de l'année 1726.

Pour ce qui est du père Jean-Gaspard Cratz, il étoit Allemand, né de parens catholiques à Duren, ville du duché de Juliers, entre Cologne et Aix-la-Chapelle. Ayant achevé ses études dans sa jeunesse, le goût lui prit de voyager. Après avoir parcouru divers États de l'Europe, il prit le parti de la guerre et entra au service de la république de Hollande, qui lui donna de l'emploi à Batavia. Quoiqu'il se trouvât dans un pays hérétique, il fut toujours fortement attaché à la religion catholique et très-fidèle à en pratiquer les exercices. Toutes les fois qu'il arrivoit un vaisseau de Macao, il y alloit entendre la messe, se confesser et recevoir Notre-Seigneur. Mais ces vaisseaux ne paroissoient pas assez souvent au port de Batavia pour que sa piété fût satisfaite. D'ailleurs il étoit à craindre que ses fréquentes visites sur un vaisseau étranger ne le rendissent suspect à ses maîtres. Ainsi, pour suivre plus librement le plan qu'il s'étoit formé d'une vie chrétienne, il quitta le service des Hollandois et se retira à Macao. Peu après qu'il fut arrivé dans cette ville, il prit la résolution de se donner entièrement à Dieu, et pria, avec les plus vifs empressemens, les supérieurs du collège de le recevoir au noviciat. Quoiqu'on eût assez longtemps éprouvé sa vocation, il ne se rebuta point; enfin il y fut admis à l'âge de trente-deux ans, le 27 d'octobre de l'année 1730. Lorsque, après avoir achevé son noviciat et le reste de ses études théologiques, il se vit honoré du caractère sacerdotal, il ne cessa de presser les supérieurs de l'envoyer à la mission du Tonking. On exauça ses vœux, et il fut joint aux autres Pères destinés à cette mission. A peine fut-il entré dans ce royaume, qu'ainsi que je l'ai dit, il fut fait prisonnier avec eux, et qu'il eut le bonheur, comme eux, de sceller de son sang les vérités de la foi.

La mort de ces illustres confesseurs de Jésus-Christ fut suivie de calamités et d'événemens qui furent regardés des païens mêmes comme un juste châtiment du ciel. Une continuelle sécheresse, dont on n'avoit point encore vu d'exemple, moissonna toutes les campagnes; les terres, devenues extraordinairement arides, ne purent rien produire : ce fut une disette générale dans le royaume. La famine et les maladies épidémiques, qui en sont des suites naturelles, firent les plus grands ravages et enlevèrent une infinité de peuple. Le gouverneur de la province de l'est, qui avoit si fort maltraité ces Pères lorsqu'il les envoya chargés de fers aux tribunaux de la cour, fut emporté tout à coup par une mort violente; des deux premiers magistrats du palais qui avoient signé leur sentence de mort, l'un fut déposé de sa magistrature, et l'autre fut exilé dans les forêts, ce qui est une peine capitale pour des personnes de ce haut rang.

Tant de fléaux qui désoloient le royaume, auroient dû, ce semble, faire quelque impression sur l'esprit du roi et de ses ministres; mais ils ne servirent qu'à ranimer de plus en plus leur fureur contre la loi chrétienne. Il y eut des ordres sévères de faire les plus exactes perquisitions et d'arrêter les prédicateurs de cette loi, qu'on destinoit déjà au même supplice; on posta partout des soldats, principalement au passage des rivières et sur les grands chemins. Ainsi les missionnaires se virent plus inquiétés que jamais dans leurs excursions nocturnes, car ce n'est que la nuit qu'ils peuvent remplir les fonctions de leur ministère. La divine Providence les a sauvés jusqu'ici de tous les dangers auxquels leur zèle les expose sans cesse pour entretenir la ferveur des anciens fidèles, et pour soutenir quelques-uns des nouveaux, qu'une si violente persécution auroit peut-être ébranlés. En voici quelques exemples arrivés dans diverses provinces peu après la mort des quatre missionnaires.

Dans celle du sud, les gentils, ayant appris le lieu de la résidence d'un vicaire apostolique, s'attroupèrent et environnèrent la bourgade; mais comme elle étoit remplie de chrétiens, ils surent si bien le cacher, que les efforts des infidèles furent inutiles.

Une autre fois qu'un missionnaire de l'ordre de saint Dominique célébroit les saints mystères, une troupe de soldats entra tout à coup dans l'église; mais les chrétiens, qui y étoient en très-grand nombre, prirent la défense de leur pasteur et mirent les soldats en fuite.

Le père Emmanuel Carvalho, jésuite, visitant les fidèles de la bourgade nommée *Lam-goi*, et les ayant confessés toute la nuit, fut averti, au moment qu'il croyoit prendre un peu de repos, qu'un mandarin, à la tête de trois cents soldats, s'approchoit pour entourer la bourgade. Il en partit à l'instant, et quoiqu'il marchât dans des terres fort sablonneuses, il fit tant de diligence, que le mandarin, informé de sa fuite, ne put jamais le joindre.

Cinq jours après avoir été délivré de ce péril, il en courut un autre, dont il crut bien ne pouvoir s'échapper. Il voyageoit sur une rivière, pour se rendre à une bourgade habitée par un grand nombre de chrétiens, lorsque tout à coup il arriva si près d'un nombreux corps de garde, qu'il lui fut impossible de reculer. Les catéchistes qui l'accompagnoient s'avisèrent d'orner promptement la barque de banderoles et d'autres marques de la dignité mandarine, et continuèrent leur route. Lorsqu'elle fut à la portée des soldats, qui l'attendoient de pied ferme, ils ne doutèrent pas que ce ne fût un mandarin qui faisoit voyage, et ils la laissèrent passer tranquillement sans y faire la moindre recherche.

Le père de Sampayo voyageoit dans la province du nord. Quoiqu'il eût pris des routes détournées, et qui ne sont fréquentées que par peu de personnes, il se trouva néanmoins vis-à-vis et presque sous les yeux d'un mandarin. Il n'étoit pas humainement possible qu'il échappât de ses mains; mais à l'instant même de cette rencontre, Dieu permit qu'une raison pressante obligea le mandarin de se retirer pour un moment à l'écart. Assez près de là il se tenoit un grand marché; le Père, qui s'en aperçut, eut le temps de se mêler parmi la foule du peuple, et quelque perquisition que fit ensuite le mandarin, il ne put jamais le découvrir.

Le père de Chaves, supérieur de cette mission, courut presque en même temps les mêmes risques dans la province supérieure du sud. Il voyageoit dans un chemin où il sembloit qu'il n'y avoit rien à craindre, tant il étoit écarté. Un gentil, qui le reconnut pour missionnaire, sauta tout à coup sur lui, et, le serrant étroitement entre ses bras, appeloit du secours pour l'arrêter. Ce Père, qui est robuste et nerveux, après trois ou quatre fortes secousses, se débarrassa des mains de l'infidèle et prit la fuite; mais ce ne fut pas sans de nouveaux périls et beaucoup d'incommodités, car il fallut marcher durant une nuit obscure dans des chemins extraordinairement pierreux et bordés de précipices, où il pensa plusieurs fois perdre la vie.

Mais au milieu de ces dangers continuels que couroient les missionnaires, ce qui les affligea le plus sensiblement, et ce qui augmenta leurs inquiétudes, fut la perfidie d'un chrétien apostat, nommé Louis, qui avoit bien mal répondu aux soins d'un vertueux ecclésiastique, lequel cultivoit avec beaucoup de zèle la chrétienté où il avoit reçu le baptême. Ce malheureux fit présenter au roi un Mémoire où il avoit écrit les noms de tous les missionnaires qu'il connoissoit, et s'offroit de découvrir les lieux qu'ils fréquentoient et où ils faisoient quelque séjour. Le roi reçut ce Mémoire, et l'ayant lu, il donna ordre qu'on s'assurât de la personne de l'accusateur dans le dessein de le donner pour guide aux soldats qu'il enverroit à la recherche des missionnaires; mais soit que le roi ait fait dans la suite peu d'attention à ce Mémoire, soit que l'apostat n'ait pas réussi dans ses criminelles intentions, elles ont été jusqu'ici sans aucun effet.

Nonobstant ces exécutions cruelles, et les continuelles recherches des soldats qui répandent la terreur dans tout le royaume, la foi des fidèles est plus ferme que jamais, et leur troupeau s'accroît tous les jours. Il est à croire que ce redoublement de ferveur dans les chrétiens et la conservation de leurs pasteurs sont le fruit des mérites et de l'intercession de ces quatre illustres confesseurs de Jésus-christ, qui, maintenant au ciel, deviennent les protecteurs de cette mission.

EXTRAIT D'UN MÉMOIRE

SUR LES DIFFÉRENS OBJETS DE COMMERCE

QUI ONT COURS A LA COCHINCHINE ET AU TONKING.

Avant d'entrer dans le détail des différens objets de commerce qui ont cours à la Cochinchine et au Tonking, il est à propos de raconter en peu de mots la manière dont le premier de ces deux États fut érigé en royaume. La Cochinchine n'étoit encore vers la fin du seizième siècle qu'une simple province du royaume de Tonking. La guerre que l'empereur de la Chine y porta occasionna, dans ce pays, le changement de l'ancien gouvernement. Les conquêtes du monarque chinois furent si rapides, que le roi de Tonking ne trouvant plus aucun moyen d'échapper aux poursuites de son ennemi, forma la résolution de prévenir, par une mort volontaire, l'esclavage ou les supplices que son vainqueur lui destinoit. Mais au moment où ce malheureux prince alloit s'étrangler, un des grands de sa cour lui représenta qu'il étoit facile d'arrêter le conquérant, et qu'il se chargeoit de l'entreprise. En effet, ce seigneur, s'étant mis à la tête des troupes, marcha droit à l'ennemi, dont il balança tellement les forces, qu'on fut obligé d'en venir à un accommodement. La paix fut conclue à condition que les Tonkinois enverroient tous les ans une ambassade à Pékin avec un homme d'or de la hauteur d'une coudée, un genou en terre, la tête baissée et portant en main une lance, le fer en bas. Ce traité rétablit le calme et la paix dans le royaume ; mais après la mort du souverain, il s'éleva des esprits ambitieux qui démembrèrent l'État et le partagèrent, ce qui n'arriva qu'après des guerres longues et cruelles qui mirent tout le royaume en sang. Cependant la face des affaires ayant changé, on convint de former deux États indépendans l'un de l'autre, et qui seroient gouvernés par un roi particulier. Telle est la véritable époque de l'érection de la Cochinchine en royaume.

Lorsque les Japonois avoient la liberté de porter aux autres nations les denrées de leur pays, le commerce de la Cochinchine étoit beaucoup plus florissant qu'aujourd'hui ; mais l'infatigable avidité de certains peuples européens, qui ne manquoient pas tous les ans d'y envoyer trois ou quatre navires, l'a pour ainsi dire anéanti. Les principales marchandises qui ont cours dans ce royaume, sont le salpêtre, le soufre, le plomb, les toiles fines, les chittes carrées, les chittes longues à fleurs, etc. Les perles, l'ambre et le corail y étoient autrefois d'un grand débit ; présentement il n'y a que les deux derniers qui soient de vente, encore faut-il que les grains du corail soient bien ronds, bien polis et d'un beau rouge. Pour l'ambre, il doit être extrêmement clair, les grains égaux, et n'excéder pas la grosseur d'une noisette ordinaire. Quant aux marchandises qu'on peut tirer de la Cochinchine, les principales sont le poivre, les soies, les sucreries, les bois de calamba et d'ébène, les nids d'oiseaux, l'or en poudre ou fondu, qui ne se vend que dix poids d'argent, et enfin le cuivre et les porcelaines qu'on y transporte de la Chine et du Japon.

On ne sait pourquoi les marchands européens se plaignent des droits d'entrée, de sortie et d'ancrage. Ces droits sont en Cochinchine de très-petite conséquence ; ceux de la douane ne montent qu'à trois ou quatre pour cent. Il est vrai qu'à l'arrivée d'un navire, on ne peut en transporter quoi que ce soit sans être visité. Les officiers de la douane font décharger le vaisseau, pèsent et comptent jusqu'aux moindres pièces, et s'emparent ordinairement de ce qu'ils y trouvent de plus précieux pour l'envoyer au roi, qui en retient ce qu'il juge à propos, en payant. Si le roi seul en usoit ainsi, le mal ne seroit pas bien grand ; mais on prétend que les grands de la cour suivent son exemple et ne payent pas ; que les plus belles marchandises du vaisseau, se dissipant de cette manière, il n'y reste plus que des denrées communes, qui étant seules ne sont pas de défaite, et qui, accompagnées de marchandises de prix se vendent toujours très-bien. Cet inconvénient, tout inévitable qu'il paroît, n'est pas absolument sans remède. Lorsque les Hollandois envoyoient en Cochinchine, de Surate et de Coromandel, des vaisseaux chargés de toiles, de plomb, de salpêtre, etc., on leur laissoit leurs denrées, parce qu'ils avoient la précaution de payer tous les ans une certaine somme pour chaque navire. Les autres nations auroient pu agir de même ; mais en voulant s'exempter d'un tribut modique, qu'il étoit sage de payer, ils ont porté un coup mortel à leur commerce. D'ailleurs, depuis quelques années, les Cochinchinois se sont beaucoup modérés, et quelles que soient leurs manœuvres, elles n'approchent pas de celles des Tonkinois, dont le commerce fleurit cependant toujours par leurs rapports constans avec les étrangers. Si le commerce des Européens avec les Cochinchinois a baissé, on ne doit l'attribuer ni aux droits d'entrée et de sortie ni aux visites rigoureuses des douaniers, mais à la cause que j'ai indiquée, et qui, bien approfondie, ne donne pas une idée fort avantageuse du désintéressement de nos marchands.

L'argent du Japon est le seul qui ait cours en Cochinchine ; on le reçoit au poids, selon la quantité que les négocians en apportent. La monnoie du pays est de cuivre ; elle est ronde, large comme nos jetons ordinaires, et trouée par le milieu, afin de pouvoir l'enfiler en forme de chapelet, trois cents d'un côté, trois cents de l'autre, ce qui passe chez les Cochinchinois pour un mille, parce qu'en six cents il se rencontre dix fois soixante, ce qui fait un siècle chez presque tous les peuples orientaux. Il n'est peut-être pas de pays dans le monde où les marchands se trompent plus facilement par le moyen de cette monnoie, surtout à leur arrivée. Cela vient de ce que les pièces sont égales en figure et en matière, et que la différence qui en règle le prix ne consiste que dans les caractères qu'on y imprime. D'un côté, il y a quatre lettres chinoises, et rien de l'autre. La prudence exige qu'on ait des personnes affidées pour décider de la bonté et de la valeur des pièces, et qu'on en spécifie toujours la nature lorsqu'on fait un marché; autrement on court grand risque d'être la dupe des marchands cochinchinois, qui, avec un caractère assez franc, s'applaudissent néanmoins toujours d'avoir trompé un Européen.

Il y a quelques années que les négocians de Macao faisoient de très-grands profits sur la monnoie, parce qu'alors le roi de Cochinchine n'en faisoit point battre encore à son coin, et qu'elle venoit toute du dehors. Mais depuis que le prince a une monnoie particulière, les étrangers ne peuvent plus en faire aucun commerce, à moins qu'ils ne soient résolus à y perdre au moins la moitié; car, comme j'ai dit, les lettres chinoises qu'on y imprime actuellement en font toute la valeur. J'ai cru devoir faire mention de cet article pour prévenir les risques que les négocians, peu instruits des usages du pays, pourroient courir [1].

On a répandu le bruit en Europe que quand un vaisseau marchand échoue ou relâche en Cochinchine, le roi s'empare des effets si le gouvernail du navire est rompu. C'est un bruit sans fondement. Lorsqu'un vaisseau fait naufrage, il est mieux reçu en Cochinchine que partout ailleurs. On lui envoie des barques pour sauver l'équipage; on fait plonger et jeter des filets dans la mer pour recouvrer les marchandises; enfin on n'épargne ni soins ni peine pour remettre le vaisseau en état. Il est vrai que les Cochinchinois dépouillèrent, il y a quelque temps, deux gros bâtimens hollandois qui avoient relâché sur leurs côtes; mais on ne doit pas oublier la petite guerre qu'il y avoit eu auparavant entre ces deux nations, guerre qui leur a inspiré l'une pour l'autre une aversion qui a suspendu leur commerce réciproque. Voilà sans doute l'origine des bruits injurieux qu'on a fait courir en Europe contre les Cochinchinois.

Je ne vois que deux choses qui puissent nuire aux étrangers, encore est-il facile d'en éviter une. La première regarde la sortie des navires. Quand on attend la veille ou le jour du départ pour demander ses dépêches, il arrive très-souvent que les vaisseaux manquent leur voyage, ce qui occasionne des pertes immenses et capables de ruiner pour toujours un marchand. Il faut solliciter ses dépêches toujours un mois auparavant, et en usant de cette précaution, on est sûr de les obtenir et de partir au temps marqué. La seconde, qui est inévitable, c'est la nécessité où l'on se trouve quelquefois de donner les marchandises à crédit, parce que le payement est toujours plus tardif que l'on n'est convenu. Ce n'est cependant pas l'intention du prince, car tous les négocians qui se sont plaints à lui de ces injustes délais, ont été satisfaits sur-le-champ et même avec usure. Il y a eu, dit-on, des vaisseaux qui ont été obligés de remporter leurs effets. Cela peut être; mais c'est probablement moins pour n'avoir pas voulu donner leurs marchandises à crédit que parce que c'étoient des marchandises de peu de défaite, ou que le gain ne répondoit pas à leurs espérances. Alors il faut s'en prendre à l'inexpérience ou à l'avidité des marchands, et non au crédit qu'ils sont obligés de faire, car ce crédit n'est pas à beaucoup près si ruineux qu'on le prétend, vu que, sur une simple plainte, le prince rend une prompte et exacte justice aux négocians étrangers.

Depuis que les Hollandois se sont emparés de Batavia, Siam est peut-être le seul endroit, dans toute l'étendue de la mer du Sud, où nous puissions nous établir pour étendre et affermir notre commerce au Tonking. Il est aisé de voir que le but des Hollandois est de fermer à toutes les nations de l'Europe l'entrée de la mer du Sud, afin de n'être point troublés dans la possession des Moluques, d'où ils tirent le clou de girofle, la muscade et le macis, et afin de s'emparer de tout le poivre des Indes, pour le distribuer ensuite au reste des nations au prix qu'ils jugeront à propos. Personne n'ignore que si ce peuple vient à bout de ses desseins, les autres se trouveront immanquablement dans la dure nécessité d'acheter de lui tout ce dont ils auront besoin, et de lui vendre les denrées

---

[1] Les risques sont toujours les mêmes. On se sert d'autres monnoies que celles du Japon; on prend les dollars et les espèces d'or et d'argent, mais en les réduisant en barres ou lingots. Le cashe est une petite monnoie de cuivre qui a cours dans les petites affaires du peuple.

qu'ils tirent chacun de leur pays. Ainsi, le Japon, la Chine, le Tonking, Siam, les îles de Formose, de Bornéo et de Java, ne pourront rien avoir que par son canal, ce qui peut avoir des suites extrêmement fâcheuses pour le commerce réciproque des nations [1].

On voit toutes les années arriver à Siam de Surate, de la côte de Coromandel et de Bengale, des vaisseaux chargés de drogues, de toiles de différentes couleurs, etc., et remporter du cuivre, de la toutenague, de l'étain, de l'ivoire, des porcelaines et du benjoin. Il est certain que, comme les avantages et les profits qu'on retireroit des voyages d'Inde en Inde sont considérablement diminués, le même malheur a dû arriver à Siam. Cependant si on y envoyoit chaque année de Pondichéry un navire de cent cinquante tonneaux, avec le capital et les autres marchandises qui y ont cours, on ne laisseroit pas d'y faire de très-grands profits; mais si l'on n'a pas la précaution d'avoir un capital d'avance, c'est-à-dire d'une année pour l'autre, alors il sera impossible d'y faire le moindre gain, parce que les navires qui viennent de la Chine et du Japon, et qui achètent les toiles de la côte de Coromandel pour remporter du cuivre et d'autres marchandises, n'arrivent à Siam que dans les mois de mars et d'avril, et que les vaisseaux de l'Inde n'y arrivant que dans les mois de juillet et d'août, il faut absolument faire son négoce à l'arrivée des premiers bâtimens, car les marchandises qui viennent du Japon et de la Chine augmentent très-souvent en trois ou quatre mois de temps de trente à cinquante pour cent et quelquefois davantage. Je suis persuadé que ce commerce de Pondichéry ou autres lieux de la côte de Coromandel à Siam, étant bien ménagé, pourroit donner chaque année, tous frais faits, quinze ou vingt mille écus de profit; mais on doit, comme j'ai dit, avoir d'avance un capital en argent ou en marchandises.

Quant à ce qui concerne les avantages qu'on pourra tirer du traité que nous avons fait avec le roi de Siam, traité par lequel ce prince s'oblige à nous livrer tout le poivre qui se recueille dans ses États à seize écus le bahar, qui est de trois cent soixante à trois cent soixante-quinze livres pesant, à l'exception de la dixième partie que le souverain réserve pour le commerce qu'il fait avec la Chine et le Japon, je ne doute point que si le poivre y croît aussi abondamment qu'on l'espère, le traité que nous avons conclu ne devienne, sans contredit, un des plus avantageux que nous ayons encore faits dans l'Inde, car nous pourrons alors porter le poivre en Europe, à Bengale, à la côte de Coromandel, à Surate et dans presque toute l'étendue de la Perse. Comme la plus grande partie du poivre qui croît dans les Indes se trouve entre les mains des Hollandois, et que leur principal dessein est de s'en rendre entièrement les maîtres, il est certain que s'il s'en recueille à Siam autant qu'on a lieu de l'espérer, nous y trouverons des avantages qui nous dédommageront amplement de l'espèce de larcin que la Hollande nous fait, ainsi qu'à toutes les autres nations de l'Europe [1].

Toutes les personnes qui sont un peu au fait du commerce des Indes savent très-bien que les Anglois regardoient leur comptoir de Bantam comme l'un des plus avantageux qu'ils eussent dans le pays. Tous les ans cette nation y envoyoit sept à huit navires qui n'en remportoient que du poivre et quelques autres marchandises qu'elle tiroit du Tonking, de la Chine et du Japon, par le moyen des comptoirs qu'elle entretenoit à Aimoy et dans l'île de Formose. On peut aisément juger par les poursuites que les Anglois ont faites en Europe, et par la diminution des actions de leur Compagnie, combien ils estimoient Bantam. J'avoue que les voyages d'Europe à Siam seront plus longs et plus dispendieux que ceux de Bantam; mais cette différence deviendra beaucoup moins considérable lorsque nous ferons partir nos vaisseaux dans la bonne saison. D'ailleurs les avantages que nous trouverons à Siam, et qui seront beaucoup plus profitables que ceux des Anglois à Bantam, feront que nous n'aurons aucun égard à cette différence, qui, après tout, me paroît d'une très-petite conséquence. Nos navires peuvent ar-

---

[1] Les Hollandois ont toujours les principaux établissemens dans les Moluques; mais ce sont les Anglois qui dominent sans concurrence dans les mers du Sud.

[1] Les réflexions du missionnaire sont fort justes, mais il faut en changer l'application. Au lieu de la Hollande, c'est l'Angleterre dont il faut craindre le monopole et les envahissemens.

[1] Tous ces avantages sont perdus, et pour nous et pour les Hollandois. Ce sont les Anglois qui font ce commerce.

river à Siam en deux saisons. Ceux qui partiront de France au mois de décembre peuvent y arriver dans les mois de juin et de juillet, et en repartir dans les mois de septembre et d'octobre pour arriver en Europe dans les mois de mars et d'avril. Pour ceux qui ne partiront de France qu'au mois de février ou de mars, ils pourront arriver à Siam dans les mois d'août et de septembre, et en repartir dans les mois de novembre et de décembre pour arriver en France dans les mois de juin et de juillet.

La navigation de Bantam à Siam[1], depuis la fin de mai jusqu'au commencement de septembre, n'est ordinairement que de quinze ou seize jours, quelquefois cependant d'un mois; et celle de Siam à Bantam, depuis la fin de septembre jusqu'au 15 de janvier, n'est ni plus longue ni plus coûteuse. Les navires qui ne tireront pas plus de quatorze à quinze pieds d'eau peuvent entrer dans la rivière de Siam, et y monter à plus de vingt-cinq et trente lieues. De plus, ils ont la facilité de s'y radouber, car les matériaux nécessaires pour cela s'y trouvent en abondance, ainsi que tous les vivres et tous les rafraîchissemens dont il peut arriver qu'on ait besoin. Outre cela, on y trouve du salpêtre dont on peut se servir pour lester les navires; mais je crois devoir avertir qu'il y est un peu cher. Il seroit peut-être plus avantageux d'y prendre du cuivre du Japon. A l'arrivée des navires, on l'a communément à seize ou dix-sept écus le pikle, qui est de cent vingt à cent vingt-cinq livres poids de France. Je pense qu'il est inutile d'ajouter ici que toutes les marchandises qui viennent de la Chine, du Japon et du Tonking se trouvent à Siam à un prix raisonnable.

Si les François prenoient la résolution de s'établir fort avant dans le Tonking, je ne vois, excepté Siam, aucun endroit avec lequel ils puissent avoir une communication facile, profitable et commode. Pour leur commerce, ils n'auroient besoin que d'une double chaloupe, qu'ils auroient soin de faire partir de Siam au commencement ou vers le milieu du mois de juillet, pour y retourner au mois de décembre, et on auroit encore le temps de charger les effets qu'on en auroit apportés, sur les bâtimens qu'on expédieroit en ce temps-là pour la France.

Il est évident que les François peuvent faire au Tonking le négoce que les Compagnies de Hollande et d'Angleterre y font. Ces Compagnies en tirent une quantité prodigieuse d'étoffes, de musc et de soie. On avoit chargé sur le fameux *Soleil-d'Orient* environ deux mille quatre cents onces de musc, qui revenoient tout au plus, à la Compagnie de France, dans le Tonking, à sept livres l'once; de la soie qui ne coûtoit à cette Compagnie que trois livres la livre, et beaucoup d'étoffes rares sur lesquelles on ne pouvoit manquer de trouver en France cent cinquante et deux cents pour cent de profit, et peut-être encore davantage. Le musc du Tonking est, de l'aveu de tout le monde, le meilleur et le moins altéré qu'il y ait dans l'univers; et quoiqu'il n'ait été donné, dans une des dernières ventes que la Compagnie a faites à l'Orient, qu'à quinze ou seize livres l'once, il est certain néanmoins qu'il se vend en Angleterre et en Hollande plus de vingt-deux livres la livre, au moins selon les prix courans que nous avons reçus dans les Indes ces années dernières. A la vérité, on doit convenir que les soies du Tonking ne sont pas si bonnes que celles de la Chine, de Bengale, de Perse et d'Italie; cependant les Anglois en apportent en Europe et en tirent de très-grands profits. Il faut encore remarquer que quoiqu'un navire soit chargé, on peut cependant y placer aisément pour trente ou quarante mille écus de marchandises du Tonking, j'entends de celles dont le volume n'est point embarrassant. On pourroit aussi débiter à Siam tous les ans pour dix ou douze mille écus de soie et d'étoffes, à quarante et cinquante pour cent de profit.

Les draps d'Europe se vendent avec beaucoup d'avantage à Siam: tout le monde sait que c'étoit le seul négoce qu'y faisoit la Compagnie d'Angleterre. Les Anglois y portoient des perpétuannes, que les Chinois achetoient pour envoyer en Chine et au Japon; mais le bruit se répand que dans ce dernier empire, les draperies viennent d'être défendues, ce qui n'empêchera pas qu'elles n'aient cours dans les États de l'empereur de la Chine. On peut également y débiter du corail travaillé, ainsi que l'ambre brut, pourvu qu'il tire sur la cou-

---

[1] Bantam, dans l'île de Java. C'étoit autrefois le centre du commerce hollandois dans les îles de la Sonde; maintenant, ce port est obstrué par les barres et les sables. On n'y va plus, et il est remplacé par Batavia.

leur de citron : c'est la meilleure espèce pour le pays.

J'ai dit que Siam étoit le seul endroit où nous puissions nous établir pour étendre notre commerce au Tonking. Je dois avertir en finissant : 1° qu'il ne faut porter à Siam que des écus de France ; 2° que le bahar dont j'ai parlé est de trois pikles, et le pikle de cent vingt à cent vingt-cinq livres poids de France, ou de cent cattis, poids de Chine ; mais le catti de Siam est le double de celui de la Chine et vaut cent cinquante livres de France ; 3° qu'il y a dans le catti de Siam quatre-vingts ticals, quatre mayons dans le tical, deux fouans dans le mayon et deux sompayes dans le fouan.

LETTRE DU PÈRE CHANSEAUME

AU RÉVÉREND PÈRE LE HOUX.

Persécution en Cochinchine.

A Macao, le 5 décembre 1750.

MON RÉVÉREND PÈRE,

La paix de Notre-Seigneur.

Le royaume de la Cochinchine m'offre cette année de tristes événemens à vous écrire. Une persécution s'y est tout à coup élevée contre la foi chrétienne, et a ruiné en peu de mois non-seulement les abondantes moissons que donnoit ce champ du père de famille, mais encore les espérances qu'en avoient conçues les ouvriers évangéliques qui le cultivoient en grand nombre avec autant de zèle que de succès.

Plusieurs causes ont contribué à un si funeste événement ; mais la première sans doute est la persécution excitée à la Chine contre la religion chrétienne. On sait certainement que des marchands chinois, qui vont tous les ans faire commerce dans les ports de la Cochinchine, affectèrent, les années dernières, de publier tout ce que l'empereur de la Chine faisoit pour éteindre, s'il étoit possible, le nom de chrétien dans ses États ; et de plus ils ajoutèrent dans leurs narrations une foule de mensonges : par exemple, que les chrétiens avoient excité des troubles et machiné des soulèvemens dans plusieurs province de l'empire. Outre qu'ils suivoient en cela leur caractère, ils pouvoient espérer qu'en donnant pour bien fondées les accusations faites contre les chrétiens, ou en les exagérant, ils nuiroient au commerce que les Macaoniens vont faire à la Cochinchine, et que le leur en vaudroit mieux.

Il est vrai que le roi, à la première nouvelle qu'on lui donna de cette persécution, se contenta de répondre : « Le roi de la Chine fait ce qu'il juge à propos dans son royaume ; et moi, je gouverne le mien comme bon me semble. » Mais les petits souverains voisins de ce grand empire ont beau vouloir paroître n'en pas prendre le ton, ils ne manquent presque jamais de se régler en effet sur son exemple. Aussi est-il très-vraisemblable que le roi de la Cochinchine fit ensuite bien des réflexions relatives aux nouveaux bruits qui se répandoient successivement contre la bonne foi et l'esprit pacifique des chrétiens.

Ce qui ne laisse même aucun lieu d'en douter, c'est qu'il avoit livré toute sa confiance à un de ses sujets qui ne cherchoit que des occasions d'indisposer son esprit contre le nom chrétien. Ce confident (Kai-an-tin) est un homme de fortune, qui, dans son bas âge, fut disciple et serviteur des bonzes. Dire que sa haine pour la foi de Jésus-Christ se sent de sa première condition, c'est n'en donner qu'une foible idée. Le bonze le plus passionné contre la foi chrétienne peut à peine lui être comparé. Il a plusieurs fois proposé au roi de faire mourir tous ceux, soit missionnaires, soit chrétiens, qui refuseroient de fouler aux pieds les saintes images en signe d'apostasie. Le roi, qui n'aime pas à répandre du sang, n'a pas voulu y consentir. Bien des grands du royaume, plus élevés en dignité que Kai-an-tin, l'ont souvent repris des instances qu'il faisoit pour venir à bout d'un si cruel dessein. Il leur a dit qu'il en poursuivroit jusqu'à la mort l'exécution. Ces grands, quoique infidèles pour la plupart, lui ont représenté que la loi chrétienne n'ordonne rien que de bon, et que ceux qui l'ont persécutée en ont été punis du Ciel par une mort tragique. Kai-an-tin a toujours répondu qu'il s'attendoit bien à une fin funeste, mais qu'il vouloit employer tout son crédit et tout son savoir pour éteindre une religion qui lui déplait. J'avoue qu'un tel excès d'extravagance et de fanatisme a de quoi étonner ; mais on en trouve d'assez fréquens exemples dans les persécuteurs de la vraie religion.

Un autre personnage avoit travaillé à rendre odieux au roi les missionnaires, sinon comme ministres de la foi chrétienne, du moins comme Européens : c'est un Cochinchinois chrétien, appelé Michel Kuong. Ce jeune homme ayant passé plusieurs années hors de la Cochinchine, partie à Pondichéry, partie à Madras et partie à Macao, il s'en retourna dans sa patrie il y a près de trois ans. Le roi voulut le voir, et le questionna beaucoup sur les coutumes, la puissance et l'ambition des Européens. Kuong, pour faire sa cour ou pour quelque autre motif que ce puisse être, dépeignit les Européens comme des hommes entreprenans qui ne pensent qu'à s'assujettir toujours de nouvelles contrées. Tout cela confirma de plus en plus le roi dans la pensée que les missionnaires pourroient bien avoir des desseins de rébellion.

Il ne sera pas hors de propos de dire que ce Michel Kuong fit l'an passé auprès du roi l'office d'interprète à l'égard d'un vaisseau françois; qu'il trahit les intérêts des François, qu'il fut cause d'un grand nombre d'indignes chicanes qui leur furent faites. Persuadé néanmoins que sa perfidie étoit secrète, il eut la confiance téméraire d'aller à bord du vaisseau dans le temps qu'il se disposoit à partir. Le vaisseau mit à la voile et emmena le traître, généralement regardé comme le fléau des Européens et par là même de la religion. Ses parens, qui eurent de forts indices qu'il avoit été retenu dans le vaisseau françois, le réclamèrent auprès du roi. Alors Kai-an-tin ne manqua pas cette occasion de signaler sa haine. On fit arrêter prisonnier M. l'évêque de Noëlène, vicaire apostolique, aussi bien que MM. Rivoal et d'Azemar, tous les trois François, comme s'ils eussent été responsables d'un enlèvement qu'on supposoit fait par des gens de leur nation, sans pouvoir le prouver juridiquement. Les messieurs du séminaire des Missions Étrangères, dont étoient les prisonniers, eurent bien de la peine à accommoder cette affaire. Ils dépensèrent environ 700 francs pour faire cesser les cris des parens de Michel Kuong et pour payer d'autres frais de justice. Enfin les prisonniers furent remis en liberté et le calme parut rétabli.

Bientôt après survint un autre incident. Plus de vingt mille Chinois, répandus dans la Cochinchine, avoient formé un projet de révolte. On le communiqua à des chrétiens dans le dessein de les y faire entrer; mais fidèles à leur devoir, ces chrétiens en donnèrent avis à la cour. La trame du soulèvement fut vérifiée, et aussitôt les troupes furent mises en campagne; des compagnies de soldats couroient de tous côtés pour se saisir des Chinois.

Sur ces entrefaites, arriva un vaisseau de Macao qui portoit des lettres pour les missionnaires. Il n'y avoit aucun ordre d'arrêter ces sortes de paquets; cependant un soldat, entre les mains de qui les lettres adressées à nos Pères tombèrent par hasard, jugea devoir les retenir. Le roi, à qui elles furent portées, voulut qu'on les fît interpréter, ajoutant que c'étoit un bon moyen de savoir si les missionnaires pensoient à exciter quelque rébellion : il nomma donc trois commissaires pour présider à l'interprétation, et pour lui faire le rapport de ce qu'il y avoit dans ces lettres. Les seuls missionnaires pouvoient être choisis pour interprètes; mais afin de voir s'ils en rendoient fidèlement le sens, les commissaires appeloient plusieurs missionnaires, l'un après l'autre, pour faire répéter à chacun en particulier le contenu des mêmes lettres. Il n'étoit pas à craindre qu'on y trouvât quelque indice de révolte. Tout ce que les missionnaires de la Chine écrivoient touchant la persécution qui s'étoit élevée dans l'empire rouloit sur l'aveuglement des pauvres idolâtres, qui s'obstinent à ne pas vouloir reconnoître la vérité, et sur les châtimens dont le Ciel venoit de punir les principaux auteurs de la persécution. Il ne se pouvoit rien de plus à propos. Les commissaires demandèrent s'il leur arriveroit de même quelque fin tragique, supposé qu'ils s'employassent à bannir la religion chrétienne de la Cochinchine. Les missionnaires profitèrent d'une si belle occasion pour leur parler de la souveraine puissance de Dieu, des merveilles qu'il a si souvent opérées en faveur de sa sainte loi et pour leur rappeler comment avoient péri misérablement tous ceux qui avoient précédemment excité des persécutions dans la Cochinchine.

On a, en effet, dans ce royaume des exemples de cette nature assez récens, et si terribles, que les idolâtres mêmes en conservent le souvenir et n'en parlent qu'en frémissant. On se rappelle surtout un grand mandarin, Noïtan, qui fut coupé en petits morceaux ; ses rivaux l'avoient poussé à se déclarer avec violence contre la religion chrétienne, ne doutant pas que ce ne fût le plus sûr moyen de s'en débarrasser.

Les commissaires ne cherchèrent point à nier ces faits de notoriété publique, mais ils protestèrent qu'ils ne vouloient rien faire contre la religion des chrétiens, et qu'au sujet des lettres dont il s'agissoit, ils rendroient le témoignage le plus favorable. Ce qui prouve qu'ils le firent comme ils l'avoient promis, c'est que le roi ordonna de les remettre aux missionnaires à qui elles étoient adressées. La cause paroissoit terminée, et les missionnaires en reçurent des complimens de félicitation de la part des commissaires. Mais ce jour-là même, 24 d'avril, ces douces espérances s'évanouirent ; l'affaire de la religion changea totalement de face, et fut décidée par un arrêt d'exil pour les missionnaires et de proscription pour la loi de Jésus-Christ.

On assembla un grand conseil, auquel assistèrent les grands mandarins d'armes et de lettres ; on y délibéra s'il falloit laisser aux missionnaires la liberté d'enseigner publiquement leur religion européenne, ou si, sans avoir de preuves positives qu'ils fussent mal intentionnés contre l'État, il étoit convenable de les mettre hors du royaume. Les ennemis du nom chrétien dirent qu'il n'étoit pas raisonnable de souffrir que des étrangers enseignassent et établissent leur foi dans la Cochinchine, dans le temps que d'autres étrangers (les Chinois) troubloient l'État par des conjurations ; que les prédicateurs de la loi chrétienne n'étoient ni nécessaires ni utiles au royaume, et qu'ainsi la seule crainte de quelques mauvais desseins de leur part étoit une raison suffisante pour les en chasser ; que les chrétiens leur étoient trop attachés, qu'ils respectoient plus leurs volontés que les ordres des mandarins ; que pour peu qu'on laissât croître le nombre de ceux qui s'attachoient à leur doctrine, ils se trouveroient les plus forts et pourroient donner la loi, sans qu'il fût possible au reste du royaume de leur résister ; que les missionnaires s'étoient distribués dans tous les coins des provinces, qu'ils savoient tout ce qui s'y passoit, jusqu'aux moindres minuties, et que par eux on le savoit dans tout le reste du monde ; qu'il n'étoit pas glorieux à la nation de se relâcher de plusieurs de ses usages les plus anciens et les plus sacrés parce que des étrangers venoient en enseigner de contraires.

De semblables raisons n'auroient pas entraîné tous les suffrages, parce que dans ce conseil, composé d'infidèles, il ne laissoit pas d'y avoir un certain nombre de mandarins affectionnés à la religion chrétienne, qui l'avoient assez étudiée pour être intimement convaincus qu'elle est la véritable, et que les chrétiens sont les plus fidèles sujets d'un État ; plusieurs d'entre eux s'étoient déclarés pour la loi des chrétiens dans d'autres occasions ; et en particulier l'oncle du roi, qui étoit la personne la plus respectable de l'assemblée, en avoit toujours pris la défense. L'autorité de son suffrage auroit pu partager les opinions ; mais la manière foible ou équivoque dont il s'énonça occasionna la ruine de la bonne cause : «Chassez, dit-il, les missionnaires puisque vous le voulez tant, et vous verrez quels malheurs viendront aussitôt fondre sur l'État.» Les plus passionnés contre la sainte loi de Jésus-Christ, prenant aussitôt la parole, dirent qu'ils étoient également d'avis qu'on les chassât ; et les autres se déclarèrent aussi pour le même sentiment, chacun craignant de devenir suspect s'il s'opposoit à l'exil des missionnaires, et d'encourir la disgrâce du roi et la colère de son confident.

Le roi, à qui on alla aussitôt rendre compte de la résolution du conseil, montra une grande joie lorsqu'il apprit que le prince son oncle avoit opiné le premier à exiler les Européens, et nomma son confident Kai-an-tin pour présider à l'exécution de la sentence. C'étoit bien prendre le moyen de la faire exécuter en toute rigueur, ou même avec plus de rigueur qu'on ne vouloit. Kai-an-tin, sachant que les lettres interprétées n'avoient pas encore été remises aux missionnaires, demanda d'en être fait examinateur. Il dit qu'il importoit beaucoup d'y trouver de quoi justifier la présente sentence aux yeux des sujets du royaume et des étrangers, et de quoi détromper les chrétiens abusés, disoit-il, par le faux prétexte d'une loi céleste qui sauve les âmes après la mort du corps ; que les commissaires examinateurs s'étoient sûrement laissé tromper par les Européens, trop intéressés à ne pas traduire fidèlement ; mais il promettoit qu'il sauroit bien les forcer à rendre le véritable sens. Le roi loua son zèle et lui fit remettre les lettres dont il s'agit.

Kai-an-tin, au comble de ses vœux, se mit à disposer tout pour faire arrêter les missionnaires. Ils étoient au nombre de vingt-neuf dans l'étendue du royaume, dont deux évêques, savoir : M. de Noélène, vicaire apostolique, et son coadjuteur et successeur désigné, M. d'Eucarpie, tous les deux du séminaire des Missions Étrangères; sept autres missionnaires du même séminaire, deux de la sacrée congrégation de la Propagation de la foi, neuf de l'ordre de Saint-François et neuf de notre Compagnie. Le premier jour de mai, on alla prendre ceux qui se trouvoient dans la capitale ou dans son voisinage, au nombre de neuf. De ce nombre il faut ôter le père Kofler, jésuite allemand, qui fut excepté comme médecin et qui, en cette qualité, réside encore à la cour.

On commença tout de nouveau à faire interpréter les lettres. Les Pères qui les traduisoient étoient gardés chacun dans une prison différente, et les soldats, qui ne les perdoient de vue ni jour ni nuit, avoient grande attention qu'ils ne pussent communiquer par écrit les uns avec les autres ni même parler à qui que ce fût. Chacun étoit appelé à son tour et avoit à répondre, plusieurs jours de suite, à toutes les chicanes, à tous les doutes, à tous les soupçons. Les examinateurs sortoient de la matière des lettres : « Pourquoi, demandoient-ils, les princes d'Europe ont-ils des établissemens et des forteresses dans les Indes? Que veulent dire tant de guerres qu'ils ont entre eux? Pourquoi font-ils la guerre aux Indiens? Ne viendroient-ils pas la porter ici s'ils croyoient pouvoir se rendre maîtres de la Cochinchine? » Ensuite ils vouloient savoir ce que les missionnaires avoient fait dans la Chine pour mériter d'en être chassés; s'il y avoit aussi des missionnaires dans le Tonking et dans les autres parties du monde. Sur ce qu'un Père avoit écrit de Pékin : « Votre tour d'être persécuté viendra bien aussi », ils vouloient qu'on leur expliquât comment ce Père avoit pu le savoir et le prédire. « Certainement, concluoient-ils, il savoit que vous pensiez à un soulèvement qui donneroit occasion à vous punir comme rebelles? » D'autres fois ils supposoient, ils assuroient même qu'un tel autre missionnaire avoit avoué le dessein de révolte. Ils cherchoient à surprendre par toutes sortes de questions captieuses, à intimider par l'appareil des instrumens de la torture, qu'ils faisoient étaler avec fracas; à étourdir par des éclats de rire, des cris, des injures; à accabler de lassitude en tenant nuit et jour le missionnaire dans une posture gênante; les juges se relevant et ne laissant prendre au patient aucun repos ni presque aucune nourriture, et continuant à son égard ce cruel traitement jusqu'à ce qu'il fût tombé malade et hors d'état de leur répondre.

Mais rien de tout cela ne réussit à ces nouveaux commissaires, choisis de la main du persécuteur Kai-an-tin. La candeur, l'innocence, la vérité, la patience triomphèrent. Plus on avoit fait d'efforts pour trouver du crime, plus la vertu paroissoit clairement et à découvert. Le persécuteur n'en devint que plus furieux, et voulut essayer un autre moyen de faire paroître les missionnaires coupables de révolte; mais ce moyen eut aussi peu de succès que le premier. Chose étrange! quoique la révolte des Chinois eût été dénoncée par les chrétiens, Kai-an-tin voulut faire voir que les missionnaires et les chrétiens étoient entrés dans le projet de cette même révolte. Un des conjurés fut appliqué à la question, et, pour se délivrer des tourmens, chargea tant qu'on voulut les uns et les autres, jusqu'à déposer que les missionnaires étoient les chefs de la rébellion; mais hors de la torture il rétracta toutes ses dépositions. Beaucoup d'autres conjurés subirent des interrogatoires pour la même fin, et tous répondirent que ni les missionnaires ni les chrétiens n'avoient pris part au projet de révolte.

Nous ne savons pas de quelle manière Kai-an-tin rendit compte au roi de tout ceci. Pouvoit-on espérer que son rapport seroit fidèle? Le résultat fut (soit que le roi consentît à tout, soit que son confident ait beaucoup enchéri sur la volonté du prince, comme toute la Cochinchine l'en a soupçonné), le résultat, dis-je, fut que non-seulement les missionnaires devoient être exilés et leur religion proscrite, selon la première résolution, mais encore que toutes les églises devoient être rasées et les effets des missionnaires confisqués.

Dans le même jour, qui fut le 7 de mai, des compagnies de soldats furent envoyées dans tous les endroits du royaume où il y avoit des églises à démolir et des missionnaires à faire prisonniers. On voulut pour ainsi dire donner un assaut général. Premièrement, les demeures de ceux qui étoient déjà dans les prisons furent investies de toutes parts par une multitude de soldats ; ensuite un greffier, avec d'autres officiers du tribunal, allèrent reconnoître les pauvres meubles des missionnaires. Ils envoyoient au palais les livres, les coffres d'ornemens d'église et de vases sacrés, des paquets de chapelets, les images, les médailles ; ils s'approprioient les ustensiles qu'ils pouvoient emporter secrètement, jetoient dans la rue nattes, chaises, tables ; ils procédoient de la même manière dans le pillage de l'église ; après quoi ils ordonnoient au quartier ou au village de démolir l'église, laissant pour salaire du travail les matériaux que chacun pourroit emporter. La populace couroit tumultuairement à la proie qu'on lui livroit. En peu d'heures le toit étoit abattu, et les murailles, faites en plus grande partie de grandes poutres, étoient bientôt renversées. Il n'étoit pas possible qu'il n'y eût bien du désordre : on se disputoit une planche, une colonne, on en venoit aux coups ; on se heurtoit dans la presse ; les uns tomboient du toit ou du haut des murailles ; d'autres, blessés ou estropiés par la chute des matériaux, crioient au milieu des débris. Combien ont été écrasés et suffoqués ! Malgré ces accidens, le désir d'enlever quelque pièce faisoit qu'on ne discontinuoit pas, jusqu'à ce que tout fût abattu et emporté.

Cependant les compagnies de soldats envoyées dans les provinces faisoient des journées forcées, pour y surprendre les missionnaires. Heureusement ceux-ci avoient été prévenus par un billet que le père Monteiro, jésuite portugais, avoit trouvé moyen de leur écrire de sa prison. Ce Père les avoit sagement avertis de faire en sorte qu'on ne pût leur trouver aucun catalogue des chrétiens ni autres papiers capables de faire naître de nouveaux soupçons. Ils y prirent garde ; mais ils ne jugèrent pas à propos de se cacher ni de fuir : ils comprenoient qu'ils ne pourroient échapper longtemps aux recherches, et ils craignoient d'irriter davantage le roi, qu'ils croyoient moins résolu que son ministre à les chasser de la Cochinchine ; ils étoient tous connus, et l'on savoit leurs demeures et leurs églises, parce que la religion, depuis bien des années, se professoit et se prêchoit publiquement, et les onze dernières années, l'exercice s'en étoit fait avec une entière liberté ; ainsi on les trouva et on les arrêta sans difficulté. Une troupe de soixante ou quatre-vingts soldats environnoit la demeure d'un missionnaire ; quelques autres y entroient le sabre à la main. Un d'entre eux le saisissoit par les cheveux noués sur sa tête, le terrassoit et le traînoit par terre ; ensuite on lui lioit les mains avec des cordes : à quelques-uns, on les attachoit en croix ; à d'autres, par derrière le dos, et d'autres les avoient seulement attachées par devant. Plusieurs avoient aussi les jambes garrottées et les bras serrés contre le corps, mais avec tant de violence, qu'ils en perdoient presque la respiration. Les bras, les mains, les poignets en étoient bientôt meurtris et enflés, et l'on voyoit à quelques-uns la peau déchirée et le sang couler.

Comme si l'on eût dû craindre de leur part quelque résistance, après les avoir réduits en cet état, on leur engageoit le cou dans une espèce d'échelle, qu'ils devoient porter, et on les attachoit à un arbre ou à un poteau en attendant qu'on eût fait le pillage de leurs églises et de leurs maisons. On s'embarrassoit peu qu'ils demeurassent exposés aux ardeurs du soleil, qu'ils prissent quelque nourriture ou qu'ils passassent deux ou trois jours à souffrir la faim. Un religieux de l'ordre de Saint-François, vénérable par ses longs travaux et par son grand âge, tomboit en défaillance après deux jours du jeûne le plus rigoureux. Deux bonnes chrétiennes s'enhardirent à lui porter une écuellée de riz ; mais les soldats, avec une inhumanité digne des peuples les plus barbares, les mirent à la torture pour les en punir et pour en tirer quelques petites pièces de monnoie. M. l'évêque d'Eucarpie fut retenu dix-huit jours couché à terre par le poids énorme de son échelle. La même chose arriva, pour un certain nombre de jours, au père Laureyzo, jésuite portugais, et à plusieurs autres. Il y en eut quelques-uns à qui les soldats vinrent mettre le pied sur la gorge, le sabre levé, comme dans le dessein de leur ôter la vie ; mais ils n'en avoient d'autre que de montrer de la férocité, ou de savoir des missionnaires s'ils avoient quelque part des trésors ou des armes cachées.

Quelle abondance de consolation Dieu n'a-t-il pas coutume de répandre dans l'âme de ceux qui souffrent pour la justice! Ces délices intérieurs ne manquèrent pas dans cette occasion aux prisonniers de Jésus-Christ. Leur cœur goûtoit une céleste joie qui éclatoit sur leur visage, et ne causoit pas peu d'admiration à tous ceux que la curiosité attiroit continuellement auprès d'eux. Elle naissoit, cette joie sainte, de leurs souffrances mêmes et croissoit avec elles. De temps en temps elle faisoit place à une passion contraire : on s'apercevoit que leurs visages étoient enflammés d'une sainte colère, quand ils voyoient ou apprenoient la profanation des choses saintes. C'étoit une plaie bien sensible à leur cœur de voir porter par des mains impies les calices, les ciboires, les boîtes des saintes huiles, avec les ornemens destinés au sacrifice de nos autels, qui alloient être convertis en parures de femmes et peut-être d'idoles ; des corporaux et purificatoires servir à arrêter les cheveux des soldats sur la tête et à essuyer la sueur de leur front. C'étoit bien l'heure du prince des ténèbres, quand ces sacriléges profanateurs faisoient leur jouet des choses sacrées et triomphoient de les avoir découvertes dans les divers endroits où les ministres de Jésus-Christ n'avoient pu les cacher qu'à la hâte.

Bientôt après on procédoit à la démolition des églises, comme on l'avoit fait dans la capitale. Environ deux cents, dont plus de cinquante étoient belles et grandes pour le pays, ont été renversées de fond en comble. Cependant il en reste encore un certain nombre sur pied, quelques gouverneurs des provinces éloignées de la cour n'ayant pas laissé exécuter les ordres à la lettre. A la cour même, celle de M. l'évêque de Noëlène a été conservée par la protection du frère du roi, affectionné à ce prélat. Les pères Monteyzo et Kofler ont aussi trouvé le moyen, par l'autorité de quelques grands, de faire subsister les leurs dans leur entier. Les gouverneurs qui ne consentirent pas à la démolition des églises modifièrent de plus une permission que Kai-an-tin avoit donnée aux soldats. Cette permission étoit d'employer à leur gré la violence tant contre les chrétiens que contre les missionnaires pour en tirer tout l'argent qu'ils pourroient. Les ministres de la cruelle tyrannie furent donc contraints de traiter plus doucement les missionnaires et d'épargner les chrétiens dans les districts de ces gouverneurs plus humains.

Mais dans les endroits où ils ne furent pas gênés, ils mirent tout en désordre. Ils alloient premièrement dans les maisons des catéchistes pour y découvrir ce que les missionnaires auroient voulu soustraire à leur avidité ; ils passoient à celles des autres chrétiens, qui, pour éviter les mauvais traitemens, laissoient tout à l'abandon. Les vieillards et les enfans qui n'avoient pu fuir étoient rudement battus s'ils ne déclaroient sur-le-champ quelque chose de caché. La femme d'un idolâtre, laquelle ne conservoit depuis longtemps du christianisme que le caractère du baptême, eut beau protester qu'elle et toute sa famille adoroient les idoles, les soldats pillèrent tous ses effets. Il suffisoit qu'une maison eût la réputation d'être chrétienne, pour qu'ils crussent que tout ce qui y étoit contenu leur appartenoit. Quelquefois, ayant pris la maison d'un gentil pour celle d'un chrétien, ils en enlevoient tout ce qu'ils pouvoient, même après avoir reconnu leur erreur. Ils obligeoient à racheter chèrement les reliquaires, médailles, chapelets, les troupeaux qu'ils ne pouvoient emmener, les terres mêmes, qu'ils ne pouvoient ruiner ni garder. D'autres idolâtres se disoient faussement soldats, et alloient tout ravager dans les hameaux et les maisons des chrétiens écartées. Beaucoup de pauvres chrétiens, ne trouvant plus d'asile, étoient errans dans les campagnes et ne savoient où se réfugier.

Enfin les soldats, surtout ceux qui se trouvoient à une distance de deux cents lieues du grand port, voyant que le temps les pressoit de partir, mirent fin à ces extorsions étranges pour commencer un voyage qui devoit durer plus d'un mois. Ils changèrent les chaînes des missionnaires les plus pesantes en de plus légères ; ils souffrirent et souhaitèrent même que des chrétiens en grand nombre fissent cortège à leurs maîtres dans la religion jusqu'au terme du voyage : c'est qu'ils les jugeoient bons à transporter leur butin. D'un autre côté, ils s'humanisèrent un peu à l'égard des missionnaires, dont ils eurent occasion de connoître de plus en plus la vertu et le mérite. Ils perdoient quelquefois cet air de férocité dont ils prétendent se faire honneur devant le peuple dans l'exercice de leurs fonctions ; ils en vinrent même jusqu'à donner des marques de respect aux vénérables prisonniers. Mais l'espérance d'un nouvel émolument leur faisoit bientôt reprendre leur brutale cruauté. Après avoir passé dans les villages où des chrétiens étoient venus pleurer devant les missionnaires et leur porter des rafraîchissemens proportionnés à leur pauvreté, les soldats ne manquoient pas de demander à ceux-ci ce qu'ils avoient reçu et de se plaindre de ce qu'ils ne s'étoient pas fait donner davantage. La cupidité, passion si excessive dans les Cochinchinois, n'étoit jamais satisfaite. Le père Hoppe, jésuite allemand, fut appliqué à la torture pour être forcé à donner de l'argent qu'il n'avoit pas, ou afin que les chrétiens qui étoient accourus sur son passage, le voyant souffrir, en donnassent pour le délivrer. Une autre bande de soldats qui conduisoit deux missionnaires, succombant à la même passion, à la vue d'un semblable concours de chrétiens, prit la résolution de tenir les prisonniers attachés à un poteau, sous les plus ardens rayons du soleil : c'étoit le temps auquel cet astre passoit à plomb sur ce climat brûlant de la zone torride; mais le ciel se couvrit de nuages et frustra cette avarice barbare de toutes ses espérances.

Les missionnaires ne se montroient pas moins prompts à tout perdre que leurs gardes avides à tout recevoir. Sans résistance, sans plaintes, sans aucun signe de regret, d'un air gai, content et libéral, ils livroient sur-le-champ tout ce qu'ils avoient. Les gardes, peu accoutumés à traiter avec des prisonniers si accommodans, en étoient dans l'admiration; mais, sans rien relâcher de leur importunité, ils vouloient obliger ces missionnaires, dépourvus de tout, à trouver des ressources pour leur payer le loyer des prisons, les cordes et les chaînes qui les tenoient captifs, le transport de leurs meubles confisqués. Tout prisonnier, quel qu'il soit, est obligé, dans la Cochinchine, à tous ces frais, si injustes qu'ils passent la vraisemblance. De là il arrivoit que les prisonniers de Jésus-Christ manquoient des alimens nécessaires, ce qui, joint aux incommodités du voyage et à tant d'autres peines, épuisa entièrement leurs forces. La plupart tombèrent malades avant que de parvenir au terme, et on jugeoit de quelques-uns qu'ils finiroient leur vie en chemin ; mais le seul père Michel de Salamanque, de l'ordre de Saint-François, Espagnol de nation, céda enfin à la force du mal : il mourut le 14 de juillet à Hai-fo, près du grand port, et alla recevoir, comme nous avons toute raison de le croire, la récompense de ses souffrances pour la foi et de ses rares vertus.

Les fièvres et la dyssenterie s'étoient mises parmi les missionnaires gardés dans les prisons de la capitale. Ils ne laissoient pas néanmoins d'entendre chaque jour beaucoup de confessions, les chrétiens achetant des soldats la permission d'aller visiter les Pères spirituels. Plusieurs de ces chrétiens furent arrêtés par ordre de Kai-an-tin, et on les voulut forcer, en présence des missionnaires, à fouler aux pieds des images et des croix; les soldats les y invitoient par leurs exemples et les y incitoient à grands coups. Les mandarins leur demandoient, d'un air menaçant, pourquoi ils n'obéissoient pas aux ordres du roi. Ils répondirent constamment que cette impiété leur faisoit horreur; qu'ils ne pouvoient pas se résoudre à mettre avec mépris sous leurs pieds ce qu'ils avoient jusqu'alors élevé avec respect sur leur tête; qu'ils étoient prêts à obéir au roi en ce qui seroit de son service, même jusqu'à donner leur vie s'il le falloit ; mais qu'ils aimoient mieux mourir que de déshonorer la religion du vrai Dieu. Les tyrans mêmes rendirent quelque justice à leur fermeté, et le roi ne consentit pas qu'on les mît à l'épreuve par les tourmens.

Si les chrétiens de la Cochinchine étoient si bien affermis dans la foi de Jésus-Christ, ils le devoient, après Dieu, au zèle de leurs maîtres dans la religion, et de là venoit ce respectueux et tendre attachement qu'ils avoient pour leur personne. Je ne saurois dire à combien de dangers ils se sont exposés, combien de dépenses ils se sont efforcés de faire, combien de rigoureux traitemens ils ont soufferts pour empêcher ou pour adoucir les souffrances des respectables pasteurs de leurs âmes. Les missionnaires, prévenus de leur prochain emprisonnement, recommandèrent, ordonnèrent même aux chrétiens de les laisser seuls, afin que la persécution fît le moins d'éclat et le moins de mal qu'il seroit possible ; mais les fidèles n'obéissant pas volontiers à des ordres si contraires à leur inclination, plusieurs s'obstinèrent à demeurer en leur compagnie, et à courir tous les risques d'être pris et appliqués à la torture, comme il arriva. Tous se disputoient à l'envi l'honneur de les servir, malgré les railleries, les insultes de la populace idolâtre, qui leur reprochoit de s'attacher si fort à des étrangers convaincus, disoit-elle, du crime de rébellion.

Un grand nombre de chrétiens venoient des provinces à la capitale pour essayer quelque voie de faire changer la résolution de la cour. Ils offroient les sommes qu'ils étoient en état de fournir pour tenter l'avarice du roi, qu'on sait être excessive; mais leur requête n'ayant pu se faire jour, il ne leur resta d'autre consolation que de conduire jusqu'au lieu de l'embarquement les apôtres de leur nation. L'adieu mutuel fut tout semblable à celui que se firent saint Paul et les chrétiens d'Éphèse. Combien une telle séparation devoit-elle coûter aux missionnaires, qui laissoient tant d'âmes fidèles, l'un cinq ou six mille, l'autre huit ou dix mille, désormais destituées de la participation des sacremens, et aux chrétiens, qui sentoient la perte irréparable qu'ils faisoient des secours spirituels! Les missionnaires donnèrent les avis convenables; les chrétiens firent les plus solennelles promesses : les larmes, les sanglots, les soupirs furent encore plus éloquens que les paroles. On ne voyoit, dans une assez grande plaine, qu'une multitude de chrétiens, hommes, femmes, vieillards, enfans; on n'entendoit qu'un bruit sourd, un triste murmure; tous vouloient se prosterner devant leurs respectables pasteurs, leur baiser les pieds, en recevoir encore une fois la bénédiction. Tous désiroient les suivre, et comme il ne fut permis à personne de le faire, les uns demandoient à Dieu de mourir à leurs pieds, d'autres se couchoient sur leur passage, sans se souvenir des menaces des soldats, qui se sentoient eux-mêmes attendris d'un spectacle si touchant. Cependant ceux-ci, voyant que le jour baissoit, redoublèrent leurs efforts pour presser la marche et faire entrer les missionnaires dans des canots qui devoient les porter au vaisseau, déjà avancé en haute mer. Les chrétiens les suivirent des yeux jusqu'à ce que la nuit, qui fut celle du 26 au 27 août, les déroba entièrement à leur vue.

Ainsi a été ravagée cette belle mission, l'une des plus florissantes des Indes, par une persécution plus efficace que sanguinaire. Il faut avouer que le Ciel, dont les décrets sont toujours adorables, se montre bien irrité contre ces contrées de l'Asie; mais mettant notre confiance en la bonté divine, nous ne désespérons pas que ce ne soit pour les préparer à ses plus grandes miséricordes. On fera toutes les tentatives pour tâcher d'introduire de nouveau dans la Cochinchine, du moins quelques-uns des missionnaires qui en ont été chassés; les autres se distribueront dans les missions voisines du Tonking, de Siam et de Manille, ou peut-être repasseront-ils en Europe, parce que les mandarins de Canton ayant appris leur arrivée à Macao, et craignant qu'ils ne voulussent entrer dans les provinces de l'empire, envoyèrent aussitôt demander leurs noms et ordonnèrent qu'ils sortissent des terres de la Chine.

J'aurois dû parler plus haut des incendies qui devinrent journaliers dans Hué, capitale de la Cochinchine. Peu avant que les missionnaires en partissent, des quartiers considérables de cette ville furent réduits en cendres, et le roi eut le chagrin de voir consumer par les flammes sa maison de plaisance, bâtie sur l'eau. Plaise au Seigneur que ce châtiment lui ouvre les yeux pour le bien de tant de chrétientés désolées. Je suis, etc.

EXTRAIT
DE
QUELQUES LETTRES SUR LE TONKING.

Disputes pour la succession au pouvoir. — Pillage des villes. — Désolation des campagnes.

On n'ignore pas en Europe ce qui s'est passé jusqu'à l'année 1738 de plus intéressant pour la religion dans le royaume de Tonking. Les lettres précédentes ont fait connoître de quelle manière le christianisme y a été établi, comment il s'y est étendu, et les cruelles persécutions qu'il y a souffertes. La plus violente de toutes fut sans contredit celle de 1737; elle sera mémorable à jamais par le glorieux martyre de quatre jésuites, les pères Barthélemi Alvarez, Manuel d'Abreu, Vincent d'Acunha, tous trois Portugais, et Gaspard Cratz, né à Juliers. Depuis cette sanglante époque, le Tonking n'a presque point cessé d'être en proie à la fureur des guerres civiles. Le roi, prince efféminé, avoit laissé à un premier ministre qu'on appelle *tchoua* en langue tonkinoise, l'exercice absolu de son autorité : tout s'expédioit au nom du roi ; mais c'étoit le favori qui disposoit de tout. Ce crédit sans bornes excita contre lui la jalousie des courtisans et ne put le garantir de leurs sourdes intrigues. Un eunuque ambitieux trouva le moyen de l'assassiner secrètement et de gouverner lui-même sous son nom, en faisant accroire que le tchoua étoit malade, et que jusqu'à son entier rétablissement il ne vouloit être vu de personne.

Ce ministre n'ayant point laissé d'enfans, c'étoit son frère et ses neveux qui lui devoient succéder ; ils eurent quelque soupçon de ce qu'il y avoit eu de tragique dans sa mort, et à force de recherches, ils vinrent à bout de découvrir le crime de l'eunuque. On prit aussitôt les armes : il se forma divers partis, et chacun d'eux, pour se soutenir, attiroit à soi, de gré ou de force, les villes et les villages ; de là le pillage des villes et la désolation des campagnes. Les terres restèrent sans culture, la famine s'ensuivit, et la peste se joignit à la famine : de sorte que dans l'espace de huit années, la moitié des habitans du Tonking périt par ces trois fléaux ; les Tonkinois en convenoient eux-mêmes : « La guerre, disoient-ils, en a fait périr des dizaines, la peste des centaines, et la famine des milliers. »

Le roi sortit enfin de son assoupissement et prit d'assez bonnes mesures pour tranquilliser ses États et pour mettre à la raison les révoltés ; mais il n'avoit pas sur pied des troupes suffisantes. Les rebelles ne faisoient point un corps, ils marchoient par pelotons : poursuivis par l'armée royale, ils se réfugioient dans des montagnes et des forêts inaccessibles, et reparoissoient ensuite dans d'autres parties du royaume, lorsqu'on s'y attendoit le moins ; c'étoit toujours à recommencer. Plusieurs années se sont écoulées dans ces troubles et ces guerres intestines.

Avant tous ces désordres, le Tonking, dont l'étendue est comme la moitié de la France, comptoit deux cent cinquante mille chrétiens. Les jésuites portugais de la province du Japon en avoient cent vingt mille au moins sous leur conduite ; les messieurs des Missions Étrangères, quatre-vingt mille ; les missionnaires de la Propagande, environ trente mille ; le reste étoit aux Pères dominicains espagnols. Notre Compagnie y avoit quatre jésuites européens, trois du Tonking et trois prêtres séculiers aussi tonkinois. Les messieurs des Missions Étrangères avoient un vicaire apostolique, trois de leurs messieurs venus d'Europe et quinze prêtres tonkinois ; la Propagande avoit quatre missionnaires augustins déchaussés, Italiens, quelques prêtres chinois et un vicaire apostolique ; les Pères dominicains y étoient au nombre de quatre. Tel étoit l'état de la chrétienté du Tonking, lorsque ce royaume commença, vers 1737, d'être agité par les guerres dont on vient de parler.

Le roi s'imagina d'abord que c'étoient les chrétiens qui lui avoient suscité de si fâcheuses affaires. Dans cette persuasion, il n'attendoit que le moment où il auroit pacifié ses États pour faire les plus exactes recherches de tous ceux qui professoient le christianisme. L'oncle de ce prince étoit dans de meilleurs sentimens : il avoit à son service des chrétiens qu'il aimoit et qu'il estimoit. Un jour il fit paroître devant lui un dominicain espagnol qui étoit prisonnier à la cour. Il lui demanda pourquoi, depuis quelques années, le royaume étoit affligé de guerres et d'autres calamités. Le missionnaire répondit que Dieu vengeoit la mort des quatre martyrs à qui l'on avoit tranché la tête pour avoir prêché la véritable loi. Il lui offrit en même temps un écrit qu'il avoit composé sur ce sujet et sur la vérité de la religion chrétienne ; mais le prince ne voulut pas le recevoir : il lui dit seulement que dans une autre occasion, quand il en auroit le loisir, il l'enverroit chercher.

Cette réponse du missionnaire à l'oncle du roi fut sue des juges de la cour : « Voyez, dirent-ils entre eux, comment ces maîtres de la religion chrétienne la défendent avec confiance et avec courage. » Ils avouèrent qu'elle contenoit des choses excellentes ; mais aucun d'eux n'alla plus loin. Plusieurs de ces juges ont dans leur maison des chrétiens connus pour tels ; il en est un surtout qui est très-favorable à la foi : on attribue cette heureuse disposition à deux chrétiens dont il a adopté l'un pour son fils. Ce juge fut, il y a quelques années, envoyé dans la province de l'est en qualité de gouverneur. Tout le temps qu'il y a demeuré, il a constamment empêché qu'on ne molestât les chrétiens, et qu'on ne touchât à nos églises, quoiqu'elles lui eussent été dénoncées.

On dit qu'à son retour à la cour, parlant des calamités du royaume avec les autres juges, il les attribua hautement aux persécutions et à la mort qu'on a fait souffrir aux Européens, et qu'il s'exprima sur ce point de la manière la plus claire et la plus précise : « On m'a fait remarquer, dit-il, que tous ceux qui ont persécuté la religion des chrétiens ont péri misérablement. Leur grand ennemi, qui le premier voulut les obliger à fouler aux pieds le crucifix, fut pris, mis en cage, étranglé et enterré profondément sous un tas de cailloux et de têts de pots cassés ; ses fils furent mis à la chaîne, où ils moururent ; ses maisons furent détruites et ses biens confisqués. Les deux autres ennemis des chrétiens, qui avec lui condamnèrent à la mort deux Européens, furent aussi renfermés dans des cages et massacrés par ordre du roi ; le gouverneur qui prit ces chrétiens mourut huit ou dix jours après subitement ; les deux rois, celui qui confirma leur sentence de mort et son fils, qui a confirmé depuis la condamnation de quatre autres Européens, sont aussi morts tous les deux d'une mort subite ; et cette année, un mandarin de soldats qui menaçoit les chrétiens de les faire mourir, ou de les obliger à adorer les idoles et à leur bâtir des temples, a été emprisonné par ordre du roi, sur une simple lettre où son nom s'est trouvé parmi ceux qui devoient entrer dans une conjuration. Voyez, ajouta-t-il en finissant, quelle malheureuse destinée poursuit tous ceux qui veulent faire la guerre aux chrétiens. » Ce discours remarquable nous a été fidèlement rapporté par l'un des deux chrétiens que ce juge a dans sa maison, qui étoit présent lorsqu'il parla à ses collègues avec tant d'énergie en faveur du christianisme.

Cependant la persécution continua encore plusieurs années et mit à l'épreuve la constance de bien des fidèles ; elle procura entre autres à deux chrétiens l'occasion précieuse de sceller de leur sang leur amour pour Jésus-Christ. L'un étoit un vieillard septuagénaire, et l'autre étoit son petit-fils, âgé seulement de quatorze ans ; ils habitoient seuls une pauvre chaumière éloignée de toute autre habitation, contens de passer leurs jours dans la misère pour mériter une vie plus heureuse en gardant la loi de Dieu. La Providence voulut qu'un grand mandarin, à la tête d'une nombreuse brigade, passât près de leur chaumière et qu'une grosse pluie l'obligeât d'y entrer. Il n'eut pas plutôt aperçu dès la porte une image de Jésus-Christ en croix, qu'il se mit en colère et qu'il s'écria : Ces gens-ci sont chrétiens ; il faut les forcer à renoncer à leur religion. En même temps il fait détacher la sainte image, la fait mettre à terre et ordonne au vieillard chrétien de la fouler aux pieds, sous peine d'avoir sur-le-champ la tête tranchée. Le religieux vieillard dit qu'il ne fouleroit jamais aux pieds son Dieu, son Sauveur et son aimable Maître, et qu'il étoit prêt à donner plutôt sa vie. Le mandarin fait la même menace au jeune chrétien et en reçoit la même réponse ; puis, sans délibérer, il se donna l'autorité de les faire décapiter ; et en terminant un si court combat, il leur assura à tous les deux la plus glorieuse victoire.

Les chrétiens envièrent leur sort, célébrèrent leur triomphe, et se préparoient à suivre leur exemple, lorsque tout à coup il se fit à la cour une espèce de révolution en faveur de notre sainte religion. Voici l'occasion d'un changement si imprévu.

Le roi, tout occupé des guerres civiles qui désoloient ses États depuis si longtemps, visitoit, sur la fin de 1748, un arsenal où il y avoit plusieurs pièces de canon : les inscriptions qu'il y trouva piquèrent sa curiosité ; mais comme les caractères étoient européens, personne ne pouvoit la satisfaire. Ce prince demanda au fils d'un de ses principaux ministres si on ne pourroit pas découvrir quelqu'un des Européens qui viennent prêcher en secret leur religion dans le royaume. La réponse fut que la chose paroissoit difficile. « Mais, dit le roi, que sont devenus ces deux Européens que nous avons eus dans notre capitale ? » Il vouloit parler des deux vénérables Pères dominicains martyrisés depuis peu d'années. On lui dit qu'ils avoient été exécutés à mort. A ces paroles le monarque croisa ses mains sur sa poitrine, et puis les éleva en s'écriant : « O ciel ! comment les ministres osent-ils faire de pareilles choses sans mes ordres ? Nous aurions pu tirer grand avantage de la science de ces deux étrangers : sûrement ils nous auroient expliqué les inscriptions des canons, et nous aurions appris à en user. Je veux qu'on fasse toutes les diligences possibles pour trouver un Européen, et je promets une somme considérable à celui de mes sujets qui aura le courage de sortir du royaume pour en aller chercher un quelque part que ce soit. »

Un chrétien, serviteur d'un mandarin de la cour, entendit ce discours, et ne pouvant contenir sa joie, il s'offrit à faire trouver un Européen, sans vouloir pour cela de récompense. Il fut présenté au roi et lui découvrit qu'il étoit chrétien, et qu'il connoissoit un Tonkinois qui pourroit lui donner des nouvelles d'un Européen. Ce Tonkinois dont il parloit est un jésuite qui, ayant fait ses études à Macao, sait bien la langue portugaise et même assez bien la latine ; mais il ne pouvoit sans autre secours expliquer les inscriptions des canons, lesquels lui paroissoient être les débris du naufrage d'un vaisseau hollandois. On lui envoya une empreinte ou copie des inscriptions, et il la communiqua au père Venceslas Paleceuk, supérieur de la mission des jésuites et Bohémien de nation. L'explication qu'en donna ce Père fut envoyée à la cour et y répandit la joie. Le roi parut extrêmement satisfait d'avoir trouvé un homme dont il espéroit d'importantes connoissances ; plusieurs mandarins furent dépêchés sans délai pour aller chercher le Père, et il fut traité avec distinction dans le voyage qu'il lui fallut faire pour se rendre à Ketcho, lieu de la cour.

Pendant le temps du voyage, qui fut de cinq jours, le roi ordonna qu'on mît hors de prison sept chrétiens qui y souffroient pour la cause de Jésus-Christ : « Il ne convient pas, dit-il, que ces misérables languissent dans les fers au même temps que nous avons recours au Maître de leur loi. » Le Père fut reçu d'abord dans la maison d'un des principaux ministres, qui se montra fort affectionné à la religion chrétienne et fit beaucoup d'honnêtetés au missionnaire, jusqu'à lui donner une montre pour l'offrir au roi, le père Paleceuk ne se trouvant avoir aucune curiosité européenne.

Enfin on le conduisit au palais, et après un court entretien qu'il eut avec le monarque, il fut mené dans l'arsenal, où il expliqua tout de nouveau les inscriptions [1]. Le prince voyoit et entendoit tout sans se montrer. On demanda au Père comment il falloit user de ces canons. Il dit ce qu'il en savoit, ajoutant que les docteurs de la loi, comme lui, ne se mêloient pas en Europe des choses de cette nature. Le tout finit par un souper qu'on lui offrit et qui étoit digne de la magnificence du roi ; mais le Père n'y toucha presque point. Le roi, sur le rapport qu'on lui en fit, ordonna que le souper fût porté dans la maison préparée pour sa demeure. Il étoit déjà nuit ; le Père se retira, et reçut bientôt après un cahier en hollandois, à demi rongé des vers, qui contenoit des connoissances sur l'artillerie. La nuit suivante, il entendit plus de cent confessions.

Depuis ce temps, les chrétiens vinrent aux fêtes avec des tambours et autres instrumens, pour marquer que la religion commençoit à triompher. Les païens mêmes se réjouirent du changement de la cour à cet égard, et attribuèrent au pouvoir du Dieu des chrétiens quelques succès que venoient d'avoir les armes du roi sur celles des rebelles. Ce prince demanda un mathématicien et un canonnier, et dit qu'il les verroit volontiers arriver en habits européens. Il déclara de plus qu'il souhaitoit qu'un vaisseau de Macao vînt faire commerce dans ses ports, avec assurance qu'il ne payeroit aucun droit. Il voulut mettre entre les mains du père Paleceuk une somme d'argent pour faire acheter à Macao différentes choses venues d'Europe ; mais le Père s'excusa de la recevoir jusqu'à l'arrivée des divers effets que le monarque désiroit. Une autre preuve de l'empressement qu'avoit la cour du Tonking, c'est qu'en novembre 1749, elle envoya à Macao un exprès avec des lettres qui portoient que le roi étoit dans une impatience extrême de voir arriver les mathématiciens européens.

Pendant qu'à Macao on se préparoit à le satisfaire, le père Paleceuk, qui étoit resté à Ketcho, eut le bonheur de conférer le baptême à la femme du mandarin chez qui il étoit logé. Beaucoup de gentils demandèrent à le recevoir ; plusieurs grands mandarins furent de ce nombre. Alors les bonzes, voyant l'empire de Jésus-Christ s'accroître notablement, voulurent y mettre obstacle. Un d'entre eux engagea un eunuque du dehors du palais à aller demander au roi la tête du missionnaire : « C'est un méchant homme, disoit-il, qui n'a en vue que la ruine du royaume, et dont il faut que je manifeste les forfaits secrets. Il va déterrer les morts pour avoir leurs os, qu'il pile ensuite dans un mortier, et dont il compose une

---

[1] Ces inscriptions étoient en hollandois, et marquoient le nom du fondeur, la qualité du calibre, et l'endroit où le canon avoit été fondu. Ce fut un bonheur qu'on s'adressât d'abord à un missionnaire allemand, tout autre n'auroit pu en donner l'explication.

poudre qui tue les vivans. Il vaut mieux le faire mourir lui-même, et que sa mort nous délivre d'un tel scélérat. » A ce discours extravagant, le roi répondit : « Cet Européen est d'un naturel pacifique, et ne veut faire de mal ni aux morts ni aux vivans. Retirez-vous. »

Cependant la requête fit du bruit dans tout Ketcho, et on parloit diversement du père Paleceuk. Les bonzes ne cessoient d'irriter les esprits contre lui : les choses allèrent si loin, que le Père ne se crut plus en sûreté. Le roi fut informé que les murmures contre le missionnaire faisoient du progrès, et pensant sérieusement à les arrêter, il fit appeler l'eunuque dont on vient de parler, le força à lui déclarer à l'instigation de qui il étoit venu accuser l'Européen, et fit mettre en prison le bonze qui lui fut nommé, avec ordre de lui faire son procès. Les juges portèrent contre lui une sentence de mort ; mais le père Paleceuk demanda sa grâce au roi, et il l'obtint. Ce prince fit publier que quiconque oseroit parler dans la suite contre l'Européen auroit la langue coupée.

De si favorables conjonctures donnèrent aux missionnaires répandus dans les provinces une confiance et une liberté qu'ils n'avoient pas encore eues dans l'exercice de leur ministère. Presque toutes leurs lettres sont remplies de traits édifians où paroissent la foi vive et l'innocence des néophytes du Tonking. Un d'entre eux a écrit à peu près en ces termes : « Comme je suis encore nouveau missionnaire, je suis tout surpris que la plupart de mes chrétiens, après six mois ou un an de confession, me fassent une accusation où j'ai peine à trouver et où je ne trouve pas toujours une matière certaine d'absolution. Alors je les soupçonne de n'être pas bien instruits, et je leur fais des interrogations sur les choses les plus ordinaires ; mais l'air naïf et la manière dévote dont ils me répondent me convainquent de l'innocence et de la candeur de leur âme : « Ah ! mon Père, me disent-ils, comment oserois-je faire cela contre mon Dieu, qui m'a appelé à sa sainte religion ! Oh ! que mon Seigneur Jésus-Christ, qui est mort pour moi, ne permette pas que je tombe jamais dans ce péché ! »

Le même missionnaire rapporte que la moitié des habitans d'un grand village étant venus le prier de leur accorder le saint baptême, il demanda à celui qui portoit la parole au nom des autres s'il y avoit beaucoup de chrétiens dans ce village : « Je suis encore le seul, lui répondit-il.—Et comment vous êtes-vous fait chrétien ? lui dit le Père.—J'étois dans un autre village, répliqua-t-il, où il y a des chrétiens, et ce n'est que depuis peu que j'ai passé à celui-ci, où il n'y en a pas. » Le Père, adressant la parole aux autres, leur dit : « Et vous, pour quelle raison voulez-vous entrer dans la religion chrétienne ?—Ce que nous en a appris ce chrétien, répondirent-ils, nous a paru si excellent et si conforme à la raison, qu'il nous a inspiré le désir d'être instruits. »

Un autre missionnaire raconte de quelle manière une femme fort superstitieuse, qui avoit adoré le démon pendant plus de vingt ans, se convertit à notre sainte foi. Un grand nombre de femmes, dont quelques-unes étoient chrétiennes, la visitèrent à l'occasion de ses couches. Une de ces chrétiennes, voyant que l'enfant étoit en grand danger de mort, lui conféra le baptême. Aussitôt le démon, chassé de l'âme de l'enfant, prit possession du corps de la mère ; il la tourmentoit souvent et en diverses manières. Le mari, qui la voyoit dessécher de jour en jour, redoubloit ses sacrifices superstitieux, et cherchoit, mais inutilement, un remède dans les sortilèges et la magie. Enfin comme les païens mêmes n'ignorent pas que les chrétiens ont du pouvoir sur le démon, il eut recours à l'unique ressource qui lui restoit pour sauver la vie de son épouse. On la traîna dans un oratoire ou petite église ; là le démon crioit par sa bouche : « Est-il possible qu'on veuille me chasser de celle qui a été si longtemps ma chère élève ! » Cependant on fit des prières, et la femme, devenue plus tranquille, promit de se faire chrétienne ; mais lorsqu'après le temps de l'instruction nécessaire on en vint aux exorcismes qui précèdent le baptême, et qu'on lui demanda si elle renonçoit au démon, elle éprouva des agitations plus fortes que jamais de la part du malin esprit qui la portoit à s'enfuir. On la retint par violence, on lui jeta de l'eau bénite, et la grâce qui y est attachée lui donna la force de répondre qu'elle renonçoit au diable. Dès ce moment elle n'a plus éprouvé de possession ; mais revenue à une pleine et parfaite santé, elle remplit avec ferveur les devoirs d'une bonne chrétienne.

On sait beaucoup d'autres faits véritablement prodigieux, par lesquels le Dieu de miséricorde se plaît à éclairer ces pauvres peuples des lumières de la foi. Lorsqu'on considère quels sont ceux qui les racontent et qui plusieurs fois en ont été témoins, qu'on fait attention à la multiplicité de ces faits, à leurs circonstances, à leurs effets et surtout aux conversions admirables qui en sont ordinairement la suite, on reconnoît bien sensiblement que la sainte Église est aujourd'hui la même qu'elle fut autrefois.

Les dispositions avantageuses où étoit le roi du Tonking avoient donné aux missionnaires les plus grandes espérances; mais les effets n'ont pas répondu à une si douce attente. Il avoit fallu du temps pour se mettre en état de satisfaire aux demandes du monarque. Aussitôt qu'on eut des sujets propres à lui être présentés en qualité de mathématiciens, et toutes les autres choses nécessaires dans une pareille expédition, on se mit en route pour aller ouvrir une mission si désirée. Ce fut le 6 mars 1751 que le père Simonelli, jésuite italien, et quatre autres jésuites de la province du Japon, partirent de Macao. Le père Simonelli, chef de ces missionnaires, étoit l'homme du monde le plus propre à faire réussir une entreprise de cette nature. Sa science, son zèle, son expérience, tout sembloit promettre les plus heureux succès; mais Dieu, dont les jugemens sont impénétrables, permit que les choses changeassent de face, lors même qu'il y avoit moins lieu de s'y attendre. Les missionnaires, parvenus au Tonking, donnèrent à la cour avis de leur arrivée. Ils espéroient que le roi, qui les avoit demandés avec tant d'ardeur, les recevroit avec plaisir, du moins il étoit naturel qu'ils se le figurassent; mais ils furent bien surpris lorsqu'ils reçurent ordre de ne pas quitter le rivage. Ils envoyèrent cependant les présens dont ils étoient chargés pour Sa Majesté tonkinoise. Ils furent acceptés; mais les missionnaires obtinrent, pour toute faveur, la permission de se bâtir une maison sur le bord de la mer. Le roi parut avoir oublié que c'étoit à sa demande que les missionnaires mathématiciens étoient venus. On attribue le peu de réussite de cette affaire à la jalousie des ministres, que, par un défaut de politique, le jésuite qui étoit auparavant à la cour avoit oublié de consulter avant que d'appeler ses confrères. Quoi qu'il en soit, le père Simonelli, âgé de plus de soixante-dix ans, voyant qu'il n'y avoit plus rien à faire pour lui dans cette contrée, voulut s'en retourner à Macao. Il demanda son congé, et il l'obtint sans peine. Ses quatre compagnons se glissèrent furtivement dans les provinces, où ils exercent aujourd'hui les fonctions de leur ministère envers les simples et les pauvres avec beaucoup plus de consolation et de succès qu'ils n'en auroient eu sans doute auprès des riches et dans le séjour des grands.

LETTRE D'UN MISSIONNAIRE

AU ROYAUME DE TONKING,

AU RÉVÉREND PÈRE CIBOT,

MISSIONNAIRE DE LA COMPAGNIE DE JÉSUS A PÉKIN.

Erreurs particulières aux Tonkinois. — Leurs idoles et leurs magiciennes. — Races de chevaux, etc.

Mon révérend Père,

Il seroit à souhaiter que les Tonkinois fussent aussi bien disposés que vous le dites à recevoir les vérités évangéliques que nous leur prêchons. Ce n'est pas que notre sainte religion n'y ait fait de grands progrès; je vous avouerai même que, malgré les persécutions que nous avons à essuyer, nous y comptons un nombre de chrétiens assez grand pour pouvoir nous consoler de l'aveuglement opiniâtre des infidèles de ce royaume. Mais les conversions semblent devenir plus rares depuis quelques années. Soit défaut de zèle de notre part, soit que le Seigneur ait résolu d'éprouver notre constance, soit enfin que nous ayons mérité ce revers par notre peu de vertu, il est certain que la crainte où nous sommes de voir un jour cette mission détruite nous alarme singulièrement. Je la recommande, mon révérend Père, à vos saintes prières et à celles de tous les missionnaires qui partagent vos fatigues et les fruits de vos heureux travaux.

Vous m'avez chargé, mon révérend Père, de vous envoyer un précis des erreurs particulières qui règnent dans le Tonking. Comme je ne suis pas encore bien au fait de tout ce qui concerne le culte de ce peuple idolâtre, je me contenterai de vous tracer ici un petit tableau de ce que j'ai pu remarquer.

Les Tonkinois adorent trois idoles principales. On nomme la première l'*idole de la cuisine*; la seconde, le *maître ès arts*, et la troisième, le *seigneur du lieu où l'on demeure*. L'idole de *la cuisine* tire son origine d'une histoire qu'on raconte ainsi : « Une femme s'étant séparée de son mari pour quelques mécontentemens, passa à de secondes noces, ce qui causa tant de douleur à son premier époux, que cet infortuné se jeta dans un brasier ardent pour y terminer ses jours. Le bruit ne s'en fut pas plutôt répandu, que l'épouse infidèle, touchée de repentir, alla mourir dans le feu qui avoit consumé son mari. Son second époux, en ayant été informé, y courut aussitôt : mais ayant trouvé sa femme réduite en cendres, il en fut si pénétré de douleur qu'il se précipita dans le même brasier, où il fut brûlé à l'instant. » Telle est l'origine de l'idole de la cuisine. L'esprit de cette divinité anime trois pierres dont les Tonkinois se servent pour faire leur cuisine, et ce sont ces pierres qu'ils adorent le premier jour de l'an.

L'idole *maître ès arts* est l'image d'un Chinois que les idolâtres du pays croient avoir été le plus ingénieux, le plus sage et le plus savant des hommes. Les marchands l'invoquent avant de vendre et d'acheter ; les pêcheurs, avant de jeter leurs filets dans la mer; les courtisans, avant d'aller faire leur cour au prince : les artisans, avant de commencer leur ouvrage, etc.

L'idole *le seigneur du lieu où l'on demeure* n'est pas moins révérée que les deux autres. Voici la manière dont on lui rend hommage. Quand quelqu'un veut faire bâtir une maison, il commence par se bien persuader que le terrain n'appartient pas tellement au roi, qu'il n'ait quelque autre maître, lequel après sa mort conserve le même droit dont il a joui pendant sa vie. Ensuite il fait venir un magicien, qui, au bruit du tambour, invite l'âme du maître défunt à venir demeurer sous un petit toit qu'on lui prépare, et où on lui présente du papier doré, des odeurs et de petites tables couvertes de mets, le tout pour l'engager à souffrir le nouvel hôte dans son champ.

Outre ces trois idoles, les Tonkinois adorent le ciel, la lune et les étoiles. J'en ai vu qui divisoient la terre en dix parties, et faisoient à chacune une profonde révérence. D'autres partagent le monde en six portions égales, dont la sixième est censée au milieu, et prennent pour les adorer des couleurs particulières. Quand ils rendent hommage au septentrion, ils s'habillent de noir, et ne se servent dans leurs sacrifices que d'instrumens noirs ; lorsqu'ils adorent le midi, ils se revêtent de rouge ; quand ils sacrifient à l'orient, ils ont des habits verts; quand ils invoquent l'occident, la couleur blanche est celle dont ils se servent dans leurs adorations. Pour la partie du milieu, ils lui rendent hommage en habits jaunes.

La superstition des Tonkinois va encore plus loin. On m'a dit qu'ils révéroient les éléphans, les chevaux, les oiseaux, les singes, les serpens, les arbres, les vices mêmes et les créatures les plus infâmes. Il y a quelques jours que des pêcheurs ayant trouvé sur le bord de la mer une pièce de bois que les flots y avoient jetée, lui offrirent aussitôt leur pêche comme à une divinité puissante dont ils croyoient avoir reçu tout le poisson qu'ils avoient pris. Ils s'occupent actuellement à lui bâtir un temple et disent que c'est la fille de quelque empereur qui s'est jetée dans la mer, et qui, sous la forme d'un bois, a daigné choisir leur port afin de répandre sur eux ses bénédictions et ses grâces.

Je ne saurois penser sans douleur aux malheureuses inventions dont le démon se sert pour tromper ces pauvres idolâtres. Vous en jugerez, mon révérend Père, par les traits suivans. Lorsqu'un infidèle veut bâtir une maison, ou marier un enfant, ou faire quelque voyage, il va consulter un devin. Celui-ci feint d'être aveugle, pour donner à entendre qu'il ne voit et n'écoute que la vérité; et, avant de répondre, il prend un livre qu'il ouvre à demi, comme s'il craignoit de laisser voir aux yeux profanes ce qu'il contient, et après avoir demandé l'âge de la personne dont on veut savoir le bon ou le mauvais succès, il jette en l'air deux petites pièces de cuivre où sont gravées, d'un côté seulement, certaines lettres ou chiffres mystérieux. Si, quand ces pièces tombent à terre, les lettres se trouvent renversées, c'est un mauvais présage ; si, au contraire, elles sont tournées vers le ciel, l'augure est favorable. Cette manière de consulter le sort est fort commune parmi les Tonkinois ; on y a même recours pour les plus grandes affaires.

Il y a des magiciennes qui font profession

de dire l'état des âmes dans l'autre monde. Une mère qui a perdu son fils, et qui veut savoir la situation où il est après sa mort, va trouver une magicienne, qui prend un tambour qu'elle frappe à coups inégaux, comme pour appeler l'âme du défunt ; après quoi elle rassure la mère sur le sort de son fils, dont elle dit que l'âme a passé dans son corps pour lui exposer l'état où elle se trouve : cet état est plus ou moins heureux, selon que la mère paye plus ou moins généreusement.

On trouve une autre sorte d'imposteurs qu'on ne consulte ordinairement que pour la guérison des maladies. Lorsqu'on s'adresse à eux, ils vont trouver un devin. Si celui-ci répond que la maladie vient des esprits, ils appellent ces génies malfaisans et les renferment dans des vases de terre. Si elle vient du démon, ils invitent ce père du mensonge à un grand festin, qui se donne aux dépens de la famille du malade : on lui donne la place la plus honorable ; on le prie, on le caresse, on lui fait des présens, et si le mal ne finit point, on l'accable d'injures et on lui tire vingt ou trente coups de mousquet pour le chasser de la maison. Si c'est le dieu des mers qui a causé la maladie, on se transporte au bord d'une rivière ; là on lui offre des sacrifices pour l'apaiser et l'engager à quitter la chambre du malade et à retourner dans les eaux. Cependant la maladie ne cesse pas, le malade reste sans argent et sans remède dans sa maison, et les magiciens en sortent chargés d'or et de présens.

J'ai vu des Tonkinois si superstitieux, qu'avant d'entreprendre un voyage, ils ne manquoient jamais de regarder les pattes d'une poule. J'en ai vu d'autres qui, s'étant mis en route, rebroussoient chemin, parce qu'ils avoient éternué une fois. S'ils avoient éternué deux fois, ils se croyoient obligés de doubler le pas et d'aller le plus vite qu'ils pouvoient.

Quand il y a éclipse de lune, le peuple s'imagine qu'un dragon fait la guerre à cet astre, et qu'il veut le dévorer. Aussitôt on s'assemble pour le secourir ; on arme les troupes, on pousse des cris épouvantables ; et quand l'éclipse cesse, on s'en retourne aussi satisfait que si l'on avoit remporté une grande victoire.

Je ne finirois point, mon révérend Père, si je voulois vous détailler tout ce dont j'ai été témoin. Que seroit-ce si j'avois à vous décrire tout ce que je n'ai pas encore vu ! il faudroit des volumes entiers. J'ai entendu parler d'une infinité de cérémonies ridicules et d'usages superstitieux, dont je me réserve à vous instruire dès que je me trouverai en état de le faire. En attendant, joignez vos prières aux miennes pour obtenir du Ciel la conversion de ce pauvre peuple, et conjurons le Dieu des miséricordes de changer ces enfans de ténèbres en enfans de lumière, et de leur accorder la grâce de renoncer aux prestiges du démon qui les aveugle, pour embrasser les vérités de la foi.

Qu'il est triste, mon révérend Père, de voir un des plus beaux pays du monde sous l'empire du démon ! Le royaume que vous habitez ne l'emporte sur celui d'où je vous écris, que par sa richesse et par son étendue ; car le climat n'en est pas, à beaucoup près, si tempéré ni si sain. On compte dans le Tonking plus de vingt mille villages, tous plus peuplés les uns que les autres. On diroit que le printemps y règne toujours, et l'on n'y sent du froid que quand le vent du nord y souffle avec violence. On n'a jamais vu ici ni glace ni neige ; jamais les arbres n'y ont perdu leur verdure ; jamais l'air n'y est infecté de vapeurs contagieuses ; le ciel y est ordinairement si serein et si pur, qu'on ignore, dans ces contrées, ce que c'est que la peste. La goutte, la pierre, les fièvres malignes et mille autres maladies, si communes en Europe, sont ici entièrement inconnues. Le riz est la nourriture ordinaire du pays ; on en fait même un vin, dont la force égale celle de l'eau-de-vie. Les meilleurs fruits du Tonking sont les oranges et une espèce de figue rouge qui feroit honneur aux tables les plus délicatement servies de Paris. J'en ai vu d'une autre sorte qui ressemblent assez à celles de Provence, et pour la forme, et pour le goût : mais ce qui m'a paru fort singulier, c'est que ce ne sont point les branches qui les portent ; elles ne naissent qu'au pied de l'arbre, et quelquefois en si grande quantité, que vingt hommes affamés pourroient facilement s'y rassasier. On trouve aussi beaucoup de citrons, mais ils sont assez malsains, et les Tonkinois ne s'en servent guère que pour teindre leurs étoffes. On voit ici de grands arbres dont les branches ne portent ni feuilles ni fruits ; ils ne produisent que des fleurs. Il y en a une autre espèce dont les branches se courbent jusqu'à terre, où elles jettent des racines, d'où naissent d'autres arbres; les branches de ces derniers se courbant de même, poussent à leur tour de semblables racines; et les arbres, à la longue, occupent un espace de terrain si étendu, que trente mille hommes pourroient à l'aise se reposer à leur ombre.

Les chevaux sont ici d'une rare beauté et en très-grand nombre; on en admire la vivacité, la légèreté et la vigueur. Cependant en général ils sont petits, et peu propres à l'atteage. Les éléphans n'y sont pas moins communs; on en nourrit plus de cinq cents pour le service du roi. On prétend que leur chair est bonne, et que le prince en mange quelquefois par délices. On ne voit dans ce royaume ni lions ni agneaux; mais on y trouve une quantité prodigieuse de cerfs, d'ours, de tigres et de singes. Ces derniers sont remarquables par leur grosseur et leur hardiesse. Il n'est pas rare de les voir au nombre de deux ou trois mille entrer comme des ennemis dans les champs des laboureurs, s'y rassasier, se faire ensuite de larges ceintures de paille, qu'ils roulent autour de leur corps, après les avoir remplies de riz, et s'en retourner chargés de butin à la vue des paysans, sans que personne ose les attaquer.

Parmi les oiseaux rares et curieux de ce pays, il en est un que je crois avoir vu dans l'île de Saint-Vincent[1]; c'est une espèce de chardonneret, dont le chant est si doux et si mélodieux, qu'on lui a donné le nom d'*oiseau céleste*; ses yeux ont l'éclat du rubis le plus étincelant; son bec est rond et affilé; un petit cordon d'azur règne autour de son cou; et sur sa tête s'élève une petite aigrette de diverses couleurs, qui lui donne une grâce merveilleuse; ses ailes, lorsqu'il est perché, offrent un mélange admirable de couleurs jaune, bleue et verte; mais quand il vole, elles perdent tout leur éclat. Cet oiseau fait son nid dans les buissons les plus épais, et multiplie son espèce deux fois par an: il se tient caché pendant les pluies, et dès que les premiers rayons du soleil viennent à se faire jour à travers les nuages, il sort incontinent de sa retraite, va voltiger sur les haies, et par un ramage des plus agréables il annonce aux laboureurs le retour du beau temps. On dit que cet oiseau est ennemi mortel du ho-kien, autre oiseau singulier qui n'habite pas les marais. Lorsqu'il l'aperçoit, le duvet de son cou se hérisse; ses ailes s'étendent et tremblent; son bec s'ouvre, et il en sort un bruit semblable au sifflement d'un serpent; son attitude est celle d'un oiseau qui va fondre sur sa proie: en un mot, tout son corps annonce une espèce d'épouvante mêlée de fureur; mais soit qu'il sente l'infériorité de ses forces, soit que la nature l'ait ainsi voulu, il se contente de regarder son ennemi d'un œil fixe et troublé, et ne l'attaque jamais. Le ho-kien a les ailes, le dos et la queue d'une blancheur éblouissante; sa tête est couverte d'un duvet rougeâtre, et son ventre est ordinairement d'un jaune clair, semé de taches grises et noires. Cet oiseau, qui est à peu près de la grosseur d'une caille, ne fait son nid que dans les roseaux, et ne multiplie qu'une fois par an.

Vous trouverez sans doute étonnant, mon révérend Père, qu'il y ait ici des médecins aussi habiles qu'en France. Ce n'est pas que nos esculapes du Tonking ne fassent entrer la superstition dans leur art; mais c'est pour plaire au peuple, qui ne s'en serviroit pas sans cela.

Quand un médecin visite un malade, il ne l'accable pas, comme en Europe, de son jargon scientifique, il se contente seulement de lui tâter le pouls; après quoi il dit la nature et les effets de la maladie. En tâtant le pouls de la main droite, il le touche en trois endroits différens, dont le premier répond au poumon, le second au ventricule, et le troisième aux reins du côté droit. S'il tâte le pouls de la main gauche, il le touche également en trois endroits, dont le premier répond au cœur, le second au foie, et le troisième aux reins du côté gauche. Le médecin fait attention surtout au nombre des battemens du pouls durant une respiration; et selon les diverses pulsations, il prétend connoître la cause de la maladie, et voir si le cœur, le foie ou le poumon est en mauvais état, ou si le mal vient de chaleur, de froid, de joie, de tristesse ou de colère, et combien de temps il doit durer. Si le pouls vient à s'affoiblir ou à s'arrêter, après avoir battu quelque temps, la maladie est jugée mortelle; si au contraire le pouls, après s'être arrêté au commencement, vient à battre de

---

[1] Ile voisine de l'Amérique, à la hauteur d'environ 16 degrés au nord de la ligne. Elle peut avoir neuf lieues de long, sur six ou sept de large.

nouveau, c'est un signe que le mal doit durer longtemps. Ne croyez pas que les médecins, qui sont la plupart fort éclairés, ajoutent foi à ces superstitions ridicules : j'en ai connu un, homme de beaucoup de mérite, qui me dit un jour en riant, que la crédulité du peuple étoit le gagne-pain de tous ses confrères.

Ordinairement les médecins Tonkinois ne se servent que d'herbes et de racines dans la composition de leurs remèdes. Cependant pour les migraines, les fièvres chaudes et les dyssenteries, ils emploient communément le suc d'un fruit qu'on dit être d'une efficacité admirable dans ces sortes de maladies. Ce fruit ressemble à une grenade, et s'appelle *miengou*[1]. L'arbre qui le porte croît communément dans les haies, à la hauteur du figuier, dont il a la figure. Son bois est tendre et moelleux, ses branches flexibles et déliées, ses feuilles presque rondes, et d'un vert naissant. Dans les temps humides il en sort un suc âcre et laiteux, que les paysans recueillent avec beaucoup de soin dans des petits vases de porcelaine, où il se durcit à la longue, et sert dans les maladies causées par une trop grande chaleur. Pour le fruit, il ressemble, comme je l'ai déjà dit, à une grenade ; cependant il s'amincit et s'allonge vers la queue, qui est longue, dure, et fort difficile à arracher. Lorsqu'il est parvenu à un certain degré de maturité, on le cueille, et l'on en fait une espèce de cidre sans aucun mélange d'eau. Cette liqueur se conserve parfaitement bien, et l'on en use dans les maladies que j'ai nommées, avec un très-grand succès.

Le tcha, cette plante si estimée à la Chine, est ici d'un grand secours ; on la garde dans quelque vase d'étain pour mieux conserver sa vertu, et c'est un remède souverain contre la colique, le défaut de sommeil, le mal de tête, la pierre et les catarrhes.

Le pourpre est une maladie fort dangereuse en Europe ; ici peu de personnes en meurent. Voici la manière dont les Tonkinois s'en guérissent : ils prennent une moelle de jonc, la trempent dans l'huile, l'allument, et l'appliquent successivement sur toutes les marques du pourpre ; la chair alors se fend avec un bruit pareil à celui d'une petite fusée ; aussitôt on en exprime le sang corrompu, et l'on finit par frotter les plaies avec un peu de gingembre. Ce remède doit être fort douloureux ; mais j'en ai vu des effets si singuliers, que je ne doute nullement de son efficacité.

Les morsures de serpens sont ici fort communes, mais il est facile d'en guérir. Nous avons une petite pierre semblable à une châtaigne, dont la vertu m'a toujours paru miraculeuse ; on la nomme *pierre de serpent*. Quand on a été mordu de quelque reptile venimeux, on exprime le sang de la plaie, et l'on y applique la pierre dont je viens de parler. D'abord cette pierre bienfaisante s'attache à la blessure ; peu à peu elle en attire le poison. Lorsqu'elle en est imprégnée, elle tombe, et on la lave dans du lait ou dans de l'eau, où l'on a soin de délayer un peu de chaux, puis on l'applique de nouveau sur la plaie, dont elle se détache d'elle-même, après en avoir bu tout le venin. J'ai été témoin, il y a quelques jours, de la vertu prodigieuse de cette pierre. Un de nos chrétiens ayant été mordu d'un serpent, je la lui fis appliquer, et en moins d'une heure le malade se trouva sans fièvre et sans douleur.

Les saignées ne sont guère en usage dans le Tonking ; les médecins françois, qui les recommandent avec tant de soin, seroient bien surpris si on leur disoit que c'est ici la dernière ressource des gens de l'art ; encore, avant d'y avoir recours, faut-il être bien assuré que les autres remèdes ne peuvent être au malade d'aucune utilité. A la vérité, les Tonkinois ne doivent pas avoir un besoin si fréquent de la saignée que les Européens ; leur sang est naturellement plus pur, leur nourriture plus saine, leurs exercices plus violens et plus multipliés ; d'ailleurs, ils font un si grand usage des racines et des simples, qu'ils sont beaucoup moins sujets aux maladies qu'occasionnent en Europe l'abondance et la corruption des humeurs. Outre cela, quand les Tonkinois se sentent oppressés ou engourdis, ils se servent d'un remède dont l'effet est aussi prompt que salutaire : voici en quoi il consiste. Il y a, comme vous savez, dans la mer qui baigne l'île de Haynan, une espèce de cancre dont la vertu est de purifier la masse du sang. Cet animal étant jeté par les flots sur le rivage, s'y pétrifie à la longue, sans rien perdre de sa figure naturelle ; et lorsqu'il est parvenu à ce degré de dureté qu'on remarque dans les pierres ordinaires, on le réduit en poudre, et on le fait prendre au malade avec de l'eau, du vin, ou de

---
[1] Mangoustan.

l'huile, suivant les cas plus ou moins pressans où il se trouve. On en use aussi avec succès pour les blessures dangereuses, pour les fièvres et les dyssenteries. Cependant dans ces dernières maladies, on se sert plus ordinairement de l'encre de la Chine, mais j'ignore la manière dont on l'apprête.

On croit que lorsque les Juifs[1] pénétrèrent dans le royaume de Tonking, ils y apportèrent des livres de médecine et de mathématiques, et qu'ils y enseignèrent longtemps les principes de ces deux sciences. Je n'examinerai point si cette opinion est fondée ; ce qu'il y a de certain, c'est que les médecins du pays n'en conviennent pas ; ils prétendent, au contraire, n'être redevables qu'à eux-mêmes de l'invention de leur art. Quoi qu'il en soit, ils l'ont porté à un degré de perfection qui m'a toujours étonné ; il est peu de maladies qu'ils ne guérissent ; et s'ils observent certains usages superstitieux dans l'administration de leurs remèdes, ce n'est, comme je l'ai déjà dit, que pour mériter la confiance du peuple, qui est sans contredit l'un des plus crédules et des plus superstitieux de l'univers.

Je pourrois vous dire bien des choses du gouvernement, des lois, des dignités, des mœurs et des coutumes de ce royaume, mais tout cela me mèneroit extrêmement loin : d'ailleurs, je n'ai pas encore eu le temps de m'informer au juste de tout ce qu'il y a de remarquable au sujet de ces différens articles. Aussitôt que les travaux de notre mission, qui est très-pénible, me permettront de voir les choses par moi-même, je saisirai, mon révérend Père, l'occasion de vous faire part de ce que j'aurai trouvé digne de votre curiosité.

Je termine cette lettre par un trait de la miséricorde de Dieu qui fait beaucoup de bruit dans notre mission. Il y avoit ici une fameuse magicienne, qui jouissoit parmi les infidèles de la plus haute considération ; elle tenoit une école de magie, et ses disciples, qui étoient au nombre de trois cents, la regardoient comme l'oracle de la nation. Cette femme avoit dans sa maison plus de cent cinquante idoles à qui elle offroit des sacrifices. Pour rendre odieuse aux infidèles la loi de l'Évangile, elle enseignoit qu'après leur mort, les âmes des chrétiens tonkinois étoient envoyées en Europe par les Pères de la Compagnie de Jésus pour y garder les troupeaux. Un jour qu'elle déclamoit avec plus de fureur qu'à l'ordinaire contre notre sainte religion, le Seigneur, qui avoit sur elle des vues de bonté et de salut, frappa son fils d'une maladie mortelle. Je ne vous rapporterai point tout ce que cette magicienne mit en usage pour le guérir ; il suffit de vous dire qu'après avoir épuisé toutes les ressources de son art sans aucun succès, elle prit le parti d'appeler dans sa maison quelques-uns de nos chrétiens. Ceux-ci refusèrent longtemps de s'y transporter, dans la crainte que cette femme ne leur eût tendu des embûches ; cependant, faisant réflexion au danger où se trouvoit le malade, ils y allèrent au nombre de trois ; aussitôt qu'ils furent entrés, la magicienne les conjura, les larmes aux yeux, de se mettre en prières pour obtenir du Ciel la guérison de son fils. Dieu, qui vouloit le salut de la mère, se laissa fléchir : la prière étant finie, le malade, au grand étonnement de tout le monde, se leva sur son lit et dit à haute voix qu'il étoit guéri. A l'instant la mère courut à ses idoles, les renversa, les foula aux pieds, et de là se rendit à l'église pour y remercier le Dieu des chrétiens. Actuellement cette femme se fait instruire ; nous espérons que dans peu nous la trouverons en état de recevoir la grâce du baptême. Admirez, mon révérend Père, la miséricorde du Seigneur : des pierres les plus dures, il fait, quand il veut, des enfans d'Abraham et des vases d'élection. J'ai l'honneur d'être, etc.

LETTRE DU R. PÈRE HORTA,

A MADAME LA COMTESSE DE ***.

Usages singuliers du Tonking.

A l'Ile-de-France, 1766.

MADAME,

La paix de Notre-Seigneur.

N'espérez plus me revoir en Italie. Je viens d'apprendre à l'Ile-de-France, d'où je vous écris, des nouvelles qui m'ont fait prendre la

---

[1] Il y avoit autrefois beaucoup de juifs à la Chine ; mais la médecine y étoit déjà parvenue à un haut point de perfection avant qu'ils y pénétrassent. Il se peut fort bien faire qu'ils y aient porté des livres ; mais on ne voit nulle part qu'ils y aient tenu des écoles de mathématiques et de médecine.

résolution de repasser dans le royaume du Tonking, et je me dispose à partir incessamment, malgré le bruit qui court que les grands mandarins viennent d'exciter une persécution violente contre les nouveaux chrétiens de ce pays. J'espère que la Providence daignera calmer cet orage, et qu'elle soutiendra une mission chancelante contre tous les efforts de l'enfer armé contre elle. Je la recommande, madame, à vos saintes prières. J'attends beaucoup de votre zèle, de votre piété et de cette tendre dévotion qui relève si fort l'éclat de votre naissance.

Pour vous satisfaire sur les diverses questions que vous me faites, je répondrai par ordre à tous les articles de votre lettre, mais je n'y répondrai que peu de mots; il me faudroit faire un volume entier si j'entreprenois d'expliquer en détail tout ce qui concerne la religion et les usages du Tonking. Peut-être pourrai-je un jour contenter une curiosité si louable, et c'est à quoi je prétends consacrer mes premiers momens de loisir.

Vous me demandez d'abord un précis des usages les plus singuliers du Tonking. En voici un qui ne vous surprendra pas moins par sa bizarrerie que par l'exactitude plus bizarre encore avec laquelle on l'observe. Cet usage est aussi pratiqué à la Chine; mais il y est un peu moins ridicule, et les Chinois commencent à s'en écarter.

Quand un Tonkinois rend visite à un autre, il s'arrête à la porte, et donne au portier un cahier de huit à dix pages, dans lequel il a écrit en gros caractères son nom, ses titres et le motif de sa visite. Ce cahier est de papier blanc et couvert de papier rouge : les Tonkinois en ont de plusieurs sortes, selon le rang des personnes qu'ils visitent. Si celui qu'on veut visiter est absent de la maison, on laisse et on recommande le cahier au portier, et la visite est censée faite et reçue.

Un magistrat, dans les visites qu'il fait, doit être vêtu de la robe de cérémonie qui est affectée à son emploi. Ceux qui n'ont aucune charge publique, mais qui sont en quelque considération parmi le peuple, ont aussi des habits destinés aux visites, et ne peuvent se dispenser de les mettre sans manquer à la civilité. Celui qui reçoit la visite va recevoir à la porte celui qui la rend. Ils joignent tous deux les mains en s'abordant, et se font quantité de politesses muettes. Le maître de la maison invite l'autre à entrer en lui montrant la porte. S'il y a plusieurs personnes dans la maison, celle qui est la plus distinguée ou par son âge, ou par sa dignité, occupe la place d'honneur; mais elle la cède toujours à l'étranger. La première place est celle qui se trouve la plus voisine de la porte, ce qui est directement opposé à nos usages. Après que chacun est assis, celui qui visite expose de nouveau le motif de sa visite. Le maître de la maison l'écoute gravement et s'incline de temps en temps, selon qu'il est marqué dans le cérémonial. Ensuite les premiers serviteurs de la maison, vêtus d'un habit de cérémonie, apportent une table triangulaire, sur laquelle il y a deux fois autant de tasses de thé qu'il y a de personnes; au milieu se trouvent deux boîtes de bêthel, des pipes et du tabac.

Lorsque la visite est finie, le maître de la maison reconduit son hôte jusqu'au milieu de la rue, et là recommencent les révérences, les inclinations, les élévations de mains et les complimens. Enfin, lorsque l'étranger est parti, et qu'il est déjà un peu loin, le maître de la maison lui envoie un valet pour lui faire un nouveau compliment de sa part, et quelque temps après celui-ci en envoie un à son tour pour le remercier; ainsi finit la visite.

Ce n'est pas seulement dans leurs visites que brille cette politesse gênante; elle éclate encore dans toutes les actions qui ont quelque rapport à la société. Les Tonkinois mangent fort souvent ensemble, et c'est pendant leurs repas qu'ils traitent ordinairement de leurs affaires. Ils se servent, au lieu de fourchettes, de certains petits bâtons d'ivoire ou d'ébène, dont les extrémités sont d'or et d'argent. Ils ne touchent jamais rien avec les mains, ni avant ni après le repas. Je ne puis mieux comparer les Tonkinois à table qu'aux musiciens d'un orchestre: il semble qu'ils mangent en cadence et par mesure, et que le mouvement de leurs mains et de leurs mâchoires dépend de quelques règles particulières.

Leurs tables sont nues, sans nappes et sans serviettes; elles sont seulement entourées de longs tapis brodés qui pendent jusqu'à terre. Chacun a sa table, à moins que le grand nombre des convives ne les oblige de s'asseoir deux à la même. On les sert toutes également et en même temps; et on les couvre de plusieurs petits plats, les Tonkinois préférant la variété à une abondance superflue.

Je viens maintenant aux cérémonies que ces peuples pratiquent dans leurs festins. Celui qui veut inviter quelqu'un à un repas lui envoie la veille un petit cahier d'invitation où se trouve l'ordonnance du repas. J'en ai vu un qui étoit conçu en ces termes : « Chao-ting a préparé un repas de quelques herbes, a nettoyé ses verres et rendu sa maison propre, afin que Se-long vienne la récréer par les charmes de sa conversation et par l'éloquence de sa doctrine, et il le prie de lui accorder cette divine satisfaction. » Sur la première feuille du cahier on écrit en forme d'adresse le nom le plus honorable de celui qu'on invite, et on lui donne les titres convenables au rang qu'il occupe. On observe les mêmes formalités avec tous les convives qu'on a dessein d'inviter. Le jour destiné pour le festin, le maître de la maison envoie dès le matin un cahier semblable au premier, pour rappeler aux convives la prière qu'il leur a faite. Vers l'heure du repas, il leur envoie un troisième cahier et un serviteur pour les accompagner, et pour leur marquer l'impatience qu'il a de les voir. Lorsque les convives sont arrivés et qu'on est sur le point de se mettre à table, le maître de la maison prend une coupe d'or ou d'argent, et l'élevant avec les deux mains, il salue celui des conviés qui tient le premier rang par son emploi ; ensuite il sort de la salle et va dans la cour, où après s'être tourné vers le midi, et avoir offert le vin aux esprits tutélaires de sa maison, il le verse en forme de sacrifice. Après cette cérémonie, chacun s'approche de la table qui lui est destinée. Les convives, avant de s'asseoir, sont plus d'une heure à se faire des complimens, et le maître de la maison n'a pas plutôt fini avec l'un, qu'il recommence avec l'autre. Lorsqu'il s'agit de boire on redouble les complimens ; le convive le plus distingué boit le premier, les autres boivent ensuite, et tous saluent le maître de la maison. Quoique leurs tasses soient fort petites, et qu'elles n'aient pas plus de profondeur que la coquille d'une noix, cependant ils boivent lentement et à plusieurs reprises, et lorsque leurs fronts sont déridés, ils agitent plusieurs questions plaisantes, et ils ont de petits jeux où celui qui perd est condamné à boire.

Il arrive souvent que l'on joue la comédie pendant le repas. Ce spectacle mérite bien que je vous en fasse une courte description. C'est un divertissement mêlé de la plus effroyable musique qu'on puisse jamais entendre. Les instrumens sont des bassins d'airain ou d'acier, dont le son est aigu ou perçant ; un tambour fait de peau de buffle, qu'ils battent tantôt avec le pied, tantôt avec des bâtons semblables à ceux dont se servent les trivelins d'Italie, et enfin des flûtes dont le son est plus lugubre que touchant. Les voix des musiciens ont à peu près la même harmonie. Les acteurs de ces comédies sont de jeunes garçons, depuis l'âge de douze jusqu'à quinze ans. Les conducteurs les mènent de province en province, et on les regarde partout comme la lie du peuple. Je ne saurois vous dire, madame, si leurs pièces de théâtre sont bonnes ou mauvaises, ni quelles en sont les règles. La scène m'a paru toujours tragique : j'en juge par les pleurs continuels des acteurs, et par les meurtres feints qui s'y commettent. La mémoire de ces enfans m'a surpris : ils savent par cœur jusqu'à quarante et cinquante comédies, dont la plus courte dure ordinairement cinq heures. Ils traînent partout leur théâtre, et quand ils sont appelés, ils présentent le volume de leurs comédies, et sitôt qu'on a choisi la pièce qu'on veut voir, ils la jouent sur-le-champ sans autre préparation.

Vers le milieu du repas un des comédiens fait le tour des tables, et demande à chacun quelque petite récompense. Les valets de la maison font la même chose, et portent au maître l'argent qu'ils ont reçu. On étale ensuite aux yeux des conviés un nouveau repas, qui est destiné pour leurs domestiques.

La fin du repas répond au commencement. Les convives louent en détail l'excellence des mets, la politesse et la générosité de leur hôte; celui-ci s'humilie et leur demande pardon, en s'inclinant profondément, de ne les avoir pas traités selon leur mérite.

Quant à la religion du pays, il seroit difficile, madame, de vous en donner une idée nette et précise. Ce n'est qu'un tissu de fables entremêlé de quelques histoires que les peuples du Tonking ont tirées des Chinois ; mais les savans, qui sont ici en très-petit nombre, suivent à la lettre la doctrine de Confucius, et se conforment au peuple pour toutes les autres cérémonies religieuses. Il est peu de villes au Tonking où l'on ne trouve au moins un temple élevé à Confucius. On y voit dans l'endroit le plus éminent la statue de ce philosophe, environnée de celles de ses disciples, que le vulgaire met au rang de ses dieux: elles sont placées autour de l'autel, dans une attitude qui marque le respect et la vénération qu'ils eurent pour leur maître. Tous les magistrats de la ville s'y assemblent aux jours de la nouvelle et pleine lune, et ils font un petit sacrifice qui consiste à offrir des présens sur l'autel, à brûler des parfums et à faire quantité de génuflexions qui n'ont rien que de ridicule et de grotesque.

Mais il y a tous les ans, aux deux équinoxes, des sacrifices solennels auxquels tous les lettrés doivent assister. Le sacrificateur, qui est ordinairement un savant, se dispose à cette cérémonie par le jeûne et par l'abstinence. Il prépare, la veille du sacrifice, le riz et les fruits qui doivent être offerts; et il arrange, sur les tables du temple tout ce qu'on doit brûler en l'honneur de Confucius. On orne son autel des plus riches étoffes de soie, et l'on y met sa statue et plusieurs tablettes sur lesquelles son nom est gravé en caractères d'or. Le sacrificateur éprouve les animaux qu'on doit immoler, en répandant du vin chaud dans leurs oreilles: si ces animaux remuent la tête, on les juge propres aux sacrifices, et on les rejette s'ils ne font aucun mouvement. Avant de les immoler, le sacrificateur fait une profonde inclination, après quoi il les égorge, et conserve pour le lendemain leur sang et le poil de leurs oreilles. Le jour suivant, le sacrificateur se rend dès le matin au temple, où, après plusieurs génuflexions, il invite l'esprit de Confucius à venir recevoir les hommages et les offrandes des lettrés, tandis que les autres ministres allument des bougies et jettent des parfums dans les brasiers qu'on a préparés à la porte du temple. Lorsque le sacrificateur est arrivé près de l'autel, un maître de cérémonie dit à haute voix: « Qu'on offre les poils et le sang des bêtes immolées. » Alors le prêtre élève avec ses deux mains, le vase où ce sang et ces poils sont renfermés, et immédiatement après, le maître de cérémonie dit: « Qu'on ensevelisse ces poils et ce sang. » A ces mots tous les assistans se lèvent, et le prêtre, suivi de ses ministres, porte le vase avec beaucoup de modestie et de gravité dans une espèce de cour qui est devant le temple, et là il enterre le sang et les poils des animaux. Après cette cérémonie, on découvre la chair des victimes, et le maître de cérémonie dit: Que l'esprit du grand Confucius descende. » Aussitôt le prêtre élève un vase plein d'une liqueur forte et le répand sur une figure humaine faite de paille, et prononce ces paroles: « Vos vertus sont grandes, admirables, excellentes, ô Confucius! Si les rois gouvernent leurs sujets avec équité, ce n'est que par le secours de vos lois et de votre doctrine incomparable. Nous vous offrons ce sacrifice. Notre offrande est pure. Que votre esprit vienne donc vers nous, et nous réjouisse par sa présence ».

Après ce discours, le prêtre prend une pièce de soie, l'offre à l'esprit de Confucius, et la brûle ensuite dans une urne de bronze, en disant à haute voix: « Depuis que les hommes ont commencé à naître jusqu'à ce jour, quel est celui d'entre eux qui a pu surpasser ou même égaler les perfections et les vertus de Confucius! O Confucius! tout ce que nous vous offrons est peu digne de vous. Le goût et l'odeur de ces mets n'ont rien d'exquis; mais nous vous les offrons afin que votre esprit nous écoute. » Ce discours étant fini, le prêtre boit la liqueur, tandis qu'un de ses ministres adresse cette prière à Confucius: « Nous vous avons fait ces offrandes avec plaisir, et nous nous persuadons que vous nous accorderez toute sorte de biens, de grâces et d'honneurs. » Alors le prêtre distribue aux assistans les viandes immolées, et ceux qui en mangent croient que Confucius les comblera de bienfaits et les préservera de tous maux. Enfin on termine le sacrifice en reconduisant l'esprit du philosophe au lieu d'où l'on suppose qu'il est descendu.

Vous voyez, madame, que cette cérémonie religieuse est fort semblable à celle qui se pratique à la Chine. Je pourrois vous expliquer plus en détail toute la doctrine des Tonkinois; mais comme elle approche beaucoup de celle des Chinois, et que les missionnaires en ont traité fort amplement avant moi, je vous renvoie donc à leurs lettres.

Le naturel des habitans du Tonking est assez franc, quoique parmi eux une tromperie faite avec adresse passe ordinairement pour un trait de prudence. Ils sont généreux; mais leur générosité ne se règle que sur leur intérêt, et quand ils n'ont rien à espérer, ils ne se déterminent que difficilement à donner, et dans ces sortes d'occasions, ils ont un grand soin de cacher ce qu'ils ont pour n'être pas importunés. En général, ils sont braves, laborieux, adroits, et prodigues dans leurs dépenses d'éclats, comme leurs mariages, leurs enterremens, leurs fêtes et leurs alliances. Ils n'aiment point les Européens, et leur plus grand plaisir est d'en faire des dupes. Tels sont, à ce qu'il me semble, les traits caractéristiques des Tonkinois.

Ce peuple cultive six espèces de riz : *le petit riz*, dont le grain est menu, allongé et transparent ; c'est celui qui est sans contredit le plus délicat et le seul que les médecins permettent aux malades ; *le gros riz long* est celui dont la forme est ronde ; *le riz rouge*, ainsi nommé parce que le grain est enveloppé d'une peau couleur rougeâtre. Ces trois espèces de riz demandent beaucoup d'eau, et la terre qui les produit veut être souvent inondée. *Le riz sec*, qui est de deux sortes, croît dans les terres arides, et n'a besoin d'autre eau que de la pluie. Ces deux espèces ont le grain blanc comme la neige, et sont un grand objet de commerce pour la Chine. On ne les cultive que sur les montagnes et les coteaux, et on les sème comme nous semons notre froment, vers la fin de décembre ou dans les premiers jours de janvier, temps auquel finit la saison des pluies. Il n'est pas tout à fait trois mois en terre, et il rapporte beaucoup.

Je suis fondé à croire que la culture de ce grain précieux pourroit réussir en France [1]. En 1765, j'ai traversé plusieurs fois les montagnes de Tonking où ce riz se cultive : elles sont très-élevées, et la température de l'air y est froide. J'y observai au mois de janvier que le riz étoit très-vert et avoit plus de trois pouces de hauteur, quoique la liqueur du thermomètre de M. Réaumur ne fût sur le lieu qu'à quatre degrés au-dessus du point de congélation. J'ai fait semer de ce grain depuis que je suis à l'île de France, et il a rapporté plus qu'aucune espèce du pays. Les colons ont reçu mon présent avec d'autant plus d'empressement, que ce riz, qui est plus fécond et de meilleur goût, n'a pas besoin d'inondation, et qu'étant sur la terre quinze ou vingt jours de moins que les autres, il peut être cueilli et fermé avant la saison des ouragans, qui emportent très-souvent les moissons des autres espèces de riz. Il y avoit lieu d'espérer que l'avantage attaché à la culture du riz sec engageroit les colons à le cultiver soigneusement ; mais ils l'ont abandonné à la maladresse des esclaves, qui ont mêlé toutes les espèces de riz, de sorte que celui de Tonking étant mûr beaucoup plus tôt que les autres, son grain est tombé avant la moisson, et peu à peu l'espèce s'en est perdue dans l'île.

Les Tonkinois cultivent le riz ordinaire à peu près de la même manière que les Malabares de la côte de Coromandel. Ils couvrent de quelques lignes d'eau la superficie du champ, et dès que le riz a cinq ou six pouces de hauteur, ils l'arrachent et le transplantent dans de grandes terres, par petits paquets de quatre à cinq brins et à six pouces de distance les uns des autres. Ce sont ordinairement les femmes et les enfans qui font cette opération.

Les Tonkinois n'emploient que des buffles à leur labour. Ces animaux, dont l'espèce est très-grande, sont plus forts que les bœufs dans les pays chauds, et ils se tirent mieux des boues. On les attelle exactement comme nous attelons nos chevaux.

Les Tonkinois n'ont aucune machine pour inonder leurs champs, mais ils n'en ont pas besoin : leurs plaines sont dominées d'un bout du royaume à l'autre par une chaîne de montagnes où se trouvent quantité de sources et de ruisseaux, qui viennent naturellement inonder les terres suivant que leur cours est dirigé.

Ce peuple cultive encore plusieurs sortes de grains, comme le *maïs*, des millets de différentes espèces, des *phaséoles*, des *patates*, des *inhams* [1] et diverses racines propres à la nourriture de l'homme et des animaux, mais la culture la plus importante pour eux, après celle du riz, est la culture de la canne à sucre.

On y en trouve de deux sortes ; l'une qui est très-grosse et très-haute, qui a les nœuds fort séparés les uns des autres, une couleur toujours verte, et une grande abondance de suc, l'autre est plus mince, plus petite et a les

---

[1] M. Lainé, lorsqu'il étoit ministre de l'intérieur, se rappela cet avis donné par les missionnaires. Il fit venir du riz sec du Tonking, et il en fit cultiver au Jardin du Roi à Paris et puis dans les terres hautes et légères de la France méridionale. Cet essai a réussi dans plusieurs départemens.

[1] Ignames.

nœuds plus serrés. Lorsqu'elle mûrit, elle prend une couleur jaune. Elle contient moins d'eau que la première, mais elle est plus chargée de sel.

Quand les Tonkinois veulent cultiver la canne à sucre, ils commencent par remuer la terre à deux pieds de profondeur; ensuite ils plantent deux ou trois des boutons de canne dans un sens couché, à peu près comme on plante la vigne dans plusieurs cantons d'Italie. Ces boutures sont enfoncées environ à dix-huit pouces en terre, et plantées en échiquier à six pieds de distance les unes des autres. On choisit pour cette opération la fin de la saison des pluies.

Douze ou quinze mois après la plantation on fait la première récolte, et quand le suc de la canne est exprimé, on le fait bouillir quelques heures pour faire évaporer une partie de son eau, puis on le transporte au marché le plus voisin pour le vendre en cet état. Ici finissent l'industrie et les profits du cultivateur tonkinois. Des marchands achètent ce sucre, qui ressemble encore à de l'eau pure; ils le font cuire de nouveau et jettent dans les chaudières quelques matières alcalines, telles que la cendre des feuilles de musa et de la chaux de coquillages. Ces ingrédiens occasionnent une écume considérable que le raffineur a soin d'enlever. L'action des alcalis hâte la séparation du sel d'avec l'eau; enfin, à force d'ébullitions, on réduit le suc de la canne en consistance de sirop, et dès que ce sirop commence à perler, on le décante dans un grand vaisseau de terre, où on le laisse se rafraîchir environ une heure. Bientôt le sirop se couvre d'une petite croûte molle, de couleur jaunâtre; alors on le vide dans un vase conique.

Aussitôt que le sirop paroît avoir pris la consistance du sel, dans toute la capacité du vase qui le contient, on le terce pour le blanchir et le purifier. Les autres opérations sont à peu près les mêmes que dans nos colonies américaines.

Les Tonkinois cultivent le cotonnier, le mûrier, le poivrier, l'arbre de vernis, le thé, l'indigo, le safran, et une plante nommée *tsai*, qui, étant mise en fermentation, fournit une fleur d'une couleur verte qui donne en teinture un vert d'émeraude très-solide. Je crois que cette plante ne se trouve qu'au Tonking et dans la Cochinchine.

Le pays est plein de gibier, comme cerfs, gazelles, chèvres sauvages, paons, faisans, etc. La chasse est libre, mais dangereuse à cause de la grande quantité de tigres, d'éléphans, de rhinocéros et d'autres animaux carnassiers qui peuplent les forêts. Les animaux domestiques qu'on y élève sont le cheval pour les voyages, le buffle pour les labours, le bœuf, le cochon, la chèvre, la poule, l'oie et le canard. Les Tonkinois ont peu de bons fruits; l'ananas et les orangers de différentes sortes sont les meilleurs. Ils ne cultivent pas la vigne, quoiqu'elle soit une production naturelle de leur terre. Ils ne sont pas riches en légumes, et il ne paroît pas qu'ils soient jaloux d'en avoir.

Parmi les occupations des Tonkinois, celle de se bien former à la guerre est une des principales. Dans le choix que l'on fait des soldats, on prend toujours les plus robustes, et l'on a un soin extrême de les occuper continuellement, tant à leurs exercices qu'aux autres ouvrages publics et particuliers du royaume. Les compagnies sont divisées par quartier, et chaque soldat a sa maison. Tous sont habillés de même, c'est-à-dire d'un justaucorps de soie, d'un caleçon de même étoffe et d'un bonnet de crin renversé par le haut. Leur épée est une espèce de sabre; mais il y en a toujours un certain nombre qui ne porte que le mousquet, un certain nombre qui n'est armé que de lances, et un certain nombre qui ne se sert que d'arcs et de carquois. L'honneur, la nécessité, l'espoir du gain et de s'avancer dans les charges, tout cela fait qu'ils s'exercent avec émulation dans l'emploi qui leur est confié: ils ne passent presque aucun jour sans s'escrimer en présence de leur chef; ceux qui réussissent le mieux remportent toujours quelques faveurs, soit en argent, soit en robes, soit en riz, et ceux qui sont assez maladroits pour faire quelque lourde faute sont mis à l'amende et quelquefois déchus de leur poste. Ainsi un officier qui manquera notablement deviendra simple soldat.

En 1671, les Tonkinois tentèrent, en Cochinchine, une expédition des plus considérables qu'ils aient jamais entreprises. Les grands préparatifs qu'ils avoient faits et quatre-vingt mille hommes effectifs sembloient leur promettre une victoire entière; les Cochinchinois au contraire n'avoient pas vingt-cinq mille hommes. Le combat dura trois jours; les Tonkinois y perdirent dix-sept mille hommes, et les Cochinchinois remportèrent une victoire complète. Depuis ce temps-là, le Tonking n'a fait aucune tentative, et la Cochinchine s'est agrandie en réduisant tous les peuples des montagnes, et même les rois de Tsiampa et de Camboye, qu'elle a obligés de lui payer tribut [1].

Les Tonkinois ne sont pas moins jaloux de rendre justice que de s'exercer dans le métier des armes. Il n'y a peut-être aucun crime qui n'ait son châtiment particulier; mais le supplice le plus ordinaire consiste à trancher la tête. Le criminel est toujours présent dans la discussion de son affaire : il peut réclamer, s'il a des preuves convaincantes qu'on l'a jugé iniquement, et pour lors les juges subissent la même peine. Comme l'on n'y plaide ni par procureur ni par avocat, mais par soi-même et toujours en présence des parties, qui n'oseroient sortir du respect qu'elles doivent aux juges, il se vide une infinité de causes, dont cependant l'on tient un registre extrêmement exact.

Je crois avoir satisfait, madame, à toutes vos questions; mais je ne saurois finir ma lettre sans vous présenter un tableau de l'ignorance profonde et de la grossièreté de quelques montagnards qui se sont affranchis et du joug de la Cochinchine et de celui du Tonking. Ils vivent comme des bêtes féroces, au milieu des bois et des montagnes escarpées, où personne n'ose aller les attaquer. Ils forment une espèce de république, et regardent leur prêtre comme leur chef. L'intérêt que ce ministre du démon doit avoir à conserver son autorité lui a suggéré un système de religion tout particulier. En voici une esquisse qui vous fera gémir sur le déplorable aveuglement de ce peuple [2].

C'est ordinairement dans la maison du prêtre que les dieux rendent leurs oracles. Un grand bruit annonce leur arrivée. Ces montagnards, qui passent le temps à boire et à danser, interrompent leurs plaisirs et poussent des cris de joie qui ressemblent bien plus à des hurlemens qu'à des acclamations : « Père! s'écrient-ils en parlant au principal de leurs dieux, êtes-vous déjà venu? » Ils entendent une voix qui leur répond : « Enfans, courage, continuez à boire, mangez, divertissez-vous : c'est moi qui vous procure les avantages dont vous jouissez. » Après cette réponse, qu'on écoute en silence, on continue à se plonger dans les plaisirs. Cependant les dieux ont soif à leur tour et demandent à boire. Aussitôt on prépare des vases ornés de fleurs, et le prêtre les reçoit pour les porter aux dieux, car il n'y a que lui qui soit leur confident et qui ait le droit de les entretenir. L'un de ces dieux est représenté avec un visage pâle, une tête chauve, et une physionomie qui fait horreur. Celui-là ne se rend point au temple, comme les autres, pour y recevoir les hommages de ses adorateurs, parce qu'il est continuellement occupé à conduire les âmes des morts dans l'autre monde. Il arrive quelquefois que ce dieu empêche l'âme de passer hors du pays, surtout si c'est celle d'un jeune homme : alors il la plonge dans un lac, où elle reste jusqu'à ce qu'elle soit purifiée. Si cette âme n'est pas docile, et qu'elle résiste aux volontés du dieu, il s'irrite, la met en pièces et la jette dans un autre lac, où elle reste sans espérance d'en sortir.

On raconte que ces barbares, au retour d'une chasse, ayant trouvé leurs cavernes remplies de serpens, ils s'adressèrent à leur prêtre pour demander aux dieux quelle étoit la cause d'un si grand malheur. Le prêtre, après avoir consulté les dieux, rapporta leur réponse, qui étoit qu'en portant au ciel l'âme d'un jeune homme dont le père vivoit encore, cette âme manqua de respect au dieu conducteur, ce qui l'avoit obligé à la précipiter dans la mer.

Le paradis de ce pauvre peuple n'est guère capable de contenter un esprit tant soit peu raisonnable. L'opinion commune est qu'il y a de gros arbres qui distillent une espèce de gomme dont les âmes subsistent, du miel délicieux et des poissons d'une grandeur prodigieuse. On croit aussi qu'il s'y trouve des singes, dont l'emploi est d'amuser les morts, et un aigle si grand, que ses ailes mettent tout le paradis à l'abri de la chaleur.

Voilà tout ce que j'ai pu recueillir de la religion de ces barbares. Pour ce qui regarde leurs mœurs, elles sont des plus dissolues, et quiconque voudroit y mettre un frein, courroit

---

[1] Ce sont les États réunis à ceux de Laos et Bao qui forment l'empire d'An-nam.

[2] Ces montagnards sont les Kémois.

un danger évident de perdre la vie. J'ai l'honneur d'être, etc.

NOTICE HISTORIQUE
SUR LA COCHINCHINE.

Le Tonking et la Cochinchine, trois cents ans avant l'ère chrétienne étoient encore des pays incultes, et leurs habitans de vrais sauvages : ils n'avoient ni livres ni caractères, et ne connoissoient de lois fixes ni pour le gouvernement ni pour le mariage.

Ce fut l'an 214 avant Jésus-Christ que ces contrées commencèrent à changer de face. L'empereur de la Chine étoit alors Tsinchi-hoang. C'est ce prince fameux qui, pour se garantir des incursions des Tartares, bâtit dans l'espace de cinq ans la grande et prodigieuse muraille que l'on voit subsister encore depuis tant de siècles. C'est aussi le même prince qui, follement jaloux de sa gloire, et ne voulant pas qu'aucun de ses prédécesseurs lui pût être comparé, ordonna[1], sous peine de la vie, de brûler dans tous ses États les livres d'histoire, les livres classiques, et une infinité d'autres livres, afin que les règnes précédens étant par là effacés de la mémoire des hommes, le sien seul servît d'époque à la postérité. Ce prince donc, ayant nouvellement conquis le Tonking et la Cochinchine, fit rassembler dans son empire plus de cinq cent mille hommes et les envoya dans la partie australe des provinces de Canton et de Kouang-si, dans la Cochinchine et le Tonking. Cette multitude de Chinois expatriés étoit composée en grande partie de gens robustes et jeunes ; on y voyoit des marchands, des criminels, des pauvres, des vagabonds. L'arrivée d'une si nombreuse colonie remplit ces deux royaumes de familles chinoises qui s'y établirent et s'y multiplièrent, et par là les caractères, le gouvernement et la religion des Chinois, s'y introduisirent peu à peu. La Cochinchine avoit alors le nom de *Ling*, et ce fut aussi le nom de la capitale du pays.

Après la mort de Tsinchi-hoang, le trône de la Chine fut occupé par son fils Eulchi, dont le règne ne fut ni long ni heureux. Un seigneur nommé *Tchao-to*, d'une famille illustre du Petcheli, et gouverneur d'une place dans le département de Canton, se voyant accrédité, se porta pour gouverneur du district entier de Canton, d'où dépendoient la Cochinchine et le Tonking ; ensuite il se fit déclarer roi, voulut que son nouvel État s'appelât *Nanyve*[1], et rompit toute communication avec la Chine. Néanmoins il ne resta pas longtemps dans cette indépendance, et à peine Cao-tsou, fondateur de la dynastie Han, eut-il succédé à l'empire, que Tchao-to rentra dans la subordination et se soumit à payer tribut. Mais bientôt les mécontentemens que lui donna l'impératrice Liu-heou, mère de l'empereur Ho-citi, princesse altière et violente, lui firent prendre un autre parti. Il revint à son ambition naturelle, se déclara empereur et prince indépendant, et se comporta comme tel dans les provinces de Canton, Kiang-si, Kouang-si, dans la Cochinchine et le Tonking.

Venti, étant monté depuis sur le trône impérial, entreprit de soumettre Tchao-to. Pour y réussir, il prit la voie de la négociation, et ce qu'il auroit eu peine à emporter par la force, il l'obtint par une douce politique : il engagea ce prince à quitter le titre d'empereur et à lui payer tribut.

La mort de Tchao-to jeta sa cour et ses États dans un trouble et dans une confusion dont l'empereur Vouti, qui régnoit alors, sut habilement profiter. Il fit marcher des troupes vers les États de Nanyve, les attaqua, s'en ren-

---

[1] Un écrivain moderne a osé traiter de fable cet événement, quoiqu'il soit constaté par l'histoire de la Chine, reconnue pour authentique dans tout l'empire, et qui, peu de temps après la mort de Tsinchi-hoang, fut, avec des soins infinis, formée sur les livres que, malgré sa défense, on avoit conservés.
La raison qu'apporte M. Fourmond pour autoriser son sentiment, et qu'il paroit croire sans réplique, est le silence des livres de la Cochinchine et du Tonking, sur un événement si singulier, et la facilité, dit-il, qu'il y auroit eu, après la mort de Tsinchi-hoang, d'avoir un grand nombre d'exemplaires des livres chinois répandus dans ces deux royaumes. Mais cet écrivain devoit savoir que la barbarie régnoit alors dans la Cochinchine et le Tonking ; que c'est la colonie envoyée par l'empereur même dont il s'agit, qui y introduisit les caractères chinois ; et qu'assurément ce prince, qui vouloit anéantir et qui faisoit réduire en cendres les livres qui se trouvoient dans ses États, n'auroit eu garde de les laisser passer chez des barbares qui devenoient ses sujets, et qui n'auroient pas même été en état de les lire.

[1] An-nam.

dit maître, et donna des gouverneurs au Tonking et à la Cochinchine. Depuis ce temps jusqu'à l'an 25 de Jésus-Christ, c'est-à-dire pendant cinquante ans, tous ces pays demeurèrent sous la domination des empereurs de la Chine.

Mais les Cochinchinois se lassèrent enfin de les avoir pour maîtres. Sous le règne de l'empereur Koang-outi, ils se liguèrent avec les peuples du Tonking, et ces deux nations, agissant de concert, secouèrent en même temps le joug des Chinois. Deux dames tonkinoises, nommées *Tching-tze* et *Tching-eul*, se mirent à la tête des révoltés ; elles étoient sœurs et avoient toutes deux des inclinations guerrières et des qualités véritablement héroïques : on les voyoit nuit et jour à cheval, armées, faisant l'office de général. Elles fortifièrent les frontières, disciplinèrent des troupes nombreuses, les animèrent à la défense de la patrie, et les disposèrent à résister aux Chinois, qu'elles prévoyoient devoir bientôt arriver pour les combattre.

En effet, l'empereur ne vit pas avec indifférence un événement de cette nature, qui pouvoit être d'un dangereux exemple pour les autres provinces de l'empire. Il envoya une formidable armée pour réduire les rebelles, et en donna le commandement à Mayven. Ce général commença par le Tonking. Il eut besoin de toute son expérience, de son habileté dans l'art militaire et de toute sa bravoure pour attaquer avec succès l'armée tonkinoise ; et si les dames belliqueuses qui la commandoient avoient été mieux secondées par leurs officiers et leurs soldats, il est à présumer que Mayven auroit échoué dans cette périlleuse entreprise. On lui disputa pied à pied le terrain : il ne put avancer qu'à force de combats, et dans toutes ces actions, les deux héroïnes firent admirer également leur courage et leur prudence. L'armée chinoise perdit ainsi beaucoup de monde, et s'affoiblissoit de jour en jour ; mais enfin auprès du lac Si-hou, à l'occident de la capitale, il y eut une bataille sanglante, et Mayven remporta une victoire complète. Comme il poursuivoit les débris de l'armée vaincue, il y eut encore une action très-vive, où les dames périrent en combattant. Après leur mort, le Tonking fut soumis. Mayven entra ensuite dans la Cochinchine, et la remit sans peine sous l'obéissance de l'empereur.

Ce qu'on rapporte de la marche de cette armée, depuis la capitale du Tonking jusqu'à la capitale de la Cochinchine, fait voir que les limites de ces deux États étoient alors à peu près les mêmes qu'aujourd'hui vers le sud de Kouang-nang-fou, ville du Tonking, car c'est là que Mayven fit placer des colonnes de cuivre pour marquer ces limites. On dit aussi que ce général plaça d'autres colonnes de cuivre près du mont Fen-meo, qui sépare la province de Canton du Tonking. Si cela est, il faut ou qu'elles aient été détruites, ou qu'elles aient été transportées ailleurs ; on ne les y voit plus, et c'est inutilement que plusieurs fois on les a cherchées en creusant les terres aux environs. Le même général en éleva encore deux autres, également de cuivre, près de Sseün-Tcheou, ville de Kouang-si, dans le district du Tonking. Celles-ci subsistent encore, et on y lit cette inscription : *Quand ces colonnes seront détruites, le Tonking périra*. Ce monument est sans doute de la plus respectable antiquité ; aussi les Tonkinois ont-ils grand soin de le conserver en le mettant à couvert des injures de l'air.

Au reste, on respecte encore dans le Tonking le nom et la mémoire de Mayven, comme d'un capitaine aussi recommandable par sa probité que par son habileté et son courage. On voit dans l'histoire de son voyage qu'entre le lieu où est aujourd'hui Hing-hoa-fou, et celui où est Kouang-nang-fou, il y avoit des passages difficiles et d'épaisses forêts, mais que ce général surmonta tous ces obstacles, fit abattre les bois et se fit un chemin qui le conduisit heureusement à la Cochinchine.

Le rétablissement de l'autorité impériale dans ce royaume, par la glorieuse expédition de Mayven, commença vers l'an 50 de Jésus-Christ et se soutint jusqu'à l'an 263 ; alors il se fit une nouvelle révolution. Un grand seigneur cochinchinois, nommé *Kut-ien*, entreprit de délivrer la Cochinchine de toute domination étrangère. Il ne pouvoit y parvenir sans se défaire du gouverneur chinois : il le fit mourir, et par ce coup hardi il échauffa tellement les esprits, qu'il se trouva un moment maître de tout le pays, s'en fit reconnoître roi, et prit le nom de roi de Ling. Personne ne lui disputant la couronne, il mourut paisible possesseur du royaume qu'il avoit usurpé.

Kut-ien ne laissa aucun héritier qui descendit de lui par les mâles; mais un seigneur nommé *Fan-hiong*, qui en descendoit par les femmes, fut élu roi, et son fils Fang lui succéda. Sous le règne de celui-ci, la famille de Fan adopta un esclave appelé *Ouen*, natif de Kouang-nan, dans le Tonking, et lui donna le nom de *Fan-ouen*.

Ce vil étranger, admis dans la famille royale, parvint bientôt, par cette adoption et par ses intrigues, à un crédit et à une puissance sans bornes; et comme les bienfaits entre des mains ingrates, se changent le plus souvent en des armes funestes aux bienfaiteurs, il trouva le moyen de rendre odieux les fils du roi Fang, et après la mort de ce prince, il se saisit sans peine de la couronne. Pour signaler le commencement de son règne, et s'attirer par quelque exploit glorieux l'estime de ses sujets, il entra à la tête d'une armée dans le Tonking, s'empara de Kouang-nan sa patrie, et ravagea tout le territoire de Tsin-hoa. Cette expédition se fit l'an 347 de Jésus-Christ.

Fan-ouen, enflé de ce succès, et dans la vue de conserver sa conquête, proposa au gouverneur chinois du Tonking de fixer les limites des deux États entre Kouang-nan et le lieu où est Tchag-an, à la montagne Flong; mais la proposition fut rejetée, et la mort de Fan-ouen, qui suivit de près, délivra le Tonking d'un si dangereux voisin.

Fan-fou son fils lui succéda : comme il n'avoit ni l'habileté ni l'expérience de son père, le gouverneur du Tonking crut le temps favorable pour reprendre la place importante qui lui avoit été enlevée. Il s'avança avec une armée nombreuse, et obligea Fan-fou de sortir du territoire de Kouang-nan, et de se retirer à Ling. Le petit-fils de Fan-fou fut Fan-ouen-ti, dont le règne fut agité par de si grands troubles, qu'il en fut lui-même la victime. Ce prince en effet fut tué par Tang-kent-chun, fils du roi de Fou-nan, aujourd'hui Camboye.

Il n'étoit pas facile de raffermir un État ainsi ébranlé et d'adoucir des esprits émus par de si violentes passions. Fan-tchou-nong, prince de la famille royale, en vint à bout. Il rétablit le calme, et se fit déclarer roi de Ling ou de Cochinchine. Après sa mort, son fils Fan-yang-may fut roi, et eut lui-même son fils Fan-tcho pour successeur. On ne sait rien de toute cette famille royale, sinon qu'elle paya exactement le tribut aux empereurs chinois des dynasties Song, Tsi, Lean, Tchin, et à Kao-tsou-venti, premier empereur de la dynastie Souy.

L'an de Jésus-Christ 605, Yang-ti, empereur de la Chine et successeur de Kao-tsouventi, fit éclater d'une manière révoltante son excessive avidité et son ambition démesurée. Il avoit ouï dire que dans la Cochinchine il se trouvoit une infinité de choses rares et précieuses. Il n'en fallut pas davantage pour animer sa cupidité, et il résolut, contre toute équité, de s'emparer de ces trésors. Les prétextes manquent rarement aux entreprises les plus injustes : il publia ce qu'il put imaginer de plus spécieux pour colorer l'invasion qu'il méditoit, et sans perdre de temps, il envoya le général Lieu-fang à la tête d'une puissante armée pour attaquer Fan-fantchi, roi de Ling : celui-ci étoit sur ses gardes; il avoit assemblé des troupes sur ses frontières : il les fit avancer vers le lieu où étoient les colonnes de cuivre placées autrefois par le général Mayven. Là les deux armées se rencontrèrent et en vinrent aux mains. Lieou-fang, plus habile que les généraux cochinchinois, mit l'armée du roi dans le plus grand désordre. Il y avoit dans cette armée, selon l'usage de la Cochinchine, un grand nombre d'éléphans. Ces terribles animaux peuvent à la vérité être d'un grand secours dans une bataille rangée; mais aussi il arrive souvent qu'ils nuisent plus à ceux qui les emploient qu'aux ennemis mêmes contre lesquels on les irrite. Le général chinois, qui ne l'ignoroit pas, eut l'adresse de les effaroucher : en conséquence ils prennent la fuite, renversent, écrasent tout ce qui se trouve sur leur passage, et prenant différentes routes, ils jettent une confusion si étrange dans toute l'armée cochinchinoise, qu'elle est dissipée et taillée en pièces.

Lieou-fang, vainqueur, marcha droit à Ling. Cette ville étoit, ou la ville même appelée aujourd'hui *Sinoch*, ou bien près du lieu où cette ville est située. Le général y arriva avec ses troupes en huit jours, d'où l'on peut juger ce qu'il y a de distance entre Ling et les limites de la Cochinchine, puisqu'on sait à peu près quel chemin peut faire en huit jours une armée victorieuse.

Aux approches de l'ennemi, le roi Fan-fantchi abandonna sa capitale. Lieou-fang y entra, mit au pillage la ville et tout le pays, et enleva dix-huit tablettes d'or massif de la salle où le roi alloit dans des temps réglés honorer la mémoire des rois ses prédécesseurs ; car les rois de la Cochinchine avoient pris des Chinois la manière d'honorer les princes morts, en construisant des salles et en y plaçant des tablettes. Au reste, ces tablettes étoient à Ling au nombre de dix-huit, parce que Fan-fantchi étoit le dix-neuvième roi de la Cochinchine depuis Kul-ien.

Le général chinois, chargé d'un si riche butin, reprit avec son armée la route du Tonking, et après sa retraite, le roi Fan-fantchi rentra dans sa capitale et s'appliqua à réparer le dégât qu'y avoient fait ses ennemis. Les historiens chinois reprochent, avec raison, à l'empereur Yang-ti l'injustice de cette guerre, et regardent comme un châtiment du Ciel sa mort funeste et celle de son général.

Les siècles suivans, dans l'histoire chinoise de la Cochinchine, offrent peu de connoissances sûres, et l'on n'y trouve presque aucun détail. On sait seulement que vers l'an 639, le roi Fan-tcouly envoya à Tay-tsong, empereur de la dynastie Tang, beaucoup de raretés de son pays ; que son fils et son successeur Fan-tching-long fut assassiné, et qu'en lui finit la famille royale Fan ; qu'après la mort de Fan-tching-long, les grands proclamèrent Tchou-coti, fils d'une tante paternelle du roi Fan-tcouli, et que ce prince envoya pour tribut des présens à l'empereur Kao-tsong l'an 653.

Cent cinquante ans après, vers 806, le roi de la Cochinchine déclara la guerre au Tonking ; on ignore par quel motif. Il y entra d'abord à main armée, et pilla les gouvernemens qu'on appelle aujourd'hui en chinois *Kouang-nan*, *Tchag-an* ; mais l'expédition ne fut pas heureuse, et il fut repoussé avec perte par le gouverneur chinois. De retour dans ses États, il transporta la cour de Ling à Tchen, port de mer vers l'orient de la ville de Ling ; et parce qu'auprès de ce port il y avoit une ville nommée *Tchen-tchin*, on appelle depuis ce temps-là le royaume de Cochinchine le royaume de *Tchen-tching*.

En 956 (car, dans l'écrit chinois, les fastes des rois de la Cochinchine sont assez souvent interrompus), celui qui régnoit s'appeloit *Cheleynteman*, et son successeur, en 965, se nommoit *Syleyntopan*.

Deux siècles après, entre les années 1166 et 1170, le roi Tscouyana voulut enrichir ses États par le commerce : le dessein étoit louable ; mais il s'y prit de manière à le faire bientôt avorter. Il envoya des Cochinchinois dans l'île de Flaynan pour y commencer l'exécution de ce projet. Par malheur, il avoit mal choisi son monde : il falloit, pour réussir, des hommes adroits et insinuans, et c'étoient des brigands qui, sous prétexte qu'on ne leur laissoit pas assez de liberté pour vendre et pour acheter, pillèrent le pays où ils avoient abordé.

Après une pareille violence, ce fut en vain que le roi de la Cochinchine fit rendre aux Chinois tout ce qui leur avoit été pris ; il eut beau proposer des conditions, sous lesquelles il demandoit la permission d'envoyer dans la suite ses sujets pour commercer, toutes ses tentatives furent inutiles, et toutes ses propositions furent rejetées.

Il crut que dans la guerre il auroit plus de succès. Il tourna donc ses vues sur le royaume de Tchinla (Camboye). Il y entra à la tête d'une armée, l'an 1179, et il y fit de grands ravages, mais sans aucune conquête. Le roi de Camboye[1], pour mieux se venger, dissimula longtemps son ressentiment : dix-huit années s'écoulèrent sans qu'il en fît rien paroître ; mais en 1197, il vint fondre sur le roi de la Cochinchine, le détrôna, le fit prisonnier, saccagea ses États, et en se retirant mit sur le trône de la Cochinchine un seigneur camboyen. Ce changement de domination ne subsista que peu de temps. La guerre entre les deux États fut longue, et les Cochinchinois se tinrent presque toujours sur la défensive.

Le prince qui régnoit sur eux en 1280 s'appeloit *Poyeoupouletcheou*. Dès qu'il eut appris que Koublay, empereur des Tartares Mongous, après avoir détruit la dynastie chinoise Song, étoit maître de toute la Chine, sous le nom *Yvenchitsou*, il lui envoya des députés avec des présens pour lui faire hommage comme prince tributaire. Ces députés furent traités avec distinction ; mais l'empereur ne se contenta pas du tribut : il poussa plus loin ses prétentions, et résolut de faire partir pour la Cochinchine des grands de sa cour, et d'y ériger un tribunal pour gouverner ce royaume. L'entreprise étoit grande et pleine de difficul-

[1] Cambodje.

tés; cependant elle s'exécuta. Mais deux ans après, en 1282, Pouti, fils du roi, indigné qu'un tribunal étranger donnât des lois à la Cochinchine, refusa d'en reconnoître l'autorité et engagea le roi son père à faire arrêter les grands qui, par ordre de l'empereur, étoient à la tête de ce tribunal.

La nouvelle n'en fut pas plutôt arrivée à la Chine, que l'empereur, irrité, résolut d'en tirer vengeance. Il ordonna d'équiper dans les ports de la province de Canton une flotte considérable, avec un grand nombre de troupes tartares et chinoises, dont Sotou fut nommé général. La flotte mit à la voile; Sotou débarqua au port de Tchen-tching, et sans grande résistance se rendit maître de la ville capitale (Ling). Il fallut que le roi et son fils se retirassent dans les montagnes. Là ils donnèrent des ordres secrets pour assembler en divers endroits de bonnes troupes, et ils fortifièrent un gros bourg, dont les portes étoient défendues par de bons ouvrages et des batteries de canons nommées *batteries de canons mahométans*. Alors ils firent mourir en secret les grands tartares et chinois qui composoient le tribunal érigé par l'empereur, et ne songèrent plus qu'à amuser Sotou et à faire périr son armée. Dans ce dessein, ils envoyèrent à ce général de riches présens pour lui et pour ses troupes, et lui promirent de se conformer aux ordres de l'empereur.

Sotou se laissa d'abord tromper par cette apparente lueur de soumission; mais bientôt après, un transfuge lui apprit le massacre des grands tartares et chinois, les intrigues du roi et de son fils, et la marche d'une armée formidable pour lui couper les vivres et le retour. Il comprit alors qu'il n'y avoit plus de temps à perdre: il fit avancer ses troupes et attaqua avec vigueur le bourg fortifié. Si l'attaque fut vive, la défense ne le fut pas moins. Enfin la difficulté du terrain et la résistance des assiégés lui ayant fait perdre beaucoup de monde, il fut obligé, pour ne pas voir périr toute son armée, de se retirer au plus tôt, fort maltraité et avec une perte considérable.

Le roi et son fils ne doutèrent pas qu'un pareil échec ne rendît l'empereur plus traitable. Ils lui envoyèrent donc quelques grands de leur cour pour lui faire leurs soumissions. Ils espéroient l'adoucir; ils se trompèrent: le mauvais succès n'avoit fait qu'augmenter sa colère. Sans vouloir admettre les ambassadeurs cochinchinois, il ordonna à son fils Tohoan de conduire une armée sur les frontières du Tonking et de la province de Kouang-si; de demander passage au roi du Tonking, et d'aller attaquer le roi de la Cochinchine. Sotou eut en même temps ordre de se joindre au prince Tohoan, afin que leurs forces réunies pussent accabler leur ennemi. Le projet étoit en apparence bien concerté; cependant il ne réussit pas, et n'aboutit qu'à quelques ravages que fit Sotou dans les pays par où il passa. Ainsi l'empereur Koublay finit ses jours sans avoir pu se venger de la Cochinchine, et les rois de ce pays en furent quittes pour le tribut ordinaire, qu'ils continuèrent de payer aux empereurs qui lui succédèrent.

Ceux qui ont étudié les fastes de la Chine prétendent que la dynastie des Tartares Mongous fut détruite par un prince de la dynastie Ming, et que cette révolution s'opéra l'an 1368. Itataha régnoit alors dans la Cochinchine. Le nouvel empereur lui notifia son avénement au trône chinois, et, ce qui n'avoit pas encore eu d'exemple, il fit faire dans la Cochinchine des sacrifices pour honorer les esprits des forêts, des montagnes et des rivières; ensuite il reçut l'hommage et le tribut d'Itataha, à qui il fit de magnifiques présens. Itataha, de son côté, lui marqua d'abord sa reconnoissance. Ayant envoyé, en 1373, une flotte contre les pirates qui infestoient la mer, et ayant pris vingt bâtimens de ces corsaires, il fit présent à l'empereur de soixante et dix mille livres pesant d'un bois précieux qu'on avoit trouvé sur ces vaisseaux. Mais cette bonne intelligence ne dura pas. Itataha, malgré les avis et les ordres de l'empereur, qui vouloit entretenir la concorde et la paix entre le Tonking et la Cochinchine, fut presque toujours en guerre avec le roi du Tonking. Il donna même, en 1377, une bataille sanglante où le roi Tchin-touan perdit la vie.

Une conduite si contraire aux vues de la cour de la Chine ne pouvoit manquer de lui déplaire; mais ce qui acheva de l'irriter, et ce qui mit le comble à son indignation, c'est qu'en 1387 Itataha, par une basse et lâche cupidité, fit enlever la quatrième partie d'un grand nombre d'éléphans que le roi de Camboye envoyoit à l'empereur. Une action si indigne d'un prince révolta également les deux souverains. D'ailleurs Itataha gouvernoit mal ses États, et il s'y étoit rendu si odieux, que ses propres sujets n'étoient pas à son égard mieux disposés que les puissances voisines. Itocheng, un des grands de sa cour, profita de cette conjoncture pour exécuter le crime qu'il méditoit depuis longtemps. Il fit assassiner Itataha, et, ne trouvant plus aucun obstacle à son ambition, s'empara du trône, en 1390. Dès qu'il s'y fut affermi, il envoya des ambassadeurs à Itongou pour lui payer tribut et pour lui demander l'investiture. L'empereur reçut l'un et refusa l'autre, et l'usurpateur n'eut de lui que les reproches les plus amers sur l'énorme attentat dont il s'étoit rendu coupable.

Yonglo succéda presque immédiatement à l'empereur Itongou, et Tchen-patilay, roi de Cochinchine, lui paya, en 1403, le tribut accoutumé. Ce prince n'avoit garde de se dispenser de cet acte de soumission et de dépendance; il avoit trop besoin du secours de l'empereur dans la guerre qu'il avoit à soutenir contre le roi du Tonking, qui l'attaquoit vivement et qui ne lui donnoit pas le temps de respirer. On a déjà vu souvent ces deux royaumes aux prises ensemble; mais ils furent plus acharnés que jamais l'un contre l'autre dans le siècle dont nous parlons, et l'on verra bientôt que la Cochinchine succomba. Tchen-patilay eut donc recours à l'empereur, et le pria d'interposer son autorité pour faire la paix. Yonglo le promit et tint parole. Mais les exhortations et les ordres de la cour impériale furent inutiles: la guerre ne laissa pas de continuer entre les deux rois sur terre et sur mer avec une violence que rien ne pouvoit arrêter, et qui fit souffrir infiniment les deux royaumes.

Au milieu de ces troubles, Tchen-patilay trouva le moyen de reprendre sur le fils de Likily (seigneur révolté contre le roi du Tonking) le pays de Chalyya, qui est sur la frontière boréale de la Cochinchine et que ce rebelle lui avoit enlevé. Il se saisit aussi de plusieurs chefs de rebelles tonkinois, et les envoya à la cour de l'empereur, qui, sensible à ce service, lui fit par reconnaissance, en argent et en soieries, des présens considérables. La politique exigeoit de Tchenpatilay, qu'il se ménageât toujours ainsi la protection de cette cour, qui lui pouvoit être souvent utile et quelquefois nécessaire; il ne le fit pas: au contraire, ses dispositions à l'égard de l'empereur changèrent tout à coup. Il alla même jusqu'à se liguer contre lui avec un rebelle tonkinois nommé *Tching-ki-hoang*. En vertu de cette alliance, il donna de l'argent et des éléphans au rebelle, qui, de son côté, devoit lui remettre la ville de Ching-hoa-fou, dans le Tonking, quatre villes du second ordre et treize villes du troisième ordre, alors dépendantes de Ching-hoa-fou. Cet odieux traité ne put être si secret qu'il ne vint aux oreilles de l'empereur Yonglo; il en fut pleinement informé, en 1415, et en apprit toutes les circonstances. Il auroit pu en tirer raison par la force des armes; mais, usant de modération, il se contenta de faire des reproches, très-vifs à la vérité, mais très-justes, à Tchenpatilay. Celui-ci tâcha de se justifier, et à force d'excuses et de soumissions il vint à bout d'adoucir l'empereur.

Tchen-patilay mourut en 1441. Mahopenkai lui succéda. Il eut, comme son aïeul, de grands démêlés avec le roi du Tonking; il paroît même qu'il fut l'agresseur. La cour du Tonking se plaignit, en 1446, à l'empereur, des violences que le roi de Cochinchine avoit exercées dans ses États, et surtout dans Ching-hoa, Ssey et autres villes. Sur ces plaintes, l'empereur exhorta les deux rois à vivre en paix et à s'en tenir aux frontières déterminées; mais, comme on l'a déjà vu souvent, on eut peu d'égards à ses représentations. La guerre continua, et Mahopenkay, dans une rencontre avec l'armée tonkinoise, eut le malheur d'être pris et de tomber entre les mains d'un ennemi irréconciliable. On eut beau solliciter sa liberté, le roi du Tonking fut inflexible. Ses refus réitérés lui ayant donc ôté toute espérance, les grands cochinchinois reconnurent, en 1447, pour leur roi Mohokoueylay, neveu de Tchen-patilay, et l'élection fut approuvée et confirmée par l'empereur. Mohokoueylay régna, et son frère Molokoueyyeou lui succéda; mais ces deux règnes ne furent pas de longue durée, puisque l'an 1458, le roi de la Cochinchine étoit Molopauloyve, qui mourut en 1460 et qui eut pour successeur son frère Panlotchatsuen.

En l'an 1471 arriva la grande révolution, qui, par une bataille décisive, termina toutes les guerres entre la Cochinchine et le Tonking, et qui rendit le roi du Tonking Lyhao maître absolu de la Cochinchine. Son ennemi s'étoit trop exposé dans le combat : Panlotchatsuen fut fait prisonnier, et le prince Panlotchayve, qui seul pouvoit soutenir l'État chancelant, ayant eu le même sort, les Cochinchinois se virent obligés de subir le joug du vainqueur et de reconnoître le roi du Tonking pour leur souverain.

Leur unique ressource eût été l'empereur de la Chine ; mais ce monarque se souvenoit de la conduite odieuse de Tchen-patilay, qui cinquante ans auparavant avoit donné du secours au rebelle tonkinois Tchin-ki-hoang, contre l'empereur Yonglo, et lui avoit fourni de l'argent et des éléphans. La cour de la Chine n'en avoit alors tiré aucune vengeance ; mais elle en garda un vif ressentiment ; et lorsque, dans l'occasion présente, les princes de la famille royale de Cochinchine agirent auprès des grands chinois et de l'empereur pour procurer la liberté à leur roi captif ou pour se donner un nouveau roi, la cour chinoise ferma l'oreille à toutes leurs sollicitations, laissa faire le roi Lyhao et refusa d'armer contre lui.

Depuis cette conquête de la Cochinchine par Lyhao, l'histoire chinoise de la dynastie Ming ne dit presque rien sur la Cochinchine ; et, ni dans cette histoire ni dans la nouvelle notice Chinoise sur les pays étrangers, on ne trouve ni quand ni comment la Cochinchine s'est affranchie de la servitude et a eu de nouveau un roi particulier.

MÉMOIRE HISTORIQUE
SUR LE TONKING.

Ce royaume a eu plusieurs noms différens. Avant le règne de Tchin-ki-hoang, plus de deux cents ans avant Jésus-Christ, il étoit connu dans la Chine sous les noms de *Kiaotchi*, de *Nan-kiao* et de *Yve-tchang*. L'empereur Outi le divisa en trois départemens.

Le premier s'appela *Kiao-tchi*. La ville qui en étoit la capitale est encore aujourd'hui la capitale du Tonking, sous le nom de *Kiaotcheou*, que lui donna le général Mayven.

Le second département se nomma *Kieoutching* ; sa capitale étoit dans le pays où est à présent Tsing-hoa-fou.

Le troisième s'appela *Genan* ; il eut sa capitale Kouang-nan-fou. Ce nom de *Genan* se donne encore actuellement non-seulement aux pays du Tonking, mais aussi à ceux de la Cochinchine et du Camboye, parce que Genan signifie le sud du soleil, et qu'aux grands jours d'été, dans le Tonking, la Cochinchine et le Camboye, l'ombre du soleil à midi paroît vers le sud. Enfin le Tonking acquit un nouveau nom l'an de Jésus-Christ 679 : c'est celui de *Gannan* que lui donna l'empereur Kaotsong.

Près de deux siècles après cette époque, au temps de Ytsong, empereur de la grande dynastie Tang, ce royaume changea de maître ; mais ce ne fut que pour peu de temps, et il rentra bientôt sous la domination de l'empereur de la Chine. Voici en peu de mots comment se fit et se termina cette courte révolution.

Il y avoit alors dans la province du Yunnan un royaume qu'on appeloit *Nan-tchao*, dont la ville capitale étoit Talifou d'aujourd'hui. Les rois en étoient puissans et soutinrent de grandes guerres avec les Chinois et le Thibet. Outre la meilleure partie du Yunnan, ils avoient de bonnes places dans la province de Kouegtcheou et dans les vastes pays entre les royaumes d'Ava, de Bengale, le Thibet, l'Yunnan et Ssetchouen ; ils avoient aussi des armées formidables et bien aguerries. Or, sous le règne de Ytsong, le roi de Nan-tchao attaqua brusquement le Tonking, s'en empara, y fit un grand carnage et en emporta un butin immense. Il menaçoit la province de Souansi, et dans plusieurs combats il eut de grands avantages sur les troupes chinoises. Mais le général Kaopien, nommé gouverneur du Gannan, se mit à la tête d'une armée, remporta plusieurs victoires sur les troupes du roi de Nan-tchao, lui causa des pertes irréparables, reprit la capitale du Tonking et enfin tout le royaume ; et pour éterniser la mémoire de ses succès, il fit bâtir à Kio-tcheou, capitale de Gannan, un grand faubourg qui eut le nom de *Jalo-tching*. Au reste, ce royaume de Nan-tchao est un des quatre que l'histoire chinoise appelle les quatre fléaux de l'empire. Les trois autres sont le Thibet, les États d'Igour, et ceux des Turcs, dits en chinois *Toukve*. Les horribles ravages par lesquels ces quatre peuples se signalèrent dans la Chine, durant toute la dynastie Tang, leur fit donner cette odieuse dénomination.

Cette fameuse dynastie fut détruite l'an 907. Alors les grands tonkinois songèrent à profiter des troubles de l'empire; mais ce ne fut pas sans en exciter dans le Tonking même d'aussi considérables. Il s'agissoit d'y établir un nouveau gouvernement qui fût indépendant de la Chine et de se donner un maître. Un si grand intérêt ne pouvoit manquer de semer la discorde entre les familles les plus illustres, jalouses et rivales les unes des autres; chacune aspiroit à l'autorité suprême, et ces prétentions opposées allumèrent bientôt dans le royaume une guerre civile, qui ne fut terminée que par la supériorité que prit sur toutes les autres la famille de Ting.

Un seigneur Ting parvint à gouverner le Tonking en maître absolu, et, pour plaire à ses peuples, il affecta une entière indépendance de la Chine. Il n'en fut pas de même de son fils Tinglien, qui lui succéda. Il crut au contraire que pour affermir sa puissance, l'appui de l'empereur lui étoit nécessaire. Dans cette persuasion, il lui envoya des ambassadeurs, et ne fit pas difficulté de lui rendre hommage et de lui payer tribut. Cette politique lui réussit. L'empereur reçut avec distinction les ambassadeurs de Tinglien, lui fit des présens, et dans un diplôme qu'il lui envoya, il le déclara kun-ouang, ou prince du second ordre. Ainsi l'on doit regarder Tinglien comme le premier prince souverain qu'ait eu le Tonking.

On ignore les noms de ceux qui lui succédèrent immédiatement. On sait seulement que son troisième successeur fut détrôné par Lyoan, dont la famille étoit puissante, et que le troisième successeur de celui-ci fut aussi renversé du trône par Ly-kong-yun, issu d'une famille illustre dans le territoire de la capitale.

Cette suite de princes cultiva avec soin l'amitié des empereurs de la Chine. Mais un de leurs successeurs se lassa de cette sorte d'assujettissement: il voulut enfin affranchir son peuple et secouer le joug de la subordination; il en vint même jusqu'à agir ouvertement contre l'empire et en ennemi déclaré. C'est surtout l'an 1075 que ces hostilités éclatèrent.

Lykiente (c'est le nom de ce prince du Tonking) entra à main armée dans la province de Canton. Les villes de Kin-tcheou et Lien-tcheou furent prises et pillées, et plus de huit mille Chinois y perdirent la vie. L'année suivante, les troupes de Lykiente assiégèrent la forte place appelée aujourd'hui *Nan-nin-fou*, dans la province de Kouang-si. Le gouverneur de cette ville, grand homme de guerre, se défendit vaillamment; mais, faute de secours, la place fut prise, et cet intrépide guerrier, avec sa famille, se jeta dans un feu qu'il avoit fait allumer exprès, aimant mieux périr ainsi que de tomber vif entre les mains des ennemis. Les Tonkinois eurent la cruauté de passer au fil de l'épée cinquante-huit mille habitans.

L'empereur ne tarda pas à se venger d'un si sanglant outrage. Il fit assembler une armée de quatre-vingt mille combattans, commandée par le général Kota, et pria les rois de CamLoye et de Cochinchine d'envoyer quelques troupes pour faire diversion dans le Tonking. Ce général ne perdit point de temps : il se mit en marche, arriva sur les limites du Kouang-si et du Tonking, et fit aussitôt ses dispositions pour attaquer l'armée ennemie. La bataille se donna près du fleuve Fou-leang-kiang. Les Tonkinois furent taillés en pièces, et le fils héritier du prince leur souverain y perdit la vie.

Kota ne profita pas autant qu'il l'eût souhaité de sa victoire. Il n'osa s'exposer à passer le fleuve. Les maladies avoient déjà fait périr la moitié de son armée : il pensa à la rétablir, et se contenta de s'emparer de la ville de Kouang-yven et de plusieurs autres; alors on entra en négociation. Lykiente envoya des ambassadeurs à l'empereur, paya tribut, rendit les prisonniers chinois et restitua les villes Kin-tcheou, Lien-tcheou et Nan-nin-fou. L'empereur, de son côté, fit grâce à Lykiente, et consentit à lui rendre les places du Tonking prises par Kota. On régla en même temps les limites de ce royaume et de la Chine.

Jusqu'ici les souverains du Tonking n'avoient porté que le titre de princes du Tonking. Ly-tien-tso, l'an de Jésus-Christ 1164, après avoir payé tribut à l'empereur Hiaotsong, obtint de lui le titre de roi du royaume de Gannan. Ly-tien-tso eut pour successeur son fils Ly-long-han, à Ly-long-han succéda son fils Ly-hao-tsan, et celui-ci n'ayant point d'enfans mâles, laissa le royaume à sa fille Tchao-ching, laquelle avoit épousé un seigneur appelé *Tchinqe-king*.

Tchao-ching gouverna d'abord ses États par elle-même; mais l'an 1230 elle remit à son mari les rênes du gouvernement. Il fut reconnu roi de Gannan, et en reçut de l'empereur l'investiture. Ainsi la puissance souveraine, qui avoit été entre les mains de huit princes de la famille Ly pendant deux cent vingt-deux ans, passa à la famille Tchin, qui dans le pays de Tien-tchang-fou tenoit un rang considérable.

Ce fut vers ce temps-là qu'arriva la grande révolution qui mit sur le trône de la Chine les Tartares Mongous et qui ébranla celui de Tonking Meng-ko, quatrième empereur de ces Tartares, étoit déjà maître de plusieurs provinces boréales de la Chine, conquises par son grand-père Tching-kishan et son oncle paternel Octay. L'ambition de posséder la Chine entière lui fit faire des préparatifs immenses pour attaquer l'empereur chinois de la dynastie Song, qui régnoit alors. Il ordonna à son frère Koublay et au général Ttoaleang-hotay de se rendre avec une puissante armée dans le Thibet, et d'achever la conquête de ce pays.

Du Thibet, les Tartares allèrent dans les provinces de Sse-tchouen et Kouey-tcheou, et s'emparèrent d'un grand nombre de villes soumises aux empereurs chinois. Ils assujettirent aussi plusieurs peuples connus dans ces deux provinces sous le nom de *Lolos, Miaotse*. Les Mongous passèrent ensuite dans le Yunnan, prirent Tali-fou, ville considérable où étoit la cour du roi Nan-tchao, et subjuguèrent le roi et tout son royaume; conquête importante, qui mit le comble à leur puissance dans le Yun-nan. Koublay reçut dans ces circonstances ordre de l'empereur Meng-ko son frère de l'aller joindre. Il partit de Tali-fou, et laissa le commandement de l'armée au général Hou-leang-hotay.

C'étoit un des grands capitaines de son temps. Il avoit suivi son père Soupoutay dans les expéditions militaires de Patou, petit-fils de Tching-kishan, en Russie, Pologne, Allemagne, Hongrie, etc. Houleang-hotay avoit un fils également illustre par ses exploits guerriers et qui se nommoit *Atchou*. L'histoire des Mongous rapporte les grandes actions de ces trois généraux; mais cette histoire, du moins celle qui est écrite en chinois, ne s'exprime ni assez en détail ni assez clairement sur l'expédition de Patou en occident.

Hou-leang-hotay, tel que je viens de le dépeindre, entra dans les vues de son maître, et l'an 1257 il s'avança vers le Tonking. Il prétendoit obliger le roi du pays à payer aux Mongous le tribut qu'il payoit aux Chinois. Quand il fut arrivé sur les frontières, il envoya trois députés à ce prince, avec un écrit qui le sommoit de reconnoître Meng-ko pour son souverain. Ensuite, ne voyant point revenir ses députés, il s'approcha du fleuve Fou-leang-hiang, et ordonna à son fils Atchou d'aller reconnoître le terrain.

Cette entrée des Tartares dans le royaume répandit partout la consternation. Les Tonkinois parurent cependant résolus à se bien défendre; mais ce courage ne fut pas de longue durée: la frayeur les saisit, et leur armée fut aisément défaite. Le général tartare passa sans résistance le fleuve Fou-leang-hiang, et entra dans la ville capitale du royaume, qu'il trouva abandonnée, le roi Tching-king s'étant retiré dans une île pour se mettre en sûreté.

Ce prince, en effet, avoit juste raison de craindre. Il avoit traité avec tant de cruauté les trois députés de Hou-leang-hotay, qu'il devoit bien s'attendre aux effets de sa vengeance. A peine ces députés étoient-ils arrivés à sa cour, qu'il les avoit fait arrêter et lier si fortement avec des pièces de bambou, qu'elles étoient profondément entrées dans les chairs. Le général tartare n'apprit cette barbarie que lorsqu'il fut maître de la ville. Son premier soin fut de délivrer ces malheureux; mais au moment qu'on les délioit, un d'entre eux expira de douleur. Alors ce général, outré de colère, fit passer au fil de l'épée tous les habitants et ruina la ville de fond en comble.

Il employa neuf jours à cette terrible expédition, après lesquels la crainte des chaleurs et des maladies l'engagea à décamper. Il prit la route de la province du Kouang-si pour se rendre dans celle du Hou-kouan, où il avoit ordre exprès de Meng-ko d'aller se joindre à Koublay dans la guerre qu'il faisoit contre l'empereur chinois, tandis que Meng-ko lui-même alloit attaquer les places du Se-tchouen.

Hou-leang-hotay ne voulut pas quitter le Tonking sans faire une nouvelle tentative auprès du roi. Il crut apparemment qu'après l'éclatante vengeance qu'il avoit tirée de l'insulte qui lui avoit été faite, de nouveaux députés de sa part seroient autrement reçus que ne l'avoient été les premiers. Il en fit partir deux, qui eurent ordre de sommer une seconde fois ce prince de se soumettre aux Mongous. Mais le roi étoit encore trop irrité : la destruction entière de sa capitale l'avoit mis en fureur ; il fit garrotter les deux députés et les renvoya dans cet état au général tartare. Comprenant ensuite qu'une pareille conduite rendoit ses ennemis irréconciliables, et que ses États ne manqueroient pas de s'en ressentir et d'être ravagés, il prit le parti de les remettre à son fils et de lui céder sa couronne. Le nouveau roi s'empressa de réparer les torts de son père : il envoya des présens au général, et l'assura qu'il se soumettoit à l'empereur Meng-ko, et sur les nouvelles sollicitations de Hou-leang-hotay, il lui envoya son tribut ; mais pour conserver la paix avec les deux cours, il envoya aussi un pareil tribut à l'empereur chinois.

Meng-ko mourut, et Koublay son frère lui succéda. Il nomma Tching-koang-ping roi de Gannan, avec obligation de lui payer tribut de trois en trois ans. Il détermina même en quoi consisteroit ce tribut : en or, argent, pierres précieuses, remèdes, ivoire, cornes de rhinocéros. De plus, il pria le roi d'envoyer à la cour d'habiles médecins, de bons astronomes ou astrologues, et quelques marchands mahométans qui trafiquoient dans le Tonking. Il demanda encore des Tonkinois habiles dans les livres chinois et une carte du royaume, car c'est de tout temps que les empereurs chinois ont exigé la carte des pays de leurs princes tributaires. Ces cartes et leurs explications doivent être transmises aux tribunaux chinois, et ce que l'histoire chinoise de chaque dynastie contient sur les pays tributaires de la Chine est pris de ces cartes, soit anciennes, soit modernes. Koublay vouloit aussi qu'un seigneur mongou résidât à la cour du Tonking en qualité de taloua, ou commissaire impérial, avec un sceau pour les grandes affaires.

Ces diverses demandes jetèrent le roi dans un extrême embarras. Pour adoucir et se concilier l'empereur, il lui envoya de nouveaux présens : il lui répondit qu'il acceptoit le taloua ; que les marchands mahométans qu'il demandoit étoient morts, et comme les députés de l'empereur avoient proposé au roi d'aller en personne lui faire hommage, il exposa les raisons qui l'en empêchoient. Mais, à cette occasion, il lui arriva de traiter les envoyés impériaux avec trop de hauteur. Koublay en fut informé, en fit de grandes plaintes, et déclara que le roi, pour être exempt du voyage, devoit donner une certaine quantité d'or que l'on détermineroit. Tchin-koang-ping se vit donc obligé de faire des excuses sur la manière dont il avoit reçu les députés de la cour, et d'avouer qu'il avoit manqué à plusieurs articles du cérémonial.

Ce prince, peu habile et à qui il auroit fallu plus de fermeté et de souplesse dans les circonstances difficiles où il s'étoit trouvé, mourut en 1277. Son fils Tching-ge-hyven lui succéda ; mais ayant pris possession de ses États sans avoir eu l'agrément de l'empereur, il eut de vifs reproches à essuyer de la part de ce monarque, qui lui fit déclarer qu'il eût à satisfaire à toutes les demandes qui avoient été faites au roi son prédécesseur. Tching-ge-hyven plia en apparence, bien résolu, quand l'occasion s'en présenteroit, de rendre à l'empereur tous les désagrémens qu'il en recevoit, et c'est en effet ce qui ne manqua pas d'arriver.

On a vu, dans le Mémoire sur la Cochinchine, que l'empereur Koublay, irrité contre le roi de ce pays, résolut de se venger de l'affront qu'il croyoit en avoir reçu, et que, dans ce dessein, il ordonna à son fils Tohoan de se mettre à la tête d'une armée et de demander au roi du Tonking un passage par ses États pour se joindre à Sotou, général mongou, et attaquer ensemble la Cochinchine. Tohoan exécuta fidèlement les ordres de son père. Il arriva par la province de Kouang-si sur la frontière du Tonking, et paroissant ignorer que le roi faisoit de grandes provisions, qu'il fortifioit les postes de la frontière et qu'il avoit une bonne armée sur pied, il demanda, de la part de l'empereur, le passage sur ses terres et des vivres pour l'armée. La réponse du roi au prince Tohoan fut embarrassée et équivoque : il lui représenta les difficultés de son entreprise, et, sous divers prétextes, il éluda toutes ses demandes. Le général chinois comprit aisément que tant d'excuses artificieuses n'étoient qu'un honnête refus. Il entreprit donc de passer par force ; mais il trouva tant d'obstacles, que pour réussir il crut devoir encore différer.

Enfin l'an 1285 Tohoan força les passages

les plus difficiles et les mieux fortifiés, entra dans le Tonking, dissipa les troupes tonkinoises, et, par le moyen d'un grand nombre de radeaux, il passa le fleuve Fou-leang-kiang, et trouva l'armée du roi rangée en bataille. Le combat fut sanglant, et les Tonkinois furent entièrement défaits. Le roi vaincu se retira sans que les Tartares pussent savoir le lieu de sa retraite; mais un de ses frères, le prince Thing-ytsi, se rendit à Tohoan avec sa famille et ses vassaux.

Tohoan, ébloui de ce succès, croyoit le roi perdu et ses troupes hors d'état d'agir. Sa surprise fut extrême quand il vit reparoître une armée de Tonkinois qui venoit à lui avec la plus grande ardeur. Leur attaque fut si vive et si bien conduite, que les Tartares, malgré leur bravoure et leur résistance, furent obligés de reculer après avoir fait une très-grande perte. Ils prirent la route du Kouang-si, où ils n'arrivèrent qu'avec une peine infinie. Lyheng, prince de la famille royale de Hia [1], un des meilleurs généraux mongous, mourut de ses blessures à Seming-fou, ville du Kouang-si.

Le général Sotou, qui avoit son camp à vingt lieues du champ de bataille, et qui ignoroit la retraite du Prince Tohoan, se trouva avec son corps d'armée tout à coup investi par les ennemis. Il fit tout ce qu'en pareille occasion peut faire un général habile et plein de courage; mais ayant été tué dans le combat, la déroute fut complète et l'armée entièrement détruite.

La mort de ces deux généraux (Sotou et Lyheng) et de beaucoup d'autres bons officiers jeta dans un sombre chagrin l'empereur Koublay. Il donna promptement ses ordres pour réparer une si grande perte et rétablir la gloire de ses armes. Il fit équiper une flotte dans les ports de la province de Canton, et envoya de nouvelles troupes, afin d'attaquer vivement le Tonking par terre et par mer. Le roi s'y attendoit. Il se disposa, de son côté, à parer les coups qu'on alloit lui porter et à bien recevoir l'ennemi. Il ordonna de grandes levées de soldats, et fit armer en guerre un nombre considérable de barques. Outre que ce prince étoit un grand guerrier, il avoit, pour le seconder, un de ses frères également distingué par sa prudence, sa bravoure et une grande science de l'art militaire. Ces deux princes envoyèrent des ordres dans toute l'étendue du royaume, et surtout aux habitans des montagnes, de tenir prêtes leurs armes et de se préparer à marcher au premier signal.

L'an 1287, Tohoan, à la tête d'une bonne armée, rentra dans le Tonking. La flotte impériale parut aussi, et débarqua beaucoup de troupes chinoises et tartares. Le principal officier de cette armée étoit Sitour, étranger de la famille royale de Kincha [1], lequel avoit avec lui un grand nombre d'officiers et de soldats de sa nation.

De si belles dispositions eurent le succès le plus brillant dans tout le cours de cette année. Les Mongous furent vainqueurs dans plus de dix-sept combats. Ils firent un horrible carnage des Tonkinois; ils prirent et pillèrent la capitale et la plupart des autres villes, et firent un butin inestimable. D'autre part, la flotte impériale se saisit d'un grand nombre de barques bien munies de matelots, armes et provisions.

Tant de revers ne déconcertèrent point le roi et son frère. On ne put jamais savoir au juste où ils étoient, et la suite fit voir que ces deux princes avoient su trouver des ressources auxquelles les Mongous ne s'attendoient pas. Ceux-ci se regardoient comme les maîtres du Tonking. Tohoan et ses généraux employèrent l'année entière à envoyer de tous côtés des partis, soit pour chercher le roi et s'en saisir, soit pour empêcher des soulèvemens; tandis que les vaisseaux de l'empereur continuoient leurs courses avec succès sur les navires et les barques tonkinoises.

L'année suivante 1288, Tohoan ignoroit encore où le roi s'étoit réfugié, et croyoit tout le pays soumis et tranquille; lorsque tout à coup il vit une multitude innombrable de soldats tonkinois marcher avec une diligence surprenante vers les bords de la mer, où ils se fortifièrent si bien, que les Mongous tentèrent

---

[1] La cour de ces princes de Hia étoit vers Ning-hia, ville de la province du Chensi, en Chine. Ils étoient originaires du pays qui est entre le Thibet, le Setchouen et Koconor. Il est encore dans ce pays-là des seigneurs de cette ancienne famille.

[1] Kin-cha est le nom chinois d'un grand pays au nord de la mer Caspienne; son étendue et ses limites ne sont pas bien marquées dans l'histoire chinoise. Il paroît qu'Astracan, Casan et une bonne partie de la Sibérie étoient de ce royaume. Depuis que Tchinkishan s'en fut rendu maître, les princes de Kin-cha lui fournirent à lui et à ses descendans beaucoup d'officiers et de soldats.

en vain de forcer leurs retranchemens. Dans le même temps les barques de guerre tonkinoises se répandirent en foule dans les îles du golfe et sur les rivières. Et cependant le roi et son frère parurent en campagne avec une nombreuse armée, qui fut encore grossie par d'autres troupes que fournissoient les chefs des peuples des montagnes, où le roi avoit, à l'insu des Tartares, de grands magasins d'armes et de toutes sortes de provisions.

Ce prince voulut alors joindre encore la ruse à la force. Il entreprit d'amuser Tohoan. Il lui envoya des officiers, et l'assura que c'étoit sincèrement qu'il vouloit enfin obéir aux volontés de l'empereur. Tohoan se laissa prendre à ce piége. Lui et ses généraux souffroient beaucoup des chaleurs excessives du pays, insupportables pour des Tartares accoutumés aux climats du nord. Ils souhaitoient tous passionnément la fin d'une guerre dont ils commençoient à se lasser, et c'est ce qui leur fit aisément croire sincères les dispositions où le roi paroissoit être de se soumettre. Ils attendoient, sans assez de précaution, l'effet de ses promesses. Ils furent donc étrangement embarrassés, lorsqu'ils apprirent que le roi avoit près de trois cent mille hommes armés en divers endroits, et qu'il s'étoit rendu maître des défilés et des passages difficiles. Ils virent bien qu'on les avoit trompés, et pensèrent, mais trop tard, à prendre les mesures nécessaires pour rompre celles du roi.

Les peuples que l'on croyoit soumis, prirent presque partout les armes, et firent main-basse sur plusieurs corps de troupes tartares dispersées en différens quartiers. Une flotte chinoise chargée de provisions ne put pas aborder au Tonking, soit à cause des vents contraires, soit à cause du grand nombre de barques tonkinoises qui croisoient. Les navires de cette flotte furent pris ou obligés de se retirer à l'île de Haynan ou aux ports de la Cochinchine. Pour comble de malheur, une maladie épidémique se mit dans l'armée tartare, et tous les jours on comptoit un grand nombre de morts; les vivres étoient rares, et l'on souffroit de la disette. Enfin l'armée du roi et celle de son frère s'avançoient de toutes parts pour investir les Mongous.

Alors Tohoan, pour ne pas périr avec toute l'armée, prit, de l'avis de ses généraux, le parti de se retirer. Son armée ne manqua pas d'être harcelée par les Tonkinois, dont les flèches empoisonnées firent périr beaucoup de monde. Le général Sitour fit dans cette retraite des prodiges de valeur. La plupart des Tartares, quoique blessés ou malades, ou fatigués et vivement poursuivis, combattirent vaillamment; et, toujours animés par Sitour, ils arrivèrent dans la province de Kouang-si, où cette grande armée se trouva réduite presque à rien.

Tohoan ne fut pas plutôt arrivé, qu'il envoya ordre à un corps de troupes qui étoit venu de la province de Yun-nan d'y retourner. D'autres corps de Tartares, qui occupoient les pays entre la capitale, les côtes de la mer et la frontière de la province de Canton, eurent aussi ordre de reprendre promptement la route du nord pour entrer dans le Kouang-si; et les navires chinois qui étoient sur les côtes ou dans le golfe du Tonking, se retirèrent aux ports de la province de Canton.

Le roi Tchin-ge-hyven, tout vainqueur qu'il étoit, ne parut pas s'enorgueillir de ses avantages. Il envoya des députés au prince Tohoan pour lui faire des excuses de tout ce qui s'étoit passé; il s'avoua coupable; il envoya une statue d'or pour tribut, et déclara qu'il reconnoissoit l'empereur pour son souverain; il eut d'ailleurs grand soin de faire bien traiter les malades mongous, et renvoya à Tohoan tous les prisonniers tartares et chinois, avec leurs équipages et leurs armes.

L'empereur Koublay, averti du désastre de son armée, s'en prit à son fils Tohoan. Il dit publiquement que ce prince, dans la guerre du Tonking avoit déshonoré l'empire. Il lui ordonna d'aller dans le Kiang-nan, où il lui accorda un petit gouvernement, avec défense de venir à la cour, et même d'y paroître jamais le reste de ses jours. Cependant les grands tartares et chinois représentèrent à l'empereur les malheurs des peuples, causés par tant de guerres, et l'exhortèrent à ne pas continuer celle qu'il avoit entreprise contre le Tonking et la Cochinchine. Koublay parut agréer leurs représentations et acquiescer à leurs désirs. On a vu que le prince Tchin-y-tsi, un des frères du roi de Tonking, s'étoit soumis avec sa famille et ses vassaux au prince Tohoan: l'empereur le prit sous sa protection, l'entretint à Ou-tchang, capitale du Hou-kouang, avec de grands revenus, et le déclara roi du Tonking; mais il eut le chagrin de ne pouvoir pas le mettre sur le trône.

Celui qui occupoit ce trône depuis plus de vingt ans, et qui s'y étoit si fort distingué, le roi Tchin-ge-hyven, mourut en 1290. Son fils Tchin-ge-tsin qui lui succéda, envoya sur-le-champ des ambassadeurs à l'empereur Koublay, paya tribut et fit tous ses efforts pour obtenir de lui l'investiture. Mais on exigeoit qu'il vînt lui-même à la cour de l'empereur pour lui rendre hommage. D'abord il y consentit; ensuite, sous divers prétextes, il s'excusa. A de nouvelles instances, il opposoit de nouvelles excuses. Enfin, l'empereur dont le cœur étoit aigri, et qui conservoit un vif ressentiment de la conduite de Tchin-ge-hyven, voyant que Tchin-ge-tsin son fils, paroissoit déterminé à ne pas venir lui-même à la cour faire hommage, reprit son premier dessein et résolut de se venger, par les armes, de la cour de Tonking. Il ordonna d'équiper une flotte et de faire marcher une grande armée. Il en nomma les généraux, et voulut que le prince Tchin-y-tsi, qu'on regardoit à la cour comme roi du Tonking, fût à la suite de cette armée. Mais tous ces préparatifs de l'empereur Koublay devinrent inutiles par sa mort, arrivée le 23 février 1294.

Timour, son petit-fils, fut reconnu empereur, et prit le nom chinois de *Ycen-tching-tsong*. Sous ce nouveau règne, les affaires du Tonking changèrent de face. Le nouvel empereur fit suspendre les armemens contre ce royaume; il déclara qu'il oublioit tout ce qui s'étoit passé; il reçut bien les ambassadeurs de Tchin-ge-tsin, accepta son tribut, lui pardonna et le reconnut roi de Gannan, tributaire de l'empire. Depuis ce temps jusqu'à l'année 1329, les empereurs tartares vécurent en paix avec les rois du Tonking, et, suivant l'intention de ces empereurs, les rois de Cochinchine et de Tonking, qui de temps en temps envoyoient des partis sur les frontières l'un de l'autre, firent cesser leurs hostilités et s'en tinrent aux frontières déterminées.

Tchin-y-tsi, qu'on traitoit à la cour tartare en roi du Tonking, mourut cette année, âgé de soixante-seize ans, à Ou-tchang-fou, capitale du Hou-koang. L'empereur lui fit faire des obsèques comme à un roi, fit son éloge, et assigna des revenus fixes pour l'entretien de sa famille. Par cette mort, Tchin-ge-tsin se vit débarrassé d'un concurrent accrédité et fut délivré de toute inquiétude.

L'an 1335, le roi Tchin-touan-ou, qui avoit succédé au roi Tchin-ge-tsin, fut confirmé roi de Tonking par l'empereur mongou Tchoan-temour, que les Chinois appellent *Chunti*, et qui fut le dernier empereur de la dynastie Yven. Du temps de cet empereur, on comptoit dans le royaume de Tonking treize départemens ou provinces, cinquante-deux villes du premier ordre, et deux cent dix-neuf villes du second et troisième ordre. L'historien chinois de ce temps-là dit que l'étendue du Tonking de l'est à l'ouest est moindre que du nord au sud. Il dit aussi que l'empereur Chunti fit présent au roi du Tonking de l'*Astronomie chinoise* du fameux astronome Coche ou King.

L'année 1368 fut la première du règne de Hongou, fondateur de la dynastie chinoise Tay-ming. Tchin-ge-touey, qui étoit alors roi du Tonking, ayant appris son avénement au trône impérial, lui envoya des présens et se déclara tributaire de l'empire. En conséquence il en reçut une patente qui le confirmoit dans la dignité de roi, et qui fut accompagnée de présens considérables. L'empereur lui envoya encore l'*Astronomie chinoise*, corrigée et publiée par le tribunal d'astronomie. Le nom de cette astronomie est *Ta-tongly*. C'est dans le fond la même que celle de la dynastie Yven, faite par Cocheou-king. Ce prince estimoit tellement cette astronomie, qu'il en fit aussi présent au roi de la Cochinchine, à celui de Siam, à plusieurs princes des Indes, à celui de Corée et même à l'empereur de Constantinople.

Le roi Tchin-ge-kouey n'eut pas la satisfaction d'apprendre le succès de son ambassade; il mourut avant le retour de ses envoyés, et avant l'arrivée des grands qui, de la part de l'empereur Hoa-ghou, lui apportoient des présens. Tchin-ge-kien, son neveu, lui succéda, et se conformant aussitôt à ce qui étoit prescrit aux princes tributaires, il envoya à la cour impériale pour avertir de la mort du roi son oncle et demander l'investiture; elle lui fut accordée. L'empereur lui fit faire des complimens de condoléance, envoya des grands seigneurs de sa cour, pour faire les cérémonies chinoises au roi défunt, et y ajouta de magnifiques présens. Ayant ensuite appris que les rois de Cochinchine et de Tonking se préparoient à se faire la guerre, il les exhorta à mettre bas les armes, et ces princes suivirent son conseil, ou, selon l'expression de l'histoire chinoise, obéirent aux ordres de l'empereur, qui leur ordonnoit de vivre en paix.

L'an 1371, Tchin-ge-kien périt par la perfidie de Tchin-chou-ming, son oncle. Ce prince ambitieux, après avoir fait mourir en secret son neveu, tâcha de cacher son crime, et fit entendre à l'empereur que le roi étoit mort de maladie. L'empereur le crut et envoya au Tonking faire les cérémonies accoutumées en pareil cas, ordonnant aux peuples de porter le deuil de la mort de leur roi; il permit en même temps à Tchin-chou-ming de gouverner le royaume, mais sans lui donner le titre de roi. Alors ce prince, se voyant privé du titre qui faisoit le principal objet de son ambition, prétexta sa vieillesse et pria l'empereur de donner le soin du gouvernement à Tchin-touan son frère, et l'empereur y consentit.

Six ans après, Tchin-touan, ayant perdu la vie dans la guerre contre la Cochinchine, eut pour successeur son frère Tchin-ouey, qui observa de son côté, comme l'empereur l'observa du sien, le cérémonial ordinaire dans les changemens de règne au Tonking; mais ni ce prince ni ses frères Chou-ming et Touan ne furent traités de rois de Gannan à la cour de l'empereur.

Ce fut dans ce temps-là que le Tonking devint la proie d'un fameux usurpateur, qui, à force de crimes, parvint à un si haut point d'autorité et de puissance, qu'il fallut pour ainsi dire tout le poids de l'empire de la Chine pour l'accabler. Ce scélérat étoit un seigneur Tonkinois, nommé *Lykili* ; il étoit ministre d'État, et pour conserver le pouvoir sans bornes qu'il s'étoit arrogé, il ensanglanta deux fois le trône.

D'abord il déposa Tchin-ouey, et mit à sa place Chou-ming, frère de ce roi détrôné ; ensuite il fit mourir secrètement Tchin-ouey, et cependant, sous le nom de ce prince infortuné, il envoya le tribut à l'empereur, qui, instruit de ce tragique événement, défendit qu'on laissât entrer dans la Chine les envoyés de Lykili. Mais Lykili n'étoit pas homme à se rebuter : malgré les dispositions défavorables de la cour impériale, il usa de tant d'artifices, qu'il vint à bout, l'an 1395, de faire accepter ses présens par l'empereur. En effet, ce monarque crut que dans les circonstances où il se trouvoit, il devoit dissimuler, et ne pas s'exposer à une guerre ruineuse.

L'année suivante 1396, Chou-ming subit le même sort que le roi son frère, et Lykili son meurtrier envoya à la cour de la Chine un grand tonkinois pour annoncer cette mort, et faire savoir que Tchin-ge-koen, fils de ce roi, en occupoit la place. Le malheureux Tchin-ge-koen ne porta pas longtemps la couronne : en 1399, Lykili la lui ôta avec la vie, et mit sur le trône successivement deux fils de Tchin-ge-koen, qu'il fit aussi mourir l'un après l'autre. Enfin, après s'être baigné impunément dans le sang de ses rois, pour assouvir sa cruauté il fit égorger tous ceux qu'il put trouver de la famille royale Tchin et les principaux de toutes les familles considérables attachées à cette maison. Le seul prince du sang qui restoit encore, Tchin-tien-ping, trouva le moyen de se réfugier au pays de Laos. Quelques seigneurs, ses alliés ou amis, eurent aussi soin de disparoître et de se cacher dans des lieux écartés.

Pendant ces sanglantes catastrophes, les mandarins des frontières du Kouang-si et du Yun-nan avertirent l'empereur que Lykili avoit envahi plusieurs forteresses importantes de la frontière de Yun-nan, et qu'ayant passé les limites fixées par les colonnes de cuivre, il s'étoit emparé de cinq villes et de leur territoire sur la frontière du Kouang-si. L'empereur eut beau donner à ce sujet les ordres les plus précis, Lykili n'y eut aucun égard. Plus audacieux que jamais, il prit le titre de roi, et, changeant son nom et son surnom, il se fit nommer *Hou-yven*, et son fils Tsang fut nommé *Hou-kuen*. Il fit publier qu'il étoit descendant de l'empereur Chun (qui vivoit, selon l'histoire chinoise, plus de deux mille ans avant Jésus-Christ). Lykili prit encore le titre d'auguste, d'empereur, de père, et fit gouverner le royaume par son fils.

L'an 1403 fut le premier du règne de Yonglo. Lykili fit tant par ses amis et ses créatures, qu'Yonglo fut trompé. Cet empereur, croyant que la famille Tchin étoit éteinte et qu'il n'en restoit plus d'héritiers, lui accorda l'investiture et la patente de roi de Gannan.

Mais peu à peu il entra dans de justes défiances, et commençant à revenir de ses préventions, il ordonna à Lykili de rendre les places usurpées dans le Yun-nan et le Kouang-si, et lui défendit toute excursion et tout pillage sur les terres du roi dans la Cochinchine. Lykili ne fit pas plus de cas des ordres et des défenses de l'empereur que de ses reproches réitérés.

Les choses en étoient là lorsqu'un grand seigneur du Tonking, allié à la famille royale Tchin, et qui avoit vu l'entière extinction de sa propre famille par la tyrannie de Lykili, s'étant sauvé dans les montagnes, eut le bonheur de sortir du Tonking et d'arriver à la cour de la Chine. Il présenta à l'empereur un placet, où il exposa avec énergie le détail des crimes de Lykili et de son fils, et la manière odieuse et cruelle dont ils avoient usurpé l'autorité royale. L'empereur fit voir ce placet à ses courtisans. Ils furent tous indignés, et plusieurs même en versèrent des larmes. Comme les députés de Lykili étoient alors à la cour, le seigneur tonkinois leur fit les plus vifs reproches, et ces députés, couverts de confusion, ne surent que lui répondre.

Un autre placet toucha encore plus l'empereur : ce fut celui du prince Tchin-tien-ping, réfugié au pays de Laos. Ce prince fugitif, qui étoit frère du roi Tchin-ge-kouey, représentoit qu'il étoit le seul de la famille royale qui restât ; que tous les autres avoient été mis à mort par les usurpateurs, et que tous ceux qui avoient paru attachés à la famille avoient été ou tués ou réduits à la dernière misère. Il supplioit l'empereur d'être sensible à son infortune, de le prendre sous sa puissante protection et d'envoyer des troupes pour punir les tyrans du Tonking. L'empereur, également ému de compassion et de colère, jura qu'il ne laisseroit pas sans vengeance des crimes si énormes. Il envoya au pays de Laos de l'argent, des habits et des provisions pour conduire à la cour le prince Tchin-tien-ping ; il traita avec toute sorte d'égards le seigneur tonkinois de qui il avoit appris tout ce qui s'étoit passé, et fit faire à Lykili de sanglans reproches sur les actions atroces dont il s'étoit rendu coupable.

Ce perfide, se voyant découvert à la cour impériale, prit le parti qu'il crut le plus conforme à la situation présente de ses affaires : ce fut de se soumettre en apparence, de témoigner du repentir, d'envoyer des grands de sa cour à celle de l'empereur, et de faire restituer les places prises dans le Kouang-si et le Yunnan. Il promit de plus de reconnoître Tchin-tien-ping pour son roi et de le faire installer.

Cependant Tchin-tien-ping, à la faveur des secours qu'il avoit reçus, arriva de Laos à la cour de la Chine. Il y fut traité en roi, et l'empereur lui promit de le mettre incessamment sur le trône de ses ancêtres. Quant à Lykili, l'empereur parut croire qu'il parloit enfin sincèrement ; il lui donna même un titre honorable et des terres dans le Tonking, pour y vivre avec distinction. Il fit alors partir des seigneurs de sa cour pour ce royaume, afin de faire avertir les grands et les peuples du pays de se disposer à recevoir leur roi et à lui obéir. Hoan-tchong, général chinois dans le Kiang-si, eut ordre de préparer un corps de cinq mille hommes pour escorter le prince et sa suite, quand il arriveroit sur la frontière.

L'an 1406, quatrième du règne de l'empereur Yonglo, Tchin-tien-ping, comblé d'honneurs et de présens, partit de la cour pour retourner au Tonking. Le général Hoan-tchong, à la tête de sa petite armée, le reçut sur la frontière, et le prince avec cette escorte entra dans le Tonking du côté de la ville Ping-tsiang-tchou. Dès que Lykili eut appris qu'il étoit arrivé dans le Kouang-si, et que son escorte n'étoit que de cinq mille hommes, il envoya par diverses chemins un grand nombre de troupes, lesquelles réunies formèrent une armée considérable. Hoan-tchong, qui s'avançoit dans la plus grande sécurité, qui ignoroit, qui ne pouvoit pas même soupçonner ce que tramoit Lykili, se vit, à quelques lieues de Ping-tsiang-tchou, tout à coup investi par les troupes qui étoient en embuscade ; à peine eut-il le temps de se reconnoître : le prince Tchin-tien-ping fut tué, l'escorte battue et obligée de reprendre le chemin du Kouang-si, et quoique le général chinois combattît avec beaucoup de courage et d'intelligence, il fallut céder au grand nombre et se retirer en désordre dans un lieu sûr.

On peut juger aisément de l'indignation et de la colère de l'empereur à cette nouvelle ; mais ce ne fut pas un courroux impuissant. Ce prince, qui fut un grand capitaine, avoit sur pied de puissantes armées : les longues guerres qu'il avoit faites avec éclat contre les Tartares Mongous avoient extrêmement aguerri les Chinois, et avoient formé de bons soldats et d'excellens officiers, toujours animés par l'exemple de Yonglo, qui depuis plus de vingt ans étoit sans cesse à la tête des armées en Tartarie, et presque toujours victorieux.

Yonglo fit donc assembler une armée formidable, commandée par d'anciens généraux, bien secondés par des officiers et des soldats accoutumés à vaincre. Le général Mou-ching eut ordre d'entrer dans le Tonking par le territoire de Mong-tschien, ville du Yun-nan, avec un grand corps de troupes. Tchang-pou, comme généralissime et chargé de conduire une si importante expédition, étoit à la tête de la plus grande armée, et pénétra dans le Tonking par le territoire de Ping-tsiang-tchou. Ces deux généraux et leurs lieutenans, parfaitement instruits des intentions de l'empereur et de la résolution où il étoit de perdre Lykili, prirent toutes les mesures nécessaires pour réussir, et convinrent des opérations à faire et du lieu où ils devoient se joindre.

Aussitôt que Tchang-pou fut entré sur les terres du Tonking, il fit avec toute l'armée chinoise des cérémonies aux esprits des montagnes, des fleuves et forêts de ce royaume. Il fit publier à haute voix la liste des crimes de Lykili et de son fils, et fit savoir aux Tonkinois qu'il venoit avec de si grandes forces pour mettre sur le trône de Gannan quelqu'un de la famille royale de Tchin. Ensuite il s'assura des passages sur la frontière du Tonking et du Kouang-si (en 1406). Quelques jours après, il alla camper près de la rivière Tchang, jeta un pont sur cette rivière et la passa. L'avant-garde fut envoyée à la ville de Kialin sur la rive boréale du fleuve Fou-leang-kiang; et Tchang-pou avec le reste de l'armée s'approcha de la ville de Sin-fou.

Mou-ching, de son côté, étant arrivé dans le territoire de la ville de Mong-tschien, alla camper sur le bord du fleuve Suen-koang-kian ; il fit de grands abatis d'arbres dans des forêts épaisses pour se faire un chemin, s'assura de plusieurs forteresses et arriva avec son armée à Peaho. De là il vint trouver Tchang-pou, et ils conférèrent ensemble sur l'emploi qu'ils devoient faire de leurs forces.

Lykili et son fils avoient formé près de la ville de Topan-tching, ou Hing-hoa-fou, des retranchemens qui tenoient un espace de près d'une lieue et qu'ils jugeoient imprenables. Ils étoient gardés par un grand nombre de troupes, et pour y arriver, il y avoit à passer une gorge de montagne. Quant à la ville, qu'ils croyoient en état de faire une longue résistance en cas d'attaque, une multitude infinie de soldats ou gens armés étoit occupée à la défendre. Lykili ne savoit pas sans doute à quels hommes il avoit affaire. Il ignoroit ce que Tchin-pou et Mou-ching étoient capables d'entreprendre et d'exécuter par la longue expérience qu'ils avoient acquise dans le métier de la guerre.

Le premier alla camper à Santay, et fit équiper un grand nombre de barques ; Mou-ching se posta sur le bord septentrional du fleuve Tao, vis-à-vis les retranchemens de Hing-hoa-fou. L'histoire chinoise de la dynastie Ming exagère sans doute quand elle dit que plus de deux millions d'hommes gardoient ces retranchemens. Quoi qu'il en soit, Tchang-pou, ayant fait venir les barques armées en guerre et construire un pont de bois pour passer le fleuve, attaqua, de concert avec le général Mou-ching, les retranchemens de Hing-hoa-fou, et s'y porta avec tant de vigueur, qu'il les força et se rendit maître de la ville. La perte d'un poste si important consterna les ennemis. Ils virent alors ce qu'ils avoient à craindre d'une armée si formidable en elle-même et commandée par de si bons généraux.

On s'étoit déjà emparé de la ville de Lintao, et en suivant le rivage méridional du fleuve Fou-leang-kiang, l'armée arriva à la vue de la capitale du royaume. Les généraux chinois la trouvèrent abandonnée par les ennemis. Ils y entrèrent et s'y fortifièrent. Un grand corps de troupes fut commandé pour aller à la ville de Tsing-hoa-fou, dont les rebelles avoient brûlé le palais et les maisons avant que de se retirer du côté de la mer. Beaucoup de villes se soumirent d'elles-mêmes, et l'on força celles qui voulurent faire résistance.

L'an 1407, les Lykili parurent en campagne, et le jour kisse, c'est-à-dire le 21 février, il y eut une première bataille que les rebelles perdirent près de la rivière Mououn-kiang. Trois mois après ils parurent de nouveau à la tête d'une armée et s'avancèrent jusqu'au fleuve Fou-leang-kiang. Alors les généraux chinois leur livrèrent une seconde bataille, le 4 mai. Elle fut décisive. Les rebelles furent entièrement défaits et prirent la fuite, vivement poursuivis par de gros détachemens, et comme on sut que les deux chefs avoient pris la route de Tchagan, on se rendit à Kilo, sur le bord de la mer dans le territoire de Tchagan ; on arma des barques qui s'emparèrent de plusieurs bâtimens ennemis. Enfin le jour kiatse de la cinquième lune, c'est-à-dire le 16 juin, on se saisit de Lykili et de son fils sur la montagne[1] Kaokuang, où ils s'étoient cachés, et ils furent conduits à la cour impériale. La prise de ces deux chefs de rebelles mit fin à la guerre, et tout le royaume fut soumis. L'empereur fit faire de grandes réjouissances pour un si heureux événement, et il ordonna d'appeler Kiao-tchi le royaume de Gannan.

Malgré les plus exactes recherches, on n'avoit trouvé personne qui fût de la famille des princes Tchin, ci-devant rois de Gannan. C'est ce qui engagea l'empereur à suivre l'avis de ses généraux et de plusieurs grands tonkinois, qui lui conseilloient de faire du Tonking une province chinoise. Il nomma donc un gouverneur général de cette province, un trésorier, un grand juge pour le criminel, des mandarins de divers tribunaux pour les affaires ; des gouverneurs des provinces, des villes du premier, second et troisième ordre ; des mandarins pour les tributs ou redevances ; des commandans pour les troupes et pour les villes de guerre ; des intendans pour le commerce, les grands chemins, les bâtimens publics et la marine ; un tribunal pour les collèges et les écoles. De plus, il ordonna de faire un choix d'habiles ouvriers, de bons astronomes, de bons médecins, de gens lettrés ; de personnes savantes dans l'art militaire, dans l'histoire et dans la marine ; de jeunes gens forts et de bonne mine, pour être formés aux sciences ou à la guerre. Cet ordre particulier fut bientôt exécuté, et Tchang-pou fit partir pour la cour de la Chine neuf mille Tonkinois qu'il crut tels que l'empereur les souhaitoit.

L'empereur, prince sage et bienfaisant, pourvut libéralement à la subsistance des veuves, des orphelins et des pauvres ; il établit des hôpitaux ; il fit réparer et embellir les sépultures des princes de la famille royale Tchin ; il accorda de grandes largesses aux soldats, aux veuves et aux parens de ceux qui étoient

[1] C'est la montagne Tinckin, sur le bord de la mer, au territoire de Tchagan.

morts à la guerre ; il fit dédommager les familles que Lykili avoit ruinées injustement ; il laissa dans les emplois ceux qui n'étoient pas suspects, et beaucoup de Tonkinois en obtinrent dans les armées ou dans les tribunaux ; il fit rechercher avec soin les personnes habiles et de probité qui, se trouvant sans protecteurs, s'étoient retirées dans les montagnes et dans des lieux déserts ; enfin il n'omit rien de ce qui pouvoit faire aimer et estimer sa nouvelle domination.

Tchang-pou arriva à la cour et offrit à l'empereur une carte géographique du Tonking, avec le rôle des habitans, et un catalogue de ce qui s'y étoit trouvé.

Le Tonking, suivant son Mémoire, avoit d'est à l'ouest 1,760 lis, et du nord au sud 2,800. Cette étendue du nord au sud, si l'on suppose que le Mémoire parle d'un chemin fait en droiture, est évidemment trop grande. Mais les cartes des généraux à la Chine sont tracées ordinairement sur les journées que font les troupes ; or, ces journées se font par des chemins qui ne sont presque jamais en droiture, à cause des détours qu'exige souvent le terrain où l'on se trouve. Au reste, les lis dont parle Tchang-pou étoient de ceux dont 280 ou 300 au plus font un degré de latitude.

Selon le même Mémoire, le nombre des habitans montoit à plus de 312 ouans de famille. Un ouan vaut 10.000 ; ainsi 312 ouans de famille en font 3 millions 120,000, et supposé que l'un portant l'autre on compte 6 personnes pour chaque famille, ce seroit 18 millions 720,000 personnes. Il y avoit dans le Tonking 23 ouans et 5.900 bœufs, chevaux et éléphans ; 1,360 ouans en tan de riz, le tan, du temps de l'empereur Yonglo, faisant le poids de 120 livres chinoises ; 8,670 barques, et des armes au nombre de 253 ouans, 9,800. Tchang-pou ne dit rien dans son Mémoire de ce qui fut trouvé en or, en argent, en fer, en cuivre, en soie, toiles, meubles, sucre, pierreries, raretés, etc. Peut-être ce détail étoit-il dans un autre Mémoire qu'on ne publia pas.

Il étoit juste que les généraux Tchang-pou et Mouching reçussent des récompenses proportionnées à de si importans services. Yonglo augmenta leurs revenus et leurs privilèges, et les éleva aux premières dignités de l'empire. Il avança aussi tous les autres officiers. Il eut de plus une attention particulière à distinguer et à honorer les seigneurs alliés à la famille royale Tchin et les autres seigneurs tonkinois qui avoient paru contraires au parti de Lykili.

Tout étant ainsi réglé dans le Tonking, les généraux ramenèrent à la Chine les meilleures troupes. La faute que l'on fit fut de ne pas laisser dans ce royaume un assez grand nombre de troupes chinoises. On compta un peu trop sur la fidélité des soldats, des officiers et des mandarins tonkinois qui s'étoient soumis. En effet, il vint à plusieurs d'entre eux la pensée de se soustraire à la domination chinoise et l'espérance de pouvoir le faire sans grande difficulté. Il s'éleva des chefs de parti, et il parut de tous côtés de petits corps d'armées. Ils s'emparèrent d'une bonne partie des places maritimes, et ils devinrent les maîtres presque absolus de la navigation sur les rivières. Les rebelles firent d'abord des pertes ; mais les Chinois en firent de plus grandes, et ils avoient bien de la peine à se maintenir dans la ville capitale et dans les autres places importantes.

L'empereur, instruit du mauvais état des affaires, renvoya promptement dans le Tonking Tchang-pou et Mou-ching avec une bonne armée. Ces généraux, de retour dans le royaume, firent armer un grand nombre de barques, montées par des matelots expérimentés, afin de rendre libre la navigation. Dans cette nouvelle guerre, ils eurent à surmonter beaucoup plus de difficultés que dans la précédente contre le rebelle Lykili. A la vérité, dans les combats sur terre et sur mer, ils eurent presque toujours l'avantage, mais ce ne fut qu'en perdant beaucoup de monde. Après avoir pris et mis à mort plusieurs chefs de parti, il paroissoit en campagne, lorsqu'on s'y attendoit le moins, de nouveaux rebelles, qui, sous main, étoient soutenus par le prince du pays de Laos et par les peuples à demi sauvages qui habitoient les montagnes. Tchang-pou et Mou-ching reprirent les villes dont les séditieux s'étoient emparés et firent un prodigieux carnage des troupes révoltées.

Le principal chef s'appeloit *Tchin-ki-kouang*. Il avoit été secouru en argent et en éléphans par le roi de la Cochinchine ; mais la valeur et l'habileté des généraux chinois avoient détruit toutes ses ressources. Réduit à la dernière extrémité, il se réfugia d'abord dans la montagne Tchou-paychan, au territoire de Tchang-fou ; mais ne s'y trouvant pas en sûreté, il prit avec un certain nombre de rebelles la route du pays de Laos. Tchang-pou le poursuivit, et fit savoir au prince de Laos qu'il entreroit dans ses États avec l'armée chinoise s'il continuoit à protéger Tching-ki-kouang. Ce prince connoissoit trop le général pour douter de l'exécution de sa menace, et appréhendant du côté du Yun-nan et du Tonking, l'entrée d'une armée étrangère dans son pays, il abandonna à son sort le malheureux Tching-ki-kouang. Celui-ci, trompé dans ses espérances, et ne trouvant pas dans Laos l'appui dont il s'étoit flatté, chercha une autre retraite, mais inutilement. Il fut pris avec quelques autres chefs de rebelles sur la frontière de Laos, l'an 1414, le jour koucy-oucy, c'est-à-dire le 30 mars. Tchang-pou et Mou-ching rendirent compte de tout à la cour. L'empereur, persuadé que la révolte étoit finie, ordonna aux généraux de laisser dans le Tonking des troupes suffisantes. Tchang-pou fut appelé à Pékin, parce que l'empereur, qui connoissoit ses talens et qui alloit faire la guerre en personne aux Tartares Mongous, voulut l'avoir auprès de lui. Mou-ching eut ordre de retourner dans la province du Yun-nan, où sa présence étoit nécessaire, et Lypin, officier de réputation, fut nommé général en chef dans le Tonking.

On croyoit ce royaume soumis, et il ne l'étoit pas. Des peuples accoutumés à la présence de leur souverain, ne peuvent sans chagrin cesser de le voir au milieu d'eux : il leur paroît que la royauté ennoblit une nation, et qu'un pays est avili et dégradé lorsque de royaume qu'il étoit il devient province d'une puissance étrangère. Tels étoient les sentimens des Tonkinois dans l'état de dépendance où ils se trouvoient réduits. Aussi dès que les généraux chinois furent retournés à la Chine, la révolte recommença et continua avec assez de succès pour ne finir que par le rétablissement de la royauté.

Un mandarin de guerre à Golo, ville du district de Tching-hoa-fou, homme habile dans les livres chinois, bon officier, nommé *Lyli*, fut la cause de ce soulèvement. Il se donna le titre de prince, et à son frère le titre de général. Ces deux frères se saisirent de plusieurs villes, et massacrèrent beaucoup de soldats, d'officiers et de mandarins chinois. Le général

Lypin étoit nuit et jour occupé à envoyer des détachemens et à donner les ordres nécessaires pour pourvoir à la sûreté des villes. Il prit et fit mourir un grand nombre de rebelles ; mais parce qu'il ne put pas se saisir de Lyli, il fut accusé, l'an 1420, auprès de l'empereur, qui lui fit des reproches amers sur sa lenteur. Ces reproches et le chagrin qu'il en conçut le rendirent plus vif à la poursuite du chef des séditieux. Mais ce chef étoit un homme actif et rusé, qui se prêtoit aux circonstances, et qui se réfugia à propos au pays de Laos, pour rentrer ensuite dans le Tonking quand l'occasion s'en présenteroit. Lypin, après avoir dissipé presque tous les rebelles, ou par lui-même ou par ses lieutenans, mourut, l'an 1422, et le général Tchi fut mis à sa place. Ce nouveau général s'étant rendu dans le territoire de Suen-koang-fou, en vint aux mains avec Lyli. L'armée des rebelles fut taillée en pièces, et leur chef fut obligé de prendre la fuite. Ce fut dans ces circonstances que l'empereur Yonglo mourut en Tartarie, l'an 1424, le 12 août, âgé de soixante-cinq ans.

Cette mort fut d'un grand avantage pour le parti des révoltés. Suen-song, petit-fils d'Yonglo, lui succéda, et Lyli s'appliqua à le tromper. Ce chef des séditieux avoit, avant sa révolte, contracté des liaisons étroites avec les principaux officiers chinois, et depuis il n'avoit pas tout à fait interrompu ce commerce : il en amusoit plusieurs par des promesses de se soumettre. Il s'étoit d'ailleurs aisément aperçu que beaucoup de mandarins chinois étoient las de la guerre dans un pays étranger, dont le climat occasionnoit dans les troupes des maladies continuelles, et qu'ils pensoient à proposer à l'empereur d'abandonner le Tonking. Il savoit de plus que Ouang-tong, qui venoit d'être fait généralissime, étoit très-porté à donner ce conseil à son maître. Il prit donc le parti de négocier secrètement avec lui.

Pendant que dura cette négociation clandestine, Lyli eut de grands avantages, et l'an 1426 il faillit à se rendre maître de la capitale du royaume. L'année suivante, il vint encore l'insulter. Mais Ouang-tong survint et battit son armée. Lyli parut alors saisi de crainte ; mais une chose qui prouve qu'il y avoit entre ces deux généraux une véritable collusion, c'est que Ouang-tong n'écouta pas ceux de ses officiers qui lui proposoient de poursuivre ce chef des rebelles et de s'en saisir, et qu'il refusa de se donner à cet égard aucun mouvement. Lyli, au contraire, sut mettre à profit le temps qu'on lui donnoit. Il apprit que beaucoup de troupes chinoises étoient arrivées sur les frontières du Kouang-si et du Yun-nan : il fondit sur elles à l'improviste, et remporta une victoire complète près de la rivière Tchan. Étant ensuite informé de la désunion qui étoit entre les généraux chinois, il en profita habilement, aussi bien que de sa victoire, pour ranimer l'intelligence qu'il avoit toujours conservée avec Ouang-tong. Il la poussa si loin, qu'enfin Ouang-tong et lui se promirent mutuellement de s'accorder ensemble et en firent serment : en conséquence, plusieurs postes importants occupés par les Chinois furent pris faute de secours.

Un autre artifice qui réussit à Lyli fut de travailler par ses émissaires à faire croire à l'empereur que Tchin-hao étoit de la famille royale Tchin ; on ajouta même qu'on l'avoit vérifié, et que rien n'étoit plus constant que cette descendance. L'empereur, qui cherchoit un prétexte pour finir une guerre onéreuse, fut charmé de le trouver. Il fit sur-le-champ proclamer Tchin-hao roi de Tonking ; l'amnistie fut accordée à Lyli, et tous les Chinois eurent ordre de sortir de ce royaume. L'infidèle Ouang-tong, avec ses troupes, avoit déjà prévenu cet ordre : on lui en fit avec raison un crime à la cour, de même qu'à ceux qui avoient suivi son exemple ; mais, dans la suite, on leur fit grâce. Les Chinois sortis du Tonking étoient au nombre de quatre-vingt-six mille ; ceux qui périrent ou qui furent retenus captifs étoient en beaucoup plus grand nombre.

Lyli se trouva donc maître absolu, et Tchin-hao, qui n'étoit roi que de nom, étant mort sans postérité, l'an 1428, l'empereur, après qu'on l'eut assuré que la famille Tchin étoit entièrement éteinte, déclara Lily gouverneur héréditaire du Tonking, et reçut honorablement ses députés, ses présens et un acte solennel par lequel il se reconnoissoit tributaire et vassal de l'empereur. Lyli prit le titre de *ty*, qui signifie maître souverain, et que les Chinois ne donnent qu'à l'empereur, n'osant pas s'en servir pour désigner les rois des pays étrangers. Il mourut l'an 1432, après avoir fait fleurir dans son pays les sciences chinoises. C'est lui qui donna le titre de *ly-tou*, ou cour occidentale à Tsing-hiao-fou, et de cour orientale à Kiao-tchou, capitale du royaume. Cour orientale en chinois est *Tong-tou* ou *Tonking*, et c'est pour cette raison que depuis ce temps on donne au royaume de Gannan le nom de *Tonking*.

Lyli eut pour successeur son fils Lylin, que l'empereur, en 1436, déclara roi de Gannan, et qui mourut en 1442. Après lui, son fils Lysun hérita du trône et reçut l'investiture de l'empereur. Ce prince commença son règne par déclarer la guerre à la Cochinchine; l'histoire n'en dit pas les raisons. Son armée pilla d'abord le port de Sin-tchou, et dans différentes courses que firent les Tonkinois, ils prirent et firent esclaves trente-trois mille Cochinchinois. Il y eut ensuite un combat très-vif, où Mahopenkai, roi de Cochinchine, eut le malheur d'être fait prisonnier, malheur qui ne finit qu'avec sa vie.

L'an 1459, Lysun, plus malheureux encore que son prisonnier, périt par la perfidie de Lyhong, son frère, qui se fit ensuite déclarer roi. Mais il jouit peu de son crime : neuf mois après son usurpation, il fut déposé, et Lyhao, autre frère du roi défunt, prit sa place et reçut de l'empereur la patente de roi.

Le Tonking eut dans Lyhao un roi guerrier, ambitieux et redoutable à ses voisins. L'an 1468, il s'empara de la ville de Pin-tsiang, dans le Kouang-si. En 1471, il fit prisonnier Panlo-tchay-tsuen, roi de la Cochinchine, et trois ans après il mit encore dans les fers Panlo-tchay-ive, frère du roi prisonnier. Après ces deux victoires, il se vit maître de la Cochinchine, et ajouta ce royaume à ses États. Il ne se contenta pas de cette conquête; il envoya ses troupes faire du dégât et du ravage dans la province de Canton. Il menaçoit même les frontières du Yun-nan du côté de Mongtsehien, et il en seroit venu à des hostilités si les mandarins chinois de ces frontières n'eussent eu ordre de l'empereur de s'opposer vigoureusement aux courses que les Tonkinois voudroient y faire. Quoique Lyhao s'embarrassât peu des ordres de la cour de la Chine, il voulut pourtant garder les bienséances et justifier sa conduite, surtout au sujet de la guerre de la Cochinchine, et il n'épargna pour cela ni artifices, ni déguisemens, ni mensonges.

N'osant plus inquiéter les terres de l'empire, il tourna d'un autre côté ses vues ambitieuses et, à la tête de quatre-vingt-dix mille hommes, il entra dans le pays de Laos. On ne peut exprimer les ravages qu'il y fit et les cruautés qu'il y exerça. Il fit mourir le prince de Laos et deux de ses fils ; mais le troisième lui échappa, et se retira au pays de Papé. Ce pays étoit alors tributaire de l'empereur de la Chine, et dépendait du Yun-nan. Aujourd'hui il appartient au roi de Ava. Il est situé vers le sud-ouest du pays de Tchely, lequel étant au nord-ouest de Porselou, ville du royaume de Siam, est apparemment contigu à Papé. Par quelques textes chinois, comparés avec ce que dit M. de La Loubère dans la relation de Siam sur ses anciens rois, il paroît que les premiers princes de Siam étoient du pays de Papé. Quoi qu'il en soit, Lyhao étant résolu de poursuivre le fils du prince de Laos, qui s'y étoit réfugié, publia un faux ordre au prince de Tchely de joindre ses troupes à celles de Lyhao pour attaquer Papé. Mais ni la ruse ni la force ne lui réussirent dans cette expédition.

Le souverain de Papé ne se laissa pas attaquer impunément. Il se mit en marche avec beaucoup de troupes pour couper le retour à l'armée tonkinoise, et il en fit périr dans différentes rencontres plus de dix mille hommes. Lyhao fut donc obligé, pour ne pas s'exposer à perdre toute son armée, de reprendre à la hâte le chemin du Tonking. Outre la honte du mauvais succès, il eut à essuyer les reproches les plus sanglans de la part de l'empereur, que cette injuste entreprise avoit extrêmement irrité.

Une suite du mécontentement de ce monarque fut la protection ouverte qu'il accorda au prince Koulay, de la famille royale de Cochinchine. Il lui donna le titre de roi, et pensa à le renvoyer dans ce royaume. Mais Lyhao rompit toutes les mesures de l'empereur et de Koulay. Il resta en possession de la Cochinchine, où sa puissance prenoit tous les jours de nouveaux accroissemens. Il avoit sur mer un grand nombre de vaisseaux qui faisoient des prises même sur les Chinois; il en vouloit surtout aux vaisseaux de Malaca.

Lyhao mourut en 1497 et laissa sa couronne à son fils Hoey. Celui-ci mourut en 1504, et eut pour successeur son fils Lykien, qui mourut la même année. Après lui, Lyli son frère régna; mais ce prince choisit mal ses ministres. Il confia le gouvernement de ses États à des seigneurs de la famille de sa mère, gens avides et cruels qui firent mourir plusieurs princes de la famille royale, qui attentèrent à la vie du roi et qui l'obligèrent à se donner la mort.

Un grand seigneur, nommé Lykoang, ne put souffrir ces excès et ces violences. Il vint à bout de chasser ces mauvais ministres et de les faire périr tous. Il mit ensuite Ly-tcheou sur le trône : c'étoit un prince peu habile, qui gouverna si mal son royaume, qu'il donna occasion aux grands troubles qu'excita contre lui Tchinkao. Ce rebelle, qui se disoit faussement issu de la famille royale Tchin, secondé de ses deux fils, souleva les peuples, fit assassiner le roi Ly-tcheou et usurpa l'autorité royale.

Il est peu de pays, comme l'on voit, où les révolutions aient été plus fréquentes que dans le Tonking. Celle dont je viens de parler fut bientôt suivie d'une autre. Un autre grand de la cour rendit en cette occasion un service signalé à la famille royale. Moteng-yong (c'étoit son nom) attaqua Tchinkao, l'obligea de se retirer de la capitale, lui livra bataille, défit entièrement cet usurpateur, et, de concert avec les autres grands seigneurs, fit reconnoître pour roi le prince Ly-hoey, neveu du roi Ly-tcheou.

Ce service étoit grand sans doute ; mais le nouveau roi en fut trop reconnoissant. Il donna à Moteng-yong toute autorité pour gouverner, et le fit généralissime sur mer : élévation excessive qui fit naître dans l'esprit d'un sujet la pensée d'être seul le maître. Son premier objet fut de se défaire de Tchinkao, qui s'étoit fortifié dans les départemens de Leang-chan et de Tay-yven. Moteng-yong alla lui livrer bataille et remporta une victoire complète. L'usurpateur périt dans sa fuite, et c'est par cet événement que finit l'an 1521.

L'année suivante, Moteng-yong leva entièrement le masque ; il prit le titre de prince, nomma son frère Mokouang-tsien pour aller gouverner le département important de Hay-tong-fou, et commença à prendre des mesures pour exécuter l'horrible dessein qu'il avoit conçu de faire mourir le roi Ly-hoey.

La princesse mère du foible monarque fut instruite du complot. Elle se réfugia avec son fils et quelques grands de confiance à Tsing-hoa-fou. Ils se fortifièrent dans cette cour occidentale, tandis que Moteng-yong gouvernoit à la cour orientale. On peut aisément imaginer quelle confusion tous ces mouvemens causèrent dans le royaume. Les pays entre la cour orientale et la mer orientale, avec les principales villes au nord du fleuve Fou-leang jusqu'au Kouang-si et Yun-nan, et les frontières de Canton, obéirent au rebelle. L'an 1530, Moteng-yong, pour assurer le trône à sa famille, fit gouverner ses États par son fils Mo-fang-yng ; pour lui il prit le titre de grand monarque père.

Cette année fut la dernière du règne et de la vie du roi Ly-hoey. Son frère Lyning fut son successeur. Le premier soin de ce prince fut d'envoyer des députés à la cour de la Chine ; mais Moteng-yong entretenoit des espions sur la frontière, et par ses intrigues les députés de Lyning furent arrêtés en chemin ; quelques-uns même y perdirent la vie.

Enfin en 1537, un député du roi Lyning arriva à la cour. L'empereur apprit par le placet de ce prince tous les événemens du Tonking, et fut d'abord porté à favoriser ce royaume. Il nomma des grands de sa cour pour se rendre aux frontières et s'y informer de la vraie cause des troubles dont il commençoit à être instruit. Il ordonna à un de ses généraux d'aller à Mong-tschien, ville du Yun-nan, et de s'assurer du pays de Lien-hoa-tan, à l'extrémité du district de la ville ; il voulut outre cela être informé du nombre des troupes qu'il conviendroit de faire entrer dans le Tonking par le Kouang-si, et d'ajouter celles qui du Yun-nan viendroient par le district de Mong-tschien ; en un mot, il souhaita savoir toute la dépense qu'il y auroit à faire pour l'armement par terre et par eau en cas de guerre.

De son côté, Moteng-yong ne restoit pas dans l'inaction. Il envoya aussi des députés à l'empereur, paroissant disposé à obéir sans délai à ses ordres ; il lui envoya en même temps une carte du Tonking et le rôle de ses habitans. D'ailleurs il n'épargna rien pour avoir des protecteurs, et en effet il en eut de si puissans, qu'ils déterminèrent l'empereur à examiner ce qui lui étoit proposé de sa part et à le traiter avec douceur.

L'an 1540, les commissaires de ce monarque arrivèrent sur la frontière du Kouang-si et du Tonking. Moteng-yong leur envoya un de ses fils, avec quarante-deux de ses principaux mandarins. Ils donnèrent l'acte par lequel Moteng-yong et son fils se soumettoient aux ordres de l'empereur et se déclaroient ses fidèles sujets. Les commissaires lurent à haute voix le rescrit de Sa Majesté qui leur accordoit l'amnistie et le pouvoir de conserver les États qu'ils possédoient actuellement, à condition de payer de trois en trois ans le tribut déterminé. Le rescrit portoit que désormais le Gannan n'auroit pas le titre de royaume, mais qu'il auroit le nom de seigneurie héréditaire, dépendante de l'empereur. On donna à Moteng-yong et à son fils le titre de seigneur héréditaire du Tonking et un sceau d'argent. La même chose fut déterminée pour le prince Lyning et les États qu'il possédoit. Dans les deux États, on eut ordre de suivre le calendrier de la cour. Ensuite on renvoya le fils de Moteng-yong et les quarante-deux mandarins, qui avoient écouté à genoux les ordres de l'empereur.

Les ennemis de Lyning avoient répandu le bruit injurieux qu'il n'étoit pas légitime héritier du roi Ly-tcheou. Les commissaires déclarèrent que le prince Lyning étoit vrai descendant et l'héritier légitime de Ly-tcheou, et qu'en cette qualité il pouvoit faire les cérémonies à la salle destinée à honorer la mémoire des ancêtres. Et comme Lyning n'étoit pas accusé de révolte ou de désobéissance, on le dispensa de venir ou d'envoyer des députés au tribunal des commissaires, et l'on se contenta de lui faire savoir les ordres que l'empereur avoit cru devoir donner dans les circonstances pour faire finir les troubles du pays et pour éviter les maux que le Tonking auroit soufferts par l'entrée d'une armée impériale dans ce royaume.

Moteng-yong mourut l'an 1542. Son héritier Mo-fang-yong avoit cessé de vivre avant lui, et avoit laissé un fils nommé Souhay qui eut la patente impériale de gouverneur et seigneur héréditaire du pays de Gannan. Après la mort de Moteng-yong, la division se mit dans la famille de Mo. Ses États étoient partagés entre plusieurs chefs, qui se firent une guerre si vive, qu'ils s'affoiblirent mutuellement, et qu'en 1577 cette famille se trouva entièrement déchue de sa puissance et de son autorité.

Il n'en fut pas ainsi de la famille de Ly. Elle sut profiter de ces divisions et régner honorablement à Tsing-hoa-fou. Lyouey-tan, chef de cette famille, attaqua, l'an 1591, le plus puissant seigneur de Mo, le vainquit dans une bataille, et reprit la capitale du Tonking et les meilleures villes ci-devant usurpées sur la famille de Ly. En 1597, se voyant maître de tout le royaume, il paya tribut à l'empereur, offrit une statue d'or et eut la patente de gouverneur héréditaire. A sa cour, il vivoit en roi; mais il n'avoit pas de l'empereur la patente de roi. Les seigneurs Mo furent donc obligés de chercher une retraite sur les frontières des provinces chinoises, Canton, Kouang-si et Yun-nan. Là ils se trouvèrent réduits à ne posséder que la ville de Koaping et son territoire. Cependant, à la cour de l'empereur, leur famille avoit le même rang que celle de Ly.

Lyouey-tan mourut dans le cours de l'année 1597. Lyouey-sin régna après lui, et ayant envoyé le tribut ordinaire, il eut, en 1606, le diplôme de l'empereur, qui le déclaroit gouverneur héréditaire du Tonking. Après sa mort, son fils Lyouey-ki prit sa place et fut l'ennemi le plus redoutable des seigneurs de la famille Mo. Plusieurs d'entre eux s'étoient cantonnés dans les montagnes voisines des provinces de Yun-nan, Canton, Kouang-si. Là ils s'arrogeoient le titre de prince, et à la tête d'une troupe de brigands, ils faisoient beaucoup de ravages, soit dans le Tonking, soit dans la Chine.

Mo-king, chef de leur famille, ne se borna point à une guerre de cette nature, il voulut jouer un rôle plus considérable, et prit les armes en 1624 contre le roi Lyouey-ki. Celui-ci, aussi brave et plus heureux, alla à sa rencontre, le défit, tua son fils aîné dans le combat, et fit prisonniers sa femme, ses concubines et son troisième fils; de sorte que Mo-king, avec son second fils, put à peine regagner les montagnes et revenir à Koaping, où il resta sous la protection de l'empereur. Les deux familles Ly et Mo persistèrent opiniâtrement dans leur inimitié le reste du temps que la dynastie Tayming régna dans la Chine.

Ce fut l'an 1644 que cette dynastie fut détruite. Chutchi, prince tartare mantcheou, bisaïeul de l'empereur régnant, devint empereur des Tartares et des Chinois. Dès le commencement de son règne il reçut l'hommage et le tribut de Moking-yao, et lui accorda la patente de gouverneur héréditaire, laquelle n'étant arrivée qu'après la mort de Moking, fut remise à son fils Mo-yven-tsing. On ne sait point s'il y a encore à Koaping des descendans de cette famille, avec les priviléges et les honneurs de leurs ancêtres.

Quant à la famille Ly, elle s'est soutenue dans tout son éclat. En 1661, le vice-roi de la province de Kouang-si assura la cour de Pékin que Lyouey-ki, chef et héritier de cette famille, se comportoit en fidèle sujet de l'empire, et cinq ans après, le tribunal des rits représenta à l'empereur Cang-hi que la famille de Ly étoit digne de recevoir de Sa Majesté de grands honneurs et de grands priviléges. Ce sage empereur voulut apparemment s'assurer de plus en plus de la vérité de ces témoignages : il resta quelques années sans rien faire à cet égard ; mais en 1683 il envoya un grand à la cour de Tonking avec un diplôme qui déclarait roi de Gannan le prince Lyouey-tching. A ce diplôme, l'empereur ajouta des caractères chinois, écrits de sa main, à la louange du prince. Mais comme ce prince prétendoit étendre les limites du Tonking jusqu'à Mong-tsehien, ville du Yun-nan, les grands eurent ordre d'examiner cette prétention, et leur avis ayant été que les limites devoient être fixées comme autrefois, au pays de Lienhoa-tan du district de Mong-tsehien, l'empereur ordonna qu'on s'en tînt à cette décision, et le roi de Tonking se conforma à l'ordre de l'empereur.

En 1725, l'empereur Yong-tching, fils de Kang-hi, écrivit quatre caractères chinois à la louange du roi Lyouey-tao, qui avoit demandé l'investiture et payé tribut. Encore aujourd'hui, sous l'empereur Kieng-long, la famille Ly occupe le trône du Tonking, toujours en bonne intelligence avec la cour de Pékin.

ÉCLAIRCISSEMENT
SUR LES CARTES DU TONKING.

Dans le quatorzième siècle (entre les années 1314 et 1320) un astronome et géographe chinois, Tchouche, dressa les cartes de toutes les provinces de l'empire. Il vivoit sous l'empereur tartare Yven-gin-hong, un des plus illustres empereurs qu'ait eus la Chine. Pendant que Tchouche étoit à sa cour, il s'y trouva quantité de savans mathématiciens, dont plusieurs étoient de Balke, Samarcande, Bolkara et autres lieux voisins ; il y en avoit de Perse, d'Arabie et de Constantinople. Il est probable que ces savans eurent grande part aux cartes de ce géographe.

L'empereur chinois Kia-tsing fit faire depuis une nouvelle édition de ces cartes ; il y fit ajouter celle du Tonking, et ordonna qu'on suivît la même méthode que Tchouche avoit employée. Voici en quoi consiste cette méthode. La carte est divisée en carrés. Chaque carré contient 100 lis : 300 lis font 20 lieues marines ; ainsi trois carrés du nord au sud font un degré de latitude, et d'est à ouest un degré de longitude. Si donc on a la longitude et la latitude d'un lieu quelconque de la carte, on est sûr, en comptant les carrés du nord au sud et de l'est à l'ouest, de trouver aisément les latitudes et les longitudes de tous les autres lieux dont on veut savoir la position.

Il faut observer que les lignes du nord au sud ne sont pas des méridiens ; elles représentent seulement les différences en latitude. Il faut se régler sur le méridien de Pékin, qui, en supposant le premier méridien à l'île de Fer, est à 134 degrés de longitude ou environ ; ainsi comme de la capitale du Tonking au méridien de Pékin, il y a d'occident à l'orient vingt-huit carrés et demi, la capitale du Tonking est, selon la carte, plus occidentale que Pékin de 10 degrés 6 minutes 30 secondes ; elle est donc à peu près à 123 degrés de longitude 53 minutes et 30 secondes.

Quant à la latitude, celle de Pékin est de 39 degrés 55 minutes ; et comme nous avons dit que tous les carrés, soit d'est à l'ouest, soit du nord au sud, doivent être rapportés à Pékin, et que, selon cette façon de compter, il y a de la capitale du Tonking à Pékin, du sud au nord, 59 carrés et près de trois-quarts, il s'ensuit que la capitale du Tonking est plus méridionale que Pékin de 19 degrés et près de 55 minutes, et par conséquent qu'elle est à peu près à 20 degrés de latitude.

Il est bon d'avertir aussi que lorsque la dénomination de *fou* est à la suite du nom d'une ville, cette ville est du premier ordre ; les villes du second ordre ont la dénomination de *tcheou*, et les villes du troisième ordre celle de *hien*.

LETTRE DU PÈRE FAURE

AU PÈRE DE LA BOESSE.

A bord du Lis-Brillac, le 17 janvier 1711, à la sortie du détroit de Malacca.

Mon Révérend Père,

La paix de Notre-Seigneur.

Je suis parti de France dans le dessein d'aller à la Chine où j'étois destiné par mes supérieurs, et vous n'ignorez pas l'attrait que j'avois pour cette mission. Je me vois maintenant comme fixé dans les Indes Orientales, m'étant engagé de travailler à la conversion d'un nouveau peuple qui habite un assez grand nombre d'îles dans le golfe du Bengale où on n'a pas pu encore porter la lumière de l'Évangile. Ce changement vous surprendra, et peut-être ne serez-vous pas fâché de savoir ce qui a donné lieu à cette nouvelle entreprise.

Ce fut le cinquième de novembre 1708, que je m'embarquai avec le père Cazalets sur l'*Aurore*, frégate du roi, commandée par M. de La Rigaudière, officier d'un vrai mérite, et qui nous a comblés d'honnêtetés. Il en avoit déjà usé de la même manière à l'égard de plusieurs autres missionnaires de notre Compagnie qu'il a passés aux Indes, et nous ne saurions trop lui en marquer notre reconnoissance.

Notre bâtiment étoit destiné à porter des ordres de la cour d'Espagne en divers endroits de l'Amérique. Nous allâmes d'abord à Carthagène et ensuite à la Véra-Cruz. De là, nous continuâmes notre voyage par terre jusqu'à Mexico, où nous nous joignîmes à plusieurs autres missionnaires qui étoient sur le point de partir pour les Philippines.

Nous mîmes à la voile le 30 de mars 1709, au nombre de vingt-trois jésuites, et le 11 de juin de la même année, nous découvrîmes les îles Marianes, consacrées par le sang de plusieurs de nos martyrs, dont le plus illustre a été le vénérable père Diego Luiz de Sanvitores, fondateur de cette mission. Nous ne fîmes de séjour qu'autant qu'il étoit nécessaire pour y prendre quelques rafraîchissemens; mais nous n'en sortîmes pas un pareil nombre de jésuites : on y en laissa six dont on avoit un extrême besoin pour le soulagement des anciens missionnaires, la plupart cassés de vieillesse et hors d'état de vaquer aux fonctions de leur ministère.

Après avoir quitté les îles Marianes, il ne nous restoit plus que trois cents lieues à faire pour arriver aux Philippines. Les calmes qui nous prirent sur la fin de notre navigation déterminèrent les officiers et les pilotes à gagner le port de Palapa[1], où ils avoient dessein de rester jusqu'au commencement de la mousson. C'est ce qui nous obligea de sortir du vaisseau pour entrer dans de petits bâtimens, sur lesquels nous pouvions ranger la terre de fort près et poursuivre notre voyage à couvert du vent.

Les Philippines nomment ces bâtimens *caracoas*. C'est une espèce de petite galère à rames et à voiles, ayant sur les côtés deux ailes faites de grosses cannes pour rompre les vagues de la mer et pour se soutenir sur l'eau. Triste et périlleuse manière de voguer, où, durant trois semaines, nous courûmes plus de risque de périr, que nous n'en avions couru en sept mois de temps que nous mîmes à traverser les vastes mers du nord et du sud, car de trois caracoas, sur lesquelles on avoit distribué toute la troupe des missionnaires, la plus grande fit naufrage, et sept jésuites qui y étoient auroient été engloutis dans les eaux, sans les soins empressés que se donnèrent les Indiens pour les sauver à la nage.

Les deux autres caracoas, dans l'une desquelles je me trouvois, ne furent pas épargnées de la tempête. De sorte que, ne pouvant plus résister à la fureur du vent, ni nous soutenir contre la violence du flot, nos pilotes firent vent arrière, et mirent notre cap sur un port que nous gagnâmes heureusement.

Nous continuâmes notre route par terre jusqu'à Carité[2], petite ville éloignée de trois lieues de Manille. Nous eûmes la consolation de passer par plusieurs paroisses de cette nouvelle chrétienté, qui me paroît la plus florissante de toute l'Inde[3]. J'admirai plus d'une fois la ferveur de ces peuples nouvellement convertis à la foi, et la docilité avec laquelle ils obéissent à la voix de leurs pasteurs. La jeunesse de l'un et de l'autre sexe se rend constamment deux

---

[1] Palawan.
[2] Cavite.
[3] Les Philippines font partie de la cinquième partie du monde, qui a pris le nom d'*Océanie*.

ou trois fois par jour à l'église pour s'instruire des principes de la religion et pour y chanter les louanges de Dieu. Les chefs de famille se gouvernent dans leur domestique par l'avis des missionnaires, et de là vient qu'on ne voit guère de différends parmi eux, ou s'il en survient quelqu'un, il se termine toujours sans procès, et pour l'ordinaire à la satisfaction des deux parties. Presque tous ces insulaires sont partagés en huit cents paroisses que gouvernent différens missionnaires, dont les travaux sont bien récompensés par les grands exemples de vertu que donnent leurs néophytes.

Quand je pense à l'état florissant de cette mission, je le regarde comme l'effet du zèle et de la piété des rois d'Espagne, qui, en conquérant ces îles, ont bien plus envisagé les intérêts de la religion que leurs intérêts propres, si toutefois les intérêts d'un prince chrétien peuvent se séparer de ceux de la religion.

Je l'attribue ensuite au mérite personnel des ecclésiastiques et des religieux qui ont cultivé jusqu'à présent et qui cultivent encore cette portion de l'héritage de Jésus-Christ, car toutes les communautés qui sont à Manille ont un soin particulier de ne fournir à cette mission que d'excellens sujets, dont le zèle a toujours été soutenu par une conduite si régulière, qu'elle a mérité à un fort grand nombre la glorieuse réputation de saint et le précieux surnom d'apôtre.

Enfin il me semble que ce qui a le plus contribué au bien de l'Église des Philippines, c'est le partage qu'on y a fait de toutes les îles entre les prêtres séculiers et réguliers; en sorte que les uns se trouvent les seuls pasteurs d'une province, sans que les autres y aient aucune part. De là naît une paix inaltérable entre tous les ouvriers évangéliques, qui, loin des disputes et des contestations, s'occupent uniquement de la sanctification des âmes qui leur ont été confiées, et qui sont aussi unis les uns avec les autres que s'ils étoient tous du même ordre.

Rien ne m'a plus touché à Manille que le courage extraordinaire qu'a fait paraître M. l'abbé de Sidoti, qui vient de pénétrer heureusement dans le Japon pour y prêcher l'Évangile. Les circonstances d'une action si généreuse sont trop édifiantes pour ne vous en pas faire le détail.

Il y a quelques années que ce digne ecclésiastique partit de Rome, qui est le lieu de sa naissance, pour se rendre à Manille, d'où il espéroit plus aisément passer dans l'empire du Japon. Il demeura deux ans aux Philippines dans l'exercice continuel de toutes les vertus d'un homme vraiment apostolique.

Aidé de la protection de M. le gouverneur de Manille, il se fit construire un vaisseau des aumônes qu'il avoit ramassées, et par là il se trouva en état d'exécuter son entreprise.

Ce fut au mois d'août de l'année 1709 qu'il partit de Manille avec D. Miguel de Eloriaga, capitaine fort expérimenté, qui s'étoit offert de le conduire, et il arriva à la vue du Japon le 9 d'octobre. Ils approchèrent des terres le plus près qu'ils purent. Ayant aperçu une barque de pêcheurs, ils furent d'avis d'envoyer quelqu'un dans la chaloupe pour prendre langue. On se servit pour cela d'un Japonois gentil qui accompagnoit M. de Sidoti, et qui avoit promis à M. le gouverneur d'entrer avec le missionnaire dans le Japon, et de le tenir caché s'il en étoit besoin. Le Japonois, ayant abordé la barque des pêcheurs, leur parla quelque temps; mais il fut tellement intimidé de leur réponse, qu'il ne voulut jamais permettre aux Espagnols de s'approcher plus près des pêcheurs, quoique ceux-ci témoignassent par divers signes qu'il n'y avoit rien à craindre.

Le Japonois étant retourné au vaisseau, M. de Sidoti l'interrogea en présence des officiers espagnols. Toute sa réponse fut qu'ils ne pourroient entrer dans le Japon sans s'exposer à un danger manifeste d'être découverts; qu'ils n'auroient pas plutôt mis pied à terre, qu'on se saisiroit d'eux pour les mener devant l'empereur, et que ce prince, étant cruel et sanguinaire, les feroit expirer sur-le-champ dans les plus affreux supplices.

Le trouble qui parut sur son visage, et quelques paroles qui lui échappèrent, firent juger qu'il avoit communiqué aux pêcheurs japonois le dessein de M. de Sidoti : sur quoi cet abbé se retira à l'écart pour prier le Seigneur de lui inspirer le parti qu'il avoit à prendre. Il récita son office avec beaucoup de tranquillité et fit ensuite sa méditation.

Sur les cinq heures du soir, ses prières finies, il vint trouver le capitaine, pour lui faire part de sa dernière résolution. « L'heureux moment est venu, monsieur, lui dit-il, après lequel je soupire depuis tant d'années : nous voilà aux portes du Japon; il est temps de disposer toutes choses pour me mettre dans une terre si désirée. Vous avez eu la générosité de me conduire à travers une mer qui vous étoit inconnue et que tant de naufrages ont rendue fameuse; daignez achever votre ouvrage, laissez-moi seul au milieu d'un peuple qui, à la vérité, est ennemi du nom chrétien, mais que j'espère soumettre au joug de l'Évangile. Je m'appuie, non sur mes propres forces, mais sur la grâce toute-puissante de Jésus-Christ, et sur la protection de tant de martyrs qui, dans le siècle passé, versèrent leur sang pour la défense de son nom. »

Quoique dom Eloriaga fût très-disposé à seconder les vœux de M. l'abbé de Sidoti, il ne laissa pas de lui représenter qu'il jugeoit plus à propos de différer le débarquement de quelques jours ; qu'il étoit probable que son dessein étoit connu de ces pêcheurs, avec qui le Japonois gentil s'étoit entretenu ; qu'ils ne manqueroient pas de l'observer, afin de se saisir de sa personne aussitôt qu'il auroit mis le pied sur les terres du Japon ; qu'enfin on ne couroit aucun risque de chercher un autre parage où il seroit plus sûr pour lui de débarquer.

Toutes ces raisons ne firent aucune impression sur l'esprit de M. de Sidoti. Il répondit au capitaine que, le vent étant favorable, il falloit en profiter ; que plus on différeroit, plus on l'exposeroit à être découvert ; que son parti étoit pris, et qu'il le conjuroit de ne point mettre d'obstacle à l'œuvre de Dieu. Le capitaine se rendit aux instances du missionnaire, et fit disposer toutes choses pour le mettre à terre durant l'obscurité de la nuit.

Cependant M. l'abbé de Sidoti écrivit plusieurs lettres ; il récita le chapelet avec tous les gens de l'équipage, selon la coutume qui s'observe dans les vaisseaux espagnols ; il leur fit ensuite une courte exhortation, à la fin de laquelle il demanda publiquement pardon à tous les assistans des mauvais exemples qu'il avoit pu leur donner, et en particulier aux enfans de ne les avoir pas instruits avec assez de soin des principes de la doctrine chrétienne. Enfin il baisa les pieds des officiers, des soldats et des esclaves qui se trouvèrent dans le vaisseau.

Il étoit près de minuit lorsqu'il descendit dans la chaloupe avec le capitaine et sept autres Espagnols qui voulurent l'accompagner. Il fut en oraison pendant tout le trajet ; enfin il gagna la terre avec assez de peine, parce que la rive où il lui falloit aborder, étoit fort escarpée.

Aussitôt qu'il fut sorti de la chaloupe, il se prosterna pour baiser la terre et pour remercier Dieu de la grâce qu'il lui avoit faite de surmonter toutes les difficultés qui s'opposoient à son entrée dans le Japon. Ceux qui l'accompagnoient, voulurent le suivre un peu avant dans les terres. Dom Carlos de Bonio, qui étoit du nombre et à qui on avoit confié le paquet de M. l'abbé de Sidoti, eut la curiosité de voir ce qui y étoit contenu : il l'ouvrit, et il y trouva pour tout meuble une chapelle, une boîte qui renfermoit les saintes huiles, un bréviaire, l'Imitation de Jésus-Christ, deux grammaires japonoises, quelques autres livres de piété, un crucifix du père Michel Mastrilly, jésuite, un portrait de la sainte Vierge et diverses estampes de saints[1].

Après avoir marché quelque temps ensemble, il fallut se séparer. Ce fut avec bien de la peine que dom Eloriaga obligea M. l'abbé de Sidoti à recevoir par aumône quelques pièces d'or, dont il pourroit avoir besoin pour engager les Japonois à lui être favorables. Tandis qu'il avançoit dans les terres, les Espagnols regagnèrent le rivage et entrèrent dans leur chaloupe. Ils ne joignirent leur vaisseau que vers les huit heures du matin, et après avoir couru quelques risques sur des pointes de rochers et sur des bancs de sable, ils arrivèrent enfin à Manille, le 18 d'octobre.

Le même capitaine dom Eloriaga partit le mois passé avec le père Sicardi, et un autre missionnaire jésuite, pour aller découvrir les îles de los Palaos[2], qu'on appelle autrement les nouvelles îles Philippines. Le père Serrano, avec plusieurs autres jésuites, se dispose à suivre ces deux missionnaires pour travailler avec eux à la conversion d'un grand peuple qui habite ces îles nouvellement découvertes.

Je me flattois, en arrivant à Manille, de me voir bientôt à la Chine, où j'aspirois depuis si longtemps et dont nous n'étions éloignés que de deux cent cinquante lieues. Quelques obstacles qui survinrent me déterminèrent à prendre ma route par les Indes Orientales,

---

[1] Voyez, à la fin de cette lettre, une note sur l'abbé Sidoti.

[2] Îles Pelew, qui forment le groupe occidental de l'archipel des Carolines.

et à profiter de la commodité d'un vaisseau qui faisoit voile vers la côte de Coromandel. Je me séparai du père Cazalets, qui, de son côté, prit des mesures avec le père Nyel pour s'embarquer sur les premiers vaisseaux qui iroient de Manille à la Chine.

En prenant ce parti, je m'engageois à faire encore plus de seize cents lieues; mais j'étois soutenu par l'espérance que mon voyage seroit terminé en moins d'un an. Il se termina en effet bien plus tôt et d'une autre manière que je n'espérois, car, peu après mon arrivée aux Indes, je pris de nouveaux engagemens avec les supérieurs de ce pays-là pour l'exécution du projet qu'on avoit formé depuis longtemps d'annoncer Jésus-Christ aux infidèles qui habitent les îles de Nicobar.

Ces îles sont situées à l'entrée du grand golfe de Bengale, vis-à-vis l'une des embouchures du détroit de Malacca. Elles s'étendent depuis le septième degré jusque vers le dixième de la latitude nord. La principale de ces îles s'appelle *Nicobar*, et elle donne son nom à toutes les autres, quoiqu'elles aient outre cela un nom particulier. Comme c'est à celle-là que vont mouiller les vaisseaux des Indes, et que les peuples qui l'habitent paroissent plus traitables que ceux des autres îles, nous avons jugé à propos d'y faire notre premier établissement.

Voici ce que j'ai appris de ces îles, sur le rapport de ceux qui en ont quelque connoissance. L'île de Nicobar n'est éloignée d'Achen que de trente lieues[1]. Son terroir, de même que celui des autres îles, est assez fertile en diverses sortes de fruits; mais il n'y croît ni blé, ni riz, ni aucune autre sorte de grain; on s'y nourrit de fruits, de poissons et de racines fort insipides appelées *ignames*. Il y a pourtant des poules et des cochons en assez grande quantité, mais ces insulaires n'en mangent point; ils les trafiquent, lorsque quelque vaisseau passe, pour du fer, du tabac et de la toile: ils vendent de la même manière leurs fruits et leurs perroquets, qui sont fort estimés dans l'Inde, parce qu'il n'y en a point qui parlent si distinctement. On y trouve de l'ambre et de l'étain, et c'est à quoi se terminent toutes leurs richesses.

[1] Archipel Nicobar, au sud des îles Andaman, à l'ouest de la presqu'île de Malacca, au nord de Sumatra, et à 50 lieues de cette île.

Tout ce que j'ai pu connoître de la religion des Nicobarins, c'est qu'ils adorent la lune, et qu'ils craignent fort les démons, dont ils ont quelque grossière idée. Ils ne sont point divisés en diverses castes ou tribus, comme les peuples de Malabar et de Coromandel. Les mahométans même n'ont pu y pénétrer, bien qu'ils se soient répandus si aisément dans toute l'Inde, au grand préjudice du christianisme. On n'y voit aucun monument public qui soit consacré à un culte religieux. Il y a seulement quelques grottes creusées dans les rochers, pour lesquelles ces insulaires ont une grande vénération et où ils n'osent entrer de peur d'y être maltraités du démon.

Je ne vous dirai rien des mœurs, de la police et du gouvernement des Nicobarins, car personne n'a pénétré assez avant dans leur pays pour en être bien instruit. Si je suis assez heureux pour en être écouté et pour leur faire goûter les vérités que je vais leur prêcher, j'aurai soin de vous informer exactement de tout ce qui les regarde.

Lorsque j'arrivai à Pondichéry, on pensoit sérieusement aux moyens de travailler à la conversion de ces insulaires; mais comme on ne vouloit pas ôter à la mission de Carnate ni à celle de Maduré les ouvriers qui y étoient nécessaires, on attendoit de nouveaux secours pour cette entreprise. L'ayant su, je m'offris aux supérieurs, je les pressai même, et ils se rendirent à mes instances. J'eus donc le bonheur d'être choisi avec le père Bonnet pour mettre la première main à une si bonne œuvre, dès qu'il se trouveroit une occasion de passer à ces îles.

Nous attendions avec impatience que quelques vaisseaux fissent voile vers le détroit de Malacca, lorsque tout à coup on en vit mouiller quatre, dont deux étoient destinés à aller croiser dans ce détroit. Cette petite escadre étoit commandée par M. Raoul, à qui nous fîmes l'ouverture de notre dessein. Il l'approuva et nous accorda avec bonté la grâce que nous lui demandions de nous recevoir dans quelqu'un de ses vaisseaux. J'entrai en qualité d'aumônier dans *le Lis-Brillac* que commandoit M. du Demaine. M. Raoul voulut avoir le père Bonnet avec lui dans *le Maurepas*.

Après deux mois employés en diverses courses qu'il est inutile de rapporter, nous mîmes à la voile pour repasser devant Malacca et doubler un cap appelé *Rachado*. Nous serons bientôt à la vue des îles de Nicobar, où j'espère, avec la grâce du Seigneur, m'employer tout entier à la conversion de ce pauvre peuple qui m'est échu en partage. Dieu, qui a toujours usé envers moi de ses grandes miséricordes, m'inspire une pleine confiance en sa toute-puissante protection, et c'est ce qui me fait envisager sans crainte les périls que nous allons courir au milieu d'une nation barbare.

Que je serois heureux, mon révérend Père, si quand vous recevrez ma lettre j'avois déjà été digne de souffrir quelque chose pour Jésus-Christ! mais vous me connoissez trop bien, pour n'être pas persuadé qu'une pareille grâce est réservée à d'autres qui la méritent mieux que moi. Quoi qu'il en soit de mon sort à venir, vous apprendrez l'an prochain de mes nouvelles, ou par mes propres lettres si je suis encore en vie, ou par les lettres de nos Pères de Pondichéry si je ne suis plus en état de vous écrire moi-même. Je suis avec respect, dans l'union de vos saints sacrifices, etc.

Voici ce qu'on a appris depuis le débarquement des deux missionnaires dans les îles de Nicobar. Au retour du détroit de Malacca, les deux vaisseaux passèrent, par sept degrés de la ligne, à la vue d'une des îles, que M. du Demaine alla ranger. Il fit aussitôt équiper sa chaloupe pour mettre les Pères à bord de cette île. La séparation ne se put faire sans beaucoup de larmes. Tout l'équipage fut attendri de voir avec quelle joie les deux missionnaires alloient se livrer à la merci d'un peuple féroce, dans des îles si peu pratiquées et tout à fait dépourvues des choses nécessaires à la vie. Le vaisseau mit en panne, et tout le monde conduisit des yeux la chaloupe, qui côtoya l'île fort longtemps sans pouvoir trouver d'endroit où débarquer, en sorte même que l'officier qui commandoit la chaloupe songeoit déjà à retourner à son vaisseau. Les Pères le conjurèrent avec instance de ne point perdre courage; ils côtoyèrent donc l'île encore quelque temps, et enfin on trouva un lieu assez commode où l'on fit débarquer les missionnaires, avec un petit coffre où étoit leur chapelle et un sac de riz dont M. du Demaine leur avoit fait présent. Aussitôt qu'ils se virent dans l'île, ils se mirent à genoux, firent leur prière et baisèrent la terre avec respect pour en prendre possession au nom de Jésus-Christ. Ensuite, après avoir caché leur chapelle et leur sac de riz, ils s'enfoncèrent dans les bois pour y aller chercher les insulaires. Nous n'apprendrons quel aura été leur sort que par les premiers vaisseaux qui passeront par là. On a su seulement ces particularités de M. du Demaine, qui a ajouté qu'avant que de débarquer les missionnaires, il avoit aperçu un de ces barbares, les flèches en main, qui, après les avoir regardés fièrement et assez longtemps, s'étoit ensuite retiré dans le fond du bois.

NOTE.

Ce fut dans la grande île Nicobar appelée *Chambolan*, la plus près d'Achen[1], que débarquèrent d'abord les deux missionnaires. Ils employèrent environ deux ans et demi à y prêcher l'Évangile; mais on ne peut pas dire au juste quel fut le fruit de leurs prédications.

De là ils passèrent aux autres îles, et principalement à celle qui s'appelle *Nicobary*, laquelle est située par les 8° 30' de latitude nord. Ces insulaires sont doux, affables et beaucoup plus traitables que les peuples des îles voisines. Pendant dix mois de séjour que les missionnaires firent dans cette île, ils y donnèrent une si haute idée de leur vertu, que les habitans ne les virent partir qu'avec un regret extrême. Ces pauvres gens représentèrent inutilement aux Pères le risque qu'ils alloient courir de leur vie en s'abandonnant à des peuples féroces et inhumains; ils ne purent rien gagner sur leur esprit, et ils furent contraints, pour ne leur pas déplaire, de les conduire contre leur gré à Chambolan, ou à quelque autre île voisine, car on n'a pas pu vérifier ce fait.

Les missionnaires y furent à peine quinze jours qu'ils y finirent leur vie, sans doute par une mort violente et cruelle, comme l'ont reproché dès lors et comme le reprochent encore aujourd'hui les habitans de Nicobary à ceux de Chambolan, et ceux-ci ne s'en défendent que par de mauvaises défaites.

Il semble même que l'image de leur crime est toujours présente à leurs yeux: la frayeur les saisit à la vue du pavillon blanc, lorsqu'un de nos brigantins parut dans le canal de Saint-Georges, qui passe auprès de cette île. Ils furent même plus d'une heure sans vouloir donner à bord, criant de leurs pirogues et priant en mauvais portugais qu'on ne leur fît point de mal.

Nos gens, qui ne savoient point encore ce qu'ils apprirent depuis dans les îles voisines, n'eurent pas de peine à leur promettre une sûreté entière; mais la contenance de ces barbares, lorsqu'on leur demanda des nouvelles des missionnaires, fit juger que ces

---

[1] Ascham, à la pointe nord de l'île de Sumatra.

Pères avoient été massacrés. Le chef des Indiens répondit en tremblant qu'il n'en avoit nulle connoissance; un autre le tira par le bras; tous parurent déconcertés et consternés.

C'est ainsi que nos François vers 1715 quittèrent l'île de Chambolan et passèrent à Nicobary, où ils apprirent tout ce que nous venons de rapporter. Ces deux missionnaires moururent accablés de diverses maladies, et surtout de maux d'estomac et de flux de ventre.

SECONDE NOTE.

Jean-Baptiste Sidoti, prêtre, né à Palerme en Sicile, s'étant dès sa plus tendre jeunesse appliqué à apprendre à Rome la langue du Japon, obtint du pape une mission pour cet empire, et partit en 1702 pour se rendre par l'Arabie aux Indes Orientales. Il arriva après beaucoup de peines et de fatigues à Manille; de là il fut transporté de nuit par une chaloupe espagnole à Jennissa sur les côtes du Japon..... Sidoti fut pris immédiatement après avoir débarqué, et conduit à Nangasaki, où l'on pria les Hollandois du comptoir de se trouver à l'interrogatoire que Sidoti devoit subir.....

Ils virent un grand homme sec, âgé d'environ quarante ans, les fers aux mains, mais qui lui furent ôtés, pâle, les cheveux noirs, retroussés malproprement, à la manière des Japonois..... Il portoit un habit de soie à la japonoise par-dessus une chemise blanche, avec une petite chaîne d'or au cou, au bout de laquelle pendoit une grande croix d'un bois brun avec un Christ doré; il tenoit à la main son chapelet et deux livres sous le bras. Dans un sac bleu, qu'on lui avoit ôté, se trouvoit tout ce qui étoit nécessaire pour dire la messe, les saintes huiles, un morceau de la vraie croix, des ornemens, des médailles bénites, etc., enfin le bref du pape, signé par le cardinal de S. Clément.....

Les réponses de Sidoti à son interrogatoire, loin de marquer le moindre égarement d'esprit, portoient au contraire l'empreinte d'un jugement sain et d'une constance singulière. Lorsqu'on lui demanda s'il avoit déjà parlé de la religion chrétienne aux Japonois, il répondit en leur langue, qu'il parloit avec une extrême facilité: « Certainement, puisque c'est là le but de mon voyage..... » S'étant aperçu au milieu de son interrogatoire que les Japonois prenoient dans leurs mains plusieurs des pièces qui se trouvoient dans le sac bleu, il les pria de ne point toucher à ces choses sacrées, ce qui lui fut d'abord accordé. Les gouverneurs eurent même la bonté de lui faire donner des habits plus convenables à la saison rigoureuse qui s'approchoit, après quoi il fut envoyé de Nangasaki à Jedo, où il resta quelques années en prison, et s'occupa constamment de la propagation de la foi; il baptisa même plusieurs Japonois qui le vinrent voir, ce qui étant parvenu à la connoissance du gouvernement, on mit à mort tous les nouveaux convertis, et Sidoti fut muré dans un trou de quatre à cinq pieds de profondeur, où on lui donnoit à manger par une petite ouverture, jusqu'à ce qu'il mourut enfin de l'infection et de la pourriture. (Voyez *les Recherches historiques sur l'état de la religion chrétienne au Japon, relativement à la nation hollandoise*, par le baron Onno-Swier de Haren. A Paris, chez Couturier père, aux galeries du Louvre, année 1778.)

Route qu'il faut tenir pour passer les détroits de Malaque et de Gobernadour[1].

De la pointe d'Achen, il faut aller terre à terre le long de l'île de Sumatra jusqu'au cap de Diamans, c'est-à-dire environ quarante-cinq lieues. Toute cette côte est assez haute, les rivages sont bordés de verdure, le fond est bon depuis sept jusqu'à quatorze et quinze brasses, qu'on ne s'éloigne point de la terre plus de deux lieues. Au cap de Diamans, on fait le sud-quart-sud-est, et l'on découvre bientôt l'île Polverere, qui est fort haute et bien boisée. On peut la voir de vingt lieues, et elle n'est éloignée du cap de Diamans que d'environ vingt-cinq. Il n'y a point d'habitans, et toute l'île n'a pas plus d'un quart de lieue de tour; le mouillage est bon. A une ou deux lieues de Polverere, on met le cap[2] à l'est pour aller reconnoître Poljara : c'est une autre petite île qu'on trouve à dix-huit lieues; elle ressemble fort à la précédente, et par un beau temps la vue porte de l'une à l'autre. Poljara est du côté de la terre des Indes. Il n'est pas nécessaire d'en approcher plus près que de huit ou neuf lieues; mais il faut se mettre entre ces deux îles pour entrer dans le vrai canal. Lorsqu'on est à cette distance de Poljara, on voit d'un côté la terre de l'Inde, qui est basse et bordée de bois, et de l'autre on perd de vue les côtes de Sumatra. Qu'on mette le cap au sud-est-quart-d'est, prenant un peu du sud-est pour donner juste entre deux bancs de sable qu'il faut passer nécessairement. Il vaut mieux prendre la petite passe qui est à l'est et la plus proche de Malaque; la grande passe qui est à l'ouest est trop éloignée des terres. On découvre bientôt la montagne de Porcelar du côté des Indes : mais pour ne manquer aucune des sûretés qu'on peut prendre, il faut

[1] Détroit de Malacca.
[2] C'est un terme de marine qui signifie *aller vers*.

encore reconnoître les îles d'Aros, qui sont à l'ouest franc : alors on est sûr d'être dans le bon chemin, et l'on fait le sud-est-quart-d'est pour gagner la côte des Indes et venir mouiller devant Malaque. Dans ce détroit, les vents venoient ordinairement de terre pendant la nuit, et à midi ils venoient de la mer. Presque toutes les nuits nous avions de bons grains mêlés d'éclairs ; les courans portoient nord-ouest et sud-est. On mouilloit deux ou trois fois en vingt-quatre heures, et il falloit envoyer la chaloupe sonder incessamment devant nous pour nous marquer le chemin.

Après qu'on a vu les îles d'Aros, on vient reconnoître le cap de Rochade du côté de l'Inde, et ce cap reste à l'est. Enfin on achève de s'assurer de sa route par un rocher très-pointu, et sans mousse ni verdure, qui reste est-sud-est du cap de Rochade. Faisant le sud-quart-sud-est, en peu d'heures, avec la marée, on mouille à une bonne lieue de Malaque, et l'on commence à revoir de là les terres de Sumatra.

La côte de Malaque est basse et couverte de cocotiers et de palmiers qui cachent la ville. On ne voit que quelques maisons assez semblables à celles d'Achen, qui s'étendent plus d'une demi-lieue sur le bord de la mer. La citadelle paroît noire, il y a plusieurs sentinelles blanches sur les remparts, et dedans il y a une hauteur et un reste de clocher qui semble être joint à une maison blanche ; c'est ce qui paroît d'abord, et c'est à quoi l'on peut reconnoître Malaque : avec ce que j'en ai dit on ne sauroit s'y tromper. Au sortir de Malaque, on met le cap au sud-quart-sud-est jusqu'au détroit de Gobernadour, et pendant quarante lieues il n'y a rien à craindre. Quand on ne peut refouler[1] la marée, il faut mouiller deux fois le jour. On trouve sur le chemin les îles Maricacaï, qui restent à la droite, il y en a aussi sur la gauche, mais sans nom. Pour donner dans le détroit de Gobernadour, il faut faire d'abord le nord en laissant le détroit de Sincapour[2] à la droite : tout y est plein d'îles, les courans sont rapides, les marées violentes et quelquefois de douze heures. En entrant dans le détroit, on voit une île sur laquelle il y a trois arbres qui paroissent de loin comme trois mâts de navire ; on l'appelle l'*île de Sable*, on la voit d'une lieue. Elle peut avoir un quart de lieue de long et cent pas de large ; elle est presque de niveau à la mer. On la laisse à la droite, et l'on trouve seize brasses d'eau. Alors on fait l'est, et on rencontre une autre petite île toute de sable où il y a sept ou huit arbres fort hauts et séparés les uns des autres ; on la nomme l'*île Carrée*. De l'île Carrée, on voit l'île Saint-Jean toujours à la droite ; celle-ci a bien quatre ou cinq lieues de tour. Si l'on ne trouvoit que cinq brasses, il faudroit faire l'est-quart-nord-est ; mais si l'on est au large et sans fond, on fait l'est franc, sans pourtant trop s'approcher des îles qui sont sur la gauche. De là on découvre la montagne de Ior, et l'on est par le travers de ce petit royaume ; enfin en continuant cette route à l'est, on voit le cap de Romanea. On fait l'est-sud-est et l'est-quart-sud-est, et quand ce cap reste au nord, on fait l'est-sud-est pour aller reconnoître les Pierres-Blanches, qui sont de petites îles un peu au large. Sitôt qu'on les a vues, il faut faire l'est quelque temps, puis l'est-nord-est, et enfin le nord-est et le nord-est-quart-nord, pour se jeter dans le golfe de Siam et de là dans la grande mer de la Chine. Le détroit de Gobernadour a vingt lieues de long, et est fort difficile quand on n'y a jamais passé.

ÉTAT DES MARÉES

DANS LES DÉTROITS DE SINCAPOUR, DE DRYON ET DE MALACCA.

(Note de l'Éditeur.)

Dans les détroits de Dryon et de Sincapour, les marées se rencontrent et s'unissent pour remonter le détroit de Malacca.

Cette confusion des marées rend leurs époques très-incertaines à l'entrée du vieux Sincapour.

La rencontre a lieu devant Tanjing-Boulas et dans le nord-est de la pointe. Ces courans, qui se dirigent avec plus de vitesse dans l'est et le sud, se portent en général au nord-ouest pendant un temps plus long.

Pendant la mousson nord-est, leur vitesse, à l'entrée de ces détroits, est de 3 à 4 lieues à l'heure ; leur cours est de 18 lieues dans un sens et de 6 dans l'autre. Au confluent des marées de Sincapour et de Dryon, le courant fait un quart de lieue par heure au nord-ouest ou au nord, pendant 12 heures ; la mer,

---

[1] C'est un terme de marine qui signifie aller contre la marée.

[2] Sincapura.

après cet intervalle, reste quelquefois étale. Mais il succède un courant d'une rapidité ou égale ou plus grande, et qui porte au sud-est pendant un temps qui souvent est le même et quelquefois plus long.

A l'entrée sud de Sincapour, les marées sont très-rapides. Le flot court à l'est-quart-nord-est, et le jusant à l'ouest-quart-sud-ouest. Les marées qui sortent de Sincapour, suivant des navigateurs, se portent dans le sud; suivant d'autres, le jusant se porte rapidement au nord-ouest à l'entrée du détroit de Malacca et plus longtemps que le flot qui se dirige au sud-est, même pendant la mousson du sud-ouest. La marée quelquefois court pendant 20 heures d'un côté et pendant 18 heures de l'autre.

Entre les îles Barn et Saint-John, les marées sont très-rapides. Le flot court est-quart-nord-est, et le jusant ouest-quart-sud-ouest, suivant le gisement de ces îles. L'heure de l'établissement est incertaine. La durée du courant dans l'est est plus longue pendant la mousson du sud-ouest, et le courant se porte plus longtemps dans l'ouest durant la mousson du nord-est.

Entre Poulo-Bintang et Poulo-Battam, ainsi que près des îles des Trois-Frères, les courans ont beaucoup de rapidité.

A l'île Thrée, la marée fait près d'un quart de lieue à l'heure, du nord-ouest au nord, pendant 12 heures; après ce mouvement, l'étale succède, suivi d'un courant aussi fort au sud-est et d'une égale durée.

Dans le détroit de Dryon, les marées sont très-rapides.

Près de l'île Cardamum et quand on l'a au sud-ouest, on voit le flot se diriger et courir dans plusieurs directions. Il commence à se porter au nord-est et peut entraîner un vaisseau dans le parage qui est entre le détroit de Sincapour et l'île Thrée. Au nord-ouest de cette île, le flot court au sud-est-quart-est, et le jusant en sens contraire.

A Poulo-Pinang, la pleine mer est à 12 heures. De cette île au détroit de Malacca, le flot court au sud-est, et le jusant, plus rapide et de plus longue durée, au nord-ouest. Les marées sont irrégulières dans l'est de cette île. Quelquefois la mer court 20 heures d'un côté et 18 de l'autre, surtout dans les détroits peu éloignés de celui de Malacca.

Les marées ont des époques très-incertaines dans ces parages; mais les plus longues et les plus rapides se dirigent dans l'ouest et au nord-ouest. Près de cette île, le courant s'avance avec une grande vitesse au sud-est-quart-est ou à l'est-quart-sud-est, et ensuite à l'est-nord-est.

Entre Malacca et cette île, l'établissement est 12 heures. Le flot porte au sud-est et le jusant au nord-ouest avec plus de vitesse que le flot. Entre Malacca et les Brothers, le flot court au sud-est-quart-sud et le jusant nord-ouest-quart-nord avec une vitesse d'une demi-lieue à l'heure.

Dans le détroit de Malacca, la hauteur des marées est de 6 pieds. Les marées dans ce détroit sont très-variées. Quelquefois elles sont très-rapides, et elles sont modifiées par les courans des mers circonvoisines. Elles sont plus régulières dans la partie de l'est que dans celle de l'ouest. A l'entrée sud, leur vitesse est plus considérable et plus grande pendant la mousson nord-est; leur durée est aussi plus longue. Elles font 3 à 4 heures à l'heure pendant 12 à 14 heures sans interruption.

Aux nouvelles lunes, leur cours est très-irrégulier. Dans la partie orientale du détroit, leurs directions sont au nord-ouest-quart-nord et au sud-est-quart-sud. Le flot, qui court au sud-est, a moitié de vitesse et de durée que le jusant, qui se dirige dans le nord-ouest. Dans la partie large du détroit, la marée a rarement une vitesse plus grande qu'une demi-lieue à l'heure.

Du côté de Sumatra, dans ce canal, les marées sont moins régulières que du côté opposé. Dans tout ce détroit jusqu'à celui du *Gouverneur*, le plus fort courant et le plus long est le jusant, qui porte au nord-ouest.

Vis-à-vis la montagne Formose, le cours des marées est incertain; mais leur direction pendant leur plus grande vitesse et leur plus longue durée est dans l'ouest et dans le sud-ouest.

Au cap Rochade, la pleine mer a lieu à 2 heures aux syzygies. Les marées sont très-rapides et se dirigent sud-est et nord-ouest, où le flot porte au sud et le jusant au nord dans l'intervalle de ce cap South-Sand.

A Poulo-Porcelar, la pleine mer a lieu à 5 heures; sa hauteur est de 8 à 9 pieds. Le flot court au sud-est-quart-est et le jusant au nord-ouest-quart-ouest avec une vitesse de plus d'un quart de lieue à l'heure. La durée du flot est de 5 heures. Quelques navigateurs disent que l'établissement est 10 *heures*. Sur les bancs de Porcelar, l'établissement est de 7 heures 30 minutes, et le montant de l'eau est de 8 à 9 pieds. Aux syzygies, la vitesse du courant est de près d'une lieue, et aux quadratures elle est d'une demi-lieue. Le cours des rivières de la presqu'île de Malacca produit des variations dans les marées.

A Poulo-Aroës, la pleine mer est à 6 heures; sa hauteur est de 9 pieds. Les marées ont ici beaucoup de vitesse et produisent des clapotis ou des ripplings comme sur un haut fond, quoique la mer soit profonde; elles ont de grands rapports avec les vents. On a vu le jusant courir avec vitesse pendant 9 heures de suite sur la même direction à l'époque de la mousson du nord-est, et le flot avoir une égale durée pendant la mousson du sud-ouest. Au nord de ce groupe d'îles, les marées sont très-considérables, et les navigateurs en tiennent peu de compte. Les uns disent aussi que le flot porte 6 heures au sud-est-quart-sud et le jusant au nord-ouest-quart-nord, tandis que d'autres prétendent que le premier court au sud-est-quart-est et le jusant au nord-ouest-quart-ouest.

A la côte est de Sumatra, les directions des marées sont au nord-ouest-quart-nord, et au sud-est-quart-sud. Le flot, qui se dirige au sud-est-quart-sud, a moins de vitesse et de durée que le jusant.

A Sambolong, le cours des marées est au nord-ouest et au sud-est.

A Poulo-Dinding, les marées se dirigent dans le nord-est.

A la pointe du Diamant, entrée nord-ouest du détroit de Malacca, la pleine mer a lieu à 5 heures 15 minutes. Le cours des marées commence à être remarqué près de cette pointe sur la côte de Sumatra. Le flot, plus rapide que le jusant, se dirige au sud-est-quart-est. L'établissement, près de cette pointe, est à 2 heures 15 minutes. Le flot porte au sud-est et le jusant au nord-ouest avec plus de vitesse et de durée que le flot.

En dedans du détroit, entre Poulo-Varella et cette pointe sur la côte de Sumatra, le flot court au sud-est-quart-sud, et il est moins rapide, moins long que le jusant, qui se dirige au nord-ouest-quart-nord.

Rarement au milieu du détroit, à cette hauteur, la vitesse du courant excède une demi-lieue à l'heure.

DESCRIPTION

DE L'ARBRE QUI PORTE L'OUATE, DU POIVRIER
ET DE LA LAQUE,

TIRÉE DE QUELQUES LETTRES DES MISSIONNAIRES.

L'arbre qui porte l'ouate, ou cette espèce de coton fin dont on se sert pour remplir des coussins, pour fourrer des robes de chambre, des vestes, des courtes-pointes, etc., croît de lui-même en pleine campagne et sans culture. Les Siamois, chez qui on en trouve beaucoup, le nomment *ton-nghiou*. Cet arbre, que j'appellerai dorénavant *ouatier*, est de deux espèces fort différentes : il y en a de grands et de petits ; j'en ai vu des uns et des autres.

Les grands, qui sont de deux sortes, ressemblent assez aux noyers pour la forme et la disposition de leurs branches. Le tronc est d'ordinaire plus haut et plus droit, à peu près comme est le tronc des chênes. L'écorce est hérissée en certains endroits de grosses épines courtes, larges par la base, rangées en file et fort serrées. Les feuilles tiennent également des feuilles de noyer et de celles du châtaignier;

elles croissent toujours cinq à cinq, leurs pédicules, qui sont fort courts, s'unissant à un sixième qui est commun, lequel a souvent plus d'un pied de longueur. La fleur est de la forme et de la grandeur d'une tulipe médiocre; mais ses feuilles sont plus épaisses, et elles sont couvertes d'un duvet assez rude au toucher. Le calice qui les renferme par le bas est épais et d'un vert clair, ponctué de noir, et de la forme de celui des noisettes, à la réserve qu'il n'est pas haché et effilé de même par le haut, mais seulement un peu échancré en trois endroits.

Tout ceci est commun aux deux espèces de grands ouatiers : voici maintenant en quoi ils diffèrent. Les uns portent la fleur avant la feuille : j'en ai vu plusieurs qui étoient tout couverts de fleurs, et n'avoient pas encore une feuille. Les autres portent les feuilles avant les fleurs; du moins ceux que j'ai vus de cette espèce avoient les feuilles toutes venues, et les fleurs étoient encore en bouton. Les premiers sont plus épineux et moins fournis de branches que les derniers ; ils ont la fleur de couleur de citron et assez douce au toucher, et les seconds l'ont rude, et d'un rouge foncé par dedans, mais pâle et jaune en dehors. Dans les uns et dans les autres, il part du fond de la fleur un grand nombre de filets ou baguettes surmontées de petits sommets, lesquelles sont en plus grand ou plus petit nombre, mais partagées en quatre petits bouquets, de dix baguettes chacun, placés au fond de la fleur à l'entre-deux des feuilles ; et entre ceux-ci il s'en élève un cinquième composé de seize baguettes, au milieu desquelles il s'élève une espèce de pistil un peu ouvert par le haut. Dans ceux-là au contraire les baguettes sont en plus grand nombre, mais sans ordre et sans distinction. Pour ce qui est du fruit, ou pour mieux dire de l'étui qui renferme l'ouate, je n'en puis dire autre chose, sinon qu'il est d'une figure oblongue et semblable aux figues bananes anguleuses que les Portugais appellent *figos caroças*.

L'ouatier de la seconde, ou pour mieux dire de la troisième espèce, est beaucoup plus petit que les deux autres. Son tronc et son branchage sont assez semblables à ceux de l'acacia. Ses feuilles sont d'une grandeur médiocre, de figure ovale et terminées en pointe ; elles sont couvertes par-dessus et par-dessous d'un petit duvet fort doux au toucher. Les maîtresses fibres qui partent de la côte de la feuille sont fort distinctes et très-bien rangées. Les étuis qui renferment l'ouate sont composés de deux tubes terminés en pointe aux deux extrémités et unis ensemble. Ils sont ordinairement de la longueur de neuf à dix pouces et de la grosseur du petit doigt; j'en ai vu qui avoient plus d'un pied de longueur. Quand on les rompt dans leur verdeur, il en sort un lait gluant fort blanc, et l'on trouve au dedans l'ouate bien pressée avec plusieurs pepins jaunes, de figure oblongue. Ces étuis pendent à des pédicules ligneux, lesquels ne sont que la branche de l'arbre continuée, qui forme cinq petits feuillages de son écorce même à l'endroit où elle y est unie.

Je viens maintenant au poivrier. C'est un arbrisseau rampant, qui pour s'élever a besoin d'appui. On le plante au pied de quelque arbre, afin qu'il s'y puisse attacher. On se sert pour cela, à Siam, d'un petit arbre épineux, ou bien on lui met des perches en forme d'échalas, comme on fait aux haricots en Europe. La tige a ses nœuds semblables à ceux de la vigne; le bois même, quand il est sec, ressemble parfaitement à du sarment, au goût près, qui est fort âcre. Cette tige pousse quantité de branches de tous côtés, qui s'attachent au hasard. La feuille, quand l'arbre est jeune, est d'un vert uni et blanchâtre, qui devient plus foncé à mesure que l'arbre croît; elle garde toujours sa blancheur par-dessus. Sa figure est ovale; mais vers l'extrémité elle diminue et se termine en pointe. Elle a six nervures, dont cinq, qui partent de la principale vers le bas pour s'y venir rejoindre en haut, forment trois autres ovales semblables à la première. On ne distingue bien que cinq nervures dans les petites feuilles. Ces nervures se communiquent les unes aux autres par un tissu de fibres assez grossières. Les plus grandes feuilles que j'ai vues avoient six pouces de longueur. Elles ont un goût piquant. La grappe est petite; les plus grandes étoient longues de quatre pouces. Les grains, qui étoient verts lorsque je les vis et qui ne dévoient être mûrs que dans trois mois, étoient attachés sans pédicule; ils étoient de la forme et de la grosseur du gros plomb à tirer. Le poivre, quoique vert, avoit déjà beaucoup de force. Cet arbre charge peu; je ne crois pas que ceux que je vis portassent chacun six onces de poivre.

Pour ce qui est de la laque, c'est principalement à Lahos et à Camboye qu'on la ramasse autour de deux diverses sortes d'arbres. Ce sont de certains insectes rouges, assez semblables aux fourmis, qui la travaillent à peu près de même que les abeilles travaillent la cire, pratiquant au dedans de petites cellules de la même manière. On m'a assuré que la laque se forme de l'excrément de ces insectes, du moins c'est le sentiment de quelques Lahos que j'ai questionnés. Néanmoins un François qui a demeuré deux ans au Pégu, où il a vu beaucoup de laque, m'a assuré qu'elle se trouvoit là autour de certains arbrisseaux qui ont trois ou quatre pieds de hauteur et dont le tronc n'a guère qu'un pouce ou un pouce et demi de diamètre; qu'elle se formoit d'une espèce de rosée qui tomboit tous les ans dans cette contrée au mois de juin et de juillet, et que certaines fourmis rouges, friandes de cette rosée, couvroient en peu de temps tous ces arbres. Ces deux relations, si différentes en apparence, peuvent, ce semble, se concilier si l'on dit que ces insectes ou fourmis rouges font de cette rosée non pas la laque, qui est une espèce de marc, comme l'est la cire par rapport au miel, mais ce suc qu'on en tire et qui sert à ces belles teintures rouges qui sont si estimées, et que pour la laque, ils la font ou de leur propre excrément, qu'ils mêlent avec la rosée, ou bien de la poussière de certaines fleurs ou d'autres matières terrestres qu'ils ramassent peut-être comme font les abeilles, la nature affectant toujours une grande uniformité dans la plupart de ses productions.

EXTRAIT
DE LA LETTRE DE M. REYDELET,
ÉVÊQUE DE GABALE ET VICAIRE APOSTOLIQUE DU TONKING,
EN DATE DU 11 JUILLET 1774.

Le 5 août 1773, un Père dominicain espagnol fut appelé pour un malade; il y alla en plein jour, à pied et à découvert, parce qu'il n'y avoit que quelques pas à faire. Il fut aperçu par quelqu'un, qui en porta la nouvelle au mandarin, qui n'étoit pas éloigné de là. Le mandarin prit le missionnaire et ses effets, et le retint prisonnier. Ce mandarin, eunuque, est sous-gouverneur de la province du midi. Il crut avoir trouvé une bonne occasion pour extorquer des deniers. Il exigea pour la rançon du missionnaire mille piastres. Cette somme étant exorbitante, les chrétiens ne se présentèrent point pour le racheter à un si haut prix. Le mandarin peu à peu baissa le prix, mais en vain; personne ne se présenta pour le racheter. Il entra en colère: il fit construire une grande cage; il mit le missionnaire dans cette prison portative, et l'exposa aux grandes ardeurs du soleil pour le griller, et par là exciter la compassion des missionnaires et des chrétiens, les obliger à se cotiser et à lui porter la somme qu'il exigeoit; mais, toute réflexion faite, on ne jugea pas ce parti à propos, parce que ce seroit favoriser la cupidité du persécuteur, l'exciter à faire de nouvelles perquisitions dans toute la province, et le mettre dans le cas de prendre d'autres missionnaires.

Le mandarin envoya de nouveau des soldats à la découverte, déguisés en simples particuliers. Le premier dimanche d'octobre, jour du Saint-Rosaire, ils prirent le père Vincent Liêne, dominicain tonquinois, le conduisirent au mandarin, qui le mit aussi dans une cage et le retint ainsi prisonnier.

Le mandarin, frustré de ses espérances, et ne pouvant obtenir les deniers qu'il se promettoit des chrétiens, fut porter ses plaintes immédiatement au roi; lui représenta les missionnaires comme autant de chefs de rebelles, et les chrétiens comme autant de rebelles dans le royaume; qu'ils avoient des armes, qu'ils formoient et méditoient une rébellion générale dans tout le royaume, etc.

Le roi, fort soupçonneux, encore jeune, qui s'est formé un conseil de jeunes gens comme lui, entra en colère, donna ordre de lui amener les deux chefs des rebelles, augmenta le nombre des soldats pour les escorter en chemin, de crainte qu'on ne les enlevât de force. Les deux missionnaires, doux comme des agneaux, furent conduits, chacun dans leur cage, à la ville royale, sous le nom de *chefs des rebelles*. Le roi, la mère du roi, et quelques mandarins eunuques favoris du roi, étoient aveuglés par la passion et furieux par la colère. Ne pouvant plus se contenir, ni suivre aucune des formalités ordinaires, le roi porta lui-même la sentence de mort, l'écrivit de sa propre main, l'envoya à son conseil à signer, avec ordre de la faire exécuter au plus vite. Trois des grands mandarins, dont deux sont chrétiens de nom et le troisième infidèle, refusèrent de signer, disant que ce n'étoit pas là des rebelles; que c'étoit une pure calomnie; demandèrent qu'on en apportât des preuves, qu'on produisît leurs armes, etc. La chose discutée pendant trois jours, il resta prouvé qu'ils n'étoient ni chefs de rebelles, ni rebelles en aucune manière, mais bien missionnaires et prêtres de la religion. Les deux missionnaires confessoient eux-mêmes qu'ils étoient prêtres et ministres de la religion.

On conduisit les deux missionnaires dans une prison destinée pour les criminels condamnés à mort: des soldats faisoient sentinelle nuit et jour; on tenoit les deux missionnaires éloignés l'un de l'autre; on ne permettoit pas qu'ils pussent ni se voir ni se parler. On alla chercher le père Jean Hicù, un de nos prêtres tonquinois, pour leur administrer le sacrement de pénitence. Il donna quelques deniers pour obtenir la permission d'entrer. Il n'eut le temps d'entendre que la confession de l'Européen; ensuite on le pressa de sortir. Il risqua d'être découvert et pris. Il fallut donner de nouveau des deniers aux sentinelles pour qu'ils permissent de rapprocher les deux cages l'une de l'autre, et l'Européen confessa le prêtre tonquinois son confrère. C'est ainsi que nos deux prêtres, confesseurs de la foi, se préparoient au martyre. Ils prêchoient la religion à tous ceux qui alloient les voir; ils disoient des prières continuelles; ils étoient gais, fort résignés, et attendoient dans une grande tranquillité d'âme le moment de consommer leur sacrifice.

Le 7 novembre, le mandarin, ses officiers et les soldats, les armes nues en main, et une foule innombrable de monde, tant chrétiens qu'infidèles, se rendent à la prison. On prend les deux cages, on se met en marche; on se rend à une grande place, hors de la ville. Rendu à l'endroit, le mandarin sur son siège élevé (il étoit monté sur un éléphant), environné de ses gardes, les soldats armés se rangent en cercle, contiennent la foule. On fait sortir les deux missionnaires de leurs cages, on les fait asseoir à terre, on leur lie les genoux à des piquels plantés en terre, on les fait se tenir la tête et les épaules droites, on les déshabille jusqu'à la ceinture, on leur coupe les cheveux; on lit la sentence de mort. Les bourreaux, debout, le sabre levé, les yeux attentifs sur le mandarin, attendent le signal. Le signal donné, ils portent le coup; les deux têtes tombent à terre devant leurs genoux; le sang bondit en l'air, et les deux martyrs finissent glorieusement leur carrière.

Aussitôt les chrétiens perdent toute crainte; on devient hardi: la joie devient grande, on ne peut plus se contenir; la foule rompt les barrières, on se dispute à qui ramassera les deux têtes. On met du papier et du linge au bout de perches fendues par le bout; on les trempe dans le sang, les chrétiens par dévotion et par respect, les infidèles pour faire des sortilèges. Les chrétiens ramassent les corps, les arrosent de leurs larmes, et les transportent ailleurs. Parmi ces chrétiens, il y en avoit de riches, il y en avoit de constitués en dignités dans le royaume, il y avoit des soldats du roi, et trois de ses porte-parasols.

LETTRES
SUR LA BASSE COCHINCHINE
ET LE CAMBOGE.

Les guerres civiles, qui ont ravagé ces contrées en 1782 et 1783, ont obligé les missionnaires à prendre la fuite, soit pour mettre leurs jours en sûreté, suivant le conseil de l'Evangile, soit pour être à portée de rendre de loin leurs services à leurs ouailles, et de revenir en de meilleurs temps en reprendre le gouvernement immédiat. Quoique les missionnaires ne prennent aucune part aux démêlés qui divisent les souverains, il est cependant des circonstances qui les obligent à s'éloigner du théâtre de la guerre. Celle qui étoit allumée au milieu de la Cochinchine leur présentoit des dangers imminens par la haine que le chef des rebelles avoit alors des chrétiens, et par l'impossibilité morale de trouver dans le pays aucune retraite secrète. Dès les premières hostilités, tous les habitans fuient pêle-mêle dans les forêts, pour se soustraire à la fureur et à la licence du soldat. La mort tragique que nous allons rapporter, d'un Père franciscain espagnol qui n'avoit pas pris la fuite, fait assez voir combien cette précaution étoit prudente.

Extrait d'une lettre de monseigneur l'évêque d'Adran, vicaire apostolique de Cochinchine, aux directeurs du séminaire des Missions Etrangères, écrite de Pondichéry, le 20 mars 1785.

Messieurs,

Depuis quatre ans, il ne m'a pas été possible de vous donner des nouvelles des missions de Cochinchine et du Camboge. Les troubles de la guerre, qui y durent encore, et les misères qui en sont les suites inséparables, m'ont à peine laissé le temps de respirer. Je profite du premier moment de liberté pour donner une relation abrégée de mes aventures.

Au mois de mars 1782, obligé par l'incursion des rebelles d'abandonner la Cochinchine, je me retirai au Camboge avec le collège et deux Pères franciscains espagnols. J'y trouvai MM. Liot et Langenois, qui fuyoient euxmêmes la guerre de Siam, et qui, après avoir abandonné leurs églises, étoient avec leurs chrétiens à une journée de la cour, dans la rivière qui descend en Cochinchine. La famine étoit alors très-grande au Camboge, et si je n'avois eu la précaution d'y envoyer des bateaux de vivres avant l'arrivée des rebelles, nous n'aurions jamais pu y subsister. Nous restâmes dans nos bateaux environ six semaines, jusqu'à ce que les Siamois ayant évacué le Camboge, nous eûmes la liberté de revenir avec les chrétiens cambogiens à l'endroit où ils étoient auparavant: nous n'y trouvâmes que des cendres, et il fallut commencer par nous mettre à l'abri du soleil et à couvert des pluies qui alloient tomber. A peine fûmes-nous logés, que nos alarmes devinrent beaucoup plus grandes. Le chef des rebelles de Cochinchine, après avoir obligé le roi légitime de fuir en mer, s'empara de toutes les provinces, et envoya aussitôt des troupes au Camboge, pour obliger le souverain et les mandarins à le reconnoître. Le premier ordre qu'il donna, fut de prendre tous les Cochinchinois qui s'étoient réfugiés au Camboge, et de les reconduire en Cochinchine. Cet ordre fut exécuté avec la dernière rigueur, et je vous laisse à penser dans quelle inquiétude nous devions nous trouver. Nous avions avec nous plus de quatre-vingts Cochinchinois;

tous les mandarins du Camboge en savoient le nombre; cependant la Providence nous délivra, et voici comme la chose arriva. Un homme malintentionné, croyant faire sa cour aux rebelles, vint leur déclarer qu'un évêque et deux Pères, nouvellement arrivés de Cochinchine, avoient avec eux plus de cent Cochinchinois déguisés en Portugais; qu'il savoit le lieu où ils se tenoient cachés, et que s'ils le vouloient, il les y conduiroit. Le chef de la troupe à qui il s'adressa étoit heureusement chrétien. Il rejeta cette délation avec indignation, et me fit avertir de cacher les Cochinchinois pendant quelque temps. Il ajouta que, quoique le roi des rebelles passât pour chrétien, il ne falloit pas se fier à ce qu'on en disoit; qu'il n'avoit point la foi, et qu'il étoit également ennemi de la religion chrétienne et des idoles. Je distribuai en conséquence une partie de ces Cochinchinois chez tous les chrétiens, et, pour faire oublier que j'étois au Camboge, je fus me cacher avec mes écoliers et le reste de mes gens dans les plus affreux déserts; mes bateaux me suivirent dans les sinuosités inconnues de la rivière. J'y restai près de deux mois, et j'y célébrai la fête de saint Pierre mon patron. Ayant ensuite eu nouvelle que le peuple se soulevoit partout en Cochinchine, et que les rebelles ne venoient plus au Camboge, je revins me joindre à nos confrères dans une nouvelle habitation. La famine alloit toujours en augmentant, et le riz étoit si rare, qu'on ne pouvoit même en trouver pour de l'argent; les provisions que j'avois faites en Cochinchine étoient sur le point de finir. Une guerre intestine et des plus acharnées, qui commençoit déjà à éclater au Camboge par le massacre des plus grands mandarins, ne nous laissoit d'espoir qu'en la divine Providence, lorsque le bon maître, qui n'abandonne jamais ceux qui le servent, nous tira encore de ce nouvel embarras. Le roi de Cochinchine rentra dans les provinces qu'il venoit d'abandonner; nous y revînmes aussitôt avec tout notre monde, bien résolus de profiter de ce temps de calme pour affermir les chrétiens, et aussi pour nous préparer à une autre fuite, qui nous paroissoit inévitable. Nous y arrivâmes à la fin d'octobre de la même année 1782, et nous eûmes la consolation de célébrer la fête de tous les Saints au milieu de nos chrétiens. La joie qu'ils avoient de nous revoir, et le bonheur de participer aux sacremens de l'Église, dont ils étoient privés depuis près d'un an, leur faisoit oublier leurs malheurs passés. Celle que nous goûtions n'étoit pas sans mélange de crainte, parce que nous pressentions des misères encore plus grandes que celles que nous venions d'essuyer; mais c'étoit particulièrement la dure nécessité de nous séparer de nouveau d'un troupeau qui témoignoit tant de joie de notre retour qui nous empêchoit de répondre à ces marques d'allégresse, et qui nous fit verser bien des larmes.

En quittant la Cochinchine, sept mois auparavant, j'y avois laissé trois prêtres du pays pour avoir soin des chrétiens. Les révoltes continuelles, et surtout le dénombrement exact que les rebelles faisoient du peuple, les avoient obligés de fuir dans des lieux déserts et malsains par l'insalubrité des eaux couvertes de feuillages, qui se corrompent. Je les trouvai tous trois malades.

Un Père franciscain espagnol, âgé et infirme, qui, malgré les instances qu'on lui avoit faites, n'avoit pas voulu nous suivre au Camboge, n'en fut pas quitte à si bon marché. Pris et conduit au chef des rebelles, il lui présenta un passe-port que cet usurpateur lui avoit donné cinq ou six ans auparavant pour parcourir les provinces, qui étoient alors sous sa domination. Cet écrit, qui faisoit la confiance de ce religieux, fut la cause de sa perte. Le tyran, irrité à la vue de ce passe-port, lui reprocha que sans doute il ne l'avoit pris que pour sortir plus facilement de ses États, et passer sur les terres de son ennemi. Sans vouloir rien écouter, il ordonna de le mettre à la cangue et de le reconduire à l'endroit où il lui avoit donné le passe-port, disant qu'à son retour il verroit ce qu'il auroit à faire. Le Père fut mis en prison, et le chef des rebelles, après avoir mis ordre aux affaires de la province, s'en retourna par terre. Le père Ferdinand (c'est le nom de ce missionnaire espagnol), après un mois de misère, fut mis dans un bateau pour être conduit à l'endroit ordonné; mais une tempête qui s'éleva au temps du départ, ayant fait périr plusieurs bateaux et obligé celui où étoit le Père de rentrer dans le port, les rebelles l'accusèrent d'avoir excité la tempête par la magie. Le gouverneur de la province, sans autre forme de procès, le fit massacrer la nuit suivante avec un de ses catéchistes. Les chrétiens, qui n'en furent avertis que le lendemain, vinrent aussitôt prendre les deux corps, qu'ils enterrèrent avec autant de pompe que les circonstances pouvoient le permettre. Un vieux Cochinchinois, cuisinier du Père, qui l'accompagna jusqu'à son décès, m'édifia beaucoup par la relation qu'il me fit de ce qui se passa depuis le moment de sa captivité jusqu'à celui de sa mort. Ce bon Père souffroit avec la plus grande patience les douleurs et les incommodités d'un cours de ventre le plus opiniâtre; il reçut, sans se troubler et avec une entière résignation, le coup qui termina ses jours et qui lui ouvrit la carrière d'une véritable vie. Il s'appeloit *Ferdinand Odemilla*.

Je laissai M. Liot, avec le collége, dans une chrétienté nombreuse à une demi-journée du port. Après avoir assigné à chaque missionnaire la portion de province qu'il devoit visiter dans l'espace de quatre mois, je leur donnai le rendez-vous, pour le commencement de mars 1783, à ce même endroit où je laissai le collége. Pour moi, je me rendis à l'endroit où étoit le roi pour le visiter, et, en administrant les chrétiens de la cour, préparer des bateaux de mer et toutes les provisions nécessaires pour la fuite future. Le roi du Camboge venoit d'être enlevé par les Siamois : la guerre et la famine qui désoloient ce royaume ne nous laissoient aucune ressource, et nous n'avions d'autre refuge que dans les îles du golfe de Siam. Mais pour cela il falloit des matelots, des pilotes et des provisions de bouche pour un an. Je fis tous les préparatifs nécessaires, et vers le commencement de mars, nous nous rejoignîmes tous dans l'endroit indiqué. Par le compte que les missionnaires me rendirent alors de leurs travaux, nous eûmes occasion d'admirer les opérations de la grâce, puisque, dans un temps où les chrétiens avoient tout à craindre des rebelles, quatre-vingt-treize adultes avoient été assez généreux pour demander le saint baptême. Nous étions alors réunis au nombre de sept : trois prêtres du pays, deux Pères franciscains, M. Liot et moi. Il fut décidé que M. Jean, l'un des trois prêtres du pays, se retireroit au-dessus de la cour dans un endroit que les chrétiens lui avoient déjà préparé; que M. André se cacheroit au-dessous, sur les confins du Camboge, et que M. Paul, qui n'étoit pas encore bien rétabli d'une maladie grave, fuiroit avec nous.

Le jour de Saint-Joseph, patron de la mission, après la messe solennelle célébrée et la confirmation donnée à plus de quatre cents personnes, nous reçûmes la première nouvelle de l'approche des rebelles. Comme nous nous y attendions, nous avions préparé nos chrétiens. Le jour suivant, nous célébrâmes tous la sainte messe pour recommander à Dieu notre fuite, et après avoir exhorté tous les chrétiens qui s'étoient réunis, nous les engageâmes à retourner dans leurs maisons, leur laissant ignorer l'heure de notre départ. Nous partîmes à leur insu pour nous épargner la douleur d'une telle séparation. Il n'y eut que les principaux catéchistes qui s'en aperçurent, et qui nous accompagnèrent, malgré nous, à une demi-journée de chemin. Nous sortîmes par le port de Bassac, et nous abordâmes, le second jour, à une chrétienté de quatre cents Cochinchinois, qui n'avoient point été administrés depuis sept ans. Nous y restâmes huit jours occupés à renouveler la ferveur de ces pauvres gens. Mais le fugitif y étant arrivé avec une cinquantaine de bateaux, nous prîmes le parti d'en sortir pour aller chercher un endroit plus retiré. Nous nous arrêtâmes dans une grande île du golfe de Siam pour célébrer la fête de Pâques. Jamais, depuis mon arrivée dans l'Inde, je n'avois joui d'une aussi grande tranquillité que j'en trouvai dans cette île.

Depuis le mercredi saint jusqu'au mardi de Pâques, que nous y restâmes, nous nous occupâmes uniquement de notre salut et de celui de nos gens, qui tous étoient bien résignés à supporter les épreuves que la divine Providence paroissoit nous réserver; elles ne tardèrent pas à se faire sentir. Étant venus dans un endroit habité pour y raccommoder nos bateaux, de soixante-neuf personnes qui nous restoient, tant écoliers que catéchistes et domestiques, tous tombèrent dangereusement malades à l'exception d'un seul. M. Liot fut atteint d'une maladie dont il ne guérit qu'au bout de six mois; les deux Pères franciscains n'en furent pas exempts. Je fus le seul des missionnaires qui en fut quitte pour une fièvre de deux jours. Nous perdîmes deux domestiques et un écolier déjà formé qui donnoit les plus grandes espérances. Ce jeune homme, âgé de vingt-sept ans, mourut aussi saintement qu'il avoit vécu, et ne nous laissa à tous que le regret de lui survivre. *Moriatur anima mea morte justorum, et fiant novissima mea horum similia.* C'étoit ce que nous ne cessions de nous répéter mutuellement, en nous rappelant la joie et la sérénité avec laquelle il avoit rendu sa sainte âme à Dieu. Deux jours avant sa mort, comme il me voyoit dans un grand abattement et presque découragé, il me dit, en souriant, ces paroles que je n'oublierai jamais : « Pourquoi donc, mon Père, paroissez-vous avoir perdu la constance qui vous est si ordinaire? Avez-vous oublié les miséricordes du bon Dieu? Je mourrai demain ou après, et j'irai paroître au jugement de Dieu. Mais ma plus grande confiance est que vous souffrez ici pour moi, et que l'état où vous êtes est si agréable à Dieu, qu'il ne refusera pas le salut de ma pauvre âme. Ne vous découragez pas : ces peines passeront, et le bon Dieu couronnera enfin vos travaux. » Je ne pus tenir à un pareil sermon, auquel je ne me serois jamais attendu de sa part ; j'en fus si confus que je m'enfonçai dans la forêt, où je passai le reste du jour à pleurer ma foiblesse. A peine avions-nous essuyé nos larmes, qu'on vint nous apporter la nouvelle que le roi n'étoit qu'à une journée de nous, et que les rebelles étoient à le poursuivre ; on ajouta qu'il alloit faire partir une barque chinoise pour Manille, afin d'y demander du secours aux Espagnols et d'y acheter des vivres, dont il alloit bientôt manquer.

A cette nouvelle, les deux Pères espagnols me firent toutes les instances possibles pour m'engager à les faire conduire à l'endroit où étoit le roi, afin de profiter de cette occasion pour retourner dans leur couvent. J'eus beau leur représenter qu'elle n'étoit pas sans péril; qu'ils s'exposeroient dans une traversée difficile, la mousson étant déjà presque passée.... Il fallut acquiescer à leur désir; et, malgré ma répugnance, je leur donnai un bateau et des gens pour les conduire où ils désiroient. Ils arrivèrent en effet à l'endroit où étoit le roi ; mais y ayant trouvé tout dans le trouble, à cause de l'approche des ennemis, qu'on annonçoit à tout moment, ils se mirent aussitôt en chemin pour revenir me trouver. A peine eurent-ils fait quelques lieues qu'ils tombèrent entre les mains des rebelles, sans que j'aie jamais pu savoir la manière dont ils en avoient été traités : j'ai seulement ouï dire qu'ils avoient été reconduits en Cochinchine, et qu'après avoir été rachetés par les chrétiens moyennant une grande somme d'argent, ils avoient été obligés de se retirer au Camboge. Quatre ou cinq jours après la prise des Pères, le roi livra encore une bataille aux rebelles, qu'il perdit avec presque toute l'armée navale qui lui restoit. N'ayant plus alors aucune espérance de retourner en Cochinchine, je fis voile pour Siam, et j'arrivai à Chantobon le 21 du mois d'août 1783, cinq mois après être sorti de Cochinchine. Je m'imaginois déjà être déchargé de mes inquiétudes, ou du moins trouver à Siam des confrères qui m'aideroient à en supporter le poids ; mais la chose arriva bien autrement. M. Coudé n'étoit pas encore arrivé à Bancok (capitale de Siam), et je ne trouvai que le vieux père Jacques, Chinois, tombé en enfance. Il fallut donc prendre sur moi le soin de sauver le collège et tous mes gens dans un pays où j'étois inconnu, et où tous les Cochinchinois sont suspects au roi et à tous ses mandarins. Je fis partir aussitôt deux exprès pour Bancok, après les avoir chargés d'une lettre pour les chrétiens portugais et d'une autre pour le ministre du roi, par lesquelles je déclarois le nombre des gens que j'avois avec moi, les raisons pour lesquelles je m'étois retiré à Chantobon, et les priois de m'obtenir du roi la permission d'y rester jusqu'à ce que je pusse retourner en Cochinchine ou au Camboge. Après plus d'un mois je vis arriver les chrétiens portugais de Siam, avec un ordre exprès du roi de me conduire à Bancok. Il y avoit aussi un ordre par écrit au gouverneur de la province de me faire partir au plus tôt et de ne laisser aucun de mes gens à Chantobon. Ceci me mit dans un extrême embarras. Je savois que les missionnaires n'occupoient à Bancok qu'un emplacement de trente pas carrés ; qu'on y étoit dans la boue jusqu'aux genoux, même dans les temps de sécheresse, et que c'étoit ruiner le collège que de le placer dans un pareil endroit. Je savois de plus que la cherté des vivres est si grande, qu'il m'auroit été impossible de l'y soutenir quand j'y aurois uni à mon viatique[1] celui de M. Liot et le

---

[1] Pension annuelle qu'on fournit à chaque missionnaire pour sa subsistance.

supplément. Je pris donc le prétexte de la maladie de M. Liot et de plusieurs écoliers pour demander au gouverneur la permission de les laisser à Chantobon, m'engageant à les envoyer chercher au plus tôt si le roi n'écoutoit pas mes représentations. Le gouverneur y consentit, à condition que je lui donnerois la liste de ceux que j'emmènerois avec moi. Tout conclu et arrêté, je partis avec les chrétiens portugais, emmenant la moitié de mon monde et laissant l'autre à M. Liot, qui commençoit à se trouver un peu mieux. En arrivant à Bancok, je reconnus par moi-même l'impossibilité d'y garder un collége. Il faut observer qu'en me retirant à Siam, je n'avois eu d'autre intention que d'y placer le collége de notre mission, qu'il n'étoit plus possible de laisser à la Cochinchine. Je me proposois, après avoir exécuté ce projet, de me rendre dans la haute Cochinchine où je suis désiré depuis longtemps, et d'y travailler en attendant les suites de cette malheureuse guerre.

Je fis donc part de mes projets à un capitaine des soldats chrétiens, et le priai de vouloir bien m'aider à obtenir du roi : 1° la permission de laisser le collége à Chantobon, 2° celle de retourner en Cochinchine, endroit de ma mission. Ce capitaine, après avoir délibéré avec les autres principaux du camp, me répondit que dans les circonstances présentes, où le roi de Siam envoyoit une armée contre les Cochinchinois, il ne seroit pas prudent de demander à retourner en Cochinchine ; mais que si je voulois sortir de Siam, il étoit bien plus naturel de demander à retourner à Macao ou à Pondichéry, et de là repasser à la haute Cochinchine. Leur avis me parut prudent, et en conséquence, dans la première visite que je fis au ministre, quand il me demanda de la part du roi si j'étois venu pour rester à Siam, je lui répondis qu'ayant perdu presque tous mes effets et surtout mes livres dans la guerre de Cochinchine, j'espérois d'obtenir de la bonté du roi la permission de retourner à Macao ou à la côte de Coromandel pour réparer mes pertes ; qu'en attendant je le priois de prendre sous sa protection mon collége que je laissois à Chantobon. Cet homme, sans me faire aucune difficulté, me demanda seulement si je pouvois procurer au roi quelques pièces de soie fines, de toiles peintes et d'or faux dont il me fit voir la montre. Je répondis que je ferois tout mon possible pour satisfaire le roi, et que je le priois seulement de vouloir se souvenir du collége et de me faire expédier un passe-port quand je serois prêt à partir. Cet homme avide me promit tout, et un mois après, quand je voulus sortir, il me tint sa parole, sans que j'aie été obligé de le visiter de nouveau. Tout le monde regarda comme une chose extraordinaire que, dans un endroit où tous les Cochinchinois étoient si étroitement gardés, j'eusse obtenu si facilement ce que je pouvois désirer. Je partis donc le 12 décembre 1783 pour me rendre à Chantobon, et pour me disposer, après avoir mis ordre aux affaires du collége, à repasser une seconde fois à la côte de Coromandel. Je me félicitois d'avoir échappé aux Siamois ; mais j'étois bien éloigné de voir la fin de mes malheurs. Je commençai par trouver à Chantobon l'armée envoyée par les Cochinchinois, et qui voulut s'emparer de mon bateau : ils en étoient déjà en possession quand on vint m'en donner avis, et ils ne l'abandonnèrent qu'après que j'eus montré au général le passe-port dont je m'étois muni. Ce mandarin m'ordonna de ne pas sortir du port avant le départ de la flotte, et je fus obligé d'attendre jusqu'au milieu de janvier 1784 à une lieue et demie de Chantobon. Comme nous étions au milieu des îles qui sont à l'ouest de Compongthom, province du Camboge, qui confine avec le royaume de Siam, nous fûmes tout à coup investis d'une douzaine de bateaux qui nous donnèrent d'abord de vives inquiétudes ; comme ils approchoient toujours, je découvris des mandarins que je connoissois. J'appris d'eux que le roi de Cochinchine n'étoit qu'à une portée de canon de l'endroit où nous étions. Je m'y rendis aussitôt, et y trouvai ce pauvre prince dans le plus pitoyable état : il n'avoit plus avec lui que six ou sept cents hommes, un vaisseau et une quinzaine de bateaux ; mais c'étoit encore beaucoup trop, puisqu'il n'avoit pas de quoi les nourrir, et que les soldats mangeoient déjà des racines. Je fus obligé de lui offrir une partie de mes provisions. On ne sauroit se figurer quels furent leur reconnoissance et les témoignages de sensibilité qu'ils firent tous éclater en recevant le peu de choses que je pus leur donner. Le roi fit si bien qu'en me remettant du jour au lendemain, il me retint avec lui près de quinze jours. Je partis enfin, et nous arrivâmes à l'île de Pulo-punjan le 6 février 1784. Nous essuyâmes là un calme si profond, que pendant sept jours il nous fut impossible de quitter la vue de cette île. Enfin le huitième jour, un petit vent du sud-est s'étant élevé, nous tentâmes de passer le golfe de Siam, tenant le plus près du vent; mais cela nous fut encore impossible: après avoir couru pendant dix jours tantôt sur un bord, tantôt sur l'autre, nous fûmes obligés d'aborder à l'île de Pulo-ubi pour y prendre de l'eau. Ce fut dans ce seul endroit que je vis de fort près les rebelles de Cochinchine. Pendant que mes gens étoient à terre avec la chaloupe, arriva subitement une armée de soixante-dix à quatre-vingts voiles qui venoient aussi faire de l'eau au même endroit que nous. La Providence permit qu'ils ne nous aperçussent pas d'abord; mais à peine eûmes-nous levé l'ancre et mis à la voile, qu'ils se mirent à nous poursuivre, et nous auroient infailliblement pris si le bon Dieu ne nous eût aidés d'un fort vent qui en peu de temps nous poussa en pleine mer. Ils nous poursuivirent pendant près de trois quarts d'heure; mais voyant leurs efforts inutiles et le soleil allant se coucher, ils revinrent à Pulo-ubi, et nous retournâmes à l'île de Pulo-punjan. Nous tînmes alors conseil sur le parti que nous avions à prendre. La mousson étoit passée, il n'y avoit plus aucune espérance de pouvoir arriver à Malaque; retourner à Chantobon, c'étoit donner des soupçons au roi de Siam et nous exposer à perdre notre bateau, que les mandarins avoient tant d'envie d'emprunter pour le service de leur armée; passer à Macao avec tant de monde, quel embarras pour le procureur! et comment nous tirer des mains des Chinois? Aller à la haute Cochinchine, qui est sous la domination des Tonquinois, ennemis des Cochinchinois, c'étoit une entreprise impraticable avec un bateau de Cochinchine. Après avoir tout bien pesé, nous résolûmes de nous arrêter pendant huit mois, jusqu'au retour de la mousson, dans les îles les plus éloignées de la terre ferme. L'embarras étoit d'y trouver de quoi subsister. La Providence, que nous ne cessions d'admirer, ne tarda pas à nous le procurer: nous rencontrâmes, contre toute espérance, un bateau de gens connus, et par leur entremise nous tirâmes de l'endroit où nous avions administré quatre cents chrétiens l'année précédente tout ce dont nous pouvions avoir besoin. Pleins de confiance, nous nous retirâmes à Pulo-way [1], et après y avoir fait des cabanes, nous mîmes notre bateau à sec pour le radouber. Ce fut là que, délivrés de tous autres soins, nous pensâmes à procurer à notre mission, par nos écrits, ce que le malheur des temps nous empêchoit de faire par nous-mêmes. Je commençai avec M. Paul, prêtre cochinchinois, compagnon de tous mes travaux, des instructions familières sur tous les évangiles des dimanches et des principales fêtes de l'année, ouvrage qui sera bien utile aux chrétiens si nous avons le bonheur de l'achever. Nous y revîmes le traité des Quatre Fins de l'homme, nouvellement traduit, et les Méditations de Dupont, à l'usage du collége particulier et des prêtres du pays. Nous restâmes dans cette île déserte, située à plus de soixante lieues de la terre ferme, depuis le commencement de mars 1784 jusqu'au commencement de décembre de la même année. Notre solitude, qui dura près de neuf mois, fut aussi parfaite qu'on puisse la désirer, puisque, pendant tout ce temps, nous n'eûmes absolument pour toute compagnie que quelques pigeons ramiers et quelques autres oiseaux inconnus. Cette île a environ une lieue de long sur une demi de large, et on peut la regarder à tous égards comme un endroit enchanté. Si je ne me croyois destiné à beaucoup d'autres travaux pour l'expiation de mes péchés, je serois trop heureux d'y passer le reste d'une vie qui, après tant de traverses, aura vraisemblablement un triste dénoûment. Après avoir radoubé notre petit bâtiment, nous quittâmes notre chère solitude avec les plus grands regrets; nous fîmes voile vers Pulo-punjan, pour de là traverser le golfe de Siam. Nous y vîmes une deuxième fois le roi de Cochinchine, qui me raconta la manière dont il avoit été emmené à Siam, et s'étendit particulièrement sur la duplicité des Siamois, qui, sous le prétexte de le rétablir dans ses États, n'avoient cherché qu'à se servir de son nom pour piller son peuple. Ce fut alors qu'il me confia son fils, âgé de six ans, que j'ai amené ici.

Je passai aussitôt le golfe de Siam et arrivai à Malaque le 19 décembre.

Ce fut là que j'appris la nomination de M. Coudé. Je continuai aussitôt ma route

---

[1] Dans le golfe de Siam, à l'est.

pour venir le sacrer à Quéda; mais après l'y avoir attendu inutilement plus d'un mois et demi, j'en partis vers le milieu de février, et j'appris à Nicobar[1] qu'il étoit mort en chemin. J'arrivai ici, à Pondichéry, vers la fin de février 1784, et j'y trouvai notre respectable patriarche monseigneur de Tabraca, qui venoit d'essuyer une maladie très-dangereuse. Il jouit, pour son âge, d'une bonne santé, et il paroît que le bon Dieu le conservera encore longtemps. J'ai avec moi plus de trente Cochinchinois qui ont tout quitté pour nous tirer des dangers auxquels la guerre de la Cochinchine nous exposoit tous, les missionnaires et le collége. Ces pauvres chrétiens ne m'ont pas suivi dans l'espérance de gagner, mais uniquement pour l'amour de Dieu. Je puis vous assurer qu'ils ont souffert, depuis trois ans, tous les maux qu'on peut imaginer; ils ont toujours montré une si grande résignation à la volonté du bon Dieu, que leur courage a été souvent pour moi une leçon pathétique. Je les recommande, autant qu'il m'est possible, à votre charité. Je n'attends que le temps favorable pour me rendre à Macao et de là passer à la haute Cochinchine.

Une autre chose pour laquelle j'ai encore besoin de votre secours, c'est pour procurer l'éducation du jeune prince dont je me suis chargé. Je voudrois, de quelque manière que les choses vinssent à tourner, le faire élever dans la religion chrétienne, et le dédommager de la couronne temporelle qu'il vient de perdre par l'espérance d'une autre beaucoup plus précieuse et plus durable; il n'y a que vous qui puissiez me rendre ce service, et veiller surtout à le préserver de la contagion, qui aujourd'hui est presque universelle. Si, dans la suite, son père vient à passer chez les Anglois ou chez les Hollandois, qui ne manqueront pas de le rétablir dans ses États, vous sentez combien il sera utile d'avoir fait au moins ce qu'on aura pu pour son enfant. Il n'a que six ans et sait déjà les prières; il est rempli d'esprit et a une grande ardeur pour tout ce qui touche la religion. Une chose qui paroît inconcevable à bien du monde, c'est qu'il se soit attaché à moi, sans regretter son père, sa mère, sa grand'mère, ses nourrices et plus de cinq cents hommes qui fondoient tous en larmes quand il les quitta. Les chrétiens l'attribuoient à une grâce particulière de Dieu, et en tiroient des conjectures très-favorables à la religion. Les gentils, qui n'en savoient pas tant, disoient que je l'avois ensorcelé. Les deux mandarins gouverneurs de cet enfant, et six autres soldats qui sont pour sa garde, sont déjà bien instruits et seront baptisés la veille de la Pentecôte.

Je me recommande toujours d'une manière spéciale à vos prières, et m'unis à toutes vos bonnes œuvres. On ne peut rien ajouter aux sentiments avec lesquels j'ai l'honneur d'être, etc.

Pendant que la guerre, la famine et les maladies épidémiques désoloient le Camboge, dans les premiers mois de l'année 1782, M. Liot, missionnaire françois et supérieur du collége de Cochinchine, qui étoit alors au Camboge, a eu la consolation de procurer la grâce du baptême à sept mille six cent soixante enfans d'infidèles au moment de leur mort. Voici les moyens dont il s'est servi. Quelques-uns de ses écoliers et treize autres chrétiens qu'il avoit à sa disposition se dispersoient de toutes parts, et alloient jours et nuits distribuer du riz, des nattes, de l'argent et des médecines pour guérir la dyssenterie dont la plupart des enfans périssoient. Les païens, charmés d'une charité si peu commune, les appeloient eux-mêmes et leur faisoient connoître où il y avoit des enfans malades, ce qui leur donnoit la facilité de les visiter et de les baptiser dans le danger de mort. C'est ainsi qu'ils ont procuré le bonheur éternel à une infinité d'âmes, et goûté au milieu de leurs peines la satisfaction la plus touchante et la plus digne d'un ministre de Jésus-Christ, dont toute l'ambition est d'étendre son empire et de diminuer celui du démon. C'est M. l'évêque d'Adran et M. Liot qui ont donné au procureur de Macao, dans leurs lettres écrites du Camboge en 1782, ces détails intéressans. Le même M. Liot, qui est toujours à Chantobon, dans le royaume de Siam, à la tête du collége de Cochinchine, a donné de ses nouvelles en 1784 et 1785: il y est tranquille et se porte bien, de même que ses écoliers; il demande qu'on envoie un missionnaire pour avoir soin d'une chrétienté de Cochinchinois qui se sont établis depuis longtemps dans ce lieu; en attendant il en est lui-

---

[1] Île Nicobar, la principale de l'archipel de ce nom.

même chargé et obligé de leur donner une partie de son temps, qui semble appartenir tout entier à ces chers élèves au nombre de vingt.

Traduction d'une lettre latine, écrite de la basse Cochinchine par M. André Ton, l'un des prêtres indiens que M. l'évêque d'Adran a laissés dans cette partie.

A Sadec, le 1er juillet 1784.

C'est par une faveur spéciale du Dieu de toute consolation et du Père des miséricordes que nous n'avons pas tous péri; car le chef des rebelles s'étant emparé de la ville royale, dite Saigon, et le roi ayant été vaincu et chassé de son royaume, monseigneur l'évêque d'Adran a été obligé de prendre la fuite, et de se mettre en mer avec quatre missionnaires et son collége particulier, pendant que les ennemis du roi fugitif étoient occupés à le poursuivre. Ils ont pris et amené au Camboge, vers le 13 août 1783, deux Pères franciscains espagnols qu'ils ont entièrement dépouillés. Tous les autres missionnaires, par la grâce de Dieu, ont échappé aux dangers qui les menaçoient. Ces deux Pères ont été conduits, au bout de trois jours, à la ville royale de Saigon en Cochinchine; on les a laissés quelque temps libres avec les chrétiens. Ensuite, en conséquence d'une fausse accusation portée contre eux, on les a arrêtés de nouveau et mis à la cangue pendant près d'un mois, après quoi on leur a donné la question en présence des juges. Mais, tout bien examiné, ne s'étant rien trouvé en eux de répréhensible, ils ont été solennellement déchargés par un écrit (dont la traduction est ci-jointe), mais qu'on a fait payer quinze cents ligatures (qui valent, argent de France, plus de deux mille livres). On a fait une infinité d'autres présens à cette occasion. Ce jugement a été donné vers la fin de décembre 1783, et l'on a renvoyé dans le même mois les révérends Pères aux chrétiens de Camboge.

Le 6 janvier de l'année suivante 1784, ces mêmes Pères, ainsi que les Portugais, Chinois et Malais résidans au Camboge, les Cambogiens eux-mêmes, M. Pierre Laugenois et moi, avons été enlevés de la ville royale du Camboge et conduits en captivité par les rebelles, lesquels ont été battus, en plusieurs occasions, par un grand mandarin de Siam, qui, à la tête d'une forte armée, leur a livré plusieurs combats et les a forcés de retourner en Cochinchine. Pour nous, après avoir essuyé bien des calamités et des misères, nous sommes enfin arrivés, le 2 mai 1784, à Sadec, province de la basse Cochinchine, où, par la grâce de Dieu, qui sait tirer le bien du mal, les révérends Pères franciscains exercent publiquement les fonctions du ministère, assistent de tout leur pouvoir les chrétiens qui viennent de toutes parts les trouver : et moi, à leur ombre, j'assiste aussi, mais la nuit et en secret, tout ceux qui s'adressent à moi. Que deviendrons-nous dans la suite, nous et nos chrétiens ? La prudence humaine s'y perd ; nous nous jetons dans le sein de la Providence.

Il est venu cette année 1784 plus de quarante vaisseaux chinois au port de Saigon ; on les y a reçus et laissés repartir tranquillement : on avoit massacré, dans le même port, dix à onze mille Chinois en 1782. La guerre s'allume de plus en plus entre les Siamois et les peuples de Cochinchine. Les chrétiens, qui l'année dernière étoient comme morts par la crainte de la persécution, sont un peu consolés, cette année, par la liberté accordée publiquement aux révérends Pères de les assister. Quoique les chefs des rebelles paroissent tolérer notre sainte religion, nous avons tout sujet de nous défier de leur fourberie. C'est pourquoi M. Jean Nhuc se tient caché, et travaille en secret dans la province de Donnai de la même manière que s'il y avoit persécution. J'en fais autant dans un district des Pères franciscains, jusqu'à ce que je trouve l'occasion et les moyens de passer dans notre mission de Ciampa, où il y a environ mille chrétiens. M. Pierre Langenois se porte bien; il demeure à Sadec avec les chrétiens portugais, qu'il assiste publiquement..... Nous ne savons rien ici de la mission des autres parties de Cochinchine, si ce n'est que M. Darcet, missionnaire françois, travaille en secret à la capitale du chef des rebelles. Nous nous recommandons à vos prières, etc.

Traduction de ce qu'il y a de remarquable dans l'édit donné par le chef des rebelles de Cochinchine, au sujet des deux Pères franciscains espagnols, et de la religion chrétienne.

« Nos peuples qui suivent les Européens observent avec soin une certaine religion non ordinaire qu'ils croient vraie, et qu'ils ont reconnu consister en Jésus seul. Ils s'assemblent dans des églises publiques pour entendre la doctrine. C'est une chose qui exciteroit une plus grande admiration, si on l'examinoit à fond; car ils font des statues d'un homme crucifié, disant qu'il a souffert pour les péchés du monde; ils tâchent d'obtenir de Dieu la rémission de leurs péchés. Tous les hommes et les femmes, s'ils ont commis quelques péchés, les confessent ingénument. Ils sont très-attachés à leur eau bénite, ils sont très-unis entre eux et ne se séparent jamais. Leurs Pères spirituels ou maîtres, lorsqu'ils ont trouvé un endroit convenable, y demeurent tranquillement, recevant les chrétiens qui se convertissent, et qui, se repentant et changeant de vie, viennent à eux de toutes parts..... Ayant pris deux maîtres de la religion, nous les avons amenés ici pour les examiner; mais ayant bien considéré tout, et ne trouvant en eux aucun soupçon de rébellion, nous les déclarons bénignement absous..... Quant aux chrétiens, s'ils aiment encore leur religion, qu'ils la gardent, car elle est vraie et non fausse. Que si elle étoit fausse, nous ne la souffririons pas Donné à Saigon, etc., en décembre 1783. »

Il ne nous est parvenu aucune lettre écrite, en 1785, de la basse Cochinchine ou du Camboge; mais on a appris de Siam que M. Langenois, missionnaire françois chargé de la chrétienté du Camboge, avoit été pillé par des armées siamoises ou cochinchinoises, et qu'il étoit obligé de se tenir caché dans les déserts et les forêts avec ses chrétiens [1]. Pour ce qui est de la basse Cochinchine, on a écrit de la haute et de Siam, que le chef des rebelles continue à laisser aux chrétiens la liberté de suivre leur religion, et aux prêtres du pays le libre exercice de leur ministère. Mais que peuvent faire deux prêtres dans plusieurs grandes provinces, où on compte jusqu'à cinquante mille chrétiens? Et combien n'est-il pas à souhaiter qu'on puisse leur donner du secours?

[1] On a appris depuis que ce missionnaire s'étoit réfugié à Siam avec une partie des chrétiens qui lui sont confiés.

EXTRAIT
D'UNE LETTRE DE M. LABARTETTE,
A M. DESCOURVIÈRES.

Nouvelles de la haute Cochinchine.

Le 15 juin 1783.

Je ne vous donnerai pas, mon cher confrère, cette année-ci des nouvelles bien satisfaisantes. Nous étions cinq missionnaires dans cette partie de la haute Cochinchine, et nous voilà réduits à trois; M. Montoux et le père Amorreti sont morts. Nous ne pouvons nous flatter que M. Longer vive longtemps; il est très-foible cette année, et il paroît qu'il est attaqué de l'asthme : pour moi, qui ai joui jusqu'à présent d'une assez bonne santé, je succombe enfin sous le poids des travaux; depuis la mort de M. Moutoux, j'ai une toux sèche qui ne diminue point. Dans ce pays-ci, cette maladie conduit à la mort, tant à cause de la chaleur du climat que faute de bons remèdes.

Nous avons observé que la mort avoit enlevé, les dernières années, plus de missionnaires européens dans la seule Cochinchine que dans toutes nos autres missions ensemble: la raison en est que la moisson est ici fort grande, et qu'il y a peu d'ouvriers. M. Longer et moi, sans compter la partie de M. Halbout, avons environ treize mille communians. Quand même nous jouirions d'une santé robuste, nous ne pourrions soutenir un si pénible travail : d'ailleurs où pouvoir prendre le temps nécessaire pour instruire le grand nombre de païens qui se convertissent? Il en est de même dans la partie des rebelles où est M. d'Arcet, et dans la basse Cochinchine où les besoins des missionnaires sont encore plus grands. Dans cette extrémité, que nous reste-t-il à faire? sinon de prier le maître de la maison, comme Notre-Seigneur nous le recommande, d'envoyer des ouvriers. Nous nous adressons aussi à vous, que la divine Providence a chargé de distribuer les missionnaires suivant que les besoins des missions l'exigent; nous nous prosternons à vos pieds, nous vous prions, nous vous conjurons, nous crions vers vous dans toute l'amertume de notre cœur : « Ayez pitié de nous et de notre pauvre mission désolée par la perte de ses chers pasteurs : *Parvuli petierunt panem, et non erat qui frangeret eis....... »*

EXTRAIT
D'UNE LETTRE DE M. LONGER
AU MÊME.

En Cochinchine, le 14 juin 1783.

Je vous apprends la mort de M. Moutoux, notre cher confrère, et celle du père Amorreti, ancien jésuite; l'un et l'autre sont morts entre mes bras : le premier, le 9 avril, vers les sept heures du soir; le second, le 12 mai de la présente année.

La maladie de M. Moutoux a commencé par une dyssenterie qui lui avoit donné quelques inquiétudes, et l'avoit engagé à m'envoyer chercher. J'ai pris soin de lui pendant quinze jours; ensuite voyant qu'il y avoit du danger à demeurer deux ensemble dans un village dont la moitié des habitans sont encore païens, je le déterminai à passer dans un autre tout chrétien, où je demeurois auparavant. Il se trouva d'abord mieux dans ce nouveau séjour; de sorte que vers la fête de saint Joseph, nous le croyions hors de danger, ce qui nous donnoit une grande consolation. M. Labartette, qui étoit alors auprès de lui, le quitta pour aller secourir le père Amorreti, qui étoit beaucoup plus mal. Je revins ensuite auprès du cher confrère M. Moutoux, que je trouvai sur la fin de sa carrière. Après l'avoir confessé, je voulus l'engager de prendre quelque nourriture; il me répondit : « Je vous prie, mon cher confrère, de me faire grâce; permettez-moi de ne plus penser qu'à rendre mon âme à mon Créateur. » Je l'exhortai ensuite à se préparer à recevoir la sainte onction des mourans. (Il avoit déjà reçu le saint viatique.) « Il en est bien temps », me dit-il. Je l'excitai enfin à souffrir de bon cœur pour l'amour de notre divin Maître : « Ah ! me répliqua-t-il, je ne souffre pas assez. » Je lui appliquai l'indulgence plénière, et je fis pour lui les prières des agonisans, après lesquelles il rendit doucement son esprit. *Pretiosa in conspectu Domini mors Sanctorum ejus.*

Quatre jours après la mort de ce vénérable confrère, le gouverneur de la province où étoient le père Amorreti et M. Labartette ayant suscité une violente persécution, M. Labartette fit mettre le père Amorreti sur un bateau, et le conduisit lui-même dans la province où M. Moutoux venoit de mourir. La fatigue du voyage et l'insalubrité de l'air du pays mirent M. Labartette hors d'état de soigner le pauvre malade. Une toux sèche, dangereuse dans ce climat, le força de s'occuper de sa propre santé. Je m'offris, dans ce besoin présent, pour le remplacer auprès du père Amorreti; mais je n'y eus pas beaucoup de mérites, car ce bon père mourut au bout de cinq ou six jours : il conserva sa connoissance, mais pas aussi parfaitement que M. Moutoux.

Nous ne restons plus que trois missionnaires dans cette partie de la Cochinchine, savoir : M. Halbout, qui est celui des trois qui jouit de la meilleure santé, quoiqu'il soit le plus âgé, M. Labartette et moi. Si l'on ne nous envoie un prompt secours, nos pauvres chrétientés seront bientôt désolées, car nous comptons dans cette partie plus de quinze mille personnes en état de se confesser. Dans la partie soumise aux rebelles, il n'y a que M. Darcet, notre confrère, et M. Marin, prêtre cochinchinois, pour administrer près de dix mille chrétiens. On m'a rapporté que la santé de M. Darcet étoit fort chancelante; M. Marin est avancé en âge.

Depuis la mort de M. Moutoux, je sens mes forces diminuer de jour en jour : il est très-probable que je ne vivrai pas longtemps. Je suis bien éloigné de la vertu de saint François Xavier; mais j'éprouve ce qu'il dit dans une de ses lettres : « Que ceux qui ont tout quitté pour Dieu ont une grande confiance en sa miséricorde aux approches de la mort. » Si j'étois resté en Europe, j'aurois peut-être obtenu un bénéfice, j'aurois mené une vie plus douce et peut-être plus longue; mais j'aime mieux mourir en Cochinchine : j'espère que notre bon Maître se souviendra que j'ai eu au moins le désir de le suivre, etc.

EXTRAIT
D'UNE LETTRE DE M. LABARTETTE.

Cochinchine, 14 juillet 1784.

On vous écrivoit, l'année dernière, que la santé de M. Longer et la mienne menaçoient ruine; je vous apprends qu'aujourd'hui, grâce à Dieu, nous nous portons mieux. Il y a quelque chose de singulier dans la manière dont la mienne s'est rétablie. J'avois cherché, ne consultant que les règles de la prudence humaine, à me préserver des maladies courantes et à prendre des forces, dans l'état de foiblesse où je me trouvois, par le repos et en modérant mes occupations pendant quelques mois. Mais voyant que c'étoit toujours de même, d'ailleurs pressé par les besoins de la chrétienté du feu père Amorreti, jésuite, je fis un effort, j'entrepris d'en administrer les chrétiens, qui étoient abandonnés depuis trois ou quatre années, à cause des maladies continuelles de ce Père. Il y a environ six mille communians. J'ai passé six ou sept mois au milieu d'eux, travaillant nuit et jour; loin d'éprouver quelque accroissement dans mes maux, j'ai éprouvé au contraire que la besogne augmentoit mes forces. Les choses étant de la sorte, il paroît que le Seigneur ne veut pas que je cherche du repos. Je dirai donc volontiers avec saint Martin: *Non recuso laborem*.

Quant aux affaires de la religion dans ce pay-ci, tout y va bien aujourd'hui; mais nous essuyâmes, pendant quinze jours, l'année dernière un orage violent: plusieurs églises furent détruites; quantité de chrétiens furent asssommés de coups, d'autres molestés de plusieurs manières, surtout par des exactions d'argent. Des envoyés du gouverneur de la province étoient les auteurs de cette persécution. Les chrétiens, ne pouvant plus soutenir une si grande oppression, portèrent leurs plaintes au vice-roi qui gouverne toute cette province de Cochinchine, soumise au Tonquinois. Celui-ci, après avoir pris connoissance des excès qui étoient déférés à son tribunal, punit sévèrement les auteurs: les uns furent mis en prison, les autres aux fers pendant sept ou huit mois; ils furent obligés de rendre aux chrétiens tout l'argent qu'ils en avoient extorqué. Le gouverneur de la province qui avoit exercé ces exactions, non par haine pour la religion, mais par cupidité, perdit aussi sa dignité et fut rappelé au Tonquin. Depuis ce temps-là, nous construisons des églises plus belles que celles qui ont été détruites. Nos chrétiens se trouvent aujourd'hui en une pleine liberté; personne n'ose les inquiéter.....

Je vous ai déjà parlé d'une nouvelle institution pour des jeunes filles, formée depuis quatre ans dans notre mission. Elles sont astreintes à un grand silence et à une exacte solitude; elles n'ont aucun commerce avec le monde, surtout avec les hommes, sous quelque prétexte que ce soit; c'est ce qui fait qu'elles répandent aujourd'hui une si bonne odeur dans le public. On voit régner parmi elles la plus grande ferveur: elles ne cèdent en rien aux maisons religieuses de l'Europe les plus édifiantes. Je n'aurois jamais cru trouver tant de force et de courage dans des personnes aussi jeunes et aussi foibles, si je n'en avois été moi-même témoin. Nos messieurs du Tonquin, ayant entendu parler de ces filles avec grand éloge, nous écrivirent pour nous en féliciter. Dans leur lettre, ils disoient que leur grande ferveur provenoit sans doute de l'exacte observation du silence et de la retraite; c'est pourquoi ils les appeloient *nouvelles Chartreuses*. L'inconvénient de cette nouvelle solitude, c'est que, n'ayant aucun commerce avec le monde et n'ayant aucun fonds, elles ne peuvent être que fort pauvres, nous le savons; n'importe: nous aimons bien mieux les voir un peu plus pauvres et édifier le public, que de les voirs riches et moins édifiantes. Au reste, je suis persuadé que lorsque le royaume sera pacifié, et que l'abondance reviendra comme auparavant, leur travail dans la maison leur procurera plus que le suffisant pour vivre; ce n'est que dans ce temps de calamité et de misère que nous serons obligés de les aider. Il n'y a encore qu'une maison de cette nouvelle institution; mais les sujets qui se présentent sont en si grand nombre, qu'il y en auroit déjà plus qu'il n'en faut pour en remplir quatre. Ne pouvant donc satisfaire leurs désirs, à cause des temps malheureux où nous nous trouvons, nous sommes obligés de les faire attendre jusqu'à ce que Dieu nous en fournisse les moyens. Ce ne sont ni les occasions ni la bonne volonté de faire de bonnes œuvres qui nous manquent. Je ne me rappelle qu'imparfaitement les règles données par saint François de Sales aux dames de la Visitation; mais celles de ces filles doivent être à peu près les mêmes. Nous ne leur imposons point de grandes mortifications extérieures, les laissant à la volonté de chacune et à celle du directeur;

nous nous attachons davantage aux mortifications intérieures. Je ne vous parlerai plus de leur ferveur; mais je vous dirai tout en un mot que nous avons la consolation de les voir marcher dans le chemin et la pratique des plus hautes vertus, avec la même ardeur et un courage aussi héroïque que celui que nous admirons dans les histoires de nos saints et saintes d'Europe.

Je me recommande avec la plus vive confiance à vos saints sacrifices et à toutes vos bonnes œuvres; j'y recommande aussi toute notre chère mission. J'ai l'honneur d'être, avec le plus profond respect, monsieur et très-cher confrère, etc.

EXTRAIT
D'UNE LETTRE DE M. LONGER.

En Cochinchine, 14 avril 1784.

Monsieur et très-cher confrère, je rends grâces au Seigneur de ce que l'érection d'un collége dans la partie septentrionale de Cochinchine est de votre goût; ce que vous avez ajouté, que mon projet a été agréé à la sacrée congrégation de la Propagande, m'a beaucoup encouragé à l'exécution. Cet établissement étoit d'autant plus nécessaire que le collége de Mgr d'Adran, dans la partie méridionale, vient d'être détruit l'année dernière pour la quatrième fois. En conséquence, j'ai acheté un assez beau jardin, situé au milieu d'un village tout chrétien, dans la province de Dinhkat, qui passe pour un des endroits les plus sains de la Cochinchine. C'est le même village qui a nourri M. Labartette et moi en 1777, lorsque ce cher confrère étoit très-malade et moi estropié. Il y a plus de quatre cents communians, et près de deux cents dans un autre qui lui est contigu. Les autres chrétiens de la même province sont éloignés d'une ou deux lieues, et tout au plus de trois à quatre. Les habitans de ce village ont agrandi de beaucoup le jardin que j'ai acheté, en y joignant deux larges chemins. Le contrat d'acquisition sera signé par les chefs du village. J'ai acheté en outre une maison en bois; les charpentiers mettent actuellement la main à l'œuvre pour l'élever et la placer où elle doit être, et sous quinze jours, Dieu aidant, le collége sera bâti.

J'espère y entretenir d'abord douze écoliers seulement. Si je voulois recevoir tous ceux qui se présentent, j'en pourrois bien trouver une centaine; mais comment avoir des fonds pour les nourrir? M. Halbout m'a écrit de prendre sur son viatique autant qu'il faudroit pour l'exécution de cette bonne œuvre. M. Labartette ne s'y prête pas avec moins de zèle, car nous n'avons entre nous qu'un cœur et qu'une âme; mais avec tous ces secours, je pourrois à peine recevoir la dixième partie des sujets qui se présentent.

L'année dernière, je vous ai marqué que je vous dispensois de me faire réponse, car je comptois m'en retourner, non pas en Europe, mais dans la poussière d'où je suis sorti. Cette année, je me porte assez passablement. Malgré mon infirmité, pendant le cours de l'année dernière, j'ai pu entendre deux mille huit cent trente-sept confessions, et j'ai baptisé douze adultes. Dans les trois premiers mois de cette année 1784, j'ai entendu quatorze cent soixante-six confessions. Le petit nombre de missionnaires est cause que nous ne pouvons suffire à administrer les chrétiens. Qu'on ne croie pas, au récit de nos travaux et de nos peines, que notre âme s'ouvre à la tentation de retourner en Europe. Pour nous juger de la sorte, il faudroit ignorer l'honneur que nous portent nos chrétiens et l'affection qu'on ne peut s'empêcher d'avoir pour eux; nos ouailles nous sont si chères, que nous ne craignons rien autant que d'en être séparés. J'ai souvent entendu dire à M. Halbout qu'il aimeroit mieux servir le dernier des missionnaires que de retourner en Europe. Votre serviteur vous en dit tout autant. J'ai l'honneur d'être, avec l'affection la plus respectueuse, etc.

M. Doussain, qui arriva au Tonquin le jour de l'Épiphanie 1784, ne put se rendre tout de suite en Cochinchine. Après avoir traversé une partie du Tonquin, où il a essuyé une maladie de près de quarante jours, il partit de ce royaume le 24 mai 1784 et arriva en Cochinchine, auprès de M. Labartette, le 3 de juin. Ce confrère l'accompagna jusqu'à l'endroit où étoit M. Longer; là ils célébrèrent ensemble la fête de saint Pierre avec toute la pompe que le pays peut permettre. On avoit aposté des hommes de distance en distance pour prévenir toute surprise de la part des païens. Enfin, deux jours après, ils se séparèrent, et l'on mit M. Doussain dans un village chrétien pour y apprendre la langue. Voilà tout ce qu'il y a d'intéressant dans les lettres de ce nouveau missionnaire.

EXTRAIT
D'UNE LETTRE DE M. LABARTETTE.

En Cochinchine, le 28 mai 1785.

Monsieur, grâce à Dieu, nous goûtons ici, depuis deux années, les douceurs de la paix; quoique nous n'ayons pas une liberté absolue dans l'exercice du saint ministère, nos chrétiens sont à peu près aussi tranquilles ici que les chrétiens d'Europe. Le nombre de nos églises augmente de jour en jour; mais ce qui présente ici aujourd'hui un spectacle plus frappant, ce sont deux communautés de filles nouvellement établies, l'une il y a six ans, et l'autre depuis un an seulement. Ces filles sont d'une grande édification; elles sont en grande vénération non-seulement parmi les chrétiens, mais encore parmi les gentils; elles répandent partout la bonne odeur de Jésus-Christ; elles sont animées de la plus grande ardeur à la pratique de toutes les vertus. M. Doussain, nouvellement arrivé, en a été grandement surpris. Nous comprenons, par ce que nous voyons, que ces gens-ci ne manquent que d'être bien enseignés, et qu'il n'y a point dans la spiritualité d'état élevé où ils ne puissent atteindre.

Le collège va assez bien cette année; il va être augmenté de quelques sujets. J'ai l'honneur d'être en union, etc.

M. Longer, dans une lettre écrite au mois de juin 1785, s'afflige de ce qu'il n'est arrivé aucun missionnaire l'année précédente à Macao pour être réparti dans les missions. Il remarque que, quoique la partie de la Cochinchine où il se trouve soit la mieux garnie de missionnaires, il s'en faut encore de beaucoup qu'il n'y en ait un nombre suffisant, puisque chacun d'eux se trouve encore chargé de trois ou quatre mille chrétiens, sans parler des soins qu'ils doivent au collège, aux maisons des religieuses, à l'instruction des gentils, etc. Il ajoute qu'un grand nombre de païens ne demeurent dans leurs erreurs que parce que le soin des chrétiens occupe tellement les missionnaires, qu'il ne leur reste plus de temps pour prêcher les infidèles et les instruire.

ORDRE ÉTABLI
EN 1782
DANS LA MISSION DU TONKING.

Le Tonking est un royaume dans l'Asie, moins grand que la France, situé au sud-ouest de la Chine, dont il est limitrophe. Le paganisme est la religion dominante. Depuis que la religion chrétienne a pénétré dans ce royaume, elle y a toujours été proscrite, et a souvent essuyé des persécutions très-violentes. Parmi les missionnaires européens qui sont venus y porter le flambeau de l'Évangile, les prêtres que l'on ordonne dans le pays et les catéchistes que l'on y établit pour l'étendre et le conserver, on en compte plusieurs qui ont glorieusement versé leur sang pour la foi de Jésus-Christ, et quantité d'autres qui sont morts dans les fers pour la même cause. Malgré tant d'obstacles, la religion y fait cependant tous les jours des progrès merveilleux, et le sang des martyrs, loin d'éteindre la foi dans ces pays infidèles, y est, comme dans l'Église primitive, une semence: *Sanguis martyrum, semen christianorum*. On y compte près de trois cent mille chrétiens.

Ce royaume est divisé en deux vicariats apostoliques, à peu près égaux pour le nombre des chrétiens, l'un oriental et l'autre occidental. Le premier est gouverné par un évêque, vicaire apostolique de l'ordre de saint Dominique, Espagnol de nation. Le second est confié aux soins des évêques françois du séminaire des Missions étrangères. On ne parle ici que de ce dernier vicariat.

Cette partie, qui étoit ci-devant divisée entre les jésuites et les missionnaires françois, est actuellement toute confiée à ces derniers. Il n'y reste plus que deux ex-jésuites, qui sont presque hors d'état de travailler. On y compte environ cent cinquante mille chrétiens. Il y a un évêque, vicaire apostolique, six autres missionnaires françois et trente-cinq prêtres du pays.

Cette mission est distribuée en vingt-quatre à vingt-cinq districts particuliers. Les moindres ont douze à quinze lieues d'étendue ; de ces districts, les uns ont trois à quatre mille chrétiens, d'autres en ont six à sept mille, d'autres enfin en ont dix à douze mille.

Les missionnaires européens, à raison de leur petit nombre, ne peuvent gouverner aucun district particulier. Quelques-uns sont occupés à enseigner la langue latine et la théologie à des sujets du pays qu'on destine à l'état ecclésiastique ; les autres vont de côté et d'autre visiter les différens districts confiés aux prêtres du pays, tant pour les diriger dans l'exercice du saint ministère que pour établir et maintenir le bon ordre dans leurs résidences, et pour inspirer l'amour de la piété et de la vertu aux jeunes gens qu'on y élève pour le service de la mission. Ils vont aussi visiter les principales chrétientés de chaque district où ils prêchent et administrent les sacremens. Quand les circonstances le permettent, ils y donnent des retraites spirituelles, auxquelles on invite tous les chrétiens des lieux circonvoisins. Quoique les peuples aient beaucoup de confiance aux prêtres du pays, celle qu'ils ont pour les prêtres européens est infiniment plus grande ; c'est pourquoi ils viennent en foule de tous les côtés pour leur demander les sacremens, et quelque part que se trouvent les Européens, ils sont accablés de travail et ne peuvent y suffire.

Les prêtres du pays, qui actuellement sont au nombre de trente-cinq, ont la charge de différens districts particuliers. Mais comme environ un tiers ne peut rien faire ou presque rien, à raison de vieillesse ou d'infirmité, il n'y a pour l'ordinaire qu'un prêtre dans chaque district. Bon Dieu ! un seul prêtre pour trois à quatre mille, pour six à sept mille, pour dix à douze mille chrétiens fort éloignés les uns des autres ! Quelle disette ! Ne peut-on pas s'écrier avec raison : *Missis quidem multa, operarii autem pauci?* Ne doit-on pas faire retentir en Europe les cris de tant de milliers de païens qui sont très-disposés à recevoir la foi chrétienne, mais que l'on ne peut instruire, les missionnaires suffisant à peine au service des nouveaux chrétiens ? *Parvuli petierunt panem, et non erat qui frangeret eis.*

Parmi ces prêtres du pays, plusieurs ne savent que lire le latin sans l'entendre : le saint siège a permis de les ordonner, eu égard aux grands besoins des missions. On les oblige de se présenter une fois chaque année devant l'évêque, son pro-vicaire ou au moins devant un missionnaire européen pour repasser l'ordinaire de la messe, la forme des sacremens, et pour y exercer la cérémonie du saint sacrifice, etc., de crainte qu'ils n'y commettent des fautes essentielles, comme il pourroit arriver si on n'y prenoit garde.

On les change de districts quand on le juge à propos, et en ce cas chacun laisse sa maison garnie, et n'emporte que sa chapelle, c'est-à-dire tout ce qui est nécessaire pour célébrer le saint sacrifice. Outre que par là on veut prévenir les dangers que pourroit entraîner après soi le transport du bagage dans un pays où cela n'est point d'usage et où la religion est proscrite, on a aussi en vue de conserver parmi eux l'esprit de pauvreté et de détachement, si nécessaire aux missionnaires. Afin qu'ils puissent s'appliquer tout entier au saint ministère, sans inquiétude pour l'avenir, il est réglé que quand quelque prêtre ne peut plus travailler, il lui est permis de rester dans son ancien district avec son successeur, qui le nourrit et l'entretient, ou de se retirer à la communauté, où il trouve les mêmes secours. Quoique ces prêtres ne fassent aucun vœu de pauvreté, cependant, comme dans la mission tout est commun, ils sont obligés, chaque année, de rendre compte à l'évêque des aumônes qu'ils ont reçues et des dépenses qu'ils ont faites.

Les prêtres, ne pouvant suffire à tout, à raison du grand nombre de chrétiens et de l'étendue des districts, ont des catéchistes pour les aider et les suppléer en quelques circonstances. Il y en a environ deux cent cinquante. Leur fonction est de servir les prêtres dans l'administration des sacremens, de visiter les districts des chrétiens pour les instruire, de prêcher la religion aux infidèles et de les disposer au saint baptême quand ils veulent se convertir. On ne peut être élevé à cette fonction qu'après l'âge de vingt-cinq ans. Outre les bonnes mœurs et le zèle, il faut, avant d'être reçu, avoir récité par cœur, devant l'évêque ou son provicaire général, un livre qui contient les enseignemens nécessaires pour l'instruction des chrétiens et pour les mettre eux-mêmes en état d'annoncer la religion aux infidèles. Les catéchistes qui se signalent par leur piété et par leurs bonnes mœurs, leurs talens et leur zèle, sont promus au sacerdoce; ils font partie des gens de la maison de Dieu.

C'est ainsi qu'on appelle tous ceux qui sont attachés au service de la mission. Il y en a environ huit ou neuf cents, qu'on nourrit, loge, et qu'on entretient avec un soin tout paternel. On ne reçoit ordinairement que des jeunes gens de quinze à seize ans: ils sont obligés de garder le célibat, sans en faire le vœu; quiconque veut se marier quitte la mission. Les uns sont à la suite des prêtres européens; d'autres sont chez les prêtres du pays chargés d'un district. Chacun d'eux en élève ordinairement vingt-cinq ou trente: comme ils sont souvent absens, et par conséquent ne peuvent toujours veiller par eux-mêmes sur la conduite de ces jeunes gens, on charge un ancien catéchiste d'en prendre soin et de les instruire. On leur apprend d'abord à lire les caractères de leur langue et le latin; ensuite on leur fait apprendre par cœur le livre des prédications. Après cela, ces jeunes gens sont employés au service de la mission, chacun selon ses talens. Ceux qui paroissent avoir de la facilité pour la langue latine sont envoyés au collége; les autres sont faits catéchistes, etc.

On ne les admet au collége que quand ils ont au moins dix-huit ans. C'est un missionnaire européen qui en est chargé; il a pour coadjuteurs quelques catéchistes qui savent la langue latine. Il y a quelquefois jusqu'à soixante-dix jeunes étudians; présentement il y en a environ cinquante, qui donnent de grandes espérances.

Outre ce collége pour la langue latine, il y a un séminaire pour enseigner la théologie aux catéchistes qu'on juge dignes d'être élevés au sacerdoce. Il est ordinairement composé de quinze à vingt sujets, tous bien éprouvés pour les bonnes mœurs, la piété et le zèle. On n'y admet ordinairement personne avant l'âge de trente-six à quarante ans, parce que les Indiens, étant plus tardifs à se former, ont besoin d'une plus grande épreuve: c'est aussi un missionnaire européen qui est chargé de les instruire et de les former, etc.

Persuadés que la religion ne peut s'établir solidement, dans les pays infidèles, tant qu'on n'y formera pas un clergé national, les premiers vicaires apostoliques et les missionnaires françois se sont proposés de travailler à ce point si essentiel. Plusieurs souverains pontifes, pour les y encourager, ont dit à quelques-uns d'entre eux qui se trouvoient à Rome, qu'ils seroient plus satisfaits d'apprendre l'ordination d'un seul prêtre indien que la conversion de plusieurs milliers de païens. C'est d'après ces principes et ces intentions que l'on a toujours travaillé au Tonking, et qu'aujourd'hui on s'applique d'une manière particulière à y former un clergé du pays. Ce qu'on a indiqué ci-dessus en est une preuve évidente; mais les missionnaires européens manquent, et on ne fait pas la moitié de ce que l'on feroit avec un plus grand nombre. Daigne le Seigneur envoyer de dignes ouvriers pour coopérer à une œuvre si sainte et d'une si grande importance!

Et le moyen d'ailleurs de subvenir à l'entretien de tant de personnes attachées à la mission. Tout le fonds consiste en 2,000 liv. que l'évêque reçoit annuellement, tant pour sa pension que pour les dépenses communes de la mission, dans le viatique de chaque missionnaire européen, qui est de 500 liv. par an (les prêtres tonkinois n'en reçoivent point) en rétribution de messes et en quelques aumônes faites par les chrétiens. Voilà les principales ressources pour nourrir et entretenir huit à neuf cents personnes. On met tout en commun: chaque missionnaire ne prend que ce qui lui est absolument nécessaire, et par cette économie on nourrit et l'on entretient comme l'on peut tant de monde. Le Seigneur, content de ce détachement, daigne répandre ses bénédictions. Depuis l'établissement de la mission, on a eu la consolation de former un certain nombre de bons prêtres et d'excellens catéchistes, qui ont rendu de grands services à la religion.

De tout temps et dans tous les pays, Dieu s'est choisi, parmi les personnes du sexe, des âmes fortes qui, renonçant courageusement à la chair et au monde, se consacrent à la perfection évangélique, et répandent partout la bonne odeur de Jésus-Christ. Le Tonking a la consolation d'en avoir un certain nombre, qu'on appelle les *amantes* de la croix. On y en compte environ cinq cents. Elles sont dispersées dans vingt-quatre ou vingt-cinq maisons, où elles vivent de leur petit commerce et du travail de leurs mains. Leur vie est pénible, laborieuse et pénitente. Elles ne font que des vœux simples, auxquels elles ne sont même admises qu'après avoir atteint l'âge de quarante ans; elles ne les font que pour une année seulement, après laquelle elles les renouvellent si on le juge à propos. Quoiqu'elles aient beaucoup moins de secours spirituels que nos religieuses d'Europe, elles ne leur cèdent point en ferveur. Les vertus de chasteté, de pauvreté et d'obéissance brillent tellement en elles, que les païens mêmes en sont édifiés.

Après avoir parlé de l'ordre établi dans la mission, nous allons rendre compte de la méthode que l'on suit dans l'administration ou visite des différentes chrétientés.

Quand le prêtre va en visiter une, il conduit avec lui un catéchiste et deux jeunes gens pour l'aider. Arrivé, après avoir reçu le salut des chrétiens, il s'informe des abus qui pourroient s'être introduits, afin d'y remédier. Ensuite commence le cours ordinaire. Les circonstances ne permettant pas de s'assembler le jour, le prêtre l'emploie à réciter son office, à faire ses exercices spirituels, à recevoir les chrétiens qui viennent le consulter sur les embarras où ils se trouvent, à rétablir la paix où elle pourroit être troublée, etc., enfin à prendre un peu de repos si les affaires le permettent. Le catéchiste, avec un des jeunes gens qui suivent le prêtre, passe le jour à visiter les maisons des chrétiens pour les exhorter à venir aux instructions et à se préparer à la réception des sacremens; il prend aussi des informations pour connoître s'il se passe quelque chose de scandaleux dans la chrétienté, afin d'en instruire les prêtres, etc.

Vers les sept ou huit heures du soir, les chrétiens se rendent à l'église (ces églises sont pour l'ordinaire de pauvres cabanes, placées au milieu des chrétientés, destinées aux assemblées des fidèles et à la célébration des saints mystères). Les chrétiens une fois réunis, le catéchiste fait à ceux qui veulent se confesser une instruction sur les qualités nécessaires pour le bien faire, et une énumération des péchés, afin de les disposer à cette action sainte et leur faciliter l'examen de conscience. Il termine cette instruction par une exhortation sur quelqu'une des fins dernières pour les exciter à la contrition. Cette instruction finie, le prêtre se met au confessionnal, où il reste jusqu'à minuit, une heure, et quelquefois deux. Le catéchiste, de son côté, fait d'abord la prière en commun avec tous les chrétiens et ensuite des instructions aux grandes personnes. Pendant ce temps-là, les deux autres jeunes gens enseignent les prières et le catéchisme aux enfants. A onze heures ou minuit, on va prendre un peu de repos. A quatre heures du matin, les exercices recommencent. La prière, qui se fait, comme le soir, en commun, est suivie d'une exhortation par le prêtre; il célèbre ensuite la sainte messe, après laquelle chacun se retire chez soi. Telle est la méthode que l'on observe en visitant les chrétientés. On passe de l'une à l'autre, et toutes reçoivent la visite du prêtre au moins une fois l'an; mais heureuses celles qui la reçoivent deux fois!

Pour écarter tout péril en matière de mœurs, et éloigner jusqu'aux moindres soupçons, on use avec les personnes du sexe des précautions les plus strictes. Il est expressément défendu, par le règlement de la mission, de les laisser entrer, sous quelque prétexte que ce puisse être, dans l'intérieur des résidences des missionnaires et des prêtres. Il y a, pour cette raison, dans chaque résidence un petit appartement extérieur: c'est là qu'on les reçoit, et quand elles ont quelques affaires à traiter avec le missionnaire, il y a toujours un catéchiste, ou un jeune homme de la mission, qui sert de témoin. S'il s'agit d'affaires secrètes à communiquer, le prêtre va les entendre au confessionnal.

Dans les différentes chrétientés où le prêtre est obligé de loger chez les chrétiens, il demeure avec ses gens dans un appartement séparé de la famille qui lui donne l'hospitalité, et là il garde, autant que faire se peut, les mêmes règles que ci-dessus, surtout celle d'avoir quelqu'un de présent quand les personnes du sexe viennent le trouver.

Les catéchistes ou autres gens de la mission ne sortent jamais que deux à deux, pour se servir réciproquement de témoin.

EXTRAIT
DE LA RELATION DE M. SÉRARD,
ÉCRITE AU MOIS DE JUIN 1783.

La religion jouit présentement au Tonking d'un peu de tranquillité. L'ancien roi, persécuteur des chrétiens, est mort au mois d'octobre 1782, dans la trente-quatrième année de son âge. Les différens fléaux dont le Ciel avoit frappé son royaume, depuis le martyre des deux missionnaires de l'ordre de saint Dominique, arrivé en 1774, lui avoient fait faire des réflexions et l'avoient porté à avoir quelques égards pour les chrétiens. Il montroit une confiance singulière à un mandarin chrétien, son beau-frère, qui étoit plein de bontés pour nous ; et comme la plupart des mandarins avoient des obligations à celui-ci, tout étoit assez tranquille depuis quelques années, tant pour le civil que pour la religion. Mais le roi ayant désigné, en mourant, pour son successeur un fils âgé de quatre ans, au préjudice de son fils aîné, âgé de dix-neuf ans, ce choix révolta tout le monde, au point que le peuple et les soldats, excités par des personnes en place, entrèrent tumultuairement dans la cour du palais, et mirent à mort le mandarin protecteur des chrétiens, oncle et premier ministre du jeune roi, qui vouloit apaiser la sédition. Le jeune prince ne survécut à son oncle que de quelques jours, et on a placé sur le trône le fils aîné du roi défunt. Cette révolution a causé bien des meurtres et des pillages.

Au commencement de janvier 1783, on porta le corps du roi au lieu de sa sépulture, qui est éloigné de la capitale de quelques journées. On auroit peine à se figurer quelles dépenses on avoit faites pour ce convoi. Outre une quantité de tables chargées avec profusion de toutes sortes de mets, qu'on sacrifioit plusieurs fois par jour au défunt et qu'on lui doit sacrifier, selon l'usage, pendant trois ans, on ne voyoit de toutes parts qu'étoffes et soieries précieuses employées à l'ornement des mausolées et des édifices superstitieux qu'on construit en l'honneur des morts. L'or brilloit sur les chaises, sur les brancards et sur tous les instrumens qui servoient à la pompe funèbre; plusieurs grandes barques en étoient couvertes. Tout ce brillant et somptueux appareil, ainsi que tout ce qui a été à l'usage du roi pendant sa vie, a été consumé par les flammes, à l'effet de lui servir dans l'autre monde, car tel est l'opinion et l'aveuglement de ces peuples plongés dans les ténèbres du paganisme.

Aussitôt après l'avènement du fils du roi défunt au trône, on a changé presque tous les gouverneurs de provinces ; et, au lieu d'un homme de probité, on nous a donné dans la province où je suis, et où les chrétiens sont en plus grand nombre, un chef de voleurs, qui entretient à sa solde un corps de cinq cents brigands, tirés de la lie du peuple, uniquement occupés à piller et à voler. Ils se sont servi de deux chrétiens de leurs connoissances pour aller jeter l'épouvante dans les chrétientés. Ils demandoient deux mille piastres, ou onze mille livres de notre argent pour le gouverneur, promettant à cette condition de nous laisser vivre en paix. Les chrétiens les ayant refusées, le mandarin est entré en fureur et a ordonné à ses satellites de saisir les ministres de la religion. Ces brigands ont couru de tous côtés pendant le carême dernier, prétextant de chercher des voleurs, afin de ne point violer ouvertement les derniers édits, qui défendent de persécuter les chrétiens quand ils ne sont point accusés. La divine Providence nous a protégés, aucun missionnaire n'a été pris. On n'a pu se saisir que d'un médecin qui avoit été catéchiste des Pères dominicains, et de qui on vouloit exiger cent piastres, parce qu'on lui a trouvé un chapelet. Je ne sais comment il se sera tiré de leurs mains.

Sur la fin du carême, onze de ces brigands étant venus fondre sur la maison d'un ancien catéchiste, l'ont pillée et ont arrêté un chrétien, quatre domestiques et un païen. Ils ont aussi enlevé quelques livres, quelques images et un crucifix, et ont fait demander des soldats au mandarin pour conduire, disoient-ils, un maître de la religion qu'ils avoient trouvé avec beaucoup d'ornemens. Le gouverneur a envoyé aussitôt trente soldats ; mais, à leur retour, voyant que ces prétendus ornemens se réduisoient à si peu de chose, dans les premiers mouvemens de la colère il vouloit punir les satellites qui l'avoient trompé, en leur faisant donner des coups de bâton ; mais il s'est contenté de les condamner aux frais du voyage.

Cependant un de ses officiers retenoit les

prisonniers dans l'espérance d'en tirer de l'argent. Comme leur détention pouvoit traîner en longueur et avoir des suites fâcheuses, on a eu recours à un grand mandarin qui protège les chrétiens et qui est également craint et respecté. Cet officier a envoyé un exprès avec ordre, par écrit, de remettre les chrétiens en liberté et de leur rendre leurs effets. L'ordre en a été exécuté ; il en a coûté environ cent écus pour tous les frais, tant pour nourrir et assister les prisonniers que pour les voyages et petits présens nécessaires en pareille occasion.

Le chef du détachement que le gouverneur avoit envoyé pour conduire les chrétiens prisonniers au gouvernement s'étoit vanté de prendre, pendant les fêtes de Pâques, un maître de la religion ; mais une mort tragique qui l'a enlevé l'a empêché d'exécuter son mauvais dessein. Les habitans d'un village dont il vouloit aussi saisir le chef, qui est un païen fort riche que l'on avoit faussement accusé de vouloir exciter une révolte, l'ont massacré dans la semaine Sainte.

Cependant notre collège étoit dans les alarmes. Des brigands avoient déjà tenté d'y pénétrer, et le bruit s'étoit répandu que le gouverneur alloit envoyer deux cents soldats pour s'emparer de tout ce qu'on y trouveroit. Il y avoit alors quatre-vingts personnes avec M. Blandin, missionnaire françois, qui en étoit le supérieur, quelques autres prêtres du pays et une quantité d'effets de religion. Il fallut donc disperser au plus tôt les écoliers, faire passer le missionnaire européen dans une autre province, et cacher, le mieux qu'il fut possible, tous les meubles et surtout les ornemens d'église. Mais nos craintes se sont dissipées; le maître et les écoliers se sont rassemblés après Pâques, et aujourd'hui il y a dans notre collège soixante écoliers qui étudient le latin, sans compter quelques prêtres, quelques catéchistes, et des enfans qui apprennent les lettres tonkinoises. De plus, on a rassemblé dans un autre village, près de la ville royale, quinze catéchistes pour leur enseigner la théologie.

LETTRE DE M. LE BRETON,

ÉCRITE DU TONKING VERS LE MOIS DE JUIN 1783.

Chacun de nous a ici plus de besogne qu'il n'en peut faire. J'ai passé plusieurs nuits entières au confessionnal pendant les fêtes de Pâques ; malgré cette assiduité, un jour que j'allois me disposer à célébrer la sainte messe, je fus frappé de la voix plaintive d'une personne qui me disoit : « Mon père, il y a trois « jours que j'attends, et je n'ai encore pu me « confesser. » Je pense qu'elle a été obligée de retourner, ainsi que bien d'autres, sans avoir pu réussir. Que ne sommes-nous au moins deux fois autant de missionnaires! Un jésuite fort âgé, dans la même province où je suis, se trouve chargé d'environ dix mille chrétiens; mais les forces lui manquent. Deux autres prêtres, âgés de plus de soixante-dix ans, ont l'administration d'un grand nombre de chrétiens. Qui en aura soin après leur mort? Ceux qui leur survivront seront obligés de s'en charger ; mais comment s'en acquitteront-ils, ne pouvant pas même suffire à présent à leur ouvrage? Et que deviendront tant de chrétiens qui demandent du secours et qu'on sera forcé d'abandonner? Malheur à ceux que le Seigneur appelle à travailler ici à sa vigne et qui résistent à une si belle vocation. Combien d'âmes dont ils auroient procuré le salut! Si vous trouvez quelqu'un à qui Dieu inspire le dessein de venir partager nos travaux, ne manquez pas de leur dire : « *Hodie si vocem Domini audieritis, nolite obdurare corda vestra.* »

LETTRE ÉCRITE DE MACAO.

Voyage par mer pour le Tonking.

Le 23 décembre 1783.

Monseigneur l'évêque de Ceram, vicaire apostolique du Tonking, vient de partir de Macao pour se rendre dans sa mission. Il s'est embarqué la nuit dernière, sur une barque chinoise, avec M. La Mothe, qui restera avec lui au Tonking, et M. Doussain, qui passera du Tonking à la Cochinchine. C'étoit une chose bien édifiante de voir un évêque âgé de cinquante-sept ans, après un long séjour à Paris, se priver de toutes les commodités de la vie pour aller s'assujettir de nouveau à un genre de vie très-pénible. J'ai cependant remarqué en l'accompagnant au vaisseau (où peu s'en est fallu que nous ne soyons tombés entre les mains des soldats chinois) qu'il étoit plus gai qu'à l'ordinaire, et que toutes ses manières marquoient un contentement aussi parfait qu'on l'éprouve quand on est parvenu à un terme longtemps désiré. Tout son logement, dans la barque chinoise, consistoit dans une petite chambre qui lui étoit commune avec les deux autres missionnaires, et qui étoit si basse qu'on ne pouvoit y rester debout. Le capitaine et les matelots étoient des Chinois païens, en qui on ne pouvoit prendre aucune confiance. Pendant le cours du voyage, le vaisseau, étant petit, ne devoit pas s'écarter des côtes, crainte de naufrage; il y avoit aussi de grands dangers à s'approcher trop près des terres, par la crainte d'être visité par les douaniers, qui n'auroient pas manqué d'emprisonner les Chinois, les Tonkinois et les Européens s'ils eussent découvert quelqu'un de ceux-ci sur une barque chinoise. Rien de tout cela n'a pu diminuer la paix et le contentement de monseigneur de Ceram et des missionnaires, par la confiance qu'ils avoient en celui qui les envoyoit, et qui commande aux flots et à la tempête.

EXTRAIT D'UNE LETTRE
DE MONSEIGNEUR DE CERAM.

Au Tonking, le 29 mai 1784.

MONSIEUR ET TRÈS-CHER CONFRÈRE,

Depuis notre arrivée au Tonking, nous avons vu naître de grands troubles, occasionnés par l'insolence et l'insubordination des soldats préposés à la garde du palais du roi et de la capitale, et qui forment un corps de vingt-cinq à trente mille hommes distingué des autres troupes du royaume. C'est à cette soldatesque que le jeune prince qui gouverne le Tonking depuis environ un an et demi est redevable de sa liberté et de son élévation. Ces troupes, après avoir été comblées des bienfaits du nouveau roi, se sont en quelque sorte soulevées contre lui, et voici à quelle occasion. Vers le commencement de mars, quelques compagnies de ces mêmes troupes s'avisèrent d'entrer dans le palais du vieux monarque titulaire, appelé *Voua*, pour rançonner ce pauvre prince. Le régent perpétuel du royaume, nommé *Chua*, qui est le vrai roi, puisque sans avoir les marques extérieures de la royauté, il en a toute la puissance et l'autorité, informé de cette violence, se mit aussitôt en devoir de la réprimer et de la punir. La plupart de ces brigands ayant pris la fuite, sept d'entre eux furent arrêtés, jugés et décapités presque sur-le-champ. Un châtiment si bien mérité, loin de rétablir le calme et la tranquillité, ne servit au contraire qu'à augmenter d'abord le désordre et la consternation dans la ville royale, et ensuite qu'à répandre l'alarme, le trouble et la confusion dans tout le royaume. Ces mutins, irrités de la juste sévérité exercée sur leurs camarades, et cherchant à se prévaloir de l'ascendant qu'ils avoient acquis sur l'esprit du jeune prince, entrent dans son palais et demandent avec audace qu'on leur livre les quatre mandarins qui ont jugé et condamné leurs compagnons à mort pour les mettre en pièces. Le roi, voulant les apaiser, leur offrit mille barres d'argent (environ quatorze mille piastres) par forme de gratification, et de plus, sept cents barres par forme d'indemnité ou d'amende pour la mort des sept soldats décapités. Mais ils refusèrent honnêtement ces deux sommes en disant qu'ils étoient déjà comblés des faveurs de Sa Majesté; qu'ils ne venoient point pour la mettre à contribution: que la seule chose qu'ils demandoient, c'étoient les têtes des quatre juges en question. A la fin voyant que le roi gardoit le silence, ils sortent brusquement de sa présence, et s'excitant à la vengeance par un battement de mains, ils courent, comme des furieux, piller, saccager et renverser les maisons des principaux mandarins et de leurs officiers ; en sorte que, dans un jour, on en compta une vingtaine de la première espèce et une trentaine de la seconde qui furent entièrement démolies. Ils tuèrent aussi un des quatre mandarins qu'ils cherchoient. Tous les autres, dont plusieurs abdiquèrent leurs offices et leurs emplois, ne durent leur salut qu'à la précaution qu'ils prirent de s'enfuir et de se cacher promptement ; de manière que le roi demeura seul, comme abandonné dans son palais, avec son aïeule et sa mère, et livré aux plus mortelles inquiétudes.

Le bruit couroit déjà que les révoltés délibéroient entre eux et songeoint à le déposer, et peut-être même à lui ôter la vie, comme ils étoient soupçonnés d'avoir fait en dernier lieu au roi enfant, son frère cadet. Cependant le jeune prince ne s'oublia pas dans cette circonstance critique. Il trouva le moyen de faire parvenir aux gouverneurs des quatre provinces orientale, occidentale, méridionale et septentrionale, des ordres secrets de lever promptement une armée de volontaires pour les opposer aux troupes rebelles, et leur confier la garde de sa personne, de sa cour et de sa capitale. Dès que les coupables eurent vent de ce qui se passoit et pénétré l'intention du prince, ils s'empressèrent de conjurer la tempête en protestant de leur fidélité et paroissant rentrer dans le devoir. Quoique le prince ne pût guère compter sur la sincérité de leur parole et de leur soumission, il fut cependant forcé de dissimuler et de renoncer à son projet, de peur que s'ils étoient poussés à bout, ils ne se portassent encore à de plus grandes extrémités. Ainsi le moyen imaginé pour établir la paix et la tranquillité publique non-seulement n'a pas produit jusqu'ici l'effet qu'on en attendoit, mais a été au contraire très-funeste à l'État. Car ces volontaires, se voyant sans solde et sans objet, se sont mis à piller et à marauder de tous côtés; en sorte que le nombre des brigands et des voleurs, qui étoit déjà considérable dans ce royaume, s'est pour ainsi dire multiplié à l'infini, et qu'il a fallu faire marcher contre eux des troupes réglées et des flottilles qui les ont combattus par mer et par terre avec différens succès. J'ai été, le lundi de la semaine Sainte, 5 avril, presque témoin oculaire de ces expéditions militaires. Comme ces malheureux s'étoient répandus en grand nombre dans les environs de Kétrinh, où je suis depuis quelques mois, et y commettoient mille désordres, le gouverneur de la province, homme entreprenant, avide et peu favorable à la religion, envoya un parti de trois cents hommes, avec armes, bagages, chevaux et quelques officiers, pour les dissiper et enlever un petit mandarin, porte-éventail du feu roi persécuteur, qui s'en servoit pour mettre tous les villages circonvoisins à contribution. Le lieu de la scène étoit si proche,

que non-seulement nous entendions les coups de fusil, mais encore les voix et les cris des assiégeans et des assiégés. Je vous laisse à penser si un pareil spectacle étoit bien amusant pour deux Européens (M. Sérard étoit dès lors auprès de moi avec ses dix-huit étudians en théologie morale) et pour toute notre maison remplie de monde. D'ailleurs j'avois une raison particulière de craindre, fondée sur ce que plusieurs passagers chinois et païens, venus avec nous, avoient débité partout que quelques maîtres de la religion européenne étoient nouvellement débarqués au Tonking avec beaucoup d'effets et de richesses. Néanmoins la divine Providence nous a protégés d'une manière sensible, et nous en avons été quittes pour quelques alarmes assez vives; et j'ai fait tous les offices de la semaine Sainte, tonsuré ou minoré le samedi Saint neuf sujets, et célébré la Pâque avec toute la solennité requise. Il n'y a manqué que le concours des fidèles, qui a été moindre qu'à l'ordinaire, parce que je leur avois fait défendre, par les prêtres des différens districts, de venir ici à la fête.

Nous travaillons actuellement de toutes nos forces à relever, en différens endroits, le courage et à ranimer la piété et la ferveur parmi ces pauvres néophytes, dont la foi et la confiance avoient été fort ébranlées par la dernière persécution.

Le nombre des confessions a été l'année dernière dans ce vicariat de 115,709, celui des communions de 94,769, des baptêmes administrés aux adultes de 749.

P.-S. 6 juin 1784, avant-hier, vendredi des quatre-temps, dans l'octave de la Pentecôte, je donnai le sous-diaconat à trois minorés; et hier, 1° la tonsure à sept catéchistes; 2° la tonsure et les moindres à quatre autres catéchistes étudiant la théologie morale; 3° le sous-diaconat à trois minorés; 4° le diaconat aux trois sous-diacres ordonnés le jour précédent.

Je m'occupe aussi très-sérieusement à multiplier les catéchistes, et à les mettre en état de perpétuer et augmenter, dans la suite, notre clergé tonkinois. J'ai déjà donné des patentes à plusieurs, et j'en donne tous les jours à ceux qui ont récité le livre des prédications devant moi, ou devant les missionnaires européens désignés *ad hoc*, et à ceux que j'apprends l'avoir récité comme il faut avant mon arrivée. Je suis, etc.

EXTRAIT
D'UNE LETTRE DE M. DE LA MOTHE.

Rencontre de pirates.

Au Tonking, le 18 juin 1784.

Monsieur et très-cher confrère,

Laudetur Jesus Christus. Comme monseigneur l'évêque de Ceram m'a communiqué la lettre qu'il vous a écrite, et que l'enflure de mes jambes ne me permet pas de m'appliquer longtemps, vous ne me ferez pas un crime de vous écrire moins au long que j'avois d'abord projeté. J'éviterai aussi par là des répétitions qui ne pourroient que vous être fastidieuses.

Le 27 décembre de l'année dernière 1783, M. Descourvières, notre procureur de Macao, nous fit embarquer, monseigneur de Ceram, M. Doussain et moi, dans la barque d'un vieux Chinois accoutumé à introduire les missionnaires au Tonking. Notre cher procureur auroit bien voulu faire le voyage tout entier avec nous, et je connois peu d'hommes plus propres à faire un bon missionnaire; mais il fallut retourner au gîte, rejoindre M. Willemin, que nous y avions laissé. Ce cher confrère n'attendoit que le moment de se rendre à Siam, auprès de MM. Coudé et Garnault, mission et missionnaires qui lui agréent beaucoup.

Pour nous, nous cinglâmes vers l'île de Haïnan, où nous arrivâmes en peu de jours sans aucun accident, et nous nous tînmes à une certaine distance de peur d'inconvéniens. Cependant nos Chinois, qui craignoient beaucoup les pirates de cette contrée, ayant cru en apercevoir quelques-uns, se mirent en défense et nous donnèrent le plaisir nouveau de voir les belles dispositions de ces messieurs quand ils se préparent à un combat naval. En moins d'un quart d'heure, nous vîmes aux sabords sept ou huit monceaux de cailloux en guise de canons, et sur le gaillard d'arrière douze braves armés de couteaux de cuisine (au moins en France on s'en serviroit à cet usage); sur le gaillard d'avant, six piques ou lances de quinze pieds de longueur portées par autant de fiers-à-bras; tout cela flanqué ou soutenu par un canon de fusil monté à vis, et qui, après un demi-quart d'heure, fit feu et donna enfin le signal du combat. Mais l'ennemi n'eut garde de se mesurer avec des gens si bien préparés: il prit la fuite, et nous laissa le champ de bataille. Les Chinois attribuèrent tout le succès à leur idole, et lui firent de grands remercîmens à la mode du pays, c'està-dire qu'ils recueillirent tout ce qu'ils avoient de meilleur dans le navire pour se régaler. J'admirai d'abord leur bon cœur pour leurs camarades morts en pareille circonstance ou submergés dans ces parages par les tempêtes. Ils voulurent partager leur festin avec eux pour les consoler un peu de leur vieille infortune; mais ils ne furent pas de bonne foi: ils se contentèrent de jeter à la mer, pour toute offrande, un plat de légumes fort mesquin avec quelque peu de riz et d'eau-de-vie, et mangèrent eux-mêmes dévotement le cochon qu'ils avoient offert à leur idole.

Passez-moi, s'il vous plaît, mon cher monsieur, cette plaisanterie sur un sacrifice en effet très-plaisant, mais qui, dans le fond, m'a fait horreur: plût à Dieu que les Chinois mangeassent tout en pareille circonstance, et n'offrissent rien! Mais ces pauvres gens sont si superstitieux, qu'ils ne sauroient faire un pas, ni manger une bouchée sans offenser le Créateur.

Nous étions logés dans une chambre de six pieds en carré sur deux et demi d'élévation, ayant, monseigneur aux pieds et moi à la tête, une idole qui nous empoisonnoit par la fumée du sacrifice qu'on lui jetoit sans cesse au visage, sans qu'il nous fût permis ni de paroître mécontens, ni de sortir que très-rarement d'une si puante et si horrible compagnie, dans la crainte d'être aperçus par d'autres barques chinoises que nous rencontrions à chaque instant; c'étoit la déesse de la mer, à qui les marins chinois ont grande dévotion.

Nous arrivâmes enfin au Tonking, et nous prîmes possession de notre nouvelle patrie, monseigneur de Ceram et moi; car M. Doussain ne devoit point s'y arrêter. Le jour de notre débarquement fut heureux et remarquable pour des missionnaires, ce fut précisément le jour de la fête des Rois. Daigne le Seigneur, que nous venons prêcher et faire adorer dans ce pays, nous animer d'un grand zèle pour sa gloire et nous accorder ses lumières pour faire briller le flambeau de la foi! Je vous conjure, mon cher confrère, de ne cesser jamais de demander cette grâce pour moi en particulier. Dans le moment de notre arrivée au Tonking, nous avions, sans nous en douter, un grand besoin de l'étoile protectrice pour nous empêcher de tomber dans un piége qui nous attendoit. Aussi ne nous manqua-t-elle pas. Comme nous étions partis de Macao plus tôt que de coutume, nous arrivâmes au Tonking avant le temps où l'on nous attendoit; nos pêcheurs chrétiens, qui ordinairement viennent nous recevoir en mer à trois ou quatre lieues, n'ayant pas encore été prévenus, ne pouvoient nous reconnoître et n'osoient approcher du vaisseau chinois. Cependant nous étions à la vue du port; un mandarin païen, qui avoit été prévenu ou qui peut-être se doutoit que cette barque chinoise portoit de la contrebande, faisoit le guet sur le rivage, et n'auroit pas manqué de nous saisir au passage. Le danger étoit d'autant plus grand que nous l'ignorions; nous ne l'eussions pas évité certainement, si celui qui veille à la sûreté de ses serviteurs ne nous eût tirés de ce péril par un moyen qui n'est pas toujours du goût des marins; dans un endroit très-connu des Chinois, en plein jour et sans malice de leur part, notre vaisseau alla échouer sur le sable; nos matelots firent les plus grands efforts pour nous relever: efforts inutiles; il fallut attendre la marée, qui ne nous vint qu'au milieu de la nuit. Nous étions, dans cet intervalle, un peu inquiets de savoir si on ne nous feroit pas quelque fâcheuse visite, comme il est de règle; mais heureusement des pêcheurs chrétiens, qui n'étoient qu'à une demi-lieue de nous, furent les premiers qui vinrent nous reconnoître. Comme leurs camarades s'étoient aussi rapprochés à la faveur des ténèbres, ce qu'ils n'avoient osé faire en plein jour; du premier coup de sifflet, nous nous trouvâmes environnés de plus de vingt barques qui nous enlevèrent, nous et nos effets, en moins de temps qu'il n'en faut pour vous raconter cette petite aventure. Vous ne manquerez pas d'admirer, en cette occasion, une protection particulière de la divine Providence sur l'évêque du Tonking, et par suite sur le pauvre père Hau (c'est ainsi qu'on m'appelle); quand j'ai su la situation critique où nous nous étions trouvés et comment nous avions échappé, j'ai reconnu la fidélité de notre divin Maître, qui nous ordonne de nous reposer dans les bras de la Providence.

Aussitôt que nous eûmes pris terre, j'eus le bonheur de célébrer le saint sacrifice. Ma chapelle ressembloit assez à l'étable où les mages adorèrent le Sauveur à pareil jour: le maître et la maîtresse du logis, pieux et pauvres comme Marie et Joseph; peu de personnes autres que les trois pèlerins qui venoient d'aussi loin que les trois rois. Le mandarin, pendant ce temps, faisoit la visite du vaisseau, et peut-être des questions insidieuses, comme un autre Hérode, etc. Il seroit difficile de trouver une circonstance plus ressemblante au mystère que nous célébrions. J'espère que cette petite réflexion ne scandalisera personne, et qu'on ne trouvera pas que je l'ai poussée trop loin.

La nuit suivante, nous nous mîmes en route pour nous rendre à la maison commune, qui n'est distante du port que de trois ou quatre lieues. Monseigneur étoit porté dans une espèce de palanquin de filet; M. Doussain et moi, les pieds nus et la tête couverte d'un grand chapeau de neuf à dix pieds de tour; vingt-sept ou trente personnes étoient venues de la maison de Dieu pour nous escorter. En cet équipage, après avoir bien fait aboyer des chiens de deux ou trois villages païens où il nous fallut passer et où l'on ne nous dit pas le mot, nous arrivâmes enfin à l'église de Ke-vinh. Là nous fûmes reçus par le cher M. Blandin, demandez-lui avec quelle joie de part et d'autre. Là nous chantâmes en action de grâces un *Te Deum*, qui m'attendrit aux larmes, moi qui suis ordinairement froid et dur comme le marbre. C'est à présent que *ostium mihi apertum est magnum*, comme disoit saint Paul à ses chers Corinthiens, *et adversarii multi*. Je suis la foiblesse même, et j'ai besoin de grâces très-fortes pour n'être pas très-mauvais; vos prières m'aideront, j'espère, à les obtenir.

M. le provicaire de Tonking étant venu se joindre à son chef, nous nous trouvâmes cinq Européens réunis dans la même maison, ce qu'on n'avoit pas vu depuis longtemps. En notre qualité de nouveaux venus, M. Doussain et moi admirâmes les manières et la générosité de nos Tonkinois qui, pendant un mois entier, ne se lassèrent pas de nous faire des visites, et de nous apporter des cochons tout cuits et tout entiers, avec le fin riz dans des assiettes, et des bâtonnets pour les manger. Mais, dans la suite, le concours devint si nombreux, que, ne pouvant plus garder l'incognito, et craignant d'ailleurs les bruits qu'avoient répandus quelques Chinois qui avoient fait route avec nous, nous prîmes le parti de nous séparer, *bini et bini*, excepté notre cher M. Doussain, qui s'en fut tout seul sur les bords de la Cochinchine épier le moment d'y faire avec succès une incursion apostolique.

Ce seroit ici le moment de vous parler des affaires de la religion au Tonking ; mais je m'en garderai bien, parce que vous me taxeriez de porter un jugement peut-être peu réfléchi. Je ne vous parlerai pas non plus des affaires et des troubles du royaume de Tonking. Voici seulement un petit trait qui m'est personnel.

Un jour, en fuyant les brigands, je tombai avec mon escorte, composée de douze ou quinze personnes, entre les mains d'une nombreuse garde toute païenne. Il fallut faire halte ; et, comme je les prenois pour des chrétiens qui me paroissoient tous joyeux de me rencontrer, je leur donnai le temps de m'examiner de la tête aux pieds, jusqu'à ce qu'enfin, ayant fait quelques questions à mes conducteurs, et ceux-ci ayant répondu en tremblant je ne sais quel mot que je ne compris pas, je connus alors la méprise et le danger. Heureusement je me possédai ; et, sans changer ni de visage ni de posture, je fis signe à mes gens de passer outre : on tardoit tant soit peu, je passai le premier d'un ton bien décidé ; je ne manquai pas d'être suivi des miens, et les gardes se contentèrent de nous suivre des yeux, sans nous rien dire davantage. Il est fort heureux que j'aie échappé dans cette circonstance, où l'on n'avoit sûrement pas intention de laisser passer un Européen qui mettoit déjà le pied dans leur village ; et, d'un autre côté, il est difficile de croire qu'ils s'y soient mépris, car ils me virent de près et je n'avois point mon grand chapeau dans ce moment. Je remerciai Notre-Seigneur de ce qu'il n'avoit pas permis que cette chrétienté, où je me réfugiois, fût persécutée à cause de moi ; ce qui n'auroit pas manqué d'arriver, m'a-t-on dit, si j'avois été arrêté.

Encore deux petits traits, à l'occasion d'une mortalité de bestiaux, qui est générale cette année : les païens s'adressent à leurs sorciers (les phu-thui) pour les prier de guérir leurs buffles et leurs bœufs ; et ceux-ci, après avoir volé l'argent de ces pauvres gens et appliqué des remèdes qui ne produisent aucun effet, répondent, pour se justifier, que c'est leur roi mort ces années dernières qui prend tout cela pour fournir sa maison là-bas, et vivre d'une manière digne d'un prince tonkinois.

Un autre de ces maîtres sorciers appliqua un emplâtre à un buffle malade et ordonna qu'on le conduisît au delà d'un fleuve voisin : « Mais ne voyez-vous pas, dit le paysan, que mon buffle, foible comme il est, mourra en passant l'eau ? — Quoi ? répliqua le phu-thui ; eh ! mon emplâtre donc ? C'est un préservatif contre la mort. » Le buffle passa donc le fleuve, et mourut après l'avoir passé. Le paysan étant venu le dire au sorcier, celui-ci lui demanda des nouvelles de l'emplâtre préservatif. Le fourbe savoit bien qu'il étoit dans l'eau. C'est par des erreurs aussi grossières que le diable et ses suppôts trompent le peuple crédule et superstitieux.

Je me recommande à vos prières, bonnes œuvres et saints sacrifices, et vous prie de me croire pour la vie, avec respect et attachement, etc.

EXTRAIT
D'UNE LETTRE DE M. LE BRETON.

État des chrétientés.

Au Tonking, le 5 juin 1784.

Monsieur, très-cher et respectable ami,

Je suis, depuis près de deux ans, en Xunghé, province la plus éloignée, et qui touche à la Cochinchine, et j'ai la douleur d'être témoin de la disette de prêtres dans cette partie, qui est la haute Cochinchine, soumise au Tonking. M. Labartette, qui y travaille depuis dix ans, m'écrivoit, il n'y a pas longtemps, qu'il étoit accablé, tout le long du jour, du grand nombre de chrétiens qui demandoient à se confesser ; qu'il y en avoit encore environ mille qui ne s'étoient pas confessés depuis trois ou quatre ans, et que ce ne seroit qu'après avoir entendu leurs confessions qu'il pourroit écrire quelques lettres en Europe. Il y a environ trente-cinq ans que tous les missionnaires furent chassés de Cochinchine, à l'exception d'un seul Père jésuite, qui eut permission de rester à la ville royale en qualité de médecin. Les chrétiens recevoient chaque année de lui le calendrier, et quelques-uns, sous prétexte d'aller demander des médecines, pouvoient se confesser ; mais il ne survécut que dix ans à la proscription, et ils ont resté environ vingt-cinq ans sans missionnaires. Pendant tout ce temps-là, ils se sont gouvernés eux-mêmes, et ont conservé la religion au milieu des païens et malgré la persécution. Après vingt-cinq ans, la haute Cochinchine a été conquise par les Tonkinois ; les missionnaires y sont rentrés. J'ai été extrêmement édifié au récit de la bonne conduite des chrétiens pendant la persécution, et comment la divine Providence les avoit conservés.

J'ai été cette année en Bô-ching: c'est un petit pays tout environné de grandes montagnes, excepté du côté de la mer. Il est divisé par une grande rivière qui sépare le Tonking de la Cochinchine. Avant que le Tonking se fût emparé de la haute Cochinchine, ce pays étoit si bien gardé, qu'il n'étoit pas possible aux missionnaires d'y pénétrer; on y a cependant formé de nombreuses chrétientés par le moyen des prêtres et des catéchistes du pays. Les missionnaires européens y avoient pénétré dans les premiers temps; mais depuis environ cent cinquante ans, cela n'étoit plus possible. Dans un espace de terrain d'environ six lieues de long sur deux de large, on peut trouver environ quinze mille chrétiens. Tous les pêcheurs le sont, et il y en a au moins six cents familles. En remontant la rivière, on trouve beaucoup de villages chrétiens ou en totalité ou en partie. Il y a environ mille huit cents chrétiens dans la partie du Bô-ching qui relève de la Cochinchine; un prêtre tonkinois va les administrer de temps en temps. Les missionnaires de la Cochinchine ne pouvant y venir que rarement, ils m'ont prié plusieurs fois d'aller les visiter: voyant qu'il y a beaucoup de bien à faire, j'aurois désiré y rester pendant quelques années, et, de leur côté, les chrétiens désiroient bien me retenir. Il y auroit de quoi occuper un missionnaire, soit pour administrer les anciens chrétiens, soit pour en former de nouveaux. Je désire ardemment que le bon Dieu me donne les moyens d'y retourner.

J'y ai célébré la fête de Pâques 1784. Les chrétiens y sont venus en grand nombre. Nous avons pu garder le Saint-Sacrement le jeudi Saint jusqu'au vendredi matin. Je crois avoir été le seul qui l'ait fait cette année dans tout ce royaume ; car la ville royale, et plusieurs provinces étoient agitées de grands troubles, qui ne se sont point fait sentir à l'extrémité du royaume où j'étois. On avoit préparé, dans le coin du jardin, un petit reposoir assez décemment orné ; chaque chrétienté avoit son heure d'adoration assignée. Ils y alloient processionnellement, et revenoient de même. Pendant tout le jour et la nuit, on a chanté les hymnes en l'honneur du Saint-Sacrement et récité bien des chapelets. Je vous assure que j'ai ressenti beaucoup de joie de voir rendre, au milieu d'un pays infidèle, plus d'honneur au Saint-Sacrement, qu'on ne fait en bien des églises de France, où il y a souvent si peu de personnes à l'adoration, pendant que notre petite chapelle étoit nuit et jour pleine de monde. La méditation, les prières, les hymnes qu'on chantoit, tout étoit réglé par les anciens missionnaires.

Par un trait de la divine Providence, le gouverneur envoya un petit mandarin chrétien en cet endroit pour arrêter les persécuteurs de nos chrétiens, qui étoient accusés de vol; ils furent obligés de fuir, et nous pûmes célébrer en paix et sans crainte la fête de Pâques. Le village est très-considérable ; il y a environ cent cinquante familles chrétiennes et soixante païennes. On peut espérer que tout le village sera un jour chrétien. J'y ai baptisé, après Pâques, cinq ou six adultes; quelques autres demandent à l'être, et si j'avois eu le temps de les instruire, je pense que le nombre auroit été plus grand.

Un jour un vieillard païen vint dans la maison où j'étois, demander des médecines pour sa fille ; un chrétien vint aussi, et demanda à me parler. Je sortis, et croyant que ce vieillard étoit chrétien, je lui demandai d'où il étoit, si sa fille qui étoit malade s'étoit confessée depuis peu. Il ne savoit que me répondre. Ayant enfin su qu'il étoit païen, je l'exhortai à se faire chrétien. J'envoyai le lendemain un catéchiste le visiter dans les forêts où il habite. Il a embrassé la foi avec empressement et témoigne beaucoup de joie d'être chrétien. J'espère qu'il ne sera pas le dernier de sa famille.

Une femme, chrétienne dès l'enfance, a eu en même temps un sort bien différent. Ayant épousé un païen, elle eut la lâcheté d'abandonner la religion. Ses parens, fidèles à leur foi, l'exhortoient fréquemment à se convertir: elle le promettoit toujours; mais elle renvoyoit à un autre temps sa conversion, comme si l'avenir eût été en son pouvoir. Elle éprouva, pour son malheur, la témérité de ses délais. Une nuit, comme elle sortoit de sa maison, un tigre se jette sur elle, l'emporte et la dévore. Les tigres ont fait des ravages terribles dans cette contrée; mais je n'ai pas entendu dire qu'excepté cette femme, aucun chrétien en ait été dévoré.

Je vous prie de présenter mes respects à nos anciens condisciples lorsque vous en aurez occasion. Vous m'avez fait bien du plaisir de me donner de leurs nouvelles. Je suis, avec bien du respect et de l'attachement, etc.

EXTRAIT
DE LA RELATION DE M. BLANDIN,
ÉCRITE EN 1784.

Depuis le mois d'août 1783, jusqu'au mois de mars 1784, tout a été assez tranquille, soit pour le civil, soit pour la religion. Les missionnaires européens ont profité de ce calme pour visiter les différentes chrétientés, et surtout pour donner des retraites spirituelles. Quoique des précautions nécessaires n'aient pas toujours permis d'y laisser venir les chrétiens en aussi grand nombre qu'on l'auroit désiré, néanmoins les fruits qu'elles ont produits ont été très-considérables et bien consolans pour ceux qui les donnoient. Entre autres, un missionnaire en a donné une qui a produit des biens inconcevables. Les chrétiens y sont venus en très-grand nombre, les uns d'une demi-journée de chemin, les autres d'une journée, d'autres enfin d'une journée et demie; de sorte que quatre à cinq prêtres tonquinois, que le missionnaire y avoit appelés, ont à peine suffi durant cinq ou six jours pour entendre les confessions des personnes les plus éloignées, quoiqu'ils fussent au confessionnal toutes les heures du jour où il n'y avoit point d'exercice commun et presque toute la nuit. C'étoit un spectacle bien édifiant que de voir chaque fidèle fondant en larmes, demander à faire une confession générale, qu'on avoit bien souvent de la peine à terminer, à cause des sanglots que lui faisoit pousser la vive douleur dont il étoit pénétré. On ne sauroit comprendre les grands biens que ces exercices ont produits dans cette mission depuis quatre à cinq ans. On peut dire, avec raison, que c'est un des principaux moyens que Dieu a inspirés aux missionnaires pour réparer les terribles ravages qu'avoit causés la cruelle persécution dont cette mission venoit d'être affligée depuis dix ans.

M. Le Breton a été exposé, depuis peu, à un grand danger d'être pris; mais la Providence l'en a heureusement délivré. Vers la fin de juin 1784, ce cher confrère, venant par eau de la province de Nghè-an, limitrophe de la haute Cochinchine, pour voir monseigneur l'évêque de Ceram, qui l'avoit demandé, fut obligé de passer devant un corps de garde. Un peu avant d'y arriver, il quitta sa barque et en prit une de l'endroit même. Le maître de cette barque étoit très-connu des satellites; il croyoit qu'il se tireroit plus aisément d'un pas si critique, mais point du tout. Quelqu'un ayant aperçu de loin la première barque du missionnaire, où il y avoit plus de monde que de coutume, et craignant que ce ne fût des voleurs, alla sur-le-champ avertir le corps de garde. Aussitôt il y eut ordre de veiller exactement. La nuit, comme M. Le Breton passoit, la sentinelle commanda d'arrêter pour qu'on fît la visite. Le maître de la barque avoit beau s'excuser et protester qu'il étoit fort pressé, le soldat continuoit à vouloir qu'il arrêtât; voyant qu'il n'en faisoit rien, il prit un bateau et le poursuivit. Cependant nos pêcheurs ramoient de toutes leurs forces pour gagner l'autre bord de la rivière. Y étant arrivés, M. Le Breton sauta à terre, et alla se réfugier dans un petit bosquet à cinquante pas de là, tandis que ses gens enlevoient au plus vite ses effets et les cachoient de côté et d'autre. Les soldats ne joignirent la barque que lorsque tout fut fini, et ne trouvèrent par conséquent rien qui fût de contrebande. Quoiqu'ils dussent soupçonner qu'il y avoit du mystère, néanmoins ils ne passèrent pas outre, craignant peut-être les tigres, qui font ordinairement leur retraite dans l'endroit où M. Le Breton s'étoit retiré; ils se contentèrent de menacer le maître de la barque, de lui donner des coups de maillet sur les genoux. Mais celui-ci les apaisa à force de prières. Les soldats s'étant retirés, on alla chercher M. Le Breton, et on le conduisit à une résidence des missionnaires qui n'étoit pas éloignée.

Voici un autre trait qui montre la grande confiance qu'ont les chrétiens en Dieu, et la protection que la Providence daigne accorder pour la conservation des missionnaires. Dans le temps des troubles dont parle la lettre de monseigneur de Ceram, un missionnaire françois étoit, avec le collège, dans un village fort exposé aux incursions des brigands, et la présence d'un Européen devoit naturellement augmenter le danger en servant de prétexte à leurs vexations. Comme le missionnaire vouloit se retirer dans un village plus sûr, les chrétiens s'assemblèrent et vinrent le prier de ne point les quitter, parce que, disoient-ils, tant que le missionnaire sera avec nous, Dieu nous gardera; mais s'il nous abandonne, nous avons tout à craindre des voleurs. Le missionnaire, voyant la grande confiance qu'ils avoient en Dieu, se détermina à rester avec eux, et il ne leur arriva aucun accident, quoique les voleurs eussent déjà assigné un jour pour venir piller ce village.

Les vertus chrétiennes présentent quelquefois, dans les contrées éloignées, le spectacle le plus frappant. Nous sommes témoins depuis vingt ans de celui d'un second Job, qui, attaché à son grabat, souffre avec une patience héroïque les plaies dont il est couvert. Elles n'étoient d'abord qu'à son dos, mais très-douloureuses: loin de demander sa guérison et d'employer les remèdes propres à la procurer, il n'a jamais voulu rien faire, même pour se procurer quelque soulagement, disant qu'il avoit des péchés à expier. Il a borné ses désirs à demander à Dieu, comme une grâce, de pouvoir apercevoir ses plaies, qui se sont formées dans des parties de son corps susceptibles d'être vues de ses yeux. Il est content sur ses nouvelles épreuves. Comme c'est un homme riche et très-généreux envers les pauvres, on attribue à ses bonnes œuvres les sentimens héroïques dont il est animé.

JOURNAL

RÉDIGÉ

PAR MONSEIGNEUR L'ÉVÊQUE DE CERAM,

DEPUIS LE MOIS DE JUIN 1784 JUSQU'AU MOIS DE MAI 1785.

Le premier événement qui mérite de trouver place dans ce journal, est la prise d'un catéchiste, gardien d'une de nos maisons, dans la province de Xu-nghé, arrivée au mois de juin 1784. Les païens du voisinage, ennemis des chrétiens, crurent qu'il leur seroit facile de les mettre à contribution en les accusant auprès du second mandarin ou juge de la province. Cet homme, non moins avide qu'eux, saisit avec ardeur une si belle occasion de satisfaire sa cupidité; il dirigea lui-même leur accusation, et après l'avoir reçue, il envoya aussitôt une escorte de soldats qui se saisirent de trois chrétiens et du catéchiste, les chargèrent de fers et les conduisirent en prison. Le catéchiste fut enfermé dans un cachot séparé et gardé plus étroitement. Ce mandarin n'exigeoit pas moins de deux mille ligatures de deniers (la ligature de deniers vaut environ quatre livres dix sous), c'est-à-dire environ 9,000 livres de notre monnoie pour les relâcher. L'on s'adressa d'abord au gouverneur de la province, beau-frère du roi, que l'on savoit ne pas aimer ce juge et être très-porté pour les chrétiens; mais la crainte de se compromettre l'empêcha de se montrer ouvertement. Il vouloit que l'on présentât requête au conseil du roi; il en avoit même fait dresser un modèle par son homme d'affaires et son confident, et cela dans la persuasion que l'affaire lui seroit renvoyée; mais après y avoir bien réfléchi, ce parti parut trop dangereux pour oser le tenter. Sur ces entrefaites, les soldats chrétiens de la province faisant partie de la garde du roi et de la capitale, informés de ce qui se passoit, détachèrent plusieurs d'entre eux pour se rendre au Xu-nghé; un autre militaire infidèle, proche parent du mandarin persécuteur, et qui avoit beaucoup d'ascendant sur son esprit, lui écrivit en même temps une lettre très-forte, pour ne pas dire menaçante. Les soldats chrétiens n'eurent pas plutôt décliné leurs noms, et déclaré qu'ils venoient de la ville royale, que toute la fierté et le ton d'assurance de ce mandarin disparurent. Il les reçut avec beaucoup d'honnêteté, et leur répondit que dès qu'ils prenoient intérêt à ces prisonniers, il leur en faisoit le sacrifice. Ils se transportèrent aussitôt à la prison, brisèrent leurs liens et emportèrent trois anneaux de la chaîne du catéchiste, qu'ils remirent à M. Le Breton, mon provicaire en cette partie. Voilà comme ce mandarin, à qui l'on avoit d'abord offert jusqu'à trois cents ligatures, ou plus de 1,200 livres, sans qu'il daignât seulement répondre, s'est vu forcé de relâcher sa proie, sans en pouvoir tirer même une obole. Un de leurs libérateurs vint m'apporter cette heureuse nouvelle à la Toussaint; je la célébrai avec toute la solennité possible, et avec un très-grand concours de chrétiens et même d'infidèles, du nombre desquels une femme et son enfant reçurent alors le baptême.

Vers le mois de septembre de l'année dernière 1784, la religion chrétienne a été délivrée d'une grande ennemie, en la personne de l'aïeule du prince régnant. Cette femme, très-attachée au culte des idoles, protectrice particulière des bonzes et entièrement dévouée à leur chef, fut une des principales causes de la mort des deux martyrs dominicains décapités le 7 novembre 1773; car ayant fait au père Hyacinthe Castaneda, Espagnol, la question suivante: « Si, comme vous l'enseignez, les fidèles observateurs de la religion chrétienne montent au ciel après leur mort, que deviennent ceux qui refusent de l'embrasser? » Et l'homme apostolique lui ayant répondu sans détour qu'ils ne pouvoient éviter de tomber en enfer, elle entra dans une colère d'autant plus grande, que cette réponse choquoit directement l'opinion reçue parmi les grands de ce pays, « que les peines et les châtimens de l'autre vie ne sont le partage que des personnes viles et abjectes, et que les rois, les princes, et les personnes riches et puissantes retrouvent après leur mort les mêmes avantages dont ils jouissoient pendant leur vie sur la terre. » Aussitôt elle fit retirer le missionnaire de sa présence, et ne se donna plus de repos que l'arrêt de mort ne fût porté contre lui et contre le père Vincent Liène, dominicain tonkinois, son compagnon de martyre.

Au commencement de novembre, le corps de cette princesse fut transporté avec beaucoup de pompe et un nombreux cortége en sa patrie, où on lui a fait des obsèques magnifiques, suivant le rit gentil; mais peu s'en est fallu que ces funérailles n'aient été accompagnées d'un attentat horrible. Environ le tiers des soldats infidèles préposés à la garde du palais et de la capitale avoit formé le détestable projet de profiter de cette occasion pour assassiner le roi. La conjuration a été heureusement découverte assez à temps par celui-là même qui sembloit avoir le plus grand intérêt à la tenir secrète et à la faire réussir, je veux dire par le prince du sang royal le plus voisin de la couronne, que les conjurés vouloient placer sur le trône. Ce prince sage et réfléchi a mieux aimé sacrifier ses espérances à son propre repos et à la tranquillité publique que d'être redevable de son élévation à une faction turbulente, dont il n'eût été, dans la réalité, que l'esclave et le jouet de ses caprices. Une démarche si généreuse, en lui acquérant l'estime de tous les gens sensés, l'a mis absolument hors de soupçon. Le jeune roi, également effrayé du danger qu'il avoit couru et du nombre des coupables dont on lui a remis la liste, s'est contenté d'exiler trois ou quatre des principaux chefs du complot. Foible punition, qui n'a fait qu'augmenter l'audace et l'insolence de ce prodigieux militaire réparti soit dans la capitale, soit dans les environs; de manière que le 14 février dernier, et au milieu des réjouissances de la nouvelle année tonkinoise, un parti de ces mutins, dans une querelle survenue entre deux autres partis, ayant été appelé au secours du plus foible, pilla et renversa de fond en comble plus de cinquante maisons bâties sur le terrain de l'autre parti, dans l'enceinte de la capitale, sans qu'une pareille violence ait été recherchée ni punie. Ils se disposoient même à en détruire bien davantage, lorsqu'ils furent arrêtés tout à coup par le discours d'un homme prudent, qui leur représenta pathétiquement tout l'odieux de ces voies de fait, et les engagea à se retirer paisiblement, ce qu'ils firent, trompés par son air grave et imposant, et le prenant pour quelque grand mandarin que l'autorité publique leur envoyoit.

Dans le cours de mes visites commencées le jour de saint Laurent de l'an passé 1784, j'ai été à portée de voir les terribles ravages qu'a faits parmi mon troupeau la longue et rude persécution qui s'éleva, en 1773, à l'occasion de la prise des deux derniers martyrs dominicains. Quoique, depuis l'époque du nouveau règne, nous jouissions d'une espèce de paix et de tranquillité; il s'en faut cependant de beaucoup que toutes les plaies faites par la persécution soient refermées et que notre liberté soit entière; au reste, c'est moins contre les ennemis de la religion que contre les amis de l'argent que nous avons à nous précautionner, car ici il règne une cupidité effrénée qui engendre et entretient sans cesse une multitude infinie de brigands enhardis par l'assurance de l'impunité et souvent par l'exemple de ce qui s'appelle ici mandarins, ou gens en place. Voilà le grand danger que courent presque continuellement les chrétiens, et surtout les ministres de la religion, celui de tomber sous la griffe de ces vautours insatiables; moi-même j'en ai été menacé nombre de fois depuis le commencement de cette année 1785, et le suis encore aujourd'hui. Comme je venois de faire l'ordination, et de célébrer les fêtes de Noël et de l'Épiphanie, dans un grand village situé tout proche de la résidence du gouverneur de la province du midi, et que le concours des fidèles avoit été très-considérable, sans compter ceux qui venoient chaque jour de toutes parts pour recevoir le sacrement de Confirmation, ce mandarin, homme fort avide d'argent, fut bientôt informé de mon séjour dans son voisinage. En conséquence, un chef de bandits lui demanda un ordre pour venir me prendre. Il n'en fallut pas davantage pour répandre au loin l'alarme et l'épouvante. L'on débitoit déjà que j'avois été arrêté; mais la Providence ne permit pas que le gouverneur écoutât la demande qui lui étoit faite. J'en fus quitte alors pour deux ou trois alertes assez vives.

Dans la suite, le 21 avril, nos gens et les chrétiens du village où je suis ont eu encore une autre alerte fort vive à mon sujet. Le chef d'une patrouille, qui, depuis plus de deux mois, rôde continuellement dans ces trois bailliages voisins de la capitale, est entré tout à coup, accompagné seulement de quelques soldats de sa troupe, qui étoit tout près de là. Pendant qu'un des principaux habitans l'entretenoit dans la maison où se tiennent les assemblées du village, mon monde disposoit tout pour une prompte évasion, mais sans trop savoir comment l'exécuter, tant à cause de la petitesse du lieu, qu'il est très-aisé de bloquer en entier, que parce qu'il est assez éloigné de toute chrétienté un peu nombreuse. Quoiqu'on s'étudiât à me dissimuler l'embarras où on étoit, il ne me fut cependant pas difficile de le deviner; mais la divine Providence pourvut encore à notre sûreté. Le conducteur de ladite troupe, homme plus humain et moins avide que ne le sont communément les gens de sa profession, après avoir fait connoître au chrétien qui lui tenoit compagnie qu'il n'ignoroit pas que j'étois dans ce hameau, lui dit que, par égard pour sa personne, il se contenteroit de deux ligatures de deniers, qui ne font pas une pistole de notre argent. En effet, il n'eut pas plutôt reçu cette modique somme, qu'il lui remit un écrit muni de sa signature et de son sceau, afin que si quelqu'un venoit, comme de sa part, pour exiger quelque chose de plus, il pût le montrer. Il se retira ensuite avec son monde.

Cependant ces beaux dehors de modération étoient peu propres à nous tranquilliser, surtout ayant appris, peu de jours après, que cette troupe avoit dessein de revenir en plus grand nombre, et que le chef qui la conduit se disoit muni d'une permission du gouverneur pour rechercher les chrétiens et surtout les ministres de la religion. Néanmoins, depuis que cette patrouille a éprouvé de la part des païens une mauvaise aventure dans un autre village, on est beaucoup plus tranquille dans les environs, et il paroît qu'on s'inquiète assez peu de leurs menaces.

Dans le courant de mars, il y est mort un chrétien considérable, qui commandoit de son vivant sept cents hommes de la garde prétorienne. Le gouverneur, à qui il avoit rendu les services les plus importans, lui étoit fort attaché : il vouloit le faire enterrer avec la pompe et la solennité païenne; mais la femme du défunt lui ayant représenté que son mari avoit toujours été religieux observateur de la religion chrétienne, ce mandarin lui répondit que puisque la chose étoit ainsi, elle n'avoit qu'à appeler le prêtre pour présider à ses obsèques, et que c'étoit lui qui l'ordonnoit par affection pour cet officier qu'il regrettoit beaucoup. En conséquence, il lui fit présent de plusieurs cierges et de quelques ligatures de deniers, et envoya les soldats de sa garde, commandés par un officier, avec un éléphant, tant pour honorer ses funérailles que pour maintenir le bon ordre et la décence pendant la cérémonie. Les enfans de ce gouverneur, quoique païens, furent aussi rendre au défunt les derniers devoirs, pour eux et pour leur père, représenté par l'aîné, mais en s'abstenant de tout acte superstitieux.

Malgré tous ces beaux dehors, nous avons appris, le 2 mai, que ce même gouverneur avoit chargé la veuve du susdit officier d'avertir les chrétiens qu'ils eussent à lui fournir sans délai plusieurs mille ligatures de deniers, sinon qu'il ne tarderoit pas à leur faire ressentir les effets de son indignation; et comme l'orage menaçoit d'abord la partie orientale, monseigneur l'évêque de Ruspen, qui en est le vicaire apostolique, et les pères dominicains espagnols, en conséquence de cet avis, se sont hâtés de pourvoir à la sûreté de leurs personnes et de leurs effets. Le prélat dominicain m'a fait part de son appréhension par une lettre du 27 avril dernier. Voilà l'état critique où nous nous trouvons dans les circonstances présentes [1].

J'ai fait cette année tous les offices de la semaine sainte, ordonné deux prêtres et deux sous-diacres, et célébré la Pâque dans une petite chrétienté, qui n'est éloignée de la capitale que de trois ou quatre heures de chemin, et qui est placée au milieu des infidèles. Il faut avouer qu'à ne consulter que les foibles lumières de la raison et les règles de la prudence humaine, ce lieu paroissoit bien peu propre à une pareille solennité, qui est très-connue des gentils mêmes, surtout dans un temps où une patrouille envoyée par le gouvernement faisoit sa ronde dans ces quartiers, et venoit de mettre à contribution un village chrétien tout près de là; mais, par la protection divine et par les sages précautions que les principaux habitans avoient prises, tout s'est passé dans le meilleur ordre et avec la satisfaction de tout le monde. Le lundi de Pâques, je quittai ce lieu-là, au grand regret de la plupart des chrétiens et même de quelques infidèles, pour m'approcher encore davantage de la capitale, afin d'être plus à portée de donner la confirmation à ceux des fidèles de cette grande ville qui n'avoient encore pu la recevoir. Le premier avril, je conférai, en particulier, ce sacrement à une jeune princesse que le roi actuel appelle sa tante, et qui est la dernière des enfans d'un des grands-oncles paternels de Sa Majesté tonquinoise.

Le 7 avril, je reçus une lettre qui me donnoit avis qu'un de nos prêtres tonquinois, chargé du soin d'une chrétienté assez nombreuse, avoit été pris le 5 du même mois. Un petit mandarin, eunuque, homme fort rusé et dévoré par la soif de l'argent, épioit depuis longtemps l'occasion de mettre la main sur ce prêtre; mais ne sachant comment s'y prendre, il s'avisa du stratagème suivant. Comme la douane ou le corps de garde qu'il commandoit n'étoit pas éloignée de la résidence du prêtre, il suborna deux hommes qui vinrent le trouver, feignant adroitement qu'ils étoient envoyés pour le conduire chez un malade qui désiroit recevoir les derniers sacremens. Le prêtre, ne soupçonnant nullement leur mauvaise intention, se mit aussitôt en route avec eux; mais à peine furent-ils arrivés au passage de la rivière et eut-il mis le pied dans le bateau, qu'il fut environné de quantité de barques qui l'attendoient. On le conduisit aussitôt en prison; on l'enferma dans un cachot en forme de cage, les fers aux pieds et aux mains et un rude carcan fourchu au cou. Il a langui en cet état pendant plus d'un mois avant qu'on ait pu le délivrer, malgré tous les moyens qu'on a employés à cet effet. D'un côté, l'eunuque détenteur exigeoit une rançon trop forte et nullement proportionnée aux facultés des chrétiens, et de l'autre il étoit à craindre qu'à la longue la chose ne parvînt à la connoissance du gouvernement, ce qui l'auroit rendue très-sérieuse, et auroit pu exciter une nouvelle persécution. Enfin le soir du 9 mai 1785, j'ai reçu une lettre du prêtre prisonnier, par laquelle il m'apprenoit qu'il avoit été remis en liberté le jour précédent, moyennant une somme de 270 ligatures, et cela sans y comprendre les faux frais, qui la font monter à plus de 300 ligatures, c'est-à-dire à 13 ou 1,400 livres. Il nous faudroit une caisse semblable à celle des Pères de la Trinité ou de la Merci.

---

[1] Monseigneur de Céram a écrit ceci au mois de mai 1785; on a appris, par des lettres postérieures de M. Leroy, que ce mandarin est tombé malade lorsqu'il se disposoit à visiter les quartiers où sont les dominicains espagnols. Depuis ce temps-là, on n'a entendu parler de rien, et les chrétiens étoient tranquilles de ce côté-là; les courriers partis du Tonking après le 15 août 1785 ont dit la même chose.

(*Note de l'ancienne édition.*)

Deux jours après que j'eus appris la fâcheuse nouvelle de l'emprisonnement de ce prêtre, c'est-à-dire le 9 avril, j'en reçus une autre qui en adoucit un peu l'amertume. On me rapporta que les habitans d'un village païen, au nombre d'environ deux cents personnes, vouloient se faire chrétiens. Ayant demandé quelle avoit pu être la cause d'un pareil changement, j'appris, en substance, que ces pauvres gens voyant que la mortalité des bestiaux, qui depuis plus d'un an a fait les plus affreux ravages dans ce royaume, commençoit à attaquer les leurs, avoient suivi l'avis d'un chrétien, en invitant un de nos prêtres à aller faire la bénédiction de leurs bestiaux, et que depuis ce temps-là ils avoient été délivrés de ce fléau; que l'admiration et la reconnoissance agissant à la fois sur leurs esprits et sur leurs cœurs, et leur ayant inspiré un grand respect pour une religion si bienfaisante, ce chrétien et ce prêtre avoient profité d'une disposition si favorable pour les porter à renoncer au culte de leurs idoles impuissantes, et à recevoir la foi chrétienne. J'ai écrit en conséquence à ce pieux et zélé prêtre, qui a déjà été deux ou trois fois pendant ce carême les visiter et les exhorter à tenir ferme dans leurs bons propos, de m'informer exactement du succès de ses travaux auprès d'eux.

Mais, le même jour, cette satisfaction fut encore troublée par une lettre d'un prêtre auxiliaire, ou desservant des ex-jésuites, qui me faisoit part du danger éminent qu'il avoit couru, le 24 janvier 1785, de tomber au pouvoir d'une troupe de brigands, et de la prise de quatre de ses gens, avec ses effets, qu'il avoit été obligé de racheter à prix d'argent. Il ajoutoit que, le 8 mars, deux de ses domestiques avoient été arrêtés avec quatre chrétiens, dans un autre endroit de son district, par un parti de bandits, qui avoient brûlé l'église, sa résidence et huit autres maisons; et que les habitans du lieu s'étant saisis de deux de ces malfaiteurs, leurs compagnons de brigandages étoient revenus deux jours après au nombre d'environ quatre cents hommes, à dessein d'enlever ces deux prisonniers; qu'ils avoient pillé et saccagé le village, et emporté ou emmené avec eux le riz, les meubles, les habits, les bestiaux, la volaille, et généralement tout ce que possédoient ces pauvres malheureux; lesquels, se voyant réduits à une si cruelle extrémité, avoient pris le parti de recourir au gouverneur et de lui livrer les deux scélérats qui étoient la principale cause de leur infortune. Il terminoit sa lettre en disant que ce mandarin avoit effectivement envoyé contre ces brigands des troupes qui les avoient poursuivis, battus et faits prisonniers; mais qu'on ignoroit encore quelle seroit la dernière issue de cette affaire.

Le gouverneur de la province du midi, où je suis, a également été forcé, dans le courant de février 1785, de faire marcher et de marcher lui-même à la poursuite d'une pareille engeance, qu'il est venu à bout sinon d'exterminer entièrement, au moins d'intimider, en faisant couper, en différens endroits, la tête à plusieurs des plus coupables qu'il avoit arrêtés.

Le 17 avril 1785, l'on me confirma la nouvelle importante de la mort tragique d'un fameux brigand, ennemi des chrétiens, dont le bruit avoit déjà couru quelques jours auparavant sans que j'osasse y ajouter foi. Cet insigne scélérat a fait lui seul plus de maux à la religion que cinquante édits rendus contre elle n'auroient peut-être pu faire. Lors de la dernière persécution, il avoit remis au gouvernement un état circonstancié de nos résidences et différentes maisons, ainsi que de celles des religieuses amantes de la croix, avec les noms et signalemens tant de monseigneur de Gabalc que de plusieurs prêtres et gens de la maison de l'évêque; et ce fut d'après ces instructions et renseignemens que la soldatesque du gouverneur porta le fer, le feu et le ravage partout. Ce malheureux, atteint et convaincu de plusieurs crimes d'État, comme d'avoir fait de la fausse monnoie, d'avoir contrefait des lettres ou édits du roi, et excité des troubles parmi le peuple, avoit été condamné à mort il y a quelques années; mais il n'avoit pu être arrêté, vu qu'il changeoit continuellement de demeure pour se dérober au supplice qui l'attendoit. Mais le moyen de se soustraire à la justice divine? Elle l'a donc ramené dans le lieu même qui a été autrefois le théâtre de sa méchanceté et de ses brigandages, afin d'y recevoir un châtiment proportionné à ses forfaits. Comme il y avoit ordre du gouvernement de le tuer partout où on pourroit le rencontrer, et que l'officier nommé par le roi pour veiller à la garde des habitans étoit alors dans l'endroit, et délibéroit avec les principaux du village sur les moyens de s'en emparer, quelqu'un l'avertit de s'enfuir promptement; mais la Providence permit qu'il s'aveuglât sur son propre danger et qu'il refusât d'acquiescer à cet avis. Bientôt sa maison fut investie par une multitude de gens déterminés, et lui obligé de sortir. Alors n'ayant plus d'espérance de pouvoir s'échapper, et voyant un grand panier ou espèce de nasse qu'on avoit apporté tout exprès pour l'y enfermer, il se mit à genoux, joignit les mains, et après avoir élevé les yeux et invoqué par trois fois le ciel et la terre à haute voix, et en poussant des hurlemens, il entra dans cette horrible bierre, dont on ferma exactement l'ouverture et qu'on jeta dans le fleuve, après y avoir attaché deux grosses pierres. Il faudroit être aveugle pour ne pas reconnoître la main de Dieu.

Le 20 avril, j'appris en même temps et la capture et la délivrance d'un autre prêtre tonquinois aussi attaché au service des ex-jésuites. Ce sont les chrétiens qui l'ont arraché des mains des infidèles, sans qu'il paroisse que ceux-ci en aient retiré aucun profit.

Depuis mon retour dans ce royaume, j'ai perdu six de nos anciens prêtres nationaux, quatre l'an passé et deux cette année; et j'en ai ordonné six nouveaux, sans compter quinze ou seize autres sujets, dont trois diacres, deux sous-diacres, les autres minorés ou simples tonsurés. J'ai aussi augmenté le nombre des catéchistes, et ai fait réciter les prédications à une vingtaine de nos élèves.

Notre collége est à présent composé de soixante-huit écoliers, distribués en quatre classes ou confiés à quatre maîtres, sans compter les catéchistes qui étudient la théologie morale sous M. Serard. La première classe ou bande est de quatorze jeunes gens qui ont bientôt fini leurs humanités; la deuxième est de vingt élèves, dont M. Leroi, supérieur dudit collége, est personnellement chargé; la troisième, de dix-huit moins avancés, et la quatrième, de seize qui ne sont pas encore au latin.

Le nombre des adultes baptisés dans le courant de la dernière année n'a été que d'environ cinq cent trente; celui des confessions a été de cent et quelques mille, et celui des communions de quatre-vingt et tant de mille. Je dis environ, parce que M. Théodore Gielf, ex-jésuite allemand, étant mort le 6 décembre dernier, je n'ai point reçu sa liste des sacremens.

Je termine cette relation par le récit de la conversion d'une bonzesse, âgée d'environ vingt-neuf ans, ci-devant maîtresse ou institutrice des jeunes bonzesses attachées au culte des idoles dans un des temples royaux de la capitale. J'appris, le 14 avril dernier, qu'elle venoit de recevoir le baptême aux fêtes de Pâques avec une de ses sœurs et une autre du lieu de sa naissance, et cela malgré toutes les menaces de son frère aîné, qui n'a rien oublié pour l'empêcher d'abandonner le paganisme et sa première profession. Elle est redevable, après Dieu, de sa conversion, à une bonne chrétienne de son village, presque tout composé d'infidèles, parmi lesquels elle en a déjà gagné plusieurs à Jésus-Christ. Cette femme me l'avoit amenée peu de temps avant son baptême; je l'ai fait mettre dans une maison de nos religieuses tonquinoises, pour l'affermir dans la foi, et je l'ai recommandée spécialement aux soins de la supérieure, qui est une fille vertueuse, intelligente et très-compatissante. Cette bonzesse convertie paroit avoir du talent et de la solidité dans le caractère, joint à une forte complexion. Si le Seigneur lui fait la grâce de persévérer dans le bien, il y a lieu d'espérer que non-seulement elle pourra, dans la suite, engager plusieurs de ses anciennes élèves à suivre son exemple, mais encore être très-utile à nos religieuses tonquinoises. Le démon n'a pas manqué de la tenter violemment de retourner en arrière, en retraçant dans son esprit le tableau de son premier genre de vie, avec tous ses prétendus agrémens; de sorte que pendant plusieurs jours elle ne faisoit que pleurer et se lamenter. Mais deux religieuses de la maison où elle est m'ont assuré qu'elle est actuellement tranquille et contente, et qu'elle prend beaucoup de plaisir à lire et étudier nos livres de religion et de piété.

C'étoit dans le mois de mai 1785 que monseigneur l'évêque de Céram écrivoit cette conversion. M. Leroy en donne des détails plus circonstanciés et plus intéressans dans une lettre postérieure, dont voici l'extrait:

EXTRAIT
D'UNE LETTRE DE M. LEROY
A M. BLANDIN.

Mort d'une jeune bonzesse convertie.

Du Tonking, en juillet 1785.

Dans le carême de cette année, le Seigneur a appelé à la foi une jeune bonzesse, âgée d'environ trente ans, qui vivoit depuis l'âge de douze ans dans un monastère de bonzesses. Il y a dans ce monastère trente-six filles entretenues aux dépens du roi. Leur vie est des plus rudes et des plus frugales : elles ne mangent toute leur vie ni chair, ni poisson, ni rien qui ait eu vie ; elles ne vivent que de légumes et de fruits ; quand elles sont malades, la supérieure leur permet d'user un peu de petits poissons marinés, ou confits dans le sel. Elles font deux fois le jour, étant assises, des prières à leur idole ; elles récitent une espèce de chapelet dont les grains sont très-gros et qu'elles portent à leur cou comme un collier. Elles sont habillées comme des hommes et vivent en solitude, ne permettant pas aux hommes d'entrer chez elles, au moins c'est ce qu'on croit ici ; elles étudient les lettres pour entendre les livres qui traitent de leurs idoles. J'ai demandé quelle étoit donc l'espérance de ces pauvres filles en menant une vie si mortifiée. On m'a répondu qu'un des dogmes de leur secte, c'est que ceux qui épargnent le sang des animaux, s'abstiennent de manger de la viande, quittent le monde pour vivre en solitude et s'appliquent à se mortifier et se corriger de leurs défauts, deviennent, après leur mort, des divinités. Combien de mortifications perdues !

La bonzesse dont je vous parle étoit venue cette année 1785 voir ses parens, qui demeurent dans un village où il y a quelques chrétiens. Sa sœur cadette, qui avoit elle-même embrassé tout récemment la religion chrétienne et qui n'étoit pas encore baptisée, lui parloit souvent de Dieu, mais sans succès ; elle ne vouloit pas entendre parler de la religion portugaise (c'est le nom que les païens donnent à notre sainte religion, parce que les Portugais sont les premiers qui l'ont fait connoître dans ce pays-ci). Cependant un catéchiste étant arrivé sur les lieux, on le pria d'exhorter cette bonzesse, et on vint à bout de déterminer celle-ci à l'écouter et à conférer avec lui. La première instruction l'ébranla sans la gagner ; mais le catéchiste lui ayant parlé plusieurs fois, la lumière de l'Évangile perça peu à peu à travers les ténèbres de son esprit. Quand on la vit s'amollir et s'acheminer à la foi, on l'invita à aller voir monseigneur l'évêque de Céram, qui étoit dans un village voisin. Monseigneur lui fit une courte exhortation, après laquelle elle parut disposée à embrasser la religion chrétienne ; cependant, avant que de s'y déterminer, elle voulut retourner dans son monastère pour dissiper entièrement ses doutes, en proposant à son ancienne supérieure une ou deux questions. Elle lui demanda d'abord : « Qui est-ce qui a créé le ciel et la terre et tout ce qu'ils renferment ? » La supérieure répondit que c'étoit le dieu Foé. Notre bonzesse demanda ensuite : « Qui est-ce qui avoit mis au monde le dieu Foé. » Ici la supérieure ne sut plus que répondre ; car tous les livres qui traitent de cette prétendue divinité parlent fort au long de ses père et mère. A ce coup, notre bonzesse vit clairement qu'on ne l'avoit nourrie jusqu'alors que de fables ; la grâce triompha dans le cœur de cette pauvre fille, et lui fit comprendre qu'il n'y avoit de vrai et solide bonheur à espérer qu'en la religion du Seigneur et créateur du ciel et de la terre, telle que nous l'a enseignée Jésus-Christ. Elle fut baptisée quelque temps après par un de nos prêtres tonkinois, et on la mit dans une de nos maisons de religieuses. Son ancienne supérieure, ayant appris cette nouvelle, est entrée en fureur contre elle aussi bien que son frère aîné, qui a menacé de la mettre en pièces s'il pouvoit la rencontrer. C'est ce qui a engagé monseigneur l'évêque de Céram à la faire passer dans une maison de religieuses plus éloignée du lieu où sont ses parens. Les religieuses m'ont raconté que cette pauvre fille, depuis sa conversion, dévore nos livres de religion et paroît pleine de foi. Vous voyez, cher confrère, que le bras du Seigneur n'est point raccourci, et qu'il continue de nous protéger au milieu des tribulations. Priez pour nous. Je suis, etc.

M. Lamothe donne les détails suivans au sujet de cette même néophyte.

Monseigneur vient d'envoyer dans une des maisons religieuses qui sont dans mon district une jeune bonzesse de la pagode du roi, dont Sa Grandeur a fait la conquête. Elle possède dans sa tête, je crois, l'histoire et les noms de tous les faux dieux du Tonking, et comme elle est tout récemment convertie, elle aime beaucoup encore à chamailler là-dessus. Pour la guérir de cette manie et lui faire oublier ces fables, on vient de lui faire apprendre par cœur le volume qui réfute les superstitions de ce royaume, ouvrage très-bien fait. Cette fille se l'est mis dans la mémoire en dix-sept ou dix-huit jours, et montre beaucoup de soumission et de goût pour les occupations les plus humiliantes et les plus pénibles du couvent : elles ne sont pas en petit nombre. Des prêtresses d'idoles ne se font pas souvent chrétiennes, surtout à l'âge de trente ans, comme celle dont je parle ; mais la grâce et le salut par Notre-Seigneur sont des biens communs à tous les âges et à toutes les conditions quand les hommes veulent ouvrir les yeux et en profiter.

EXTRAIT
D'UNE LETTRE DE M. LA MOTHE
A M. DESCOURVIÈRES.

Du Tonking, le 12 juin 1785.

MONSIEUR ET TRÈS-CHER CONFRÈRE,

Il y a bien de la besogne dans la partie où je me trouve, qui est celle où étoit ci-devant M. Leroy : elle est composée de deux districts, où il y a deux prêtres tonquinois non latins [1], environ seize mille chrétiens, une quarantaine d'églises, quatre maisons de Dieu [2], cinq maisons de religieuses, etc., sans parler de cent mille ou peut-être deux cent mille païens, qui forment toute la population du territoire qui m'est confié ; c'est beaucoup pour un pauvre ouvrier tel que vous me connoissez. Le fardeau me paroît un peu plus pesant que le vicariat que j'avois en France [1] ; mais plus on a de besogne, plus on a de consolation. Depuis six à sept mois que je travaille un peu en règle à la vigne du Seigneur, quoique je sois encore novice dans la langue, je puis vous dire que j'ai souvent été à portée d'admirer les œuvres de la grâce. Outre les femmes, qui, moralement parlant, vont leur chemin fort droit, et les filles, qui font encore mieux, j'ai vu partout où j'ai été un certain nombre d'âmes privilégiées qui présentent visiblement le caractère des prédestinés. Une terre qui présente une pareille moisson peut-elle ne pas être précieuse et agréable à celui qui la cultive ? J'ai vu partout de vieux pécheurs de dix, vingt, trente ans se convertir, et quelquefois par douzaines : c'étoit bien la grâce toute pure et toute seule qui opéroit ces conversions, car à peine savois-je ouvrir la bouche. J'ai vu un village tout entier renoncer aux superstitions et venir à moi pour s'instruire et se confesser. J'ai vu des pauvres gens dépenser jusqu'à la valeur de plus de cent livres de notre monnoie, somme considérable au Tonking, pour renoncer et se soustraire aux superstitions du pays [2]. J'ai vu, dans de très-petits villages, jusqu'à vingt-cinq ou trente chrétiens abandonner des arpens de terre entiers, et s'exposer tous les ans à des mépris, à des insultes et à des coups de bâton en refusant de contribuer à honorer leurs ancêtres par un culte défendu. D'autres chrétiens, éloignés de sept à huit lieues, quittent leurs travaux pour venir se confesser. Que vous dirai-je enfin ? J'ai vu des exemples héroïques et comme miraculeux de foi, de force et de chasteté ; je vous en citerai quelques traits ci-après si le temps me le permet. Tout cela se fait par les mains d'un pauvre misérable missionnaire qui n'a aucun mérite, mais dont la grâce de Dieu ne dédaigne pas de faire un instrument de ses miséricordes.

[1] On appelle prêtres non latins ceux qui savent seulement le lire, sans savoir l'expliquer.
[2] On appelle maisons de Dieu celles qui sont habitées par les gens attachés à la mission, sous un prêtre ou un ancien catéchiste.

[1] M. La Mothe a été vicaire dans une paroisse du diocèse de Sens, auprès de son frère, qui en est le curé. (*Note de l'ancienne édition.*)
[2] Ces superstitions sont des sacrifices que tout un village ou plusieurs villages offrent en commun à des idoles ou génies tutélaires, etc. Ceux qui refusent d'y contribuer sont extrêmement vexés, et c'est pour se rédimer de ces vexations qu'ils sont souvent obligés de faire des dépenses considérables ; encore ne réussissent-ils pas toujours à s'en délivrer par ce moyen.

C'est surtout dans les missions que l'on voit que Notre-Seigneur fait tout et tout seul pour le salut de ses élus. Peut-il y avoir un spectacle plus consolant et plus ravissant que de voir tant d'âmes gagnées à Jésus-Christ se sanctifier au milieu des méchans? Dites cela à ceux de nos nouveaux confrères qui pensent à venir au Tonking; qu'ils ne se découragent pas par la difficulté d'apprendre la langue tonquinoise: ce n'est pas la mer à boire, puisque je l'ai apprise en moins d'un an, moi qui ai très-peu de mémoire.

Post-scriptum du 29 juin 1785.

Depuis ma lettre écrite, j'ai essuyé un petit accident qui a pensé me faire passer en cinq ou six heures de temps du Tonking en l'autre monde: c'étoit un débordement universel d'humeurs que je n'ai essuyé qu'un seul jour, mais que je n'aurois pas pu supporter deux. Ce mal enlève bien du monde dans le peuple en cette saison. On ne le supporte communément que quelques heures. Dieu m'a préservé des suites de mon attaque; il ne me reste plus qu'un peu de foiblesse qui se dissipera facilement.

Pour vous tenir la promesse que je vous ai faite, voici quelques traits édifians dont je vous ai parlé ci-dessus.

1°. Il y a quelques mois que, faisant l'administration dans un village encore à demi païen, j'aperçus, parmi les écoliers d'une de nos écoles de filles, une jeune personne de dix-sept à dix-huit ans qui avoit un extérieur de recueillement et de piété qui m'édifia. Je demandai qui elle étoit. On me répondit qu'elle n'étoit pas encore chrétienne. Je la fis venir, et lui demandai si elle vouloit se faire chrétienne. Cette pauvre fille s'étoit déjà pourvue d'un chapelet, qu'elle récitoit tous les jours avec les actes en son particulier; mais malheureusement ses père et mère sont des païens fort riches et n'ont qu'elle pour tout enfant. Ennemis de la religion chrétienne, ils devenoient furieux lorsqu'ils l'entendoient parler de la religion ou lorsqu'ils savoient qu'elle en faisoit quelques actes. Ils vouloient aussi l'obliger à contracter un mariage avec un païen. Malgré ces obstacles, elle s'échappoit souvent en secret pour prier avec les chrétiens. J'instruisis cette pauvre fille avec soin, je l'encourageai et lui dis de prendre patience encore un peu. Les grands dangers auxquels on la voyoit exposée avoient fait suspendre jusque-là son baptême. Cependant la voyant toujours s'instruire et s'enflammer de plus en plus d'un désir d'être chrétienne, si ardent qu'elle venoit me chercher fort loin, qu'elle étoit tout en feu et comme hors d'elle-même quand elle pouvoit entendre parler de Notre-Seigneur et de ses adorables mystères; et sachant de plus que cette belle âme avoit toujours rempli tous ses devoirs, et que Dieu l'avoit préservée de la croyance aux idoles et des superstitions du pays, je crus devoir donner quelque chose à la grâce, et je lui conférai le saint baptême. Elle le reçut avec l'amour de Jésus-Christ le plus ardent. De retour chez ses parens, elle leur déclara sur-le-champ, contre ma défense, qu'elle étoit chrétienne et baptisée, ne craignant point de souffrir pour la foi le jour même de son baptême, mais animée du désir de donner à Notre-Seigneur un témoignage de sa fidélité. Dieu ne permit cependant pas qu'elle fût maltraitée. Son père, homme furieux, ennemi de la religion, resta tout interdit. Revenu de son étonnement et par un raisonnement de prudence, il conduisit sa fille dans une autre province, au milieu de païens licencieux, à dessein de lui faire perdre le goût de la religion chrétienne et peut-être aussi la belle vertu qu'il lui étoit bien difficile de conserver dans cette société. Cette pauvre fille, après trois mois d'absence, est revenue me trouver, ayant eu infiniment à souffrir du diable et des hommes, mais avec une âme plus belle et plus pure que jamais: je l'ai trouvée si enflammée du désir de s'unir à Notre-Seigneur dans son adorable sacrement, que je n'ai pas longtemps différé à lui procurer ce bonheur.

2° Une jeune femme étant allée couper du bois dans la forêt fut malheureusement rencontrée par un jeune païen, libertin déterminé. Cette pauvre femme, sentant le danger où son honneur étoit exposé, sans aucun secours à espérer des hommes, se mit à invoquer les saints noms de Jésus et de Marie, noms inconnus à cet homme passionné, mais que l'on n'invoque jamais en vain, dit saint Bernard. La femme chrétienne l'éprouva dans cette occasion d'une manière extraordinaire: elle n'eut pas plutôt poussé ce cri de foi et de confiance en Notre-Seigneur et en sa sainte Mère, que le païen fut sur-le-champ saisi d'un tremblement violent de nerfs universel dans tout son corps, et livré à l'impuissance et à la confusion.

3° Voici un trait fort singulier et que je n'ai pas vu, mais qui vient de m'être rapporté par un homme digne de foi, et il s'agit d'un fait très-public.

Pour être grand-maître parmi les bonzes tonquinois, il faut jeûner cent jours de suite, et chaque jour passer je ne sais combien d'heures la bouche collée sur un trou fait dans la terre, qui aboutit, à ce qu'ils disent, à l'enfer. Quoi qu'il en soit, on fait là des invocations et des vœux au diable, qui, dit-on, les entend. Le centième jour arrivé, on lui présente un chien pour victime : le diable doit l'emporter en présence des assistans, sans que jamais on n'en entende plus parler. C'est là le signe auquel le postulant sait qu'il est exaucé et que le diable veut bien l'avoir pour ministre du premier ordre ; sans cela, il faut recommencer son jeûne tout de nouveau. Tel est l'usage et l'aveuglement des ministres du démon parmi les païens.

Un fameux bonze ayant donc entrepris cette pénible tâche, se trouva si fatigué après soixante et quelques jours, qu'il prit le parti de l'abandonner. Heureusement pour lui, il rencontra un chrétien qui lui dit tout bonnement que, pour bien faire, il ne falloit jeûner que quarante jours, comme faisoient les chrétiens, et que cela suffisoit pour être grand-maître dans le ciel ; mais plus heureusement encore, la grâce de Notre-Seigneur agissoit au fond de son cœur. Après quelque temps, le bonze se fit chrétien. Le diable en eut tant de dépit, qu'il se mit à lui faire mille avanies, à prendre mille figures hideuses en sa présence, prétendant l'effrayer et le faire retourner à son ancien trou. Mais le bonze, devenu chrétien, ne faisoit qu'en rire, étant accoutumé, disoit-il, à lui voir faire semblables choses étant encore païen. Qu'on remonte aux premiers fastes de la religion chrétienne, on verra que l'ennemi du salut, lorsqu'il étoit en possession des peuples que le christianisme lui a enlevés, exerçoit son pouvoir tyrannique par de semblables prestiges, qui le plus souvent n'existent que dans l'imagination, et l'on conclura qu'il n'est pas étonnant que les régions encore étrangères à la foi présentent les mêmes exemples.

4° Mon catéchiste revenant, il y a quelques jours, de préparer au baptême une dame riche, de famille toute païenne, s'arrêta dans un village aussi tout païen ; il y vit une quinzaine de jeunes gens de quinze ans, attroupés dans le temple, qui s'amusoient à bafouer et à rouler leur idole par terre. Voilà comment nos Tonquinois honorent leurs divinités et tiennent à l'idolâtrie. Il est assez commun de trouver des gens convertis à la foi à l'âge de trente et quarante ans, qui n'avoient jamais cru à aucune superstition. Le même jour, deux maisons entières demandèrent à mon catéchiste à embrasser la religion, n'y étant portées par aucun autre intérêt que celui de leur salut et n'ayant écouté d'autre apôtre que la grâce de Notre Seigneur, qui les presse. Avouez que mon homme a fait là une bonne journée, etc.

EXTRAIT
D'UNE LETTRE DE M. LE BRETON
A M. BLANDIN.

Notions sur le Laos.

Du Tonking, le 6 juin 1786.

Quelques familles chrétiennes s'étant réfugiées dans les forêts, vers le pays du Laos, pour se soustraire aux fureurs de la guerre et aux désastres de la famine, qui ne manquent guère d'accompagner ce fléau, j'envoyai l'année dernière, vers la Toussaint, deux catéchistes et un petit domestique pour les visiter. Après bien des circuits, ils arrivèrent en un lieu appelé *Muong*; ils y trouvèrent douze familles chrétiennes qui s'y étoient retirées dans le temps de la famine pour ne pas périr de faim dans le Tonking, comme il est arrivé à un grand nombre en 1777 et 1778. Ces bonnes gens eurent une grande joie de revoir des catéchistes. Ils se servoient du même calendrier, depuis qu'ils étoient en ce lieu, pour distinguer les vendredis, les samedis, les dimanches et fêtes. Un des plus instruits parmi eux avoit baptisé les enfans qui y sont nés. Ils demandent qu'on envoie des prêtres au Laos dans le dessein de s'y établir à demeure : la crainte de perdre la religion les en a empêchés jusqu'à présent ; d'un autre côté, ils n'osent revenir dans leur pays, où ils manqueroient des choses les plus nécessaires à la vie. J'espère qu'en leur envoyant, au commencement de l'hiver prochain, un prêtre tonquinois, il les engagera à s'en revenir au Tonking, leur patrie. Nos catéchistes demeurèrent sept à huit jours avec eux pour les instruire ; ils partirent ensuite pour Tran-ninh, l'un des royaumes du pays de Laos, encore éloigné de sept journées de chemin. Après avoir traversé bien des forêts et grimpé sur quantité de montagnes, ils en trouvèrent une très-haute : il leur fallut un jour entier pour monter jusqu'à son sommet et descendre de l'autre côté à sa base. Cette montagne est garnie de très-grands arbres si épais que le soleil n'y pénètre jamais ; on n'y voit ni herbe, ni arbrisseaux, ni aucune espèce d'animal ; le terrain y est toujours humide et les sentiers pleins de boue. Au delà de cette montagne, on trouve des campagnes habitées et cultivées. A une journée de là est la résidence du roi de Tran-ninh. Nos catéchistes ne furent pas plus loin. Ils trouvèrent deux villages nombreux de Tonkinois qui s'y sont établis pour y commercer. Il y avoit eu ci-devant plus de soixante familles chrétiennes qui y avoient été transportées par le prince victorieux ; ils y avoient bâti une église de bois, et s'y assembloient pour réciter les prières en public, le prince leur en donnant toute liberté. Depuis sa mort, les chrétiens sont retournés chacun en leur pays ; il n'y en reste plus que sept à huit, dont la religion a souffert de furieux affoiblissemens.

Le roi de Tran-ninh paye tribut au roi du Tonking. Les peuples qui lui obéissent sont véritablement les peuples du Laos ; mais il y a plusieurs royaumes à qui on donne ce nom, qui probablement ne faisoient originairement qu'une même nation. Au nord de celui-ci, il y en a un appelé *Lao-Luong*, qui relève de la Chine ; du côté du Camboge, il y a un autre pays du Laos appelé *Lao-chan*. Les bateaux du Camboge viennent commercer jusqu'à Tran-ninh. On peut regarder ce royaume comme le centre de toutes nos missions : on va de Tran-ninh au Camboge, à Siam, en Cochinchine, en Chine et au Tonking [1]. Ce royaume est un pays très-sain et très-fertile ; les vivres y sont en abondance, à vil prix et à peu près comme à Siam. Quoique la position géographique du pays soit la même que celle du Tonking où je suis, l'air y est cependant plus tempéré et plus sain : en hiver il y fait froid, on y voit de la glace. Les habitans ne sont point stupides ; ils ont un caractère doux, sont sincères, suivant l'aveu même des Tonkinois, qui ne peuvent faire le commerce avec eux qu'en se rendant fidèles à leurs engagemens et usant de beaucoup de franchise, faute de quoi toute société est bientôt rompue.

Nos catéchistes logèrent chez un chrétien tonkinois, qui les reçut avec joie et en prit tous les soins possibles pendant un mois qu'ils y restèrent, et dans le cours d'une maladie qu'y essuya l'un d'eux ainsi que le petit domestique qui les avoit suivis.

Tous les Tonkinois du pays, les païens comme les chrétiens, témoignèrent à nos catéchistes le désir qu'ils avoient de les voir revenir avec des missionnaires ; ils protestoient qu'ils viendroient au-devant d'eux jusqu'à Muong, distant de sept journées. Il y a parmi ces Tonkinois deux personnages importans qu'on peut regarder comme les ministres du jeune roi, âgé seulement de vingt ans. L'un d'eux a été au Tonking en qualité d'ambassadeur. Lorsque les catéchistes furent de retour ici, j'en envoyai un saluer cet ambassadeur, qui lui témoigna son chagrin d'avoir été absent de Tran-ninh lorsqu'il y avoit été : « Si vous y revenez, lui ajouta-t-il, ne vous inquiétez de rien, je me charge de tout. » Les principaux Tonkinois qu'ils avoient vus leur avoient dit la même chose.

Il y a déjà longtemps que le souverain pontife a chargé notre mission d'aller annoncer l'Évangile à ces peuples ; mais nous n'avons pas assez de monde pour l'entreprendre. Ce pays a été ignoré jusqu'à présent ; maintenant nous en avons une connoissance suffisante, il ne nous manque que des missionnaires : tâchez donc de nous en envoyer le plus que vous pourrez. Les Tonkinois qui ont été transportés dans le Laos, au nombre de trois cents familles, n'ont ni idoles, ni génies tutélaires, ni aucune superstition ; ils paroissent aussi ne pas faire grand cas des idoles du pays. Quant aux naturels du pays, ils ont grand nombre d'idoles et de bonzes : point de village où il n'y en ait. On voit dans le lieu où réside le roi un temple magnifique et une idole d'une grandeur prodigieuse, toute dorée en or fin.

[1] Le pays du Laos confine en outre avec les états du roi d'Ava et du Pégou, formant aujourd'hui l'empire des Birmans.

Chaque prince qui monte sur le trône y fait mettre une couche d'or. Ils ont un grand respect pour leurs bonzes. Ils ont la coutume de brûler les corps morts et d'en mettre ensuite les cendres dans un vase de terre, qu'ils placent dans les temples des idoles. Leurs bonzes ne font point abstinence comme ceux de ce pays-ci.

Si nous étions assez de missionnaires au Tonking pour qu'un de nous passât dans le Laos, on pourroit commencer par annoncer l'Évangile aux Tonkinois qui y sont, ensuite on prêcheroit aux gens du pays. Je crois que leur langue est à peu près la même que celle du Camboge [1]. Si on pouvoit trouver quelques bons prêtres à qui Dieu inspirât le désir de venir au secours de tant d'âmes abandonnées, je me charge de les y faire conduire et de leur procurer les secours nécessaires. Je suis, etc.

LETTRE DE M. DE CONDÉ
A M. DE COETCANTON.

Missions de Siam.

Monsieur,

Vous m'enjoignez de vous mander le détail de ce que nous avons eu à souffrir pour la religion : pour votre satisfaction, mon humiliation et la gloire de monseigneur de Métellopolis [2] et de mon confrère [3], je vais vous contenter, en vous rapportant le tout en détail.

C'est une coutume très-ancienne dans le royaume de Siam, et que l'on regarde comme une loi fondamentale du royaume, de faire serment de fidélité au roi; cela n'est pas contraire à notre sainte religoin, mais voilà la manière de le faire parmi les gentils. Le jour marqué, tous les mandarins, officiers en charge dans le royaume, reçoivent ordre du roi de se rendre à une pagode pleine d'idoles. Là se rendent les talapoins, prêtres des faux dieux. Ceux-ci prennent de l'eau naturelle qu'ils préparent par des prières et des cérémonies sacriléges; ensuite on y trempe le sabre et les armes du roi. Cela fait, les mandarins prennent à témoin l'idole et leurs autres dieux, boivent un peu de cette eau qui, devenue efficace par la prière des talapoins, a la vertu, à ce qu'ils disent, de faire mourir ceux qui seroient traîtres au roi.

Parmi les chrétiens, nous avons plusieurs mandarins qui, comme tous les autres, reçoivent l'ordre du roi pour se rendre à cette pagode et y faire le serment de fidélité à la manière des gentils. La crainte du roi, qui est terrible quand on s'oppose à ses volontés, les avoit engagés à se joindre aux autres : cependant, sans boire de cette eau superstitieuse, ils passoient pour l'avoir fait : on écrivoit leur nom et tout étoit fini : mais notre religion n'admet point les dissimulations, et nous ne cessions de leur répéter que, passer pour y avoir été, suffisoit pour qu'ils fussent coupables devant Dieu. En septembre 1775, nos mandarins chrétiens résolurent de nous écouter et de sacrifier leur vie plutôt que de manquer à leur devoir de chrétiens. Le temps marqué arriva, qui étoit cette année le 21 septembre. Ils ne furent point à l'eau de serment; le 22, ils furent accusés au tribunal comme n'ayant pas voulu prêter le serment de fidélité : ils persistèrent à dire qu'ils ne pouvoient le faire à la manière des gentils; que cela étoit contraire à notre religion, et qu'ils l'avoient prêté à la manière des chrétiens, et cela étoit vrai. L'affaire fut portée au roi d'une manière bien envenimée. Le roi célébroit alors une fête de sa religion qui devoit durer trois jours. Il donna ordre d'examiner l'affaire, et que, si les mandarins chrétiens étoient traîtres, de les mettre à mort. Aussitôt on les mit tous trois en prison, des chaînes aux pieds, au cou, une cangue au cou (instrument de supplice usité dans l'Inde) et des ceps de bois aux pieds et aux mains. Nous ne manquâmes pas, comme leurs pasteurs, de les visiter, de les consoler, de les fortifier dans leur prison. On nous laissoit entrer, et nous avions la consolation de les voir fermes, contens et disposés à recevoir la mort,

---

[1] Il paroit que la langue du Laos a aussi beaucoup de rapport avec celle de Siam ; car, en 1779, les missionnaires de Siam ont instruit grand nombre de Laossiens, surtout des malades, dont quatre-vingts adultes ont reçu le baptême à leur grande consolation dans leurs derniers momens. Le baptême a aussi été conféré la même année à huit ou neuf cents enfans de Laossiens prêts à mourir ; ce sont là les prémices de cette terre qui a été inculte jusqu'ici ; puisse-t-elle être bien cultivée, et donner, par la suite, une abondante moisson ! (*Note de l'ancienne édition.*)
[2] M. Le Bon.
[3] M. Gurnault.

Le 25 de septembre, jour auquel on devoit rapporter l'affaire au roi, le chef du tribunal nous envoya chercher, monseigneur, mon confrère et moi : nous nous attendions bien à avoir part aux souffrances de nos chrétiens. Nous nous rendîmes à la salle, et aussitôt on nous mena devant le roi qui nous attendoit. On nous conduisit devant lui comme des criminels, et non comme nous avions coutume d'aller à l'audience dans d'autres occasions. Le roi étoit fort en colère : nos trois mandarins parurent aussitôt les chaînes aux pieds et au cou, bonheur que nous n'avions pas encore. Le roi nous fit plusieurs questions auxquelles nous répondîmes ; mais la disposition où il étoit l'empêchoit de comprendre. Nous lui répétions avec assurance que nous n'empêchions point nos chrétiens de lui prêter serment de fidélité ; qu'ils l'avoient fait en notre présence ; mais que notre sainte religion défendoit à ses enfans de participer aux superstitions des païens ; que nos chrétiens ne rendoient aucun culte à l'idole ; qu'ils n'avoient en elle aucune confiance ; qu'ils ne craignoient point les faux dieux, et ne pouvoient conséquemment jurer par eux. Nous voulions parler plus au long, mais le roi ne put attendre. Il donna ordre de nous saisir, de nous dépouiller à nu, de nous amarrer pour nous donner du rotin. L'ordre donné, les fouetteurs du roi nous traînèrent en nous arrachant la soutane et la chemise. Je ne puis vous dire ce qui se passoit dans mon cœur en ce moment. Nous reçûmes la bénédiction de monseigneur, mon confrère et moi. À peine ce respectable prélat eut-il le temps de nous la donner, on se jeta sur lui, et on le renversa sur le dos pour le traîner hors de la présence du roi, c'est tout ce que je vis. On nous conduisit chacun à notre colonne, cela se fit sur le bord de la rivière, en présence de tout le public et de toute la cour du roi. Grâces au Seigneur, je n'éprouvai aucune crainte intérieure : j'avois mon crucifix à la main, et je n'aperçus rien autre chose pendant tout le temps que je fus amarré. Voici la manière dont nous étions liés. Nous étions assis à terre, une cangue longue de dix à douze pieds au cou, dont les bouts étoient attachés à une colonne de bois : nous avions les deux pieds liés par une corde qu'on amarre ensuite à la colonne que nous avions aux pieds : une autre corde nous prenoit par le ventre et étoit attachée avec force à une colonne qui étoit derrière nous ; nos mains étoient liées à la cangue que nous avions au cou, de manière que nous ne pouvions bouger. Nos trois chrétiens étoient dans la même situation. Le roi donna ordre de leur donner à chacun cinquante coups de rotin, ce qui fut exécuté dans le moment. Nous les entendions crier à côté de nous sans savoir ce qui nous arriveroit ; car on ne nous frappoit pas : on ne sait à quoi attribuer cela. Tout le monde fut surpris : on dit dans le public que l'endroit où étoit le roi trembla et lui fit craindre, mais cela n'est pas bien vérifié. On nous démarra tous les six, avec la différence que nous n'avions pas été jugés dignes de souffrir avec nos chers chrétiens, dont le sang couloit sous nos yeux. Nous envîions leur bonheur ; nous ne savions quels étoient les ordres du roi. Nous consolâmes nos chers confesseurs lorsqu'on leur pansoit leurs plaies ; car on nous conduisit avec eux dans une salle : un moment après, nous vîmes apporter des fers et des chaînes, et cela pour nous. Je vous avoue avec candeur que je les vis avec bien de la joie : je les baisai tendrement, et me glorifiai du bonheur de porter des chaînes dans un royaume où je ne croyois trouver que douceur et tranquillité. J'ai béni mille fois le Seigneur de m'avoir conduit à Siam contre mon inclination et ma volonté, pour me faire une si grande faveur six mois après mon arrivée. Après nous avoir mis les fers à tous les trois, on nous conduisit à la salle du barcalon, plantée sur la rivière (le barcalon est le mandarin chargé des affaires étrangères ; tout ce qui regarde les étrangers se traite à son tribunal) ; là on nous mit la cangue au cou et les ceps aux pieds et aux mains. Dans cet état nous passâmes la nuit du 25 au 26 accompagnés de gardiens. On nous interrogea toute la nuit, et on ne vouloit pas nous écouter. Le lendemain matin, le roi sortit pour donner audience ; on lui parla de cette même affaire, et surtout de notre fermeté à soutenir qu'il n'étoit pas permis aux chrétiens de faire un tel serment, et de participer aux cérémonies des païens. De notre côté, nous nous préparions à accomplir la volonté du Seigneur : nous ne savions ce qu'on feroit de nous. Sur les sept heures du matin, on nous traîna au palais, et un moment après, le roi donna ordre de nous faire paroître devant lui. Il nous fit les mêmes questions que la veille, et nous lui répondîmes avec la même assurance. Il se fâcha, et dit qu'il nous feroit mettre à mort ; il ordonna de nous saisir. On nous dépouilla comme la veille ; on nous amarra de la même manière (cela nous parut moins extraordinaire, on nous avoit exercés la veille), et on nous appliqua à chacun sur le dos à nu cent coups de rotin. On comptoit tout haut, et le roi étoit présent. Je sentis du premier coup le sang couler ; j'attendois le moment où je rendrois le dernier soupir. Mon crucifix, que j'avois le bonheur d'avoir sous les yeux, étoit mon soutien. Nous gardions tous trois le silence ; on ne nous entendoit ni crier ni nous plaindre ; le Seigneur nous donnoit des forces pour convaincre tout le monde de notre innocence. Les gens les plus forts du pays tombent ordinairement en défaillance, je me sentis bien des forces. Le roi étoit surpris, les bourreaux frappoient de toutes leurs forces, craignant que le roi ne les accusât de nous ménager. Enfin, la scène finit; nous nous retirâmes le corps tout déchiré et trempé de sang. Plaise au Seigneur que ce soit pour sa gloire, que le palais du roi ait été arrosé de notre sang! On nous conduisit en prison, où nous trouvâmes grand nombre de nos chrétiens qui nous donnèrent tous leurs soins. Quatre ou cinq jours après, on nous conduisit en dedans du palais, où l'on garde de plus près les prisonniers coupables de grandes fautes contre le roi. Plusieurs fois on nous répétoit que le roi nous feroit mourir. Nous étions résignés à la volonté de Dieu ; mais nous reconnoissions notre indignité. Le martyre, quelle faveur! Une pareille couronne n'est destinée que pour des apôtres, et non pour un pêcheur comme moi. Nous sommes demeurés dans les chaînes jusqu'au 2 du mois de septembre 1776, près d'un an. Tous les jours on nous disoit que le roi nous pardonneroit dans peu, et ce jour n'arrivoit pas. C'étoit pour la cause du Seigneur que nous étions prisonniers; le Seigneur vouloit nous faire sortir d'une manière propre à prouver notre innocence et sa providence. Plusieurs mandarins s'intéressoient pour nous. Le roi plusieurs fois avoit promis de nous relâcher, et le moment ne venoit point. Quelque temps après notre prison, les bramans vinrent avec une forte armée, et saccagèrent deux ou trois provinces de Siam, et assiégèrent une des plus fortes villes du royaume. Le roi envoya des troupes, qui ne purent résister. Il partit lui-même avec des soldats chrétiens. Sa présence, autrefois si propre à animer ses troupes, ne fit rien. Lorsqu'on apprit le traitement qu'il nous avoit fait, les plus grands mandarins disoient que c'en étoit fait du royaume. Les Siamois païens murmuroient hautement de nous voir en prison pour rien, et attribuoient à cette injustice le mauvais succès de la guerre. La ville fut prise et saccagée : le roi lui-même sembloit perdre courage. Jusqu'à cette guerre, il avoit toujours été victorieux ; on l'entendoit se plaindre de son malheur ; il disoit hautement qu'il n'avoit fait de mal à personne, et qu'il faisoit du bien aux différentes nations qui étoient à Siam, sans parler des chrétiens. Enfin, il dit un jour aux soldats chrétiens de n'être point chagrins au sujet de leur évêque et de leurs Pères ; qu'à son retour il nous mettroit en liberté. Pendant tout ce temps, on nous traitoit avec ménagement en prison, sans cependant nous ôter les fers ni la chaîne par laquelle nous étions liés à une colonne. Nous étions toujours assis, ou debout, sans pouvoir marcher. D'ailleurs nous étions tous trois ensemble ; personne ne nous tracassoit : on nous témoignoit de l'estime, voyant la joie avec laquelle nous souffrions. J'ai souvent regretté cet heureux temps. Deux choses faisoient notre peine : nous n'avions pas la consolation de dire la sainte messe, et nos brebis étoient abandonnées et sans secours.

Le roi, à son retour de l'armée, parut fort confus et triste : on craignoit que les ennemis ne vinssent jusqu'à la capitale ; c'en étoit fait de tout Siam ; mais la Providence ne l'a pas permis. Nos protecteurs et les mandarins qui nous favorisoient, cherchoient une occasion favorable pour parler au roi de nous : elle ne se présentoit pas. Lorsqu'ils demeuroient tranquilles, le roi lui-même parloit; mais on ne savoit comment s'y prendre. Il falloit demander pardon au roi, reconnoître sa faute; on n'attendoit que cela de notre part ; mais nous persistions à dire que nous n'étions coupables en rien, et que nous ne pouvions manquer à notre sainte religion. On n'osoit point nous présenter au roi, et le roi lui-même ne vouloit point se mettre en compromis avec nous. Il auroit eu le dessous; car, avec la grâce du Seigneur, nous eussions été fermes. Enfin, le 14 août, veille de l'Assomption, le roi, qui fit paroître devant lui tous les autres prisonniers, pour leur pardonner ou les punir, donna commission aux plus grands mandarins de nous examiner et de nous envoyer à nos chrétiens. On nous vint délivrer : tout le monde nous témoignoit sa joie. On nous conduisit cependant en chemise, les fers aux pieds et une chaîne au cou, dans la salle hors du palais, devant les mandarins. Ils nous dirent que le roi nous pardonnoit, mais qu'il falloit faire un écrit par lequel nous reconnoissions notre faute, et une promesse de n'y plus retomber. Nous avions toujours craint cette clause ; nous refusâmes et dîmes clairement que, si le roi nous renvoyoit, nous enseignerions notre religion comme nous l'avions fait avant notre prison ; que nous n'étions que les ministres du vrai Dieu, et que nous ne pouvions changer notre religion comme les païens. « Si vous n'êtes pas coupables, dit le mandarin, pourquoi avez-vous été un an en prison et avez-vous reçu cent coups de rotin ? » Nous lui répondîmes : « Pour rien. — Que ne le disiez-vous ? reprit-il. — Personne ne vouloit nous entendre, et le roi étoit en colère. — Que voulez-vous que je fasse ? dit-il. » Nous répondîmes : « On peut nous remettre en prison, nous chasser du royaume, ou nous mettre à mort ; mais nous ne changerons pas. » Il étoit déjà bien nuit, et rien ne se déterminoit. Le mandarin donna ordre à nos gardes de nous conduire en prison, mais cependant hors du palais du roi. Nous entrâmes dans cette nouvelle salle sans savoir comment les choses tourneroient. Nous étions cependant plus à l'aise, et nous nous préparâmes à célébrer la fête de la sainte Vierge. Le lendemain matin on vint nous tirer les fers des pieds et les chaînes ; mais, comme on n'avoit pas encore parlé au roi, on nous garda dans cette salle, et nous n'eûmes pas la consolation de dire la sainte messe ; mais nous regardâmes comme une faveur signalée de la sainte Vierge notre délivrance en ce jour. Tout le monde nous assuroit que le lendemain, 16 août, nous retournerions à notre église. Nous attendions ce moment ; mais ce fut le contraire : nous vîmes le 16 au matin rapporter nos fers et nos chaînes, avec ordre de nous les remettre et de nous reconduire en prison dans le palais. On nous dit cependant que nous ne tarderions pas à être délivrés ; que le roi s'étoit fâché de ce que les grands mandarins du royaume n'étoient pas encore de retour de l'armée : quatre ou cinq mandarins avoient pris sur eux de nous élargir. Il falloit de la patience : le Seigneur vouloit nous éprouver et faire éclater notre innocence dans tous les différens tribunaux.

Le 30 août, tous les mandarins, grands et petits, se trouvèrent réunis. Ils avoient plusieurs affaires à examiner ; mais dès le jour même, le plus grand de tous, qui aime les chrétiens et estime notre religion, commença par décider qu'il falloit nous élargir au plus tôt. Tout le monde en passa par là ; on n'osa pas cependant en parler encore, craignant que le roi n'accusât le jugement de partialité. Le roi lui-même, le premier septembre, s'informa de cette affaire. On lui répondit qu'on l'examinoit, et le lendemain on dit au roi que tous étoient d'avis de nous élargir. Le roi donna ordre de le faire, et se retira aussitôt, sans vouloir parler d'aucune autre affaire. On vint nous donner la nouvelle. Nous remerciâmes le Seigneur, et nous nous rendîmes à notre église pour le bénir d'une manière plus solennelle. Il ne fut plus question de promesse à faire ; on n'exigea rien de nous : seulement on obligea tous les chrétiens à répondre que nous ne sortirions point du royaume ; de manière qu'après avoir été plusieurs fois sur le point d'être renvoyés ou chassés, nous nous y trouvions plus attachés que jamais.

Trois semaines après notre élargissement, le roi nous fit prier d'aller à l'audience. Monseigneur étoit malade, il ne put y aller. Nous y fûmes, mon confrère et moi. Le roi nous fit toutes sortes d'amitiés et nous témoigna bien de l'affection. Il se plaça au-dessous de nous et nous fit présenter du thé (ce qu'il ne fait pas même à ses plus grands mandarins), et nous invita par des prières réitérées à en boire. Il parut en ce jour vouloir réparer la manière avec laquelle il nous avoit traités pendant un an.

Depuis ce temps, nous avons paru plusieurs fois à son audience : il nous a témoigné de la bonté ; mais comme notre sainte religion ne s'accorde pas avec la sienne, nous sommes toujours obligés de le contrarier. Il continue à dire qu'il peut voler dans les airs. Nous lui avons répété si souvent que cela lui étoit impossible, qu'il s'en est ennuyé, et depuis plus d'un an il ne nous a pas fait appeler. N'allant plus à la cour, nous nous répandons parmi le peuple autant que nous le pouvons. Toutes les nations se rendent à Siam, Cochinchinois, Laotiens (peuples de Laos, royaume d'Asie limitrophe de celui de Siam), Chinois, etc. Nous ne manquons point de moisson; il ne nous manque que des ouvriers, mais des ouvriers apostoliques pleins de zèle et qui ne craignent point les tourmens et la mort. Nous sommes continuellement à la veille de subir l'un et l'autre : nous faisons ce qu'il faut pour le mériter; mais le Seigneur a pitié de notre foiblesse. Cette année, nous avons eu la consolation de voir plusieurs adultes recevoir le baptême. Si nous avions été plus d'ouvriers, nous eussions pu procurer la même grâce à bien d'autres adultes laotiens qui sont morts cette année dans le pays. Près de quatre-vingts ont reçu le baptême avant de mourir, et j'en ai vu plusieurs qui recevoient avec bien de la joie la parole du Seigneur au milieu de leurs peines et de leur misère. J'avois parmi les Laotiens un grand nombre qui écoutoient avec docilité notre sainte religion et me prioient de les enseigner; mais le démon, jaloux, a troublé ces commencemens heureux : tous ces chers catéchumènes sont actuellement dispersés. J'ai de la peine à les rencontrer : mes autres occupations ne me permettent point d'aller et venir à ma volonté. La volonté du Seigneur soit bénie; le tout tournera à sa plus grande gloire, et ces pauvres gens dispersés feront connoître, je l'espère, le nom du vrai Dieu, en qui ils croient. Mon confrère travaille auprès des Cochinchinois, qui sont en grand nombre. Les Siamois nous témoignent de l'estime, et peu à peu rendent justice à la sainteté de notre religion; leurs talapoins perdent un peu de leur crédit. A quoi cela aboutira-t-il? Le Seigneur le sait. Nous avons bien besoin que l'on prie pour nous. Le nombre des enfans mourans baptisés cette année monte à plus de 900; c'est autant de gagné pour le ciel.

Voilà, monsieur, le détail que vous me demandez : je suis vos ordres à la lettre; mais je vous conjure de demander au Seigneur ma sanctification, le détachement de moi-même, l'esprit de mortification. Je rougis souvent d'enseigner aux autres ce que je ne pratique pas moi-même assez bien, et de me trouver si froid en excitant les autres à la ferveur. Je compte, monsieur, sur le secours de vos prières, et je vous demande de temps en temps une messe à mon intention.

EXTRAITS DE MÉMOIRES
DE LA MISSION DITE DE SIAM,
DE 1783 A 1786.

Il y eut en 1782 une révolution à Siam. Le nouveau roi se montra favorable aux chrétiens, et il demanda des missionnaires. Ayant appris que M. Coudé, nouvellement élu évêque de Rhési et vicaire apostolique de Siam, étoit à Jonselam [1], île de son royaume, ce prince lui députa sur-le-champ des officiers pour le conduire à la capitale; mais divers obstacles ont retardé ce voyage pendant plus d'un an, et M. Coudé en a profité pour instruire et affermir les chrétiens de cette île et du continent voisin, où il a fait quantité de prosélytes. Lorsqu'il quitta cette province pour se rendre à la capitale, il y établit des catéchistes pour présider aux assemblées des chrétiens, en attendant qu'il pût y revenir lui-même ou y envoyer quelque autre prêtre. Comme il sentoit la nécessité de multiplier les missionnaires, toutes ses lettres de 1783 et 1784 sont remplies des plus vives instances pour en obtenir. M. Garnault, que les besoins de la chrétienté de Quéda [2] y retiennent toujours, ne demande pas avec moins d'instance des secours d'ouvriers apostoliques. Voici ce qu'il en dit dans une lettre écrite de Quéda, en 1783, à M. Descourvières, procureur des Missions à Macao :

« Je vous prie d'écrire à nos messieurs de Paris (du séminaire des Missions Étrangères) de se donner tous les soins possibles pour nous procurer le plus de missionnaires qu'ils pourront. J'espère que pour notre entretien nous ne serons point à charge au séminaire; je ne demande point d'argent, au moins pour ce présent. Je m'estimerois très-heureux si je pouvois, par quelques épargnes, contribuer à augmenter le nombre des ouvriers qu'il faudroit ici, à Jonselam et à Mergui, sans compter ceux qu'il faut à la capitale, où M. Coudé se trouvera seul. C'est pourquoi je reviens encore à cet article avec d'autant plus d'instance, que je viens d'apprendre les be-

[1] Junkseilon, île de l'archipel Mergui, où les Anglois exercent aujourd'hui leur domination.
[2] Petit royaume de la côte occidentale de la presqu'île de Malacca, aujourd'hui sous l'influence angloise.

soins d'une autre chrétienté voisine de celle-ci, qui mérite bien, par le nombre de ses chrétiens et par la position où elle se trouve, qu'on en prenne un grand soin ; mais ce que je vous demande encore avec plus d'instance, c'est de m'obtenir de Dieu, par vos prières et saints sacrifices, la grâce de n'être pas un obstacle à ses miséricordes, et de ne pas détruire d'une main ce que je désire édifier de l'autre. »

Cette mission, réduite à un si petit nombre d'ouvriers apostoliques, éprouva, dans ce temps-là, la plus grande désolation par la mort de M. Coudé, dont le même M. Garnault nous donna la nouvelle par sa lettre du 10 juin 1785:

« Vous savez déjà, sans doute, la grande perte que nous venons de faire par la mort prématurée de monseigneur de Rhési. Il ne sera pas facile d'y remédier. Toutes nos vues et nos espérances ont été frustrées d'une manière bien soudaine. Ma désolation fut grande lorsque, tout occupé que j'étois du désir et de l'espérance prochaine de le voir et d'assister à sa consécration épiscopale, j'appris sa mort par ceux que j'avois envoyés au-devant de lui pour lui donner avis de l'arrivée de monseigneur l'évêque d'Adran à Quéda et des préparatifs que nous y faisions pour son sacre. Dieu soit béni de tout, il est le maître ; mais notre désolation est grande par le vide qui fait dans la mission la perte de son pasteur et des prêtres qu'il étoit sur le point de lui donner, en particulier et prochainement d'un écolier siamois, acolyte depuis plusieurs années, et qui est bien désiré de nos chrétiens de Jonselam. De grâce, mon très-cher confrère, donnez-nous au moins un missionnaire : M. Villemin est seul dans la partie orientale, et je suis seul dans la partie occidentale, avec chacun un petit collège et même des théologiens avancés. D'ailleurs M. Villemin est toujours malade ; je n'ai qu'à mourir, ainsi que lui : voilà la mission abandonnée presque sans ressource.

« Les dernières nouvelles que j'ai reçues de Siam portoient que l'armée navale des Siamois avoit été défaite par les peuples de Cochinchine. Ceux-ci regardent aussi comme ennemis les vaisseaux chinois qui vont à Siam, et ils cherchent à les prendre. Ces guerres qui se font dans les mers de Cochinchine et de Siam y rendent la navigation dangereuse : il faudra donc faire passer par Quéda ou Malaque le missionnaire que j'espère bien que vous aurez la charité de nous envoyer. Le chemin par terre est de trois jours pour se rendre de Quéda à Sangkora, et de là à Bancok [1] il y a un trajet de sept ou huit jours par mer. On avoit bien pressé M. de Rhési de prendre ce chemin pour venir à Quéda ; il est battu et très-fréquenté ; mais son zèle l'emporta ; il voulut visiter, en passant, ses chers chrétiens nouvellement acquis à Takouatong et à Jonselam. Afin de se rendre à Takouatong pour les fêtes de Noël, il prit un chemin de traverse qui l'abrégeoit de huit à dix jours ; mais c'est un chemin empesté par lequel personne ne veut passer : il le prit malgré toutes les représentations qu'on lui fit, parce que le public attribue au diable la malignité du pays, et qu'il voulut mépriser cette opinion ridicule ; mais cette malignité a une cause toute naturelle, c'est la qualité des eaux : ceux qui habitent sur cette route se portent mal. Par surcroît de malheur, M. Coudé, après avoir célébré la messe de minuit, resta dans l'église, qui est très-froide, pour se préparer à la messe de l'aurore. Après cette messe, la fièvre le prit. Sa maladie ne paroissoit avoir d'abord rien de dangereux, et on fut fort surpris de le voir à l'agonie le 8 janvier, qui fut son dernier jour, et le commencement d'une meilleure vie, dont on peut croire qu'il jouit dans le ciel. Il l'a mérité par la ferveur extraordinaire avec laquelle il a travaillé sans relâche à la gloire de Dieu. Ayez néanmoins la bonté de lui accorder et de lui procurer les secours ordinaires pour nos confrères défunts.

« L'état de la mission de Mergui [2] m'attriste infiniment ; elle est persécutée par les infidèles, et manque absolument de prêtres et de catéchistes. La persécution cesseroit à l'arrivée d'un prêtre, car les infidèles du pays établissent ordinairement le prêtre du canton en qualité de chef temporel et de juge des chrétiens. Cette mission est abandonnée depuis trois ans : j'en reçois des lettres et des présens avec les instances les plus vives ; mais que faire ? Il y a des Siamois nouvellement convertis, quantité d'autres prêts à le faire, et l'évangile n'éprouve pas les obstacles qui se rencontrent ailleurs ; mais que faire dans cette disette d'ouvriers ?

---

[1] Bancok, capitale de Siam.
[2] Maintenant province angloise.

Qu'on nous envoie de France des bandes de missionnaires, nous avons bien des places à leur donner. Qu'on ouvre, en Europe, les oreilles aux cris de ces malheureux chrétiens, qui se voient tomber en enfer, et qui demandent du secours. Je me recommande et notre pauvre mission à vos soins charitables et à vos saintes prières, etc.[1] »

EXTRAIT D'UNE LETTRE

ÉCRITE DE BANCOK, CAPITALE DE SIAM,

PAR M. JEAN-FÉLIX DE LA HAYE,

GENTILHOMME BRETON,

CI-DEVANT OFFICIER A BORD D'UN VAISSEAU,

A MONSIEUR SON PÈRE.

Le 30 mars 1783.

Mon très-cher père,

Étant arrivé à l'Ile-de-France avec l'escadre, je fis mon possible pour repasser en France; mais je ne pus obtenir mon passage. Comme on armoit alors beaucoup de corsaires, plusieurs me conseillèrent de m'y embarquer, me persuadant qu'il y avoit de l'avancement et qu'on pouvoit s'y enrichir en peu de temps. J'allai donc trouver M. de Souillac, pour lors gouverneur général de l'Ile-de-France, et il me donna une place d'officier enseigne sur le corsaire *la Sainte-Thérèse*, commandé par M. Barbaron. Nous partîmes pour la course le 15 janvier 1781. Après trois mois de courses, et après avoir pris plusieurs petits vaisseaux maures, nous rencontrâmes un bâtiment anglais qui alloit à Masulipatan pour prendre des vivres. Ce vaisseau, ne se voyant pas en état de se battre contre nous, se rendit aussitôt. M. Barbaron chargea M. La Haye, capitaine, de le conduire à l'Ile-de-France, et m'y plaça avec lui. On ne pouvoit alors doubler le golfe du Bengale, vu que la saison étoit contraire : nous manquions d'ailleurs de vivres, d'eau et de bois ; le vaisseau étoit démâté du petit mât de hune, et n'avoit pas une seule voile et un seul cordage en état de servir, tout ayant été brisé par la mer. Dans cette situation, le 15 du mois d'août 1781, M. La Haye fut contraint de relâcher à Jonselam[1], qui étoit la terre la plus voisine, pour acheter des vivres et se regréer. Le capitaine me fit descendre à terre pour acheter les vivres nécessaires. Il envoya aussi à terre la montre des marchandises dont il étoit chargé ; mais le gouverneur, les ayant vues, les trouva trop chères, et je restai un mois à terre sans pouvoir rien vendre. Le bâtiment étant sur le point de partir, les matelots qui étoient à bord du vaisseau dirent à M. La Haye qu'ils avoient appris à terre que les Malais, de concert avec les Siamois, devoient enlever le vaisseau. Le capitaine fut effrayé à cette nouvelle, ce qui le détermina à appareiller pour aller mouiller l'ancre en dehors des îles. Nous allâmes, le chirurgien, un matelot espagnol et moi, prier le gouverneur de nous laisser aller à bord. Il donna ordre à ses gens de n'y laisser aller que le chirurgien et le matelot espagnol. Comme je voulois m'embarquer avec eux, on m'en empêcha. Nous n'avons ici aucune connoissance de ce qu'ils sont devenus. Après le départ du vaisseau, les créanciers du capitaine, qui avoit contracté des dettes à mon insu, venoient tous les jours me faire dire que si je ne les payois pas, ils me feroient punir. Heureusement que j'avois à terre assez de marchandises pour les satisfaire. Cependant que de peines, que de maux j'eus à souffrir ! Abandonné dans une terre étrangère, entre les mains de barbares gentils, sans religion et sans lois, n'ayant pour tout vêtement que quelques chemises que j'avois portées avec moi pour changer ; continuellement exposé à être assassiné : ce n'étoit que crainte et désespoir. Enfin, au mois d'avril 1782, je vis heureusement arriver un vaisseau portugais qui portoit M. Coudé, élu évêque de Rhési, vicaire apostolique de Siam ; il me fit demeurer chez lui, eut pour moi toutes les bontés et attentions possibles, et me servit de père pour le temporel et le spirituel. Voyant la sainteté de ce digne prélat, je conçus une si haute idée de l'état de missionnaire, que je suis presque décidé à rester chez ces barbares, malgré toutes les peines que j'ai eues à me faire à un genre de vie dont les commencemens sont très-durs pour des Eu-

---

[1] M. Garnault vient d'être nommé, en 1786, évêque de Mitelopolis, et successeur de M. Coudé dans le vicariat apostolique de Siam.

(*Note de l'ancienne édition.*)

[1] Junkseilon, île voisine de la côte occidentale de la presqu'île de Malacca.

ropéens accoutumés à une nourriture tout autre que celle de ces gens-ci. Ils ne vivent le plus souvent que de riz, de feuilles d'arbres et de légumes crus ou quelquefois bouillis; ils n'ont pour toute boisson que de l'eau de rivière à demi salée et remplie des ordures de toute une ville. Ici on n'a personne avec qui on puisse se consoler dans les peines et afflictions; un missionnaire doit être résigné à tout souffrir pour l'amour de Dieu.

Après avoir resté trois ans à Jonselam, je me suis déterminé à partir avec monseigneur Coudé pour la capitale de Siam, le 20 février 1784. Nous y arrivâmes pour la semaine sainte. Monseigneur Coudé, après un séjour d'environ huit mois, en partit pour aller se faire sacrer à Pondichéry. Mais, ô malheur! après un mois de chemin, il fut attaqué d'une fièvre maligne qui l'emporta en quinze jours. Il mourut dans une chrétienté, près de Jonselam, qu'il avoit lui-même établie et où nous avions resté longtemps. Cette fâcheuse nouvelle me causa bien des larmes et de la tristesse. Après avoir perdu un Père l'objet de toutes mes espérances, mort à la fleur de son âge, quel coup! C'est une punition de Dieu; nos péchés en sont la cause: nous n'étions pas dignes de posséder un si saint prélat. C'est une grande punition pour moi en particulier; jamais je n'en trouverai de pareil: j'ai tout perdu en le perdant. Je ne puis y penser sans être pénétré de la plus vive douleur. Cette mort précieuse devant le Seigneur m'affermit de plus en plus dans la résolution de rester ici. Elle a servi à me convaincre qu'on ne doit mettre aucune confiance dans les créatures; que Dieu seul est notre partage et notre espérance.

J'ai pris la soutane le jeudi saint, 24 du mois de mars 1785. Je suis déterminé à rester ici, à moins que les persécutions ne m'obligent d'en sortir, ou que ma santé ne me permette pas absolument d'y demeurer.

L'état de missionnaire est très-dur; la vie d'un anachorète ou d'un chartreux est très-douce en comparaison; mais quand on travaille pour la gloire de Dieu, cela paroît doux. Grâce au Seigneur, je n'ai pas encore été malade, quoique j'aie éprouvé bien de la peine à m'habituer au riz, qui est la principale nourriture de ce pays-ci. Je m'applique à étudier la langue du pays et à écrire les caractères siamois, afin de pouvoir être utile à la mission.

M. Villemin, missionnaire arrivé ici il y a un an, veut bien avoir la bonté de m'enseigner la théologie, autant que sa santé le lui permet, car il a toujours été languissant depuis qu'il est arrivé. Il enseigne aussi la théologie à trois autres jeunes gens, naturels du pays, qui ont étudié dès l'enfance au collège de Pondichéry sous les missionnaires françois.

Voilà ce que le bon Dieu a fait pour moi en me retirant du monde, et surtout de l'état de marin: cet état est bien doux en comparaison de celui de missionnaire, et j'y aurois du goût; mais il est difficile d'y sauver son âme. Je voudrois de tout mon cœur que mon frère qui navigue eût le même sort que moi. Ne m'oubliez pas, je vous prie, dans vos prières, mon très-cher père et ma très-chère mère; donnez-moi votre sainte bénédiction. Je n'oublierai jamais l'éducation que vous m'avez donnée; je n'ai qu'à me reprocher de n'y avoir pas répondu comme vous aviez lieu de l'espérer. J'exhorte mes frères à s'appliquer à l'étude, à pratiquer la vertu, à ne fréquenter que des jeunes gens vertueux, à demander tous les jours à Dieu la grâce de connoître sa volonté. Ce seroit une grande consolation pour moi si Dieu en appeloit quelques-uns à l'état de missionnaire et qu'il pût venir ici.

LETTRE DU PÈRE LE ROYER.

Au Tonking, le 15 décembre de l'année 1707.

Je vous ai parlé dans la lettre que je vous écrivis l'an passé d'une requête qu'un apostat avoit présentée au roi contre les évêques et contre les missionnaires de ce royaume, dans laquelle il faisoit de moi une mention expresse, car il y marquoit le temps de mon entrée dans le pays, les moyens que j'avois pris pour me cacher, les provinces que j'avois parcourues et celles que je parcourois actuellement. Cette affaire, qui commença le 19 d'octobre de l'année 1705, ne se termina que le 8 de septembre de l'année 1706 par une sentence que porta le gouverneur chargé par le roi du soin d'examiner cette accusation. Il n'en a coûté que quelque argent aux évêques, aux missionnaires, et à quelques villages accusés de les avoir reçus.

L'apostat n'avoit point parlé du lieu de ma retraite, parce qu'il n'avoit pu le découvrir, malgré les perquisitions qu'il avoit faites, et parce que véritablement, depuis quatre ou cinq ans, je n'ai point de demeure fixe, ayant passé tout ce temps-là dans mon bateau à parcourir mon district, qui est fort étendu. Ainsi nul village n'a été cité, ni n'a eu à souffrir à mon occasion. Maintenant tout est assez paisible. Il n'y a eu depuis peu que quelques accusations intentées contre des villages chrétiens d'une des principales provinces. Comme le gouverneur de cette province a obtenu tout récemment ce poste, il écoute volontiers ces sortes de plaintes qu'on vient lui faire, parce qu'elles lui procurent de l'argent. Du reste, tout ce qu'il exige se réduit à des amendes pécuniaires. Il ne contraint personne de renoncer au christianisme ni d'adorer les idoles : il ordonne seulement de tenir les assemblées plus secrètes, et de cacher avec plus de soin les marques extérieures de religion, comme sont les croix, les chapelets, les médailles, etc., que le roi a défendus dans ses États.

Les amendes qu'on impose aux chrétiens ne laissent pas d'être un grand obstacle à la propagation de l'Évangile. De pauvres gens qui ont à peine de quoi vivre s'exposent difficilement à être longtemps en prison, car on les y retient jusqu'à ce qu'ils aient payé et l'amende à laquelle ils ont été condamnés, et les autres frais de justice. Quand ils sont insolvables, ce qui arrive très-souvent, ils doivent s'attendre à languir plusieurs années dans les prisons. C'est ce qui détourne un grand nombre d'idolâtres d'embrasser le christianisme, et ce qui fait que plusieurs chrétiens n'osent en faire une profession ouverte. Des villages entiers refusent quelquefois de recevoir un missionnaire, de peur d'être découverts et déférés aussitôt au prince.

Malgré cette accusation faite en général contre tous les missionnaires et contre moi en particulier, il n'y a eu aucune année où les chrétiens aient fait paroître plus d'ardeur pour approcher des sacremens et où les conversions aient été plus nombreuses. J'ai entendu les confessions de quatorze mille et onze néophytes; j'ai conféré le baptême à mille soixante-dix-sept adultes et à neuf cent cinquante-cinq enfans. Outre cela, plusieurs païens de différens villages que j'ai parcourus m'ont fait inviter de les aller voir, et ils se disposent maintenant au baptême.

Ces bénédictions que Dieu a daigné répandre sur mes foibles travaux ont été traversées au mois de juillet dernier par la malice de quelques infidèles. Étant arrivé près d'un village où il y avoit beaucoup de familles chrétiennes, j'envoyai savoir si tout y étoit tranquille, et si je pouvois y faire ma visite. Quelques officiers du gouverneur étoient alors dans le village pour lever le tribut. Celui qui gardoit l'église, au lieu de m'en donner avis, se contenta de me faire dire qu'il étoit à propos que je demeurasse quelque temps dans mon bateau, où je pouvois entendre les confessions des fidèles. J'en confessai un grand nombre pendant toute la nuit. Mais un païen ayant reconnu quelques-uns de mes catéchistes, alla aussitôt avertir le principal officier du gouverneur qu'il y avoit, près du village, un missionnaire étranger. L'officier ne voulut point faire de bruit pendant la nuit : il posta seulement des gardes aux environs de mon bateau pour observer mes démarches, afin de m'arrêter plus sûrement en plein jour.

Dès le grand matin, on vint me prier de donner les sacremens à une personne dangereusement malade, qui étoit dans une barque voisine. J'entrai dans cette barque; mais à peine eus-je commencé d'entendre la confession du malade, que l'officier, qui crut que je voulois m'évader, se mit à crier et à faire ramer les gens de son bateau pour me joindre. Le maître de la barque où j'étois rama aussi de son côté pour me dérober à leur poursuite. Je fus heureux de m'être trouvé hors de mon bateau ; car si j'y avois été surpris, on m'auroit enlevé ma chapelle, mes ornemens, un grand nombre de livres sur la religion, et les provisions nécessaires pour l'entretien de mes catéchistes.

Tandis que l'officier me poursuivoit, les catéchistes eurent le temps de faire avancer mon bateau et de le mettre en lieu de sûreté. Ils confièrent à quelques pêcheurs chrétiens les meubles de ma chapelle et les livres ; après quoi ils se dispersèrent en différens bateaux de néophytes pour voir ce que je deviendrois et les mesures qu'il y auroit à prendre.

Cependant l'officier eut bientôt atteint la barque où j'étois. Il y entra avec trois gardes pour m'empêcher d'en sortir ; ensuite il me demanda où étoit mon bateau, combien j'avois de disciples et où étoient mes meubles et mes livres. Comme je ne lui faisois aucune réponse, une bonne chrétienne prit la parole : « Ne voyez-vous pas, lui dit-elle, que vous perdez votre temps à interroger un pauvre étranger qui ne sait qu'imparfaitement notre langue et qui apparemment ne comprend rien à ce que vous lui dites? »

L'officier, après quelque discours, se mit en devoir de me faire passer dans son bateau pour me conduire au gouverneur. Je crus alors devoir parler, et m'étant approché de lui, je lui dis à l'oreille que j'étois fort pauvre, qu'il ne gagneroit rien à m'arrêter, et que s'il vouloit, sans faire de bruit, recevoir quelque petite somme, les chrétiens ne feroient nulle difficulté de la fournir pour me tirer du mauvais pas où je me trouvois. Il goûta la proposition, et se contenta de huit taels, qui lui furent livrés sur-le-champ et que j'ai rendus depuis à ceux qui les avoient avancés, ne voulant être à charge à personne.

C'est pour la seconde fois que j'ai été arrêté depuis que je suis au Tonking. Dieu n'a pas permis qu'il me soit arrivé rien de plus fâcheux. J'avois à craindre qu'on ne me traitât avec la même rigueur qu'a été traité un de nos Pères, qui, ayant été pris il n'y a que peu de temps, fut livré au gouverneur, et par ordre du roi chassé du royaume. Un Père de Saint-Dominique eut l'année passée le même sort; des prêtres tonkinois ont été enfermés plusieurs mois dans d'étroites prisons d'où ils ne sont sortis qu'après avoir payé des sommes considérables. Si le Seigneur me réserve à d'autres travaux, que son saint nom soit béni. Je suis entre ses mains pour souffrir ce qu'il lui plaira d'ordonner pour sa gloire et pour le salut de ce peuple[1]. *Ego non solùm alligari, sed et mori paratus sum propter nomen Domini Jesu.*

DESCRIPTION
DU ROYAUME DE LAOS
ET DES PAYS VOISINS,

PRÉSENTÉE AU ROI DE SIAM, EN 1687, PAR DES AMBASSADEURS DU ROI DE LAOS.

Cette description et le Mémoire qui y fait suite ont été envoyés par le père Claude Visdelou, évêque de Claudiopolis. Ces pièces sont d'autant plus importantes qu'elles démontrent de nouveau que l'Irawaddy du royaume des Birmans entre dans ce pays par le Yun-nan. C'est, comme nous l'avons vu par les lettres précédentes du père Gaubil, le Ta-kin-cha-kiang ou le Yarou-zzangbo-tchou du Thibet, comme je l'ai prouvé dans un Mémoire particulier. S'il pouvoit encore rester quelque incertitude sur l'identité du Zzangbo-tchou ou Ta-kin-cha-kiang et de l'Irawaddy, un ouvrage chinois récemment arrivé en Europe, et contenant la relation officielle de la guerre que les Chinois ont faite en 1769 contre les Birmans, les lèveroit toutes. On y lit : « La ville d'Awa est située sur le grand fleuve d'Or. Pour y arriver de Theng-yue-tcheou dans le Yun-nan, on s'embarque sur le grand fleuve d'Or, qui dans ces cantons porte aussi le nom de *fleuve de Kakieou;* on suit son cours et on arrive à la ville d'Awa. » — Le général qui commandoit l'expédition contre les Birmans marcha de Theng-yue-tcheou droit à l'ouest, fit traverser ce fleuve par une partie de son armée, qui en suivant sa rive orientale entra dans le pays de l'ennemi et se dirigea sur Awa. Le fleuve de Kakieou, appelé aussi *grand fleuve d'Or* ou *à sable d'or*, est le même auquel les Chinois donnent également le nom de *Ping-lang-kiang,* ou *fleuve aux palmes d'arec.* C'est la partie inférieure du Zzangbo du Thibet qui entre dans la Chine à la pointe la plus avancée vers le sud-ouest : le fleuve se rend de là dans le pays des Birmans et y reçoit le nom d'Irawaddy.

On peut donc à présent regarder comme entièrement établie l'identité du Zzangbo et de l'Irawaddy.

La capitale du royaume de Laos est appelée Leeng par les indigènes; elle est entourée de grilles ou barreaux au lieu de remparts et d'autres fortifications; elle a quatre cents sen[1] de circonférence, c'est-à-dire presque neuf mille pas. Elle est arrosée par le fleuve Laï, qui vient de la montagne Pan-yen, située au nord de la ville, près d'un endroit appelé Ban-kiop, et se jette dans le fleuve Koum (ou de Camboge). Le Koum est un de ces quatre bras d'un même fleuve, lesquels se séparent dans le Chaï ou Vinam[2]. Ce premier bras traverse les villes de Lee, Kian-sen, Kian-koum et Lan-kan; de cette ville-ci il passe au milieu du Camboge, où il entre dans la mer. Son embouchure est appelée Ba-sak. Le second bras se rend dans l'An-ya[3], et y est appelé commu-

---

[1] Act., chap. XXI, v. 19.

[1] Le sen est une mesure itinéraire de vingt-deux pas géométriques françois.
[2] Province de la Chine appelée *Yun-nan.*
[3] Auva chez les indigènes : nous l'appelons *Ava.*

nément Me-nam-kiu. Le troisième roule ses eaux jusqu'à Canton, où il se décharge dans la mer. Le quatrième, enfin, traverse les villes de Kiang-koung et Lan-chan[1]. Le Me-nam, ou le fleuve de Siam, prend sa source dans la montagne de Ki-an-dau, et près du royaume de Laos, le Kiam-baï ou Kiamai reçoit ses eaux. Au delà des frontières de Siam, du côté du nord, on rencontre d'abord Kiam-baï, ville et province du même nom. De cette ville à Kie-ma-rath, ville et province[2], il y a sept jours de chemin, et de Kie-ma-rath à Lan, il y en a huit. Les routes sont bien mal entretenues, et à peine peut-on y aller dans de très-petites voitures.

Au nord de Kie-ma-rath, on voit la ville de Leeng, qui donne son nom à tout le royaume[3]. A l'est de Leeng sont les villes de Luan et de Ron-foa; au nord, Puth, Lan, Plin, Lang, Keen, Khaang, Paa, Saa, Boo-noï, Boo-jaï[4], Nim-neüa, Kang et Gin-thaï. Ces quinze villes sont sous la juridiction de la ville de Leeng. De celle-ci au nord, à la ville de Lee, on compte ordinairement quatorze journées de chemin. A l'ouest de la ville de Leeng est le pays de Ko-sam-pii, qui était jadis habité par une nation appelée Thaï-jaï, c'est-à-dire par les grands Siamois. La circonférence de ce royaume étoit de trois mois de chemin. A deux cents pas au delà du pays appelé Sy-luam-pa-hing-ma-pan, et à quatre mille quatre cents pas géométriques de la ville de Sen-feu, dans le royaume de Leeng, au nord, on trouve une mine de pierres précieuses d'où l'on tire des escarboucles[5] qui égalent quelquefois la grosseur d'une noix[6]. On en tire aussi des émeraudes, et le roi de Lao en a une grosse comme une orange. Les autres pierres précieuses, de quelques couleurs qu'elles soient, y sont en si grand nombre qu'il arrive bien souvent que les ruisseaux qui découlent de ces montagnes en roulent parmi les pierres de leur lit.

Il y a aussi une mine d'argent; elle appartient aux Chinois transalpins, et rend au roi trois cent soixante cates d'argent[1]. Les habitans de Kie-ma-rath, Lee, Mai, Ten-ma, Meen, Daa et Pan, viennent en foule travailler à cette mine, qui a plus de cent sen de profondeur[2]. C'est dans la montagne où elle est située qu'on trouve la racine médicinale appelée *Ton-küei* par les Chinois[3] et *Ko-thoua-a-bua* par les Siamois. Il y a aussi un grand nombre des arbres nommés *Ven-djian*, qui portent des fruits de diverses couleurs, de la grosseur d'un doigt, qui ressemblent à des canards lorsqu'ils commencent à se former. Cette montagne est toujours couverte de verdure, dont une rosée perpétuelle conserve admirablement la beauté et la fraîcheur.

Le roi de Leeng est tributaire de celui d'Ava; il lui envoie chaque année le tribut par la voie de ses ambassadeurs. Les naturels ont bien le droit de substituer un nouveau roi à celui qui vient à mourir; mais on ne le regarde pas comme légitime jusqu'à ce qu'il ait été mis en possession du royaume, dans toutes les formes, par le roi d'Ava.

Il y a huit villes dans le Meüang-leeng[4], dont chacune entretient une garnison de mille soldats. Le roi confie tout le gouvernement à un ministre qu'on appelle communément le *grand intendant de la maison du roi*. Les impositions annuelles, à l'exception du produit des mines, rapportent à l'État huit cent soixante cates d'argent, ce qui fait quarante-trois mille pataques d'Espagne. Pendant la guerre entre les Chinois et les Tartares, les Laosiens fournirent aux Chinois vingt éléphans, quatre cents chevaux, et plus de cent cinquante mille onces chinoises d'argent. Les Chinois s'en servirent pour subjuguer le royaume de Meen, qui refusoit de payer le tribut. C'est alors que les Meenois, pour éviter la guerre, leur fournissoient quatorze éléphans, quatre cents chevaux, et cent cinquante mille onces d'argent, comme les Laosiens, et quarante-six livres chinoises d'or.

Les Chinois tournèrent leurs armes contre le royaume de Leu. Le roi de cette région implora le secours des Avanois, dont le roi

---

[1] Il s'agit ici de quatre fleuves séparés, et non pas de quatre bras d'un même courant d'eau. (Kl..)
[2] L'auteur dit sous-entendre toujours *ville* et *province*. Est-ce seulement de Kie-ma-rath qu'il veut parler, ou aussi des autres régions?
[3] Leeng, Laos, Lao, selon les différens dialectes.
[4] *Noï* signifie *petit*; et *jaï*, *grand*.
[5] C'est-à-dire des rubis de toute espèce, balais, spinelles et orientaux.
[6] *Nux juglans*.

[1] Le cate équivaut à peu près à 50 écus de France.
[2] Deux mille deux cents pas géométriques.
[3] Corrigez *Tang-kouei*. C'est l'opium *graveolens*. (Kl.)
[4] C'est-à-dire dans le royaume de Lao.

lui envoya son propre frère, avec une armée de quatre-vingt mille combattans. Le frère du roi d'Ava, pendant la route, renforça son armée de dix mille hommes de Kie-ma-rath et dix mille de Kiam-hai. Il rencontra les Chinois sur les frontières de Leu ; ils avoient déjà livré bataille aux habitans de ce pays : c'est pourquoi, s'apercevant qu'il n'avoit pas assez de forces pour en venir aux mains avec les Chinois, il alla lui-même demander du secours aux Laosiens. Il en obtint, et retourna dans le royaume de Leu ; mais il n'y trouva plus l'ennemi, car les Chinois s'étoient déjà retirés dans le Meen. Aussitôt que ceux-ci apprirent le retour des Avanois, ils entrèrent de nouveau dans le Leu, les attaquèrent, taillèrent en pièces toute leur armée, et remportèrent une victoire complète. Ensuite ils marchèrent contre les Laosiens et se dirigèrent vers Le-en, leur capitale, parce que ceux-ci avoient fourni des secours aux Avanois. Ils furent repoussés dans cette première campagne, et perdirent dans cette expédition un nombre considérable de soldats ; mais étant revenus trois ans après, pour se venger, ils s'emparèrent du royaume et de la capitale. Ils soumirent ensuite Kie-ma-rath, et tournèrent leurs armes contre les Avanois.

De Kie-ma-rath à Leu, il y a sept journées de chemin : de Leu à Meen il y en a onze. Le royaume de Meen confine au nord avec la province chinoise Vi-nam[1], et à l'est avec Ku et Kung, villes de la même province, et avec la ville de Lan-chan. Le royaume de Leu se trouve à son sud. Toutes ces régions sont situées au delà du cercle tropique.

Le royaume de Meen, du sud au nord, a dix-sept journées de chemin ; et de l'est à l'ouest il n'en a que sept. Il est arrosé par ce fleuve qui se jette dans un bras du Kum. A l'exception du durion et du mangoustan, on y trouve tous les fruits de Siam et du Laos. Il y a des mines d'étain à l'ouest, d'argent, de cuivre et de fer au nord, et de sel au sud.

Kie-ma-rath confine à l'est avec le Leu, au nord avec le Leeng et le Lan, à l'ouest avec Ava, et au sud avec le Kiang-sen et le Kiang-hai. Sa juridiction s'étend à l'est sur les villes de Vak, Rom, Ghom, Laï, Mo-a et La-a, et au nord sur les villes de Ham, Krüa, Lo-y, Gi-an et Peen.

[1] Yun-nan.

De la ville de Krüa à la ville de Lo-y, il y a une journée de chemin, aussi bien que de Lo-y à Gian, du côté du nord. La capitale, Kie-ma-rath, a quatre cents sen de tour[1]. Le royaume a, de l'est à l'ouest, huit journées de chemin. Il étoit autrefois tributaire de l'Ava.

Le roi de Kie-ma-rath prend le titre de Prakhiau-o-tan. Les habitans du Kie-ma-rath, outre les autres armes communes aux Chinois, se servent aussi de combustibles (?). Ayant été chassés de Kie-ma-rath par les Chinois transalpins, ils allèrent s'établir à Kïa-mai : on ne sait pas si Kie-ma-rath est aujourd'hui habité. Les Chinois de Yun-nan défendent, sous peine de mort, l'entrée de la Chine à tous les peuples qui portent les dents couvertes d'un enduit noir[2] et qui ont les oreilles trouées et les jambes peintes.

Tout ce que j'ai rapporté est le précis de la description présentée au roi de Siam par les ambassadeurs de Laos, à quelques petits détails près, que j'ai supprimés, comme étant déplacés dans une description géographique de ce royaume.

EXTRAIT
D'UNE
RELATION DE QUATRE CHINOIS TRANSALPINS

Qui, avec vingt ou trente mille individus de la province de Yun-nan, s'étoient réfugiés dans l'Ava et le Pégou, et ensuite dans le Siam, pour ne pas être forcés à se raser les cheveux, selon l'usage des Tartares. (An 1687.)

« Il y a trente ans environ que nous sommes partis de la ville de Yun-nan, capitale de la province du même nom. Nous sommes arrivés en dix-huit jours dans la ville de Young-tchhang. De Young-tchhang, après quatre journées de chemin, nous avons gagné la ville de Teng-yue, et dans cinq journées nous avons atteint le village situé sur la frontière de cette province, où les Chinois entretiennent une bonne garnison. Là, nous nous sommes embarqués, et après vingt jours de navigation, nous som-

[1] Ou huit mille huit cents pas géométriques.
[2] Il y a peut-être ici une erreur de la part du père Visdelou ; car il traduit plus bas le terme *kin-tchi*, ou *dents dorées*, par *dents noires*. Il s'agit peut-être ici de la même nation qui habite le Yun-nan occidental, et qui se couvre les dents de plaques d'or. (KL.)

mes entrés dans la capitale d'Ava. Le fleuve, vis-à-vis du village, étoit plus grand en étendue que le Me-nam des Siamois, et encore plus impétueux. Dans les cinq premiers jours de notre navigation, nous n'avons vu que des terres désertes et sans habitans; mais dans les quinze suivans, nous avons traversé plusieurs bourgs et villages. De la capitale d'Ava à celle du Pégu nous avons voyagé pendant un mois entier. De cette dernière jusqu'à la capitale du Siam, où nous sommes à présent, nous n'avons employé que quinze petites journées. »

Observations du père C. Visdelou.

Les conséquences qui résultent nécessairement de ce récit sont :

1° Le fleuve qui coupe par le milieu le royaume d'Ava et de Pégu est le même fleuve appelé par les Chinois *Kin-cha-kiang* ou le *Fleuve des sables d'or* [1], ou *Li-chui*; quelquefois aussi *He-chui*. C'est ce que nous apprend positivement la chorographie chinoise, en disant que le fleuve Kin-cha-kiang a été donné comme une espèce de fortification, par la nature même, aux Miénois. Les ambassadeurs de Laos nous attestent de même que le fleuve des Miénois, appelé *Me-nam-kiu*, prend sa source dans la province chinoise de Yun-nan. Ajoutez encore le témoignage de l'histoire mongole-chinoise et des quatre Chinois transalpins; car celle-là nous dit d'avoir conduit une flotte dans les ports riverains de Mien, et ceux-ci assurent qu'ils ont fait leur voyage dans des vaisseaux qui suivoient le courant du fleuve, qui les a conduits jusqu'aux capitales de ces royaumes.

Ce n'est pas sans raison que ce fleuve porte le nom de *Fleuve des sables d'or* : on en tire une considérable quantité de ce métal ; et même en Chine, sous l'empire des Yuan, c'est-à-dire sous la dynastie mongole-chinoise, les riverains de ce fleuve payoient chaque année à l'État une quantité d'or déterminée. Le roi de Pégu l'exige encore de nos jours. Cependant, quoique ce fleuve sorte de la province de Yun-nan, il n'y prend pas sa source naturelle : elle est dans le Thibet. De là, il dirige son cours vers le sud-est, et traverse la pointe la plus occidentale du Yun-nan, d'où il passe dans l'Ava, dont il arrose la capitale, où le pôle arctique s'élève sur l'horizon de vingt-un degrés. Et après avoir ensuite traversé le royaume de Pégu proprement dit, en passant par l'embouchure appelée *Siriam*, au port de ce royaume, sous le seizième degré de hauteur boréale, il verse la fougue de ses eaux, pour ainsi dire condensées, dans le golfe de Bengale. La chorographie chinoise, à la vérité, nous assure que le royaume de Mien est arrosé par la mer du Sud ; mais outre que le golfe de Bengale fait lui-même partie du grand Océan (mer du Sud), si l'on tire une ligne droite de la source du fleuve, où il passe le troisième degré, jusqu'à son embouchure, au seizième degré environ, sans compter les sinuosités et les détours infinis, elle marquera le sud-ouest : elle penchera même plutôt vers le sud que vers l'ouest. C'est donc avec raison que la chorographie chinoise l'appelle mer du Sud. Mais quant à l'assertion des ambassadeurs de Laos, relativement aux quatre bras des fleuves qui, de la province de Yun-nan, se divisent en plusieurs parties, ils se trompent entièrement en leur assignant une source commune. Il est bien vrai cependant qu'ils dérivent tous les quatre de la province de Yun-nan ; mais pour ce qui regarde le premier bras, qui arrose le royaume de Laos et le Camboge, ils en ont parlé avec une si grande clarté qu'il ne doit plus rester aucun doute sur la vérité de leurs assertions. On peut dire de même du second bras qui, sous le nom de *Kiu*, traverse le Mien, ou les royaumes d'Ava et de Pégu. Quant au troisième, il est constant qu'il roule une immense quantité d'eaux de plusieurs autres fleuves, depuis le Yun-nan jusqu'à Canton. Il n'est pas si aisé de déterminer le cours du quatrième bras de ce fleuve ; car les ambassadeurs laosiens nous assurent qu'il traverse les villes de Kiang-koung et de Lan-chan, ce qui ne peut pas se faire si les eaux ne se confondent pas ensemble de nouveau. Cependant ils ne s'expriment pas à cet égard en termes positifs. Je suis plus disposé à ajouter foix à leurs assertions, quand ils assurent que c'est ce quatrième bras qui, après avoir traversé le Me-en, se jette dans le fleuve Kung de Camboge. Mais ce n'est pas à moi de déterminer quel est ce fleuve de la province de Yun-nan ; on le verra peut-être dans la suite, lorsqu'il sera question du cours

---

[1] C'est-à-dire le grand Kin-cha-kiang, qu'il ne faut pas confondre avec le Li-choui, ou He-choui, lequel est le commencement du grand Kiang de la Chine, dans le Thibet.

des fleuves Kin-cha-kiang et Lan-thsang-kiang.

Il est hors de doute que le fleuve du Siam, ou le Me-nam, a sa source au delà des frontières de Siam, mais non pas à une grande distance; car j'ai appris d'une personne digne de foi, que c'étoit dans la province de Kiam-haï, près les frontières de Siam : j'ai des raisons de croire à cette assertion ; car lors de mon séjour dans le Siam, je suis arrivé plusieurs fois dans une barque, dans l'été, en moins de soixante et dix heures, à Leu, par l'embouchure du Me-nam, ou du fleuve de Siam. Dans cet endroit, son lit a plus de cent pieds de latitude ; mais il étoit absolument sec, à l'exception de dix pieds environ, où l'eau couloit doucement, n'ayant que deux ou trois pouces de profondeur, ce qui prouve que sa source n'est pas beaucoup éloignée. Les ambassadeurs de Laos assurent qu'il coule de la montagne appelée *Kian-dau,* sans déterminer cependant la position de cette dernière. J'ai lieu de croire qu'elle se trouve dans le Kiam-haï ; au moins elle ne peut être loin de cette région.

Or, presque tous nos géographes se sont entièrement trompés en décrivant ces quatre fleuves (c'est-à-dire ceux du Siam, du Pégu et les autres deux qui se déchargent dans le golfe de Bengale, entre le Gange et le fleuve du Pégu) d'un lac d'une grandeur extraordinaire, appelé *Ki-mo-y* ou *Quia-mai,* qu'ils placent sous le trente-quatrième ou cinquième degré de latitude, dans le Thibet. Le Kiam-haï, comme nous avons dit ci-dessus, confine avec le Siam ; il est très-petit, et ne peut pas avoir un aussi grand lac, à moins qu'il ne forme un lac lui-même. Ils entassent ainsi des erreurs très-considérables sur d'autres encore plus embarrassantes ; ils confondent ce lac, qu'ils ont créé, avec un autre lac appelé *Thsing haï* par les Chinois, *Khoukhou-noor* par les Tartares de l'ouest, et communément mer Bleue par les deux nations, et qui est situé à peu près par la même hauteur du pôle. Le Khoukhou-noor est tout près de la Chine ; il n'est pas même à sept postes entières de Si-ning, place célèbre dans l'occident de cet empire. Nos géographes avoient peut-être entendu dire quelque chose d'aussi vague que la relation des ambassadeurs de Laos, relativement aux quatre bras des fleuves qui coulent de la province de Yun-nan ; cependant ils diffèrent d'eux, en ce que les ambassadeurs nous assurent que le premier et le quatrième bras, divisés à leur source, se réunissent de nouveau près de la ville de Lan-chan, au lieu que les géographes européens pensent que le fleuve du Siam soit un bras du fleuve du Pégu, qui s'est dirigé bien loin de sa source. Ils se sont également trompés en les plaçant dans le Thibet ou dans le Yun-nan.

2° On voit par là les changemens qui ont eu lieu dans la province de Yun-nan, et comme elle est bien différente de ce qu'elle étoit autrefois ; car quoique l'itinéraire des quatre Chinois transalpins ne compte que vingt-sept journées de chemin de la capitale du Yun-nan jusqu'aux frontières de cette province à l'ouest, il faut bien dire qu'ils alloient bien vite et qu'ils marchoient à très-grandes journées, comme font ordinairement les réfugiés ; car la chorographie chinoise rapporte que le siège du gouverneur chinois du Mien est à trente-huit journées de la capitale au nord-est. Il n'est point probable que des réfugiés aient osé s'avancer jusque-là. L'histoire mongole-chinoise s'est expliquée, ce me semble, bien clairement sur ce sujet ; elle dit : « La longitude de la province de Yun-nan, de l'est à l'ouest, est de trois cent soixante et dix lieues, et sa latitude, du sud au nord, est calculée à quarante lieues environ. » Aujourd'hui, elle n'a souffert aucun changement. Ajoutez encore que la moderne chorographie chinoise place au sud-ouest de la ville de Yun-nan-fou, un gouverneur qui commande aux peuples de Lao-tchoua, dont le siège est à soixante-huit journées de chemin de la capitale. Qu'en dirons-nous, si par Lao elle entend le Laos ; et par Tchoüa ceux de Cham[1] ? Il y a cependant cette différence essentielle que les innombrables nations barbares, que jadis cet empire ou province contenoit dans ses frontières, étoient placées sous la juridiction de villes et de bourgades qui avoient leurs gouverneurs mongols-chinois, au lieu qu'à présent plusieurs nations ne sont que tributaires, quelques-unes même ne le sont pas à la rigueur. J'ai dit empire ou province ; car six rois chinois très-puissans et très-célèbres,

---

[1] Les difficultés que le père Visdelou trouve dans les distances ne sont pas réelles, puisqu'il ne s'agit, dans les textes chinois qu'il cite, que de marches de corps d'armées, qui sont naturellement plus courtes que les journées ordinaires. (KL.)

sous le nom de *Tchao*, s'étoient partagé entre eux cette région, jusqu'à ce qu'elle fut réduite sous l'empire d'un seul, dont la dynastie fut également nommée *Tchao*. Le premier de ces Tchao fut proclamé roi de Yunnan par l'empereur de la Chine, en 738 de Jésus-Christ. Mais irrité à cause des vexations du vice-roi chinois, il se révolta en 750, et défit les Chinois. Ensuite la famille de Moung devint si puissante qu'elle refusa dans l'avenir de reconnoître les décrets de l'empereur de la Chine.

Dans le siècle treizième, cet empire fut renversé et réduit en province par les Mongols. Le royaume de Siam faisoit partie de cet empire, et les rois de Siam ont usurpé le titre de Tchao, tiré de la langue du Yun-nan. Lors de notre voyage de Siam en Chine, en 1687, nous avons été, avant notre départ, visiter le roi de Siam, pour prendre de lui notre congé. Dans l'audience particulière qu'on nous accorda, le roi nous raconta qu'il avoit lu dans les annales de sa nation qu'un empereur de la Chine avoit donné sa propre fille en mariage à un de ses prédécesseurs, et il nous en fit donner le passage traduit en chinois, pour consulter l'histoire chinoise sur la vérité de cette alliance. Ce morceau périt par la négligence de celui qui l'avoit entre ses mains. Effectivement l'empereur de la Chine avoit donné une de ses filles en mariage à un Tchao de Yun-nan, et il paroit que le royaume de Siam lui étoit alors tributaire. Malgré cette alliance par mariage, le roi actuel de Siam n'a pas d'autre rapport avec celui de Tchao qui épousa la princesse chinoise, que n'ont les rois modernes de France et d'Espagne avec César et Auguste, empereurs des Gaules et de l'Espagne.

3° Les ambassadeurs de Laos parlent, ce me semble, de cette guerre même qui est rapportée dans l'histoire mongole-chinoise. Ainsi, les Chinois n'ont pas, à la vérité, exagéré le fait, mais ils en ont au contraire diminué l'importance; car, selon les Chinois, l'armée de l'Ava et du Pégu, ou miènoise, étoit de soixante mille hommes au plus, tandis que les ambassadeurs en portèrent le nombre à cent vingt mille. Faut-il s'étonner qu'une multitude innombrable de barbares du Nord ait été méprisée et taillée en pièces par une petite troupe de Mongols? Ces derniers étoient encore enflés des triomphes de toute l'Asie subjuguée, et ils ne considéroient cette armée de Mien que comme une horde de barbares. Cependant il est toujours étonnant que les Mongols, avec des forces minimes (car ils n'avoient précisément que sept cent et un hommes de cavalerie), aient osé attaquer une armée dont l'avant-garde étoit composée de huit cents éléphans, tous armés de pied en cap, suivant l'usage des Chinois et des Tartares.

NOTES.

I. Il paraît que l'arbre appelé *ven-djan* par les Laosiens est le même connu en Chine sous le nom indien de *ky-paï*. Il croît, selon les Chinois, dans le Camboge, et appartient à cette espèce d'arbres appelés cotonnier arbre, et dont le coton est de la même finesse que l'ordinaire. Sa fleur représente une espèce d'oiseau. (*Abrégé de la Chorographie chinoise* [1], chap. *Tchen-tchhing* ou *Camboge* [2].)

II. Les Laosiens et les Siamois ont des dialectes différens; mais leur langue est toujours la même dans le fond. Ainsi les deux peuples donnent le même titre de *Meüan* à toutes les villes et capitales qui ont quelques terres ou villages sous leurs juridictions, comme Meüan-leen, Meüan-plin, Meüan-paa, etc. Cependant je l'ai presque toujours omis, par amour pour la brièveté. Mais il faut observer que comme presque toutes ces régions prennent leur nom de la capitale, j'ai quelquefois traduit le nom de la capitale par celui de la région, *et vice versâ*, d'autant plus qu'il étoit question de royaumes très-petits. De même, le nom *Me-nam*, qui signifie *fleuve* [3], précède toujours les noms propres des fleuves et des rivières; par exemple, Me-nam-kiu, Me-nam-kum, etc. Les Siamois appellent leur fleuve simplement Me-nam, c'est-à-dire *le fleuve* par antonomase.

III. On mesure les régions par journées de chemin, ce qui nous jette bien souvent dans l'incertitude; car, comme ces régions, presque toujours pleines de montagnes, entourées de très-épaisses forêts, sont entrecoupées d'eaux, on ne peut voyager qu'en faisant des tours et détours incalculables. C'est ce que j'ai éprouvé moi-même dans le royaume de Siam. Ainsi on ne peut pas calculer dix lieues par jour, ni même déterminer ce qu'il faudroit en soustraire, à cause des tours et détours aussi bien que des autres difficultés qu'on rencontre pendant le voyage.

[1] C'est le *Taï-ming-y-thoung-tchi* que le père Visdelou appelle la *Chorographie chinoise*. Le texte de cet ouvrage ne dit pas que la fleur de cet arbre ressemble à une oie, mais que quand elle est parvenue à sa perfection, elle ressemble à des oies. On file ce duvet et on en fait des toiles. (KL.)

[2] Le royaume de Tchen-tchhing comprenait non-seulement le Camboge, mais encore plusieurs autres régions voisines.

[3] C'est-à-dire *mère des eaux*. (*Note du rédacteur.*)

IV. Pour bien prononcer les mots barbares, il faut observer : 1° que n doit être prononcé comme la finale m des Portugais ; 2° le m final comme le m françois suivi de l'e muet. Dans les mots d'origine chinoise, cette distinction seroit inutile, car ils prononcent toujours l'm comme les Portugais sur la fin des mots [1]. L'n se prononce comme le double n suivi de l'e muet. Si je n'étois pas François, je ne dirois pas que l'u se prononce comme l'u des Italiens et comme l'ou des François.

V. Voici le cours des deux fleuves mentionnés par la chorographie chinoise ci-dessus, non comme les cartes géographiques nous l'ont représenté, c'est-à-dire très-inexactement, mais suivant le rapport verbal de plusieurs personnes dignes de foi et de la même chorographie [2].

1° Le Kin-cha-kiang, ou le second, selon la relation des ambassadeurs laosiens [3], passe à Kiu-tsin-tcheou, ville sous la juridiction de Li-kiang-fou. Le fleuve a sa source dans le Thibet. On trouve de l'or dans son sable. Le territoire de la ville de Li-kiang-fou est borné à l'est par celui de Lang-kiu-tcheou, qui dépend de la citadelle appelée *Lan-tsang-wëi*; à l'ouest par le fleuve Lam-thsang-kiam, du Si-fan ou Thibet ; au sud par le département de Ho-khing-fu ; au nord par celui de Young-ning-tcheou. Elle est à onze mille sept cent soixante li [4] de Pékin.

Le fleuve coule de Li-kiang-fu à Pe-ching-cheu, en dirigeant son cours droit vers l'est aux remparts de cette dernière ville, qu'il entoure. On l'appelle aussi *Li-kiang*. Le territoire de Pe-ching est borné à l'est par Ma-la ; à l'ouest par celui de Chun-tcheou, ville qui est sous la juridiction de Ho-khing-fou ; au sud par le district de Yun-nan-hian, dépendant de Ta-li-fou ; au nord par le territoire de Lang-kiu-tcheou, ville dépendante de la citadelle de Lan-tsau-wëi. Pe-ching est à onze mille sept cents li de Pékin. De là le fleuve se dirige au sud-est vers le département de Ho-khing-fou, qui est borné à l'est par le territoire de Pe-ching-tcheou, à l'ouest et au nord par le département de Li-kiang-fou, au sud par celui de Ta-li-fou. Puis le Kin-cha-kiang entre dans le territoire de Phing-tchhouan-tcheou, ville dépendante de Ta-li fou. On donne ici à ce fleuve le nom de *Yo-choui*. Ta-li-fou est borné à l'est par celui de Yao-ngan-fou, ville chef-lieu ; à l'ouest par le territoire de Young-phing-hien, petite ville de la juridiction de Young-tchhang-fou; au Sud par le département de Chuning-fou; au nord par celui de Ho-khing-fou. Ta-li-fou est à onze mille quatre cent cinquante li de Pékin. Ta-li-fou a été autrefois la capitale des rois de Yun-nan, pendant quatre ou cinq siècles, sous les trois familes de Moung, de Touan et Kao. De cette ville, le fleuve va au département de la ville unie [1] de Yao-ngan-fou, borné à l'est par le territoire de Yuan-mou-hian, dépendant de Wou-ting-fou ; au sud par le territoire de Tchhin-nang-tcheou, de la juridiction de Thsou-hioung-fou ; à l'ouest par celui de Yun-nan-hian, sous la juridiction de Ta-li-fou ; au nord par Pe-ching-tcheou. Yao-ngan-fou est à onze mille deux cents li de Pékin.

De ce département, le Kin-cha-kiang entre dans celui de la ville unie et de Wou-ting-fou. La famille de Moung, qui a régné dans le Yun-nan, proclama ce fleuve un des quatre fleuves principaux [2] de ses États. Le département de Wou-ting-fou est borné à l'est par Fou-min-hian, de la juridiction de Yun-nan-fou, capitale de la province de Yun-nan ; à l'ouest par le territoire de Ting-yuan-hian, du département de Thsou-hioung-fou ; au sud par Lo-thse-hian, sous la juridiction de Yun-nan-fou ; au nord par Thoung-ngan-tcheou, ville qui dépend de Li-kiang-fou. De Wou-ting-fou il y a dix mille huit cents li jusqu'à Pékin.

De là le Kin-cha-kiang entre dans le territoire de Mang-chi, siége du gouverneur de cette contrée. Mang-chi est à vingt-trois journées de chemin nord-est de la capitale du Yun-nan.

Le Kin-cha-kiang passe dans le Mien, c'est-à-dire dans le royaume d'Ava et de Pégu [3].

2° Le Lan-thsang-kiang a sa source dans le Thoufan ou Thibet, d'où il entre dans le territoire de Lan-tcheou, sous la juridiction de Li-kiang-fou. De là il coule dans le département de Moung-houa-fou, au sud-ouest de laquelle il coule. On l'y appelle communément en chinois *He-choui*, ou l'*Eau noire*. Moung-houa-fou est borné à l'est par Tchao-tcheou, ville de la juridiction de Ta-li-fou ; à l'ouest par le département de Chun-ning-fou ; au sud par Ting-yuan-hian, sous la juridiction de Thsou-hioung-fu ; au nord par Thai-ho-hian, sous celle de Ta-li-fou. Moung-houa-fou est à onze mille quatre cents li de Pékin.

---

[1] J'ai substitué à l'm le *ng*. (KL.)

[2] Pour ne rien supprimer dans le travail du père Visdelou, je donne la note suivante en entier; cependant je dois faire observer qu'il y confond constamment le Kin-cha-kiang, ou Kiang de la Chine, avec le Ta-kin-cha-kiang, ou Grand fleuve à sable d'or, qui est le Yarou-zzang-bo-tchou du Thibet et l'Irawaddy de l'Ava.

[3] C'est une erreur : il s'agit ici du grand Kiang de la Chine.

[4] Le li est une mesure itinéraire d'environ trois cent soixante pas géométriques, chacun de cinq pieds.

[1] C'est ainsi que le père Visdelou traduit le terme chinois de *kiun-min-fou*, qui désigne une ville habitée p.. des troupes et des citoyens réunis. (KT.)

[2] Dans l'original chinois que le père Visdelou traduit, il y a *Szu-tou*. Les *Tou* sont les quatre rivières principales de l'empire chinois auxquelles on offre des sacrifices. Les rois du Yun-nan ont voulu imiter cet usage chinois. (KL.)

[3] C'est dans ce dernier paragraphe seulement qu'il s'agit du Ta (ou Grand) Kin-cha-kiang, qui est l'Irawaddy. (KT.)

De là le fleuve entre dans le département de Khing-toung-fou, et coule au sud-ouest de cette ville. Il y arrive par le pays des barbares Kin-tchi (ou Dents dorées)[1]. Le département de Khing-toung-fou est borné à l'est par Thsou-hioung-hian, ville du troisième ordre de celui de Thsou-hioung-fou; à l'ouest par Ta-heou-tcheou; au sud par Wei-yuan-tcheou; au nord par Ting-pian-hian, sous la juridiction de Thsou-hioung-fou. Khing-toung-fou est à onze mille six cents li de Pékin.

De là la rivière va au nord-est de la ville de Chun-ning-fou, dont le département est borné à l'est par celui de Moung-houa-fou, à l'ouest par Wan-tian-tcheou, au sud par Meng-ting-fou, au nord par Young-phing-hian, de la juridiction de Young-tchhang-fou. Chun-ning-fou est à onze mille six cent vingt li de Pékin.

Plus loin le Lan-thsang-kiang coule au nord-est de Yuong-tchhang-fou, dont le territoire confine à l'est à celui de Moung-houa-fou, au sud avec Wan-tian-tcheou, à l'ouest avec le territoire de la citadelle de Teng-tchung-wéi, au nord par Yun-loung-tcheou, ville sous la juridiction de Ta-li-fou. Young-tchhang-fou est à onze mille huit cents li de Pékin.

Enfin le Lan-thsang-kiang passe à Ta-heou-tcheou, ville qui est à vingt-trois journées de chemin sud-ouest de la capitale Yun-nan-fou. Les barbares appellent cette contrée *Meng-yeou*. Le fleuve y prend le nom de *Meng-yeou-ho*, et entre dans le Laos. La conformité du nom de la ville et du royaume m'ont persuadé que le Lan-thsang-kiang est le troisième bras mentionné par les ambassadeurs laosiens; les Tonkinois l'appellent, ce me semble, *Lan-tchang*; en Camboge, on l'appelle communément *Kum*.

VI. Yun-nan-fou, capitale de la province du même nom, est à dix mille six cent quarante li de Pékin. Il faut observer que nous ne parlons pas ici du grand chemin que suivent les voyageurs (qui est de cinq mille cinq cent quatre-vingt-cinq li), mais de la route par laquelle les impôts sont portés à la ville impériale de Pékin. Observez encore que le fleuve Kin-cha-kiang entre dans la province de Szu-tchhuan à Toung-tchhouan-fou et Qu-sa-fou, villes unies. Les villes que nous appelons *unies* sont habitées indistinctement par le peuple et par les soldats de garnison de droit héréditaire. Les cartes géographiques font venir le Lan-thsang-kiang du Thibet; je ne comprends pas cependant comment cette rivière peut avoir sa source dans la contrée des barbares Kin-tchhi; c'est peut-être un fleuve qui se jette dans le Lan-thsang-kiang, dont il prend le nom. Du reste, il faudroit dire qu'on trouve des barbares Kin-tchi près de Li-kiang-fu, ce qui n'est pas probable. Il paroit que la chorographie veut indiquer que le Lan-thsang-kiang provient aussi du Thibet, lorsqu'en déterminant les limites du département de Li-kiang-fou, elle dit qu'il est borné à l'ouest par le Lang-thsang-kiang et par la région du Thibet. Il y auroit cependant cette difficulté que le caractère avec lequel on écrit se prononce *lang* et non *lan*, ce qui est peut-être une faute, qu'elle répète aussi quand elle parle du département de Tche-li dans ces termes : « Cette ville est à dix-huit journées de chemin sud-ouest de la capitale du Yun-nan; elle a pour barrière le fleuve Lang-thsang-kiang. Elle confine avec le Tonking[1]. » Il n'est pas plus facile de déterminer quel est le *Meüam-meen* des ambassadeurs de Laos; car la géographie chinoise fait mention de plusieurs régions barbares de ce nom, situées dans des lieux différents. Je crois cependant qu'il est question de celle qu'on nous décrit en ces termes : « Le siége du gouverneur du cercle uni appelé *Moupang* est situé au sud-ouest de Yun-nan-fou, capitale, et il est à trente-cinq journées de la même. On l'appeloit autrefois *Meng-tou*, c'est-à-dire en chinois *Meng, ville royale*; aujourd'hui on l'appelle aussi *Meng-pang*; c'est-à-dire en chinois *Meng, royaume*. » Dans d'autres endroits, le même ouvrage dit qu'on ajoute à *Meng* le nom propre; par exemple, Meng-ting, Meng-yang, Meng-ken, etc.

COUP D'OEIL
SUR
L'ÉTAT ACTUEL DE L'INDO-CHINE.

Le vaste territoire que les anciens appeloient la Chersonèse d'Or, et qu'on a depuis successivement nommée l'Inde Orientale, l'Inde Extérieure, la presqu'île au delà du Gange, est aujourd'hui généralement connue sous le nom d'Indo-Chine.

Située entre la Chine et l'Inde, elle participe en effet des deux pays par ses mœurs, ses lois, ses langues, ses cultes, et il paroit convenable de lui donner un nom qui les rappelle toutes deux.

La presqu'île *au delà du Gange* étoit naturellement considérée comme partant de ce fleuve, et longtemps elle fut ainsi indiquée sur les cartes; mais depuis vingt ans, les Anglois, qui avaient eu d'abord le Bengale, se sont emparés de tout le bassin du Bramapoutre; ce n'est pas assez : ils ont réuni à leurs possessions les royaumes d'Assam et de Katchar; les provinces de Djintiah, de Garrow et d'Arakan, qu'ils ont enlevées à la Birmanie, et leurs frontières;

---

[1] Le père Visdelou avait traduit *dents noires*. (Kl.)

[1] Le même ouvrage dit expressément, dans la description du département de Khing-toung-fou, que le fleuve en question s'appelle aussi bien *Lan-thsang-kiang* que *Lang-thsang-kiang*. Il n'y a donc pas de difficulté. (Kl.)

par conséquent les limites réelles de l'Inde, se trouvant reportées jusqu'aux monts Aloupek, l'*Indo-Chine* s'est vue resserrée d'autant dans sa partie occidentale, et c'est de là que nous devons partir pour notre analytique description.

Ces montagnes donc et le golfe du Bengale bornent l'Indo-Chine à l'ouest ; elle a au nord l'empire chinois ; à l'est, la mer de Chine ; au sud, le golfe de Siam et le détroit de Malacca.

Dans sa configuration, elle offre deux presqu'îles, dont l'une, celle de Malacca, se prolonge très-loin au sud-est et forme de ce côté l'extrémité de l'Asie.

Quatre chaînes principales de montagnes, courant du nord au sud, laissent entre elles de larges vallées où coulent de majestueuses rivières.

Tous les sommets de ces monts sont stériles, et plusieurs couverts de neige ; mais leurs flancs sont chargés de forêts épaisses dont les arbres croissent dans des proportions gigantesques ; dans les plaines, sur le bord des cours d'eau, notamment dans le sud, le sol est d'une admirable fertilité.

Toutes les plantes non-seulement de l'Asie, mais de l'Europe, toutes les espèces d'animaux abondent sur cette terre favorisée, et quand l'agriculture et l'industrie y auront atteint à tous leurs développemens, l'Indo-Chine, sans contredit, sera un des plus riches comme il est déjà un des plus beaux pays de l'univers.

L'énumération des plantes, des arbres, des animaux, des métaux et pierres précieuses, seroit longue ; il faut se figurer qu'on trouve en ces lieux rassemblé tout ce que la nature offre de plus merveilleux dans tous les genres.

Là on voit le bois d'aigle, le bois de fer ; le bois de teck, si solide pour les constructions navales ; le bois de santal blanc, qui parfume tous les palais de l'Asie ; l'ébénier véritable, le sycomore, le figuier, le bananier, le palmier ; le colophytum, plus élancé que nos pins ; le nauclier magnifique, et l'agaloche, qui étale ses feuilles à revers pourpré.

Voici le gingembre, le cardamome, la cannelle, le béthel, le poivre, et la carmentine pour teindre en vert, le royoc pour teindre en jaune, l'indigo pour teindre en bleu, le bois rouge, le sang-dragon, le rotang, le sumac, et l'arbre à suif, dont le fruit donne une huile blanche avec laquelle on fait des chandelles qui éclairent fort bien, mais qui par malheur sentent fort mauvais.

Voilà le jalap, la scammonée, le cadogapala ou nérium, dont l'écorce est antidyssentérique, le laurier culilaban, le strychnos vomique, la cassie, le tamarin, l'aloès avec son jus épais, le camphre, le ricin et son huile, la canne et son sucre, le bambou, le nard et la patate, le melon, la citrouille, la pastèque, la pomme d'amour et toutes les espèces de plantes et de fruits dont l'homme fait mille usages divers.

Quant aux animaux, ils sont en foule. Les plus remarquables sont l'éléphant gris et blanc, celui-ci réputé sacré et réservé pour les rois et les temples ; l'orang-outang et tous les singes, même le singe blanc, que le peuple prend pour un être extraordinaire, auquel il est tenté de dresser des autels ; puis vient le rhinocéros, le tigre, le léopard, l'ours, le tapir ou maïca, le bubale, le cerf, les antilopes, le zibith et le porc-épic, auxquels il faut joindre les animaux utiles dont les troupeaux nombreux fournissent aux besoins de l'agriculture et de la population.

Le poisson remplit les baies, les anses, les rivières. Les oiseaux y sont parés des plus vives couleurs.

L'Indo-Chine se divise en quatre parties principales, savoir : la Birmanie, le royaume de Siam, la presqu'île de Malacca, l'empire d'An-nam.

FIN DES MISSIONS DE L'INDO-CHINE.

MISSIONS DE L'OCÉANIE.

PRÉFACE.

Dans la dédicace d'un livre que les Elzévirs présentoient au cardinal de Richelieu, l'avocat Patru, jeune encore mais déjà célèbre, et qui avoit rédigé cette pièce d'éloquence, disoit au premier ministre de Louis XIII, en parlant du roi d'Espagne : « Ce prince si redoutable à tous les peuples, qui naguère se vantoit de voir coucher et lever le soleil dans ses royaumes, cette orgueilleuse nation n'est plus aujourd'hui la terreur des nations. Votre Éminence a détruit ces grands desseins qui menaçoient d'une indigne servitude toutes les parties de la chrétienté. »

L'Espagne en effet fut vaincue, la maison d'Autriche fut abaissée, Louis XIV put ensuite élever sa puissance sur ses débris ; mais l'empire des lointaines mers ne devoit pas demeurer à la France, et Richelieu, par un enchaînement incroyable d'événemens, ne fit, par tous ses efforts, qu'aplanir la route aux dominations britanniques.

Londres aujourd'hui occupe dans les expéditions maritimes la place que Madrid avoit usurpée autrefois ; après de longues épreuves et des luttes violentes, c'est à la maison de Brunswich, il faut bien le reconnoître, qu'est tombé l'héritage rostral de Charles-Quint.

Si nous n'avons pas une part meilleure dans la succession, ce n'est pas que les missionnaires aient failli à leur devoir et aux obligations qu'ils s'étoient imposées. Ils ont au contraire couru partout, cherché partout et multiplié sur tous les points les avertissemens et les Mémoires. Ils ont fait voir avec une sagacité rare ce qu'il y avoit à prendre, ce qu'il y avoit à craindre, ce qu'il y avoit à espérer ; mais leurs conseils n'ont pas été suivis, et au lieu de tant d'avantages que nous devions de tous côtés recueillir, ce sont des disgrâces que nous avons éprouvées et d'énormes pertes que nous avons faites..... Notre pavillon flotte à peine dans quelques ports, et ceux de nos prêtres qui vont au loin prêcher la foi sont tristement contraints de se placer sous la protection des autorités étrangères.

Ils vont pourtant, ces ministres fidèles, ils vont par troupes infatigables, attaquant les terres inconnues et s'efforçant de faire des chrétiens là où l'on peut dire que tout au plus il y a des hommes. Il n'y a point de dégoûts, point de privations, point de périls qui les puissent arrêter ; ils sont toujours des premiers sur les flots, s'abandonnant à la fortune et se fiant à la Providence. Aussitôt qu'un navire a pénétré dans les profondeurs des latitudes, les missionnaires s'y précipitent, comme les éclaireurs de la civilisation, et souvent ils élèvent à Dieu des églises en des lieux où l'homme insouciant et pauvre n'a pas pu encore se faire une maison pour l'habiter.

Ce fut des missionnaires qui dès le principe eurent connoissance des îles Palaos et en donnèrent la description. Ces notes ainsi que les lettres sur les Philippines et les îles de la Sonde étoient classées parmi les *Mémoires des Indes*, mais c'est à l'Océanie qu'elles appartiennent. Cette mission a bien pris du développement dans ces dernières années. De courageux ecclésiastiques sortis de la maison de Picpus, et d'autres ouvriers évangéliques, tous armés de force et de résignation, se sont rendus aux îles Sandwich, ils ont débarqué aux îles Gambier, ils visiteront tous les archipels de la mer du Sud, et le centre de leur correspondance et de leurs travaux doit être établi au port Jackson.

Le moment étoit venu de donner sur cette partie du monde des renseignemens qui missent à même de lire avec fruit et les anciennes lettres et les nouvelles ; c'est ce que nous avons entrepris. Notre livre est en tête d'une série de publications dont les élémens grossissent chaque jour ; il faut qu'il en donne la clef et qu'il serve non-seulement à ce qui l'a précédé, mais à ce qui le doit suivre. C'est sous cette forme que nous en avons compris l'utilité, et c'est d'après ce sentiment que nous avons écrit toutes nos annotations, sans jamais nous écarter des textes et du plan primitif que nous avions pris pour modèles.

L'Océanie acquiert tous les ans plus d'importance aux yeux de l'Europe ; le commerce et la politique en font l'objet en tout de leur ambition et de leurs vœux. Mais ce qui nous a portés surtout ici à en donner le tableau, c'est que nous la regardons comme une terre promise au christianisme, et que nous avons la conviction que sa destinée est de jouer un rôle considérable dans l'histoire brillante des missions.

LETTRE DU PÈRE PAUL CLAIN

AU RÉVÉREND PÈRE GÉNÉRAL
DE LA COMPAGNIE DE JÉSUS.

Iles Pintados. — Iles Carolines.

A Manille, 12 juin 1697.

MON RÉVÉREND PÈRE,

P. C.

Après le départ du vaisseau qui étoit chargé des lettres que j'écrivis l'an passé à votre paternité, il en arriva un autre qui m'apporta l'ordre d'accompagner le révérend père Antoine Fuccio, Sicilien, nouveau provincial de cette province : faisant avec lui la visite de nos maisons, j'ai parcouru le pays de Los Pintados. Ce sont de grandes îles séparées les unes des autres par des bras de mer, dont le flux et le reflux rend la navigation difficile et dangereuse. Il y a dans ces îles soixante et dix-sept mille chrétiens, sous la conduite spirituelle de quarante et un missionnaires de notre Compagnie, qui ont avec eux deux de nos Frères, qui pourvoient à leur subsistance.

Je ne saurois vous marquer, mon révérend Père, combien j'ai été touché à la vue de ces pauvres Indiens, dont il y en a plusieurs qui meurent sans recevoir les sacremens de l'Église, en grand danger de leur salut éternel; parce qu'il y a si peu de prêtres ici, que la plupart ont soin de deux bourgades en même temps. D'où il arrive qu'étant occupés dans un endroit à s'acquitter des fonctions de leur ministère, ils ne peuvent assister ceux qui meurent dans l'autre. J'ai été encore beaucoup plus touché de l'abandon où se trouvent plusieurs autres peuples, qui demeurent dans des îles qu'on appelle *Pais*. Quoique ces îles ne soient pas éloignées des Marianes, ces insulaires n'ont aucun commerce avec les Marianois. On s'est assuré cette année de la découverte de ce nouveau pays. Voici comme la chose s'est passée.

En faisant la visite avec le père provincial, comme j'ai déjà dit, nous arrivâmes à la bourgade de Guivam, dans l'île de Samal[1], la dernière et la plus méridionale île des Pintados orientaux. Nous y trouvâmes vingt-neuf palaos, ou habitans de ces îles nouvellement découvertes. Les vents d'est qui règnent sur ces mers depuis le mois de décembre jusqu'au mois de mai, les avoient jetés à trois cents lieues de leurs îles, dans cette bourgade de l'île de Samal. Ils étoient venus sur deux petits vaisseaux, qu'on appelle ici *paraos*. Voici comme ils racontent leur aventure.

Ils s'étoient embarqués au nombre de trente-cinq personnes pour passer à une île voisine, lorsqu'il se leva un vent si violent que ne pouvant gagner l'île où ils vouloient aller ni aucune autre du voisinage, ils furent emportés en haute mer. Ils firent plusieurs efforts pour aborder à quelque rivage ou à quelque île de leur connoissance; mais ce fut inutilement. Ils voguèrent ainsi au gré des vents pendant soixante et dix jours sans pouvoir prendre terre. Enfin perdant toute espérance de retourner en leur pays, et se voyant à demi morts de faim, sans eau et sans vivres, ils résolurent de s'abandoner à la merci des vents, et d'aborder à la première île qu'ils trouveroient du côté d'occident. A peine eurent-ils pris cette résolution, qu'ils se trouvèrent à la vue de la bourgade de Guivam en l'île de Samal. Un Guivamois, qui étoit au bord de la mer, les aperçut, et jugeant par la structure de leurs petits bâtimens que c'étoient des étrangers qui s'étoient égarés, il prit un linge et leur fit signe d'entrer par le canal qu'il leur montroit pour éviter les écueils et les bancs de sable sur lesquels ils alloient échouer. Ces pauvres gens furent si effrayés de voir cet inconnu, qu'ils commencèrent à retourner en haute mer; quelque effort qu'il fissent, ils n'en purent venir à bout, et le vent les repoussa une seconde fois vers le rivage. Quand ils en furent proche, le Guivamois leur fit entendre par ses signes la route qu'ils devoient prendre; mais voyant qu'ils ne la prenoient pas et qu'ils alloient infailliblement se perdre, il se jette à la mer et va à la nage à l'un de ces deux petits vaisseaux dans le dessein de s'en faire le pilote et de les conduire sûrement au port. A peine y fut-il arrivé, que ceux qui étoient dedans, et les femmes mêmes chargées de leurs petits enfans, se jettent à la nage pour gagner l'autre vaisseau, tant ils craignoient l'approche de cet inconnu. Cet homme se voyant seul dans ce petit vaisseau, se met à les suivre, et étant entré dans

---

[1] Samar, une des Philippines.

le second il lui fait éviter tous les écueils et le conduit au port. Pendant ce temps-là ces pauvres gens demeurèrent immobiles, et s'abandonnèrent à la conduite de cet inconnu, dont ils se regardoient comme les prisonniers.

Ils prirent terre le jour des saints Innocens, 28 de décembre de l'année 1696. Les habitans de Guivam, accourus sur le rivage, les reçurent avec charité et leur apportèrent du vin et des rafraîchissemens. Ils mangèrent volontiers des cocos, qui sont les fruits des palmiers de ce pays. La chair en est à peu près semblable aux châtaignes, excepté qu'elle a plus d'huile, et qu'elle fournit une espèce d'eau sucrée, qui est agréable à boire. On leur présenta du riz cuit à l'eau, dont on se sert ici et dans toute l'Asie, comme on se sert en Europe du pain. Ils le regardèrent avec admiration et en prirent quelques grains qu'ils jetèrent aussitôt à terre, s'imaginant que c'étoient des vermisseaux. Ils témoignèrent beaucoup de joie quand on leur apporta de ces grosses racines qu'on appelle *palavan*, et ils en mangèrent avec avidité.

Cependant on fit venir deux femmes que les vents avoient autrefois jetées sur la même côte de Guivam. Comme elles savoient un peu la langue de ce pays, elles servirent d'interprètes, et c'est par leur moyen qu'on apprit ce que je dirai dans la suite. Une de ces femmes trouva parmi ces étrangers quelques-uns de ses parens. Ils ne l'eurent pas plutôt reconnue qu'ils se mirent à pleurer. Le Père qui a soin de cette bourgade, ayant appris l'arrivée de ces pauvres gens, les fit venir à Guivam. Dès qu'ils l'aperçurent, et qu'ils virent le respect qu'on lui portoit, ils s'imaginèrent qu'il étoit le roi du pays, et que leur vie et leur sort étoient entre ses mains. Dans cette pensée, ils se jetèrent tous à terre pour implorer sa miséricorde et pour lui demander la vie. Le Père, touché de compassion de les voir dans une si grande désolation, fit ce qu'il put pour les consoler et pour adoucir leurs peines; il caressa leurs enfans, dont trois étoient encore à la mamelle, et cinq autres un peu plus grands, et promit à leurs parens de leur donner tous les secours qui dépendroient de lui.

Les habitans de Guivam s'offrirent à l'envi au Père pour mener ces étrangers dans leurs maisons, et pour leur fournir tout ce qui seroit nécessaire, soit pour les vivres, soit pour les habits. Le Père les leur confia, mais à condition qu'on ne séparerait point ceux qui étoient mariés (car il y en avoit quelques-uns parmi eux), et qu'on n'en prendroit pas moins de deux ensemble, de peur de faire mourir de chagrin ceux qui demeureroient seuls. De trente-cinq qu'ils étoient d'abord, il n'en restoit plus que trente, car la disette des vivres et les incommodités d'une longue navigation en avoient fait mourir cinq pendant le voyage, et peu de temps après leur arrivée il en mourut encore un, qui eut le bonheur de recevoir le saint baptême.

Ils rapportèrent que leur pays consiste en trente-deux îles. Elles ne doivent pas être fort éloignées des Marianes, à en juger par la structure de leurs petits vaisseaux, et par la forme de leurs voiles, puisqu'elles sont les mêmes. Il y a bien de l'apparence que ces îles sont plus au midi que les Marianes, à onze ou douze degrés de latitude septentrionale et sous le même parallèle que Guivam, puisque ces étrangers, venant tout droit d'orient en occident, ont abordé au rivage de cette bourgade. Il y a aussi lieu de croire que c'est une de ces îles qu'on découvrit de loin, il y a quelques années. Un vaisseau des Philippines ayant quitté la route ordinaire, qui est de l'est à l'ouest, sous le treizième parallèle, et s'étant un peu écarté vers le sud-ouest, l'aperçut pour la première fois. Les uns ont appelé cette île la Caroline, du nom du roi [1], et les autres l'île de Saint-Barnabé, parce qu'elle fut découverte le jour que l'Église célèbre la fête de cet apôtre. Elle fut encore vue l'année passée par un autre vaisseau, que la tempête fit changer de route en allant d'ici aux îles Marianes. Le gouverneur des Philippines avoit souvent donné ordre au vaisseau qui va presque tous les ans aux îles Marianes, de chercher cette île et les autres qu'on soupçonne être aux environs; mais ces ordres avoient été inutiles, Dieu réservant à ce temps-ci la découverte, et comme nous l'espérons, l'entière conversion de ces peuples.

Ces étrangers ajoutent que, de ces trente-deux îles, il y en a trois qui ne sont habitées que par des oiseaux [2], mais que les autres sont extrê-

---

[1] Charles II, roi d'Espagne.

[2] Ces insulaires racontent aussi qu'une de leurs îles n'est habitée que par une espèce d'Amazones, c'est-à-dire des femmes, qui font une république où elles ne souffrent que des personnes de leur sexe. La

mement peuplées. Quand on leur demande quel est le nombre des habitans, ils prennent un monceau de sable ou de poussière, et le montrent pour marquer la multitude innombrable des hommes qui les habitent. Ces îles se nomment *Paiz, Lamululutup, Saraon, Yaropie, Valayyay, Sataran, Cutac, Yfaluc, Piraulop, Ytai, Pic, Piga, Lamurrec, Puc, Falait, Caruvaruvonp, Ylatu, Lamuliur, Tavas, Saypen, Tacaulap, Rapiyang, Taron, Mutacusan, Piylu, Olatan, Palu, Cucumyat, Pyalcunung.* Les trois qui ne sont habitées que par des oiseaux sont, Piculat, Hulatan, Tagitan. Lamurrec est la plus considérable de toutes ces îles. C'est où le roi de tout ce pays tient sa cour. Les chefs de toutes ces habitations lui sont soumis. Il s'est trouvé parmi ces étrangers un de ces chefs avec sa femme, qui est la fille du roi. Quoiqu'ils soient à demi nus, ils ont des manières et un certain air de grandeur qui font assez connoître ce qu'ils sont. Le mari a tout le corps peint de certaines lignes, dont l'arrangement forme diverses figures. Les autres hommes de cette troupe ont aussi quelques lignes semblables, les uns plus, les autres moins. Mais les femmes et les enfans n'en ont point. Il y a dix-neuf hommes et dix femmes de différens âges. Le tour et la couleur de leurs visages approchent assez du tour et de la couleur du visage des habitans des Philippines. Les hommes n'ont point d'autre habit qu'une espèce de ceinture, qui leur couvre les reins et les cuisses et qui fait plusieurs tours à l'entour de leur corps. Ils ont sur leurs épaules plus d'une aune et demie de grosse toile, dont ils se font une espèce de capuchon qu'ils lient par-devant, et qu'ils laissent pendre négligemment par derrière. Les hommes et les femmes sont habillés de la même manière, excepté que les femmes ont un linge un peu plus long, qui descend depuis la ceinture jusqu'aux genoux.

Leur langue est différente de celle des Philippines, et même de celle des îles Marianes. Leur manière de prononcer approche de la prononciation des Arabes. La femme qui paroît la plus considérable a plusieurs anneaux et plusieurs colliers d'écaille de tortue, qu'on appelle ici *carey*, et les autres d'une matière qui nous est inconnue. Cette matière, qui ressemble assez à l'ambre gris, n'est pas transparente.

Voici la manière dont ils ont vécu sur mer pendant soixante et dix jours qu'ils y ont été à la merci des vents. Ils jetoient en mer une espèce de nasse, faite de plusieurs petites branches d'arbres liées ensemble. Cette nasse avoit une grande ouverture pour laisser entrer le poisson, et se terminoit en pointe pour l'empêcher de sortir. Le poisson qu'ils prenoient de cette manière étoit toute la nourriture qu'ils avoient, et ils ne buvoient point d'autre eau que celle que la pluie leur fournissoit. Ils la recevoient dans des écorces de coco, qui est le fruit du palmier de ce pays, comme j'ai déjà dit. Il est de la figure et de la grandeur du crâne d'un homme.

Ils n'ont point de vaches dans leurs îles. Ils voulurent s'enfuir quand ils en virent qui broutoient l'herbe, aussi bien que lorsqu'ils entendirent un petit chien aboyer dans la maison des missionnaires. Ils n'ont point non plus de chats, ni de cerfs, ni de chevaux, ni généralement aucune bête à quatre pieds. Ils n'ont même guère d'autres oiseaux que ceux qui vivent sur la mer. Ils ont cependant des poules dont ils se nourrissent, mais ils n'en mangent pas les œufs.

Malgré cette disette de toutes choses, ils sont gais et contens de leur sort; ils ont des chants et des danses assez régulières : ils chantent tous ensemble, et font les mêmes gestes, ce qui a quelque agrément.

Ils sont surpris du gouvernement, de la politesse et des manières d'Europe, dont ils n'avoient aucune connoissance. Ils admirent non-seulement la majesté auguste des cérémonies dont l'Église se sert pour célébrer l'office divin, mais aussi la musique, les instrumens, les danses des Espagnols, les armes dont ils se servent, et surtout la poudre à canon. Ils admirent encore la blancheur des Européens, car pour eux ils sont tous basanés, aussi bien que les habitans de ce pays.

Il n'a pas paru jusqu'à présent qu'ils aient aucune connoissance de la Divinité, ni qu'ils adorent des idoles : on n'a remarqué en eux

---

plupart ne laissent pas d'être mariées, mais les hommes ne les viennent voir qu'en une certaine saison de l'année, et après quelques jours ils retournent chez eux, remportant avec eux les enfans mâles qui n'ont plus besoin de nourrices. Toutes les filles restent, et les mères les élèvent avec un grand soin.

(*Note de l'ancienne édition.*)

qu'une vie tout animale. Tout leur soin est de chercher à boire et à manger. Ils ont une grande déférence pour leur roi et pour les chefs de leurs bourgades, et ils leur obéissent avec beaucoup d'exactitude. Ils n'ont point d'heure réglée pour leurs repas. Ils boivent et ils mangent en quelque temps et en quelque endroit que ce soit, lorsqu'ils ont faim et soif, et qu'ils trouvent de quoi se contenter, mais ils mangent peu à chaque fois, et ils ne font point de repas assez fort pour suffire à toute la journée.

Leur civilité et la marque de leur respect consiste à prendre la main ou le pied de celui à qui ils veulent faire honneur, et à s'en frotter doucement tout le visage. Ils avoient, parmi leurs petits meubles, quelques scies faites non pas de fer, mais d'une grande écaille, qu'on appelle ici *taclobo*, qu'ils aiguisent en les frottant contre certaines pierres. Ils en avoient aussi une de fer de la longueur d'un doigt. Ils furent fort étonnés, à l'occasion d'un vaisseau marchand qu'on bâtissoit à Guivam, de voir la multitude des instrumens de charpenterie dont on se servoit; ils les regardèrent tous les uns après les autres avec admiration. Ils n'ont point de métaux dans leur pays. Le Père missionnaire leur ayant donné à chacun un assez gros morceau de fer, ils reçurent ce présent avec plus de joie que si on leur eût donné autant d'or. Ils avoient si grande peur qu'on ne le leur enlevât, qu'ils le mettoient sous leur tête quand ils vouloient dormir. Ils n'ont point d'autres armes que des lances ou des traits faits d'ossemens humains. Ils sont d'eux-mêmes fort pacifiques. Lorsqu'il arrive entre eux quelque querelle, elle se termine par quelques coups de poing qu'ils se donnent sur la tête, ce qui arrive rarement; car dès qu'ils veulent en venir aux mains, on les sépare et l'on fait cesser le différend. Ils ne sont point cependant stupides ni pesans; au contraire, ils ont du feu et de la vivacité. Ils n'ont pas tant d'embonpoint que les habitans des îles Marianes, mais ils sont bien proportionnés et d'une taille à peu près semblable à celle des Philippinois. Les hommes et les femmes laissent croître leurs cheveux, qui leur tombent sur les épaules.

Quand ces étrangers apprirent qu'on les alloit conduire en présence du Père missionnaire, ils se peignirent tout le corps d'une certaine couleur jaune, ce qui passe chez eux pour un grand agrément. Ils sont si contens de trouver ici en abondance tout ce qui est nécessaire à la vie, qu'ils se sont offerts à retourner dans leur pays, pour attirer ici leurs compatriotes et pour leur persuader d'entrer en commerce avec ces îles. Notre gouverneur goûte beaucoup ce dessein, dans la vue qu'il a de soumettre ce pays au roi d'Espagne ; ce qui ouvriroit une grande porte à la propagation de l'Évangile. Le plus vieux de ces étrangers avoit déjà été jeté une fois sur les côtes de la province de Caragan dans une de nos îles ; mais comme il n'avoit trouvé que des infidèles, qui demeurent dans les montagnes et le long de ces côtes désertes, il étoit retourné en son pays, sans avoir connoissance de l'abondance et des richesses de ces îles. Il a été plus heureux dans ce second voyage. On a déjà baptisé les enfans. On instruit les autres des mystères de notre religion. Ils sont fort adroits à plonger, et l'on dit qu'ils prirent dernièrement à la pêche deux grandes perles dans leurs nacres, qu'ils rejetèrent dans la mer, parce qu'ils n'en connoissoient pas le prix.

Je vous écris tout ceci, mon révérend Père, persuadé que vous aurez de la joie d'apprendre une nouvelle si avantageuse à ceux de vos enfans qui auront le bonheur de porter la foi dans ces nouveaux pays. Nous avons besoin d'ouvriers [1] pour fournir à tant de travaux, nous espérons que vous aurez la bonté de nous en envoyer, et de ne nous pas oublier dans vos saints sacrifices. Je suis, avec un profond respect, etc.

P. S. Les Indiens qui ont donné occasion à la découverte de ces îles s'embarquèrent en l'île d'Amorsot. Leur dessein étoit de passer en l'île Paiz, lorsque dans le trajet la tempête les porta en haute mer, et, après soixante et dix jours d'une navigation très-fâcheuse, les jeta sur la pointe de l'île de Samal, que les Espagnols appellent aussi Ibabao et Sibabao [2].

[1] Deux missionnaires des Indes partirent pour l'Europe, et l'un d'eux, le père Serrano, alla jusqu'à Rome implorer la protection du pape pour l'établissement de cette mission, d'où il vint à Paris en 1705, et passa ensuite en Espagne avec des lettres de recommandation de Louis XIV pour Philippe V, son petit-fils.
(*Note de l'ancienne édition.*)
[2] Cette île forme aujourd'hui la pointe nord des Moluques.

BREF
DE NOTRE SAINT PÈRE LE PAPE
AU ROI.

A NOTRE TRÈS-CHER FILS EN JÉSUS-CHRIST, LE ROI TRÈS-CHRÉTIEN,

CLÉMENT, PAPE XI.

Notre très-cher fils en Jésus-Christ, salut : comme c'est avec justice qu'on doit attribuer l'état florissant où est depuis tant d'années votre royaume, au grand zèle qu'a Votre Majesté de cultiver et de défendre la religion catholique, dont elle a donné des marques éclatantes en tant d'occasions, nous nous persuadons aisément que c'est vous faire plaisir que de vous donner occasion d'étendre et d'augmenter cette même religion.

Nous avons appris, par les lettres de notre vénérable frère l'archevêque de Manille, et par la relation que nous ont présentée quelques religieux de la Compagnie de Jésus, nos chers fils, qui sont venus à Rome en qualité de députés, qu'au delà des Philippines, dans cette vaste mer qui est vers la Chine, où vos vaisseaux naviguent quelquefois, on a découvert depuis peu de nouvelles îles, où la religion catholique n'a point encore pénétré. Ces religieux nous ont rapporté que ces îles étoient fort peuplées ; que les habitans avoient un excellent naturel, et qu'ils étoient assez portés à embrasser la religion catholique.

C'est pourquoi, comme nous savons que vous avez un zèle ardent pour étendre le culte divin et la religion catholique, nous vous exhortons et nous vous prions de vouloir bien, si l'occasion s'en présente, vous intéresser à une entreprise d'une si grande importance pour le salut des âmes, et de vous donner la peine d'écrire au roi catholique pour lui recommander la nouvelle mission qu'on a dessein d'établir dans ces îles. Car quoique ce monarque y soit déjà assez porté par sa piété qu'il tire du sang et des exemples de Votre Majesté, nous sommes persuadé qu'une recommandation comme la vôtre fera une forte impression sur son esprit.

Nous avons sujet d'applaudir au roi votre petit-fils, comme nous l'avons fait par nos let-

BREF
DE NOTRE SAINT PÈRE LE PAPE
AU ROI.

CHARISSIMO IN CHRISTO FILIO NOSTRO LUDOVICO FRANCORUM REGI CHRISTIANISSIMO.

CLEMENS, PP. XI.

Charissime in Christo fili noster, salutem. Quemadmodum singularis illa felicitas, quâ â tot annis regnum istud fruitur, jure est adscribenda peculiari studio fovendæ ac tuendæ catholicæ religionis, quod majestas tua tot in occasionibus luculenter ac magnificè declaravit, sic meritò credimus nihil fieri gratius tibi posse, quàm si occasio aliqua ejusdem religionis amplificandæ ornandæque tibi ipsi præbeatur.

Detectæ sunt nuper ultrà Philippinas in vastissimo illo circa Sinas Oceano, quem tuæ classes interdum navigant, novæ insulæ, in quas religio catholica nondum penetravit. Id accepimus è litteris venerabilis fratris archiepiscopi Manilani, et è narratione nobis oblata per dilectos filios religiosos quosdam viros Societatis Jesu, qui Romam procuratorio nomine advenere. Iis in insulis, ut ipsi referunt, permagno numero sunt homines optimæ indolis, et ad fidem catholicam amplectendam satis propensi.

Pro eo itaque desiderio, quo flagras, propagandi divinum cultum et catholicam veritatem, te hortamur et rogamus, ut opus tanti momenti ad salutem animarum promovere velis, si qua se dabit occasio; ac præsertim ut novam missionem ad ipsas illas insulas destinandam commendare per litteras regi catholico ne graveris : etsi enim cum satis incitet accendatque pietas sua, quam à Majestatis tuæ sanguine et exemplis hausit, nihilominus intelligimus quantum habitura sit ponderis apud ipsum tam insignis commendatio.

Et habemus sanè unde eidem regi nepoti tuo gratulemur, ut nostris litteris fecimus, quòd

tres, de ce qu'il marche avec tant de piété et d'éclat sur les pas de son illustre aïeul, et de ce qu'il a un zèle ardent pour l'accroissement de la religion, non-seulement en Europe, mais jusqu'aux extrémités du monde, ayant assigné depuis peu un revenu considérable pour l'entretien des missionnaires qui travaillent dans la Californie.

Pour ce qui regarde le secours de ces îles qu'on vient de découvrir, et le dessein qu'on a d'y établir le christianisme, il semble qu'il seroit à propos que le roi catholique ordonnât au gouverneur des Philippines d'équiper un vaisseau, et de fournir aux missionnaires tout ce qui leur seroit nécessaire. Plus ce secours sera prompt, plus l'avantage qu'on en tirera sera grand, et plus la bénédiction que Dieu répandra sur sa personne et sur ses royaumes sera abondante.

Nous recommandons particulièrement à Votre Majesté notre cher fils André Serrano, religieux de la Compagnie de Jésus, l'un des procureurs qui sont venus ici des Philippines, lequel aura l'honneur de se présenter devant Votre Majesté pour prendre ses ordres sur une entreprise si importante, et pour vous engager par ses humbles prières à presser une expédition que vous êtes si capable de faire réussir par votre haute sagesse. C'est avec toute la tendresse possible que nous prions Dieu qu'il vous conserve longtemps en parfaite santé, et que nous vous donnons notre bénédiction apostolique. A Rome, le premier jour de mars 1705, l'an cinquième de notre pontificat.

avi vestigia tam splendidè, tam religiosè premat, studiumque singulare præ se ferat amplificandæ religionis, non solùm in Europâ, sed etiam in remotissimis regionibus, ubi non ita pridem præconibus evangelicis in insulâ Californiâ laborantibus summam non levem pecuniæ singulis annis erogandam certo et perpetuo censu assignavit.

Quod verò spectat ad insulas illas recens detectas adjuvandas et invehendam in easdem christianam fidem, id maximè præstandum esse videtur à rege catholico, ut per gubernatorem Philippinarum navem comparari jubeat, et operariis illuc mittendis necessaria suppeditari. Quod quantò citiùs fieri poterit, tantò fructus major existet, tantòque uberior in ipsum et regna sua superni Numinis favor redundabit.

Interim verò dilectum filium religiosum virum Andream Serranum, Societatis Jesu, alterum ex procuratoribus, qui ex Philippinis insulis in has partes advenerunt, te hoc proposito aditurum ut de opportunitate suscipiendi tam salutarem expeditionem tecum agat, atque ad eam urgendam te, quem maximis consiliis parem esse novit suis precibus incendat, enixè commendamus Majestati tuæ, cui diuturnam incolumitatem à Deo precamur, et apostolicam benedictionem amantissimè impertimur. Datum Romæ, die primâ martii 1705, pontificatûs nostri anno quinto.

LETTRE DU ROI
AU ROI D'ESPAGNE.

Très-haut, très-excellent et très-puissant prince, notre très-cher et très-aimé bon frère et petit-fils. Nous avons appris par le père Serrano, de la Compagnie de Jésus, procureur de la province des Philippines, la nouvelle découverte faite depuis peu de plusieurs îles très-peuplées, situées entre les Philippines et les îles Mariannes. Il nous en a raconté lui-même, dans l'audience que nous lui avons donnée, beaucoup de particularités que nous avons entendues avec plaisir, et nous avons été très-aise de savoir que les Pères de sa Compagnie, animés de leur zèle ordinaire pour la propagation de la foi, avoient dessein de faire de nouvelles missions dans ces îles. Il part pour aller en rendre compte à Votre Majesté, et pour lui demander en même temps de protéger cette entreprise. Quoique l'utilité que la religion en doit recevoir suffise pour engager Votre Majesté à l'appuyer de son autorité, nous sommes persuadés qu'elle sera bien aise de joindre encore à une raison aussi pressante, celle de la recommandation que nous lui faisons en faveur de ces nouvelles missions, et qu'elle voudra bien ordonner aux gouverneurs des Philippines de fournir à ces missionnaires tous les se-

cours dont ils auront besoin pour passer dans ces îles et pour y accomplir l'ouvrage où ils sont appelés. Et la présente n'étant à autre fin, nous prions Dieu qu'il vous ait, très-haut, très-excellent, et très-puissant prince, notre très-cher et très-aimé bon frère et petit-fils, en sa sainte et digne garde. Écrit à Versailles, le dixième jour de juin 1705. Votre bon frère et grand-père,
                                         LOUIS.
                                         Colbert.

BREF
DE NOTRE SAINT PÈRE LE PAPE
AU ROI D'ESPAGNE.

À NOTRE TRÈS-CHER FILS EN JÉSUS-CHRIST, PHILIPPE, ROI CATHOLIQUE DES ESPAGNES,

CLÉMENT, PAPE XI.

Comme nous ne doutons point que Votre Majesté ne soit bien aise d'avoir occasion de faire éclater le zèle qu'elle a pour le culte divin et pour la propagation de la foi, c'est avec beaucoup de joie que nous lui proposons celle qui se présente, et dont nous avons été informé par les lettres de notre vénérable frère l'archevêque de Manille, et par ce que nous en ont exposé de vive voix nos chers fils André Serrano et Dominique Medel, religieux de la Compagnie de Jésus, venus ici des Philippines.

Ils rapportent qu'il y a quelques années que des étrangers, poussés par la tempête, ou plutôt, comme on le doit croire, conduits par la Providence, abordèrent aux Philippines, se disant habitans de certaines îles qui n'avoient point été découvertes, selon ce qu'on en pouvoit juger, ou du moins dont on n'avoit point eu jusqu'alors de connoissance bien claire; et que ces îles, qui sont en grand nombre et fort peuplées, devoient être situées entre les Philippines et les îles Marianes.

Qu'à juger du caractère et du naturel de ces peuples non-seulement par ce qu'en témoignoient ces étrangers, mais encore plus par ce qu'on avoit pu en remarquer, il paroissoit qu'ils étoient d'un esprit docile, fort portés à l'équité, et tout à fait exempts des superstitions de l'idolâtrie. Si ces rapports sont conformes à la vérité, voilà un grand champ ouvert aux fidèles pour porter dans ces pays, qu'on croit n'être pas bien éloignés des terres soumises à votre obéissance, les lumières de la foi; si, suivant l'inclination que vous avez à favoriser les

BREF
DE NOTRE SAINT PÈRE LE PAPE
AU ROI D'ESPAGNE.

CHARISSIMO IN CHRISTO FILIO NOSTRO PHILIPPO, HISPANIARUM REGI CATHOLICO,

CLEMENS, PP. XI.

Charissime in Christo fili noster, salutem. Confisi gratam admodum fore eximiæ pietati Majestatis tuæ occasionem explicandi præclarum zelum quo pro divini cultûs et catholicæ religionis propagatione fervet, libenti animo eam tibi proponimus, quæ satis insignis in præsens occurrere videtur ex eis, quæ suis litteris venerabilis frater archiepiscopus Manilæ, et vivâ voce dilecti filii religiosi viri Andreas Serranus et Dominicus Medel, Societatis Jesu, ex Philippinis insulis huc advecti, nobis exposuerunt.

Referunt itaque appulsos, elapsis annis, vi tempestatis, sed potiùs, ut pium est credere, fuisse divinâ Providentiâ ad præfatas Philippinas adductos exteros nonnullos homines, qui se ad quasdam insulas pertinere dixerunt, quas conjicere erat nondum ab ullo nautarum nostri orbis fuisse detectas, aut saltem esse hactenus incertâ et obscurâ famâ vix cognitas, et inter Philippinas ipsas et Marianas insulas jacere, multas illas quidem numero, et incolis valde frequentes.

Quod verò attinet ad eorum populorum indolem, ipsi, nedum suo testimonio, sed eo quod præferebant miti ac facili ingenio, satis explicabant docilem eam esse et in æquitatem summopere propensam, idolatricæ verò superstitionis prorsus nesciam. Quæ ubi veritati undequaque consentiant, campum, et quidem præclarum, aperire videntur fidelibus ad inferendam in illas partes, non magno admodum, ut creditur, locorum intervallo, à regionibus quæ authoritati tuæ subsunt, dissitas, christianam fidem, ubi tu, propenso quo esse soles in

missions, vous donnez ordre à vos ministres de fournir les vaisseaux et les secours nécessaires aux missionnaires qui sont prêts à se transporter dans ces îles.

C'est à quoi nous vous exhortons fortement; et nous avons même lieu de nous en flatter, parce que vous avez déjà fait pour d'autres pays, et particulièrement pour cette partie de l'Amérique Septentrionale qu'on appelle la *Californie*, où votre zèle n'a rien épargné pour l'avancement de la religion; ce qui est pour nous un grand sujet de vous féliciter, et ce qui doit vous donner une gloire immortelle.

Vous participerez par là au gain des âmes, qui sera, comme on l'espère, très-considérable dans cette nouvelle mission, aussi bien qu'au mérite et à la récompense qu'on peut en attendre; et ce sera avec justice qu'on vous regardera comme le principal auteur d'un si grand bien. Sur quoi, comme sur une affaire que, dans la place que nous occupons, nous avons fort à cœur, vous serez plus particulièrement instruit par notre nonce ordinaire et par le même André Serrano notre cher fils, religieux de la Compagnie de Jésus, qui, par le zèle ardent dont il est animé pour cette sainte entreprise se rend digne de la faveur royale de Votre Majesté à qui nous le recommandons très-particulièrement et à qui nous souhaitons une longue vie comblée de toutes sortes de prospérités, en lui donnant très-affectueusement notre bénédiction apostolique. Donné à Rome, le 1er de mars 1705, de notre pontificat le 5.

pium missionum opus animo, sacris operariis, eò proficisci paratis, navigia et commeatum per administros tuos suppeditari mandes.

Quod ut facere velis te etiam atque etiam hortamur; et te quidem facturum non levi nobis argumento pollicemur, cùm exploratum habeamus quanto fervore et quàm liberali manu eamdem Dei causam aliis in locis, et præcipuè in eâ Americæ septentrionalis insulâ quæ California dicitur, promoveris, unde certè nobis magna suppetit tibi gratulandi occasio, et perpetua tuo nomini laus accessit.

Itaque animarum lucri quod nunc quoque à propositâ novâ profectione speratur, ac proinde meriti, quod jure maximum inde sperandum est, itemque spiritualis mercedis particeps procul dubio efficieris, ac præcipuus tanti boni author meritò reputaberis. De quâ re, quæ sanè pro munere nostro nobis valde cordi est, tecum pluribus aget cum nuncius noster ordinarius, tum idem ipse dilectus filius religiosus vir Andreas Serranus, è Societate Jesu, quem laudabili zelo promovendi tam salutarem expeditionem intimè incensum, ac propterea regio tuo favore dignum, etiam atque etiam commendamus Majestati tuæ, quam diu sospitem et bonis omnibus cumulatam esse cupimus; eidem apostolicam benedictionem amantissimè impertimur. Datum Romæ, die primâ martii 1705, pontificatûs nostri anno quinto.

BREF
DE NOTRE SAINT PÈRE LE PAPE
A M. L'ARCHEVÊQUE DU MEXIQUE.

A NOTRE VÉNÉRABLE FRÈRE L'ARCHEVÊQUE DE MEXIQUE,

CLÉMENT, PAPE XI.

Notre vénérable Frère, salut. Dans le dessein que nous avons de nous servir, selon le devoir de notre charge, des occasions favorables pour travailler à la propagation de la foi dans les pays où l'Évangile n'a pas encore été reçu, nous ne doutons point que votre piété et votre zèle ne vous portent à nous seconder.

Notre vénérable Frère l'archevêque de Ma-

BREF
DE NOTRE SAINT PÈRE LE PAPE
A M. L'ARCHEVÊQUE DU MEXIQUE.

VENERABILI FRATRI ARCHIEPISCOPO MEXICANO,

CLEMENS, PP. XI.

Venerabilis Frater, salutem. Spectatam pietatem ac zelum fraternitatis tuæ affuturam nobis esse confidimus, dum, quod muneris nostri ratio postulat, ad propagandam Christi fidem in alias terrarum partes, in quas nondum invecta est, arreptâ propitiâ occasione, animum cogitationesque nostras dirigimus.

Admoniti itaque per litteras à venerabili

nille par ses lettres, et quelques religieux de la Compagnie de Jésus, qui sont nouvellement arrivés des Philippines à Rome en qualité de procureurs, nous ont assuré que depuis quelques années on étoit comme certain de découvrir de nouvelles îles dans les mers de la Chine, surtout depuis que quelques habitans de ces îles, qui ont été jetés sur les côtes des Philippines, en ont rendu témoignage. On a connu, par la description qu'ils ont faite de leur pays et des mœurs de leurs compatriotes, qu'il se préparoit de ce côté-là une grande moisson, pourvu qu'on y envoyât des ouvriers évangéliques pour instruire dans la foi ces peuples, qui d'eux-mêmes sont portés à la justice et à la paix. Les dispositions qu'ils ont pour embrasser l'Évangile sont d'autant plus heureuses, qu'ils n'ont point été élevés jusqu'ici dans l'erreur d'une idolâtrie superstitieuse, quoique d'ailleurs ils vivent dans l'ignorance du culte qui est dû au vrai Dieu, et qu'ils marchent dans les ombres de la mort.

Nous souhaitons donc avec ardeur qu'on porte la lumière de la vérité dans ces îles pour le salut éternel de tant d'âmes ; et après avoir eu soin d'exciter la piété généreuse du roi catholique à protéger un si grand ouvrage par les libéralités qu'il a coutume de faire, nous exhortons aussi de toutes nos forces votre fraternité à procurer, avec toute l'attention dont vous êtes capable, tout ce que vous pourrez de secours spirituels et temporels, soit par vous, soit par les fidèles commis à votre vigilance, pour l'exécution d'un dessein si avantageux à la gloire de Dieu. C'est le moyen d'augmenter vos mérites devant le Seigneur et de nous obliger à augmenter notre bienveillance pour vous. Nous vous donnons, avec toute la tendresse possible, notre bénédiction apostolique. A Rome, ce premier jour de mars 1705.

fratre archiepiscopo Manilæ, et coram à religiosis viris Societatis Jesu, qui procuratorio nomine ab insulis Philippinis Romam nuper advenere, spem ibi certam elapsis annis affulsisse detegendi novas insulas in Oceano Sinico, ex quo nonnulli illarum partium incolæ in eas oras conjecti fidem de illis fecerunt, et, locorum conditione populorumque indole explicatâ, non obscurè indicarunt magnam ibi messem proponi, ubi eò mittantur evangelici operarii, qui in fide erudiant homines pacis per se ac æquitatis amantes, eòque magis ad Christi fidem suscipiendam idoneos, quò nihil usque modò erroris de idololatricâ superstitione contraxerunt, licèt alioquin in tenebris, quoad veri Dei cultum, et in umbrâ mortis versentur.

Ut itaque fax veritatis in eas insulas pro spirituali tot animarum salute inferatur, omnino cupimus; et postquam eximiam pietatem catholici regis ad promovendum quâ solet liberali manu tantum opus incendere curavimus, fraternitatem quoque tuam omni studio hortamur, ut quibus in rebus per te aut per fideles vigilantiæ tuæ commissos opem tum spiritualem, tum temporalem negotio, quod tanti momenti est, ad divinam gloriam conferre cognoveris, eam præstare diligentissimè velis: quod cumulum addet tuis apud Deum meritis, et nostram tibi benevolentiam uberius conciliabit. Et fraternitati tuæ apostolicam benedictionem peramanter impertimur. Datum Romæ, die primâ martii 1705.

BREF
DE NOTRE SAINT PÈRE LE PAPE
A M. L'ARCHEVÊQUE DE MANILLE.

A NOTRE VÉNÉRABLE FRÈRE L'ARCHEVÊQUE DE MANILLE,

CLÉMENT, PAPE XI.

Notre vénérable Frère, salut et bénédiction apostolique. La charité apostolique dont nous

BREF
DE NOTRE SAINT PÈRE LE PAPE
A M. L'ARCHEVÊQUE DE MANILLE.

VENERABILI FRATRI ARCHIEPISCOPO MANILÆ,

CLEMENS, PP. XI.

Venerabilis Frater, salutem et apostolicam benedictionem. Nullis conclusa finibus aposto-

sommes embrasé fait que nous ressentons une joie extrême lorsque nous voyons que les ouvriers évangéliques, qui sont dans les pays les plus éloignés, ne laissent point ralentir le zèle qu'ils ont d'étendre la religion catholique, et qu'ils conservent pour nous et pour le saint-siége une filiale et respectueuse obéissance.

Ce sont les sentimens dont nous avons été pénétré lorsque nous avons appris, par vos lettres et par le rapport que nous ont fait les procureurs des missions de la Compagnie de Jésus, arrivés ici depuis peu, qu'étant les uns et les autres attentifs à la propagation de la foi, vous aviez conçu le désir et l'espérance de porter l'Evangile en des lieux où il n'a point encore été annoncé, surtout depuis qu'on a appris par quelques personnes du pays qui avoient abordé par hasard aux Philippines, que les îles qu'ils habitent étoient en grand nombre et très-peuplées ; que les hommes y étoient d'un naturel fort doux et bienfaisant; qu'ils aimoient la justice, et que, n'ayant point été corrompus par une éducation païenne et superstitieuse, ils seroient plus aisément susceptibles des impressions de la loi évangélique.

Nous avons donc songé efficacement à leur procurer un si grand bien, et, pour cette fin, nous avons fait nos efforts, par nos lettres et par le moyen de notre nonce auprès du roi catholique, pour lui persuader de ne pas laisser échapper une si belle occasion de gagner des âmes à Dieu et de se rendre agréable à sa divine majesté, ne doutant pas qu'il ne l'embrasse avec cette piété et cette générosité qui lui fait accorder partout ailleurs sa protection royale à tous les missionnaires occupés à instruire les nations étrangères.

Dans la confiance que ces soins ne seront pas inutiles, nous avons cru devoir vous marquer combien nous avons cette affaire à cœur; non pas tant pour vous presser d'y apporter tout le soin et la vigilance dont vous êtes capable, que pour vous exciter toujours davantage à avancer par vos conseils, par vos prières et par celles des peuples qui vous sont confiés, une œuvre si agréable à Dieu. Cependant nous vous donnons notre bénédiction apostolique, comme un gage de la bienveillance singulière que nous avons pour vous. Donné à Rome, à Saint-Pierre, sous l'anneau du pêcheur, le premier jour de mars de l'année 1705, et la cinquième de notre pontificat.

lica nostra charitas tunc maximè exultat, cùm in cordibus eorum, qui in remotissimis à nobis terrarum partibus agunt, fervore zelum amplificandæ catholicæ religionis, et filialem in nos atque in hanc sanctam sedem observantiam vigere conspicimus.

Hoc sanè gaudio affecti fuimus ubi, tum ex fraternitatis tuæ litteris, tum ex narratione nobis factâ à religiosis viris procuratoribus Societatis Jesu, qui ex istis partibus huc nuper advenerunt, agnovimus spem ac desiderium à te et ab illis, qui solliciti sunt de fidei incrementis, conceptum invehendi ipsam fidem in alia loca, ad quæ nondum delata est, ex quo per fortuitum elapsis annis nonnullorum hominum ad istas insulas appulsum innotuit regiones unde illi prodierunt amplas esse et populorum frequentiâ cultas, ibique homines ingenio mites, ac in æquitatem propensos facilè imbui posse suavissimis evangelicæ legis præceptis, utpote qui ethnicæ superstitionis nullum unquam antea præjudicium, quo mens eorum labefactari posset, persenserint.

Adjecimus itaque nos ipsi quo majori potuimus studio animum ad tantum dominici gregis bonum promovendum; egimusque, tum nostris, tum per nuntium nostrum omni officiorum genere apud catholici regis majestatem, ne dimitteretur tam præclara lucrandi animas et demerendi Deum occasio, quam imò rex ipse complecti vellet eâ pietate atque magnanimitate quâ ipse alibi operariis veritatem ad exteras nationes allaturis adfuerat.

Dum itaque fructum nostræ sollicitudinis relaturos nos esse confidimus, significandum tibi esse duximus quantùm res ipsa nobis cordi sit, non tam ut commendemus curam ac vigilantiam tuam, quàm ut tibi sponte incitato stimulos addamus, quatenus consiliis tuis, et fusis ad Deum precibus, et piis crediti tibi populi studiis atque conatibus, urgeas hoc opus Deo procul dubio gratissimum : dum nos singularis benevolentiæ, quâ te complectimur, perpetuum pignus apostolicam benedictionem fraternitati tuæ peramanter impertimur. Datum Romæ, apud S. Petrum, sub annulo piscatoris, die primâ martii 1705, pontificatûs nostri anno quinto.

LETTRE

DE

MONSEIGNEUR LE CARDINAL PAULUCCI

AU RÉVÉREND PÈRE ANDRÉ SERRANO.

MON RÉVÉREND PÈRE,

Les brefs que notre saint Père le pape a écrits au roi très-chrétien et au roi catholique, aussi bien que ceux qu'il a adressés aux archevêques de Mexique et de Manille, mais beaucoup plus encore ce que vous avez entendu souvent vous-même de sa propre bouche, ont dû suffisamment vous faire connoître les sentimens de joie et de consolation avec lesquels Sa Sainteté a appris la nouvelle que vous lui avez appportée, qu'il se présentoit une heureuse occasion d'étendre la religion catholique dans des îles des mers de la Chine inconnues jusqu'ici au reste du monde, et qui viennent d'être découvertes par une providence particulière de Dieu. Vous avez vu avec quelle ardeur et quel zèle Sa Sainteté travaille à avancer de tout son pouvoir une entreprise qu'elle prévoit devoir être si glorieuse au nom chrétien et si avantageuse au salut des âmes, et dont elle espère que le succès sera heureux avec le secours de la miséricorde de Dieu.

Cependant ce souverain Père des fidèles, dont la charité tendre et apostolique n'a point de bornes, peu content de ce qu'il a fait jusqu'ici et des instructions qu'il vous a données pour le succès de cette affaire, n'a pas cru avoir encore pleinement satisfait au devoir de sa charge pastorale. Ayant donc appris que vous devez bientôt partir pour retourner aux Philippines, il m'a ordonné de vous écrire, afin que mes lettres que vous porterez avec vous pendant votre voyage et que vous vous remettrez souvent devant les yeux vous rappellent le souvenir de la sollicitude paternelle du souverain pontife sur cette entreprise, et vous soient un motif pressant et continuel d'en procurer l'exécution de toutes vos forces.

C'est dans cette vue que Sa Sainteté, qui compte expressément sur votre piété et sur votre zèle, qui lui sont parfaitement connus, se sert aujourd'hui de moi pour vous avertir et vous exhorter tout de nouveau de la manière

LETTRE

DE

MONSEIGNEUR LE CARDINAL PAULUCCI

AU RÉVÉREND PÈRE ANDRÉ SERRANO.

ADMODUM REVERENDE PATER,

Ex iis quæ Summus D. N. nuperrimè scripsit serenissimis regibus christianissimo et catholico, nec non archiepiscopis Mexicano et Manilensi, multòque etiam uberiùs ex iis quæ pluries paternitati tuæ coram explicavit, satis, ut arbitror intelligere potuisti quàm gratum atque jucundum acciderit Suæ Sanctitati nuncium à te ipso non ita pridem allatum, quòd propitia offeratur occasio propagandæ catholicæ religionis in eas Oceani Sinici insulas quæ antehac orbi nostro nullo planè commercio notæ divini Numinis providentiâ recens detectæ sunt; quantoque insuper studio et zelo Sua Sanctitas promovendum susceperit negotium tanti monumenti, quod in maximam christiani nominis gloriam, animarumque salutem cessurum probè novit ac sperat, divinâ opitulante gratiâ, ad optatum exitum perductum iri.

Verumtamen summi patris eximia et verè apostolica charitas, quæ nullis profectò finibus contineri se patitur, per ea quæ hactenus gessit, quæque abundè te monuit, pastoralis officii debito satis adhuc factum non esse ducens, cùm te Româ brevi discessurum audiverit, ut reditum ad Philippinas insulas aggrediaris, meas hasce litteras, quasi itineris comites, ad te dari jussit, ut pontificiam eâ in re sollicitudinem assiduè tibi in mentem revocent, et quàm enixè commendent.

Itaque Sua Sanctitas, me interprete, te cujus perfectæ pietati ac zelo plurimùm confidit, rursus etiam atque etiam admonet et hortatur, ut nulli labori, nullis officiis, nulli parcas industriæ quâ tam sanctum et pium opus urgeri ac perla plus forte, de n'épargner ni peines ni travaux et d'employer toute votre industrie pour le succès d'un dessein si grand et si avantageux à la religion. Surtout l'intention de Sa Sainteté est que votre premier soin soit d'assembler au plus tôt une troupe sainte de zélés missionnaires qui aillent éclairer ces îles nouvellement découvertes et porter le flambeau de l'Évangile à ces malheureuses nations qui marchent dans les ténèbres, afin qu'elles commencent à ouvrir les yeux à la lumière et à connoître leur Créateur et leur Sauveur. Sa Sainteté demande ensuite de vous que vous exhortiez le reste des fidèles à procurer libéralement, selon leur pouvoir, à ces peuples abandonnés, les secours spirituels et temporels nécessaires pour répandre parmi eux la semence de l'Évangile et pour la cultiver avec fruit.

Quoique Sa Sainteté soit bien convaincue que vous êtes de vous-même assez porté à seconder ses saintes intentions, elle a cru cependant devoir inspirer cette nouvelle ardeur à votre zèle, tout enflammé qu'elle le connoît, afin que vous compreniez davantage qu'elle n'a rien plus à cœur que de vous voir satisfaire pleinement à ce que demandent de vous en cette occasion la gloire de Dieu, les souhaits ardens du souverain pontife, l'institut et l'esprit de votre Compagnie, dans laquelle vous trouverez d'illustres et de nombreux exemples que vous devez vous proposer pour modèles.

Mais afin que les missionnaires qui, embrasés du zèle de la gloire de Dieu, passeront dans ces nouvelles îles, entreprennent ces glorieux travaux avec plus de fermeté et les continuent avec plus de consolation, le souverain pontife accorde, avec sa bénédiction apostolique, indulgence plénière de tous leurs péchés à tous ces missionnaires et à chacun d'eux à l'heure de la mort, pourvu qu'ils soient véritablement pénitens, qu'ils se soient confessés, qu'ils aient participé au sacrement de l'Eucharistie, ou que, s'ils ne le peuvent pas, du moins ils soient sincèrement contrits, qu'ils aient prononcé de bouche, s'il est possible, ou du moins qu'ils aient dévotement invoqué de cœur le saint nom de Jésus. Obéissez donc avec promptitude et ferveur aux ordres de Sa Sainteté ; supportez toutes les peines qui vous arriveront ; acquittez-vous des fonctions d'un prédicateur de l'Évangile ; remplissez votre ministère, sûr que la couronne de justice se garde pour vous, et que

fici posse cognoveris. Illud autem in primis diligenter curare te vult, ut necessaria ad memoratas novas insulas expeditio sacrorum operariorum, quantociùs fieri poterit, adornetur et peragatur, quorum ope infelices illi mortalium greges, qui in tenebris ambulant, lucem evangelicæ veritatis aspicere ac Creatorem et Salvatorem suum agnoscere incipiant. Alios præterea pios fideles per te excitari vehementer cupit Sanctitas Sua, ut quæcumque poterunt spiritualia vel temporalia subsidia ad provehenda in illis partibus fidei semina et incrementa, liberali animo conferre velint.

Quibus omnibus conficiendis etsi Sua Sanctitas minimè vereatur te sponte tuâ sedulò intentum fore, nihilominus novos hosce stimulos, tanquam calcar currenti admovendos tibi duxit, ut certiùs intelligas Sanctitati Suæ nihil magis in votis esse, quàm ut tu hâc in re et Dei honori, et pontificio desiderio, et tui ordinis instituto, unde plurima et quidem egregia tibi suppeditabuntur exempla, quæ imitanda tibi proponere debes, quàm cumulatissimè satisfacias.

Cæterùm ut missionarii, quos ad transmittendum in ante dictas novas insulas divinæ gloriæ zelus accendet eò libentiùs hujusmodi profectionem suscipiant, ibique catholicæ fidei prædicationi alacriùs etiam atque studiosiùs incumbant, summus Pater universis eisdem missionariis, et eorum cuilibet, in mortis articulo constitutis, si verè pœnitentes et confessi, ac sacrâ communione refecti, vel quatenus id facere nequiverint, saltem contriti, nomen Jesu ore, si potuerint, sin minùs corde, devotè invocaverint, plenariam omnium peccatorum suorum indulgentiam et remissionem, cum apostolicâ benedictione, misericorditer in Domino concedit et elargitur. Strenuo itaque erectoque animo pontificis mandatis obsequere, in omnibus labora, opus fac Evangelistæ, ministerium tuum imple, sciens repositam esse tibi coronam justitiæ, quam reddet tibi Dominus in illâ die justus judex. Dum ego, pontificio nomine hæc tibi significare jussus, Deum precor

le Seigneur, qui est le juste juge, vous la donnera au jour marqué. Pour moi, en m'acquittant des ordres de Sa Sainteté, qui m'a chargé de vous déclarer ses intentions, je prie Dieu qu'il daigne bénir vos travaux et vos soins, et qu'il vous accorde un voyage heureux et une continuelle augmentation de ses grâces. A Rome, le 28 février 1705, etc.

conatus studiaque tua secundare benignè, tibique prosperum iter, cum assiduâ cœlestium gratiarum accessione largiri. Datum Romæ, die 28 februarii, 1705, etc.

LETTRE DU P. GILLES WIBAULT

AU PÈRE DU CHAMBGE.

Sur les îles Palaos, nouvellement découvertes.

A Manille, ce 20 décembre 1721.

MON RÉVÉREND PÈRE,

La paix de Notre-Seigneur.

J'apprends à ce moment qu'il y a un vaisseau à notre rade qui doit mettre incessamment à la voile pour Pondichéry. Je profite du peu de temps qu'il me donne pour ne pas laisser passer cette occasion de vous écrire. Je vous ai déjà mandé que, quelques efforts qu'on se soit donnés pendant dix ans pour savoir des nouvelles des pères Duberron et Cortil, débarqués dans une des îles Palaos [1] pour annoncer la foi à ces insulaires, on n'en a jamais pu rien découvrir; ainsi on ne doute plus qu'ils n'aient été massacrés par ces barbares.

Cette province des Philippines a deux vice-provinces qui en dépendent, savoir: celle des Marianes, et celle de los Pintados. C'est à cette dernière que je fus d'abord destiné par la Providence: ma demeure ordinaire étoit dans une grosse bourgade qui se nomme *Givan*. Un des moyens qu'ont employés les missionnaires qui m'ont précédé, pour l'établissement et le progrès de la foi dans ces îles, a été d'inspirer aux peuples une tendre dévotion envers la Mère de Dieu. Les habitans de Givan sont, de tous les insulaires, ceux qui se sont le plus distingués par une dévotion si solide. Ils ont établi une congrégation, qui est devenue très-nombreuse, et tous ceux qui ont le bonheur d'y être admis ne manquent pas tous les dimanches, même pendant l'absence du Missionnaire, lorsqu'il visite les îles voisines, de se rendre à l'église pour y vaquer à leurs saints exercices. Aussi la sainte Vierge les a-t-elle souvent favorisés d'une protection spéciale. Je ne vous en rapporterai qu'un seul exemple.

Un jour qu'on célébroit une fête, quelques Indiens s'avisèrent de témoigner leur joie par des feux qu'ils allumèrent et par des décharges de mousquets. Un vent impétueux qui s'éleva fit voler la flamme sur le toit de l'église, qui n'étoit couverte que de chaume; quelque mouvement qu'on se donnât, on ne put jamais l'éteindre: comme le feu gagnoit déjà les poutres et les soliveaux, j'allai au plus vite en retirer le saint-sacrement, et tout ce que les Indiens purent faire fut de sauver des flammes les ornemens et tout ce qui sert au culte divin. Au même instant, on m'avertit d'aller administrer les sacremens à une femme du voisinage, qui étoit sur le point d'expirer de plusieurs blessures mortelles. Je me rendis dans sa maison; je la trouvai baignée dans son sang, et après lui avoir procuré les derniers secours de l'Église, je fis dresser un autel, et je demeurai auprès du saint-sacrement jusqu'au soir, que je le portai en procession dans une autre maison plus commode, où, par les soins que se donnèrent les congréganistes, je trouvai un autel richement paré, avec un fort beau tabernacle. Je demeurai trois semaines dans cette maison, tandis qu'on élevoit une chapelle propre à célébrer les saints mystères, jusqu'à ce que l'église, qu'on commençoit à rebâtir dans la même enceinte, fût entièrement achevée.

Cette pauvre femme que j'avois laissée mourante est celle-là même sur laquelle le Seigneur, par l'intercession de la sainte Vierge, a fait éclater les richesses de sa puissance et de sa bonté. Elle s'appelle *Marie Biandoy*: elle étoit en prière devant une statue de la sainte Vierge, qu'on avoit transportée de l'é-

---

[1] Pelew.

glise dans sa maison, et elle imploroit l'assistance de cette mère de miséricorde au sujet du triste événement qui alarmoit toute la bourgade. Il y avoit dans une chambre voisine un de ses parens, qu'on croyoit parfaitement guéri de quelques accès de folie, pour lesquels on l'avoit enfermé l'année précédente. Ce malheureux fut pris tout à coup d'un nouvel accès de fureur, et, entrant dans la chambre de sa parente, il s'écria d'un ton de voix terrible: « Je viens de brûler l'église de cette bourgade: il ne me reste plus que d'en tuer tous les habitans, et c'est par toi, dit-il à sa parente, que je vais commencer. » En même temps il la prit de la main gauche par les cheveux, et d'un grand poignard qu'il tenoit de la main droite il lui donna huit coups, qui firent autant de blessures mortelles. Son fils aîné, qu'une fièvre violente retenoit au lit, se leva aux cris de sa mère, et d'une main encore foible il arrêta comme il put ce furieux, tandis que sa sœur appela du secours. On vint aussitôt, et après avoir lié ce malheureux, on l'enferma pour le reste de ses jours. On appliqua des remèdes aux blessures de cette vertueuse néophyte; mais les personnes qui la pansèrent avoient si peu d'expérience, que de huit plaies ils n'en aperçurent que cinq. Elles étoient toutes très-profondes; une entre autres, au-dessous de l'épaule droite, par laquelle sortoit tout ce qu'elle avaloit de liquide. On ne pouvoit revenir de l'étonnement où l'on étoit qu'elle ne fût pas tombée morte aux pieds de son meurtrier; mais on fut bien plus surpris lorsqu'on la trouva tout à coup parfaitement guérie, nonobstant trois accidens mortels qui lui survinrent.

On ne douta plus que sa prompte guérison ne fût l'effet d'une protection miraculeuse de de la sainte Vierge, dont elle avoit imploré le secours avec tant d'ardeur, et l'on convint de lui en rendre de solennelles actions de grâces. Au jour qu'on avoit fixé, on chanta les premières vêpres du saint nom de Jésus, et le lendemain la messe votive de la sainte Vierge; il y eut prédication l'après-midi, avec les litanies en musique, et la procession. La dame Biandoy assista à toutes ces cérémonies comme si elle n'avoit reçu aucune blessure, et elle n'en ressentit depuis nulle incommodité.

La vie de nos Indiens Pintados est très-dure et très-pénible. Quoique la bourgade de Givan passe pour être la moins pauvre de toutes ces îles, à cause du petit commerce qu'elle fait avec Manille, cependant, ceux qu'on regarde comme les plus aisés, parce qu'ils s'occupent de ce commerce, n'en retirent pas chaque année plus de cent écus, et cette modique somme est presque toute employée à la provision de riz, qu'il leur faut faire dans les autres bourgades, car il n'en croît pas dans celle de Givan, où l'on ne trouve que des palmiers en abondance; aussi voit-on que dans leurs maisons, leurs meubles, leurs vêtemens, leurs repas, tout respire la pauvreté. Tel qui tient un rang considérable dans le pays se trouve heureux et croit faire bonne chère quand il a, avec un peu de riz, un morceau de poisson mal assaisonné; souvent il ne se nourrit que de racines cuites dans l'eau avec un peu de sel. Pour ce qui est des pauvres, ils passeront une année entière sans manger de riz, à moins qu'on ne leur en donne par aumône. Ceux qui sont adroits à tirer prennent de temps en temps quelques cerfs ou quelques sangliers; mais comme sous ce climat la chair n'est pas de garde, ils ont coutume de partager leur chasse avec leurs parens et leurs voisins. Il en est de même du poisson, qu'ils ne peuvent conserver qu'après l'avoir exposé au soleil; s'ils l'exposoient à la lune, ne fût-ce que pendant une nuit, quand même ils auroient pris la précaution de le saler, ils le trouveroient le lendemain matin tout rempli de vers. Les rivières, les puits, et surtout les fontaines qui sortent des rochers, fournissent leur boisson ordinaire. Ils font du vin du fruit de leurs palmiers, mais il n'est guère d'usage, parce qu'il est aussi fort que la plus forte eau-de-vie.

Les hommes sont laborieux et bons artistes; ils excellent principalement dans la peinture, dans les ouvrages d'orfèvrerie et de sculpture. Les principaux du lieu, surtout ceux qui ont habité la maison des missionnaires, touchent parfaitement bien de la harpe: ils savent jouer du violon et de plusieurs autres instrumens de musique, et ils se font un honneur et un plaisir de consacrer leurs talens à la célébration du service divin. Ceux qui habitent les autres bourgades, et particulièrement les montagnes, s'appliquent à l'agriculture: les autres, qui vivent sur les côtes de la mer, n'ont guère d'autre occupation que la pêche. A parler en général, nos Indiens sont pleins de vivacité pour entreprendre, et de hardiesse pour braver sur mer les tempêtes. Ils se raillent même de ceux qui, dans de semblables périls, témoignent quelque frayeur.

Leurs femmes aiment à s'occuper, et on ne les voit jamais oisives; elles travaillent en toiles, en dentelles, et quelques-unes en broderie. Elles ont beaucoup de modestie et de pudeur, et sont naturellement portées à la piété. A dire vrai, le désintéressement de nos Indiens, et le contentement où ils vivent au milieu de leur pauvreté, coupent la racine à bien des vices.

Après avoir passé environ onze ans avec mes chers Indiens Pintados, un ordre de mes supérieurs m'a appelé à Manille, où je suis maintenant, et où, grâce à Dieu, je ne trouve pas moins de travail que dans la mission d'où l'on m'a tiré. Cette ville est la capitale de toutes ces îles nommées *Philippines*, qui sont gouvernées, pour le spirituel, par un archevêque et trois évêques. Mais ces prélats ne peuvent guère tirer de secours des prêtres séculiers, qui sont ici en très-petit nombre; c'est pourquoi les rois d'Espagne ont ordonné que les cures fussent remplies par les religieux des différens ordres qui sont établis dans cette ville, et qui y ont de fort belles églises. On a donc partagé toutes les paroisses entre les Pères augustins, dominicains, récollets, augustins déchaussés et les jésuites; chacun de ces curés ne laisse pas d'être chargé de la conduite de deux ou trois églises, et dans les endroits les plus éloignés de Manille, ils ne peuvent avoir de secours que des curés voisins.

Nous avons dans cette ville un grand collège, et un séminaire où l'on enseigne la théologie, la philosophie, les belles-lettres. Il y a outre cela différens prédicateurs, et deux ou trois Pères occupés jour et nuit à confesser, à enseigner la doctrine chrétienne, et à visiter les malades et les prisonniers. Les études y fleurissent, et l'on a vu sortir de ce séminaire plusieurs évêques, des docteurs en théologie, beaucoup de religieux, et un grand nombre de sujets qui excellent en toutes sortes de sciences. On n'y reçoit que les enfans des Espagnols, suivant les intentions du fondateur. Le revenu de l'archevêque est de dix mille écus, et celui des évêques à proportion. L'état ecclésiastique et séculier est entretenu des libéralités de Sa Majesté catholique, qui envoie tous les ans du Mexique de quoi fournir à cette dépense.

Pour ce qui est du gouvernement politique, tout est réglé avec beaucoup de sagesse par les ordonnances royales. Il y a une cour de justice, composée de conseillers, d'un fiscal et d'un président, qui est en même temps gouverneur de Manille, et capitaine-général de toutes les îles. Ce premier officier se renouvelle tous les cinq ans, et en cas de mort, le premier conseiller tient sa place, jusqu'à ce que le roi d'Espagne y ait pourvu. Les officiers subalternes dépendent de cette cour, et principalement du gouverneur, qui envoie tous les deux ans un juge espagnol dans chaque province, avec autorité de juger en dernier ressort les procès des Indiens, hors les causes capitales, dont la connoissance est réservée à la cour de justice, séante à Manille. Ce juge visite tous les ans chaque bourgade de sa juridiction, mais il ne peut ni rien innover, ni rien décider, que de l'avis et du consentement du curé. Au bout de deux ans, la même cour député un autre juge pour écouter les plaintes des Indiens, au cas qu'ils en eussent à faire contre le juge qui l'a précédé.

Le père Gabriel Gruson et le père Pierre Cruydolf, qui se sont consacrés en même temps que moi au salut de ces Indiens, travaillent avec beaucoup de consolations et de fruits dans leurs missions. Le premier, dans le royaume de Mindanao, et le second, dans l'île de Seypan, l'une des îles Marianes. Je reçus, il y a peu de jours, une lettre de celui-ci, où il me fait part de quelques événemens que vous ne serez pas fâché d'apprendre. Il avoit entrepris de bâtir une église, laquelle pût résister aux furieux ouragans qui s'élèvent chaque année dans ces îles, et qui abattent presque tous les édifices: il cherchait pour cela du bois d'une certaine espèce; mais les Indiens auxquels il en parla, soit par paresse, soit par la crainte qu'ils avoient de certains nécromanciens, habitants des forêts et appelés en leur langue *macanda*, répondirent constamment que cette sorte d'arbre ne se trouvoit pas dans l'île. Le Père avoit déjà perdu toute espérance, lorsque, la veille de l'Assomption, un jeune enfant, qui ne faisoit encore que bégayer, se présenta à lui. « Mon Père », s'écria-t-il; et, ne pouvant dire autre chose, il lui montra de la main un endroit de l'île, en prononçant plusieurs fois le nom de l'arbre dont le Père avoit l'idée. Aussitôt le Père se transporta dans cet endroit avec ses domestiques et plusieurs néophytes, il y trouva l'arbre qu'il cherchoit, et en peu de temps il éleva une belle église.

Ce missionnaire avoit à son service un jeune homme de vingt ans, qui le servoit avec beaucoup de zèle. Un de ces macanda mit en œuvre tous les secrets de son art diabolique pour le faire périr; et en effet, le jeune homme tomba tout à coup dans une langueur qui faisoit craindre pour sa vie. Le père Cruydolf, croyant que sa maladie étoit naturelle, employa d'abord les remèdes ordinaires. Mais, nonobstant ces remèdes, la maladie augmentoit chaque jour, avec des symptômes extraordinaires, accompagnés de visions horribles qui le tourmentoient toutes les nuits, et le réduisirent à la dernière extrémité. Dans l'affliction où étoit le missionnaire de la perte d'un si fidèle domestique, il eut recours à des remèdes surnaturels, et appliqua au malade une relique de saint Ignace. Dès lors le malade sentit du soulagement, et peu après il se trouva dans une santé parfaite. Le jour même de sa guérison, dès le matin, on vit un homme pendu à un arbre voisin de l'église. Plusieurs Indiens vinrent en informer le missionnaire, et lui dirent que ce misérable étoit le plus fameux macanda de toute l'île; qu'il avoit conjuré la perte du jeune homme, et qu'à cet effet il avoit employé toute sa science magique; mais que, voyant ses efforts inutiles, il leur avoit dit le jour précédent que le désespoir où il étoit de n'y pouvoir réussir le forceroit à s'ôter la vie à lui-même. Le Père, après avoir fait une exhortation pathétique à tous ceux que cet affreux spectacle avoit rassemblés : « Dites à tous les macanda que vous connoissez, leur ajouta-t-il, qu'ils peuvent réunir toutes leurs forces pour me nuire, et que je ne les crains point. — Mon père, répondirent les assistans, il y a longtemps qu'ils s'efforcent de procurer la mort aux missionnaires, afin d'exterminer le christianisme; mais ils ont été plusieurs fois contraints d'avouer leur impuissance et leur foiblesse. »

Un dimanche que le père Cruydolf passoit le long du rivage de la mer pour aller visiter un malade, il trouva quelques Indiens qui travailloient à des barques; il leur demanda s'il n'y avoit pas d'autres jours dans la semaine où ils pussent vaquer à ce travail, et quelle raison pouvoit les porter à transgresser ainsi le précepte de l'Église qui leur ordonne de sanctifier le jour du Seigneur en s'abstenant de toute œuvre servile, et l'employant aux saints exercices de la piété chrétienne. Ils répondirent d'un ton brutal que telle étoit leur volonté. Le Père poursuivit son chemin; mais peu d'heures après, lorsque au retour de chez son malade il passa par le même endroit, il trouva réduites en cendres et les barques et la grange où on les fabriquoit, et les Indiens qui avoient été si peu dociles à ses remontrances, couverts de confusion et donnant des marques du plus vif repentir de leur faute.

Au mois d'octobre de l'année 1719, il se passa une scène bien plus tragique dans l'enceinte même de cette ville. Le gouverneur, abusant de l'autorité que lui donnoit sa place, se livra à tous les excès que pouvoit lui suggérer la plus insatiable avarice. Les conseillers d'État, la noblesse, les marchands, étoient ou détenus prisonniers sous divers prétextes, ou contraints de se réfugier dans les églises; la consternation devint générale dans la ville, où l'on voyoit bien que le remède, qu'on ne pouvoit attendre que de la cour d'Espagne, seroit très-longtemps à venir.

Le gouverneur n'en demeura pas là; ce n'étoit que le commencement de ses violences, et il les poussa jusqu'aux dernières extrémités. Ayant fait charger l'artillerie, et ordonné à la garnison de prendre les armes, il appela de grand matin tous les supérieurs des maisons religieuses, et les fit arrêter. Il en usa de même à l'égard du doyen de la cathédrale, des principaux chanoines et de plusieurs autres ecclésiastiques. Enfin il fit prendre l'archevêque, et l'enferma dans le château, qu'il avoit garni de toute sorte de munitions de guerre et de bouche.

Au premier bruit de cet attentat, les nobles sortirent de leur asile et prirent les armes. A leur exemple, les marchands, les bourgeois, les Espagnols et les Indiens s'armèrent et s'assemblèrent tumultuairement dans les rues; parmi les bruits confus de cette multitude, on n'entendoit qu'un cri général : « Vive la foi! que le tyran meure! » Plusieurs religieux se mêlèrent parmi le peuple pour arrêter le massacre, qui étoit inévitable dans une pareille conjoncture. Quelques-uns d'eux étant allés au palais pour conjurer le gouverneur de prendre des sentimens de douceur et de paix, furent suivis de plusieurs bourgeois. Le fils du gouverneur ordonna à la garnison de s'avancer et de tirer sur eux; mais les soldats, persuadés qu'ils ne demandoient que la liberté de leur archevêque et de tant de religieux et d'ecclésiastiques détenus sans aucune raison, ne quittèrent point leur poste. Le commandant fit mettre le feu à deux pièces d'artillerie; mais le canonnier pointa ses canons de telle sorte qu'ils ne pouvoient faire aucun mal. Au même temps toute cette multitude entra dans le palais. Le gouverneur donna ordre à ses gardes du corps de tirer; mais la même considération qui avoit arrêté les soldats les porta à mettre bas les armes. Alors un religieux s'approcha du gouverneur, et lui fit les plus respectueuses remontrances sur les malheurs où il se précipitoit lui-même. Mais le gouverneur, loin de se rendre à ses prières, n'en devint que plus furieux. « Retirez-vous d'ici, mon Père, » lui dit-il, et à l'instant il tira son pistolet sur un bourgeois qui étoit auprès de ce religieux, et le blessa à la main. Celui-ci, se sentant blessé et voyant que le gouverneur s'avançoit contre lui le sabre à la main, lui cassa le bras droit d'un coup de fusil, tandis qu'un autre lui donna un coup de sabre sur la tête, qui le fit tomber comme mort. Son fils, levant pareillement le sabre pour frapper un autre bourgeois, reçut un coup de fusil droit au cœur, et expira sur-le-champ. Alors ce ne fut plus qu'un cri de cette multitude, et l'on entendoit de toutes parts : « Vive la foi! le tyran est mort! »

Aussitôt nobles, bourgeois, peuple, tous, comme de concert, allèrent au château délivrer M. l'archevêque; et, un genou en terre, ils le conjurèrent, pour l'amour de Dieu et au nom du roi, de prendre en main le gouvernement de ces îles. Ce saint vieillard, qui est un religieux de l'ordre de Saint-Jérôme, étoit inconsolable de tant de calamités, et ne répondoit que par l'abondance de ses larmes. Enfin il se rendit aux prières de toute la ville, et il gouverna avec un applaudissement universel pendant deux ans, jusqu'à l'arrivée d'un nouveau gouverneur, qui par sa prudence et par sa modération s'attira les bénédictions de tout le peuple.

Le gouverneur, qu'on croyoit mort, étoit encore en vie; mais il avoit soin de n'en donner aucun signe. Pendant que le peuple étoit occupé à délivrer les prisonniers, le père Jacques Otazo s'approcha de lui pour voir s'il respiroit encore, et il lui cria à l'oreille de prononcer le saint nom de Jésus. Il reconnut la voix du missionnaire, et, jetant un profond soupir : « Ah! mon Père, lui dit-il, ne m'abandonnez pas jusqu'à ma mort, que j'ai bien méritée par mes péchés. » Il fit une confession générale au missionnaire, qui demeura cinq heures entières auprès de lui, le couvrant de temps en temps de son manteau lorsque la populace approchoit. Enfin, malgré ces précautions, il fut aperçu d'un homme de la lie du peuple, qui se jeta sur lui et lui perça le cœur d'un coup de poignard. Mort bien funeste qui lui fut prédite longtemps auparavant par le père Laurent de Avina. Ce missionnaire, lequel, après avoir été conseiller d'État, qui est la première charge de ce royaume, étoit entré dans notre Compagnie, où il a vécu près de trente ans, alla trouver le gouverneur, et lui représenta en termes mesurés, mais avec force, tous les maux que causoit son avarice. « Père, lui répondit-il froidement, je veux des écus, et non pas des conseils. — Un jour viendra, lui dit le Père, que vous désirerez peut-être vainement ces conseils salutaires que vous rejetez, et que cet argent qui est votre idole vous sera inutile. » On assure que tous les matins il avoit coutume de réciter à genoux le chapelet avec ses domestiques; peut-être que cette étincelle de dévotion lui aura attiré la puissante intercession de la Mère de miséricorde pour lui obtenir de Dieu la grâce d'une sincère pénitence.

Il avoit reçu ordre du roi d'Espagne d'envoyer des soldats à la forteresse de Sanboangan, qui est dans l'île de Mindanao. Il exécuta cet ordre, mais son avarice le rendit superflu; car comme il n'y envoyoit point les provisions nécessaires pour la subsistance de la garnison, la plupart des soldats désertèrent, et les autres y périrent de misère. M. l'archevêque prit à cœur cette entreprise. Il y envoya de nouveaux officiers et un renfort de troupes commandées par Dom Sébastien Amorrera, qu'il établit gouverneur de la forteresse, et il eut soin que rien ne manquât, ni argent ni artillerie ni provisions.

Ce secours vint à propos, car on apprit que les rois voisins mahométans avoient tramé une conspiration secrète contre les Espagnols. Le roi de Butig exhortoit ses voisins à joindre leurs forces aux siennes contre l'ennemi commun. Le roi de Mindanao paroissoit vouloir garder la neutralité. Le roi de Jolo crut au contraire qu'il étoit de son intérêt de rechercher l'alliance des Espagnols. Ce prince et don Amorrera se firent plusieurs présens l'un à l'autre. Enfin, au mois de septembre de l'année 1720, un ambassadeur vint de sa part demander une entrevue au gouverneur, et lui dire que s'il vouloit bien la lui accorder, il se rendroit incognito à la forteresse. Don Amorrera ayant répondu qu'il étoit très-sensible aux marques d'amitié et de confiance que lui donnoit ce prince, le lendemain il arriva dans cinq ou six galères accompagnées des principaux de la noblesse de Jolo. On lui rendit tous les honneurs militaires, et le gouverneur le reçut à l'entrée de la salle du palais.

Après les premiers complimens, « Je viens, dit le roi de Jolo, me consoler avec mon ami de la tristesse qui m'accable depuis que la mort m'a enlevé la reine. » Il commanda ensuite à son cortège de l'attendre dans la salle, et il entra seul dans le cabinet avec le gouverneur, auquel il dit que la mort de la reine n'étoit qu'un prétexte dont il se servoit, mais que la véritable raison qui l'amenoit, et le secret motif de sa confiance étoient de s'assurer la couronne à lui et à son fils aîné, par le moyen d'une alliance stable et permanente avec les Espagnols ; qu'il étoit informé que quelques-uns des principaux de Jolo tramoient contre lui une trahison secrète, et que pour les mêmes raisons il avoit pris la résolution d'envoyer un ambassadeur à M. l'archevêque gouverneur de Manille. Le gouverneur le confirma dans cette résolution ; puis ils se firent mutuellement des présens, et le roi se retira avec sa suite.

Peu de temps après, il envoya un gentilhomme au père Pierre Estrada, recteur du collège de Samboangan, pour lui faire excuse de ce qu'il ne l'avoit pas reconnu lorsqu'il entra dans la salle du gouverneur, où il étoit, mais que le lendemain il lui rendroit visite. Il vint le voir en effet, et dans l'entretien qu'il eut avec lui il lui dit que son dessein étoit de lui confier son fils aîné pour lui enseigner la doctrine chrétienne, et que quand il seroit suffisamment instruit des vérités de la religion, il l'enverroit avec une seconde ambassade à Manille, afin que M. l'archevêque lui fît l'honneur de le baptiser de sa main, et qu'il lui choisît une épouse chrétienne, digne du rang d'un prince héritier présomptif de sa couronne. Il demanda ensuite des missionnaires pour l'île de Basilan, la plus voisine de Jolo et de Samboangan. Aussitôt qu'il fut arrivé dans ses États, il ordonna à ses sujets de Basilan de bien recevoir les missionnaires, et d'envoyer deux fois toutes les semaines à la forteresse deux vaisseaux chargés de vivres. Ensuite il dépêcha un ambassadeur à Manille, qui y fut reçu avec les honneurs les plus extraordinaires.

La même semaine, deux autres ambassadeurs arrivèrent à Samboangan, l'un de la part du roi de Mindanao, et l'autre de la part du prince Radamura, son frère, qui avoit en sa puissance les plus fortes places du royaume. L'un et l'autre avoient intérêt de rechercher l'alliance des Espagnols : celui-ci, qui savoit la langue espagnole, fit entendre que le prince Radamura, son maître, étoit l'aîné du roi défunt, qu'il étoit porté d'inclination pour la religion chrétienne, et qu'il souhaitoit des missionnaires. La nouvelle n'en fut pas plutôt répandue, que les Indiens du voisinage de Samboangan sortirent de leurs forêts pour venir se faire instruire et recevoir le baptême.

Cette nouvelle Église ne fut pas longtemps paisible. Le 3 décembre de la même année, le prince Radamura envoya avertir le gouverneur que Balasi, roi de Butig, s'étoit mis en mer avec une flotte d'environ cent galères, pour surprendre la forteresse de Samboangan. Il arriva en effet le 8 du même mois. La forteresse fut vivement attaquée, et le peu de soldats qui y étoient se défendirent avec beaucoup de valeur. Balasi comptoit beaucoup sur la parole de ses nécromanciens qui l'avoient assuré qu'il étoit invulnérable et qu'il remporteroit une pleine victoire. Dans cette folle confiance, il escalada le premier la muraille de la forteresse, mais une pierre énorme qu'on lui fit tomber sur la tête le précipita dans le fossé, d'où ses gens le tirèrent tout couvert de sang, et le portèrent à une galère. Toute la flotte consternée se retira, à la réserve des trois plus grandes galères, chargées de provisions, qui ne purent sortir du fleuve. Les chrétiens en déchargèrent les vivres et y mirent le feu.

Le jour suivant, deux barques parurent à l'entrée de la rivière, qui apportoient au gouverneur des lettres par lesquelles les rois de Jolo et de Mindanao lui donnoient avis qu'ils venoient avec leurs flottes au secours des Espagnols. Un si prompt secours de la part de mahométans contre les mahométans et en faveur des chrétiens parut d'autant plus suspect au gouverneur, qu'un soldat de la garnison, de la nation Pampango, la plus fidèle de toutes les nations indiennes, l'avoit secrètement averti que lorsqu'il accompagna l'ambassadeur espagnol à Jolo, il découvrit que ces insulaires méditoient une entreprise contre les chrétiens, et qu'une magicienne avoit présenté au roi de Jolo une lettre venue de la Mecque, qui lui promettoit l'empire de toutes les Philippines. Don Amorrera usa de dissimulation ; il leur répondit, dans les termes les plus pleins de reconnoissance, que leur secours étoit désormais inutile, et qu'ils pouvoient s'en retourner avec la gloire d'une fidèle alliance, sans exposer leurs troupes aux dangers et aux fatigues de la guerre.

Les deux rois, ayant reçu cette réponse, qui ne s'accordoit pas avec leurs vues, levèrent le masque, et joignirent leurs flottes à celle de Bulig, commandée par le frère de Balasi, qui venoit d'être tué. Ces trois flottes entrèrent dans le fleuve et bloquèrent la forteresse. Un des missionnaires s'embarqua à temps dans une galère pour aller demander du secours à Manille. Il m'écrivit de l'île de Zebu ces tristes nouvelles. Nous conférâmes aussitôt avec les missionnaires des îles de Leyté et de Samal, et avec le juge espagnol, qui est capitaine de la province, sur les moyens de sauver les peuplades qui étoient sans défense. M. l'évêque de Zébu, le général espagnol, par l'avis du recteur du collège, dépêchèrent trois galères bien équipées, avec un aumônier pour encourager les soldats et prendre soin de leurs consciences. Le choix tomba sur le père Doria, de l'illustre famille des Doria de Gênes. Quand ces trois galères arrivèrent à la forteresse de Iligan, les mahométans de Malanao s'étoient déjà retirés après avoir brûlé la peuplade et mené en esclavage les chrétiens qui ne s'étoient pas retirés à temps dans la forteresse avec la petite garnison d'Espagnols et de Pampangos. Il n'y avoit de munitions dans cette forteresse que pour charger deux fois l'artillerie ; la première décharge fit un tel effet sur les mahométans, qu'ils levèrent le siège.

Les trois galères ne se croyant pas assez fortes pour attaquer les trois flottes qui bloquoient la forteresse de Samboangan, s'en retournèrent à Zebu ; mais une frégate venue en droiture du port de Jolo, se trouvant à la vue de la forteresse, fut tout à coup entourée de quatre galères ennemies ; le capitaine, qui n'avoit nulle expérience, perdit courage, et se croyant perdu, il se mit à pleurer comme un enfant. Ce fut un coup de la Providence, dans cette triste conjoncture, que le père Jean Nonet se trouvât dans la frégate. Il exhorta l'équipage à combattre et à mourir généreusement pour la foi, et son discours fit tant d'impression sur les esprits, qu'on le pria de faire les fonctions de capitaine, avec promesse d'obéir ponctuellement à ses ordres. Alors le Père défendit de tirer aucun coup de canon sans son ordre, et il se contenta de prendre des mesures pour parer les flèches empoisonnées que les Mahométans tiroient de leurs galères. Cependant l'ennemi s'approchoit insensiblement, tandis que tout l'équipage étoit dans l'inaction. Quand le Père aperçut que les galères étoient à la portée qu'il souhaitoit, il leur présenta le flanc du navire, et commanda de tirer toute l'artillerie à la fois, ce qui s'exécuta si heureusement, qu'un grand nombre de galères ennemies furent coulées à fond. Les mahométans, qui croyoient que les chrétiens étoient dépourvus de toutes munitions de guerre, prirent aussitôt la fuite et laissèrent à la frégate la mer libre pour s'en retourner à Jolo.

Nonobstant cette victoire, le siège continua encore plus de deux mois. Tous les chefs subalternes de la place étoient blessés ou malades. L'un des missionnaires étoit retenu au lit par une fièvre continue. Le Père recteur sortoit d'une longue maladie ; mais l'état de langueur où il étoit n'affoiblit point son courage ; il se faisoit transporter en chaise sur le rempart, pour administrer les sacrements aux blessés et pour animer les soldats par sa présence. Le seul don Amorrera, qui fit des prodiges de valeur, jouissoit d'une santé parfaite ; il étoit jour et nuit sous les armes, faisant les fonctions de commandant, de canonnier et de soldat. Tous nos missionnaires assurent que, sous l'habit militaire, c'est un vrai religieux par l'intégrité de ses mœurs, et par l'ardeur de son zèle un parfait missionnaire. Cependant les mahométans s'occupoient de leurs sortilèges pour empêcher que l'artillerie n'eût son effet, et s'étant aperçus que le feu avoit pris seulement à l'amorce, ils s'écrièrent, transportés de joie, que le Dieu des chrétiens étoit vaincu, et ils coururent en foule vers les remparts. Ce fut alors que toute l'artillerie jouant à la fois nettoya la campagne et la couvrit de morts et de blessés. Enfin les mahométans, ou épouvantés des prodiges qu'ils voyoient sur les remparts, ou effrayés de la quantité de soldats que le feu de la place et les maladies contagieuses leur avoient enlevés, ou intimidés par l'approche du prince Radamura, furent forcés de lever le siége et de ramener leurs flottes dans leurs royaumes.

En effet, le prince Radamura ayant jeté l'ancre dans un port voisin de la forteresse, envoya une ambassade au gouverneur pour lui donner avis de son arrivée. Don Amorrera se contenta de lui faire une réponse honnête. Le prince, jugeant par cette réponse qu'on ne se fioit pas trop à ses promesses, écrivit une seconde lettre par laquelle il offroit, sur la simple parole du gouverneur, de se rendre à la forteresse peu accompagné et sans armes. C'est ce qu'il exécuta à la lettre. Après avoir renouvelé son alliance avec les Espagnols, il dit que son principal dessein étoit de faire la guerre au roi de Jolo, pour venger la mort du feu roi son père, et recouvrer les pièces d'artillerie dont ce prince s'étoit emparé; qu'à l'égard du roi de Mindanao, son frère, il ne prétendoit pas pour le présent lui faire la guerre, à moins qu'il ne se joignît au roi de Jolo contre les Espagnols. Il ajouta que les mahométans de Butig et de Malanao étoient naturellement trop lâches et avoient fait de trop grandes pertes pour vouloir encore courir les risques de la guerre. Après cette entrevue, le prince Radamura envoya une provision abondante de vivres à la forteresse, et se retira dans ses États.

En finissant cette lettre, j'en reçois une du père Estrada, qui m'apprend que la reine de Sibuyan, fille du roi de Jolo, souhaite avec empressement de se faire instruire de la doctrine chrétienne et de recevoir le baptême; et que les nouveaux fidèles, que tous ces mouvemens de guerre avoient obligés de se réfugier dans leurs montagnes, reviennent peu à peu dans leurs peuplades. Aidez-nous, mon révérend Père, à prier le Seigneur qu'il nous envoie de nouveaux missionnaires pour remplacer ceux qui vont recevoir au ciel la récompense de leurs travaux. Plus de cinquante sont morts depuis que je suis arrivé en cette province. Il ne sera pas possible d'entreprendre de nouvelles missions si le père Augustin Tollar, qui est passé en Europe, ne ramène avec lui une bonne recrue d'ouvriers évangéliques. Je suis avec bien du respect, etc.

LETTRE DU P. J.-A. CANTOVA

AU RÉVÉREND PÈRE D'AUBENTON,

TRADUITE DE L'ESPAGNOL.

Détails sur les îles Carolines.

A Agdana, ce 20 mars 1722.

MON RÉVÉREND PÈRE,

La paix de Notre-Seigneur.

Je me fais un devoir et un plaisir de vous rendre compte de la découverte qu'on vient de faire d'un nouvel archipel habité par un grand peuple d'infidèles, qui s'offrent en foule au zèle des ouvriers évangéliques. C'est le seul moyen que j'aie de partager, avec tant de missionnaires, la reconnoissance qu'ils vous doivent de la protection dont vous les honorez.

Presque en même temps qu'on se mit en possession des îles Marianes, on eut connoissance de quelques-unes des îles dont j'ai l'honneur de vous entretenir, auxquelles on donna dès lors le nom *d'îles Carolines*. On regardoit l'île de Guahan, la plus grande des Marianes, comme la porte qui devoit ouvrir l'entrée d'une multitude innombrable d'îles australes, tout à fait inconnues, et parce que les îles qu'on appelle *Carolines* sont, pour ainsi dire, à la tête de ces îles australes, il n'y a point de tentatives que les gouverneurs de Guahan n'aient faites pour réussir dans une si importante découverte; mais les mouvemens qu'ils se donnèrent en divers temps, furent toujours inutiles.

Cependant le père Bauvens, l'un des missionnaires des îles Marianes, loin de se décourager de ce peu de succès, se portoit encore avec plus d'ardeur à une si utile entreprise. Il en parloit un jour au père Louis de Sanvitores, qu'on peut justement appeler *l'apôtre des Marianes*, puisque c'est lui qui le premier y a porté les lumières de la foi, et qui l'a cimentée de son sang en expirant sous le fer des idolâtres.

« Ne vous impatientez point, répondit l'homme apostolique, attendez que la moisson soit mûre. Alors on verra les habitans des Carolines venir eux-mêmes chercher les moissonneurs pour la recueillir. » Il semble que l'accomplissement de cette prédiction ait été réservé à ces derniers temps. Vous en jugerez par le récit que je vais faire.

Le 19 de juin de l'année dernière, on aperçut une barque étrangère peu différente des barques marianoises, mais plus haute; en sorte qu'un soldat espagnol, qui la vit de loin voguer à pleines voiles, la prit pour une frégate. Cette barque aborda à une terre déserte de l'île de Guahan du côté de l'est, qu'on appelle *Tarofofo*. Il y avoit vingt-quatre personnes, onze hommes, sept femmes et six enfans. Quelques-uns mirent pied à terre comme en tremblant, et, se glissant sous les palmiers, y firent leurs provisions de cocos.

Un Indien marianois, qui pêchoit aux environs de cette côte, les ayant aperçus, alla en donner avis au père Muscati, vice-provincial, qui étoit pour lors dans la bourgade de Inarahan. Aussitôt le Père, le chef de la bourgade et quelques Marianois se mirent dans des canots et allèrent au secours de ces pauvres insulaires, qui ne savoient ni en quel pays ils étoient, ni à quelle nation ils avoient affaire. Le chef de la bourgade avoit l'épée au côté; cet objet frappa les insulaires et les fit pâmer d'effroi, s'imaginant que c'étoit fait de leur vie. Les femmes, saisies de la même frayeur, poussèrent des cris lamentables. On avoit beau leur témoigner, par des signes, qu'ils n'avoient rien à craindre, il n'étoit pas possible de les rassurer.

Cependant l'un d'eux, plus hardi que les autres, ayant aperçu le père Muscati sur le rivage, dit en sa langue deux ou trois mots à ses compagnons, et, sautant à terre, il alla droit vers le missionnaire et lui offrit quelques bagatelles de son île. C'étoient quelques morceaux de carai, dont ces insulaires se font des bracelets, et une sorte de pâte de couleur jaune ou incarnate, dont ils se peignent le corps. Le Père embrassa tendrement l'insulaire et reçut son présent avec bonté.

Ces démonstrations d'amitié dissipèrent tout ombrage : la confiance succéda à la frayeur, et ceux qui étoient restés dans la barque se promettant un traitement plus doux et plus humain qu'ils ne l'avoient espéré, ne firent plus difficulté de mettre pied à terre. Ils y trouvèrent abondamment de quoi apaiser leur faim et se refaire des fatigues qu'ils avoient souffertes. Le missionnaire leur fit donner des habits, afin qu'ils parussent avec plus de décence, et les engagea à venir passer quelques jours à Inarahan, jusqu'à ce qu'il eût reçu des nouvelles du gouverneur général des Marianes, à qui il avoit fait part de l'arrivée de ces nouveaux hôtes.

La barque de ces insulaires est d'une construction remarquable; elle a pour toute voile un fin tissu de feuilles de palmier; la proue et la poupe sont semblables pour la figure et se terminent l'une et l'autre en une pointe élevée de la forme d'une queue de dauphin. On y voit quatre petites chambres pour la commodité des passagers; l'une est à la proue, la seconde à la poupe, les deux autres aux deux côtés du mât, où est attachée la voile, mais qui débordent en dehors de la barque et y forment comme deux ailes. Ces chambres ont un toit fait de feuilles de palmier, de la figure d'une impériale de carrosse, propre à garantir de la pluie et des ardeurs du soleil. Au dedans du corps de la barque sont différens compartimens, où se mettent la cargaison et les provisions de bouche. Ce qu'il y a de surprenant dans ce bâtiment, c'est qu'on n'y voit aucun clou, et que les planches sont si bien jointes les unes aux autres par une espèce de ficelle qu'ils y emploient, que l'eau ne peut s'y insinuer.

Le 21, une nouvelle barque étrangère, quoique semblable à celle des îles Marianes, aborda à la pointe de Orote, qui est à l'ouest de l'île de Guahan. Elle ne contenoit que quatre hommes, une femme et un enfant; on leur donna des vêtemens, et on les conduisit à Umatag, où étoit pour lors le gouverneur général don Louis Sanchez, pour les confronter aux autres insulaires et voir s'ils étoient de la même nation. Leur joie fut inexprimable dès qu'ils se virent, et ils se la témoignèrent par de tendres et de continuels embrassemens.

On a su depuis que ces deux barques étoient parties en compagnie de quatre autres de l'île de Farroilep pour se rendre à celle d'Ulée; que, dans cette traversée, ils avoient été surpris d'un vent d'ouest qui les avoit dispersés de côté et d'autre; que pendant vingt jours ils avoient erré au gré des vents dans un risque continuel de faire naufrage; qu'ils avoient beaucoup souffert de la faim, de la soif et des efforts extraordinaires qu'il leur avoit fallu faire pour résister à la violence impétueuse des courans. Ils étoient effectivement tous languissans, et leurs mains étoient écorchées à force de tirer à la rame. Un d'eux, encore jeune et d'une complexion très-forte en apparence, ne survécut pas longtemps à tant de fatigues. On l'instruisit, autant qu'il fut possible, des principaux mystères de la foi, et on lui conféra le baptême à l'article de la mort.

Ces insulaires ont pour tout vêtement une pièce de toile ou d'étoffe dont ils s'enveloppent les reins et qu'ils passent entre les jambes. Leurs chefs, qu'ils appellent *tamoles*, ont une espèce de robe fendue par les côtés, qui leur couvre les épaules et la poitrine et qui leur tombe jusqu'aux genoux. Les femmes, outre la pièce de toile dont elles se ceignent de même que les hommes, ont encore une sorte de jupe qui leur descend depuis la ceinture jusqu'à mi-jambes. Les nobles se peignent le corps et se percent les oreilles, où ils attachent des fleurs, des herbes aromatiques, des grains de coco ou même de verre, quand ils en peuvent attraper.

Ces peuples sont bien pris dans leur taille : ils l'ont haute et d'une grosseur proportionnée. La plupart ont les cheveux crépus, le nez gros, de grands yeux et très-perçans, et la barbe assez épaisse. Pour ce qui est de la couleur du visage, il y a entre eux de la différence. Les uns l'ont semblable à celle des purs Indiens : on ne peut douter que d'autres ne soient des métis nés d'Espagnols et d'Indiennes.

J'en ai vu un qui m'a paru être mulâtre, c'est-à-dire fils d'un nègre et d'une Indienne. Il n'est pas aisé d'expliquer d'où peut venir ce mélange du sang et la diversité de leur couleur. C'est sur quoi je hasarderai quelques conjectures dans la suite de cette lettre.

Le 28 juin don Sanchez fit conduire ces insulaires dans la ville d'Agdana, qui est la capitale des îles Marianes et la demeure fixe des gouverneurs. Comme ils étoient toujours fort affoiblis et qu'ils ne pouvoient se remettre de leurs fatigues passées, on s'appliqua d'abord au rétablissement de leur santé, et on y réussit par les soins du frère Chavarri, notre apothicaire, qui joint à beaucoup d'habileté et d'expérience une douceur et une charité que rien ne rebute.

On songea ensuite à les instruire des mystères de la foi. La chose n'étoit pas facile; leur langage nous étoit tout à fait inconnu, et nous manquions d'interprète pour nous faire entendre. Cependant, comme quelques-uns demeuroient dans notre maison, à force de les fréquenter et de les faire parler sur les choses que je leur indiquois par signes, en moins de deux mois je fus en état de traduire en leur langue le signe de la croix, l'oraison dominicale, le symbole des apôtres, les commandemens de Dieu et un abrégé du catéchisme. Ils les apprirent par cœur et les répétoient souvent en présence de leurs compatriotes : je leur faisois ensuite une instruction, qui se terminoit par un petit repas que je leur avois fait préparer. C'étoit une innocente amorce qui les attiroit plus volontiers à l'Église.

Le jour qu'on célébroit la fête des glorieux apôtres saint Pierre et saint Paul, un vertueux Espagnol m'apporta entre ses bras un de ces petits Carolins d'environ quatre ans, qui étoit à l'extrémité, afin que je lui donnasse le baptême. A peine l'eut-il reçu qu'il commença à se mieux porter, et peu de jours après il se trouva dans une santé parfaite. Cet enfant m'a charmé dans la suite par sa promptitude à apprendre la doctrine chrétienne et par sa facilité à imiter les manières polies et civiles d'Europe.

J'administrai encore le baptême à quatre autres de ces enfans le jour qu'on célèbre la fête de Saint-Michel. Cette cérémonie se fit avec plus de solennité et avec un grand concours de peuple. Leurs parens y avoient donné leur consentement et s'étoient engagés à les laisser à Agdana et à les confier à nos soins, supposé qu'ils retournassent dans leurs îles sans être accompagnés de quelques missionnaires. Nous avons pris ces précautions pour prévenir le danger où ils auroient été de retomber dans l'infidélité, si dans un âge si tendre ils avoient été abandonnés à eux-mêmes et à la conduite de leurs parens qui n'avoient pas encore embrassé la foi.

Les Carolins adultes s'étant convaincus de la nécessité du baptême pour aller au ciel et éviter les peines éternelles de l'enfer, me témoignèrent plusieurs fois le désir qu'ils avoient d'être chrétiens. Comme ils ne perdoient point de vue leur patrie où ils prétendoient retourner incessamment, etqu'il étoit moralement impossible que destitués de pasteurs et au milieu d'une terre infidèle, ils ne se pervertissent de nouveau et ne se replongeassent dans leur première infidélité, on ne crut pas devoir sitôt leur accorder cette grâce.

Il y avoit quatre mois qu'ils demeuroient dans l'île de Guahan. Ils y avoient ramassé tout ce qu'ils avoient pu de clous, de haches et d'autres instrumens de fer, qui leur paroissoient d'un prix infini. L'envie de porter ce trésor dans leur pays et le désir de revoir leurs femmes et leurs enfans, dont ils étoient séparés, augmentoient leur impatience naturelle, et ils sollicitoient leur départ avec la dernière vivacité.

M. notre gouverneur songeoit à les satisfaire ; mais son dessein étoit de garder en otage les principaux d'entre eux et de renvoyer les autres par le moyen desquels on pourroit établir un commerce réglé entre les Marianes et les Carolines. Il me communiqua ses vues, et aussitôt j'écrivis au révérend Père provincial et lui demandai la permission d'accompagner ces insulaires pour prendre connoissance de leur pays, de leur génie et de leurs coutumes, et juger par moi-même de la disposition qu'ils auroient à recevoir la doctrine chrétienne. M. le gouverneur me promettoit un bâtiment pour ce voyage et, de plus, il donnoit aux Espagnols et aux Philippinois la permission de me suivre. Plusieurs s'étoient déjà offerts et me demandoient la préférence.

La réponse du Père provincial ne se trouva pas conforme à mes désirs ; c'est ce qui me détermina à aller le trouver à Inarahan, où il résidoit pour lors. Je lui représentai que ces îles australes étoient peu éloignées de l'île de Guahan ; qu'il étoit très-facile d'y aller et d'en revenir, surtout ayant leurs propres habitans pour guides ; qu'il y avoit toute sûreté pour les ministres évangéliques, non-seulement parce que ces peuples sont d'un naturel doux, traitable et ennemi de toute cruauté, mais encore parce qu'on auroit soin de conserver des otages de leur nation, qui répondroient de leur conduite. Tout ce que je pus dire ne fit nulle impression sur l'esprit du révérend Père provincial, qui craignoit que cette entreprise ne fût pas goûtée à Manille et qu'on ne le blâmât d'y avoir donné les mains. Je retournai donc à Agdana avec une parfaite résignation aux ordres de la Providence.

J'y trouvai nos insulaires qui pressoient plus que jamais le retour dans leur terre natale. Ils étoient sans cesse autour du gouverneur, et le supplioient encore plus par leurs larmes que par leurs paroles de leur laisser la liberté de retourner dans leur patrie. Ils tâchoient d'émouvoir sa compassion en l'assurant que leur mort étoit certaine si leur départ étoit plus longtemps différé ; qu'ils étoient accablés d'amertume et d'ennui ; que l'éloignement de leurs parens et le désir de les revoir leur ôtoient l'appétit et le sommeil ; qu'enfin la vie leur devenoit insupportable. C'est leurs propres termes que je rapporte, car je leur servois d'interprète. M. le gouverneur, qui avoit changé de dessein, les consoloit par de bonnes paroles et tâchoit de les amuser jusqu'à l'entrée de l'hiver, que la mer n'est plus tenable : sa vue étoit de ne les renvoyer qu'au printemps, afin d'avoir le loisir de préparer tout ce qui étoit nécessaire pour aller reconnoître leurs îles.

Cependant une de ces sept femmes mit un enfant au monde, que son père m'apporta pour lui conférer le baptême. Ce fut le jour de saint André que je le baptisai : M. le gouverneur le tint sur les fonts, et lui donna le nom de Louis-Philippe.

Comme le départ de nos insulaires étoit retardé, et que j'avois acquis une suffisante connoissance de leur langue, je profitai de leur séjour à Guahan, pour m'instruire plus en détail du nombre et de la situation de leurs îles, de leur religion et de leur créance, de leurs mœurs, de leurs costumes et de leur gouvernement.

Je n'ose pas me promettre de marquer avec la dernière justesse la situation de ces nouvelles îles, puisque je ne le fais que sur le rapport des Indiens : cependant s'il y a quelque erreur, je crois qu'elle n'est pas considérable, vu les précautions que j'ai prises. J'ai entretenu à diverses fois ceux de ces insulaires qui ont le plus d'expérience ; et comme ils se servent d'une boussole qui a douze aires de vent, je me suis exactement informé quelle route de vent ils suivent quand ils naviguent d'une île à une autre, et combien de temps ils mettent dans leur traversée. J'ai fait en même temps attention à la construction de leurs barques, qui n'ont pas la légèreté de celles des Marianes; et après avoir bien examiné toutes choses, je crois ne pas me tromper en disant que toutes ces îles dont ils ont pu me donner connoissance sont entre le sixième et le onzième degré de latitude septentrionale, et courent par les trente degrés de longitude à l'est du cap du Saint-Esprit.

Les îles de cet archipel se partagent en cinq provinces qui ont chacune leur langue particulière ; mais toutes ces langues, quoique différentes entre elles, paroissent tirer leur origine d'une seule, et à en juger par la ressemblance des termes, il est vraisemblable que cette langue mère dont elles dérivent est la langue arabique.

La première province qui est à l'est s'appelle *Cittac*. *Torres* ou *Hogoleu* est l'île principale : elle a beaucoup plus d'étendue que l'île de Guahan. Ses habitans sont nègres, mulâtres et blancs. Elle est gouvernée par un petit roi qui se nomme *Tahulucapit*. Ce seigneur a sous sa domination un grand nombre d'îles, les unes assez grandes et les autres plus petites, mais qui sont toutes très-peuplées, et qui ne sont éloignées les unes des autres que de huit, quinze ou trente lieues. Voici le nom de celles qui s'étendent du nord-est à l'ouest: Etel, Ruao, Pis, Lamoil, Falalu, Ulalu, Magur, Vlou, Pullep, Lesguischel, Tametem, Schoug. Celles qui courent du sud-est au sud-ouest sont : Cuop, Capeugeug, Foup, Peule, Pat, Scheug. On y compte encore un grand nombre de petites îles.

La seconde province commence à quatre degrés et demi à l'est du méridien de Guahan. Elle contient environ vingt-six îles un peu considérables, dont quatorze sont fort peuplées. Elles sont situées entre le huitième et le neuvième degré de latitude septentrionale. Les noms de ces îles sont : Uléc, Lamurrec, Setœel, Ifeluc, Eurrupuc, Farroilep, et les autres qui sont marquées distinctement dans la carte. En 1696 le pilote Jean Rodriguez se trouvant échoué sur le banc de Sainte-Rose, découvrit l'île de Farroilep avec ses deux petites îles collatérales, et jugea qu'elle n'étoit guère éloignée que de quarante-cinq lieues de de l'île de Guahan, et qu'elle étoit située entre le dixième et le onzième degré de latitude septentrionale.

Cette province se partage en deux principautés, celle d'Ulée, dont le seigneur se nomme *Gofalu*, et celle de Lamurree, qui a pour seigneur un nommé *Mattuson*. Les Indiens que la tempête vient de pousser dans l'île de Guahan, et qui me donnent la connoissance de ce que j'ai l'honneur de vous mander, sont tous nés dans cette province, et la plupart sont des îles d'Ulée et de Farroilep.

A deux degrés à l'ouest de l'île de Guahan, commence la troisième province. L'île de Feis, qui est à la tête et qui est très-peuplée et très-fertile, a environ six lieues de tour. Elle est gouvernée par un seigneur particulier qu'on appelle *Meirang*. A un degré plus loin à l'ouest est un amas d'îles qui composent la province. Elles occupent vingt-cinq lieues en longueur et quinze en largeur. En 1712 elles furent découvertes par le capitaine D. Bernard de Eguy. Ces îles sont: Falalep, qui a cinq lieues de tour, Oiescur, Mogmog, et les autres qu'on peut voir dans la carte. C'est à Mogmog que réside le seigneur de toutes ces îles. Il s'appelle *Caschattel*. Quand les barques naviguent dans ce golfe, aussitôt qu'elles sont en vue de Mogmog, on amène les voiles, et c'est là une des marques que ces insulaires donnent à leur seigneur de leur respect et de leur soumission. L'île de Zaraol, qui est à quinze lieues de cet assemblage d'îles, appartient à la même province. On donne le nom de Lumululutu aux îles qui sont à l'est ; on appelle Egoy toutes celles qui sont à l'ouest. Ces insulaires vivent de cocos, de la pêche qui y est abondante, et de six ou sept sortes de racines semblables à celles qui croissent dans les îles Marianes.

La quatrième province est à l'ouest de la troisième, environ à trente lieues de distance. Yap qui en est l'île principale, a plus de quarante lieues de tour. Elle est fort peuplée et également fertile. Outre les diverses racines qui tiennent lieu de pain aux habitans de l'île, on y trouve des patates qu'ils nomment *camotes*, et qui leur sont venues des Philippines, ainsi que me l'a rapporté un de nos Indiens des Carolines natif de cette île, lequel se nomme *Cayal*. Il raconte que son père, nommé *Coorr*, qui tenoit un des premiers rangs dans l'île, trois de ses frères et lui qui n'avoit alors que vingt-cinq ans, furent jetés par la tempête dans une des provinces des Philippines qu'on appelle *Bisaias* ; qu'un missionnaire de notre Compagnie les recueillit avec amitié, leur donna des vêtemens et des morceaux de fer, qu'ils estiment plus que toute chose; que s'en retournant dans leurs îles, ils y portèrent des semences de plusieurs plantes, et entr'autres de patates; qu'elles s'y sont fort multipliées, qu'ils ont eu de quoi en fournir les autres îles de cet archipel.

Ces insulaires font une pâte odoriférante, de couleur jaune et incarnate, dont ils se peignent le corps dans leurs jours de fête et de réjouissance. C'est, selon leur idée, une magnifique parure. Le même Indien m'ajouta, ce que j'ai peine à croire, qu'il y a dans son île des mines d'argent, mais qu'on n'en tire qu'en petite quantité, faute d'instrumens de fer propres à creuser la terre où elles se trouvent : que quand il tombe sous la main quelque morceau d'argent vierge, on travaille à l'arrondir, et on en fait présent au seigneur de l'île ; qu'il en a chez lui d'une grandeur propre à lui servir de siège. Ce seigneur s'appelle *Tequir*. A six ou huit lieues de distance, sont trois autres petites îles, qui forment un triangle, savoir : Ngolii, Laddo et Petangaras.

La cinquième province est environ à quarante-cinq lieues de l'île d'Yap : elle contient un certain nombre d'îles, auxquelles on donne communément le nom de Palaos, et que nos Indiens nomment Panleu ; ils assurent qu'elles sont en grand nombre, mais ils n'en comptent que sept principales, situées du nord au sud, savoir : Pelilieu, Coacngal, Tagaleteu, Cogeal, Yalap, Mogulibec, et Nagarool. Ils disent que le seigneur de toutes ces îles s'appelle *Yaray*, et tient sa cour à Yalap ; que ces îles sont habitées par un peuple nombreux, mais inhumain et barbare ; que les hommes et les femmes y sont entièrement nus, et se repaissent de chair humaine ; que les Indiens des Carolines regardent cette nation avec horreur, comme l'ennemie du genre humain et avec laquelle il est dangereux d'avoir le moindre commerce. Ce rapport me paroît fidèle, et est très-conforme à ce que nous a appris le père Bernard Messia, comme on peut le voir dans sa relation.

Au sud-ouest de la dernière de ces îles, environ à vingt-cinq lieues de distance, sont les deux îles de Saint-André, que les naturels du pays appellent *Sonrrol, Cadocopuei*. Elles sont situées à cinq degrés et quelques minutes de latitude septentrionale. Sonrrol est l'île où restèrent, en l'année 1710, les pères Duberon et Cortil, avec quatorze autres personnes, et entr'autres un Indien appelé *Moac*, qui leur servoit d'interprète, sa femme et deux de ses enfans. On n'a eu depuis ce temps-là aucune nouvelle de ces deux Pères, quelque soin qu'on ait pris de s'en informer. Je questionnai fort nos Indiens des Carolines, croyant tirer d'eux quelques lumières de ce qui leur étoit arrivé; mais ils n'en avoient nulle connoissance. Il n'y eut que quand je prononçai le nom de Moac, que les Indiens d'Ulée témoignèrent par un mouvement de joie le désir qu'ils avoient d'apprendre ce qu'ils étoient devenus ; ils me demandèrent avec empressement s'ils vivoient encore et si je savois où ils étoient : « Il y a plusieurs années, me dirent-ils, qu'ils ont disparu ; nous avons demandé inutilement de leurs nouvelles dans toutes nos îles, et nous ne doutons pas qu'ils n'aient péri sur mer. »

Ils m'ajoutèrent qu'à l'est de toutes ces îles que je viens de nommer, il y en a un grand nombre d'autres, et une surtout très-étendue, qu'on nomme *Falupet*, dont les habitans adorent le tiburon, espèce de poisson cétacé extrêmement vorace ; que ces insulaires sont nègres pour la plupart, et de mœurs sauvages et barbares. C'est tout ce qu'ils en savent ; encore n'ont-ils ces connoissances que par quelques habitans de ces îles que la tempête avoit jetés sur leurs côtes.

Voilà, comme vous voyez, mon révérend Père, un grand archipel dont les habitans sont bien dignes de compassion : ils n'ont presque aucune idée de religion ; ils vivent sans culte et dépourvus de la plupart des connoissances les plus propres de l'homme raisonnable. Je leur ai demandé qui avoit fait le ciel et la terre et toutes les choses visibles ; ils m'ont répondu qu'ils n'en savoient rien. Cette ignorance peut néanmoins leur devenir avantageuse, et leur conversion sera peut-être plus facile : n'ayant point l'esprit préoccupé des systèmes fabuleux de tant de sectes, les vérités de l'Évangile trouveront des esprits vides de tous préjugés, et par là plus dociles à recevoir ces saintes vérités.

Ils reconnoissent néanmoins de bons et mauvais esprits ; mais, selon leur manière de penser toute matérielle, ils donnent à ces prétendus esprits un corps et jusqu'à deux ou trois femmes. Ce sont, selon eux, des substances célestes d'une espèce différente de celles qui habite la terre.

Voici en peu de mots le ridicule système que leurs pères leur ont transmis par une espèce de tradition. Le plus ancien de ces esprits célestes est un nommé *Sabucour*, dont la femme s'appeloit *Halmelul*. Ils eurent de ce mariage un fils, auquel ils donnent le nom de *Eliulep*, qui signifie en leur langue *le grand esprit*, et une fille nommée *Ligobuud*. Le premier épousa *Leteuhieul*, qui étoit née dans l'île d'Uléé. Elle mourut à la fleur de son âge, et son âme s'envola aussitôt au ciel. Eliulep avoit eu d'elle un fils nommé *Lugueileng*, ce qui veut dire le *milieu du ciel*. On le révère comme le grand seigneur du ciel, dont il est l'héritier présomptif.

Cependant Eliulep, peu satisfait de n'avoir eu pour tout fruit de son mariage qu'un seul enfant, adopta *Reschahuileng*, jeune homme très-accompli, qui étoit de Lamurrec. Ils disent que, se dégoûtant de la terre, il monta au ciel pour y jouir des délices de son père ; qu'il a encore sa mère à Lamurrec dans un âge décrépit ; qu'enfin il est descendu du ciel, jusqu'à la moyenne région de l'air, pour entretenir sa mère et lui faire part des mystères célestes. Autant de fables grossières inventées par les habitans de Lamurrec pour s'attirer plus de considération et de respect dans les îles circonvoisines.

Ligobuud, sœur d'Eliulep, se trouvant enceinte au milieu de l'air, descendit sur la terre, où elle mit au monde trois enfans. Elle fut bien étonnée de voir la terre aride et infertile. A l'instant, de sa voix puissante elle la couvrit d'herbes, de fleurs, d'arbres fruitiers ; elle l'enrichit de toute sorte de verdure et la peupla d'hommes raisonnables. Dans ces commencemens on ne connoissoit point la mort ; c'étoit un court sommeil. Les hommes quittoient la vie le dernier jour du déclin de la lune, et dès qu'elle commençoit à reparoître sur l'horizon, ils ressuscitoient comme s'ils se fussent réveillés après un sommeil paisible. Mais un certain *Erigiregers*, esprit malintentionné et qui se faisoit un supplice du bonheur des humains, leur procura un genre de mort contre lequel il n'y eut plus de ressource : quand on étoit une fois mort, on l'étoit pour toujours. Aussi l'appellent-ils *Elus Melabut*, c'est-à-dire *mauvais esprit*, *esprit malfaisant ;* au lieu qu'ils appellent les autres esprits *Elus Melafirs*, qui signifie *bons esprits, esprits bienfaisans*. Ils mettent au rang des esprits un certain *Morogrog*, qui, ayant été chassé du ciel pour ses manières grossières et inciviles, apporta sur la terre le feu, qui avoit été inconnu jusqu'alors. Cette fable, comme vous voyez, a beaucoup de rapport avec celle de Prométhée.

Lugueileng, fils d'Eliulep, eut deux femmes : l'une céleste, qui lui donna deux enfans, Carrer et Meliliau ; l'autre terrestre, née à Falalu, de la province d'Huogoleu. Il eut de celle-ci un fils appelé *Culefat*. Ce jeune homme, ayant su que son père étoit un esprit céleste, dans l'impatience de le voir, prit son vol vers le ciel, comme un nouvel Icare ; mais à peine se fut-il élevé dans les airs, qu'il retomba sur la terre. Cette chute le désola, il pleura amèrement sa malheureuse destinée ; mais il ne se désista pas pour cela de son premier dessein : il alluma un grand feu, et à l'aide de la fumée, il fut porté une seconde fois en l'air, et parvint jusqu'aux embrassemens de son père céleste.

Les mêmes Indiens m'ont dit que dans l'île de Falalu il y a un petit étang d'eau douce où leurs dieux viennent se baigner, et que, par respect pour ce bain sacré, il n'est point d'insulaires qui osent en approcher, de crainte d'encourir la disgrâce de leurs divinités ; idée assez semblable à ce que la fable rapporte de Diane et d'Actéon, qui s'attira le ressentiment de cette déesse par l'imprudence qu'il eut de la regarder dans le bain. Ils donnent une âme raisonnable au soleil, à la lune et aux étoiles, où ils croient qu'habite une nombreuse nation céleste ; autres restes fabuleux de la poésie d'Homère et des erreurs des origénistes.

Telle est la doctrine des habitans des îles Carolines, dont néanmoins ils ne paroissent pas être fort entêtés : car, bien qu'ils reconnoissent toutes ces fabuleuses divinités, on ne voit parmi eux ni temple, ni idole, ni sacrifice, ni offrande, ni aucun autre culte extérieur. Il n'y a qu'à quelques-uns de leurs défunts qu'ils rendent un culte superstitieux. Leur coutume est de jeter les cadavres le plus loin qu'ils peuvent dans la mer pour y servir de pâture aux tiburons et aux baleines ; mais lorsqu'il meurt quelque personne d'un rang distingué ou qui leur est chère par d'autres endroits, ses obsèques se font avec pompes et avec de grandes démonstrations de douleur.

Au moment que le malade expire, on lui peint tout le corps de couleur jaune ; ses parens et ses amis s'assemblent autour du cadavre pour pleurer de concert la perte commune. Alors leur douleur s'exhale en des cris aigus, et on n'entend plus que des lamentations et des gémissemens. A ces cris succède un morne et profond silence, et c'est pour lors qu'une femme élève une voix entrecoupée de sanglots et de soupirs, et prononce l'éloge funèbre du défunt. Elle vante dans les plus beaux termes sa beauté, sa noblesse, son agilité à la danse, son adresse à la pêche, et toutes les autres qualités qui l'ont rendu recommandable. Ceux qui veulent donner des marques plus sensibles de douleur se coupent les cheveux et la barbe et les jettent sur le cadavre. Ils observent tout ce jour-là un jeûne rigoureux, dont ils ne manquent pas de se dédommager la nuit suivante.

Il y en a qui renferment le corps du défunt dans un petit édifice de pierre qu'ils gardent au dedans de leurs maisons. D'autres les enterrent loin de leurs habitations, et ils environnent la sépulture d'un mur de pierre. Ils mettent auprès du cadavre diverses sortes d'alimens, dans la persuasion où ils sont que l'âme du défunt les suce et s'en nourrit.

Ils croient qu'il y a un paradis où les gens de bien sont récompensés, et un enfer où les méchans sont punis. Ils disent que les âmes qui vont au ciel retournent le quatrième jour sur la terre et demeurent invisibles au milieu de leurs parens.

Il y a parmi eux des prêtres et des prêtresses, qui prétendent avoir commerce avec les âmes des défunts. Ce sont ces prêtres qui, de leur pleine autorité, déclarent ceux qui vont au ciel et ceux dont le partage est l'enfer. On honore les premiers comme des esprits bienfaisants, et on leur donne le nom de *tahutup*, qui signifie saint patron. Chaque famille a son tahutup, auquel on s'adresse dans ses besoins : s'ils sont malades, s'ils entreprennent un voyage, s'ils vont à la pêche, s'ils travaillent à la culture de leurs terres, ils invoquent leur tahutup. C'est à lui qu'ils demandent le rétablissement de leur santé, le succès de leurs voyages, l'abondance de la pêche et la fécondité de leurs terres. Ils lui font des présens qu'ils suspendent dans la maison de leurs tamoles, soit par intérêt, pour obtenir de lui les grâces qu'ils lui demandent, soit par gratitude, pour le remercier des faveurs qu'ils ont reçues de sa main libérale.

Les habitans des îles d'Yap ont un culte plus grossier et plus barbare. Une espèce de crocodile est l'objet de leur vénération. C'est sous cette figure que le démon exerce sur ces peuples une tyrannie cruelle. Il y a parmi eux des espèces d'enchanteurs qu'ils disent avoir communication avec le malin esprit, et qui cherchent par son secours à procurer des maladies, et la mort même, à ceux dont ils ont intérêt de se défaire.

La pluralité des femmes est non-seulement permise à tous ces insulaires, elle est encore une marque d'honneur et de distinction. Ils disent que le tamole de l'île d'Huogoleu en a neuf. Ils ont horreur de l'adultère comme d'un grand péché ; mais celui qui en est coupable obtient aisément la rémission de son crime : il lui suffit de faire quelque riche présent au mari de celle avec qui il a eu un commerce illicite [1].

Le mari peut répudier sa femme lorsqu'elle a violé la foi conjugale, et la femme a le même pouvoir de répudier son mari lorsqu'il cesse de lui plaire. Dans ce cas, ils ont certaines lois qu'ils observent pour la disposition de la dot. Lorsque quelqu'un d'eux meurt sans postérité, la veuve épouse le frère de son mari défunt, usage conforme à ce qui avoit été ordonné aux Hébreux dans la loi ancienne [2].

Lorsqu'ils vont à la pêche, ils ne portent nulle provision dans leurs barques. Leurs tamoles s'assemblent dans une maison au mois de février, et là ils jugent par la voie du sort si la navigation doit être heureuse et la pêche abondante. Ce sort consiste en des nœuds qu'ils font à des feuilles de palmier. Ils les comptent l'un après l'autre, et le nombre pair ou impair décide du bon ou du mauvais succès de leur entreprise.

Au milieu de la rudesse et de la barbarie où

---

[1] En Angleterre ne fait-on pas de même ?
[2] Deuter., chap. xxv.

vivent ces insulaires, il ne laisse pas d'y avoir parmi eux une certaine police qui donne à connoître qu'ils sont plus raisonnables que la plupart des autres Indiens, en qui on ne voit guère que la forme humaine. L'autorité du gouvernement se partage entre plusieurs familles nobles, dont les chefs s'appellent *tamoles*. Il y a, outre cela, dans chaque province un principal tamole auquel tous les autres sont soumis.

Ces tamoles laissent croître leur barbe fort longue pour se concilier plus de respect; ils commandent avec empire, parlent peu et affectent un air grave et sérieux. Lorsqu'un tamole donne audience, il paroît assis sur une table élevée; les peuples s'inclinent devant lui jusqu'à terre, et du plus loin qu'ils arrivent, ils marchent le corps tout courbé et la tête presque entre les genoux, jusqu'à ce qu'ils soient auprès de sa personne; alors ils s'asseyent à plate terre, et, les yeux baissés, ils reçoivent ses ordres avec le plus profond respect.

Quand le tamole les congédie, ils se retirent en se courbant de la même manière que quand ils sont venus, et ne se relèvent que lorsqu'ils sont hors de sa présence. Ses paroles sont autant d'oracles qu'on révère; on rend à ses ordres une obéissance aveugle; enfin on lui baise les mains et les pieds quand on lui demande quelque grâce. Les maisons ordinaires des insulaires ne sont que de petites huttes fort basses et couvertes de feuilles de palmier; celles des tamoles sont construites de bois et ornées de peintures telles qu'ils savent les faire.

On ne punit point les criminels soit par la prison, soit par des peines afflictives; on se contente de les exiler dans une autre île[1]. Il y a dans chaque peuplade deux maisons destinées, l'une à l'éducation des garçons, et l'autre à l'éducation des filles; mais tout ce qu'on y apprend se réduit à quelques principes vagues d'astronomie: la plupart s'y appliquent à cause de son utilité pour la navigation. Le maître a une sphère où sont tracés les principaux astres, et il enseigne à ses disciples le rumb de vent qu'ils doivent suivre selon les diverses routes qu'ils ont à tenir sur la mer.

La principale occupation des hommes est de construire des barques, de pêcher et de cultiver la terre. L'affaire des femmes est de faire la cuisine, d'aider leurs maris lorsqu'ils ensemencent les terres, et de mettre en œuvre une espèce de plante sauvage et un autre arbre, qui s'appelle *balibago*, pour en faire de la toile. Comme ils manquent de fer, ils se servent de cognées et de haches de pierre pour couper le bois. Si par hasard un vaisseau étranger laisse dans leurs îles quelques vieux morceaux de fer, ils appartiennent de droit aux tamoles, qui en font faire des outils le mieux qu'il est possible. Ces outils sont un fonds dont le tamole tire un revenu considérable, car il les donne à louage, et ce louage se paye assez cher.

Ils sont accoutumés à se baigner trois fois le jour, le matin, à midi et sur le soir. Ils prennent leur repos dès que le soleil est couché, et ils se lèvent avec l'aurore. Le tamole ne s'endort qu'au bruit d'un concert de musique que forme une troupe de jeunes gens qui s'assemblent le soir autour de sa maison, et qui chantent à leur manière certaines poésies jusqu'à ce qu'on les avertisse de cesser.

Pendant la nuit, au clair de la lune, ils s'assemblent de temps en temps pour chanter et danser devant la maison de leur tamole. Leurs danses se font au son de la voix, car ils n'ont point d'instrument de musique. La beauté de la danse consiste dans l'exacte uniformité des mouvemens du corps. Les hommes, séparés des femmes, se postent vis-à-vis les uns des autres; après quoi ils remuent la tête, les bras, les mains, les pieds en cadence. Les ornemens dont ils ont soin de se parer donnent, selon eux, un nouvel agrément à cette sorte de danse. Leur tête est couverte de plumes ou de fleurs des herbes aromatiques pendent de leurs narines, et l'on voit attachées à leurs oreilles des feuilles de palmier tissues avec assez d'art. Ils ont aux bras, aux mains et aux pieds d'autres ornemens qui leur sont propres.

Les femmes de leur côté se donnent une espèce de divertissement plus convenable à leur sexe; elles demeurent assises et se regardant les unes les autres, elles commencent un chant pathétique et langoureux, accompagnant le son de leur voix du mouvement cadencé de la tête et des bras. C'est pourquoi ce divertissement s'appelle en leur langue *tangerifaifil*, qui veut dire *la plainte des femmes*.

A la fin de la danse, le tamole, quand il se

---

[1] Les Anglois ont quelque chose de semblable dans leur Botany-Bay.

pique de libéralité, tient en l'air une pièce de toile qu'il montre aux danseurs et qui appartient à celui qui a l'adresse de s'en saisir le premier.

Outre le divertissement de la danse, ils ont plusieurs autres jeux où ils donnent des preuves de leur adresse et de leur force en s'exerçant à manier la lance, à jeter des pierres et à pousser des balles en l'air. Chaque saison a une sorte de divertissement qui lui est propre.

La pêche de la baleine, selon la description que m'en a faite un Indien de l'île d'Ulée, est pour ces peuples un spectacle charmant. Dix ou douze de leurs îles, disposées en manière de cercle, forment une espèce de port où la mer jouit d'un calme perpétuel. Quand une baleine paroît dans ce golfe, les insulaires se mettent aussitôt dans leurs canots, et, se tenant du côté de la mer, ils avancent peu à peu en effrayant l'animal et le poussant devant eux jusqu'à ce qu'ils l'aient conduit sur des bas-fonds non loin des terres. Alors les plus adroits se jettent dans la mer. Quelques-uns d'eux dardent la baleine de leurs lances, et les autres l'amarrent avec de gros câbles dont les bouts sont attachés aux rivages. Aussitôt s'élève un grand cri de joie parmi un peuple nombreux que la curiosité a attiré sur les bords de la mer ; on tire à terre la baleine, et la pêche se termine par un grand festin.

Quand il y a des inimitiés entre ces insulaires, elles s'apaisent d'ordinaire par quelque présent. C'est ainsi que les particuliers finissent leurs querelles. Mais quand les inimitiés sont publiques et entre deux bourgades, il n'y a que la guerre qui les termine. Ils n'ont d'autres armes que des pierres et des lances armées d'os de poisson. Leur manière de faire la guerre ressemble aux combats singuliers, chacun d'eux n'ayant affaire qu'à l'ennemi qu'il a en tête.

Lorsque deux peuplades ennemies ont résolu d'en venir à une action décisive, on s'assemble de part et d'autre dans une rase campagne, et au moment que les troupes sont en présence, chacun des deux partis forme un escadron de trois rangs. Les jeunes gens occupent le premier rang ; le second est de ceux qui sont d'une plus haute taille, et les plus âgés forment le troisième. Ce combat commence par le premier rang, où chacun combat d'homme à homme à coups de pierre et de la lance. Quand quelqu'un est blessé et hors de combat, il est aussitôt remplacé par un combattant du second rang et enfin par un du troisième. La guerre se termine par des cris de triomphe de la part des victorieux, qui insultent aux vaincus.

Les habitans de l'île d'Ulée et des îles voisines m'ont paru plus civilisés et plus raisonnables que les autres. Leur air et leurs manières sont plus respectueuses ; ils ont de la gaieté dans l'esprit, ils sont retenus et circonspects dans leurs paroles, et ils s'attendrissent aisément sur les infirmités et les misères d'autrui. Cette retenue et cette sensibilité naturelle me font juger que leurs esprits se rendroient aisément dociles à nos instructions et que la semence de l'Évangile fructifieroit dans leurs cœurs.

Il y a parmi eux beaucoup de métis et quelques nègres ou mulâtres qui leur servent de domestiques. Il est vraisemblable que les nègres viennent de la Nouvelle-Guinée, où ces insulaires ont pu aller par le côté du sud. Pour ce qui est des blancs, sans m'arrêter aux moyens dont la divine Providence a pu se servir pour les conduire dans ces îles, je vous rapporterai simplement mes conjectures fondées sur ce que nous apprend le père Collin, jésuite, au chapitre XX de son *Histoire des îles Philippines*.

Il raconte que Martin Lopez, pilote du premier vaisseau qui passa de la Nouvelle-Espagne au secours des Philippines, en l'année 1566, complota avec vingt-huit autres de jeter le reste de l'équipage dans une île déserte, de s'emparer du vaisseau et d'aller pirater sur les côtes de la Chine ; que le complot fut découvert ; que pour prévenir leur mauvais dessein, on les abandonna eux-mêmes dans une île de barbares située à l'est des Marianes. Il est à croire que ces rebelles furent jetés dans une des îles Carolines ; qu'ils y ont épousé des Indiennes, d'où sont venus des métis, qui se sont extrêmement multipliés dans toutes ces îles.

Ces insulaires ont pour tout aliment des fruits, des racines et les poissons qu'ils peuvent pêcher. Ils ont néanmoins des poules et d'autres oiseaux : mais on n'y voit aucun animal à quatre pieds. La terre n'y produit ni riz, ni froment, ni orge, ni blé d'Inde. On y trouve quantité de bois très-propre à construire des barques.

Au moment que je finis cette lettre, je reçois

la permission d'aller reconnoître ces terres infidèles et de monter une des barques que M. notre gouverneur y doit envoyer immédiatement après les fêtes de Pâques. Ainsi, mon révérend Père, mes vœux sont enfin accomplis. Daigne le Seigneur bénir cette entreprise, et n'avoir point d'égard à mon indignité, afin qu'elle n'arrête pas le cours de ses miséricordes sur ce grand peuple. Demandez pour moi cette grâce dans vos saints sacrifices, en participation desquels je suis, etc.

RELATION

EN FORME DE JOURNAL
DE LA DÉCOUVERTE DES ILES DE PALAOS,
OU NOUVELLES PHILIPPINES [1].

Le navire sur lequel nous nous embarquâmes pour aller à la découverte des îles Palaos s'appeloit *la Sainte-Trinité*, et avoit quatre-vingt-six hommes d'équipage; il étoit commandé par le sergent-major don François Padilla; il menoit avec lui les pères Duberron et Cortil, missionnaires jésuites, accompagnés du frère Étienne Baudin, qui alloient porter la foi chez ces insulaires.

Ce fut le 14 de novembre de l'année 1710 que je sortis des îles Philippines et que je fis route pour reconnoître les îles Palaos, me supposant être pour lors par 13 degrés 9 minutes de latitude, et par 144 degrés 22 minutes de longitude.

Je naviguai quinze jours, comme il est marqué dans la carte, jour pour jour, et le 30 novembre de la même année nous découvrîmes la terre, qui nous restoit au nord-est 3 degrés nord à environ trois lieues, ayant observé la variation de 4 à 5 degrés de variation nord-est dans cette route. Nous revirâmes de bord pour en approcher de plus près, et nous découvrîmes qu'il y avoit deux îles, que le père Duberron nomma les *îles de Saint-André*, parce qu'on célébroit ce jour-là la fête de ce grand apôtre.

Lorsque nous fûmes proches des îles, nous aperçûmes un bateau qui venoit à nous et dans lequel il y avoit de ces insulaires qui nous crioient de loin « mapia, mapia », c'est-à-dire :

bonnes gens. Un Palaos qui avoit été baptisé à Manille, et que nous avions mené avec nous, se montra à eux et leur parla. Aussitôt ils vinrent à bord; ils nous dirent que ces îles s'appeloient *Sonsorol*, et qu'elles étoient du nombre des îles Palaos. Ils firent paroître beaucoup de joie d'être avec nous, et ils nous la témoignèrent en nous baisant les mains et en nous embrassant.

Ces peuples sont bien faits de corps et d'une complexion robuste; ils vont tout nus, excepté vers la ceinture, où ils se couvrent d'un morceau de natte; leurs cheveux sont presque crépus; ils ont fort peu de barbe, et pour se garantir de la pluie ils portent sur les épaules un petit manteau fait de fil de patates et sur la tête une espèce de chapeau de natte autour duquel ils attachent des plumes d'oiseaux toutes droites. Ils furent surpris de voir nos gens fumer du tabac, et ils parurent faire grand cas du fer; quand ils en apercevoient, ils le regardoient avec des yeux avides, et ils nous en demandoient sans cesse.

Après midi deux autres bateaux vinrent à nous chargés chacun de huit hommes. Aussitôt qu'ils approchèrent de notre bord, ils se mirent à chanter : ils régloient la cadence en frappant des mains sur leurs cuisses. Quand ils eurent abordé, ils prirent la longueur de notre bâtiment, s'imaginant qu'il étoit fait d'une seule pièce de bois; quelques autres complèrent les hommes qui étoient sur notre bord. Ils nous apportèrent quelques cocos, du poisson et des herbes. Les îles sont toutes couvertes d'arbres jusque sur le bord de la mer. Leurs bateaux nous parurent assez bien faits. Ils se servent de voiles latines, et un côté du bateau est soutenu par un contre-poids qui l'empêche de retourner.

Nous leur demandâmes à quel aire de vent restoit la principale de leurs îles, qui s'appelle *Panloq*, et ils nous montrèrent le nord-nord-est. Ils ajoutèrent qu'au sud-quart-sud-ouest et au sud-quart-sud-est sont encore deux îles, dont l'une s'appelle *Merieres* et l'autre *Poulo*.

Quand nous nous fûmes un peu approchés de la terre, j'envoyai mon aide-pilote pour chercher avec la sonde un endroit où l'on pût mouiller. La chaloupe étant arrivée à un quart de lieue de l'île, elle fut abordée par deux bateaux du pays où il y avoit plusieurs de ces insulaires; l'un d'eux ayant aperçu un sabre, le prit, le regar-

---

[1] Iles Pelew, groupe occidental des Carolines.

da attentivement et se jeta à la mer l'emportant avec lui. Mon aide-pilote ne put trouver aucun lieu propre à jeter l'ancre, parce que le fond étoit de roche et qu'il y avoit grand fond partout. Quand il fut de retour, j'envoyai encore sur les trois heures un autre homme pour chercher un mouillage. Il alla tout auprès de la terre, et il trouva, comme le premier, qu'il y avoit partout grand fond de roche, et ainsi nul endroit où l'on pût jeter l'ancre.

Pendant ce temps-là je me soutenois à la voile contre le courant, qui portoit avec vitesse au sud-est; mais le vent étant venu à manquer, nous dérivâmes au large. Alors les insulaires qui étoient venus sur notre bord rentrèrent dans le bateau pour s'en retourner. Les deux missionnaires voulurent engager l'un d'eux à demeurer avec nous; mais ils ne purent l'y résoudre. Ils l'entretinrent quelque temps des vérités de la religion, et ils lui firent prononcer les saints noms de Jésus et de Marie, ce qu'il fit d'une manière très-affectueuse. On l'interrogea sur la grandeur de l'île et sur le nombre de ses habitans. Il répondit que l'île avoit bien deux lieues et demie de tour, et qu'il pouvoit y avoir huit cents personnes; qu'ils vivoient de cocos, de poissons et d'herbages. J'observai la hauteur du soleil à midi, et je me trouvai par 5 degrés 16 minutes de latitude nord, et la variation au lever du soleil fut trouvée de 5 degrés nord-est.

Les courans nous emportèrent au large vers le sud-est avec violence, de sorte que nous ne pûmes regagner la terre que le quatrième, à six heures du matin. Nous nous trouvâmes alors à l'embouchure des deux îles. J'envoyai la chaloupe pour chercher un bon mouillage. Ce fut inutilement : elle revint à quatre heures du soir, apportant pour nouvelle qu'il y avoit grand fond de roche partout, et qu'il étoit impossible de jeter l'ancre.

Le cinquième, à sept heures du matin, les pères Duberron et Cortil formèrent le dessein d'aller à terre pour y planter une croix. Don Padilla et moi leur représentâmes les dangers auxquels ils s'exposoient, ce qu'ils avoient à craindre des insulaires, dont ils ne connoissoient point le génie, et l'embarras où ils se trouveroient si les courans jetoient le vaisseau au large, en sorte qu'il ne pût approcher de la terre pour les prendre ou pour les secourir. Leur zèle n'écouta aucune de ces difficultés :

ils persistèrent dans leur première résolution. Ils laissèrent donc le frère Baudin dans le navire, et ils entrèrent dans la chaloupe avec le contre-maître du vaisseau et l'enseigne des troupes qu'on destinoit à mettre à terre. Ils emmenèrent aussi le Palaos dont j'ai parlé, avec sa femme et ses enfans.

Les deux missionnaires étant partis, nous nous soutînmes à la voile toute la journée contre les courans à la faveur du vent; mais le soir, le vent ayant manqué, le courant nous jeta au large. Nous mîmes toute la nuit un fanal au beaupré et un autre à l'artimon, afin qu'on pût découvrir de l'île où nous étions. La nuit nous eûmes quelques grains du nord-est au nord-ouest, de l'ouest et du sud-est, et le matin, à la pointe du jour, la grande île nous restoit au nord-quart-nord-ouest, à environ huit lieues.

Jusqu'au neuvième à midi, nous fîmes tous nos efforts pour approcher de la terre, sans pouvoir rien gagner ; au contraire, nous nous éloignions de plus en plus. Je me trouvai par 5 degrés 28 minutes de latitude. Nous tînmes conseil sur le parti qu'il y avoit à prendre. Don Padilla, le Frère jésuite, mon aide-pilote et moi, fûmes d'avis de faire route pour découvrir l'île de Panloq, capitale de toutes ces îles, qui est éloignée de celle que nous quittions d'environ cinquante lieues.

Ce fut le onzième, à neuf heures du matin, que nous découvrîmes Panloq, et à midi je me trouvai par 7 degrés 14 minutes de latitude nord, environ à une lieue au large de l'île. Sur les quatre heures du soir, quatre bateaux s'approchèrent de notre bord, se tenant néanmoins au large de la longueur d'un demi-câble; peu après ils furent suivis de deux autres bateaux; enfin quelques-uns de ces insulaires qui étoient dans les bateaux se jetèrent à la mer et vinrent à notre bord. Ils ne cherchoient qu'à voler ce qui pouvoit leur tomber sous la main. L'un d'eux, voyant une chaîne attachée au bord, la haloit de toutes ses forces pour la rompre et l'emporter; un autre en fit autant à un organeau. Un troisième, ayant mis la tête dans un sabord, vit des rideaux de lit : il les prit à deux mains et les tiroit de toutes ses forces; mais quelques-uns de nos gens, l'ayant aperçu, y accoururent, et aussitôt il se jeta à la mer.

Don Padilla, voyant jusqu'où ces barbares portoient leur avidité, fit mettre ses soldats sous les armes, car il y avoit bien quatre-vingts hommes dans ces six bateaux, et il leur fit signe de ne point approcher. Enfin sur les cinq heures du soir ils prirent leur route vers la terre. En se retirant ils décochèrent plusieurs flèches contre nous, dont quatre furent à bord et une s'attacha à la poupe du vaisseau. Alors Don Padilla fit faire sur eux une décharge de mousqueterie. A ce bruit ils se jetèrent tous à la mer et abandonnèrent leurs bateaux, nageant droit à terre avec une vitesse extraordinaire; puis voyant qu'on ne tiroit plus, ils regagnèrent leurs bateaux, s'y embarquèrent et s'enfuirent à toutes rames. Ces insulaires vont tout nus; quelques-uns d'eux se peignent le corps de diverses couleurs. Leur peau est communément de couleur olivâtre, d'autres l'ont plus noire. Ils ne nous apportèrent que quelques cocos.

Le douzième, nous n'eûmes presque pas de vent. Nous nous tînmes bord sur bord, sans néanmoins trop approcher de la terre. Sur les quatre heures, il vint encore à nous deux bateaux d'où l'on nous faisoit divers signes en nous parlant; mais comme nous n'avions plus d'interprètes, nous ne pûmes savoir ce qui se disoit. Sur les neuf heures du soir, les vents vinrent au sud-sud-est, assez frais, et les courans nous portoient au nord avec vitesse. Ainsi je pris le parti de passer entre deux îles, le cap au nord-nord-ouest; ce canal avoit environ une petite lieue de largeur.

Le treizième, étant à l'ouest de ces îles, nous tînmes conseil sur ce que nous avions à faire, et il fut conclu qu'il falloit retourner à Sonsorol pour apprendre des nouvelles des deux missionnaires qui y étoient restés et de notre chaloupe. Le 18, je me trouvai nord et sud de l'île. Nous demeurâmes là toute la journée bord sur bord, jusqu'à six heures du soir, sans apercevoir aucun bateau, quoique nous ne fussions qu'à une portée de canon de la terre. Nous rôdâmes toute la côte de l'ouest de l'île jusqu'au 20, qu'un grain forcé du sud-est-nord-est nous obligea de quitter la terre et de faire vent arrière avec la misaine.

Le 21, nous approchâmes encore de la terre, et à deux heures après midi nous n'en étions qu'à trois quarts de lieue, sans apercevoir aucun bateau: alors un second grain de l'est-nord-est forcé nous ayant pris, nous obligea de faire l'ouest-nord-ouest avec la seule misaine. Nous tînmes encore une fois conseil, et faisant réflexion que nous n'avions point de chaloupe et que nous commencions à manquer d'eau, sans savoir où nous pourrions en faire, nous fûmes tous d'avis que l'unique parti qu'il y eût à prendre étoit de nous en retourner à Manille pour y porter cette triste nouvelle; mais comme la saison des vents du nord et nord-est étoit déjà formée, nous fûmes obligés de faire le tour de Mindanao.

LETTRE DU PÈRE CAZIER.

Sur les îles Palaos ou Pelew.

A Canton, le 5 novembre 1720.

Je vois par vos lettres l'inquiétude où vous êtes de savoir quel a été le sort du père Duberron et du père Cortil, qui entrèrent il y a quelques années dans une des îles Palaos, ainsi que vous l'avez vu dans les lettres de nos missionnaires. Je voudrois pouvoir vous en apprendre des nouvelles certaines et bien circonstanciées; mais quelque mouvement qu'on se soit donné jusqu'ici, c'est toujours inutilement qu'on a tenté de retourner dans ces îles.

Lorsque je vins à la Chine, je pris ma route par les Philippines, et j'étois à Manille lorsque le père Serrano fit équiper un vaisseau pour commencer une mission chez les insulaires de Palaos, ou pour la continuer, supposé que les deux Pères eussent trouvé grâce auprès de ces barbares. Mais Dieu, dont les desseins sont impénétrables, ne permit pas que cette expédition eût le succès auquel on devoit s'attendre.

Le père Serrano mit à la voile et fut porté par un vent favorable dans l'embocadero (c'est ainsi que les Espagnols appellent l'entrée des îles Philippines). La quantité d'îles qui se trouvent dans cette passe la rendent très-dangereuse, et les galions sont quelquefois obligés d'y hiverner sans pouvoir gagner Cabite, qui est le port de Manille. Le vaisseau qui portoit le père Serrano et son compagnon n'alla pas loin: il périt près de l'île de Marinduqué, et rien ne fut plus triste que ce naufrage, dont n'échappa que peu de personnes. Quelques-uns s'étoient jetés dans la chaloupe; mais le trouble où ils étoient les empêcha de prendre une précaution nécessaire, qui étoit de couper le câble, lequel tenoit la chaloupe amarrée au vaisseau : ils allèrent au fond de la mer, entraînés par le poids du bâtiment. Il n'y eut qu'un seul Indien qui, s'étant emparé de l'habitacle (c'est un réduit en forme d'armoire où l'on enferme la boussole), s'en servit pour se sauver, et à sa faveur gagna heureusement la terre après avoir longtemps lutté contre les flots. C'est par cet Indien, qui retourna aussitôt à Manille, qu'on fut informé de ce détail. Ainsi échoua le projet qu'on avoit formé d'aller au secours des deux missionnaires et de planter la foi dans les îles Palaos.

Depuis mon arrivée à la Chine, j'ai vu à Canton un marchand venu des Philippines, qui m'assura qu'on ne doutoit plus à Manille que les deux Pères n'eussent été sacrifiés à la fureur des barbares de ces îles nouvellement découvertes. C'est ainsi qu'il m'a raconté la chose. Un vaisseau espagnol étoit allé à la découverte aux environs des îles Palaos, et s'étant approché d'une de ces îles, plusieurs insulaires parurent dans une barque et rôdèrent autour du vaisseau. On les invita par gestes à venir à bord. Ils n'y voulurent point consentir, à moins qu'on ne leur donnât un otage. On fit descendre un Espagnol dans la chaloupe, et en même temps quelques-uns des insulaires montèrent au vaisseau. Les Espagnols se saisirent d'eux et refusèrent de les renvoyer. Ceux qui étoient restés dans la barque se disposoient à se venger de cette insulte sur l'Espagnol qui servoit d'otage, et ils ramoient déjà vers la chaloupe; mais on fit feu sur eux, et on les écarta. On dit qu'en se retirant ils souffloient vers la fumée de la poudre, ignorant apparemment l'usage du canon et des armes à feu. Ces insulaires furent conduits à Manille. Là on leur demanda par signes qu'étoient devenus les deux Pères qui étoient restés dans une de leurs îles. Ils répondirent de même par signes et firent entendre que leurs compatriotes les avoient tués et ensuite les avoient mangés.

LETTRE DU PÈRE TAILLANDIER
AU PÈRE WILLARD.

Traversée. — Notes sur les Philippines. — Le royaume d'Ascham, etc., etc.

A Pondichéry, ce 20 février 1711.

MON RÉVÉREND PÈRE,

La paix de Notre-Seigneur.

Comme c'est, après Dieu, à vous seul que je suis redevable du bonheur que j'ai de consacrer le reste de mes jours à la conversion des infidèles, je me fais un devoir de vous informer de ce qui me regarde et de vous marquer en détail ce que j'ai vu ou appris d'une manière sûre dans le long voyage qu'il m'a fallu faire pour me rendre aux Indes.

Ce fut le 5 septembre de l'année 1707 que je partis de Saint-Malo avec le père Bonnet sur *le Saint-Esprit*, vaisseau de trente pièces de canon et de cent quarante hommes d'équipage. Après environ un mois de navigation, où il ne se passa rien d'extraordinaire, nous aperçûmes le cap de Finistère en Galice, et le 8 d'octobre nous mouillâmes dans la rade de Sainte-Croix de l'île de Ténériffe.

Les richesses de cette île, son grand commerce et l'excellent vin de Malvoisie qu'elle produit, la rendent la plus considérable de toutes les îles Canaries. Elle a dix-huit lieues de longueur et environ cinq de largeur. Au milieu de l'île s'élève cette fameuse montagne qu'on nomme le *pic de Ténériffe*; on l'aperçoit, à ce qu'on m'a dit, de plus de cinquante lieues: elle a la figure d'un cône dont la base est fort grande. Ce qu'on dit dans quelques relations de sa hauteur, du froid qui y règne, du temps qu'il faudroit mettre pour arriver jusqu'au sommet, n'est guère conforme à la vérité. J'ai entretenu des personnes qui ont eu la curiosité d'y monter, et j'ai conclu, de ce qu'ils m'ont rapporté, que le chemin pouvoit se faire en sept heures. Il est vrai qu'il semble qu'elle s'élève au-dessus des nues; il y tomba de la neige, tandis que dans la plaine nous étions fort incommodés de la chaleur. Quoique les instrumens dont je me servis pour mesurer sa hauteur ne fussent pas fort exacts, je jugeai pourtant qu'elle n'étoit guère que de treize cents toises.

Le petit bourg de Sainte-Croix est au nord-est de l'île. Nous en partîmes le 10, et après une lieue de mauvais chemin que nous fîmes sur une montagne stérile, nous arrivâmes à la Lagune, petite ville assez bien bâtie et la capitale de l'île. On trouve au delà une plaine de deux lieues d'où l'on aperçoit la mer du côté de l'ouest. Là commencent ces beaux coteaux de vignes entremêlées d'orangers, de citronniers et d'autres arbres de l'Amérique.

Nous marchâmes deux lieues sur ces collines, d'où l'on découvre toujours la mer; et après avoir passé par les villages de la Matança et de Santa Vittoria, nous arrivâmes à l'Arotave, seconde ville de l'île, où les jésuites de la province d'Andalousie ont un collège. On célébroit alors la naissance du prince des Asturies; ce n'étoit partout que fêtes et que divertissemens.

C'étoit aussi le temps auquel on vendange la malvoisie. Ce raisin est d'une espèce particulière; on cueille ses grappes avec attention, et on ne prend que celles qui sont parfaitement mûres pour les porter au pressoir. Quand le vin est tiré, on y mêle de la chaux vive, afin qu'il se conserve lorsqu'on le transporte dans les divers climats du monde. L'île a encore du vin rouge et du vin blanc d'une autre espèce; on y trouve aussi des pierres fort poreuses à travers lesquelles on filtre de l'eau qu'on veut boire.

Le dimanche 30 octobre, sur le soir, nous appareillâmes de la rade de Sainte-Croix, et le lendemain nous vîmes l'île de la Palme et celle de Fer. L'eau n'est pas bonne dans cette dernière île, et c'est une fable que ce qu'on rapporte d'un arbre qui s'y trouve dont les feuilles sont autant de sources d'où l'eau découle continuellement. C'est de quoi les habitans même de l'île de Fer n'ont jamais entendu parler.

Le 19 novembre, à huit heures du soir, nous vîmes tomber, à une portée de fusil, une exhalaison qui éclaira tout le vaisseau; elle me parut d'un pied de diamètre; elle se partagea ensuite et se dissipa quelques toises au-dessus de la mer.

Le 25, nous fûmes pris de calme, et nous vîmes plusieurs souffleurs; ces poissons monstrueux passèrent assez près de nous pour juger qu'il y en avoit de trente pieds. On ne doit pas en être surpris si l'on fait réflexion que dans le nord on a pris des baleines qui avoient plus de soixante pieds.

Nous entrâmes le 4 décembre au soir dans le port du cap françois de l'île de Saint-Domingue. Nous avions fait plus de quatre-vingts lieues en côtoyant la partie du nord de cette belle île. Deux bancs de rochers entre lesquels il faut passer rendent l'entrée du port difficile. Les François possèdent plus de cent lieues de côte au nord, à l'ouest et au sud. Les Espagnols sont dans la partie du sud qui est vers l'est.

Nous eûmes bien de la joie de nous revoir dans une terre françoise et au milieu de nos Pères, qui ont le soin des paroisses répandues dans le nord de cette grande île. Le père Le Breton, habile botaniste, me fit voir des plantes qui croissent autour de notre maison qu'il m'assura être tout à fait semblables au thé de la Chine. J'en pris quelques-unes, et je les fis sécher à l'ombre. Quand je fus à Manille, je les comparai avec du thé de la Chine; un chirurgien françois qui y a demeuré cinq ans, à qui je les montrai, jugea comme moi que c'étoit effectivement du thé, et qu'il étoit aussi bon que celui qu'on apporte de la Chine. J'ai su depuis qu'on a découvert de semblables plantes au Pérou, et que quelques personnes s'en servent à Lima.

Nos vaisseaux firent voile le 10 décembre. Nous passâmes au nord de l'île de Cuba, afin d'éviter les vaisseaux de guerre de la Jamaïque. Cette île a deux cent cinquante lieues de largeur. Il est presque impossible de croiser pendant l'hiver dans ce canal, parce qu'on trouve au sud plusieurs rochers le long de la grande île de Cuba, et au nord le Pracel, où il y a de petites îles fort basses. Le passage en quelques endroits n'a pas quatre lieues de largeur.

Il n'y a plus d'Indiens dans les îles de Saint-Domingue et de Cuba. Celle-ci est peuplée d'Espagnols qui y ont plusieurs villages; elle a un évêque qui fait sa résidence à la Havane, ville capitale de toute l'île: il est suffragant de l'archevêque de Saint-Domingue. C'est principalement dans l'île de Cuba que croît cet excellent tabac qu'on apporte en poudre et en feuilles en Espagne, et qu'on vend dans toute l'Europe sous le nom de tabac d'Espagne.

Le 16 décembre nous entrâmes dans le port de la Havane, en rangeant le fort du More à demi-portée de pistolet; ce château a plus de soixante canons de fonte. L'autre passe est au milieu, entre le fort du More et un autre fort qui a trente-six pièces de grosse artillerie de fonte; le canon porte d'un fort à l'autre. Quand on approche de la ville, on se trouve à portée des canons d'un troisième fort plus petit que les deux autres. Il ne peut passer qu'un seul vaisseau dans chaque passe, le reste de l'entrée étant semé de rochers à fleur d'eau. Ce port ou plutôt cette baie s'enfonce une lieue au sud, et forme comme différens bras à l'ouest et à l'est. Le mouillage en est bon, et l'on y est en sûreté contre les vents les plus violens.

La ville est bien fortifiée : elle a du côté de la terre plusieurs bastions avec leurs courtines; sa figure est presque ronde, et il faut environ une heure pour en faire le tour. Il y a trois paroisses, six maisons de différens ordres et trois monastères de religieuses. Un pilote espagnol, que nous avions pris à Ténériffe, nous fit attendre plusieurs jours dans le port, afin d'éviter les vents du nord, qui règnent en hiver dans le golfe du Mexique, qu'il nous assuroit être plus violens en certains quartiers de la lune. Nous appareillâmes enfin le 23 décembre, et à peine fûmes-nous sortis du port, que notre pilote voulut nous y faire rentrer, s'imaginant qu'une tempête du nord étoit sur le point de nous accueillir; mais sa prédiction se trouva fausse.

Le 4 janvier 1708, on sonda sur le soir, et au fond qu'on trouva on reconnut que nous étions à trente lieues au nord-nord-ouest du cap de Catoche. Ce cap, qui est à l'est de la province d'Yucatan, a été ainsi nommé parce que don Fernand de Cordoue y étant descendu au mois de mars de l'année 1517, les Indiens lui répétoient sans cesse ces mots : « *Con escatoch* », ce qui signifie en leur langue : *Venez à nos maisons*. Le pilote espagnol nous fit prendre notre route sur la sonde de Campêche, en laissant au nord les petites îles de las Arcas, Triangolo et Alacranos. Nous essuyâmes d'abord trois coups de vent de nord en trois jours différens; ils avoient soufflé entre le nord-est et le nord Alors ils ne sont pas d'ordinaire fort violens, et les Espagnols les appellent *norte chocolatero*, parce qu'ils ne les empêchent pas de battre leur chocolat. Ces vents ne durent guère que vingt-quatre heures.

Le 10, on estima que nous avions passé le matin à huit heures entre l'île de Triangolo et celles d'Arenas; le soir, à quatre heures et demie, on trouva soixante-neuf brasses à la sonde, et à six heures on ne trouva plus de fond.

Nous vîmes le 11 une grande troupe de bonites se promener sur l'eau, s'élancer et se poursuivre. Après midi un calme soudain succéda au vent du sud, et le soir un furieux vent de nord s'éleva tout à coup. Nous fûmes toute la nuit et le lendemain matin à la cape. Ce jour-là, sur le soir, le vent cessa un instant; mais la mer, qui étoit encore fort agitée, nous fit rouler extraordinairement toute la nuit.

Le 13, nous aperçûmes deux navires qui nous vinrent reconnoître : c'étoit *la Diane*, frégate du roi, armée au Havre-de-Grâce, de l'escadre de M. du Casse, et *la Paix*, armée au Port-Louis. Nous apprîmes que les roulis de la nuit précédente les avoient presque contraints de démâter.

Le 14, notre petite escadre fut augmentée d'un vaisseau espagnol qui étoit parti de Campêche pour la Vera-Cruz. Ce soir-là le ciel parut fort couvert, des nuées noires occupoient tous les bords de l'horizon; on aperçut en même temps des nuages verdâtres près de la mer, du côté du septentrion. Ces indices, joints à un calme plat, nous firent juger que nous allions être assaillis d'une furieuse tempête; nous ne fûmes pas longtemps à l'attendre : le nord se déclara tout à coup avec furie. Chaque vaisseau prit son parti comme il put : le navire espagnol, après s'être soutenu quelques heures, s'abandonna au gré du vent, et nous le vîmes courir vent arrière sous la misaine; les deux vaisseaux françois nous quittèrent.

Le lendemain 15 la mer fut plus agitée que jamais; quand notre navire se trouvoit entre deux lames, il nous sembloit être dans une vallée à perte de vue, entre deux montagnes d'eau qui nous cachoient même le haut des mâts du *Saint-Jean-Baptiste*, autre vaisseau dont nous n'étions éloignés que de trois portées de fusil. Le soir, pendant le souper, une vague plus forte que les autres ayant fait extrêmement pencher notre vaisseau, les plats, les mets, tout fut renversé, et bien que chacun tâchât de s'accrocher à tout ce qu'il rencontroit, il nous fallut enfin tomber les uns sur les autres. Un oiseau de la grandeur et de la forme d'une bécassine fut porté sur notre bord par la violence du vent.

Le 19, nous rencontrâmes les deux vaisseaux françois dont la tempête nous avoit séparés, et nous arrivâmes ensemble le même jour à la Vera-Cruz; c'est là que finit notre première navigation de deux mille deux cents lieues. La Vera-Cruz est à 10 degrés et 10 minutes, et à sept heures de différence du méridien de Paris, selon l'observation et l'estime de nos pilotes.

Je ne sais si l'on doit donner le nom de port à la rade de Vera-Cruz. Les vaisseaux mouillent à l'abri du fort de Saint-Jean d'Ulloa. Ce fort a été construit dans une petite île que la marée couvre entièrement lorsqu'elle est haute. Ce fut le vendredi saint de l'année 1519 que Fernand Cortez débarqua près de Saint-Jean d'Ulloa, et c'est à l'occasion de ce saint jour qu'il donna le nom de Vera-Cruz à la ville qu'il fonda cinq lieues plus au nord que la petite île d'Ulloa. On l'appelle à présent *Vieja-Vera-Cruz* pour la distinguer de celle où est maintenant le port, qu'on nomme la *Nueva-Vera-Cruz*. C'est le seul port qui soit dans le golfe de Mexique. Cette ville n'est que le tiers de la Havane; elle n'est considérable que par le séjour qu'y font les vaisseaux marchands qui viennent de Cadix, et qui s'en retournent chargés d'argent, de cacao, d'indigo et de cochenille.

Nous en partîmes le 3 février; nous perdîmes de vue la mer pour continuer sur terre notre voyage. Comme la sécheresse étoit grande, nous prîmes un chemin qu'on a fait depuis quelques années, et qui est beaucoup plus commode que l'ancien chemin, qu'on est obligé de suivre pendant la saison des pluies.

A une grande lieue de la Vera-Cruz, on voit à la droite du chemin un petit village nommé *Buena-Vista*; trois lieues après on passe la rivière Xamaca, qui entre dans la mer à huit lieues de la Vera-Cruz. La journée est ensuite de dix lieues, qu'on fait dans des terres incultes, quoique le terroir paroisse assez bon en plusieurs endroits, et on arrive au village de Cotasta, situé auprès d'une rivière du même nom. Nous marchâmes le lendemain sur des collines qui ne sont point cultivées. Après cinq lieues de chemin, nous trouvâmes quelques cabanes d'Indiens, et nous entrâmes dans une plaine où est le village de Saint-Jean, à huit lieues de Cotasta.

Le 5 février, nous nous trouvâmes dans un pays plus tempéré et plus agréable à la vue; nous passâmes dans des vallons fertiles, chargés d'arbres fruitiers et ensemencés de maïs[1]; on voyoit de toutes parts une infinité d'oiseaux de toute espèce et tout à fait différens de ceux d'Europe; il y a surtout quantité de perruches bleues, plus petites que des grives et d'une couleur fort vive.

Après deux lieues de chemin, on trouve le village de Saint-Laurent. Ce sont des noirs qui l'habitent; ils descendent de plusieurs familles des noirs d'Afrique, qui, s'étant enfuis de la maison de leurs maîtres, obtinrent leur liberté à condition qu'ils peupleroient ce pays.

A trois lieues au delà de ce village, nous nous arrêtâmes à la ville de Cordua, où il y a plusieurs familles espagnoles. Les maisons y sont bâties à l'européenne, et on pourroit la comparer à un de nos plus gros bourgs de France. Cette journée, qui est de neuf grandes lieues, se termine en arrivant à la ville d'Orissava; elle est un peu plus grande que Cordua. On se trouve alors auprès de cette fameuse montagne d'Orissava que nous avions aperçue de vingt-cinq lieues en mer et dont le sommet est toujours couvert de neige, quoiqu'elle soit située sous la zone torride; elle est beaucoup plus haute que le pic de Ténériffe.

Ce soir-là, deux marchands espagnols nous abordèrent fort civilement. L'un d'eux fit paroître beaucoup de joie quand il apprit que nous étions François; il nous rendit une visite particulière pour nous dire qu'il étoit né comme nous sujet du plus grand roi de l'univers, mais qu'il avoit été élevé à Cadix depuis l'âge de dix ans. Bien que sa langue naturelle lui fût devenue comme étrangère, il ne laissa pas de nous faire comprendre qu'il avoit le cœur aussi françois que la naissance.

Le 6 février, après deux lieues de marche dans la plaine d'Orissava, qui étoit toute couverte d'orge qu'on alloit moissonner, nous grimpâmes une montagne ou plutôt une forêt de chênes fort touffus; nous descendîmes ensuite dans une vallée entourée de montagnes extrêmement hautes. Au milieu de cette plaine, qui a bien une lieue de diamètre, est situé le village de Maltrata, qui n'est habité que par des Indiens. Le soir nous mîmes deux heures et demie à gagner une montagne toute couverte

[1] Blé d'Inde.

de pins de deux espèces, et nous finîmes cette journée, qui fut de dix lieues, en traversant une plaine de sables où l'on trouve beaucoup de palmiers sauvages de la même espèce que ceux qui croissent dans les sables de Pondichéry.

Le 7, nous découvrîmes un des plus fertiles pays de l'Amérique; je ne crois pas qu'il y ait sous le ciel un climat plus doux et plus tempéré : tous les fruits de l'Europe et de l'Amérique y croissent, et s'il y a peu de vignes et d'oliviers, il faut l'attribuer à l'indolence de ses habitans ou aux sages lois de la monarchie espagnole, dont le dessein est de conserver ce nouveau monde dans la dépendance d'Espagne. On y voit de très-belles plaines remplies de villages dont les maisons sont bâties de briques cuites au soleil. On sème tous les ans du blé dans ces terres, qui sont arrosées par des canaux pratiqués exprès ou bien par l'eau qui descend des collines voisines, où il se trouve beaucoup de sources.

Le 8, nous arrivâmes à la Puebla de los Angeles, ville la plus considérable de ce royaume après la capitale; elle est à peu près de la grandeur d'Orléans : les rues en sont fort droites et les maisons assez belles. Elle est partagée en quatre paroisses; on y compte neuf monastères de religieuses et un plus grand nombre de communautés d'hommes; les églises y sont fort magnifiques, et principalement la cathédrale.

En sortant de la Puebla de los Angeles, on marche pendant huit lieues dans une très-belle plaine fort peuplée et très-fertile. A une lieue à la droite du chemin est le bourg de Cholala, où Fernand Cortez pensa périr par la trahison des habitans. A quatre lieues sur la gauche est la ville et la république de Tlascala, qui fut d'un grand secours au même Cortès pour s'emparer de la ville de Mexico. Là on voit trois montagnes couvertes de neige. Une de ces montagnes est un volcan qui pendant neuf ans avoit discontinué de jeter de la fumée; mais il avoit recommencé depuis trois mois, et la fumée qu'il poussoit en l'air étoit si épaisse, qu'on l'apercevoit même de la ville de Mexico.

Le lendemain nous entrâmes dans une forêt de pins où l'on trouve quantité de faisans, de coqs d'Inde et toute sorte de gibier. Dès que nous commençâmes à descendre, nous découvrîmes le lac du Mexique, et le troisième jour, depuis notre départ de la Puebla de los Angeles, nous arrivâmes sur le midi à la ville de Mexico, éloignée de vingt-deux lieues de la Puebla et de quatre-vingts de la Vera-Cruz.

Cette fameuse ville, la plus belle et la plus considérable du nouveau monde, est située dans une grande plaine, environnée d'un cercle de montagnes de plus de quarante lieues. Dans la saison des pluies, qui commencent vers le mois de mai, on ne peut y entrer que par trois chaussées, dont la plus petite a une grande demi-lieue de longueur; les deux autres sont d'une lieue et d'une lieue et demie. Mais dans les temps de sécheresse, le lac au milieu duquel la ville est située diminue considérablement. Les Espagnols se sont efforcés de faire écouler les eaux à travers les montagnes qui environnent cette grande plaine; mais après bien des frais et des travaux, ils n'ont réussi qu'en partie dans l'exécution de leur projet : néanmoins ils ont remédié par là aux grandes inondations, dont la ville étoit souvent menacée.

La ville de Mexico est bâtie fort régulièrement. Elle est traversée de quelques canaux, lesquels se remplissent des eaux qui viennent du lac; on en pourroit creuser dans toutes les rues. Elle est beaucoup plus grande que la Puebla. Quelques Espagnols y comptent deux cent mille âmes; mais si l'on veut examiner les choses sans préjugé, on n'y en trouvera pas plus de soixante mille.

Il y a dix mille blancs dans Mexico; le reste des habitans est composé d'Indiens, de noirs d'Afrique, de mulâtres, de métis et d'autres peuples qui descendent du mélange de ces diverses nations entre elles et avec les Européens, ce qui a formé des hommes de couleur si différente, depuis le blanc jusqu'au noir, que parmi cent visages à peine en trouve-t-on deux qui soient de la même couleur.

Les maisons y sont belles et les églises magnifiques. Il y a un grand nombre de communautés religieuses; on y voit rouler beaucoup plus de carrosses qu'en aucune ville de France, si l'on en excepte Paris. Le climat y est charmant. On peut être toute l'année habillé de drap d'Espagne, quoiqu'on soit environ à 20 degrés de latitude nord. Dans le fort de l'été, on n'a qu'à se tenir à l'ombre pour se garantir de l'incommodité que cause la chaleur. C'est ce qui donna lieu à la réponse que fit autrefois à Charles V un Espagnol nouvellement arrivé du Mexique. Ce prince lui ayant demandé combien de temps il y avoit au Mexique entre l'été et l'hiver, « Autant de temps, Sire, lui répondit-il, qu'il en faut pour passer du soleil à l'ombre. » Les pluies qui commencent au mois de mai, et qui ne finissent qu'après l'été, contribuent beaucoup à modérer les grandes chaleurs.

Enfin, si l'on considère la quantité d'argent qu'on apporte chaque jour des mines dans cette ville, la magnificence des églises et des autres édifices, le grand nombre de carrosses qui roulent continuellement dans les rues et les richesses immenses de plusieurs Espagnols, on se formera l'idée d'une des premières et des plus riches villes du monde. Mais, d'un autre côté, quand on voit que les Indiens, qui font la plus grande partie du peuple, sont mal vêtus, qu'ils vont sans linge et nu-pieds, on a de la peine à se persuader que cette ville soit effectivement si opulente.

Le 11 mars, nous commençâmes un nouveau voyage pour nous rendre à la mer du sud.

En prenant la route d'Acapulco, on fait d'abord quatre lieues dans une plaine bien cultivée, après quoi on monte pendant une heure sur une montagne que les Espagnols appellent la *Subida del arenal*, à cause des sables qu'on y trouve ; on passe dans une forêt de pins qui dure cinq lieues, et on descend pendant trois lieues pour se rendre à Cornavacca, petit bourg situé dans un terroir fertile et dont le climat est beaucoup plus ardent que celui des environs du Mexique.

Le pays qu'on rencontre après ce bourg est rempli de villages d'Indiens et coupé de rivières et de ruisseaux qu'on passe à gué dans des temps de sécheresse. On ne trouve que de petites plaines, des collines, des vallons jusqu'à la Subida del passarito, qu'on descend par un fort mauvais chemin qui est de plus d'une lieue. Demi-lieue après, on s'arrête à Pueblo-Nuevo, village d'Indiens, situé sur les bords d'un lac qui a une lieue de longueur et trois quarts de lieue de largeur. Ce village est éloigné de vingt-une lieues de Cornavacca. Nous n'en partîmes qu'à quatre heures du soir pour éviter la grande chaleur, et après six lieues de marche, nous nous arrêtâmes à un autre village nommé *Palula*.

Le lendemain, nous fîmes encore six lieues entre des collines chargées de ces arbrisseaux que les Espagnols nomment *organum*, et que les François appellent *cierges épineux*. On diroit, à les voir de loin, que ce sont une infinité de flambeaux de cire verte. Nous passâmes la rivière de las Balsas de la même manière qu'on la passoit avant la conquête du Mexique : un carré de foibles roseaux d'environ dix pieds, sous lequel on attache des calebasses, sert de bateau ; on vous fait asseoir sur la selle d'une mule ou sur un ballot qu'on place au milieu de cette machine, afin que le poids l'empêche de tourner. Un Indien, tenant un des angles d'une main et nageant de l'autre, vous conduit à l'autre bord de la rivière. C'est du nom de *balsas*, que les Espagnols donnent à cette espèce de radeau, que la rivière a pris son nom : ils devroient plutôt l'appeler la rivière des Mosquites ; car on est comme environné d'une nuée de ces insectes, qui ne sont pas plus gros que nos plus petits moucherons, et dont les piqûres laissent des marques qui durent souvent un mois entier. C'est pour éviter leur persécution qu'on prend le temps de la nuit pour faire les neuf lieues de chemin qu'il y a jusqu'au village de Sompango.

Tout ce pays est désert ; on n'y trouve qu'une misérable cabane qu'on a bâtie sur le chemin pour la commodité des voyageurs ; mais comme elle étoit inhabitée, nous ne jugeâmes pas à propos d'y entrer, dans la crainte d'y être mordus des serpens ou des scorpions : nous aimâmes mieux prendre notre repos sur la terre, pendant les deux ou trois heures que nous avions à donner au sommeil. Les mauvaises hôtelleries où on loge dans tout le Mexique nous avoient accoutumés à nous passer de lit et de toutes les autres douceurs qu'on a dans les voyages de France.

Deux lieues après Sompango, on passe dans un bourg de quatre cents familles, dont plusieurs sont espagnoles ; il se nomme *Cilpacingo*. Ce bourg est situé dans une plaine de deux lieues de longueur, assez fertile et environnée de collines. Elle est terminée par un gros village d'Indiens. A une lieue au delà, on passe par un autre village, après lequel on fait huit lieues sur des montagnes fort escarpées et toutes semées de rochers. Il faut continuellement monter et descendre ; deux chevaux ne sauroient passer de front dans certains endroits, où le chemin est creusé entre deux rochers. Nous couchâmes dans un petit village qu'on nomme *los dos Caminos.*

Le lendemain, qui était dimanche, nous y dîmes la sainte messe : ces bons Indiens vinrent l'entendre; ils n'avoient pas eu ce bonheur depuis un mois, parce que leur curé demeuroit à douze lieues de leur village et avoit à visiter plusieurs hameaux fort écartés. Pour nous remercier, ils nous apportèrent quelques oranges et des guirlandes de fleurs. Depuis los dos Caminos jusqu'à Acapulco, on fait vingt-une lieues sans trouver aucun village : on a bâti, de trois en trois lieues, de méchantes cabanes qui servent d'hôtelleries.

A quatre lieues de los dos Caminos, nous passâmes la rivière de los Papagaios, c'est-à-dire des Perroquets. C'est, après celle de las Balsas, la plus considérable qu'il y ait depuis Mexico jusqu'à la mer. Nous montâmes ensuite pendant une heure et demie sur une montagne fort escarpée à laquelle on a donné, comme à la rivière, le nom de *Papagaios,* apparemment à cause des gros perroquets qu'on y voit. Ils sont de la grosseur d'une poule, ils ont le haut de la tête jaune, tout le reste du corps est vert; ils apprennent facilement à parler.

Parmi les différentes sortes d'arbres qui croissent sur cette montagne, on y trouve celui dont on se sert en Europe pour les teintures et qu'on appelle bois de Campêche : il ne croît pas fort haut, les feuilles en sont petites et ressemblent assez à celles du trèfle.

Le dixième jour de notre voyage, nous arrivâmes à Acapulco. Ce bourg est à quatre-vingt-sept lieues de Mexico, et à 16 degrés 45 minutes de latitude nord, selon les observations des pilotes. Les marchands de Mexico y ont des maisons où ils mettent les marchandises qu'on apporte de Manille. Tandis que les vaisseaux des Philippines sont dans le port, on y voit quantité de marchands ; mais à peine sont ils partis, que chacun se retire. Les habitans, même les plus riches, vont passer l'été plus avant dans les terres, pour éviter le mauvais air d'Acapulco pendant les chaleurs qui y sont excessives.

Le port est bon et sûr; mais le château n'est pas fort : il y a pourtant une belle artillerie de fonte. Les vaisseaux des Philippines y arrivent d'ordinaire vers le mois de décembre ou de janvier, et ils en partent depuis le commencement de mars jusqu'aux premiers jours d'avril. S'ils partoient plus tard, ils ne trouveroient pas les brises [1] assez fortes pour leurs pesans galions, et au delà des îles Marianes, ils auroient infailliblement à essuyer des vents d'ouest qui commencent à la fin de juin et qui leur sont entièrement contraires. Il arrive souvent des tremblemens de terre à Acapulco : pendant le peu de séjour que nous y fîmes, nous en ressentîmes deux ; mais ils ne furent pas violens.

Le 30 mars, nous mîmes à la voile. Le vaisseau étoit de deux cent soixante hommes d'équipage de toutes les différentes nations du monde. Le plus grand nombre des matelots étoit des Philippines. Le duc d'Albuquerque, vice-roi du Mexique, avoit nommé le père Bonnet pour aumônier du vaisseau. La langue espagnole nous servit à entendre les confessions , et à instruire tout l'équipage. Nous eûmes d'abord des vents foibles et des calmes qui durèrent pendant douze jours; ils ne cessèrent que quand nous fûmes à cent lieues de terre. On fait le sud ouest jusqu'à ce qu'on soit par les 13 degrés de latitude nord. Alors on a des brises très-fortes jusqu'aux îles Marianes.

Cette navigation est très-douce : on n'a point à craindre de vents contraires , et le vent qui souffle étant toujours frais, tempère la chaleur. Mais autant que le voyage est facile depuis Acapulco jusqu'à Manille, autant le retour de Manille à Acapulco est-il dégoûtant et dangereux. Il faut s'élever jusqu'au delà de 30 degrés, et quelquefois jusqu'au 39e degré de latitude nord, pour éviter les brises qui règnent toujours auprès des tropiques.

Comme c'est dans l'hiver que se fait cette dernière navigation, on a de rudes tempêtes à essuyer sans pouvoir relâcher dans la route. Le navire qui nous porta aux Philippines avoit demeuré sept mois dans cette traversée. L'amiral fut obligé de relâcher à l'entrée des Philippines, après avoir reçu un coup de mer qui mit tout le navire sous l'eau. Une partie de ses vivres fut gâtée, et sept hommes furent emportés dans la mer. Il y en eut deux qui furent rejetés dans le vaisseau par un autre coup de mer. Nous vîmes chaque jour des oiseaux, ce qui ne nous étoit pas arrivé dans la traversée

---

[1] Nom qui se donne à un vent qui vient du côté de la mer.

des Canaries jusqu'à Saint-Domingue, quoiqu'elle soit beaucoup plus forte.

Le 13 juin, nous mouillâmes à l'île de Guhan, la principale des îles Marianes [1], après avoir fait en soixante-quinze jours deux mille cent soixante-quinze lieues qu'on compte depuis Acapulco. Cette île s'étend du sud-ouest au nord-est, depuis 13 degrés et 5 minutes jusqu'à 13 degrés 35 minutes. Le lendemain, j'eus le bonheur de dire la messe dans cette terre arrosée du sang de plusieurs de nos Pères, qui ont baptisé tous ces infidèles. On les a rassemblés dans les trois îles principales de Guhan, de Sarpan et de Saïpan.

Je saluai don Joseph de Quiroga, sergent-major des îles, dont la vertu et le zèle ont beaucoup contribué à l'entière conversion de ces idolâtres. Le même zèle l'a porté à établir une bonne discipline parmi les soldats : ils vivent en commun ; la prière se fait régulièrement soir et matin, et ils participent souvent aux sacremens de la pénitence et de l'eucharistie. Je trouvai parmi ces soldats un François d'Oléron. Le gouverneur nous envoya, selon la coutume, des rafraîchissemens. Je m'embarquai sur un canot du pays pour aller à terre et pour revenir à bord : je n'ai point vu de bâtiment si léger ni qui aille mieux au plus près du vent : je les ai vus pincer le vent à deux quarts de rumbs ; un vent arrière leur est moins favorable qu'un vent au plus près.

Nous appareillâmes le 14, et le 1er juillet nous découvrîmes les Philippines, qui sont à trois cent trente-six lieues des îles Marianes. Nous eûmes quelques grains assez violens ; mais, excepté une fois qu'on se laissa surprendre, on se tint toujours sur ses gardes pour amener les voiles à propos. Le détroit entre les îles Philippines jusqu'à Manille a environ cent lieues de longueur. La navigation y est difficile, soit à cause des courans rapides, soit parce qu'il y a très-peu d'endroits où l'on puisse mouiller. On a au nord la grande île de Luçon, où est la ville de Manille, et au sud plusieurs îles de différente grandeur.

Le 1er juillet nous entrâmes dans le détroit. Bien qu'un vent frais nous fît faire une lieue et demie par heure, nous eûmes beaucoup de peine à nous soutenir contre la marée, qui nous étoit contraire. Mais aussitôt qu'elle nous fut devenue favorable, nous en profitâmes dans le calme même. On mit la chaloupe au-devant du navire pour le faire gouverner : en cinq ou six heures nous fîmes huit lieues sans aucun vent. Mais cette manœuvre pensa nous coûter cher ; car le courant nous ayant portés au milieu de plusieurs petites îles que les Espagnols appellent *los Naranios*, à cause des orangers dont elles sont couvertes, notre vergue de civadière toucha un rocher fort escarpé d'une de ces îles ; par bonheur il y avoit assez de fond pour ne pas échouer, et le courant nous ayant fait pirouetter, nous jeta au milieu de cette espèce de port, où nous mouillâmes pour attendre le vent, qui nous tira enfin d'un si mauvais pas.

Nous employâmes quinze jours à passer ce détroit, appréhendant sans cesse d'avoir un vent d'ouest, qui peut-être nous eût obligés à débouquer. Le 17 juillet nous arrivâmes à Cabite [1] : c'est un port qui se trouve dans la baie de Manille, à trois lieues de cette ville. Deux jours après s'éleva un vent d'ouest qui dura douze jours. Il y eut pendant dix-huit jours une pluie continuelle, qui ne cessoit que par intervalles et pour peu de temps. Ces pluies recommencent ainsi à plusieurs reprises jusqu'au mois de novembre, et quelquefois jusqu'en décembre ; alors toutes les plaines sont inondées ; on se promène en canot dans des campagnes semées de riz, lesquelles de loin paroissent des prairies agréables. Ce sont ces pluies abondantes qui modèrent la chaleur et qui, étant causées par le vent d'ouest, rendent le climat de Manille fort humide : l'acier le mieux poli se couvre de rouille en une nuit.

Les forêts de ces îles sont pleines de buffles sauvages, de cerfs et de sangliers d'une espèce particulière. Les Espagnols y ont fait venir d'Amérique des vaches, des chevaux et des brebis ; mais ces animaux ne peuvent y vivre à cause de l'humidité et des inondations. Il y a de la cire en quantité, et du coton de différente sorte ; le riz y est excellent ; le froment croît en quelques endroits ; on y trouve aussi de l'ébène, du bois de Campêche, de l'indigo, une espèce de cannelle sauvage, des noix muscades, des figuiers et des bananiers de plusieurs espèces qui ne sont point en Amérique. Enfin, on

---

[1] Île Guam, au sud de l'archipel des Marianes, aussi nommées *îles des Larrons*.

[1] Cavite.

y voit quantité d'arbres différens, et dont le fruit est particulier. Il y a surtout un grand nombre d'arbres propres à la construction et à la mâture des vaisseaux.

Les rivières sont pleines de caïmans qui dévorent les animaux et les hommes même. On en prit un auprès de nos terres qui avoit dévoré treize personnes. Il avoit dix-huit pieds de longueur, et la seule mâchoire avoit cinq pieds. Ces îles sont entre le 19ᵉ et le 5ᵉ degré de latitude nord.

Outre la grande île de Luçon, les Espagnols possèdent neuf îles considérables, et plusieurs autres petites îles, avec une partie du Mindanao. Le gouvernement est divisé en vingt alcadies, dont il y en a douze dans la seule île de Luçon. L'archevêque de Manille a trois évêques suffragans : celui de Cagaïan, dans le nord de l'île de Luçon; celui de Camarinez, dans la partie de l'est de la même île, et celui de Cebu, dans une île du même nom, dont dépendent les autres îles voisines. C'est dans l'île de Cébu¹ que Magellan fut tué.

Il y a dans ces quatre diocèses sept cents paroisses et plus d'un million de chrétiens, beaucoup mieux instruits qu'on ne l'est communément dans plusieurs paroisses de l'Europe. Ces paroisses sont desservies, la plupart, par des augustins, par des religieux de Saint-François et par des jésuites, qui ont converti tous ces peuples à la foi de Jésus-Christ, et qui les ont soumis à la monarchie espagnole.

On trouve encore dans les montagnes et dans les forêts un peuple barbare, noir et d'une taille fort petite, qu'on attire peu à peu à la connoissance du vrai Dieu. Outre la langue de ces noirs, qu'on croit être les anciens habitans de ces îles, ceux qui sont convertis, dont le nombre est bien plus grand, parlent trois langues principales : la tagale, celle de la Pampanga et celle de Bissaïas. La tagale, dont on se sert à Manille et aux environs, est la plus polie.

Ces langues ont un grand rapport entre elles et avec la langue malaïe, qu'on parle à Bornéo, Java, Sumatra et dans la péninsule de Malaque, ce qui fait juger que ce sont des Malais qui ont conquis ces îles et qui ont obligé les anciens insulaires à se réfugier dans les montagnes. D'ailleurs, tout ce qui les distingue si fort des Européens les rend tout à fait semblables aux Malais : ils ont le même tour de visage, le nez petit, les yeux grands et la couleur du corps d'un jaune olivâtre comme les Malais; enfin ils s'habillent de la même façon et bâtissent comme eux leurs cabanes de bambous sur le bord des rivières. Ils ont le naturel fort doux, et c'est en cela uniquement qu'ils diffèrent des Malais, dont le génie est cruel et féroce.

Tous ces insulaires sont fort affectionnés aux Espagnols et mettent volontiers leurs enfans à leur service, en quoi ils sont bien différens des Américains, qui n'ont pu s'accoutumer jusqu'ici à la domination de leurs conquérans. Il est vrai que les Philippinois se sont soumis d'eux-mêmes à l'Évangile et au gouvernement espagnol, la force des armes ayant eu très-peu de part à la conquête de ces îles.

Bien que Magellan les ait découvertes en 1521 et que depuis ce temps-là on ait fait diverses tentatives pour les conquérir, on ne s'y établit pourtant qu'en 1565. Ce fut don Miguel Lopès de Legaspi, Biscayen, qui fonda la ville de Cébu. Manille ne fut fondée qu'en 1571.

Lorsque Magellan débarqua dans une île voisine de Cébu, un Indien envoyé pour examiner les Espagnols, s'étant caché derrière des bambous et les ayant vus de loin prendre leur repas, rapporta aux principaux du pays que ces nouveaux venus étoient d'étranges hommes : qu'ils étoient blancs, qu'ils avoient le nez fort long, qu'ils couvroient d'habits blancs les tables sur lesquelles ils servoient leurs mets, qu'ils mangeoient des pierres et qu'ils terminoient leur repas en mangeant du feu. C'étoit ainsi qu'il s'étoit représenté le biscuit de mer et le tabac qui se prend en fumée.

Un autre Indien, député de la petite province de Pampanga vers l'île de Luçon pour engager ses compatriotes à se soumettre à la domination espagnole, voulant leur exprimer l'effet et le bruit du canon : « Ces gens-là, leur dit-il, ont des armes semblables à la foudre ; elles vomissent avec la flamme un boulet de fer fort pesant ; ce boulet, étant une fois sorti avec impétuosité, ne cesse de voler de montagne en montagne, jusqu'à ce qu'il ait trouvé quelqu'un à qui il puisse porter le coup de la mort. »

---

¹ Zébu, la première des Philippines, où Magellan s'arrêta, et où il fut tué.

Il y a dans les Philippines plus de sept mille Chinois, qui y sont venus des provinces de Canton et de Fokien; ils demeurent la plupart dans un faubourg de Manille qu'on appelle le Parian. Les Espagnols sont environ quatre mille; il y a beaucoup plus de métis, nés d'Européens, d'Indiens et de Chinois.

La ville de Manille, capitale de toutes les îles, est sur une grande baie de l'île de Luçon; elle est fortifiée de dix bastions, avec une petite citadelle qu'on nomme *San Yago*. Elle a au nord une rivière et la mer à l'ouest; elle est entourée de plusieurs gros faubourgs d'Indiens où l'on assure qu'il y a cinquante mille âmes. En remontant jusqu'à quatre lieues la rivière, on trouve une si grande quantité de hameaux et de villages sur ses bords et sur divers canaux qu'elle forme ou qui viennent s'y rendre après avoir arrosé cette belle plaine, qu'on s'imagineroit presque que cet amas de maisons répandues dans ce vaste espace ne fait qu'une seule ville.

Il y a dans Manille quatorze églises très-propres, dont plusieurs seroient admirées dans les premières villes de France. Les églises des villages sont bien ornées, et le service divin s'y fait avec beaucoup de majesté. Il n'y a point de paroisse à la campagne qui n'ait au moins huit ou dix musiciens; le roi d'Espagne les exempte du tribut que les Indiens sont tenus de payer.

On ne peut dire jusqu'où va la libéralité des rois catholiques quand il s'agit d'établir l'empire de Jésus-Christ dans les lieux de leur domination; le zèle dont ils sont animés pour le progrès de la religion chrétienne leur inspire toute sorte de moyens de faire adorer le vrai Dieu à leurs nouveaux sujets. On envoie chaque année du Mexique 100.000 écus, dont 70,000 sont destinés à l'entretien des autels et des missionnaires. Les autres sommes qu'on fournit pour une si sainte œuvre sont encore plus considérables. Mais aussi quelle consolation pour ces pieux monarques de voir par leurs soins l'idolâtrie détruite dans ces vastes contrées, où il n'y a pas deux cents ans qu'on sacrifioit au démon un nombre infini de victimes humaines!

Après avoir demeuré sept mois dans ces îles, qui sont le plus beau pays, le mieux boisé et le plus agréable à la vue que j'aie encore trouvé, nous nous embarquâmes sur un bâtiment espagnol qui alloit à Malaque, dans l'espérance d'y trouver quelque vaisseau qui fit voile vers la côte de Coromandel.

Ce fut le 17 février 1709 que nous appareillâmes à l'entrée de la baie de Manille, et le lundi 11 de mars nous mouillâmes dans la rade de Malaque. Nous prîmes dans cette traversée plusieurs de ces oiseaux qu'on nomme *fous*; on les appelle ainsi apparemment à cause de la facilité avec laquelle ils se laissent prendre: ils viennent se poser sur les mâts au milieu de l'équipage et quelquefois même sur les bras des matelots, et on les prend sans qu'ils pensent à s'envoler que lorsqu'ils se sentent pris.

Je n'avois point vu encore la mer aussi tranquille qu'elle le fut pendant tout ce trajet. Un canot auroit pu faire avec nous ces quatre cents soixante-quinze lieues sur une mer qui est terrible lorsque les vents d'ouest soufflent. Il ne nous falloit plus qu'un mois pour nous rendre à Pondichéry si nous fussions arrivés quelques jours plus tôt, avant que les vaisseaux portugais ou arméniens partissent pour la côte de Coromandel; mais nous fûmes obligés de nous mettre sur un navire more, ce qui fut pour nous une source de travaux et de disgrâces. Permettez-moi, mon révérend Père, de vous décrire un peu plus au long cette dernière traversée. Jusqu'ici je ne vous ai rapporté que des évènemens assez ordinaires à ceux qui voyagent aux extrémités du monde; ce que j'ai encore à vous dire vous fera connoître de quelle manière Dieu éprouve quelquefois les missionnaires avant que de les employer à son service.

Le navire étoit petit et n'avoit qu'un pont. Il étoit si plein de marchandises que le capitaine couchoit souvent à l'air ainsi que le reste de l'équipage. Représentez-vous deux missionnaires et un prêtre portugais avec deux valets noirs chrétiens qui les servoient, au milieu de cent Mores ou gentils tout noirs qui nous regardoient avec plus d'horreur que les gens les plus polis n'en ont d'ordinaire en Europe de vivre avec les nègres. Cependant quand ils eurent embarqué leurs chaloupes, ils nous y logèrent comme dans un des endroits les plus commodes. Une natte de jonc nous défendoit des ardeurs du soleil dans ce climat brûlant; encore falloit-il l'ôter lorsque le vent n'avoit pas assez de force pour enfler et pour soutenir la voile. Nous eûmes plusieurs jours de calme, et le soleil aplomb sur la tête. Nous essuyâmes aussi des grains violens qui paroissent des tempêtes à ceux qui n'ont point vu encore la mer dans sa fureur ; la pluie qui les accompagnoit nous incommodoit fort dans notre chaloupe, et il nous falloit lutter sans cesse avec le vent, qui nous arrachoit des mains la natte qui nous couvroit.

Après un mois d'une ennuyeuse et pénible navigation, nous découvrîmes Achen, qui n'est qu'à cent cinquante lieues de Malaque. Nos pilotes étoient si habiles, qu'ils crurent que nous étions aux îles de Nicobar, qui sont deux degrés plus nord, et ils étoient si prudens, que quoique nous fussions sur le point de manquer d'eau et de vivres, ils vouloient nous exposer à une traversée de trois cents lieues sans faire de nouveaux rafraîchissemens. Les marchands et les passagers contraignirent le capitaine de mouiller devant un village à trois lieues d'Achen : on ne fit qu'une chaloupée d'eau, et on prit quelques provisions.

Le 15, nous appareillâmes, et nous nous vîmes obligés de mouiller le soir même devant Achen, parce que le vent nous manqua et que la marée nous devint contraire. La verdure et les belles forêts d'Achen[1] et de Malacca ne surprennent point les yeux d'un voyageur qui qui a vu les Philippines.

La nuit on mit à la voile, et on ne perdit la terre de vue que le 18. Les calmes ordinaires en cette saison causèrent beaucoup d'inquiétude à nos pilotes ignorans. Ils eurent recours à mille superstitions pour obtenir un vent favorable : tantôt c'étoit un petit navire chargé de riz qu'on jetoit à la mer au milieu des acclamations de l'équipage ; tantôt c'étoit une cassolette de parfums qu'on mettoit à l'amure ; d'autre fois le songe qu'avoit eu un matelot ou un esclave les portoit à jeter de l'eau sur les mâts, à laver le navire ou à faire courir sur le pont une figure de cheval. Enfin ils se recommandoient à nos prières, et nous leur répondions qu'ils devoient renoncer à leurs cérémonies superstitieuses pour ne s'adresser qu'à Dieu seul.

Cependant on ne nous donnoit plus qu'un verre d'eau par jour, et on voyoit la fin du peu de vivres que nous avions achetés à Achen. La disette d'eau fut si grande le 4 mai, que nous fûmes contraints de faire rôtir un peu de riz dans un pot de terre et de le manger ainsi. Dans cette extrémité, nous nous adressâmes au Seigneur avec toute la ferveur dont nous étions capables. Notre prière fut écoutée : cette nuit-là même il s'éleva un bon vent, et il tomba de la pluie. On la recueillit dans des nattes et dans des voiles, et elle fut si bien ménagée, que nous ne buvions qu'autant qu'il falloit pour ne pas mourir. Nous nous estimions heureux d'avoir une cuillerée d'eau pour modérer les ardeurs du soleil qui nous brûloit.

Le 6 mai, un grain violent nous fit courir vent arrière sous une seule voile ; le feu Saint-Elme parut au bâton d'enseigne et sur la hune du grand mât. Le neuvième, jour de l'Ascension, nos deux mâts de hune se rompirent dans un gros roulis. Le 10, l'eau nous manqua absolument. Nous priâmes le Seigneur avec la même confiance, et il nous exauça avec la même miséricorde : il plut pendant la nuit, et on amassa de l'eau pour toute la semaine suivante. Le feu Saint-Elme parut encore sur les aubans.

Nonobstant la situation malheureuse où nous nous trouvions, nous ne pûmes nous empêcher de rire lorsque le prêtre portugais nous expliqua les injures que les matelots vomissent contre ce prétendu démon, car c'est l'idée qu'ils se formoient du feu Saint-Elme : « Que viens-tu faire en notre bord ? disoit l'un d'eux ; nos marchandises ne sont point à toi ; elles n'ont point été volées, elles nous appartiennent, nous les avons bien payées. — Cherche, lui disoit un autre, cherche les corsaires et les forbans qui ont pillé tout ce qu'ils ont dans leur vaisseau : tourmente-les, fais-les périr ; mais laisse les marchands en paix. — Va-t'en, s'écrioit un autre, va corriger tes parens ; ton père est un voleur, ta mère, tes sœurs sont décriées par leur mauvaise conduite ; tes frères ont mérité la mort pour leurs crimes. » Puis ils s'armoient de bâtons, couroient sur le pont, grimpoient sur les aubans et poussoient de grands cris, sans oser pourtant approcher du prétendu démon. Enfin lorsque le feu Saint-Elme eut disparu, ils se félicitèrent les uns les autres comme d'une grande victoire qu'ils venoient de remporter.

Le dix-neuvième jour de la Pentecôte, nous

---

[1] Ascham, dans l'île de Sumatra.

nous trouvâmes dans une entière disette d'eau, nous eûmes recours selon notre coutume à la divine Providence, et deux heures après il tomba une pluie si abondante, qu'en ménageant l'eau comme on faisoit on en eut pour plus de trois semaines. Le 24, un vent d'ouest s'étant levé, on mit d'abord à la cape pour ne point nous éloigner de terre. Au commencement de la nuit le vent augmenta, et un coup de mer prenant le vaisseau en travers, remplit d'eau une partie de la chaloupe où nous étions logés. Il fallut incessamment faire vent arrière pour ne point être coulé à fond par les ondes hautes qui auroient bientôt rempli et submergé notre vaisseau. Nous nous abandonnâmes à la Providence, qui nous avoit sauvés tant de fois des portes de la mort.

Nonobstant l'abstinence rigoureuse que nous avions faite, il ne nous restoit de vivres que pour peu de jours, et cependant il nous falloit repasser ces trois cents lieues de traversée qui nous avoient déjà coûté tant de peines et de fatigues. Mais ce n'étoit pas là ce qui touchoit le plus nos matelots ; ils ne pensoient qu'au danger présent : la mer étoit fort grosse; les lames, élevées, courtes et brisantes, nous poursuivoient et nous menaçoient à chaque instant de la mort ; une seule eût suffi pour nous engloutir. Il falloit être extrêmement attentif à gouverner, afin que le navire ne les reçût pas par son travers. Cette nuit-là, le lendemain 25 et la nuit suivante, l'air retentissoit sans cesse des cris lamentables que poussoient les fakirs tour à tour, tandis que nous étions tranquilles, et disposés à tout ce qu'il plairoit à Dieu d'ordonner de notre sort. Nous éprouvâmes alors combien la confiance en Dieu que le christianisme inspire est différente de la fausse sécurité du mahométisme.

Le 26, la mer s'apaisa, et le vent nous devenant favorable pour retourner du côté d'Achen, nous fîmes en sept jours cette longue traversée. Le 3, nous passâmes entre les îles de Nicobar, qui sont à 7 degrés de latitude au nord d'Achen, et ce jour-là le riz manqua tout à fait dans le vaisseau. On donna à ces insulaires de la toile et du tabac, et ils nous donnèrent en échange des cocos et des ignames : ce sont des racines fort insipides.

Le 5 juin, on mouilla près des îles de Pulopinam[1] et de Lancari, qui ne sont pas éloignées de la terre ferme. Le calme vint, et nous fûmes réduits à deux cocos par jour pour quatre personnes. Il fallut mettre la chaloupe en mer pour aller quérir des provisions. Ainsi, pendant neuf jours que dura le calme, nous n'eûmes plus de quoi nous garantir des ardeurs brûlantes du soleil. Les Mores mêmes nous portoient compassion, sachant bien qu'étant nés dans des pays froids, nous devions souffrir beaucoup plus qu'eux. « Pourquoi, nous disoient-ils, vous appliquez-vous si constamment à la prière ? Ne souffrez-vous pas assez de la faim et de la chaleur? Laissez là vos livres, vous direz toutes ces prières quand vous vous serez reposés quelque temps à terre. »

La chaloupe qu'on avoit envoyée chercher des vivres revint dans la nuit du 14 au 15. Le peu de provisions qu'elle apporta rendit la vie et les forces à l'équipage. Nous admirâmes la bonté du Seigneur, qui nous procuroit ce soulagement lorsque nous n'avions plus qu'un coco et un verre d'eau. Le 16, nous entrâmes dans la rivière de Parlis, du petit royaume de Quéda[1]. C'est, dit-on, la même rivière où se donna cette bataille miraculeuse des Portugais contre les Achenois, qui fut prédite par saint François Xavier aux habitans de Malacca. Le père Bonnet partit dans un canot pour nous préparer une maison à Quéda. Comme le navire ne pouvoit remonter la rivière qu'avec les marées, ce Père vint nous prendre en parau : c'est une sorte de bateau fait d'un seul tronc d'arbre creusé qui se termine en pointe par les deux bouts. Nous arrivâmes le 19 juin à la ville, où un marchand mahométan de Surate nous avoit fait trouver une maison.

Le royaume de Quéda est tributaire du roi de Siam. La ville a sept ou huit mille habitans, et tout le royaume environ vingt mille. L'entrée de la rivière est à 6 degrés 10 minutes de latitude nord. On voit au nord-est de l'entrée, à deux ou trois lieues dans les terres, la montagne de l'Éléphant. Elle est ainsi appelée parce que de loin elle a la figure de cet animal. Il n'y a que des vaisseaux médiocres qui puissent passer la barre, sur laquelle il n'y avoit que deux brasses et demie de haute mer. Dans la rivière, jusqu'auprès de Quéda, on trouve quatre brasses d'eau de haute mer.

Les habitans sont Malais ; ils suivent tous la

[1] Ile Pinang.

[1] Sur la côte occidentale de la presqu'île de Malacca.

secte mahométane des Turcs et des Mogols. Leurs maisons sont bâties de bambous, et élevées sur des piliers à quatre ou cinq pieds de terre, à cause de l'humidité. Le roi et quelques-uns des plus riches ont des maisons de planches. Leurs vêtemens sont semblables à ceux des Malais de Malacca, de Jor et de Sumatra. Ils ont presque tous les cheveux longs ; une pièce de toile ou de soie leur entoure la tête sans la couvrir entièrement. Ils portent toujours sur eux leur cric : c'est un poignard fort tranchant, long de quinze à dix-huit pouces et large de deux pouces ; plusieurs sont faits en figure d'onde, et ont des poignées d'or. Ils ont aussi des zagayes et quelques mousquets. Leurs boucliers sont ronds et fort légers ; ils ont deux pieds et quelques pouces de diamètre, ils sont à l'épreuve du sabre et du pistolet. Il y a dans ce pays plusieurs familles venues de la côte de Coromandel : il est aisé de les distinguer, parce qu'ils sont plus noirs et plus timides que les Malais. On y trouve aussi quelques Chinois qui y sont venus de Siam par terre[1].

Ce royaume n'est pas peuplé. Il est plein de grandes forêts, où l'on voit quantité de bêtes sauvages, d'éléphans, de cerfs et de tigres. On y prend les éléphans comme dans le royaume de Siam, et c'est un des principaux revenus du roi. Le plus grand que j'y ai vu avoit six coudées et demie de hauteur. Les plaines sont coupées de plusieurs canaux qui les rendent fertiles en différentes espèces de riz. Outre les fruits ordinaires qui viennent dans les Indes, la terre y produit d'elle-même plusieurs fruits excellens inconnus aux autres parties du monde, parmi lesquels le mangoustan et le durion sont les plus estimés même des Européens[2].

[1] Le capitaine Gabriel Lafond, qui a navigué dans ces mers, nous a donné sur les Malais et sur tous les peuples de ces pays des détails pareils absolument à ceux-ci. Un siècle n'a rien changé à leurs mœurs.

[2] Le mangoustan est un arbre d'un très-beau port, et qui a l'aspect du citronnier. Il fournit une ombre épaisse, précieuse aux lieux brûlans où la nature le fait croître. Son bois n'est bon qu'à brûler. Un suc jaunâtre découle des incisions faites à ses branches. Ses fruits, gros comme une orange, passent pour les meilleurs de toute l'Inde et des régions équatoriales. Ils flattent en même temps le goût et l'odorat ; ils ont à la fois la saveur du raisin, de la fraise, de la cerise et de l'ananas. Le parfum qu'ils exhalent est analogue à celui de la framboise. Ces fruits sont très-rafraîchissans ; ils n'incommodent jamais, et sont tellement agréa-

Le roi ne lève aucun tribut sur ses sujets. Il a des mines d'un étain qui est aussi blanc que celui d'Angleterre, mais qui n'en a pas la solibles qu'on a peine à s'en rassasier. On en laisse manger aux malades, quelles que soient leurs maladies, et on désespère de ceux pour qui les mangoustans cessent d'avoir de l'attrait.

Ces fruits sont un peu laxatifs. Avant leur maturité ils sont légèrement acides. Leur écorce est astringente ; sa décoction est employée dans la dyssenterie. L'écorce du tronc fournit une teinture noire.

Nous venons de décrire le mangoustan ordinaire ; mais il y en a à *bois dur*, difficile à travailler presque autant que la corne, et qu'on emploie en charpente.

Sur la côte du Malabar, il y a des mangoustans à bois blanc, très-dur, qui ont quinze pieds de tour et quatre-vingts pieds de haut.

Il en sort une gomme qui forme une couche sur l'écorce. L'arbre se couvre de fleurs en avril et en octobre ; il est chargé de fruits toute l'année. Les jeunes feuilles broyées dans l'eau et le jus des fruits verts sont un remède contre les aphthes et les crevasses de la langue. La substance gluante et aqueuse qui s'échappe des fruits prend à l'air de la consistance et devient transparente. Dans le pays on en fait une colle qui est d'un grand usage : on s'en sert pour relier les livres, parce qu'elle préserve des insectes ; les pêcheurs en enduisent leurs filets pour qu'ils soient de plus longue durée.

Le mangoustan de Queda et de Camboge a passé longtemps pour fournir la *gomme-gutta* ; mais il est aujourd'hui reconnu que cette substance est due à un arbre particulier, qui est le *guttæfera*, de Kœnig.

— Le durion, durian, ou durioan, a le port d'un de nos plus grands arbres fruitiers. Les fleurs sont d'un blanc jaunâtre et placées au-dessous des feuilles, sur les branches ou sur le tronc même, disposées en faisceaux, portées sur un pédoncule commun, épais et assez court.

Le fruit est gros comme un melon ; il est fort estimé, et ne croît qu'au tronc, comme le jaka, ou aux grosses branches, dans leurs parties les plus voisines du tronc, comme le coco. Il est couvert d'une écorce verte, épaisse et forte, qui commence à jaunir dans sa maturité ; mais il n'est bon à manger que lorsqu'elle s'ouvre par le haut. Le dedans, qui est alors parfaitement mûr, répand une odeur excellente. On le partage en quatre quartiers, dont chacun a de petits espaces qui renferment une certaine quantité de pulpe. La plus grosse partie du fruit (la semence avec la pulpe qui l'environne) a la grosseur d'un œuf de poule, est blanche comme du lait et aussi délicate que de la crème. L'habitude y fait trouver un goût exquis, mais ceux qui en mangent pour la première fois lui trouvent un goût d'oignon rôti qui ne leur paraît pas très-agréable.

Le durion doit être mangé frais. Ce fruit ne se garde qu'un ou deux jours, après quoi il devient noirâtre et se corrompt. Chaque portion de la pulpe a un petit noyau de la grosseur d'une fève, qui se mange grillé et qui a le goût de la châtaigne.

dité; il en fait fabriquer des pièces de monnoie qui pèsent une livre, et qui ne valent que sept sous. Il fait battre aussi de petites pièces d'or rondes, de bas aloi, d'une ligne et demie de diamètre, sur lesquelles sont gravées des lettres arabes; on en donne cinq pour un écu d'Espagne. Une petite monnoie de cuivre qui ne vaut qu'un de nos deniers a cours parmi le peuple. Les vivres y sont fort bons et à vil prix. Les marchands de Surate viennent y charger de l'étain, qu'on appelle *le calin* aux Indes; ceux de la côte de Coromandel y portent des toiles de coton, et ils en rapportent du calin, de l'or en poudre et des éléphans.

Quand nous arrivâmes à Quéda, nous apprîmes que depuis environ deux ans un François, nommé Martin, y avoit souffert la mort pour la religion catholique. Il étoit pilote d'un petit bâtiment sorti de Bengale, dont le capitaine étoit Anglois. Après avoir passé à Achen et à Batavie, il tua son capitaine et s'empara de toutes les marchandises du vaisseau. Dans l'appréhension que son crime ne fût découvert, il pensa à se délivrer de ceux dont il avoit plus de raison de se défier. Dans ce dessein, il abandonna dans une île déserte, sur la côte de Java, cinq matelots chrétiens, qu'il y avoit envoyés sous prétexte d'y faire de l'eau; mais peu après ayant été obligé de relâcher à Quéda, un esclave du capitaine tué l'accusa auprès du roi, qui confisqua le bâtiment et condamna le coupable à la mort. Comme on le conduisoit au lieu du supplice, on vint de la part du prince lui offrir la vie et mille écus s'il vouloit embrasser le mahométisme. Il aima mieux mourir que de renoncer sa foi. Il expira le crucifix à la main, en prononçant ces paroles de l'oraison dominicale : « **Votre nom soit sanctifié.** » Nous avons su ces particularités d'un Portugais, de quelques métis portugais, d'un Malais qui lui servit d'interprète jusqu'au dernier soupir, et des mahométans mêmes de Surate, tous témoins oculaires de sa constance et de sa fermeté. Je ne pus m'empêcher d'admirer l'admirable conduite de la Providence, qui ne se lasse point de nous attendre, et qui d'un pécheur coupable de tant de crimes en fait en un instant un martyr de Jésus-Christ.

Nous fûmes obligés de passer sept mois au milieu de ces barbares pour attendre la mousson. Je vous laisse à penser, mon révérend Père, ce qu'ont à souffrir des missionnaires qui se voient contraints de vivre parmi des hommes pervers, sans espérance d'en convertir un seul, et privés de la seule consolation qui leur reste en ce monde, qui est le saint sacrifice de la messe. Je ne compte point parmi nos peines celle de se rendre les services qu'on attend des autres pour l'entretien de la vie : nous ne trouvâmes pas un seul More qui voulût nous aller chercher de l'eau à la rivière; outre cela, Dieu nous affligea, le père Bonnet et moi, d'une maladie assez ordinaire aux Européens quand ils séjournent dans un climat aussi brûlant que l'est celui-ci. Nous eûmes pourtant le bonheur d'aider à tirer d'esclavage un chrétien de Macao, qui depuis quatre ans n'avoit pu obtenir sa délivrance. Eh! que sais-je si ce n'étoit pas pour secourir ce fervent catholique que le Seigneur avoit permis tous les contre-temps qui nous avoient fait relâcher à Quéda?

Il y avoit longtemps que nous demandions à Dieu d'être délivrés de cette terre barbare; il exauça notre prière lorsque nous nous y attendions le moins. Trois navires de Saint-Malo, n'ayant pu se rendre à Mergui pour hiverner, furent obligés de se radouber à l'île de Janselon. M. de Lalande, qui s'étoit embarqué à Pondichéry pour procurer à ces vaisseaux les rafraîchissemens nécessaires, conduisit le plus petit navire à Quéda pour y acheter des vivres. A peine le navire eut-il mouillé à l'entrée de la rivière, que des marchands mores de Surate nous en vinrent féliciter.

Nous nous disposions à aller voir ces messieurs à bord lorsqu'ils arrivèrent. Nous leur offrîmes notre maison, et ils nous firent le plaisir de l'accepter. Ils furent fort bien reçus du roi, et ils obtinrent tout ce qu'ils demandèrent. J'allai en canot prendre le capitaine, qui étoit incommodé. Nous l'avions connu sur *le Saint-Esprit*, où il étoit lieutenant et où il nous avoit comblés d'honnêtetés.

Je remarquai encore mieux la beauté de la rivière. Ses bords, en plusieurs endroits, sont tout couverts d'arbres, sur lesquels nous voyions matin et soir des singes sauter en foule de branche en branche. Nous vîmes aussi beaucoup de crocodiles qui se reposoient sur le sable. Il en passa un auprès de notre canot qui avoit bien vingt pieds de longueur; on lui tira un coup de fusil, je crois que ce fut inutilement. M. de Lalande en blessa un de douze pieds, qui étoit sur le bord de la rivière ; nous vîmes les traces de son sang, et il eut de la peine à faire deux ou trois pas pour se jeter à l'eau.

Le vaisseau mit à la voile le 10 janvier 1710. Le 24 nous passâmes près des îles de Nicobar de 8 degrés. Les insulaires vinrent dans quatorze canots nous apporter des ignames, des cocos et quelques poules, pour les changer avec du tabac en feuilles. Ils sont presque nus ; leur couleur est d'un basané jaunâtre : parmi les noirs ils pourroient passer pour blancs. Ils font une espèce de pâte de racines qui leur tient lieu de pain, car il ne croît dans leurs îles ni riz ni blé.

Le 2 février nous mouillâmes à la rade de Pondichéry. J'ai eu depuis la douleur de me voir séparé du père Bonnet, avec qui Dieu m'avoit uni d'une façon toute particulière. Vous avez appris sans doute avec quel courage lui et le père Faure sont entrés, le 16 janvier de cette année 1711, dans les îles de Nicobar pour annoncer Jésus-Christ aux peuples barbares qui les habitent ; il seroit inutile de vous redire ici des particularités qu'on a déjà mandées en France. Ainsi je me contenterai, en finissant cette lettre, de vous communiquer quelques observations que j'ai faites dans le cours de ce long voyage, et je m'estimerai heureux si elles vous font plaisir.

La déclinaison de l'aiguille aimantée, qui est du côté du nord-ouest en France, diminue peu à peu jusqu'à ce qu'on se trouve entre les îles Canaries et les premières îles de l'Amérique. Dans ce parage il n'y a point de déclinaison ; mais en avançant vers l'Amérique, l'aiguille décline vers le nord-est, et cette déclinaison augmente jusqu'à la Vera-Cruz, où elle est de 6 degrés.

A Acapulco sur la mer Pacifique, elle n'est que de 3 degrés et 5 minutes nord-est ; elle augmente jusqu'à ce qu'on se trouve auprès des bancs de Saint Barthélemi, qui sont à 17 degrés de longitude, avant que d'arriver aux îles Marianes. Nous la trouvâmes en cet endroit de 14 degrés ; elle a été de 16 degrés sept ou huit années auparavant, quoi qu'en dise M. Dampier dans son *Voyage autour du monde*, où il assure qu'il n'y a point de déclinaison considérable depuis Acapulco jusqu'aux Philippines. Depuis ces barres de Saint-Barthélemi, elle diminue considérablement en avan-çant vers les Philippines. Aux îles Marianes, elle étoit l'année 1708 de 8 degrés et 40 minutes. A l'embocadero de San Bernardino, qui est à 17 degrés et quelques minutes de longitude plus à l'ouest que les îles Marianes, la déclinaison n'est plus que de 2 degrés nord-est. A Manille, qui est à 14 degrés 30 minutes de latitude nord et à 8 heures 4 minutes de différence du méridien de Paris, je ne crois pas qu'elle soit considérable. Lorsqu'on va de Manille à Malacca, la déclinaison devient nord-ouest.

Dans toutes les grandes mers qui sont vers la zone torride, auprès des tropiques, les vents ne viennent jamais de l'ouest ; ils soufflent toujours depuis le nord et le nord-est jusqu'au sud-est et sud. Les courans portent aussi à l'ouest. Dans les mers des Indes Orientales, de la Cochinchine, de la Chine, des Philippines jusqu'aux îles Marianes, ils changent régulièrement selon les différentes saisons de l'année ; c'est ce qu'on appelle mousson.

On sait que dans les plus fortes tempêtes, comme dans les vents médiocres, il y a toujours, après un certain nombre de vagues, trois lames plus élevées que les autres ; elles reviennent ainsi de temps en temps. Je ne me souviens point d'avoir lu nulle part quelque raison précise de ce phénomène. Dans les tempêtes, lorsqu'on est obligé de courir vent arrière, quoiqu'on fasse souvent avec une seule voile plus de deux lieues par heure, les lames, qui poursuivent pour ainsi dire le navire, le frappent et le devancent ; on les voit passer au delà avec une grande vitesse ; et cependant si l'on jette dans la mer une pièce de bois, elle restera bien loin derrière le vaisseau. Je ne sais si l'on ne pourroit pas expliquer ceci par l'exemple des ondulations que produit une pierre jetée dans un bassin : ces ondulations s'avancent vers le bord sans emporter avec elles ce qui surnage dans le bassin. Ainsi l'on voit à quarante et cinquante lieues des côtes des débris de mâts qui sont dans la mer peut-être depuis plus de vingt ans, sans que les vents violens de plusieurs jours les aient portés à la côte.

J'ai remarqué que les chaleurs de la zone torride ne sont pas excessives au point qu'on nous les représente dans plusieurs relations ; quoiqu'elles soient fort grandes, on s'y accoutume aisément. Il y a même sous la zone torride des pays assez tempérés, comme par exemple le Brésil, le Pérou, Siam, la péninsule de Malacca et principalement les environs de la ville de Mexico. Généralement parlant, plus on est près de la ligne, moins on souffre de la chaleur, à cause des pluies fréquentes, et parce que le soleil passe fort vite auprès du zénith; au contraire, sous le tropique il est deux mois sans s'éloigner de plus de 3 degrés et demi du zénith.

Je souhaite, mon révérend Père, que ce détail dans lequel je suis entré vous soit agréable; et j'espère que vous voudrez bien vous souvenir dans vos saints sacrifices de la personne du monde qui est avec plus de reconnoissance et de respect, etc.

TABLEAU DE L'OCÉANIE

EN 1837.

Il n'y a pas plus d'un siècle que l'Océanie a fixé les regards de l'Europe. On savoit l'existence des îles qui se rapprochoient du vieux continent, et on les rattachoit à la description de la Chine ou de l'Inde; mais pour tout le reste on étoit dans l'ignorance et dans le doute: les cartes étoient vides et les livres se taisoient. Ce ne fut qu'après de longs voyages, de périlleuses entreprises, des découvertes multipliées, qu'ayant observé que dans ce monde maritime dont les différens groupes étoient successivement apparus, il y avoit des races d'hommes, des genres d'animaux, des espèces de plantes qui ne ressembloient à rien de ce qu'on avoit vu jusque-là, ce ne fut qu'alors, disons-nous, qu'on sentit la nécessité de comprendre sous une dénomination spéciale tous les continens et archipels qui ne pouvoient plus trouver une juste place dans les cadres de l'Afrique, de l'Amérique et de l'Asie.

Il y avoit eu d'abord trois parties du monde pour les géographes; puis une quatrième avoit été ajoutée; puis enfin il y en eut une cinquième, qui fut comprise entre le 34° de latitude nord et le 56° de latitude sud, et entre le 90° de longitude orientale et le 110° de longitude occidentale.

Après divers noms proposés, on s'arrêta généralement à celui d'Océanie, et l'on eut trois sections principales, qui furent la Malaisie, l'Australie, la Polynésie.

La superficie totale des terres est évaluée à cinq cent trente-deux mille lieues carrées, et la population s'élève à trente millions d'habitans.

La ligne droite la plus longue qui puisse être tirée dans l'Océanie est celle qui, partant des îles Way au nord d'Acham, à la pointe de Sumatra, va jusqu'à l'île Salas, en face du Chili. La distance est de trois mille neuf cent quarante-cinq lieues.

Dans la première section, la Malaisie, les Hollandois et les Espagnols ont des établissemens considérables, et sur plusieurs points ils dominent entièrement; les Portugais et les Anglois ont des comptoirs en petit nombre jetés au sein des peuples indigènes.

Dans la seconde partie, l'Australie, les Anglois ne souffrent que des établissemens de leur nation.

De même dans la troisième partie, la Polynésie, il n'y a que des factoreries angloises, sauf sur quelques points des Carolines et des Marianes où les Espagnols, qui furent les premiers venus dans ces parages, conservent encore quelque prépondérance.

Chaque section, sous le rapport de la foi et de la propagande, est confiée à l'autorité d'un vicaire apostolique; il y a en outre un nombre infini de missions bibliques. Voilà l'ensemble de ce qui regarde l'Océanie; entrons maintenant dans les détails sur quelques points divers qui ont besoin d'éclaircissemens.

L'aspect et le sol de l'Océanie offrent une grande variété.

Chaque latitude a ses produits et sa figure.

Ici le zoophyte crée par l'accumulation de ses dépouilles une enceinte de rochers calcaires autour du banc qui le vit naître; là c'est un volcan sombre que nous voyons dominer la fertile contrée produite par la lave qu'il a vomie. Une rapide et superbe végétation brille à côté d'un amas de scories et de cendres.

Des terres plus étendues nous présentent des scènes plus vastes: tantôt c'est le basalte qui majestueusement s'élève en colonnes prismatiques ou bien qui couvre au loin le rivage solitaire de ses débris pittoresques; tantôt d'énormes pics granitiques s'élancent vers la nue, tandis que, suspendues sur leurs flancs, les forêts de pins nuancent tristement le vide immense de ces déserts.

Plus loin, une côte basse, couverte de palétuviers et de mangliers, s'abaisse peu à peu sous la surface des eaux et s'étend en perfides bas-fonds, au milieu desquels les flots, qui se brisent sur les roches noires, font jaillir avec violence leur écume cristalline.

Un éternel printemps, un automne éternel, font éclore à la fois et les fleurs et les fruits. Un parfum doux et exquis embaume l'atmosphère, qui est constamment rafraîchie par les souffles salutaires de l'Océan.

Les races d'hommes se peuvent marquer par les couleurs: il y a les noirs, les cuivrés, les olivâtres, les blancs.

Les blancs sont les Européens, les derniers venus, encore en petit nombre, et par leur mélange avec les autres produisant des nuances infinies.

Les olivâtres sont les Malais, venus du Deckan, de Malayala, des Maldives, de la presqu'île de Malacca, et se faisant remarquer par leurs cheveux noirs, mous, épais et frisés; la tête est légèrement rétrécie au sommet, le front est bombé, les os des pommettes des joues sont arrondis, mais point saillans; la mâchoire supérieure est portée en avant, le nez est gros et aplati. Les hommes de cette race sont vifs, audacieux, braves, même féroces et très-vindicatifs. Ils firent, à une époque reculée, la conquête de tous les archipels rapprochés de leurs terres originaires; puis ils s'étendirent au sud et à l'est et s'emparèrent de la domination de toutes les îles qu'on a justement rassemblées sous le nom de Malaisie.

Les *cuivrés* vinrent anciennement d'Amérique, et colonisèrent dans les archipels de la mer du Sud qu'on a réunis sous le nom de Polynésie. Ils sont lestes, vigoureux, élégans, généreux; ils aiment les jeux, les fêtes, les cérémonies; leur langage se fait remarquer par son harmonie et sa douceur, jusque dans les momens de colère, où il n'a jamais rien de lourd, de de criard et de dur.

Les noirs sont de la race primitive; ils étoient les maîtres de l'Océanie entière: race basse, idiote, dégénérée, plus encore que dans l'enfance; race grêle, maigre, repoussante par sa laideur, et qu'on trouve encore à l'état pur dans l'Australie surtout et dans les montagnes et les forêts de la Malaisie et de la Polynésie.

Ces noirs ont le nez plat, la bouche grande, la lèvre supérieure épaisse, les cheveux laineux, quelquefois noirs, quelquefois rouges et souvent rattachés sur la tête en grosses touffes.

De tribu à tribu, d'île à île ces peuples ne s'entendent point, ne correspondent point, vivent dans l'isolement et la haine, et leurs langues diverses n'ont entre elles aucune analogie.

Leur abrutissement est extrême; on les regarde comme étant au dernier degré de la barbarie. Et faut-il être surpris de trouver sur plusieurs points parmi ces hordes l'horrible coutume établie de manger les vivans et les morts, de mettre en lambeaux ses ennemis et de faire aux dieux des sacrifices humains?

FIN DES MISSIONS DE L'OCÉANIE ET DES LETTRES ÉDIFIANTES.

TABLE DES LETTRES ET MÉMOIRES
CONTENUS DANS CE VOLUME.

MISSIONS DE LA CHINE.
DEUXIÈME PARTIE.

PRÉFACE. 1
Notice sur l'état actuel de la Chine. 2
La Chine proprement dite. 5
États tributaires. 16
Colonies. 23
Notes particulières. 24
Extrait des lettres de quelques missionnaires sur l'utilité des livres chinois qui traitent de la religion chrétienne, et sur l'importance de les répandre à la Chine le plus possible. 27
Lettre d'un missionnaire de Pékin en 1750. — Réponse à des attaques faites contre les jésuites et leurs missions en Chine. 34
Lettre écrite de Macao. — Épreuves que les missionnaires ont à souffrir. 36
Lettre du père Amiot au père La Tour. — Courage et patience des jésuites dans l'accomplissement de la tâche qu'ils se sont imposée. — État des provinces du nord-ouest. — Nouvelles possessions de l'empereur. — Cérémonies dont le père Attiret fait le dessin. 41
Lettres du père Gaubil à plusieurs savans de Paris.
I. Projets de travaux scientifiques. — Notions sur les voyages des Romains à la Chine. — Indication du chemin qu'ils prirent. 57
II. A M. de l'Isle. — Découverte d'un manuscrit en caractères *estranghelo*. — Respect des Chinois et des Tartares pour les papiers de famille. — Esprit de mensonge qu'on remarque dans les lettres. 58
III. Explications sur les cartes de la Chine, de la Corée et du Thibet. — Sur les *lama*, et sur les renseignemens que les Russes peuvent fournir à leur sujet. 59
IV. A M. Deshautrayes. — Eclaircissemens sur la chronologie chinoise. — Collection des antiquités. — Histoire de la dynastie des Ming. 60
V. Plaintes sur le mauvais usage que l'on fait à Paris des ouvrages envoyés par les missionnaires. — Les Russes en Chine. — Les Chinois au Japon, au Kamtschatka, et peut-être même en Amérique. 62
VI. Cartes géographiques. — Points de critique et d'érudition. — Le Russe Nicétas. — Ambassade et mission portugaise. — Désir de l'empereur chinois d'avoir une ambassade de France. 66
VII. A M. de l'Isle. — Astronomie chinoise. — Géographie du Thibet. 69
VIII. A M. Deguigne. — Sur la marche des Chinois et des Japonais vers la Californie. — Réfutations et explications. — Histoire des dynasties chinoises, notamment de celle de Thang. 71
IX. A M. de l'Isle. — Astronomie. — Caravane russe. — Réflexions sur les voyages que, d'après M. Deguignes, les Chinois auroient faits en Californie. — Rectifications sur les idées qu'en Chine on avoit de Japon. — Remarques sur les cartes de d'Anville. 72
X. A M. de l'Isle. — Observations sur divers points de géographie, et particulièrement sur la position d'Ava. 76
XI. A M. de l'Isle. — Astronomie chinoise. — Géographie de la Tartarie et du Thibet. 77
Extrait de quelques lettres du père Roy. — Mort du père Masson. 79
— Conduite à tenir par les missionnaires. 79
— Abnégation d'un prêtre de la foi évangélique. 80
Lettre du père Lamatthe. — Misères à supporter par les chrétiens. 80
Lettre du même. — Congrégations et catéchistes. 82
Extrait d'une lettre du père du Gad. — Mort de plusieurs missionnaires. 84
Lettre du père Amiot. — Mort du père Gaubil. 84
Lettre du père Roy. — Prédications et conversions dans les provinces. 89
Extrait d'une lettre de 1764. — Récit de quelques persécutions. 94
Extrait d'une lettre du père Cibot. — Les missions, détruites dans les provinces, résistent à Pékin. 97
Lettre à madame la comtesse de Forben. — Ames des aïeux. — Cérémonies du mariage. — Divorce. — Deuil. 97
Lettre d'un missionnaire à un de ses amis, sur les fatigues de son état. 107
Au même, sur les difficultés à vaincre pour maintenir les chrétientés. 107
Lettre du père Bourgeois au père Ancemot. — Traversée. — Java. — Royaume de Bantam. — Vampou et Canton. — Voyage de Pékin. — Caractères et usages. — Divinités chinoises. 111
Lettre du père Benoist. — Sur les jardins, les palais, les occupations de l'empereur. 120
Lettre du père Lamatthe. — Persécutions. 123
Lettre du père Ventavon. — Persécutions. — Animosité des mandarins. 126
Lettre du père Bourgeois. — Suite des persécutions. 130
Lettre du même. — Missions dans les montagnes du nord. 139
Mémoire sur les juifs établis en Chine. 140
Lettre du père Ventavon au père de Brassaud. — Traversée. — Aventures du père Bazin. — Persécution au Tonking. — Séjour à Canton. — Voyage à Pékin. — Costume de l'empereur. — Jésuites et ouvriers au palais. — Respect des grands pour la religion chrétienne. 150
Lettre d'un missionnaire sur la langue chinoise, et sur les études des mandarins. 154
Lettre du révérend père Dolliers. — Persécutions exercées contre les chrétiens. — Leur zèle. 159
Lettre du père Benoist au père du Gad. — Ardeur chrétienne d'une famille de mandarins. 163
Lettre sur la mort de Ma Joseph. 180
Lettre du père Cibot sur l'état de la religion à la Chine, en 1771. 183
Lettre du même. — Fêtes et congrégations chrétiennes. 186
Lettre sur la mort d'une dame chinoise. 189
Lettre du père Bourgeois. — Persécutions et accueil. — Vicissitudes des missionnaires. 191
Lettre du père Benoist. — Détails sur l'empereur, sur la cour, sur les sciences. 196
Lettre du même. — Conversation de l'empereur. — Fêtes de la cour. 209
Lettre du même. — Questions de l'empereur sur les phénomènes célestes. — Repas chinois. 217
Lettre sur la mort du père Benoist. 225
Lettre du père Ventavon. — Révoltes partielles. — Église brûlée et rebâtie. 234
Lettre sur les Mia-ot-sée. — La persécution s'est calmée. 235
Extrait de plusieurs lettres des missionnaires en Chine. — Paix dans l'empire. — Mort de l'impératrice mère. — Jésuites bien en cour. 241
Lettre d'un missionnaire. — Mélange de grandeur et de cruauté dans le gouvernement. — Respect pour

TABLE DES MATIÈRES.

les vieux livres et les anciens usages. 242
Lettre d'un missionnaire de Chine. —Malheurs et fermeté de M. Glayot 247
Extrait de la relation de la persécution que M. Glayot a essuyée dans la province de Su-tchuen. — Prison et délivrance. 251
Lettre de M. Bourgeois, missionnaire en Chine. — Douleurs et consolations. 267
Lettre de M. Dufresne. — Conversions nombreuses. 272
Lettre de M. Lamatthe à M. du Gad. — Affaires de la religion. 273
Lettre de M. Dolliers, missionnaire à Pékin. — Traversée. — Accidens du voyage. 275
Lettre de M. Bourgeois. — Mort de M. Dolliers. — Détresse des chrétientés en Chine. 282
Lettre de monseigneur Pothier, évêque d'Agathopolis et vicaire apostolique en Chine, dans la province de Su-tchuen. 285
Lettres sur l'état des chrétientés en 1783. 295
— Persécution de 1782 et 1783. 296
— Extraits de lettres de M. de Saint-Martin, évêque de Caradre, sur les travaux apostoliques. 298
Extrait d'une lettre de l'évêque d'Agathopolis, sur l'état de la province de Su-tchuen. 300
Extrait d'une lettre sur les catéchistes des missions des évêques d'Agathopolis et de Caradre. 301
Extrait d'une lettre de M. de Saint-Martin, sur le Su-tchuen. 302
Extrait d'une lettre de M. Dufresse, sur le Su-tchuen. 302
Extrait d'une lettre du père Ventavon sur la conversion du fils d'un seigneur de la Corée. 306
Histoire abrégée de la persécution excitée en Chine contre la religion chrétienne, en 1784 et 1785. 310
Extrait d'une lettre du père Adéodat, sur le courage des chrétiens. 329
Lettre de M. Raux. — Souffrances. — Mort des missionnaires. 329
Relation de la persécution du Su-tchuen, par monseigneur Pothier, évêque d'Agathopolis. 330
Extrait d'une autre lettre du même sur le même sujet. 336
Copie d'une lettre secrète de l'évêque de Caradre, sur la persécution. 339
Copie d'un billet écrit par M. Devaux, missionnaire prisonnier. 340
Extrait d'une lettre de M. Devaux, sur la persécution. 340
Lettre de M. Hamel, missionnaire, sur les chances diverses auxquelles sont soumis les chrétiens. 340
Extrait d'une lettre de M. Glayot sur la persécution. 341
Relation adressée au séminaire des Missions Étrangères par l'évêque de Caradre, à sa sortie de prison, dans le Su-tchuen. 342
Copie d'une lettre du même évêque. — Hommage rendu aux missionnaires de Pékin. 355
Relation de M. Dufresse, missionnaire, à sa sortie des prisons de Pékin. 356
Extrait d'une lettre de l'évêque de Caradre, sur sa rentrée au Su-tchuen. 365
Extrait d'une lettre de M. Dufresse. — Voyage de Pékin à Canton, sous la conduite de mandarins et de soldats. 365
Extrait d'une lettre de M. Létondal. 366
Traduction d'un décret de l'empereur de la Chine qui rend la liberté à douze missionnaires condamnés à une prison perpétuelle. 366
Traduction d'un écrit chinois affiché à Macao le 15 mai 1785, contenant des arrêts contre les missionnaires et les chrétiens. 367
Traduction d'une lettre chinoise par le mandarin ou gouverneur de Casa-Branca. — Recherches contre les chrétiens. 379
Entretiens d'un lettré chinois et d'un docteur européen, sur la vraie idée de Dieu. 380
Histoire de l'astronomie chinoise. 453
Réponse à des attaques faites par M. de Sonnerat contre les missionnaires de la Chine. 509
Lettre de M. Lamiot. — Dernières nouvelles des missions de la Chine. 512

MISSIONS DE L'INDO-CHINE.

Préface. 521
Lettre du père Le Royer, sur le Tonking. 522
Lettre du même, sur le même pays. 527
Relation d'une persécution. — Mort de deux missionnaires et de neuf Tonkinois chrétiens. 528
Relation d'une persécution dans laquelle quatre missionnaires ont eu la tête tranchée. 539
Extrait d'un Mémoire sur les différens objets de commerce qui ont cours à la Cochinchine et au Tonking. 551
Lettre du père Chanseaume. — Persécutions en Cochinchine. 559
Extrait de quelques lettres sur le Tonking. — Disputes pour la succession au pouvoir. — Pillage des villes. — Désolation des campagnes. 566
Lettre au père Cibot, sur le Tonking. — Erreurs particulières aux Tonkinois. — Idoles. — Magiciennes. — Les chevaux. — Oiseaux, etc. 571
Lettre du père Horta. — Usages singuliers du Tonking. — Visites. — Fêtes et cérémonies. — Idée de la religion du pays. — Culture et commerce. 576
Notice historique sur la Cochinchine. 583
Mémoire historique sur le Tonking. 589
Éclaircissemens sur les cartes du Tonking. 605
Lettre du père Faure, écrite au père de Laboësse, à bord du *Lys-brillant*. — Traversée. — Îles Pelew. — Îles Nicobar. 606
Route qu'il faut tenir pour passer les détroits de Malaque et de Gobernadour. 611
État des marées dans les détroits de Sincapour, de Dryon et de Malacca. 612
Description de l'arbre qui porte l'ouate, du poivrier et de la laque. 614
Lettre de M. Beydelet. — Sur le Tonking. 615
Lettres sur la basse Cochinchine et le Cambodge. 617
Extrait d'une lettre de l'évêque d'Adran. 617
Traduction d'une lettre d'André Ton. 624
Traduction de ce qu'il y a de remarquable dans l'édit du chef des rebelles de Cochinchine. 624
Extrait d'une lettre de M. Labartette. — Nouvelles de la haute Cochinchine. 625
Extrait d'une lettre de M. Longer, sur le même pays. 626
Extrait d'une lettre de M. Labartette, sur l'état de la religion chrétienne. 626
Ordre établi en 1782 dans la mission du Tonking. 629
Extrait d'une lettre de M. Sérard, sur le Tonking occidental. 633
Lettre de M. Lebreton, écrite du Tonking. 634
Lettre écrite de Macao. — Voyage par mer pour le Tonking. 634
Extrait d'une lettre de monseigneur de Céram, sur le Tonking. 635
Extrait d'une lettre de M. Lamothe. — Rencontre de pirates. 637
Extrait d'une lettre de M. Lebreton. — État des chrétientés. 639
Extrait de la relation de M. Blandin. — Même sujet. — Danger des missionnaires. 641
Journal rédigé par le vicaire apostolique du Tonking occidental, depuis le mois de juin 1784 jusqu'au mois de mai 1785. 642
Extrait d'une lettre de M. Leroy. — Mort d'une jeune bonzesse convertie. 648
Extrait d'une lettre de M. de Lamothe, sur l'état de la religion chrétienne au Tonking. 649
Extrait d'une lettre de M. Lebreton. — Notions sur le Laos. 651
Lettre de M. Condé, sur les missions de Siam. 653
Extraits de Mémoires sur le royaume de Siam. 657
Extrait d'une lettre écrite de Bancok (royaume de Siam). 659
Lettre de M. Le Royer, sur le Tonking. 660
Description du royaume de Laos en 1687. 662
Relation de quatre Chinois réfugiés dans l'Ava et le Pégou. 664
Coup d'œil sur l'Indo-Chine. 669

MISSIONS DE L'OCÉANIE.

Préface. 671
Lettre du père Paul Clain au révérend Père général de la Compagnie de Jésus. — Îles Pintados. — Îles Carolines. 672
Bref de notre saint père le pape au roi, sur la découverte des nouvelles Philippines. 676
Lettre du roi (Louis XIV) au roi

d'Espagne, sur le même objet. 677
Bref du pape au roi d'Espagne. 678
Bref du pape à l'archevêque de Mexique. — Sur les nouvelles îles. 679
Bref du pape à l'archevêque de Manille. 680
Lettre du cardinal Paulucci au père André Serrano, procureur des Philippines, sur les nouvelles îles. 682
Lettre du père Giles Wibault, sur les îles Palaos, nouvellement découvertes. 684
Lettre du père Cantova au père d'Aubenton. — Détails sur les îles Carolines. 691
Relation en forme de journal de la découverte des îles Palaos, ou nouvelles Philippines. 701
Lettre du père Cazier, sur les Iles Palaos, ou Pelew. 703
Lettre du père Taillandier. — Traversée. — Notes sur les Philippines. — Le royaume d'Ascham, etc. 704
L'Océanie en 1837. 719

FIN DE LA TABLE DES MATIÈRES.

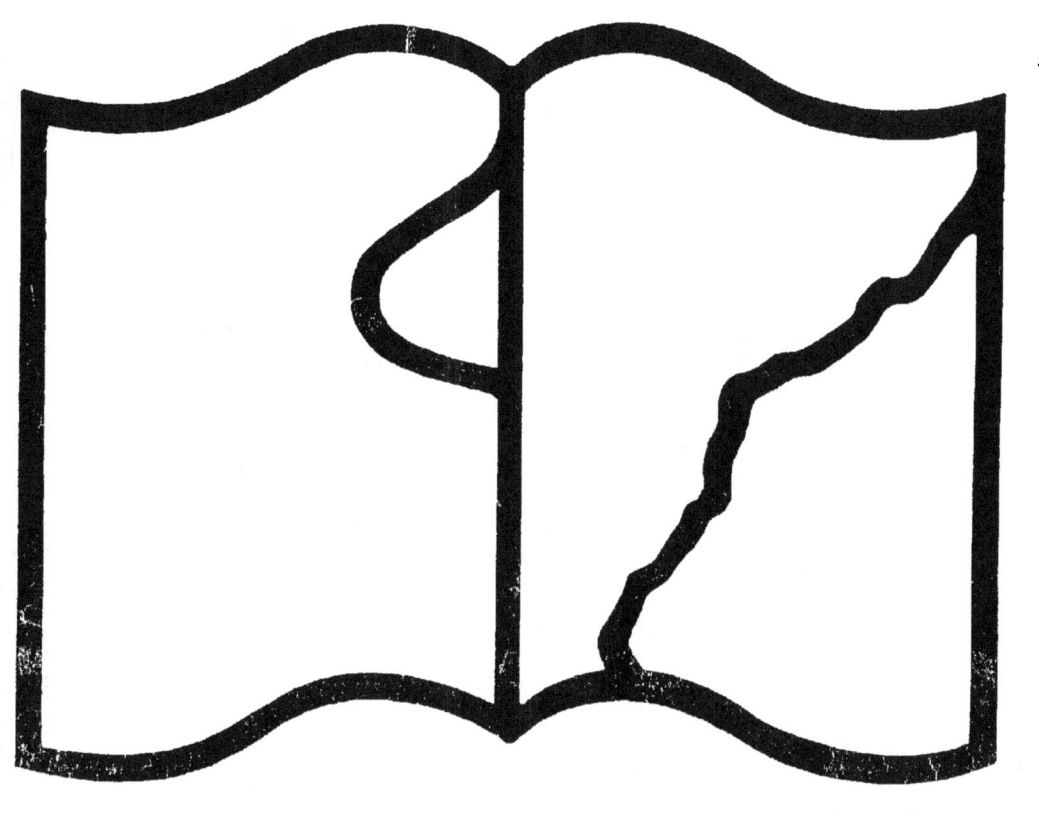

Texte détérioré — reliure défectueuse

NF Z 43-120-11

Contraste insuffisant

NF Z 43-120-14

www.ingramcontent.com/pod-product-compliance
Lightning Source LLC
Chambersburg PA
CBHW071706300426
44115CB00010B/1324